Kohlhammer

Wolfgang Mertens
Bruno Waldvogel (Hrsg.)

Handbuch psychoanalytischer Grundbegriffe

3., überarbeitete und erweiterte Auflage

Verlag W. Kohlhammer

3., überarbeitete und erweiterte Auflage 2008

Gesamtherstellung:
W. Kohlhammer Druckerei GmbH + Co. KG, Stuttgart
Printed in Germany

ISBN 978-3-17-018844-0

Inhaltsverzeichnis

Vorwort zur 3. Auflage

Das erfreuliche Interesse an diesem Buch hat eine weitere Auflage erforderlich gemacht, die nun in aktualisierter Form vorliegt. An der ursprünglichen Konzeption der Herausgeber, es bei den ausgewählten psychoanalytischen Grundbegriffen zu belassen und keine derzeit aktuellen Begriffe neu hinzuzunehmen, wurde festgehalten. Ebenso hat sich das Gliederungsschema bewährt, das für die meisten der hier vorliegenden Grundbegriffe sinnvoll ist:

1. *Definition*
2. *Klassische Auffassung*
3. *Ideengeschichtlicher Hintergrund*
4. *Wesentliche Erweiterungen, Differenzierungen und Modifikationen*
5. *Die Bedeutung des Begriffs in den verschiedenen Schulrichtungen*
6. *Interdisziplinäre Beiträge*

ad 1) Die Definition enthält bereits das neuere oder gegenwärtige Verständnis des jeweiligen Konzepts und wird zur Gänze verständlich, wenn der Leser den gesamten Beitrag gelesen hat.

ad 2) Die klassische Auffassung ist weitgehend an Freud orientiert; zur Vervollständigung sei hier auf die Wörterbücher von Laplanche und Pontalis (1972) sowie von Sandler, Dare und Holder (1996) verwiesen.

ad 3) Sofern sinnvoll, erschien uns eine Skizzierung des ideengeschichtlichen Hintergrunds interessant, der sich manchmal auf wissenschafts- und kulturgeschichtliche Aspekte vor Freud, gelegentlich aber auch auf Denkansätze des jungen Freud und seiner Mitarbeiter der ersten Generation bezieht.

ad 4) Da die Psychoanalyse mittlerweile doch schon eine beträchtliche Lebensdauer aufweist, erschien es uns angebracht, auch begriffliche Entwicklungen und Differenzierungen, die zwischen der Grundlegung des jeweiligen Verständnisses und seinem heutigen Gebrauch erfolgten, kurz zu erwähnen.

ad 5) Davon ausgehend, dass es die Psychoanalyse heutzutage kaum mehr gibt, dass wir von einem konzeptuellen „common ground" noch ein ganzes Stück entfernt sind, dass sich aber dennoch eine Ausdifferenzierung und gelegentlich sogar eine kräftige Weiterentwicklung ergeben hat, finden wir es reizvoll, in diesem Handbuch psychoanalytischer Grundbegriffe nicht nur die klassische Auffassung zu präsentieren, sondern auch die weitere Konzept-Entwicklung zu skizzieren, wie sie sich in der Ich-Psychologie, der kleinianischen Psychoanalyse, den Objektbeziehungstheorien, der Selbstpsychologie, der interpersonellen Psychoanalyse, der französischen Psychoanalyse und der feministischen Psychoanalyse ergeben hat. Oftmals stellt sich schon anhand dieser Zusammenschau verschiedener Perspektiven, selbst wenn diese zumeist nur sehr kursorisch erfolgen kann, ein neues konzeptuelles Verständnis des betreffenden Gegenstandsbereichs ein, wie es sich z.B. im Rahmen einer ausschließlich triebtheoretischen oder selbstpsychologischen Sichtweise nicht ergeben hätte. Deutlich wird aber auch, dass Psychoanalytiker noch ein ganzes Stück davon entfernt sind, die konzeptuellen Probleme, die sich aufgrund einer Synopsis ergeben, zufriedenstellend zu lösen.

ad 6) Innerhalb der psychoanalytischen Gemeinschaft häufen sich in letzter Zeit auch die kritischen Stimmen, die eine zunehmende Selbstgenügsamkeit der – vor allem klinischen – Psychoanalyse befürchten, die doch als Diskurs zwischen den Diskursen begonnen hatte. Denn Freud siedelte die Psychoanalyse zwischen den Wissenschaften, z.B. der Biologie, Medizin, Psychologie, Soziologie und Linguistik, an, wenn er zwar „vom Seelenende her" menschliche Konflikthaftigkeit begreifen wollte, ohne jedoch dabei die psychoanalytische Disziplin auf Psychologie oder eines der anderen Wissensgebiete zu reduzieren. Vermisst wird in zunehmendem Maße die Auseinandersetzung mit den Theorien und Befunden anderer Wissenschaften. Aber die Psychoanalyse hat sich nicht gänzlich vom interdisziplinären Diskurs zurückgezogen. So haben sich z. B. Wilma Bucci (1997), Marianne Leuzinger-Bohleber et al. (1998), Götzmann und Hochapfel (2003) mit Cognitive Science, Michael B. Buchholz (1993) mit kognitiver Linguistik, Marcia Cavell (1993) mit sprachanalytischer Philosophie, Manfred Clemenz (1998) mit Sozialpsychologie, Friedrich-Wilhelm Deneke (1999), Rosemarie Kennel (1998) mit Neuroscience, Martin Dornes (1993, 1997, 2004) mit kognitiver Säuglingsforschung und Entwicklungspsychologie, Glenn Gabbard und Drew Westen (2003) mit kognitiver Gedächtnispsychologie, Jürgen Körner und Fritz Wysotzki (2006) mit Künstlicher Intelligenzforschung und Kybernetik, Mario Erdheim (1998) mit Geschichtswissenschaft, Eckhardt Gehde und Hinderk M. Emrich (1998) mit Neurobiologie, Andreas Hamburger (1995) mit Linguistik, Lotte Köhler (1998) mit Kognitionspsychologie, Rainer Krause (1983) mit Affektpsychologie, Paolo Migone und Giovanni Liotti (1998) mit Cognitive Science und evolutionärer Erkenntnistheorie, Howard Shevrin et al. (1996) mit Kognitionspsychologie und Neurophysiologie, Malcolm O. Slavin und Daniel Kriegman (1992) mit Evolutionsbiologie, Stanley Palambo (1999) mit dynamischer Systemtheorie, Giamperi-Deutsch (2002) mit der analytischen Philosophie des Geistes und deren jeweiliger Verknüpfung mit psychoanalytischen Forschungsbereichen befasst, um nur einige Beispiele zu nennen.

Es war uns ein Anliegen, dass die meisten Beiträger dieses Handbuchs Schnittstellen zu anderen wissenschaftlichen Disziplinen skizzierten. Dass dieser Punkt vor allem wegen der gebotenen Kürze nur eine allererste Anregung für den Leser darstellen kann, liegt auf der Hand. Dennoch glauben wir, dass wir mit dieser Konzeption des Handbuchs ein wenig dazu beitragen können, der Psychoanalyse, die in den letzten Jahren vielerorts drohte, zu einer ausschließlich tiefenhermeneutischen Methodik und einer klinischen Theorie zu verkümmern, aus ihrem isolierten Dasein herauszuhelfen und an eine Tradition anzuknüpfen, in welcher der Diskurs mit anderen Wissenschaften durchaus gepflegt wurde. Darüber hinaus könnte die Herausarbeitung der Entwicklung verschiedener Schulrichtungen innerhalb der Psychoanalyse und der interdisziplinären Aspekte dieses Handbuch auch für Leser interessant machen, die die Psychoanalyse immer noch ausschließlich mit Freud verbinden und beim Lesen mancher psychoanalytischer Werke den Eindruck bekommen können, dass die Psychoanalyse fast ausschließlich in einer Exegese der Ideen des Gründers der Psychoanalyse besteht. Dass dem nicht so ist, sondern dass sich psychoanalytische Theorien in einer mitunter sogar rasanten Weiterentwicklung befinden, davon legt dieses Buch Zeugnis ab.

Ein Hinweis: Um Platz zu sparen, befinden sich die zitierten Freud-Arbeiten nicht in den Literaturangaben der einzelnen Beiträge, sondern sind auf den Seiten XXI–XXIII zusammengefasst.

Wir möchten Dr. Ruprecht Poensgen für die Inverlagnahme und die stets gute Zusammenarbeit sowie Frau Astrid Bradt für die Korrekturen des Sachwort- und Personenverzeichnisses danken. Vor allem danken wir unserer Kollegin Edith Geus-Mertens für die erneute umfangreiche Korrektur des gesamten Manuskripts.

München, Juni 2007

Wolfgang Mertens und Bruno Waldvogel

Literatur

Bucci, W. (1997). Psychoanalysis and cognitive science. A multiple code theory. New York: Guilford Press.

Buchholz, M. B. (1993). Metaphernanalyse. Göttingen: Vandenhoeck & Ruprecht.

Cavell, M. (1993). The psychoanalytic mind – From Freud to philosophy. Cambridge: Harvard University Press (dt.: Freud und die analytische Philosophie des Geistes. Stuttgart: Klett-Cotta 1998).

Clemenz, M. (1998). Psychoanalytische Sozialpsychologie. Grundlagen und Probleme. Gießen: Psychosozial.

Deneke, F.-W. (1999). Psychische Struktur und Gehirn. Die Gestaltung subjektiver Wirklichkeiten. Stuttgart: Schattauer.

Dornes, M. (1993). Der kompetente Säugling. Die präverbale Entwicklung des Menschen. Frankfurt/M.: Fischer, 13. Aufl., 2004.

Dornes, M. (1997). Die frühe Kindheit. Entwicklungspsychologie der ersten Lebensjahre. Frankfurt/M.: Fischer, 7. Aufl., 2003.

Dornes, M. (2004). Über Mentalisierung, Affektregulierung und die Entwicklung des Selbst. Forum der Psychoanalyse, 20, 175–199.

Erdheim, M. (1998). Zur psychoanalytischen Konstruktion des historischen Bewußtseins. In J. Rüsen und J. Straub (Hg.), Die dunkle Spur der Vergangenheit. Psychoanalytische Zugänge zum Geschichtsbewußtsein. Erinnerung, Geschichte, Identität, Bd. 2 (S. 174–193). Frankfurt/M.: Suhrkamp.

Gabbard, G.O. and Westen, D. (2003). Rethinking therapeutic action. International Journal of Psychoanalysis, 84, 823–842.

Gehde, E. und Emrich, H.M. (1998). Kontext und Bedeutung: Psychobiologie der Subjektivität im Hinblick auf psychoanalytische Theoriebildungen. Psyche- Z Psychoanal, 52, 963–1003.

Giampieri-Deutsch, P. (2002). Die psychoanalytische Theorie des Mentalen und die analytische Philosophie des Geistes. In Dies. (Hg.), Psychoanalyse im Dialog der Wissenschaften. Bd. 1, Europäische Perspektiven (S. 58–75). Stuttgart: Kohlhammer.

Götzmann, L. und Hochapfel, M. (2003). Zur Natur des „Sechsten Sinnes“. Die Gegenübertragung im Kontext der Psychoanalyse und der kognitiven Neurosciences. Forum der Psychoanalyse, 19, 116–128.

Hamburger, A. (1995). Entwicklung der Sprache. Stuttgart: Kohlhammer.

Kennel, R. (1998). Psychoanalyse bei Klein/Bion und Neuroscience bei Edelman. Mesalliance oder göttliche Verbindung? In M. Leuzinger-Bohleber, W. Mertens und M. Koukkou (Hg.), Erinnerung von Wirklichkeiten. Psychoanalyse und Neurowissenschaften im Dialog, Bd. 2, Folgerungen für die psychoanalytische Praxis (S. 128–161). Stuttgart: Verlag Internationale Psychoanalyse.

Köhler, L. (1998). Einführung in die Entstehung des Gedächtnisses. In M. Koukkou, M. Leuzinger-Bohleber und W. Mertens (Hg.), Erinnerung von Wirklichkeiten. Psychoanalyse und Neurowissenschaften im Dialog, Bd. 1, Bestandsaufnahme (S. 131–222). Stuttgart: Verlag Internationale Psychoanalyse.

Köhler, L. (2004). Frühe Störungen aus der Sicht zunehmender Mentalisierung. Forum der Psychoanalyse, 20, 158–174.

Körner, J. und Wysotzki, F. (2006). Die Rolle der Übergeneralisierung in der Neurosenbildung. Psychoanalytische und kybernetische Betrachtungen. Forum der Psychoanalyse, 22, 321–341.

Krause, R. (1983). Zur Onto- und Phylogenese des Affektsystems und ihrer Beziehungen zu psychischen Störungen. Psyche – Z Psychoanal, 37, 1016–1043.

Laplanche, J. und Pontalis, J.-B. (1972). Das Vokabular der Psychoanalyse. Frankfurt/M.: Suhrkamp.

Leuzinger-Bohleber, M., Pfeifer, R. und Röckerath, K. (1998). Wo bleibt das Gedächtnis? Psychoanalyse und Embodied Cognitive Science im Dialog. In M. Koukkou, M. Leuzinger-Bohleber und W. Mertens (Hg.), Erinnerung von Wirklichkeiten. Psychoanalyse und Neurowissenschaften im Dialog, Bd. 1, Bestandsaufnahme (S. 517–588). Stuttgart: Verlag Internationale Psychoanalyse.

Migone, P. and Liotti, G. (1998). Psychoanalysis and cognitive-evolutionary psychology: an attempt at integration. International Journal of Psycho-Analysis, 79, 1071–1095.

Palambo, S. (1999). The emergent ego: Complexity and coevolution in the psychoanalytic process. Madison, Connecticut: International Universities Press.

Sandler, J., Dare, C. und Holder, A. (1996). Die Grundbegriffe der psychoanalytischen Therapie. Stuttgart: Klett-Cotta, 7., erw. und überarb. Aufl.

Shevrin, H., Bond, J.A., Brakel, L.A.W., Hertel, R.K. and Williams, W.J. (1996). Conscious and unconscious processes. Psychodynamic, cognitive, and neurophysiological convergences. New York: Guilford Press.

Slavin, M.O. und Kriegman, D. (1992). The adaptive design of the human psyche. Psychoanalysis, evolutionary biology, and the therapeutic process. New York: Guilford Press.

Angaben zu den Autorinnen und Autoren

Auchter, Thomas, Dipl.-Psych., Psychoanalytiker (DPV, DGPT, DAGG). Adresse: Lütticherstr. 281, 52074 Aachen.

Balzer, Werner, Dr. med., Psychoanalytiker (DPV, DGPT). Facharzt für Psychotherapeutische Medizin. Adresse: Friedrich-Ebert-Anlage 14, 69117 Heidelberg.

Barth, Brigit, B.A., Psychoanalytikerin (SGPsa, IPV). Adresse: Böcklinstr. 18, 8032 Zürich.

Bassler, Markus, Priv.-Doz. Dr. med., Psychoanalytiker, Facharzt für Psychotherapeutische Medizin (DPV, DKPM, DGPM, DGSS), Oberarzt an der Klinik für Psychosomatische Medizin und Psychotherapie der Universität Mainz. Adresse: Untere Zahlbacherstr. 8, 55131 Mainz.

Becker, Nikolaus, Dipl.-Psych., Psychoanalytiker (DPV). Adresse: Falkenried 7, 20251 Hamburg.

Bell, Karin, Dr. med., Psychoanalytikerin (DPV, DGPT, DAGG), Fachärztin für Innere und Psychotherapeutische Medizin. Adresse: Brücker Mauspfad 601, 51109 Köln.

Berner, Wolfgang, Professor Dr. med., Psychoanalytiker (DPV, WPV), Professor an der Klinik für Psychiatrie und Psychotherapie der Universität Hamburg, Direktor der Abteilung für Sexualforschung. Adresse: Universitäts-Krankenhaus Eppendorf, Martinistr. 52, 20246 Hamburg.

Berns, Ulrich, Dr. med., Psychoanalytiker (DPG, DGPT, ESCP, ISCPP), Facharzt für Psychotherapeutische Medizin. Adresse: Gretchenstr. 36, 30161 Hannover.

Bettighofer, Siegfried, Dipl.-Psych., Psychoanalytiker (DPG, DGPT). Adresse: Maximilianstr. 71, 86150 Augsburg.

Beutel, Manfred, Professor Dr. med., Dipl.-Psych., Psychoanalytiker (DPV), Professor an der Klinik für Psychosomatik und Psychotherapeutische Medizin der Universität Gießen. Adresse: Ludwigstr. 76, 35392 Gießen.

Blarer, Arno von, Dr. phil., Psychoanalytiker (SGPsa/IPA, PSZ). Adresse: Neptunstr. 6, CH-8032 Zürich.

Böllinger, Lorenz, Professor Dr. jur., Dipl.-Psych., Psychoanalytiker (DPV), Professor für Strafrecht und Kriminologie am Fachbereich Rechtswissenschaft der Universität Bremen. Adresse: Postfach 3330440, 28334 Bremen.

Bohleber, Werner, Dr. phil., Dipl.-Psych., Psychoanalytiker (DPV). Herausgeber der PSYCHE. Zeitschrift für Psychoanalyse und ihre Anwendungen. Adresse: Am Ebelsfeld 1A, 60488 Frankfurt/M.

Boothe, Brigitte, Professorin Dr. phil., Psychoanalytikerin (DGP, DGPT, EFPP), Professorin am Lehrstuhl für Klinische Psychologie an der Universität Zürich. Adresse: Universität Zürich, Abt. Klinische Psychologie, Schmelzbergstr. 40, CH-8044 Zürich.

Bruns, Georg, Priv.-Doz. Dr. med., Dipl.-Soz., Psychoanalytiker (DPV, DGPT), Neurologe, Priv.-Doz. für Soziologie mit dem Schwerpunkt Medizinische Soziologie an der Universität Bremen. Adresse: Schubertstr. 54, 28209 Bremen.

Buchholz, Michael B., Professor Dr. phil., Dr. disc. pol., Dipl.-Psych., Psychoanalytiker (DPG, DGPT), apl. Professor am Fachbereich Sozialwissenschaften der Universität Göttingen. Adresse: Schlesierring 60, 37085 Göttingen.

Bürgin, Dieter, Professor Dr. med., Psychoanalytiker (SGPsa, IPA), Professor für Kinder- und Jugendpsychiatrie an der Universität Basel, Chefarzt der Kinder- und Jugendpsychiatrischen Universitätsklinik und Poliklinik. Adresse: Schaffhauser Rheinweg 55, CH-4058 Basel.

Butzer, Ralph J., Dr. phil., Dipl.-Soz., Dipl.-Psych., Psychoanalytiker (DPV). Adresse: Grüneburgweg 153, 60323 Frankfurt/M.

Cohen, Yecheskiel, PhD, Psychoanalytiker. Adresse: 35 Hechalutz Street, Jerusalem 96222, Israel.

Conzen, Peter, Dr. phil., Dipl.-Psych., Analytisch-systemischer Familientherapeut. Adresse: Psychologische Beratungsstelle, Hans-Inwand-Str. 7, 53113 Bonn.

Danckwardt, Joachim F., Dr. med., Psychoanalytiker (DPV, IPV) und Psychiater. Adresse: Im Buckenloh 2, 72070 Tübingen.

Dantlgraber, Josef, Dr. phil., Dipl.-Psych., Psychoanalytiker (DPV, IPV, DGPT). Adresse: Neckargasse 7, 72070 Tübingen.

Daser, Eckard, Dr. phil., Psychoanalytiker (DPG, DGPT), Facharzt für Psychotherapeutische Medizin. Adresse: Hebelstr. 2, 78464 Konstanz.

Deserno, Heinrich, Dr. med., Psychoanalytiker (DPV), Facharzt für Psychotherapeutische Medizin, wissenschaftlicher Mitarbeiter am Sigmund-Freud-Institut. Adresse: Myliusstr. 20, 60323 Frankfurt/M.

Dornes, Martin, Priv.-Doz. Dr. phil, Dipl.-Soz., Gruppenanalytiker, Kollegiumsmitglied des Instituts für Sozialforschung in Frankfurt. Adresse: Senckenberganlage 26, 60325 Frankfurft/M.

Dulz, Birger, Dr. med., Facharzt für Psychotherapeutische Medizin, Facharzt für Psychiatrie und Psychotherapie (DGPM). Adresse: Klinikum Nord/Ochsenzoll, IV, Abt. für Psychiatrie und Psychotherapie, Langenhorster Chaussee 560, 22419 Hamburg.

Eckhardt-Henn, Annegret, Priv.-Doz. Dr. med, Psychoanalytikerin (DPV), Fachärztin für Psychiatrie, Fachärztin für Psychotherapeutische Medizin. Adresse: Medizinische Klinik 2, Klinik für Psychosomatische Medizin und Psychotherapie, Tunzhofer Str. 14–16, 70191 Stuttgart.

Ehlers, Wolfram, Priv.-Doz. Dr. med., Dipl.-Psych., Psychoanalytiker, (DPG, DGPT, DAGG). Adresse: Birkenwaldstr. 132, 70191 Stuttgart.

Ehlert-Balzer, Martin, Dipl.-Psych., Psychoanalytiker (DGPT). Adresse: Rohrbachstr. 54, 60389 Frankfurt/M.

Ermann, Michael, Professor Dr. med., Psychoanalytiker (DPG), Facharzt für Psychosomatische Medizin und Psychotherapie, Professor an der Ludwig-Maximilians-Universität in München und Leiter der Abteilung für Psychotherapie und Psychosomatik der Psychiatrischen Universitätsklinik. Adresse: Nußbaumstr. 7, 80336 München.

Fischer, Gottfried, Professor Dr. phil., Dipl.-Psych., Psychoanalytiker (DPV, DGPT), Direktor der Abteilung Klinische Psychologie/Psychotherapie und Organisationspsychologie. Adresse: Universität zu Köln, Zülpicher Str. 45, 50923 Köln.

Freyberger, Harald J., Professor Dr. med., Professor für Psychiatrie und Psychotherapie an der Ernst-Moritz-Arndt Universität Greifswald, Direktor der entsprechenden Klinik am Klinikum der Hansestadt Stralsund. Adresse: Rostocker Chaussee 70, 18435 Stralsund.

Frings, Willi, Dipl.-Psych. Adresse: Hermann-Vogel-Str. 15, 80805 München.

Frischenschlager, Oskar, Professor Dr. phil., Psychoanalytiker, a.o. Professor am Institut für Medizinische Psychologie der Universität Wien. Adresse: Severingasse 9, A-1090 Wien.

Fuchs, Gudrun, Dr. phil., Analytische Kinder- und Jugendlichenpsychotherapeutin (VAKJP). Adresse: Weißkirchnerstr. 24, 81476 München.

Gedo, John, Dr. med., Psychoanalytiker, Visiting Professor of Psychoanalytic Thought at the University of Chicago. Adresse: 680 N. Lake Shore Drive, Chicago, IL 60611, USA.

Gekle, Hanna, Dr. phil., Dipl.-Psych., Psychoanalytikerin (DPV, IPV). Adresse: Am Eiswirk 18, 60388 Frankfurt/M.

Gerlach, Alf, Dr. med., Dipl.-Soz., Psychoanalytiker (DPV, IPV), Facharzt für Psychotherapeutische Medizin. Adresse: St.-Avolder-Str. 2–4, 66117 Saarbrücken.

Gisteren, Ludger van, Professor Dr. phil., Psychoanalytiker (DPV, DGPT), Professor an der Fachhochschule Hannover. Adresse: Johannisbrunnenweg 16a, 61462 Königstein.

Grabhorn, Ralph, Priv.-Doz. Dr. med., Dipl.-Psych., Psychoanalytiker (DPV), Facharzt für Psychotherapeutische Medizin. Adresse: Klinik für Psychiatrie, Psychosomatik und Psychotherapie, Heinrich-Hoffmann-Str. 10, 60528 Frankfurt/M.

Grande, Tilman, Dr. phil., Dipl.-Psych, Psychoanalytiker (DGPT), Leitender Psychologe der Klinik für Psychosomatische und Allgemeine Klinische Psychologie der Universität Heidelberg. Adresse: Thibautstr. 2, 69115 Heidelberg.

Haesler, Ludwig, Dr. med., Psychoanalytiker (DPV, DGPT). Adresse: Sulzbacher Weg 5, 65719 Hofheim/Ts.

Hamburger, Andreas, Professor Dr. phil., Dipl.-Psych., Psychoanalytiker (DPG, DGPT), Professor an der Universität Kassel. Adresse: Weißenburger Platz 8, 81667 München.

Hartkamp, Norbert, Dr. med., Psychoanalytiker (DGPT, DAGG), Psychosomatische Abteilung Stiftungsklinikum Mittelrhein. Adresse: Hospitalgasse 2, 56154 Boppard.

Hartmann, Hans-Peter, Priv.-Doz. Dr. med., Dipl.-Psych., Psychoanalytiker (DPV), Facharzt für Neurologie und Psychiatrie, Facharzt für Psychotherapeutische Medizin, Ärztlicher Direktor der Klinik für Psychiatrie und Psychotherapie des Zentrums für Soziale Psychiatrie Heppenheim. Adresse: Bergstr., 64646 Heppenheim.

Haubl, Rolf, Professor Dr. phil., Dr. rer. pol., Dipl.-Psych., Gruppenanalytiker (DAGG), Direktor des Sigmund-Freud-Instituts Frankfurt/M. Adresse: Myliusstr. 20, 60323 Frankfurt/M.

Heim, Robert, Professor Dr. phil., Psychoanalytiker, apl. Professor an der Fakultät für Geistes- und Sozialwissenschaften der Universität Hannover. Adresse: Tischbeinstr. 6, 60596 Frankfurt/M.

Hellmann-Brosé, Reinhard, Dr. med., Psychoanalytiker (DGPT), Kinder- und Jugendlichenpsychotherapeut, Facharzt für Psychotherapeutische Medizin. Adresse: Ludwig-Thoma-Str. 31, 85229 Markt Indersdorf.

Henningsen, Peter, Professor Dr. med., Facharzt für Neurologie und Psychiatrie, Facharzt für Psychotherapeutische Medizin, Lehrstuhl für Psychosomatische Medizin, Psychotherapie und medizinische Psychologie an der TU München. Direktor des Instituts und der Poliklinik für Psychosomatische Medizin, Psychotherapie und medizinische Psychologie im TU-Klinikum rechts der Isar. Adresse: Ismaninger Str. 22, 81675 München.

Henseler, Heinz, Professor Dr. med., (DPV, IPV, DGPT. Adresse: Gottfried-Pressel-Weg 10, 72074 Tübingen/Lustnau.

Herold, Reinhard, Dr. rer. soc., Dipl.-Psych., Psychoanalytiker (DPV). Adresse: Eberhard-Karls-Universität, Abt. für Psychoanalyse, Psychotherapie und Psychosomatik, Neckargasse 7, 72070 Tübingen.

Heuft, Gereon, Professor Dr. med., Psychoanalytiker (DGPT, DGPM), Facharzt für Psychotherapeutische Medizin, Facharzt für Neurologie und Psychiatrie, Klinische Geriatrie, Direktor der Klinik und Poliklinik für Psychosomatik und Psychotherapie Universitätsklinikum Münster. Adresse: Domagkstr. 11, 48149 Münster.

Hinz, Helmut, Dr. med., Psychoanalytiker (DPV). Adresse: Gartenstr. 26, 72074 Tübingen.

Hirsch, Mathias, Dr. med., Psychoanalytiker (DGPT, DAGG), Facharzt für Psychiatrie und Psychotherapeutische Medizin, Adresse: Simrockstr. 22, 40235 Düsseldorf.

Hirschmüller, Albrecht, Professor Dr. med., Medizinhistoriker und Psychotherapeut. Adresse: Institut für Geschichte der Medizin, Goethestr. 6, 72076 Tübingen.

Hölzer, Michael, Priv.-Doz. Dr. med., Psychoanalytiker (DPV), Facharzt für Psychotherapeutische Medizin. Adresse: Christian-Belzer-Str. 79, 70597 Stuttgart.

Holm-Hadulla, Rainer M., Professor Dr. med., Psychoanalytiker (DPV, DGPT), Professor an der Universität Heidelberg. Adresse: Gartenstr. 2, 69115 Heidelberg.

Kapfhammer, Hans-Peter, Professor Dr. med., Dr. phil., Dipl.-Psych., Psychoanalytiker (DGPT), Professor an der Medizinischen Universität Graz, Klinik für Psychiatrie. Adresse: Auenbruggerplatz 31, A-8036 Graz.

Kernberg, Otto F., Professor Dr. med., Psychoanalytiker, Professor für Psychiatrie am Cornell University Medical College und Direktor des Instituts für Persönlichkeitsstörungen am New York Hospital-Cornell Medical Center. Adresse: New York Hospital Center, Bloomingdale Road, White Plains, NY 10605.

Kerz-Rühling, Ingrid, Dr. med., Ärztin für Neurologie und Psychiatrie, Psychoanalytikerin (DPV), Wissenschaftliche Mitarbeiterin am Sigmund-Freud-Institut. Adresse: Myliusstr. 20, 60323 Frankfurt/M.

Kettner, Matthias, Professor Dr. phil., Dipl.-Psych., Professor für Philosophie und Dekan der Fakultät für das Studium Fundamentale an der Universität Witten-Herdecke. Adresse: Alfred-Herrhausen-Str. 50, 58 455 Witten.

King, Vera, Professorin Dr. phil., Dipl.-Soz., Professorin für Sozialisations- und Entwicklungstheorien am Fachbereich der Universität Hamburg, Fachbereich Erziehungswissenschaft, Institut für Allgemeine Erziehungswissenschaft. Adresse: Von-Melle-Park 8, 20146 Hamburg.

Klüwer, Rolf, Professor Dr. phil., Psychoanalytiker (DPV, DGPT). Adresse: Westendstr. 39, 60325 Frankfurt/M.

Klug, Günther, Dr. med., Psychoanalytiker, Oberarzt der Abteilung für Psychosomatische Medizin und Psychotherapie, Krankenhaus München-Harlaching. Adresse: Sanatoriumsplatz 2, 81545 München.

Köhler, Thomas, Professor Dr. med., Dr. phil., Dipl.-Psych., Dipl.-Math. Adresse: Psychologisches Institut 3 der Universität Hamburg, Von-Melle-Park 5, 20146 Hamburg.

König, Hartmuth, Dr. rer. soc., Dipl.-Psych., Psychoanalytiker (DPV, IPV). Adresse: Eugenstr. 22, 72072 Tübingen.

König, Karl, Professor Dr. med., Psychoanalytiker (DPG, DAGG, DGPT), Facharzt für psychosomatische Medizin und für Innere Medizin, Adresse: Hermann-Föge-Weg 6, 37073 Göttingen.

Körner, Jürgen, Professor Dr. disc. pol., Dipl.-Psych., Psychoanalytiker (DPG, DGPT), Professor für Sozialpädagogik an der Freien Universität Berlin. Adresse: Institut für Sozial- und Kleinkindpädagogik, Arnimallee 12, 14195 Berlin.

Kraft, Hartmut, Dr. med., Psychoanalytiker (DPG, DGPT), Facharzt für Nervenheilkunde, Facharzt für Psychotherapeutische Medizin. Adresse: An der Ronne 196, 50859 Köln.

Krause, Rainer, Professor Dr. phil., Dipl.-Psych., Psychoanalytiker (DPG, SGPsa), Lehrstuhl für Klinische Psychologie. Mitglied der Forschungskommission der Internationalen Psychoanalytischen Vereinigung. Adresse: Universität Saarbrücken, Fachrichtung Psychologie im FB 6, Universitätscampus Bau 1.1, 66123 Saarbrücken.

Kreische, Reinhard, Priv.-Doz. Dr. med., Psychoanalytiker (DPG, DGPT), Facharzt für Psychotherapeutische Medizin, Privatdozent an der Universität Göttingen. Adresse: Am Goldgraben 8, 37073 Göttingen.

Küchenhoff, Joachim, Professor Dr. med., Psychoanalytiker (DPV, DGPT), Facharzt für Psychiatrie, Facharzt für Psychotherapeutische Medizin, Leitender Arzt der Abteilung Psychotherapie und Psychohygiene der Psychiatrischen Universitätsklinik Basel. Adresse: Socinstr. 55a, CH-4051 Basel.

Kurthen, Martin, apl. Professor, Dr. med., apl. Professor für Neurologie und Klinische Neuropsychologie am Zentrum für Nervenheilkunde der Universität Bonn, Leitender Arzt am Schweizerischen Epilepsie-Zentrum in Zürich. Adresse: Neurologische Klinik, Sigmund-Freud-Str. 25, 53127 Bonn.

Lazar, Ross A., B.A. (Honours), M.A., Psychoanalytiker, Analytischer Kinder- und Jugendlichenpsychotherapeut (VAKJP, ACP). Adresse: Lisbergstr. 1, 81249 München.

Leichsenring, Falk, Professor Dr. med. rer. nat., Psychoanalytiker (DGPT), Leiter der Arbeitsgruppe Psychotherapieforschung der Abteilung Psychosomatik und Psychotherapie der Universität Göttingen und Leiter der Abteilung Dokumentation und Qualitätssicherung des Krankenhauses für Psychotherapie, Psychiatrie und Psychosomatische Medizin Tiefenbrunn. Adresse: Von-Siebold-Str. 5, 37075 Göttingen.

Lempa, Günter, Dr. med., Arzt für Psychiatrie und Psychotherapeutische Medizin, Psychoanalyse. Adresse: Marktstr. 15, 80802 München.

Leuschner, Wolfgang, Dr. med., Psychoanalytiker, Arzt für Psychiatrie und psychotherapeutische Medizin. Adresse: Friedrichstr. 3, 60323 Frankfurt/M.

Leuzinger-Bohleber, Marianne, Professorin Dr. phil., Dipl.-Psych., Psychoanalytikerin (DPV, SGPsa), Professorin für psychoanalytische Psychologie an der Universität Kassel, Direktorin des Sigmund-Freud-Instituts. Adresse: Myliusstr. 20, 60323 Frankfurt/M.

Löchel, Elfriede, Priv.-Doz. Dr. phil., Dipl.-Psych., Hochschullehrerin an der Universität Bremen. Adresse: Richard-Dehmel-Str. 10, 28211 Bremen.

Lohmer, Mathias, Dr. phil., Dipl.-Psych., Psychoanalytiker (DPV, IPV, DGPT). Adresse: Feilitzschstr. 36, 80802 München.

Ludwig-Körner, Christiane, Professorin Dr. phil., Dipl.-Psych., Psychoanalytikerin (DGP), Professorin an der Fachhochschule Potsdam, Fachbereich Sozialwesen, Privatdozentin der Universität Lüneburg. Adresse: Cimbernstr. 28, 14129 Berlin.

Maier, Christian, Dr. med., Psychoanalytiker (DGPT), Facharzt für Neurologie und Psychiatrie und Psychotherapeutische Medizin. Adresse: Gerhard-von-Are-Str. 4–6, 53111 Bonn.

Mentzos, Stavros, Professor Dr. med., Psychoanalytiker (DPV, DGPT), Psychiater, Facharzt für Psychotherapeutische Medizin. Ehemaliger Leiter der Abteilung Psychotherapie am Uni-Klinikum Frankfurt/M. Adresse: Beethovenstr. 15, 60325 Frankfurt/M.

Mertens, Wolfgang, Professor Dr. phil., Dipl.-Psych., Psychoanalytiker (DGPT). Professor für Psychoanalyse und psychodynamische Forschung am Institut für Klinische Psychologie und Psychotherapie an der Ludwig-Maximilians-Universität München. Adresse: Leopoldstr. 13, 80802 München.

Milch, Wolfgang E., Professor Dr. med., Psychoanalytiker (DPV, DGPT, DKPM), Professor am Universitätsklinikum Gießen und Marburg, Klinik für Psychosomatik und Psychotherapie. Adresse: Friedrichstr. 33, 35392 Gießen.

Moré, Angela, Professorin Dr. phil., Gruppenanalytikerin (SGAZ), Professorin für Psychologie an der Evangelischen Fachhochschule Darmstadt, apl. Professorin für Sozialpsychologie an der Universität Hannover. Adresse: Zweifalltorweg 1, 64293 Darmstadt.

Müller, Thomas, Dr. phil., Psychoanalytiker (DGPT). Adresse: Millöckerweg 3, 63452 Hanau.

Nedelmann, Carl, Dr. med., Psychoanalytiker (DPV, IPV, DGPT), Facharzt für Psychiatrie und Psychotherapeutische Medizin. Adresse: Blumenau 92, 22089 Hamburg.

Nitzschke, Bernd, Dr. phil., Dipl.-Psych., Psychoanalytiker (DGPT). Adresse: Sternstr. 78, 40479 Düsseldorf.

Overbeck, Gerd, Professor Dr. med., Psychoanalytiker (DPV, IPV), Direktor der Klinik für Psychosomatische Medizin und Psychotherapie der Johann Wolfgang Goethe-Universität Frankfurt. Adresse: Heinrich-Hoffmann-Str. 10 (Hs 93A), 60528 Frankfurt/M.

Pfannschmidt, Hansjörg, Psychoanalytiker (DPG, DGPT, DAGG). Adresse: Schießstättenweg 3, 85570 Markt Schwaben.

Plassmann, Reinhard, Professor Dr. med., Psychoanalytiker (DPV), Nervenarzt, Facharzt für Psychotherapeutische Medizin, Professor für Klinisches Rehabilitationswesen der Universität Kassel, Chefarzt der Burg-Klinik. Adresse: Burg-Klinik, Burgstr. 19, 36457 Stadtlengsfeld.

Pouget-Schors, Doris, Dr. med., Psychoanalytikerin, Fachärztin für Psychotherapeutische Medizin. Adresse: Institut für Psychosomatische Medizin, Psychotherapie und Medizinische Psychologie, Technische Universität München, Langerstr. 3, 81675 München.

Quint, Hans, Dr. med., Dr. phil., Dipl.-Psych., Psychoanalytiker (DPV, DGPT), Neurologe, em. Professor für Psychotherapie und Psychosomatik am Universitätsklinikum Essen. Adresse: Keltenweg 9, 53117 Bonn.

Raguse, Hartmut, Dr. theol., Psychoanalytiker (SGPsa, IPV). Titularprofessor für Neues Testament und Hermeneutik an der theologischen Fakultät der Universität Basel. Adresse: Birsigstr. 139, CH-4054 Basel.

Rauchfleisch, Udo, Professor Dr. rer. nat., Dipl.-Psych., Psychoanalytiker (DPG, DGPT), Professor für Klinische Psychologie Universität Basel, Leiter des Psychologischen Dienstes der Psychiatrischen Universitätspoliklinik, Kantonsspital Basel. Adresse: Hauptstr. 49, CH-4102 Binningen.

Reich, Günter, Dr. phil., Dipl.-Psych., Psychoanalytiker (DPG, DGPT), Leiter des Schwerpunktbereiches Familientherapie und der Spezialambulanz für Essstörungen der Abt. für Psychosomatik und Psychotherapie der Universität Göttingen. Adresse: Humboldtallee 38, 37073 Göttingen.

Reichard, Stefan, Dipl.-Psych., Psychoanalytiker. Adresse: Wörthstr. 43, 81667 München.

Reiche, Reimut, Priv.-Doz. Dr. phil., Dipl.-Soz., Psychoanalytiker (DPV). Adresse: Anton-Burger-Weg 91, 60599 Frankfurt.

Röder, Christian Heinrich, Dr. med. Adresse: Klinik und Poliklinik für Psychiatrie, Bezirksklinikum Regensburg, Universitätsstr. 84, 93053 Regensburg.

Rüger, Ulrich, Professor Dr. med., Psychoanalytiker, Facharzt für Psychiatrie und Neurologie, Facharzt für Psychotherapeutische Medizin, Direktor der Klinik und Poliklinik für Psychosomatik und Psychotherapie der Georg-August-Universität Göttingen. Adresse: Von-Siebold-Str. 5, 37075 Göttingen.

Schmidt-Hellerau, Cordelia, Dr. phil., Psychoanalytikerin (SGPsa, IPV). Adresse: Sprecherstr. 4, CH-8032 Zürich.

Schneider-Henn, Karin, Analytische Kinder und Jugendlichenpsychotherapeutin (VAKJP). Adresse: Ismaninger Str. 74, 81675 München.

Schoenhals, Helen, Dr. med., Psychoanalytikerin (DPV, DGPT), Fachärztin für Psychotherapeutische Medizin. Adresse: Westendstr. 92, 60325 Frankfurt/M.

Schöpf, Alfred, Professor Dr. phil., Psychoanalytiker (DGPT), Lehrstuhl für Philosophie II der Universität Würzburg. Adresse: Albertsleitenweg 36, 97080 Würzburg.

Schon, Lothar, Dr. phil., Dipl.-Psych., Psychoanalytiker. Adresse: Prälat-Zistl.-Str. 6, München.

Schüßler, Gerhard, Professor Dr. med., Psychoanalytiker (DGPT), Professor und Vorstand der Universitätsklinik für Medizinische Psychologie und Psychotherapie. Adresse: Sonnenburgstr. 9, A-6020 Innsbruck.

Seidler, Günter H., Professor Dr. med., Psychoanalytiker (DPG, DAGG), Leiter der Sektion Psychotraumatologie an der Klinik für Psychosomatische und Allgemeine Klinische Medizin im Zentrum für Psychosoziale Medizin der Universitätsklinik Heidelberg. Adresse: Thibautstr. 2, 69115 Heidelberg.

Solms, Mark, Dr. med., Neurowissenschaftler und Psychoanalytiker (IPV), Ehrendozent für Neurochirurgie am London Hospital Medical College (The Royal Hospital London), Facharzt für Neurophysiologie am Anna Freud Center. Adresse: Academic Department of Neurosurgery, Royal London Hospital, London E1 1BB, England.

Stephan, Achim, Priv.-Doz. Dr. phil., Priv.-Doz. am Institut für Philosophie der Universität Fridericiana zu Karlsruhe. Adresse: Nauheimer Str. 39, 65428 Rüsselsheim.

Strauß, Bernhard, Professor Dr. phil., Dipl.-Psych., Psychologischer Psychotherapeut, Direktor des Instituts für Medizinische Psychologie am Klinikum der Friedrich-Schiller-Universität Jena. Adresse: Stoystr. 3, 07740 Jena.

Streeck, Ulrich, Professor Dr. med., Arzt für Psychiatrie und Psychotherapie, Arzt für Psychotherapeutische Medizin, Psychoanalyse. Ärztlicher Direktor der Klinik Tiefenbrunn, apl. Professor für Psychotherapie und Psychosomatische Medizin an der Universität Göttingen. Adresse: Krankenhaus Tiefenbrunn, 37124 Rosdorf bei Göttingen.

Tenbrink, Dieter, Dipl.-Psych., Psychoanalytiker (DGIP, DGPT). Adresse: Im Winkel 48, 45219 Essen-Kettwig.

Thürheimer, Cornelia, Analytische Kinder- und Jugendlichenpsychotherapeutin. Adresse: Hiltenspergerstr. 32, 80796 München.

Trimborn, Winfried, Dr. med., Psychoanalytiker (DPV, IPV), Facharzt für Psychotherapeutische Medizin. Adresse: Urachstr. 49, 79102 Freiburg.

Vogt, Rolf, Professor Dr. phil., Dipl.-Psych., Psychoanalytiker (DPV, IPV, DGPT), Professor für Psychologie mit dem Schwerpunkt psychoanalytische Theorie, Therapie und Krankheitslehre an der Universität Bremen, Studiengang Psychologie, Institut für Psychologie und Sozialforschung. Adresse: Grazer Str. 2c, 28334 Bremen.

Wahl, Heribert, Professor Dr. theol., Dipl.-Psych., Psychoanalytiker (DPV), Professor für Pastoraltheologie an der Theologischen Fakultät in Trier. Adresse: Stolzingstr. 33, 81927 München.

Waldeck, Ruth, Dr. phil., Dipl.-Päd., Dipl.-Psych., Psychotherapeutin. Adresse: Schleidenstr. 23, 60318 Frankfurt/M.

Waldvogel, Bruno, Dr. phil., Dipl.-Psych. Psychoanalytiker (DGPT). Adresse: Enhuberstr. 1, 80333 München.

Warsitz, Rolf-Peter, Professor Dr. med., Dr. phil., Psychoanalytiker (DPV), Arzt für Psychiatrie und Psychotherapie, Psychotherapeutische Medizin, Professor für Soziale Therapie, philosophische Anthropologie und psychoanalytische Theorie an der Universität Kassel. Adresse: Arnold-Bode-Str. 10, 34109 Kassel.

Wegner, Peter, Dr. rer. soc., Dipl.-Psych., Psychoanalytiker (DPV, IPV, DGPT). Adresse: Pfalzhaldenweg 16, 72070 Tübingen.

Weiß, Heinz, Professor Dr. med., Psychoanalytiker (DPV, DGPT), Chefarzt der Abteilung für psychosomatische Medizin, Robert-Bosch-Krankenhaus, Stuttgart. Adresse: Auerbachstr. 110, 70376 Stuttgart.

Wellendorf, Franz, Professor Dr. phil., Psychoanalytiker (DPG, DGPT), Professor für Psychologie am Psychologischen Institut der Universität Hannover. Adresse: Kuhsenbarg 6A, 28870 Ottersberg.

Wernz, Corinna, Dr. med., Psychoanalytikerin (DGPT), Fachärztin für Psychotherapeutische Medizin. Adresse: Agnesstr. 1, 80801 München.

Wiesse, Jörg, Professor Dr. med., Psychoanalytiker (DPG, DGPT), Professor für Psychotherapie an der Universität Erlangen und Chefarzt der Klinik für Kinder- und Jugendpsychiatrie/Psychotherapie am Klinikum Nürnberg. Adresse: Prof.-Ernst-Nathan-Str. 6, 90419 Nürnberg.

Will, Herbert, Dr. med., Mag. theol., Psychoanalytiker (DPG, IPV, DGPT), Facharzt für Psychotherapeutische Medizin. Adresse: Veit-Stoß-Str. 96, 80687 München.

Wöller, Wolfgang, Priv.-Doz. Dr. med., Psychoanalytiker (DGPT), Facharzt für Neurologie, Psychiatrie, Psychosomatische Medizin, Leitender Abteilungsarzt an der Rheinklinik in Bad Honnef, Dozent an der Heinrich-Heine-Universität Düsseldorf. Adresse: Rheinklinik, Luisenstr. 3, 53604 Bad Honnef.

Wolf, Michael, Professor Dr. phil., Dipl.-Psych., Psychoanalytiker, Professor an der Johann Wolfgang Goethe-Universität Frankfurt. Adresse: Senckenberganlage 31, 60325 Frankfurt/M.

Zepf, Siegfried, Professor em. Dr. med., Psychoanalytiker (DPG, DGPT), Facharzt für Innere und Psychotherapeutische Medizin, vormals Direktor des Instituts für Psychoanalyse, Psychotherapie und Psychosomatische Medizin der Universitätskliniken des Saarlandes. Adresse: Haus 2, 66421 Homburg/Saar.

Zitierte Freud-Literatur

(nach I. Meyer-Palmedo und G. Fichtner, 1989, Frankfurt/M.: S. Fischer)

Freud, S. (1886f). „Vorwort des Übersetzers" zu Charcot, J.-M., Leçons sur les maladies du système nerveux. GW Nachtr., 52–64.

Freud, S. (1890a). Psychische Behandlung (Seelenbehandlung). GW 5, 287–315.

Freud, S. (1891b). Zur Auffassung der Aphasien. P. Vogel (Hg.), Frankfurt/M.: Fischer Taschenbuch Verlag, 1992.

Freud, S. (1892–93a). Ein Fall von hypnotischer Heilung. GW 1, 3–17.

Freud, S. (1893h). Über den psychischen Mechanismus hysterischer Phänomene. GW Nachtrag, 183–195.

Freud, S. (1894a). Die Abwehr-Neuropsychosen. GW 1, 59–74.

Freud, S. (1895b). Über die Berechtigung, von der Neurasthenie einen bestimmten Symptomenkomplex als ‚Angst-Neurose' abzutrennen. GW 1, 315–342.

Freud, S. (1895d). (Zusammen mit: Breuer, Josef) Studien über Hysterie. GW 1, 75–312.

Freud, S. (1895f). Zur Kritik der ‚Angstneurose'. GW 1, 357–376.

Freud, S. (1896). Zur Ätiologie der Hysterie. GW 1, 425–459.

Freud, S. (1896b). Weitere Bemerkungen über die Abwehr-Neuropsychosen. GW 1, 379–403.

Freud, S. (1898a). Die Sexualität in der Ätiologie der Neurosen. GW 1, 491–516.

Freud, S. (1898b). Zum psychischen Mechanismus der Vergesslichkeit. GW 1, 517–527.

Freud, S. (1899a). Über Deckerinnerungen. GW 1, 531–554.

Freud, S. (1900a). Die Traumdeutung. GW 2/3.

Freud, S. (1901b). Zur Psychopathologie des Alltagslebens. GW 4.

Freud, S. (1904a). Die Freudsche psychoanalytische Methode. GW 5, 3–10.

Freud, S. (1905a). Über Psychotherapie. GW 5, 13–26.

Freud, S. (1905c). Der Witz und seine Beziehung zum Unbewußten. GW 6.

Freud, S. (1905d). Drei Abhandlungen zur Sexualtheorie. GW 5, 1–119.

Freud, S. (1905d). Drei Abhandlungen zur Sexualtheorie. GW 5, 27, 33–145.

Freud, S. (1905e). Bruchstück einer Hysterie-Analyse. GW 5, 161–286.

Freud, S. (1906a). Meine Ansichten über die Rolle der Sexualität in der Ätiologie der Neurosen. GW 5, 149–159.

Freud, S. (1906c). Tatbestandsdiagnostik und Psychoanalyse. GW 7, 3–15.

Freud, S. (1907a). Der Wahn und die Träume in W. Jensens „Gradiva". GW 7, 29–122.

Freud, S. (1907b). Zwangshandlungen und Religionsübungen. GW 7, 129–139.

Freud, S. (1908a). Hysterische Phantasien und ihre Beziehung zur Bisexualität. GW 7, 203–209.

Freud, S. (1908b). Charakter und Analerotik. GW 7, 203–209.

Freud, S. (1908c). Über infantile Sexualtheorien. GW 7, 171–188.

Freud, S. (1908d). Die ‚kulturelle' Sexualmoral und die moderne Nervosität. GW 7, 143–167.

Freud, S. (1908e). Der Dichter und das Phantasieren. GW 7, 213–223.

Freud, S. (1909b). Analyse der Phobie eines fünfjährigen Knaben. GW 7, 241–377.

Freud, S. (1909d). Bemerkungen über einen Fall von Zwangsneurose. GW 7, 379–463.

Freud, S. (1910a). Über Psychoanalyse. GW 8, 1–60.

Freud, S. (1910c). Eine Kindheitserinnerung des Leonardo da Vinci. GW 8, 127–211.

Freud, S. (1910d). Die zukünftigen Chancen der psychoanalytischen Therapie. GW 8, 104–115.

Freud, S. (1910h). Über einen besonderen Typus der Objektwahl beim Manne. GW 8, 66–77.

Freud, S. (1910i). Die psychogene Sehstörung in psychoanalytischer Auffassung. GW 8, 94–102.

Freud, S. (1911b). Formulierungen über die zwei Prinzipien des psychischen Geschehens. GW 8, 230–238.

Freud, S. (1911c). Psychoanalytische Bemerkungen über einen autobiographisch beschriebenen Fall von Paranoia (Dementia paranoides). GW 8, 239–316.

Freud, S. (1912–13a). Totem und Tabu. GW 9, 1–194.

Freud, S. (1912b). Zur Dynamik der Übertragung. GW 8, 363–374.

Freud, S. (1912c). Über neurotische Erkrankungstypen. GW 8, 322–330.

Freud, S. (1912d). Über die allgemeinste Erniedrigung des Liebeslebens (Beiträge zur Psychologie des Liebeslebens II). GW 8, 78–91.

Freud, S. (1912e). Ratschläge für den Arzt bei der psychoanalytischen Behandlung. GW 8, 376–387.

Freud, S. (1912f). Beiträge zur Onanie-Diskussion: „Zur Einleitung" und „Schlußwort". GW 8, 332–345.
Freud, S. (1912g). Einige Bemerkungen über den Begriff des Unbewußten in der Psychoanalyse. GW 8, 430–439.
Freud, S. (1913c). Zur Einleitung der Behandlung („Weitere Ratschläge zur Technik der Psychoanalyse"). GW 8, 454–478.
Freud, S. (1913i). Die Disposition zur Zwangsneurose. GW 8, 441–452.
Freud, S. (1913j). Das Interesse an der Psychoanalyse. GW 8, 389–420.
Freud, S. (1914b). Der Moses des Michelangelo. GW 10, 172–201.
Freud, S. (1914c). Zur Einführung des Narzißmus. GW 10, 137–170.
Freud, S. (1914d). Zur Geschichte der psychoanalytischen Bewegung. GW 10, 43–113.
Freud, S. (1914g). „Erinnern, Wiederholen und Durcharbeiten" („Weitere Ratschläge zur Technik der Psychoanalyse", II). GW 10, 126–136.
Freud, S. (1915a). Bemerkungen über die Übertragungsliebe. GW 10, 305–321.
Freud, S. (1915b). Zeitgemäßes über Krieg und Tod. GW 10, 210–232.
Freud, S. (1915c). Triebe und Triebschicksale. GW 10, 210–232.
Freud, S. (1915d). Die Verdrängung. GW 10, 248–261.
Freud, S. (1915e). Das Unbewußte. GW 10, 264–303.
Freud, S. (1915f). Mitteilung eines der psychoanalytischen Theorie widersprechenden Falles von Paranoia. GW 10, 234–246.
Freud, S. (1916–17a). Vorlesungen zur Einführung in die Psychoanalyse. GW 11.
Freud, S. (1916–17e). Über Triebumsetzungen, insbesondere der Analerotik. GW 10, 402–410.
Freud, S. (1916 – 17f). Metapsychologische Ergänzung zur Traumlehre. GW 10, 412–426.
Freud, S. (1916–17g). Trauer und Melancholie. GW 10, 428–446.
Freud, S. (1916d). Einige Charaktertypen aus der psychoanalytischen Arbeit. GW 10, 364–391.
Freud, S. (1917a). Eine Schwierigkeit der Psychoanalyse. GW 12, 3–12.
Freud, S. (1918a). Das Tabu der Virginität. GW 12, 159–180.
Freud, S. (1918b). Aus der Geschichte einer infantilen Neurose (Der „Wolfsmann"). GW 12, 27–157.
Freud, S. (1919a). Wege der Psychoanalytischen Therapie. GW 12, 183–194.
Freud, S. (1919e). Ein Kind wird geschlagen. Beiträge zur Kenntnis der Entstehung sexueller Perversionen. GW 12, 197–226.
Freud, S. (1919h). Das Unheimliche. GW 12, 229–268.
Freud, S. (1920g). Jenseits des Lustprinzips. GW 13, 1–69.
Freud, S. (1921c). Massenpsychologie und Ich-Analyse. GW 13, 71–161
Freud, S. (1922b). Über einige neurotische Mechanismen bei Eifersucht, Paranoia und Homosexualität. GW 13, 195–207.
Freud, S. (1923a). ‚Libidotheorie' ‚Psychoanalyse'. GW 13, 211–233.
Freud, S. (1923b). Das Ich und das Es. GW 13, 237–289.
Freud, S. (1923c). Bemerkungen zur Theorie und Praxis der Traumdeutung. GW 13, 299–314.
Freud, S. (1923d). Eine Teufelsneurose im siebzehnten Jahrhundert. GW 13, 317–353.
Freud, S. (1923e). Die infantile Genitalorganisation (Eine Einschaltung in die Sexualtheorie). GW 13, 293–298.
Freud, S. (1924b). Neurose und Psychose. GW 13, 387–391.
Freud, S. (1924c). Das ökonomische Problem des Masochismus. GW 13, 367–383.
Freud, S. (1924d). Der Untergang des Ödipuskomplexes. GW 13, 395–402.
Freud, S. (1924e). Der Realitätsverlust bei Neurose und Psychose. GW 13, 395–402.
Freud, S. (1924f). Kurzer Abriß der Psychoanalyse. GW 13, 405–427.
Freud, S. (1925a). Notiz über den Wunderblock. GW 14, 3–8.
Freud, S. (1925d). Selbstdarstellung. GW 14, 31–96.
Freud, S. (1925f). Geleitwort zu „Verwahrloste Jugend". GW 14, 565–567.
Freud, S. (1925h). Die Verneinung. GW 14, 11–15.
Freud, S. (1925j). Einige psychische Folgen des anatomischen Geschlechtsunterschieds. GW 14, 19–30.
Freud, S. (1926d). Hemmung, Symptom und Angst. GW 14, 111–205.
Freud, S. (1926e). Die Frage der Laienanalyse. GW 14, 207–286.
Freud, S. (1927c). Die Zukunft einer Illusion. GW 14, 325–380. Freud, S. (1927d). Der Humor. GW 14, 383–389.
Freud, S. (1927e). Fetischismus. GW 14, 311–317.
Freud, S. (1930a). Das Unbehagen in der Kultur. GW 14, 419–506.

Freud, S. (1931a). Über libidinöse Typen. GW 14, 509–513.
Freud, S. (1931b). Über die weibliche Sexualität. GW 14, 517–537.
Freud, S. (1933a). Neue Folge der Vorlesungen zur Einführung in die Psychoanalyse. GW 15.
Freud, S. (1933b). Warum Krieg? GW 16, 13–27.
Freud, S. (1935b). Die Feinheit einer Fehlhandlung. GW 16, 37–39.
Freud, S. (1936a). Brief an Romain Rolland: Eine Erinnerungsstörung auf der Akropolis. GW 16, 250–257.
Freud, S. (1937c). Die endliche und die unendliche Analyse. GW 16, 59–99.
Freud, S. (1937d). Konstruktionen in der Analyse. GW 16, 114–155.
Freud, S. (1939a). Der Mann Moses und die monotheistische Religion. GW 16, 103–246.
Freud, S. (1940a). Abriß der Psychoanalyse. GW 17, 63–138.
Freud, S. (1940b). Some elementary lessons in psychoanalysis. GW 17, 139–147.
Freud, S. (1940e). Die Ichspaltung im Abwehrvorgang. GW 17, 57, 59–62.
Freud, S. (1950a). Aus den Anfängen der Psychoanalyse, Briefe an Wilhelm Fließ, Abhandlungen und Notizen aus den Jahren 1887–1902. In M. Bonaparte, A. Freud und E. Kris (Hg). London, 1950.
Freud, S. (1950c). Entwurf einer Psychologie. GW Nachtr., 387–477.
Freud, S. (1960a). Briefe 1873–1939. Hg. von Ernst und Lucie Freud. Frankfurt/M., 3. korr. Aufl., 1980.
Freud, S. (1968). GW 17, Gesamtregister. Frankfurt/M.
Freud, S. (1974a). Briefe an Carl Gustav Jung. In Sigmund Freud/C.G. Jung: Briefwechsel. Frankfurt/M.
Freud, S. (1985c). Briefe an Wilhelm Fließ. 1887–1904. Ungekürzte Ausgabe, hg. von Jeffrey Moussaieff Masson. Dt. Fassung von Michael Schröder. Frankfurt/M.

Abstinenz *von Jürgen Körner*

abstinence – abstinence

1. Definition

„Abstinenz" ist ein Begriff aus der psychoanalytischen Behandlungsmethode. Als Regel formuliert, wendet sie sich an den Analytiker und seinen Patienten zugleich. Sie fordert von beiden, einander innerhalb der psychoanalytischen Behandlungssituation nicht zur Befriedigung ihrer Beziehungswünsche zu gebrauchen, und sie verpflichtet beide, in der psychoanalytischen Arbeit zu sprechen, aber nicht zu handeln.

Die Abstinenzregel wirkt nicht in Form einer Anweisung – im Gegensatz zur Grundregel, die als Verpflichtung zur freien Assoziation verstanden werden kann –, sondern eher implizit als eine gemeinsame Orientierung darüber, wie die analytische Arbeit zu führen ist. Insofern sie beide Beteiligten anhält, ihre Beziehungsphantasien und -wünsche nicht im Handeln zum Ausdruck zu bringen, schützt sie die psychoanalytische Situation; damit ist sie ein Teil des psychoanalytischen Rahmens.

2. Klassische Auffassung und ideengeschichtlicher Hintergrund

Freud wandte sich mit seiner Mahnung, „die Kur muß in der Abstinenz durchgeführt werden" (1915a, S. 313) zuallererst an die Patienten. Und: „Der Kranke soll, was sein Verhältnis zum Arzt betrifft, unerfüllte Wünsche reichlich übrigbehalten" (Freud 1919a, S. 189). Diese Forderungen erschienen zunächst mit einer ökonomischen Begründung: Die „Versagung" innerhalb und auch außerhalb der psychoanalytischen Situation sollte bei den Patienten ein gewisses „Maß von realem Leiden" durch „Libidostauung" (Freud 1937c, S. 76) hervorrufen. Diese libidinöse Energie sollte die Übertragung füllen und damit auch der Einsicht zugänglich werden.

Diese ökonomische Begründung der Abstinenzregel wurzelt in den frühen Auffassungen Freuds über die Dynamik psychischer Erkrankung und den Prozess der Heilung: Das verdrängte, unbewusst gewordene Erleben des Patienten war gleichsam aus der Sprache gefallen, sucht sich aber in der Symptomhandlung und der neurotischen Lebensgestaltung seine Ersatzbefriedigungen. Die Abstinenzregel sollte diese Nebenwege versperren und dem Patienten ein Maß an „kontrollierter therapeutischer Versagung" (Klemann 1995, S. 223) zumuten, das die therapeutische Arbeit mit Inhalt und Dynamik bereicherte.

Das Latente sollte manifest, das Unbewusste bewusst werden, und die Übertragung sollte sich entfalten wie eine Disposition zu einer infantil, inadäquat wirkenden Fehlwahrnehmung. Der Analytiker, obschon bereitwillig Adressat solcher Übertragungen, ist insofern passiv, als er selbst an der Gestaltung der Übertragung nicht mitwirkt; er ermöglicht sie nur mit Hilfe der Abstinenzregel und eigener, maximaler Zurückhaltung. Die Gegenübertragung muss im Zusammenhang dieses Konzeptes noch als Störung verstanden werden, als ein Einfluss, der „niedergehalten" (Freud) werden muss.

Insofern wurzelt also das Abstinenzkonzept noch in einer Ein-Personen-Psychologie, in einer patientenzentrierten Auffassung. Wissenschaftstheoretisch gehört die Abstinenzregel in eine naturwissenschaftlich verstandene Psychoanalyse, eine Vorstellung, die Freud schon frühzeitig (1950a) in seinem „Entwurf einer Psychologie" entwickelt hatte, den er Zeit seines Lebens niemals gänzlich fallen ließ. Diese Ausrichtung zeigt sich auch in der frühen Behandlungstechnik, die ganz auf die Entfaltung der dispositionellen Eigenschaften des Patienten abzielt und den Einfluss des Analytikers auf den eines Beobachters, vielleicht eines Katalysators einschränkt.

Die ökonomische Begründung verdeckt ein zweites Motiv, dem Freud mit seinen

Hinweisen auf die Abstinenzregel folgte. Indem er die Patienten darauf verpflichtete, ihre Beziehungswünsche nur verbal, aber nicht im Handeln zum Ausdruck zu bringen, schützte er auch die Analytiker seiner Zeit; nicht wenige von ihnen hatten die Übertragungsphantasien als alltägliche Beziehungsangebote missverstanden und waren auf sie eingegangen. Insofern galt die Abstinenzregel indirekt auch dem Analytiker: Auch er sollte die Verantwortung dafür übernehmen, dass der Patient spricht, aber nicht handelt.

Auch wenn das normative Motiv bei der Einführung der Abstinenzregel sehr einflussreich gewesen sein mag, wollte Freud die Abstinenzregel von Anfang an methodisch verstanden wissen, nämlich als ein Prinzip, das die Arbeit an unbewussten Beziehungsphantasien ermöglicht und zugleich schützt.

Ähnlich wie die Konzepte von der Übertragung und der Gegenübertragung wirkt die Abstinenzregel auf eine scheinbar widerspruchsvolle Weise: Auf der einen Seite schränkt sie ein, indem sie als eine Reihe von Verboten und Begrenzungen daherkommt, auf der anderen Seite aber öffnet sie gerade dadurch den psychoanalytischen Raum für die Gestaltung mit unbewussten Beziehungsphantasien.

3. Wesentliche Erweiterungen und Differenzierungen

Das Abstinenzkonzept unterlag im Verlauf der Entwicklung psychoanalytischer Methodik einigen weit reichenden Veränderungen. Hatte Freud mit seinen Auffassungen von der Abstinenz primär den Patienten und nur indirekt den Analytiker angesprochen, geriet nun auch der Psychoanalytiker in den unmittelbaren Einfluss dieser Regel. Unter Berufung auf die Freud'schen Metaphern von der Spiegel- und Chirurgenhaltung des Psychoanalytikers verlangten „neo-klassische" Psychoanalytiker (Stone) von ihren Kollegen extreme Zurückhaltung, um dem Patienten die ungestörte Entfaltung seiner Übertragung zu erleichtern. Ein unkenntlich gewordener Analytiker würde die Entfaltung der Übertragungsphantasien nicht stören – auch das ist ein später Versuch einer Ein-Personen-Psychologie.

Bis Anfang der sechziger Jahre blieb dieses „defensiv-objektivierende" Abstinenzkonzept (Körner und Rosin 1985) sehr einflussreich. Zwar verstanden die Psychoanalytiker zunehmend besser, wie sehr sie selbst auch in der Gestaltung der psychoanalytisch-therapeutischen Situation mitwirkten, aber sie folgerten daraus zunächst nur, dass es darauf ankäme, diese Mitwirkung zu begrenzen und möglichst zu kontrollieren. Anna Freud hatte 1936 gefordert, der Analytiker müsse einen gleichmäßigen Abstand zu Es, Ich und Überich des Patienten halten, um so eine maximale Neutralität zu gewinnen. Aber auch hier wird schon sichtbar, dass die Übertragung (wie auch die Abwehr und der Widerstand) des Patienten kein intrapersonales Geschehen ist, sondern den Analytiker immer mit einbezieht. Lange Zeit jedoch beharrten die Psychoanalytiker noch darauf, dieses Mitspielen als Störung aufzufassen und mit Hilfe der Abstinenzregel zu unterbinden.

Anfang der sechziger Jahre erfuhr die psychoanalytische Methode einige grundlegende Änderungen. Angeregt durch die kritischen Arbeiten von Paula Heimann (1950) und einiger weiterer Frauen wie Margret Little (1951), Therese Benedek (1953), Clara Thompson (1952) und Annie Reich (1951) wuchs die Bereitschaft, in der psychoanalytisch-therapeutischen Situation ein interaktionelles Geschehen zu erkennen und dem Einfluss des Psychoanalytikers in der Gestaltung der Situation Rechnung zu tragen. Diese Veränderung führte zu einem „instrumentellen" Begriff von der Gegenübertragung (Körner 1990), und auch das Abstinenzkonzept veränderte sich gleichsinnig. Der Psychoanalytiker wurde ermutigt, sich verwenden zu lassen, die ihm übertragene Rolle zu übernehmen (Sandler 1976). Hatte die alte Konzeption von der Gegenübertragung vor allem die Fehlwahrnehmungen im Auge, die mit Hilfe einer strikten Abstinenz objektivierend zu erfassen war, ließ sich die therapeutische Beziehung nunmehr als eine wechselseitige Verwendung verstehen, als ein Zusammenspiel, in dem der Patient seine Beziehungsphantasien in der Gestaltung der therapeutischen Situation zum Ausdruck bringt. Die Abstinenz dient nun nicht mehr dazu, die inadäquate, übertragungshafte Beziehungsphantasie von einer (fiktiven) nicht-neurotischen Realität angemessen zu unterscheiden, sondern sie hilft, die Verwendung in der Übertragung geschehen zu lassen, zu begrenzen und dann von einem „exzentrischen Standpunkt" (Körner 1990) aus zu betrachten und in einer Übertragungsdeutung in Worte zu fassen.

4. Die Bedeutung des Begriffs in den verschiedenen psychoanalytischen Schulrichtungen

Die psychoanalytischen Schulrichtungen sind sich darin einig, dass die Abstinenzregel heute als ein methodisches Prinzip verstanden werden muss, das im Dienste der psychoanalytischen Arbeit steht, den Rahmen schützt und – methodisch begründet – elastisch gehandhabt werden sollte (Cremerius 1984, Klemann 1995). Die abstinente Haltung des Analytikers geht der Analyse nicht voraus, sondern er muss sie in der Arbeit mit seinem Patienten erringen. Ähnlich wie die freie Assoziation und die gleichbleibende Aufmerksamkeit zielt auch die Abstinenzregel auf ein fiktives Ideal, auf das sich die Arbeit ausrichtet.

Die Unterschiede zwischen den psychoanalytischen Schulrichtungen gründen in divergierenden Auffassungen über die Dynamik der psychoanalytisch-therapeutischen Situation. Je mehr ein Psychoanalytiker der klassischen, triebtheoretisch orientierten Auffassung zuneigt (z.B. Adler und Bachant 1996), desto eher wird er dem Analytiker Zurückhaltung und Kontrolle seiner Gegenübertragung empfehlen. Diese Empfehlung gründet in der Auffassung, dass der Patient Gelegenheit haben soll, seine unbewussten Phantasien im Verlaufe des psychoanalytischen Prozesses zu erleben und dabei zu erfahren, wie widersprüchlich diese Phantasien sein können und wie sich unterschiedliche, geradezu gegensätzliche Beziehungsphantasien übereinander schichten und wie sie nacheinander abgetragen werden können. Ein abstinenter Analytiker verhält sich – nach dieser Auffassung – respektvoll gegenüber der vielgestaltigen Psyche seines Analysanden und der Beweglichkeit seiner Übertragungsentwürfe.

Je mehr hingegen ein Analytiker den psychoanalytischen Dialog als ein interaktionelles Geschehen auffasst und den Beitrag des Analytikers als unvermeidlich einflussreich gewichtet (z.B. Greenberg 1986), desto stärker befürwortet er eine elastischere Handhabung der Abstinenzregel mit der Empfehlung an den Analytiker, sich auch in seiner Besorgnis und seinem Wohlwollen zu zeigen. Einige Autoren, z.B. Renik (1996), gehen so weit zu behaupten, dass die Abstinenz des Analytikers dem psychotherapeutischen Prozess schade. Renik vermutet, dass abstinente Analytiker dazu neigen könnten, sich selbst als moralische Autorität zu idealisieren; mit dieser Haltung, die in einer wissenschaftlich begründeten psychoanalytischen Methode keinen Platz finden dürfe, schadeten sie dem Patienten auf seinem Wege, sich selber besser zu verstehen.

Eine weitere Kontroverse entzündete sich an der Frage, ob schwerer erkrankte Patienten, z.B. Borderline-Persönlichkeiten, einer weniger strikten Abstinenz bedürften. Auch hier gehen die Meinungen auseinander. Möglicherweise liegt eine Kompromissformel nach Kernberg (1993, S. 667) darin, dass der Psychoanalytiker einerseits zwar bereit sein muss, Modifikationen auch in seiner Abstinenz vorzunehmen, wenn es die Ich-Schwäche seines Patienten erfordert. Andererseits sollten alle Veränderungen im Setting und in der Abstinenz des Analytikers unbedingt analysiert werden, weil sonst der Rahmen der psychoanalytischen Situation zerstört würde und die Arbeit letzten Endes misslingen müsste.

Die aktuelle psychoanalytische Diskussion gewichtet immer stärker die interaktionellen Aspekte des psychoanalytisch-therapeutischen Dialoges. „Konstruktivistische" Psychoanalytiker, zu diesen zählt Schachter (1994) unter anderem Gill und Hoffman, konzentrieren sich sehr stark auf den Beitrag des Analytikers in der Gestaltung der therapeutischen Situation. Sie fordern demgemäß, dass sich die Abstinenz weniger als Neutralität gegenüber den Übertragungsphantasien des Analysanden zu zeigen habe. Vielmehr stünde der Analytiker in der Verpflichtung, seinen eigenen Übertragungen gegenüber abstinent zu sein, die eigenen unbewussten Beziehungsphantasien zu explorieren und dadurch erst den Dialog mit dem Patienten auch im Hinblick auf das Zusammenspiel unbewusster Beziehungsphantasien zu verstehen und deuten zu können.

In der englischsprachigen Literatur war es lange Zeit üblich, neben der Abstinenz auch von der „Neutralität" des Analytikers zu sprechen. Freud selbst verwendete den Begriff der „Neutralität" nicht; „neutrality" tauchte im Englischen dadurch auf, dass Strachey den Begriff „Indifferenz" in dem berühmt gewordenen Freud-Zitat: „Ich meine also, man darf die Indifferenz, die man sich durch die Niederhaltung der Gegenübertragung erworben hat, nicht verleugnen" (1915a, S. 313) mit „neutrality" übersetzte. Allerdings hat der Begriff der „neutrality" zunehmend die Bedeutung des deutschen Wortes „Abstinenz" übernommen. Diese Tendenz hat sich verstärkt: Seit den fünfziger Jahren wächst die Zahl der Veröffentlichungen zur „neutrality", während die zum Thema „abstinence" in gleichem Ausmaße zurückgeht (Schachter 1994, S. 713).

Es ist interessant zu sehen, dass in der englischsprachigen Literatur trotz der begrifflichen Verschiedenheiten offenbar doch das gleiche Problem diskutiert wurde. Die Gleichartigkeit der Themen bei unterschiedlicher Terminologie deutet darauf hin, dass das Kernproblem, die Ermöglichung eines utopischen Raumes in der psychoanalytischen Situation durch eine selbstreflexive Haltung des Analytikers der psychoanalytischen Methode eigen ist – ganz gleich, wie sich die spezifischen und kulturellen Unterschiede auch auswirken mögen.

5. Interdisziplinäre Beiträge und Befunde

In kommunikationstheoretischer Betrachtung stellt die Abstinenzregel zweifellos eine für den psychoanalytischen Prozess spezifische, restringierte Interaktionssituation her. Denn vom Standpunkt des Patienten aus handelt der Analytiker erwartungswidrig, er gibt sich und seine Werturteile nicht zu erkennen, so dass der Patient gleichsam in einen Deutungsnotstand gerät. Um die Wirkung dieses Interaktionsvorbehaltes zu erfassen, ist es nützlich, sich auf mikrosoziologische Forschungen über die wechselseitigen Beziehungsregulationen im alltäglichen Interaktionsprozess zu stützen. Dann wird – im Vergleich zu Alltagssituationen – deutlich, dass die Abstinenz des Analytikers den Analysanden in die schwierige Lage versetzt, einen Text (nämlich die Deutungen des Analytikers) verstehen zu müssen, ohne ausreichend über den Kontext informiert worden zu sein. Während sich die Interaktionspartner in alltäglichen Situationen mit außersprachlichen Mitteln, mimisch und gestisch wechselseitig über den Kontext, den Rahmen der Situation informieren (Körner 1995), bleibt der Analytiker in der psychotherapeutischen Situation auch in dem Sinne „zurückhaltend", dass er diese Informationen weitgehend zurückhält. Daher ist der Analysand gezwungen, seine Vorstellung von der aktuellen sozialen Beziehung zum Analytiker ohne ausreichende Information, allein aus dem sprachlichen Dialog heraus zu entwerfen. Er greift auf seine eigenen, teils unbewusst wirksamen Beziehungsentwürfe zurück und entfaltet so die Übertragung.

In eine ähnliche Richtung weisen Überlegungen über die Bedeutung des sprachlichen Austausches für die Interaktionsregulierung (Raguse 1998). Die Unterscheidung in einen semantischen, einen syntaktischen und einen pragmatischen Aspekt der Sprache z. B. lässt erkennen, wie wirksam die Abstinenzregel sein mag: Insbesondere die Pragmatik, die „Wirkabsicht" des Sprechers, wird von der Abstinenz des Analytikers stark eingeschränkt. Denn der Analysand erfährt nur wenig darüber, was er mit seinem Sprechen beim Analytiker bewirkt. Daher fehlen ihm wesentliche Rückmeldungen für die Verständigung über die Bedeutung des Gesprochenen.

Die Abstinenzregel legt gewiss nahe, die Psychotherapieforschung vor allem auf die Prozesse des verbalen Austausches von Analysand und Analytiker zu konzentrieren. Diese Konzentration auf den sprachlichen „Kanal“ der Verständigung wird aber dem komplexen, „multikanalen“ (Krause) Austausch zwischen Analytiker und Analysand nicht gerecht. Die von Krause durchgeführte „multikanale Psychotherapie-Prozessforschung“ (Krause 1997) hat gezeigt, wie sehr insbesondere das nonverbale Verhalten von Patient und Therapeut die Interaktion schon in der ersten Stunde steuert und wie es gelingt, die Formen dieser Interaktion schon frühzeitig als Prädikatoren für den späteren Erfolg psychotherapeutischer Prozesse zu erfassen. Krauses Befund, dass „komplementäre“ Leitaffekte in der ersten Stunde (z.B.: Der Patient drückt negative Gefühle aus, der Therapeut lässt positive Gefühle erkennen) ein größeres Veränderungspotential voraussagen lassen als „konkordante“ Leitaffekte (z.B. beide zeigen positive Affekte), ist ein indirekter, aber sehr bedeutsamer Beitrag für die Wirkung einer abstinenten psychotherapeutischen Haltung.

Nach den bisher vorliegenden Forschungsergebnissen der kognitiven Neuropsychologie lässt sich die „Multikanalität“ des Austausches zwischen Analysand und Analytiker auch als eine Mischung aus Beziehungsentwürfen verstehen, die unterschiedlichen Subsystemen des Gedächtnisses entstammen: Zum einen handelt es sich um basale Überzeugungen, „working models“ über menschliche Beziehungen, die lebensgeschichtlich schon früh im nichtdeklarativen Gedächtnis, v.a. im emotional prozeduralen Modul, gespeichert wurden. Zum anderen greifen die beiden Beteiligten auf Beziehungsentwürfe zurück, die im deklarativen Gedächtnis repräsentiert sind.

In kognitionspsychologischer Sicht lässt sich die analytische Psychotherapie als Lernprozess auffassen, in dem ein Pat. angeregt wird, seine basalen Beziehungsphantasien des emotional prozeduralen Gedächtnisses zu korrigieren. Weil derartige Lernprozesse aber durch sprachliche Deutungen allein kaum zu erreichen sind, verstehen Analytiker ihre Methode immer schon als Beziehungsarbeit. In diesem Kontext könnte die Abstinenzregel dazu beitragen, dass der Pat. in eine erwartungswidrige Situation gerät, weil es ihm nicht gelingt, seine basalen Beziehungsentwürfe durchzusetzen. Denn der Analytiker akzeptiert die ihm angetragene Rolle zwar, aber er spielt sie nicht mit und er antwortet auch nicht im gewünschten Sinne.

Der Pat. gerät also in einen „Deutungsnotstand“, weil seine gewohnten Bewertungen (z.B. „Alle Menschen sind willkürlich, man muss sich in Acht nehmen“), die bislang als Automatismen abliefen, nicht mehr passen; dadurch werden diese analogen Bewertungen zur Digitalisierung gezwungen und so dem Nachdenken und auch der Deutung des Analytikers zugänglich. Wenn man aber annimmt, dass analoge Bewertungen dann zur „Digitalisierung“ gezwungen werden, wenn sie sich nachhaltig nicht einlösen lassen, dann könnte man wiederum die Abstinenz des Analytikers als eine Voraussetzung dafür betrachten, dass der Pat. ganz gegen seine Alltagserfahrung eine Beziehung erlebt, in der sich ein anderer seiner Verwendung entzieht.

Literatur

Adler, E. and Bachant, J.L. (1996). Free association and analytic neutrality: The basic structure of the psychoanalytic situation. Journal of the American Psychoanalytic Association, 44, 1021–1046.

Benedek, T. (1953). Dynamics of countertransference. Bulletin of the Menninger Clinic, 17, 201–208.

Cremerius, J. (1984). Die psychoanalytische Abstinenzregel. Vom regelhaften zum operationalen Gebrauch. Psyche – Z Psychoanal, 38, 769–800.

Freud, A. (1936). Das Ich und die Abwehrmechanismen. London: Imago.

Greenberg, J.R. (1986). Theoretical models and the analyst's neutrality. Contemporary Psychoanalysis, 22, 87–106.

Heimann, P. (1950). On counter-transference. International Journal of Psycho-Analysis, 31, 81–84.
Kernberg, O.F. (1993). Convergences and divergences in contemporary psychoanalytic technique. International Journal of Psycho-Analysis, 74, 659–673.
Klemann, M. (1995). Abstinenz oder: Von der „Not zur Tugend“. Historischer Kontext und aktuelle Bedeutung eines behandlungstechnischen Konzeptes. Forum der Psychoanalyse, 11, 221–238.
Körner, J. (1990). Übertragung und Gegenübertragung, eine Einheit im Widerspruch. Forum der Psychoanalyse, 6, 87–104.
Körner, J. (1995). Der Rahmen der psychoanalytischen Situation. Forum der Psychoanalyse, 11, 15–26.
Körner, J. und Rosin, U. (1985). Das Problem der Abstinenz in der Psychoanalyse. Forum der Psychoanalyse, 1, 25–47.
Krause, R. (1997). Allgemeine Psychoanalytische Krankheitslehre. Bd. I, Grundlagen. Stuttgart: Kohlhammer.
Little, M. (1951). Counter-transference and the patient's response to it. International Journal of Psycho-Analysis, 32, 32–40.
Raguse, H. (1998). Psychoanalytische Hermeneutik – Weltanschauung oder Regelcorpus? Psyche – Z Psychoanal, 52, 648–703.
Reich, A. (1951). On counter-transference. International Journal of Psycho-Analysis, 32, 25–31.
Renik, O. (1996). The perils of neutrality. Psychoanalytic Quarterly, 65, 495–517.
Sandler, J. (1976). Gegenübertragung und Bereitschaft zur Rollenübernahme. Psyche – Z Psychoanal, 30, 297–305.
Schachter, J. (1994). Abstinence and neutrality: development and diverse views. International Journal of Psycho-Analysis, 75, 709–720.
Thompson, C. (1952). Die Psychoanalyse. Zürich: Pan.

Abwehr *von Joachim Küchenhoff*

defense – défense

1. Definition

Für Freud ist Abwehr zunächst ein Phänomen, das jeder erlebt, der sich mit unbewussten Triebansprüchen oder Wünschen konfrontiert sieht, die nicht bewusst werden sollen: Er verspürt eine Abwehr gegen die Bewusstmachung der an diese Wünsche gekoppelten Gedanken; in der Therapie beobachtet der Analytiker entsprechend einen Widerstand. Als Abwehr wird sodann das diesem Phänomen zugrunde liegende Funktionsprinzip bezeichnet: „Die Unterscheidung zwischen vorbewußter und unbewußter Tätigkeit ist keine primäre, sondern wird erst hergestellt, nachdem die Abwehr ins Spiel getreten ist“ (Freud 1912g, S. 436). Im Rahmen der Traumdeutung wird die dynamische Form der Trennung von Bewusstem und Unbewusstem als Zensur bezeichnet. Nach der Einführung des Strukturmodells wird Abwehr als eine Ich-Funktion verstanden, als „allgemeine Bezeichnung für alle die Techniken, deren sich das Ich in seinen eventuell zur Neurose führenden Konflikten bedient“ (Freud 1926d). Das Strukturmodell ermöglicht es, die Abwehr selbst als eine unbewusste Ich-Tätigkeit aufzufassen.

Abwehr ist ein Grundbegriff der Psychoanalyse; daher wundert es nicht, dass Freud die Abwehr auch als grundlegendes Einteilungsprinzip psychischer Störungen verwendet: Bereits 1894 werden die Abwehrneurosen, die durch die Abwehr eines psychischen Konfliktes entstehen und die übertragungsfähig sind, den narzisstischen Neurosen gegenüber gestellt. Während über eine lange Zeit Abwehr mit Verdrängung gleichgesetzt wird, werden später die Entwicklung der Neurose, das Triebschicksal, auf der Grundlage der „Arten der Abwehr gegen die Triebe“ (1915c, S. 219) definiert und spezifische Abwehrvorgänge mit spezifischen Neuroseformen (1926d) verbunden. Verdrängung ist dann nur noch eine Unterform der Abwehr, die vornehmlich bei hysterischen Neurosen gesehen werden, während Abwehr der Oberbegriff bleibt, nämlich „Vorgänge mit gleicher Tendenz – Schutz des Ichs gegen Triebansprüche" (1926d, S.196) zu kennzeichnen.

2. Klassische Auffassung

Die Abwehrtheorie Sigmund Freuds ist integrativer Bestandteil der Konflikttheorie, die die Dynamik und den Widerstreit psychischer Interessen an der Wurzel psychischer Konflikte und – allgemeiner – der Entwicklung der Persönlichkeit sieht. Abwehr bedingt Unbewusstheit und stellt die vermittelnde Funktion zwischen dem Antagonismus von triebhaften Wünschen auf der einen Seite und den Trieb einschränkenden Mächten der Realität, der Gesellschaft oder des Überichs auf der anderen Seite dar. Für Freud ist Abwehr an eine ökonomischen Perspektive gebunden: Die Stärke oder die Vollständigkeit von Abwehr gegenüber den Triebansprüchen entscheidet darüber, ob das Verdrängte in verkleideter, z.T. symptomatischer Form wiederkehrt oder nicht. Als Motor der Abwehr wird zunächst der Kastrationskomplex, als abgewertete Triebwünsche werden die Strebungen des Ödipuskomplexes angesehen (vgl. Freud 1926d). Im Spätwerk Freuds finden sich allerdings Ausweitungen, die für die nachfolgenden Differenzierungen des Abwehrbegriffes entscheidend sein werden; so formuliert er in den Nachträgen zu „Hemmung, Symptom und Angst" (1926d, S. 197), dass es wohl auch einen präödipalen Entwicklungsbereich anderer Abwehrformen geben müsse: „Es kann leicht sein, dass der seelische Apparat vor der scharfen Sonderung von Ich und Es, vor der Ausbildung eines Überichs andere Methoden der Abwehr übt als nach der Erreichung dieser Organisationsstufen." Ebenso folgenreich wie vorausschauend war die kleine, späte Arbeit, die Abwehrvorgänge nicht nur als durch das Ich vollzogen, sondern auch am Ich ansetzend konzipiert, wobei der Titel der Arbeit bereits ihr Programm enthält: „Die Ich-Spaltung im Abwehrvorgang" (Freud 1940e).

Das klassische Konzept von Abwehr stammt nicht von Sigmund, sondern von Anna Freud (1936); sie bemüht sich als erste um eine kohärente Theorie der Abwehr. Dabei geht sie davon aus, dass Abwehr als solche nicht pathologisch ist, da sie zugleich die Voraussetzung für die Charakterbildung ist. Die Ich-Stärkung und mit ihr die Abwehrorganisation seien für die kindliche Entwicklung entscheidend und ebenso wichtig wie die Entwicklung der Triebe. Anna Freud erstellt eine Liste von 13 Abwehrmechanismen (Verdrängung, Regression, Reaktionsbildung, Isolierung, Ungeschehenmachen, Projektion, Introjektion, Wendung gegen die eigene Person, Verkehrung ins Gegenteil, Sublimierung, Identifikation mit dem Angreifer, altruistische Abtretung, Intellektualisierung). Sie setzt Abwehr nicht mehr mit Triebabwehr gleich, sondern berücksichtigt eine Abwehr der äußeren Realität; während S. Freud immer zwischen dem Reizschutz als nach außen gerichteter und der Abwehr als nach innen gerichteter Ich-Funktion unterscheidet, wirft A. Freud die Frage nach der Identität von nach innen und nach außen gerichteten Abwehrmechanismen auf. Sjöback (1973) hat diesen Gedanken aufgegriffen, weil er die meisten, zunächst einmal für die Abwehr nach innen beschriebenen Mechanismen für übertragbar auf die Abwehr der äußeren Realität hält.

3. Ideengeschichtlicher Hintergrund

Eine dynamische Konzeption des Seelenlebens, in dem Kräfte einander widerstreiten, ist ein Gedanke, der im 19. Jahrhundert verbreitet ist. Th. Meynert hat den Begriff der Abwehr geprägt, von ihm hat Freud ihn übernommen (Ellenberger 1973, S. 671). Bei Meynert gibt es zwei Grundhaltungen des Organismus, nämlich die Haltung des Angriffs und der Verteidigung, zwei Grundhaltungen, die sich dann in Wahnthemen widerspiegeln. Ein Konzept der Seele, das von Konfliktdynamik geprägt ist, findet sich bei Friedrich Nietzsche, der einige von Freud später sogenannte Abwehrmechanismen beschrieben hat, nämlich die Sublimierung, die Hemmung als äquivalente Verdrängung und die Wendung gegen sich selbst (Ellenberger 1973, S. 383). Auch das Konzept des Willens als eines Gegenspielers des Intellekts bei Arthur Schopenhauer kommt ohne die Annahme eines der Abwehr ähnlichen „Widerstrebens des Willens" nicht aus, der dazu führt, dass der Zugang von Sachverhalten oder Denkmustern, die dem Willen widersprechen, zum Intellekt blockiert wird.

4. Wesentliche Erweiterungen, Differenzierungen und Modifikationen

In der Nachfolge von Anna Freud wurde zunächst die Definition von Abwehrmechanismen und die Liste der möglichen Abwehrmechanismen erweitert und abgewandelt; Bibring et al. (1961) haben die Differenzierung bis zu einem gewissen Höhepunkt betrieben, indem sie 26 grundlegende, d.h. einfach strukturierte, und 19 komplexe, d.h. zusammengesetzte Abwehrmechanismen unterscheiden. Auf diese Weise stellt sich natürlich die Frage nach einer einheitlichen Definition; die Arbeitsgruppe um Vaillant hat versucht, durch den Vergleich von Abwehrglossaren zur verbindlichen Definition von Abwehrmechanismen zu gelangen (Vaillant 1986).

Der abgewehrte Inhalt, also der Gegenstand von Abwehrmechanismen, wurde später erweitert; während bei Freud der psychische Konflikt, an den der Begriff der Abwehr gebunden ist, zunächst der Konflikt zwischen Bewusstsein und Unbewusstem, später der Strukturkonflikt war, hat Anna Freud auch mit einer Abwehr der äußeren Realität gerechnet. Aber nicht nur Triebe werden abgewertet, sondern auch Affektzustände (Hoffmann 1987). Nachdem die Objektbeziehungstheorie die Veränderungen von Selbst- und Objektrepräsentanzen untersucht hat, wurden auch diese als Gegenstand der intrapsychischen und später der interpersonalen Abwehr angesehen. Abwehrvorgänge werden nicht mehr nur als intrapsychische Veränderungen der Selbst- und Objektbilder angesehen, sondern auch als Vorgänge, die im interpersonellen Raum spielen können, als sogenannte interpersonale Abwehr (Willi 1975, Mentzos 1976).

Die Fülle der beschriebenen Abwehrvorgänge macht es notwendig, die verschiedenen Abwehrmechanismen aufeinander zu beziehen; dabei wurden Abwehrmechanismen nicht nur, wie bei S. Freud, bestimmten Krankheitsbildern zugeordnet, sondern die Niveaus der psychischen Funktionsfähigkeit oder Integration wurden anhand von bestimmten Abwehrmechanismen beschrieben. Dadurch wird eine Hierarchisierung von Abwehrmechanismen nahegelegt. Vaillant hat in einer Längsschnittstudie zum 30-jährigen Lebensverlauf von knapp 100 ehemaligen Collegestudenten ein hierarchisches Modell der Abwehrmechanismen empirisch zu überprüfen versucht; er unterscheidet narzisstische, unreife, neurotische und reife Abwehrmechanismen, die mit der gelingenden Adaption in verschiedenen Lebensbereichen korrelieren (Vaillant 1971). Solche Abwehrhierarchien dürfen aber nicht vorschnell als statische Modelle einer unveränderlichen psychischen Struktur angesehen werden; Abwehrmechanismen werden dynamisch eingesetzt, sogenannte unreife Abwehrmechanismen werden dann aktiviert, wenn reifere versagt haben, frühe Abwehrmechanismen können als „Notfallmechanismen" angesehen werden (Moser 1967). Auch andere Autoren (z.B. Lichtenberg und Slap 1970, Kernberg 1981) entwerfen ein dreistufiges Modell (z.B. neurotische – borderlineartige – psychotische Organisation).

Wodurch werden Abwehrvorgänge angestoßen? Bei Freud ist es das Aufeinandertreffen des Lustprinzips und des Realitätsprinzips, das Einschränkungen der Libido erzwingt; später ist es der Konflikt zwischen Es und Überich. Angesprochen sind hiermit Regulationsprinzipien, also übergeordnete Prinzipien, die den Einsatz von Abwehrmechanismen steuern. Sandler (1961) geht vom zugrunde liegenden Prinzip der Sicherheit aus. Die umfassendste Beschreibung gibt Hoffmann, der Abwehr als Regulationsprinzip versteht, „das nicht nur zur Vermeidung von Unlust, sondern auch gezielt zur Verbesserung des Selbstbildes ... und des Lustgewinns aus befriedigenden Ich-Funktionen ... eingesetzt wird“ (Hoffmann 1987, S. 37).

Die Tatsache, dass der Begriff der Abwehr zur metapsychologischen Beschreibung der Genese und der Arbeitsweise des psychischen Apparates gehört, hat auch zu einiger Kritik am Abwehrkonzept Anlass gegeben, gerade weil in ihm energetische und mechanistische Konzeptionen anklingen. Das Abwehrkonzept wurde deshalb als Ausdruck des „szientistischen Selbstmissverständnisses“ (Habermas 1968) und einer physikalistischen Denkweise kritisiert, wohl am konsequentesten von R. Schafer. Schafer will die Metapsychologie in eine Handlungssprache und in „story lines“, also Erzählstränge auflösen. Abwehr ist dann die Erzählform, die für den Zusammenhang mit unbewusst durchgeführten, selbsttäuschenden Handlungen steht (Schafer 1995). Schafer hat darin Recht, dass er fordert, die Kluft zwischen der Abstraktion der Metapsychologie und der klinischen Praxis müsse besser überbrückt werden.

Eine andere Kritik am Abwehrkonzept setzt dort an, wo es die klinische Praxis vereinseitigen kann. Die Konzentration auf die Abwehranalyse kann dazu führen, dass psychische Konflikte als rein intrapsychisch betrachtet werden und anstelle von Übertragungswiderständen (Gill 1996) intrapsychische Mechanismen im Sinne einer Ein-Personen-Psychologie bearbeitet werden. Außerdem scheinen Abwehrkonzepte besonders anfällig für normative Wertungen zu sein; Abwehr kann als Gegenkraft gegen die Arbeit des Analytikers (miss-)verstanden und daher zu brechen versucht werden (Greenson 1981, S. 43). Auch diese Kritiken entwerten das Abwehrkonzept nicht grundsätzlich, auch sie können allerdings als Warnung vor einer undynamischen, normativ wertenden klinischen Anwendung der Abwehrtheorie nützlich sein.

5. Die Bedeutung des Begriffs in den verschiedenen psychoanalytischen Schulrichtungen

Das Abwehrkonzept gehört in den Rahmen der Triebpsychologie Freuds, die sich auf den unbewussten psychischen (Trieb-)konflikt konzentriert. Schon bei S. Freud wird mit der Strukturtheorie die Abwehr als Ich-Leistung verstanden, das „Ich und die Abwehrmechanismen“ (A. Freud 1936) gehören zusammen, Abwehr ist deshalb ebenfalls für die Ich-Psychologie ein genuiner Bestandteil. Dabei wird Abwehr zunehmend entpathologisiert und als Teil der normalen Persönlichkeitsentwicklung gesehen. Im Verlaufe ihrer Entwicklung ist die Ich-Psychologie dann weniger an der Abwehrdynamik interessiert als an den ichfunktionellen Voraussetzungen, die der Mensch von Geburt oder aufgrund der frühen Entwicklung mitbringt, und die therapeutisch gefördert oder ersetzt werden müssen. Damit aber, dass die Ich-Psychologie (Hartmann 1939) im Gegensatz zur Triebpsychologie die Anpassung des Individuums an die Umwelt, die auch konfliktfrei und primär autonom erfolgen kann, betont, verliert der ich-psychologische Abwehrbegriff wiederum an Brisanz. Die klinisch wichtigsten Ausdifferenzierungen der Abwehrtheorie stammen aus der Objektbeziehungspsychologie in der Nachfolge Melanie Kleins. Da diese ein von Anfang an funktionsfähiges rudimentäres Ich auch schon beim Säugling postuliert, das über Abwehrmöglichkeiten verfügt, kann – und muss – sie auch frühe und allerfrüheste Abwehrformationen beschreiben. Vor allem die Abwehrvorgänge der sogenannten paranoid-schizoiden Stufe sind für die Theorie und Klinik der Persönlichkeitsstörungen und Psychosen bedeutsam geworden (Kernberg 1981). Theoretisch besonders gehaltvoll ist die Erweiterung des Gegenstands der Abwehr, die sich nicht nur auf Triebrepräsentanzen, sondern auch auf die Selbst- und Objektrepräsentanzen auswirkt, die in sich verändert, von anderen Repräsentanzen abgetrennt, verinnerlicht oder externalisiert werden können. Dieses erweiterte Spektrum der Abwehrtheorie ermöglicht es, nicht nur die Veränderung der Trieb- oder der Gefühlszustände und des Bewusstseins zu beschreiben, sondern auch Denkformen und Selbst- und Fremdbilder mit Hilfe der Abwehrtheorie zu erfassen. Außerdem werden neue Formen der Abwehrmechanismen beschrieben. Die Verdrängung ist nicht mehr der Leitmechanismus, die Spaltung, die psychische Erfahrungen unterschiedlicher oder gegensätzlicher Affekttönung voneinander getrennt hält, ist eine wirksame Abwehr, die nicht mit der Produktion von Unbewusstheit verbunden sein muss. Abwehr ist jetzt nicht mehr nur das Scharnier zwischen Bewusstem und Unbewusstem, sondern auch zwischen subjektiven Erfahrungsbereichen, die miteinander nicht in Verbindung treten dürfen. Der viel diskutierte Abwehrmechanismus der projektiven Identifikation schließlich, der seine prägnanteste Ausformulierung durch Bion erhalten hat und nach langer Latenz einen überraschenden theoretisch-klinischen Siegeszug angetreten hat, erlaubt es, intra- und interpersonale Abwehr miteinander zu verbinden, er berücksichtigt außerdem, dass Ichfunktionen wie Affektverarbeitung, Repräsentation etc. in Objekterfahrungen fundiert sind und immer wieder fundiert werden müssen. Denn dort, wo die intrapsychische Abwehr versagt, werden unerträgliche, vor allem destruktive Repräsentanzen in den Anderen verlagert, der zum Container wird und damit vikariierende Ich-Funktionen übernimmt, um – wenn alles gut geht, z.B. in einer Psychoanalyse – die bewahrten oder begrenzten Inhalte den zunächst überforderten Menschen „in verdauter Form“ wieder zurückzugeben.

Zunächst ist von der Lacan'schen Psychoanalyse wenig für die Abwehrtheorie zu erwarten, zeichnet sie sich doch durch eine radikale Kritik der Ich-Psychologie aus, das Ich (moi) wird nicht als Instanz, sondern als Ort der Selbstverkennung und Illusionsbildung gebrandmarkt; dementsprechend muss es nicht gestützt, sondern seine narzisstisch-imaginäre Struktur in der Therapie relativiert werden. Abwehrkonzepte werden gerade dort, wo sie Anpassung oder Pädagogik nahe legen, scharf zurückgewiesen. Dennoch hat Lacan andererseits die Abwehrtheorie bereichert, indem er den von S. Freud zunächst für den Fetischismus fast beiläufig eingeführten Abwehrmechanismus der Verwerfung aufgegriffen, theoretisch gestärkt und als einen psychodynamischen Mechanismus der Psychosenentstehung beschrieben hat: In der Verwerfung werden nicht nur einzelne Affekte oder Vorstellungen, sondern Grundstrukturen der „symbolischen Ordnung“, also des Systems der psychischen Repräsentation selbst, verändert (Lacan 1975). Das Verwerfungskonzept hat sich später auch für die Theorie der Genese psychosomatischer Erkrankungen (McDougall (1985) als fruchtbar erwiesen.

Die Selbstpsychologie in der Nachfolge von Kohut schließlich hat die autoplastischen, also an der Selbstrepräsentanz ansetzenden Abwehrmechanismen zu differenzieren versucht, die eine Antwort auf äußere, durch eine versagende Umwelt entstehenden Belastungen erzwungen werden (sog. vertikale und horizontale Spaltungen).

6. Interdisziplinäre Beiträge und Befunde

Im psychoanalytischen Denken sind biographische Genese und aktueller psychischer Zustand eng verwoben. Daher wird das Auftreten von Abwehrmechanismen nach dem Muster der Spaltung als schwerere Pathologie und zugleich Ausdruck einer lebensgeschichtlich früheren Störung angesehen. D.h. die synchron sich zeigende Hierarchie von Abwehrstrukturen wird als diachronische Sukzession von Entwicklungsstufen angesehen. In der modernen Säuglingsforschung hat sich diese Engführung als vorschnell erwiesen, durch jene wurden psychoanalytische Denkgewohnheiten in produktiver Weise in Frage gestellt. Übereinstimmend sehen verschiedene Forscher Spaltungen als Effekte des Repräsentations- oder Symbolisierungsvermögens an; Stern nimmt an, dass lustvolle oder unlustvolle Interaktionsrepräsentanzen sich allmählich bündeln und verallgemeinern; erst aber mit Hilfe sprachlicher Systeme kann diese Entwicklung soweit fortschreiten, dass die übergeordneten Kategorien von „Gut“

und „Böse“ entstehen können (Stern 1992, S. 352). Lichtenberg unterscheidet Abwehrmechanismen (als Teile einer bereits symbolisch-repräsentationalen psychischen Welt) von den Abwehrmaßnahmen des Säuglings im ersten Lebensjahr, die durchaus die Funktion der Abwehr haben, die aber nicht durch Ich-Funktionen ausgelöst werden, sondern biologisch oder neurophysiologisch fundiert sind und bei denen vorhandene Verhaltensrepertoire des Säuglings aufgrund affektiver Stimulationen abgerufen werden (Lichtenberg 1991, S. 75, vgl. Dornes 1996).

Da Abwehr ein zentrales psychoanalytisches Konstrukt ist, die Auswirkung der Abwehr sich in vielfältigen empirischen Feldern zeigt, z. B. in der Prägung oder Beeinträchtigung von Wahrnehmungsvorgängen, in den Lösungsstrategien für Probleme und Konflikte, und weil schließlich Abwehrmechanismen relativ scharf definiert und damit operationalisiert werden können, hat sich die Abwehranalyse als ein Schwerpunkt empirischer Forschung in der Psychoanalyse etabliert. Dabei stehen vier Zugangsweisen im Vordergrund (im Folgenden vgl. Hentschel et al. 1993).

- *Selbsteinschätzungsinstrumente:* Sie erfassen entweder direkt die Abwehrstile, wie sie von der Person bewusst wahrgenommen werden können (z. B. Defense style questionnaire, Bond), oder schließen indirekt auf jene, indem in den Fragen Konflikte formuliert werden und der Proband Lösungsstrategien wählen muss (Defense mechanisms inventory, Gleser and Ihlevich; Fragebogen zur Konfliktbewältigungsstrategie, Hentschel; Stuttgarter Bogen für Abwehrkonzepte, Ehlers). Die Aussagekraft von Selbsteinschätzung ist notwendig beschränkt, da sie nur bewusste und kognitive Derivate unbewusster Abwehrvorgänge erfassen kann.
- *Perzeptgenese und Abwehr:* Durch die tachistoskopische, erst sub-, später supraliminale Präsentation eines Bildes mit einer bestimmten evokativen Beziehungsszene (Defense mechanisms test) oder durch die Präsentation zweier antagonistischer Stimuli (Metakontrasttechnik) werden die Entstehungsprozesse von Wahrnehmungen und Kognitionen beobachtbar, die von den Probanden niedergelegten Protokolle und Zeichnungen werden in Hinsicht auf Abwehrvorgänge ausgewertet. Diese Technik geht von der grundsätzlichen Gleichheit der Abwehr nach innen und nach außen aus und schließt von dieser auf jene.
- *Projektive Verfahren:* Rorschach-Protokolle z. B. können auf das Vorliegen von Abwehrformationen untersucht werden, dabei müssen die Abwehrkonstellationen vorher in Bezug auf die Bildbeschreibung der Probanden hin operationalisiert sein.
- *Abwehr-Rating:* Der klinische Situation und damit der Komplexität des Abwehrkonstruktes kommen Ratingverfahren am nächsten, in denen Gesprächstransskripte, Tonband- oder Videoprotokolle von erfahrenen und trainierten Ratern auf das Vorliegen von vorher genau definierten Abwehrmechanismen hin untersucht werden. Auch wenn diese Vorgehensweise aufwendig und Durchführung und Auswertung störanfällig sind (Küchenhoff 1991), so ist sie doch besonders gut geeignet, um in empirischen Forschungsansätzen die Komplexität psychoanalytischer Konstrukte soweit als möglich zu wahren. Die Resultate klinischer und empirischer Studien sind aufschlussreich (z. B. Küchenhoff 1993) und sind auch für die psychoanalytische Theorie selbst von Interesse.

Außerhalb der verschiedenen Disziplinen der Psychologie ist das Abwehrkonzept in Wissenschaftstheorie, Philosophie, aber auch in Kunst- und Literaturtheorie fruchtbar geworden. Georges Devereux (1984) hat wissenschaftliche und professionelle Abwehrstrategien in den Verhaltenswissenschaften beschrieben, die die oft scheinbare Objektivität als Ergebnis von angstbestimmter Erkenntnisabwehr darzustellen erlauben. Einem durchaus vergleichbaren Ansatz folgend, haben Hartmut und Gernot Böhme (1985) gezeigt, wie eine Philosophie der Vernunft auf einer Abwehr von Leiblichkeit und einer Verdrängung körperlicher Sinnlichkeit aufruht. Aktuell in den Kunst- und Literaturtheorien wird das Konzept der Abjektion von Julia Kristeva (1980) viel diskutiert. Die Abjektion ist ein genetisch außerordentlich früher Abwehrmechanismus, der noch vor der Etablierung von Objektbeziehungen das affektiv negativ Erlebte ausscheidet, Begleitaffekte können Entsetzen oder Ekel sein (vgl. Menninghaus 1999). So lässt sich Kunst und Literatur, die sich mit dem Verworfenen oder Ausgegrenzten befasst und es darstellt, leichter verstehen.

Literatur

Bibring, G.L., Dwyer, T.R. et al. (1961). A study of the psychological process in pregnancy and of the earliest mother child relationship. Psychoanalytic Study of the Child, 16, 25–72.

Böhme, G., Böhme, H. (1985). Das Andere der Vernunft. Zur Entwicklung von Rationalitätsstrukturen am Beispiel Kants. Frankfurt/M.: Suhrkamp.

Devereux, G. (1984). Angst und Methode in den Verhaltenswissenschaften. Frankfurt/M.: Suhrkamp.

Dornes, M. (1996). Die frühe Kindheit. Frankfurt/M.: Fischer, 7. Aufl., 2003.

Ellenberger, H.F. (1973). Die Entdeckung des Unbewussten. Bern: Huber.

Freud, A. (1936/1959). Das Ich und die Abwehrmechanismen. München: Kindler.

Gill, M. (1996). Die Übertragungsanalyse in Theorie und Technik. Frankfurt/M.: Fischer.

Greenson, R. (1981). Technik und Praxis der Psychoanalyse. Stuttgart: Klett-Cotta.

Habermas, J. (1968). Erkenntnis und Interesse. Frankfurt/M.: Suhrkamp.

Hartmann, H. (1939). Ich-Psychologie und Anpassungsproblem. Internationale Zeitschrift für Psychoanalyse, 24, 62–135.

Hentschel, U., Smith, G., Ehlers, W. and Draguns, J. (Eds.) (1993). The concept of defense mechanisms in contemporary psychology. Berlin: Springer.

Hoffmann, S.O. (1987). Die psychoanalytische Abwehrlehre – aktuell, antiquiert oder obsolet? Forum der Psychoanalyse, 3, 22–39.

Kernberg, O.F. (1981). Objektbeziehungen und Praxis der Psychoanalyse. Stuttgart: Klett.

Kohut, H. (1971). Narzißmus. Frankfurt/M.: Suhrkamp.

Kristeva, J. (1980). Pouvoirs de l'horreur. Essais sur l'abjection. Paris: Edition du Seuil.

Küchenhoff, J. (1991). Theorie und Methodik der Fremdbeurteilung von Abwehrprozessen. Psychotherapie, Psychosomatik, Medizinische Psychologie, 41, 216–223.

Küchenhoff, J. (1993). Psychosomatik des Morbus Crohn. Stuttgart: Enke.

Lacan, J. (1975). Schriften 1. Frankfurt/M.: Suhrkamp.

Lichtenberg, J. (1991). Psychoanalyse und Säuglingsforschung. Berlin: Springer.

Lichtenberg, J. and Slap, J.W. (1970). On the defensive organization. International Journal of Psycho-Analysis, 52, 451–457

McDougall, J. (1985). Plädoyer für eine gewisse Anormalität. Frankfurt/M.: Suhrkamp.

Menninghaus, W. (1999). Ekel. Theorie und Geschichte einer starken Empfindung. Frankfurt/M.: Suhrkamp.

Mentzos, S. (1976). Interpersonale und institutionalisierte Abwehr. Frankfurt/M.: Suhrkamp.

Moser, U. (1967). Die Entwicklung der Objektbesetzung. Psyche – Z Psychoanal, 21, 97–124.

Schafer, R. (1995). Erzähltes Leben. Narration und Dialog in der Psychoanalyse. München: Pfeiffer.

Sjöback, H. (1973). The psychoanalytic theory of defensive processes. New York: Wiley.

Spillius, E.B. (1994). Melanie Klein heute (zwei Bände). Wien: Verlag Internationale Psychoanalyse.

Stern, D. (1992). Die Lebenserfahrung des Säuglings. Stuttgart: Klett.

Vaillant, G. E. (1971) Theoretical hierarchy of adaption ego mechanisms. Archives of General Psychiatry, 24, 107–118.

Vaillant, G.E. (Ed.) (1986). Empirical studies of ego mechanisms of defense. Washington: American Psychiatric Press.

Willi, J. (1975). Die Zweierbeziehung. Reinbek: Rowohlt.

Abwehrmechanismen *von Wolfram Ehlers*

defense mechanisms – mécanismes de défense

1. Definition

Abwehr ersetzt den früheren Begriff der Verdrängung und meint einen dynamischen Vorgang, der das Bewusstsein vor den gefährdenden, konflikthaften, inneren Reizen (Triebe, Wünsche, Gefühle) wie äußeren, überfordernden Reizen (Trauma) schützen soll. Jeglicher Einfluss auf das Individuum, der seine Integrität und die Konstanz des bio-psycho-sozialen Gleichgewichtes gefährden kann, soll durch die Abwehr psychisch modifiziert, eingeschränkt oder unterdrückt werden. Es geht um die intrapsychische Bewältigung der Realangst. Betroffen werden vom Abwehrvorgang die Repräsentanzen der inneren wie äußeren Reize und die mit ihnen verknüpften psychischen Funktionen (Bewusstsein, Gedächtnis, Kognition, Phantasien, Vorstellungen, Gefühle, Wünsche, Handlungsimpulse), die psychische Struktur und die körperlichen Regulationsprozesse. Entsprechend dieser multifaktoriellen Auswirkungen von Abwehr muss eine operationale Definition von Abwehr mit empirischen Methoden auf einem multifaktoriellen Ansatz (Ehlers et al. 1995) basieren.

Unter dem Aspekt der Strukturtheorie der Psychoanalyse besteht der Abwehrvorgang aus einem oder mehreren in das Ich integrierten Abwehrmechanismen. Der Ausdruck Mechanismus verweist auf die Beobachtbarkeit der entsprechenden psychischen Phänomene. Die in einem Individuum vorherrschenden Mechanismen sind verschieden je nach dem Erkankungstypus, nach der genetischen Stufe und nach dem Entwicklungsstand des Abwehrkonfliktes (Laplanche und Pontalis 1967). So beschreibt Freud (1896b) die Mechanismen der Konversion und Verdrängung bei Hysterien, der Ersatzbildung, Isolierung und des Ungeschehenmachens bei Zwangsneurosen, der Projektion bei Paranoia. Unter dem Aspekt der Stressbewältigung und der Krankheitslehre dienen Abwehrmechanismen sowohl der gesunden Anpassung an die Umwelt als auch der Bewältigung von traumatischen Umweltbedingungen, bei deren Wegfall sie jedoch als psychopathologische Phänomene imponieren oder als Persönlichkeitsstörung überdauern.

Unter genetischer Perspektive sind Abwehrmechanismen eng verbunden mit dem Entwicklungsstand der Ich-Funktionen. So setzt das Auftreten bestimmter Abwehrmechanismen eine entsprechende Ich-Organisation voraus (Freud 1926d). Der seelische Apparat habe vor der scharfen Sonderung von Ich und Es, vor der Ausbildung eines Überichs andere Methoden der Abwehr als nach dem Erreichen dieser Organisationsstufen. Anna Freud (1936) verweist auf die Dominanz spezifischer Abwehrmechanismen in einer Entwicklungsreihe: Projektion und Introjektion setzen die Unterscheidung von Selbst und Objekt voraus. Regression, Verkehrung ins Gegenteil und Wendung gegen die eigene Person setzen die Wahrnehmung des Konfliktes zwischen Triebimpulsen und der Notwendigkeit seiner Hemmung voraus. Die Fähigkeit zur Sublimierung, am Ende dieser Entwicklungsreihe, setzt die Anerkennung höherer sozialer Werte im Ich voraus. Berücksichtigung fanden diese genetischen Annahmen zur Abwehrorganisation in einer modernen operationalisierten psychodynamischen Diagnostik (Arbeitskreis OPD 1996) unter dem Gesichtspunkt der abnehmenden strukturellen Integration des Abwehrvorganges, so dass bei der psychoanalytischen Beurteilung eine Hierarchie von Abwehrstrukturen zu berücksichtigen ist.

Unter topographischem Aspekt ist der Abwehrvorgang teilweise unbewusst. Seine Bewusstmachung und Umstrukturierung ist somit „ein wesentliches Ziel jeder psychoanalytischen Behandlungsmethode“ (Sandler 1985, S. 57ff.). Das Ich lehnt es aber ab, seine Abwehrmechanismen beeinflussen zu lassen. So entsteht ein Widerstand gegen das Aufdecken von Abwehr (Freud 1937c). Die Abgrenzung der Begriffe Abwehr und Widerstand erfolgt am besten kontextuell. Während Abwehr eher als theoretisches und empirisches Konstrukt in der Personenbeurteilung verwendet wird, erfährt der Begriff des Widerstandes seine hauptsächliche Verwendung in der klinischen Theorie, die sich auf die Beschreibung und Analyse der dyadischen Interaktion zwischen Analysand und Psychoanalytiker konzentriert.

2. Klassische Auffassung

Die Entdeckungsgeschichte der klassischen Auffassung des Abwehrvorganges und seiner Mechanismen ist durch folgende Publikationsphasen zu kennzeichnen (Vaillant 1992):

1. Von 1894–1905 vertritt Freud ein Abwehrkonzept, in dem verschiedene Abwehrmechanismen unterschieden werden, die im Sinne einer Störungshierarchie von einer schweren Störung des Realitätsbezuges bei den Psychosen über den konflikthaften Realitätsbezug bei den Neurosen bis hin zur gesunden Anpassungsleistung des Individuums reichen: Es sind zu unterscheiden die psychotischen Abwehrmechanismen Verleugnung (1894a), Projektion (1895b), Realitätsverzerrung (1896b) von den neurotischen Mechanismen Hypochondrie (1896a), Wendung gegen die eigene Person (1905d, 1905e), Phantasie (1901b), Dissoziation (1893a), Verdrängung (1894a), Isolierung (1894a), Ungeschehenmachen (1909b), Verschiebung (1894a), Reaktionsbildung (1905d). Die Abwehr des reifen Ichs ist gekennzeichnet von Sublimierung (1905d), Unterdrückung (1894a, 1900a) und Humor (1905b). Über Altruismus (1916–1917a) publizierte Freud erst in der nächsten Phase.

2. Von 1906–1926 verdunkelt sich nach Vaillant (1992) Freuds Blick für die Entdeckung neuer Abwehrmechanismen, stattdessen ersetzt Freud (1906a) die Abwehr als Überbegriff für verschiedene Abwehrmechanismen durch den Begriff der Verdrängung. Was für Vaillant als Rückschritt erscheint, ist in den Augen von Sulloway (1979) eine äußerst produktive Phase, um das Wesen der Verdrängung im Zusammenhang mit der Überich-Bildung aufzuklären. Nach der Aufgabe der Verführungstheorie erkannte Freud (1906a), dass normale und neurotische Individuen unter ähnlichen kindlichen Sexualvorstellungen leiden, die alle einer organischen Sexualverdrängung unterliegen (S. 155ff.). So konzentriert sich Freud (1905e) im Fall Dora auf den Ekel als Schlüssel für das Verdrängungsproblem. Damit ist der phylogenetische Ursprung der Urverdrängung als ererbte Reaktion angesprochen in Unterscheidung zur sekundären Verdrängung, die eher psychologischen Ursprungs ist. Entsprechend postulieren Gedo und Goldberg (1973) in ihrem hierarchischen Modell der typischen Abwehrmechanismen eine Urverdrängung zum Zeitpunkt der Geburt und eine sekundäre Verdrängung (repression proper) zum Zeitpunkt der Ausbildung des Überichs. Die Urverdrängung ist auf der physiologischen Ebene des Reflexbogens organisiert und dient zeitlebens dem physiologischen Reizschutz vor Überstimulation unter traumatischen Bedingungen, während die sekundäre Abwehr eine komplexe kognitive Organisation und Reife des Ichs voraussetzt und sich insbesondere im Vergessen äußert (Frank und Muslin 1967).

3. Von 1926–1940 setzt Freud (1926d) die Abwehr wieder als Gattungsnamen in ihr Recht ein und gibt der Verdrängung den Platz eines spezifischen Abwehrmechanismus. Zum Ende seines Lebens führt Freud (1940e) dann noch die Ich-Spaltung als wesentlichen Mechanismus der frühen Abwehr ein. Dieser Abwehrvorgang wird ein psychopathologisch differenzierender Begriff verschiedener neuer psychoanalytischer Theorieentwicklungen (Kohut, Kernberg).

4. Anna Freud schafft von 1936 bis 1983 eine Systematik der Abwehrmechanismen und der Analyse der Abwehr, die von ihrer deutschsprachigen Erstveröffentlichung (1936) bis zu den englischsprachigen Publikationen im Bulletin of the Hampstead Clinic reichen, wovon die Publikation von Joseph Sandler (1985) einen

umfassenden Überblick gibt. Sie ergänzte die von Freud beschriebenen Mechanismen um die Abwehrvorgänge der Intellektualisierung in der Pubertät, der altruistischen Abtretung und der Identifikation mit dem Angreifer.

3. Ideengeschichtlicher Hintergrund

Als Freud 1895 in seinem Entwurf einer Psychologie für Neurologen die späteren Grundprobleme der Psychoanalyse formulierte, war er noch ganz der Medizin des 19. Jahrhunderts verhaftet, die mit der Entdeckung der Infektionstheorie durch Pasteur und Koch eine neue naturwissenschaftliche Grundlage der Krankenbehandlung gefunden hatte. Das Eindringen von Erregern in den Körper und ihr Nachweis ließ die Krankheitssymptome als sinnvolle Abwehrmaßnahmen erscheinen, die entfallen, wenn die Erreger bekämpft werden können. So formulierte Freud 1895 als seine drei Grundprobleme in der Diagnostik und Behandlung hysterischer Symptome, für deren Heilung er sich besonders interessierte (Sulloway 1979): 1. Die Unterscheidung von Aktualneurosen und Abwehr-Neuropsychosen auf der Grundlage einer Vergiftungs- oder Verführungstheorie. 2. Die Begründung für die Überlegenheit der peinlichen sexuellen Konflikte über alle anderen Unlustaffekte durch die Theorie der Nachträglichkeit, mit der erklärt werden sollte, warum frühe sexuelle Erlebnisse in der Kindheit erst durch die hormonelle Überreizung in der Pubertät eine feste Verwurzelung im Unbewussten fanden. 3. Die zwei ersten Probleme sollten durch die Theorie der pathologischen Abwehr in Form der Verdrängung eine Erklärung finden. Freud kümmerte sich hierbei insbesondere um die zugrunde liegenden physiologischen Mechanismen in Anlehnung an die so wichtig gewordene Infektionstheorie der Medizin. Er sah zu diesem Zeitpunkt die Neurosen als toxikologische Konsequenz unangemessen genutzter Libido, die selber somatischer und chemischer Natur sein sollte. Freud ließ aber dann im Verlauf der Niederschrift seines Entwurfes den ursprünglichen Traum über die Aufstellung einer neurophysiologischen und rein mechanisch funktionierenden Theorie der Abwehr fallen und gab damit den Weg frei für eine psychologische Abwehrtheorie.

4. Wesentliche Differenzierungen, Erweiterungen und Modifikationen

Der von Freud (1915b, 1915c, 1926b) beschriebene strukturbildende Vorgang psychischer Abwehr beschreibt drei Phasen: Die Urverdrängung als biologisches Phänomen, die eigentliche Verdrängung als Nachdrängen und Verstärkung der Gegenbesetzung im Rahmen des Konfliktes und die Wiederkehr des Verdrängten im Symptom. Für Horowitz (1988) ist der Begriff der „Gegenbesetzung“ lediglich eine metaphorische Beschreibung. Es wird damit keineswegs eine exakte Abfolge von Handlungen und Operationen benannt, die bei einer Abwehr wie Verdrängung eingesetzt werden. Noch weitgehender in der Kritik sind sprachtheoretische Überlegungen von Lacan (1966) und gesellschaftstheoretische Arbeiten von Lorenzer (1970), die anstelle der psychoanalytischen Metatheorie ihre linguistische oder soziale Theorie setzen und auf deren Grundlage zu einer philosophischen und gesellschaftswissenschaftlichen Verallgemeinerung der psychoanalytischen Abwehrvorgänge kommen.

Im Gegensatz zu diesem europäischen, philosophischen Ansatz der Weiterentwicklung ist die amerikanische Ich-Psychologie dem naturwissenschaftlichen Ansatz Freuds in größerem Maß verpflichtet geblieben. Die Entwicklung der Ich-Psychologie und damit die Systematisierung der Abwehrmechanismen und die Betonung der reifen Abwehrmechanismen in einem Konzept der Ich-Anpassung befreite die Psychoanalyse aus der Enge der Psychopathologie und gab ihr die Möglichkeit, einen wesentlichen Beitrag zur Persönlichkeitspsychologie wie zur Allgemeinen Psychologie zu liefern. Hartmanns Beschreibung (1939) einer konfliktfreien Ich-Sphäre ermöglichte die psychoanalytische Untersuchung der „normalen" Entwicklung und der zu ihr gehörigen Abwehrmechanismen. Die Unterscheidung zwischen der Abwehr von Triebgefahren und der Lösung von Anpassungsproblemen bezüglich der „Intellektualisierung" verdeutlicht den neuen Zugang zum Abwehrvorgang: „Wenn typische Formen der Triebabwehr zu einer Steigerung intellektueller Leistungen führen, heißt das nichts anderes, als dass mit der Form der Konfliktlösung gleichzeitig ein Anpassungsvorgang gegenüber der Außenwelt biologisch garantiert sein kann" (Hartmann 1939).

Die psychoanalytische Erforschung von Denkstrukturen durch D. Rapaport (1957) und die empirische Entdeckung von „kognitiven Stilen" in der Wahrnehmung durch G.S. Klein (1970) sind konsequente Weiterentwicklungen des Abwehrkonzeptes hin zu einer allgemeinen Psychologie. Die systematische Beschreibung der psychoanalytischen Charakterologie unter Einbeziehung der Ich-Funktionen durch Hoffmann (1979) führte zur Aufstellung klinisch differentieller Hypothesen, die eine empirische Überprüfung anregte. Ehlers und Czogalik (1984) haben eine testpsychologische Taxonomie der klinischen Typologie des depressiven, zwanghaften und hysterischen Charakters vorgelegt, für die Ehlers (1993 in Hentschel et al.) den Nachweis erbringen konnte, dass der depressive Typus sich signifikant durch eine höhere Überich-Abwehr (Wendung gegen das Selbst/Introjektion) vom hysterischen Typus unterscheidet. Während der zwanghafte Typus sich signifikant durch höhere Ausprägung der Triebabwehr (Ungeschehenmachen, Zwangsrituale und Reaktionsbildung) vom depressiven wie vom hysterischen Typus unterscheidet.

Voraussetzung für entsprechende empirische Untersuchungen war die Operationalisierung einzelner Abwehrmechanismen, die eine quantitative als auch qualitative Beurteilung erlauben. Vaillant (1992) gibt einen Überblick über die amerikanische Methodenentwicklung, während Hentschel et al. (1993) die europäischen Entwicklungen darstellen. Im Folgenden sollen die wichtigsten Abwehrmechanismen auf der Grundlage der Arbeiten von Vaillant (1992) und Ehlers (1993, in Hentschel et al.) betrachtet werden. Vaillant schlägt eine entwicklungsbedingte Hierarchie der Abwehrmechanismen vor, während Ehlers aufgrund empirischer Untersuchungen Faktoren der Abwehr definiert, bei denen er die Abwehrdimensionen einteilt nach den Quellen der Abwehr: Überich-Aktivität, Triebabwehr, Abwehr von Affekten, Triebverschiebung, narzisstische Abwehr. Zur Entwicklung von Kurzdefinitionen arbeitete Ehlers die logische Struktur eines jeden Abwehrmechanismus heraus, die dem Handlungs-Schema der Subjekt-Objekt-Relation folgt. Der dynamische Gehalt der Abwehr geht hierbei meist verloren. Daher soll die Definition einzelner Abwehrmechanismen anhand eines hypothetischen, klinischen Beispiels und der definitorischen Abstraktion erläutert werden, wobei die Abfolge der Mechanismen auf die Hierarchie von Vaillant bezogen ist.

Klinisches Beispiel: Nachdem eine 37-jährige Frau über sieben Jahre vergeblich versucht hat, ein Kind zu bekommen, trennt sich der Ehemann nach der letzten fehlgeschlagenen Schwangerschaft von ihr. In der Folge erkrankt sie an Asthma bronchiale, das sie zu einem Krankenhausaufenthalt zwingt. Im Krankenhaus berichtet sie dem behandelnden Psychotherapeuten, dass sie sich schon immer ihrer jüngeren Schwester gegenüber unterlegen fühlte, die mittlerweile schon drei Kinder hat. Schon früher in der Familie hieß es, dass die Schwester mit Kindern gut umgehen kann. Bevor ihr Mann die Patientin verließ, hatte er deutlich gemacht, wie sehr er sich Kinder wünscht. Auf die Interpretationen des Psychotherapeuten kann die Patientin je nach Abwehrlage ganz unterschiedlich reagieren:

- Psychotische Abwehr

1. *Illusionäre Projektion:* In den ersten Tagen war sie in der Aufnahmeabteilung und hatte noch keinen Kontakt mit ihrem Psychotherapeuten. Sie rief eine Freundin an, die bei der Kriminalpolizei ist, und berichtete ihr angstvoll, dass eine Schwester im Krankenhaus sie mit Medikamenten vergiften wolle, die dazu gedacht sind, ihre Ge-

danken zu kontrollieren. Dahinter stecke bestimmt ihr Mann. Tatsächlich verweigerte sie alle Medikamente zur Behandlung des extrem Angst machenden Bronchospasmus.

Das Subjekt (S) verschiebt den eigenen abgewehrten Impuls (I) oder Affekt (A) auf das Objekt und verhält sich unkorrigierbar (illusionär), so als ob die Gefahr von diesem Objekt kommen würde.

2. *Wahrnehmungs- und Urteilsverzerrung (Distorsion):* Nach zwei Tagen teilte die Patientin der Schwester mit, dass sie einer Sekte angehöre, die Krankenhausaufenthalte ablehne. Sie könne derzeit nicht mehr bleiben, weil ihre Schwester mit ihr eine Urlaubsreise nach Griechenland geplant habe und übermorgen der Abflug sei. Nachfragen bei der Schwester ergaben, dass diese Aussagen nicht stimmten.

Subjekt (S) entwickelt über das Selbst oder das Objekt (O) verzerrte Wahrnehmungen und Beurteilungen.

- **Unreife Abwehr**

3. *Neurotische Projektion:* Später in einer ambulanten Psychotherapie kam es wieder zu Asthmaanfällen. Sie schrieb einen ärgerlichen Leserbrief an die Tageszeitung, in der sie darstellte, wie die ambulanten Psychotherapeuten aus Unkenntnis über Medikamente ihre Patienten in Gefahr bringen. Tatsächlich hatte sie es aber gegenüber dem Psychotherapeuten abgelehnt, zu ihrem Hausarzt zu gehen, als sie von Atembeschwerden berichtete und der Psychotherapeut den emotionalen Hintergrund deutete und gleichzeitig zur somatischen Abklärung einen Hausarztbesuch empfahl.

Subjekt (S) verschiebt den verdrängten Impuls (I) oder Affekt (A) auf das Objekt (O).

4. *Passiv-aggressives Verhalten (Wendung gegen die eigene Person):* Als ein Medizinalassistent Schwierigkeiten beim Legen einer Infusionsnadel bekam und einige Flüssigkeit schon ins Gewebe gelaufen war, meinte sie zur Nachtschwester, dass es ihr leid tue, dem jungen Arzt soviel Mühe zu machen. Als diese auf den Arzt schimpfte, wurde die Patientin ganz bedrückt. Als die Infusionsflasche dann leer war, rief sie so lange nicht die Nachtschwester, bis sie es vor Angst nicht mehr aushielt, mit der Begründung, es hätten ja alle so fürchterlich viel Ärger mit ihr.

Subjekt (S) wendet die Aggression gegen sich selbst als Objekt (O).

5. *Ausagieren:* Als im therapeutischen Prozess der Ärger über ihren Mann fühlbar wurde, hatte sie mehrere außereheliche sexuelle Kontakte mit fremden Männern im Kur-Krankenhaus, obwohl sie früher in der Beziehung zu ihrem Mann nie Interesse für andere Männer empfunden hatte.

Subjekt (S) zeigt plötzlich offen impulshaftes Verhalten (I) gegenüber unbekannten Objekten (O), was seinen bisherigen Wertvorstellungen gänzlich widerspricht.

6. *Verleugnung der äußeren Realität:* Sie erzählt ihrer Nachbarin im Krankenhaus, welch reizenden Mann sie zu Hause habe, der alles im Griff hat, wenn sie jetzt nicht zu Hause sein könne. Sie berichtet auch von Telefonanrufen, in denen der Mann schildert, welche gute Entwicklung der kleine Sohn nimmt, so dass sie sich überhaupt keine Sorgen machen müsse.

Subjekt (S) erkennt das Vorhandensein bestimmter Aspekte der externen Realität bzw. eigener bedrohlicher Empfindungen (A) oder Handlungen bezüglich eines Triebimpulses (I) gegenüber sich selbst oder einem äußeren Objekt (O) nicht an. Es erklärt diese für nicht existent, auch wenn sie offensichtlich sind.

7. *Dissoziation (Verkehrung ins Gegenteil, A. Freud):* Als sie nach einem Status asthmaticus wieder zu sich kam, hatte sie ein Gefühl der Erleichterung und religiösen Erlösung. Sie fühlte sich frei von aller Schuld und berichtete der Schwester, dass sie dankbar sei, dass Gott sie gerettet habe. Er werde auch in Zukunft für sie sorgen. So könne sie auch der Schwester verzeihen, die ihr die Medikamente aufzwingen wollte.

Subjekt (S) entwickelt entgegengesetzte Affekte und Impulse gegenüber dem Objekt (O), als vom Selbstschutz her zu erwarten wäre.

- **Neurotische Abwehr**

8. *Verdrängung:* Nach der Entlassung aus dem Krankenhaus stellte sie sich einem neuen Psychotherapeuten vor, der ihr von der

Psychotherapeutin der Klinik empfohlen worden war, nachdem sie voller Verzweiflung auf das Therapieende reagierte. Als der Psychotherapeut nach dem Namen der Kollegin fragt, wirkt sie ganz angestrengt und bemerkt nach langer Pause: Der Name falle ihr leider nicht mehr ein, obwohl sie ihn früher öfter genannt habe. Er liege ihr auf der Zunge, aber sie spüre einen heftigen Block in sich.

Das Subjekt (S) ist sich des Vorhandenseins eines Gedankens, eines Gefühls oder einer Erinnerung bezüglich eines verpönten Triebimpulses (I) gegenüber einem Objekt (O) nicht bewusst, wobei dieser Ausschluss von Gedanken, Affekten und Impulsen aus dem Bewusstsein unbeabsichtigt ist.

9. *Verleugnung der inneren Realität:* Als die Patientin in der Psychotherapie darauf angesprochen wird, ob sie irgendwelche Gefühle empfunden habe, als ihr Mann nach dem letzten Scheitern der Schwangerschaft das Haus verlassen habe, bekommt sie einen Hustenanfall. Sie streitet aber voller Überzeugung ab, von dem Verhalten ihres Mannes irgendwie getroffen zu sein.

Subjekt (S) verleugnet die Existenz bedrohlicher Wahrnehmungen und triebhafter Handlungsimpulse (I) gegenüber dem Selbst oder einem äußeren Objekt (O).

10. *Verschiebung:* Als die Schwester mit den Kindern zu Besuch ins Krankenhaus kommt, beschwert sich die Patientin bei ihrer Schwester über die Wildheit von Kindern, als diese nach kurzer Zeit die Mutter drängeln, nach draußen zum Spielen zu dürfen. Gerade vorher hatte die Schwester einen Brief ihrer beider Mutter vorgelesen, in dem diese ihre Großmutterfreuden über Kinder ausdrückte.

Subjekt (S) besetzt weniger gefährliche Vorstellungen und Verhaltensweisen mit Libido oder Aggression gegenüber einem Objekt (O).

11. *Reaktionsbildung:* Als sie von ihrer Schwester auf die Enttäuschung über den Ehemann angesprochen wird, antwortet sie ganz ruhig, dass sie ihm eigentlich dankbar sei, weil sie keinen Druck mehr spüre, Kinder bekommen zu müssen. Sie hebt die Vorteile des Lebens als Single hervor.

Subjekt (S) zeigt ein Verhalten, eine Einstellung oder ein Gefühl (A) gegenüber dem Objekt (O), die dem eigenen verpönten Triebimpuls (I) und dem ursprünglichen eigenen, nicht akzeptablen Gedanken oder Gefühl gerade entgegengesetzt sind.

12. *Intellektualisierung:* Als die Schwester davon berichtet, dass sie in der Zeitung über Jugendkriminalität gelesen hat, setzt die Patientin ihr auseinander, wie wichtig die Familienplanung für die Bevölkerung sei, denn nur wenn Kinder in optimale Lebensbedingungen hinein geboren würden, hätte die Gesellschaft eine Chance, sich zum besseren zu verändern.

Subjekt (S) entwickelt gedankenvolle Überlegungen gegenüber dem Objekt (O), die eigene verpönte Triebimpulse (I) nicht mehr erkennen lassen sollen, wobei die Gedanken in anderem Zusammenhang durchaus angemessen sein können.

13. *Rationalisierung:* Als der Therapeut in der Klinik nach der auslösenden Situation für die Asthmaanfälle fragt, berichtet die Patientin, dass die Luft im Zimmer so stickig gewesen sei. Vorher habe die Putzfrau mit dem Staubsauger leider soviel Hausstaub aufgewirbelt, als sie gerade den Abschiedsbrief ihres Mannes las. Da sie eine Hausstauballergie habe, sei die Atemnot natürlich zu erwarten gewesen.

Das Subjekt (S) verheimlicht das Bestehen von eigenen Triebregungen (I) gegenüber einem Objekt (O) vor sich selbst und der Außenwelt durch rationale Erklärungen, die moralisch akzeptable Gründe anführen, jedoch auch unrichtig sein können.

14. *Isolierung:* Als der Therapeut darauf hinweist, dass sie sich möglicherweise über ihren Mann geärgert habe, als sie seinen Abschiedsbrief las, erwidert sie, dass sie keinerlei Ärger gespürt habe. Ihr Mann habe immer getan, was er für richtig hielt. Er wird schon einen Grund gehabt haben, sie jetzt zu verlassen. Als der Therapeut nach solchen Gründen fragt, überlegt sie völlig affektfrei und objektivierend, welche Gründe ihr Mann wohl gehabt habe.

Subjekt (S) spaltet den Affekt (A) von den kognitiven Bestandteilen (Vorstellungen, Gedanken, Erinnerungen) ab, um den Kontakt des verpönten

Triebimpulses (I) mit der eigenen Person (O) zu vermeiden.

- **Reife Abwehr**

15. *Altruismus:* Nach der Beendigung der ambulanten Psychotherapie gründet die Patientin einen Verein für Frauen mit unerfüllbaren Schwangerschaftswünschen. Sie entwickelt ein Beratungsprogramm zur Überwindung der medizinischen und psychologischen Probleme in einer solchen Situation.

Subjekt (S) entwickelt konstruktive Verhaltensweisen stellvertretend für unerfüllbare eigene Impulse (I) im Dienst für andere (O).

16. *Humor:* Sie lacht lauthals und entspannt über einen Witz im Frauenmagazin, bezüglich der Lage verlassener Ehefrauen, die ohne Kinder blieben. Sie erzählt ihn der Nachbarin: „... als der junge Arzt die alte Frau von See auf die aus der Kinderlosigkeit resultierenden Probleme anspricht, antwortet diese ganz munter: Lieber Doktor, wenn ich das früher gewusst hätte, was glauben sie, was ich alles hätte anstellen können."

Subjekt (S) kann anderen gegenüber (O) offen eigene „schmerzliche Gefühle" andeuten, ohne persönlich Angst zu empfinden oder unbewusst auszudrücken oder andere zu verletzen.

17. *Unterdrückung:* Sie bevorzugte im Krankenhaus Lektüre über die Philosophie zur Überwindung von Leid und Herstellung von Gleichmut. Eine Zeitschrift über die Pflege von Säuglingen legte sie jedoch weg, als sie das Leitthema erkannte.

Das Subjekt (S) hat die Fähigkeit, alle Komponenten eines Konfliktes bewusst zu reflektieren und ist dennoch in der Lage, die daraus resultierenden Impulse (I) und Affekte (A) durch Anstrengung und ablenkende Konzentration zu kontrollieren.

18. *Antizipation:* Nach der Entlassung aus der Klinik fühlte sich die Patientin von ihrer Therapeutin im Stich gelassen. Sie sah ein, dass eine ambulante Fortsetzung der Psychotherapie sinnvoll sei. Als sie jedoch nach einem Erstgespräch von einem Psychoanalytiker abgelehnt wurde, war sie voller Verzweiflung und spürte, wie sie am liebsten die ganze Therapie verdammt hätte, aber sie konnte sich an ähnliche Situationen der Enttäuschung in der Therapie erinnern. So erprobte sie bei einem anderen Psychoanalytiker, ihn in dem Gespräch davon zu überzeugen, dass sie weitere Therapie benötigte.

Das Subjekt (S) hat die Fähigkeit, in realistischer Weise zukünftige Belastungen und die daraus resultierenden Impulse (I) und Affekte (A) vorwegzunehmen und Konsequenzen aus der in der Psychotherapie gewonnenen Einsicht für die Bewältigung von Konflikten zu ziehen.

19. *Sublimierung:* Als die Patientin Grußkarten von den Kindern ihrer Schwester ins Krankenhaus geschickt bekam, entschloss sie sich ein Tagebuch zu führen, in dem sie Geschichten über Abenteuer einer unverheirateten Tante mit den Kindern ihrer Nachbarschaft aufschrieb. Nach Beendigung der ambulanten Psychoanalyse bot sie diese überarbeiteten Geschichten einem Zeitungsverleger an, der für sie eine eigene Kolumne einrichtete.

Das Subjekt (S) hat die Fähigkeit, konflikthafte Belastungen und die daraus resultierenden Impulse (I) und Affekte (A) zum Vorteil für sich und andere (O) zum Ausdruck zu bringen.

5. Die Bedeutung des Begriffs in den verschiedenen psychoanalytischen Schulrichtungen

Während die klassische Abwehrlehre auf dem strukturellen Konfliktmodell basiert, müssen wir bei der Weiterentwicklung der Abwehrlehre durch verschiedene psychoanalytische Schulrichtungen auch einen Wandel des Konfliktmodells hin zu objektbeziehungspsychologischen Überlegungen zugrunde legen. Im Freud'schen Konfliktmodell entsteht das neurotische Symptom durch einen inneren Konflikt, der den äußeren Konflikt (Versagung) ablöst. Das Symptom ist eine Kompromissbildung zwischen der abgewehrten peinlichen Vorstellung und der verdrängenden Instanz, dem Ich. Die Erweiterung der Betrachtung führte vom Triebkonflikt zum Instanzenkonflikt: Der Zusammenstoß von Triebrepräsentanzen aus dem Es mit dem Ich als Vermittlungsinstanz führt zum Einsatz der verschiedensten Abwehrmechanismen, vor allem der Verdrängung.

Der Objektbeziehungskonflikt thematisiert die Situation des Kindes mit dem Primärobjekt vor Erreichen der Selbst- und Objektkonstanz. Die nicht abgeschlossene Verinnerlichung der interpersonellen Strukturen führt zu einem Konflikt zwischen den Bedürfnissen des Kindes und den Zielvorstellungen und Geboten, die noch nicht als eigene erfahren werden, sondern projektiv und introjektiv vermengt sind.

Obwohl Ferenczi (1910) den Begriff der Introjektion einführte, ist es vor allem das Verdienst von Melanie Klein (1946), das Wechselspiel von Introjektion und Projektion beschrieben zu haben. Vom Beginn des Lebens an introjiziert das Kind die guten wie bösen Aspekte des Primärobjektes getrennt voneinander als „gute oder böse Brust". Ist das Objekt nicht erreichbar, so wird das Objekt böse für das Selbst, als Ausdruck der Projektion eigener Aggressionen. Als historisch entscheidende Weiterentwicklung des Abwehrkonzeptes gilt der Vorgang der projektiven Identifikation, bei dem Teile des Selbst und des inneren Objektes abgespalten und vom Ich auf das äußere Objekt projiziert werden, um diese Teile außerhalb des Selbst zu kontrollieren und zu zerstören, um sie damit aus der Welt zu schaffen. Nach anfänglicher Ablehnung dieser Abwehrkonzeption für die frühe Objektbeziehung wird seit etwa 20 Jahren diese Pionierleistung für die Konzeption der frühen Objektbeziehung durch Mahler, Volkan u. a. gewürdigt.

Der Begriff der Spaltung wird zum zentralen Abwehrmechanismus spezifischer früher Persönlichkeitsstörungen wie z. B. der Borderline-Struktur durch die Objektbeziehungsansätze von Kernberg (1976). Durch das Wirksamwerden der Spaltung werden zahlreiche Ich-Funktionen in ihrer Entwicklung gestört, was zu einer Einschränkung der kritischen Reflexion des eigenen gegensätzlichen Verhaltens, zu einem Verlust der Impulskontrolle, zum Wechsel widersprüchlicher Gefühlseinstellungen zur gleichen Person führen kann.

Kohut (1977) hat mit seiner Konzeptualisierung einer Psychologie des Selbst auch einen Beitrag zur Abwehrtheorie geliefert, der schließlich zu einer Konzentration auf die entwicklungspsychologischen Bedingungen der kognitiven Entwicklung als Voraussetzung für verschiedene defensive Strukturen führte. Sie dienen der Abwehr des primären strukturellen Defektes des Selbst, der sich im Bereich des archaischen Größenselbst ereignet. Narzisstische Kränkung aktiviert die Abwehr mit dem Ziel, das lädierte Selbstgefühl wieder zu heben. Ausdruck der defensiven Strukturen sind Symptome früher Persönlichkeitsstörungen wie sexueller Sadismus, Promiskuität, narzisstische Wut oder Sucht usw. Unter dem Schutz von Selbstobjekt-Übertragungen auf den empathisch vorgehenden Psychoanalytiker kann der Patient beginnen, sich mit seinen Abwehrmechanismen vorsichtig auseinanderzusetzen. Diese so von Stolorow und Lachmann (1978) beschriebenen Abwehrmechanismen schützten in der Kindheit das Selbst vor narzisstischen Kränkungen und wiederholen sich in der Übertragung als Wünsche, alles alleine machen zu wollen, sich nichts sagen lassen zu wollen, Recht behalten zu müssen und vor der Einfühlung des Analytikers auf der Hut zu sein. Vorstufen für verschiedene Abwehrmechanismen wie Verleugnung, Idealisierung, Projektion, Introjektion und Spaltung, die noch keine Abwehrmaßnahmen im Sinne der Strukturtheorie darstellen, wenn das Individuum noch keine Selbst-Objekt-Differenzierung erreicht hat, seien klar zu unterscheiden von der später verfestigten Abwehr. So können altersentsprechende Vorstufen zwar wie eine krankhafte Störung der Ich-Funktionen erscheinen, ohne dass sie es wirklich sind. Der Glaube eines Kleinkindes, dass seine Mutter seine Gedanken kennt oder ihre Gedanken in den Kopf des Kindes hineingezaubert hat, ist keine Abwehrmaßnahme, sondern ein altersentsprechendes noch nicht Unterscheidenkönnen von Selbst und Objekt.

Lichtenberg und Slap (1972) beschreiben die Korrelation der Entwicklung von kognitiven Funktionen und Abwehrvorgängen. In den ersten 18 Lebensmonaten herrschen im Zusammenhang mit wunscherfüllenden Phantasien primärprozesshafte Prozesse wie

Verdichtung, Verschiebung und Symbolisierung vor. Entbehrungen in der liebevollen Beziehung zum primären Objekt und die daraus resultierenden Affekte wie Angst, Wut und Hilflosigkeit werden durch Verleugnung abgewehrt. Die Herausbildung der Objektrepräsentanzen führt zu dem Problem der Verleugnung böser Aspekte der Beziehung zur versagenden Mutter, was schließlich zur Abwehr durch Spaltung führt. Die zunehmende Fähigkeit zur selektiven Identifikation mit den Eltern lässt auch die Fähigkeit, phantasierte Handlungsabfolgen umzukehren, wachsen, was in dem Abwehrmechanismus Verkehrung ins Gegenteil als kognitive Grundlage zu identifizieren ist.

Die Öffnung der Psychoanalyse hin zu ihren Nachbardisziplinen Philosophie, Sprach- und Gesellschaftswissenschaften sowie Computer-Sciences hat durch Neuformulierungen der Abwehrtheorie Früchte getragen. Schafer (1968b) übt in Vorwegnahme seiner an der Handlung ausgerichteten Sprachtheorie der Psychoanalyse Kritik an dem Begriff des Mechanismus für die Abwehr und versucht mit einer Mikroanalyse am Beispiel der Isolierung die höchst dynamischen Vorgänge aufzudecken, die bei der starren Klassifikation von Abwehr verloren gehen. Da Berührung das nächste Ziel der aggressiven wie libidinösen Objektbesetzungen des Zwangsneurotikers sind, soll die Isolierung als Abwehr jegliche Kontaktmöglichkeit aufheben und damit eine Berührung unmöglich machen, dies gilt für die Phänomene der Affektisolierung genauso wie für die Trennung von zusammengehörigen Assoziationen und Einfällen. Die Handlungsimpulse „Beschmutzen, Masturbieren, Babys machen“ werden auf andere Inhalte verschoben und erhalten eine symbolische Verschlüsselung, die ihre Decodierung erschwert. Hierdurch ergeben sich verborgene Befriedigungsmöglichkeiten im Abwehrvorgang, die bei der Betrachtung als Mechanismus verborgen bleiben.

Lorenzer (1973) beschreibt auf dem Hintergrund des symbolischen Interaktionismus das Freud'sche Verdrängungsmodell, bei dem durch Verschiebung der Besetzungsenergie von den bewussten Wortvorstellungen zu den unbewussten Sachvorstellungen, Vergessen durch einen Prozess der Desymbolisierung eintritt. Hierbei werden z.B. aggressive Interaktionserfahrungen mit dem Primärobjekt desymbolisiert und in ihrem spezifischen Beziehungscharakter im Unbewussten aufbewahrt und damit der Selbstbeobachtung und der Reflexion entzogen. Andere szenisch-situative Erlebnisse zu demselben Beziehungsobjekt bleiben jedoch dem Bewusstsein zugänglich. Es werden in diesem Konzept sowohl Repräsentanzenlehre (Hartmann, Jacobson, Sandler) als auch Symbollehre miteinander in Beziehung gesetzt, mit dem Ziel, die biologische Metatheorie der Psychoanalyse zu erübrigen.

Von Lacan (1966, 1975) wird Verdrängung als ein Geschehen verstanden, das innerhalb symbolischer Ordnungen abläuft. Da das Unbewusste längst sprachlich strukturiert ist, liegt eine, wenn auch andere, symbolische Ordnung vor, so dass bei der Verdrängung nicht von einem Vorgang der Desymbolisierung gesprochen werden kann, wie dies Lorenzer annimmt. So kann in der Übertragung nur das inszeniert und agiert werden, was schon symbolisiert war, aber aus Gründen der Abwehr nicht verbalisiert werden konnte. Eine Trennung zwischen sprachfreien, unbewussten Interaktionsformen und bewussten, sprachlich vermittelten Handlungen, wie sie von Lorenzer postuliert wird, lässt sich nach Lacan nicht behaupten. Grundlage dafür sei die Tatsache, dass die Mutter in ihrer Beziehung zum Kind nicht außerhalb ihrer immer schon sprachlich vermittelten Praxis stehen kann und ihre Interaktionsformen mit dem Kind von Beginn an schon symbolisiert und sprachlich reguliert sind.

Moser et al. (1969) erarbeiteten ein Computermodell zur Simulation von Abwehrmechanismen, um die funktionellen Beziehungen (Propositionen) zwischen den einzelnen Abwehrvorgängen darzustellen. In diesem hierarchischen Modell ist wieder die Verdrängung der Hauptmechanismus, aus dem sich einzelne andere Mechanismen ableiten lassen, wenn die Verdrängung unzureichend arbeitet.

6. Interdisziplinäre Beiträge und Befunde

Die Bedeutung des Abwehrkonzeptes außerhalb der Psychoanalyse ist umstritten. Die Meinungen reichen von der Position Holms (1990, in Singer), der nach einem Überblick über 60 Jahre Forschung über die Verdrängung zu dem Schluss kommt, es sei keine bisher ausreichende experimentelle Evidenz vorhanden, um die Beibehaltung des Abwehrkonzeptes im klinischen Handeln zu rechtfertigen. Er kann zu dieser Position kommen, weil die für die Abwehr so wichtigen Phänomene wie der Wirkungsnachweis von vorübergehender oder anhaltender Einflussnahme kognitiver Reiz- und Reaktionsbedingungen auf die Wahrnehmung, Speicherung und das Wiedererinnern von ihm plausibler durch methodenspezifische Begriffe der Experimentalpsychologie und Psychophysiologie erklärt werden können wie z. B. cognitive sets, emotional states, availability of labels. Dem steht auf psychoanalytischer Seite die Extremposition von Edelson (1990, in Singer) entgegen, dass Abwehr nie ein aus logischen Regeln bestehender Mechanismus sein kann, der auf innerseelische Zustände, Repräsentanzen oder Phantasieinhalte einwirken kann und wie durch einen Computer berechenbar sei. Deshalb könnten statistische Ergebnisse auf der Grundlage experimenteller Daten auch nie die Existenz des psychoanalytischen Abwehrkonzeptes beweisen. Die Mehrzahl der interdisziplinären Studien versucht zu einem Ergebnis zwischen diesen extremen Meinungspolen zu kommen. Die Vielzahl der Forschungsansätze macht eine Integration der Ergebnisse derzeit noch unmöglich. Ersatzweise schlagen Ehlers et al. (1995) ein Klassifikationsschema vor, das auf die unterschiedliche methodische Herkunft der Untersuchungstechnik, den zugrunde liegenden Konflikt und das Komplexitätsniveau der Hypothesen in Bezug auf die Kommunikation zwischen Psychotherapeut und Patient Rücksicht nimmt. Die Untersuchungstechniken zur Operationalisierung bevorzugen entweder eine Kodierung der Abwehr über die Mittel der Wahrnehmung, der Sprache oder der klinischen Beobachtung. Der Autor folgt dieser Unterteilung in der Darstellung ausgesuchter Untersuchungsansätze.

6.1. Wahrnehmungskodierung

Die Untersuchung von Wahrnehmungskonflikten in Kombination mit der Darbietung von Wahrnehmungssreizen unterhalb der Wahrnehmungs- oder Erkennungsschwelle (subliminal) ermöglicht die experimentelle Beobachtung von Wahrnehmungsverfälschungen, die als Produkt von Abwehrvorgängen interpretiert werden. Diese subliminalen Experimentalbedingungen werden von Kline (1993, in Hentschel et al.) als unverzichtbare Voraussetzung einer psychoanalytischen Abwehrdefinition in der empirischen Forschung gesehen. Sprachliche Kodierungen von Konflikt und Abwehrmechanismen in Fragebogen sind der bewussten Verarbeitung zugänglich und können daher nicht dem psychoanalytisch definierten Abwehrvorgang entsprechen.

Bei der perzeptgenetischen Methode (Smith und Hentschel 1993, in Hentschel et al.) werden Konflikte in Form von Bildern subliminal und supraliminal dargeboten. Über die jeweils vom Patienten angefertigten Zeichnungen klassifizieren Experten die Abwehrmechanismen. Im Defense Mechanism Test (DMT) besteht der Konflikt darin, dass eine am Bildrand befindliche grimassierende Figur den Held in der Mitte des Bildes zu bedrohen scheint. In der experimentellen Abfolge wird dieses Bild mit steigender Darbietungszeit exponiert. Hierbei durchläuft der Patient meistens die Erkennungsschwelle für die bedrohliche Figur. Zum Nachweis der Validität sei auf die 100 von Sjöbäck und Bäckström (1990) dokumentierten wissenschaftlichen Untersuchungen verwiesen. Hier sei nur von klinischen Ergebnissen mit einer für die Computeranwendung entwickelten Testform (DCT) berichtet. Gitzinger (1993) konnte die differentielle Validität für die Abwehrdiagnostik bei Essstörungen nachweisen. Anorektische Patientinnen entwickeln im DCT Projektion als Abwehr, während Bulimikerinnen eher Verdrängung zeigen.

Bei der Meta-Contrast Technik (MCT) wird ein stabiles Perzept, das den Helden darstellt, durch ein zweites Bild mit einer bedrohlichen Figur wenige Millisekunden vor der Darbietung des Helden gestört. Durch Variation der Darbietungszeit nur für die bedrohliche Figur kann hierbei die Erkennungsschwelle vom subliminalen zum supraliminalen Bereich gesteigert werden. Patienten mit histrionischem Charakter zeigen überwiegend Verdrängung, zwanghafte Charaktere mehr Isolierung und Negation, psychotische Patienten mehr Regression (Smith et al. 1989). Über die Stimulation weiblicher ödipaler Phantasien mit dem MCT berichtet Westerlundh (1993, in Hentschel et al.). Er wies an 80 Studentinnen im Alter von 20 bis 25 Jahren nach, dass ein ödipaler Tabu-Satz: „Schlafe mit Papa" die höchste provokative Wirkung hat, wenn das Bild des Mädchens beim männlichen Helden eingeblendet wird. Die dominante Abwehr hierbei ist Verdrängung und Isolierung. Wird das Bild bei einem weiblichen Helden eingeblendet, dominiert die Reaktionsbildung. Die Kontrolle der Affekte durch Abwehr, die durch eine sexuelle Provokation des Inzest-Tabus ausgelöst wird, scheint also in Abhängigkeit von dem jeweiligen Beziehungsobjekt beim männlichen Beziehungsobjekt eher die hysterische Abwehr und beim weiblichen Beziehungsobjekt eher die zwanghafte Abwehr bei gesunden jungen Frauen zu stimulieren.

6.2. Sprachliche Kodierung

Die Darbietung von Wortvorstellungen im Gegensatz zur bildhaften Kodierung bei den Sachvorstellungen ist im Sinne der Freud'schen Traumtheorie bewusstseinsnäher. Dennoch verbirgt sich erst hinter der manifesten Wort- und Satzbedeutung der latente Inhalt, der den Gegensatz der psychoanalytischen Deutung des dynamischen Unbewussten darstellt. Auf der Grundlage dieser Idee wurden zahlreiche Fragebogen entwickelt, die zur Identifizierung dominanter Abwehrmechanismen oder von Abwehrprofilen den Probanden zur Beantwortung vorgelegt werden. Im deutschen Sprachbereich stehen drei Methodenentwicklungen zur Diskussion (Hentschel et al. 1993). Der Fragebogen zu Konfliktbewältigungsstrategien (FKBS) folgt in der Konzeption der amerikanischen Vorlage von Gleser und Ihilevic (1969). Es werden Konflikte in Form von alltäglichen Situationsbeschreibungen vorgegeben. Mögliche Reaktionsweisen bezüglich dieser Konflikte sollen dann vom Probanden als wahrscheinlich oder unwahrscheinlich beurteilt werden. Diese Antworten lassen sich unter fünf Abwehrklassen zusammenfassen: Turning against object (TAO), Turning against self (TAS), Reversal (REV), Principalization (PRN) und Projection (PRO). Psychotherapeutische Behandlung bewirkt eine Verminderung von TAS und PRN und eine Zunahme von TAO (Liedtke et al. 1990). Die Selbstbeurteilung von Abwehrkonzepten (SBAK) verwendet Konfliktgeschichten, die in der Phantasie Liebesverlust, Kastrationsangst, Trennungsangst und Hilflosigkeit reaktivieren sollen. Die zur Verfügung stehenden Antworten lassen sich folgenden faktoriell definierten Abwehrkonzepten zuordnen: Rationalisierung, Verleugnung, Wendung gegen andere Personen, Regression und Vermeidung sozialer Kontakte. Gesunde Probanden unterscheiden sich von neurotischen Patienten signifikant in den Skalen: Rationalisierung, Verleugnung und Regression. Stationäre Psychotherapie in einer psychosomatischen Klinik resultiert in einer Zunahme der Wendung von Aggression gegen Beziehungspersonen, wenn diese Frustration für das Selbst bewirkt haben. Bonds Fragebogen zur Erfassung von Abwehrstilen (Reister et al. 1993, in Hentschel et al.) basiert auf der Annahme, dass die Beschreibung typischer eigener Verhaltensweisen mit den Augen anderer den Abwehrstil einer Person beurteilen lassen. Auf der Grundlage von 24 Abwehrmechanismen, die in 88 Fragen angesprochen werden, beschreibt er fünf Abwehr-Skalen: Unreife Abwehr, neurotische Symptome, Omnipotenz, Offenheit, reife Abwehr. Patienten in stationärer Psychotherapie zeigen eine höhere unreife Abwehr (paranoide Projektion, Projektion, Regression) und mehr neurotische Symptome (Rückzug, Hemmungen).

6.3. Beurteilung durch klinische Beobachtung

Die Komplexität der klinischen Beobachtung war die Grundlage der Entdeckung des Abwehrkonzeptes durch Freud. So ist anzunehmen, dass die Fremdbeurteilung zur Abwehrdiagnostik dem psychoanalytischen Konzept am nächsten steht, sofern die psychoanalytischen Definitionen einzelner Abwehrmechanismen zugrunde gelegt werden können. Das Problem der großen interindividuellen Variation der klinischen Urteile konnte Perry (1993) durch ein entsprechendes Schulungsprogramm näherungsweise lösen. Er erreichte immerhin einen Konsens bei seiner Beurteilergruppe von R = 0,75 (range 0,58–0,92). Ehlers (1993, in Hentschel et al.) untersuchte mit einem eigenen Instrument den Prozessverlauf von Psychoanalysen und konnte Veränderungen der Abwehrstruktur demonstrieren. Küchenhoff (1993, in Hentschel et al.) konnte mit dem gleichen Instrument bei psychosomatischen Patienten mit Morbus Crohn Subgruppen nachweisen, die entweder eine zwanghafte oder eine depressive Abwehrorganisation aufwiesen. Schwilk et al. (1993) konnten mit dem gleichen Instrument bei Patienten, die auf eine Knochenmarktransplantation warteten, zwei sehr verschiedene Abwehrmuster nachweisen: Vermeidung, Resignation und Regression führen zu einer Vermeidung der aktiven Krankheitsbewältigung. Die Kombination von Projektion, Sublimierung und Größenvorstellungen stellt dagegen ein Abwehrmuster dar, das eine aktive Problembewältigung während der Erkrankung ermöglicht.

Diese Auswahl an empirischen Ergebnissen aus den Nachbardisziplinen der Psychoanalyse veranschaulichen, dass sich ein weites Forschungsgebiet für die Anwendung psychoanalytischer Abwehrkonzepte auch im natur- und sozialwissenschaftlichen Forschungsbereich eröffnet hat. So sind weitere Forschungsberichte zum Abwehrkonzept erschienen, aus denen hier nicht berichtet wird, z.B. Cramer 1991, Olff et al. 1991, Schüßler 1993.

Literatur

Arbeitskreis OPD (1996). Operationalisierte psychodynamische Diagnostik. Bern: Huber.

Cramer, P. (1991). The development of defense mechanisms. Theory, research, and assessment. New York: Springer.

Ehlers, W. and Czogalik, D. (1984). Taxonomic aspects of clinical charactertypology in psychotherapy. Psychotherapy und Psychosomatics, 42, 156–163.

Ehlers, W., Hettinger, R. and Paar, G. (1995). Operational diagnostic approaches in the assessment of defense mechanisms. Psychotherapy and Psychosomatics, 63, 124–135.

Ferenczi, S. (1910). Introjektion und Übertragung. Jahrbuch für Psychoanalyse und Psychopathologische Forschungen II.

Frank, A. and Muslin, H. (1967). The development of Freud's concept of primal repression. Psychoanalytic Study of the Child, 22, 55–76.

Freud, A. (1936). Das Ich und die Abwehrmechanismen. München: Kindler, 1974.

Gleser, G.C. and Ihilevich, D. (1969). An objective instrument for measuring defense mechanisms. Journal of Consulting and Clinical Psychology, 33, 51–60.

Gedo, J.E. and Goldberg, A. (1973). Models of the mind. A psychoanalytic theory. Chicago: University of Chicago Press.

Hartmann, H. (1939). Ich-Psychologie und Anpassungsproblem. Internationale Zeitschrift für Psychoanalyse, 24, 62–135.

Hentschel, U., Smith, G., Ehlers, W. and Draguns, J.G. (1993). The concept of defense mechanisms in contemporary psychology. Theoretical, research and clinical perspectives. New York: Springer.

Hoffmann, S.O. (1979). Charakter und Neurose. Frankfurt/M.: Suhrkamp.

Horowitz, M.J. (1988). Psychodynamics and cognition. Chicago: University of Chicago Press.

Kernberg, O.F. (1976). Object relations theory and clinical psychoanalysis. New York: Jason Aronson.

Klein, G.S. (1970). Perception, motives, and personality. New York: Knopf.

Klein, M. (1946). Notes on some schizoid mechanisms. International Journal of Psycho-Analysis, 27, 99–110.

Kohut, H. (1977). The restoration of the self. New York: International Universities Press.

Lacan, J. (1966). Ecrits. Paris (dt.: Schriften. Olten: Walter, 1975).

Laplanche, J. et Pontalis, J.-B. (1967). Vocabulaire de la Psychanalyse. Paris: Presses Universitaires

de France (dt.: Das Vokabular der Psychoanalyse. Frankfurt/M.: Suhrkamp, 1972).
Lichtenberg, J.D. and Slap, J.W. (1971). On the defensive organization. International Journal of Psycho-Analysis, 52, 451–58.
Liedtke, R., Künsebeck, H.W. und Lempa W. (1990). Änderung der Konfliktbewältigung während stationärer Psychotherapie. Eine psychometrische Untersuchung zum Abwehrverhalten. Zeitschrift für Psychosomatische Medizin und Psychoanalyse, 36, 79–88.
Lorenzer, A. (1973). Sprachzerstörung und Rekonstruktion. Frankfurt/M.: Suhrkamp.
Moser, U. and Zeppelin, I. von (1969). Computer simulation of a model of neurotic defense process. International Journal of Psycho-Analysis, 50, 53–64.
Olff, M., Godaert, G. and Ursin, H. (1991). Quantification of human defense mechanisms. Berlin: Springer.
Rapaport, D. (1957). Cognitive structures. In M. Gill (Ed.), The collected papers of D. Rapaport (pp. 631–664). New York: Basic Books.
Sandler, J. and Freud, A. (1985). The analysis of defense. New York: International Universities Press (dt.: Die Analyse der Abwehr. Stuttgart: Klett-Cotta, 1989).
Schafer, R. (1968). The mechanisms of defense. International Journal of Psycho-Analysis, 49, 49–62.
Schüßler, G. (1993). Bewältigung chronischer Krankheiten. Göttingen: Vandenhoeck & Ruprecht.
Singer, J.L. (1990). Repression and dissociation. Chicago: University of Chicago Press.
Sjöbäck, H. and Bäckström, M. (1990). The Defense Mechanism Test. A bibliography. Lund: University, Department of Psychology.
Smith, G., Johnson, G. and Almgren, P.E. (1989). MCT. The Meta-Contrast-Technique. Stockholm: Psykologiförlaget.
Smith, G. and Hentschel, U. (2004). Percept-genetic identification of defense. In G. Hentschel, G. Smith, J.G. Draguns and W. Ehlers (Eds.). Defense mechanisms. Theoretical, research, and clinical perspectives (pp.129–146). Amsterdam: Elsevier.
Stolorow, R. and Lachmann, F. (1978). The developmental prestages of defenses: diagnostic and therapeutic implications. Psychoanalytic Quarterly, 47, 73–102.
Sulloway, F.J. (1979). Freud, biologist of the mind. Beyond the psychoanalytic legend. New York: Basic Books (dt: Freud, Biologe der Seele. Jenseits der psychoanalytischen Legende. Köln: Hohenheim, 1982).
Volkan, V.D. (1976). Primitive internalized object relations. New York: International Universities Press.
Vaillant, G.E. (1992). Ego mechanisms of defense. A guide for clinicians and researchers. Washington, DC: American Psychiatric Press.

Adoleszenz *von Werner Bohleber*

adolescence – adolescence

1. Definition

Die Adoleszenz stellt die Phase der menschlichen Entwicklung dar, in der Jugendliche vor der Aufgabe stehen, die physische und sexuelle Reifung psychisch zu verarbeiten und die körperlichen Veränderungen seelisch zu integrieren. Die infantile Sexualität muss in die endgültige sexuelle Organisation überführt werden, die Loslösung von den ödipalen Liebesobjekten vollzogen und eine Objektwahl außerhalb der Familie getroffen werden. Ich-Ideal und Überich müssen reorganisiert werden. Sozial und beruflich sind die eigene Zukunft zu planen und ein Platz in der Gesellschaft zu finden. Es ist die Phase der Entwicklung, in der biologische Veränderungen und psychische Erfahrung am direktesten aufeinander bezogen sind und umfassende Integrationsprozesse stattfinden.

Die Adoleszenz wird in verschiedene Subphasen mit unterschiedlichen Entwicklungsaufgaben unterteilt (vgl. Blos 1962). In der *Präadoleszenz* setzen die hormonellen Umstellungen, das Wachstum der Fortpflanzungsorgane und die Entwicklung der sekundären Geschlechtsmerkmale ein (ca. 10./11. Lebensjahr). Triebregungen, die noch nicht genital ausgeprägt sind, und aggressive Strebungen nehmen zu. Die seelische Verarbeitung der körperlichen Veränderungen steht im Mittelpunkt, wobei charakteristische Abwehrprozesse zu beobachten sind, u. a. Regression auf prägenitales Niveau.

Die *Frühadoleszenz* beginnt mit der Menarche beim Mädchen und den ersten Ejakulationen beim Jungen. Der sexuell funktionsfähige Körper muss ins Selbstbild integriert und für die sexuellen Triebwünsche müssen Formen der Befriedigung durch Masturbation und erste sexuelle Erfahrungen gefunden werden. Die Ablösung von den elterlichen Objekten beginnt. Die Kontrollfunktion des Überichs nimmt ab, das Ich muss neue Wege finden, zwischen Triebbedürfnissen und Außenwelt zu vermitteln.

In der *mittleren Adoleszenz* stehen die Akzeptanz des sexuell reifen Körpers und die Verantwortlichkeit dafür im Mittelpunkt. Äußere und innere Abhängigkeitsbindungen an die Eltern müssen aufgegeben und ihre Objektrepräsentanzen entidealisiert werden. Die Fähigkeit zur Intimität und die sexuellen Beziehungen haben noch stark narzisstischen Charakter. Ein Gefühl persönlicher Identität entwickelt sich, wobei vor allem die peer group als Unterstützung und Bestätigung dient. Aber Stimmungsschwankungen zeigen die Unabgeschlossenheit dieses Prozesses.

Die *Spätadoleszenz* ist eine Phase der Konsolidierung und Integration. Reexternalisierungsvorgänge helfen, bei der Umgestaltung des Überichs und Ich-Ideals neue Inhalte und Ziele zu finden, die dann wieder internalisiert werden und die Autonomie fördern. Die endgültige sexuelle Organisation ist erreicht. Unterschiedliche Identifizierungen werden zu einer Ich-Identität integriert und Abwehrmechanismen in die Charakterbildung eingeschmolzen.

2. Klassische Auffassung

In den „Drei Abhandlungen zur Sexualtheorie“ (1905d) beschreibt Freud die „Umgestaltungen der Pubertät“. Für ihn besteht der Sexualtrieb aus verschiedenen Komponenten, die sich vor der Pubertät unabhängig voneinander betätigen. In der Pubertät kommt es zu einer „Neuordnung“ und zu „Zusammensetzungen zu komplizierten Mechanismen“: 1. Die bis dahin selbständigen erogenen Zonen werden dem „Primat der Genitalzone untergeordnet“ und ihre Lust wird auf die Genitalität ausgerichtet. Als Vorlust dienen diese nun der Steigerung der genitalen Lust, die funktionell zur Endlust wird. Die Entwicklung des Mädchens verlaufe anders als beim Jungen. An die Stelle eines starken Libidoschubs trete beim Mädchen eine erneute Verdrängungswelle, die Klitorissexualität werde verdrängt und ihre Funktion als leitende Zone an die Vagina abgegeben. Für Freud wird damit „gleichsam die infantile Männlichkeit beim Mädchen beiseite geschafft“. 2. Die zärtlichen und die sinnlichen Strebungen treffen zusammen. Die ansteigende libidinös-genitale Triebstärke verstärkt inzestuöse Wünsche, richtet die Inzestschranke erneut auf und zwingt den Jugendlichen, sich von den elterlichen Objekten loszulösen. Aber die außerfamiliäre „Objektfindung ist eigentlich eine Wiederfindung“ (S. 123). „Gleichzeitig mit der Überwindung und Verwerfung dieser deutlich inzestuösen Phantasien wird eine der bedeutsamsten, aber auch schmerzhaftesten, psychischen Leistungen der Pubertätszeit vollzogen, die Ablösung von der Autorität der Eltern, durch welche erst der für den Kulturfortschritt so wichtige Gegensatz der neuen Generation zur alten geschaffen wird“ (S. 128). Freud verknüpft hier den Adoleszenzprozess mit einer kulturellen Funktion.

Nach 1905 äußert sich Freud nur noch sporadisch zur Pubertät. In der klassischen Entwicklungstheorie der Psychoanalyse vollzieht sich die entscheidende Persönlichkeitsfixierung in der frühen Kindheit. In der sog. „Rekapitulationstheorie“ der Adoleszenz, wie sie Jones (1922) formuliert, durchläuft das Individuum während der Adoleszenz auf neuem Niveau den Entwicklungsgang der ersten fünf Lebensjahre noch einmal und erweitert ihn. Die Phasen der infantilen Entwicklung strukturieren demnach auch den adoleszenten Prozess. Diese Auffassung hat lange Zeit verhindert, die eigenständige Erforschung der Adoleszenz psychoanalytisch in Angriff zu nehmen.

Anna Freud (1936) beschreibt die Pubertät als einen Kampf zwischen den Trieben und dem Ich. Die Triebansprüche zwingen das Ich zu erhöhten Abwehranstrengungen, wobei Intellektualisieren und Pubertätsaskese im Vordergrund stehen. 1958 betont Anna Freud den inneren und äußeren Aufruhr (turmoil) während der adoleszenten Entwicklung. Sie ist eine Phase „notwendiger Disharmonie“ und „nähert sich in ihren Manifestationen allen möglichen affektiven und strukturellen Störungen anderer Herkunft an“ (1958, S. 1755). Schwere Konflikte sind deshalb in dieser Zeit „nicht als Krankheitserscheinungen zu sehen, sondern als Heilungsvorgänge, d.h. als Versuche, den verlorenen Frieden und die Harmonie von neuem herzustellen“ (ebd., 1767). Gegenüber einer reinen Rekapitulationstheorie kommt hier die progressive Entwicklungsfunktion der Adoleszenz besser in den Blick.

3. Wesentliche Erweiterungen, Differenzierungen und Modifikationen

1. Die Adoleszenz war lange ein „Stiefkind der Psychoanalyse“ (A. Freud). Erst in den fünfziger und sechziger Jahren erscheinen vermehrt Arbeiten zur Adoleszenz. Durch die zwischenzeitlich vorherrschende Ich-Psychologie verlagert sich der Schwerpunkt der Betrachtung auf die Untersuchung des adoleszenten Ichs und seiner Funktionen, auf die seelischen Integrationsprozesse und auf die Einpassung des adoleszenten Individuums in die gesellschaftliche Realität. Bei Erikson (1959) verschiebt sich das Schwergewicht von der Libidoentwicklung auf die Bildung der Ich-Identität. Die Adoleszenz ist jetzt nicht nur eine psychosexuelle, sondern auch eine psychosoziale Aufschubphase („psychosoziales Moratorium“). Durch freies Rollen-Experimentieren soll der Jugendliche seinen Platz in der Gesellschaft finden. Innere und soziale Kontinuität ergänzen sich. Erikson hat die große Bedeutung der affirmativen Funktion der Realität für die adoleszente Entwicklung erkannt. Für ihn ist, wie schon für Freud und Bernfeld, die Adoleszenz ein „vitaler Regenerator“ im Prozess der gesellschaftlichen Entwicklung.

2. Die ich-psychologischen Arbeiten und ihre späteren objektbeziehungstheoretischen Erweiterungen messen der präödipalen Trieb- und Ich-Entwicklung eine besondere Bedeutung bei. Damit die Veränderungen und Verunsicherungen des seelischen Umbaus der Adoleszenz ertragen und bewältigt werden können, bedarf es eines in der Latenz gestärkten Ichs. Konnte der infantile Narzissmus durch die Bewältigung ödipaler Konflikte nicht gemildert werden, war das Ich auch nicht in der Lage, das soziale Umfeld der Latenzzeit zu nutzen, um das kindliche Selbst durch neue Ich-Identifizierungen zu bereichern und zu stärken. Unabhängig davon wurde die wichtige entwicklungsstützende Funktion des Narzissmus für die adoleszente Entwicklung untersucht (A. Freud 1958, Jacobson 1964 u.a.). Er übernimmt eine Brückenfunktion bei der Ablösung von den elterlichen Bezugspersonen. Größenphantasien und Tagträume haben nicht nur die Aufgabe, zukünftige Selbstvorstellungen zu entwerfen, sondern in dem umfassenden und belastenden Umgestaltungsprozess als Quelle der Gratifikation zu dienen, bis das Selbstwertgefühl durch Bestätigungen der Umwelt und durch neue Beziehungen zunehmend gefestigt wird.

3. Durch die Untersuchung der Rolle präödipaler Strukturen während der adoleszenten Entwicklung wurde eine normative adoleszente Regression entdeckt, die keinen Abwehrcharakter hat (Blos 1979). Diese seelische Regression bringt den Jugendlichen wieder mit schwelenden infantilen Abhängigkeiten, Bedürfnissen, Ängsten und Traumatisierungen in Berührung. Sie eröffnet die Chance, neuartige Lösungen für alte infantile Konflikte einzuleiten, denn das adoleszente Ich ist – gegenüber dem infantilen – stärker, beständiger, vielseitiger und phantasievoller. Es kann sich dagegen wappnen, in einem regressiven Zustand, in dem Abhän-

gigkeitsbedürfnisse und Versorgungswünsche dominieren, zu versinken. Die Stärke dieses regressiven Sogs erweist sich folgerichtig als der eigentliche Gefahrenpunkt der Adoleszenz. Adoleszente Phänomene wie Negativismus, starre Rebellion und lähmende Indifferenz wurden klinisch als Kampf gegen diese regressive Passivität verstehbar.

4. Lange Zeit hatte in der Psychoanalyse die Polarität Mutter-Sohn und Vater-Tochter die ödipale Konstellation beherrscht. Zwischenzeitlich wird den gleichgeschlechtlichen frühen Objektbeziehungen mehr Bedeutung eingeräumt. Blos (1985) hat die Bedeutung der dyadischen präödipalen Vater-Sohn-Beziehung für die adoleszente Entwicklung untersucht. Das daraus stammende Sicherheitsgefühl wird verinnerlicht. In der Adoleszenz gerät die Vaterbeziehung des Jungen auf ein sexuelles Terrain. Die Angst vor sexueller Passivität und Unterwerfung unter den Vater wehrt der Junge durch eine lautstarke Versicherung seiner heterosexuellen Identität ab. Erst am Ende der Adoleszenz wird dieser „negative Vater-Komplex" (im Sinne einer negativ-ödipalen Position) gelöst. Die dyadisch idealisierte Vaterbeziehung wird verinnerlicht und ins Ich-Ideal transformiert. Das reife Ich-Ideal ist die strukturelle Innovation am Ende der Adoleszenz.

5. In einer Rückwendung auf Freuds Ansatz von 1905 konzentriert sich Laufer (1984) wieder auf die Hauptaufgabe der Adoleszenz: die Bildung der sexuellen Identität. Denn nur so könne man die extreme Angst, die Adoleszente erleben, sowie die Entstehung und die Struktur der schweren Pathologien der Adoleszenz wirklich verstehen. Viele ich-psychologischen Arbeiten hätten die Adoleszenz als Verlängerungen der Kindheit betrachtet und den eigenständigen Beitrag übersehen, den die Adoleszenz zu psychischer Gesundheit oder Krankheit im Erwachsenalter liefert. Bei der Bildung einer endgültigen sexuellen Identität erlangt die Masturbation den Status eines Probehandelns, bei dem festgelegt wird, welche sexuellen Vorstellungen, Gefühle und Befriedigungen für das Überich annehmbar sind. Die „zentrale Onaniephantasie" enthält die sexuellen Hauptidentifizierungen und die verschiedenartigen regressiven Befriedigungsmodalitäten des Jugendlichen. Sie ist ein universelles Phänomen, das nicht davon abhängt, ob ein Kind oder Jugendlicher masturbiert oder nicht, der Inhalt kann sich auch in Tagträumereien, sexuellen Aktivitäten und verschiedenen Formen von Objektbeziehungen zeigen. Laufer betont die innere Aktivität des Jugendlichen beim Aushandeln seiner sexuellen Identität. Der Verlust dieser inneren Aktivität ist ein Anzeichen des Zusammenbruchs der adoleszenten Entwicklung. Laufer definiert ihn als die unbewusste Zurückweisung des sexuellen Körpers und das Bedürfnis, unbewusst ein Bild eines Selbst aufrechtzuerhalten, das durch innere Kräfte, über die es keine Kontrolle hat, verfolgt oder hilflos gemacht worden ist. Die Folgen münden häufig in einen Bruch mit der Realität und in psychotischen oder perversen Entwicklungen.

6. Der phallische Monismus Freuds wurde in den modernen Auffassungen der weiblichen Adoleszenz aufgegeben. Die primäre Weiblichkeit ist dem Mädchen schon früh bewusst, es verfügt über eine Kenntnis seiner inneren Genitalien und hat entsprechende körperliche Empfindungen. Anstelle des Penisneides steht heute die präödipale Objektbeziehung des Mädchens zu seiner Mutter im Vordergrund. Ihre Bewältigung wird zur bedeutsamsten Hauptaufgabe der weiblichen Adoleszenz. Die Fruchtbarkeit der Mutter gilt es sich in der Weise identifikatorisch anzueignen, dass die Abneigung gegen die versagende und enttäuschende Mutter, der Neid auf das mütterliche Innere und die ödipale Rivalität gemildert werden, so dass die mütterliche Imago nicht zerstört wird, sondern das Mädchen sich mit ihr positiv identifizieren kann (Anzieu 1993).

7. Die Festlegung des Endes der Adoleszenz hängt von dem Stellenwert ab, der den sozialen und kulturellen Faktoren gegeben wird. Bernfeld hat mit seiner Theorie des „sozialen Ortes der Neurose" betont, dass unterschiedliche soziale Umstände den Verlauf der Pubertät grundlegend beeinflussen. In seiner Arbeit über die gestreckte Pubertät (1923) untersucht er vor dem Hinter-

grund der damaligen Jugendbewegung deren unmittelbare kulturelle Funktion. Nach Bernfeld hat die verlängerte Adoleszenz einen zwiespältigen Charakter. Einerseits erfährt in ihr, ausgelöst durch eine neurotische Angst vor direkter Triebbefriedigung, der seelisch vorgezeichnete Weg der Adoleszenz eine Störung. Anderseits werden sexuelle Triebstrebungen auf Phantasien verschoben und in Ideen und Werke, sog. „endopsychische Gebilde", umgewandelt. Sie nehmen eine Zwischenstellung zwischen Innen und Außen, zwischen Phantasie und Realität ein und wirken gegenüber den Werken und Werten der Erwachsenenwelt oft „revolutionär" (vgl. auch Erikson 1968). Erdheim hat diese Bernfeld'sche Analyse von Pubertät und Kulturfortschritt aufgenommen und mit Hilfe des Antagonismus von Familie und Kultur weiterentwickelt (1982, 1988). Vor allem klinisch orientierte Psychoanalytiker (Blos 1962, Laufer 1976) sehen in der verlängerten Adoleszenz ein spezifisches pathologisches Entwicklungssyndrom. Der adoleszente Prozess kann nicht abgeschlossen werden. Die einzig mögliche Lösung besteht darin, die adoleszente Krise offen zu halten. Die Ursachen können u.a. in einem unintegrierten infantilen Narzissmus oder in einem Fortbestehen der bisexuellen Position liegen.

4. Die Bedeutung des Begriffs in den verschiedenen psychoanalytischen Schulrichtungen

Freud konzentrierte sich bei seiner Beschreibung der Adoleszenz auf die Herstellung des genitalen Primats und der Objektwahl. Die Ich-Psychologie erweiterte diese Sichtweise und beschrieb systematisch die Entwicklung des Ichs und seiner Funktionen: die Abwehrmaßnahmen und Gefährdungen des Ichs, insbesondere angesichts der Triebe und der inzestuösen Wünsche, ebenso wie die Anpassungsprozesse und die strukturellen Reorganisationen. Die Adoleszenz wurde in Subphasen unterteilt. Vor allem bei der seelischen Integration während der Spätadoleszenz sind die synthetischen Funktionen des Ichs gefordert: bei der Schaffung einer Ich-Identität und bei der Vereinheitlichung unterschiedlicher Identifizierungen zu einer relativ ganzheitlichen Selbstrepräsentanz.

In den objektbeziehungstheoretischen Weiterentwicklungen tritt die Erforschung der präödipalen Objektbeziehungen, die Entidealisierung der Objektrepräsentanzen der Elternfiguren und die Bedeutung der peer group in ihrer Funktion als Übergangsobjekt in den Vordergrund. Blos greift Mahlers Separations- und Individuationsphasen auf und beschreibt die Adoleszenz als „zweite Individuation".

Die Selbstpsychologie wirft der Ich-Psychologie vor, den Biologismus der Triebtheorie nicht aufgegeben zu haben und an der traditionellen Metapsychologie von Trieb und Abwehr, Ich, Es und Überich festzuhalten. Im Mittelpunkt steht jetzt die Erweiterung altersadäquater Selbstobjekt-Erfahrungen. Adoleszenz ist hier nicht die Zeit eines turbulenten Übergangs eines abhängigen Kindes in einen unabhängigen Erwachsenen, sondern in einem eher ruhig verlaufenden Transformationsprozess entwickeln sich neue komplexere Formen der Interdependenz, wodurch der sich erweiternde Blickwinkel des Adoleszenten auf die Welt unterstützt wird ebenso wie die Aktualisierung seiner Fähigkeiten. Die Familie bleibt als Ort der Unterstützung des Selbst weiter von großer Bedeutung (Lichtenberg 1998). Das Streben nach Unabhängigkeit wird als eine gesellschaftliche Norm gesehen, die den psychischen Bedürfnissen der jungen Menschen nicht entspricht (Galatzer-Levy und Cohler 1993). So steht auch nicht die sexuelle Identitätsbildung im Mittelpunkt, sondern der Sprung in den kognitiven Kapazitäten (vom konkreten zum formallogischen Denken nach Piaget). Diese kognitive Veränderung zwingt das Selbst in einen Restrukturierungsprozess und liefert einen Hauptbeitrag zu der Entidealisierung der archaischen idealisierten Elternimagines. An die Stelle der realen idealen Selbstobjekte können nun symbolische Selbstobjekte treten. Ein System von Wertsetzungen, Idealen und Überzeugungen übernimmt die Funktion der benötigten idealisierten Selbstobjekte (Wolf, Gedo und Termann 1972, Wolf 1982).

5. Interdisziplinäre Beiträge und Befunde

An der Erforschung der Adoleszenz sind viele Disziplinen beteiligt, die einerseits die entwicklungspsychologische Dimension untersuchen, andererseits die gesellschaftlich-soziale Seite und die Integration der Jugendlichen in die Gesellschaft. Ich greife hier nur einige wenige Punkte heraus.

Die kognitive Psychologie, vor allem in der Tradition Piagets, beschreibt die Entwicklung des formal-logischen und abstrakten Denkens in der Adoleszenz. Es ermöglicht dem 12- bis 14-jährigen eine weitgehende Dezentrierung des Subjekts. Er kann sich nun mit seiner konkreten Vergangenheit zum Objekt machen und darüber in allgemeiner Weise abstrahierend reflektieren und seine Selbstbilder restrukturieren. Er erlebt sich selbst dabei in ganz anderer Weise als Kontinuum. Der Adoleszente kann seine eigenen moralischen Prinzipien und seine Weltanschauung entwickeln, unabhängig von den Eltern. Die vorhandenen Ideologien und Glaubenssysteme werden einer scharfen und oft absoluten Kritik unterzogen. Freuds Theorie der Nachträglichkeit beschreibt, wie die sexuellen Veränderungen ein anderes Verständnis des Erinnerten ermöglichen. Ihre eigentlich lebensgeschichtliche Bedeutung erlangen Kindheitserinnerungen erst durch den Einfluss der Adoleszenz.

Die intrapsychischen Umstrukturierungen in der Adoleszenz führen zu emotionalen Stressreaktionen und innerer und äußerer Disharmonie. Die von Anna Freud geprägte Vorstellung von der Adoleszenz als einer Phase innerer und äußerer Turbulenz ist psychoanalytisch weithin akzeptiert worden. Die Langzeitstudie von Offer und Offer (Offer 1991) über die normale Entwicklung männlicher Jugendlicher ergab aber, dass die Gruppe mit einem Wachstum, das von innerem und äußerem Aufruhr und von schwerwiegenden häuslichen und schulischen Konflikten begleitet war, nur einen Teil der untersuchten Population ausmachte (21 %). Die Entwicklung der beiden anderen Gruppen verlief kontinuierlich oder war nur einigen Schwankungen unterworfen. Als differenzierende Faktoren waren der stabile bzw. labile Familienhintergrund, traumatische Erlebnisse wie Trennungen und Krankheit, aber auch das Vorhandensein bzw. Fehlen positiver Identifizierungen mit den Vätern wirksam. Diese Ergebnisse haben, ähnlich wie die Selbstpsychologie, das psychoanalytische Modell der inneren und äußeren Disharmonie und Turbulenz in Frage gestellt. Nun ist das Fehlen äußerer Manifestationen im Verhalten kein Beweis für das Fehlen innerer Turbulenzen. Das hängt u.a. mit der Abwehrformation und den Reaktionen der Umwelt des Adoleszenten zusammen. Der sexuelle Triebschub, die dadurch ausgelösten körperlichen und geistigen Veränderungen erschüttern das seelische Gleichgewicht. Daraus resultierende beunruhigende Empfindungen können auf andere Aktivitäten verschoben werden, so dass ihr Ursprung nicht mehr unmittelbar erkennbar ist. Auch spricht eine genaue Analyse der epidemiologischen Daten, die Bloch (1995) vorgenommen hat, nicht gegen die These von der Adoleszenz als Phase des inneren und äußeren Tumults.

Literatur

Anzieu, A. (1993). Beunruhigende Weiblichkeit. Zum Thema Adoleszenz. Psyche – Z Psychoanal, 49, 1995, 886–902.

Bernfeld, S. (1923). Über eine typische Form der männlichen Pubertät. In S. Bernfeld (1974), Antiautoritäre Erziehung und Psychoanalyse (S. 64–81). Ausgewählte Schriften, Bd. 3. Frankfurt/M.: Ullstein.

Bloch, H.S. (1995). Adolescent development, psychopathology, and treatment. Madison: International Universities Press.

Blos, P. (1962). Adoleszenz. Eine psychoanalytische Interpretation. Stuttgart: Klett, 1973.

Blos, P. (1979). The adolescent passage. Developmental issues. New York: International Universities Press.

Blos, P. (1985). Sohn und Vater. Diesseits und jenseits des Ödipuskomplexes. Stuttgart: Klett-Cotta, 1990.

Bohleber, W. (1996). Einführung in die psychoanalytische Adoleszenzforschung. In ders. (Hg.), Adoleszenz und Identität (S. 7–40). Stuttgart: Klett-Cotta.

Erdheim, M. (1982). Die gesellschaftliche Produktion von Unbewußtheit. Eine Einführung in den ethno-psychoanalytischen Prozeß. Frankfurt/M.: Suhrkamp.
Erdheim, M. (1988). Die Psychoanalyse und das Unbewußte in der Kultur. Frankfurt/M.: Suhrkamp.
Erikson, E.H. (1959). Identität und Lebenszyklus. Frankfurt/M.: Suhrkamp, 1966.
Erikson, E.H. (1968). Jugend und Krise: die Psychodynamik im sozialen Wandel. Stuttgart: Klett-Cotta, 1980.
Freud, A. (1936). Das Ich und die Abwehrmechanismen. München: Kindler, 1973.
Freud, A. (1958). Probleme der Pubertät. In Die Schriften der Anna Freud. Bd. VI (S. 1739–1769). München: Kindler.
Galatzer-Levy, R. and Cohler, B. (1993). The essential other. A developmental psychology of the self. New York: Basic Books.
Jacobson, E. (1964). Das Selbst und die Welt der Objekte. Frankfurt/M.: Suhrkamp, 1973.
Jones, E. (1922). Einige Probleme des jugendlichen Alters. In ders., Die Theorie der Symbolik und andere Aufsätze (S. 143–168). Frankfurt/M.: Ullstein, 1978.
Laufer, M. (1976). Zentrale Onaniephantasie, definitive Sexualorganisation und Adoleszenz. Psyche – Z Psychoanal, 34, 1980, 365–384.
Laufer, M. und Laufer, E. (1984). Adoleszenz und Entwicklungskrise. Stuttgart: Klett-Cotta, 1989.
Lichtenberg, J. (1998). Eine selbstpsychologische Betrachtung der Adoleszenz: Übergangsphase oder Sturm- und Drang-Komplex? In H.P. Hartmann u.a. (Hg.), Das Selbst im Lebenszyklus (S. 59–84). Frankfurt/M.: Suhrkamp.
Offer, D. (1991). Adolescent development: a normative perspective. In S.I. Greenspan and G.H. Pollock (Eds.), The course of life. Vol. IV. Adolescence (pp. 181–199). Madison: International Universities Press.
Wolf, E. (1982). Adolescence: Psychology of the self and selfobjects. Adolescent Psychiatry, 10, 171–181.
Wolf, E., Gedo, J. and Terman, D. (1972). On the adolescent process as a transformation of the self. Journal Youth and Adolescence, 1, 257–273.

Affekt, Emotion, Gefühl *von Rainer Krause*

affect, emotion, feeling – affect, émotion, sentiment

1. Definitionsversuche im klassischen Umfeld

Die kohärenteste Darstellung aller Affekttheorien findet man im Entwurf einer Psychologie von Freud von 1895. Im Vorgriff auf sehr moderne Auffassungen über das Nervensystem postuliert Freud verschiedene Neuronen, die sich durch ihre Durchlässigkeit unterscheiden. Dies sei Folge der unterschiedlichen chemischen Prozesse an den sogenannten Kontaktschranken, das sind die Vorläufer der Synapsen. Neuronen, die die Erregung nicht oder nur schwer durchlassen, werden zu Trägern des Gedächtnisses, sogenannte Psy-Neuronen und damit aller psychischen Vorgänge. Das Hereinbrechen oder eine Überflutung mit Reizen oberhalb der biologischen Reizschwelle, vorgegeben durch die Sinnesorgane, setze neuronale Prozesse in Gang, die nach Entladung, vor allem in die motorischen Neuronen, drängen. Auf dem Innervationsweg zu den motorischen Neuronen würden auch innere Veränderungen (Ausdruck der Gemütsbewegungen Schreien, Gefäßinnervationen, Freud 1950c, S. 410) in Gang gesetzt. Andere Personen schrieben diesen reflektorischen Prozessen Bedeutung zu und dadurch würden sie kommunikativ. Neubesetzung von Erinnerungsbildern, die mit Steigerung oder dem Abfluss von Energie ursprünglich zeitlich kontingent waren, setzen Unlust und Lust in Gang. Diese Zustände würden den primären Prozessen ähneln, seien aber nicht deckungsgleich mit Ihnen. Er nennt sie Affekte. Es handele sich also um die Repräsentation eines Schmerz- oder Lusterlebnisses. Obgleich diese Schrift erst 1950 gegen Freuds Willen veröffentlicht wurde, hat sie die Theorieentwicklung der späteren im engeren Sinne psychoanalytischen Schriften nachhaltig beeinflusst. Sie ist gegenwärtig wieder hoch modern und wird im Rahmen der Neuropsychoanalyse in Bezug auf ihren Bestätigungsgrad durch die moderne Forschung sehr wohlwollend diskutiert (Panksepp 1999, Solms und Nersessian 1999). In diesem Modell sind Affekte Indikatoren für Reizveränderungen oberhalb einer biologisch bedeutsamen Schwelle. Sie sind nicht die Zustände selbst, haben gleichwohl stark motivierende Kraft. Einerseits für Schmerzflucht (negative Affekte) andererseits für Objektsuche (positive Affekte und Wünsche). Zusätzlich unterscheidet Freud zwischen quantitativen und qualitativen Aspekten neuronaler Prozesse; psychische Prozesse seien qualitativ und an die unterschiedlichen Sinnesorgane als Stifter von Qualia gebunden. Die quantitative Dimension beschreibe die nicht repräsentationalen Teile des Prozesses. Im Zusammenhang mit der Entstehung der unbewussten Konflikte, die die „Neurosen" kennzeichnen, stellt er sich vor, dass die qualitativen Anteile der Gedächtnisspuren an die Reizüberflutung nicht korrigierbar sind (nicht tilgbar, S. 60); der quantitative Anteil wird als manipulierbar gesehen (Erregungsschema, Affektbetrag). Die Vorstellung werde dann schwach und fordere keine Assoziationsarbeit. Die Erregungssumme sei aber auch nicht aufgelöst, müsse also anderer Verwendung zugeführt werden. Die Energieentladung erfolge vorwiegend zur Motorik hin. Prinzipiell könnten aber unerträgliche Vorstellungen dadurch behandelt werden, dass der Affektbetrag von ihnen abgetrennt würde. Dessen Entsorgung geschehe in der Hysterie im Körper, bei der Phobie und Zwangsneurose durch Verschiebung auf andere psychische Vorstellungen und gesamthafte Transformationen bei der Angstneurose und der Melancholie (Freud 1894a, S. 74).

Eine eingebaute Information für andere Personen enthalte der Affekt nicht. Mögliche Bedeutungsverleihungen geschähen nur über die Kontingenzen zwischen Abfuhr und den zeitgleichen Aktivitäten Anderer. Allerdings gab sich Freud mit dieser Annahme nicht ganz zufrieden. Ausgehend von der Diskussion der Geburtsangst führt er die Vorstellung ein, dass auch die anderen Affekte Reproduktionen alter lebenswichtiger, eventuell vorindividueller Ereignisse seien und wir sie als allgemeine typische mitgeborene hysterische Anfälle vergleichbar zu den „späten individuell erworbenen Attacken der hysterischen Neurose mitbringen" (Freud 1926d, S. 163). Den hysterischen Attacken wird ein Ausdruckanteil zugestanden.

Diese Konzeptionen von den Affekten als angeborene Indikatoren und Entladungsmechanismen für Triebprozesse wurde nie aufgegeben (Freud 1905d). Sie wurde ergänzt durch eine zusätzliche Theorie der Affekte als Signal, die der Handhabung der Reaktivierung vergangener traumatischer Gefahren dienen. Der Kern von Gefahrensituationen stelle die Einschätzung unserer Stärke im Vergleich zu ihrer Größe dar. Wirklich gemachte Hilflosigkeitserfahrungen werden traumatisch genannt. Die Antizipation dieser Erfahrung, um sie abzuwenden, geschehe über den Affekt, der eine Erwartung und gemilderte Wiederholung des Traumas darstelle (Freud 1926d, S. 203). Im Kontext der Frage, wie milde diese Wiederholung sein muss, um nicht zu einer vollständigen Reaktivierung der traumatischen Situation zu führen, wird die 1915 eingeführte Verwandlung in einen qualitativ anderen Affektbetrag, die Unterdrückung (Freud 1915e, S. 277) sowie die Verkennung eines Affektes als Andern erwähnt. Die Affekte seien niemals unbewusst nur die zugeordneten Vorstellungsrepräsentanzen. Ob vollständig unterdrückte Affekte gleichwohl eine wie auch immer geartete Repräsentanz haben ist offen. Manche dieser Vorstellungen sind in gutem Einklang mit der empirischen Forschung, die die Affekte als unbewusste Relevanzgeber (Sander et al. 2005) betrachten. Die Vorstellungen über das neuronale Netzwerk von 1895 sind bis heute gültig (Spitzer 2000). Ebenso ist die Vorstellung von den

Affekten als Repräsentanten anderer speziell von traumatischen und Triebprozessen gut belegt worden (Tomkins 1978). Über das Zusammenspiel von qualitativen und quantitativen Dimensionen und deren Anbindung an den Bewusstheitsgrad liegen Arbeiten vor, die sowohl das Gedächtnis als auch die Wahrnehmung für sinnesspezifisch organisiert erklären und zumindest von daher verschiedene Qualia nahe legen (Engelkamp 2003). Die Vorstellung von Affekten, die durch den Verlust des repräsentationalen Anteils unbewusst werden, aber gleichwohl wirksam bleiben, ist durch die Arbeiten von LeDoux (1996, 1999) ausreichend abgedeckt.

2. Wesentliche Erweiterungen, Differenzierungen und Modifikationen

Insgesamt kann man feststellen, dass die frühen Vorstellungen oder Arbeiten Freuds zu den Affekten bei weitem differenzierter und ausgebauter als die späten sind. Die neue Auflage dieses Lexikons trägt dieser Tatsache Rechnung. Schließlich gibt es einen Konsens dahingehend, dass in Freuds Arbeiten eine Besonderheit der Affekte, nämlich dass sie von anderen wahrgenommen oder erspürt werden können und zu identischen oder komplementären Reaktionen führen, nicht ausreichend gewürdigt wurde (Krause 2000). In Fortführung der phylogenetischen Spekulationen Freuds kann man heute davon ausgehen, dass die den prototypischen Affektbeziehungen entsprechenden Bewertungssituationen, die in Affekte wie Angst, Wut, Trauer, Ekel, Verachtung auf der negativen Seite und Freude, Interesse auf der positiven Seite einmünden, auch motorisch expressive Muster generieren, die eine Semantik aufzuweisen haben, die ohne eigene Erfahrung bereits bei Beginn des extrauterinen Lebens verstanden wird (Ekman und Davidson 1994). Freude, Wut, Ekel, Angst, Trauer, Interesse, Verachtung rufen, wenn sie sicht- und/oder hörbar werden, ganz ungewollt beim anderen spezifische Wirkungen hervor. So gibt es etwa Affektansteckung (Trauer kann Trauer beim Gegenüber erzeugen) oder komplementäre Reaktionen (zeigt der eine Wut, kann der andere Angst entwickeln). Diese Prozesse sind für die Diagnostik und die Behandlungstechnik von aller größter Bedeutung (Merten 2005).

3. Interdisziplinäre Beiträge und Befunde

Die gegenwärtige Forschung zeigt, dass das was wir Emotionen nennen ein multimodales parallel organisiertes System ist, dessen einzelne Bausteine mit denjenigen der Sozialpartner in einem organisierten Zusammenspiel funktionieren (Krause 2005, 2000). Das expressive Modul steuert die Körperperipherie mit Gesichtsausdrücken und Vokalisierungen in der Stimme. Es hat vorwiegend Signalfunktion zur Beziehungssteuerung und kennt einen Satz an phylogenetisch vermittelten qualitativ unterschiedlichen Prototypen, die Primäraffekte genannt werden. Es sind dies die oben erwähnten Zustände Freude, Trauer, Verachtung, Ekel, Angst, Neugier, Wut (Tomkins 1962, 1963). Ein physiologisches Modul steuert die Aktivierung bzw. Deaktivierung des autonomen und endokrinen Systems und stellt die innere Handlungsbereitschaft her. Hier findet man am ehesten ein Äquivalent zu Freuds Affektbetrag (bzw. einem unspezifischen Arousal). Ein Modul steuert Verhaltensanbahnungen in der Skelettmuskulatur und der Körperhaltung. Es handelt sich um eine körperliche sichtbare Form der Intentionalitätsherstellung, die eine Schlussfolgerung erlaubt, aber keine eigene Symbolfunktion wie der expressive Signalanteil auf die mögliche folgende Handlung hat. Schließlich gibt es ein Modul zur Wahrnehmung der körperlichen Module. Die damit verbundenen Vorgänge werden Interozeption genannt. Schließlich gibt es ein Modul, das eine bewusste Wahrnehmung des Affektes als inneres Bild und als spezifische situative Bedeutung der Welt und Objekte schafft. Ebenso wie beim expressiven Modul kann man heute davon ausgehen, dass es affektspezifische, kulturübergreifende prototypische Formen der Weltsicht gibt, die man als Propositionen oder

Episoden beschreiben kann (Frijda 1996). Diese Propositionen sind von verschiedenen Autoren beschrieben worden und in ihrer Kulturvergleichbarkeit ebenso bestätigt wie die Ausdruckskonfigurationen der Mimik und Stimme. Die Klassifikation der Affekte erfolgt entlang von drei Aspekten:

1. *Ort:* In Bezug auf den Ort des Objektes gibt es vier Möglichkeiten: Das Objekt ist im Subjekt, also im Mund oder im Magen-Darm-Bereich, an der Körperperipherie des Subjekts, im optisch-apperzeptiven Feld des Subjekts, also visuell gegenwärtig, oder das Objekt ist mental repräsentiert, aber abwesend. Die Objekte werden je nach diesen Ortsrelationen als gustatorische, taktile, visuelle oder mentale erlebt. Die bevorzugte Art solcher Orts-Klassifikationen ist für die Beschreibung von psychopathologischen Prozessen von Bedeutung. Wer sich vor allem ekelt, ist von der Phantasie heimgesucht, alle Objekte hätten freien Zugang in seinen körperlichen Subjektbereich.

2. *Erfahrungen:* Während die Ortsklassifikation nur eine sehr einfache Unterscheidung perzeptiver Art voraussetzt, wird in der zweiten Klassifikation der Affekte das Objekt hinsichtlich bereits gemachter Erfahrungen kogniziert. Das Erfahrungswissen kann aus der Phylogenese stammen und/oder aus darauf aufbauenden individuellen Erfahrungen. Es sind archaische Klassifikationen, die das Objekt als wohltuend, benevolent, im weitesten Sinne „gut" oder als schädigend, schmerzend, im weitesten Sinne „schlecht" erscheinen lassen. Freilich wechselt für gut und schlecht wenigstens partiell auch die Darstellungsmodalität, je nachdem, wo das Objekt in Relation zum Subjekt ist. Schlecht im gustatorischen Bereich ist Übelkeit, schlecht im taktilen Bereich ist Schmerz, wohingegen schlecht im optisch apperzeptiven Feld „Angst/Wut" bedeutet.

Die mit den Affekten korrelierten Konditionierungsprozesse besitzen je unterschiedliche Zeitkonstanten. So liegt bei Ekel das optimale Intervall zwischen konditioniertem Reiz und der unkonditionierten Reaktion bei drei bis vier Stunden, bei Schmerz und/oder Angst im Sekundenbereich. Obgleich man mit einem nur optischen Objekt eigentlich keine schlechten Erfahrungen machen kann, legt die heutige Forschung nahe, dass bestimmte Gestaltkonfigurationen im optischen wie im auditiven Bereich auf Grund eines phylogenetisch erworbenen pattern-detection-Verfahrens alle anderen Primäraffekte auslösen können. D.h. dass die frühen Lernprozesse der Kleinkinder – das was Freud primäre Identifikation nannte – über den Austausch solcher affektiven Zeichen (Fonagy 2002) geschieht.

3. *Relationale Handlungsmacht:* Eine dritte relativ grundlegende Klassifikation ist die Attribuierung der relationalen Handlungsmacht, d.h. ob das Subjekt sich dem Objekt überlegen oder unterlegen fühlt. Auch hier gibt es phylogenetisch erworbene Muster für Überlegen- vs. Unterlegenheit, z.B. Unterschiede des Körperumfanges zwischen Subjekt und Objekt. Ansonsten wird man die sogenannten Copingvorgänge hier einordnen können. Je nachdem wie der Einschätzungsvorgang, ob etwas getan werden kann oder nicht, ausfällt, wird eine andere Emotion entwickelt werden müssen (Lazarus 1993).

Freude signalisiert der Umgebung, dass die laufende Form der Interaktion zwischen Subjekt und Objekt weitergehen soll. Sie ist ein artspezifisches Reinforcementsystem und funktioniert unabhängig vom Regulationssystem der negativen Affekte. Diese signalisieren jeweils einen Wunsch nach Veränderung einer laufenden Objektbeziehung. „Neugier" und „Interesse" sind informationsverarbeitende Affekte. Sie initiieren die Frage „wie ist das Objekt", ehe es zur Klassifikation gut, schlecht oder irrelevant kommt.

Kognitiv kann man diese Wünsche als Propositionen formulieren mit den Aussagebestandteilen Subjekt, Objekt und gewünschte Interaktion. Objekt und Subjekt müssen jeweils in Termini des Ortes, in dem sich die Interaktion abspielt, betrachtet werden. So gibt es „schlechte", „gustatorische" Objekte, die mental im Subjekt verortet werden und durch die „Interaktionswünsche" in diesem Raum beschrieben werden können. Ekel repräsentiert so gesehen den Wunsch, „du (Objekt) hinaus aus mir (Subjekt)“. Wut repräsentiert den Wunsch, dass das Objekt verschwinden möge, wobei das Subjekt bleibt, „du hau ab, ich bleibe“, wohingegen Angst den Wunsch repräsentiert, das Subjekt vom Ort des Objektes zu entfernen. Trauer repräsentiert den Wunsch, eine einmal gehabte Interaktion mit dem Objekt in einem der vier Bereiche wieder in Gang zu setzen. Gemäß dieser Vorstellung kann man gustatorischen, taktilen und optisch/auditiven Objekten „nachtrauern“. Die Abwesenheit eines „bösen“ Objektes ist im Moment der mentalen Vergegenwärtigung des Objektes von Erleichterung und Freude begleitet.

4. Moderne psychoanalytische Sichtweisen

Man kann in Anlehnung an Freuds frühe Überlegungen über die unterschiedlichen Schicksale des Affektbetrages und seiner Repräsentanzen eine Systematik psychischer Störungen als chronifizierte Abweichungen zwischen den verschiedenen Modulen des Affektsystems (Krause 2000, 2005) erstellen, wobei der gesunde Normalfall darin bestünde, dass die Personen in der Beziehungsgestaltung mit einer anderen Person relativ frei über die Verbindung der einzelnen Module verfügen könnten, dass beispielsweise das eigene Erleben vom Ausdruck der anderen Person bestimmbar sein kann, dann aber wieder mit dem eigenen Ausdruck übereinstimmt. Die Zusammenhänge wären also situationsspezifisch veränderbar und würden durch die Beiträge und die Situationsdefinition beider Interaktionspartner bestimmt. Überdauernde Festschreibungen zwischen Ausdruck und Physiologie werden im Rahmen von Externalisierung/Internalisierung diskutiert, wobei im Großen und Ganzen davon ausgegangen wird, dass überdauernde Internalisierung von einer Erhöhung der physiologischen Prozesse begleitet wird (Traue und Pennebaker 1993).

Überdauernde Abweichungen der Zusammenhänge zwischen den Modulen Physiologie und der Wahrnehmung derselben werden unter dem Stichwort Interozeption diskutiert, wobei die umdeutende Katastrophisierung von normalen physiologischen Prozessen als Angstindikatoren von Bedeutung ist. Ebenso können Zustände der Hypochondrie und andere funktionelle Störungen in diesem Umfeld verstanden werden (Margraf 1989). Schließlich kann eine affektive Situationswahrnehmung und das willkürmotorische System dadurch verkoppelt werden, dass eine Situationswahrnehmung im willkürmotorischen System mehr oder weniger verschlüsselt dargestellt wird, ohne dass es vom Darsteller bemerkt wird. Dies könnte man als die klassische Form der Konversion bezeichnen. Schließlich kann ein affektives Geschehen sich unverschlüsselt im motorisch expressiven System ausdrücken, ohne eine Beteiligung einer zu ihm passenden Situationswahrnehmung. Diese Störungen, beispielsweise Tics, Stottern, Asthma, wurden früher prägenitale Konversionsneurosen genannt (Fenichel 1946). Spezifische Mobilisierung des physiologischen Moduls ohne die Mobilisierung aller anderen nennt man Affektäquivalente. Hier könnte man eine gewisse Verwandtschaft zum Alexithymiekonzept postulieren (von Rad 1983).

Schließlich kann ein Affekt durch die Mobilisierung eines anderen in allen Modulen an der Entwicklung gehemmt werden, z.B. Angst durch Verachtung, oder Weinen durch Lachen. Solche Prozesse nennt man Affektersetzung und Affektumkehr. Beide sind Teil der Reaktionsbildung und damit auch der Persönlichkeitsstörungen. Sie setzen eine Logik der Affekte voraus, die auch mittlerweile empirisch recht gut bestätigt ist (Plutchik 1980). Auf der Verhaltensebene bildet sich Affektersetzung als Maskierung ab. Diese Prozesse werden als Kulturtechniken eingesetzt und dienen der Herausbildung von bestimmten Persönlichkeitstypen und führen zu spezifischen ideoaffektiven Positionen, beispielsweise dem „Krieger“ (Tomkins 1978).

Personenübergreifend gibt es eine Fülle von möglichen Verschaltungen, vor allem zwischen dem motorisch-expressiven Modul zweier oder mehrerer Personen. Unbemerkte Übernahme der körperlichen Module einer anderen Person wird als automatische Identifikation bezeichnet. Sie folgt dem ideomotorischen Prinzip und ist Teil der empathischen Reaktion. Als überdauernde Abwehr verhindert sie die Entwicklung und Wahrnehmung eigener Gefühle. In diesen Zusammenhängen sind Vorgänge wie Empathie und deren Ausfall, Projektion, Identifikation, projektive Identifikation enthalten.

Ausgehend vom modularen Aufbau des Affektsystems und dessen Entwicklung, kann man wenigstens drei Formen von übergreifenden Strukturen unterscheiden. Da ist einmal die Gruppe von Personen, die sich durch eine generelle Reduktion des affektiven Ausdrucksverhaltens auszeichnen. Es handelt sich dabei um ein allgemeines Strukturmerkmal der sogenannten frühen Störungen (Arbeitsgruppe OPD 1996). Diese Personen kennzeichnet als weiteres gemeinsames Merkmal das Fehlen von Synchronisationsreaktionen im affektiven Bereich. In der zeitlichen Organisation der Mikrosynchronisierung des affektiven Geschehens der Körper ist etwas sehr Essentielles der Beziehungsgestaltung enthalten. Da die meisten diesem Regime unterworfenen Verhaltensformen unterhalb der Reaktionsschwellen liegen, verlangen sie vorbewusstes vorauslaufendes Wissen über die Aktionen des Partners, und das ist offensichtlich eine sehr grundlegende Form der Empathie. Diese Art von Veränderungen haben mit spezifischen Erfahrungen in der Mutter-Kind-Interaktion zu tun (Emde 1991a,b, Stern 1992, 1995).

Das Reduktionsphänomen per se ist keine Störung, sondern ein Anpassungsprozess an eine soziale Umgebung, in der die Kleinkinder durch Verzicht auf das Zeigen spezifischer eigener Affekte die Wahrscheinlichkeit verringern, dass gefährliche Zustände in den Eltern entstehen. Solche frühen Lernprozesse kann man nicht mit einfachen Hemmungen gleichsetzen, da mit diesem Vorgang gleichzeitig der Aufbau des Moduls der affektspezifischen situativen Bedeutungswahrnehmung und Attribuierung der inneren Welt und der Objekte verändert wird (Wilson und Malatesta 1989, Stern 1992). Die frühen mit diesem Vorgang verbundenen Erfahrungen bleiben unabhängig von den späteren Entwicklungen erhalten. Wenn der präverbale, präsymbolische Dialog der ersten Lebensjahre massiv gestört wurde, sei es durch das Kind selbst, sei es durch die Beziehungsperson, setzt diese Beziehungserfahrung den Rahmen, in dem sich alle späteren abspielen müssen, was nach Emde (1991a,b) heißt, dass es später zu einer strukturellen Störung unterhalb des neurotischen Niveaus kommen muss, ganz unabhängig davon, welche Anpassungen, Symptome und sonstigen Störungen die Person sonst noch entwickelt. Diese Beobachtung bedeutet keine eindeutige psychogenetische Ätiologie, denn wie bei den Autisten kann die genetisch bedingte Vulnerabilität der Patienten auch im Bereich des affektiven Austausches liegen.

Die zweite Gruppe sind Personen, die frühe Beziehungserfahrungen von affektiver Abstimmung und Verfügbarkeit gemacht haben, aber später mit konfliktbedingten Exzessen und ambivalenten Beziehungsangeboten konfrontiert werden, wie Zuwendung und Unterdrückung der Autonomie, Zuwendung und Verführung oder Unterdrückung sexueller Erfahrungsbildung. Sie werden nicht das Fehlen von Beziehung interaktiv wiederholen, sondern den Exzess an widersprüchlichen konfliktiven Affekten sozial implantieren. Das bedeutet ein Übermaß an verschiedenen negativen oder Kombinationen von negativen und positiven Affekten, die konflikthafter Natur sind. Der Rekurs auf eine innere repräsentationale Welt von Phantasien ist ihnen nicht im gleichen Ausmaß verwehrt. Allerdings sind die Repräsentanten unbewusst, so dass die teilweise heftigen Affekte an die falschen Objekte angebunden werden.

Nach Emde (1991a, b) führen beide Typen schädigender Beziehungserfahrungen zu zwei Formen von affektiven Übertragungen, zwei Formen von Wiederholungen und Gegenübertragungen. Ein massives Defizit emotionaler Verfügbarkeit im Sinne der Affektabstimmung führt zu einer vorsichtig defensiven Einstellung der Patienten, die, so

Stern, zeit ihres Lebens von grundlegenden starken Gefühlen der Einsamkeit heimgesucht sind, weil die Patienten wieder und wieder realisieren, dass es Dinge zwischen den anderen Menschen gibt, die sie nicht erfahren haben. Gleichwohl haben sie ein ungefähres Wissen über dieses „Paradies". Der ihnen aufgezwungene Vergleich zwischen der vermuteten Beziehungserfahrung der anderen und der eigenen fehlenden Beziehungserfahrung führt zu andauernden Einsamkeitserfahrungen, die in der Wiederholung reinszeniert werden. Auf der Verhaltensebene bedeutet das die Vermeidung von Affekten, Vermeidung von Synchronisation und Intimität und eine Einschränkung des affektiven Repertoires. Innerhalb der verschiedenen Gruppen der strukturell gestörten, nicht neurotischen Patienten bleibt ein negativer Affekt übrig, der die anderen an Häufigkeit steil überragt und im Allgemeinen auch in andere Kontexte eingebettet ist als bei den Gesunden. Für die Schizophrenen ist dies Verachtung und für die Colitis Ulcerosa-Patienten Ekel. Dies ergibt sich nicht nur empirisch, sondern auch aus der propositionellen Struktur der beiden Affekte.

Die narzisstische Option ist unabhängig von ihrem weiteren Verlauf von dem generalisierten Ausdruckshemmungssyndrom begleitet, weil der elementare Lernprozess dieser Option darin besteht, dass es sinnlos ist, sich und die Welt affektiv zu beeinflussen. Die Affekte als Interruptsysteme zur Beendigung maligner Prozesse verlieren ihre Funktion. Das Happinesssystem und das Erleben von Freude als Selbst- und Fremdbelohnungssystem verlieren ihre Funktion, eben dies zu tun. Damit ist, gleichgültig was später an kreativen Lösungen kommen mag, einer inneren Leere und Freudlosigkeit die Grundlage gelegt. Leere und Freudlosigkeit sind aber keine Krankheitseinheit, sondern eine mehr oder weniger intensive Färbung des Lebens. Die schwere Reduktion des affektiven Ausdrucks ist kein Korrelat fehlenden Erlebens, sondern stellt eine unbewusste Vorsichtsmaßnahme dar, die von der Voraussetzung ausgeht, dass ein geteilter, symbolischer, innerer Raum von Objekten, an die die Affekte „angeheftet" werden können und über die man ohne Gefährdung der Beziehung kommunizieren kann, beim Partner unabhängig von seiner affektiven Befindlichkeit nicht existiert. Alle Probleme und Konflikte werden direkt auf der Beziehungsebene verhandelt, was bedeutet, dass die innere affektive Welt als Puffersystem zur Beziehungsregulierung entfällt. Das Übermaß an Ausgeliefertsein an die Affekte des anderen, die Verweigerung einer eigenen inneren symbolischen Welt, die Unmöglichkeit, sich affektiv zu entäußern, mündet innerlich in die so oft beschriebenen Leerezustände mit Todes- und Versteinerungsphantasien, die sekundär als außerordentlich unangenehm und freudlos und als ein relativ elementares Wissen über die Unmöglichkeit von Begegnungen erlebt werden. Die klinischen Namen, die diesen nach außen nicht offen pathologisch erscheinenden Zustandsbildern gegeben wurden, sind „as if personality" (Deutsch 1942), „Affektentleerung" (McDougall 1984), „falsches Selbst" (Winnicott 1984), „Selbstentleerung" (Balint 1963). Solche Charakterisierungen sind nicht geeignet, Symptomdiagnosen wie diejenigen der DSM-III Achse I zu ermöglichen, sondern es handelt sich um unterschiedliche Schweregrade aller möglichen psychischen Störungen.

Literatur

Arbeitskreis OPD (1996). Operationalisierte Psychodynamische Diagnostik. Grundlagen und Manual. Bern: Huber.

Balint, E. (1963). On being empty on oneself. International Journal of Psycho-Analysis, 44, 470–480.

Deutsch, H. (1942). Some forms of emotional disturbance and their relationship to schizophrenia. Psychoanalytic Quarterly, 11, 301–321.

Ekman, P. and Davidson, R. (Eds.) (1994). The nature of emotion. Fundamental Questions. Oxford University Press.

Emde, R.N. (1991a). Die endliche und die unendliche Entwicklung. I. Angeborene und motivationale Faktoren aus der frühen Kindheit. Psyche – Z Psychoanal, 45, 745–809.

Emde, R.N. (1991b). Die endliche und die unendliche Entwicklung. II. Psyche – Z Psychoanal, 45, 890–913.

Engelkamp, J., Jahn, P. (2003). Lexical, conceptual and motor information in memory for action phrases: A multi-system account. Acta Psychologica, Vol. 113(2), 147–165.

Fenichel, O. (1946). Psychoanalytische Neurosenlehre. Bd. 1–3. Olten: Walter (Original erschienen 1946: The psychoanalytic theory of neurosis).

Frijda, N.H. (1996). Gesetze der Emotionen. Zeitschrift für psychosomatische Medizin und Psychoanalyse, 42, 205–221.

Fonagy, P. (2002). Affect regulation mentalization, and the development of the self. New York: Other Press.

Krause, R. (1998). Allgemeine Psychoanalytische Krankheitslehre. Bd. 2, Modelle. Stuttgart: Kohlhammer.

Krause, R. (2000). Commentary on emotions dialogue. Neuro-psychoanalysis – An Interdisciplinary Journal for Psychoanalysis and the Neurosciences, 2, 75–79.

Krause, R. (2000). Störungen der Emotionalität. In J.H. Otto, H.A. Euler und H. Mandl (Hg.), Emotionspsychologie (S. 545–555). Weinheim: Beltz.

Krause, R. (2005). Gefühle, Emotionen, Affekte – ihre Bedeutung für die seelische Regulierung. In A. Remmel, O.F. Kernberg, W. Vollmoeller, B. Strauss (Hg.), Handbuch Körper und Persönlichkeit. Entwicklungspsychologie, Neurobiologie und Therapie von Persönlichkeitsstörungen. Stuttgart: Schattauer.

Krystal, H. (1978). Trauma and affects. Psychoanalytic Study of the Child, 33, 81–116.

Lazarus, R.S. (1993). From psychological stress to the emotions: A history of changing outlooks. Annual Review of Psychology, 44, 1–12

LeDoux, J. (1996). The emotional brain: The mysterious underpinings of emotional life. New York, Simon & Schuster.

LeDoux, J. (1999). Psychoanalytic theory: clues from the brain. Commentary (44–49).

Margraf, J. (1989). Beiträge zur Diagnostik, Theorie und Therapie des Paniksyndroms. Habilitationsschrift im Fachbereich Psychologie der Philips-Universität Marburg.

McDougall, J. (1984). The „dis-affected“ patient: reflections on affect pathology. Psychoanalytic Quarterly, 53, 386–409.

Merten, J. (2005). Facial microbehavior and the emotional quality of the therapeutic relationship. Psychotherapy Research, Vol. 15(3), 325–333.

Nersessian, E., Solms, M. (1999). Neuro-Psychoanalysis – An interdisciplinary Journal for Psychoanalysis and the Neurosciences. International Universities Press, Inc. Vol.1, 1.

Panksepp, J. (1999). Emotions as viewed by psychoanalysis and neuroscience: an exercise in consilience. Neuro-Psychoanalysis – An Interdisciplinary Journal for Psychoanalysis and the Neurosciences, 1, 15–39.

Panksepp, J. (2001). Response to ongoing discussion (Vol. 1, No. 1). Neuro-psychoanalysis – An Interdisciplinary Journal for Psychoanalysis and the Neurosciences, 3, 75–81.

Plutchik, R. (1980). Emotion. A psychoevolutionary theory. New York: Harper & Row.

Rad, M. von (1983). Alexithymie. Empirische Untersuchungen zur Diagnostik und Therapie psychosomatisch Kranker. Heidelberg: Springer.

Sander, D., Grandjean, D. und Scherer, K.R. (2005). A systems approach to appraisal mechanisms in emotion. Neural Networks: the official journal of the International Neural Network Society. Vol. 18 (4), 317–52.

Solms M. and Nersessian E. (1999). Freud's theory of affect: questions for neuroscience. Neuro-psychoanalysis – An Interdisciplinary Journal for Psychoanalysis and the Neurosciences, 1, 5–14.

Spitzer, M. (2000). Geist im Netz. Modelle für Lernen, Denken und Handeln. Spektrum Akademischer Verlag. Heidelberg, Berlin.

Stern, D.N. (1992). Die Lebenserfahrung des Säuglings. Stuttgart: Klett-Cotta (i.O.: The interpersonal world of the infant. New York: Basic Books, 1985).

Stern, D.N. (1998). Die Mutterschafts-Konstellation. Stuttgart: Klett-Cotta (i.O.: The motherhood constellation. A unified view of parent-infant psycho-therapy. New York: Basic Books, 1995).

Tomkins, S.S. (1962). Affect, imagery and consciousness. Vol. 1, The positive affects. New York: Springer (reprinted 1988).

Tomkins, S.S. (1963). Affect, imagery, consciousness. Vol. 2, The negative affects. New York: Springer (reprinted 1988).

Tomkins, S.S. (1978). Script theory: differential magnification of affects. Nebraska Symposium on Motivation, 26, 201–36.

Traue, H.C., Pennebaker, J.W. (1993). Emotional expression and inhibition in health and illness. Göttingen: Hogrefe-Huber.

Wilson A. and Malatesta, C. (1989). Affect and the compulsion to repeat. Psychoanalysis and Contemporary Thought, 12, 265–312.

Winnicott, D.W. (1984). Reifungsprozesse und fördernde Umwelt. Frankfurt/M.: Fischer.

Aggression *von Udo Rauchfleisch*

aggression – agressivité

1. Definition

Unter Aggression verstehen wir eine dem Menschen (wie dem Tier) eigene Dynamik des Herangehens (i. S. des ad-gredi), was so verschiedene Phänomene umfasst wie Interesse, Selbstbehauptung, Abgrenzung, Verteidigung und Schädigung anderer. Tiefgreifende Meinungsverschiedenheiten bestehen hinsichtlich der Frage, ob es eine primär konstruktive, für das Individuum und seine Umgebung hilfreiche Kraft ist, deren Förderung und Ausdifferenzierung es anzuregen gilt, oder ob Aggression ein destruktives, den Einzelnen wie die Gesellschaft zerstörendes Potential darstellt, das durch Erziehung und soziale Regeln zurückgebunden, in ungefährliche Bahnen geleitet und – bestenfalls – in sozial nützliche Formen transformiert werden muss. Uneinigkeit besteht auch im Hinblick auf die Frage, ob Gewalttätigkeit etwas Primäres i. S. eines angeborenen Triebes ist, oder ob diese destruktiven Äußerungen von Aggression sekundäre Phänomene, Folgen fehlgeleiteter Sozialisation und damit Hinweis auf pathologische Prozesse sind.

2. Klassische Auffassung

Freud hat sich in verschiedenen Zusammenhängen mit dem Thema der Aggression beschäftigt. Die bedeutendste Rolle spielt dieses Konzept in der Schrift „Jenseits des Lustprinzips" (1920g). Hier schildert Freud die Aggression als Ausdruck des Todestriebes, als zur primären Ausstattung des Menschen gehörenden Trieb. Es ist eine destruktive Kraft, die im Zusammenhang steht mit den Phänomenen des Hasses, des Masochismus, der Selbstzerstörung und der primären Feindseligkeit der Menschen gegeneinander und gegen die Kultur (Freud 1930a). Dem Eros, dem mit Libido arbeitenden Lebenstrieb, stellt Freud den Thanatos, den Todestrieb, gegenüber, dessen Energie die Aggression bilde. Der Todestrieb wird als eine Kraft geschildert, welche „die Rückkehr zu einem früheren Zustand anstrebt", nämlich zum „Zustand der anorganischen Stabilität" (Freud 1940a).

Freud vertritt die Ansicht, Eros und Thanatos wirkten in allem Lebendigen bis hin in die einzelne Zelle. Daraus resultiere, daß neben der Tendenz zum Leben, zur Entwicklung und Fortpflanzung, alles Lebendige zugleich auch danach strebe, „aus inneren Ursachen zu sterben" (Freud 1940a). Der Todestrieb richtet sich, so Freud, zum einen gegen den Organismus selbst und ist insofern ein selbstzerstörerischer Trieb; zum anderen wendet er sich aber auch nach außen und tendiert in diesem Fall dazu, andere Menschen zu zerstören.

3. Ideengeschichtlicher Hintergrund

Die Frage nach dem Wesen und den Entstehungsbedingungen der Aggression hat die Menschen seit Urzeiten bewegt und ist in den verschiedenen religiösen und philosophischen Systemen auf unterschiedliche Weise beantwortet worden. Während sie in früheren Jahrhunderten z.T. als Ausdruck dämonischer Kräfte verstanden wurde, wurde sie unter dem Einfluss einer naturwissenschaftlichen Betrachtungsweise zu einem der Forschungsgegenstände der Humanwissenschaften. Besondere Aktualität erhielt die Auseinandersetzung mit dem Problem der menschlichen Destruktivität durch die Ereignisse des Ersten Weltkriegs. Dies war, neben der Erfahrung der eigenen Krebserkrankung und des ihn tief treffenden plötzlichen Todes seiner geliebten Tochter Sophie, auch für Freud der Anlass, sich intensiver mit der Frage nach den Entstehungsbedingungen und Manifestationen des Aggressionstriebes auseinanderzusetzen.

4. Wesentliche Erweiterungen, Differenzierungen und Modifikationen

Die Todestriebtheorie ist – auch in der klassischen Psychoanalyse – keineswegs unumstritten. Anna Freud (1972) hat in einer nachdenklichen Bilanz des 1971 in Wien abgehaltenen Kongresses der International Psychoanalytic Association darauf hingewiesen, dass die Einführung der dualistischen Triebtheorie (Eros – Thanatos) durch ihren Vater in den zwanziger Jahren die psychoanalytische Welt in zwei Fraktionen gespalten habe: Die einen traten erbittert gegen den Todestrieb, die anderen traten äußerst entschieden für ihn ein. Weitgehend beibehalten wird heute, wie Green (1987) ausführt, das Todestriebkonzept vor allem von einer Reihe französischer Psychoanalytiker. Auch Melanie Klein (siehe unten) hat diese Freud'schen Gedanken beibehalten, sie aber durch die Objektbeziehungstheorie ergänzt. Hingegen haben andere Objektbeziehungstheoretiker wie Fairbairn (1952) und Guntrip (1968), aber auch Vertreter der psychoanalytischen Ich-Psychologie das Todestriebkonzept radikal verworfen. Limentani (1990) kommt in einem Übersichtsartikel zu dem Schluss, „dass wir auf das Konzept des Todestriebes sehr wohl verzichten können, auch ohne den Preis der Verleugnung des Todes zahlen zu müssen, ... das Konzept des Todestriebes schafft mehr Probleme als es löst. Ich glaube, wir können einige der schrecklichsten und manchmal unvorstellbaren Ängste erklären, die sowohl Kinder als auch Erwachsene befallen können, wenn wir die primitiven, ursprünglichen Ängste vor dem Verlust des Selbst anerkennen, die mit ausgesprochen katastrophalen Gefühlen verbundenen Ängste vor Fragmentierung und Vernichtung, die aus der ersten Trennung vom Primärobjekt herrühren". Auch andere Autoren haben zum einen kritisiert, dass der Begriff „Todestrieb" unannehmbar sei, und zum anderen darauf verwiesen, dass die von Freud angeführten klinischen Fakten auch ohne Zuhilfenahme des Todestriebes erklärt werden können (s. Laplanche und Pontalis 1972).

5. Die Bedeutung des Begriffs in den verschiedenen psychoanalytischen Schulrichtungen

Nach Melanie Kleins Auffassung sind Lebens- und Todestriebe von Geburt an im Menschen wirksam und finden ihren Ausdruck in entsprechenden Phantasien. So drücke sich orale Aggression des Kindes beispielsweise in seinen sadistischen oralen Phantasien aus, sich den Inhalt des Mutterleibes (d.h. die Objekte der Außenwelt überhaupt) anzueignen, einzuverleiben und mit Sadismus zu zerstören. Dabei spielt der primäre Sadismus des Kindes für Klein eine wesentliche Rolle, da er eine zentrale Bedeutung für die Fähigkeit zur Introjektion darstelle, d.h. eine Voraussetzung für den Aufbau innerer Bilder von wichtigen Bezugspersonen sei.

Indem aggressive und libidinöse Triebe und Phantasien auf die frühen Bezugspersonen projiziert und dann wieder introjiziert werden, entstehen im Kind innere Bilder, die stark von den eigenen Trieben bestimmt sind – und dies ist neben der Libido die nach Kleins Konzept sich primär durch eine destruktive Qualität auszeichnende Aggression. „Das Kind projiziert seine Liebesregungen und schreibt sie der befriedigenden (guten) Brust zu, ebenso wie es seine destruktiven Impulse, die es nach außen projiziert, der versagenden (bösen) Brust zuschreibt. Gleichzeitig werden durch Introjektion eine gute und eine böse Brust im Inneren aufgebaut. So ist das Bild des äußeren und inneren Objektes in der kindlichen Seele durch seine Phantasien, die mit der Projektion seiner Triebregungen auf das Objekt verbunden sind, verzerrt" (Klein 1972).

Nach der „paranoid-schizoiden Position" der frühesten Entwicklungsphase erreicht das Kind in seiner Entwicklung die „depressive Position", in der es ganzheitliche Bilder seiner Bezugspersonen wahrzunehmen vermag und in der es ihm gelingt, Gefühle von Schmerz und Trauer über den Verlust des nur guten Liebesobjekts zu empfinden und „das durch seinen Sadismus und insbesondere durch seinen Kannibalismus angerichtete Unheil zu ermessen und darunter zu leiden" (Klein 1972). Das Kind ist nun fähig geworden, die aggressiv-destruktiven Impulse, deren es sich zuvor durch Projektion auf Objekte der Außenwelt zu entledigen versucht hat und von denen es sich dann wiederum verfolgt fühlte, als aus seinem eigenen Innern stammend zu erkennen und damit Verantwortung dafür zu übernehmen.

In seinem ich-psychologischen Konzept postuliert Hartmann (1972) neben libidinösen und aggressiv-destruktiven Energien eine primär neutrale Ich-Energie. Die Differenzierung wichtiger Ich-Funktionen ermöglicht den Verzicht auf unmittelbare Triebbefriedigung. Zugleich erweitern sich die „konfliktfreien Sphären" im Ich, und es kommt zu „Funktionswechseln", indem das stark durch die Polarität von Libido und Aggression geprägte Erleben der frühen Kindheit durch ein weniger triebbestimmtes Fühlen und Handeln abgelöst wird. Unter Ablehnung der von Hartmann postulierten drei Energiearten unterscheiden Autoren wie Winnicott (1950), Greenacre (1960), Spitz (1965) und andere zwischen zwei von Anfang an im Aggressionstrieb bestehenden Aspekten, einem konstruktiven und einem destruktiven, die miteinander koexistieren. Ähnlich argumentiert Parens (1979, 1989), der zwar postuliert, dass Feindseligkeit in der frühen Kindheit niemals spontan, sondern nur als Reaktion auf Unlust in Erscheinung trete, sie aber trotzdem weiterhin als primär und als Ausdruck eines Triebes betrachtet. Außerdem geht Parens von einem Aggressionstrieb aus, der von Anfang an zwei Arten von Energie, eine destruktive und eine nicht-destruktive, umfasst.

Im Gegensatz zu diesen vom psychoanalytischen Triebmodell ausgehenden Konzepten hat Kohut (1973, 1979) im Rahmen seiner Selbst-Psychologie die Ansicht vertreten, dass das Kleinkind im Prozess der Wahrnehmung der Mutter als eigenständiges, von ihm getrenntes Wesen eine primäre, nicht-destruktive Aggression einsetzt, welche die Funktion der Abgrenzung und damit die Etablierung eines Identitätsgefühls erfüllt. Werden die lebensnotwendigen narzisstischen Bedürfnisse jedoch permanent und in traumatischer Weise frustriert, so entsteht eine chronisch-narzisstische Wut, eine destruktive Form von Aggression. Sie stellt nach Kohut ein Desintegrationsprodukt dar und ist Ausdruck von Narben früher Repression, die zu „unbewusst panikartiger Angst vor einem Mehr an Lust, vor einem Anspruch auf Glück (geführt haben), den man in sich selbst unter Schmerzen begraben musste" (Eisenberg 1989).

Eine der umfangreichsten und sorgfältigsten Analysen der menschlichen Aggression und Destruktivität, ihrer Quellen und Erscheinungsformen, stammt von Erich Fromm (1977). Er unterscheidet zwischen einer biologisch adaptiven, der Verteidigung vitaler Interessen und damit dem Leben dienenden, phylogenetisch programmierten gutartigen Aggression und einer biologisch nicht-adaptiven, sondern schädlichen, sozial zerstörerisch wirkenden bösartigen Aggression, der Destruktivität und der Nekrophilie.

Die gutartige Form ist eine Mensch wie Tier eigene Kraft, die reaktiv und defensiv ist und darauf abzielt, die Bedrohung zu beseitigen. Die bösartige Form hingegen dient nicht der Verteidigung gegen eine Bedrohung, sondern ist eine vom handelnden Individuum lustvoll erlebte Grausamkeit um ihrer selbst willen. Sie stellt zwar keinen dem Menschen angeborenen Instinkt dar, ist aber nach Fromms Auffassung ein in den Bedingungen der menschlichen Existenz selbst verwurzeltes Gewaltpotential. Er sieht in der Destruktivität letztlich „das Ergebnis der Interaktion verschiedener sozialer Bedingungen mit den existentiellen Bedürfnissen des Menschen". Als Gründe für derartige Fehlentwicklungen sieht Fromm die im Verlauf der Phylogenese ständig abnehmende Determinierung des Verhaltens durch Instinkte und die in der Evolution zu beobachtende Tendenz des Wachstums des Neocortex. Dadurch komme es beim Menschen zu einer zentralen existentiellen Verunsicherung, zu einer für ihn spezifischen, in seinem Wesen verankerten Antinomie. Dieser existentielle Konflikt erzeuge im Menschen bestimmte „existentielle Bedürfnisse": Orientierung und Devotion, Verwurzelung, das Bestreben, etwas zu bewirken, sowie Erregung und Stimulation. Jedes dieser existentiellen Bedürfnisse kann auf verschiedene Art, durch die „Leidenschaften", befriedigt werden: durch Liebe, Zärtlichkeit, Streben nach Gerechtigkeit, Unabhängigkeit und Wahrheit, aber auch durch Hass, Sadismus, Masochismus und Destruktivität.

Zu Charakterbildungen mit einem großen Ausmaß an Destruktivität kommt es nach Fromm durch das Zusammenwirken verschiedener individueller und gesellschaftlicher Faktoren. Lebensgeschichtliche Ursachen sind vor allem Bedingungen, die dem Kind Gefühle von Leere und Ohnmacht vermitteln, eine Atmosphäre von Stumpfheit und Freudlosigkeit schaffen und das Kind innerlich „erfrieren" lassen. Die gesellschaftlichen Bedingungen, welche die Entwicklung des Sadismus fördern, sieht Fromm vor allem in einer Sozietät, die auf ausbeuterischer Herrschaft beruht sowie Unabhängigkeit, Integrität, kritisches Denken und Produktivität ihrer Mitglieder hemmt.

Die psychoanalytischen Konzepte gehen von einer primären Aggression des Menschen aus, die konstruktive wie destruktive Aspekte umfasst, wobei letztere vor allem unter dem Einfluss traumatisch erlebter frühkindlicher Beziehungserfahrungen entstehen. Die destruktive Aggression stellt für sie im Sinne von Fromm und Kohut ein Desintegrationsprodukt dar und äußert sich in selbst- wie fremdzerstörerischer Weise. Ob es zur Ausbildung einer konstruktiven oder einer destruktiven Aggression kommt, hängt wesentlich von den Beziehungserfahrungen des Individuums, von seiner Ich- und Überich-Entwicklung sowie von der Stabilität seines Selbstwertsystems ab (Rauchfleisch 1996).

6. Interdisziplinäre Beiträge

Wichtige Anregungen kommen vor allem von der modernen Säuglingsforschung (Stechler 1987, 1990, Lichtenberg 1989). Nach ihren Befunden liegt der Neugier und den explorativen Fähigkeiten des Säuglings kein Aggressionstrieb konstruktiver Qualität zugrunde, sondern diese biopsychologisch fundierten Aktivitäten werden als Manifestationen eines selbstbehauptenden (assertiven) Motivationssystems verstanden. Ebenso stellt nach Auffassung der Säuglingsforscher die reaktive Aggression, das heißt die Mobilisierung von Ärger und Feindseligkeit als Antwort auf eine tatsächliche oder vermeintliche Bedrohung, kein triebhaftes Geschehen dar, sondern sei Ausdruck eines normalerweise latenten, nur unter bestimmten Bedingungen (z. B. ständige Hemmung von Selbstbehauptung) aktivierten aversiven (Lichtenberg) oder aggressiven (Stechler) Subsystems. Erweiterungen der psychoanalytischen Konzepte ergeben sich ferner durch die Befunde der sozialkognitiven Theorie (Berkowitz 1962, 1969, Bandura 1979). Diese Konzepte weisen darauf hin, daß aggressives Verhalten durch Belohnung und Erfolg sowie durch Beobachtung und Nachahmung von Vorbildern gelernt wird.

Bezieht man die Resultate anderer Fachrichtungen, insbesondere die der Säuglingsforschung, in die psychoanalytische Betrachtung ein, so ergeben sich zwei Konsequenzen: Zum einen ist die Triebtheorie der Aggression als nicht länger haltbar aufzugeben; zum anderen ist der psychoanalytische Aggressionsbegriff entweder so stark zu erweitern, dass er konstruktive wie destruktive Manifestationen in sich vereint, oder es ist von zwei unterschiedlichen Motivationssystemen, einem der Selbstbehauptung dienenden und einem reaktiv-aggressiven, auszugehen, wobei gerade beim letzteren Lernprozesse eine wichtige Rolle spielen.

Literatur

Bandura, A. (1979). Sozial-kognitive Lerntheorie. Stuttgart: Klett.

Berkowitz, L. (1962). Aggression. A social psychological analysis. New York: McGraw-Hill.

Berkowitz, L. (1969). The roots of aggression: A reexamination of the frustration – aggression hypothesis. New York: Atherton.

Eisenberg, G. (1989). „Schiebt man da nicht einen Riegel vor, dann ist der Deutsche bald nichts mehr." – Elemente des Fremdenhasses. Psychosozial, 12, 68–79.

Fairbairn, W.R.D. (1952). Psychoanalytic studies of the personality. London: Tavistock.
Freud, A. (1972). Comments on aggression. International Journal of Psycho-Analysis, 63, 163–173.
Fromm, E. (1977). Anatomie der menschlichen Destruktivität. Reinbek: Rowohlt.
Green, A. (1987). Instinct in the late work of Freud. In J. Sandler (Ed.), On Freud's analysis terminable and interminable (pp. 149–171). IPA Educational Monograph No. 1.
Greenacre, P. (1960). Considerations regarding the parent-infant relationship. In P. Greenacre (1971). Emotional growth. Psychoanalytic studies of the gifted and a great variety of other individuals, Vol. 1 (pp. 199–224). New York: International Universities Press.
Guntrip, H. (1968). Schizoid phenomena, object-relations and the self. London: Hogarth Press.
Hartmann, H. (1972). Ich-Psychologie. Studien zur psychoanalytischen Theorie. Stuttgart: Klett.
Klein, M. (1972). Das Seelenleben des Kleinkindes und andere Beiträge zur Psychoanalyse (Erstausgabe 1962). Reinbek: Rowohlt.
Kohut, H. (1973). Narzißmus. Frankfurt/M.: Suhrkamp.
Kohut, H. (1979). Die Heilung des Selbst. Frankfurt/M.: Suhrkamp.
Laplanche, J. und Pontalis, J.-B. (1972). Das Vokabular der Psychoanalyse. Frankfurt/M.: Suhrkamp.
Lichtenberg, J. (1989). Psychoanalysis and motivation. Hillsdale London: The Analytic Press.
Limentani, A. (1990). Aggression, Sexualität und der Todestrieb. Jahrbuch der Psychoanalyse, Bd. 26, 9–30. Stuttgart: frommann-holzboog.
Parens, H. (1979). The development of aggression in early childhood. New York: Aronson.
Parens, H. (1989). Toward a reformulation of the psychoanalytic theory of aggression. In S. Greenspan and G. Pollock (Eds.), The course of life, Vol. 2, Early childhood (pp. 83–127), 2nd. ed. Madison, Conn.: International Universities Press.
Rauchfleisch, U. (1996). Allgegenwart von Gewalt. Göttingen: Vandenhoeck & Ruprecht, 2. Aufl.
Spitz, R. (1965). Vom Säugling zum Kleinkind. Naturgeschichte der Mutter-Kind-Beziehungen im ersten Lebensjahr. Stuttgart: Klett, 1974.
Stechler, G. (1987). Clinical implications of a psychoanalytic systems model of assertion and aggression. Psychoanalytic Inquiry, 7, 348–363.
Stechler, G. (1990). Psychoanalytic perspectives on the self during the transition period. In D. Cicchetti and M. Beeghly (Eds.), The self in transition. Infancy to childhood (pp. 17–33). Chicago: University of Chicago Press.
Winnicott, D.W. (1950). Die Beziehung zwischen Aggression und Gefühlsentwicklung. In D.W. Winnicott (1976), Von der Kinderheilkunde zur Psychoanalyse (S. 89–109). München: Kindler.

Agieren *von Rolf Klüwer*

acting out – mise en acte, acting out

1. Definition

Mit Agieren wird in der Psychoanalyse ein Verhalten oder Handeln bezeichnet, das Kindheitserfahrungen wiederholt, ohne dass dies dem Subjekt bewusst ist. Agieren steht für Handlungen, die der Patient an Stelle von Erinnerungen produziert.

2. Klassische Auffassung

Freud beschrieb Agieren erstmals 1905, nachdem er das Phänomen im Zusammenhang mit der Übertragung seiner Patientin „Dora" entdeckt hatte. Er setzte Agieren zu Übertragung und Widerstand in Beziehung und sah es als einen Ersatz für Erinnern. Dora agierte ihre Erinnerungen, anstatt sie „in der Kur zu reproduzieren" (1905b, S. 283).

In „Erinnern, Wiederholen und Durcharbeiten" finden wir die eingehendste Darstellung des Begriffs durch Freud: „... so dürfen wir sagen, der Analysierte erinnere überhaupt nichts von dem Vergessenen und Verdrängten, sondern er agiere es. Er reproduziert es nicht als Erinnerung, sondern als Tat, er wiederholt es, ohne natürlich zu wissen, daß er es wiederholt. Z.B. der Analysierte erzählt nicht, er erinnere, daß er trotzig und ungläubig gegen die Autorität der Eltern gewesen sei, sondern er benimmt sich solcherweise gegen den Arzt. Er erinnert nicht, daß er in seiner infantilen Sexualforschung rat- und hilflos steckengeblieben ist, sondern bringt einen Haufen verworrener Träume und Einfälle vor, jammert, daß ihm nichts gelinge, und stellt es als sein Schicksal hin, niemals eine Unternehmung zu Ende zu führen ... Je größer der Widerstand ist, desto ausgiebiger wird das Erinnern durch das Agieren (Wiederholen) ersetzt sein" (1914g, S. 129/30).

Anlässlich des Internationalen psychoanalytischen Kongresses 1968, der dem Thema Agieren gewidmet war, äußerte sich Anna Freud folgendermaßen zur klassischen Auffassung: während der Triebabkömmling nach Befriedigung sucht, strebt der Analytiker danach, ihn dadurch davon abzuhalten, dass er ihn „durch Deutung von seinem Pfad ablenkt und in Denken und Verbalisieren einmünden läßt. Da nur ein Teil der vergessenen Vergangenheit der freien Assoziation zugänglich ist, werden andere Teile wiederbelebt und finden in der Übertragung eine Scheinbefriedigung". „So kommt es zu einer Wiederholung der Vergangenheit im Verhalten, aber einer Wiederholung, die den analytischen Regeln unterliegt." „Das Agieren ... wird auf das Wiedererleben von Impulsen und Affekten ... beschränkt; der Weg zur Motorik soll versperrt ... bleiben." „Übertragungsagieren innerhalb dieser Grenzen wurde schon in der Frühzeit der Analyse als eine unersetzliche Ergänzung des Erinnerns erkannt. Es schützt einerseits die Fortsetzung der analytischen Arbeit gegen den Einfluß des Widerstandes ... Widerstand und (Agieren in der) Übertragung wurden so die Eckpfeiler der analytischen Technik." Anna Freud fasst die klassische Auffassung wie folgt zusammen: „In Bezug auf die technischen Mittel der freien Assoziation und der Traumdeutung spielt das Agieren eine minimale Rolle, d.h. es wird im Keim erstickt. Es erhält einigen Spielraum, innerhalb der Grenzen der analytischen Regeln, in der Übertragung und zum Zweck der Übertragungsdeutung. Es bedroht den Fortgang der analytischen Behandlung, wenn es nicht auf die Sphäre des Psychischen (diesseits der Motilität) und auf die analytische Situation (d.h. die Übertragung) beschränkt werden kann" (S. 2456). In den späteren Schriften blieben Freuds Auffassungen zum Agieren im Wesentlichen unverändert, und er behielt Agieren auch als einen technischen Begriff bei, der spezifisch auf die psychoanalytische Behandlungssituation bezogen blieb. Das schloss nicht aus, dass Freud zwischen Agieren in der analytischen Situation und außerhalb von ihr unterschied. Die in der Anfangszeit der Psychoanalyse, als die Behandlungen vergleichsweise kurz waren, in der Regel gegebene Empfehlung, während der Analyse keine lebenswichtigen Entscheidungen zu treffen, hat hier ihren Ursprung; denn das Agieren außerhalb der Analyse birgt Gefahren für die Behandlung und den Patienten, denen auf diese Weise begegnet wurde.

3. Wesentliche Erweiterungen, Differenzierungen und Modifikationen

Kein anderer psychoanalytischer Begriff hat eine solche Bedeutungserweiterung erfahren wie der des Agierens. Er hat sich zusätzlich mit deutlichen Wertungen negativer, aber auch positiver Art, verbunden. Der Begriff sticht zudem durch eine erhebliche Verwirrung der Bedeutungen hervor, die mit ihm verbunden werden. Diese lassen sich vor allem auf zwei Umstände zurückführen.

Zum einen ist unglücklicherweise bereits die klassische Auffassung so angelegt, dass in ihr zwei Versionen von Agieren beschrieben werden: Die erste bildet sich aus, solange das Agieren den analytischen Regeln unterliegt. In diesem Fall wird Vergangenheit in Form von Verhalten, und zwar in der Form von Wiedererleben von Impulsen und Affekten (anstatt von Erinnern) wiederholt; die zweite bildet sich beim Scheitern der analytischen Bemühung aus, so dass sich Agieren in motorischem Handeln Bahn bricht. Die erste Version entspricht der Übertragung und ist ein erwünschtes Agieren; die zweite Version ist eine nicht erwünschte Form des Agierens. Dieser Aspekt ist mitverantwortlich für die pejorative Konnotation, die der Begriff im Lauf der Zeit angenommen hat. Laplanche und Pontalis haben 1967 erstmals darauf aufmerksam gemacht, dass sich „die Aktualisierung in der Übertragung und die Zuflucht zur motorischen Aktion, die nicht notwendig zur Übertragung gehört“ im klassischen Verständnis Freuds vermengt haben.

Zum anderen hat, worauf Sandler aufmerksam machte, die Übersetzung von Agieren als „acting out“ die Begriffskonfusion weiter erhöht. Die Präposition „out“ hat eine Bedeutungsverschiebung vor allem in der englischsprachigen Literatur in dem Sinn nahegelegt, dass der Begriff „acting out“ – dem Laplanche und Pontalis in ihrem Lexikon ein eigenes, von Agieren unabhängiges Stichwort einräumen – von zahlreichen Autoren eingeschränkt wurde auf ein Agieren außerhalb der Behandlungssituation. Acting out wurde nun zur Bezeichnung einer Vielfalt von Handlungen meist impulsiven Charakters verwendet, „die im Vergleich mit dem gewöhnlichen Motivationssystem des Subjekts einen Bruch darstellen, im Laufe seiner Handlungen relativ isolierbar sind und oft eine auto- oder heteroaggressive Form annehmen“ (Laplanche und Pontalis 1972, S. 34 f.). So wurden unter „acting out“ insbesondere antisoziale Handlungen und gefährliches hetero- und autoaggressives Verhalten, aber auch auf traumatische und entwicklungsmäßig frühe, lediglich sensomotorisch codierte Konflikte zurückführbare Verhaltensweisen verstanden. Acting out wurde als „Ausagieren“ ins Deutsche rückübersetzt. Zur Kennzeichnung des Agierens in der Behandlung wurde dann zusätzlich der Begriff des „acting in“ eingeführt, womit nun in erster Linie Ortsbestimmungen erfolgten.

Rückblickend lassen sich bezüglich der Bedeutungsentwicklung von Agieren drei Phasen unterscheiden:

1. die bereits geschilderte klassische Auffassung,

2. eine Ausweitung des Begriffs, die vor allem durch die unzureichende Übersetzung mit angestoßen wurde, die aber auch durch die sich erweiternde Anwendung der Psychoanalyse auf Gebiete jenseits der Neurosen mit bedingt war (widening scope). Schwere Persönlichkeitsstörungen, Psychosen, narzisstische Störungen, Suchtverhalten, Kinder und Jugendliche wurden nun auch als Gebiete für psychoanalytische Behandlungen entdeckt. Da bei all diesen Störungen impulshaftes Verhalten weit verbreitet ist, zeichnete sich eine deutliche Tendenz ab, alles impulshafte und irrationale Verhalten als Agieren zu verstehen (A. Freud 1968). Sandler nennt hier als Vertreter dieser Weiterentwicklung unter anderen H.

Deutsch, P. Greenacre, O. Fenichel, L. Bellak. Abt und Weißmann zählen in ihrem 1965 erschienenen Buch „Acting out“ Drogenabhängigkeit, Alkoholismus, psychosomatische Krankheiten, Fettsucht, Homosexualität, Lernstörungen, kurz alle denkbaren Verhaltensstörungen als Formen des Agierens auf. Damit ist natürlich die ursprüngliche Bedeutung des Agierens als Übertragungswiderstand verloren gegangen.

3. In den letzten beiden Jahrzehnten zeichnet sich eine Entwicklung ab, die den Begriff einerseits wieder enger fasst und die Anwendung, dem klassischen Verständnis entsprechend, auf die Behandlungssituation beschränkt verwendet, zugleich aber eine weitere Differenzierung vornimmt. Die Weiterentwicklung des Konzepts der Übertragung hat zwangsläufig Auswirkungen auf das Konzept des Agierens. Seit die Übertragung zunehmend in Verbindung zur Gegenübertragung gesehen wird, rückt auch der Aspekt des Mitagierens in den Vordergrund der Aufmerksamkeit und damit zugleich auch die für den analytischen Prozess förderlichen Aspekte der Kommunikation und Transformation. Sandlers Begriff der „Rollen-Antwortbereitschaft“, Klüwers Begriff des „Handlungsdialogs“ und der zunehmend Bedeutung gewinnende Begriff des „enactments“ stehen für diese Sicht. Die unfreiwillige Mitbeteiligung des Analytikers am Agieren des Patienten wird dabei von vielen Autoren als ein für den analytischen Prozess unverzichtbares Phänomen verstanden.

Es ist kaum zu erwarten, dass der Begriff des Agierens die negative Konnotation verlieren wird, die er im Lauf der Zeit angenommen hat. Darum ist die Unterscheidung zwischen den Begriffen Agieren und Inszenieren hilfreich, um die Unklarheiten, die sich ausgebildet haben, zu einem großen Teil aufzuheben. Der Aspekt der Übertragung und des Übertragungswiderstandes kann heute durch die Hinzuziehung der Begriffe der Inszenierung, inszenieren und Szenario präziser ausgedrückt werden.

4. Die Bedeutung des Begriffs in den verschiedenen psychoanalytischen Schulrichtungen

Im Bedeutungszeitraum des Begriffs Agieren haben sich interessanterweise die unterschiedlichen Schulrichtungen nicht in erkennbarer Weise ausgewirkt.

Literatur

Abt, L. and Weißmann, S. (Eds.) (1965). Acting out. Theoretical and clinical aspects. New York: Grune & Stratton Inc.

Bilger, A. (1986). Agieren: Problem und Chance. Klinische und theoretische Überlegungen. Forum der Psychoanalyse, 2, 294–308.

Blum, H. (1976). Acting out, the psychoanalytic process, and interpretation. Annual of Psychoanalysis, 4, 163–184.

Boesky, D. (1982). Acting out. A reconsideration of the concept. International Journal of Psycho-Analysis, 63, 39–55.

Busch, F. (1989). The compulsion to repeat in action: a developmental perspective. International Journal of Psycho-Analysis, 70, 535–544.

Chused, J. F. (1991). The evocative power of enactments. Journal of the American Psychoanalytic Association, 39, 615–639.

Freud, A. (1968). Über Agieren. In Die Schriften der Anna Freud. GW 9 (S. 2451–2465). München: Kindler.

Klüwer, R. (1983). Agieren und Mitagieren. Psyche – Z Psychoanal, 37, 828–840.

Klüwer, R. (1995). Agieren und Mitagieren – zehn Jahre später. Zeitschrift für psychoanalytische Theorie und Praxis, 10, 45–70.

Laplanche, J. und Pontalis, J.-B. (1972). Das Vokabular der Psychoanalyse. Frankfurt/M.: Suhrkamp.

Sandler, J. (1976). Gegenübertragung und Bereitschaft zur Rollenübernahme. Psyche – Z Psychoanal, 30, 59–70.

Sandler, J., Dare, C. und Holder, A. (1973). Die Grundbegriffe der psychoanalytischen Therapie. Stuttgart: Klett.

Thomä H. und Kächele, H. (1985). Lehrbuch der psychoanalytischen Therapie, 2 Bde. Berlin: Springer, Bd.1., 2. Aufl., 1996; Bd. 2, 2. Aufl., 1997.

Aktivität – Passivität *von Gereon Heuft*

activity – passivity – activité – passivité

1. Definition

Die verwandte Polarität von Aktivität versus Passivität ist schwerpunktmäßig in zwei Themenbereichen von zentraler Bedeutung: In der psychoanalytischen Behandlungstechnik und in der Neurosenlehre. Diese beiden Aspekte werden im Folgenden weiter betrachtet.

Von Emmy von N. wurde Freud darauf hingewiesen, er solle die Eindringlichkeit seiner Fragen in der Behandlung nach dem Ursprung eines Symptoms zurückstellen, um sie selber erzählen zu lassen (Freud 1895d, S. 116). Mit dem nun zunehmend im Sinne freier Assoziation geführten Gespräch wurde mit den Einfällen als Ausdruck persönlicher Spontaneität Heilung zu erzielen versucht. Diese bedeutete zugleich die Abwendung von der bisherigen Passivität des Patienten, der in der Hypnose auf Fragen antwortete oder sich hypnokathartisch abreagierte, hin zur aktiven Teilnahme an der Gestaltung des Gespräches. Damit wandelte sich die Behandlungstechnik von der Hypnose in Richtung auf ein „Gespräch zwischen zwei gleich wachen Personen" (Freud 1904a, S. 5).

Bei der Diskussion der Neurosenentstehung auf dem Hintergrund von Libido- und Sexualentwicklung assoziierte Freud die Geschlechterpolarität mit dem Eigenschaftspaar aktiv versus passiv: „Im Vordergrund dieser (prägenitalen) Phase stehen aber nicht die genitalen Partialtriebe, sondern die sadistischen und analen. Der Gegensatz von männlich und weiblich spielt hier noch keine Rolle; seine Stelle nimmt der Gegensatz zwischen aktiv und passiv ein, den man als den Vorläufer der sexuellen Polarität bezeichnen kann, mit welcher er sich auch späterhin verlötet" (Freud 1916–1917a, S. 338). Später wurde das Aktivitätsniveau des Ichs innerhalb des Instanzenmodells für die Neurosengenese immer bedeutsamer (Freud 1940a, S. 68).

2. Klassische Auffassung

Wie bereits erwähnt, entwickelte sich die psychoanalytische Behandlungstechnik aus der Polarität eines passivisierten Patienten und eines aktiven Therapeuten in eine dialogische Situation, in der der Patient den Gesprächsverlauf aktiv gestaltete. Bereits in einem frühen Stadium der Entwicklung psychoanalytischer Behandlungstechniken konfrontierte Ferenczi (1919) die in seinen Augen zunehmende Zurückhaltung und Passivität des Psychoanalytikers im Behandlungsprozess mit seiner „aktiven Technik". Diese Kontroverse hat bis heute nichts von ihrer Aktualität eingebüßt und bestimmt praktisch die gesamte Diskussion der behandlungstechnischen Modifikationen bei (strukturell) schwerer gestörten Patienten.

Im Hinblick auf die Libido- und Sexualentwicklung hatte Freud (1905d) bereits männlich mit aktiv und weiblich mit passiv gleichgesetzt. Unter Bezugnahme auf Bleuler verwandte er den Begriff der „Ambivalenz", da neben der Entwicklung einer Triebregung immer auch der passive Gegensatz dieser Triebregung zu beobachten sei (1915c, S. 224). Wenn diese Ambivalenz nicht gehalten werden kann, treten Abwehrmechanismen in den Vordergrund. Den Abwehrmechanismus „Verkehrung ins Gegenteil" löst Freud an gleicher Stelle in zwei verschiedene Vorgänge auf: Die Wendung eines Triebes von der Aktivität zur Passivität (z.B. Sadismus – Masochismus; Schaulust – Exhibition) und in die inhaltliche Verkehrung (Liebe – Hass) (1915c, S. 219).

Unter Bezugnahme auf seine Verführungstheorie ordnete Freud sexuellen Kindheitstraumen in der Ätiologie der Neurosen zunächst eine klare Spezifität in dem Sinne zu, „daß passives Verhalten bei diesen Szenen die spezifische Disposition zu Hysterie, aktives dagegen die für die Zwangsneurose ergebe" (1906a, S. 154).

Ausgehend von den drei Polaritäten, die das seelische Leben beherrschten (Subjekt (Ich) – Objekt (Außenwelt), Lust – Unlust und Aktiv – Passiv), weist Freud dem Ich zunehmend deutlicher eine aktive Vermittlerrolle in der Moderation dieser Polaritäten zu: „Zu ganz besonderer Aktivität gegen die Außenwelt wird es (das Ich) durch seine Triebe gezwungen, so daß man unter Hervorhebung des Wesentlichen sagen könnte: Das Ich-Subjekt sei passiv gegen die äußeren Reize, aktiv durch seine eigenen Triebe" (1915c, S. 227).

3. Ideengeschichtlicher Hintergrund

Die Assoziation der Geschlechterrolle mit einem überwiegend aktiven versus passiven Modus der Triebdynamik muss auf dem Hintergrund der bürgerlich-patriarchalen Wiener Gesellschaft gesehen werden. Sowohl die feministischen Ansätze innerhalb der Psychoanalyse als auch die moderne physiologische Sexualforschung haben eine grundlegende Veränderung dahingehend bewirkt, einen passiven und aktiven Modus von Triebgestaltung und Konfliktverarbeitung in beiden Geschlechtern anzunehmen.

In den aktuellen Psychotherapie-Lehrbüchern wird das Stichwort „Aktivität" praktisch gar nicht mehr verwandt. Die „aktiveren" Behandlungstechniken werden heute unter Stichworten wie z. B. „störungsspezifischer" oder stationärer Psychotherapie diskutiert.

4. Wesentliche Erweiterungen, Differenzierungen und Modifikationen

Die auf dem Boden der Narzissmus-Theorien und der Ich-Psychologie entwickelten psychoanalytischen Therapieverfahren haben sich in den letzten 30 Jahren zum Ziel gesetzt, Patienten mit schweren Störungen der Selbstwert-Regulation und mit ich-strukturellen Störungen ein aussichtsreiches ambulantes oder/und stationäres Behandlungsangebot machen zu können. Beispielhaft zu nennen sind die ich-psychologischen Therapieansätze von Blanck und Blanck (1974/1979) sowie die Vorschläge von Heigl-Evers (1978), die neben einer psychoanalytischen Gruppenpsychotherapie die tiefenpsychologisch orientierte und die interaktionelle Gruppenpsychotherapie entwickelten. Vor allem bei der interaktionellen Gruppenpsychotherapie mit ihrem „Prinzip Antwort" nimmt der Therapeut eine aktiv spiegelnde Haltung gegenüber dem Patienten ein, um frühe Interaktionsdefizite mit den Primärobjekten durch moderierende Erfahrungen im Sinne einer Nachreifung ausgleichen zu helfen. In den modernen Konzepten stationärer Fachpsychotherapie (z. B. Becker und Senf 1988) sieht sich der Therapeut häufig zusammen mit dem Behandlerteam gedrängt, z. B. bei Patienten mit schweren Essstörungen oder Selbstverletzungstendenzen auf der Basis eines psychoanalytischen Verständnisses stellvertretend für die Ich-Funktion des Patienten etwa bei mangelnder Affekt-Steuerung aktiv zu werden. Dabei besteht die begründete Vorstellung, dass die Patienten äußere Strukturen angeboten bekommen müssen, um sie schließlich internalisieren zu können. In klassischen analytischen Behandlungen weist Schafer 1976 (S. 147 ff.) darauf hin, dass Formulierungen der Grundregel wie: „Sagen Sie alles, was Ihnen in den Sinn kommt" die Passivität und Regression des Patienten fördere. Schafer sieht in solchen Formulierungen Reste der Hypnose, die mit der Verleugnung der Verantwortung für die eigene gedankliche Probehandlung einhergehe. Indem sich Schafer mit Fragen wie: „Woran denken Sie in diesem Zusammenhang?" an den handelnden und denkenden Patienten wendet, dehnt er dessen Verantwortung von vornherein aktiv auch auf unbewusste Motive aus. Der Patient ist dann nicht mehr der passive Empfänger seiner Einfälle, sondern eher aktiver Schöpfer. Bereits Freud erwähnte zum Thema der therapeutischen Aktivität Modifikationen der Technik bei Phobien und Zwangsneurosen. Sie werden uns „durch die allmählich wachsende Einsicht aufgenötigt, daß die verschiedenen Krankheitsformen nicht durch die nämliche Technik erledigt werden können" (Freud 1919a, S. 191).

Neben den aktiven und den passiven Trieben beschrieb Freud aktive und passive Triebziele. In seinen späten Arbeiten begann er deutlich, von der Gleichsetzung aktiv = männlich und passiv = weiblich abzurücken, indem er einmal darauf hinwies, dass die Sexualziele des Mädchens im Hinblick auf die Mutter aktiver und passiver Natur seien und dass das Kinderspiel auch die Absicht verfolge, ein passives Erlebnis durch eine aktive Handlung zu ergänzen. 1933 rückte er dann mit einem deutlichen sozialkritischen Ansatz von der genannten Gleichsetzung ab: „Selbst auf dem Gebiet der menschlichen Sexualität merken Sie bald, wie unzureichend es ist, das männliche Benehmen durch Aktivität, das weibliche durch Passivität zu decken. Die Mutter ist in jedem Sinn aktiv gegen das Kind, selbst vom Saugakt können Sie ebensowohl sagen, sie säugt das Kind als sie läßt sich vom Kind säugen ..." „Frauen können große Aktivität nach verschiedenen Richtungen entfalten, Männer können nicht mit ihresgleichen zusammen leben, wenn sie nicht ein hohes Maß an passiver Gefügigkeit entwickeln." Und wenige Sätze weiter weist er daraufhin, man solle „den Einfluß sozialer Ordnung nicht unterschätzen, die das Weib gleichfalls in passive Situationen drängen" (1933a, S. 123). Aus Sicht der Operationalisierten Psychodynamischen Diagnostik (OPD) kann die geschlechtsassoziierte Polarität von Aktivität und Passivität heute als überwunden gelten.

Aus ich-psychologischer Sicht formuliert Hartmann 1939 sein Konzept der „Anpassung", nachdem der Organismus die Fähigkeit entwickelt, auf sich selbst einzuwirken: Die autoplastische Aktivität und die Fähigkeit, Reaktionen aus der Umgebung hervorzurufen: die alloplastische Aktivität. Dabei verfügt das Ich über „Apparate der primären Autonomie". Auf diesem Hintergrund verstehen Blanck und Blanck (1974) Aktivität eines Patienten als sein Überwechseln vom passiven, präödipalen Status des Empfängers der mütterlichen Fürsorge zu der aktiven, ödipalen Position des Spenders von Liebe dadurch, dass die gezähmte Aggression ihre Feindseligkeit verloren hat.

5. Interdisziplinäre Beiträge und Befunde

In den letzten Jahren hat eine Gruppe von etwa 30 Psychoanalytikern (Arbeitskreis OPD 1996), die überwiegend als Hochschullehrer arbeiten, ein „schulenunabhängiges" psychodynamisches Klassifikationssystem vorgelegt. Die Operationalisierte Psychodynamische Diagnostik OPD (Arbeitskreis OPD 1996) versucht, typische neurotische (repetitive) Konfliktmuster jeweils nach einem aktiven und nach einem passiven Modus zu differenzieren. Dabei geht die OPD von der grundsätzlichen Bipolarität zwischen Aktivität und Passivität aus, wobei Passivität tendenziell Rückzug auf das Selbst und Aktivität Suche des Objektes bis hin zur Objektabhängigkeit meint. Überbetonung einer dieser beiden interdependenten Tendenzen kann als Indiz dafür genommen werden, dass eine „Sowohl-als-auch-Lösung" nicht gefunden werden kann. Unter psychopathologischen Gesichtspunkten liegt beim aktiven Modus eine kontraphobische Abwehr oder Reaktionsbildung vor, während beim passiven Modus eine regressive Abwehrhaltung überwiegt. Innerhalb der Konfliktachse sind den sieben dort genannten überdauernden Konflikten (Abhängigkeit versus Autonomie; Unterwerfung versus Kontrolle; Versorgung versus Autarkie; Selbst- versus Objektwert bei Selbstwertkonflikten; egoistische versus prosoziale Tendenzen bei Überich- und Schuldkonflikten; ödipal sexuelle Konflikte und Identitätskonflikte) jeweils ein aktiver und ein passiver Modus zugeordnet.

Aus Sicht der Behandlungstechnik wird die Frage der Aktivität versus Passivität des Fachpsychotherapeuten vermutlich in den nächsten Jahren vor allem auf dem Hintergrund von Bemühungen zur Qualitätssicherung mit Festlegung individueller Therapieziele vor Behandlungsbeginn durch Therapeuten und Patienten (Heuft und Senf 1998) sowie durch die Diskussion um störungsspezifische Methoden integrativer Psychotherapieverfahren (Übersicht bei Senf und Broda 1996) immer bedeutsamer. Bereits Malan (1962) hatte in seinem fokaltherapeutischen Ansatz die „Tendenz zur Passivität" des

Therapeuten durch das Angebot einer zeitlich unbefristeten Behandlung kritisiert. Dabei geht es nicht nur um einen modischen Positivismus, sondern vielmehr um eine gerade der psychoanalytischen Methode adäquate Abbildung der durch den Therapeuten bereits bei der Indikationsstellung aktiv im Einvernehmen mit dem Patienten intendierten Behandlungsergebnisse in der sich im Gesundheitswesen zunehmend verschärfenden Diskussion um Ressourcen-Allokation.

Literatur

Arbeitskreis OPD (1996). Operationalisierte Psychodynamische Diagnostik. Bern: Huber.

Becker, H. und Senf, W. (1988). Praxis der stationären Psychotherapie. Stuttgart: Thieme.

Blanck, G. and Blanck, R. (1974). Ego psychology. Theory and practice. New York: Columbia University Press (dt.: Angewandte Ich-Psychologie. Stuttgart: Klett-Cotta, 2. Aufl., 1981).

Blanck, G. and Blanck, R. (1979). Ego psychology, Vol. 2. New York: Guilford (dt.: Ich-Psychologie, Bd. 2. Stuttgart: Klett-Cotta, 1980).

Ferenczi, S. (1919) (Hg.). Hysterie und Pathoneurosen. Wien: Internationaler Psychoanalytischer Verlag.

Heigl-Evers, A. (1978). Konzepte der analytischen Gruppenpsychotherapie. Verlag für Medizinische Psychologie. Göttingen: Vandenhoeck & Ruprecht.

Heuft, G. und Senf, W. (1998). Praxis der Qualitätssicherung in der Psychotherapie. Stuttgart: Thieme.

Malan, D.H. (1962). Psychoanalytische Kurztherapie. Stuttgart: Klett.

Schafer, R. (1976). A new language for psychoanalysis. New Haven: Yale University Press.

Senf, W. und Broda, M. (1996). Praxis der Psychotherapie. Ein integratives Lehrbuch für Psychoanalyse und Verhaltenstherapie. Stuttgart: Thieme.

Allmacht *von Wolfgang Mertens*

omnipotence – omnipotence

1. Definition

Unter Allmacht verstand man eine Charakterisierung des kindlichen Welterlebens vor allem in den ersten drei Lebensjahren, das im weiteren Verlauf der Entwicklung einer Umwandlung und Sublimierung unterliegt, bis beim Erwachsenen schließlich nur noch Spuren des ursprünglich omnipotenten Erlebens erkennbar sind. Lediglich bei neurotisch und psychotisch erkrankten Menschen ist omnipotentes Denken und Erleben entweder nie überwunden oder regressiv wiederhergestellt worden. Häufig werden Größenphantasien bei Erwachsenen und kindliche Allmacht und Omnipotenz als dasselbe Phänomen betrachtet.

Aufgrund entwicklungspsychologischer Befunde scheint es jedoch angemessen zu sein, die Bezeichnung des normalen kindlichen Vertrauens in die Bereitschaft der Erwachsenen, dem kleinen hilflosen Wesen zu helfen, nicht länger als omnipotent oder allmächtig zu definieren; des Weiteren ist es fragwürdig geworden, pathologisches Erleben, wie unrealistische Größenphantasien eines Erwachsenen, aus kindlichen Entwicklungsstufen abzuleiten.

Nicht haltbar scheint auch die Annahme zu sein, dass sich die Wirklichkeitsgenauigkeit der kindlichen Beurteilung von sächlicher und sozialer Welt erst über viele Stufen der symbiotischen, magischen, projektiv verzerrten Wahrnehmung entwickeln muss, um als veridikal eingestuft werden zu können. Vielmehr weisen Ergebnisse der Kleinkindforschung darauf hin, dass die Wahrnehmungsgenauigkeit beim Kleinkind bereits erstaunlich gut entwickelt ist. Wenn sie dies im Verlauf der Entwicklung vor allem im Bereich der sozialen Wahrnehmung nicht bleibt, dann liegt dies an den historischen und kulturellen Abwehrformationen, die durch politische und religiöse Ideologien entstehen und durch Interessenskonflikte zwischen Eltern und Kind sowie individuell entstandene Abwehrmechanismen u.a.m. verfestigt werden.

Gleichwohl entwickeln sich bei jedem Menschen in unterschiedlichem Ausmaß neben aggressiven, ödipalen, familiendynamischen, paranoiden Phantasien auch narzisstische Phantasien, die sich z.B. in Form eines Ausnahmeanspruchs oder als Phantasien über die eigene Größe, Unverwundbarkeit oder Unsterblichkeit äußern und als Reaktionen auf nahezu ubiquitäre Konflikte und Traumatisierungen entstanden sind. Als Größenphantasien sind sie vor allem im Rahmen der Selbstpsychologie und der neueren Narzissmustheorien populär geworden. Da sie aber überwiegend reaktive Phänomene zu sein scheinen, sollten sie nicht mit der generellen Funktionstüchtigkeit der kindlichen Wahrnehmung und des kindlichen Denkens verwechselt werden, die eine eminent adaptive Funktion haben.

2. Klassische Auffassung

Obwohl Freud zu den von ihm häufig gleichgesetzten Phänomenen der Allmacht und Grandiosität keine eigene Arbeit geschrieben hat, beschäftigte ihn dennoch das Thema in seinem Denken immer wieder; am ausführlichsten befasste er sich damit in „Zur Einführung des Narzißmus" (1914c). In seiner milderen Form tritt Grandiosität als ehrgeiziger Tagtraum auf. Denn Inhalte des Phantasierens sind nach Freud nicht nur erotische, sondern auch ehrgeizige Phantasien. Während die erotischen nach Freud eher für Frauen charakteristisch seien und die ehrgeizigen Phantasien eher für Männer, lässt sich jedoch auch bei ehrgeizigen Männerphantasien „in irgend einem Winkel die Dame entdecken, für die der Phantast all diese Heldentaten vollführt, der er alle Erfolge zu Füßen legt" (1908e, S. 217).

Den Ausdruck „Allmacht der Gedanken" übernahm Freud (1912–13a) von einem Patienten, dem sog. Rattenmann, bei dem in der Latenzphase schwere Zwangssymptome ausbrachen. Die Allmacht der Gedanken trete bei der Zwangsneurose zwar am deutlichsten in Erscheinung, sei im Grunde aber bei allen Neurosen anzutreffen. Denn bei diesen sei nicht die Realität des Erlebens, sondern die des Denkens für die Symptombildung maßgebend: „Die Neurotiker leben in einer besonderen Welt, in welcher, wie ich es an anderer Stelle ausgedrückt habe, nur die ‚neurotische Währung' gilt, das heißt nur das intensiv Gedachte, mit Affekt Vorgestellte ist bei ihnen wirksam, dessen Übereinstimmung mit der äußeren Realität aber nebensächlich. So erweist sich die Allmacht der Gedanken, die Überschätzung der seelischen Vorgänge gegen die Realität, als unbeschränkt wirksam im Affektleben des Neurotikers und in allen von diesem ausgehenden Folgen. Unterzieht man ihn aber der psychoanalytischen Behandlung, welche das bei ihm Unbewußte bewußt macht, so wird er nicht glauben können, dass Gedanken frei sind, und wird sich jedes Mal fürchten, böse Wünsche zu äußern, als ob sie infolge dieser Äußerung in Erfüllung gehen müßten. Durch dieses Verhalten wie durch seinen im Leben betätigten Aberglauben zeigt er uns aber, wie nahe er dem Wilden steht, der durch seine bloßen Gedanken die Außenwelt zu verändern vermeint" (S. 107).

Seit Ferenczis klassischer Arbeit über die „Entwicklungsstufen des Wirklichkeitssinnes" (1913) hat es sich in der psychoanalytischen Literatur eingebürgert, den Realitätssinn aus einer kindlichen Phase der Verkennung der Wirklichkeit in Form magischen, omnipotenten Denkens und von Größenphantasien hervorgehen zu sehen. Ferenczi hatte angenommen, dass das ungeborene Kind im Mutterleib zunächst eine Periode der „tatsächlichen, bedingungslosen Allmacht" erlebe. Mit der Geburt beginnt die „Periode der magisch-halluzinatorischen Allmacht". Existiert in dieser Zeit noch die Möglichkeit, Wünsche einfach durch Vorstellungstätigkeit realisieren zu können, so bemerkt das älter werdende Kind, dass komplexere Wünsche nur noch durch Signale und Gebärden mitzuteilen sind: Die „Periode der Allmacht mit Hilfe magischer Gebärden" beginnt. Bei der sog. Projektionsphase, die auf die Enttäuschung folgt, dass die soziale Umwelt nicht oder nur gelegentlich auf die Gebärden des Kindes reagiert, wird nun den Erwachsenen jene Allmacht zugeschrieben, von der das Kind zuvor annahm, sie selbst – allerdings auf magische Weise – zu besitzen. Macht und Können der Eltern werden auch mit deren sprachlichem Vermögen verbunden, mit dem sich das Kind zu identifizieren beginnt: Die „Periode der magischen Gedanken und der magischen Worte" fängt an. Mit den Worten soll noch einmal jene frühere Glückseligkeit der erfahrenen Allmacht wiederhergestellt werden.

Diese klassische Auffassung, das Kind werde mit einem omnipotenten Glauben geboren und gebe diesen nur schrittweise und widerwillig auf, um die Realität akzeptieren zu lernen, findet sich auch noch bei Kohut.

Verschiedenen Forschern ist eine merkwürdige Diskrepanz zwischen der angenommenen Omnipotenz des kleinen Kindes und den grandiosen Phantasien von Erwachsenen aufgefallen: Zwischen dem überlebensnotwendigen kindlichen Erleben des Vertrauens in die elterlichen Pflegeleistungen, aus Sicht der Erwachsenen oft auch als kindliche Ansprüchlichkeit und Selbstherrlichkeit erlebt („seine Majestät das Baby"), und der feindseligen Kontrolle über andere Menschen (Kernberg 1988) sowie der Verleugnung und Verweigerung, Realität, z. B. auch in Form von Generationengrenzen, anzuerkennen, besteht doch ein nicht übersehbarer Unterschied, dessen Nivellierung den Vorwurf des pathomorphen und adultomorphen Theoretisierens rechtfertigt.

3. Ideengeschichtlicher Hintergrund

Phantasien über unerhörte Macht, Schönheit, Körperstärke, Klugheit, List finden sich in vielen Mythen, Märchen, aber auch in Religionen. Als Hybris wurde der (selbst-)destruktive Anteil von Größenphantasien bezeichnet; in gemäßigterer Form findet sich die Sehnsucht nach außergewöhnlicher Größe z. B. im Christentum als Vorstellung der Auserwähltheit oder der Gottähnlichkeit. Es liegt wohl im Wesen des menschlichen Phantasievermögens, sich kontrafaktisch immer wieder bessere Bedingungen der conditio humana auszumalen, z. B. als Phantasie der Unverwundbarkeit, Unsterblichkeit oder unbegrenzten Macht.

Für Freud war die „Allmacht der Gedanken" nicht nur ein klinisches Konzept zur Erklärung eines andauernden magischen Denkens bei neurotischen Patienten, die viele Stunden grübelnd damit verbringen, welche Auswirkungen ihre Gedanken und Gefühle auf andere Menschen haben können oder bereits gehabt haben, sondern „ein Integralbegriff des ersten theoretischen Systems, der die Kindheitsentwicklung mit der Menschheitsentwicklung, der Neurosenlehre, der ersten Kulturtheorie und der Kunsttheorie verband" (Beland 1996, S. 134).

4. Wesentliche Erweiterungen, Differenzierungen und Modifikationen

In der Folgezeit beschäftigten sich nur noch wenige Psychoanalytiker der ich-psychologischen Tradition mit dem Konzept der Allmacht als einem entwicklungspsychologischen Phänomen. So nahmen z. B. Margaret Mahler et al. (1978) mit ihrem Konstrukt einer „halluzinatorisch-illusorischen somatopsychisch omnipotenten Fusion" Bezug auf eine Entwicklungsvorstellung, nach der sich Erleben aus einem frühkindlichen Stadium entwickelt, in dem es noch eine Ungeschiedenheit von Innen und Außen, Selbst und Objekt gebe. Der Höhepunkt der kindlichen Omnipotenz ereignet sich nach Mahler in der Übungsphase. Erst in den weiteren Etappen des Loslösungs- und Individuationsprozesses kommt es nach und nach zu einer allmählichen Verringerung des kindlichen Omnipotenzgefühls. Vor allem der Zeitraum der Wiederannäherungsphase (ca. 14. oder 16. bis 22. oder 24. Lebensmonat) führt zu der mitunter recht schmerzlichen Erkenntnis von der Unnachgiebigkeit der materiellen Realität und dem mit oftmals unsäglicher Wut erfahrenen Versagen der Eltern, den kindlichen Wünschen zu entsprechen. Bei Mahler spürt man den Einfluss Freuds und Ferenczis, dass erst wiederholte Enttäuschungen das Kind dazu bringen, die Realität annehmen zu lernen.

Kohuts (1973) frühe Narzissmustheorie ging ebenfalls davon aus, dass die Entwicklungsschicksale des Narzissmus von dem Verlangen bestimmt sind, die ursprüngliche primärnarzisstische Einheit wieder herzustellen, indem es zur Ausprägung eines Größen-Selbst und einer idealisierten Eltern-Imago kommt.

Für Kernberg (1978) hingegen beginnt das Leben des Kleinkindes nicht mit jenem archaischen Narzissmus, der dann über die von Kohut skizzierten Umwandlungsvorgänge im besten Fall zu einem realistischen Ideal-Selbst und zu einem reifen Ichideal und Überich führt. Für ihn gilt vielmehr, dass das omnipotente Erleben des kleinen Kindes nicht mit dem grandios verächtlichen Verhalten und Erleben narzisstisch gestörter Persönlichkeiten gleichgesetzt werden darf. Denn das omnipotente Gebaren und die Größenphantasien normaler Kleinkinder (sofern hier die Bezeichnungen Größenphantasie und Omnipotenz überhaupt noch angebracht sind), ihre wütenden Anstrengungen, die Mutter unter Kontrolle zu behalten und im Mittelpunkt der Aufmerksamkeit aller zu bleiben, sind bei weitem realitätsgerechter, als dies bei narzisstischen Persönlichkeiten der Fall ist. Ferner findet man bei Kindern die Fähigkeit, sich vertrauensvoll von wichtigen Personen abhängig fühlen zu können. Auch diese Tatsache steht wiederum in auffallendem Gegensatz zur Unfähigkeit narzisstischer Patienten, über die unmittelbare Befriedigung hinaus eine Abhängigkeit von anderen Menschen, so auch vom Analytiker, ertragen zu können. Auch die Kälte und die abweisende Haltung von Patienten mit narzisstischer Grandiosität und ihre Tendenz zur Missachtung anderer Menschen – sofern diese nicht gerade als potentielle Quellen narzisstischer Zufuhr vorübergehend idealisiert werden – stehen in ausgeprägtem Gegensatz zur lustvollen Selbstbezogenheit eines kleinen Kindes. Verfolgt man diese Beobachtung während der Analyse narzisstischer Patienten in ihre Vorgeschichte zurück, so entdeckt man bei ihnen schon vom zweiten oder dritten Lebensjahr an einen auffallenden Mangel an normaler Wärme und Verbindlichkeit im Umgang mit anderen und eine leicht aufflammende Zerstörungswut und Unbarmherzigkeit, die bereits als pathologisch gelten müssen. Und schließlich beinhalten die normalen kindlichen narzisstischen Phantasien von Macht, Reichtum und Schönheit keinen ausschließlichen Besitzanspruch auf alles Wertvolle und Beneidenswerte, und normalerweise würde ein Kind auch nicht darauf bestehen, von allen als alleiniger Besitzer solcher Schätze bewundert zu werden, was jedoch eine charakteristische Phantasie narzisstischer Persönlichkeiten ist.

Nach Kernbergs Auffassung hat somit das kindliche Welterleben nur wenig mit übersteigerter Omnipotenz zu tun, sondern ist durchaus realitätsorientiert. Nur bei einer gestörten Entwicklung kommt es zur Ausprägung von grandios narzisstischen Phantasien. Mit dieser Auffassung befindet sich Kernberg in Übereinstimmung mit dem Denken von Melanie Klein, die davon ausging, dass Omnipotenz eine Abwehr gegen die Erfahrung der Getrenntheit und des Neides darstellt.

Zu einer sehr ähnlichen Vorstellung kommen z. B. auch Levin (1986), Novick und Novick (1991) und die psychoanalytische Kleinkindforschung (vgl. Dornes 1993). Diese hat herausgearbeitet, dass die Annahme kindlicher Omnipotenz als einer Entwicklungsphase, die überwiegend aus dem hypothetisch angenommenen Zustand des Verschmolzenseins von Selbst- und Objektrepräsentanzen, aus der sog. undifferenzierten Phase, abgeleitet wurde, nicht länger haltbar ist.

5. Die Bedeutung des Begriffs in den verschiedenen psychoanalytischen Schulrichtungen

Während die amerikanische Ich-Psychologie und Objektbeziehungstheorie hauptsächlich die neurotischen Formen des Allmachtsdenkens erforschten, wandte sich die kleinianische Psychoanalyse bevorzugt den manischen, paranoiden und schizoiden Formen des Allmachtdenkens zu (Beland 1996). In der Selbstpsychologie und der Post-Ich-Psychologie verlagerte sich der Schwerpunkt des kindlichen Erlebens von Allmacht auf das Studium der Repräsentanzen des idealen Selbst und der idealisierten Elternimagines sowie auf unbewusste Größenphantasien, denen ebenfalls pathogene Valenz zugeschrieben wird (Rizzuto 1991). Jones hatte bereits 1913 die narzisstische Phantasie des sog. Gottmensch-Komplexes beschrieben, Tartakoff (1966) den Begriff des Nobelpreis-Komplexes anlässlich von intellektuell begabten Patienten entwickelt, deren unentwegtes Sinnen und Trachten sich um Bewundert-werden-Wollen und Berühmtheit drehen.

Das Konzept der Allmacht bezog sich zunächst auf Formen des Realitätssinnes und des Denkens, dann – z. B. durch die Arbeiten von Mahler et al. – immer stärker auf die Wahrnehmung des Kindes. Seit den Befunden der empirischen Kleinkindforscher über die erstaunlichen Wahrnehmungsleistungen von Säuglingen muss aber das klassische Postulat einer zunehmenden Veridikalität der Wahrnehmung im Verlauf der Entwicklung revidiert werden. Denn der Säugling kommt mit der Fähigkeit auf die Welt, die für ihn maßgebliche Wirklichkeit veridikal erkennen zu können.

Die Beobachtung der Kontingenz des Schreiens und des darauf erfolgenden Herbeieilens der Mutter führt nach klassischer Auffassung zu einer magischen Kausalitätsvorstellung beim Kleinkind. Dornes (1993, S. 173) weist daraufhin, dass die Redeweise von der kindlichen Allmacht aber nicht als verbal symbolisch repräsentierte missverstanden werden darf; vielmehr könne der Säugling nur empfinden, dass er etwas bewirken kann, ohne dass diese Empfindung in Form einer symbolischen Vorstellung repräsentiert ist. Das Erleben von Omnipotenz ist deshalb kein primäres Gefühl des Säuglings, sondern eine spätere Phantasiebildung, die eine Reaktion auf Misslingen oder Verlust darstellt. Das primäre Gefühl lässt sich hingegen besser mit Wirkmächtigkeit beschreiben und bildet vielleicht auch den Kern dessen, was Erikson als Urvertrauen bezeichnet hat. Dabei kann angenommen werden, dass es für ein Kind im zweiten Lebensjahr erhebliche Anstrengungen bedeutet, die im Kleinkindalter – zumindest im normalen Fall – als sicher erlebte Wirkmächtigkeit in ein Erleben zu transformieren, bei dem die Eltern nicht mehr in jedem Augenblick für das Kind zur Verfügung stehen, sondern nun auch ihren eigenen Interessen wieder stärker nachgehen. Winnicott (1953) hat mit seiner Theorie des Übergangsobjekts ausgeführt, wie dieses dem Kind die Ablösung von jener als unumstößlich erscheinenden Sicherheit, die Mutter jederzeit wirkmächtig beeinflussen und kontrollieren zu können, ermöglicht.

Auch wenn die Hypothese universell gegebener magisch-halluzinatorischer Wahrnehmung und Denkvorgänge des Kleinkindes revidiert werden muss, bleibt doch der Gedanke maßgeblich, dass die in den Größenphantasien zum Ausdruck kommenden Wunscherfüllungen vor allem der Abwehr einer als enttäuschend erlebten sozialen Realität dienen. Je intensiver ein Kind von klein an Ohnmachtserleben und unerfüllbaren Bedürfnissen ausgesetzt war, desto stärker wird es später Allmachts- und Größenphantasien entwickeln. Diese sind aber kein primäres Gefühl oder Wahrnehmungserleben des Säuglings, sondern eine Phantasiebildung des bereits älteren Kindes. Natürlich können im Spiel von Kindern oftmals grandiose Inhalte ausfindig gemacht werden, die aber vermutlich besser mit ihrer egozentrischen Wahrnehmungseinstellung zu erklären sind. Es ist auch durchaus sinnvoll, von einer Fähigkeit des menschlichen Wesens auszugehen, erlittenes Unrecht, Kleinheitsgefühle, Minderwertigkeit, das Erleben von Abhängigkeit, Demütigung und Beschämung im Spiel und in der Phantasie aktiv zu kompensieren, wobei dann eine partielle Suspendierung der bereits erreichten Realitätsprüfungsfähigkeit stattfindet. Die Inhalte der Phantasie sind eng mit den Interaktionserfahrungen mit Eltern und Geschwistern verknüpft und spiegeln häufig sogar die Größenphantasien der Eltern wider; sie sind also keine endogen spontan aus einem hypothetisch angenommenen primären Narzissmus sich herausentwickelnde Gegebenheit.

Novick und Novick (1991) entwarfen – gestützt auf ihre Behandlungserfahrungen am Anna-Freud-Zentrum in London mit Kindern, die an einer masochistischen Persönlichkeitsstörung litten – ein Arbeitsmodell der Epigenese von Omnipotenz.

Gut erforscht sind auch Größenphantasien in der Adoleszenz: So beschrieb z. B. Erdheim (1982, 1993) aus ethnopsychoanalytischer Sicht adoleszente Größenphantasien und deren partielle Freisetzung als notwendige Bedingung für einen Kulturwandel, wies aber andererseits darauf hin, wie wichtig für die Identitätsfindung die Sublimierung des archaischen Kerns dieser Phantasien ist.

6. Interdisziplinäre Beiträge und Befunde

Zur entwicklungspsychologischen Thematik: Weder die Forschung über die kindlichen Selbstvorstellungen noch die Forschung über Selbstvorstellungen in der späteren Kindheit konnten Grandiosität oder Omnipotenz als normale, entwicklungspsychologische Phänomene dokumentieren (Horner 1985). Kleine Kinder sind sich sehr wohl der meisten ihrer Begrenzungen bewusst, auch wenn sie weniger als ältere Kinder dazu in der Lage sind, die Realität über ihr sich entwickelndes Selbst akkurat zu erkennen. Und natürlich sind Säuglinge und kleine Kinder auch oftmals noch nicht fähig, interpersonell vermittelnde Ereignisse zu erkennen, wie z. B. die Handlungen ihrer Mütter zwischen ihren eigenen Absichten und den nachfolgenden Ereignissen, was ihnen oftmals die Illusion ihrer eigenen Wirkmächtigkeit vermittelt. Aber auch schon Säuglinge können sowohl Kontingenz als auch Nicht-Kontingenz von Umweltereignissen und ihren eigenen Handlungen und Intentionen erkennen, so dass sie sich wahrscheinlich auch schon in einem gewissen Umfang der Grenzen ihrer eigenen Potenz bewusst sind (Westen 1985).

Zur psychoanalytischen Sozialpsychologie: Feministische Autorinnen (z. B. Fox Keller 1986, Meyer-Seethaler 1997) haben die Größenphantasien männlicher Bio-Ingenieure als eine Reaktion auf den Bruch in der Identifizierung mit der präödipalen Mutter interpretiert. In ihren Schöpfungsphantasien versuchen diese Männer unbewusst die Kränkung zu kompensieren, dass gebärende und nährende Fähigkeiten allein dem weiblichen Geschlecht vorbehalten sind. Von den Phantasmen und Forschungsbemühungen, die die Endlichkeit des Menschen und seine Abhängigkeit von der Natur aufheben sollen, ist es nur ein Schritt zu der Lust am Destruktiven: Das weltweit angesammelte Zerstörungswissen überwiegt bei weitem das Erhaltungswissen. Töten und Leben nehmen ist das Gegenteil von Leben gebären und wird entsprechend dieser Auffassung zur dichotom gesetzten männlichen Identität.

Literatur

Beland, H. (1996). Von der Allmacht der Gedanken (Freud) zur Allmacht über das Denken (Klein). Luzifer – Amor, Zeitschrift zur Geschichte der Psychoanalyse, 17, 134–166.

Dornes, M. (1993). Der kompetente Säugling. Die präverbale Entwicklung des Menschen. Frankfurt/M.: Fischer, 13. Aufl., 2004.

Erdheim, M. (1982). Die gesellschaftliche Produktion von Unbewußtheit. Frankfurt/M.: Suhrkamp.

Erdheim, M. (1993). Psychoanalyse, Adoleszenz und Nachträglichkeit. Psyche – Z Psychoanal, 47, 934–950.

Ferenczi, S. (1913). Entwicklungsstufen des Wirklichkeitssinnes. In Schriften zur Psychoanalyse. Bd. 1, Frankfurt/M.: Fischer.

Fox Keller, E. (1986). Liebe, Macht und Erkenntnis. München: Hanser.

Horner, T.M. (1985). The psychic life of the young infant: review and critique of the psychoanalytic concepts of symbiosis and infantile omnipotence. American Journal of Orthopsychiatry, 55, 324–344.

Jones, E. (1913). The god complex. In E. Jones (Ed.), Essays in applied psychoanalysis, 2 (pp. 224–265). New York: International Universities Press (dt.: Der Gottmensch-Komplex. Psyche – Z Psychoanal, 12, 1–17, 1958/59).

Kernberg, O.F. (1978). Borderlinestörungen und pathologischer Narzißmus. Frankfurt/M.: Suhrkamp.

Kernberg, O.F. (1988). Clinical dimensions of masochism. Journal of the American Psychoanalytic Association, 36, 1005–1029.

Kohut, H. (1973). Narzißmus. Frankfurt/M.: Suhrkamp.

Levin, R. (1986). Infantile omnipotence and grandiosity. Psychoanalytic Review, 73, 57–76.

Mahler, M.S., Pine, F. und Bergman, A. (1978). Die psychische Geburt des Menschen. Symbiose und Individuation. Frankfurt/M.: Fischer.

Meier-Seethaler, C. (1997). Gefühl und Urteilskraft. Ein Plädoyer für die emotionale Vernunft. München: Beck.

Novick, J. and Novick, K.K. (1991). Some comments on masochism and the delusion of omnipotence from a developmental perspective. Journal of the American Psychoanalytic Association., 39, 307–331.

Rizzuto, A.-M. (1991). Shame in psychoanalysis: the function of unconscious fantasies. International Journal of Psycho-Analysis, 72, 297–312.

Tartakoff, H.H. (1966). The normal personality in our culture and the Nobel Prize complex. In R.M. Loewenstein, L.M. Newman and M. Schur et al. (Eds.), Psychoanalysis: A general psychology. Essays in honor of Heinz Hartmann (pp. 222–252). New York: International Universities Press.

Westen, D. (1985). Self and society: Narcissism, collectivism, and the development of morals. New York: Cambridge University Press.

Winnicott, D.W. (1953/1969). Übergangsobjekte und Übergangsphänomene. Psyche – Z Psychoanal, 23, 666–681.

Ambivalenz *von Bruno Waldvogel*

ambivalence – ambivalence

Zwei Seelen wohnen, ach! in meiner Brust,
Die eine will sich von der andern trennen
(Goethe: Faust)

1. Definition

Der auf E. Bleuler zurückgehende Begriff der Ambivalenz lässt sich als gleichzeitige Gegenwärtigkeit widersprüchlicher Empfindungen und Strebungen definieren. In einem sehr weiten Sinne wird er häufig auch schon zur Bezeichnung eines vagen Konflikterlebens oder auch als Euphemismus für eine mehr oder weniger vage Aversion gebraucht. Damit geht seine spezifische Bedeutung jedoch verloren, weshalb Laplanche und Pontalis (1972) ihn für solche Konflikte reserviert wissen wollen, „in der die positive und negative Komponente eines affektiven Verhaltens gleichzeitig und unauflösbar in einem nicht-dialektischen Gegensatz gegenwärtig und unüberwindlich für das Subjekt sind“ (S. 57).

Bleuler differenzierte Ambivalenz nach den Qualitäten des Fühlens, Wollens und Denkens: Als affektive Ambivalenz bezeichnete er die Gleichzeitigkeit positiver und negativer Gefühle zu demselben Objekt oder Sachverhalt. Als voluntäre Ambivalenz bezeichnete er Zustände, in denen etwas gewollt und zugleich nicht gewollt bzw. sein Gegenteil gewollt wird, wofür er auch den Begriff der Ambitendenz eingeführt hat. Für die intellektuelle Ambivalenz, in der ein Subjekt einer Meinung und gleichzeitig der gegenteiligen Meinung ist, wird gelegentlich auch der Begriff der Ambiguität gebraucht.

Der Begriff der Ambiguität ist jedoch selbst in sich zumindest zweideutig und bezeichnet auch das Erleben von Mehrdeutigkeit, Unstrukturiertheit und Ungewissheit. Im Sinne einer klareren Differenzierung zwischen unstrukturierter Mehrdeutigkeit und strukturierterer Gegensätzlichkeit dürfte es von Vorteil sein, den Begriff der Ambiguität ausschließlich für das Erleben von Mehrdeutigkeit und den Begriff der Ambivalenz (wie von Laplanche und Pontalis vorgesehen) ausschließlich für das Erleben von Zwiespältigkeit zu verwenden.

2. Klassische Auffassung

Freud übernahm den Begriff der Ambivalenz primär in seiner affektiven Bedeutung. Erstmals verwandte er ihn in seiner Abhandlung „Zur Dynamik der Übertragung" (1912b): „Bei den heilbaren Formen von Psychoneurosen findet sie (die negative Übertragung, B.W.) sich neben der zärtlichen Übertragung, oft gleichzeitig auf die nämliche Person gerichtet, für welchen Sachverhalt Bleuler den guten Ausdruck Ambivalenz geprägt hat. Eine solche Ambivalenz der Gefühle scheint bis zu einem gewissen Maße normal zu sein, aber ein hoher Grad von Ambivalenz der Gefühle ist gewiß eine besondere Auszeichnung neurotischer Personen" (S. 372).

Nahezu zeitgleich machte er sich in seiner Schrift „Totem und Tabu" (1912–13a) Gedanken über die Quelle der Ambivalenz: „Wir haben so oft Gelegenheit gehabt, die Gefühlsambivalenz im eigentlichen Sinne, also das Zusammentreffen von Liebe und Haß gegen dasselbe Objekt, an der Wurzel wichtiger Kulturbildungen aufzuzeigen. Wir wissen nichts über die Herkunft dieser Ambivalenz. Man kann die Annahme machen, daß sie ein fundamentales Phänomen unseres Gefühlslebens sei. Aber auch die andere Möglichkeit scheint mir wohl beachtenswert, daß sie, dem Gefühlsleben ursprünglich fremd, von der Menschheit an dem Vaterkomplex erworben wurde" (S. 189). Die Koppelung der Ambivalenz an die Beziehung zum Vater hielt er bis zuletzt aufrecht. In „Der Mann Moses und die monotheistische Religion" heißt es lapidar: „Zum Wesen des Vaterverhältnisses gehört die Ambivalenz" (1939a, S. 243). Demgegenüber war für ihn speziell die Mutter-Sohn-Beziehung „überhaupt die vollkommenste, am ehesten ambivalenzfreie aller menschlichen Beziehungen" (1933a, S. 143).

In einen genetischen Kontext rückte Freud den Begriff der Ambivalenz in einer Neuauflage der „Drei Abhandlungen zur Sexualtheorie" (vermutlich in der dritten Auflage, 1914): „Eine zweite prägenitale Phase ist die der sadistisch-analen Organisation. Hier ist die Gegensätzlichkeit, welche das Sexualleben durchzieht, bereits ausgebildet; sie kann aber noch nicht männlich und weiblich, sondern muß aktiv und passiv benannt werden ... Als weiterer Charakter gehört ihr an, daß die Triebgegensatzpaare in annähernd gleicher Weise ausgebildet sind, welches Verhalten mit dem glücklichen, von Bleuler eingeführten Namen Ambivalenz bezeichnet wird" (1905d, S. 99). Dieser Ansatz wurde später von Abraham (1924) systematisch weiterentwickelt. Abraham beschrieb die Ambivalenz gegenüber den Objekten als Charakteristikum nicht nur der anal-sadistischen Phase, sondern auch der von ihm spezifizierten oral-kannibalistischen Phase. Während er den Objektbeziehungen in der primären oralen Phase eine präambivalente Qualität zuschrieb, sah er in der genitalen Stufe die Voraussetzungen gegeben, die durch die Einwirkung der Aggression zwischenzeitlich entstandene Ambivalenz gegenüber den Objekten zu überwinden.

3. Ideengeschichtlicher Hintergrund

E. Bleuler führte den Begriff der Ambivalenz 1910 in einem Vortrag auf der Ordentlichen Winterversammlung der schweizerischen Irrenärzte ein, worüber im Zentralblatt für Psychoanalyse (1911) ein Bericht erschien. Bleuler hatte das Konzept der Ambivalenz aus seinen Beobachtungen schizophrener

Patienten entwickelt. Er hob es als ein Charakteristikum Schizophrener hervor, daß diese an für sie unauflösbaren widersprüchlichen Affekten und Gedanken bezüglich gleicher Inhalte und Objekte litten. Von diesen Beobachtungen ausgehend beschrieb er den Zustand der Ambivalenz zwar als ein ubiquitäres Phänomen, „Normale" seien jedoch im Unterschied zu Schizophrenen in der Regel in der Lage, ein „Fazit" zu ziehen. In einer später publizierten ausgearbeiteten Fassung seines Vortrages zog er es vor, eher Übergänge als klare Grenzen zwischen „Normalen" und Schizophrenen festzustellen: „Es genügt vorläufig zu wissen, daß es eine gewöhnliche, selbstverständliche Ambivalenz gibt, die in den Beziehungen zum nämlichen Objekt angenehmes und unangenehmes konstatiert, aber beides mehr oder weniger zu einer einheitlichen Wertung verbindet, und daneben eine andere, die sich dadurch auszeichnet, daß zwei Wertungen nebeneinander bestehen bleiben. Die letztere kommt auch etwa bei Normalen vor, bedeutet aber, wenn sie sich auf wichtige Dinge bezieht, eine Erschwerung des Lebens und führt oft direkt zu Neurosen; sie findet ferner ihren Ausdruck im autistischen Denken des Traumes, der Dichtung, der Mythologie und in religiösen Vorstellungen und Gebräuchen; am ausgesprochensten aber treffen wir sie bei der Schizophrenie" (1914, S. 106).

Freud wendete später in seiner Selbstdarstellung den Begriff der Ambivalenz gegen Bleuler selbst: „Bald darauf veröffentlichte Bleuler seine Schrift zur Verteidigung der Psychoanalyse (‚Die Psychoanalyse Freuds' 1910). So erfreulich es war, daß in dem Streit einmal auch Gerechtigkeit und ehrliche Logik zu Worte kamen, so konnte mich die Arbeit Bleulers doch nicht völlig befriedigen. Sie strebte zu sehr nach dem Anschein der Unparteilichkeit; es war kein Zufall, daß man gerade ihrem Autor die Einführung des wertvollen Begriffes der Ambivalenz in unsere Wissenschaft zu danken hatte" (1925d, S. 77).

4. Wesentliche Erweiterungen, Differenzierungen und Modifikationen

Im Anschluss an Abrahams Entwicklungskonzeption und Freuds Triebdualismus fasste M. Klein die Ambivalenz als zentrale Eigenschaft aller Objektbeziehungen, die das Individuum durch Spaltungsabwehr (in der paranoid-schizoiden Position) oder durch Wiedergutmachung (in der depressiven Position) zu bewältigen versucht. Im Unterschied zu Abraham begriff Klein den Trieb als von vornherein ambivalent, gegensätzliche (gute und böse) Partialobjekte sah sie als die frühesten Objekte überhaupt an.

Ebenfalls aus der Arbeit mit Kindern, wenngleich methodisch mehr auf Verhaltensbeobachtungen basierend, stammt M. Mahlers Konzeption des Wiederannäherungskonflikts, den sie durch die Ambivalenz zwischen Loslösung und Wiederannäherung an die primären Objekte gekennzeichnet sah. Ihr war bei ein bis zwei Jahre alten Kindern eine besonders ausgeprägte Ambitendenz aufgefallen. Sie sah diese Ambivalenz begründet in der Frustration aufgrund an der Realität gescheiterter Größenphantasien der Kinder einerseits und der Angst vor dem Verlust der errungenen Loslösung aus der Symbiose andererseits. Die Wiederannäherungskrise wurde im Anschluss an M. Mahler zu einem Scheidepunkt der Entwicklung: von ihrer Lösung wurde abhängig gemacht, ob ambivalente Gefühlseinstellungen ausgehalten und verarbeitet werden können und damit eine neurotische Entwicklung beschritten werden kann, oder ob die Ambivalenz durch Spaltung abgewehrt werden muß und damit eine Borderline-Struktur fixiert wird. Gegen das Konzept einer intrinsisch motivierten Ambivalenz in der Wiederannäherungskrise wurde mehrfach eingewendet (z.B. Dornes 1996), daß die von Mahler beobachtete Ambivalenz der ein bis zwei Jahre alten Kinder vielmehr eine (extrinsische) Reaktion auf die (allgemeine und unvermeidbare) Ambivalenz der Eltern ist, die durch die in diesem Alter eintretenden Reifungs- und Entwicklungsschritte der Kinder besonders provoziert wird. Vor M. Mahler war R. Spitz aufgrund seiner Kinderbeobachtungen schon zu der Auffassung gekommen, daß die kleinkindliche Ambivalenz in einer Identifizierung mit ambivalenten Eltern wurzelt (1965).

Mit dem Mechanismus der Spaltung war nach der von Bleuler beschriebenen quälenden Entscheidungsunfähigkeit bei Schizophrenen eine weitere Form pathologischer Ambivalenz artikuliert worden. Otscheret (1988) bezeichnete diese beiden Formen als „Entweder-oder-Ambivalenz" und als „Sowohl-als-auch-Ambivalenz". Hinsichtlich des Störungsniveaus schrieb Otscheret (1988) die „Entweder-oder-Ambivalenz" den Borderline-Störungen zu, während für sie die „Sowohl-als-auch-Ambivalenz" vor allem narzisstischen Störungen korrespondiert. Ihre Definition der „Sowohl-als-auch-Ambivalenz" als relativ gleichwertige Besetzung beider Ambivalenz-Pole, die Entscheidungsunfähigkeit, Lähmung und Resignation auszulösen vermag, weist jedoch auch deutliche Überschneidungen mit Bleulers Beschreibung der Ambivalenz bei Schizophrenen auf. Für Schneider hingegen „verschwindet beim Psychotiker jegliche Ambivalenz hinter einer Mauer von Wahngewißheit und feindseliger Abgrenzung, (... während ...) beim Abbröckeln des Wahns das Wiederauftreten der Ambivalenz (...) den Kampf um Rückgewinnung der Realitätskontrolle ankündigt" (S. 70). Für ihn ist Ambivalenz „Ausdruck eines Kampfes integrierender, synthetisierender Ich-Leistungen gegen primär-prozeßhafte Spaltungsvorgänge" (S. 70).

Toleranz gegenüber Ambivalenz i. S. einer Fähigkeit, Spannungen und Widersprüche wahrzunehmen, auszuhalten und sich von ihnen zu Weiterentwicklungen anstoßen zu lassen, galt in der Psychoanalyse stets als Zeichen reifen und angemessenen Umgangs mit der Vielgestaltigkeit und Vieldeutigkeit sowohl der äußeren wie der inneren Welt. Systematisch wurde diese Auffassung in dialektischer Perspektive von Bauriedl (1984) und in dialogischer Perspektive von Otscheret (1988) zum Kernpunkt ihrer Modelle gemacht. Für Strotzka (1968) war Ambivalenz schlechthin der „affektive Aspekt des bekannten Phänomens der Überdeterminierung psychischen Verhaltens, da meist nicht nur polar und komplementär entgegengesetzte Besetzungen, sondern eine Vielfalt der Gefühle nachweisbar sind" (S. 299). Eine Ambivalenz zwischen polarisierten Gegensätzen kann insofern auch einer defensiven Vereinfachung komplexer Mehrdeutigkeiten und Vielfältigkeiten entstammen (Ambivalenz als Abwehr von Ambiguität). Dies dürfte wahrscheinlich auch für die in Politik, Gesellschaft und den Wissenschaften verbreitete Tendenz zu binärem Denken gelten. Auch in der Psychoanalyse wird die „Vervielfältigung der Blickwinkel", wie etwa Bion (zit. n. Meltzer 1988) einen wesentlichen Aspekt sowohl der Methodik als auch der Ziele der Psychoanalyse bezeichnete, all zu oft nur bis an die Grenze der eigenen Glaubenssätze eingelöst, um dem damit einhergehenden „Bedrohtsein von Verwirrung" (Meltzer 1988) zu entgehen. Umgekehrt kann aber auch die Vermeidung von Festlegungen wegen des damit verbundenen Risikos eines Irrtums der Abwehr von Ambivalenz geschuldet sein. Aufgrund dieser inneren Dialektik der Aufklärung und dem gegebenen historischen Hintergrund haben Adorno und Frenkel-Brunswik (1949) Ambiguitätstoleranz als eine zentrale psychische Kompetenz für die Erhaltung und Entwicklung unserer Kultur angesehen.

Eine definitorische Differenzierung zwischen Ambivalenz und Ambiguität schlug Hohage (1985) vor: Seiner Auffassung nach steht bei der Ambivalenz das erlebende Ich außerhalb des Widerspruchs, da die Möglichkeit zu einer Entscheidung bestehe. Als Ambiguität bezeichnet er hingegen einen Widerspruch, der das erlebende Ich selbst betrifft und der deshalb nicht durch Entscheidungen gelöst werden könne.

Als Paradigmen für die „Aufhebung" einer Ambivalenzspannung in einer dialektischen Einheit können der potentielle Raum und die Metapher gelten, denen beiden die paradoxe Einheit von Ist und Ist-nicht eigen ist; und auch ein – guter – Witz).

5. Die Bedeutung des Begriffs in den verschiedenen psychoanalytischen Schulrichtungen

Neben den bereits genannten Protagonisten psychoanalytischer Schulrichtungen spielte das Konzept der Ambivalenz nur noch bei C.G. Jung eine besondere Rolle, der als Mitarbeiter von Bleuler dazu auch in besonderer Weise inspiriert worden war. Für Jung stellen Gegensätzlichkeiten (und Gegensatzpaare) das Grundprinzip des Seelenlebens dar. Zum psychischen Akt gehört für ihn „schlechthin sein Gegenteil dazu". Ein störender Konflikt ergab sich für ihn jedoch nur dann daraus, wenn diese Gegensätzlichkeit nicht gut ausgewogen war. Eine fein abgestimmte Gegensätzlichkeit war für ihn vielmehr die Grundlage von „Harmonie" und „Vollkommenheit".

6. Interdisziplinäre Beiträge und Befunde

In der Bindungsforschung (Bowlby/Ainsworth) bestätigten standardisierte Verhaltensbeobachtungen mit der sogenannten „Fremde Situation" das Vorkommen ambivalenten Beziehungsverhaltens bei ein- bis eineinhalbjährigen Kindern. Allerdings tritt dieses Beziehungsmuster keineswegs bei allen, sondern nur bei ca. 8 bis 25 % der ein- bis eineinhalbjährigen Kinder besonders hervor. Beobachtungen der Eltern-Kind-Interaktion bei diesen ambivalent gebundenen Kindern erbrachten Hinweise auf ein überdurchschnittlich inkonsistentes Interaktionsverhalten der Eltern. Ausgeprägte Ambivalenz bei Kindern scheint insofern eine spezifische Reaktion auf eine deutlich über das Übliche und Unvermeidliche hinausgehende Ambivalenz der Eltern zu sein und scheint in dementsprechend widersprüchlichen Objektrepräsentanzen verankert (Dornes 1996).

Entwicklungspsychologische Untersuchungen zum Ambivalenzerleben und zum Ambivalenzverstehen ergaben, daß ein Verständnis eigenen Ambivalenzerlebens erst in der Schulzeit (ab ca. acht Jahren) gebildet werden kann (Hascher 1994). In der allgemeinen Psychologie wird Ambivalenz unter der Perspektive betrachtet, daß ein Objekt einen gleich starken positiven und negativen Aufforderungscharakter besitzt und damit ein Appetenz-Aversions-Konflikt ausgelöst wird. In der Emotionspsychologie wird Ambivalenz definiert als Ausdruck widersprüchlicher Situationsbewertungen, wurde bislang aber stark vernachlässigt (Hascher 1994).

In der Sozialpsychologie wurde das Konzept der Ambiguitätstoleranz/Ambiguitätsintoleranz von Frenkel-Brunswik im Rahmen der von ihr mit Adorno durchgeführten Studien zum „Autoritären Charakter" eingeführt (1949). Diese Studien waren ihrerseits wiederum inspiriert durch die frühen freudomarxistischen Arbeiten von Reich und Fromm. In der Psychologie erfuhr dieses Persönlichkeitskonstrukt eher wenig Beachtung, einige Weiterentwicklungen und empirische Validierungen blieben eher randständig. In den meisten der hierbei vorgelegten Definitionen gilt Ambiguitätsintoleranz als Tendenz, uneindeutige, vage und unbestimmte Informationen als psychische Bedrohung oder Quelle psychischen Unbehagens zu empfinden (Reis 1997).

Auf der Grundlage theoretischer und empirischer Analysen von Generationenbeziehungen erarbeitete Lüscher (Lüscher und Heuft 2007) ein diagrammatisches Modul, das durch die Kreuzung der personalen Dimension Vertrautheit vs. Fremdheit (Konvergenz – Divergenz) mit der institutionalen Dimension Beharren vs. Verändern (Reproduktion – Innovation) einen Ambivalenzraum aufspannt. Den so erhaltenen Quadranten werden vier Ambivalenzmodi zugeschrieben: 1. Solidarität; 2. Emanzipation; 3. Atomisierung; 4. Kaptivation.

Im Kontext der psychodynamischen Psychotherapie und der Hypnotherapie hat sich – ausgehend von Federns Konzept der Ich-Zustände – vornehmlich in den USA die Konzeption einer inneren Pluralität verschiedener „Ego-States" und einer davon abgeleiteten Technik der „Ego-State-Therapie" entwickelt (Watkins und Watkins 2003). Große Übereinstimmungen bestehen mit dem kommunikationspsychologischen Modell des „inneren Teams" von Schulz von Thun (2003) und einer sozialphilosophischen Interpretation der modernen Objektbeziehungstheorie durch Honneth (2000), der die Fähigkeit, „möglichst vielen Stimmen der unterschiedlichsten Interaktionsbeziehungen in seinem eigenen Inneren Gehör zu verschaffen“ (2000, S. 1106), als erstrebenswertes Ziel psychischer Differenzierung und der Entwicklung „innerer Dialogfähigkeit“ definiert. Mit Bezug auf soziologische Zeitdiagnosen stellt er eine „innere Pluralisierung der Subjekte“ fest, die uns vor die Alternative zweier Persönlichkeitstypen stellt: „entweder die ichstarke, »männliche« Persönlichkeit, die die Fähigkeit zur Realitätsbewältigung durch Unterdrückung von anderen Identitätsmöglichkeiten erlangt, oder die innerlich reiche, gewissermaßen flexibilisierte Persönlichkeit, der es allerdings an der zur Alltagsroutine notwendigen Stabilisierung fehlen würde“ (S. 1107).

Die soziologische Betrachtung innerer Ambivalenz und innerer Pluralität als Auswirkung der Differenzierung moderner Gesellschaften geht unter anderem auf Elias zurück. Elias legte in seinen Studien über den Zivilisationsprozess (1976) dar, dass die zunehmende soziale Komplexität der modernen Gesellschaften eine spezielle Qualität ambivalenter Interessen in die sozialen Beziehungen eingeführt hat. Insofern lässt sich auch das Konzept der Ambivalenz selbst als Phänomen der Moderne bezeichnen; nötig geworden, um sich in ihr ausbreitenden Befindlichkeiten einen Namen und einen Sinn zu geben. In der relativ neuen Disziplin der Soziologie der Emotionen wird die durch die Moderne aufgeworfene Zunahme an Ambivalenz als Bedrohung traditioneller Formen sicherer und befriedigender Lebensgestaltung gesehen. Es wird angenommen, dass in traditionellen Kulturen Strategien verfügbar waren/sind, mit denen widersprüchliche Befindlichkeiten gelindert werden können. „Primordiale“ – noch nicht kulturell potenzierte – Ambivalenz konnte in transzendentalen Kategorien oder kollektiven Ritualen aufgelöst werden. In modernen Gesellschaften werden sowohl diese transzendentalen Kategorien und Rituale geschwächt, als auch eine zusätzliche, „sekundäre“ Ambivalenz erzeugt durch die widersprüchlichen kulturellen Normen und strukturellen Bedingungen. Im rationalen Umgang mit den nun nicht mehr aufzulösenden Ambivalenzen wird aber auch eine Chance für eine neue moralische Bewusstheit gesehen, in der nicht mehr die unangezweifelte subjektiv gefühlte Gewissheit das Kriterium moralischer Handlungen ist, sondern vernunftgeleitetes Abwägen bei gleichzeitig bestehenden widersprüchlichen Empfindungen (Weigert 1991).

Literatur

Abraham, K. (1924). Versuch einer Entwicklungsgeschichte der Libido auf Grund der Psychoanalyse seelischer Störungen. In J. Cremerius (Hg.) (1971), Karl Abraham. Psychoanalytische Studien I (113–164). Frankfurt/M.: Fischer.

Adorno, T.W., Frenkel-Brunswik, E., Levinson D.J. and Sanford, R.N. (1949). The Authoritarian Personality. New York: Harper's.

Bauriedl, T. (1984). Beziehungsanalyse. Frankfurt/M.: Suhrkamp.

Bleuler, E. (1914). Die Ambivalenz. In Universität Zürich, Festgabe zur Einweihung der Neubauten. Zürich: Schulthess & Co.

Dornes, M. (1996). Margaret Mahlers Theorie neu betrachtet. Psyche – Z Psychoanal, 50, 989–1018.

Elias, N. (1976). Über den Prozeß der Zivilisation. Soziogenetische und psychogenetische Untersuchungen. Frankfurt/M.: Suhrkamp.

Hascher, T. (1994). Emotionsbeschreibung und Emotionsverstehen. Zur Entwicklung des Emotionsvokabulars und des Ambivalenzverstehens im Kindesalter. Münster: Waxmann.

Hohage, R. (1985). Das Selbst zwischen Ambivalenz und Ambiguität. Forum der Psychoanalyse, 1, 189–200.

Honneth, A. (2000). Objektbeziehungstheorie und postmoderne Identität. Über das vermeintliche Veralten der Psychoanalyse. Psyche – Z Psychoanal 54, 1087–1109.

Laplanche J. und Pontalis, J.-B. (1972). Das Vokabular der Psychoanalyse. Frankfurt/M.: Suhrkamp.

Lüscher, K. und Heuft, G. (2007). Ambivalenz – Belastung – Trauma. Psyche – Z Psychoanal, 61, 218–251.

Meltzer, D. (1988). Traumleben. Eine Überprüfung der psychoanalytischen Theorie und Technik. München: Verlag Internationale Psychoanalyse.

Otscheret, E. (1988). Ambivalenz: Geschichte und Interpretation der menschlichen Zwiespältigkeit. Heidelberg: Asanger.
Reis, J. (1997). Ambiguitätstoleranz. Beiträge zur Entwicklung eines Persönlichkeitskonstruktes. Heidelberg: Asanger.
Schneider, H. (1993). Die psychodynamischen Eigenarten der Ambivalenz. In B. van Husen (Hg.), Psychotherapie der Psychosen (63–78). München: Quintessenz.
Schulz von Thun, F. (1998). Das „innere Team" und situationsgerechte Kommunikation. Reinbek: Rowohlt.
Spitz, R. (1965). The first year of life. New York: International Universities Press (dt.: Vom Säugling zum Kleinkind. Naturgeschichte der Mutter-Kind-Beziehungen im ersten Lebensjahr. Stuttgart: Klett, 1967).
Strotzka, H. (1968). Über Ambivalenz. Psyche – Z Psychoanal, 22, 287–300.
Watkins, J.G. und Watkins, H.H. (2003). Ego-States – Theorie und Therapie. Heidelberg: Carl-Auer-Systeme.
Weigert, A.J. (1991). Mixed emotions: certain steps toward understanding ambivalence. Albany: State University of New York.

Analität, anale Phase *von Hans Quint*

anality, anal phase – analité, stade anal

1. Definition

Der Begriff Analität umfasst die mit der analen Körperzone und den analen Vorgängen verbundenen Erlebnisse. In der Psychoanalyse verweist er letztendlich auf eine bestimmte infantile Psychosexualität, die als Ausgangspunkt für normale und psychopathologische Entwicklungen anzusehen ist.

Im Rahmen seiner Triebtheorie hat Freud die anale Phase als eine von drei psychosexuellen Entwicklungs- und Organisationsstufen beschrieben, auf der analerotische und analsadistische Strebungen (Partialtriebe) vorherrschen. Aus der Auseinandersetzung dieser Strebungen mit der Umwelt und den daraus folgenden Umgestaltungen und Abwehrvorgängen leitete er die Entstehung bestimmter Charakterzüge und Psychoneurosen ab.

Inzwischen ist die triebtheoretische Sicht der Analität und der analen Phase ergänzt und erweitert worden. Zunehmend wird die Erkenntnis berücksichtigt, dass sich im Verlauf der analen Phase der Kampf des Kindes mit der Umwelt bzw. mit den Objekten um Autonomie, um Selbstbestimmung einerseits und um Sicherheit innerhalb einer sozialen Gemeinschaft andererseits abspielt.

2. Klassische Auffassung

Freuds erster Hinweis auf die erotische Natur der Afterzone findet sich in einem Brief an Fließ vom 14.11.1897. Eine genaue Darstellung folgte 1905, in der er bemerkt, dass beim Zurückhalten und Ausstoßen der Stuhlmassen durch Reizung der erogenen Afterschleimhaut Wollustempfindungen entstehen (1905d). In der Arbeit „Die Disposition zur Zwangsneurose" (1913i) spricht er zum ersten Mal von der „prägenitalen" Sexualorganisation der analen Phase, die er nicht nur durch die analerotischen und analsadistischen Partialtriebe, sondern auch durch die Gegensätzlichkeit von aktiv und passiv als Vorläufer von männlich und weiblich gekennzeichnet sieht. „Die Aktivität wird vom gemeinen Bemächtigungstrieb beigestellt, den wir eben den Sadismus heißen, wenn wir ihn im Dienst der Sexualfunktion finden; er hat auch im vollentwickelten Sexualleben wichtige Helferdienste zu verrichten. Die passive Strömung wird von der Analerotik gespeist" (S. 448).

Dass der Bemächtigungstrieb während der analen Phase aufgrund der herangereiften Muskulatur eine große Rolle spielt, lässt sich unschwer am wachsenden aggressiven

Verhalten des Kindes feststellen. Dies aber als Sadismus im Sinne der intendierten lustvollen Schmerzzufügung zu bezeichnen, ist problematisch. Bei verfehlten Bemächtigungsversuchen infolge von Strafandrohung bzw. Liebesentzug kann es jedoch zu heftigen, magisch noch überhöhten Wutreaktionen kommen, die gleichzeitig mit liebevollen Gefühlen auf das Objekt gerichtet sind, woraus eine für diese Phase typische grobe Ambivalenz resultiert.

Bereits 1908 hatte Freud eine organisierende Kraft der Analerotik angenommen, indem er die bei einer Gruppe von Patienten beobachtete übereinstimmende Trias der Charakterzüge Ordentlichkeit, Sparsamkeit und Eigensinn mit der „Aufzehrung der Analerotik“ in Verbindung gebracht hatte. Dabei stellte er die Formel auf: „Die bleibenden Charakterzüge sind entweder unveränderte Fortsetzungen der Triebe, Sublimierungen derselben oder Reaktionsbildungen gegen dieselben“ (1908b, S. 209).

Andere Schicksale der Analerotik betreffen das anale Produkt. Der Kot kann als lustvoller Besitz das erste wertvolle Geschenk sein, das das Kind aus Liebe der Pflegerin übergibt. „Im weiteren, durchaus analog dem Bedeutungswandel in der Sprachentwicklung setzt sich dies alte Kotinteresse in die Wertschätzung von Gold und Geld um, gibt aber auch seinen Betrag zur affektiven Besetzung von Kind und Penis“ (S. 207). Fixierungen an abgewehrte anale Strebungen können Dispositionen zum Ausbruch von psychischen Erkrankungen, insbesondere von Zwangsneurosen herstellen.

3. Ideengeschichtlicher Hintergrund

Die Analität hat das Denken und Phantasieren des Menschen schon immer sehr beschäftigt. Freud (1908b) schreibt dazu: „In Wahrheit ist überall, wo die archaische Denkweise herrschend war oder geblieben ist, in den alten Kulturen, im Mythos, Märchen, Aberglauben, im unbewußten Denken, im Traum und in der Neurose das Geld in innigste Beziehung zum Drecke gebracht. Es ist bekannt, daß das Gold, welches der Teufel seinen Buhlen schenkt, sich nach seinem Weggehen in Dreck verwandelt“ (S. 207). In orientalischen Mythen wird das Gold als Kot der Hölle bezeichnet und bei den Inkas heißt es Götter-Kot. Erwähnt sei auch das Märchen der Gebrüder Grimm vom Esel, der als Dukatenscheißer auftritt. Eine andere archaische Bedeutung des Kotes findet sich bei jenen Völkern, deren Mitglieder ihren Kot geheim an verborgener Stelle absetzen müssen, damit der Feind ihn nicht findet, anderenfalls er Macht über ihn gewinnen würde. Etymologisch gesehen sind in den analen Vulgärwörtern wie Scheiße, Anschiss, Beschiss, Schiss haben, vor allem Facetten anal-sadistischer Vorgänge eingefangen. In der Erziehungswissenschaft und in der Entwicklungspsychologie sind die Probleme der Analität unter der Bezeichnung der Trotzphase von jeher berücksichtigt worden.

4. Wesentliche Erweiterungen, Differenzierungen und Modifikationen

In der Nachfolge Freuds gewann die Ansicht zunehmend an Bedeutung, dass das zentrale Problem der analen Phase für die normale und neurotische Entwicklung in dem Ringen des Kindes um Autonomie innerhalb einer behindernden und doch benötigten Umwelt besteht. Die forcierte Entfaltung der Motorik mit ihren lustvollen Aggressions- bzw. Handlungsvollzügen – bei Freud noch mehr beiläufig als Bemächtigungsstreben erwähnt – führt in der Auseinandersetzung mit den Erziehern zum Bewusstwerden eigenen autonomen Wollens (Quint 1988). Das zeigt sich unter anderem, jedoch exemplarisch bei der Sauberkeitserziehung. Durch eigenwillige Innervation des sphincter ani kann das Kind sich verschließen und anders handeln als von den Erziehern gewollt, kann aber auch zur Unterwerfung gezwungen werden. Gleichzeitig hat es Fähigkeiten zur Lösung sozialer Aufgaben zu entwickeln, die aus ambivalenten Paaren bestehen, wie das Festhalten und Loslassen (Erikson 1957), und die Entfaltung autonomen Handelns fördern oder unterdrücken. Es geht dabei um den (analen) Produktionsakt, der produktiven Fähigkeit (Heimann 1976) bzw. um den energetischen Bezug zum Objekt (Grunberger 1977). Erikson (1957) hat diese Zusammenhänge mit der Formel „Autonomie gegen Scham und Zweifel" und Mahler (1978) mit den Subphasen des Übens und der Wiederannäherung (rapprochement) beschrieben.

5. Die Bedeutung des Begriffs in den verschiedenen psychoanalytischen Schulrichtungen

Die Fortentwicklung der Psychoanalyse ist durch zwei Schwerpunkte gekennzeichnet: durch eine neue Beurteilung der Triebtheorie und der Ein-Personen-Psychologie. In der Ich-Psychologie (Hartmann 1972) geht es um die Herausstellung autonomer triebunabhängiger Ich-Funktionen, die sich z.B. in der analen Phase „akzeleriert" und disharmonisch entfalten können. In der Selbstpsychologie (Kohut 1979) wird der Entwicklung des Narzissmus, des Selbstgefühls und Selbstwertgefühls eine übergeordnete Rolle zugesprochen; elterliche Bejahung (Spiegelung) oder Abwehr der analen Vorgänge entscheiden über die Entstehung eines kohärenten oder fraktionierten Selbst. Die Objektbeziehungspsychologie (Fairbairn 1952) betont die Wichtigkeit einer biologisch verankerten Objektbeziehung, wobei die Entwicklung, besonders in der analen Phase, als Differenzierung des Selbst vom Objekt und als Überleiten von infantiler zu reifer Abhängigkeit angesehen wird, während Melanie Klein (1962) frühe angeborene Triebumgangsweisen mit Partialobjekten beschreibt, für die anale Phase solche hochsadistischer Art, deren Entwicklung und Schicksale durch Projektionen die Objekterlebnisse bestimmen.

6. Interdisziplinäre Beiträge und Befunde

Die Ansicht Freuds, dass die Analerotik für jedes Individuum bedeutungsvoll ist, lässt sich durch empirisch-wissenschaftliche Untersuchungen schwerlich nachweisen. Was bedeutet es z.B., wenn ein Kind den Stuhl zurückhält? Kampf um analerotische Befriedigung oder um Selbstbehauptung?

Die neuere Kinderpsychologie, welche die Trieblehre in Frage stellt, bezweifelt das Vorhandensein einer nennenswerten Analerotik. So schreibt Dornes, dass in der Regel das intrinsische anale Lusterleben beim Kinde gering ist, nicht mehr als ein angenehmer Schleimhautreiz. Entzückungs- oder Ekelbekundungen von Seiten der Erzieher können aber der Analität eine Bedeutung vermitteln, welche „den analen ‚Moment' psychologisch auflädt, vergrößert und so bedeutsam macht" (1997, S. 165).

Alle einschlägigen Untersuchungen weisen indes darauf hin, dass das Kind in der analen Phase entscheidende Weichen zu einem autonomen individuellen Dasein in einer begrenzenden, aber Sicherheit bietenden Umwelt zu stellen hat.

Literatur

Dornes, M. (1997). Die frühe Kindheit. Frankfurt/M.: Fischer, 13. Aufl., 2004.

Erikson, E.H. (1972). Kindheit und Gesellschaft. Zürich: Pan-Verlag.

Fairbairn, W.R.D. (1952). Psychoanalytic studies of the personality. London: Tavistock/Routledge & Kegan Paul.

Grunberger, B. (1977). Vom Narzißmus zum Objekt. Frankfurt/M.: Fischer.

Hartmann, H. (1972). Ich-Psychologie. Studien zur psychoanalytischen Theorie. Stuttgart: Klett.

Heimann, P. (1967). Bemerkungen zur analen Phase. In Die Psychologie des 20. Jahrhunderts. II Freud und die Folgen (S. 595–607). Zürich: Kindler.

Klein, M. (1962). Das Seelenleben des Kleinkindes. Stuttgart: Klett.

Kohut, H. (1979). Die Heilung des Selbst. Frankfurt/M.: Suhrkamp.

Mahler, M.S. (1980). Die psychische Geburt des Menschen. Symbiose und Individuation. Frankfurt/M.: Fischer.

Quint, H. (1988). Die Zwangsneurose aus psychoanalytischer Sicht. Berlin: Springer.

Angstneurose, Phobie *von Markus Bassler*

anxiety neurosis, phobia – névrose d'angoisse, phobie

1. Definition

Freud grenzte erstmals 1895 die „Angstneurose“ als eigenständiges Krankheitsbild von der Neurasthenie ab. Der angstneurotische Patient leidet meist unter anhaltender diffuser Angst wechselnder Stärke, welche sich bis zu manifesten Angstanfällen steigern kann und eine ausgeprägte Somatisierungstendenz besitzt. Freud charakterisierte die ängstliche Erwartung als „Kernsymptom der Neurose ... man kann sagen, daß hier ein Quantum Angst frei flottierend vorhanden ist, welches bei der Erwartung die Auswahl der Vorstellungen beherrscht und jederzeit bereit ist, sich mit irgend einem passenden Vorstellungsinhalt zu verbinden“ (Freud 1895b). Weiter imponieren vielfältige somatische Angstäquivalente wie z.B. Störungen der Herztätigkeit, der Atmung, Schweißausbrüche, Zittern und Schütteln, Anfälle von Heißhunger, anfallsartige Durchfälle und weitere. Zu erwähnen sind ferner Schwindelphänomene, die bis zur Ohnmacht gehen können. Häufig hyperventiliert der Patient, ohne dass ihm dies selbst bewusst ist – dabei treten Parästhesien auf, die dann ihrerseits zum Anlass intensiver Ängste werden können.

Bei einer Panikattacke erleben viele Patienten eine massive Angst vor Kontrollverlust (z.B. etwas Unangemessenes zu tun oder etwa „verrückt“ zu werden), bei vielen der aufgezählten und im Prinzip harmlosen somatischen Angstäquivalente (enterozeptive Wahrnehmung) werden katastrophale Konsequenzen befürchtet (häufig Todesangst). Einige Patienten können deutlich unterscheiden, dass der Angstanfall sich bei ihnen kaskadenförmig aufschaukelt im Sinne eines circulus vitiosus: Angst bedingte körperliche Symptome werden kognitiv „katastrophisch“ bewertet, die ohnehin schon bestehende Angst dadurch weiter gesteigert, was wiederum zu verstärkter körperlicher Symptomatik führt usw. (vgl. Katschnig und Nutzinger 1991). Dieser circulus vitiosus spielt bei der Chronifizierung aller Angstkrankheiten eine entscheidende Rolle.

In den gegenwärtig gebräuchlichsten diagnostischen Klassifikationssystemen wie z.B. der Internationalen Klassifikation psychischer Störungen der WHO (ICD-10) wird die Angstneurose im Wesentlichen von den Krankheitsbildern „generalisierte Angststörung“ und „Panikstörung“ repräsentiert.

Im Gegensatz zur diffusen und körpernahen Angst, wie sie bei der Angstneurose erlebt wird, beziehen sich Phobien auf umschriebene Objekte oder Situationen, die als bedrohlich bzw. ängstigend erlebt werden. Für die meisten Phobien ist dabei kennzeichnend, dass die darunter leidenden Patienten die Unangemessenheit ihrer Furcht (bzw. Befürchtungen) durchaus einsehen, ihre phobische Angst aber trotzdem durch keine noch so „vernünftige Argumentation“ gemindert werden kann. Freud fasste die phobische Reaktion früh als neurotisches Symptom auf, bei dem im Gegensatz zur Angstneurose eine deutlich bessere Angstbindung erreicht wird, da ja prinzipiell durch gezieltes Vermeidungsverhalten der drohende Angsteinbruch erfolgreich abgewehrt werden kann. Bei der Phobie ist maßgeblich der Abwehrmechanismus der Verschiebung beteiligt: Ein ursprünglich unbewusster intrapsychischer Konflikt zwischen zwei gegensätzlichen Strebungen (z.B. verpönter Wunsch und Abwehr durch das Überich) wird auf eine äußere Situation oder Objekt verschoben, die in symbolisch-assoziativer Beziehung zu den abgewehrten Wunschphantasien stehen. Der Vorteil dieses Abwehrvorgangs ist, dass der intrapsychische Konflikt, dem das Ich nicht entgehen kann, nunmehr in eine äußerliche bewusst wahrnehmbare Bedrohung transformiert wird, die vergleichsweise leicht vermeidbar ist. Das Vermeidungsverhalten wird dabei rasch verfestigt, da lerntheoretisch gesehen nun eine negative Verstärkung in

Gang kommt: Vermeidendes Verhalten bedingt Angstfreiheit und wird daher bevorzugt. Freud hat dies implizit in seiner Arbeit „Wege der psychoanalytischen Therapie“ (Freud 1919a) bereits als Problem gesehen, wenn er dort sinngemäß formuliert, dass man einer Phobie nicht Herr werde, wenn man den Patienten nicht dazu bewegen kann, sich aktiv der ängstigenden Situation (Objekt) zu stellen.

2. Klassische Auffassung

Freud hatte 1895 im Zusammenhang mit seinem „hydraulischen“ Triebmodell die Vorstellung, dass eine Stauung libidinöser Triebenergie sich mangels adäquater somatischer Abfuhr im psychischen Erleben direkt in Angst umsetzt. Hinter dieser Hypothese steht die Annahme, dass angestaute libidinöse Triebenergie per se als unlustvoll erlebt wird und mittelbar die Qualität von Angst gewinnt. Zusammen mit der Neurasthenie und der Hypochondrie fasste Freud die Angstneurose zur Gruppe der so genannten „Aktualneurosen“ zusammen – die er in Gegensatz zu den „Psychoneurosen“ stellte, bei denen ausschließlich psychische Symptombildungen auftreten (bei Hysterie und Zwangsneurose). Diese „erste Angsttheorie“, die im Prinzip ja eine biologistische Erklärung der Angst vornimmt, hat sich in der weiteren Entwicklung der Psychoanalyse jedoch nicht durchgesetzt, obgleich einige klinische Phänomene wie z.B. „Angstlust“ (etwa beim Achterbahnfahren) dadurch plausibler werden. Freud entwarf 1926 in seinem Aufsatz „Hemmung, Symptom und Angst“ (1926d) eine zweite, im Prinzip eher kognitive Angsttheorie, die die Entstehung des Angstaffekts ausschließlich als psychologisch determinierte Reaktion des Ichs bei Gefahrensituationen beschreibt. In der Gefahrensituation antizipiert das Ich die Drohung einer traumatischen Überwältigung durch Reizüberflutung. Letztlich befürchtet das Ich einen Zustand von Hilf- und Hoffnungslosigkeit – unabhängig davon, ob dieser intrapsychisch (z.B. durch überwältigende Triebspannungen) oder extrapsychisch (z.B. Traumatisierung durch physische Gewalt) verursacht wird. Zeitweise nahm Freud an, dass die befürchtete katastrophische Reizüberflutung ihren prototypischen Vorläufer im Geburtsvorgang habe (in Anlehnung an Überlegungen von Rank, 1924). Diese Erklärung fand aber nie weitergehende Resonanz, da sie bezüglich der Angstgenese voraussetzt, dass einerseits alle Menschen eine ähnliche Erfahrung während der Geburt machen (als primäre Unlusterfahrung), was zumindest problematisch erscheint, andererseits aus heutiger Sicht unwahrscheinlich ist, dass solche frühen körpernahen Eindrücke als dauerhafte Gedächtnisspuren encodiert werden.

Der primär in Gefahrensituationen vom Ich ausgelöste Angstaffekt soll im Normalfall angemessene intrapsychische Abwehrmaßnahmen bzw. nach außen gewendetes handlungsorientiertes Vorgehen (Kampf oder Flucht) initiieren. Soweit reale äußere Gefahren bestehen, ist der Angstaffekt durchaus als sinnvoll und angemessen zu betrachten. Bei der neurotischen Angst jedoch fällt der Angstaffekt im Verhältnis zur realen Bedrohung stark übertrieben aus. Aus psychoanalytischer Sicht ist nun entscheidend, dass bei der neurotischen Angst die eigentliche Gefahrenquelle der bewussten Wahrnehmung des Ichs entzogen bzw. durch Abwehrvorgänge bereits erheblich modifiziert ist: wie z.B. bei den Phobien, in der eine äußere Situation oder ein Objekt symbolisch die eigentliche intrapsychische Gefahrenquelle repräsentiert. Die ursprüngliche intrapsychische Gefahrenquelle bleibt dem Ich dabei meistens unbewusst. Bei der Hierarchie der Abwehrvorgänge, die vom Ich aufgrund der Signalangst mobilisiert werden, kommt der Verdrängung eine prominente Stellung zu: durch sie wird jede bewusste Gefahrenwahrnehmung ausgeschaltet, das Ich bleibt völlig angstfrei. Soweit die Verdrängung nicht ausreichend gelingt, kommt es zu bewusst wahrnehmbaren Symptombildungen (z.B. Zwangssymptome, phobische Symptome usw.). Von daher wird verständlich, dass Symptome unter anderem auch eine Angst bindende Funktion haben: wird das Symptom aktiv unterbunden (z. B. eine Zwangshandlung), kommt es zur manifesten Freisetzung von intensiver Angst. Bei ich-strukturell schwerer gestörten Patienten mit Vorherrschen primitiver Abwehrvorgänge ist daher häufiger mit Auftreten von diffuser, körpernaher Angst zu rechnen, da keine ausreichend Angst bindenden Symptombildungen verfügbar sind.

3. Wesentliche Erweiterungen, Differenzierungen und Modifikationen

Hatte man früher zunächst versucht, die Phobien mit zahlreichen griechischen bzw. lateinischen Bezeichnungen nach dem auslösenden Gegenstand oder der Situation zu katalogisieren, hat sich in den gegenwärtigen Klassifikationssystemen eine Gliederung durchgesetzt, die maßgeblich auf den Einfluss von Marks (vgl. Marks 1970) zurückgeht. Dieser unterschied die Gruppe der Agoraphobie, der sozialen und der isolierten (einfachen) Phobien von der Gruppe der Krankheits- bzw. Zwangsphobien, wobei bei der ersten Gruppe überwiegend externe angstauslösende Reize bedeutsam sind, bei der zweiten Gruppe dagegen interne.

Die Agoraphobie wird zwar klassifikatorisch den einfachen Phobien zugeordnet, ist aber allein schon phänomenologisch deutlich von diesen unterschieden. Ihr Name leitet sich vom griechischen Begriff „agora" („Marktplatz") her, womit ausgedrückt werden soll, dass eine irrationale Furcht vor öffentlichen Plätzen bzw. Menschenansammlungen besteht. Der agoraphobe Patient vermeidet typischerweise soziale Situationen wie Benutzung von öffentlichen Verkehrsmitteln, Einkaufen in Kaufhäusern oder Supermärkten, aber auch Schlangestehen, Fahrstuhlfahren oder Fahren mit dem eigenen Auto. Das heutige Konzept der Agoraphobie schließt (aufgrund faktorenanalytischer Untersuchungen von Marks, 1970) viele klaustrophobe Phänomene mit ein. Agoraphobe Patienten können meist recht gut beschreiben, dass sie vor allem befürchten, in der Öffentlichkeit hilflos einem Angstanfall ausgeliefert zu sein, was entweder mit intensiver Scham verbunden ist („was werden die anderen von mir denken, wenn sie mich so sehen?") oder mit der Befürchtung, dass sie ohne Hilfe allein gelassen werden („niemand ist da, um zu helfen"). Häufiger befürchten sie auch, dass es ihnen in der Öffentlichkeit schwindlig wird und sie „umfallen" könnten. Tatsächlich geschieht dies aber – wenn überhaupt – nur sehr selten. Bei der Mehrzahl von agoraphoben Patienten setzt die eigentliche agoraphobe Vermeidungsreaktion nach dem erstmaligen Auftreten eines Angstanfalls ein, wobei der Ort oder die Situation, bei dem dies geschah, vermieden wird in der Hoffnung, dadurch neuerlichen Angstanfällen entgehen zu können. Dieses Konzept ist in der Verhaltenstherapie vor allem durch die sogenannte „Zwei-Faktoren-Theorie" von Mowrer (1960) formuliert worden.

Viele Agoraphobiker fühlen sich in Begleitung eines Partners oder manchmal auch nur einer symbolischen Repräsentanz einer schutzgebenden Instanz (z. B. Anxiolytikum, das vom Arzt verschrieben worden war) sicherer und können dann auch Angstsituationen tolerieren, denen sie sich „allein" nicht gewachsen fühlen. Im Verlauf der Erkrankung entwickelt sich oft eine chronifizierte und anhaltende „Angst vor der Angst", was in Abhängigkeit von der persönlichen Angsttoleranz zu sehr schwerwiegenden sozialen Beeinträchtigungen führen kann – manche agoraphoben Patienten trauen sich dann praktisch nicht mehr aus der Wohnung und sind ganz auf die Hilfe anderer angewiesen. Bindungstheoretische Konzepte, die auf die Arbeiten von Bowlby (Bowlby 1976) zurückgehen, verweisen besonders auf die Bedeutung der fehlenden Bindungssicherheit bei der Ätiologie der Agoraphobie. In diesem Sinn vermeidet der agoraphobe Patient äußere Situationen nicht aus Angst vor unbewussten Triebversuchungen (wie Freud dies vor allem auffasste), sondern aus Angst, allein und schutzlos zu sein. Er ist deshalb stets auf der Suche nach Sicherheit gebenden Personen bzw. Objekten. Deren Sicherheit gebende Funktion kann stellvertretend auch von Übergangsobjekten erfüllt werden (z. B. Talisman, aber auch Medikamente, die man stets bei sich hat – vgl. Winnicott 1953). Da der agoraphobe Patient eigentlich nicht so sehr vermeidet als vielmehr besonders auf Sicherheit und Geborgenheit angewiesen ist, bezeichnete Bowlby konsequent die Agoraphobie als „Pseudophobie“.

Epidemiologisch von Interesse ist die wiederholt bestätigte Beobachtung, dass die Agoraphobie etwa vier- bis fünfmal häufiger bei Frauen vorkommt, weshalb manche Autoren hier eine deutliche genetische Disposition vermuten (vgl. Robins et al. 1984) – stärker als bei allen anderen Angsterkrankungen.

Bei den isolierten (einfachen) Phobien entsprechend der Klassifikation der ICD handelt es sich um eine Vielzahl von klar eingrenzbaren Situationen oder um spezifische Objekte, wie z.B. Tierphobien (Zoophobien), Höhenängste (Akrophobie), Ängste vor Gewitter, Feuer, Wasser (Schwimmen) usw. Soweit diese Situationen oder Objekte vermieden werden können, erreicht der phobische Patient Angstfreiheit. Nur sehr selten kommt es zu einer Generalisierung in dem Sinn, dass weitere Objekte oder Situationen, die in symbolisch-assoziativer Beziehung zum ursprünglichen phobischen Auslösereiz stehen, ebenfalls Angst auslösend werden – ein Phänomen, das jedoch häufiger bei der Agoraphobie zu beobachten ist.

Bei vielen psychoanalytischen Autoren bestand lange die Meinung, dass den einfachen Phobien überwiegend abgewehrte sexuelle Triebimpulse bzw. Wünsche auf ödipalem Konfliktniveau zugrunde liegen. Handelt es sich dagegen mehr um die Abwehr von aggressiven bzw. antisozialen Strebungen, ergäben sich meist fließende Übergänge zu einer zwangsneurotischen Symptombildung (z.B. Zwangsbefürchtung). Die phobische Abwehr scheint dabei eine Art Mittelstellung zwischen Hysterie und Zwangsneurose einzunehmen, worauf schon Deutsch (1928) hingewiesen hatte. Zunehmend werden in jüngerer Zeit Kasuistiken phobischer Patienten publiziert, bei denen andere als ödipale Konflikte eine pathogenetisch wirksame Rolle spielten – so z.B. Ängste vor Bloßstellung bzw. Beschämung, aber auch mehr existentielle Ängste wie „sich selbst zu verlieren oder aufzulösen“ bzw. „über sich die Kontrolle zu verlieren“.

Bei der sozialen Phobie, die erst in jüngerer Zeit in den diagnostischen Klassifikationssystemen als ein eigenständiges Krankheitsbild operationalisiert wurde, steht im Vordergrund, dass die Aufmerksamkeit bzw. kritische Beobachtung von anderen Menschen situativ gefürchtet wird. Anonyme große Menschenmengen werden im Gegensatz zum Agoraphobiker nicht als bedrohlich erlebt, da hier die eigentlich gefürchtete Situation der persönlichen Nähe zu einzelnen Menschen entfällt. In die Gruppe sozialer Phobien fallen auch Ängste, vor anderen zu erröten (Erythrophobie), mit anderen in der Öffentlichkeit zu essen bzw. vor anderen zu sprechen oder zu schreiben. Das Phänomen sozialer Ängste ist in der Psychoanalyse schon seit langem bekannt. Fenichel (1945) charakterisierte soziale Ängste als „ein Mittelding zwischen kindlicher Angst vor Kastration und vor Liebesverlust sowie dem schlechten Gewissen Erwachsener“. Dabei wäre der ursprüngliche Inhalt der infantilen Ängste, die Befürchtung der Kastration, nicht mehr bewusst, wohl aber bliebe das Gefühl von Bedrohung anhaltend verinnerlicht. Neben dieser mehr triebtheoretischen Erklärung haben in jüngerer Zeit zunehmend auch Objektbeziehungsaspekte große Bedeutung gewonnen. Hierbei geht es vor allem um den Prozess der Internalisierung früher negativer Beziehungserfahrungen mit Herausbildung eines Selbstbildes, das von Selbstzweifel bzw. -ablehnung geprägt ist. Letzteres steht in enger Beziehung zu Scham. Wurmser (1981, 1986) führt den Schamaffekt vor allem auf konkrete Beschämungserlebnisse zurück, wobei das Kind, das ein von seinen Eltern missbilligtes Verhalten zeigt, von ihnen als ganze Person, z.B. durch erniedrigenden, entwertenden Spott bloßgestellt wird. Diese Angst vor Bloßstellung durch andere ist ein Kernproblem vieler soziophober Patienten, die häufig schon in ihrer frühen Jugend (z.B. Schule) diesbezüglich auffällig werden.

Bei den bisher skizzierten Phobien kann durch Vermeidung weitgehend Angstfreiheit erreicht werden. Bei den Ängsten bzw. Befürchtungen, die sich auf den eigenen Körper, dessen Organe oder mögliche Krankheiten beziehen, gelingt indes die Vermeidung nicht mehr vollständig, d.h. es besteht anhaltend Angst, die sich bis zu Angstanfällen steigern kann (wie z.B. bei der „Herzneurose" – vgl. Richter und Beckmann 1973). Hierbei werden eigene (oft feindselige) Strebungen bzw. auch interpersonelle Konflikte auf Funktionen oder Organe des eigenen Körpers projiziert (vgl. Mentzos 1984), weshalb diese dann von den Patienten so erlebt werden, als führten diese eine Art „Eigenleben" (z.B.: „Mein Herz will nicht mehr, bestraft mich usw."). Dieses objektbeziehungstheoretische Verständnis der Pathogenese hypochondrischer Ängste spielt vor allem in der psychosomatischen Medizin eine wesentliche Rolle.

Fasst man die einflussreichsten psychoanalytischen Konzepte zur Ätiologie von Angsterkrankungen zusammen, so lassen sich drei theoretische Ansätze besonders hervorheben: 1. Das Konfliktmodell, in welchem dem Angstaffekt wesentlich eine Signalfunktion in Gefahrensituationen zukommt und geeignete Abwehrmaßnahmen initiieren soll. Neurotische Symptombildungen haben in diesem Zusammenhang vor allem die Funktion, Angst zu binden. Reicht die Symptombildung nicht mehr aus, bricht die bis dahin gebundene Angst manifest durch – als frei flottierende Angst, die sich bis zum Angstanfall („Panikattacke") steigern kann. 2. Das Defizitmodell: aufgrund ich-struktureller Schwäche (z.B. infolge früher Traumatisierungen) besteht eine allgemeine geringe Konflikttoleranz – schon bei geringen Belastungen bricht manifeste Angst durch (wie z.B. bei der Borderline-Persönlichkeitsstörung). 3. Schließlich das Objektbeziehungsmodell, das implizit auf die Bedeutung von internalisierten Sicherheit gebenden Objektbeziehungen zur Internalisierung eines stabilen Selbstkerns verweist – hierauf hat besonders Bowlby hingewiesen. Ungeklärt ist weiterhin der metapsychologische Status der frühen Annahmen Freuds, wonach Angst direkt aus libidinöser Triebenergie entsteht, welche an einer adäquaten Abfuhrreaktion gehindert wird.

In diesen psychoanalytischen Konzepten fehlen weitgehend lerntheoretische Überlegungen, insbesondere mit Hinblick auf die symptomerhaltenden Bedingungen (z.B. negative Verstärkung von Vermeidungsverhalten). Gerade diese dürften aber für die Chronifizierung von Angsterkrankungen eine wesentliche Rolle spielen.

Literatur

Bowlby, J. (1976). Trennung. Psychische Schäden als Folge der Trennung von Mutter und Kind. München: Kindler.

Deutsch, H. (1928). Zur Genese der Platzangst. Internationale Zeitschrift für Psychoanalyse, 14, 297–314.

Fenichel, O. (1945). The psychoanalytic theory of neurosis. New York: Norton (dt.: Psychoanalytische Neurosenlehre. Olten: Walter, 1974).

Katschnig, H. und Nutzinger, D. (1990). Panikattacken und Paniksyndrom – Diagnostik und Therapie. Psychiatrische Praxis, 17, 2–12.

Marks, I.M. (1970). The classification of phobic disorders. British Journal of Psychiatry, 116, 377–386.

Mentzos, S. (1984). Angstneurose. Psychodynamische und psychotherapeutische Aspekte. Frankfurt/M.: Fischer.

Mowrer, O.H. (1960). Learning theory and behavior. New York: Wiley.

Rank, O. (1924). Das Trauma der Geburt. Wien: Internationale Psychoanalytische Bibliothek. Frankfurt/M.: Fischer, 1988.

Richter, H.E. und Beckmann, D. (1973). Herzneurose. Stuttgart: Thieme.

Robins, L.N., Helzer, J.E., Weisman, M.M., Orvaschel, H., Grünberg, E., Burke, J.D. and Regier, D.A. (1984). Lifetime prevalence of specific psychiatric disorders in three sites. Archive for General Psychiatry, 41, 949–958.

Winnicott, D.W. (1953). Übergangsobjekte und Übergangsphänomene. Psyche – Z Psychoanal, 23, 666–682.

Wurmser, L. (1981). The mask of shame. New York: John Hopkins University Press (dt.: Die Maske der Scham. Die Psychoanalyse von Schamaffekten und Schamkonflikten. Berlin: Springer, 1990).

Wurmser, L. (1986). Die innere Grenze. Das Schamgefühl – ein Beitrag zur Überich-Analyse. Jahrbuch der Psychoanalyse, 18, 16–41.

Anpassung *von Norbert Hartkamp*

adaptation – adaptation

1. Definition

Als Anpassung bezeichnet man ganz allgemein die Fähigkeit eines Organs oder eines Organismus, sich an die spezifischen Bedingungen und Anforderungen der Umwelt anzupassen, unter denen ein Organ funktionieren bzw. ein Organismus leben muss. Man kann biologische Anpassung, genetische Anpassung, physiologische Anpassung, psychologische Anpassung und zivilisatorisch-technische Anpassung voneinander unterscheiden (Walter 1994). Eine Anpassung an bestimmte Bedingungen der Umwelt kann mehr oder weniger vorübergehend sein, wie z.B. die Anpassung des Auges an verschiedene Lichtverhältnisse oder die Anpassung der Atmungsorgane und des Blutkreislaufsystems an eine mangelhafte Sauerstoffversorgung (Höhenanpassung). In phylogenetischer Perspektive ist die Anpassung einerseits darauf gerichtet, beispielsweise durch die Herausbildung einer bevorzugten Körperform, eines bevorzugten Behaarungstypus oder bevorzugter Blutgruppenhäufigkeiten das Überleben der Art zu sichern (Walter 1994, S. 105), andererseits führt die phylogenetische Anpassung auch zur Herausbildung spezifischer Erkenntnisstrukturen und Erfahrungsmöglichkeiten (Vollmer 1990, S. 97ff.). Die phylogenetische Anpassung ist dabei stets auf eine durchschnittlich zu erwartende, also typische Umweltsituation bezogen. Die Fähigkeit, einen Zustand der Angepasstheit zu erreichen, wird als Adaptibilität bezeichnet.

Im Kontext der Psychoanalyse geht es bei der „Anpassung“ um jene Verarbeitungsweisen des psychischen Apparats, die zu angepassten Leistungen führen (Hartmann 1939, S. 12), wobei der Begriff der „Anpassung“ als „unscharfer Begriff“ (S. 43) gelten muss, der in engem Verhältnis steht zur Aufgabe der „Realitätsbewältigung“, ohne jedoch vollends damit identisch zu sein (S. 24). In einem dynamischen Sinne bedeutet „Anpassung“ das „Finden gemeinsamer Lösungen für Aufgaben, die durch innere Bestrebungen und äußere (hemmende oder drohende) Reize gestellt werden“ (Fenichel 1945, Bd. I, S. 80). Was in einem konkreten Fall als angepasst gelten kann, wird zu einem erheblichen Teil von gesellschaftlichen Faktoren mitgeprägt; Hartmann (1939, S. 32) spricht in diesem Zusammenhang in Analogie zum „somatischen Entgegenkommen“ bei den Konversionsneurosen vom „sozialen Entgegenkommen“ und weist beispielsweise darauf hin, dass ein bestimmter Grad von zwanghafter Charakterbildung, der sich innerhalb bestimmter Gruppen als Anpassungsstörung manifestiere und zu sozialem Versagen führen könne, sich unter anderen gesellschaftlichen Bedingungen als notwendig für die Erfüllung wesentlicher sozialer Verpflichtungen erweisen könne (Hartmann 1944, S. 41).

2. Klassische Auffassung

Der Terminus „Anpassung“ wird bei Freud vielfach genutzt, eine systematische Bestimmung des Begriffs hat Freud jedoch nicht vorgenommen. Augenscheinlich hielt er den Begriff für soweit selbstevident, dass eine genauere Explikation nicht notwendig erschien. Es findet sich lediglich in seiner Arbeit zum Realitätsverlust bei Neurose und Psychose die Unterscheidung von alloplastischer und autoplastischer Anpassung (Freud 1924e, S. 366): Als alloplastisch wird eine Anpassung dann bezeichnet, wenn sie mittels einer Veränderung der Außenwelt zustande kommt, eine autoplastische Anpassung wird demgegenüber durch eine Veränderung der Innenwelt erreicht. In Freuds Auffassung kann der psychotische Realitätsverlust als ein Beispiel für eine autoplastische Anpassung gelten, eine – der psychischen Gesundheit zugeordnete – alloplastische Anpassung ist gegeben, wenn mittels einer „äußeren Arbeitsleistung“ die Realität, wo nötig, abgeändert wird.

Eine ausführliche Erörterung von Anpassungsleistungen findet sich erstmals bei Heinz Hartmann in seinem Essay „Ich-Psychologie und Anpassungsproblem“ (1939). Hier unterscheidet er den Zustand des Angepasstseins von dem Vorgang der Anpassung (1939, S. 26), und er stellt zunächst die Bedeutung biologisch-angeborener Faktoren für die Anpassung in den Vordergrund. Anpassung, so der Autor, sei zunächst durch die „primäre Ausrüstung ... im Gröberen und im Feineren garantiert“, womit er insbesondere auf die außerhalb einer konfliktuösen Sphäre durch Reifung sich ausbildenden Ich-Funktionen (motorische Entwicklung, Wahrnehmungsentwicklung etc.; Hartmann 1939, S. 13) Bezug nimmt. Hartmann greift die Freud'sche Unterscheidung von Alloplastik und Autoplastik auf, er ergänzt diese um den Gesichtspunkt der „Suche nach einer geeigneten Umwelt“ (S. 23), und stellt sich die Frage, wie denn die Außenwelt aufgebaut sei, an die sich der menschliche Organismus anpasse. In der Beantwortung dieser Frage vertritt er die Ansicht, dass sich biologische und soziale Begriffe nicht auseinander halten ließen: „Wir haben gehört, dass die erste soziale Beziehung des Kindes gleichzeitig die entscheidende Bedeutung für die Erhaltung seines biologischen Gleichgewichtszustandes hat, darum sind auch die ersten Objektbeziehungen des Menschen zu einem Hauptgegenstand der Analyse geworden. Die Aufgabe der Anpassung des Menschen an den Menschen ist also von Anbeginn gegeben“ (S. 31). Insofern gehört also die „Anpassung an die gesellschaftliche Struktur und Mitarbeit an ihr (...) beim Menschen zu den wesentlichsten Anpassungsaufgaben“ (S. 31). Als „soziales Entgegenkommen“ (S. 32) bezeichnet Hartmann den Umstand, dass gesellschaftliche Faktoren mit darüber entscheiden, welche Verhaltensweisen zur Anpassung führen und damit auch eine Rolle sowohl in der Entwicklung von Neurosen, sozial abweichendem Verhalten und Kriminalität, aber auch in der Entwicklung seelischer Gesundheit spielen.

Hartmann hält es für sinnvoll, zwei weitere Formen der Anpassung zu unterscheiden, die progressive und die regressive Anpassung (S. 35). Als regressive Anpassung werden dabei auch die durchaus zweckmäßigen Leistungen gesunder Menschen bezeichnet, die für ihr Zustandekommen „geradezu des Umwegs über die Regression bedürfen“ (S. 36). Hartmann erwähnt hier einerseits das sich der Phantasie bedienende Denken, welches notwendigerweise immer auf Vergangenes zurückgreift, das bildhafte, symbolische Denken, welches auch für das produktive wissenschaftliche Denken charakteristisch sei oder auch die unterschiedlichen Formen künstlerischer Bestätigung. Er ordnet diese Formen regressiver Anpassung der „Regression im Dienste des Ichs“ (Kris 1934) zu. Unter „progressiver Anpassung“ wird demgegenüber in nicht näher erläuterter Weise Anpassung „im Sinne der Entwicklung“ verstanden.

Hartmann unterstreicht, dass „Anpassung“ niemals in toto, sondern im Allgemeinen nur für einen umschriebenen Bereich erfolgt, so dass „die erfolgreiche Anpassung an eine Situationengruppe zu einer Beeinträchtigung der Anpassung an eine andere führen kann. Auch können Anpassungsleistungen bezüglich einer Funktion Anpassungsstörungen anderer Funktionen bedeuten“ (Hartmann 1947, S. 67). Insofern gilt, dass nicht nur die pathologische Entwicklung, sondern auch eine zu erfolgreicher Anpassung führende Entwicklung nicht nur gelegentlich, sondern notwendigerweise konflikthaft erfolgt (Hartmann 1947, S. 68).

Fenichel (1945, Bd. III, S. 148) spricht in Analogie zur „Trauerarbeit“ von der „Anpassungsarbeit“, die immer dann notwendig sei, wenn es die „mehr oder weniger traumatischen Erschütterungen im Leben“ (1945, Bd. III, 148), ein Scheitern, ein Liebesverlust, der Wechsel des Lebensstandards oder andere wichtige Veränderungen erforderlich machen, sich einer neuen, vielleicht weniger angenehmen Realität zu stellen.

3. Ideengeschichtlicher Hintergrund

Historisch steht das psychoanalytische Konzept der „Anpassung“ im Kontext biologischer Konzepte, vor allem im Kontext des Darwinismus mit seiner Auffassung, dass auf lange Sicht nur die Stärksten und Bestangepassten zum Überleben tendierten und die Evolution aus diesem unbarmherzigen Prozess der „natürlichen Auslese“ herrühre (Darwin 1859). Ebenfalls auf Darwin (1877) geht die Ansicht zurück, dass Kinder mit einem Vorrat von „instinktivem Wissen“, ausgestattet mit „phylogenetisch mitgebrachten Schemata“ (Freud 1918b, S. 155f.) zur Welt kommen, welche ihnen eine primäre Angepasstheit ermöglichen (S. 32ff.). Es wäre allerdings einseitig, wenn man einem solchen Konzept der „Anpassung“ kritisch vorwerfen würde, es beabsichtige, das menschliche Anpassungsproblem allein biologisch zu lösen (Fürstenau 1964, S. 45).

Tatsächlich ist es Hartmanns Anliegen, die Gegensätzlichkeit einer biologischen und einer soziologischen Sichtweise zu überwinden (S. 32), da sich bei der Betrachtung der spezifisch menschlichen Umwelt biologische und soziale Begriffe nicht auseinander halten ließen (S. 31). Wenngleich Hartmann konkrete sozial-kulturelle Gegebenheiten in seine Theoriebildung nicht einbezieht (Fürstenau 1964, S. 45), so ist er doch der Ansicht, der „Aufbau der Gesellschaft (insbesondere, aber nicht nur in seinen Auswirkungen auf die Erziehung) entscheide(t) darüber, welche Verhaltensweisen die größte Anpassungschance haben; dabei werden in jedem Falle verschiedene, mehr oder weniger spezialisierte Verhaltensweisen, Leistungen, Lebensformen, es werden Gleichgewichtszustände verschiedener Art gefordert sein“ (S. 31f.). Es bleibt jedoch fraglich, ob das Anpassungskonzept geeignet ist, soziologische Auffassungen in die Psychoanalyse zu integrieren, solange diese nicht durch eine psychoanalytische Theorie der Gesellschaftlichkeit ergänzt wird (Fenichel 1938); in jüngerer Zeit haben einige Autoren eine solche Möglichkeit grundsätzlich bezweifelt (Reiche 1995).

4. Wesentliche Erweiterungen, Differenzierungen und Modifikationen

D. Rapaport (1960, S. 61ff.) griff das Hartmann'sche Anpassungskonzept auf und integrierte es als den „adaptiven Gesichtspunkt“ in seinen umfassenden Versuch, eine Systematik der Metapsychologie zu entwerfen. Dabei schloss er das entwicklungspsychologische Konzept E.H. Eriksons (1950, 1956) mit ein, welches auf die Möglichkeit der Anpassung nicht nur an eine „durchschnittlich zu erwartende“ Umwelt verweist, sondern in epigenetischer Reihung eine ganze Folge sich im Zuge der Entwicklung entfaltender sozialer Umwelten thematisiert, an welche jeweils spezifische Anpassungen erfolgen müssen, die durch ebenso spezifische Präadaptationen begünstigt werden.

Der Stellenwert des Anpassungskonzepts innerhalb der Psychoanalyse ist bis in jüngere Zeit Gegenstand kontroverser Diskussion geblieben, wobei verschiedentlich die Ansicht vertreten wurde, die Betonung des positiven Werts von „Anpassung“ sei Ausdruck einer theoretischen Revision der Psychoanalyse im Sinne ihrer Verharmlosung bzw. Entradikalisierung, welche dem Ziel diene, den Konflikt der Psychoanalyse mit einer skeptischen und ablehnenden Umwelt aufzuheben (Bruns 1994, S. 145). In diesem Sinne hatte Fürstenau schon früher die Ansicht vertreten, mit der Betonung von „Anpassung“ gehe die „Auflösung der umfassenden psychoanalytischen Strukturtheorie von Trieben, Ich und Außenwelt (gesellschaftlicher Realität) zugunsten einer statischen Idealisierung der selbständigen Koordinationsfunktionen des Ichs“ einher (Fürstenau 1964, S. 54), und Drews und Brecht (1975, S. 198) kommen zu dem Urteil, das Anpassungskonzept müsse sich „den Vorwurf des Biologismus und, berücksichtigt man darüber hinaus, dass die Umwelt in erste Linie eine soziale, also gemachte ist und so auch explizit verstanden wird, auch den des Kulturismus gefallen lassen“.

Neben diesem kritischen Diskurs gab es auch den insbesondere von Parin (1977) unternommenen Versuch, spezifische „Anpassungsmechanismen“ zu beschreiben, wobei es darum geht, die verschiedenen Wege, mittels derer Anpassung zustande kommt in ihrem organisierten Zusammenhang analog der Abwehrorganisation des Ichs zu begreifen (Parin 1977 S. 481). Die von Parin identifizierten Anpassungsmechanismen entlasten das Ich in vergleichbarer Weise von der ständigen Auseinandersetzung mit der Außenwelt, wie dies die Abwehrmechanismen gegenüber den abgewiesenen Triebansprüchen tun (Parin 1977, S. 485), sie unterscheiden sich von anderen Anpassungsleistungen wie etwa der Sublimierung dadurch, dass es, wenn Anpassungsleistungen in den psychoanalytischen Deutungsprozess einbezogen werden (Parin 1975), zur Umorientierung des Ichs, einer Aktivierung abgewehrten Materials oder zu weitergehenden Prozessen der Umstrukturierung kommt.

Ein Unterschied zu innerpsychischen Abwehrmechanismen ist darin zu sehen, dass Anpassungsmechanismen direkt durch gesellschaftliche Zwänge in Gang gehalten werden, „denn Isolierung, Liebesverlust, Beschämung und andere Strafen drohen, wenn das Ich sich nicht anpaßt“ (Parin 1977, S. 487). Anpassungsmechanismen operieren ebenso wie Abwehrmechanismen unbewusst, wie sich in der defizienten Wahrnehmung des beobachtenden Ichs zeigt, „das es nötig hatte, sich so weit anzugleichen, bis es eigene Interessen von denen der sozialen Umwelt nicht mehr unterscheiden konnte“ (ebd.). Anpassungsmechanismen gewährleisten einen relativ konfliktfreien Umgang mit bestimmten gesellschaftlichen Einrichtungen, wodurch sie andere Ich-Apparate entlasten und es erleichtern, zu Triebbefriedigungen zu gelangen, die im Rahmen dieser Institutionen möglich sind (Parin 1977, S. 488).

Im einzelnen beschreibt Parin den Anpassungsmechanismus des „Gruppen-Ichs“, des „Clangewissens“ und der „Identifikation mit der Rolle“. Als „Gruppen-Ich“ wird der auf Geschwisteridentifikationen beruhende besondere Funktionsmodus bezeichnet, der sich dadurch auszeichnet, dass bestimmte Ich-Funktionen nur durch Mitwirkung einer paritätisch, „horizontal“ organisierten Gruppe von Menschen auszuführen sind (Parin 1977, S. 490ff.). Das „Clangewissen“ bezeichnet den Umstand, dass äußere Autoritäten oder Institutionen an die Stelle eines verinnerlichten Überichs gesetzt werden, sofern diese „Veräußerlichung zur Erhaltung des Ichs notwendigerweise, also automatisch eintritt“ (Parin 1977, S. 497), wie dies etwa bei der „selbstverständlichen“ Übernahme einer bestimmten Geschäftsmoral oder bestimmter menschlich-ethischer Grundhaltungen der Fall sein kann. Als „Identifikation mit der Rolle“ wird der Vorgang bezeichnet, durch den eine gesellschaftlich vorgegebene Rolle zu einer subjektiv angeeigneten Rolle wird (Parin 1977, S. 500), etwa im Prozess der Transformation eines Menschen durch die mit einer bestimmten sozialen Rolle verbundenen Macht (Parin 1977, S. 508).

5. Interdisziplinäre Beiträge und Befunde

M.O. Slavin (1990) untersucht in einer umfangreicheren, wichtigen Arbeit den Anpassungsgesichtspunkt im Kontext zeitgenössischer Evolutionsbiologie, wobei es ihm um die Frage geht, inwieweit Verdrängungen in unausweichlichen Spannungen zwischen individuellen Bedürfnissen, Identitätsaspekten und vitalen Erfahrungen des Selbst einerseits und einer sozialen Umwelt andererseits wurzeln, die unzureichend oder inadäquat in der Lage ist, sich den kindlichen Bedürfnissen anzupassen. Er nimmt dabei auf das evolutionsbiologische Konzept der „inklusiven Fitness“ Bezug, welches auf die Verknüpfung von elterlichen und kindlichen Interessen aufmerksam macht, die, aus dieser Sicht, auf den miteinander geteilten Genpool zurückzuführen ist. Dieser Interessenverknüpfung steht der Interessengegensatz von elterlichen und kindlichen Individuen gegenüber, welcher in der Tatsache begründet liegt, dass elterliche und kindliche Individuen auch genetisch eigenständige Individuen sind.

Von einem inklusiven Selbstinteresse kann man insofern sprechen, als anzunehmen ist, dass Eltern als funktionierende biologische Organismen psychologisch so „entworfen“ sind, dass sie mit der eigenen inklusiven Fitness kompatibel sind, d.h. dass sie kompatibel sind sowohl mit dem eigenen Interesse, als auch mit den Interessen der Individuen, mit denen sie (genetisch) eng verbunden sind. Vergegenwärtigt man sich nun, dass kindliche Individuen ihrerseits darauf ausgerichtet sind, ihr bestimmtes, intrinsisches Selbstinteresse zu maximieren, so muss man annehmen, dass auch aus biologischer Sicht Konflikte ein zu erwartendes Kennzeichen jeglicher Eltern-Kind-Beziehungen sind (Slavin 1990, S. 315).

Aus dieser Sicht stellt sich das Anpassungsproblem für das menschliche Kind folgendermaßen dar: Das Kind ist nahezu gänzlich abhängig von parentaler Investition seitens einer Umwelt, mit welcher es nur partiell das eigene Selbstinteresse teilt. Komplizierend kommt hinzu, dass ein Kind nur dann eine adäquate Realitätswahrnehmung erwerben kann, wenn es in der Lage ist, die den Eltern eigene Interpretation der Wirklichkeit im Hinblick auf die Wahrung der eigenen Interessen zu modifizieren und, wenn nötig, auch zu korrigieren. An dieser Stelle kann Verdrängung als ein sehr wirksames und hilfreiches Mittel angesehen werden, welches es dem Kind erlaubt, sich gleichzeitig in der notwendigen Weise der Realitätswahrnehmung seiner Eltern anzupassen und gleichzeitig die eigenen Interessen nicht dauerhaft zu suspendieren. Verdrängung erfüllt somit auch die Funktion, eine „Übersozialisation" in eine gegebene familiäre Umwelt zu verhindern, die ursprünglichen Ziele entgegen den gesellschaftlichen Sozialisationsanforderungen in einem latenten Zustand aufrechtzuerhalten, oder, wie man auch sagen könnte, Verdrängung dient als eine Art reversibler Selbstbetrug im Dienste des „Betruges" anderer mit dem Ziel, die sozialen Interaktionspartner eines Individuums dazu zu veranlassen, mehr zu „investieren", als sie bereit wären zu tun, wenn sie um die „wahren" Intentionen des Individuums wüssten.

Die evolutionäre Sichtweise von „Anpassung" entwirft damit eine Umwelt, die aus distinkten, einzigartigen Individuen besteht, deren Interessen notwendigerweise divergieren und, zumindest teilweise, miteinander konkurrieren. Damit unterscheidet sich diese Sicht nachhaltig von Theorien, die jeglichen psychologisch relevanten Konflikt als Folge inadäquaten elterlichen Verhaltens, als Folge elterlicher Pathologie oder als Mangel emotionaler Einstellung auf das Kind ansehen.

Die evolutionäre Perspektive unterscheidet sich von der klassischen Sicht darüber hinaus dadurch, dass sie sowohl altruistische, prosoziale Ziele und Affekte, als auch die eher auf aggressive Selbstdurchsetzung gerichteten Antriebe gleichrangig nebeneinander stellt. Anpassung ist aus dieser Sicht eher auf die Unvereinbarkeit menschlicher Ziele, als auf den aus klassischer Sicht zentralen Konflikt zwischen Realität und Triebhaftigkeit, zwischen Ich und Es bezogen.

Literatur

Bruns, G. (1994). Zivilisierte Psychoanalyse? Soziologische Bemerkungen zu Selbstbehauptung und Anpassungsproblem. Zeitschrift für psychoanalytische Theorie und Praxis, 9, 135–155.

Darwin, C. (1859). On the origin of species by means of natural selection, or, the preservation of favoured races in the struggle for life. London: John Murray.

Darwin, C. (1877). A biographical sketch of an infant. Mind, 2, 285–294.

Drews, S. und Brecht, K. (1975). Psychoanalytische Ich-Psychologie. Grundlagen und Entwicklung. Frankfurt/M.: Suhrkamp, 1982.

Erikson, E.H. (1950). Kindheit und Gesellschaft. Stuttgart: Klett-Cotta.

Erikson, E.H. (1956). Das Problem der Identität. Psyche – Z Psychoanal, 10, 114–176.

Fenichel, O. (1938). Psychoanalyse und Gesellschaftswissenschaften. Psyche – Z Psychoanal, 35, 1055–1071.

Fenichel, O. (1945). Psychoanalytische Neurosenlehre. Bd. I–III, Olten: Walter, 1974.

Fürstenau, P. (1964). Ich-Psychologie und Anpassungsproblem. Jahrbuch der Psychoanalyse, 3, 30–55.

Hartmann, H. (1939). Ich-Psychologie und Anpassungsproblem. Stuttgart: Klett, 2., unveränd. Aufl., 1970.

Hartmann, H. (1944). Psychoanalyse und Soziologie. In H. Hartmann, Ich-Psychologie. Studien zur psychoanalytischen Theorie (S. 33–49). Stuttgart: Klett, 1972.

Hartmann, H. (1947). Über rationales und irrationales Handeln. In ders., Ich-Psychologie. Studien zur psychoanalytischen Theorie (S. 50–771). Stuttgart: Klett, 1972.
Kris, E. (1934). Zur Psychologie der Karikatur. Imago, 20, 450–466.
Parin, P. (1975). Gesellschaftskritik im Deutungsprozeß. Psyche – Z Psychoanal, 29, 97–117.
Parin, P. (1977). Das Ich und die Anpassungsmechanismen. Psyche – Z Psychoanal, 31, 481–515.
Rapaport, D. (1960). Die Struktur der psychoanalytischen Theorie. Versuch einer Systematik. Stuttgart: Klett.
Reiche, R. (1995). Von innen nach außen? Sackgassen im Diskurs über Psychoanalyse und Gesellschaft. Psyche – Z Psychoanal, 49, 227–258.
Slavin, M.O. (1990). The dual meaning of repression and the adaptive design of the human psyche. Journal of the American Academy of Psychoanalysis, 18, 307–341.
Vollmer, G. (1990). Evolutionäre Erkenntnistheorie. Stuttgart: Hirzel, 5. Aufl.
Walter, H. (1994). Die biologische Anpassung des Menschen an Umweltbedingungen. In W. Schiefenhövel, C. Vogel, G. Vollmer und U. Opolka (Hg.), Vom Affen zum Halbgott. Der Weg des Menschen aus der Natur (S. 95–123). Stuttgart: Trias Thieme Hippokrates Enke.

Arbeitsbündnis *von Heinrich Deserno*

working alliance – alliance de traitement

1. Definition

Als Arbeitsbündnis wird eine Arbeitsbeziehung zwischen Analytiker und Analysand bzw. Patient charakterisiert, die in den Rahmenbedingungen und Vereinbarungen einer psychoanalytischen Behandlung gründet (Stundenfrequenz, Liegen auf der Couch, Honorarregelung, der Versuch des freien Assoziierens). Das Arbeitsbündnis soll über den basalen „Dienstleistungsvertrag" hinaus die gemeinsame Arbeit auch in krisenhaften Zuspitzungen des Behandlungsprozesses garantieren. Durch Eigenschaften wie Rationalität, Realitätsorientierung, Objektivität, aber auch Gegenseitigkeit wird das Arbeitsbündnis der Übertragung als einem überwiegend irrationalen, wenig realitätsorientierten, regressiven und neurotischen Beziehungsmuster, indem sich frühere Beziehungsmuster wiederholen, gegenübergestellt. Diese Konzeptualisierung eines speziellen, auf gemeinsame Arbeit gerichteten, therapeutischen oder analytischen Bündnisses stellt einen originären Beitrag R. Greensons (1965, 1967) zur psychoanalytischen Behandlungstechnik dar. Einerseits wird dem Patienten damit erstmals und explizit die Rolle eines gleichgestellten Partners des Analytikers zugestanden; andererseits werden Arbeit und Übertragung mit positiven bzw. negativen Vorzeichen gegenübergestellt. Das Konzept wurde von seiner ursprünglichen Bedeutung bis zu operationalisierten Fassungen (z.B. Luborsky 1976, Hartley und Strupp 1983, Bassler et al. 1995) weiterentwickelt, zugleich von Beginn an auch kritisiert (z.B. Friedman 1969, Deserno 1990).

2. Klassische Auffassung

Es überrascht nicht, dass sich in den Anfängen der Psychoanalyse Bündnisformulierungen finden lassen, denn gerade die Vorformen der Analyse, wie sie in den „Studien über Hysterie" (Freud 1985d, zusammen mit J. Breuer) dargestellt sind, beruhten auf einem verlässlichen „Rapport" bzw. dem suggestiven Einfluss des Arztes. Der Patient wurde „zum Mitarbeiter gewonnen (...) dazu gebracht, sich selbst mit dem objektiven Interesse des Forschers zu betrachten" (ebd.,

S. 285). Die Idee eines Bündnisses von Analytiker und Patient lässt sich auch auf eine Neigung Freuds zu quasi-militärischen oder strategischen Metaphern der analytischen Arbeit zurückführen. Dem Bündnis von Analytiker und Analysand „gegen" etwas, z. B. den Widerstand, steht die Zweckbestimmung des Bündnisses „für" die Analyse zur Seite, was von Anfang an als Arbeit aufgefasst wird.

Der Arbeitsaspekt des Arbeitsbündnisses reicht weiter in die psychoanalytische Theorie hinein als der Bündnisaspekt. Arbeit ist eine zentrale Kategorie der psychoanalytischen Theorie (Deserno 1990, S. 136). In Freuds Schriften findet sich „Arbeit" in verschiedenen Wortverbindungen: als Verb in der „psychischen Verarbeitung" (1893h, S. 193 als „assoziative Verarbeitung") und im „Durcharbeiten" (1914g); substantivisch als Traumarbeit (1900a, Kap. VI), Witzarbeit (1905c, S. 188, analog zur Traumarbeit), schöpferische Arbeit (1908e, S. 217, seelische Arbeit der Phantasie) und Trauerarbeit (1916–17g, S. 431: „das Ich absorbierende Trauerarbeit"), und nicht zuletzt in der Definition des Triebes als „Maß der Arbeitsanforderung, die dem Seelischen in Folge seines Zusammenhanges mit dem Körperlichen auferlegt ist" (1915c, S. 214).

Nachdem Freud das Übertragungskonzept in seine Behandlungstechnik aufgenommen hatte, unterschied er verschiedene Komponenten desselben: eine „unbewußte libidinöse oder aggressive" von einer „bewußtseinsfähigen und unanstößigen Komponente der Übertragung" (1912b, S. 371). Letztere sah er als „Trägerin des Erfolges" der Analyse; eine Auffassung, an der spätere Autoren in ihren Bündniskonzeptionen festhielten.

Sterba (1934) sah den Kern des therapeutischen oder analytischen Bündnisses in einer „therapeutischen Ich-Spaltung" (vgl. Körner 1989). Der Pat. wird „zu gemeinsamer Arbeit gegen etwas aufgefordert"; das dabei verwendete „Wir" ist für Sterba das „Instrument der therapeutischen Ich-Spaltung" (ebd., S. 69).

Zetzel (1958) begründete die Notwendigkeit eines therapeutischen Bündnisses zunächst zweifach: mit den besonderen Belastungen durch die analytische Situation und mit der „archaischen Regression", die vor allem bei schwer gestörten Patienten drohe. Später verallgemeinerte sie ihre Bündnisauffassung: Zur „Linderung der Objektangst" müsse der Analytiker allen Analysepatienten eine dyadisch organisierte Objektbeziehung in Form des therapeutischen Bündnisses anbieten.

Greenson beschrieb den Beitrag, den der Analytiker zum Arbeitsbündnis leistet, „als Beobachtung und Interpretation der Realität" (1965, S. 172), was den Patienten veranlasse, „sich teilweise mit dieser Seite des Analytikers zu identifizieren." Die Aufforderung zu dieser Identifizierung geht nach Greenson vom Analytiker aus, indem dieser „vom Anfang der Behandlung an auf die gemeinsam zu erledigende Arbeit verweist (...) der Analytiker beobachtet ständig die Realität und interpretiert sie dem Patienten" (ebd.). Später stellten Greenson und Wexler (1969) das Arbeitsbündnis in den erweiterten Rahmen einer „realen Beziehung" zwischen Analytiker und Patient. Langs (1975) ergänzte das Arbeitsbündnis um die Beschreibung „gescheiterter Bündnisse" ("misalliances").

3. Ideengeschichtlicher Hintergrund

Die Psychoanalyse nahm ein Thema auf, das bislang philosophisch erörtert wurde: Wie bildet sich unsere Vorstellung vom Objekt durch und in dessen Abwesenheit heraus? (vgl. die Entstehung des Wunsches „aus der Not des Lebens", Freud 1900a, S. 571). Rund 100 Jahre vor Freud hatte Hegel geschrieben (1806, S. 153): „Arbeit ist gehemmte Begierde" und hinzugesetzt: „aufgehaltenes Verschwinden oder sie bildet". Mit „Bilden" war auch formierendes Tun gemeint: Das Objekt unterwirft sich anstelle seines unmittelbaren Verlangens einem anderen Verhältnis zum Objekt, erschafft sich das Objekt und erfährt daran sowohl seine Abhängigkeit als auch seine Freiheit (vgl. Gekle 1992, S. 503). Bei Freud kehrt diese Denkfigur auf der Grundlage seiner spezifischen Empirie wieder. Dem „formierenden Tun" entspricht die psychische Verarbeitung bzw. im jeweiligen Analyseprozess das Durcharbeiten. Die Arbeit der Analyse, behindert durch Widerstände auf beiden Seiten, ist psychischer Art, gleichviel ob man sich einer physikalischen Metaphorik (beim Widerstand) oder einer anderen bedient.

In der Antike wurden nur wenige menschliche Tätigkeiten als Arbeit beschrieben, während sich in der Neuzeit fast alles menschliche Handeln als Arbeit definiert, will es gesellschaftlich anerkannt sein. Die Kritik an den Bündniskonzepten zeigt nicht zuletzt, dass die analytische Arbeit, gesehen als Arbeit zweier erkennender Subjekte, nicht unter den neuzeitlichen Begriff instrumentell-technischen Handelns gezwungen werden kann (vgl. Gekle 1992, S. 530f., Habermas 1968).

4. Wesentliche Erweiterungen, Differenzierungen und Modifikationen

Aus kritischer Sicht erscheint das Arbeitsbündnis in Greensons Fassung als Versuch, die Komplexität der analytischen Situation so zu reduzieren, dass sich der Analytiker wieder als Experte im konventionellen Sinn verstehen kann, weil er z. B. darüber befindet, wie viele Assoziationen nötig sind, um einen Traum zu analysieren, was ein Widerstand bzw. eine Übertragung ist etc. Deserno (1990, S. 25) sieht in Greensons Arbeitsbündniskonzept einen prekären Kompromiss, der eine technische Rigidität der bestehenden Behandlungstechnik abschwächen sollte, ohne indes die dominierende ich-psychologische Interpretation der analytischen Situation als einer quasi-experimentellen Situation in Frage zu stellen. Indem konzeptuell i. S. von konventionell-normativ geregelt wird, wer was zu tun hat, wird die jeder Übertragungsanalyse eigene Spannung unterbrochen bzw. künstlich in „gute" (d. h. rationale, progressive) und „schlechte" (irrrationale, regressive) Aspekte der analytischen Arbeit polarisiert.

Zu kritisieren ist ein Bündnis, das „Arbeit" von Seiten des Pat. einfordert und ihm damit zu seinen ohnehin vorhandenen Widerständen noch eine Art „Bringschuld" aufbürdet, während der Analytiker im Sinne eines „naiven Realismus" einseitig definiert, was Arbeit bzw. Realität ist und was nicht. Das Arbeitsbündnis, von Greenson als Voraussetzung von Analyse definiert, erscheint in der Praxis eher als Ergebnis eines überwiegend schon gelungenen analytischen Prozesses. Die Gegenüberstellung von Arbeits- und Übertragungsbeziehung verdankt sich eher einem didaktischen Modell der psychoanalytischen Therapie als der praktischen Erfahrung. Sie steht im Gegensatz zur gegenwärtigen „dialektischen" Konzeptualisierung der psychoanalytischen Behandlungstechnik (vgl. Fischer 1998; Kap. 2).

In jeder Analyse entstehen zwangsläufig auch unbewusste Bündnisse von Analytiker und Analysand. Sie entspringen den jeweiligen Wechselwirkungen bzw. Inszenierungen (enactments) von Übertragung und Gegenübertragung. „The job of analyzing itself creates a hunger for cooperation", stellte Friedman (1969, S. 151) fest. Ein derartiges unbewusstes, vom Analytiker ausgehendes Bündnis mag das Zustandekommen einer Analyse sogar fördern; bleibt es als Gegenübertragung unbewusst, weil es bewusst konzeptuell legitimiert wird, kommt es im weiteren Analyseverlauf zu unüberwindlichen Hindernissen, die einseitig dem Patienten und seiner Störung zugeschrieben werden können.

Indem Greenson den Akzent auf „Arbeit" setzte, verlieh er den schon bekannten Bündniskonzepten eine neue Bedeutung, die er leider nicht theoretisch fundierte. Statt einer spezifischen Bestimmung der analytischen Arbeit griff er zu normativen Setzungen, als sei die analytische Arbeitsform ausschließlich rational bzw. objektiv.

Nicht zuletzt durch die Arbeiten von Gill (1982) zur Übertragung besteht heute weitgehende Übereinstimmung darüber, dass der Analytiker mit allem, wodurch er eine Analyse ermöglicht und fördert, immer auch daran beteiligt ist, wie die unbewusste Übertragung des Analysanden in Erscheinung tritt und zum Objekt der Analyse wird. Das Konzept der Übertragung hat sich von seiner traditionellen Bedeutung als naturwüchsige Wiederholung früherer Beziehungsfiguren dahingehend gewandelt, dass es auch die Herstellung einer Realität einbezieht, die gemeinsam nicht nur beobachtet, sondern auch interpretiert, verändert und erweitert wird. Diese Perspektive eines „relativen" Konstruktivismus (vgl. Hoffman 1992) hat den „naiven" Realismus der orthodoxen Ich-Psychologie überwunden. Das Arbeitsbündnis hat sich damit nicht erübrigt, im Gegenteil, seine methodische und erkenntnistheoretische Bedeutung ist eher deutlicher geworden (Fischer 1993). Das zeigt sich nicht zuletzt in der Reflexion auf die Ursprünge der psychoanalytischen Methode. Lorenzer hat die „radikale Umkehrung des (traditionellen) Patient-Arzt-Verhältnisses" nachgezeichnet (1984, S. 114f.). Indem der Analytiker auf seine traditionelle Definitionsmacht als Arzt bzw. psychologischer Experte zugunsten eines analytischen Dialogs jenseits geltender Konventionen verzichtet, realisiert er die analytische Methode, die somit dem jeweils vorhandenen Wissen vorausgeht (Deserno 1990, S. 21f.).

5. Die Bedeutung des Begriffs in den verschiedenen psychoanalytischen Schulrichtungen

Insbesondere die Formulierungen Sterbas, die ein Bündnis „gegen" etwas betonen, sind typisch für eine triebtheoretische Perspektive. So beschrieb Sterba (1934) das Entstehen der therapeutischen Ich-Spaltung als das „Auftauchen eines neuen Gesichtspunktes der Anschauung (...) aus dem Chaos triebbedingter und triebhemmender Aktionen" (S. 69).

Als prominenter Vertreter der orthodoxen ich-psychologischen Behandlungstechnik definierte Eissler (1950) eine „basic model technique", deren Purismus aus heutiger Sicht für eine fördernde therapeutische Atmosphäre eher ungünstig ist. Darauf reagierten Zetzel wie Greenson, obgleich ebenfalls ich-psychologisch orientiert, indem sie eine Behandlungstheorie vertraten, bei der die selbst hergestellten Zumutungen einer „orthodoxen" Technik zurückgenommen werden sollten.

Selbstpsychologische Autoren ersetzen das Konzept des Arbeitsbündnisses bzw. therapeutischen Bündnisses durch eine bipolare Konzeption der Übertragung. Einen Pol der Übertragung bildet „der Wunsch, im Analytiker die Quelle geeigneter Selbstobjekt-Funktionen zu erleben", was die Fortsetzung eines unterbrochenen Entwicklungsprozesses ermöglichen soll und insofern grundlegend für die Zusammenarbeit ist. Der andere Übertragungspol besteht in den traditionell beschriebenen Quellen von Konflikt und Widerstand (vgl. Stolorow et al. 1987, S. 136).

Zwischen selbstpsychologisch, objektbeziehungstheoretisch und neueren kleinianisch orientierten Richtungen gibt es mehr behandlungstechnische Übereinstimmungen als auf den ersten Blick anzunehmen sind. Das aus der projektiven Identifizierung hervorgegangene „Container-Contained"-Konzept Bions (1962, S. 146), die auf Winnicott zurückgehende „bewahrende Umwelt" (vgl. Modell 1976) und der „intersubjektive Ansatz" (Stolorow et al. 1987) zielen auf die für die Analyse notwendige Fähigkeit des Analytikers – analog dem empathischen Austausch in der frühen Mutter-Kind-Beziehung – das Fremdpsychische in sich aufzunehmen und in reziproker, „verdaulicher", also interpretierter Form zurückzugeben.

Die Untersuchung der jeweils spezifischen Zusammenarbeit bei gleich- und gegengeschlechtlichen Analytiker-Patient-Beziehungen ist in den Anfängen; sie stellt die notwendige Differenzierung der eher geschlechtsneutralen Zwei-Personen-Psychologie als „Zwei-Geschlechter-Psychologie" dar (Geschlechterdifferenz).

6. Interdisziplinäre Beiträge und Befunde

Der Befund von Luborsky mit Hilfe des „helping alliance questionnaire" (1976, S. 110), dass die Therapeuten derjenigen Patienten, die sich durch eine Psychotherapie bessern, stärker versucht haben, „hilfreiche Beziehungen" zu entwickeln, ist mehrdeutig.

Die für die Auswertung wichtige Häufigkeit von Hinweisen darauf, dass eine „Bindung" vorhanden ist, dass von „wir" gesprochen wird u.ä. ist nicht spezifisch für bündnisbezogene Interventionen; die gleichen Formulierungen können auch Bestandteil von Übertragungsdeutungen sein. In diesem Sinne schlussfolgern Hartley und Strupp (1983, S. 14), das therapeutische Bündnis stelle, vergleichbar den „facilitative conditions" von Rogers, eine Reihe von Variablen bereit, die zwar notwendig, aber keineswegs ausreichend seien für die Erklärung therapeutischer Ergebnisse. Weitere methodische Untersuchungen zur „helping alliance" wurden von Bassler et al. (1995), zur „working alliance" von Hentschel (1990), Rudolf (1991) und Bordin (1994) vorgelegt.

Literatur

Bassler, M., Pongratz, B. und Krauthauser, H. (1995). Der „helping alliance questionnaire" (HAQ) von Luborsky. Psychotherapeut, 40, 23–32.

Bion, W.R. (1962). Lernen durch Erfahrung. Frankfurt/M.: Suhrkamp, 1990.

Bordin, E.S. (1994). Theory and research on the therapeutic working alliance. New directions. In A.O. Horvath and L.S. Greenberg (Eds.), The working alliance: Theory, research, and practice (pp. 13–37). New York: Wiley.

Deserno, H. (1990). Die Analyse und das Arbeitsbündnis. Frankfurt/M.: Fischer, 1994.

Eissler, K.R. (1950). The effect of the structure of the ego on psychoanalytic technique. Journal of the American Psychoanalytic Association, 1, 104–143.

Ermann, M. (1992). Die sogenannte Realbeziehung. Forum der Psychoanalyse, 8, 281–294.

Fischer, G. (1993). Arbeit und Liebe. Zu Phänomenologie und Dialektik des psychoanalytischen Arbeitsbündnisses. In W. Tress und S. Nagel (Hg.), Psychoanalyse und Philosophie (S. 119–139). Asanger: Heidelberg.

Fischer, G. (1998). Konflikt, Paradoxon und Widerspruch. Für eine dialektische Psychoanalyse. Frankfurt/M.: Fischer.

Friedman, L. (1969). The therapeutic alliance. International Journal of Psycho-Analysis, 50, 139–153.

Gekle, H. (1992). Das Arbeitsbündnis ist der Stephansdom: Erkenntnistheoretische Überlegungen bei der Lektüre von Heinrich Desernos „Die Analyse und das Arbeitsbündnis", 1990. Psyche – Z Psychoanal, 46, 499–533.

Gill, M.M. (1982). Die Übertragungsanalyse: Theorie und Technik. Frankfurt/M.: Fischer, 1996.

Greenson, R.R. (1965). Das Arbeitsbündnis und die Übertragungsneurose. In ders., Psychoanalytische Erkundungen (S. 151–171). Stuttgart: Klett-Cotta, 1982.

Greenson, R.R. (1969). Die übertragungsfreie Beziehung in der psychoanalytischen Situation. In ders., Psychoanalytische Erkundungen (S. 308–335). Stuttgart: Klett-Cotta, 1982.

Habermas, J. (1968). Erkenntnis und Interesse. Frankfurt/M.: Suhrkamp.

Hartley, D.E. and Strupp, H.H. (1983). The therapeutic alliance: Its relationship to outcome in brief psychotherapy. In J. Masling (Ed.), Empirical studies of psychoanalytic theories, Vol. 1. (pp. 1–37). Hillsdale: Analytic Press.

Hegel, G.W.F. (1806). Phänomenologie des Geistes. Frankfurt/M.: Suhrkamp, 1970.

Hentschel, U. (1990). Zur therapeutischen Allianz. In V. Tschuschke und D. Czogalik (Hg.), Psychotherapie – welche Effekte verändern? (S. 71–98). Berlin: Springer.

Hoffman, I.Z. (1992). Some practical implications of a social-constructivistic view of the psychoanalytic situation. Psychoanalytic Dialogues, 2, 287–304.

Körner, J. (1989). Kritik der „therapeutischen Ich-Spaltung". Psyche – Z Psychoanal, 43, 385–396.

Langs, R.J. (1975). Therapeutic misalliances. International Journal of Psychoanalytic Psychotherapy, 4, 77–105.

Lorenzer, A. (1984). Intimität und soziales Leid. Frankfurt/M.: Fischer.

Luborsky, L. (1976). Helping alliances in psychotherapy. In J.K. Claghorn (Ed.), Successful psychotherapy (pp. 92–116). New York: Brunner/Mazel.

Modell, A.H. (1976). Die „bewahrende Umwelt" und die therapeutische Funktion der Psychoanalyse. Psyche – Z Psychoanal, 35, 788–808.

Rudolf, G. (1991). Die therapeutische Arbeitsbeziehung. Untersuchungen über Zustandekommen, Verlauf und Ergebnis analytischer Psychotherapien. Berlin: Springer.

Sterba, R. (1934). Das Schicksal des Ichs im therapeutischen Verfahren. Internationale Zeitschrift für Psychoanalyse, 20, 66–73.

Stern, D.B. (1996). The social construction of therapeutic action. Psychoanalytic Inquiry, 16, 265–293.

Stolorow, R.D., Brandchaft, B. und Atwood, G.E. (1987). Psychoanalytische Behandlung. Ein intersubjektiver Ansatz. Frankfurt/M.: Fischer, 1996.

Zetzel, E.R. (1958). Das therapeutische Bündnis bei der Hysterie-Analyse. In dies. (1970), Die Fähigkeit zu emotionalem Wachstum (S. 184–198). Stuttgart: Klett-Cotta, 1974.

Autonomie – Abhängigkeit *von Stavros Mentzos*

autonomy – dependency – autonomie – dépendance

1. Definition

a) Das Begriffspaar Autonomie – Abhängigkeit bezieht sich, im Bereich der Entwicklungspsychologie und der Normalpsychologie, auf eine zentral wichtige, wenn nicht die wichtigste psychische Polarität: Es geht um den Gegensatz, aber letztlich auch um die durch dessen dialektische Aufhebung resultierende Integration zwischen psychischen Prozessen, Bedürfnissen und Motivationen, welche einerseits in Richtung Selbstkonstituierung, Selbsterhaltung, Selbstabgrenzung, Selbstdifferenzierung, Selbstsicherheit, aber auch unabhängige stabile Selbstwerteinschätzungen und freie Selbstbestimmung und andererseits in Richtung vermehrte Nähe und Bindung bzw. Getragenwerden sowie eine objektbezogene Selbstsicherheit und Selbstwertigkeit wirksam werden. Letztere, also die objektbezogenen Motivationen, können auch als eine Untergruppe der „Bindung" verstanden werden: „Bindung als Oberbegriff verstanden, der sowohl Abhängigkeitsbedürfnisse, aber auch aktives Fürsorgeverhalten erfaßt" (Küfner 1989, S. 100). In den letzten Jahren besteht mancherorts die Tendenz, das Begriffspaar Autonomie – Abhängigkeit unterschiedslos zu Charakterisierungen von Polaritäten zu gebrauchen, welche sowohl vom Inhalt als auch – entwicklungspsychologisch betrachtet – vom Organisationsniveau her sehr verschieden sind: Hier müsste man die Polarität einer autonomen Selbstidentität versus symbiotischen Abhängigkeit von derjenigen einer autonomen Selbstwertigkeit versus heteronomen (objektbezogenen) Selbstwertigkeit oder von jener einer autonomen Selbstbestimmung versus (objektbezogenen) Fremdbestimmung (u.a. via Überich) unterscheiden.

b) Am häufigsten wird allerdings das Begriffspaar Autonomie – Abhängigkeit im klinischen und psychotherapeutischen Alltag zur Charakterisierung eines zentralen Konfliktes, also des Autonomie-Abhängigkeits-Konfliktes benutzt. Man geht davon aus, dass dieser durch eine Konfliktualisierung, also durch eine pathologische Verfestigung der „normalen" Polarität (siehe oben) entstehe. Dies impliziere ein rigides Entweder/Oder, eine antinomische Konstellation, welche entweder durch eine einseitige pathologische Extremisierung (Rückzug zu einem der zwei Pole), oder durch pathologische Kompromisse „pseudogelöst" werde. Eine dialektische bzw. integrative Lösung könne aus verschiedenen Gründen in diesen Fällen nicht erreicht werden. Übrigens sei dieser, für eine Reihe von psychischen Störungen zentral relevante Konflikt innerhalb des klassischen „strukturellen" Modells (drei Instanzen – Es-Ich-Überich) nicht adäquat zu erfassen.

2. Klassische Auffassung und ideengeschichtliche Entwicklung des Konzeptes

Weder die Autonomie-Abhängigkeits-Polarität, noch der daraus unter Umständen entstehende Konflikt, wurden bei Freud und bei den Psychoanalytikern der ersten Generation als solche gesehen und benannt. Lediglich der eine Pol des Begriffspaares, die

Abhängigkeit, zumal in der Form der „oralen“ Abhängigkeit des kleinen Kindes, aber auch des „oral fixierten“ Erwachsenen, wurde vielfach nicht nur von Freud sondern auch von einer Reihe anderer Psychoanalytiker wie Abraham und Rado, insbesondere bei der Erörterung der Psychodynamik von Depression und Sucht, zumal auch Alkoholsucht, ausführlich berücksichtigt. Einen Konflikt zwischen solchen Abhängigkeitswünschen einerseits und Autonomiebestrebungen und -bedürfnissen andererseits hätte man damals auch nicht formulieren können. Allenfalls postulierte man einen Triebkonflikt zwischen oraler Triebhaftigkeit einerseits und einem vom Realitätsprinzip geleiteten Ich. Das ursprüngliche dualistische Triebmodell Freuds (Selbsterhaltungs- und Arterhaltungstriebe) innerhalb dessen auch „Ich-Triebe“ denkbar waren, wurde schnell verlassen. Dieser Umstand, zusammen mit der Tatsache, dass der Gegensatz zwischen Aggression, Destruktivität bzw. Todestrieb einerseits, und Libido, Lebenstrieb andererseits, ganz in den Vordergrund gestellt und als der zentrale Konflikt angesehen wurde, hat dazu geführt, dass der Gegensatz zwischen autonomen Selbststrebungen und Abhängigkeitsbedürfnissen nicht in seiner zentralen Relevanz eingeschätzt werden konnte. Umso erstaunlicher, dass es trotzdem zahlreiche Ausnahmen gab, wenn auch mehr an der Peripherie, so z. B. innerhalb der psychoanalytisch orientierten Psychosomatik bei Franz Alexander, der ja schon in den 30er Jahren im Rahmen seiner – später umstrittenen – Spezifitätstheorie den Abhängigkeitskonflikt (also den Gegensatz zwischen Anlehnungsbedürfnissen und Verselbständigungstendenzen) als einen der wichtigsten genannt und in seinem Modell beschrieben hat.

Der Begriff der Autonomie taucht in der älteren Psychoanalyse noch viel seltener als derjenige der Abhängigkeit auf. Lediglich Heinz Hartmann (und seine Mitarbeiter) hat ab 1939 in seinen grundlegenden Arbeiten das Konzept der Ich-Autonomie eingeführt, welches einen nicht zu unterschätzenden Einfluss bei der Entwicklung der gesamten Ich-Psychologie hatte. Dennoch, diese „Hartmannsche Autonomie“ meint nicht die Selbständigkeitsstrebungen innerhalb des Begriffspaares Autonomie-Abhängigkeit, wie sie in der zweiten Hälfte des Jahrhunderts und noch bis heute verstanden werden. Dazu bedurfte es erst der Vorarbeiten von Michael Balint, Bowlby, Fairbairn u. v. a. Vertretern der Objektbeziehungstheorie (welche die Bedeutung von primären Bindungs- und Abhängigkeitsbedürfnissen intensiv und differenziert erforscht haben) und der Beiträge von Kohut u. a. Vertretern der Selbstpsychologie sowie der humanistischen Psychologie, welche die Zentralität und Bedeutung von Bedürfnissen nach Selbständigkeit, Abgrenzung, Identität usw. sichtbar machten. Erst nachdem also sowohl die Abhängigkeitsbedürfnisse als auch und insbesondere die (im normalen Sinne) „narzisstischen“ Selbstbedürfnisse von ihrem triebtheoretischen Kontext (sei es Libido oder Aggression) etwas gelöst werden konnten, war es möglich, die Tragweite der universalen Autonomie-Abhängigkeits-Polarität richtig einzuschätzen. An dieser Stelle ist auch der maßgebende Entwurf von M. Mahler (Symbiose versus Separation – Individuation) zu erwähnen sowie derjenige von Wurmser (z. B. 1990). Auch die Ergebnisse der modernen Säuglingsforschung, welche die von Anfang an vorhandene, starke primäre Motivation sowohl zur Verselbständigung als auch zur Kommunikation betonen, haben dazu beigetragen, wenn auch hier die Möglichkeit der Konfliktualisierung dieser zwei Motivationsgruppen leider eher unberücksichtigt blieb, während die traumatisierende Wirkung des Mangels an Kontingenzerfahrungen in den Vordergrund gestellt wurde.

3. Wesentliche Erweiterungen, Differenzierungen und Modifikationen

Küfner (1988) hat in seiner systematischen Darstellung der Thematik auf die Verbindungen des Begriffspaares Autonomie – Abhängigkeit zu Ergebnissen der Ethologie und Psychobiologie hingewiesen. Interessant erscheinen hier die Befunde und die theoretischen Modelle von Bischof (1985), in seiner bemerkenswerten Monographie über „Das Rätsel Ödipus“, in der es u.a. um den Gegensatz zwischen starker familiärer Bindung einerseits und nach „außen“ gerichteten Strebungen andererseits geht. Mentzos hat zunächst (1982) mehr im Allgemeinen, später (1991, 1992, 1995) – bei der Erörterung der Psychodynamik der Psychosen – konkret versucht, die Zentralität der Konfliktualisierung des Gegensatzes zwischen selbstbezogenen und objektbezogenen Tendenzen bzw. des Autonomie-Abhängigkeits-Konfliktes mit klinischem Material zu belegen. Innerhalb des Arbeitskreises „Operationalisierte Psychodynamische Diagnostik“ (OPD – siehe Arbeitsgruppe OPD, 1996) hat man schließlich den Konflikt zwischen Abhängigkeit und Autonomie als einen wichtigen Konflikt konzipiert, wobei man u.a. auf Bowlby hingewiesen hat: „Nach Bowlby, 1969, ist Bindung (und in ihrer Folge das Abhängigkeitserleben) jedoch ein genuines Motivationssystem, evolutionäres Erbe aller Primaten und der meisten Säugetiere. Diese Theorie, die auch in der Psychoanalyse schon Vorläufer hatte, muß heute als gesichert angesehen werden“ (S. 61). Es wird sich in der klinischen Praxis und in der Forschung zeigen, ob diese im OPD vorgenommene Operationalisierung dieses Konfliktes ausreicht. Das insgesamt gut durchdachte Modell ist ohnehin als ein erster Versuch konzipiert und wird wahrscheinlich in der Zukunft mehrere Verbesserungen und Differenzierungen erfahren. Eine im theoretischen Teil eingeschlichene begriffliche Unklarheit besteht m.E. darin, dass man die richtige Gegenüberstellung eines passiven und eines aktiven (kontraphobischen) Modus der Konfliktverarbeitung als gleichbedeutend mit der Bipolarität zwischen Selbstbezogenheit und Objektbezogenheit betrachtet. In Wirklichkeit lässt sich aber eine passive oder eine aktive Modalität sowohl innerhalb des selbstbezogenen als auch innerhalb des objektbezogenen Modus der Konfliktverarbeitung unterscheiden.

4. Die Bedeutung des Begriffs in den verschiedenen psychoanalytischen Schulrichtungen

Im klinischen und psychotherapeutischen Alltag scheinen die Begrifflichkeit und das Konzept eines zentralen Autonomie-Abhängigkeits-Gegensatzes heute fast bei allen psychoanalytischen Schulen akzeptiert zu sein. In der Vergangenheit hat es unterschiedliche Akzentuierungen, z.T. auch recht frühe Vorwegnahmen, gegeben. So haben bei Alfred Adler die Polaritäten Minderwertigkeitsgefühle versus Geltungsbedürfnis oder Verantwortlichkeit gegenüber der menschlichen Gesellschaft versus Ich-Haftigkeit eine große Rolle gespielt. Bei C.G. Jung wird die Polarität der Psyche zu einem der wichtigsten Prinzipien hervorgehoben (vgl. Schlegel 1977, S. 775ff.). Die Psyche habe eine kontradiktorische und kontrapunktische Struktur. Bei Jung geht es allerdings vorwiegend um solche Gegensätze und Polaritäten wie Introvertiertheit versus Extravertiertheit, Animus und Anima usw. Es kann in diesem Rahmen nicht auf Variationen und Anklänge an die Polarität „Autonomie versus Abhängigkeit“ bei vielen anderen Schulen näher eingegangen werden, wie z.B. in der Schicksalsanalyse von Leopold Szondi.

5. Aktuelle Entwicklungen und erweiterte Anwendungen

Noch Ende der 80er Jahre bemängelte Küfner (1988, S. 100), dass man zwar den Abhängigkeits-Autonomie-Konflikt als einen zentralen Konfliktbereich erkannt habe, dass aber eine systematische Entwicklung und Begründung dieses Ansatzes bis dahin fehlte. Heute, nachdem die Relevanz dieser Polarität und ihrer pathologischen Konfliktualisierung für die Psychodynamik einer Reihe von psychischen Störungen (z.B. Küfner 1988, Mentzos 1992, 1995, Lempa 1995, u.a.), aber auch von psychosozialen Konstellationen und Arrangements (Mentzos 1993) ausführlicher dargestellt und durch klinisches Material unterstützt wurde, und nachdem auch innerhalb der operationalisierten psychodynamischen Diagnostik

(OPD) gleichsam „offiziell“ die Wichtigkeit dieses zentralen Konfliktes festgestellt wurde, kann jene damals vielleicht berechtigte Kritik Küfners nicht mehr aufrechterhalten werden. Woran es heute mangelt, ist nicht eine ausreichende Anerkennung der Gewichtigkeit dieses Konfliktes, sondern die präzise begriffliche Abgrenzung zur Vermeidung einer inflationistischen diffusen Verwendung. Unter anderem besteht z. B. die verwirrende Tendenz, die Begrifflichkeit des Autonomie-Abhängigkeits-Konfliktes neben demjenigen des früher so genannten strukturellen, des Drei-Instanzen-Modells zu verwenden, ohne die Unterschiede, aber auch eventuellen Verbindungen und Gemeinsamkeiten zu erläutern. Besonders erforderlich ist eine Präzisierung des Persönlichkeitsorganisationsniveaus, auf dem sich jeweils diese Polarität und der dazugehörige Konflikt abspielen. Es ist nämlich ein Unterschied, ob man mit Autonomie-Abhängigkeit jene grundlegende Polarität zwischen Selbst und Nicht-Selbst, jenen Kampf um die Selbst-Objekt-Differenzierung meint, oder ob man mit diesem Begriffspaar den mehr auf das Selbstwertgefühl bezogenen Gegensatz zwischen megalomaner Selbsterhöhung und depressiver Selbstentwertung bzw. Unterwerfung unter das Objekt meint oder wiederum, ob man eine „orale“ Abhängigkeit versus Autarkie, oder schließlich, ob man den Gegensatz zwischen Selbstbestimmung versus Fremdbestimmung, zwischen Gehorsam und Ungehorsam (also mehr die Machtfrage) im Sinne hat. Es wäre sinnvoll, sofern man dieses Begriffspaar zur Charakterisierung aller genannten Polaritäten bzw. Konflikte benutzt, dass man gleichzeitig z. B. durch ein zusätzliches Adjektivum das Organisationsniveau und insbesondere auch den Inhalt präzisiert. Oder – eine Alternative – man könnte die Bezeichnung Autonomie versus Abhängigkeit nur für eine dieser Variationen reservieren, wie dies in der Begrifflichkeit des OPD geschehen ist, während für andere Variationen andere Termini verwendet werden (z. B. Selbstwertkonflikt, also Selbst- versus Objektwertigkeit oder Identitätskonflikte). Es wäre auf jeden Fall illusorisch zu erwarten, dass schon bei diesem ersten Versuch im Rahmen des OPD eine perfekte und konsequente Erfassung gelingen würde, auf einem Gebiet, in dem die Psychoanalyse weit mehr als ein halbes Jahrhundert gebraucht hat, um die Zentralität dieser Polarität (und Integration) sowie der daraus entstehenden Konflikte zu erkennen. Interessanterweise führte dieser lange Weg auch über z. T. extreme Positionen, welche entweder die Objektbezogenheit, die Abhängigkeit und die Objektbeziehung als zentralen Fokus hatten (Objektbeziehungstheorie) oder wiederum die Selbstidentität, die Selbstkohäsion in den Vordergrund stellten (Kohut und Nachfolger). Wir befinden uns offensichtlich in einem Stadium des Versuchs einer Integration dieser zwei Strömungen, welche für sich betrachtet doch in gewisser Hinsicht einseitig sind. Der Prozess einer befriedigenden Synthese in Theorie und Praxis geht offenbar mit der Anerkennung der Tatsache einher, dass es sich hier zwar primär um eine evolutionstheoretisch „nützliche“ Polarität, dennoch unter pathogenen, ungünstigen Bedingungen um einen schwer lösbaren Konflikt handelt. Diese Einsicht gewinnt, wenn auch langsam, an Boden. Damit kehrt man paradoxerweise in gewisser Hinsicht zu Freud (der von Anfang an die Zentralität der Konfliktdynamik in den Vordergrund gestellt hatte) zurück, wenn auch freilich innerhalb eines modifizierten und erweiterten Bezugsrahmens.

Der Vorschlag von Mentzos, die für schwere psychische und insbesondere psychotische Störungen charakteristische intrapsychische Gegensätzlichkeiten nicht mehr mit dem Terminus Konflikt, sondern mit der Bezeichnung Dilemma zu belegen (damit der Unterschied zu den „reiferen“ Konflikten bei Neurosen deutlich wird), fand in den letzten Jahren eine breite Aufnahme in verschiedenen Kreisen. So kam es z. B. auch während des Kongresses der Internationalen Psychoanalytischen Vereinigung 2001 in Nizza dazu, dass viele psychoanalytische Psychosentherapeuten die Bezeichnung „Dilemmatik der psychotischen Dynamik“ wie selbstverständlich aufgenommen und auch wiederholt in den verschiedenen Diskussionen benutzten (Mentzos 2003, S. 89ff.). Darunter verstand und versteht man die besonders gravierende und für die schizophrenen Psychosen charakteristische rigide und schwer auflösbare Gegensätzlichkeit zwischen Selbstidentität und Bindungs- bzw. Verschmelzungssehnsucht. Sogar innerhalb der Bemühungen, neuronale Entsprechungen bzw. Korrelate von psychodynamischen Prozessen in der Schizophrenie festzustellen, orientiert sich eine Gruppe von psychoanalytisch inspirierten Psychiatern (unter Federführung von G. Juckel) ebenfalls an diesem Dilemma-Konzept mit Arbeitshypothesen, die eine solche korrelative (freilich keine kausale!) Verbindung zwischen Dilemma (massive intrapsychische Gegensätzlichkeit) und bestimmten neuronalen Mustern und Prozessen zum Gegenstand haben.

Eine weitere, bis jetzt nicht ausdrücklich formulierte Anwendungsmöglichkeit des Autonomie-Abhängigkeits-Konzeptes bezieht sich auf die psychodynamischen Gemeinsamkeiten und Gegensätze zwei der häufigsten Phobieformen, nämlich der Agoraphobie und der Klaustrophobie: Bei der ersten entwickelt der Patient eine Angst vor großen leeren Plätzen oder großen Menschenansammlungen etc., welche offensichtlich mit dahinter stehenden elementaren Ängsten vor Objektverlust, dem Wegfallen einer stützenden Abhängigkeit von einem Objekt und Ähnlichem zu tun haben. Auf der anderen Seite hat der klaustrophobische Patient offensichtlich Angst, seine Autonomie, seine Bewegungsfreiheit und Selbstbestimmung durch den geschlossenen Raum und insbesondere auch die zu große Nähe zu anderen Menschen zu verlieren. Agoraphobie und Klaustrophobie stellen sozusagen „reifere“ Formen des bei weitem bedrohlicheren psychotischen Dilemmas dar! In der Phobie gelingt es, die dahinter stehende Angst in beiden Fällen einzugrenzen und auf eine leicht zu vermeidende Situation zu beschränken, was bei der Psychose nicht möglich ist (vgl. Mentzos 2006).

Literatur

Abraham, K. (1925). Psychoanalytische Studien zur Charakterbildung. In K. Abraham (1982), Gesammelte Schriften. Bd. 2 (S. 103–180). Frankfurt/M.: Fischer.

Alexander, F. (1950). Psychosomatic medicine. New York: Norton (dt.: Psychosomatische Medizin. Berlin: de Gruyter, 1971).

Arbeitskreis OPD (1996). Operationalisierte Psychodynamische Diagnostik. Bern: Huber.

Bischof, N. (1985). Das Rätsel Ödipus. Die biologischen Wurzeln des Urkonfliktes von Intimität und Autonomie. München: Piper.

Bowlby J., (1969) Bindung. München: Kindler, 1975.

Fairbairn, W.R.D. (1952). Psychoanalytic studies of the personality. London: Tavistock – Routledge & Kegan Paul.

Küfner, H. (1989). Bindung und Autonomie als Grundmotivationen des Lebens und Verhaltens. Forum der Psychoanalyse, Jg. 5, 99–123.

Lempa, G. (1995). Zur psychoanalytischen Behandlungstechnik bei schizophrenen Psychosen. Forum der Psychoanalyse, 11, 133–149.

Mahler, M.S., Pine, F. und Bergman, A. (1978). Die psychische Geburt des Menschen. Frankfurt/M.: Fischer.

Mentzos, S. (1982). Neurotische Konfliktverarbeitung. München: Kindler, Frankfurt/M.: Fischer, 1984.

Mentzos, S. (1992). Psychose und Konflikt. Göttingen: Vandenhoeck & Ruprecht.

Mentzos, S. (1993). Der Krieg und seine psychosozialen Funktionen. Frankfurt/M.: Fischer.

Mentzos, S. (2003). Bericht über das Symposium zur Psychosentherapie auf dem Kongress der Internationalen Psychoanalytischen Vereinigung im Juli 2001 in Nizza. Forum der psychoanalytischen Psychosentherapie, 8, 89–100.

Mentzos, S. (2006). Lehrbuch der Psychodynamik. Göttingen: Vandenhoeck & Ruprecht.

Schlegel, L. (1977). Die Psychodynamik der Polarität in der Psychologie von Jung. In Psychologie des 20. Jahrhunderts, Band III, S. 775–786. Zürich: Kindler.

Wurmser, L. (1990). Die Maske der Scham. Berlin: Springer.

Bedeutung *von Achim Stephan*

von Achim Stephan

meaning – signification

1. Definition

Der Ausdruck „Bedeutung" hat in unserer Sprache selbst ein weites Bedeutungsfeld: So kann eine Sache oder ein Ereignis sehr wichtig sein und in diesem Sinn Bedeutung für jemanden haben. Häufiger geht es jedoch um die inhaltliche Bedeutung eines Zeichens oder Anzeichens; diese kann konventionell festgelegt sein wie bei Verkehrszeichen oder sprachlichen Ausdrücken, sie kann aber auch auf natürlichen Kausalbeziehungen basieren wie bei Spuren oder den charakteristischen Symptomen einer Erkrankung. Neben diesen intersubjektiven Bedeutungen können Zeichen, Anzeichen, Verhaltensweisen oder Situationen für spezifische Individuen aber auch je unterschiedliche subjektive Bedeutungen haben. Das Interesse der Psychoanalyse gilt in der Regel der Aufklärung solch privater Bedeutungen und zwar insbesondere von psychischen Produktionen, die von dem zu Analysierenden selbst stammen.

Im Unterschied zu Ausdrücken wie „Wiederholungszwang", „Verdrängung" oder „Überich" gehört der Begriff der Bedeutung nicht zum psychoanalytischen Fach-Vokabular im engeren Sinne. Gleichwohl markiert er einen zentralen Aspekt psychoanalytischer Theorie und Praxis. In der Praxis gilt ein wesentlicher Teil der gemeinsam von Analytiker und Patient getragenen Deutungsarbeit der Aufklärung der Bedeutung scheinbar sinnloser Produktionen des Patienten, seien es Zwangsrituale, neurotische Symptome, Träume, Fehlleistungen oder andere unverständliche Verhaltensweisen oder Äußerungen (diese werden im Folgenden unterschiedslos als „manifeste Phänomene" bezeichnet). Die psychoanalytische Theorie stellt den Rahmen zur Verfügung, der es vernünftig erscheinen lässt, sich mit Hilfe der psychoanalytischen Technik auf die Suche nach den verborgenen „Bedeutungen" zu machen; sie begründet, inwiefern die manifesten Phänomene Bedeutung haben und inwiefern das psychoanalytische Vorgehen geeignet ist, diese aufzudecken.

Angesichts der Variationsbreite des Bedeutungsbegriffes darf es kaum verwundern, dass die psychoanalytische Rede von der Bedeutung manifester Phänomene in der Sekundärliteratur höchst kontrovers diskutiert wird. Während Hermeneutiker die manifesten Phänomene mit Texten vergleichen, die in einem sprachanalogen Sinne Bedeutung haben, lehnen naturwissenschaftlich orientierte Interpreten diese Lesart strikt ab und attestieren jenen Produktionen lediglich den Status eines natürlichen Anzeichens.

2. Klassische Auffassung

Freud schreibt ganz unterschiedlichen, prima facie sinnlos erscheinenden Phänomenen – seien es Träume, Konversionssymptome, Zwangshandlungen oder Fehlleistungen – Inhalt in einem sprachanalogen Sinne zu (Stephan 1989, S. 26–40). Obwohl er einräumt, dass diesen Produktionen keine konventionelle Bedeutung zukomme und sie kein „Vehikel der Mitteilung" seien (1916–17a, S. 238; vgl. auch 1900a, S. 346f.), vergleicht er sie mit archaischen Sprach- und Schriftsystemen wie dem Chinesischen oder den ägyptischen Hieroglyphen (1913j, S. 404f.).

Freuds These, dass die manifesten Phänomene Inhalt und Bedeutung haben, ist gleichsam eingefasst von einer „Chiffrier-Theorie" und einer „Dechiffrier-Methode". Beide – Theorie und Methode – basieren gleichermaßen auf der Annahme, die psychische Architektur sei wie ein komplexes Assoziationssystem organisiert. In seiner präanalytischen Schrift „Zur Auffassung der Aphasien" hat Freud explizit erläutert, wodurch Wörter Bedeutung erhalten: Sprachliche Ausdrücke werden innerpsychisch durch Wortvorstellungen repräsentiert, die sich aus einem Klang-, Schrift-, Lese- und Bewegungsbild zusammensetzen; Gegenständen entsprechen dagegen sogenannte Objektvorstellungen, die aus den verschiedenartigsten visuellen, akustischen, taktilen und kinästhetischen Elementen bestehen. „Das Wort erlangt aber seine Bedeutung durch die Verknüpfung mit der ‚Objektvorstellung', wenigstens wenn wir unsere Betrachtung auf Substantive beschränken" (1891b, S. 79–80). Was ein Wort bzw. eine Wortvorstellung bedeutet, hängt demnach davon ab, welche Vorstellungen assoziativ mit ihm verknüpft werden. Dann aber bedarf es nur eines kleinen Abstraktionsschrittes, diese Beziehung umzukehren und auch den visuellen und motorischen Vorstellungen Bedeutung zuzuschreiben, vorausgesetzt sie erweisen sich als assoziativ verknüpft mit verbalen oder nonverbalen Vorstellungen (vgl. Stephan 1989, S. 77ff.).

Ebenso grundlegend wie die Annahme eines Assoziationssystems ist Freuds Annahme der Existenz einer an sich unbewussten Denksprache (1916–17a, S. 237f.), deren Inhalte gewöhnlich dem Bewusstsein zugänglich und alltagssprachlich mitteilbar seien. Unter dem Einfluss seelischer Störungen kann der bewusste Zugang zu diesen Inhalten jedoch versperrt sein, die entsprechenden Gedankenkomplexe – heute würde man von intentionalen Einstellungen sprechen – gelten in einem solchen Fall als verdrängt und sind nicht mitteilbar.

Die unintendiert ablaufende Chiffrierung hat Freud am Beispiel des Traumes ausführlich erläutert: Durch die vier Mechanismen der Traumarbeit (Verschiebung, Verdichtung, Rücksicht auf Darstellbarkeit und sekundäre Bearbeitung) erfahren die latenten Gedanken eine Übersetzung in visuelle Bilder: den manifesten Trauminhalt (1900a, S. 283ff. und 492ff.). Außer in Träumen können verdrängte Gedanken aber auch noch anders zum Ausdruck gebracht werden; das Unbewusste beherrscht Freud zufolge mehrere „Dialekte": „Während die Gebärdensprache der Hysterie im ganzen mit der Bildersprache des Traumes, der Visionen usw. zusammentrifft, ergeben sich besondere idiomatische Ausbildungen für die Gedankensprache der Zwangsneurose und der Paraphrenien (Dementia praecox und Paranoia)" (1913j, S. 405). Für Freud stellen die manifesten Phänomene, die als ein Ersatz für nichtrealisierbare sprachliche Äußerungen zustande kommen, daher denselben Inhalt dar, den die sprachlichen Äußerungen darstellen würden, hätten sie selbst zum Ausdruck kommen können.

Seine ersten Erfahrungen mit der „Dechiffrierung" manifester Phänomene sammelte Freud mit hypnotischen und suggestiven Verfahren. Leitete er während eines hysterischen Anfalls eine Hypnose ein, so berichteten die Patienten häufig über traumatische Erlebnisse, die in einem inhaltlichen Zusammenhang mit ihrem sonderbaren Verhalten standen (1925d, 52f.). Später ersetzte Freud diese beiden Verfahren durch die Methode der freien Assoziation, die durch eine kunstgerechte Deutung des zutage geförderten Materials zu ergänzen war. Dabei ließ er sich von dem Gedanken leiten, dass die Assoziationen zu den einzelnen Elementen der jeweiligen manifesten Phänomene genau zu dem Gedankenkomplex führen würden, von dem ausgehend es zu ihrer Bildung gekommen sei.

3. Ideengeschichtlicher Hintergrund

Freuds Auffassung des psychischen Apparates als eines komplizierten Assoziationssystems steht in der Tradition der von Hume und Hartley begründeten Assoziationspsychologie, die im ausgehenden neunzehnten Jahrhundert noch sehr einflussreich war. Auch die auf der Ebene der Vorstellungen konzipierte assoziationistische Sprach- und Bedeutungstheorie, wie sie z. B. Mill in „A system of logic" (1843) entwickelte, gehört zu diesem Erbe. Vieles spricht dafür, dass sich Freud mit seiner psychologistischen Theorie der Bedeutung stark an Mill orientiert hat, mit dessen Werk er bestens vertraut war. Aber auch sein Wiener Lehrer Stricker vertrat in seinen „Studien über die Sprachvorstellungen" (1880) explizit eine assoziationistische Bedeutungstheorie.

Für Freuds Ansicht, dass manifeste Phänomene ersatzweise die mit ihnen assoziativ verknüpften, aber verdrängten Gedankenkomplexe zum Ausdruck bringen, könnten Erfahrungsberichte über die Ersatzleistungen aphasisch erkrankter Patienten als Modell gedient haben. In seiner Aphasienschrift referiert Freud Berichte von Grashey und Graves, deren Patienten Gedanken, die sie nicht mehr unmittelbar mitteilen konnten, über intakt gebliebene Assoziationsbahnen, z.B. durch Berücksichtigung eines „Lesebildes", doch noch zum Ausdruck bringen konnten (1891b, S. 39, 42 und 90f.; vgl. Stephan 1989, S. 74ff.).

4. Wesentliche Erweiterungen, Differenzierungen und Modifikationen

Im Vergleich zu anderen Themen hat das Problem der „Bedeutung" eine eher bescheidene Rolle innerhalb des psychoanalytischen Diskurses gespielt. Argelander beklagt geradezu, dass angesichts einer Fülle neuer Entdeckungen die ursprüngliche Absicht, in gemeinsamer Arbeit Sinn und Bedeutung zu erkennen, in den Hintergrund getreten sei. Kaum ein Analytiker lerne noch ausdrücklich, Sinn und Bedeutung als Erkenntnisziele der psychoanalytischen Arbeit zu formulieren, obwohl die Deutungsarbeit seine eigentliche Identität ausmache (1982, S. 11).

Diese Entwicklung spiegelt sich auch darin wider, Sinn stiftende Konstruktionen gleichberechtigt neben bedeutungs-aufklärende Rekonstruktionen zu stellen. Modifiziert wird damit der therapeutische Stellenwert, den Freud der Einsicht in die ursprüngliche Bedeutung der manifesten Phänomene gegeben hatte.

Eine Erweiterung gegenüber der klassischen Auffassung stellt Lorenzers These dar, dass der „Hauptweg des psychoanalytischen Verstehens das szenische Verstehen" sei (1970, S. 148). Für Lorenzer steht nicht mehr die Aufklärung der manifesten Phänomene im Mittelpunkt des Interesses, sondern die Komplettierung der therapeutisch relevanten Szenen. Mit der Rekonstruktion der Originalvorfälle trete auch der situative Bedeutungsgehalt der aktuellen Inszenierungen vollständig hervor (vgl. 1970, S. 171f. und 188f.).

5. Die Bedeutung des Begriffs in den verschiedenen psychoanalytischen Schulrichtungen

Kontrovers wird das Problem der „Bedeutung" weniger unter verschiedenen psychoanalytischen Schulrichtungen als vielmehr zwischen naturwissenschaftlich und hermeneutisch orientierten Interpreten der Psychoanalyse diskutiert. Gemäß der von Shope (1973) und Grünbaum (1988) vertretenen naturwissenschaftlich-kausalen Position haben manifeste Phänomene nicht in einem semantischen Sinne, sondern nur als natürliche Anzeichen Bedeutung: Sie stehen nicht für etwas, sondern nur anstelle von mentalen Vorgängen, auf die sie – vergleichbar den roten Flecken, die „Masern" bedeuten – als Anzeichen verweisen. „Thematische Affinität" allein genügt Grünbaum (1990) zufolge nicht, die von der Psychoanalyse ebenfalls behaupteten Kausalzusammenhänge zu begründen. Dagegen betrachten Hermeneutiker wie Ricoeur (1974) und Habermas (1968) die manifesten Phänomene als zu entschlüsselnde Texte, denen sie in einem sprachanalogen Sinne Bedeutung zuschreiben, ohne jedoch eine Bedeutungstheorie explizieren zu können, die ihre Lesart rechtfertigen würde.

6. Interdisziplinäre Beiträge und Befunde

Den der Psychoanalyse inhärenten interdisziplinären Charakter hat besonders Kitcher (1992) unterstrichen, zugleich aber kritisiert, dass es versäumt wurde, die Entwicklung der Disziplinen zu verfolgen, von denen sich die Psychoanalyse theoretisch abhängig gemacht habe. Entgegen Kitchers eher pessimistischer Einschätzung gibt es jedoch zahlreiche Anknüpfungspunkte zu neueren kognitionswissenschaftlichen Theorien. So erlebt das der Psychoanalyse zugrunde liegende Modell des psychischen Apparates als eines Assoziationssystems, das für Jahrzehnte als antiquiert galt, mit dem konnektionistischen Paradigma eine modifizierte Neuauflage. Hier ergeben sich verschiedene Möglichkeiten, zentrale Annahmen der Psychoanalyse neu zu begründen (Stephan

1994). Und während Lacans Diktum, das Unbewusste sei „wie eine Sprache strukturiert“ (1987, S. 26), seine Wirkung auch ohne plausible Begründung entfalten konnte, bietet nun die von Fodor seit den siebziger Jahren ausgearbeitete Theorie einer „language of thought“ (1975, 1987) Gelegenheit, Freuds Annahme einer unbewussten Gedankensprache neu zu konzipieren.

Einen sehr ambitionierten Versuch, Freud mit der analytischen Philosophie des Geistes und der Sprachphilosophie „ins Gespräch“ zu bringen, unternimmt Cavell (1997). Ihre „Rekonstruktion“ der psychoanalytischen Bedeutungs- und Handlungstheorie basiert u.a. auf einer externalistischen Theorie der Bedeutung, die sie in Anlehnung an Wittgenstein, Quine, Davidson und Putnam entwickelt. Danach beruht allein die Möglichkeit der Deutung einer Person durch eine andere bereits darauf, „daß beide Normen sowie viele Überzeugungen und Wünsche teilen und eine gemeinsame materielle Welt haben“ (1997, S. 114). Sie räumt jedoch ein, dass Freud – wie viele seiner Zeitgenossen auch – eher eine internalistische Theorie der Bedeutung vertreten habe, derzufolge es eine angeborene „Sprache des Denkens“ gibt, in der die Gedanken der Individuen ihren Ausdruck finden (1997, S. 35). Tradierte psychoanalytische Annahmen über die Bedeutung von Zeichen und Handlungen werden somit von Cavell in einen neuen theoretischen Kontext gestellt, der insbesondere die Entwicklungen in der analytischen Philosophie des Geistes und in den Kognitionswissenschaften berücksichtigt.

Literatur

Argelander, H. (1982). Der psychoanalytische Beratungsdialog. Göttingen: Vandenhoeck & Ruprecht.

Cavell, M. (1997). Freud und die analytische Philosophie des Geistes. Überlegungen zu einer psychoanalytischen Semantik. Stuttgart: Klett-Cotta.

Fodor, J. (1975). The language of thought. Cambridge, MA: Harvard University Press.

Fodor, J. (1987). Psychosemantics. The problem of meaning in the philosophy of mind. Cambridge, MA: MIT Press.

Grünbaum, A. (1988). Die Grundlagen der Psychoanalyse. Eine philosophische Kritik. Stuttgart: Reclam.

Grünbaum, A. (1990). Meaning connections and causal connections in the human sciences: The poverty of hermeneutic philosophy. Journal of the American Psychoanalytic Association, 38, 559–577.

Habermas, J. (1968). Erkenntnis und Interesse. Frankfurt/M.: Suhrkamp.

Kitcher, P. (1992). Freud's dream. A complete interdisciplinary science of mind. Cambridge, MA: MIT Press.

Lacan, J. (1987). Die vier Grundbegriffe der Psychoanalyse. Das Seminar, Buch 11. Weinheim: Quadriga, 3. Aufl.

Lorenzer, A. (1970). Sprachzerstörung und Rekonstruktion. Frankfurt/M.: Suhrkamp, 2. Aufl., 1976.

Mill, J.S. (1843). A system of logic. Collected works, Vol. VII and VIII. Toronto: University of Toronto Press, 1974.

Ricoeur, P. (1974). Die Interpretation. Ein Versuch über Freud. Frankfurt/M.: Suhrkamp.

Shope, R. (1973). Freud's concepts of meaning. Psychoanalysis and Contemporary Science, 2, 276–303.

Stephan, A. (1989). Sinn als Bedeutung. Bedeutungstheoretische Untersuchungen zur Psychoanalyse Sigmund Freuds. Berlin: de Gruyter.

Stephan, A. (1994). Konnektionistische Fundamente für die Psychoanalyse? Ein Beitrag zur klinischen Theorie. Forum der Psychoanalyse, 10, 274–279.

Stricker, S. (1880). Studien über die Sprachvorstellungen. Wien: Braumüller.

Bedürfnis, Begehren, Befriedigung *von Robert Heim*

need, desire, satisfaction – besoin, désir, satisfaction

1. Definition

Im Wesentlichen ist diese Begriffstriade der Freud'schen Trieblehre zuzuordnen. Ihr Erfahrungsgehalt siedelt sich im Besonderen im Spannungsfeld zwischen Lust-, Realitäts- und Konstanzprinzip an; auch geht sie fließend in die Freud'sche Bestimmung des unbewussten (Trieb-)Wunsches über. Bedürfnis und Begehren sind im Sinne der psychoanalytischen Triebtheorie motivationale, affektiv und kognitiv komplexe psychische Kräfte und Erlebnisformen, die zwischen Lust und Unlust hindurch einen Ausgleich der Befriedigung anstreben. Dabei sind Bedürfnis und Begehren zwar koextensiv, nicht aber ineinander übersetzbar, so dass an der Befriedigung im präzisen Sinne der Triebtheorie stets ein heterogener, unerfüllbarer Rest haftet.

Es ist dieser Rest, der zum Stachel des Begehrens wird und dem menschlichen Triebleben zwischen seinen bewussten Erlebnisweisen und unbewussten Phantasien eine unauflösliche Paradoxie verleiht. Freud konzipierte die Spätfassung der Triebtheorie weiterhin dualistisch, räumte aber ein, dass selbst das Lustprinzip im Dienste des Todestriebes steht. Der Todestrieb als fundamentale Kategorie des Trieblebens wäre in diesem Sinne der große Kontrahent, zugleich aber virulente Subkultur in einer Kultur des Begehrens, als welche sich die differentia specifica humaner Lebensformen verstehen lässt.

Die psychoanalytische Behandlung fördert letztlich das, was man eine Rekultivierung des Begehrens nennen könnte: eine psychische Widerständigkeit gegen die stumme Macht des Todestriebs und seiner Derivate. Denn das Begehren darf als eine seelische Triebkraft sui generis verstanden werden, die sich mit der Irreduzibilität von Triebbefriedigung und Wunscherfüllung gleichsam ironisch oder tragisch abfindet. Wenn das Begehren vom Ich hinreichend symbolisiert werden kann, weiß es den sinnlichen, affektiven und kognitiven Lebensvollzug in der Trias von Genuss-, Liebes- und Arbeitsfähigkeit zu gestalten.

2. Klassische Auffassung

In Freuds Schriften liegt kein explizierter Begriff des Begehrens vor. Er weist in einer Verbalform darauf hin, wenn er in seinen „Beiträgen zur Psychologie des Liebeslebens" die Spaltung zwischen Sexualität und Liebe vor allem bei Männern benennt: „Wo sie lieben, begehren sie nicht, und wo sie begehren, können sie nicht lieben" (1912d, S. 82). Begehren ist hier bei Freud im Kontext dieser Arbeit unzweideutig mit sexueller Leidenschaft und Begierde konnotiert, die zu Bindung, Verbindlichkeit, Nähe, Konstanz, aber auch Redundanz – Qualitäten mithin, die die Objektbeziehungen der Liebe kennzeichnen – in Widerspruch treten. Wenig später spricht sich Freud gegen eine „uneingeschränkte Sexualfreiheit von Anfang an" aus und beruft sich auf die historische und kulturelle Erfahrung, um zu zeigen, „daß der psychische Wert des Liebesbedürfnisses sofort sinkt, sobald ihm die Befriedigung bequem gemacht wird. Es bedarf eines Hindernisses, um die Libido in die Höhe zu treiben, und wo die natürlichen Widerstände gegen die Befriedigung nicht ausreichen, haben die Menschen zu allen Zeiten konventionelle eingeschaltet, um die Liebe genießen zu können" (ebd. S. 88).

Freud nimmt hier vorweg, was 50 Jahre später Herbert Marcuse in seiner Kritik der „repressiven Entsublimierung" beklagen sollte: die Verflüchtigung der Erotik in der Kulturindustrie spätmoderner Gesellschaften, die Reduktion des Begehrens auf die Instantiierung möglichst unverzüglicher Bedürfnisbefriedigung. Dadurch wohnt dem Begriff des Begehrens in statu nascendi bei Freud eine kulturkritische Brisanz inne (Heim 1986).

Freud leitet die Sisyphosarbeit des Sexualtriebes, die die Kluft zwischen Bedürfnis, Begehren und Befriedigung überhaupt öffnet, aus einer zutiefst widersprüchlichen Verfassung des Triebes selbst her, soweit dessen Schicksal von Ödipuskomplex und Inzestschranke strukturiert werden. Er erwägt die befremdliche Möglichkeit, „daß etwas in der Natur des Sexualtriebes selbst dem Zustandekommen der vollen Befriedigung nicht günstig ist“ (ebd. S. 90). Freuds damaliger Erkenntnisstand, darunter die Verdrängungsätiologie der Neurosen, konnte zeigen, dass das Trieb- und Liebesleben des Erwachsenen seine Objekte lediglich als Surrogate eines ursprünglichen Objekts finden kann. Dass es demnach keine Fülle der Befriedigung gibt, liegt nicht an kontingenten äußeren Umständen, sondern an einer Binnenstruktur des Sexualtriebes, in der sich der Kreislauf zwischen Quelle, Ziel und Objekt nicht homöostatisch schließen kann. Aus dieser Unabschließbarkeit darf ein Begehren hergeleitet werden, das sich zwar aus der Wunschphantasie einer sättigenden Fülle nährt, sich aber letztlich mit der Unvereinbarkeit von Wunsch und Realität illusionslos abgibt. Dies meinte Freud, als er den mephistophelischen Stachel im Fleisch der faustischen Triebverfassung beschrieb: „Wenn das ursprüngliche Objekt einer Wunschregung infolge einer Verdrängung verlorengegangen ist, so wird es häufig durch eine unendliche Reihe von Ersatzobjekten vertreten, von denen doch keines voll genügt“ (ebd.).

Wenn Freud hier den Triebwunsch ins Spiel bringt, so tut er dies in Anspielung auf zwei Grundbegriffe im siebten Kapitel seiner „Traumdeutung“. Freud leitet hier entlang seiner Erkenntnis leitenden Hypothese – der Traum ist eine Wunscherfüllung – den Wunsch und sein Ziel der Erfüllung aus dem „ursprünglichen Erfahrungstypus“ (Laplanche und Pontalis 1973, S. 85) eines Befriedigungserlebnisses ab. Die organismischen Spannungen des Säuglings bedürfen zu ihrer Beseitigung der mütterlichen Präsenz mit ihren coenästhetischen Qualitäten: Stimme, Blick, Geruch und taktile Empfindungen; und er ist in seiner Hilflosigkeit auf das Primärobjekt der nährenden Brust angewiesen. Die Lösung der Spannungen bildet dabei eine interaktive Situation von hoher Dichte, die für den Säugling die determinierende psychische Kausalität eines Befriedigungserlebnisses gewinnt. Beim Säugling erfolgt dadurch eine Engrammbildung, die den imaginären und phantasmatischen Vorrat des unbewussten Gedächtnisses strukturiert.

Freud prägte für diese Engrammbildung den Begriff der „Wahrnehmungsidentität“, in der das coenästhetische Erinnerungsbild der Sättigung primärprozesshaft mit der „Gedächtnisspur der Bedürfniserregung assoziiert bleibt“ (1900a, S. 571). Weil sich diese Bedürfniserregung auf stets erweiterter Stufenleiter der psychosexuellen Entwicklung reproduziert, kommt es infolge dieser Verknüpfung zu einer „psychischen Regung“ besonderer Art. Diese will „das Erinnerungsbild jener Wahrnehmung wieder besetzen und die Wahrnehmung selbst wieder hervorrufen, also eigentlich die Situation der ersten Befriedigung wiederherstellen ... Eine solche Regung ist das, was wir einen Wunsch heißen; das Wiedererscheinen der Wahrnehmung ist die Wunscherfüllung, und die volle Besetzung der Wahrnehmung von der Bedürfniserregung her der kürzeste Weg zur Wunscherfüllung“ (ebd.).

Freud legte damit der Triebtheorie eine folgenreiche Differenzierung zugrunde. Nicht nur treten Bedürfnis und Wunsch auseinander; den beiden entsprechen in den Erlebnisformen der Befriedigung und Erfüllung auch unterschiedliche, nicht ineinander überführbare psychische Erlebnisqualitäten. Damit gewinnt das Befriedigungserlebnis, auf das sich jede Triebregung im Konflikt zwischen Lust- und Realitätsprinzip richtet, eine Doppelbödigkeit, und die Triebregung nimmt die Gestalt eines Januskopfes an: Korreliert ihr als Triebbedürfnis in der Regel ein äußeres Objekt, das ihm mittels einer spezifischen Aktion Befriedigung verschafft, so sucht sich und findet der Triebwunsch seine Erfüllung auf dem halluzinatorischen Weg der Reinszenierung eines Erinnerungsbildes.

1920 greift Freud in „Jenseits des Lustprinzips“ diese Gabelung nochmals auf, wenn er von der „Differenz zwischen der gefundenen und der geforderten Befriedigungslust“ (1920g, S. 44f.) spricht. Wir können nun präzisieren: Die geforderte Befriedigungslust ist das unbewusste Postulat eines Triebwunsches, der – als „verdrängter Trieb“ zur phantasmatischen Triebrepräsentanz geworden – „nach seiner vollen Befriedigung (strebt), die in der Wiederholung eines primären Befriedigungserlebnisses bestünde“ (ebd.). Weil dieses Streben nur auf Surrogate, Ersatz- und Reaktionsbildungen stößt oder sublimiert werden muss bleibt an der Triebbefriedigung stets der Rest eines Ungenügens haften. Damit öffnet sich ein struktureller Mangel im menschlichen Triebleben. Als dessen komplementäres Gegenstück entwickelt sich der innere Raum unbewusster Phantasien, die die psychische Realität mit ihren Objekten strukturieren.

3. Wesentliche Erweiterungen, Differenzierungen und Modifikationen

Lässt sich bei Freud ein impliziter Begriff des Begehrens zwischen Bedürfnis und Befriedigung ausmachen, so steht dieser bei Lacan im Zentrum einer labyrinthischen Theoriearchitektonik. Hier ist das Subjekt Begehren in dessen verschiedenen Masken und Kostümierungen. In dieser Hinsicht knüpft Lacan dort an Freud an, wo dieser seine „Traumdeutung“ mit dem Verweis auf die zeitlose, Vergangenheit, Gegenwart und Zukunft zusammenziehende Kraft des „unzerstörbaren Wunsches“ beschließt (Freud 1900, S. 626). Lacan wob ein triadisches Sinngeflecht, in dem sich Libido und Aggressivität, Eros und Destruktion, Lebens- und Todestrieb in einem begrifflichen Amalgam neuer Art kreuzen. Dabei ist das deutsche Begehren lediglich eine geläufige Rückübersetzung des französischen désir, in das der Wunsch (laut Laplanche und Pontalis auch Begierde und Lust, a.a.O., S. 634) übertragen wurde.

In Entsprechung zu seiner Gliederung des psychoanalytischen Raums – das Reale, das Imaginäre, das Symbolische – unterzog Lacan die Freud'sche Triebtheorie einer weiteren Topologisierung. In einer unauflöslichen Verknotung erscheint das Begehren in den drei topischen Registern als Bedürfnis (besoin), Verlangen oder Anspruch (demande); dann désir im präzisierten Sinne als Triebkraft in der objektiven Welt von Sprache und Sprechen, in der symbolischen Ordnung mit Status eines kulturellen Gesetzes, vor dem sie sich Geltung und Anerkennung verschaffen will. Das Begehren als désir schreibt sich in diesem Register des Symbolischen in eine intersubjektive Dialektik der Anerkennung ein. Deren Gelingen wird zum Garant von Kultur und Zivilität; ihr Scheitern lässt das Begehren im virtuell tödlichen Zirkel imaginärer, destruktiv-narzisstischer Beziehungen leerlaufen.

Lacans Topologie des Begehrens ist eine hegelianisierende, an Kojèves Hegel-Kommentar (1975) orientierte Reinterpretation von Freuds Trieblehre. Das Bedürfnis, bei Hegel die Begierde, ist der biologische Kern des Triebes und entspringt organismischen Spannungen; es will Sättigung vermittels eines Objekts, sucht solipsistisch Befriedigung in einer spezifischen Aktion. Dass in der Begierde die Gier enthalten ist, lässt auch die kleinianische Bedeutung dieses Begriffs anklingen (Heim 1996), wenngleich die Primärform der Gier bei Melanie Klein bereits mit Phantasien des Säuglings in Bezug auf den Inhalt der mütterlichen Brust angereichert ist. Bedürfnis, Begierde und Gier können deshalb nie ausschließlich biologistisch verstanden werden.

Zum eigentlichen Scheitelpunkt des Begehrens wird nach Lacan dessen Einrückung in die Welt menschlicher Symbole, für deren Prototyp die Struktur der Sprache steht. Hier zeigt sich, ob das Begehren weiterhin seine Runden in den imaginären Bahnen des „Spiegelstadiums“ (Lacan 1973, S. 61ff.) drehen wird, oder ob es den Zugang zur Dialektik der Anerkennung findet. „Bevor das Begehren nicht lernt, sich (...) durch das Symbol anzuerkennen, wird es nur im andern gesehen. Am Ursprung, vor der Sprache, existiert das Begehren nur auf der einzigen Ebene der imaginären Beziehung des Spiegelstadiums, projiziert, entfremdet im andern. Die Spannung, die es erzeugt, ist dann jeden Auswegs beraubt. Das heißt, sie hat keinen anderen Ausweg – wie Hegel uns lehrt – als die Zerstörung des andern. Das Begehren des Subjekts kann sich in dieser Beziehung allein durch absolute Konkurrenz bestätigen, allein durch absolute Rivalität mit dem anderen (...) (Es erzeugt sich) die allerradikalste Aggressivität – das Begehren nach dem Verschwinden des andern (...). Aber (...) das Subjekt ist in der Welt des Symbols, das heißt in einer Welt von anderen, die sprechen. Deshalb ist sein Begehren der Vermittlung der Anerkennung fähig. Anders könnte sich jede menschliche Funktion nur in dem unbeschränkten Wunsch nach der Destruktion des andern als solchen erschöpfen" (Lacan 1978, S. 218f.; vgl. auch 1975, S. 165ff.).

Daraus folgt, dass Freuds „unzerstörbarer Wunsch", der in der Triebbefriedigung auf phantasmatische Erfüllung drängt, in der Dialektik der Anerkennung unweigerlich an seine Grenzen stößt. Jeder Wunsch nach „Erfüllung" bleibt demnach dem Imaginären als intersubjektivem Raum eines destruktiven Narzissmus verhaftet, wenn er nicht in der Reziprozität der Anerkennung gebrochen und vermittelt wird. Diese Anerkennung ist bestenfalls eine Benennung, und zwar in dem Maße, wie ein Analytiker das Begehren zu deuten, bewusst zu machen vermag; Benennung und Anerkennung meinen einen Verzicht auf das idealisierende Verlangen nach einer vollen Triebbefriedigung, wie es etwa die Verliebtheit suggeriert. Es ist dies ein Verzicht im Eingeständnis freilich, dass der Triebwunsch nach Erfüllung, der strukturell in jedem Bedürfnis angelegt ist und in die imaginäre und symbolische Dimension des Begehrens eingeht, nicht außer Kraft gesetzt werden kann.

Lacans Rede von der Projektion und Entfremdung des Begehrens im Anderen, wie sie auf einer imaginären Beziehungsebene wirksam sind, erlaubt einige Querverweise zu kleinianischen, insbesondere Bion'schen Denkfiguren. Wenn Lacan seine Fragmente zur Theorie des Begehrens dahingehend zusammenfasst, das Begehren des Menschen sei das Begehren des andern, so ist zu erwägen, ob er dies nicht im Sinne einer projektiven Identifizierung mit ihren verschiedenen Schattierungen meint. Vorausgesetzt ist dabei eine gewisse Affinität zwischen Melanie Kleins Theorie der paranoid-schizoiden Position und Lacans Konzept des „Spiegelstadiums als Bildner der Ich-Funktion". Bions Container-Contained-Modell stützt überdies die Annahme, der unbewusste Triebwunsch suche sich – im Sinne von Freuds Primärvorgang der „Wahrnehmungsidentität" – für die Fülle seiner Befriedigung einen entsprechenden Behälter, der diese Fülle nicht nur in sich aufzunehmen bereit ist, sondern sie auch zu schenken verspricht. Dem Wunsch nach einer „vollen Triebbefriedigung" korrespondiert das Objekt eines vollen Behälters. Der andere in Lacans Formel, das Objekt, der Kontrahent, Gegenspieler oder Mitspieler in der Dialektik der Anerkennung des menschlichen Begehrens, ist mitunter stets Funktion eines Behälters. Das Begehren auf seiner imaginären Beziehungsebene wäre demnach von der projektiven Identifizierung getrieben, diesen Behälter als voll zu unterstellen oder dann füllen zu wollen. Gewinnt diese Dynamik eine destruktive Dimension, so ist sie Folge einer exzessiven projektiven Identifizierung, in der das Behälter-Objekt dazu verwendet wird, die Affekte von Hass, Wut, Gier und Neid in sich anzusammeln.

Damit ergibt sich gegenläufig eine vergleichbare Nähe zwischen dem kleinianischen Konzept der depressiven Position und Lacans Begehren im normativen Register des Symbolischen. Was schließlich für die Kleinianer Dankbarkeit (gratitude) als Geste des Subjekts gegenüber einem Befriedigung (gratification) gewährenden Objekt ist, wird bei Lacan Kennzeichen des Begehrens in der symbolischen Ordnung reziproker Anerkennung. Dagegen ist der Affekt des Neides, der ein Befriedigungserlebnis überschattet, weil das Objekt dessen vermeintliche Fülle versagt oder für sich reserviert, eine Ressource des Begehrens für den Narzissmus seiner imaginären Selbstbespiegelung.

Ähnlich wie bei Freud und Lacan kann es auch in Bions Theorie des Denkens (1995) keinen geschlossenen Kreislauf zwischen „Prä-Konzeption", „Konzeption", „Realisierung" und „Paarung" geben. Aus der Paarung einer Prä-Konzeption mit einer

Realisierung fügt sich das, was Freud den wunschdeterminierenden Gehalt eines Befriedigungserlebnisses nannte. Dieser Gehalt, bei Bion ein „befriedigendes Gefühlserlebnis" (ebd. S. 227), geht ein in eine „Konzeption", in deren Lichte – wie nun festgehalten werden kann – eine unbewusste Wunschregung nach der Fülle der Wiederholung dieser Konzeption, nach einer „vollen Triebbefriedigung", trachtet.

Entscheidend für die psychische Strukturbildung über die paranoid-schizoide Position hinweg bleibt für Bion die Paarung einer Konzeption mit der Abwesenheit eines befriedigenden Objekts oder dessen Ungenügen. Letztlich geht es um die Entwicklung der Fähigkeit, Versagung zu ertragen. Für Freud, Lacan und die Kleinianer (Segal 1995) mündet diese Entwicklung in unterschiedlichen begrifflichen Facetten idealtypisch in die Struktur der Symbolisierung. Was für Freud mustergültig das Spulenspiel des Kleinkindes in „Jenseits des Lustprinzips" war, das wurde für Lacan die Einrückung des Begehrens in die symbolische Ordnung am Leitfaden seines Begriffs der Vatermetapher (1975, S. 61ff.). Dagegen ist für Bion die rêverie, die träumerische Gelöstheit der Mutter angesichts der exzessiven projektiven Identifizierungen des Kindes, Garant dafür, dass Freuds „unzerstörbarer Wunsch" nicht nur nicht in die Psychose flüchtet, sondern ebenso wenig in den Wunsch nach Zerstörung umschlägt. Im kleinianischen Verständnis bleibt das in der Alpha-Funktion gewährleistete Containing der Mutter die unabdingbare Grundlage für die Leistungen der Symbolisierung.

Die Struktur der Symbolisierung ist letztlich triangulierend und führt zwischen das begehrende Subjekt und seine inneren wie äußeren Objekte die stete, phantasmatische oder reale Präsenz eines Dritten ein. In diesem Sinne spricht auch Kernberg (1994) von einem „erotischen Begehren". Dessen Triangulierung sorgt für jene „emotionale Unsicherheit in der sexuellen Intimität ... des Paares" (ebd. S. 876), deren Ursprünge aus Freuds Trieblehre, wie gezeigt, rekonstruierbar sind. Auch für Kernberg erschöpft sich dieses Begehren nicht im Wunsch nach einer vollen Triebbefriedigung, weil es – in diesem Fall für das sexuelle Paar – den Schatten eines idealisierten anderen gibt, dem diese Fülle übertragen wird. Die Triangulierung des erotischen Begehrens bezieht sich „auf die unbewusste Phantasie eines ausgeschlossenen Dritten, eines idealisierten Angehörigen desselben Geschlechts wie das in Frage stehende Subjekt – der gefürchtete Rivale, der eine Wiederholung des ödipalen Rivalen ist" (ebd.).

4. Interdisziplinäre Beiträge

Der Begriff des Begehrens in der zeitgenössischen Psychoanalyse wird weit gehend mit deren französischer Prägung durch Lacan identifiziert. Dabei wird meist übersehen, dass es im engeren und weiteren Umfeld des Lacan'schen Denkens ein dichtes begriffliches Netzwerk des „Begehrens" gibt.

An erster Stelle rangiert der Kommentar des Sozialphilosophen Alexandre Kojève zur Hegelschen „Phänomenologie des Geistes", dessen Spuren sich nachweislich bei Lacan finden. Für Kojève konstituiert und humanisiert sich die Gesellschaft als ein „Ganzes von sich gegenseitig als Begierde begehrender Begierden ... Die menschliche Geschichte ist die Geschichte begehrter Begierden" (1975, S. 23). Was Kojève aus Hegels philosophischem Hauptwerk destillierte, ist für die Psychoanalyse als eine konsequent intersubjektivistische Auslegung der Freud'schen Trieblehre brauchbar. Im strengen Sinne dieser Auslegung gibt es keine natürlichen Objekte der Triebe und ihrer Transformation in Begehren; diese Objekte sind im Grunde immer schon sozialisiert. Was auch immer als Objekt von Trieb und Begierde gelten kann: Es gewinnt seinen Reiz und seine elektive Qualität als Objekt nur, wenn es zugleich durch ein anderes Begehren vermittelt ist. Lacan verarbeitete diesen Befund zu seiner Formel „das Begehren ist das Begehren des anderen"; aber auch Kernbergs Definition des erotischen Begehrens erfährt dadurch eine zusätzliche Plausibilisierung.

In thematischer Nähe sowohl zu Kojève wie Lacan findet sich zudem beim jüdischfranzösischen Philosophen Emmanuel Lévinas eine eigene Konzeption des Begehrens. In seiner „Idee des Unendlichen als Begehren“ (1983, S. 200ff.) verleiht Lévinas Freuds Hinweis auf eine unendliche Reihe von Ersatzobjekten, die ein durch Verdrängung verloren gegangenes Wunschobjekt vertreten, nachträglich philosophische Dignität. Lévinas Begehren öffnet und transzendiert den Kreislauf zwischen Bedürfnis und Befriedigung auf das Antlitz des anderen Menschen hin, dessen Verwundbarkeit den Lüsten und Begierden die Kraft eines ethischen Regulativs einflößt. Auch hier geht es um eine Entkräftung des imaginären Zirkels zweier Begierden, der sich letztlich immer in destruktiven Attacken auf Verbindungen (vgl. Bion 1995) erschöpft. Das Begehren leitet sich aus dem Rest an Versagung ab, der in jeder Befriedigung lauert, bis es in der Dialektik der Anerkennung dem Antlitz des anderen zu begegnen weiß: „Begehren ohne Befriedigung, das eben dadurch die Andersheit des Anderen bezeugt. ... Die Begierden, die man befriedigen kann, gleichen dem Begehren nur zeitweilig: in den enttäuschten Befriedigungen oder im Wachsen des Mangels, das ihrer Wollust den Rhythmus gibt. Sie gelten zu Unrecht für das Wesen des Begehrens. Das wahre Begehren ist dasjenige, das durch das Begehrte nicht befriedigt, sondern vertieft wird“ (ebd. S. 201f.).

Schließlich prägte der Literaturwissenschaftler und Kulturanthropologe René Girard seinen Begriff des „mimetischen Begehrens“ (1992). Auch er meint eine Intersubjektivität zweier Wünsche. Darin begehrt das Subjekt ein Objekt nur, weil dieses zugleich Objekt eines Rivalen ist. Die Struktur des Begehrens ist für Girard stets imitativ, nachahmend, eben mimetisch. Im vermeintlich harmlosen mimetischen Wunsch des Kindes, ein Vorbild oder Modell zu imitieren – was etwa an die klassische Ödipus-Theorie der Psychoanalyse gemahnt –, steckt indes die Virulenz der Gewalt. Girard sieht in der Intersubjektivität des mimetischen Begehrens den Katalysator einer Gewaltspirale, die in das archaische Szenario einer Opferkultkrise der Gesellschaft mündet. Es bleibt zu fragen, ob Girard damit nicht – trotz seiner Abgrenzungsversuche – das Begehren in der von Lacan beschriebenen imaginären Befangenheit des Spiegelstadiums meint.

Literatur

Bion, W.R. (1995). Angriffe auf Verbindungen. In E.B. Spillius (Hg.), Melanie Klein heute. Bd. 1 (S. 110–129). Stuttgart: Verlag Internationale Psychoanalyse.

Bion, W.R. (1995). Eine Theorie des Denkens. In E.B. Spillius (Hg.), Melanie Klein heute. Bd. 1 (S. 225–235). Stuttgart: Verlag Internationale Psychoanalyse.

Girard, R. (1992). Das Heilige und die Gewalt. Frankfurt/M.: Fischer.

Heim, R. (1986). Archäologie und Teleologie des unbewußten Wunsches. Zur begrifflichen Differenzierung von Bedürfnis, Wunsch und Begehren in der Psychoanalyse. Psyche – Z Psychoanal, 40, 819–851.

Heim, R. (1996). „Dieses dunkle Objekt der Begierde“. Die Triebtheorie im Diskurs über Psychoanalyse und Gesellschaft. Psychoanalyse im Widerspruch, 8, 7–22.

Kernberg, O.F. (1994). Das sexuelle Paar: Eine psychoanalytische Untersuchung. Psyche – Z Psychoanal, 48, 866–887.

Kojève, A. (1975). Hegel. Kommentar zur Phänomenologie des Geistes. Frankfurt/M.: Suhrkamp.

Lacan, J. (1973). Schriften I. Olten: Walter.

Lacan, J. (1975). Schriften II. Olten: Walter.

Lacan, J. (1978). Das Seminar, Buch I: Freuds technische Schriften. Olten: Walter.

Laplanche, J. und Pontalis, J.-B. (1973). Das Vokabular der Psychoanalyse. Frankfurt/M.: Suhrkamp.

Lévinas, E. (1983). Die Spur des Anderen. Untersuchungen zur Phänomenologie und Sozialphilosophie. München: Alber.

Segal, H. (1995). Bemerkungen zur Symbolbildung. In E.B. Spillius (Hg.), Melanie Klein heute. Bd. 1 (S. 202–224). Stuttgart: Verlag Internationale Psychoanalyse.

Bewusstsein *von Hanna Gekle*

consciousness – conscience

1. Definition

Im Begriff des Bewusstseins sind prinzipiell zwei Aspekte zu unterscheiden, ein materialer und ein formaler. Ein materialer: Denn alles Bewusstsein ist Bewusstsein von etwas, d.h. es hat eine intentionale Struktur; ein formaler: Das Bewusstsein weiß bzw. kann wissen, dass es selber es ist, das diese Inhalte hat. Letzteres wird als Selbstbewusstsein bzw. Selbstreflexivität unterschieden. Um die prinzipielle Einheit dieser divergierenden Akte des Bewusstseins als Bewusstsein des anderen bzw. als Bewusstsein des Selbst zu garantieren, wurde in der Philosophie seit Kant ein transzendentales Ich postuliert.

Die beiden Aspekte fallen weder zusammen noch liegen sie logisch auf derselben Ebene, denn es ist das Selbstbewusstsein, das den – zumeist implizit gelassenen – Rahmen bildet, innerhalb dessen die materialen Akte des Bewusstseins stattfinden.

2. Klassische Auffassung

Die Psychoanalyse als Wissenschaft begründet ihren exquisiten Gegenstand auf das Unbewusste. Damit steht zugleich das Bewusstsein im Zentrum ihrer Auffassung: als Kritik, als Gegenspieler – und als Ziel.

Das Bewusstsein als Gegenstand der Kritik: Freud hebt die damalige Gleichung von Psychischem und Bewusstem auf zugunsten einer umfassenden Kategorie von Sinn bzw. Intentionalität, die alle Schattierungen von unbewusst bis bewusst annehmen kann (Freud 1940b, S. 144); Freuds genuine Entdeckung jedoch ist das dynamisch Unbewusste, von dem er das aktuell Bewusste wie das prinzipiell Bewusstseinsfähige des Vorbewussten abgrenzt (Freud 1940a, S. 82). Das Bewusstsein als Gegenspieler: Jede Theorie eines Unbewussten enthält implizit oder explizit eine bestimmte Vorstellung von Bewusstsein, von der sie sich abgrenzt. Das Bewusstsein als Ziel: Verwandlung des dynamisch Unbewussten, das sich im regressiven Wiederholungsgeschehen gegen den Willen des Subjekts durchsetzt, in Bewusstsein – das war die anfängliche Definition psychoanalytischer Therapie. Später löst Freud die ausschließliche Bindung dieser Definition von der Qualität bewusst und unbewusst ab; aber noch seine späte Formel von: Wo Es war, soll Ich werden, impliziert vor allem eine Verwandlung von Unbewusstem in Bewusstes, auch wenn das Ich nicht mit dem Bewusstsein zusammenfällt, sondern selber über weite Strecken zumindest im deskriptiven Sinn unbewusst agiert.

Das Bewusstsein ist eine „unvergleichliche, jeder Erklärung und Beschreibung trotzende Tatsache" (Freud 1940a, S. 79). Darauf pocht noch der alte Freud im „Abriß der Psychoanalyse" von 1938 mit kopfschüttelnder Belustigung, wenn er ex negativo den Behaviorismus amerikanischer Prägung erwähnt, der glaube, von dieser „Grundtatsache" des Bewusstseins absehen zu können (a.a.O.).

Die Bestimmung des Bewusstseins gehörte zu den Aufgaben, die Freud sich von Anfang an stellte. Bereits im „Entwurf einer Psychologie" von 1895 hatte Freud das Bewusstsein durch zwei wesentliche Bestimmungen charakterisiert: Erstens verbindet er das Bewusstsein aufs engste mit der Wahrnehmung, ja, er scheint sie zu identifizieren, wenn er Bewusstsein als „die subjektive Seite eines Teiles der physischen Vorgänge im Neuronensystem, nämlich der Wahrnehmungsvorgänge" (Freud) bestimmt. Wiewohl dies deutlich auf Freuds frühe monistische Theorie des Bewusstseins verweist, hat er diese Verbindung im „Abriss" erneut bestätigt und präzisiert. Danach ist Bewusstsein vor allem an die Wahrnehmung der Außenwelt geknüpft (Freud 1940b, S. 83).

Zweitens: Das Bewusstsein vermittelt Qualitäten, keine Quantitäten. Teils sind dies Qualitäten der Außenwelt, die Freud – ebenfalls bereits im „Entwurf" mit der Kategorie des „Anders“ klassifiziert. „Das Bewußtsein gibt uns, was man Qualitäten heißt, Empfindungen, die in großer Mannigfaltigkeit anders sind und deren Anders nach Beziehungen zur Außenwelt unterschieden wird. In diesem Anders gibt es Reihen, Ähnlichkeiten und dgl., Qualitäten gibt es eigentlich darin nicht.“ Zwar bindet Freud im Folgenden die Qualität wieder an die Wahrnehmung als ein Sinnesorgan, doch das „Anders“, das er beschwört, zielt v.a. auf die Differenz; sie ist es, was das eine vom anderen abgrenzt. In der „Traumdeutung“ dagegen differenziert Freud zwischen dem prinzipiell bewusstseinsfähigen Vorbewussten und dem dynamisch Unbewussten. Bewusstsein hat demnach als weitere Quelle die Qualitäten der psychischen Innenwelt. In eins damit verliert es seine früher beherrschende Stellung: Bewusstsein spielt demnach in der Psychoanalyse „nur noch die Rolle eines Sinnesorgans zur Wahrnehmung psychischer Qualitäten“ (Freud 1900a, S. 620f.).

Diese Engführung von Wahrnehmung und Bewusstsein bestätigen Freuds metapsychologische Arbeiten von 1915 von neuem, wo er das System Wahrnehmung-Bewusstsein in eins fasst und es vom Vorbewussten bzw. Unbewussten abgrenzt: Letztere nur haben Gedächtnis und Erinnerungsspuren, während ganz im Gegenteil die Funktionstüchtigkeit des Bewusstseins sich laut Freud daran knüpft, dass es permanent bereit ist, neue Wahrnehmungen aufzunehmen und gerade deshalb keine speichern könne (Freud 1895d, S. 164 Anm. 1). Was dem Vbw bzw. Ubw die Dauerspuren der Erinnerung, das ist der Wahrnehmung das Bewusstsein: Es entstehe „an Stelle der Dauerspuren“ (Freud 1925a, S. 4f.). Bewusstsein ohne Erinnerung, Erinnerung ohne Bewusstsein – so die schroffe Antithese, die sich bei konsequenter Verfolgung dieses Ansatzes ergibt.

Als zentraler theoretischer Begriff muss das Bewusstsein den drei entscheidenden Gesichtspunkten der Metapsychologie gemäß definiert werden (Laplanche und Pontalis 1973, S. 97). Topisch gesehen bleibt das Bewusstsein für Freud in allen Phasen seines Denkens an der Peripherie zwischen innen und außen gelegen; dementsprechend auch die Bestimmung seiner Leistung: In Freuds erstem psychischen Modell gehört das System W-Bw zur reizaufnehmenden Oberfläche unseres seelischen Wahrnehmungsapparates (Freud 1925, S. 4f.); im Rahmen des Instanzenmodells von Es, Ich, Überich schlägt Freud das Bewusstsein dem Ich zu und definiert das spätere Ich als denjenigen Teil des Es, „der durch den direkten Einfluß der Außenwelt unter Vermittlung von W-Bw“ (Freud 1923b, S. 252) verändert wird. – Der für Freud sonst so entscheidende ökonomische Aspekt ist mit dem Bewusstsein und seiner Orientierung an den Qualitäten besonders schwer in Einklang zu bringen. Aber an der Bewusstseinsleistung der Aufmerksamkeit scheint Freud eine Berücksichtigung ökonomischer Kategorien unvermeidbar; die Aufmerksamkeit schöpfe ihre Energie aus dem Ich (Entwurf) bzw. aus dem System Vbw (Freud 1900a, S. 621) und verdanke sich eben jener besonderen Eigenschaft des Bewusstseins, Qualitäten wahrzunehmen. Da aber unter allen Qualitäten diejenige der Realität die entscheidende ist, entzünde sich der Mechanismus der Aufmerksamkeit an ihr (Freud 1900a, S. 621).

Der dritte Aspekt der Metapsychologie, der dynamische, bringt das System W-Bw an die Grenze seiner Leistung: Hatte Freud bis 1915 die psychische Dynamik und Symptomatik v.a. über die Verdrängung bzw. über die Fähigkeit zur Bewusstwerdung beschrieben, so sieht er sich nunmehr zum Geständnis gezwungen, „daß die Bewußtheit, der einzige uns unmittelbar gegebene Charakter der psychischen Vorgänge sich zur Systemunterscheidung in keiner Weise eignet“ (Freud 1915e, S. 291). Ich und Bewusstsein fallen nicht zusammen; besonders die Abwehr des Ichs, die über weite Strecken unbewusst geschieht, zwingt Freud zur Konzeption eines unbewussten Ich, das er in seinen späten Arbeiten auszuarbeiten beginnt, aber nicht mehr zureichend theoretisch durchdringen kann (Freud 1924b, c, e 1927e, 1940e).

Ein letztes Mal kehrt die Ambiguität des Bewusstseins wieder bei der Bestimmung des

Ziels jeder psychoanalytischen Behandlung. Zwar ist „die psychoanalytische Kur ... auf die Beeinflussung des Ubw vom Bw her gebaut“ (Freud 1915e, S. 293), aber Freud betont zugleich, dass die Deutung allein die Verdrängung nicht rückgängig machen kann. Dies gelingt erst dann, wenn die Widerstände beseitigt werden, die die Systeme Ubw und Bw/Vbw getrennt halten.

3. Ideengeschichtlicher Hintergrund

Nach allgemeiner Auffassung gilt Descartes Begriff der cogitatio bzw. der conscientia als Ursprung des modernen Bewusstseinsbegriffs. Dessen Neues liegt darin, dass Descartes den Begriff des Bewusstseins gegenüber der christlichen Tradition vom Begriff des Gewissens eindeutig ablöst und es zugleich zum Wesenskonstituens des Menschen überhaupt erhöht. Von nun an ist der Mensch als res cogitans bestimmt. Von der Vorrangstellung des Cartesius als Ahnherr der gesamten neuzeitlichen Philosophie leitet sich die häufig vertretene These ab, wonach Seele und Bewusstsein identisch seien. Descartes trennt noch nicht eindeutig zwischen dem, was man später als Intentionalität von der Selbstreflexivität abgrenzt: Erstere zielt auf die Gegenstände des Bewusstseins, allgemein: die Repräsentation von Welt – Bewusstsein ist hier immer: Bewusstsein von etwas –, während letztere sich bewusst hält, dass es das Bewusstsein selber ist, was diese Vorstellungen in sich enthält. Diese Differenz von Bewusstsein und Selbstbewusstsein sollte erst Leibniz einklagen. Zugleich – und konsequenterweise – greift Leibniz die cartesianische Gleichstellung von Bewusstsein und Psychischem an. In den petites perceptions, den „Perzeptionen ohne bewußte Wahrnehmung und Reflexion“, betont Leibniz „Veränderungen in der Seele ..., deren wir uns nicht bewußt werden“ (Leibniz 1961, XXff.), und diesen petites perceptions kommt trotz ihres Unmerklichen ontologisch wie psychologisch größte Bedeutung zu: sie tragen das Gesetz der Kontinuität: als Einheit der Welt wie als Identität des Individuums (ders. a.a.O. XXIX). – Die klassische Definition von Christian Wolff besiegelt diesen sowohl intentionalen als auch selbstreflexiven Aspekt des Bewusstseins und nimmt Freuds Charakterisierung des Bewusstseins als unhintergehbarer Tatsache vorweg: So definiert Wolff als § 1 seiner Metaphysik: „Wir sind uns unser und anderer Dinge bewußt, daran kann niemand zweifeln“ (Ch. Wolff 1719, § 1).

Kant hebt die neuzeitliche Theorie des Bewusstseins vollends auf ein neues, transzendentales Niveau. Er ordnet allen Akten des empirischen Bewusstseins, gleichgültig, ob sie nun Welt oder das Ich selber enthalten, ein transzendentales, d.h. aller besonderen Erfahrung vorhergehendes Bewusstsein voran, das erst die Einheit aller anderen Bewusstseinsakte garantiert: die transzendentale Einheit der Apperzeption, definiert als das ‚ich denke, das alle meine Vorstellungen muß begleiten können‘. Das ist wörtlich genau zu lesen: Die Synthesisleistungen der transzendentalen Einheit der Apperzeption sind in aller Regel nicht bewusst, können es aber prinzipiell werden. Kurz: Sie entsprechen dem, was Freud das Vorbewusste genannt hat. Ohne diese vorgängige Einheit der Apperzeption würden die verschiedenen Bewusstseinsakte schlichtweg auseinander fallen und könnten nichts voneinander wissen. Damit wird die Einheit des Selbstbewusstseins die Grund legende Bedingung möglicher Erkenntnis und ihrer Gegenstände und damit von Wirklichkeit überhaupt (Kant 1787, KrV A 127).

Diese Vereinheitlichung aller Phänomene des Bewusstseins in der synthetischen Einheit der Apperzeption wird im Deutschen Idealismus zwar modifiziert, doch erst im späteren 19. Jahrhundert tritt sie radikal auseinander. Während das Bewusstsein auf der einen Seite zu einer spezifischen anthropologischen Gegebenheit besonderer Art wird – sei es als Über-Bewusstsein bei J. Carus, als Überbau bei K. Marx oder als kosmisches Universalprinzip des Unbewussten, aus dem sich die Stufen des Bewusstseins herausarbeiten wie bei E. v. Hartmann, so entwickelt sich auf der anderen Seite ein rein psychologisch verstandener Bewusstseinsbegriff; die Psychologie überhaupt wird z.T. mit der Lehre vom Bewusstsein gleichgesetzt. Im Rahmen der von ihm mit äußerster Skepsis betrachteten Philosophie, die ihm jedoch leider v.a. in Gestalt des damaligen Neukantianismus bekannt wurde, kritisierte Freud eben diese Engführung von Bewusstsein und Psychologie wiederholt. Dass die Philosophie indes Bewusstsein und Seelisches in eins setze, gilt für die antike Philosophie ohnehin nicht, aber auch für die neuzeitliche allenfalls für Descartes und den Neukantianismus; die These selbst beschreibt die neukantianische Verkürzung der philosophischen Ausfaltung des Bewusstseinsbegriffs. Obwohl sich Freud vom damaligen Neukantianismus abwendet, wird er dessen Opfer gleich doppelt: Nicht nur, dass er die Gleichsetzung von Seele und Bewusstsein als konstitutiv für die Philosophie übernimmt, er übernimmt obendrein jene wahrnehmungspsychologisch verkürzte Kant-Interpretation, wonach der Trieb als inneres Ding an sich am Ende so unerkennbar bleibe wie das Kantsche Ding an sich der Außenwelt. Kants Interesse jedoch galt keineswegs der Unerkennbarkeit, sondern gerade im Gegenteil den Bedingungen der Möglichkeit von Erkenntnis und liegt allen Fragen empirischer Erkenntnis samt ihrer potentiellen Täuschung noch voraus. Da Freud indes diesen logisch wesentlichen Unterschied zwischen transzendentaler und empirischer Erkenntnis einebnet, konnte er nicht an die transzendentale Einheit der Apperzeption anknüpfen. Diese Einheit jedoch, nicht der Begriff des Bewusstseins ist es, was durch die wesentlichen Einsichten der Psychoanalyse zentral angegriffen wird: Die Dezentrierung des Ichs in Traum und Psychose heben diese unverzichtbare Einheit ebenso sehr auf wie sie sich zugleich bestätigen.

Als subjektkonstituierender Akt erhält das Bewusstsein in der Phänomenologie Husserls im 20. Jahrhundert noch einmal große Bedeutung; Husserl definiert es v.a. durch seine Intentionalität, d.h. das Bewusstsein ist v.a. Bewusstsein von etwas, doch geht die Intentionalität dem bewussten Wissen vorauf (Husserl 1913, § 367). Der Begriff des psychischen Sinnes bei Freud lässt sich philosophisch am ehesten am Begriff der Intentionalität anbinden; und es scheint alles andere als Zufall, dass Husserl und Freud denselben Lehrer in Philosophie hatten, nämlich eben jenen Franz Brentano, auf den der Begriff der Intentionalität zurückgeht (Brentano 1874, S. 124f).

4. Die Bedeutung des Begriffs in den verschiedenen psychoanalytischen Schulrichtungen

Nach Freud trat der Begriff des Bewusstseins immer mehr in den Hintergrund zugunsten der Betonung des Unbewussten; zugleich gerieten die großen Fragen der Metapsychologie in den Verdacht, als metaphysischer Ballast die Psychoanalyse zu beschweren anstatt hilfreich sein zu können. Lediglich im Rahmen der Ich-Psychologie erfuhr das Bewusstsein wieder Interesse und neue, wenn auch sehr traditionelle Stärkung, indem die Ich-Psychologie versuchte, ein autonomes Ich mit dementsprechend autonomen Ich-Leistungen stark zu machen.

In den 60er Jahren wurde Jacques Lacan berühmt mit seinem Versuch, die Freud'sche Theorie insgesamt neu als strukturalistische Sprachtheorie zu begründen, mit dem Signifikanten als neuem theoretischen Fundament, der das Unbewusste wie das Bewusste begründen sollte (Lacan 1953). Lacan allerdings, aus dem cartesianischen Frankreich stammend, war es auch, der Freuds neukantianische These, wonach die Philosophie Bewusstsein und Psychisches identifiziere, erneut stark machte. Bewusstsein ist für Lacan vor allem eines: Verkennung (Lacan 1949, S. 69).

W.R. Bion dagegen ersetzt Freuds klassische Definition von bw. und ubw. durch die Differenz dessen, was er mit Alpha- und Beta-Funktion beschreibt. Die Alpha-Funktion verarbeitet alle Sinneseindrücke, bewusste ebenso wie unbewusste, sowie alle „beliebigen Emotionen" (Bion 1990, S. 52) so, dass sie entweder Traumgedanken oder auch bewusste Gedanken werden können. Diese Alpha-Elemente werden „als Erscheinungen empfunden" (ders. a.a.O., S. 52). Im Gegensatz dazu die Beta-Elemente: Sie sind Resultat einer Störung der Alpha-Funktion und sollen, wie Bion mit irritierender Kant'scher Diktion formuliert, als „Dinge an sich" empfunden werden. Der Charakter der Unerkennbarkeit für den Menschen soll es sein, was Bion bewog, diese Kategorie zu gebrauchen (a.a.O., S. 159f., Anm. 32.1 und 2). Psychoanalytisch von Bedeutung an diesen Beta-Elementen ist ihre „Tendenz zum Ausagieren" (a.a.O., S. 53), ihre Verwendbarkeit als projektive Identifikationen. Sie wirken als „unverdaute(n) Fakten" (a.a.O., S. 53), die Traum und Schlaf verhindern.

6. Interdisziplinäre Beiträge

Seit einigen Jahren gibt es ein geradezu explodierendes Interesse am Bewusstsein: in der Hirnforschung, in der Kulturtheorie, in der Psychologie und in der Philosophie. Die folgenden, kursorischen Hinweise müssen sich damit begnügen, mögliche Anschlussstellen für die Psychoanalyse sichtbar zu machen.

Im Rahmen der Hirnforschung wurde das cartesianische Modell, wonach es im Gehirn ein Konvergenzzentrum gibt, in dem ein (neutraler) Beobachter die einlaufenden Sinnesdaten sammelt und auswertet, hart kritisiert: es scheint „in dramatischer Weise falsch" (Singer 1995, S. 36f.).

Auch wenn die Hirnforschung ihrem Gegenstand gemäß in ihrer Mehrheit auch heute noch einem materialistischen Monismus huldigt, wonach Geist aus dem Gehirn ableitbar sei, so hat sie doch in ihrem Begriff von Bewusstsein nicht nur die Rolle der Intersubjektivität (Singer 1995, S. 180) konstitutiv darin aufgenommen, sondern darüber hinaus auch die Bedeutung der frühen Kindheit anerkannt (Edelman 1987, Singer 1990).

Im allerdings eher englischsprachigen Raum gilt die Philosophie des Geistes gegenwärtig als Leitdisziplin ihres Faches. Innerhalb dieser Philosophie des Geistes ist seit einiger Zeit wieder der Begriff des Bewusstseins ins Zentrum gerückt, so dass Metzinger von einer „echten Renaissance der Bewusstseinsphilosophie" zu sprechen wagt. Dass diese Renaissance indes kaum an die traditionellen Wissensbestände der neuzeitlichen Philosophie anknüpft, sondern sich in der Tat „unter den veränderten Vorzeichen eines analytischen Naturalismus" (Metzinger 1996, S. 12) vollzieht, wie der Herausgeber schreibt, das belegen die Beiträge dieses dicken Bandes deutlich.

Direkt auf die Psychoanalyse bezogen, fragt Mark Solms, Neurologe und Psychoanalytiker: „What is consciousness?" (ders. 1997, S. 681ff.). Seine Antwort: Mentale Prozesse sind in sich selbst unbewusst und werden vom Ich verzerrt wahrgenommen; es gibt für den Menschen nur die Wahrnehmung natürlicher Prozesse, sei es der äußeren oder aber der inneren Welt. Dementsprechend gibt es keine „mysteriöse" Unterscheidung zwischen Geist und Gehirn, sondern lediglich unterschiedliche Formen der Wahrnehmung.

Im Rahmen seiner experimentellen Traumuntersuchungen hat Wolfgang Leuschner neue Einsichten in die Funktionsweisen des Bewusstseins gewonnen: Das System Bewusstsein operiert nur im Zusammenspiel mit dem Vorbewussten, das als paralleles Wahrnehmungs- und Bewertungssystem die Leistungen des Systems Bewusstsein „paraphasisch" ergänzt. Es hat einen eigenen unabhängigen Zugang zur Motilität (Leuschner 1995, S. 35ff).

Aus interdisziplinärer Sicht diskutiert v.a. der erste Band „Erinnerung von Wirklichkeiten. Psychoanalyse und Neurowissenschaften im Dialog" (Koukkou, Leuzinger-Bohleber, Mertens 1998) Freuds Konzept des Gedächtnisses und erklärt dessen „klassische Spurentheorie, die das Gedächtnis als Konstruktionsprozess fasst" für „nicht mehr haltbar." Außerdem geht ein Doppelheft der Zeitschrift Psyche der Beziehung zwischen Psychoanalyse und Neurowissenschaften nach: Berührungspunkte gebe es v.a. beim Problem der Übertragung und bei der Bestimmung des Unbewussten (Psyche, 1998, Heft 9).

Theoretisch umfassend entfaltet G. Kimmerle die Problematik des Bewusstseins im Kontext des gesamten Werkes von Freud, verfolgt die Wandlungen des Begriffs, deckt seine Implikationen auf und zeigt schließlich seine inneren Aporien. Kimmerle fragt nach den „Bedingungen der Möglichkeit von psychoanalytischer Erfahrung" (ders. 1997). Wenn, so eine der Thesen des Autors, es Freud nicht gelingen kann, das Unbewusste aus seinen symptomatisch entstellten Wirkungen zu rekonstruieren, wenn die Wahrheit der Urszenen weder individualpsychologisch noch kulturanthropologisch verbindlich aufzuweisen ist, wenn es also keinen Ursprung gibt, aus dem die späteren Wirkungen ableitbar sind, dann muss die verspätete Einsetzung des Ichs und des Bewusstseins den Leitfaden bilden, an dem entlang sich die Erkenntnis des verdrängt Unbewussten vollzieht. Darüber hinaus klagt Kimmerle „eine psychoanalytische Ausdruckslehre" ein, „die dem methodischen Vorrang des Intersubjektiven vor dem Intrapsychischen gerecht wird" (ders. a.a.O., S. 9). Über eine metaphysikkritische Interpretation Kants versucht Kimmerle schließlich den erkenntnistheoretischen Weg dafür zu öffnen.

Literatur

Bion, W.R. (1962). Learning from experience. (dt.: Lernen durch Erfahrung. Frankfurt/M.: Suhrkamp, 1990).

Brentano, F. (1874). Psychologie vom empirischen Standpunkt, Bd. 1. Hamburg: Felix Meiner, 1973.

Edelman, G.M. (1987). Unser Gehirn – ein dynamisches System. Die Theorie des neuronalen Darwinismus und die biologischen Grundlagen der Wahrnehmung. München: Piper, 1993.

Husserl, E. (1913). Ideen zu einer reinen Phänomenologie und phänomenologischen Philosophie. Tübingen: Niemeyer, 1993.

Kant, I. (1787). Kritik der reinen Vernunft. Hamburg: Felix Meiner.

Kimmerle, G. (1997). Der Fall des Bewußtseins. Tübingen: edition diskord.

Koukkou, M., Leuzinger-Bohleber, M. und Mertens W. (Hg.) (1998). Erinnerung von Wirklichkeiten. Psychoanalyse und Neurowissenschaften im Dialog, 2 Bde. Stuttgart: Verlag Internationale Psychoanalyse.

Lacan, J. (1949). „Das Spiegelstadium als Bildner der Ichfunktion". In ders., Schriften 1 (S. 61–70). Olten: Walter, 1973.

Lacan, J. (1953). Funktion und Feld des Sprechens und der Sprache in der Psychoanalyse. In ders., Schriften 1 (S. 71–169). Olten: Walter, 1973.

Laplanche, J. und Pontalis, J.-B. (1973, franz.: 1967). Das Vokabular der Psychoanalyse. Frankfurt/M.: Suhrkamp.

Leibniz, G.W. (1961). Neue Abhandlungen über den menschlichen Verstand – Nouveaux Essais sur l'entendement humain – hg. und übersetzt von W. v. Engelhardt und H.H. Holz. Frankfurt: Insel.

Leuschner, W. (1995). Zur Arbeitsweise des Vorbewußten. Experimentelle Untersuchungen von Träumen einäugig Blinder. Psychosozial, 62, 35–43.

Metzinger, T. (1996). Bewußtsein – Beiträge aus der Gegenwartsphilosophie. Paderborn: Schöningh.

Psyche (1998). Zeitschrift für Psychoanalyse und ihre Anwendungen, hg. v. W. Bohleber, Heft 9. Stuttgart: Klett.

Ritter, J. (1971). Historisches Wörterbuch der Philosophie, Bd. 1. Basel: Schwabe & Co.

Singer, W. (1990). Hirnentwicklung und Umwelt. In ders., Spektrum der Wissenschaften. Gehirn und Kognition. Heidelberg: Spektrum der Wissenschaft.

Singer, W. (1995). Der Beobachter im Gehirn. In H. Meier und D. Ploog, Der Mensch und sein Gehirn (S. 35–65). München: Piper.

Singer, W. (1997). Bewußtsein, etwas „Neues, bis dahin Unerhörtes". In Berlin-Brandenburgische Akademie der Wissenschaften: Berichte und Abhandlungen, Bd. 4, (S. 175–190). Berlin: Akademie Verlag.

Solms, M. (1997). What is consciousness? Journal of the American Psychoanalytic Association, 45, 681–703.

Wolff, C. (1719). Vernünftige Gedanken von Gott, der Welt und der Seele des Menschen, auch allen Dingen überhaupt. Halle: o.V.

Bindung *von Bernhard Strauß*

attachment – liaison

1. Definition

Als psychoanalytischer Grundbegriff wird Bindung heute primär im Kontext einer von Bowlby (1975, 1976, 1983) entwickelten Theorie verwendet, welche die Bildung einer engen emotionalen Beziehung als universelles, primäres menschliches Bedürfnis begreift. Bindung ist eine spezifische Art sozialer Beziehung, gekennzeichnet durch eine affektive Verbindung, die sich zunächst paradigmatisch zwischen dem Säugling und dessen primärer Bezugsperson entwickelt. Bindung wird in dieser Theorie als Resultat eines Verhaltenssystems aufgefasst, eines zusammenhängenden Musters von Verhaltensweisen und Emotionen, das letztlich der Herstellung von Nähe dient. Das System ist anderen bedürfnisregulierenden Systemen ebenbürtig und wird in Gefahrensituationen aktiviert oder wenn ein Kind bemerkt, dass die Erreichbarkeit einer Bindungsperson nicht länger garantiert ist. In diesen Situationen treten andere Verhaltenssysteme außer Kraft, das kindliche Verhalten wird nur darauf ausgerichtet, Nähe wiederherzustellen bzw. zu erhalten. Das System wird deaktiviert, wenn ein Zustand von Sicherheit erreicht ist, so dass das Kind sich sorglos anderen Aktivitäten hingeben kann. Die Bindungstheorie ist eine normative Theorie, in der u.a. der Kontext für den Erwerb der Emotionsregulation beim Kleinkind spezifiziert wird.

2. Klassische Auffassung

Bowlby begreift Bindung als Ausdruck eines emotionalen Kerns gefühlter Sicherheit und wahrgenommenen Schutzes vor Gefahr in Gegenwart einer Bindungsperson. Die Entwicklung basalen Vertrauens in die Erreichbarkeit einer primären Bezugsperson lässt sich durch drei Postulate der Bindungstheorie zusammenfassen:

„Wenn ein Individuum darauf vertraut, daß eine Bindungsfigur verfügbar ist, wann immer es das wünscht, dann neigt dieses Individuum weniger zu intensiver oder chronischer Furcht als eine andere Person, die dieses Vertrauen aus irgendwelchen Gründen nicht besitzt. Die zweite Behauptung betrifft die sensitive Periode, in der sich dieses Vertrauen entwickelt und lautet: Vertrauen in die Verfügbarkeit einer Bindungsperson oder Fehlen desselben entwickelt sich nach und nach in den Jahren der Unreife – Kleinkindzeit, Kindheit und Jugend –, und was immer sich an Erwartungen in diesen Jahren entwickelt, bleibt für den Rest des Lebens relativ unverändert bestehen. Die dritte These bezieht sich auf die Rolle tatsächlicher Erfahrung; sie lautet: Die mannigfaltigen Erwartungen in Bezug auf die Zugänglichkeit und Reaktionsbereitschaft von Bindungsfiguren, die unterschiedliche Individuen in den Jahren der Unreife entwickeln, sind ziemlich genaue Reflexionen der Erfahrungen, die diese Individuen tatsächlich bereits gemacht haben“ (Bowlby 1973, S. 246).

Eine Grundannahme der Theorie ist, dass sich das Bindungsverhaltenssystem in der frühen Kindheit am dyadischen, komplementären Verhalten zeigt: auf der Seite des Kindes das Bindungsverhalten, auf der Seite der primären Bezugsperson das, was Ainsworth später die „mütterliche Feinfühligkeit“ nannte. Gemeint sind damit spezifische Reaktionen auf die Mitteilungen des Säuglings, nämlich die Wahrnehmung der Verhaltensweisen des Säuglings, deren richtige Interpretation aus dessen Lage, die prompte Reaktion, mit der ermöglicht wird, das Kindesverhalten mit den Wirkungen der mütterlichen Reaktionen zu verknüpfen sowie die Angemessenheit der Reaktion.

Bowlbys Theorie postuliert ferner, dass die frühen dyadischen Bindungserfahrungen im Laufe der Entwicklung verinnerlicht werden. Die inneren Repräsentanzen all dieser Erfahrungen, die Bindungsqualität, bezeichnete Bowlby als „inneres Arbeitsmodell", ein Organisationsmuster der Vorstellungen von sich selbst, von Bindungspersonen und der Beziehung zu diesen.

3. Ideengeschichtlicher Hintergrund

Die Entwicklung der Theorie erwuchs aus dem Bestreben Bowlbys, ein Erklärungsmodell für die Ursprünge psychischer Störungen von Kindern und Erwachsenen zu entwickeln. Die Theorieentwicklung wurde durch Untersuchungen gefördert, die sich mit dem Einfluss der frühen Umwelt auf die Entwicklung von Neurosen beschäftigte und durch klinische Beobachtungen, die verdeutlichten, dass Kinder, von ihren Eltern getrennt, emotional heftig reagierten, die Reaktionen sich zunächst als trennungsbedingte Angst, Ärger und Protest, später als Verzweiflung und Traurigkeit bis hin zur Depression äußerten und letztlich in einem emotionalen Rückzug resultierten.

Bowlby war als Psychiater und Psychoanalytiker ausgebildet; um die Entwicklungsschäden bei den von ihm beobachteten Kindern erfassen zu können, mangelte es ihm in der damaligen Psychoanalyse an prospektiven Untersuchungsansätzen und an einer theoriegeleiteten Empirie. Deshalb blieb er in seinen Formulierungen zur Bindungstheorie zwar psychoanalytischem Denken verpflichtet, entlehnte aber besonders in seinen frühen Arbeiten grundlegende Konzepte der Verhaltensforschung und der Systemtheorie. Obwohl die Theorie zur Anwendung bei der Diagnostik und Behandlung emotional gestörter Patienten und Familien formuliert wurde, wurde sie primär in der (nichtklinischen) Entwicklungspsychologie rezipiert (Bowlby 1988). Erst seit den frühen Neunziger Jahren erlebte die Theorie eine Renaissance in der klinischen und Psychotherapieforschung (vgl. Strauß, Buchheim und Kächele 2002).

4. Wesentliche Erweiterungen, Differenzierungen und Modifikationen

Während Bowlby selbst überwiegend theoretische und klinische Beiträge zur Bindung lieferte, war es vor allem das Verdienst seiner Schülerin Mary Ainsworth, die empirische Forschung zur Bindungstheorie vorangetrieben zu haben. Ainsworth entwickelte ein Forschungsparadigma, die sogenannte Fremde Situation, mit dem sich das Bindungsverhalten von 11 bis 20 Monate alten Kindern empirisch überprüfen lässt. Auf der Basis dieses Beobachtungsverfahrens konnte Ainsworth und nach ihr viele andere Autoren drei Klassen von Bindungsqualitäten bei Kleinkindern unterscheiden:

1. Kinder mit sicher gebundenem Verhaltensmuster: Diese sind in der Fremde Situation gewöhnlich beunruhigt, wenn sich die Mutter von ihnen trennt. Nach der Rückkehr der Mutter wenden sie sich ihr unmittelbar zu, halten sich in ihrer Nähe auf und beginnen, ausgehend von dieser sicheren Basis, sich wieder ihrem Spiel oder ihrer Umgebung zu widmen.

2. Kinder mit unsicher-vermeidend gebundenem Verhaltensmuster: Diese zeigen wenig offene Zeichen von Beunruhigung während der Trennung von der Mutter und vermeiden Nähe und Kontakt, wenn diese zurückkehrt. Einer fremden Person gegenüber verhalten sie sich nicht anders als der Mutter gegenüber.

3. Kinder mit unsicher-ambivalent gebundenem Verhaltensmuster: Diese sind während der Trennung von der Mutter verängstigt, lassen sich aber im Gegensatz zu den sicher gebundenen Kindern nur langsam durch die zurückgekehrte Mutter beruhigen. Sie wechseln dabei zwischen der Suche nach Nähe und einer aggressiven Ablehnung des Kontaktes, wobei andere Aktivitäten und ihr Spiel nicht weiter verfolgt werden.

Später wurde eine vierte, klinisch wichtige Kategorie von Bindungsqualitäten bei Kleinkindern unterschieden. Eine Gruppe von Kindern schien in der Fremde Situation anscheinend ungerichtete Reaktionen an den Tag zu legen, die den Eindruck von Desorganisation und Desorientierung nahe legten. Es wurde vermutet, dass die primären Bezugspersonen dieser Kinder sowohl ängstigend als auch Sicherheit bietend erlebt wurden und somit in dem desorganisierten Verhalten sich widersprechende Motivationen zum Ausdruck kommen.

Von Anfang an postulierte Bowlby, dass Bindungsqualitäten, die sich letztlich in den o.e. inneren Arbeitsmodellen oder mentalen Schemata verdichten, relativ stabil sind. So nahm er an, dass sicher gebundene Kinder auf der Basis der Erfahrung einer gut regulierten Beziehung zu den wichtigsten Bezugspersonen positive Erwartungen im Hinblick auf die eigene Kompetenz entwickeln, gute Voraussetzungen haben, Belastungen zu bewältigen, innerhalb von Beziehungen zu kommunizieren und Vertrauen zu entwickeln in die Verfügbarkeit anderer Personen. Es spricht vieles dafür, dass ein autonomes Selbstgefühl sich zunächst nur aus einer sicheren Eltern-Kind-Beziehung heraus entwickeln kann. Tatsächlich zeigen Längsschnittuntersuchungen von Bindungsqualitäten aus dem Bereich der Entwicklungspsychologie eine erstaunlich hohe Stabilität, zumindest bis ins frühe Jugendalter. Zum Verständnis der klinischen Bedeutung der Bindungstheorie sind Befunde wichtig, die zeigen, dass Bindungsmuster generationenübergreifend bestehen. Es wurde in mehreren Untersuchungen gezeigt, dass eine hohe Konkordanz zwischen der Bindungsorganisation von Müttern und dem Bindungsverhalten von Kleinkindern besteht (Grossmann und Grossmann 2004). Die moderne Bindungsforschung begreift die Entwicklung einer sicheren Bindung als Grundlage für die Differenzierung der Reflexionsfunktionen bzw. der Mentalisierungsfähigkeit, die wiederum die Entwicklung des Selbst, der Affektregulierung und der Fähigkeit „psychologisch zu interpretieren" beeinflusst (vgl. hierzu Fonagy, Gergely, Jurist und Target 2004).

5. Die Bedeutung des Begriffs in verschiedenen psychoanalytischen Schulrichtungen

Bindung – in der hier benutzten, eng mit der Theorie Bowlbys verknüpften Bedeutung – wurde innerhalb der Psychoanalyse über lange Zeit kaum explizit berücksichtigt. Die Reaktionen von Vertretern der traditionellen Psychoanalyse auf Bowlbys Veröffentlichungen waren zunächst negativ, nicht zuletzt aufgrund deutlicher Unterschiede in der Theoriebildung und in der Methodologie der Bindungsforschung. In einer kritischen Bewertung der Bindungsforschung aus der Sicht der Psychoanalyse vermutete Köhler (1995) gar eine „unüberbrückbare Abgrenzung, wenn nicht gar eine Unvereinbarkeit der beiden Bezugssysteme" (S. 71). Köhler kommt aber auch zu der Auffassung, dass „gerade die Erhellung der Gründe, die die wechselseitige Akzeptanz in der Vergangenheit behindert haben, ... den Zugang zu einem für beide Seiten möglichen und fälligen Erkenntnisfortschritt (ermöglichten), der nicht nur auf den Gebieten der klinischen Theorie und Prävention, sondern auch auf dem der Erziehungswissenschaft und Anthropologie zu Buche zu schlagen" (S. 71) verspreche.

Das Verhältnis von Bindungstheorie und Psychoanalyse hat sich in den vergangenen Jahren deutlich entspannt. Dazu haben Arbeiten beigetragen, die Bezüge der Bindungstheorie zu psychoanalytischen Konzepten, insbesondere den Objektbeziehungstheorien und zur Selbstpsychologie hergestellt haben.

Fonagy (2001) zeigt die gemeinsamen Wurzeln von Bindungstheorie und Psychoanalyse, die sich allerdings epistemologisch unterschiedlich entwickelt hätten. Dennoch würden – trotz bestehender Divergenzen – beide Theorien ein entwicklungspsychologisches Verständnis von psychischen und Persönlichkeitsstörungen anstreben. Ein „gemeinsamer Boden" beider Theorien sind beispielsweise die Annahme von Bindung als Phänomen und Motiv, Hypothesen über die (interaktionellen) Determinanten sicherer Bindung, die weitereichenden Folgen eines spezifischen Bindungsstatus oder die Theorie, dass Narrative die Grundlage für den

Zugang zu inneren Modellen und Repräsentationen darstellen (Strauß und Buchheim 2002).

6. Interdisziplinäre Beiträge und Befunde

Aus der Entwicklungspsychologie liegt eine Fülle von Befunden vor, die sich insbesondere auf Korrelate von Bindungsstilen beziehen: So sind Zusammenhänge zwischen Bindungsmustern bei Säuglingen und Kleinkindern mit dem Interaktions- und Kommunikationsverhalten, emotionalen Charakteristika und kognitiven Prozessen mittlerweile gut belegt.

Für die Psychotherapie besonders bedeutsam wurde die Erwachsenenbindungsforschung. Initiiert wurde diese primär von der Arbeitsgruppe um Mary Main, die mit dem sogenannten Adult Attachment Interview (AAI) das erste und wohl umfassendste Verfahren zur Erfassung von Bindungsrepräsentationen bei Erwachsenen entwickelte. Ähnlich wie die Fremde Situation trennt das Interview zwischen einer autonomen (sicheren), einer abweisenden (vermeidenden) und einer verstrickten (ambivalenten) Bindungsrepräsentation. Das Analogon zur desorganisierten Bindung bei Kleinkindern stellt im AAI der Hinweis auf unverarbeitete Verluste und Traumatisierungen dar. Zu den Untersuchungen mit dem AAI liegen mittlerweile mehrere Metaanalysen bei klinischen und nicht-klinischen Stichproben vor (z. B. van Ijzendoorn 1995).

Aus der Erwachsenenbindungsforschung stammen unterschiedliche Befunde, die potentielle Implikationen für die Psychoanalyse und die Psychosomatik besitzen (Zusammenfassung bei Strauß, Buchheim und Kächele 2002). Zu diesen Befunden gehören Hinweise auf physiologische Korrelate von Bindungsverhalten und darauf bezogener Affektverarbeitung (z. B. Unterschiede in den Cortisol-Reaktionen bei Kleinkindern in Abhängigkeit vom Bindungsmuster in der Fremden Situation). Ferner liegen Ergebnisse vor, die Bindungsmerkmale als potentielle entwicklungspsychologische Basis von Bewältigungsstrategien im Zusammenhang mit körperlichen und psychischen Belastungen begreifen lassen. Ein wesentlicher Schwerpunkt der klinischen Studien bezieht sich auf die Frage nach der Bedeutung von Bindungsmustern für die Entwicklung von Psychopathologie. Auch wenn sich hier keine spezifischen Muster abzeichnen, lässt sich mittlerweile doch ein Zusammenhang zwischen (schwerer) Persönlichkeitspathologie (z. B. Borderline-Störungen) und dem Vorliegen unsicherer und/oder desorganisierter Bindung und unverarbeiteten Traumatisierungen nachweisen. Zu den entwicklungspsychopathologisch relevanten Befunden gehört beispielsweise das Ergebnis der Arbeitsgruppe um Liotti (1995) wonach eine Verbindung zwischen desorganisierter Bindung in der Kindheit und dem Auftreten dissoziativer Störungen im Jugend- und Erwachsenenalter zu bestehen scheint.

Innerhalb der Psychotherapieforschung liegen einige Studien vor, die sich mit der Häufigkeit und prognostischen Bedeutung spezifischer Bindungsmuster in verschiedenen Patientenpopulationen (z. B. stationäre Psychotherapie) befassen. Schließlich kommen aus der klinischen Bindungsforschung vermehrt Beiträge, die sich unmittelbar mit dem psychotherapeutischen Prozess bzw. der psychotherapeutischen Beziehung befassen und sich auf jene von Bowlby (1988) formulierten Vorstellungen beziehen, wie ein Therapeut, der die Bindungstheorie anwendet, sich verhalten sollte. In diesem Kontext wird zunehmend auch die Bedeutung der Bindungsrepräsentationen und -erfahrungen der Therapeuten deutlich. Bindungsrepräsentationen sind nach dem bisherigen Stand der Forschung die Grundlage für ein spezifisches Beziehungsangebot, welches sich in Übertragungs-Gegenübertragungs-Konstellationen widerspiegelt. Empirisch konnte gezeigt werden, dass die Narrative von Patienten mit unterschiedlicher Bindung bei Psychotherapeuten, aber auch psychotherapeutischen Laien verschiedene interpersonale Reaktionen und Befindlichkeiten provozieren können (vgl. Martin et al. 2006).

Literatur

Bowlby, J. (1975). Bindung. Frankfurt/M.: Fischer.

Bowlby, J. (1976). Trennung. Frankfurt/M.: Fischer.

Bowlby, J. (1983). Trauer, Verlust und Depression. Frankfurt/M.: Fischer.

Bowlby, J. (1988). A secure base. London: Routledge.

Fonagy, P. (2001). Attachment theory and psychoanalysis. New York: Other Press.

Fonagy, P., Gergely, G., Jurist, E.L. und Target, M. (2004). Affektregulierung, Mentalisierung und die Entwicklung des Selbst. Stuttgart: Klett-Cotta.

Grossmann, K. und Grossmann, K.E. (2004). Bindungen – Das Gefüge psychischer Sicherheit. Stuttgart: Klett-Cotta.

Ijzendoorn, M.H. van (1995). Adult attachment representation, parental responsiveness and infant attachment: A metaanalysis. Psychological Bulletin, 117, 387–403.

Köhler, L. (1995). Bindungsforschung und Bindungstheorie aus der Sicht der Psychoanalyse. In G. Spangler und P. Zimmermann (Hg.), Die Bindungstheorie (S. 67–85). Stuttgart: Klett-Cotta.

Liotti, G. (1995). Disorganized/disoriented attachment in the etiology of the dissociative disorders. Dissociation, 5, 105–114.

Martin, A., Buchheim, A., Berger, U., Strauß, B. (2006). The impact of attachment organizations on potential countertransference reactions. Psychotherapy Research.

Strauß, B. und Buchheim, A. (2002). Bindung und Trennung: Zum Verhältnis von Bindungstheorie und Psychoanalyse. Psychotherapie und Sozialwissenschaft, 4, 138–152.

Strauß, B., Buchheim, A. und Kächele, H. (2002). Klinische Bindungsforschung. Stuttgart: Schattauer.

Borderline-Störung, Borderline-Persönlichkeit *von Birger Dulz*

Borderline disorder, borderline personality – état limite (borderline), état limite de la personnalité

1. Definition

Die Prävalenz der Borderline-(Persönlichkeits)Störung beträgt laut DSM-IV 2 bis 10 % der ambulanten Psychotherapiepatienten, 20 bis 30 % der stationär behandelten Psychiatriepatienten (aber bei rund zwei Drittel dieser Patienten wird eine Diagnose der Borderline-Störung nicht – falsch-negativer Befund – gestellt, in einzelnen Kliniken „grundsätzlich“ nicht). Die Prävalenz von Borderline-Störung wird überwiegend als progredient eingeschätzt, nachgerade als Störung „unserer Zeit“, lassen sich doch borderline-ähnliche Verhaltensweisen in Jugendgruppen, aber auch Politik und Wirtschaft zunehmend beobachten.

Die psychiatrische Sicht berücksichtigt primär das Zentralsymptom frei flottierende, diffuse Angst sowie die Hilfssymptome wie multiple Phobien, Zwangssymptome i. S. überwertiger Ideen, Konversionssymptome, dissoziative Reaktionen, Depressivität, Sexualität, psychosomatische und psychotische (besser: psychotiforme) Symptome, Verlust der Impulskontrolle, antisoziales bzw. delinquentes Verhalten, Drogenmissbrauch und Suizidalität – d. h. alle denkbaren psychiatrischen Symptome, die Kernberg als diagnostische Verdachtsmomente ansieht. Denn zur Diagnose relevant ist aus psychodynamischer Sicht nicht die Deskription, sondern der Nachweis der für eine Borderline-Störung typischen strukturellen Merkmale, d. h. die Abwehrmechanismen (als zentraler Mechanismus die Spaltung, unterstützt durch die Hilfsabwehrmechanismen primitive Idealisierung, projektive Identifizierung, Omnipotenzgefühl und Entwertung sowie Verleugnung).

Durch vor allem die Abwehrmechanismen (insbesondere die subtil-vehement wirkende projektive Identifizierung) werden die oft verleugneten und oft massiven Gegenübertragungsgefühle bestimmt. Die intensive Übertragung schwankt hinsichtlich der affektiven Determinierung typischerweise von einem in das andere Extrem.

Zur Ätiologie: Relevant sind zur Ausbildung der prätraumatischen Persönlichkeitsstruktur sowohl pränatale Einflüsse (vgl. Kasuistik „Pina" in Piontelli 1996), externale Einflüsse (Krankheit in früher Kindheit, Tod der Mutter) als auch die prätraumatische Familiensituation insgesamt (insbesondere in der präsymbolischen Zeit). Bei einer entsprechenden prätraumatischen Persönlichkeitsstruktur in Kombination mit Realtraumata (sexueller Missbrauch/Inzest, körperliche Misshandlung sowie schwere Vernachlässigung, die möglicherweise den entscheidenden Traumaaspekt darstellt), einer nicht haltenden Familiensituation während der Zeit der Traumatisierung (d. h. insbesondere das Verhalten des „anderen" Elternteils) sowie gesellschaftlichen Faktoren (welche die Familienatmosphäre mitgestalten) kann sich eine Ich-Schwäche entwickeln. Auch Paris (1994) geht von einer multidimensionalen Ätiologie aus und nennt biologische (z. B. die „emotionale Vulnerabilität" i. S. von Linehan 1993), psychologische (z. B. Trauma, Verlust) und soziale Risikofaktoren (z. B. soziale Desintegration).

Aus Ich-Schwäche und der ihr zugrunde liegenden traumatischen Erfahrungen – diese führen zur Spaltung der Selbst- und Objektrepräsentanzen – resultiert das Zentralsymptom frei flottierende Angst. Diese wird auf der strukturellen Ebene zu reduzieren versucht über die o. e. Abwehrmechanismen, auf der deskriptiven Ebene über die Hilfssymptome (so wird durch eine Phobie oder paranoide Symptomatik die diffuse Angst gerichtet und „entschärft", durch innere Leere oder Drogen die Angst „eliminiert").

2. Klassische Auffassung

Kleins (1946, 1962) Theorie von der Teilwahrnehmung der Objekte, also von Teilobjektbeziehungen, führte zur Annahme der Existenz der „guten" und „bösen" Brust der Mutter (paranoid-schizoide Position). Wut werde projiziert, wodurch paranoide Angst vor den bösen, vernichtenden Objekten entstehe, das gute Objekt hingegen introjiziert. Das Kind halte die guten und bösen Anteile durch Aufspaltung der Mutter in eine gute und böse Imago getrennt, um die ersteren vor den letzteren zu schützen. Zu diesem Prozess ist insbesondere die projektive Identifizierung notwendig. Erst in der depressiven Position sei die Wahrnehmung der Mutter als ganzes (gutes und böses) Objekt möglich. Wenn nun schmerzliche Erfahrungen erfolgten, regrediere das Kind in die paranoid-schizoide Position zur Vermeidung von Ambivalenz und Schuldgefühlen.

Winnicott (1978, 1992, S. 211) postulierte, dass bei einer unzuverlässigen, nicht haltenden Mutter bzw. Umwelt der Säugling spezifische Abwehrmechanismen entwickelt, er sei „beschäftigt mit der doppelten Aufgabe, das wahre Selbst zu verbergen und sich den Forderungen zu fügen, die die Welt ... an es stellt". Dadurch bedingte Verzerrungen lägen bei Patienten mit einer Borderline-Störung vor (1965, 1984), gegen die mit der fehlenden Erfahrung eines Gehaltenwerdens verbundene Angst werde die Abwehr mittels Desintegration eingesetzt. Die Funktion des Haltens sei auch für die Therapie von Borderline-Störungen notwendig, zudem solle der Therapeut die tiefe Angst des Patienten kennen und verstehen. Winnicott führte also einen „dritten Bereich des menschlichen Lebens" (1971, 1995, S. 11) ein, einen zwischen Innen- und Außenwelt angesiedelten Erlebensbereich.

Für Mahler (1975a, b) ist die Borderline-Störung das Resultat einer Störung des Prozesses von Loslösung und Individuation in der Wiederannäherungsphase; als deren Folge müsse das Kind auf die Vorstellung von der eigenen Größe und auf die eigene Beteiligung an der Allmacht der Eltern verzichten. So entstünden Hass auf und Enttäuschung über die Mutter, andererseits halte das Kind am Bild der guten, völlig mit ihm verbundenen Mutter fest. Das Kind habe die Objektwelt permanent in gut und böse aufgespalten und verteidige so das gute Objekt gegen die Abkömmlinge des Aggressionstriebes. An diesen Zustand sei der Patient mit einer Borderline-Störung fixiert.

Kernberg (1967; 1978, 1990) synthetisierte Freuds Strukturmodell, Ich-psychologische Konzepte und die Objektbeziehungstheorie, insbesondere auch Mahlers Objektbeziehungsansatz. Aus Sicht der Säuglingsforschung widerspricht Dornes (1993, 1995) Kernberg hinsichtlich dessen Theorie zur Spaltung: Der Zustand der Aufgespaltenheit von Selbst- und Objektrepräsentanzen werde nicht erst ab 18 Monaten durch Integration überwunden, sondern Selbstempfinden und Objektwahrnehmung seien schon in den ersten Lebensmonaten einheitlich. Die Theorie der Borderline-Störung wird durch diesen Einwand nicht erschüttert. Die sog. Borderline-Persönlichkeitsorganisation (BPO) operiere zwischen einem höheren (neurotischen) und einem niederen (psychotischen) Funktionsniveau. Die Niveaus unterschieden sich durch Abwehr, Ich-Identitätsstörungsausprägung, Objektbeziehungsgestaltung, Realitätsprüfung sowie Übertragungsart als auch die Reaktion auf Deutungen. Vor allem der Aggressionstrieb sei bei der BPO ausgeprägt, welche auf der oralen Stufe fixiert sei. Das (sadistisch-rigide) Über-Ich sei nicht integriert. In der Grenzsetzungen und Strukturierungen einschließenden Therapie seien die hochgradig verzerrten negativen Übertragungsanteile unverzüglich zu bearbeiten, genetische Deutungen hingegen – jedenfalls anfangs – zu vermeiden. Die interpretative Bearbeitung primitiver Abwehrvorgänge bzw. der ihnen entsprechenden primitiven Objektbeziehungen des Patienten stärke das Ich und führe zur Auflösung der Pathologie.

3. Ideengeschichtlicher Hintergrund

Erstmalig wurde der Begriff („borderland") von Hughes (1884) erwähnt, Rosse (1890) verwendete „schwarz-weiß" als Metapher zur Illustrierung der „borderland insanity" und verwies auf deren forensische Bedeutung, Clark (1919) plädierte für die Anwendung einer modifizierten psychoanalytischen Behandlung bei „borderland neuroses and psychoses" und Moore (1921) betonte die Rolle von Angst bei „borderline mental states".

Freud selbst hat den Begriff Borderline nicht benutzt, nahm allerdings die Existenz von Grenz- und Mischfällen (1925f) an, ohne hiermit eine Borderline-Störung zu meinen. Allerdings würden heute Freuds/Breuers, aber auch Kraepelins Hysterie-Patientinnen (ebenso wie Kraepelins Psychopathen) zu einem großen Teil als Patientinnen mit einer Borderline-Störung diagnostiziert werden (Mentzos 1991, Stone 1992, Dulz 2000a), z.B. Anna O., Dora und Emmy v. N. Die diagnostische Varianz der Hysterie in jener Zeit lässt sich durch Freuds Schriften belegen; so seien die Namen „zwar alle im Gebrauch, aber ihr Inhalt ist unbestimmt und schwankend" (1916–17a, S. 405) und verschiedene Formen der Hysterie wie „Abwehrhysterie", „Hypnoidhysterie" (1895d, S. 288–9) zu unterscheiden; zudem gebe es als neuen und häufigen Typus gemischte Neurosen (1898a). Auch eine „ungebundene Angst" (heute: frei flottierende Angst) zählte Freud zu den Symptomen der Hysterie (1916–17a, S. 418).

Der „Frage der Grenzfälle" nahm sich Reich (1925) an und beschrieb in „Der triebhafte Charakter" eine Patientin mit einer – nach heutiger Terminologie – Borderline-Störung. Auch Fenichel (1931) erwähnte Grenzfälle, denen die „verschrobenen Psychopathen" und Personen mit einem „großen Rest von primitivem Narzissmus" zuzurechnen seien. Deutsch (1934) ging hinsichtlich eines „Typus der Pseudoaffektivität" von unecht wirkenden, von „Als-ob"-Individuen aus, die der „Inbegriff der Charakterlosigkeit" seien, und „es lohnt der Mühe, diese Sonderlinge ... einzeln einer analytischen Betrachtung zu unterziehen", aber „die Wirkung des analytischen Prozesses ist bei diesen Menschen gleich Null" (S. 325ff.). Stern (1938) äußerte sich umfassend und alle nachfolgenden Autoren bis heute prägend zu Diagnostik und (modifiziert-psychoanalytischer) Therapie (einschl. der Übertragung) der „borderline group of neuroses". Schmideberg (1947) zog einen Vergleich zwischen Psychopathen und Fällen mit einer Borderline-Störung, die weder neurotisch noch psychotisch und stabil in ihrer Instabilität seien, Hoch und Polatin (1949) postulierten die pseudoneurotische Schizophrenie und zu ihren häufigsten Patienten zählte bereits Fromm-Reichmann (1954) Fälle mit einer Borderline-Störung. Weitere mit der Borderline-Störung verbundene Namen sind Chessik, Frosch, Grinker und Knight.

4. Wesentliche Erweiterungen, Differenzierungen und Modifikationen

Bion (1962) entwickelte Kleins Konzept der projektiven Identifizierung weiter als Beziehung zwischen Container (der Mutter) und Contained (das, was das Kind in die Mutter projiziert/verlagert, vor allem seine namenlosen Ängste). Im Container gereinigt werde es dann modifiziert zurückgegeben. In Bions Modell versorgt die Mutter also nicht nur, sondern denkt und versteht. Das „Prinzip Container" wurde auf die therapeutische Situation angewendet. Zu der „Konkurrenz" zwischen Bions Container und Winnicotts haltender Funktion meinen Dulz, Schreyer und Nadolny (2000, S. 496): „Beim Containing durch das Team geht es ... um die ‚Eliminierung' unerwünschter Teile des Selbst, um negative Affekte und hier insbesondere um das Zentralsymptom der Angst als – wie wir heute wissen – Traumafolge, um den Preis der projektiven Identifizierung mit dem ‚Container' (sprich Therapeuten) und somit der Forderung nach dem Ausbau eines für Borderline-Störung typischen und in der Therapie zu bearbeitenden und zu reduzierenden Abwehrmechanismus. Die haltende Funktion des Teams hingegen dient der Herstellung einer von vornherein nicht traumatisierenden Umgebung ..., in der dann die übermächtigen Ängste des Patienten gar nicht erst angemessen wären und ... neue Erfahrungen möglich werden."

Nach Masterson (1976, 1992) – sich beziehend auf Mahler – habe die Mutter dem Patienten als Kind in der Separations- und Individuationsphase die Liebe entzogen, was eine Verlassenheitsdepression auslöse. Es geht also weniger um das gute/böse denn um das belohnende/verlassende Objekt. Das Kind verleugne die Trennung und durchlaufe nicht die Individuation. In der Behandlung habe der Therapeut als reale Person die Individuation des Patienten zu unterstützen und ihn mit der Verleugnung der Destruktivität seines pathologischen Ich zu konfrontieren, damit sich ein Real-Ich entwickeln könne. Die Durcharbeitung der Verlassenheitsdepression führe zur Umwandlung der gespaltenen Objektbeziehungs-Teileinheiten in integrierte Einheiten und des gespaltenen in ein integriertes Ich.

Laut Rohde-Dachser (1979, 2004) sei die Borderline-Störung eine Überlebensstrategie gegen massive Kindheitstraumata, die Spaltung der Objektbeziehungen betreffe die Beziehung zu einem wichtigen Objekt der Kindheit, das gehasst und gleichzeitig zum Überleben gebraucht wurde. Rohde-Dachser formulierte – nicht zuletzt auf Kernberg bezogen – technische Parameter für die Psychotherapie: Z. B. solle die positive Übertragung nicht gedeutet, der Patient über Störung, Setting sowie psychodynamische Zusammenhänge aufgeklärt und dessen unbewusste Identifikationsphantasie herausgearbeitet werden; Gegenübertragungsgefühle seien mitzuteilen.

Volkan (Volkan und Ast 1992) geht seit Ende der 70er Jahre von einer sechsstufigen Therapie der Borderline-Störung aus, die im Liegen durchgeführt werde und bei der drastische Grenzen nicht gesetzt würden. Zentral sei die Entwicklung einer Spaltungsübertragung, andere Formen der Übertragung könne der Patient nicht entwickeln. Notwendig sei die therapeutische Regression, damit der Patient die Spaltung aus Abwehr aufgeben und zur entwicklungsgemäßen Spaltung zurückkehren könne, wodurch er lerne, Selbst- und Objektrepräsentanzen zu integrieren.

Adler, Porder und Willick (1983, 1994) sehen im Gegensatz z.B. zu Kernberg die Borderline-Störung nicht als diagnostische Entität und bevorzugen als Terminus „schwere sadomasochistische Charakterstörung“. Insbesondere existierten keine spezifischen, allen Patienten mit einer Borderline-Störung gemeinsamen entwicklungsbedingten oder strukturellen Probleme; zwischen intensiver Ambivalenz und Spaltung bestehe kein Unterschied. Wie bei allen, so auch bei diesen Patienten habe die Verdrängung einen entscheidenden Anteil an der Abwehrstruktur. In der Analyse seien genetische Deutungen schon früh fruchtbar als Mittel zur Angstverminderung. In Abgrenzung auch von Masterson sei eine Konfrontation mit regressivem Verhalten nicht zu empfehlen.

Heigl-Evers, Heigl und Ott (1993) verbinden für ihre psychoanalytisch-interaktionelle Methode u.a. Techniken des Antwortens, der Übernahme einer Hilfs-Ich-Funktion und des Umgangs mit Affekten. Angestrebt werde eine Veränderung der Objektbeziehungen auf Borderline-Niveau in Richtung auf triadische Ganzobjektbeziehungen.

Nicht zuletzt unter dem Druck des wissenschaftlichen wie wirtschaftlichen Erfolges verhaltenstherapeutischer manualisierter Vorgehensweisen (insbes. von Linehans Dialektisch-behavioraler Therapie, siehe hierzu unten) entwickelte Kernberg (Clarkin, Yeomans und Kernberg 2001) mit seinen Mitarbeitern am Personality Disorders Institute in White Plains als Weiterentwicklung seiner seit den 70er Jahren bekannten psychodynamischen Psychotherapie die nun manualisierte Übertragungsfokussierte Psychotherapie (Transference-Focused Psychotherapy, TFP), in deren Zentrum vor allem Behinderungen der Arbeit an der Übertragung stehen (z.B. Drohungen, Unehrlichkeit, Agieren). Voraussetzung ist die Fähigkeit des Patienten zur Einhaltung des (individuell verhandelbaren) Therapievertrages, was eine gewisse Strukturiertheit der Patienten zur Voraussetzung hat.

Dulz und Schneider (1995, 1996) integrierten für ihren für die stationäre Psychotherapie von Borderline-Störungen entwickelten Ansatz („Beziehungszentrierte Psychodynamische Psychotherapie“) Elemente von Ferenczi (Sympathie als Fundament der therapeutischen Beziehung), Winnicott (haltende Funktion) sowie Kernberg (technische Neutralität); das flexible Setting sei stets dem aktuellen Befinden des Patienten anzupassen, mit dem Ziel der Bearbeitung von Realtraumata in einer haltenden, nicht ängstigenden Umgebung durch ein multiprofessionelles Team. Nach Dulz und Schneider, aber auch Hoffmann (2000) stellt also Angst den Kernaffekt der Borderline-Störung dar, für Kernberg (1997) hingegen Wut und Hass.

Fonagy entwickelte seinerseits jenes Konzept, die Borderline-Störung sei Ausdruck der Unfähigkeit zur Mentalisierung, womit die (bei Borderline-Patienten fehlende) Fähigkeit gemeint ist, in sich selbst und anderen Gefühle wahrzunehmen und diese als psychische Phänomene zu begreifen (Fonagy und Target 2000).

Einige Betrachtungen zur Spaltung bei Borderline-Störung vs. Schizophrenie sowie zu deren Differentialdiagnostik: Nach Benedetti (1977) betreffe die Spaltung bei der Borderline-Störung den Affekt, bei der Schizophrenie die Kognition. Kernberg (1988, 1991) sieht in der Spaltung bei der Borderline-Störung einen Schutz des Guten vor dem Bösen, bei der Schizophrenie als Schutz vor Fragmentierung. Mentzos (2000) hält die Borderline-Persönlichkeitsorganisation für ein stabil labiles Bollwerk gegen die Psychose: Das Psychotische sei Zeichen für das Versagen der Borderline-Abwehr und -Organisation unter spezifischen Belastungen; Depersonalisation sei kein spezifisch psychotisches Symptom und somit kein Indikator für eine Psychose.

Zu differenzieren ist auch zwischen „klassischen“ Halluzinationen (primär bei Psychosen) und Pseudohalluzinationen, die zumeist optischen Erinnerungen an Realtraumata entsprechen und ebenso typisch für Borderline-Störungen sind wie die häufig übersehenen dissoziativen Zustände, die von Tagträumen bis zur sog. multiplen Persönlichkeit (diese wurde bereits von Freud 1923 so genannt) reichen. Zu trennen ist ferner zwischen der psychotischen wie neurotischen Depression und jener im Gegensatz zu ihnen objektlosen Depressivität bei Borderline-Störungen mit einer deutlichen Nähe zur narzisstischen Leere.

5. Interdisziplinäre Beiträge und Befunde

Ausgegangen wird von einer hohen Komorbidität (also einem gleichzeitigen Vorhandensein verschiedener Störungsbilder, wie es z. B. das DSM vorsieht), also letztlich einem uneinheitlichen Störungsbild auf deskriptiver Ebene: Nach Fiedler (1994, 1995) sei die Komorbidität unter den Persönlichkeitsstörungen so hoch, dass es kaum eine persönlichkeitsgestörte Person gebe, die nicht die Kriterien von mindestens zwei Persönlichkeitsstörungsbildern aufweise. Bezüglich der Symptomatik wurde versucht, Untergruppen zu entwickeln (z. B. Stone 1994, 1996, Dulz 2000b, Mentzos 2000).

Auf struktureller Ebene hingegen lässt sich stets ein einheitliches Konstrukt (die Borderline-Persönlichkeitsorganisation) – z. B. mit Hilfe des Strukturellen Interviews von Kernberg (1988, 1991), mittlerweile zum „Strukturierten Interview zur Persönlichkeitsorganisation (STIPO)“ weiterentwickelt – explorieren, so dass die Borderline-Störung eine psychoanalytische Diagnose war und offenbar bleibt, und die Einbeziehung psychodynamischer Aspekte eine auch diagnostische Überlegenheit bedingt. Zwischen Strukturellem Interview und „Diagnostischem Interview für das Borderlinesyndrom“ (DIB, Gunderson 1985 – vorzuziehen ist mittlerweile die revidierte Fassung des DIB [zum DIB-R siehe Rohde-Dachser 1979, 2004]) wurde trotz der deskriptiven Elemente des DIB eine diagnostische Übereinstimmung von 71 % gefunden (Kernberg, Goldstein et al. 1981). Vergleichsstudien mit der „Operationalisierten Psychodynamischen Diagnostik“ (OPD) liegen noch nicht vor.

Eine wesentliche Ergänzung erfuhr die Theorie der Borderline-Störung durch den Nachweis ihrer Traumaätiologie: Schwer und schwerstgestörte Patienten mit einer Borderline-Störung seien zu 93 % (Dulz und Jensen 2000) realtraumatisiert worden. Ein Datenvergleich legt nahe, dass derartige Erlebnisse umso häufiger und drastischer stattgefunden haben, je schwerer die Borderline-Störung ausgeprägt ist. Die Fülle der empirischen Befunde führt zu einer neuen Aktualität von Freuds sog. Verführungstheorie (Dulz 2000a). Der Behauptung, die Traumaätiologie stelle einen Widerspruch zu Kernbergs Thesen dar, kann nicht zugestimmt werden. Kernberg (1997) selbst hat sich mittlerweile zur Traumaätiologie bekannt, mit der auch seine früheren theoretischen Äußerungen (1978, 1990, S. 45) in Einklang stehen: Der Mechanismus der Spaltung „dient ... dem Schutz des Ichs vor Konflikten, ... nämlich durch Dissoziation, durch ein aktives Auseinanderhalten von miteinander im Konflikt stehenden – nämlich einerseits libidinös determinierten und andererseits aggressiv determinierten – Introjektionen und Identifizierungen“.

Allerdings machen empirische Befunde deutlich, dass ICD-10 (hier wird Inzest nicht einmal erwähnt) wie DSM-IV revisionsbedürftig sind hinsichtlich der Einstufung der Borderline-Störung als Persönlichkeitsstörung. Vielmehr handelt es sich bei der Borderline-Störung zumeist um eine komplexe chronische Posttraumatische Belastungsstörung, zumal die Symptomatik der Borderline-Störung psychodynamisch als Traumafolge zu verstehen und zu konzeptualisieren ist (Herman 1993, Sachsse, Eßlinger und Schilling 1997). Entsprechend bedeutsam kann die Anwendung von Techniken aus der Traumatherapie (siehe hierzu Sachsse 2004) sein, ohne dass dies immer möglich und immer sinnvoll ist (besonders Ich-schwache Patienten „ertragen“ eine traumazentrierte Vorgehensweise oft nicht – bei ihnen kann z. B. die Traumaexposition unter Umständen als Kunstfehler gewertet werden). Inwieweit die Borderline-Persönlichkeitsstörung und die komplexe Posttraumatische Belastungsstörung identisch sind oder ob es nur eine große gemeinsame „Schnittmenge“ gibt, wird derzeit untersucht. Ob EMDR („Eye

Movement Desensitization and Reprocessing", Hofmann 2004) nur bei „reinen" Posttraumatischen Belastungsstörungen oder auch bei Borderline-Störungen mit erlittenen Traumatisierungen in Kindheit/Jugend – also Jahre bis Jahrzehnte nach den Traumata – effektiv ist, muss derzeit auch noch offen bleiben.

Seit Mitte der 80er Jahre gewinnt die Dialektisch-behaviorale Therapie (DBT) nach Linehan (1993) an Bedeutung. Spaltung wird als Neigung des Borderline-Patienten zu dichotomem Denken angesehen, er halte an These oder Antithese fest und sei zur Synthese nicht in der Lage. Die (präzise formulierten) Ziele der Therapie sind u.a. die Reduzierung der Suizidalität, dialektisch-behaviorale Auflösung von Widerständen gegen die Therapie und Konfrontation mit selbst- und fremdschädigendem Verhalten. Therapeutenvariablen sind z.B. Akzeptanz, mitfühlende Flexibilität, wohlwollendes Fordern und Versorgen. Eine gewisse Nähe zur Psychoanalyse ist ebenso wenig zu übersehen wie bei Kernbergs Vorgehen zur Verhaltenstherapie (Strukturierung); weitere Parallelen betreffen ebenso die Notwendigkeit ausreichender Stabilität zur Einhaltung des jeweils konzeptionell unverzichtbaren Therapievertrages wie den erfolgten wissenschaftlichen Nachweis der Wirksamkeit (für psychodynamische Psychotherapie siehe Bateman und Fonagy 1999). Ebenfalls erwiesen ist die Wirksamkeit der klientenzentrierten Gesprächspsychotherapie (Eckert et al. 2000).

Erwähnt werden muss ferner die Interpersonelle Psychotherapie (Benjamin 1992) mit ihren stützend-edukativen Techniken.

Der Psychoanalyse direkt entstammen die wegen der bei Borderline-Störungen häufigen Körperschemastörungen wichtigen körpertherapeutischen Verfahren, aber auch die Gestaltungs-/Kunsttherapie, die insbesondere bei einer Unfähigkeit des Patienten zur Verbalisierung hilfreich sind. Dem Einwand, Patienten mit einer Borderline-Störung seien unfähig zur Symbolisierung (Marmer und Fink 1994), ist nicht zuzustimmen; die hohe Symbolisierungsfähigkeit drückt sich auch in den Pseudohalluzinationen aus.

Künftige Entwicklungen werden weiter modifizierte und jeweils differenzielle psychotherapeutische Vorgehensweisen für die unterschiedlichen Persönlichkeitsstörungen (innerhalb der Borderline-Persönlichkeitsorganisation) aufzeigen, denn es liegt auf der Hand, dass – beispielsweise – die Borderline-Persönlichkeitsstörung und die Schizoide Persönlichkeitsstörung unterschiedlicher Behandlungsweisen bedürfen; erste Empfehlungen zur Psychotherapie unterschiedlicher Persönlichkeitsstörungen sind zu finden bei Wöller und Tress (2005). Allerdings wird die differenzielle Vorgehensweise dadurch verkompliziert, dass bei jedem Patienten mindestens zwei und nicht selten mehr als drei oder vier Persönlichkeitsstörungen nebeneinander bestehen.

Literatur

Adler, S.M., Porder, M.S. und Willick, M.S. (1983,1994). Psychoanalyse von Borderline-Patienten. Göttingen: Vandenhoeck & Ruprecht.

Bateman, A. und Fonagy, P. (1999). Effectiveness of partial hospitalization in the treatment of borderline personality disorder: a randomized controlled trial. American Journal of Psychiatry 156, 1563–1569.

Benedetti, G. (1977). Das Borderline-Syndrom. Nervenarzt, 48, 641–650.

Benjamin, L.S. (1992). An interpersonal approach to the diagnosis of borderline personality disorder. In J.F. Clarkin, E. Marziali and E. Munroe-Blum (Eds.), Borderline personality disorder (pp.161–198). New York: Guilford.

Bion, W.R. (1962). Learning from experience. London: Heineman.

Clark, L.P. (1919). Some practical remarks upon the use of modified psychoanalysis in the treatment of borderland neuroses and psychoses. Psychoanalytic Review, 6, 306–308.

Clarkin, J.F., Yeomans, F.E. und Kernberg, O.F. (2001). Psychotherapie der Borderline-Persönlichkeit. Manual zur Transference-Focused Psychotherapy (TFP). Stuttgart: Schattauer.

Deutsch, H. (1934). Über einen Typus der Pseudoaffektivität („Als ob"). Internationale Zeitschrift für Psychoanalyse, 20, 323–335.

Dornes, M. (1993). Der kompetente Säugling. Frankfurt/M: Fischer, 13. Aufl., 2004.

Dulz, B. und Schneider, A. (1995, 1996). Borderline-Störungen. Theorie und Therapie. Stuttgart: Schattauer.

Dulz, B. (2000a). Über die Aktualität der Verführungstheorie. In O.F. Kernberg, B. Dulz und U. Sachsse (Hg.), Handbuch der Borderline-Störungen (S. 11–25). Stuttgart: Schattauer.

Dulz, B. (2000b). Der Formenkreis der Borderline-Störungen: Versuch einer deskriptiven Systematik. In O.F. Kernberg, B. Dulz und U. Sachsse (Hg.), Handbuch der Borderline-Störungen (S. 57–74). Stuttgart: Schattauer.

Dulz, B. und Jensen, M. (2000). Aspekte einer Traumaätiologie der Borderline-Persönlichkeitsstörung: psychoanalytisch-psychodynamische Überlegungen und empirische Daten. In O.F. Kernberg, B. Dulz und U. Sachsse (Hg.), Handbuch der Borderline-Störungen (S. 167–193). Stuttgart: Schattauer.

Dulz, B., Schreyer, D. und Nadolny, A. (2000). Stationäre Psychotherapie: Von haltender Funktion, technischer Neutralität und Sympathie. In O.F. Kernberg, B. Dulz und U. Sachsse (Hg.), Handbuch der Borderline-Störungen (S. 483–504). Stuttgart: Schattauer.

Eckert, J., Biermann-Ratjen, E.-M. und Wuchner, M. (2000). Die langfristigen Veränderungen der Borderline-Symptomatik bei Patienten mit klientenzentrierter Gruppenpsychotherapie. Psychotherapie, Psychosomatik, Medizinische Psychologie (PPmP), 26, 113–120.

Fenichel, O. (1931). Perversionen, Psychosen, Charakterstörungen. Wien: Internationaler Psychoanalytischer Verlag.

Fiedler, P. (1994,1995). Persönlichkeitsstörungen. Weinheim: Beltz.

Fonagy, P. und Target, M. (2000). Mit der Realität spielen. Zur Doppelgesichtigkeit psychischer Realität von Borderline-Patienten. Psyche – Z Psychoanal, 55, 961–995.

Fromm-Reichmann, F. (1954,1978). Psychoanalytische und allgemein dynamische Konzepte der Theorie und Therapie. In dies., Psychoanalyse und Psychotherapie (S. 132–140). Stuttgart: Klett-Cotta.

Gunderson, J.G. (1985). Diagnostisches Interview für das Borderlinesyndrom. (Deutsche Bearbeitung: H. Pütterich). Weinheim: Beltz.

Herman, J.L. (1993). Narben der Gewalt. München: Kindler.

Heigl-Evers, A., Heigl, F.S. und Ott, J. (1993). Abriß der Psychoanalyse und der psychoanalytischen Psychotherapie. In A. Heigl-Evers, F.S. Heigl und J. Ott (Hg.), Lehrbuch der Psychotherapie (S. 1–307). Stuttgart: Fischer.

Hoch, P. and Polatin, P. (1949). Pseudoneurotic forms of schizophrenia. Psychiatric Quarterly, 23, 248–276.

Hofmann, A. (2004). Eye Movement Desensitization and Reprocessing. In U. Sachsse (Hg.), Traumazentrierte Psychotherapie. Theorie, Klinik und Praxis (S. 288–293). Stuttgart: Schattauer.

Hoffmann, S.O. (2000). Angst – ein zentrales Phänomen in der Psychodynamik und Symptomatologie des Borderline-Patienten. In O.F. Kernberg, B. Dulz und U. Sachsse (Hg.), Handbuch der Borderline-Störungen (S. 227–236). Stuttgart: Schattauer.

Hughes, C.H. (1884). Borderland psychiatric records – prodromal symptoms of psychical impairment. Alienist and Neurologist, 5, 85–91.

Kernberg, O.F. (1967). Borderline personality organization. Journal of the American Psychoanalytic Association, 15, 641–685.

Kernberg, O.F. (1978,1990). Borderline-Störungen und pathologischer Narzißmus. Frankfurt/M: Suhrkamp.

Kernberg, O.F. (1988). Innere Welt und äußere Realität. München-Wien: Internationale Psychoanalyse, 2. Aufl., 1994.

Kernberg, O.F. (1988,1991). Schwere Persönlichkeitsstörungen. Stuttgart: Klett-Cotta.

Kernberg, O.F. (1997). Aggression, Trauma und Haß in der Behandlung von Borderline-Patienten. Persönlichkeitsstörungen – Theorie und Therapie, 1, 15–23.

Kernberg, O.F., Goldstein, E.G., Carr, A.C., Hunt, H.F., Bauer, S.F. and Blumenthal, R. (1981). Diagnosing borderline personality. A pilot study using multiple diagnostic methods. Journal of Nervous and Mental Diseases, 169, 225–231.

Klein, M. (1946, 1962). Das Seelenleben des Kleinkindes. Stuttgart: Klett.

Linehan, M.M. (1993). Cognitive behavioral therapy of borderline personality disorder. New York: Guilford.

Mahler, M.S. (1975a). Symbiose und Individuation. Psyche – Z Psychoanal, 29, 609–625.

Mahler, M.S. (1975b). Die Bedeutung des Loslösungs- und Individuationsprozesses für die Beurteilung von Borderline-Phänomenen. Psyche – Z Psychoanal, 29, 1078–1094.

Marmer, S.S., Fink, D. (1994). Rethinking the comparison of borderline personality disorder and multiple personality disorder. Psychiatry Clinic of North Amerika, 17, 743–771.

Masterson, J.F. (1976,1992). Psychotherapie bei Borderline-Patienten. Stuttgart: Klett-Cotta.

Mentzos, S. (1991). Einleitung. In J. Breuer und

S. Freud, Studien über Hysterie. Frankfurt/M: Fischer.
Mentzos, S. (2000). Die psychotischen Symptome bei Borderline-Störungen. In O.F. Kernberg, B. Dulz und U. Sachsse (Hg.), Handbuch der Borderline-Störungen (S. 413–426). Stuttgart: Schattauer.
Moore, T.V. (1921). The parataxes: A study and analysis of certain borderline mental states. Psychoanalytic Review, 8, 252–283.
Paris, J. (1994). Borderline personality disorder. A multidimensional approach. Washington-London: American Psychiatric Press.
Piontelli, A. (1996). Vom Fetus zum Kind: Die Ursprünge des psychischen Lebens. Stuttgart: Klett-Cotta.
Reich, W. (1925). Der triebhafte Charakter. Wien: Internationaler Psychoanalytischer Verlag.
Rohde-Dachser, C. (1979). Das Borderline-Syndrom. Bern: Huber, 6. Aufl., 2004.
Rosse, I.C. (1890). Clinical evidences of borderland insanity. Journal of Nervous and Mental Diseases, 78, 669–683.
Sachsse, U. (2004). Traumazentrierte Psychotherapie. Theorie, Klinik und Praxis. Stuttgart: Schattauer.
Sachsse, U., Eßlinger K. und Schilling, L. (1997). Vom Kindheitstrauma zur schweren Persönlichkeitsstörung. Fundamenta Psychiatrica, 11, 12–20.
Schmideberg, M. (1947). The treatment of psychopaths and borderline patients. American Journal of Psychotherapy, 1, 45–70.
Stern, A. (1938). Psychoanalytic investigation of and therapy in the borderline group of neuroses. Psychoanalytic Quarterly, 7, 467–489.
Stone, M.H. (1992). Incest, Freud's seduction theory, and borderline personality. Journal of the American Academy of Psychoanalysis, 20, 167–181.
Stone, M.H. (1994). Characterologic subtypes of the borderline personality disorder. Psychiatric Clinic of North Amerika, 17, 773–784.
Stone, M.H. (1996). Langzeitkatamnese von narzißtischen und Borderline-Patienten. In O.F. Kernberg (Hg.), Narzißtische Persönlichkeitsstörungen (S. 131–154). Stuttgart: Schattauer.
Volkan, V.D. und Ast, G. (1992). Eine Borderline-Therapie. Göttingen: Vandenhoeck & Ruprecht.
Winnicott, D.W. (1965, 1984). Reifungsprozesse und fördernde Umwelt. Frankfurt/M: Fischer.
Winnicott, D.W. (1971, 1995). Vom Spiel zur Kreativität. Stuttgart: Klett-Cotta.
Winnicott, D.W. (1978, 1992). Familie und individuelle Entwicklung. Frankfurt/M.: Fischer.
Wöller, W. und Tress, W. (2005). Die psychotherapeutische Behandlung von Persönlichkeitsstörungen. Zeitschrift für Psychosomatische Medizin und Psychotherapie, 51, 110–127.

Charakterneurose *von Karl König*

character neurosis – névrose de caractère

1. Definition

Als Charakterneurose bezeichnet man im Allgemeinen eine Charakterstruktur, bei der die Charaktereigenschaften in ihrer Ausprägung jenseits des Normalen liegen. Was als normal anzusehen ist, hängt von gesellschaftlichen Bewertungen ab. So kann jemand, dessen Zwanghaftigkeit in seine derzeitige gesellschaftliche Umgebung passt, mit ihr in einer anderen Umgebung Anstoß erregen und unter der Diskrepanz zwischen seiner Charakterstruktur und den gesellschaftlichen Erwartungen leiden. Insgesamt lässt sich sagen, dass sich eine Charakterneurose im Bereich des Liebens und des Arbeitens äußert. Lieben und Arbeiten sind Behandlungsziele der Psychoanalyse, deren Einführung Freud zugeschrieben wird, ohne dass sich in seinen Veröffentlichungen ein direkter Hinweis darauf findet.

Hoffmann (1979) unterscheidet zwischen Charakterneurose, die einen Leidensdruck erzeugt, und einem neurotischen Charakter, der ichsynton ist. Im Englischen meint Charakterneurose eine ichsyntone Charaktersymptomatik, character disturbance eher das, was Hoffmann mit Charakterneurose bezeichnet (Moore und Fine 1990). Persönlichkeitsstörung, ein Begriff aus der Psychiatrie, meint im Allgemeinen Menschen mit einer schweren Charaktersymptomatik.

Menschen mit einem ichsyntonen neurotischen Charakter können an Schwierigkeiten leiden, die etwas damit zu tun haben, wie sie mit Beziehungen und mit Arbeit umgehen. Charakterneurose und neurotischer Charakter wären Extremformen; entgegengesetzte Pole eines Kontinuums. Am häufigsten trifft der Psychoanalytiker in der therapeutischen Arbeit Menschen an, die gleichzeitig Charaktereigenschaften aufweisen, unter denen sie leiden und andere, unter denen sie nicht leiden; die also erst ichdyston werden müssen, wenn die Patienten motiviert sein sollen, an ihrer Veränderung zu arbeiten.

In der Psychoanalyse sind verschiedene Einteilungen der Charakterstrukturen gebräuchlich; am wichtigsten sind wohl die Einteilung nach den psychosexuellen Entwicklungsstufen (oraler, analer, urethraler, phallisch-narzisstischer, genitaler Charakter) und klinische Bezeichnungen (schizoid, narzisstisch, depressiv, zwanghaft, phobisch, hysterisch). In die Klassifikationen ICD 10 und DSM IV hat ein Teil der Charakterstörungen (Fenichel 1945) unter der Bezeichnung Persönlichkeitsstörungen Eingang gefunden.

Ohne Unterschiede in den Charakteren und damit in den Interessen wäre eine differenzierte arbeitsteilige Gesellschaft nicht möglich. Zu jedem Charakter passt eine begrenzte Anzahl von Berufen; so wird ein Reiseleiter andere charakterliche Voraussetzungen brauchen als ein technischer Zeichner.

Gesellschaftlich erwünscht sind Charakterstrukturen, für die eine Gesellschaft Verwendung hat. Manche Menschen mit Frühstörungen, zum Beispiel Borderlinestrukturen, die in westlichen Industriegesellschaften kaum eine Nische finden, könnten in anderen Gesellschaften als Schamanen oder heilige Männer leben, vielleicht auch als hochgeachtete Bettler. Die gesellschaftlichen Erwartungen verändern sich mit der Zeit. So erwartet man in Deutschland heute weniger Zwanghaftigkeit als vor dreißig oder fünfzig Jahren.

2. Klassische Auffassungen

Der Terminus Charakterneurose stammt von Reich (1928); das Phänomen Charakterneurose wurde schon vorher von Freud (1908b, S. 9; 1916d, S. 367) und Abraham (1924, 1925) beschrieben. Reich, Glover, Alexander und Ferenczi werden heute als Pioniere der Charakteranalyse angesehen.

Als ein Merkmal der Charakterneurose galt schon früh, dass die Patienten erkennbar versuchten, ihre Umwelt in ihre Konfliktlösungen mit einzubeziehen; dies gilt heute als ein wesentliches Merkmal sogenannter Frühstörungen. Fenichel (z.B. 1945) hat wohl die erste umfassend gemeinte, wenn auch unsystematische Beschreibung einer Reihe neurotischer Charakterformen geliefert. Sie entstehen nach Fenichel durch ein Persistieren von Triebwünschen in einer ursprünglichen Form, oder durch Reaktionsbildungen gegen sie; Sublimierung als ein „genitaler" Modus des Umgangs mit Triebwünschen verhindert soziale Schwierigkeiten. Ich-Einschränkung hat Fenichel im Unterschied zu Anna Freud (1936), die sie als ein gesundes Phänomen ansah, als vermeidend („phobisch") angesehen. Reich (1933) stellte vor allem die negativen Seiten einer jeden Charakterbildung heraus; es kommt zu einer „Verhärtung" (S. 166). Gesund ist nur der genitale Charakter, der mit sozial unakzeptablen Triebwünschen per Sublimierung umgeht (s.a. Balint 1932).

3. Ideengeschichtlicher Hintergrund

Vor Freud wurden in Philosophie und Psychologie durchaus Überlegungen zu den Unterschieden im Erleben und Verhalten von Menschen angestellt. Ebenso war bekannt, dass Menschen unter ihrem Charakter oder ihrem „Temperament" leiden oder andere leiden lassen. Es gab auch Versuche einer Systematisierung; sie boten aber keine plausiblen Annahmen über die Entstehung von Charakterstörungen. So kann man tatsächlich sagen, dass erst die Psychoanalyse ein wissenschaftlich begründetes und Ansätze zur Therapie bietendes Konzept der Charakterstörungen vorgelegt hat.

4. Wesentliche Erweiterungen, Differenzierungen und Modifikationen

Balint (1960) beschrieb mit den philobatischen und oknophilen Persönlichkeitstypen zwei Grundformen der Charakterentwicklung; der eine strebt nach Freiheit und Unabhängigkeit, der andere klammert sich an die Objekte. Man kann sie mit der schizoiden bzw. narzisstischen und der depressiven Struktur der klinischen Typologie in Verbindung bringen. (Kohut 1979) hat gleichfalls eine duale Einteilung der basalen Charakterstrukturen vorgeschlagen. Er spricht vom schuldigen Menschen, der nach dem Lustprinzip lebt und vom tragischen Menschen, der nach Selbstverwirklichung strebt (S. 132f.).

Argelander (1970) spricht von einer strukturellen Verarbeitung von Konflikten beim Charakter und von einer szenengerechten Verarbeitung von Konflikten bei der Symptomneurose; man könnte wohl auch von Charakterübertragung und Übertragung im engeren Sinne sprechen, wobei letztere einen interpersonellen Anteil hat, der eine Bestätigung der Übertragungserwartungen erreichen soll. Eine ausführlichere Darstellung der historischen Entwicklung mit dem Akzent auf der Ich-Psychologie findet sich bei Hoffmann (1979).

Die Melanie Klein'sche Schule der Psychoanalyse befasst sich immer mit Entwicklungsstörungen, die sich im Charakter einer Person äußern, auch wenn der Terminus Charakterneurose unter Kleinianern kaum gebräuchlich ist. Dabei kommt es wesentlich darauf an, ob jemand das sogenannte depressive Entwicklungsstadium erreicht hat oder in einer Psychoanalyse erreicht, oder ob er auf der schizoid-paranoiden Entwicklungsstufe bleibt. Die Schule von Lacan richtet ihr Augenmerk auf die Schicksale des „Begehrens", also auf die Triebentwicklung und schreibt dem Unbewussten die Struktur einer Sprache zu, was die Abgrenzungen von Ich und Es, wie sie in der Ich-Psychologie üblich sind, teilweise auflöst, weil so dem Es wesentliche Aspekte des Ichs zugeordnet werden. Ein jedes Individuum bedient sich einer vorgegebenen Sprache auf seine Weise.

Die klinischen Strukturbezeichnungen, die auch in den USA teilweise gebräuchlich waren und sind (z.B. Moore und Fine 1990) wurden in Deutschland von Schultz-Hencke (1973) aufgegriffen und mit der von ihm vertretenen Neurosenlehre verbunden. Riemann (1976) hat sie auf Grundformen des Beziehungsverhaltens zurückgeführt. König (1988) beschreibt die ursprünglich aus bestimmten psychosexuellen Entwicklungsstadien stammenden zentralen Beziehungswünsche des Erwachsenen als Merkmale einer Charakterstruktur. Dieses Konzept versucht einen Brückenschlag zwischen entwicklungspsychologischen Konzepten und den Manifestationsformen zentraler Beziehungswünsche im Erwachsenenalter, wie sie in der klinischen Typologie beschrieben werden. Die klinischen Strukturbezeichnungen finden sich teilweise auch in den Klassifikationen DSM IV und ICD 10. Fiedler (2000) leitet seine Charaktertypen von den Beschreibungen in DSM IV und ICD 10 ab. Im Vergleich zu den ursprünglichen klinischen Typologien, wie sie von Psychoanalytikern verwendet werden, bedeutet das einen weitgehenden Verzicht auf psychodynamischen Gehalt (König 2004).

Von der Charakterneurose lässt sich die Symptomneurose zwar begrifflich abgrenzen, der Versuch einer eindeutigen klinischen Trennung misslingt aber meist, weil Charakterneurosen oder neurotische Charaktere selten rein auftreten. Bestimmte Charakterstrukturen disponieren zu bestimmten Symptomen, so die phobische Struktur zu einer Angstsymptomatik, die zwanghafte Struktur zu einer Zwangsneurose. Aus einer Charakterneurose kann sich eine Symptomneurose entwickeln. Die Symptomneurose ersetzt aber nicht die Charakterneurose. Charaktersymptome und Symptome im engeren Sinne: Angst, Depressivität, Zwänge oder psychosomatische Störungen bestehen dann nebeneinander.

Der Zusammenhang zwischen einer Persönlichkeitsstruktur und einer Symptomatik wird heutzutage nicht mehr so eng gesehen wie zu der Zeit, als man zum Beispiel Konversionssymptome als exquisit hysterische Symptome ansah. Man kann nur sagen, dass eine bestimmte Persönlichkeitsstruktur das Entstehen einer bestimmten Symptomatik begünstigt; nicht dass eine bestimmte Persönlichkeitsstruktur Voraussetzung dafür ist, dass eine bestimmte Symptomatik entstehen kann.

Charakterneurosen und neurotische Charaktere spielen in der heutigen Klientel von Psychoanalytikern eine große Rolle. Am Studien- und Berufsversagen und am Entstehen von Paarkonflikten sind sie wesentlich beteiligt. Lehranalysen haben unter anderem die Aufgabe, nicht nur die ichdystone Charaktersymptomatik zu bearbeiten, an der ein Lehranalysand leidet, sondern auch ichsyntone Charaktersymptome zum Gegenstand der Bearbeitung zu machen, wobei man es oft mit erheblichen Widerständen zu tun bekommt. Die Bearbeitung ichsyntoner Charakterzüge ist notwendig, weil sie die Selbst- und Fremdwahrnehmung eines Analytikers einschränken. So wird auch die Gegenübertragung durch eine Charakterneurose oder einen neurotischen Charakter des Analytikers in ihrer Qualität und Intensität beeinflusst.

Ein ichsyntones Charakterverhalten kann in der Analyse ichdyston werden und der Analysand kann nun darunter leiden. Ähnliches geschieht auch, wenn ein Mensch in seinem Privatleben neue Beziehungen eingeht, in denen seine ichsyntonen, bisher unauffälligen Charaktereigenschaften Schwierigkeiten machen.

Behandlungstechnisch ist es wichtig, sich vor Augen zu halten, dass Charakterhaltungen ursprünglich aus den Beziehungen des Patienten (oder seines Selbst) zu den Objekten entstanden sind. Sie wurden dann unter dem Einsatz von Abwehrmechanismen weiterverarbeitet, wobei die Beziehungswünsche aber noch erkennbar bleiben. Zumindest bleiben sie psychoanalytischer Schlussbildung in der Regel zugänglich. Der Übergang zwischen der Übertragung von Objekten, wie sie in der Kindheit erlebt wurden, und den in der Folgezeit stark veränderten inneren Objektrepräsentanzen in ihrer Beziehung zum Selbst (Kernberg 1993) ist fließend. Sandler et al. (1992) sprechen von Charakterübertragung und meinen damit eine Übertragungsform, die von spezifischen Übertragungsauslösern relativ unabhängig ist. Je spezifischer ein Übertragungsauslöser zu sein scheint, desto eher ist die Vermutung angebracht, dass es sich um eine Übertragung im engeren Sinne handelt und nicht um eine Charakterübertragung.

5. Interdisziplinäre Beiträge und Befunde

Fast alle heute vertretenen Richtungen der akademischen Psychologie haben Persönlichkeitstheorien entwickelt und Charakterneurosen oder neurotische Charaktere beschrieben, auch wenn sie den Terminus nicht benutzen. Allerdings beschränken sich die in der akademischen Psychologie dominierenden Persönlichkeitstheorien meist auf das Beobachtbare, allenfalls auf das in Fragebögen Eruierbare und räumen der Introspektion, etwa in Form von Selbstbeschreibungen, bei der Persönlichkeitsdiagnostik wenig oder keinen Raum ein.

Eine psychologische Richtung, die zunehmend an Bedeutung gewinnt, ist die Evolutionspsychologie. Bei der Beobachtung von Babys (Dornes 1993) konnten angeborene Verhaltensprogramme beobachtet werden. Bei Erwachsenen finden sich angeborene Verhaltensprogramme vor allem im Bereich der Partnerwahl (Buss 1994), aber auch in anderen Bereichen (Vogel 1989). Während die Beobachtungen der Babywatcher in der Psychoanalyse zunehmend rezipiert werden, bleibt es ein Desiderat, auch die Erwachsene betreffenden Forschungsergebnisse der Evolutionspsychologie zu prüfen und, soweit angebracht, in die Psychoanalyse zu integrieren. Neben Beziehungswünschen und Beziehungstaktiken, die sich aus den aktuellen Verhältnissen und der Biographie des einzelnen ergeben, sind entsprechend den Annahmen der Evolutionspsychologie angeborene Verhaltensprogramme wirksam, die sich aufgrund biologischer Zweckmäßigkeit zu Zeiten der Jäger und Sammler durch Selektion herausgebildet haben und das Erleben und Verhalten von Menschen in den heutigen westlichen Industriegesellschaften weiterhin beeinflussen. Weil sie besser zu den Lebensverhältnissen der Jäger und Sammler passen als in unsere Zeit, ergeben sich Konflikte zwischen evolutionsgenetisch determinierten Verhaltenstendenzen und Verhaltensweisen und den ethischen Postulaten und Normen in einer modernen Industriegesellschaft. Diese Konflikte gehen in die Charakterentwicklung mit ein.

Literatur

Abraham, K. (1924). Beiträge der Oralerotik zur Charakterbildung. In ders., Psychoanalytische Studien zur Charakterbildung und andere Schriften (S. 205–217). Frankfurt/M.: Fischer, 1969.

Abraham, K. (1925). Zur Charakterbildung auf der „genitalen" Entwicklungsstufe. In ders., Psychoanalytische Studien zur Charakterbildung und andere Schriften (S. 217–226). Frankfurt/M.: Fischer, 1969.

Argelander, H. (1972). Der Flieger. Eine charakteranalytische Fallstudie. Frankfurt/M.: Suhrkamp.

Balint, M. (1960). Angstlust und Regression. Stuttgart: Klett.

Buss, D. (1994). Die Evolution des Begehrens. Hamburg: Kabel.

Dornes, M. (1993). Der kompetente Säugling. Die präverbale Entwicklung des Menschen. Frankfurt/M.: Fischer, 13. Aufl., 2004.

Fenichel, O. (1945). The psychoanalytic theory of neurosis. New York: Norton.

Fiedler, P. (2000). Integrative Therapie bei Persönlichkeitsstörungen. Göttingen: Hogrefe.

Freud, A. (1936). Das Ich und die Abwehrmechanismen. München: Kindler.

Hoffmann, S.O. (1979). Charakter und Neurose. Frankfurt/M.: Suhrkamp, 2. Aufl., 1996.

Kernberg, O.F. (1993). Psychoanalytische Objektbeziehungstheorien. In W. Mertens (Hg.), Psychoanalyse in Schlüsselbegriffen (S. 96–104). Stuttgart: Verlag Internationale Psychoanalyse, 3. Aufl., 1997.

König, K. (1992). Kleine psychoanalytische Charakterkunde. Göttingen: Vandenhoeck & Ruprecht, 8. Aufl., 2005.

König, K. (2004). Charakter, Persönlichkeit und Persönlichkeitsstörung. Stuttgart: Klett-Cotta.

Kohut, H. (1979). Die Heilung des Selbst. Frankfurt/M.: Suhrkamp (engl: The restoration of the self. New York: International Universities Press, 1977).

Moore, B.E. and Fine, B.D. (1990) (Hg.). Psychoanalytic terms and concepts. New Haven and London: Yale University Press.

Reich, W. (1933). Charakteranalyse. Technik und Grundlagen. Berlin: Selbstverlag.

Riemann, F. (1976). Grundformen der Angst. München und Basel: Reinhardt.

Sandler, J., Dare, C. and Holder, A.; revised and expanded by J. Sandler and A.U. Dreher (1992). The patient and the analyst. London: Karnac.

Schultz-Hencke, H. (1973). Lehrbuch der analytischen Psychotherapie. Stuttgart: Thieme.

Vogel, C. (1989). Vom Töten zum Mord. München: Hanser.

Container – Contained *von Ross A. Lazar*

Container-Contained – contenant-contenu

1. Definition

Eine von Wilfred R. Bion erarbeitete Modellvorstellung von Beziehungen, auch seine „Theorie des Denkens" genannt. Die einfachste Definition des Begriffes lautet „one thing inside the other"; zu deutsch „ein Ding in einem anderen". Sprachlich stellt der Begriff eine Neuschöpfung dar, die schwer übersetzbar ist.

Bevor man den Terminus definieren kann, muss etabliert werden, welches Wort bzw. Wörter gemeint sind. Bion selbst spricht meist von „Container-Contained", manchmal jedoch von „Containment". Hinshelwood (1989) führt als Oberbegriff das Wort „Containing" an, das in der deutschen Übersetzung seines Lexikons (1993) übernommen wurde. „Container-Contained" wird von ihm als Unterbegriff definiert. In der deutschen Version von Grinberg et al. (1975) übersetzen Ferstl und Westphal den Terminus mit „Behälter-Inhalt", während E. Krejci „Behälter-Gehalt" verwendet, container und contained in Englisch aber hinzufügt (z.B. in Bion 1962, S. 146, 166 und 1963, S. 32).

Etymologisch stammt das englische Wort contain aus dem Altfranzösischen contenir bzw. aus dem Lateinischen continere und bedeutet:

1. innerhalb fest bestimmter Grenzen halten; beinhalten.
2. die Kapazität besitzen, etwas zu halten, für etwas Raum, Potential zu haben. (Erinnert an den von Bion verwendeten und von dem englischen Dichter John Keats geprägten Begriff der „negativen Kapazität". Vgl. „Negativraum" bzw. „Potentialraum" in der bildenden Kunst.)
3. zurückhalten, einhalten, hindern.
4. Arith. und Alg.: enthalten, bestehen aus (Vielfaches einer Zahl oder teilbar durch eine Zahl). (Erinnert an Bions Verwendung der aus der Mathematik entlehnten Begriffe Funktion und Faktor.)
5. Mil. und Nav.: den Feind innerhalb eines bestimmten Gebietes, evtl. durch Angriff oder Drohung, in Schach halten.

In „Attention and Interpretation" schreibt Bion: „Die Funktion des ‚containments' verwende ich mit seiner militärischen Implikation: eine Streitkraft, die einer anderen Einhalt gebietet." Bions Verwendung dieses Bildes zum Verständnis der Containment-Problematik eines Stotterers liefert ein eindrucksvolles Beispiel davon:

„Ein Mann sprach von einer emotionalen Erfahrung, die ihn tief bewegt hatte. Als die Erinnerung in ihm immer lebendiger wurde, fing er an zu stottern ... der Mann versuchte seine Erfahrung in Form von Worten zu „containen"; er versuchte sich selbst zu „containen", wie man manchmal von jemandem sagt, der dabei ist, die Kontrolle über sich zu verlieren; er versuchte seinen Emotionen in Worten Einhalt zu gebieten wie etwa ein General, der versucht „feindliche Kräfte" innerhalb eines bestimmten Gebietes einzugrenzen. Die Worte, die Bedeutung ausdrücken sollten, wurden durch die emotionale Kraft fragmentiert. Eigentlich hatte er seine Emotionen nur verbal zum Ausdruck bringen wollen, aber die verbale Formulierung konnte sie nicht „containen", sie brachen durch und fragmentierten die Sprache, so wie feindliche Streitkräfte die Kräfte, die sie zu „containen" versuchten, durchbrechen können" (Bion 1970, S. 94, Übers. d. Verf.).

2. Klassische Auffassung

Bion (1962) formulierte seinen Begriff Container-Contained in Anlehnung an M. Kleins projektive Identifizierung:

„Melanie Klein hat einen Aspekt der projektiven Identifizierung beschrieben, der sich auf die Modifikation infantiler Ängste bezieht; das Kind projiziert einen Teil seiner Psyche, nämlich seine schlechten Gefühle, in eine gute Brust. Von dort werden sie zum geeigneten Zeitpunkt zurückgeholt und reintrojiziert. Während ihres Aufenthaltes in der guten Brust sind sie derart verändert worden – jedenfalls erlebt das Kind sie so – dass das Objekt, das reintrojiziert wird, für die Psyche des Kindes erträglich geworden ist.

Zum Gebrauch als Modell werde ich von der obenstehenden Theorie die Idee eines Behälters (container) abstrahieren, in den ein Objekt projiziert wird, sowie das Objekt, das in den Behälter projiziert werden kann; letzteres werde ich mit dem Ausdruck ‚Gehalt' (contained) bezeichnen.

Behälter und Gehalt können mit Emotionen verbunden oder von Emotionen durchdrungen sein. In diesem Fall ändern sie sich in einer Art, die üblicherweise als Wachstum beschrieben wird ... Sowohl der Behälter als auch der Gehalt sind Modelle abstrakter Repräsentationen von psychoanalytischen Realisierungen.

Der nächste Abstraktionsschritt wird von dem Bedürfnis nach Bezeichnung diktiert. Ich werde das Zeichen ♀ für die Abstraktion benützen, die den Behälter repräsentiert, und ♂ für den Gehalt" (Bion 1962 (1990), S. 146).

Ein Jahr später (Bion 1963) wird Container-Contained von Bion als erstes seiner Elemente der Psychoanalyse genannt. Er schreibt:

„Ich werde das erste Element durch ♀♂-Zeichen darstellen ... Es bezeichnet ein Element, das man – wenn auch mit einem gewissen Verlust an Präzision – die wesentliche Eigenschaft von Melanie Kleins Konzeption der projektiven Identifikation nennen kann" (Bion 1963 (1992), S. 31).

Für eine klare und ausführliche Diskussion der Abgrenzung der beiden Begriffe voneinander siehe Meltzer 1986.

3. Ideengeschichtlicher Hintergrund

In praktisch allen religiösen, philosophischen und mystischen Traditionen sind die Wurzeln dieses Gedankens wiederzuerkennen. Die Hexagramme des I CHING symbolisieren die Beziehung zwischen Inhalt und Platzierung. Das „Herz Sutra" des Buddhismus ist eine Meditation über Form und Leere, Realität und Wahrnehmung, Kenner und Erkanntem, während das buddhistische Wort sunyata ursprünglich „eine schwangere Leere, der Hohlraum eines schwangeren Mutterleibes" bedeutet (Epstein 1995).

Der kabbalistische Mystiker Isaak Luria (1534–1572), dessen Werk Bion besonders schätzte, verstand die „Schöpfung aus Nichts" wie folgt:

„Gott habe einen Bezirk in seinem Wesen freigegeben, sich aus ihm zurückgezogen, um bei der Schöpfung in ihn hinaustreten zu können. Die Harmonie werde aber durch das Böse gestört. Als das göttliche Licht in den Urraum geströmt sei, hätten es nicht alle der zu seinem Auffangen bestimmten Gefäße halten können, und es habe ein „Bruch der Gefäße" stattgefunden. Das Böse sei dadurch in der Lage gewesen, sich zu entfalten, doch zugleich eröffne sich für den Menschen die Möglichkeit durch eine radikale Innerlichkeit ... die ursprüngliche Harmonie wiederherzustellen" (Scholem 1980, S. 47).

Weitere Verbindungen des Konzeptes zur modernen Theologie wie auch zugleich zur modernen Musik findet man u.a. bei Weimer (1997).

Schließlich sind die Überlegungen M. Heideggers zum Wesen des Kruges in seinem Vortrag über „Das Ding" zu erwähnen, die er mit Gedanken Meister Eckharts, dessen Werke Bion auch kannte und schätzte, verbindet, und die später von J. Lacan aufgegriffen wurden (Lacan 1990). Heidegger schreibt: „Der Krug ist ein Ding als Gefäß ... Die Leere, dieses Nichts am Krug ist das, was der Krug als das fassende Gefäß ist ... Das Dinghafte des Gefäßes beruht keineswegs im Stoff, daraus es besteht, sondern in der Leere, die es faßt" (Heidegger, S. 160–161). Eine entscheidende Verbindung zur Theologie Meister Eckharts stellt Heidegger so dar: „Demgemäß gebraucht der Meister Eckhart das Wort dinc sowohl für Gott als auch für die Seele. Gott ist ihm das höchste und oberste dinc. Die Seele ist ein groz dinc". Hier schließt sich der Kreis. Die Seele als groz dinc ist Gefäß, ist Container für das Geistige, das sie „containen" soll.

4. Die Bedeutung des Begriffs in verschiedenen psychoanalytischen Schulrichtungen

Jung führt in seiner Diskussion über die Ehe als psychologische Beziehung zwei Termini ein, die dem Container-Contained-Begriff verwandt sind. Er schreibt: „... eine Frau, die geistig ganz in ihrem Mann, ein Mann, der gefühlsmäßig ganz in seiner Frau enthalten ist. Man könnte dies als das Problem des Enthaltenen und des Enthaltenden bezeichnen" (Jung 1990, S. 54). Im selben Aufsatz entwickelt Jung seine Konzepte von den Archetypen Anima und Animus, die in ihrem Grundgedanken jenen Bions ähneln. Die Quelle beider findet sich in der phylogenetisch gegebenen Bisexualität des menschlichen Geschlechts. Beide Theorien betonen die Gegenseitigkeit und Wechselseitigkeit dieser Beziehung. Essenz dieser ist, dass die Frau den Mann, der Mann die Frau „enthält". Die Ehe selbst versteht Jung als das Enthaltende beider Partner, d.h. als „Container" des (Ehe)Paares, womit der Begriff auf die soziale Beziehungsebene angewendet wird.

Donald Winnicott, Kollege und Bewunderer Bions, hat bereits 1956 den Ausdruck „holding" (dt.: halten) in Zusammenhang mit der mütterlichen Funktion geprägt. Dazu schreibt Masud Khan: „Die Funktion des Haltens ist für die Mutter auf Grund ihrer primären mütterlichen Einstimmung natürlich und basiert auf mütterlicher Empathie, nicht auf Verstehen" (Winnicott 1956). Bions Container-Contained-Modell beinhaltet, im Gegensatz zu Winnicotts „holding", einen aktiven mentalen Vorgang, eine Veränderung, eine „Transformation", wie Bion sagt, und bedarf für sein Zustandekommen einer spezifisch mentalen Aktivität der Mutter, die Bion „Alphafunktion" nennt, und deren Produkt die Entstehung von Bedeutung ist.

Lacan sprach bereits 1954 in seiner berühmten Einführung zum Experiment mit dem umgekehrten Blumenstrauß im Kontext einer Diskussion über Melanie Klein von der Konstituierung des Ichs durch den Prozess der Spaltung und Projektion (siehe projektive Identifizierung): „Das dem Ur-Ich oder Lust-Ich eigene Gebiet konstituiert sich tatsächlich durch Spaltung, durch Unterscheidung von der Außenwelt – was im Innern eingeschlossen ist, unterscheidet sich von dem, was im Prozeß der Ausstoßung und der Projektion abgewiesen worden ist. Wenn es deshalb Begriffe gibt, die in die vorderste Linie sämtlicher analytischer Konzeptionen des ersten Stadiums der Ich-Bildung gestellt werden, so sind es die von Behälter und Inhalt. Deshalb kann uns die Beziehung der Vase zu den Blumen, die sie enthält, als Metapher, und als eine der kostbarsten, dienen" (Lacan 1978, S. 104.). Bereits vor Bion hat Lacan die zentrale Signifikanz der Konstellation von Behälter und Inhalt erkannt. Erst Bions Genius aber konnte den Weg zur klinischen Anwendung des Begriffs zeigen.

In deutscher Sprache gibt es erst wenige Arbeiten zu diesem Thema. R.A. Lazar hat in verschiedenen Arbeiten versucht, die grundsätzliche Bedeutung des Begriffs für die moderne post-kleinianische Psychoanalyse sowohl in seiner entwicklungspsychologischen Bedeutung wie auch in seiner Anwendung auf andere Gebiete außerhalb der klinischen Psychoanalyse darzustellen. In mehreren Schriften zur Säuglingsbeobachtung nach der Tavistock-Bick-Methode veranschaulicht Lazar (1986, 1988) die ursprüngliche Bedeutung des Begriffs bei der Konzeption (Penis-in-Scheide; Sperma-in-Ovum), beim Heranwachsen und Geburt (Foetus-in-Uterus; Baby im Geburtskanal) und beim Säugling (Brustwarze-im-Mund, Kind-im-Arm). In einer Arbeit (1993) schildert er die Nützlichkeit des Begriffs als einen wesentlichen Aspekt der „hilfreichen Beziehung" in der klinischen Psychoanalyse bzw. Kinderanalyse anhand von Material aus der Analyse eines Kindes im Latenzalter. Schließlich in einer Reihe von Aufsätzen zu den Themen Supervision und Beratung in Gruppen, Organisationen und Institutionen (1990, 1994, 1998) hat Lazar weitere Implikationen des Begriffs im psychosozialen Feld erörtert.

Speziale-Bagliacca (1991) bringt in seinem Artikel „The capacity to contain – Anmerkungen zu ihrer Funktion bei der psychischen Veränderung" den Begriff außerdem mit der hinduistischen, der konfuzianischen und der taoistischen Philosophielehre wie auch mit der Philosophie Platons, Senecas und Lucrez in Verbindung, ohne die klinische Relevanz aus dem Auge zu verlieren. Vielmehr kündigt er an, dass dieser Weg uns sogar als „Antizipation der zukünftigen Psychoanalyse" dienen wird.

Sowohl die Bandbreite dieser Anwendungsgebiete als auch der klinische Nutzen für das Verständnis frühester infantiler wie auch psychotischer und anderer primitiver psychischer Prozesse auf sämtlichen Ebenen menschlicher Existenz macht die Behauptung glaubwürdig, Bions Container-Contained-Modell sei ein ubiquitäres, für das Verstehen der conditio humana unabdingbares Konzept.

5. Interdisziplinäre Beiträge und Befunde

Faszinierende, frappierend ähnliche Gedanken und Begriffe sind vor allem bei den sog. „cognitive linguistic researchers" zu finden. In ihren Bemühungen geht es z.B. Lakoff und Johnson um den „Versuch, Bedeutung gemäß der Natur und Erfahrung der denkenden Organismen zu charakterisieren" (Johnson 1986). Ihre Theorien setzen eine Reihe Metaphern für sog. „kinaesthetic image-schematic structures" voraus, die Bions Begrifflichkeiten stark ähneln (container, paths, links, forces, balance). Für sie ist die Essenz des Denkens das Kategorisieren. Alle Kategorien werden strukturell repräsentiert durch sogenannte „Containerschemata", die aus unserem körperlichen Erleben entstehen. „Containerschema" wird definiert als „ein Schema, das aus einer Grenze besteht, die einen Innenraum von einem Außenraum unterscheidet. Das Containerschema definiert die grundlegende Unterscheidung zwischen drinnen und draußen. Wir verstehen unseren eigenen Körper als Container – vielleicht das Grundsätzlichste, was wir machen, ist aufnehmen (Ingestion) und ausscheiden (Exkretion), Luft in die Lunge ein- und ausatmen" (Johnson, zit. in Lakoff 1987, S. 271). Weiter schreibt Lakoff: „Der Körper ist ein Container für die Emotionen" (S. 383); „eine Aktivität ist ein Container für die Mühe oder Energie, die in sie hineingesteckt wird" (S. 434); und schließlich: „Die Psyche (mind) ist ein Container; Ideen sind Wesen, und Kommunikation besteht darin, Ideen aus der Psyche herauszunehmen, sie in Worte zu fassen und an andere Menschen zu senden" (S. 450, Übers. d. Verf.).

Abschließend soll aber doch Bion das letzte Wort haben. In The Dream, Teil I seines fiktiven Spätwerkes „A memoir of the future", schreibt er: „Ich bin der Gedanke ohne Denker und der abstrakte Gedanke, der seinen Denker newtonmäßig zerstört hat; der Container, der seinen Inhalt bis zur Zerstörung liebt; der Inhalt, der seinen besitzergreifenden Behälter zum Bersten bringt" (Bion 1991, S. 38., Übers. d. Verf.).

Literatur

Bion, W.R. (1959). Attacks on linking. International Journal of Psycho-Analysis, 40, 308–315 (dt.: Angriffe auf Verbindungen. In Melanie Klein heute. Bd. I, S. 110–129. München: Verlag für Internationale Psychoanalyse, 1990).

Bion, W.R. (1962a). A theory of thinking. International Journal of Psycho-Analysis, 33, 306–310 (dt.: Eine Theorie des Denkens. In Melanie Klein heute. Bd. I, S. 225–235. München: Verlag für Internationale Psychoanalyse, 1990).

Bion, W.R. (1962b). Learning from experience. London: Heinemann (dt.: Lernen durch Erfahrung. Frankfurt/M.: Suhrkamp, 1990).

Bion, W.R. (1963). Elements of psycho-analysis. London: Heinemann (dt.: Elemente der Psychoanalyse. Frankfurt/M.: Suhrkamp, 1992).

Bion, W.R. (1991). A memoir of the future. London: Karnac Books.

Blofeld, J. (1968). I Ching.The book of change. New York: Dutton.

Epstein, M. (1995). Thoughts without a thinker. Psychotherapy from a buddhist perspective. New York: Basic Books.

Grinberg, L., Sor, D. and Tabak de Bianchedi, E. (1975). Introduction to the work of Bion. Strath Tay: The Roland Harris Educational Trust (dt.: W.R. Bion. Eine Einführung. Stuttgart: frommann-holzboog, 1993).

Haumann, H. (1990). Geschichte der Ostjuden. München: Deutscher Taschenbuch Verlag.

Heidegger, M. (1954). Vorträge und Aufsätze. Pfullingen: Neske.

Hinshelwood, R.D. (1989). A dictionary of Kleinian thought. London: Free Association Books (dt.: Wörterbuch der kleinianischen Psychoanalyse. Stuttgart: Verlag Internationale Psychoanalyse, 1993).

Johnson, M. (1986). The body in the mind. The bodily basis of reason and imagination. Chicago: University of Chicago Press.

Jung, C.G. (1990). Die Ehe als psychologische Beziehung. In C.G. Jung Grundwerke, Bd. 9. Mensch und Kultur (S. 54). Olten: Walter.

Khan, M.M.R. (1971). D.W. Winnicott – sein Leben und Werk. Eine Einführung. In D.W. Winnicott, Die therapeutische Arbeit mit Kindern (S. XXXVI). München: Kindler.

Lacan, J. (1978). Das Seminar von Jacques Lacan Buch I (1953–1954). Freuds Technische Schriften. Olten: Walter.

Lacan, J. (1996). Das Seminar von Jacques Lacan Buch VII (1959–1960). Die Ethik der Psychoanalyse. Weinheim: Quadriga.

Lakoff, G. (1987). Women, fire and dangerous things. Chicago: University of Chicago Press.

Lazar, R.A. (1986). Die psychoanalytische Beobachtung von Babys innerhalb der Familie. In J. Stork (Hg.), Zur Psychologie und Psychopathologie des Säuglings – neue Ergebnisse in der psychoanalytischen Reflexion (S. 185–210). Stuttgart: problemata frommann-holzboog.

Lazar, R.A. (1988). Vorläufer der Triangulierung. Forum der Psychoanalyse, 4, 28–39.

Lazar, R.A. (1990). Supervision ist unmöglich! – Wilfred R. Bions Modell „Container-Contained“: Seine Relevanz und Anwendung in der Supervision von Einzelnen und Gruppen. In H. Pühl (Hg.), Handbuch der Supervision 1: Beratung und Reflexion in Ausbildung, Beruf und Organisation (S. 371–394). Berlin: Edition Marhold im Wissenschaftsverlag Volker Spieß.

Lazar, R.A. (1993). Bions „Container-Contained“-Modell als Beispiel einer ‚helfenden‘ Beziehung in der Praxis der Psychoanalyse. In M. Ermann (Hg.), Die hilfreiche Beziehung in der Psychoanalyse (S. 68–91). Göttingen: Vandenhoek & Ruprecht.

Lazar, R.A. (1994). Einige Hauptaspekte von W.R. Bions Modell der Gruppe und ihre Anwendung in der Supervision und Beratung sozialer Institutionen. In Verein für Psychoanalytische Sozialarbeit (Hg.), Supervision in der psychoanalytischen Sozialarbeit (S. 86–120). Tübingen: edition diskord.

Lazar, R.A. (1998). Das Individuum, das Unbewußte und die Organisation: Ein Bion Tavistock Modell von Beratung und Supervision in Organisationen. In R. Eckes-Lapp und J. Körner (Hg.), Psychoanalyse im sozialen Feld (S. 263–291). Gießen: Psychosozial.

Meltzer, D. (1986). The conceptual distinction between projective identification (Klein) and container-contained (Bion). In Meltzer, D. et al, Studies in extended metapsychology. Clinical applications of Bion's ideas (S. 50–69). Strath Tay: Clunie Press.

Scholem, G. (1980). Die jüdische Mystik in ihren Hauptströmungen, zit. in H. Haumann (1990), Geschichte der Ostjuden. München: dtv.

Speziale-Bagliacca, R. (1991). „The capacity to contain“ – Anmerkungen zu ihrer Funktion bei der psychischen Veränderung. Zeitschrift für psychoanalytische Theorie und Praxis Sonderheft, S. 22–32.

Spillius, E.B. (Hg.) (1990). Melanie Klein heute. Entwicklungen in Theorie und Praxis. Bd. I: Beiträge zur Theorie. München: Verlag Internationale Psychoanalyse.

Weimer, M. (1997). Bion hört Cage: ‚Erinnerung und Wunsch in Kontexten‘. Wege zum Menschen, 49. Göttingen: Vandenhoeck & Ruprecht.

Winnicott, D.W. (1956). Primary maternal preoccupation. In D.W. Winnicott, Collected papers: through paediatrics to psychoanalysis. London: Tavistock, 1958.

Deckerinnerung *von Ingrid Kerz-Rühling*

screen memory – souvenir-écran

1. Definition

Bei der Deckerinnerung handelt es sich um eine Erinnerung an die Kindheit, die durch besondere Klarheit und Überschärfe der Details bei zugleich relativ bedeutungslosem Inhalt gekennzeichnet ist. Der Sich-Erinnernde nimmt oft die unbeteiligte Haltung eines Beobachters an, der sich selbst agieren sieht. Ähnlich wie Träume, Symptome und Fehlerinnerungen von Namen entstehen die Deckerinnerungen aufgrund einer Kompromissbildung zwischen verdrängtem Inhalt und Abwehr. Kindheitserfahrungen unterliegen wegen ihres sexuellen oder traumatischen Inhalts der infantilen Amnesie. An die Stelle der verdrängten Erlebnisse treten andere psychische Elemente, die auf dem Assoziationswege mit ihnen verbunden sind. Die Entstehung erfolgt nach den Regeln der Assoziationspsychologie durch Verschiebung auf harmlose Erinnerungsbilder, die eine Ähnlichkeit mit den ursprünglichen aufweisen oder durch räumliche und zeitliche Kontiguität mit ihnen verbunden sind. Als weitere Mechanismen der Entstellung finden sich symbolische Darstellung und Verdichtung.

Freud unterscheidet verschiedene Arten von Deckerinnerungen: zurückgreifende, deren Inhalt vor dem verdrängten Ereignis liegt; vorgreifende, die sich zur Entstellung eines indifferenten Eindrucks aus späterer Zeit bedienen und gleichzeitige, die Erinnerungen aus dem gleichen Zeitraum aufgreifen. Eine weitere Klassifizierung der Deckerinnerungen erfolgt nach dem Verhältnis, das der Inhalt der Deckerinnerungen zum abgewehrten Erlebnis hat. Steht er im Gegensatz dazu, so spricht Freud von negativen Deckerinnerungen, hat er einen ähnlichen Inhalt von positiven. Oft ist die infantile Amnesie durch die Deckerinnerungen vollkommen aufgewogen, so dass deren Analyse alles Wesentliche aus der Kindheit zutage fördert. Es ist für den Analytiker trotz der obengenannten Kennzeichen der Deckerinnerungen nicht immer leicht, zwischen diesen und wahren Erinnerungen zu unterscheiden. In jedem Fall ist eine Analyse der Erinnerungen notwendig, nicht nur, um sich der historischen Wahrheit anzunähern, sondern auch um die kausale Relevanz der durch die Deckerinnerungen abgewehrten Erlebnisse zu erkennen.

2. Klassische Auffassung

Die infantile Amnesie und ihre Auffüllung durch Deckerinnerungen fielen Freud schon bei seinen ersten psychoanalytischen Behandlungen auf. Die Analyse neurotischer Patienten erlaubte ihm, den Mechanismus der Entstellung der frühen Erlebnisse aufgrund eines Konflikts zwischen gegensätzlichen Kräften genauer zu untersuchen. In den Arbeiten „Über eine Deckerinnerung" (1899a) und „Zur Psychopathologie des Alltagslebens" (1901b) beschreibt er ausführlich die Entstehungsmechanismen der Deckerinnerung. Diese werden aus einer Kombination von Verdrängtem und Ersatzerinnerungen gebildet. Während man bei den Ersatznamen weiß, dass sie falsch sind, rufen die harmlosen Deckerinnerungen eher Verwunderung darüber hervor, dass man sie überhaupt noch kennt.

Freud geht soweit anzunehmen, dass es sich bei den frühesten Kindheitserfahrungen nicht um wirkliche Erinnerungsspuren, sondern um nachträglich bearbeitete Erinnerungen handelt. „Vielleicht ist es überhaupt zweifelhaft, ob wir bewußte Erinnerungen aus der Kindheit haben oder nicht vielmehr bloß an die Kindheit" (Freud 1899a, S. 553). Zwischen Deckerinnerungen und den „in Sagen und Mythen" niedergelegten Kindheitserinnerungen der Völker sieht Freud eine Analogie. Nachdem er sich im ersten Jahrzehnt seiner Arbeit ausführlich mit den Deckerinnerungen beschäftigt hatte, finden sich in den späteren Werken nur noch wenige kurze Hinweise und Beispiele. In „Erinnern, Wiederholen, Durcharbeiten" (1914g) betont er noch einmal, dass die Kindheitsamnesie durch die Deckerinnerung vollkommen aufgewogen wird. „In diesen ist nicht nur einiges Wesentliche aus dem Kindheitserleben enthalten, sondern eigentlich alles Wesentliche" (1914g, S. 128). Diese Überlegung wird später von Freud in „Konstruktionen in der Analyse" (1937b) wieder aufgegriffen, als er zeigt, wie mit Hilfe von Deutung und Konstruktion über die Erinnerung des Analysanden eine Annäherung an die historische Wahrheit möglich ist.

3. Ideengeschichtlicher Hintergrund

Das Phänomen der Erinnerungsverfälschungen, der „fausse reconnaissance" spielt in der Psychopathologie ab 1850 eine wichtige Rolle. Man erklärt Erinnerungstäuschungen u. a. durch eine Duplizierung einer gegebenen Empfindung, Wahrnehmung oder Vorstellung, wobei Original und Kopie nicht gleichwertig im Bewusstsein in Erscheinung treten. Die blassere Repräsentation wurde fälschlicherweise als die Erinnerung angesehen.

Kraepelin stellte eine Systematik der Gedächtnistäuschungen auf, bei der er einfache Erinnerungsfälschungen (Halluzinationen des Gedächtnisses) von assoziierenden und identifizierenden Fälschungen, die auf einer Entstellung von Erinnerungen beruhen, unterschied. Am Ende des 19. Jahrhunderts finden in der französischen Psychiatrie die Gedächtnistäuschungen wie „fausse mémoire" und „déjà vue" große Aufmerksamkeit. Mit der Annahme von zwei nicht integrierbaren Wahrnehmungseindrücken, von denen der eine im Unbewussten rezipiert und in die Vergangenheit projiziert wird, finden sich Ähnlichkeiten mit der Psychoanalyse (Arnaud 1896).

4. Wesentliche Erweiterungen, Differenzierungen und Modifikationen

Das Konzept der Deckerinnerung erfuhr nach Freud nur unwesentliche Modifikationen. Der der Deckerinnerung zugrunde liegende Konflikt zwischen Kräften, die erinnern und solchen, die vergessen wollen, wurde im Rahmen des Strukturmodells der Psychoanalyse präzisiert und der Anteil der einzelnen Instanzen an der Gedächtnistäuschung herausgearbeitet. Fenichel (1927) betont die Funktion des Ichs, das im Sinne eines „Deckerlebnishungers" nach rezenten Erlebnissen für verdrängte Erinnerungen sucht. Ähnlich wie bei der Perversion bieten die Ersatzbilder, die an die Stelle des verdrängten Inhalts treten, einen ökonomischen Vorteil. Diese Ersatzvorstellungen als Kompromissbildungen erleichtern dem verdrängenden Ich den Abwehrkampf, da sie auch eine graduelle Befriedigung ermöglichen. Bei einem starken Überich und Ich scheint die Bildung von Deckerinnerungen erschwert, da das Überich eine die partielle Triebabfuhr erlaubende Kompromissbildung nicht zulässt (Groen-Prakken 1982). Ob Deckerinnerungen gebildet werden, hängt von der Stärke der Ich-Fähigkeiten im Verhältnis zur Intensität traumatischer Erfahrungen ab (Greenacre 1949). Dabei kann die Deckerinnerung selbst oft einen traumatischen Inhalt aufweisen, der jedoch im Vergleich zur realen traumatischen Erfahrung harmloser ist (Glover 1929). Reider (1953) beschreibt, dass in allen Lebensphasen und auch in der Analyse Deckerinnerungen neu gebildet werden. Rekonstruktionen des Analytikers führen oft nicht direkt zu Erinnerungen des Analysanden, sondern lassen bei partieller Aufhebung der Verdrängung meist nur wiederum Deckerinnerungen auftauchen, die dann einer weiteren Analyse bedürfen.

Das Konzept, dass eine Ersatzbildung für ein verdrängtes Phänomen steht, findet eine Erweiterung, indem an die Stelle der Erinnerung andere Deckaktivitäten gesetzt werden. Diese Deckaktivitäten haben nun nicht mehr nur die Funktion der Abwehr eines schmerzlichen Erlebnisses, sondern dienen gleichzeitig dem Lustgewinn, indem sie Illusionen schaffen. Lewin (1950) ergänzt die Deckerinnerungen um Deckgefühle bzw. -affekte, die häufig aus einer präverbalen Zeit stammen und unlustvolle Gefühle abwehren. Zu den Deckaktivitäten zählt Greenson

(1958) Deckidentifizierungen, ein erwünschtes Selbstbild tritt an die Stelle eines als quälend, beschämend oder entwertet erlebten. Während Freud Deckerinnerungen als ein ubiquitäres Phänomen betrachtet, das vor allem im Zusammenhang mit der Abwehr ödipaler Ängste und Wünsche auftritt, nehmen spätere Autoren die Bildung der Deckerinnerung als spezifisch für bestimmte Persönlichkeitsstrukturen an, die aufgrund eines Deckerinnerungshungers immer wieder versuchen, die Vergangenheit in ein besseres Licht zu stellen, an die Stelle beschämender, angsterregender neue befriedigendere Erinnerungen zu schaffen.

5. Die Bedeutung des Begriffs in verschiedenen psychoanalytischen Schulrichtungen

Die neueren psychoanalytischen Schulrichtungen haben das Konzept der Deckerinnerungen kaum aufgegriffen. Dieses Faktum ist nicht überraschend, wenn man berücksichtigt, dass das Ziel der Analyse heute weniger in der Rekonstruktion unbewusster verdrängter Kindheitserinnerungen gesehen wird als in einer neuen Objektbeziehungserfahrung oder in der Konstruktion einer konsistenten Narration. Die Schwierigkeiten der Validierung psychoanalytischer Rekonstruktionen vermeiden Anhänger einer hermeneutischen Version der Psychoanalyse dadurch, dass sie an die Stelle der Suche nach der bzw. der Annäherung an die historische Wahrheit die narrative Wahrheit setzen (Spence 1982, Schafer 1983).

6. Interdisziplinäre Beiträge und Befunde

Die Untersuchungen der experimentellen Gedächtnisforschung zur frühkindlichen Amnesie haben in den letzten Jahrzehnten eine Reihe wichtiger Befunde erbracht, ohne dass das Phänomen eine eindeutige Erklärung fand (Spero 1990). Freuds Theorie der Verdrängung der Angst erregenden infantilen Erfahrungen als Ursache für die kindliche Amnesie wurde durch Alternativerklärungen ergänzt bzw. abgelöst. White und Pillemer (1979) erklären die Ursachen der Amnesie aus der kognitiven Unreife jüngerer Kinder. Eine Reihe von Arbeiten beschäftigt sich vor allem mit dem Einfluss emotionaler Faktoren auf den Erinnerungsvorgang. Die Untersuchungen von Levinger und Clark (1961) unterstützen zwar die Hypothese, dass das Vergessen von Wortassoziationen durch emotionale Faktoren verstärkt wird, können aber auch andere Faktoren nicht ausschließen. Das Verhältnis frühester Erinnerungen zu Persönlichkeitsfaktoren wurde von Kihlstrom und Harackiewicz (1982) untersucht. Erinnerungen mit Deckcharakter fanden sich vermehrt bei Angst abwehrenden Personen. Die Ergebnisse gedächtnispsychologischer Forschungen unterstützen einerseits Freuds Theorie der Verdrängung und Ersatzbildung, kommen jedoch auch, insbesondere wenn sie sich mit der kognitiven Entwicklung beschäftigen, zu widersprüchlichen Befunden.

Literatur

Arnaud, F.L. (1896). Un cas d'illusion ‚déja vu' ou de ‚fausse mémoire'. Annales méd.-psychol., 3, 455–470.

Fenichel, O. (1927). Zur ökonomischen Funktion der Deckerinnerungen. Internationale Zeitschrift für Psychoanalyse, 13, 58–60.

Glover, E. (1929). The screening function of traumatic memories. International Journal of Psycho-Analysis, 10, 90–93.

Greenacre, P. (1949). A contribution to the study of screen memories. Psychoanalytic Study of the Child, 3/4, 73–84.

Greenson, R.R. (1958). On screen defenses, screen hunger, and screen identity. Journal of the American Psychoanalytic Association, 6, 242–262.

Groen-Prakken, H. (1984). Gegenseitige Beziehung zwischen Deckerinnerung und Trauma. Jahrbuch der Psychoanalyse, Beiheft 8, 13–21.

Kraepelin, E. (1886). Über Erinnerungsfälschungen. Archiv für Psychiatrie und Nervenkrankheiten, 17, 830–843.

Kihlstrom, J.F. and Harackiewicz, J.M (1982). The earliest recollection: A new survey. Journal of Personality, 50, 134–148.

Levinger, G. and Clark, J. (1961). Emotional factors in the forgetting of word associations. Journal of Abnormal and Social Psychology, 62, 99–105.

Lewin, B.D. (1982). Das Hochgefühl. Frankfurt/M.: Suhrkamp.
Reider, N. (1953). Reconstruction and screen function. Journal of the American Psychoanalytic Association, 1, 389–405.
Schafer, R. (1983). The analytic attitude. New York: Basic Books.
Spence, D.P. (1982). Narrative truth and historical truth. New York: Norton.
Spero, M.H. (1990). Portal aspects of memory overlay in psychoanalysis. Psychoanalytic Study of the Child, 45, 79–103.
White, S.H. and Pillemer, D.B. (1979). Childhood amnesia and the development of a socially accessible memory system. In J.F. Kihlstrom and F.J. Evans (Eds.), Functional disorders of memory (pp. 29–73). Hillsdale, N.J.: Lawrence Erlbaum.

Denken *von Ludwig Haesler*

thinking – pensée

Der Begriff „Denken" umfasst formal und inhaltlich jene mentalen Vorgänge, durch die wir im freien Umgang mit Wahrnehmungen und Empfindungen, mit Bedürfnissen, Interessen und Motiven, mit Vorstellungen und Begriffen ungerichtet oder gerichtet äußere oder innerseelische Vorgänge und Sachverhalte erfassen und Problemlösungen suchen. Denken bezeichnet somit alle Prozesse der Ordnung, Zuordnung, Umordnung, Verknüpfung und Neuordnung von Wahrnehmungen, Erinnerungen und Erlebnisinhalten. Denken bezieht sich auf Akte des Erfassens und Erkennens, des Meinens, Urteilens und Schließens, das heißt auf Akte, die auf Bedeutungen und auf die Beziehungen von Bedeutungen zueinander abzielen. Inhalte des Denkens sind sowohl anschaulicher Natur, wie etwa das sinnlich Wahrgenommene und Vorgestellte, wie auch nicht unmittelbar anschauliche Inhalte, wie Körperempfindungen und Gefühlsregungen, insbesondere aber verweisende Anzeichen und abstrakte Zeichen und Zeichensysteme, wie diese in erster Linie mit der menschlichen Sprache gegeben sind. Von diesen unterschiedlichen Kategorien der Denkinhalte her lässt sich deshalb das auf anschauliche, konkrete Gegenstände gerichtete Denken vom abstrakten Denken unterscheiden. Im Vollzug des Denkens lassen sich allerdings beide Denkformen nicht voneinander trennen. Denn sinnliche Erfahrung, das unmittelbar Erlebnishafte einerseits und der denkende Umgang mit diesem schließen sich nicht gegenseitig aus; vielmehr stehen sie in einem einander wechselseitig ergänzenden Verhältnis zueinander: „... ohne Sinnlichkeit würde uns kein Gegenstand gegeben, und ohne Verstand keiner gedacht werden. Gedanken ohne Inhalt sind leer, Anschauungen ohne Begriffe sind blind" (Kant 1781, Kritik der reinen Vernunft, S. 75). In diesem Sinne erfolgt das nichtsprachliche, das heißt das sinnlich anschauliche und das durch Zeichen und Symbole vermittelte sprachliche Denken mehr oder weniger gleichzeitig, auch wenn im jeweiligen Denkakt das Gewicht mehr auf der einen oder der anderen Seite liegen kann.

Als Akt des Wahrnehmens, Denkens, Vorstellens und Erkennens im Sinne der Kognition wird das Denken in und mit dem Bewusstsein vollzogen. Die Psychoanalyse hat allerdings deutlich gemacht, dass nichtbewusste psychische Bereiche, die mit ihrer dynamischen Potenz vor allem im Fühlen und Wollen ihren Ausdruck finden, immer auch mehr oder weniger auf die kognitiven Denkvorgänge Einfluss nehmen. Insofern ist das Denken in seiner Art und Zielsetzung immer auch von gefühlshaften Momenten, und das heißt nicht zuletzt auch von vorbewussten und unbewussten Denkvorgängen und Motiven beeinflusst.

Als Erkenntnisfunktion und unter dem Gesichtspunkt seiner objektiven Geltung ist das Denken ein Gegenstand der Philosophie, und Philosophie ist in diesem Sinne das „Denken des Denkens" (G.W.F. Hegel, Vorlesung über die Geschichte der Philosophie, Sämtliche Werke 18, S. 331). Die Philosophie befasst sich mit den konstituierenden Elementen und Leistungen des Denkens, mit der Bestimmung von Bewusstsein und Vernunft, mit den Kategorien des Denkens, mit den Strukturen der denkenden Verknüpfung von Bedeutungseinheiten, von Begriff, Urteil und Schluss, schließlich mit den sprachlichen Zeichen, den Strukturen ihres Bedeutens, ihrer Verknüpfung und Verwendung als Grundlage des begrifflichen Denkens. Die Psychoanalyse hat hierüber hinaus die nicht bewusste Dimension des Denkens und deren psychische Dynamik erschlossen und zum Gegenstand ihrer theoretischen und klinischen Forschung gemacht.

Denken erfolgt in der Regel in einem Prozess vom konkret sinnlich Erfahrbaren hin zur Bildung von Begriffen dieses sinnlich Erfahrbaren, hin zur Abstraktion. Damit ist das Denken immer mehr oder weniger an ein System von Begriffen, an das gebunden, das wir Sprache nennen, mit Hilfe derer das Gedachte im Miteinandersprechen an andere vermittelbar werden kann. Aber auch das Denken ohne die unmittelbare verbale Verständigung mit dem anderen erfolgt über sprachgebundene Begriffe, als ein „Gespräch der Seele mit sich selbst", wie Platon das Denken bezeichnet hat (Sophistes 263e 3–5, Theitetos 189e bis 190a).

Allerdings sind die Denkprozesse nicht ausschließlich mit der Wort-Sprache verknüpft. Denn der Mensch verfügt auch über nichtsprachgebundene Formen des Denkens, die sich durch nicht an die Sprache gebundene Zeichensysteme vermitteln. Auch diese Zeichensysteme erwachsen aus den grundlegenden Prinzipien und Strukturen des menschlichen Denkens, vor allem aus der Tatsache, dass wir dem aus der Außenwelt Wahrgenommenen Bedeutung und Sinn zuordnen und dies in spezifischen semiotischen, semantischen und syntaktischen Systemen und Ordnungen organisieren und in zwischenmenschlicher Kommunikation vermitteln. Von daher ist etwa eine musikalische Struktur, die thematische musikalische Entwicklung und letztlich jeder musikalische Prozess zweifelsohne als eine spezifische Art von Denkprozess nicht sprachlicher Natur zu verstehen, ein Denkprozess allerdings, der von jenem der Sprache kategorial verschieden ist und deshalb in und mit der Sprache ebenso wenig hinreichend erfasst werden kann, wie dies etwa auch für viele strukturierte psychische Operationen im nicht sprachlichen affektiven Zeichensystem der Fall ist (vgl. Haesler 1994, Kap. 18). Auch das Denken im Bereich der unbewussten psychischen Vorgänge erfolgt primär nicht über sprachliche, sondern vorwiegend über nicht sprachliche, vor allem über bildhafte Zeichen. Für den englischen Psychoanalytiker Wilfred Bion erwächst jegliches Denken überhaupt erst aus Ursprüngen nicht sprachlicher, an intensivste affektive Erlebnisse geknüpfter „thoughts", die erst sekundär in sprachbezogenen „Denk"strukturen organisiert werden (vgl. Bion 1962). Schließlich gibt es Anhaltspunkte dafür, dass auch spezifische Vorgänge des kognitiven Problemlösens nicht sprachgebunden, sondern in einer formalen, abstrakten Weise ablaufen, im Sinne eines weder bildhaft noch sprachlich enkodierten Operierens sui generis.

Im Vollzug des Denkens vermittelt sich ein Bild der äußeren Wirklichkeit und ihrer Beziehungen in der inneren Welt, d.h., die Strukturen der äußeren, mit Hilfe der sinnlichen Wahrnehmung erfassten Wirklichkeit spiegeln sich in den Strukturen des Denkens wider. Allerdings bestimmen die systemeigenen Charakteristika der Sinnesorgane sowie die autochthonen Bedingungen der inneren Welt und deren vielschichtige, auf die Wahrnehmung und das Denken wirkenden Einflüsse – nicht bewusste, aber bewusstseinsfähige (vorbewusste) sowie i.e.S. unbewusste Motivationen – in einer essentiellen Weise die Art und Weise, wie dieses Erfahren der äußeren Welt innerlich verarbeitet und denkend verhandelt wird.

In psychoanalytischer Begrifflichkeit lässt sich dieser Sachverhalt dahingehend formulieren, dass das, was wir psychoanalytisch mit dem Konstrukt „Trieb" umreißen, sowie das, was wir Traumatisierungen, d.h. psychische Verletzungen in der Vorerfahrung nennen, sowie die Konflikte, die aus beiden erwachsen, über den Weg der Mobilisierung defensiv-protektiver psychischer Operationen das innere Bild der äußeren Wirklichkeit entscheidend bestimmen und gestalten. Dies kann z.B. durch eine wunschbestimmte Bearbeitung und Gestaltung des Wahrgenommenen, durch Ausblenden und Unterdrücken von konflikthaften Wahrnehmungen, Vorgängen und Erinnerungen erfolgen oder durch Prozesse der Verdrängung, durch Ersatz einer unerträglich werdenden äußeren Wirklichkeit durch kompensatorisches, wunschbestimmtes Phantasieren, durch Traum, Tagtraum und Illusion, durch Täuschung, Lüge und Verleugnung, schließlich auch, wie bei der Perversion und Psychose, durch die wunschbestimmte Konstruktion einer inneren phantastischen Ersatzwirklichkeit, mit der zugleich die Beziehung zur äußeren Wirklichkeit, die Beziehung zum allgemein geltenden Konsens über diese äußere Wirklichkeit mehr oder weniger aufgelassen wird (vgl. Haesler 1995).

Aufgrund der wachsenden Erkenntnis über solche gestaltenden Einflüsse von Seiten der „inneren Welt" auf das Denken sind in der Psychoanalyse der letzten Jahrzehnte die komplexen Strukturen der Denkprozesse und deren vielfältige Bedingungen mehr und mehr in den Vordergrund des theoretischen und klinischen Interesses gerückt.

Literatur

Bion, W.R. (1962). Learning from experience. London: Heinemann.

Haesler, L. (1994). Psychoanalyse. Therapeutische Methode und Wissenschaft vom Menschen. Stuttgart: Kohlhammer.

Haesler, L. (1995). Auf der Suche nach einer erträglichen Welt. Über den Umgang des Menschen mit der Wirklichkeit. Darmstadt: Wissenschaftliche Buchgesellschaft.

Hegel, G.W.F. (1807). Phänomenologie des Geistes. Frankfurt/M.: Suhrkamp, 1973.

Kant, I. (1781). Kritik der reinen Vernunft. In Werkausgabe Band III und IV. Frankfurt/M.: Suhrkamp, 1956.

Platon. Sämtliche Werke in sechs Bänden. Hamburg: Rowohlt, 1959.

Depersonalisierung *von Wolfgang Wöller*

depersonalisation – dépersonnalisation

1. Definition

Unter einem „Depersonalisations-/Derealisations-Syndrom" wird nach der ICD-10 eine Störung verstanden, bei der ein Betroffener beklagt, dass seine geistige Aktivität, sein Körper oder die Umgebung sich in ihrer Qualität verändert haben und unwirklich, wie in weiter Ferne oder automatisiert erlebt werden. Das Gefühl der Unwirklichkeit wird nicht als wahnhaft real, sondern mit einer „Als-ob"-Qualität und insofern ich-dyston wahrgenommen; es wird als ausgesprochen unangenehm erlebt, oft mit einem Gefühl der Verzweiflung. Es werden akute und chronische Verlaufsformen beschrieben.

Das Depersonalisierungs-Syndrom ist nosologisch unspezifisch und kann bei leichter und schwerer Psychopathologie, aber auch bei ansonsten psychopathologisch unauffälligen Personen vorkommen. Es ist ein häufiges Phänomen; 40–70 % untersuchter Normalpopulationen berichten, zu irgendeinem Zeitpunkt in ihrem Leben Depersonalisationserscheinungen gehabt zu haben (Roberts 1960). Besonders häufig sind Depersonalisationsphänomene bei zwanghaften Persönlichkeiten (Meyer 1968). Die Prognose ist unterschiedlich; schwerste und therapierefraktäre Verläufe sind beschrieben (Torch 1978). Verschiedene Theorien zur Ätiologie der Depersonalisation nehmen eine hirnorganische oder hirnfunktionelle Störung an (Oberst 1983).

Psychoanalytische Autoren fassen die Depersonalisation als einen komplexen Abwehrvorgang auf und betonen die Aspekte der Ich-Spaltung, der Störung des Realitätssinnes und des Selbstgefühls sowie die Rolle inakzeptabler Identifizierungen.

2. Klassische Auffassung

Freud (1936a), der über eine eigene Episode von Depersonalisation auf der Akropolis berichtet, weist darauf hin, dass das Ich in der Depersonalisation auf einen Teil seiner eigenen Funktionen verzichtet. Den Aspekt einer „Spaltung im Ich" in einen teilnehmenden und einen selbstbeobachtenden Teil haben frühe Analytiker wie Schilder (1939) hervorgehoben. Nach Nunberg (1924) weigert sich ein Teil des Ichs, von den Wahrnehmungen, Gefühlen und Empfindungen des anderen Teils Kenntnis zu nehmen. Die Ich-Funktion des Realitätsgefühls ist gestört, während die Ich-Funktion der Realitätsprüfung erhalten bleibt. Meist sind die Wahrnehmungen zwar funktionell völlig intakt, jedoch ihrer affektiven Bedeutsamkeit beraubt. Das Ich darf den Sinn dessen, was es wahrnimmt, nicht annehmen (Wurmser 1987).

3. Wesentliche Erweiterungen, Differenzierungen und Modifikationen

Fenichel (1945) betont die Abwehrfunktion der Depersonalisierung gegen Affekte überhaupt. Depersonalisierungserscheinungen können als Abwehrmaßnahme gegen Objektverlust (Stamm 1962) oder als Abwehr gegen regressiv aktivierte orale Bedürfnisse (Hunter 1966) eingesetzt werden. In vielen Fällen liegt der Depersonalisierung eine Identifikation mit einem unbelebten Objekt zugrunde (Arlow 1966). Wiederholt wurde auf die Bedeutung und das häufige Vorkommen sadomasochistischer Impulse und Phantasien im Zusammenhang mit Depersonalisierungsepisoden aufmerksam gemacht. Jacobson (1959) schildert ausführlich, wie Phänomene der Depersonalisierung bei weiblichen politischen Gefangenen der Abwehr unbewusster sadomasochistischer Phantasien dienten, wenn unter den Bedingungen eines geschwächten Ichs stark infantil-abhängige erotisierte Beziehungen zu den Peinigern entstanden. Jacobson nimmt eine Spaltung zwischen zwei opponierenden Selbstrepräsentanzen als Ausdruck zweier einander abwechselnder Ich-Zustände an; weniger die narzisstische Verletzung von außen als „vielmehr der narzißtische Schlag, der von innen heraus einem Ich zugefügt wurde, das angesichts der Drohung plötzlicher Regression, Triebentmischung und destruktiver Triebinvasion schwach geworden war" und der damit verbundene narzisstische Konflikt zwischen zwei einander widerstrebenden Identifizierungen ist nach ihrer Auffassung prädisponierend für die Depersonalisierung.

Wurmser (1987) gebraucht den Begriff „Depersonalisierung" weniger zur Kennzeichnung kurzfristiger, vorübergehender Zustände, sondern im Sinne eines durchdringenden Gefühls der Unwirklichkeit, Entfremdung und Pseudoidentität und alldurchdringender Scham. Es steht für eine angepasste, äußerlich funktionierende Persönlichkeit, oft im Intervall zwischen Impulshandlungen. Formen der Depersonalisierung und Identitätsspaltung weisen nach seiner Auffassung auf schwere Schamkonflikte hin.

Nach neuerer Auffassung können Depersonalisierungsphänomene unterschiedliche Funktionen haben, je nachdem, welches Niveau der Selbst-Struktur vorliegt (Frances et al. 1977). Lässt sich eine Depersonalisation bei neurotisch strukturierten Patienten als Abwehrmechanismus des Ichs verstehen, der gegen bedrohliche und unlustvolle Überich-Regungen sowie gegen widersprüchliche Identifizierungen schützt, so kann das gleiche Phänomen bei Entwicklungspathologien, besonders bei Borderline- und psychotischen Strukturen, als Signalaffekt verstanden werden, der eine tatsächliche oder befürchtete Bedrohung der Selbst-Konstanz oder eine Fragmentierung des Selbst anzeigen kann. Die Depersonalisation stellt einen partiellen Rückzug des Ichs dar; durch die veränderte Wahrnehmung von Selbst und Realität ist es möglich, den Kontakt zur Außenwelt auch dann noch aufrechtzuerhalten, wenn die Massivität der Affekte die Selbstkohärenz in Frage stellt. Auf Zusammenhänge zwischen Depersonalisation und Selbstbeschädigungshandlungen wurde in letzter Zeit vermehrt hingewiesen (Eckhardt und Hoffmann 1993). Selbstbeschädigungshandlungen können Depersonalisationszustände vorübergehend beenden, da durch die Stimulation der Körpergrenzen das Selbst in seiner Einheit wieder erfahrbar wird.

Literatur

Arlow, J.A. (1966). Depersonalization and derealization. In R.M. Loewenstein, L.M. Newmann, M. Schur and A.J. Solnif (Eds.), Psychoanalysis – a general psychology (pp. 456–478). New York: International Universities Press.

Eckhardt, A. und Hoffmann, S.O. (1993). Depersonalisation und Selbstbeschädigung. Zeitschrift für psychosomatische Medizin und Psychoanalyse, 39, 284–306.

Fenichel, O. (1945). The psychoanalytic theory of neurosis. New York: Norton.

Frances, A., Sacks, M. and Aronoff, M.S. (1977). Depersonalization. A self-relations perspective. International Journal of Psycho-Analysis, 58, 325–331.

Hunter, R.C. (1966). The analysis of episodes of depersonalization in a borderline patient. International Journal of Psycho-Analysis, 42, 32–41.

Jacobson, E. (1959). Depersonalisierung. Psyche – Z Psychoanal, 28, 193–220.

Meyer, J.E. (Hg.) (1968). Depersonalisation. Darmstadt: Wissenschaftliche Buchgesellschaft.

Nunberg, H. (1968). Über Depersonalisationszustände im Lichte der Libidotheorie. Internationale Zeitschrift für Psychoanalyse, 10, 17–33.

Oberst, U. (1983). Einige theoretische Ansätze zur Depersonalisation. Nervenarzt, 54, 17–22.

Roberts, W.W. (1960). Normal and abnormal depersonalization. Journal of Mental Science, 106, 478–493.

Schilder, P. (1939). The treatment of depersonalization. Bulletin of the New York Academie of Medicine, 52, 587–595.

Stamm, J.L. (1962). Altered ego states allied to depersonalization. Journal of the American Psychoanalytic Association, 10, 762–783.

Torch, E.M. (1978). Review of the relationship between obsession and depersonalization. Acta Psychiatrica Scandinavica, 58, 191–198.

Wurmser, L. (1987). Die Flucht vor dem Gewissen. Überich und Abwehr-Analyse schwerer Neurosen. Berlin: Springer.

Depression *von Herbert Will*

depression – dépression

1. Definition

Depression ist eine affektive Störung, die gekennzeichnet ist „durch eine tief schmerzliche Verstimmung, eine Aufhebung des Interesses für die Außenwelt, durch den Verlust der Liebesfähigkeit, durch die Hemmung jeder Leistung und die Herabsetzung des Selbstgefühls, die sich in Selbstvorwürfen und Selbstbeschimpfungen äußert“ (Freud 1916–17f, S. 429). Bei den unterschiedlichen Depressionszuständen gibt es eine große Variationsbreite in Symptomatik und Verlauf. Die Klassifikation der depressiven Störungen war immer und ist bis heute umstritten und nicht eindeutig gelöst. Anstatt von einem homogenen Krankheitsbild auszugehen, ist es jedenfalls angemessen, von einer heterogenen Gruppe der Depression zu sprechen. In der jeweiligen Pathogenese verschränken sich in unterschiedlicher Gewichtung somatisch-biologische, psychogene und soziale Faktoren. Aus psychoanalytischer Sicht zeigt jeder Depressive eine mehr oder weniger ausgeprägte und typische Psychodynamik. Die Gruppe der Depressionen gehört zu den psychoanalytisch am besten untersuchten Krankheitsbildern; Depressive stellen heute die größte Patientengruppe in der psychoanalytischen Therapie.

2. Klassische Auffassung

Die klassischen Autoren sind Abraham, Freud und Rado. Bis zu Karl Abrahams innovativer Studie von 1911 hatte es trotz mancher Versuche kein psychoanalytisches Verständnis der Depression gegeben. Abraham (1911, 1912, 1916, 1924) hat die dunklen triebpsychologischen Aspekte der Depression aufgedeckt: die enttäuschten Liebeswünsche, die frühkindliche Urverstimmung, den verdrängten Hass auf die Mutter, die abgewehrten grausamen Impulse und die Schuldgefühle. In der aktuellen Depression werde die unbewusste Hasseinstellung reaktiviert. Er hob die Triebdynamik der oralen Introjektion und des oralen und analen Sadismus hervor und vertrat die prä-ödipale „Mutter-Ätiologie" der Depression: mit der Phantasie von einem ursprünglichen Glück, dem Erleben von Verlassenheit, der abgewehrten Rachsucht und einer unstillbaren Sehnsucht nach der Mutter.

Freud fügte in seiner bekannten Studie über „Trauer und Melancholie" (1916–17f) die narzisstische Identifizierung mit dem „verlorenen" Objekt als den zentralen psychischen Mechanismus der Depression hinzu – „der Schatten des Objekts fiel so auf das Ich" (S. 435). Daneben wies er auf den narzisstischen Rückzug der Depressiven hin, sprach von der Auflassung ihrer unbewussten Objektbesetzung und von der Regression der erotischen und aggressiven Libido ins Ich. „So hat man denn den Schlüssel des Krankheitsbildes in der Hand, indem man die Selbstvorwürfe als Vorwürfe gegen ein Liebesobjekt erkennt, die von diesem weg auf das eigene Ich gewälzt sind" (S. 434).

Damit war die klassische Trias der Depression gefunden: Oralität, Ambivalenzkonflikt und Narzissmus. Rado (1927) reformulierte sie in der Sprache der Strukturtheorie und meinte, dass in der Depression das Überich gegen das Ich so wüte, wie das Ich hätte fähig sein sollen, gegen das Objekt zu wüten. Daneben wies er auf das verletzliche Selbstgefühl und die besondere Liebesbedürftigkeit der Depressiven hin. Während Freud und Abraham vom Studium melancholischer Patienten ausgegangen waren, grenzte Rado als erster die neurotische Depression von der Melancholie ab. Er meinte, bei beiden Depressionsformen lägen identische Konflikte und Mechanismen vor, doch seien die Struktur des Ichs und seine Objekt- und Realitätsbeziehung unterschiedlich: „Die neurotische Depression ist also eine Art Partialmelancholie des (neurotischen) Ichs" (S. 455).

3. Ideengeschichtlicher Hintergrund

Der Begriff der Melancholie hat mehr Zauber als die Depression; er war schon im griechischen Altertum gebräuchlich und spielte eine große Rolle im philosophisch-anthropologischen und literarischen Diskurs. In der medizinisch-psychologischen Fachsprache haben sich die Begriffe Depression, depressive Störung, Dysthymie und affektive Störung zur Bezeichnung der krankhaften Zustände trauriger Verstimmung durchgesetzt. In der psychoanalytischen Terminologie wird Melancholie heute zur Bezeichnung der psychotischen Depression im Rahmen affektiver Psychosen verwendet, Depression dagegen als Oberbegriff für alle Arten depressiver Zustände. Mit diesem terminologischen Wandel hat sich auch die Bewertung verändert: Depression wird anders als früher als eine krankhafte Störung angesehen, die behandelt werden kann; Melancholie im Zusammenhang einer affektiven Psychose ebenfalls; Melancholie als Lebenshaltung hingegen bezeichnet weiterhin ein affektiv getöntes Verhältnis zur Welt und zum

Menschlichen, das nicht selten angemessen sein dürfte.

In allen sozioökonomisch hochentwickelten Ländern findet sich eine enorme Erkrankungshäufigkeit an depressiven Störungen (Überblick bei Will et al. 1998). Allem Anschein nach haben sie in den letzten Jahrzehnten erheblich zugenommen. Es gibt einige sozialpsychologische Hypothesen zur Erklärung dieser Tatsache. Beispielsweise wird vermutet, sie hinge mit den stärker individualisierten Objektbeziehungen zusammen, die eine erhöhte Trennungsvulnerabilität mit sich brächten; mit der sozialen Vereinzelung und dem Verlust tragender familiärer und gemeinschaftlicher Bindungen; mit einem hohen Niveau an Versagung und Aggressionshemmung und einem immer strenger werdenden Arbeitsethos; mit einer Verschiebung der Überich-Forderungen vom Gewissen (Gebote und Verbote) zum Ich-Ideal und einer Identifizierung mit den kulturellen Idealen von Selbstkontrolle, Selbstverwirklichung, konsumistischer Leistung, Durchsetzungs- und Anpassungsfähigkeit, denen das Real-Ich kaum jemals genügen könne, was zu Selbstwertspannungen und depressiven Reaktionen führen müsse.

4. Wesentliche Erweiterungen, Differenzierungen und Modifikationen

Die Unterscheidung von psychotischer Melancholie und neurotischen Depressionen setzte sich in der psychoanalytischen Literatur durch und bleibt – im Widerspruch zu den deskriptiven Diagnosesystemen wie ICD-10 und DSM-IV auch heute für das psychodynamische Verständnis und für die Therapieplanung unverzichtbar (die Reliabilität ist dabei gering, die Validität jedoch groß).

In einer Fülle klinischer Studien seit den vierziger Jahren wurden die neurotischen Depressionen weiter differenziert und die vielfältigen Verschränkungen der depressiven Symptomatik mit anderen Störungen untersucht. Daraus resultierte einerseits eine sehr genaue Beschreibung klinischer Typen mit ihren psychodynamischen Besonderheiten, z. B. der hysterischen (Feigenbaum), der masochistischen (Berliner), der anaklitischen (Spitz), der introjektiven (Blatt), der hypochondrischen (Asch), der adaptiven (Schmale), der narzisstischen (Glazer) und der essentiellen (Marty) Depression. Dies erlaubte ein vertieftes Verständnis vieler depressiver Patienten und einen besseren behandlungstechnischen Umgang mit ihnen. Andererseits resultierte daraus eine nosologische Verwirrung, deren Klärung erst mit Edith Jacobsons (1971) wichtigen Studien einsetzen konnte.

Jacobson differenzierte als erste die ichstrukturellen Niveaus, auf denen depressive Zustände auftreten können. Sie unterschied klar zwischen einem neurotischen, Borderline- und psychotischen Niveau der Depression wie auch zwischen verschiedenen Formen der depressiven Zustände. Sie betonte dabei die Unterschiedlichkeit der jeweiligen Triebschicksale, Mechanismen und Konflikte. Auf ihren Arbeiten aufbauend wird man heute folgende Einteilung vornehmen können (Will et al. 1998):

1. depressive Reaktion auf belastende Lebensumstände
2. depressive Neurose/Charakter auf ödipal-neurotischem Strukturniveau (mit gut integrierter Struktur)
3. depressive Neurose/Charakter auf mittlerem Strukturniveau (mit mäßig integrierter Persönlichkeitsstruktur, z. B. bei vielen narzisstisch oder psychosomatisch Depressiven)
4. Borderline-Depression bei schweren Persönlichkeitsstörungen mit gering integriertem Strukturniveau
5. psychotische Depression (Melancholie) mit im psychotischen Zustand desintegrierter Persönlichkeitsstruktur.

5. Die Bedeutung des Begriffs in den verschiedenen psychoanalytischen Schulrichtungen

In der Triebpsychologie wurden die Ausformungen der Oralität intensiv untersucht, auch empirisch (z. B. Masling 1986, Blatt et al. 1990): mit der passiv-regressiven Abhängigkeit und oral-sadistischen Fixierung mancher Depressiver, der Charaktereigenart des „dependent and demanding" oder der aktiven Lösung des Versorgungs-Autarkie-Konflikts durch Altruismus bis hin zum moralischen Masochismus. Über die Bedeutung der Aggression für die Psychogenese der Depression gab es heftige, teils ideologische Auseinandersetzungen. Heute dürfte weitgehende Einigung darüber bestehen, dass es kaum Depressive ohne starke, meist verdrängte aggressive Konflikte gibt, dass diese jedoch aus unterschiedlichen Quellen stammen und keineswegs ausschließlich mit Überich-Konflikten, Schuld und Selbstbestrafung zu tun haben.

Ich-psychologische Autoren untersuchten unterschiedliche Depressionsausprägungen mit Blick auf ihre jeweilige Ich-Struktur. Bekannt wurde Bibring (1953) mit seiner These, dass der Grundmechanismus der Depression nicht auf Triebkonflikte, sondern auf eine Spannung im Ich zurückgehe, die mit dem Zusammenbruch des Selbstgefühls und einem Zustand der Hilflosigkeit des Ichs zusammenhinge. Schmale und Engel betonten ebenfalls die Hilflosigkeit und Hoffnungslosigkeit der Depressiven („giving-up-given-up complex").

Die Störung des Selbstgefühls als zentraler Faktor der depressiven Erkrankung wurde schon von Rado und Fenichel hervorgehoben. Jacobson (1971) beschrieb den narzisstisch-depressiven Konflikt zwischen dem wunschbestimmten Selbstbild und der Imago des scheiternden, entwerteten Selbst. Übermäßige Erwartungen und Idealisierungen bezögen sich auf das Selbst und die Objekte, so dass Enttäuschungen pathognomonisch seien. In der Nachfolge Kohuts beschäftigten sich viele Autoren mit den ausgeprägten Depressionen vieler im engeren Sinne narzisstischer Patienten (z. B. Glazer 1979, Lax 1989), mit dem Exhibitionismus ihres Größenselbst und der Enttäuschung wegen „mangelnder" Bewunderung.

Arbeiten der Objektbeziehungspsychologie zur Depression lassen sich kaum von denen anderer Schulen abheben – vermutlich weil die Depressionen in besonderem Maß mit konflikthaften Störungen der Objektbeziehungen und der Beziehungsrepräsentanzen zu tun haben und von daher ihre intersubjektive Dimension nie in Frage stand. Mahler (1966) lokalisierte die Entstehung depressiver Verstimmungen in der Wiederannäherungskrise der frühkindlichen Entwicklung.

M. Klein (1935) hatte mit ihrer Formulierung der depressiven Position zentrale Aspekte der Depressionstheorie von Abraham und Freud aufgenommen (Sadismus, Introjektion, Angst vor Objektzerstörung, Schuldgefühl, Integration von Hass und Liebe), brachte sie jedoch nicht in Zusammenhang mit depressiven Erkrankungen, sondern benannte damit eine wesentliche Stufe der psychischen Entwicklung allgemein. Für die Depressionstheorie wurde ihr Ansatz wichtig, depressive Zustände nicht nur als Leiden, sondern als Ausdruck psychischen Wachstums aufzufassen.

6. Interdisziplinäre Beiträge und Befunde

Es liegt eine kaum übersehbare Fülle von Befunden zur Ätiologie, Psychogenese, Psychodynamik und interpersonellen Dynamik der Depression aus psychoanalytisch inspirierten und benachbarten Wissenschaftsgebieten vor, die inzwischen weitgehend empirisch überprüft sind: aus der klinischen Psychologie, der Säuglings- und Kleinkindforschung, der Entwicklungspsychologie und -psychopathologie, der Bindungsforschung, der Affektforschung, der Verhaltensforschung, der Sozialpsychologie. Das Problem der Depressionstheorie heute scheint nicht mehr die Schulenabhängigkeit oder die mangelnde empirische Fundierung zu sein (obwohl noch viele Fragen unzureichend untersucht sind), sondern vielmehr die Überfülle an Wissen, die eine interdisziplinäre Integration erschwert. Exemplarisch verweisen wir auf die Diskussionen bei Cornell (1985), Krause (1991), Blatt und Maroudas (1992), Bemporad und Romano (1993).

Der französische Soziologe Ehrenberg (1998; 2004) hat in einer viel beachteten Studie gefragt, weshalb Depression zur Leiterkrankung unserer Gegenwart geworden ist. Er bettet die Frage ein in die Geschichte der Emanzipation. Ihr erster Schritt: die Eroberung der Freiheit, ist seit den 1960er Jahren allgemein geworden. Nun zeigt sich, dass Emanzipation einen zweiten Schritt verlangt: die Anstrengung, ein souveränes Individuum zu werden und zu bleiben. Wer dies nicht schafft, scheitert. Ehrenbergs These besagt: Die depressive Erschöpfung ist die Kehrseite der Freiheit und der neuen Entfaltungsmöglichkeiten. Die Depression verkörpert das Scheitern, das Unzulängliche, das Versagen; sie zeigt die Angst an, unfähig zum Leben zu sein. In klugen Linien werden die Entwicklung der psychiatrischen und psychoanalytischen Krankheitskonzepte, der Behandlungsmöglichkeiten und -moden (insbesondere der antidepressiven Medikation: Listening to Prozac), und des öffentlichen Diskurses über Depression, Verinnerlichung und Selbstverwirklichung miteinander verbunden. Janets Defizit-Modell der Depression – die Schwächung des Geistes, der Verlust von Motivation und Initiative, Erschöpfung, Hemmung, und deren Überwindung – siegt derzeit über Freuds Konflikt-Modell.

Literatur

Abraham, K. (1911). Giovanni Segantini. In Psychoanalytische Studien, Bd. 2 (S. 269–328). Frankfurt/M.: Fischer, 1971.

Abraham, K. (1912). Ansätze zur psychoanalytischen Erforschung und Behandlung des manisch-depressiven Irreseins und verwandter Zustände. In Psychoanalytische Studien, Bd. 2 (S. 146–162). Frankfurt/M.: Fischer, 1971.

Abraham, K. (1916). Untersuchungen über die früheste prägenitale Entwicklungsstufe der Libido. In Psychoanalytische Studien, Bd. 1 (S. 84–112). Frankfurt/M.: Fischer, 1971.

Abraham, K. (1924). Versuch einer Entwicklungsgeschichte der Libido auf Grund der Psychoanalyse seelischer Störungen. In Psychoanalytische Studien, Bd. 1 (S. 113–183). Frankfurt/M.: Fischer, 1971.

Bemporad, J.R. and Romano, S. (1993). Childhood experience and adult depression: A review of studies. American Journal of Psychoanalysis, 53, 301–315.

Bibring, E. (1953). Das Problem der Depression. Psyche – Z Psychoanal, 6, 81–101.

Blatt, S.J., Quinlan, D.M. and Chevron, E. (1990). Empirical investigations of a psychoanalytic theory of depression. In J. Masling (Ed.), Empirical studies of psychoanalytic theories, vol. 3 (pp. 89–147). Hillsdale, London: Analytic Press.

Blatt, S.J. and Maroudas, S. (1992). Convergences among psychoanalytic and cognitive-behavioral theories of depression. Psychoanalytic Psychology, 9, 157–190.

Cornell, D.G. (1985). Psychoanalytic and biological perspectives on depression. Contradictory or complementary? Psychoanalytic Psychology, 2, 21–34.

Ehrenberg, A. (1998). Das erschöpfte Selbst. Depression und Gesellschaft in der Gegenwart. Frankfurt/M: Campus, 2004.

Glazer, M.W. (1979). Object-related vs. narcissistic depression. Psychoanalytic Review, 66, 232–337.

Jacobson, E. (1971). Depression. Eine vergleichende Untersuchung normaler, neurotischer und psychotisch-depressiver Zustände. Frankfurt/M.: Suhrkamp, 1977.

Klein, M. (1935). Zur Psychogenese der manisch-depressiven Zustände. In dies., Das Seelenleben des Kleinkindes (S. 55–94). Stuttgart: Klett-Cotta, 1962.

Krause, R. (1991). Psychodynamik der Emotionsstörungen. In K.R. Scherer (Hg.), Psychologie der Emotionen (S. 630–705). Göttingen: Hogrefe.

Lax, R.F. (1989). The narcissistic investment in pathological character traits and the narcissistic depression: some implications for treatment. International Journal of Psycho-Analysis, 70, 81–90.

Mahler, M. (1966). Notizen zur Entwicklung von Grundstimmungen: Der depressive Affekt. In dies., Studien über die drei ersten Lebensjahre (S. 300–326). Stuttgart: Klett-Cotta.

Masling, J. (1986). Orality, pathology, and interpersonal behaviour. In J. Masling (Ed.), Empirical studies of psychoanalytic theories, Vol. 2 (pp. 73–106). Hillsdale, London: Analytic Press.

Rado, S. (1927). Das Problem der Melancholie. Internationale Zeitschrift für Psychoanalyse, 13, 439–455.

Will, H., Grabenstedt, Y., Völkl, G. und Banck, G. (1998). Depression. Psychodynamik und Therapie. Stuttgart: Kohlhammer.

Deutung *von Ulrich Berns*

interpretation – interprétation

1. Definition

Mit der Deutung als Kernstück der aktiven Bemühungen des Psychoanalytikers wird psychoanalytische Theorie und Praxis von anderen Therapieformen unterschieden. Deutungen sind Mitteilungen des Psychoanalytikers an seinen Patienten, die der Aussage des Patienten eine Bedeutung zumessen, die über das bisherige bewusste Selbstverständnis des Patienten hinausgeht, so dass er zu der unbewussten Bedeutung seiner Verhaltensweisen und Worte Zugang bekommen kann. Nicht alle Interventionen des Analytikers sind Deutungen. Für die Deutung verwendet der Psychoanalytiker diejenigen Narrative (freie Einfälle) und Verhaltensweisen des Patienten, die er als unbewusste, derivativ ausgedrückte Verarbeitungsreaktionen des Patienten versteht, und zwar sowohl auf außeranalytisch aktuell belangvolle Szenen als auch auf Interventionen des Analytikers, beide möglicherweise mit genetischem Widerhall (Freud 1899a). Mit Deutungstypen wie Inhalts- und Widerstands-, Übertragungs-, Nicht-Übertragungs- und Außer-Übertragungsdeutungen, Rekonstruktionen und genetischen Deutungen ist eine Erweiterung des motivationalen Selbstverständnisses des Patienten erreichbar. Eine explizit therapeutische Deutung zielt darüber hinaus darauf ab, Symptome oder Widerstände als pathogene Verarbeitungsformen einer aktuellen Beziehungserfahrung durch Nutzung der freien Einfälle (Derivate des Unbewussten) verstehbar und unnötig zu machen. Dabei werden die aktuell stattfindenden Interaktionen zwischen Patient und Analytiker generell berücksichtigt (Heilung durch Einsicht und durch Beziehungserfahrung).

2. Klassische Auffassung

Freud verglich zunächst in der Traumdeutung die psychoanalytische Deutungstätigkeit mit der Übersetzung einer Sprache in eine andere. Er deutete den unverständlichen Text der manifesten Traumerzählung, indem er ihn in die Sprache des abgewehrten Wunsches/Triebes übersetzte (Inhaltsdeutung). Die Verallgemeinerung dieses Vorgehens führte zu einer Konzeption von Deutung als einem Akt der Überführung des Manifesten in das Latente. „Objekt dieser Deutungsarbeit sind nicht allein die Einfälle des Kranken, sondern auch seine Träume, die den direktesten Zugang zur Kenntnis des Unbewussten eröffnen, seine unbeabsichtigten, wie planlosen Handlungen (Symptomhandlungen) und die Irrungen seiner Leistungen im Alltagsleben (Versprechen, Vergreifen u. dgl.)" (Freud 1904a, S. 7). Das Übersetzungsinstrument wandte er später auch auf Rituale, Kunstwerke, Mythen und die Religionen an (psychoanalytische Kulturexegese).

Zur Entschlüsselung entwickelte er eine spezifische Methodik. Diese wurde durch die Aufgabe bestimmt, die Modalitäten eines Wunsch/Trieb-Abwehrkonfliktes zu erfassen. Die Entschlüsselungstätigkeit des Psychoanalytikers bzw. psychoanalytischen Kulturexegeten sollte mit der unbewussten, primärprozesshaften Verschlüsselungsarbeit des Patienten bzw. des Künstlers so in Übereinstimmung gebracht werden, dass die Verschlüsselungsarbeit rückgängig gemacht werden konnte. Daher entsprach die Deutung eines Traums der Aufhebung der Traumarbeit auf Umwegen. Analog wurde durch die übersetzende Deutung von Symbolen, Symptomen, Fehlleistungen, Mythen etc. die entsprechende Verschlüsselungsarbeit rückgängig gemacht. Der Deutungsvorgang erweiterte dann jeweils das Bewusstsein. Da das vorherige Bewusstsein als ein unvollständiges, falsches und unwahres Bewusstsein von Freud verstanden wurde, förderte der Deutungsvorgang das wahre, aber abgewehrte Bewusstsein und damit die Wahrheit im Patienten bzw. in der Gesellschaft zu Tage.

3. Ideengeschichtlicher Hintergrund

In der westlichen Welt ist die fast zweitausendjährige Tradition der Bibelauslegung durch die Entwicklung exegetischer Regeln zu einer wissenschaftlich professionellen, historisch-soziologischen exegetischen Disziplin und einem Prototyp der Deutungswissenschaft geworden.

Zudem gibt es seit Aristoteles eine philosophische Deutungstradition. Deutung war für ihn jeder durch die Stimme hervorgebrachte und Bedeutung tragende Laut. Mit Aristoteles' Interpretationsbegriff heißt Deuten, etwas von etwas aussagen. Eine Verwandtschaft besteht zu Cassirers Symbolbegriff, für den Symbole Träger der allgemeinen Vermittlung sind, und auch zu Heideggers Verstehens- bzw. Deutungsdefinition des „Verstehens als ...". Insoweit ist auch jede alltägliche Aussage über einen anderen Menschen bereits eine Deutung.

Darauf fußt zum Teil auch die psychoanalytische Deutungstradition. Sie fasst die Deutung auch als Bedeutungsgebungsvorgang auf. Der Bedeutungsgebungsvorgang beginnt mit einem konstruktivistischen, kreativ-hermeneutischen Akt (Laplanche 1992), aus den Mitteilungen eines anderen bzw. aus den eigenen körperlich-seelischen Geschehnissen Sinn zu machen. Dieser Vorgang besteht zum einen in einem bewussten, konstruktivistischen Zusammenfassen des Materials zu einem einheitlichen Ganzen, zum anderen in einem unbewusst und automatisch verlaufenden kreativ hermeneutischen Prozess, dessen Ergebnisse zum Teil unmittelbar als Gefühl, Empfindung, Vorstellung oder Handlungsimpuls bewusst werden. Auf ähnliche Weise verleiht jeder Mensch dem Verhalten, der Sprache, Gestik und Mimik des anderen und seiner selbst kontinuierlich Bedeutung.

Die psychoanalytisch-psychotherapeutische Deutung fußt auf diesen Vorgängen und außerdem auf dem empathischen Bemühen um Sinnverstehen des Textes des Patienten durch Anwendung der Verfahrensregeln, die sich aus einer Theorie der Seele des Menschen bzw. der menschlichen Interaktion ergeben. Die psychoanalytische Deutung verbindet somit die Anwendung bestimmter Verfahrensregeln mit der reflektierten bzw. verstoffwechselten Mitteilung der Produkte der spontanen, automatischen Bedeutungsgebung des Psychoanalytikers (Gegenübertragung im weitesten Sinne).

4. Wesentliche Erweiterungen, Differenzierungen und Modifikationen

Freuds Ansichten über Ziele, Technik und Wirksamkeitsvoraussetzungen der Deutungskunst änderten sich in Konsequenz seiner sich verändernden Theorien des seelischen Apparats. Bald kam zur Inhaltsdeutung die Widerstandsdeutung hinzu, die später eine theoretisch fundierte interventionstechnische Ausarbeitung erfuhr (Freud 1923b). Von dieser Deutungslinie ausgehend, entwickelte er über die Konzeption „Deutung des Widerstands gegen die Übertragung" die „Deutung der Übertragung". Diese erfuhr durch Strachey (1934) ihre erste abschließende Formulierung, insbesondere durch seine Betonung, dass Deutungen außerhalb der Übertragung kaum mutative Kraft entfalten und ihnen damit lediglich eine untergeordnete Bedeutung zukommen kann. Er eröffnete zugleich eine interaktionelle Deutungsperspektive mit seinem Hinweis, dass es für Psychoanalytiker heikel ist, mutative Hier-und-Jetzt-Deutungen zu geben, da die durch solche Deutungen im Patienten erweckten Es-Impulse unmittelbar und intensiv den Analytiker selber betreffen.

Seit Ende der dreißiger Jahre wurde die ich-psychologische Deutungslinie weiterentwickelt. Sie erfuhr durch Greenson (1973) eine abschließende Ausformulierung. Parallel zu dieser Entwicklungslinie forcierte Ferenczi die Erforschung der Heilung durch Erlebnisse mittels Beziehungsgestaltung durch den Analytiker alternativ zu der Heilung durch kognitive Übertragungs- und Widerstandsdeutungen. Diese Debatte wird seither in der Psychoanalyse fortgeführt. Immer gab es anerkannte Autoren, die der Heilung durch neue Beziehungserfahrungen größere Wichtigkeit einräumten, z. B. Sullivan, Fairbairn, Winnicott, Balint und Alexander.

Bemühungen, beide Richtungen konzeptuell miteinander zu verbinden und zu einer beides beinhaltenden Theorie der Deutungstechnik zu gelangen, zeigen sich gerade im letzten Jahrzehnt, in dem der Gegenübertragungs-Übertragungsdeutung ein entscheidender Platz unter den Wirkfaktoren eingeräumt wird (zeitgenössische Freud'sche, kleinianische, Jung'sche, adlerianische, kommunikative, interpersonelle, intersubjektive Psychoanalyse, Selbstpsychologie), aber auch in spezifischen Forschungsansätzen und daraus sich ergebenden Deutungsformulierungen, wie z. B. dem central core conflictual relationship theme (CCRT) von Luborsky (1984).

All diese Deutungsstrategien sind im weitesten Sinne archäologisch fundiert. Dem kann die hermeneutische Deutungstradition gegenübergestellt werden, vertreten durch Jung, Ricoeur, Habermas, Lacan und Lorenzer (Laplanche 1992). In ihr werden der Deutung in erster Linie nicht mehr nur rekonstruktive, sondern vornehmlich dekonstruktive Aufgaben zugedacht. Damit wird der Gegenstand der Deutung die Selbstverkennung, die als persönliche irrtümliche Interpretation der eigenen Geschichte gedeutet wird. Mit einer solchen dekonstruktivistischen Deutung wird Raum eröffnet für weitere kreativ-hermeneutische Selbstdeutungsakte.

5. Deutungstechnik in den verschiedenen psychoanalytischen Schulrichtungen

Spezifikum der psychoanalytischen Therapie mit ihrer Methode des freien Einfalls ist die Nutzung der primärprozesshaften, derivativen Äußerungen des Patienten für eine sekundärprozesshafte Deutung durch den Therapeuten.

Psychoanalytiker unterschiedlicher Schulrichtungen teilen die Überzeugung, dass Deutungen in irgendeiner Form möglichst das Übertragungs-Gegenübertragungsgeschehen einbeziehen sollten. Außerdem halten alle Schulrichtungen potentiell nicht nur die verbalen, sondern auch alle sonstigen Ausdrucksformen für relevante Derivate des Unbewussten, die für Deutungen zu verwenden sind. Schließlich besteht auch seit Strachey (1934) vielfach Übereinstimung darüber, dass der Deutungszeitpunkt für die Wirksamkeit von Deutungen entscheidend ist, obgleich Kriterien, wann dieser Zeitpunkt gekommen ist, von der jeweiligen klinisch-psychoanalytischen Theorie geleitet, unterschiedlich bestimmt werden, z. B. Häufung der Derivate, Gruppierung der Derivate um ein spezifisches Übertragungs-Gegenübertragungsgeschehen, intensive Gefühlslage, deutliche Symptomatik und/oder Widerstand, klar aktivierte Übertragungs-Gegenübertragungsszene, Validierung der vom Therapeuten still für sich formulierten Deutungshypothese durch weiteres passendes derivatives Material des Patienten (stille Validierung).

Außerdem lassen sich die psychoanalytischen Schulen deutungstechnisch an Hand zweier Merkmale grob unterscheiden: Das eine Merkmal ist die jeweilige Konzeption des Primärprozesses als Bildner der Derivate des Unbewussten. Dabei wird entweder angenommen, der Primärprozess könne ausschließlich aus dem Innern durch Triebregungen in Gang gesetzt werden oder aber, er könne auch durch die Objektwelt stimuliert werden. Das andere Merkmal ist in der Konsequenz der Nutzung dieser Abkömmlinge für Deutungen zu finden:

Zeitgenössische Freudianer machen in ihren Deutungen grundsätzlich Gebrauch von den Derivaten des Unbewussten. Dabei formulieren sie hauptsächlich aus einer innerseelischen Trieb/Wunsch-Abwehr-Konfliktperspektive heraus, und zwar mit einer Übertragungskonzeption, welche die pathologischen Prozesse überwiegend im Patienten entstanden sieht. Die gleichzeitige starke Einbeziehung ich-psychologischer Aspekte führt zur Betonung der intakteren seelischen Funktionsweisen des Patienten.

Zeitgenössische Kleinianer verstehen unbewusste Phantasien als primäre Triebabkömmlinge und nutzen deutungstechnisch sämtliche Mitteilungen des Patienten konsequent als Derivate des Unbewussten, und zwar aus einer innerseelischen Objektbeziehungsperspektive heraus, die stark genetisch determiniert konzipiert ist. Die Deutung des Manifesten als innerseelische, trieb-/phantasiegespeiste und geronnene Objektbeziehung ist in dieser Schule die Basis der Deutungstechnik. Für beide Schulrichtungen gilt, dass alle Deutungstypen in ein theoriegeleitetes probe-identifikatorisches Verständnis des Patienten eingebettet sind.

In der Selbstpsychologie wird ein primärer Bedarf nach bestimmten Selbstobjektfunktionen eines anderen Menschen postuliert. Daher wird der Objektbeziehungstheoretiker selbstpsychologischer Provenienz deutend immer auf den Hunger nach bereit- oder nicht bereitgestellten Selbstobjektfunktionen abstellen und bemüht sein, die daraus sich ergebenden Schicksale des Selbstwertgefühls empathisch zu begreifen und zu beschreiben. Deutungen des Unterbrechungs- und Wiederherstellungsprozesses der Selbst/Selbstobjekt-Beziehung haben Priorität. Den Derivaten des primärprozesshaften Verarbeitungsprozesses wird deutungstechnisch keine erstrangige Bedeutung beigemessen, da die Hauptaufmerksamkeit dem introspektiv-empathischen Selbst- und Fremddialog gilt, der auch bewusst erfasst werden kann.

Die Gruppe um Weiss und Sampson (Weiss 1992) geht von der Hypothese aus, dass das entscheidende Ziel des Psychotherapiepatienten darin besteht, seine ihm unbewussten pathogenen Überzeugungen durch den Analytiker falsifiziert zu bekommen. Deutungstechnisch richtet der Analytiker dieser Schule daher seinen Blick konsequent auf das unbewusste Bedürfnis des Patienten nach eben dieser Falsifikation seiner ihm unbewussten pathogenen Überzeugungen. Der im Allgemeinen ausgelebte Test des Patienten, ob der Analytiker ihm seine unbewussten pathogenen Überzeugungen bestätigt oder falsifiziert, muss vom Analytiker nicht nur Rahmen handhabend bestanden, sondern auch deutend aufgegriffen werden. Daraus ergeben sich Übertragungs-, Nicht-Übertragungs- und Außerübertragungsdeutungen, die als essentielles Element die unbewussten pathogenen Überzeugungen und das Falsifizierungsbemühen des Patienten durch Verwendung des Therapeuten beinhalten.

Gill (1995), Langs (1982), Dorpat und Miller (1992) sowie Stolorow et al. (1996) sind Exponenten der Gruppe der Psychoanalytiker, die sich interventionstechnisch stark auf eine revidierte Konzeption des Primärprozesses stützen unter der Annahme, dass er auch und in besonderem Ausmaße durch die Objektwelt angestoßen wird. Sie deuten daher sowohl die Abkömmlinge der relevanten interaktionellen als auch die der innerseelischen Auslöser der emotionalen Bewegungen mit ihren symptomatischen Reaktionen.

In der tiefenpsychologisch fundierten Psychotherapie wird den freien Einfällen kein großes Gewicht beigemessen, so dass von primärprozesshaften Abkömmlingen explizit deutungstechnisch wenig Gebrauch gemacht wird. Deutungen im Sinne der Erhellung der primärprozesshaft arbeitenden bedeutungsgebenden und bedeutungserfassenden Strukturen und der entsprechenden Symptomatik fehlen in dieser Therapieform weitgehend. Die demonstrierenden, klarifizierenden und affektidentifizierenden Interventionen entlang den vorbewussten und unbewussten Abwehrstrukturen innerhalb eines interaktionellen therapeutischen Geschehens haben eindeutig Vorrang.

6. Wissenschaftlicher Status der psychoanalytischen Deutungstheorie

Obgleich die Deutung von Beginn an als Hauptwirkfaktor der Psychoanalyse galt, führte ihre Wahrheits- und Wirksamkeitsüberprüfung lange ein Schattendasein.

Zwei psychoanalytische Ansätze sind zu beachten: zum einen der hermeneutische Ansatz, vertreten u.a. durch Habermas, Ricoeur, Lacan und partiell G.S. Klein und R. Schafer, zum anderen der globale positivistische Ansatz.

Die hermeneutischen Wahrheitskriterien für die interaktiv kreierten Narrative wie Kontinuität, Rundheit, Kohärenz, Stimmigkeit, ästhetische Gestalt und Überzeugungskraft sind unvermeidbar subjektiv relativistisch. Wahrheitskriterien gelten nicht zugleich als Wirksamkeitskriterien. Wirksamkeitskriterien werden aufgrund des Wissenschaftsverständnisses der Hermeneutiker insofern weder explizit benannt noch gefordert.

Die positivistische Position der psychoanalytischen Deutungstheorie hat laut Smith (1991) drei wissenschaftliche Forderungen zu erfüllen: 1. die Verifizierbarkeit, 2. die Popper'sche Forderung nach Falsifizierbarkeit und 3. die Grünbaum'sche Forderung, die unausweichlich epistemisch kontaminierten klinischen Daten extraklinisch abzusichern.

Zu 1.: Der empirische Positivismus fordert die Stützung von Hypothesen und theoretischen Aussagen durch beobachtbare Geschehnisse. Freud (1937d) war empirischer Positivist, insofern er forderte, daß das Hauptheilungsinstrument der Psychoanalyse, die Deutung, ein empirisch fassbares Validierungskorrelat haben müsse. Der Psychoanalytiker sollte nach seiner Auffassung als Validierung seiner Deutung nicht des Patienten bewusstes Ja akzeptieren, weil dadurch dem suggestiven Einfluss des Analytikers nicht Rechnung getragen würde. In der derivativen Reaktion des Patienten auf eine Deutung sah er die empirische Bestätigung, daß die Deutung mit der unbewussten Vorstellung des Patienten übereinstimmte. Freud gab lediglich recht allgemein und damit nicht operationalisierbar die derivative Reaktion des Patienten als empirisches Validierungskorrelat an.

In M. Kleins Schriften finden sich verstreut Bemerkungen, die auch Aussagen über die Validierung psychoanalytischer Deutungen beinhalten. Sie verstand die reichliche Entwicklung von Phantasien nach Deutungen beim Patienten als Validierungsreaktion. Eine systematische Validierungstheorie hat sie nicht entwickelt. Ihre empirischen Korrelate sind deutlich vager als die Freuds.

Lichtenberg (1996) spricht vom self-righting des Patienten, einem kraftvollen Wachstumsprozess hin zu positiver Veränderung. Dies Validierungskorrelat kann unter anderem auch nach deutungsähnlichen Interventionen beobachtet werden, allerdings deutlich häufiger bei anderen, nicht deutenden Interventionen. Insofern diskriminiert self-righting nicht die Deutung von sonstigen Interventionen, ist also auch nicht als spezifisches Validierungskorrelat von Deutungen anzusehen.

Von Langs (1982), Weiss (1992) und Kernberg, (1994) wurden konkrete intraklinische Validierungskriterien für Deutungen genannt, die eine empirische Überprüfung ermöglichen.

Zu 2.: Psychoanalytische Deutungstheorie und -praxis ermöglicht es, intraklinische Falifizierungskriterien für Deutungen zu entwickeln. Es wäre festzulegen, was als Falsifikation einer Deutung anzusehen ist. Dazu muss die Wirkung einer Deutung operationabel vorhergesagt werden, und es muss festgelegt werden, was unter einer Deutung verstanden wird und wie die Struktur von potentiell validen Deutungen aussieht.

Langs (1982) und Weiss (1992) kommen dieser Forderung nach, indem sie vorhersagen, daß nur bestimmte Deutungen mit beschreibbarer Struktur Validierungsreaktionen beim Patienten hervorrufen. Das Nichteintreten der Vorhersage bietet die Falsifikationsmöglichkeit.

Zu 3.: Der Grünbaum'schen Kritik der unabdingbaren Kontamination der klinischen Daten begegnen Langs (1982), Weiss (1992) und Berns (1994), der sich auf Langs bezieht, sowie Kerz und Kerz-Rühling (1996) mit eigenen Ansätzen. Weiss (1992) berichtete über eine Ergebnisstudie, die belegt, daß die Anzahl der validen Deutungen des Therapeuten mit dem Heilungsergebnis beim Patienten positiv korreliert. Damit wurde eine Methode angegeben, die eine gewisse Möglichkeit bietet, die heilende Wirksamkeit von Deutungen unterschiedlicher Schulen miteinander zu vergleichen.

Crits-Christoph (2002) gibt einen Überblick über die empirischen Ergebnisstudien zur Effektivität von Deutungen in dynamischen Psychotherapien. Obgleich mittlerweile eine größere Anzahl empirischer Studien vorliegt, weist er doch auf die Vorläufigkeit der Ergebnisse aufgrund methodischer Begrenztheiten hin. Drei recht gut abgesicherte Befunde verdienen aber festgehalten zu werden:

3.1: Die vorliegenden Studien belegen nicht eindeutig genug, ob der generelle Wirkfaktor „Therapeutisches Bündnis" durch interpersonelle Deutungen erhöht wird.

3.2: Hohe Häufigkeit von Übertragungsdeutungen, korreliert nicht positiv mit dem Therapieergebnis und sollten deshalb vermieden werden. Insbesondere für Patienten mit einem niedrigen Objektbeziehungslevel sind sie problematisch.

3.3: Die Qualität von Interpretationen ist generell von Bedeutung, insofern die Präzision, mit der zentrale Aspekte der interpersonellen Dynamik des Patienten gedeutet werden, positiv mit dem Therapieergebnis korreliert. In Kurztherapien ist eine hohe Präzision der Deutungen zentraler interpersoneller Themen von ganz besonderer Wichtigkeit für das Therapieergebnis.

Literatur

Berns, U. (1994). Die Übereinstimmungsdeutung. Ein Ergebnis der Evaluationsanalyse. Forum der Psychoanalyse, 10, 226–244.

Berns, U. (2001). Valide Interventionen in der Psychoanalyse. Zur Überprüfung der Wirksamkeit einer kontextorientierten psychoanalytischen Interventionstechnik. Forum der Psychoanalyse, 17, 312–331.

Crits-Christoph, P. and Connolly Gibbons, M.B. (2002). Relational interpretations. In J.C. Norcross (Ed.) Psychotherapy relationships that work. Oxford University Press, New York, 285–300.

Dorpat, T. and Miller, M.L. (1992). Clinical interaction and the analysis of meaning. A new psychoanalytic theory. New York and London: The Analytic Press, Hillsdale NJ.

Gill, M. (1994). Psychoanalysis in transition. A personal view. New York: The Analytic Press.

Greenson, R.R. (1973). Technik und Praxis der Psychoanalyse. Bd. 1. Stuttgart: Klett.

Grünbaum, A. (1988). Die Grundlagen der Psychoanalyse. Eine philosophische Kritik. Stuttgart: Philipp Reclam jun.

Kernberg, O.F. (1994). Validation in the clinical process. The International Journal of Psycho-Analysis, 75, 1193–1200.

Kerz, J.Ph. (1990). Freuds klinischer Induktivismus. Forum der Psychoanalyse, 6, 277–298.

Kerz-Rühling, I. (1996). The validation of psychoanalytical hypotheses in clinical practice. The International Journal of Psycho-Analysis, 77, 275–290.

Langs, R. (1982). Psychotherapy: A basic text, New York: Jason Aronson.

Laplanche, J. (1992) Deutung zwischen Determinismus und Hermeneutik. Eine neue Fragestellung. Psyche – Z Psychoanal, 46, 467–498.

Lichtenberg, J.D. (1996) The clinical exchange. New York: The Analytic Press.

Luborsky, L. (1984). Principles of psychoanalytic psychotherapy. New York: Basic Books.

Smith, D.L. (1991). Hidden conversations. An introduction to communicative psychoanalysis. London and New York: Tavistock/Routledge.

Stolorow, R.D., Brandchaft, B. und Atwood, E. (1996). Psychoanalytische Behandlung. Ein intersubjektiver Ansatz. Frankfurt/M.: Fischer.

Strachey, J. (1934). Die Grundlagen der therapeutischen Wirkung der Psychoanalyse. Internationale Zeitschrift für Psychoanalyse, 21, 486–516.

Weiss, J. (1992). How psychotherapy works. Process and technique. New York: Guilford Press.

Weiss, J., Sampson, H. and the Mount Zion psychotherapy research group (1986). The psychoanalytic process: Theory, clinical observations and empirical research. New York: Guilford Press.

Dissozialität, Delinquenz *von Udo Rauchfleisch*

dissociality, delinquency – dissocialité, délinquance

1. Definition

Diese Begriffe stellen primär eine soziale Etikettierung dar. Wir bezeichnen damit ein von den Normen der umgebenden Sozietät abweichendes Verhalten, das sich als chronische dissoziale Fehlentwicklung durch eine charakteristische Psychodynamik auszeichnet (in der ICD-10 resp. DSM-IV: „dissoziale" bzw. „antisoziale Persönlichkeitsstörung").

2. Klassische Auffassung

Freud beschreibt in der Arbeit „Der Verbrecher aus Schuldbewußtsein" (1916d) unbewusste, aus ödipalen Konflikten herrührende Schuldgefühle als Motor delinquenten Verhaltens. Anna Freud (1949, 1950), Aichhorn (1925), Zulliger (1953) und Eissler (1949) schildern Patientinnen und Patienten, die unter schwerwiegenden psychischen und Verhaltensstörungen, vor allem solchen ich- und überich-struktureller Art, leiden. Abgesehen von diesen Arbeiten haben sich aber psychoanalytische Autorinnen und Autoren kaum mit dem Thema der Dissozialität auseinandergesetzt.

3. Ideengeschichtlicher Hintergrund

Patientinnen und Patienten mit dissozialen, delinquenten Verhaltensweisen sind in erster Linie von den Vertretern der Psychopathieforschung geschildert worden (Kraepelin, 1909–1915, Kretschmer 1961, Kurt Schneider 1923). Binder (1960) sah als Ursache der von ihm „psychopathische Dauerzustände" genannten Persönlichkeitsstörungen eine „desintegrierte Anlage", während den Umwelteinflüssen lediglich pathoplastische Bedeutung zukomme. Die hinter diesen Theorien stehenden Persönlichkeitsmodelle sind statischer Art. Soweit es um „verwahrloste" Kinder und Jugendliche ging, haben sich vor allem dem pädagogischen Bereich nahestehende Autorinnen und Autoren mit dieser Patientengruppe beschäftigt (z.B. Anna Freud, Aichhorn, Zulliger).

4. Wesentliche Erweiterungen, Differenzierungen und Modifikationen

Die Auseinandersetzung mit dem Thema der Dissozialität ist von jeher nur auf eine sehr kleine Gruppe von Psychoanalytikerinnen und Psychoanalytikern beschränkt gewesen. In den Konzepten von Anna Freud, Aichhorn, Zulliger sowie Redl und Wineman (1965) zu „verwahrlosten" Kindern und in den Ausführungen von Eissler (1949), Schmideberg (1947), Alexander und Healy (1935) und Glover (1960) über erwachsene Delinquenten wird vor allem auf schwerwiegende Ich- und Überich-Störungen hingewiesen. Die therapeutischen Ansätze beziehen sich demgemäß auf diese Persönlichkeitsbereiche. Die ätiologischen Überlegungen gehen von frühen aus der Eltern-Kind-Beziehung herrührenden Deprivationserfahrungen aus.

Neben diesen, die ich- und überich-strukturellen Störungen betonenden Konzepten können auch Beiträge der Objektbeziehungstheorie und der neueren Narzissmustheorie zum Verständnis dissozialer Entwicklungen verwendet werden: Dissoziale Menschen haben in der frühen Kindheit ebenso wie im weiteren Verlauf ihres Lebens zum Teil schwerste Verlust- und Mangelerfahrungen durchgemacht. Diese Beeinträchtigungen sind als existentielle Bedrohung erlebt worden und haben zu einem z.T. extremen, den gesamten Bezug zur Umwelt prägenden Misstrauen anderen Menschen gegenüber geführt. Charakteristischerweise empfinden dissoziale Persönlichkeiten Angst nicht als Signal angesichts einer drohenden Gefahr, sondern als Vernichtungsangst, was oft panikartige Reaktionen zur Folge hat.

Aufgrund der beschriebenen Mangelerfahrungen haben sich in diesen Menschen im Verlaufe der Zeit ungeheure Wünsche und Ansprüche angestaut, und sie sind von einem unstillbaren Hunger nach Zuwendung und Bestätigung erfüllt. Zugleich bestehen bei ihnen aber auch große Ängste vor jeder intensiveren mitmenschlichen Nähe und Verbindlichkeit, so dass man von einem „Sehnsucht-Angst-Dilemma" (Burnham 1969) sprechen kann.

Ein weiterer Störungsbereich ist der der Autonomieentwicklung. Dissoziale Menschen haben in ihrer Kindheit häufig keine konstruktiven Formen von Abgrenzungs- und Unabhängigkeitsstrebungen entwickeln können und bleiben auch im Erwachsenenalter in einer hochambivalenten Weise an ihre Bezugspersonen gebunden. Aufgrund der früh erlebten Versagungen besteht bei ihnen eine Gier nach Zuwendung und Einverleibung der verschiedensten Objekte, von Alkohol, Drogen und materiellen Gütern bis zu Mitmenschen, die stark funktionalisiert werden und in erster Linie unter dem Aspekt wahrgenommen werden, ob sie die an sie gerichteten Ansprüche zu erfüllen vermögen oder nicht (oral-aggressiver Kernkonflikt, Rauchfleisch 1999). Die Folge dieser Entwicklungsbedingungen ist eine aggressive Aufladung der Selbst- und Objektbilder, wodurch in diesen Persönlichkeiten ein hohes Gewaltpotential entsteht. Dabei ist wichtig, zu beachten, dass sie Gewalt nicht nur im innerpsychischen Bereich erlebt haben, sondern Opfer wie Täter in der äußeren Realität waren resp. immer noch sind.

Ihre Beziehungen sind zumeist überladen mit unrealistischen Erwartungen, und andere Menschen sind für sie in der Regel nur „Mittel zum Zweck". Es sind keine objektalen, sondern stark funktionalisierte Beziehungen, die einem narzisstischen Muster folgen. Im Verlauf ihres Lebens haben dissoziale Menschen gelernt, dass andere Menschen für sie vor allem – und nur so lange – von Bedeutung sind, wie sie die Erfüllung ihrer Wünsche nach Zuwendung, Unterstützung und Ansehen garantieren. Ihr fragiles Selbstwertsystem bedarf der permanenten Bestätigung und Stärkung von außen. Können die Bezugspersonen dies nicht mehr, so werden sie „uninteressant". Nicht selten richtet sich gegen sie dann – aus Enttäuschung – ungeheurer Hass, da sie die in sie gesetzten Erwartungen nicht erfüllen.

Ferner finden sich aufgrund der frühkindlichen Entwicklungsbedingungen spezifische ich-strukturelle Störungen in der Wahrnehmung und Steuerung der Gefühle sowie Beeinträchtigungen in den Funktionen zur Auseinandersetzung mit der Sozietät. Vieles von ihrer inneren Befindlichkeit und von der sozialen Realität nehmen diese Menschen nicht oder durch ihre Wünsche und Ängste verzerrt wahr. Betroffen sind insbesondere die Funktionen der Realitätsprüfung, der Fähigkeit, realistische Zukunftsentwürfe zu entwickeln und sich vor einer Überflutung durch innere und äußere Reize zu schützen, sowie die Abwehrmechanismen: Spaltung, Projektion und projektive Identifizierung, Verleugnung von Aspekten der sozialen Realität und der inneren Befindlichkeit sowie Idealisierungen und Entwertungen von Bezugspersonen.

Die Störung in den Abwehrformationen führt auch zu der für dissoziale Menschen charakteristischen Beeinträchtigung in ihrer Angst- und Spannungstoleranz (Kernberg 1979). Jede Steigerung von Angst über das gewohnte Maß hinaus löst bei ihnen in der Regel panikartige Reaktionen aus und führt zu erheblichen Ich-Regressionen. Dabei kommt es auch zu Impulsdurchbrüchen der verschiedensten Art (Alkohol- und Drogenexzesse, aggressive Durchbrüche, sexuelle Impulshandlungen, kriminelle Aktivitäten und ähnliches).

Eine weitere Störungskomponente betrifft die Überich-Instanz dieser Menschen. Wir haben es bei ihnen indes keineswegs mit einem Mangel an Gewissensbildung zu tun, nur weist diese Instanz in ihrer Entwicklung und Struktur häufig spezifische Störungen auf: Ein Teil ihres Überichs, das Überich im engeren Sinne (Lampl-de Groot 1963/64), besteht aus grausamen, entwertenden Stimmen, i. S. sadistischer Überich-Kerne (Glover 1956), welche sich von frühkindlichen traumatischen Beziehungserfahrungen herleiten. Gegen die von diesem Teil ihrer Gewissensinstanz ausgehende Verurteilung und Selbstentwertung suchen sich diese Menschen durch eine Projektion der selbstquälerischen Impulse auf „Überich-Träger" in der Außenwelt zu schützen und führen gegen diese oft einen geradezu verzweifelten Kampf. Ihr Ich-Ideal ist z.T. so hoch geschraubt, dass dessen Ziele in Realität nie erreichbar sind und damit ein Versagen von vornherein einprogrammiert ist.

Aufgrund ihrer frühkindlichen Entwicklungsbedingungen kommt es bei dissozialen Menschen im Verlaufe des Lebens ferner zu schwerwiegenden Störungen in ihrem Selbstwerterleben. Zentrale Ohnmachts- und Selbstunwertgefühle stehen unvermittelt neben grandiosen, völlig irrealen Vorstellungen von den eigenen Möglichkeiten (pathologisches Größenselbst). Die narzisstische Störung prägt wesentlich die Beziehungen dieser Menschen. Partnerinnen und Partner ebenso wie Therapeutinnen und Therapeuten sind für sie vor allem insofern von Bedeutung, als sie ihnen Befriedigung ihrer Wünsche nach Anerkennung und Geltung garantieren und als idealisierte Menschen zur Aufwertung der eigenen, sich insuffizient fühlenden Person benutzt werden können. Auch ihre starke Neigung, sich durch Manipulation anderer Menschen das Gefühl eigener Macht und Größe zu verschaffen, sowie ihre erhöhte Kränkbarkeit und ihre geringe Frustrationstoleranz sind unter anderem Ausdruck der Selbstwertstörung, die den ohnehin schon geringen Realitätsbezug immer weiter lockert und zum Ausweichen vor jeglicher Konfrontation mit irgendeiner unangenehmen, belastenden Situation führt.

Hinzu kommen gravierende soziale Beeinträchtigungen, die in der frühen Lebensgeschichte dieser Menschen eine zentrale Rolle spielen, das aktuelle Erscheinungsbild prägen und von großer Bedeutung für die Behandlung und die Prognose sind (Probleme in der Schul- und Berufsausbildung, aus der frühen Sozialisation und aus den Heim- und Strafanstaltsaufenthalten resultierende Beeinträchtigungen in wichtigen sozialen Kompetenzen sowie finanzielle Verschuldung, Wohn- und Arbeitsprobleme, Partnerkonflikte usw.).

Fazit: Angesichts der frühkindlichen Mangel- und Verlusterfahrungen, den schwerwiegenden Beziehungsstörungen, dem erheblichen Aggressionspotential, den Beeinträchtigungen in verschiedenen Ich- und Überich-Funktionen sowie der zentralen Selbstwertstörung mit Insuffizienz- und Ohnmachtsgefühlen einerseits und grandiosem Gebaren und starken manipulativen Tendenzen andererseits liegt bei vielen dissozialen Menschen eine Borderline-Organisation der Persönlichkeit i.S. Kernbergs (1979, 1989) vor. Ihre spezifische Prägung erhält diese Störung jedoch erst durch die gravierenden sozialen Schwierigkeiten (Rauchfleisch 1997).

Therapeutisch ist eine spezielle, modifizierte bifokale psychoanalytisch orientierte Psychotherapie indiziert (Rauchfleisch 1996), bei der der Therapeut mitunter aktiv in das soziale Leben des Patienten eingreifen und dem Patienten bei der Lösung sozialer Schwierigkeiten behilflich sein muss, zugleich aber im Sinne der klassischen psychoanalytischen Technik konsequent an Widerstand, pathologischer Abwehr und Übertragung arbeitet.

5. Interdisziplinäre Beiträge und Befunde

Neben einer in ihrer Spezifität allerdings unklaren, in der Literatur kontrovers diskutierten genetischen Komponente (die auch bei den alten Psychopathiekonzepten postuliert wurde) kommt vor allem soziologischen Theorien über die Entwicklung delinquenten Verhaltens große Bedeutung zu: Die sozialisationstheoretischen Überlegungen sehen die Ursache für unterschiedliche Erscheinungsformen dissozialen Verhaltens in schichtspezifischen Sozialisationsprozessen (Gottschalch 1971). Die sozialstrukturellen Kriminalitätstheorien gehen auf die Anomie-Konzepte von Durkheim (1963) und Merton (1964) zurück und verweisen darauf, dass in Anomie lebende Menschen sich kulturell definierten Zielen gegenübersehen, ohne dass ihnen entsprechende legitime, institutionelle Mittel zur Erreichung dieser Ziele zur Verfügung stünden. Dissoziale Aktivitäten stellen den Versuch dar, einen Ausweg aus dieser spannungsreichen Situation zu finden. Das interaktionistische Modell versteht sozial abweichendes Verhalten als Prozess gegenseitiger Bedingtheit und zunehmender Eskalation des Verhaltens von auffällig gewordenem Individuum und den Instanzen sozialer Kontrolle („labeling approach") (Quensel 1970).

Ferner liegen Befunde von Seiten der Lern- und Kognitionspsychologie vor allem über die Ausbildung gewalttätiger Verhaltensweisen vor: So haben beispielsweise Berkowitz (1962, 1969) und vor allem Bandura (1979) mit ihren sozial-kognitiven Konzepten gezeigt, dass aggressives Verhalten durch Belohnung und Erfolg sowie durch Beobachtung und Nachahmung von Vorbildern gelernt wird. Nach Bandura ist das Beobachtungslernen durch vier aufeinander einwirkende Subprozesse bestimmt: durch Aufmerksamkeitsprozesse (wobei vor allem Freundschaftspräferenzen und Modelle mit hohem Sozialstatus eine besondere Rolle spielen), Behaltensprozesse, motorische Reproduktionsprozesse sowie durch Bekräftigungs- und Motivationsprozesse. Durch das Zusammenwirken dieser Faktoren entstehen Dispositionen und Fähigkeiten zu aggressivem Verhalten, aber erst Anreiz- und Motivationsprozesse regulieren die Ausführung des Gelernten. Behinderungen im Sinne von Frustrationen, Kränkungen und Angriffen sind nach Ansicht von Bandura selbst nicht aggressionsauslösend. Sie erfüllen jedoch eine aggressionserleichternde Funktion.

Die Befunde der lerntheoretischen und soziologischen Konzepte ergänzen die psychodynamischen Theorien vor allem insofern in fruchtbarer Weise, als sie auf die große Bedeutung der sozialen Faktoren für die Entwicklung, aber auch für die Therapie von dissozialen Patientinnen und Patienten hinweisen.

Literatur

Aichhorn, A. (1925/1965). Verwahrloste Jugend. Bern: Huber.

Alexander, F. and Healy, W. (1935/1969). Roots of crime. New Jersey: Patterson Smith.

Bandura, A. (1979). Sozial-kognitive Lerntheorie. Stuttgart: Klett.

Berkowitz, L. (1962). Aggression. A social psychological analysis. New York: McGraw-Hill.

Berkowitz, L. (1969). The roots of aggression: A reexamination of the frustration – aggression hypothesis. New York: Atherton.

Binder, H. (1960). Psychopathien, Neurosen, abnorme Reaktionen. Die psychopathischen Dauerzustände und die abnormen seelischen Reaktionen und Entwicklungen. In H.W. Gruhle, R. Jung, W. Mayer-Gross und M. Müller (Hg.), Psychiatrie der Gegenwart. Forschung und Praxis, Bd. II (S. 180–202). Berlin: Springer.

Burnham, D.L. (1969). Schizophrenia and the need-fear dilemma. New York: International Universities Press.

Durkheim, E. (1963). La division du travail. 1893. Paris: Alcan.

Eissler, K.R. (Ed.) (1949). Searchlights on delinquency. London: Imago.

Freud, A. (1949). Certain types and stages of social maladjustment. In K.R. Eissler (Ed.), Searchlights on delinquency (pp. 193–204). London: Imago.

Freud, A. und Burlingham, D. (1971). Anstaltskinder. Imago, London, 1950. In A. Freud und D. Burlingham (Hg.), Heimatlose Kinder. Zur Anwendung psychoanalytischen Wissens auf die Kindererziehung (S. 65–161). Frankfurt/M.: Fischer.

Glover, E. (1956). On the early development of mind. New York: International Universities Press.

Glover, E. (1960). The roots of crime. London: Imago.

Gottschalch, W. (1971). Sozialisationsforschung. Frankfurt/M.: Suhrkamp.

Kernberg, O.F. (1979). Borderline-Störungen und pathologischer Narzißmus. Frankfurt/M.: Suhrkamp.

Kernberg, O.F. (1989). Schwere Persönlichkeitsstörungen. Theorie, Diagnose, Behandlungsstrategien. Stuttgart: Klett-Cotta.

Kraepelin, E. (1909–1915). Psychiatrie. Ein Lehrbuch für Studierende und Aerzte. 1883. Leipzig: Barth, 8. Aufl.

Kretschmer, E. (1961). Körperbau und Charakter. Berlin: Springer, 23./24. Aufl.

Lampl-de Groot, J. (1963/64). Ich-Ideal und Überich. Psyche – Z Psychoanal, 17, 321–332.

Merton, R.K. (1949). Social theory and social structure. Glencoe: Free Press, 9. Aufl., 1964.

Quensel, S. (1970). Wie wird man kriminell? Verlaufsformen fehlgeschlagener Interaktion. Kritische Justiz 4, 375–382.

Rauchfleisch, U. (1996). Menschen in psychosozialer Not. Beratung, Betreuung, Psychotherapie. Göttingen: Vandenhoeck & Ruprecht.
Rauchfleisch, U. (1997). Die antisoziale Persönlichkeitsstörung – diagnostische Überlegungen bei Verwendung psychoanalytischer Modellvorstellungen. Persönlichkeitsstörungen. Theorie und Therapie, 2, 85–92.
Rauchfleisch, U. (1999). Dissoziale Entwicklung, Struktur und Psychodynamik dissozialer Persönlichkeiten. Göttingen: Vandenhoeck & Ruprecht.
Redl, F. and Wineman, D. (1965). Children who hate. The disorganization and breakdown of behavior controls. New York: Free Press/Collier-Macmillan.
Schmideberg, M. (1947). The treatment of psychopaths and borderline patients. American Journal of Psychotherapy, 1, 45–70.
Schneider, K. (1923). Die psychopathischen Persönlichkeiten. Wien: Deuticke, 6. Aufl., 1943.
Zulliger, H. (1953). Über symbolische Diebstähle von Kindern und Jugendlichen. Biel: Institut für Psycho-Hygiene.

Dissoziation *von Annegret Eckhardt-Henn*

dissociation – dissociation

1. Definition

Die Dissoziation ist ein komplexer psychophysiologischer Prozess, der durch eine teilweise oder völlige Desintegration psychischer Funktionen, wie der Erinnerung an die Vergangenheit, des Identitätsbewusstseins, der Wahrnehmung des Selbst und der Umgebung und der unmittelbaren Empfindungen gekennzeichnet ist. Es handelt sich um eine Störung des Bewusstseins, die vielfältige Formen aufweisen kann.

Die Dissoziation umfasst ein Spektrum, das von normalpsychologischen dissoziativen Phänomenen, die in Übermüdungs- und Stresssituationen vorkommen, über Trancezustände, die bewusst intendiert werden (Schamanismus, rituelle Tänze, Hypnose), bis hin zu den eigentlichen psychopathologischen Phänomenen reicht. Zu letzteren gehören:

- *die dissoziative Amnesie:* Informationen zur eigenen Person und Vergangenheit werden nicht erinnert; meist bezieht sich die Amnesie auf belastende oder traumatische Ereignisse (s. u.); bei der selektiven Amnesie, werden Ereignisse und Begleitumstände nicht erinnert; bei der generalisierten Amnesie können ganze Zeitabschnitte nicht mehr erinnert werden.
- *die dissoziative Fugue:* Die Betroffenen verlassen plötzlich ihre Umgebung und halten sich eine Zeitlang woanders auf; manchmal nehmen sie eine neue Identität an. Während dieser Zeit sind sie bezüglich ihrer persönlichen Identität und Vergangenheit amnestisch, was ihnen aber nicht bewusst ist.
- *die Depersonalisation:* Das eigene Selbst wird als verändert, unwirklich wahrgenommen; seelische Vorgänge, Wahrnehmungen, Gedanken, Gefühle, Handlungen werden als fremd, unwirklich, nicht mehr zum Selbst gehörig erlebt; der Körper oder Körperteile werden als verändert (wie abgetrennt, wie tot, taub, ganz dick oder dünn etc.) erlebt; das Schmerzempfinden kann vermindert oder aufgehoben sein.
- *die Derealisation:* Die Außenwelt und äußere Objekte werden als fremd, unwirklich wie hinter einer Glaswand empfunden.
- *Trance und Dämmerzustände:* Zeitweiliger Verlust der Wahrnehmung zur Umwelt und zur persönlichen Identität, jemand verhält sich, als ob er von einer anderen Persönlichkeit, einer Kraft besessen wäre; die ganze Aufmerksamkeit kann sich nur auf vereinzelte Aspekte der Umgebung beziehen.

- *dissoziative Identitätsstörung:* Das Bewusstsein des Betroffenen wird von zwei oder mehreren, völlig unterschiedlichen Persönlichkeitszuständen bestimmt; diese können mit unterschiedlichen Eigenschaften, Handschriften, Strukturen, einer unterschiedlich erinnerten persönlichen Geschichte und unterschiedlichen Namen ausgestattet sein. Häufig gibt es eine „Host"- oder „Core"-Persönlichkeit, die die anderen kennt, während diese füreinander amnestisch sind. Es kommt zu plötzlichen Wechseln der jeweiligen Persönlichkeitszustände (shift oder switch, Putnam 1989).

Gegenwärtig wird die Dissoziation einerseits, wie bereits von Freud dargelegt, als ein psychodynamischer Abwehrprozess verstanden und andererseits als ein Zustand, in dem zwei oder mehrere psychische Prozesse nebeneinander bestehen, ohne verbunden oder integriert werden zu können (Eckhardt 1996).

2. Klassische Auffassung

Die Dissoziation ist eng mit dem Begriff der Hysterie verbunden. Der Charcot-Schüler Pierre Janet konnte durch die Anwendung der Hypnose bei über 100 Personen dissoziative Symptome induzieren. Er wies eine Beziehung zwischen diesen Symptomen und traumatischen Erinnerungen nach. Die Ursache der Dissoziation suchte er aber in einem Defizit an „nervöser" psychischer Energie, die entweder angeboren oder aber durch einen, durch ein psychisches Trauma bedingten, erhöhten Verbrauch dieser Energie verursacht war.

Freud verstand die Dissoziation – er benutzte den Begriff der Verdrängung und der Dissoziation großenteils synonym – als Ausdruck eines psychodynamisch begründbaren Abwehrvorganges und grenzte sich gegenüber der Auffassung Janets ab: „Sie sehen nun, worin der Unterschied unserer Auffassung von der Janetschen gelegen ist. Wir leiten die seelische Spaltung nicht von einer angeborenen Unzulänglichkeit des seelischen Apparates zur Synthese ab, sondern erklären sie dynamisch durch den Konflikt widerstreitender Seelenkräfte, erkennen in ihr das Ergebnis eines aktiven Sträubens der beiden psychischen Gruppierungen gegeneinander" (Freud 1910a, S. 23).

Freud und Breuer sahen die Bewusstseinsspaltung (die sie synonym als Dissoziation bezeichneten) als ein Grundphänomen der Hysterie an: „Je mehr wir uns nun mit diesen Phänomenen beschäftigten, desto sicherer wurde unsere Überzeugung, jene Spaltung des Bewußtseins, die bei den bekannten klassischen Fällen als ‚double conscience' so auffällig ist, bestehe in rudimentärer Weise bei jeder Hysterie, die Neigung zu dieser Dissoziation und damit zum Auftreten abnormer Bewußtseinszustände, die wir als ‚hypnoide' zusammenfassen wollen, sei das Grundphänomen dieser Neurose... Grundlage und Bedingung der Hysterie ist die Existenz von hypnoiden Zuständen. Diese hypnoiden Zustände stimmen, bei aller Verschiedenheit, untereinander und mit der Hypnose in dem einen Punkte überein, daß die in ihnen auftauchenden Vorstellungen sehr intensiv, aber von dem Assoziativverkehr mit dem übrigen Bewußtseinsinhalt abgesperrt sind. Untereinander sind diese hypnoiden Zustände assoziierbar, und deren Vorstellungsinhalt mag auf diesem Wege verschieden hohe Grade von psychischer Organisation erreichen. Im übrigen dürfte ja die Natur dieser Zustände und der Grad ihrer Abschließung von den übrigen Bewußtseinsvorgängen in ähnlicher Weise variieren, wie wir es bei der Hypnose sehen, die sich von leichter Somnolenz bis zum Somnambulismus, von der vollen Erinnerung bis zur absoluten Amnesie erstreckt" (Freud und Breuer 1895d, S. 91).

Freud sah den Bezug zu traumatischen Erlebnissen: „Ich hatte bereits damals, und noch ehe die Sexualität in die ihr gebührende Stellung in der Ätiologie eingesetzt war, als Bedingung für die pathogene Wirksamkeit eines Erlebnisses angegeben, daß dieses dem Ich unerträglich erscheinen und ein Bestreben zur Abwehr hervorrufen müsse. Auf diese Abwehr hatte ich die psychische Spaltung – oder wie man damals sagte: die Bewußtseinsspaltung – der Hysterie zurückgeführt. Gelang die Abwehr, so war das unerträgliche Erlebnis mit seinen Affektfolgen aus dem Bewußtsein und der Erinnerung des Ichs vertrieben; unter gewissen Verhältnissen entfaltete aber das Vertriebene als ein nun Unbewußtes seine Wirksamkeit und kehrte mittels der Symptome und der an ihnen haftenden Affekte ins Bewußtsein zurück, so daß die Erkrankung einem Mißglücken der Abwehr entsprach“ (Freud 1906a, S. 155). Das Freud'sche Konfliktmodell der Dissoziation verdrängte das Janetsche Defizitmodell bis etwa in die 70er/80er Jahre.

3. Ideengeschichtlicher Hintergrund

Die Dissoziation kann als eine fundamentale und universale Komponente der menschlichen Psychologie angesehen werden. Die Geschichte der Dissoziation hat ihre Anfänge in frühen Kulturen und Religionen (Schamanismus) mit ekstatischen Erfahrungen, Besessenheitszuständen, religiösen Erlebnissen (Ross 1996). In der Psychologie des 19. Jahrhunderts wurde die Dissoziation vorwiegend als ein psychopathologisches Modell, welches mit traumatischen Erlebnissen verbunden war, verstanden. Dieses Modell umfasste im späten 19. Jahrhundert ein breites Spektrum von Erfahrungen, die im weitesten Sinne der Hysterie zugerechnet wurden; nämlich die Konversionsphänomene, Somatisierungsstörungen, der Somnambulismus und einige Formen der Zwangsstörungen. Noch Ende des 19. Jahrhunderts war ein großes Interesse an der Dissoziation zu verzeichnen, was sich auch in vielfältigen Publikationen ausdrückt. In der ersten Hälfte des 20. Jahrhunderts kam es zu einem starken Rückgang dieses Interesses. Dies hatte auch mit Freuds Widerruf seiner Verführungstheorie zu tun. Ein weiterer Grund lag in der Einführung des Schizophreniebegriffes durch Bleuler und schließlich im Aufkommen des Behaviorismus, der die Vorstellung des Unbewussten und eines geteilten Bewusstseins ebenso verwarf, wie die Vorstellung, dass Symptome durch Erlebnisse aus der Vergangenheit bedingt sein könnten (Ross 1996). Erst während der 80er Jahre kam es im Zusammenhang mit erneuten Forschungen über die Häufigkeit sexueller Traumatisierungen und damit verbundener Folgen zu einem erneuten Interesse an der Dissoziation. Weitere Gründe waren die Beobachtungen von psychischen Folgeschäden bei Vietnam-Veteranen und Folteropfern, die zu neuen Erkenntnissen der Traumaforschung führten; u.a. zur Beschreibung der „posttraumatischen Belastungsstörung“.

Ross (1996) weist darauf hin, dass es sich bei der dissoziativen Identitätsstörung um eine Anomalie im Kuhnschen Sinn handelt, die gegenwärtige psychiatrische Paradigmen bedroht und zu Paradigmen, die zwischen 1880 und 1900 vorherrschten, zurückkehrt. In der Psychoanalyse werden diese Erkenntnisse nur schleppend rezipiert, was auch an einem relativ geringen Anteil neuerer psychoanalytischer Arbeiten zur Dissoziation zum Ausdruck kommt.

4. Wesentliche Erweiterungen, Differenzierungen und Modifikationen

Fairbairn (1924) beschrieb die Dissoziation als einen passiven Prozess, der zu einer vorübergehenden Diskontinuität der Psyche und ihrer Integrations- und Kohäsionsfähigkeit führt. In schwereren traumatischen Situationen wird das Ich in seiner Abwehrfähigkeit überwältigt; es kommt zu Spaltungen im Ich, welche sich zu Subpersönlichkeiten oder -persönlichkeitszuständen entwickeln und der integrierenden Fähigkeit eines zentral organisierten Selbst entgehen. Die Verdrängung verstand er im Kontrast zur Dissoziation als eine aktive Kraft, die von dem Hauptanteil der Persönlichkeit gegen einen anderen Anteil der Persönlichkeit ausgeübt wird; sie richte sich nicht wie die Dissoziation auf die Inhalte, sondern auf deren Wirkung auf das Selbst (nach Scharff und Scharff 1994).

Gegenwärtig wird die Verdrängung als ein aktiver Prozess angesehen, der dem Ich ermöglicht, mit konflikthaften, bedrohlichen psychischen Inhalten umzugehen. Dieses psychische Material ist bereits encodiert, in Narrative umgesetzt, psychisch verdaut und erst dann verdrängt. Bei der Dissoziation handelt es sich hingegen um die Abspaltung von, mit traumatischen Erlebnissen verbundenem, psychisch unverdautem Material (s. u.), welches nicht in Narrative umgesetzt und encodiert werden konnte. Aufgrund bleibender psychischer Schäden, die sich in einer mangelnden psychischen Integrations- und Kohäsionsfähigkeit ausdrücken, kann es später schon in weniger bedrohlichen Situationen zu dissoziativen Symptomen kommen. Diese dissoziativen Zustände führen immer wieder zu einem Bruch des Identitätsgefühles und schließlich zu einer fortschreitenden Schwächung der Persönlichkeit. Die Dissoziation ist daher letztlich ein misslungenes Abwehrmanöver.

5. Die Bedeutung des Begriffs in verschiedenen psychoanalytischen Schulrichtungen

Aus selbstpsychologischer Sicht kann es unter der Einwirkung chronischer Traumatisierungen zur Abspaltung von Selbstanteilen kommen, bevor die Kohäsion des Selbst, die sich normalerweise durch kontinuierliche Selbstobjekterfahrungen entwickelt, ausgebildet ist. Solche abgespaltenen Selbstanteile werden nicht in das übrige Selbst integriert und können sich, wie bei der dissoziativen Identitätsstörung zu eigenen abgespaltenen Persönlichkeitsanteilen entwickeln.

Aus objektpsychologischer Sicht wird die Dissoziation nicht als eine reine Triebabwehr, sondern als ein Prozess, der in abgespaltener Form die innere Objekt-Welt schützt, verstanden (Davies und Frawley 1994). Im Zusammenhang mit schweren traumatischen Erlebnissen wie sexuellem Missbrauch kommt es zu einer spezifischen, mit den Missbrauchserlebnissen verbundenen Organisation von Selbst- und Objektrepräsentanzen, welche die affektiven, kognitiven, physiologischen und phantasierten Ausgestaltungen der traumatischen Ereignisse in abgespaltenen Ich-Zuständen enthalten, die der übrigen Persönlichkeit nicht zugänglich sind.

Scharff und Scharff (1994) verstehen die dissoziativen Zustände als partiell entwickelte internalisierte Objektbeziehungen, die nicht ausreichend verdrängt werden konnten und daher voneinander abgespalten werden müssen, um jeweils eine Chance zu haben. Davies und Frawley (1994) beschreiben bei Patienten mit schweren Missbrauchstraumata eine abgespaltene Kind-Persönlichkeit, die wiederum in unterschiedliche Persönlichkeitszustände aufgeteilt ist, und eine Erwachsenen-Persönlichkeit. Innerhalb der dissoziativen Zustände kann es zu einer kathartischen Triebabfuhr kommen (Phantasien und Impulse können ausagiert werden, weil ein anderer Persönlichkeitsanteil dafür verantwortlich gemacht wird); über die dissoziativen Zustände kann das abgespaltene Material wieder zugänglich gemacht und einem psychischen „Verdauungsprozess" zugeführt werden. Dennoch muss der Abwehrcharakter der Dissoziation im analytischen Prozess gedeutet werden (Scharff und Scharff 1994, Eckhardt und Hoffmann 1993).

6. Interdisziplinäre Beiträge und Befunde

Gegenwärtig werden schwere dissoziative Störungen aufgrund empirisch gesicherter Ergebnisse als eine spezifische Folge schwerer chronischer Traumata, insbesondere sexueller Traumata angesehen (Eckhardt und Hoffmann 1997). Aufgrund neuerer Ergebnisse der Traumaforschung geht man davon aus, dass es unterschiedliche Formen der Erinnerung gibt; verkürzt werden zwei Formen, die explizite (erklärende) Erinnerung, die sich auf das Bewusstsein von Fakten und Ereignissen bezieht und die implizite (nicht erklärende) Erinnerung, die sich auf Gewohnheiten, emotionale Antworten, reflexive Handlungen und klassisch konditionierte Antworten bezieht, unterschieden. Gewöhnliche Ereignisse werden anders encodiert als traumatische Ereignisse, was eventuell damit zusammmenhängt, dass ein extremes emotionales Arousal mit Erinnerungsfunktionen des Hippocampus interferiert. In solchen Situationen könnte die explizite Erinnerungsfunktion versagen, so dass die Betroffenen keine Narrative des Ereignisses entwickeln können. Aufgrund der erhaltenen Funktion der impliziten Erinnerung können sie aber körperliche Sensationen, Angstzustände, ängstigende diffuse Wahrnehmungen haben, die durch bestimmte, mit dem traumatischen Ereignis verbundenen Triggersituationen ausgelöst werden können. Die psychische Verarbeitung der traumatischen Erlebnisse wird aufgrund der mangelnden Narrative erschwert.

Ende der siebziger Jahre entwickelte Ernest Hilgard seine Neo-Dissoziations-Theorie; diese besagt, dass untergeordnete kognitive Systeme existieren, die jeweils bezüglich der Persistenz und Autonomie ihrer Funktionen eine Einheit darstellen. Sie interagieren normalerweise, können aber in bestimmten Situationen, z.B. hypnotischen Zuständen isoliert voneinander agieren. Normalerweise existiert eine hierarchische Kontrollfunktion, die diese Systeme koordiniert (versteckter Beobachter). Die Kognitionspsychologen verstehen die Dissoziation als einen erlernten Mechanismus, der sich in der Entwicklung neuronaler Strukturen niederschlägt. Es könnte organisierende, koordinierende Schaltstellen im Gedächtnissystem geben, die angeregt oder gehemmt werden können. „Affekt-Erinnerung", „Erinnerung/Erinnerung-Verbindungsstellen" könnten nach Art eines „turn-on/turn off"-Mechanismus" entkoppelt werden (Yates und Nasby 1993).

Literatur

Cardena, E. (1994). The domain of dissociation. In S.J. Lynn and J.W. Rhue (Eds.), Dissociation, clinical and theoretical perspectives (pp. 15–31). New York: Guilford.

Davies, M.J. and Frawley M.G. (1994). Treating the adult survivor of childhood sexual abuse. A psychoanalytic perspective. New York: Basic Books.

Eckhardt, A. (1996). Die Dissoziation – Klinische Phänomenologie, Ätiologie und Psychodynamik. In G.H. Seidler (Hg.), Hysterie heute. Metamorphosen eines Paradiesvogels (S. 37–55). Stuttgart: Enke.

Eckhardt, A. und Hoffmann, S.O. (1993). Depersonalisation und Selbstbeschädigung. Zeitschrift für psychosomatische Medizin und Psychoanalyse, 39, 284–306.

Eckhardt, A. und Hoffmann, S.O. (1997). Dissoziative Störungen als Folge von Mißhandlung und Mißbrauch. In U.T. Egle, S.O. Hoffmann und P. Joraschky (Hg.), Sexueller Mißbrauch, Mißhandlung, Vernachlässigung (S. 225–236). Stuttgart: Schattauer.

Fairbairn, W.R.D. (1954). Observations on the nature of hysterical states. British Journal of Medical Psychology, 27, 105–127.

Hilgard, E.R. (1994). Neodissociation theory. In S.J. Lynn and J.W. Rhue (Eds.), Dissociation. Clinical and theoretical perspectives. New York: Guilford.

Krystal, J.H., Bennett, A., Bremner, J.D., Southwick S.M. and Charney D.S. (1996). Recent developments in the neurobiology of dissociation. In L.K. Michelson and W.J. Ray (Eds.), Handbook of dissociation (pp. 163–190). New York: Plenum.

Lynn S.J. and Rhue J.W. (Eds.) (1994). Dissociation. Clinical and theoretical perspectives. New York: Guilford.

Putnam, F.W. (1989). Diagnosis and treatment of multiple personality disorder. New York: Guilford.

Ross, C.A. (1996). History, phenomenology, and epidemiology of dissociation. In L.K. Michelson and W.J. Ray (Eds.), Handbook of dissociation. Theoretical, empirical, and clinical perspectives (pp. 3–24). New York: Plenum.

Scharff, J.S. and Scharff, D.E. (1994). Object relations therapy of physical and sexual trauma. London: Jason Aronson.

Spiegel, D. and Cardena, E. (1991). Disintegrated experience: the dissociative disorders revisited. Journal of Abnormal Psychology, 100, 366–378.

Singer, J.L. (1990). Repression and dissociation. Chicago, London: University of Chicago Press.

Yates, J.L. and Nasby W. (1993). Dissociation, affect, and network models of memory: An integrative proposal. Journal of Traumatic Stress, 6, 305–325.

Eifersucht *von Ludwig Haesler*

jealousy – jalousie

Bei der Eifersucht handelt es sich um einen Gefühlszustand, der das Subjekt erfasst, wenn es realisieren muss, dass sich das Objekt seiner Zuneigung einem Dritten zuwendet. Dies wird vom eifersüchtigen Subjekt als Abwendung, nicht selten als Verrat erlebt, was schmerzliche Gefühle der Kränkung sowie Verlustängste, aber auch Neid und Hass auf jenen Dritten auslösen kann, der erhält, was das Subjekt für sich selbst von seinem Objekt so dringlich beansprucht.

Die Urform dieser Eifersuchtsbeziehung findet sich vor allem in jenen Gefühlszuständen, die in der wachsenden Wahrnehmung des kindlichen Subjekts begründet sind, dass das primäre Liebesobjekt, in der Regel die Mutter, seine besondere Aufmerksamkeit nicht ausschließlich dem Kinde, sondern noch einem anderen, in der Regel dem Vater, aber auch Geschwistern zuwendet. Von daher ist der Affektzustand der Eifersucht – und das gilt auch für jenen der Geschwisterrivalität – zutiefst in der ödipalen Triangularität verankert. Insofern ist die Eifersucht als ein Gefühlszustand zu verstehen, der aus der Dreiheit erwächst und von daher strikt gegenüber dem Affekt des Neides abzugrenzen ist, der sich auf die Beziehungsdimension der Zweiheit mit ihrer Dynamik des Begehrens und Bekommens im Felde ohnmächtiger Ausgeliefertheit an das primäre Objekt bezieht. Allerdings können Eifersuchtskonstellationen auch in defensiv-protektiver Weise zur Beherrschung von überwältigenden Konflikten der Zweiheit i.S. einer Flucht ins Dreieck instrumentalisiert werden, was klinisch die bunte Vielfalt möglicher Eifersuchtskonstellationen begründet.

Freuds Unterscheidung von drei grundlegenden „Schichten oder Stufen" der Eifersucht ist in dieser Hinsicht bis heute von unverändertem heuristischem Wert geblieben, selbst wenn es auch noch andere Hintergründe der Eifersucht geben kann, z.B. traumatische. Danach ist die konkurrierende oder sog. normale Eifersucht von der projizierten und der wahnhaften Eifersucht i.e.S. zu unterscheiden (vgl. Freud 1922b).

Hinsichtlich der konkurrierenden Eifersucht liegt der Sachverhalt auf der Hand: Sie ist wesentlich bestimmt „aus der Trauer, dem Schmerz um das verlorengeglaubte Liebesobjekt, und der narzißtischen Kränkung ..., ferner aus feindseligen Gefühlen gegen den bevorzugten Rivalen, und aus einem mehr oder minder großen Beitrag von Selbstkritik, die das eigene Ich für den Liebesverlust verantwortlich machen will" (Freud 1922b, S. 195).

Eine solche Eifersucht ist unmittelbar der Einfühlung zugänglich und deren Verwurzelung „tief im Unbewußten" und „in frühestе(n) Regungen der kindlichen Affektivität ..., aus dem Ödipus- oder aus dem Geschwisterkomplex" (Freud, ebd.) ist offenkundig. Solche Konstellationen werden normalerweise im Rahmen der weiteren Lebensentwicklung konstruktiv bewältigt und zur psychischen Struktur der Triangularität als Voraussetzung jeglichen Bewusstseins von sich selbst in der Beziehung zum anderen und zur Welt, in der das Subjekt mit den anderen existiert, integriert (vgl. Haesler 1995). Deshalb kann eine heftige und schwer zu beherrschende Eifersucht des Erwachsenen einen empfindlichen Mangel an psychischer Integration verraten. Die Affekte von Depression, Hass und Neid, die mit der Eifersucht einhergehen, enthüllen vor allem eine besondere Intoleranz gegenüber Liebesverlust und Trennung, die eine wirkliche „objektale" Liebe zum Objekt verwehrt. Vielmehr sind solche eifersüchtig beargwöhnten und überwachten Beziehungen vom narzisstischen Bedürfnis durchsetzt, das Objekt des Begehrens zu beherrschen und sich nach eigenen Vorstellungen und Bedürfnissen verfügbar zu halten, so dass die Erfahrung des Verlustes an Zuwendung von Seiten der geliebten Person als eine Art Macht- und „Objektverlust" erlebt wird, der im Rahmen einer depressiven Dynamik zu einem mehr oder weniger ausgeprägten konflikthaften Ringen um die narzisstische Regulation führen muss.

Bei der projizierten Eifersucht geht der Affekt der Eifersüchtigkeit aus nicht bewussten Phantasmen hervor, selbst „untreu" werden zu wollen. In der Regel liegt einer solchen Projektion des eigenen Untreuewunsches der drängende Versuch einer „Flucht ins Dreieck" zugrunde. Ziel dieser defensiv-protektiven Bewegung ist es, eine bedrohlich werdende Ausschließlichkeit einer Beziehung zu einem auf narzisstische Weise geliebten Objekt zu relativieren oder gar aufzuheben, wenn sich dieses Objekt einer solchen Narzissifizierung zu widersetzen oder gar mehr oder weniger durch Eigenständigkeit zu entziehen oder aber projektiven Phantasmen folgend, seinerseits sich des Subjekts mit narzisstischer Totalität zu bemächtigen sucht. Da jedoch die Sehnsucht nach der totalen Verfügbarkeit über das Objekt fortbesteht, wird dieser Untreuewunsch als Angst erregend und schuldhaft erlebt, so dass dessen Projektion der eigenen Gewissensentlastung dienen kann: Nicht ich will ja untreu sein, sondern die von mir geliebte Person.

In diesem Sinne dient die bewusste und nicht selten lärmend nach außen geklagte Eifersucht der psychischen Stabilisierung, d.h. der Gefühlszustand der ursprünglich „normalen" Eifersucht wird hier im Rahmen einer defensiv-protektiven Instrumentalisierung des ursprünglichen Affektzustandes für andere Zwecke benutzt.

Ein solcher Funktionswandel des ursprünglichen, natürlichen Affektzustandes wird beim Eifersuchtswahn besonders offenkundig. Auch hier konstelliert sich der Affektzustand der Eifersucht als Grundlage des Wahninhaltes in einer Art Flucht in die Pseudo-Triangularität. Dabei gilt allerdings der in der Regel gegen alle Widerlegungsversuche und gegen alle Wirklichkeit aufrechterhaltene Eifersuchtswahn weniger dem konflikthaften Verlangen gegenüber dem vermeintlich untreuen Objekt, dessen Untreue bewusst lärmend beklagt wird, als vielmehr dem Eindringling, dem sich dieses vermeintlich untreue Objekt zuwendet. D.h. die bewusste Eifersuchtswahnbildung dient dazu, ein bedrohlich überwältigendes Verlangen in Schach zu halten, in einer die psychische Existenz des Subjekts vernichtenden Weise zum Liebesobjekt des seinerseits mit phantasiertem Totalitätsanspruch in die Zweitheit eindringenden Dritten, d.h. zum Objekt des Eindringens des am Ende doch nur wieder zum Zweiten werdenden eindringenden Dritten zu werden. Von daher enthüllt der Eifersuchtswahn in der Regel eine defensiv-protektive Operation gegen das eigene homoerotische Verlangen gegenüber dem eindringenden Dritten, gemäß der von Freud formulierten Formel des Eifersuchtswahnes: Ich liebe ihn ja nicht, sie liebt ihn ja.

Allerdings ist es aufgrund der Komplexität möglicher Eifersuchtsverhältnisse in der klinischen Situation zwingend erforderlich, in jedem einzelnen Fall den jeweils spezifischen individuellen Erscheinungsformen und Ausgestaltungen der Eifersucht sowie den möglichen dynamischen Mischungsverhältnissen der von Freud erstmals beschriebenen Schichten oder Stufen der Eifersucht genauestens nachzugehen und deren dynamische Beziehung zur psychischen Struktur insgesamt sorgfältig zu analysieren.

Literatur

Haesler, L. (1995). Auf der Suche nach einer erträglichen Welt. Über den Umgang des Menschen mit der Wirklichkeit. Darmstadt: Wissenschaftliche Buchgesellschaft.

Einfühlung, Empathie *von Wolfgang Milch*

empathy – empathie

1. Definition

Ein Mensch fühlt sich in einen anderen ein, indem er sich in dessen inneren Zustand hineinversetzt. Einfühlung ist also die Fähigkeit, mit der fremdseelische Vorgänge unmittelbar erfahren werden können. Es handelt sich damit um ein allgemein menschliches Phänomen, das dem Verständnis und der zwischenmenschlichen Kommunikation dient. Es tritt spontan in uns auf, und wir nehmen es in der Regel nicht bewusst wahr. Manchmal spüren wir die Einfühlung nur durch unsere affektiven oder körperlichen Reaktionen in der Gegenwart anderer oder bei Behinderungen oder Störungen des Einfühlungsvermögens. Das Gewahrwerden eigener innerer Bilder, Vorstellungen, Gefühle und Stimmungen ist die Einfühlung sich selbst gegenüber und wird Introspektion genannt. Für Freud war Einfühlung ein „Mechanismus, durch den uns überhaupt eine Stellungnahme zu einem anderen Seelenleben ermöglicht wird" (1921c, S. 121) und ein Vorgang, „der den größten Anteil an unserem Verständnis für das Ich-Fremde anderer Personen hat" (S. 121, 119).

Die Übersetzung des Begriffs Einfühlung führte dazu, dass dieser als Empathie aus der angloamerikanischen Literatur zu uns zurückkehrte, nachdem er als Konzept zunehmend herausgearbeitet und systematisiert worden war. Er ist nicht mit Sympathie (Mitgefühl) zu verwechseln. Obwohl die Fähigkeit zur Empathie wertneutral ist und zum Verständnis wie zur Manipulation genutzt werden kann, wird ihr doch im therapeutischen Kontext eine heilsame Wirkung zugeschrieben. Empathie kann als die systematische Nutzung der Einfühlung verstanden werden, die dazu dient, Informationen über die innerseelischen Vorgänge eines anderen Menschen zu gewinnen. Sie umfasst intellektuelles Verständnis (wie z.B. die politische oder sozioökonomische Situation), ein kognitives Verständnis (wie nehme ich die Körpersprache, die Mimik des anderen wahr?), ein affektives Verständnis (wie mag sich jemand in dieser Situation fühlen?), bis hin zu eigenen körperlichen Phänomenen und Reaktionen. Mit Empathie kann die Qualität einer Objektbeziehung oder eines Selbstobjekts erfasst werden, wobei es sich um positive wie um negative Eigenschaften handeln kann.

Die in der Literatur üblichen Definitionen von Empathie umfassen deswegen 1. eine Beziehung zwischen zwei Personen, 2. ein Aufrechterhalten der Grenzen zwischen Selbst und Objekt 3. eine intrapsychische Erfahrung, 4. eine allgemeine menschliche Fähigkeit oder therapeutische Kapazität einschließlich dem Wissen, Verstehen und Wahrnehmen bez. des Erlebens einer anderen Person. Empathie tritt damit in einem interpersonalen Setting auf, wobei es sich um ein intrapsychisches Phänomen handelt, das auf einer menschlichen Erfahrung beruht und ein dynamischer Vorgang ist, der sich von einem Moment zu einem anderen ändern kann (Buie 1981).

2. Klassische Auffassung

Schon bei der Entwicklung der Psychoanalyse als Heilmethode wurde die hypnotische Methode, unterdrückte Gedanken bewusst zu machen, durch ein empathisches Eintauchen in die subjektive Welt der Patienten ersetzt (Freud 1895d). Obwohl Freud den Begriff Einfühlung selten benutzte, maß er ihm prinzipielle Bedeutung bei, wenn er Einfühlung als notwendige Voraussetzung für die Entwicklung der Übertragung und die Arbeit am Widerstand (Pigman 1995) ansah: „Wenn man ihm ernstes Interesse bezeugt, die anfangs auftauchenden Widerstände sorgfältig beseitigt und gewisse Missgriffe vermeidet, stellt der Patient ein solches Attachment von selbst her und reiht den Arzt an eine der Imagines jener Personen an, von denen er Liebes zu empfangen gewohnt war. Man kann sich diesen ersten Erfolg allerdings verscherzen, wenn man von Anfang an einen anderen Standpunkt einnimmt als den der Einfühlung, etwa einen moralisierenden, oder wenn man sich als Vertreter oder Mandatar einer Partei gebärdet, des anderen Eheteiles etwa usw." (1913c, S. 474). Die Fähigkeit zur Einfühlung entwickelt sich nach Freud aus der Fähigkeit zur Identifizierung: „Von der Identifizierung führt ein Weg über die Nachahmung zur Einfühlung, d.h. zum Verständnis des Mechanismus, durch den uns überhaupt eine Stellungnahme zu einem anderen Seelenleben ermöglicht wird" (1910k, S. 121).

In den 50er und 60er Jahren erschien eine Reihe von Arbeiten, die eine kontroverse Auffassung gegenüber der Empathie wiedergaben. Während für ich-psychologische Analytiker, wie z.B. Heinz Hartmann (1964), Empathie als impressionistisch, unwissenschaftlich und für die klinische Arbeit nicht brauchbar angesehen wurde, räumten ihr andere Autoren (z.B. Brenner 1968, Shapiro 1974) zumindest eine untergeordnete Bedeutung für die systematische Beobachtung und Verarbeitung der freien Assoziation bei. Vor allem Kohut (1977) vertrat die prinzipielle Bedeutung der Empathie, eine Auffassung, die von späteren Autoren, die der Selbstpsychologie nahe stehen, geteilt wird (z.B. Basch 1983, Buie 1981, Schwaber 1981, 1988, Lichtenberg 1989, Lichtenberg et al. 1996). Empathie ist danach unerlässlich für das Verständnis der innerseelischen Prozesse eines Patienten, und damit hat sie auch indirekt eine mutative Kraft.

3. Ideengeschichtlicher Hintergrund

Ursprünglich ein Begriff der philosophisch-psychologischen Fachsprache wurde er erst um die Jahrhundertwende in die Umgangssprache übernommen (Mackensen 1977). Bereits Hegel benutzte ihn in einem psychologischen Sinne: „Jedes Verstehen schon ist eine Identifikation des Ichs und des Objekts, eine Aussöhnung der außerhalb dieses Verständnisses Getrennten; was ich nicht verstehe, bleibt ein mir fremdes und anderes" (zitiert nach Thomä und Kächele 1985). Für den psychoanalytischen Verstehensprozess wurde Empathie unter philosophisch-hermeneutischen Gesichtspunkten vor allem von Gadamer (1965) und Habermas (1968) untersucht.

4. Wesentliche Erweiterungen, Differenzierungen und Modifikationen

Empathie gehört zu den grundlegenden Dimensionen des komplexen psychoanalytischen Erkenntnisvorgangs und kann nur im Zusammenhang mit anderen Begriffen wie Introspektion, freie Assoziation, gleichschwebende Aufmerksamkeit, Gegenübertragung, therapeutische Ich-Spaltung und projektive Identifizierung verstanden werden. Die meisten Autoren stimmen nach Basch (1983) darin überein, dass der Analytiker empathisch verstehen kann, indem er mit seinem eigenen Unbewussten die unbewussten affektiven Botschaften des Patienten aufnimmt. Uneinheitliche Meinungen bestehen allerdings hinsichtlich der Identifizierung. Fliess (1942) sprach von einer Probeidentifizierung, aber im Unterschied zu einer Identifizierung im engeren Sinne besteht kein Wunsch, so wie das Objekt zu werden (Olden 1958), und es treten auch keine bleibenden Veränderungen auf (Greenson 1961). Empathie schließt eine Resonanz mit dem unbewussten Affekt des anderen ein, die Integrität des Selbst bleibt aber intakt (Schwaber 1981, 1988). Der affektive Anteil setzt eine emotionale Erlebnisfähigkeit und Resonanzfähigkeit des Analytikers voraus (Krause 1998). Nach Kutter (1989) besteht die „empathische Kompetenz" in der Fähigkeit, zwischen Identifizierung und Distanzierung zu oszillieren. Im Anschluss an H. Deutsch und H. Racker wird eine konkordante Identifizierung (Einfühlung in den Selbstanteil des Patienten) und eine komplementäre Identifizierung (Einfühlung in den Objektanteil) unterschieden (Mertens 1990). Da Empathie eine komplexe Ich-Aktivität voraussetzt (Buie 1981), ist ein breiter Bereich von Kompetenzen notwendig, der begriffliche Wahrnehmungen, selbsterfahrungsmäßige Wahrnehmungsmodi, Wahrnehmungsmodi aufgrund phantasierter Nachahmung und Affektresonanz umfasst. Nach Körner (1998) setzt sich die Fähigkeit zur Empathie aus drei unterschiedlichen und sozial erlernbaren Kompetenzen zusammen:

- der Gefühlsansteckung,
- der Perspektivenübernahme und
- der Fähigkeit, den Kontext sozialer Situationen zu verstehen.

Für Lichtenberg (1989) ist Empathie ein Modus der Wahrnehmung, der durch einen Zustand optimaler Aufmerksamkeit und optimalen Zuhörens gekennzeichnet ist.

Störungen der Empathie können in all diesen Bereichen auftreten (Reimer et al. 1996). Szenisches Verstehen (Lorenzer 1970) und die Sensitivität für eigene regressive Vorgänge und der „Body-empathie" (Jacobs 1973, Spitz 1965, Benedetti 1983) ermöglichen erst den Zugang zu frühen, unbewussten Persönlichkeitsanteilen. Die moderne Säuglings- und Kleinkindforschung liefert empirisch gewonnene Erkenntnisse zur Entstehung der empathischen Kapazität (s. Milch 1997).

5. Die Bedeutung des Begriffs in verschiedenen psychoanalytischen Schulrichtungen

Das zunehmende Interesse an dem Konzept der Empathie seit den 50er Jahren kann als eine Gegenbewegung auf die frühere, forcierte klassische Technik verstanden werden (z.B. Hartmann 1964). Klein und Bion (Hinshelwood 1993) sahen dagegen Empathie als eine gutartige Form der projektiven Identifizierung an, wobei der Aspekt des Eindringens in eine andere Person weder mit Realitätsverlust noch mit Identitätsverwirrung verbunden ist.

Die psychoanalytische Selbstpsychologie misst der Empathie des Analytikers in ihrer Auswirkung auf das Erleben der therapeutischen Situation des Analysanden prinzipielle Bedeutung bei, besonders wenn es zu Unterbrechungen der affektiven Beziehungen zwischen Analysand und Analytiker kommt. Für Kohut (1959) sind psychologische Daten nur über zwei Zugangsweisen zu gewinnen: Über Beobachtung von außen (Extrospektion) oder Beobachtung von innen (Introspektion). Introspektion ermöglicht, sich in die eigene innere Welt einzufühlen, Empathie ist die Anwendung der Introspektion auf andere, also stellvertretende Introspektion. Verschiedene, der psychoanalytischen Selbstpsychologie nahe stehende Autoren beschäftigten sich in den letzten Jahren mit dem Konzept der Empathie. Für Schwaber (1981) bedeutet Empathie ein Modus der Einstimmung, wobei kognitive, perzeptuelle und affekte Signale genutzt werden. Analytiker fokussieren so gut wie möglich die Realität ihrer Patienten, ohne sie durch eigene Vorstellungen zu beeinträchtigen. Empathie ist also zunächst eine Methode der Datengewinnung. Nach Basch (1992) können zwei Schritte beim empathischen Verstehen unterschieden werden: a) Um die Mitteilungen des Patienten zunächst empathisch auffassen zu können, muss der Therapeut für die eigene affektive Resonanz offen sein. Nach Dezentrierung von der eigenen affektiven Reaktion und indem er sich auf die Stimmungslage des Patienten einstellt, kann er dessen affektiven Zustand anerkennen. b) Der Therapeut kann das empathische Verständnis nutzen, indem er Hypothesen bezüglich der Bedeutung der Mitteilungen des Patienten entwickelt, die sich dann in seinen Interventionen niederschlagen. Indirekt werden Empathie kurative Funktionen zugeschrieben. Diese bestehen in stützenden und strukturierenden Funktionen für das Selbst, der Zunahme der Fähigkeit zur Introspektion und zur Empathie, der Unterstützung der assoziativen Fähigkeiten und der Verbesserung der sprachlichen Ausdrucksfähigkeit (Milch und Hartmann 1996).

6. Interdisziplinäre Beiträge und Befunde

Empathie setzt bestimmte entwicklungspsychologische Erfahrungen voraus (Milch 1997). Sie entwickelt sich über die Affektansteckung und taucht mit ca. 18 bis 24 Monaten als Möglichkeit auf (Bischof-Köhler 2000). Eine sichere Bindung fördert die Fähigkeit zur Empathie.

Eine weitere Schnittstelle zwischen Empathie, entwicklungspsychologischen Ergebnissen und Neurowissenschaft ist der Erwerb einer Theorie des Mentalen, die oft als wesentliches Unterscheidungskriterium zwischen der Leistungsfähigkeit menschlicher Gehirne und denjenigen von Primaten betrachtet wird. Es handelt sich um eine Art Selbstbeobachtung des Gehirns über vermutlich zwischengespeicherte Informationen, die dann wiederum analysiert werden. Diese Simulationstheorie des Mentalen kann in enger Verbindung zu den „Spiegelneuronen" gesehen werden (Fonagy et al. 2002, Bauer 2005).

Diese wurden von Rizzolatti et al. (1996) zufällig entdeckt, als die Forscher beobachteten, dass die Motorneurone – und nicht nur die sensorischen Neurone – von Affen aktiv wurden, als sie andere in ihren Aktivitäten beobachteten. Es handelt sich danach um einen Handlungswahrnehmungsmechanismus. Dadurch dass die Motorneurone aktiviert werden, entsteht für den Beobachter eine erweiterte Möglichkeit zu erfassen, was in dem beobachteten Handelnden vorgeht. Die Beobachtung bei der Tätigkeit eines Anderen führt zu einer speziellen Antwort in dem neuronalen System des Beobachters, das aktiviert wird als ob er selbst die Tätigkeit ausführen würde, die er beobachtet. Diese sog. Spiegelneuronen verursachen damit ein Resonanzverhalten. Die Korrespondenz zu empathischen Prozessen ist offensichtlich. Pally (2000) drückte das so aus: „Ich verstehe deine Intention, indem ich verstehe, was meine Intention sein würde, wenn ich das täte, was du gerade tust". In dieser Weise verbinden die »Spiegel-Neurone« die Ausführung und die Beobachtung von Aktionen.

Die „Spiegel-Neuronen" bilden ein gemeinsames System mit einer anderen Klasse visomotorischer Neurone, den kanonischen Neuronen („canonical neurons", Garbarini und Adenzato 2004). Beide sind mit anderen Neuronengruppen des Gyrus frontalis inferior und des Parietalhirns funktionell verbunden. Die kanonischen Neuronen dienen der Beobachtung und der funktionalen Einschätzung von Objekten. Sie reagieren selektiv auf das Auftauchen von dreidimensionalen Objekten abhängig von ihrem Umriss, der Größe und der Orientierung im Raum. Ein besonders interessanter Aspekt der kanonischen Neurone ist, dass dasselbe Neuron nicht nur als Antwort auf ein spezifisches Objekt feuert, sondern auf eine Gruppe von Objekten reagiert, die dieselbe Eigenschaft und Funktion tragen. Diese Beobachtung legt nahe, dass neurophysiologisch ein Objekt in Vorstellungen von Beziehung („on relational termes") kodiert wird, d.h. es wird so repräsentiert, dass es identifiziert werden kann in Bezug auf die Art der Reaktion, die sie von dem interagierenden Subjekt erfordert. Das bedeutet auch, dass die Art der Interaktion, die mit einem Objekt hergestellt wird, ein konstitutiver Teil der Repräsentation des Objekts selbst darstellt. Die Beobachtung scheint schon automatisch die angemessenste Form zu sein, ein motorisches Programm zu aktivieren, um mit dem beobachteten Objekt zu interagieren. Die bloße Beobachtung von Objekten kann deswegen unbewusst schon eine mögliche Aktion simulieren". Die Simulation schafft ein wesentliches Bindeglied zwischen Aktion und Wahrnehmung. Schon wenn wir virtuell eine bestimmte Aktion ausführen, können wir die beziehungsmäßige Signifikanz des Objekts erkennen, mit anderen Worten die von dem Objekt ausgehende Aufforderung, wie wir mit ihm umgehen sollen.

Das Konzept der Simulation hilft uns zu verstehen, wie die Beziehung zwischen der Kontrolle einer Aktion und deren Repräsentanz möglich wird. Ein abrufbares Motorschema erlaubt uns, eine Aktion auszuführen genauso wie wir das Objekt und die mit ihm mögliche Interaktion repräsentieren. Mit der Wahrnehmung eines Objektes ist auf körperlicher Ebene gleichzeitig die mögliche Interaktion verbunden, was als „embodied cognition" (oder „embodied realism") bezeichnet wird. Danach wird die Psyche nicht mehr in ihren logischen und abstrakten Funktionen verstanden, sondern als ein biologisches System, dass auf körperlich simulierten Erfahrungen beruht, als Folge von vorgestellten oder gelebten Erfahrungen und Interaktionen mit anderen Individuen. Wenn dieselben Mechanismen, die uns zu einer expliziten Ausführung einer Handlung veranlassen, auch virtuell aktiviert werden können, sind wir in der Lage, diese zu repräsentieren und darüber hinaus auch das Objekt, das zu der Handlung geführt hat. Aus dieser Perspektive kann das Konzept der mentalen Repräsentation neu formuliert werden: Anstatt einer abstrakten Repräsentation formal logischer Begriffe erweist sich die Repräsentation intrinsisch verbunden mit der Sphäre der Aktion und ist Ausdruck der Notwendigkeit, Aktionen und Objekte zu kontrollieren, um ihnen nicht ausgeliefert zu sein. Handlung und Repräsentation sind dann keine dichotomen Konzepte, sondern eng miteinander verquickt. Wir handeln in einer Welt, interagieren mit Objekten in ihr, entwickeln Repräsentanzen der Welt, reflektieren diese, kategorisieren sie und können ihre Bedeutung für uns verstehen.

Literatur

Bauer, J. (2005). Warum ich fühle, was du fühlst. Hamburg: Hoffmann & Campe.

Basch, M.F. (1983). Empathic understanding: A review of the concept and some theoretical considerations. Journal of the American Psychoanalytic Association, 31, 101–126.

Basch, M.F. (1992). Practicing psychotherapy. New York: Basic Books.

Benedetti, G. (1983). Psychosentherapie. Stuttgart: Hippokrates.

Brenner, C. (1968). Psychoanalysis and science. Journal of the American Psychoanalytic Association, 16, 675–696.

Bischof-Köhler, D. (2000). Empathie, prosoziales Verhalten und Bindungsqualität bei Zweijährigen. Psychologie in Erziehung und Unterricht, 47, 142–158.

Breuer, J. und Freud, S. (1895). Studien über Hysterie. Wien: Deuticke.

Buie, D.H. (1981). Empathy: Its nature and limitations. Journal of the American Psychoanalytic Association, 29, 281–307.

Fonagy, P., Gergely, G., Jurist, E.L. and Target, M. (2002). Affektregulierung, Mentalisierung und die Entwicklung des Selbst. Stuttgart: Klett-Cotta, 2004.

Fliess, R. (1942). The metapsychology of the analyst. Psychoanalytic Quarterly, 11, 211–227.

Gadamer, H.-G. (1965). Wahrheit und Methode. Anwendungen einer philosophischen Hermeneutik. Tübingen: Mohr.

Garbarini, F. and Adenzato, M. (2004). At the root of embodied cognition: Cognitive science meets neurophysiology. Brain and Cognition, 56, 100–106.

Greenson, R.R. (1961). Zum Problem der Empathie. Psyche – Z Psychoanal, 15, 142–154.

Habermas, J. (1968). Erkenntnis und Interesse. Frankfurt/M.: Suhrkamp.

Hartmann, H. (1964). Essays on ego psychology. New York: International Universities Press.

Hinshelwood, R.D. (1993). Wörterbuch der kleinianischen Psychoanalyse. Stuttgart: Verlag Internationale Psychoanalyse.

Jacobs, T.J. (1973). Posture, gesture, and movements in the analyst: cues to interpretation and countertransference. Journal of the American Psychoanalytic Association, 21, 77–92.

Körner, J. (1998). Einfühlung: Über Empathie. Forum der Psychoanalyse, 14, 1–17.

Kohut, H. (1959). Interpretation, empathy and psychoanalysis. Journal of the American Psychoanalytic Association, 7, 459–483.

Kohut, H. (1977). Introspektion, Empathie und Psychoanalyse. Aufsätze zur psychoanalytischen Theorie, zur Pädagogik und Forschung und zur Psychologie der Kunst. Frankfurt/M.: Suhrkamp.

Krause, R. (1998). Allgemeine Psychoanalytische Krankheitslehre, Band 2, Modelle. Stuttgart: Kohlhammer.

Kutter, P. (1989). Einführung. In E.S. Wolf, A. Ornstein, P. Ornstein, J.D. Lichtenberg und P. Kutter (Hg.), Selbstpsychologie: Weiterentwicklungen seit Heinz Kohut (S. 7–12). München: Verlag Internationale Psychoanalyse.

Lichtenberg, J.D. (1989). Psychoanalysis and motivation. Hillsdale: Analytic Press.

Lichtenberg, J.D., Lachmann, F.M. and Fosshage, J.I. (1996). The clinical exchange. Techniques derived from self and motivational systems. Hillsdale: Analytic Press.

Lorenzer, A. (1970). Sprachzerstörung und Rekonstruktion. Frankfurt: Suhrkamp.

Mackensen, L. (1977). Deutsche Etymologie. Birsfelden-Basel: Schibli-Doppler.

Mertens, W. (1990). Einführung in die psychoanalytische Therapie. Band 1–3. Stuttgart: Kohlhammer, 2. und 3. Aufl., 1993/2003.

Milch, W. (1997). Kleinkindforschung und Erwachsenenbehandlung. Zur Bedeutung der modernen Kleinkindforschung für die Praxis der psychoanalytischen Selbstpsychologie. Forum der Psychoanalyse, 13, 139–153.

Milch, W.E. und Hartmann, H.-P. (1996). Zum gegenwärtigen Stand der psychoanalytischen Selbstpsychologie. Psychotherapeut, 41, 1–12.

Olden, C. (1958). Notes on the development of empathy. Psychoanalytic Study of the Child, 13, 505–518.

Pally, R. (2000). The mind-brain relationship. London: Kamac Books.

Pigman, G.W. (1995). Freud and the history of empathy. International Journal of Psycho-Analysis, 76, 237–256.

Reimer, C., Eckert, J., Hautzinger, M. und Wilcke, E. (1996). Psychotherapie. Ein Lehrbuch für Ärzte und Psychologen. Berlin: Springer.

Rizzolatti, G., Fadiga, L., Gallese V. and Fogassi, L. (1996). Premotor cortex and the recognition of motor actions. Brain Research. Cognitive Brain Research, 3, 131–141.

Schwaber, E. (1981). Empathy: a mode of analytic listening. Psychoanalytic Inquiry, 1, 357–392.

Schwaber, E. (1988). Rekonstruktion und Wahrnehmungserleben: weiterführende Gedanken zum psychoanalytischen Zuhören. In P. Kutter, R. Paramo-Ortega und P. Zagermann (Hg.), Die psychoanalytische Haltung (S. 207–230). München: Verlag Internationale Psychoanalyse.

Shapiro, T. (1974). The development and distortion of empathy. Psychoanalytic Quarterly, 43, 4–25.

Spitz, R.E. (1965). The first year of life. New York: International Universities Press.

Thomä, H. und Kächele, H. (1985). Lehrbuch der psychoanalytischen Therapie. Bd. 1. Berlin: Springer, 2. Aufl., 1996.

Einsicht *von Alfred Schöpf*

insight – intelligence, compréhension

1. Definition

Der Begriff der Einsicht bezeichnet in der neueren psychoanalytischen Literatur den besonderen Zustand des Analysanden, durch den die Therapieziele wie Linderung und Aufhebung der Symptome oder Veränderung des Charakters etc. herbeigeführt werden. Der Einsicht wird daher die Wirkung zugeschrieben, abgewehrte seelische Konflikte zu lösen und Spaltungen der Persönlichkeit zu überwinden. Während die Deutung als bevorzugte Interventionsform von Seiten des Therapeuten gilt, bezeichnet Einsicht die kreative Möglichkeit auf Seiten des Patienten, in sich eine Antwort zu erschaffen, die in der Lage ist, eine pathogene Verarbeitung eines psychischen Traumas in eine ichsyntone und realitätsgerechte zu transformieren. Nicht von ungefähr wird daher die psychoanalytische Therapieform als Heilung durch Einsicht bezeichnet. Ein hoher Anspruch ist also mit dem Begriff der Einsicht verbunden. Dies ist um so verwunderlicher, weil das Werk von S. Freud den Begriff der Einsicht keinesfalls in diese bevorzugte Stellung rückt, weshalb ihn weder das Gesamtregister der Werke Freuds ausweist, noch das am Freud-Werk orientierte Vokabular der Psychoanalyse von Laplanche und Pontalis. Dagegen nimmt er in der Gegenwart z.B. im „Lehrbuch der psychoanalytischen Therapie" von H. Thomä und H. Kächele einen hervorragenden Rang ein. Wie ist dieser Widerspruch zu lösen?

2. Ideengeschichtlicher Hintergrund

Vermutlich konnte sich Freud nicht mit diesem Begriff anfreunden, weil er einflussreichen philosophischen Traditionen entstammt und mit Inhalten belegt ist, die der psychoanalytischen Intention großenteils zuwiderlaufen. So bedeutet Einsicht für die platonische Philosophie der Bewegung des Eros von der Sinnenwelt weg hin zu den Urbildern der Ideen zu folgen, so dass Platon sogar von einer „Flucht zu den Ideen" sprechen kann.

Psychoanalytisch gesehen bedeutet dagegen Ideenflucht, seine Zuflucht zu überwertigen Ideen zu nehmen, um sich über die wahren Motive eines unbewussten Konfliktes zu täuschen. Rationalisierung und Intellektualisierung sind aber im psychoanalytischen Sinne keine wirkliche Einsicht. Deshalb ist der klassische Vernunftbegriff ungeeignet, diese Einsicht zu repräsentieren. Des weiteren ist der philosophische Begriff der Einsicht durch die Aktpsychologie z. B. eines F. von Brentano vorgeprägt, demzufolge die Philosophie eine Wendung von der Erkenntnis der physischen Dinge hin zu unserem Bewusstsein von diesen physischen Dingen zu vollziehen hat. Sie vollendet sich in der Einsicht in den Ursprung im Aktgeschehen. So sehr Freud die Innenwendung zum Seelischen begrüßt haben mag, so mündet sie doch bei Brentano in eine Introspektionsphilosophie und -psychologie, welche im Ich-Bewusstsein endet. Dieses ist aber allen Fallstricken der Selbsttäuschung ausgeliefert, insbesondere der projektiven Verkennung der Wirklichkeit. Also auch diese Einsicht ist psychoanalytisch gesehen alles andere als wünschenswert. Schließlich bewegt sich die philosophische Einsicht auf einem so hohen intellektuellen Allgemeinheitsgrad, dass sie für die Verwirklichung in der konkreten Situation ziemlich ungeeignet ist. Beispielhaft dafür steht die Einsicht in die allgemeine Gesetzgebung der Vernunft im Sinne Kants, weshalb auch die Vernunft des neuzeitlichen Naturrechts diese Einsicht nicht gewährleisten kann. Die Philosophie hat daher stets eine Theorie-Praxis-Kluft beklagt. Sie schlug sich mit dem Problem herum, dass das, was in der Theorie richtig sein mag, doch untauglich ist für die Praxis. Eine Einsicht aber, die sich nicht in Handlungen umsetzen lässt, führt zu einer Lähmung der Persönlichkeit und nicht zu ihrer Befreiung.

3. Klassische Auffassung

Diese drei Gründe mögen Freud bewogen haben, von dem vorbelasteten Begriff der Einsicht gar keinen Gebrauch zu machen. Stattdessen beschreibt er die Leistung, welche der Analysand im psychoanalytischen Prozess zu vollbringen habe, als „Erinnern, Wiederholen, Durcharbeiten" (1914g). Dabei ist in gewisser Weise das Erinnern der Platzhalter der Einsicht, einer Einsicht, welche sich bei ihm vorwiegend auf die Vergangenheit bezieht. Durch die Deutung vorbereitet, kann z. B. der überangepasste Analysand seine Angst überwinden und sich an seine Ohnmachtsgefühle und seine Wut auf den schlagenden Vater erinnern, die vergessen und verdrängt schienen. Allerdings ist für Freud der Vorgang des Erinnerns i. S. eines Aha-Erlebnisses keinesfalls ausreichend, die Konflikte zu lösen oder die Persönlichkeitsspaltung zu überwinden. Das punktuelle Auftreten der Erinnerung in der Analyse scheint vielmehr – wie Melanie Klein bemerkt – die Widerstände des Konfliktes zu mobilisieren und die Aufrechterhaltung der Einsicht mit Blick auf ihre heilende Wirkung zu verhindern. Offenbar ist das Anwachsen der Affekte der Grund, warum die kognitiv-intellektuelle Stütze nicht ausreicht. An dieser Stelle führt Freud den Begriff des Durcharbeitens ein, der die zentrale Aufgabe der Überwindung der Widerstände zu übernehmen hat und die Umstrukturierung der Persönlichkeit in die Wege leiten soll. Dabei stellt sich die Frage, ob beim Durcharbeiten der Widerstände der Erkenntnis die führende Rolle zuzuerkennen ist, z. B., dass sie die verschiedenen Situationen verbindet, in denen der Patient gehemmt ist: die Kindheitssituation vor dem Vater damals, die Lebenssituation vor dem Chef heute und die therapeutische Situation vor dem Analytiker. Diese Auffassung baut auf die synthetische Funktion des Ichs, welche bewirken soll, dass der Analysand die Unangemessenheit seiner Affekte erkennt und sie zu ermäßigen sucht. Umgekehrt scheint aber das Durcharbeiten der Affekte die Voraussetzung zu bilden, damit die Einsicht Fuß fassen und sich stabilisieren kann. Das „Vokabular der Psychoanalyse" bemerkt dazu, dass das Durcharbeiten für Freud der Nachfolgeterminus für die kathartische Methode wurde.

4. Wesentliche Erweiterungen, Differenzierungen und Modifikationen

Der erste Weg wurde in der ich-psychologischen Richtung der Psychoanalyse eingeschlagen. Es ist auffällig, dass der Einsichtsbegriff bei ihren wichtigen Autoren an systematischem Gewicht gewinnt und z.B. bei E. Kris und R. Greenson u.a. in die Rolle eines Hauptterminus der Psychoanalyse einrückt und ausdifferenziert wird. Dabei verläuft der psychoanalytische Prozess der Einsichtsgewinnung vom Ich des Analytikers, in welchem sich die Einsicht konstelliert und hypothetisch in Form der Deutung an den Analysanden weitergegeben wird. Entsprechend bildet sich in dessen Ich eine Einsicht aus, etwa der Art: Ich habe meine ohnmächtige Wut auf den Vater vergessen müssen, um mich ihm anzupassen und zu unterwerfen. Die Ich-Psychologen verstehen dabei Freuds Diktum „Wo Es war, soll Ich sein" so, dass die im Es schwelende ohnmächtige Wut in das Ich der bewussten Auseinandersetzung integriert wird. Diese Kommunikation von Ich zu Ich hat verschiedene Voraussetzungen: dass im Patienten eine konfliktfreie Zone existiert, welche die Einsicht übernehmen kann, dass der Patient eine korrigierende emotionale Erfahrung mit dem Analytiker macht in dem Sinn, dass seine aufkeimende Einsicht nicht wieder niedergemacht und erstickt wird wie beim Vater. Der ich-psychologische Einsichtsbegriff hängt also an der Annahme eines primär autonomen Ichs, das sich im Durcharbeiten durch den Konflikt zu einem sekundär autonomen Ich erweitert. Hierin ist er vergleichbar dem neuzeitlich Kant'schen Vernunftbegriff. Wie dieser zieht er aber zwangsläufig das Problem nach sich, wie das, was in der Einsicht aufkeimt, im Handeln umgesetzt werden kann. Alle Autoren in der Linie dieses Ansatzes schlagen sich daher mit dem Problem der Theorie-Praxis-Spaltung herum.

Ganz anders versucht J. Lacan das Problem der Einsicht anzugehen. Es läuft für ihn nicht auf einen Erkenntnisakt des Ichs hinaus, sondern dieser wird von ihm geradezu als Repräsentant narzisstischer Verblendung in Frage gestellt (Ich = moi). Seine Verstrickung in imaginäre Verkennungen gilt es aufzulösen, um beim wahren Ich (= je) anzukommen, welches mit dem Es in Verbindung gebracht wird. Deshalb liest Lacan Freuds Diktum so: Wo Es (sc. schon immer) war, soll Ich sein (i.S. von ankommen). Wodurch aber geschieht diese Befreiungstat der Herausführung aus Projektion und Verkennung? Lacan antwortet: Durch das Hören auf die Sprache. Die symbolische Ordnung konstituiert eine neue Vernunft, wie sie nach Freud möglich wird. Damit wird klar, dass auch das Es einen neuen Inhalt bekommt. Es ist nicht mehr der Kessel brodelnder Leidenschaften wie bei Freud, sondern das „Es spricht" der Sprache, das sehr viel mehr mit M. Heideggers Sprachauffassung zu tun hat. Die Einsicht ist dann weniger eine Tat des Ichs als ein Geschenk der Sprache. Zwei wichtige Gesichtspunkte werden durch Lacans Neubestimmung der Einsicht deutlich. Erstens, dass Einsicht immer ein Infragestellen des eigenen Ichs bedeutet und ein Sich-Herauslösen aus Projektion und imaginärer Verkennung des anderen. Den Balken im eigenen Auge zu erkennen aber ist nach einem Ausdruck der Bibel immer schwerer als den Splitter im Auge des anderen. Zweitens dass Einsicht vermittelt ist durch Sprache und durch ein Hinhören auf ihre symbolische Dimension. Was aber bei Lacan verloren geht, ist die Bedeutung, die der Mitmensch für diesen Veränderungsprozess hat und die Bedeutung des Durcharbeitens der Affekte. In seiner Gegnerschaft gegen Empathie und Verstehen unterschlägt Lacan den Beziehungsaspekt zum Analytiker als beteiligten Zweiten und interpretiert ihn als unbeteiligten Dritten i.S. des Hörers des Wortes. Er unterschlägt, dass eine Bedingung der Einsicht des Analysanden die korrigierende emotionale Erfahrung ist, d.h., dass der Analytiker nicht blindwütig reagiert wie der Vater. Dazu muss er das unbewusste Rollenangebot des Analysanden erleben und annehmen, darf sich aber nicht imaginär darin verstricken lassen. D.h. er muss in der Lage sein, seine eigenen hinderlichen Projektionen zu hinterfragen und zurückzunehmen. Lacan unterschlägt außerdem, dass Einsicht nicht nur ein Hören auf ein „Es spricht" der Sprache ist, sondern auch ein Abarbeiten gegensätzlicher Affekte, welche den Analysanden im Verstehen und Handeln blockieren, Gesichtspunkte, welche in beziehungsanalytischen Auffassungen sehr viel klarer gesehen werden.

5. Interdisziplinäre Beiträge und Befunde

Die Berechtigung der Behauptung, dass Heilen durch Einsicht möglich ist, hat auch in wissenschaftstheoretisch-philosophischen Fragestellungen zu einer lebhaften Diskussion geführt. So hat A. Grünbaum die Legitimität dieses Anspruches der Psychoanalyse dadurch in Frage gestellt, dass er ihn zur Necessary Conditional Thesis (NCT) verschärft hat. Danach würde die Psychoanalyse behaupten, dass Heilung nur durch Einsicht bewirkt und dass diese Einsicht ausschließlich durch Psychoanalyse gewonnen werden könne. Diese Grünbaum'sche NCT impliziert aber in zweifacher Hinsicht einen Absolutheitsanspruch, der der psychoanalytischen Praxis, welche konkrete Situationen verstehen will, eigentlich zutiefst fremd ist. Grünbaum greift ferner ein von Freud angeführtes Argument auf, demzufolge die Psychoanalyse nur dann heilen könne, wenn sie dem Patienten „Erwartungsvorstellungen" gibt, welche mit der Wirklichkeit übereinstimmen (Tally-Argument). Umgekehrt gelte in der Psychoanalyse die Heilung als Beweis dafür, dass die Erwartungsvorstellung wahr gewesen sei. Natürlich fällt es Grünbaum leicht, dieses Argument als schlecht begründet zu entlarven, weil im therapeutischen Prozess nicht nur die richtige Erwartungsvorstellung (welche der Einsicht entspricht) als kurativer Faktor zählt, sondern auch eine Reihe spezifischer und unspezifischer Einflüsse beteiligt sind, wie der Beziehungsaspekt zum Analytiker, aber auch spontane Remissionen und andere Bedingungen, welche empirisch schwer zu isolieren und in ihrer Wirkung nachzuweisen sind. Eine begleitende Prozessforschung zum analytischen Prozess ist also notwendig, um die Rolle der Einsicht genauer zu bestimmen und ihre Wirkung einzugrenzen. Umgekehrt ist es aber Grünbaum nicht gelungen nachzuweisen, dass die psychoanalytische Einsicht kein entscheidender kurativer Faktor ist.

Literatur

Thomä, H. und Kächele, H. (1985). Lehrbuch der psychoanalytischen Therapie Bd. 1. Berlin: Springer, 2. Aufl., 1996.

Laplanche, J. und Pontalis, J.-B. (1973). Vokabular der Psychoanalyse. Frankfurt/M.: Suhrkamp.

Klein, M. (1961). Narrative of a child analysis. London. Hogarth.

Kris, E. (1956). On some vicissitudes of insight in psychoanalysis. International Journal of Psycho-Analysis, 37, 445–455.

Greenson, R. (1973). Technik und Praxis der Psychoanalyse. Stuttgart: Klett.

Lacan, J. (1975). Das Drängen des Buchstabens im Unbewußten oder die Vernunft seit Freud. Schriften II. Olten: Walter.

Grünbaum, A. (1988). Die Grundlagen der Psychoanalyse. Stuttgart: Reclam.

Entwicklung, Entwicklungspsychologie

von Hans-Peter Kapfhammer

development, developmental psychology – développement, psychologie du développement

1. Definition

S. Freud (1905d) war der erste klinische Forscher, der psychische Störungen bedeutungsvoll mit typischen Kindheitserfahrungen und definierten Abschnitten des menschlichen Entwicklungsprozesses verknüpfte: „Die Pathologie rekapituliert die Ontogenese bzw. kehrt sie um." Diese Sichtweise definiert nach wie vor eine psychoanalytische Grundposition, derzufolge aktuelle seelische, insbesondere psychopathologische Zustände eines Individuums in vielschichtige bewusste und unbewusste Erlebnisdeterminanten aufgelöst und sukzessiv auch auf frühkindliche Vorstufen zurückgeführt werden können. Sie begründet in der „genetisch-entwicklungsmäßigen" Dimension eine der metapsychologischen Kernannahmen des psychoanalytischen Modells (Sandler und Joffe 1969).

2. Klassische Auffassung

Die Annahmen über die Anfänge menschlicher Entwicklung, die implizite Natur des menschlichen Wesens, Entwicklungsprinzipien und Entwicklungsprozess, die Bedeutung der normativen frühkindlichen Entwicklung für die Psychopathologie sind bei Freud, aber auch bei zahlreichen seiner Nachfolger bis in die 60er und 70er Jahre hinein wesentlich metapsychologisch bestimmt worden, d.h. erlebnisfern, stark von theoretischer Spekulation geleitet, an einem positivistischen Wissenschaftsverständnis orientiert.

S. Freud begriff den Säugling als eine von Umwelteinflüssen zunächst noch weitgehend abgeschlossene „Monade" (Zustand des primären Narzissmus, angeborener Reizschutz). Der Säugling lässt keine besonderen Wahrnehmungstendenzen und keine adaptiven Organisationsformen in Wahrnehmungs- und Reaktionssystemen erkennen (undifferenziertes initiales Erleben: Wahrnehmung = Affekt = Kognition). Er wird ausschließlich von endogenen Triebimpulsen bestimmt, die auf eine sofortige Wiederherstellung seiner organismischen Homöostase drängen (Anstieg und Abfall von Triebspannungen als primitive Unlust-/Lusterlebnisse wahrnehmbar). Spezifische Befriedigungs-, aber auch Versagungserlebnisse dieser vorrangig sexuellen Triebbedürfnisse stellen innerhalb eines Reiz-Reduktions-Modells den eigentlichen Motor für die weitere Entwicklung des Kindes dar. Erst die unbeherrschbaren endogenen Triebspannungen zwingen den Säugling zu einer sozialen Kontaktaufnahme, hauptsächlich mit der Mutter. Ebenso bilden sie auch die Basis für eine allmählich einsetzende kognitive Entwicklung, z.B. über Bilder einer befriedigenden, „guten" Mutter vs. einer versagenden, „bösen" Mutter. Das Kleinkind erwirbt also in dieser frühen psychoanalytischen Konzeptualisierung erst sekundär Wissen über die Außenwelt mit ihren Gefahren und Befriedigungsmöglichkeiten. Die anfänglich nur undifferenzierten Unlust-Lust-Sensationen (d.h. undifferenzierten Affektäußerungen) werden sukzessiv in immer komplexere Lernzusammenhänge eingebettet. Ein biologisch-genetischer Reifungsplan determiniert eine feste Abfolge von Entwicklungsphasen (oral-anal-phallisch-genital), in denen ein Wechsel der Triebziele bedeutsame psychobiologische, aber auch psychosoziale Anpassungsleistungen des Kindes erfordert. Hierbei beinhalten die Triebkonflikte Erlebnisszenen mit hoher, d.h. prinzipiell traumatogener Affektintensität. Grundlegend ist die Sichtweise auf die in den Affekten vermittelte Triebnatur als „primär egoistisch", „asozial", d.h. starke Affekte zeichnen sich durch ein die soziale Kommunität bedrohendes Potential aus. In der weiteren

Sozialisation des Kindes spielt die „Zähmung der Affekte“ folglich eine entscheidende Rolle. Im Zuge der soziokognitiven Entwicklung können Affekte dann aber auch eine steuernde Funktion annehmen, z. B. indem sie den evaluativen und exekutiven Strukturen des kindlichen Überichs und Ichs innere und äußere Gefahrenquellen signalisieren.

Freud ging davon aus, dass die normalpsychologische Entwicklung im Wesentlichen die Entwicklung des neurotischen Menschen darstelle. Dieser Standpunkt begründete sein pathogenetisches Modell der Fixierung-Regression in kritischen Entwicklungsphasen. Zentrale phasenbezogene Triebkonflikte und kompromisshafte Adaptationsmuster werden zum Kristallisationskern für spätere psychopathologische Zustandsbilder im Erwachsenenleben. Den zentralen Bezugspunkt seines entwicklungspsychologischen Modells bilden aber die individuellen Geschicke und strukturellen Lösungen während der ödipalen Jahre. Herausforderungen in späteren Entwicklungsabschnitten z. B. in der Pubertät und Adoleszenz bedeuten im Wesentlichen eine Neuauflage und Rekapitulation dieser ödipalen Kernkonflikte.

Der entwicklungspsychologische bzw. psychogenetische Standpunkt S. Freuds zielte also auf die Grundfragen: „Wie ist die Kindheit beschaffen, dass psychische Störungen entstehen können“ und „wie ist diese Vergangenheit in der Gegenwart enthalten“? Von wenigen unsystematischen Beobachtungen kindlicher Verhaltensweisen abgesehen beschränkte sich Freud (1920g) für seine entwicklungspsychologischen Explikationen auf seine therapeutische Arbeit mit Erwachsenenanalysanden. In seinem urspünglichen traumatologischen Ansatz war er überzeugt, dass regressive Zustände seiner Patienten typische frühkindliche Erfahrungen replizierten, die entwicklungsmäßig durch Traumata arretierte Persönlichkeitsaspekte repräsentierten. Das Übertragungsgeschehen verstand er als Blaupause der historischen Vergangenheit. Nach Aufhebung der Verdrängungsschranke enthüllte Erinnerungen stellten seiner Überzeugung nach genaue Beschreibungen von biographischen Ereignissen dar, die in eine normative Entwicklungssequenz einwirkten. Wohl erkannte er auch in seiner frühen therapeutischen Schaffensperiode schon die Existenz von sog. „Deckerinnerungen“. Diese von Patienten oft mit großem Evidenzgefühl berichteten historischen Details dienten der Abwehr noch schmerzlicherer frühkindlicher Erfahrungen, die sich aber nach einer systematischen Widerstandsanalyse letztlich doch noch wahrheitsgetreu aufdecken ließen. Mit wachsender psychoanalytischer Erkenntnis lockerte sich für Freud später diese lineare Verknüpfbarkeit von therapeutischen Erinnerungen und individueller historischer Vergangenheit bedeutsam. Von Patienten geäußerte Erinnerungen wurden in ihrer starken Beeinflussung durch triebdeterminierte Phantasien erkannt. Erinnerungen stellten fortan nicht mehr einfache Replika von historischen Ereignissen dar. Als „psychische Realität“ kodierten sie weniger diese Ereignisse selbst, sondern vielmehr deren Bedeutungen, die wiederum durch phasenspezifische innerseelische Phantasieprozesse festgelegt würden.

3. Ideengeschichtlicher Hintergrund

Das Konzept von Entwicklung findet in der zweiten Hälfte des 19. Jahrhunderts eine offenkundige Blüte, wenn beispielsweise Ch. Darwin (1859) mit seiner „Entstehung der Arten durch natürliche Selektion“ den Prozess der Evolution skizziert, E. Haeckel (1877) in seiner „Anthropogonie oder Entwicklungsgeschichte des Menschen“ auf die große Ähnlichkeit im embryologischen Bauplan zahlreicher Arten einschließlich des Menschen aufmerksam macht („die Ontogenese rekapituliert die Phylogenese“), J.H. Jackson (1884) in seiner „Evolution und Dissolution des Nervensystems“ ein zentrales Regulationsprinzip des Gehirns identifiziert, nach dem reifere und unreifere Funktionsweisen des ZNS hierarchisch organisiert sind, phylogenetisch jüngere Hirnregionen jeweils einen kontrollierend hemmenden Einfluss auf phylogenetisch ältere

Regionen ausüben, oder aber G.S. Hall (1904) in seinem Werk „Adoleszenz" erstmals Entwicklungslinien aus den frühen Kindheitsjahren bis in die Jugend nachzeichnet und gleichzeitig übergeordnete Analogien zwischen der Psychologie des Kindes, den Denkfiguren vorindustrieller Ethnien sowie den kognitiven Strukturen bei bestimmten psychisch kranken Personen sieht. Wir können davon ausgehen, dass S. Freud als Kind seiner Zeit grundlegende Anleihen aus diesen Denkströmungen genommen hat (vgl. Sulloway 1979).

4. Wesentliche Erweiterungen, Differenzierungen und Modifikationen

H. Hartmann (1939, 1950) und Hartmann und Kris (1945) zogen in einer mehrfachen Hinsicht für eine psychoanalytische Entwicklungspsychologie grundlegende Konsequenzen. Eine normalpsychologische Reihe von Entwicklungsphasen konnte aus klinischen Beobachtungen allein nicht mehr mit wissenschaftlicher Präzision abgeleitet werden. Und es bestand keine Möglichkeit mehr, aus in Analysen erinnerten Einzelereignissen jene möglichen pathogenen Faktoren zu identifizieren, die psychopathologische Zustandsbilder in einem späteren Lebensabschnitt verursachten. Sowohl für eine umfassende psychoanalytische Entwicklungspsychologie als auch für eine empirisch begründete Psychopathologie bedurfte es außeranalytischer Datenquellen vor allem durch systematische Beobachtungsstudien an Kindern unterschiedlichen Lebensalters. Dieses breit angelegte Forschungsprogramm musste sich konsequent auch auf präverbale Entwicklungsabschnitte beziehen, neben dem Studium von der Entstehung psychischer Konflikte auch eine Erforschung jener primär nicht konflikthaften Entwicklungssphäre z.B. der Wahrnehmungs- und kognitiven Funktionen mit einschließen und den über die realen Beziehungen mit den Eltern vermittelten soziokulturellen Kontext der kindlichen Entwicklung beachten. Entwicklungsprozess wurde jetzt als vielschichtige Interaktion der libidinösen bzw. libidinös-aggressiven Triebentwicklung, der Reifung autonomer Ich-Kapazitäten und der realen Beziehungsgestaltung innerhalb der Kernfamilie konzipiert. Begriffe wie „Anpassung", „Gleichgewicht", „Reifung", „Differenzierung", „Integration" und „Strukturbildung" beschreiben metapsychologisch diesen Entwicklungsprozess, der initial beim Säugling in einer Phase noch relativer Undifferenziertheit einsetzt.

Bis in die jüngste Gegenwart hinein wird innerhalb der psychoanalytischen Kommunität eine kontroverse Diskussion um einen eigenständigen entwicklungspsychologischen Ansatz geführt. Einige Grundfragen lauten (Settlage et al. 1988, Leichtman 1990, Tyson und Tyson 1990, 2002, Palombo 1991, Lichtenberg 1993, Wolff 1996, Fajardo 1998, Tyson 1998, Green 2000, Fonagy und Target 2003):

- Kommt es durch Übertragung im psychoanalytischen Prozess zu einer Replikation objektivierbarer Ereignisse der Kindheit oder zu einem aktuellen Wiedererleben hiermit assoziierter Erfahrungen, und wenn, wie ist die Beziehung zwischen diesen Erinnerungen und den historischen Ereignissen?
- Sind Sequenzen der individuellen Entwicklung aus Zuständen seelischer Regression im Erwachsenenleben überhaupt rekonstruierbar, und wenn, wie ist die Beziehung zwischen Übertragung und normaler Entwicklung? Was aber bedeutet der den meisten psychoanalytischen Ansätzen inhärente Bias hinsichtlich gestörten Erlebens und Verhaltens für das Verhältnis von normalpsychologischer Entwicklung und Entwicklungspsychopathologie?
- Was ist die Bedeutung der in naturalistischen Beobachtungssituationen gewonnenen Informationen über Kindheitsentwicklung für das Verständnis von klinischen Phänomenen des Erwachsenenlebens? Was ist aus den z.T. inkommensurablen, im besten Fall heterogenen Sichtweisen auf die frühe Kindheit der einzelnen psychoanalytischen Entwicklungsmodelle für eine innerpsychoanalytische entwicklungspsychologische Diskussion einerseits, für eine Auseinandersetzung mit den Befunden der Kleinkindforschung andererseits zu folgern?

• Wie sind die Einflüsse aus unterschiedlichen biographischen Abschnitten für den Entwicklungsprozess und für die Pathogenese definierter psychischer Störungen psychoanalytisch zu bewerten? Ist der Entwicklungsprozess im Lebenszyklus durch eine determinierte Phasenfolge, durch in der Entwicklungslogik assoziierte Stadien oder durch grundlegende invariante Entwicklungspositionen zu bestimmen? Wenn Entwicklung als lebenslanger Prozess zu verstehen ist, bedeutet dies psychoanalytisch in erster Linie Wiederholung, Rekapitulation, Umschichtung und Wechsel zentraler frühkindlicher Themen oder aber konstruktive Neuorientierung und Transformation angesichts eigenständig zu lösender Entwicklungsaufgaben im je aktuellen Lebensabschnitt?

• Wie ist die Beziehung zwischen der Natur der therapeutischen Beziehung und der psychologischen Interventionen und der Natur der frühkindlichen Interaktionen speziell von Kleinkind und Mutter zu konzeptualisieren?

5. Die Bedeutung des Begriffs in verschiedenen psychoanalytischen Schulrichtungen

Während der vierziger und fünfziger Jahre wurden an zahlreichen klinischen und universitären Einrichtungen psychoanalytische Beobachtungsstudien initiiert (Yale Child Study Center: Kris, Denver's Child Development Council: Spitz, Menninger Foundation: Escalona, Heider, Murphy, New York Master Children's Center: Mahler, Hampstead Child Therapy Clinic: A. Freud). Methodologisch imponierte bei diesen empirischen Ansätzen eine „naturalistische Beobachtungsmethode mit klinischer Sensibilität", d.h. die Forschergruppen blieben in ihrer „Theorie des Beobachtungsstandpunkts" weitgehend den wissenschaftstheoretischen Vorannahmen S. Freuds zu den motivationalen Ausgangs- und Verlaufsbedingungen der menschlichen Entwicklung verpflichtet. In ihrem szientistischen Anspruch zielten sie auf eine Ergänzung bzw. eine Revision metapsychologischer Entwicklungstheoreme. Innerhalb einer positivistischen Tradition gingen sie von einer festen Verbindung der gesammelten Beobachtungsdaten manifesten kindlichen Verhaltens und impliziten A-priori-Bedeutungen aus, wie sie sich einer klinischen Interpretation erschließen. Die Regeln dieser Verbindung richteten sich zumeist an Analogieschlüssen und am Aufdecken von Homologien zwischen psychopathologischen Syndromen Erwachsener und normalpsychologischen Verhaltensäußerungen von Kleinkindern aus. Diese Forschungslogik bedeutete nicht nur häufig ein Verhaftetbleiben in einem hermeneutischen Zirkel. Sie musste sich auch einer ernsthaften Kritik an inhärenten Fehlerquellen in der Beweisführung aussetzen, wie z. B. dem „Konstanz-Irrtum" (Werner 1953), demnach trotz Ähnlichkeiten in äußeren Verhaltensakten in unterschiedlichen Lebensabschnitten ein entscheidender „Funktionswandel" mit eigenständiger Organisation zugrunde liegen könne (Hartmann 1950). Der Vorwurf der „Adultomorphisierung" (Peterfreund 1978) und „Psychopathologisierung" (Klein 1980) weist auf die Verkennung von Unterschieden in den eigenständigen mentalen Organisationsformen von Kindern und Erwachsenen hin und betont eine systematische Verzerrung normalpsychologischer kindlicher Entwicklungsphänomene durch einen ausschließlichen psychopathologischen Bewertungsmaßstab. In eine „psychogenetische Falle" gerät ein Forscher dann leicht, wenn er dem Irrtum einer inhärenten Gleichsetzung von „schwerer Psychopathologie" und „früher Entwicklungsstörung" anhängt, der leicht in einen regressus ad infinitum einmündet (Mitchell 1988).

Trotz dieser erheblichen Methodenkritik darf aber das eigenständige kreative Potential in den Befunden dieser frühen entwicklungspsychologischen Beobachtungsprogramme nicht verkannt werden. Skizzenhaft ließe sich anführen: ein in zentralen Phantasie- und Affektdispositionen differenziertes innerseelisches Erleben des Kleinkindes, das in der „schizoid-paranoiden" und der „depressiven Position" zwei grundlegende personale Erfahrungsmodi mit weitreichender psychopathologischer Relevanz begründet (M. Klein), die Konstruktion von Entwicklungslinien einzelner seelischer Funktionen aus ontogenetischen Vorstufen in Richtung zunehmender Differenzierung und Integration sowie das grundlegende Zusammenspiel von traumatischen Erlebnissen und protektiven Beziehungserfahrungen für eine umfassende Entwicklungstheorie (A. Freud), der Nachweis einer biologisch programmierten, in diskontinuierlichen Schüben verlaufenden, stets aber auf einen interaktionellen Kontext angewiesenen frühkindlichen Entwicklung (Spitz), wiederholte Transformationen und Reorganisationen frühkindlicher Erfahrungen (z.B. sprachliche Codierung, ödipale Strukturierung) in sukzessiven Entwicklungsabschnitten mit dem dialektischen Thema von Diskontinuität und Kontinuität in der individuellen Entwicklung (Kris), die Erkenntnis von einer ursprünglich konfliktfreien, nicht triebbestimmten, perzeptiv-affektiv-kognitiven Exploration der sozialen und materiellen Umwelt durch das Kleinkind (Hartmann), der potentielle Einfluss von emotionalen Konflikten auf die Entwicklung kognitiver Fertigkeiten (Bion), die systematische Beziehung der frühkindlichen Entwicklung auf die transaktionale Dyade von Kleinkind und Mutter, die Bedeutung der Holding- und Spiegelfunktion der Mutter sowie die Entdeckung des Übergangsobjektes und -raumes für die innerseelische Entwicklung des Kindes (Winnicott), der Einfluss von schwierigen Temperamentseigenschaften und ungewöhnlichlichen Sensibilitäten des Kleinkindes auf frühe Störungen der Mutter-Kind-Beziehung (Escalona), die Betonung eines eigenständigen, „präödipalen" Organisationsmodells der intrapsychischen Strukturbildung in beobachtbaren Trennungs- und Individuationsschritten mit ihrer Bedeutung für eine reife Autonomie und Beziehungsfähigkeit einerseits (Mahler), der grundlegenden Auswirkungen früher „selbstobjekthafter" Spiegelungs- und Idealisierungserfahrungen für eine kohäsive Selbstdefinition, sichere Selbstwertregulierung und reife Entwicklung von Idealen und Ambitionen andererseits (Kohut), schließlich das epigenetische Prinzip im Lebenszyklus mit sukzessiven Transformationen früher Entwicklungsabschnitte und neu auftretenden psychobiologischen und -sozialen Integrationsforderungen mit einem je eigenständigen Potential sowohl zu krisenhaftem Erleben als auch zu personalem Wachstum, mit ihren Auswirkungen auf Identität, Intimität, Generativität und personaler Integrität einer Person (Erikson). Eine erste überzeugende Integrationsleistung legten Tyson und Tyson (1990) in ihrem Lehrbuch der psychoanalytischen Entwicklungspsychologie vor.

6. Interdisziplinäre Beiträge und Befunde

In den 80er Jahren erfuhren die diversen psychoanalytischen Entwicklungsmodelle ihre stärkste Herausforderung durch Befunde der modernen Kleinkindforschung. Die Kontroverse wurde bezeichnenderweise von Psychoanalytikern selbst initiiert, in prominentester Form von Emde 1981, 1988, 2005, Lichtenberg 1983, 1989a und Stern 1985 vorgetragen. Eine heftige Kritik zielte vor allem auf die traditionellen psychoanalytischen Annahmen über die Voraussetzungen und den Beginn der menschlichen Entwicklung. Neben das rekonstruierte Freud'sche Baby, dessen Grundzüge sich auch weitgehend noch im beobachteten Baby M. Mahlers spiegeln, tritt in einem völligen Kontrast der „kompetente Säugling" der Kleinkindforschung. Demnach suchen Säuglinge und Kleinkinder sensorische Stimulation mit einer drängenden, motivationalen Qualität. Sie zeigen angeborene Wahrnehmungstendenzen und -präferenzen, z.B. für das menschliche Gesicht. Von Geburt an ist ein dominantes Bestreben des Säuglings erkennbar, sich Hypothesen über die physikalische und soziale Umwelt zu bilden und diese auch zu überprüfen. Dieser Prozess führt zu einer raschen Kategorisierung in bestätigende vs. widersprechende Muster. Hierbei sind affektive und kognitive Prozesse in den Wahrnehmungsleistungen eng miteinander verwoben. Im Gegensatz zur desorganisierenden Funktion undifferenzierter Affekte im frühen psychoanalytischen Entwicklungsmodell ist beim Kleinkind eine Reihe von differenzierten kategorialen Affekten erkennbar. Sie erscheinen sozial angepasst, organisierend und bedeutungsvoll. Sie sind prinzipiell auf ein transaktionales Entwicklungsmodell mit einer primären Bezugsperson, der Mutter, zu beziehen. Der Hauptfokus der Kleinkindforschung lautet: „Was kann das Kind und was kann es nicht, und wie zeigt sich dies vor allem in wechselseitig bestimmten, sozialen, d.h. interpersonalen Austauschformen?" Während Mahler in der Nachfolge von Freud auf eine erst einsetzende intrapsychische Strukturbildung als Niederschlag interpersonaler Beziehungserfahrungen fokussierte, betonte Stern umgekehrt eine überraschend reichhaltige strukturelle Primärausstattung des Säuglings. Von Geburt an kann sich dieser auf eine Fülle von perzeptiven und affektiven Kompetenzen stützen, die ihm prinzipiell eine klare Unterscheidung der subjekt- und objektgerichteten Eindrücke ermöglichen. Nicht eine primäre, ungeschiedene Verbundenheit, die erst sekundär zur Differenzierung von Subjekt- und Objektbildern führt, sondern eine primäre, auch im experimentellen Forschungsdesign nachweisbare perzeptiv-affektive Differenziertheit schafft in fein abgestimmten Austauschprozessen zwischen Mutter und Kind das Phänomen von Bindung. Erst hierauf können sich auf einer späteren Entwicklungsstufe Phantasien von Verschmelzung und Einswerden beziehen. In seinem entwicklungspsychologischen Hauptfokus, wie menschliche Subjektivität entstehe, sieht Stern im Selbst des Kindes das primäre organisierende Prinzip von Anfang an. Dessen subjektive Erfahrungswelt entfaltet sich aber stets innerhalb eines interpersonalen Kontextes. Von großer Relevanz sind Erkenntnisse über die Bildung von internen Repräsentanzen aktueller Selbst- und Beziehungserfahrungen. Sie beschreiben im wesentlichen Gedächtnisprozesse, in denen Einzelerlebnisse unmittelbar gespeichert, wiederholte ähnliche Erfahrungen als „durchschnittliche", generalisierte Gedächtniskopien niedergelegt werden. Diese inneren Repräsentanzen führen zu einer hierarchischen Organisation der subjektiven Erfahrungswelt, sie stellen nicht einfache passive Filter dar, sondern perzipieren und bewerten neue Informationen selektiv, generieren Erwartungen und steuern die Verhaltensweisen in Beziehungen. Es sind diese in „Arbeitsmodellen" kodierten affektiven, kognitiven und verhaltensmäßigen Beziehungsmuster (z.B. eine bestimmte Form einer Bindung), die sich trotz Entwicklungsdiskontinuitäten als entscheidende Kontinuität in der individuellen Entwicklung herausstellen. Das zugrunde liegende Entwicklungsmodell ist konstruktiv, ist offen für anhaltende, wechselseitig-reziproke Interaktionserfahrungen zwischen Individuum und sozialer Umwelt (Zeanah et al. 1989).

Typischerweise konzentriert sich die Kleinkindforschung auf seelisch gesunde Kinder. Erst aus dem Studium von adaptiven und maladaptiven Entwicklungsprozessen im systematischen Vergleich von normalen versus atypischen Kinderpopulationen entsteht die Perspektive einer Entwicklungspsychopathologie. Diese weist ein einseitig an frühen Entwicklungsstadien orientiertes, lineares Psychopathogenese-Modell von Fixierung und Regression zurück. Sie betont statt dessen für die einzelnen Entwicklungsstadien im Lebenszyklus eigenständige Quellen der psychopathologischen Traumatisierung wie auch wiederkehrende Möglichkeiten einer (Teil-) Kompensation früherer Fehlentwicklungen. Sie bemüht sich um eine multimodale Zusammenschau von biologischen, psychologischen und sozialen Faktoren in der Ätiopathogenese psychischer Störungen (Cicchetti und Cohen 1995).

Eine kritische und konstruktive Auseinandersetzung mit den Befunden der Kleinkindforschung und ihren Konsequenzen für eine genuine psychoanalytische Entwicklungspsychologie erfolgte in den zurückliegenden Jahren vor allem durch Lichtenberg (1989a) Sander (2002) und Emde (2005) (im deutschsprachigen Raum sind hierzu besonders auch die Arbeiten von Dornes (1993, 1997, 2000) zu beachten). Sie führte zu einer bedeutsamen Revision der psychoanalytischen Sicht vor allem auf die präverbalen Entwicklungsabschnitte. Mit dem Fokus auf konflikthafte Interaktionsstörungen einerseits, auf ständig neu zu erwerbende Integrationsmechanismen andererseits bietet sich in einem modifizierten Kontext ein vorteilhafter Rahmen für den Austausch, die Überprüfung und Synthese traditioneller psychoanalytischer Entwicklungspositionen und empirischer Befunde (Basch et al. 1988). Die sukzessive Öffnung von psychoanalytischen Autoren für empirische Forschungsansätze sowie die zunehmende Bereitschaft für einen interdisziplinären Dialog führten zu einer vorteilhaften Verbindung von psychoanalytischen Entwicklungsmodellen und Erkenntnissen der Bindungsforschung (Fonagy 2001, Target 2005). Sie ermöglichten auch einen konstruktiven Brückenschlag zu neurobiologischen Konzepten der erfahrungsabhängigen Gehirnreifung (Schore 1994, 2003 a, b, Damasio 1999). Der letztlich auf H. S. Sullivan verweisende, pointiert interpersonalistische Standpunkt einiger US-amerikanischer Psychoanalytiker (Benjamin, Bromstein, Hoffman, Levenson, Ogden, Renik) bedeutete nicht nur eine psychodynamische Akzentverschiebung von der zentralen Bedeutung der unbewussten Phantasieentwicklung eines heranwachsenden Kindes hin auf die prägenden interpersonalen und sozialen Realerfahrungen im Entwicklungsgeschehen (Mitchell 2000). Er bewirkte so auch eine fruchtbare Annäherung an entwicklungspsychologische Positionen der modernen Psychotraumatologie (Fonagy et al. 2002, Schore 2002).

Auch der traditionellen psychoanalytischen Entwicklungsmodellen inhärente Bias, spezifische Psychopathologien des Erwachsenenalters mit definierten Abschnitten der normalpsychologischen kindlichen Entwicklung zu verknüpfen und bei zunehmend schwerwiegenderen klinischen Zustandsbildern eine vermeintliche Ätiopathogenese in immer früheren Entwicklungsperioden anzunehmen, hat sich im Lichte dieser interdisziplinären Diskussion als unhaltbarer „psychogenetischer Irrtum" erwiesen (Willick 2001, Bleiberg 2005). Erst aus dem Studium von adaptiven und maladaptiven Entwicklungsprozessen im systematischen Vergleich von normalen versus atypischen Kinderpopulationen kann eine klinisch relevante Entwicklungspsychopathologie entstehen. Diese entwicklungspsychopathologische Perspektive erweist sich in der empirischen Analyse von fast allen psychopathologische Störungen als unverzichtbar (Kim-Cohen et al. 2003). Sie weist allerdings ein einseitig an frühen Entwicklungsstadien orientiertes, lineares Psychopathogenese-Modell von Fixierung und Regression zurück. Sie betont stattdessen für die einzelnen Entwicklungsstadien im Lebenszyklus eigenständige Quellen der psychopathologischen Traumatisierung wie auch wiederkehrende Möglichkeiten einer (Teil-) Kompensation früherer Fehlentwicklungen. Sie bemüht sich um eine multimodale Zusammenschau von biologischen, psychologischen und sozialen Faktoren in der Ätiopathogenese psychischer Störungen (Cicchetti, Cohen 1995). Fonagy und Target (2003) gelang ein überzeugender Entwurf, das genuine Potential der traditionellen psychoanalytischen Entwicklungsmodelle im Hinblick auf eine solche übergeordnete entwicklungspsychopathologische Perspektive zu thematisieren.

7. „Vergangenheit" und „Entwicklung" im psychoanalytischen Therapieprozess

Der Stellenwert der „historischen Wahrheit" von personaler Vergangenheit innerhalb des psychoanalytischen Prozesses hat sich im Laufe der Jahrzehnte psychoanalytischer Theorienbildung erheblich gewandelt. Der Standpunkt einer sukzessiven Enthüllung einer präexistenten historischen Realität eines Patienten als erkenntnistheoretischer Anspruch und vorrangiges Therapieziel in sich selbst ist mittlerweile aufgegeben worden. Daten aus der psychoanalytischen Situation in Form von Erinnerungsberichten, freien Assoziationen, Träumen, Widerständen und Übertragungen vermitteln keinen privilegierten, unmittelbaren Zugang zur biographischen Vergangenheit eines Patienten mehr. Ebenso muss die Annahme eines naturwissenschaftlichen Beobachtungsstandpunktes des Analytikers zurückgewiesen werden, der es ihm ermögliche, gleichsam objektiv inhärente Entwicklungsmuster den Äußerungen seines Analysanden zu entnehmen und aus individualtypischen Merkmalen generalisierbare Fakten zu destillieren. „Erinnerung“ ist stets ein gegenwärtiges Wiedererzählen der persönlichen Vergangenheit. Die Interpretation früher Ereignisse, die selektiv erinnert und mitgeteilt werden, ist immer von bedeutsamen Bedürfnissen in der gegenwärtigen Therapiebeziehung beeinflusst. Sie verweist auf einen konstruktiven psychoanalytischen Dialog im „Hier-und-Jetzt“. Die Akzeptanz von Interpretationen, die stimmige Produktion von neuem unbewussten Material als Reaktion hierauf und die schlussendliche symptomatische Besserung eines Patienten bedeuten keine Validierung dieser Rekonstruktionen im Sinne wahrheitsmäßiger Abbildungen der Vergangenheit. Die Akzeptanz von rekonstruierter vergangener Biographie bedeutet, dass die Berichte Analysand und Analytiker gleichermaßen hinsichtlich Kohärenz, Konsistenz, Vollständigkeit und Sensibilität überzeugen. Sie vermitteln eine bedeutungsvolle Sicht auf die Vergangenheit eines Patienten, die systematisch die intrapsychischen und interpersonalen Rahmenbedingungen seiner Gegenwart mit einschließt und ihm eine Vision auf mögliche Zukunft eröffnet. Ihre therapeutische Effizienz liegt in der Befähigung, bedeutsame Veränderungen im aktuellen Leben anzustoßen. Persönliche Vergangenheit im psychoanalytischen Therapieprozess ist also wesentlich ein Narrativ, Rekonstruktion eine kreative Konstruktion mit einer narrativen Wahrheit, deren historische Wahrheit im Einzelfall vermutlich nicht erkennbar ist (Schafer 1983, Spence 1984). Die prinzipiell multiplen Repräsentationsformen unbewusster infantiler Wünsche, aber auch realtraumatischer Erfahrungen bedeuten in der analytischen Therapiesituation aber keineswegs eine postmoderne Beliebigkeit in den narrativen Konstruktionen. Die vorrangige tiefenhermeneutische Konzentration auf die Entfaltung und Entwicklung von bewussten und unbewussten Bedeutungen eines Patienten bedeutet auch keinen Verzicht auf ein therapeutisches Interesse an Verhaltensursachen. Erinnerungen mit affektiver Brisanz sind weiterhin von ätiologischer Bedeutsamkeit, speziell wenn sie in einer aktuellen Beziehungsrealität verankert sind (Wolff 1988).

Welche Rolle spielen die einzelnen traditionellen psychoanalytischen Entwicklungsmodelle, welche Bedeutung haben die Erkenntnisse der Kleinkindforschung und der modernen psychoanalytischen Entwicklungspsychologie für den psychoanalytischen Therapieprozess? Zunächst stellen sie verschiedene interpretative Prinzipien oder Codes dar, die metaphernreich die Konstruktionen im „Hier-und-Jetzt“ heuristisch leiten. Trotz großer Unterschiede, ja sich kontrastierender Sichtweisen auf die Natur und die Prinzipien der menschlichen Entwicklung sind sie prinzipiell gleichberechtigt. Sie mögen wie z.B. im Narrativ des „Tier im Menschen“ oder der „Seele als Maschine“ im common sense verankert sein (Schafer 1983) oder aber auch existentielle Varianten einer subjektiven Erfahrungskonstruktion (Ogden 1986) illustrieren. Sie stellen nicht empirisches Faktenwissen zur Verfügung, wo Erinnerungslücken des Patienten den therapeutischen Rekonstruktionsprozess erschweren. Sie haben vielmehr entscheidenden Einfluss darauf, welche therapeutische Beziehungsrealität konstituiert wird, welche therapeutischen Entwicklungsmöglichkeiten sich in dieser überhaupt eröffnen können.

Mitchell (1988) wies darauf hin, dass allen psychoanalytischen Therapiemodellen eine Perspektive des „Infantilismus“ innewohne, demnach sich ein Analysand stets in die unbewusste Position des Kindes gegenüber dem Analytiker als Elternfigur begebe. Im Laufe eines Therapieprozesses könnten diese Positionen sehr wohl wechseln, die Konfiguration der Eltern-Kind-Beziehung bliebe aber grundlegend. Speziell unter dem Einfluss der selbstpsychologischen Schule werden prinzipielle Charakteristika der primären Beziehungen als Konstituenten auch der therapeutischen Beziehung gefordert. Diese bestehen in einer emotionalen Verfügbarkeit und empathischen Einstimmung einer Mutterfigur für ein vulnerables und abhängiges Kind einerseits, in einer Sensibilität gegenüber seinen sich verändernden Entwicklungsbedürfnissen andererseits (Kohut 1984). In dieser Perspektive lassen sich auch die grundlegenden Befunde der Kleinkindforschung für den psychoanalytischen Prozess fruchtbar thematisieren (Emde 1990, 2005). Nach Lichtenberg (1989b) bietet vor allem die systematische Beachtung der in den einzelnen Motivationssystemen möglichen Entwicklungsereignisse eine wichtige Orientierung. Die in diesen gesammelten, bedeutsam gelebten Erfahrungen verdichteten sich zu Modellszenen, die als Metaphern auch den psychoanalytischen Dialog lenken und eine differenzierte therapeutische Technik begründen könnten (Lichtenberg et al. 1992).

Entwicklungspsychologisch fundierte Hierarchiemodelle psychischer Funktionsweisen, die den präverbalen Einflüssen eine besondere Beachtung schenken, für die psychoanalytische Behandlungspraxis überzeugend vorgelegt zu haben, ist das große Verdienst von J. Gedo. Seine Konzeptualisierung ermöglicht nicht nur eine komplexe psychoanalytische Bewertung der unterschiedlichen psychopathologischen Zustandsbilder, ohne auf ein lineares Fixierung-Regressionsmodell zu rekurrieren. Sie begründet auch eine differenzierte Theorie der psychoanalytischen Therapietechnik mit grundlegenden Interventionsformen auch „jenseits der Interpretation" (Gedo 1979, 1988, 1991, 1996).

Literatur

Basch, F., Lichtenberg, J.D. and Sander, L.W. (1988). Reflections on self psychology and infancy. Empathy and theory. In A. Goldberg (Ed.), Frontiers in self psychology. Progress in self psychology, Vol. 3 (pp. 55–77). Hillsdale, NJ: Erlbaum.

Bleiberg, E. (2005). The psychoanalytic understanding of mental disorders. In E.S. Person, A.M. Cooper and G.O. Gabbard (Eds.), Textbook of psychoanalysis (pp. 173–186). Washington: American Psychiatric Publishing.

Cicchetti, D., Cohen, D.J. (1995). Perspectives on developmental psychopathology. In D. Cicchetti and D.J. Cohen (Eds.), Developmental psychopathology. Vol. 1. Theory and methods (pp. 3–20). New York: John Wiley & Sons.

Damasio, A. (1999). The feeling of what happens: Body and emotion in the making of consciousness. New York: Hartcourt Brace.

Dornes, M. (1993). Der kompetente Säugling. Die präverbale Entwicklung des Menschen. Frankfurt/M.: Fischer, 13. Aufl., 2004.

Dornes, M. (1997). Die frühe Kindheit. Entwicklungspsychologie der ersten Lebensjahre. Frankfurt/M.: Fischer, 7. Aufl., 2003.

Dornes, M. (2000). Die emotionale Welt des Kindes. Frankfurt/M.: Fischer, 4. Aufl., 2004.

Emde, R.N. (1981). Changing models of infancy and the nature of early development: remodeling the foundation. Journal of the American Psychoanalytic Association, 29, 179–219.

Emde, R.N. (1988). Development terminable and interminable: I. Innate and motivational factors from infancy. International Journal of Psycho-Analysis, 69, 23–42.

Emde, R.N. (1990). Mobilizing fundamental modes of development: empathic availability and therapeutic action. Journal of the American Psychoanalytic Association 38, 881–914.

Emde, R.N. (2005). A developmental orientation for contemporary psychoanalysis. In E.S. Person, A.M. Cooper, G.O. Gabbard (Eds.), Textbook of psychoanalysis (pp. 117–130). Washington: American Psychiatric Publishing.

Fajardo, B. (1998). A new view of developmental research for psychoanalysts. Journal of the American Psychoanalytic Association, 46, 185–207.

Fonagy, P. (2001). Attachment theory and psychoanalysis. New York: Other Press.

Fonagy, P., Gergely, G., Jurist, E. and Target, M. (2002) Affect regulation, mentalization and the development of the self. New York: Other Press.

Fonagy, P., Target, M. (2003). Psychoanalytic theories. Perspectives from developmental psychopathology. London, Philadelphia: Whurr.

Gedo, J.E. (1979). Beyond interpretation. New York: International Universities Press.

Gedo, J.E. (1988) The mind in disorder. Psychoanalytic models of pathology. Hillsdale, NJ: The Analytic Press.

Gedo, J.E. (1991). The biology of clinical encounters. Psychoanalysis as a science of mind. Hillsdale, NJ: The Analytic Press.

Gedo, J.E. (1996). The languages of psychoanalysis. Hillsdale, NJ: The Analytic Press.

Green, A. (2000). What kind of research for psychoanalysis? In J. Sandler, A.-M. Sandler and R. Davis (Eds.), Clinical and observatio-

nal psychoanalytic research: Roots of a controversy (pp. 21–27). London: Karnac.
Hartmann, H. (1939). Ich-Psychologie und Anpassungsproblem. Stuttgart: Klett, 2. Aufl., 1970.
Hartmann, H. (1950). Bemerkungen zur psychoanalytischen Theorie des Ichs. In ders., Ich-Psychologie. Studien zur psychoanalytischen Theorie (S. 119–144). Stuttgart: Klett, 1972.
Hartmann, H., Kris, E. (1945). The genetic approach in psychoanalysis. Psychoanalytic Study of the Child, 1, 11–30.
Kim-Cohen, J., Caspi, A., Moffitt, T.E. (2003). Prior juvenile diagnoses in adults with mental disorders: Developmental follow-back of a prospective longitudinal cohort. Archives of General Psychiatry, 60, 709–717.
Klein, Milton (1980). On Mahler's autistic and symbiotic phase. An exposition and evaluation. Psychoanalysis und Contemporary Thought, 4, 69–105.
Kohut, H. (1984). How does analysis cure? Chicago: University of Chicago Press.
Leichtman, M. (1990). Developmental psychology and psychoanalysis: I. The context for a revolution in psychoanalysis. Journal of the American Psychoanalytic Association, 38, 915–950.
Lichtenberg, J.D. (1983). Psychoanalysis and infant research. Hillsdale, NJ: Analytic Press.
Lichtenberg, J.D. (1989a). Psychoanalysis and motivation. Hillsdale, NJ: Analytic Press.
Lichtenberg, J.D. (1989b). Model scenes, motivation, and personality. In S. Dowling and A. Rothstein (Eds.), The significance of infant observational research for clinical work with children, adolescents and adults (pp. 91–107). Madison, CT: International Universities Press.
Lichtenberg, J.D. (1993). Discussion: Can empirical studies of development impact on psychoanalytic theory and technique? Journal of the American Psychoanalytic Association, 41 (Suppl.), 261–276.
Lichtenberg, J.D., Lachmann, F. and Fosshage, J. (1992). Self and motivational systems. Toward a theory of technique. Hillsdale, NJ: Analytic Press.
Mitchell, S.A. (1988). Relational concepts in psychoanalysis. Cambridge, MA: Harvard University Press.
Ogden, T.H. (1986). The matrix of the mind. Object relations and the psychoanalytic dialogue. Northvale, NJ: Jason Aronson.
Palombo, J. (1991). Bridging the chasm between developmental theory and clinical theory. Part I. The chasm. Annual of Psychoanalysis 19, 151–174.
Peterfreund, E. (1978). Some critical comments on psychoanalytic conceptions of infancy. International Journal of Psycho-Analysis, 59, 427–441.
Sander, L.W. (2002). Thinking differently: Principles of process in living systems and the specificity of being known. Psychoanalytic Dialogues, 12, 11–42.
Sandler, J. and Joffe, W.G. (1969). Towards a basic psychoanalytic model. International Journal of Psycho-Analysis. 50, 79–90.
Schafer, R. (1983). The analytic attitude. New York: Basic Books.
Schore, A.N. (1994). Affect regulation and the origin of the self: The neurobiology of emotional development. Mahwah, NJ: Erlbaum.
Schore, A.N. (2002). Advances in neuropsychoanalysis, attachment theory, and trauma research: Implications for self-psychology. Psychoanalytic Inquiry, 22, 433–484.
Schore, A.N. (2003a). Affect regulation and the disorders of the self. New York, London: WW Norton & Company.
Schore, A.N. (2003b). Affect regulation and the repair of the self. New York, London: WW Norton & Company.
Settlage, C.F., Curtis, Z., Lozoff, M., Silberschatz, G. and Simburg, E. (1988). Conceptualizing adult development. Journal of the American Psychoanalytic Association, 36, 347–370.
Spence, D. (1984). Narrative truth and historical truth. New York: Norton.
Stern, D.N. (1985). The interpersonal world of the infant. A view from psychoanalysis and developmental psychology. New York: Basic Books.
Sulloway, F.J. (1982). Freud – Biologie der Seele. Jenseits der psychoanalytischen Legende. Hohenheim: Maschke.
Target, M. (2005). Attachment theory and research. In: E.S. Person, A.M. Cooper, G.O. Gabbard (Eds.) Textbook of psychoanalysis (pp. 159–172). Washington: American Psychiatric Publishing.
Tyson, P. (1998). Developmental theory and the postmodern psychoanalyst. Journal of the American Psychoanalytic Association, 46, 9–15.
Tyson, P. (2002). The challenges of psychoanalytic developmental theory. Journal of the American Psychoanalytic Association, 50, 19–52.
Tyson, P. und Tyson, R.L. (1990). Lehrbuch der psychoanalytischen Entwicklungspsychologie. Stuttgart: Kohlhammer, 1997.

Werner, H. (1953). Einführung in die Entwicklungspsychologie. München: J.A. Barth, 3., überarb. Aufl.
Willick, M.S. (2001). Psychoanalysis and schizophrenia. Journal of the American Psychoanalytic Association, 49, 27–56.
Wolff, P.H. (1988). The real and the constructed past. Psychoanalysis und Contemporary Thought, 11, 379–414.
Wolff, P.H. (1996). The irrelevance of infant observation for psychoanalysis. Journal of the American Psychoanalytic Association, 44, 369–392.
Zeanah, C.H., Anders, T.F., Seifer, R. and Stern, D.N. (1989). Implications of research on infant development for psychodynamic theory and practice. Journal of the American Academy of Child and Adolescent Psychiatry, 28, 657–668.

Ergänzungsreihe *von Gerhard Schüßler*

complemental series – série complémentaire

1. Definition und klassische Auffassung

In der Entstehung der Neurosen (genetischer Aspekt) „ist (es) nicht leicht, die Wirksamkeit der konstitutionellen und der akzidentellen Faktoren in ihrem Verhältnis zueinander abzuschätzen ... man sollte auf keinen Fall vergessen, dass zwischen beiden ein Verhältnis von Kooperation und nicht von Ausschließung besteht. Das konstitutionelle Moment muss auf Erlebnisse warten, die es zur Geltung bringen, das akzidentelle bedarf einer Anlehnung an die Konstitution, um zur Wirkung zu kommen. Man kann sich für die Mehrzahl der Fälle eine sogenannte Ergänzungsreihe vorstellen, in welcher die Intensitäten des einen Faktors durch die Steigerung des anderen ausgeglichen werden, hat aber keinen Grund, die Existenz extremer Fälle an den Enden der Reihe zu leugnen“ (Freud 1905d, S. 141f.). Mit dieser erstmaligen Erwähnung des Begriffes Ergänzungsreihe macht Freud deutlich, dass in der Ätiologie der Neurosen genetisch-konstitutionelle Faktoren ebenso von Bedeutung sind wie Umweltfaktoren (infantiles Erleben). Aber auch spätere organische Bedingungen können die Manifestation einer neurotischen Symptombildung fördern: „Eine Schwächung des Ichs durch organische Krankheit oder durch besondere Inanspruchnahme einer Energie wird imstande sein, Neurosen zum Vorschein kommen zu lassen, die sonst trotz aller Disposition latent geblieben wären“ (Freud 1912c, S. 329). Die Ergänzungsreihe umfasst damit alle körperlichen Faktoren, die aufgrund genetisch verankerter Bedingungen oder durch körperliche Traumen bzw. Noxen zustande gekommen sind (z.B. frühkindliche Hirnschädigung).

„Die Erkrankung ist das Ergebnis einer Summation, und das Maß der ätiologischen Bedingungen kann von irgendeiner Seite her vollgemacht werden. Die Ätiologie der Neurosen ausschließlich in der Heredität oder in der Konstitution zu suchen wäre keine geringere Einseitigkeit, als wenn man einzig die akzidentelle Beeinflussung der Sexualität im Leben zur Ätiologie erheben wollte ...“ (Freud 1906a, S. 159). „Für die Betrachtung der Verursachung ordnen sich die Fälle der neurotischen Erkrankung zu einer Reihe, in welcher beide Momente – ... Konstitution und Erleben ... – so vertreten sind, daß das eine wächst, wenn das andere abnimmt“ (Freud 1916–17a, S. 360). Dieses Bedingungsgefüge fasst Freud in einem Schema zusammen (Freud 1916–17a, S. 376): „Je stabiler die konstitutionelle genetische Prädisposition ist, um so nachhaltiger müssen also die ungünstigen Beziehungserfahrungen sein, damit es zur Störung der Entwicklung kommt – und umgekehrt. Es gibt damit keine einheitliche Ursachenkonstellation für neurotische Erkrankungen, äußere und innere Bedingungen bedingen einander wechselseitig".

Das Konzept der Ergänzungsreihe beinhaltet auch ein „somatisches Entgegenkommen". „Das hysterische Symptom kann nicht zustande kommen ohne ein gewisses somatisches Entgegenkommen, welches von einem normalen oder krankhaften Vorgang in oder an einem Organe des Körpers geleistet wird .... Die psychischen Vorgänge bei allen Psychoneurosen sind eine ganze Strecke weit die gleichen, dann erst kommt das ‚somatische Entgegenkommen' in Betracht, welches den unbewußten psychischen Vorgängen einen Ausweg ins körperliche verschafft. Wo dieses Moment nicht zu haben ist, wird aus dem ganzen Zustand etwas anderes als ein hysterisches Symptom, aber doch wieder etwas Verwandtes, eine Phobie etwa oder eine Zwangsidee, kurz ein psychisches Syndrom" (Freud 1905e, S. 200f.). Das somatische Entgegenkommen – wiederum im Sinne einer Ergänzungsreihe – weist damit weit über das Gebiet der rein hysterischen Symptome hinaus hin zur Frage, inwieweit körperliche Faktoren notwendig zur Entstehung eines psychischen (psychosomatischen) Symptoms sind.

2. Ideengeschichtlicher Hintergrund

Im 19. Jahrhundert wuchs zunehmend die Erkenntnis, dass „hysterische" und „neurasthenische" Krankheitsbilder im Wesentlichen durch psychische Faktoren verursacht und somit auch psychisch zu behandeln sind (Shorter 1994). Freud gelang es als erstem, diese psychologischen Faktoren zu systematisieren und eine grundlegende Theorie und Therapie zu schaffen. Freud – selbst Arzt – war aufgrund seiner sorgfältigen Ausbildung jedoch immer mit den biologischen Bedingungen auch seelischer Prozesse wohl vertraut, sah aber seine Aufgabe in der Erarbeitung der psychologischen Faktoren. Dies mag der Grund sein, dass seine Ausführungen zur Ergänzungsreihe nur sehr knapp gehalten sind, nie ausführlich und systematisch ausgearbeitet wurden und auch nur sehr verstreut in seinen Werken zu finden sind.

3. Wesentliche Erweiterungen, Differenzierungen und Modifikationen

Die von Freud stammenden Gedanken zur Ergänzungsreihe wurden sowohl in der Neurosenlehre als auch in der psychoanalytischen Psychosomatik wenig systematisch ausgearbeitet, ja der somatische Teil oft vernachlässigt oder wenig berücksichtigt.

4. Interdisziplinäre Beiträge und Befunde

Freuds Vorstellung zur Ergänzungsreihe finden ihre heutige Entsprechung im „biopsychosozialen Modell" (Engel 1977): Es beschreibt vielfältige Wechselwirkungen und multikausale Verflechtungen von psychischen und biologischen Faktoren in der Entstehung und Aufrechterhaltung von seelischen und körperlichen Erkrankungen. Bei der Entstehung und im Verlauf einer Erkrankung sind Einflüsse der sozialen Gemeinschaft, der Familie und individuelle Verhaltensmuster ebenso von Bedeutung wie entsprechende molekulare oder organpathologische Gegebenheiten. Ein Gegensatz zwischen Biologie und Umwelt (nature or nurture) ist, wie Freud es schon gesehen hat, hinfällig, da die Umwelt immer nur auf biologisch-genetischen Programmen aufbauen kann und beide nur in ihrer Wechselwirkung zu verstehen sind (Schüßler 1999). Genetische Veranlagung und psychosoziale Faktoren können in unterschiedlichen Modellen zusammenwirken, über die jeweiligen Bedingungen bei spezifischen Störungen (z. B. bei Schizophrenie oder der Anorexia nervosa) liegen bis heute nur vorläufige Befunde und Annahmen vor (Schepank 1995): So finden sich bei Zwillingen mit Anorexia nervosa hohe Konkordanzraten, aber auch eineiige Zwillinge sind nicht in allen Verhaltens- und Erlebenseigenschaften gleich und im Verlauf der Erkrankung zeigen sich erhebliche Diskordanzen, die das Wechselspiel von genetischen und Umwelt bedingten Faktoren bestätigen.

Literatur

Engel, E.L. (1977). The need for a new medical model: A challenge for biomedicine. Science, 196, 129–136.

Schepank, H. (1996). Vererbung und Umwelt. In T. von Uexküll (Hg.), Psychosomatische Medizin (S. 113–119). München: Urban & Schwarzenberg.

Schüßler, G. (1999). Psychologische Grundlagen psychiatrischer Erkrankungen. In H. Möller (Hg.), Handbuch Psychiatrie. Heidelberg: Springer.

Shorter, E. (1994). Moderne Leiden. Hamburg: Rowohlt.

Erotik, Erotisierung *von Hansjörg Pfannschmidt*

eroticism, erotization – érotisme, érotisation

1. Definition

Unter Erotik verstehen wir die Wirkungen der Libido in der Interaktion und der Phantasie zwischen männlichen und weiblichen oder gleichgeschlechtlichen Individuen (oder in der Beziehung des Individuums zu sich selbst), soweit sie sich als Sexualwesen verstehen, wahrnehmen, einander berühren, und miteinander umgehen.

Erotisierung bezeichnet einerseits die erotische Besetzung der in den entsprechenden Entwicklungsphasen der Kindheit (Freud 1905d) im Mittelpunkt des Erlebens stehenden „erogenen Zonen“ ebenso wie die libidinöse Besetzung des Selbst im sogenannten „primären Narzissmus“, andererseits bezeichnet Erotisierung einen Abwehrvorgang, bei dem tabuierte Impulse und Vorstellungen, beispielsweise destruktiver Art, als erotische Impulse, Gefühle und Vorstellungen erlebt werden.

2. Klassische Auffassung

So wenig der Begriff Erotik im Werke Freuds vorkommt, so wichtig ist die Erotik selbst von Anfang an in der Psychoanalyse. Schon der Fall Dora ist ein Beleg für die zentrale Rolle der Geschlechterbeziehung in der psychoanalytischen Praxis und Forschung (King 1995). Freud (1905a) sah die Notwendigkeit, in der Übertragung mit den dabei auftretenden heftigen Emotionen umzugehen und sie für den analytischen Prozess zu nutzen, war sich aber der Gefährlichkeit dieser gleichzeitig neuen und wiederholten Begegnung bewusst. Er fürchtete, dass durch unangemessenes Verhalten der Analytiker im Umgang mit der Übertragungsliebe die ganze psychoanalytische Bewegung in Verruf geraten könnte.

Die Liebe, die in der Behandlung Sabina Spielreins zwischen Jung und seiner Patientin entstand, veranlasste Freud (1915a) dazu, die „Bemerkungen über die Übertragungsliebe“ zu verfassen. Er schreibt dort: „Zur Triebunterdrückung, zum Verzicht und zur Sublimierung auffordern, sobald die Patientin ihre Liebesübertragung eingestanden hat, hieße nicht analytisch, sondern sinnlos handeln. Es wäre nicht anders, als wollte man mit kunstvollen Beschwörungen einen Geist aus der Unterwelt zum Aufsteigen zwingen, um ihn dann ungefragt wieder hinunter zu schicken. Man hätte ja dann das Verdrängte nur zum Bewußtsein gerufen, um es erschreckt von neuem zu verdrängen. Auch über den Erfolg eines solchen Vorgehens braucht man sich nicht zu täuschen. Gegen Leidenschaften richtet man mit sublimen Reden bekanntlich wenig aus“ (S. 312). Bezogen auf dieses erotische Geschehen kommt Freud am Ende des Aufsatzes zu dem Fazit: „… und so wird auch die kunstgerechte, unabgeschwächte Psychoanalyse nicht zu entbehren sein, die sich nicht scheut, die gefährlichsten seelischen Regungen zu handhaben und zum Wohle des Kranken zu meistern“ (S. 321).

3. Ideengeschichtlicher Hintergrund

Um die gegenwärtigen erotischen Erlebnisstrukturen zu verstehen und möglicherweise zu verändern, kann es hilfreich sein, Entwicklungslinien, die noch heute unterschwellig wirken dürften, aufzuzeigen.

Die Eigenart der Erotik des Volkes Israel ihrem Gott Jahwe gegenüber, die ihrerseits ein Ideal der Liebe zwischen Mann und Frau war und die im Christentum das Muster der Beziehung des Gläubigen zu Gott wurde, hatte im Judentum den Charakter eines Besitzverhältnisses, bei dem die Frau Eigentum des Mannes war. Dieses Zum-Eigentum-des-Mannes-Werden war Inbegriff hingebend weiblicher Liebe. Möglicherweise kann man von hier aus einen Aspekt der schwärmerisch-leidenschaftlichen, oft stark erotisch gefärbten Hingabe des gläubigen Christen an seinen Gott verstehen, die in der mystischen Vereinigung mit ihm, der Selbstaufgabe bis hin zur totalen physischen Vernichtung (beispielsweise in dem leidenschaftlichen Streben nach dem Märtyrertod, der die endgültige Vereinigung mit Christus bedeutete) ihre Erfüllung fand. – So verstanden lägen Märtyrerfrömmigkeit, christliche Brautmystik und die masochistische Erotik einer Pauline Réage (Geschichte der O) auf einer Linie.

Im Spätjudentum entwickelte sich eine rigide, restriktive Sexualmoral, die in der erotischen Verlockung durch die Frau den Inbegriff des moralischen Übels erblickte. Der entscheidende Gegensatz war der von „Fleisch“ und „Geist“ (wobei unter „Fleisch“ die seelen- und geistlose Begierde zu verstehen ist). Paulus konnte die sexuelle und erotische Beziehung zwischen Mann und Frau allenfalls in der Ehe als ein notwendiges Übel zur Vermeidung der Hurerei akzeptieren (1. Kor. 7, 1–9). Als die einzig wertvolle Erotik sah er die zwischen der Gemeinde und dem Herrn der Gemeinde, Jesus, die sich in ihrer Liebe zu einem Geist vereinen, wie Mann und Frau zu einem Leib (Röm. 8).

Die Gnosis mit ihrem Gegensatz von Körper und Geist in der Spätantike sah alles Übel in der Materie, alles Heil im liebevollen Erbarmen des göttlichen Geistes, der die in die Materie der menschlichen Körper verstrickten Geistfunken zu erlösen versuchte.

Im Zusammenhang mit der Ablehnung der Sexualität im Spätjudentum und frühen Christentum und der auf der Leib-Seele-Trennung fußenden Materie- und Leibfeindlichkeit der Gnosis, die auf vielfältige Weise ins Christentum Eingang fand, entwickelten sich im Zusammenhang mit der dargestellten Hingabe an Gott die christlichen Ausformungen der Erotik, ihre Vergeistigung in der Marienverehrung und in den verschiedenen mystischen Strömungen und im Mönchtum die Hochschätzung der Liebe zu Gott, statt zur „Frau Welt“. Im Gegensatz dazu wurden der Teufel zum Inbegriff des niedrig Erotischen mit seiner Hemmungslosigkeit, Destruktivität und Perversion und die Frau zum Gefäß der Sünde.

Ohne auf wichtige Differenzierungen im Selbstverständnis zwischen Adel, Klerus, Bauern und Bürgern (die Bedeutung beispielsweise des Ritterlichkeitsideales oder der Minnelyrik für die Ausformungen der Erotik) einzugehen, kann man vereinfachend sagen, dass der Großteil der Bevölkerung im Mittelalter von der christlichen Sexualmoral nicht allzu sehr beeinflusst war, wie die Kultur der Badhäuser deutlich macht (Elias 1939, S. 222). Erst im Zusammenwirken der gesellschaftlichen und wirtschaftlichen Umstrukturierungen und der Erfahrung von Pest und Syphilis im 12. bis 15. Jahrhundert, konnten diese Katastrophen als Strafen für das sündige, vor allem sexuell ausschweifende Leben verstanden und die christliche Auffassung der Erotik (verbreitet durch die Bettelmönche, agiert durch die Bewegung der Geißler) tief im Bewusstsein breiter Bevölkerungsschichten verankert werden.

Diese Denk- und Fühlstrukturen wirken in alltägliche Beziehungen ebenso hinein, wie in die Handhabung der Erotik in der psychoanalytischen Behandlungssituation, wo es in der Praxis gelegentlich noch nötig zu sein scheint, eine unerotische, sterile, „abstinent“ erscheinende Atmosphäre herzustellen, um der Gewalt des „fleischlichen“ Begehrens der Patientinnen und Analytikerinnen nicht zu erliegen.

4. Wesentliche Erweiterungen, Differenzierungen und Modifikationen

Macht sich bei Freud in seinem Triebkonzept die Erotik an den erogenen Zonen, d.h. an der Körperoberfläche fest, und sieht er hier die Triebschicksale des einzelnen sich abzeichnen, so zeigt sich für Winnicott (1955) ähnlich wie für Spitz (1962, 1965) das Schicksal der erotischen Lebendigkeit des einzelnen an seinen Erfahrungen, die er als Säugling mit der Lebendigkeit des mütterlichen Körpers gemacht hat.

Französische Analytiker wie z.B. Lacan nehmen an, dass zusätzliche erogene Zonen am Körper des Kindes durch Berührungen z.B. der Mutter, die durch einen bei der Säuglingspflege anwesenden Sexualpartner erotisiert ist, gesetzt werden können.

5. Bedeutung des Begriffs in verschiedenen psychoanalytischen Schulrichtungen

Für Adler (1933, S. 43) spielen die Motive, nicht die Triebe die entscheidende Rolle. Die Erotik baut sich über das kindliche Zärtlichkeitsbedürfnis auf und vervollkommnet sich im Gemeinschaftsgefühl.

Der Umgang Jungs (1946, S. 186ff.) mit dem Thema Erotik dürfte stark von seiner ihn und seine Arbeit zutiefst verunsichernden Erfahrung mit Sabina Spielrein bestimmt gewesen sein (Carotenuto 1980). In seinem 30 Jahre nach der Auseinandersetzung mit ihr erschienenen und seiner Frau gewidmeten Werk über die Übertragung interpretiert er die in der Analyse auftretenden heftigen erotischen, inzestuösen Affekte als Projektionen archetypischer Kräfte, die es gelte, aus der bloß individuell erotisch-sexuellen Ebene auf eine geistig-religiöse Stufe zu heben.

Balint (1965) rückt in seinem Konzept der primären Liebe von der Bedeutung erogener Zonen für die frühe Objektbeziehung ab und sieht in der Entwicklung der Liebe und der Erotik zwei völlig unterschiedliche Vorgänge, die sich jedoch gegenseitig beeinflussen.

Fromm (1956) relativiert auf seine Weise die Bedeutung der eher „trügerischen“ erotischen Liebe gegenüber der von ihm höher bewerteten universalen Liebe.

Für Schultz-Hencke richtet sich das Erosstreben „kontemplativ auf Vollkommenheit und Schönheit; stoße daher selten mit der Welt zusammen“. Verbunden mit dem sexuellen Bedürfnis bildet es das „Antriebserleben des Liebesstrebens“ (Zander und Zander 1977).

Reich (1927) sieht in der Libidotheorie Freuds den Kern der Psychoanalyse. Er beschäftigt sich u.a. mit der von Freud gestellten Frage, wie die Antithese von Spannung und Lust in der Sexualität zu erklären sei. Mit seiner Orgasmustheorie transzendiert Reich diese Dualität und konzipiert gegenüber der von ihm weitgehend als neurotisch bewerteten „normalen“ Erotik ein orgastisches Erlebnismuster, in welchem der ganze Körper mit all seiner Selbstwahrnehmung und mit seinen sämtlichen Wahrnehmungs- und Erlebnisblockierungen ins Blickfeld und später auch in den körperlichen Interventionsbereich des Analytikers gerät. Ein Grund, warum seine Sicht in der psychoanalytischen Tradition kaum diskutiert wird, dürfte sein, dass bei Anweisungen, die der Analytiker dem Analysanden gibt und beim konkreten körperlichen Angefasstwerden des Analysanden der für die Übertragung erforderliche Phantasieraum in Frage gestellt und damit eine Grundvoraussetzung für Psychoanalyse nicht mehr gegeben wäre.

6. Interdisziplinäre Beiträge und Befunde

Im Zusammenhang der Auseinandersetzung mit den psychoanalytischen Vorstellungen von Erotik und Sexualität wurde von Foucault (1984, S. 235–310) eine in der griechischen Antike praktizierte Erotik wiederentdeckt, die in der gelebten abendländischen Tradition untergegangen ist. Ansätze dazu in den Adelskreisen der Barockzeit (Elias 1939, S. 252) hatten keinen Einfluss auf die erotische Kultur des Bürgertums. Bei allem Lustgewinn war diese Erotik der Antike das Gegenteil von hemmungslos. Man könnte die Fähigkeit, die es dabei zu erwerben galt, die hohe Kunst erotischer Natürlichkeit nennen, und es war klar, dass man diese Kunst von den ungebildeten Schichten ebenso wenig erwarten konnte, wie von einem humorlosen oder einem von seinen Leidenschaften beherrschten Menschen. Es handelte sich um ein Training, auf gekonnte und elegante Art mit dem Feuer der Leidenschaft zu spielen, um sich und dem Partner Lust zu verschaffen, dabei verantwortlich mit dem Abhängigen umzugehen, und sich und ihm auf diese Weise den Weg zu seiner persönlichen und gesellschaftlichen Identität zu eröffnen.

Eine derart strukturierte erotische Kultur wäre eine Voraussetzung dafür, die Anforderungen zu erfüllen, die Freud an den Analytiker stellt. Pfannschmidt (1997) spricht von einem „intermediären Raum der Sexualität" in der Analyse, in welchem dem gemeinsamen erotischen Erleben zwischen Analytiker und Analysand eine entscheidende initiatorische Funktion bei der Auflösung entwicklungsbedingter innerer Blockaden und der Entfaltung lebendigen erotischen Erlebens und Handelns zukommt, dergestalt, dass Abstinenz und das gemeinsame Erleben auch leidenschaftlichen Begehrens in der Analyse sich nicht gegenseitig ausschließen müssen.

Literatur

Adler, A. (1933). Der Sinn des Lebens. Frankfurt/M.: Fischer, 1992.

Balint, M. (1965). Die Urformen der Liebe. München: dtv.

Carotenuto, A. (1980). Sabina Spielrein – Tagebuch einer heimlichen Symmetrie. Sabina Spielrein zwischen Jung und Freud. Freiburg: Kore, 1986.

Elias, N. (1939). Über den Prozeß der Zivilisation. Basel: Verlag Haus zum Falken. Frankfurt/M.: Suhrkamp, 1997.

Foucault, M. (1984). Der Gebrauch der Lüste. Frankfurt/M.: Suhrkamp, 1986.

Fromm, E. (1956). Die Kunst des Liebens. Frankfurt/M.: Ullstein.

Jung, C.G. (1946). Die Psychologie der Übertragung. Gesammelte Werke, Bd. 16. Olten: Walter, 1971.

King, V. (1995). Die Urszene der Psychoanalyse. Stuttgart: Verlag Internationale Psychoanalyse.

Pfannschmidt, H. (1997). Der Körper der Übertragungsliebe. In K. Höhfeld und A. Schlösser (Hg.), Psychoanalyse der Liebe (S. 197–208). Gießen: Psychosozial.

Reich, W. (1927). Die Funktion des Orgasmus: Zur Psychopathologie und zur Soziologie des Geschlechtslebens. Wien: Internationaler Psychoanalytischer Verlag.

Spitz, R.A. (1962). Ein Nachtrag zum Problem des Autoerotismus. In ders., Vom Dialog (S. 27–65). Stuttgart: Klett, 1976.

Spitz, R.A. (1965). Vom Säugling zum Kleinkind. Stuttgart: Klett, 1967.

Winnicott, D.W. (1955). Sehr frühe Wurzeln der Aggression. In ders., Von der Kinderheilkunde zur Psychoanalyse (S. 100–105). Frankfurt/M.: Fischer.

Zander, E. und Zander, W. (1977). Die Neo-Psychoanalyse von Harald Schultz-Hencke. In D. Eicke (Hg.), Tiefenpsychologie. Die Nachfolger Freuds (Bd. 3) (S. 426–474). Weinheim: Beltz, 1982.

Erstinterview *von Peter Wegner*

initial interview – premier entretien

1. Definition

Das psychoanalytische Erstinterview hat eine diagnostische und eine therapeutische Funktion, es dient der Indikationsstellung und ermöglicht eine vorläufige Prognose im Rahmen der indizierten psychoanalytischen bzw. psychotherapeutischen Behandlung. Dabei soll es dem Patienten und dem Psychoanalytiker folgende Fragen beantworten: Was ist das Problem des Patienten, welcher psychische Konflikt verbirgt sich hinter seinen Symptomen? Welches Problem ergibt sich daraus für den Psychoanalytiker? Ermöglicht die spezifische Analytiker-Patient-Beziehung die Einführung und Aufrechterhaltung eines Arbeitsbündnisses mit dem Ziel, unter deklarierten Settingsbedingungen die unbewussten Konflikte des Patienten ins Offene zu bringen, um so einen Heilungsprozess in Bezug auf die diagnostizierte psychische, psychosomatische und somatische Erkrankung in Gang zu setzen?

Dem Psychoanalytiker stehen drei unterschiedliche Datenquellen zur Verfügung: Objektive Informationen, subjektive Informationen und szenische bzw. situative Informationen. Wobei gilt: „Die Zuverlässigkeit des gewonnenen Persönlichkeitsbildes und seiner psychischen Störung wächst mit der Integration der Informationen aus allen drei Quellen" (Argelander 1970, S. 15). Bei der szenischen Information „... dominiert das Erlebnis der Situation mit all seinen Gefühlsregungen und Vorstellungsabläufen – auch wenn der Patient schweigt. Die Verbindung mit anderen Daten ist ein sekundärer Akt. Das Kriterium für die Verläßlichkeit der Information ist ebenfalls die situative Evidenz, die man bei Berücksichtigung der Schwerpunktverlagerung auch als szenische Evidenz bezeichnen könnte... Eine solche Information ist praktisch niemals durch Wiederholung nachprüfbar und wird deshalb von den meisten Interviewern verworfen oder verschwiegen, obwohl sie für die Prognose des therapeutischen Prozesses am aufschlußreichsten ist" (Argelander 1970, S. 14).

Die Möglichkeit des Psychoanalytikers, etwas über den Patienten und die sich aktuell einstellende Beziehung zu verstehen, ist eine entscheidende Voraussetzung für die Aufnahme und Aufrechterhaltung einer therapeutischen Beziehung. Umgekehrt gilt für den Patienten, falls seine erlebte Hilflosigkeit nicht ein extremes Ausmaß angenommen hat, z. B. bei Vorliegen einer Psychose, dass er nur dann eine therapeutische Beziehung aufrechterhalten wird, wenn er sich durch die Haltung und die Deutungen des Psychoanalytikers ausreichend verstanden fühlt.

Der Patient kommt in aller Regel mit seiner eigenen Diagnose, die es gilt, mit seiner Lebens- und Krankengeschichte und seinen relevanten aktuellen Lebensumständen, gemäß seiner Möglichkeiten, kognitiv-affektiv zu organisieren und zielorientiert, d. h. bezogen auf mögliche therapeutische Interventionen, zu überprüfen. Dabei spielen für den Psychoanalytiker regelhaft organisiertes Wissen, klinische Erfahrung, kontinuierliche Intervision und situationsspezifische Handlungskompetenz genauso eine Rolle wie bestimmte subjektive Faktoren (z. B. persönliche Fähigkeiten, Interessen usw.), die wir unter dem Begriff der „subjektiven Indikation" (Dantlgraber 1982) zusammenfassen.

Die diagnostizierende Position des Psychoanalytikers ist durch den Versuch charakterisiert, eine Haltung zu realisieren, die ein Optimum an arglos mitgeteilten Daten von Seiten des Patienten ermöglichen soll, in einer Atmosphäre, welche den nichtneurotischen bzw. nichtpsychotischen Strukturen des Patienten weitestgehend entgegenkommt, ohne dass es zu triebbefriedigenden Interaktionen bzw. Gratifikationen kommen sollte, eine Haltung also, die dem Abstinenzprinzip folgt (vgl. Wegner 1988).

Neben bewussten und unbewussten Mitteilungen des Patienten über seine Wünsche, Hoffnungen und Erwartungen an den Analytiker, erfordern seine unbewussten Erklärungen, warum die Analyse für ihn ein gefährliches Unternehmen" sein würde, dem ein Erfolg mit Sicherheit versagt wäre, besondere Aufmerksamkeit. In diesem Sinne kann alles, was der Patient in den ersten Stunden sagt (und nicht sagt), auch als Versuch verstanden werden, sich selbst und den Analytiker vor einer verhängnisvollen und gefährlichen Beziehung zu schützen (vgl. Ogden 1995).

2. Klassische Auffassung und Entwicklung

Freud selber hatte keine eigens formulierte Interviewtechnik. Aber er wusste, dass der psychoanalytische Prozess sehr schnell zu scheinbar unentwirrbaren Verwicklungen führt, und dass gerade der Beginn einer Behandlung noch einer systematischen Untersuchung zugänglich sein könnte: „Wer das edle Schachspiel aus Büchern erlernen will, der wird bald erfahren, daß nur die Eröffnungen und Endspiele eine erschöpfende systematische Darstellung gestatten, während die unübersehbare Mannigfaltigkeit der nach der Eröffnung beginnenden Spiele sich einer solchen versagt" (Freud 1913c, S. 454).

Wie Argelander (1976) zeigen konnte, ist in Freuds Krankengeschichte „Katharina" (1895d) erstmals der Verzicht auf suggestive Techniken dokumentiert und damit die neu gewonnene Einsicht, dass durch Fragen und Drängen der Widerstand gegen die Mitteilung relevanter Daten nicht aufgehoben werden kann: „Aber ich forderte sie auf, weiter zu erzählen, was ihr einfiele, in der sicheren Erwartung, es werde ihr gerade das einfallen, was ich zur Aufklärung des Falles brauchte" (Freud 1895d, S. 189).

Freud blieb aber skeptisch gegenüber den diagnostischen Möglichkeiten einzelner Gespräche und entschloss sich: „... Kranke, von denen ich wenig weiß, vorerst nur provisorisch, für die Dauer von einer bis zwei Wochen, anzunehmen" (Freud 1913c, S. 455).

Bemerkenswert ist, dass Freud schon Bedenken gegen systematische Erhebungen (im Sinne einer ärztlichen Exploration) äußerte: „... noch solange fortgesetzte Unterhaltungen und Ausfragungen in der Sprechstunde" (Freud 1913c, S. 455) boten seiner Meinung nach keinen Ersatz für eine Probebehandlung, welche den Regeln der psychoanalytischen Behandlungstechnik folgen sollte. Wie schon in der Arbeit von 1905 „Über Psychotherapie" ging es ihm vor allem um die Frage der Indikation für Psychoanalyse bzw. differentialdiagnostische Vorhersagemöglichkeiten, z.B. den Ausschluss zugrunde liegender Erkrankungen, die durch Psychoanalyse als nicht behandelbar galten. Aus heutiger Sicht entspricht die von ihm vorgeschlagene Probebehandlung bezüglich ihrer Methode und ihrem erkenntnisleitenden Interesse einem verlängerten Interviewprozess.

Probleme der Diagnose, der Vorhersagbarkeit von Analysierbarkeit (vgl. Bachrach et al. 1978) bzw. der angemessenen Auswahl von Patienten sollten in der Folge mehrere Analytikergenerationen beschäftigen. Dabei war es gerade die diagnostizierende Seite im Interviewprozess, die optimiert werden sollte (vgl. zur Geschichte des Erstinterviews Gill et al. 1954, Mertens 1990).

Erst ab Mitte der fünfziger Jahre (Gill et al. 1954, Deutsch et al. 1955, Balint et al. 1961) und dann mit Mitte der sechziger Jahre in Deutschland (Künzler et al. 1965, Argelander 1967, 1970) kam es zu einer gravierenden Akzentverschiebung. Die Untersuchung der Arzt-Patient-Beziehung und die therapeutische Seite des Interviewprozesses traten in den Vordergrund, neben der Entwicklung einer Reihe von Manualen zur Durchführung von Interviews, die vor allem auf dem Hintergrund diverser Forschungs- bzw. Dokumentationsinteressen entwickelt wurden (Balint et al. 1961, A. Freud et al. 1965, Beenen et al. 1980).

Diese Neuerungen gingen mit Modifikationen der sogenannten klassischen Psychoanalyse einher (Fokaltherapie, Kurzpsychotherapie, Flash-Technik, Beratung, Gruppentherapie etc.) sowie in Deutschland mit der im Rahmen der krankenkassenärztlichen Versorgung 1967 anerkannten, „tiefenpsychologisch fundierten Psychotherapie" und der „analytischen Psychotherapie". Die Einbindung in das Gesundheitssystem forderte Eingrenzungen, die – ungewollt weitergehende Forschungen zur Erweiterung der Indikation für Psychoanalyse in Deutschland hemmten, z.B. in dem die Strukturveränderung der neurotischen Persönlichkeit eines Kranken – über die Beseitigung der aktuellen Störung hinaus – nicht als Aufgabe der Kassenärztlichen Versorgung anerkannt wurde (vgl. Faber und Haarstrick 1991), was de facto den Ausschluss bestimmter psychosomatischer und psychosenaher Erkrankungen bedeutete.

Während Versuche einer weiteren Systematisierung der Erhebung von biographischem Material, vor allem zum Zwecke der Antragstellung im Rahmen der Psychotherapie-Richtlinien, in eine Sackgasse liefen (z.B. Dührssen 1981) – weil die Qualität diagnostischer Daten die Qualität der Analyse unbewusster Inszenierungen keineswegs förderte –, führten Untersuchungen, die die psychoanalytische Technik auf das Interview zuspitzten, zu therapierelevanten Ergebnissen (Dantlgraber 1982): Die Verdichtung der psychoanalytischen Behandlungstechnik auf die Mikroanalyse unbewusster Mitteilungen bzw. die Interaktion im Interview, ermöglichte einen Zuwachs an Erfahrungen, den Freud intuitiv vorweggenommen hatte:

„Wie der erste Widerstand, so können auch die ersten Symptome oder Zufallshandlungen der Patienten ein besonderes Interesse beanspruchen und einen ihre Neurose beherrschenden Komplex verraten. Ein geistreicher junger Philosoph, mit exquisiten ästhetischen Einstellungen, beeilt sich, den Hosenstreif zurechtzuzupfen, ehe er sich zur ersten Behandlung niederlegt; er erweist sich als dereinstiger Koprophiler von höchstem Raffinement, wie es für den späteren Ästheten zu erwarten stand. Ein junges Mädchen zieht in der gleichen Situation hastig den Saum ihres Rockes über den vorschauenden Knöchel; sie hat damit das beste verraten, das die spätere Analyse aufdecken wird, ihren narzißtischen Stolz auf ihre Körperschönheit und ihre Exhibitionsneigungen" (Freud 1913c, S. 472). Andererseits behält Freuds Skepsis gegenüber der Vorhersagbarkeit von Analyseerfolgen bis heute uneingeschränkt Berechtigung: „Unsere Diagnosen erfolgen sehr häufig erst nachträglich ... Wir können den Patienten ... nicht beurteilen, ehe wir ihn durch einige Wochen oder Monate analytisch studiert haben. Wir kaufen tatsächlich die Katze im Sack" (Freud 1933a, S. 167).

3. Kontroverse Positionen

In Bezug auf die Interviewtechnik besteht die hauptsächliche Kontroverse in der Frage, inwieweit bereits beim initialen Kontakt mit dem Patienten die psychoanalytische Standardtechnik realisiert werden kann bzw. realisiert werden muss. Mit anderen Worten: Können die Methode der freien Assoziation und die gleichschwebende Aufmerksamkeit, gleichermaßen wie die Deutung der Übertragungs- und Gegenübertragungsbeziehung, das hauptsächliche technische Mittel darstellen, oder bedarf es zusätzlicher Interventionen, die diagnostischen Zwecken dienen oder die den Patienten auf eine möglicherweise sich anschließende Behandlung hinführen. Eine zweite Frage hat mit Modifikationen der Interviewtechnik bei unterschiedlichen Patienten zu tun (vgl. z.B. die Darstellung von Kernbergs „strukturellem Interview" bei Mertens 1990), demgegenüber die Auffassung besteht, dass noch so ausgefeilte Klassifikationen dem je spezifischen Geschehen im interaktiven Prozess von Interviewer und Patient nicht gerecht werden könnten. Die konsequente Auffassung des Interviews als einer therapeutischen Situation, und hierin scheinen sich unterschiedlichste psychoanalytische Schulen einig zu sein, betont gleichzeitig die zentrale Bedingung für die Indikation einer psychoanalytischen Behandlung, nämlich die Anforderung „... daß sie (die Patienten) an der eigenen Person lernen sollen" (Freud 1912e, S. 386).

4. Neuere Befunde

Die Tatsache, dass initiale Gegenübertragungsreaktionen des Analytikers von zentraler Bedeutung für die Einschätzung der Indikation und damit auch für das Zustandekommen einer Behandlung sind, führte zu Untersuchungen der „Anfangsszene“ des Erstinterviews, deren diagnostische Relevanz nachgewiesen werden konnte (Wegner 1988). Daraus leiten sich Fragestellungen ab, die mit dem inneren Funktionieren des Analytikers zwischen der „Identifikation mit der Methode“, dem Einnehmenkönnen einer „exzentrischen Position“ bzw. der „Verinnerlichung der ödipalen Konstellation“ zu tun haben. Auch für das Interview gilt: „Die sogenannte gleichschwebende Aufmerksamkeit ist als Modellvorstellung ein Eckpfeiler, an dem das Gebäude analytischer Arbeit verankert ist“ (Wegner 1992, S. 295). Erweiterungen dieser Haltung führten zur Konzeptualisierung einer „free floating responsiveness“ und einer „free floating introspectiveness“ (vgl. Wegner 1992, S. 299), die zusammen ermöglichen, zu intersubjektiven Prozessbeschreibungen zu gelangen, die zu therapierelevanten Aussagen führen, wie sie von Eckstaedt (1991) dokumentiert wurden.

In diesem Sinne sind auch Überlegungen von Danckwardt et al. (1996, S. 40f.) zu verstehen, die eine „spezielle Erstinterviewvariante“ vorschlagen, die Antworten auf die Frage nach begründeter Indikation hochfrequenter psychoanalytischer Behandlung geben soll: „Der Verlaufsbeobachtung innerhalb einer Interviewsitzung sollte eine Verlaufsbeobachtung über sämtliche Behandlungsvorgespräche hinzugefügt werden, die wöchentlich ein- oder zweimal stattfinden sollten. So könnten neben objektiven Daten (z. B. über die Manifestationen des Wiederholungszwangs) aus einer abschließenden Befragung zahlreiche dynamische Daten gesammelt werden, die Auskunft über die vermutlich notwendige zeitliche Dichte der Stundenfolge geben. „Die Aufgabe des Therapeuten“ „...in Übereinkunft mit dem Patienten“ besteht darin, Angaben zu drei Beobachtungsebenen zu machen: „Interviewbeobachtung, Interviewverlaufsbeobachtung, bisheriger Krankheitsverlauf und objektive biographische Daten“ (Danckwardt et al. 1996, S. 76). Mit dieser Erweiterung formulieren die Autoren implizit eine aktualisierte Variante der Freud'schen „Probeanalyse“, indem sie einen therapieäquivalenten (zeitlich frequentierten) Interviewprozess vorschlagen.

Literatur

Argelander, H. (1967). Das Erstinterview in der Psychotherapie I-III. Psyche – Z Psychoanal, 21, 344–368, 429–467, 473–512.

Argelander, H. (1970). Das Erstinterview in der Psychotherapie. Frankfurt/M.: Wissenschaftliche Buchgesellschaft.

Argelander, H. (1976). Im Sprechstunden-Interview bei Freud. Psyche – Z Psychoanal, 30, 665–702.

Bachrach, H.M. and Leaf, L.A. (1978). „Analyzability“: A systematic review of the clinical and quantitativ literature. Journal of the American Psychoanalytic Association, 26, 881–922.

Balint, M. und Balint, E. (1980). Psychotherapeutische Techniken in der Medizin. Stuttgart: Klett, 1961.

Beenen, F. et al. (1980). Over psychoanalyse indicatie: empirische herwaardering van klinische overwegingen. Tijd. v. Psychotherapie, 6, 123–140.

Deutsch, F. und Murphy, W.F. (1955). The clinical interview. Vol. I, Diagnosis – A method of teaching associative exploration. New York: International Universities Press.

Danckwardt, J.F. und Gattig, E. (1996). Die Indikation zur hochfrequenten analytischen Psychotherapie in der vertragsärztlichen Versorgung. Ein Manual. Stuttgart: frommann-holzboog.

Dantlgraber, J. (1982). Bemerkungen zur subjektiven Indikation für Psychoanalyse. Psyche – Z Psychoanal, 36, 193–225.

Dührssen, A. (1981). Die biographische Anamnese unter tiefenpsychologischem Aspekt. Göttingen: Verlag für Medizinische Psychologie im Verlag Vandenhoeck & Ruprecht.

Eckstaedt, A. (1991). Die Kunst des Anfangs. Psychoanalytische Erstgespräche. Frankfurt/M.: Suhrkamp.

Faber, F.R. und Haarstrick, R. (1991). Kommentar Psychotherapie-Richtlinien. Neckarsulm: Jungjohann, 2., neu bearb. Aufl.

Freud, A., Nagera, H. and Freud, W.E. (1965). Metapsychological assessment of the adult personality: The adult profile. Psychoanalytic Study of the Child, 20, 9–41.

Gill, M.M., Newman, R. and Redlich, F.C. (1954). The initial interview in psychiatric practice. New York: International Universities Press.
Mertens, W. (1990). Psychoanalytisches Erstinterview. In ders., Einführung in die psychoanalytische Therapie, Bd. 1 (S. 236–263). Stuttgart: Kohlhammer, 3. Aufl., 1999.
Ogden, T.H. (1995). Das psychoanalytische Erstgespräch. In ders., Frühe Formen des Erlebens (S. 171–198). Wien: Springer.
Künzler, E. und Zimmermann, I. (1965). Zur Eröffnung des Erstinterviews. Psyche – Z Psychoanal, 19, 68–79.
Wegner, P. (1988). Die Bedeutung der Anfangsszene im psychoanalytischen Erstinterview. Tübingen: Dissertation.
Wegner, P. (1992). Zur Bedeutung der Gegenübertragung im psychoanalytischen Erstinterview. Psyche – Z Psychoanal, 46, 286–307.

Es *von Bernd Nitzschke*

id – ça

1. Definition

Mit Einführung der Strukturtheorie ersetzte (oder ergänzte) Freud 1923 das an den Qualitäten psychischer Prozesse (ubw/vbw-bw) orientierte Modell des psychischen Apparats durch ein Modell, das in bildhafter Sprache drei Instanzen benennt, von denen die eine – das Es – als Reservoir ursprünglich organismischer Trieb-Energie gilt, deren psychisches Äquivalent Libido genannt wird, während die beiden anderen – das Ich und das Überich –, die sich unter dem Einfluss interpersoneller Beziehungen aus dem Es differenzieren, u.a. der Regulation (Abfuhr/Bindung) der Libido dienen. „Libido ist ein Ausdruck aus der Affektivitätslehre" (Freud 1921c, S. 98). Diese Feststellung lässt sich mit der modernen psychoanalytischen Affektforschung vereinbaren: „Der von Freud als psychischer Repräsentant des Triebes beschriebene Reiz, der die Arbeitsanforderung an das Seelische stellt, ist ... der Affekt" (Krause 2001, S. 937).

Nachdem Freud das Es als Ausgangspunkt jeder weitergehenden seelischen Entwicklung bestimmt hatte, verstand er „die Psychoanalyse" als „Psychologie des Es (und seiner Einwirkungen auf das Ich)" (1924f, S. 427). Der Wunsch aller Wünsche – die sofortige und umfassende Erfüllung des je aktuellen Wunsches – charakterisiert die Arbeitsweise des Es, die Freud mit dem Begriff „Lustprinzip" umschrieb. Zum Es gehört demnach alles, „was ererbt, bei Geburt mitgebracht, konstitutionell festgelegt ist, vor allem also die aus der Körperorganisation stammenden Triebe" (Freud 1940a, S. 67f.). Damit repräsentiert das Es die „archaische Erbschaft des Menschen", die, laut Freud, auch „Erinnerungsspuren an das Erlebte früherer Generationen" umfassen soll (1939a, S. 206).

Die archaischen Wünsche sowie die primäre Form der Wunscherfüllung geraten im Verlauf des (kollektiven) Zivilisations- und des (individuellen) Sozialisationsprozesses in Konflikt mit der Außenwelt, wobei ein großer Teil der Wünsche umgeformt, aufgeschoben oder zurückgewiesenen (abgewehrt) wird. Die Konflikte, die sich dabei zwischen der primären Wunschbefriedigungstendenz einerseits und der durch die Kultur eingeschränkten Möglichkeit der Wunschbefriedigung andererseits bzw. zwischen den miteinander in wechselseitiger Abhängigkeit verbundenen Instanzen ergeben, sind als solche für die Entstehung relativer Normalität bzw. einer Symptom- oder Charakterpathologie nicht ausschlaggebend; entscheidend ist vielmehr der Grad der Differenzierung der Strukturen (der die Entwicklungspathologie bestimmt) und/oder die Art der (im konkreten Einzelfall zu analysierenden) kompromisshaft erreichten Lösung der intersystemischen Konflikte (aus der die Konfliktpathologie resultiert).

2. Klassische Auffassung

„Wir nähern uns dem Es mit Vergleichen, nennen es ein Chaos, einen Kessel voll brodelnder Erregungen ... Von den Trieben her erfüllt es sich mit Energie, aber es hat keine Organisation, bringt keinen Gesamtwillen auf, nur das Bestreben, den Triebbedürfnissen unter Einhaltung des Lustprinzips Befriedigung zu verschaffen. Für die Vorgänge im Es gelten die logischen Denkgesetze nicht ... Im Es findet sich nichts, was der Zeitvorstellung entspricht ... Wunschregungen, die das Es nie überschritten haben, aber auch Eindrücke, die durch Verdrängung im Es versenkt worden sind, sind virtuell unsterblich, verhalten sich nach Dezennien, als ob sie neu vorgefallen wären. Als Vergangenheit erkannt, entwertet und ihrer Energiebesetzung beraubt können sie erst werden, wenn sie durch die analytische Arbeit bewußt geworden sind, und darauf beruht nicht zum kleinsten Teil die therapeutische Wirkung der analytischen Behandlung" (Freud 1933a, S. 80f.).

Diese Beschreibung zeigt, dass dem Es nun die meisten der Charakteristika zugeordnet werden, die – wie das primärprozesshafte Denken – vor Einführung des Strukturmodells dem unbewussten System zukamen; zum anderen wird daraus ersichtlich, dass der Es-Begriff nicht nur von theoretischer, sondern auch von behandlungspraktischer Bedeutung ist: „Wo Es war, soll Ich werden. Es ist Kulturarbeit etwa wie die Trockenlegung der Zuydersee" (Freud 1933a, S. 86).

Die bildhafte Sprache Freuds aufgreifend kann man die im Regelfall durch Erziehung – und im Ausnahmefall durch Nacherziehung (das heißt durch Therapie) – angestrebte Eindeichung des Es als Begleitumstand der Entwicklung und Differenzierung des Ichs und seiner Funktionen verstehen. Die Stärke des Ichs drückt sich dabei in seiner Fähigkeit aus, die Leidenschaften des Es zu zähmen und zu zügeln: „Man könnte das Verhältnis des Ichs zum Es mit dem des Reiters zu seinem Pferd vergleichen. Das Pferd gibt die Energie für die Lokomotion her, der Reiter hat das Vorrecht, das Ziel zu bestimmen, die Bewegungen des starken Tieres zu leiten. Aber zwischen Ich und Es ereignet sich allzu häufig der Fall, daß der Reiter das Roß dahin führen muß, wohin es selbst gehen will" (Freud 1933a, S. 83).

3. Ideengeschichtlicher Hintergrund

Die zuletzt zitierte Bemerkung Freuds verweist auf die Abhängigkeit des Reiters (der Vernunft) vom Pferd (von den Wünschen und Affekten) und damit auf den ideengeschichtlichen Zusammenhang, in dem der psychoanalytische Terminus Es entstanden ist – und in dem vermutlich auch die Methode der freien Assoziation, die dem „es denkt" entspricht, ihre Wurzeln hat. So heißt es bei Schopenhauer: „Denn was, für ein unbändiges Roß, Zügel und Gebiß ist, das ist für den Willen im Menschen der Intellekt; an diesem Zügel muß er gelenkt werden, mittels Belehrung, Ermahnung, Bildung u.s.w." (1977, S. 248). Freud überhörte bei seiner Begriffsbildung allerdings die Warnungen, die in den sprachkritisch orientierten Beiträgen zur „Es-denkt"-Debatte formuliert worden waren.

Die vernunftkritischen Philosophen, vor allem Schopenhauer – und in dessen Nachfolge – Nietzsche, hatten Descartes' cogito ergo sum (und damit die Autonomie des Denkens) in Frage gestellt. Schon in der „Kritik der reinen Vernunft" (1781) schreibt Kant über die Paralogismen, also über die Fehlschlüsse der rationalen Seelenlehre: Das „Ich, oder Er, oder Es (das Ding), welches denket", sei eine „an Inhalt gänzlich leere Vorstellung" (1976, II, S. 344). Karl Philipp Moritz griff diese Kritik 1783 in dem von ihm herausgegebenen „Magazin der Erfahrungsseelenkunde" auf. Unter der Überschrift „Sprache in psychologischer Rücksicht" schrieb er: „... wenn ich zum

Beispiel sage, es donnert, so stelle ich mir unter dem es doch eigentlich nichts weiter, als den Donner selber vor, und es donnert heißt daher nichts mehr, als das Donnern geschiehet, oder es ereignet sich eine Veränderung in der Natur, die ich donnern nenne" (1986, S. 70). Und weiter heißt es: „Aus all diesem erhellet, daß ... wir durch das unpersönliche es dasjenige anzudeuten suchen, was außer der Sphäre unsrer Begriffe liegt, und wovon wir uns nur dunkle Begriffe machen können" (1986, S. 78 – Herv. im Original).

Lichtenberg (1793) versuchte, das von Moritz bezeichnete Dunkel etwas aufzuhellen, indem er dessen Beispiel „es donnert" durch die Parabel „es blitzt" ersetzte: „Es denkt, sollte man sagen, so wie man sagt: es blitzt. Zu sagen cogito, ist schon zu viel, sobald man es durch ‚ich denke' übersetzt. Das Ich anzunehmen, zu postulieren, ist praktisches Bedürfnis" (K 76 – zit. nach Promies 1968/1971; der Buchstabe kennzeichnet das Sudelbuch, die Ziffer den Aphorismus).

Dieser von Lichtenberg vorgeschlagenen Ersetzung begegnete Nietzsche mit dem Einwand: „Seien wir vorsichtiger als Cartesius, welcher in dem Fallstrick der Worte hängen blieb. Cogito ist freilich nur ein Wort: aber es bedeutet etwas Vielfaches: manches ist vielfach und wir greifen derb darauf los, im guten Glauben, daß es Eins sei. In jenem berühmten cogito steckt 1) es denkt 2) und ich glaube, daß ich es bin, der da denkt, 3) aber auch angenommen, daß dieser zweite Punkt in der Schwebe bliebe, als Sache des Glaubens, so enthält auch jenes erste ‚es denkt' noch einen Glauben: nämlich, daß ‚denken' eine Thätigkeit sei, zu der ein Subjekt, zum mindesten ein ‚es' gedacht werden müsse – und weiter bedeutet das ergo sum nichts! Aber das ist der Glaube an die Grammatik, da werden schon ‚Dinge' und deren ‚Thätigkeiten' gesetzt, und wir sind fern von der unmittelbaren Gewißheit. Lassen wir also auch jenes problematische ‚es' weg ..." (Nietzsche 1980, Bd. 11, S. 639f.; s. ergänzend hierzu: Bd. 5, Aph. 17, S. 30f.).

Nietzsche hatte die von Lichtenberg gewählte Analogie Blitz/Gedankenblitz aufgegriffen, um die darin verborgene „Mythologie des Subjekt-Begriffs (der ‚Blitz' leuchtet – Verdoppelung – die Wirkung verdinglicht)" (1980, Bd. 12, S. 98) aufzudecken. Freud behauptete später jedoch, der von Groddeck eingeführte Begriff des Es (1923) sei Nietzsches Werken entnommen, in denen „dieser grammatikalische Ausdruck für das Unpersönliche und sozusagen Naturnotwendige in unserem Wesen durchaus gebräuchlich" sei (Freud 1923b, S. 251, Anm. 2; 1933a, 78f.). Diese Behauptung wurde in der Freud-Sekundärliteratur über Jahrzehnte hinweg wiederholt, ohne dass ein entsprechendes Zitat aus Nietzsches Werken als Beleg angeführt worden wäre (vgl. die in den 1980er Jahren in der Fachzeitschrift „Psyche" geführte Debatte zur Herkunft des Es – zusammenfassend: Gasser 1997, Kap. 13; Nitzschke 1998). So heißt es noch in der in den 1970er Jahren erschienenen Freud-Studienausgabe, der psychoanalytische Terminus „Es" gehe „zweifellos auf Nietzsche zurück" (Mitscherlich et al. 1975, S. 278). Nietzsche hatte den auf Descartes' cogito ergo sum verweisenden Diskurs jedoch zitiert, um davor zu warnen, aus der Formel „es denkt" ein „Es" zu extrahieren. Dieses Wort verwendet er – großgeschrieben – nur einmal in einem nachgelassenen Fragment. Dort heißt es: „Das Nächste heißt uns ‚ich' mehr als das Entferntere, und gewöhnt an die ungenaue Bezeichnung ‚ich und alles andere, tu', machen wir instinktiv das Überwiegende momentan zum ganzen ego und alle schwächeren Triebe stellen wir perspektivisch ferner und machen daraus ein ganzes Du oder ‚Es'" (1980, Bd. 9, S. 212). Dieses vermeintlich Ganze repräsentiert aber keineswegs das „Unpersönliche und sozusagen Naturnotwendige in unserem Wesen" (Freud) – das Nietzsche als Wille zur Macht apostrophierte, womit er Schopenhauers Wille zum Leben pointierte –, vielmehr ist es der Teil, der unserer augenblicklichen Selbst-Wahrnehmung entgeht. Groddeck, der Eduard von Hartmann (1869) folgt, machte das Es hingegen zum Geist im Geist und widersprach somit Nietzsches Intention, der die Formel „es denkt" nicht zum Substantiv erheben und daraus erst recht keinen Begriff ableiten wollte.

4. Wesentliche Erweiterungen, Differenzierungen und Modifikationen

Freuds Beschreibung des Es als Instanz, die das animalisch-archaische Erbe des Menschen beinhaltet, scheint auf den ersten Blick eine klare Begriffsbestimmung zugrunde zu liegen. Das ist jedoch nicht der Fall: Erklärende Konzepte (Regulation psychischer Prozesse nach dem Lustprinzip), Abstraktionen (Triebe) und körpernahe Beobachtungen psychischer Konflikte (vermutlich Selbst- und Fremdbeobachtungen, oft dargestellt in einer metaphorischen, dem primärprozesshaften Denken analogen Sprache) werden in einem Begriff verdichtet, der suggeriert, es gebe in den tiefsten Schichten der Seele ein handelndes Wesen, „das" Es, das wie ein Homunkulus agiert.

Aufgrund dieser Gemengelage ist es nicht verwunderlich, dass der Begriff Es wie das Gesamtkonzept, in das er bei Freud eingebunden ist, immer wieder kontrovers diskutiert worden sind (Marcovitz 1963). Hayman hat daraus den radikalen Schluss gezogen, „if we drop terms like ‚the id' and ‚the ego', what we lose is surely only an invitation to confused thinking" (1969, S. 370). Meyer hingegen hat versucht, den Es-Begriff neu zu definieren, nachdem er die immanenten Unstimmigkeiten der Freud'schen Es-Ich-Überich-Gliederung sowie die Widersprüche, die sich aus der Gegenüberstellung von Freuds erstem und zweitem topographischen Modell ergeben, klar aufgezeigt hatte. Er fand fünf Kategorien (Meyer 1969, S. 585ff.), mit deren Hilfe die unterschiedliche Verwendung des Es-Begriffs gekennzeichnet werden kann: (1) die „Makro-Es-Definition" im Sinne von Groddeck – hier schaltet und waltet das Es als phantasievoller Herr allen seelischen Geschehens; (2) die „Mikro-Es-Definition" – hier wird das Es, wie etwa im Spätwerk Wilhelm Reichs, zum „neurophysiologischen Begriff" (Meyer 1969, S. 586); (3) die „Medium-Es-Definition" – hier werden, wie etwa bei Schur (1966), dem Es sowohl physiologische wie – eingeschränkt – psychische Funktionen zugeschrieben; (4) die erweiterte „Medium-Es-Definition" – bei der das Es als Ausgangspunkt aller Motive aufgefasst wird, und (5) eine neue, von Meyer im Anschluss an Waelder (1936) vorgeschlagene Es-Definition, die es zulasse, kybernetische Modelle mit dem Es-Konzept zu verbinden.

5. Die Bedeutung des Begriffs in verschiedenen psychoanalytischen Schulrichtungen und mögliche interdisziplinäre Erweiterungen

Definierte Freud (1924f, S. 427) die Psychoanalyse als Es-Psychologie, die durch Beiträge aus der Ich-Psychologie lediglich zu „ergänzen" sei, so wandte sich das Interesse seiner Nachfolger – zunächst fast ausschließlich – dem Ich zu. Später teilte der Es-Begriff das Schicksal der Metapsychologie (bzw. der Triebtheorie, mit der er so eng verbunden ist) und verfiel harscher Kritik. Auch im klinisch-therapeutischen Bereich änderte sich, beginnend in den fünfziger Jahren, die Perspektive – weg vom Es, hin zu den interpersonellen Beziehungen. Dazu heißt es bei Anna Freud: „Statt weiterhin die Konflikte zwischen den inneren Instanzen (Es, Ich und Überich) zu studieren, richten jetzt viele analytische Forscher und Autoren ihr Interesse auf die allererste Lebenszeit, in der die Fundamente der Persönlichkeitsentwicklung niedergelegt werden" (1956, S. 1870). Die Konfliktpathologien, kennzeichnend für die klassischen Übertragungsneurosen, traten in den Hintergrund – ob infolge des geänderten theoretischen Interesses oder infolge eines davon unabhängigen tatsächlichen Wandels der Krankheitsbilder, diese Frage mag hier offen bleiben –, während die Entwicklungspathologien an Bedeutung zunahmen (Heigl-Evers und Nitzschke 1994).

Vereinzelte Versuche, den Es-Begriff in systematischer Absicht mit selbstpsychologischen (Fetscher 1985), objektbeziehungstheoretischen (Shulman 1987, Downey 1989) oder – interdisziplinär – mit kybernetischen (Pritz und Mitterauer 1977) Modellen in Einklang zu bringen, waren die Ausnahmen einer lange Zeit vorherrschenden Regel, den Es-Begriff nur noch als Metapher gelten zu lassen. Im Kontext des neuerdings geführten

Dialogs zwischen Neurowissenschaftlern, Philosophen und Psychoanalytikern hinsichtlich der Bedingungen, die dem Bewusstsein vorgelagert sind und/oder dieses ermöglichen, könnte es nun aber zu einer Renaissance des Es-Konzepts kommen. So räumt zum Beispiel Libet, dessen Experimente wesentlicher Anstoß der Debatte über die unbewussten Determinanten scheinbar bewusster Entscheidungsprozesse waren, in Hinsicht auf die Wahrnehmungsabwehr Freuds Postulat der „Wirkung emotionaler Konflikte“ (2005, S. 156) Erklärungswert ein. Und bei Roth (2001) heißt es: „Aus neurobiologischer Sicht ist Freud in diesem Zusammenhang Recht zu geben: Das unbewußte, limbische Erfahrungsgedächtnis lenkt unser Handeln stärker als unser bewußtes Ich.“ Unter Berufung auf solche und ähnliche Äußerungen liegt es nahe, erneut von „einer basalen Lebensorganisation im Es“ zu sprechen (Holderegger 2005, S. 152). Und wenn man Freuds Prämisse eines Psycho-Lamarckismus auch zurückweisen muss, so lässt sich der von ihm daraus gezogene Schluss, im Es fänden sich „Erinnerungsspuren an das Erlebte früherer Generationen“ (Freud 1939a, S. 206), doch rehabilitieren, wenn man dieses Segment des Es durch das Konzept „kulturelles Gedächtnis“ (Assmann 2004) ersetzt.

Fazit: Bei Freud ist das Es die imaginäre Schnittstelle körperlich-seelischer Prozesse. Und die Psychoanalyse? Sie ist die Schnittstelle von Naturwissenschaft und Hermeneutik. Das mit den Neuro- und Kulturwissenschaften nun wieder neu begonnene Gespräch könnte diese Kunst der Vermittlung weiter befördern – und zwar im Sinne und zum Wohle der Aufklärung aller Beteiligten.

Literatur

Assmann, J. (2004). Sigmund Freud und das kulturelle Gedächtnis. Psyche – Z Psychoanal, 58, 1–25.

Downey, T. W (1989). Id or subego? Some theoretical questions for clinicans. Psychoanalytic Study of the Child, 44, 199–209.

Fetscher, R. (1985). Das Selbst, das Es und das Unbewußte. Psyche – Z Psychoanal, 39, 241–275.

Freud, A. (1956). Anwendung psychoanalytischen Wissens auf die Kindererziehung. Die Schriften der Anna Freud, Bd. 7 (S. 1861–1875). München: Kindler, 1980.

Gasser, R. (1997). Nietzsche und Freud. Berlin/New York: de Gruyter.

Groddeck, G. (1923). Das Buch vom Es. Briefe an eine psychoanalytische Freundin. Frankfurt/M.: Fischer, 1979.

Hartmann, E. von (1869). Die Philosophie des Unbewußten. Berlin: Dunker, 7. Aufl., 1876.

Hayman, A. (1969). What do we mean by „id“? Journal of the American Psychoanalytic Association, 17, 353–380.

Heigl-Evers, A. und Nitzschke, B. (1994). Das analytische Prinzip „Deutung“ und das interaktionelle Prinzip „Antwort“. In A. Heigl-Evers und J. Ott (Hg.), Die psychoanalytisch-interaktionelle Methode. Theorie und Praxis (53–108). Göttingen: Vandenhoeck & Ruprecht.

Holderegger, H. (2005). Inszenierung und Verwandlung. Psyche – Z Psychoanal, 59, 145–161.

Kant, I. (1781). Kritik der reinen Vernunft, Bd. 2. Frankfurt/M.: Suhrkamp, 1976.

Krause, R. (2001). Affektpsychologische Überlegungen zur menschlichen Destruktivität. Psyche – Z Psychoanal, 55, 934–960.

Libet, B. (2004). Mind time. The temporal factor in consciousness. Cambridge/Mass.: Harvard University Press (dt.: Mind Time. Wie das Gehirn Bewusstsein produziert. Frankfurt/M.: Suhrkamp, 2005).

Lichtenberg, D. G. (1793). Schriften und Briefe, 2 Bde., hg. von W. Promies. Darmstadt: Wissenschaftliche Buchgesellschaft, 1968/ 1971.

Marcovitz, E. (1963). The concept of the id. Journal of the American Psychoanalytic Association, 11, 151–160.

Meyer, A.-E. (1969). Probleme der Es-Ich-Über-ich-Gliederung. Psyche – Z Psychoanal, 23, 561–591. Mitscherlich, A., Richards, A. und Strachey, J. (1975). Editorische Einleitung (zu Das Ich und das Es). In S. Freud, Psychologie des Unbewußten, Studienausgabe, Bd. 3 (275–281). Frankfurt/M.: Fischer.

Moritz, K.P. (1783). Sprache in psychologischer Rücksicht. Magazin der Erfahrungsseelenkunde, Bd. 1. Nördlingen: Greno, 1986, 69–78.

Nietzsche, E (1980). Sämtliche Werke. Kritische Studienausgabe in 15 Bänden (hg. von G. Colli und M. Montinari). München: dtv.

Nitzschke, B. (1998). Die Herkunft des ‚Es': Freud, Groddeck, Nietzsche, Schopenhauer und Eduard von Hartmann. Einsprüche gegen die Fortschreibung einer Legende. In B. Nitzschke, Aufbruch nach Inner-Afrika. Essays über Sigmund Freud und die Wurzeln der Psychoanalyse (109–174). Göttingen: Vandenhoeck & Ruprecht.
Pritz, W.F. und Mitterauer, B. (1977). Metapsychologie und organismische Theorie. Psyche – Z Psychoanal, 31, 986–1020.
Roth, G. (2001). Wie das Gehirn die Seele macht. Vortrag bei den 51. Lindauer Psychotherapiewochen (www.lptw.de).
Schopenhauer, A. (1844). Die Welt als Wille und Vorstellung, Bd. II. Zürich: Diogenes, 1977.
Schur, M. (1966). The id and the regulatory principles of mental functioning. New York: International Universities Press (dt.: Das Es und die Regulationsprinzipien des psychischen Geschehens. Übers. v. Käte Hügel. Frankfurt/M.: Fischer, 1973).
Shulman, M. E. (1987). On the problem of the id in psychoanalytic theory. International Journal of Psycho-Analysis, 68, 161–173.
Waelder, R. (1930). The principles of multiple function: observations on overdetermination. Psychoanalytic Quarterly, 5, 45–62.

Exhibitionismus *von Cornelia Thürheimer*

exhibitionism – exhibitionnisme

1. Definition

Unter Exhibition lässt sich erst einmal der Wunsch verstehen, zu faszinieren, zu gefallen, zu blenden, zu betören. Aktives magisches Sich-zur-Schau-Stellen hat als Ziel, andere durch Geste und Positur zu berauschen, eine zauberhafte, beherrschende Macht auszuüben. Die narzisstische Befriedigung dabei besteht in einem Gefühl des magischen Einflusses auf die Zuschauer.

Bedürfnisse der Neugier und des Sich-Ausdrückens sind von frühester Kindheit an bemerkbar und bedeutend. Wahrnehmung und Ausdruck können direkter Erkenntnis und Realitätsbewältigung dienen. Kann der Wahrnehmung und dem Ausdruck nicht getraut werden, weil Beschämung, Demütigung, Verheimlichung und Verzerrung der gemeinsamen Aufmerksamkeit und Kommunikation die familiäre Interaktion bestimmen, wird die Entwicklung eines konsistenten Konzepts des Selbst und der Welt blockiert.

2. Klassische Auffassung

Gedanken über Exhibitionismus wie über Schaulust machte sich Freud im Jahre 1905. Er betrachtete das Auge als die spezifische erotisch stimulierende Zone für die beiden sexuellen Haupttriebe: Exhibitionismus und Schaulust, den Wunsch zu schauen: Der Exhibitionismus wird dabei als die passive Form der Skopophilie verstanden (Neugier, Voyeurismus oder – wenn man den griechischen Wortstamm scop für „spähen, beobachten" benutzt – Skopophilie). Genetisch folgen die prägenitalen Formen dieser passiven Wünsche, gesehen zu werden, den intensiven Wünschen zu schauen. Freud nennt Scham einen „Widerstand", einen „seelischen Damm" und 1908 eine Gegenmacht gegen diesen doppelten Trieb (Freud 1908c). Beide Triebe bilden nach Freud ein untrennbares Paar. Wenn sie verdrängt werden, führen sie zu neurotischen Symptomen (Freud 1905b, 1910i). Freud betont ebenfalls eine sublimierte Form dieses Triebes: den Wissensdurst (Freud 1909d).

Zusammenfassend beschreibt Freud den Doppeltrieb von Skopophilie und Exhibitionismus als sehr archaisch und führt ihn auf frühe autoerotische, narzisstische Phasen zurück, wobei er eine klare Herkunftslinie von der aktiven Form, dem Wunsch zu schauen, zur passiven Form, dem Wunsch angeschaut zu werden, zeichnet (Freud 1915c). Die Konflikte, die sich auf diesen Doppeltrieb beziehen, sieht Freud hauptsächlich der phallischen und ödipalen Phase zugehörig. Beiläufig folgen hier auch Hinweise auf die Gleichung: Auge = Penis und Blenden = Kastration.

3. Wesentliche Erweiterungen, Differenzierungen und Modifikationen

Das psychoanalytische Verständnis von Exhibitionismus wie auch von Voyeurismus ist unvollständig, wenn nicht eine kritisch sichtende Studie der philosophischen und psychoanalytischen Theorien der Scham miteinbezogen wird. Hierfür stellt Wurmsers Werk „Die Maske der Scham" (1990) eine wahre Fundgrube dar. Scham könne als ein Schock verstanden werden, in seiner Wirksamkeit auf andere versagt zu haben (vgl. Seidler 1990).

Dieser Schameffekt erscheint nach Wurmser (S. 255) weit früher als die Verdrängung exhibitionistischer Triebe, ist vielmehr die Grundform der Unlust bei Störungen des Narzissmus. In diesem Sinne werden exhibitionistische Strebungen als Reaktionsbildung gegen die Scham begriffen. Eine Schamkrise kann also wegen des Gewahrwerdens eben der Diskrepanz zwischen dem grandiosen Selbst und dem nun objektivierten aktuellen Selbst entstehen – eine häufige Problematik auch der Adoleszenz und Spätadoleszenz. Zusammenfassend ist also Scham als das charakteristische und spezifische Angst- und Abwehrmuster gegen Skopophilie und Exhibitionismus zu verstehen.

4. Die Bedeutung des Begriffs in verschiedenen psychoanalytischen Schulrichtungen

Fenichel (1931) beobachtete im Hinblick auf den Exhibitionismus, dass das Tun von Exhibitionisten eine Leugnung der Kastration darstellt (1931, S. 33). Das Zurückgreifen auf die prägenitale exhibitionistische Lust diene regressiv der Verdrängung der genitalen Konflikte (1931, S. 36ff.). Was die Zeigelust sowohl der Genitalien beim Mann als auch des ganzen Körpers bei der Frau anbelangt, werden archaischere Züge hinter der phallischen Fassade spürbar. Es gehe um eine narzisstische Bestätigung und damit um das Gefühl der Allmacht. Scham ist auch bei Fenichel als spezifische Form der Angst ein Abwehrmotiv, das hauptsächlich gegen Exhibitionismus und Skopophilie gerichtet ist (Fenichel 1931, S. 33ff.).

Wurmser (1990) geht zum Thema Exhibitionismus auf eine Arbeit von Siegman (1964) ein, der im Gegensatz zu Freud und Nunberg (1961) eine primäre Rolle für den Exhibitionismus festlegt, völlig getrennt von der Skopophilie. Exhibitionismus ist in seinem Sinn sehr archaisch, ganz sicher prägenitalen Ursprungs. Phallische Aspekte des Exhibitionismus seien oftmals durch präödipales Material überlagert (Wurmser, S. 246). Das Ziel des Exhibitionismus sei, den „Zaubermantel der Allmacht" (S. 247) wiederzuerlangen und Passivität in Aktivität umzuwandeln – ganz im Gegensatz zu Freuds und Nunbergs Auffassung.

Kohut (1976) leistet einen wichtigen Beitrag zum Thema Exhibitionismus. Er spricht sehr häufig von Exhibitionismus, weniger häufig von Voyeurismus (Skopophilie). In seinem Werk verschiebt sich die Aufmerksamkeit von den Trieben auf archaische Zustände und Bilder von Selbst und Objekt. Die Spiegelübertragung ist demnach die therapeutische Wiederherstellung jener normalen Entwicklungsphase des Größenselbst, in dem der Glanz im Auge der Mutter, der die exhibitionistische Darbietung des Kindes widerspiegelt, und andere Formen mütterlicher Teilnahme an der narzisstisch-exhibitionistischen Lust des Kindes und der mütterlichen Reaktion auf sie das Selbstwertgefühl des Kindes stärken. Voyeuristische Beschäftigungen hingegen werden als Versuche bei Kohut verstanden, das Fehlen einer idealisierten Eltern-Imago und ihrer Funktionen durch visuelle Verschmelzung zu ersetzen. In diesem Sinne werden also beide Triebe dazu benützt, das Gefühl eines kohärenten Selbst wiederzubeleben und damit beängstigenden Gefühlen von Fragmentierung und Unbelebtsein entgehen zu können. Kohut geht also mehr vom Standpunkt eines Selbst aus, das von Desintegrationsangst bedroht ist – weniger vom Standpunkt eines psychischen Apparates, der versucht, mit Trieben und einem strukturellen Konflikt fertig zu werden. Sein Ausgangspunkt ist nicht ein Ich, das sich von Kastrationsangst bedroht fühlt.

Zusammenfassend wird Exhibitionismus als Aktivität des Größenselbst gesehen, wohingegen Skopophilie den Wunsch widerspiegelt, das omnipotente „Selbstobjekt" wiederherzustellen. Scham versteht Kohut als charakteristisches psychisches Ungleichgewicht, Folge einer Überflutung des Ichs mit nichtneutralisiertem Exhibitionismus. Er verknüpft diese narzisstische Niederlage nicht nur mit Scham sondern auch mit dem Entstehen von Neid und narzisstischer Wut (1976, S. 209).

Zusammenfassend ergibt sich, dass Konflikte um Exhibitionismus und Skopophilie zwar wichtige genitale/ödipale Komponenten besitzen, aber ihre Wurzeln in der oralen Phase haben (Fenichel 1931). Sowohl Skopophilie als auch Exhibitionismus benutzen aggressive und libidinöse Energien, einerseits Verschmelzungswunsch und lustvollen Kontakt, andererseits Kontrolle, Macht, Kastration und Destruktion.

5. Interdisziplinäre Beiträge und Befunde

Das „Größenselbst" ist eng mit dem expressiven exhibitionistischen Trieb verknüpft. Das Subjekt möchte im Wesentlichen das Objekt durch die magische Macht seines Sprechens, durch die Macht seiner Gesten überwältigen. Es möchte magnetisieren, faszinieren, bezaubern, denn es will den anderen gewinnen. Der Affekt, der diesen Trieb begleitet und ihn ausdrückt ist Stolz. Wird er befriedigt, entsteht ein Gefühl der Größe, des ekstatischen Selbstvertrauens. Der Modus ist die expressive Kommunikation. Kommt es zur Frustration, resultieren Verachtung gegenüber dem Objekt und Scham. In einem gewissen Sinn bedeutet also Liebe auf ihrem Höhepunkt die größtmögliche menschliche Anerkennung dieses Wunsches nach erhebendem Selbstausdruck auf unzähligen Ebenen von Kommunikation. Scham hingegen ist die Niederlage einer solchen Liebe.

Der Roman „Anton Reiser" von Karl Philipp Moritz (seine ersten beiden Teile erschienen 1785/86, der letzte 1790) zeigt wie kein anderer Erziehungsroman dieser Zeit, wie sehr die pietistische Glaubensrichtung, die sich vor allem im Kleinbürgertum ausgebreitet hatte, jeden Wunsch nach befriedigendem Selbstausdruck, jede stolze Äußerung, jede Selbstfreude abzutöten trachtete. Anton Reiser, der kleine Held dieses Romans, muss sich auf bittere Weise bestrafen, wenn er sich des Lebens freut, lacht, hüpft und singt. Exhibitionistische Strebungen müssen unterdrückt werden, dürfen keinen Ausdruck finden. Verlangt wird die Bekämpfung aller körperlichen und seelischen Regungen. Es geht ausschließlich um die Werte eines bürgerlichen Tugendkataloges. Der traurige Held bemüht sich, fleißig, ordentlich und arbeitsam zu sein. Die notwendige Disziplinierung misslingt aber unentwegt. Gepeinigt von Schuldgefühlen versucht er, seinen inneren Leidenschaften zu widerstehen. Melancholie breitet sich aus. Alles körperlich Lustvolle wird als der schlimmste Feind betrachtet, als eine unheimliche Macht, von der sich Anton überwältigt fühlt. Die Aufgabe des bürgerlichen Ichs, wie sie Moritz beschreibt, besteht in der völligen Unterjochung jeder Lebenslust. Der Wunsch nach bereicherndem Selbstausdruck findet so keine Anerkennung.

Literatur

Fenichel, O. (1931). Perversion, Psychosen, Charakterstörungen. Darmstadt: Wissenschaftliche Buchgesellschaft, 1980.

Kohut, H. (1976). Narzißmus. Eine Theorie der psychoanalytischen Behandlung narzißtischer Persönlichkeitsstörungen. Frankfurt/M.: Suhrkamp.

Nunberg, H. (1959). Allgemeine Neurosenlehre auf psychoanalytischer Grundlage. Bern: Huber.

Seidler, G.H. (1990). Rumpelstilzchen auf der Couch – ein Ensemble aus Scham-, Identitäts- und Vaterthematik. Praxis der Kinderpsychologie und Kinderpsychiatrie, 39, 261–266.

Siegman, A.J. (1964). Exhibitionism and fascination. Journal of the American Psychoanalytic Association, 12, 315–335.

Wurmser, L. (1990). Die Maske der Scham. Berlin: Springer.

Externalisierung *von Stavros Mentzos*

externalisation – extériorisation

1. Definition

a) Externalisierung i.w.S. ist ein Sammelbegriff für die verschiedenen Variationen von projektiven Prozessen, also solchen psychischen Vorgängen, bei denen gewisse intrapsychische Inhalte nicht als die eigenen erkannt und erlebt, sondern der äußeren Welt und insbesondere anderen Menschen zugeschrieben werden. So können aggressive Impulse, Stimmungen, Wünsche, Konflikte etc. auf diese Weise nach „außen“ verlegt bzw. projiziert werden. In anderen Fällen handelt es sich aber auch um neu entstehende phantasierte Objekte und sonstige Weltbezüge, in die die eigenen Wünsche, Aggressionen, Stimmungen etc. projiziert werden (z.B. Halluzinationen oder phantasierte Verfolger; das normale Pendant dazu wären jene die Selbstanteile repräsentierenden Figuren im Normaltraum). Oft bleibt es unklar, ob man mit Externalisierung jene projektiven Prozesse meint, bei denen eine zu der Projektion zusätzliche Veränderung der Welt hinzukommt oder nicht. Um diese Zweideutigkeit des Terminus Externalisierung zu vermeiden, schlug Mentzos (1982) für die von äußeren Veränderungen begleitete Variation den Terminus Real-Externalisierung vor, während Externalisierung als Sammelbegriff für Exkorporationen, Projektionen und Selbstobjektivierungen (analog den Inkorporationen, Introjektionen und Identifikationen bei den Internalisierungsprozessen) allgemein dienen soll. Real-Externalisierung wäre somit ein Synonym für Externalisierung i.e.S. (siehe unten).

b) Externalisierung i.e.S. meint einen über die bloße Projektion hinausgehenden Vorgang, bei dem durch unbewusste oder halbbewusste Manipulationen der Realität oder durch entsprechendes, vorwegnehmendes Ausselektieren der Objekte, eine Quasi-Objektivierung des Inhaltes der Projektion erreicht wird (Real-Externalisierung). Delegationen innerhalb des Familiensystems (Stierlin) können auf solchen Externalisierungen basieren, so z.B. bei jener von Mentzos (1982) beschriebenen häufigen Konstellation einer Mutter, welche zwei eigene entgegengesetzte Selbstanteile in je eine von ihren zwei Töchtern „real externalisiert“, wodurch diese Mutter ihre schon intrapsychisch errichtete Spaltung und Projektion zusätzlich an der Realität verankert und fixiert. Schon an diesem Beispiel zeigt sich, dass die Externalisierung i.e.S., die Real-Externalisierung also, kein rein intrapsychischer, sondern ein interpersoneller, ein psychosozialer Abwehrmechanismus ist. Übrigens: Auch die projektive Identifikation kann, wenigstens in ihrem projektiven Anteil, als eine Variation einer solchen Externalisierung i.e.S., also einer Real-Externalisierung, begriffen werden. Denn auch in diesem Fall bewirkt der Betreffende eine Veränderung, egal auf welchem Wege, beim Partner oder Objekt. Auch viele von Mentzos (1976) beschriebenen psychosozialen Arrangements bestehen, wenigstens zum Teil, aus solchen Real-Externalisierungen.

2. Die geschichtliche Entwicklung des Begriffs

Externalisierung als Terminus specificus taucht relativ spät in der psychoanalytischen und nichtpsychoanalytischen Literatur auf, obwohl wenigstens die psychischen Vorgänge, die unter Externalisierung i.w.S. (siehe oben 1a) gemeint sind, implizit und explizit bei der Besprechung projektiver Mechanismen von vielen Autoren berücksichtigt wurden. So steht z.B. bei der Besprechung des Falles Schreber durch Freud der Abwehrmechanismus der Projektion ziemlich im Vordergrund. Auch die Einverleibungs- und Ausstoßungsvorgänge, wie sie Freud in seinem Beitrag „Die Verneinung“ (1925) geschildert hat, entsprechen etwa den Internalisierungs- und Externalisierungsvorgängen in der heutigen Terminologie. Ganz im Vordergrund der Diskussion stehen aber freilich projektive Prozesse bei Melanie Klein und ihren Nachfolgern. Todestriebimpulse würden in die Umwelt projiziert, die Brust stelle das hierfür geeignetste erste äußere Urobjekt dar. Aus der ursprünglichen Furcht vor der eigenen Zerstörungswut entstehe die Furcht vor einem Verfolger.

Während es sich hier noch um Projektion proper handelt, enthält das Konzept der projektiven Identifikation (ebenfalls von M. Klein kreiert) wichtige Anteile der Externalisierung i.e.S. Noch eindeutiger nähern sich jedoch unserem heutigen Verständnis der Externalisierung i.e.S. Autoren, die sich mit Familiendynamik, Delegationen bzw. Rollenvorschriften innerhalb der Familie oder mit der Externalisierung des Überichs, zumal bei Kindern, beschäftigen (z.B. A. Freud). Dagegen meinte Karen Horney, die schon Ende der dreißiger Jahre den Terminus Externalisation zur Bezeichnung eines Abwehrmechanismus benutzte, eigentlich einen nicht projektiven, sondern eher einen identifikatorischen Prozess. Sie ging von der richtigen Beobachtung aus, dass viele Menschen sich so stark mit Normen und Idealbildern identifizieren, dass sie schließlich im Extremfall, ihr eigenes Selbst nur in oder durch andere erleben können.

Umgekehrt beschreibt Anna Freud (1965) Externalisierung als einen eindeutig projektiven Vorgang, wobei z.B. in der Kinderanalyse die Person des Analytikers dazu benutzt wird, um den einen oder den anderen Persönlichkeitsanteil des Patienten zu repräsentieren. Brodey (1965) begreift Externalisierung noch eindeutiger als eine solche Projektion, welche durch eine Manipulation mit dem Ziel ergänzt werde, den Inhalt der Projektion zu verifizieren. Diese Art von Manipulation zwecks Validierung der Projektion spüre auch der Therapeut in der Übertragung. Er, der Therapeut, kämpfe gegen diese Tendenz des Patienten, er realisiere aber bald, dass nur wenn er wenigstens teilweise mitmache, die Beziehung zum Patienten aufrechterhalten werden könne.

3. Aktuelle Entwicklungen und erweiterte Anwendungen

Innerhalb und außerhalb der Psychoanalyse besteht in den letzten Jahren die Tendenz, den Terminus Externalisierung zur Charakterisierung sehr vieler Variationen des Ausdrucks des Innerseelischen in der äußeren physikalischen und sozialen Welt zu benutzen vom Rorschach-Test über Theater und Tanz bis zu der gesamten Kunst. Ein solcher inflationistischer Gebrauch der Bezeichnung Externalisierung ist nicht sinnvoll, weil er die präzise Bedeutung des Terminus i.e.S. sehr relativiert und schließlich unbrauchbar macht. Es ist auch ein logischer Fehler, defensive Projektion mit expressiver Projektion bzw. Externalisierung gleichzusetzen. Erstere stellt einen Abwehrmechanismus dar: Die Projektion und insbesondere die Real-Externalisierung dienen der Verschleierung, der Verleugnung eines nicht akzeptablen Selbstanteils. Dagegen dient die letztere, die schöpferische, expressive Ausdrucksgebung umgekehrt einer besseren, differenzierteren tieferen Wahrnehmung und Anschauung der eigenen Person. Zwar ist es möglich, dass die zuerst genannte defensive Projektion und Externalisierung von dem primären, authentischen, universellen und sehr starken Bedürfnis des Sich-Selbst-Ausdrückens, des Anschaulichmachens herstammt. Die Gleichsetzung beider führt jedoch zu einer Verwirrung und Unbrauchbarkeit der Termini. Am sinnvollsten sollte man durch die Adjektiva defensiv und expressiv (defensive versus expressive Projektion, Externalisierung bzw. Real-Externalisierung) das Gemeinte präzisieren und somit, die in beiden Bereichen nicht nur theoretisch, sondern besonders auch praktisch wichtigen Beobachtungen und Zusammenhänge weiter entwickeln. Schon jetzt haben die Begriffe der Externalisierung bzw. Real-Externalisierung i.e.S. ihre Fruchtbarkeit auf dem Gebiet der Familiendynamik, der psychosozialen Arrangements, der institutionalisierten Abwehr oder sogar der Kriegsdynamik (Mentzos 1993) gezeigt. Aber auch gleichsam normale Stabilisierungsmechanismen implizieren eine Externalisierung i.e.S., wie z.B. Volkan (1988) im Konzept der „suitable targets of externalisation“ gezeigt hat. Auf der anderen Seite sind die expressiven Externalisierungsprozesse im weiteren und i.e.S. sehr brauchbare Konzepte, um diesen in der menschlichen Entwicklung eminent wichtigen Kreislauf der aufeinanderfolgenden Identifikationen und Selbstobjektivierungen (von Mentzos 1982 am Beispiel des Bildshauers veranschaulicht) zu erfassen. Schließlich könnte auch die Untersuchung der vielfachen Berührungspunkte bzw. Transformationen und des Funktionswandels bei defensiven und expressiven Externalisierungen sehr nützlich für die bis jetzt nichtgeklärten Beziehungen zwischen Kunst und Psychose sein, oder aber auch, um die Wirkung und Dynamik von Gestaltungs-, Kunst-, Musiktherapie usw. besser zu verstehen. Denn auch hier geht es um die Verwandlung und das Ineinandergreifen von defensiven und expressiven Externalisierungsprozessen (vgl. Mentzos 2004).

Besonders aktuell ist der Begriff der Real-Externalisierung durch die politischen Entwicklungen zu Beginn des 21. Jahrhunderts geworden. Die bewusste und unbewusste „Herstellung“ von Feindbildern gehört besonders im makrosozialen Bereich fast zum Alltag. „Die Achse des Bösen“ oder umgekehrt die Zielsetzungen der religiös fanatisierten Terroristen usw. sind einige charakteristische Beispiele dafür (s.a. Mentzos 2003). Überhaupt bedient sich der sehr verbreitete Fanatismus bzw. seine Psychodynamik solcher Feindbilder zur Rechtfertigung des eigenen Handelns und letztlich auf einer tieferen Ebene zur notdürftigen Stützung einer brüchigen Selbstidentität und Selbstorientierung von Individuen und Nationen (vgl. Conzen 2005).

Literatur

Brodey, W. (1965). On the dynamics of narcissism: externalisation and early ego development. Psychoanalytic Study of the Child, 20, 165–193.

Conzen, P. (2005). Fanatismus. Psychoanalyse eines unheimlichen Phänomens. Stuttgart: Kohlhammer.

Freud, A. (1965). Normality and pathology in childhood. New York: International Universities Press.

Mentzos, S. (1976, 1990). Interpersonale und institutionalisierte Abwehr. Frankfurt/M.: Suhrkamp.

Mentzos, S. (1982). Neurotische Konfliktverarbeitung. Frankfurt/M.: Fischer.

Mentzos, S. (1993). Der Krieg und seine psychosozialen Funktionen. Frankfurt/M.: Fischer.

Mentzos, S. (2003). Machtpolitische und psychosoziale „Funktionen“ der Feindbilder. In W. Brüggen und M. Jäger (Hg.): Brauchen wir Feinde? (S. 63–82). Berlin: Edition Freytag.

Mentzos, S. (2004). Psychose und Kreativität. In S. Mentzos und A. Münche (Hg.), Psychose und Literatur. Forum der psychoanalytischen Psychosentherapie 11, 11–22. Göttingen: Vandenhoeck & Ruprecht.

Stierlin, H. (1978). Delegation und Familie. Frankfurt/M.: Suhrkamp.

Volkan, D.V. (1988). The need to have enemies and allies. New Jersey: Aronson.

Fallgeschichte *von Marianne Leuzinger-Bohleber*

case history – histoire de cas

1. Definition

Die Fallgeschichte ist ein narrativer Bericht über Krankheiten und Behandlungen, verfasst von Experten oder den Betroffenen selbst. Sie ist bis heute die verbreitetste Kommunikationsform klinischen Erfahrungswissens innerhalb der psychoanalytischen Community. In der Gestalt von „Geschichten", d.h. narrativen Erzählungen, werden klinische Erfahrungen mit einzelnen Patienten, die vom Autor als exemplarische „Fälle" wahrgenommen und dargestellt werden, an Fachkollegen oder an ein nicht-psychoanalytisches Publikum vermittelt. Da diese „Geschichten" zuweilen eher an Literatur als an Wissenschaft erinnern, spricht man oft auch von Fallnovellen und bezieht sich dabei, allerdings meist unreflektiert, auf die literaturwissenschaftliche Bezeichnung „novela", d.h. eine Prosaerzählung geringeren Umfangs, in der ein ungewöhnliches, „neues" Ereignis berichtet wird. Auch der Kliniker oder der betroffene Patient, der sich entscheidet, eine Fallgeschichte zu schreiben, wird eine bestimmte klinische Erfahrung als „neu" und daher mitteilungs- und diskussionswürdig einschätzen, wobei die narrative Gestalt, in die er seinen Bericht kleidet, weitgehend vom Adressaten determiniert wird (vgl. Stil, Form, Umfang, Verständlichkeit, Abhängigkeit von aktuellen zeitgenössischen Bezügen und Begebenheiten, evtl. auch von marktökonomischen Gesetzmäßigkeiten). Bekanntlich hat gerade die literarische Qualität der Freud'schen Fallgeschichten dazu beigetragen, die Psychoanalyse in einer breiteren Öffentlichkeit bekannt zu machen, obschon Freud selbst befürchtete, in der wissenschaftlichen Welt dafür eher Verachtung und Spott zu ernten. Doch haben viele Psychoanalytiker mit ihren beeindruckenden Fallgeschichten diese Tradition weitergeführt, um hier nur einige wenige herauszugreifen, z.B. Melanie Klein (1921) mit der ausführlichen Falldarstellung des „kleinen Fritz", Winnicott (1977) mit „Piggle", Argelander (1972) mit dem „Flieger" oder kürzlich Radebold und Schweizer (1998), in der unkonventionellen Form einer gemeinsamen Publikation mit der ehemaligen Patientin. Ebenso breit wurden Fallgeschichten ehemaliger Patienten rezipiert, so „Ich habe Dir nie einen Rosengarten versprochen" von H. Green (1967), „Schattenmund" von M. Cardinal (1979) oder – als Hinweis auf die Tragödie negativ verlaufener Psychoanalysen – von D. v. Drigalski (1980) „Blumen auf Granit". Doch meist zielen Fallgeschichten auf die Kommunikation klinischer Erfahrung mit Fachkolleginnen und -kollegen, mit denen ein kritischer Austausch gesucht wird. Spezifische Fragen der Diagnostik, der Indikation oder der Behandlungstechnik werden narrativ zusammengefasst, mit anderen in der Literatur beschriebenen „Fällen" in Beziehung gesetzt, um daran einige theoretische Überlegungen zu exemplifizieren. Diesem Versuch, komplexe klinische Beobachtungen in Narrationen zu komprimieren, um dadurch bis ins Unbewusste reichende Erkenntnisse zu kommunizieren, verdankt die psychoanalytische Community die meisten ihrer bisherigen Erkenntnisse zu bestimmten Patientengruppen, Entwicklungsphasen, institutionell bedingten Konflikten etc. Dabei wird der Terminus Fallgeschichte für Berichte mit einem bestimmten Umfang reserviert und abgegrenzt von sogenannten Fallskizzen oder Fallvignetten, d.h. kurzen Schilderungen von Behandlungssequenzen, die meist in theoretische Abhandlungen als Illustrationen bestimmter Thesen oder Überlegungen eingestreut werden. Ebenfalls zu unterscheiden sind Fallgeschichten von Fallberichten oder Falldarstellungen, die meist in einer sachlicheren, neutraleren Sprache verfasst sind und oft dazu dienen, einen bestimmten Status der Kompetenz in der psychoanalytischen Ausbildung unter Beweis zu stellen. Zudem wird u.a. von Kächele (1981) gefordert, vermehrt zwischen Behandlungsberichten und Krankengeschichten zu unterscheiden. Meyer (1993) plädiert für Interaktionsstatt Fallgeschichten, da die Tradition der Fallgeschichte der Psychoanalyse insofern schade, als sie ihre „Wissenschaftlichkeit" in Verruf bringe und sie eher in die „Mythen- und Märchentradition" verbanne. Er schlägt vor, andere Formen der wissenschaftlichen Kommunikation innerhalb der Psychoanalyse zu etablieren wie systematisch erhobene klinische Interaktionsberichte, kontrollierbare, empirische Einzelfallstudien etc., eine Auffassung, die kontrovers diskutiert wird (vgl. u.a. Stuhr und Deneke 1993, Leuzinger-Bohleber 1995).

2. Klassische Auffassung

Freud schreibt in den „Studien zur Hysterie": „Ich bin nicht immer Psychotherapeut gewesen, sondern bin bei Lokaldiagnosen und Elektroprognostik erzogen worden wie andere Neuropathologen, und es berührt mich selbst noch eigentümlich, daß die Krankengeschichten, die ich schreibe, wie Novellen zu lesen sind, und daß sie sozusagen des ernsten Gepräges der Wissenschaftlichkeit entbehren. Ich muß mich damit trösten, daß für dieses Ergebnis die Natur des Gegenstandes offenbar eher verantwortlich zu machen ist als meine Vorliebe; Lokaldiagnostik und elektrische Reaktionen kommen beim Studium der Hysterie eben nicht zur Geltung, während eine eingehende Darstellung der seelischen Vorgänge, wie man sie vom Dichter zu erhalten gewohnt ist, mir gestattet, bei Anwendung einiger weniger psychologischer Formeln doch eine Art von Einsicht in den Hergang der Hysterie zu gewinnen. Solche Krankengeschichten wollen beurteilt werden wie psychiatrische, haben aber vor letzteren eines voraus, nämlich die innige Beziehung zwischen Leidensgeschichte und Krankheitssymptomen, nach welcher wir in den Biographien anderer Psychosen noch vergebens suchen" (1895d, S. 227). – Zeit seines Lebens kommt Freud immer wieder auf die Nähe seiner Falldarstellungen und der Psychoanalyse zur Kunst zu sprechen und bewundert die Dichter für ihren direkten Zugang zum Unbewussten. Daher sieht er in der literarischen Zusammenfassung psychoanalytischer Prozesse einen Versuch, ähnlich wie die Dichter, das Unbewusste in Sprache zu fassen und dadurch der Kommunikation mit anderen zu erschließen. Zudem dient sie, wie schon aus dem angeführten Zitat hervorgeht, der psychodynamischen Beweisführung. „Nach Freuds Ansicht soll sie (die Fallgeschichte) erstens den Ansprüchen der Metapsychologie genügen (Neurosenätiologie, lebensgeschichtliche Konstellationen der Krankheitsentstehung), zweitens die Behandlungstechnik dokumentieren (mit der sukzessiven Aufdeckung der Krankheitssymptomatik, den begleitenden Widerständen seitens der Patienten und den Deutungen des Therapeuten) und drittens muss sie Erfordernissen der Darstellung genügen, also das Rohmaterial, die Therapiegeschichte, Lebensgeschichte und Neurosenätiologie zusammen in eine sinnvoll vermittelbare Form bringen. Trotz dieser hohen theoretischen Auflagen gelingt es Freud, durch die richtigen Proportionen von Originalmaterial und Deduktionen, durch ausführliches Erzählen, im Wechsel mit knapperen theoretischen Diskursen, den Leser seiner großen Fallgeschichten auch an der unmittelbaren Erfahrung teilnehmen zu lassen. Ja, man könnte vielleicht sogar sagen, dass die Überzeugungskraft seiner Fallgeschichten wahrscheinlich weniger aus seinen stringenten metatheoretischen Ableitungen resultiert, als in der aktiven und erlebnisnahen Partizipation, die er dem Leser ermöglicht" (Overbeck 1993, S. 52). Wenige Analytiker nach Freud reichen an seine literarische Begabung heran, ein Grund, warum Freud auch von seiten der Literatur- und anderer Wissenschaftler bis heute eine große Bewunderung erfährt, was sich z.B. auch im alljährlich verliehenen Sigmund Freud-Preis für wissenschaftliche Prosa durch die Akademie für Sprache und Dichtung in Darmstadt manifestiert.

3. Ideengeschichtlicher Hintergrund

Die Faszination an den Lebens- und Leidensgeschichten von Individuen ist so alt wie die schriftlichen Zeugnisse unserer Zivilisation. Bis heute beeindrucken uns z. B. die antiken „Fallgeschichten" von Ödipus, Narziss, Antigone, Medea, ebenso wie später von Hamlet, Ophelia, Maria Stuart, Michael Kohlhaas und viele andere. Sie dienen dazu, die Schicksale von einzelnen in ihren Höhen und Tiefen zu beleuchten, im Glück und in der Tragik, im Verlieren und Gewinnen, in Liebe und Hass, Geburt und Tod. Immer schon enthielten sie den Versuch, versteckte Determinanten des Schicksals zu erhellen und daher zum Verständnis des ewig Menschlichen beizutragen. Rudolf (1993) weist auf die lange Tradition der Fallgeschichte in der forensischen Psychologie und der Psychiatrie hin und stellt diese in den jeweiligen zeitgenössischen Zusammenhang, mit der Selbstdarstellung als aufklärerischer Mitteilung im 18. Jahrhundert, der Entdeckung des „Subjekts: Arzt" im 19. Jahrhundert, der nun die Fallgeschichte als sein Beweismittel verwendet, und schließlich die Beziehungsdiagnostik als Probehandlung" (S. 21) im 20. Jahrhundert. Die Psychoanalyse hat sich in diese historischen Zusammenhänge gestellt, die Fallgeschichte aber um die Dimension komplexer, unbewusster Zusammenhänge erweitert und dadurch zu einer beeindruckend differenzierten „Erzähl- und Schreibkultur" von Narrationen beigetragen. Diese Kultur ist inzwischen von Wissenschaftlern anderer Disziplinen aufgenommen worden, denken wir hier nur an die beeindruckenden Fallgeschichten neurologischer Patienten von Oliver Sacks (1985/87) oder Antonio Damasio (1997). Auch hat psychoanalytisches Wissen u.a. über diesen Weg viele zeitgenössische Dichter (vgl. u.a. Elfriede Jelinek, Philip Roth, Louis Begley) und andere Kunstschaffende (z.B. Filmemacher wie Woody Allen, Costa-Gavras, Richard Dindo u.a.) angeregt.

4. Wesentliche Erweiterungen, Differenzierungen und Modifikationen

Wie Kächele (1981) anhand einer umfassenden Literaturübersicht belegt, erfreut sich die psychoanalytische Fallgeschichte in den letzten Jahren eher einer noch größeren Beliebtheit als in früheren Jahrzehnten: 1930–1959 fand er sechs, 1960–1979 20 Fallberichte, die zwischen 30 und 600 Seiten umfassen. „Sie belegen ... den Eindruck, daß ab 1970 mehr umfangreiche Fallberichte der Öffentlichkeit zugänglich gemacht wurden als je zuvor" (S. 37). Zudem lässt sich z. B. aufgrund der Fallgeschichten zum Erwerb der außerordentlichen Mitgliedschaft der DPV (Deutschen Psychoanalytischen Vereinigung) vermuten, dass die Kontroversen um den Umgang mit dem „subjektiven Faktor" in dieser wissenschaftlichen Kommunikationsform insofern Früchte getragen haben, als auch in diesen Komprimierungen klinischer Daten durch junge Psychoanalytikerinnen und Psychoanalytiker zunehmend mehr auf die Transparenz der ihren Überlegungen zugrunde liegenden klinischen Beobachtungen geachtet wird, was für eine vermehrte Sensibilisierung für die Problematik der Auswahl und Verdichtung komplexer Daten sowie für eine kritische Selbstreflexion spricht. Möglicherweise wurden inzwischen die vielen Versuche rezipiert, die Zuverlässigkeit und Plausibilität klinischer Fallgeschichten kritisch zu diskutieren und Ergänzungen, Modifikationen und Alternativen dazu zu entwickeln. Z. B. wurde angeregt, regelmäßige Einzel- und Gruppensupervisionen systematischer als bisher zur Korrektur einzelner blinder Flecken des Psychoanalytikers – auch beim Verfassen einer Fallgeschichte – beizuziehen.

Schon in den siebziger Jahren widmete sich eine Forschergruppe unter der Leitung von Thomä in Ulm dem Versuch „systematischer Fallbeschreibungen"- gedacht auch als Alternative zur Fallgeschichte. Eine Beobachtergruppe versuchte aufgrund einer systematischen Stichprobe der Verbatimprotokolle von Psychoanalysen, den stattgefundenen Behandlungsprozess anhand von sieben Gesichtspunkten: Symptomatik, äußere Situation, Vorstellung von außeranalytischen Bezugspersonen, analytische Situation aus der Sicht des Patienten, Objektbeziehungen und Psychodynamik, analytische Situation aus der Sicht des Analytikers, kritische Bewertung der Arbeit des Analytikers, zu beschreiben. In einer eigenen Arbeit habe ich die Vor- und Nachteile dieses Ansatzes mit jenem der Fallgeschichten diskutiert und beide Formen der Informationsreduktion mit einer detaillierten inhaltsanalytischen Untersuchung von Materialien aus diesen Analysen verglichen (vgl. Leuzinger-Bohleber 1987, S. 89). Solche „extraklinischen" Einzelfallstudien wurden in den letzten Jahren häufiger durchgeführt als Ergänzung zu den Fallgeschichten sowie als Versuch, sich vermehrt um „externale Kohärenz" (nach C. Strenger, siehe Leuzinger-Bohleber 1995) der psychoanalytischen Erkenntnisse mit denen der nichtpsychoanalytischen Community zu bemühen. Diese empirischen Annäherungen an den psychoanalytischen Prozess stehen in Zusammenhang mit einer intensiven wissenschaftstheoretischen und methodologischen Diskussion um qualitative und quantitative Verfahren in der Psychotherapieforschung, an der viele Psychoanalytiker federführend beteiligt sind (vgl. u.a. Faller und Frommer 1994, Stuhr 1997). Daher existiert zz. eine reiche Palette verschiedener klinischer und extraklinischer Forschungsstrategien, um mit den Klippen psychoanalytischer Fallgeschichten produktiv umzugehen, ohne aber auf die einzigartigen Möglichkeiten der narrativen Gestaltung unbewusster Prozesse, d.h. das für die Psychoanalyse charakteristische „case-base-learning" (Moser 1991), zu verzichten. Daher kommt in vielen der momentan laufenden empirischen Studien mit psychoanalytischen Fragestellungen eine Kombination von Fallgeschichten (als die verbreitetste Darstellungsform der „klinisch-psychoanalytischen" Forschung) einerseits und von extraklinischen Methoden und deren Zusammenfassung (z.B. von Fragebögen, Tests, aber auch Methoden wie das SASB, ZBKT etc., vgl. u.a. Leuzinger-Bohleber und Stuhr 1997) andererseits. So verwenden wir z.B. in der zz. sich in Durchführung befindenden repräsentativen, naturalistischen Katamnesestudie eine Reihe gebräuchlicher Instrumente aus der vergleichenden Psychotherapieforschung, wie z.B. die SCL-90, SOC, VEV oder den Freiburger Katamnesefragebogen, aber auch spezifische text- und inhaltsanalytische Auswertungsverfahren der Katamnese-Interviews. Dabei erweisen sich die klinisch-psychoanalytischen Fallberichte der katamnestischen Interviews mit den ehemaligen Patienten einerseits für eine sinnvolle Komprimierung der Informationen andererseits für eine lesbare und lebendige Kommunikation mit anderen als unverzichtbar. Allerdings werden diese Fallgeschichten sowohl durch psychoanalytische Experten als auch durch fachfremde Rater der Tonbandaufzeichnungen kritisch evaluiert.

5. Die Bedeutung der Fallgeschichte in verschiedenen psychoanalytischen Schulrichtungen

Bekanntlich wird die heutige wissenschaftsgeschichtliche Situation der Psychoanalyse durch ihre Pluralität charakterisiert. Daher waren die letzten internationalen Kongresse immer wieder der Frage gewidmet „One psychoanalysis or many?" (Wallerstein 1989). Verbunden damit ist auch eine vermehrte Sensibilisierung dafür, dass Fallgeschichten oft mehr durch eigene theoretische Präferenzen als durch den Wunsch nach Kommunikation komplexer und widersprüchlicher klinischer Beobachtungen determiniert werden (z.B. Betonung triebtheoretischer Aspekte und psychischer Konflikte bei Vertretern des Strukturmodells, von spezifischen archaischen Übertragungen wie der Spiegelübertragung und der lebenslangen Bedeutung von Selbstobjekten bei Anhängern der Selbstpsychologie oder der depressiven bzw. schizoid-paranoiden Position im seelischen Funktionieren von Patienten bei Anhängern der kleinianischen Objektbeziehungstheorie). So wurden vor allem an den IPA-Kongressen in Rom, Buenos Aires und Amsterdam ausführliche Fallgeschichten vorgetragen, die explizit dem Wunsch entsprachen, das klinische Material ausführlich und ohne eine schon zu große theoretische Aufarbeitung und eigene Interpretation darzulegen. Am Schlusspanel in Rom stellte u. a. Wallerstein fest, dass der gemeinsamen psychoanalytischen Praxis- und Fallgeschichte als Versuch einer Kommunikation von klinischen Erfahrungen in Zeiten der divergierenden theoretischen Modellbildungen und Konzepte eine kohäsive Schlüsselfunktion für die psychoanalytische Community zukomme, da sie einen minimalen, weltweiten Konsens garantiere, „was Psychoanalyse sei“.

6. Interdisziplinäre Beiträge und Befunde

Die Fallgeschichte stößt z. Zt. auch auf ein breites Interesse im interdisziplinären Dialog zwischen der Psychoanalyse und anderen wissenschaftlichen Disziplinen. Einerseits erweist sich der konkrete interdisziplinäre Dialog als eine weitere Chance für den produktiven Umgang mit dem subjektiven Faktor beim Schreiben von Fallgeschichten (vgl. dazu u.a. Leuzinger-Bohleber 1995). Andererseits hat das intensive Interesse an der psychoanalytischen Fallgeschichte, das ihr u.a. die qualitative Sozialforschung (z.B. Volmerg und Leithäuser), die Biographieforschung (z.B. Schütze), die Narrationsforschung (zusammengefasst u.a. bei Hamburger 1998) oder, wie erwähnt, die Neurowissenschaften entgegenbringen, zu einer Aufwertung dieser Tradition innerhalb der Psychoanalyse geführt. Um lediglich ein Beispiel herauszugreifen: Es ist faszinierend zu diskutieren, dass einige Neurowissenschaftler (z.B. Brooks, Clancey, Edelman, Rosenfield u.a.) und Vertreter der sogenannten „Embodied Cognitive Science“ Gedächtnis als eine „ständig sich neu schreibende Geschichte“ (Edelman) verstehen und postulieren, daß Erinnerungsprozesse nur in der „erzählenden“, aktuellen, sensomotorisch-affektiven Interaktion mit einer wichtigen Bezugsperson stattfinden können, was wir kürzlich, ausgehend von einer Fallgeschichte, im interdisziplinären Dialog aufzuzeigen versuchten (vgl. dazu u.a. Leuzinger-Bohleber und Pfeifer 1998). Doch auch in der akademischen Psychologie und der Psychotherapieforschung verstärkt sich m.E. das Interesse an der psychoanalytischen Tradition der Fallgeschichte, denken wir hier nur z.B. an die komparative Kasuistik von Jüttemann (1990) und den Diskurs um qualitative und quantitative Einzelfallforschung (vgl. u.a. Jones 1993, Stuhr 1997). Auch hat die Entwicklung elaborierter Methoden der Einzelfallstatistik die Möglichkeit erweitert, in der Vergleichenden Psychotherapieforschung klinische Fallgeschichten mit empirischen Einzelfallanalysen zu kombinieren (vgl. u.a. Arbeiten von M. Horowitz, der Mount Zion Group um Sampson und Weiss oder der Ulmer Textbank).

In den achtziger Jahren versuchten viele renommierte Psychotherapieforscher im deutschsprachigen Bereich im Rahmen des sogenannten Psychotherapie-Einzelfall-Prozessforschungs-Projektes (PEP), eine kognitive Verhaltenstherapie mit einer psychoanalytischen Kurztherapie zu vergleichen, indem verschiedenste Methoden zur Anwendung kamen. Leider scheinen m.E., mitbedingt durch die abnehmenden finanziellen Ressourcen im Gesundheitsbereich, die Konkurrenzkämpfe zwischen den Therapieschulen und damit auch alte ideologische Kämpfe und Diffamierungen der jeweils anderen Richtung in der Psychotherapieforschung zz. eher wieder zuzunehmen, was produktive Kooperationsversuche und „wissenschaftliche“ Kontroversen, die diese Bezeichnung verdienen, in der vergleichenden Psychotherapieforschung und speziell in der Einzelfallforschung, eher erschwert. Damit verbunden ist auch ein Wiederaufleben von polemischen Entwertungen der psychoanalytischen Tradition der Fallgeschichte, was aber, angesichts der eben erwähnten Aufwertungen idiosynkratischer Fallbetrachtungen in anderen Wissenschaftsdisziplinen, wahrscheinlich als Sturm im Wasserglas zu betrachten ist.

Literatur

Argelander, H. (1972). Der Flieger. Frankfurt/M.: Suhrkamp.

Cardinal, M. (1979). Schattenmund. Reinbek: Rowohlt.

Damasio, A.R. (1997). Descartes' Irrtum. Fühlen, Denken und das menschliche Gehirn. München: dtv.

Drigalsky, D. von (1980). Blumen auf Granit. Frankfurt: Ullstein.

Faller, H. und Frommer, J. (Hg.) (1994). Qualitative Psychotherapieforschung. Grundlagen und Methoden. Heidelberg: Asanger.

Green, H. (1967). Ich habe dir nie einen Rosengarten versprochen. Reinbek: Rowohlt.

Hamburger, A. (1998). Narrativ und Gedächtnis. Psychoanalyse im Dialog mit den Neurowissenschaften. In M. Koukkou, M. Leuzinger-Bohleber und W. Mertens (Hg.), Erinnerung von Wirklichkeiten. Psychoanalyse und Neurowissenschaften im Dialog, Bd. 1 (S. 223–286). Stuttgart: Klett.

Jones, E. (1993). Introduction to special section on single-case research in psychotherapy. Journal of Consulting and Clinical Psychology, 61, 371–372.

Jüttemann, G. (1990) (Hg.). Komparative Kasuistik. Heidelberg: Asanger.

Kächele, H. (1981). Zur Bedeutung der Krankengeschichte in der klinisch-psychoanalytischen Forschung. Jahrbuch für Psychoanalyse, 12, 118–178.

Klein, M. (1921). Eine Kinderentwicklung. In Gesammelte Schriften, Bd. I (S. 11–81). Stuttgart: frommann-holzboog, 1995.

Leuzinger-Bohleber, M. (1987). Veränderung kognitiver Prozesse in Psychoanalysen. Bd. 1, Eine hypothesen-generierende Einzelfallstudie (1989); Bd. 2, Fünf aggregierte Einzelfallstudien. Berlin: Springer (PSZ).

Leuzinger-Bohleber, M. (1995). Die Einzelfallstudie als psychoanalytisches Forschungsinstrument. Psyche – Z Psychoanal, 49, 5, 434–481.

Leuzinger-Bohleber, M. und Stuhr, U. (Hg.) (1997). Psychoanalysen im Rückblick. Methoden, Ergebnisse und Perspektiven der neueren Katamneseforschung. Gießen: Psychosozial.

Leuzinger-Bohleber, M. und Pfeifer, R. (1998). Erinnern in der Übertragung – Vergangenheit in der Gegenwart? Psychoanalyse und Embodied Cognitive Science: ein interdisziplinärer Dialog zum Gedächtnis. Psyche, 52, 884–918.

Meyer, A.E. (1993). Nieder mit der Novelle als Psychoanalysedarstellung – Hoch lebe die Interaktionsgeschichte. In U. Stuhr und F.W. Deneke (Hg.), a.a.O. (S. 61–85).

Moser, U. (1991). Vom Umgang mit Labyrinthen. Praxis und Forschung in der Psychoanalyse. Eine Bilanz. Psyche – Z Psychoanal, 45, 315–335.

Overbeck, G. (1993). Die Fallnovelle als literarische Verständigungs- und Untersuchungsmethode – Ein Beitrag zur Subjektivierung. In U. Stuhr und F.W. Deneke (Hg.), a.a.O. (S. 43–61).

Radebold, H. und Schweizer, R. (1998). Der mühselige Aufbruch. Über Psychoanalyse im Alter. Frankfurt/M.: Fischer.

Rudolf, G. (1993). Aufbau und Funktion von Fallgeschichten im Wandel der Zeit. In U. Stuhr und F.W. Deneke (Hg.), a.a.O. (S. 17–32).

Sacks. O. (1985/87). Der Mann, der seine Frau mit einem Hut verwechselte. Reinbek: Rowohlt.

Stuhr, U. (1997). Psychoanalyse und qualitative Psychotherapieforschung. In M. Leuzinger-Bohleber und U. Stuhr (Hg.), Psychoanalysen im Rückblick, a.a.O. (S. 164–182).

Stuhr, U. und Deneke, F.W. (Hg.) (1993). Die Fallgeschichte. Beiträge zu ihrer Bedeutung als Forschungsinstrument. Heidelberg: Asanger.

Wallerstein, R.S. (1989). Eine Psychoanalyse oder viele? Zeitschrift für psychoanalytische Theorie und Praxis, 4, 126–153.

Winnicott, D.W. (1977). Piggle. Eine Kinderanalyse. Stuttgart: Klett-Cotta, 1980.

Familie, Familientherapie *von Michael B. Buchholz*

family, family therapy – famille, thérapie familiale

1. Definition

Eine abstrakte universell gültige Definition der Familie verbietet sich. Die familiären Formen verändern sich mit der historischen Entwicklung und abhängig von den sozialen Schicht- und Klassenzugehörigkeiten. Wohl gibt es eine Art „Standardmodell" der Familie, nach dem diese aus zwei Generationen und zwei Geschlechtern besteht und in der Regel zwei Kinder vorhanden sind, aber dies ist eine sehr moderne Vorstellung. Der historische und interkulturelle Vergleich zeigt sehr rasch, dass es völlig andere Familienformen gab und gibt. Das Standardmodell ist eher kulturelle Norm und Phantasma; man kann empirisch zeigen (Überblick bei Buchholz 1993), dass in den letzten 200 Jahren immer nur etwa die Hälfte der Bevölkerung in dieser Form gelebt hat. Die moderne Entwicklung versucht den vielfältigen Formen durch neue Semantiken gerecht zu werden; wir kennen neuerdings „Ein-Eltern-", „Nachscheidungs-" und „Wiederverheiratungsfamilien" und es gibt familienanaloge Lebensformen wie Wohngemeinschaften durchaus nicht nur bei Studenten, sondern auch bei alten Menschen oder Haushaltsgemeinschaften wie die „solo fathers". Zudem nimmt die Zahl der „Single"-Haushalte zu.

2. Anfänge und klassische Auffassung

In der berühmten Analyse des Falles „Dora" rät Freud (1905e, S. 176), das psychoanalytische Interesse in erster Linie den „Familienverhältnissen" zuzuwenden. Das Kernstück der damaligen psychoanalytischen Familientheorie ist als Ödipus-Komplex formuliert worden, auch wenn eine solche familialistische Lesart eine gewisse Einengung des Ödipus-Mythos bedeutet. Die Anregung zur Untersuchung der Familienverhältnisse ist aufgegriffen worden. Flugel (1921) legte eine erste umfassende psychoanalytische Monographie zur Familie vor. In ihr war der Grundgedanke, dass die a-kulturelle, triebhafte „Natur" des Kindes durch die Familie zivilisiert werden müsse. Freuds familien- und ehekritische Schrift über „Die kulturelle Sexualmoral und die moderne Nervosität" (1908d) hatte dieses Denken im Antagonismus von Natur und Kultur, dessen Austragungsort die Familie sei (Erdheim 1982), vorgegeben. Weitere Anstöße zur Beschäftigung mit der Familie kamen aus der psychoanalytischen Pädagogik und der Entwicklung der Kindertherapie. Auf dem psychoanalytischen Kongress von Nyon im Jahre 1936 wird erstmalig von der „Familienneurose" gesprochen. Die Eltern erscheinen als diejenigen Personen, die einer möglichen Heilung der kindlichen Neurose große Widerstände entgegensetzen, und die technischen Debatten drehen sich darum, wie dem begegnet werden kann. Ferenczi (1927, 1931 und 1932) hatte eine etwas andere Theorielinie vertreten: Er ist mit dem „Kind" in seinen Patienten identifiziert und sieht den familiären Konflikt in einer „Sprachverwirrung" zwischen der „sinnlichen" Sprache der Eltern und der „zärtlichen" des Kindes. Hier sind die Eltern Repräsentanten einer Sinnlichkeit, die bei anderen als naturhaft angenommen wurde.

3. Wesentliche Erweiterungen, Differenzierungen und Modifikationen

Der Anfang der dreißiger Jahre aus Berlin in die USA ausgewanderte Psychoanalytiker Martin Grotjahn, der sich dort v.a. um die Gruppentherapie verdient machte, nimmt 1960 das Wort von der „Familienneurose" auf und sieht ihren Kern in der neurotischen Komplementarität der Ehepartner, deren unbewusste Konflikte einander ergänzen. Es ist in seinen Augen die „unbewusste Kommunikation", die solche Komplementarität möglich mache. Grotjahn thematisiert auch den modernen Wandel und plädiert für Sitzungen mit der ganzen Familie aus dem Motiv, die Familie vor dem als schädlich betrachteten Einfluss der Moderne zu schützen. Eine solche, manchmal als konservativ einzuschätzende Haltung findet sich auch bei anderen psychoanalytischen Autoren. Die Konfluenz therapeutischer Entwicklungen und soziostruktureller Umbauten ungeheuren Ausmaßes hat am Beispiel des Aufkommens des „family therapy movement" die Soziologin Brodkin (1980) untersucht. Familientherapie erscheint als notwendige „Reparaturinstanz" einer zerfallenden Gesellschaft. In der Tat, es werden einige psychoanalytische Autoren der Familientherapie soziologischer: Richter (1963) wendet die Rollentheorie an, um damit verschiedene Rollen des Kindes in der Familie zu beschreiben (z. B. Kind als „Sündenbock", als „umstrittener Bundesgenosse" oder als „Ersatzpartner"). 1963 erscheint auch ein anderes Buch, das erheblichen Einfluss auf die Selbstdeutung moderner Gesellschaften nimmt: Mitscherlichs „Auf dem Weg zur vaterlosen Gesellschaft". 1919 hatte Federn diesen Begriff nach dem ersten Weltkrieg geprägt. Er taucht nach dem zweiten Weltkrieg erneut auf und ist nun auch metaphorisch zu verstehen als Ausdruck der Entwertung des Vaters, als historische Abdankung der autoritär-patriarchalen Familie. An dieser „Sollbruchstelle" wird die Entstehung der modernen Familie gesehen – hellsichtig, als noch niemand von steigenden Scheidungsziffern beunruhigt war. Zugleich aber wird auch ein Trend der Re-Psychologisierung der Familie erkennbar: Stierlin (1975) spricht nur von innerfamiliären Wirkmechanismen wie „Delegation" oder „Bindung", thematisiert die „bezogene Individuation" und trägt wesentlich zu den Reputationsgewinnen der Familientherapie in Deutschland bei; seine gesellschaftskritischen Auffassungen werden mit seinen familientheoretischen jedoch nicht konsistent zusammengebracht.

Die seit den vierziger Jahren v. a. in den USA aufkommende Familientherapie weist eine Besonderheit auf. Sie ist – wie Ludwig Reiter (1988) festgestellt hat – die einzige Therapieschule, die mehrere „Gründerväter" und „Mütter" hat. Alle anderen therapeutischen Schulen sind von einem charismatischen Einzelgründer nachhaltig beeinflusst. Murray Bowen formulierte eine Theorie der zweipoligen Angst, nach der Menschen zwischen Angst vor Verschmelzung und Angst vor zu großer Distanzierung hin und her pendeln und ihre Kommunikation der Angstregulation diene. Seine Erfahrungen sind stets prägnant in Sätzen zusammengefasst wie z. B. „Never pursue a distancer". Salvador Minuchin arbeitete mit Familien aus den slums, mit Anorektikerinnen und ihren Familien und formulierte eine strukturelle Sicht. Danach sollten Familien v. a. stabile Generationengrenzen haben. Jay Haley entwickelte strategische Techniken der Veränderung von familiären Kommunikationsmustern, die aus der umstürzenden Beobachtung heraus entwickelt wurden, dass es mit der „double bind"-Theorie erstmalig gelungen war, verschiedene klinische Bilder (Hebephrenie, Schizophrenie und Paranoia) auf eine Störung der Kommunikation zu beziehen und diese klinischen Bilder nur verschiedene Auswege aus unhaltbaren „Beziehungslagen" darstellten. Noch heute ist es für angehende Familientherapeuten unerlässlich, sich einen Eindruck von der Frische und dem Reichtum dieser Formulierungen zu holen; es sind Texte (Bateson et al. 1969), die, weil sie die therapeutische Welt bewegt haben, zu recht immer wieder neu aufgelegt werden.

Zwei „Mütter" der Familientherapie sollen noch erwähnt werden. Virginia Satir hatte ihren Schwerpunkt nicht auf der Theorie; sie beeinflusste das Feld nachhaltig durch ihren beeindruckend feinfühligen Umgang mit Familien, den sie vielfach öffentlich demonstrierte und der wohl zutiefst auf ihrer Überzeugung beruhte, dass Menschen miteinander sprechen, um ihren Selbstwert zu erhöhen. Mara Selvini, ursprünglich Psychoanalytikerin, arbeitete mit ihrer Gruppe in Mailand (1977) eine revolutionäre Methode der familientherapeutischen Behandlung schizophrener Störungen aus. Ihr Interesse dürfte von ihrer Lehranalyse bei Benedetti beeinflusst gewesen sein. Sie versteht diese

Störung als „Spiel" um die Kontrolle der Beziehung, das nicht gewonnen (weil Beziehungen nicht kontrolliert werden können), aber auch nicht aufgegeben werden kann (weil man sich gegenseitig immer Hoffnung auf einen Sieg macht). Der von ihrem Mailänder Team entwickelte Arbeitsstil (zwei Therapeuten hinter einer Einwegscheibe sehen zwei anderen Therapeuten bei der Arbeit mit einer Familie zu und beraten) ist Standard der allermeisten familientherapeutischen Schulen geworden.

In Deutschland waren es neben den Arbeiten von Stierlin und Richter die der Göttinger Gruppe um Sperling (1983), die sich der sog. Mehrgenerationenperspektive zuwandte. Die Weitergabe zwischen den Generationen wurde dort, teils unter direktem Einbezug der Großelterngeneration, studiert. Manche Auffassungen, wie etwa die von der besonderen Dominanz „autokratischer" Großmütter bei Anorexie, wie sie Massing (1969) meinte beobachten zu können, haben sich mittlerweile als unhaltbar herausgestellt. Aus dieser „Schule" sind wichtige Anstöße etwa zur Tradierung nationalsozialistischen Gedankenguts gekommen (Massing und Beushausen 1986, Buchholz 1989). Im deutschsprachigen Raum hat sich v. a. Reiter in Wien für die Familientherapie Verdienste erworben. Er hat familientherapeutische Arbeitsweisen an der Klinik für Psychotherapie und Psychoanalyse fortgeführt, die von Strotzka gefördert worden waren und als Leiter einer großen Beratungsstelle solche Ansätze weiterentwickelt. Das Besondere seiner Leistung war, dass er auf dem empirischen Wirksamkeitsnachweis bestand und zahlreiche empirische Studien zur Familientherapie vorlegte, insbesondere auch eine empirische Paartypologie (Reiter 1983, 1989). Willi aus Zürich ist überregional v. a. durch eine, an die Arbeiten von Dicks (1967) angelehnte klinische Typologie von Paarbeziehungen bekannt geworden (1975) und hat seinen Ansatz zu einer ökologischen Psychotherapie erweitert. Die von ihm entwickelte Technik der Konstruktdifferenzierung zur Paarbehandlung ist ebenfalls empirisch gut bestätigt (Frei et al. 1997). Mochar (1994) vergleicht die deutschsprachigen familientherapeutischen Ansätze übersichtlich. Reiter (1988, 1991) hat die widersprüchlichen Kooperationsformen zwischen den prominenten Führungsfiguren in der Geschichte der deutschsprachigen Familientherapie und die Konflikte um die Gründung der AGF (Arbeitsgemeinschaft für Familientherapie) dargestellt und damit erste Anstöße für eine Geschichtsschreibung der Familientherapie entwickelt. Das ist ein sicheres Zeichen für die Professionalisierung eines Faches.

4. Professionstheoretische Besonderheiten und innovative Impulse

Die jeweiligen Theorien geben jedoch kaum einen angemessenen Eindruck von der Originalität der Arbeitsweise dieser Therapeutinnen und Therapeuten und das gilt insbesondere für Carl Whitaker, der ebenfalls mit psychotischen Menschen und ihren Familien arbeitete und einen tiefen Sinn für das Absurde des menschlichen Lebens gehabt haben muss. So soll er im Fall des Suizidversuches eines Familienmitgliedes es innerhalb weniger Minuten erreicht haben, dass die Familie darüber sprach, wie merkwürdig nicht dieser Suizidversuch sei, sondern dass nicht alle anderen ebenfalls versucht haben, sich umzubringen angesichts des Elends, der Katastrophen, der Krankheiten und Todesfälle, die die Familie hatte hinnehmen müssen. Auf diese Weise musste die Familie nicht länger einen Symptomträger organisieren, die Last war auf alle Schultern verteilt. Whitakers Lebensleistung entzieht sich einer Zusammenfassung durch eine Theorie.

Als professionstheoretische Besonderheit der Familientherapie muss festgehalten werden, dass es kaum eine andere therapeutische Schule geben dürfte, die ihre Kenntnisse so sehr der fachinternen Öffentlichkeit durch direkte Anschauung weitervermittelte wie die Familientherapie. Der Einsatz der Videotechnik ist ebenso selbstverständlich bei familientherapeutischen Weiterbildungen wie die Entwicklung der life-Supervision (wobei die Behandlung durchgeführt wird, während ein Supervisor mit seinem Team hinter einer Einwegscheibe zusieht) oder die Entwicklung des „reflecting team“ (Anderson 1986). Bei dieser besonderen „Technik“ wechselt die Familie nach einer Stunde mit den Therapeuten die Räume und schaut nun dem therapeutischen Team bei dessen Beratung zu. Reiter et al. (1993) haben die Wirksamkeit dieser Methode empirisch gezeigt und sind dabei zu differentiellen Indikationen gelangt.

5. Interdisziplinarität: Systemtheorie und/oder Psychoanalyse

Whitaker, Satir, Selvini, Bowen, Minuchin, Haley, Stierlin, Reiter, Willi waren bzw. sind Therapeutenpersönlichkeiten, die eine Richtung vorantrieben, die als „systemischer Ansatz“ zusammenfassend bekannt geworden ist, obwohl sich viele verschiedene Sichtweisen unter diesem Dach einlogiert haben. Einige von ihnen (wie Selvini oder Stierlin) distanzierten sich in ihren Publikationen von der Psychoanalyse nachdrücklich. Möglicherweise waren es diese persönlichen Umstände, die die aufkommende Kontroverse zwischen psychoanalytischer und systemischer Familientherapie in den siebziger und achtziger Jahren sehr verschärften. Diese Schärfe ist mittlerweile verschwunden. Nach einer Phase der Durchsetzung des systemischen Ansatzes sieht es derzeit aus, als würden auch psychoanalytische Gedanken verstärkt erneut rezipiert. Bauriedl (1980) hatte eine Reformulierung der Psychoanalyse als „Beziehungsanalyse“ begonnen und darin die Grundlage für die Familientherapie gesehen; Buchholz (1982) rekonstruierte die psychoanalytische Methode für die Familientherapie und legte ein umfangreiches Lehrbuch der psychoanalytischen Familientherapie vor (1990/1995). Darin wird die Familie multiperspektivisch als unbewusster, als ideologisch-mythologischer und als institutioneller Zusammenhang beschrieben. Die soziologischen Interessen an der Familie werden hier mit den psychoanalytisch-klinischen zu verknüpfen versucht. Damit wird ein erweiterter Blick auf die familiären „Dreiecksgeschichten“ (Buchholz 1993) möglich, von denen der Ödipuskomplex jetzt nur noch als eine besonders wichtige neben mehreren anderen Dreiecksstrukturen gesehen wird. Diese Auffassung wird mit dem sozialen Wandel verknüpft.

Zeichen für die Annäherung zwischen den einst kontroversen Auffassungen dürfte sowohl das 1995 erschienene Buch von Gerson sein, als auch, dass im März 1997 in Zürich von den Herausgebern der Zeitschrift „System Familie“ ein großer internationaler Kongress zum Thema „Affektive Kommunikation“ veranstaltet wurde, auf dem prominente „Systemiker“ und Psychoanalytiker die Hauptvorträge hielten. Levold (1997) meint, dass die Ausklammerung des Affektiven aus dem systemtherapeutischen Diskurs nicht länger zu rechtfertigen ist und sieht hier Chancen, klinisches Wissen zusammenzuführen. Dazu gibt es profunde empirische Studien (Dornes 1997, Steimer-Krause 1996) auf psychoanalytischer Seite.

Die Familientherapie ist ein riesiges, kaum vollständig zu überschauendes Feld geworden. Ihr Charme liegt in einer gewissen „Hemdsärmeligkeit“. Man vergleiche nur die „locker-heiteren“ Vortragsstile der Systemiker mit dem „Ernst“ der Psychoanalytiker. Ein Vorzug der Familientherapie ist gewiss, dass sie das Feld für andere Berufsgruppen wie z. B. (Sozial-)Pädagogen und Sozialarbeiter, Theologen, Lehrer und Soziologen geöffnet hat. Sie hat sich mit Bestrebungen verbunden, die die Dominanz des medizinischen Krankheitsmodells auf dem Feld der Psychotherapie zurückdrängen wollten. Neuerdings wird versucht, der Familientherapie bei den Krankenkassen Abrechnungsmöglichkeiten zu schaffen – solche öffentliche Anerkennung wäre gewiss verdient. Der Preis dafür scheint die Wiedereinführung des medizinischen Krankheitsmodells zu werden, wie es sich in der Rede von der „Familiendiagnostik“ ankündigt (Cierpka 1997). Unabhängig davon, ob sich eine Remedizinalisierung der Familientherapie durchsetzen wird, wird man festhalten dürfen, dass die Familientherapie viele frische Impulse ins psychotherapeutische Feld eingebracht hat. Familientherapeutische Sitzungen durchzuführen ist, wie auch Gerson in ihrem genannten Buch erwähnt, Standard vieler psychoanalytischer Psychotherapeuten geworden und hat neue Erfahrungen mit der Frage ermöglicht, ob das, was Patienten erzählen, „nur" Phantasie oder „nur" Realität ist. Die Überwindung solcher Gegensätze des theoretischen Denkens ist wahrscheinlich für die Ausbildung einer therapeutisch hilfreichen Haltung außerordentlich wertvoll.

Literatur

Anderson, J.Z. and White, G.D. (1986). An empirical investigation of interaction and relationship patterns in functional and dysfunctional nuclear families and stepfamilies. Family Process, 25, 407–422.

Bateson, G., Jackson, D.D., Laing, R., Lidz, T. und Wynne, L. (1969). Schizophrenie und Familie. Frankfurt/M.: Suhrkamp.

Bauriedl, T. (1980). Beziehungsanalyse. Frankfurt/M.: Suhrkamp.

Brodkin, A.M. (1980). Family therapy: The making of a mental health movement. American Journal of Orthopsychiatry, 50, 4–17.

Buchholz, M.B. (1982). Psychoanalytische Methode und Familientherapie. Frankfurt: Verlag der psychologischen Fachbuchhandlung.

Buchholz, M.B. (1989). Familien in der Moderne: NS-Vergangenheit und ‚Vaterlosigkeit'. Forum der Psychoanalyse, 5, 35–51.

Buchholz, M.B. (1990). Die unbewußte Familie. Psychoanalytische Studien zur Familie in der Moderne. Berlin: Springer, 2. Aufl., Pfeiffer, 1995.

Buchholz, M.B. (1993). Dreiecksgeschichten – Eine klinische Theorie psychoanalytischer Familientherapie. Göttingen: Vandenhoeck & Ruprecht.

Cierpka, M. (Hg.) (1997). Handbuch der Familiendiagnostik. Berlin: Springer.

Dicks, H.V. (1967). Marital tensions. London: Routledge & Kegan Paul.

Dornes, M. (1997). Die frühe Kindheit. Entwicklungspsychologie der ersten Lebensjahre. Frankfurt/M.: Fischer, 13. Aufl., 2004.

Erdheim, M. (1982). Die gesellschaftliche Produktion von Unbewußtheit. Eine Einführung in den ethnopsychoanalytischen Prozeß. Frankfurt/M.: Suhrkamp.

Federn, P. (1919). Zur Psychologie der Revolution: Die vaterlose Gesellschaft. Wien: Anzengruber.

Ferenczi, S. (1927). Die Anpassung der Familie an das Kind. In S. Ferenczi (Hg.), Bausteine zur Psychoanalyse, Bd. III: Arbeiten aus den Jahren 1908–1933. Frankfurt/M.: Ullstein.

Ferenczi, S. (1930). „Kinder können furchtbar schweigen..." Episoden aus der Kindheit eines Proletariermädchens. In A.J. Storfer (Hg.), Almanach der Psychoanalyse. Wien: Internationaler Psychoanalytischer Verlag.

Ferenczi, S. (1932). Sprachverwirrung zwischen den Erwachsenen und dem Kind (Die Sprache der Zärtlichkeit und der Leidenschaft). In S. Ferenczi (Hg.), Bausteine zur Psychoanalyse, Bd. III: Arbeiten aus den Jahren 1908–1933. Frankfurt/M.: Ullstein.

Flugel, J.C. (1972). The psychoanalytic study of the family (1921). London: Hogarth-Press.

Frei, R., Riehl-Emde, A. und Willi, J. (1997). Verbessert die Technik der Konstruktionsdifferenzierung die Ergebnisse der Paartherapie? Familiendynamik, 22, 64–82.

Gerson, M.J. (1996). The embeded self. A psychoanalytic guide to family therapy. Hillsdale, NJ: Analytic Press.

Grotjahn, M. (1960). Psychoanalysis and the family neurosis. New York: Norton.

Levold, T. (1997). Affekt und System. Plädoyer für eine Perspektivenerweiterung. System Familie, 10, 120–127.

Massing, A. (1969). Der familiäre Hintergrund der Magersucht-Neurose. Göttingen (unveröff. Diss.).

Massing, A. und Beushausen, U. (1986). Bis ins dritte und vierte Glied. Auswirkungen des Nationalsozialismus in den Familien. Psychosozial, 9, (28) 72–42.

Mitscherlich, A. (1963). Auf dem Weg zur vaterlosen Gesellschaft. Frankfurt/M.: Piper.

Mochar, R. (1994). Systematischer Vergleich deutschsprachiger klinischer Theorien in der Familientherapie und der systemischen Therapie. Wien (unv. Diplomarbeit, Univ. Wien).

Reiter, L. (1983). Gestörte Paarbeziehungen. Göttingen: Vandenhoeck & Ruprecht.

Reiter, L. (1988). Über die Anfänge. I: Ziele und Zielkonflikte in der internationalen Arbeitsgemeinschaft für Familienforschung und Familientherapie (AGF). System Familie, 1, 23–32.

Reiter, L. (1988). Publikationshäufigkeiten in deutschsprachigen familientherapeutischen Zeitschriften. System Familie, 1, 194–196.

Reiter, L. (1990). Zur Bedeutung der Psychoanalyse für die Entwicklung der Familientherapie und der systemischen Therapie. System Familie, 3, 118–120.

Reiter, L. (1991). Über die Anfänge. II. Gruppenprozeß und Rangdynamik in der Internationalen Arbeitsgemeinschaft für Familienforschung und Familientherapie (AGF). System Familie, 4, 141–148.
Reiter, L. und Maly, J. (1989). Intimität in der Ehe. Ergebnisse einer empirischen Untersuchung. In M.B. Buchholz (Hg.), Intimität (S. 299–318). Weinheim: Beltz.
Reiter, L., Steiner, E., Ahlers, C., Vogel, M.R. und Wagner, H. (1993). Das reflektierende Team als therapeutische Methode. Ergebnisse einer klinischen Evaluierung. System Familie, 6, 10–20.
Richter, H.-E. (1963). Eltern, Kind und Neurose. Stuttgart: Klett.
Selvini-Palazzoli, M., Boscolo, L., Cecchin, G. und Prata, G. (1977). Paradoxon und Gegenparadoxon. Stuttgart: Klett-Cotta.
Sperling, E. (1983). Die Mehrgenerationen-Familientherapie. In K. Schneider (Hg.), Familientherapie in der Sicht psychotherapeutischer Schulen. Paderborn: Junfermann.
Steimer-Krause, E. (1996). Übertragung, Affekt und Beziehung. Theorie und Analyse nonverbaler Interaktionen schizophrener Patienten. Bern: Peter Lang.
Stierlin, H. (1975). Familienperspektiven. Frankfurt/M.: Suhrkamp.
Willi, J. (1975). Die Zweierbeziehung. Reinbek: Rowohlt.

Fehlleistung *von Thomas Köhler*

parapraxis; (Freudian) slip – acte manqué

1. Definition

Bei einer Fehlleistung handelt es sich um eine eher geringfügige und unsystematische Störung in alltäglichen Handlungen oder Aussagen, hinter denen die urhebende Person keine Absicht vermutet. Nach Freuds Verständnis muss eine Fehlleistung folgenden Bedingungen genügen:

„a) Sie darf nicht über ein gewisses Maß hinausgehen, welches von unserer Schätzung festgesetzt ist und durch den Ausdruck ‚innerhalb der Breite des Normalen‘ bezeichnet wird.

b) Sie muss den Charakter der momentanen und zeitweiligen Störung an sich tragen. Wir müssen die nämliche Leistung vorher korrekter ausgeführt haben oder uns jederzeit zutrauen, sie korrekter auszuführen. Wenn wir von anderer Seite korrigiert werden, müssen wir die Richtigkeit der Korrektur und die Unrichtigkeit unseres eigenen psychischen Vorganges sofort erkennen.

c) Wenn wir die Fehlleistung überhaupt wahrnehmen, dürfen wir von einer Motivierung derselben nichts in uns verspüren, sondern müssen versucht sein, sie durch ‚Unaufmerksamkeit‘ zu erklären oder als ‚Zufälligkeit‘ hinzustellen.“

Somit umfasse diese Gruppe „die Fälle von Vergessen und die Irrtümer bei besserem Wissen, das Versprechen, Verlesen, Verschreiben, Vergreifen und die sogenannten Zufallshandlungen“, wobei die Vorsilbe „ver-“ die Gleichartigkeit der Phänomene meist sprachlich andeute (1901b, S. 267 f.).

Die von Freud am häufigsten untersuchten Fehlleistungen sind Versprechen und Vergessen, insbesondere von Eigennamen oder fremdsprachigen Wörtern; dies geschieht vor allem in der ausschließlich den Fehlleistungen gewidmeten Schrift „Zur Psychopathologie des Alltagslebens“ (Freud 1901b) sowie in der zweiten bis vierten der „Vorlesungen zur Einführung in die Psychoanalyse“ (Freud 1916–17a).

2. Klassische Auffassung

„Fehlleistungen“, betont Freud (1913j, S. 393), seien „das bequemste Material für jeden, der sich von der Glaubwürdigkeit der psychoanalytischen Auffassungen überzeugen lassen" wolle. Dies bezieht sich einerseits auf die strenge Determiniertheit psychischer Vorgänge, zum anderen betrifft es die These, dass Vergessen Unlustvermeidung zu Grunde liegt; als drittes kommt hinzu, dass sich nach Freuds Auffassung in den Fehlleistungen unterdrücktes psychisches Material bemerkbar macht, also ein normalpsychologisches Analogon zur Wiederkehr des Verdrängten vorliegt, wie es im Rahmen der Neurosenentstehung zu beobachten ist.

Der psychische Determinismus lässt sich anschaulich an der Fehlleistung des Versprechens demonstrieren, wie es sich aus einem wiederholt von Freud präsentierten Beispiel ergibt: Eine Person erzählt von Vorgängen, die sie im Inneren für „Schweinereien" erklärt. Sie versucht den Sachverhalt aber in einer milderen Form auszudrücken und beginnt: „Dann sind aber Tatsachen zum Vorschwein gekommen" (Freud 1901b, S. 65; 1916–17a, S. 35). Wie zu sehen, drückt sich entgegen einer weit verbreiteten und auch in Darstellungen der Psychoanalyse zu findenden Behauptung in Fehlleistungen keineswegs immer unbewusstes verdrängtes Material aus, wenn dies auch durch Freuds Wortwahl in der „Psychopathologie des Alltagslebens" suggeriert wird; der Autor verwendet „unbewusst" in dieser Schrift nämlich zumeist im deskriptiven Sinne von „nicht bewusst", belegt also auch vorbewusste (bewusstseinsfähige) psychische Inhalte mit dieser Bezeichnung. Den vorgestellten und erklärten Fehlleistungen liegt jedoch fast immer klar erkennbares vorbewusstes psychisches Material zu Grunde, weshalb sich auch die Auflösung in den meisten Fällen so einfach und überzeugend gestaltet. „Die Neigung, über etwas als Zeit raubend hinwegzukommen, – die Erwägung, dass der betreffende Gedanke nicht eigentlich zur intendierten Sache gehört, – scheinen", schreibt Freud in den theoretischen Ausführungen, „als Motive für die Zurückdrängung eines Gedankens, der dann auf den Ausdruck durch Störung eines anderen angewiesen ist, dieselbe Rolle zu spielen wie die moralische Verurteilung einer unbotmäßigen Gefühlsregung oder die Abkunft von völlig unbewussten Gedankenzügen" (1901b, S. 307).

Die andere an Fehlleistungen in ihrer Gültigkeit leicht demonstrierbare psychoanalytische Annahme ist die von der Unlustvermeidung als bestimmendem Faktor, wie es deutlich am Vergessen (genauer: am zeitweiligen Entfallen) zu zeigen ist. An den komplizierteren Fällen ergibt sich auch, dass zwischen der Unlust erzeugenden Vorstellung und dem entfallenen psychischen Material oft eine mehr oder weniger große Zahl von Zwischengliedern eingeschoben ist, was eine Auflösung über mehrere Schritte von freier Assoziation notwendig macht. Besonders illustrativ ist das oft angeführte „aliquis"-Beispiel: Einem Bekannten Freuds gelingt es nicht, ein Zitat aus Vergils Aeneis wiederzugeben, weil ihm dabei das Pronomen aliquis (irgendein) entfallen ist; die freien Assoziationen des jungen Mannes führen über Zwischenglieder wie Reliquien – Liquidation – Flüssigkeit schließlich unter anderem zum Blutwunder des heiligen Januarius in Neapel und zur Bemerkung, dass sich das alljährliche Flüssigwerden einmal verzögert habe; von da führt die Kette weiter zur Vorstellung, dass seine Geliebte mit Sorge das Eintreten der fälligen Monatsblutung herbei sehne. Es scheine ihm „unzweifelhaft", sagt Freud, dass der Bekannte wegen dieser „ängstlichen Erwartung" nicht in der Lage gewesen sei, das Wörtchen „aliquis" zu reproduzieren. Die Störung der Reproduktion wird als wohldeterminierter psychischer Prozess aufgefasst, der auf die Wirkung unbewusster (gemeint wohl: augenblicklich nicht bewusster) psychischer Inhalte zurück geht: „Gemeinsam bleibt all diesen Fällen ohne Unterschied des Materials, dass das Vergessene oder Entstellte auf irgend einem assoziativen Wege mit einem unbewussten Gedankengang in Verbindung gebracht wird, von welchem die als Vergessen sichtbar gewordene Wirkung ausgeht" (1901b, S. 27). Unter den „Motiven dieser Störung", bemerkt der Autor, „leuchtet die Absicht hervor, die Erweckung von Unlust durch Erinnern zu vermeiden" (1901b, S. 47 f.).

Im Übrigen erkennt Freud die zusätzliche Bedeutung linguistischer Faktoren durchaus an, etwa den „Einfluss vor- oder nachklingender Laute und Worte desselben Satzes" beim Versprechen; sie scheinen ihm aber nicht „wirksam genug", um „für sich allein die korrekte Ausführung der Rede" zu stören: „In den Fällen, die ich genauer studiert und durchschaut habe, stellen sie bloß den vorgebildeten Mechanismus dar, dessen sich ein ferner gelegenes psychisches Motiv bequemerweise bedient, ohne sich aber an den Machtbereich dieser Beziehungen zu binden." Und: „In einer großen Reihe von Substitutionen wird beim Versprechen von solchen Lautgesetzen völlig abgesehen" (1901b, S. 90). Ebenso wenig leugnet er den Einfluss physiologischer Bedingungen wie Ermüdung auf Versprechen oder zeitweises Entfallen (1901b, S. 27f., 1916–17a, S. 38f.), sieht dies aber als zwar begünstigenden, jedoch prinzipiell entbehrlichen Faktor an.

Als drittes lässt sich an Fehlleistungen demonstrieren, dass das Unterdrückte sich auf Umwegen dennoch Zugang zu Bewusstsein oder Handeln verschafft. Im angeführten Beispiel für Versprechen hatte die unterdrückte Vorstellung „Schweinereien" zur Entstellung von „Vorschein" in „Vorschwein" geführt. Beim Entfallen von Namen drängen sich häufig sofort als unrichtig erkannte Ersatznamen auf, die mit der augenblicklich nicht bewusstseinsfähigen Vorstellung in Verbindung stehen oder Teile von ihr enthalten; es ergibt sich eine Ähnlichkeit zu den Prozessen bei der Entstehung neurotischer Symptome, indem eine an sich harmlose Vorstellung durch die assoziative Verbindung mit einem nicht bewusstseinsfähigen psychischen Inhalt in die Verdrängung gezogen wird und nach psychischer Bearbeitung sich als Kompromissvorstellung unter Verschmelzung mit dem Verdrängten dem Bewusstsein präsentiert (Freud 1898b, S. 525f.). Nicht ohne Grund wird diese an Alltagsphänomenen so durchsichtig gewordene „Wiederkehr des Verdrängten" als wesentliche Einsicht aus dem Studium der Fehlleistungen hervorgehoben: „Der gemeinsame Charakter aber der leichtesten wie der schwersten Fälle, an dem auch die Fehl- und Zufallshandlungen Anteil haben, liegt in der Rückführbarkeit der Phänomene auf unvollkommen unterdrücktes psychisches Material, das, vom Bewusstsein abgedrängt, doch nicht jeder Fähigkeit, sich zu äußern, beraubt worden ist" (1901b, S. 310).

3. Ideengeschichtlicher Hintergrund

Freud war keineswegs der erste, der sich systematischer mit Fehlleistungen befasste. In erster Linie wäre die Monographie von Meringer und Mayer (1895) zu nennen, der Freud auch das zitierte „Vorschwein"-Beispiel entnommen hatte; allerdings handelte es sich dabei weitgehend um eine linguistische Arbeit, die sich auf die lautlichen Bedingungen des Versprechens konzentrierte und die psychologischen Aspekte beiseite ließ. Auch diese waren jedoch vor Freud beachtet worden, insbesondere von Schriftstellern, die enthüllende Fehlleistungen wie Versprechen, Vergreifen oder Vergessen in ihren Werken geschickt einsetzten. Freuds spezielles Verdienst ist hier die systematische Betrachtung unter dem Gesichtspunkt der psychischen Determinierung, die Verwendung der psychoanalytischen Methode zur Auflösung nicht unmittelbar verständlicher Fehlleistungen, schließlich ihre Untersuchung unter dem Aspekt der Wiederkehr des Verdrängten und der Ersatzbildung (s. dazu Köhler 2000, S. 246ff.).

4. Auffassungen von Fehlleistungen in der Psychoanalyse nach Freud

Mit den erwähnten Schriften Freuds ist auch die Theoriebildung zu Fehlleistungen abgeschlossen; einige seiner Schüler steuerten zwar amüsante Beispiele zu den rasch aufeinander folgenden Auflagen der „Psychopathologie des Alltagslebens" bei, vertieften aber nicht das Verständnis der Vorgänge. Ähnliches gilt für Analytiker in der Nachfolge Freuds, die bestenfalls im Rahmen ihrer Fallgeschichten die Interpretation von Fehlleistungen, beispielsweise in Form der Symptomhandlungen, einbezogen, nicht jedoch zu ihnen als allgemein-psychologischen Phänomenen neue Sichtweisen beisteuerten. Nicht zuletzt dürfte dies damit zusammenhängen, dass anders als Freud, der Psychoanalyse bekanntlich stets als eine Naturwissenschaft ansah (s. Köhler 1995, S. 21ff.) und deswegen an der Konfirmierung ihrer Ergebnisse außerhalb des psychoanalytischen Therapiesettings unter Verwendung anderer Methoden großes Interesse hatte, jüngere Analytikergenerationen diese Auffassung in aller Regel nicht mehr teilen; ihnen muss die Beschäftigung mit den Bildungsmechanismen von Fehlleistungen als luxuriöse Abschweifung in nicht genuin psychoanalytische Forschungsgebiete erscheinen.

5. Interdisziplinäre Beiträge und Befunde

Verständlicherweise hat die Theorie der Fehlleistungen, die sich weitgehend auf normalpsychologische Phänomene bezieht und nicht aus dem Studium von Kranken im spezifischen therapeutischen Rahmen, sondern durch Betrachtung von Alltagsverhalten gewonnen wurde, Diskussion außerhalb der Psychoanalyse hervorgerufen; dabei wurden sowohl Alternativerklärungen vorgebracht als auch versucht, einzelne Annahmen mit experimentalpsychologischen Methoden zu überprüfen. Die Alternativerklärungen gehen vornehmlich auf den italienischen Linguisten Timpanaro (1976) zurück und wurden unter anderem von dem Psychoanalyse-Kritiker Grünbaum (1988, S. 311ff.) aufgegriffen. Hier kann nur das Nötigste dazu angemerkt werden (s. ausführlicher Köhler, 1996, S. 132ff.): Timpanaros, auch bei Grünbaum (1988, S. 323) wiedergegebenes Argument, welches der Verdrängungslehre Erklärungswert für Entfallen von Eigennamen oder fremdsprachlichen Worten abspricht, ist ein primär linguistisches: Im aliquis-Beispiel (s.o.) könne der ungewöhnliche Gebrauch des Pronomens im Vergil-Zitat allein die Schwierigkeit der Reproduktion begründen. Diese Beweisführung übersieht jedoch, dass Freud (1901b, S. 10) selbst eine gewisse den Worten inhärente Disposition des Entfallens annahm, dieser Einwand also nicht die Freud'sche Fehlleistungstheorie trifft; zudem besitzt die Alternativhypothese als bloß stochastisches Prinzip im Einzelfall nicht größeren Erklärungswert als die Rückführung auf Verdrängtes. Grünbaum (1988, S. 314) hat allerdings recht mit seiner Bemerkung, die assoziative Verknüpfung von aliquis mit der Vorstellung der ausbleibendem Monatsblutung beweise nicht, dass diese tatsächlich die Reproduktion gestört habe. Freud, der die Ansicht äußert, gerade die Deutung des Vergessens im aliquis-Beispiel besitze einen extrem hohen „Wahrscheinlichkeitswert" hinsichtlich Glaubwürdigkeit (1901b, S. 17, Fußnote 1), argumentiert insofern nicht richtig, als er es versäumt hat, zur Kontrolle die assoziativen Verbindungen der Furcht vor der Schwangerschaft mit anderen, nicht vergessenen Worten des Zitats zu verfolgen.

Tatsächlich haben die Freud'schen Analysen der Fehlleistungen als ausgewählte Kasuistiken nur illustrativen Charakter. Mittlerweile existieren jedoch auch experimentelle Studien, in denen durch systematische Variation von psychischen Ausgangsbedingungen Versprechen (bzw. Verlesen) erzeugt wurde (Motley 1980). In einer neueren Studie (Köhler und Simon 2002) konnte gezeigt werden, dass bei gleichem Ausgangsmaterial nach Induktion einer erotischen Stimmung mehr Versprecher erotischen Inhalts auftraten, nach Induktion einer aggressiven eher Versprecher aggressiven Inhalts; demnach erklären lautliche Eigenheiten von Wörtern allein nicht Häufigkeit und Art der induzierten Fehlleistungen. Es gibt also bereits erste Ansätze zum überzeugenderen Beleg der Freud'schen Fehlleistungstheorie.

Literatur

Grünbaum, A. (1988). Die Grundlagen der Psychoanalyse. Eine philosophische Kritik. Stuttgart: Reclam (amer. Originalausg. 1984).

Köhler, Th. (1995). Freuds Psychoanalyse – eine Einführung. Stuttgart: Kohlhammer.

Köhler, Th. (1996). Anti-Freud-Literatur von ihren Anfängen bis heute. Zur wissenschaftlichen Fundierung von Psychoanalyse-Kritik. Stuttgart: Kohlhammer.

Köhler, Th. (2000). Das Werk Sigmund Freuds – Entstehung, Inhalt, Rezeption. Lengerich: Pabst Science Publishers, 2. Aufl.

Köhler, Th. und Simon, P. (2002). Eine experimentelle Studie zur Freudschen Theorie der Fehlleistungen. Psychotherapie – Psychosomatik – Medizinische Psychologie, 52, 1–4.

Meringer, R. und Mayer, K. (1895). Versprechen und Verlesen. Eine psychologisch-linguistische Studie. Stuttgart: G.J. Göschen.

Motley, M.M. (1980). Verification of ‚Freudian slips' and semantic prearticulatory editing via laboratory-induced spoonerisms. In V.A. Fromkin (ed.), Errors in linguistic performance: slips of the tongue (pp. 133–147). New York: Academic Press.

Timpanaro, S. (1976). The Freudian slip: Psychoanalysis and textual criticism. London: N.L.B (ital. Originalausg. 1974).

Fixierung *von Thomas Köhler*

fixation – fixation

1. Definition

Fixierung, allgemein etwa mit Gebundensein zu umschreiben, taucht in Freuds Werk in verschiedenen Zusammenhängen auf: So heißt es in der 18. Vorlesung (1916–17a, S. 282ff.), Patienten seien an ein „bestimmtes Stück ihrer Vergangenheit fixiert" oder den traumatischen Neurosen liege „eine Fixierung an den Moment des traumatischen Unfalles zu Grunde". Auch das Konzept der Fixierung eines Triebes an eine zugehörige Triebvorstellung ist zu finden (Freud 1915d, S. 250). Ist in diesen Arbeiten der Begriff sehr allgemein gebraucht und nur durch entsprechende Zusätze verständlich, so wird er daneben isoliert im Freud'schen Werk verwendet und hat dann eine sehr spezifische Bedeutung, nämlich die der Triebfixierung; zumeist wird darunter im engeren Sinne Libidofixierung verstanden, da gerade angesichts der komplizierten Entwicklung der sexuellen Partialtriebe dort besonders häufig Fehlentwicklungen zu erwarten sind. Fixierung wird zum ersten Male in der Fallgeschichte Schreber in diesem Sinne, nämlich als Hemmung einer Triebentwicklung, explizit eingeführt: „Die Tatsache der Fixierung kann dahin ausgesprochen werden, dass ein Trieb oder Triebanteil die als normal vorhergesehene Entwicklung nicht mitmacht und infolge dieser Entwicklungshemmung in einem infantileren Stadium verbleibt" (1911c, S. 303f.; ähnlich in 1916–17a, S. 353). Solche Libidofixierung kann sich darin äußern, dass die betreffende Person auf einer Stufe der psychosexuellen Entwicklung (definiert über Vorherrschen eines bestimmten Partialtriebes) stehen bleibt oder ihre Libido (sexuelles Interesse) nicht von bestimmten Objekten lösen kann.

2. Klassische Auffassung

Fixierung jeglicher Art, sei es in Form von Unfähigkeit, sich von traumatischen Erinnerungen zu lösen, sei es im engeren oben definierten Sinne von Libidofixierung, wird von Freud als pathogener Faktor für eine Reihe von Fehlentwicklungen betrachtet, und ihre Aufhebung deshalb als ein wesentliches Ziel therapeutischen Handelns angesehen (vgl. etwa 1915a, S. 318f.). Genauer sei dies nur für die Libidofixierung ausgeführt. Sie ergibt sich in der Freud'schen Krankheitslehre sowohl als prädisponierendes Moment von Neurosen als auch Perversionen: „Diese Entwicklung (scil. der Sexualfunktion) wird in der Regel rasch und unauffällig durchlaufen, doch bleiben einzelne Anteile der Triebe auf den Vorstufen des Endausganges stehen und ergeben so die Fixierungen der Libido, welche (…) zur Entwicklung von späteren Neurosen und Perversionen in bestimmter Beziehung stehen" (1923a,

S. 221). Dies wird in der 22. und 23. der „Vorlesungen zur Einführung in die Psychoanalyse“ (1916–17a, S. 351ff.) genauer erläutert: Demnach ist die aus der Infantilzeit mitgebrachte begünstigende Bedingung für die Entstehung sowohl von Neurose wie Perversion die Libidofixierung, zu der als weiteres Moment die (äußere) Versagung im Sinne einer Behinderung bei der Ausübung normaler Sexualität tritt. Es resultiert eine Regression, d.h. Rückkehr auf eine frühere Stufe der Sexualbetätigung, wobei dies in der Regel jene ist, auf der sich die Libido bereits fixiert hatte. Tritt zur äußeren die innere Versagung, erklärt sich also das Ich mit den regressiven Wünschen nicht einverstanden, kommt es zu deren Verdrängung und damit möglicherweise zur Neurose; bei Zulassung der regressiven Wünsche kann eine Perversion entstehen. Da die Art der Regression die Form der Perversion oder Neurose festlegt – im Falle etwa einer anal-sadistischen eine Zwangsneurose zu erwarten ist (1913i, S. 449f.; 1916–17a, S. 356) – und die spezifische Fixierung wiederum den Charakter der Regression bestimmt, ist sie nicht nur als allgemeiner prädisponierender Faktor aufzufassen, sondern determiniert zudem die spezielle Neurosenausbildung. Bei Freud (1905d, S. 55; 1931a) lediglich angedeutet ist ein Konzept, welches in der späteren psychoanalytischen Charakterlehre, beispielsweise der von Abraham, eine zentrale Stellung einnehmen wird, nämlich dass die Art der Libidofixierung die Form der späteren Persönlichkeit oder auch die Ausbildung einer Persönlichkeitsstörung bestimmen wird; so soll etwa orale Fixierung zu einer depressiven Charakterstruktur, anal-sadistische zu einer zwanghaften Persönlichkeitsstruktur führen (s. auch Seibt 1977, S. 33ff.).

Die Genese der Libidofixierung wird bei Freud vergleichsweise kurz behandelt (am Ausführlichsten noch in 1916–17a, S. 375ff.; knapper in 1912c, S. 322): Zum einen ist sie bedingt durch die hereditäre Sexualkonstitution, die sich durch besondere Stärke einzelner Partialtriebe kennzeichnen lässt, zum anderen wirken hier Erlebnisse der Infantilzeit mit, welche Triebe zu „aktivieren“ in der Lage sind (1916–17a, S. 375). Bei dem in aller Regel retrospektiven psychoanalytischen Ansatz der Ursachenforschung ergibt sich allerdings die bereits im Rahmen der Verführungstheorie auftauchende Schwierigkeit, dass die eruierten infantilen Erlebnisse zu großen Teilen nicht der Realität entsprechen, sodass Freud hier auf das kühn spekulative Konzept der „Urphantasien“ zurückgreifen muss und als einzig sicheres und quantitativ bedeutsameres Moment für die Fixierung die hereditäre Sexualkonstitution übrig bleibt (Freud 1916–17a, S. 379ff.; s. dazu auch Köhler 2000, S. 481ff.).

3. Ideengeschichtlicher Hintergrund

Das pathogene Moment der Fixierung an ein Erlebnis für die Entstehung hysterischer Symptome wird bereits nachdrücklich in den Schriften Pierre Janets betont (Janet 1889); frühe Fixierung von Sexualeindrücken, die eine entsprechende spätere Präferenz bestimmt, findet sich wiederholt in der Sexualforschung vor Freud erwähnt, etwa in den „Untersuchungen über die Libido sexualis“ von Moll (1897). Erst mit Freuds systematischer Entwicklungstheorie von Sexualfunktionen erhält das Fixierungskonzept jedoch seine zentrale Bedeutung, wobei die Einsicht in das neurosendisponierende Moment der Libidofixierung den wichtigsten, genuin Freud'schen Beitrag darstellt.

4. Spätere Fassungen des Begriffs und seine Bedeutung in verschiedenen psychoanalytischen Schulrichtungen

Als wesentlicher triebtheoretischer Begriff im Sinne von Libidofixierung tritt er in der Nachfolge Freuds meist in den Hintergrund, erfährt auch keine entscheidende Umdeutung. Von Melanie Klein (etwa Klein 1973) wird Fixierung im Wesentlichen im Freud'schen Sinne gebraucht und dessen Standpunkt beibehalten, dass die Fixationspunkte die Art der späteren Neurosen- oder Psychosenform bestimmen. Gleiches gilt im Rahmen der Selbstpsychologie, beispielsweise bei Kohut, der Fixierung ähnlich wie Freud teilweise unspezifisch verwendet, etwa von Fixierung an Phantasien oder Bedürfnisse spricht (1976, S. 173 oder 177), zumeist aber weiterhin den Begriff im libidotheoretischen Sinne gebraucht; insbesondere geht er von einer narzisstischen Fixierung aus, welche die Grundlage für narzisstische Persönlichkeitsstörungen bildet (1976, S. 28); auch die Auffassung, dass traumatische Erlebnisse Fixierungen begünstigen, behält er bei (1976, S. 66 und S. 75 f.). In den ichpsychologischen Schriften Hartmanns und Rapaports besitzt, folgt man der Darstellung von Drews und Brecht (1982), das Fixierungskonzept im Wesentlichen keine Bedeutung mehr. In den Objektbeziehungstheorien, etwa bei Kernberg, findet man Fixierung, wenn überhaupt, vornehmlich im unspezifischen Sinne von Festhalten an bestimmten Eindrücken; in Kernbergs Ausführungen zur Charakterbildung (1981, S. 139ff.) wird die von Freud und Abraham betonte frühe Libidofixierung so gut wie nicht mehr zur Erklärung herangezogen.

5. Interdisziplinäre Beiträge und Befunde

Betrachtet man die einschlägigen Abschnitte in Kline (1972) sowie Fisher und Greenberg (1985), lässt sich wenig Stützung des Freud'schen Fixierungskonzeptes mit nicht-psychoanalytischen beobachtungswissenschaftlichen Methoden finden; andererseits aber existieren auch keine Befunde, die diesen Annahmen klar widersprechen. Einigermaßen sicher ist die Existenz der analen, weniger eindeutig der oralen Persönlichkeit als Syndrom, somit als deskriptives Konstrukt, nachzuweisen; dass bei der Genese tatsächlich Libidofixierung eine Rolle spielt, konnte bis jetzt allerdings mit diesen Methoden ebenso wenig gezeigt werden wie die pathogene Bedeutung von Fixierung für die Entstehung neurotischer Symptome.

Literatur

Drews, S. und Brecht, K. (1982). Psychoanalytische Ich-Psychologie. Frankfurt/Main: Suhrkamp.

Fisher, S. and Greenberg, R.P. (1985). The scientific credibility of Freud's theories and therapy. New York: Columbia University Press.

Janet, P. (1889). L'Automatisme psychologique. Paris: Alcan.

Kernberg, O. (1981). Objektbeziehungen und Praxis der Psychoanalyse. Stuttgart: Klett-Cotta (amer. Originalausg. 1976).

Klein, M. (1973). Die Psychoanalyse des Kindes. München: Kindler (Originalausg. 1932).

Kline, P. (1972). Fact and fantasy in Freudian theory. London: Methuen & Co.

Köhler, Th. (2000). Das Werk Sigmund Freuds. Entstehung – Inhalt – Rezeption. Lengerich: Pabst Science Publishers, 2. Aufl.

Kohut, H. (1976). Narzißmus. Eine Theorie der psychoanalytischen Behandlung narzißtischer Persönlichkeitsstörungen. Frankfurt/M.: Suhrkamp (amer. Originalausg. 1971).

Moll, A. (1897). Untersuchungen über die Libido sexualis. Berlin: Fischers Medicinische Buchhandlung, H. Kornfeld.

Seibt, F. (1977). Psychoanalytische Charakterlehre. München: E. Reinhardt.

Fokus, Fokaltherapie *von Rolf Klüwer*

focus, focal psychotherapy – focus, psychothérapie focale

1. Definition

Fokus (lat. Herd, Feuerstätte, sowie Feuer und Glut) bezeichnet im allgemeinen Sprachgebrauch einen Ort verdichteten Geschehens oder verdichteter Bedeutung. In der Optik wird der Begriff verwendet, um einen Brennpunkt, in der Medizin den Herd einer krankhaften Veränderung im Körper zu kennzeichnen. In der Psychotherapie ist das Konzept vor allem im Rahmen psychoanalytisch orientierter Kurztherapien bedeutsam geworden. Während bei den verschiedenen Autoren, die über Kurztherapie publiziert haben, die Definition von Fokus im Einzelnen voneinander abweicht, lässt sich das gemeinsame Verständnis der Bedeutung des Begriffs Fokus im Sinne einer Beschränkung auf einen Konfliktbereich fassen, der zum ausschließlichen Thema der Behandlung wird.

2. Klassische Auffassung

Die klassische psychoanalytische Behandlungstechnik sah keinen Bedarf für ein Konzept wie Fokus. So könnte man sagen, Fokus sei insofern kein psychoanalytischer Begriff, als er in den klassischen technischen psychoanalytischen Schriften Freuds und seiner Nachfolger nicht vorkommt. Auf den ersten Blick scheint das Konzept eines Fokus sogar im Widerspruch zu stehen zu den Grundprinzipien der klassischen Technik, nämlich der freien Assoziation und der gleichschwebenden Aufmerksamkeit, da der Behandler die jeweilige Behandlungsstunde mit einem vorgefassten Verständnis eröffnet.

3. Historischer Hintergrund

Im spezifischen Sinn taucht das Fokuskonzept im Rahmen der Psychoanalyse erstmals bei T. French im Rahmen seiner systematischen Traumanalysen (French 1952) auf. Demnach stellt er sich die kognitive Struktur eines Traumes als eine Konstellation aufeinander bezogener Probleme vor. In der Regel gibt es ein Problem, auf das hin tiefere Probleme konvergieren und von dem aus oberflächlichere Probleme ausstrahlen. „Dies war der fokale Konflikt des Träumers im Augenblick des Träumens“ (S. 314). Diesem Verständnis zufolge ist jeder fokale Konflikt eine Reaktion auf eine bedeutungsvolle Erfahrung des Vortages, die als Auslöser dient. Thomä und Kächele (1985) zufolge wurde dieses Modell für die Konsensstudie des Chicago Institute übernommen, um die in der jeweiligen Behandlungsstunde vorherrschenden Konflikte erfassen zu können. Man ging von der Annahme aus, dass in jedem Interview das vorbewusste Denken dazu tendiert, sich auf ein zentrales Problem zu konzentrieren. „Eine Vielfalt bewußtseinsfähiger Assoziationen werden auf einen Brennpunkt verdichtet; gleichermaßen werden verwandte, unbewußte genetische Konflikte aktiviert, und ihre emotionale Besetzung wird in der Regel auf den einzelnen, überbesetzten fokalen Konflikt im Vorbewußten übertragen. Seitz schlägt vor – hierin Freud folgend –, von der Annahme auszugehen, daß der fokale Konflikt im Allgemeinen aus der jeweiligen Übertragung auf den Analytiker besteht und am besten verstanden wird, wenn man die den Tagesresten innewohnende Dynamik formuliert. Da diese überbesetzten, vorbewußten Konflikte innerhalb der Psyche Konvergenzpunkte dynamischer Kräfte bilden, können sie einen brauchbaren Fokus (im Sinne von am meisten überbesetzt und vorbewußt) für einheitliche und integrierende Interpretationen des komplexen, scheinbar heterogenen, assoziativen Materials einzelner Interviews liefern“ (Seitz 1966, S. 212, übers. von Thomä und Kächele 1985, S. 360). Hier wird der Fokalkonflikt identisch mit der Übertragung.

Das Fokuskonzept wurde dann von M. Balint (Balint 1972) im Rahmen der von ihm „Fokaltherapie“ genannten Form einer Kurztherapie aufgegriffen. Besonders bekannt wurden die Publikationen von D. Malan (1965, 1976, 1979), einem der frühesten Mitarbeiter von M. Balint, über dieses Thema. Der Fokus „kristallisiert“ sich, möglichst in den ersten Sitzungen, aus der Zusammenarbeit von Patient und Therapeut heraus. Auf der Grundlage einer Reihe von Informationsquellen (Beschwerden des Patienten, auslösendes Ereignis, Lebensgeschichte, Übertragung und Gegenübertragung) entwickelt der Therapeut in Zusammenarbeit mit dem Patienten sofort zu Beginn während der diagnostischen Phase ein psychodynamisches Verständnis, das in einer Fokusformulierung ihren verbalen Ausdruck findet. Malan berichtet, dass die Werkstatt (eine Gruppe von Analytikern, die mit Balint das Modell der Fokaltherapie erarbeitete) die Tendenz entwickelte, dem Fokus immer mehr die Form einer Deutung zu geben. Im Idealverlauf einer Behandlung wird diese Deutung dem Patienten am Ende der Behandlung gegeben, weil der Patient erst dann wirklich in der Lage ist, die ganze Bedeutung der Formulierung zu verstehen. Malan beschreibt diese Technik: „Der Analytiker verfolgt ein bestimmtes Ziel oder einen Fokus, der im Idealfall im Sinne einer Deutung formuliert sein sollte, auf welche die Behandlung sich dann stützt. Er verfolgt diesen Fokus ganz eingleisig, lenkt den Patienten durch Partialdeutungen darauf hin, achtet besonders darauf, läßt nichts darauf Bezügliches absichtlich weg; wenn das Material mehr als eine Deutung zuläßt, wählt er immer diejenige, die mit dem Fokus zusammenhängt; er läßt sich durch offenbar nicht auf den Fokus bezügliches Material, wie verlockend es auch scheinen mag, nicht ablenken“ (1965, S. 271). Bei der Strukturierung des Verständnisses des unbewussten Konfliktmusters des Patienten operiert Malan mit Hilfe des „Dreiecks der Einsicht“ (K.A. Menninger) und des „Dreiecks der Abwehr“. Das Dreieck der Einsicht bringt das Konfliktmuster in den drei Ebenen Übertragung, aktuelle äußere Realität und Kindheit zur Sprache; das Dreieck der Abwehr strukturiert das Verständnis in den Aspekten der Abwehr – Angst – abgewehrte Tendenzen. Die Fokusformulierung erlaubt dem Therapeuten im Prozess der Therapie eine Schritt für Schritt vorgehende deutende Verknüpfung dieser sechs Eckpunkte der beiden Dreiecke, im Idealfall in Form einer bestimmten regelhaften Abfolge.

4. Wesentliche Erweiterungen, Differenzierungen und Modifikationen

In relativ kurzer Zeit entwickelten sich weitere Formen von Kurztherapien, wobei sich die Konzeption des Fokus als eines ihrer wesentlichen Merkmale erwies. Jedoch variiert die Konzeption erheblich bezüglich des Verständnisses, was als ein Fokus zu verstehen ist sowie, wie er gewonnen wird. Lachauer (1992) differenziert im Einzelnen fünf verschiedene Gruppen, von denen vor allem zwei Unterschiede von Bedeutung sind. Man könnte sie als Oberflächenfokus und Tiefenfokus bezeichnen. Die erste Gruppe definiert den Fokus demzufolge auf der Ebene der aktuellen Symptomatik. So etwa Rechenberger (1987): „Ich glaube, Sie so verstanden zu haben, daß Ihnen der Umgang mit Geld besonderen Kummer bereitet“. Die zweite Gruppe versteht den Fokus als eine „Aussage über eine zentrale unbewusste Motivation bzw. eine unbewusste Konfliktsituation“ (Lachauer 1992, S. 242). In diesem Sinne ist das Fokusverständnis z.B. bei D. Malan, H. Davenloo, P. Ornstein, H. Strupp und J. Binder, R. Klüwer. Es leuchtet ein, dass die jeweiligen therapeutischen Prozesse sehr verschieden sind, je nach dem, von welchem Fokusverständnis der Behandler ausgeht. Der größte Unterschied liegt bei den Kurztherapien darin, wie der Fokus strukturiert wird. In der SE-Therapie (supportive-expressive) Luborskys bezieht sich der Fokus auf die Ziele des Patienten, wie sie im CCRT (Core Conflictual Relation Theme) zum Ausdruck kommen, während Strupp beim „dynamischen Fokus“ folgende Strukturierungsschablone zugrunde legt: 1. Eigenhandlungen, 2. Erwartungen auf die Reaktionen anderer Menschen, 3. Handlungen anderer dem Selbst gegenüber und 4. Eigenhandlungen gegenüber dem Selbst (Introjekt).

Im Ulmer Prozessmodell geben Thomä und Kächele (1985) dem Fokus eine weit über den bisher beschriebenen Rahmen hinausgehende Bedeutung. Ganz im Gegensatz zu dem öfter erhobenen Vorwurf, Fokussieren bedeute eine Manipulation, sehen sie die gleichschwebende Aufmerksamkeit und die Fokussierung als zwei sich ergänzende Funktionen. Informationsgewinn und Organisation der Information treten im therapeutischen Prozess wechselweise in den Vordergrund. So spielt für sie Fokussieren nicht nur in der Kurztherapie eine Rolle, sondern sie sehen vielmehr den Fokus als die zentrale Drehscheibe des therapeutischen Prozesses, so dass für sie die psychoanalytische Therapie eine fortgesetzte, zeitlich unbefristete Fokaltherapie mit wechselnden Foci darstellt.

5. Die Bedeutung des Begriffs in den verschiedenen psychoanalytischen Schulrichtungen

Die bekannten psychoanalytischen Schulrichtungen haben keinen erkennbaren Einfluss auf das Verständnis des Begriffs Fokus und die psychoanalytisch orientierten Kurztherapien sind eher wie eine Entwicklung jenseits dieser Schulrichtungen zu betrachten. Die Auffassungsunterschiede basieren auf ganz anderen Gesichtspunkten als denen, die zur Ausbildung der Schulrichtungen geführt haben; sie sind teils eher durch praktische Interessen, teils durch Forschungsaspekte bestimmt. Obwohl die strukturierenden Einkleidungen bei den verschiedenen psychoanalytisch orientierten Kurztherapieverfahren recht unterschiedlich sind, fällt bei eingehender Beschäftigung mit ihnen eher ein gemeinsames Grundkonzept auf; denn alle sehen als Zentrum der Behandlung die konflikthaften Inter- (oder Trans-)aktionen zwischen dem Patienten und bedeutenden anderen, die im Hier und Jetzt der therapeutischen Situation mit dem Therapeuten zur Ausbildung gelangen und im Brennpunkt der Aufmerksamkeit stehen.

6. Interdisziplinäre Beiträge und Befunde

Da sich die fokale Kurztherapie besonders gut für die empirische Prozessforschung eignet, ist der in der jüngeren Vergangenheit zu bemerkende Aufschwung der Kurztherapien auch auf die Aufmerksamkeit zurückzuführen, die ihr die Forschung zukommen ließ. Darum können fokal strukturierte Therapieprozesse heute als die am besten erforschten gelten.

Literatur

Balint, M., Ornstein, P. und Balint, E. (1972). Fokaltherapie. Frankfurt/M.: Suhrkamp.

Crits-Cristoph, P. and Barber, J. (1991). Handbook of short-term dynamic psychotherapy. New York: Basic Books.

French, T.M. (1952). The integration of behaviour. Vol. I: Basic postulates. Chicago: University Chicago Press.

Klüwer, R. (1995a). Die verschenkte Puppe. Darstellung und Kommentierung einer psychoanalytischen Fokaltherapie. Frankfurt/M.: Suhrkamp.

Klüwer, R. (1995b). Studien zur Fokaltherapie. Frankfurt/M.: Suhrkamp.

Lachauer, R. (1992). Der Fokus in der Psychotherapie. München: Pfeiffer.

Leuzinger-Bohleber, M. (Hg.) (1985). Psychoanalytische Kurztherapien. Opladen: Westdeutscher Verlag.

Luborsky, L. (1977). Measuring a pervasive psychic structure in psychotherapy: The core conflictual relationship theme. In N. Freedman and S. Grand (Eds.), Communicative structures and psychic structures (pp. 367–395). New York: Plenum Press.

Luborsky, L. (1979). Individual psychotherapy and the science of psychodynamics. London: Butterworth.

Malan, D.H. (1963). Psychoanalytische Kurztherapie. Bern: Huber (auch bei Klett, 1965).

Ornstein, P. and Ornstein, A. (1972). Focal psychotherapy: its potential impact on psychotherapeutic practice in Medicine. Psychiatry in Medicine, 3, 311–325.

Rechenberger, H. (1987). Kurzpsychotherapie in der ärztlichen Praxis. Berlin: Springer.

Strupp, H.H. und Binder, J.L. (1984). Kurzpsychotherapie, Stuttgart: Klett-Cotta, 1993.

Thomä, H. und Kächele, H. (1985). Lehrbuch der psychoanalytischen Therapie. Band 1, Grundlagen. Berlin: Springer, 2. Aufl., 1996.

Freie Assoziation *von Michael Hölzer*

free association – association libre

1. Definition

In der wiederholt als „methodischer Geniestreich“ gefeierten Einführung der freien Assoziation als Behandlungsmethode durch S. Freud wird allgemein eine seiner bedeutendsten Leistungen gewürdigt (Jones 1960). Die freie Assoziation als Erkenntnisinstrument konstituiert andererseits nach Ansicht vieler Autoren die Psychoanalyse überhaupt erst als wissenschaftliche Disziplin (Laplanche und Pontalis 1973, Haesler 1992), obwohl wissenschaftstheoretische Erwägungen die Erkenntnismöglichkeiten der freien Assoziation mittlerweile hinter ihrer klinischen Signifikanz zurücktreten lassen (Grünbaum 1984, Thomä und Kächele 1996). Um der vielfältigen Bedeutung der freien Assoziation in ihrer historischen Entwicklung Rechnung zu tragen, sollten mindestens drei Aspekte oder Ebenen unterschieden werden:

(1) Unter behandlungstechnischen Gesichtspunkten betrachtet, impliziert die häufig als „Grundregel“ apostrophierte freie Assoziation die vom Analytiker zu Beginn der Behandlung an die Adresse des Analysanden formulierte Aufforderung, möglichst frei und ungehindert seinen Einfällen, Gedanken und Phantasien zu folgen bzw. diese zu äußern. „Frei“ heißt in diesem Zusammenhang vor allem der Verzicht auf solche bewussten Wertungen und/oder Kritik auf Seiten des Analysanden, die im Alltagsdiskurs normalerweise zum Auslassen oder Verschweigen eines Einfalls führen würden. Mit der „gleichschwebenden Aufmerksamkeit“ als der komplementären Aktivität auf Seiten des Analytikers, verweist die freie Assoziation dabei gleichzeitig auf einen Kanon von Regeln, der – die Haltung des Analytikers betreffend – dessen Verzicht auf Wertungen und Kritik den Einfällen des Analysanden wie den eigenen gegenüber beinhaltet.

(2) Unter inhaltlichen Gesichtspunkten bezieht sich der Begriff der (freien) Assoziation auf die in der analytischen Situation geäußerten Einfälle oder Gedanken selbst, also auf die durch Verbalisierung der Beobachtung und Interpretation zugänglich gemachten Produkte mentaler Aktivität bzw. ihrer Verkettung.

(3) In eher prozessual orientierten Definitionen der freien Assoziation wird ein sich (bezüglich seiner intrapsychischen Aspekte nicht direkt beobachtbarer) intersubjektiv entfaltender Prozess in den Mittelpunkt gestellt. Assoziationspsychologische Ansätze betonen dabei intrapsychisch wirksame Produktionsbedingungen und -abläufe. Diskursanalytische Auffassungen fokussieren eher auf das dialogische Moment der freien Assoziation als einer wechselseitigen, intersubjektiven Beeinflussung der an diesem Geschehen beteiligten Protagonisten (Flader und Grodzicki 1978).

2. Klassische Auffassung

In der Annahme eines durchgehend wirksamen seelischen Determinismus erfolgte die Einführung der freien Assoziation durch Freud (1895d) mit der Vorstellung, dass ein regressionsbedingter Verzicht auf bewusste, sekundärprozesshafte Steuerung gedanklich-assoziativer Prozesse die Rekonstruktion unbewusster Determinanten des Denkens ermöglichen sollte. „Zur Einleitung der Behandlung“ den Unterschied zum Alltagsdiskurs operational definierend forderte Freud daher seine Patienten auf, „... sollen Sie hier anders vorgehen. Sie werden beobachten, daß Ihnen während Ihrer Erzählung verschiedene Gedanken kommen, welche Sie mit gewissen kritischen Einwänden zurückweisen möchten. Sie werden versucht sein, sich zu sagen: Dies oder jenes gehört nicht hierher, oder es ist ganz unwichtig, oder es ist unsinnig, man braucht es daher nicht zu sagen. Geben Sie dieser Kritik niemals nach und sagen Sie es trotzdem, ja gerade darum, weil Sie eine Abneigung dagegen verspüren" (Freud 1913c, S. 468).

Die klassische Auffassung der freien Assoziation zielte somit sowohl auf die Rekonstruktion abgewehrter und deswegen dynamisch unbewusster (Trieb-) Konflikte als auch auf die Erfassung der Abwehrprozesse selbst. Denn „... eine psychische Kraft, die Abneigung des Ich, hatte die ursprünglich pathogene Vorstellung aus der Assoziation verdrängt und widersetzte sich ihrer Wiederkehr in der Erinnerung" (Freud 1895d, S. 269). Vor diesem Hintergrund lieferte die freie Assoziation auch die Matrix, aus der heraus andere klinisch bedeutsame Konzepte der Psychoanalyse (wie z.B. Widerstand und Neutralität etc.) evolvierten.

3. Ideengeschichtlicher Hintergrund

Die Ursprünge bzw. die Entwicklung der erstmals explizit von Freud in den „Studien über die Hysterie" (1895d) erwähnten freien Assoziation aus den zuvor von ihm angewandten, der Hypnose entlehnten suggestiv-kathartischen Techniken lassen sich über den „Entwurf einer Psychologie" (1950c) bis in seine neurologische Schrift „Zur Auffassung der Aphasien" von 1891 zurückverfolgen (Hölzer und Kächele 1988, Aron 1995). Mit Rapaport (1960) können im Hinblick auf die freie Assoziation (1) sowohl Freuds Herkunft und Verbindungen zur jüdischen Tradition, (2) sein breites Interesse an Literatur, (3) seine neurologisch-neuroanatomischen Arbeiten am Labor Brückes bzw. die dort vorherrschende Schule Helmholtz'scher Prägung und (4) seine klinisch-psychiatrische Arbeit unter Meynert sowie die Beschäftigung mit dessen Auffassung von Assoziationsvorgängen als wirksame „Milieufaktoren" angesehen werden. Während Bakan (1958) vor allem Einflüsse der jüdischen Mystik auf die Ausgestaltung der freien Assoziation geltend macht, konzediert Freud selbst „ein Stück Kryptomnesie" (Trosman 1969), indem er auf Börnes Schrift „Die Kunst in drei Tagen ein Original-Schriftsteller zu werden" als ein Stück geschätzter Jugendliteratur verweist. Börnes (1823) Empfehlung „Nehmt einige Bogen Papier und schreibt drei Tage hintereinander ohne Falsch und Heuchelei alles nieder, was euch durch den Kopf geht", um so auf „neue, unerhörte Gedanken zu kommen" (S. 231–253), entsprach durchaus dem literarischen Zeitgeist dieser Epoche. Auch Schiller, in einem von Freud später zitierten Brief an Körner, empfahl schon 1788 „den Verstand als Wache vor den Toren" abzuziehen, um „zuströmende Ideen nicht zu scharf zu mustern" und so die Kreativität durch neue gedankliche Verbindungen zu erhöhen (zit. n. Freud 1900a, s.a. Hölzer und Kächele 1988).

Weniger die praktische Durchführung der freien Assoziation als vielmehr ihr theoretisches Verständnis, Anspruch und Reichweite sowie die Mitteilung der Grundregel sind im Laufe der Zeit einem Wandel unterlegen (Thomä und Kächele 1985). In den klassischen, zunächst triebtheoretisch, später ich-psychologisch (s. Busch 1997) fundierten Konzeptionen wurde der klinische Nutzen der freien Assoziation in der Einsicht ermöglichenden Emergenz unbewussten, konflikthaften Materials sowie in der Beobachtung der verschiedenen Ich-Funktionen im Spannungsfeld von Es, Überich und Realitätsanforderungen lokalisiert. Diese letztlich an einer Ein-Personen-Psychologie orientierten Haltungen wurden unter dem Einfluss von Autoren wie z.B. Balint oder Winnicott zunehmend zugunsten eines mehr selbst- bzw. objektpsychologischen Verständnisses relativiert. Kris (1990, 1992) oder Treurniet (1992) z.B. definieren heute das allgemeine Ziel der freien Assoziation in der „Förderung psychischer Kontinuität in Zeit und Raum" bzw. in einer sich im Laufe der Analyse vergrößernden „Assoziationsfreiheit" (Kris 1992). Für Leavy (1993) hat dementsprechend bereits freies Assoziieren als solches heilende, z.B. depressive Symptome lindernde Effekte. Dass eine zunehmend konstruktivistische Lesart in der freien Assoziation nicht länger nur ein Medium des Wiederauflebens und der Übertragung alter Erlebens- und Handlungsmuster, sondern insbesondere in den beziehungsregulierenden Aspekten der freien Assoziation eine gemeinsame Schöpfung von Analysand und Analytiker erblickt, hatte auch Auswirkungen auf die Handhabung der Technik. Entsprechend der zunehmend selbst- bzw. objektpsychologischen Auslegung z.B. von Schamkonflikten mit Hilfe der Selbstpsychologie Kohuts veränderte sich die Haltung des Analytikers im Prozess der freien Assoziation vom „unparteiischen, leidenschaftslosen Beobachter des Patienten“ in Richtung auf eine explizit unterstützende und bejahende Einstellung (Kris 1992). Freie Assoziation muss im Prozess durch den Analytiker gepflegt und gefördert werden, um nicht zu einem sterilen Ritual zu verkommen (Fromm 1995).

5. Empirische Fundierung, interdisziplinäre Beiträge und Befunde

Angesichts der erheblichen Bedeutung der freien Assoziation für die Praxis der Psychoanalyse ist die Basis ihrer empirischen Fundierung durch psychoanalytische Forschung sui generis bislang schmal geblieben: Während die Assoziationsexperimente Jungs noch sehr im Geiste der durch James Hartley, Thomas Brown, John Stuart Mill sowie vor allem Sir Francis Galton (1879) begründeten Assoziationspsychologie des 19. Jahrhunderts durchgeführt wurden, hat E. Bordin (1966) in einem „experimental analogue“ als einer der ersten die freie Assoziation systematisch empirisch in einer therapieähnlichen Situation evaluiert. Das von ihm entwickelte Forschungssetting bzw. seine Skalen zur Messung der freien Assoziation wurden später sowohl im englischen (Kaplan 1966) als auch im deutschen Sprachraum wiederholt verwendet (Hölzer et al 1988). Die durch Bordin stimulierte empirische Forschung zur freien Assoziation konzentrierte sich dabei zunächst auf die Untersuchung situativer Einflussfaktoren wie die Anwesenheit eines Untersuchers (Colby 1960), der Körperhaltung (Berdach und Bakan 1967, Kroth und Forrest 1969, Kroth 1970, Wille 1993), die Verwendung eines Stimulus (Brakel 1993) oder von Persönlichkeitsvariablen wie der Habituellen Ängstlichkeit oder der Verbalen Kreativität (Hölzer et al. 1988) auf den Prozess der freien Assoziation. Teller und Dahl (1986) identifizierten mit inhaltsanalytisch orientierten Prozeduren in Verbatimtranskripten „microstructures of free association“, Beziehungsmuster, deren Erfassung später mit der FRAMES-Methode (FRAMES = Fundamental Repetitive And Maladaptive Emotion Structures) systematisiert werden konnte (Hölzer und Dahl 1996).

Von einer systematischen Rezeption oder gar Integration der außerhalb der psychoanalytisch inspirierten Forschungsdesigns zwischenzeitlich in der Linguistik (Raguse 1992), den Kognitions- bzw. Informationswissenschaften (Marx 1988, Meiran 1989, Bucci 1993) sowie in der Neurophysiologie angefallenen Befunde zur assoziativen Tätigkeit des „Geistes im Netz“ (Koivisto und Laine 1995, McKoon und Ratcliff 1995, Spitzer 1996) ist die Psychoanalyse noch weit entfernt. Ausnahmen in Bezug auf die freie Assoziation stellen Stone (1977) oder Bucci (1993), die die affektive Regulation der freien Assoziation im Rahmen der durch Paivio (1983) begründeten Theorie eines „multiple coding“ mentaler Repräsentation zu definieren sucht, dar.

Literatur

Aron, L. (1995). From hypnotic suggestion to free association: Freud as a psychotherapist, 1892–1893. Contemporary Psychoanalysis, 32, 1, 99–114.

Bakan, D. (1958). Sigmund Freud and the Jewish tradition. Princeton: D. van Nostrand Company Inc.

Berdach, E. and Bakan, P. (1967). Body position and the free recall task of early memories. Psychotherapy Theory, Research and Practice, 4, 101–102.

Börne, L. (1823). Die Kunst in drei Tagen ein Originalschriftsteller zu werden. In L. Börne (1984), Gesammelte Schriften (S. 231–235). Hamburg: Hoffmann & Campe.

Bordin, E.S. (1966). Free association: An experimental analogue to the psychoanalytic situation. In L.A. Gottschalk and A.A. Auerbach (Eds.), Methods of research in psychotherapy crofts (pp. 189–208). New York, NY: Appelton Century.

Brakel, L. (1993). Shall drawing become part of free association?: Proposal for a modification in psychoanalytic technique. Journal of the American Psychoanalytic Association, 41, 2, 359–394.

Bucci, W. (1993). The development of emotional meaning in free association: A multiple code theory. In A. Wilson and J.E. Gedo (Eds.), Hierarchical concepts in psychoanalysis: Theory, research, and clinical practice (pp. 3–47). New York: Guilford Press.

Busch, F. (1997). Understanding the patients use of the method of free association: An ego psychological approach. Journal of the American Psychoanalytic Association, 45, 2, 407–423.

Colby, KM. (1960). Experiment of an observers's presence on the imago system during psychoanalytic free association. Behavioral Science, 5, 197–210.

Flader, D. und Grodzicki, W.D. (1978). Hypothesen zur Wirkungsweise der psychoanalytischen Grundregel. Psyche, 32, 545–594.

Fromm, E. (1995). Remarks on the problem of free association. In D. B. Stern and C.H. Mann (Eds.), Pioneers of interpersonal psychoanalysis (pp. 123–134). Hillsdale, NJ: Analytic Press.

Galton, F. (1879). Psychometric experiments. Brain, 2, 149–162.

Grünbaum, A. (1984). The foundations of psychoanalysis. A philosophical critique. Berkeley: University California Press.

Haesler, L. (1992). Freie Assoziation, Grundregel und die Freiheit des psychoanalytischen Prozesses. Zeitschrift für Psychoanalytische Theorie und Praxis, 7, 268–285.

Hölzer, M. and Dahl, H. (1996). How to find frames. Psychotherapy Research, 6, 177–196.

Hölzer, M., Heckmann, H., Robben, H. und Kächele, H. (1988). Die freie Assoziation als Funktion der Habituellen Ängstlichkeit und anderer Variablen: Eine experimentelle Studie. Zeitschrift für Klinische Psychologie, 17, 2, 148–161.

Hölzer, M. und Kächele, H. (1988). Die Entwicklung der freien Assoziation durch Sigmund Freud. Jahrbuch der Psychoanalyse, 22, 184–217.

Jones, E. (1960). Das Leben und Werk von Sigmund Freud, Bd. 1, Bern: Huber.

Kaplan, F. (1966). Anxiety and defense in a therapy-like situation. Journal of Abnormal Psychology, 71, 449–458.

Koivisto, M. and Laine, M. (1995). Lateralized free association priming: Implications for the hemispheric organization of semantic memory. Neuropsychologia, 33 (1), 115– 124.

Kris, A.O. (1990). The analyst's stance and the method of free association. Psychoanalytic Study of the Child, 45, 25–41.

Kris, A.O. (1992). Interpretation and the method of free association. Psychoanalytic Inquiry, Special Issue: Interpretation and its consequences, 12 (2), 208–224.

Kroth, J.A. (1970). The analytic couch and reponse to free association. Psychotherapy: Theory, Research and Practice, 7, 206–208.

Laplanche, J. und Pontalis, J.-B. (1973). Das Vokabular der Psychoanalyse. Frankfurt/M.: Suhrkamp.

Leavy, S.A. (1993). Self and sign in free association. Psychoanalytic Quarterly, 62 (3), 400–421.

Marx, W. (1988). Ein Markov-Modell des freien Assoziierens. In W. Marx (Hg.), Verbales Gedächtnis und Informationsverarbeitung. Forschungsberichte aus der Allgemeinen Psychologie (S. 45–57). Göttingen: Hogrefe.

McKoon, G. and Ratcliff, R. (1995). Conceptual combinations and relational contexts in free association and in priming in lexical decision and naming. Psychonomic Bulletin und Review, 2 (4), 527–533.

Meiran, N. (1989). Voluntary response selection in free association. Scandinavian Journal of Psychology, 30 (4), 255–265.

Paivio, A. (1983). The empirical case for dual coding. In J.C. Yuille (Ed.), Imagery, memory and cognition (pp. 307–332). Leiden: Nordhoff.

Raguse, H. (1992). „Freie Assoziation" als Sprache der Psychoanalyse – einige linguistische Reflexionen. Zeitschrift für Psychoanalytische Theorie und Praxis, 7 (3), 293–305.

Rapaport, D. (1960). Die Struktur der psychoanalytischen Theorie. Stuttgart: Klett.

Spitzer, M. (1996). Geist im Netz: Modelle für Lernen, Denken und Handeln. Heidelberg: Spektrum Akademischer Verlag.

Stone, M.H. (1977). Dreams, free association, and the nondominant hemisphere: An integration of psychoanalytic, neurophysiological, and historical data. Journal of the American Academy of Psychoanalysis, 5, 255–284.

Teller, V. and Dahl, H. (1986). The microstructure of free association. Journal of the American Psychoanalytic Association, 34, 763–798.

Thomä, H. und Kächele, H. (1996). Lehrbuch der psychoanalytischen Theorie. Bd. 1,

Grundlagen. Berlin Heidelberg New York: Springer, 2. Aufl.
Treurniet, N. (1992). Zur Theorie der freien Assoziation. Zeitschrift für psychoanalytische Theorie und Praxis. 7, 3, 242–255.
Trosman, H. (1969). The cryptomesic fragment in the discovery of free association. Journal of the American Psychoanalytic Association, 17, 489–510.
Wille, R. (1993). Lying or sitting: Summary of the thesis „Lying or sitting", an experimental exploration of the influence on free association of spatial positioning, anxiety and defense. In H. Groen-Prakken and A. Ladan (Eds.), The Dutch Annual of Psychoanalysis (pp. 277–280). Amsterdam: Swets & Zeitlinger.

Frustration, Frustrationstoleranz *von Thomas Köhler*

frustration, frustration tolerance – frustration, tolerance à la frustration

1. Definition

Der in der psychoanalytischen Literatur gebräuchliche Ausdruck Frustration taucht bei Freud offenbar nicht auf. Statt dessen verwendet er meist Versagung, genauer: „äußere Versagung". Darunter ist die Behinderung bei einer intendierten Handlung zu verstehen, zumeist die einer Triebhandlung, beispielsweise das Nicht-gewährt-Bekommen eines erwarteten sexuellen Kontaktes. Obwohl die Versagung auch die Ich-Triebe treffen kann (s. Freud 1911b, S. 234), wird der Begriff üblicherweise im Sinne von sexueller Frustration verwendet. Frustrationstoleranz, ein bei Freud ebenfalls nicht zu findender Ausdruck, dem auch kein sonstiger fester Begriff in seinen Schriften entspricht, bezeichnet die mehr oder weniger große Fähigkeit, Frustrationen ohne größere Folgen ertragen zu können.

2. Klassische Auffassung

Die (äußere) Versagung der libidinösen Befriedigung wird von Freud bereits in den in den USA gehaltenen Vorlesungen (1910a, S. 52) sowie in der kleinen Schrift „Über neurotische Erkrankungstypen" (1912c) als pathogenes Moment der Neurosenbildung eingeführt (neben der Libidofixierung); in der 22. der „Vorlesungen zur Einführung in die Psychoanalyse" (1916–17a, S. 357) präzisiert er, „daß die Menschen neurotisch erkranken, wenn ihnen die Möglichkeit benommen ist, ihre Libido zu befriedigen, also an der ‚Versagung'". Sie wird „als wichtige und unerlässliche Bedingung" in der Neurosenätiologie betrachtet, als alleiniges Moment zwar nicht hinreichend, jedoch notwendig: „Natürlich sollte das nicht heißen, daß jede Versagung der libidinösen Befriedigung jeden, den sie trifft, neurotisch macht, sondern bloß, dass in allen untersuchten Fällen von Neurose das Moment der Versagung nachweisbar war. Der Satz ist also nicht umkehrbar." Nach dem Modell einer gemeinsamen pathogenetischen Wegstrecke von Neurose und Perversion (1916–17a, S. 361f.) erweist sich Versagung der libidinösen Befriedigung auch als disponierendes Moment für Perversionen: „Ein ähnlicher Einfluß ist übrigens auch für die manifesten Perversionen zu erkennen. Sie werden in manchen Fällen dadurch provoziert oder aktiviert, daß einer normalen Befriedigung des Sexualtriebes allzu große Schwierigkeiten gemacht werden, infolge vorübergehender Umstände oder dauernder sozialer Einrichtungen" (1916–17a, S. 320). Ob sich bei gleichen Ausgangsbedingungen (Libidofixierung, äußere Versagung) eine Neurose oder eine Perversion entwickelt, hängt vom Moment der „inneren Versagung" (1916–17a, S. 363) ab, vom Sträuben gegen die regressiven Wünsche: „Nun scheidet sich der Weg zur Perversion scharf von dem der Neurose. Erwecken diese Regressionen nicht den Widerspruch des Ichs, so kommt es auch nicht zur Neurose, und die Libido gelangt zu irgendeiner realen, wenn auch nicht mehr normalen Befriedigung“ (1916–17a, S. 373).

Die Fähigkeit, äußere Versagung ohne Folgen zu ertragen, im Wesentlichen identisch mit Frustrationstoleranz des späteren Sprachgebrauches, hängt zum einen von der Sublimierungsfähigkeit ab, dem Grad, mit dem sexuelle Energie auf andere Tätigkeiten, speziell kultureller Natur, umgeleitet werden kann (s. etwa 1923a, S. 231), zum anderen von der Plastizität der Sexualtriebe; letztere äußert sich in der mehr oder weniger großen Neigung, an Stelle des versagten ein anderes Sexualobjekt zu wählen. Die Fixierung, die Festlegung der Triebbefriedigung unter anderem auf sehr spezifische Triebhandlungen oder Objekte, das Gegenteil der Plastizität, erweist sich somit neben mangelnder Sublimierungsfähigkeit als Hindernis beim Bewältigen der Versagung: „Das Maß von unbefriedigter Libido, das die Menschen im Durchschnitt auf sich nehmen können, ist begrenzt. Die Plastizität oder freie Beweglichkeit der Libido ist keineswegs bei allen voll erhalten, abgesehen davon, daß die Fähigkeit zu sublimieren vielen Menschen nur in geringem Ausmaße zugeteilt ist. Die wichtigste unter diesen Einschränkungen ist offenbar die in der Beweglichkeit der Libido, da sie die Befriedigung des Individuums von der Erreichung einer sehr geringen Anzahl von Zielen oder Objekten abhängig macht“ (1916–17a, S. 359).

3. Ideengeschichtlicher Hintergrund

Die Erkenntnis, dass Schwierigkeiten des Liebeslebens krankheitsfördernd wirken können, ist sehr alt und geht weit in die Zeit vor der Psychoanalyse zurück, ohne dass jedoch klare pathogenetische Modelle vorlagen. Die Idee taucht explizit in frühen Schriften Freuds auf, nämlich im Zusammenhang mit der Theorie der Angstneurose, die er auf nicht adäquat abgeführte Sexualerregung zurückzuführen versuchte (Freud 1895b; s. für eine ausführliche Darstellung und Kommentar auch Köhler 2000, S. 121ff.). Im Gegensatz zu diesem chemisch-toxischen Modell der Aktualneurosen favorisiert er, etwa in den zitierten Ausführungen in den „Vorlesungen zur Einführung in die Psychoanalyse“, für die Psychoneurosen einen weitgehend psychologischen Erklärungsansatz, indem er das pathogenetische Moment nun vornehmlich in der Aktivierung und Abwehr regressiver Sexualwünsche sieht, nicht in der Wirkung eines Sexualtoxins.

4. Wesentliche Erweiterungen, Differenzierungen und Modifikationen

Ein neuer Aspekt wird von Freuds Schüler Karl Abraham eingebracht, der Frustration nicht mehr allein als direkt neurosenbegünstigenden Faktor ansieht, sondern ihre Wirkung früher in die Entwicklung verlegt, nämlich bereits als determinierendes Moment der Fixierung begreift. Von ihm stammt auch die Vorstellung, dass orale Frustration, beispielsweise bei wenig Lust gewährenden Bedingungen der Nahrungsaufnahme in den ersten Lebensjahren, zur Bildung eines „oralen Charakters“ mit der eventuellen Folge späterer Depressionsneigung führt (Abraham 1925); daneben sieht er jedoch als in gleicher Richtung wirksamen Faktor übermäßige orale Verwöhnung an. Abrahams Ansicht ist später sehr populär geworden und wird als wichtiger psychoanalytischer Beitrag zur Depressionstheorie aufgefasst. Im Rahmen psychoanalytischer Psychosomatik, insbesondere in den Arbeiten von F. Alexander (1977), wurde die Bedeutung der frühen oralen Phase für die spätere Entwicklung organischer Krankheiten, insbesondere von Geschwüren im Magen und Zwölffingerdarm (Ulcus pepticum) betont (s. dazu Köhler 1995, S.165ff.), wobei allerdings – ähnlich wie bei Abraham – keine Festlegung getroffen wurde, ob Frustrierung oraler Bedürfnisse oder besondere orale Verwöhnung hier besondere pathogene Bedeutung hat.

5. Die Bedeutung des Begriffs in den verschiedenen psychoanalytischen Schulrichtungen

Freuds Auffassung der (erotischen) Versagung als begünstigendes Moment der Neurosenentstehung tritt in der späteren psychoanalytischen Literatur weitgehend zurück, in dem Maße wie die Autoren immer weniger sexuelle Momente als pathogenetische Faktoren annehmen. Hingegen hat das Abrahamsche Konzept der frühen Frustration als krankheitsdisponierender Faktor weite Anerkennung gefunden, so bei Melanie Klein, die im Wesentlichen, wenn auch mit geringen Differenzierungen, diese Auffassung teilt (etwa Klein 1973). In den späteren Entwicklungen der Psychoanalyse, etwa Ich-Psychologie, Selbst-Psychologie und Objektbeziehungstheorie, wird die pathogene Bedeutung sexueller Versagung so gut wie nicht mehr erwähnt; Frustration wird, wenn überhaupt, im Sinne von Scheitern bei der Erreichung von Lebenszielen allgemein verwendet und erhält eher im Sinne einer narzisstischen Kränkung ihre pathogene Bedeutung.

6. Interdisziplinäre Beiträge und Befunde

Die Theorie, dass orale Frustration einen begünstigenden Faktor für die Ausbildung eines „oralen Charakters" (im Sinne vor allem von übergroßer Passivität und Abhängigkeit) darstellt, ist in einer Anzahl von Studien mittels nicht-psychoanalytischer Methoden überprüft worden; sie finden sich bei Fisher und Greenberg (1985, S. 92ff.) dargestellt und kommentiert. Die Schwierigkeit dabei ist, dass nach Abrahams Theorie nicht nur orale Frustration, sondern auch besondere diesbezügliche Verwöhnung zur oralen Fixierung und daher Ausbildung entsprechender Charakterzüge führen kann; zudem haben fast alle Studien nicht spezifisch orale Erlebnisse (etwa im Sinne von Brust- oder Flaschenfütterung, frühere oder spätere Entwöhnung) erfasst, sondern zumeist allgemein die mütterliche Zuwendung in dieser Zeit; hinzu kommt, dass so gut wie alle Untersuchungen retrospektiv angelegt waren und teils auf recht unreliablen und wohl nur bedingt validen Daten basierten, in erster Linie auf Aussagen der Mutter über ihre Erziehungspraktiken. Die Ergebnisse, die zu einem nicht unbeträchtlichen Anteil den Einfluss frühkindlicher Erfahrungen auf spätere Charakterbildung belegen, sind deshalb mit gewisser Zurückhaltung als Bestätigung psychoanalytischer Theorien aufzufassen.

Kurz sei noch die umfangreiche motivationspsychologische Forschung zu Frustration erwähnt (s. etwa Weiner 1988, S. 97ff.), die aber insofern nur bedingt für psychoanalytische Konzepte relevant ist, als in den üblichen experimentellen Anordnungen Frustration zumeist (anders als bei Freud) nicht im sexuellen Sinne definiert ist. Interessant ist jedoch die im weitesten Sinne auf psychoanalytischen Modellen aufbauende und auch gut in die Freud'sche Theorie zu integrierende Frustrations-Aggressions-Hypothese, welche zunächst von Dollard et al. (1939) aufgestellt und dann noch einmal expliziter von Miller (1941) formuliert wurde. Danach führt, experimentell gut belegt, Verhinderung einer zielgerichteten Handlung (Frustration) zu Aggression; der Vorgang entspricht in metapsychologischer Formulierung einer „Besetzungsverschiebung", indem einer Regung „Energie entzogen" und einer anderen, beispielsweise feindseligen Regung, zugeführt wird. Als Beispiel aus der Neurosenpsychologie führt Freud den Verfolgungswahn an, wo (auf Grund einer inneren Versagung) der Energieentzug eine erotische Regung betrifft und Verwandlung von Liebe in Hass bewirkt (1923b, S. 271f.).

Literatur

Abraham, K. (1925). Psychoanalytische Studien zur Charakterbildung. Leipzig: Internationaler Psychoanalytischer Verlag.

Alexander, F. (1977). Psychosomatische Medizin. Berlin: De Gruyter, 3. Aufl. (amer. Originalausg. 1950).

Dollard, J., Doob, L.W., Miller, N.E., Mowrer, O.H. and Sears, R.R. (1939). Frustration and aggression. New Haven: Yale University Press.

Drews, S. und Brecht, K. (1982). Psychoanalytische Ich-Psychologie. Frankfurt/Main: Suhrkamp.

Fisher, S. and Greenberg, R.P. (1985). The scientific credibility of Freud's theories and therapy. New York: Columbia University Press.
Hinshelwood, R.D. (1993). Wörterbuch der kleinianischen Psychoanalyse. Stuttgart: Verlag Internationale Psychoanalyse.
Klein, M. (1973). Die Psychoanalyse des Kindes. München: Kindler (Originalausg. 1932).
Köhler, Th. (1995). Psychosomatische Krankheiten. Eine Einführung in die Allgemeine und Spezielle Psychosomatische Medizin. Stuttgart: Kohlhammer, 3. Aufl.
Köhler, Th. (2000). Das Werk Sigmund Freuds. Entstehung – Inhalt – Rezeption. Lengerich: Pabst Science Publishers, 2. Aufl.
Miller, N.E. (1941). The frustration-aggression hypothesis. Psychological Review 48, 337–342.
Weiner, B. (1988). Motivationspsychologie. München: Psychologie Verlags Union, 2. Aufl. (amer. Originalausg. 1980).

Funktionslust *von Siegfried Zepf*

functional pleasure – plaisir fonctionnel

1. Definition und klassische Auffassungen

Der Begriff der Funktionslust wurde von Bühler (1918) in die akademische Psychologie eingeführt. Er bezeichnet bei ihm jene Lust, welche Aktionen begleitet, die um ihrer selbst willen durchgeführt werden. Im Kontext psychoanalytischer Überlegungen wurde dieser Begriff vermutlich erstmals von Wälder (1933) und einige Jahre später von Kris (1938, 1941) benutzt. Wie bei Wälder (1933), der ihn im Zusammenhang mit spielerischen Aktivitäten verwendet, bezieht er sich auch in den Arbeiten von Kris (1938, 1941) auf die Lust, die bei einer selbständigen Unlust- bzw. Angstbewältigung empfunden werden kann: „Der Kernpunkt dessen, was manche Psychologen als Funktionslust bezeichnet haben, ... ist die Lust an der Beherrschung dessen, was einmal schmerzhaft gewesen ist" und vor dem man Angst hatte (Kris 1941). Wenn auch nicht dem Begriff, so doch der Sache nach findet sich diese besondere Lust schon einige Jahre früher in Arbeiten von Fenichel (1934), Glover (1933) und Schmideberg (1932). Im Jahr 1920 (1920g, S. 13f.) nahm auch Freud implizit auf sie Bezug. In der vielzitierten Garnrollen-Episode spielt Freuds Enkel in Abwesenheit seiner Mutter ihr Weggehen und Wiederkommen mit einer Garnrolle durch, die an einem Bindfaden befestigt ist und die er Verschwinden und Wiedererscheinen lässt. Weil er dadurch die Angst, die durch das Verschwinden der Mutter bewirkt wurde, selbst bewältigt, ist „mit dieser Wiederholung ein andersartiger, aber direkter Lustgewinn verbunden", ein Lustgewinn, den Freud andersartig nennt, weil er ihn offensichtlich von demjenigen unterschieden wissen wollte, der mit Triebbefriedigungen einhergeht.

Von Fenichel (1939) wurde dieser „andersartige ... Lustgewinn" an kontraphobischen Haltungen dargestellt und in folgender Fassung in die „Psychoanalytische Neurosenlehre" aufgenommen: „Sobald das Kind entdeckt, dass es jetzt eine Situation ohne Angst zu bewältigen vermag, von der es zuvor mit Angst überwältigt worden wäre, empfindet es eine bestimmte Art von Lust, (eine) ‚Funktionslust', (die) nicht (in) der Befriedigung eines bestimmten Triebbedürfnisses", sondern in der Erfahrung gründet, dass sich das Kind fähig erlebt, seine Angst selbständig zu bewältigen (Fenichel 1946a, S. 70).

2. Wesentliche Erweiterungen, Differenzierungen und Modifikationen

Nach seiner offiziellen Einführung tauchte dieser Begriff nur mehr sporadisch auf. Gelegentlich wurde die Funktionslust im Zusammenhang mit dem Spielen (z.B. Alexander 1956/57), mit der Reifung, Entwicklung und vor allem der Verfestigung der Ich-Funktionen erwähnt (z.B. Hendrick 1942, Hartmann 1948, Mitscherlich 1952/53, White 1963, Frijling-Schreuder 1964/65, Sandler und Joffe 1966, Joffe und Sandler 1967, Hoffmann 1972). Dabei wurde das Konzept aber nur von Alexander in der Fassung Fenichels benutzt, während es in die ich-psychologischen Arbeiten in der Bühler'schen Bestimmung Eingang fand. Bis auf Balint (1959) hat ferner kein Autor versucht, die Funktionslust umfassender zu erörtern. Allerdings vermisst seine Arbeit nicht den systematischen Stellenwert dieses Konzepts im psychoanalytischen Theoriecorpus. Unter dem Titel „Angstlust (thrill)" erörtert er ihre Psychodynamik praktisch ausschließlich bei philobatischen Persönlichkeitsstrukturen. Er sieht sie darin begründet, dass der Philobat der permanenten „thrills" bedürftig ist, weil er insgeheim die „Verlässlichkeit seiner Fertigkeiten" bezweifelt, die ihm Unabhängigkeit garantieren, und sich immer wieder aufs Neue von ihrer Tauglichkeit überzeugen muss (Balint 1959, S. 98).

In kritischer Erörterung des Freud'schen Lust-Unlust-Prinzips hat erstmals Zepf (1997a, 1997b, 1997c) das Konzept der Funktionslust systematischer und insbesondere im Zusammenhang mit den Ersatzbildungen diskutiert. Unter Hinweis auf die dezidierte und selbstkritische Äußerung Freuds, in welcher er den im Lust-Unlust-Prinzip behaupteten funktionalen Zusammenhang von Unlust und Lust – nach diesem Prinzip generiert sich Lust aus einer Verringerung der als Unlust empfundenen Erregung (z.B. Freud 1900a, S. 604; 1915c, S. 214) – ausdrücklich als „nicht richtig" beurteilt und festhält, dass „Lust und Unlust ... nicht auf Zunahme oder Abnahme einer Quantität, die wir Reizspannung heißen, bezogen werden" können (Freud 1924c, S. 372), wird im Einvernehmen mit Schur (1966, S. 165) dargestellt, dass das Erleben von Unlust und Lust nicht unmittelbar miteinander verbunden ist. Unlust wird bei Triebfrustrationen und Lust bei Triebbefriedigungen erfahren, und die dabei erfahrene erogene Lust erschöpft sich inhaltlich nicht in der Bewältigung oder Abwesenheit von Unlust (s. dazu Eidelberg 1962, Loch 1972, S. 71–77). Im Lichte des Konzepts der Funktionslust stellt der im Lust-Unlust-Prinzip Freuds behauptete Zusammenhang von Lust und Unlustminderung in Wirklichkeit die Beziehung von aktiver Unlustvermeidung und Funktionslust dar.

Diese Beziehung wird über die Verdrängung verpönter, von Frustration bedrohter Triebwünsche hergestellt. Durch die Verdrängung wird die gefahrvolle Triebregung aus dem Bewusstsein exkommuniziert und zugleich über eine „Ersatzbildung", welche „die Verdrängung in der Regel schafft" (Freud 1915d, S. 256), wieder in mystifizierter Form ins Bewusstsein eingelassen. Ersatzbildungen sind psychische Formationen, welche dazu dienen, das Subjekt vor der in der Angst antizipierten Unlust, die bei einer Realisierung der verpönten Triebregungen auftreten würde, zu schützen (Freud 1915e, S. 281; 1926d, S. 176). Sie werden realisiert, wenn die abgewehrten Triebregungen durch ein „szenische(s) Arrangement (...)" (Lorenzer 1970, S. 81) evoziert und der Wunsch nach lustvoller Befriedigung der ursprünglichen Triebregung dadurch wieder in die Nähe des Bewusstseins rückt. Damit wird auch „die Angst, die zuerst die Verdrängung auslöste, wieder mobilisiert, [welche] mit der Wiederholung der Triebregung eine Wiederholung der gegen sie gerichteten Maßnahmen hervor(ruft)" (Fenichel 1946b, S. 132). Eine gegen die Angst gerichtete Maßnahme ist dann die Realisierung der Ersatzbildung. Die Lust, die bei ihrer Realisierung erlebt wird, entsteht im Wesentlichen daraus, dass es gelungen ist, das Auftreten der antizipierten Unlust zu verhindern, womit der Charakter der erlebten Lust den einer Funktionslust gewinnt.

3. Theoretische und klinische Relevanz

In theoretischer Hinsicht wendet das Konzept der Funktionslust das allgemeine Lust-Unlust-Prinzip in ein besonderes, welches die Seelentätigkeit der Subjekte kennzeichnet, deren Repräsentanzenwelt durch Abwehrprozesse strukturiert ist. In klinischer Hinsicht ist das Konzept insofern von Bedeutung, als es dazu auffordert, sexuelle Handlungen nicht als das zu nehmen, was sie zu sein scheinen, sondern sie darauf zu befragen, welche Funktion sie im Seelenleben erfüllen. Sexuelle Aktivitäten mit Personen, auf die Aspekte des abgewehrten ödipalen Dramas übertragen wurden, erweisen sich nur mehr der Form nach als triebbestimmt, dem Inhalt nach sind sie vom Ziel angetrieben, die ehemals erfahrene Unlust aktiv zu bewältigen. Die sexuellen Triebwünsche erweisen sich in diesen Beziehungen an einen „szenische(n) Auslösereiz“ (Lorenzer 1970, S. 81) gebunden, der in der Identität gründet, die zwischen szenischen Verhaltensaspekten des Ersatzobjekts und den gewünschten des ersetzten Objekts besteht. Die Folge ist eine Intensivierung der verpönten, dem ursprünglichen Objekt geltenden sexuellen Wünsche. Die Intensivierung der verpönten Wünsche rückt mit diesen auch die Angst wieder näher ans Bewusstsein, die ihre Verdrängung veranlasste. Würden sie bewusst, dann würde damit auch die Gefahrensituation wieder Bewusstsein gewinnen, die zum Auftreten von Unlust führte. Deshalb müssen sie in Gestalt einer Ersatzbildung erneut abgewehrt werden. Bei dieser Abwehr macht sich das Subjekt die Verschiedenheit im Identischen zunutze. In ihrem Selbstverständnis erfüllen sich Mann und Frau ihre sexuellen Wünsche nicht mit ihrem ursprünglichen Objekt, sondern mit einem anderen. Für sie ist diese andere Person nicht diejenige, mit der sie unbewusst identisch ist, und diese Verschiedenheit des Identischen eröffnet ihnen die Möglichkeit, die in der Angst antizipierten, ehemals passiv erfahrene Unlust durch eine Ersatzhandlung aktiv zu bewältigen.

Damit ändert sich der Charakter der Lust, welche bei der Realisierung einer sexuellen Ersatzhandlung erfahren wird. Zwar wird die ursprüngliche erogene Lust intendiert. Weil aber die Ersatzbildung eine Erscheinungsform des verpönten Triebwunsches ist, die zum Zwecke seiner Abwehr gebildet wurde, wird die Lust, die bei einer Realisierung der verpönten Triebregung am falschen Objekt erlebt werden kann, zu einer zu Abwehrzwecken funktionalisierten erogenen Lust. In Gestalt einer Funktionslust wandelt sich die ursprüngliche erogene Lust zur bewusstseinsfähigen Erscheinungs- und d. h. Erlebnisform einer gelungenen Abwehr. In psychodynamischer Hinsicht generiert sich die Lust aus der Angst, ob es mit der Ersatzbildung bzw. Ersatzhandlung gelingt, den Bedingungen der besonderen Angst den Eintritt ins Bewusstsein zu verwehren. In dieser Sicht erweisen sich die sexuellen Handlungen als kontraphobisch strukturiert. Auch hier dient „die Ausführung des ursprünglich Gefürchteten dem Zweck, den ursprünglichen, intensiven Wunsch in Schach zu halten“ (Fenichel 1946a, S. 219). Da sich im Ersatz nicht die Gefahr, sondern der Versuch ihrer Bewältigung mystifiziert zur Darstellung bringt, wird ein mögliches Versagen der Ersatzbildung zur Bedingung für das Auftreten der ursprünglichen Angst. Angst und Lust sind – so es gelingt – der erlebnismäßige Ausdruck der unbewussten Beziehung von Ersatz und Ersetztem. Es ist jene, als narzisstisch zu beschreibende Lust, die in der Konzeption Balints (1959, S. 20) mit einer „gewissen … Angst“ einhergeht und die in der Bewältigung der narzisstischen Kränkung, der durch die Angst signalisierten Unlust, gründet. Das Wohlbehagen, das ihr folgt und sich von dem unterscheidet, das nach lustvoller Triebbefriedigung auftritt, mutiert dann in jenes Gefühl, das Fenichel (1946a, S. 71) als das eines „Triumph(es)“ oder „Stolzes“ beschreibt. Es zeigt an, dass es gelungen ist, drohende Unlust aktiv zu bewältigen.

Literatur

Alexander, F. (1955/56). Über das Spiel. Psyche – Z Psychoanal, 10, 11–28.

Balint, M. (1959). Angstlust und Regression. Stuttgart: Klett.

Bühler, K. (1918). Die geistige Entwicklung des Kindes. Jena: Fischer.

Eidelberg, L. (1962). A contribution to the study of the unpleasure-pleasure-principle. Psychiatric Quarterly, 36, 312–316.
Fenichel, O. (1934). Über Angstabwehr, insbesondere durch Libidinisierung. In O. Fenichel (1972), Psychoanalyse und Gesellschaft (S. 96–109). Frankfurt/M.: Roter Druckstock.
Fenichel, O. (1939). Die kontraphobische Einstellung. In O. Fenichel (1981), Aufsätze, Bd. II. (S.183–195). Olten: Walter.
Fenichel, O. (1946a). Psychoanalytische Neurosenlehre, Bd. I. Olten: Walter.
Fenichel, O. (1946b). Psychoanalytische Neurosenlehre, Bd. III. Olten: Walter.
Frijling-Schreuder, E.C. (1964/65). Honoré de Balzac, ein gestörter Junge, der nicht behandelt wurde. Psyche – Z Psychoanal, 18, 606–615.
Glover, E. (1933). The realisation of perversionformation to the development of reality sense. International Journal of Psycho-Analysis, XIV, 4–22.
Hartmann, H. (1948). Comments on the psychoanalytic theory of instinctual drives. Psychoanalytic Quarterly, 17, 368–388.
Hendrick, I. (1942). Work and the pleasure principle. Psychoanalytic Quarterly, 12, 311–329.
Hoffmann, S.O. (1972). Neutralisierung oder autonome Ich-Energien? Der Beitrag von R.W. White. Psyche – Z Psychoanal, 26, 405–422.
Joffe, W.G. und Sandler, J. (1967). Kommentare zur psychoanalytischen Anpassungspsychologie mit besonderem Bezug zur Rolle der Affekte und der Repräsentanzenwelt. Psyche – Z Psychoanal, 21, 728–744.
Kris, E. (1938). Ego development and the comic. International Journal of Psycho-Analysis, XIX, 77–90.
Kris, E. (1941). Probleme der Ästhetik. Internationale Zeitschrift für Psychoanalyse, 26, 142–178.
Loch, W. (1972). Zur Theorie, Technik und Therapie der Psychoanalyse. Frankfurt/M.: Fischer.
Lorenzer, A. (1970). Sprachzerstörung und Rekonstruktion. Frankfurt/M.: Suhrkamp.
Mitscherlich, A. (1952/53). Lust- und Realitätsprinzip in ihrer Beziehung zur Phantasie. Psyche – Z Psychoanal, 6, 401–424.
Sandler, J. and Joffe, W.G. (1966). On skill and sublimation. Journal of the American Psychoanalytic Association, 14, 335–355.
Schmideberg, M. (1932). Some unconcsious mechanisms in pathological sexuality and their relation to normal sexual activity. International Journal of Psycho-Analysis, 14, 225–260 (1933).
Schur, M. (1966). Das Es und die Regulationsprinzipien des psychischen Geschehens. Frankfurt/M.: Fischer, 1973.
Wälder, R. (1933). The psychoanalytic theory of play. Psychoanalytic Quarterly, 2, 208–224.
White, R. (1963). Ego and reality in psychoanalytic theory: A proposal regarding independent ego energies. Psychological Issues, 3, Monogr., 11.
Zepf, S. (1997a). Lust und Narzißmus. Göttingen: Vandenhoeck & Ruprecht.
Zepf, S. (1997b). Gefühle, Sprache und Erleben. Gießen: Psychosozial.
Zepf, S. (1997c). Die Funktionslust, das Lust-Unlust-Prinzip nebst einigen Anmerkungen zur ödipalen Problematik und zur Sublimierung. Forum der Psychoanalyse, 14, 18–33.

Gebär(mutter)neid *von Brigit Barth*

parturition envy, womb envy – envie de la parturition, envie de l'uterus

1. Definition

Anders als die von Freud geschaffene Bezeichnung „Penisneid" bezieht sich der Ausdruck „Gebärneid" auf eine Tätigkeit und nicht auf ein Sexualorgan. Damit wird die Frau einmal mehr zu einem Mangelwesen erklärt, und zudem wird die Tatsache verschleiert, dass sich der Gebärmutter- oder Uterusneid des Mannes (auf englisch meist „womb envy" genannt) nicht nur auf die Fortpflanzungsfunktionen der Frau, also auf Menstruation, Schwangerschaft, Geburt und Stillen, sondern auch auf die weiblichen Geschlechtsorgane selbst bezieht. Der Wunsch des männlichen Kindes und des erwachsenen Mannes, die weiblichen Geschlechtsorgane zu besitzen, wird durch zahlreiche Beispiele belegt: 1. Die Hoden werden oft „Eier“ genannt. 2. In Meyers Konversationslexikon ist noch 1897 unter „Vorsteherdrüse“ vom „sogenannten männlichen Uterus (Uterus masculinus)“ die Rede. 3. Männer gehen oft „schwanger mit Gedanken“; die heutigen Kybernetiker bezeichnen die geplanten Roboter als „Geist-Kinder“; die Durchführung eines Projekts wird u.a. zur „schweren Geburt“. Die sprachliche Übertragung bzw. Aneignung weiblich-generativer Fähigkeiten findet sich auch im Ausdruck „alma mater“ (Hochschule, wörtlich Nährmutter) (Walter 1996, S. 196). 4. Die Worte „Samen“, „Sperma“, „Keim“ oder „Keimzelle“ bedeuten die bereits befruchtete Eizelle. Mit dem Gebrauch dieser Bezeichnungen wird heute noch die Aristotelische Meinung vertreten, dass der sog. Samen das ganze Kind enthalte. Die Frau ist nur „Gefäß“ und stiftet für den Aufbau des Kindes höchstens das Blut. Aber auch die Männer haben sich die Fähigkeit angeeignet, aus Blut Leben zu schaffen. Unter den Kopfjägern konnte eine Frau nur schwanger werden, wenn der Mann einen Feind umgebracht hatte: Erst wenn dessen Seele durch den Tod befreit war, wurde dem kommenden Kind der Besitz einer Seele möglich (Engelhard 1997, S. 242). Das Morden und Sterben im Kampf oder Krieg wurde der Generativität der Frau gleichgesetzt. 5. Obwohl nur Frauen etwas in sich hinein nehmen und in ein Kind verwandeln können, bleibt es dem katholischen und orthodoxen Priester vorbehalten, das Brot und den Wein in den Leib und das Blut Christi zu verwandeln. In zahlreichen Initiationsriten – in denen die Söhne von den Männern neu geboren werden (vgl. die Taufe) – wird der Penis des Initianden subinzisiert; auf den Wogeoinseln wird das hervortretende Blut mit Worten, welche „Frau“, „Milch“ oder „Menstruation“ bedeuten, bezeichnet (Bettelheim 1954).

Etwas nicht zu haben, was man haben muss, um überleben zu können, und das man sich nicht selbst verschaffen kann, ist eine Erfahrung, die sowohl den existentiellen Neid als auch die erste Lebenszeit des Menschen charakterisieren. Die Grundsituation des Menschen am Anfang des Lebens ist daher u.a. diejenige des Neiders oder des „Wir“. Der Eindruck entsteht, dass der Neid von Anfang an existiert; aber er wird erst möglich, wenn das Kind einigermaßen zwischen Innen- und Außenwelt, zwischen phantasierter Wunscherfüllung und Realität unterscheiden kann. Erst dann nimmt das Kind die Fallhöhe zwischen sich und der als allmächtig betrachteten Mutter wahr (Barth 1990, S. 68f.).

Das Kind empfindet Schmerz und Trauer bei der „Entdeckung“, dass es ein „Nicht-Habender“ zu sein scheint. Die intensiven schmerzlichen Gefühle werden unerträglich, sobald das Kind zu glauben beginnt, die „allmächtige“ Mutter könnte das frühere befriedigende Leben wieder herbeizaubern, wenn sie wollte, aber feststellt, dass sie dies nicht tut; nicht will oder nicht kann. Das Kind muss also annehmen, dass die Mutter entweder hilflos, schwach, arm, dumm oder böse ist. Je mehr aber das gute innere Objekt zerstört wird, desto mehr verarmt das Ich, und dies verstärkt wiederum den Neid. Die natur- oder charakterbedingten Abwesenheiten der Mutter intensivieren alle Neidgefühle und zwingen das Kind, eine Lösung zu finden, um der unerträglichen Verzweiflung, der Auflehnung, der Wut und dem Hass zu entrinnen. Durch eine Abwehridentifikation mit der „allmächtigen“ Wunder wirkenden und machtvollen „bösen“ Mutter gelingt es dem Kind, den Rückgriff auf das intrauterine Aufgehobensein und auch die präambivalente Symbiose mit der Phantasie wiederherzustellen: Kind und Mutter sind in ihrer Machtvollkommenheit wiedervereint. Diese sekundäre Identifikation mit dem Primärobjekt kann aber nicht im Bewusstsein aufrechterhalten werden, da jeder Einbruch der Realität das Kind an seine reale Ohnmacht erinnert und den Neid von neuem entfacht. Es entsteht ein Teufelskreis. Durch des Kindes Identifikation mit der Mutter soll diese nun all ihrer Macht beraubt und dadurch als aktive, tatkräftige (aggressive) Person vernichtet werden.

Neid kann, Kant zufolge, erst als solcher gelten, wenn er die Vernichtung des Beneideten anstrebt. Die Aggressionen, die im Neid und dessen Abwehr gegen die Mutter gerichtet sind, lösen Schuldgefühle aus und damit die Angst, dass die Mutter sich nach dem Talionsprinzip rächen werde. Durch das aggressive „Verschlingen" der Mutter entsteht die Phantasie der „verschlingenden" Mutter. Der Neidwunsch, mit dem primären Objekt zu verschmelzen, gestaltet sich zunehmend zu einem Untergehen in der Mutter. Die von Neid getriebene Sucht nach dieser tödlich gewordenen Fusion mit der Mutter – d.h. dem „Nichts", dem „Nirwana" – verwandelt die Leben spendende Mutter in den Ort des Todes. Die Todesangst, die durch die Phantasie entsteht, wird bei beiden Geschlechtern noch verstärkt, sobald das Kind den Geschlechtsunterschied entdeckt hat. Die Theorien, die das Kind zu seinem Erleben und seinen Wahrnehmungen bildet, werden von nun an sexualisiert. So deutet das Kind die Penislosigkeit der Mutter als Kastration. Wenn die Mutter inadäquat ist, verschiebt das kleine Mädchen den frühen Neid gegenüber der Mutter auf den väterlichen oder brüderlichen Penis. Es geht eine Identifikationsliebe mit dem Vater ein und übernimmt auch dessen neidische, aus der eigenen Mutteridentifikation stammende abschätzige Meinung über die Frau. Damit wird des Mädchens eigene Weiblichkeit entwertet. Es folgt eine Selbstentwertung, eine Idealisierung des Vaters, und damit ist das Fundament für die weibliche Unterstützung des Patriarchats entstanden. Falls aber die Eltern adäquat sind, kann das kleine Mädchen erleichtert feststellen, dass die Anstrengungen einer fiktiven Identifikation mit der Mutter unnötig waren: es kann die eigene Weiblichkeit annehmen (abwarten) und sich begeistert dem Vater als Liebesobjekt zuwenden.

Da der kleine Junge doppelgeschlechtlich, d.h. omnipotent bleiben will, muss die Identifikation mit dem Primärobjekt aufrechterhalten werden, und er sieht sich vor die Tatsache gestellt, dass er die Kastration nicht nur wünscht, sondern zugleich auch einer tödlichen Kastrationsangst ausgeliefert ist. Die Angst vor der tödlichen Fusion mit dem Primärobjekt wird durch die Kastrationsangst und den Kastrationswunsch ins Unerträgliche gesteigert. In seiner Verzweiflung beschließt das männliche Kind, den Beweis zu erbringen, dass er und die Mutter gar nichts mehr gemeinsam haben. In der unbewussten Phantasie hat er ihre Machtfülle endgültig in den eigenen Besitz gebracht. Aber da die immer währenden Realitätseinbrüche – die Wahrnehmungen einer real gut funktionierenden Mutter – ihn ständig mit der eigenen Ohnmacht konfrontieren, bleibt ihm nichts anderes übrig, als diese Schwäche voll und ganz auf die Mutter zu projizieren. In Kontrast zu ihm sinkt sie nun für alle Zeit zu einem schwachen, passiven, kreatürlichen Geschöpf ab. Mit dieser Idee ist der Sohn zu demjenigen geworden, der denken kann (cogito ergo sum) und später wie der Vater mit Tatkraft und Klarsicht das Geschick aller lenken wird. Sie hingegen vertritt die Unzuverlässigkeit, die Sterblichkeit, die Hilflosigkeit und das Gefühl (die Dummheit). Sentio ergo sum. Durch diese als absolut gedachte Trennung zwischen Mutter und Sohn mit der damit einhergehenden sexualisierenden Spaltung von Denken und Gefühl wird die patriarchale Geschlechterapartheid (der Sexismus) in ihren Grundzügen entworfen. Sobald der kleine Sohn sich seiner Mutter durch all diese Strategien „entledigt" hat, kann die alte Sehnsucht nach ihr aufleben: Seine Libido wird freigesetzt, und er kann sich erleichtert und hingebungsvoll der Mutter als Liebesobjekt zuwenden, d.h. einem „fremd" gewordenen Wesen, das als „mater nuda" erregenderweise von außen betrachtbar, eroberbar und analysierbar geworden ist.

Dem ödipalen Kind leuchtet es auch auf der Stelle ein, dass der Vater der Mutter überlegen ist, denn trotz des Vaters offensichtlicher Vorliebe für die gefährliche Frau – und die ihre für ihn – schafft er es, sich ihr gegenüber zu behaupten und zu überleben. Die dadurch bekräftigte Erhöhung des patriarchalen Vaters, die er gerne selbst bestätigt und die, nebenbei gesagt, die Hierarchie in der patriarchalen Familie und Gesellschaft etabliert, teilt dem Sohn zudem implizit mit, dass seine Neidabwehrphantasien Wirklichkeit sind. Diese Neid erzeugte Aufmunterung zum Glauben, dass Phantasie und Wirklichkeit eins sind, wird weiter ausgebaut (ausagiert) in der Pubertät, sobald entdeckt wird, dass es möglich ist, mit dem Penis in eine Frau ohne Fusions- oder Todesgefahr einzudringen und sie wieder heil zu verlassen. (Das letztere scheint vielen Homosexuellen zweifelhaft.)

Solange der Koitus aber als risikolose Wiederkehr in das Primärobjekt phantasiert wird, verwandelt sich der Penis in den Phallus. Dies scheint eine weit verbreitete Vorstellung zu sein, denn die sexuelle Vereinigung wird ja verdächtigerweise sehr oft als ein „in Besitznehmen der Frau", als ein „Verschmelzen" mit ihr bezeichnet und oft als Rückkehr in die Mutter apostrophiert. In der Bibel ist sogar die Rede davon, dass Mann und Frau „ein Fleisch" werden. Als alleiniger Lebensbewahrer wird nun der Mann in der christlichen Religion sogar zum unsterblichen Gott, dessen Auferstehung und ewiges Leben durch seinen vorübergehenden Tod gewährleistet wird. Er liegt tot in der Höhle und verlässt diese wieder. In Parallele dazu wird der Phallus schlussendlich zum Symbol der Unsterblichkeit und Vollkommenheit erklärt und kann daher als ein Festhalten an der Neid erzeugten introjektiven Identifikation mit der Leben spendenden Mutter bewertet werden. Der Phallus wird somit irrealerweise, wie ehemals die Große Mutter, zum parthenogenetischen Lebensursprung: Er sichert das Leben und hat in seiner Überwindung des Todes in der Fusion mit der Mutter seine alte apotropäische Funktion beibehalten.

Das im Patriarchat ausagierte Neidziel der Vernichtung umfasst letztlich auch alle die von Fromm (1957) beschriebenen Stufen der Aggression, einschließlich ihrer Ausformungen im Frauenhass, in der Gewalt gegen Frauen und in der Nekrophilie. Das Fundament hierzu bildet der phantasierte Muttermord, der den Beginn des kindlichen Neides auf die (große) Mutter kennzeichnet.

2. Klassische Auffassung

Freud betrachtet den Penisneid der Frau und die „Ablehnung der Weiblichkeit" – das „Sträuben" des Mannes gegen seine passive oder feminine Einstellung zum anderen Mann – als den „gewachsenen Felsen", auf den der Analytiker bei allen Patienten stoßen werde (Freud 1937c, S. 98). Freud zufolge bedeutet der gewachsene Fels sowohl den stärksten Übertragungswiderstand, den es in der Analyse gibt, als auch das Biologische unter dem Psychischen. Der weibliche Penisneid und die männliche Ablehnung der Weiblichkeit wurde von Freud als biologisch, d.h. als angeboren dargestellt. Mit der Annahme der männlichen Homosexualität als Gegenstück zum weiblichen Penisneid hat Freud aber implizit die Grundlage zum Konzept des Gebärmutterneides geschaffen, sind doch die homosexuellen Strebungen ohne die introjektive weibliche Identifikation und ohne den dahinter liegenden männlichen Neid auf die Mutter weitgehend undenkbar (Freud 1937c, S. 98).

Boehm berichtet, dass er Freud gefragt hat, ob er die Hypothese eines männlichen Neides auf die Frau annehmen könne (Boehm 1930). Freud habe geantwortet, dass er sich nur einen Neid auf die Vagina als „Lustort des Mannes" vorstellen könne.

3. Ideengeschichtlicher Hintergrund

Der ausagierte Gebärmutterneid ist seit Beginn des Patriarchats weltweit in Mythen, Riten, Legenden und Bildern zum Ausdruck gebracht worden. Die Kopfgeburt von Athene durch Zeus wurde sehr lange nur von ihrem manifesten Inhalt her gedeutet: als Beweis männlicher Geistigkeit, die zum Entstehen von Bewusstheit in der Geschichte der Menschheit führte. Die patriarchalen Schöpfungsmythen in aller Welt sind ähnlichen Inhalts und wurden mehrheitlich auch als Bezeugung des „Väterlichen Prinzips" interpretiert. Ihr latenter Inhalt – der Gebärmutterneid – wurde übergangen. Fromm deutete als erster den babylonischen Mythos „Enuma Elisch" als Ausdruck eines Schwangerschaftsneids des Mannes, der sich in prähistorischen Zeiten in seiner Identität verunsichert fühlte im Vergleich zur Frau, deren soziale Bedeutung von Anfang an feststand (Fromm 1957, S. 233–234).

4. Die Bedeutung des Begriffs in den verschiedenen psychoanalytischen Schulrichtungen

In den vorwiegend phallozentrierten Schulrichtungen führt die Darstellung des Gebärmutterneides nach wie vor ein Schattendasein. Allerdings verstand bereits K. Horney den phallischen Monismus in der Psychoanalyse als eine Abwehr des Gebärmutterneides (Horney 1967). M. Klein und J. Riviere beschreiben den Gebärmutterneid in seinen verschiedenen Abwehrformen. Eine Kritik der Klein'schen Auffassung des Neides wurde von Joffé vorgelegt, zusammen mit der Einführung des Begriffs einer „Neidorganisation" (Joffé 1969). In der Objektbeziehungstheorie wird die Abwertung des Weiblichen als Mechanismus betrachtet, der den Neid unterdrücken soll. Dem neidkompensatorischen Motiv des phallischen Monismus in der Psychoanalyse sind in der letzten Zeit einige Psychoanalytiker entgegengetreten. So Rohde-Dachser (1991) und Mertens (1994).

5. Interdisziplinäre Beiträge und Befunde

In einem Kapitel über den Gebärneid hat Walter ein Konzept zur Analyse der patriarchalen Persönlichkeit geliefert (Walter 1996). Die Psychologin Meier-Seethaler (1997, S. 199) hat in ihren Werken die sexistischen Wurzeln der patriarchalen Kultur auf den Gebärmutterneid zurückgeführt. Sie zeigt u. a., dass der Gebärmutterneid den Antrieb zur gegenwärtigen Technologie darstellt. Dies kann nur bestätigt werden, denn der ewige männliche Wunsch, parthenogenetisch ein Lebewesen zu schaffen, hat nicht nur nützliche Ideen und Geräte geschaffen, sondern auch all die Techniken und Maschinen, die unsere Welt gefährden.

Literatur

Barth, B. (1990). Die weibliche Sexualität als Ausdruck männlichen Uterusneides und dessen Abwehr. Jahrbuch der Psychoanalyse, Bd. 26, 64–100.

Bettelheim, B. (1954). Symbolic wounds. Glencoe, Illinois: The Free Press (dt.: Die symbolischen Wunden. Pubertätsriten und der Neid des Mannes. Frankfurt/M.: Fischer, 1982).

Boehm, F. (1930). Über den Weiblichkeitskomplex des Mannes. Internationale Zeitschrift für Psychoanalyse, 16, 193–211.

Engelhard, J.B. (1997–1998). Geschlechterkomplementarität – Geschlechterantagonismus? Die Kopfjagd in Südostasien. In G. Völger (Hg.), Sie und Er. Frauenmacht und Männerherrschaft im Kulturvergleich, Bd. 1. Köln: Verlagshaus Wienand.

Fromm, E. (1957). The forgotten language. New York: Grove Press.

Horney, K. (1967). Die Psychologie der Frau. Frankfurt/M.: Fischer.

Joffe, W.G. (1969). A critical review of the status of the envy concept. The International Journal of Psycho-Analysis, 50, 533–545.

Klein, M. and Riviere, J. Love and reparation. New York: The Northern Library, Norton.

Meier-Seethaler, C. (1997). Gefühl und Urteilskraft. Ein Plädoyer für die emotionale Vernunft. München: Beck.

Mertens, W. (1994). Entwicklung der Psychosexualität und der Geschlechtsidentität, Bd. 2, Kindheit und Adoleszenz. Stuttgart: Kohlhammer, 2. Aufl., 1996.

Meyers Konversationslexikon (1897). Vorsteherdrüse, Band 7, S. 417. Leipzig: Bibliographisches Institut, 5. Aufl.

Rohde-Dachser, C. (1991). Expedition in den dunklen Kontinent. Berlin: Springer.

Walter, W. (1996). Gebärneid. Ein Konzept zur Analyse patriarchaler Männlichkeiten und Institutionen. In Bausteine Männer (Hg.). Kritische Männerforschung. Neue Ansätze in der Geschlechtertheorie (S. 172–213). Berlin: Argumente.

Gedächtnis *von Marianne Leuzinger-Bohleber*

memory – mémoire

1. Definition

„You have to begin to lose your memory, if only in bits of pieces, to realize that memory is what makes our lives. Life without memory is not life at all ... Our memory is our coherence, our reason, our feeling, even our action. Without it, we are nothing" (Luis Bunuel, zit. nach Schmidt 1991, S. 8). Die Auffassung, dass wir ohne unser Gedächtnis, ohne Erinnerung an unsere individuelle, unverwechselbare Lebensgeschichte, „nichts sind" bzw. unerkannt durch Inkongruenzen in unserem Denken, Fühlen und Handeln determiniert werden, prägte die Psychoanalyse von Anfang an. In seiner Arbeit „Erinnern, Wiederholen und Durcharbeiten" fasst Freud (1914g) selbst die ersten Entdeckungen der Psychoanalyse zusammen, die unter Verzicht auf Hypnose und Suggestion – als Methoden eines direkten Zugriffs zum Unbewussten ohne therapeutische Mitarbeit des betroffenen Patienten – zum gemeinsamen Ringen um Erinnerungen in der analytischen Beziehung hinführten: „Das Ziel dieser Techniken ist natürlich unverändert geblieben. Deskriptiv: die Ausfüllung der Lücken der Erinnerung, dynamisch: die Überwindung der Verdrängungswiderstände" (S. 127). Die theoretischen Erklärungen von Funktionsweisen des Gedächtnisses im Werk Freuds sind widersprüchlich. Nach Hirshberg (1989) befand sich Freud bezogen auf sein Gedächtnismodell – im Gegensatz zu anderen, revolutionären" Teilen seiner Theorie – durchaus im Einklang mit den damals vorherrschenden Gedächtnistheorien, angefangen mit Aristoteles, über William James, den britischen Empiristen und ihren späteren Kontrahenten, den logischen Positivisten: „A memory then, in this view, is conceived of as a determinate, well-defined segment of past experience which was, so to speak, frozen out of time and preserved in the mind in the form of an image, copy, or representation of some sort. The process of remembering is accordingly viewed as a retrieval of a determinate image, a representation, a pure reproduction of a segment of the past; present awareness sits back in the movie theater of the mind and passively observes the clear and distinct images before it" (Hirshberg 1989, S. 346f.). Diese Abbildtheorie bzw. „store house-Metapher" des Gedächtnisses, ist auch heute noch weit verbreitet, wie kürzlich u.a. Roediger (1980) aufzeigte und wird auch in renommierten Lehrbüchern der akademischen Psychologie aufgeführt, z.B. von Baddley (1990): „Das menschliche Gedächtnis ist ein System, um Informationen zu speichern und wieder abzurufen, Informationen, die selbstverständlicherweise durch unsere Sinne gewonnen wurden" (S. 13, Übersetzung d.V.).

Doch, wie wir kürzlich diskutiert haben, kann man mit dieser Gedächtnistheorie u.a. nicht adäquat erklären, wie gespeichertes Wissen auf sich ständig verändernde, neue Situationen und Kontexte sinnvoll, adäquat und schnell übertragen wird (vgl. u.a. Leuzinger-Bohleber und Pfeifer 1998). Daher bietet es sich auch für die Psychoanalyse an, dem heutigen Stand der Gedächtnisforschung zu folgen und Modelle zu favorisieren, „die Gedächtnistätigkeit nicht mehr als Aufbewahrungs-, sondern als Konstruktionsarbeit konzeptualisieren" (Schmidt 1991, S. 11). Es ist erstaunlich, dass Freud in seiner Theorie des Erinnerns, die im Gegensatz zu seiner „Abbildtheorie des Gedächtnisses" steht, durchaus mit diesen neueren Gedächtnisvorstellungen übereinstimmt, was für seine Zeit revolutionär war. Bekanntlich postuliert er, dass die Erinnerung durch unbewusste psychodynamische Einflüsse verzerrt wird und sich das Gedächtnis gegen das Bewusstwerden unliebsamer Erinnerungen zur Wehr setzt (vgl. u.a. Mertens 1998). So erklärte er bekanntlich z.B. die frühkindliche Amnesie durch eine Verdrängung verbotener, und daher nicht durch die Zensur ins Bewusstsein vordringender, ödipaler Wünsche. I.a.W. wird dem Gedächtnis eine aktive, „konstruierende" Funktion zugeschrieben: Erinnern ist ein kreativer Prozess, der nicht mit einem „automatischen Abrufen gespeicherter Informationen" gleichzusetzen ist, sondern durch eine i.d.R. kunstvolle, seelische Kompromissleistung zwischen dem dynamischen Unbewussten und einer zensierenden psychischen Instanz zustande kommt (vgl. u.a. Konzept der „Deckerinnerung" etc.). Ebenfalls sehr aktuell ist die sensomotorisch handelnde Komponente des Wiederholungszwangs, die in der analytischen Situation als Schlüssel zur Erinnerung dienen kann: „... so dürfen wir sagen, der Analysierte erinnere überhaupt nichts von dem Vergessenen und Verdrängten, sondern er agiere es. Er reproduziere es nicht als Erinnerung, sondern als Tat, er wiederholt es, ohne natürlich zu wissen, daß er es wiederholt" (Freud 1914g, S. 129). Diese Auffassung Freuds entspricht weitgehend neueren Gedächtnistheorien, in denen Gedächtnis eine kreative, konstruierende seelische Tätigkeit darstellt, die auf Aktivitäten des gesamten Organismus beruht, durch aktuelle Interaktionsprozesse mit der Umwelt determiniert wird und unser Denken, Fühlen und Handeln entscheidend prägt. „Wir nehmen stets durch die ‚Brille' unseres Gedächtnisses wahr; denn das, was wir wahrnehmen, ist durch frühere Wahrnehmungen entscheidend mitbestimmt" (Roth 1991, S. 147).

2. Klassische Auffassung

War Freud ein „Spuren- oder Abbildtheoretiker"? Diese Frage wird bis heute in der Fachliteratur kontrovers diskutiert. Mertens (1998) stellt in einer ausführlichen Arbeit zu diesen Fragen fest, „daß Freud eine Kopie- oder Abbildtheorie des Gedächtnisses bevorzugt und den Einfluß des psychodynamisch Unbewußten nur bei der Erinnerung postuliert hat" (S. 48). So besteht nach Hirshberg (1989) ein wesentlicher Unterschied zu neueren, konstruktivistischen Gedächtnismodellen innerhalb und außerhalb der Psychoanalyse darin, dass Wahrnehmungen, die im Gedächtnis abgebildet werden, keine Transformation bei ihrer Speicherung erfahren, auch wenn jeweils gleiche Inhalte in verschiedenen Speichersystemen (z.B. visuell und sprachlich) aufbewahrt werden. „Freud hatte auch – abgesehen von der Unterscheidung von Primär- und Sekundärvorgang – noch keinen Zugang zu einer Entwicklungstheorie der Vorstellungsbildung. Da er Vorstellungen nur in ihrer (bildlich und sprachlich) symbolischen Form konzeptualisieren konnte, war er gezwungen, sie zu reifizieren. Wort- und Bildvorstellungen liegen gleichsam im Vorbewußten und im Unbewußten herum: Bildvorstellungen werden aus ihrem unbewußten Dämmerschlaf erlöst, wenn sie vom Scheinwerferlicht der Wortvorstellungen angestrahlt werden. Psychoanalytiker nach Freud gingen hingegen mindestens von drei grundlegenden Kodierungsformen von Repräsentanzen aus: von einer sensomotorischen, einer präsymbolischen und einer symbolischen" (Mertens, 1998, S. 76).

Doch, wie Mertens ebenfalls betont, geschieht Freud unrecht, wenn verschwiegen wird, dass in seinem Werk durchaus auch andere Konzeptualisierungen von Gedächtnis zu finden sind, in denen er selbst eine „statische Speicherung" von Erfahrungen im Gehirn bezweifelte, ja sogar fragte, ob es überhaupt möglich sei, sich an frühinfantile Erfahrungen zu erinnern: „Man hat es in den Psychoanalysen häufig mit solchen Begebenheiten aus den ersten Kinderjahren zu tun, in denen die infantile Sexualtätigkeit zu gipfeln scheint und häufig durch einen Unfall oder eine Bestrafung ein katastrophales Ende findet. Sie zeigen sich schattenhaft in Träumen an, werden oft so deutlich, daß man sie greifbar zu besitzen vermeint, aber sie entziehen sich doch der endgültigen Klarstellung ... (oft) muß man es unentschieden lassen, ob eine solche Szene wirklich vorgefallen ist. Wenn man in der Beurteilung der Phantasie nicht irregehen will, muß man sich vor allem daran erinnern, daß die ‚Kindheitserinnerungen' der Menschen erst in einem späteren Alter (meist zur Zeit der Pubertät) festgestellt und dabei einem komplizierteren Umarbeitungsprozeß unterzogen werden, welcher der Sagenbildung eines

Volkes über seine Urgeschichte durchaus analog ist" (Freud 1909d, S. 427). Die dauernde „Umarbeitung" von gespeicherten Erfahrungen entspricht der Auffassung vieler heutiger Psychoanalytiker und Gedächtnisforscher (vgl. unten). Allerdings lässt die noch heute übliche psychoanalytische Begrifflichkeit, z.B. „gespeicherte Erfahrungen", „Repräsentanzen", „Reaktivieren von Erinnerungen", vermuten, dass oft unreflektiert immer noch Gedächtnis in Analogie zu einem Computer (mit statischen Speicherplatten, aus denen Informationen abgerufen werden) verstanden wird (vgl. dazu auch Mertens und Haubl 1996).

3. Ideengeschichtlicher Hintergrund

In der Gedächtnisforschung lässt sich besonders gut der Einfluss verfügbarer Untersuchungsmethoden auf die Theoriebildung illustrieren. Wie erwähnt waren, u.a. weil keine direkten Beobachtungsmethoden des lebenden Gehirns zur Verfügung standen, die „klassischen Gedächtnistheorien" (seit Aristoteles' Vergleich des Gedächtnisses mit einer Wachstafel, in die sich Erfahrungen einritzen) zu Freuds Zeiten weitgehend unhinterfragt. Damasio (1997), Solms (1999) u.a. weisen darauf hin, dass bis zur Erfindung des EEG und in jüngster Zeit des PET die hirnorganischen und hirnphysiologischen Grundlagen von Gedächtnisprozessen nur aufgrund von Autopsien, z.B. von Patienten mit Hirnläsionen, posthum untersucht werden konnten (z.B. von Broca, Wernicke, Harlow u.a. im letzten Jahrhundert). Daher schloss man von der Manifestation bestimmter Auffälligkeiten (z.B. von Sprachstörungen) auf lokalisierbare Hirnregionen, die bestimmte psychische und psychosoziale Verhaltensweisen determinieren sollten: der Weg zu Vorstellungen von Gedächtnis als „aus bestimmten Hirnregionen abrufbaren, gespeicherten Informationen" war daher nicht weit. – So führten die neuen Untersuchungsmethoden in der Medizin, der Psychologie, aber auch in den Kulturwissenschaften in den letzten Jahrzehnten zu einem Boom an Forschung, so dass u.a. Schmidt (1989) feststellt: „Gedächtnisforschung hat Konjunktur. Eine neue Zeitschrift Memory and History (herausgegeben von Saul Friedländer) ist gegründet worden; Sammelbände werden vorgelegt, die sowohl die philosophisch-kulturgeschichtlichen als auch die biologisch-physiologischen Erträge der neueren Gedächtnisforschung vorstellen ... ‚Kultur als Gedächtnis', ‚soziales Gedächtnis', ‚das Gedächtnis als unser wichtigstes Wahrnehmungsorgan' und ähnlich lauten wichtige Schlagworte in der interdisziplinär und international geführten Debatte ..." (S. 9, 10). Dieser Diskurs hat nun auch die psychoanalytische Community erreicht und lässt Psychoanalytiker wie Mertens (1998) feststellen, dass es verwunderlich sei, „daß die psychoanalytische Gedächtnistheorie – abgesehen von dem auch schon in die Alltagspsychologie eingemeindeten Konzept der Verdrängung – der bei heutigen Psychoanalytikern am wenigsten systematisch diskutierte Theoriebestandteil ist ..." (S. 55). Daher sind in den letzten Jahren vermehrte Bemühungen zu beobachten, die psychoanalytischen Gedächtnistheorien mit dem Stand der interdisziplinären Forschung in Beziehung zu setzen (vgl. u.a. Koukkou, Leuzinger-Bohleber, Mertens, 1998).

4. Wesentliche Erweiterungen, Differenzierungen und Modifikationen

Es waren vor allem die amerikanischen Ich-Psychologen, die sich schon früh um eine Modifikation der klassisch-psychoanalytischen Gedächtnistheorien bemühten (z.B. Heinz Hartmann, David Rapaport, George S. Klein, u.a.). So konzeptualisierte z.B. Hartmann (1939/75) die sogenannten „primär autonomen Ich-Funktionen", die unabhängig von der Triebentwicklung Wahrnehmungsprozesse und früheste Gedächtnisstrukturen bestimmen sollten. Die Forschungsgruppe um U. Moser hat schon in den 60er Jahren begonnen, in ihren Computersimulationsmodellen der psychoanalytischen Abwehrlehre oder des Schlaftraums die damals verfügbaren psychoanalytischen Gedächtniskonzepte zu formalisieren (zusammengefasst in Moser und v. Zeppelin 1991, modifiziert 1996). Inzwischen ist die ich-psychologische Auffassung von frühen Vorläufern des Gedächtnisses, die sich unabhängig von der Triebentwicklung bilden, weitgehend widerlegt worden: Sowohl von Vertretern der neuen Säuglingsforschung als auch der modernen Selbst- und Objektbeziehungstheorien wird postuliert, dass die frühesten Objektbeziehungserfahrungen, bei denen u.a. die Befriedigung elementarer Triebbedürfnisse eine zentrale Rolle spielt, sich in unbewussten Phantasien niederschlagen, die die früheste Selbstentwicklung und den Aufbau von Objektrepräsentanzen weitgehend determinieren (vgl. 5.).

5. Die Bedeutung des Gedächtnisses in verschiedenen psychoanalytischen Schulrichtungen

M.E. liegen noch keine differenziert ausgearbeiteten und sich pointiert unterscheidenden Gedächtnistheorien der verschiedenen psychoanalytischen Schulrichtungen vor, sondern lediglich eine Vielzahl interessanter Einzelarbeiten von Vertretern dieser innerpsychoanalytischen Diskurse. Um hier nur einige exemplarisch herauszugreifen: Arlow (1995), ein vehementer Anhänger des psychoanalytischen Strukturmodells, diskutiert den Einfluss von im Gedächtnis niedergelegten, unbewussten, vorbewussten und bewussten Phantasien auf die Wahrnehmung und damit auf aktuelles Denken, Fühlen und Handeln. Insofern entwickelt er die o.g. Freud'sche „psychodynamische Gedächtnistheorie des Erinnerns" weiter. Er nimmt darin implizit Ansätze von Loewald (1986) auf, der als einer der ersten Autoren die Triebtheorie mit frühen Objektbeziehungserfahrungen in Beziehung setzte und postulierte, dass unbewusste, persönliche Beziehungsmotivationen auf im Gedächtnis weiterwirkenden, in frühesten Objektbeziehungen erlebten Triebbefriedigungen basieren. Eine neuere, vergleichbare Gedächtnistheorie legten Sandler und Sandler (1994) vor, die aktuelle Informationsverarbeitungsprozesse mit dem sog. „Vergangenheitsunbewussten" und dem „Gegenwartsunbewussten" in Zusammenhang stellen. Basch (1977), der der Selbstpsychologie nahesteht, hat schon in den 70er Jahren betont, dass Wahrnehmung kein passiver Vorgang, sondern als kreativer Prozess zu verstehen sei, der aufgrund von im Gedächtnis gespeicherten Informationsmustern aus der Fülle von Reizen entsprechende „patterns" aus aktuellen, komplexen Sinnesempfindungen selegiert und mit früheren in Zusammenhang stellt. Auch eignet sich z.B. das selbstpsychologische Konzept der Selbstobjekte, die lebenslang Wahrnehmungen und psychische Befindlichkeiten mitdeterminieren und vom Subjekt weitgehend aktiv erschaffen werden, die Abhängigkeit aktueller innerseelischer Informationsverarbeitungsprozesse von zurückliegenden Beziehungserfahrungen zu illustrieren. Kennel (1998) diskutierte kürzlich die spezifischen Vorstellungen von Gedächtnis bei Vertretern der kleinianischen Objektbeziehungstheorie, speziell von W. Bion. Z.B. werde durch den in diesen Ansätzen als zentral postulierten Abwehrmechanismus der projektiven Identifikation der Wechselwirkung zwischen innerer und äußerer Realität beim Aufbau früher Gedächtnisstrukturen in origineller Weise Rechnung getragen. Kernberg (1988) versucht in seiner impliziten Entwicklungstheorie des Gedächtnisses sowohl Ergebnisse der klinisch-psychoanalytischen Forschung als auch der neuen Säuglings- und Affektforschung zu integrieren. Dabei bezieht er sich u.a. auf die Arbeiten von D. Stern (1995), der vor allem in seinem neuesten Buch ein explizites Modell der Frühentwicklung des Gedächtnisses vorlegt.

6. Interdisziplinäre Beiträge und Befunde

Wie erwähnt ist die interdisziplinäre Gedächtnisforschung, an der sich vermehrt auch psychoanalytische Forscher beteiligen, z. Zt. en vogue. Dabei scheint sich der Diskurs auf die Neukonzeptualisierungen der Funktionsweisen des Gedächtnisses in einem ganzheitlichen Sinne zu konzentrieren, ein Denken, das der Psychoanalyse sehr nahe kommt.

Köhler (1998) fasste kürzlich Arbeiten zur Entstehung des Gedächtnisses unter entwicklungspsychologischen, kognitionspsychologischen, hirnanatomischen und hirnphysiologischen Gesichtspunkten zusammen. „Die Darstellung immer differenzierterer Gedächtnisfunktionen und -organisationen, die schließlich in der autobiographischen Gedächtnisorganisation ihren Höhepunkt findet, erfolgt anhand der biopsychologischen Wachsstumsspurts, die um den zweiten, den achten, den achtzehnten Lebensmonat, das dritte und fünfte bis siebte Lebensjahr stattfinden“ (S. 131). Diese facettenreiche Sicht auf die Entwicklung des Gedächtnisses, das u.a. ins autobiographische Gedächtnis (Granzow 1994) mündet, ist für die heutige Psychoanalyse von hoher Relevanz. Ebenfalls interessant ist der aktuelle Diskurs um das Gedächtnis in der sogenannten „Embodied Cognitive Science“, einer interdisziplinären Wissenschaft, die sich um die Integration eines breiten, auch neurowissenschaftlichen Wissens in möglichst adäquate und empirisch überprüfbare Modellvorstellungen bemüht. Ihr Postulat von Gedächtnis als einer Funktion des gesamten Organismus, als einem komplexen, dynamischen, rekategorisierenden und interaktiven Prozess, der immer auf aktuellen sensomotorisch-affektiven („embodied“) Erfahrungen basiert und sich im Verhalten des Organismus manifestiert, stellt u.E. eine Herausforderung an die psychoanalytische Theoriediskussion dar. Wir versuchten daher kürzlich zu illustrieren, dass sich diese Gedächtnistheorien als produktiv erweisen für einen „fremden Blick“ auf psychoanalytische Erfahrungen, z.B. auf Erinnerungsprozesse in der Übertragung. Danach scheint z.B. das Erinnern abhängig zu sein von der System-Umwelt-Interaktion (d.h. einem inneren oder äußeren Dialog mit Objekten) und beinhaltet Konstruktionen „narrativer Wahrheiten“ in aktuellen oder aktualisierten Beziehungen, die aber gleichzeitig eine konstruierende, kreative Annäherung an die „historische Wahrheit“ darstellen, da schon früheste Sozialisationserfahrungen biologisch im Gedächtnis verankert sind (vgl. dazu Leuzinger-Bohleber und Pfeifer, 1998).

So scheint mir persönlich im aktuellen interdisziplinären Dialog zum Gedächtnis eine spannende Neuauflage des Versuchs stattzufinden, die Psychoanalyse im Spannungsfeld zwischen Biologie und Soziologie, zwischen Natur- und Kulturwissenschaften und zwischen einem hermeneutischen und einem nomothetischen Wissenschaftsverständnis zu denken. Denn Gedächtnis kann weder ohne seine neurobiologische noch seine sozialisationstheoretische Grundlage verstanden werden. Gedächtnis ist darüber hinaus zentral für die Gesundheit des Individuums und einer Gesellschaft und bildet daher ein Kernstück jedes psychoanalytischen und kulturkritischen Prozesses. Oder wie es der verstorbene Kasseler Philosoph Ulrich Sonnemann einmal ausdrückte: „Zukunft ist von außen wiederkehrende Erinnerung; daher hat die Gedächtnislosigkeit keine.“

Literatur

Arlow, J.A. (1995). Unbewußte Phantasie. Zeitschrift für psychoanalytische Theorie und Praxis, 10, 150–162.

Baddley, A. (1990). Human memory. Theory and practice. Hillsdale, N.J.: Erlbaum.

Damasio, A.R. (1997). Descartes' Irrtum. Fühlen, Denken und das menschliche Gehirn. München: dtv.

Granzow, S. (1994). Das autobiographische Gedächtnis. Kognitionspsychologische und psychoanalytische Perspektiven. München: Quintessenz.

Hartmann, H. (1939). Ich-Psychologie und Anpassungsproblem. Stuttgart: Klett, 1975.

Hirshberg, L.M. (1989). Remembering: Reproduction or construction? Psychoanalysis and Contemporary Science, 12, 3, 354–381.

Kennel, R. (1998). Psychoanalyse bei Klein/Bion und Neuroscience bei Edelman: Mesalliance oder göttliche Verbindung? In M. Leuzinger-Bohleber, M. Koukkou und W. Mertens, (Hg.), Erinnerung von Wirklichkeiten. Psychoanalyse und Neurowissenschaften im Dialog, Bd. 2 (S. 128–161). Stuttgart: Verlag Internationale Psychoanalyse .

Kernberg, O.F. (1988). Innere Welt und äußere Realität. Anwendungen der Objektbeziehungstheorie. München: Verlag Internationale Psychoanalyse.

Koukkou, M., Leuzinger-Bohleber, M. und Mertens, W. (1998) (Hg.). Erinnerung von Wirk-

lichkeiten. Psychoanalyse und Neurowissenschaften im Dialog, Bd. 1. Stuttgart: Verlag Internationale Psychoanalyse.
Köhler, L. (1998). Einführung in die Entstehung des Gedächtnisses. In M. Koukkou, M. Leuzinger-Bohleber und W. Mertens (Hg.), Erinnerung von Wirklichkeiten. Psychoanalyse und Neurowissenschaften im Dialog, Bd. 1 (S. 131–222). Stuttgart: Verlag Internationale Psychoanalyse.
Leuzinger-Bohleber, M. und Pfeifer, R. (1998). Erinnern in der Übertragung: Vergangenheit in der Gegenwart? Psychoanalyse und Embodied Cognitive Science: ein interdisziplinärer Dialog zum Gedächtnis. Psyche – Z Psychoanal, 52, 884–918.
Loewald, H. (1986). Über Motivation und Triebtheorie. In Gesammelte Werke (S. 81–120). Stuttgart: Klett-Cotta.
Mertens, W. (1998). Einige Aspekte der psychoanalytischen Gedächtnistheorie. Von den Anfängen bis zur Gegenwart, mit einem Ausblick auf einige Konzepte der Kognitionspsychologen. In M. Koukkou, M. Leuzinger-Bohleber und W. Mertens (Hg.), Erinnerung von Wirklichkeiten. Psychoanalyse und Neurowissenschaften im Dialog, Bd. 1 (S. 48–130). Stuttgart: Verlag Internationale Psychoanalyse.
Mertens, W. und Haubl, R. (1996). Der Psychoanalytiker als Archäologe. Stuttgart: Kohlhammer.
Moser, U. and Zeppelin, I. von (1991) (Eds). Cognitive-affective processes. New ways of psychoanalytic modeling. Heidelberg: Springer.
Moser, U. und Zeppelin, I. von (1996). Der geträumte Traum. Wie Träume entstehen und sich verändern. Stuttgart: Kohlhammer, 2., unv. Aufl., 1999.
Roediger, H.L. (1980). Memory metaphors in cognitive psychology. Memory und Cognition, 8, 3, 231–246.
Roth, G. (1989). Neuronale Grundlagen des Lernens und des Gedächtnisses. In S.J. Schmidt a.a.O. (S. 127–159).
Sandler, J. and Sandler, A. (1994). The past unconscious and the present unconscious. Psychoanalytic Study of the Child, 49, 278–292.
Schmidt, S.J. (1989) (Hg.). Gedächtnis. Probleme und Perspektiven der interdisziplinären Gedächtnisforschung. Frankfurt/M.: Suhrkamp.
Solms, M. (1999). Traumdeutung und Neurowissenschaften. In J. Starobinski, I. Grubrich-Simitis und M. Solms (Hg.), Hundert Jahre ‚Traumdeutung' von Sigmund Freud. Sonderausgabe „Fünfzig Jahre DGPT" (S. 73–86). Frankfurt/M.: S. Fischer.
Stern, D. (1995). The motherhood constellation. A unified view of parent-infant psychotherapy. New York: Basic Books (dt.: Die Mutterschafts-Konstellation. Stuttgart: KlettCotta, 1998).

Gegenübertragung *von Michael Ermann*

countertransference – contre-transfert

1. Definition

Das Konzept „Gegenübertragung" betont den unbewussten Anteil der Interaktionen zwischen dem Analytiker und seinem Analysanden. Als Gegenstück zu den Übertragungen des Analysanden beschreibt es die korrespondierenden Prozesse im Analytiker, mit denen dieser unmittelbar auf die Übertragungen reagiert. Im engeren Sinne wird also die „Gesamtheit der unbewussten Reaktionen des Analytikers auf die Person des Analysanden und ganz besonders auf dessen Übertragungen" (Laplanche und Pontalis 1967) in der Psychoanalyse als Gegenübertragung bezeichnet.

Sie manifestiert sich in Phantasien, Stimmungen, Impulsen, Verhaltensweisen, Einstellungen und anderen psychischen Phänomenen. Diese können sich analog zu den Übertragungen verhalten und dann ein indirekter Indikator sein, der Rückschlüsse auf den Inhalt der Übertragungen zulässt. Es kann sich dabei aber auch um defensive

Phänomene handeln, mit denen die Übertragung bzw. die Wahrnehmung der Gegenübertragung abgewehrt wird; dann spricht man von Gegenübertragungswiderstand.

Margaret Little (1951) hat vier verschiedene Dimensionen des Gegenübertragungskonzeptes herausgearbeitet: Die unbewussten Haltungen gegenüber dem Analysanden, die neurotischen Übertragungen des Analytikers, seine nichtneurotischen Reaktionen und schließlich die Gesamtheit seiner Haltungen gegenüber dem Analysanden. In der „klassischen" Fassung zentrierte der Begriff vor allem auf die unbewussten Reaktionen des Analytikers; paradigmatisch dafür ist die Auffassung von Annie Reich (1951). Heute wird „Gegenübertragung" zumeist im Sinne einer „ganzheitlichen" oder „totalistischen" Auffassung gebraucht, um die Gesamtheit aller Einstellungen des Analytikers gegenüber dem Analysanden zu beschreiben, also bewusste und unbewusste, reaktive und genuine Einstellungen, die Bezug zum Analysanden haben. Diese Auffassung geht vor allem auf Heimann (1950) und Racker (1953) zurück. Eine andere, früher verbreitete Fassung, die vor allem von Greenson (1982) vertreten wurde, zentrierte auf die genuinen Übertragungen des Analytikers, die ihn veranlassen, inadäquat mit seinem Analysanden umzugehen (vgl. Heigl 1966).

2. Klassische Auffassung

In Freuds Werk findet die Gegenübertragung eine vergleichsweise geringe Würdigung. Er hat sie vornehmlich als ein Phänomen beschrieben, das zwar unweigerlich mit der Übertragung verknüpft ist, aber einer fruchtbaren Behandlung im Wege steht.

Freud definierte die Gegenübertragung als den „Einfluß des Patienten auf das unbewußte Fühlen des Arztes" (1910d, S. 108). Er erwähnte sie erstmals 1910 vor der Wiener Psychoanalytischen Gesellschaft, wo er lt. Protokoll ausführte: „Während der Patient sich an den Arzt hängt, unterliegt ja der Arzt einem ähnlichen Prozeß, der Gegenübertragung. Diese Gegenübertragung muß vom Arzt vollständig überwunden werden; das allein macht ihn psychoanalytisch mächtig. Das macht ihn zum vollkommen kühlen Objekt, um das der andere liebend sich bewerben muß" (Nunberg und Federn 1977, S. 407). Fast gleichzeitig warnte er in „Die zukünftigen Chancen der psychoanalytischen Therapie", „daß jeder Psychoanalytiker nur soweit kommt, als seine eigenen Komplexe und Widerstände es gestatten" (Freud 1910d, S. 144).

Auch die Übertragung (siehe dort) war Freud anfangs als ein analysehinderliches Phänomen erschienen, bis er erkannte, dass sie „verborgene und vergessene Liebesregungen der Kranken aktuell und manifest" werden lässt und dadurch zentrales Material für die Analyse zur Verfügung stellt. Eine vergleichbare Weiterentwicklung der Theorie der Gegenübertragung findet man in Freuds Werk nicht, obwohl erste Ansätze zu einer interaktionellen Theorie der analytischen Beziehung, die später für das erweiterte Verständnis der Gegenübertragung leitend wird, auch in seinem Werk zu finden sind, indem er sie als einen Kommunikationsprozess zwischen zwei Unbewussten konzipiert (Freud 1913d, S. 445).

Dennoch: Gegenübertragung behielt in seinem Verständnis eine negative Konnotation, und als Ferenczi als einer seiner wichtigsten Schüler der Gegenübertragung zunehmende Aufmerksamkeit schenkte und dafür eintrat, sie als ein konstruktives Element der psychoanalytischen Theorie und Technik zu würdigen, kam es zum zunehmenden Dissenz mit dem Lehrer. Dieser führte Ferenczi zwar auf eigene wissenschaftliche und behandlungstechnische Wege, ließ ihn schließlich aber auch scheitern (Ermann 1994).

3. Ideengeschichtlicher Hintergrund

Solange die Psychoanalyse am objektivierenden Einpersonenmodell psychischer Prozesse orientiert war, gab es ein nur begrenztes Interesse an der unbewussten Beziehungsdynamik, die heute im Zentrum der psychoanalytischen Betrachtungsweise steht. Dementsprechend wurde auch die Gegenübertragung anfangs als ein zwar ubiquitäres, aber letztlich mehr oder weniger neurotisches Verhalten des Analytikers gesehen und nicht in seiner umfassenderen Bedeutung im Beziehungskontext erkannt. Isoliert betrachtet, erschien sie zwangsläufig als Hindernis für die Aufgabe, dem Patienten sein Unbewusstes als ein objektives, von subjektiven Regungen unbeeinflusstes „empfangendes Organ" (Freud 1912e, S. 381) zuzuwenden. Gegenübertragung war also eine Gefahr für die psychoanalytische Arbeit, die den Analytiker „in der Erfassung des vom Analysanden Dargebotenen (stört)" (Freud 1912e, S. 382) und an denen die Arbeit ihre Grenzen findet.

Folgerichtig gingen Freuds Mahnungen zur Selbstanalyse, vor allem in den „Ratschlägen an den Arzt" (1912e) und in den „Bemerkungen zur Übertragungsliebe" (1915a), von der Beobachtung der Gegenübertragung aus. Aber dabei blieb es nicht. 1912 empfahl er darüber hinaus eine persönliche Analyse bei einem Sachkundigen, weil die Selbstanalyse oft lückenhaft sei. Daraus wurde schließlich die institutionalisierte Lehranalyse, die, so Freuds Empfehlung, sogar alle fünf Jahre wiederholt werden sollte.

Die Brisanz, die das Phänomen der Gegenübertragung in der damaligen Zeit hatte, kann man bereits daran ablesen, wie selten und, wenn dennoch, wie mahnend oder rechtfertigend sie diskutiert wurde. Allein schon die öffentliche Diskussion der Verwobenheit des Analytikers in den Behandlungsprozess scheint damals anstößig gewesen sein.

Wahrscheinlich kam als entscheidendes Motiv für die Zurückhaltung aber hinzu, dass die Psychoanalyse um 1910 sich mit schwerwiegenden Abstinenzverletzungen auseinandersetzen musste. Zu diesen gehört zum Beispiel die Affäre von C.G. Jung, als einem der Vertrauten von Freud, mit Sabina Spielrein (Cremerius 1987). Solche Affären gefährdeten das Ansehen der ohnehin umstrittenen Psychoanalyse. Die Entwicklung der Konzepte war aber noch nicht weit genug, um ihre dynamischen Ursachen und die daran geknüpften Prozesse, also im Wesentlichen die Gegenübertragungsbedeutungen, zu verstehen und sie psychoanalytisch aufzuarbeiten. Demzufolge wurde das Phänomen der Gegenübertragung im Verschwiegenen behandelt (und zugleich die Abstinenzregel als Versuch eingeführt, dem Phänomen normativ zu begegnen und es unter Kontrolle zu halten; vgl. Cremerius 1984, Körner und Rosin 1985).

4. Wesentliche Erweiterungen, Differenzierungen und Modifikationen

Die Entwicklung des Konzeptes „Gegenübertragung" nach Freud kann als ein Übergang von einer defensiven zu einer konstruktiven Auffassung beschrieben werden. Den Beginn dazu markieren die klinischen Experimente von Sandor Ferenczi. Er wehrte sich gegen eine allzu „technische" Haltung des Psychoanalytikers und erblickte darin die Gefahr einer Retraumatisierung der Analysanden. Er folgerte daraus, dass es nicht ausreicht, dass der Analytiker seine Gegenübertragungen in sich bewältigt, und suchte nach Möglichkeiten, sie konstruktiv in die Behandlungen einzubringen. Dabei gelangte er über verschiedene Zwischenschritte, z.B. die Technik der Verzärtelung, schließlich zur mutuellen Analyse, in der die Übertragungen des Analytikers ebenso Material der (gegenseitigen) Analyse sind wie die des Patienten.

Diese Entwicklung wurde später, insbesondere von Balint, Melanie Klein und Winnicott, wieder aufgegriffen und zu neuen objektbeziehungstheoretischen Ansätzen weiterentwickelt. Zunächst scheiterte sie aber am Mangel an theoretischer Aufarbeitung der Gegenübertragungsdynamik, für deren Verständnis zu Lebzeiten von Ferenczi noch keine Konzepte bestanden.

Die theoretische Weiterentwicklung des Gegenübertragungskonzeptes wurde von Helene Deutsch eingeleitet. Sie sprach 1926 von okkulten Vorgängen während der Psychoanalyse und unterschied dabei erstmals „konstruktiv", d.h. um weiterführendes Verstehen bemüht, zwei Arten der Gegenübertragung voneinander (S. 423): Die

Komplementäreinstellung des Analytikers gegenüber Übertragungsangeboten des Analysanden und die Identifikation des Analytikers mit dem infantilen Ich des Patienten. In dieser Arbeit deutet sich bereits eine Neubewertung der Gegenübertragung an. Nicht in der Gegenübertragung als solcher sieht Helene Deutsch nämlich ein Behandlungshindernis, sondern im Verdrängungswiderstand des Analytikers, der seine Komplementäreinstellung fixiert und dadurch seinen Handlungsraum einengt.

Dieser Ansatz wurde Jahre später von Heinrich Racker (1953) aufgegriffen und auf dem Boden der kleinianischen Theorie weiterentwickelt. Er unterschied zwischen einer komplementären und einer konkordanten Gegenübertragung. Komplementär reagiert der Analytiker, wenn er mit den Objekten des Analysanden identifiziert ist, konkordant dann, wenn die Identifizierung mit dem unbewussten Ich-Zustand des Analysanden überwiegt. Daraus ergibt sich, dass der Analysand und der Analytiker über projektive und identifikatorische Prozesse miteinander verbunden sind. Parallel zur Übertragungsneurose kann sich dabei eine Gegenübertragungsneurose entwickeln, einschließlich der damit verknüpften Gegenübertragungswiderstände, die erstmals von Glover (1927) als solche konzipiert worden sind.

Den entscheidenden Durchbruch stellt die Einsicht dar, dass Übertragung und Gegenübertragung eine funktionelle Einheit sind und sinn- und bedeutungsvoll aufeinander bezogen sind. Man kann von einer unbewussten Kommunikation zwischen Analysand und Analytiker sprechen und die Gegenübertragung als ein Phänomen beschreiben, das eine Indikatorfunktion in Hinblick auf die Übertragung hat.

Dieser Durchbruch wurde durch eine Arbeit von Paula Heimann aus dem Jahre 1950 erreicht, in der sie, in dieser Präzision erstmals, die Kommunikationsfunktion der Gegenübertragung beschrieb. Heimann stellte nämlich fest, dass die Gegenübertragung eine Inszenierung des Analysanden im Analytiker ist und insofern als ein Spiegel des Inneren des Analysanden gelesen werden kann. Man kann also aus der Gegenübertragung Rückschlüsse auf die Übertragung ziehen. Auf welchem Wege diese Kommunikation verläuft, ließ sie offen. Vor dem Hintergrund ihrer kleinianischen Ansätze könnte man aber sagen, dass sie im Grunde den Mechanismus der projektiven Identifikation (M. Klein 1946) im Rahmen des psychoanalytischen Prozesses beschrieb.

Wenn man die Idee der Indikatorfunktion der Gegenübertragung in die Praxis umsetzt, stellt sich sofort die Frage: Wie zutreffend ist die Wahrnehmung oder die Interpretation der Wahrnehmungen der Gegenübertragungen durch den betroffenen Analytiker? Welche Störfaktoren begrenzen möglicherweise seine diesbezügliche Kompetenz?

In diesem Zusammenhang wird der Einfluss der persönlichen neurotischen Komplexe des Analytikers neu diskutiert. Freuds alten Gedanken wieder aufnehmend, hat Paula Heimann (1950) die neurotische Übertragung des Analytikers als einen störenden Einfluss bezeichnet, der die möglichen spezifischen, d.h. den Patienten spiegelnden Reaktionen des Analytikers beeinträchtigen kann.

Daran hat sich eine breite Diskussion um den Einfluss einer inadäquaten Eigenübertragung des Analytikers angeschlossen. Die eine Richtung vertritt die Auffassung, nur die nichtneurotische Reaktion auf den Analysanden könne als Gegenübertragung im Sinne eines Indikators benutzt werden (Möller 1977), die andere sieht einen sehr viel breiteren Spielraum, auch neurotische Reaktionen des Analytikers zutreffend in Hinblick auf die zugehörigen Übertragungen des Analysanden zu deuten (Ermann 1987). Hier handelt es sich aber nicht um divergierende Konzepte, sondern es geht um die unterschiedliche Einschätzung der Reichweite der Gegenübertragungsanalyse.

Darüber hinaus erscheint zunehmend fraglich, ob es überhaupt nützlich ist, die unbewusste Dynamik zwischen Analysand und Analytiker auf Übertragungsaspekte zu begrenzen. Immer stärker scheint sich die Auffassung durchzusetzen, dass auch das reale Verhalten der beiden am psychoanalytischen Prozess Beteiligten wichtige Stimuli für die Beziehungsgestaltung sind und die

Ausgestaltung des psychoanalytischen Prozesses maßgeblich mitgestalten (vgl. Mertens 1991).

Grundsätzlich gilt für das Gelingen einer psychoanalytischen Behandlung, dass sie an ein umfassendes Verstehen der Übertragungs-Gegenübertragungs-Dynamik gebunden ist. Das setzt voraus, dass zunächst die heute bekannten unterschiedlichen Manifestationsformen dieser Dynamik bei den verschiedenen Formen der neurotischen Pathologie – Klassische Neurose versus narzisstische Störung versus Borderline-Organisation – berücksichtigt werden. Entscheidend ist aber, dass das Zusammenspiel von Einflussfaktoren auf den analytischen Prozess, aus welcher Dimension der Beziehung auch immer sie stammen mögen, differenziert beobachtet wird. Dabei muss bedacht werden, dass der Analytiker eben nicht nur im Sinne einer Gegenübertragung reagiert, er gestaltet den analytischen Prozess durch vielfältige subjektive Faktoren, darunter seine Übertragung, auch aktiv mit. Es muss auch bedacht werden, dass dabei auch spontane unbewusste Gegenkräfte gegen die Beteiligung an der Übertragungs- und Gegenübertragungsdynamik zum Tragen kommen, die Gegenübertragungswiderstände. Sie können das Verstehen des Prozesses zunächst beeinträchtigen.

Racker (1953) hat in seiner grundlegenden Studie das Zusammenspiel der verschiedenen Elemente von gegenseitigen Übertragungen und Widerständen in der analytischen Beziehung ausführlich analysiert und eine regelrechte Gegenübertragungsneurose beschrieben. Als Konsequenz ergibt sich die Möglichkeit, ganz auf die Empfänger-Sender-Metapher zu verzichten und einfach nur von einem Übertragungs-Prozess zu sprechen. Ob eine Behandlung an der Komplexität dieses Zusammenspiels scheitert oder gewinnt, hängt letztlich davon ab, ob es gelingt, die wirksamen Kräfte und die Art ihrer Wirkung rechtzeitig zu erkennen, zu kontrollieren und schließlich in den interpretativen Umgang mit der therapeutischen Beziehung einzubeziehen.

Für den Umgang mit der Gegenübertragung ist heute das Konzept einer nichtpathologischen Form der projektiven Identifizierung maßgeblich. Sie betrachtet die Gegenübertragung als Manifestation dessen, was im Patienten nicht verarbeitet werden kann, in den Analytiker. Dieser erhält dadurch eine Container-Funktion, die zuerst von Money-Kyrle (1956) beschrieben und von Bion (1962) weiter ausformuliert wurde. Die Interpretation dieses interpersonellen Prozesses in Hinblick auf die intrapsychische Situation des Patienten stellt den Kern des heutigen psychoanalytischen Umgangs mit der Gegenübertragung dar.

5. Bedeutung des Begriffs in verschiedenen psychoanalytischen Schulrichtungen

Der Begriff der Gegenübertragung wird in den psychoanalytischen Schulen weitgehend übereinstimmend verwendet. Sehr verschieden ist allerdings das Ausmaß, wie extensiv das Konzept „Gegenübertragung“ in der Praxis der einzelnen Analytiker ausdrücklich berücksichtigt wird. Dabei scheint die persönliche Orientierung der einzelnen Analytiker und die lokale oder durch Fachgesellschaften vermittelte „Kultur“ mehr Einfluss zu haben als die Zugehörigkeit zu einer bestimmten theoretischen Schule. Auch Zeitströmungen spielen dabei eine maßgebliche Rolle: So lässt sich in der gegenwärtigen Psychoanalyse ein Trend zu einer immer stärkeren Berücksichtigung der Gegenübertragung in Theorie und Praxis erkennen. Die Arbeit mit der Gegenübertragung und das Durcharbeiten der Beziehungsdynamik anhand der Selbstanalyse der Gegenübertragung stellt zunehmend ein zentrales Element dar, das zu einem Identitätsmerkmal der Psychoanalytiker wird und die verschiedenen Richtungen der Psychoanalyse verbindet.

Rückblickend gesehen, hat das Gegenübertragungskonzept in der britischen Psychoanalyse ganz besonders starkes Interesse gefunden. Die Innovationen in Theorie und Praxis stammen überwiegend aus der Objektbeziehungs-Psychologie, die in der britischen Schule ihre Heimat hat. Wegweisende Arbeiten sind mit London und den teils schon erwähnten Namen dortiger Psychoanalytiker wie Balint, Heimann, Little, Rosenfeld und Winnicott verbunden. Besonders beachtet wurden Gegenübertragungsphänomene dort in der Schule von Melanie Klein. Aus dieser Richtung stammt auch das erwähnte Container-Modell, das den Aspekt der stellvertretenden Durcharbeitung der Gegenübertragung als bedeutsamen Wirkfaktor der analytischen Therapie theoretisch fundiert hat (Bion 1962, Brenman Pick 1985)

Die amerikanische Psychoanalyse hat mit dem Konzept der „korrigierenden emotionalen Erfahrung" von Alexander (1949) einen besonderen Ansatz für den Umgang mit der Gegenübertragung entwickelt. Er zielt darauf ab, Übertragungserwartungen durch eine alternative Erfahrung mit dem Analytiker als realer Person entgegenzuwirken. Diese Idee trägt auch die Grundhaltung der Selbstpsychologie von Kohut (1977) in Hinblick auf die Gegenübertragung: Sie wird einerseits als ein Medium der Empathie genutzt, andererseits stellt der betont abwartende, nichtkonfrontative Interventionsstil des selbstpsychologischen Analytikers ein Korrektiv gegenüber traumatisierenden Vorerfahrungen dar.

In der deutschsprachigen Psychoanalyse nach dem Zweiten Weltkrieg hat sich die Orientierung an der Gegenübertragung in den siebziger und achtziger Jahren relativ zögernd durchgesetzt. Das liegt an der heterogenen Situation der deutschen Nachkriegspsychoanalyse, die zudem nur mühsam den Anschluss an die internationale Entwicklung zurückgewann, speziell aber auch daran, dass ein größerer Teil der deutschen Psychoanalytiker sich in den fünfziger und sechziger Jahren an der sog. Neopsychoanalyse von H. Schultz-Hencke orientierte, die der unbewussten Dynamik der psychoanalytischen Beziehung keine besondere Aufmerksamkeit schenkte.

Einen eigenständigen, aus der deutschsprachigen Psychoanalyse stammenden Ansatz stellt das Prinzip der selektiven Mitteilung von Gegenübertragungsreaktionen in der interaktionell-analytischen Methode von Heigl-Evers und Heigl (1988) dar. Hier werden Gegenübertragungen, speziell in der Behandlung von Patienten mit strukturellen Ich-Störungen, unter bestimmten Voraussetzungen zum Ausdruck gebracht, um die korrespondierende Selbstwahrnehmung der Patienten zu fördern.

6. Interdisziplinäre Beiträge und Befunde

Die Bedeutung der Behandlungsbeziehung wird in allen Bereichen der modernen Psychotherapie, bis hin in die psychosoziale Beratung, zunehmend berücksichtigt. Seit der „kognitiven Wende" findet sie auch in der Verhaltenstherapie starke Berücksichtigung. Der Anteil des Psychotherapeuten wird in der Gesprächstherapie als therapeutische Haltung sogar als ein maßgeblicher der Wirkfaktoren besonders konzipiert (Rogers 1957). Im engeren Sinne einer weitgehend unbewusst verlaufenden und unbewusst determinierten Dynamik wird die Gegenübertragung allerdings nur in der Psychoanalyse und den von ihr abgeleiteten Methoden reflektiert.

Literatur

Alexander, F. (1949). Fundaments of psychoanalysis. London: Hogarth.

Bion, W.R. (1962). Lernen durch Erfahrung. Frankfurt/M.: Suhrkamp, 1990.

Brenman Pick, I. (1985). Durcharbeiten in der Gegenübertragung. In E.B. Spillius (Hg.), Melanie Klein heute, Bd. 2 (S. 45–64). München: Verlag Internationale Psychoanalyse, 1988.

Cremerius, J. (1984). Die psychoanalytische Abstinenz-Regel. Psyche – Z Psychoanal, 38, 769–800.

Cremerius, J. (1987). Sabina Spielrein – ein frühes Opfer der psychoanalytischen Berufspolitik. Forum Psychoanalyse, 3, 127–142.

Deutsch, H. (1926). Okkulte Vorgänge während der Psychoanalyse. Imago, 12, 418–433.

Ermann, M. (1987). Behandlungskrisen und die Widerstände des Psychoanalytikers. Bemerkungen zum Gegenübertragungswiderstand. Forum Psychoanalyse, 3, 100–111.

Ermann, M. (1994). Ferenczis Aufbruch und Scheitern. Sein Umgang mit der Regression aus heutiger Sicht. Psyche – Z Psychoanal, 48, 706–719.

Glover, E. (1927). Lectures on technique in psychoanalysis (4). International Journal of Psycho-Analysis, 8, 504–520.
Greenson, R.R. (1982). Psychoanalytische Erkundungen. Stuttgart: Klett.
Heigl, F. (1966). Zur Handhabung der Gegenübertragung. Fortschritte der Psychoanalyse, 2, 124–140.
Heigl-Evers, A. und Heigl, F. (1988). Das interaktionelle Prinzip in der Einzel- und Gruppenpsychotherapie. Zeitschrift für psychosomatische Medizin und Psychoanalyse, 29, 1–14.
Heimann, P. (1950). On countertransference. International Journal of Psychoanalysis, 31, 81–84 (dt.: Über die Gegenübertragung. Forum der Psychoanalyse, 12, 179–184, 1996).
Klein, M. (1946). Bemerkungen über einige schizoide Mechanismen (dt.: In dies., Das Seelenleben des Kindes, S. 101–126. Stuttgart: Klett, 1962).
Kohut, H. (1977). The restoration of the self. New York: International Universities Press, (dt.: Die Heilung des Selbst. Frankfurt/M.: Suhrkamp, 1979).
Körner, J. und Rosin, U. (1985). Das Problem der Abstinenz in der Psychoanalyse. Forum der Psychoanalyse, 1, 25–47.
Laplanche, J. und Pontalis, J.-B. (1967). Das Vokabular der Psychoanalyse. Frankfurt/M.: Suhrkamp, 1972.
Little, M. (1951). Counter-transference and the patient's response to it. International Journal of Psycho-Analysis, 32, 32–40.
Mertens, W. (1991). Einführung in die psychoanalytische Therapie, Bd. 3. Stuttgart: Kohlhammer, 2. Aufl., 1993.
Möller, M.L. (1977). Zur Theorie der Gegenübertragung. Psyche – Z Psychoanal, 31, 142–166.
Money-Kyrle, R. (1956). Normale Gegenübertragung und mögliche Abweichungen (dt.: In E.B. Spillius (Hg.), Melanie Klein heute, Bd. 2, S. 29–44. München: Verlag Internationale Psychoanalyse, 1988).
Nunberg, H. und Federn, E. (Hg.) (1976/77) Protokolle der Wiener Psychoanalytischen Vereinigung. Frankfurt/M.: Fischer.
Racker, H. (1953). Contribution to the problem of countertransference. International Journal of Psycho-Analysis, 38 (dt.: Die Gegenübertragungsneurose. In ders., 1959, a.a.O., S. 124–149).
Racker, H. (1959). Übertragung und Gegenübertragung. München: Reinhardt, 1978.
Rogers, C. (1957). The necessary and sufficient conditions of therapeutic personality change. Journal of Consulting Psychology, 21, 95–103.

Genitale Stufe *von Wolfgang Mertens*

genital stage – stade génital

1. Definition

Die genitale Stufe bezeichnet eine psychosexuelle Entwicklungsphase, in der die Genitalien zur führenden erogenen Zone der sexuellen und erotischen Phantasien, Erlebnisweisen und Handlungen werden. Von Freud wurde die phallische Phase als die noch kindliche Genitalorganisation bezeichnet, auf die dann die eigentliche Genitalorganisation in der Pubertät folgt. Erst in dieser Zeit werden die sexuellen Partialtriebziele unter dem Primat der Genitalien zusammengefasst. Die genitale Organisation der Psychosexualität umfasst somit den Entwicklungsprozess in der Adoleszenz, die sich von der Prä- bis zur Spätadoleszenz erstreckt.

In den letzten Jahren wurden zunehmend Vorläufer der genitalen Phase beschrieben. So bezeichnen manche Autoren die orale Phase als Vorläufer der frühen genitalen Phase, die anale und urethrale Phase als frühe genitale Phase (Roiphe 1968). Die phallisch-narzisstische Phase wird als präödipal genitale oder protogenitale Phase (Glover und Mendell 1982) bezeichnet. Weniger Aufmerksamkeit hat jedoch erstaunlicherweise die eigentliche genitale Phase erhalten, obwohl die starken Veränderungen, die Pubertät und Adoleszenz begleiten, häufig noch der Erinnerung des Erwachsenen zugänglich sind. Das Wachstum der primären und sekundären Geschlechtsmerkmale geht mit fundamentalen Veränderungen des bisherigen kindlichen Körperbildes, der Geschlechtsrollenidentität und bisexueller Geschlechtspartnerorientierungen einher. Der Abschied von der Kindheit, d.h. das allmähliche Aufgebenkönnen der Eltern, Großeltern und Geschwister als Liebespartner und narzisstische Selbstobjekte, die kognitive Zunahme von sozialer Empathie und role taking-Kompetenzen, führt zu einer Zunahme an Liebesfähigkeit und erotischen Phantasien.

2. Klassische Auffassung

Die von Freud (1905d, 1915c, 1923e) als psychosexuelle Entwicklungsstufe bezeichnete genitale Phase wurde von ihm in zwei Entwicklungsabschnitte unterteilt: in die phallische Phase oder infantile Genitalorganisation und die auf die Latenzphase folgende, mit der Pubertät beginnende genitale Organisation der Psychosexualität, die das Primat der genitalen Sexualität gegenüber den prägenitalen Partialtrieben herstellt. Schon Freud sah bereits die sog. Latenzzeit, beginnend mit dem sechsten bis siebten Lebensjahr bis hin zum Einsetzen der Pubertät im zehnten bis elften Lebensjahr, als vermutlich soziokulturell bestimmte Zäsur. Die Bezeichnung phallische Phase verdankt sich nach ihm der zentralen Stellung des männlichen Genitals im Erleben beider Geschlechter. Denn für Freud stand fest, dass „für beide Geschlechter nur ein Genitale, das männliche, eine Rolle spielt".

Die genitale Organisation lenkt beim Kind erstmalig die Neugierde auf die Arterhaltung, und die Ausweitung der psychosexuellen Erfahrungen und Bedürfnisse lässt jeweils einen Elternteil fortan als deutlichen ödipalen Rivalen erleben. Das vier- bis fünfjährige Kind wird zum intensiven Sexualforscher, und Doktorspiele sind an der Tagesordnung. Aufgrund der bestehenden Abhängigkeit von den Eltern müssen aber auch viele Wünsche unterdrückt und Kompromisse gebildet werden. Diese psychische Formation wirkt sich aber nicht deterministisch auf die adoleszente und erwachsene Genitalität aus. Freud sprach von einem „zweizeitigen Ansatz der Sexualentwicklung", um damit dem Missverständnis vorzubeugen, daß das Spätere, die eigentliche Genitalorganisation, lediglich eine Wiederholung des Früheren sei. Die größere Autonomie des pubertierenden Jugendlichen und seine allmähliche Ablösung von den Eltern ermöglichen eine partielle Neukalibrierung der sexuellen Wünsche.

3. Ideengeschichtlicher Hintergrund

In Wissenschaft, Malerei und Dichtung des 19. Jahrhunderts waren Themen wie Trieb, Bisexualität, Perversion, geschlechtliche Liebe gängige Themen. Entscheidend für die Beschäftigung Freuds mit Themen der Sexualität und des Unbewussten war aber, wie er sich auf diese Bereiche einließ. Obwohl seine Sichtweise der kindlichen Genitalorganisation revolutionär war, hat er jedoch der eigentlichen Genitalität in der Adoleszenz nur wenige Seiten gewidmet. Dies erstaunt umso mehr, wenn man berücksichtigt, dass Freud die Konzepte der Hysterie und unbewusster sexueller Konflikte aus der Behandlung mit weiblichen Jugendlichen gewann, wie z.B. bei Dora (King 1995). Es scheint, als habe das Verliebtsein des adoleszenten Freud in Gisela Fluss bei ihm zu viel Angst ausgelöst, so dass dieses gesamte Thema für ihn zeitlebens keine große Anziehung besaß. Gisela Fluss rief vermutlich beim sechzehnjährigen Freud unbewusst Erinnerungen daran wach, wie ihn seine heftig idealisierte Mutter immer wieder anhand der Geburten von Schwestern nachhaltig enttäuschte (Harrison 1988, Silver 1991).

4. Wesentliche Erweiterungen, Differenzierungen und Modifikationen

Die unter 1. skizzierte veränderte Nomenklatur geht vor allem auf Beobachtungen zurück, dass die Genitalien lange Zeit, bevor sie die führende erogene Zone in der phallisch-narzisstischen und phallisch-ödipalen Phase werden, schon intensive Lust, aber auch Angstgefühle auslösen. Der innere Zusammenhang, den Freud bereits in der epigenetischen Entwicklung der Psychosexualität vom oralen Lusterleben bis hin zum genital-sexuellen Empfinden in der Adoleszenz postulierte, erfährt in dieser anhand von Beobachtungsstudien vorgenommenen Konzeptualisierung eine empirische Unterstützung und Ausweitung. Denn nicht nur das „Ludeln" und Lutschen sind in der sog. oralen Phase des kleinen Kindes wichtig, sondern auch bereits das Spiel mit den Genitalien, das neben sinnlich taktilen Eindrücken auch den Explorationstrieb, das Kennenlernen des eigenen Körpers und dessen Differenzierung vom Körper der Mutter auf lustvolle Weise ermöglicht.

Die genitale Phase der infantilen Genitalorganisation wurde in der älteren psychoanalytischen Literatur häufig auch als phallisch-ödipale Phase bezeichnet. Diese Gleichsetzung von phallisch und ödipal wurde von Edgcumbe und Burgner (1975) kritisiert, weil hiermit nicht zwischen der Psychosexualität und der Entwicklung der Objektbeziehungen unterschieden wird. Die Autoren sahen es deshalb als nützlich an, eine phallisch-narzisstische Phase auf einem noch vorödipalen Niveau von einer phallisch-ödipalen Phase im engeren Sinn zu unterscheiden. Während bei phallisch-narzisstischen Triebäußerungen exhibitionistische, voyeuristische und narzisstische Komponenten im Vordergrund stehen, geht es bei phallisch-ödipalen Verhaltensweisen eindeutig um rivalisierende Triebäußerungen in einem ödipal triangulären Kontext.

Ist es noch angemessen, bei Mädchen ebenfalls von einer phallischen Phase zu sprechen? Freuds (1923e) Begründung, dass in den unbewussten Phantasien beider Geschlechter nur der Phallus als einziges Geschlecht existiere, wird von der Mehrzahl von Psychoanalytikern abgelehnt (z. B. Cherazi 1986, Bernstein 1990, Rohde-Dachser 1991). Stattdessen plädieren diese für eine Sichtweise, die körperliche Eigenerfahrung des Mädchens stärker zu berücksichtigen und dies auch terminologisch, z. B. als „klitoridal genitale Phase", zum Ausdruck zu bringen.

Die psychoanalytische Entwicklungspsychologie hat aber nicht nur zu diesen Differenzierungen beigetragen, sondern aufgrund ihrer objektbeziehungstheoretischen Weiterentwicklung vor allem darauf aufmerksam gemacht, dass die psychosexuelle Entwicklung nicht losgelöst von den bewussten und unbewussten Rollenerwartungen der Eltern, den Interaktionen und Identifizierungsprozessen betrachtet werden kann. Dies hat nicht nur dazu geführt, dass Freuds patriarchalische Verzerrungen und blinde Flecke revidiert wurden, sondern dass die von Geburt an erfolgenden Geschlechtsrollenzuweisungen der psychosexuellen Entwicklung übergeordnet wurden. Genitales Erleben weist also nicht nur Vorläufer in der Kindheit auf, sondern es steht auch im Kontext eines geschlechtlich strukturierten Identitätserlebens, das stets soziokulturell bestimmt ist. Eine differenzierte Untersuchung des genitalen Erlebens in der Adoleszenz müsste sich folgerichtig auch mit den Sterotypen und Erwartungen auseinandersetzen, mit denen weibliche und männliche Jugendliche konfrontiert sind.

5. Die Entwicklung des Begriffs in den verschiedenen psychoanalytischen Schulrichtungen

Obwohl die von Freud hinterlassenen Lücken die adoleszente genitale Organisation betreffend doch von einigen Psychoanalytikern, wie z. B. auch von seiner Tochter Anna (1936), zu schließen versucht wurden, hat dieses Thema doch nicht die Aufmerksamkeit gefunden, wie diejenigen Prozesse der geschlechtlichen Identitätsbildung und des psychosexuellen Erlebens in der Kindheit. Die gegenwärtige Beliebtheit der Kleinkindforschung mit ihren Schwerpunkten auf Bindung und Kognition verstärkt eher noch diesen Trend. Dennoch gibt es eine Anzahl von Autoren, die sich dem Thema der adoleszenten Genitalität gewidmet haben (z. B. Blos, Bohleber, Erdheim, Erikson, A. Freud, Laufer und Laufer, Greenspan und Pollock, Kaplan, A. Mitscherlich, Seiffge-Krenke). Die von verschiedenen Autoren thematisierten Problembereiche beziehen sich vor allem auf die schrittweise Integration des sich rapide verändernden Körperbilds einschließlich der Genitalien; die tendenzielle Auflösung der kindlichen Bindungen an die elterlichen Bezugspersonen; die partielle Entidealisierung der elterlichen Werte und Ideale; das Finden eines Liebespartners; die Integration der aus verschiedenen Entwicklungsphasen stammenden Selbstaspekte in eine stabile Identität und damit einhergehend auch die graduelle Anerkennung von Realitätsgrenzen. Die Suche nach dem Sinn des Lebens und nach neuen Wertvorstellungen, die denen der Erwachsenen oftmals entgegengesetzt sein können, fördert vor allem bei Adoleszenten mit einem langen psychosozialen Moratorium (Erikson 1950) eine kritische Einstellung zu etablierten Rollen- und Wertvorstellungen. Nach Erdheim (1982) machen Kulturen, denen an einem schnellen Kulturwandel gelegen ist, von dem Veränderungspotential der Adoleszenz Gebrauch, indem sie Initiationsrituale weitgehend abbauen.

Für die Betrachtung der genitalen Entwicklung hat gerade die Adoleszenz eine große Bedeutung, vielleicht eine noch größere für das Mädchen – wegen der heftigeren ödipalen Konflikte und der sich daraus ergeben könnenden psychischen Störungen. Vor allem die folgenden Konstellationen sind in dieser Hinsicht bedeutsam: Der Adoleszente wird mit dem Verlust des kindlichen Körpers angesichts des Wachstums und der Entwicklung sekundärer Geschlechtsmerkmale konfrontiert; Menstruation beim Mädchen und die Produktion von Samen beim Jungen sind aufwühlende Ereignisse, die das Körpererleben zutiefst betreffen und frühe körperliche Verlustängste aktivieren; und schließlich sieht sich der Jugendliche unweigerlich vor die Aufgabe gestellt, die (tendenzielle) Ablösung von seinen Eltern mit den verinnerlichten Beziehungsgefühlen und Identifikationslinien psychisch vorzunehmen und eine eigene (Geschlechts-)Identität zu entwickeln.

Viele Psychoanalytiker der Gegenwart (z. B. Fast 1991, Plaut und Hutchinson 1986) stimmen darin überein, dass der Beginn der Pubertät, als einer Periode der biologisch fundierten körperlichen Reifungsvorgänge, die sich von der Präadoleszenz, über die frühe Adoleszenz bis hin zur eigentlichen Adoleszenz erstrecken, für das heranwachsende Mädchen einen massiven Verdrängungsschub mit entsprechenden psychischen Konsequenzen mit sich bringt, der stärker ist als beim Jungen gleichen Alters. Die Pubertät bzw. die beginnende Adoleszenz wird somit für das Mädchen zu einer konflikthaften Herausforderung und zum Ausgangspunkt psychischer Störungen, z. B. von Essstörungen. Tendenziell verklärende Darstellungen der weiblichen Entwicklung (wie z. B. bei Günzel 1989), die diese mit der ödipalen Phase in der Kindheit enden lassen, übersehen häufig dieses massive Konfliktpotential bei pubertierenden Mädchen.

In einem langwierigen und schmerzhaften Prozess muß der Jugendliche seine liebevollen Gefühle für seine Eltern abtrauern und sie auf eine ungewisse, vorerst nur in Tagträumen existierende Beziehungsrealität projizieren. In diesem vorläufigen Niemandsland kommt es zu starken Idealisierungen, aber auch zu Phasen intensiver Einsamkeit. Aber der sexuelle Reifungsprozess fordert seinen Tribut, denn trotz anhaltender Schmusereien vieler Jugendlicher mit ihren Eltern sind die sexuellen Unterströmungen nicht mehr zu verleugnen. Diese drängen danach, ein außerfamiliales, nichtinzestuöses Liebesobjekt zu finden. Freilich gibt es verschiedene Wege, diesen Prozess aufzuhalten oder stillstellen zu wollen, so z. B. die Magersucht pubertierender Mädchen oder die schon von A. Freud (1936) beschriebene Pubertätsaskese und Intellektualisierung, die den sexuellen Reifungsprozess zu kontrollieren und zu unterdrücken versuchen, womit auch eine verlängerte Bindung an die Eltern und ein Konservieren der Kindheit erreicht werden sollen. Dabei geht es nicht nur um das Aufgeben liebe- und sehnsuchtsvoller Gefühle Vater und Mutter gegenüber, sondern auch um das schmerzliche Gewahrwerden, dass die eigene, in den

Kindheitsjahren so intensiv erfahrene und lebendig und liebenswürdig machende Liebesfähigkeit – das Selbstbild eines liebevollen Kindes – zu schwinden scheint und oftmals zu der ängstlichen und depressiv getönten Frage führen kann: „Bin ich überhaupt noch liebesfähig? Wo bleibt die frühere Liebesfähigkeit, wohin sind all die liebevollen Gefühle entschwunden? Wo bleibt der neue Mensch, mit dem man den früheren Selbstzustand von Liebenkönnen und Geliebtwerden wieder erfahren kann?

Bei psychisch gestörten Adoleszenten kommt es zu einer Umgehung oder Verleugnung dieses Trauerprozesses und aufgrund der Unfähigkeit, mit depressiven Affekten umzugehen, zu abgewehrten oder larvierten depressiven Erscheinungsformen (wie z.B. ungewollte oder verfrühte Schwangerschaft, Überaktivität, übertriebenes soziales Engagement, phobische Flucht aus dem Elternhaus). Beziehungsschwierigkeiten im Erwachsenenalter sind unter anderem die nahezu unausweichliche Folge dieser Unfähigkeit, Trauerarbeit in der Adoleszenz zu leisten.

Die wichtige Thematik der Überwindung des Ödipuskomplexes ist für das Mädchen in der bisherigen psychoanalytischen Literatur zu wenig kritisch bedacht worden (Rohde-Dachser 1990). Beim Mädchen kommt es allzu häufig zu einer „Fixierung der töchterlichen Existenz“, wodurch Töchter in ihrer Rolle und Existenz als Tochter und töchterliches Selbstobjekt des Vaters festgehalten werden können. Vor allem aufgrund einer zu massiven Enttäuschung am Vater kann es zu einer Aufrechterhaltung des kindlichen internalisierten Vaterbildes kommen und nicht zu einem phasengerechten schrittweisen Abtrauern der kindlichen Idealisierung des Vaters. Diese Pathologie macht z.B. erwachsene Frauen dafür anfällig, Selbstobjekt für eine väterliche Ersatzperson zu werden oder die geschlechtslose Abgeschiedenheit töchterlicher Existenz als Daseinsmodus zu wählen. Neben der von Rohde-Dachser (1990) thematisierten narzisstischen Dimension, die Tochter als Selbstobjekt des Vaters, lässt sich auch die triebhafte Dimension rekonstruieren. Ein Vater muss auch seine inzestuöse Liebesbindung an seine Tochter durcharbeiten, um ihr eine autonome sexuelle Existenz zu ermöglichen und er wird dazu nur in der Lage sein, wenn er seine eigene inzestuöse Liebesbindung abzutrauern bereit ist. Dass es nicht leicht ist, das zunehmende Autonomiebegehren der adoleszenten Tochter, ihren Wunsch nach sexueller Betätigung mit einem Freund zu akzeptieren, hängt oftmals damit zusammen, dass dieser Verzicht im Vater alte ödipale Wut reaktiviert, seine Mutter als sexuelle Frau seines Vaters anerkennen zu müssen.

Die ausschließliche Konzentration auf die Triebwünsche des Kindes bzw. der Adoleszenten und die patriarchatsbedingte Skotomisierung väterlicher Unfähigkeiten, die im Erziehungsprozess wie ein selbstverständliches Schicksal akzeptiert werden mussten, haben in der klassischen Betrachtung übersehen lassen, wie sich der Ödipuskomplex des Mädchens entwicklungsbedingt vermutlich viel rascher auflösen würde, wenn dies von den Eltern, vor allem vom Vater, entsprechend gefördert würde.

In ihrer Neueinschätzung der Entwicklung der weiblichen Psychosexualität in der Adoleszenz kommt Dalsimer (1993) zu dem Schluss, dass die bisherige Psychoanalyse die Freude über das künftige Frausein und über die erwachende Sexualität des Mädchens sehr stark vernachlässigt habe. Anhand der Betrachtung von literarischen Beispielen und auch gestützt von einem breiten klinischen Wissen zeigt Dalsimer auf, wie intensiv sich adoleszente Mädchen mit der Sexualität befassen: „Das Thema beschäftigt sie pausenlos und bleibt ihnen doch ein Rätsel, so daß sie ohne Ende Antworten auf Fragen zu finden versuchen, die zu stellen einem Jungen überhaupt nie in den Sinn käme“ (S. 139).

Was geschieht mit dem dyadischen und triadischen gleichgeschlechtlichen Komplex (dem negativen Ödipuskomplex), d.h. der intensiven idealisierenden und sinnlichen Liebe des – präödipalen und ödipalen – Jungen zum Vater in der Adoleszenz? Dies ist eine Frage, mit der sich Blos (1990) eingehend beschäftigt hat. Während der triadische gegengeschlechtliche Komplex (positiver Ödipuskomplex) seiner Meinung nach beim

Jungen zumindest tendenziell mit dem Erreichen der Latenz aufgelöst wird und deren Beginn dadurch überhaupt erst ermöglicht, kann die gleichgeschlechtliche Komponente erst in der späten Adoleszenz aufgelöst werden und damit den Eintritt in das Erwachsenenalter ermöglichen.

Blos vertritt deshalb auch die Auffassung, dass es beim männlichen Jugendlichen zu einem erneuten starken Sich-hingezogen-Fühlen zum Vater kommt, der ihn vor dem Sog schützen soll, der einst in seiner Kindheit im Zusammenhang mit der als wiederverschlingend phantasierten präödipalen Mutter erlebt wurde, nun ganz stark aufgrund der sexuellen Reifung für ihn mit Beginn der Pubertät von adoleszenten Mädchen und Frauen ausgeht. Diese Sehnsucht wird häufig überdeckt und abgewehrt von negativistischen Haltungen und aggressiven Äußerungen. Es wäre falsch, dieses Hingezogensein und die Abwehr dagegen als Ausdruck latenter homosexueller Triebregungen zu betrachten. Und auch die häufig beobachtbaren gleichgeschlechtlichen Aktivitäten männlicher Jugendlicher in ihrer peer group, wie z.B. gegenseitige Masturbation, stellen nach Blos lediglich ein pseudo-homosexuelles Übergangsstadium ohne stabile homosexuelle Orientierung dar. Blos (1990) ist deshalb auch davon überzeugt, dass die herkömmliche Formel von der Wiederbelebung des Ödipus in der Adoleszenz beim Jungen dahingehend zu präzisieren ist, dass sich dies überwiegend auf die gleichgeschlechtliche Komponente bezieht und vor allem dyadischen Ursprungs ist.

Die vorrangige Entwicklungsaufgabe unter psychosexuellem Aspekt besteht für den adoleszenten Jungen deshalb vor allem darin, die zweite Phase des vollständigen Ödipuskomplexes in der Adoleszenz aufzulösen, und das heißt, die Sehnsucht nach dem dyadischen (und triadischen), starken Vater aufzugeben, abzutrauern und diesen Vater zu entidealisieren. Auch wenn die sinnlichen Zuwendungs- und Idealisierungsimpulse aufgrund des pubertären Triebschubs beim Sohn dazu tendieren können, in offene homosexuelle Impulse überzugehen, kommt es doch zu einer allmählichen Schwächung der gleichgeschlechtlichen dyadischen Bindung an den Vater und zu einer reifen Ich-Ideal-Bildung. Je weniger schützend sich der Vater in den Kindheitsjahren gegenüber seinem Sohn verhalten hat, desto stärker wird vermutlich die Idealisierung ausfallen. Aber auch Väter, die überwiegend aus narzisstischen Gründen das allmähliche Selbständigwerden ihrer Söhne nicht ertragen können und deshalb eine Entidealisierung mit zu viel verwöhnender und bindender Vater-Sohn-Allianz zu verhindern suchen – dabei nicht selten ihren eigenen ungestillten Vaterhunger zu befriedigen trachten –, erschweren den Ablösungs- und Entidealisierungsprozess ihres adoleszenten Sohnes.

Wie verhält es sich mit der gleichgeschlechtlichen Komponente beim adoleszenten Mädchen? Auch für es gilt, dass es eine starke, aber konflikthafte Sehnsucht nach der präödipalen Mutter gibt, die bei weiblichen Jugendlichen häufig zu Essproblemen in Form von Bulimie und Anorexie führt (Plaut und Hutchinson 1986). Heterosexuelles Verhalten weiblicher Jugendlicher dient zunächst überwiegend der Befriedigung ihres kindlichen Kontakthungers, der Abwehr fortbestehender homoerotischer Neigungen und dem Vertrautwerden mit Sexualität. Erst nach und nach gelingt das wirkliche Sich-Einlassen auf heterosexuelle Impulse, wobei adoleszente Mädchen aufgrund der Tatsache, dass Väter und Männer ein anderes Geschlecht haben als ihre primäre Bezugsperson, es in dieser Hinsicht schwerer haben als Jungen.

Obwohl sich nahezu alle Forschungsarbeiten über weibliche Sexualität und Adoleszenz auch mit der Bedeutung der Menstruation für das pubertierende Mädchen befasst haben, konnten Menarche und Menstruation in der psychoanalytischen Literatur erst in den letzten Jahren eine zunehmende Beachtung finden, die ihnen anhand ihrer einschneidenden Bedeutung für die weibliche Identitätsbildung, das Körperselbst-Erleben und die Psychosexualität des adoleszenten Mädchens zukommt (z.B. Flaake und King 1992, Plaut und Hutchinson 1986, Waldeck 1988a, b).

Der Beginn der Menarche ist das eindeutigste biologische Kennzeichen für den Eintritt in die Adoleszenz und den Abschied von der Kindheit. Er bringt in aller Regel eine Entwicklungskrise mit sich, von dessen Ausgang es abhängt, wie sich die weitere weibliche Geschlechtsidentität entwickelt. Das in dieser Zeit sich auch beschleunigende Brustwachstum zusammen mit weiteren körperlichen Vorgängen (wie z.B. Schamhaarwachstum) führen zu einer fundamentalen Veränderung des bisherigen kindlichen Körperbilds. Plaut und Hutchinson (1986) setzen die mit diesem Prozess einhergehenden Ängste und narzisstischen Verunsicherungen beim 12-, 13-, oder 14-jährigen Mädchen mit der Kastrationsangst des fünf- oder sechsjährigen Jungen gleich, die den möglichen Verlust der männlichen Geschlechtsrolle signalisiert. Während das Mädchen von solchen Erschütterungen seiner körperlichen Integrität bislang nicht heimgesucht wurde (und deshalb auch seine ödipalen Strebungen weniger als der Junge zu verdrängen brauchte), wird es nun mit psychischen und physiologischen Veränderungen konfrontiert, die starke narzisstische Ängste auslösen und die zum Sammelbecken für alle früheren erlebten Benachteiligungen und Zurücksetzungen werden können. Diese Auffassung schließt selbstverständlich nicht aus, dass die Menarche auch eine entwicklungsorganisierende Funktion hat. So hilft sie z.B., eine klarere Repräsentanz von Vagina und Gebärmutter zu schaffen. Der Beginn der Pubertät weist nun auch unmissverständlich darauf hin, dass das Mädchen eine junge Frau mit Sexualität geworden ist. Im positiven Fall führt das zu einer Kräftigung der weiblichen Geschlechtsrollen-Identität, zum tendenziellen Abtrauern bisexueller Orientierungen. Diese körperlichen Veränderungen lassen nun natürlich auch die ödipale Beziehung zum Vater in einem neuen Licht erscheinen und werden von der adoleszenten Tochter zum Anlass genommen, ihre inzestuösen Wünsche nun allmählich aufzugeben und sich mit der Weiblichkeit der Mutter stärker zu identifizieren. Das körperliche Weiblichwerden macht aber auch deshalb Angst, weil sich das Mädchen bewusst wird, dass es kein Kind mehr ist und dass symbiotische Bedürfnisse und Sehnsüchte nun offensichtlich nicht mehr so leicht befriedigt werden können. Die Entwicklung einer Pubertätsmagersucht kann aus diesem Grund einen Versuch darstellen, zur präödipalen Mutter und auf ein prägenitales Niveau der Geschlechtsidentität mit einer bisexuellen Orientierung zurückzukehren und der ödipalen Rivalität mit der Mutter aus dem Weg zu gehen. Wegen der stärkeren Belastung, die die Menarche für das adoleszente Mädchen bedeutet, neigen Mädchen in diesem Alter stärker zu Regressionen, die ihre adaptive Funktion rasch verlieren können und neurotisch werden.

Die Anthropologin Martin (1989) hat in einer medizinkritischen Analyse aufgezeigt, dass das Menstruationsblut im herkömmlichen medizinischen Diskurs zumeist als überflüssige Ausscheidung, nicht aber als erwünschtes Produkt des weiblichen Zyklus betrachtet wird. Waldeck (1988a) geht noch einen Schritt weiter: Sie erblickt in dem „Tabu der Menstruation“ ein „Unterdrückungsinstrument, das in unvergleichlicher Weise in die weibliche Adoleszenz und damit ins gesamte Leben der Frau eingreift“. Tabuisiert werden nach Waldeck dabei nicht die medizinischen, hygienischen oder psychosomatischen Aspekte der Menstruation, sondern ihre erotische Seite. Die sexuelle Erregung und die erotische Faszination, die vom Blutfluss der Frau ausgehen, sind verdrängt. Aber das Menstruationstabu reduziert nach Waldeck (1988b) nicht nur einen wichtigen Teil sexueller Erfahrungsmöglichkeiten und des weiblichen Körperstolzes, sondern auch die pubertären Größenphantasien.

Damit sich adoleszente Mädchen als Subjekte ihres eigenen Begehrens und ihrer eigenen Lust wahrnehmen können, ist eine Selbstbefriedigung auch während des Menstruierens notwendig. Denn die Menstruation eröffnet die Chance, das Körperbild zu ergänzen, indem die unsichtbaren inneren Geschlechtsorgane, aber auch die Vagina auf neue Weise gespürt und Grenzziehungen zwischen Innen und Außen gefestigt werden. Weil sie eine stärkere Durchblutung des Beckens und der Genitalien und damit eine stärkere sexuelle Erregbarkeit mit sich bringt, ist die Menstruation ein entscheidender Körpervorgang für den Übergang vom Mädchen zur Frau (Waldeck 1992). Obwohl Äußerungen über ein stärkeres Verlangen nach intimer Nähe und Geschlechtsverkehr während der Blutungsphase von Frauen in den letzten Jahren immer häufiger bekannt werden, fehlt nach Waldeck jedoch das Erwähnen der Selbstbefriedigung.

6. Interdisziplinäre Aspekte

Der postmoderne soziologische Diskurs kritisiert an der Sexualtheorie der Psychoanalyse, stärker aber noch an Sexologen wie Kinsey, Masters und Johnson, die Naturalisierung des Sexuellen, die eine ahistorische und akulturelle Sichtweise zur Folge hat. Insbesondere bei den zuletzt genannten Autoren verschwand die erotische Phantasiewelt, die ihre Gestaltung immer aus dem soziokulturellen Kontext empfängt, hinter vulgärbehavioristischen Messungen von Sekretabsonderungen oder orgastischem Verhalten. Kritisiert wurde an der naturalisierten Auffassung der genitalen Sexualität auch der biologistische Evolutionismus, der den heterosexuellen Koitus privilegiert.

Während bei Freuds Konzeptualisierung genitaler Sexualität immerhin noch Querverbindungen zu psychosexuellen Antezedentien, zur Phantasiewelt und zu kognitiven Funktionen und Kompetenzen bestand (unterdrückte Sexualität kann seiner Auffassung nach neurotische Dummheit erzeugen), reduzierten Sexologen genitale Homo- und Heterosexualität auf biologische und neurophysiologische Faktoren. Ausgeklammert blieb damit die Bedeutung sexueller Erfahrungen für den einzelnen, vor allem aber die erotischen Phantasieszenarios, die für die menschliche Sexualität als ungleich anregender gedacht werden müssen als die realen Stimuluswirkungen des anatomischen Geschlechts und hormonelle Vorgänge. Eine sozial konstruktivistische Perspektive genitaler Erotik kann die einseitig biologisch konzipierten Theorien über Ausdrucksweisen und Entwicklung von Sexualität (Gagnon und Simon 1976, Simon und Gagnon 1986, Simon 1990, 1996) ergänzen.

Literatur

Bernstein, D. (1990). Female genital anxieties, conflicts and typical mastery modes. International Journal of Psycho-Analysis, 71, 151–165.

Cherazi, S. (1986). Female psychology: A review. Journal of the American Psychoanalytic Association, 34, 141–150 (dt.: Zur Psychologie der Weiblichkeit. Ein kritischer Überblick. Psyche – Z Psychoanal, 42 (1988), 307–327).

Dalsimer, K. (1993). Vom Mädchen zur Frau. Literarische Darstellungen – psychoanalytisch betrachtet. Berlin: Springer.

Edgcumbe, R. and Burgner, M. (1975). The phallic-narcissistic phase. A differentiation between preoedipal and oedipal aspects of phallic development. Psychoanalytic Study of the Child, 30, 161–179.

Erdheim, M. (1992). Die gesellschaftliche Produktion von Unbewußtheit. Eine Einführung in den ethnopsychoanalytischen Prozeß. Frankfurt/M.: Suhrkamp.

Erikson, E.H. (1950). Childhood and society. New York: Norton (dt.: Kindheit und Gesellschaft. Stuttgart: Klett, 1968).

Fast, I. (1991). Von der Einheit zur Differenz. Psychoanalyse der Geschlechtsidentität, hg. von C. Rohde-Dachser und W. Mertens. Berlin: Springer.

Flaake, K. und King, V. (Hg.) (1992). Weibliche Adoleszenz. Zur Sozialisation junger Frauen. Frankfurt/M.: Campus.

Gagnon, J.H. and Simon, W. (1976). Sexual conduct. The social sources of human sexuality. Chicago: Aldine.

Glover, L. and Mendell, L. (1982). A suggested developmental sequence for a preoedipal genital phase. In D. Mendell (Ed.), Early female development. Current psychoanalytic views (pp. 127–174). New York: Spectrum.

Günzel, S. (1989). Ava und Edam – Zur Partnerschaft der Geschlechter. Psyche – Z Psychoanal, 43, 219–237.

Harrison, I.B. (1988). Further implications of a dream of Freud's: A subjective influence on his theory formation. International Review of Psycho-Analysis, 15, 36–373.

Heigl-Evers, A. und Weidenhammer, B. (1988). Der Körper als Bedeutungslandschaft. Die unbewußte Organisation der weiblichen Geschlechtsidentität. Bern: Huber.

King, V. (1995). Die Urszene der Psychoanalyse. Adoleszenz und Geschlechterspannung im Fall Dora. Stuttgart: Verlag Internationale Psychoanalyse.
Martin, E. (1989). Die Frau im Körper. Weibliches Bewußtsein, Gynäkologie und die Reproduktion des Lebens. Frankfurt/M.: Campus.
Plaut, E.A. und Hutchinson, F.L. (1986). The role of puberty in female psychosexual development. International Review of Psycho-Analysis, 13, 417–432.
Poluda-Korte, E. (1995). Identität im Fluß. Zur Psychoanalyse weiblicher Adoleszenz im Spiegel des Menstruationserlebens. In K. Flaake und V. King (Hg.), Weibliche Adoleszenz. Zur Sozialisation junger Frauen (S. 147–165). Frankfurt/M.: Campus.
Rohde-Dachser, C. (1990). Über töchterliche Existenz. Offene Fragen zum weiblichen Ödipuskomplex. Zeitschrift für psychosomatische Medizin und Psychoanalyse, 36, 303–315.
Rohde-Dachser, C. (1991). Expedition in den dunklen Kontinent. Weiblichkeit im Diskurs der Psychoanalyse. Berlin: Springer.
Roiphe, H. (1968). On an early genital phase. Psychoanalytic Study of the Child, 23, 348–365.
Schmauch, U. (1996). Probleme der männlichen sexuellen Entwicklung. In V. Sigusch (Hg.), Sexuelle Störungen und ihre Behandlung (S. 44–56). Stuttgart: Thieme.
Silver, D. (1991). Freud, Gisela Silberstein, and the repudiation of femininity. Psychoanalytic Inquiry, 11, 441–456.
Simon, W. (1990). Die Postmodernisierung der Sexualität. Zeitschrift für Sexualforschung, 3, 99–114.
Simon, W. (1996). Postmodern sexualities. New York: Routledge.
Simon, W. and Gagnon, J.H. (1986). Sexual scripts: Permanence and change. Archive of Sexual Behavior, 15, 97– 120.
Waldeck, R. (1988a).Der rote Fleck im dunklen Kontinent, Teil I: Das Tabu der Menstruation. Zeitschrift für Sexualforschung, 1, 189–205.
Waldeck, R. (1988b). Der rote Fleck im dunklen Kontinent, Teil II: Die Verletzung der Frau. Zeitschrift für Sexualforschung, 1, 337– 350.
Waldeck, R. (1992). Die Frau ohne Hände. Über Sexualität und Selbständigkeit. In K. Flaake und V. King (Hg.), Weibliche Adoleszenz. Zur Sozialisation junger Frauen (S. 186–198). Frankfurt/M.: Campus.

Geschlechterdifferenz *von Vera King*

gender difference – différence des sexes

1. Definition

Ein Ausgangspunkt der Psychoanalyse der Geschlechterdifferenz liegt in Freuds Frage nach den „psychischen Folgen des anatomischen Geschlechtsunterschieds“ (1925j). Wie, so könnte Freuds damalige Frage gefasst werden, bildet sich psychisch oder psychosexuell das heraus, was als Männlichkeit oder Weiblichkeit bezeichnet wird? Die dabei grundlegende Vorstellung ist auch in zeitgenössischen Konzepten, die diese Frage zu beantworten suchen, dass die leibliche Voraussetzung – einen männlichen oder weiblichen Körper oder männliche oder weibliche Genitalien zu haben – zu einer charakteristisch differenten psychischen Entwicklung (der Geschlechtsidentität) führt, zumindest jedoch unterschiedliche Entwicklungsaufgaben und Konflikte setzt und damit auch geschlechtsspezifisch unterschiedliche Bewältigungsformen verlangt. Die komplementäre Bedeutung von Geschlechterdifferenz liegt in der Binnenperspektive des Kindes: Welche Rolle spielt die Entdeckung oder Wahrnehmung von Geschlechtsunterschieden in der frühkindlichen Entwicklung?

2. Klassische Auffassung

„Für das Verhältnis zwischen Ödipus- und Kastrationskomplex stellt sich ein fundamentaler Gegensatz der beiden Geschlechter her. Während der Ödipuskomplex des Knaben am Kastrationskomplex zugrunde geht, wird der des Mädchens durch den Kastrationskomplex ermöglicht und eingeleitet" (Freud, 1925j, 24, kursiv i.O.). Mit diesen Worten markiert Freud den nach seiner Auffassung entscheidenden Wendepunkt in der Entwicklung der Geschlechter, die Entdeckung der Penislosigkeit beim Mädchen, die den Kastrationskomplex einleite. Während das kleine Mädchen bis zur ödipalen Phase demnach wie ein kleiner Mann sei, führe nun die Empfindung, kastriert zu sein, zur Abwendung vom Primärobjekt Mutter und zur Hinwendung zum Vater, in der Hoffnung, doch noch einen Penis zu bekommen. Dieser Wunsch werde schließlich in den Wunsch nach dem Kind umgewandelt, womit die ‚weibliche Position' erreicht sei. Der Junge gibt seine ödipalen Wünsche auf, die Mutter genital zu besitzen, um sich vor der Kastration durch den Vater zu retten, während das Mädchen kein Motiv habe, die ödipale Position aufzugeben. Dementsprechend schwächer ausgebildet seien auch Über-Ich und Sublimierungsfähigkeit. Diese Annahmen Freuds, die die weibliche Entwicklung umfassend unter dem Vorzeichen des Mangels konzipieren (Chasseguet-Smirgel 1975), wurden schon sehr früh kontrovers diskutiert, z.B. von Horney (1923), Jones (1927) und auch Klein (1932). Sie stellen einen der umstrittensten Topoi der klassischen Freud'schen Theorie dar.

3. Ideengeschichtlicher Hintergrund

Betrachten wir den sozial-kulturellen Hintergrund von Freuds Theoriebildung, so zeigt sich im Zeitraum der Psychoanalyseentstehung eine starke Spannung in den Geschlechterverhältnissen. Einerseits zeichneten sich um die Jahrhundertwende auf sozialer und politischer Ebene Veränderungen ab, wie sich etwa an den damaligen Debatten um Frauenbildung ablesen lässt; andererseits hatten sich im Verlauf des 19. Jahrhunderts die polarisierenden Geschlechtsstereotypen der bürgerlichen Gesellschaft auch im Wissenschaftskanon niedergeschlagen und stabilisiert (Honegger 1991), die z.B. auch die stereotypen Bilder der weiblichen Hysterikerin hervorbrachten. In Freuds eigener wissenschaftlicher Arbeit, seiner Selbstanalyse und den ersten Behandlungen hysterischer Frauen spielten die Auseinandersetzung mit Geschlecht und Differenz teils explizit, teils implizit, eine entscheidende und brisante Rolle.

4. Wesentliche Erweiterungen, Differenzierungen und Modifikationen

Freuds berühmt gewordenes Diktum, geschlechtsdifferente „Anatomie" sei „Schicksal", ist aus verschiedenen Richtungen kritisiert worden. Dabei zielt eine Kritikrichtung darauf ab, dass Freud unterschätzte, in welchem Ausmaß geschlechtliche Differenzen durch historisch spezifische Geschlechterverhältnisse und kulturell variierende Vorstellungen geprägt sind. Eine andere Kritikrichtung weist zudem daraufhin, dass Freud – und viele seiner Nachfolger – sein eigenes Diktum stets unterlaufen hat, da er weibliche Leiblichkeit stets nur als defizitär männliche ansah und somit die spezifischen Bedeutungen des weiblichen Körpers und Geschlechts als Grundlage psychosexueller Entwicklung und als differente Entwicklungsaufgabe nachhaltig verdrängt oder verhüllt hat.

5. Die Bedeutung des Begriffs in verschiedenen psychoanalytischen Schulrichtungen

Kritik und Revisionen der Psychoanalyse der Geschlechterdifferenz sind teils schulspezifisch, teils schulübergreifend. Bestandsaufnahmen empirisch vorfindlicher Geschlechtsunterschiede finden sich z.B. bei Brähler und Felder (1992), Schepank (1992). Theoretische Ansätze konzentrieren sich vielfach auf die Frage, wie Unterschiede zwischen den Geschlechtern entstehen, und setzen im methodischen Zugang an verschiedenen Momenten der Freud'schen Geschlechterpsychologie an: So findet sich

1. in fast allen Weiterentwicklungen eine stärkere Akzentuierung der präödipalen Phase und der Bedeutung des mütterlichen

Primärobjekts für die Geschlechterentwicklung. Dieses wird dabei

a) entweder vorrangig hinsichtlich intrapsychisch-phantasmatischer Vorgänge (und in einer Verbindung von triebtheoretischen Annahmen und von Objektbeziehungskategorien) konzipiert – z.B. im Sinne der in der primären Mutter-Kind-Beziehung zwangsläufig entstehenden Bilder der allmächtigen Mutter, die, wie bei Melanie Klein (1932), vom Kind in der Phantasie attackiert wird, und zu geschlechtstypischen Vergeltungsängsten führt, z.B. beim Mädchen zu einer stärkeren Sorge um das eigene Körperinnere – oder von der die Abgrenzung nach Chasseguet-Smirgel (1975) Jungen leichter fällt als Mädchen; oder

b) aus der Perspektive der in der frühen Mutter-Kind-Beziehung ablaufenden Interaktionen, die hinsichtlich ihrer Qualität eher empirisch betrachtet werden. Dies gilt für verschiedene Varianten der Objektbeziehungstheorie, die Blickrichtung der Säuglingsforschung wie auch für bestimmte psychoanalytisch-feministische Theorien. In der Konzeption der Objektbeziehungstheorie von Mahler u.a. (1975) wird das geschlechtstypische Vorherrschen bestimmter Ängste in der Wiederannäherungskrise untersucht: der Ängste vor Symbiose beim Jungen und depressiver Ängste beim Mädchen. Die Schwierigkeiten der Abgrenzung in der gleichgeschlechtlichen Beziehung von Mutter und Tochter werden von Chodorow (1978) akzentuiert, die ihre Analyse mit einer Kritik der geschlechtsspezifischen Arbeitsteilung verknüpft. Eine zentrale Rolle spielt wiederum die Wiederannäherungskrise in den intersubjektivitätstheoretischen Ausführungen von Benjamin (1988), die das Dilemma zwischen dem Wunsch nach Selbstbehauptung und dem Wunsch betont, in der Autonomie zugleich vom primären Objekt anerkannt werden zu wollen und somit abhängig zu sein. Sie untersucht die geschlechtsdifferenten und von kulturellen Polarisierungen geprägten Verarbeitungsmuster dieses Anerkennungsdilemmas, bei denen jeweils Bindung mit Weiblichkeit und Autonomie mit Männlichkeit assoziiert wird.

2. Stellen auch jene Ansätze Weiterentwicklungen der Freud'schen Theorie dar, die die ödipale Phase für die beiden Geschlechter anders verstehen: sei es, indem beim Mädchen die negativ-ödipale Phase akzentuiert wird; sei es, dass die Hinwendung zum Vater und der Wunsch nach dem Kind aus triebhaft weiblichen Wünschen und Identifizierungen mit der Mutter abgeleitet werden; schließlich jene Ansätze, die auch die Schwierigkeiten in der männlichen Entwicklung betonen, den Vater sowohl als Objekt der Identifizierung, des Begehrens und als Rivalen zu erleben. Diese letzte Perspektive kann zugleich als Teil einer Diskussion betrachtet werden, die

3. die männliche Entwicklung nicht wie Freud umstandslos als die unproblematischere betrachtet. Dazu zählen jene Ansätze, die die Entwicklung der männlichen Geschlechtsidentität unter dem Gesichtspunkt der konflikthaften Desidentifizierung von der Mutter betrachten und damit die potentielle Instabilität der Männlichkeit betonen, wie auch Ansätze, die die Geschlechterdifferenzierung für beide Geschlechter unter dem Gesichtspunkt der Integration von Begrenzung (Fast 1984) und des Verzichts auf bisexuelle Größenphantasien und der Verarbeitung wechselseitiger Neidgefühle betrachten (Reiche 1990). Dabei wird oft auch auf

4. Freuds Konzept der Bisexualität zurückgegriffen, sowohl in klassisch-triebtheoretischen, in kleinianischen als auch in Facetten der feministischen Psychoanalyse. Das ursprüngliche Freud'sche Konzept bleibt allerdings insoweit unklar, als die weibliche Seite des Bisexuellen immer wieder auf diejenige einer nicht-männlichen reduziert wurde. Diese Lücke kann geschlossen werden, indem die unausgeleuchtete „verdrängte" Seite in Freuds Theorie genauer zu bestimmen versucht wird, d.h.

5. die psychische Entwicklung der Weiblichkeit auch im Ausgang der weiblichen Körperlichkeit und Genitalität analysiert wird. Erste Ansätze dazu finden sich bei Horney (1923) und Jones (1927). Die Bedeutung des inneren Genitales wurde dann in der kleinianischen Theorie (1932) explizit thematisiert, später in der Theorie der Inner-

genitalität von Kestenberg (1968) und daran anknüpfenden Theoretikerinnen. Eine Vertiefung dieser Frage führt zu

6. einer adoleszenztheoretischen Perspektive, die die Bedeutungen und Verarbeitungen des genitalen Innenraums und der herangewachsenen weiblichen Körperlichkeit untersucht und mit objektbeziehungstheoretischen Überlegungen und soziologischen Erkenntnissen zu den Geschlechterbeziehungen verbindet (King 1995).

7. Soziologische Betrachtungen finden sich sowohl in Adoleszenztheorien (Flaake 2001) als auch in Theorien der Geschlechtersozialisation in der frühen Kindheit, bei denen z.B. die Einbettungen der Primärfamilie in hierarchische gesellschaftliche Geschlechterverhältnisse kritische Bezugspunkte darstellen. Eher kulturtheoretisch ausgerichtete Ansätze repräsentieren auch

8. die Lacan'schen Lesarten der Freud'schen Theorie, in denen die Bedeutungen der Geschlechterdifferenz wie auch des Phallischen auf der Ebene der symbolischen Ordnung angesiedelt werden. Daran schließen wiederum kritisch Kristeva oder Irigaray an (Kristeva 1975), indem sie die subversive Macht des präödipal Bedeutungsvielfältigen und in der symbolischen Ordnung konstitutiv Ausgeschlossenen: des weiblich konnotierten „Semiotischen" herauszuarbeiten sucht – Irigaray, indem sie eine „Ethik der sexuellen Differenz" (1984) formuliert, die das Weibliche als gleichwertig Anderes in Sprache und Kultur integrieren soll. Ein wesentlicher Aspekt stellt bei Irigaray auch

9. die Dekonstruktion der psychoanalytischen Diskurse hinsichtlich ihrer patriarchalen blinden Flecken und Verzerrungen dar. Eine weitreichende Analyse der in verschiedenen psychoanalytischen Theorien und Schulrichtungen virulenten unbewussten Phantasien und Abwehrkonstruktionen findet sich bei Rohde-Dachser (1991). Radikale Dekonstruktion der kulturell produzierten Geschlechterdifferenzen in der Theorie steht auch im Zentrum einiger Ansätze der sozialwissenschaftlichen Psychoanalyserezeption (Hagemann-White 1990) und Diskussion der Entstehung von Geschlechtsidentitäten.

6. Interdisziplinäre Beiträge und Befunde

Eine interdisziplinäre Perspektive macht deutlich, wie notwendig es ist, „Konstruktionen der Geschlechterdifferenz und (historisch-spezifische, d.V.) Konstellationen von Geschlechterverhältnissen aufeinander zu beziehen" (Becker-Schmidt und Knapp 1995, 11). Zeitgenössische sozialwissenschaftliche Befunde und Theorien stellen dabei vor allem in der US-amerikanischen Forschung unterschiedlicher Disziplinen (wie Sozialwissenschaften, Psychologie, Medizin, Jurisprudenz u.a), und zunehmend auch in der europäischen Genderforschung die Notwendigkeit heraus, Bedeutungen von Geschlecht und Geschlechterverhältnisse nicht isoliert zu untersuchen, sondern der so genannten Intersektionalität (Raj 2002), das heißt den Überschneidungen und Relationen der Ungleichheits-Trias „Gender", „Race/Ethnizität" und „Klasse" sowohl unter gesellschaftstheoretischen Gesichtspunkten als auch in Hinblick auf Fragen der Identitätsbildung nachzugehen. Die sozialen Konstruktionen von Geschlechterdifferenz werden dabei als ein Bezugspunkt der Analyse globalisierter Herrschaftsverhältnisse angesehen, bei der es in wissenschaftsprogrammatischer Hinsicht um die „integrale Analyse von Achsen strukturierter Ungleichheit und kultureller Differenz" (Klinger/Knapp 2005) geht. Die Debatten und Ergebnisse interdisziplinärer Genderforschung machen in besonderer Weise die Notwendigkeit deutlich, die Ebenen zu differenzieren, auf denen Aussagen zur Geschlechterdifferenz möglich und sinnvoll sind. So kommen zum Beispiel Untersuchungen aus der akademischen differentiellen Psychologie überwiegend zu dem Schluss, dass sich auf der Ebene von Fähigkeiten und kognitiven Kompetenzen keine signifikanten Geschlechterdifferenzen nachweisen lassen. Unterschiede zeigen sich eher auf der Verhaltensebene, insbesondere im Bereich der Aggression. Empirische Studien aus der Sexualmedizin haben anhand der Entwicklungen von geschlechtlichen Zwischenformen Hinweise auf zentrale Bedeutungen von Geschlechtsattribuierungen betont. Sozialwissenschaftliche Studien haben die Notwendigkeit deutlich gemacht, die kulturellen Hervorbringungen von Geschlechterdifferenzen zu analysieren, die sich zunehmend auch auf die individuellen und gesellschaftlichen Entwürfe von Männlichkeit (Connell 2000), im Besonderen auch auf die Verbindungen von Männlichkeit und Vaterschaft beziehen (Walter 2002). Demgegenüber kann die psychoanalytische Forschung untersuchen, wie die geschlechtliche Leiblichkeit verarbeitet wird und wie sich Phantasien über den Körper mit kulturellen Vorstellungen von Geschlechterdifferenzen verknüpfen – oder aber aufgrund welcher psychischer Reifungsprozesse männliche und weibliche Identitäten entwickelt werden, die die stereotypen Zuordnungen authentisch und selbstbewusst transformieren und überschreiten und die leiblichen Voraussetzungen psychisch flexibel und konstruktiv aneignen können. Auf dieser Ebene kann an grundlegende psychoanalytische Einsichten über die konflikthaft leibliche Fundierung des Sexuellen angeknüpft werden.

Literatur:

Becker-Schmidt, R. und Knapp, G.-A. (1995). Das Geschlechterverhältnis als Gegenstand der Sozialwissenschaften. Frankfurt/M.: Campus.

Benjamin, J. (1988). Die Fesseln der Liebe. Psychoanalyse, Feminismus und das Problem der Macht. Basel: Roter Stern, 1990.

Brähler, E. und Felder, H. (Hg.) (1992). Männlichkeit, Weiblichkeit und Gesundheit. Opladen: WDV.

Chasseguet-Smirgel, J. (1975): Freud und die Weiblichkeit. In: Zwei Bäume im Garten. München: Verlag Internationale Psychoanalyse, 1988.

Chodorow, N. (1978). Das Erbe der Mütter. Psychoanalyse und Soziologie der Geschlechter. München: Frauenoffensive 1985.

Connell, R. (2000). Die Wissenschaft von der Männlichkeit. In H. Bosse und V. King (Hg.). Männlichkeitsentwürfe. Wandlungen und Widerstände im Geschlechterverhältnis (S. 17–28). Frankfurt/M.: Campus.

Fast, I., (1984). Von der Einheit zur Differenz. Psychoanalyse der Geschlechtsidentität. Berlin: Springer.

Flaake, K. (2001). Körper, Sexualität, Geschlecht. Studien zur Adoleszenz junger Frauen. Gießen: Psychosozial.

Hagemann-White, C. (1990). Weiblichkeit, Leiblichkeit und die kulturelle Konstruktion der Geschlechterpolarität. In H. Brandes und C. Franke (Hg.). Geschlechterverhältnisse in Gesellschaft und Therapie (S. 22–36). Münster, Lit-Verlag.

Honnegger, C. (1991). Die Ordnung der Geschlechter. Die Wissenschaften vom Menschen und das Weib. Frankfurt/M.: Campus.

Horney, K. (1923). Zur Genese des weiblichen Kastrationskomplexes. In dies., Die Psychologie der Frau (S. 10–25). Frankfurt/M.: Fischer.

Irigaray, L. (1984). Ethik der sexuellen Differenz. Frankfurt/M: 1991.

Jones, E. (1927). Die erste Entwicklung der weiblichen Sexualität. Internationale Zeitschrift für Psychoanalyse, 1928, 14, 11–25.

King, V. (1995). Die Urszene der Psychoanalyse. Adoleszenz und Geschlechterspannung im Fall Dora. Stuttgart: Verlag Internationale Psychoanalyse.

Kestenberg, J. (1968). Outside and inside, male and female. This Journal, 16, 457–520.

Klein, M. (1932). Die Psychoanalyse des Kindes. 1987. Frankfurt/M.: Fischer.

Klinger, C., Knapp, G.A. (2005). Achsen der Ungleichheit – Achsen der Differenz. Verhältnisbestimmungen von Klasse, Geschlecht, „Rasse"/Ethnizität. In Transit – Europäische Revue, 29, 1–19.

Kristeva, J. (1975). Produktivität der Frau. alternative, 108/109, 1976, 166–172.

Mahler,M., Pine, F., Bergman, A. (1975). Die psychische Geburt des Menschen. Symbiose und Individuation. Franfurt/M.: Fischer 1978.

Raj, R. (2002) (Hg.). Women at the Intersection. Indivisible Rights, Identities and Oppressions. New Brunswick, N.J.: Univiversities Press.

Reiche, R. (1990). Geschlechterspannung. Frankfurt/M.: Fischer.

Rohde-Dachser (1991). Expedition in den dunklen Kontinent. Weiblichkeit im Diskurs der Psychoanalyse. Berlin: Springer.

Schepank, H. (1992). Geschlechtsunterschiede in Manifestation und Verlauf psychogener Erkrankungen. In E. Brähler und H. Felder (Hg.) (1992). a.a.O (S. 176–189).

Walter, H. (2002) (Hg.). Männer als Väter. Gießen: Psychosozial.

Geschlechtsidentität *von Vera King*

gender identity – identité sexuelle

1. Definition

Geschlechtidentität bezeichnet die Kontinuität des Selbsterlebens eines Individuums in Hinblick auf sein Geschlecht und umfasst die Gesamtheit jener Aspekte des Selbst oder der Identität, die als mit dem Geschlecht genuin verbunden angesehen werden. Hinsichtlich der Frage, wie Geschlechtsidentität entsteht, hat sich im Verhältnis zu den klassischen Freud'schen Perspektiven die Blickrichtung auf zahlreiche Faktoren erweitert: Die Entwicklung der Objektbeziehungen und die Phantasien der Eltern über die Geschlechtlichkeit des Kindes, Identifizierungen und Selbstkategorisierungen, kognitive Kompetenzen, kulturelle Normierungen und Zuschreibungen bestimmen oder beeinflussen die Aneignung der genitalen Leiblichkeit und den sexuellen Konflikt. Die Bedeutungen des geschlechtlichen Körpers werden in Interaktion mit den Primärobjekten und der Umwelt entwickelt und verarbeitet. Diese Verarbeitungsprozesse reichen dabei auch über die Kindheit hinaus (Formanek 1983, Dahl 1988): So spielt in der Adoleszenz, die als eine für die Identitätsentwicklung konstitutive Phase angesehen werden kann (Erikson 1959), die psychische Aneignung des herangewachsenen Geschlechtskörpers und der mit ihm verbundenen Bedeutungen z.B. hinsichtlich der neu zu findenden Balance in den Selbst-Objekt-Differenzierungen eine zentrale Rolle. In der Adoleszenz setzen sich Heranwachsende aufgrund veränderter körperlicher, psychischer, kognitiver und sozialer Voraussetzungen mit der Welt der Kindheit, mit ihrer Familie, ihren bisherigen Vorstellungen von sich als Junge oder Mädchen auf eine andere Weise als bisher auseinander (King 2004), sodass die Adoleszenz als eine entscheidende Phase der Transformation und Ausgestaltung der Geschlechtsidentität anzusehen ist.

2. Klassische Auffassung

Bei Freud findet sich keine explizite Verwendung des Begriffs der Geschlechtsidentität, wie auch ganz allgemein die explizite Betrachtung von Identitätsbildungs-Thematiken erst im Verlauf des 20. Jahrhunderts an Bedeutung gewinnt. Implizit enthalten jedoch seine Überlegungen zur Geschlechterdifferenz zwangsläufig auch Thesen zur Entwicklung der Geschlechtsidentität. Als zentral kann dabei Freuds Vorstellung einer primären Männlichkeit angesehen werden, insofern Freud die weibliche Entwicklung umfassend auf die Perspektive einer kastrierten Männlichkeit reduziert. Diese Auffassung und ihre einzelnen Implikationen haben zu vielfältigen Debatten und Neuformulierungen geführt (s. Geschlechterdifferenz). Besonderen Auftrieb insbesondere in der nordamerikanischen Diskussion erhielt die Neufassung der frühen Geschlechts-Identitäts-Entwicklung durch die Einführung des Begriffs gender role durch Money im Jahr 1955 und schließlich die Etablierung der Unterscheidung von sex und gender – vereinfacht: von biologischem und sozialem Geschlecht – durch Stoller (1968). Stoller unterschied das Körpergeschlecht (sex) von der nach seiner Auffassung konfliktfrei in den ersten beiden Lebensjahren entstehenden Kern-Geschlechts-Identität, die gleichsam das sprachlose Erleben, einem Geschlecht anzugehören, umreißt (core gender identity), und schließlich von der Geschlechtsrollen-Identität, d.h. der Ausgestaltung auf höherem symbolischen Niveau (gender role identity oder auch gender identity). Diese Kategorisierungen wurden in ihren Grundzügen vielfach rezipiert, übernommen oder in Einzelaspekten revidiert (vgl. Person und Ovesey 1983, Mertens 1992). Die Durchsetzungskraft des Begriffs der Geschlechts-Identität und der Unterscheidungen von biologischen und sozialen Aspekten resultierte dabei auch aus der Unzufriedenheit mit den klassischen Freud'schen Konzepten – insbesondere hinsichtlich der Frage der Weiblichkeit. So bezeichnete Kleeman (1976) das Konzept gender identity sogar als „missing link“, als fehlendes konzeptuelles Bindeglied, welches benötigt wurde, um die Frage nach den Ursprüngen der Weiblichkeit angemessen beantworten zu können.

3. Ideengeschichtlicher Hintergrund

Vor allem im US-amerikanischen Sprachraum und insbesondere ab den 60er- und 70er-Jahren zeigt sich eine Tendenz, Fragen der Geschlechtsentwicklung weniger vom Topos der Differenz als vom Topos der Identität her zu reflektieren. Als Hintergrund für diese Begriffsverlagerung können u.a. sozialstrukturelle Veränderungen angesehen werden, die sowohl zu einer verstärkten Individualisierung der Lebensbedingungen und – damit zusammenhängend – zu Wandlungen der Geschlechterbeziehungen und insofern auch der kulturellen Voraussetzungen weiblicher Lebenszusammenhänge geführt haben. Beide Veränderungstendenzen – die Auflösung tradierter Lebenszusammenhänge wie auch der tradierten Männlichkeits- und Weiblichkeitsrollen und -bilder führten zu einer verstärkten Auseinandersetzung mit Fragen von Identitätsbildungsprozessen und der Herausbildung von Geschlechtsidentitäten. May (1991) vermutet zudem eine für den nordamerikanischen Kulturraum typische Abneigung gegen das Denken in Differenz-Konzepten, insofern Identitäts-Fragestellungen stärker mit Gleichberechtigung assoziiert werden. In diesem Sinne spielte der Begriff gender identity oder gender zunehmend auch eine große Rolle in Diskussionen, in denen die Entpathologisierung der Homosexualität, aber auch anderer Formen nicht-heterosexueller Orientierungen gefordert wurde.

4. Wesentliche Erweiterungen, Differenzierungen und Modifikationen

In Anlehnung an gender identity-Konzepte wurden in empirischen Untersuchungen eine Vielzahl von Annahmen Freuds untersucht, relativiert oder revidiert: Dies betraf z.B. den Zeitpunkt früh-genitaler Explorationen und Masturbationen und die Bedeutung der Entdeckung der Geschlechtsdifferenzen, die Galenson und Roiphe (1977) schon im 2. Lebensjahr ansiedelten. Frankel und Sherick (1979) haben die Bedeutung des Penisneides in Frage gestellt und das Selbstbewusstsein bei kleinen Mädchen akzentuiert. Vielfach ist die Bedeutung des Vaters in der präödipalen Entwicklung (Formanek 1982) hervorgehoben und die große Bedeutung der Phantasien der Eltern (Kleeman 1976, Blum 1988) und entsprechender Zuschreibungen betont worden. Schließlich wurden in empirischen Untersuchungen und Falldarstellungen Einbrüche im Selbstwertempfinden wie auch die Unzufriedenheit mit dem eigenen Geschlecht von Jungen und Mädchen eher mit ungelösten elterlichen Trennungs-, Individuierungs- und Rivalitätsproblematiken und konflikthaften familiären Dynamiken in Verbindung gebracht, die insbesondere auch die Beziehung der Eltern untereinander betreffen (vgl. die Beispiele bei Frankel und Sherick 1979, Schmauch 1985, Dahl 1988, Money 1994).

5. Die Bedeutung des Begriffs in verschiedenen psychoanalytischen Schulrichtungen

Auffassungen zur Entwicklung der Geschlechtsidentität in verschiedenen Schulrichtungen lassen sich u.a. anhand der Frage differenzieren, ob sie Stollers Annahme einer konfliktfreien Entstehung der Kerngeschlechts-Identität folgen – eine Vorstellung, die eher mit theoretischen Konzepten der Selbst- und Ich-Psychologie und der Säuglingsforschung konvergiert –, oder ob sie eher von der Konflikthaftigkeit solcher Prozesse ausgehen, die auf Trennungs- und Integrationsanforderungen beruhen (vgl. Person und Ovesey 1983, Reiche 1997). Exemplarisch lässt sich Stollers Annahme einer gleichsam progredient voranschreitenden Entwicklung auch das kleinianische Konzept gegenüberstellen, in dem davon ausgegangen wird, dass es sich bei der Etablierung einer Geschlechtsidentität um eine Errungenschaft handelt, die bereits auf einer Reorgansiation der frühkindlichen, gleichsam „frei flottierenden“ Phantasien über die Zuordnung von Organen und Partialobjekten und auf einer zunehmenden Integration der Identifizierungen mit beiden Elternteilen basiert. Reiche (1997) hat zudem in Anknüpfung an Laplanches Triebkonzept (1988) die innerhalb der gender identity-Debatte etablierte Lehrmeinung kritisiert, das Schicksal der sexuellen Objektwahl entscheide sich erst nach derjenigen der Geschlechtsidentität: Reiche geht dagegen von einer gleichursprünglichen Etablierung einer Proto-Geschlechts-Identität und einer Proto-Objektwahl aus, die sich über die unbewussten Phantasien der Eltern vermittelt.

Ganz allgemein setzt sich in der Betrachtung der Geschlechtsidentität eher eine Perspektive durch, die die Geschlechtsidentität als eine zu erwerbende erachtet und weniger als eine vorausgesetzte. Dies hat sich, etwa im Verhältnis zur Freud'schen Theorie, auch auf die Theorien zur Männlichkeit ausgewirkt. In diesem Zusammenhang hat z.B. Abelin (1980) in empirischen Studien die These entwickelt, dass kleine Jungen, um Differenz und Getrenntheit zu konzipieren, eher auf Geschlechts-, Mädchen eher auf Generationen-Kategorien zurückgreifen – Jungen insofern stärker eine gender identity, Mädchen eher eine generational identity ausbilden. Diese These bestätigt die vielfach rezipierte Annahme, dass Männlichkeit in stärkerem Maße durch Trennung oder Desidentifizierung im Verhältnis zum ersten mütterlich-weiblichen Liebesobjekt konstituiert wird: Greenson (1968) sprach von einem Prozess des „dis-identifying“ in der männlichen Entwicklungsgeschichte, der oftmals von einer phasenweise Entwertung des Weiblichen und von Trennungsaggression begleitet ist. Diese Prozesse der psychischen ‚Trennung vom Weiblichen‘ werden aus eher kulturtheoretischer Perspektive in ethnoanalytischen Untersuchungen wie denjenigen von Bosse (1994) thematisiert, bei denen gleichsam sozial-kollektive Lösungen des Desidentifizierungs- oder Separationsproblems in der Entwicklung der männlichen Geschlechtsidentität deutlich werden. Zu Greensons Konzept ist allerdings anzumerken, dass Desidentifizierung im günstigen Fall ein Durchgangsstadium darstellt, insofern im Verlauf des Erwachsenwerdens auch die weiblich-mütterlichen Identifizierungen mit dem ersten Liebesobjekt auf neue Weise integriert werden. Ob und wie das gelingt, hängt wiederum auch von verschiedenen Facetten der Vaterbeziehung und der verinnerlichten Vaterbilder in Kindheit und Adoleszenz (Blos 1985) ab. Die Untersuchung der verschiedenen Facetten männlicher Identitätsbildung, im Besonderen auch in der Adoleszenz, ist in jüngerer Zeit verstärkt ins Zentrum der Forschung gerückt (King und Flaake 2005). Gerade die Adoleszenzforschung hat gezeigt, dass bei beiden Geschlechtern, wenn auch in unterschiedlichen Bedeutungen, Trennungs- und Individuierungskonflikte die Entwicklung der Geschlechtsidentität begleiten und bestimmen, zum anderen für beide Geschlechter die Anforderung besteht, väterliche und mütterliche Identifizierungen zu integrieren. Mit den verschiedenen Aspekten von Identifizierung in Bezug auf die „Schnittstelle zwischen Intersubjektivität und Geschlecht“ hat sich Benjamin (2002) in einer kritischen psychoanalytischen Anknüpfung an postmoderne Ansätze feministischer Theorien auseinandergesetzt. Im Mittelpunkt steht dabei die Frage nach den theoretischen und praktisch-analytischen Möglichkeiten, wie im Verhältnis zum geliebten und gehassten Objekt, auch auf der Ebene der Geschlechterbeziehung, eine Fähigkeit zur Anerkennung des Anderen als Subjekt im eigenen Recht entstehen und sich entwickeln kann.

6. Interdisziplinäre Beiträge und Befunde

Insofern angenommen wird, dass die Entwicklung einer Geschlechtsidentität vielschichtig zusammengesetzt ist und von mehreren inneren wie äußeren Faktoren beeinflusst wird, spielt in diesem Forschungsfeld eine interdisziplinäre Perspektive auf das komplexe Zusammenspiel von Körperlichem und Mentalem, von Individualpsychologischem und Gesellschaftlichem eine große Rolle. Dabei setzt sich bereits die körperliche Dimension aus vielfältigen Komponenten zusammen (vgl. Formanek 1984), und auch die Definitionen und Konzepte des Biologischen stellen immer schon kulturell spezifische Interpretationen dar. So wurden, um nur ein Beispiel zu nennen, um die Jahrhundertwende die Geschlechtshormone in „männliche" und „weibliche" begrifflich eingeteilt (Money 1994). Ein weiteres zentrales Feld repräsentiert hinsichtlich der Geschlechtsidentitätsentwicklung die kognitive Entwicklung (Kohlberg 1966), die mit den Fragen der phasenspezifischen Integrationsanforderungen in Kindheits- und Adoleszenzentwicklung, wie sie z.B. Erikson (1959) modellhaft zu fassen versucht hat, innerhalb wie außerhalb der psychoanalytischen Theoriebildung noch genauer verknüpft werden muss. Angesichts der multiplen Einflussfaktoren, die in der Bildung der Geschlechtsidentitäten zusammenfließen und interagieren, verweisen Person und Ovesey (1983) auf die „Hauptfrage..., warum es nur zwei Geschlechtsmöglichkeiten gibt" (S. 525, Anm. 11). Eine politische Wendung dieser Frage findet sich in sozialwissenschaftlichen und philosophischen feministisch-dekonstruktiven Diskursen (vgl. Butler 1994), die die radikale Kritik der konventionellen Geschlechter- und Sexualitätsnormen mit einer Zukunftsvision verbinden, in der die Zweigeschlechtlichkeit aufgehoben sein könnte – eine Position, aus der sich zusätzliche Perspektiven auf die unreflektierte Übernahme von Alltagsstereotypen in die Wissenschaften eröffnet haben. Hinsichtlich der Frage, ‚warum es nur zwei Geschlechtsmöglichkeiten gibt', gilt es sich zu vergegenwärtigen, dass die Figur des Elternpaares – einschließlich des charakteristisch differenten ‚Beitrags' von Vater und Mutter zu Zeugung, Empfängnis oder Geburt eines Kindes – eine zentrale Matrix der psychosexuellen und der Geschlechtsidentitäts-Entwicklung bildet. Der sexuelle Ursprung kann insofern auch als ein zentraler Ursprung der Zweigeschlechtlichkeit betrachtet werden, der zumindest solange bestehen bleibt, bis die Reproduktion so umfassend technologisiert ist, dass die Entstehung eines Kindes keiner heterosexuellen Verbindung bedarf. Bis dahin kann davon ausgegangen werden, dass die Verarbeitung dieser Matrix der Geschlechtsidentität und der sexuellen Identifizierungen für beide Geschlechter jeweils typische Anforderungen stellt. Zeitgenössische Untersuchungen verdeutlichen jedoch auch, dass psychische und soziale Körper- und Geschlechterbedeutungen im Zuge der raschen Weiterentwicklung von Reproduktions- und Biotechnologien Veränderungen unterworfen sind und disziplinübergreifend – auch im Sinne eines notwendigen Transfers zwischen Kultur- und Naturwissenschaften – untersucht werden müssen (Bath u.a. 2005). Auf der Ebene der Untersuchung der individuellen Entwicklung von Geschlechtsidentität ist auch vor diesem Hintergrund die Analyse der psychischen Aneignung von Leiblichkeit als einem Sublimierungsprozess von besonderem Interesse – eine Forschungsperspektive zudem, die gerade in Hinblick auf die weibliche Entwicklung von besonderer Relevanz ist, da sie in den klassischen, an Freud orientierten Ansätzen zur Weiblichkeit wenig Raum einnehmen konnte. Auch in diesem Zusammenhang stellt die Adoleszenz, in der die geschlechtliche Identität neu ausgestaltet wird und insofern die Möglichkeit besteht, stereotype und „normopathische" (Mertens 1992, Bd. 1, S. 51) Geschlechterbilder auch intrapsychisch zu dekonstruieren, eine entscheidende Phase dar.

Literatur

Abelin, E.L. (1980). Triangulation, the role of the father and the origins of core gender identity during rapprochement subphase. In R. Lax, S. Bach, A. Burland (Eds.), Rapprochement: The critical subphase of separation-individuation (pp. 151–170). New York: International Universities Press.

Bath, C. et al. (Hg.) (2005). Materialität denken. Studien zur technologischen Verkörperung – Hybride Artefakte, posthumane Körper. Bielefeld: Transcript-Verlag.

Benjamin, J. (2002). Der Schatten des Anderen. Intersubjektivität, Gender, Psychoanalyse. Frankfurt/M.: Stroemfeld/Nexus.

Blum, H. (1988). Shared fantasy and reciprocal identification, and their role in gender disorders. In H. Blum, Y. Kramer, A.K. Richards and A.D. Richards (Eds.), Fantasy, myth, and reality. Essays in honor of Jacob A. Arlow (pp. 223–338). Madison, Conn.: International Universities Press.

Bosse, H. (1994). Der fremde Mann. Jugend, Männlichkeit, Macht. Eine Ethnoanalyse. Frankfurt/M.: Fischer.

Butler, J. (1994). Körper von Gewicht. Die diskursiven Grenzen des Geschlechts. Frankfurt/M. Suhrkamp.

Dahl, K. (1988). Fantasies of gender. Psychoanalytic Study of the Child 43, 351–365.

Erikson, E.H. (1959). Identität und Lebenszyklus. Frankfurt/M.: Suhrkamp 1966.

Formanek, R. (1982). On the origins of gender identity. In D. Mendell (Ed.), Early female development. Current psychoanalytic views. (pp. 1–24). Jamaica, NY: Spectrum.

Frankel, S. and Sherick, I. (1979). Observations of the emerging sexual identity of three and four years old children. International Review of. Psycho-Analysis, 6, 297–309.

Galenson, E. and Roiphe, H. (1977). Some suggested revisions concerning early female development. In Blum, H. (Ed.), Female sexuality. Contemporary Psychoanalytic views (pp. 29–57). New York: International Universities Press.

Greenson, R. (1968). Die Beendigung der Identifizierung mit der Mutter und ihre besondere Bedeutung für den Jungen. In ders., Psychoanalytische Erkundungen. Stuttgart: Klett-Cotta, 1978.

King, V. (2004). Die Entstehung des Neuen in der Adoleszenz. Individuation, Generativität und Geschlecht in modernisierten Gesellschaften. Wiesbaden: VS-Verlag für Sozialwissenschaften

King, V. und Flaake, K. (2005). Männliche Adoleszenz. Frankfurt/M.: Campus.

Kleeman, James (1976). Freud's views on early female sexuality in the light of direct child observation. Journal of the American Psychoanalytic Association, Vol. 24, Nr. 5, Supplement, 3–27.

Kohlberg, L. (1966). A cognitive-development analysis of children's sex role concepts and attitudes. In E. Maccoby (Ed.), The Development of Sex differences (pp. 82–173). Stanford University Press.

Laplanche, J. (1988). Die allgemeine Verführungstheorie. Tübingen: edition diskord.

May, R. (1991). Männlichkeit aus psychoanalytischer Sicht. In R. Friedmann und L. Lerner (Hg.), Psychoanalyse des Mannes (S. 171–190). Berlin: Springer.

Mertens, W. (1992). Entwicklung der Psychosexualität und der Geschlechtsidentität. Bd. 1. Stuttgart: Kohlhammer, 3. Aufl., 1997.

Money, J. (1994). Zur Geschichte des Konzepts Gender Identity Disorder. Zeitschrift für Sexualforschung, 7, 20–34.

Person E. und L. Ovesey (1983). Psychoanalytische Theorien zur Geschlechtsidentität. Psyche – Z Psychoanal, 47, 505–529, 1993.

Reiche, R. (1997). Gender ohne Sex. Gender als Konzept – und als Metapher. Psyche – Z Psychoanal, 51, 926–957.

Schmauch, U. (1987). Anatomie und Schicksal. Frankfurt/M.: Fischer.

Stoller, R. (1968). Sex and gender. New York: Science House.

Geschwisterbeziehung *von Franz Wellendorf*

sibling relation – relation entre frères et soeurs

1. Definition

Obwohl viele Menschen in der Familie gemeinsam mit Geschwistern aufwachsen und Geschwisterbeziehungen für die psychosoziale Entwicklung des Individuums oft eine große Bedeutung haben, hat die klassische Psychoanalyse diese Bedeutung erst spät zu erforschen begonnen. Bis heute ist die Geschwisterbeziehung ein eher randständiges Thema geblieben (Colonna und Newman 1983). Im Vordergrund steht die Beziehung zwischen dem Kind und seinen Eltern – sei es in Gestalt der ödipalen Konflikttheorie, sei es in Form der Theorie der frühen Mutter-Kind-Beziehung. Die Vernachlässigung der Geschwisterbeziehung in Theorie und Klinik der Psychoanalyse hat dazu geführt, dass das Wissen über die bewusste und vor allem auch unbewusste Dynamik dieser Beziehungen, über ihren Einfluss auf die Entwicklung von Selbst- und Objektrepräsentanzen und die psychische Strukturbildung wenig differenziert und systematisch geblieben ist. Klare Begriffsbestimmungen und Definitionen fehlen. Ödipus, und nicht Antigone, die im Zentrum eines Geschwisterdramas steht, ist psychoanalytischer Leitmythos geworden (Heimann 1989).

2. Klassische Auffassung

Freud behandelt die Geschwisterbeziehung eher flüchtig und in andere Fragestellungen eingebettet. Im Zentrum stehen die feindseligen, eifersüchtigen und neidvollen Reaktionen unter Geschwistern. So heißt es z.B. in den „Vorlesungen zur Einführung in die Psychoanalyse“: „Seine Geschwister liebt das kleine Kind nicht notwendigerweise, oft offenkundig nicht. Es ist unzweifelhaft, daß es in ihnen seine Konkurrenten haßt, und es ist bekannt, wie häufig diese Einstellung durch lange Jahre bis zur Reife, ja noch späterhin ohne Unterbrechung anhält. Sie wird ja häufig genug durch eine zärtlichere abgelöst oder sagen wir lieber: überlagert, aber die feindselige scheint sehr regelmäßig die frühere zu sein“ (1916–17a, S. 208). Liebevolle Empfindungen unter Geschwistern sind in dieser Sicht eine Schicht aus Reaktionsbildungen und anderen Formen psychischer Verarbeitung über einer primären Feindseligkeit. Die spontane emotionale und sexuelle Anziehung unter Geschwistern und die die psychische Entwicklung fördernden Aspekte ihrer Beziehung kommen kaum in den Blick. Überdies bleibt die Geschwisterbeziehung ganz im Bannkreis der ödipalen Konfliktdynamik. In dem wissenschaftlichen Mythos, den Freud in „Totem und Tabu“ (1912–13a) entwickelt hat, verbünden sich die Brüder, um den gehassten Vater zu überwältigen. Der soziale Zusammenhalt des „Brüderclans“ beruht allein auf der geteilten Schuld am Vatermord und dem Interesse, eine Wiederholung des Vaterschicksals auszuschließen. Die Wiederkehr des Vaters und seines Schicksals im totemistischen System zwingt die Brüder dazu, auf einen Kampf miteinander um die Frauen zu verzichten. Diese Struktur kehrt nach Freuds Überzeugung heute in jeder Familie und im unbewussten Szenario jeder individuellen Psyche wieder.

3. Ideengeschichtlicher Hintergrund

Die Psychoanalyse ist mit ihren zentralen Themen und methodischen Grundprinzipien von Freud und seinen ersten Mitarbeitern und Schülern geschaffen worden. Es spricht einiges dafür, dass die weitgehende Blindheit für die Bedeutung der Geschwisterbeziehung und die Betonung der feindseligen Regungen zwischen Geschwistern, wie sie die klassische Auffassung kennzeichnen, auch aus dem historischen Kontext der Anfänge der Psychoanalyse verstanden werden können:

1. Für Freud als Erstgeborenem seiner Mutter, dessen Sonderrolle in der Familie unbestritten war, scheinen Geburt und Existenz jüngerer Geschwister von tief beunruhigenden ambivalenten Gefühlen begleitet gewesen zu sein. Besonders Geburt und Tod des Bruders Julius – Freud war noch keine zwei Jahre alt – scheint eine traumatische Erfahrung gewesen zu sein. Er hat über ihn zeitlebens geschwiegen. Nur einmal, 1887, hat er, ohne den Namen zu nennen, seinem Freund Fließ gestanden: „Ich kann nur andeuten, ... daß ich meinen ein Jahr jüngeren Bruder (der mit wenigen Monaten gestorben ist) mit bösen Wünschen und echter Kindereifersucht begrüßt hatte und von seinem Tod der Keim zu Vorwürfen in mir geblieben ist.“ Dies bestimme „das Neurotische, aber auch das Intensive an allen meinen Freundschaften“ (1985c, S. 288f.). Man kann vermuten, dass das Schuldgefühl des Überlebenden Freud das Thema der Geschwisterbeziehung hat eher meiden lassen und dass die feindseligen Regungen eine zentrale Bedeutung bekommen haben.

2. Im Kreis der Anhänger Freuds gab es nicht nur ein gemeinsames leidenschaftliches Engagement für die neue Wissenschaft, sondern von Anfang an auch zum Teil vernichtende Bruderkämpfe, in denen Neid, Eifersucht und Rivalität ein treibender Motor waren. Die Gründung der ersten psychoanalytischen Institutionen hatte nicht nur die Funktion, die Verbreitung der Psychoanalyse nach außen auf ein sicheres Fundament zu stellen, sondern auch innerhalb der „Bewegung" die destruktive Geschwisterrivalität unter Kontrolle zu halten (Ferenczi 1910). Es besteht eine auffällige Diskrepanz zwischen der Dramatik der Geschwisterbeziehungen unter den ersten Psychoanalytikern und ihrer Vernachlässigung in der Theorie. In beiden Feldern stehen die feindseligen Regungen im Zentrum der Aufmerksamkeit.

4. Wesentliche Erweiterungen, Differenzierungen und Modifikationen

Ohne Frage kann die klassische Auffassung der Geschwisterbeziehung wichtige Phänomene wie Eifersucht, Neid und Aggressivität unter Geschwistern ein gutes Stück weit erklären. Sie trifft Phänomene, die im Erleben des Individuums eine große Rolle spielen können. Deshalb bestand in der Psychoanalyse lange Zeit kein Bedürfnis, die klassische Auffassung zu erweitern, zu modifizieren. Dies haben psychoanalytische Autoren wie Agger (1988), Bank und Kahn (1989), Dolto (1988), Parens (1988), Provence und Solnit (1983) und andere erst in jüngerer Zeit versucht.

Dreierlei steht dabei im Vordergrund: 1. die Anerkennung einer relativen, bewussten und unbewussten Eigendynamik der Geschwisterbeziehung gegenüber der Eltern-Kind-Beziehung; 2. das Interesse an den entwicklungsfördernden Aspekten der Geschwisterbeziehung; 3. eine verstärkte Aufmerksamkeit für die sinnlichen, sexuellen und liebevollen (nicht nur die feindseligen) Bindungen unter Geschwistern.

Geschwisterbeziehungen sind von unübersehbarer Vielfalt (Toman 1987). Es bedurfte sorgfältiger klinischer Beobachtungen und theoretischer Untersuchungen, um dieser Vielfalt einigermaßen gerecht zu werden. Folgende Faktoren scheinen jedoch regelmäßig – oder doch in den meisten Geschwisterbeziehungen – eine Rolle zu spielen (Wellendorf 1995):

(1) Während wir es bei der Eltern-Kind-Beziehung mit einer Beziehung zwischen Mitgliedern verschiedener Generationen zu tun haben, ist die Geschwisterbeziehung eine zwischen Mitgliedern derselben Generation. Der Ödipuskomplex, der im Zentrum der „klassischen" Psychoanalyse steht, konstelliert sich in der Auseinandersetzung mit der Generationsgrenze, die für das unbewusste Begehren nicht existiert. Mit seiner Auflösung wird diese Grenze als ein konstituierendes Element der primären Objektbeziehungen Bestandteil der psychischen Struktur. Die Geschwisterbeziehung dagegen überschreitet keine Generationsgrenze. Ihr fehlt dies strukturbildende Element, auch wenn sich Geschwister nach Alter, Begabungen, Position in der Familie etc. erheblich unterscheiden. Das hat Konsequenzen für die Triebschicksale und die Strukturierung unbewusster Phantasien. Das Kind ist für sein materielles und psychisches Überleben ganz von den Eltern abhängig. Liebe und Hass stehen im Zeichen dieser primären Ungleichheit und Abhängigkeit. Die in der Beziehung lebendigen libidinösen und aggressiven Wünsche und affektiven Turbulenzen brechen sich an der realen Abhängigkeit und der Inzestschranke, die ihre Abwehr und Sublimierung unterstützen. Geschwister sind für das physische und psychische Überleben nicht in gleicher Weise voneinander abhängig. Sie sind, wie das Beispiel der Einzelkinder zeigt, für eine „normale" Entwicklung des Individuums nicht notwendig. Die Erfahrung der Geschwisterbeziehung ist eine der Kontingenz und Relativität. Die Reihe als das Prinzip dieser Beziehung ist offen (d. h. ich kann in ihr fehlen), während das Prinzip der Eltern-Kind-Beziehung die Triade ist, in der kein Glied fehlen darf, ohne dass sie zerfällt. Da die Geschwisterbeziehung aufgrund des Fehlens der Generationsgrenze und des sie schützenden Tabus und wegen der immanenten Kontingenz und Re-

lativität strukturell offener ist, scheinen Triebimpulse (libidinöse, aggressive, narzisstische) in ihr besonders bedrohlich zu sein. Es bedarf besonderer psychischer Arbeit, sie zu bewältigen und sozial zu integrieren. Die Eltern und die peer groups als soziale Übungsfelder tragen dazu wesentlich bei.

(2) Geschwister teilen in der Regel einen gemeinsamen Entwicklungsraum (Dolto 1988). Die Geschwisterbeziehung lädt in besonderem Maße zu Verschmelzung, Identifikation und Regression ein. Das bedeutet Chance und Bedrohung zugleich. Chancen: Geschwister verstehen sich oft gegenseitig schneller als Erwachsene das Kind. Sie sind füreinander ein wichtiger Spiegel und können sich bei Entwicklungsaufgaben und -krisen unterstützen (z.B. beim Prozess der Ablösung und Abgrenzung von Mutter und Vater; bei der angstfreien Erforschung eigener und fremder Sexualität). Die Zugehörigkeit zu einer dem Alter nach geordneten Geschwisterreihe kann nicht nur die Erfahrung von Kontingenz, sondern auch ein Gefühl für die Kontinuität zwischen Vergangenheit und Zukunft vermitteln. Die Regression, die mit der Geburt eines jüngeren Geschwisterkindes einhergeht, bedeutet eine Verflüssigung der psychischen Struktur mit der Chance, sich zu holen, worauf das Kind früh verzichten musste. Schließlich besitzen Geschwister eine Brückenfunktion beim Übergang von der Familie zur sozialen Welt außerhalb (peer group, Schule etc.). – Bedrohung: Die regressive Verschmelzung und Identifikation mit einem jüngeren Geschwisterkind (z.B. mit der Folge verstärkter Verschmelzungswünsche oder eines zeitweiligen Aufgebens bereits erworbener Körper- und Triebkontrolle) kann als Gefährdung des bereits erreichten Entwicklungsstandes erlebt (und reaktiv durch Pseudo-Progressivität abgewehrt) werden. Stets hängt dabei die Bewältigung der Verführung zur Regression vom Umgang der Mutter mit den eigenen Regressionsneigungen und denen des Kindes ab. Die Geschwisterbeziehung kann auch dadurch eine Quelle von Enttäuschungen und Frustration sein, dass das Kind als „unfertiges“ Subjekt nicht in der Lage ist, die Bedürfnisse des Geschwisters nach Zuwendung, Spiegelung und emotionaler Präsenz adäquat zu befriedigen. Das trägt wesentlich zur Ambivalenz der Geschwisterbeziehung bei. Die von Freud hervorgehobenen Neid- und Eifersuchtsgefühle unter Geschwistern schließlich zeigen, wie schwierig die Abgrenzungsarbeit zwischen ihnen ohne die Stütze der Generationsgrenze sein kann (Betonung der Differenz; Aggression und Vernichtungswünsche als Abgrenzung des Selbst etc.). Dabei werden Verschmelzungs- und Identifikationsneigung umso bedrohlicher, je weniger Aggressivität akzeptiert und ausgedrückt werden kann.

(3) Stets wirken die Eltern-Kind-Triade und die Geschwister-Mutter(Vater)-Triade wechselseitig aufeinander ein. Geschwistererfahrungen können auf die Beziehung zu den Eltern projiziert werden und umgekehrt. Dies kann die Entwicklung fördern (z.B. die Chancen einer Triangulierung in der Beziehung zum Primärobjekt), aber auch gefährden (z.B. Verwischung der Generationsgrenzen; Instabilität von Selbst- und Objektrepräsentanzen). Wie Geschwister ihre Beziehung erleben und die mit ihr verbundenen Konflikte bewältigen, hängt stark auch von den Geschwistererfahrungen der Eltern und von dem Ausmaß ab, in dem diese unbewusste Geschwisterphantasien auf ihre Kinder übertragen (z.B. das Kind als Wiederkehr des kleinen Bruders).

5. Die Bedeutung des Begriffs in verschiedenen psychoanalytischen Schulrichtungen

Die Geschwisterbeziehung ist in allen psychoanalytischen Schulen ein vernachlässigtes Thema. Allerdings scheint sich der Blick auf sie je nach Schulzugehörigkeit zu verändern. Während klassische Freudianer Geschwistererfahrungen im Rahmen der Trieb- und Strukturtheorie erklären (Geschwister als Triebobjekt, als Ich-Stütze etc.), legen Selbstpsychologen den Akzent auf die Selbstobjekterfahrungen, durch die Geschwister die Entwicklung des Selbst unterstützen oder behindern können. Objektbeziehungstheoretiker wiederum heben den Beitrag hervor, den Geschwister zur Entwicklung der Objektbeziehungen leisten.

Es fällt allerdings auf, dass die Autoren, die sich intensiver mit der Geschwisterbeziehung beschäftigen, sich meist vielfältige Anregungen aus allen Schulrichtungen holen, um der Komplexität ihres Themas gerecht zu werden.

6. Interdisziplinäre Beiträge und Befunde (von Bruno Waldvogel)

In einer monumentalen historischen Untersuchung hat Sulloway die These entfaltet, dass alle historisch relevanten Konflikte zwischen Erneuerung und Bewahrung ihren individuellen Antrieb in der Geschwisterrivalität haben. Die von ihm in großer Anzahl aufgelisteten Revolutionen in Gesellschaft, Wissenschaft und Kunst sind in statistisch signifikanter Weise meist von Spätgeborenen vorangetrieben worden. Apologetische Positionen wurden demgegenüber meist von Erstgeborenen eingenommen. Zwar rechnet Sulloway die Entstehung revolutionärer Veränderungen durchaus vor allem den jeweiligen historischen Zeitumständen zu, den Eifer und die Leidenschaft, mit der diese historischen Positionen jeweils von Individuen vorangetrieben und nicht selten mit tyrannischer Gewalt durchgesetzt wurden, sieht er jedoch in deren geschwisterlichen Beziehungserfahrungen verankert (Sulloway 1997).

In der Psychologie findet dieser historisch-retrospektive Befund allerdings keine Bestätigung. Die allgemein mit einiger Beliebtheit behaupteten Zusammenhänge zwischen der Geschwisterposition bzw. dem Geburtsrangplatz und bestimmten Charaktermerkmalen sind nach dem heutigen Stand einer Fülle entsprechender empirischer Untersuchungen nicht generalisierbar. Gleichwohl wird die Bedeutung der Differenzierung unter den Geschwistern für deren Entwicklung durch frappierende Befunde unterstrichen. Geschwister unterscheiden sich in ihrem Intelligenzquotienten und manchen Persönlichkeitsmerkmalen stärker als zwei zufällig ausgewählte nicht miteinander verwandte Kinder. Schachter (1982, zit. n. Kasten 1998) formulierte die These, dass sich Geschwister untereinander „de-identifizieren“ und mit jeweils verschiedenen Elternteilen identifizieren, um die zwangsläufig bestehende Geschwisterrivalität in Grenzen zu halten. Die psychologische Geschwisterforschung stellt heraus, dass die Geschwisterbeziehung die längste aller unserer sozialen Beziehungen ist und zudem diejenige mit den in der Regel größten Ambivalenzen. Untersuchungen des Verlaufs der Geschwisterbeziehungen über die gesamte Lebensspanne ergaben, dass die Intensität der Geschwisterbeziehungen in der Jugend und im Erwachsenenalter erwartungsgemäß meist erheblich abnimmt, im Alter dann aber nicht selten wieder deutlich zunimmt (Kasten 1998).

Literatur

Agger, E.M. (1988). Psychoanalytic perspectives on sibling relationships. Psychoanalytic Inquiry, 8, 3–30.

Bank, S.P. und Kahn, M.B. (1989). Geschwisterbindung. Paderborn: Junfermann.

Colonna, A.B. and Newman, L.M. (1983). The psychoanalytic literature on siblings. Psychoanalytic Study of the Child, 38, 285–309.

Dolto, F. (1988). Über das Begehren. Stuttgart: Klett.

Ferenczi, S. (1910). Zur Organisation der psychoanalytischen Bewegung. In ders., Schriften zur Psychoanalyse I (S. 48–58). Frankfurt/M.: S. Fischer, 1970.

Heimann, P. (1989). About children and children no longer. London: Karnac.

Kasten, H. (1998). Geschwister. Vorbilder, Rivalen, Vertraute. München: Reinhardt.

Parens, H. (1988). Siblings in early childhood: some direct observations. Psychoanalytic Inquiry, 8, 31–50.

Provence, S. and Solnit, A.J. (1983). Development-promoting aspects of the sibling experience: vicarious mastery. Psychoanalytic Study of the Child, 38, 337–351.

Sulloway F.J. (1997). Der Rebell der Familie. Geschwisterrivalität, kreatives Denken und Geschichte. Berlin: Siedler.

Toman, W. (1987). Familienkonstellationen. München: Beck.

Wellendorf, F. (1995). Zur Psychoanalyse der Geschwisterbeziehung. Forum der Psychoanalyse, 11, 295–310.

Gleichschwebende Aufmerksamkeit

von Hartmuth König

evenly suspended attention – attention egalement flottante

1. Definition

Gleichschwebend aufmerksam soll der Psychoanalytiker dem Analysanden zuhören und seine eigenen Einfälle und emotionalen Zuständlichkeiten begleitend beobachten. Diese technische Regel ist komplementär zur Grundregel der freien Assoziation. Der Anforderung an den Analysanden, ohne Kritik und Auswahl seinen freisteigenden Einfällen zu folgen, entspricht die Anforderung an den Psychoanalytiker, die Motivationen zu unterbrechen, die gewöhnlich seine Aufmerksamkeit lenken, bewusste Aufmerksamkeitsanspannung und Erwartungsbildung zu vermeiden und sich seiner unbewussten inneren Aktivität zu überlassen. Sie ist das Instrument, die unbewussten Verknüpfungen zwischen den Mitteilungen und Verhaltensweisen des Analysanden zu entdecken, zu verstehen und zu deuten (Freud 1912e). Bion prägte die Formel von „no memory, no understanding, no desire“: Der Psychoanalytiker soll Gedächtnis, Verstehen und Wünschen durch „disziplinierte Verleugnung“ suspendieren (1970, S. 39ff.), eine „Abstinenz zweiten Grades“ erreichen (Loch 1983, S. 84).

2. Klassische Auffassung

Die Bedeutung gleichschwebender Aufmerksamkeit beschäftigte Freud bereits, bevor er sie 1912 in seinen „Ratschlägen“ als technische Regel einführte (1900a, S. 106; 1909b, S. 259; 1912e, S. 377 ff.). Dort empfiehlt er, „allem, was man zu hören bekommt, die nämliche ‚gleichschwebende Aufmerksamkeit‘ ... entgegenzubringen“, das heißt, „man halte alle bewußten Einwirkungen von seiner Merkfähigkeit ferne und überlasse sich völlig seinem ‚unbewußten Gedächtnisse‘, oder rein technisch ausgedrückt: Man höre zu und kümmere sich nicht darum, ob man sich etwas merke“. Freud betont die Gefahr eingeengt verfälschender Materialauswahl, wenn man die Aufmerksamkeit entsprechend bewussten Erwartungen, Neigungen, Theorien oder therapeutischen Zielen anspannt. „Dagegen gelingen jene Fälle am besten, bei denen man wie absichtslos verfährt, sich von jeder Wendung überraschen lässt, und denen man immer wieder unbefangen und voraussetzungslos entgegentritt.“ So könne man „dem gebenden Unbewußten des Kranken sein eigenes Unbewußtes als empfangendes Organ zuwenden, sich auf den Analysierten einstellen wie der Receiver des Telephons zum Teller eingestellt ist“. Als Voraussetzung dafür, sich gleichschwebend aufmerksam „seines Unbewußten als Erkenntnisinstrument bei der Analyse zu bedienen“, verweist Freud auf die notwendige Bearbeitung von Widerständen und Eigenkomplexen in einer Lehranalyse (1912e, S. 382).

Theoriegeschichtlich bildet die gleichschwebende Aufmerksamkeit den Schlussstein der psychoanalytischen Methode. Nachdem Freud 1895 von der Suggestion (Hypnose, Drängen, Druck auf die Stirn) zur freien Assoziation übergegangen war, wurde die gleichschwebende Aufmerksamkeit zu deren „notwendigem Gegenstück“ (1912e, S. 377). Das funktionale Ineinander beider zielt nicht mehr auf das Unterlaufen von Widerständen, sondern auf das Verstehen und Auflösen von Übertragungswiderständen im nun etablierten psychoanalytischen Setting.

Nach Freud wird die gleichschwebende Aufmerksamkeit kontrovers diskutiert (Zusammenfassung vgl. König 1996 S. 340ff.). Reik beispielsweise verkürzt das analytische Denken idealisierend auf ein „Hören mit dem dritten Ohr“, dessen überraschende und valide Schlüsse durch logisches Nachdenken nur gestört werden; Fenichel kritisiert dies als einseitig, fordert das Gewährenlassen des Unbewussten und die notwendige prüfende Denkarbeit. Ähnliche Kontroversen lassen sich bis in die Gegenwart verfolgen (z.B. Lorenzer versus Loch; Rangell, Thomä versus Langs). Es fehlt eine integrative Betrachtungsweise, die die gleichschwebende Aufmerksamkeit als eine, wenn auch zentrale Teilfunktion im psychoanalytischen Verstehensprozess verortet. Dies dürfte theoriegeschichtlich damit zusammenhängen, dass Freud die gleichschwebende Aufmerksamkeit mit einer substanziierenden und bald idealisierten Organmetapher („empfangendes Organ") verknüpfte, sie mit nachträglicher „synthetischer Denkarbeit" kontrastierte (1912e, S. 380), Verstehen als zusammengesetzten Prozess also eher voraussetzte als konzeptualisierte. Dessen Verlaufsstruktur ist charakterisiert durch ein oszillierendes Wechselspiel zwischen absichtslosem Aufnehmen innerer wie äußerer Wahrnehmungen und gezielter Aktualisierung von Wissen wie bewusster Hypothesenbildung. Gleichschwebende Aufmerksamkeit schwebt nur so lange, bis sie sich, spätestens im Vorfeld des Deutens, niederlässt und entgegengesetzten Anforderungen weicht: fokussierender Aufmerksamkeit, Hypothesenbildung und -prüfung, Kontrolle und Validierung von Gegenübertragungsgefühlen an anderen Hinweisen, allgemeinen Prozessen des Erinnerns, Vergleichens, Prüfens und Urteilens (Bion 1970, S. 32, Heimann 1977, König 1996, S. 346f., Wegner 1994, S. 59). – Für diese „komplizierten psychischen Arbeitsleistungen" hat Ferenczi in überzeugender Weise eine integrative „Metapsychologie der Seelenvorgänge des Analytikers während der Analyse" anvisiert (Ferenczi 1928, S. 248). Sie blieb leider Programm, wurde inhaltlich erst durch Bion wieder aufgegriffen.

3. Ideengeschichtlicher Hintergrund

Die „poetischpsychologische Metapher" (Hinz 1991, S. 149) einer gleichschwebenden Aufmerksamkeit spiegelt einen radikalen Gegensatz zur erkenntnistheoretischen Tradition und Bewusstseinspsychologie des 19. Jahrhunderts, die Aufmerksamkeit als Funktion und Form des willentlichen Verhaltens, als aktive und zielgerichtete Auffassungsbereitschaft verstanden. Freud wendet sich gegen „die Scheinexaktheit der ‚modernen Psychiatrie' (1912e, S. 379), begründet die freie Assoziation mit einem Zitat aus einem Brief Schillers an Börne, wie nachteilig es dem Schöpfungswerke der Seele sei, wenn der Verstand die zuströmenden Ideen gleichsam an den Toren schon zu scharf mustere (1900a, S. 107); an Lou Andreas-Salomé (Brief vom 25.5.1916) schreibt er, dass er das dunkle Unbewusste am ehesten verstehe, wenn er sich beim Forschen zunächst „künstlich abblende". Dies sind in der Romantik verbreitete Bilder unbewusster Kreativität. Zugleich verknüpft Freud, dem Zeitgeist gemäß, gleichschwebende Aufmerksamkeit mit seiner quasi-naturwissenschaftlichen Metapsychologie, wenn er von durch Suspendieren der kritischen Funktion „ersparter psychischer Energie" spricht, die „zur aufmerksamen Verfolgung der jetzt auftauchenden ungewollten Gedanken verwendet" wird (1900a, S. 107).

Der ideengeschichtliche Hintergrund mag so ein gemischter sein. Entscheidend waren die klinischen Erfahrungen Freuds und die immanente Entwicklungslogik, die von der Katharsis zur Psychoanalyse als „Deutungskunst" führte.

4. Wesentliche Erweiterungen, Differenzierungen und Modifikationen

Heute sind es die entwicklungs-, denk- und affektpsychologischen Differenzierungen von Bion, die unser Verständnis gleichschwebender Aufmerksamkeit prägen. Deren Voraussetzungen und Funktionen brachte er in ein schlüssiges Netz von inneren Zuständen und Prozessen.

Stärker als Freud betont Bion die psychische Arbeit, gleichschwebend aufmerksam zu sein. Wissen, Denken und Gedächtnis folgen dem Lustprinzip, schaffen einen Erfahrungsraum, der von Wünschen, Erwartungen, Befriedigungserinnerungen und Sicherheitsstreben „gesättigt“ ist. Demgegenüber zielt gleichschwebende Aufmerksamkeit auf das Unbekannte der Übertragung. Den dafür erforderlichen „ungesättigten“ Erfahrungsraum schafft eine „wissenschaftliche Geistesverfassung“, die Bion im Glauben („act of faith“) an die noch unbekannte wahre psychische Realität („0“) des Analysanden – Dreh- und Angelpunkt der Psychoanalyse – sieht (1970, S. 32ff.). Wirksam wird der Glaube, wenn Gedächtnis, Verstehen und Wünschen durch disziplinierte Verleugnung suspendiert werden. So wie der erste Gedanke des Kindes („no breast“) die ausgehaltene Erfahrung des abwesenden Objekts voraussetzt, so hat der Psychoanalytiker Unintegriertheit, Angst und Erkenntnisfrustration auszuhalten, ohne auf Wissen, „Gedächtnis als Besitz“ zurückzugreifen. Indem er das letztlich nicht „wissbare“ „0“ ist („at-one-ment“), kann dieses sich durch Containment entfalten und in Wachstum förderndes Wissen transformiert werden (Knowledge + = 0 → K), statt durch defensives Wissen „über“ etwas (K– = K → O) abgewehrt zu werden.

Bions Begriff der „Modellbildung“ trug entscheidend dazu bei, die Kontroversen über die Stellung der gleichschwebenden Aufmerksamkeit im Erkenntnisprozess zu klären. Wie, so fragt er, können wir offen für neue Erfahrungen sein und den Bezug zu validen Theorien wahren, ohne entweder nur gefühlshaften Einsichten, unklaren Adhoc-Theorien zu folgen oder umgekehrt Erfahrungen durch vorgefasste Theorien zu vergewaltigen? Dies leistet eine „Zwischenphase der Modellkonstruktion“. Bei gleichschwebender Aufmerksamkeit können sich zunächst zusammenhanglose, verstreute Elemente zu einem „auftauchenden Muster“ zusammenschließen, begleitet und fundiert von der „emotionalen Erfahrung des Gefühls, eine Kohärenz zu entdecken“ („selected fact“, Bion 1990). Diesen Modellen kommt eine zentrale Vermittlungsfunktion zu, weil sie sowohl eine erste Abstraktion emotionaler Erfahrungen als auch eine Konkretion einer Abstraktion (Theorie) bilden, die jenen Erfahrungen entspricht und als Präkonzept gleichsam entgegenkommt. Parallel zu kognitiven Präkonzepten wirken affektive Vorahnungen. So kann sich ein balanciert oszillierendes Wechselspiel zwischen gleichschwebender Aufmerksamkeit („disziplinierte Desintegration“ im „Zustand der Geduld“) und Hypothesenbildung („Zustand der Sicherheit“) entfalten, eine Integration ohne Rigidität, die uns, scheinbar paradox, internalisierte Theorien neu entdecken lässt.

Bions Theoriegebäude lässt sich so als eine systematische Fundierung von Freuds Feststellung verstehen, man müsse die Übertragung „erraten, auf geringfügige Anhaltspunkte hin und ohne sich der Willkür schuldig zu machen“ (1905e, S. 280). Erkenntnistheoretische Aspekte dieses „Erratens“ untersucht Hinz (1991) als „Logik der Abduktion“; affektive Aspekte differenziert Danckwardt (1993) in der Funktion von „Arbeitsaffekten“, wie Verwundern, Erstaunen, Erschrecken, als „selected emotions“, analog dem „selected fact“ von Bion; Kritisches und Relativierendes zu Bion und seiner Rezeption fasst König (1996) zusammen.

Gleichschwebende Aufmerksamkeit, häufig falsch als „freischwebend“ zitiert, ist im Rahmen psychoanalytischer Behandlungstheorie zu sehen. Veränderungen in deren Mitteln und Zielen haben ihre Inhalte und Funktionen verändert und erweitert: die Umakzentuierungen der Gegenübertragung vom Hemmnis zum Instrument analytischen Verstehens, der Übertragung von der Wiederholung infantiler Vergangenheit zur Inszenierung innerer Objektbeziehungen, des Deutungsfokus von der Rekonstruktion zum Vorrang des Hier und Jetzt der Interaktion (Sandler 1983); zu nennen sind weiter Wandlungen im Verständnis der Rolle des Psychoanalytikers und seines Beitrags zur Übertragung (Thomä 1984), die Bedeutung seiner Container-Funktion, insbesondere bei projektiv-identifikatorischen Prozessen (Bion 1970), die Betonung seiner eigenen freien Assoziation (Bollas 1993). Diese Veränderungen haben sich in Begriffsneubildungen wie „gleichschwebende Antwortbereitschaft“ (Sandler 1976) oder „gleichschwebende Introspektionsbereitschaft“ (Wegner 1994) niedergeschlagen.

5. Die Bedeutung des Begriffs in den verschiedenen psychoanalytischen Schulrichtungen

Gleichschwebende Aufmerksamkeit gehört zum (be)handlungspraktischen „common ground" der Psychoanalyse. Dies bedeutet nicht, dass ihre Ergebnisse von dem jeweils leitenden Theoriesystem und Menschenbild unabhängig wären. Theorien beeinflussen nicht erst die Konzeptualisierung klinischer Fakten, sondern wirken wie Filter, die schon vorher zu vorbewussten Suchbewegungen und entsprechend theoriekonformen Wahrnehmungen führen (können). Überdeutlich belegen dies analytische Moden – etwa der Wechsel vom wachstumsorientierten Narzissmus (Kohut) zum destruktiv-omnipotenten Narzissmus (Rosenfeld) – und die kontroversen Falldiskussionen zwischen den Schulrichtungen (vgl. König 1996, S. 349f.). Umgekehrt kehren Bewegungen wieder, die gegenüber eingeschliffenen Theorien die möglichst theoriefreie Aufmerksamkeit für das, was zwischen Analytiker und Patient geschieht, einfordern. Die Gefahr eines viziösen Zirkels, wo eine Idee einen Patienten als Container sucht (parasitäres Containment, Bion 1970), ist klinischer Alltag. Individuell wie schulbezogen geht es immer wieder um „die Aufhebung der Grenzen geschlossener Systeme, die als Begriffe, als Überzeugung, als Haltung die Erkenntnis des Unbekannten verhindern" (Beland 1990, S. 3).

Neben inhaltlichen Verschiebungen kommt es auch zu funktionalen Verzerrungen. Schwaber zum Beispiel betont in Reaktion auf die Überbetonung der Gegenübertragung die Aufmerksamkeit für die akribische Rekonstruktion bewusstseinsnaher Erfahrungswelt und lässt sie so zur „Empathie" im Sinne der klientenzentrierten Psychotherapie schrumpfen (vgl. König 1996, S. 344).

6. Interdisziplinäre Beiträge und Befunde

Interdisziplinäre Rezeptionen gibt es nur vereinzelt. Argelander (1979) fasst gleichschwebende Aufmerksamkeit gestaltpsychologisch als Einstellungswechsel zwischen thematischen Feldern, der Bedeutungen auf unbewusste Sinnzusammenhänge umzentriert. Peterfreund (1983) sieht sie als Informationsverarbeitung mittels „heuristischer Strategien" (z.B. „absichtsloses Suchen durch Segmente des Gedächtnisses"). Wie oft bei Konzepttransfer drängt sich die Frage auf, ob er Freuds Ratschläge nicht lediglich in kognitivistisch-operationalisierendem Gewand paraphrasiert. Erkenntnisgewinn versprächen mikropsychologische Explorationen, wie der labile Rezeptionszustand einer „gleichgerechten" Prozessierung und Einspeicherung von Informationen gegen Widerstände aufrechterhalten wird („monitoring") und wie die Wechsel zu fokussierender Aufmerksamkeit erfolgen.

Parallelen finden sich in der Psychologie kreativen Denkens in offenen Problemsituationen. Stellvertretend seien Guilfords faktorenanalytische Untersuchungen zum „divergenten" (und „konvergenten") Denken genannt. Divergentes Denken korreliert mit Interesse an einem meditativen, reflexiven Typ des Denkens und einigen der kognitiven Steuerungsprinzipien, wie G.S. Klein sie herausarbeitete: Pointierung (d.h. Hervorhebung neuer Erfahrung versus Nivellierung, d.h. konzeptorientierte Assimilation), fluktuierende (versus fokussierende) Aufmerksamkeit, Ambiguitäts(in)toleranz bei mehrdeutigen, „unrealistischen" Erfahrungen. Individuelle „kognitive Stile" im Rahmen dieser Polaritäten führen zu dem vernachlässigten Thema interindividueller Unterschiede und „privater Theorien" (Sandler 1983) in Verständnis und Praxis gleichschwebender Aufmerksamkeit (vgl. König 1996).

Literatur

Argelander, H. (1979). Die kognitive Organisation psychischen Geschehens. Stuttgart: Klett-Cotta.

Beland, H. (1990). Bion zur analytischen Haltung – Ein Überblick. DPV Informationen, 7, 2–8.

Bion, W.R. (1962). Lernen durch Erfahrung. Frankfurt/M.: Suhrkamp, 1990.

Bion, W.R. (1970). Attention and interpretation. London: Maresfield Reprints, 1984.

Bollas, C. (1993). Being a character. London: Routledge.
Danckwardt, J.F. (1994). Vom Aufspüren bedeutungsfähiger Übertragung durch Arbeitsaffekte. In C. Frank (Hg.), Wege zur Deutung (S. 114–132). Opladen: Westdeutscher Verlag.
Ferenczi, S. (1928). Die Elastizität der psychoanalytischen Technik. Schriften zur Psychoanalyse, Bd. 2 (S. 237–250). Frankfurt/M.: Fischer, 1972.
Heimann, P. (1977). Further observations on the analyst's cognitive process. Journal of the American Psychoanalytic Association, 25, 313–333.
Hinz, H. (1991). Gleichschwebende Aufmerksamkeit und die Logik der Abduktion. Jahrbuch für Psychoanalyse, 27, 146–175.
König, H. (1996). Gleichschwebende Aufmerksamkeit, Modelle und Theorien im Erkenntnisprozeß des Psychoanalytikers. Psyche – Z Psychoanal, 50, 337–375.
Loch, W. (1983). Die Frage nach dem Sinn – Das Subjekt und die Freiheit, ein psychoanalytischer Beitrag. Jahrbuch für Psychoanalyse, 15, 68–99.
Peterfreund, E. (1983) The process of psychoanalytic therapy: Models and strategies. London: The Analytic Press.
Sandler, J. (1976). Gegenübertragung und Bereitschaft zur Rollenübernahme. Psyche, 30, 297–305.
Sandler, J. (1983). Zum Verhältnis von Therapie und Theorie in der Psychoanalyse. Psyche – Z Psychoanal, 37, 577–595.
Thomä, H. (1984). Der Beitrag des Psychoanalytikers zur Übertragung. Psyche – Z Psychoanal, 38, 29–62.
Wegner, P. (1994). Von der freien Assoziation zur Gegenübertragung. In C. Frank. (Hg.), Wege zur Deutung (S. 54–71). Opladen: Westdeutscher Verlag.

Grundstörung *von Thomas Auchter*

basic fault défaut fondamental

1. Definition

Mit dem Konzept der Grundstörung versucht die Psychoanalyse den Problembereich eines Entgleisens im entwicklungspsychologisch frühen, reifungsfördernden Dialog zwischen Selbst und Objekt diagnostisch und therapeutisch zu erfassen. Der Begriff bezieht sich im Wesentlichen auf vier Aspekte. 1. Eine spezielle seelische Entwicklungsebene, 2. eine spezifische Form der Objektbeziehung, bzw. ihres Missglückens, 3. deren Niederschlag in der Ich- bzw. Selbst-Struktur, und 4. ein bestimmtes Regressionsniveau im Rahmen einer psychotherapeutischen Behandlung.

2. Klassische Auffassung

Das Konzept der „Grundstörung" wurde 1957 von Michael Balint entworfen. Ihre Ursprünge liegen in einem übermäßigen Misslingen der frühesten Abstimmungsprozesse zwischen dem Neugeborenen und seinen wichtigsten Bezugspersonen aufgrund eines Mangels an Zueinanderpassen (lack of „fit"). Die ersten Interaktionen spielen sich im Erleben des Babys ausschließlich im Rahmen einer Zwei-Personen-Beziehung ab, auch wenn dabei verschiedene Personen, wie z.B. die Mutter oder der Vater, beteiligt sind. Die in dieser Zeit erst beginnender Differenzierungen zwischen Selbst und Objekt vorherrschende Beschaffenheit des Verhältnisses bezeichnet Balint als „primäre Objektliebe" oder „primäre Objektbeziehung". In ihr zählen im Erleben des Babys ausschließlich seine eigenen Wünsche, Interessen und Empfindungen und nur sie sind bedeutungsvoll. Alle Versagungen werden als existentiell bedrohlich erfahren. Für seelische Schwierigkeiten und Probleme auf dieser frühen Entwicklungsebene möchte Balint seinen neuen, von bisheriger Theoriebildung unbelasteten Begriff einführen. Auch Patienten würden sich häufig selbst als „grundgestört" charakterisieren.

Ihre Erkrankung resultiere aus einer frühen, schweren Beziehungs-Enttäuschung und gehe mit abgrundtiefer, verzweifelter Angst einher, mit grenzenlosen Gefühlen von Leere, Verlorenheit, Abgestorbensein, Sinnlosigkeit und Ähnlichem.

Die Grundstörung basiert auf einer seelisch überwältigenden Diskrepanz zwischen den bio-psychischen Grundbedürfnissen des Babys und der materiellen und psychischen Fürsorge, Pflege und Zuneigung, die ihm tatsächlich zuteil werden. Die aus ihr resultierenden abgrundtiefen, lebensbedrohlichen Ängste können seelisch nicht verarbeitet werden und wirken deshalb traumatisch. Die aus diesem Mangelzustand erwachsenden Folgen, die „Defekte in der Struktur", sind nur teilweise reversibel. Die Grundstörung selbst kann nicht ungeschehen gemacht, kann nicht aufgelöst werden, sie ist vielleicht nicht „heilbar", kann bestenfalls heilsam vernarben.

An Krankheitserscheinungen, die auf der Ätiologie der Grundstörung basieren, erwähnt Balint nicht nur verschiedenartige Neurosen (vielleicht gar Psychosen), sondern auch Charakterprobleme, narzisstische Störungen, psychosomatische Erkrankungen und anderes mehr. Auch die von Balint kreierten primitiven Formen von Objektbeziehung, „Oknophilie" und „Philobatismus" leitet er von der Grundstörung ab.

Der Begriff „Grund"störung verweist schließlich darauf, dass ihr Einfluss sich sehr weitreichend auf die gesamte psycho-biologische Struktur des Menschen erstreckt und das leibseelische Gefüge grundlegend beeinflusst. Daraus wie Socarides (1976, S. 734 Anm. 9) abzuleiten, „daß sich alle seelischen Krankheiten auf eine „Grundstörung"... zurückführen lassen", scheint allerdings eine Überdehnung des Konzepts zu sein.

Sowohl auf der frühen, „präverbalen" Entwicklungsebene der Störung als auch im Rahmen einer therapeutischen Regression auf dieses Niveau, auf denen der Handlungsdialog vorrangig ist, trägt die konventionelle Erwachsenensprache nur wenig. Balint beruft sich hier ausdrücklich auf Ferenczis „Sprachverwirrung zwischen dem Erwachsenen und dem Kind". Patienten bedürfen auf dieser Ebene einer modifizierten analytischen Technik, bei der die Antwort in der Beziehung Vorrang vor der verbalen Deutung erhält. Der „unaufdringliche Analytiker" hält für den regredierten Patienten angemessene Zeit und ein entsprechendes therapeutisches Milieu bereit, verzichtet auf sein Bedürfnis, alles sofort zu verstehen, überprüft stets genau, wann Schweigen angesagt ist und wann es für den Patienten notwendig ist, sich ihm als „primäres Objekt" darzubieten, um seiner Unfähigkeit, die „Kluft" zum erwachsenen Therapeuten zu überbrücken, entgegenzukommen und ihm so langfristig vielleicht einen „Neubeginn" möglich zu machen.

3. Ideengeschichtlicher Hintergrund

Das Forschen und Denken Sigmund Freuds konzentrierte sich in hohem Maße auf die ödipale Konstellation und ihre Konflikthaftigkeit im triangulären Bereich, den „Ödipuskomplex".

Es blieb seinen Nachfolgern und Nachfolgerinnen vorbehalten, die zeitlich davor liegenden Entwicklungsbereiche und Störungen einer intensiveren Analyse zu unterziehen. Hier ist sicher in erster Linie die vor allem auf Sandor Ferenczi zurückgehende ‚ungarische' wissenschaftliche Entwicklungslinie mit Michael Balint und Melanie Klein von größter Bedeutung. Und in gewisser Affinität dazu, z.T. aber auch ganz unabhängig davon ist hierfür die britische Psychoanalyse mit Persönlichkeiten wie John Bowlby, William Ronald D. Fairbairn und Donald W. Winnicott wichtig. Intensiv befasst mit dem Bereich der frühen Entwicklung sind die von Heinz Kohut begründete Selbstpsychologie, die Diskussion um die schweren Persönlichkeitsstörungen (Otto Kernberg) und die moderne Säuglingsforschung mit Protagonisten wie Joseph D. Lichtenberg und Daniel N. Stern. Peter Fonagy u.a. (2002) bemühen sich, die Entdeckungen der Bindungstheorie und der modernen Neurowissenschaften für die psychoanalytische Betrachtung der Frühentwicklung fruchtbar zu machen.

Balint ist mit seinem Werk sicher am stimmigsten in der Objektbeziehungspsychologie einzuordnen (vgl. Haynal 1989).

4. Wesentliche Erweiterungen, Differenzierungen, Modifikationen

Die moderne psychoanalytische Forschung und Theoriebildung hat seit Balints auf Rickman zurückgehende Unterscheidung zwischen einer „Ein-Personen-Psychologie" und einer „Zwei- oder Mehrpersonen-Personen-Psychologie" immer mehr den Aspekt des „subjektiven Faktors" (Ferenczi) um die Dimension der Intersubjektivität bereichert.

Eine Fokussierung auf ein „Mangel-" oder „Defekt-Modell" ist mittlerweile wissenschaftlich obsolet geworden. Im Vordergrund heutiger Betrachtung stehen eher die Regulations- und Bewältigungsstrategien für traumatische Erfahrungen und die auf mangelhaften regulierenden frühen und späteren Objektbeziehungen beruhenden pathologischen Entwicklungen des Ich-Selbst-Systems.

Das Konzept der Grundstörung wurde im Laufe der Zeit für das Verständnis verschiedenster seelischer Erkrankungen fruchtbar gemacht: für die Depression (Pohlmeier 1976, Ermann 1980), abweichendes Sexualverhalten (Socarides 1976), Sucht (Lürßen 1976, Kutter 1981), dissoziales Verhalten (Rauchfleisch 1981) und Perversion (Kutter 1981). Reicher (1976) spricht von einer „Kernstörung der Entwicklungspsychopathie". Calogeras und Berti (1991) postulieren für bestimmte Krebserkrankungen einen „Grundbruch" oder eine „Grundstörung in der Ich-Struktur dieser Krebspatienten". Cohen und Kinston (1984) charakterisieren die strukturelle Deformation bei frühen Störungen als „Loch" in der Seele („hole" in mind), Bollas (1987) als „Schatten des Objekts". Morgenthaler (1987) hat die Perversion als „Plombe" oder „Pfropf" beschrieben, die als prothetische Überbrückung von Lücken in der Selbststruktur fungieren soll.

Balint definierte die Grundstörung ausdrücklich nicht als Situation, Komplex oder Konflikt, da er diese Begrifflichkeiten nur im Rahmen einer entwickelten seelischen Struktur für sinnvoll anwendbar hält. Stavros Mentzos hat in verschiedenen Arbeiten eine maßgebliche Revision des psychoanalytischen Konfliktmodells vorgenommen, die heute eine etwas andere nosologische Einordnung erlaubt. Strukturmängel im Sinne einer mangelhaften Selbstentwicklung beruhen auf sehr frühen und deshalb in ihren Folgeerscheinungen gemäß Eriksons „epigenetischem Prinzip" in der Regel schwerwiegenden basalen Konflikten. Mentzos hypostasiert – wie heute andere Autoren auch – einen Grundkonflikt, der um Trennungs- und Bindungsbedürfnisse, selbstbezogene oder objektbezogene oder wie er es nennt „autophile" und „heterophile" oder „allophile" Tendenzen kreist.

5. Die Bedeutung des Begriffs in verschiedenen psychoanalytischen Schulrichtungen

Was Balint als „primäre Liebe" oder „primäre Objektbeziehung" zu fassen sucht, korrespondiert Winnicotts (1956) Konzept der „primären Mütterlichkeit" bzw. des „Holding" (1955), die dem Neugeborenen eine entwicklungsnotwendige Phase relativ „ungestörten Seins" gewährleiste, bevor durch unvermeidliche Versagungen eine Entwicklung der ‚Vorstellung' eines „subjektiven Objekts" hin zu einem „objektiven Objekt" in die Wege geleitet wird. Das subjektive Objekt wird bei Winnicott wie Balints primärem Objekt nicht als solches wahrgenommen, sondern im Erleben dem Selbst zugeordnet. Übermäßige Störungen der frühen hinreichend guten reifungsfördernden Mitweltbedingungen durch „Fallengelassenwerden" oder „Übergriffe" führen beim Kind zur Notwendigkeit, gegen die archaischen Ängste (fear of breakdown, Winnicott 1963) verfrühte Anpassungsprozesse und Abwehrreaktionen in die Wege zu leiten, welche die Entwicklung eines basalen „Falschen Selbst" begründen können.

Christopher Bollas (1987) entwickelte als Angehöriger der „Independents“ in der British Psycho-Analytic Society (zu denen auch Balint und Winnicott gehörten) für die frühe Mutter das Konzept des „Verwandlungsobjekts“, das entweder das Selbst des Babys kreativ zum Leben bringe oder andernfalls lebenslang sein Selbst negativ überschatten könne.

Masud R. Khan (1974) führt das „kumulative Trauma“ in seinen Wurzeln ebenfalls auf die frühe, präverbale Beziehung zwischen Mutter und Kind zurück. Das pathogene Moment liegt für ihn im Wesentlichen in einem traumatischen Durchbrechen des Reizschutzes, den die Mutter in diesem Zeitraum gewährleisten muss. Die Reizüberlastung des Kleinstkindes stellt auch René Spitz (1982) in den Mittelpunkt seiner Betrachtungen über das „Entgleisen des Dialoges“ zwischen Mutter und Kind und seine schädigenden Auswirkungen auf den Ich-Apparat und die Ich-Integrität.

Andre Green (1983) beschreibt mit seinem Konzept der „toten Mutter“ eine mütterliche Persönlichkeit, die sich aufgrund ihrer depressiven Verfasstheit quasi in eine starre, seelenlose ‚tote‘ Figur verwandelt, dadurch ihrem Kind eine seelische Katastrophe bereitet, die im Kern beim Kind zu einem völligen Sinnverlust führt, zu einer Identifikation mit der toten Mutter, der Auslösung eines sekundären Hasses und einer Überwertigkeit des Intellekts.

Peter Fonagy u.a. (2002) heben die Zusammenhänge zwischen hinreichend guter früher Bindung und Affektspiegelung und der Entwicklung von basalen Repräsentationen psychischer Zustände, der Selbstentwicklung und der „Mentalisierung“ und ihren korrespondierenden Störungen hervor.

Zu ähnlichen Überlegungen wie Balint bezüglich einer fundamentalen Frühstörung gelangen z.B. Karen Horney (1937) mit der „Grundangst“, Erik H. Erikson (1950) mit dem „Urmisstrauen“ und Harry S. Sullivan (1953) mit der „Grundunsicherheit“.

Das Konzept der Grundstörung stammt aus einer Zeit, in der das triebtheoretische Paradigma seine Vorrangstellung in der Psychoanalyse längst verloren hatte. Vielleicht ist das mit ein Grund, warum Balint die Adjektive „prägenital“ oder „präödipal“ ausdrücklich zu umgehen sucht?

In der kleinianischen Sichtweise führt das Missglücken der primär als objektbezogen betrachteten Dyade zu „pathologischen Organisationen“. Sie können einerseits in einer Dominanz der „bösen“ Selbstanteile über die „guten“, und andererseits im Errichten rigider Abwehrstrukturen bestehen, die eine Fixierung der seelischen Entwicklung zwischen der „paranoid-schizoiden“ und der „depressiven Position“ und einen pathologischen Narzissmus begründen.

Unter ich-psychologischem Aspekt resultiert aus der Grundstörung eine defizitäre Ichstruktur. Peter Fürstenau (1979) beschreibt die „strukturellen Ich-Störungen“ als Abweichung vom „fiktiven Normal-Ich“. Sie bedürfen deshalb einer Modifikation der (klassischen) psychoanalytischen Behandlungstechnik.

Aus der Perspektive der Selbstpsychologie führt die mangelnde Responsivität der Selbstobjektbeziehung in ihren narzisstisch-spiegelnden und bestätigenden Aspekten zu Störungen der Selbst-Entwicklung und zu narzisstischer Wut (Kohut).

Stolorow, Brandchaft und Atwood (1996), die ihren intersubjektiven Ansatz der Psychoanalyse als Weiterentwicklung und Erweiterung der psychoanalytischen Selbstpsychologie verstehen, betonen besonders die Fragmentierung und Desintegration des Selbst durch nicht empathisch abgestimmte Reaktionen der Umgebung auf das Kleinstkind.

Jessica Benjamin (1993) leitet ihren intersubjektiven Ansatz von George H. Mead, John Bowlby, Jürgen Habermas, Harry S. Sullivan und Daniel N. Stern her und hebt besonders die Bedeutung der „wechselseitigen Anerkennung“ im Kontext der unaufhebbaren prekären Spannung zwischen „Selbstbehauptung und Anerkennung“ (1993, S. 16) hervor. Ein Zusammenbrechen des Gleichgewichts zwischen dem Bedürfnis nach Individualität (Anderssein) und dem nach Interpersonalität (Gleichsein), das von Lebensbeginn an eine Herausforderung darstellt, begründet unter anderem destruktive Beziehungsmuster.

6. Interdisziplinäre Beiträge und Befunde

Aus psychologischer Sicht beschreibt Süllwold (1977) eine sogenannte „Basisstörung", „Grundstörung" oder „Kernstörung" bei der Schizophrenie, beschränkt sich bei seiner Perspektive allerdings weitgehend auf die deskriptiv-symptomatologische Ebene. Von der Psychiatrie her entwickelt Huber ein „Basisstörungskonzept" der Schizophrenie (Süllwold/Huber 1986), das jedoch im Wesentlichen ebenfalls nur die deskriptiv-phänomenologische Ebene, die „Basissymptomatik" umfasst und die Psychodynamik vernachlässigt. Freemann, Cameron und McGhie (1958) dagegen konzeptualisieren aus einem dynamischen Verständnis eine „schizophrene Grundstörung", die sie im Anschluss an Federn im Wesentlichen als Beschädigung des „Ichgefühls", als Schwierigkeit, „Ichgrenzen" zu errichten, also als Mangel der Fähigkeit, zwischen Selbst und Umwelt zu differenzieren, ansehen.

Die Bindungstheorie im Anschluss an Bowlby betont das primäre Bedürfnis nach Nähe und Beziehung, dessen Befriedigung durch feinfühlige Responsivität ein basales Sicherheitsgefühl im Menschen begründet. Konsistente Unzugänglichkeit des Objekts oder inkonsistente Präsenz führt zu pathologischen Bindungsstilen. Unsichere Bindungsmuster beeinträchtigen die Objektbeziehungen und korrelieren mit verschiedenen psychischen Störungen.

Peter Kutter hat mit seiner Beschreibung des „Basiskonflikts der Psychosomatose" (1981) das Konzept der Grundstörung unter ausdrücklicher Berufung auf Balint für die Psychosomatik fruchtbar zu machen gesucht (vgl. auch Ermann 1980). Der grundlegende Konflikt der Psychosomatose spielt sich nach Kutter zwischen frühen Selbst- und Objektrepräsentanzen und der von ihm so genannten „Körper-Repräsentanz" ab. Eine frühe Privation bzw. Deprivation in der Mutter-Kind-Beziehung führt zur existentiellen Bedrohung des Selbst, der Mobilisierung archaischer Emotionen und entsprechender persistierender Körperbeteiligung, die sich dann als Krankheit manifestieren kann.

Balint verwendet in seinem Fachterminus ausdrücklich den Begriff „Störung" (fault), weil es 1. in der Frühzeit zu einer enttäuschenden „Störung" des Seins gekommen sei, 2. daraus eine „Störung" der Struktur erwachsen sei, die 3. mit dem verzweifelten Verlangen einhergehe, dass es – z. B. im analytischen Prozess – nicht zu einer erneuten mit großer Angst besetzter Beziehungsstörung kommen möge. Der im aktuellen psychotherapeutischen und gesundheitspolitischen Diskurs verwendete Begriff der „Störung" legt eher nahe, dass selbige beseitigt werden muss – aber nicht unbedingt verstanden – und ist insofern problematisch. Die Psychoanalyse versteht – seit Freud – seelische Erkrankungen als Regulations- und Bewältigungsversuche für äußere und innere Konflikte und Traumata, als mehr oder minder geglückte Selbstheilungsversuche. Dieser produktive Aspekt von Krankheit droht im Störungsbegriff, der im ICD-10 und im gesamten modernen Gesundheitssystem zunehmend die Oberhand gewinnt, unterzugehen.

Das Konzept der Grundstörung ist für das diagnostische und therapeutische Erfassen früher Störungen weiterhin eine sinnvolle Oberkategorie. Ebenso bedeutsam sind aber die in der Zwischenzeit entwickelten Differenzierungen im Bereich der Psychoanalyse von psychischen Frühentwicklungen, wie sie zusammenfassend z. B. von Hans Müller-Braunschweig (1975), von Martin Dornes (1993, 1997) oder Peter Fonagy u. a. (2002) vorgelegt wurden. Ihre Erforschung schreitet ständig voran und fordert die Psychoanalyse als „semper reformanda" (Balint 1952, S. 346) heraus.

Literatur:

Balint, M. (1952). Die Urformen der Liebe und die Technik der Psychoanalyse. Bern und Stuttgart: Huber/Klett, 1966.

Balint, M. (1957/58). Die drei seelischen Bereiche. Psyche – Z Psychoanal, 11, 321–344 (engl.: The three areas of the mind. International Journal of Psycho-Analysis, 39, 328–340, 1958).

Balint, M. (1959). Angstlust und Regression. Stuttgart: Klett, 1960.

Balint, M. (1961/62). Der regredierte Patient und sein Analytiker. Psyche – Z Psychoanal, 15, 253–273.

Balint, M. (1968). Therapeutische Aspekte der Regression. Stuttgart: Ernst Klett, 1970.

Benjamin, J. (1993). Die Fesseln der Liebe. Frankfurt/M.: Fischer.

Bollas, M. (1987). Der Schatten des Objekts. Das Ungedachte Bekannte. Zur Psychoanalyse der frühen Entwicklung. Stuttgart: Klett-Cotta, 1997.

Calogeras, R.C. und Berti, L. (1991). Psychoanalyse und Krebs. Psyche – Z Psychoanal, 45, 228–264.

Cohen, D.J., Kinston, W. (1984). Repression theory: a new look at the cornerstone. International Journal of Psycho-Analysis, 65, 411–422.

Dornes, M. (1993). Der kompetente Säugling. Die präverbale Entwicklung des Menschen. Frankfurt/M.: Fischer, 13. Aufl., 2004.

Dornes, M. (1997). Die frühe Kindheit. Entwicklungspsychologie der ersten Lebensjahre. Frankfurt/M.: Fischer, 7. Aufl., 2003.

Ermann, M. (1980). Die Grundstörung bei depressiven Neurosen und psychosomatischen Störungen. Zeitschrift für Psychosomatische Medizin und Psychoanalyse, 26, 310–328.

Fonagy, P., Gergely, G., Jurist, E.L. und Target, M. (2002). Affektregulierung, Mentalisierung und die Entwicklung des Selbst. Stuttgart: Klett-Cotta, 2004.

Freemann, T., Cameron, J.L. und McGhie, A. (1958): Studien zur chronischen Schizophrenie. Frankfurt/M.: Suhrkamp, 1969.

Fürstenau, P. (1979). Zur Theorie psychoanalytischer Praxis. Stuttgart: Klett-Cotta.

Green, A. (1983). Die tote Mutter. Psychoanalytische Studien zu Lebensnarzißmus und Todesnarzißmus. Gießen: Psychosozial, 2004.

Haynal, A. (1989). Die Technik-Debatte in der Psychoanalyse: Freud, Ferenczi, Balint. Frankfurt/M.: Fischer.

Kernberg, O.F. (1988). Schwere Persönlichkeitsstörungen. Stuttgart: Klett-Cotta.

Khan, M.R. (1977). Selbsterfahrung in der Therapie. München: Kindler.

Kutter, P. (1981). Der Basiskonflikt der Psychosomatose und seine therapeutischen Implikationen. In Jahrbuch der Psychoanalyse 13, 93–114.

Mentzos, St. (1982). Neurotische Konfliktverarbeitung. München: Kindler.

Morgenthaler, F. (1987). Homosexualität. Heterosexualität. Perversion. Frankfurt/M.: Fischer.

Müller-Braunschweig, H. (1975). Die Wirkung der frühen Erfahrung. Stuttgart: Klett.

Rauchfleisch, U. (1981. Dissozial. Göttingen: Vandenhoeck & Ruprecht.

Reicher, J.W. (1976). Die Entwicklungspsychopathie und die analytische Psychotherapie von Delinquenten. Psyche – Z Psychoanal, 30, 604–612.

Socarides, C.W. (1976). Bedeutung und Inhalt von Abweichungen im Sexualverhalten – der Beitrag der Psychoanalyse. In D. Eicke (Hg.), Die Psychologie des 20. Jahrhunderts. Bd. II, Freud und die Folgen (1) (S. 707–737). Zürich: Kindler.

Spitz, R. (1982). Vom Dialog. Frankfurt/M.: Ullstein.

Stolorow, R.D., Brandchaft, B. und Atwood, G.E. (1996). Psychoanalytische Behandlung. Ein intersubjektiver Ansatz. Frankfurt/M.: Fischer.

Süllwold, L. (1977). Symptome schizophrener Erkrankungen. Uncharakteristische Basisstörungen. Berlin/Heidelberg/New York: Springer.

Süllwold, L. und Huber, G. (1986): Schizophrene Basisstörungen. Berlin: Springer.

Winnicott, D.W. (1958). Through paediatrics to psychoanalysis. London: Tavistock Publications.

Winnicott, D.W. (1963). Fear of breakdown. International Review of Psycho-Analysis 1974, 1, S.103–107.

Gruppe *von Rolf Haubl*

group – groupe

1. Definition

Im psychoanalytischen Verständnis besteht eine Gruppe, wie sie als Therapie- oder Selbsterfahrungsgruppe üblich ist, zunächst aus einer Menge von – einander fremden – Personen mit mehr oder weniger heterogenen lebensgeschichtlichen Erfahrungen. Indem sich diese Personen nach Maßgabe des vereinbarten Settings wiederholt begegnen, kommt unweigerlich ein Prozess der Gruppenbildung in Gang. Denn die Gruppenteilnehmer können es nicht vermeiden, einander zu beeinflussen. Der Verlauf dieses Prozesses ist entscheidend dadurch bestimmt, dass vorgegebene Strukturen fehlen. Infolgedessen entsteht Angstlust und diese mobilisiert die verschiedenen bewussten, vorbewussten und unbewussten Interaktions- und Kommunikationsstrategien, die sich die Teilnehmer im Laufe ihres Lebens zu Eigen gemacht haben, um Situationen mit einer für sie optimalen Affektbalance herzustellen. Aufgrund unterschiedlicher Empfindlichkeiten geht dies aber nicht ohne Konflikte zwischen einzelnen Teilnehmern, Paaren, Subgruppen und der Gruppenleitung ab. In diesen Konflikten werden die Beziehungsmuster aller Beteiligten als multipersonale Übertragungs-Gegenübertragungsszenen erlebbar. Dadurch erhalten die Teilnehmer die Möglichkeit, sich pathogene Muster bewusst zu machen, nach angemesseneren Mustern zu suchen und sie im Schutz des analytischen Raumes gegen eigene und fremde Widerstände auch zu erproben (Pritz und Vykoukal 2001).

2. Klassische Auffassung

Die Anwendung von Theorie und Praxis der Psychoanalyse auf Gruppen kann sich zwar auf Freud berufen. Dies darf aber nicht darüber hinweg täuschen, dass er Kleingruppen von seinem Konzept der Masse her denkt. Damit liegt der Akzent auf einem regressiven Deindividuierungssog, der skeptisch stimmen muss: Sind Gruppen überhaupt geeignet, Individuation zu fördern? Deren Förderung aber gehört in eins mit der Förderung von Beziehungsfähigkeit zu den erklärten Zielen analytischer Gruppenpsychotherapie.

Die Auseinandersetzung mit den skizzierten Vorbehalten prägt dann auch die Geschichte psychoanalytischer Gruppenkonzepte. Strukturlogisch betrachtet nimmt die Geschichte mit der „Psychoanalyse in der Gruppe“ ihren Anfang, da sie als parametrisierte Einzelanalyse betrachtet werden kann, wobei die Vermehrung der Analysandenzahl der Parameter ist. Es folgen das Konzept einer „Analyse der Gruppe“ sowie das Konzept einer „Analyse durch die Gruppe“, die sich weiter von der Einzelanalyse entfernen, ohne sich aber wirklich von ihr zu emanzipieren. Sozialpsychologisch betrachtet, repräsentieren diese drei Konzepte drei verschiedene Vorstellungen von Sozialität, die den Gruppenteilnehmern vorgegeben werden: Im ersten Konzept das vereinzelte Individuum, das von einer Menge gleichermaßen vereinzelter Individuen umgeben ist; im zweiten Konzept das Individuum, das in der Gruppe aufgeht, mithin vermasst ist; im dritten Konzept das vernetzte Individuum, wobei das Netzwerk aus Individuen besteht, die sich in wechselnden sozialen Konfigurationen zusammenfinden.

Mit den verschiedenen Vorstellungen von Sozialität variiert auch die Position des Gruppenleiters: Im Falle der Vereinzelung und im Falle der Vermassung beansprucht der Leiter die Rolle eines Führers, der kein Vertrauen in die Selbstorganisation der Gruppenteilnehmer hat, ihnen sogar misstraut. Was gleichzeitig heißt, dass er sich selbst als unentbehrlich positioniert. Im Falle der Vernetzung vertraut der Leiter dagegen auf die Selbstorganisation der Gruppenteilnehmer, die ihn zunehmend als Leiter überflüssig machen (Haubl 1997). Gruppenleitung ist in diesem Modell nur mehr eine Funktion, die nicht mehr exklusiv an die Rolle eines Führers gebunden ist, sondern an die Gruppe selbst übergehen kann und soll.

Während in den Konzepten der Vereinzelung und der Vermassung die Gefahr besteht, die konstruktiven Effekte von Gruppenprozessen zu unterschätzen, sind es im Konzept der Vernetzung dagegen die destruktiven Effekte von Gruppenprozessen, die leicht unterschätzt werden („antigroup“: Nitusun 1996).

3. Ideengeschichtlicher Hintergrund

Gruppenversionen der Psychoanalyse haben gegenwärtig erhebliche praktische Relevanz. Im stationären Setting fast jeder Klinik stellen sie eine bevorzugte Behandlungsform dar. Dazu hat nicht zuletzt der Gruppenboom der siebziger Jahre beigetragen. Gruppen galten damals – und das nicht nur in der Psychotherapie, sondern etwa auch im Bildungsbereich – als zeitgemäß, weil sie ihre Koordinationsprobleme in einer dialektischen Bewegung von Kooperation und Konkurrenz lösen müssen, die strukturell einer demokratisch verfassten Gesellschaft entspricht. Und so wie Anti-Autoritarismus, Mitbestimmung, Solidarität und Selbsthilfe zu Programmpunkten der politischen Reformen wurden, so gerieten auch psychotherapeutische Einzelbehandlungen unter den Druck des Wertewandels: Anscheinend ist in Gruppen die Gefahr der Bevormundung durch Experten geringer und dadurch die Chance auf Selbstverwirklichung größer.

Inzwischen hat die Begeisterung für Gruppen allerdings spürbar nachgelassen. Patienten ziehen in der Regel Einzelbehandlungen vor; eine analytische Gruppe vorzuschlagen, erleben nicht wenige von ihnen als narzisstische Kränkung, was ein deutliches Zeichen für den forcierten Individualismus der modernen Gesellschaft ist. Was die therapeutische Effektivität anbelangt, so erfolgt diese negative Beurteilung grundlos. Denn Meta-Analysen von Effektivitätsvergleichsstudien zwischen Einzel- und Gruppenbehandlungen belegen, dass Gruppen nicht nur gleich effektiv, sondern gelegentlich sogar effektiver sind (Tschuschke 1999). Da es sich zudem um eine sehr ökonomische Behandlungsform handelt, ist zu vermuten, dass ihre soziale Akzeptanz – wenn auch notgedrungen – in dem Maße wieder steigen wird, wie sich die öffentliche Hand leert. In diesem Zusammenhang bemüht sich der neu gegründete „Berufsverband Approbierter Gruppenpsychotherapeuten (BAG)“ darum, die gesundheitspolitische Benachteiligung, die gegenüber der Einzelpsychotherapie besteht (Enke 1998), durch eine Anhebung der Kassensätze zu verringern.

4. Wesentliche Erweiterungen, Differenzierungen und Modifikationen

Inzwischen gibt es einiges an praktischem Wissen darüber, wer mit welchem „Störungsbild“ von der Teilnahme an welcher Art von Gruppe wie profitiert (Tschuschke 2001, Kap. VIII, IX). Dennoch bedarf es einer Intensivierung der empirischen Forschung. Noch zu wenig ist über die Wechselwirkungen der verschiedenen Wirkfaktoren (Finger-Trescher 1991) bekannt. Dies liegt nicht zuletzt an der Komplexität von Gruppensituationen, die besonders Prozessanalysen erheblich erschwert. Inzwischen sind aber Untersuchungsmethoden entwickelt worden, die einen Erkenntnisfortschritt versprechen (Strauß et al. 1996). Durch Anwendung dieser Methoden zeichnet sich empirisch bereits deutlich ab, wie eng die Entwicklung der einzelnen Teilnehmer mit der Entwicklung des Gruppenprozesses verbunden ist. Viel hängt daran, ob es der Gruppe mit Hilfe des Gruppenleiters gelingt, Angst zu reduzieren: Angst, die mit Vermeidungsverhalten einher geht, führt zu Beziehungskonflikten der Teilnehmer untereinander und mit dem Leiter; wird die dabei freigesetzte Aggression bewältigt, sinkt die Angst, wodurch die Kohäsion der Gruppe zunimmt und ihr ein Stück mehr analytische Arbeit ermöglicht wird, von der die einzelnen Teilnehmer therapeutisch profitieren (Tschuschke 1993).

Wegweisende Ansätze bietet in diesem Zusammenhang das „Göttinger-Modell“ (Berghaus 2005). Es umfasst drei verschiedene behandlungstheoretische und -praktische Konzepte, die sich weitgehend nach der Regressionstiefe unterscheiden: (a) psychoanalytisch-interaktionelle Gruppentherapie, die sich nur mit den manifesten Interaktionen der Teilnehmer befasst; (b) tiefenpsychologisch fundierte Gruppenpsychotherapie, deren therapeutisches Anliegen es ist, die Fähigkeit zu stärken, Beziehungen trotz Beziehungskonflikten zu sichern; (c) analytische Gruppenpsychotherapie, die die gesamte Psychodynamik unter Einbeziehung der unbewussten infantilen Phantasien in einem Prozess wechselnder Regressionstiefe umfasst. Für diese drei Konzepte gelten unterschiedliche Indikationen: Schwere neurotische Störungen werden in analytischer Gruppenpsychotherapie, weniger schwere in tiefenpsychologisch fundierter Gruppenpsychotherapie behandelt; psychoanalytisch-interaktionelle Gruppentherapie mit ihren weniger aufdeckenden und mehr stützenden Elementen ist für ich-strukturell gestörte Patienten vorgesehen.

5. Die Bedeutung des Begriffs in verschiedenen psychoanalytischen Schulrichtungen

In letzter Zeit häufen sich die Bemühungen, aktuelle Theorieentwicklungen in der Psychoanalyse (Psychotraumatologie, Neuropsychoanalyse, Bindungstheorie, Objektbeziehungstheorie, Selbstpsychologie, Relationale Psychoanalyse) auch für die Gruppenpsychotherapie fruchtbar zu machen (Hayne und Kunzke 2004). Am bekanntesten ist aber nach wie vor das Gruppenkonzept, das Bion (1971) im Geiste von Freud und Melanie Klein entwickelt hat (Pines 1985). Er unterscheidet in jeder Art von Gruppe zwei Ebenen: die „Arbeitsgruppe“ und die „Grundeinstellungsgruppe“. Befinden sich die Gruppenteilnehmer im Arbeitsmodus, so verhalten sie sich ichbezogen, rational, intelligent und vernünftig. Diese Gruppenebene wird allerdings ständig durch den Grundeinstellungsmodus unterlaufen. Er ist regressiv und hat prinzipiell Abwehrcharakter. Abgewehrt werden vor allem Individuationsbestrebungen: Die Teilnehmer drängen sich unbewusst wechselseitig zu einer Vergemeinschaftung, die Kohäsion auf Kosten der Entfaltung individueller Fähigkeiten herstellt und damit die Zielorientierung der Gruppe hintertreibt.

Bion unterscheidet drei verschiedene Grundeinstellungen, die sich vor allem in den Übertragungsphantasien der Gruppe auf den Leiter zeigen. Dass der Gruppenleiter diese zentrale Rolle spielt, rührt dabei nicht zuletzt aus der methodologischen Vorentscheidung, das Übertragungsgeschehen auf sich zu ziehen. „Abhängigkeit“, „Kampf-Flucht“ und „Paarbildung“ sind diese Grundeinstellungen. Bion will sie nicht als Stadien eines Gruppenprozesses verstanden wissen. Dennoch liegt es nahe, sie psychodynamisch aufeinander zu beziehen:

Befindet sich eine Gruppe im Modus der Abhängigkeit, phantasiert sie ihren Leiter als omnipotente Instanz, die alle ihre Wünsche erfüllen und ihre Bedürfnisse befriedigen kann. Gleichzeitig neidet sie ihm aber auch diese Position, weil sie sich selbst dadurch infantilisiert erlebt. Da Enttäuschung nicht ausbleibt, geht der Neid in Wut auf den Leiter über. Gegen den Leiter zu revoltieren, macht aber Angst. Um diese Angst vor der eigenen Unabhängigkeit zu bewältigen, phantasiert die Gruppe eine Situation externer Bedrohung, gegen die sie kämpfen oder vor der sie fliehen muß. Die anstehende Auseinandersetzung mit dem Leiter wird also verschoben; statt ihn zu stürzen, drängt ihn die Gruppe dazu, sie in den Kampf zu führen oder ihre Flucht zu organisieren. Aber auch diese Abwehr trägt nicht weit. Um jetzt noch die Auseinandersetzung mit dem Leiter zu vermeiden, phantasiert die Gruppe, er sei gar nicht der wahre Leiter. Vielmehr werde aus der eigenen Mitte ein Führer erwachsen, der eine glänzende Zukunft eröffne, weil er allen Erwartungen gerecht wird, die der jetzige Leiter verletzt hat. Damit ist der Kreis geschlossen und – mit Klein gesprochen – das Erreichen der depressiven Position verhindert, die den eigenen Mangel als Individuationsmotor anzuerkennen verlangt.

Die Grundeinstellungen sind weniger durch die Themen ausgezeichnet, über die in der Gruppe gesprochen wird, als durch unterschiedliche Gruppenklimata und unterschiedliche Gruppenteilnehmer, die als deren Protagonisten auftreten: So wird der Abhängigkeitsmodus vor allem von Teilnehmern mit depressiven Persönlichkeitsstrukturen getragen, der Kampf-Flucht-Modus von solchen mit zwanghaften und paranoiden, der Paarbildungsmodus schließlich von solchen mit hysterischen Strukturen.

Bei den Grundeinstellungen, die Bion rekonstruiert hat, ist es nicht geblieben. Weitere sind hinzugekommen (Turquet 1977, Lawrence et al. 1996), was deutlich macht, dass die empirische Vielfalt von Formen regressiver Vergemeinschaftung längst nicht erschöpfend beschrieben ist.

Im Unterschied zu Bion verfährt Foulkes (1992) bei der Entwicklung seines Modells der Gruppenanalyse sehr viel eklektischer, indem er psychoanalytische, gestaltpsychologische und konfigurationssoziologische Anregungen kombiniert. Dabei folgt er der grundlegenden Einsicht, dass Gesellschaft dem Individuum konstitutionslogisch vorausgeht (Dalal 1998). Folglich sind unbewältigte persönliche Konflikte internalisierte Formen unbewältigter sozialer Konflikte, die im Gruppenprozess wieder externalisiert werden.

Dies geschieht im Rahmen der „Matrix“ der Gruppenteilnehmer. Der facettenreiche Leitbegriff bezeichnet das Strukturprinzip, wie in Gruppen kommuniziert wird: zwangsläufig vernetzt. Es ist diese Vernetzung der Teilnehmer, die – motiviert durch ihren Leidensdruck sowie durch ihr Grundbedürfnis nach kommunikativen Beziehungen – den Gruppenprozess auf zwei Ebenen in Gang hält: Den beobachtbaren multipersonalen Interaktionen auf der manifesten Ebene (Kommunikationsmatrix) entspricht auf der latenten Ebene die multipersonale Verteilung von Übertragungs- und Gegenübertragungsrollen (Übertragungsmatrix). Zwischen beiden Ebenen vermittelt ein „Figur-Grund-Prozess“, der die Gruppe konfiguriert.

Folglich besteht der Gruppenprozess aus einer Abfolge verschiedener Konfigurationen, die sukzessiv auf- und abgebaut werden. In ihnen treten einzelne Gruppenteilnehmer, Paare, Subgruppen sowie der Gruppenleiter oder das Leiterpaar in ein bestimmtes Verhältnis zueinander, das der Gesamtgruppe dient. Anders als Bion legt sich Foulkes nicht bereits vorab auf bestimmte Konfigurationen fest; zudem interpretiert er sie nicht stereotyp als Abwehr durch Regression, sondern akzentuiert – noch in der Abwehr – deren wie immer auch entstellten progressiven Züge.

Zwar hält auch Foulkes den Gruppenleiter für eine Schlüsselfigur des Gruppenprozesses, aber für eine, die den Selbstorganisationsprozess der Gruppe anzuregen versucht. Deshalb zieht der Leiter auch nicht alle Übertragungen auf sich. Er beobachtet die Konfigurierung, an der er selbst immer auch beteiligt ist. Foulkes hat deshalb auch wenig Scheu, mitzuagieren. Erst, wenn eine Konfiguration zu einer prägnanten Gestalt geworden ist, deutet er sie der Gruppe.

6. Interdisziplinäre Beiträge und Befunde

Gruppenprozesse sind ein Untersuchungsgegenstand, den verschiedene wissenschaftliche Disziplinen beforschen. Vor allem die sozialpsychologische Kleingruppenforschung, die an den Grundlagen für eine Angewandte Gruppendynamik arbeitet, kann auf eine lange (experimentalwissenschaftliche) Tradition zurückblicken. Nach eigenem Bekunden befindet sie sich aber in einem eher desolaten Zustand (Sader 1991). Um der Komplexität von Gruppenprozessen gerecht zu werden, bedarf es dann auch eines theoretischen und methodologischen Rahmens, der die übliche empirische Variablenforschung hinter sich läßt. Einen solchen Rahmen bietet die Systemtheorie an, weshalb sie auch für die Konzeptualisierung analytischer Gruppen attraktiv erscheint (Durkin 1981); vor allem von der Selbstorganisationsforschung sind dabei nützliche Anregungen zu erwarten (Langthaler und Schiepek 1995). Zudem bietet sich eine organisationswissenschaftliche Einbettung der Gruppenanalyse an (Kinzel 2002), von der auch die gruppenanalytische (Team-)Supervision und Organisationsberatung profitiert, die sich in den letzten Jahren zu einer eigenständigen Form gruppenanalytischer Praxis entwickelt hat (Haubl et al. 2005). Schließlich sei auf Bemühungen verwiesen, Gruppenmethoden wie z. B. die Gruppendiskussion zu brauchbaren Verfahren der (qualitativen) empirischen Sozialforschung zu entwickeln (Loos und Schäffer 2001); auch hier sind psychoanalytische Gruppenkonzepte gefragt, wenn solche Verfahren nicht auf bewusstseinsnahe Daten beschränkt bleiben sollen.

Literatur

Bion, W. R. (1971). Erfahrungen in Gruppen und andere Schriften. Stuttgart: Klett-Cotta.

Berghaus, A. (Hg.) (2005). Das Göttinger Modell heute. Zeitschrift für Gruppenpsychotherapie und Gruppendynamik 41 (2).

Dalal, F. (1998). Taking the group seriously. Towards a post foulkesian group analytic theory. London: Jessica Kingsley Publishers.

Durkin, J.E. (Ed.) (1981). Living systems: Group psychotherapy and general system theory. New York: Brunner/Mazel.

Enke, H. (1998). Überfällige Reformen: Gruppenpsychotherapie in der ambulanten kassenärztlichen Versorgung. Zeitschrift für Gruppenpsychotherapie und Gruppendynamik 34, S. 65–78.

Finger-Trescher, U. (1991). Wirkfaktoren der Einzel- und Gruppenanalyse. Stuttgart: frommann-holzboog.

Foulkes, S.H. (1992). Gruppenanalytische Psychotherapie. München: Pfeiffer.

Haubl, R. (1997). Gruppenleitung und Selbstorganisation der Gruppe. In Jahrbuch für Gruppenanalyse 3, S. 107–138.

Haubl, R., Heltzel, R. und Barthel-Rösing, M. (Hg.) (2005). Gruppenanalytische Supervision und Organisationsberatung. Gießen: Psychosozial.

Hayne, M. und Kunzke, D. (2004). Moderne Gruppenanalyse. Gießen: Psychosozial-Verlag.

Kinzel, Ch. (2002). Arbeit und Psyche. Konzepte einer psychodynamischen Organisationspsychologie. Stuttgart: Kohlhammer.

Langthaler, W. und Schiepek, G. (1995). Selbstorganisation und Dynamik in Gruppen. Münster: Lit.

Lawrence, W. G., Bain, A. and Gould, L. (1996). The fifth basic assumption. Free Associations 6, S. 28–55.

Loos, P. und Schäffer, B. (2001). Das Gruppendiskussionsverfahren. Opladen: Leske + Budrich.

Nitsun, M. (1996). The anti-group. Destructive forces in the group and their therapeutic potential. London: Routledge.

Pines, M. (Ed.) (1985). Bion and group psychotherapy. London: Routledge & Paul.

Strauß, B., Eckert, J. und Tschuschke, V. (Hg.) (1996). Methoden der empirischen Gruppenpsychotherapieforschung. Opladen: Westdeutscher Verlag.

Pritz, A. und Vykoukal, E. (Hg.) (2001). Gruppenpsychoanalyse. Wien: Facultas.

Sader, M. (1991). Anmerkungen zum Stand der Kleingruppenforschung. Gruppendynamik, 22 (3), 269–278.

Tschuschke, V. (1999). Gruppenpsychotherapie versus Einzeltherapie: Gleich wirksam? Zeitschrift für Gruppenpsychotherapie und Gruppendynamik 35, S. 257–274.

Tschuschke, V. (Hg.) (2001). Praxis der Gruppenpsychotherapie. Stuttgart: Thieme.

Turquet, P. (1977). Bedrohung und Identität in der Großgruppe: Phänomenologie der Erfahrungen des Individuums bezüglich eines wechselseitigen Mitgliederstatus in einer großen Gruppe. In Kreeger, L. (Hg.), Die Großgruppe (S. 81–139). Stuttgart: Klett.

Halluzination, halluzinatorische Wunscherfüllung

von Günter Lempa

hallucination, hallucinatory wish-fulfilment – hallucination, accomplissement hallucinatoire du désir

1. Definition

Als Halluzinationen werden Sinnestäuschungen oder Trugwahrnehmungen auf verschiedenen Sinnesgebieten bezeichnet. Am häufigsten sind dabei akustische Halluzinationen (Stimmen), denen ein Realitätswert zugesprochen wird. Sie sind bei schizophrenen Psychosen häufig. Daneben kommen optische (vor allem auch bei organisch begründeten Psychosen, z.B. bei deliranten Zuständen), taktile, haptische, Geruchs- und Geschmackshalluzinationen, sowie coenästhetische Halluzinationen vor.

Halluzinatorische Wunscherfüllung entspricht der Aktivierung einer primitiven Funktionsweise der Psyche, die dem Lustprinzip unterliegt. Durch die Regression ist keine Realitätsprüfung mehr möglich. Der Wunsch nach Wiederholung einer erlebten Befriedigung kann unter Umgehung der reifen Form des Realitätsbezugs, in der die Außenwelt durch Denken und Handeln verändert wird, in einer Art Kurzschluss durch die Halluzination von Erinnerungsspuren erfüllt werden.

2. Klassische Auffassung

Freud (1911b) nimmt an: „daß der psychische Ruhezustand anfänglich durch die gebieterischen Forderungen der inneren Bedürfnisse gestört wurde. In diesem Falle wurde das Gedachte (Gewünschte) einfach halluzinatorisch gesetzt, wie es heute noch allnächtlich mit unseren Traumgedanken geschieht. Erst das Ausbleiben der erwarteten Befriedigung, die Enttäuschung, hatte zur Folge, daß dieser Versuch der Befriedigung auf halluzinatorischem Wege aufgegeben wurde. Anstatt seiner musste sich der psychische Apparat entschließen, die realen Verhältnisse der Außenwelt vorzustellen und die reale Veränderung anzustreben". In „Jenseits des Lustprinzips" sieht Freud (1920g) allerdings, dass die halluzinatorischen Vorgänge erst dann einer Wunscherfüllung entsprechen, wenn die Herrschaft des Lustprinzips in der Psyche verankert ist. Vorher geht es der Psyche darum, den Reizschutz aufrechtzuerhalten. Bei traumatischen Erlebnissen, das können auch intrapsychische Regungen sein, ist die Funktion der Halluzination (z.B. bei posttraumatischen Wiederholungsträumen) nicht die Wunscherfüllung, sondern der Versuch der nachträglichen Bindung der Reize unter Angstentwicklung. Die Halluzinationen in der Psychose erklärt Freud (1900a) als Folge einer Regression zu diesem primitiven Zustand des psychischen Apparats: „Die unbewußten Erregungen unterwerfen sich das Vbw, beherrschen von ihm aus unser Reden und Handeln oder erzwingen sich die halluzinatorische Regression ... Diesen Zustand heißen wir Psychose." Freud entwickelte sein Modell der psychotischen Halluzination, ausgehend von der Traumforschung, vor allem aus der Beobachtung von Psychosen, in denen ein Objektverlust halluzinatorisch verleugnet wird. Die dabei auftretende Form pathologischer Halluzination entsprach gut dem Modell der Aktivierung einer primitiven Entwicklungsstufe (der halluzinatorischen Wunscherfüllung) nach einem weitgehenden Zerfall der Ichfunktionen. Diese Konzeption führte aber zur Schwierigkeit zu erklären, warum die halluzinatorische Wunscherfüllung bei der Schizophrenie oft unter massiver Angstentbindung stattfindet. Freud ging davon aus, dass auch bei der Schizophrenie einer Flucht vor der Realität

(Libidoablösung, „Weltuntergang“) eine Umbildung der Realität (Wiederbesetzung, Rekonstruktion) folge. Dass Halluzinationen auch Angst und Panik verursachen können, erklärt Freud dadurch, dass das abgewiesene Stück Realität sich diesem Umbildungsprozess widersetzt. Als Bedingung dafür, dass Halluzinationen als real erlebt werden, sieht er die Außerkraftsetzung der Realitätsprüfung (Gegenbesetzung) durch einen weitgehenden Zerfall des Ichs.

3. Differenzierungen und Modifikationen in verschiedenen psychoanalytischen Schulrichtungen

Bezüglich der Vorgänge der Traumbildung hat sich das Konzept der halluzinatorischen Wunscherfüllung nicht als revisionsbedürftig erwiesen. Es ist auch mit neuropsychologischen Hypothesen zur Traumbildung vereinbar. Allenfalls wurde die Funktion der halluzinatorischen Wunscherfüllung um die der Stimulierung und Reorganisation sowie Problemlösung und Selbstwahrnehmung in der Tiefe (vgl. Mentzos 1995) erweitert. Die halluzinatorische Wunscherfüllung blieb auch über Jahrzehnte innerhalb der klassischen Psychoanalyse das Modell der frühen Entwicklungsstufe des Säuglings und das Konzept, um die psychotischen Regressionsphänomene zu erklären. Von Theoretikern, die sich auch therapeutisch eingehend mit frühen Störungen befassten, wurden alternative Konzepte vorgeschlagen, die Freuds Auffassung um den objektbeziehungstheoretischen Aspekt erweitern. Auch sie konzipieren das frühe Stadium des Säugling als realitätsfern und quasi psychotisch, betonen allerdings die wichtige Rolle der Mutter (bzw. des Vaters), um dem Kleinkind zu helfen, diese primitive Phase zu überwinden. In der Theorie von Melanie Klein wird eine frühe Stufe der Entwicklung, die paranoid-schizoide Position postuliert. Der Säugling lebt in einer chaotischen Welt, in der primitive Abwehrmechanismen (Spaltung, Fragmentierung, projektive Identifikation, Introjektion) vorherrschen. Diese Phase der Entwicklung wird erst in der depressiven Position überwunden, was die Einsetzung des Realitätsprinzips ermöglicht. Damit dies gelingen kann, muss die Mutter dazu in der Lage sein, unerträgliche Affekte des Kindes durch ihr Verstehen (containing function) abzumildern. Lacan (19981) sieht, ähnlich wie Freud und Klein, den Säugling in einer psychotischen, imaginären Welt, in der das Realitätsprinzip noch nicht besteht. Diese, wohl etwas einseitig als pathogen aufgefasste, frühe Mutter-Kind-Beziehung wird dann durch den „Namen des Vaters“ transformiert, was die Anerkennung der Realität zur Folge hat. Gemäß Lacans Versuch, die Psychoanalyse linguistisch zu reformulieren, entspricht diese Errettung des Kindes aus einer primitiven imaginären Welt der Einsetzung der symbolischen Ordnung.

Winnicott hat das Freud'sche Modell auf eine Weise, die auch modernen Erkenntnissen der Säuglingsforschung standhält, erweitert bzw. umformuliert. Nach Winnicott (1974) befindet sich der Säugling in einer künstlichen Umwelt, die durch die besondere Empathie und Fürsorge der Mutter bereitgestellt wird. Er schreibt: „Die Mutter gewährt dem Baby eine kurze Zeit, in der Omnipotenz eine Sache der Erfahrung ist“ (1974, S. 80). Eine ausreichend gute Bemutterung bewirkt das vorübergehende Außerkraftsetzen des Realitätsprinzips, sie schafft einen Puffer zwischen dem Baby und einer, auf seiner Stufe unerträglichen Realität (eine Funktion, die später Übergangsobjekte und Phantasien, schließlich Religion und Kunst übernehmen werden). Erst allmählich ist der Säugling dazu in der Lage, diesen „Zwischenbereich primärer Verrücktheit“ (Winnicott 1983, S. 120) einzuschränken. Dadurch wird es für ihn möglich, Frustrationen zu erdulden, ohne seine Zuflucht in pathologischen Wegen, die zur Psychose disponieren (z.B. Abspaltung des wahren Selbst, Ausbildung einer Als-ob-Persönlichkeit), zu suchen. Halluzinationen wurden in den Zeiten nach Freud vom mainstream der Psychoanalyse als Regressionsphänomene aufgefasst, die die Kohärenz eines schwachen Ichs aufrechterhalten. Lange Zeit wurde, was die Psychose betrifft, von einem Defekt des Ichs oder des Selbst ausgegangen, wobei Halluzinationen, wie auch anderen psychotischen Symptomen (Wahn, Katatonie), die Funktion zuerkannt wurde, das Ich (Selbst) vor Auflösung und Zerfall zu schützen. Die Inhalte der Halluzinationen wurden eher global und unspezifisch als Regression zum Primärprozess und dem Auftauchen unbewusster Elemente gesehen. Ein Versuch von Arlow und Brenner (1976), psychotische Symptome ähnlich wie neurotische Symptome als Ausdruck von Konflikten zwischen Ich (Überich) und Es zu konzeptualisieren, wurde eher zurückhaltend aufgenommen. Erfolgreicher waren theoretische Ansätze kleinianischer Provenienz (Bion 1976, Taylor 1983), die darlegten, dass Halluzinationen Versuche des Ichs darstellen, sich unerträglicher Wünsche und Triebe durch projektive Mechanismen zu entledigen. Sie zeigten auch, dass destruktive Kräfte, vor allem Neid, zum Angriff auf Verbindungen und zum Angriff auf das sensorielle System führen können, was zur Zerstörung der kohärenten Wahrnehmung und zu halluzinatorischen Phänomenen führt. In den letzten Jahren wurden vor allem von Mentzos (1991) und Benedetti (1992) Modelle vorgeschlagen, die psychotische Phänomene als Ausdruck eines Dilemmas zwischen objektbezogenen und selbstbezogenen Tendenzen konzeptualisieren. Das Konzept des Dilemmas erlaubt es, psychotisches Geschehen als eine spezifische Art eines „Konflikts" zu erklären, den man, aufgrund der dabei vorliegenden präsymbolischen intrapsychischen Polaritäten, von neurotischen Phänomenen abgrenzen kann. Dies macht die Defekt-Konflikt-Kontroverse überflüssig. Halluzinationen stellen in dieser Sicht Externalisierungen unerträglicher Selbstanteile dar. Sie verbergen, oft in verzerrter Form, ungelebte, nicht entwickelte Potentiale. Sie rekonstruieren Objektbeziehungen, dienen als ihr intrapsychischer Ersatz und sie stellen einen Kompromiss zwischen inkompatiblen Wünschen und Trieben her. Formal wird dies dadurch möglich, dass Ichfunktionen, im Falle der akustischen Halluzination das Denken und Sprechen, zumindest bezüglich affektiv bedeutsamer Themen, nicht mehr als Aktivität und Kompetenz des Ichs erlebbar sind (Lempa 1992), was sich genetisch auf pathologische Objektbeziehungen, in denen ein eigenes Denken nicht möglich war, beziehen ließe.

4. Interdisziplinäre Beiträge und Befunde

Schwerwiegende Einwände gegen das Konzept der halluzinatorischen Wunscherfüllung kamen von Seiten der Säuglingsbeobachtung und kognitiven Entwicklungspsychologie (Dornes 1993). Sie brachten das übereinstimmende Ergebnis, dass Halluzinationen einen komplexen psychischen Vorgang bedeuten, der nicht vor der Fähigkeit zur symbolischen Repräsentation etwa ab dem 18. Lebensmonat möglich ist.

Literatur

Arlow, J.A und Brenner, C. (1976). Grundbegriffe der Psychoanalyse. Reinbek: Rowohlt.

Benedetti, G. (1992). Psychotherapie als existentielle Herausforderung. Göttingen: Vandenhoeck & Ruprecht.

Bion, W.R. (1976). Second thoughts. London: Heineman.

Dornes, M. (1993). Der kompetente Säugling Frankfurt/M.: Fischer, 13. Aufl., 2004.

Lacan, J. (1981). Les psychoses. Paris: Edition du Seuil.

Lempa, G. (1992). Zur psychoanalytischen Theorie der psychotischen Symptombildung. In S. Mentzos (Ed.), Psychose und Konflikt, S. 29–77. Göttingen: Vandenhoeck & Ruprecht.

Mentzos, S. (1991). Psychodynamische Modelle in der Psychiatrie. Göttingen: Vandenhoeck & Ruprecht.

Mentzos, S. (1995). Zur Psychodynamik der Traumdramaturgie. Psyche – Z Psychoanal, 49, 653–671.

Taylor, D. (1983). Some observations on hallucination: clinical application of some developments of Melanie Kleins work. International Journal of Psycho-Analysis, 64, 299–308.

Winnicott, D.W. (1974). Reifungsprozesse und fördernde Umwelt. München: Kindler.

Winnicott, D.W. (1983). Von der Kinderheilkunde zur Psychoanalyse. München: Kindler.

Haltung, psychoanalytische *von Josef Dantlgraber*

psychoanalytic attitude – attitude psychoanalytique

1. Definition

Mit dem Begriff der psychoanalytischen Haltung (synonym mit Einstellung im Sinne des von Schafer 1983 eingeführten englischen Begriffs „attitude“ gebraucht) sind alle Gefühle, Denk- und Verhaltensweisen des Psychoanalytikers gegenüber seinem Patienten gemeint, die er von sich aus in die psychoanalytische Situation einbringt und die sich dann auf den Patienten und auf den psychoanalytischen Prozess auswirken.

Es lassen sich konstante von inkonstanten Haltungen unterscheiden. Erstere gründen in der Identität des Analytikers und sind in seiner Profession und seiner persönlichen Geschichte verwurzelt (Páramo-Ortega 1988, S. 8). Die professionelle Grundhaltung wird mit wohlwollender Neutralität und Abstinenz beschrieben; sie schließt ein, dass dem Patienten Offenheit, Vertrauen, Flexibilität, Geduld und Empathie entgegengebracht werden. Aufgrund der lern- und lebensgeschichtlichen Erfahrungen des Analytikers gehen in die Haltung seine Überzeugungen, Normen und Werte ein (Kutter 1988, S. 19), derer er sich bewusst sein muss, um unreflektierte Bewertungen gegenüber seinem Patienten zu vermeiden. Die konstanten Haltungen können dem Analytiker bewusst sein, wie z.B. sein persönlich nuancierter Umgang mit Abstinenz und Anonymität bzw. mit der Vakanzregel. Es können aber auch unbewusste Einflüsse eingehen, bedingt durch die persönliche Lehranalyse, seine Beziehungen zu Lehrern und Supervisoren und durch das persönliche Milieu, in dem er lebt (Köhler-Weisker 1986, S. 149). Inkonstante Haltungen ergeben sich aufgrund des Verständnisses eines bestimmten Falls oder der Einschätzung bestimmter Phasen des psychoanalytischen Prozesses, um diesen in Gang zu halten bzw. zu intensivieren. Sind sie bewusst motiviert, werden sie aufgrund von präformierten Behandlungskonzepten eingenommen. Der Analytiker variiert seine Haltung, je nachdem, ob sich der Patient in der depressiven, der paranoid-schizoiden oder der „autistisch-berührenden“ (Ogden 1989) Position befindet. Inkonstante Haltungen können aber auch unbewusst sein, wie der „furor sanandi“ (therapeutischer Ehrgeiz), vor dem schon Freud (1912e, S. 385) warnte.

Die Haltung ist von den Rahmenbedingungen wie von der Gegenübertragung abzugrenzen. Das Verhältnis zur Gegenübertragung ist sehr komplex: Einerseits wirkt sich die Haltung auf die Gegenübertragung aus, andererseits gibt es aber auch Übertragungen des Analytikers auf den Patienten, die die Haltung des Analytikers beeinflussen. Letztere Verhältnisse wurden erstmals von Loch (1965) erwähnt und später unter dem Begriff der „Vorgängigkeit der Gegenübertragung“ diskutiert (vgl. Wegner 1992, S. 297f.).

2. Klassische Auffassung

Obwohl Freud den Begriff Haltung nicht als Terminus technicus erwähnte, ist er in seinen Schriften als Teil der grundlegenden technischen Regeln implizit und explizit enthalten (Páramo-Ortega 1988, S. 9). Als Pendant zur Grundregel gilt für den Analytiker die Haltung der gleichschwebenden Aufmerksamkeit (Freud 1912e, S. 381) sowie die Abstinenzregel (ebd.). Sie zielt auf die Entwicklung der Übertragungsneurose ab. Freuds Hinweis, der Analytiker solle sich den Chirurgen zum Vorbild nehmen (ebd., S. 380f.), impliziert eine Aufforderung zu kühler Distanz, die im Widerspruch zu Zeugnissen seines tatsächlichen Umgangs mit seinen Patienten steht (Cremerius 1981). In diesen Widersprüchen liegt die Wurzel für unterschiedliche Entwicklungslinien hinsichtlich der Theorie der Behandlungstechnik. Pointiert formuliert favorisiert eine Richtung die Analyse von Trieb und Abwehr, eine andere konzentriert sich stärker auf die Analyse der Objektbeziehungen in Übertragung und Gegenübertragung. Daraus lässt sich eine Aufteilung der psychoanalytischen Funktionen in einen den psychoanalytischen Prozess beobachtenden und einen an diesem Prozess teilnehmenden Anteil ableiten. Auf diese Weise kristallisieren sich die Extreme des distanziert-konfrontativen und des unabgegrenzt-empathischen Analytikers heraus.

3. Erweiterungen, Differenzierungen, Modifikationen

Ferenczi (1918) setzte sich als erster für eine empathische, dem Patienten zugewandte Haltung ein. Wichtige Veränderungsimpulse gingen von der Objektbeziehungstheorie (vertreten einerseits durch Fairbairn, Guntrip, Balint, Winnicott u.a., andererseits durch Melanie Klein und ihre Schule) sowie von der Selbstpsychologie Kohuts aus. Seit der Nutzbarmachung der Gegenübertragung als psychoanalytisches Instrument, insbesondere aber infolge der Erweiterung der Indikationsgrenzen auf sogenannte frühe Störungen (narzisstische Störungen, Borderline, Psychosen usw.) kommt der Haltung des Psychoanalytikers eine besondere therapeutische Relevanz zu. Diese Patienten kämpfen wegen ihrer unsicheren Repräsentanz des primären Objektes gegen Einsicht durch Deutung, da traumatische Erfahrungen in der Primärbeziehung (wegen katastrophaler Angst vor Abhängigkeit und Objekt- bzw. Selbstverlust) als unaushaltbar erlebt werden. Sie müssen auf die spezifische Form der Objektbeziehung regredieren, in welcher das ursprüngliche (oftmals kumulative) Trauma auftrat (Balint 1968, S. 201f.). Damit sich diese Patienten auf die primäre Übertragung einlassen können, muss der Analytiker eine haltende Umwelt bereitstellen (Winnicott 1960). Eine spezifische Haltung zur Sicherung der Beziehung zum primären Objekt wurde vorgeschlagen (Dantlgraber 1989). Die Realisierung einer entwicklungsfördernden Haltung setzt Toleranz für Regression bei sich selbst voraus. Bion (1970, S. 47) empfiehlt, sich in einen Zustand „ohne Wunsch oder Gedächtnis" (no desire, no memory) zu versetzen, um zu einem tieferen empathischen Zugang zur unbewussten Dynamik in der analytischen Beziehung zu gelangen. Überlässt sich der Analytiker seinen „rêveries" (träumerische Einfühlung, Bion 1970; vgl. dazu Ogden 1997), dann tauchen Bilder vor seinem inneren Auge auf oder es kommt zu körperlichen Empfindungen und Wahrnehmungen („Body-Empathie", vgl. Mertens 1990, S. 83f.). Aus einer „gleichschwebenden Introspektionsbereitschaft" (Wegner 1992, S. 299) heraus identifiziert sich der Analytiker einmal (konkordant) mit dem Selbst bzw. (komplementär) mit dem Objekt der ursprünglichen Beziehung („empathischer Drittenbezug", Dantlgraber 1982, S. 214, Ogden 1989, S. 207). Dieser Wechsel der Identifikation ist möglich, weil der Analytiker eine exzentrische Position einnimmt, die aufgrund einer durch Verinnerlichung der ödipalen Konstellation gebildeten Struktur besteht (Britton 1989). Indem der Analytiker mit dem Gedanken spielt, der eine oder der andere zu sein, wohl wissend, dass er es nicht ist, stellt er einen „Möglichkeitsraum" (potential space, Winnicott 1971; vgl. dazu Ogden 1985) her. Die Haltung des spielerischen (anfänglich sich im Inneren des Analytikers abspielenden) Dialogs im Möglichkeitsraum schließt ein, dass sich der Analytiker von den Mitteilungen des Patienten „überraschen" lässt (vgl. dazu Danckwardt 1993), so dass sich Unerwartetes einstellen kann. Besonders Patienten, die sich psychisch in einer präsymbolischen Welt bewegen, können diesen Raum nicht tolerieren, sondern versuchen durch massiven Gebrauch der projektiven Identifizierung, den Analytiker in eine starre Rolle zu zwingen. Zeitweise muss sich der Analytiker in die Welt des Patienten verwickeln lassen, bis er die projektive Identifizierung via Containment verarbeiten kann. In diesen Phasen kann es zu extremen Angriffen auf den Analytiker bzw. die Methode kommen, die der Analytiker nur ertragen kann, wenn er seine Beziehung zu seinem dritten Objekt (der Methode) halten kann (und auf diesem Wege beispielsweise in der Destruktion des Patienten auch dessen Wunsch nach Kommunikation erkennt). Gelingt die Verarbeitung der projektiven Identifikation, dann stellt sich der potentielle Raum (wieder) her, in dem der Patient den Analytiker gleichzeitig als subjektives (geschaffenes) und objektives (entdecktes) Objekt erleben kann (Ogden 1989). Über identifikatorische Prozesse mit der Fähigkeit des Analytikers, von konkordanten Identifizierungen zu komplementären und umgekehrt wechseln zu können, entwickelt sich beim Patienten allmählich neben seinem erlebenden Anteil ein interpretierender. Auf diesem Weg entsteht aus dem potentiellen ein triangulärer Raum (Britton 1989), der Voraussetzungen für Symbolbildungen bei dem Patienten schafft. In Verbindung mit der soeben beschriebenen Haltung des Analytikers, die durch einen spielerischen Identifikationswechsel charakterisiert ist, steht seine Fähigkeit, seine inneren Objekte loszulassen und sich von triebhaft motivierten Objektbeziehungen trennen zu können (Loch 1965, S. 44).

Es wurden bestimmte Deutungsweisen diskutiert, um dem Patienten ein verbales Halten bieten zu können: Die Deutung aus der konkordanten Identifizierung (Loch 1977) bzw. aus der projektiven Identifizierung (Hinz 1989) sowie die „Analytiker-zentrierte Deutung" im Gegensatz zur „Patienten-zentrierten" (Steiner 1993).

Vorstehende Ausführungen legen auf modellhafte Weise dar, wie sich die Haltung aus heutiger Sicht auf den psychoanalytischen Prozess auswirkt. Zusammenfassend ist festzustellen, dass die psychoanalytische Haltung immer folgende Elemente einschließt: Das Haltgeben (besonders notwendig bei Patienten, in deren Pathogenese Verlusterlebnisse strukturierend wirkten, Danckwardt und Gattig 1996, S. 12), das Aushalten (im Sinne des Containments), das Festhalten an den Rahmenbedingungen und das Dagegenhalten gegen agierende Manipulationsversuche des Patienten. Die unterschiedliche Gewichtung dieser Faktoren resultiert aus der persönlichen Gleichung des Analytikers.

4. Schulenspezifische Unterschiede

Die Behandlungsstile bzw. -konzepte haben einen großen Einfluss auf die psychoanalytische Haltung und damit auf den gesamten Behandlungsprozess. Die Komplexität der Schulenunterschiede erlaubt an dieser Stelle nur eine beispielhafte Darstellung ihrer Einflüsse auf die Haltung.

Persönlichkeitsspezifische Varianten tragen dazu bei, dass Analytiker bestimmte Konzepte bevorzugen. Der Typus des „introjizierenden Analytikers" richtet seine Wahrnehmung stärker auf objektsuchende Tendenzen des Patienten, während der „projizierende Analytiker" eher auf entwicklungshemmende (wie destruktive) Prozesse fokussiert (Dantlgraber und Herold 1995, S. 130f.).

Die orthodoxe Haltung, derzufolge sich der Analytiker nicht selbst in die Beziehung einbringt und sich nur auf die Analyse der Abwehrstrukturen des Patienten konzentriert, ist kaum noch anzutreffen. Inzwischen hat sich die Ansicht durchgesetzt, dass die Analyse ein wechselseitiger Prozess ist, in dem die traumatische Situation des Patienten in der Übertragung inszeniert wird. Unterschiedliche entwicklungstheoretische Konzepte haben aber folgenreiche Auswirkungen. Wer beispielsweise Melanie Kleins Vorstellung vom Kleinkind als relativ unabhängiges psychologisches Wesen zustimmt, das seine Wünsche und seine Abwehr in die Objekte projiziert (Ogden 1984, S. 194), wird die Inszenierung als Produkt der Projektionen des Patienten verstehen, die es aufzunehmen, zu verarbeiten und zu deuten gilt. Wer aber im Gegensatz dazu Winnicotts Ansicht von „Mutter-Kind" als grundlegende psychische Einheit teilt, die anfangs eine Entwicklung durchmacht, wird in seiner Haltung berücksichtigen, dass durch die Realität des Analytikers neue Elemente in die Beziehung kommen. Auf diese Weise ereignet sich im psychoanalytischen Prozess eine Neuinszenierung (Dantlgraber und Herold 1995, S. 126f.). Anhänger der Schule Melanie Kleins geben demnach primär der Interpretation den Vorzug, während Anhänger der „Independent Group" (vgl. Kohon 1986) der korrektiven analytischen Beziehung zusätzlich besondere Beachtung beimessen. Auswirkungen auf den Behandlungsstil ergeben sich auch aus unterschiedlichen Vorstellungen, ob Aggression als direkter Abkömmling des Todestriebs oder reaktiv auf Umweltversagen zurückgeführt wird. Anhänger der Selbstpsychologie Kohuts bevorzugen Haltungen, die das Wachstum des Selbst fördern, den aggressiven Impulsen des Patienten aber weniger Aufmerksamkeit widmen.

Literatur

Balint, M. (1968). Therapeutische Aspekte der Regression. Stuttgart: Klett, 1990.

Bion, W.R. (1970). Attention and interpretation. London: Tavistock.

Britton, R. (1989). The missing link: parental sexuality in the oedipus complex. In J. Steiner (Ed.), The oedipus complex today (S. 83–101). London: Karnac Books.

Cremerius, J. (1981). Freud bei der Arbeit über die Schulter geschaut. Seine Technik im Spiegel von Schülern und Patienten. Jahrbuch der Psychoanalyse, Beiheft 6, S. 123–158. Bern: Huber.

Danckwardt, J. (1993). Materialien über eine affektive Voraussetzung der psychoanalytischen Kreativität. In J. Gutwinski-Jeggle und J.-M. Rotmann (Hg.), Die klugen Sinne pflegend (S. 27–62). Tübingen: edition diskord.

Danckwardt, J. und Gattig, E. (1996). Die Indikation zur hochfrequenten analytischen Psychotherapie in der vertragsärztlichen Versorgung. Stuttgart: frommann-holzboog.

Dantlgraber, J. (1982). Bemerkungen zur subjektiven Indikation für Psychoanalyse. Psyche – Z Psychoanal, 36, 193–225.

Dantlgraber, J. (1989). Psychoanalytische Haltung und Übertragungsbeziehung. Psyche – Z Psychoanal, 43, 973–1006.

Dantlgraber, J. und Herold C. (1995). Einige Überlegungen zu unterschiedlichen Sichtweisen des psychoanalytischen und psychotherapeutischen Prozesses. In J.-P. Haas und G. Jappe (Hg.), Deutungsoptionen (S. 119–150). Tübingen: edition diskord.

Ferenczi, S. (1918). Zur psychoanalytischen Technik. In ders., Bausteine zur Psychoanalyse 2 (S. 38–54). Bern: Huber, 1964.

Hinz, H. (1989). Projektive Identifizierung und psychoanalytischer Dialog. Psyche – Z Psychoanal, 43, 609–631.

Köhler-Weisker, A. (1986). Zum Begriff der Haltung des Psychoanalytikers am Beispiel einer Fokaltherapie. Jahrbuch der Psychoanalyse, Bd.18, 143–173.

Kohon, G. (1986). The british school of psychoanalysis: The independent tradition. London: Free Association Books.

Kutter, P. (1988). Grundhaltung, professionelle Einstellungen und psychoanalytische Methode. In P. Kutter und R. Páramo-Ortega (Hg.), Die psychoanalytische Haltung (S. 17–28). München: Verlag Internationale Psychoanalyse.

Loch, W. (1965). Übertragung und Gegenübertragung. Psyche – Z Psychoanal, 19, 1–23.

Loch, W. (1977). Anmerkungen zum Thema Ich-Veränderungen, Ich-Defekte und psychoanalytische Technik. Psyche – Z Psychoanal, 31, 216–227.

Mertens, W. (1990). Einführung in die psychoanalytische Therapie, Bd. 2, Stuttgart: Kohlhammer, 3. akt. Aufl., 2003.

Ogden, T.H. (1984). Trieb, Fantasie und psychoanalytische Tiefenstruktur. Forum der Psychoanalyse, 2, 177–196, 1986.

Ogden, T.H. (1985). Über den potentiellen Raum. Forum der Psychoanalyse, 13, 1–18, 1997.

Ogden, T.H. (1989). Frühe Formen des Erlebens. Wien New York: Springer, 1995.

Ogden, T.H. (1997). Rêverie and metaphor. International Journal of Psycho-Analysis, 78, 719–732.

Páramo-Ortega, R. (1988). Überlegungen zum Begriff der „Grundeinstellungen" in der Gegenübertragung – ein vernachlässigter Aspekt der Gegenübertragung? In P. Kutter und R. Páramo-Ortega (Hg.), Die psychoanalytische Haltung (S. 3–16). München: Verlag Internationale Psychoanalyse.

Schafer, R. (1983). The analytic attitude. London: Hogarth Press.

Steiner, J. (1993). Patienten-zentrierte und Analytiker-zentrierte Deutungen. In J. Gutwinski-Jeggle und J.-M. Rotmann (Hg.), Die klugen Sinne pflegend (S. 222–239). Tübingen: edition diskord.

Wegner, P. (1992). Gegenübertragung im psychoanalytischen Erstinterview. Psyche – Z Psychoanal, 46, 286–307.

Winnicott, D.W. (1960). Die Theorie von der Beziehung zwischen Mutter und Kind. In ders., Reifungsprozesse und fördernde Umwelt (S. 47–71). München: Kindler, 1974.

Winnicott, D.W. (1971). Vom Spiel zur Kreativität. Stuttgart: Klett-Cotta, 1973.

Hass *von Otto F. Kernberg*

hate – haine

1. Definition

Hass ergibt sich aus der Transformation des vorübergehenden Affekts der Wut in einen dauerhaften, strukturierten Affekt, welcher eine spezifische internalisierte Objektbeziehung impliziert. Dabei handelt es sich um eine permanente Organisation einer wütenden Selbstrepräsentanz in Beziehung zu einer wütend machenden Objektrepräsentanz. Während die Wut unmittelbar auf die Beseitigung der Quelle einer Irritation oder eines zwischen dem Selbst und einer Gratifikation stehenden Hindernisses zielt, impliziert der Hass die Konsolidierung des Bildes eines bösen Objekts, beziehungsweise einer internalisierten Objektbeziehung zwischen einem leidenden Selbst und einem Objekt, das absichtlich das Leiden des Selbsts zu induzieren scheint. Während Wut sich in explosiver Gewalt widerspiegelt, die einen extrem Schmerz verursachenden, verletzenden oder bedrohlichen Stimulus auf eine relativ simple, primitive Weise loszuwerden versucht, spiegelt sich Hass in habitueller Gewalt. Insofern ist der Hass der bedeutsamste Affekt in der Psychopathologie menschlicher Aggression.

2. Klassische und gegenwärtige metapsychologische Auffassungen

Libido und Aggression bildeten für Freud (1920g, 1923b, 1933a) die beiden zentralen, einander entgegengesetzten Triebe des Menschen. Diese duale Triebtheorie macht zwar weiterhin Sinn in der psychodynamischen Erklärung unbewusster Konflikte von Patienten, bleibt theoretisch aber etwas mysteriös und daher begrenzt in seiner Brauchbarkeit. Kernberg (z.B. 1992) hat deshalb in Übereinstimmung mit Piagets (1954) Formulierungen und mit den allmählich zunehmenden Befunden der psychoanalytischen Forschungen zur Kleinkindentwicklung und zur Affektivität vorgeschlagen, dass die basalen Motivationssysteme des Menschen von Geburt an Affekte sind und dass diese graduell integriert werden zu zwei Serien hierarchisch übergeordneter Triebe, aggressive und libidinöse. Die Libido oder der Lebenstrieb in Freuds Metapsychologie setzt sich demnach zusammen aus lustvollen, belohnenden, positiven Affekten. Die Aggression – in Freuds Metapsychologie der Todestrieb – setzt sich zusammen aus negativen, aversiven, schmerzhaften und aggressiven Affekten. In diesem Konzept stellt die sexuelle Erregung den Kern-Affekt der Libido als Trieb dar. Die sexuelle Erregung ist ein fundamentaler Affekt, der sich allmählich entwickelt aus dem frühen erotogenen Potential des kleinkindlichen Körpers, dem Affekt der Begeisterung und der lustvollen Stimulation der Körperoberflächen und der schleimhäutigen Körperöffnungen. Der zentrale Affekt der Aggression ist die Wut, welche ebenfalls ein früher, basaler Affekt ist. Der zentrale Affekt in der Psychopathologie der Aggression ist jedoch – wie bereits erwähnt – der Hass.

3. Klinische und behandlungstechnische Aspekte

Auf einer sehr primitiven Ebene drückt sich im Hass der Wunsch aus, das böse Objekt zu zerstören. Auf einer etwas weiter entwickelten Ebene, auf der eine gewisse Vermischung der frühen Aspekte von sexueller Erregung und Hass stattgefunden hat, zielt Hass auf die Erzeugung von Leid im Objekt. Dies wäre eine strukturierte sadistische Beziehung zum Objekt. Auf einer noch höher entwickelten Ebene, auf der der Hass umgrenzter wird, spiegelt sich in ihm der Wunsch wider, das böse Objekt zum Zwecke der eigenen Sicherheit zu dominieren und zu kontrollieren.

Klinische Manifestationen des Hasses umfassen immer eine Kombination dieser drei Elemente: des Wunsches, das Objekt zu zerstören, es leiden zu machen und es zu kontrollieren. Hass ist immer verbunden mit intensivem Leiden, Angst vor einem potentiellen Angriff des bösen Objekts und primitiven projektiven Mechanismen, insbesondere projektiver Identifizierung. Aus der Projektion von Aggression und Hass ergibt sich ein circulus vitiosus: Die Angst vor dem Objekt, auf das die Aggression projiziert wurde, nimmt zu, worauf das Subjekt mit verstärkter Gegen-Aggression gegen die phantasierte Aggression des Objekts reagiert und sich unbewusst darum bemüht, hasserfüllte Reaktionen des Objekts zu induzieren und gleichzeitig das unter der Einwirkung des projizierten Hasses erlebte Objekt zu kontrollieren. Die für den Hass spezifische Objektbeziehung wird so als zunehmend hasserfüllter und sadistischer erlebt.

Intensiver und primitiver Hass, der alle Aspekte des Erlebens infiltriert, tendiert zur Erzeugung von Neid auf alle diejenigen, die nicht durch eine so schmerzhafte, destruktive und selbstdestruktive Beziehung zum Leben dominiert werden. Neid leitet sich als weiterer komplexer Affekt aus dem Hass auf ein Objekt ab, das als gut und als böse erlebt wird und das dem Individuum provokativ zu versagen scheint, was es begehrt. Wenn frühe, schwerwiegende chaotische Erfahrungen oder eine Überempfindlichkeit gegenüber Frustrationen intensiven Neid auf das gute Objekt zur Folge haben, das sich sadistisch zu entziehen scheint, wird die Psychopathologie des Hasses durch den Neid dominiert. Sowohl der bewusste wie der unbewusste Hass ist dann gegen das beneidete Objekt gerichtet, welches zugleich das befriedigende Objekt ist. Diese Variante des Hasses ist typisch für narzisstische Persönlichkeitsstörungen und kann zutiefst destruktives Verhalten gegen sich selbst und andere verursachen.

Unter der Dominanz des Hasses erfolgt die Reorganisierung psychischer Strukturen nach dem Prototyp der Täter-Opfer-Beziehung. Diese innere Objektbeziehung wird mit jeweils wechselnden Rollen ausagiert, geleitet von der unbewussten Annahme, dass die ganze Welt aus Beziehungen zwischen Tätern und Opfern besteht und es dabei vorzuziehen ist, ein Verfolger zu sein und nicht ein Opfer. In der Übertragung manifestieren sich hasserfüllte innere Objektbeziehungen meist in solchen Täter-Opfer-Polarisierungen mit plötzlich wechselnden Rollenverteilungen. Einerseits identifizieren sich solche Patienten oft mit einem sadistischen Objekt und attackieren den Therapeuten, andererseits erleben sie sich zu einem anderen Zeitpunkt oft als hilfloses paralysiertes Opfer des Therapeuten, den sie dann mit dem sadistischen Objekt identifiziert haben. Ein solcher Rollenwechsel führt zu schweren sadomasochistischen Übertragungen, die verschiedene Formen annehmen können.

Bei einer besonders chaotischen Manifestation dieses Übertragungsmusters ist der Patient mit einem sadistischen Objekt identifiziert, während er sein angegriffenes Selbst auf seinen Körper projiziert. Dies ist zum Beispiel bei schwer selbstverletzendem, parasuizidalem oder selbstdestruktivem Verhalten wie bei der Anorexia nervosa der Fall. Dieses Verhalten kann einhergehen oder sich abwechseln mit Phasen schwerer Aggression gegen den Therapeuten oder dem Erleben, vom Therapeuten sadistisch angegriffen zu werden.

In vielen Fällen bleibt die Täter-Opfer-Beziehung gespalten. Der Patient trennt rigide zwischen idealisierten und hassbestimmten verfolgenden Repräsentanzen. Der Therapeut verbleibt dann über einen längeren Zeitraum entweder in der Rolle des Verfolgers oder eines idealisierten Beschützers. Hier besteht das Risiko in der Beständigkeit der paranoiden Übertragung. Dadurch, dass der Therapeut ein gefährliches sadistisches Objekt repräsentiert, bleibt die von der Aggression abgespaltene Liebe als auch die verzweifelte Suche nach dem idealen Objekt hinter dem verfolgenden Objekt verborgen. Im Gegensatz dazu besteht bei einer offensichtlich idealisierenden Übertragung, in welcher der Patient sich als Opfer anderer Verfolger erlebt und der Therapeut von seiner Aggression unberührt bleibt, die Gefahr, dass die Identifizierung des Patienten mit dem Aggressor verborgen und die pathologische Objektbeziehung aus der Übertragung abgespalten bleibt, während sie von einer

Außen-Übertragung auf die nächste verschoben wird.

Das Hauptziel der Behandlung schweren Hasses in der Übertragung ist zunächst die Anerkennung dieser Erfahrung von Hass durch den Patienten, seine allmähliche Akzeptanz dieser Erfahrung als eine tief verwurzelte Not und schließlich die Integration des Hasses in die emotionale Erfahrungswelt des Patienten als Teil der umfassenderen Integration ursprünglich gespaltener, idealisierter und verfolgender innerer Objektbeziehungen.

Die Toleranz starker negativer Gegenübertragungsreaktionen in der Behandlung dieser Patienten ist wesentlich für die Diagnose der Qualität des Hasses in der Übertragung. Die Durcharbeitung der Gegenübertragungsreaktionen und die Integration dieser Durcharbeitung in die Übertragungsdeutungen sind ein wesentliches Instrument in der analytischen Arbeit mit Patienten, die durch primitiven Hass gesteuert werden (Winnicott 1949).

Oft zeigen diese Patienten zu Beginn einer Psychotherapie intensive Somatisierungen, Selbstverletzungen, Suizidalität, selbstdestruktives Sexualverhalten, Drogenkonsum, Alkoholismus oder Essstörungen, so dass sich die Therapie um die Kontrolle der Somatisierung und des selbstdestruktiven Verhaltens außerhalb der Behandlungsstunden zu konzentrieren scheint. Nur wenn dieses selbstdestruktive Verhalten durch ein ausreichend strukturiertes Setting und die gleichzeitige Deutung der Übertragungsimplikationen dieses strukturierten Settings in eine sadomasochistische Übertragungsbeziehung zwischen Patient und Analytiker transformiert werden kann, kann die Arbeit an der Lösung des primitiven Hasses wirklich beginnen.

4. Interdisziplinäre Bezüge

Das implizite Potential für destruktive Aggression ist in jedem Menschen vorhanden. Es entstammt letztlich neurobiologischen Strukturen, die aggressive Affekte steuern und die – aus einer breiteren soziobiologischen Perspektive betrachtet – die Funktion instinktiven Tierverhaltens widerspiegeln, das darauf ausgerichtet ist, den eigenen Gen-Pool zu schützen und zu verbreiten. Diese biologischen Funktionen der Aggression, die in der Neurobiologie der Affekte zum Ausdruck kommen, können beim Menschen verzerrt werden durch eine Pathologie des korrespondierenden neurobiologischen Regulierungssystems, durch schwere physische Traumatisierungen in frühen Phasen der kindlichen Entwicklung (schmerzvolle chronische Krankheit), oder durch ernste psychische Traumatisierungen im Zusammenhang mit einer Pathologie der frühen inneren Objektbeziehungen. Die entscheidenden ätiologischen Faktoren sind körperliche Misshandlung, sexueller Missbrauch, das Miterleben körperlicher und sexueller Gewalt und versagende oder aggressiv bestimmte Beziehungen mit Primärobjekten.

Innerhalb der Neuropsychologie hat die Annahme Bestätigung gefunden, dass Affekte ein neueres phylogenetisches System der Kleinkind-Eltern-Interaktion konstituieren, das den frühen Schutz des Kindes bei allen Säugetieren sichert (Krause 1988). Gegenwärtige Affekttheorien betonen die doppelte Funktion von Affekten: 1. als Reaktion auf entstehende Situationen (bestehend aus einer unspezifischen Erregung und einer spezifischen subjektiven Erlebnisqualität vom belohnenden oder aversiven Typ), 2. als Signalsystem in der Kommunikation mit der Betreuungsperson (über Mittel des Gesichts- und Bewegungsausdrucks und der Abgabe spezifischer Laute). Die Bindungstheorie (Goldberg et al. 1995) schuf eine Brücke zwischen den Reaktionen nicht-menschlicher Säugetiere und denen menschlicher Kinder auf frühe Trennungen mit der bei menschlichen Kindern gegebenen Differenzierung affektiven Stresses in die Affekte der Angst, Wut, Depression und Verzweiflung und Untersuchungen über die Aktivierung des Hypothalamus-Hypophysen-Nebennierenrinden-Systems als die wesentliche Reaktionsstelle des Organismus auf Trennungen.

Unser heutiges Wissen über die Beziehung zwischen Abnormalitäten des Neurotransmitter-Systems und besonderen affektiven

Reaktionen ist ein entscheidender Durchbruch in der Untersuchung der konstitutionellen und genetischen Disposition zu abnormaler Affektaktivierung. Dieses Wissen weist auf die spezifische Rolle des adrenergen, noradrenergen, dopaminergen und serotinergen Systems und die besondere Bedeutung eines verminderten Serotoninspiegels bei Patienten mit aggressivem Verhalten und impulsivem suizidalen oder parasuizidalen Verhalten hin (Depue 1996). Auch unter Berücksichtigung der Grenzen unseres heutigen Wissens über zahlreiche weitere neurochemische Systeme der Affektaktivierung und der korrespondierenden Funktionen des Hypothalamus, des präfrontalen Cortex, des Hippocampus, der Amygdala und weiterer Strukturen des zentralen Nervensystems in der Organisation des affektiven Gedächtnisses und der affektiven Erregung lässt sich annehmen, dass die angeborene Disposition zu bestimmten Schwellen, Intensitäten und Rhythmen der affektiven Reaktion, das was wir das Temperament nennen, von fundamentaler Bedeutung ist für die Bestimmung der Qualität aggressiver Affekte, besonders der Wutreaktion. Aus dem primären Affekt der Wut differenzieren sich Ärger, Irritation, Hass, Neid, Ekel, Verachtung, sexuelle Erregung im aggressiven Verhalten der sadistischen Perversion und die Lust, andere oder sich selbst zu verletzen. Die komplexe Entwicklung der Primäraffekte erfordert eine elaborierte psychologische Theorie über die Integration veranlagungsbedingter Affektreaktionen in charakterliche Muster. Wie in diesem Sinne die Charakterformation die Funktion des Temperaments bei der Kontrolle der Intensität und der Richtung von Affektreaktionen übernimmt, dazu hat die psychoanalytische Objektbeziehungstheorie einen wichtigen Erklärungsbeitrag anzubieten.

(Übersetzung: Bruno Waldvogel)

Literatur

Depue, R.A. (1996). A neurobiological framework for the structure of personality and emotion. Implications for personality disorders. In J.F. Clarkin and M.F. Lenzenweger (Eds.), Major theories of personality disorders (pp. 347–390). New York: Guilford Press.

Goldberg, S., Muir, R. and Kerr, J. (1995). Attachement theory. New Jersey: Analytic Press.

Kernberg, O.F. (1992). Aggression in personality disorders and perversions. New Haven: Yale University Press (dt.: Wut und Haß: Über die Bedeutung von Aggression bei Persönlichkeitsstörungen und sexuellen Perversionen. Stuttgart: Klett-Cotta, 1997).

Krause, R. (1988). Eine Taxonomie der Affekte und ihre Anwendung auf das Verständnis der frühen Störungen. Psychotherapie und Medizinische Psychologie, 38, 77–86.

Piaget, J. (1954). Intelligence and affectivity. Palo Alto: Annual Review Press 1981 (dt.: Intelligenz und Affektivität in der Entwicklung des Kindes. Frankfurt/M.: Suhrkamp, 1995).

Winnicott, D.W. (1949): Hate in the countertransference. International Journal of Psycho-Analysis, 30, 69–74 (dt.: Haß in der Gegenübertragung. In ders., Von der Kinderheilkunde zur Psychoanalyse. München: Kindler, 1976).

Hermeneutik *von Alfred Schöpf*

hermeneutic – herméneutique

1. Definition

Hermeneutik ist eine Kunstlehre des Verstehens, welche sich in ganz bestimmten Wissenschaften herausgebildet hat, so in der Theologie als Auslegung der Bibeltexte, in der Jurisprudenz als Auslegung von Gesetzestexten. Dieses Wissenschaftsverständnis hat sich im 19. und 20. Jahrhundert unter dem besonderen Einfluss von W. Dilthey auf alle Teilgebiete der sog. Geisteswissenschaften ausgeweitet, insbes. auf die historischen, psychologischen und soziologischen Wissenschaften. Der Hermeneutik liegt die Annahme zugrunde, dass sich nicht alle Wissenschaften auf ein Einheitsmodell zurückführen lassen, wie der Logische Positivismus behauptet, der von W. Hempel begründet wurde. Die spezifisch menschlichen Gegenstände seien nämlich im Unterschied zu den Gegenständen der Natur dadurch charakterisiert, dass sie sprachlicher Natur seien, also Rede oder Text. Dadurch würde sich die Relation des Wissenschaftlers zum Gegenstand grundsätzlich von der in den Naturwissenschaften unterscheiden, in denen Natur versprachlicht wird. Hier würde die Sprache selbst zur Sprache gebracht. Die Hermeneutik setzt daher mit der Relation Interpret – Text an. Es geht um die Frage, ob und wie der Interpret in der Lage ist, den Text oder die Rede zu verstehen.

2. Ideengeschichtlicher Hintergrund

M. Heidegger hat aufgezeigt, dass das Verstehen i.A. einer Wissenschaft oder Kunstlehre nie voraussetzungslos anfängt, sondern dass es an eine Erkenntnisbewegung anknüpft, die im Alltag oder in der Lebenswelt immer schon von jedermann vollzogen wird. Die menschliche Existenz, die er als Dasein charakterisiert, besteht geradezu in einer ständigen Verstehensbewegung, welche sich auf ihre Welt hin entwirft und diesen Entwurf von der Welt herauslegend sich wieder aneignen will. Vermittels des Fremdverstehens gewinnt das Dasein ein Selbstverständnis.

Die Kunstlehre des Verstehens setzt also bereits mit einem impliziten Vorverständnis ihres Gegenstandes an, wenn sie ihn explizit verstehen will. H.-G. Gadamer hat dies die Vorurteilsstruktur des Verstehens genannt und ihr eine positive Funktion zugeschrieben, nämlich die einer Vorgabe an Sinnerwartung, die es zu bewähren oder zu entkräften gilt. Gadamer hat diesen Forschungsprozess von Vorurteil, Bestätigung oder Widerlegung am Text bis hin zur neuen Vorurteilsnahme als „hermeneutischen Zirkel“ beschrieben und ihn vom logischen Zirkel – der ja fehlerhaft wäre – kategorial unterschieden. Allerdings konnte Gadamer nur die historische Bewegung des hermeneutischen Forschungsprozesses herausarbeiten. Der logischen Seite hat sich G.H. von Wright angenommen. Für ihn besteht das Verstehen in einer Klärung der Intention oder des Sinnes, einer Handlung (die auch eine Sprechhandlung, also eine Rede oder ein Text sein kann). Danach lässt sich der Sinn einer Handlung klären, wenn wir 1. die Meinung eines Handelnden bezüglich Ziel und Mittel kennen (Glaubenshypothese), 2. seine Absicht kennen (Absichtshypothese). Aus ihnen lässt sich die logische Notwendigkeit der Handlung folgern. Wright legt Wert darauf, dass es sich hier um keinen Beweis im Sinne eines erklärenden Verfahrens wie in den Naturwissenschaften handelt, sondern um eine praktische Schlussfolgerung (praktischer Syllogismus), bei der eine logisch notwendige Verbindung zwischen Innen und Außen, Sinn und Sinnverwirklichung, Intention und Handlung besteht, weshalb wir immer schon auf die Darbietung der Handlung oder des Textes angewiesen sind, so dass wir zur Handlung oder den Text den (logisch) passenden Sinn einsehen können. Dabei muss sich die Sinnannahme des Wissenschaftlers der Sinnbehauptung des Textes oder des Handelnden angleichen, d. h. mit ihr zur Übereinstimmung kommen. Die Wahrheitskriterien sind daher neben der logischen Stimmigkeit von Wort und Handlung (Kohärenz), die Übereinstimmung von Interpret und Text bzw. Handlung (intersubjektive Übereinstimmung oder Konsens).

Wenn wir uns in der oben genannten Weise mit der Hermeneutik auseinandersetzen, dann sind wir mit unserem Verstehen eine Stufe über die Kunstlehre des Verstehens hinausgegangen. Wir beabsichtigen sozusagen ein Verstehen des Verstehens und befinden uns auf philosophischem Boden, auf dem Begriff, Gegenstand und Methode der Hermeneutik untersucht und das Verstehen auf sich selbst angewendet wird.

3. Hermeneutik und Psychoanalyse

Was bedeutet aber die Hermeneutik für die Psychoanalyse, in der sie als wissenschaftlicher Terminus erst spät auftaucht und diskutiert wird, insbes. seit den bahnbrechenden Arbeiten von H.G. Gadamer, P. Ricoeur und J. Habermas? Die Hermeneutik bietet einen Wissenschaftsrahmen an, in dem das Selbstverständnis der Psychoanalyse angesiedelt werden kann. R. Schafer hat z. B. dieses Wissenschaftsverständnis aufgegriffen und eine neue Wissenschaftssprache für die Psychoanalyse herausgearbeitet. Grundlegend dafür ist erstens der Verzicht auf ein wie auch immer geartetes naturwissenschaftliches Modell des Seelenlebens wie z. B. die Freud'sche Energetik, welche nach dem Modell der Physik Kräfteverhältnisse im Seelischen zu bestimmen versucht. Stattdessen offeriert Schafer eine Handlungssprache des Seelischen. Insbesondere die seelischen Konflikte werden so verstanden, dass der bewussten Handlungsintention eine unbewusste entgegenarbeitet. Auf die Grenze dieser hermeneutischen Deutung der Psychoanalyse hat P. Ricoeur hingewiesen. Entweder muss sie nämlich nichtbeabsichtigte Absichten bzw. nichtintendierte Intentionen annehmen oder die Unbewusstheit des Konflikts bestreiten. Weiter reicht hier schon der Ansatz der Tiefenhermeneutik, den A. Lorenzer (1974) entwickelt und J. Habermas (1968) aufgegriffen hat. Danach werden im seelischen Konflikt versprachlichte Intentionen exkommuniziert, d. h. aus der Kommunikation ausgeschlossen. Dadurch verlieren sie ihren lebendigen (wort-)sprachlichen Charakter, werden zu stereotypen Ausdrucksformen (sog. Klischees) herabgedrückt, die sich vor allem auch körperlich mimisch-gestisch manifestieren. Das hermeneutische Verstehen von seelischen Konflikten muss also über die in der Kommunikation praktizierte wortsprachliche Dimension ausgreifen und die protosprachliche oder körpersprachliche Dimension einbeziehen, in der sich Klischees ausdrücken, um sie in die Kommunikation zu reintegrieren. Hier ist nicht nur der Körper der Sprache Gegenstand der Hermeneutik, sondern auch die Sprache des Körpers.

Angegriffen wird die hermeneutische Interpretation der Psychoanalyse im Prinzip von zwei Seiten. Einmal von Autoren, welche die naturwissenschaftliche Seite des Freud'schen Zugriffs bejahen und sie lediglich für heutige wissenschaftliche und methodologische Ansprüche tauglich machen wollen. Sie betrachten einen Begriff des kausalen Erklärens als für alle Wissenschaften verbindlich. Die Psychoanalyse wird dabei so verstanden, dass sie einen kausalen Zusammenhang zwischen Trauma und Symptom annehmen und durch einen ebenso kausalen zwischen Erinnerung an das Trauma und Verschwinden des Symptoms ersetzen muss. Für den methodologischen Kritiker A. Grünbaum ist die Hermeneutik unannehmbar, weil sie keine kausalen Bezüge anerkennt, sondern nur Sinnbezüge. Außerdem überprüft sie diese nur im innerklinischen Raum nicht in extraklinischen experimentellen Designs. Grünbaum ist entgegenzuhalten, dass die Daten der Psychoanalyse in der Tat keine objektiven Fakten sind, sondern intersubjektiv erfahrbare Sinnereignisse. Diese lassen sich aber nicht nur im innerklinischen Raum verstehen, sondern auch in der außerklinischen wissenschaftlichen Öffentlichkeit.

Die zweite Angriffsrichtung kommt von J. Lacan und den Poststrukturalisten. Für ihn bedeuten alle Versuche des Verstehens und der Empathie, dass das Subjekt eigene Vorstellungen als Sinnannahme in den anderen hineinlegt. Diese aber stellen für Lacan imaginäre Vorstellungen dar, mit denen sich das Subjekt im anderen spiegelt. Sie müssen daher im Sinne von Projektionen das Anderssein des anderen verfehlen und ihm Ego-Inhalte manipulativ unterstellen. Für Lacan ist daher die Tätigkeit des Subjekts (i.S. von moi) zu hinterfragen und zurückzunehmen zugunsten des Hörens auf die Sprache, welches nicht Tat des Subjekts ist, sondern Entgegennahme eines Geschehens. Für diese gilt, dass „es spricht" oder „die Sprache spricht". Dagegen ist einzuwenden, dass das Subjekt des Verstehens ja nicht nur Sinnannahmen entwirft, sondern sie vom Text her auslegt. Verstehen und Auslegen geschehen in einem Prozess des Hörens auf die Sprache.

Literatur

Gadamer, H.G. (1965). Wahrheit und Methode. Tübingen: Mohr.

Grünbaum, A. (1988). Die Grundlagen der Psychoanalyse. Eine philosophische Kritik. Stuttgart: Reclam.

Habermas, J. (1968). Erkenntnis und Interesse. Frankfurt/M.: Suhrkamp.

Heidegger, M. (1949). Sein und Zeit. §§ 31 u. 32. Tübingen: Niemeyer.

Lorenzer, A. (1974). Die Wahrheit der psychoanalytischen Erkenntnis. Frankfurt/M.: Suhrkamp.

Lacan, J. (1997). Seminar Buch III. Die Psychosen. Weinheim/Berlin: Quadriga.

Ricoeur, P. (1974). Die Interpretation. Ein Versuch über Freud (S. 1–72 u. 352–428). Frankfurt/M.: Suhrkamp.

Wright, G.H. v. (1974). Erklären und Verstehen. Frankfurt/M.: Athenäum.

Hetero-, Homo-, Bisexualität

von Udo Rauchfleisch

hetero-, homo-, bisexuality – hétéro-, homo-, bisexualité

1. Definition

Hetero-, Homo- und Bisexualitäten können wir als Kristallisationspunkte auf einem Kontinuum der sexuellen Orientierung betrachten, das sich zwischen den Extrempositionen „ausschließlich heterosexuell" und „ausschließlich homosexuell" spannt. Die sexuellen Orientierungen stellen die Resultante aus verschiedenen Persönlichkeitsaspekten dar, wobei nicht nur das manifeste Kontaktverhalten gegenüber Sexualpartnern ausschlaggebend ist, sondern ebenso wichtig die erotischen und sexuellen Phantasien, die sexuelle Attraktion, die emotionalen und sozialen Präferenzen, der Lebensstil und die Selbstdefinition sind (Klein et al. 1985, Friedman 1993, Hüsers und König 1995, s. auch Häberle und Gindorf 1994). Außerdem müssen die sexuellen Orientierungen als prozesshaftes Geschehen betrachtet werden, das heißt neben den Gefühlen und dem Verhalten in der Gegenwart müssen auch die Vergangenheit und die Zukunftsentwürfe berücksichtigt werden. Freud hat bereits darauf hingewiesen, dass die sexuellen Orientierungen nicht unabhängig voneinander betrachtet werden können, wenn er betonte, dass bei der Frage nach der Entstehung der Homosexualität gleichzeitig zu klären sei, wie es bei Heterosexuellen zu dem ausschließlichen Interesse an gegengeschlechtlichen Partnerinnen und Partnern komme. Geht man vom Kriterium des sexuellen Verhaltens in der Vergangenheit und Gegenwart aus, so finden sich in den westlichen Ländern über die Zeit hin relativ stabile Zahlen: Lesben = 1–3 %, Schwule = 4–16 %, Bisexuelle = 4–11 % bei den Frauen und 9–32 % bei den Männern, Heterosexuelle = 88 % bei den Frauen und 79% bei den Männern (Kinsey et al. 1948, 1953; vgl. auch Clement 1990 und Zinik 1985). Der in diesen Zahlen nicht erfasste Anteil von Personen bezieht sich auf Menschen, die in Zwischenkategorien fallen wie „vorwiegend heterosexuell, nur vereinzelte Homosexualität" und „vorwiegend homosexuell, nur vereinzelte Heterosexualität".

2. Klassische Auffassung

Das Phänomen Heterosexualität wird bei Freud indirekt definiert durch die Theorie der psychosexuellen Entwicklung, zum Beispiel in den „Drei Abhandlungen zur Sexualtheorie" (1905d). Nach Durchlaufen der oralen, analen und genitalen Phase und der positiven Lösung des Ödipuskomplexes (beim männlichen Kind Verzicht auf die Mutter als Liebesobjekt unter dem Druck der Kastrationsangst und Identifizierung mit dem gefürchteten Vater = „Identifizierung mit dem Aggressor") ist für Freud und seine Schüler das Eingehen heterosexueller Beziehungen die gleichsam selbstverständliche, nicht weiter hinterfragte Konsequenz.

Auf die Homosexualität geht Freud im Zusammenhang mit ganz verschiedenen Themen ein (eine Zusammenstellung dieser Textstellen und ihre kritische Kommentierung findet sich bei Kocher (1996)). Im Allgemeinen versteht Freud sie als Ausdruck einer gestörten psychosexuellen Entwicklung. Diese negative, die Homosexualität pathologisierende Einschätzung findet sich jedoch nicht durchgängig, etwa wenn Freud in einem Interview am 27. Oktober 1903 in der österreichischen Zeitung „Die Zeit" dezidiert darauf verwies, dass „Homosexuelle nicht als kranke Personen behandelt werden sollten" und er in einer Fußnote der „Drei Abhandlungen zur Sexualtheorie" ausführt: „Die psychoanalytische Forschung widersetzt sich mit aller Entschiedenheit dem Versuche, die Homosexuellen als eine besonders geartete Gruppe von den anderen Menschen abzutrennen. (... Sie) erfährt, dass alle Menschen der gleichgeschlechtlichen Objektwahl fähig sind und dieselbe auch im Unbewußten vollzogen haben" (1905d, S.44). Eine ähnliche, die Homosexualität ausdrücklich nicht pathologisierende Haltung nahm Freud auch im Briefwechsel mit Ernest Jones ein, als es um die Frage der Aufnahme eines schwulen Kandidaten in die Psychoanalytischen Ausbildungsinstitute ging. Bezüglich der Bisexualität vertrat Freud (1905d) die Ansicht, dass sie genetisch angelegt sei und sich bei allen Menschen finde. Dass seine Theorie zur Bisexualität jedoch nicht über alle Zweifel erhaben ist, zeigt sich in folgender Passage: „Die Lehre von der Bisexualität liegt noch sehr im dunkeln, und daß sie noch keine Verknüpfung mit der Trieblehre gefunden hat, müssen wir in der Psychoanalyse als schwere Störung verspüren" (1930a, S. 460 Fußnote). Rado (1940) verwarf hingegen Freuds Konzept von der genetisch angelegten Bisexualität als biologisch nicht haltbar und betonte die nach seiner Ansicht zur Homosexualität führenden frühkindlichen Sozialisationsbedingungen.

3. Ideengeschichtlicher Hintergrund

Nachdem während vieler Jahrhunderte gleichgeschlechtliche Beziehungen und Beziehungen zu beiden Geschlechtern kein relevantes Thema waren, tauchten Zweifel an dieser Offenheit des Menschen im Laufe des 18. und vor allem des 19. Jahrhunderts mit fortschreitender Verbürgerlichung und Verwissenschaftlichung des Lebens auf. Der griechisch-lateinische Zwitterbegriff „Homosexualität" wurde 1869 von dem österreichisch-ungarischen Schriftsteller Karoly Maria Kertbeny (ursprünglich Karl Maria Benkert) geprägt, während früher etliche andere Bezeichnungen verwendet wurden wie „griechische Liebe", „Päderastie" und „Sodomie". Von den Humanwissenschaftlern des 19. Jahrhunderts sind zu nennen: Karl Heinrich Ulrichs mit seiner Theorie der Urninge, bei denen Anatomie und Psyche nicht übereinstimmen, Carl Westphal mit dem Konzept der „konträren Sexualempfindung", die er, ähnlich wie Richard von Krafft-Ebing („Psychopathia sexualis"), als einen psychopathischen Zustand verstand, und vor allem Magnus Hirschfeld, der eine große Aktivität für die Erforschung und Anerkennung des „dritten Geschlechts" entfaltete. Während sich einerseits Werke wie die von Westphal und Krafft-Ebing, aber auch von Charcot und Moll, durch eine Pathologisierung gleichgeschlechtlicher Orientierungen auszeichnen, finden sich in dieser Zeit aber auch neben den Bemühungen von Ulrichs und Hirschfeld öffentliche Stellungnahmen prominenter Natur- und Geisteswissenschaftler, welche die homosexuellen Orientierungen als nicht-pathologische Varianten verstanden und sich gegen die Kriminalisierung der Homosexualität aussprachen, so etwa in einem 1930 veröffentlichen Appell an den Strafrechtsausschuss des Österreichischen Nationalrates, der unter anderem von namhaften Persönlichkeiten wie Arthur Schnitzler, Stefan Zweig, Franz Werfel, Jakob Wassermann und nicht zuletzt auch von Sigmund Freud unterzeichnet war.

4. Wesentliche Erweiterungen, Differenzierungen und Modifikationen

Die ursprünglichen Freud'schen Konzepte wurden von seinen Schülern nicht erweitert und differenziert, sondern im Gegenteil verengt und zunehmend einseitig pathologisierend festgeschrieben. Beispielhaft dafür ist der Bericht über das Panel der American Psychoanalytic Association aus dem Jahre 1953 zum Thema der Perversion, womit hier vor allem Homosexualität gemeint war. Konstruktive Weiterentwicklungen finden sich erst seit den siebziger Jahren (z.B. bei Morgenthaler 1987) und in der Gegenwart (Isay 1990, Friedman 1993, Gissrau 1993, Rauchfleisch 1996a) im Zusammenhang mit einer zunehmenden Akzeptanz der homosexuellen und bisexuellen Orientierungen in der Gesamtgesellschaft. Zumindest in der institutionalisierten Psychoanalyse dominieren nach wie vor Pathologiekonzepte und damit ablehnende Einstellungen, wie sie nicht zuletzt in der immer noch häufigen Ablehnung lesbischer und schwuler Bewerberinnen und Bewerber bei psychoanalytischen Instituten zutage treten (Rauchfleisch 1993, 1996a, Stakelbeck und Frank 2006).

Die theoretischen Weiterentwicklungen gehen bei der Entwicklung der Geschlechtsidentität von drei sich gegenseitig beeinflussenden Komponenten aus: der Kern-Geschlechtsidentität, der Geschlechtsrolle und der Geschlechts-Partnerorientierung (Mertens 1992, Rauchfleisch 1996a). Die Kern-Geschlechtsidentität stellt „das primordiale, bewußte und unbewußte Erleben dar, entweder ein Junge oder ein Mädchen bezüglich seines biologischen Geschlechts (im Englischen „sex" im Unterschied zu „gender") zu sein. Sie entwickelt sich aufgrund des komplexen Zusammenwirkens von biologischen und psychischen Einflüssen ab der Geburt eines Kindes, wenn die Eltern mit ihrer Geschlechtszuweisung zumeist geschlechtsrollenstereotyp auf ihre Kinder als Junge oder Mädchen reagieren, und ist gegen Ende des zweiten Lebensjahres als (relativ) konfliktfreie Gewißheit etabliert" (Mertens 1992, S. 24), als eine Struktur, die sich selbst unter schwersten psychischen Belastungen als unauflösbar erweist (Künzler 1992).

Dieser Erlebniskomplex gründet sich auf eine Fülle von Erfahrungen, die das Kind im sensomotorischen und psychosexuellen Bereich ebenso wie in der Interaktion mit Mutter und Vater macht. Dazu gehören beispielsweise taktile Formen der Bezugnahme sowie im Sinne der klassischen psychoanalytischen Entwicklungstheorie Körperempfindungen und Erfahrungen, die aus dem oralen, analen, urethralen, klitoridal-vaginalen beziehungsweise phallisch-genitalen Bereich stammen. Alle diese Erlebnisqualitäten, die selbstverständlich nicht von der Beziehung zwischen Eltern und Kind zu trennen sind, verdichten sich zu einer „in den Körper und in die Sinne hineingeschriebenen Auffassung" unbewusster, nicht reflexionsfähiger Art (Mertens 1992, S. 24) und stellen damit gleichsam die Basis der Kern-Geschlechtsidentität dar. Aufgrund dieser früh ausgebildeten Kern-Geschlechtsidentität zweifelt die lesbische oder bisexuelle Frau ebenso wenig wie die heterosexuelle Frau an ihrer Weiblichkeit und der schwule respektive bisexuelle Mann keineswegs an seiner Männlichkeit.

Gleichsam als Fortsetzung der Kern-Geschlechtsidentität, auf sie aufbauend, stellt die Geschlechtsrolle (von einigen Autoren auch als „Geschlechtsrollen-Identität" bezeichnet) eine weitere Komponente der Geschlechtsidentität dar, die sich durch ein höheres symbolisch-sprachliches Niveau auszeichnet. Nach Mertens bildet sie das „Insgesamt der Erwartungen an das eigene Verhalten wie auch an das Verhalten des Interaktionspartners bezüglich des jeweiligen Geschlechts" (a.a.O. S. 24). Auch diese Komponente der Geschlechtsidentität umfasst nichtreflektierte, unbewusste Anteile. Doch sind es mehrheitlich Inhalte aus der frühen Sozialisation, die zumindest bewusstseinsfähig und nicht so tief in die leib-seelischen Vollzüge „hineingeschrieben" sind wie die Kern-Geschlechtsidentität.

Die Geschlechtsrolle wird vor allem von kulturspezifischen Vorschriften und Normen und sozialen Erwartungen bestimmt, die definieren, welches Verhalten, aber auch welche Persönlichkeitsmerkmale bezüglich des biologisch männlichen oder weiblichen Geschlechts in den verschiedenen Situationen des sozialen Lebens und in verschiedenen Beziehungsmustern erwünscht oder unerwünscht sind. Die Geschlechtsrollen zeichnen sich in unserer Kultur zumeist durch eine dichotome Aufspaltung in zwei sich gegenseitig ausschließende Vorstellungen von „typisch männlich" und „typisch weiblich" aus. Gerade in der Gegenwart unterliegen die Geschlechtsrollen jedoch einem starken Wandel, da Frauen wie Männer heute Rollen einnehmen, die vor Jahrzehnten noch unvorstellbar gewesen wären (Rauchfleisch 1997).

Die dritte Komponente bei der Bildung der Geschlechtsidentität stellt die Geschlechtspartner-Orientierung dar. „Sie bezieht sich auf das bevorzugte Geschlecht des Geschlechts- oder Liebespartners" (Mertens 1992, S. 26). Die Geschlechtspartner-Orientierung ist das Resultat einer Vielzahl von Einflüssen: Sie basiert auf der Kern-Geschlechtsidentität, wird durch die verinnerlichte Geschlechtsrolle (zu der unter anderem auch die Vorstellungen bezüglich Homosexualität, Bisexualität und Heterosexualität gehören) determiniert und wird wesentlich auch geprägt durch die Erfahrungen, die das Kind mit den Eltern macht, sowie durch das Modell, das die Eltern ihm von ihrem Umgang miteinander als Mann und Frau bieten. Von großer Bedeutung sind schließlich auch die erotischen und sexuellen Phantasien, die in der späteren Kindheit und vor allem in der Adoleszenz dazu führen, dass die Jugendlichen deutlich ihre sexuelle Präferenz spüren. Die erotischen Vorstellungen üben ihrerseits wiederum einen großen Einfluss auf die Organisation der inneren Erlebniswelt aus und tragen auf diese Weise erheblich zum Selbstverständnis eines Menschen bei.

Die hier geschilderten Strukturen der Geschlechtsidentität durchlaufen bei heterosexuellen, bisexuellen und homosexuellen Menschen eine je spezifische Entwicklung, über die wir bisher noch relativ wenig wissen. Ausgehend von der klassischen psychoanalytischen Theorie ist von einigen Autorinnen und Autoren (Morgenthaler 1987, Gissrau 1989, 1993, Isay 1990, Friedman 1993, Rauchfleisch 1996a) der Versuch unternommen worden, eine Entwicklungstheorie der gesunden lesbischen, schwulen, bisexuellen und heterosexuellen Entwicklung zu formulieren. Wir gehen dabei davon aus, dass dem Kind in der Frühzeit seiner Entwicklung vor allem zwei Aufgaben gestellt sind: Identität i.S. Eriksons (1966) zu entwickeln, d.h. die verschiedenen Facetten der Persönlichkeit zu einer Ganzheit zusammenzufügen und sich von anderen Menschen abzugrenzen, und Autonomie zu erlangen, d.h. die Fähigkeit, selbständig entscheiden und handeln zu können.

Aus – allerdings nicht weiter erklärbaren – Gründen (möglicherweise kommen hier hereditäre Dispositionen zum Tragen) spielt in der Entwicklung des schwulen Mannes das Bedürfnis nach Autonomie eine zentrale Rolle. Wann immer im Erleben dieser Kinder und der späteren Erwachsenen Gefühle von Insuffizienz, Enttäuschungen, Kränkungen und andere emotionale Belastungen auftreten, „retten" und regulieren sie ihr innerseelisches Gleichgewicht durch ein verstärktes Streben nach Autonomie. Dies ist in der frühen Kindheit bei ihnen eng gebunden an autoerotische Aktivitäten. Die schwulen Männer „sind Persönlichkeiten, die ihre Sexualität in ein Selbstbild einordnen, in dem die innere und äußere Autonomie in erster Linie gewährleistet ist. Demgegenüber sind die Heterosexuellen Persönlichkeiten, die in ihrem Selbstbild dem Identitätsbewußtsein und dem Identitätsgefühl Priorität einräumen. Sie orientieren sich nach polaren Gegensatzpaaren, um genau zu spüren und zu wissen, wer sie sind. Auch Homosexuelle haben das Bedürfnis zu spüren und zu wissen, wer sie sind, doch erst in zweiter Linie. Ihr Identitätsbewußtsein kann unscharf begrenzt sein, ohne daß sie dadurch verunsichert werden. Auch Heterosexuelle besetzen ihre innere und äußere Autonomie, doch selten so weit, daß ihre Identität dadurch in Frage gestellt wird. Sie können sich gelassener in Abhängigkeit begeben, weil sie, in dieser Hinsicht, weniger konfliktanfällig sind als Homosexuelle" (Morgenthaler 1987, S. 88f.).

Bei der lesbischen Frau sieht Gissrau das zentrale Element darin, dass diese Kinder „den erotischen Blick ihrer Mutter erlebt ... haben, den sie als lustvolles affektives Interaktionsmuster internalisieren" (1993, S. 317). Die Mütter von später lesbisch empfindenden Frauen hätten sich in der präverbalen Entwicklungsphase ihrer Kinder den erotischen Genuss am Stillen, Wickeln, Baden, Einreiben gestatten können, wodurch es wohl frühzeitig zu einer erotischen Stimulierung der Töchter gekommen sei. Die erste Weichenstellung in Richtung einer lesbischen Entwicklung sei „das Ausmaß an erotischer Anerkennung, das die Mutter in ihren Interaktionen während der ersten Lebensjahre zulassen kann" (Gissrau 1993, S. 317). Kennzeichnend für die spätere lesbische Frau ist, dass sie bei Verunsicherungen, die sie in der frühen Kindheit erlebt, ihr innerseelisches Gleichgewicht durch eine besonders enge Bindung und (auch erotisch-sexuelle Gefühle umfassende) Anlehnung an die Mutter als der ihr Gleichen zu retten versucht. Durch die Identifizierung mit der als allmächtig erlebten Mutter vermag das Mädchen die Ohnmacht des Kleinkindes zu reduzieren. „Nicht die autoerotische Abgrenzung und der daraus entstehende spätere Wunsch nach Autonomie scheint das Wesentliche in der lesbischen Lebenswahl, sondern der Wunsch nach Selbstentfaltung in einer Beziehung mit einer Gleichen" (Gissrau 1989, S. 142) – das heißt im Sinne der Theorie Morgenthalers: das Streben nach Identität.

Bei der Entwicklung zur bisexuellen Orientierung müssen wir davon ausgehen, dass diesen Kindern die Bedürfnisse nach Identität und Autonomie in mehr oder weniger gleicher Weise wichtig sind. Angesichts der Tatsache, dass die bisexuellen Menschen sich in ihrer Geschlechtspartner-Orientierung typischerweise gerade wenig festgelegt fühlen, liegt es jedoch näher anzunehmen, dass bei ihnen, und zwar bei Männern wie bei Frauen, das Streben nach Autonomie besonders stark ausgeprägt ist und zu der von Morgenthaler beschriebenen inneren Flexibilität führt.

Aufgrund dieser in der frühen Kindheit durchlaufenen Entwicklung kommt es in der ödipalen Phase zu ganz spezifischen Konstellationen bei heterosexuellen, bisexuellen und homosexuellen Menschen. Die Entwicklung der heterosexuellen Frauen und Männer erfolgt nach dem bekannten Prinzip des Verzichts auf die Nähe zum gegengeschlechtlichen Elternteil zugunsten der Identifizierung mit dem gleichgeschlechtlichen Elternteil. Beim präschwulen Knaben wird durch die Entdeckung der Geschlechtsmerkmale der ödipale Konflikt entschärft, weil der Inzestwunsch seine Inhalte verliert. Damit geht der Ödipuskomplex unter. An seine Stelle tritt ein spielerischer Umgang mit potentiellen Liebesobjekten, deren doppeltes Gesicht für den schwulen Mann zeitlebens etwas Befreiendes und Relativierendes hat. Für die prälesbische Frau liegt das Spezifische der ödipalen Konstellation darin, dass sich diese Entwicklungsphase durch eine doppelte Enttäuschung auszeichnet: Zum einen fühlt das Mädchen sich durch die oft als dominant erlebte Mutter, welche nicht auf die erotischen Beziehungswünsche der Tochter eingeht, zurückgewiesen. Zum anderen geht aber die größte Enttäuschung in dieser Entwicklungsphase vom Vater aus, dem sich die Tochter nach der Zurückweisung durch die Mutter dann zuwendet, der ihr aber keine Hilfe zu leisten vermag. In Bezug auf die zweite „Weichenstellung" in der frühkindlichen Entwicklung können wir bei Kindern, die später eine bisexuelle Orientierung ausbilden, ebenfalls davon ausgehen, dass sie – analog den Lesben und Schwulen – Mutter wie Vater sowohl als „Ganz andere" wahrnehmen und dementsprechend später auch die von Morgenthaler beschriebene „Doppelgesichtigkeit" zeigen – sogar in besonderes ausgeprägter Weise.

Die bei den prälesbischen Mädchen geschilderte Enttäuschung am Vater spielt in den Überlegungen von Isay auch beim präschwulen Knaben eine zentrale Rolle. Den wesentlichen Unterschied zwischen Kindern mit einer schwulen und solchen mit einer heterosexuellen Orientierung sieht Isay (1990) in dem früh, d.h. oft schon vom etwa vierten Lebensjahr an einsetzenden Gefühl, „anders" zu sein als die Gleichaltrigen. Diese Erinnerung des Andersseins dient allerdings, so der Autor, der Verdeckung gleichgeschlechtlicher, auf den Vater gerichteter erotischer Phantasien, die das Kind als verwerflich erlebt hat.

Wesentliche Unterschiede zwischen den Entwicklungen von Lesben, Schwulen, bisexuellen und heterosexuellen Menschen werden schließlich in der Adoleszenz sichtbar. Hier geht es um die Frage, inwieweit es dem Menschen gelingt, das verinnerlichte Bild der eigenen Person mit der gesellschaftlichen Realität zu vereinbaren. Dies ist im Falle der gesellschaftlich akzeptierten und deshalb für „normal" gehaltenen Heterosexualität nicht weiter problematisch. Im Falle der lesbischen, schwulen und bisexuellen Entwicklungen liegt hier jedoch eine ungleich schwierigere Aufgabe, die im Rahmen des „coming out"-Prozesses gelöst werden muss. Dieser Prozess umfasst auf der einen Seite einen innerpsychischen Vorgang, nämlich das Gewahrwerden und die schließliche Gewissheit, lesbisch, schwul oder bisexuell und nicht heterosexuell zu sein, und auf der anderen Seite eine soziale Dimension, bei der es um den Weg geht, sich entsprechend der sexuellen Orientierung zunehmend auch in der Öffentlichkeit zu präsentieren und einen eigenen Lebensstil zu finden.

Das coming out stellt nicht zuletzt deshalb große Anforderungen, weil Lesben, Schwule und Bisexuelle sich einerseits zwar mit den gesellschaftlich vorgezeichneten Verhaltensmustern identifizieren, andererseits aber ihre Partnerwahl und ihr Liebesleben in einer Form gestalten, die im Gegensatz zu den Verhaltensnormen der Umgebung steht. Während das heterosexuelle Kind mit seiner sich zunehmend differenzierenden und sich in den sozialen Beziehungen entfaltenden sexuellen Ausrichtung in einer Umwelt heranwächst, die es so erwartet, wie es sich fühlt und selbst sieht, fehlt den lesbischen, schwulen und bisexuellen Kindern diese Bejahung und Bestätigung durch die Umgebung. Sie müssen damit auf etwas verzichten, das für ihr Selbstwertgefühl und für die weitere Konsolidierung ihrer Identitätsgefühle von großer Bedeutung wäre. Stattdessen empfinden sie sich in etlicher Hinsicht „anders" als ihre gleichaltrigen Kameradinnen und Kameraden, werden vielfach nicht akzeptiert und sind im Hinblick auf wichtige Aspekte ihrer Entwicklung oft vom Dialog mit anderen Kindern ausgeschlossen. Nicht selten sind sie auch Ziel von Spott und Verachtung. Soll es zu einem stabilen Selbstwertgefühl und zur Entfaltung einer positiv erlebten schwulen, lesbischen und bisexuellen Identität kommen, so ist von zentraler Bedeutung, dass der Prozess des coming out konstruktiv durchlaufen und von der näheren und weiteren Umgebung unterstützt wird. Eine wichtige Rolle spielt dabei auch die Ausbildung und Konsolidierung eines lesbischen, schwulen oder bisexuellen Lebens- und Verhaltensstils.

Auch wenn wir davon ausgehen, dass die sexuellen Orientierungen selbst nichts über psychische Gesundheit oder Krankheit aussagen, eröffnen sich bei Lesben, Schwulen und bisexuellen Menschen doch einige spezifische psychotherapeutische und beraterische Aufgaben. Absolut kontraindiziert (weil unmöglich, aber auch unethisch und damit untherapeutisch) ist der Versuch einer Änderung der sexuellen Orientierung. Es kann in der Psychotherapie immer nur darum gehen, die Patientinnen und Patienten auf dem Weg ihrer Selbstfindung zu begleiten und ihnen dazu zu verhelfen, einen ihnen entsprechenden Lebensstil zu finden, der in Übereinstimmung mit ihrer inneren Geschlechtsidentität steht.

Spezifische Aufgaben erwachsen uns jedoch aus der Notwendigkeit, Eltern und Angehörige von Lesben, Schwulen und Bisexuellen zu beraten. Solche Beratungen beinhalten zum einen eine vorurteilsfreie, sachliche Aufklärung über die Entwicklung und die Lebensweisen der homosexuellen und bisexuellen Menschen, zum anderen aber vor allem auch eine Entlastung der Eltern vom Schuldgefühl, sie seien wegen „Erziehungsfehlern" für die Homo- oder Bisexualität ihrer Kinder verantwortlich (Rauchfleisch 1996b). Eine psychotherapeutische Begleitung bietet sich mitunter im Prozess des coming out an, wenn es darum geht, dass die homosexuellen und bisexuellen Klientinnen und Klienten sich mit den im bisherigen Leben erlittenen Verletzungen, den zum Teil verinnerlichten negativen Bildern von Homo- und Bisexuellen und den Fragen eines ihnen entsprechenden Lebensstils auseinandersetzen. Da die gleichgeschlechtlichen Partnerschaften bisher nur in wenigen Ländern rechtlich abgesichert sind und sozial oft nur wenig akzeptiert werden, kann es auch wichtig sein, im Rahmen von Paartherapien zur Klärung und Stabilisierung der Beziehungen beizutragen (Frossard 1996, Simon 1996).

5. Interdisziplinäre Beiträge und Befunde

Im Hinblick auf die sexuellen Orientierungen liegt von biologischer Seite eine umfangreiche Forschung vor. Sie befasst sich vor allem mit drei Aspekten: mit den genetischen Dispositionen, mit endokrinologischen Einflüssen und mit hirnmorphologischen Ursachen. Die uns heute vorliegenden Befunde sind vielfach widersprüchlich (z.B. die verschiedenen Zwillingsuntersuchungen). Häufig sind die untersuchten Populationen keineswegs repräsentativ, etwa wenn der Neurobiologe LeVay seine hirnmorphologischen Untersuchungen an den Leichen von Aidskranken Schwulen vorgenommen hat. Oder die Befunde sind noch weitgehend hypothetischer Art, wie beispielsweise die 1993 publizierte Beobachtung des amerikanischen Molekularbiologen Dean Hammer, dass ein Gen auf dem X-Chromosom existiere, das die schwule Orientierung bei Männern beeinflusse (einen kritischen Überblick über die aktuelle Forschungslage geben de Cecco und Parker 1995). Als Fazit der uns heute vorliegenden Befunde der biologischen Forschung können wir festhalten, dass den lesbischen, schwulen, bisexuellen und heterosexuellen Orientierungen offensichtlich gewisse hereditäre Dispositionen zugrunde liegen. Wie spezifisch diese „Anlage" ist und unter welchen Bedingungen es zur einen oder anderen Ausformung kommt, lässt sich aufgrund dieser Untersuchungen jedoch nicht eindeutig entscheiden. Das Gegenstück zur biologischen Forschung stellt die Richtung der vor allem soziologisch orientierten Konstruktionisten (McIntosh 1968, Gagnon et al. 1973) dar. Sie postulieren, dass Homo-, Hetero- und Bisexualität keine Zustände oder in der Realität vorhandene Gegebenheiten, sondern soziopolitische Konstruktionen sind und damit einem steten Wandel unterworfen. Auch wenn dies eine einseitige Auffassung ist, kommt ihr insofern große Bedeutung zu, als sie auf das Prozesshafte der sexuellen Orientierungen und auf die Tatsache hinweisen, dass diese unter dem Einfluss sozialer Determinanten einem lebenslangen Wandlungsprozess unterworfen sind.

Literatur

Briefwechsel (1921/22). Briefwechsel der Komiteemitglieder der Internationalen Psychoanalytischen Vereinigung. Columbia University Libraries. Special Coll. Rank Rundbriefe.

Cecco, J.P. de and Parker, D.A. (1995) (Hg.). Sex, cells, and same-sex desire. The biology of sexual preference. New York: Harrington Park Press.

Clement, U. (1990). Empirische Studien zu heterosexuellem Verhalten. Zeitschrift für Sexualforschung, 3, 289–319.

Erikson, E.H. (1966). Identität und Lebenszyklus. Frankfurt/M.: Suhrkamp.

Fast, J. (1991). Von der Einheit zur Differenz. Psychoanalyse der Geschlechtsidentität. Berlin: Springer.

Friedman, R.C. (1993). Männliche Homosexualität. Berlin: Springer.
Frossard, J. (1996). Themen und Trends: Drei Frauen: Ein Paar und seine Therapeutin. System Familie, 9, 199–201.
Gagnon, J. and Simon, W. (1973). Sexual conduct: The social sources of human sexuality. Chicago: Aldine.
Gissrau, B. (1989). Wurzelsuche. Psychoanalytische Überlegungen zur lesbischen und heterosexuellen Identitätsbildung. Beiträge zur feministischen Theorie und Praxis, Bd. 25/26. Lesben, 12, 133–146.
Gissrau, B. (1993). Die Sehnsucht der Frau nach der Frau. Zürich: Kreuz-Verlag.
Haeberle, E.J. und Gindorf, R. (Hg.) (1994). Bisexualitäten. Stuttgart: Fischer.
Hüsers, F. und König, A. (1995). Bisexualität. Stuttgart: Trias.
Isay, R.A. (1990). Schwul sein. Die Entwicklung des Homosexuellen. München: Piper.
Kinsey, A.C., Pomeroy, W.B., Martin, C.E. und Gebhard, P.H. (1963). Das sexuelle Verhalten der Frau. Berlin: Fischer.
Kinsey, A.C., Pomeroy, W.B. und Martin, C.E. (1964). Das sexuelle Verhalten des Mannes. Berlin: Fischer.
Klein, F., Sepekoff, B. and Wolf, T.J. (1985). Sexual orientation: A multi-variable dynamic process. Journal of Homosexuality, 11, 35–49.
Kocher, B. (1996). Widersprüche in Freuds Theorie über die Homosexualität. Zürich: Seminar Angewandte Psychologie.
Künzler, E. (1992). Der homosexuelle Mann in der Psychoanalyse. Forum Psychoanalyse, 8, 202–216.
McIntosh, M. (1968). The homosexual role. Social Problems, 16, 182–192.
Mertens, W. (1992). Entwicklung der Psychosexualität und der Geschlechtsidentität. Bd. 1. Geburt bis 4. Lebensjahr. Stuttgart: Kohlhammer, 3. Aufl., 1997.
Morgenthaler, F. (1987). Homosexualität. Heterosexualität. Perversion. Frankfurt/M.: Fischer.
Rado, S. (1940). A critical examination of the theory of bisexuality. Psychosomatische Medizin, 2, 453–467.
Rauchfleisch, U. (1993). Homosexualität und psychoanalytische Ausbildung. Forum der Psychoanalyse, 9, 339–347.
Rauchfleisch, U. (1996a). Schwule. Lesben. Bisexuelle. Lebensweisen, Vorurteile, Einsichten. Göttingen: Vandenhoeck & Ruprecht, 2. Aufl.
Rauchfleisch, U. (1996b). Zur Beratung männlicher Adoleszenten mit homosexueller Orientierung und ihrer Eltern. Praxis der Kinderpsychologie, 45, 166–170.
Rauchfleisch, U. (1997). Alternative Familienformen. Eineltern, gleichgeschlechtliche Paare, Hausmänner. Göttingen: Vandenhoeck & Ruprecht.
Simon, G. (1996). Working with people in relationships. In D. Davies and C. Neal (Eds.), Pink therapy (pp. 101–115). Buckingham, Philadelphia: Open University Press.
Stakelbeck, F. und Frank, U. (2006). Kommen die neuen psychoanalytischen Theorien zur männlichen Homosexualität aus Amerika? In: P. Hammelstein, U. Biechele und T. Heinricht (Hg): Anders ver-rückt? Lesben und Schwule in der Psychiatrie. Lengerich: Pabst.
Zinik, G. (1985). Identity conflict or adaptive flexibility? Bisexuality reconsidered. Journal of Homosexuality, 11, 7–19.

Hingabe *von Brigitte Boothe*

giving away, surrender – dévouement

1. Definition

„Hingabe" ist eine Geste der Verbindung mit einem Gegenüber. Sie vollzieht sich als Haltung des Überlassens oder als Akt einer Entäußerung, entlastet von Vorbehalt und dargeboten im Modus der unbedingten Hinneigung. Im Moment der Hingabe transzendiert personale Abgrenzung zur Partizipation am personalen Objekt. Hingabe ist eine Form kommunikativer Vitalität und eine Figur der Interpersonalität. In ihr verbindet sich die Dramaturgie der Zuwendung mit dem Gestus des Anvertrauens.

„Hingeben" funktioniert nach dem prototypischen Muster: Eine Person gibt etwas an oder für etwas hin. Hingabe ist als Kulturleistung einzuschätzen. Wenn man den Ausdruck auf Individuen im Neugeborenen- oder frühen Säuglingsstatus anwendet, so geschieht dies gleichsam auf Kredit. Wir sehen das Kind als beispielsweise beseelt von Hingabe an die innige Zärtlichkeit der Mutter.

Das Bedeutungsfeld umfasst (a) Adressatenorientierung, als Akt der Übergabe oder als Haltung des Überlassens; (b) Selbstdezentrierung, oft als Selbstvergessenheit oder als Selbstentäußerung oder als Indienststellung fassbar; Selbstdezentrierung geht mit erhöhter Spannungstoleranz und mit reduziertem Interesse an Maßnahmen der Selbsterhaltung einher; (c) Offenheit, auch Durchlässigkeit, im Sinne des Verzichts auf Grenzsetzung, Reserve und Infragestellung; (d) Kontrollverzicht im Sinne schmiegsamer Resonanz oder des Erliegens; (e) Involviertheit: Der Akt oder die Haltung der Hingabe fordern subjektive Beteiligung, „Inbrunst", und vertragen sich nicht mit Indifferenz.

2. Ideengeschichtlicher Hintergrund

Der Ausdruck „Hingabe" klingt antiquiert, mit dem Beiklang des Schwärmerisch-Sentimentalen. Es handelt sich um ein ästhetisch und sittlich bewertetes Kulturphänomen, das, im Rahmen der gesellschaftlichen Ausgestaltung der Geschlechterdifferenz und der personalen Beziehungen, ästhetischen und/oder moralischen Reiz hat. Der ästhetische Reiz hängt mit der Erotik von Offenheit, Inbrunst und Selbstentäußerung zusammen („weibliche Hingabe"), der moralische Reiz mit Adressatenorientierung und Indienststellung („mütterliche Hingabe" oder „heroische Hingabe"). Die Merkmale Offenheit im Sinne des Verzichts auf kritische Reserve, Selbstdezentrierung als fraglose Dienstbereitschaft und Kontrollverzicht im Sinne von hemmungsloser Willfährigkeit bringen die Beziehungsofferte „Hingabe" in den Verdacht reaktionärer Submissionspropaganda. „Hingabe" als emphatische Entäußerung in der Preisgabe an ein Objekt steht im Verdacht des Inauthentischen, da die Selbstpräsentation in Bezug auf das Objekt durchaus strategischer Natur sein kann. In diesem Fall setzt das Individuum auf den erotischen und/oder die moralische Verführungskraft der Darbietung und übt verdeckte Objektkontrolle aus.

3. Klassische Auffassung

In Freuds Gesamtwerk findet sich der Ausdruck „Hingabe" nur in seiner Schrift „Massenpsychologie und Ich-Analyse" (Freud, 1921c, S. 126) in einem Fall in Anführungszeichen. Des weiteren verwendet er ein einziges Mal den Ausdruck „Hingebung" in seinem „Offenen Brief an Dr. M. Fürst": „Zur sexuellen Aufklärung der Kinder" (Freud, 1907c, S. 22). Hier gehört die Hingebung zu den „psychischen Leistungen des Liebeslebens", und zwar für Personen beiderlei Geschlechts; dort, in „Massenpsychologie und Ich-Analyse", analysiert Freud den Vorgang der „Selbstaufopferung" (S. 124) im Zusammenhang mit „Sexualüberschätzung und Verliebtheit", auch hier ohne Thematisierung einer Geschlechtsdifferenz (S. 124).

„Hingabe" ist im Werk Freuds somit alles andere als ein Schlüsselbegriff; und es ist festzuhalten, dass Freud sich seiner im Rahmen der Analyse der psychischen Leistungen der Geschlechtsdifferenz nicht bedient. Was Freud im Zusammenhang mit der „Selbstaufopferung" ausführt, öffnet indessen geradezu prototypisch das thematische Spektrum.

Freud geht es um die Analyse der Suggestion als psychischer Leistung. Sie ist besonders augenfällig im Rahmen der Massenbildung. Massenbildung kommt nach Freud zustande durch die Übergabe des Ich-Ideals an die Führerfigur; diese Übergabe geht mit Selbstdezentrierung als Indienststellung der eigenen Erlebens-, Verhaltens- und Urteilsbereitschaften bei bedingungsloser Akzeptanz des Führers einher. Notorisch ist die Resonanz auf die Führerfigur bei Ausschaltung nüchterner Sachorientierung. Die Führerfigur verkörpert das Ich-Ideal, so dass der einzelne durch dessen Entäußerung verarmt.

Jedoch gestattet ihm nunmehr die Identifizierung mit dem Führer die Partizipation am Ideal. Dieser Identifikationsvorteil bewirkt die bedenkenlose und rücksichtslose Mobilisierung aller Ressourcen im Dienst des Objekts.

So hat die Hingabe ans Objekt in diesem Verständnis eine hohe Verlockungsprämie: Sie verschafft Partizipation am personifizierten Ideal, eine grenzenlose Entlastung von Diskrepanzspannung und ein Gefühl fraglosen Aufgehobenseins bei gesteigerter Vitalität. Das gilt nicht allein für die Masse, sondern auch für die Erläuterung der Suggestionsbereitschaft bei euphorischer Willigkeit des kritiklos anbetenden Verliebten (Freud 1914d). Daneben ergibt sich eine Parallele zur Hypnose. Hier freilich verknüpft sich die Entäußerung des Eigenwillens nicht mit gesteigerter Vitalität, sondern mit der Versenkung in Bewusstseinstrübung und Schlaf. In allen Fällen verbindet sich die großartige, regressionsfördernde Verarmung des Ichs durch Objektidealisierung mit den Wonnen der konfliktentlastenden Identifikation. Bei der Verliebtheit ist im Vergleich zu Hypnose und Masse die Hemmung der sexuellen Interessen geringer. Kommt die verliebte Person an ihr sexuelles Ziel, so wird der Sexualvollzug zum mächtigen Widerpart der Idealisierung; er gelingt in Freuds Sicht überhaupt nur durch vorübergehende Rücknahme der Idealisierung im Dienst des sexuellen Direktkontakts. Verliebtheit und Sexualität können, bei beiden Geschlechtern, derart in Opposition treten, dass beides jeweils nur mit spezifischen Partnern gelebt werden kann (Freud 1912d). Dies ist, was den männlichen Part angeht, insbesondere dann der Fall, wenn eine phallische Fixierung vorliegt, wenn also die sexuelle Verbindung mit dem weiblichen Gegenüber in der Perspektive infantiler phallischer Konkurrenz erlebt und der weibliche Leib als phallisch defizient gesehen wird. In diesem Fall ist der sexuelle Kontakt für den Mann, zumindest latent, bedrohlich oder aversiv und gestaltet sich in einem Inszenierungsraum, der, mehr oder weniger verdeckt oder deklarativ, das Sexualgeschehen aggressiv oder demütigend destruktiv durchsetzt. Teilt das weibliche Gegenüber die infantile Phantasie von der phallischen Defizienz, so gestaltet sich ihre Bereitschaft, sich sexuell hinzugeben, als masochistische Preisgabe.

Die Verbindung von Idealisierung und Identifikation lässt sich gemäß Freud im weiblichen Sexualvollzug herstellen, und zwar in Orientierung auf die infantile Peniswunsch-Penisneid-Hypothese (Freud 1908c, 1925j). Die infantile Phantasie vom Penismangel schafft u.U. jene großartige Ich-Verarmung als Vorstellung vom ergänzungsbedürftigen Körper-Ich, die Voraussetzung für die Hergabe des Ich-Ideals ans Objekt ist. Eine weibliche Lust des Sich-Überlassens basiert dann auf dem Verlangen, die eigenen leiblichen Grenzen im Glück der lustvollen Ergänzung mit dem anderen Leib zu überwinden. Dieses Verlangen kann sich unter Zuhilfenahme einer regressiven Phantasie im Dienst des Genusses kreativ intensivieren. Dann wird das männliche Sexualangebot zum Geschenk: Der sexuelle Liebesdienst des verliebten Mannes, der die sexuelle Bemächtigung mit der Huldigung der Zärtlichkeit verbindet, macht der Frau im Liebesspiel den Phallus bzw. die phallische Lust zum Geschenk, gestattet also die sinnlichen Wonnen der Identifizierung, was auch für das subjektive Erleben von Schwangerschaft und Geburt bereichernd sein kann (Freud 1931b).

Die Thematik der Suggestion als adressatenorientierte Selbstdezentrierung, bei Offenheit, Kontrollverzicht und Involviertheit, ergänzt sich im Denken Freuds, wenn er die psychische Leistung des religiösen Erlebens anspricht. Er verwendet in diesem Zusammenhang den Ausdruck Hingabe nicht, charakterisiert jedoch die demutsvolle Selbstentäußerung eines glaubensbereiten und zur Duldsamkeit wie Schicksalsgelassenheit fähigen Subjekts nach jenen Merkmalen, die aus seiner Sicht die Führergläubigkeit kennzeichnen. Neu und anders ist im religiösen Bereich freilich die kreative Leistung der Orientierung auf ein nichtphysisch, nichtsinnlich gegebenes Gottesbild (Freud 1939a) und die Verknüpfung mit einem großartigen, mythischen Schuldthema, kreisend um das Verlangen nach Selbstverfügung und selbstbestimmter Freiheit zum Triebgenuss einerseits und der Not andererseits, einer mächtigen Elternfigur zu bedürfen, um einen Ort der Zugehörigkeit, Heimatlichkeit und des Schutzes zu finden. Die Hingabe an das Göttliche ist in der Sicht Freuds ein illusionärer Fluchtpunkt, der sich letztlich der Nüchternheit des realen Sachbezugs und der Einwilligung in die Begrenztheit der Humanexistenz verweigert (Freud 1927c).

Mit der Einführung der Theorie vom Todestrieb geraten Phänomene der Hingabe, sofern es die Aspekte der Auflösung und Selbstauflösung sowie des Verzichts auf Selbst- und Objekterhaltung betrifft, in ein neues Licht. Zerfall, Auflösung und Erlöschen der Vitalität stellen in diesem spekulativen Entwurf essentielle Tendenzen jeden organischen Lebens dar, Zellzerstörung und biologischer Tod sind Ergebnisse eines teleologischen, aber auch im Individuum wirkenden intentionalen Prozesses, der als solcher in der Ruhe des Anorganischen stumme Erfüllung findet (Freud 1920g). Die Theorie vom Todestrieb limitiert die Erklärungspotenz der Sexualität; diese wird nunmehr, antagonistisch zur auflösenden und spannungslöschenden Tendenz des Todestriebs, zur Tendenz, die Bindung herstellt, mit der Verlockungsprämie der Erregungslust. Das im Lebensalltag in vielfältiger Form beobachtbare Verlangen, sich aufzugeben, zu verlöschen, sei es im Übergang zum Schlaf, in der Leere der Antriebslosigkeit, im Moment beispielsweise des Ergriffenseins oder der Trauer, kann nunmehr als Ausdruck einer urwüchsigen Neigung gelten, als Ausdruck einer Neigung, zum Tod hin zu vergehen. Die Ressourcen der Lebenstriebe sind gemäß dieser Sicht systematisch begrenzt, befristet und erschöpfbar; und die kurz- oder längerfristige Bereitschaft von Individuen oder Menschengruppen, ihre Selbstverfügung zugunsten eines machtvollen und vielleicht todbringenden Prinzips aufzugeben, wird vor diesem Hintergrund in ein neues Licht gerückt.

4. Wesentliche Erweiterungen, Differenzierungen und Modifikationen

Bekanntlich bildet die spekulative Theorie vom Todestrieb auch innerhalb der psychoanalytischen Gemeinschaft der Forscher und Praktiker einen umstrittenen Baustein der Psychoanalyse (Laplanche und Pontalis, 1972, S. 499ff.). Gleichwohl fordert sie zu anspruchsvoller theoretischer Auseinandersetzung heraus (neuerdings Schmidt-Hellerau 1995). Um nur einige kritische Fragen zu nennen: Einerseits scheint sich die Annahme vom Todestrieb gut mit der postulierten Tendenz zur vollständigen Abfuhr von Erregung zu vertragen, die Freuds Metapsychologie neben dem Konstanzprinzip von früh an begleitet; andererseits lassen sich die Charaktere des Triebhaften kaum mit jenem abstrakten Deutungsaxiom des Zerfallsgeschehens vereinbaren. Auch bleibt das Bild von der Ruhe des Anorganischen perspektivisch unbestimmt, denn das Gleichnis der Ruhe ist in Bezug auf die bewegten Schicksale der chemischen und physikalischen Prozesse etwa des mineralischen Lebens deplaziert. Gilt die absolute Untangierbarkeit der Todesruhe aber als Fluchtort aus den Forderungen vitaler Beanspruchung im Rahmen der Lebensführung von Wesen, die dem Schmerz ausgesetzt sind, wird sie kenntlich als Sehnsucht und Wunschvorstellung der Geplagten; sie findet sich kulturell ausgeformt in den Endzeitmodellen der großen Weltreligionen, in denen das organische Leben überwunden wird zugunsten der ewigen Ruhe der Seelen.

Die Analyse des Übertragungsgeschehens ist noch heute aktuell. Aufmerksamkeit gilt daher der Suggestion als komplexer Delegation eines Teils des eigenen Ichs an ein idealisiertes Gegenüber mit dem Vorteil der Spannungsentlastung, des Erlebens von Zugehörigkeit und des identifikatorischen Mitgenusses machtvoller Objektressourcen. In wissenschaftstheoretischer Perspektive fragt Grünbaum (1988), ob diese Hingabe des Patienten, sein Attachement an die Figur des Arztes, in ihrer Wirksamkeit je valide vom Prozess eines als suggestionsfrei postulierten Einsichtsprozesses zu trennen sei. Diese Frage erscheint jenen modernen Vertretern der Psychoanalyse als nachrangig, die den Behandlungsprozess und seine Wirkfaktoren auf einer Beziehungsmatrix beschreiben, also nicht mehr von einer Ein-Personen-, sondern von einer Zwei-Personen-Psychologie ausgehen. Hier werden die soziale Interaktion, die Prozesse der Verständigung und das Kooperationsgeschehen in seinen benignen und malignen Praktiken thematisch und u.U. zum Zentrum der Untersuchung (Krause 1997, Thomä und Kächele 1985). Zu den Verständigungsprozessen gehören Kompetenzen einer Kultur der Hingabe: die Herstellung eines intermediären, kreativen, Raumes (Winnicott 1974), die Fähigkeit der Empathie (die durch Winnicotts Modell der primären Mütterlichkeit (1974) und in der Selbstpsychologie im Gefolge Kohuts (1977) beherrschende Bedeutung gewonnen hat) und die der probeweisen Identifikation (die gerade im psychoanalytischen Bühnenmodell bedeutsam ist).

Hingabe ist als deskriptive Redewendung im Zusammenhang mit Ausführungen über die Begegnung der Geschlechter außer Gebrauch. Die assoziative Nähe zu Autonomieverlust, Fremdverfügung und Masochismus (letzteres sollte nach Deutsch, 1948, dem weiblichen Sexualerleben inhärent sein) wirkt peinlich. Der Rekurs auf die Penisneid- und Peniswunschannahme und ihre mögliche Rolle in der Sexualbegegnung gilt, einerseits im Licht feministischer Debatten, andererseits angesichts der noch aktuellen Infragestellung spezifisch triebtheoretischer Annahmen, für die Normalität und die Pathologie des Liebeslebens eher als obsolet. Die Thematisierung sexueller und emotionaler Hingabe weckt im Zusammenhang mit der psychoanalytischen Theorie der Weiblichkeit gerade bei modernen Leserinnen und Autorinnen eher Unbehagen, Skepsis und Misstrauen, da sich hier die im Rahmen des aktuellen Geschlechterdiskurses als vorrangig und entscheidend angesehene Frage des Verzichts auf oder des Verlustes von weiblicher Subjekthaftigkeit geltend macht. Kernberg legt ein objektbeziehungspsychologisches, normativ umrissenes Modell „sexueller Leidenschaft“ (1988, S. 329ff.) vor, demzufolge der Liebende und die Liebende körperliche Erregung, Zentrierung des hochgeschätzten, geheimnisvollen, berührbaren, aber undurchdringlichen Objekts, Selbstpreisgabe und Erleben von Transzendenz im ekstatischen Augenblick der Begegnung integriert. Dabei ist die sexuelle Bezogenheit der Liebenden symmetrisch gedacht; der Kampf der Geschlechter ist in der wechselseitigen Hingabe mindestens dem Ideal nach überwindbar. So attraktiv dieses Bild wechselseitiger Hingabe sein mag, es scheint doch eher den Liebesidealen der Weltliteratur zu genügen als die Alltagsnot der Liebeswilligen zu spiegeln, die sich damit plagen, dass sexuelle Aktivität, Bindungsverhalten und Selbstprofilierung im 20. Jahrhundert äußerst nachdrücklich als je eigene und durchaus widersprüchliche Herausforderungen, auch in der Liebesbegegnung, in Erscheinung treten.

5. Interdisziplinäre Beiträge und Befunde

Von Matt (1989, S. 349) schreibt im Rahmen der Analyse von Beispielen aus der Literatur des 19. Jahrhunderts: „Daß die Liebe aus dem Machtbereich dieser neuen Kälte ausgespart bleiben könne, ist noch auf lange hin eine Illusion, die eifrig geschürt wird...“ Er arbeitet an männlichen wie weiblichen Figuren einen neuen, von Zweck- und Erfolgsrationalität beseelten Typus heraus, dessen Erleben und Handeln sich im Emporkommen, der Karrieregestaltung, der finanziellen Unabhängigkeit und dem Statusgewinn erfüllt und dabei dem Liebeserleben wie der Liebesbindung nur funktionale oder aber dysfunktionale Bedeutung beimisst. Die Bedeutung menschlicher Hingabe an ein menschliches Gegenüber zerfällt im Zynismus oder wird lächerlich als bloße Dummheit oder unwürdige Submission. Die unbehagliche Antiquiertheit des Wortes hebt sich mit diesem Verweis auf das Selbst-Ruinöse noch klarer heraus.

Ein Mittel, der Existenzbedingung kalter Geschäftigkeit zu entgehen und gleichzeitig Profil wie auch Unabhängigkeit zu gewinnen, ist die aktive Erzeugung von Selbsthingabe im Tun, etwa im „flow"-Erleben des kreativen Handelns, das Csikszentmihalyi (1997) eingehend beschreibt und mit großem Erfolg als Verheißung vitalen Einverständnisses mit der eigenen Wirksamkeit im Weltkontakt empfiehlt.

Denkt man an die Schrecken massenhafter Selbstpreisgabe im faschistischen Führersystem des Nationalsozialismus, wird die fanatische Selbstentäußerung hier zur Fratze. Die Förderung von Kritikfähigkeit, Unabhängigkeit, Selbstbestimmung, Abgrenzung, wie in der Kritischen Theorie und im Ideal der kommunikativen Ethik (Habermas 1971) vertreten, propagierten sich als Schutzmaßnahmen gegen die verheerenden Folgen blinder Selbsthingabe.

Aber das kritische Subjekt in seiner Aufklärung und seiner Abgrenzung bleibt einsam; es handelt sich um die „Einsamkeit des moralischen Subjekts in der Moderne", etwas Stummes und Radikales, wie von Matt (1989, S. 412ff.) ausführt, eine Einsamkeit, die in der literarischen Kultur exemplarisch bei Uwe Johnson den „Hymnus auf die unbedingte Bindung" hervorgebracht hat, als dem Zerbrechen preisgegebene Sehnsucht, sich bewahren zu dürfen beim andern (S. 415).

Literatur

Csikszentmihalyi, M. (1997). Kreativität. Stuttgart: Klett-Cotta, 2. Aufl.

Deutsch, H. (1948). Psychologie der Frau. Bern: Huber.

Freud, S. (1907c). Zur sexuellen Aufklärung der Kinder. Offener Brief an Dr. M. Fürst. GW 7, 19–27.

Grünbaum, A. (1988). Die Grundlagen der Psychoanalyse. Stuttgart: Reclam.

Habermas, J. (1971). Theorie des Kommunikativen Handelns I und II. Frankfurt: Suhrkamp.

Kernberg, O.F. (1988). Innere Welt und äußere Realität. Anwendungen der Objektbeziehungstheorie. München: Verlag Internationale Psychoanalyse.

Kohut, H. (1977). Introspektion, Empathie und Psychoanalyse. Frankfurt: Suhrkamp.

Krause, R. (1997). Allgemeine psychoanalytische Krankheitslehre. Band I. Stuttgart: Kohlhammer.

Matt, P. von (1989). Liebesverrat. Die Treulosen in der Literatur. München: Hanser.

Schmidt-Hellerau, C. (1995). Lebenstrieb und Todestrieb. Libido und Lethe. Ein formalisiertes konsistentes Modell der psychoanalytischen Trieb- und Strukturtheorie. Stuttgart: Verlag Internationale Psychoanalyse.

Thomä, H. und Kächele, H. (1985). Lehrbuch der psychoanalytischen Therapie. Band I. Berlin: Springer.

Winnicott, D. (1974). Reifungsprozesse und fördernde Umwelt. München: Kindler.

Humor *von Willi Frings*

humor – humeur

1. Definition

Humor im psychoanalytischen Sinne ist nicht nur eine Form der Kommunikation und Interaktion, sondern eine Eigenschaft der Person, die sich in einer inneren Haltung, einem spezifischen Umgang mit Affekten ausdrückt. Hauptmerkmal dieser Haltung zur Welt und zu sich selbst ist die Fähigkeit zur Distanzierung von leidvollen Erfahrungen und inneren Konflikten, die sich in einer heiter-gelassenen und akzeptierenden, aber auch in einer zynischen, sarkastischen und aggressiv abwehrenden Einstellung zeigen kann. Da Humor ein umfassendes psychologisches Phänomen ist, können je nach Perspektive der Betrachtung eine Unzahl weiterer Merkmale genannt werden, wie z.B. die Bewältigung von Affekten, die Verbindung von Ernst und Spiel, die Gegenüberstellung kontrastierender Gedankeninhalte oder die Anerkennung eigener Grenzen. Die humorvolle Haltung tritt meist mit einem erheiternden Stimulus, einem Scherz oder Witz und mit einem Lächeln oder Lachen in Erscheinung, ohne jedoch mit diesen identisch zu sein. Lächeln und Lachen tritt oft ohne wirkliche Heiterkeit auf (z. B. aus Verlegenheit oder bei einer Begrüßung), während Humor auch ohne Ausdrucksphänomen auskommt. Humorvoll zu sein bedeutet demnach mehr als Witze produzieren und rezipieren zu können. Die Möglichkeit zur Leidensabwehr, zum Umgang mit Konflikten und den verschiedensten Affekten veranlasste Freud, den Humor als „hochstehende Abwehrleistung" (1905c, S. 266) zu bezeichnen.

Während Freud den Humor als grundsätzlich positive Einstellung postulierte, machen spätere Autoren immer wieder eine Unterscheidung und sprechen von „echtem", „reifem" oder „konstruktivem" Humor, um ihn von „neurotischen", „unreifen" oder „destruktiven" Formen abzugrenzen. Dabei wird allgemein die heiter-gelassene Einstellung als „reif" und die feindselig-aggressive Einstellung als „unreif" angesehen.

2. Klassische Auffassung

Im allgemeinen Sprachgebrauch von heute ist Humor ein Oberbegriff für alles, was uns erheitert und zum Lachen bringt. In Freuds Unterscheidung von Witz, Komik und Humor lässt sich die klassische Dreiteilung psychischer Aktivitäten in konativ (Strebung, Antrieb, Trieb – Witz), kognitiv (Gedanken, Vorstellungen – Komik) und affektiv (Affekte, Gefühle – Humor) wiederfinden, an der auch spätere Autoren wie zum Beispiel Eysenck (1947) festgehalten haben. Gemäß dem damaligen, triebtheoretisch dominierten Stand der Psychoanalyse identifizierte Freud (1905c) die Ersparnis einer nicht genauer definierten psychischen Energie als Hauptmechanismus der Lustentstehung aller drei Humorarten.

Den Witz definierte Freud als eine Möglichkeit, an vorher unzugängliche, meist unbewusste Lustquellen zu gelangen. Mit Ausnahme von wenigen „harmlosen" Beispielen beziehen die Witze ihre Lust aus der Befriedigung obszöner, aggressiver, zynischer oder skeptischer Tendenzen. Die sprachliche Form des Witzes ist in der Lage, die Zensur zu umgehen und die unterdrückten Tendenzen zu verstärken. Der damit ersparte Hemmungsaufwand kann „abgelacht" werden.

Die Lust des Komischen (etwa bei den Kapriolen und Ungeschicklichkeiten eines Clowns; verglichen wird hier zum Beispiel der erwartete Handlungsablauf und das tatsächliche Geschehen) erwächst nach Freud aus „erspartem Vorstellungs(Besetzungs)-aufwand" (1905c, S. 269) nach einem kognitiven Vergleich. Der interessierte Leser mag die nur im Originaltext wirklich verständliche Theorie bei Freud (1905c) nachlesen. Die Komik ist unbestritten ein schwächerer Teil der Freud'schen Humortheorie.

Der Humor im eigentlichen Sinne wurde von Freud zunächst als ersparter Affektaufwand definiert. Indem der Humor die Energie der ursprünglichen Affekte zumindest teilweise abzieht und für seine Zwecke verwendet, gelingt ihm eine Abwehrleistung, ohne „den mit dem peinlichen Affekt verknüpften Vorstellungsinhalt der bewußten Aufmerksamkeit zu entziehen, wie es die Verdrängung tut" (1905c, S. 266). Über 20 Jahre später beschäftigte sich Freud (1927d) erneut mit dem Humor und er definierte ihn nun vor dem Hintergrund seiner erweiterten metapsychologischen Theorie als eine Besetzungsverschiebung vom Ich auf das Überich. Das Überich ist dadurch in der Lage, das Ich zu trösten und seine Lust-Unlust-Reaktionen zu verändern, wie das Erwachsene gegenüber einem Kind tun, dessen Sorgen ihnen von ihrem Standpunkt aus geringfügig erscheinen. Dazu Freuds berühmtes Galgenhumorbeispiel: „Der Spitzbube, der am Montag zur Exekution geführt wird, äußert: ‚Na, diese Woche fängt gut an'„ (1905c, S. 261).

3. Ideengeschichtlicher Hintergrund

Der Begriff Humor stammt aus der Temperamentenlehre, die auf Hippokrates zurückgeht. Die antike und mittelalterliche Medizin kannte vier Körpersäfte (humores), deren Mischung für die Ausprägung von Temperament und Charakter verantwortlich gemacht wurde. Humor bedeutet später im allgemeinen Sprachgebrauch Stimmung, Laune oder Gemütszustand, bis sich ca. um 1800 die Philosophie (Ästhetik) für dieses Thema zu interessieren beginnt. Zu dieser Zeit erhält der Begriff seine heutige Bedeutung einer besonderen Anschauungs- und Darstellungsweise (vgl. Preisendanz 1974).

4. Wesentliche Erweiterungen, Differenzierungen und Modifikationen

Die für eine theoretische Untersuchung durchaus brauchbare Unterteilung von Witz, Komik und Humor stellt sich in der Praxis als immens schwierig dar. Schon Freud hat auf die Unmöglichkeit einer strengen Trennung hingewiesen. So bedienen sich zum Beispiel Humor und Komik der Techniken des Witzes, der Witz profitiert bei der Freisetzung unbewusster Tendenzen von der Affektunterbindung des Humors und schließlich bedarf es einer humorvollen Einstellung, um einen Witz machen zu können. Aggressive und sexuelle Tendenzen allein dem Witz zuzuschreiben und den Humor als rein positive, heiter-gelassene Haltung zu werten, ist eine akademische und im Grunde idealisierende Trennung per definitionem, aber empirisch nicht haltbar. In diesem Zusammenhang sprach Strotzka (1957) von aggressiven Formen des Humors, die entweder aus einer Besetzung strafender Überich-Anteile, oder durch eine Entlastung sadistischer Impulse entsteht. Fabian (1994) schlug vor, eine konstruktive, defizitäre und destruktive Ausprägung der Dimension Humor anzunehmen, mit entsprechend feindseligem Witz, verletzender Ironie usw. Bergler (1956) sieht im Humor generell eine aggressive Tendenz, wobei das Ich gegen das Ich-Ideal „pseudoaggressiv" vorgeht, um vom eigenen psychischen Masochismus abzulenken. Ein Zusammenhang zwischen Humor und psychischem Masochismus wird auch von anderen Autoren vertreten wie z.B. Dooley (1941) oder Grotjahn (1974). Die Ersparnis an Affektaufwand im Humor wurde von Winterstein (1932) bezweifelt. Nach seiner Auffassung findet nicht nur ein Wechsel von Ich-Besetzung auf das Überich statt, sondern zusätzlich eine Transformation von Objektlibido in narzisstische Libido, ein der Sublimierung ähnlicher Vorgang.

5. Die Bedeutung des Begriffs in verschiedenen psychoanalytischen Schulrichtungen

Kohut (1975) sieht den Humor im Rahmen seiner Selbstpsychologie als eine der Umformungen des Narzissmus. „Humor wie kosmischer Narzißmus sind also beides Umformungen des Narzißmus, die den Menschen helfen, die äußerste Meisterschaft über die Forderungen des narzißtischen Selbst zu erlangen, d.h. die Erkenntnis seiner Endlichkeit im Prinzip und selbst seines bevorstehenden Endes zu ertragen" (1975, S. 163).

Interpersonell orientierte Psychoanalytiker kritisierten die monadische Ausrichtung der Freud'schen Konzeption und verwiesen auf die interaktionellen Kompetenzen des Humors. Die Ich-Psychologie sieht den Humor als autonome Ich-Funktion (Löwenstein 1960) und verweist auf Zusammenhänge mit der Ich-Stärke einer Person. Auf die Parallelen zwischen Humor, Spiel und Funktionslust machte Kris (1938) aufmerksam. Die Meisterung von früher angstbesetzten Szenen und die Erlangung von Kompetenzen ist hier der gemeinsame Nenner der Lustentstehung. Die Schwierigkeit, den Humor in seiner definitorischen Vermischung mit dem Witz (also mit enthemmenden, Es-Inhalte freisetzenden Prozessen) als Abwehr zu verstehen, mag dazu beigetragen haben, dass der Humor bis heute meist nicht in die Aufzählungen von Abwehrmechanismen aufgenommen wurde.

Eine dezidierte Neubearbeitung des Humors, die ihn im Rahmen einer Schulrichtung spezifisch und eingehend behandelt, liegt nach meiner Kenntnis derzeit noch nicht vor. Stärker als die theoretischen Erweiterungen haben sich die Überlegungen entwickelt, wie der Humor in der psychoanalytischen Behandlungstechnik einsetzbar gemacht werden kann (vgl. Fabian 1994, Frings 1996).

6. Interdisziplinäre Beiträge und Befunde

Die Zahl der Theorien über den Humor ist außerordentlich zahlreich. Dabei beschäftigen sich die meisten nur mit dem Stimulus, der zum Lachen führt und nicht mit dem komplexeren Thema „Humor als Eigenschaft einer Person". Ein gutes Koordinatenkreuz für die Übersicht der Theorien bietet die folgende Einteilung: kognitiv-perzeptiven Ansätzen liegt der Gedanke zugrunde, dass ein Großteil dessen, was den Humor ausmacht, durch das Nebeneinander von Elementen bedingt ist, die als gegensätzlich, widersprüchlich, mit anderen Worten als inkongruent erlebt werden. Der Lustgewinn liegt darin, eine vertraute Sache oder Person in einen völlig anderen Kontext oder Bezugsrahmen eingeordnet zu sehen als es der eigenen Erwartung entspricht. Sozial-verhaltenstheoretische Ansätze (superiority, disparagement oder hostility theories) basieren auf der Annahme, dass die Grundlage all dessen, was als komisch oder humorvoll empfunden wird, aggressiver Natur ist. Das Lachen ist immer ein Lachen über jemanden. Das heißt, das Lachen beinhaltet immer ein Überlegenheitsgefühl. Die dritte Theoriengruppe schließlich, der auch die Beiträge Freuds in der Hauptsache zugeordnet werden, beschäftigt sich mit den emotionalen und physiologischen Aspekten eines humorvollen Ereignisses.

Die meisten Beiträge zur Humorforschung kommen heute aus der Linguistik (z. B. Raskin 1995) und der (Test-)Psychologie; Titze (1998 gibt einen guten Überblick über die Humorforschung in Bezug auf Grundlagen und therapeutische Anwendungen. Der Religionswissenschaftler M. von Brück hat die spirituelle Dimension des Humors in den Religionen beleuchtet. Statistische Überprüfungen der Freud'schen Humortheorie beschäftigen sich meist mit marginalen Aspekten der Theorie. Interessant ist jedoch eine Untersuchung von O'Connell (1960), die sich auf die Abwehrleistung des Humors bezieht. Freud sah den Humor als eine sehr gut angepasste, „hochstehende" Form der Abwehr an. O'Connell entwickelte daraus die Voraussage, dass gut angepasste Personen den Humor mehr schätzen (gemessen mit dem „Wit and Humor Appreciation Test", den O'Connell hierfür selbst entwickelt hat) als andere, was tatsächlich statistisch bestätigt werden konnte. Eine weitere Arbeit O'Connells (1964) zeigt, dass der Humor als Eigenschaft nicht nur als sogenannter „Galgenhumor" besteht, sondern viel facettenreicher ist. Er fand faktorenanalytisch vier Subtypen des Humors, die er mit „loss-of-face", „gallows humor", „being persued" und „nonfatal-loss" bezeichnet.

Literatur

Bergler, E. (1956). Laughter and the sense of humor. New York: Intercontinental Medical Book Corporation.

Dooley, L. (1941). The relation of humor to masochism. Psychoanalytic Review, 28, 37–46.

Eysenck, H.J. (1947). Dimensions of personality. London: Routledge & Kegan Paul.

Fabian, E.E. (1994). The significance of humour in psychotherapy. Dynamic Psychiatry, 27, 245–251.

Frings, W. (1996). Humor in der Psychoanalyse. Stuttgart: Kohlhammer.

Grotjahn, M. (1974). Vom Sinn des Lachens. München: Kindler.

Kris, E. (1938). Ego development and the comic. International Journal of Psycho-Analysis, 19, 77–90.

Kohut, H. (1975). Die Zukunft der Psychoanalyse. Frankfurt/M.: Suhrkamp.

Löwenstein, R.M. (1960). Bemerkungen über einige Variationen der psychoanalytischen Technik. Psyche – Z Psychoanal, 10, 594–608.

O'Connell, W.E. (1960). The adaptive function of wit and humor. Journal of Abnormal and Social Psychology, 61, 263–270.

O'Connell, W.E. (1964). Multidimensional investigation of Freudian humor. Psychiatric Quarterly, 38, 98–108.

Preisendanz, W. (1974). Humor. In J. Ritter (Hg.), Historisches Wörterbuch der Philosophie, Bd. 3. Basel: Schwabe & Co.

Raskin, V. (1985). Semantic mechanisms of humor. Boston: Reidl Publishing Company.

Strotzka, H. (1957). Versuch über den Humor. Psyche – Z Psychoanal, 10, 597–609.

Titze, M. und Eschenröder, C.T. (1998). Therapeutischer Humor. Grundlagen und Anwendungen. Frankfurt/M.: Fischer.

Winterstein, A. (1934). Contributions to the problem of humor. Psychoanalytic Quarterly, 3, 303–316.

Hypochondrie

von Christian Heinrich Röder und Gerd Overbeck

hypochondria – hypochondrie

1. Definition

Hypochondrie bezeichnet eine auch durch wiederholte Untersuchungen nicht zu widerlegende Überzeugung, an einer Krankheit zu leiden, für die sich kein somatischer Befund erheben lässt. Die Hypochondrie ist keine einheitliche nosologische Entität, sondern kann Ausdruck einer Anpassungsstörung, einer Neurose, einer Charakterneurose oder sogar einer Psychose sein. Hypochondrische Symptome sind vielgestaltig und wechselhaft und können jedes Organ betreffen (Overbeck et al. 1975, Hirsch 1989, Hoffmann 1991). Die Symptome sind meist diffus und physiologische Unregelmäßigkeiten körperlicher Funktionen werden als Zeichen schwerer Krankheit genommen.

2. Klassische Auffassung

Freuds Beschäftigung mit der Hypochondrie blieb eher marginal. In einer sehr frühen Schaffensphase (Freud 1895b), in der er den Gegensatz zwischen Ich- und Sexualtrieb sah (erste Triebtheorie), war für ihn die Hypochondrie Ausdruck eines aktuellen Konflikts. Die Ursprünge der Hypochondrie waren seiner Meinung nach nicht psychisch, sondern somatisch. Die aus den somatischen Quellen rührende sexuelle Erregung werde wegen fehlender oder unzureichender psychischer Verarbeitungsmöglichkeiten unmittelbar in hypochondrische Angst transformiert. Sie habe deshalb keine symbolische Bedeutung mehr. Mit der Angstneurose und der Neurasthenie reihte er sie unter den Aktualneurosen ein.

Erst in „Zur Einführung des Narzißmus" (Freud 1914c) griff er das Thema wieder auf. Inzwischen hatte er die Triebtheorie dahin entwickelt, die Gegensätze zwischen narzisstischer und Objektlibido zu lokalisieren (zweite Triebtheorie). Neben dem aktualneurotischen betonte er nun den narzisstischen Aspekt der Hypochondrie und rechnete sie, wie die Schizophrenie, zu den narzisstischen Neurosen. Er nahm an, dass entsprechend seines Konzeptes der erogenen Zonen (Freud 1905d) die libidinöse Besetzung eines Organs bei der Hypochondrie stark zunehme, da Erogenität eine Eigenschaft aller Organe sei, und die abgezogene Objektlibido im Sinne eines Fließgleichgewichts auf das Ich verschoben werde. Während die Libido bei den Übertragungsneurosen bei den phantasierten Objekten verbleibe, werde sie bei der Paraphrenie auf das Ich zurückgezogen, und es entstehe ein Größenwahn. Misslinge die psychische Bewältigung, „entspringe die Hypochondrie der Paraphrenie" (Freud 1914c) als misslungene Bewältigung.

3. Wesentliche Erweiterungen, Differenzierungen und Modifikationen

Die Weiterentwicklung der Triebtheorie in Richtung eines objektbeziehungstheoretischen Modells erfolgte durch Ferenczi, Schilder und Levy. Ferenczi hielt zwar an Freuds Trennung zwischen Objekt- und Ich-Libido fest, maß aber der objektlibidinösen Strebung größeres Gewicht bei und lehnte das Modell des energetischen Fließgleichgewichts ab. Er meinte, dass organische

Krankheit nicht nur einen narzisstischen, sondern auch übertragungsneurotischen Libidostau zur Folge habe (Ferenczi 1916). Im Vergleich zu Freud versuchte Ferenczi, die Unvereinbarkeit der Modelle für Hypochondrie und Konversion und auf dynamischer Grundlage eine differentialdiagnostische und nosologische Bestimmung der Hypochondrie herauszuarbeiten.

Schilder (1925) führte diese Überlegung fort. Bei der Hypochondrie setze ein Verdrängungsprozess ein, der das hypochondrisch besetzte Organ aus dem Körper zu drängen versuche. Das Ich zerfalle dabei in einen beobachtenden und einen beobachteten Teil, das Organ werde zum Objekt. Ein libidinöser Konflikt manifestiere sich an einer Fixierungsstelle der narzisstischen Entwicklung. Da in der narzisstischen Entwicklung nicht nur der Körper, sondern auch die Vorstellungen über ihn besetzt würden, könnten Störungen des Körperschemas vegetative Phänomene hervorrufen, die nicht mit Körperphantasien gleichzusetzen seien.

Bedingung für das Entstehen einer Hypochondrie war nach Levy (1932) ein verstärktes Körperinteresse, das u.a durch eigene oder Krankheit von Familienangehörigen und Erfahrungen mit Krankenversorgung entstehe. Wichtigstes Moment sei aber die mütterliche Überbesorgtheit für das Kind. So entstehe ein Körpernarzissmus infolge der Erotisierung des Körpers. In schwierigen Lebenssituationen helfe dann die Hypochondrie, sich den Konflikten zu entziehen. Levy grenzte die Hypochondrie gegen die Psychosen ab und erkannte im hypochondrischen Konflikt eine in heutiger Diktion strukturelle Ich-Schwäche infolge infantiler, identifikatorischer Prozesse.

4. Die Bedeutung des Begriffs in verschiedenen psychoanalytischen Schulrichtungen

Über die verschiedenen psychoanalytischen Schulen hinweg gibt es bestimmte Aspekte der Hypochondrie, die als relevant für die Genese angesehen werden. Fast alle verbanden sie mit der Internalisierung eines ambivalent besetzten Objektes oder verknüpften sie mit aggressiven Affekten oder Konflikten. Es verwundert nicht, dass sich aber trotz dieser Gemeinsamkeit erhebliche Differenzen über die Genese und die damit verbundenen psychodynamischen Prozesse finden, wie dies auch für viele andere Krankheitsbilder bekannt ist. Einigkeit herrschte darüber, dass die Hypochondrie nicht als nosologische Entität zu bestimmen sei, vielmehr als Begleitsymptom anderen Krankheitsbildern zuzuordnen sei. Insofern stellt die Hypochondrie, als in der Psychoanalyse nur wenig thematisierte Störung, eher ein Spiegelbild des Schulenstreits dar, als dass eine immanente Diskussion darüber in Gang gekommen wäre.

Aus kleinianischer Sicht definierte Hart (1947) einen strukturellen Narzissmusbegriff, der sich an inneren Objektbeziehungen orientiert. Bei der Hypochondrie führe Aggression gegen internalisierte Objekte zu einer Identifikation derselben mit einem Organ und einer Bestrafung mit dem hypochondrischen Symptom. Dabei könne es zu einer Störung des narzisstischen Gleichgewichts kommen, das sich ebenfalls körperlich manifestiere.

Thorner (1955) vermutete, dass die Phantasie der Verfolgung durch innere Objekte bei der Hypochondrie zu einer Veränderung des Körperichs führe.

Als Abwehr gegen das Abgleiten in die Psychose verstand Rosenfeld (1964) die Hypochondrie. Ständige Selbstbeobachtung diene dazu, unerträgliche Impulse und Angst aus der psychischen Sphäre fernzuhalten, wichtiger Abwehrmechanismus sei die Spaltung. Im Vergleich zu psychosomatischen Erkrankungen sei die Angst aber nicht im Körpersymptom allein gebunden.

Die Vertreter der Ich-Psychologie konzentrierten sich in ihren Überlegungen mehr auf die Analyse der Abwehrprozesse, die sich gegen reale Entsagungen in der Entwicklung richteten, deren kognitive Aspekte und reale Erfahrungen, i.S. von Zuwendung oder Frustrationen, sie stärker betonten. Auch sie erkannten die Aggression als wichtiges Moment (Grosch 1957), ebenso wie den Narzissmus (Reich 1960). In der Ätiologie benannten sie aber die Konflikte mit der Außenwelt als wesentliches Konstituens der

Hypochondrie; Aggression entstehe nur als Reaktion auf frustrierte libidinöse Strebungen. Eine verlängerte infantile Abhängigkeit und ödipale Einstellung durch eine symbiotische Mutter-Kind-Dyade führe beim Versuch der Ablösung zum Konflikt, die aggressiven Phantasien gegen die Mutter würden in das hypochondrische Symptom verwandelt (Bräutigam 1956). Unvollständige Ich-Differenzierung und mangelnde Trennung zwischen Selbst und Objekt führe zu einem Narzissmus, der Ängste der frühen Kindheit abwehre, und zu magischer Verneinung der eigenen Schwäche. Fehlende narzisstische Zufuhr verursache zunächst nichtneutralisierbare Aggression, die dann im hypochondrischen Symptom abgewehrt werde (Reich 1960).

Die Objektbeziehungspsychologie nimmt Aspekte beider Schulen auf, indem sie äußeren wie inneren Objekten gleichermaßen Bedeutung zumisst. Kernberg (1967) diskutiert sie in Zusammenhang mit der Borderline-Persönlichkeitsstörung, die nur eine Facette der möglichen Grundstörungen bei der Hypochondrie ist, grenzt sie aber zugleich gegen eine hypochondrische Tendenz bei Angsterkrankungen ab. Die Hypochondrie bleibt in Kernbergs Konzept der Borderline-Störung aber am Rande. Kohut (1973, 1979) versteht die Hypochondrie als Folge eines drohenden Zerfalls des Selbst. Exzeptionell bleibt sein Konzept insofern, als er Triebhaftes, insbesondere Aggression, als ätiologischen Faktor negiert. Aber auch für ihn spielt die Hypochondrie nur eine periphere Rolle. Auslöser hypochondrischer Phänomene ist die mit dem drohenden Selbstzerfall einhergehende Angst.

Overbeck et al. (1975) beschrieben beim Magenhypochonder die oralsadistische Introjektion des konflikthaft besetzten Objekts, die Integration in das Körper-Ich und seine Vernichtung durch Verdauung.

Mentzos (1982) beschreibt den hypochondrischen Modus als ein Zusammenspiel introjektiver und projektiver Vorgänge, bei denen zunächst diffuse Ängste oder aggressive Tendenzen introjiziert und dann als Krankheit in den Körper projiziert und damit symbolisch fassbar werden.

Für Hirsch (1989) repräsentiert das hypochondrische Symptom – ähnlich wie bei der Herzneurose – das als feindselig erlebte Selbstobjekt und leugnet zugleich im Symptom das Verlassensein, i.e. das Symptom ist Repräsentant des verlorenen Selbstobjekts. In der Betonung des Konfliktcharakters des Symptoms integriert Hirsch wesentliche Elemente der Objektpsychologie.

Als Ausblick für weitere Forschung muss ein interpersoneller Ansatz gelten, der die Übertragungs- und Gegenübertragungsreaktionen stärker in den Blick nimmt, hier liegt aber bisher keine Literatur vor.

5. Interdisziplinäre Beiträge und Befunde

Sowohl ICD-10 (WHO 1993) als auch DSM-IV (APA 1994) haben die Hypochondrie als Diagnose aufgenommen. Grundlage sind Ergebnisse kognitionspsychologischer und z.T. auch psychophysiologischer Arbeiten. So wurde eine verminderte Wahrnehmungsschwelle für somatische Vorgänge (Barsky et al. 1983) und eine geringere Schmerztoleranz (Bianchi 1973) beschrieben, zum anderen wird Hypochondrie als erlerntes soziales Verhalten interpretiert (Kellner 1985). Viele der Autoren versuchten zunächst eine epidemiologische Bestandsaufnahme (z.B. Kirmayer et al. 1991, Barsky et al. 1992), andere untersuchten die Stellung der Hypochondrie in Bezug auf somatoforme Störungen (Palsson 1988), zu Depression (Kellner et al. 1989) und zu Angst. Hypochondrie und multiple somatoforme Störungen lassen sich danach als abgegrenzte Störungen definieren; Hypochondrie korreliert mehr mit Angst, und somatoforme Störungen mehr mit Depression. Auch findet sich der Begriff der „.sekundären Hypochondrie“ (ursprünglich bei Pilowsky 1970), unter dem heute hypochondrische Tendenzen während körperlicher Erkrankung verstanden werden (Barsky et al. 1991).

Problematisch bleibt die Vergleichbarkeit der einzelnen Arbeiten, da sehr verschiedene Instrumente (Interviews, Psychometrieskalen u.a.m.) benutzt wurden, deren theoretischer Hintergrund differiert. Darüber hinaus ist die Operationalisierbarkeit des Begriffs problematisch. In dieser Hinsicht ist auf die im vorigen Abschnitt gewünschten interpersonell orientierten Forschungsansätze zu verweisen.

Literatur

American Psychiatric Association (1994). Diagnostic and Statistical Manual of Mental Disorders. 4th ed. (DSM-IV) American Psychiatric Association, Washington.

Barsky, A. et al. (1983). Overview: hypochondriasis, bodily complaints and somatic styles. American Journal of Psychiatry, 140, 273–283.

Barsky, A. et al. (1991). The relationship between hypochondriasis and medical illness. Archives of Internal Medicine, 151, 84–88.

Barsky, A. et al. (1992). Psychiatric comorbidity in DSM-III-R hypochondriasis. Archives of General Psychiatry, 49, 101–108.

Bianchi, N. (1973). Patterns of hypochondriasis. A principle components analysis. British Journal of Psychiatry, 122, 541–548.

Bräutigam, W. (1956). Analyse der hypochondrischen Selbstbeobachtung. Nervenarzt, 27, 409–418.

Ferenczi, S. (1916). Über Pathoneurosen. In ders., Bausteine zur Psychoanalyse, Bd. 3 (S.80–94). Bern: Huber, 1964.

Grosch, M. (1957). Über Hypochondrie. Zeitschrift für Psychosomomatische Medizin, 4, 195–205.

Hart, H.H. (1947). Narcissistic equilibrium. International Journal of Psychoanalysis, 28, 106–114.

Hirsch, M. (1989). Hypochondrie und Dysmorphophobie. In ders. (Hg.), Der eigene Körper als Objekt. Zur Psychodynamik selbstdestruktiven Körperagierens (S. 77–93). Heidelberg: Springer.

Hoffmann, S.O. und Egle, U.T. (1991). Psychodynamik und Psychotherapie des Schmerzes. In G. Thomalske (Hg.), Nicht-medikamentöse Therapie des Schmerzes (S. 1–50) Stuttgart: Schattauer.

Kellner, R. et al. (1985). Hostility, somatic symptoms, and hypochondrial fears and beliefs. Journal of Nervous and Mental Diseases, 173, 554–560.

Kellner, R. et al. (1989). Anxiety, depression and somatization in DSM-III-R hypochondriasis. Psychosomatics, 30, 57–64. Journal of Nervous and Mental Diseases, 179, 647–665.

Kernberg, O.F. (1967). Borderline personality organization. Journal of the American Psychoanalytic Association, 15, 641–685.

Kirmayer, L. et al. (1991). Three forms of somatiziation in primary care: prevalence, co-occurence, and sociodemographic characteristics. Journal of Nerval and Mental Diseases, 179, 647–655.

Kohut, H. (1973). Narzißmus. Frankfurt/M.: Suhrkamp.

Kohut, H. (1979). Die Heilung des Selbst. Frankfurt/M.: Suhrkamp.

Mentzos, S. (1982). Neurotische Konfliktverarbeitung. München: Kindler.

Overbeck, G. und Biebl, W. (1975). Psychosomatische Modellvorstellungen zur Pathogenese der Ulkuserkrankung. Psyche – Z Psychoanal, 29, 542–567.

Palsson, N. (1988). Functional somatic symptoms and hypochondriasis among general practice patients: a pilot study. Acta Psychiatrica Scandinavica, 78, 191–197.

Pilowsky, I. (1979). Primary and secondary hypochondriasis. Acta Psychiatrica Scandinavica, 46, 273–285.

Reich, A. (1960). Pathologic forms of self-esteems regulation. Psychoanalytic Study of the Child, 15, 215–232.

Rosenfeld, H.A (1964). Die Psychopathologie der Hypochondrie. In ders., Zur Psychogenese psychotischer Zustände (S. 209–233). Frankfurt/M.: Suhrkamp, 1981.

Schilder, P. (1925). Entwurf zu einer Psychiatrie auf psychoanalytischer Grundlage. Wien: Internationaler Verlag Psychoanalyse.

Thorner, H.A. (1955). Three defences against inner persecution. In M. Klein, P. Heimann and R.E. Money-Kyrle (Eds.). New Directions in Psychoanalysis. London: Tavistock.

WHO (1993). Internationale Klassifikation psychischer Störungen. ICD-10 Kapitel V (F). Klinisch-diagnostische Leitlinien. Bern: Huber, 2. Aufl.

Hysterie *von Brigitte Boothe*

hysteria – hystérie

1. Ideengeschichtlicher Hintergrund

Die ägyptische Antike und die altgriechische Medizin schufen ein Bild der Hysterie, das diese Störung als spezifisch weibliches Leiden festlegte. Hysterie erscheint in dieser Auffassung als organische Funktionsstörung: Wenn der Gebärmutter bei vorhandener körperlicher Geschlechtsreife ihre Fortpflanzungsfunktion verwehrt bleibe, wandere sie im Leib der Frau umher („Hysteria" = altgriechisch: umherwandernde Gebärmutter) und zeige unerfülltes Verlangen nach Begattung und Schwangerschaft an. Als Basis der hysterischen Symptome galt daher die dysfunktional-ruhelose „Hystera" (altgriechisch: Gebärmutter). Diese somatogenetische Überlieferung fand bis ins 17. Jahrhundert hinein Beachtung (Gress 1996, S. 196ff.). Das christliche Mittelalter profilierte andererseits, fußend auf altbabylonischen, chinesischen, ägyptischen, griechischen und hebräischen dämonologischen Traditionen, das Bild der Teufelsbesessenheit bei Personen beiderlei Geschlechts: Die Verknüpfung von bizarrer Expressivität, außergewöhnlichen Bewusstseinszuständen und erotischer Enthemmung mit den Elementen der christlichen Dämonologie nahm ihren Anfang mit der Einrichtung der päpstlichen Inquisition im 13. Jahrhundert. Zu gleicher Zeit etablierte sich die Einrichtung städtischer Krankenasyle. Sie gewannen mit abnehmendem kirchlichen Einfluss an Bedeutung und boten im 18. Jahrhundert in den großen Städten wie London oder Wien Unterhaltung für Schaulustige. Therapeutische Bemühungen um psychisch Kranke setzten mit Benjamin Rush, Begründer der amerikanischen Psychiatrie, und Philippe Pinel, Leiter des Pariser Asyls „La Bicêtre", ein. Somatogene Theorien psychischer Auffälligkeiten gewannen im 19. Jahrhundert Prominenz, insbesondere durch die Ärzte Wilhelm Griesinger und Emil Kraepelin. Franz Anton Mesmer, vom Selbstverständnis ein Anhänger der Somatogenese, praktizierte gleichwohl bei hysterischen Erscheinungen, die als Konversionsstörungen in Europa eine Zeitlang grassierten, eine dramatisch-geheimnisvolle Behandlungszeremonie („mesmerisieren") von eindrucksvoller Wirksamkeit, die ihn zum Begründer der modernen Hypnose machte; ein Verfahren, das durch den Pariser Neurologen Jean Martin Charcot zu wissenschaftlichem Ansehen gelangte. Auch der Wiener Arzt Joseph Breuer war ein Kenner der Hypnose. Er baute sie als „kathartische Methode" aus. Voraussetzung dafür war die Beobachtung, dass psychische Entspannung und Symptomfreiheit bei hysterischen Personen anhielten, wenn diese unter Hypnose Begebenheiten evozierten, die ihnen jetzt, in hoher emotionaler Beteiligung, als auslösend gegenwärtig wurden, im Wachleben jedoch unzugänglich gewesen waren (Davison und Neale 1996, S. 11–26). Freud (1923d) weist auf Charcots Rekonstruktionen seelischer Ausnahmezustände und körperlicher Auffälligkeiten hin, welche dieser in Berichten aus früheren Jahrhunderten, dort in dämonologischer Sprache, studiert und nunmehr als hysterische Erscheinungen sinnfällig machte. Vergleichbares unternimmt Freud, wenn er eine „Teufelsneurose im siebzehnten Jahrhundert" (1923d) als hysterische Verarbeitung einer Lebenskrise enthüllt, wobei er einerseits auf die geschmeidige Anpassungsfähigkeit hysterischer Beschwerdebilder hinweist, die sich einst des dämonologischen Gewandes bedienten und jetzt die Requisitenkammer der wissenschaftlichen Organmedizin zu nutzen wüssten, und wobei er andererseits mit einer gewissen ironischen Provokation der dämonologischen Sprache vor der technischen Sprache der Organmedizin den Vorzug gibt; schließlich arbeitet er am Beispiel jener Teufelsneurose die pathogenetische Relevanz der Flucht in die Krankheit heraus.

2. Definition

Die international gebräuchlichen diagnostischen Erfassungssysteme wie ICD und DSM haben den Terminus „Hysterie“ in ihren aktuellen Versionen abgeschafft. Er sei als nosologische Einheit veraltet und besitze keine ätiologische Bedeutung mehr. Das psychodynamische Manual OPD verwendet ihn gleichfalls nicht.

Die Diagnose „Hysterie“ gilt beim aktuellen Stand der Diskussion als obsolet. Eine definitorische Bestandsaufnahme des Symptom-Spektrums stiftet, gemessen am Stand der gegenwärtigen Meinungsbildung, lediglich in historischer Perspektive eine gewisse Einheit, nicht aber ätiologisch oder psychodynamisch (Hoffmann 1996).

Die zentrale Symptomatik im kommunikativen Bereich ist, obwohl nicht mehr als hysteriespezifisch (Hohendorf und Bölle 1996), die Konversion, das heißt, die Darstellung einer körperlichen oder seelischen Beeinträchtigung oder Auffälligkeit ohne dazugehörigen Krankheitsbefund. Von der „Konversionsstörung“ zu unterscheiden sind nach DSM-IV „Somatisierungsstörung“, „Schmerzstörung“ und „Hypochondrie“. Im sensorisch-kognitiven Bereich nehmen die dissoziativen Störungen eine zentrale Stelle ein. DSM-IV kennt die „Dissoziative Amnesie“ als einmaligen oder wiederholten Gedächtnisausfall, oft im Zusammenhang mit psychischen Extrembelastungen, die „Dissoziative Fugue“, das Weglaufen mit völligem Gedächtnisverlust hinsichtlich des bisherigen Lebens, die „Dissoziative Identitätsstörung“, früher: Multiple Persönlichkeit, und die „Anderweitig nicht spezifizierte Dissoziative Störung“, welche Trance, vorübergehenden Bewusstseinsverlust, Derealisation oder diverse Bizarrerien der Selbstpräsentation umfaßt. Auf emotionaler Ebene kann man auf das Symptom dysphorischer Verstimmung hinweisen, nach DSM-IV: „Depressive Störung Nicht anderweitig Spezifiziert“. Im Bereich des Sexuellen finden sich nach DSM-IV „verringertes sexuelles Interesse“, „Erektionsprobleme“, „Orgasmische Dysfunktionen“, „Vorzeitige Ejakulation“, „Schmerzen beim Geschlechtsverkehr“.

Merkmale des Erlebens und Verhaltens werden zur Vermeidung des Etiketts „hysterisch“ als „histrionische (=schauspielernde) Persönlichkeit“ (DSM-IV) zusammengefasst. Die histrionische Persönlichkeit meidet nüchternen Sachbezug, kritische Reflexion, explorative Genauigkeit. Sie präsentiert sich im passionierten Auftritt, ohne dem Spontanerleben Raum zu geben. Auf der Ebene praktischer Lebensbewältigung erscheinen die Anforderungen an Sachlichkeit und Solidität als lästig. Auf der Ebene partnerschaftlicher Bindung lässt sich die Tendenz beobachten, das Gegenüber auf längere Sicht zu enttäuschen oder zu frustrieren. Im sexuellen Bereich ist zum einen die vermeidende, scheinbar naiv-unbedarfte Rückzugshaltung, zum andern die Vorwärtsstrategie erotischer Provokation bei anschließender Verweigerung bekannt.

3. Klassische Auffassung

Die hysterische Person erschloss sich Freud (1895d) als Darstellerin ihrer Liebeswünsche und Bestrafungsängste, die ihr Gegenüber in ihren persönlichen Mythos im Dienst der Wunscherfüllung zu verstricken sucht. So im Fall der „Anna O.“, Patientin Breuers und mit der „kathartischen Methode“ scheinbar erfolgreich behandelt, am Ende aber in diesen verliebt und sich als Schwangere gebärdend, was Breuer erschreckte und in die Flucht schlug, dem Beobachter Freud jedoch Anlass gab, die Liebesübertragung und die Willigkeit, im Dienst der Liebe Symptome vorübergehend aufzugeben, für einen wichtigen Bestandteil der Erkrankung zu halten (Freud 1896c, 1905e).

Die hysterische Person bleibt an die Elterngestalten der Primärfamilie mit erotischen Liebeswünschen gebunden, die von infantilen Sexualvorstellungen oraler, analer und insbesondere phallischer Art gespeist sind (Freud 1908a). Wenn die hysterische Inszenierung beim Gegenüber rasch eine überlegene Haltung des Nicht-ernst-Nehmens provoziert, so weil er hiermit die ihm angetragene Position elterlicher Autorität übernimmt, mit dem Vorteil der Verantwortungsentlastung und der impliziten Anerkennung kindlich-erotischer Wünsche für die hysterische Person. Gleichwohl verlangt diese eine unhinterfragte Akzeptanz des Krankenprivilegs und genießt das umso eindeutiger, als die Situation des Leidens zugleich den Tribut der Selbstbestrafung ermöglicht (Freud 1900a, S. 575–576).

In klassischer Auffassung teilt sich die Inszenierungsaktivität der hysterischen Person als Dramatisierung infantil-ödipaler Konflikthaftigkeit mit. Hysterie, Erogenität des Leibes und Verdrängung gehören eng zusammen, insbesondere bei der Erklärung der Konversionssymptomatik. Nach der Freud'schen Trieblehre erfährt das Kind im Rahmen der oralen, analen und phallischen Partialtriebentwicklung den eigenen Leib als Stätte lustvoller Empfindungen, die es aufzusuchen, zu wiederholen und zu variieren gilt (Freud 1905d). Es ist die Verdrängung einer libidinösen Regung, sich an eine erogene Zone bindend, spezifisch im Rahmen einer konkreten Versuchungssituation, welche die Verarbeitung von körperlicher Erregung fordert, die bewusste Vergegenwärtigung des Erregenden als Vorstellung aber verbietet (Freud 1895d, Frau „Emmy von N."). Die körperliche Verarbeitung der Erregung erfolgt in dieser Sicht als Produktion eines leiblichen, den erogenen Charakter entstellenden Symptoms, eben des Konversionssymptoms, das sich ohne willentliches Zutun der Person zeigt und vom Ursprungsanlass weg verselbständigt. Das Symptom stellt Wunsch und Abwehr symbolisch dar und gestattet damit jene „belle indifférence" der leidenden Person, mit der sie unbewusst die Bejahung und auch den Genuss des körperlichen Ausdrucksgeschehens erkennen lässt.

4. Die Bedeutung des Begriffs in verschiedenen psychoanalytischen Schulrichtungen

Ferenczis (1933) einflussreiche Arbeit „Sprachverwirrung zwischen dem Erwachsenen und dem Kind" lässt die sexuelle Kategorie nur für den sanktions- und kontrollmächtigen Erwachsenen und seine „Sprache der Leidenschaft" gelten, mit der das machtlose Kind, dem nur die „Sprache der Zärtlichkeit" zur Verfügung stehe, ergriffen und manipuliert werde, genötigt, bei einem Spiel Partner zu werden, dessen Leidenschaft ihm fremd sei. So spielt die Gegenüberstellung von Ich und schädigender Umwelt in der Hysteriediskussion eine durchaus noch oder wieder aktuelle Rolle. Man diskutiert, u.a. in Anknüpfung an Millers (1981) kritische Wiederbelebung der Freud'schen „Verführungstheorie", ob das hysterische Gebaren gerade junger, infantil und instabil wirkender Patientinnen auf sexuellen Missbrauch hinweist, wie Freud selbst einst vermutete, später jedoch zugunsten des Konzepts der „psychischen Realität" verwarf (Freud 1914d, S. 56). Dieser schwierig zu durchdringende Begriff der „psychischen Realität" beinhaltet die Idee der Sexualität als Antriebsfeder für den kreativen Ausdruck subjektiver „Botschaften" (Israël 1993). Begriffliche Fassung und Stellenwert der Sexualität sind kontroverse Schlüsselthemen der Psychoanalyse geblieben; dies spiegelt sich in der psychoanalytischen Forschung und theoretischen Aufarbeitung der hysterischen Störungen. Ob Patientinnen und Patienten mit der Diagnose „Hysterie" ödipal-sexuelle Konflikte suboptimal verarbeiten oder aber mit Mitteln fragiler Progression ins Pseudosexuelle dem Zerfall ihres schwachen Ich entgegenzuwirken oder vergeblich ein hungriges Selbst mit der Umtriebigkeit selbstsuggestiven Flirteifers ruhigzustellen suchen, um sich vor dem haltlosen Fall in Dysphorie und Leere zu retten (Mentzos 1996), wird seit den dreißiger Jahren kontrovers diskutiert; als ein diesbezüglich besonders denkwürdiges Ereignis darf das „Panel on Hysteria Today" gelten (Laplanche 1974; zitiert nach Rupprecht-Schampera 1996, S. 56; 1997, S. 637ff.; dort auch weitere Hinweise zu ich-psychologischen und objektbeziehungspsychologischen Thesen). Objektbeziehungsorientierte Modelle der Hysterie thematisieren den Ausprägungsgrad verinnerlichter Objektbeziehungen (Kernberg 1997, S. 72ff.; er unterscheidet ein „hysterisches" hohes und ein „histrionisches niedriges Integritätsniveau) oder misslungene Trennungsbestrebungen, insbesondere von der präödipalen Mutterfigur (Rupprecht-Schampera 1997). Nach der control-mastery-theory von Weiss und Sampson (1986) glauben hysterische Patienten, die Aufmerksamkeit und Zuwendung nur durch lärmend-kindliche Mittel sexualisierenden Gebarens gewinnen zu können, freilich auf Kosten relevanter Autonomieinteressen; und sie testen die Standfestigkeit des therapeutischen Gegenübers und seine Bereitschaft, die Interessen des Patienten zu erkennen und sich für seine Autonomie einzusetzen, statt sich in die Wiederholung alter Muster verstricken zu lassen.

5. Wesentliche Erweiterungen, Differenzierungen und Modifikationen

Das ödipale Dreieck der kindlichen Psychosexualität ist innerhalb der Theorie der Objektbeziehungen zu einem Spezialfall dynamischer Triaden geworden (Buchholz 1990). Besonders prominent wurde das im Rahmen der aktuellen Hysterie-Diskussion wichtige (Rupprecht-Schampera 1997) Modell der „frühen Triangulierung" (Abelin 1971, 1975, 1980, Rotmann 1978, 1985). Während für dieses Modell die Präsenz einer väterlichen Drittperson im Rahmen der expansiv-explorativen Entwicklung des Kindes als relevant erachtet wird, ist die Position des Dritten etwa bei Lacan (vgl. Israël 1993, Widmer 1997) systematisch mit Beginn des Lebens wirksam. Vergleichbare Auffassungen vertreten Green (1975, 1976) oder Löchel (1990). Brazelton und Cramer (1990) oder Lebovici (1982, 1990) betonen die fundamentale Rolle der Triangularität im Vorentwurf des Kindes durch die Eltern und in der aktiven Orientierung des Kindes auf die Eltern. Eine grundsätzliche triadische Dynamik ist nach Boothe und Heigl-Evers (1996) aufgrund der primären Vermittlungsposition der mütterlichen Beziehungsfigur zwischen Kind und Erzeuger anzunehmen (siehe auch Boothe 1996, S. 177ff.). So ist die triadische Dynamik stets ein kreatives Gemeinschaftswerk in einem multiperspektivischen Raum. Nur aus Gründen der Vereinfachung gilt die Darstellung einzig dem Exponenten in Krankheitsrolle: Die hysterische Person wünscht, die Position des Kindes in exponierter und privilegierter Zwischenstellung (Kohon 1984) zurückzuerobern und die Trennung von den Liebesobjekten bei Verweigerung explorativer und expansiver Schritte in die Welt zu vermeiden. Sie wünscht, als Hoffnungsträgerin elterliche Liebe und elterlichen Kredit zu erhalten. Gleichzeitig geht es darum, an der Urszene erregt partizipieren zu dürfen, in wechselnder Rollenübernahme beteiligt zu sein, ohne den Status der Privilegierung aufzugeben. Naivität und Pseudo-Unintelligenz sind mächtige Förderer solcher Bestrebungen. Im Widerstreit dazu geht es um exklusive Verbundenheit mit dem Vater; dabei muss die Mutter als Dritte im Bunde erhalten werden, da nur ihr Neid und ihr Groll den ödipalen Sieg als solchen bestätigen kann. Ihr Blick auf die Szene ist wichtig, sowohl beim negativen ödipalen Liebessieg des männlichen, als auch beim positiv ödipalen Liebessieg des weiblichen Konfliktträgers. Dies erklärt einen Aspekt der Störanfälligkeit des Intimlebens: Es verliert seine Attraktivität ohne die Präsenz des unterlegenen Rivalen. Die Kreativität der hysterischen Person besteht in der geschmeidigen Erhaltung und im Genuss der Wunschwelt in ihrer Widersprüchlichkeit, damit auch in der Fähigkeit, in Reiks Diktion, Leiden zu Freuden zu machen, den Prozess der Trauerarbeit zu vermeiden und variierende Kompromissbildungen herzustellen. Als hervorzuhebende Erkrankungsrisiken erscheinen vor diesem Hintergrund (a) die Herausforderung zur Übernahme einer Elternposition, (b) Situationen des Erprobt- und Beurteiltwerdens, (c) die Herausforderung des Auf-sich-gestellt-Seins (ausgeführt in Boothe 1996, S. 183ff.).

6. Interdisziplinäre Beiträge und Befunde

Die skizzierte Perspektive macht deutlich, dass hysterische Konfliktverarbeitungsmuster in wechselnden, durchaus überraschenden Erscheinungsbildern auftreten können und dass die Kernkonflikthaftigkeit sich in Störungsformen auszudrücken vermag, deren Vorführung den Untersucher dazu bringen soll, Mangelhaftigkeit, Defizienz und Schwäche zu diagnostizieren, sowohl im Dienst der Verantwortungsdelegation als auch im Dienst der Bestrafung für verbotene Wünsche.

Die kulturelle Öffentlichkeit mit ihren massenmedialen Kanälen hat längst Ausdrucksformen und Vermittlungsstile in den Vordergrund gerückt, die dem hysterischen Bild nahe kommen wie etwa: Allpräsenz der neckischen oder provokativen sexuellen Bilder und Spielfelder androgyner Phantasien (Reiche 1997), Propagierung betonter Ungezwungenheit des sprachlichen Kommunikationsstils, bei Hervorhebung des Neckischen, Läppischen und Exaltierten; Ähnliches gilt beispielsweise für den kindlichen, androgynen oder vulgär provokativen Kleidungsstil und die Entblößungspraxis; Allpräsenz der professionellen lustigen oder schockierenden Täuschung in Form der Konsumwerbung; melodramatisch eingekleideter, diffamierungslustiger Opfer-Voyeurismus (zum „Diana"-Effekt die Kulturwissenschaftlerin Showalter 1997). Hierzu gehört auch die „erregte", scheinbar aufklärerische Debatte der Gewalt- und Sexualdelinquenz, insbesondere wenn Kinder die vermuteten Opfer und Erwachsene die vermuteten Täter sind (Rutschky 1992).

Ob die Hysterie in ihrer Verbreitung im Verlauf des 20. Jahrhunderts zugunsten von Störungsbildern nachgelassen hat, die in erster Linie Dysfunktionen der Selbst- und Selbstwertregulation anzeigen und die Verstrickung in infantile Sexualkonflikte vermissen lassen, bleibt noch immer ein Gegenstand kontroverser Befunde und Schlussbildungen.

Die feministische Debatte ist ohne die außerordentliche literatur- und geisteswissenschaftliche Aufmerksamkeit für die Hysterie nicht denkbar; eine populäre Sicht sieht in den hysterischen Frauen Rebellinnen, die den bürgerlich-männlichen Dominanz-, Wert- und Verfügungsanspruch im Spiel des Selbstentzugs sabotieren und sich damit sowohl der Fremdbestimmung als auch dem Logos als eines Herrschaftsinstruments verweigern (exemplarisch: von Braun 1988). In dieser Sicht vollzieht sich in den aktuell verbreiteten Essstörungen eine neue Kulturform weiblichen Selbstentzugs, die sich der Präsentationsform Krankheit bedient und eine neue Form des Verschwindens, wie das Sich-selbst-zum-Verschwinden-Bringen, inszeniert. Ein neues Liebespaar tritt auf: Der Tod und das Mädchen (vgl. zum literarischen Motiv der „weiblichen Leiche" und dessen geheimnisvollen Erregungswert für den männlichen Produzenten und Konsumenten Bronfen 1994).

Literatur

Abelin, E.L. (1971). The role of the father in the separation-individuation process. In J. McDevitt and C. Settlage (Eds.), Separation-individuation: Essays in honor of Margaret S. Mahler (pp. 229–252). New York: International University Press.

Abelin, E.L. (1975). Some further observations and comments on the earliest role of the father. International Journal of Psycho-Analysis, 56, 293–302.

Abelin, E.L. (1980). Triangulation, the role of the father and the origins of core gender identity during the rapprochement subphase. In R. Lax, S. Bach and J.A. Burland (Eds.), Raprochement (pp. 151–169). New York: Jason Aronson.

Arbeitskreis OPD (Hg.) (1996). Operationalisierte Psychodynamische Diagnostik: Grundlagen und Manual. Huber: Bern.

Boothe, B. (1996). Appell und Kontrolle. Beziehungsmuster in der männlichen Hysterie. In G.H. Seidler (Hg.), Hysterie heute: Metamorphosen eines Paradiesvogels (S. 166–193). Stuttgart: Enke.

Boothe, B. und Heigl-Evers, A. (1996). Psychoanalyse der frühen weiblichen Entwicklung. München: Reinhardt.

Braun, C. von (1988). Nicht ich. Logik Lüge Libido. Frankfurt/M.: Neue Kritik.

Brazelton, T.B. und Cramer, B. (1990). Die frühe Bindung. Stuttgart: Klett-Cotta.

Bronfen, E. (1994). Nur über ihre Leiche. Tod, Weiblichkeit und Ästhetik. München: Kunstmann.

Buchholz, M.B. (1990). Die Rotation der Triade. Forum der Psychoanalyse, 6, 116–134.

Davison, G.C. und Neale, J.M. (1996). Klinische Psychologie. Weinheim: Beltz, 4., vollst. überarb. u. akt. Auflage.

Ferenczi, S. (1933). Sprachverwirrung zwischen dem Erwachsenen und dem Kind. In ders., Schriften zur Psychoanalyse, Bd. II (303–331). Frankfurt/M.: Fischer, 1972.

Green, A. (1975). Analytiker, Symbolisierung und Abwesenheit im Rahmen der psychoanalytischen Situation. Psyche – Z Psychoanal, 29, 503–541.

Green, A. (1976). Die Hysterie. In D. Eicke (Hg.), Die Psychologie des 20. Jahrhunderts (S. 623–651). München: Kindler.

Gress, H. (1996). Über die soziale Botschaft der Hysterie. In G.H. Seidler (Hg.), Hysterie heute: Metamorphosen eines Paradiesvogels (S. 194–210). Stuttgart: Enke.

Hoffmann, S.O. (1996). Die alte Hysterie in den neuen diagnostischen Glossaren. In G.H. Seidler (Hg.), Hysterie heute: Metamorphosen eines Paradiesvogels (S. 1–9). Stuttgart: Enke.

Hoffmann, S.O. und Hochapfel, G. (1979). Einführung in die Neurosenlehre und Psychosomatische Medizin. Stuttgart: Schattauer.

Hohendorf, G. und Bölle, M. (1996). Wandlungen des psychoanalytischen Konversionsbegriffs. In G.H. Seidler (Hg.), Hysterie heute: Metamorphosen eines Paradiesvogels (S. 10–26). Stuttgart: Enke.

Israël, L. (1993). Die unerhörte Botschaft der Hysterie. München: Reinhardt, 3. Aufl.

Kernberg, O.F. (1997). Wut und Haß. Über die Bedeutung von Aggression bei Persönlichkeitsstörungen und sexuellen Perversionen. Stuttgart: Klett-Cotta.

Kohon, G. (1984). Reflections on Dora. The case of hysteria. International Journal of Psycho-Analysis, 65, 73–84.

Laplanche, J. und Pontalis, J.-B. (1967). Das Vokabular der Psychoanalyse. Frankfurt: Suhrkamp, 1972.

Lebovici, S. (1982). The origins and development of the Oedipus complex. International Journal of Psycho-Analysis, 63, 201–215.

Lebovici, S. (1990). Der Säugling, die Mutter und der Psychoanalytiker: die frühen Formen der Kommunikation. Stuttgart: Klett-Cotta.

Löchel, E. (1990). Umgehen (mit) der Differenz. Psyche – Z Psychoanal, 44, 826–847.

Mentzos, S. (1996). Affektualisierung innerhalb der hysterischen Inszenierung. In G.H. Seidler (Hg.), Hysterie heute: Metamorphosen eines Paradiesvogels (S. 90–102). Stuttgart: Enke.

Reiche, R. (1997). Gender ohne Sex. Geschichte, Funktion und Funktionswandel des Begriffs „Gender“. Psyche – Z Psychoanal, 51, 926–957.

Rotmann, J.M. (1978). Über die Bedeutung des Vaters in der „Wiederannäherungsphase“. Psyche – Z Psychoanal, 32, 1105–1147.

Rotmann, M. (1985). Frühe Triangulierung und Vaterbeziehung. Anmerkung zur Arbeit von Michael Ermann: Die Fixierung in der frühen Triangulierung. Forum der Psychoanalyse, 1, 308–317.

Rupprecht-Schampera, U. (1996). „Hysterie“ – eine klassische psychoanalytische Theorie? In G.H. Seidler (Hg.), Hysterie heute: Metamorphosen eines Paradiesvogels (S. 56–74). Stuttgart: Enke.

Rupprecht-Schampera, U. (1997). Das Konzept der „“rühen Triangulierung“ als Schlüssel zu einem einheitlichen Modell der Hysterie. Psyche – Z Psychoanal, 51, 637–664.

Rutschky, K. (1992). Erregte Aufklärung. Kindesmißbrauch: Fakten und Fiktionen. Hamburg: Klein.

Showalter, E. (1997). Hystorien – Hysterische Phantasien im Zeitalter der Medien. Berlin: Berlin-Verlag.

Weiss, J. and Sampson, H. (1986). The psychoanalytic process. New York: Guilford.

Widmer, P. (1997). Subversion des Begehrens. Eine Einführung in Jacques Lacans Werk. Wien: Turia + Kant.

Ich *von Günter H. Seidler*

ego – moi

1. Definition

Angesichts der langen philosophischen und psychoanalytischen Tradition dieses Begriffs mit jeweils vielfältigen voneinander sehr unterschiedlichen Traditionssträngen ist es kaum möglich, eine allen Positionen gerecht werdende Definition dieses Begriffes zu geben. Zur Schwierigkeit einer Definition trägt auch bei, dass nach der Blüte der Ich-Psychologie der Ich-Begriff im Rahmen einer deutlicheren expliziten Beziehungsorientierung der Psychoanalyse an konzeptuell Orientierung gebender Bedeutung gegenüber dem des Selbst in den Hintergrund getreten ist. Eine im psychoanalytischen Kontext gegenwärtig wahrscheinlich weitgehende akzeptable Definition, die außerdem noch zumindest einer maßgeblichen philosophischen Position Rechnung trägt, hat das Ich – in objektivierender Redeweise – als Realisationsprozessor von teils in Strukturen gebundenen, teils aus unmittelbaren Wahrnehmungen von Innen und Außen zufließenden Informationen zu beschreiben. Diese stehen einerseits dynamisch mit dem Triebapparat in Verbindung, andererseits mit dem in die Außenwelt gerichteten Sensorium, und dem Ich kommt die Funktion zu, das Anliegen des Subjektes unter Nutzung dieser vorhandenen Informationen zu realisieren (intentionaler Aspekt). Dabei können neue Informationen wieder strukturgebunden organisiert werden (etwa im Sinne einer Erweiterung des Selbstbildes aus Niederschlägen von durch das Ich prozessierten Beziehungserfahrungen).

Die genannte Definition nimmt die Kritik von Rudolf (1976) an dem traditionellen Verständnis des Abstraktums „Ich" und seine am medizinischen Denken orientierte Verwendung im Sinne einer Organmetapher auf. Sein – in subjekivierender Sprache formulierter – Einwand, „daß ein Ich ohne Aktionen oder Funktionen gar nicht vorstellbar ist" (S. 138), wird einige Jahre später in ähnlicher Weise von Zagermann (1988) formuliert, wenn dieser schreibt: „Es gibt keine Erfahrung ohne den, der erfährt, und dieser Jemand ist das Ich. Dies ist nach unserer Ansicht die zentrale, notwendige und ausreichende Definition des Ich" (S. 93). Dieses Verständnis vom Ich entspricht ziemlich genau dem Subjektverständnis von Russel (1956) und ermöglicht so theoretische Verknüpfung mit dieser zentralen philosophischen Position. Frank (1991) fasst dessen Auffassung präzise zusammen: „Russels ‚Subjekt', dergestalt mit der Person in der Präsenz ihres Bewußtseinsvollzuges identifiziert, trägt mithin einen Index instantaner Aktualität. Es ist lediglich Kurzzeit-Subjekt derjenigen Erfahrungen, die es gegenwärtig macht, und erlischt mit ihnen" (S. 521). Federn (1952) kennzeichnet das entsprechende Erleben als „Ichgefühl", Schneider (1985) spricht in erkenntnistheoretischer Orientierung von der „Nicht-Objektivierbarkeit des ‚Ich'" (S. 186). Vom Arbeitskreis OPD (1996) wurden derartige Definitionen aufgegriffen und weiter ausgearbeitet. Danach ist das Ich der „zentrale Organisator des Psychischen, welcher zugleich intentional auf die Objekte ausgerichtet ist" (S. 67). So verstanden, dürfte der Ich-Begriff unverzichtbar sein. Er liegt etwa auch der Redeweise von den „Ich-Zuständen" zugrunde, die im klinischen Sprachgebrauch nicht selten anzutreffen ist und in der Regel zur Bezeichnung eines Ensembles von Grundstimmung und jeweiliger Selbstdefinition dient, in Verbindung mit jeweils charakteristischen Selbst- und Objektrepräsentanzen. Der Ursprung des Begriffs ist fraglich.

2. Klassische Auffassung

Bereits in seinem „Entwurf einer Psychologie" (1895/1950c) benutzte Freud den Ich-Begriff. Das Ich war für ihn ein Konstrukt im Sinne eines zentralen Regulationsorgans, dessen Funktionen direkt auf physiologische Prozesse, auf Vorgänge im körperlichen Substrat des Nervensystems, bezogen wurden. Diese frühe Arbeit weicht im Verständnis des Ichs in gewisser Weise von der Verwendung des Ich-Begriffes, wie Freud ihn bis etwa 1920 handhabte, ab. Während er nämlich bis zu dieser Zeit „Ich" häufig nahezu im Sinne von „Person" – die Gesamtheit des Individuums – verwendet, schimmert in dieser frühen Arbeit bereits ein Verständnis durch, das später in den Vordergrund rückt und weiter ausgearbeitet wird. In Zusammenhang mit seinen Untersuchungen zur Hysterie, deren insbesondere in der französischen Psychiatrie des ausgehenden 19. Jahrhunderts beschriebenen Verdoppelungsphänomene es aufzuhellen galt, wird allerdings auch schon vor 1920 dem Ich die Abwehrfunktion zugeschrieben, es mithin durch eine psychodynamische Funktion bestimmt, etwa wenn Freud vom „abwehrlustigen Ich" spricht (1895d, S. 280) und das Erscheinungsbild von Dissoziationsphänomenen als Resultat eines Konfliktes versteht, der vom Ich gehandhabt wird. Nachdem eine explizite Beschäftigung von Freud mit dem Konstrukt „Ich" zugunsten einer Konzeptualisierung unbewusster Prozesse und nachfolgenden Ausarbeitungen der entsprechenden Konstrukte bis etwa 1915 in den Hintergrund getreten war, arbeitet Freud (1916–17g) im Rahmen einer Thematisierung von Identifikationsvorgängen und der Untersuchung ihrer Bedeutung für die Ontogenese das Konzept der primären Identifikation heraus, das es gestattet, sich die Genese des Ichs aus ersten Verinnerlichungsvorgängen vorzustellen. Diese Ausarbeitungen führen dazu, dass Freud (1923b) das Ich nun im Sinne eines Systems oder einer Instanz beschreiben kann, der eine Fülle von Aufgaben zugeschrieben wird, wobei allerdings – hier ist die Anknüpfung an den vorherigen theoretischen Ansatz – die Funktionsweise des Ichs überwiegend für unbewusst erachtet wird. Dieses Verständnis des Ichs betrachtet dieses nahezu wie ein Organ und bildet das zentrale theoretische Konstrukt der Ich-Psychologie.

3. Wesentliche Erweiterungen, Differenzierungen und Modifikationen

Wichtig für das Verständnis nachfolgender Erweiterungen, Differenzierungen und Modifikationen ist eine Kenntnis des Sachverhaltes, dass Freud begrifflich nicht zwischen Ich und Selbst differenzierte. So ist die folgende Entwicklung einerseits durch eine weitere Ausarbeitung des Konstruktes „Ich" gekennzeichnet, andererseits durch eine Differenzierung der Konstrukte „Ich" und „Selbst" und die weitere Ausarbeitung des Selbstkonstruktes. Bemerkenswert ist dabei, dass jede der beiden Entwicklungslinien zunehmend deutlicher kommunikative Aspekte berücksichtigt, das Konstrukt des Selbstes allerdings gestattet, „Beziehung" sowohl nach außen wie auch selbstreflexiv nach innen („Selbstbezug", Seidler 1995) zu konzeptualisieren, vielleicht einer der Gründe dafür, dass derartige Konzepte gegenwärtig stärker im Vordergrund der Diskussion stehen.

Hinsichtlich des erstgenannten Entwicklungsstranges standen Bemühungen im Vordergrund, das globale Konstrukt des Ichs zu differenzieren, und zwar durch Beschreibungen seiner verschiedenen Funktionen. Diese Bemühungen trugen der Kritik Hartmanns (1939) Rechnung, nicht das Ich in einem globalen Sinne in seinem Verhältnis zu den anderen psychischen Instanzen zu beschreiben – wie etwa mit dem Begriff der Ich-Stärke oder Ich-Schwäche (Federn 1952), sondern stattdessen auf der intrasystemischen Ebene dem Verhältnis der einzelnen Funktionen zueinander mehr Aufmerksamkeit zu schenken. Eine derartige Unterscheidung ist von unmittelbarem klinischen Interesse: So konnten etwa Bellak, Hurvich und Gediman (1973) zeigen, dass die von Kris (1952) beschriebene „Regression im Dienste des Ichs" nur einige Funktionen des Ichs betrifft, während andere sich demgegenüber in dieser regressiven Bewegung einem optimalen Funktionsniveau nähern.

Für Rapaport (1960) lag es außerhalb jeden Zweifels: Das Ich ist eine Struktur, eine „kohäsive Organisation, deren Aufgabe es ist, die Forderungen von Es, Überich und Realität zu vereinigen" (S. 858). Dabei sei „das Ich als Struktur" außergewöhnlich komplex; es ließe sich in einer ganzen Reihe weiterer Substrukturen ergänzend beschreiben. Insgesamt wurden etwa von Bellak, Hurvich und Gediman (1973) zwölf verschiedene Ich-Funktionen beschrieben, die wiederum nach insgesamt 32 Subfunktionen differenziert wurden. Diese Autoren stellen auch einen Interviewleitfaden zur Verfügung zur Thematisierung und Erfassung von Ich-Funktionen sowie ein Manual-gestütztes Rating-Instrument zu deren Einschätzung.

Eine ganze Reihe von Autoren hat sich mit der begrifflichen Abgrenzung von Ich und Selbst beschäftigt (Fetscher 1981, Knapp 1988 u.a.). Die Differenzierung von Ich und Selbst geht im Wesentlichen auf Hartmann (1950), Erikson (1956) und Jacobson (1964) zurück. Aktuell spricht Rudolf (1996) vom Selbst dann, „wenn das objektsuchende Ich sich selbst zum Objekt nimmt. Aus dem präreflexiven Ich wird dadurch das reflexive Selbst" (S. 66). Vom Arbeitskreis OPD (1996) wurden diese Definitionen aufgegriffen und weiter ausgearbeitet (siehe unten). Die Genese des Selbst wird in „Akten des Gewahr-Werdens" (Spitz 1957, S. 103) gesehen, wobei Seidler (1995) in konsequenter Weiterentwicklung der Beziehungsorientierung den Wechselseitigkeitsaspekt derartiger Konstellationen betont hat. Die stärkere Betonung des Selbstkonstruktes führt zur Einführung neuer Begriffe („ideales Selbst", „aktuelles Selbst", Joffe und Sandler 1967; „reale", „ideale" und „urteilende" Selbstbeziehung", Seidler 1995). Für das Ich bleibt die Funktion der Intentionalität mit entsprechenden Störungen derselben, die als Kommunikationsstörungen in Erscheinung treten (Rudolf 1977).

Die weitere Entwicklung dürfte in Richtung von Wechselseitigkeits- und Intersubjektivitätskonzepten zu suchen sein, wobei gegenwärtig noch nicht recht absehbar ist, welcher Beitrag zu einem weiterentwickelten Ich-Konzept von Seiten der Neurowissenschaften zu erwarten ist.

4. Empirische Beiträge

Auf den Ansatz von Bellak, Hurvich und Gediman (1973), analog zu testpsychologischen Verfahren ich-psychologische Auffälligkeiten standardisiert zu erfassen und diagnostisch zu nutzen, wurde bereits hingewiesen. Im deutschen Sprachraum hat sich insbesondere Rudolf (1979, 1981, 1991) mit seiner Arbeitsgruppe um die Entwicklung empirischer Instrumente zur Ich- und Beziehungsdiagnostik bemüht (Rudolf, Laszig und Henningsen 1997). Diese Arbeiten bestimmten die Operationalisierung von „Struktur" in der „Operationalisierten Psychodynamischen Diagnostik – OPD" (Arbeitskreis OPD 1996). Hier wird ein Einschätzungsinstrument zur Verfügung gestellt, das nun nicht mehr an Ich-Funktionen orientiert ist, sondern das Selbst in seiner Fähigkeit zur Reflexivität und seiner Beziehung zu anderen einzuschätzen gestattet.

Literatur

Arbeitskreis OPD (Hg.) (1996). Operationalisierte Psychodynamische Diagnostik. Bern: Huber.

Bellak, L., Hurvich, M. and Gediman, H.K. (1973). Ego functions in schizophrenics, neurotics, and normals. A systematic study of conceptual, diagnostic, and therapeutic aspects. New York: Wiley.

Erikson, E. (1956). Das Problem der Identität. Psyche – Z Psychoanal, 10, 114–176.

Federn, P. (1952). Ich-Psychologie und die Psychosen. Frankfurt/M.: Suhrkamp, 1978.

Fetscher, R. (1981). Das Selbst und das Ich. Psyche – Z Psychoanal, 35, 616–641.

Frank, M. (1991). Fragmente einer Geschichte der Selbstbewußtseins-Theorie von Kant bis Sartre. In M. Frank (Hg.), Selbstbewußtseinstheorien von Fichte bis Sartre (S. 413–599). Frankfurt/M.: Suhrkamp.

Hartmann, H. (1939). Ich-Psychologie und Anpassungsproblem. Stuttgart: Klett, 3. Aufl., 1975.

Hartmann, H. (1950). Bemerkungen zur psychoanalytischen Theorie des Ichs. In H. Hartmann (Hg.), Ich-Psychologie. Studien zur psychoanalytischen Theorie (S. 212–235). Stuttgart: Klett, 1972.

Jacobson, E. (1964). Das Selbst und die Welt der Objekte. Frankfurt/M.: Suhrkamp, 1978.
Joffe, W.G. und Sandler, J. (1967). Über einige begriffliche Probleme im Zusammenhang mit dem Studium narzißtischer Störungen. Psyche – Z Psychoanal, 21, 152–165.
Knapp, G. (1988). Narzißmus und Primärbeziehung. Berlin: Springer.
Kris, E. (1952). Psychoanalytic explorations in art. New York: International Universities Press.
Rapaport, D. (1960). On the psychoanalytic theory of motivation. In M. Gill (Ed.), The collected papers of D. Rapaport (S. 853–915). New York: Basic Books, 1967.
Rudolf, G. (1976). Über die Schwierigkeiten, zwischenmenschliche Beziehungen mit Hilfe psychoanalytischer Beschreibungsmodelle zu erfassen. Zeitschrift für Psychosomatische Medizin und Psychoanalyse, 22, 135–149.
Rudolf G. (1977). Krankheiten im Grenzbereich von Neurose und Psychose. Ein Beitrag zur Psychopathologie des Ich-Erlebens und der zwischenmenschlichen Beziehungen. Weinheim: Deutscher Studien Verlag, 1987, rev. Aufl.
Rudolf, G. (1979). Der psychische und sozialkommunikative Befund (PSKB). Zeitschrift für Psychosomatische Medizin und Psychoanalyse, 25, 1–16.
Rudolf, G. (1981). Untersuchungen und Befunde bei Neurosen und psychosomatischen Erkrankungen. Materialien zum psychischen und sozial-kommunikativen Befund (PSKB). Weinheim: Beltz.
Rudolf, G. (1991). PSKB-Se – ein psychoanalytisch fundiertes Instrument zur Patienten-Selbsteinschätzung. Zeitschrift für Psychosomatische Medizin und Psychoanalyse, 37, 350–360.
Rudolf, G. (1996). Psychotherapeutische Medizin. Ein einführendes Lehrbuch auf psychodynamischer Grundlage. Stuttgart: Enke, 3. Aufl.
Rudolf, G., Laszig, P. und Henningsen, C. (1997). Dokumentation im Dienste von klinischer Forschung und Qualitätssicherung. Psychotherapeut, 42, 145–155.
Russel, B. (1956). Logic and knowledge. Essays 1901–1950. London: George Allen & Unwin.
Saß, L.A. (1988). Das Selbst und seine Schicksale. Psyche – Z Psychoanal, 46, 52–90.
Schneider, G. (1985). Metatheoretische Überlegungen zur maschinellen Simulierbarkeit von Reflexivität. In L.H. Eckensberger und E.D. Lantermann (Hg.), Emotion und Reflexivität (S. 182–205). München: Urban & Schwarzenberg.
Seidler, G.H. (1995). Der Blick des Anderen. Eine Analyse der Scham. Stuttgart: Verlag Internationale Psychoanalyse.
Spitz, R. (1957). Nein und Ja. Die Ursprünge der menschlichen Kommunikation. Stuttgart: Klett, 2. Aufl., 1970.
Zagermann, P. (1988). Eros und Thanatos. Darmstadt: Wissenschaftliche Buchgesellschaft.

Ich-Ideal *von Wolfgang Mertens*

ego ideal – idéal du moi

1. Definition

Das Ich-Ideal stellt keine personifizierte psychische Struktur dar, wie etwa das von einem Adoleszenten bewunderte Idol; es sollte auch nicht mit einem idealen Selbstbild verwechselt werden. Vielmehr bezeichnet es eine Anzahl von ethischen und moralischen Idealvorstellungen, die eine Substruktur des Überichs bildet. Diese Idealvorstellungen sind ebenso wie das Überich nicht mehr an die Präsenz bestimmter Personen gebunden; sie sind mit anderen Worten depersonifiziert und ihre Befolgung geht deshalb nicht länger mit einer Anerkennung seitens der Eltern und anderer wichtiger Bezugspersonen des Kindes einher, was aber nicht ausschließt, dass sich im analytischen Prozess Ursprünge der verschiedenen Komponenten des Ich-Ideals rekonstruieren lassen. Ebenso wird die Nichtbeachtung bestimmter Wertvorstellungen des Ich-Ideals nicht länger mit einer Missbilligung der Eltern in der Gegenwart in Zusammenhang gebracht. Vielmehr stellt die Ausrichtung der eigenen Handlungen an den Vorstellungen des Ich-Ideals einen Wert in sich selbst dar, der vehement verteidigt und Anlass für zahlreiche individuelle Konflikte, aber auch für ideologische und religiöse Kämpfe zwischen Gruppen und Nationen werden kann. Wie auch beim Überich gibt es Vorläufer des Ich-Ideals beim Kind, die sich als idealisierte Eltern-Imagines und als idealisierte Selbstbilder beschreiben lassen. Diese Vorläufer sollten jedoch nicht als „präödipales Ich-Ideal" bezeichnet werden, weil hierdurch die für die Definition des Ich-Ideals wichtige Bestimmung der Transformation und Depersonifizierung verloren geht. Wenn man davon ausgeht, dass das Ich-Ideal eine Substruktur des Überichs darstellt, lässt sich diese am besten als Richtung gebende und Wert orientierende, im Unterschied zu den eher verbietenden und Grenzen setzenden Funktionen beschreiben. Das Ich-Ideal verkörpert als partielles Resultat von Identifizierungen mit den wichtigsten Bezugspersonen des Kindes einen stets präsenten und als äußerst wichtig erlebten Maßstab, an dem Wünsche, Handlungsimpulse und Verhaltensweisen hinsichtlich ihrer sozial verträglichen und ethischen Implikationen und Konsequenzen eingeschätzt werden.

Mit Fetscher (2003) kann davon ausgegangen werden, dass es keinen Sinn macht, dem Überich und Ich-Ideal eigene, vom Ich abgesonderte Funktionen zuzuschreiben, wie es das räumliche Modell der Strukturtheorie nahezulegen scheint. Vielmehr sollten beide erlebnis- und handlungsgenerierenden Komponenten als Vorstellungsstrukturen im Ich definiert werden.

In einer Gender-Perspektive wird deutlich, dass es in patriarchalen Gesellschaften zu einer Hierarchisierung der männlichen gegenüber der weiblichen Wert- und Idealwelt kommt. Und eine sozialpsychologisch psychoanalytische Betrachtung legt den Schluss nahe, dass die politischen Ereignisse im Nationalsozialismus und deren psychische Folgen in der zweiten und dritten Generation bei vielen Deutschen bis zum heutigen Tag Defizite in der Idealbildung entstehen haben lassen.

2. Klassische Auffassung

Während Freud in „Zur Einführung des Narzißmus" (1914c) die Funktion des Ideals entweder einer gesonderten Instanz oder einer Substruktur des Überichs zuschrieb (vgl. Laplanche und Pontalis 1972), verstand er in seinen späteren Arbeiten, wie z. B. „Das Ich und das Es" (1923b) Ich-Ideal und Überich überwiegend als synonym; spätere Autoren sind hingegen zu der früheren, stärker differenzierenden Unterscheidung Freuds zurückgekehrt. Wenn man die Ich-Ideal-Forderungen als die Aufforderung versteht „so sollst du sein", und die Überich-Forderungen als „so musst du sein oder dies darfst du auf keinen Fall tun", erscheint der Unterschied zwischen den beiden Strukturen nicht sonderlich groß zu sein; beide lassen sich als generalisierte Schemata auffassen, die zu einem großen Teil aus Eltern-Kind-Interaktionen und Identifikationen hervorgegegangen sind. Wenn man aber die Entstehung der beiden Strukturen genauer betrachtet, wird deutlich, dass bei der Ich-Ideal-Genese der Wunsch, es den bewunderten Eltern-Vorbildern gleichzutun, um von ihnen geliebt zu werden und an ihrer Größe und moralischen Vollkommenheit teilhaben zu können, eine größere Rolle spielt als bei der Entstehung der eher verbietenden und mit Strafandrohung einhergehenden Interaktionen.

Das Ich-Ideal wird für Freud zur maßgeblichen Einflussgröße für die Verdrängung. Was mit der Selbstachtung nicht vereinbar ist, darf als Wunschregung nicht mehr bewusst werden. Abwehr entsteht also nicht nur durch Angstkonditionierung, sondern auch durch eine bewusst werdende Unverträglichkeit bestimmter Strebungen und Wünsche mit der eigenen Idealwelt. Am Ich-Ideal wird somit das aktuelle Ich, d. h. die verschiedenen Selbstbilder, die sich aufgrund von Einstellungen und Handlungen ergeben, gemessen. Diskrepanzen verursachen überwiegend Scham, aber auch Schuld und bei einer Chronifizierung depressive Verstimmungen.

Bedeutsam für die psychoanalytische Betrachtung des Ich-Ideals ist bis zum heutigen Tag, dass hinsichtlich seiner Genese Freud das Ich-Ideal aus der Omnipotenz des infantilen Narzissmus hervorgegangen sah: „Was er (der Mensch) als sein Ideal vor sich hin projiziert, ist der Ersatz für den verlorenen Narzißmus seiner Kindheit, in der er sein eigenes Ideal war" (1914c, S. 161). Noch ausführlicher äußerte sich Freud über das Kräftespiel des verloren gegangenen kindlichen Narzissmus und der neuen Entwicklungsstufe des Ich-Ideals: „Die Entwicklung des Ichs besteht in einer Entfernung vom primären Narzißmus und erzeugt ein intensives Streben, diesen wieder zu gewinnen. Diese Entfernung geschieht vermittels der Libidoverschiebung auf ein von außen aufgenötigtes Ich-Ideal, die Befriedigung durch die Erfüllung dieses Ideals. Gleichzeitig hat das Ich die libidinösen Objektbesetzungen ausgeschickt. Es ist zugunsten dieser Besetzungen wie des Ich-Ideals verarmt und bereichert sich wieder durch die Objektbefriedigungen wie durch die Idealerfüllung" (1914c, S. 167f.). Und bezüglich der Quellen des neu konstituierten Selbst(wert)gefühls schrieb Freud: „Ein Anteil des Selbstgefühls ist primär, der Rest des kindlichen Narzißmus, ein anderer Teil stammt aus der durch Erfahrung bestätigten Allmacht (der Erfüllung des Ich-Ideals), ein dritter aus der Befriedigung der Objektliebe" (1914c, S. 168). Und in seinem Spätwerk betonte Freud erstmals nach Das Ich und das Es (1923b) wieder eine deutliche Trennung zwischen Überich und Ich-Ideal: „Wir haben noch eine wichtige Funktion zu erwähnen, die wir diesem Überich zuteilen. Es ist auch der Träger des Ich-Ideals, an dem das Ich sich mißt, dem es nachstrebt, dessen Anspruch auf immer weitergehende Vervollkommnung es zu erfüllen bemüht ist. Kein Zweifel, dieses Ich-Ideal ist der Niederschlag der alten Elternvorstellung, der Ausdruck der Bewunderung jener Vollkommenheit, die das Kind ihnen damals zuschrieb" (1933a, S. 71).

Die Errichtung des Ich-Ideals ist allerdings noch kein Garant für die Sublimierung von Triebimpulsen. Menschen, die ein sehr hohes Ich-Ideal aufweisen, können zwar viele Eindrücke und Empfindungen nicht mit ihrer Selbstachtung verbinden, brauchen deshalb aber noch nicht ihre Wunschregungen angemessen sublimiert zu haben. Aus diesem Grund kann die Spannung zwischen einem hohen Ich-Ideal und den als primitiv eingeschätzten Wünschen bei manchen Menschen auch besonders quälend als Konflikt erlebt werden und Anlass für Scham- und Schuldgefühle sein, die sich gelegentlich zu einer kräftigen Depression auswachsen können. Umgekehrt gilt für gehobene bis hin zu manischen Stimmungen, dass in diesen durch nahezu keine Selbstkritik gestörten Zuständen nicht nur realistische, sondern auch gewünschte Selbstbilder und Ich-Ideal annähernd deckungsgleich werden.

Das Ich-Ideal kann aber auch in anderen Menschen gesucht werden. Nach Freud (1921c) sind manche Formen der Liebeswahl gerade dadurch zu charakterisieren, dass das idealisierte Objekt dazu dient, „ein eigenes, nicht erreichtes Ich-Ideal zu ersetzen. Man liebt es wegen der Vollkommenheiten, die man fürs eigene Ich angestrebt hat und die man sich nun auf diesem Umweg zur Befriedigung seines Narzißmus verschaffen möchte" (S. 124).

Das Konzept des Ich-Ideals ist nach Freud ebenfalls nützlich für das Verständnis der Massenpsychologie. Denn das Ich-Ideal hat nicht nur einen individuellen Anteil, sondern die darin implizierten Vorstellungen verweisen auch auf familiäre und familienübergreifende Werte, wie z.B. eines Standes oder einer Nation. In „Massenpsychologie und Ich-Analyse" (1921c) führte Freud aus, wie sich mit Hilfe des Ich-Ideals damit auch Vorgänge der Kohäsion einer Gruppe oder einer Glaubensgemeinschaft erklären lassen: „Eine solche primäre Masse ist eine Anzahl von Individuen, die ein und dasselbe Objekt an die Stelle ihres Ich-Ideals gesetzt und sich infolgedessen in ihrem Ich miteinander identifiziert haben" (S. 128).

Adler (1931) glaubte, in Freuds Konzept des Ich-Ideals eine Annäherung an sein finalistisches Menschenbild entdeckt zu haben. Denn die Einführung des Ich-Ideals legt nahe, den Menschen als von Werten, wie z.B. vom Gemeinschaftsgefühl, bestimmt zu betrachten, die als ein telos menschliches Handeln leiten und gegenüber dem – aus Adlers Sicht – kausaldeterministischen Bestimmtsein durch Triebwünsche und Affekte nunmehr Entscheidung und Wahl ermöglichen. Aber abgesehen von der aus heutiger Sicht nicht mehr zutreffenden Polarisierung final versus kausal in Bezug auf Adler und Freud, wurde von Adler hierbei auch übersehen, wie sehr das Ich-Ideal und damit auch Wertvorstellungen nach Freud einen Bezug zum Körperlichen, zur kindlichen Liebe und zum Narzissmus haben, also letztlich doch wieder sehr stark in Triebwünschen und Affekten ihren Ursprung haben.

3. Ideengeschichtlicher Hintergrund

Dass Ideale für die Lebensführung eines Menschen unerlässlich sind, ist vermutlich ebenso alt wie der Gedanke einer Krankheit der Idealität (Mallarmé), d.h. die Auffassung, dass Menschen ihr Leben lang unter Idealen leiden oder sogar daran erkranken können. Nietzsche setzte sich ausführlich mit der Moral des Christenmenschen auseinander, dessen übersteigerte Idealität bestehend aus Askese, Gehorsam, Selbstaufopferung und Bußfertigkeit allerdings nicht nur Ausdruck des Sklavenmenschen sei, sondern auch zu einem deutlichen Überlegenheitsgefühl über Mitmenschen und deren heimlicher Entwertung führe.

In Freuds frühem Werk finden sich bereits Hinweise auf die Thematik des Ich-Ideals, die auch als eine implizite Anthropologie gelesen werden können: Menschsein ist vor allem das Streben nach Vollkommenheit, die jedoch niemals zu erreichen ist. Das imperative Drängen danach und vor allem eine dunkle Ahnung, diesen Zustand doch irgendwie schon zu kennen, legten für Freud den Schluss nahe, dass es einen vollkommenen Zustand in der frühen Kindheit im Erleben des primären Narzissmus bereits gegeben haben muss.

Ferenczi (1922–24) stellte die noch einen Schritt weitergehende Hypothese auf, dass es in jedem Menschen einen grundlegenden Wunsch gebe, in den Mutterleib zurückzukehren. Während dieser Wunsch für den Mann primum movens für den Geschlechtsverkehr sei, würde sich eine Frau mit dem Penis ihres Mannes während des Koitus identifizieren, um auf diese Weise ebenfalls ihren Wunsch nach Rückkehr in den mütterlichen Leib befriedigen zu können. Im Zustand einer Schwangerschaft und als Mutter habe sie es noch leichter, mit ihrer eigenen Mutter zu verschmelzen.

4. Wesentliche Erweiterungen, Differenzierungen und Modifikationen

Im Anschluss an Freud haben zahlreiche psychoanalytische Theoretiker die Ursprünge des Ich-Ideals wenn auch nicht durchgängig auf das Stadium des primären Narzissmus, so aber doch in die präödipalen Jahre, vor allem auf die idealisierten und unrealistischen Repräsentanzen des Selbst und der Eltern verlegt. A. Reich (1954, 1960) plädierte bereits für eine Verbindung zwischen dem grandiosen Selbstbild und Ich-Ideal mit der narzisstischen Störung und Pathologie der Selbstwertregulierung.

Auch Kohut (1973) ging von der Annahme aus, dass ein Kind versucht, den ursprünglich erfahrenen Zustand maximaler narzisstischer Befriedigung aufrechtzuerhalten, indem es zwei neue Konfigurationen entwickelt: Den Aufbau eines grandiosen und exhibitionistischen Bildes des eigenen Selbst und von idealisierten Elternimagines. Das Größen-Selbst umfasst anfänglich vor allem die Lust des Kindes, für die Darbietung seines Körpers, seiner Taten und Leistungen bewundert zu werden, wird dann jedoch zunehmend sublimierter und ist beim Erwachsenen nur noch als Freude und gesunder Stolz über seine vollbrachten Leistungen zu erkennen. Der idealisierten Elternimago werden alle Fähigkeiten und Kräfte zugesprochen, über die das Kind nicht verfügt, die es aber auch nicht missen möchte. Über die Identifikation partizipiert das Kind an der elterlichen Grandiosität, nach dem Motto: „Du bist vollkommen, aber ich bin ein Teil von dir." Nach und nach verwandeln sich die idealisierten Elternimagines in realistischere Vorstellungen, vor allem wenn Kinder nach und nach die wirklichen Fähigkeiten und Eigenschaften ihrer Eltern entdecken. Zurück bleibt aber das Erleben der ursprünglichen elterlichen, dann aber via Verinnerlichung eigenen Werte und Normen als etwas sehr Bedeutsames, was nach Kohut (1973) die „Aura absoluter Vollkommenheit“ von Inhalten des Ich-Ideals erklärbar macht. Das Selbst ist nach Kohut somit bipolar organisiert: Aus dem ursprünglichen kindlichen Exhibitionismus (Größen-Selbst) und der Idealisierung der Eltern entwickelt sich einerseits der Pol der Strebungen nach Erfolg, Macht und Freude an der eigenen Aktivität, andererseits der Pol der Werte, Idealvorstellungen und idealisierten Ziele. Kohut (1979) entwirft eine selbstpsychologische Motivationstheorie, wenn er von einem Spannungsgefälle spricht, das zwischen diesen beiden Polen herrscht, wobei die Strebungen treiben und die Ideale leiten. Klinisch bedeutsam ist die Tatsache, dass missglückte Entwicklungsschritte in dem einen Bereich durch Erfolge in dem zweiten ausgeglichen werden können. Zu einer pathologischen Entwicklung kommt es vor allem dann, wenn beide Pole starke Beeinträchtigungen erfahren haben.

Aufgrund dieser Postulierung eines zweifachen Schicksals des ursprünglichen Gefühls kindlicher Vollkommenheit – über grandiose Selbstbilder einerseits und idealisierte Elternimagines andererseits – gelingt Kohut auch die Konzeptualisierung des Übergangs von idealen Selbstbildern zum, allerdings von ihm nicht mehr so genannten, Ich-Ideal. Diese Entwicklung korreliert mit einer zunehmend differenzierter werdenden kognitiven Realitätsprüfung und auch mit einer Erhöhung elterlicher Anforderungen an das Kind.

Aber nicht nur die (regressive) Sehnsucht nach Vollkommenheit, sondern auch die Anforderungen der Eltern, ihre ausgesprochenen, aber auch ihnen selbst unbewusst bleibenden narzisstischen Delegationen und phantasmatischen Erwartungen prägen fortan das ideale Selbstbild und kindliche Ich-Ideal, erzeugen Spannungen und Unzufriedenheiten mit dem tatsächlich Gelebten und Geleisteten. Lebenslange Konflikte z.B. zwischen einem zu hohen Ich-Ideal (und gewünschtem Selbstbild) und einem als moralisch und ethisch minderwertig empfundenen Selbstbild können dann die Folge sein.

Anknüpfend an Freuds Ausführungen über die narzisstische Objektwahl hat Richter (1963) von der Rolle des Kindes als idealem Abbild des elterlichen defizitären Ich-Ideals gesprochen. Eltern erhoffen in diesem Fall von ihrem Kind, dass es zum ausführenden Organ ihrer eigenen, als mangelhaft empfundenen Ich-Ideal-Strebungen wird, und die Rigidität, mit der diese Parentifizierung immer wieder eingeklagt wird, geht über das normale Ausmaß eines generationenübergreifenden Kulturtransfers weit hinaus. In ähnlicher Absicht hat Stierlin (1975) von elterlicher Bindung und Delegation gesprochen, um damit die Rollenaufträge zu beschreiben, die das elterliche Ich-Ideal stützen oder vervollständigen sollen.

Piers und Singer (1953), Novey (1955), Schafer (1960), Lampl-de Groot (1962), Sandler, Holder und Meers (1963), Jacobson (1964), Hoffmann und Trimborn (1979) und Milrod (1982, 1990) haben weitere Differenzierungen zwischen Überich und Ich-Ideal, idealem Selbst(bild) und Ich-Ideal ausgearbeitet. Das Bestreben, Ideale zu verwirklichen, taucht bereits im zweiten Lebensjahr auf, wenn Kinder den Wunsch entwickeln, Standards zu erfüllen, die mit elterlicher Anerkennung verbunden sind, aber auch auf andere Standards reagieren, die offensichtlich selbst erzeugt sind und sich auf die Bewältigung einer Aufgabe oder auf Selbständigkeit beziehen, was schon Piers und Singer (1953) veranlasste, von Zielvorstellungen des Bewältigungstriebs als einer wesentlichen Komponente des Ich-Ideals zu sprechen. Aber erst in der Adoleszenz entwickelt sich ein einigermaßen kohärentes Ich-Ideal. Menschen im mittleren Erwachsenenalter erfahren zumeist einen Prozess der Desillusionierung, wenn sie mit der Unmöglichkeit konfrontiert werden, unrealistische, grandios überhöhte Selbstvorstellungen, die sie in den zwanziger Jahren ihres Lebens hatten, zu erreichen. Diese Befunde legen eine beträchtliche Entwicklung des Ich-Ideals und der als ideal angenommenen Vorstellungen vom eigenen Selbst über die Lebensspanne nahe. Eine Unfähigkeit, realistische Selbstbilder von angestrebten, idealen Selbstrepräsentanzen zu unterscheiden, taucht bei Personen mit narzisstischen Störungen auf, bei denen unrealistische Einschätzungen ihrer Fähigkeiten und vergleichsweise unrealistische Zielvorstellungen seit ihrer Kindheit und Adoleszenz persistieren. Dies hat in der Regel zur Folge, dass die betreffende Person auf chronische Weise anfällig für (narzisstische) Depressionen und Störungen der Selbstwertregulation wird. Kernberg (1978) hat die Psychogenese der narzisstischen Persönlichkeitsstörung auf eine pathologische Verschmelzung von realen Selbstbildern mit idealen Selbstbildern und idealisierten Objektbildern zurückgeführt. Die Abwehroperation dient der Verleugnung beschämender Abhängigkeit sowohl vom eigenen Bezugssystem als auch von den Blicken (verinnerlichter) anderer: „Ich brauche ja gar nicht zu fürchten, abgelehnt zu werden, weil ich meinem Idealbild nicht entspreche, wie ich es müßte, um von der Idealperson, an deren Liebe mir liegt, überhaupt geliebt werden zu können. Nein, diese ideale Person und mein eigenes Ideal und mein wirkliches Selbst sind ein und dasselbe; ich bin selbst mein Ideal, und damit bin ich viel besser als diese Idealperson, die mich hätte lieben sollen, und brauche niemanden" (Kernberg 1978, S. 266). Die Vorstellung von Grandiosität resultiert somit nicht aus einer übermäßig libidinös besetzten Selbstrepräsentanz, sondern aus einer pathologischen Struktur, in der Begrenzungen verleugnet werden.

Als Folgeerscheinung des pathologischen Größen-Selbst ergibt sich eine gestörte Überich-Integration, vor allem der Komponenten des Ich-Ideals, die stattdessen mit dem Selbstbild legiert werden. Zwar kommt es auch bei narzisstisch gestörten Individuen Kernberg zufolge zu einer Verinnerlichung gewisser Überich-Aspekte, doch behalten diese immer eine primitive, aggressiv entstellte Qualität, weil sie nicht mit liebevollen Überich-Komponenten integriert werden konnten. Aufgrund des Vorherrschens dieser sadistischen Überich-Vorläufer kommt es häufig zu entlastenden Externalisierungen aggressiver Überich-Anteile in Form paranoider Projektionen. Bei narzisstisch gestörten Individuen existieren deshalb auch keine verinnerlichten realistischen Ansprüche und Zielsetzungen, die normalerweise aus einer gelungenen Überich-Integration resultieren. Wegen des Defekts des Ich-Ideals bleiben diese Menschen überaus abhängig von äußeren Quellen der Bewunderung, Liebe und Bestätigung.

Worin unterscheidet sich das Ich-Ideal vom idealen oder gewünschten Selbst(-bild)? Während das Ich-Ideal ein klassisches Strukturkonzept darstellt, entstammt die Bezeichnung des idealen Selbst der ich-psychologischen und objektbeziehungstheoretischen Repräsentanzenlehre (Hartmann, Jacobson, Sandler). Der Begriff „Repräsentanz" bezeichnet sowohl das überdauernde, unbewusste Schema, als auch die Bilder oder Imagines, die eine Person von sich hat. Eine mögliche Gruppe von Selbstbildern stellt das ideale Selbst dar. Eine Person wünscht sich, diese als ideal vorgestellte Eigenschaft oder Fähigkeit zu besitzen oder zu erwerben, um damit weitgehend eigene narzisstische Wünsche und Triebbedürfnisse zu befriedigen. Aber auch dieses phantasierte Selbstbild ist in unterschiedlichem Umfang bereits ein Kompromiss zwischen triebhaften Strebungen und den Erwartungen der Umwelt. Denn das ideale Selbst erwächst auch aus Identifikationen mit den bewunderten Erwachsenen, die für ein Kind den Vorteil mit sich bringen, nicht nur einer Bestrafung zu entgehen und Anerkennung zu gewinnen, sondern auch an deren Hochschätzung zu partizipieren. Und schließlich entstehen ideale Selbstbilder auch aus der Übernahme von Forderungen seitens der Eltern, wie diese sich ihr Kind wünschen, wobei die Eltern selbst diese Eigenschaften keineswegs aufzuweisen brauchen. Im Verlauf der Entwicklung können diese generationenübergreifenden Aufgaben realitätsgerecht modifiziert und auch Teil des Ich-Ideals werden (Sandler, Holder und Meers 1963). Wichtig für die Unterscheidung von idealem Selbstbild und Ich-Ideal ist vor allem, dass das ideale Selbstbild trotz aller Anpassungen an die elterliche Welt immer noch Residuen kindlicher Lustbefriedigung aufweist, während das Ich-Ideal viel stärker auf die Verwirklichung von Wertvorstellungen der Gemeinschaft gerichtet ist.

5. Die Entwicklung des Begriffs in den verschiedenen Schulrichtungen

Die Freud'sche Idee einer Verschiebung des infantilen Narzissmus auf das Ich-Ideal hat viele Psychoanalytiker dazu animiert, die postulierte Verbindung von primärem Narzissmus und Ich-Ideal genauer zu studieren. Bekannt wurde vor allem die Studie „L'idéal du moi" der französischen Psychoanalytikerin Chasseguet-Smirgel (1975), die den Nachweis zu führen versuchte, dass das Ich-Ideal zum Erben des primären Narzissmus werde und die folgende Position vertreten hat: „Der Zerfall der primären Fusion … scheint der entscheidende Moment zu sein, in dem die narzißtische Allmacht, die ihm entrissen worden ist, auf das Objekt projiziert wird, das erste Ich-Ideal des Kindes; eine narzißtische Allmacht, von der es von nun an getrennt sein wird durch eine Kluft, die es sein Leben lang auszufüllen versuchen wird, eine Tendenz, die nun zum primum movens seiner Entwicklung und seiner Aktivitäten auf verschiedenen Gebieten wird" (S. 14f.).

Diese Postulierung eines im Menschen ganz starken Verlangens nach Wiedergewinnung einer primären Fusion ist in Chasseguet-Smirgels Argumentation derart zentral, dass sie selbst noch für den ödipalen Wunsch die Rückkehr in die primärnarzisstische Dualunion behauptet. Und folgerichtig sei auch die beim Knaben erfolgende Identifikation mit dem Vater letztlich nicht von einem genuin sexuell genitalen Wunsch, sondern von dem Begehren geleitet, eines Tages bei erlangter genitaler Reife doch noch mit der Mutter narzisstisch verschmelzen zu können.

Die Autorin wendet sich deshalb auch gegen eine Auffassung, wie sie in der nichtpsychoanalytischen Entwicklungspsychologie gang und gäbe ist, die das Ich-Ideal oder die Werteorientierung (hierbei differenziert sie allerdings nicht zwischen dem Idealselbst und dem Ich-Ideal) eines Menschen lediglich auf ein kognitives elterliches Vorbild reduziert, das ein Kind oder Heranwachsender zu erreichen strebt. Denn diese Bestimmung verfehlt ihrer Meinung nach die tiefe Sehnsucht nach einem grandiosen Zustand, der niemals zufriedenstellend durch eine Annäherung an ein erstrebtes Vorbild, sondern letztlich nur im Orgasmus, in psychotischer Regression und im Tod erreicht werden kann.

Auf dem Hintergrund objektbeziehungstheoretischer Vorstellungen hat Zagermann (1985) an der Auffassung von Chasseguet-Smirgel kritisiert, dass sie mit ihrer Postulierung eines universell geltenden Wunsches nach Rückkehr in den Mutterleib davon absieht, dass die inzestuös narzisstische Vereinigung mit der Mutter auch ein elementares Grauen „vor einer solchen erneuten, das Bewusstsein auslöschenden Verschmelzung" (S. 9) bedeuten würde, und dass bei dieser Autorin der Vater lediglich die Rolle eines „Statisten" (S. 9) zugebilligt bekäme, aber nicht die eines aus dem Zustand des ursprünglichen Einsseins auch herausführenden und zur Identifizierung mit seinem Geschlecht auffordernden Dritten.

Aus einer Gender-Perspektive besteht das besondere Dilemma vieler Mädchen bei dieser Triangulierungsaufgabe zudem darin, dass sie, um selbständig zu werden, zumindest teilweise auf das gleichgeschlechtliche mütterliche Identifikationsobjekt verzichten müssen, dass den heranwachsenden Töchtern aber oftmals die Identifizierungsliebe zum Vater in der Kindheit und Adoleszenz erschwert wird.

An Chasseguet-Smirgels Ausführungen ist weiterhin zu bemängeln, dass die obigen Differenzierungen aus Ich-Psychologie und Objektbeziehungstheorien die verschiedenen entwicklungspsychologischen Quellen des Ich-Ideals betreffend unberücksichtigt bleiben.

Ebenfalls aus einer geschlechtsdifferenzierenden Perspektive haben Manninen (1992, 1993) und Diamond (2006) den unbewussten Wunsch von männlichen Individuen herausgearbeitet, den mütterlichen Körper zu penetrieren, um sie auf diese Weise zu erobern und zu besitzen. Im phallischen Stolz manifestiere sich das typisch männliche Ich-Ideal, das sich vor allem durch die ständige Suche nach narzisstischer Vollkommenheit charakterisieren lässt. Männer unterscheiden sich jedoch hinsichtlich der Dringlichkeit ihres phallischen Ideals, einzudringen, zu kontrollieren und zu besitzen. So kann die Verfügbarkeit eines liebenden und anerkennenden Vaters die dranghafte Phallizität mindern, wie andererseits symbiotische Bindungen und ödipal narzisstische Verführungen seitens der Mutter zu einer Intensivierung führen. Das männliche, phallisch geprägte Ich-Ideal manifestiert sich nicht nur in dem Wunsch nach grenzenloser Eroberung von Frauenkörpern, sondern auch in mannigfachen Verschiebungen, so z.B. in der kolonialisierenden Inbesitznahme der Welt oder in dem unablässigen Berechenbarmachen von physikalischen oder auch psychischen Phänomenen. Erst in dem Verzicht auf das faustische Erkenntnisstreben können allmählich ein reiferes Ich-Ideal und ein Bewusstsein darüber entstehen, dass andere Menschen nicht der eigenen Verfügbarkeit unterliegen und dass die erforschbaren Gegenstände ihr Eigenleben haben, das zum Respekt auffordert. Ist diese Beschreibung einzugrenzen auf Männer mit einem phallisch narzisstischen Syndrom oder kann sie eine über diese klinische Subgruppe hinausgehende Geltung beanspruchen?

Weniger den ontogenetischen Ursprüngen des Ich-Ideals und seinen sozialisatorisch bedingten Geschlechtsunterschieden nachsinnend, sondern mehr auf die massive Beschädigung der Wertewelt im Nationalsozialismus und deren Folgen in der zweiten und dritten Generation zielten jene Arbeiten, die sich mit dem generationenübergreifenden Transfer beschädigter Wert- und Idealbildung befasst haben (z.B. Mitscherlich und Mitscherlich 1967, Rosenkötter 1981, Grubrich-Simitis 1984, Eckstaedt 1989, Hardtmann 1992, Reinke 1992, Schneider 1993, Wiesse und Olbricht 1994, Bohleber 1998, Grünberg und Straub 2001, Müller-Hohagen 2001). Fragen, aus welchen Ich-Ideal-Komponenten sich das Wertgefühl der heute 60-jährigen, aber auch deren Kinder zusammensetzt, wie sich Selbstwertgefühl und Identitätserleben angesichts des Bewusstseins, von einer Generation von Mördern und Mitläufern abzustammen, anfühlen, wie sich die Fähigkeit zu sozialen und emotionalen Beziehungen entwickeln konnte oder auch ob die latente Depressivität vieler Deutschen, ihre als Reiselust getarnte Massenflucht ins Ausland, die Idolatrisierung amerikanischer Lebensziele u.a.m. mit der gestörten Idealbildung in Zusammenhang stehen, wurden erstmalig einer genaueren Analyse zugeführt. Dabei wurde aber auch ein Defizit in der Theoriebildung deutlich: Es scheint, als habe die Psychoanalyse das Nachdenken über wünschenswerte gesellschaftliche Werte angesichts von technischem Wandel, Informations- und Wissensgesellschaft, multi- und transkulturellen Bewegungen, Globalisierung u.ä. gänzlich an die Gesellschaftswissenschaften abgetreten. Dabei hatte Hartmann (1960) noch eine Theorie der Werte und der Wertungen entwickelt, und dabei die Wertprüfung als eine Funktion des Ichs bezeichnet, die zur Organisation des Handelns entscheidend beiträgt.

6. Interdisziplinäre Beiträge

Zu den Ursprüngen des Ich-Ideals: In einer entwicklungspsychologisch gestützten Anthropologie hat der Psychologe und Verhaltensforscher Norbert Bischof (1996) den Versuch unternommen, Mythen aus der seelischen Entwicklung des Menschen abzuleiten bzw. Mythen in eine Korrespondenz zur Ontogenese in eine chronologische Reihenfolge zu bringen. Erinnerungen an ein ozeanisches Gefühl oder einen primären Narzissmus im Mutterleib, die in Mythen vom Paradies oder einem goldenen Zeitalter wieder aufscheinen, sind für den nüchternen Tatsachenblick des empirischen, in diesem Fall aber auch mythologisch sehr belesenen Forschers nur schwer vorstellbar. Warum sollte es im Mutterleib bereits zu derart prägenden Gedächtnisformationen kommen, dass sie ein Leben lang menschliches Streben bestimmen? Mehr mit den entwicklungspsychologischen Fakten in Übereinstimmung steht hingegen die Überlegung, dass derartige Sehnsüchte ontogenetisch zu einem späteren Zeitpunkt entstanden sind, als das Kind die geschlechtliche Unterschiedlichkeit der zunächst als Einheit erlebten Eltern erfuhr, was psychoanalytisch betrachtet auch ein Aspekt des Urszenenerlebnisses darstellt. Das Studium entsprechender Mythen zeigt aber auch, dass es nicht nur die regressive oder nostalgische Sehnsucht nach dem Zustand vor dieser Erkenntnis gibt, sondern auch die Freude über die gelungene Emanzipation. Balints Unterscheidung eines oknophilen und philobatären Charakters ließe sich diesem Befund zuordnen.

Wenn man die neueren Forschungsbefunde über die Entstehung und Wirkungsweise des nichtdeklarativen Gedächtnisses hinzuzieht (Koukkou, Leuzinger-Bohleber und Mertens 1998) und ferner berücksichtigt, dass der Kern dieses verschiedene Module umfassenden Gedächtnissystems ein „implizites Beziehungswissen" (Stern u.a. 1998) beinhaltet, dann lässt sich durchaus vorstellen, dass Erfahrungen eines als ideal erlebten Aufeinander-eingestimmt-Seins ontogenetisch bereits sehr früh entstehen können und so etwas wie eine primordiale Matrix für alle späteren psychischen Formationen bilden, die an diese frühe harmonische Verschränkung erinnern.

Zur *psychoanalytisch sozialpsychologischen Diskussion der Auswirkungen des Nationalsozialismus auf die nächsten Generationen:* Die Politikwissenschaftlerin Gesine Schwan (1997) hat – ganz im Unterschied zu konservativ argumentierenden Historikern und Politologen – im „Beschweigen von Schuld" eine massive Schädigung der Demokratie erblickt. Ihre Analyse der psychischen und sozialen Folgen des Beschweigens in den deutschen Familien führt sie zu folgendem Ergebnis: Neben einem geringen deutschen Selbst- und Wertebewusstsein, zerstörten Vertrauen zwischen den Generationen, diffusen Schuldgefühlen, Mangel an Mitgefühl und Sensibilität kommt es vor allem auch zu einer Beeinträchtigung eines demokratischen Grundkonsenses der Bürger. Der Mitmensch wird oftmals nur noch als jemand erlebt, der das eigene Wohlergehen behindert.

Literatur

Adler, A. (1931). Individualpsychologie und Psychoanalyse. I. Individualpsychologie. Schweizerische Erziehungs-Rundschau, 4, 59–61.

Bischof, N. (1996). Das Kraftfeld der Mythen. Signale aus der Zeit, in der wir die Welt erschaffen haben. München: Piper.

Blos, P. (1974). The genealogy of the ego ideal. Psychoanalytic Study of the Child, 29, 43–88.

Bohleber, W. (1998). Transgenerationelles Trauma, Identifizierung und Geschichtsbewusstsein. In J. Rüsen und J. Straub (Hg.), Die dunkle Spur der Vergangenheit. Psychoanalytische Zugänge zum Geschichtsbewusstsein. Erinnerung, Geschichte, Identität 2 (256–274). Frankfurt/M.: Suhrkamp.

Chasseguet-Smirgel, J. (1975/1981). Das Ich-Ideal. Psychoanalytischer Essay über die Krankheit der Idealität. Frankfurt/M.: Suhrkamp.

Diamond, M.J. (2006). Masculinity unraveled: The roots of male gender identioty and the shifting of male ego ideals throughout life. Journal of the American Psychoanalytic Association, 54, 1099–1130.

Eckstaedt, A. (1989). Nationalsozialismus in der „zweiten Generation". Psychoanalyse von Hörigkeitsverhältnissen. Frankfurt/M.: Suhrkamp.

Fetscher, R. (2003). Ich-Ideal und Über-Ich im Rahmen einer modifizierten Strukturtheorie. Psyche – Z Psychoanal, 57, 193–225.

Ferenczi, S. (1922–24). Versuch einer Genitaltheorie. In ders., Schriften zur Psychoanalyse, Bd. 2 (S. 317–400). Frankfurt/M.: Fischer.

Grubrich-Simitis, I. (1984). Nachkommen der Holocaust-Generation in der Psychoanalyse. Psyche – Z Psychoanal, 38, 1–28.

Grünberg, K. und Straub, J. (2001). Unverlierbare Zeit. Spätfolgen des Nationalsozialismus bei Nachkommen von Opfern und Tätern. Tübingen: Edition diskord.

Hardtmann, G. (Hg.) (1992). Spuren der Verfolgung. Seelische Auswirkungen des Holocaust auf die Opfer und ihre Kinder. Gerlingen: Bleicher.

Hartmann, H. (1960). Psychoanalysis and moral values. New York: International Universities Press (dt.: Psychoanalyse und moralische Werte. Stuttgart: Klett, 1973).

Hoffmann, S.O. und Trimborn, W. (1979). Die Bedeutung sozialer Faktoren für die Entstehung psychischer Substrukturen (Instanzen). In J. Cremerius, S.O. Hoffmann und W. Trimborn (Hg.), Psychoanalyse, Überich und soziale Schicht. Die psychoanalytische Behandlung der Reichen, der Mächtigen und der sozial Schwachen (S. 83–96). München: Kindler.

Jacobson, E. (1964). The self and the object world. New York (dt.: Das Selbst und die Welt der Objekte. Frankfurt/M.: Suhrkamp, 1973).

Kernberg, O.F. (1978). Borderline-Störungen und pathologischer Narzißmus. Frankfurt/M.: Suhrkamp.

Kohut, H. (1973). Narzißmus. Eine Theorie der psychoanalytischen Behandlung narzißtischer Persönlichkeitsstörungen. Frankfurt/M.: Suhrkamp.

Kohut, H. (1979). Die Heilung des Selbst. Frankfurt/M.: Suhrkamp.

Koukkou, M., Leuzinger-Bohleber, M. und Mertens, W. (1998). Erinnerung von Wirklichkeiten. Psychoanalyse und Neurowissenschaften im Dialog, Bd. 1. Stuttgart: Verlag Internationale Psychoanalyse.

Lampl-de Groot, J. (1962). The ego ideal and the superego. Psychoanalytic Study of the Child, 17, 94–106 (dt.: Ich-Ideal und Überich. Psyche – Z Psychoanal, 17 , 321– 332, 1963).

Laplanche, J. und Pontalis, J.-B. (1972). Das Vokabular der Psychoanalyse. Frankfurt/M.: Suhrkamp.

Manninen, V. (1992). The ultimate masculine striving: Reflexions on the psychology of two polar explorers. Scandinavian Psychoanalytic Review, 15, 1–26.

Manninen, V. (1993). For the sake of eternity: On the narcissism of fatherhood and the father-son relationship. Scandinavian Psychoanalytic Review, 16, 35–46.

Milrod, D. (1982). The wished-for self image. Psychoanalytic Study of the Child, 37, 95–120.

Milrod, D. (1990). The ego ideal. Psychoanalytic Study of the Child, 45, 43–60.

Mitscherlich, A. und Mitscherlich, M. (1967). Die Unfähigkeit zu trauern. Grundlagen kollektiven Verhaltens. München: Piper.

Müller-Hohagen, J. (2001). Seelische Weiterwirkungen aus der Zeit des Nationalsozialismus – zum Widerstreit der Loyalitäten. In K. Grünberg und J. Straub (Hg.), Unverlierbare Zeit. Spätfolgen des Nationalsozialismus bei Nachkommen von Opfern und Tätern (S. 83–118). Tübingen: Edition diskord.

Novey, S. (1955). The role of the superego and ego ideal in character formation. International Journal of Psycho-Analysis, 36, 275–281.

Piers, G. and Singer, M.B. (1953). Shame and guilt. Springfield: Thomas.

Reich, A. (1954). Early identifications as archaic elements in the superego. Journal of the American Psychoanalytic Association, 2, 218–238.

Reich, A. (1960). Pathologic forms of self-esteem regulation. Psychoanalytic Study of the Child, 15, 215–232.

Reinke, E. (1992). Die Übermittlung von unbearbeiteten Traumen im Zusammenhang mit dem Nationalsozialismus. In K. Flaake und V. King (Hg.), Weibliche Adoleszenz. Zur Sozialisation junger Frauen. Interaktionsformen zwischen Eltern und Töchtern und deren Bedeutung für die weibliche Adoleszenz (S. 126–146). Frankfurt/M.: Campus.

Richter, H.-E. (1963). Eltern, Kind und Neurose. Stuttgart: Klett.

Rosenkötter, L. (1981). Die Idealbildung in der Generationenfolge. Psyche – Z Psychoanal, 35, 593–610.

Sandler, J., Holder, A. and Meers, D. (1963). The ego ideal and the ideal self. Psychoanalytic Study of the Child, 18, 139–158.

Schafer, R. (1969). The loving and the beloved superego in Freud's structural theory. Psychoanalytic Study of the Child, 15, 163–188.

Schneider, C. (1993). Jenseits der Schuld.? Die Unfähigkeit zu trauern in der zweiten Generation. Psyche – Z Psychoanal, 47, 754–774.

Schwan, G. (1997). Politik und Schuld. Die zerstörerische Macht des Schweigens. Frankfurt/M.: Fischer.

Stern, D.N., Sander, L.W., Nahum, J.P., Harrison, A.M., Lyons-Ruth, K., Morgan, A.C., Bruschweiler-Stern, N. and Tronick, E.Z. (1998). Non-interpretative mechanisms in psychoanalytic therapy. International Journal of Psycho-Analysis, 79, 903–921.

Stierlin, H. (1975). Eltern und Kinder im Prozeß der Ablösung. Frankfurt/M.: Suhrkamp.

Wiesse, J. und Olbricht, E. (Hg.) (1994). Ein Ast bei Nacht kein Ast. Seelische Folgen der Menschenvernichtung für Kinder und Kindeskinder. Göttingen: Vandenhoeck & Ruprecht.

Zagermann, P. (1985). Ich-Ideal, Sublimierung, Narzißmus. Darmstadt: Wissenschaftliche Buchgesellschaft.

Ich-Psychologie *von Norbert Hartkamp*

ego-psychology – psychologie du moi

1. Definition

Mit dem Begriff Ich-Psychologie sind zum einen bestimmte Auffassungen innerhalb der Psychoanalyse bezeichnet, welche darauf zielen, psychoanalytische Vorstellungen in Richtung auf eine Allgemeine Psychologie hin zu erweitern. Ich-Psychologie versucht dazu insbesondere, an die von Freud in seinem Strukturmodell entwickelten Vorstellungen anzuknüpfen. Daneben nimmt der Begriff der Ich-Psychologie auch auf eine bestimmte Ausrichtung der psychoanalytischen Technik Bezug, welche sich darum bemüht, den Notwendigkeiten gerecht zu werden, die in der Behandlung schwer gestörter Patienten entstehen.

Ich-Psychologie beschäftigt sich mit der Frage, wie es Menschen gelingt, sich an die Welt, in der sie leben, anzupassen. Anpassung wird dabei als das Ergebnis eines fortdauernden Entwicklungsprozesses angesehen, in dessen Verlauf bestimmte seelische Funktionen, welche sich auf der Basis angeborener Gegebenheiten innerhalb von emotional bedeutsamen Beziehungen entfalten, eine zunehmende funktionale Selbständigkeit erlangen. Die ich-psychologische Perspektive ist damit immer auch die Perspektive einer psychoanalytischen Entwicklungspsychologie. Insoweit die psychoanalytische Ich-Psychologie die Funktionen des Ichs studiert, beschäftigt sie sich besonders mit den formalen Aspekten des Psychischen. Dabei umfasst die Ich-Psychologie Fragen der Entwicklung von Beziehungsstrukturen ebenso wie Fragen der Regulation von Selbst- und Selbstwertgefühl, aber auch Aspekte der Entwicklung der Motorik oder der Denk- und Wahrnehmungsfunktionen. Die Beschreibung von gelingender, ebenso wie von misslungener Anpassung gerade unter diesen ich-funktionalen Aspekten erweist sich als sehr wertvoll für die Psychotherapie schwerer gestörter Persönlichkeiten, da es erst die präzise Beschreibung ich-funktionaler Defizite dieser Patienten ermöglicht, Modifikationen der psychoanalytischen Technik zu entwickeln, die Voraussetzung für eine erfolgreiche Behandlung dieser oftmals sehr beeinträchtigten Patienten sind.

Die ich-psychologische Sichtweise gewinnt darüber hinaus auch dadurch Bedeutung, dass sie es erlaubt, psychische Störungen nicht nur als Folge von Konflikten unterschiedlicher seelischer Motivstrukturen – bspw. Es und Überich – zu begreifen, sondern auch als Folge unvereinbarer, antagonistischer, dabei aber nicht notwendigerweise miteinander im Konflikt befindlicher innerer Bilder und Persönlichkeitszustände. Diese Unvereinbarkeiten und Antagonismen werden manchmal auch als „intrasystemische Konflikte“ bezeichnet.

2. Klassische Auffassung

Von einer Ich-Psychologie als eigenständiger Ausrichtung innerhalb der Psychoanalyse kann erst seit den Beiträgen Heinz Hartmanns (1894–1970) gesprochen werden. Auf dem Fundament der Freud'schen Theorie aufbauend unternahm er es, den Ich-Begriff zu präzisieren und neu zu bestimmen. Hartmann unterschied zwischen den beiden Begriffen „Ich“ und „Selbst“. Der Begriff „Selbst“ solle als Bezeichnung der eigenen Person im Gegensatz zum Objekt gelten, der des „Ich“ solle sich demgegenüber auf ein psychisches System im Gegensatz zu anderen Teilstrukturen der Persönlichkeit beziehen: „Es ist ein Teilgebiet der Persönlichkeit und wird durch seine Funktionen bestimmt“ (Hartmann 1950a, S. 120). Das Gegenteil von Objektbesetzung sei nicht Ich-Besetzung, sondern Besetzung der eigenen Person, d.h. Selbstbesetzung (Hartmann 1950a, S. 132). Für deren Verständnis sei es von ausschlaggebender Wichtigkeit, ob die im Ich lokalisierte Selbstbesetzung noch eng zur Sexualität bzw. zur Aggression gehöre oder einen „gründlichen Neutralisierungsprozess" durchgemacht habe. Damit griff er die Vorstellung Freuds auf, das Ich arbeite mit modifizierter psychischer Energie; im Unterschied zu Freud und im Anschluss an Menninger (1938, S. 446) sprach er jedoch nicht von „Desexualisierung" oder „Sublimierung", sondern von „Neutralisierung". „Eine Zunahme der neutralisierten Ich-Besetzung wird wohl kaum pathologische Symptome hervorrufen, aber eine Überschwemmung mit ungenügend neutralisierter Triebenergie kann unter bestimmten Bedingungen derartige Folgen haben" (Hartmann 1950a, S. 133f.).

Im Anschluss an Freuds Begriff der „archaischen Erbschaft" (1937c, S. 86) war Hartmann der Auffassung, das Ich habe sich gemeinsam mit dem Es phylogenetisch aus einer Matrix tierischer Instinkte entwickelt (Hartmann 1950a, S. 125). Ebenso stehe am Beginn der individuellen psychischen Entwicklung eine „undifferenzierte Phase" innerhalb derer es kaum möglich sei, „Funktionskerne, die später dem Ich dienen, von denen zu entwirren, die wir dem Es zuzählen. Auch (sei) es oft schwer zu unterscheiden, was davon bereits als seelische Tätigkeit beschrieben werden kann" (Hartmann 1952, S. 10). Unstrittig war für ihn hingegen, dass zu Beginn der Entwicklung angeborene Faktoren von wesentlicher Bedeutung sind, und er war der Ansicht, dass diese Faktoren zu der Anpassung an die „durchschnittlich zu erwartenden, also typischen Umweltsituationen" (1939, S. 25) beitragen, welche dem menschlichen Neugeborenen das Überleben ermöglicht. Hartmann räumte zwar ein, dass in den frühesten Entwicklungsstadien auch Funktionen, die er als primär autonom, d.h. als in ihrer Entwicklung unabhängig von Triebkonflikten ansah, in Abhängigkeit von „Bedürfnissituationen" stehen, gleichzeitig hielt er jedoch daran fest, solche Ich-Funktionen seien „nicht durch die Bedürfnisse geschaffen worden" (1952, S. 11). Diese Funktionen bilden somit eine „konfliktfreie Ich-Sphäre" (1939, S. 14).

Hartmann warnte vor einer Überschätzung der Rolle der Objektbeziehungen in der Genese des Ichs: Die „Gefahr einer Überbetonung und Simplifizierung dieser Seite des Problems [wurde] nicht immer vermieden. Die Tatsache, dass die Mutter ihr Kind in dieser oder jener Weise ‚abgelehnt' hat, ist häufig in geradliniger Kausalbeziehung und ohne Unterschied für nahezu all die verschiedenen Formen späterer pathologischer Entwicklungen und besonders für die Ich-Störungen verantwortlich gemacht worden" (Hartmann 1952, S. 7). Andererseits sei es aber möglich, dass das Kind „irrige Anschauungen, die die Eltern von der Realität haben, übernimmt ... So wird also das objektive Erkennen der Realität nicht nur durch die Wirkung der Triebbedürfnisse gestört, es kann auch durch Ich-(und Über-ich-)Funktionen behindert werden, selbst durch Funktionen, welche unter anderen Umständen zur Anpassung beitragen können" (1956, S. 250).

Unter Hinweis auf die Möglichkeit einander entgegengesetzter Ich-Funktionen macht Hartmann auf die Konflikte innerhalb des Ichs aufmerksam: „...wir können sie durchaus als intrasystemische Konflikte bezeichnen, im Unterschied zu den besser bekannten intersystemischen Konflikten" (Hartmann 1950a, S. 142) Eine solche Definition intrasystemischer Konflikte erlaubte es ihm, zu fordern: „Jede Definition der Ich-Stärke wird unbefriedigend sein, wenn sie nur die Beziehung zu den anderen psychischen Systemen berücksichtigt, aber nicht die intrasystemischen Faktoren" (1950a, S. 143). Er regte eine differenzierende Untersuchung der Entwicklung der Ich-Funktionen an. Es sei unzureichend, im Hinblick auf psychopathologische Phänomene von einer Beteiligung „des Ichs" oder einer mangelhaften „Ich-Entwicklung" zu sprechen, wo stattdessen die Betrachtung einzelner Ich-Funktionen zu fordern sei. „Was ich sage, ist in gewisser Weise bereits in einer Warnung Freuds (1926d) enthalten, sich das Ich und das Es nicht so vorzustellen, als ob sie zwei verschiedene Heerlager seien. In ähnlicher Weise wäre es öfters möglich und nützlich, globale Beschreibungen, wie „frühreife" oder „verzögerte Ich-Entwicklung" durch detaillierte Aussagen zu ersetzen und anzugeben, welche Ich-Funktionen tatsächlich in Bezug auf die Triebe und in Bezug aufeinander eine frühzeitige oder verzögerte Entwicklung durchgemacht haben" (Hartmann 1950b, S. 113).

3. Ideengeschichtlicher Hintergrund

Die früheste Erwähnung der „Ich-Psychologie" durch Freud (1916–17e, S. 406) – Freud spricht hier darüber, dass der weibliche Wunsch nach einem Mann unabhängig vom Kinderwunsch aus „begreiflichen Motiven, die durchaus der Ich-Psychologie angehören" entstehen könne – lässt erkennen, dass mit dem Begriff der „Ich-Psychologie" hier noch eine Psychologie der im Wesentlichen bewussten, nicht triebbestimmten Motive gemeint ist. In den nur wenig später veröffentlichten „Vorlesungen zur Einführung in die Psychoanalyse" kommt Freud erneut auf die „Ich-Psychologie" zu sprechen und auf ihren Beitrag zum Verständnis der schweren, von ihm als „narzisstische Neurosen" bezeichneten Störungen. Eine „Analyse der Störungen und Zerstörungen des Ichs" (1916–17a, S. 438) werde es ermöglichen, so seine Erwartung, die bislang unüberwindbaren Widerstände bei der Behandlung schwerer Störungen doch zu überwinden, allerdings: „Unsere technischen Methoden müssen also durch andere ersetzt werden" (1916–17a, S. 438). Einige Zeit später, in seiner Arbeit über das Unheimliche, bezeichnet Freud die Aufspaltung „zwischen der kritischen Instanz und dem Ich-Rest" (1919h, S. 248) als der Ich-Psychologie zugehörig. Eine ausdrückliche Erwähnung findet die Ich-Psychologie dann erst wieder nach der Ausformulierung des psychoanalytischen Strukturmodells (1923b) in der „Neuen Folge der Vorlesungen zur Einführung in die Psychoanalyse", wo Freud sich mit dem Verdrängenden – im Gegensatz zum Verdrängten – befasst (1933a, S. 63ff.).

Neben den Freud'schen Konzepten zählt auch die Biologie zum Hintergrund der Ich-Psychologie. Hartmann erwähnt beispielsweise das Uexküll'sche Konzept des „Funktionskreises" (1939, S. 28), welches ihm aber für seinen ich-psychologischen Entwurf nicht als zentral wichtig erscheint (1939, S. 26). „Die Trennung von psychologisch und biologisch kann also für uns nur die Trennung von zwei Arbeitsrichtungen, Gesichtspunkten, Forschungsmethoden, Begriffssprachen meinen" (1939, S. 34). Wesentlicher sind die Einflüsse der Wissenssoziologie K. Mannheims (1934), der die Wechselwirkung von Rationalität und Irrationalem und die Zeit- und Standortgebundenheit des Denkens thematisiert hatte (Hartmann 1939, S. 61). Insbesondere sein Konzept der „freischwebenden Intelligenz" und der demokratischen Planung haben Einfluss auf die von Hartmann formulierte Ich-Psychologie genommen. Insgesamt ist es dabei das Anliegen der Ich-Psychologie, weder einem „biologischen Solipsismus", noch dessen „soziologistischem Gegenbild" (1939, S. 33) anheimzufallen, es geht vielmehr um die Erfassung derjenigen sozialen Faktoren, die gleichzeitig auch von biologischer Bedeutung sind (1944, S. 36).

4. Wesentliche Erweiterungen, Differenzierungen und Modifikationen

R.A. Spitz (1954) machte als einer der ersten darauf aufmerksam, dass eine Umwelt, die hinsichtlich der affektiven und der Beziehungsangebote erheblich von der „durchschnittlich zu erwartenden Umwelt" abweicht, zu schweren Entwicklungsstörungen führt. In späteren Arbeiten beschrieb er die Entstehung psychischer Strukturen aus den physiologischen Prototypen der „undifferenzierten Matrix" (Spitz et al. 1970), und er vertrat die Ansicht, es seien insbesondere Dauer, Antizipation und Bedeutung, welche Entwicklungsprozesse in Gang setzen und aufrechterhalten (Spitz 1972). Auch die entwicklungspsychologischen Beiträge seines Mitarbeiters und Säuglingsforschers R.N. Emde (Emde und Robinson 1979, Emde 1983) sowie die von Margaret S. Mahler (Mahler et al. 1975) können als Teil der ich-psychologischen Tradition betrachtet werden, insofern sie die Wechselwirkungen von dispositionellen Faktoren und Beziehungserfahrungen thematisieren. Blanck und Blanck (1987) sowie Blanck (1986) erweiterten das ich-psychologische Konzept durch die Integration mit der psychoanalytischen Objektbeziehungstheorie.

Die Ich-Psychologie lenkte die therapeutische Aufmerksamkeit verstärkt auf die Faktoren, welche den Zugang mentaler Inhalte zum Bewusstsein beeinflussen. Hierzu gehören beispielsweise Veränderungen von Ich-Zuständen (z.B. Fragmentierung), Regression bezüglich des Niveaus der Denkfunktionen (z.B. von den formalen Operationen hin zu präoperationalem Denken), oder das Ausmaß, in welchem die zwischenmenschliche Kommunikation vom Handlungsdialog anstelle des verbalen Dialogs bestimmt wird. In diesem Zusammenhang fordert Busch (1993), eine zentrale, einer jeden Deutung vorangehende Aufgabe des Analytikers müsse es sein, zu diagnostizieren, wo sich ein Patient mit seinem bewussten Erleben befindet und warum dies der Fall ist. Für den Bereich der schwerer gestörten Patienten stellte Fürstenau (1977) die Forderung auf, der Psychotherapeut müsse sich in seinem Bemühen, den therapeutischen Prozess zu fördern, die Frage stellen, worin genau, aus klinischer Sicht, strukturelle Abweichungen des Ichs der jeweiligen Patienten vom „fiktiven Normal-Ich" (Freud 1937c, S. 80), die Verfügbarkeit von Ich-Funktionen zur Ausübung überhaupt (Fürstenau 1977, S. 200), bestehen. Die psychoanalytisch-interaktionelle Methode (Heigl-Evers und Ott 1996) ist eine Modifikation der psychoanalytischen Technik, die in besonderer Weise den Notwendigkeiten der Behandlung strukturell ich-gestörter Patienten Rechnung trägt.

Sicherlich die weitestgehende Modifikation der ich-psychologischen Theorie stammt von Ch. Brenner, der in der ich-psychologischen Tradition stehend der Kompromissbildung die entscheidende Rolle in der Regulation des Psychischen zuwies (Brenner 1986). Dieser Autor unterbreitete in jüngerer Zeit den Vorschlag, im Sinne einer evolutionären Weiterentwicklung der psychoanalytischen Theorie die Strukturtheorie und damit natürlich auch die psychoanalytische Ich-Psychologie in der bisherigen Form aufzugeben (Brenner 1995).

Literatur

Blanck, R. (1986). Die Funktionen der Objektrepräsentanzen. Psychotherapie, Psychosomatik, Medizinische Psychologie, 36, 1–7.

Blanck, G. and Blanck, R. (1987). Developmental object relations theory. Clinical Social Work Journal, 15, 318–327.

Brenner, C. (1986). Elemente des seelischen Konflikts. Theorie und Praxis der modernen Psychoanalyse. Frankfurt/M.: Fischer.

Brenner, C. (1995). The mind as conflict and compromise formation. Journal of Clinical Psychoanalysis, 3, 473–488.

Busch, F. (1993). „In the neighbourhood": Aspects of a good interpretation and a „developmental lag" in ego psychology. Journal of the American Psychoanalytic Association, 41, 151–177.

Emde, R.N. (1983). The prerepresentational self and its affective core. Psychoanalytic Study of the Child, 38, 165–192.

Emde, R.N. and Robinson, J. (1979). The first two months. Recent research in developmental psychobiology and the changing view of the newborn. In J.D. Noshpitz (Ed.), Basic handbook of child psychiatry, vol. 1 (pp. 72–105). New York: Basic Books.

Fürstenau, P. (1977). Die beiden Dimensionen des psychoanalytischen Umgangs mit strukturell ich-gestörten Patienten. Psyche – Z Psychoanal, 31, 197–207.

Hartmann, H. (1939). Ich-Psychologie und Anpassungsproblem. Stuttgart: Klett, 1970.

Hartmann, H. (1944). Psychoanalyse und Soziologie. In H. Hartmann (1972), Ich-Psychologie. Studien zur psychoanalytischen Theorie (S. 33–49). Stuttgart: Klett.

Hartmann, H. (1950a). Bemerkungen zur psychoanalytischen Theorie des Ichs. In ders. (1972), Ich-Psychologie. Studien zur psychoanalytischen Theorie (S. 78–97). Stuttgart: Klett.

Hartmann, H. (1950b). Psychoanalyse und Entwicklungspsychologie. In ders. (1972), Ich-Psychologie. Studien zur psychoanalytischen Theorie (S. 106–118). Stuttgart: Klett.

Hartmann, H. (1952). Die gegenseitigen Beeinflussungen von Ich und Es in der psychoanalytischen Theoriebildung. Psyche – Z Psychoanal, 9, 1–22.

Hartmann, H. (1956). Bemerkungen zum Realitätsproblem. In ders. (1972), Ich-Psychologie. Studien zur psychoanalytischen Theorie (S. 236–260). Stuttgart: Klett.

Heigl-Evers, A. und Ott, J. (1996). Die psychoanalytisch-interaktionelle Methode. Ein Behandlungsangebot für strukturell gestörte Patienten. Psychotherapeut, 41, 77–83.

Mahler, M.S., Pine, F. und Bergman, A. (1975). Die psychische Geburt des Menschen. Frankfurt/M.: Fischer.

Mannheim, K. (1934). Mensch und Gesellschaft im Zeitalter des Umbaus. Leiden: Sijthoff, 1934.

Menninger, K. (1938). Selbstzerstörung. Psychoanalyse des Selbstmords. Frankfurt: Suhrkamp, 1974.

Spitz, R.A. (1954). Die Entstehung der ersten Objektbeziehungen. Direkte Beobachtungen an Säuglingen während des ersten Lebensjahres. Stuttgart: Klett, 3. Aufl., 1973.

Spitz, R.A. (1972). Bridges. On anticipation, duration and meaning. Journal of the American Psychoanalytic Association, 20, 721–735.

Spitz, R.A., Emde, R.N. and Metcalf, D.R. (1970). Further prototypes of ego formation. Psychoanalytic Study of the Child, 25, 417–441.

Idealisierung *von Wolfgang Milch*

idealization – idéalisation

1. Definition

Als Idealisierung wird der psychische Vorgang bezeichnet, durch den ein Subjekt einem Objekt vollkommene Eigenschaften zuschreibt. „Die Idealisierung ist ein Vorgang mit dem Objekt, durch welchen dieses ohne Änderung seiner Natur vergrößert und psychisch erhöht wird. Idealisierung ist sowohl auf dem Gebiet der Ichlibido wie auch der Objektlibido möglich“ (Freud 1914c, S. 161). Freud führte den Begriff im Zusammenhang mit seinen Vorstellungen zum Narzissmus ein: „Diesem Ideal-Ich gilt nun die Selbstliebe, welche in der Kindheit das wirkliche Ich genoß. Der Narzißmus erscheint auf dieses ideale Ich verschoben, welches sich wie das infantile im Besitz aller wertvoller Vollkommenheiten befindet ... was er als sein Ideal vor sich hin projiziert, ist der Ersatz für den verlorenen Narzißmus seiner Kindheit, in der sein eigenes Ideal war“ (Freud 1914c, S. 161). Die Idealisierung des Objekts trägt zur Bildung und Ausgestaltung der sogenannten Idealinstanzen der Person bei (Ideal-Ich, Ich-Ideal). Die introjizierten Elternimagines, die den Kern des Ich-Ideals bilden, erfahren vor ihrer Introjektion eine Idealisierung und gelangen so zu jener Vollkommenheit und Omnipotenz, die ihre motivationale Bedeutung ausmacht. Unter Entidealisierung werden das Aufgeben der Abwehr und die Hinführung zur Realität verstanden.

2. Klassische Auffassung

Freud (1914c, S. 161) unterschied die Idealisierung von der Sublimierung. Während die Idealisierung im Liebesleben als Sexualüberschätzung des Objekts wirksam werden kann, wird die Libido bei der Sublimierung vom Sexuellen abgelenkt und entfernteren Zielen zugewandt. Wenn sich die Idealisierung auf ein unabhängiges Objekt richtet, dann wird dieses auch so behandelt wie das eigene Ich, und in der Verliebtheit fließt ein größeres Maß narzisstischer Libido auf das Objekt über: „Man liebt es wegen der Vollkommenheit, die man fürs eigene Ich angestrebt hat und die man sich nun auf diesem Umweg zur Befriedigung seines Narzißmus verschaffen möchte“ (Freud 1921c, S. 124). Die „Hingabe“ an ein Objekt kann wie die sublimierte „Hingabe“ an eine abstrakte Idee soweit fortschreiten, dass sich das Objekt an die Stelle des Ich-Ideals setzt (verliebte Hörigkeit).

Die Funktion der Idealisierung als Abwehr wird von Fenichel der Rationalisierung zugeordnet und mit ihrer Hilfe „kann das Ich sich über die wahre Natur seines Handelns hinwegtäuschen“ und „erfüllt sich eines seiner Ideale, so verschafft das dem Ich eine Zunahme seines Selbstgefühls“ (Fenichel 1974, Bd. 3, S. 38, 53). Selbst Triebregungen können idealisiert werden, so dass die Realitätsprüfung vernachlässigt wird, wie bei manischen Zustandsbildern beobachtet werden kann.

3. Wesentliche Erweiterungen, Differenzierungen und Modifikationen

Die kleinianische Objektbeziehungstheorie sieht in der Idealisierung einen der wesentlichen Abwehrmechanismen, womit sich der Säugling in der paranoid-schizoiden Position (bis 6. Lebensmonat) vor seinen vernichtenden unbewussten Phantasien zu schützen sucht. Das idealisierte gute wird mittels Spaltung von dem verfolgenden, bösen (Partial-) Objekt (gute/böse Brust) getrennt gehalten. Die in der depressiven Position mit der Ambivalenz entstehenden Ängste können dadurch vermieden werden, dass die guten und bösen Objektaspekte getrennt werden, so dass erneut ein ideales und ein verfolgendes Objekt entsteht (Hinshelwood 1993, S. 451). Das Konzept der Idealisierung ist damit zwangsläufig mit dem Konzept des „bösen Objekts“ verbunden. Wird ein Objekt als vollständig gut wahrgenommen, so wird es als „idealisiertes“ Objekt bezeichnet. Die guten Objektaspekte sind abgespalten und durch anschließende Verleugnung (Vernichtung) der bösen Aspekte abgetrennt worden, so dass das Objekt vollkommen erscheint.

Kernberg (1989) betrachtet die Idealisierung ebenfalls als typischen Abwehrmechanismus, der vor allem bei narzisstischen und Borderline-Persönlichkeitsstörungen vorkommt. Er versteht die Idealisierung als Abwehr oral-aggressiver Triebregungen und idealisierende Übertragung als Pseudo-Abhängigkeit. Zugrunde liegen Feindseligkeit und Misstrauen, weshalb Idealisierungen grundsätzlich als Widerstand gedeutet werden müssen.

Im Gegensatz dazu betrachtet Kohut (1977) die Idealisierung als wesentlichen heilungsfördernden Faktor für die Behandlung narzisstischer Persönlichkeitsstörungen. In der normalen Entwicklung des Narzissmus sind Idealisierungen (idealisierte Elternimago) notwendig, um einen kohäsiven Selbstzustand erreichen zu können. Nach Wolf (1996) schützen idealisierbare Selbstobjekte das Selbst, indem sie ihm die Erfahrung ermöglichen, mit der Ruhe, Stärke, Weisheit und Güte eines idealisierbaren Selbstobjektes zu verschmelzen. Diese Erfahrung ist während des ganzen Lebens notwendig, um das Selbstgefühl zu entwickeln, zu stärken und zu erhalten. Die idealisierende Übertragung ist die Wiederherstellung des Bedürfnisses nach einer Verschmelzungserfahrung mit einem ruhigen, starken und weisen Selbstobjekt. Sie zeigt sich in der Bewunderung des Analytikers oder in der Abwehr gegen diese Übertragung, z.B. in dessen andauernder Entwertung. Die Idealisierung weicht im Therapieverlauf einer zunehmenden Realitätssicht bezüglich der Person des Therapeuten und sollte nicht gedeutet werden, solange der Therapeut in der Übertragung als Selbstobjekt fungiert. Idealisierungsbedürfnisse in der Übertragung (idealisierende Übertragung) werden deshalb als für die Entwicklung essentielle Selbstobjektbedürfnisse und nicht als Abwehr verstanden.

Literatur

Fenichel, O. (1974). Psychoanalytische Neurosenlehre. Bd. 1–3. Olten: Walter.

Hinshelwood, R.D. (1993). Wörterbuch der kleinianischen Psychoanalyse. Stuttgart: Verlag Internationale Psychoanalyse.

Kernberg, O.F. (1989). Eine ich-psychologische Objektbeziehungstheorie der Struktur und Behandlung des pathologischen Narzissmus – ein Überblick. In O.F. Kernberg (Hg.) (1996), Narzißtische Persönlichkeitsstörungen (S. 248–254). Stuttgart: Schattauer.

Kohut, H. (1977). Die Heilung des Selbst. Frankfurt/M.: Suhrkamp, 1979.

Wolf, E.S. (1996). Theorie und Praxis der psychoanalytischen Selbstpsychologie. Frankfurt/M.: Suhrkamp.

Identifizierung *von Günter H. Seidler*

identification – identification

1. Definition

Der Begriff der Identifizierung kennzeichnet Aneignung von Merkmalen oder Funktionen eines Objekts durch das Subjekt. Theoretisch sind hier die Begriffe der !primären" und der „sekundären" Identifizierung von Bedeutung sowie die hiervon zu unterscheidenden der „totalen" und der „partiellen" Identifizierung.

Das, was „in normal psychology and in psychopathology" an Identifizierung zu sehen ist, ist ein – regressiver – Vorgang „sekundärer" Identifizierung, „repeating an archaic ‚primary' one" (Fenichel 1945, S. 37). Diese zugrundeliegende primäre Identifizierung folgt der Logik „perceiving and changing one's own body according to what is perceived" (ibid.). Für das Verständnis der ursprünglichen psychoanalytischen Konzeptbildung zur Identifizierung ist es von höchster Wichtigkeit, sich diesen Sachverhalt klarzumachen: Das – mit dem Mund, der Haut, den Augen, der Atmung, den Ohren – wahrnehmende „Subjekt" wird eins mit dem wahrgenommenen „Objekt", das entsprechend aus der „Sicht" (oder der Perspektive des jeweiligen Wahrnehmungsorgans) des „Subjektes" verschwindet. In diesem Verschwinden des vormaligen Zieles dürfte die potentiell immer ambivalente Qualität jeder späteren Objektbesetzung gründen und hypothetisch könnte vermutet werden dass hier auch die Grundlage und der Anfang zu suchen sind für jedwelche – aktive und passive – „Objektivierungsfähigkeit" des späteren Subjektes (Seidler 1995).

„Sekundäre" Identifikationen verlaufen demgegenüber auf einer Entwicklungsstufe, auf der eine dieser Identifikation vorausgehende Differenzierung in Innen und Außen – oder in Subjekt und Objekt – bereits vorliegt. Sie dienen insofern Abwehrzwecken, etwa gegen das Erleben eines Verlustes oder das Erleben objektgerichteter Aggression, als dass ein Abwehrprozess eine derartige Differenzierung in Innen und Außen voraussetzt. Bezeichnet mit den an psychosexuellen Triebstufen orientierten traditionellen psychoanalytischen Begriffen, verlaufen sie nach einem analen oder phallisch-genitalen Erlebnis- und Verarbeitungsmodus.

Als *totale* oder *narzisstische Identifikation* werden solche bezeichnet, in denen „die Besetzung äußerer Liebesobjekte gänzlich aufgegeben wird, d.h. die Objektliebe wird durch Identifikation ersetzt" (Loch 1968, S. 75).

Partielle Identifikationen sind demgegenüber dadurch gekennzeichnet, dass „das Subjekt nur einen einzigen Zug von der Objektperson entlehnt" (Freud 1921c, S. 117). Zugrunde liegt ihr „nicht simple Imitation, sondern *Aneignung* aufgrund des gleichen ätiologischen Anspruches; sie drückt ein ‚gleichwie' aus und bezieht sich auf ein im Unbewußten verbleibendes Gemeinsames" (Freud 1900a, S. 155f).

Eine Kenntnis der Vorgänge *partieller Identifikationen* und deren Abwehrfunktion erscheint gerade aktuell besonders wichtig, da etwa Konversionssymptome zunehmend als „somatoforme Störungen" verstanden und therapeutisch symptomorientiert angegangen werden. Wenn der jeweiligen Symptomatik jedoch eine Abwehridentifikation zugrunde liegt – etwa um Hassgefühle auf die partiell identifizierte Person nicht spüren zu müssen, oder um unbewusst eine Objektbeziehung wie diese aufrechterhalten zu können –, kann eine symptomorientierte Vorgehensweise dazu führen, das Symptom zu chronifizieren, da hier der Widerstand gebündelt ist und sich unter der Symptombeachtung stabilisiert. Die Beachtung des Symptoms – statt der Deutung seiner Abwehrfunktion – kann den Stellenwert einer neurotischen Bedürfnisbefriedigung bekommen.

Insgesamt ist es an dieser Stelle wichtig, die Funktion von Identifikationen als *Abwehr-Identifikationen* herauszustellen. Der vielleicht wichtigste Spezialfall einer – wahrscheinlich nur selten totalen, häufiger partiellen – sekundären Identifikation ist die „Identifizierung mit dem Angreifer" (A. Freud 1936, S. 293). Diesem Mechanismus wird in der Genese des Überichs große Bedeutung beigemessen; darüber hinaus zur Bewältigung und Verarbeitung interaktioneller Extremsituationen. In Extremsituationen würde das Opfer „total" zum Peiniger (der Häftling zum Aufseher), in den häufigeren partiellen Identifizierungen sich etwa Aspekte von dessen Wertorientierungen zu Eigen machen mit dem Ergebnis von Selbstdemütigungen und -entwertungen.

Loch (1968, S. 79–81) unterscheidet noch „echte" oder *„personale"* Identifikationen, die auf Gefühlsbindungen an wichtige Beziehungspersonen beruhten, von *„instrumentalen"*, zu denen er auch die *„Über-Identifikationen"* rechnet, die er wiederum mit dem Konzept der „Als-ob-Persönlichkeit" (Deutsch 1942) in Verbindung bringt. Im aktuellen klinischen Sprachgebrauch wird allerdings die Bezeichnung der „Über-Identifikation" wahrscheinlich eher für flüchtige, partielle Identifikationen benutzt.

Zusammenfassend werden Identifikationsprozesse gegenwärtig wahrscheinlich als ein Hauptmechanismus der psychologisch und sozialpsychologisch beschreibbaren Seite der Persönlichkeitsentwicklung angesehen.

2. Klassische Auffassung

Die Einführung des Terminus „Identifikation" in die Psychologie wird Freud zugeschrieben (Loch 1968), der diesen Terminus gelegentlich synonym mit dem der „Introjektion" benutzt (1914c, 1921c). Identifizierung wird als „früheste Äußerung einer Gefühlsbindung an eine andere Person" verstanden (Freud, 1921c, S. 115) und von einer Objektbeziehung dadurch unterschieden, dass „die Bindung am Subjekt" angreift und nicht „am Objekt des Ichs" (ibid., S. 116). Zunächst beschrieb er die hysterische Identifizierung, die als partielle Identifizierung zu verstehen ist (siehe oben). Später beschrieb er Modifikationen, wie sie in der Depression (1916–17g (1915) oder in der Massenpsychologie (1921c) auftreten. Weitere Differenzierungen beschrieb er hinsichtlich der möglichen Objektwahl im Narzissmus (1914c), insbesondere aber im Zusammenhang einer Untersuchung der Wirkungen des ödipalen Konfliktes auf die Strukturierung des Subjektes. In der Folgezeit werden beide Begriffe deutlich voneinander differenziert. So benutzt etwa Fenichel (1945) den Begriff der Introjektion zur Kennzeichnung des Weges, der triebbedingten Erlebensform, auf dem Identifikationen erfolgen. Er knüpft damit an Ferenczi (1909) an, der annahm, dass „der Neurotiker ... einen möglichst großen Teil der Außenwelt in das Ich aufnimmt und zum Gegenstand unbewußter Phantasien" macht (S. 19).

3. Ideengeschichtlicher Hintergrund

Identifikationsprozesse als zumindest wesentliches Element in der Ontogenese anzusehen bricht mit monadischen Vorstellungen von Individualität. Derartige „Brechungen" sind für die Romantik charakteristisch; die häufigen Doppelgänger-Thematisierungen verweisen darauf. Im weiteren Sinne kann sicherlich auch die Traumlehre als Verdoppelungsthematik angesehen werden, ebenso die Suche nach einem Verständnis des Phänomens von Bewusstheit, einer der Ausgangspunkte der Forschungen von Freud, die ihn dann zur Konzeptualisierung des Unbewussten führten (Seidler, 1995). Auch die Persönlichkeitslehre von Freud kann mit den Elementen von Ich- und Über-Ich als Verdoppelungslehre aufgefasst werden, auf der Grundlage seines Konstruktes von Identifikation, wie im Übrigen auch die zeitgleich entstandenen Konzeptualisierungsversuche der Schizophrenie oder, in der amerikanischen Sozialpsychologie, die Ansätze von Cooley (1902) und Mead (1934). Die große Stärke des Ansatzes von Freud liegt dabei in seinem heute umstrittenen Triebkonzept, das es ihm etwa gestattete, Prozesse primärer Identifikation als Wirksamkeitsfeld voneinander ungeschiedener sowohl libidinöser wie auch aggressiver Triebimpulse aufzufassen.

4. Wesentliche Erweiterungen, Differenzierungen und Modifikationen

Die von Freud zwar implizit präferierte, aber begrifflich aufgrund der noch nicht ausgearbeiteten ich-strukturellen Betrachtungsweise nicht streng durchgehaltene Zuordnung der Identifizierung zur Subjektstufe des Ichs wird von Sandler und Rosenblatt (1962) und Schafer (1968) weiter ausgearbeitet, wenn sie darstellen, dass Identifizierungen die Selbstrepräsentanz betreffen. Seidler (1995) hat den zunächst einseitig aus der Sicht des Subjektes beschriebenen Wahrnehmungsvorgang erweitert um die Perspektive des Objektes (wahrgenommen werden) und auf dieser Grundlage entwickelt, wie sich aus interaktionellen Akten *wechselseitiger Wahrnehmung* die selbstreflexive Subjekt-Objekt-Struktur beider Interaktionsteilhaber entwickelt.

Literatur

Cooley, C.H. (1902). Human nature and the social order. New York: Charles Scribner's Sons, rev. Aufl., 1922.

Deutsch, H. (1942). Some observations of emotional disturbances and their relationship to schizophrenia. Psychoanalytic Quarterly, 11, 301–321.

Fenichel, O. (1945). The psychoanalytic theory of neurosis. New York: Norton.

Ferenczi, S. (1909). Introjektion und Übertragung. In ders. (Hg.), Bausteine zur Psychoanalyse, Bd. 1, Theorie (S. 9–57). Frankfurt/M.: Ullstein, 1984 (Original: Internationaler Psychoanalytischer Verlag, Leipzig, 1927).

Freud, A. (1936). Das Ich und die Abwehrmechanismen. Die Schriften der Anna Freud, Bd. I/B, S. 193–355, 362–364. München: Kindler.

Loch, W. (1968). Identifikation-Introjektion. Definition und genetische Determinanten. In ders. (Hg.), Über Begriffe und Methoden der Psychoanalyse (S. 71–90). Bern: Huber, 1975.

Mead, G. H. (1934). Works of George Herbert Mead. Vol. 1, Mind, self, and society. From the standpoint of a social behaviorist. Edited and with an introduction by Charles W. Morris. Chicago: University of Chicago Press.

Sandler, J. and Rosenblatt, B. (1962). The concept of the representational world. Psychoanalytic Study of the Child, 17, 128–145.

Schafer, R. (1968). Aspects of internalisation. Madison/Conn.: International Universities Press, 1990.

Seidler, G.H. (1995). Der Blick des Anderen. Eine Analyse der Scham. Stuttgart: Verlag Internationale Psychoanalyse.

Identität *von Werner Bohleber*

identity – identité

1. Definition

Identität ist ein Grenzbegriff, der sowohl soziologisch als auch psychologisch beschrieben werden kann. Als psychologischer Begriff verklammert er das Intrapsychische und das Intersubjektive miteinander. Konzeptuell hat er den Vorteil, dass in ihm beide Aspekte des Selbst, Autonomie und Zugehörigkeit beinhaltet sind. Intrapsychische und interaktive Regulationsweisen wirken zusammen. Identität ist ein Prozessgeschehen, das zwischen dem Person-Kern mit seinen Strukturen Ich-Es-Überich, den Selbst- und Objekt-Repräsentanzen und der Übernahme bestimmter sozialer Rollen, Verhaltensnormen und Überzeugungen anzusiedeln ist. Die Identität stellt die Schnittstelle zwischen innen und außen, zwischen gesellschaftlichen Erwartungen, Rollenangeboten und der inneren Wirklichkeit, Identifizierungen, den Abkömmlingen unbewusster Phantasien und idiosynkratischen Wünschen dar. Sie ist das Produkt der Vermittlung und eine dynamische Balance zwischen beiden Seiten. Aufgrund dieser Mittelstellung ist sie psychologisch dem intermediären Raum nach Winnicott verwandt.

Die Identität gründet in der Reflexionsbeziehung des Selbst und es kann als eine Organisation, die eine Identitätsstruktur hat, beschrieben werden: das Selbst kann sich nie unvermittelt erfahren. Es bedarf stets eines bedeutungsvollen Anderen, um sich selbst erkennen zu können (Mead 1934). Diese Grundstruktur einer Reflexionsbeziehung gründet in der Spiegelfunktion der Mutter und der Spiegelerfahrung des Kleinkindes. Das Kind kann sein Selbst nur wahrnehmen, wenn dieses durch die Mutter zurückgespiegelt wird, und zwar so wie die Mutter das Kind sieht. Dadurch wird das Selbstbild mentalisiert und symbolisch im Selbst repräsentiert (Target und Fonagy 1995). Ein rudimentäres Identitätsgefühl entsteht. Seine frühe Grundform könnte man so in Worte fassen: „Ich bin das, was meine Mutter in mir sieht." Es ist eine Spiegelung des eigenen Selbst im Objekt, verbunden mit einem Akt der Anerkennung durch das Objekt. Identität ist insofern stets intersubjektiv begründet und wird als ein solcher spiegelnder Dialog verinnerlicht. Die Mutter ist der reifere und mächtigere Interaktionspartner und in das Widerspiegeln durch sie gehen ihre bewussten und unbewussten Vorstellungen und Phantasien über ihr Kind ein, die zu basalen Identitätsthemen werden (Liechtenstein 1977, Winnicott 1971). Dieser Spiegelprozess ist die Basis der späteren Identitätsbildung. Dann werden vom Ich vor dem „inneren Auge" zentrale Selbstrepräsentanzen mit sozialen Rollen, Handlungen, Gefühlen, Objekten verglichen und die Identität an objektivierten Selbstbildern, Proberealisierungen und identifikatorischen Festlegungen erprobt und erweitert. Als Regulationsprinzip fungiert bei diesem Vergleichen das Identitätsgefühl, das die Erhaltung von Kohärenz, Konstanz und Integrität anstrebt. Assimilierung und Ausstoßung von Selbst- und Objektrepräsentanzen aus dem eigenen Identitätserleben ist auch auf das Unbewusste als das Nichtidentische bezogen.

2. Klassische Auffassung

Der Begriff der Identität wird von Freud kaum benutzt, seelische Integrationsprozesse jedoch fanden seine Aufmerksamkeit. Nach Einführung der Strukturtheorie finden sich in Freuds Schriften immer wieder Hinweise auf das „Einheitlichkeitsstreben" des Ichs, das die seelische Entwicklung beherrsche: „Im Fortschritt der Entwicklung vom Kinde zum reifen Erwachsenen kommt es überhaupt zu einer immer weitergreifenden Integration der Persönlichkeit, zu einer Zusammenfassung der einzelnen, unabhängig voneinander in ihr gewachsenen Triebregungen und Zielstrebungen. Der analoge Vorgang auf dem Gebiet des Sexuallebens ist uns als Zusammenfassung aller Sexualtriebe zur definitiven Genitalorganisation lange bekannt" (1921c, S. 85). „Das Ich ist eine Organisation, ausgezeichnet durch ein sehr merkwürdiges Streben nach Vereinheitlichung, nach Synthese" (1926e, S. 223). Dieses Streben wird für Freud aus desexualisierter Libido gespeist und steht letztendlich im Dienste des Eros, dessen Ziel es ist, zu binden und zu vereinigen.

Freuds Begriff des Ichs umfasste dieses als metapsychologische Struktur sowie als Ich-Selbst auf der Ebene der Erfahrung. Freud schied beide Begriffe nie voneinander und bestand darauf, dass Ich und Selbst untrennbar miteinander verbunden sind. Dieser ganzheitlich-personale Bezugspunkt wird dann in der Ich-Psychologie aufgegeben. Das Ich wird zu einem seelischen Strukturbestandteil. Später führte Hartmann den Begriff des Selbst in die psychoanalytische Theorie ein und Erik H. Erikson den Begriff der Identität. Beiden ging es darum, den ganzheitlich-personalen Aspekt nicht zu vernachlässigen. Erikson betonte gegenüber einer biologischen Orientierung die Einbindung des Menschen in seine jeweilige kulturelle Umgebung. Identität verknüpft innere personale und äußere soziale Entwicklung: „Der Begriff ‚Identität‘ drückt also insofern eine wechselseitige Beziehung aus, als er sowohl ein dauerndes inneres Sich-Selbst-Gleichsein wie ein dauerndes Teilhaben an bestimmten gruppenspezifischen Charakterzügen umfaßt" (1959, S. 124). Erikson verankert das Gefühl einer persönlichen Identität in zwei gleichzeitig ablaufenden Wahrnehmungen: in der unmittelbaren Wahrnehmung der eigenen Gleichheit und Kontinuität in der Zeit sowie in der simultanen Wahrnehmung, dass auch andere diese Gleichheit und Kontinuität erkennen. Die Identität wird in der Adoleszenz phasenspezifisch. Sie stellt einen inneren Integrationsprozess dar und bedarf der synthetischen Funktionen des Ichs. Die Identitätsbildung unterzieht alle früheren Identifizierungen einer Umwandlung, „um aus ihnen ein einigermaßen zusammenhängendes Ganzes zu machen" (1959, S. 139). In einer gelungenen Identitätsbildung ist diese Integration „ein relativ konfliktfreier psychosozialer Kompromiß" (1959, S. 149). Die Brüche der Identitätsbildung, die in diesen Formulierungen angedeutet sind und die aus dem konflikthaften Zu- und Gegeneinander von Natur und Kultur, von Individuum und Gesellschaft herstammen, werden bei Eriksons Ansatz eher unterbewertet. Die Weite des Blickwinkels, unter dem Erikson Identität betrachtet, bedingt zugleich die Unschärfe seines Identitätsbegriffes.

3. Ideengeschichtlicher Hintergrund

Erikson gibt als einen Vorläufer seines Identitätsbegriffs G.H. Meads Konzept des „Selbst" an. Der symbolische Interaktionismus (C.H. Cooley, G.H. Mead) führt die Entwicklung der individuellen Persönlichkeit auf zwischenmenschliche Beziehungen zurück. G.H. Meads „self", im Deutschen sachlich zutreffend mit „Identität" übersetzt, bezeichnet die reflexive Fähigkeit des Subjektes, sich zu sich selbst wie zu einem anderen Subjekt zu verhalten, d.h. für sich zum Objekt zu werden. Das wird ermöglicht, indem es die Haltungen anderer gegenüber sich selbst innerhalb einer gesellschaftlichen Umwelt einnimmt. Diese Fähigkeit bezeichnet Mead als „me", das die Summe der Erwartungen des „generalized other" darstellt. Das „I" bezeichnet im Subjekt die Instanz für Spontaneität und Kreativität, deren Entstehung nicht aus Interaktionserfahrungen alleine erklärt werden kann.

4. Wesentliche Erweiterungen, Differenzierungen und Modifikationen

Im Anschluss an Erikson beschreiben psychoanalytische Autoren den Begriff nicht mehr psychosozial, sondern rein psychologisch. Edith Jacobson (1964) betont vor allem die Trennungsprozesse des Selbst und die Unterscheidung von anderen. Folgerichtig arbeitet sie mehr als alle anderen die Bedeutung der Aggressivität und Rivalität für die Identitätsbildung heraus.

Otto Kernberg (1976) verbindet einen ich-psychologischen mit einem objektbeziehungspsychologischen Ansatz. Die Ich-Identität „umfaßt die Integration von Selbstvorstellungen in ein integriertes Selbst ... eine vollständige Integration der inneren Welt von Objekten ... sowie die fortdauernden Prozesse der Bestätigung" (S. 74). Anders als Jacobson bestimmt er Identität, nicht in Abgrenzung von inneren Objekten, sondern diese werden einbezogen. Damit hält Kernberg Eriksons zweiseitige Ausrichtung fest, aber eingegrenzt auf innere Objekte.

Arnold Modell (1968, 1975) geht von der Frage aus, was es dem Ich ermöglicht, eine schmerzhafte äußere Realität und die Getrenntheit und Andersartigkeit der Objekte zu akzeptieren. Das Steuerungsorgan für diese Fähigkeit ist das Identitätsgefühl, dem Modell den Charakter eines „psychic organ" zuerkennt. Die Erfüllung der Bedürfnisse des Kleinkindes durch das Primärobjekt ist grundlegend dafür, dass das Kind ein Gefühl der Einzigartigkeit entwickeln kann. Früheste Formen des Identitätsgefühls sind omnipotente Phantasien, in denen die Trennung von Selbst und Objekt negiert ist, in Verbindung mit frühen Körperbildern. So beruht für Modell das Identitätsgefühl auf einem tiefen Gefühl der Bestätigung und Einigkeit mit sich selbst und ist ein Niederschlag der frühen Beziehung zum Primärobjekt.

Die Ende der sechziger Jahre einsetzende Diskussion um den theoretischen und klinischen Status des Selbst hat in der Psychoanalyse weithin die Diskussion um die Identität aufgesogen. Nur noch bei G. Klein (1976) erlangte der Begriff eine Bedeutung, um komplexe Erfahrungen in die psychoanalytische Theorie zu integrieren (self-identity).

Durch die Betonung des Selbst wurde Eriksons Theoriebildung mehr und mehr verdeckt, oder er wurde tendenziös beurteilt (z. B. als soziologisch, unpräzise und dunkel). Erikson hat seine Konzepte in der Sprache der Ich-Psychologie formuliert, obwohl sie dort nicht richtig hineinpassten. Mit deren Verblassen verschwand auch Eriksons Identitätskonzept aus der psychoanalytischen Diskussion. Dabei ist es ein wesentlicher Vorläufer der modernen Objektbeziehungstheorien, der modernen Selbst-Konzepte und der intersubjektiven Ansätze in der Psychoanalyse.

Bohleber 1992, Seligman und Shanok 1995, Wallerstein 1998 haben neuerdings Eriksons Identitätskonzept weiterentwickelt. Sie betonen, dass es in erster Linie ein Beziehungskonzept ist. Innere Einheit und Kontinuität kann ein Mensch nur aufrechterhalten, wenn er diese auch in den Augen bedeutungsvoller Anderer hat. Kohärenz und Einheit werden hier nicht essentialistisch gedacht, sondern im Zusammenspiel von innen und außen dialektisch vermittelt. Im Widerspruch zu einem relationalen Verständnis stehen Stellen, an denen Erikson von Identität als stabilem Fundament spricht, das sich im Erwachsenenalter nicht mehr wesentlich ändere. Damit verbindet er das Bild einer stabilen Gesellschaft, in deren vorgegebene Bahnen die Identitätsbildung des Jugendlichen passe. Heute ist diese Vorstellung einer von innen und außen angestrebten einheitlichen Identität gründlich erschüttert. Identität ist deshalb als eine nie abgeschlossene psychische Konstruktion zu verstehen, die in äußeren oder inneren dialogischen Vergleichsprozessen verankert ist: Das Subjekt lässt dabei sein Selbst quasi durch das Objekt „hindurchgehen" und reflektiert diesen Vorgang metakognitiv auf einer höheren Ebene. Eine solche Definition ermöglicht, Identität weder konkretistisch misszuverstehen, noch sie als Illusion zu dekonstruieren, sondern sie als ein inneres Beziehungsgleichgewicht aufzufassen.

Ein kleinianisches Idenitätskonzept entwickelt Hinshelwood (1997). Durch den Mechanismus der projektiven Identifizierung kann sich der Mensch unerträglicher Selbstanteile entledigen und sie anderen Menschen projektiv zuschreiben. Identität ist insofern kein Prozessgeschehen innerhalb des Selbst, sondern eine zwischenmenschliche Aushandlung darüber, welche Selbstanteile und Erfahrungen als sich zugehörig betrachtet werden. Interpersonalität wird hier vor allem als Verstreuung von Selbstanteilen über die Selbstgrenzen hinaus verstanden. Selbstanteile stecken gleichsam in anderen Menschen und dieses Containment durch andere formt das Individuum. Es ist eine archaische Ebene der Identitätsbildung, die später durch reifere symbolische Prozesse überformt wird. Die traditionelle vereinheitlichende Auffassung der persönlichen Identität erscheint in dieser Auffassung als viel zu statisch. Eine reife Identität besteht für Hinshelwood in einer weitgehend offenen selbstreflexiven Haltung, die eigene Erfahrungen als sich selbst zugehörig gelten lässt und sich der Anfälligkeit für Projektion und Spaltung bewusst ist.

5. Interdisziplinäre Beiträge und Befunde

Die neuere Säuglings- und Entwicklungsforschung hat mit ihrem interaktiven Modell der Selbstregulation wichtige Impulse für das Verständnis der Identität gegeben: Die Individualität des Kindes erwächst aus dem Zueinanderpassen von Säugling und Umwelt. Autonomie entwickelt sich stets in Verbindung mit einem zunehmenden Gefühl sozialer Verbundenheit.

Der Begriff der Identität hat in der sozialwissenschaftlichen Literatur eine weite Verbreitung gefunden. In der derzeitigen gesellschaftlichen Situation haben tiefgreifende Veränderungen traditionelle Rollen und Laufbahnen bzw. Lebensplanungen weitgehend aufgelöst, Geschlechtsidentitäten sind offener geworden. Eine Fülle von Vorstellungen über ein gelingendes Leben ist dadurch entstanden. Diese Freisetzungsprozesse bringen größere Gestaltungskompetenz mit sich, erfordern aber vom Jugendlichen „vermehrt eine eigenwillige Verknüpfung multipler Realitäten" (Keupp 1998, S. 20). Die Vorstellung einer quasi substantialistischen Identität, die, einmal erworben, ein fester Besitz des Individuums bleibt, ist obsolet geworden. Identität wird eher zu einem lebenslangen Projekt (Kraus 1996). In der sozialwissenschaftlichen Literatur wird mehr und mehr ein uneinheitliches dynamisch geteiltes Selbst beschrieben, geprägt von höchst disparaten situativen Identitäten. In der Jugendforschung hat James Marcia Eriksons Beschreibungen der Identität in empirisch zu erfassende Typen des Identitätsstatus umgesetzt. Ein Typus, die Identitätsdiffusion, umfasst Jugendliche, die weder Festlegungen getroffen noch eine engagierte Experimentierphase durchlaufen haben und die sich auch nicht darum bemühen. „Ihr herausragendstes Charakteristikum ist ein Mangel an eigenen Überzeugungen und korrespondierend dazu ein Mangel an Besorgtheit darüber" (Marcia 1989, zit. bei Kraus und Mitzscherlich 1998, S. 152). Nun ist die Identitätsforschung durch Marcia mit überraschenden Ergebnissen konfrontiert worden. Er fand in seiner 1984 veröffentlichten Untersuchung, bei der er auf der Basis seines operationalisierten Identitätskonzepts Interviews methodisch genauso wie zwanzig Jahre zuvor durchgeführt hatte, dass sich der Anteil der Gruppe von Jugendlichen und jungen Erwachsenen, die dem Status der Identitätsdiffusion zugeordnet wurden, von 20 % in den sechziger Jahren auf 40 % in den achtziger Jahren erhöht hat. Diese Ergebnisse sind durch weitere Untersuchungen reproduziert und erhärtet worden. Nun wird man nicht behaupten können, dass die Jugendlichen innerhalb dieses Zeitraumes in einem solchen Ausmaß pathologischer geworden wären. Marcia selbst gibt die Erklärung, dass eine neue Form von Identitätsdiffusion aufgetreten sei, die es früher nicht gab, die aber gesellschaftlich und kulturell als Haltung sinnvoll erscheine. Er nennt sie „kulturell adaptive Diffusion" und unterscheidet sie von anderen eher pathologischen Typen einer Identitätsdiffusion. Sie sei als eine Antwort der Jugendlichen auf gesellschaftliche Zustände zu verstehen. Wenn gesellschaftliche Bedingungen Unverbindlichkeit und Indifferenz nahelegten, dann sei es vernünftig, sich nicht festzulegen. Chancen würden zwar ergriffen, aber mögliche andere Optionen wollten diese Adoleszenten dabei nicht aus dem Blickfeld verlieren (Kraus und Mitzscherlich 1998, S. 160). Diese Ergebnisse zeigen eindrücklich, dass Identitätsentwicklung heute nicht mehr als eine epigenetische Entwicklungsaufgabe gelten kann, die mit dem Ende der Spätadoleszenz abgeschlossen wird. Sehr viel mehr ähnelt sie heute einem nicht abschließbaren Projekt.

Diese Veränderungen der Adoleszenzprozesse sind für die Psychoanalyse Anlass, erneut über die Bedeutung von innerer und äußerer Realität nachzudenken. Außerdem bestehen Entsprechungen zwischen dieser kulturell adaptiven Identitätsdiffusion und dem psychoanalytischen Konzept der verlängerten Adoleszenz, die durch ein Offenhalten der Identität gekennzeichnet ist. Sie ist einerseits eine Phase der Gefährdung, die vorübergehenden Charakter hat und zu neuen kreativen Lösungen für den einzelnen und auch für die Gesellschaft führen kann. Andererseits hat sie psychodynamisch den Charakter einer Sackgasse, wenn der Jugendliche sie aus eigener Kraft nicht mehr verlassen kann. Die Adoleszenz ist dann zu einem Dauerzustand geworden.

Literatur

Bohleber, W. (1992). Identität und Selbst. Die Bedeutung der neueren Entwicklungsforschung für die psychoanalytische Theorie des Selbst. Psyche – Z Psychoanal, 46, 336–365.

Erikson, E. (1959). Identität und Lebenszyklus. Frankfurt/M.: Suhrkamp, 1976.

Erikson, E. (1968). Jugend und Krise. Stuttgart: Klett-Cotta, 1980.

Hinshelwood, R.D. (1997). Therapy or coercion? Does psychoanalysis differ from brainwashing? London: Karnac Books.
Jacobson, E. (1964). Das Selbst und die Welt der Objekte. Frankfurt/M.: Suhrkamp, 1973.
Kernberg, O.F. (1976). Objektbeziehungen und Praxis der Psychoanalyse. Stuttgart: Klett, 1981.
Keupp, H. und Höfer, R. (Hg.) (1998). Identitätsarbeit heute. Klassische und aktuelle Perspektiven der Identitätsforschung. Frankfurt/M.: Suhrkamp.
Kraus, W. (1996). Das erzählte Selbst. Die narrative Konstruktion von Identität in der Spätmoderne. Pfaffenweiler: Centaurus.
Kraus, W. und Mitzscherlich, B. (1998). Abschied vom Großprojekt. Normative Grundlagen der empirischen Identitätsforschung in der Tradition von James E. Marcia und die Notwendigkeit ihrer Reformulierung. In H. Keupp und R. Höfer (Hg.), Identitätsarbeit heute. Klassische und aktuelle Perspektiven der Identitätsforschung (S. 149–173). Frankfurt/M.: Suhrkamp.
Liechtenstein, H. (1977). The dilemma of human identity. New York: Aronson.
Mead, G.H. (1934). Geist, Identität und Gesellschaft. Frankfurt/M.: Suhrkamp, 1973.
Modell, A. (1968). Object love and reality. An introduction to a psychoanalytic theory of object relations. New York: International Universities Press.
Modell, A. (1975). The ego and the id: fifty years later. International Journal of Psycho-Analysis, 56, 57–68.
Seligman, S. and Shanok, R.S. (1995). Subjectivity, complexity and the social world. Erikson's identity concept and contemporary relational theories. Psychoanalytic Dialogues, 5, 537–565.
Target, M. and Fonagy, P. (1996). Playing with reality: II. The development of psychic reality from a theoretical perspective. International Journal of Psycho-Analysis, 77, 459–479.
Wallerstein, R. (1998). Erikson's concept of ego identity reconsidered. Journal of the American Psychoanalytic Association, 46, 229–247.
Winnicott, D.W. (1971). Vom Spiel zur Kreativität. Stuttgart: Klett, 1973.

Indikation *von Joachim F. Danckwardt*

indication – indication

1. Definition und psychoanalysegeschichtlicher Hintergrund

Laut „Reallexikon der Medizin“ bedeutet Indikation nicht nur „anzeigen“ sondern auch „offenbaren“ und „abschätzen“. Somit meint die „indicatio“ die Anzeige zu einer bestimmten Behandlung bei einer bestimmten Krankheit nach Abschätzen des möglichen Therapieerfolges (bzw. -risikos) und Berücksichtigung etwaiger Kontraindikationen. In der Körpermedizin hat sich eine Reihe von speziellen Indikationsbereichen entwickelt: z.B. die medizinische, die symptomatische, die vitale, die ethische oder die soziale Indikation. Eine für die Psychoanalyse zutreffende Kategorie ist die Kausalindikation, insofern die Psychoanalyse Aussagen über Therapieanwendungen abgibt, die auf die Behandlung der Ursachen der Erkrankung gerichtet („kausal“) sind: „Die analytische Therapie (...) will nichts auflegen, nichts Neues einführen, sondern wegnehmen, herausschaffen, und zu diesem Zwecke bekümmert sie sich um die Genese der krankhaften Symptome und den psychischen Zusammenhang der pathogenen Idee, deren Wegschaffung ihr Ziel ist“ (Freud 1905a, S.17). Nach dieser Kausalindikation hat die Psychoanalyse keine einheitliche Indikationslehre entwickelt. Das ist nicht verwunderlich, denn laut „Historischem Wörterbuch der Philosophie“ (Ritter und Gründer 1976) hängt das Verständnis von Indikatoren von der Situation, in der sie verwendet werden, ab. Davon gibt es eine verwirrende Vielfalt. Im Folgenden werden nur die bekanntesten zusammengestellt.

2. Klassische Auffassung, Differenzierungen und Modifikationen

2.1 Diagnoseorientierte Indikationsstellungen

Ursprünglich war die Diagnose das Indikationskriterium. Vor dem Hintergrund des nosologischen Modells der Psychoanalyse konstatierte Freud (1905, S. 20): „Die psychoanalytische Therapie ist an dauernd existenzunfähigen Kranken und für solche geschaffen worden, und ihr Triumph ist es, daß sie eine befriedigende Anzahl von solchen dauernd existenzfähig macht." Freilich meinte er damit nicht die „(...) Psychosen, Zustände von Verworrenheit und tiefergreifende (ich möchte sagen: toxischer) Verstimmung (..)" (ebd. S.21), auch nicht Fälle, bei denen es sich um „(...) die rasche Beseitigung drohender Erscheinungen handelt, also zum Beispiel bei einer hysterischen Anorexie" (ebd. S. 22) , sondern „(...) alle chronischen Formen von Hysterie mit Resterscheinungen, das große Gebiet der Zwangszustände und Abulien und dergleichen" (ebd. S. 22), sofern sie einigermaßen gebildet und verlässlich waren sowie von sich aus Psychoanalyse suchten, weil diese Art der Behandlung aktives persönliches, zeitliches und finanzielles Engagement erfordert. Die Schwere der Störung, die Jugendlichkeit oder das Alter hielt Freud nicht unbedingt für eine Kontraindikation. An dieser Aufzählung hielt Freud auch noch in der vierten Auflage des Aufsatzes „Über Psychotherapie" von 1922 oder in den Gesammelten Schriften von 1925 fest, wenngleich 1921 von Jones unter der wachsenden Erfahrung mit der psychoanalytischen Methode auf den Gesichtspunkt der Prognose, und damit auf die Beschränkung auf die Hysterie, Angsthysterie und Zwangsneurose hingewiesen wurde. Neu an Jones' Indikationsstellung war die mit der Prognose erstmals eingeführte Vorhersage der positiven Veränderung durch die psychoanalytische Methode.

2.2 Ergebnisorientierte Indikationsstellungen

Genügte Jones mit der Diagnose noch der Einblick in die Struktur der Neurose, so forderte Fenichel (1945) nach den inzwischen umfangreicheren Erfahrungen mit der Charakteranalyse zuzüglich zur Diagnose und Prognose die Einschätzung der Schwere der Neurose: Tiefe der Regression, Tiefe der Fixierungen, Flexibilität, narzisstische Gratifikation durch Neurose, das Wechselspiel zwischen Widerstand und Veränderungswunsch und die analytische Zugänglichkeit. Mit letzterer kam das Kriterium der Eignung für den analytischen Prozess und die Analysierbarkeit in die Diskussion. Mit dieser Entwicklung wurde die Diagnose –, Syndrom – und Symptomspezifität oder die Bindung an Alters – oder Lebensabschnitt relativiert, eine bis heute anhaltende Einstellung.

2.3 Prozess- und methodenorientierte Indikationsstellungen

Zur Feststellung der analytischen Zugänglichkeit wurde Freuds Vorschlag der Durchführung einer Probeanalyse von 1913 aufgegriffen. Alexander und French (1946) beobachteten dabei den Umgang des Analysanden mit der Deutung, dem zentralen psychoanalytischen Instrument. Je nach schulischer Ausrichtung wurden unter ihrer Belastung weitere Wirkfaktoren beachtet. Beispielsweise ichpsychologisch eine sich abzeichnende Fähigkeit zur „therapeutischen Ich-Spaltung" (Sterba 1934), zur „unanstößigen libidinösen Übertragung" und einem „fiktivem Normal-Ich" (Freud 1937c), zur Identifizierung mit dem Analytiker (Bibring 1937), zum „Arbeitsbündnis" (Greenson und Wexler 1971), zur „therapeutischen Allianz" (Zetzel 1974). Oder objektpsychologisch das Potential, den Analytiker mit der Entwicklung einer therapeutischen Objektspaltung als „hilfreiches Objekt" (M. Klein 1926, 1943, P. Heimann 1950) zu „nutzen" (Winnicott 1969) und mithilfe seines „holding", „handling" und der „container-contained-Interaktion" (Bion 1959, 1962) schwerste seelische Desorganisationszustände „durchzusprechen" und „durchzuarbeiten" (O'Shaughnessy 1983). Mitscherlich (1967) hielt gegen die Probeanalyse, sich im ersten Kontakt auf die Verwendung des verstehenden Angebots des Analytikers zu beschränken. Shapiro (1984) schlug die Einschätzung des Umgangs mit der zukünftigen gemeinsamen Assoziationsmethode vor. Während der Umgang mit der Deutung bei Alexander und French in der Probeanalyse und der Umgang mit der assoziativen Methode bei Shapiro in einer „explorativen Phase" der Behandlung eingeschätzt wurde, untersuchte Argelander (1967) die zukünftig mögliche Dynamik der vorbewussten und unbewussten Prozesse vor der Aufnahme einer Behandlung im psychoanalytischen Erstinterview.

In zunehmendem Maße wurde allen Verfahren gemeinsam, dass nicht mehr allein die objektiven und statischen Indikationskriterien, die der Patient sozusagen mitbringt, untersucht werden. Seine dynamischen und subjektiven Indikationsfaktoren (Dantlgraber 1982) und ihr Einfuß auf den Entscheidungsprozeß (Leuzinger 1981) werden beachtet. Und schließlich werden die zur „Herstellung" des Deutens relevanten „Aspekte der Psyche des Therapeuten" und seine von ihm „bereitgestellten (und bereitstellbaren) Vorleistungen" für den therapeutischen „Ereignischarakter des Seelischen" (Loch 1965) bei der Indikationsstellung reflektiert. Nicht nur die psychoanalytische Behandlung sondern auch schon die Indikationsstellung werden via Übertragung, Widerstand und Gegenübertragung als interaktiver Prozess von zwei Subjekten begriffen (Heising und Beckmann 1971, Wegner 1992).

2.4 Zielorientierte Indikationsstellungen

Thomä und Kächele (1985) diskutieren einige dieser Entwicklungsstränge unter dem Gesichtspunkt differenzierter Indikationsstellung. Es gibt (1) keine zwei Personen, die auf dieselben technischen Maßnahmen gleich reagieren werden (A. Freud 1954 in Thomä et al.). Sie sehen (2) die Gefahr der „Überlastung der initialen Situation" durch das Erstinterviewverfahren nach Argelander. Die Probeanalyse mit der Frage der Analysierbarkeit ist (3) nicht nur aus ethischen Gründen bedenklich. Der Umgang mit der analytischen Technik muss (4) häufig erst erlernt und/oder gegen Übertragung und Widerstand erst „behandelt" werden. (5) „Die Indikationsstellung für bestimmte Behandlungsverfahren läßt sich aus der Diagnostik unbewußter Konfliktkonstellationen nur begrenzt ableiten". Als wesentliches Ergebnis der diagnostischen Therapiephase nach Shapiro sehen sie (6) die Einschätzung, *„welche Veränderungen unter welchen therapeutischen Bedienungen erreichbar* sind". Aus diesen Gründen sprechen sich Thomä und Kächele für die adaptive Indikationsstellung aus. Darunter verstehen sie, „von vornherein auf die Beziehung (der weitreichenden zeitlichen und finanziellen Belastungen) zu den erwünschten erreichbaren und erreichten Zielen aufmerksam zu machen", und so das Verhältnis von Aufwand und Ertrag, Frequenz und Dauer „positiv" zu gestalten.

3. Ergebnisse und kontroverse Positionen

Die adaptive Indikationsstellung gründet auf den Ergebnissen der Dynamischen Psychotherapie (Dührssen 1988), der kurz – und fokaltherapeutischen Forschung (Malan 1965, Balint 1973, Loch 1967, Klüver 1970, 1985), der analytischen Psychotherapie (Luborski 1988) und den daraus hervorgegangenen Anwendungen in der vertragsärztlichen Versorgung. Durch sie wurden mögliche Therapieziele in der Form von Inhalten (z.B. Fokus; dringlicher, aktuell wirksamer Konflikt) und Therapietechniken (z.B. „selective neglect") in supervisionsintensiven Settings erforscht, erprobt und in ihrer Wirksamkeit gesichert (Bachrach 1991).

Die Entwicklung der kürzeren und niedrigfrequenten therapeutischen Verfahren hat zusammen mit den längerfristigen und höherfrequenten therapeutischen Verfahren (1) eine breite Versorgung der Bevölkerung mit psychotherapeutischen Methoden auf psychoanalytischem Fachgebiet möglich gemacht. Alle Verfahren zusammengenommen ermöglichen (2) ein differentialtherapeutisches Denken (Loch 1965, 1967, Danckwardt 1979). Zwischen Patient und Therapeut kann es zu einer Einigung auf dasjenige

Behandlungssetting zwischen einer und fünf Behandlungsstunden pro Woche kommen, in das sich die Beteiligten „einpassen" können (Danckwardt und Gattig 1996). Der gemeinsame therapeutische „Ereignischarakter des Seelischen" (Loch 1965) gilt als eine Voraussetzung für den Therapieerfolg. Tatsächlich ist die Indikationsstellung in der Praxis meist eine Art wechselseitiges „Einpassungsverfahren".

3.1 Die Indikationsstellung als wechselseitiges Einpassungsverfahren.

Wie kann man das Einpassungsverfahren wissenschaftlich beschreiben, in das meist nur einige Elemente des Patienten, seines Erstinterviews, der Differentialtherapie, der Prognose, der Therapeutenpersönlichkeit und der adaptiven Gesichtspunkte eingehen dürften? Das Einpassungsverfahren ist der überwiegend vorbewusst – unreflektiert und unformalisiert ablaufende Prozess einer klinischen Vorhersage (Horwitz 1974), die wissenschaftlich mit einem dreiteiligen hypothetisch – deduktiven Vorhersagemodell, etwa im Sinne von Sargent et al. (1968), verglichen werden kann. Klinische Einschätzungen werden in überprüfbare Indikationsvorhersagen transformiert.

Hier das formalisierte Beispiel einer Indikationsvorhersage: Wenn dieser Patient, der in der Untersuchung bei mir kein Ende finden und mit meinem Angebot einer möglichen Begründung dafür nicht arbeiten konnte, bei mir eine Behandlung mit einer zweistündigen analytischen Psychotherapie machen würde (= 1: kontrollierbare Bedingung), und wenn dessen Ehefrau interveniert (= 2.: reale Bedingung, sie saß im Wartezimmer) in der Anfangsphase einer solchen zweistündigen Behandlung (= 3: hinzutretende Bedingung) dann wird dieser Patient wegen der noch unreifen Abhängigkeit vom Ehepartner (= 4.: empirisches Datum) und weil infantile Persönlichkeiten wenig gerüstet sind, psychoanalytische Entbehrungen auszuhalten, ohne dass zwischen den Stunden Enttäuschung die positive unanstößige Übertragung zerstört (= 5.: psychoanalytisches Behandlungswissen, auf das eine Indikationsaussage aufbaut), in der Behandlung nicht voran kommen (= 6.: die eigentliche Indikations – bzw. Kontraindikationsvorhersage bzw. Aussage)". Die „Beweise" einer derartigen Vorhersage sind in der Entstehung szenischer bzw. situativer Evidenz (Argelander 1967) zu beobachten, also wenn Gefühle von „prägnanter Übereinstimmung zwischen Information und dem Geschehen in der Situation" (situative Evidenz) oder/und Gefühle von „prägnanter Übereinstimmung zwischen der dynamischen Hypothese, dem dynamischen Wissen (über den Patienten) und dem Geschehen in der Situation" aufkommen.

Die Ziffern 1 bis 3 sind dabei jene Bedingungen, unter denen man erwartetet eine Indikationsvorhersage machen zu können. Die Ziffern 3 bis 5 sind die Gründe. Die Ziffer 6 ist die eigentliche Indikationsaussage bzw. Kontraindikationsaussage. Aus der Sicht der experimentellen Forschung kommen den Ziffern folgende Bedeutungen zu: 1 = individuelle Variable; 2 = Irrtumsvariable; 3 = Konstante; 4 = empirisches Datum; 5 = intervenierende Variable; 6 = abhängige Variable.

Dieses dreiteilige „Weil-wegen-dann-Modell" des Einpassungsverfahrens im Wechselspiel von objektiven, subjektiven und situativen Informationen bildet in der Praxis die mehr oder weniger reflektierte Grundlage zur Indikationsstellung zu einer Behandlung und/oder seiner Differentialindikation bzw. Modifikation. Es ist intuitiv, vorbewusst und unformalisiert praktiziert wahrscheinlich eines der weitverbreitetsten Verfahren.

Die Differentialindikation des vorliegenden Beispiels könnte ein vierstündiges Verfahren analytischer Psychotherapie sein. Dann wäre an weiteren Daten aus den ersten Kontakten evident zu machen, welche der Variablen zu ändern wären und zu ändern sind, um dem Patienten psychoanalytisch helfen zu können. Dann müsste man in Betracht ziehen, die Variable 1 zu ändern und eine höherfrequente Behandlung von sagen wir 4 Stunden vorzuschlagen, weil die Variable 5, das psychoanalytische Behandlungswissen, das Argument bringt, dass die durch eine erhöhte kognitive und emotionale Dichte ermöglichte Übertragung der Abhängigkeit auf den Therapeuten die Chance bietet, in der Therapeut – Patient – Beziehung nach dem Bedingungsgefüge der infantilen Persönlichkeit zu suchen und ihre Bedeutung als Widerstand gegen unbekannte neue Lebenserfahrungen zu ändern. Für diese Überlegung sollte der Therapeut dynamisches Material aus den Erstinterviewsitzungen – Variable 4 – beiziehen können. Mit dem Einpassungsverfahren können sowohl medizinische als auch prozessbezogene und vor allem psychodynamische Aspekte der Indikation am je spezifischen Fall im Kontext des je spezifischen Therapeuten entlang diskutiert und darstellbar gemacht werden (Danckwardt und Gattig 1996). Doch stoßen solche Überlegungen und deren Verifikation/Falsifikation am konkreten und je spezifischen Fallmaterial seit 1967 bzw. 1976 (Psychotherapie wurde als Behandlungsmethode seelisch – neurotischer Erkrankungen in den Maßnahmenkatalog der gesetzlichen Krankenkassen aufgenommen) in der Praxis auf weitere Gesichtspunkte der Indikationsstellung: auf die Indikationsstellung unter versicherungsmedizinischen Aspekten.

4. Indikationsstellungen durch Fremdfinanzierung: Erstattungsprinzip und Sachleistungsprinzip

Auf den bisher aufgezählten Wegen der Indikationsstellung waren es der Therapeut und Patient, die in der Wahl der Therapie übereinkamen und auch das Honorar in diese Übereinkunft einbezogen haben, gleichgültig wie der Patient die Finanzierung bewerkstelligt: ob er also selber oder Angehörige zahlen oder ob er die Bezahlung auf dem Erstattungsweg teilweise oder ganz von seiner Versicherung zurück bekommt.

Das ist jedoch nicht die typische Situation in Deutschland. In Deutschland gibt es drei Besonderheiten. In Deutschland besteht (1) Versicherungspflicht. Weit über 90% der Bevölkerung sind pflichtversichert. Der Patient bekommt aber (2) nicht das Arzthonorar zurückerstattet (Erstattungsleistung), sondern er bekommt die therapeutische Leistung als solche. In Deutschland ist das „Sachleistungsprinzip“ eingeführt. Der Gesetzgeber wollte mit diesem Prinzip z.B. verhindern, dass Kranke aus finanziellen Gründen ungleich behandelt werden. Der Kranke hat damit einen Anspruch auf die Sachleistung „Psychotherapie“, so lange die Krankheit besteht; es muss also eine umfassende und vollständige Sachleistung sein. Aus diesem Grund ist Zuzahlung problematisch. Mit dem Sachleistungsprinzip ist aber auch der Umstand verbunden, dass der Gesetzgeber zu Sachleistungsbeschreibung, Sicherung und Kontrolle der Qualität dieser Sachleistung verpflichtet ist. Gleichzeitig hat er (3) auf eine gerechte Verteilung der Ressourcen der Versichertengemeinschaft zu achten.

4.1 Die unausgesprochene Ethik bzw. Normensetzung bei Indikationsstellung durch Fremdfinanzierung nach dem Sachleistungsprinzip

Die beschriebenen Faktoren führen am internationalen Maßstab gemessen zu einer einzigartigen Situation. Neben der wissenschaftlich-medizinischen Beschreibung der „Sache“ „analytische Psychotherapie“ muss es eine versicherungsmedizinische Sachleistungsbeschreibung geben, in der die Kriterien des aufgezeigten Faktorenbündels einen neuen Indikationsrahmen abstecken. Dessen Eckpfeiler sind die medizinische Notwendigkeit der je spezifischen Behandlung, die Zweckmäßigkeit der je spezifischen Behandlung und die Wirtschaftlichkeit der je spezifischen Behandlungsform. In diesen drei Begrenzungen ist implizit eine vierte enthalten, die der Differentialtherapie und damit die Unersetzbarkeit: die wissenschaftlich für indiziert gehaltene Behandlungsform darf nicht durch eine z.B. wirtschaftlichere oder zweckmäßigere ersetzbar sein. Solche versicherungsmedizinisch definierten Leistungsgrenzen sind es, die zwingend zur Sachleistungsbeschreibung der Therapieformen auf neurosentherapeutischem Gebiet durch den Normengeber führen, wenn der Patient die „Sache“ „Psychotherapie“ von seiner Versicherung bekommen möchte.

Die Sachleistungsbeschreibung ist in Deutschland in den sogenannten Psychotherapie – Richtlinien festgelegt (abgedruckt in Faber und Haarstrick 1997). In den Psychotherapie – Richtlinien sind auf psychoanalytischem Gebiet zwei Therapiebereiche eingeführt worden und als „tiefenpsychologisch fundierte Psychotherapie" und als „analytische Psychotherapie" definiert. Der Normengeber legt damit fest, was Patient und Therapeut „dürfen" und was nicht. Diese sogenannte „Richtlinienpsychotherapie" hat Wertsetzungen in die Indikationsdebatte eingeführt, die nicht aus der wissenschaftlichen Neurosenlehre oder individuellen Neurose ableitbar sind. Damit sind ethische Indikationskriterien eingeführt worden, die es zuvor nicht gab und die einzigartig sind. Die ethischen Setzungen betreffen vor allem zwei Bereiche. Zum einen den Leistungsumfang, der die Grenze der Leistungspflicht inhaltlich zwischen Linderung, Besserung und Heilung einerseits und seelischer Entwicklung andererseits zieht. Zum anderen betreffen die ethischen Setzungen den Dreh- und Angelpunkt aller Anwendungsformen der Psychoanalyse – die Handhabung von Übertragung, Gegenübertragung und Widerstand. In den tiefenpsychologisch fundierten Psychotherapien soll der Therapeut sie nur „beachten" und in den analytischen Psychotherapien soll das therapeutische Geschehen damit „in Gang gesetzt und gefördert" werden (vgl. Danckwardt 1998). In der beinahe 100-jährigen Geschichte der Psychoanalyse ist es noch keinem Therapeuten gelungen, diese grundlegenden Faktoren Übertragung, Gegenübertragung und Widerstand auf Dauer und erfolgreich durch Anordnung zu manipulieren. Deshalb sind es auch nicht nur der Patient und der Therapeut, die unter dieser ethischen Regelung der Psychoanalyse und ihrer Anwendungen „Auftragsarbeit" bewältigen müssen. Eine große Gefahr und Schwierigkeit besteht auch für die Forschung, sich dieser durch den Normengeber verdeckten Auftragslage bewusst zu bleiben, um nicht „falsche Wahrheiten" zu produzieren. Das gleiche sollte aber auch für den Normengeber gelten. Jedoch soll es 1967 aus Gründen der Notwendigkeit, Wirtschaftlichkeit und Zweckmäßigkeit erforderlich gewesen sein, „...die Psychoanalyse zu spalten. Aus der Psychoanalyse wurden analytische Psychotherapie und tiefenpsychologisch fundierte Psychotherapie gesondert, letztere als eine Therapieform, die *buchstäblich am Konferenztisch kreiert* wurde" (Faber 1997; Hervorhebung durch Faber). Faber nennt die tiefenpsychologisch fundierte Psychotherapie einen „konferenzgeborenen Mischling" und übernimmt von Theodor Winkler folgende Zeugungsphantasie: „Die Mutter der tiefenpsychologisch fundierten Psychotherapie sei die Psychoanalyse, ihr Vater – horribile dictu – die Gesetzliche Krankenversicherung." Am Konferenztisch kreierte Therapieformen zuzulassen, wäre z.B. im Bereich der Pharmakotherapie undenkbar, ja verboten. Sie würden keinen Ethik-Rat passieren. Und weil die deutsche Psychoanalyse schon zuvor nach der sogenannten Machtübernahme am 30.1.1933, nach der Verfassungsgebung vom 7.10.1949 oder mit einer Ansprache an die Teilnehmer des Kongresses für Psychotherapeutik und klinische Psychologie am 13.4.1953 (Pius XII. 1953) Erfahrung gemacht hat, dass die ‚Auftragslage' unter dem Druck von Entscheidungen politischer oder sittlicher Art (Pius XII. 1952) jederzeit verändert werden kann, ist es notwendig, dass sich die Psychoanalyse auf ihre kritische und ethische Kompetenz besinnt (Gattig 1998). In der Praxis gelten denn auch aus Gründen des Sachleistungsprinzips alle beschriebenen Indikationsstellungsverfahren einschließlich dem des Einpassungsverfahrens für die hochfrequente analytische Psychotherapie nicht unbehelligt und es wurde die zitierte Normengebung der Psychotherapierichtlinien von den Anbietern der Erstattungsleistungen (Privatversicherungen) und von der Beihilfeordnung weitestgehend übernommen.

Literatur

Alexander F. and French, T.M. (1946). Psychoanalytic therapy. New York: Ronald Press.

Argelander, H. (1967). Das Erst-Interview in der Psychotherapie. Psyche – Z Psychoanal, 21, 341–368, 429–467, 472–512.

Balint, M., Ornstein, P.H. und Balint, E. (1972). Fokaltherapie. Frankfurt/M.: Suhrkamp.

Bibring, E. (1937). Versuch einer allgemeinen Theorie der Heilung. Internationale Zeitschrift für Psychoanalyse, 23, 18–42.

Bion, W. (1959). Attacks on linking. International Journal of Psycho-Analysis. 40, 308–315.

Bion, W. (1962). Learning from experience. London: Heinemann.

Bibring, E. (1937). Versuch einer allgemeinen Theorie der Heilung. Internationale Zeitschrift für Psychoanalyse, 23, 18–42.

Danckwardt, J.F. (1979). Anmerkungen zur Indikation und Kontraindikation für die gleichzeitige Anwendung von psychoanalytischer Psychotherapie und Psychopharmakotherapie. Psyche – Z Psychoanal, 23, 528–544.

Danckwardt J.F. (1998). Das unbewußte Subjekt in der Medizin und die Ethik in der Psychoanalyse – Bemerkungen zu den Implikationen für psychoanalytisches forschen. In M. Leuzinger-Bohleber und U. Stuhr (Hg.) (1998), Psychoanalyse im Rückblick. Gießen: Psychosozial.

Danckwardt, J.F. und Gattig, E. (1996). Die Indikation zur hochfrequenten analytischen Psychotherapie in der vertragsärztlichen Versorgung. Ein Manual. Stuttgart: frommann-holzboog.

Dantlgraber, J. (1982). Bemerkungen zur subjektiven Indikation für Psychoanalyse. Psyche – Z Psychoanal, 36, 191–225.

Dührssen, A (1988). Dynamische Psychotherapie. Berlin: Springer.

Faber, F.R. (1997). Die sogenannte Richtlinien-Psychotherapie. In P.L. Janssen, M. Cierpka, und P. Buchheim (Hg.) (1997), Psychotherapie als Beruf (S. 173–184). Göttingen: Vandenhoeck & Ruprecht.

Faber, F. R. und Haarstrick, R. (1997). Kommentar Psychotherapierichtlinien, 4. Aufl. Stuttgart: Jungjohann.

Fenichel, F. (1945). Psychoanalytische Neurosenlehre. Olten: Walter, 1977.

Gattig, E. (1998). Psychoanalytische Forschung im Spannungsfeld aktueller Gesundheitspolitik. In M. Leuzinger-Bohleber und U. Stuhr (Hg.), Psychoanalyse im Rückblick. Gießen: Psychosozial.

Greenson, R.R. und Wexler, M. (1971). Die übertragungsfreie Beziehung in der psychoanalytischen Situation. Psyche – Z Psychoanal, 25, 206–230.

Heimann, P. (1950). On counter-transference. International Journal of Psychoanalysis, 31, 81–84.

Heising G. und Beckmann, D. (1971). Gegenübertragungsreaktionen bei Diagnose und Indikationsstellung. Zeitschrift für Psychotherapie Medizin Psychologie, 21, 2–8.

Klein, M. (1926). Die psychologischen Grundlagen der Frühanalyse. In Melanie Klein heute (1981), Ein Kind entwickelt sich (S. 24–95). München: Kindler.

Klein, M. (1943). Psychoanalytic technique. In P. King and R. Steiner (Eds.), The Freud – Klein Controversies 1941– 945 (pp. 635–638). London: Hogarth, 1991.

Klüwer, R. (1970). Über die Orientierungsfunktion eines Fokus bei der psychoanalytischen Kurztherapie. Psyche – Z Psychoanal, 24, 739–755.

Klüwer, R. (1985). Versuch einer Standortbestimmung der Fokaltherapie als psychoanalytische Kurztherapie. In M. Leuzinger-Bohleber (Hg.), Psychoanalytische Kurztherapien (S. 54–93). Opladen: Westdeutscher Verlag.

Leuzinger, M. (1981). Kognitive Prozesse bei der Indikationsstellung. In U. Baumann (Hg.), Indikation zur Psychotherapie. Perspektiven für Praxis und Forschung (S.103–121). München: Urban & Schwarzenberg.

Loch, W. (1965). Voraussetzungen, Mechanismen und Grenzen des psychoanalytischen Prozesses. Bern: Huber.

Loch, W. (1967). Über theoretische Voraussetzungen einer psychoanalytischen Kurztherapie. Jahrbuch der Psychoanalyse IV, 82–101.

Luborski, L. (1984). Einführung in die analytische Psychotherapie. Berlin: Springer, 1988.

Mitscherlich A. (1967). Krankheit als Konflikt. Studien zur psychosomatischen Medizin. Bd. 2. Frankfurt/M.: Suhrkamp.

Muck, M. und Paal, J. (1968). Kriterien der Behandelbarkeit und ihre Feststellung im Vorinterview. Psyche – Z Psychoanal, 22, 770–777.

O'Shaughnessy, E. (1983). On words and working through. International Journal of Psychoanalysis, 64, 281–289.

Parin, P. (1958). Die Indikation zur Analyse. Psyche – Z Psychoanal, 12, 367–387.

Pius XII. (1952). Die sittlichen Grenzen der ärztlichen Forschungs- und Behandlungsmethoden. 13. September 1952, Acta Ap. Sedis, a. XLIV, 1952, S. 779ff. Dokument Nr. 21. In J. Cremerius (Hg.) (1981), Die Rezeption der Psychoanalyse in der Soziologie, Psychologie und Theologie im deutschsprachigen Raum bis 1940 (S. 296). Frankfurt/M.: Suhrkamp.

Pius XII. (1953). Ansprache an die Teilnehmer des Kongresses für Psychotherapeutik und Klinische Psychologie am 13.4.1952. Dokument Nr. 22. In J. Cremerius (Hg.) (1981). Die Rezeption der Psychoanalyse in der Soziologie, Psychologie und Theologie im deutschsprachigen Raum bis 1940 (S. 297–300). Frankfurt/M.: Suhrkamp.

Reallexikon der Medizin und ihrer Grenzgebiete. Bd. 4. München: Urban & Schwarzenberg, 1971.

Ritter, J. und Gründer, K. (Hg.) (1976), Historisches Wörterbuch der Philosophie, Bd. 4. Darmstadt: Wissenschaftliche Buchgesellschaft.

Sargent, H.D., Horwitz L. , Wallerstein, R.S. and Appelbaum A. (1968). Prediction in psychotherapy research. New York: IUP.

Shapiro, S.H. (1984). The initial assessment of the patient. International Review of Psycho-Analysis, 11, 11–25.

Thomä H. und Kächele, H. (1985). Lehrbuch der psychoanalytischen Therapie. Bd. 1, Grundlagen. Berlin: Springer.

Winnicott, D.W. (1969). The use of an object. International Journal of Psycho-Analysis, 50, 711–716.

Zetzel, E. (1974). Die Fähigkeit zu emotionalem Wachstum. Stuttgart: Klett-Cotta.

Individuation *von Martin Dornes*

individuation – individuation

1. Ideengeschichtlicher Hintergrund

„Seit den Tagen des Aristoteles und Plotin, seit Augustinus und der spätantik-patristischen Zeit ist das Problem der Individuation in zahlreichen Ausgestaltungen präsent und wird unter verschiedenen Gesichtspunkten diskutiert“ (Wehr 1978, S. 787). Nicht nur in der Philosophie, sondern auch in der Tiefenpsychologie spielt dieser Begriff eine bedeutende Rolle, z.B. bei Rank, Jung, Fromm und Sullivan (ebd.). Jeder dieser Autoren setzt andere Akzente. Gemeinsam ist den unterschiedlichen Betrachtungsweisen, dass Individuation nicht als etwas ursprünglich Vorhandenes betrachtet wird, sondern als eine zu erwerbende Eigenschaft der Person. Sie besteht im Wesentlichen darin, dass sich das Individuum als solches dadurch konstituiert, dass es sich aus einer natürlichen oder sozialen Matrix, mit der es zunächst verbunden war, herauslöst und ein Stück weit unabhängig(er) von ihr wird.

2. Erweiterungen, Differenzierungen und Modifikationen

So auch bei Margaret Mahler, die eine spezifische Lesart des Konzepts entwickelt hat. Mahler und ihre Mitarbeiter (s. Mahler 1979, Teil 4, Mahler et al. 1975) betrachten den Prozess der Separation-Individuation[1] als auf die symbiotische Phase folgend. In ihm soll das Individuum psychisch geboren werden, wohingegen es während der Symbiose nur körperlich geboren war. Mahler et al. haben den Separations-Individuationsprozess, den sie auf die Zeit zwischen sechs und 36 Monate datieren, in vier Subphasen untergliedert.

In der ersten Subphase der Differenzierung (fünf bis zehn Monate) erweitert sich der Radius des Säuglings über den mütter-

1) Die möglichen Unterschiede beider Begriffe bleiben im Folgenden außer Betracht (s. dazu Mahler et al. 1975, S. 14, 85, 107).

lichen Umkreis hinaus. Er schlüpft aus der Symbiose aus. Mit sechs Monaten kann er gezielt greifen. Die unbelebte Objektwelt und auch fremde Personen finden nun verstärkt sein Interesse. Mit acht Monaten lernt das Kind krabbeln und kann sich damit erstmals auch körperlich von der Mutter entfernen. Mit neun Monaten ist es in der Lage, seine Aufmerksamkeit zwischen zwei Objekten hin- und herwandern zu lassen. Es kann z. B. ein Spielzeug manipulieren, dann zur Mutter hinschauen und danach wieder zum Spielzeug, während er vorher entweder mit der Mutter oder mit dem Spielzeug beschäftigt war. Dadurch entstehen neue Formen nichtunmittelbarer Gemeinsamkeit, z. B. das gemeinsame Schauen auf ein Objekt, wohingegen in den ersten fünf bis sechs Monaten ein unmittelbarer Affektaustausch zwischen Mutter und Kind vorherrschte, in dem kein drittes Objekt Gegenstand gemeinsamer Aufmerksamkeit war. Die ziemlich exquisite Fixierung auf die Mutter lässt also im zweiten Lebenshalbjahr nach.

Die nächste Subphase, die der Übung (zehn bis 15 Monate), ist gekennzeichnet durch den Erwerb des aufrechten Ganges, der den Aktionsradius des Kindes erneut vergrößert. Die enorme narzisstische Besetzung des Laufens lockert das Band zwischen Mutter und Kind weiter und macht das Kind zugleich relativ unempfindlich gegen Frustrationen, die mit dem unvermeidlichen Hinfallen verbunden sind. Nach Mahler ist für diese Phase eine allgemeine Hochstimmung charakteristisch. Das Kind unterhält eine Liebesaffäre mit der Welt, in der es ein Stück weit die Mutter und seine fortbestehende Abhängigkeit von ihr vergisst. In Zeiten kurzer Trennung kommt es zwar zu einem Stimmungsabfall und zu einer Einschränkung motorischer Expansion und Exploration, die jedoch wieder verschwinden, wenn die Mutter zurückkehrt.

In der dritten Subphase des Individuationsprozesses, der Wiederannäherungkrise (15 bis 24 Monate), ändert sich das Bild. Die allgemeine Hochstimmung weicht einer ambivalent getönten quengeligen Unzufriedenheit. Die kognitive Reifung macht dem Kind nun verstärkt seine Kleinheit in der Welt deutlich. Um den Zusammenbruch seiner aus der Übungsphase stammenden Großartigkeitsgefühle zu kompensieren, wendet es sich erneut der Mutter zu. Aber auch das Kleinkind steigt nicht zweimal in denselben Fluss. Die Rückwendung zur Mutter ist jetzt mit der Befürchtung verknüpft, die gerade erworbene Autonomie wieder verlieren zu können. Mahler beschreibt als charakteristische intrapsychische Dynamik während der Wiederannäherungkrise, dass die Größenphantasien der Übungsphase wegen kognitiver Fortschritte nicht aufrechtzuerhalten sind, eine fraglose Rückkehr zur Mutter aber wegen befürchteten Autonomieverlusts ebenfalls nicht mehr möglich ist. Dies führt intrapsychisch zu Ambivalenz, die sich in ambitendenten Verhaltensweisen gegenüber der Mutter ausdrückt. Das Kind will z. B. hochgenommen werden, ist damit aber auch nicht zufrieden, sondern will im nächsten Moment wieder herunter. Weder Nähe zur Mutter (wie in der Symbiose) noch Abstand zu ihr (wie in der Übungsphase) sind vorherrschend, sondern ein unentschlossenes Schwanken zwischen beidem. Von den Eltern ist in dieser Zeit erhöhte Toleranz für dieses anstrengende Verhalten gefordert. Eine schlecht durchlaufene Wiederannäherungsphase führt in der Folgezeit zu verstärkt auftretenden Ambivalenzkonflikten und zu einer mangelhaften Integration von Selbst- und Objektrepräsentanzen.

Eine gelungene Bewältigung der Wiederannäherungskrise trägt dazu bei, dass in der vierten Subphase (24 bis 36 Monate) libidinöse Selbst- und Objektkonstanz erworben werden. Darunter versteht man die Fähigkeit, auch in Zeiten emotionaler Belastung ein vorwiegend gutes Selbst- und Objektbild aufrechtzuerhalten und nicht zu Spaltungsmechanismen Zuflucht zu nehmen. Das Kind kann nun z. B. Trennungen von der Mutter ertragen, ohne sie dafür dauerhaft zu hassen (libidinöse Objektkonstanz) und verfügt über die Fähigkeit, sich selbst zu beruhigen, ohne unter dem Ansturm der Affekte zu fragmentieren (libidinöse Selbstkonstanz). Mahler – und auch andere Autoren, die sich mit diesem Konzept befasst haben (z.B. Lax et al. 1986, Akhtar et al. 1996) – betonen, dass diese Subphase nie abgeschlossen ist.[2] Klinische Erfahrungen zeigen, dass alle Störungen jenseits des neurotischen Niveaus, insbesondere Borderline-Persönlichkeitsstörungen, durch einen gravierenden Mangel an libidinöser Selbst- und Objektkonstanz gekennzeichnet sind.

3. Interdisziplinäre Befunde und Beiträge

Die Forschungsergebnisse zu den skizzierten vier Subphasen des Individuationsprozesses sind spärlicher als die zur Symbiose (Nachman 1991). Ich greife einige heraus.

a) Emde (1994) hat sich mit der Übungsphase befasst und insbesondere mit Mahlers Behauptung eines allgemeinen Stimmungsanstiegs in dieser Zeit, den sie mit dem Erwerb des aufrechten Ganges in Verbindung brachte. Die Ergebnisse seiner Untersuchungen bestätigen Mahlers Beobachtungen nur begrenzt. Ein Stimmungsanstieg war zwar bei einem Teil der untersuchten Kinder zu finden – denen, die außergewöhnlich früh laufen gelernt hatten – bei den anderen aber nicht. Das Hochgefühl der Übungsphase scheint also kein allgemeines Charakteristikum zu sein, sondern nur für bestimmte Kinder zuzutreffen.

b) Die Zeit der Wiederannäherung und insbesondere die von Mahler beobachtete Zunahme der Ambivalenz im Zeitraum zwischen 15 und 24 Monaten sind zum Gegenstand ausführlicher Untersuchungen von Seiten der Bindungstheorie geworden. Die Ergebnisse konvergieren dahingehend, dass die Zunahme von Ambivalenz im fraglichen Zeitraum kein universales Merkmal kindlicher Entwicklung ist, wie Mahler dachte, sondern nur bei einer bestimmten Gruppe von Kindern, den unsicher gebundenen auftritt. Da unsichere Bindung mit eineinhalb Jahren in erster Linie das Ergebnis suboptimaler Eltern-Kind-Interaktion während des ersten Lebensjahres ist, scheint Ambivalenz in der Wiederannäherungszeit eher das Resultat einer vorher schon belasteten Eltern-Kind-Beziehung zu sein als ein normatives Entwicklungsdatum (ausführlich Dornes 1997, S. 170ff, Dornes 2000, Gergely 2000).

c) Bei aller im Detail möglichen Kritik kommt Mahlers Theorie der Wiederannäherungskrise insofern ein historisches Verdienst zu, als sie den lange vernachlässigten (frühen) Vater ins Blickfeld der Aufmerksamkeit rückte. Die von Mahlers Mitarbeiter Abelin (1971) ausgearbeitete Theorie der frühen Triangulierung besagt, dass die Ambivalenz der Wiederannäherungszeit, die das Kind in der Beziehung zur Mutter erlebt, durch die Zuwendung zum Vater gemildert werden kann. Ein verfügbarer Vater kann die Symbioseangst des Kindes – die seine erneute Zuwendung zur Mutter erschwert – mildern, wenn er eine nichtsymbiotische Beziehung zur Mutter vorlebt, mit der sich das Kind identifiziert (Überblick bei Rotmann 1978). Dadurch wird der Vater zu einem schon in der präödipalen Zeit wichtigen Objekt. In neueren entwicklungspsychologischen Untersuchungen wird diskutiert, ob der Vater nicht auch schon vor eineinhalb Jahren eine Bedeutung hat und welche Rolle die Trianguliertheit der Eltern für die Entwicklung des Kindes im ersten Lebensjahr spielt. Fivaz-Depeursinge und Corboz-Warnery (1999) konnten zeigen, dass Säuglinge schon ab drei bis vier Monaten das affektive Klima der Beziehung ihrer Eltern wahrnehmen und davon beeinflusst werden. Bürgin und von Klitzing (Überblick bei von Klitzing 2002) wiesen nach, dass Trianguliertheit der Eltern – d.h. unter anderem ihre Fähigkeit, schon vor der Geburt des Kindes diesem in der Vorstellung einen eigenen Raum neben dem Partner einräumen und sich auch eine Beziehung des Partners mit dem Kind vorstellen zu können – die Frühentwicklung des Kindes und die Eltern-Kind-Beziehung im ersten Lebensjahr positiv beeinflusst; ebenso erhöht elterliche Trianguliertheit die narrative Kompetenz der Kinder im Alter von vier Jahren und senkt die Wahrscheinlichkeit des Auftretens externalisierender Verhaltensstörungen (von Klitzing und Bürgin 2005). Weitere Ausführungen und Literatur zum

2) Weshalb sie bei Mahler et al. (1975) „auf dem Weg zur libidinösen Objektkonstanz" heißt.

Thema Triangulierung findet der interessierte Leser bei Metzger (2000), Dornes (2006) und unter dem betreffenden Stichwort im vorliegenden Handbuch.

d) Gergely (1998) hat sich unter entwicklungspsychologischen Gesichtspunkten mit dem Thema der libidinösen Objektkonstanz befasst und eine Verbindung zur Theory-of-Mind-Debatte hergestellt. Diese Debatte[3)] befasst sich u.a. mit der Frage, wann und wie Kinder in der Lage sind, anderen Personen mentale Zustände zuzuschreiben und sich deren Handlungen und gestisch-mimische Äußerungen als Manifestation von „dahinter"-liegenden seelisch-mentalen Zuständen zu erklären. Als ein Ergebnis kann man festhalten, dass Kinder zwischen neun Monaten und vier Jahren ein zunehmend komplexeres Verständnis mentaler Zustände bei sich und anderen entwickeln. Im Kern geht es nun bei Gergelys Überlegungen darum zu zeigen, dass Spaltungsprozesse, die das Erreichen libidinöser Objektkonstanz verhindern, auch auf eine mangelhafte Theory of Mind zurückzuführen sind. Mahlers Theorie einer in der Wiederannäherungsphase beginnenden Spaltung wird kognitionspsychologisch reformuliert und ist dann nach Gergelys Auffassung besser begründet als die kleinianische Theorie, die von früheren Spaltungsprozessen ausgeht (s.a. die Darstellung bei Dornes 2004, S. 321ff).

Fonagy et al. (1997, 2002) haben gezeigt, dass der Erwerb einer Theory of Mind auch von der Qualität der gemachten Beziehungserfahrungen abhängt. Schlechte Erfahrungen beeinträchtigen die Fähigkeit, sich andere als psychologische Wesen vorzustellen, in deren mentale Zustände man sich einfühlen kann, was zu Spaltungsprozessen und einem Mangel an libidinöser Objektkonstanz beiträgt. Hier wird also auf entwicklungspsychologischem Weg bestätigt, was weiter oben schon als klinische Erfahrung beschrieben wurde, dass nämlich psychische „Störungen" in der Regel mit Beeinträchtigungen der Fähigkeit zur libidinösen Objektkonstanz einhergehen.

Insgesamt lässt sich resümieren, dass Mahlers Hypothese eines auf die Symbiose folgenden Individuationsprozesses eine heuristisch fruchtbare Idee von erheblichem ästhetischem Reiz ist, die einiges an Forschung inspiriert hat. Wie bei aller Forschung, in der bekanntlich große Theorien immer „kleingearbeitet" werden, sind die Ergebnisse zum Teil bestätigender, zum Teil nichtbestätigender Art.

3) Gute Darstellungen bei Astington (1993) und Flavell und Miller (1998), Sodian (2003) und Bischof-Köhler (2000).

Literatur

Abelin, E. (1971). The role of the father in the separation-individuation process. In J. McDevitt and C. Settlage (Eds.), Separation-individuation. Essays in honor of Margaret S. Mahler (pp. 229–252). New York: International Universities Press.

Akhtar, S., Kramer, S. und Parens, H. (Hg.) (1996). Die innere Mutter. Zur theoretischen und klinischen Bedeutung der Objektkonstanz. Frankfurt/M: Fischer, 1997.

Astington, J. (1993). The child's discovery of the mind. Cambridge: Harvard University Press.

Bischof-Köhler, D. (2000). Kinder auf Zeitreise. Theory of Mind, Zeitverständnis und Handlungsorganisation. Bern: Huber.

Dornes, M. (1997). Die frühe Kindheit. Entwicklungspsychologie der ersten Lebensjahre. Frankfurt/M.: Fischer, 7. Aufl., 2003.

Dornes, M. (2000). Die emotionale Welt des Kindes. Frankfurt/M.: Fischer, 4. Aufl. 2004.

Dornes, M. (2004). Mentalisierung, psychische Realität und die Genese des Handlungs- und Affektverständnisses in der frühen Kindheit. In C. Rohde-Dachser und F. Wellendorf (Hg.), Inszenierungen des Unmöglichen. Theorie und Therapie schwerer Persönlichkeitsstörungen (S. 297–338). Stuttgart: Klett-Cotta

Dornes, M. (2006). Die Seele des Kindes. Frankfurt/M.: Fischer.

Emde, R. (1994). Individuality, context, and the search for meaning. Child Development, 65, 719–737.

Fivaz-Depeursinge, E. und Corboz-Warnery, A. (1999). Das primäre Dreieck. Heidelberg: Auer, 2001.

Flavell, J. and Miller, P. (1998). Social cognition. In W. Damon (Ed.), Handbook of child psychology, Vol. 2, Cognition, perception, and

language (pp. 851–898). New York: Wiley, 5th. ed.
Fonagy, P., Redfern, S. and Charman, T. (1997). The relationship between belief-desire reasoning and a projective measure of attachment security (SAT). British Journal of Developmental Psychology, 15, 51–61.
Fonagy, P., Gergely, G. Jurist, E. und Target, M. (2002). Affektregulierung, Mentalisierung und die Entwicklung des Selbst. Stuttgart: Klett-Cotta, 2004.
Gergely, G. (2000). Ein neuer Zugang zu Margaret Mahler. Psyche – Z Psychoanal, 56, 2002, 809–838.
Klitzing, K. von (2002). Frühe Entwicklung im Längsschnitt. Von der Beziehungswelt der Eltern zur Vorstellungswelt des Kindes. Psyche – Z Psychoanal, 56, 863–887.
Klitzing, K. von und Bürgin, D. (2005). Parental capacities for triadic relationships during pregnancy: Early predictors of children's behavioral and representational functioning at preschool age. Infant Mental Health Journal 26, 19–39.
Lax, R., Bach, S. and Burland, A. (Eds.) (1986). Self and object constancy. Clinical and theoretical perspectives. New York: The Guilford Press.
Mahler, M. (1979). Studien über die drei ersten Lebensjahre. Stuttgart: Klett-Cotta, 1985.
Mahler, M.S., Pine, F. und Bergman, A. (1975). Die psychische Geburt des Menschen. Symbiose und Individuation. Frankfurt/M.: Fischer, 1978.
Metzger, H.-G. (2000). Zwischen Dyade und Triade. Psychoanalytische Familienbeobachtungen zur Bedeutung des Vaters im Triangulierungsprozeß. Tübingen: edition diskord.
Nachman, P. (1991). Contemporary infant research and the separation-individuation theory of Margaret S. Mahler. In S. Akhtar and H. Parens (Eds.), Beyond the symbiotic orbit. Advances in separation-individuation theory (pp. 121–149). Hillsdale, NJ: The Analytic Press.
Rotmann, M. (1978). Über die Bedeutung des Vaters in der „Wiederannäherungs-Phase". Psyche – Z Psychoanal, 32, 1105–1147.
Sodian, B. (2003). Die Entwicklungspsychologie des Denkens – das Beispiel der Theory of Mind. In B. Herpertz-Dahlmann, F. Resch, M. Schulte-Markwort und A. Warnke (Hg.), Entwicklungspsychiatrie. Biopsychologische Grundlagen und die Entwicklung psychischer Störungen (S. 85–97). Stuttgart: Schattauer.
Wehr, G. (1978). Der Begriff der Individuation bei Jung. In Die Psychologie des 20. Jahrhunderts, Bd. III (S. 787–799). München: Kindler.

Innere Welt – äußere Welt *von Bruno Waldvogel*

inner world – outer world – monde intérieur – monde extérieu

1. Definition

Innere und äußere Welt lassen sich auf drei Bedeutungsebenen unterscheiden:

(1.) Die äußere Welt als die objektive, unabhängig von den wahrnehmenden Subjekten gegebene Außenwelt gegenüber der Welt der Erscheinungen innerhalb der wahrnehmenden Subjekte. Eine die Außenwelt abbildende Wahrnehmung, die über die in den Subjekten zustande gekommenen Erscheinungen hinausreicht, gibt es nicht, weshalb auch keine Aussage darüber möglich ist, ob es eine erlebnisjenseitige Außenwelt an sich gibt und wie diese aussieht. In der Erkenntnistheorie wird die Existenz einer solchen Außenwelt durch den Idealismus verneint, durch den Realismus bejaht. Dabei nimmt der „naive" Realismus an, dass die inneren Bilder der äußeren Welt zutreffende Abbilder derselben sind, mit dieser also unmittelbar übereinstimmen. Der „kritische" Realismus erkennt hingegen an, daß uns die äußere Welt aufgrund der selektiven und konstruktiven Qualität unserer Wahrnehmungs- und Erkenntnisprozesse prinzipiell nicht zugänglich ist, wir uns nur näherungsweise ein mehr oder weniger funktionelles Bild von dieser machen können. Dementsprechend unterscheidet der kritische

Realismus zwischen der erlebnisjenseitigen, „transphänomenalen Welt“ (auch: „Realität“) und der „phänomenalen Welt“ der Erscheinungen (auch: „Wirklichkeit“). Im Begriff der Wirklichkeit ist aufgehoben, dass der Erscheinungscharakter der uns umgebenden Welt in unserem unmittelbaren Erleben keine Repräsentanz besitzt, sondern diesem geradezu zu widersprechen scheint. Die Erscheinung wirkt nicht wie eine Erscheinung, sie erscheint uns „wirklich“ , so als ob sie die Realität selbst wäre.

(2.) Innerhalb der phänomenalen Welt der Subjekte konstituiert deren Wahrnehmung je eine subjektiv als innerhalb oder außerhalb erlebte Welt. Die phänomenale Außenwelt leitet sich (in der Regel) aus den von den fünf Sinnen der äußeren Wahrnehmung vermittelten Phänomenen ab. Die phänomenale Innenwelt besteht aus Vorstellungen, Empfindungen, Gefühlen, Gedanken, Erinnerungen und Träumen. Die Unterscheidung zwischen phänomenaler Außenwelt und Innenwelt ist eine immanente Leistung des menschlichen Gehirns. Ihm stehen hierfür keine objektiven Kriterien zur Verfügung. Es kann nicht erkennen, ob ein Sinneseindruck external oder internal hervorgerufen wurde. Es ist ein semantisch geschlossenes System, das seiner Aktivität selbst Bedeutung geben muß. Wahrnehmungen und Vorstellungen sind objektiv nicht unterscheidbar und weisen eine große funktionale Äquivalenz auf. Zugespitzt ließen sich daher Wahrnehmungen auch als external hervorgerufene Halluzinationen, Träume und Halluzinationen als internal simulierte Wahrnehmungen denken.

(3.) Die aus der phänomenalen Welt abgeleiteten gedachten Welten: hypothetische Konstruktionen über die der phänomenalen Außen- und Innenwelt jeweils zugrunde liegende Außen- und Innenwelt (Systeme, Zusammenhänge, Strukturen, Gesetzmäßigkeiten etc.). In der Psychoanalyse ist der Begriff der inneren Welt meist auf dieser Bedeutungsebene angesiedelt als die Welt der (vermuteten) Organisationsstrukturen des psychischen Erlebens. Die verschiedenen psychoanalytischen Schulrichtungen unterscheiden sich nicht zuletzt durch die hierzu entwickelten Konstruktionen: Triebe, psychische Instanzen, innere Objekte, Beziehungsrepräsentanzen, Archetypen, das Symbolische, Schema usw. Allgemein wird eine Wechselwirkung zwischen der inneren und der äußeren Welt angenommen: die inneren Organisationsstrukturen des psychischen Erlebens werden durch äußere Erfahrungen ebenso strukturiert wie umgekehrt die Erfahrungen der Außenwelt durch die Organisationsstrukturen der inneren Welt mitgestaltet werden. Dabei weisen die unterschiedlichen psychoanalytischen Denkrichtungen der inneren bzw. der äußeren Welt jeweils deutlich unterschiedliche Prioritäten und Gewichtungen zu.

2. Klassische Auffassung

In vielen seiner Texte stellte Freud das Verhältnis von innerer und äußerer Welt in erkenntnistheoretischer Hinsicht recht unscharf dar und schien dabei nahezu zwischen Empirismus und Konstruktivismus zu schwanken. Wenn er jedoch klar Stellung bezog, erwies er sich – beispielsweise in Anlehnung an Kant – eindeutig als Kritischer Realist: „Wie Kant uns gewarnt hat, die subjektive Bedingtheit unserer Wahrnehmung nicht zu übersehen und unsere Wahrnehmung nicht für identisch mit dem unerkennbaren Wahrgenommenen zu halten, so mahnt die Psychoanalyse, die Bewusstseinswahrnehmung nicht an die Stelle des unbewußen psychischen Vorganges zu setzen, welcher ihr Objekt ist. Wie das Physische, so braucht auch das Psychische nicht in Wirklichkeit so zu sein, wie es uns erscheint“ (Freud 1915e, S. 270). Freud stellte der physischen, der äußeren Realität, die psychische, die innere Realität, gegenüber, die er als das Unbewusste definierte: „Das Unbewußte ist das eigentlich reale Psychische, uns nach seiner inneren Natur so unbekannt wie das Reale der Außenwelt, und uns durch die Daten des Bewußtseins ebenso unvollständig gegeben wie die Außenwelt durch die Angaben unserer Sinnesorgane“ (Freud 1900a, S. 617f.). Mit dem Ausdruck „psychische Realität“ beschrieb Freud seine entscheidende Entdeckung, dass Phantasien nicht nur ebenso real erscheinen können wie die Wahrnehmungen der Außenwelt, sondern dass sie auch ebenso reale Auswirkungen auf psychische und teilweise auch somatische Vorgänge haben können wie reale Einwirkungen der Außenwelt: „Diese Phantasien besitzen psychische Realität im Gegensatz zur materiellen, und wir lernen allmählich verstehen, daß in der Welt der Neurose die psychische Realität die maßgebende ist“ (Freud 1916–17a, S. 383).

3. Ideengeschichtlicher Hintergrund

Die frühesten bekannten Ansätze zur Unterscheidung zwischen innerer und äußerer Welt finden sich bei Platon und Aristoteles, die zwischen der „Sache selbst“ und dem Wahrnehmbaren der Erscheinung unterschieden. Dabei wurde unter der „Sache selbst“ eine theoretische Konstruktion, der in einem begrifflichen Zusammenhang gegebene Gegenstand verstanden. Kant bezeichnete diese „Gegenstände des reinen Verstandes“ als „noumena“ (Ding an sich, Wesen) und stellte sie den „Gegenständen der sinnlichen Anschauung“ gegenüber, die er als „phaenomena“ bezeichnete. Das reine Innen der substantia noumenon ist für ihn die „innere Realität“ . Hegel zielte auf die Aufhebung des Gegensatzes von Innen und Außen. Wesen und Erscheinungen bildeten für ihn eine dialektische Identität. Die Erscheinung galt ihm als „realer Schein“ des Wesens. Schopenhauer und noch viel mehr Nietzsche radikalisierten hingegen die Thesen Kants zur Frage der Realität der Außenwelt, die mit Descartes und seinem Dualismus von „ego cogitans“ und „res extensa“ aufgekommen war. Schopenhauer bezeichnete die Außenwelt als eine „Funktion des Gehirns“ , Nietzsche als „Phantasie-Product“ . Bei Schopenhauer und Nietzsche lassen sich auch bereits Ansätze zu Freuds Konzeption der „psychischen Realität“ finden. Beide stellen diesbezüglich die wichtigsten Vordenker Freuds dar.

Der von der Psychoanalyse nachvollzogenen seit der Antike dominierenden metaphysischen Grundunterscheidung zwischen innerer und äußerer Welt kann entgegengehalten werden, dass diese überwiegend aus dem Bedürfnis hervorgeht, unser Selbst von dem, was nicht zu unserem Selbst gehört, zu differenzieren. Nach Picht (2005) muss diese Unterscheidung von Selbst und Nicht-Selbst jedoch keinesfalls räumlich vorgenommen werden, sondern kann ebenso zeitlich aufgefasst werden. Die dominante räumliche Metaphorik in vielen unserer Konzepte des Seelischen stelle die Subjekte der Welt der Objekte gegenüber, was Entfremdung verstärke und Teilhabe erschwere.

4. Wesentliche Erweiterungen, Differenzierungen und Modifikationen

Differenzierungen und Weiterentwicklungen gab es im Anschluss an Freud zunächst nur hinsichtlich der jeweiligen Gewichtung der inneren bzw. der äußeren Welt. Während beispielsweise Hartmann mit seiner Konzeption der Anpassung die Bedeutung der äußeren Welt und der Auseinandersetzung mit dieser hervorhob und damit wesentlich zur Konstituierung der Ich-Psychologie beitrug, konzentrierte sich Klein und die von ihr begründete kleinianische Schule auf die innere Welt und differenzierte diese weiter auf („innere Objekte“ , „unbewusste Phantasien“). Jones charakterisierte diese Kontroverse aus der Sicht der Kleinianer gegenüber den Ich-Psychologen um Hartmann, die „uns den Vorwurf machen, daß wir das frühe Phantasieleben auf Kosten der äußeren Realität zu hoch einschätzen. Und wir würden antworten, daß keine Gefahr besteht, daß jemand die äußere Realität vernachlässige, wohl aber, daß man Freuds Lehre von der Wichtigkeit der psychischen noch immer unterschätzen kann“ (Jones 1935, zit. n. Hinshelwood 1993, S. 316).

Eine entscheidende erkenntnistheoretische Weiterentwicklung und Differenzierung geht auf Rapaport (1960) zurück, der zwischen der „inner world“ der Vorstellungen, Erinnerungen und Phantasien und der „internal world“ psychischer Strukturen unterschied. Dieser Ansatz wurde von Sandler und Rosenblatt (1962) in deren Konzeption der repräsentationalen Welt aufgegriffen und schließlich von Sandler und Joffe

(1969) zu einem „Grundmodell der Psychoanalyse" weiterentwickelt. In diesem Grundmodell unterteilen Sandler und Joffe das psychische Geschehen in einen erlebbaren und einen nicht-erlebbaren Bereich („experiential/non-experiential realm"). Der erlebbare Bereich umfasst die Wahrnehmungen, Empfindungen, Erinnerungen, Vorstellungen, Gefühle und Träume. Die Inhalte des erlebbaren Bereichs sind zum Teil bewusst, zum größeren Teil aber unbewusst. Der nichterlebbare Bereich enthält die überdauernden biologischen und psychologischen Organisationsstrukturen und Apparate. Es ist der Bereich der Funktionen, der Pläne und Schemata, der Kräfte und Energien, der Sinnesorgane und der Instrumente intrapsychischer Anpassung. „Der nichterlebbare Bereich ist per se nicht ‚wißbar', es sei denn insofern, als er auf dem Wege über die Hervorrufung oder das Auftreten eines phänomenalen Ereignisses im Bereich des subjektiven Erlebens dem Wissen zugänglich wird" (Sandler und Joffe 1969, S. 466). In einer späteren Arbeit über die Struktur innerer Objekte und innerer Objektbeziehungen bemängelte Sandler (1990), dass unter diesen sowohl vorübergehende bewusste oder unbewusste Vorstellungen verstanden werden, als auch die überdauernden verinnerlichten Objektbeziehungsrepräsentanzen, die als stabile Strukturen das psychische Geschehen organisieren und nicht unmittelbar erlebbar sind. Er plädiert dafür, die Konzepte der inneren Objekte und der inneren Objektbeziehungen und implizit damit auch das Konzept der inneren Welt ausschließlich dem nichterlebbaren Bereich zuzuordnen. Innere Objekte und innere Welt haben damit den epistemologischen Status theoretischer Konstruktionen. „Solche Konstruktionen sind keine Erinnerungen, die durch zutreffende Deutungen an die Oberfläche gelangen. Es sind Interpretationen (im weitesten Sinne des Begriffs) der signifikanten und relevanten Aspekte der Strukturen und Funktionen der Psyche des Patienten" (Sandler 1990, S. 171; Übersetzung B.W.). Im Anschluss an die Überlegungen Sandlers ließe sich die innere Welt definieren als ein nichterlebbares Organisationssystem, das durch die Internalisierung der in der phänomenalen Welt erlebten Objektbeziehungen konstituiert wird (Waldvogel 1992). Die internalisierten Objektbeziehungen (Objektbeziehungsrepräsentanzen) sind demnach nichterlebbare mentale Strukturen, die, einmal aus internalisierten Beziehungserlebnissen gebildet, das weitere Beziehungserleben und -verhalten organisieren (Zelnick und Buchholz 1990). Bestätigung haben diese psychoanalytischen Modellvorstellungen inzwischen durch Erkenntnisse über die unterschiedlichen Gedächtnissysteme des impliziten prozeduralen und des expliziten deklarativen Gedächtnisses erhalten. Die nicht erlebbaren Organisationsstrukturen der Objektbeziehungsrepräsentanzen gelten in dieser Systematik als Repräsentanzen erster Ordnung und deren expliziten, aktionalen oder symbolischen Repräsentationen als Repräsentanzen zweiter Ordnung (Henningsen 2000, Mertens 2007).

5. Die Bedeutung der Begriffe in den verschiedenen psychoanalytischen Schulen

Die verschiedenen psychoanalytischen Schulen lassen sich unterscheiden nach (1) den Konstruktionen, mit denen sie die Strukturierung der inneren Welt zu beschreiben versuchen, (2) dem Grad der Reifizierung dieser Konstruktionen, (3) dem Gewicht, das sie jeweils der inneren oder äußeren Welt zuschreiben und (4) der erkenntnistheoretischen Position, in der sie den Psychoanalytiker beim Analysieren der inneren Welt des Analysanden sehen.

In der Schule Melanie Kleins hat der Begriff der inneren Welt am ehesten den Rang eines spezifisch definierten Konzepts erfahren. In Kleins Verständnis konstituiert sich die innere Welt aus dem „Wirken unbewußter Phantasie. In der unbewußten Phantasie werden Objekte introjiziert und im Ich wird eine vielschichtige innere Welt aufgebaut. Die inneren Objekte stehen, so meint man, untereinander und zum Ich in einer dynamischen Beziehung" (Segal 1974, S. 165). Dementsprechend beschrieb Meltzer (1988) die innere Welt als „eine Art inneres Theater, deren Personen in emotionalen Beziehungen und Konflikten leben, aus denen alle Bedeutung entsteht, die für die Außenwelt und die äußeren Beziehungen verwendet wird“ (S. 203). Diese Innenwelt ist nach kleinianischer Auffassung unmittelbar erlebbar, so als wäre sie physisch existent. Es wird damit in deutlichem Gegensatz zu den Modellen von Rapaport, Sandler und Rosenblatt sowie Sandler und Joffe von der Möglichkeit einer Identität psychischen Erlebens und psychischer Struktur ausgegangen. Insofern ist die häufig gegen die Kleinianer vorgebrachte Kritik der Reifizierung für die Kleinianer keine Kritik, da für sie die innere Welt reifiziert ist, die Reifizierung also der Realität der inneren Welt entspricht (Hinshelwood 1993).

Den Gegenpol zu den Kleinianern bildet die Selbstpsychologie mit der von ihr ausgegangenen intersubjektiven Schule (paradigmatisch: Stolorow, Fosshage und Lichtenberg) und die sich mit der intersubjektiven Schule überschneidende interaktionistische Denkrichtung (paradigmatisch: Gill und Hoffmann). Diese Denkrichtungen haben sich unter Aufgabe metapsychologischer Instanzen und Entitäten zunehmend um erlebnisnähere Konzeptualisierungen innerer „Systeme“ und „Schemata“ bemüht. Der äußeren Welt des Analysanden wird prinzipiell, insbesondere aber in der analytischen Beziehung, ein größeres Gewicht zugeschrieben. Unter Zugrundelegung der Sprachphilosophie von Davidson argumentiert beispielsweise Cavell (2006), dass Subjektivität, Intersubjektivität, aber auch Deutungen und klinisches Arbeiten überhaupt ohne die gemeinsame Anerkennung einer gemeinsamen äußeren Welt nicht denkbar sei. Die Wahrnehmungen des Analysanden in der Übertragungsbeziehung werden denen des Analytikers gleichgestellt. Die Gültigkeit der jeweiligen Wahrnehmungen ist in einem Prozess der Verständigung zwischen Analytiker und Analysand auszuhandeln: „Gerade dies ist das Wesen und Ziel des psychoanalytischen Diskurses, der im Rahmen der freien intersubjektiven Begegnung und Verständigung einen originären Konsens über den Versionscharakter der Selbst- und Weltsicht herzustellen vermag“ (Haesler 1995, S. 53).

Während sich eine solche intersubjektive/interaktionelle Auffassung der analytischen Beziehung und des analytischen Erkenntnisprozesses durchzusetzen scheint, besteht nach wie vor große Uneinigkeit darüber, inwieweit dem Psychoanalytiker dabei doch noch ein „Objektivitätsbonus“ zuzusprechen ist (s. Fetscher 1997).

6. Interdisziplinäre Beiträge und Befunde

Die „psychische Realität“ fand in Medizin und Psychologie Anerkennung durch den Placeboeffekt, der auf physiologisch objektivierbare Weise durchaus auch reale somatische Veränderungen umfasst.

Die „innere Welt“ nicht bewusstseinsfähiger psychischer Organisationsstrukturen blieb in der akademischen, nomothetisch ausgerichteten Psychologie ebenso lange ausgeblendet wie die Tatsache des Unbewussten überhaupt, bis im Rahmen der kognitiven Wende aufgrund zahlreicher experimenteller und neuroradiologischer Befunde das kognitive Unbewusste konzeptualisiert wurde, das gewissermaßen als der kognitive Part der „inneren Welt“ angesehen werden kann. Die Rückzugslinie gegenüber psychoanalytischen Modellen verlief daraufhin vorübergehend an der Verneinung relevanter Einflüsse von Affekten, Motiven und Konflikten auf das kognitive Unbewusste. Weitere experimentelle Befunde, die sich durch das Projektions-Konzept Freuds inspirieren ließen, konnten jedoch belegen, daß die Wahrnehmung der äußeren Welt durchaus auch durch „motivationale Bedingungen“ der inneren Welt modifiziert wird. Diese Modifikationen werden phänomenal beschrieben als „Wahrnehmung ohne Reiz“ , „Zuschreibung von Reizattributen“ und „Zuschreibung von Reizbedeutungen“ (Neuser und Kriebel 1992, S. 43). In den sich aktuell inzwischen als „embodied neuroscience“ verstehenden Neurowissenschaften wird – auch unter besonderer Berücksichtigung der neueren Befunde über „Spiegelneuronen“ – den Affekten mittlerweile die Bedeutung eines maßgeblichen Steuerungsmoduls des Anpassungsgeschehens zwischen innerer äußerer Welt zugeschrieben (Bauer 2005). Auch neuere Befunde der Kleinkindforschung belegen psychoanalytische Grundannahmen über die zentrale Stellung von Affekten in diesem Anpassungsprozess. Die ersten Verinnerlichungsvorgänge von Beziehungserfahrungen erfolgen wahrscheinlich in der Repräsentation affektiver Verlaufsformen. Aus diesen Proto-Repräsentationen entwickeln sich im Zuge der zunehmenden Reifung des Kindes über sukzessive Integrationen konkreter Interaktionserfahrungen verallgemeinerte Beziehungsrepräsentanzen (Zelnick und Buchholz 1990, Stern 1995). Die Niederlegung innerer Repräsentanzen erfolgt in den ersten 18 Lebensmonaten ausschließlich und in der weiteren Entwicklung wahrscheinlich weiterhin zu einem großen Teil in prozeduraler Form im „impliziten Gedächtnis“, weshalb sie im Sinne Sandlers prinzipiell nicht unmittelbar erlebbar, sondern nur szenisch aktualisierbar oder sprachlich vorstellbar sind. Erst durch symbolische Vergegenwärtigungen erhalten solche automatisiert das Gefühlsleben steuernden Interaktionsgewohnheiten die propositionale Form (unbewusster oder bewusster) Phantasien. Nach der Theory-of-mind-Forschung entwickelt sich etwa ab vier Jahren eine repräsentationale Theorie des Geistes, in der die subjektive symbolische Qualität der mentalen Hervorbringungen zur Bewusstheit gelangt (Dornes 2004). Implizites Wissen wird zu einem „Wissen, das man nicht nur ‚hat‘, sondern eines, das man sich auch vergegenwärtigen kann“ (Dornes 1997, S. 316). Gleichwohl kann dieses Wissen keine direkte Umwandlung oder Transferierung von Inhalten aus dem impliziten Gedächtnis in das explizite Gedächtnis sein. Explizites Wissen über implizite Funktionsstrukturen kann jedoch gleichsam „von außen“ in deren Manifestierungen eingreifen und durch Einflussnahme auf Randbedingungen deren fortlaufenden Anpassungsprozess mitgestalten (s. zusammenfassend Mertens 2007). Eine systematische und den aktuellen Erkenntnisstand aller beteiligten Disziplinen einbeziehende Theorie der interaktiven Entwicklung des menschlichen Geistes wurde von Fonagy und Kollegen ausgearbeitet (s. Dornes 2004).

In den Neurowissenschaften wird der Tatsache, daß auch die äußere Welt nur als neuronales Korrelat im Gehirn repräsentiert ist, dadurch Rechnung getragen, daß die äußere Welt mitunter als „Endo I“ und die innere Welt als „Endo II“ bezeichnet wird. Die Vermittlung zwischen „Endo I“ und „Endo II“ wird vor allem dem limbischen System (insbesondere dem Hippocampus) zugeschrieben. Dabei werden aus dem in kortikalen Strukturen lokalisierten Langzeitgedächtnis kontextrelevante Informationen abgerufen, mit aktuellen Situationen verglichen und diesen schließlich Bewertungen und Bedeutungen zugeschrieben. Zugleich bewirkt dieser Abgleichprozess eine Modifikation der aktualisierten Gedächtnisinhalte. Psychoanalytische Behandlungen bewirken vermutlich sowohl eine Änderung der internalisierten Repräsentanzen in Form veränderter Synapsengewichte in den kortikalen Strukturen als auch eine Änderung der Vergleichs- und Vermittlungsfunktionen des limbischen Systems selbst (Gehde und Emrich 1998).

In der Philosophie hat sich aus der Rezeption der neurowissenschaftlichen Befunde eine neue Bewusstseinsphilosophie entwickelt, die die seit Descartes bestehende Leib-Seele-Debatte endgültig abzuschließen beansprucht: Da sämtliche Wahrnehmungen, sowohl die der äußeren Welt wie die innerer Vorgänge, vom Gehirn nach internen – wahrscheinlich evolutionär herausgebildeten – Kriterien zu einer Repräsentation der Welt zusammengeschlossen werden, wird gefolgert, daß auch das Selbst- bzw. das Ich-Erleben eine Konstruktion des Gehirns ist: Pointiert wird gefolgert, dass das Gefühl der eigenen Identität oder eines eigenen Selbst gleichsam eine Illusion sei, die das Gehirn geschaffen habe, weil sie für es funktional sei und ihm die Orientierung in der Welt erleichtere (Metzinger 1993).

Aus der Sicht der Quantenphysik kann demgegenüber das Bewusstsein als System von Quanteninformation verstanden werden, welche alle objektivierenden Erfassungsversuche transzendiert: „Das Modell der dynamischen Schichtenstruktur aus klassischer und quantischer Physik gestattet zusammen mit dem Konzept der abstrakten kosmischen Information und deren Äquivalenz mit Energie und Materie eine auch naturwissenschaftlich fassbare Wechselwirkung zwischen Geistigem und Körperlichem, die diese Freiheit des Willens" (Görnitz und Görnitz 2002, S. 357), die uns zuletzt aus der Neurobiologie vielfach abgesprochen wird, begründen kann.

Literatur

Bauer, J. (2005). Warum ich fühle, was Du fühlst. Intuitive Kommunikation und das Geheimnis der Spiegelneurone. Hamburg: Hoffmann & Campe.

Cavell, M. (2006). Subjektivität, Intersubjektivität und die Frage der Realität in der Psychoanalyse. In M. Altmeyer, H. Thomä (Hg.): Die vernetzte Seele. Die intersubjektive Wende in der Psychoanalyse (178–200). Stuttgart: Klett-Cotta.

Dornes, M. (1997). Die frühe Kindheit. Frankfurt/M.: Fischer.

Dornes, M. (2004). Über Mentalisierung, Affektregulierung und die Entwicklung des Selbst. Forum der Psychoanalyse 20, 175–199.

Fetscher, R. (1996). Übertragung und Realität. Psyche – Z Psychoanal 51, 195–238.

Gehde, E. und Emrich, H.M. (1998). Kontext und Bedeutung: Psychobiologie der Subjektivität im Hinblick auf psychoanalytische Theoriebildungen. Psyche – Z Psychoanal 52, 963–1003.

Gill, M.M. and Hoffman, I.Z. (1982). Analysis of transference. New York: International Universities Press.

Görnitz, T. und Görnitz, B. (2002). Der kreative Kosmos. Geist und Materie aus Information. Heidelberg: Spektrum.

Haesler, L. (1995). Auf der Suche nach einer erträglichen Welt. Über den Umgang des Menschen mit der Wirklichkeit. Darmstadt: Wissenschaftliche Buchgesellschaft.

Henningsen, P. (2000). Vom Gehirn lernen? Zur Neurobiologie von psychischer Struktur und innerer Repräsentanz. Forum der Psychoanalyse 16, 99–115.

Hinshelwood, R.D. (1993). Wörterbuch der kleinianischen Psychoanalyse. Stuttgart: Verlag Internationale Psychoanalyse.

Lichtenberg, J., Lachman, F. and Fosshage, J. (1992). Self and motivational systems: toward a theory of psychoanalytic technique, Hillsdale, NJ: Analytic Press.

Neuser J. und Kriebel, R. (1992). Projektion. Grenzprobleme zwischen innerer und äußerer Realität. Göttingen: Hogrefe.

Meltzer, D. (1988). Traumleben. Eine Überprüfung der psychoanalytischen Theorie und Technik. München: Verlag für Internationale Psychoanalyse.

Mertens, W. (2007). Zur Konzeption des Unbewussten – Einige Überlegungen zu einer interdisziplinären Theoriebildung zum Unbewussten. In E. Geus-Mertens (Hg.), Eine Psychoanalyse für das 21. Jahrhundert (114–163). Stuttgart: Kohlhammer.

Metzinger, T. (1993). Subjekt und Selbstmodell. Die Perspektivität phänomenalen Bewußtseins vor dem Hintergrund einer naturalistischen Theorie mentaler Repräsentation. Paderborn: Schöningh.

Picht, J. (2005). Raum, Zeit und psychischer Apparat. Psychoanalyse im Widerspruch 17, 103–115.

Rapaport, D. (1960). The structure of the psychoanalytic theory. New York: International Universities Press, New York (dt.: Die Struktur der psychoanalytischen Theorie. Stuttgart: Klett, 1961).

Sandler, J. and Joffe, W.J. (1969). Towards a basic psychoanalytic model. International Journal of Psycho-Analysis, 50, 79–90 (dt.: Auf dem Wege zu einem Grundmodell der Psychoanalyse. Psyche – Z Psychoanal 23, 461–480, 1969).

Sandler, J. and Rosenblatt, B. (1962). The concept of the representational world. Psychoanalytic Study of the Child, 17, 128–145 (dt.: Der Begriff der Vorstellungswelt. Psyche – Z Psychoanal 38, 235–253, 1984).

Segal, H. (1974). Melanie Klein. Eine Einführung in ihr Werk. Frankfurt/M.: Fischer.

Stern, D. (1995). The motherhood constellation. A unified view of parent-infant psychotherapy. New York: Basic Books (dt.: Die Mutterschafts-Konstellation. Klett-Cotta, 1998).

Waldvogel, B. (1992). Psychoanalyse und Gestaltpsychologie. Historische und theoretische Berührungspunkte. Stuttgart: frommann-holzboog.

Zelnick, L. and Buchholz, E.S. (1990). The concept of mental representations in the light of recent infant research. Psychoanalytic Psychology, 7, 29–58.

Integration *von Eckard Daser*

integration – intégration

1. Definition

Integration liegt vor, wenn Gegensätze sich nicht ausschließen, sondern ergänzen, weil sie von einem übergeordneten Gesichtspunkt (Funktion/System/Gestalt) koordiniert werden (Daser 1994, S. 470).

2. Klassische Auffassung

Integration begleitet die Psychoanalyse von Anfang an. So schreibt Freud (1921c, S. 85 Fußnote): „Im Fortschritt der Entwicklung vom Kinde zum reifen Erwachsenen kommt es ... zu einer immer weiter greifenden Integration der Persönlichkeit". Wichtig wird Integration systematisch aber erst mit der Ich-Psychologie, welche die „‚synthetischen' ‚integrierenden' oder ‚organisierenden'" Funktionen des Ichs (Hartmann 1974, S. 189) betont. Und weite literarische Verbreitung findet Integration erst über ihre Zentralität in der Objektbeziehungstheorie v.a. bei Kernberg, bei dem die Entwicklung der Psyche ganz von Integrationsprozessen bestimmt ist: Angefangen von ersten „Selbst-Objekt-Affekt-Einheiten", die neurophysiologisch fundierte Funktionen „integrieren", über höhere „Teilsysteme" (Triebsysteme, Instanzen), bis hin zur „Gesamtpersönlichkeit, die das Suprasystem bildet" (1976, S. 84ff.). In derart funktionalem Ansatz wirken innere Objekte als Modifikationen synthetischer Ich-Funktionen. Die Integration der „nur" guten bzw. bösen zur „ganzen" Mutter, fordert etwa eine Funktionsebene, die gewährende und versagende Aspekte der Mutter unter einem Gesichtspunkt erfasst. So klärt sich die Korrelation von Trieb-, Ich- und Persönlichkeitsentwicklung: Die Triebe provozieren Objektbeziehungen, welche Ich-Funktionen spezifizieren, die auf die Triebschicksale weiterwirken.

3. Ideengeschichtlicher Hintergrund

Ausgehend von der Entwicklungstheorie H. Spencers (1862) bezeichnet Integration in Physiologie, Psychologie und Soziologie, aber auch in Recht, Politik und Wirtschaft die Interdependenz, die sich zwischen Teilen entwickelt, die ein Ganzes (Körperschaft, System, Funktionskreis, Gestalt, Identität) bilden oder bilden sollen. Da Integration zu Kants Begriff der Synthese und so zur Logik exakter Wissenschaft ebenso in Beziehung steht wie zu Hegels Dialektik und damit zu Disziplinen, die (mit dialektischer Logik) kreative Prozesse in Bildung, Kultur oder Gesellschaft zu fassen suchen, entspricht Integration der Stellung der Psychoanalyse zwischen diesen Wissensfeldern. Zudem assoziiert Integration (integer = heil, ganz) die heilende und identitätsbildende Wirkung, die konstruktive Konfliktlösungen in analytischen Therapien besitzen.

4. Wesentliche Erweiterungen, Differenzierungen und Modifikationen

Hat bei Kernberg die Systematisierung der intrapsychischen Integration einen gewissen Abschluss gefunden, so werden heute mit Integration auch das analytische Verstehen und interpersonelle Prozesse beschrieben. So lässt sich die Inszenierung eines Konflikts als interaktionelle Integration erfassen. Die „Rollen" von Patient und Therapeut vertreten dabei die Gegensätze des Konflikts, und die „Szene" das System, das sich aus der Interaktion dieser Gegensätze bildet. Patient und Therapeut reproduzieren dabei im gelingenden Fall nicht nur die alte Abwehr, sondern sie erzeugen über neue Weisen des Miteinander-Umgehens auch eine neue kommunikativ offenere gemeinsame Welt. Dies geschieht in einem auch nonverbalen, teils unbewussten Austausch, in dem sich Beziehungsbildung und Reflexion gegenseitig fördern. Der „dritte" Punkt, den die Deutung sucht, wirkt dabei ebenso als kognitiver Gesichtspunkt, der die interaktionell ausgelegten Gegensätze als Momente eines „ganzen" Konflikts sichtbar macht, wie als Stand-Punkt, auf den sich Patient und Therapeut gemeinsam stellen und sich dadurch neu begegnen können, weil sie ihre Erfahrungsräume interaktionell integriert haben. Interaktionelle Integration klärt so den Zusammenhang von Bewusstseins- und Beziehungsbildung. Und die Deutung dieser Beziehungsbildung beschreibt auch den Weg, den Patient und Therapeut gegangen sind. Analog zu Hegel kann man sagen, der Weg der Interaktion ist der Weg des sich bildenden Bewusstseins. Integration bietet so ein Modell des gelingenden Dialogs. So spricht Stern (1985, S. 80f., 104, 144f.) nur bei Wahrnehmung, Empfinden und Selbsterleben von Integration, doch man kann auch in der von ihm gezeigten „Abstimmung" zwischen Säugling und Mutter eine interaktionelle Integration sehen, bei der Intensität und Rhythmik der Vitalitätsaffekte (S. 200ff.) als „Drittes" die Äußerungen von Mutter und Kind zur „interpersonalen Gemeinsamkeit" (S. 212) verbinden. Oder wenn Fast (1984, S. 99f.) die Korrelation von Integration und Differenzierung in der feministischen Diskussion betont, kann dies im Kontext interaktioneller Integration begründen, warum die Geschlechtsdifferenz eine Chance bietet, autonom und gemeinsam eine sonst nicht zugängliche Ebene des Humanen zu realisieren.

Der Gebrauch des Integrationsbegriffs ist in den letzten Jahren in der analytischen Literatur zurückgegangen. Seine Funktion wurde in wesentlichen Teilen vom Triangulierungsbegriff übernommen. Da dieser sich von seiner ursprünglichen Bindung an die biographische Situation des ödipalen Dreiecks gelöst hat, kann er nun auch dialektische Prozesse allgemeiner Art (logisches Dreieck von These – Antithese – Synthese) bezeichnen. So ist es etwa möglich, das hier als interaktionelle Integration beschriebenen Phänomen, nämlich die Bildung einer gemeinsamen Welt (als schöpferisches Drittes) zwischen Patient und Therapeut, als interpersonelle Triangulierung zu bezeichnen. Die Bevorzugung des Triangulierungsbegriffs gegenüber dem Integrationsbegriff dürfte, neben einer gewissen Abkehr von der Ich-Psychologie, auch daran liegen, dass es der Triangulierungsbegriff gestattet, der Freud'schen Tradition sprachlich die Treue zu halten und dennoch dialektische Prozesse zu formulieren, die sich mit der vornehmlich szientistischen Logik Freuds schwer erfassen ließen.

5. Die Bedeutung des Begriffs in den verschiedenen psychoanalytischen Schulrichtungen

Integration wird schulenübergreifend und meist unspezifisch gebraucht neben verwandten Begriffen wie Synthese oder Organisation, meint aber stets eine Kohärenzbildung aus Oppositionalitäten.

6. Interdisziplinäre Beiträge und Befunde

Integration formuliert als Muster kreativer Prozesse eine zentrale anthropologische Position. So schlägt sie eine Brücke zu den unter 3. genannten Wissenschaften. Als interaktionelle Integration definiert, wie sich Sprache und Umgang, d.h. Erfahrungsartikulation, Sozialität und Sitte konkret im Austausch bilden, verbindet sie die Erfahrung der Psychoanalyse mit zentralen Problemen all der Disziplinen, die sich in Gesellschaft, Politik, Ethik oder Bildung um das Verständnis des Humanen bemühen.

Literatur

Daser, E. (1994). Das Problem der Bildung und der Integrationsbegriff bei Kernberg. Wege zum Menschen, 46, 469–485.

Fast, I. (1984). Von der Einheit zur Differenz. Psychoanalyse der Geschlechtsidentität. Heidelberg: Springer, 1991.

Hartmann, H. (1974). Bemerkungen zur psychoanalytischen Theorie des Ichs. In P. Kutter und H. Roskamp (Hg.), Psychologie des Ichs (S. 185–214). Darmstadt: Wissenschaftliche Buchgesellschaft.

Kernberg, O.F. (1976). Objektbeziehungen und Praxis der Psychoanalyse. Stuttgart: Klett-Cotta, 1988.
Spencer, H. (1862). First principles. London: Williams and Norgate.
Stern, D.N. (1985). Die Lebenserfahrung des Säuglings. Stuttgart: Klett-Cotta, 1992.

Interaktion *von Ulrich Streeck*

interaction – interaction

1. Definition

Interaktion meint zunächst nichts anderes als „wechselseitiger Einfluss“ oder „wechselseitiges Handeln“. In diesem allgemeinen Sinn wird der Begriff „Interaktion“ in so unterschiedlichen Zusammenhängen verwendet wie der Begriff der Wechselwirkung zwischen Medikamenten im menschlichen Organismus, dem Zusammenspiel von Mensch und Maschine oder dem Austausch von Grußbekundungen bei flüchtigen Begegnungen von Personen.

Die gebräuchlichste Bedeutung von „Interaktion“ ist die von aufeinander bezogenem Handeln von Personen; in dieser Bedeutung wird „Interaktion“ oftmals mit Kommunikation gleichgesetzt. Bezogen auf die therapeutische Situation meint Interaktion dementsprechend das Geschehen zwischen Patient und Psychotherapeut einschließlich der Verschränkung von Übertragung und Gegenübertragung. Unter dem Gesichtspunkt von Interaktion ist das Geschehen im Behandlungszimmer durchweg wechselseitiges Handeln; weder der Patient noch der Therapeut können danach etwas tun, das nicht die Spuren des Einflusses des jeweils anderen aufweisen würde. Manchmal wird mit Interaktion das aus einer Außenperspektive betrachtete interpersonelle Geschehen bezeichnet, während Intersubjektivität die Binnenperspektive im Sinne der Verschränkung subjektiven Erlebens bezeichnet.

Während Interaktion in der therapeutischen Situation im Sinne von aufeinander bezogenem Handeln von Patient und Therapeut in einer orthodox verstandenen Psychoanalyse eher als randständiges Thema gilt, ist mit der zunehmenden Verschiebung des Verständnisses von Psychoanalyse hin zu einer Zwei-Personen-Psychologie und zu intersubjektiven Auffassungen von therapeutischen Prozessen Interaktion zu einem zunehmend wichtigen Gegenstandsbereich innerhalb der psychoanalytischen Theorie und Praxis geworden.

2. Klassische Auffassung

In der orthodoxen Psychoanalyse werden Phänomene, die im Mittelpunkt der therapeutischen Arbeit stehen, beispielsweise Übertragung und Widerstand, alleine auf den Patienten zurückgeführt. Dieser Auffassung zufolge ist der Analytiker im Wesentlichen nur durch seine Deutungen am Behandlungsgeschehen beteiligt und drückt mit seinen Interventionen aus, was er an seinem Patienten festzustellen meint, nimmt darüber hinaus aber nach Möglichkeit keinen Einfluss auf den Patienten. Dementsprechend wird Interaktion als Thema der Sozialpsychologie zugerechnet und gilt als Objektbereich, der vermeintlich der Oberfläche beobachtbaren Geschehens verhaftet, der Psychoanalyse aber fremd ist. Kommt es in der Behandlungssituation zu interaktiven Phänomenen, so handelt es sich dieser orthodoxen Auffassung zufolge um Widerstandsphänomene, keinesfalls aber um konstitutive Momente der therapeutischen Situation (vgl. Hurst 1995). Allenfalls ist Interaktion als Erleben des Patienten von dem jeweiligen interaktiven Geschehen von Interesse (Schwaber 1995).

Die Psychoanalyse war in ihren Anfängen einem naturwissenschaftlichen Denken verhaftet. Das Verhältnis von Analytiker und Patient in der Behandlungssituation wurde häufig analog aufgefasst wie das Verhältnis eines Wissenschaftlers zu seinem Untersuchungsobjekt. Dem entsprach ein Verständnis von Psychoanalyse als einer Ein-Personen-Psychologie, für die folgerichtig die Interaktion von Beobachter und Beobachtungsobjekt und damit das Verhältnis und wechselseitige Verhalten von Patient und Analytiker kein relevantes Thema war. Dazu, dass die Interaktion von Patient und Therapeut in der Psychoanalyse lange Zeit in Misskredit geraten war, mögen auch Ferenczis Experimente mit einer „wechselseitigen Analyse" beigetragen haben.

3. Ideengeschichtlicher Hintergrund

Der Begriff der Interaktion im Sinne wechselseitig aufeinander bezogenen Handelns ist in der Soziologie fest verankert. Die Fokussierung des soziologischen Blicks auf Relationen zwischen Gesellschaftsmitgliedern und deren konstitutive Bedeutung für gesellschaftliche Tatsachen spielt in den Werken von berühmten Zeitgenossen von Freud eine zentrale Rolle, etwa bei Emile Durkheim, Georg Simmel oder George Herbert Mead. Aus soziologischer Sicht werden Ereignisse und Tatbestände der gesellschaftlichen Realität, ob es sich dabei um gesamtgesellschaftliche Phänomene, um Institutionen oder um private Paarbeziehungen handelt, durch Interaktion beständig neu erzeugt. Wo Freud sich mit gesellschaftlichen Themen wie der „kulturellen Sexualmoral", Krieg oder mit Massenphänomenen beschäftigt hat, tat er dies unter psychoanalytischen Gesichtspunkten und demzufolge mit Blick auf unbewusste psychische Dispositionen der Einzelnen, nicht jedoch in der Absicht, zwischen den Personen sich vollziehende Prozesse, durch die diese gesellschaftlichen Phänomene konstituiert werden, zu untersuchen. Dabei gibt es keine Hinweise darauf, dass Freud die Arbeiten seiner soziologischen Zeitgenossen gekannt hat; nur Durkheim wird von ihm in „Totem und Tabu" flüchtig erwähnt.

4. Wesentliche Erweiterungen, Differenzierungen und Modifikationen

Während der Begriff „Interaktion" in der psychoanalytischen Literatur lange Zeit nur vereinzelt auftauchte, nahm seine Verwendung ab etwa 1970 geradezu explosionsartig zu. Diese Entwicklung lässt sich daraus erklären, dass dialogische Konzepte in der Psychoanalyse und damit die Auffassung von Psychoanalyse als einer Zwei-Personen-Psychologie seither zunehmend Verbreitung gefunden haben: Objektbeziehungstheorien und das Verhältnis von Selbst und Anderem haben gegenüber der klassischen Triebtheorie an Bedeutung gewonnen; Kohuts Arbeiten zur Psychologie des Selbst, in denen der Einfluss der realen anderen Person für die Regulierung des psychischen Gleichgewichts und des Selbstwertgefühls betont wurden, mündeten in der Selbstpsychologie als einer mehr oder weniger eigenständigen Richtung innerhalb der Psychoanalyse; mit den verstärkt rezipierten Arbeiten von Winnicott ist die Bedeutung des „Zwischen" und damit das Wechselverhältnis von Patient und Therapeut stärker in den Vordergrund getreten; Befunde der Säuglingsforschung, insbesondere die Entdeckung, dass schon das neugeborene Kind auf Interpersonalität und Interaktion hin angelegt ist, haben dazu geführt, dass psychoanalytische Entwicklungstheorien in zentralen Aspekten revidiert werden mussten; durch viele Untersuchungen, die sich auf die Bindungstheorie von Bowlby stützen, wurde die Bedeutung realer Beziehungserfahrungen für psychische Gesundheit und Krankheit belegt; und selbst neurobiologische Untersuchungen haben die Bedeutung von sozialer Interaktion für die Entwicklung und Struktur des Gehirns aufgezeigt und „the social construction of the brain" – so der Titel der weithin bekannt gewordenen Arbeit von Eisenberg (1995) – belegt.

Schon lange vorher hatte Michael Balint betont, dass die Aussagen des Therapeuten sich nie nur auf Beobachtungen des Patienten stützen, sondern dass ihnen im Grunde immer die „Wechselwirkung" (Balint und Balint 1980) von Patient und Therapeut, interaktiv konstituierte Phänomene somit zu Grunde liegen. In der deutschen Psychoanalyse hatte das zweibändige Lehrbuch von Thomä und Kächele (1985) großen Einfluss, dessen zentrale Idee es ist, den Einfluss des Analytikers auf sämtliche Phänomene und Gegenstandsbereiche in der psychoanalytischen Behandlung aufzuzeigen.

Auch in der Psychotherapieforschung trugen zunehmend mehr Untersuchungen dem dialogischen, interpersonellen Charakter des therapeutischen Prozesses Rechnung (z. B. SASB, ZBKT, Gesprächsanalyse) und beschäftigten sich unter anderem mit der Frage, wie und mit welchen sprachlichen und nichtsprachlichen Mitteln Patient und Therapeut das Geschehen im psychotherapeutischen Behandlungszimmer abwickeln und ihre Interaktion regulieren (Streeck 2004).

Mit Blick auf Interaktion besteht der wichtigste Unterschied zu einer orthodox verstandenen Psychoanalyse darin, dass das Geschehen zwischen Patient und Analytiker hier nicht aus bewussten und unbewussten psychischen Dispositionen des Patienten erklärt wird, sondern das Verhalten von beiden ein semiotisches Feld konstituiert (Goodwin 2000), in das das psychische Erleben des Patienten eingelassen ist. In diesem Sinne geht Interaktion hier dem individuellen Erleben voran und nicht umgekehrt.

5. Bedeutung in anderen psychoanalytischen Schulen

Auseinandersetzungen zwischen Vertretern einer orthodoxen Psychoanalyse im Sinne einer Ein-Personen-Psychologie und Psychoanalytikern, die mit der Auffassung von Psychoanalyse als Zwei-Personen-Psychologie Ernst zu machen versuchten und entsprechend Interpersonalität und Interaktion betonen, haben – insbesondere in der nordamerikanischen Psychoanalyse – dazu geführt, dass neue Schulrichtungen, die sich entweder von vornherein abseits vom psychoanalytischen mainstream entwickelten oder als vermeintliche Revisionisten vom mainstream isoliert wurden, innerhalb der Psychoanalyse entstanden sind. Intersubjektivisten und Interpersonalisten, für die alles therapeutische Geschehen interaktiv konstituiert ist, haben in der amerikanischen Psychoanalyse inzwischen zunehmend an Einfluss gewonnen (z. B. Mitchell 2003).

6. Interdisziplinäre Beiträge und Befunde

Dass Interaktion und Interpersonalität ein wichtiges Thema geworden sind, trägt dazu bei, die Anschlussfähigkeit der Psychoanalyse an andere Wissenschaften zu gewährleisten, die sie gelegentlich zu verlieren droht. Das betrifft insbesondere die Verbindung zu Disziplinen, deren Gegenstandsbereich gesellschaftliche Institutionen und Organisationen, aber auch andere soziale Handlungsfelder sind, in erster Linie die Handlungs- und Kulturwissenschaften.

In den letzten Jahren sind fruchtbare interdisziplinäre Kooperationen mit nichtpsychoanalytischen Disziplinen auch auf therapeutischem Gebiet entstanden. So beschäftigen sich beispielsweise in der Boston Change Process Study Group (z. B. Stern et al. 1998; Tronick et al. 1998) Psychoanalytiker und Entwicklungspsychologen gemeinsam mit der Frage, durch welche Einflüsse sich Patienten in der Therapie eigentlich verändern; dabei stützen sie sich auf Befunde zur Interaktion von Müttern bzw. Pflegepersonen und Säuglingen. In einer deutschen Kooperationsgruppe von Soziologen, Linguisten, Medizinern und Psychoanalytikern wurden zahlreiche Befunde zur interaktiven und kommunikativen Darstellung von Angst zusammengetragen (z. B. Egbert und Bergmann 2004), die auch für therapeutische Fragen von Interesse sind.

Literatur

Balint, M. und Balint, E. (1980). Psychotherapeutische Techniken in der Medizin. Stuttgart: Klett-Cotta.

Egbert, M. und Bergmann, J. (2004). Angst – von der Phänomenologie zur Interaktion. Psychotherapie und Sozialwissenschaft, 6, 227–242.

Eisenberg, L. (1995). The social construction of the human brain. American Journal of Psychiatry, 152, 1563–1575.

Goodwin, C. (2000). Über die Ko-Konstruktion von Bedeutung. Psychotherapie und Sozialwissenschaft 2, 224–246.

Hurst, D.M. (1995). Toward a definition of the term and concept of interaction. Journal of the American Psychoanalytic Association, 43, 521–537.

Mitchell, S.A. (2003). Bindung und Beziehung. Auf dem Weg zu einer relationalen Psychoanalyse. Gießen: Psychosozial.

Schwaber, E.A. (1995). Towards a definition of the term and concept of interaction. International Journal of Psycho-Analysis, 7, 557–564.

Stern, D.N., Sander, L.W., Nahum, J.P., Harrison, A.M., Lyons-Ruth, K., Morgan, A.C., Bruschweiler-Stern, N. and Tronick, E.Z. (1998). Non-interpretive mechanisms in psychoanalytic therapy. The 'something more' than interpretation. International Journal of Psycho-Analysis, 79, 903–921.

Streeck, U. (2004). Auf den ersten Blick. Psychotherapeutische Beziehungen unter dem Mikroskop. Stuttgart: Klett-Cotta.

Thomä, H. und Kächele, H. (1985). Lehrbuch der psychoanalytischen Therapie. Berlin: Springer.

Tronick, E.Z., Bruschweiler-Stern, N., Harrison, A.M., Lyons-Ruth, K., Morgan, A.C., Nahum, J.P., Sander, L. and Stern, D.N. (1998). Dyadically expanded states of consciousness and the process of therapeutic change. Infant Mental Health Journal, 19, 290–299.

Internalisierung *von Günter H. Seidler*

internalization – intériorisation

1. Definition

Im breitesten Sinne kennzeichnet der Begriff der Internalisierung den Prozess, innerhalb dessen Elemente oder Relationen der äußeren Welt in den Binnenraum eines Organismus aufgenommen werden. Auf psychologisch erfassbarer Stufe geht es dabei um deren mentale Repräsentierung in einem seelischen Binnenraum. Die Notwendigkeit zur Verwendung von Ortsmetaphern ist in diesem Zusammenhang bedauerlich, scheint aber bis zur Ausarbeitung eines alternativen Bezugssystems und dessen allgemeiner Akzeptanz unumgänglich.

Sprachlich sei darauf hingewiesen, dass der Begriff der Internalisierung im Gesamtregister der Gesammelten Werke von Freud nicht erwähnt wird; zwei Nachweise (1933b (1932), S. 26 und 1937c, S. 90) beziehen sich jedoch auf „Verinnerlichung", jeweils in Zusammenhang mit Aggressivität, und es kann vermutet werden, dass der Begriff der Internalisierung als Rückübersetzung von „internalization" (etwa Standard Edition Bd. 22, S. 214) aus dem Angloamerikanischen Verbreitung fand, wahrscheinlich über die Schriften von Hartmann, der ihn weiter ausarbeitete und zu dem der Struktur in Beziehung setzte (etwa 1939).

In der psychoanalytischen Tradition der Konzeptualisierung von Internalisierung werden im Wesentlichen drei Modalitäten unterschieden: Inkorporation, Introjektion, Identifikation. Diese Modalitäten werden mit dem Begriff der Internalisierung zusammengefasst. Während jedoch bei der Grundform der Identifizierung – der „primären" Identifizierung – kein umschriebenes Subjekt vorhanden ist, dem ein konturiertes Objekt gegenüberstünde, setzt die Internalisierung, begrifflich streng genommen, eine derartige Differenzierung voraus. Diese begriffliche Schwierigkeit hängt damit zusammen, dass der Begriff der Identifizierung doppelt belegt ist: einmal zur Bezeichnung einer Modalität von Internalisierung, ein anderes Mal zur Kennzeichnung eines eigenen Psychodynamismus mit einer eigenen Entwicklungslinie.

Als Inkorporation (Einverleibung) wird der Internalisierungsprozess auf einem relativ undifferenzierten Niveau verstanden; es bestehen hier nur in sich wenig differenzierte Selbst- und Objektrepräsentanzen. Entsprechend haben auch die Internalisierungen und die sie charakterisierenden Affekte Globalqualität. Hinsichtlich des Aufnahmemodus wird eine orale Phantasie angenommen; die Einverleibung geht – von der Wirkung her, nicht von der Intention – mit der Zerstörung des Objektes einher und dementsprechend mit einem basalen „Schuldgefühl". Klinisch wird dieser Internalisierungsstil mit dem Beziehungsmodus von Psychotikern oder dem von schwer Persönlichkeitsgestörten in Verbindung gebracht. Das phänomenologische (und psychodynamische) Gegenstück zur Inkorporation (Einverleibung) ist die Exkorporation (Ausstoßung).

Die Introjektion – als Begriff von Ferenczi (1909) geprägt – bezeichnet demgegenüber entweder stärker die objektive Seite der Inkorporation, die dann ausschließlich als subjektive Phantasie verstanden wird (Hinshelwood 1989, S. 460f.), oder einen Internalisierungsprozess, der auf einem gegenüber der Inkorporation differenzierteren Niveau abläuft, aber noch nicht den Integrationsgrad der Identifizierung erreicht. Insbesondere Schafer (1968) hat in seiner Unterscheidung von Introjektion als Prozess und den in diesem Prozess introjizierten Objekten die Beziehung betont, die das Subjekt affektiv-kommunikativ zu ihnen in ihrer „inner presence" (S. 72) unterhält. Während sich entsprechend dem wenig differenzierten Entwicklungsniveau in der Inkorporation das Verhältnis von libidinöser und aggressiver Besetzung des Objektes die Waage hält – mit der zunächst scheinbar paradoxen Folge seines Verschwindens –, können introjizierte Objekte sowohl überwiegend aggressiv, als auch überwiegend libidinös besetzt sein. Entsprechend gibt es sowohl „gute" wie „böse" Introjekte.

Der Begriff der Identifikation kennzeichnet eine über die Introjektion hinausgehende Aneignung von Merkmalen oder Funktionen eines Objektes durch das Subjekt. Während in der Introjektion eine – erlebte – Beziehung zu dem internalisierten Objekt aufrechterhalten wird, werden dessen Eigenschaften – oder Aspekte von ihnen – in dem Maße übernommen, dass sich hier eine objektivierende Beziehung nicht mehr entfalten kann.

Während etwa Meissner (1979, 1981) die Unterschiedlichkeit dieser drei Internalisierungsmodalitäten betont, beschreiben Autoren wie Behrends und Blatt, (1985) „internalization" als das „primary vehicle whereby psychological growth is accomplished", und zwar während der gesamten Lebensspanne (S. 12).

2. Klassische Auffassung

Für Freud (1905d) ist die „Einverleibung des Objektes" das „Vorbild dessen, was späterhin als Identifizierung eine so bedeutsame psychische Rolle spielen wird" (S. 98). Später in den Vorlesungen zur „Einführung in die Psychoanalyse" traf er allerdings oft keine klare Unterscheidung der unterschiedlichen Internalisierungsmodi.

Wie oben erwähnt, wurde der Begriff der Introjektion als einer basalen Modalität von Internalisierung von Ferenczi (1909) geprägt, und zwar in einem Versuch der Differenzierung von neurotischen und psychotischen Psychodynamismen.

Bemerkenswert ist in diesem Zusammenhang im Übrigen die Beobachtung, dass Ferenczi sich hinsichtlich der Projektion auf einen schon geläufigen Begriff beziehen konnte; Freud (1895 in 1950c, 1896b) hatte ihn der Neurologie und Psychiatrie entnommen. So ging das Verständnis der Verlagerung nach außen in den Begriffen der Projektion (Freud) und Externalisierung (M. Klein) dem der konzeptuellen Fassung psychischer Hereinnahme voraus.

Während neurotische Prozesse durch das Vorherrschen der Introjektion gekennzeichnet seien, stünden in psychotischen Vorgängen projektive Prozesse im Vordergrund. Ferenczi nahm an, dass „der Neurotiker ... einen möglichst großen Teil der Außenwelt in das Ich aufnimmt und zum Gegenstand unbewußter Phantasien" macht (1909, S. 19). Insofern ist es auch plausibel, wenn für Ferenczi jeder Akt von Objektliebe eine Introjektion darstellt.

Freud (1915c) nahm die obenerwähnte Polarität von Introjektion und Projektion auf und arbeitete sie, in Verbindung mit dem Gegensatzpaar von Lust/Unlust, weiter aus zum Verständnis des Verhältnisses von Subjekt/Ich/Innen und Objekt/Außen (Schneider, 1995). Eine zentrale Rolle wies er Introjektionsvorgängen in Trauerprozessen zu (1916–17g). Später (1923b) modifizierte er das bislang bestehende Konzept der Introjektion im Rahmen seiner Darstellung der Überich-Entwicklung. Der Verzicht auf die ödipalen Objekte geht mit deren Introjizierung zum Überich im Sinne einer abgetrennten Struktur einher.

3. Ideengeschichtlicher Hintergrund

Wie hinsichtlich der Vorstellungen zur Identifizierung, ist auch hinsichtlich der Internalisierungsthematik, begrifflich an das Wort der „Verinnerlichung" gebunden, ein wichtiger Ursprung in der Romantik zu suchen. So hatte Nietzsche (1887) in einer Klage über die „entsetzliche Schwere", die das „schlechte Gewissen als die tiefe Erkrankung, welcher der Mensch ... verfallen mußte", mit sich brächte, geschrieben: „Alle Instinkte, welche sich nicht nach Außen entladen, wenden sich nach Innen – dies ist das, was ich die Verinnerlichung des Menschen nenne: damit wächst erst das an den Menschen heran, was man später seine ‚Seele' nennt" (S. 321f.). Nietzsche entwickelt hier, wie sich die Verinnerlichung unter phylogenetischer Perspektive unter dem Druck neuer biologischer und Sozialisationsbedingungen herausbildet.

4. Wesentliche Erweiterungen, Differenzierungen und Modifikationen

Eine wichtige Weiterentwicklung fand das Konstrukt der Internalisierung in der Strukturtheorie. Inhaltlich werden unter dem Begriff der Strukturtheorie zunächst die theoretischen Vorstellungen Freuds (1923b) verstanden, die er sich unter Verwendung eines Instanzenmodells – Es, Ich und Überich – zum Aufbau der Persönlichkeit gemacht hat. Unter Verwendung des von Glover (1948) eingeführten Begriffes der Mikrostrukturen hat Gill (1963) dazu vorgeschlagen, diese Gebilde als Makrostrukturen zu bezeichnen, und ihren inneren Aufbau mikrostrukturell zu beschreiben. Darüber hinaus schlug er eine Differenzierung in „mode of function" und „mode of organization" (S. 2) vor, um dynamische und statische Aspekte von Strukturen zu unterscheiden. Beres (1965) schlug weitergehender vor, den Begriff der Strukturtheorie durch den der „functional theory of psychoanalysis" (S. 58) zu ersetzen, um der Tatsache Rechnung zu tragen, dass es sich bei den drei anthropomorphisierend beschriebenen Instanzen von Es, Ich und Überich um Funktionskreise handelt. Diese Kontroverse hinsichtlich der Bezeichnung ist Ausdruck der Schwierigkeit, das Verhältnis von prozessualer Dynamik und statischer Organisation im Psychischen begrifflich angemessen zu konzeptualisieren. Weitgehend akzeptiert wurde die Verhältnisbestimmung von Rapaport (1957): „A distinction between cognitive processes on the one hand and the structured (patterned and persisting) tools of cognition and their organizations on the other can possibly be made by the criterion of rates of change: the processes may be defined as showing a high rate of change, the tools and their organization as showing a low one. In other words, the processes are temporary and unique, the tools and their organizations permanent and typical" (S. 634). Obwohl Rapaport sich hier lediglich zum Thema kognitiver Strukturen äußert, wurde das Merkmal langsamer Veränderungsgeschwindigkeit als Definitionskriterium für psychische Strukturen insgesamt allgemein akzeptiert.

Im amerikanischen Sprachraum wurde seit etwa Anfang der sechziger Jahre die Problematik des Strukturbegriffes diskutiert. Die Kritik richtete sich vor allem gegen die Tendenz, aus der Tatsache, dass geordnete Funktionsabläufe einen inneren Aufbau erkennen lassen, die Realität verdinglichter Strukturen abzuleiten. Stolorow (1978) hat in diesem Zusammenhang versucht, eine „metapsychology-free conception of psychological structure“ vorzustellen (S. 317). Er greift dabei auf eine Arbeit von Sandler und Rosenblatt (1962) zurück, in der diese ihr „concept of the representational world“ eingeführt hatten. Gemeint war damit die Summe von Selbst- und Objekt-“Repräsentanzen“, verstanden als verdichtete Grundmuster des Erlebens der eigenen Person und des anderer Menschen, die sich in „images“, in Selbst- und Objektbildern, aktualisieren. Diese stellen situations- und personenbezogene Konkretisierungen dar der affektiv-kognitiven Generalisierungen, die den Repräsentanzen zugrunde liegen. So kann etwa die Vaterrepräsentanz in einzelnen Erinnerungsbildern an den eigenen Vater konkretisiert werden. Stolorow (1978) hat die Instanzen Es, Ich und Überich der herkömmlichen, metapsychologisch verstandenen Strukturtheorie erlebensnah uminterpretiert, indem er sie mit der Repräsentanzenlehre verknüpfte, und sie so als Bestandteile einer klinischen Theorie auswies: „... the term ‚structure‘ always refers to the representational world. ... Stable, recurrent representational configurations constitute the experiental referents for such terms as ‚character‘ and ‚personality structure‘“ (S. 316). In diesem Aufsatz gehen die herkömmlichen Instanzen als metapsychologische Entitäten verloren; an ihre Stelle tritt konzeptuell das Selbst in seiner Beziehung zum anderen. Dieser Auffassung folgt auch die „Operationalisierte Psychodynamische Diagnostik“ (Arbeitskreis OPD 1996).

Kernberg (1976), 1980) versteht Strukturbildung als das Resultat von „internalization processes“ (1976, S. 29). In ihrer Ausreifung unterscheidet er drei Ebenen („levels“). Dabei bestimmt Kernberg (1980) folgende Elemente, aus denen sich psychisches Erleben zusammensetzt und im Laufe einer geglückten Entwicklung zu mentaler Struktur wird: „Discrete units of self representation, object representation and an affect disposition linking them are the basic substructures of these early developmental stages, and will gradually evolve into more complex substructures“ (S. 17). Diese Einheiten sind die Bausteine, aus denen sich andere Strukturen entwickeln. Sie bilden die „identification systems“ (Kernberg 1976, S. 25), die in Abhängigkeit von der entwicklungspsychologisch erreichten Reife eines Individuums unterschiedlich ausgestaltet sind. So handelt es sich auf einer unteren Stufe lediglich um Vorgänge der „introjection“. Hier stehen nur wenige weitgehend undifferenzierte Selbst- und Objektbilder zur Verfügung; sie sind durch geringgradig modulierte Affekte verbunden. Die nächste Stufe in der Ausgestaltung der Identifikationssysteme ist durch „identifications“ bestimmt; Affekte sind hier modulierter, und das Subjekt hat die Fähigkeit, Beziehungszusammenhänge, die es selbst und das Objekt einschließen, zu repräsentieren. Erst auf der dritten Stufe gibt es hingegen eine konstante „ego identity“; das Subjekt hat die Fähigkeit, sich selbst und das Objekt auch in unterschiedlichen Erlebenszusammenhängen als kohärent zu erleben (Kernberg 1976, 1980). Aus den genannten Elementareinheiten seelischen Erlebens bilden sich über diese drei Internalisierungsstufen die Bilder des realen und des idealen Selbst sowie die des realen und idealen Objektes. Kernberg knüpft mit diesen Ausführungen implizit an die Weiterentwicklung der Internalisierungslehre zur Strukturtheorie und deren Weiterführung zur ausgearbeiteten Repräsentanzenlehre (Sandler und Rosenblatt 1962) an.

5. Interdisziplinäre Beiträge und Befunde

Empirische Arbeiten zur Internalisierungsthematik sind verschiedentlich gefordert worden (etwa Behrends und Blatt 1985). Die etwas älteren von Kelly (1955) sollen hier nur erwähnt werden. Aktueller ist ein Instrument zur Einschätzung des Bildes vom

Therapeuten beim Patienten zu einem beliebigen Zeitpunkt während der Therapie von Geller, Cooley und Hartley (1981), das „Therapist Representation Inventory“. Aus diesem Instrument gingen zwei weitere Instrumente hervor zur Einschätzung des Erlebens von Patient und Therapeut während der Zeit zwischen den Sitzungen (Orlinsky und Tarragona 1986). Die zuletzt genannten Autoren verbinden herkömmliche psychoanalytische Ansätze zum Verständnis von Internalisierung mit vorliegenden Ausarbeitungen zur Repräsentanzenlehre, auch unter Bezugnahme auf deren Thematisierung in der kognitiven Psychologie. Zusammenfassende Darstellungen des theoretischen Ansatzes, der Instrumente und bislang vorliegender Forschungsergebnisse finden sich bei Orlinsky und Geller (1993) und Orlinsky, Geller, Tarragona und Farber (1993). Die „Operationalisierte Psychodynamische Diagnostik“ (Arbeitskreis OPD 1996) bietet auch eine Ratingskala an zur Einschätzung des Niveaus verschiedener Strukturmerkmale. Instrumente zur Erfassung selbstreflexiver Funktionen, die konzeptuell als Internalisierungen von Wahrnehmungsbeziehungen gefasst werden können, liegen vor von Fonagy, Steele, Moran, Steele und Higitt (1993), Blatt, Stayner, Auerbach und Behrends (1996) sowie Seidler (1997).

Literatur

Arbeitskreis OPD (Hg.) (1996). Operationalisierte Psychodynamische Diagnostik. Bern: Huber.

Behrends, R.S. and Blatt, S.J. (1985). Internalization and psychological development throughout the life cycle. Psychoanalytic Study of the Child, 40, 11–39.

Beres, D. (1965). Structure and function in psychoanalysis. International Journal of Psycho-Analysis, 46, 53–63.

Blatt, S.J., Stayner, D.A., Auerbach, J.S. and Behrends, R.S. (1996). Change in object and self-representations in long-term, intensive, inpatient treatment of seriously disturbed adolescents and young adults. Psychiatry, 59, 82–107.

Ferenczi, S. (1909). Introjektion und Übertragung. In ders. (Hg.), Bausteine zur Psychoanalyse, Bd. 1: Theorie (S. 9–57). Frankfurt/M.: Ullstein, 1984.

Fonagy, P., Steele, M., Moran, G., Steele, H. and Higitt, A. (1993). Measuring the ghost in the nursery: An empirical study of the relation between parents' mental representations of childhood experiences and their infants' security of attachment. Journal of the American Psychoanalytic Association, 41, 957–989.

Geller, J.D., Cooley, R.S. and Hartley, D. (1981). Images of the psychotherapist: A theoretical and methodological perspective. Imagination, Cognition and Personality, 1, 123–146.

Gill, M.M. (1963). Topography and systems in psychoanalytic theory. New York: International Universities Press.

Glover, E. (1984). The future development of psychoanalysis. In E. Glover (Ed.), On the early development of mind (S. 333–351). New York: International Universities Press.

Hartmann, H. (1939). Ich-Psychologie und Anpassungsproblem. Stuttgart: Klett, 3. Aufl., 1975.

Hinshelwood, R.D. (1989). Wörterbuch der kleinianischen Psychoanalyse. Stuttgart: Verlag Internationale Psychoanalyse, 2. Aufl., 1991.

Kelly, G.A. (1955). The psychology of personal constructs. New York: Norton.

Kernberg, O.F. (1976). Object relations theory and clinical psychoanalysis. New York: Jason Aronson (dt.: Objektbeziehungen und Praxis der Psychoanalyse. Stuttgart: Klett-Cotta, 1981).

Kernberg, O.F. (1980). Internal world and external reality. Object relation theory applied. New York: Jason Aronson (dt.: Innere Welt und äußere Realität. Anwendungen der Psychoanalyse. München: Verlag Internationale Psychoanalyse, 1988).

Meissner, W.W. (1979). Internalization and object relations. Journal of the American Psychoanalytic Association, 27, 345–360.

Meissner, W.W. (1981). Internalization in psychoanalysis. New York: International Universities Press, 2nd. ed., 1992.

Nietzsche, F. (1887). Zur Genealogie der Moral. Eine Streitschrift. Kritische Studienausgabe in 15 Einzelbänden. G. Colli und M. Montinari (Hg.), Bd. 5 (S. 245–412). München: Deutscher Taschenbuch Verlag/de Gruyter, 2. Aufl., 1988.

Orlinsky, D.E. and Geller, J.D. (1993). Patients' representations of their therapists and therapy: New measures. In N.E. Millers and J.P. Docherty (Eds.), Psychodynamic treatment research (S. 423–466). New York: Basic Books.

Orlinsky, D.E., Geller, J.D., Tarragona, M. and Farber, B. (1993). Patient's representations of psychotherapy: A new focus for psychodynamic research. Journal of Consulting and Clinical Psychology, 61, 596–610.

Orlinsky, D.E. and Lundy, M. (1986). Intersession Experience Questionnaire (Therapist form). Chicago: University of Chicago Committee on Human Development.

Orlinsky, D.E. and Tarragona, M. (1986). Intersession Experience Questionnaire (Patient form). Chicago: University of Chicago Committee on Human Development.

Rapaport, D. (1957). Cognitive structures. In M.M. Gill (Ed.), The collected papers of David Rapaport (S. 631–664). New York: Basic Books.

Sandler, J. and Rosenblatt, B. (1962). The concept of the representational world. Psychoanalytic Study of the Child, 17, 128–145.

Schafer, R. (1968). Aspects of internalisation. Madison, Conn.: International Universities Press, 1990.

Schneider, G. (1995). Internalisierung und Strukturbildung: Einleitung und Überblick. In G. Schneider und G.H. Seidler (Hg.), Internalisierung und Strukturbildung. Theoretische Perspektiven und Klinische Anwendungen in Psychoanalyse und Psychotherapie (S. 10–43). Opladen: Westdeutscher Verlag.

Seidler, G.H. (1997). Das Klinische Reflexivitäts-Rating. Ein Instrument zur Einschätzung struktureller Veränderungen schwer gestörter Patienten während stationärer Psychotherapie. In C. Mundt, M. Linden und W. Barnett (Hg.), Psychotherapie in der Psychiatrie (S. 409–413). Wien: Springer.

Stolorow, R.D. (1978). The concept of psychic structure: its metapsychological and clinical psychoanalytic meanings. International Review of Psychoanalysis, 5, 313–320.

Introspektion *von Wolfgang Mertens*

introspection – introspection

1. Definition

Wenn jemand seine inneren Bilder, Vorstellungen, Gefühle und Stimmungen wahrnimmt, wird er introspektiv tätig. Bei der einfachsten Form der Introspektion geht es um ein Gewahrwerden von Empfindungen, viszeralen Eindrücken, Gefühlen, Gedanken etc., gleichsam um ein vorintrospektives Gewahrwerden; wenn man diese Empfindungen zum Gegenstand der inneren Betrachtung macht, handelt es sich um ein introspektives Gewahrwerden des ständigen Bewusstseinsstroms, bei der die Aufmerksamkeit für einige Zeit bei einer bestimmten Empfindung oder Vorstellung verweilt. Bei der Introspektion sind wir aber auch bemüht, unsere Handlungen mit Hilfe von Ursachen oder Absichten zu begründen, wozu das Nachdenken und das Sich-Erinnern zu Hilfe genommen werden. Diese erweiterte Form der Introspektion kann als Selbstdialog oder als Dialog mit dem eigenen Selbst bezeichnet werden. Die Psychoanalyse ist vor allem an dieser Form der Introspektion interessiert; sie stellt eine systematische Kultivierung dieses Mit-sich-selbst-in-introspektivem-Kontakt-Seins dar. In einer analytischen Behandlung lernt ein Analysand z.B. Trauminhalte mit Tagesresten zu verbinden oder den Bedeutungsgehalt bestimmter Situationen mit seiner Wunschwelt in Zusammenhang zu sehen und damit die Spannweite und Tiefe des Bewusstseins auszudehnen. Zwar ist mit diesem Selbstdialog kein direkter Zugang zu unbewussten psychischen Inhalten möglich und dennoch stellt er eine Vorbedingung für den Schluss auf unbewusste Prozesse dar.

Neben der Fremdbeobachtung des Verhaltens gibt es somit die Selbstbeobachtung unserer psychischen und innerkörperlichen Vorgänge soweit uns diese bewusst zugänglich sind. Dieser introspektive Modus der

Beobachtung eröffnet einen ganz neuen Bereich psychologischer Erkenntnis. Im Unterschied zu den Vorgehensweisen einer sich methodisch als naturwissenschaftlich begreifenden Psychologie rekurriert die Psychoanalyse mit ihrer Betonung der unerlässlichen Bedeutung von Introspektion auf intrapsychische Erkenntnisprozesse und auf solche der Alltagspsychologie. In diesen versuchen wir uns im Strom unseres bewussten Erlebens fortwährend zu orientieren und unser Erleben häufig – wenn auch nicht immer – auf das Erleben von anderen uns wichtigen Menschen zu beziehen. Diesen Bezug können wir aber nur dann ausreichend herstellen, wenn wir uns vorzustellen versuchen, was andere Menschen empfinden. Dazu müssen wir uns in unser Gegenüber hineinversetzen (stellvertretende Introspektion). Introspektion in die eigenen Gefühle und Handlungsgründe und das Sich-Einfühlen in die Introspektion der Gefühle und Handlungsgründe eines Interaktionspartners sind in aller Regel eng miteinander verschränkt.

Da Menschen sich bezüglich des Umfangs und der Genauigkeit ihrer introspektiven Wahrnehmung unterscheiden, können die Introspektion in die eigenen bewussten Beweggründe und auch die Empathie in die Beweggründe des Gegenübers unvollkommen, partiell oder verzerrt sein.

In der analytischen Situation machen sowohl Analysand als auch Analytiker von der Introspektion Gebrauch, allerdings auf unterschiedliche Weise. Gegenstand der psychoanalytischen Beobachtung und stellvertretenden Introspektion ist das vom Analysanden via Introspektion mit Hilfe der freien Assoziation berichtete, häufig durch Auslassungen, Unterbrechungen und Lücken gekennzeichnete Material. Die Introspektion des Analytikers besteht nicht nur in der Wahrnehmung dessen, was der Analysand in ihm wachruft (im weitesten Sinn seine Gegenübertragung), sondern auch in seiner stellvertretenden Introspektion, in seiner Empathie. Der Analytiker versetzt sich in die Rolle seines Analysanden und versucht, die Welt mit dessen Augen zu sehen, z.B. auch die Einflüsse, die von seiner Person ausgehen. Auch er hat dabei mit Widerständen gegenüber dem Bewusstwerden introspektiv zugänglicher Gefühlseindrücke, Bilder und Vorstellungen zu tun und kommt in aller Regel nur so weit, wie seine Introspektion ihm dies gestattet.

2. Klassische Auffassung

Freud hat im Unterschied zur Wahrnehmung von Reizen aus der äußeren Welt wenig über die Introspektion des Analysanden geschrieben. So ist seine Beschreibung des freien Assoziierens in den „Vorlesungen zur Einführung in die Psychoanalyse" (1916–17a) eine seiner wenigen Äußerungen zu diesem Thema. Er vergleicht den Analysanden während des freien Assoziierens auf der Couch mit einem Reisenden, der aus dem Fenster des Zuges schaut und über die Bilder und Szenen, die an seinem Blick vorbeiziehen, berichtet. In der analytischen Situation (vgl. Stichwort Rahmen) wird mit Hilfe der Verwendung der Couch, der Unterbrechung des Blickkontakts zwischen Analytiker und Analysand die Aufmerksamkeit auf die innere Welt, auf das Vorbeiziehen des Bewusstseinsstroms fokussiert. Aus introspektiv wahrgenommenen bzw. gefühlten Fragmenten, die als Abkömmlinge des Unbewussten gelten können, aber auch anhand der Bruchstellen und Auslassungen wird vom Analytiker auf eine unbewusste Phantasie geschlossen. Etwas mehr hat Freud über introspektiv zugängliche Erfahrungen im Kontext der Gegenübertragung geschrieben, vor allem über die Widerstände, diese wahrzunehmen und die Notwendigkeit einer Selbstanalyse (z.B. Freud 1910d).

3. Ideengeschichtlicher Hintergrund

Wenn Bettelheim (1984) die Introspektion als „das Wesen der Psychoanalyse" (S. 30) bezeichnet und sie von der Methodik der akademischen Psychologen abgrenzt, deren Forschung sich fast ausschließlich auf das konzentriert, was gemessen oder von außen beobachtet werden kann, dann hat er zwar eine geläufige Einschätzung wiedergegeben, aber keine sehr genaue. Denn Freud zweifelte ebenfalls an der Wundt'schen Methode der Introspektion, wie auch die behavioristisch orientierte Psychologie zu Beginn des 20. Jahrhunderts, freilich aus anderen Gründen.

Bei Wundt begann jede Psychologie mit der Introspektion. Sein bewusstseinspsychologisches Forschungsprogramm hatte seine Identität nahezu vollständig auf der Methode der Introspektion aufgebaut. Die introspektive Psychologie Wundts beschränkte ihre Erforschungen aber ausschließlich auf elementare Sinnesempfindungen und Wahrnehmungen. Die Täuschungsmöglichkeiten der Innenschau und die Einbeziehung als subjektiv geltender mentalistischer Daten waren unter anderem die Gründe dafür, dass die behavioristische Psychologie die introspektive Methode als unwissenschaftlich ablehnte und sich ausschließlich auf die Beobachtung des äußeren, intersubjektiv wahrnehmbaren und messbaren Verhaltens (anfänglich von Ratten) verließ. Galt für den Behavioristen Watson nur das Verhalten qua physikalisches Phänomen als die einzig sichere Grundlage für den Aufbau einer Psychologie nach naturwissenschaftlichem Muster, so äußerte Freud das methodologische Bedenken, dass die Bewusstseinstätigkeit nicht aus sich selbst heraus verstanden werden kann; da Psychisches viel umfassender ist als das bewusst Wahrnehmbare, könne die Introspektion immer nur einen kleinen Teil des Seelischen erfassen. Zusätzlich ist diese durch psychodynamische Faktoren, wie z.B. Wunschdenken, verzerrt. Das per Introspektion bewusst Wahrnehmbare wurde für Freud aber zum Ausgangspunkt der Methode der freien Assoziation. Freud modifizierte die Wundtsche Methode der Introspektion somit erheblich, vor allem durch die Einbeziehung der Grundregel der freien Assoziation. Anhand ihrer Unterbrechungen und plötzlichen Themenwechsel lässt sich der Einfluss unbewusster Gedanken nachweisen, deren Inhalte allerdings nur erschlossen bzw. erraten und konstruiert werden können.

4. Wesentliche Erweiterungen, Differenzierungen und Modifikationen

Die Introspektion ist im psychoanalytischen Verständnis unvollkommen und auch so lange noch keine psychoanalytische Methode, wie sie beim Analysanden nicht im Verbund mit der freien Assoziation sowie mit der gleichschwebenden Aufmerksamkeit, dem Zuhören und der Beobachtung seitens des Analytikers eingesetzt wird. Auch die Beobachtung erfolgt dabei immer auf dem Hintergrund der methodischen Eigentümlichkeiten der Psychoanalyse. Diese macht von der verstehenden Methodik der Erste-Person-Perspektive Gebrauch, aber auch von der Dritte-Person-Perspektive, indem sie den Menschen von außen beobachtet. Die Kombination dieser beiden Vorgehensweisen ist für die Psychoanalyse charakteristisch und macht ihre einzigartige Methodik aus. Entsprechend ist von der psychoanalytischen Gegenstandsbestimmung her der Mensch nicht nur ein intentionaler Akteur, dessen Handlungen für ihn selbst und für andere prinzipiell nachvollziehbar wären, sondern er ist auch – vor allem im Fall des neurotischen Wiederholungszwanges – Objekt innerer (psychodynamischer) Gewaltzusammenhänge, in denen er sich selbst nicht wiedererkennt und auf die er gleichsam bewusstlos wie auf ein über ihn verhängtes Schicksal reagiert. Aufgrund der neueren Gedächtnisforschung lässt sich hinzufügen: Menschen sind immer auch impliziten Gedächtnisvorgängen unterworfen, die zum größten Teil adaptiv sind, im Falle früher Sozialisationsbeeinträchtigungen jedoch Defizite, z.B. hinsichtlich einer Affektmentalisierung und -regulierung, hinterlassen. Dieser Doppelnatur des Menschen, intentional über sein Schicksal verfügen zu können und ihm wie einer fremden Macht kausal unterworfen zu sein, entspricht auch die Zweiheit der methodischen Einstellung. Menschen können sich durchaus anders verhalten, als dies ihrem bewussten Selbstverständnis entspricht.

Die Introspektion richtet sich auf das Innenleben, die innere psychische Welt, die oft auch als „private Welt" bezeichnet wird, zu der nur das betreffende Individuum selbst Zugang hat, und deren Gleichrangigkeit Freud gegenüber einer reduktionistischen und funktionalen Betrachtung mentaler Zustände durchsetzte. Öffentlich an der Introspektion ist lediglich der ausgesprochene Bericht über das Innenleben, aber nicht die erfahrenen Inhalte, von denen der Bericht handelt. In der Introspektion – auch als „Erste-Person-Perspektive bezeichnet – ist die bewusstseinszugängliche innere Welt mit ihren Wahrnehmungen, Gedanken und Gefühlen unmittelbar gegeben, sie muss nicht erst erschlossen werden. Natsoulas (1978, S. 911) spricht von einem direkten Gewahrwerden. Von der Innenwelt eines anderen aber können wir als Außenstehende immer nur indirekt Kunde erhalten, wenn er uns erzählt, was er wahrnimmt, denkt und fühlt, vorausgesetzt, dass er wahrhaftig ist. Von daher scheint die Annahme gerechtfertigt, dass wir einen privilegierten Zugang nur zu unserer eigenen Innenwelt haben.

Es wäre allerdings ein Irrtum, würde man annehmen, dass die Wahrnehmungen, Gedanken und Gefühle nur aufgrund von Introspektion erfahrbar sind (vgl. Lundh, 1979). So haben z. B. Gefühle einen eminent körperlichen Ausdruck, der für andere beobachtbar ist („Dritte-Person-Perspektive"), und so konnte Freud (1905e, S. 240) zu der Feststellung gelangen, dass der Verrat „aus allen Poren" dringen kann.

Selbst Wahrnehmungen und Gedanken sind mit einem Verhaltensausdruck verbunden: Das Verhalten einer Person verändert sich, je nachdem, was sie wahrnimmt und worüber sie denkt. Die Introspektion gibt uns also nicht Aufschluss über das Vorhandensein von Phänomenen, die mit keiner anderen Methode erkannt werden können, sondern sie ist eine besondere Art des Zugangs zu diesen Daten. Die Beobachtung des affektiven Ausdrucksverhaltens von miteinander interagierenden Personen liefert deshalb auch interessante Aufschlüsse über Interaktionsverhalten und erfahrene Emotionen, die den Beteiligten noch nicht einmal bewusst zu sein brauchen (Krause 1983, 1992, Bänninger-Huber 1996, Merten 2001).

Introspektive Bewusstheit ist intra-subjektiv und in den Augen der positivistischen Wissenschaft hat das ihr Manko ausgemacht; denn Wissenschaft soll inter-subjektiv sein. Aber introspektive Berichte sind mehreren Individuen zugänglich; was hingegen bezweifelt werden kann, ist, ob das, was ein Mensch introspektiv wahrnimmt, tatsächlich das ist, wovon er in seinem Handeln bewegt wird. Diese Frage ist in klassischen testtheoretischen Kriterien ausgedrückt, diejenige nach der Gültigkeit der introspektiven Wahrnehmung.

Das introspektive Bewusstwerden von Wahrgenommenem kann wegen der darin implizierten Subjektivität im strengen (positivistischen) Sinn noch keine wissenschaftliche Methode darstellen, aber die Interpretation der Daten, die der Bericht über das introspektiv Wahrgenommene einem erfahrenen Kliniker in Zusammenhang mit der Beobachtung des äußeren Verhaltens ermöglicht, wird in der Psychoanalyse zu ihrer grundlegenden Methode.

5. Die Bedeutung des Begriffs in verschiedenen psychoanalytischen Schulrichtungen

Zunehmend mehr wird in den letzten Jahren erkannt, dass die Unterschiede in den verschiedenen psychoanalytischen Schulrichtungen auf unterschiedliche Schwerpunktsetzungen in den verwendeten Methoden zurückgehen (Meissner 1989, Spencer und Balter 1990, Spencer 1990). Während in der herkömmlichen Psychoanalyse Introspektion und Empathie auf der einen Seite und die Beobachtung der Gestaltung der freien Assoziation, der körpersprachlichen Phänomene und Inszenierungen des Patienten auf der anderen Seite das methodische Instrumentarium ausmachen, nimmt z. B. in der Kohut'schen Selbstpsychologie die Introspektion die zentrale Stellung ein. Angenommen wird ein privilegierter Zugang zur bewusstseinsmäßig erfassbaren Innenwelt des Patienten über dessen Introspektion; dieser Zugang ist umso genauer und tiefer, je geringer die Diskrepanz der Bedeutungen zwischen der intrapsychischen Welt des Patienten und der – via stellvertretender Introspektion nachempfundenen – intrapsychischen Welt des Analytikers ist. Oberstes Gebot ist deshalb der weitgehende Verzicht auf jegliche Strukturierung der Erfahrungswelt durch Theorien und Konzepte. Introspektion und Empathie bilden deshalb die alleinigen und ausreichenden Zugänge zur Innenwelt des Analysanden.

Psychoanalytiker des mainstreams oder der „Post-Ich-Psychologie" kritisieren an dieser selbstpsychologischen Auffassung, dass Introspektion und Empathie allein noch keinen privilegierten Zugang zur Innenwelt des Patienten eröffnen. Vielmehr stellen sie nur eine genaue Erfassung der alltagspsychologisch begründeten Erkenntnisse des Patienten dar, soweit sie diesem bewusst zugänglich sind (bewusstseinsdeskriptive Tatsachen). Derartige introspektive Erkenntnisse und Vermutungen über bestimmte Phänomene und Zusammenhänge sind aber in der Regel von Selbsttäuschung begleitet.

Selbstpsychologen kontern auf diese Kritik, dass die prinzipielle Unterstellung von Selbsttäuschung kontratherapeutisch sei. Einzig und allein wie der Patient seine äußere und innere Welt wahrnimmt, darf das therapeutische Vorgehen begründen. Die möglichst genaue Erfassung und Anerkennung dieser idiosynkratischen Sicht stellen einen primären therapeutischen Wirkfaktor dar. Die Nützlichkeit von Beobachtungsdaten wird zwar nicht bestritten, aber die eigentlichen psychoanalytischen Daten erhält man nur, wenn diese von außen erfolgten Aufschlüsse in die introspektiv und empathisch gewonnenen Daten eingeschmolzen werden (Wolf 1996).

Diese nicht weg zu diskutierende methodologische Diskrepanz macht zu einem Großteil die unterschiedliche Gegenstandskonstituierung von herkömmlicher Psychoanalyse und Selbstpsychologie aus.

Auch im Container-Contained-Konzept von Bion geht es nicht um ein empathisches Verschmelzen mit den Introjekten des Patienten und um einen „entgiftenden" Nachvollzug der unerträglichen Affekte ausschließlich aus der Sicht des Patienten, sondern auch um die Deutung aus einer Metaposition heraus, die das Denken des Analytikers umfasst.

Intersubjektive Theoretiker, wie z.B. Spezzano (1996) kritisieren die herkömmliche Konzeptualisierung der Introspektion, die einem cartesianischen Denkrahmen verhaftet bleibt. Introspektion wie auch reflexives Bewusstsein lassen sich nicht als Phänomene begreifen, die ausschließlich in einem Menschen ablaufen, die dann in unterschiedlichem Ausmaß wegen mangelnder Selbsterkenntnis und Widerstände gegen die tiefer liegenden unbewussten Handlungszusammenhänge abgeschottet werden müssen, sondern introspektives Bewusstsein entsteht immer in der Interaktion zwischen zwei (oder mehr) Menschen.

6. Interdisziplinäre Beiträge und Befunde

In den zurückliegenden Jahren wurden als Beweis für die geringe bis überhaupt nicht vorhandene Zuverlässigkeit und Gültigkeit der Introspektion die Befunde zweier experimenteller Sozialpsychologen immer wieder zitiert: Nisbett und Wilson (1977) hatten aus ihren Daten den Schluss gezogen, dass Menschen keinen Zugang zu komplexeren psychischen Prozessen haben und dass deshalb verbale Selbstauskünfte innerhalb der Wissenschaft wertlos und unbrauchbar seien. Von Grünbaum (1988) wurde dieser experimentelle Befund in seiner Argumentation gegen Freuds Auffassung über den Wahrheitsgehalt einer Deutung verwendet.

In den letzten Jahren haben sich aber erfreulicherweise innerhalb der Kognitionspsychologie andere Auffassungen entwickelt; unter den Stichworten „lautes Denken" „verbale Protokolle" bzw. „Protokollanalyse" hat die Introspektion wieder Eingang in die moderne Psychologie gefunden (Bucci 2000).

Nisbetts und Wilsons (1977) These von der mangelhaften Validität von introspektiven Selbstauskünften, deren Evidenz alltagspsychologisch massiv überschätzt wird, hat in der Folgezeit viele weitere Untersuchungen in der experimentellen Sozialpsychologie veranlasst (z. B. Wilson und Kraft 1993, Wilson et al. 1995, Silvia und Gendolla 2001), wobei offenkundig wurde, wie sehr diese die ursprünglichen Freud'schen Auffassungen über die rationalisierende und intellektualisierende Selbsttäuschung des Bewusstseins bestätigen.

Auch wenn die introspektive Fähigkeit eingeschränkt und mangelhaft entwickelt sein kann, so stellt für Solms (1996) doch die gefühlte Emotion die primäre Sinnesmodalität zur Wahrnehmung der subjektiven Innenwelt dar: „Der psychische Anteil des Affekts wird auf der inneren Bewusstseinsoberfläche als subjektives Gefühl wahrgenommen, daher empfinden wir ihn als innerlich entstehend" (S. 493). Für die Wahrnehmung der äußeren Welt ist das Sehen, Hören, Riechen, Schmecken und Tasten zuständig, für die Wahrnehmung der inneren Welt, des vorrangigen Gegenstandsbereichs der Psychoanalyse, das Fühlen der Emotionen, buchstäblich ein sechster Sinn. Allerdings ist Solms (2006, S. 855) aufgrund neuerer Erkenntnisse vor allem aus der affektiven Neurowissenschaft zu dem Schluss gekommen, dass die Freud'sche Psychoanalyse den Geltungsbereich der Introspektion überschätzt und die Fähigkeit zur Selbsttäuschung sogar noch unterschätzt hat.

Dennoch kann die Introspektion basierend auf einer optimal entwickelten Mentalisierung einzigartige Erkenntnismöglichkeiten für die innere Welt und die des Gegenübers bereitstellen. Die kraft Eigenanalyse und kontinuierlicher Selbstreflexion geschulte introspektive Fähigkeit des Psychoanalytikers stellt aus diesem Grund eine grundlegende Kompetenz dar. Sie kann durch keine andere Methode ersetzt werden kann, selbst wenn mittlerweile die neurowissenschaftliche Forschung Methoden des „Brain Reading" mit Hilfe bildgebender Verfahren entwickelt, in der Hoffnung, eines Tages ausschließlich via „Dritte-Person-Perspektive" die innere Welt eines Menschen entschlüsseln zu können (Haynes und Rees 2006).

Lichtenberg (1999) spricht von dem intimen Vertrautsein mit dem eigenen Selbst und versteht darunter, dass jemand in dem erlebbaren Bereich der fünf von ihm postulierten Motivationssysteme einen empathischen Dialog mit seinem Selbst unterhalten kann; dieser geht natürlich auf die biographischen Erfahrungen mit gefühlsresonanten und einfühlsamen Menschen zurück.

Mit ihrem Modell des sozialen Biofeedbacks der Affektrückspiegelung haben Gergely und Watson (1996) beschrieben, wie Säuglinge, die anfangs noch nicht dazu in der Lage sind, sich ihrer nur körperlich wahrgenommenen Affekte introspektiv bewusst zu werden, dies infolge eines sozialen Sensitivierungstrainings lernen. Bei diesem nehmen Eltern eine übertreibende Darstellung der kindlichen Gefühlszustände vor und verhelfen auf diese Weise ihrem Kind zu einer Repräsentanzbildung über seine eigenen affektiven Zustände. Diese Vorgänge werden in der neueren entwicklungspsychologischen, bindungstheoretischen und psychoanalytischen Literatur als Affekt-Mentalisierung beschrieben (z. B. Fonagy und Target 1996, Jurist 2004, Köhler 2004) und stellen in ihrer unterschiedlichen Ausprägung und Differenziertheit die Grundlage für introspektive Vorgänge dar.

Introspektion ist somit weder von ihren entwicklungspsychologischen Voraussetzungen, noch von ihrem ontologischen und epistemologischen Status die isolierte Leistung eines einsamen Geistes; sie geschieht vielmehr immer in einer intersubjektiven Bewusstseinsverfassung; entweder anhand eines fragenden und antwortenden Gegenübers oder anhand des inneren Dialogs mit einem vorgestellten Anderen.

Literatur

Bettelheim, B. (1984). Freud und die Seele des Menschen. Düsseldorf: Claassen.

Bucci, W. (2000). The need for a „psychoanalytic psychology" in the cognitive science field. Psychoanalytic Psychology, 17, 203–224.

Fonagy, P. and Target, M. (1996). Playing with reality: I. Theory of mind and the normal development of psychic reality. International Journal of Psycho-Analysis, 77, 217–233.

Gergely, G. and Watson, J. S. (1996). The social biofeedback theory of parental affect-mirro-

ring: The development of emotional self awareness and self-control in infancy. International Journal of Psycho-Analysis, 77, 1181–1212.
Grünbaum, A. (1988). Die Grundlagen der Psychoanalyse. Eine philosophische Kritik. Stuttgart: Reclam.
Haynes, J.-D. and Reed, G. (2006). Decoding mental states from brain activity in humans. Nature Reviews Neuroscience, 7, 523–534.
Jurist, E.L. (2005). Mentalized affectivity. Psychoanalytic Psychology, 22, 426–444.
Köhler, L. (2004). Frühe Störungen aus der Sicht zunehmender Mentalisierung. Forum der Psychoanalyse, 20, 158–174.
Krause, R. (1983). Zur Onto- und Phylogenese des Affektsystems und ihrer Beziehungen zu psychischen Störungen. Psyche, 37, 1016–1043.
Krause, R. (1992). Die Zweierbeziehung als Grundlage der Psychotherapie, Psyche – Z Psychoanal, 46, 588–612.
Lundh, L.-G. (1979). Introspection, consciousness, and human information processing. Scandinavian Journal of Psychology, 20, 233–238.
Lichtenberg, J.D. (1999). Intimität mit dem Selbst. In W.E. Milch und H.-P. Hartmann (Hg.), Die Deutung im therapeutischen Prozeß (S. 107–123). Gießen: Psychosozial.
Meissner, W.W. (1989). A note on psychoanalytic facts. Psychoanalytic Inquiry, 9, 193–219.
Merten, J. (2001). Beziehungsregulation in Psychotherapien. Stuttgart: Kohlhammer.
Natsoulas, T. (1978). Residual subjectivity. American Psychologist, 33, 269–283.
Nisbett, R.E. and Wilson, T.D. (1977). Telling more than we can know: Verbal reports on mental processes. Psychological Review, 84, 231–259.
Silvia, P.J. and Gendolla, G.H. (2001). On introspection and self-perception: Does self focused attention enable accurate self-knowledge? Review of General Psychology, 5, 241–269.
Solms, M. (1996). Was sind Affekte? Psyche – Z Psychoanal, 50, 485–522.
Solms, M. (2006). Sigmund Freud heute. Eine neurowissenschaftliche Perspektive auf die Psychoanalyse. Psyche – Z Psychoanal, 60, 829–859.
Spencer, J.H. (1990). Psychoanalytic observation. Journal of the American Psychoanalytic Association, 38, 393–421.
Spencer, J.H. and Balter, L. (1991). Observation and theory in psychoanalysis: The self psychology of Heinz Kohut. Psychoanalytic Quarterly, 60, 361–395.
Wilson, T.D. and Kraft, D. (1993). Why do I love thee? Effects of repeated introspections on attitudes toward the relationship. Personality and Social Psychology Bulletin, 19, 409–418.
Wilson, T.D., Hodges, S.D. and LaFleur, S.J. (1995). Effects of introspecting about reasons: Inferring attitudes from accessible thoughts. Journal of Personality and Social Psychology, 69, 16 – 28.
Wolf, E.S. (1996). Theorie und Praxis der psychoanalytischen Selbstpsychologie. Frankfurt/M.: Suhrkamp.

Inzest *von Mathias Hirsch*

incest – inceste

1. Definition

Abgesehen von einer engen Definition, die Inzest als Beischlaf zwischen Blutsverwandten versteht, sind zwei Bedeutungen für die Psychoanalyse relevant: (1) Inzest im Sinne von Inzestwunsch innerhalb des Ödipus-Komplexes mit der für die Psychoanalyse zentralen Bedeutung des Prototyps eines Trieb-Umwelt-Konflikts; (2) Inzest als Kurzformel für sexuellen Missbrauch in der Familie, d.h. sexuelles Agieren im weitesten Sinne zwischen eng zusammenlebenden Angehörigen, insbesondere besonders destruktiv zwischen Eltern und Kindern, im Allgemeinen weniger zwischen Geschwistern. Freud (1895d; 1886c) nahm in einer ersten Theorie der Neurosenentstehung wenigstens für die Konversionsneurose regelmäßig sexuellen Missbrauch in der Kindheit an.

Nach dem Aufgeben der Verführungstheorie 1887 (Freud 1985) setzte er statt des realen Missbrauchs die ödipalen Wünsche nach sexuellen Kontakten zu den Eltern (deren Verhalten nun nicht mehr berücksichtigt wurde, geschweige denn ihr Unbewusstes, also die Beziehung nicht mehr zwischen Eltern und Kind) an die erste Stelle. Dass nicht alle Menschen neurotisch erkranken, obwohl der Ödipus-Komplex doch als ubiquitär gesehen wurde, musste mit der jeweils verschiedenen hereditär bedingten Konstitution begründet werden. In der frühen Psychoanalyse ging man soweit, dass auch die bekannt gewordene reale Vergewaltigung eines Kindes als Ausdruck seiner Phantasie verstanden wurde (Abraham 1907). Die Entwicklung des Ödipuskomplexes ist als die Geburtsstunde der – eigentlichen – Psychoanalyse bezeichnet worden (Kris 1950). Wenn auch Freud nie die Möglichkeit und besonders in späterer Zeit die traumatische Bedeutung inzestuöser Gewalt ganz verworfen hat, hatte die Verlegung des Schwerpunktes auf die kindlichen Phantasien jedoch die Folge, dass die Psychoanalyse lange Zeit eine „Ein-Personen-Psychologie" (Cremerius 1983) blieb, da sie vernachlässigte, dass das sich entwickelnde Kind innerhalb von Beziehungen realen Einflüssen ausgesetzt ist.

2. Klassische Auffassung

In den 90er Jahren des letzten Jahrhunderts war sich Freud der Genese der Neurosen durch sexuellen Missbrauch immer sicherer: „Die Hysterie spitzt sich mir immer mehr zu als Folge von Perversion des Verführers; die Heredität immer mehr als Verführung durch den Vater" (Freud 1895d, S. 223). Zur pathogenetischen Verbindung von Trauma und Symptom schreibt Freud (1895d, S. 195): „Die Angst ... ist eine hysterische, d.h. eine Reproduktion jener Angst, die bei jedem der sexuellen Traumen auftrat." Freud nahm nun an, „der Hysterische leide größtenteils an Reminiszenzen" (S. 86), weil „diesen Erinnerungen Traumen entsprechen, welche nicht genügend ‚abreagiert' worden sind" (ebd., S. 89) und verdrängt weiter wirken. Auch in seinem Vortrag „Zur Ätiologie der Hysterie" (Freud 1886c) führt er Hysterie auf reale sexuelle Verführung des Kindes durch Erwachsene, „durch Erfahrungen am eigenen Leib, um geschlechtlichen Verkehr (im weiteren Sinne)" (S. 439) zurück. Freud verstand bereits zu diesem Zeitpunkt die Neurose jedoch nicht einfach als Folge einer äußeren traumatischen Einwirkung, sah ihre Ursache vielmehr im Zusammenspiel von Trauma und seiner innerpsychischen Verarbeitung: Nicht das reale Erlebnis allein, sondern die „assoziativ geweckte Erinnerung an frühere Erlebnisse" (ebd., S. 432) verursache die Neurosen, die „Abkömmlinge unbewußt wirkender Erinnerungen" (ebd., S. 448) sind, welche abgewehrt worden sind, und später durch ähnliche aktuelle Ereignisse wieder belebt werden (Prinzip der Nachträglichkeit). Freud ordnet sexuelle Traumen, die in verschiedenen Lebensaltern vorgekommen sind, verschiedenen Gruppen von „sexuellen Psychoneurosen" (1895d, S. 220) zu und unterscheidet so Hysterie, Zwangsneurose und Paranoia, bedingt auch sexuelle Perversion und Psychose. Hysterische, pathogene Phantasien gehen darüber hinaus auch auf Gehörtes sexuellen Inhalts zurück. Es geht um nichts weniger als um die Integration von realem Trauma, Abwehr und Phantasietätigkeit: „Nun überschaue ich, daß alle drei Neurosen ... dieselben Elemente aufweisen ..., nämlich Erinnerungsstücke (reales Trauma, M.H.), Impulse (von den Erinnerungen abgeleitet) (geweckte Triebimpulse, M.H.) und Schutzdichtungen (Abwehrmechanismen, M.H.), aber der Durchbruch zum Bewusstsein, die Kompromiss-, also Symptombildung geschieht bei ihnen an verschiedenen Stellen" (Freud 1895d, S. 253). „Schon das Trauma-Modell in Gestalt der Verführungstheorie postuliert demnach einen komplexen kausalen Zusammenhang, in dem äußere und innere, d.h. soziale, psychische und somatische Bedingungen vielfältig miteinander vernetzt sind" (Grubrich-Simitis 1987, S. 998).

Über die Ursachen des Widerrufs der Verführungstheorie sind Vermutungen angestellt worden. Eine Möglichkeit wäre, dass

Freud die „Väter" und damit die Gesellschaft schonen wollte, indem er den Ursprung des Übels in das Kind und seine inzestuösen Phantasien verlegte (Masson 1984). Eine andere ist die Verbindung mit der begonnenen Selbstanalyse Freuds (Krüll 1979), denn die Selbstanalyse war mit der Entdeckung verbunden: „Leider ist mein eigener Vater einer von den Perversen gewesen und hat die Hysterie meines Bruders ... und einiger jüngerer Schwestern verschuldet" (Freud 1985, S. 245). Mit dem Ödipuskomplex hätte Freud die Verantwortung für die Wut auf den Vater auf die Schultern der Kinder gelegt, hätte ihn entlastet. Letztlich beruht auch die Ödipustheorie auf einer biologischen Grundlage der Triebe; Künzler (1980) versteht sie als „Anpassung an den naturwissenschaftlichen Zeitgeist". „Der psychoanalytische Erfahrungsstandpunkt, daß sich menschliches Erleben immer in zwischenmenschlicher Wechselbeziehung entfaltet und gestaltet, ist aufgegeben. Die psychoanalytische Revolution ist rückgängig gemacht" (Künzler 1980, S. 301). Damit ist der Mensch ein aus seinen sozialen Bezügen, den Objektbeziehungen, herausgelöstes Studienobjekt. Andererseits ist der „Skandal" der Psychoanalyse darin gesehen worden, dass der Mensch nicht Herr seiner Handlungen, sondern letztlich von Trieben motiviert ist. In diesem Sinne formuliert Anna Freud in einem Brief an Masson (1984, S. 135): „Wenn man die Verführungstheorie aufrechterhält, dann bedeutet das die Preisgabe des Ödipuskomplexes und damit der gesamten Bedeutung der bewußten wie der unbewußten Phantasien. Danach hätte es meines Erachtens keine Psychoanalyse mehr gegeben." Heute würden wir den Skandal viel eher in der ungeahnten Verbreitung des Missbrauchs von Kindern in Familien als in der Trieb-Bestimmtheit menschlichen Verhaltens sehen.

3. Ideengeschichtlicher Hintergrund

Das Inzestverbot herrscht in allen bekannten menschlichen Kulturen (vgl. Hirsch 1987), aus welchen Gründen, erbbiologischen, ökologischen oder psychologischen auch immer, es ist die Grundlage geregelten menschlichen Zusammenlebens. Inzestuöse Bestrebungen müssen wohl deshalb so streng ausgegrenzt werden („Exogamie-Gebot"), weil sie so stark, ubiquitär und nicht durch Instinkte gesteuert sind. Das Inzestthema beherrscht die Mythen der Menschen; Inzest ist immer mit furchtbarer Strafe bedroht und lediglich ein Privileg der Götter. Die Psychoanalyse hat es in das Zentrum menschlicher Konflikthaftigkeit gestellt, aber lange Zeit nur von der Seite des Kindes gesehen. Heute können wir nicht umhin, eine bisher ungeahnte Zahl gewaltsamer Übertretungen dieses Menschheitsverbots anzuerkennen (eine Zahl von 16–25 % aller Frauen als Opfer intrafamiliären sexuellen Missbrauchs scheint nicht übertrieben; vgl. Hirsch 1987). Deshalb erscheint es realistischer, im Zentrum der Entstehung psychischer Störung pathogene Beziehungserfahrungen, im Extrem sexualisierte bzw. andere Formen der Gewalt in der Sozialisation des Kindes sowie ihre Abwehr- und Bewältigungsformen zu sehen als ausschließlich die inneren Konflikte eines aufwachsenden Kindes, dessen familiäre Umgebung als durchschnittlich gegeben angenommen wird.

4. Wesentliche Erweiterungen, Differenzierungen und Modifikationen

Während Freud einmal einer Patientin sagte: „Ich bin nicht gern die Mutter in der Übertragung" (zit. bei Cremerius 1983, S. 990), hatte sich Ferenczi ganz der präödipalen Regression in der Arbeit mit schwerer gestörten Patienten gewidmet. Eine mehr mütterliche, aktive Technik, die ein Sorgen und Kümmern enthält, berücksichtigt durchaus, was dem „Kind angetan" worden ist (Haynal 1987), also den Einfluss äußerer Objekte („Zwei-Personen-Psychologie"). Ferenczi kann als ein Begründer der Psychologie der Objektbeziehungen, der Beziehungen von handelnden und sich gegenseitig beeinflussenden Individuen, gesehen werden (Cremerius 1983). Insofern hat der Begriff des Traumas für Freud und Ferenczi völlig verschiedene Bedeutung: Das Trauma bei Ferenczi „wird fortan, anders als bei Freud, wo das Trauma das Triebschicksal bestimmt, die Beziehung zum Objekt verändern, zu äußeren Objekten wie zu den inneren Repräsentanten derselben" (Cremerius 1983, S. 998).

In seiner Arbeit „Sprachverwirrung zwischen den Erwachsenen und dem Kind – die Sprache der Zärtlichkeit und der Leidenschaft" schlägt Ferenczi (1933) einen Bogen zurück zu Freuds Verführungstheorie. Sexueller Missbrauch wird in all seiner Brutalität gesehen; die Abwehr des Kindes ist „durch eine ungeheure Angst paralysiert" (Ferenczi 1933, S. 308). Die Angst führe dazu, „sich dem Willen des Angreifers unterzuordnen, ... sich mit dem Angreifer vollauf zu identifizieren. Durch die Identifizierung, sagen wir Introjektion des Angreifers, verschwindet diese als äußere Realität und wird intrapsychisch ... Doch die bedeutsamste Wandlung, die die ängstliche Identifizierung ... hervorruft, ist die Introjektion des Schuldgefühls des Erwachsenen, das ein bisher harmloses Spiel als strafwürdige Handlung erscheinen läßt. Erholt sich das Kind nach solcher Attacke, so fühlt es sich ungeheuer konfus, eigentlich schon gespalten, schuldlos und schuldig zugleich, ja mit gebrochenem Vertrauen zur Aussage der eigenen Sinne" (ebd.).

Ferenczi legt den Schwerpunkt auf die äußere traumatische Einwirkung auf das sich entwickelnde Ich bzw. Selbst, und auf die zum Überleben notwendigen, aber höchst einschränkenden und letztlich selbstzerstörerischen Abwehroperationen. Dabei geht es um eine Selbst-Aufgabe zugunsten der Erhaltung des lebensnotwendig gebrauchten Objekts, auch wenn gerade dieses das zerstörerische Trauma verursacht. Ferenczi weist auch auf zwei weitere Momente hin, die beim realen Inzest (vgl. auch zur Psychodynamik der Inzestfamilie Hirsch 1987) eine große Rolle spielen: Es ist kein Dritter da, dem das Kind sich anvertrauen könnte, von dem es Realitätskontrolle erhalten könnte; die Mutter spielt insgeheim oder gar offen mit, fällt als Vertrauensperson aus (Ferenczi 1933, S. 309), und nicht zuletzt auch deshalb ist das Kind derart auf sich selbst gestellt gezwungen, eine „Progression oder Frühreife" (ebd., S. 311) zu entwickeln, ein Pseudo-Erwachsensein, das häufig bei Opfern sexueller Gewalt in der Kindheit zu finden ist. Dem inzestuösen Missbrauch schreibt Ferenczi die am meisten schädigende, weil durch den Missbrauch der Liebe des Kindes verwirrende, verrückt machende Wirkung zu. Ferenczi stellt eine Synthese von intrapsychischer und äußerer Realität her und beschreibt ihre gegenseitige Beeinflussung und Abhängigkeit. Als erster beschreibt Ferenczi Internalisierungsprozesse traumatischer Gewalt und wirft ein Licht auf die für die Opferpsychologie so zentrale Dynamik des Schuldgefühls (vgl. Hirsch 1993a, 1997). Heute schließt ein Spektrum an Beziehungserfahrungen auch die Form des „latenten Inzests" (Hirsch 1993b) ein, bei der die inzestuösen Bestrebungen der Eltern nicht konkret agiert werden, aber durch vielfach sich äußernde inzestuöse Beziehungsqualitäten traumatisierende Wirkung haben können.

5. Die Bedeutung des Begriffs in verschiedenen psychoanalytischen Schulenrichtungen

Wenn auch das Thema des realen Inzests in der Geschichte der Psychoanalyse erst in den letzten Jahren eine Rolle gespielt hat, ist doch im Laufe der Zeit ein Trend zu sehen, die äußere traumatische Realität zunehmend einzubeziehen. Auch die Ich-Psychologie berücksichtigt durchaus die Einwirkungen der äußeren Objekte sowie die „gesamte Haltung der Umgebung" (Hartmann und Kris 1945), indem sie Freuds zweite Angsttheorie erweitert, die ja eine realitätsgerechte „Signalangst" gefordert hatte. Greenacre (1956) zufolge sind kindliche Phantasien immer von zufälligen oder gravierenden äußeren Ereignissen geprägt, darüber hinaus auch von den Reaktionen der umgebenden Personen auf ein vorgefallenes Trauma, wie sie selbst also auf das Trauma reagieren. Wird die Phantasie durch eine schädigende Erfahrung „mächtig wirklich" (S. 440), wirkt sie als starker Organisator für die psychische Entwicklung. Der Kerngedanke ist aber dem Ferenczis entgegengesetzt: Das Trauma schädigt nicht direkt das Ich, vielmehr schwächten die zu früh geweckten, übermächtigen Phantasien, z. B. die ödipalen, das Ich, da sie Wirklichkeit würden (vgl. oben Cremerius). Ähnlich formuliert auch Anna Freud (1981), die dem Inzest größte pathogene Bedeutung beimaß, denn die ödipalen Phantasien würden durch eine Realität ersetzt, auf die das Kind in keiner Weise vorbereitet sei. Der Hauptmechanismus der Schädigung ist für Anna Freud, daß die natürliche Abfolge der Entwicklungsstadien gestört würde und die Eltern gegen die Notwendigkeit verstießen, weder Bedürfnisse völlig zu frustrieren noch ihnen ganz nachzugeben.

Andere Autoren folgen eher Ferenczi; Fließ (1973, S. 212) räumt den Triebkonflikten keinen Einfluss mehr auf die Entstehung psychischer Krankheit ein: „Niemand wurde je durch seine Phantasien krank. Nur verdrängte traumatische Erinnerungen können die Neurose verursachen ... Phantasien ... sind ein Symptom der Krankheit, nie ihre Ursache." Shengold (1979) definiert als „Seelenmord" das absichtliche Brechen des Identitätssinns eines Abhängigen durch Folter, KZ-Haft, Vergewaltigung, im Kindesalter durch chronische Gewaltanwendung und sexuellen Missbrauch. Hier wird die direkte Einwirkung auf das Ich in den Vordergrund gestellt, es entsteht eine schwere Ich-Störung durch Überfluten mit Erregung, die das Selbstgefühl, die Würde, die Realitätsprüfung betrifft und massive Isolation der Gefühle und Ich-Dissoziation hervorruft. In der analytischen Therapie mit dem Opfer findet Shengold sowohl Identifikation mit dem Aggressor als auch schwere Schuldproblematik und folgt so Ferenczi. Er fordert aber darüber hinaus eine Integration der Vorstellungen, denn neben der Ich-Deformation würde das Trauma auch die primären Phantasien modifizieren, die das menschliche Verhalten motivieren. „In der Frage der Pathogenität von Erfahrungen gegenüber der von Phantasien müßte es keine Meinungsverschiedenheiten geben; das entscheidende klinische Problem ist: Wie beeinflussen Erfahrungen der Überstimulation und Deprivation die motivierenden Phantasien eines Individuums" (Shengold 1979, S. 533).

Wenn auch in verschiedenen psychoanalytischen Schulen der Einfluss der realen Umwelt inzwischen durchaus seine Berücksichtigung findet (für die Kleinianer Segal 1964; Winnicott 1956 und Khan 1963 als Vertreter der Middle-Group; auch Mahler 1968, S. 24f.), ist doch eine weitgehende Integration des inzestuösen Missbrauchs erst in den letzten Jahren erfolgt.

6. Interdisziplinäre Beiträge und Befunde

Feministische Gruppen haben zuerst in den USA, später in Europa die Aufmerksamkeit auf die Realität sexuellen Missbrauchs gelenkt. Zuwenig bekannt ist, dass seit den 50er Jahren besonders in den USA bei der Untersuchung von Inzestfamilien erste familiendynamische Forschungen überhaupt durchgeführt wurden (vgl. Hirsch 1987). Außerhalb der Psychoanalyse hat sich eine eher pragmatisch orientierte Traumaforschung (z. B. Herman et al. 1989) etabliert, deren Resultate und Therapieansätze auch Rückwirkungen auf die Psychoanalyse hatten. Insbesondere in die Konzeption der Borderline-Persönlichkeit wird zunehmend die Möglichkeit realer Traumatisierung einbezogen. Bei weiblichen Borderline-Patientinnen ist Rohde-Dachser (1991) zufolge regelmäßig sexueller Missbrauch in der Kindheit zu finden, ähnliche Befunde gibt es bei Sachsse (1995) und inzwischen bei Kernberg (1997).

Literatur

Abraham, K. (1907). Das Erleiden sexueller Traumen als Form infantiler Sexualbetätigung. In Psychoanalytische Studien II. Frankfurt/M.: Fischer, 1971.

Cremerius, J. (1983). „Die Sprache der Zärtlichkeit und der Leidenschaft". Reflexionen zu Sandor Ferenczis Wiesbadener Vortrag von 1932. Psyche – Z Psychoanal, 37, 988–1015.

Ferenczi, S. (1933). Sprachverwirrung zwischen den Erwachsenen und dem Kind. Schriften zur Psychoanalyse, Bd. II (S. 303–313). Frankfurt/M.: Fischer, 1972.

Fließ, R. (1973). Symbol, dream and psychosis with notes on technique. Psychoanalytic Series 3. New York: International Universities Press.

Freud, A. (1981). A psychoanalysts view of sexual abuse by parents. In P.B. Mrazek and C.H. Kempe (Eds.), Sexually abused children and their families (S. 33–44). New York: Pergamon.

Greenacre, P. (1956). Re-evaluation of the process of working through. International Journal of Psycho-Analysis, 37, 439–444.

Grubrich-Simitis, I. (1987). Trauma oder Trieb – Trieb und Trauma. Lektionen aus Sigmund Freuds phylogenetischer Phantasie von 1915. Psyche – Z Psychoanal, 41, 992–1023.

Hartmann, H. and Kris, E. (1945). The genetic approach in psychoanalysis. Psychoanalytic Study of the Child, 1, 21–23.

Haynal, A. (1987). Die Technik-Debatte in der Psychoanalyse. Freud, Ferenczi, Balint. Frankfurt/M.: Fischer, 1989.

Herman, J.L., Perry, C. and van der Kolk, B.A. (1989). Childhood trauma in borderline personality disorder. American Journal of Psychiatry, 146, 490–495.

Hirsch, M. (1987). Realer Inzest. Psychodynamik sexuellen Mißbrauchs in der Familie. Berlin: Springer; Neuaufl. Gießen: Psychosozial, 1999.

Hirsch, M. (1993a). Schuld und Schuldgefühl des weiblichen Inzestopfers als Beispiel von Introjektions- und Identifikationsschicksalen traumatischer Gewalt. Zeitschrift für psychoanalytische Theorie und Praxis, 8, 289–304.

Hirsch, M. (1993b). Latenter Inzest. Psychosozial, 16, 25–40.

Hirsch, M. (1997). Schuld und Schuldgefühl. Psychoanalyse von Trauma und Introjekt. Göttingen: Vandenhoeck & Ruprecht.

Kernberg, O.F. (1997). Persönlichkeitsentwicklung und Trauma. Vortrag Lindauer Psychotherapiewochen, Lindau, 23.4.1997.

Khan, M.M.R. (1963). The concept of cumulative trauma. Psychoanalytic Study of the Child, 18, 286–306 (dt.: in ders., Selbsterfahrung in der Therapie, S. 50–70. München: Kindler, 1977).

Kris, E. (1950). Vorwort. In S. Freud (1950a), Aus den Anfängen der Psychoanalyse. Briefe an Wilhelm Fließ, Abhandlungen und Notizen aus den Jahren 1887–1902. London: Imago.

Krüll, M. (1979). Freud und sein Vater. Die Entstehung der Psychoanalyse und Freuds ungelöste Vaterbindung. München: Beck.

Künzler, E. (1980). Freuds somatisch fundierte Trieblehre in den „Drei Abhandlungen zur Sexualtheorie“ (1905). Psyche – Z Psychoanal, 34, 280–302.

Mahler, M.S. (1968). On human symbiosis and the vicissitudes of individuation. Vol. I: Infantile psychosis. New York: International Universities Press (dt.: Symbiose und Individuation. Stuttgart: Klett, 1972).

Masson, J.M. (1984). Freud: The assault on truth. Freud's supression of the seduction theory. London: Faber und Faber (dt.: Was hat man dir, du armes Kind, getan? Reinbek: Rowohlt, 1984).

Rohde-Dachser, C. (1991). Expedition in den dunklen Kontinent. Weiblichkeit im Diskurs der Psychoanalyse. Berlin: Springer.

Sachsse, U. (1995). Die Psychodynamik der Borderlinepersönlichkeitsstörung als Traumafolge. Forum der Psychoanalyse, 11, 50–61.

Segal, H. (1964). Melanie Klein. Eine Einführung in ihr Werk. München: Kindler, 1974.

Shengold, L. (1979). Child abuse and deprivation: Soul murder. Journal of the American Psychoanalytic Association, 27, 533–559.

Winnicott, D.W. (1956). Primäre Mütterlichkeit. In ders. (Hg.), Von der Kinderheilkunde zur Psychoanalyse (S. 153–160). München: Kindler, 1976.

Kastration *von Alf Gerlach*

castration – castration

1. Definition

Der psychoanalytische Begriff der Kastration bezieht sich auf bei beiden Geschlechtern nachweisbare infantile Phantasien, die sich auf das infantil-sexuelle Begehren beziehen und mit der ersten Wahrnehmung des anatomischen Geschlechtsunterschiedes beginnen. Dieser wird – oft auch unter dem Eindruck elterlicher Kastrationsdrohungen – als Folge einer Kastration interpretiert; die damit verknüpften Ängste beim Jungen und Kränkungen beim Mädchen gehören zum Kastrationskomplex, der seine Wirkung in Verbindung mit dem Ödipuskomplex entfaltet.

Während Freud daran festhielt, dass der Kastrationskomplex seinen strukturierenden Charakter durch die Zentrierung der Phantasien auf den Verlust des Penis gewinnt und konstituierendes Merkmal jeder kulturellen Ordnung ist, betonen andere psychoanalytische Konzeptionen seine Verwurzelung in oralen und analen Trennungserfahrungen und weisen der Kastrationsangst nur einen begrenzten Stellenwert für die psychische Strukturbildung zu. V.a. die Überlegungen zu dem beim Mädchen aus dem Kastrationskomplex abgeleiteten Penisneid wurden als „phallischer Monismus" kritisiert und der weibliche Penisneid eher als Verdichtung präödipaler Konflikte verstanden; ebenso wurde ihm Gebär- und Geschlechtsneid gegenübergestellt.

2. Klassische Auffassung

Angeregt durch seine Behandlung der Phobie des „kleinen Hans" beschrieb Freud erstmals 1908 die typischen infantilen Sexualtheorien, in denen zunächst beiden Geschlechtern ein Penis zugesprochen und der anatomische Geschlechtsunterschied sodann auf eine Kastration zurückgeführt wird. In der Folge verband Freud die verschiedenen Seiten des Ödipuskomplexes und die phallische Phase mit dem Kastrationskomplex; die Wirkung des Geschlechtsunterschiedes und phantasierter oder realer Kastrationsdrohungen sieht er wegen der bei Jungen wie Mädchen narzisstischen Besetzung des Phallus in einem bei beiden Geschlechtern vorfindbaren Kastrationskomplex: „Auf der nun folgenden Stufe der infantilen Genitalorganisation gibt es zwar ein männlich, aber kein weiblich; der Gegensatz lautet hier: männliches Genitale oder kastriert" (1923e, S. 297).

Am Verhältnis von Kastrationskomplex zu Ödipuskomplex hat Freud einen wesentlichen Unterschied in der psychosexuellen Entwicklung der Geschlechter festgemacht: „Während der Ödipuskomplex des Knaben am Kastrationskomplex zugrunde geht, wird der des Mädchens durch den Kastrationskomplex ermöglicht und eingeleitet" (1925j, S. 28). Danach führe beim Knaben das Zusammenwirken von Kastrationsdrohung und Realisierung der weiblichen Penislosigkeit zu einer traumatischen Erschütterung; der gewünschten männlichen Sexualbetätigung mit dem inzestuösen Objekt drohe Kastration als Strafe, während die weibliche Identifizierung die Annahme der Kastration voraussetze. Erst die Abwendung vom Ödipuskomplex aus narzisstischem Interesse sichere den Erhalt des Penis und leite die Latenzzeit ein.

Beim Mädchen dagegen führe die Entdeckung, keinen Penis zu haben, zu einer massiven Kränkung, für die es die Mutter verantwortlich mache und aus der heraus es sich schließlich mit ödipalen Liebeswünschen dem Vater zuwende; hier ist in der Freud'schen Konzeption der Objektwechsel in der weiblichen Sexualität eine Folge des Kastrationskomplexes.

Die Analyse des „Wolfsmannes" führte Freud schließlich dazu, ausgehend von der negativen therapeutischen Reaktion auch die Möglichkeit einer Verleugnung der Kastrationsangst anzuerkennen, die dem Kastrationskomplex dann seine strukturierende Kraft nimmt und in einer Verleugnung des Geschlechtsunterschieds endet (Green 1996).

3. Ideengeschichtlicher Hintergrund

In vielen Kulturen ist die Kastration des Mannes als Strafe oder zur Erzeugung von Eunuchen praktiziert worden, im letzteren Fall begründet mit dem Schutz der Frauen vor ihrem sexuellen Begehren oder ihrer Verfügbarkeit für homosexuelle Praktiken. Kulturen mit Muttergottheiten kannten auch die freiwillige Kastration aus religiösen Gründen als Handlung der Selbstaufopferung. Über alle Kulturen hinweg finden wir in Mythen und Märchen eine Vielfalt von direkten oder versteckten Kastrationsdarstellungen. So bezog Freud sich auf die griechische Mythologie mit der Kastration des Himmelsgottes Uranos durch seinen Sohn Kronos, zu der dieser durch seine Mutter Gaia angestiftet worden war, und sieht in der Selbstblendung des Ödipus eine Verschiebung der gefürchteten genitalen Kastration durch den Vater. Gegen alle Versuche, seine Konzeption des Kastrationskomplexes auf pathologische Erscheinungsformen oder auf historische Besonderheiten zu beschränken, hat er auch in seiner Kulturtheorie an der Universalität des Ödipuskonfliktes festgehalten und die Kastration in eine Reihe mit den Beschneidungsritualen bei primitiven Völkern gestellt, die er als Kastrationsersatz ansah (1912–13a); hieraus entwickelte sich eine lange Kontroverse zwischen Psychoanalytikern und Ethnologen um den Nachweis von Ödipus- und Kastrationskomplex in den verschiedenen Kulturen (Reichmayr 1995). Ein Ende fand diese Diskussion erst durch den Entwurf der Strukturalen Anthropologie von C. Lévi-Strauss, der mit dem Inzesttabu als „Regel der Regeln" eine allen Verwandtschaftsbeziehungen zugrunde liegende Struktur jenseits bestimmter psychologischer Einstellungen zur Grundlage der Unterscheidung von Natur und Kultur nimmt.

Ganz anders als Freud hat Bettelheim (1975) Initiationsriten mit symbolischer Kastration auf den Geschlechtsneid der Männer zurückgeführt. Er hat der phallozentrischen Position den wechselseitigen Neid jedes Geschlechts auf das Geschlecht des anderen und auf die sexuellen Eigenschaften, die es jeweils nicht besitzt, gegenübergestellt.

4. Wesentliche Erweiterungen, Differenzierungen, Modifikationen

Gegen die These, dass der Kastrationskomplex mit der Angst um realen oder phantasierten Verlust des Penis in Verbindung steht, richten sich schon früh verschiedene Versuche, ihn auf zeitlich früher liegende Erfahrungen zurückzuführen. Freud hat sich mit der Gleichung Penis = Fäzes = Kind auseinandergesetzt und die narzisstische Bedeutung des Verlustes unterstrichen: „Der Penis wird somit als etwas vom Körper Ablösbares erkannt und tritt in Analogie zum Kot, welcher das erste Stück Leiblichkeit war, auf das man verzichten mußte" (1916–17e, S. 409). Stärke (1921) setzte den Entzug der Brust beim Stillen in Analogie zur Kastration, und Rank (1924) hielt das Geburtstrauma für den Anfang der Reihe von Trennungs- und Gefahrensituationen, so dass die Kastrationsangst nur eine Wiederholung verschiedener vorhergehender traumatischer Erfahrungen wäre. Diese Diskussion, ob die Kastrationsangst in Trennungsangst aufgeht, hält bis heute an (Rangell 1991) und steht mit den Konzepten der besonderen narzisstischen Besetzung des Phallus, der Nachträglichkeit und der Urphantasien in Verbindung.

Die psychoanalytische Erörterung des Kastrationskomplexes und des Penisneids beim Mädchen hat zu wesentlichen Erweiterungen geführt, die allerdings weit auseinanderreichen. Horney (1924) hat die Vorstellung vom Kastriertsein der Frau als angstgetrübte männliche Phantasie angesehen, und in der Folge wurden sehr verschiedene Ängste bei Mädchen und Frauen beschrieben, die weit in die präödipale Phase hineinreichen; neben der „organischen Minderwertigkeit" wird dessen Einbettung in gesellschaftliche Unterdrückung hervorgehoben (Hagemann-White 1979). In der klinischen Diskussion wird zunehmend zwischen Aspekten des klassischen Konzeptes vom phallischen Kastrationskomplex und solchen der weiblichen Kastrationsangst unterschieden, die sich auf Verletzungen oder Verlust der eigentlichen weiblichen Genitalien bezieht.

5. Die Bedeutung des Begriffs in den verschiedenen psychoanalytischen Schulrichtungen

In der trieb- und strukturtheoretisch orientierten Psychoanalyse ist die Kastrationsangst weiterhin eines der relevantesten Konzepte und wird hier nicht metaphorisch, sondern als pathogener Aspekt des Unbewussten verstanden, der auf das Schicksal der kindlichen Sexualität zurückgeht (Rangell 1991); eine mögliche Lösung des Kastrationskomplexes wird im Erreichen des ödipalen Verzichts gesehen. In dieser Perspektive eröffnet nur der Verzicht einen Ausweg aus einem unlösbaren Konflikt und eine Wendung zur Sublimierung.

Aus objektbeziehungstheoretischer Sicht wird der phallische Narzissmus dagegen meist als Verschiebung archaisch-narzisstischer Fragmentierungsphantasien in eine konkrete und bewältigbare Kastrationsangst aufgefasst. Nach Cooper (1986) stellen Kastrationsängste bei den heute vorherrschenden Charakterpathologien eher Abwehrformationen gegen die ausschlaggebenden präödipalen Ängste dar. Aufbauend auf Mahlers Arbeiten zur Separation und Individuation haben Roiphe u. a. (1972) die Ich-Entwicklung im Verhältnis zu präödipalen Kastrationsreaktionen beschrieben und diese Vorgänge einer frühen genitalen Phase zugeordnet, in der anders als in der phallischen Phase Kastrationsängste an Prozesse der Selbst-Objekt-Differenzierung, der Internalisierung und der Bildung von Objektrepräsentanzen gebunden sind.

Bei M. Klein und ihren Nachfolgern spielt der Kastrationskomplex im klassischen Sinne kaum noch eine Rolle. Für M. Klein hat der väterliche Penis nur einen Wert in Beziehung zum inneren Körper der Mutter; der von ihr introjizierte Penis stellt für das Kind ein Objekt des Begehrens dar, an das in der Gleichung von Penis und Brust die Möglichkeit oraler Befriedigung geknüpft ist. U. a. im Kampf zwischen Mutter und Kind um Besitz und Genuss des väterlichen Penis entzündet sich die Dynamik von Angriff, Vergeltung, wechselseitiger Vernichtung und Wiedergutmachung, die in der Klein'schen Perspektive das Unbewusste des Kindes beherrscht. Die Kastrationsangst ist dabei nur ein untergeordneter Aspekt jener Zerstörungsangst, die auf den Körper und speziell das Körperinnere gerichtet ist.

Lacan hat die Kastration eher philosophisch und metaphorisch interpretiert und in eine allgemeine strukturelle Theorie des Mangels eingebunden. Er hat in seinen Schriften der Kastration die Privation und die Frustration gegenübergestellt und so weiblichen und männlichen Kastrationskomplex zu erhellen versucht: Werde bei der Frustration etwas nicht realisiert, ein reales oder imaginäres Versprechen nicht eingelöst, so bleibe bei der Privation etwas fehlend; bei der Kastration drohe schließlich, dass etwas fehle. Eine besondere Bedeutung gibt er der symbolischen Funktion des Phallus, den er als Signifikant der Lust, aber auch der Autorität versteht. In der Lacan'schen Psychoanalyse erscheint schließlich die Anerkennung der symbolischen Kastration als Ende und Ziel des analytischen Prozesses, was ihr den Vorwurf der Parteinahme für ein phallisches Primat und für eine Verkehrung der Analyse in Machtausübung (Green 1996) eingetragen hat.

6. Interdisziplinäre Beiträge und Befunde

Der Psychoanalyse geht es in ihrem Denken immer um eine imaginäre Kastration, um die möglichen Bedeutungen und Folgen vorwiegend unbewusster Phantasien. Diese prägen allerdings auch die Interpretation der Befunde anderer Wissenschaften: Green (1996, S. 15) hat darauf hingewiesen, dass man den biologischen Befund, dass ein intrauterin kastrierter Fötus bei seiner Geburt ein weibliches Geschlecht zeigt, je nach Projektion und Phantasien des Forschers in feministischer wie in machistischer Perspektive interpretieren kann.

In Soziologie und Ethnologie ist seit Lévi-Strauss anerkannt, dass das Inzesttabu eine grundsätzliche soziale Regel darstellt; dieses steht aber mit dem psychoanalytischen Konzept der Kastration in enger Verbindung, da diese den Inzest unterbindet und zugleich das Leben des Vaters vor mörderischen Angriffen bewahrt.

Literatur

Bettelheim, B. (1975). Die symbolischen Wunden. Pubertätsriten und der Neid des Mannes. München: Kindler.

Cooper, A.M. (1986). What men fear: The facade of castration anxiety. In G.I. Vogel, F.M. Lane and R.S. Liebert (Eds.), The psychology of men. New psychoanalytic perspectives. New York: Basic Books.

Green, A. (1996). Der Kastrationskomplex. Tübingen: edition diskord.

Hagemann-White, C. (1979). Frauenbewegung und Psychoanalyse. Frankfurt/M.: Strömfeld/Roter Stern.

Horney, K. (1924). On the genesis of castration complex in woman. International Journal of Psycho-Analysis, 5, 50ff.

Klein, M. (1997). Gesammelte Schriften 3. Bd. II, Die Psychoanalyse des Kindes. Stuttgart: frommann-holzboog.

Lacan, J. (1991–94). Schriften. Weinheim: Edition Quadriga.

Rangell, L. (1991). Castration. Journal of the American Psychoanalytic Association, 39, 3–23.

Rank, O. (1924). Das Trauma der Geburt und seine Bedeutung für die Psychoanalyse. Wien: Internationaler Psychoanalytischer Verlag.

Reichmayr, J. (1995). Einführung in die Ethnopsychoanalyse. Frankfurt/M.: Fischer.

Roiphe, H. et al. (1972). Early genital activity and the castration complex. Psychoanalytic Quarterly, 41, 334–347.

Stärke, A. (1921). The castration complex. International Journal of Psycho-Analysis, 2, 179–201.

Kinderanalyse *von Gudrun Fuchs*

child analysis – analyse d'enfant

1. Definition

Kinderanalyse ist 1. eine auf Theorie und modifizierter Technik der Psychoanalyse aufbauende Behandlungsmethode psychisch oder psychosomatisch kranker Säuglinge, Kleinkinder, Kinder und Jugendlicher. Die Einbeziehung und Mitbehandlung der primären Beziehungspersonen ist, je jünger das Kind ist, desto notwendiger und selbstverständlicher. Geht man von Freuds Definition der Psychoanalyse aus, so ist Kinderanalyse auch 2. eine Forschungsmethode zur Erfassung der Manifestationen des Unbewussten und seiner Ursprünge in der biopsychischen Entwicklung der Persönlichkeit in den Entwicklungszeiten der frühesten Kindheit, der eigentlichen Kindheit und der Jugendzeit. Und 3. ist Kinderanalyse eine psychologische Anthropologie des Kindes- und des Jugendalters, die alle psychologischen und psychopathologischen Theorien zusammenfasst, die durch Forschung und klinische Praxis systematisiert werden.

2. Klassische Auffassung

Die Begründerinnen der Kinderanalyse, Hermine Hug-Hellmuth, Melanie Klein und Anna Freud, bauten ihre Theorie und Technik der Kinderanalyse auf Freuds Trieb-Struktur-Modell auf. Im Mittelpunkt ihrer theoretischen Überlegungen stand – allen

Anfeindungen zum Trotz – die Psychosexualität des Kindes, die sich intrapsychisch an den Schicksalen der Partialtriebe – oral, anal, urethral – entlang entfaltet. Den (Objekt-)Beziehungsanteil beschrieben sie mit Freuds Konzept des primären Narzissmus, welcher in das dialektische Spannungsfeld zum Ödipuskomplex als universellem Entwicklungstopos gerät. Während A. Freud an der klassischen Konzeption des Ödipuskomplexes mit Kastrationsdrohung und Überich-Bildung festhielt, ging M. Klein mit ihrer Idee eines frühen Ödipuskomplexes, der mit dem Stadium des primären Narzissmus zusammenfällt und im Säugling böse, verfolgende innere Bilder schafft, völlig andere Wege.

Hermine Hug-Hellmuth war die erste, die Kinderanalysen durchführte. Sie verwendete die Freud'schen Theorien nicht systematisch, festigte aber mit ihren Fallschilderungen (die erste 1912) die theoretischen Überlegungen Freuds über die infantile Sexualität und baute sie mit der Entwicklungslinie der sensorischen Funktionen weiter aus. Ihr Verdienst ist es, in ihren Schriften die entscheidenden technischen Parameter dargestellt zu haben, die die Kinderanalyse auch noch heute ausmachen: Die Bedeutung des freien Spiels als Zugang zum Unbewussten, die positive und negative Übertragung, die Deutungs- und Widerstandsanalyse und die unabdingbare Arbeit mit den Eltern, einschließlich der Berücksichtigung der Geschwisterproblematik.

Die Grundpfeiler der kinderanalytischen Technik sind nach Hug-Hellmuth „Einfühlung und Geduld" (1920), Haltungen des Analytikers, die z.B. Kohut in seinem letzten, kurz vor seinem Tod gehaltenen Vortrag „Empathie und Toleranz" thematisiert hat und die an Bions Containment und Insight denken lassen.

Theorie und Technik der Kinderanalyse systematisch geordnet und ausgebaut zu haben, ist das Verdienst von Anna Freud und von M. Klein. Die von ihnen begründeten Schulrichtungen der Kinderanalyse stehen in scharfem Widerpart zueinander. Während M. Klein den Schwerpunkt auf die „Frühanalyse des Kindes" legte, die als „Es-Analyse" anzusehen ist, mit den Tiefen- und Symboldeutungen unbewusster Phantasieinhalte, betonte A. Freud die Analyse der Abwehr, des Widerstands und die Bedeutung der Ich-Funktionen. Die Analyse habe immer vom höchsten Entwicklungsstand, den das Kind erreicht habe, auszugehen. Folgerichtig war für A. Freud die erziehliche Funktion des Kinderanalytikers in ihrer entwicklungsfördernden Art äußerst wichtig. Eine weitere Streitfrage war, ob der Kinderpatient, der noch in gegenwärtigen Beziehungen zu seinen Primärobjekten lebt, eine Übertragungsneurose ausbilden könne und ob es eine übertragungsfreie Eingangsphase der Therapie gäbe. Nach Auffassung Anna Freuds nimmt der Kinderpatient mit seinen gesunden Anteilen den Therapeuten eingangs als reales Objekt wahr und er entwickelt erst allmählich entsprechend seiner kranken Anteile eine Übertragungsneurose. Emotionale Erfahrungen mit dem „neuen" Objekt tragen entscheidend zur intradynamischen Veränderung des Patientenkindes bei. Melanie Klein dagegen vertrat die Überzeugung, dass alles, dem Analytiker Mitgeteilte „übertragungsneurotische" bzw. projektiv verzerrte Qualität besitzt und entsprechend aufgeklärt und gedeutet werden müsse.

Die Auseinandersetzungen zwischen A. Freud und M. Klein schafften einen konstruktiven Boden für Theorieentfaltung und Differenzierung der Praxis der Kinderanalyse. Die Jugendlichenanalyse dagegen blieb, nachdem Sigmund Freud 1905 mit seinen „Drei Abhandlungen zur Sexualtheorie" die psychoanalytische Erforschung der Adoleszenz begründet hatte, ein – bis auf wenige Einzelstudien (Jones 1922, Aichhorn 1925, Bernfeld 1923, 1938) – völlig vernachlässigtes Untersuchungsfeld.

3. Wesentliche Erweiterungen, Differenzierungen und Modifikationen

Zu einer wesentlichen Erweiterung, Differenzierung und Modifikation in der theoretischen Orientierung der Kinderanalyse führten 1. die Wiederentdeckung der einzigartigen allgemeinen und klinischen Manifestation der Adoleszenz, 2. die Rezeption der neueren empirischen Säuglings- und Kleinkindforschung und 3. die Erforschung der „Entwicklungsstörung“ und die neuere Theorie der Behandlungstechnik.

1. Eine Erweiterung im psychoanalytischen Diskurs bedeutet die Erkenntnis, dass die Adoleszenz eine herausragend bedeutsame Sonderstellung innerhalb der allgemeinen wie auch psychopathologischen Entwicklung einnimmt. Die psychopathologischen Kategorien, die für Erwachsene gebraucht werden, gehen von einer fixierten psychischen Struktur aus und können somit nicht für Adoleszente angewendet werden, es sei denn im Falle eines vorzeitigen Entwicklungsabschlusses, bei welchem keine therapeutische Umstrukturierung ungünstiger Konfliktlösungen mehr, sondern nur noch die weitere Ausgestaltung einer gefestigten Pathologie zu erwarten ist.

Freud traf in den (drei) Hysterieanalysen 18-jähriger Frauen explizit keine Unterscheidung zwischen Erwachsenenanalyse und Jugendlichenanalyse. Sein berühmter Fall „Dora“ erlangte erst ab den fünfziger Jahren eine „Renaissance“ (s. Jennings 1990) und wurde zunehmend einer kritischen Neueinschätzung unterzogen. Je nach theoretischer Blickorientierung rückten verschiedene Aspekte adoleszenter weiblicher Konflikt- und Affektdynamik in den Mittelpunkt der Diskussion: die präödipal-gleichgeschlechtliche, ödipal-homosexuelle (u.a. Blos 1990) und die ödipal-heterosexuelle Übertragungs- und Gegenübertragungsdynamik; letztere wird als „adoleszente Dynamik“ insbesondere auch wegen der adoleszenten Übertragung Freuds für V. King (1997) zum Modell des kreativen Ursprungs der Psychoanalyse überhaupt; sodann die weiblich-adoleszente Überich-Konstellation in einer von viktorianischer Moral der Jahrhundertwende geprägten Moral, oder die intrusive Deutungshaltung Freuds, die die Affektregulierung auf der Ebene der Schuld-, Scham- und Selbstwertgefühle der Adoleszentin Dora missachtete.

Die Zurückhaltung, die in der Erforschung und Theoriebildung der Adoleszenz zu Freuds Zeiten herrschte, begründete sich vor allem darin, dass sich die komplexe Vielzahl adoleszenter Phänomene viel schwerer in einer einzigen einheitlichen Theorie zusammenfassen lässt, noch zumal, wenn die dialektische Verschränkung von Subjekt, Trieb und Kultur, die den zentralen Topos der Psychoanalyse ausmachen, in der Adoleszenz zum ersten Mal in seiner vollen Dynamik zum Tragen kommt. Waren die wertvollen Beiträge z.B. M. Kleins (1932) und A. Freuds (1936) zur Adoleszenz und ihrer spezifischen Abwehrstruktur noch einseitig intradynamisch fokussiert auf Libido-Entwicklung und der ödipalen Loslösungs- und Trennungsdramatik, so erweitert sich in E. Eriksons umfassendem Konzept der Identitätsbildung der Blick in Richtung auf die Einbindung des Jugendlichen in die gesellschaftlichen Strukturen. Eriksons Konzept trat lange Zeit in den Hintergrund und machte der Thematik der narzisstischen Selbstkonfiguration des Adoleszenten (vgl. Streeck-Fischer 1994) und der Einführung des „Selbst“ und des „Selbstgefühls“ als globaler phänomenaler Erfahrungszustände Platz. Eriksons in der Strukturtheorie verwurzeltes Konzept der Ich-Identität, welches das Identitätsgefühl als übergeordnetes organisierendes Prinzip beschreibt, und sein Entwurf des „psychosozialen Moratoriums“ der Adoleszenz tragen aber in der neueren Adoleszenzdiskussion, die sich u.a. mit aktuellen Adoleszenzpathologien wie Delinquenz, dissoziales Verhalten, Drogenkonsum, rechtsradikalen Gewaltausschreitungen etc. auseinandersetzt, wieder maßgeblich zu einer Metatheorie der Adoleszenz bei. Bohleber erweitert das Identitätskonzept u.a. mit den Ergebnissen der Säuglingsforschung, Shapiro durch das Modell der narzisstischen Selbstwertregulationen in der Adoleszenz, die von den aktuellen Interaktionsstrukturen in den Familien mitbestimmt sind (Leuzinger-Bohleber und Mahler 1993).

Während Eriksons Identitätskonzept „geschlechtslos modelliert ist“ (Gast 1992), wird das unübersehbare pubertäre Triebthema für Adoleszenzforscher wie Blos und Laufer zu einem zentralen Agens in der Zielrichtung der Adoleszenz hin zu einer Festlegung der endgültigen psychosexuellen Organisation unter dem genitalen Primat. Blos (1990) liefert mit seinem Ansatz der gleichgeschlechtlichen Identifizierungsliebe, die in der gleichgeschlechtlichen präödipal-dyadischen und ödipalen Beziehungserfahrung gründet, einen wichtigen Beitrag sowohl zur Behandlungstechnik als auch zur Geschlechterdifferenz. Er weist mit anderen, insbes. weiblichen Adoleszenzforschern (u.a. Flaake und King 1992) das Freud'sche Defizitmodell weiblicher Sexualität endgültig zurück. Laufer (1989) beschreibt mit seinem Konzept des Entwicklungszusammenbruchs die darin liegende wesentlich größere therapeutische Chance und günstigere Prognose im Vergleich zu einer Verfestigung der Abwehrstruktur u.a. auch im Rahmen eines vorzeitigen Entwicklungsabschlusses.

2. Die Entwicklungstheorie der frühen Kindheit in ihrer Bedeutung für die Strukturbildung und für das Entstehen seelischer Pathologie wurde maßgeblich durch die Rezeption der neuen psychoanalytischen Theorien über den Säugling differenziert und erweitert. Die ältere psychoanalytische Entwicklungstheorie war auf die Triebentwicklung und die Entwicklung des kindlichen Selbst durch Separation und Individuation ausgerichtet. Bei M. Mahler verlief der Entwicklungsprozess von einem passiv erlebten Zustand der Ungetrenntheit und Geborgenheit des Säuglings hin zu einer Ausdifferenzierung des Selbst und zur Entwicklung seiner Autonomie. Die Säuglingsforscher sehen den Säugling mit triebunabhängigen Grundmotiven ausgestattet und beschreiben ihn als aktives, affektives, selbststeuerndes soziales Wesen von Anfang an. Familientheoretisch orientierte Forscher, wie z.B. Stierlin (1975) haben als erste auf die reziproken und transaktionellen Aspekte der Eltern-Kind-Interaktion aufmerksam gemacht, aber erst der empirischen Säuglingsforschung gelang der Durchbruch zu einem neuen Entwicklungsparadigma, indem sie u.a. durch Verhaltensmikroanalysen die sublimen kreisförmig-interaktiv-kommunikativen Vorgänge zwischen Eltern und Säugling erschließen konnte.

Sterns Theorie (1986, 1995) befasst sich mit dieser interpersonalen Welt. Er stellt die Entwicklung des Selbstgefühls ins Zentrum seiner Theorie und sieht in ihm als eines „Konstrukts höherer Ordnung" – ähnlich wie Erikson im „Identitätsgefühl" – das primäre Organisationsprinzip der Entwicklung. Vier sich aufeinanderfolgend entwickelnde „Selbstgefühle" werden beschrieben, die alle durch eine (organisierende) subjektive Sicht des Selbst in seiner Bezogenheit auf den bedeutungsvollen Anderen gekennzeichnet sind. Erst auf der Stufe des vierten Selbstgefühls, des verbalen Selbst und der verbalen Bezogenheit, das mit der Entwicklung der Symbolisierungsfähigkeit frühestens mit 18 Monaten einsetzt, ist das klassische intrapsychische Modell der Regulierung eines Konflikts mit Hilfe der Abwehr anwendbar (Lichtenberg 1991). Da jedes dieser Selbstgefühle aber eigenständig und eigensinnig das ganze Leben wirksam bleibt und nicht durch die nächstfolgende Entwicklungsstufe abgelöst oder in sie integriert wird, haben Störungen bereits der vorhergehenden „prärepräsentionalen" Ebenen der Selbstgefühle einen entscheidenden Einfluss auf schwere Pathogenesen. Diese Sichtweise der sog. Frühstörung und der von Stern eingeführte und immer wieder betonte dritte strukturierende Aspekt der (prozessualen) Bezogenheit sind für die Kinderanalyse ausschlaggebende metatheoretische Beiträge und sie sind zudem für die Vorstellungskraft des Klinikers bei seiner – direkten und/oder rekonstruktiven – Arbeit äußerst bereichernd.

Die psychoanalytische Säuglings- und Kleinkindforschung der letzten 15 Jahre hat ein immenses Wissen über die Bedeutung der biopsychischen Regulationen und der präverbalen Feinabstimmung zwischen Mutter und Kind sowohl für soziale Kommunikation als auch – und das ist besonders bedeutsam – für die psychosomatische Konstitution des Kindes (Kreisler und Cramer 1990) hervorgebracht. Zur Früherkennung von Entwicklungsstörungen und zur Erfassung der Pathogenese der sog. Grundstörung wurde mit Hilfe europäischer und amerikanischer Forschungsbefunde, die sich aus Mutter-Kind-Therapien ergaben, ein Diagnosesystem für die ersten drei Lebensjahre des Kindes (Zero to Three 1994) entwickelt. Die klinischen Arbeiten, die zu dem Diagnosesystem beigetragen haben, geben Aufschluss über die Frage, wie sich die Repräsentanzenwelt der Mutter und des Vaters im intersubjektiven Austausch zwischen Eltern und Kind auswirken (Cramer 1993, Stern 1995); wie z.B. das „imaginäre Kind" im Kopf der Mutter (Soule 1990) oder das „Phantasmatische Baby" (Lebovici 1988) strukturierend auf den Mutter-Kind-Dialog Einfluss nehmen. Die größte Schwierigkeit der diagnostischen Erfassung besteht aber in der Frage, wie die intrapsychische Welt des Babys aussieht. Kann ein Baby im ersten Lebensjahr z.B. schon phantasieren? Rezipienten der Säuglingsforschung wie z.B. Lichtenberg und Dornes verneinen das, insbesondere in ihrer Haltung gegenüber der kleinianischen Theorie. T. von Uexküll et al. (1996) dagegen gehen vom Konzept frühester biologischer Phantasien aus, in Anbetracht der Fähigkeit des Säuglings, in der „summenden und blühenden Wirrnis" von Zeichen bestimmte Bedeutungskonfigurationen zu erschaffen und mit seinen „autopoietischen" Fähigkeiten (Brocher und Sies 1986) der Selbst- und Fremdregulation die Mutter-Kind-Dyade aktiv zu strukturieren – eine moderne Sichtweise der Winnicott'schen These, dass das Kind in sich sowohl die „Umweltmutter" als auch die „Mutter als Objekt" erschafft.

3. A. Freud konnte die stürmischen Bewegungen innerhalb der Theorie und Technik der Psychoanalyse im Laufe ihres langen Lebens mitverfolgen. Es spricht für eine Annäherung an neuere Konzepte und für eine Integrationsbemühung, wenn sie 1970 sagt: „In unseren Zeiten geht der therapeutische Anspruch des Analytikers über das Gebiet des Konflikts und der Verbesserung von inadäquaten Konfliktlösungen hinaus. Er umfaßt die Grundstörung, die Mängel, die Defekte und Deprivationen, d.h. die ganze Bandbreite von wichtigen äußeren und inneren Faktoren und ist auf die Korrektur von deren Folgen gerichtet. ... es (gibt) bedeutsame Unterschiede zwischen diesen zwei therapeutischen Aufgaben und jede behandlungstechnische Diskussion (muß) dem Rechnung tragen." Systematische und empirische Untersuchungen des kinderanalytischen Prozesses nahmen diese Problemstellung auf. Die zahlreich gewordenen Forschungen, vor allem die aus jüngster Zeit, gehören zu den bedeutendsten Entwicklungen der letzten Jahre (Cohen 1997). Die Forschungsbemühungen richten sich auf eine Erweiterung und Modifizierung der klassischen, konflikt- und deutungszentrierten Kinderanalyse, und zwar in Richtung einer prozess- und (primär)beziehungsorientierten Form (Wallerstein 1992). Die Modifizierung der Technik der Kinderanalyse gründet sich auf der differentialdiagnostischen Unterscheidung einer „Konfliktpathologie" und einer „Entwicklungspathologie" und den behandlungstechnischen Folgerungen einer konfliktorientiert-deutenden und einer entwicklungsfördernden Vorgehensweise. Anna Freud selbst hat maßgeblich durch die Ausarbeitung des Entwicklungsgesichtspunktes und durch die technischen Modifikationsvorschläge angesichts der Nachreifungs- und pädagogischen Aufgaben dazu beigetragen, daß sich die Kinderanalyse für die „Technik der Entwicklungsförderung" öffnete.

Differenzierung und modifizierende Erweiterung der Behandlungstechnik sind dokumentiert in zwei Manualen: dem „Hampstead Manual of Psychodynamic Developmental Therapy for Children" (Fonagy et al.), und dem „Cornell Project for Conduct Disordered Children" (Kernberg und Chazan 1991) mit den von Lester Luborsky 1984 begründeten „supportiv-expressiven" Spiel- und Beziehungsparametern.

4. Verschiedene Schulrichtungen der Kinderanalyse

Die Kinderanalyse stellte einen Hauptantrieb zur Theorieentwicklung in der Psychoanalyse insgesamt dar. Bereits Melanie Klein hat die alles überragende Objektbezogenheit der Triebäußerungen von der ersten Lebenswoche des Kindes an postuliert. Mit dieser Auffassung begründete sie die englische Schule der Objektbeziehungstheorie. Deren

Vertreter Fairbairn, Guntrip und auch Winnicott haben sich jedoch von der zentralen Gültigkeit der klassischen Triebtheorie entfernt und die Objektbeziehungen selbst, anstelle der Triebe, als das hauptsächliche motivationale System beschrieben. Neben dieser interaktionistischen Objektbeziehungstheorie etablierte sich eine andere Richtung der Objektbeziehungstheorie, mit Vertretern wie E. Erikson, E. Jacobson, M. Mahler. Sie nahm vor allem Beiträge seitens der Ich-Psychologie auf, die die Entwicklung der Identität und Autonomie zum zentralen Thema hatte und der Kinderanalyse zu einem entwicklungspsychologisch fruchtbaren klinischen Modell gereichte, welches besonders in den siebziger und achtziger Jahren die Theoriegrundlage der Kinderanalyse darstellte.

Die Wegbereiter der Selbstpsychologie Ferenczi und Balint und schließlich am eindeutigsten Kohut selbst haben sich von der zentralen Gültigkeit des Trieb-Struktur-Modells entfernt bzw. ihm eindeutig widersprochen. Dazu tragen auch die Ergebnisse der Säuglingsforschung und die neueren psychoanalytischen Theorien über den Säugling bei, die den Säugling von Anfang an und primär mit triebunabhängigen, sozialen und beziehungsgerichteten Motiven ausgestattet sehen. J. Lichtenberg (1991) interpretiert diese Ergebnisse psychoanalysegerecht und erstellt fünf Motivationssysteme, von denen nur eines das Bedürfnis nach sinnlichem Genuss und sexueller Erregung beschreibt. Mit diesen Konzeptualisierungen ist ein Abrücken von der Libidotheorie und die Möglichkeit einer weitgehenden Entsexualisierung der Kindheit geschaffen (Gast 1992). Der affektiv-dramatisch verlaufende Ödipuskomplex verliert seine identitätsbildende Kontur und vor allem seine universelle Gültigkeit: von den Selbstpsychologen wird er nur noch als Ergebnis einer pathologisch verlaufenden Frühentwicklung anerkannt. Das für die Ätiopathogenese so wichtige Triangulierungsthema wird – von Erotik und Triebdynamik entleert – eher funktional als Abgrenzungs- und Individuierungsthema abgehandelt. Die Geschlechtsidentität degeneriert zu einer, in ihrer Bedeutung eher gering einzuschätzenden Teilidentität. Notwendige Integrationsbemühungen um eine umfassendere psychoanalytische Entwicklungslehre (z.B. Mertens 1992, 1994) richten sich gegen die eindeutige Verengung der Komplexität des intrapsychischen Lebens und bannen die Gefahr der Vernachlässigung der motivational-affektiven, d.h. triebgesteuerten Kräfte der Aggression (Kernberg 1997) und die Gefahr der generellen Ausblendung der psychosexuellen Entwicklung und des ödipalen Themas.

Obwohl die Selbstpsychologie eine bedeutungsvolle, konstruktive Erweiterung der Psychoanalyse darstellt und eine Konstituierung der narzisstischen Entwicklungslinie neben bzw. parallel zu einer objektbezogenen Strukturentwicklung gedacht werden kann, und auch das interaktionelle Entwicklungsmodell der Säuglingsforschung mit einem Trieb- und Affektmodell intradynamischer Vorgänge oder des Konflikts vereinbar wäre (Lichtenberg 1991), lassen die beiden antinomischen Theorierichtungen die Kinderanalyse in zwei Lager auseinanderfallen, dem selbstpsychologisch orientierten – teils Kohut'scher, teils Stern'scher/Lichtenberg'scher Prägung – und der am triebdynamischen Modell festhaltenden kleinianischen Schule bzw. auch der A. Freudianer, die das klassische Struktur-Konzept mit der ich-psychologischen Objektbeziehungstheorie ergänzen.

5. Interdisziplinäre Beiträge und Befunde

Zur Erweiterung in der Theorienbildung liefern Rezeptionen der Kognitionspsychologie, u.a. die Piagetschen Entwicklungsstufen der Intelligenz, beim Kind wichtige Beiträge. Fundamentale entwicklungsgebundene kognitive Ordnungskonzepte wie z.B. die Schemata von Raum, Zeit und Kausalität, von Moral und Gewissen und den zugehörigen sozialen Ordnungsmodellen sind Themen, die in einem neuen Diagnostikinstrument, welches intrapsychische Vorgänge auf den verschiedenen Altersstufen zu operationalisieren versucht, Eingang gefunden haben (OPD-KJ 1998).

Die kognitive Entwicklung ist eng gebunden an Ich-Funktionen wie Wahrnehmung, Gedächtnis, Erinnern, Problemlösen und ist stets amalgamiert mit affektiven Prozessen. Eine erneute Verankerung bzw. Rückbindung dieser Entwicklungsprozesse im Biologischen – so wie es die klassische Psychoanalyse versucht hat – stellt in jüngster Zeit die diskursive Einbindung der Neurowissenschaften, insbesondere der biologisch orientierten Gedächtnisforschung in die psychoanalytische Entwicklungstheorie dar (s. Leuzinger-Bohleber 1998). Das klassische Entwicklungskonzept der linearen Ablösung von Entwicklungsphasen und von Fixierungspunkten bei gestörter Entwicklung, auf die das Kind dann jeweils regrediert, geht konform mit der Vorstellung eines Gedächtnisses, das auf präziseste Art Wissen speichert, aber statisch und unveränderlich funktioniert. Transfer auf neue Problemsituationen ist nicht möglich. Hingegen ist das Gedächtnis der biologischen Gedächtnisforschung (Edelman 1987) nicht so präzise und deshalb flexibler aktiv und in ständigen Umschreibungen begriffen. Bewusste oder unbewusste Erinnerungen erfahren in jedem, auch subliminalen Erinnerungsprozess eine Veränderung (wobei aber die Essenz der „historischen Wahrheit" gewahrt bleibt). In sensiblen Entwicklungsphasen, kommt es zu einem „Sprung" (vgl. Sterns „quantum leap", 1986) auf ein neues Entwicklungsniveau, bei welchem das „dynamische Gedächtnis" nicht nur zu Um-Schreibungen, sondern zu kreativen Neuschöpfungen – z.B. Rekategorisierung der Kindheitserfahrungen in der Adoleszenz oder Rekategorisierung der Dreiecksdynamik in der ödipalen Phase – fähig wird.

Aus der Verunsicherung heraus, die wegen des Auseinanderfallens des klassischen Theoriekanons entstanden ist, wurden den Ergebnissen der empirischen Säuglingsforschung von der Kinderanalyse großes Gewicht eingeräumt, zumal sie im Gewand eines allgemeine Gültigkeit beanspruchenden empirischen Nachweises auftrat, der glaubte, die bisher bestehenden psychoanalytischen Entwicklungstheorien, u.a. die von M. Mahler, zurückweisen zu können. Der Streit um die Gültigkeit des Mahler'schen Symbiose-Individuations-Konzepts scheint heute beigelegt zu sein. Es kann sowohl entwicklungspsychologisch validiert als auch in die neueren psychoanalytischen Theorien über den Säugling integriert werden (Pine 1990, 1994; Dornes 1996).

Des Weiteren wies die Säuglingsforschung sehr dezidiert die Gültigkeit des klassischen triebdynamischen Modells, den Affektdualismus und insbesondere die Gültigkeit kleinianischer Theorien zurück. Aus einigen empirisch-positivistisch und behavioral orientierten Forschungs- und Befundberichten wurde geschlussfolgert, dass die ersten 18 Monate nicht einmal eine präsymbolische und auch keine präpsychodynamische Lebensphase darstellen, d.h. dass es keine „Vorform" der Symbolbildung und keine „Vorläufer" innerdynamischer Abwehrtätigkeit in dieser Zeit, sondern allenfalls primitive Generalisierungen von sensomotorischen Handlungsmustern geben könne. Ergebnisse der Neurophysiologie und Hirnreifungsforschung würden darüber hinaus nahelegen, dass es weit bis in das vierte Lebensjahr hinein zu keinen intersystemischen Konflikten komme, da das Kind bis zu diesem Zeitpunkt noch nicht über die mentalen Fähigkeiten zur symbolischen Encodierung und Repräsentation von Affekten, Wünschen oder Erfahrungen verfüge. In der bikameralen Organisation des Gehirns, bei der in der rechten Kammer der Sitz der primäraffektiven Funktionen und das episodische Gedächtnis und in der linken Kammer das semantische Gedächtnis verortet seien, würde eine erste dauerhafte Verlötung beider Kammern erst im Verlauf des vierten Lebensjahres einsetzen. Die Verbindung zwischen Affekt und Bedeutung, zwischen episodischem und semantischem Gedächtnis stellte somit eine relativ späte und langwierige Errungenschaft der hirnbiologischen Reifung dar (s. Levin 1991).

Obwohl die Säuglings- und Kleinkindforschung eine Fülle neuer Erkenntnisse über die Wahrnehmung, die Affekte, die Interaktionsfähigkeiten und die Denkprozesse kleiner Kinder hervorgebracht hat, sind die zentralen Fragen des Kinderanalytikers nicht beantwortet. Die Fragen richten sich auf die Innenwelt, d.h. das Erleben des kleinen Kindes. Gibt es früheste Ängste und wie geht das Baby damit um? Wie sehen die Vorläufer der Abwehr aus und wie konstituiert sich das frühe Unbewusste in dynamischer Hinsicht und in Bezug auf unbewusste Phantasien? Sind phantasmatische Bilder, Wünsche und Ängste von Anfang an da oder, wenn nicht, wie kommen sie in die psychische Organisation hinein? Fragen, die in der klassischen psychoanalytischen Säuglings- und Kleinkindbeobachtung (R. Spitz, A. Freud, J. Bowlby, D. Winnicott, J. u. J. Robertson) oder in der teilnehmenden Säuglingsbeobachtung (E. Bick) schon immer vor einem einheitlichen Theorieverständnis Beantwortung fanden und den Fokus der Beobachtung bildeten. Diese Fragen können nur durch eine tiefenhermeneutische Erschließung der existentiellen Bedeutsamkeit des Mutter-Kind-Paares füreinander beantwortet werden. Deshalb sind die psychoanalytischen Konzepte der präverbalen Entwicklungszeit, die die „Seinserfahrung" des Säuglings zu erfassen suchen, wie Winnicotts „Umweltmutter" oder Bions Container-Contained-Modell oder Bollas' „transformational object", – im Vergleich zur operational-experimentellen Forschung – von größerer Relevanz für das Verstehen intradynamischer Vorgänge in Säugling und Kleinkind.

Einen weiteren Beitrag der tiefenhermeneutischen Erfassung des Mutter-Kind-Dialogs liefert die Bindungsforschung, welche die Entwicklung von Bindungsstrukturen zu erfassen sucht. Auch sie macht von Freuds unbestreitbarer These Gebrauch, „daß das Unbewußte des einen auf das des anderen reagieren kann, ohne daß dies über das System Bewußtsein läuft", wenn sie zunehmend die „inneren Arbeitsmodelle" der Mutter und des Kindes – im Sinn von „theories of mind" – in ihre Erklärungsmuster miteinbezieht und damit Bedeutsamkeit sowohl für die Theorienbildung als auch für die klinische Praxis (Fonagy 1996) gewinnt.

6. Zur Technik der Kinderanalyse

6.1 Familiendynamik und Elternarbeit

Die Arbeit des Kinderanalytikers bezieht sich nicht nur ausschließlich auf das Kind, sondern auch auf die Beziehungsdynamik, die sich zwischen Eltern und Analytiker einstellt und die in die Analysestunden mit dem Kind hinein enorme Wirkung zeigt. Zum herausragenden Instrument der Reflexion und Analyse des familiendynamischen Beziehungsgeschehens, in das der Kinderanalytiker unausweichlich hineingezogen wird, wird die Gegenübertragung, d.h. das Gesamt der emotionalen, körperlichen und mentalen Reaktionen des Analytikers auf das Kind und seine Familie bzw. auf deren Versuche oder Nichtversuche der Beziehungsaufnahme, deren Agieren, deren Widerstände, deren narzisstische Kränkungen, Beschämungsgefühle und Schuldzuweisungen. Der Kinderanalytiker ist in ein multidimensionales Übertragungsnetz eingebunden, und die familiendynamisch orientierte Arbeit in den begleitenden Elterngesprächen muss dieses Netz z.B. heimlicher Bündnisse und Ausschließungen (Bauriedl 1980) sowie von Befürchtungen, der Analytiker könnte ein besserer Elternteil sein, entflechten, klären und durcharbeiten.

6.2 Die Bedeutung des Spiels und des „Spiel-Raums"

Das vortreffliche Medium, in welchem sich Kinderanalyse ereignet, ist das Spiel. Sein Mechanismus entspricht dem der freien Assoziation, dem des Phantasierens, des Traums und der Fehlleistung, mit den typischen Formen der Verdrängung, Verschiebung, Verdichtung, Symbolbildung, Identifikation und Rationalisierung. Aber es ist mehr. Spielen hat immer – latent oder manifest – einen sozialen Bezug. Es ist gleichsam der Niederschlag eines Beziehungsgeschehens bzw. – wenn es sich um Darstellung einer Kernszene handelt – eines Beziehungsschicksals. Für Winnicott ist jede zwischenmenschliche Kommunikation nur als Spiel denkbar (1978). Die Fähigkeit zu kommunizieren baut auf der Fähigkeit zur Empathie auf. Empathie ist die Form der Objektbezogenheit, die innerhalb der Dialektik, ein anderer zu sein und zugleich nicht zu sein, entsteht. Innerhalb dieses Kontexts (Winnicott würde sagen, „innerhalb des potentiellen Raums") spielt man mit dem Gedanken, der andere zu sein, gleichzeitig wissend, dass man es nicht ist. Auf diese Weise spielt z. B. auch der Jugendliche mit seinen Gedanken in Phantasien und Tagträumen. Gesundes Spielen und gesunde Kommunikation zeigen sich in der Beweglichkeit des „role-taking" bzw. in einer Art ständigen Fließens, die Gefühle und Gedanken des anderen zu imaginieren, mit Sinn und Bedeutung auszustatten und schließlich dafür Symbole und Metaphern zu erschaffen.

Das „spielerische In-Fluss-Sein" ist garantiert durch affektiv getragene körperlich-sinnliche, d.h. libidinöse Besetzungen und durch die Gestalt der inneren Beziehung des Selbst zu dem Selbst des anderen, des Objekts. Die im Spielen sich äußernde Illusion und Imagination, die die psychologische Dialektik zwischen Realität und Phantasie, zwischen Einssein und Getrenntsein, zwischen Innen und Außen, Ich und Nicht-Ich in einem „Als-ob"-Denken und -Fühlen aufrechterhalten, sind geprägt von den Spielerfahrungen, die eingebettet waren in die erfahrene Beziehung mit den Primärobjekten, d.h., sie sind immer interaktiv geformt und getragen.

In der kinderanalytischen Arbeit ist es eminent wichtig, die Entwicklung der Spielfähigkeit als Kommunikations- und Dialog- und damit als Beziehungsfähigkeit zu konzeptualisieren und ihre möglichen Hemmungen, Einschränkungen und Blockaden sowohl für diagnostische als auch behandlungstechnische Zwecke zu nutzen. Die Möglichkeit, sich für eine „Mobilität der Repräsentanzen" (Herzog 1995) zu öffnen, ist bei Kinder- und Jugendlichenpatienten eingeschränkt oder eingefroren, so dass ihre Pathogenese immer auch eine Deformation des Spiels oder gar Spielunfähigkeit bedeutet. Fonagy et al. (1995) konnten in einer empirischen Studie nachweisen, dass besonders bei „expansiven Störungen" mit maligner Aggressionsproblematik die Unfähigkeit zum „role-taking", d.h. über Gefühle und Gedanken des anderen nachzudenken, nur in der Herstellung einer intensiven therapeutischen Beziehung im Rahmen einer hochfrequenten Langzeitanalyse, in der der Prozess der Neuorganisation von mentalen Repräsentationen stattfindet, korrigiert werden kann.

Der „Spiel-Raum" der analytischen Situation und der in der Haltung einer „genügend guten Mutter" (Winnicott) fungierende, mitspielende Analytiker bieten die Gelegenheit zur Wiederinstandsetzung der Spielfunktion (was oft Grenzsetzungen bei überbordendem oder aggressiv-durchbruchartigem Spiel nötig macht). Dies geschieht durch die behandlungstechnischen Parameter: verändernde Wiederholung (vgl. die Fähigkeit des „dynamischen Gedächtnisses" zur Rekategorisierung beim Erinnern) und Durcharbeiten des „Erinnerten" mit Hilfe von Verwörtern des affektiven Beziehungsgeschehens, Neuformulierung und Deutung. Bei den – im weitesten Sinn zu verstehenden – affektgetragenen „Beziehungsspielen" zwischen Analytiker und Patient, konzentrieren sich die Interventionen und Deutungen des Kinderanalytikers auf die Innenwelt (Phantasie-, Gedanken- und Erlebnisebene) des Patienten im Hier und Jetzt, denken aber das lebensgeschichtliche Vergangenheitsunbewusste des Patienten und seine abwehrhaften Umarbeitungen mit.

6.3 Entwicklungsalter und Behandlungstechnik

Das Entwicklungsalter des Kindes bestimmt die Art, wie die emotiv-affektiven (Beziehungs-)Befindlichkeiten mit dem Patienten deutend erarbeitet und durchgearbeitet werden.

Geht man davon aus, dass es in der Behandlungstechnik darum gehen sollte, den Patienten die Fähigkeit zu lehren, sich selbst Deutungen zu geben, so stehen im Mittelpunkt der behandlungstechnischen Fragen zum Entwicklungsalter zwei Überlegungen: 1. – und das betrifft die alte Debatte um das Verhältnis von Spiel und Deutung in der Kinderanalyse – schafft das Kind im Spiel sich selbst Be-Deutungen, die es ihm ermöglichen, sich sein Leben zu erklären, und die nicht – ohne Wesentliches zu verzerren – in eine andere Sprache übersetzt werden können? und 2. wie kann/muss sich die Behandlungstechnik entsprechend des Entwicklungsalters an der Entwicklungslinie der Selbstreflexivität, der selbstreflexiven und objektreflexiven Empathie und der „Einsichtsfähigkeit“ (s. A. Freud 1979, Bd. X) orientieren.

- *Vorschulalter*

Im Vorschulalter bestimmen magisches Denken mit finaler Logik, Animismus und kognitivem Egozentrismus das Weltbild. Mit diesen Möglichkeiten ist das Kind – vorausgesetzt, es kann spielen – viel näher am Primärprozesshaften des Unbewussten dran als z. B. das Latenzkind, und sein Spiel kommt in der Regel einem selbstanalytischen Prozess mit Konfliktlösungsversuchen gleich, bei dem jede von außen kommende Intervention und explizite Deutung störend wirken und den phantasiespiel-vermittelnden Dialog abbrechen kann. J. Cohen (1988) vertritt gemäß den Ergebnissen der seit Jahren tagenden Arbeitsgruppe in New York („The many meanings of play in child psychoanalysis“) die Auffassung, dass die spielimmanenten „heilenden“ Kräfte (Zulliger) beachtet werden müssen und der Kinderanalytiker eine deutungsbehutsamere Haltung wahren und den Dingen mit mehr Geduld freieren Lauf lassen muss. Einer der wesentlichen Grundsätze kinderanalytischer Technik besteht darin, Deutungen nur im Idiom des Spielens anzubieten und auch dabei Zeitpunkt und Umstände sorgfältig abzuwägen.

- *Latenz*

Das Latenzkind empfindet große Lust, sich in und an anderen Welten, außerhalb der Familie, aber innerhalb einer speziellen Ethnie zu orientieren. Neue Sinnlichkeitsmodellierungen finden statt, neue Liebesobjekte und Identifizierungslieben innerhalb der peer group und der neuen Erwachsenenobjekte tun sich auf. Das Latenzkind vermag über Freundschaftsgefühle nachzudenken, sein soziales Verständnis, die Fähigkeit zur Perspektivenübernahme und sein Einfühlungsvermögen wachsen. In dieser oft als „ruhige Zeit“ beschriebenen Entwicklungszeit sind aber in Tiefenschichten Unruhe und Konflikte wegen der ersten vorsichtigen Trennungsschritte von den primären Liebesobjekten wirksam. Zur Konsolidierung der Ich-Identität entstehen deshalb z. B., meist geheim gehalten, „Familienroman“ und „Zwillingsphantasien“.

Die zunehmende kognitive Strukturierung ermöglicht ein neues reflexives Wissen über die Verschiedenheit von Ratio und Phantasie, von „Sozialwelt“ und „Privatwelt“, von magischen Vorstellungen und kausalem Denken. Das Verständnis für Metaphorisches, z. B. in Märchen und in Umschreibungen durch Sprache nimmt zu, so dass metaphorische Deutungen, die aufgrund ihres bildhaft-situativen Sensualismus dem affektiv-primärprozesshaften Denken sehr nahe stehen, nun ihre besondere analytische Wirkung haben können.

Alles zusammengenommen, präsentiert sich das Latenzkind als idealer Protagonist zur analytischen Mitarbeit. Wenn man davon ausgeht, dass die Wirksamkeit von zeitlich und inhaltlich gut abgestimmten Deutungen vornehmlich auf dem Beziehungskontext, in den sie eingebettet sind, beruht, so bietet das Entwicklungsalter der Latenz mit seinem gesteigerten libidinösen Interesse und seiner Aufmerksamkeit für neue Objekte den potentiellen Boden für eine „umwandelnde“ aktive Übernahme und Verinnerlichung der Deutungsarbeit aus Spiel und Gespräch.

- *Adoleszenz*

In der Adoleszenz nimmt die Differenzierung der reflexiv-empathischen Fähigkeiten nicht einfach kontinuierlich zu, sondern es ereignet sich ein Entwicklungssprung, ein „gestalt switch“, der die seelisch-geistigen Vorgänge auf eine völlig neue Ebene hebt (neurobiologisch ist die rechts- und linkskamerale Vernetzung zwischen „Affekt“ und „Bedeutung“ im Gehirn jetzt voll ausgereift). Eine herausragende Stellung nimmt das veränderte Zeitempfinden als eine reflexive Bewegung ein, die die gerade Linie der chronologischen Zeit in eine mehrdimensionale Landschaft bedeutsam erinnerter Erfahrungen umschreibt, also weitet und verdichtet und so erstmalig ein Bewusstsein eigener Geschichte schafft. Die psychische Organisation während der gesamten Adoleszenz ist in einem Zustand der Veränderlichkeit wie niemals zuvor oder später. Der Prozess der rekapitulierenden Selbstwahrnehmung, der sich häufig in Tagebüchern niederschlägt, entspricht durchaus dem „Erinnern, Wiederholen und Durcharbeiten" der klinisch-psychoanalytischen Praxis. In der selbstreflexiven Bewegung des „wer bin ich?" wird Forschen und Heilen bzw. durch Forschen heilende Wirkungen erzielen zum Junktim der Adoleszenz (Erdheim 1993).

Jedoch schützt sich das Ich des Adoleszenten in dieser Phase höchster Verletzlichkeit mit narzisstischem Rückzug und wechselnden narzisstischen Selbstkonfigurationen, so dass die neuen mentalen Errungenschaften wegen ihrer narzisstischen Selbstbezogenheit eingeschränkt sind und wenig Raum lassen für beziehungsgerichtete Reflexion. Zudem erhöht die Entwicklungsaufgabe der Lösung von den Eltern, die nicht ohne Aggression möglich ist, und die darauf gerichtet ist, Abhängigkeiten aufzugeben und Autonomie zu entwickeln, den Widerstand gegen die Entwicklung, das Verstehen und das Durcharbeiten der Übertragungsbeziehung. Auch zeigt die Erfahrung, dass die reflexiv-empathischen Fähigkeiten phasenweise selbst gehemmt und beeinträchtigt sein können, wenn ihr Gebrauch mit unerträglichem Schmerz oder Stress verbunden ist.

Klassische Widerstands- und Übertragungsdeutungen sind oft nur von begrenztem Nutzen, weil wir es mit entwicklungsbedingten Paradoxien zu tun haben und mit alterstypischen Widerständen, die für diese Zeit notwendig sind.

Um eine basale positive Übertragung zu ermöglichen und immer wieder zu sichern, muss in der Jugendlichenanalyse die ganze Palette modifizierter und u.a. durch die Parameter der Selbstpsychologie erweiterter Behandlungstechnik in flexibler Weise zum Tragen kommen. Das erfordert eine aktivere Haltung des Therapeuten durch gezielte beziehungsfördernde und bindungsgerichtete Interventionen (vgl. das „duale Modell" von Fonagy und Target 1995). Die adoleszente narzisstische Konstellation, die mit höchster libidinös-aggressiver Triebdynamik amalgamiert ist, gefährdet immer wieder die Kohärenz des adoleszenten Ichs und ruft besonders die Selbstobjektfunktionen des Therapeuten auf den Plan, sowohl auf der Ebene des Alter-Ego, des Idealisierungs- und des Spiegelungsbedürfnisses wie auch zur Spannungsregulierung und -kontrolle. Die beziehungsanalytischen Interventionen schaffen erst die Voraussetzungen im Ich des Adoleszenten für eine deutungsbezogene Arbeit, nicht im Sinn eines Erst-dann-Schemas, sondern immer wieder zur Restituierung des analytischen Prozesses und schließlich zur Instandsetzung der selbstanalytischen Fähigkeiten, zu denen der Adoleszente ja prädestiniert ist.

Literatur

Bauriedl, T. (1980). Beziehungsanalyse. Frankfurt/M.: Suhrkamp.

Blos, P. (1990). Sohn und Vater. Stuttgart: Klett-Cotta.

Bollas, C. (1987). The shadow of the object: Psychoanalysis of the unthought known. London: Free Association Books.

Brocher, T.H. und Sies, C. (1986). Psychoanalyse und Neurobiologie. Stuttgart: frommann-holzboog.

Cohen, D.J. (1988). Introductory remarks on „The many meanings of play in child psychoanalysis". The Bulletin of the Anna Freud Centre, Vol. 11, Part 2, 100ff.

Cohen, D.J. (1997). Child and adolescent psychoanalysis: Research, practice and theory. International Journal of Psycho-Analysis, 78, 499–520.

Cramer, B. (1990). Studie zur Interaktion. Der Beitrag der Eltern zur Psychopathologie des Säuglings. In J. Stork (Hg.), Neue Wege im Verständnis der allerfrühesten Entwicklung des Kindes (S. 219–233). Stuttgart: frommann-holzboog.

Cramer, B. (1993). Mother-baby interactions: In reality and in fantasy. Vortrag auf der Third International Psychoanalytic Association Standing Conference on Psychoanalytic Research. London.

Dornes, M. (1996). Margaret Mahlers Theorie neu betrachtet. Psyche – Z Psychoanal, 11, 989–1018.

Edelman, G.M. (1987). Unser Gehirn – ein dynamisches System. München: Piper.

Erdheim, M. (1993). Spätadoleszenz und Kultur. In M. Leuzinger-Bohleber und E. Mahler (Hg.), Phantasie und Realität in der Spätadoleszenz (S. 129–131). Opladen: Westdeutscher Verlag.

Erikson, E.H. (1970). Jugend und Krise. Die Psychodynamik im sozialen Wandel. Stuttgart: Klett-Cotta.

Flaake, K. und King, V. (Hg.) (1992). Weibliche Adoleszenz. Frankfurt/M.: Campus.

Freud, A. (1922–1980). Die Schriften der Anna Freud. 10 Bde. Frankfurt/M.: Fischer, 1987.

Fonagy, P. (1996). Das Junktim in der Kinderanalyse. Eine Fallstudie zur Beziehung von Forschung und Praxis. Forum der Psychoanalyse, 2, 93–109.

Fonagy, P. und Target, M. (1995). Kinderpsychotherapie und Kinderanalyse in der Entwicklungsperspektive: Implikationen für die therapeutische Arbeit. Kinderanalyse, 2, 150–186.

Gast, L. (1992). Libido und Narzißmus. Vom Verlust des Sexuellen im psychoanaytischen Diskurs. Tübingen: edition diskord.

Herzog, J.M. (1994). Spielmethoden in Kinderanalysen. In Pedrina et al. (Hg.), Spielräume. Begegnungen zwischen Kinder- und Erwachsenenanalyse (S. 15–34). Tübingen: edition diskord.

Herzog, J.M. (1995). Therapeutisches Vorgehen, neue Objektbeziehung und Änderung der Repräsentanzen. Forum der Psychoanalyse, 3, 189–200.

Hug-Hellmuth, H. (1920). Zur Technik der Kinderanalyse. Kinderanalyse, 1994/1, 9–27.

Jennings, J.L. (1990). Die „Dora-Renaissance". Psyche – Z Psychoanal, 5, 385–411.

Kernberg, O.F. (1997). Sexuelle Erregung und Wut: Bausteine der Triebe. Forum der Psychoanalyse, 2, 97–118.

Kernberg, O.F. and Chazan, S.E. (1991). Children with conduct disorders. A psychotherapy manual. New York: Basic Books.

King, V. (1997). Die Urszene der Psychoanalyse. Adoleszenz und Geschlechterspannung im Fall Dora. Stuttgart: Verlag Internationale Psychoanalyse.

Klein, M. (1920–1945). Gesammelte Schriften. Cycon, R. (Hg.), 1995. Stuttgart: frommann-holzboog.

Kreisler, L. (1990). Die Depression des Säuglings. In J. Stork (Hg.), Neue Wege im Verständnis der allerfrühesten Entwicklung des Kindes (S. 87–105). Stuttgart: frommann-holzboog.

Laufer, M. und M.E. (1989). Adoleszenz und Entwicklungskrise. Stuttgart: Klett-Cotta.

Lebovici, S. (1988). Fantasmatic interactions and intergenerational transmission. Infant Mental Health Journal, 9, 10–19.

Lebovici, S. et Weil-Halpern, F. (1989). Psychopathologie du bébé. Paris: Presses Universitaires de France.

Leuzinger-Bohleber, M. und Mahler, E. (Hg.). Phantasie und Realität in der Spätadoleszenz. Opladen: Westdeutscher Verlag.

Leuzinger-Bohleber, M. (1998). Ödipus und die „endlose", adoleszente Sehnsucht nach der „Abschaffung des Dunkels". Kinderanalyse, 2, 142–170.

Levin, F.M. (1991). Mapping the mind. The intersection of psychoanalysis and neuroscience. Hillsdale: The Analytic Press.

Lichtenberg, J.D. (1991). Psychoanalyse und Säuglingsforschung. Berlin: Springer.

Mertens, W. (1992, 1994). Entwicklung der Psychosexualität und der Geschlechtsidentität. 2 Bde. Stuttgart: Kohlhammer, 2. und 3. Aufl. 1996, 1997.

OPD-KJ (1998). Resch, Schulte-Markwort, Bürgin. Praxis der Kinderpsychologie und Kinderpsychiatrie, 6, 373–386.

Pine, F. (1990). Infant Research, the symbiotic phase, and clinical work: a case study of a concept. In F. Pine (1990), Drive, ego, object, and self (pp. 232–246). New York: Basic Books.

Pine, F. (1994). The era of separation-individuation. Psychoanalytic Inquiry, 14, 4–24.

Soulé, M. (1990). Das Kind im Kopf – Das imaginäre Kind. In J. Stork (Hg.), Neue Wege im Verständnis der allerfrühesten Entwicklung des Kindes (S. 20–80). Stuttgart: frommann-holzboog.

Stern, D.N. (1986). The interpersonal world of the infant. New York: Basic Books (dt.: Die Lebenserfahrung des Säuglings. Stuttgart: Klett-Cotta, 1992).

Stern, D.N. (1995). The motherhood constellation. An unified view of parent-infant psychotherapy. New York: Basic Books.

Stierlin, H. (1975). Eltern und Kinder. Frankfurt/M.: Suhrkamp.

Streeck-Fischer, A. (1994). Entwicklungslinien der Adoleszenz. Psyche – Z Psychoanal, 6, 509–528.

Stork, J. (Hg.) (1990). Neue Wege im Verständnis der allerfrühesten Entwicklung des Kindes. Stuttgart: frommann-holzboog.

Uexküll, T. von, Krejci, E. und Dornberg, M. (1996). Der Säugling und das Phantasieren. Psyche – Z Psychoanal, 11, 1019–1035.
Wallerstein, R. S. (1992). Final summary statement International Scientific Colloquium on the therapeutic process in child and adult psychoanalysis. Bulletin Anna Freud Centre, 15, 173–182.
Zero To Three (1994). Diagnostic classification: 0–3. Diagnostic classification of mental health and developmental disorders of infancy and early childhood. Arlington, VA: National Center for Clinical Infant Programs.
Winnicott, D.W. (1978). Vom Spiel zur Kreativität. Stuttgart: Klett-Cotta, 5. Aufl., 1989.

Körperbild, Körperschema, Körperselbst

von Reinhard Plassmann

body image, body scheme, body self – image du corps, schéma corporel, soi corporel

1. Zu den Begriffen

Eine der Besonderheiten der Körperselbstentwicklung liegt darin, dass Körperrepräsentanzen eine Doppelnatur haben. Sie enthalten die subjektiven Wahrnehmungen aus der Körperoberfläche und dem Körperinneren (das Körper-Sein: Der Leib in der Begrifflichkeit der phänomenologischen Psychiatrie) und sie haben immer auch eine Beimischung von Objektwahrnehmung dadurch, dass der eigene Körper mit den eigenen Sinnen wie ein äußeres Objekt wahrgenommen werden kann (das Körper-Haben). Diese Doppelnatur als Subjekt und Objekt wird sich dann auch in der psychischen Verwendung des Körpers zeigen, etwa wenn subjektive Körperwahrnehmungen dissoziiert und inkompatible psychische Inhalte zu Abwehrzwecken auf den Körper wie auf ein äußeres Objekt projiziert werden können.

Zusätzlich ist zu beachten, dass der Vorgang der Bildung von Körperrepräsentanzen sowohl einen inhaltlichen wie auch einen formalen, das heißt qualitativen Aspekt hat. Die Inhalte unterscheiden sich je nachdem, welchem entwicklungspsychologischen Niveau sie entstammen und in welcher individuellen Situation sie sich entwickelt haben. In formaler Hinsicht sind Körperrepräsentanzen psychische Zeichen, die sich aufgrund der Wahrnehmung des Körpers (als Subjekt und als Objekt) bilden. Betrachtet man Körperrepräsentanzen im semiotischen Sinn als Zeichen, so können diese Zeichen von qualitativ verschiedener Art sein. Es erscheint deshalb sinnvoll und notwendig, Körperrepräsentanzen nicht nur nach ihren Inhalten, sondern auch nach ihrer semiotischen Qualität zu beschreiben.

Die Gesamtthematik der Bildung von Körperrepräsentanzen unter inhaltlichem, formalem (semiotischem) und entwicklungspsychologischem Aspekt ist Gegenstand der sogenannten analytischen Körperpsychologie (Plassmann 1993).

2. Ideengeschichtlicher Hintergrund

Medizin hat sich naturgemäß immer über die Formulierung von Konzepten über den menschlichen Körper und seine Störungen definiert, seit der hippokratischen Humoralpathologie (Säftelehre) auf eine im heutigen Sinne wissenschaftliche, das heißt nicht mehr magisch-animistische Weise. Dies geschah über alle Stationen der Wissenschaftsentwicklung bis zum Ende des 19. Jahrhunderts im Rahmen eines positivistischen Ansatzes: der Körper wurde beschrieben, war Objekt, sein „Schatten" (von Uexküll), also die subjektive Wahrnehmung des Körpers, kam in der Wissenschaft nicht vor. Die wissenschaftliche Physiologie verstand den Körper als Maschine und kämpfte energisch gegen die Vorstellung nichtstofflicher Aspekte des Körpers, weil darin ein Rückfall in den frühen Animismus gesehen wurde.

Der Körper als Quelle subjektiver Wahrnehmungen und als psychisches Konstrukt war ohne eine Wissenschaft vom Unbewussten und ohne eine wissenschaftliche Entwicklungspsychologie noch nicht denkbar oder beschreibbar. Die Psychoanalyse hat diesen Reduktionismus der Aufklärung überwunden und eine bis heute anhaltende Entwicklung angestoßen, in welcher die dualistische Trennung von Körper und Geist sukzessive aufgegeben wird (s. Ellenberger 1973). Im Auseinanderbrechen der Medizin in einen biotechnischen und einen psychologischen Zweig erhält sich dieser Dualismus dennoch bis heute. Erst in jüngster Zeit formuliert sich deshalb eine integrierte Medizin, die den alten Dualismus überwindet. Sie entwickelt nicht nur integrierte Versorgungsstrukturen der klinischen Praxis, sondern auch eine eigene Metatheorie (von Uexküll 1994). Darin werden Prozesse der Zeichenbildung auf zellulärer wie auf psychischer Ebene als grundlegend für Lebensprozesse angesehen und werden mit den Begriffen der Semiotik beschrieben.

3. Klassische Auffassungen

Die begrifflichen Vorläufer der psychoanalytischen Beschäftigung mit Körperrepräsentanzen stammen aus der Neurophysiologie. Pick (1908) hatte den Begriff des Körperschemas eingeführt und dabei an Untersuchungen von Head angeknüpft. Beginn einer psychoanalytischen Körperpsychologie ist die psychoanalytische Sexualtheorie (Freud 1905d). In der Sexualtheorie wird die libidinöse Besetzung von Körperregionen als Organisator der psychosexuellen Entwicklung angesehen. In seiner Strukturtheorie von 1923 hat Freud die Ich-Entwicklung aus der Körperwahrnehmung abgeleitet: „Das Ich ist vor allem ein körperliches, es ist nicht nur ein Oberflächenwesen, sondern selbst die Projektion einer Oberfläche“ (Freud 1923b, S. 253). Freud hat später die Thematik der Körperbildentwicklung kaum weiter verfolgt, allerdings stand in seinem Modell der nacheinander libidinös besetzen erogenen Zonen von Beginn an ein entwicklungspsychologisches Phasenmodell im Mittelpunkt der Konzeptbildung.

4. Erweiterungen in der Begriffsentwicklung

In der weiteren Begriffsentwicklung dominiert zunehmend die Verwendung des Terminus „Körperselbst“ im Sinne der Definitionen Lichtenbergs. Das Körperselbst wird verstanden als Summe der zunächst diffusen Empfindungen von der Körperoberfläche und aus dem Körperinneren, die sich in der weiteren Entwicklung zu einem bewussten und unbewussten Bild des eigenen Körpers organisieren. Das Körperselbst gilt dabei als Subsystem des Gesamtselbst. Das Körperselbst als Summe der Körperrepräsentanzen und als Teil des Gesamtselbst entwickelt sich wie die menschliche Persönlichkeit überhaupt nicht aus sich selbst heraus, sondern in Beziehungen. Selbstvorstellungen und Objektvorstellungen entwickeln sich nur aneinander und in Bezug aufeinander, sie bilden ein dialektisches System (Lichtenberg 1978). Hinzu kamen ergänzende Begriffe für Übergangsstadien in der Entwicklung des Körperselbst, etwa die „Zwischenobjekte“ wie Milch, Sekret, Fäkalien, die gleichsam eine Brücke zwischen Körperselbst und Nichtselbst bilden oder die „Organ-Objekt-Bilder“, zusammengesetzt beispielsweise aus Brust, Lippen und Mundhöhle (Kestenberg 1971). Ebenfalls aus der Tradition Winnicotts stammt der Begriff vom Körper als Übergangsobjekt (Hirsch 1989).

5. Beiträge der psychoanalytischen Metapsychologien

Die von A. Freud (1936) begründete und von H. Hartmann formulierte Ich-Psychologie hat grundlegende Begriffe der Ich- und Selbstpsychologie eingeführt oder neu definiert. Das Ich wird als eine Instanz betrachtet, die durch seine Funktionen definiert ist. Das Ich ist die Summe aller Funktionen, von denen zwar viele, jedoch nicht alle bekannt sind. Das Selbst ist im Gegensatz zum Ich keine psychische Instanz, sondern eine psychische Dimension von dialektischem Charakter. Die Eigenschaft Selbst ist nur durch die Eigenschaft Nichtselbst definierbar. Vor dem Hintergrund der neuformulierten Ich-Psychologie war es dann die Gruppe um Heinz Hartmann, die sich zuerst mit dem Begriff des Körperselbst beschäftigt hat. Hartmann und Schilder definieren 1927 Körperschema als „jenes Bild des eigenen Körpers, welches in uns lebendig ist“ (S. 666). Schilder (1938) führt den Begriff „body image“ ein, womit er insbesondere die unbewussten und subjektiven Vorstellungen über den Körper meinte. Hoffer verwendet 1950 dezidiert den Begriff des Körperichs (body ego), welches sich im dritten Lebensmonat aus dem „Mund-Ich“ entwickelt durch Libidinisierung des Körpers als Werkzeug des Ichs. Er gibt sehr klare Hinweise auf Entstehungsweisen eines pathologischen Körperichs durch übermäßig starke Körperreize, retardierte Ich-Entwicklung oder Mangelversorgung durch die Mutter.

Die englische psychoanalytische Schule in der Tradition von M. Klein definiert den psychischen Entwicklungsprozess des Kindes durch die Eigenschaften eines Interaktionsprozesses, der durch die projektive Identifikation zwischen Kind und Mutter entsteht. In dieser Interaktion vollzieht sich in Kind und Mutter gemeinsam der Übergang von der paranoid-schizoiden zur depressiven Position. Bemerkenswert daran ist, dass die Positionen nicht durch Inhalte, Affekte oder Abwehrvorgänge, sondern durch eine qualitative Änderung des Denkens und Bewusstseins – also der Semiotik – definiert sind. Bion führt diesen Ansatz in seinem Containermodell fort. Dies hatte starke Einflüsse auf die Körperpsychologie. A. Green spricht von der Beziehung zum schlechten Objekt, in der psychisch unverarbeitete, intrusive Objektbilder entstehen, die an den Körper weitergereicht werden im Sinne eines „somatischen Ausschlusses“. McDougall greift ebenfalls Bions Ideen auf und formuliert ihr körperpsychologisches Konzept, in welchem Körpersymptome entweder anstelle psychisch-symbolischer Repräsentanzen auftreten („Verwerfung“) als rein physiologische, bedeutungslose Vorgänge, oder als Formen primitiver Symbolisierung („archaische Hysterie“, Küchenhoff 1995).

Im Konzept der Organwelten (Plassmann 1993) werden pathologische Inhalte des Körperselbst (tote Zonen, fusionäre Zonen, Spaltungszonen, narzisstische Zonen) definiert, die auf unterschiedlichem Symbolisierungsniveau auftauchen, etwa als sprachlose Autodestruktion ohne Bewusstsein, als Agieren in der Analyse oder als Sprachsymbol, welches nicht agiert werden muss. Für die Wechsel zwischen den Symbolisierungsniveaus werden im Konzept der Organwelten die Begriffe semiotische Regression und semiotische Progression eingeführt. Ursache dieser schweren Körperselbststörungen sind meist schwere traumatische Erfahrungen durch körperlichen Missbrauch.

Der Begriff der Projektion in den Körper bezeichnet einen Abwehrvorgang, in welchem sich die Patienten von inkompatiblen psychischen Inhalten befreien, indem sie den Körper wie ein äußeres Objekt verwenden, zur Deponie für psychisch Ungeklärtes machen und dabei die Pathologie des Körperselbst ständig vergrößern.

6. Interdisziplinäre Beiträge

Von wahrnehmungspsychologischer Seite interessant sind Piagets Beiträge zur Entwicklung der Raumvorstellung, auch in Bezug auf den eigenen Körper. Piaget (1937) führt ein Modell von drei qualitativ verschiedenen Dimensionen ein (die Dimension der linearen Reihenfolge, die Dimension der Gliederung in Innen und Außen, die Dimension des Umschlossenseins).

Das Biosemiose-Konzept Thure von Uexkülls integriert Biologie, Systemtheorie und Semiotik. Uexküll benutzt der Biologie entnommene Metaphern, indem er von den Ebenen des Vegetativen, Animalischen und Humanen spricht. Auf diesen Ebenen haben das Denken, das Bewusstsein und infolge dessen die Beziehungen zur Umwelt jeweils eine eigene charakteristische Beschaffenheit.

Das Modell des Funktions- und Situationskreises definiert diese qualitativ verschiedenen Arten des Denkens in einem Interaktionsmodell. Auf der vegetativen Ebene kann die Interaktion mit der Umgebung, das „Merken und Wirken" ganz ohne Bewusstsein, ohne Geschichtlichkeit und ohne Finalität als Regelkreis ablaufen. Auf der Ebene des Funktionskreises besteht bereits ein Bewusstsein, ein „Merken" des Geschehenen, es gibt jedoch noch keine Symbole, Bilder oder Repräsentanzen, keine Selbst- und Objektvorstellungen. Erst deren Auftauchen definiert den Situationskreis. Je nach betrachtetem Zeitpunkt der ontogenetischen Entwicklung lässt sich deshalb nach Uexküll zum Beispiel ein „Atemfunktionskreis" unmittelbar nach der Geburt oder in der Säuglingsphase ein „symbiotischer Funktionskreis" beschreiben. Die Aneignung des Körpers geschieht im Vorgang der „Propriozeption" (ein Ausdruck von Sherrington) durch Bildung und Interpretation von Zeichen. Der Körper als Signatum wird abgebildet von bestimmten Körpersignalen (Signans), die wiederum von der Psyche gelesen und interpretiert werden und so das Körperbild formieren (von Uexküll et al. 1994).

In der modernen Traumatherapie hat sich gezeigt, dass Traumaschemata (Gesamtmuster traumatischer Erfahrungen) immer auch körperlich repräsentiert sind. Zum Traumaschema kann die direkte Traumatisierung des Körpers gehören, wie bei Kriegstraumatisierten oder Unfalltraumatisierten, es kann sich auch um traumaassoziierte körperliche Reaktionen handeln, wie beispielsweise Muskelverspannungen oder vegetative Reaktionsmuster, wie Veränderungen der Durchblutung oder auch um komplexe Verhaltensmuster, die gleichsam eingebrannt sind im Körpergedächtnis, etwa eine Körperhaltung.

Literatur

Brähler, E. (1986). Körpererleben. Berlin: Springer.

Ellenberger, H. (1973). Die Entdeckung des Unbewußten. Bern: Huber.

Freud, A. (1975). Das Ich und die Abwehrmechanismen. München: Kindler.

Hartmann, H. und Schilder, P. (1927). Körperinneres und Körperschema. Zentralblatt für die gesamte Neurologie und Psychiatrie, 109, 666–675.

Hirsch, M. (1989). Der eigene Körper als Objekt. Berlin: Springer.

Hoffer, W. (1950). Die Entwicklung des Körper-Ichs. In G. und A. Overbeck (Hg.), Seelischer Konflikt – Körperliches Leiden (S. 185–191). Reinbek: Rowohlt, 1978.

Kestenberg, J.S. (1971). From organ-objekt imagery to self and object representations. In J.B. McDevitt and C.F. Settlage (Eds.), Separation-individuation. Essays in honor to Margaret S. Mahler (S. 75–99). New York: International Universities Press.

Küchenhoff, J. (1995). Der Körper und die Grenzen des Ichs. Forum der Psychoanalyse, 11, 239–249

Lichtenberg, J.D. (1978). The testing of reality from the standpoint of the body self. Journal of the American Psychoanalytic Association, 26, 357–383.

Piaget, J. (1937). Der Aufbau der Wirklichkeit beim Kinde. GW 2, Stuttgart: Klett.

Pick, A. (1908). Über Störungen der Orientierung am eigenen Körper (S. 1–19). Deutsche Psychiatrische Universitätsklinik, Prag.

Plassmann, R. (1989). Grundriß einer analytischen Körperpsychologie am Beispiel der Artefaktkrankheit. Fragmente, Schriftenreihe zur Psychoanalyse, 31, 59–79.

Plassmann, R. (1993). Organwelten: Grundriß einer analytischen Körperpsychologie. Psyche – Z Psychoanal, 47, 261–282.

Schilder, P. (1938). The image and appearance of the human body. New York: International Universities Press, 1950.

Uexküll, T. von (1994). Integrierte psychosomatische Medizin in Praxis und Klinik. Stuttgart: Schattauer.

Uexküll, T. von, Fuchs, M., Müller-Braunschweig, H. und Johnen, R. (1994). Subjektive Anatomie. Theorie und Praxis körperbezogener Psychotherapie. Stuttgart: Schattauer.

Konflikt *von Gerhard Schüßler*

Conflict – conflit

1. Definition

Konflikt beinhaltet das Zusammentreffen gegensätzlicher Positionen, den Widerstreit von Motiven, Wünschen, Bedürfnissen, Werten und Vorstellungen. Zu unterscheiden sind äußere und innere konflikthafte Belastungen, die in der Regel dem Menschen bewusst und einer Verarbeitung und Lösung zugänglich sind. Innere unbewusste Konflikte werden von der Psychoanalyse als konstitutiv für das menschliche Leben und als ursächlicher Faktor in der Entstehung von Neurosen angesehen werden.

Die Psychoanalyse betrachtet den Menschen als Konfliktwesen, dessen Leben geprägt ist durch die immer wieder neu sich aufwerfenden Gegensätzlichkeiten von Bedürfnissen, personalen und sozialen Lebensbedingungen und Normen. Der Konflikt wird zur Neurose, wenn bestimmte Minimalgrenzen der Befriedigung unterschritten werden, Techniken der Erlebnisverarbeitung (Abwehrmechanismen) versagen und Symptome entstehen.

Verinnerlichte innerseelische Konflikte als unbewusste Zusammenstöße entgegengesetzter Motivationsbündel finden ihren Ursprung in konflikthaften Beziehungserfahrungen. Das Vorhandensein innerer unbewusster zeitüberdauernder Konflikte ist an bestimmte Ich-strukturelle Voraussetzungen geknüpft, Konflikte und Struktur stellen nach heutigem Verständnis Pole einer klinischen Ergänzungsreihe dar.

2. Klassische Auffassung

Bei Freud stand der Konflikt von Anfang an im Mittelpunkt seiner psychoanalytischen Tätigkeit und Forschung. Freuds Anliegen war es, Neurosen nicht nur zu beschreiben und zu klassifizieren, sondern „sie als Anzeichen eines Kräftespiels der Seele (zu) begreifen, als Äußerung von zielstrebigen Tendenzen, die zusammen oder gegenseitig arbeiten. Wir bemühen uns um eine dynamische Auffassung der seelischen Erscheinungen“ (Freud 1916/17a, S. 62). „Ohne solchen Konflikt gibt es keine Neurose“ (Freud 1916/17a. S. 362). Das erste Konfliktmodell Freuds ging davon aus, dass ein Individuum von einem in einer traumatischen Situation entstandenen Affekt überwältigt wird und diesen Affekt mit den zugehörigen Gedanken und Vorstellungen verdrängt „bis ein Erlebnis, eine Vorstellung, eine Empfindung an ihr Ich herantrat, welches einen so peinlichen Affekt erweckte, daß die Patientin beschloß, daran zu vergessen, weil sie sich nicht die Kraft zutraute, den Widerspruch dieser unerträglichen Vorstellungen mit ihrem Ich durch Denkarbeit zu lösen“ (Freud 1895d, S. 61). Der Konflikt entsteht laut dieser Theorie durch die Behinderung der Affekt-Verarbeitung, der Art der Ich-Leistung, bestehend aus Vergessen und Unterdrücken und schließlich der pathologischen Reaktion darauf. In diesem frühen Modell stehen sich im Ich bestimmte Vorstellungen im Sinne der Unverträglichkeit einander gegenüber. Mit den Entwürfen und Ausformulierungen der Triebtheorie entwickelte sich auch die Konflikttheorie auf einem ständig wechselnden Hintergrund weiter. Konflikte wurden von Freud zu verschiedenen Zeiten in einem wechselnden theoretischen Rahmen dargestellt. Im ersten Entwurf der Triebtheorie nahm Freud Sexual- und Ich-Triebe an und der Konflikt wurde zwischen diesen beiden Triebgruppen gesehen: „Der Urkonflikt, aus welchem Neurosen hervorgehen, ist der zwischen den Ich-erhaltenden und den sexuellen Trieben. Die Neurosen entsprechen einer mehr oder weniger partiellen Überwältigung des Ichs durch Sexualität“ (Freud 1910i, S. 97). In den Weiterentwicklungen der Triebtheorie wurden die aggressiven Tendenzen den Ich-Trieben zugeordnet, „so daß Ich- und Sexualtriebe leicht in einen Gegensatz geraten können, der den von Hassen und Lieben wiederholt ..." (Freud 1915c, S. 231). In der letzten Formulierung der Triebtheorie sieht Freud einen Gegensatz zwischen Lebenstrieben (Eros) und Todestrieben. Mit der Einführung des Instanzenmodells – Es, Ich und Überich – konnte eine neue Sichtweise psychischen Konfliktes und der Modalitäten seiner Ausgestaltung erarbeitet werden. Konflikte sind nun Folge des Spiels der Kräfte zwischen den Systemen und erscheinen unter dem Gesichtspunkt des Gegensatzes zwischen Ich und dem Verdrängten. „Gemeinsame Ätiologie für den Ausbruch einer Psychoneurose .... bleibt immer die Versagung, die Nichterfüllung eines jener unbezwungenen Kindheitswünsche ..., diese Versagung ist im letzten Grunde immer eine äußere; im einzelnen Fall kann sie von jener inneren Instanz (im Überich) ausgehen, welche die Vertretung der Realitätsforderung übernommen hat. Der pathogene Effekt hängt nun davon ab, ob das Ich in solcher Konfliktspannung seiner Abhängigkeit von der Außenwelt treu bleibt und das Es zu knebeln versucht, oder es sich vom Es überwältigen und damit von der Realität losreißen läßt" (Freud 1924b, S. 390). „Die Übertragungsneurose entspricht dem Konflikt zwischen Ich und Es, die narzißtische Neurose zwischen Ich und Überich und die Psychose zwischen dem Ich und der Außenwelt" (Freud 1924b, S. 390). Der Konflikt ist also zu Beginn immer ein äußerer, der im Laufe der Entwicklung verinnerlicht wird und in einen innerseelischen Konflikt übergeht. Konflikte sind damit ein Element normaler seelischer Entwicklung. Unterschiedliche Konflikte erwachsen aus der stufenweisen Entwicklung der Libido bis hin zur klassischen ödipalen Konfliktsituation. Der Lebenszyklus wird damit vom ersten Tag unter dem Gesichtspunkt des Konfliktes und seinen Auswirkungen betrachtet. Konflikte spielen sich zwischen den drei großen psychischen Instanzen ab (intersystemische Konflikte), es sind aber auch Konflikte im Ich zwischen den verschiedenen Identifizierungen des Ichs möglich (intrasystemisch). Konflikte sind zum menschlichen Leben gehörig und nicht in jedem Falle pathogen, „man möchte wissen, unter welchen Umständen durch welche Mittel es dem Ich gelingt, aus solchen gewiss immer vorhandenen Konflikten ohne Erkrankung zu entkommen" (Freud 1924b, S. 391). Der pathogene Konflikt ist ein „Widerstreit zwischen Mächten, von denen die eine es zur Stufe des Vorbewussten und Bewussten gebracht hat, die andere auf der Stufe des Unbewussten zurückgehalten worden ist. Darum kann der Konflikt zu keinem Austrag gebracht werden ... eine wirkliche Entscheidung kann erst fallen, wenn sich die beiden auf dem selben Boden treffen" (Freud 1916/17a, S. 449). Zu diesem dynamischen Aspekt kommt noch der ökonomische Gesichtspunkt: „Wir müssen uns sagen, daß der Konflikt zwischen zwei Stellungen nicht losbricht, ehe nicht gewisse Besetzungsintensitäten erreicht sind, mögen auch die inhaltlichen Bedingungen längst vorhanden sein" (Freud 1916/1917a, S. 389). Der Konflikt bedarf einer Verstärkung, so dass er aktuell wird und diese Aktivierung die Verdrängung nach sich zieht (auslösende Situation).

3. Ideengeschichtlicher Hintergrund

Die Beschreibung des dynamischen Unbewussten ist eine der wesentlichen historischen Leistungen Freuds, wurzelt aber in einem breiten philosophisch-wissenschaftlichen Kontext, in dem die Idee des Unbewussten seit der Aufklärung immer mehr an Bedeutung gewonnen hatte (Ellenberger 1973). Diese dynamische Betrachtungsweise der Kräfte und Motive, die in Konflikt geraten und dabei zur Entstehung von Neurosen führen, ist mit die wesentlichste Aussage, die die Psychoanalyse von anderen Richtungen der Psychotherapie und Psychologie unterscheidet. Konflikt in seiner allgemeinen Formulierung als dem Zusammentreffen unterschiedlicher Positionen innerhalb einer Person ist in allen philosophischen Richtungen und psychotherapeutischen Schulen beschrieben und anerkannt. In der westlichen Kultur ist der Begriff „Konflikt" Allgemeingut geworden (Buchholz und Gödde 2005).

4. Wesentliche Erweiterungen, Differenzierungen und Modifikationen

Für die klassische psychoanalytische Position stand der Ödipuskonflikt im Mittelpunkt der Pathologie, zeitlich früher liegende und nachödipale Konflikte wurden vernachlässigt. Die traditionellen psychoanalytischen Konflikte wurden in ihrer Entstehung der psychosozialen, sexuellen Entwicklungsstufe zugeordnet und damit versucht, zu einer umfassenden Neurosenlehre mit spezifischer Beziehung zwischen Triebkonflikten und Psychopathologie zu gelangen (z.B. analer Konflikt, oraler Konflikt). Dieser Versuch muss heute als gescheitert angesehen werden, zumindest was die eindeutige Zuordnung von Konflikten zu einer Entwicklungsstufe anbelangt. Die grundlegenden Konfliktmuster wie Autonomie versus Abhängigkeit, Unterwerfung versus Kontrolle, Versorgung versus Autarkie, Überich und Schuldkonflikt, ödipaler Konflikt, Ich-Identitätskonflikte und Konflikte. die um Selbst- und Objektwert kreisen (OPD 1996), finden sich zwar vermutlich in gewissen Entwicklungskonstellationen gehäuft, sind jedoch sicher nicht für diese alleinig kennzeichnend.

Mit der Ausarbeitung der Ich-Psychologie und der Objektbeziehungstheorie trat die normale und pathologische Ich- und Überich-Entwicklung im Wechselspiel mit inneren und zwischenmenschlichen Objektbeziehungen zunehmend in den Vordergrund. Als Objektbeziehungen werden die Gesamtheit der phantasierten und in der Realität vorhandenen Beziehungen zu Menschen angesprochen. Beziehungen sind durch die von uns erfahrenen und phantasierten Interaktionen geprägt, diese interpersonellen Beziehungen verinnerlichen sich und wandeln sich in psychische Strukturen. Im Gegensatz zum Modell des Entwicklungskonfliktes (Symptom als Folge eines innerpsychischen Konfliktes) hat die Objektbeziehungspsychologie das Modell des Entwicklungsschadens erarbeitet. Es geht hierbei um die Auswirkungen früherer Konflikte, also im Wesentlichen um schwere Vernachlässigungen, Misshandlungen und Nichtberücksichtigungen kindlicher Grundbedürfnisse, die Entwicklung des Selbst, der Ich-Funktionen und der Objektbeziehungen.

Bei diesen strukturellen Störungen bestehen Defizite in der Entwicklung des Ichs und des Selbst, Defizite die dazu führen, dass klar abgegrenzte innerpsychische Konflikte mit dynamischer Wirksamkeit nur zum Teil bestehen. Zu der Ausgestaltung von unbewussten Konflikten ist folglich eine hinreichende strukturelle Entwicklung des Ichs, des Selbst und der Objektbeziehungen notwendig. Die Auffassung einer vollständigen Dichotomie zwischen Entwicklungsschaden einerseits und dynamischen Konflikten andererseits ist jedoch zu weitreichend, vielmehr ist davon auszugehen, dass strukturelle Defekte und dynamische Konflikte unterschiedliche Aspekte einer fortlaufenden Ergänzungsreihe komplexer Entwicklungsphänomene sind (Mentzos 1982). Dies erfordert ein mehrdimensionales Modell, das die innerpsychischen unbewussten Konflikte, die strukturelle Beschaffenheit des Ichs (Selbst) und die damit in Verbindung stehenden Abwehr- und Affektkonstellationen berücksichtigt (Mentzos 1982, OPD 1996).

Die Konzeptualisierungen der Objektpsychologie ermöglichen einen erweiterten Konfliktbegriff, indem trianguläre Beziehungsmodelle – jenseits der klassischen ödipalen Konfliktsituation – möglich sind: neurotische Konfliktbildungen sind in einem Beziehungssystem verinnerlichter Beziehungen entstanden und damit nicht mehr nur einseitig als innerseelische Prozesse zu sehen, sondern als verinnerlichte zwischenmenschliche Konflikte. Das Individuum wird damit zum aktiven Produzenten und nicht nur zum bloßen Schauplatz von Konflikten. Das objektbeziehungstheoretische Konfliktmodell benutzt als Grundelement die Interaktionserfahrung eines Kindes, die Selbstobjektbeziehungen, die in ihrer traumatischen Ausprägung oder ihrer Fehlentwicklung konfliktstiftend waren. In der Übertragung werden diese innerseelischen Konflikte als interaktionelle Darstellung des Patienten in der therapeutischen Beziehung wiederbelebt (Thomä und Kächele 2005). Innerseelische Konflikte zeigen sich darüber hinaus im zwischenmenschlichen Kontext und führen mittels komplexer Übertragungs- und Gegenübertragungsvorgänge zu interaktionell organisierten Formen des Konfliktes im Sinne der interpersonalen Abwehr oder der psychosozialen Kompromisslösung (Heigl-Evers und Heigl 1979).

5. Interdisziplinäre Beiträge und Befunde

Wesentliche Beiträge zur heutigen Ausgestaltung eines umfassenden Konfliktmodells haben die Affektpsychologie und die neuere Säuglings- und Kleinkindforschung (Stern 1985, Lichtenberg 1991) sowie die neurobiologische Forschung (Schüßler 2002, 2004) geliefert.

Alle psychischen Prozesse sind in ihrem Wesen unbewusst, d.h. der Mensch kann nicht verfolgen, auf welche Weise sein Gehirn arbeitet und wie Erinnerung oder Sprache entstehen. Die Informationsverarbeitung erfolgt in symbolischer (verbal und bildhaft) und subsymbolischer Verarbeitung, wobei nur die symbolische Verarbeitung unserem Bewusstsein zugänglich ist. Entsprechend dieser Informationsverarbeitungswege werden Informationsspeicher oder Gedächtnisuntergruppen als deklaratives (explizit) versus prozedurales (implizit) Gedächtnis unterschieden. Das deklarative Gedächtnis speichert Erinnerungen an Gesichter, räumliche Verteilung, verbale Erinnerungen, sowohl von allgemeinem Wissen als auch spezifischen persönlichen Ereignissen. Das implizite (prozedurale) Gedächtnis beinhaltet Verhaltensweisen oder Gewohnheiten, die wir unbewusst durchführen. Hierbei handelt es sich nicht um Verdrängtes, sondern um habituelle unbewusste Handlungsschemata. Unbewusste Konflikte umfassen also weit mehr als verdrängte Wünsche, Gefühle oder Vorstellungen (s.o.).

Die Erfahrungen unseres Lebens verdichten sich in immer wiederkehrenden interaktionellen Bezügen, von Beginn unserer Entwicklung (präsymbolische Zeit bis ins 4. Lebensjahr) über das ganze Erwachsenenleben. In diese Interaktionen gehen die bewussten und unbewussten Anteile des Objektes (der Beziehungs- und Interaktionspartner) wie auch des erlebenden Subjekts ein und prägen in der Folgezeit das weitere Erleben und Handeln des Individuums und die Konflikte.

Während Konflikt überwiegend unbewusste maladaptive kognitiv-emotionale Schemata umfasst, weist der Begriff der strukturellen Störung auf eine grundlegende Störung der kognitiv-prozedural-emotionalen Verarbeitung hin (zur Übersicht Schüßler 2002).

Literatur

Arbeitskreis OPD (Hg.) (1996). Operationalisierte psychodynamische Diagnostik. Bern: Huber.

Ellenberger, H.F. (1973). Die Entdeckung des Unbewußten. Bern: Huber.

Heigl-Evers, A. und Heigl F. (1979). Die psychosoziale Kompromißbildung. Gruppenpsychotherapie und Gruppendynamik, 14, 310–325.

Kernberg, O.F. (1985). Objektbeziehungen und Praxis der Psychoanalyse. Stuttgart: Klett.

Lichtenberg, J.D. (1991). Psychoanalyse und Säuglingsforschung. Berlin: Springer.

Mentzos, S. (1982). Neurotische Konfliktverarbeitung. München: Kindler.

Schüßler, G. (2002). Aktuelle Konzeption des Unbewußten – Empirische Ergebnisse der Neurobiologie, Kognitionswissenschaften, Sozialpsychologie und Emotionsforschung. Zeitschrift für Psychosomatische Medizin und Psychotherapie, 48, 192 – 214.

Schüßler, G. (2004). Neurobiologie und Psychotherapie. Zeitschrift für Psychosomatische Medizin und Psychotherapie, 50, 406–429.

Stern, D.N. (1985). The interpersonal world of the infant. New York: Basic Books.

Thomä, H. und Kächele H. (1988). Lehrbuch der psychoanalytischen Therapie, Band I u. II. Berlin: Springer, 2. überarb. Aufl., 2005.

Konstruktion – Rekonstruktion *von Helmut Hinz*

construction – reconstruction – construction – reconstruction

1. Definition

Der Begriff Konstruktion wird im Feld der Psychoanalyse neuerdings häufiger in einem weiten Sinn synonym mit Deutung oder Interpretation gebraucht. Ausgehend von der analytischen Situation, in welcher, im Rahmen eines definierten „setting", der Analysand zu „freier Assoziation" und der Analytiker zu „gleichschwebender Aufmerksamkeit" aufgefordert sind, erweist sich die „freie Assoziation" durch die unbewusste Phantasietätigkeit des Analysanden, d. h. durch seine unbewussten Interpretationen seiner inneren und äußeren Welt (in der analytischen Situation ist letztere der Analytiker) kodeterminiert und dadurch spezifisch und systematisch eingeengt. Der Patient eröffnet mittels seiner freien Assoziation dem Analytiker die Möglichkeit, diese Kodeterminanten, welche unbewussten Deutungs- und Konstruktionsmustern entsprechen, zu erraten und in Vermutungsschlüssen, d. h. Deutungen bzw. Konstruktionen zu verbalisieren. Solche Schlüsse bzw. Deutungen, die sich auf Widerstände gegen die freie Assoziation oder auf den verborgenen Sinn des Verhaltens, der Form und der Inhalte der Assoziationen beziehen können, gehören in der Regel zur Domäne des Analytikers und nicht primär zur Domäne des Analysanden. Dennoch kann gesagt werden, auch der Analysand deutet und konstruiert seinerseits seine Welt und seine Beziehungen fortlaufend gemäß seinen unbewussten Deutungsmustern oder Konstruktionsplänen. Da Gefühle Deutungen von Situationen sind und Situations-Deutungen Gefühlszustände erzeugen, gehört es zur Konstruktionskunst des Analytikers, diese aus Andeutungen in der Übertragungssituation zu erraten und gegebenenfalls als Widerstand gegen andere mögliche Konstruktionen zu deuten und dadurch zu dekonstruieren. In Ergänzung dazu scheint der Begriff Rekonstruktion häufiger dann Verwendung zu finden, wenn versucht wird, eine zusammenhängende hypothetische Darstellung eines Stückes nicht erinnerbarer Vergangenheit zusammenzutragen oder herzustellen, also verwandt mit genetischer Deutung. Wer in der psychoanalytischen Praxis der genetischen Deutung großen Raum gibt, glaubt wahrscheinlich auch an die Möglichkeit der Entdeckung oder das Finden sog. historischer Wahrheit und wird deren therapeutische Wirksamkeit hoch einschätzen. Er steht vermutlich einer Korrespondenztheorie der Wahrheit näher als die „Interpretationisten" und „Konstruktivisten", welche „Wahrheit" im „Dienste der Kohärenz des Selbst, die ... für die Gegenwart wie für die Zukunft des Subjekts unabdingbar ist" (Loch 1976, S. 885) erfinden oder konstruieren. Sie glauben nicht an eine „Korrespondenz zwischen den Tatsachen der Vergangenheit und den Behauptungen der Interpretationen" (ebd.), sondern an „interpersonellen Konsens, Richtigkeit im Sinne von Erhaltungs- und Wachstumsbedingungen, was eine situative wie geschichtlich bedingte Relativierung dieser „Wahrheiten" einschließt" (Eickhoff 1995, S. 449). Solche Wahrheiten, besser Wahrheitsperspektiven, sind an einer Lebenspragmatik orientiert, die nichts mit Utilitarismus und Beliebigkeit gemein hat.

2. Klassische Auffassung

Bevor Freud im Verlaufe seiner Forschung dazu gezwungen war, die Traumatheorie der Neurosenentstehung zu relativieren, glaubte er daran, dass sich aus den Assoziationen des Patienten ein spezifisches, für die Entstehung der Neurose wichtiges traumatisches Ereignis konstruieren oder rekonstruieren lasse, und er war zunächst überzeugt, es sei praktisch und theoretisch wichtig, sich an eine möglichst genaue und überzeugende Konstruktion oder Rekonstruktion solcher Ereignisse zu halten, selbst wenn diese so weit zurückliegen, dass eine tatsächliche Wiedererinnerung unwahrscheinlich ist. Freud wusste, dass es nur Erinnerungen an die Kindheit, jedoch keine Erinnerungen aus der Kindheit gibt. Auch heute noch gilt, dass der Rekonstruktion im Sinne einer genetischen Deutung, also dem Versuch, „ein wichtiges Segment der Vergangenheit zu formulieren“ (Moore und Fine 1990, S. 164), Bedeutung zukommt, um das Verständnis der analytischen Erfahrung zu vertiefen. Durch Freuds zentrale Entdeckung der großen Bedeutung der inneren Realität, also der Tätigkeit der Phantasie für die Neurosenentstehung und damit auch der Nachträglichkeit der Neurosenentstehung tritt die schwer zu denkende Wechselwirkung von innerer und äußerer Traumatisierung in den Mittelpunkt. Das hat behandlungstechnische Folgen. Zunehmend rückt die Wahrnehmung und deutende Erschließung der Aktualität des hic et nunc et mecum ins Zentrum der analytischen Aufmerksamkeit.

Insgesamt verwendete Freud den Begriff der Konstruktion mehr als viermal häufiger als den der Rekonstruktion (In Freud-Werken 236 Belege für Konstruktion, construction, konstruieren, Hilfskonstruktion usw. und 56 für Rekonstruktion usw., wobei sich, das sei angemerkt, in einer solchen Liste auch z. B. „Eisenkonstruktion“ findet). Er tauschte beide Begriffe gelassen gegeneinander aus; für ihn ist die Arbeit des Analytikers die „der Konstruktion oder, wenn man es so lieber hört, der Rekonstruktion“ (Freud 1937d, S. 45). „Er hat das Vergessene aus den Anzeichen, die es hinterlassen, zu erraten oder, richtiger ausgedrückt, zu konstruieren“ (ebd.). Aus den „Einfällen“, den „Anspielungen auf die verdrängten Erlebnisse“, aus der „Andeutung von Wiederholungen der dem Verdrängten zugehörigen Affekten ... innerhalb wie außerhalb der analytischen Situation“ und innerhalb meint das „Verhältnis der Übertragung, das sich zum Analytiker herstellt“, welches die „Wiederkehr solcher Affektbeziehungen“ begünstigt, aus diesem „Rohstoff – sozusagen – sollen wir das Gewünschte herstellen“ (ebd., S. 44). Eher beiläufig unterscheidet er zwischen „einzelner Konstruktion“, offenbar synonym mit Deutung, die nichts anderes sei als eine „Vermutung, die auf Prüfung, Bestätigung oder Verwerfung wartet“(ebd., S. 54) und einer Definition des Begriffes im engeren Sinne, „worin dem Analysierten ein Stück seiner vergessenen Vorgeschichte“ vorgeführt wird. Hierbei handelt es sich um eine „extensivere und distanziertere Bearbeitung des Materials durch den Analytiker ..., als dies bei der Deutung geschieht“ (Laplanche und Pontalis 1972, S. 268f.). Eine Garantie für die Richtigkeit der einzelnen Konstruktion oder Deutung bzw. der umfangreicheren Vorführung oder Konstruktion vergessener Geschichte als die „wahrscheinliche historische Wahrheit“ (Freud 1937d, S. 48) gibt es nicht. Die Reaktionen des Patienten auf eine Konstruktion, z. B. sein Ja“ oder sein „Nein“, „sind zumeist vieldeutig und gestatten keine endgültige Entscheidung. Nur die Fortsetzung der Analyse kann die Entscheidung über die Richtigkeit oder Unbrauchbarkeit unserer Konstruktion bringen“ (ebd., S. 52). Konstruktion ist für die Analyse „nur eine Vorarbeit“ (ebd., S. 47). „Der Weg, der von der Konstruktion des Analytikers ausgeht, sollte in der Erinnerung des Analysierten enden; er führt nicht immer so weit. Oft genug gelingt es nicht, den Patienten zur Erinnerung des Verdrängten zu bringen. Anstatt dessen erreicht man bei ihm durch korrekte Ausführung der Analyse eine sichere Überzeugung von der Wahrheit der Konstruktion, die therapeutisch dasselbe leistet wie eine wiedergewonnene Erinnerung. Unter welchen Umständen dies geschieht und wie es möglich wird, daß ein scheinbar unvollkommener Ersatz doch die volle Wirkung tut, das bleibt ein Stoff für spätere Forschung“ (ebd., S. 53).

3. Ideengeschichtlicher Hintergrund

Die wörtliche Übersetzung des lateinischen Wortes „constructio“ bedeutet Zusammenschichtung und Zusammenfügung. Gemäß dem historischen Wörterbuch der Philosophie taucht der Begriff erstmals bei Cicero im Sinne von Konstruktion eines Satzes auf. Bei den Griechen ist er allerdings schon wesentlich früher, wenn auch nicht explizit, als geometrische Konstruktion im Gebrauch, als ein „theoretisches Mittel zur Erweiterung der Erkenntnis". Sie ist z. B. nach Fichte unabdingbarer Bestandteil jeder Wissenschaft, nach Novalis begriffliche Fixierung der Anschauungen, ein Mittel, mit dem die Erfahrung geordnet wird.

Der Begriff der Rekonstruktion stellt sich erst an der Wende zum 19. Jh. ein, gewinnt im restaurierenden und rekonstruierenden „historischen" Jahrhundert soviel Gewicht, dass er ins Konversationslexikon einrückt. Kaum eine Wissenschaft will heute auf ihn verzichten. Rekonstruktion bezeichnet heutzutage sehr Verschiedenes: Erschließung von Phänomenen der Vergangenheit in Abgrenzung von Interpretation, aber andererseits gerade auch diese, das Verstehen und Auslegen von Texten; das hermeneutische Bemühen um den tatsächlich gemeinten Sinn von Aussagen, aber auch die Konstruktion des verpassten Sinnes in ihnen.

Zur weiteren Geschichte der Begriffe muss auf das historische Wörterbuch der Philosophie verwiesen werden. F. Nietzsche sei jedoch gesondert erwähnt, weil er nachdrücklich darauf verwiesen hat, dass alle Welterfassung interpretationsimprägniert ist, d. h. von konstituierenden, konstruierenden und rekonstruierenden Aktivitäten abhängig. Auch der Gedanke an eine „interpretationsfreie" externe (Rest-)Realität, der pragmatisch notwendig ist, steht bereits wieder im Rahmen eines Interpretationsmodells (s. Abel 1995 und Lenk 1995).

Auch Psychoanalytiker können sich aus jahrhundertealten Denktraditionen nicht leicht befreien. Bestimmte Bilder und einseitige Fixierungen stehen im Wege, z. B. die Vorstellung, dass zwischen „Tatsachen" und ihrer „Benennung" eine Korrespondenz bzw. Referenz entweder in unseren Köpfen, also mentalistisch, oder durch die Welt, also kausalistisch, bestimmt sei. Die mentalistische Auffassung kann in Relativismus münden, die kausalistische in Essentialismus (Abel 1995).

4. Wesentliche Erweiterungen, Differenzierungen und Modifikationen

Was S. Freud als „Stoff für weitere Forschung" (1937d, S. 53) oder laut H. Doolittle als „Basis für eine sehr gewichtige Philosophie" (1976, S. 49) bezeichnete, kann von heute aus als Vorausahnung des psychoanalyseinhärenten Konstruktivismus verstanden werden. Zu dieser weiteren Forschung hat W. Loch „ungewöhnlich viel beigetragen und nachgewiesen, wie ‚ein scheinbar unvollkommener Ersatz doch die volle Wirkung tut', indem er Freuds Verständnis von Konstruktion, das einer Korrespondenztheorie der Wahrheit verpflichtet blieb, ausgedehnt und u. a. die Unterscheidung von Rekonstruktion und Konstruktion aufgegeben hat" (Eickhoff 1996, S. 68). „Phantasien und Erinnerungen stellen keine entdeckte Wahrheit von historischem Charakter dar, sondern sind vielmehr Versuche, einen Sinn zu schaffen, um weiterleben zu können" (Loch 1976, S. 885 u. ebd.). Loch begründet in vier Schritten, warum im Sturz aller Werte nur das Psychische, synonym mit Bedeutung haben, übrig bleiben kann, nämlich als Folge 1. der dritten Ätiologie, d. h. der Nachträglichkeit der Neurosenentstehung (eine Erinnerungsspur wird nachträglich aufgeladen und erst dadurch traumatogen), 2. der mindestens dreifachen „Umschrift" (Freud) der Repräsentionen, d. h. der Transkription in drei verschiedenen Arten von Zeichen, 3. der Kontextabhängigkeit der Bedeutungserteilung an Erinnerungsbilder und 4. weil Sprache keinen Abbildcharakter hat (s. Loch 1988).

Wegen all dieser Faktoren ist dem Begriff Konstruktion der Vorzug zu geben. Deckerinnerungen, Erinnerungen, Phantasien, Deutungen, Übersetzungen können sämtlich als Synonyme des Begriffes der Konstruktion gebraucht werden. Obwohl es nun keinen Fixpunkt, keinen Haltepunkt mehr gibt, handelt es sich bei diesem methodisch verstandenen Interpretationismus oder Konstruktivismus um „nichts Willkürliches, die Wirklichkeit Verfehlendes, wie es der pejorative Gebrauch dieser Worte" (Eickhoff 1996, S. 67) nahelegt. Zum Schutz vor

Beliebigkeit, Vergewaltigung der Wirklichkeit, Megalomanie und Intropression von Theorie, d.h. um abzusichern, dass Sätze mit Wirklichkeit in Verbindung stehen, sind vier Punkte von zentraler Bedeutung: 1. die Abstinenz zweiten Grades des Analytikers, d.h. er macht den Versuch, Theorie, Gedächtnis, den Wunsch zu helfen und sogar den Wunsch zu verstehen, zurückzudrängen. 2. es gibt angeborene Schemata, die erste Gestalten konstruieren, die sodann als Situationsdeutung fungieren und über Umschriften zu psychischer Organisation (zu Bedeutungskomplexen) führen, die über Zwischenglieder in nicht-sprachlichen Phänomenen verankert sind. 3. die wichtige Verankerung des Deutungs- oder Konstruktionsvorganges in der ästhetischen Erfahrung, d.h. der emotional-sinnlichen Erfahrung der analytischen Situation mit der Interdependenz von Gegenübertragung und Übertragung und 4. der Begriff der strukturellen Isomorphie zwischen Gesagtem und Erlebtem, zwischen der gegenwärtigen und der Originalübertragung.

5. Interdisziplinäre Beiträge und Befunde

Gut vereinbar mit diesen komplexen Verhältnissen, die eben in der psychoanalytisch gewachsenen Theoriesprache beschrieben wurden, sind, wie bereits angeklungen, viele Erkenntnisse, die im Diskurs des radikalen Konstruktivismus (Roth 1987) und in der pragmatistischen Philosophie entwickelt wurden. Außerdem gibt es zahlreiche Verbindungen zur biologischen Erkenntnistheorie und zu den Theorien selbstreferentieller und autopoietischer Systeme. All dies kann hier nur angedeutet werden.

Seit durch Freuds Forschungen die innere Realität, d.h. die unbewusste Phantasie, denselben Rang erhalten hat wie die äußere Realität, war ein weiterer Weg geebnet für die Erkenntnis, dass die Unterscheidung zwischen innerer und äußerer Realität und die Idee der Unmittelbarkeit der Sinneserfahrung eine pragmatische, d.h. dem Überleben dienende Konstruktion unserer Seele darstellt. Die Vorstellung, die Psyche sei ein gegenüber den Umweltereignissen unmittelbar offenes System, beruht auf dem Irrtum, die sog. unmittelbare sinnliche Welterfahrung nicht als ein solches Konstrukt einer intern generierten kognitiven Welt zu begreifen (ebd., S. 240). Für den radikalen Konstruktivisten hat jedoch Denken und Vorstellen denselben Status wie Wahrnehmung, weil auch Wahrnehmung intern konstruiert wird (ebd.), es bleibt lediglich die Unterscheidung zwischen Selbst- und Fremdreferenz. Diejenigen Psychoanalytiker, die in der Projektion einen zentralen Mechanismus des Objektzuganges oder -zugriffs sehen, nähern sich dieser Denklinie stark an. Die innere Realität lässt sich zwanglos als System definieren, dessen eigene Zustände zirkulär interagieren, so dass jeder Zustand aus der Interaktion früherer Zustände resultiert. Ihre Zustandssequenzen sind nicht von außen steuerbar und dennoch bedeutet Selbstbezüglichkeit nicht Isoliertheit, vielmehr sind selbstbezügliche Systeme von außen beeinflussbar. Und dieser Einfluss geschieht wiederum nicht direkt, sondern entsprechend den internen Konstruktionen, also den intern generierten Bedeutungen. Genau dadurch erhält das System Psyche in seiner Beeinflussbarkeit seine Autonomie. Zur Frage der Prüfung der Verlässlichkeit der intern generierten Konstrukte sei erneut auf Gerhard Roth verwiesen. Ein wirklich isoliertes System könnte kein überlebensförderndes Verhalten zeigen, weil es in sich selbst erstarrt. Ein gegenüber der Umwelt wirklich offenes System ist z.B. ein Reflexsystem, es ist starr an seine Umwelt angekoppelt und ihr so ausgeliefert (ebd., S. 244). Nur ein semantisch selbstbezügliches Funktionssystem wie die Psyche konnte die Voraussetzungen schaffen für die kognitiven und emotionalen Fähigkeiten, welche der Mensch entfalten kann, einschließlich der Kommunikation. Wir wissen allerdings zunächst nicht, ob das, was wir entfalten, „der Mehrung des Lebens dient oder dessen Destruktion herbeiführen wird“ (Loch, zit. nach Nedelmann 1996, S. 50).

Literatur

Abel, G. (1995). Interpretationswelten. Gegenwartsphilosophie jenseits von Essentialismus und Relativismus. Frankfurt/M.: Suhrkamp.

Doolittle, H. (1976). Huldigung an Freud. Rückblick auf eine Analyse. Mit einer Einleitung von Michael Schröter. Berlin: Ullstein.

Eickhoff, F.-W. (1995). Versuch einer Würdigung des wissenschaftlichen Werkes Wolfgang Lochs. In J.-P. Haas und G. Jappe (Hg.), Deutungs-Optionen. Für Wolfgang Loch (S. 439–459). Tübingen: edition diskord.

Eickhoff, F.-W. (1996). Über den Konstruktivismus im Werk Wolfgang Lochs. In H. Henseler (Hg.), „... da hat mich die Psychoanalyse verschluckt". In memoriam Wolfgang Loch (S. 67–73). Tübingen: Attempto.

Laplanche, J. und Pontalis, J.-B. (1972). Das Vokabular der Psychoanalyse. Frankfurt/M.: Suhrkamp.

Lenk, H. (1995). Interpretation und Realität. Vorlesungen über Realismus in der Philosophie der Interpretationskonstrukte. Frankfurt/M.: Suhrkamp.

Loch, W. (1976). Psychoanalyse und Wahrheit. Psyche – Z Psychoanal, 30, 865–898.

Loch, W. (1988). Rekonstruktionen, Konstruktionen, Interpretationen: Vom „Selbst-Ich" zum „Ich-Selbst". Jahrbuch der Psychoanalyse, 23 (S. 37–81). Stuttgart: frommann-holzboog.

Moore, B. and Fine, B. (1990) (Eds.). Psychoanalytic terms and concepts. New Haven: American Psychoanalytic Association and Yale University Press.

Nedelmann, C. (1996). In memoriam: für Wolfgang Loch. In H. Henseler (Hg.), „... da hat mich die Psychoanalyse verschluckt" (S. 46–52). Tübingen: Attempto.

Roth, G. (1987). Erkenntnis und Realität: Das reale Gehirn und die Wirklichkeit. In S.J. Schmidt (Hg.), Der Diskurs des Radikalen Konstruktivismus (229–255). Frankfurt/M.: Suhrkamp.

Kontrollanalyse, Supervision *von Arno von Blarer*

control analysis, supervised analysis – psychanalyse contrôlée, psychanalyse sous contrôle

1. Definition

Ein Analytiker geht zu einem erfahreneren Kollegen mit einer Analyse, die er durchführt, in Supervision, entweder weil seine Ausbildung zum Psychoanalytiker verlangt, dass er eine psychoanalytische Kur (meistens drei Stunden pro Woche) regelmäßig (meistens wöchentlich) supervidiert, oder weil er in undurchsichtigen psychoanalytischen Situationen Rat braucht.

Supervisionen finden – nicht wie in der dyadischen psychoanalytischen Situation (Analytiker-Analysand als Koautoren) – immer mit drei Personen statt, wobei der jeweils Dritte in seiner Abwesenheit glänzt – der Analysand in der Supervision, der Supervisor als erfahrene Autorität in der psychoanalytischen Situation. Der Analysand ist mit seiner Repräsentanz vom Analytiker beschäftigt, der Analytiker mit seinem Bild vom Analysanden und dem hilfreichen „Super"-visor, dieser wiederum mit seiner Phantasie vom Analysanden und den Vorgängen zwischen den beiden. In der Supervision wie in der psychoanalytischen Situation begegnen sich zwei Menschen (wie überall auf der Welt) mit ihren jeweiligen persönlich gewachsenen Übertragungs- und Konfliktwiederholungs-Angeboten. Hierbei ist der „Analytiker bei seiner Arbeit" (nicht sein Patient) Mittelpunkt und Nabe der Supervision, auf die in der Supervision alles zentriert ist; die Annahme eines psychodynamischen, interaktionellen Spannungsfeldes immer vorausgesetzt.

2. Klassische Auffassung

Max Eitingon forderte 1923, Analytiker in Ausbildung sollten die von ihnen betriebenen Psychoanalysen in sogenannten „Kontrollanalysen" supervidieren lassen, in welchen nur die Technik des Analysierens in einer konkreten psychoanalytischen Situation gelehrt werden sollte. Persönliche Psychoanalyse und das Praktizieren von Psychoanalyse wurden so streng getrennt.

Vorteile: Ein streng aufs Theoretisch-Technische beschränktes Gespräch in ausbildungszentriertem Setting schien den Lehr- und Lernbedürfnissen von Supervisand und Supervisor am besten entgegenzukommen. Ersterer würde mit verschiedenen Arten, seine eigene Arbeit zu kontrollieren, und mit verschiedenen psychoanalytischen Ansichten und Techniken konfrontiert, die in der eigenen Analyse gemachten Erfahrungen würden relativiert, auch seien Supervisor wie Supervisand besser vor einer möglichen Betriebsblindheit geschützt. Später versuchte man die repressive Bedeutung des Begriffs „Kontrolle" zu mildern, indem man ihn durch die Bezeichnung „Supervision" ersetzte.

3. Wesentliche Erweiterungen, Differenzierungen und Modifikationen

Von S. Ferenczi und O. Rank wurde die Kontrollanalyse als organische Fortsetzung der Lehranalyse betrachtet. Der Auszubildende begann schon mit der Analyse eines Analysanden, während er selbst noch die Couch aufsuchte und benutzte seine Analyse, um seine besondere Beziehung mit seinem Analysanden und die eigenen Widerstände und Schwierigkeiten bei der Arbeit besser verstehen zu lernen. Des Auszubildenden Lehranalytiker war auf diese Weise auch sein erster Supervisor.

Vorteile: Der Analytiker des Kandidaten kannte denselben, seine Stärken, seine Schwächen und die seiner Begabung ziemlich gut. Die Budapester Methode zog also auf ihre Weise logisch durchaus mögliche Konsequenzen aus der Warnung Freuds (1910d, S. 108), der betont, „daß jeder Psychoanalytiker nur so weit kommt, als seine eigenen ... Widerstände es gestatten" und war der Ansicht, der Kandidat solle bei mindestens zwei Analytikern/Supervisoren eine kontinuierliche persönliche Entwicklung durchlaufen. Supervision wurde schließlich nach Eitingons Modell institutionalisiert und international zu einem „essential" der Ausbildung erklärt.

Das Schicksal der Supervision, eines psychoanalytischen Schulungsbetriebes also, ist bis heute durch den Konflikt zwischen „teach" und „analyze" gekennzeichnet (Fleming und Benedek 1983) und zieht sich wie ein Strang durch ihre Geschichte. Auf der einen Seite die Forderung, psychoanalytische Ausbildung bzw. Supervision sei im Wesentlichen als Lehrmeister-Lehrling-Verhältnis zu betrachten. Auf der anderen Seite: Supervision sei als Teil und Fortsetzung der persönlichen, endlichen/unendlichen Analyse des „Analytikers in Ausbildung" zu betreiben.

Den Befürwortern der institutionalisierten Ausbildung scheint das heutige „mainstream"-Modell praktikabler zu sein, weil/obwohl Supervisor (und/oder Analytiker) einer übergeordneten institutionellen Instanz Rechenschaft über die Eignung des Kandidaten ablegen. Damit ist vorerst die Kontrolle und Verwaltung der Ausbildung und damit der Berufsausübung der Psychoanalytiker institutionell verankert. Hierfür eignet sich das Budapester Modell vielleicht weniger.

4. Zur Beziehungsdynamik in der Supervision

Übertragung: Die obenzitierte Warnung Freuds zwingt zur Annahme eines potentiell kontraproduktiven Übertragungsangebots des Analytikers (Wiederholungs- und Übertragungs-Zwänge), mit denen dieser den psychoanalytischen Prozess und seine Interaktionen zusätzlich stören kann.

Gegenübertragung: Die eigentliche Revolutionierung des Begriffs „Gegenübertragung" wurde durch P. Heimann (1950), H. Racker (1954) u.a. ausgelöst. Alle auf den Analysanden bezogenen Gefühle des Analytikers wurden jetzt als Gegenübertragung verstanden. Gegenübertragung wurde quasi zur neuen technischen „via regia“ zum unbewussten Übertragungsangebot des Analysanden ernannt. Heimann wurde fehlinterpretiert, indem „Gefühle des Analytikers“ vielerorts zum unfehlbaren emotionalen „radar“ erklärt wurden, mit Hilfe dessen er sich wie auf einem inneren Monitor über Ort, Befindlichkeit und Intensität der Übertragung bzw. des Widerstandes seines Forschungsobjekts orientieren könne. „Gegenübertragung“ konnte solchermaßen missverstanden und missbraucht der Selbst-Täuschung des „objektiven“ Analytikers dienen. Die kränkende Ent-Täuschung durch ein so benanntes „Übertragungsangebot des Analytikers“ schien noch einmal gerettet; das Gespenst der „Intersubjektivität“ nochmals aus dem Sprechzimmer des psychoanalytischen „mainstream“ gebannt.

Dies ruft nach einem neuen operationalen Gegenübertragungsbegriff, der als essential des interpersonalen Feldes verstanden werden muss: Weil auch der Analytiker ein Übertragungsangebot mitbringt, stellt sich die Frage, wie dieses für den psychoanalytischen Prozess zwischen den jeweils konkreten Partnern produktiv sein kann. Seine Konfliktwiederholungs- und Übertragungsneigungen sind es, die es ihm ermöglichen, aufgrund seiner eigenen persönlichen Entwicklung, die er in seiner endlich-unendlichen Psychoanalyse durchgemacht hat, Übertragungsangebote des Analysanden zu beantworten. Dies vor allem dort, wo aus seinen Wiederholungszwängen Wiederholungsneigungen geworden sind, die ihm vorbewusst zur Verfügung stehen. Der Analytiker ist also dort besonders sensibilisiert, wo seine (bewusstseinsfähigen) Übertragungsneigungen ihm Gegenübertragungsreaktionen ermöglichen, mit denen er nun auf die unbewussten Übertragungs- und Verführungsangebote seines Analysanden reagiert. Wie der Kentaur ohne Pferdeleib ein Unding ist, ... so können gewissermaßen Gegenübertragungsreaktionen nur dort auftreten, wo Übertragungsneigungen vorbewusst schon scharren bzw. Aufmerksamkeit erheischen.

D.h. nur auf der, in einem endlichen/unendlichen psychoanalytischen Prozess gereiften bewusstseinsfähigen Gegenübertragungsneigung gedeihen die Gegenübertragungsreaktionen, die für den psychoanalytischen Prozess fruchtbar gemacht werden können. Dem Supervisor können sie u.a. vor allem dank der durch inneres/äußeres Setting ermöglichten Distanz vermehrt zur Verfügung stehen.

Analytiker wie Analysand, Supervisor und Supervisand sind immer wieder in der Lage, die jeweilige Situation realistisch einzuschätzen. Aber: Wesentliche Anteile des totalen Übertragungsangebotes des Analytikers wie des Supervisors entstammen deren Übertragungs-, Wiederholungs- und Interaktionsneigungen(-zwängen?). Ihre Gegenübertragungsreaktionen sind eine spezifische Antwort auf die unbewussten Bewegungen des jeweiligen Patienten und beziehen sich auf dessen Angebote im Hier und Jetzt.

Psychologischerweise reagieren auch Analysanden auf das unbewusst bestimmte Verhalten ihrer Analytiker mit Gegenübertragung und mit Gegenübertragungsreaktionen. Nur stehen ihnen diese als solche operational nicht gleichermaßen zur Verfügung.

In Supervisionen können nicht selten Fragen wie z.B. folgende, verhohlen oder unverhohlen, auftauchen: Wie kann Introspektion, Beachtung und Erforschung der Übertragung bzw. der Gegenübertragung des Therapeuten auch in der Supervision ermöglicht werden? Wie persönlich darf, soll, oder muss ein Supervisor mit seinem Supervisanden werden? Was, wenn dieser mit „seinem“, oder gar mit verschiedenen Analysanden, die ihn auf eine bestimmte Art irritieren, immer wieder auf ähnliche Schwierigkeiten stößt, er selber aber nicht in Analyse ist? Was, wenn sein Analysand ihn an eine nahe Beziehungsperson erinnert? Was, wenn die Konflikte des Supervisanden behufs narzisstischer Befriedigung zum zentralen Thema der Supervision werden? Jedenfalls besteht eine der Hauptaufgaben jeder Supervision prinzipiell darin, ein optimales inneres Gleichgewicht des Analytikers bei seiner Arbeit (gleichschwebende Aufmerksamkeit) zu erhalten bzw. herzustellen (vgl. auch Kasuistik in Blarer 1994).

Auch in der psychoanalytischen Supervision sollen Übertragungs- und Gegenübertragungsneigungen des Therapeuten (wie des Supervisors) bewusst gemacht und prozessorientiert eingesetzt werden, und gar nicht selten können auch Gegenübertragungsreaktionen des Analysanden für den aufmerksamen Analytiker hierfür hilfreich sein.

Literatur

Blarer, A. von (1988). Charakteranalyse eines Homosexuellen. Psyche – Z Psychoanal, 42, 849–873.

Blarer, A. von (1994). Gegenübertragung in der psychoanalytischen Supervision. Psyche – Z Psychoanal, 48, 425–453.

Blarer, A. von und Brogle, I. (1983). Der Weg ist das Ziel. In S.O. Hoffmann (Hg.), Deutung und Beziehung. Zur Theorie und Metatheorie der psychoanalytischen Technik (S. 71–85). Frankfurt/M.: Fischer Wissenschaft.

Fleming, J. and Benedek, T. (1983). Psychoanalytic Supervision. New York: I.U.P., 2nd ed.

Gorkin, M. (1987). The uses of countertransference. Jason Aronson lnc.: New York.

Gysling, A. (1995). Die analytische Antwort. Eine Geschichte der Gegenübertragung in Form von Autorenportraits. Tübingen: edition diskord.

Heimann, P. (1950). On countertransference. International Journal of Psycho-Analysis, 81–84.

Heimann, P. (1960/1964). Bemerkungen zur Gegenübertragung. Psyche – Z Psychoanal, 18, 483–494.

Jacobs, D., David, P. and Meyer D.J. (1995). The supervisory encounter. A guide for teachers of psychodynamic psychotherapy and psychoanalysis (S. 9–35, 139–163). New Haven: Yale University Press.

Klüwer, R. (1995). Agieren und Mitagieren – zehn Jahre später. Zeitschrift für psychoanalytische Theorie und Praxis, 45–69.

Mitchell, S.A. (1988). Relational psychoanalysis. An integration. London: Harvard University Press.

Müller, R. (1997). Psychoanalytische Therapie heute. Auf dem Weg zu neuen Konzeptionen ihrer Praxis. Vortrag vom 28.8.97 am Psychiatriezentrum Luzern Stadt.

Racker, H. (1968). Übertragung und Gegenübertragung. München: Reinhardt, 1978.

Urtubey, L. de (1994). Le travail de contre-transfert. Bulletin Societé Psychanalytique de Paris, No. 31.

Thomä, H. und Kächele, H. (1985). Lehrbuch der psychoanalytischen Praxis, Bd. I u. II. Berlin: Springer, 2. Aufl., 1992/1996.

Zeul, M. (1988). Supervision in der Ausbildung. Psyche – Z Psychoanal, 42, 406–417.

Korrigierende emotionale Erfahrung

von Wolfgang Milch

corrective emotional experience – expérience émotionelle corrigeante

1. Definition

Eine korrigierende emotionale Erfahrung ist als therapeutisches Substitut für vergangene Deprivationen zu verstehen. Durch diese neue Erfahrung des Patienten sollen im Hier und Jetzt der therapeutischen Situation alte emotionale Defizite repariert oder zumindest kompensiert werden. Dieses Konzept entwickelte Franz Alexander (1950, 1954, 1956) als Reaktion auf die klassische Technik, an der er kritisierte, dass Einsichten ohne affektive Reaktionen zu keiner Veränderung führen und dass eine völlig neutrale Haltung in der Praxis weder möglich noch wünschenswert ist.

2. Klassische Auffassung

Schon Breuer und Freud (1895) hielten die affektive Reaktion ihrer Patienten für notwendig, damit eine Erinnerung verändernde Wirkung zeigen kann. Ferenczi und Rank

(1924) hatten später mit ihrer „Aktiven Technik" der affektiven Antwort des Analytikers in der analytischen Situation größere Bedeutung beigemessen. Alexander und French führten den Begriff der korrigierenden emotionalen Erfahrung 1946 ein, um eine therapeutisch induzierte neue Erfahrungsebene von Analysanden zu kennzeichnen. Alexander hatte in einer lange stagnierenden Analyse beobachtet, dass diese wieder in Gang kam, nachdem er eine für den Analysanden überraschende Reaktion zeigte, die ganz im Widerspruch zu dem erwarteten Verhalten stand, welches wiederum dem Verhalten seiner Eltern in der Kindheit entsprach. Während es sich bei Alexander ursprünglich um eine Gegenübertragungsreaktion handelte, sollte aus dem anschließend entwickelten Konzept dem Analysanden durch eine bewusst intendierte Intervention eine korrigierende Erfahrung ermöglicht werden.

3. Wesentliche Erweiterungen, Differenzierungen und Modifikationen

Als korrigierende emotionale Erfahrung wird im therapeutischen Sprachgebrauch häufig eine Art supportiv-mitfühlende klinische Aktivität bezeichnet, mit der man Patienten zu helfen glaubt, indem ihnen Substitutionen für frühe Deprivationen ermöglicht werden sollen. „Eine Geschichte, in der ungenügend spiegelnde Antworten von Selbstobjekten in der Kindheit eine wichtige Rolle spielen, dient als Begründung dafür, besonders freundlich und gratifizierend zu sein, um im Hier und Jetzt wieder gut zu machen, was der Patient an Deprivationen während seiner frühen Entwicklung erleiden mußte" (Wolf 1996, S. 171). Danach wird auch Empathie fälschlicherweise als ein Vorgehen verstanden, um Patienten zu beeinflussen, statt zuzuhören und sich einzufühlen, um bestimmte Aspekte der inneren Erfahrung zu verstehen. Die korrigierende emotionale Erfahrung ist die bewusst beabsichtigte neue interaktive Erfahrung, durch die eine alte Erfahrung des Analysanden korrigiert werden soll. Dem Ausdruck haftet deswegen etwas Pädagogisches an, das im Widerspruch zu den analytischen Zielen steht. Auch ohne eine solche Korrektur machen Analysanden in ihren Behandlungen bekanntermaßen wichtige Erfahrungen, die nicht durch gezielte Haltungen oder Interventionen hervorgerufen worden sind. Zu diesen Erfahrungen zählt u.a. das Erleben der durch ein spezifisches Setting begrenzten Beziehung, das empathische Zuhören des Analytikers und auch die Erfahrung, durch die gemeinsame Arbeit sich vorbewusste Inhalte bewusst machen zu können und sich zunehmend den unerträglich scheinenden Konflikten zu stellen.

4. Die Bedeutung in verschiedenen psychoanalytischen Schulrichtungen

Mit dem Konzept der therapeutischen Allianz, das in den 50er Jahren von der Hauptrichtung der amerikanischen Psychoanalyse vertreten wurde, und das eng mit dem der therapeutischen Ich-Spaltung und der Bereitschaft des Patienten zu einem beobachtenden Ich verbunden ist (Sterba 1934), ist die latente Gefahr verbunden, die therapeutische Allianz als Ziel anzusehen, um den Patienten eine neue und korrigierende Objektbeziehung zur Verfügung zu stellen (Wallerstein 1990).

Von Melanie Klein (1962) wurde die Triebpsychologie zunehmend ergänzt durch eine Objektbeziehungstheorie, in der die aktuelle (triebbestimmte) Objektbeziehung zwischen Patient und Analytiker als wesentlicher therapeutischer Faktor angesehen wird. Auch Fairbairn (1958) sah Einsicht und Deutungsarbeit als untergeordnet im Vergleich zu den (erlebten) Objektbeziehungen an.

Kernberg (z.B. 1980) stellte eine Metapsychologie des Selbst und der Objektrepräsentanzen auf und konnte im Rahmen einer Objektbeziehungsperspektive verändernde Objekterfahrungen in einen basalen ichpsychologischen Rahmen einbetten. Für Treurniet (1995) liegt die Kunst jeder psychoanalytischen Arbeit in der richtigen Balance zwischen Deuten und Beziehung.

Die psychoanalytische Selbstpsychologie nach Kohut (1987) fand bei der Analyse narzisstischer und Borderline-Persönlichkeitsstörungen reale Defizite in der Kindheit. Diese Defizite können durch empathische Einstimmung verringert oder aufgehoben werden, indem der Analytiker als Selbstobjekt fungiert. Da die Selbstpsychologie darüber hinaus Einsichten und Werte weniger betont, wurde Kohut mit Alexander verglichen; gegen diesen Vorwurf verwehrten sich allerdings spätere selbstpsychologisch orientierte Analytiker (z.B. Basch 1981).

5. Interdisziplinäre Beiträge und Befunde

Erkenntnisse der Kleinkindfoschung haben die Bedeutung von realen Beziehungserfahrungen wie z.B. des Bindungsverhaltens hervorgehoben. Daraus ergeben sich Anregungen für das Verständnis der aus der therapeutischen Beziehung erwachsenden Veränderungen, wobei besonders nichtsprachlichen, impliziten Dimensionen der Kommunikation wichtige Bedeutung zukommt (z.B. Stern 1992). Insofern ist psychoanalytische Therapie immer „Etwas-Mehr" als Deutung. Intersubjektive Momente zwischen Patient und Analytiker („now-moments") schaffen neue Organisationen bei den interagierenden Personen und verändern die Beziehung zwischen ihnen.

Psychische Strukturen entstehen in einem Prozess wechselseitiger Interaktionsregulierung (Beebe und Lachmann 1994, 2004) und diese sind für ein stabiles Selbst von größerer Bedeutung als Konflikte. Insofern ist Selbstregulation eingebettet in eine Theorie der Intersubjektivität, die auch den psychotherapeutischen Prozess betrifft (Beebe et al. 2003).

Mitchell (2003) geht davon aus, dass das menschliche Bewusstsein ein interaktives Phänomen darstellt und sich Subjektivität immer im Kontext von Intersubjektivität entwickelt. Eine Interaktionshierarchie unterscheidet vier Ebenen der Bezugnahme: Das nicht-reflexive Verhalten, die affektive Durchlässigkeit, die Konfigurationen des Selbst-mit-dem-Anderen sowie den Modus der Intersubjektivität.

Neurophysiologische Erkenntnisse über „Spiegelneurone" erklären Fühlen und Mitfühlen-Können als Resonanzphänomene, die den Übertragungs- und Gegenübertragungsprozess bestimmen (Bauer 2005). Zwei wichtige Elemente der psychotherapeutischen Arbeitsmethode können durch die Spiegelneurone erklärt werden: Intuitives Verstehen der Stimmungen und Gedanken, über die der Patient selbst Bescheid weiß und über die er berichten kann sowie ein ergänzendes Verstehen derjenigen Sequenzen des Handelns und Empfindens, die der Patient – meistens aufgrund tief sitzender Ängste – nicht fühlen, nicht denken und nicht aussprechen kann.

Literatur

Alexander, F. (1950). Analysis of the therapeutic factors in psychoanalytic treatment. Psychoanalytic Quarterly, 19, 482–500.

Alexander, F. (1954). Some quantitative aspects of psychoanalytic technique. Journal of the American Psychoanalytic Association, 2, 685–701.

Alexander, F. (1956). Psychoanalysis and Psychotherapy: Developments in theory, technique, and training. New York: Norton.

Alexander, F. and French, T.M. (1946). Psychoanalytic therapy: Principles and application. New York: Ronald Press.

Basch, M.F. (1981). Selfobject disorders and the psychoanalytic theory: A historical perspective. Journal of the American Psychoanalytic Association, 29, 337–351.

Bauer, J. (2005). Warum ich fühle, was du fühlst. Hamburg: Hoffmann & Campe.

Beebe, B., Knoblauch, S., Rustin, J., Sorter, D. (2003). Symposium on Intersubjectivity in Infant Research and its Implications for Adult Treatment, Part 1. I. Introduction: A Systems View. Psychoanalytic Dialogues, 13, 743–776.

Beebe, B., Lachmann, F.M. (1994): Representation and internalization in infancy: three principles of salience. Psychoanalytic Psychology, 11, 127–165.

Beebe, B., and Lachmann, F.M. (2002). Infant Research and Adult Treatment. Co-constructing interactions (dt.: Säuglingsforschung und Erwachsenenbehandlung. Stuttgart: Klett-Cotta, 2004).

Breuer, J. und Freud, S. (1895). Studien über Hysterie. Wien: Deuticke.
Fairbairn, W.R.D. (1958). On the nature and aims of psychoanalytical treatment. International Journal of Psycho-Analysis, 39, 374–385.
Ferenczi, S. und Rank, O. (1924). Entwicklungsziele der Psychoanalyse. Wien: Internationaler Psychoanalytischer Verlag.
Kernberg, O.F. (1980). Internal world and external reality: Object relations theory applied. New York: Jason Aronson (dt.: Innere Welt und äußere Realität. Anwendungen der Objektbeziehungstheorie. Stuttgart: Verlag Internationale Psychoanalyse, 3. Aufl., 1997).
Klein, M. (1962). Das Seelenleben des Kleinkindes und andere Beiträge zur Psychoanalyse. Stuttgart: Klett.
Kohut, H. (1987). Wie heilt die Psychoanalyse? Frankfurt/M.: Suhrkamp.
Mitchell, S.A. (2000). Relationality. From Attachment to Intersubjectivity (dt.: Bindung und Beziehung. Auf dem Weg zu einer relationalen Psychoanalyse. Giessen: Psychosozial, 2003).
Sterba, R. (1934). The fate of the ego in analytic therapy. International Journal of Psycho-Analysis, 15, 117–126.
Stern D.N.(1985). Die Lebenserfahrung des Säuglings. Stuttgart: Klett-Cotta, 1992.
Stern D.N., Sander L.W., Nahum, J.P., Harrison, A.M., Lyons-Ruth, K., Morgan, A.C., Bruschweiler-Stern, N. und Tronick E.Z. (2002). Nicht-deutende Mechanismen in der Psychoanalytischen Therapie. Das „Etwas-Mehr" als Deutung. Psyche – Z Psychoanal, 56, 974–1006.
Treurniet, N. (1995). Was ist Psychoanalyse heute? Psyche – Z Psychoanal, 2, 49, 111–140.
Wallerstein, R.W. (1990). The corrective emotional experience: Is reconsideration due? Psychoanalytic Inquiry, 10, 288–324.
Wolf, E.S. (1996). Theorie und Praxis der psychoanalytischen Selbstpsychologie. Frankfurt/M.: Suhrkamp.

Krankheitsgewinn *von Harald J. Freyberger*

gain from illness – bénéfice de la maladie

Der Begriff des Krankheitsgewinns versucht auf verschiedenen Ebenen die intrapsychischen, interpersonellen und (psycho-)sozialen Vorteile zu erfassen, die für ein Individuum mehr oder weniger bewusst aus einem Symptom, einer Störung oder Erkrankung resultieren können. Neurosenpsychologisch stellt das Konzept des Krankheitsgewinns einen entscheidenden Baustein innerhalb des Konfliktmodells dar. Danach führt der durch eine aktuelle Lebenssituation reaktualisierte unbewusste Konflikt über einen unzureichenden Lösungsversuch, der über den Krankheitsgewinn modelliert wird, zum neurotischen Symptom. Das Konzept nimmt dabei nicht nur Bezug auf psychische, sondern auch auf körperliche Symptome und Erkrankungen, die zum Gegenstand neurotischer Erlebnisverarbeitung werden können. In der psychiatrischen Nosologie hat sich das Konzept z.T. unter Außerachtlassung psychoanalytischer Modellvorstellungen u.a. unter den deskriptiv verwendeten Begriffen der Begehrensneurose und der Rentenneurose niedergeschlagen. Hier wurde vielfach die Vorstellung vertreten, dass es sich um zweckbedingte Fehlhaltungen bzw. um „psychogene Wunsch- und Zweckreaktionen" handele.

Freud differenzierte, wie eine Vielzahl späterer Autoren zwischen primärem und sekundärem Krankheitsgewinn:

Unter *primärem Krankheitsgewinn* wird der unbewusste Gewinn zusammengefasst, den der Betroffene subjektiv aus dem Symptom oder der Störung zieht. Dabei werden einerseits Mechanismen wirksam, die der intrapsychischen Spannungsverminderung und Konfliktvermeidung dienen, so dass das Symptom als Kompromissbildung eine suboptimale, aber subjektiv entlastende Lösung darstellt („Flucht in die Krankheit"). Obgleich das Symptom einen erheblichen Schweregrad erreichen und mit einem hohen Ausmaß an Leidensdruck verbunden sein kann, repräsentiert es über die Entschärfung des intrapsychischen Konflikts eine für den Betroffenen vergleichsweise ökonomische Form eines Selbstheilungsversuchs.

Andererseits können unter dem Begriff des primären Krankheitsgewinns dem bewussten Erleben nicht oder nicht hinreichend zugängliche Vorteile und Modifikationen bezeichnet werden, die das Symptom im Hinblick auf die interpersonellen Beziehungen mit sich bringt. Gemeint sind damit nicht nur Aspekte, die sich allein auf intrapsychische, sondern auch auf interpersonelle Konflikte zurückführen lassen.

Der *sekundäre Krankheitsgewinn* wird vom primären dadurch abgegrenzt, dass er nachträglich als zusätzlicher Gewinn bei einer bereits bestehenden Erkrankung oder Störung auftritt und weniger intrapsychische bzw. libidinöse Kompromissbildungen bereitstellt als vielmehr interpersonelle und psychosoziale. Der Begriff erfasst damit die objektiven und nicht die subjektiven Vorteile.

Im multiaxialen System der Operationalisierten Psychodynamischen Diagnostik (OPD) wird der Begriff des sekundären Krankheitsgewinns unter dem Aspekt des Krankheitserlebens und der Behandlungsvoraussetzungen breiter gefasst:

„Gemeint ist ein (unbewusster oder bewusster) Gewinn sozialer Vorteile des Patienten aus seiner Krankheit oder deren Folgen. Dieser drückt sich z. B. durch häufigere Krankschreibungen, verlängerte Krankenhausaufenthalte, häufige Kuren, Schonzeiten und Vermeidung von Aspekten des normalen Arbeitsalltages aus. Patienten mit einem hohen sekundären Krankheitsgewinn tendieren im Vergleich zu anderen Patienten mit derselben Symptomatik zu einem stärkeren Vermeidungsverhalten gegenüber Anforderungen im oben genannten Sinn" (Arbeitskreis OPD 1996, S. 107).

Im Bereich des Krankheitserlebens und der Behandlungsvoraussetzungen wird damit das Konzept des Krankheitsgewinns stärker an Modellvorstellungen angelehnt, die im Zusammenhang mit der Copingforschung entwickelt wurden. Der mit dem Krankheitsgewinn realisierte Abwehrprozess dient demnach primär der intrapsychischen Regulation (Affektverarbeitung) und das Coping wäre stärker mit der realitätsnahen und problemlösenden Anpassungsaufgabe befasst. Die angemessene Abwehr bedrohlicher, die Integrität des Selbst gefährdender Affekte oder Erfahrungen stellt damit die Voraussetzung dafür dar, dass ein Individuum sich in einer konstruktiven Weise mit den mit der Erkrankung verbundenen Anforderungen auseinandersetzen kann (Coping, Bewältigung).

Literatur

Arbeitskreis OPD (Hg.) (1996). Operationalisierte Psychodynamische Diagnostik (OPD). Grundlagen und Manual. Bern: Huber.

Laplanche, J. und Pontalis, J.-B. (1972). Das Vokabular der Psychoanalyse. Frankfurt/M.: Suhrkamp.

Kreativität *von Rainer M. Holm-Hadulla*

creativity – créativité

1. Definition

In Meyers großem Lexikon wird der erst im 20. Jahrhundert gebräuchliche Begriff Kreativität definiert als „Fähigkeit, produktiv zu denken und die Ergebnisse dieses Denkens, v.a. originell neue Verarbeitungen existierender Informationen, zu konkretisieren". Diese kognitive Definition enthält nicht mehr das, was in der Etymologie des Wortes Kreativität mitschwingt: Zeugung und Schöpfung sowohl im körperlichen als auch im mythisch-kulturellen Sinne. In der Psychoanalyse wird sowohl diese ursprüngliche Kreativität bedacht, wie auch Bestimmungen der kreativen Persönlichkeit und Faktoren des kreativen Prozesses.

2. Klassische Auffassung

In seiner Traumdeutung entdeckt Freud (1900a) Mechanismen – Verdichtung, Verschiebung, Rücksicht auf Darstellbarkeit und sekundäre Bearbeitung –, die aus den latenten Traumgedanken den manifesten Trauminhalt erschaffen. Diese Gestaltungsprozesse können als kreative Leistungen aufgefasst werden, obwohl Freud diesen Begriff nicht verwendet. Als Vermittlung von Primär- und Sekundärprozess, Unbewusstem und Bewusstem, spielen sie auch für die Originalität des Witzes (1905c) und der künstlerischen Gestaltung (s.u.) eine besondere Rolle.

Einerseits war Freud zurückhaltend, die Traumarbeit und Phantasietätigkeit mit schöpferischen Leistungen – wie dies z.B. im Surrealismus extensiv vorgenommen wurde – zu vergleichen oder gar gleichzusetzen. Andererseits sieht er Ähnlichkeiten von kindlichem Spiel, erwachsenem Phantasieleben und dem Tun des Künstlers: „Vielleicht dürfen wir sagen: Jedes spielende Kind benimmt sich wie ein Dichter, indem es sich eine eigene Welt schafft" (1908e, S. 213). Der Unterschied von kindlichem Spiel und Phantasieren des Erwachsenen besteht darin, dass das Kind „seine imaginierten Objekte und Verhältnisse gerne an greifbare und sichtbare Dinge der wirklichen Welt" anlehnt (S. 214). Freud steht dem Spiel jedoch ambivalent gegenüber. Zunächst dient es dazu, „sich dem Drucke der kritischen Vernunft zu entziehen" (1916–17a, S. 141). Andererseits betont Freud, dass das Spiel nicht ausschließlich im Dienste des Lustprinzips stehe, sondern auch zur Bewältigung der Realität dienlich sei: „Beim Kinderspiel glauben wir erst zu begreifen, daß das Kind auch das unlustvolle Erlebnis darum wiederholt, weil es sich durch seine Aktivität eine weit gründlichere Bewältigung des starken Eindruckes erwirbt, als beim bloß passiven Erleben möglich war" (1920g, S. 36). In dieser Hinsicht können auch die Phantasien der Erwachsenen wie die Ergebnisse wissenschaftlicher und künstlerischer Bemühungen realitätserhellende Gestaltungen sein. Jede produktive und kreative Tätigkeit dient neben der Realitätsbewältigung auch der Gestaltung unbewusster Triebregungen. Freud (1930a) wählt hierfür den Begriff der Sublimierung.

Die Psychoanalyse Freuds trägt vieles zum Verständnis von beeinträchtigter Produktivität und Kreativität bei, indem sie z.B. Schuld- und Schamkonflikte verstehen lernt. Eine Erklärung der kreativen Begabung komme ihr jedoch nicht zu. Sie kann nur versuchen, „aus der Aufeinanderbeziehung der Lebenseindrücke, zufälligen Schicksale, und der Werke des Künstlers seine Konstitution und die in ihr wirksamen Triebregungen, also das allgemein Menschliche an ihm, zu konstruieren" (1925d, S. 91). Aber letztlich kann die Analyse „nichts zur Aufklärung der künstlerischen Begabung sagen und auch die Aufdeckung der Mittel, mit denen der Künstler arbeitet, der künstlerischen Technik, fällt ihr nicht zu" (a.a.O., S. 91). Trotz dieser Einschränkungen lässt sich für den kreativen Prozess aus Freuds Schriften folgern, dass die meisten Menschen fähig sind, innovatorische Phantasien zu produzieren und dass Alltagsbewältigung, Traum- und Phantasieleben und jede produktive Tätigkeit eine schöpferische Seite hat. Bei Kunstwerken und bedeutenden wissenschaftlichen und kulturellen Leistungen handelt es sich darüber hinausgehend um Gestaltungen, die im Gegensatz zu subjektiven Phantasien allgemeingültig werden.

Fasst man den Begriff Kreativität sehr weit, indem man, wie viele Vertreter der modernen Psychoanalyse (s. u.), gelungener Lebensgestaltung ein kreatives Moment zubilligt, so kann man schon die Freud'sche Psychoanalyse als Lehre unterdrückter Kreativität im gesellschaftlichen und persönlichen Bereich auffassen. Ihr Ziel ist es, die persönliche Liebes- und Arbeitsfähigkeit zu befördern und individuelles und gesellschaftliches Destruktionspotential zu mindern (Freud 1920g, 1930a).

3. Ideengeschichtlicher Hintergrund

Exemplarisch wird die Idee des kreativen Menschen in der Genieästhetik des achtzehnten und neunzehnten Jahrhunderts ausgearbeitet. Auch heute wird der Begriff „Genie" bei überragenden Leistungen auf politischer, wissenschaftlicher, künstlerischer und ethisch-moralischer Ebene angewandt. Im Hintergrund klingt der lateinische Genius an, der in der römischen Religion die Frau und Mann innewohnende göttliche Kraft zum Gebären und Zeugen bezeichnet. In der Renaissance wurde das Genie, das sich durch Originalität und Spontaneität auszeichnet, zum Inbegriff menschlicher Selbstverwirklichung. Im Gegensatz zur Renaissance findet sich bei Kant der Geniebegriff eingeengt auf das künstlerische Schaffen. Demgegenüber betont Gadamer (1960), dass es empirisch-psychologisch nicht gerechtfertigt sei, den großen Erfindern und Entdeckern im Bereich der Wissenschaft und Technik diese Bezeichnung vorzuenthalten.

Der geniale Mensch wird wie Goethes Prometheus, sei er Künstler, Wissenschaftler oder Politiker, zum Schöpfer seiner Welt: „Schaffe Menschen nach meinem Bilde, ein Geschlecht das mir gleich sei, zu lachen, zu leiden, zu weinen und zu freuen sich und Dein nicht zu achten wie ich." Mit diesem Aufschwung erwirbt der Mensch aber auch Leid und Ausgesetztsein. In der Moderne wird nun auch der Alltagsmensch zu dieser Kreativität erhoben und verdammt. Jeder Tag wird so zur Aufgabe (Sartre) und Sysiphos wird zum Leitmotiv (Camus). Die in der Geistesgeschichte reflektierten existentiellen, kreatives menschliches Dasein betreffenden Fragen, finden sich auch in den folgenden Erweiterungen und Modifikationen der Freud'schen Psychoanalyse angesprochen.

4. Wesentliche Erweiterungen, Differenzierungen und Modifikationen

Den existentiellen Mangel, der im Zentrum wesentlicher Konzeptionen der Moderne steht, wählt J. Lacan (1949) zum Ausgangspunkt menschlicher Kreativität. Ein „manque primordial", eine ursprüngliche Zwietracht des Menschen mit seiner Natur, die in der Vorzeitigkeit seiner Geburt begründet sei, bestimmt seine Existenz. Seine Unzulänglichkeit überspringt das Menschenkind durch eine kreative Antizipation: Die Wahrnehmung seiner Gestalt im Spiegelstadium. Das Spiegelstadium ist nun ein Spezialfall der allgemeineren Funktion der „Imago", „die darin besteht, daß sie eine Beziehung herstellt zwischen dem Organismus und seiner Realität – oder, wie man zu sagen pflegt, zwischen der Innenwelt und der Umwelt" (Lacan 1975, S. 66). Lebenswirklichkeit muss beständig wiedergefunden und hergestellt werden.

M. Klein (1955) schließt an Freuds Sublimationstheorie an. Neben konstitutionellen Faktoren ist für sie der Grad der genitalen Aktivität, der der Sublimierung zugeführt werden kann, bedeutungsvoll. Daneben ist für die Kreativität des kulturell bedeutsamen Schaffenden die Art seines Umganges mit der Urszene, der Reichtum von damit verbundenen Phantasien von großer Bedeutung. Diese Gedanken finden sich später ausgestaltet z. B. bei O. Kernberg (1994). M. Klein betont den Zusammenhang zwischen Kreativität und tiefen, frühen Ängsten. Schöpferische Impulse werden begünstigt durch die „depressive Position" und damit einhergehende Wünsche, ein durch destruktiven Angriff verletztes Objekt wieder herzustellen oder neu zu schaffen. Wesentliches Hindernis von Kreativität ist destruktiver Neid. H. Segal (1991) setzt die Überlegungen Kleins fort, wenn sie herausstellt, dass die Kreativität eng mit der psychischen Erfahrung der depressiven Position verbunden ist. Eine Quintessenz der kleinianischen Kreativitätstheorie ist, dass Kreativität der Bewältigung destruktiver Regungen dient und eine integrierte Erfahrung von Wirklichkeit durch Symbolbildung ermöglicht. Hier schließt W. Bion (1992) an, wenn er sich auf die von M. Klein konzeptualisierte projektive Identifikation stützt und sie als Urform menschlicher Kommunikation begreift. Schon der Säugling macht durch das Erleben psychischer Qualitäten Erfahrungen, die seine Welt ordnen. Begünstigt durch die Interaktion mit seiner Mutter wird der Säugling in den Stand gesetzt, protomentale Gedanken und nicht symbolisiertes Reales in Material für unbewusstes und bewusstes Denken zu verwandeln. So beginnt Erfahrung im Zusammentreffen angeborener Schemata mit geeigneten Sinneseindrücken. Dies sei ein Grundmodell für Denken und schöpferische Tätigkeit. Besonders D.W. Winnicott (1971) geht von einer „primären Kreativität" aus. Er spricht von Kreativität als Tönung der gesamten Haltung gegenüber der äußeren Realität. Kreativität gehört zum Lebendigsein: Sie kennzeichnet eine Grundeinstellung des Individuums zur Realität. Diese Kreativität kann durch schwere psychische Traumen in der frühen Kindheit, z. B. sensorische Deprivation von Säuglingen, oder im späteren Leben, z. B. durch Folter und Konzentrationslager, zerstört werden. Den kreativen Impuls selbst könne man nicht erklären, aber es sei hilfreich zu untersuchen, warum eine kreative Lebensweise und das Gefühl eines Menschen, dass das Leben real oder sinnvoll ist, verlorengehen könne. D.W. Meltzer (1988) spezifiziert diese Konzepte, wenn er kreative psychische Gestaltungsprozesse – Sprache, Traum, Phantasie – als unerlässlich zur Reizverarbeitung darstellt. Ein „ästhetischer Konflikt" entstehe, wenn sinnliche Erfahrungen aufgrund destruktiver und neidischer Regungen nicht kreativ gestaltet werden können. C. Bollas (1993) spricht von einem geradezu biologischen Bedürfnis zur Repräsentation, d. h. zur psychischen Gestaltung zunächst unverdaulicher Ereignisse. Er sieht in der Traumarbeit ein Modell für kreatives Denken. Die Traumarbeit „denkt nicht, rechnet nicht oder urteilt in irgendeiner Weise, sie beschränkt sich darauf, den Dingen eine neue Form zu geben" (Bollas, a. a. O., S. 83). Auch für H. Kohut (1976) ist die kreative Auseinandersetzung mit der Innen- und Außenwelt ein elementares Geschehen, das in einer fördernden Umgebung archaischen in gesunden Narzissmus transformiert. Differenziert wird der Zusammenhang von Narzissmus und Kreativität auch von B. Grunberger (1978) und J. Chasseguet-Smirgel (1981) bearbeitet.

5. Die Bedeutung des Begriffs in verschiedenen psychoanalytischen Schulrichtungen

In verschiedenen psychoanalytischen Schulrichtungen besteht Übereinstimmung, dass Kreativität ein allgemeinmenschliches Potential ist. Bedingungen und förderliche Faktoren für Kreativität kann man in Anlehnung an S. Arieti (1980) schulenübergreifend folgendermaßen zusammenfassen: Eigenständigkeit und Fähigkeit, allein zu sein; gezieltes Tagträumen und assoziatives Denken; Flexibilität und Offenheit gegenüber Neuem; Begeisterungsfähigkeit. Diese Bedingungen werden nur erfüllt sein, wenn der Schaffende auch in Verbindung mit seinen lebensgeschichtlichen Erfahrungen ist, die dem Leben Struktur und Kontinuität verleihen. Zu diesen eher primärprozesshaften Momenten treten Aufmerksamkeit und Beharrlichkeit als sekundärprozesshafte Eigenschaften des Produktiven und Kreativen hinzu. Das Aufgehen im kreativen Prozess erfordert eine integrierte Innenwelt, die die Sicherheit verleiht, dass man nach dem „Außer-sich-Sein" auch zu sich zurückfindet. Im Horizont der Genie-und-Wahnsinn-Diskussion (Lombroso 1864, Eissler 1983) ist zusammenzufassen, daß eine gewisse Offenheit gegenüber Leid und Verzweiflung für den kreativen Prozess hilfreich sein kann. Andererseits ist es eher unwahrscheinlich, dass eine ausgeprägte oder gar chronische psychische Krankheit, wie z.B. bei Hölderlin, die Kreativität befördert (s. Peters 1982).

Selbstverständlich spielen auch kulturelle Bedingungen für die Entwicklung von Kreativität eine große Rolle. So zeigt S. Arieti, dass z.B. die jüdische Kultur besonders „kreativogen" sei. S.L. Gilman (1997) rückt das Trauma der Shoah ins Zentrum des postmodernen Verständnisses des Kreativen.

Dem psychoanalytischen Prozess selbst eignet ein kreatives Moment, das aus verschiedenen psychoanalytischen Perspektiven beschrieben worden ist (s. Holm-Hadulla 1997).

6. Interdisziplinäre Beiträge und Befunde

Künstler selbst sehen ihre Kreativität häufig im Zusammenhang mit leidvollen Erfahrungen. So schreibt Tolstoi in seinem Tagebuch: „Der Dichter nimmt vom Leben das Beste und gibt es seinem Werk. Deswegen ist sein Werk so schön und sein Leben so schlecht" (zit. n. Matussek, S. 17). Picasso war einer heftigen Angst ausgeliefert, wenn er Schaffensimpulse nicht realisieren konnte (Olivier 1933). Der Soziologe N. Elias (1991) arbeitet exemplarisch bei Mozart ein starkes Liebesbedürfnis heraus, das für die Ausbildung des Talents zur Meisterschaft von großer Bedeutung ist.

Aus Sicht der kognitiven Psychologie lassen sich in Anlehnung an I.P. Guilford (1967) fünf Faktoren der Kreativität isolieren: Originalität, Flexibilität, Sensitivität, Flüssigkeit und Nonkonformismus. Sie bestehen darin, Gegenstände neu und originell zu erkennen (Originalität), sie auf ungewöhnliche Art zu gebrauchen (Flexibilität), neue Probleme zu sehen (Sensitivität), vom gewohnten Denken abzuweichen (Flüssigkeit) und aus der Norm fallende Ideen auch gegen den Widerstand der Umwelt zu entwickeln (Nonkonformismus). Bei der kreativen Persönlichkeit wird besonders die Autonomie hervorgehoben. Im kognitiven Bereich zeichnet sie sich durch Feldunabhängigkeit, Komplexität und Aufgeschlossenheit für neue Erfahrungen aus (Oerter 1971). Psychodynamische Autoren, z.B. P. Matussek (1974) und V. Kast (1987), schließen sich der kognitionspsychologischen Klassifikation des kreativen Prozesses an. Es wird eine Vorbereitungsphase beschrieben, wo das Problem formuliert wird, es folgt eine Inkubationsphase, wo es beiseite gelegt wird und einer gewissen Eigengesetzlichkeit überlassen wird, um anschließend in der Illumination als plötzliche Einsicht gelöst zu sein. Abgeschlossen wird der kreative Prozess durch die Verifikationsphase. Viele kreative Wissenschaftler berichten über solche Phasen. In der wissenschaftlichen Kreativität wird der Überprüfung von Hypothesen eine zentrale Rolle zugewiesen (Eysenck und Keane 1995). Dies ist sicher ein elementarer Unterschied zur künstlerischen Kreativität, wo es nicht darum geht, Hypothesen so zu untersuchen, dass sie auch falsifizierbar sind, sondern um Gestaltgebung, die in sich stimmig ist und ihren Wert darin findet, dass sie anderen „etwas zu sagen hat".

Aus psychoanalytischer und motivationspsychologischer Sicht ist zusammenzufassen, dass kreative Persönlichkeiten neben ihrem Talent eine gewisse Ambivalenz- und Frustrationstoleranz besitzen. Sie müssen Unsicherheit und gespannte Erwartung ertragen und dabei arbeiten können. Zweitens müssen sie, während sie sich dem kreativen Prozess überlassen, eine gewisse Entfernung vom eigenen Selbst ertragen können. Künstler und Wissenschaftler teilen immer wieder mit, dass etwas Drittes, sei es der göttliche Funke, die Schönheit der Erkenntnis oder ein Dämon in ihnen wirkt. N. Elias resümiert, dass das Phantasieren und Gestalten, wie es in persönlichen Träumen und Handlungen des Kreativen zum Ausdruck kommt, „den Eigengesetzlichkeiten des Materials zu unterwerfen und damit ihre Produkte, von den ausschließlich ich-bezogenen Schlacken zu reinigen ist" (1991, S. 80).

Um sich dem „Material“ – Worten, Farben, Tönen, Gedanken und Phantasien – unterwerfen zu können, ist es notwendig, dass die Schaffenden in ihrem „Außer-sich-Sein“ sich nicht verlieren. An diesem Punkt scheitern auch große Kreative. Die Psychoanalyse kann dann hilfreich sein, ihr Selbstgefühl und ihre Beziehungen zu anderen zu fördern, ohne den kreativen Impuls zu verlieren (s. Holm-Hadulla 2005).

Literatur

Arieti, S. (1980). New psychological approaches to creativity. Contemporary Psychoanalysis, 16, 287.

Bion, W.R. (1992). Lernen durch Erfahrung. Frankfurt/M.: Suhrkamp.

Bollas, C. (1993). Being a character. Chatham: Kent.

Chasseguet-Smirgel, J. (1981). Das Ichideal. Frankfurt/M.: Suhrkamp, 2. Aufl., 1995.

Eissler, K.R. (1983). Goethe – Eine psychoanalytische Studie. Basel: Stroemfeld/Roter Stern.

Elias, N. (1991). Mozart. Frankfurt/M.: Suhrkamp.

Eysenck, M.W. and Keane, M.T. (1995). Cognitive Psychology. Sussex.

Gadamer, H.G. (1960). Wahrheit und Methode. Ges.Werke Bd. I. Tübingen: Mohr, 5. Aufl., 1986.

Gilman, S.L. (1997). Who's creative. International Journal of Psycho-Analysis, 78, 601–606.

Grunberger, B. (1976). Vom Narzißmus zum Objekt. Frankfurt/M.: Suhrkamp.

Guilford, I.P. (1967). The nature of human intelligence. New York: McGraw-Hill.

Holm-Hadulla, R.M. (1997). Die psychotherapeutische Kunst. Göttingen. Vandenhoeck & Ruprecht.

Holm-Hadulla, R.M. (2005). Kreativität – Konzept und Lebensstil. Göttingen: Vandenhoeck & Ruprecht.

Kast, V. (1987). Krise als Chance. Olten: Walter.

Kernberg, O.F. (1994). Liebe im analytischen Setting. Psyche – Z Psychoanal, 48, 808–826.

Klein, M. (1955). Envy and gratitude. New York: Basic Books.

Kohut, H. (1976). Narzißmus. Frankfurt/M.: Suhrkamp.

Lacan, J. (1949). Schriften I. Frankfurt/M.: Suhrkamp, 1975.

Lombroso, C. (1864). Genio e follia. Pavia.

Matussek, P. (1974). Kreativität als Chance. München: Piper.

Meltzer, D. (1988). The apprehension of beauty. Worchester: Billing und Sons.

Oerter, R. (1971). Psychologie des Denkens. Donauwörth: Auer.

Olivier, F. (1933). Picasso et ses amis. Paris: Stock.

Peters, U.H. (1982). Hölderlin. Reinbek: Rowohlt.

Segal, H. (1991). Dream, phantasy and art. London: Routledge.

Winnicott, D.W. (1971). Vom Spiel zur Kreativität. Stuttgart: Klett-Cotta, 8. Aufl., 1995.

Kultur(theorie, -kritik) *von Ludger van Gisteren*

culture (theory of, criticisme of) – culture (théorie de la, critique de la)

1. Definition

Die Freud'sche Theorie und Kritik der Kultur entwickelte sich aus der klinischen Praxis. Die Tatsache, dass Schriften, die sich mit Fragen der Kultur, Masse, Religion, Kunst und Literatur beschäftigen, fast die Hälfte seines Gesamtwerks umfassen, zeigt, wie sehr Freud daran interessiert war, die psychoanalytische Methode auf das Gebiet der Kultur zu übertragen. Bereits in der „Lösung des Rätsels der Hysterie“ erkannte Freud einen Konflikt zwischen sexuellen Wünschen und kulturellen Normen, dessen Untersuchung er in seinen späteren Arbeiten, „Totem und Tabu“ (1912–13a), „Massenpsychologie und Ich-Analyse“ (1921c), „Die Zukunft einer Illusion“ (1927c), „Das Unbehagen in der Kultur“ (1930a) und „Der Mann Moses und die monotheistische

Religion" (1939a), beständig vertiefen und radikalisieren wird: von der Kritik der herrschenden kulturellen Sexualmoral (1908a) bis hin zu der Erkenntnis eines unaufhebbaren Widerspruchs zwischen Individuum und Kultur und einer entschiedenen Parteinahme gegen den Krieg. „Wir sind Pazifisten", heißt es in dem berühmten Briefwechsel mit Einstein, „weil wir es aus organischen Gründen sein müssen" (1933b, S. 25).

Wie die Sozialwissenschaften die Gesellschaft, so begreift Freud die Kultur als „alles das, worin sich das menschliche Leben über seine animalischen Bedingungen erhoben hat und worin es sich vom Leben der Tiere unterscheidet" (1927c, S. 323). Sie umfasst alle „Einrichtungen, die notwendig sind, um die Beziehungen der Menschen zueinander ... zu regeln". Kultur ist für Freud ein System der Selbsterhaltung im Austausch mit der Natur und in der Organisation der Beziehung der Menschen untereinander. Die Kultur ist auf Triebverzicht aufgebaut, jeder ist „virtuell ein Feind der Kultur" (1927c, S. 327). Denn „das Programm, welches uns das Lustprinzip aufdrängt, (ist) nicht zu erfüllen" (1930a, S. 441), die Kulturentwicklung beruht auf einer Kompromissbildung zwischen Triebwünschen und Kulturanforderungen. Für den Fortbestand einer Kultur ist es daher entscheidend „ob und wieweit es gelingt, die Last der den Menschen auferlegten Triebopfer zu verringern, sie mit dem notwendig verbleibenden zu versöhnen und dafür zu entschädigen" (1927c, S. 328). Neben einer anthropologischen Grundlegung enthält die Freud'sche Kulturtheorie eine implizite Machttheorie, Hypothesen zur kollektiven Funktion der Religion und im Rahmen einer Theorie der Genese und Struktur sozialer Institutionen das methodische Paradigma einer psychoanalytischen Untersuchung von Kultur und Gesellschaft.

2. Klassische Auffassung

Freud entwickelt eine Konstitutionstheorie der Kultur mit der Grundannahme eines unversöhnlichen Gegensatzes zwischen Triebwünschen und Kulturanforderungen, Individuum und Gesellschaft, Eros und Thanatos. Zwar ist die Kultur „eben das Werk des Eros" (1930a, S. 481), diesem widersetzt sich „aber der natürliche Aggressionstrieb der Menschen ... die Feindseligkeit eines gegen alle und aller gegen einen ... Dieser Aggressionstrieb ist der Abkömmling und Hauptvertreter des Todestriebes, den wir neben dem Eros gefunden haben, der sich mit ihm die Weltherrschaft teilt. ... Dieser Kampf ist der wesentliche Inhalt des Lebens überhaupt und darum ist die Kulturentwicklung kurzweg zu bezeichnen als der Lebenskampf der Menschenart" (1930a, S. 481). Die unaufhebbaren Gegensatzpole Eros und Todestrieb wirken als kulturschaffende Prinzipien in der Kulturentwicklung zusammen. Für den Aufklärer Freud ist es die Einsicht in diese Unversöhntheit, zu der die Psychoanalyse im besten Falle verhelfen kann.

Nach diesem Muster einer Konflikttheorie entwirft Freud auch die Urhordengenealogie der Kultur. Danach entwickelt sich die Kulturgesellschaft nicht evolutionär, sondern wird durch die gemeinschaftliche Urvatertötung des Bruderclans in der archaischen Vorzeit konstituiert. Die vom tyrannischen Vater aus der Urhorde vertriebenen Brüder schlossen sich zusammen, töteten und verzehrten den Vater, wodurch sie sich mit ihm identifizierten, die Kulturnormen in der Überich-Bildung verinnerlichten und „soziale Organisationen, sittliche Einschränkungen und die Religion" (1912–13a, S. 172), also erste kulturelle Institutionen, schufen. Der die Vaterhorde ersetzende Bruderclan errichtete das Inzesttabu als soziale Übereinkunft und einigte sich auf „eine Art von Gesellschaftsvertrag" (1939a, S. 187), um das Zusammenleben der Menschen durch Organisation und Gesetz zu regeln. Aufgrund der ursprünglichen Gefühlsambivalenz gegenüber dem Vater blieb ein Schuldgefühl als Quelle der Gewissens- und Kulturbildung und als „Ausdruck des Ambivalenzkonfliktes des ewigen Kampfes zwischen dem Eros und dem Destruktions- oder Todestrieb" (1930a, S. 492) bestehen.

Das Schuldgefühl bildet für Freud eine weitere Grundlage der Kulturentwicklung und ihrer schwer zu erbringenden „Sublimierungsleistungen“, so dass in der Sicht des einzelnen „der Preis für den Kulturfortschritt in der Glückseinbuße durch die Erhöhung des Schuldgefühls bezahlt wird“ (1927c, S. 328). Zugleich verbindet sich darin das kollektive mit dem individuellen Schicksal. Denn der szenische Ablauf der urzeitlichen Vatertötung kehrt im Ödipuskomplex jedes Kulturmenschen als universale Entwicklungsanforderung und gattungsgeschichtliches Erbe wieder.

Der unbewussten Psychodynamik von Massenbildungen und sozialen Institutionen widmet Freud einen eigenen, für die nachfolgende psychoanalytische Kulturkritik richtungsweisenden Essay (1921c). Darin greift er Le Bons Beobachtung auf, wie einzelne in den Sog einer Masse geraten, sich in gemeinschaftlicher Identifizierung einem von einer Führerfigur (Idee, Ideologie) verkörperten Ich-Ideal unter Preisgabe ihres individuellen Überichs sado-masochistisch unterwerfen und zum manipulierbaren Teil einer Masse werden. Diese doppelte Art der Identifizierung der Massenindividuen untereinander und mit dem Führer dient narzisstischen und aggressiven Bedürfnissen in der Idealisierung der eigenen Gruppe und der Projektion der Aggression auf äußere Feinde. Wie in der Religionskritik, so arbeitet Freud auch hier exemplarisch heraus, welche libidinösen und aggressiven Vorgänge Organisationen und Gesellschaften „binden“. Bis heute gilt diese Studie als methodisches Vorbild der psychoanalytischen Untersuchung von Gruppen, Institutionen und Gesellschaft.

3. Ideengeschichtlicher Hintergrund

Im Gegensatz zu seinen profunden Kenntnissen der religiösen Überlieferungen, des humanistischen Erbes, der Literatur, Ethnologie, Archäologie und auch von Teilbereichen der Philosophie war Freud mit der sich um die Jahrhundertwende im Wissenschaftsbetrieb neu etablierenden Soziologie, den Werken von Comtes, Weber, Simmel, sowie der Marx'schen Gesellschaftslehre des historischen Materialismus nur wenig vertraut. Der Philosophie stand Freud skeptisch gegenüber, obwohl er Bezüge zu Schopenhauer, Kant, Nietzsche und Brentano in seinen Schriften gelegentlich herstellte.

In der Theoriebildung orientierte sich Freud, dem szientistischen Wissenschaftsideal seiner Zeit verpflichtet, streng an dem methodischen Vorbild der Naturwissenschaften und ordnete die Kulturentwicklung in die Evolutionsbiologie Darwins und Lamarcks ein, indem er die psychoanalytische Erfahrung in ein archaisches Bild projizierte und die Analyse der aktuellen gesellschaftlichen Gegenwart auf die Analyse der gattungsgeschichtlichen Vorzeit verschob. Habermas (1968) spricht von dem „szientistischen Selbstmissverständnis“ Freuds, die Kulturtheorie naturwissenschaftlich begründen zu wollen.

Das Freud'sche Vorgehen birgt neben dieser methodischen Schwierigkeit die Gefahr, die Gesellschaft psychozentrisch zu betrachten und die Massenpsychologie in Begriffen der Individualpsychologie zu entwickeln. Die Psychoanalyse nach Freud neigte häufig dazu, die Dynamik von Kulturen mit intrapsychischem Geschehen gleichzusetzen und auf dieses zu reduzieren. Stellvertretend für diese Tendenz seien hier Autoren wie G. Roheim und L. de Mause genannt.

4. Wesentliche Erweiterungen, Differenzierungen und Modifikationen

Im Interesse, mit Hilfe der Psychoanalyse nicht nur das Individuum, sondern auch Kultur und Gesellschaft besser verstehen, und in der Hoffnung, mittels psychoanalytischer Aufklärung die Gesellschaft verändern zu können, entwickelten sich zahlreiche interdisziplinäre Forschungsinitiativen und sozialreformerische Projekte. Bereits 1919 legte P. Federn der Wiener psychoanalytischen Vereinigung eine psychoanalytische Begründung für die sozialistische Neugestaltung der Gesellschaft ohne irrationale Autoritätsbindungen nach dem Modell der Bruderhorde vor. In den zwanziger und dreißiger Jahren strebten marxistische Analytiker wie S. Bernfeld, W. Reich und E. Fromm den Nachweis an, dass die ökonomische Klassenstruktur, vermittelt über die Sozialisationsagentur Familie auf die Triebschicksale der Individuen zur Bildung eines gesellschaftsspezifischen Sozialcharakters einwirkt. Die Integration der Psychoanalyse in die marxistische Theorie wurde damals nicht nur als Möglichkeit, sondern geradezu als Notwendigkeit empfunden, um die Wirklichkeit des Faschismus begreifen und überwinden zu können. Während Reich die kollektive Psychodynamik der Massenbildung unter Hitler schon 1931 überraschend früh erkannte und mit der triebfeindlich patriarchalisch-autoritären Familienstruktur des Kleinbürgertums in Verbindung brachte, definierte Fromm (1932) die kollektive Charakterstruktur, die den Nationalsozialismus ermöglichte, als „autoritär-masochistischen" Charakter.

Simmel, Fenichel und Berliner erforschten, wie Freud in seiner letzten großen Arbeit (1939a) und die interdisziplinären Studien der Frankfurter Schule, die Genese und Struktur des Antisemitismus als soziale Krankheit und Massen-Psychopathologie (Simmel 1949). Eine andere Kultur- und Gesellschaftsauffassung führt von Hartmann über die amerikanische Kulturanthropologie zu Parsons rollentheoretischer Uminterpretation der Freud'schen Triebtheorie. Hartmann (1937) definiert die Psychoanalyse als gesellschaftlich neutrale „Naturwissenschaft von der Seele" und enthistorisiert die Gesellschaft als „durchschnittlich zu erwartende Außenweltsituation", der sich die Individuen zur Entwicklung einer stabilen Ich-Identität lediglich anzupassen haben. Adorno und Horkheimer (1947) greifen dagegen auf die Freud'sche Kulturtheorie zurück, um ihr entscheidende Gesichtspunkte für eine Kritik der instrumentellen Vernunft zu entnehmen. Nach der Katastrophe des Holocaust sollte eine Facette der Eros-Thanatos-Metapher Freuds unter dem Titel der „Dialektik der Aufklärung" präzisiert werden: die geschichtliche Erfahrung, dass die aufgeklärte bürgerliche Gesellschaft mit den Mitteln ihrer eigenen Vernunft die Selbstzerstörung der Aufklärung betreiben kann. Marcuse (1955) hält dieser pessimistischen Geschichtsphilosophie die Idee der Befreiung entgegen. Der Lebens- und Todestrieb-Antagonismus Freuds sei keine Naturkonstante, sondern reflektiere eine veränderbare historisch-soziale Struktur. Die Aufrechterhaltung des von Freud beschriebenen Triebverzichts in der Kultur beruhe infolge des allgemeinen Fortschritts heute weniger auf der unmittelbaren Lebensnot, als vielmehr auf der Organisation von Macht und Herrschaft, von zusätzlicher Unterdrückung.

A. Mitscherlich nahm die genuin psychoanalytische Methode der Freud'schen Kulturkritik nach dem Ende des Nationalsozialismus erstmals wieder auf. Die zusammen mit M. Mitscherlich (1967) durchgeführte Analyse der deutschen Nachkriegsgesellschaft „Die Unfähigkeit zu trauern" erzielte die Wirkung einer erfolgreichen psychoanalytischen Aufklärung im Prozess der öffentlichen Auseinandersetzung mit der nationalsozialistischen Vergangenheit in der Bundesrepublik. In diese Richtung einer praktischen Intervention zielen auch die Arbeiten von H.E. Richter (1995) und die Ethnopsychoanalyse von Parin und Morgenthaler, die die Distanz akademischer Wissenschaftlichkeit zugunsten einer gegenseitigen Veränderbarkeit von Forscher und Gegenstand auch in dem Bereich der Analyse der Kultur aufgegeben haben.

5. Die Bedeutung des Begriffs in verschiedenen psychoanalytischen Schulrichtungen

In den verschiedenen psychoanalytischen Schulrichtungen reichen die unterschiedlichen Forschungsmethoden von der bloßen Anwendung der Begriffe der Individualpsychologie auf Kultur und Gesellschaft, über die Versuche einer Integration der Psychoanalyse in die Sozialwissenschaften bis hin zu konkreten zeitdiagnostischen und methodisch reflektierten kultur- und ethnopsychoanalytischen Ansätzen. Ich-psychologische Autoren vernachlässigten in den vierziger und fünfziger Jahren die Beziehung des Ichs zum Es zugunsten von Anpassungsleistung des Individuums an seine Umwelt, während die „Kulturisten" Fromm, Horney u.a. den prägenden Einfluss des Milieus auf die Persönlichkeitsbildung betonten, indem sie die Psychoanalyse eilfertig soziologisierten. Stärker klinisch orientiert, brachte die schulenübergreifende internationale Holocaustforschung den Generationentransfer der Spätfolgen des Nationalsozialismus in bewegenden Untersuchungen über unbewusste Transformationsprozesse in Individuum und Gesellschaft überhaupt erst zu Bewusstsein und in die öffentliche Diskussion (Bergmann und Jucovy 1982). Auf das Zusammenwirken von sozialen Bedingungen und der inneren Entwicklung des Individuums und der Erkenntnis, dass es die Verhältnisse der Beziehungen der Menschen zueinander sind, die das Spezifische jeder Kultur bestimmen, beharrt die Ethnopsychoanalyse (Parin 1978). Der Untersucher, sein Erkenntnisgegenstand und ihre Beziehungen zueinander bilden, orientiert am „psychoanalytischen Aufklärungsdialog" und dem klassischen Konzept der Gegenübertragungsanalyse, den Untersuchungsgegenstand des Ethnopsychoanalytikers. Entscheidende Impulse verdankt dieses Verfahren dem ethnopsychiatrischen Ansatz von Devereux (1967). Seit Ende der sechziger Jahre führen unterschiedliche Forschungsrichtungen die Anwendung der psychoanalytischen Methode außerhalb der therapeutischen Diade als ein neues Paradigma in die Sozialforschung ein. Im Rahmen einer Rekonstruktion des psychoanalytischen Verfahrens als szenisches Verstehen begründete Lorenzer (1988) die „tiefenhermeneutische Kulturanalyse" zur Untersuchung latenter Sinnstrukturen in kulturellen Objektivationen und zur Aufdeckung unbewusster Lebensentwürfe in der Kultur. Anknüpfend an Freud stellte er eine Verbindung zur modernen Objektbeziehungstheorie in einem Konzept der sozialen Formung der Triebstruktur des Menschen unter dem Titel „Theorie der Interaktionsformen" her, die neuerdings durch die Befunde der modernen amerikanischen Säuglingsforschung weitestgehend bestätigt wurden. Der Beitrag der Kleinianer konzentriert sich auf die Beobachtung regressiver Gruppenprozesse. Bion (1961) beschrieb Kampf-Flucht-, Abhängigkeits- und Paarbildungsprozesse in Kleingruppen auf der Mikroebene der Gesellschaft mit Forschungsmethoden, die von Vertretern der Objektbeziehungstheorie auf das Gebiet der Großgruppen, Institutionen und Ideologien übertragen wurden (Kernberg 1980). Diese Studien verdeutlichen die in Großgruppenprozessen bestehende Tendenz zur Aktivierung primitiver Objektbeziehungen, Abwehrvorgängen und Aggressionen, sowie narzisstischer und paranoider Regressionen in Institutionen, insbesondere in den modernen Steuerungsmedien der Gesellschaft, Bürokratie und Verwaltung. In Ergänzung zu soziologischen Theorien erweitern sie unser Verständnis multipler unbewusster Identifizierungen des Individuums in modernen Massengesellschaften. Sie zeigen auch, wie in den Beziehungen, die zwischen den Individuen in Großgruppensituationen bestehen, regressive Merkmale von Teilobjektbeziehungen als zugleich intrapsychische Strukturen des Individuums reinszeniert werden können.

6. Interdisziplinäre Beiträge und Befunde

Der Anspruch Freuds an die Psychoanalyse, das individuelle Seelenleben und die Kultur gleichermaßen zu erforschen, ist von seinen Nachfolgern zwar nicht eingelöst worden; dennoch entwickelte sich eine vielfältige Forschungstradition der psychoanalytischen Untersuchung von Kultur und Gesellschaft in einer wechselvollen, gewaltsam unterbrochenen Geschichte. Der Rückzug der Psychoanalyse auf die klinische Theorie wurde durch psychoanalytische Beiträge zu einer kritischen Gesellschaftstheorie und der Auseinandersetzung mit kulturellen Entwicklungen und sozialen Institutionen von einzelnen Psychoanalytikern immer wieder durchbrochen. In den letzten beiden Jahrzehnten sind zahlreiche zeitdiagnostische, kulturkritische und gesellschaftstheoretische Arbeiten aus der Kooperation von sozialwissenschaftlicher und psychoanalytischer Forschung entstanden. Sie umfassen so unterschiedliche Themenbereiche, wie Fremdenfeindlichkeit und Rechtsextremismus, Aggression und Krieg, Folter- und Traumaforschung, Nationalsozialismus, die Sozialpsychologie der deutsch-deutschen Vereinigung, globale Bedrohungen und Naturzerstörungen u.v.a. Die Zukunft dieser Kooperation wird entscheidend davon abhängen, ob es gelingt, an dem Vorrang der Methode vor dem Wissen in der Psychoanalyse auch gegen den wachsenden Anpassungsdruck szientistischer Wissenschaftlichkeit festzuhalten. Gegen die elaborierten Konzepte psychischer Endogenität auf der einen und einem systemtheoretischen Begriff von Gesellschaft ohne Subjekt auf der anderen Seite, wird die Psychoanalyse die individuelle und kollektive „Produktion von Unbewusstheit" in einer Untersuchung der gesellschaftlichen Realität auch weiterhin in aktuellen Kontexten aufzuklären haben.

Literatur

Adorno, T.W. (1955). Zum Verhältnis von Soziologie und Psychologie. Gesammelte Schriften 8 (S. 42–85). Frankfurt/M.: Suhrkamp, 1972.

Bergmann, M.S. and Jucovy, M.E. (Eds.) (1982). Generations of the holocaust. New York: Basic Books.

Bion, W.R. (1961). Experiences in groups and other papers. London: Tavistock (dt.: Erfahrungen in Gruppen und andere Schriften. Stuttgart: Klett, 1974).

Devereux, G. (1967). Angst und Methode in den Verhaltenswissenschaften. München: Hanser.

Fromm, E. (1932). Über Methode und Aufgabe einer analytischen Sozialpsychologie. Zeitschrift für Sozialforschung, Bd.1, 253–277.

Gisteren, L. van (Hg.) (1996). Adoleszenz und Rechtsextremismus. Psychosozial, 19. Jg., Heft 64.

Habermas, J. (1968). Erkenntnis und Interesse. Frankfurt/M.: Suhrkamp.

Hartmann, H. (1937). Ich-Psychologie und Anpassungsproblem. Stuttgart: Klett, 1960.

Horkheimer, M. und Adorno, T.W. (1947). Dialektik der Aufklärung. Frankfurt/M.: Fischer, 1984.

Kernberg, O.F. (1980). Innere Welt und äußere Realität. Anwendungen der Objektbeziehungstheorie. München: Verlag Internationale Psychoanalyse.

Lorenzer, A. (1988). Tiefenhermeneutische Kulturanalyse. In ders. (Hg.), Kultur-Analysen (S. 11–98). Frankfurt/M.: Fischer Wissenschaft.

Marcuse, H. (1955). Eros and civilisation. Boston: The Beacon Press (dt.: Eros und Kultur. Frankfurt/M.: Suhrkamp, 1957).

Mitscherlich, A. und M. (1967). Die Unfähigkeit zu trauern. München: Piper.

Parin, P. (1978): Der Widerspruch im Subjekt. Frankfurt/M.: Syndikat.

Reich, W. (1933). Massenpsychologie des Faschismus. Veränd. Neuaufl. Köln: Kiepenheuer & Witsch, 1971.

Richter H.E. (1995). Denken gegen Anpassung: Psychoanalyse und Politik. Hamburg: Hoffmann & Campe.

Simmel, E. (Hg.) (1949). Antisemitismus. Neuaufl. Frankfurt/M.: Fischer, 1993.

Kunst *von Rainer M. Holm-Hadulla*

art – art

1. Definition

In Meyers großem Lexikon (1987) ist Kunst eine „Bezeichnung für die Gesamtheit des von Menschen Hervorgebrachten, das nicht durch eine Funktion eindeutig festgelegt und darin erschöpft ist, zu dessen Voraussetzungen hohes und spezifisches Können gehört und das sich durch seine gesellschaftliche Geltung auszeichnet als Ausdruck von Besonderheit".

Die Gesamtheit der Kunst wird in die Bereiche Literatur, Musik, die bildenden Künste (Architektur, Bildhauerei, Malerei) und die darstellenden Künste (Theater, Tanz, Film) gegliedert. Die Maßstäbe zur Bestimmung von Wert, Funktion und Bedeutung von Kunstwerken wechseln mit historischen und gesellschaftlichen Bedingungen. Weit verbreitet ist die Auffassung, dass Kunstwerke eine praktisch-sinnliche Aneignung der Welt darstellen.

In der Moderne werden althergebrachte Kunstbegriffe aufgelöst. Die Kontroverse um die Kunst als Selbsttäuschung einerseits oder als Enthüllung der Wahrheit gesellschaftlicher Wirklichkeit andererseits wird charakteristisch. So findet sich auch in der modernen Diskussion die alte Frage wieder, inwieweit Kunst bloßer Schein, Täuschung und Verschleierung ist (Plato) oder ein Zutagetreten von Wahrheit (Aristoteles). Die modernen Kunstauffassungen resümiert Adorno: „Zur Selbstverständlichkeit wurde, dass nichts, was die Kunst betrifft, mehr selbstverständlich ist, weder in ihr noch in ihrem Verhältnis zum Ganzen, nicht einmal ihr Existenzrecht“ (1973, S. 9).

Beiden – Kunst und Psychoanalyse – ist als Bereichen menschlicher Wirklichkeitserfassung ästhetisches Erleben konstitutiv. Hieraus entwickeln sich vielfältige Attraktionen und Konflikte (s. Holm-Hadulla 2005).

2. Klassische Auffassung

Künstlerische Gestaltungen sind seit den Anfängen der Psychoanalyse Grundlage ihrer Erkenntnisbildung. Angefangen mit der sophokleischen Gestaltung des Ödipus-Mythos sieht Sigmund Freud zentrale Konflikte und Motivkonstellationen des menschlichen Seelenlebens in literarischen Kunstwerken vorgezeichnet. Aber auch die bildende Kunst – besonders von Leonardo (1910c) und Michelangelo (1914b) – war für Freud eine wesentliche Quelle seiner wissenschaftlichen Inspiration. Er bescheinigte dem Künstler eine größere Nähe zum Unbewussten und räumte seiner Gestaltungskraft ein Vorrecht gegenüber der Wissenschaft ein. Auch meinte Freud, dass „das Wesen der künstlerischen Leistung psychoanalytisch unzugänglich ist“ (1908e, S. 209). Dennoch kann es für das Verständnis der Kunst als Spielweise der conditio humana hilfreich sein, psychoanalytische Erkenntnisse auf sie anzuwenden. In „Der Witz und seine Beziehung zum Unbewußten“ (1905c) unternimmt Freud eine Analyse der ästhetischen Lust auch unter formalen Gesichtspunkten und meint später, dass der Künstler selbst nicht so weit vom gewöhnlichen Erdenbürger abgehoben werden muss, dass er sich einer psychoanalytischen Betrachtung gänzlich entzöge. Die Psychoanalyse „kann nicht anders, als alles des Verständnisses wert finden, was sich an jenen Vorbildern erkennen lässt, und sie meint, es sei niemand so groß, dass es für ihn eine Schande wäre, den Gesetzen zu unterliegen, die normales und krankhaftes Tun mit gleicher Strenge beherrschen“ (Freud 1910c, S. 128).

Nach Inspiration des Psychoanalytikers durch den Künstler, nach Erhellung von Kunstwerken und gelegentlich auch Künstlern durch die psychoanalytische Reflexion ist als Drittes von großer Bedeutung, dass beide – Künstler und Psychoanalytiker – aus ähnlichen Quellen schöpfen. So sieht Freud schon in der „Traumdeutung“ (1900a) in der Übereinstimmung seiner Forschung mit dem Schaffen des Dichters einen Beweis für die Richtigkeit seiner Traumlehre. Der Traum stellt eine, der künstlerischen ähnliche, Gestaltungsarbeit dar, in der sich „ungewollte“ Vorstellungen in visuelle Bilder verwandeln. Ähnliches geschieht in der psychoanalytischen Kur, wo Vorstellungen szenisch-gestalthaft zur Anschauung kommen (s. Holm-Hadulla 1997).

Für den künstlerischen Schaffensprozess ist seine Verwandtschaft mit dem kindlichen Spiel wesentlich (Freud 1908e). Auch das aus der gelungenen Regression auf das kindliche Spiel herkommende Phantasieren des Erwachsenen hat ein kreativ-künstlerisches Moment. Im Gegensatz zum Tagträumer ist der Künstler aber in der Lage, Allgemeingültiges zu erschaffen. Es ist für Freud psychoanalytisch nicht vollends zu durchschauen, wie es dem Künstler gelingt, die Schranken zwischen dem einzelnen Ich und dem anderen zu überwinden, doch sind zwei Momente der Ars poetica verständlich: Durch Verhüllung und formale Gestaltung bereitet der

Künstler einen „ästhetischen Lustgewinn" durch die Darstellung seiner Phantasien. Dies ermöglicht zweitens eine tiefere Befriedigung, indem das Kunstwerk – ganz aristotelisch – von Spannungen in unserer Seele befreit (a.a.O.). Bedeutsamer als die kathartische, allerdings mit dieser zusammenhängend, scheint die Funktion der Kunst zu sein, unintegrierte und destruktive psychische Regungen zu bewältigen. Dieser Aspekt wird von Freuds Nachfolgern in das Zentrum der psychoanalytischen Kunstauffassungen gerückt (s.u.).

Freud ist in seiner Kunstauffassung vielschichtig und nimmt die klassische Diskussion von Kunst als Ver- oder Enthüllung von Wahrheit auf. Er hält einerseits fest, dass „die Ersatzbefriedigungen, wie die Kunst sie bietet, gegen die Realität Illusionen sind" (1930a, S. 433). Andererseits betont Freud (1924e), daß Kunstwerke der Bewältigung der Realität dienen. Ihnen falle wie dem kindlichen Spiel, der Sublimierung und den Ich-Funktionen die Aufgabe zu, Primär- und Sekundärvorgang, Realitäts- und Lustprinzip zu vereinbaren. Die klassische freudianische Auffassung schöpferischer Prozesse wird unter ich-psychologischem Akzent von Ernst Kris (1952) zusammengefasst und differenziert.

3. Ideengeschichtlicher Hintergrund

Einen guten Einblick in die Theorie, Aktualität und Geschichte der Kunst erhält man bei Henrich und Iser (1982), Welsch (1993) und Schneider (1997).

Die Zeugnisse künstlerischer Produktionen sind geschichtlich älter als die Texte über sie. Wir kennen Bildproduktionen bereits aus der Steinzeit, und erst mit der Herausbildung der Schriftkultur entstand die Möglichkeit, parallel zu der Welt anschaulicher Bilder, ein im Verhältnis dazu höhergenormtes Bildsystem, die Laut-Schrift, zu entwickeln (Lehnerer 1994). In der Renaissance wird das künstlerische Genie zum Inbegriff menschlicher Selbstverwirklichung. In der Genieästhetik des „Sturm und Drang" offenbart sich im Künstler der den Kosmos durchwaltende Genius. Gegenüber dieser Hervorhebung der Leistung genialer einzelner tritt in der Moderne die eigene Wahrheit des Kunstwerks in den Vordergrund. Der Spielbegriff wird – vorgeprägt in Kants „Kritik der Urteilskraft" und Schillers „ästhetischer Erziehung des Menschen" – leitend. So führt z.B. Gadamer zur künstlerischen Erkenntnis aus: „Was uns in der Erfahrung des Schönen und im Verstehen des Sinnes der Überlieferung begegnet, hat wirklich etwas von der Wahrheit des Spiels" (1960, S. 494). Diese Herleitung des Wahrheitsgehaltes der Kunst aus dem „Spiel" findet sich auch bei Freud (1924e) und wird von seinen Nachfolgern, besonders D.W. Winnicott, ausgearbeitet (s.u.).

4. Wesentliche Erweiterungen, Differenzierungen und Modifikationen

Wie Freud lässt sich Melanie Klein schon in ihrem Frühwerk von künstlerischen Gestaltungen inspirieren. In „Frühkindliche Angstsituationen im Spiegel künstlerischer Darstellungen" (1929) begründet sie den Impuls zu schöpferisch-künstlerischer Tätigkeit in einem Reparationsbedürfnis der durch destruktive Angriffe verletzten primären Objekte. In „Liebe, Schuldgefühl und Wiedergutmachung" (1937) verdeutlicht sie, wie die Beziehung zu den liebenden und schöpferischen Anteilen des elterlichen Paares zur Quelle der Erfahrung des Schönen und zur künstlerischen Produktivität beitragen. In „Neid und Dankbarkeit" (1957) arbeitet Melanie Klein heraus, dass exzessiver Neid auf die mütterliche nährende Kreativität die schöpferischen Fähigkeiten schwer beeinträchtigt. Letztlich sind unbewusste Phantasien, die sich aus der frühen Mutter-Kind-Beziehung speisen und während des ganzen Lebens aus Wahrnehmungen Nahrung für Gedanken machen (Bion 1962), für die künstlerische Kreativität und Rezeptivität von entscheidender Bedeutung. M. Klein folgend, betrachtet Hanna Segal (1952) den künstlerischen Schaffensprozess und das ästhetische Erleben als Lösungsmöglichkeiten von depressiven Konflikten. Das Durcharbeiten depressiver Ängste, ihre Symbolisierung, Strukturierung und Bewältigung sei eine wichtige Funktion des Kunstwerks, für den Künstler wie für den Rezipienten. Der kreative Akt ist nach Segal (1991) mitbegründet in einer unbewussten Erinnerung an eine harmonische innere Welt und das Erlebnis ihrer Zerstörung. Der künstlerische Impuls möchte diese verlorene Welt wiederfinden.

Donald Meltzer (1988) erweitert und differenziert die kleinianische Konzeption, indem er die entscheidenden Erfahrungen des kleinen Kindes, des Alltagsmenschen und des Patienten in der Psychoanalyse im ästhetischen Bereich lokalisiert. Phantasietätigkeit per se besteht in einer beständigen kreativen Neuschöpfung lebensgeschichtlicher Kontinuität und ähnelt damit bei aller Formverschiedenheit einem künstlerischen Prozess. Ähnlich spricht Donald W. Winnicott (1971) von einer primären Kreativität, die eine dem künstlerischen Zugang ähnliche Tönung der psychischen Welt darstellt. Selbst die Wahrnehmung enthält ein schöpferisch-künstlerisches Element. Sehr früh verschafft sich der Säugling, wenn die Beziehung zur Mutter gut genug ist, Übergangsobjekte, die seiner inneren und äußeren Wahrnehmungswelt Struktur verleihen. Die Fähigkeit, Übergangsobjekte und einen Übergangsraum für das persönliche Erleben zu erschaffen, ist gleichermaßen für das Erwachsenenleben bedeutungsvoll:

„Dieser intermediäre Erfahrungsbereich, der nicht im Hinblick auf seine Zugehörigkeit zur inneren oder äußeren Realität in Frage gestellt wird, begründet den größeren Teil der Erfahrungen des Kindes und bleibt das Leben lang für außergewöhnliche Erfahrungen im Bereich der Kunst, der Religion, der Imagination und der schöpferischen wissenschaftlichen Arbeit erhalten“ (Winnicott 1971, S. 25). Dieser intermediäre Bereich entwickelt sich direkt aus dem Spielbereich kleiner Kinder, die in ihr Spiel verloren sind. Hieraus entwickeln sich die schöpferischen Fähigkeiten des Künstlers, seine Fähigkeit, das existentielle Spiel mit einer gewissen Allgemeingültigkeit zu gestalten. Diese Gestaltungsarbeit ähnelt der Traumarbeit, was im Anschluss an Freud (1900a) besonders Meltzer (1983) und Christopher Bollas (1993) ausarbeiten.

Jüngste psychoanalytische Arbeiten beschäftigen sich zunehmend auch mit der künstlerischen Form (s. Schneider 1998). Die Filmkunst, die häufig von der Psychoanalyse ihrerseits inspiriert ist, findet inzwischen eine große Beachtung seitens der Psychoanalyse. Glenn O. Gabbard (1997) führt aus, dass Kino- und Fernsehfilme heute die gleichen Funktionen erfüllen wie die Tragödien für die Griechen des fünften vorchristlichen Jahrhunderts. Sie ermöglichen nicht nur Katharsis, sondern verbinden die Zuschauer mit ihrer kulturellen Welt. Psychoanalytische Untersuchungen können hilfreich sein, Filmen zugrunde liegende gesellschaftliche Mythen zu klären. Diese artikulieren unbewusste Wünsche und Konflikte der Zuschauer ähnlich wie Träume. Rose (1996) sieht in der Auseinandersetzung mit dem Trauma der Shoah ein zentrales Element künstlerischer Gestaltungen in heutiger Zeit.

5. Die Bedeutung des Begriffs in verschiedenen psychoanalytischen Schulrichtungen

Carl Gustav Jung, der Begründer der analytischen Psychologie, hat sich mit Kunstwerken als Phänomen der allgemeinen Kulturgeschichte auseinandergesetzt. Sein zentrales Thema ist das schöpferische Individuum, das im Archetypischen verwurzelt ist. Er beschäftigt sich mit dichterischen Gestaltungen (Ulysses 1932) und der bildlichen Darstellung seelischer Vorgänge bei Picasso (1932). Wie Freud ist er zurückhaltend, die ästhetische Gestaltung selbst zu analysieren: „Was immer die Psychologie über die Kunst ausmachen kann, wird sich auf den psychischen Prozess der künstlerischen Tätigkeit beschränken und niemals das innerste Wesen der Kunst selbst betreffen“ (1922). Dennoch betont Jung die Ähnlichkeiten in den Voraussetzungen für künstlerisches Schaffen und neurotische Symptombildung. Beide verweisen auf archetypische Strukturen.

In der Lehre von Jacques Lacan ist das menschliche Begehren angelegt, um einen „manque primordial", eine ursprüngliche Leere, zu beheben bzw. erträglich zu machen. Durch die symbolisierende Tätigkeit nähern wir uns einer Fülle des Seins, die immer unvollständig bleiben muss. Im Begehren imaginieren wir eine vermeintliche Fülle, und große Kunst stellt eine besondere Näherung dar: „Jede Kunst ist durch eine bestimmte Art der Organisation um diese Leere charakterisiert" (1986, S. 155). Lacan demonstriert, wie viele Psychoanalytiker, einen intensiven Dialog mit Kunstwerken, die ihn zu wesentlichen psychoanalytischen Einsichten inspirieren. Das intensive Gespräch mit dem Kunstwerk, das dem psychoanalytischen Sprachspiel Substanz verleiht, wird z.B. von Hermann Lang (1995) illustriert. Symbolisierung und künstlerische Gestaltungen erscheinen hier als die Möglichkeiten, sexuelle und aggressive Impulse zu bewältigen. Kunstwerke sind Medien, scheinbar Überwältigendes zu bewältigen. In der Selbstpsychologie von Heinz Kohut (1976) ist im Schaffen und Erleben von Kunstwerken die narzisstische Qualität der Beziehung des schöpferischen Menschen zu seiner Umwelt von entscheidender Bedeutung. Künstlerische Produktion und Rezeption führe zu einem Gefühl narzisstischen Vergnügens und diene der Herstellung narzisstischen Gleichgewichts. Im Unterschied zu schöpferischen Akten im Alltagsleben seien große schöpferische Leistungen zumeist der Einsamkeit und Isolation abgerungen, die frühe Kindheitsängste wiederbeleben. Eine detaillierte Bearbeitung der Rolle narzisstischer Konflikte für den schöpferischen Prozess findet sich bei Bela Grunberger (1976) und Janine Chasseguet-Smirgel (1981).

6. Interdisziplinäre Beiträge und Befunde

Künstler inspirierten und inspirieren Psychoanalytiker zu wesentlichen Erkenntnissen. Ein Blick auf große Dichtung, Musik, bildende und darstellende Kunst enthüllt die Bedeutung unbewusster Regungen im Seelenleben, der Bewältigung libidinöser und aggressiver Regungen und ihre Gestaltung im psychischen Innenraum, auf die die Psychoanalyse so großen Wert legt. Auch explizit nehmen Künstler in diesem Jahrhundert Bezug auf die Psychoanalyse. Kunst und Psychoanalyse befinden sich hier in einem Gespräch, das in einer hermeneutischen Bewegung beide Bereiche menschlicher Selbstreflexion bereichern kann. Im Bereich der Wissenschaft sind naturgemäß die eingehendsten Beiträge im Bereich „Literatur und Psychoanalyse" zu finden (s. von Matt 1972; s. Holland 1990). Einen guten Einblick in die schier unübersehbare Literatur zum Thema „Psychoanalyse und Kunst" gibt aus literaturwissenschaftlicher Perspektive Walter Schönau (1991). Neben einer eingehenden Bibliographie zu psychoanalytischen Konzepten des künstlerischen Schaffensprozesses, Selbstzeugnissen von Schriftstellern und Störungen des kreativen Prozesses entwickelt Schönau eine psychoanalytische Rezeptionstheorie, die sich auf die unbewusste Kommunikation mit dem Kunstwerk stützt. Die Rezeption von Kunstwerken wird mit dem psychoanalytischen Konzept der Gegenübertragung verständlich gemacht. Ähnliches leistet L. Schneider-Adams (1993), die kunsthistorische Ansätze mit differenzierten psychoanalytischen Theoriebestandteilen verbindet. Ethnologische Perspektiven werden besonders von Mario Erdheim (1982) in das Thema eingebracht. Seitens der Soziologie findet sich psychoanalytisches Denken angewandt, z.B. bei Norbert Elias (1981) auf Leben und Werk von Mozart. Angesichts der vielgestaltigen wissenschaftlichen Beiträge soll nicht vergessen werden, daß in der psychotherapeutischen und psychoanalytischen Behandlung ästhetisches Erleben eine große Rolle spielt, das ebenso schwer wissenschaftlich erklärt werden kann wie die Formwerdung eines Kunstwerks (Holm-Hadulla 1997). In dieser Hinsicht wird das Doppelgesicht der Kunst auch dem Psychoanalytiker Warnung und Ermutigung sein: „Man weicht der Welt nicht sicherer aus als durch die Kunst, und man verknüpft sich nicht sicherer mit ihr als durch die Kunst" (Goethe „Maximen und Reflexionen").

Literatur

Adorno, T.W. (1973). Ästhetische Theorie. Frankfurt/M.: Suhrkamp.

Bion, W.R. (1962). Learning from experience. London: Heinemann (dt.: Lernen durch Erfahrung. Frankfurt/M.: Suhrkamp, 1990).

Bollas, C. (1992). Being a character. London: Routledge, 1997.

Chasseguet-Smirgel, J. (1981). Das Ich-Ideal. Frankfurt/M.: Suhrkamp.

Elias, N. (1991). Mozart. Frankfurt/M.: Suhrkamp.

Gabbard, G.O. (1997). The psychoanalyst and the movies. International Journal of Psycho-Analysis, 78, 429.

Grunberger, B. (1971). Vom Narzißmus zum Objekt. Frankfurt/M.: Suhrkamp.

Henrich, D. und Iser, W. (Hg.) (1982). Theorien der Kunst. Frankfurt: Suhrkamp.

Holland, N.N. (1990). Hollands guide to psychoanalytic psychology and literature-and-psychology. New York: Oxford.

Holm-Hadulla, R.M. (1997). Die Psychotherapeutische Kunst. Göttingen: Vandenhoeck & Ruprecht.

Holm-Hadulla, R.M. (2005). Kreativität – Konzept und Lebensstil. Göttingen: Vandenhoeck & Ruprecht.

Jung, C.G. (1922). Über die Beziehung der analytischen Psychotherapie zum dichterischen Kunstwerk. In C.G. Jung, Gesammelte Werke Bd. 15. Olten: Walter.

Jung, C.G. (1932). Ulysses. Ein Monolog. In C.G. Jung, Ges. Werke Bd. 15. Olten: Walter.

Jung, C.G. (1939). Sigmund Freud. In C.G. Jung, Ges. Werke Bd. 15. Olten: Walter.

Klein, M. (1929). Frühkindliche Angstsituationen im Spiegel künstlerischer Darstellungen. In M. Klein (1995), Gesammelte Schriften, Bd. 1, 210–218. Stuttgart: frommann-holzboog.

Klein, M. (1937). Liebe, Schuldgefühl und Wiedergutmachung. In M. Klein (1996), Gesammelte Schriften, Bd. 3, 176–235. Stuttgart: frommann-holzboog.

Klein, M. (1957). Neid und Dankbarkeit. In M. Klein (1996), Ges. Schriften, Bd. 1, 306–343. Stuttgart: frommann-holzboog.

Kohut, H. (1976). Narzißmus. Frankfurt/M.: Suhrkamp.

Kris, E. (1952). Die ästhetische Illusion. Frankfurt/M.: Suhrkamp, 1977.

Lacan, J. (1986). L'éthique de la psychanalyse. Séminaire VII. Paris: Edition du Seuil.

Lang, H. (1995). Das obskure Objekt des begehrenden Subjekts. In M. Heinze und S. Priebe (Hg.), Störenfried Subjektivität (S. 127–141). Würzburg: Königshausen & Neumann.

Lehnerer, T. (1994). Methode der Kunst. Würzburg: Königshausen & Neumann.

Matt, P. von (1972). Literaturwissenschaft und Psychoanalyse. Freiburg: Rombach.

Meltzer, D. (1983). Traumleben. München: Verlag Internationale Psychoanalyse, 1988.

Meltzer, D. and Harris Williams, M. (1988). The apprehension of beauty. Strath Tay: Clunie.

Meyers (1987). Großes Universallexikon. Mannheim: B.I. Taschenbuchverlag.

Rabinow, P. (1986). The Foucault-reader. London: Pinguin.

Rose, G. (1996). Necessary illusion: art as witness. Madison, CT: International Universities Press.

Schneider, G. (1997). Geschichte der Ästhetik. Stuttgart: Reclam.

Schneider, G. (1998). Psychoanalyse und bildende Kunst. Tübingen: edition diskord.

Schneider-Adams, L. (1993). Art and psychoanalysis. London, Toronto u.a.: Harper Collins.

Schönau, W. (1991). Einführung in die psychoanalytische Literaturwissenschaft. Stuttgart: Metzler.

Segal, H. (1952). A psychoanalytic contribution to aesthetics. International Journal of Psycho-Analysis, 33.

Segal, H. (1991). Dream, phantasy and art. London: Routledge.

Segal, H. (1992). Wahnvorstellungen und künstlerische Kreativität. Stuttgart: Klett-Cotta.

Specht, E.K. (1981). Der wissenschaftstheoretische Status der Psychoanalyse. Das Problem der Traumdeutung. Psyche – Z Psychoanal, 35, 9, 761–787.

Welsch, W. (Hg.) (1993). Die Aktualität des Ästhetischen. München: Fink.

Winnicott, D.W. (1971). Vom Spiel zur Kreativität. Stuttgart: Klett-Cotta.

Lehranalyse *von Ulrich Streeck*

training analysis – analyse didactique

1. Definition

Jeder angehende Psychoanalytiker unterzieht sich einer eigenen Analyse. Die Lehranalyse (persönliche Analyse; didaktische Analyse) ist ein zentraler Teil der psychoanalytischen Ausbildung und verfolgt somit in erster Linie didaktische Zwecke. In der Lehranalyse erfährt der angehende Psychoanalytiker in der Rolle des Analysanden an sich selbst die Macht unbewusster Fantasien und Prozesse und häufig auch die therapeutische Wirkung der Psychoanalyse. Indem er an sich selbst mit den Wirkungen der psychoanalytischen Arbeitsweise bekannt wird, kann er sich mit der psychoanalytischen Methode und der therapeutischen Technik identifizieren.

Das wichtigste Instrument des Psychoanalytikers bei seiner therapeutischen Arbeit ist seine eigene Persönlichkeit. Um unbewusstes seelisches Erleben erkennen und verstehen zu können, sollte er seinen Patienten in einer Haltung größtmöglicher innerer Offenheit begegnen und seine eigenen Neigungen, Vorurteile, Zielvorstellungen oder theoretischen Vorlieben so weit wie möglich zurückstellen können, um bei der therapeutischen Arbeit nicht von eigenen „blinden Flecken" beeinträchtigt zu sein. Das hatte Ferenczi (1928 in 1972) veranlasst zu fordern, dass der angehende Psychoanalytiker die Komplexe in seiner Lehranalyse so weit gehend wie möglich auflösen müsse, die seiner Selbst- und Fremderkenntnis im Wege stehen und ihn in der Arbeit mit seinen Patienten behindern (Thomä 1991). Das hat dazu geführt, dass mit der Lehranalyse sowohl therapeutische Ziele im Sinne der Veränderung der eigenen Persönlichkeit verbunden sind als auch das Ziel, die berufliche Qualifikation als Psychoanalytiker zu erreichen. Diese doppelte Zielsetzung gibt bis heute Anlass zu Kontroversen und vielfältiger Kritik (z.B. Thomä, Kächele 1985, Kernberg 2000).

2. Klassische Auffassung und geschichtlicher Hintergrund

Beim 5. Internationalen Psychoanalytischen Kongress 1918 in Budapest wurde von Nunberg vor der damaligen Fachöffentlichkeit zum ersten Mal der Gedanke vorgetragen, dass jeder Psychoanalytiker sich selbst einer Analyse unterzogen haben solle. Mit dem Aufbau der ersten psychoanalytischen Ausbildungsambulatorien in Berlin (1920) und Wien (1921) wurde die Lehranalyse beim 6. Internationalen Psychoanalytischen Kongress in Berlin zu einem obligaten Teil der psychoanalytischen Ausbildung erklärt (Brocher 1970). Drei Jahre später wurde bei dem Kongress in Bad Homburg die Grundstruktur der psychoanalytischen Ausbildung festgelegt, die seither die Trias von Lehranalyse, kontrollierten Behandlungen und Theorie umfasst. Forschung, die ein Teil der Ausbildung an dem Berliner Ambulatorium sein sollte, wurde dagegen nicht zu einer Säule der Ausbildung zum Psychoanalytiker.

Freud hatte den Ärzten, die die Absicht hatten, „Analysen mit anderen auszuführen", empfohlen, sich „vorher selber einer Analyse bei einem Sachkundigen zu unterziehen" (Freud 1912, S. 382), denn „Psychoanalyse erlernt man zunächst am eigenen Leib durch das Studium der eigenen Persönlichkeit ... Man kommt viel weiter, wenn man sich selbst von einem kundigen Analytiker analysieren lässt, die Wirkungen der Analyse am eigenen Ich erlebt und dabei die Gelegenheit benützt, dem anderen die feinere Technik des Verfahrens abzulauschen" (Freud 1916, S.45). Zurückhaltend äußerte sich Freud jedoch hinsichtlich der Zielsetzung der persönlichen Analyse. Noch 1937 schrieb er: „Aus praktischen Gründen kann diese nur kurz sein, ihr hauptsächlicher Zweck ist, dem Lehrer ein Urteil zu ermöglichen, ob der Kandidat zur weiteren Ausbildung zugelassen werden kann. Ihre Leistung ist erfüllt, wenn sie dem Lehrling die sichere

Überzeugung von der Existenz des Unbewußten bringt, ihm die sonst unglaubwürdigen Selbstwahrnehmungen beim Auftauchen des Verdrängten vermittelt und ihm an einer ersten Probe die Technik zeigt, die sich in der analytischen Technik allein bewährt hat" S. 94f.). Und Bernfeld (1952 in 1984) berichtete, dass Freud ihm, als er ihn vor Aufnahme seiner psychoanalytischen Tätigkeit wegen der Frage der eigenen Analyse um Rat gebeten hatte, geantwortet habe: „Unsinn. Fangen Sie gleich an. Wenn Sie in Bedrängnis geraten, werden wir sehen, was wir tun können." Seit den späten 1890er Jahren erzählten die Studenten in Freuds Kursen ihm gelegentlich ihre Träume. Manchmal baten ihn Ärzte oder Psychologen um Hilfe bei der Behandlung neurotischer Symptome (Bernfeld 1952 in 1984, S. 441). Die ersten persönlichen Analysen fanden meist in einem Rahmen statt, der mit heutigen Lehranalysen kaum zu vergleichen ist. So schreibt Freud in einem Brief an Ferenczi vom 22. Oktober 1909: „Eitingon (auf den der Begriff „Lehranalyse" zurückgeht; U. St.) ist hier, geht zweimal in der Woche mit mir nach dem Nachtmahl spazieren und lässt sich analysieren."

Im Unterschied zu Freuds zurückhaltender Einstellung stellte Ferenczi die Forderung auf, dass die persönliche Analyse des Analytikers, der Patienten behandeln will, „von ebenso langer Dauer und gleich tiefer Schürfung wie eine therapeutische Analyse" sein müsse. Mehr noch, „die Persönlichkeit des Analytikers müsse „auch die verstecktesten Schwächen der eigenen Persönlichkeit kennen und beherrschen" (Ferenczi 1928 in 1972, S. 233), ein Anspruch, den Ferenczi selbst die „zweite psychoanalytische Grundregel" nannte. Ferenczis Forderung veranlasste Balint zu der kritischen Bezeichnung „Supertherapie" für diese Form von Lehranalyse (Balint 1966/ 1948). Während die ersten didaktischen Analysen nicht länger als wenige Wochen bis einige Monate dauerten, nahm ihre Dauer mit der Zunahme klinischer Entdeckungen und Erfahrungen allmählich zu. 1924 wurden in Berlin erstmals Ausbildungsrichtlinien festgelegt und für die Lehranalysen eine Dauer von wenigstens sechs Monaten empfohlen (Balint 1947 in 1969). Seit der Mitte der 30er Jahre begannen die Lehranalysen – wie Balint (1948 in 1966) kritisch anmerkt – „fast zu luxurieren" (S. 691). In der Folge dieser Entwicklung verlängerte sich – wie ebenfalls Balint hatte zeigen können – nicht nur die Dauer der Lehranalysen, sondern vor allem auch die therapeutischen Analysen, ein Trend, der bis in die Gegenwart angehalten hat.

In den meisten deutschen psychoanalytischen Ausbildungsinstituten gilt die Empfehlung, dass die Lehranalyse die psychoanalytische Ausbildung möglichst kontinuierlich begleiten solle. Ihre Dauer beträgt durchschnittlich sechs- bis siebenhundert Stunden. Das sog. französische Modell der psychoanalytischen Ausbildung, das die Unabhängigkeit von persönlicher Analyse und beruflicher Qualifikation vorsieht, hat sich als generelles Modell nicht durchsetzen können.

3. Aktuelle Situation

In der Art und Weise, wie Lehranalysen technisch durchgeführt werden, unterscheiden sie sich von einer zu therapeutischen Zwecken durchgeführten Analyse nicht grundlegend; sie verlaufen – so die heute überwiegende Auffassung – nach den gleichen Richtlinien wie jede andere Analyse („Ein Gruppengespräch über Lehranalyse", 1970). Allerdings unterscheidet sich der institutionelle Rahmen einer Lehranalyse von den Rahmenbedingungen einer therapeutischen Analyse: Die Lehranalyse ist Teil einer qualifizierenden Ausbildung und findet im Rahmen einer Institution, des Ausbildungsinstituts, statt, dem der Lehranalytiker angehört. Indem die Lehranalyse zum einen Voraussetzung ist, um das Zertifikat zu erlangen, das erforderlich ist, um den Beruf des Psychoanalytikers ausüben zu können, zum anderen eine reguläre Analyse sein soll, was nur möglich ist, wenn sie „im Geiste prinzipieller Freiheit durchgeführt" (Wallerstein 1985) wird, ist sie mit einem Dilemma behaftet: der angehende Psychoanalytiker kann sich nur dann mit seinen seelischen

Komplexen auseinandersetzen, wenn er sicher sein kann, dafür nicht mit realen Folgen rechnen zu müssen; von undurchschauten seelischen Komplexen frei zu sein, ist zugleich aber eine institutionell gebundene Anforderung an die Lehranalyse. Diese doppelte Zielsetzung der Lehranalyse als therapeutische und als didaktische Analyse kann deshalb Auswirkungen haben, die in dieser Weise in therapeutischen Analysen gewöhnlich keine Rolle spielen: So kann die Nähe der Ausbildungsrealität in der Lehranalyse spezifische Widerstände dahingehend nach sich ziehen, dass der Kandidat sich nur schwer auf einen regressiven Prozess einlassen kann, weil er befürchtet, angesichts seiner regressiven Wünsche und Fantasien als Psychoanalytiker nicht geeignet zu sein. Darum wird gelegentlich empfohlen, dass der Lehranalytiker dem Analysanden in den Anfangsstadien helfen solle, „Patient zu werden" („Ein Gruppengespräch über Lehranalyse", 1970). Die institutionelle Nähe kann unter Umständen auch mit spezifischen Übertragungsverzerrungen einhergehen. Der Analysand erlebt seinen Lehranalytiker an der Ausbildungsinstitution als reale Person, die dort möglicherweise wichtige Funktionen wahrnimmt (Thomä 1991). Dann ist der Lehranalytiker tatsächlich eine entscheidende Person im Leben des Ausbildungskandidaten (Fenichel 1938 in 1980), und die Macht, mit der er seinen Lehranalytiker in der Analyse ausstatten mag, kann dann nicht einfach auf Übertragungsfantasien zurückgeführt werden; sie habe eine reale Grundlage (Köpp et al. 1990). Auch der Umstand, dass der Geschwisterhass leicht auf Rivalen in der Lehranalyse oder am Institut übertragen wird, mit denen der angehende Analytiker real Kontakt hat und die ihm vertraut sind, kann die Analyse entsprechender Übertragungen erschweren oder kann verhindern, dass sie sich überhaupt entfalten (A. Freud 1938 in 1950, S. 1407). Weiter ist die Lehranalyse mit einer gewissen Paradoxie behaftet, und auch dadurch unterscheiden sich didaktische und therapeutische Analyse: während in einer therapeutischen Analyse Identifikationen mit der Person des Analytikers möglichst aufgehoben werden sollten, sollte der zukünftige Psychoanalytiker sich in seiner Lehranalyse mit dem Analytiker und seiner Arbeitsweise gerade identifizieren. Balint hat darüber hinaus vor der Gefahr des „Geheimabkommens zwischen Analytiker und seinem Kandidaten über die Introjizierung des idealisierten Analytikers" gewarnt; es kann sein, dass der Lehranalytiker dazu neigt, schon schwache Seiten von Hass zu deuten und sich so die volle Wucht wütender Aggressivität seines Analysanden zu ersparen (Balint 1948 in 1966, S. 697), und umgekehrt besteht die Gefahr, dass der Analysand unbemerkt an Idealisierungen des Lehranalytikers festhält. Die realen Beziehungen der Analytiker an der Ausbildungsinstitution, die Wertschätzungen, die sie sich entgegenbringen, vor allem aber die offenen und versteckten Feindschaften untereinander können in erheblichem Maße zu Übertragungsverzerrungen beitragen und die in Lehranalysen oft ohnehin schwierige Analyse von Aggression und negativen Übertragungen (Treurniet 1992) zusätzlich erschweren. Schließlich wird aufgrund der Nähe der institutionellen Ausbildungsrealität die äußere Realität leicht in den analytischen Raum eindringen und unter Umständen erschweren, dass sich dieser Raum in der Lehranalyse zu einem „Raum kreativer Illusion" (Winnicott 1987) entwickelt.

Meist beginnt der angehende Psychoanalytiker mit seiner Lehranalyse, nachdem er für die Ausbildung als geeignet beurteilt wurde; die Lehranalyse ist dann Teil des Ausbildungscurriculums (sog. geschlossenes Modell). In dem offenen oder französischen Modell beginnt die Analyse stattdessen als eine private Angelegenheit, und erst rückblickend entscheidet sich, ob der Betreffende als Psychoanalytiker zugelassen wird und die Analyse somit eine Lehranalyse war oder nicht. Unstrittig ist, dass die persönliche Analyse für den angehenden Psychoanalytiker unerlässlich ist. Ob es besser ist, wenn die Lehranalyse Teil der institutionell geregelten Ausbildung ist oder aber „eine ganz persönliche, von jedweden Außeneinflüssen freie Analyse" (Cremerius 1992, S. 52), ist ein bis heute nicht eindeutig entschiedenes

Problem. Seit Kurzem ist auch die Lehranalyse zu einem Forschungsgegenstand in der empirischen Psychotherapieforschung geworden (Sandell et al. 2001), und man wird erwarten können, dass in absehbarer Zeit verlässliche Daten über Nutzen und Effektivität unterschiedlicher Ausbildungs- und Lehranalysemodelle vorliegen.

Literatur

Balint, M. (1948). Analytische Ausbildung und Lehranalyse. In ders., Die Urformen der Liebe und die Technik der Psychoanalyse (S. 333–346). Stuttgart: Klett, 1966.

Balint, M. (1947). Über das psychoanalytische Ausbildungssystem. In ders., Die Urformen der Liebe und die Technik der Psychoanalyse (S. 265–286). Frankfurt/M.: Fischer 1969.

Bernfeld, S. (1952). Über die psychoanalytische Ausbildung. Psyche – Z Psychoanal, 38, 437–459, 1984.

Brocher, T. (1970). Aktuelle Probleme der psychoanalytischen Ausbildung in den USA. Psyche – Z Psychoanal, 24, 611–637.

Cremerius, J. (1992). Der Lehranalytiker begeht jeden einzelnen dieser Fehler. In U. Streeck und H.-V. Werthmann, Lehranalyse und psychoanalytische Ausbildung (S. 52–69). Göttingen: Vandenhoeck & Ruprecht.

Ein Gruppengespräch über Lehranalyse (1970). Psyche – Z Psychoanal, 24, 600–610.

Fenichel, O. (1938). Theoretical implications of the didactic analysis. Annual of Psychoanalysis, 8, 21–34, 1980.

Ferenczi, S. (1928). Das Problem der Beendigung der Analysen. In Schriften zur Psychoanalyse, Bd. II (S. 227–236). Frankfurt/M.: Fischer, 1972.

Freud, A. (1938). Probleme der Lehranalyse. Die Schriften der Anna Freud, Bd. V (S. 1397–1410). München: Kindler, 1950.

Kernberg, O.F. (2000). A concerned critique of psychoanalytic education. International Journal of Psycho-Analysis, 81, 97–120.

Köpp, W. et al. (1990). Die Lehranalyse Im Spannungsfeld der Ausbildung. In U. Streeck und H.-V. Werthmann: Herausforderungen für die Psychoanalyse (S. 178–195). München: Pfeiffer.

Sandell, R., Carlsson, J., Schubert, J., Broberg, J., Lazar, A. and Blomberg, J. (2001). Varieties of psychotherapeutic experience. European Psychotherapy 3, 3–16.

Thomä, H. (1991). Idee und Wirklichkeit der Lehranalyse. Ein Plädoyer für Reformen (I). Psyche – Z Psychoanal, 45, 385–433.

Thomä, H. und Kächele, H. (1985). Lehrbuch der psychoanalytischen Therapie (Bd 1.) Berlin: Springer.

Treurniet, N. (1992). Über einige der psychoanalytischen Ausbildungssituation inhärente Verwundbarkeiten. In U. Streeck und H.-V. Werthmann, Lehranalyse und psychoanalytische Ausbildung (S. 111–130). Göttingen: Vandenhoeck & Ruprecht.

Wallerstein, R. (1985). Die Beendigung der Lehranalyse: Prozess – Erwartungen -

Was erreicht wurde. Schriftenreihe der Internationalen Psychoanalytischen Vereinigung, 5, 36–53.

Winnicott, D.W. (1987). Vom Spiel zur Kreativität. Stuttgart: Klett-Cotta.

Liebe *von Yecheskiel Cohen*

love – amour

1. Definition

Es scheint keinen Begriff zu geben, dessen Definition so schwierig und so komplex ist wie der der Liebe. So geläufig und praktisch der Begriff in der Alltagssprache ist, dementsprechend häufig und in großer Breite taucht er in der wissenschaftlichen Literatur und in allen Arten von Kunstwerken auf. Der Begriff wird in gleichem Maße von Wissenschaftlern und Künstlern gebraucht sowie auch von der Allgemeinheit in allen Gesellschaftsschichten, in allen menschlichen Gesellschaften, zu allen Zeiten. Die psychoanalytische Literatur macht hier keine Ausnahme, da auch hier der Begriff der Liebe häufig Anwendung findet, ohne dass man sich jedoch sonderlich bemüht, ihn zu erklären. Normalerweise begegnen wir dem Gebrauch von Synonymen des Liebesbegriffs, oder die Autoren nehmen als selbstverständlich an, dass jeder Leser den Begriff der Liebe ohne besondere Erklärung versteht.

In den meisten Fällen behandelt die Psychoanalyse die Liebe als ein bestimmtes Verhältnis, das zwischen zwei Menschen entsteht und existiert (zwischen Mutter und Kind, Mann und Frau, zwei Männern oder zwei Frauen). Der Begriff Liebe ist jedoch wesentlich breiter und umfassender. Besonders im Englischen sprechen wir von Liebe auch in Bezug auf Gegenstände, Phänomene, Werke, Taten usw. So sprechen wir z.B. davon, dass wir es lieben, spazieren zu gehen, zu spielen, zu singen, so wie wir sagen, dass wir diese Oper lieben, dieses Bild, jenes Gebäude mögen, jenen Artikel gut finden etc. Es besteht natürlich ein Unterschied zwischen der Liebe zwischen Partnern und der Liebe zu einer Sinfonie von Beethoven oder zur chinesischen Küche, aber dennoch haben diese Ausdrucksformen der Liebe viele Gemeinsamkeiten, denn der Gebrauch des Liebesbegriffs für diese Arten von Zuneigungen resultiert nicht aus einem Mangel an Worten, sondern aus den ihnen gemeinsamen Eigenschaften. Mohacsy (1992) zitiert folgende Synonyme für Liebe: affection, fondness, passion, adoration, regard, infatuation, liking, attachment, worship, appeal, affinity. Er fügt hinzu, dass es im Grunde keinen einzelnen Begriff gibt, der das, was ein Mensch fühlt, wenn er Liebe erlebt, in vollem Umfang beschreiben könnte. Die Liebe ist eine emotionale Erfahrung, die durch das Zusammentreffen des Individuums mit einem beliebigen Objekt entsteht. Das Objekt kann ein Mensch sein, ein Teil des Menschen, eine Sache, ein Gegenstand – überhaupt alles, sogar ein Wort, ein Satz, eine Idee, etc. Liebe ist ein emotional-erotisches Erlebnis, das sowohl physiologische als auch kognitive Faktoren in sich vereint. Das Erleben von Liebe basiert auf einem starken Gefühl des Genusses und der Erregung, wenn das liebende Individuum und das geliebte Objekt beisammen sind, gleichviel, ob das Objekt ein Mensch, ein Gegenstand, eine Landschaft, ein Kunstwerk etc. ist. Es ist wichtig zu erwähnen, dass das geliebte Objekt auch der Liebende (das Subjekt) selbst sein kann. In diesem Fall ist die Neigung des Liebenden auf sich selbst oder Teile seines Selbst gerichtet („Ich liebe mich"; „ich liebe mein Aussehen").

Mit der physiologischen, kognitiven und seelischen Entwicklung des Menschen verändern sich auch die Charakteristika der Liebe sowie die Faktoren, die bei dem Erlebnis der Liebe eine Rolle spielen. An der Liebe des Säuglings, z.B. zu seiner Mutter oder einem Teil seiner Mutter (Brust, Milch), haben nur wenige kognitive Bereiche teil, so wie auch nur ein Teil seines Körpers an diesem Erlebnis teilhat. Je mehr sich der Mensch entwickelt, desto mehr Faktoren spielen eine Rolle bei der Erfahrung, wie Vorstellungskraft, Denken, Körperbewegungen, zusätzliche Körperglieder. Das Erleben von Liebe ist der Ausdruck des Bedürfnisses nach Verschmelzung mit dem geliebten Objekt par excellence, jedoch ohne das eigene und unabhängige Selbst des Liebenden aufzuheben. Gemeinsam mit dem Bedürfnis nach Verschmelzung mit dem Objekt, tritt bei dem Liebeserlebnis ein Bedürfnis auf, das wie die Umkehrung der Verschmelzung wirkt, nämlich das Bedürfnis nach Erweiterung und Bereicherung des eigenen Selbst, eine Art Versuch, das Objekt zu einem unablösbaren Teil des eigenen Selbst zu machen (Cohen 1994).

2. Klassische Auffassung

Freud gebrauchte den Begriff der Liebe einige Male und schenkte dem Phänomen Aufmerksamkeit, aber offensichtlich sah Freud in der Liebe nur eine Neigung zwischen zwei Menschen. In seiner Arbeit „Über die allgemeinste Erniedrigung des Liebeslebens" (1912d) argumentierte er, dass der Selbsterhaltungstrieb die primäre Bindung oktroyiere und dass er für das Entstehen von Liebesbeziehungen zwischen zwei Menschen verantwortlich sei, Beziehungen, die auf der primären Bindung gründen, jene primäre erotische und sexuelle Bindung, die der Mensch sein ganzes Leben lang verfolge. Freud sah also in der Liebe den Ausdruck der Lebenstriebe und argumentierte, dass jedes Finden eines Liebesobjekts nichts als ein Wiederfinden sei. Freud thematisierte das Liebeserlebnis in weiteren Schriften, in denen er verschiedene Fragen zur Liebe und ihren Ursprüngen diskutierte.

Bergmann (1980) unterscheidet zwischen drei verschiedenen Konzepten Freuds über Liebe. Er argumentiert, dass Freuds erstes Konzept in seiner Arbeit zur kindlichen Sexualität (1905d) sowie in den Arbeiten aus den Jahren 1910 und 1912 zum Ausdruck kommt, in denen Freud in der Liebe die Wiederfindung der primären Bindung sieht. Freud betont hier, dass das neue Wesen nicht das Inzestverbot in Erinnerung rufen darf. Freuds zweiter Beitrag, so Bergmann, findet sich in seinem Artikel „Zur Einführung des Narzißmus" (1914c), demzufolge die Liebe des Menschen zu sich selbst auf das ideale Ich übertragen und von dort auf das geliebte Objekt projiziert wird, von dem der Liebende die Implementierung des idealen Ich erwartet, was er gern sein würde, aber nicht zu sein vermag. In „Triebe und Triebschicksale" (1915c) sieht Bergmann schließlich den dritten Beitrag Freuds zur Liebe. Hier argumentiert Freud, dass die Liebe sich von einem Triebimpuls zur Liebe zum genitalen Objekt hin entwickelt.

Auf den Spuren Freuds pflegte die Psychoanalyse von der Liebe in energetischen Begriffen zu sprechen, so dass der Begriff Libido im Grunde den Begriff Liebe ersetzte. Erst mit der Entwicklung der Auffassung vom Wesen des Objekts und seinem Platz in der Entwicklung des Menschen ist in der Psychoanalyse eine Rückkehr zur Anwendung des Begriffs Liebe erkennbar.

Auch M. Klein (1937) spricht von der Liebe in energetischen Begriffen und argumentiert, dass die Liebe nichts anderes sei als eine verbessernde Kraft, eine Kraft, die auf die Korrektur der Destruktivität hin wirke, welche durch den der Libido entgegengesetzten Trieb, den Trieb der Aggressivität, gekennzeichnet ist.

3. Wesentliche Erweiterungen, Differenzierungen und Modifikationen

Es war Bak (1973), der die Rolle der Liebe hervorhob als einen Weg, mit dessen Hilfe das Individuum versucht, jene frühe Erfahrung der Trennung von der Mutter zu bewältigen. Die Liebe erwacht aus dem Bedürfnis, zu der Situation der frühen Einigkeit zurückzukehren. Diese Auffassung ergibt sich aus der Tendenz, der primären Bindung zwischen dem Säugling und der Mutter (oder jedem anderen, der ihn zu Anfang des Lebens großzieht) eine lebenswichtige und zentrale Bedeutung für die Fortsetzung des Lebens einzuräumen. Diese Auffassung entwickelte sich in der Nachfolge M. Kleins, den Bindungsforschungen Bowlbys und den Arbeiten Winnicotts, der davon sprach, dass es zu Anfang des Lebens nicht Säugling und Mutter gebe, sondern eine Mutter-Säugling-Einheit. Von hier aus findet im Grunde eine Rückkehr zu der frühesten Auffassung Freuds über die Wiederfindung statt, denn die hier erwähnten Forscher schreiben der Mutter-Säugling-Liebe einen primären Platz zu, und die späteren Liebesbeziehungen sind auf die eine oder andere Weise mit diesen ersten Bindungen und ihrer Qualität verknüpft. Und so versuchten Blanck und Blanck (1979) im Rahmen der Triebtheorie der Psychoanalyse die primären Triebe – Libido und Aggressivität – mit den Trieben der Vereinigung und der Trennung zu verknüpfen, wobei die Libido den Menschen zur Vereinigung mit dem Objekt, die Aggressivität dagegen zur Loslösung vom Objekt antreibt. In diesem Sinne gebrauchten die Autoren Libido als Synonym für das Wort Liebe, da sie den Menschen zur Vereinigung mit dem Objekt antreibt. Auch Kernberg (1977) schreibt der Liebe triebhafte Bedeutung zu, fügt dem Erlebnis jedoch Elemente hinzu, die das Ich charakterisieren, da er in der Liebe ein Erlebnis sieht, welche auch Zartheit und tiefe Hingabe an das Objekt beinhaltet. Boesky (1980) analysiert den Begriff etymologisch und entdeckt, dass es in vielen Sprachen eine Verbindung zwischen Liebe, Verlassen und Glaube (love, leave, believe) gibt, so dass eine enge Beziehung besteht zwischen Trennung, Liebe und dem Vertrauen in das Objekt, dass es die Einheit des frühen Zustands wiederherstellen wird.

Je mehr die Psychoanalyse sich auf den Bereich der Beziehungen des Menschen zu seiner Umgebung (des Selbst zum Objekt oder des Selbst zum Selbst) konzentrierte, desto mehr setzte sich die Auffassung von der Liebe als zwischenmenschliches Erleben durch, und das Verständnis der Liebe als Erlebnis zwischen Menschen und verschiedenen Objekten, die nicht zwangsläufig Menschen sein müssen, verschwand. So spricht die Psychoanalyse hauptsächlich von Objektliebe (Objekt im Sinne von Mensch) oder von der Liebe im Rahmen einer Therapiesitzung, bezeichnet als Übertragungsliebe (Freud 1915a, Schafer 1977).

Die psychologische Entwicklung des Ichs, die sich auf die strukturelle Auffassung stützt, führte auch zur Beschäftigung mit der Liebe im Kontext der Entwicklung. Es entstand ein Disput zwischen der Betrachtung der Liebe in ihrer ödipal-genitalen Bedeutung – der Findung eines libidinösen Objekts – und ihrer Betrachtung in ihrer präödipalen Bedeutung. So erklärt z.B. Gediman (1981), dass die verschiedenen Hindernisse auf dem Weg zur Erfüllung der Liebe, wie sie in diversen Geschichten – wie in der von Tristan und Isolde – beschrieben werden, ein Ausdruck des präödipalen Kampfes zwischen dem Bedürfnis nach Verschmelzung und dem Bedürfnis nach Loslösung und Individualisierung sind.

4. Die Bedeutung des Begriffs in den verschiedenen psychoanalytischen Schulrichtungen

In der Nachfolge des obenerwähnten Konzepts der Lehre von den Objektbeziehungen tritt das Konzept der Lehre vom Selbst auf, das die Entwicklung des Selbst in den Diskussionsmittelpunkt stellt. Aber wie sein Vorgänger ist dieses Konzept nicht losgelöst von den anderen Ansätzen, denn auch hier stehen die Objektbeziehungen im Mittelpunkt. Die Entwicklung des Selbst ist eindeutig bedingt durch die Existenz des Objekts, das diesem Konzept zufolge das Selbstobjekt bildet. Die Prüfung der Beziehungen zwischen dem Selbst und dem Selbstobjekt deutet auf die Rolle der Liebe als primärem, lebenswichtigem und elementarem Bestandteil des Selbst hin.

Kohut (1984), der das Konzept der Selbstpsychologie entwickelte, thematisierte die Liebe nicht spezifisch, räumte ihr jedoch zweifellos einen lebensnotwendigen Stellenwert ein. Seinem Ansatz zufolge ist die Liebe in erster Linie ein Erlebnis und kein Ausdruck eines Triebs, und darin ist der Hauptbeitrag der Selbstpsychologie zum Liebesbegriff zu sehen. Seiner Auffassung zufolge sehen wir die Liebe nicht, sondern erleben sie, so wie das Selbst den Zustand der Liebe erlebt. Die Liebe ist in diesem Konzept kein Abkömmling eines Triebs und auch keine Sublimierung eines solchen, sondern ein Erleben des Überbaus der Bestandteile der Seele, sprich ein Erleben des Selbst.

Es sei angemerkt, dass die Selbstpsychologie nicht gänzlich auf die Existenz der Liebe zum Objekt verzichtete, sondern sie als verschieden von der Liebe zum Selbst (der narzisstischen Liebe) betrachtete, im Erleben des Selbst jedoch die wahre Liebe sieht. Je kohäsiver das Selbst ist, desto eher kann von einem wahren Liebeserlebnis gesprochen werden. Ist das Selbst nicht kohäsiv und begegnen wir dem Phänomen der Zerlegung desselben, dann zerfallen auch die mit der Liebe verknüpften Erlebnisse in verschiedene Produkte, wie z.B. sexuelle Phantasien, und folglich kann hier keine Rede mehr von dem Erleben von Liebe sein.

Die intersubjektive Theorie betont die Exklusivität eines jeden Selbst. Hier geht es nicht mehr um das Selbst gegenüber dem Objekt, sondern um das Selbst gegenüber dem anderen Selbst. In den Liebesbeziehungen wird die Simultaneität der Abhängigkeit und Unabhängigkeit verwirklicht und dies aus dem Bedürfnis des Individuums nach

Anerkennung heraus. Benjamin (1995) äußert sich dazu wie folgt: „The need for recognition entails this fundamental paradox: at the very moment of realizing our own fundamental will, we are dependent upon another to recognize it“ (S. 36f.).

Der intersubjektive Ansatz betont den Umstand, dass es ohne die gegenseitige Anerkennung, ohne das Akzeptieren der Simultaneität von Abhängigkeit und Einzigartigkeit im Kampf der beiden innerhalb der Liebesbeziehung befindlichen Selbst, keine wahre Liebe geben kann. Eine Erschütterung dieses Gleichgewichts erzeugt ein Verhältnis des Herrschens und Beherrschtseins, nicht aber ein Liebesverhältnis. Dieses Konzept widerlegt die Ansicht, dass der Mensch sein Leben lang nach der Übereinstimmung mit dem geliebten Gegenüber strebt, sondern er bedarf vielmehr gleichzeitig sowohl der Einigkeit als auch der Bewahrung der Eigenständigkeit:

„One of the most important insights of intersubjective theory is that sameness and difference exist simultaneously in mutual recognition“ (Benjamin 1988, S. 47).

Diese Theorie basiert auf der Gleichheit der Geschlechter und der Menschen im Allgemeinen, und betont somit die Unterscheidung zwischen wahrer Liebe und auf Herrschen und Beherrschtsein gegründeten zwischenmenschlichen Beziehungen.

Literatur

Bak, R. (1973). Being in love and object loss. International Journal of Psycho-Analysis, 54, 1–8.

Benjamin, J. (1988). The bonds of love: Psychoanalysis, feminism, and the problem of domination. New York: Pantheon Books.

Benjamin, J. (1995). Like subjects, love objects. New Haven: Yale University Press.

Bergmann, M.S. (1980). On the intrapsychic function of falling in love. Psychoanalytic Quarterly, 49, 56–76.

Blanck, G. and Blanck, R. (1979). Ego psychology II – psychoanalytic developmental psychology. New York: Columbia University Press (dt.: Ich-Psychologie II. Stuttgart: Klett-Cotta, 1980).

Boesky, D. (1980). Introduction to the symposium on object relations theory and love. The Psychoanalytic Quarterly, 49, 48–55.

Cohen, Y. (1994). Die Angst zu lieben. Zeitschrift für psychoanalytische Theorie und Praxis, 9, 9–24.

Gediman, H.K. (1981). On love, dying together and liebestod fantasies. Journal of the American Psychoanalytic Association, 29, 607–630.

Kernberg, O.F. (1977). Boundaries and structure in love relations. Journal of the American Psychoanalytic Association, 25, 81–114.

Klein, M. (1937). Love, guilt and reparation. In M. Klein and J. Riviere (Eds.), Love, hate and reparation. London: Hogarth Press.

Kohut, H. (1984). How does analysis cure. Chicago: University of Chicago Press (dt.: Wie heilt die Psychoanalyse? Frankfurt/M.: Suhrkamp, 1987).

Mohacsy, I. (1992). The many faces of love. Contemporary Psychoanalysis, 28, 89–95.

Schafer, R. (1977). The interpretation of transference and the conditions for loving. Journal of the American Psychoanalytic Association, 25, 335–362.

Lustprinzip *von Jörg Wiesse*

pleasure principle – principe de plaisir

1. Definition

Das Lustprinzip nötigt dem Individuum als Ziel auf, nach Glück zu streben. Dies kann in positiver oder negativer Weise geschehen – starke Lustgefühle erleben – Schmerz und Unlust vermeiden. Lust und Unlust hängen von der nicht gebundenen Erregungsmenge des psychischen Apparats ab; Unlust entspricht einer Steigerung der Erregungsmenge, Lust einer Verminderung und dies jeweils in einer bestimmten Zeitspanne.

„Die Empfindungen mit Lustcharakter haben nichts Drängendes an sich, dagegen im höchsten Grad die Unlustempfindungen. Diese drängen nach Veränderung, auf Abfuhr und darum deuten wir die Unlust auf eine Erhöhung, die Lust auf eine Erniedrigung der Energiebesetzung" (Freud 1923b, S. 249). Das Lustprinzip sorgt also dafür, dass die Arbeit des psychischen Apparats bewirkt, Unlust zu vermeiden.

Die Bestimmung der Prinzipien des psychischen Apparats, so auch des Lustprinzips, ergab sich aus der klinischen Arbeit Freuds mit Breuer; die Konzepte des Konflikts und der Verdrängung unlustvoller Vorstellungen war bereits in ihren „Studien über Hysterie" (1895d, S. 77) angelegt. In den „Formulierungen über die zwei Prinzipien des psychischen Geschehens" (1911b, S. 232) schrieb Freud dann, daß alle Erinnerungen von der Realität wegführten und die Wahl der Neurose mit der Entwicklung des Ichs im Hinblick auf Lust- und Realitätsprinzip in Zusammenhang stünden. Die Betonung der Macht des Lustprinzips als eines Anzeichens für jedwede Psychopathologie ist ein wichtiges Element in Freuds Formulierungen. So schreibt er im „Unbehagen der Kultur" (1930a, S. 440), „daß jeder von uns sich in irgendeinem Punkt ähnlich wie der Paranoiker benimmt, eine ihm unleidliche Sache der Welt durch eine Wunschbildung korrigiert und diesen Wahn in die Realität einträgt".

2. Klassische Auffassung

Freud sieht das Lustprinzip als den Hauptregulator des psychischen Apparats an. 1911b führte er den Begriff Lustprinzip ein – vorher (in der Traumdeutung) nannte er es das „Unlustprinzip" – , im Realitätsprinzip vermochte er „keine Absetzung des Lustprinzips, sondern eine Sicherung desselben" zu sehen.

In den „Formulierungen über die zwei Prinzipien des psychischen Geschehens" erklärt Freud, „wie die Primärprozesse vollständig unter der Herrschaft des Lustprinzips stehen" und weiter, „der befremdenste Charakter der unbewußten (verdrängten) Vorgänge ergibt sich daraus, daß bei ihnen die Realitätsprüfung nichts gilt, die Denkrealtität gleichgesetzt wird der äußeren Wirklichkeit, der Wunsch der Erfüllung, dem Ereignis, wie es sich aus der Herrschaft des alten Lustprinzips ohne weiteres ableitet" (1911b, S. 237). Das Schicksal der unbewussten Prozesse hängt demnach vor allem davon ab, wie stark sie sind und ob sie die Forderungen der Lust-Unlust-Regulation erfüllen (vergleiche „Das Unbewußte", 1915e, S. 264). Welche Stärke und Macht das Lustprinzip besitzt, verdeutlicht Freud am Beispiel der Beziehung zwischen Lust und Hass, „die Unlustrelation scheint die einzige Entscheidende zu sein. Das Ich haßt, verabscheut, verfolgt mit Zerstörungsabsichten alle Objekte, die ihm zur Quelle von Unlustempfindungen werden, gleichgültig, ob sie ihm eine Versagung sexueller Befriedigung oder der Befriedigung von Erhaltungsbedürfnissen bedeuten" (Freud 1915c, S. 230).

Das Bedürfnis des psychischen Apparats, den Erregungsstrom (Besetzung) so zu regulieren, dass die Lust erhöht und Unlust vermindert wird, führte Freud 1911b (S. 235) zu einer genaueren Klärung des Realitätsprinzips und zu einem weiteren Versuch, das Verhältnis von Lust- und Realitätsprinzip zu bestimmen, „wie das Lustich nichts anderes kann als wünschen, nach Lustgewinn arbeiten und der Unlust auszuweichen, so braucht das Realich nichts anderes zu tun, als nach Nutzen zu streben und sich gegen Schaden zu sichern."

Die Erweiterung der Prinzipien des psychischen Geschehens in „Jenseits des Lustprinzips" (1920g) ergab sich aus der Weiterentwicklung der Triebtheorie und der Notwendigkeit, diese mit der Annahme von der Herrschaft des Lustprinzips (und seiner Modifikation des Realitiätsprinzips) in Einklang zu bringen. Die Veränderungen, die in die Prinzipien des psychischen Geschehens eingeführt wurden, waren (1.) der Einschluss des Allgemeinprinzips des Wiederholungszwangs und (2.) die Unterscheidung zwischen Lustprinzip und dem Nirwanaprinzip; beide ergaben sich aus der Formulierung des Lebens-(Eros) und des Todestriebes. Freud deutete in „Jenseits des Lustprinzips" an, dass er mit der Gleichsetzung des Nirwanaprinzips mit dem Lustprinzip nicht mehr zufrieden sein könne. So unterschied er nun zwischen dem Nirwanaprinzip, das er dem Todestrieb zuordnete, und dem Lustprinzip, das er als eine auf den Einfluss des Lebenstriebs zurückgehende Modifikation auffasste. In den späteren Schriften Freuds erfuhr die Definition des Nirwanaprinzips – als Ausdruck des Todestriebes – und das Lustprinzip – als Ausdruck des Lebenstriebes – keine bedeutsame Änderung mehr.

Unter Verweis auf die Tatsache, dass viele Patienten in der Übertragung infantile sexuelle Triebwünsche wiederholten, postulierte Freud (1920g), dass im psychischen Geschehen eine Tendenz wirksam sein müsse, die noch primitiver als das Lustprinzip und unabhängig von diesem sei. Er betrachtete diese Tendenz als eine Äußerung der Macht des Verdrängten im Wiederholungszwang, die ihre unlustvolle Natur häufig verberge. „Der Wiederholungszwang ist die Manifestation des vom Ich Ausgestoßenen und Verdrängten und kann deshalb nicht unter der Herrschaft des Lustprinzips stehen" (1920, S. 67). Er stützt nach Meinung Freuds die Hypothese des Todestriebes.

3. Ideengeschichtlicher Hintergrund

Freuds Gedanke, ein Prinzip des psychischen Apparats auf die Lust zu gründen, ist von Fechner (1860) beeinflusst, der Lust und Unlust mit Stabilitäts- und Instabilitätsverhältnissen in psychophysische Beziehungen bringt und ein „Lustprinzip des Handelns" formuliert. Fechner vermerkt auch, dass die vom menschlichen Handeln angestrebte Finalität nicht die Lust sei, sondern dass unsere Handlungen durch die Lust oder die Unlust determiniert seien. Und weiter, dass die Motivationen nicht bewusst wahrgenommen würden. Fechner weist auf eine Tendenz der Stabilität des Lustprinzips hin, auf die sich Freud auch bei der Formulierung des Konstanzprinzips bezieht, das bereits die moderneren Begriffe Homöostase und dynamische Stabilität vorwegnimmt. Das Konstanzprinzip ist mit dem Unlustprinzip verbunden, wenn Unlust durch Spannungserhöhung entsteht und die Abfuhr von Spannung als lustvoll erlebt wird. Es darf aber nicht mit dem Lustprinzip gleichgesetzt werden, sondern stellt sozusagen die ökonomische Grundlage des Lustprinzips dar.

4. Die Bedeutung des Begriffs in der weiteren Entwicklung der Psychoanalyse

Seit 1920 erfuhr der Begriff des Lustprinzips weder bei Freud noch bei seinen Schülern und Nachfolgern eine neue Formulierung. Kritik tauchte jedoch zunehmend im Hinblick auf seine Universalität auf, da sich das Prinzip ausschließlich auf Triebspannungen und Befriedigungen bezieht. Sind aber damit, so fragt Mentzos (1987), alle psychischen Inhalte und Vorgänge erfasst und lassen sich alle affektiven Zustände als direkte Triebabkömmlinge begreifen, die dem gleichen Prinzip der Entspannung durch Entladung unterliegen? Und Joffe und Sandler schreiben 1967: „Wir glauben, daß die Entwicklung des Individuums von Anfang an nicht von dem Streben nach lustvollem Erleben und dem Vermeiden von Unlust bestimmt ist. Unserer Meinung nach kommt dem Bestreben, Zustände zu erreichen, die Gefühle des Wohlbefindens und der Sicherheit einschließen, besondere Bedeutung zu". Hier wird eine Tendenz deutlich, das Lustprinzip als ungenügend anzusehen und ihm, wie z.B. Argelander (1971), ein Sicherheitsprinzip gegenüberzustellen oder wie Kohut (1979), eine unabhängige Selbstpsychologie zu entwerfen. So groß die Meinungsverschiedenheiten auch sind, wird es, so Mentzos, unmöglich sein, die qualitativen Unterschiede zwischen Triebbedürfnissen einerseits und den Bedürfnissen nach Wohlbefinden und Sicherheit andererseits nicht mehr zu akzeptieren, deren Affektivität nicht auf Triebe zurückgeführt werden kann, und Joffe und Sandler meinen weiter: „Wir wissen alle, daß das Streben nach sexueller Lust oft der Aufrechterhaltung eines Gefühls der Sicherheit geopfert wird". Obengenannte Zusammenhänge lassen sich nicht mehr allein mit Hilfe von Lustprinzip und seiner Erweiterung, dem Realitätsprinzip, erklären; es wird notwendig sein, das Lustgefühl bei der Entladung von Triebspannung vom Wohlbefinden bei ausreichendem Selbstwertgefühl und Identität zu unterscheiden. Henseler (1976) meint, dass Lustprinzip als Triebentladung und narzisstische (Selbst-)Bedürfnisse miteinander konkurrierten und sich gegenseitig verstärken könnten. Beide hängen demnach eng miteinander zusammen und beeinflussen sich gegenseitig und beide werden von der Entwicklung der Objektbeziehungen bestimmt.

Literatur

Argelander, H. (1971). Ein Versuch zur Neuformulierung des primären Narzißmus. Psyche – Z Psychoanal, 25, 358–373.

Fechner, G.T. (1860). Elemente der Psychophysik. Leipzig: Breitkopf & Härtel.

Joffe, W.G. und Sandler, J. (1967). Über einige begriffliche Probleme im Zusammenhang mit dem Studium narzißtischer Störungen. Psyche – Z Psychoanal, 21, 152–165.

Henseler, H. (1976). Die Theorie des Narzißmus. In Psychologie des 20. Jahrhunderts, Bd. II (S. 459–477). München: Kindler.

Kohut, H. (1979). Die Heilung des Selbst. Frankfurt/M.: Suhrkamp.

Mentzos, S. (1987). Neurotische Konfliktverarbeitung. Frankfurt/M.: Fischer.

Macht *von Lorenz Böllinger*

power – pouvoir

1. Definition

Macht ist ein universaler, bislang kein psychoanalytischer Begriff. Eine spezifisch psychoanalytische Theoretisierung erscheint notwendig, steht aber noch aus (Person 2003). Lediglich soziologische und psychologische Machttheorien sowie einige sozialpsychologisch-empirische Operationalisierungsansätze spezifizieren ihn. Deskriptiv definierte Max Weber Macht als „Chance, innerhalb einer sozialen Beziehung den eigenen Willen auch gegen Widerstreben durchzusetzen, gleichviel worauf diese Chance beruht" (1956, S. 38). Moderner ausgedrückt ist Macht struktureller Einfluss mit Steuerungsfunktion, nämlich wirtschaftliche, politische oder soziale Struktur, durch die menschliches Handeln und soziale Systeme gelenkt und begrenzt werden. Zu unterscheiden ist zwischen Macht und Konstrukten wie Einfluss, Gewalt, Autorität, Kontrolle, Sanktionen, Dominanz, Status, Prestige, Rang, ferner zwischen Rahmenbedingungen und qualitativen sowie quantitativen Ressourcen von Machtbeziehungen (Machtfülle, Machtmittel). Macht kann empirisch und wertneutral oder wertend unter dem Aspekt der Legitimität untersucht werden.

Psychoanalytische Reflexion sollte – unter Zurückweisung essentialistischer Ansätze – methodologisch und inhaltlich voraussetzen: die interdisziplinäre Analyse der historischen, sozialen und sprachlichen, interaktionistischen Konstruktion des mit Macht vermeinten Ausschnitts der Realität, also Relationalität, Prozesshaftigkeit und Relativität des Gegenstandes. Macht ist ein Konstrukt im doppelten Sinne: Wir konstruieren dieses Abstraktum theoretisch – zugleich ist es eine Tatsache der sozial konstruierten Wirklichkeit. Macht kann psychoanalytisch nur als gesellschaftliche Praxis, als zwischenmenschliches Handeln, als externe und interne Subjekt-Objekt-Relation, als Konflikt untersucht werden. Die Psychoanalyse fragt nach den individual- und sozialpsychologischen Bedingungen und Dynamiken der Konstitution und des Verlaufs von Machtausübung. Sie untersucht die Prozesse, durch die Macht psychische und soziale Realität gewinnt, wie Triebschicksale im lebens- und sozialgeschichtlichen Kontext zur Gerinnung einer sozialen Machtwirklichkeit beitragen, welche ihrerseits auf diese Triebschicksale einwirkt, welche Rolle dabei Triebregungen, deren Abwehr, unbewusste Phantasien und Wiederholungszwang, Übertragung und Gegenübertragung etc. spielen.

2. Klassische Auffassung

S. Freud benutzt den Machtbegriff umgangssprachlich. Ein Begriffskonzept ergibt sich aber aus seinen sozialpsychologischen Schriften. Zentral ist die Annahme eines ursprünglichen Ohnmachtserlebens des Menschen, und zwar kollektiv gegenüber den Naturgewalten, den „Versagungen der Realität" (Freud 1917, S. 368), und individuell gegenüber den Eltern. Phylogenetisch, auf kollektivem Niveau wird die daraus resultierende Angst durch schrittweise Not- und Naturbewältigung gemindert (z.B. durch den Erwerb der Macht über das Feuer), ontogenetisch zunächst durch Allmachtsphantasien (Freud 1909). Den von der Kultur auferlegten Entbehrungen, der Übermacht der Natur und des Schicksals als Urbedrohung, als Ur-Imago von äußerer Macht, wie sie ursprünglich als dem Elternpaar zugehörig erlebt wird, begegnet der Mensch durch Projektion seiner inneren, menschlichen Bilder, durch Schaffung der Götter (1927, S. 232, 338f.). Quelle der Machtzuschreibung an die Götter ist also die empfundene Ohnmacht. In der Phylogenese sieht Freud die Parallele zur Ontogenese: Magische Phantasien, die „Allmacht der Gedanken" und entsprechende unbewusste Phantasien, die nie ganz untergehen (Freud 1913). Primäre Erfahrungsquelle ist in der Phylogenese die Gewaltherrschaft des Stammesherrn und die Empörung der Söhne, die ihn gemeinsam überwältigten und verzehrten. Es resultierte Exogamie zwecks Vermeidung der Rivalität. Das Mutterrecht hatte sodann die Funktion die väterliche Macht zu brechen. Es blieb die ambivalente Gefühlseinstellung zum Vater. In der „Massenpsychologie ..." (1921, S. 91) sieht Freud später eine weitere Bewältigungsform gegenüber der Ohnmachtsangst: Die Masse erzeugt im Einzelnen den Eindruck unbeschränkter Macht und unbesiegbarer Gefahr, die Masse ist Trägerin der Autorität. Herdentrieb und Machtunterwerfung sind Resultat einer Regression und Wiederbelebung früher Trennungsangst (ebd. S. 129). Die Identifizierung mit dem Führer/Helden/Idol dient zugleich der regressiven Abwehr der Rivalität und des Machtkampfes (Reaktionsbildung). Das Ich-Ideal wird projiziert und durch das grandiose Objekt ersetzt. Massenbindung und Machtunterwerfung dienen als Neuroseersatz (ebd. S. 145).

In der Gestaltung des allmächtigen Gottes zeigt sich die Sehnsucht nach dem großartig überschätzten Vater/Machthaber (1939, S. 109, 217). Die Teilhabe an seiner Größe erklärt sowohl die Bewunderung, das Gefühl der Auserwähltheit und Sicherheit (S. 229) als auch die Ambivalenz ihm gegenüber. Deren mörderische Seite wird verdrängt und löst Schuldgefühle aus, woraus wiederum die Ideologie der eigenen Sündhaftigkeit, Unterwerfung und (Selbst-)Bestrafung resultieren (S. 243).

Freud sieht also den interaktiven Charakter der Machtbeziehung, allerdings postuliert er Selbsterhaltungs-, Geltungs- und Machttriebe als Partialtriebe des Todestriebs

(1920, S. 68; 1924, S. 376; 1930, S. 476ff.). Zentral bleibt die Annahme der Abwehr von Ohnmachterleben. Dem menschlichen Urerleben der innigen Verbundenheit mit der Umwelt entspricht die Phantasie von Unbegrenztheit, das „ozeanische Gefühl". Dieses Lust-Ich wird von Leid und Unglück beschränkt, welches vom Körper, von der Außenwelt und von den Beziehungen stammt (1930, S. 424ff.). Zur Realitätsbewältigung dient der beständige, immer wieder enttäuschte Versuch, die Macht über die Übermacht der Natur zu erringen und damit das Glück (ebd. S. 446). Eine Zeitlang wird den Göttern Allmacht zugeschrieben, dann entwickeln sich Kulturideale einer Gottgleichheit des Menschen durch technische Naturbewältigung. Die Macht der Gemeinschaft stellt sich nun als ‚Recht' der Macht des Einzelnen, die als ‚rohe Gewalt' verurteilt wird, entgegen (ebd. S.454). Freud postuliert als substantiellen Gehalt den primären, sadistischen Aggressionstrieb als einen mit den nicht-libidinösen Bemächtigungstrieben, mit dem narzisstischen Genuss durch Befriedigung der Allmachtswünsche nahe verwandten Objekttrieb (ebd. S. 476ff.). Er setzt Macht mit Gewalt als Mittel der Machtausübung gleich, und zwar im Gegensatz zum Recht (1933, S. 14f.). Der Übergang von Gewalt zu Recht setzt eine beständige, dauerhafte Einigung der Gemeinschaft voraus, welche durch Gefühlsbindungen zusammengehalten wird (ebd. S.16ff.). Komplikationen entstehen dadurch, dass die ungleiche Machtverteilung in der Gesellschaft von Anfang an das Recht bestimmt. Er sieht zwei Quellen von Rechtsfortbildung: Revolution oder kultureller Wandel als friedlicher Mittelweg. Essenz des immer möglichen „Rückfalls" in die Gewalt als Machtmittel ist der Aggressions- oder Destruktionstrieb (ebd. S.20). Im Selbsterhaltungstrieb legieren sich erotische und Bemächtigungs-Triebe. Insgesamt sieht Freud ein „Netzwerk der Verursachungen" (1939, S.214) – man könnte sagen: durchaus im Sinne eines modernen systemtheoretischen und konstruktivistischen Ansatzes.

3. Ideengeschichtlicher Hintergrund

Ideengeschichtlicher Ausgangspunkt ist wohl die – bereits interaktionistisch und reflexiv tendierende – Philosophie Schopenhauers („Die Welt als Wille und Vorstellung"). Substanzialistische Konzepte von Realität und Weltordnung werden entmystifiziert und ein menschlicher Wille als sinnfreier Daseinsdrang konzipiert, der sich im Bewusstsein des Subjekts stufenweise objektiviert. Nietzsche folgt 1906 mit seinem unvollendeten, vom Darwinismus beeinflussten Konzept (Nietzsche 1938): Die Erkenntnis arbeite als Werkzeug der Macht und hänge ab vom Maß des Willens zur Macht. Ausgangspunkt dafür seien der Leib, der Drang zum Leben, der „Lebensneid", der „Machiavellismus der Macht", die Unterschiedlichkeit der Machtausstattung. Seine Methode der absoluten und schonungslosen Wahrhaftigkeit, die Ablehnung der reinen Vernunft, der Bezug von äußerem Schicksal und gesellschaftlichen Bedingungen zur Entwicklung des Körpers und der Krankheiten, die Anerkennung der gesellschaftlichen Differenzierung, all dies bereitet weitere Entwicklungen auch der Freud'schen Psychoanalyse mit vor.

Eine respektable begriffliche Klärung unternimmt 1970 Hannah Arendt in Auseinandersetzung mit dem Vietnamkrieg und der 68er Bewegung. Essenzialistisch, dem Cartesianischen linearen Vernunft- und Kausaldenken verpflichtet sind behavioristische Ansätze. Z.B. das auf Tierexperimente gestützte Axiom vom universellen, angeborenen oder erworbenen Machttrieb", oder funktionalistisch-systemtheoretisch postulierte Ordnungs-, Befriedungs- oder Systemerhaltungszwecke. Nach Luhmann (1975) ist Macht als Aspekt der Selbstperpetuierungsfunktionen, als codegesteuerte Kommunikation", anzusehen. Solch eindimensionale Ansätze sind tautologisch und ignorieren die Interaktionsperspektive von Macht und Ohnmacht.

4. Wesentliche Erweiterungen, Differenzierungen und Modifikationen

Weniger eindimensional sind die Feldtheorie des Verhaltens von Kurt Lewin (ähnlich: die Gestalttheorien), die Theorien des Symbolischen Interaktionismus (G.H. Mead, T. Parsons und H.S. Becker). Erstere untersucht die Gesamtheit der auf den Menschen einwirkenden, inneren und äußeren Bedingungen und Kräfte. Der Lebensraum wird verstanden als vektoriell beschreibbares Kraftfeld. Letzterer hat die intersubjektive Wechselbezüglichkeit von Wahrnehmung, Interpretation, Motivation, Handlung sowie die Mechanismen der Zuschreibung von Eigenschaften und Rollen herausgearbeitet. Der Psychoanalyse kommt es zu, die Transformationskräfte und -regeln der multiplen Feldbeziehungen zwischen den Individuen, zwischen dem Außen und Innen, zwischen Objekt und Subjekt erschlossen zu haben. Besondere Bedeutung haben hierbei Objektbeziehungstheorien, welche auf triebtheoretischer Grundlage die Prozesse der innerpsychischen, kognitiven und affektiven Repräsentation von Umwelt und Objektbeziehungen untersuchen.

Habermas versucht mit seiner Theorie kommunikativen Handelns die Integration feldtheoretischer, interaktionistischer und psychoanalytischer Ansätze. Bestimmte sieht strukturell differenzierte systemische Steuerungs- bzw. Machtmedien dienen als Kräfte der Vergesellschaftung (1981, S. 173ff.). Dieser Systemwelt gegenüber und durch komplexe Transformationsmechanismen mit ihr reziprok verknüpft bzw. von ihr „kolonialisiert" steht die „Lebenswelt" mit ihren traditions-, sozialisations-, beziehungs- und emotionsorientierten Vergesellschaftungsmechanismen in Form einer „funktionalen Vernetzung von Handlungsfolgen" (ebd. S. 179). Als von der Aktivität gesellschaftlicher Kräfte abhängiges Entwicklungspotential sieht er die gesellschaftliche Integration und Steuerungslegitimation durch relativ herrschaftsfreie Verständigungsprozeduren. Ähnlich erscheint Norbert Elias' Sichtweise des Zivilisationsprozesses.

In Foucaults kulturpessimistischer Betrachtungsweise nehmen die Techniken der Macht über den Gesellschaftskörper vermittels der Körper der Individuen die zentrale Stellung ein: „Politische Anatomie" vermittels Arbeitsdisziplinierung der Körper und „Bio-Macht" durch „Wahrheitsdiskurse" insbesondere der Psychiatrie und des „Machtdispositivs Sexus" (1983, S. 166ff.). In „Mikrophysik der Macht" geht er davon aus, dass der Staat seine Macht ökonomisch rationalisiert: Überwachen statt zu strafen, absolute Kontrolle vermittels des in die Körper hineinragenden, verinnerlichten Netzwerkes. Auch Bourdieu stellt den Topos Macht in den Vordergrund seiner Analyse. Gegen substantialistische und funktionalistische Reduzierungen stellt er – Lewin folgend – die relationale Auffassung von einer als „sozialer Raum" begriffenen Realität, deren Elemente einander wechselseitig äußerlich und konstitutiv sind (1998, S. 48f.). Sozialwissenschaftlich aufzudecken ist ihm zufolge die in einem interaktionellen Kraftfeld von Kämpfen sozial differenzierende Distributionsstruktur der in dem sozialen Universum wirksam Machtformen oder Kapitalsorten.

5. Die Bedeutung des Begriffs in verschiedenen psychoanalytischen Schulrichtungen

Nur kurz umrissen werden können andere psychoanalytische Ansätze. In Adlers kognitiv-normativem und pädagogischem, jedenfalls axiomatischem Modell der Psychoanalyse ist die Machttheorie neben der Sexualtheorie ein wesentlicher Grund für die Abwendung von Freud. Macht wird hier als Kompensation von zunächst qua Kindheit konstitutionellen und später qua Organmangel gegebenen Minderwertigkeitsgefühlen konstruiert. Im Sinne des Postulats sozialer Werte anstelle von Trieben beinhaltet die nicht weiter begründete Annahme das Streben nach Vollkommenheit und Anerkennung als Lebensdrang, welches neurotisch zum Streben nach Macht entarten kann, z.B. auch in der Geschlechterbeziehung, C.G. Jung (1963, 1974, 1976) entfernt sich von Freud in die mythisch-mystische Richtung. Auf der Grundlage der Annahmen von Archetypen und „kollektivem Unbewussten“ wird als Ziel der psychischen Evolution Ganzheit postuliert. Einseitigkeit bedeute Verdrängung, welche zu zerstörerischer Macht, zum Bösen in der Gesellschaft potenziert werde.

Erich Fromm (1941, 1947) stellt die ethische Dezision für Humanismus und gegen die marxistisch konzipierte Entfremdung in den Vordergrund. Er postuliert, ebenfalls unhinterfragbar, Produktivität als Letztbestimmung des „genitalen Charakters“: Realisierung der dem Menschen eigenen Kräfte, Gebrauch seiner Fähigkeiten und seiner Macht. Insofern benutzt Fromm einen wertfreien, interaktionsbezogenen Machtbegriff. Eine Fülle von Gesichtspunkten ist von weiteren psychoanalytischen Autoren beigetragen worden, die hier nicht alle referiert werden können (z.B. Strotzka 1985).

Soweit ersichtlich, fordert erst Person (2003) die Nachholung einer systematischen psychoanalytischen Theoriebildung zum Gegenstand Macht und befasst sich auf dem Hintergrund der hier skizzierten Ansätze insbesondere mit den zwischenmenschlichen Ausprägungen von Macht. In dem umfassenden DGPT-Tagungsband „Macht und Ohnmacht“ (Springer et al. 2005) wird eine in dieser Hinsicht enorm differenzierende und weiter führende Fülle von psychoanalytischen Ansätzen entwickelt. Diese betreffen die psychoanalytische Begrifflichkeit an sich, Machtstrukturen in und durch Gruppen, Studien über Machthaber, Traumatisierung durch Innehaben von Macht, Macht und Ohnmacht in der psychoanalytischen Ausbildung und psychoanalytischen Institutionen und vieles mehr.

6. Interdisziplinäre Beiträge und Befunde

Nur in wenigen Studien sind Machttheorien operationalisiert worden: z.B. „Studien über Autorität und Vorurteil“ (Adorno et al. 1950), Gruppenforschung (z.B. French/Raven 1959, Lewin 1963, Rollo 1972), Laborexperimente (z.B. Milgram 1963, Schneider 1977), Studien über familiale und soziale Beziehungen (z.B. Zeillinger 1986, Benjamin 1990, Kaiser 1996, Kernberg 1998). Neuere Ansätze eines Brückenschlages zwischen Sozialwissenschaften und Psychoanalyse, einer Verknüpfung des Politischen mit dem Individuellen konstruieren Macht, anknüpfend an Nietzsche und Foucault, als Bedingung der „Subjektivierung“ durch Unterwerfung kraft Abhängigkeit und Überlebensnotwendigkeit. Dadurch werde zugleich die Bedingung der Möglichkeit von Gegenmacht geschaffen (Butler 2001). In einer anderen Perspektive wird die Macht, das Politische als eine strukturelle und affektive Gemeinsamkeit der frühen Kindheit und des gesellschaftlichen Lebens konstruiert (Brunner 2001, kritisiert von Flader 2002). Die Aufmerksamkeit richtet sich neuerdings zunehmend auf einen – gegebenenfalls erst in der Adoleszenz gesellschaftlich induzierten pathologischen Narzissmus als Antrieb von Machterwerb und -missbrauch insbesondere durch Politiker (Altmeyer 2000, Wirth 2002). Im Zentrum der Theorieentwicklung stehen hier die Dynamik von Ohnmachterleben, Sehnsucht nach Anerkennung und Bewunderung sowie die narzisstische Kompensation durch Macht. Schließlich befasste sich die bereits erwähnte DGPT-Tagung 2004 auch aus interdisziplinärer Perspektive mit dem Thema (Springer et al. 2005).

Als Fazit einer Gesamtschau lässt sich im Sinne einer spezifisch psychoanalytischen, zugleich aber sozialwissenschaftlich und methodologisch anschlussfähigen Theoriebildung folgendes formulieren: Macht ist ein gesellschaftlich hergestellter und wahrgenommener, handlungsrelevanter Aspekt des gesellschaftlichen Interaktionsprozesses. Sie drückt sich in vielfältigen und interaktiv konstituierten Herrschaftsverhältnissen ebenso aus wie in sozialen inter- und intrasystemischen sowie zwischenmenschlichen und innerpsychischen Konflikten. Macht ist als Konstrukt die soziale Deutungsform für das, was auf individuellem Niveau als Trieb konstruiert wird. Sie ist das gleichsam nur holographisch zu beschreibende, je aktuelle und zugleich wandelbare Abbild des dynamischen Kräftefeldes im sozialen Raum sowie der Verinnerlichung desselben in der individuellen Sphäre. Wenn der Machtbegriff in diesem Sinne mit dem Triebbegriff analogisiert wird lassen sich die psychoanalytischen Konzepte darauf zwanglos anwenden, insbesondere diejenigen von Konfliktdynamik und -abwehr sowie des pathologischen Narzissmus.

Literatur

Adler, A. (1912). Über den nervösen Charakter. Wiesbaden: Bergmann.

Adorno, T.W. et al. (1968). Der autoritäre Charakter. Amsterdam: de Munter.

Altmeyer, M. (2000). Narzissmus und Objekt. Göttingen: Vandenhoeck & Ruprecht.

Arendt, H. (1970). Macht und Gewalt. München: Piper.

Benjamin, J. (1990). Die Fesseln der Liebe. Psychoanalyse, Feminismus und das Problem der Macht. Basel: Stroemfeld/Roter Stern.

Bourdieu, P. (1998). Praktische Vernunft. Zur Theorie des Handelns. Frankfurt/M.: Suhrkamp.

Butler, J. (2001). Psyche der Macht. Das Subjekt der Unterwerfung. Frankfurt: Suhrkamp.

Flader, D. (2002). Psyche und Macht. Psyche Z – Psychoanal, 1157–1169.

Foucault, M. (1983). Sexualität und Wahrheit. Frankfurt/M.: Suhrkamp.

French, J.R.P. and Raven, B.H. (1959). The bases of social power. In D. Cartwright (Ed.). Social power (pp.150–167). Ann Arbor: University of Michigan Press.

Fromm, E. (1941). Escape from freedom. New York: Avon.

Fromm, E. (1947). Man for himself. New York: Avon.

Habermas, J. (1981). Theorie des kommunikativen Handelns. Bd. 2. Frankfurt/M.: Suhrkamp.

Jung, C.G. (1976). Die Archetypen und das kollektive Unbewußte. Olten: Walter.

Jung, C.G. (1974). Zivilisation im Übergang. Olten: Walter.

Jung, C.G. (1963). Zur Psychologie westlicher und östlicher Religionen. Olten: Walter

Kaiser, H. (1996). Grenzverletzung. Macht und Mißbrauch in meiner psychoanalytischen Ausbildung. Zürich: Walter.

Kernberg, O.F. (1998). Dreißig Methoden zur Unterdrückung der Kreativität von Kandidaten der Psychoanalyse. Psyche Z – Psychoanal, 199–213.

Luhmann, N. (1975). Macht. Stuttgart: Enke.

Lewin, K. (1963). Feldtheorie in den Sozialwissenschaften. Stuttgart: Huber.

Nietzsche, F. (1938). Der Wille zur Macht. In Werke, Bd. 2 (S. 315–538). Stuttgart: Kröner.

Person, E. (2003). Feeling strong. How power issues affect our ability to direct our own lives. London: Harper Collins Publ.

Rollo, M. (1972). Power and innocence. A search for the sources of violence. New York: Norton.

Schneider, H.D. (1978). Sozialpsychologie der Machtbeziehungen. Stuttgart: Enke.

Springer, A., Gerlach, A. und Schlösser, A.-M. (Hg.) (2005). Macht und Ohnmacht. Gießen: Psychosozial.

Strotzka, H. (1985). Macht. Ein psychoanalytischer Essay. Wien: Zsolnay.

Weber, M. (1956). Wirtschaft und Gesellschaft. Tübingen: Siebeck.

Wirth, H.-J. (2002). Narzissmus und Macht. Zur Psychoanalyse seelischer Störungen in der Politik. Gießen: Psychosozial.

Zeillinger, G. (Hg.) (1986). Psychoanalyse und Macht. Wien: Literas-Universitätsverlag.

Masochismus *von Wolfgang Berner*

masochism – masochisme

1. Definition

Der sexuelle Masochismus bezeichnet eine gewöhnlich ausagierte Phantasie, in der Befriedigung an das Leiden oder die Erniedrigung des Subjekts gebunden ist. Nur dann ist sexueller Masochismus als Perversion zu sehen, wenn Befriedigung ohne diese ausagierte Phantasiebildung nicht mehr (oder meist nicht mehr) möglich ist. Eine Steigerungsform davon wäre der paraphile Masochismus, bei dem Partnerinteressen nicht mehr berücksichtigt werden können beziehungsweise bizarre Selbstschädigungen zu massiven Verstümmelungen oder sogar zum Tode führen. Bei diesen Formen besteht im Hintergrund eine Charakterpathologie im Sinne einer Borderline-Organisation. Diese Charakterpathologie ist aber vom „moralischen Masochismus" oder auch „Charaktermasochismus" abzugrenzen, der selbst schädigende Tendenzen ohne bewusste sexuelle Konnotation meint. Schon Freud (1924c) hat darauf hingewiesen, dass dieser gemeinsam mit dem sexuellen, aber auch ganz unabhängig davon auftreten kann. Der später immer mehr betonte Zusammenhang mit dem Destruktions- oder Todestrieb machte es auch nicht mehr notwendig, hinter jeder Selbstschädigung sexuelle Lust zu vermuten.

2. Klassische Auffassung

Den Begriff des Masochismus übernahm Freud von Krafft-Ebing (1890) und bezeichnete damit zunächst einen Pol eines sexuellen Partialtriebes (Sadomasochismus) und eine Perversion, die auf eine Fixierung auf das Befriedigungsmuster dieses Partialtriebes zurückzuführen ist. Zu diesem Zeitpunkt definiert er Masochismus als „alle passiven Einstellungen zum Sexualleben und Sexualobjekt, als deren äußerste die Bindung der Befriedigung an das Erleiden von physischem oder seelischem Schmerz von seiten des Sexualobjekts erscheint" (1905d, S. 57). In einer zweiten Phase der Konzeptualisierung wird das Schuldgefühl zu einem entscheidenden Element des Masochismus: Die Lust am Geschlagenwerden sei „nicht nur die Strafe für die verpönte genitale Beziehung, sondern auch der regressive Ersatz dafür" (Freud 1919e, S. 209). Die sexuelle Lust und die Strafe dafür seien also verschmolzen. Nach der neuen Konzeptualisierung der Triebe in Lebens- und Todestrieb (nach 1920) wird auch ein neues Konzept des Masochismus notwendig, das in „Das ökonomische Problem des Masochismus" (1924c) ausgeführt wird. Der primäre Masochismus (auch erogener Masochismus genannt) sei eine Mischung aus einer (vom Todestrieb abgeleiteten) selbstdestruktiven Tendenz mit Libido, die bei manchen Menschen stärker ausgeprägt sei als bei anderen. Der Sadismus entstehe erst durch Verschiebung auf andere Objekte und damit nach außen. Eine zweite Wendung im Sinne der Rückwendung der erotisierten Destruktivität wieder auf die eigene Person wird als sekundärer Masochismus bezeichnet. Die wichtigste Erscheinungsform wäre aber der moralische Masochismus, sie wäre durch unbewusstes Schuldgefühl und Strafbedürfnis bestimmt, das mit – aber auch ganz ohne – sexuelle Konnotation auftreten könne. Der moralische Masochismus müsse von einem unbewusst weiter wirkenden internalisierten Gebot unterschieden werden. Im ersteren Fall sind die Ansprüche des Überichs sadistisch, im zweiten nicht.

3. Ideengeschichtlicher Hintergrund

Krafft-Ebing (1890) hat die Symptome des Masochismus nach dem Leben und Werk des Leopold von Sacher-Masoch (1836–1895) benannt und beschrieb so die „Lust am Schmerz" (die von Schrenk-Notzing 1892, „passive Algolagnie" oder „Algophylie" bezeichnet wurde) in einem Kontext, der zunehmend die Rolle der Phantasie für die sexuelle Erregung deutlich machte und „neuronale" Erklärungen (Steigerung der sexuellen Erregung durch parallele Innervierung der Schmerzfasern) in den Hintergrund drängte. So wurde der gesuchte Schmerz nur Ausdrucksmittel für „die Lust an der Unterwerfung und Demütigung". Krafft-Ebing beschrieb auch das gemeinsame Auftreten von Sadismus und Masochismus bei einer Person. Der Masochismus erschien ihm auch (ähnlich wie Freud) eine besondere Steigerungsform von bei Frauen „physiologisch" vorkommenden Phantasiebildern beziehungsweise „weiblicher" Erlebnisformen bei Männern. Obwohl es viele Beispiele aus der Geschichte gibt, in denen Männer es liebten, sich Frauen zu unterwerfen (der Troubadour, J.J. Rousseau etc.) blieb es der jungen Psychiatrie und Sexualwissenschaft vor der Jahrhundertwende vorbehalten, das als Krankheit zu konzipieren und in die Nähe von Nervendegeneration zu stellen. Ein inzwischen weit gehend wieder verlassenes Konzept.

4. Wesentliche Erweiterungen, Differenzierungen und Modifikationen

T. Reik (1940) trug eine wichtige Beobachtung zur Beschreibung des Phänomens der masochistischen Erregung bei. Es ist dies das Element der verzögernden Spannung, des Nicht-Lösens der Erregung („suspense" genannt). Es steht auch im Gegensatz zum impulsiven und oft überraschenden Angriff des Sadisten. Schüler Freuds folgten den klassischen Konzepten nur zum Teil. Die Annahme der zentralen Rolle von Schuldgefühlen für das masochistische Lustgefühl (vgl. Nacht 1965) fand viel mehr Anhänger als die Annahme eines vom Todestrieb hergeleiteten primären Masochismus. So argumentiert Löwenstein (1957), dass die masochistische Perversion die Kastrationsangst abwehre, indem sie Kastration symbolisch – also nicht real – spiele, dass sie aber so gut wie nie reale Kastration oder sogar den realen Tod erotisiere. Dies mag für weit gehend neurotisch strukturierte Patienten stimmen, nicht aber für andere, die durch erotisch erlebte Asphyxie zu Tode kommen, oder nach erotisch erlebten Selbstkastrationen und anderen Verstümmelungen auf Intensivstationen versorgt werden müssen (vgl. Neuburger 1997). Ein anderer Gedanke von Löwenstein wurde von Galenson (1988) aufgegriffen und weiterverfolgt. Nämlich die Bedeutung sehr früher schmerzhaft-traumatischer Erlebnisse für spätere Entwicklungen zum Masochismus. Löwenstein nannte das erregende Wiederholen solcher Schmerzerfahrungen „Protomasochismus" und meinte, dass erst die Ödipuskonstellation aus dem „präödipalen" Protomasochismus einen erotischen Masochismus mache. Auch ein besonders aggressives „Necken" („teasing") mancher Mütter könne einen solchen Protomasochismus hervorrufen. Nowick und Nowick (1987) beschreiben die erotisch erlebte Unterwerfungs-Phantasie als „essence of masochism"; jede Entwicklungsphase trage zu ihrer Ausgestaltung bei, sie vermeide eigene Schuld, Objekt-Destruktion sowie narzisstische Niederlage und enthalte die Vorstellung der (triumphalen) Vereinigung mit dem abweisenden (ödipalen) Objekt als wesentliches Element. Ehlert und Lorke (1988) meinen, dass auch schwere Traumatisierungen im Erwachsenenalter (Folter, KZ-Haft, Vergewaltigung) zu einer späten Entwicklung von Masochismus führen können.

5. Die Bedeutung des Begriffs in den verschiedenen psychoanalytischen Schulrichtungen

Melanie Klein legt mit ihrer Konzeptualisierung der paranoid-schizoiden Position und der Bedeutung des Todestriebes für frühen Hass und Neid die Grundlage für eine Sicht des Masochismus (als Perversion und Charakterstörung), die „Sucht nach Todesnähe" (Joseph 1982) und die Bedeutung einer feindseligen ersten Objektbeziehung (Kernberg 1997, sich auf Jacobson und Fairbairn berufend) ganz in den Vordergrund rückt. Eine Charakterstörung, die das Paradoxon sucht und so authentische Beziehung vermeidet, die im Sinne Bions (1959) einen Angriff auf alles Verbindende („attacks on linking") durchführt, sich in pessimistischer Negation wohl und sicher fühlt, wird nach der Objektbeziehungs-Schule von negativen Objektrepräsentanzen und einem damit verbundenen sadistischen Überich(-vorläufer) beherrscht. Ich-Psychologen (Brenner 1959, Arlow 1971) hingegen vermuten hinter der „negativen therapeutischen Reaktion" meist moralischen Masochismus im klassischen Sinn und eine unbewusste Erotisierung von Schuld und Strafe. In Kohuts (1979) Selbstpsychologie dient die masochistische Phantasie zur magischen Teilnahme an der Überlegenheit des allmächtigen Selbstobjektes. Aber erst wenn ein struktureller Defekt auf andere als magisch-sexuelle Weise aufgefüllt wird, ist die Wiederholung der masochistischen Geste nicht mehr notwendig. In Lacans Denken ist Hegels „Herr versus Sklave"-Metapher im Sinne eines ersten eigentlich sadomasochistischen Beziehungsmusters um Todesangst, Anerkennung und totale Beherrschung des Begehrens des Anderen von großer Bedeutung (vgl. Gorney und Muller 1989).

6. Interdisziplinäre Beiträge und Befunde

Hier kann auf das unter dem Stichwort „Perversion“ und „Sadismus“ Mitgeteilte verwiesen werden. Für Masochismus besonders zu erwähnen sind die von Ehlert und Lorke (1988) zusammengefassten Ergebnisse aus der Forschung von Traumafolgen (KZ, Folter, Missbrauch, Vergewaltigung) sowie Untersuchungen aus Subkulturen mit sadomasochistischen Stilbildungen (z.B. Stoller 1991, Wetzstein et al. 1993).

Literatur

Arlow, J.A. (1971). Character perversion. In I.M. Marcus (Ed.), Currents in psychoanalysis. New York: International Universities Press.

Brenner, C. (1959). The masochistic character. Genesis and treatment. Journal of the American Psychoanalytic Association, 7, 197–266.

Ehlert, M. und Lorke, B. (1988). Zur Psychodynamik der traumatischen Reaktion. Psyche Z – Psychoanal, 42, 502–532.

Galenson, E. (1988). The precursors of masochism: protomasochism. In R.A. Glick und D.I. Meyers (Eds.), Masochism, current psychoanalytic perspectives (pp. 189–204). Hillsdale, N.J.: Analytic Press.

Gorney, J.E. and Muller, J.P. (1989). Master-slave relation in psychoanalytic impasse. In J.D. Montgomery and A.C. Greif (Eds.), Masochism. The treatment of self-inflicted suffering. Madison Conn.: International Universities Press.

Joseph, B. (1982). Addiction to near-death. International Journal of Psycho-Analysis, 63, 449–456 (dt.: Die Sucht nach Todesnähe. In E.B. Spillius (Hg.), Melanie Klein heute, S. 391–408. München: Verlag Internationale Psychoanalye, 1990).

Krafft-Ebing, R. von (1890). Über Masochismus und Sadismus. In R. von Krafft-Ebing (Hg.), Neue Forschungen auf dem Gebiet der Psychopathia sexualis. Eine medizinisch-psychologische Studie (S. 1–34). Stuttgart: Enke.

Kernberg O.F. (1997). Wut und Haß. Über die Bedeutung von Aggression bei Persönlichkeitsstörungen und sexuellen Perversionen. Stuttgart: Klett-Cotta.

Kohut, H. (1979). Die Heilung des Selbst. Frankfurt /M: Suhrkamp.

Löwenstein, R.M. (1957). A contribution to the theory of masochism. Journal of the American Psychoanalytic Association, 5, 197–234.

Milgram, S. (1963). A behavioral study of obedience. Journal of Abnormal and Social Psychology, 67, 371–378.

Nacht, S. (1965). Le masochisme. Paris: Editions Payot & Rivages.

Neuburger, R.P. (1997). Ein Fall von Masochismus mit Selbstmutilation. Zeitschrift für psychoanalytische Theorie und Praxis, 12, 404–409.

Nowick, K.K. and Nowick, J. (1987). The essence of masochism. Psychoanalytic Study of the Child, 42, 353–384.

Reik, T. (1940). The characteristics of masochism. American Imago, 1, 26–59.

Schrenk-Notzing, A. von (1892). Die Suggestions-Therapie bei krankhaften Erscheinungen des Geschlechtssinnes mit Berücksichtigung der konträren Sexualempfindung. Stuttgart: Enke.

Stoller, R.J. (1991). Pain and passion. A psychoanalyst explores the world of S and M. New York: Plenum.

Wetzstein, T.A., Steinmetz, L., Reis, C. und Eckert, R. (1993). Sadomasochismus, Szenen und Rituale. Reinbek: Rowohlt.

Masse *von Rolf Haubl*

crowd – foule

1. Definition

Freuds Begriff der Masse ist kein numerischer Begriff. Er lässt sich nicht auf die Anzahl der versammelten Personen reduzieren. Vielmehr meint Freud einen spezifischen psychischen Zustand, der bei jeder Gruppengröße, letztlich sogar bei Paaren und Individuen vorkommen kann. Die Zunahme der Gruppengröße fördert diesen Zustand zwar, verursacht ihn aber nicht. Als zentrale Merkmale gelten: Regressionsdruck, unter dem Reflexionsfähigkeit, Affektkontrolle und Kreativität verloren gehen; Bedürfnis nach einem Führer, der als Projektionsschirm dient; Enthemmung von aggressiven und destruktiven Handlungsbereitschaften. Für die empirische Untersuchung dieser Dynamik steht der Psychoanalyse die Arbeit mit unstrukturierten Großgruppen zur Verfügung, die sich aus 40 bis 120 Teilnehmern zusammensetzen (Kreeger 1977).

2. Klassische Auffassung

Freud selbst war mit seiner Schrift „Massenpsychologie und Ich-Analyse" (1921c) nicht recht zufrieden, da er ahnte, der Komplexität seines Gegenstandes nicht gerecht geworden zu sein. In der Tat bereitet diese Schrift Schwierigkeiten. Eine davon liegt darin, dass Freud zwei Formen von Vergemeinschaftung zusammen denkt, die auf den ersten Blick gegensätzlich erscheinen: zum einen „natürliche Massen" (ebd. S. 101), wie sie sich etwa bei der Zusammenrottung von Mobs spontan bilden, zum anderen „künstliche Massen" (ebd.) wie Kirche und Heer, mithin hoch organisierte Institutionen. Als Klammer zwischen beiden fungiert die Bedürfnisstruktur des Individuums.

Vergemeinschaftung erfolgt nach Freud nicht durch gemeinsame Interessen der Individuen. Vielmehr beruht sie auf libidinösen Bindungen, die aus der Objektsuche der zielgehemmten Sexualtriebe entstehen. Ich-strukturell unterstellt er ein Bedürfnis nach Identifizierung, das die Regressionsneigung befördert und dadurch zu einer bereitwilligen Suspendierung einer kritischen Realitätsprüfung führt: Das Individuum ist „autoritätssüchtig" (ebd. S. 142); es sehnt sich nach einer Führerfigur, die es von jeglicher Verantwortung entlastet.

Für Freud steht im Rahmen seiner patriarchalen Konzeptualisierung des Ödipuskomplexes außer Frage, dass es sich um eine Vaterfigur handelt, die den aus „Totem und Tabu" (1912–13a) bekannten Urvater reinkarniert. Diese Figur verkörpert das externalisierte Ich-Ideal der Individuen. Zur Masse werden sie, indem sie sich über die Identifizierung mit diesem Ideal miteinander identifizieren. Das stellt, was Freud erst im Zuge der Ausarbeitung seiner Theorien des Narzissmus und des Über-Ichs vollends begreift, vor allem die narzisstische Aggression still; sie treibt die neidvolle Konkurrenz der Individuen um Befriedigungschancen an.

Blickt man von „Das Unbehagen in der Kultur" (1930a) auf Freuds zentrale massenpsychologische Schrift zurück, erscheint jede Art von Massenbildung als Versuch, der „primären Feindseligkeit der Menschen gegeneinander … Schranken zu setzen" (ebd. S. 471). Schutz vor Destruktion bieten die narzisstisch-libidinösen Bindungen allerdings nur dadurch, dass die narzisstisch-aggressiven Handlungsbereitschaften verschoben werden. So entstehen Feindbilder: Ein äußerer Feind wird mit dem Hass verfolgt, den die Individuen in der Masse untereinander abwehren müssen. Als Beleg führt Freud den „Narzißmus der kleinen Differenzen" (ebd. S. 474) an, demzufolge die Stärke einer solchen Feindschaft mit der Ähnlichkeit wächst, die zwischen den Massenindividuen und ihren Feinden besteht.

3. Ideengeschichtlicher Hintergrund

Freuds Überlegungen gehören in das Umfeld der im letzten Drittel des 19. Jahrhunderts entstandenen Massenpsychologie. Ihr – sowie der Massensoziologie – ist ein bildungsbürgerlicher Gestus der Verachtung zu Eigen (König 1992). Während die Vorläufer von Le Bon, an dessen „Psychologie der Massen" aus dem Jahre 1895 sich Freud abarbeitet, auf die revolutionären Massen in Frankreich reagieren, kämpft Le Bon selbst gegen den aufkommenden Sozialismus, den das Bürgertum als Gefahr erlebt, ein ordnungspolitisches Chaos anzurichten (Le Bon 1982). Diese Angst vor dem Chaos äußert sich in einer Pathologisierung von Massen. Vermassung gilt als pathologischer Zustand, weil sich das Individuum in ihm nicht in seiner Individualität behaupten kann, die dabei kurzerhand mit moralischer Integrität gleichgesetzt wird.

Der ideologische Gehalt der Massenpsychologie beruht auf der Konstruktion eines Gegensatzes von Masse und Elite. Indem man Massen jegliche kreative Selbstorganisation abspricht, erscheinen komplementär dazu Eliten als gesellschaftlich notwendige Korrektive, die vor einem Zerfall der sozialen Ordnung schützen. Als Eliten werden die Männer des Bildungsbürgertums phantasiert. Ihr Führungsanspruch gründet darin, autonome Persönlichkeiten zu sein, die der Vermassung widerstehen.

4. Wesentliche Erweiterungen, Differenzierungen und Modifikationen

Was auf den ersten Blick als theoretische Schwäche Freuds erscheint, klar zwischen spontaner und institutioneller Massenbildung zu unterscheiden, erweist sich von einem heutigen zweiten Blick aus eher als Stärke. Beide Massenbildungen zusammen zu denken und nur durch ihren Organisationsgrad zu unterscheiden, ist die eigentliche Sprengkraft von Freuds Überlegungen. Denn dadurch erscheinen Institutionen mit ihren Rollenhierarchien als kulturelle Schranken gegen die beunruhigenden Regressionsphänomene, die sich bei spontaner Massenbildung ungehemmt zeigen. Gleichzeitig erscheinen sie aber auch ständig in Gefahr, ihre Kulturhöhe zu verlieren, da ihre Mitglieder regressive Bedürfnisse haben, die sie zu Fall bringen können. In diesem Sinne lässt sich mit Freud pointiert formulieren: Der Mob besteht im Unbewussten einer Institution fort; sie wehrt ihn durch ihren höheren Organisationsgrad ab, freilich ohne endgültig vor ihm sicher zu sein. Denn das institutionell Abgewehrte kehrt, wenn auch verschoben, wieder: z.B. in der manifesten Feindseligkeit gegen einzelne Mitglieder, in der die Feindseligkeit aller Mitglieder gegen die Institution latent bleibt.

In Freuds Massenpsychologie geht die Gefahr primär von den Individuen aus: Sobald sich ihnen die Gelegenheit bietet, agieren sie ihr Unbehagen wegen der Triebopfer, die ihnen die Kultur und deren Institutionen abverlangen, indem sie die soziale Ordnung sabotieren. Indessen haben auch die Institutionen selbst ihren Anteil an dieser Sabotage, denn die Regressionsneigung der Individuen wird durch den Regressionsdruck repressiver Institutionen verstärkt (Kernberg 1995).

Von einer elitetheoretischen Position aus dürften sich autonome Persönlichkeiten diesem Druck nicht beugen. Und zweifellos reiht sich Freud mit seiner Apotheose der Vaterfigur in ein solches Elitedenken ein. Gleichzeitig weist seine Theorie aber auch darüber hinaus, da sie erlaubt, die unterstellte autonome Persönlichkeit als Idealisierung zu durchschauen: Der Wunsch nach Deindividuierung, die von Verantwortung entlastet, ist weder ein schicht- noch ein geschlechtsspezifisches Charakteristikum. Proletarier und Frauen sind lediglich Träger entsprechender Projektionen. Niemand ist vor Regression geschützt, weil Kultivierung nie durchgreifend gelingt.

Im Gegenteil: Freud ahnt, dass die unbewusste Regressionsneigung des Bürgers und damit auch dessen Faszination für Massen in dem Maße zunimmt, wie dessen zivilisationsgeschichtliche Sozialisation zum Homo clausus fortschreitet. Durch die nationalsozialistische und faschistische Massenbewegung, die sich aus allen Bevölkerungsteilen rekrutierte, ist diese Diagnose von Freud – und anderen Psychoanalytikern, vor allem Reich (1971) in seinem am Vorabend der Machtergreifung geschriebenen „Massenpsychologie des Faschismus" – auf erschreckende Weise bestätigt worden. Die Verführung, in einer solchen berauschenden Bewegung aufzugehen, hat Canetti (1960) in seinem Buch „Masse und Macht" beschrieben, die Freuds theoretische Distanznahme durch eine notwendige Erlebnisperspektive ergänzt.

5. Die Bedeutung des Begriffs in verschiedenen psychoanalytischen Schulrichtungen

Im Zuge einer verstärkten Hinwendung der Psychoanalyse zu den präödipalen Bedingungen psychischer Strukturierung ist auch die patriarchale (ödipale) Konzeption der Masse, wie sie Freud hinterlassen hat, nicht unkritisiert geblieben. So stellt ihr Chasseguet-Smirgel (1981) eine matriarchale (präödipale) Konzeption entgegen, die sie allerdings nicht weniger exklusiv präsentiert: „Die Masse lechzt weniger nach einem Herrn als nach Illusionen" (ebd. S. 86). Am stärksten wirkt dabei die narzisstische Illusion der Selbsterzeugung. Den Individuen geht es nicht primär darum, einem Führer zu folgen, sondern um die Heilung ihrer narzisstischen Wunden, weshalb sie das Phantasma der guten Brust reaktivieren und auf die Masse übertragen, mit der sie verschmelzen: „Sie ist selbst eine allmächtige Mutter" (ebd. S. 85).

Als Beleg führt Chasseguet-Smirgel die nationalsozialistischen Masseninszenierungen an, die ihr als Inthronisierung einer „Göttin-Mutter (Blut und Boden)" (ebd. S. 86) erscheinen. In deren Dienst wird „eine veritable Ausrottung des Vaters und der väterlichen Welt ebenso wie aller Derivate des Ödipus" (ebd.) betrieben. Deshalb favorisiert die Masse in ihrer Binnenperspektive auch einen Egalitarismus, der alle interindividuellen Differenzen leugnet und dadurch das entwicklungsfördernde Prinzip der geschlechter- und generationenbezogenen individuellen Differenzierung außer Kraft setzt. Dies gilt Chasseguet-Smirgel zufolge auch für „virtuelle Massen" (ebd. S. 88), also solche, bei denen die Individuen räumlich nicht zusammenkommen, sondern einander lediglich aufgrund derselben regressiven Einstellung verbunden sind.

6. Interdisziplinäre Beiträge und Befunde

Der Status des Begriffs der Masse in den Sozialwissenschaften schwankt: „Zwischen Angstmetapher und Terminus" (Krenzlin 1992). Hat der Begriff in der Nachkriegszeit Konjunktur, weil die Erfahrungen mit dem Totalitarismus frisch sind, so verliert er danach im sozialwissenschaftlichen Mainstream – von Wiederbelebungsversuchen abgesehen (Pross und Buß 1984) – allmählich an Reputation. Der vorerst letzte große Versuch, Freuds massenpsychologische Einsichten zu nutzen, um die moderne Massengesellschaft – für Mitscherlich (1963) Inbegriff der „vaterlosen Gesellschaft" – angemessen konzipieren zu können, stammt von Moscovici (1984). Er beschreibt sie als eine Pseudo-Gemeinschaft, die durch massenmediale Kommunikationsprozesse entsteht und in Bewegung gehalten wird. Die dazu passende regredierte Bewusstseinsform hat Leithäuser (1976) als „Alltagsbewusstsein" in die wissenschaftliche Diskussion eingeführt.

Bleibt man im sozialwissenschaftlichen Mainstream, so wird das ursprüngliche Forschungsprogramm transformiert: Statt mit Massen beschäftigt man sich mit kollektivem Handeln, vor allem in sozialen Bewegungen und Organisationen (Schade 1993). Dies wäre nicht weiter von Bedeutung, wenn sich nicht in den letzten Jahren ein Trend zum rational choice-Paradigma abzeichnen würde, in dem von der Beunruhigung, aus der die Psychologie und Soziologie der Massen vor gut einem Jahrhundert hervorgingen, kaum mehr etwas zu spüren ist. Die gesellschaftlichen Probleme latenter Kulturfeindschaft, um deren Lösung es Freud geht, sind freilich nach wie vor nicht gelöst. Weltweit besteht zur Beunruhigung immer noch genug Anlass, um der erreichten Kulturhöhe nicht blind zu vertrauen (Schlösser und Gerlach 2002). Deshalb muss es ein vorrangiges Anliegen der analytischen

Sozialpsychologie sein, dieses Misstrauen interdisziplinär wachzuhalten.

Was die Arbeit mit Großgruppen betrifft, so ist sie inzwischen nicht mehr nur auf unstrukturierte – regressionsfördernde – Großgruppen beschränkt. Daneben sind strukturierte – progressionsfördernde – Großgruppen (Zukunftskonferenz, Open Space) zu einem Instrument entwickelt worden, das sich z. B. eignet, Veränderungsprozesse in Organisationen zu initiieren und zu begleiten (Königswieser und Keil 2000).

Literatur

Canetti, E. (1960). Masse und Macht. Düsseldorf: Claassen.
Chasseguet-Smirgel, J. (1981). Das Ich-Ideal. Frankfurt/M.: Suhrkamp.
Kernberg, O.F. (1995). Regression und Abwehr in Großgruppen. texte, 15 (4), 31–53.
König, H. (1992). Zivilisation und Leidenschaft. Die Masse im bürgerlichen Zeitalter. Reinbek: Rowohlt.
Königswieser, R. und Keil, M. (2000). Das Feuer großer Gruppen. Stuttgart: Klett-Cotta.
Kreeger, L.C. (Hg.) (1977). Die Großgruppe. Stuttgart: Klett-Cotta.
Krenzlin, N. (1992). Zwischen Angstmetapher und Terminus. Theorien der Massenkultur seit Nietzsche. Berlin: Akademie Verlag.
Le Bon, G. (1982). Psychologie der Massen. Stuttgart: Kröner, 15. Aufl.
Leithäuser, T. (1976). Formen des Alltagsbewußtseins. Frankfurt/M.: Campus.
Mitscherlich, A. (1963). Massen – oder: Zweierlei Vaterlosigkeit. In ders., Auf dem Weg zur vaterlosen Gesellschaft (S. 406–458). München: Piper.
Moscovici, S. (1984). Das Zeitalter der Massen. München: Hanser.
Pross, H. und Buß, E. (1984). Soziologie der Masse. Heidelberg: Quelle & Meyer.
Reich, W. (1971). Massenpsychologie des Faschismus. Veränderte und erweiterte Neuauflage. Köln: Kiepenheuer & Witsch.
Schade, A. (1993). Vorstudien für eine neue Soziologie der Massen. Frankfurt/M.: Lang.
Schlösser, A.-M. und Gerlach, A. (2002). Gewalt und Zivilisation. Gießen: Psychosozial.

Masturbation(-sphantasie) *von Ruth Waldeck*

masturbation (fantasy of) – masturbation (fantasme de)

1. Definition

Masturbation ist eine Aktivität, die der Erregung und Befriedigung sexueller Empfindungen dient und meist von Phantasien begleitet ist. Masturbatorische Handlungen sind von Geburt an zu beobachten und bezeugen die Fähigkeit des Menschen, selbständig Triebspannungen zu regulieren und sich Lust zu verschaffen.

Mädchen und Frauen können masturbieren, indem sie erogene Zonen, deren empfindlichste die Klitoris ist, manuell stimulieren oder auch indem sie den Scheidenmuskel rhythmisch an- und entspannen, wobei die vaginale Aktivität das gesamte Gewebe- und Nervengeflecht der Vulva und somit auch die Klitoris reizt. Manuelle wie muskuläre Stimulierung können die Beckenbodenmuskulatur zu unwillkürlichen Kontraktionen aktivieren und zu Orgasmus und Entspannung führen.

Wie jede Triebäußerung kann die Masturbation mit ihren Begleitphantasien ichgemäß in den Reifungsprozess eingebunden oder aufgrund von Fixierungen an ihrer Entwicklung gehindert werden.

2. Klassische Auffassung

Die Onanie-Diskussion der Wiener Psychoanalytischen Vereinigung im Jahre 1912 zeigte recht unterschiedliche Einschätzungen. Freud beharrte dort (1912f.) auf seinen in den „Drei Abhandlungen zur Sexualtheorie" (1905d) dargelegten Ansichten, die er auch später kaum modifizierte. Demnach gehöre die Onanie „der infantilen Sexualbetätigung" (1912f., S. 341) zu, die in der Pubertät noch einmal aufflamme und von der sich die Heranwachsenden zu befreien hätten, da sie andernfalls der Neurose anheimfallen könnten, wobei er Schuldkonflikte nur als eine Ursache unter anderen annehmen mochte.

Da Freuds Denken noch stark von der Polarität der Geschlechtscharaktere geprägt war, hielt er die aktive Stimulation der Klitoris für etwas „Männliches", die das Mädchen spätestens in der Pubertät ablegen müsse, um sich auf die im Koitus passiv zu erlebende vaginale Erregung einzustellen und um die Sexualhemmnisse zu entwickeln, die für den Mann so reizvoll seien (1905d, S. 122).

Freud meinte, dass die Anatomie selbst diese Wendung eröffne, weil das Mädchen bei der Entdeckung des Geschlechtsunterschiedes sein Organ als minderwertig erkenne und enttäuscht die Klitorismasturbation aufgeben müsste. Freud wusste aber auch, dass Mädchen sich oft nicht ohne Widerstreben in ihr Schicksal fügen, und hielt mütterliche Onanieverbote für berechtigt und notwendig, auch wenn sie zur Feindseligkeit gegen die Mutter beitragen (1933a, S. 132ff.).

Schon anlässlich der Onanie-Diskussion maß dagegen Hug-Hellmuth (1912) der weiblichen Masturbation einen anderen Stellenwert bei. Geschickt an das Schicksal sexuell unbefriedigter Ehefrauen geknüpft, spricht sie von der erwachsenen Frau, die in der Onanie nichts sehen müsse, „das sie entwürdigte oder andere schädigte. Das Selbstverfügungsrecht über Leib und Seele ist ihr so klar bewusst, dass ihr alle Selbstvorwürfe erspart bleiben" (S. 24). Weiter berichtet sie von Frauen, die sich für gute Leistungen mit Masturbation belohnen: „... kurz, sie befriedigen sich nur in froher Laune" (ebd.).

3. Ideengeschichtlicher Hintergrund

In der Geschichte des Onanie-Tabus sind kaum gesonderte Verbote bezüglich der weiblichen Selbstbefriedigung zu finden, was nicht auf stillschweigende Duldung, sondern auf eine umso gründlichere Tabuisierung schließen lässt. Traditionelle Kulturen bewirken in Initiationsritualen, z.T. auch durch Beschneidung der Klitoris, dass die weibliche Sexualität gänzlich auf den der Fortpflanzung dienenden Geschlechtsakt zentriert wird.

Die abendländische Kultur zeigt die nämliche Intention: Wollust galt als Sünde, die die Theologie allenfalls beim Zeugungsakt für lässlich hielt. Auch der medizinische Diskurs von der Antike bis in unser Jahrhundert liefert beständig Argumente für eine krankmachende und empfängnishemmende Wirkung der solitären Lust, mit dem alles eigenwillige Begehren beschnitten und auf den ehelichen Koitus fixiert werden sollte. Die Medizin trug auch wesentlich zu dem im 18. Jahrhundert entstehenden Mythos von der Polarität der Geschlechtscharaktere bei, indem sie die männlichen Geschlechtsorgane und -vorgänge als aktiv, die weiblichen dagegen als passiv darstellte (Laqueur 1992, S. 172ff.) und die Frau als ein Wesen ohne eigenes Begehren und unfähig zur Selbstregulierung ihrer Lust zeichnete.

4. Wesentliche Erweiterungen, Differenzierungen und Modifikationen

Maria Torok (1974) hat das Verständnis für die Bedeutung der weiblichen Masturbation um wesentliche Einsichten bereichert. Zum einen deckte sie die Biologisierung in Freuds Erklärung des Penisneides auf: Nicht der Penismangel, sondern das mütterliche Masturbationsverbot „kastriert" das Mädchen. Denn es dient dazu, „das Kind an den Körper der Mutter zu ketten und seinen eigenen vitalen Plänen Fesseln anzulegen" (S. 205).

Damit die Wut über diese Beschränkung nicht die Beziehung bedroht, einigen Tochter und Mutter sich darauf, dass nicht das Masturbationsverbot, sondern der fehlende Penis für die Behinderung der Autonomie verantwortlich sei. Das anatomische Argument ist also eine sekundäre Bildung zur Abwehr des Mutter-Tochter-Konflikts. Die weibliche

Libido, insbesondere ihre aktiv-aggressive Komponente, bleibt dadurch auf prägenitalem Niveau fixiert.

Zum anderen zeigt Torok aber auch, welche Auswirkungen die (Wieder-)Aneignung der masturbatorischen Potenz hat: Das Mädchen bzw. die Frau entdecke die „Fähigkeit, sich eine Identität mit den Eltern vorzustellen, seine eigene Person in allen Positionen der Urszene zu sehen, und zwar auf sämtlichen Organisationsstufen der Urszene“ (S. 204). In der zugleich leiblichen und seelischen Erfahrung der Masturbation kann die Frau also Aktivität und Passivität, Einverleiben und Empfangen, Kontrolle und Kontrollverlust, Eroberung und Hingabe als Möglichkeiten des eigenen Verhaltens erleben und dadurch auch jene Anteile in ihr Selbstbild aufnehmen, die traditionell dem „Männlichen“ zugeordnet waren. Sowohl die Reaktionen des sexuell erregten Leibes wie die Begleitphantasien ermöglichen Erfahrungen, die die polarisierten Geschlechtsrollenmuster integrieren und überwinden. Durch das masturbatorische Erleben könne die Frau, wie Torok (S. 207) schreibt, „Macht, Selbstgefühl und, vor allem, Vertrauen in die eigenen Fähigkeiten und die eigene Zukunft“ gewinnen.

5. Die Bedeutung des Begriffs in verschiedenen psychoanalytischen Schulrichtungen

Die Ethnopsychoanalyse hat auf die Adoleszenz als „zweite Chance“ (Eissler, zit. n. Erdheim 1982, S. 276) zur Überwindung früher Fixierungen hingewiesen. Die zur Integration des pubertären Triebschubs nötige Umstrukturierung des Ichs ermöglicht, die Masturbation wieder aufzunehmen und in den Reifungsprozess zu integrieren (Waldeck 1998).

Die Bedeutung der Onanie und ihrer Begleitphantasien als „Probehandeln“ für das adoleszente Ich haben Laufer und Laufer (1989) herausgearbeitet. Allerdings meinen sie, dass nur die männlichen Adoleszenten die Onanie als Mittel zur Individuation nutzen können, beim Mädchen dagegen drohe dadurch eine regressive Fixierung auf die frühe Mutter (S. 75ff.). Die eigene Hand sei unbewusst mit der Hand der aktiv-versorgenden, aber auch der versagenden und enttäuschenden Mutter gleichgesetzt. Deshalb löse die masturbatorische Aktivität beim Mädchen Ängste vor passiv-homosexueller Unterwerfung und vor Rachegelüsten und (Selbst-)Destruktion aus. Wegen der Besonderheiten der weiblichen Entwicklung, wie sie die Autoren (in ihrer Allgemeingültigkeit kaum nachvollziehbar) darstellen, sehen sie, anders als beim Jungen, in der Vermeidung manueller Selbstbefriedigung beim Mädchen keine Entwicklungsstörung (S. 78).

Der emanzipatorische Gehalt der Ausführungen Toroks wird auch von feministischen Autorinnen weitgehend ignoriert. Benjamin (1990, S. 127ff.) z.B. meint, dass die Frau nicht durch das „Begehren für sich allein“ Subjekt ihrer Sexualität werden könne, da sie wegen ihrer „passiven Organe“ keine Kontrolle haben könne und von Auflösungsängsten bedroht sei. Anstatt den biologistischen Mythos zu hinterfragen, glaubt sie, die weibliche Sexualität sei weniger an ein Organ gebunden, sondern vielmehr im „intersubjektiven Raum verwurzelt“, weshalb nur eine reale Beziehung mit gegenseitiger Anerkennung den Weg zur Autonomie bahnen könne.

6. Interdisziplinäre Beiträge und Befunde

Neuen Studien der quantitativen Sexualforschung zufolge nähert sich die Zahl der Frauen, die angeben, Masturbationserfahrung zu haben, der Zahl der Männer an. Auch das Alter, indem Mädchen zu masturbieren beginnen, habe sich verringert, und, so heben Dekker und Meyerhoff hervor (2004), junge Frauen praktizierten heute oft schon Selbstbefriedigung, ehe sie sexuelle Beziehungen eingehen. Auch bei älteren Frauen steige die Zahl derer noch, die die Selbstbefriedigung entdecken, bis auf ca. 60 %, ergab diese Untersuchung. Einer anderen Studie zu älteren Frauen zufolge bejahten nur 20 % die Frage nach Selbstbefriedigung (Schultz-Zehden 1998, zit. nach Beckermann/Perl 2004, S. 235).

Gunter Schmidt vermutet, dass sich in der Zunahme von Masturbationserfahrungen bei jungen Frauen „eine erhöhte Körperbewusstheit und eine stärkere (sexuelle) Autonomie von Mädchen" ausdrücken (Schmidt 2004, S. 318). Qualitative Studien bestätigen diese Sicht noch nicht. Die größere Akzeptanz der Masturbation besagt nicht, dass sie für Frauen in größerem Maße zu einer selbsterweiternden Praxis geworden ist, und noch weniger, dass das Wissen um eigene Lustmöglichkeiten auch in Beziehungen eingebracht wird. Sozialpsychologische Untersuchungen (Flaake 2001, S. 148ff) und Beobachtungen aus der gynäkologischen (Seyler 2004, S. 757) und kunstpädagogischen (Beck 2005) Praxis sehen Frauen im Konflikt zwischen eigenen Bedürfnissen und einer Vorstellung von Liebe, die weiterhin Selbstzurücknahme beinhaltet.

Auch weibliche Sexualphantasien bewegen sich oft in hierarchischen Mustern und sind, so Lawrenz und Orzegowski (1988, S. 156), „gekoppelt an weibliche Demütigung und Erniedrigung". Die Autorinnen schließen sich der psychoanalytischen Interpretation an, die masochistische Position diene der Abwehr von Scham- und Schuldgefühlen und von Entgrenzungsängsten. Sie sehen sie aber auch als Versuch, Anerkennung bei einem (aufgrund der eigenen Fixierung und Projektion) als übermächtig erlebten Gegenüber zu finden.

Azoulay (1996, S. 150) dagegen setzt sexuelle Phantasien als „strikt gegenpolig" zu Wunschvorstellungen von Sexualität und plädiert für das Akzeptieren von Gewalt in sexuellen Phantasien, weil gerade diese phantasierte Gewalt Ausdruck der Intensität des Begehrens und der Selbstbehauptung sei. So berechtigt ihr Plädoyer für ein aggressiv-lustvolles Begehren ist, übergeht sie aber, wie wenig in den von ihr untersuchten Phantasien das Aktiv-Aggressive vom weiblichen Körper selbst ausgeht, also ins weibliche Ich integriert ist.

Auffallend an weiblichen Sexualphantasien ist, dass Frauen meist durch prägenitale Modi wie Hautberührung oder orale Aktivitäten erregt werden, während als genitales „Geschlechtswerkzeug" einzig der Penis auftritt. In der Bildersprache weiblicher Erotik kommt das weibliche Genital als aktiv-aggressives Lustorgan bisher kaum vor. Von den Positionen und Organisationsstufen der Urszene, die sich laut Torok zur Identifikation anbieten, bleibt dann zumindest eine unbesetzt: die des aktiven Einverleibens und Kontrollierens auf genitalem Niveau, also mit Hilfe des Sexualorgans. Diese Leerstelle ist nicht nur durch die schwierigere (Be-) Greifbarkeit der weiblichen Sexualorgane zu erklären, sondern auch mit einer Lücke in der kulturellen Repräsentation. Gerade erst ist das klitoridale Schwellkörpersystem erforscht, so dass anatomisch genaue und detaillierte Bilder von „da unten" möglich werden (Beck 2004, 2005).

Die kulturelle Präsentation der weiblichen Geschlechtsorgane, z.B. in Kunst und Sexualaufklärung, kann sehr dazu beitragen, dass Frauen ihr Genital und seine Lustmöglichkeiten als aktiv-aggressiv in ihr Körperbild, ihre Phantasien und in ihr Sexualleben integrieren. Erst dann wird es möglich, die symbiotische Illusion aggressionsfreier Weiblichkeit aufzukündigen und die Verantwortung für aktives Begehren selbst zu übernehmen.

Literatur

Azoulay, I. (1996). Phantastische Abgründe. Die Gewalt in der sexuellen Phantasie von Frauen. Frankfurt/M.: Brandes & Apsel.

Beck, A. (2004). Lust auf mehr – neue Bilder von da unten. In S. Timmermanns, E. Tuider und U. Sielert (Hg.). Sexualpädagogik weiter denken. Weinheim: Juventa.

Beck, A. (2005). Das Schwellkörpersystem der Frau als dreidimensionales Modell. In: Sexuologie. Zeitschrift für sexualmedizinische Fortbildung und Forschung, 12, 105–119.

Beckermann, M.J. und Perl, F. (Hg.) (2004). Frauen-Heilkunde und Geburts-Hilfe. Basel: Schwabe.

Benjamin, J. (1990). Die Fesseln der Liebe. Frankfurt/M.: Stroemfeld/Roter Stern.

Dekker, A. and U. Meyerhof (2004). Masturbation and steady relationships in three generations. Posterpräsentation. www.uke.uni-hamburg.de/institut/sexualforschung.

Erdheim, M. (1982). Die gesellschaftliche Pro-

duktion von Unbewußtheit. Frankfurt/M.: Suhrkamp.
Flaake, K. (2001). Körper, Sexualität und Geschlecht. Studien zur Adoleszenz junger Frauen. Gießen: Psychosozial.
Hug-Hellmuth, H. von (1912). Zur weiblichen Masturbation. Zentralblatt für Psychoanalyse, 3, 17–25.
Laqueur, T. (1992). Auf den Leib geschrieben: die Inszenierung der Geschlechter von der Antike bis Freud. Frankfurt/M.: Campus.
Laufer, M. und Laufer, M.E. (1989). Adoleszenz und Entwicklungskrise. Stuttgart: Klett-Cotta.
Lawrenz, C. und Orzegowski, P. (1988). Das kann ich keinem erzählen. Gespräche mit Frauen über ihre sexuellen Phantasien. Darmstadt: Luchterhand.
Schmidt, G. (2004). Zur Sozialgeschichte jugendlichen Sexualverhaltens in der zweiten Hälfte des 20. Jahrhunderts. In: C. Bruns und T. Walter (Hg.). Von Lust und Schmerz (S. 311–326). Köln: Böhlau-Verlag.
Schultz-Zehden, B. (1998). Frauengesundheit in und nach den Wechseljahren. Gladenbach: Kempkes.
Seyler, H. (2004). Selbstbefriedigung und sexuelle Phantasien. In M.J. Beckermann und F. Perl (a.a.O.), S. 755–760.
Torok, M. (1974). Die Bedeutung des „Penisneides" bei der Frau. In J. Chasseguet-Smirgel (Hg.), Psychoanalyse der weiblichen Sexualität (S. 192–232). Frankfurt/M.: Suhrkamp.
Waldeck, R. (1998). Die Fesseln der Tradition. Zeitschrift für Sexualforschung, 11, 30–43.

Melancholie *von Rolf-Peter Warsitz*

melancholy – mélancholie

1. Definition

Die Melancholie ist eine „tief schmerzliche Verstimmung, eine Aufhebung des Interesses für die Außenwelt ..., Verlust der Liebesfähigkeit ..., Hemmung jeder Leistung und ...), Herabsetzung des Selbstgefühls" (Freud 1916–17f, S. 429), sodann auch eine seelische Krankheit, eine Psychose, die als „Trauer über den Verlust der Libido" (1985c, S. 98) verstanden werden kann, also als ein innerer, oft unbewusst bleibender Verlust der Liebesfähigkeit (1916–17f, S. 431; vgl. „Aphanisis" bei E. Jones und J. Lacan). Klinisch beobachten wir „Selbstvorwürfe", „Selbstbeschimpfungen" „bis zur wahnhaften Erwartung von Strafe" (1916–17f, S. 452), die in den Suizid münden können und die Freud dynamisch als „großartige Ichverarmung" (ebd.), bei der „der Schatten des Objekts auf das Ich gefallen" ist (ebd.), beschreibt.

2. Klassische Auffassung

In der Melancholie findet infolge einer sexuellen Anästhesie eine Triebentleerung und Hemmung der Libido ins Schwermütige statt (Freud 1895b, S. 328, 1985c, S. 73, 89, 96ff.), so dass sie als das „polare Gegenstück zur Angstneurose" gelten kann. Diese Affektstörung bringt eine gesteigerte Sehnsucht nach Zärtlichkeit mit sich, die die sexuelle Anästhesie weiter erhöht und zur depressiven Angst, gelegentlich zur Zyclothymie führt. Nosologisch differenziert Freud die genuine (monopolare), die zyklische (S. 98) und die „rein psychogene" „Angstmelancholie", die eine Nähe zur Zwangsneurose aufweist (1985c, S. 269, 373, vgl. Abraham 1912, 1924).

Zunehmend gewinnen in Freuds Theorie die Triebschicksale und die Phantasien an Bedeutung gegenüber aktualneurotischen und physiologischen Begründungen. Die Verstimmung entsteht demnach aus dem Schuldgefühl ob der eigenen aggressiven Impulse gegenüber dem verloren gegangenen Liebesobjekt. Infolge einer pathologischen

Trauerarbeit manifestiert sich die Sehnsucht nach der verlorenen Liebesfähigkeit häufig als Anorexia nervosa, bei der der orale Appetitverlust den sexuellen Appetitverlust direkt ersetzt, oder sie verschiebt die sexuelle Erregung auf andere Affekte (Angst, Ekel). Der Objektverlust reißt ein „Loch im Psychischen" auf, das eine „innere Verblutung" des Ichs (ebd. S. 102) und eine schmerzhafte Wunde hinterlässt, die das melancholische Ich um den Preis einer Ich-Verarmung durch Symptomentwicklung zu heilen versucht (ebd. S. 102, 1916–17f, S. 439f.).

Unter dem Einfluss seiner Narzissmustheorie (1914c) und später seiner Theorie des Todestriebs (1920g) schlägt Freud (1923b) eine sprachanalytische Erklärung der Melancholie (wie für die Psychosen insgesamt: s. dort) vor: Der libidinöse Besetzungsentzug der Objekte betrifft hier die unbewussten Ding-(Sach-)Vorstellungen (1916–17f, S. 443f.), die wegen des Vorherrschens introjektiver Abwehrmechanismen nicht wiederbesetzt werden können, sondern sich autodestruktiv gegen das eigene Ich richten (vgl. 5. und 6.). Narzissmustheoretisch ausgedrückt kann die Regression des Ichs nicht projektiv kompensiert werden, sondern wirkt sich introjektiv als „Ich-Verlust" aus (ebd. S. 435f.). Im Ausmaß und in der Dauer des Ich-Verlusts unterscheidet sich die Melancholie von der normalen Trauer (ebd. S. 429). Der Objektverlust hat hier eine unbewusste Komponente, insofern der Melancholiker zwar „weiß, wen aber nicht was er an ihm verloren hat" (S. 431). Daher ist die Melancholie ein narzisstisches Phänomen: „Bei der Trauer ist die Welt arm und leer geworden, bei der Melancholie ist es das Ich selbst." Der „moralische Kleinheitswahn", die gegen das eigene Ich gerichteten Schuldgefühle, die Schlaf- und Appetitlosigkeit sowie die „Überwindung des Triebs" (ebd. S. 431f.) erklären auch die Suizidanfälligkeit der Melancholiker (ebd. S. 438), die als (perverser) Sadismus gegen das Ich verstanden werden kann.

Die offenen Probleme seiner Theorie, wie der Verlust der Selbstachtung und das Fehlen der Scham über den „moralischen Ich-Verlust" (S. 431ff.), veranlassen Freud nun zur Einführung einer neuen Instanz, die „vom übrigen Ich zu sondern" sei (ebd.), dem „Überich" (vgl. 1914c, S. 160), deren narzisstische Besetzung (Ich-Ideal) (1914c, S. 161) sich aus dem „Idealich" entwickelt das der Realität des infantilen Ichs, „im Besitz aller wertvoller Vollkommenheiten zu sein", entspricht (ebd. S. 161). Der Verlust der Selbstachtung und die Unerbittlichkeit des Überichs, des „Wächters des Ich-Ideals" (1914c, S. 163) in der Melancholie betreffen also das Idealich, nicht das Ich-Ideal.

Später versucht Freud mit Hilfe des Begriffs der Identifizierung ein vertieftes Verständnis von Melancholie und Zyklothymie (1921c, Kap. 7). Die Identifizierung ist „die früheste Äußerung einer Gefühlsbindung an eine andere Person", an den präödipalen Vater (ebd. S. 115), und stellt die Geburt des Ideals dar. Dadurch entstehen zwei heterogene präödipale Beziehungsmuster: zur Mutter eine Objektbeziehung nach dem Anlehnungstyp, zum Vater die Identifizierung (narzisstische Objektbeziehung). Diese Identifizierung ist zunächst oral-kannibalistisch (introjektiv, ebd. S. 116, 125), sie bleibt partiell (S. 118). In der Manie tritt ein Wechsel von der rigiden Herrschaft des Ich-Ideals in die totale Befreiung von ihm auf (S. 148). Das Zusammenfallen von Ich (früher Idealich) und Ich-Ideal wird als Triumph erlebt (Manie), die Spannung zwischen beiden aber ist die Ursache der depressiven Schuld und Minderwertigkeitsgefühle in der Melancholie (S. 147). „Der Schatten des Objekts ist auf das Ich gefallen ... Die Introjektion des Objekts ist hier von unverkennbarer Deutlichkeit" (S. 120), das Ideal-Ich hat sich gänzlich mit dem verworfenen Objekt identifiziert (negative Idealisierung, Erotisierung des Todestriebs) (S. 149).

3. Ideengeschichtlicher Hintergrund

Für die Alten galt die Melancholie als die geistige Verfassung des genialen Menschen schlechthin (Pseudo-Aristoteles), die hippokratische Medizin zählte zu den Affektionen des Körpers und des Geistes, die durch die Wirkung der „schwarzen Galle" (μελαινα χϖλή) entstehen, neben der schwermütigen Stimmung bereits die wahnhafte Geistesverfassung; die Romantik und der Existentialismus sahen in ihr die verzweifelte Grundverfassung des Menschen („negatives Selbst“ bei S. Kierkegaard, vgl. Theunissen 1993), der romantischen Philosophie galt sie als die „innere Schwerkraft des Gemüts“ (F.W.J. Schelling), für die Kunst und die ästhetische Theorie stellt sie bis heute eines ihrer wichtigsten Motive dar. Jedem Glücksempfinden wohnt ein melancholischer Zug inne („Melancholie der Erfüllung“ nach Ernst Bloch; Ritter 1980, S. 1038ff., Schwartz 1996).

In der Psychiatrie firmierte die Melancholie seit der Romantik (Heinroth) als nosologische Grundkategorie, die in diesem Jahrhundert durch die Forschungen der daseinsanalytischen und anthroplogischen Psychiatrie (E. Strauß, V.E. von Gebsattel, L. Binswanger, H. Tellenbach) noch einmal eindrucksvoll ins Zentrum gerückt wurde (zur psychiatrischen Begriffsgeschichte s. Schmidt-Degenhard 1983). Gleichwohl ist sie aus dem aktuellen Diskurs der Psychiatrie wieder weitgehend verschwunden (vgl. DSM IV, ICD 10), seit Kraepelin das manisch-depressive Irresein als die zentrale Affektpsychose (neben der Dementia praecox (Schizophrenie) als der zentralen Psychose des Denkens) beschrieben hatte und lediglich noch die Involutionsdepressionen als Melancholien bezeichnete. Allerdings gilt die Melancholie im klinischen Sprachgebrauch weiterhin als synonymer Begriff für die „endogene Depression“ („depressive Psychose“, „major depression“). Verwandte klinische Bilder bezeichnet man als „devitalisierte Depression“ (nach Kielholz, mit dem Vorherrschen von – gehemmten – Funktionsstörungen des vegetativen Nervensystems) bzw. altersphasisch gebunden als „klimakterische Depression“, die Kombination beider Formen endogener Psychosen als schizoaffektive Psychosen (Pauleikhoff 1986).

Daseinsanalytisch wird die Melancholie verstanden als eine primäre Störung der „Zeitigung“ (von Gebsattel) bzw. der Räumlichkeit (Binswanger, Tellenbach), d.h. des „gelebten“ und „erlebten“ Bezugs des Subjekts zur Zeit und zum „gestimmten Raum“, die die Affektstörung erst hervorbringen (Theunissen 1991). Das „Nichtfühlenkönnen“ wird als innere Leere, oft als Angst erlebt, in der das Ich sich schuldhaft hinter seinen eigenen existentiellen Möglichkeiten zurückgeblieben „wähnt“ (Remanenz) und sich im melancholischen In-der-Welt-Sein sodann in das Gefängnis seiner Schuldgefühle einkapselt („Inkludenz“, vgl. Tellenbach 1961).

4. Wesentliche Erweiterungen, Differenzierungen und Modifikationen

Melanie Kleins Analyse der „manisch-depressiven Zustände“ (1935) leistet eine wesentliche Neubewertung des unbewussten Schuldgefühls, das sie von Freuds (und Abrahams) früheren Überlegungen zur Introjektion des bösen Objekts ableitet (Hinshelwood 1989, S. 200). Die Melancholie wird nun als Interaktion pathischer (erlittener) wie aktiv-trieb- (insbesondere todestrieb-)hafter Erfahrungs- und Abwehrmomente angesichts des stets drohenden Verlusts des primären Liebesobjekts erklärt. Die Schuldgefühle des Kindes wegen eigener sadistischer Impulse sind dabei unvermeidlich, ja sie stellen eine Bedingung der Konstitution eines guten inneren Objekts und der depressiven Position dar (J. Riviere, B. Joseph, H. Segal; vgl. Hinshelwood 1989, S. 209f.). Das Scheitern oder die Verweigerung der schmerzhaften psychischen Arbeit um die Erhaltung des guten inneren Objekts erklärt die Symptomatik der Melancholie aus den frühen Abwehrmechanismen, insbesondere der paranoiden Projektion und der manischen Verleugnung (einschl. der Omnipotenzphantasie; Hinshelwood 1989, S. 212ff.).

Der Verlust des Liebesobjekts (Mutter) und die Dialektik von Sadismus und Masochismus im Kampf um den Erhalt des inneren ganzen Objekts ist die primäre Ursache für die Schuldgefühle (und der tiefste Grund des Überichs), nicht mehr der Ödipuskomplex (vgl. E. Jacobson 1937, 124ff.; vgl. Federns (1978, S. 118) Bestimmung der melancholischen Lösung des hysterischen Konflikts; vgl. 6.).

5. Die Bedeutung des Begriffs in verschiedenen psychoanalytischen Schulen

Paul Federn (1978, Kap. 14) hat die ichstrukturellen Ansätze, die narzissmustheoretischen Erweiterungen, die Todestriebtheorie wie auch die objektbeziehungspsychologischen Überlegungen Freuds aufgegriffen und auf die Pathodynamik der Melancholie bezogen. Demnach bedrohen die aggressiven Triebtendenzen (Mortitudo) die Bindungsfähigkeit zu allen psychischen Objekten (Libido). Die Dominanz der Mortitudo gegenüber der Libido wird vom Melancholiker als Überhandnehmen des seelischen Schmerzes über alle anderen Gefühle erlebt.

Freuds Strukturhypothese über die Spannung zwischen dem Idealich und dem Ich-Ideal in der Melancholie und die dem Objektverlust folgende Ichverarmung durch den Zusammenbruch des Idealichs wird insbesondere von W. Loch weiterentwickelt: „Die primären Objektbeziehungen des Psychotikers haben weit stärker den Charakter einer Idealich-Beziehung“ (1963, S. 536f.) als einer Ich-Ideal-Beziehung wie bei den ödipalen Konflikten der Neurotiker. Lochs spätere selbstpsychologische Begrifflichkeit (1967) beschreibt die Pathodynamik der Melancholie als Folge einer fragilen Beziehung zwischen dem Ideal-Selbst und dem Selbst (früher Ich-Ideal), so dass das schwache Ideal-Selbst (wahres Selbst nach Winnicott) auf das Objekt (Selbstobjekt) angewiesen bleibt und sich an dieses klammert.

Geht es verloren, dann bricht das Ideal-Selbst unter den Angriffen des Überichs zusammen und wird in dieser entwerteten Form im Selbst repräsentiert (Negativismus des Selbst in der Psychose) (1967, S. 767ff., 776f.). Als stabilisierenden Faktor beschreibt Loch (wie dezidiert auch Lacan) die Rolle des dritten Objekts, das als ödipaler Unterbau der depressiven Position M. Kleins (Vaterrepräsentanz) fungiert (1977, S. 55ff.). Die narzisstische Kaskade der Destruktion in die präödipalen Objektbeziehungen führt phänomenologisch zur Remanenz-Inkludenz-Struktur des Typus melancholicus (Tellenbach), den Loch somit als eine Abwehrstruktur aufzeigt (1967, S. 770ff.). Ähnlich lässt sich auch R. Battegays (1985) Beschreibung der dynamischen Ichentleerung in der Melancholie narzissmustheoretisch lesen.

6. Interdisziplinäre Beitrage und Befunde

Die strukturalistische Psychoanalyse (J. Lacan, J. Kristeva, L. Irirgaray, A. Juranville) versteht die Melancholie (wie die paranoide Psychose) als Folge einer Verwerfung des Objekts der primären Identifikation (der „Ding-Vorstellung“ Freuds; s. „Psychose“, vgl. Pommier 1993). Der Verlust des Liebesobjekts wirkt hier, sobald er auf dem narzisstischen (imaginären) Niveau einer nicht ausdifferenzierten Ich- und Objektstruktur stattfindet, auf dem noch keine Abwehr möglich ist (Vor-Abwehr, Verwerfung der symbolischen Ordnung) wie ein Angriff auf die Genitalität des Ichs selbst, wie eine psychische Vernichtung der Integrität des Körper-Ichs. Die Aphanisis seines Begehrens erlebt der Melancholiker wie eine innere Leere („vide psychique“ nach A. Green), der aber eine tödliche Aktivität („activité blanche“, „cours mortifière“) der verworfenen Triebregungen bis zur Sprachzerstörung korrespondiert, wodurch sämtliche Symbolisierungen des Verlusts des erotischen Objekts zu verschwinden drohen (Kristeva 1987, S. 92f.). Der Verlust des äußeren Objekts droht die innere Struktur (das „maternale Ding“) zu zerstören. Um sich vor der Ichzerstörung zu schützen, „friert“ das betroffene Subjekt gleichsam den libidinösen Bindungskern in seinem Ich ein (vgl. auch Federn 1978, S. 266), setzt sich damit aber den übermächtigen destruktiven Triebkräften aus.

Um eine psychoanalytische Kategorie für die psychische Räumlichkeit zu gewinnen, in der die Objekte entstehen und im analytischen Raum der Übertragung durchgearbeitet werden können, erweiterte Kristeva Winnicotts Begriff des Übergangsraums sprachanalytisch zur Kategorie des maternalen Raums („Chora“) der Semiose, in dem der präverbale Zeichenaustausch zwischen Mutter und Kind stattfindet. In der Melancholie liegt demzufolge primär eine Störung der Entfaltung dieser Chora vor (Schwartz 1996). Dabei spielen Vor-Objekte („Abjekte“, das „Weggeworfene“, das „Abscheuliche“), die ekligen, verpönten und verheimlichten Abkömmlinge der Schleimhäute und Ausscheidungen die ambivalente Rolle, die misslungene Trennung aus der objektlosen Symbiose mit der Mutter zugleich anzuzeigen wie auch anzukündigen: Diese Trennung ist nur als Matrizid psychisch integrierbar, der somit für die weibliche Individuation und Autonomieentwicklung ebenso zentral ist wie der Vatermord für die Lösung des Ödipuskomplexes und für die Konstitution des Überichs. Erst die sekundäre Erotisierung des Muttermords (melancholische Position) eröffnet einen Weg aus der melancholischen Sackgasse der weiblichen Identitätsentwicklung (ebd., 22ff., 38f.). Die Verwerfung der melancholischen Position führt zur Klinik der Melancholie, die als die konstitutive Psychose der weiblichen Identität ebenso gelten kann wie analog die paranoide Psychose als konstitutive Psychose der männlichen Geschlechtsidentität durch die Verwerfung des Vaterrepräsentanten (vgl. A. Juranville 1993). Das Scheitern der melancholischen Position zeigt sich in der analytischen Kur als Eindringen präverbaler Sprachelemente (Abjekte) in den melancholischen Diskurs. Durch den gesprochenen Text hindurch ermöglicht es erst das Hinhören auf die Zwischentöne, Stimmmodulationen, Rhythmen des Sprechens, Weisen des Schweigens, den Verwerfungsprozess auch der Sprache selbst, der vom monotonen Sprechen bis zum totalen Verstummen z.B. im depressiven Stupor (Mutismus) reicht, frühzeitig zu erkennen und zu bearbeiten. Die Entwertung der Sprache in der Melancholie, die daher als eine „unnamable and empty perversion“ (Kristeva 1996, S. 80) gelten kann, stellt einen gravierenden Widerstand für den analytischen Diskurs dar; ihn zu agieren, würde beim Melancholiker umgekehrt dem Todestrieb, jenem Herrscher in der „secret crypt of his silent pain“ (ebd.) zu einem Triumph über die befreiende Wirkung des analytischen Sprechens verhelfen und den analytischen Anspruch einer „Verführung zum Leben“ unterlaufen (ebd.).

Literatur

Abraham, K. (1912). Ansätze zur psychoanalytischen Erforschung und Behandlung des manisch depressiven Irreseins und verwandter Zustände. In ders., Gesammelte Schriften, Bd. 1 (S. 146–162). Frankfurt/M.: Fischer, 1969.

Abraham, K. (1924). Versuch einer Entwicklungsgeschichte der Libido auf Grund der Psychoanalyse seelischer Störungen. In ders., Gesammelte Schriften, Bd. 2 (S. 32–160). Frankfurt/M.: Fischer, 1969.

Battegay, R. (1985). Depression. Bern: Huber.

Federn, P. (1978). Ichpsychologie und die Psychosen. Frankfurt/M.: Suhrkamp.

Hinshelwood, R. (1989). Wörterbuch der kleinianischen Psychoanalyse. Stuttgart: Verlag Internationale Psychoanalyse, 1993.

Jacobson, E. (1937). Das Selbst und die Welt der Objekte. Frankfurt/M.: Suhrkamp, 1978.

Juranville, A. (1993). La femme et la mélancolie. Paris: Presses universitaires de France.

Klein, M. (1935). Zur Psychogenese der manisch-depressiven Zustände. In dies., Das Seelenleben des Kleinkindes und andere Beiträge zur Psychoanalyse (S. 45–73). Hamburg: Rowohlt, 1972.

Kristeva, J. (1987). Soleil noir. Dépression et mélancolie. Paris: Edition Gallimard.

Kristeva, J. (1996). Melancholia and creation. In Julia Kristeva Interviews, ed. by Roß Mitchell Guberman. New York University Press, 1996.

Lacan, J. (1975). Seminar I: Die technischen Schriften Freuds. Olten: Walter, 1978.

Loch, W. (1963/4). Regression. Psyche Z – Psychoanal, 17, 516–545.

Loch, W. (1967). Psychoanalytische Überlegungen zur Pathogenese und Struktur depressiv-psychotischer Krankheitsbilder. Psyche – Z Psychoanal, 21, 758–779.

Loch, W. (1977). Depression und Melancholie oder depressive Position und Vatermord. In ders., Perspektiven der Psychoanalyse. Stuttgart: Hirzel, 1986.

Pauleikhoff, B. (1986). Endogene Psychosen. Stuttgart: Pressler.

Pommier, G. (1993). Remarques sur la conception lacanienne de la structure psychotique (et

quelques unes de ses conséquences). In Fondation européenne pour la psychanalyse (Ed.), 1958–1993, L'abord des psychoses après Lacan (p. 9–27). Bordeaux: Point Hors Ligne.
Ritter, J. et al. (Hg.) (1980). Historisches Wörterbuch der Philosophie, Bd. 5.
Schmidt-Degenhard, M. (1983). Melancholie und Depression. Stuttgart: Kohlhammer.
Schwartz, A. (1996). Melancholie. Wien: Passagen.
Tellenbach, H. (1961). Melancholie. Berlin: Springer.
Theunissen, M. (1991). Melancholisches Leiden unter der Herrschaft der Zeit. In ders., Negative Theologie der Zeit. Frankfurt/M.: Suhrkamp.
Theunissen, M. (1993). Der Begriff der Verzweiflung. Korrekturen an Kierkegaard. Frankfurt/M.: Suhrkamp.
Warsitz, R.P. (1994). Medeas Schwermut. Zur Psychodynamik der Melancholie. Fragmente, 44/45, 61–80.
Warsitz, R.P. (1996). Der auseinandergefilterte Raum gebiert die Zeit. Forensische Psychiatrie und Psychotherapie, 3, 7–36).

Metapher *von Michael B. Buchholz*

metaphor – métaphore

1. Definition

Die klassische Auffassung versteht die Metapher v.a. als rhetorische Figur, sie ist Element der Sprache und des Textes und kann von anderen figurativen Sprechweisen (wie z.B. der Allegorie oder dem Symbol) abgegrenzt werden. Sie gilt hier als „uneigentliche Rede" und muss dann durch wahrheitsfähige Aussagen nach Möglichkeit ersetzt werden (Überblick bei Debatin 1995). Die neuere Entwicklung sieht die Metapher anders. Sie avanciert zu einer kognitiven Strategie, mit deren Hilfe wir Neues adaptieren, Angst reduzieren, Unsagbares formulieren, tiefe Gefühle ausdrücken, Zukunft projektieren und sogar denken. Die Metapher ist nicht mehr „Abweichung" (von der Wahrheit), sondern konstitutiv für alle Wissens- und Praxisbereiche. Die Metapher kann auch in der Wissenschaft nicht vermieden werden. Ihre Wahrheit ergibt sich nicht, indem man sie durch „wahrheitsfähige" Aussagen ersetzt, sondern indem man sie in einer hermeneutischen Operation analysiert – und dabei unvermeidlich andere Metaphern verwendet. Die Metapher operiert „zwischen" textlicher Aussage und Denken. Sie markiert ein Territorium, das in der Psychoanalyse als „Übergangsraum" durch Winnicott ausgezeichnet wurde. Dieses Feld ist aber nicht „regressiv" und deshalb zu überwinden, sondern die Metapher durchzieht noch das abstrakteste Denken in hochentwickelten Wissenschaftsbereichen.

2. Klassische Auffassung: Die Metapher als Instrument der Darstellung

Freuds außerordentliche schriftstellerische Begabung war durch die Verleihung des Goethe-Preises der Stadt Frankfurt 1930 nach manchen Schwierigkeiten anerkannt worden. Viele haben seine literarischen Qualitäten zu analysieren versucht (z.B. Mahony 1987). Immer wieder ist dabei seine kunstvolle Verwendung der Metapher aufgefallen. Tatsächlich dürfte es wohl kaum einen Satz geben, in welchem Freud nicht durch einen einleuchtenden Vergleich, eine gebildete literarische Verweisung oder eine zündende Metapher klar macht, um was es ihm geht. Die Metapher darf eine zentrale Stellung in der psychoanalytischen Theoriebildung und -formulierung beanspruchen. Die Wissenschaftshistorikerin Patricia Kitcher (1992) hat gezeigt, wie sehr Freud etwa bis ins Jahr 1906 seine Bildgebungen aus den Nachbargebieten bezog und sie systematisch als Instrumente für seine Darstellungen nutzte.

Das gilt für seine Metapsychologie wie für seine Behandlungsempfehlungen. So ist dem Psychoanalytiker von Freud geraten worden, sich den Chirurgen zum Vorbild zu nehmen, dann aber empfiehlt er auch eine Haltung, der Spiegelplatte ähnlich. Beide Metaphern haben ganz unterschiedliche Handlungsfolgen: Der Chirurg muss betäuben, aktiv einschneidend eindringen, während die Spiegelplatte eine eher passive Haltung nahelegt. Freud verwendet für das Gedächtnis eine in seiner Zeit sehr häufige Bildgebung: Wachs und Wachstafel, in die sich Spuren eingravieren. Freud (1925a) war vom „Wunderblock" beeindruckt, der die ins Wachs gezeichneten Spuren wieder unsichtbar und überschreibbar macht. Dann aber spricht Freud vom Gedächtnis auch als von einem „Speicher" im Sinne eines „Archivs", in welchem Erfahrungen „abgelagert" werden – hier darf jedoch nichts „überschrieben" werden.

Diese Beispiele sollen verdeutlichen, dass man Freud nicht Inkonsistenz vorwerfen kann; vielmehr versucht er auf vielfache Weise etwas „darzustellen", von dem man sich nur eine „Vorstellung" machen kann. Er macht Gebrauch von dem, was man in der älteren Rhetorik die „imagines agentes" nannte: „Wirkbilder". Zugleich versucht er, durch vielfältige Bildgebungen die Vorstellung beweglich zu halten im Wissen darum, dass wissenschaftliche „Feststellungen" die Vorstellung stillstellen würden. Die Metapher erstarrt dann zur Katachrese (z.B. „Tischbein"). Metaphern sind vorzügliche Mittel, ein Grundproblem psychoanalytischer Theorie darzustellen: Wie kann die Theorie so formuliert werden, dass sie sich nicht schon durch ihre bloße Ausformulierung um die Möglichkeit ihrer Anwendung bringt (Leclaire 1965)? Die Antwort liegt in Freuds darstellenden Mitteln: er nutzt die Metapher, um die Imagination zu erregen. Für Freud war die Metapher Instrument der Darstellung.

Solche Nutzung der Metapher freilich ist heute nicht mehr ohne weiteres möglich; Metaphern – auch die Freuds – werden zum Objekt der Analyse. Hier spielt ein massiver außeranalytischer Einfluss hinein.

3. Ideengeschichtlicher Hintergrund

Die (philosophische) Diskussion um die Metapher ist mehr als 2000 Jahre alt (Überblick bei Johnson 1981, Haverkamp 1983, Fiumara 1995, Debatin 1995). Mit wenigen Ausnahmen – bei Giambattista Vico und Friedrich Nietzsche – haben nahezu alle Autoren der Metapher eine marginale Stellung zugewiesen. Die Metapher wurde als uneigentlicher Vergleich aufgefasst; ein Satz wie „Achill ist ein Löwe" sei nicht mehr als ein nichtausformulierter Vergleich zwischen den kämpferischen Eigenschaften Achills und denen des Löwen. Eine andere Auffassung behauptete, die Metapher „übertrage" die Eigenschaften eines Begriffs auf die eines anderen, wodurch dieser „substituiert", ersetzt würde. Seit der von Aristoteles inaugurierten Diskussion ist die Metapher stets abgewertet worden zu einem Element der Rhetorik, der Verführung von Massen, zu eloquenter Ornamentik – Wahrheit könne von ihr nicht erwartet werden, obwohl Aristoteles die Metapher gleichwohl auch für ein Moment des Genies hält.

Sennett (1995) bringt die Auffassung von der Metapher als „Verführung" in Verbindung mit der antiken Stadtkultur und zeitgenössischen Auseinandersetzungen. Von den Menschen seien Ausdrücke wie „hitzige Auseinandersetzung" nicht metaphorisch, sondern buchstäblich verstanden worden – auf dem Hintergrund einer medizinischen Theorie, wonach im Körper kalte und warme Flüssigkeiten zirkulieren, die in einem ausgewogenen Verhältnis zu halten seien, wolle man die persönliche Gesundheit und die des Staatswesens erhalten. Kalte Flüssigkeiten wurden dem Männlichen, warme dem Weiblichen zugerechnet, und deshalb konnten Metaphern Menschenmassen körperlich in Erregung und ihre Vernunft außer Kraft setzen. Metaphern störten das Gemeinwesen, die ausgewogene Balance zwischen Vernunft und Leidenschaft. An ihre Stelle tritt dann die Hybris, die soziale Ordnungen in der Anlage der Stadt und der Angemessenheit der Sprache stört. Denn der Körper des Bürgers ist der Stimme des Redners hilflos, d.h. nackt, ausgeliefert. Die metaphorische Rede ist bei Sokrates eine Verführung wie die Droge, und Alkibiades erklärt, dass ihm bei solchen Reden das Herz heftiger schlage (Schneider 1994). Deshalb darf die Metapher in der antiken Auffassung bestenfalls rhetorisches Mittel der Veranschaulichung sein, schlimmstenfalls ist sie demagogisch, nie ist sie wahrheitsfähig.

Ein Einwand lautete: wenn es die Metapher schon einmal gibt, wozu eigentlich ist sie gut? Entzückt haben Metaphernfreunde darauf hingewiesen, dass die Gegner ihre Ablehnung höchst eloquent, aber inkonsistent begründen – mit einer Fülle von Metaphern: „Die Metapher verdunkle den Verstand" war nur eine von vielen metaphorischen Warnungen. Erst in der jüngeren Zeit hat sich mit den Arbeiten des Sprachwissenschaftlers und Philosophen Max Black (1954, 1962, 1977) eine andere Auffassung durchgesetzt: Black betont, dass eine „gute" Metapher sich dadurch auszeichne, dass sie nicht übersetzt, nicht „paraphrasiert" werden könne. Als Gegenpol zur Paraphrase spricht er von der „Emphase" einer Metapher – je emphatischer eine Metapher, um so höher ihr „Gütegrad". Dass die Metapher von etwas spricht, was anders nicht gesagt werden kann, wird in der neueren Diskussion ausdrücklich anerkannt und Debatin (1995) hat in einer äußerst gründlichen philosophischen Arbeit die Schlussfolgerung gezogen, die Metapher habe eine rationale Vorgriffsfunktion – auch in der Wissenschaft. Sie kann nicht durch den „Begriff" ersetzt, sie kann nur „reflektiert" werden – im Licht anderer Metaphern. Debatin (1995) kommt hier zu den gleichen Schlussfolgerungen wie Buchholz (1993, 1996), der von der „Metaphernanalyse" gesprochen hatte.

4. Wesentliche Erweiterungen und Differenzierungen

Die linguistische und philosophische Diskussion hat weitreichende Folgen für die Psychoanalyse. Metaphorisches Sprechen und Theoretisieren ist nicht mehr von vornherein „wissenschaftlich verboten"; Man kann darauf verweisen, dass es Bereiche gibt, die gar nicht anders als durch die rationale Vorgriffsstruktur der Metapher überhaupt erschlossen werden können. Zu diesen Bereichen gehört zweifellos alles, was die Psychoanalyse im Kern (!) beschäftigt: Seele, Liebe, Tod, Beziehung, Wachstum, Unbewusstes u.v.a. Die Metapher „substituiert" nicht eine andere, wissenschaftlichere Sprechweise; sie „konstituiert" vielmehr ihren Gegenstand, auf den sie gleichwohl nur verweisen, hindeuten, anspielen kann. Lakoff und Johnson (1980) haben solche Metaphern, die nicht manifest formuliert werden, sondern ein Konzept dokumentieren, als konzeptuelle Metaphern bezeichnet. Die Analyse kultureller „conceptual systems" (Lakoff 1987) wurde damit möglich nach dem folgenden Muster: „Hans ist in Lisa wahnsinnig verknallt" verweist auf die Metapher, dass Liebe „Wahnsinn" ist. Aber wenn Lisa vor seinen Avancen „floh", von Hans „erobert" wurde oder sich ihm „ergab", dann ist die Liebe zugleich „Krieg".

Wie Therapeuten ihrerseits „Therapie" in ihren Äußerungen metaphorisch konzeptualisieren, ist in diesem Zusammenhang untersucht worden (Najavits 1993, Schmitt 1995) und zugleich wird deutlich, dass „Therapie" sowenig wie „Liebe" nicht allgemein definiert werden kann. Gerade ihre allgemeine Unbestimmbarkeit jedoch ermöglicht ihre individuelle Realisierung.

5. Interdisziplinäre Beiträge – Aufwertung der Imagination

Die moderne Metapherntheorie, insbesondere der kognitiven Linguistik (Lakoff 1987), kann der Psychoanalyse in vielerlei Hinsicht argumentativ zur Seite stehen. Sie verweist darauf, dass Verstehen nicht als „Bezeichnen" zustande kommt, sondern indem eine Imagination evoziert wird. Die Metapher stellt ihren Gegenstand her, indem sie ihn darstellt; zugleich eröffnet sie nur eine bestimmte Perspektive auf ihn und kann diese Einheit von Gegenstandsdarstellung und Perspektiveneröffnung (Debatin 1995) transparent machen. Es gibt immer noch andere Perspektiven. Die Liebe ist nicht Wahnsinn oder Krieg, sondern Spiel und vieles andere mehr. So zeigt die Metapher stets auf einen Bereich, in dem ein „tertium datur" gilt: A ist A und zugleich A ist nicht A – auf diese Logik des von Freud beschriebenen Primärprozesses spielt die Metapher beständig an. Ricoeur (1986) spricht vom „Träumen der Worte", das sich in der Metapher zeige.

Die Entwicklungen der Sprachphilosophie ermöglichen eine „Metaphernanalyse" (Buchholz 1993) der Theorie. Avanciert die Metapher vom Instrument der Darstellung zum Objekt der „Reflexion" (Debatin 1995) bzw. der „Metaphernanalyse" (Buchholz 1996), dann ist theoretische Erneuerung möglich ohne Verluste an Grundbeständen. Viele Autoren haben dazu beigetragen.

Reider (1972) stellte ebenso wie Arlow (1969), Sledge (1977) und Levin (1980) fest, dass die mutative Deutung metaphorisch sei. Carveth (1993) untersuchte die Metaphern des Analytikers und forderte insbesondere eine Wiederbelebung der Erinnerung daran, dass es sich um Metaphern, nicht um „Begriffe" handle. So könne man eine metaphorische Abstraktion wie „das Ich" nicht wie ein Organ auf seine Funktionen untersuchen, sondern müsse prüfen, wofür das Ich eine Metapher sei – und ob es alternative Metaphern gibt.

Spence (1993) hat darauf aufmerksam gemacht, dass Freud im Banne einer Tradition (so auch Shepherd 1985) stand, die er als „Sherlock-Holmes"-Metapher formulierte: aus versteckten Anzeichen „die" Wahrheit zu „ermitteln"; noch Lorenzer (1985) vergleicht die Tätigkeit des Analytikers nicht mit der des Chirurgen, sondern mit der des Detektivs (vgl. auch Haubl und Mertens 1996). Shengold (1966) zeigte, wie sehr die Traumdeutung von der Metapher der „Reise" ins „innere Afrika" (wie Freud oft formulierte) bestimmt ist („via regia") und sogar die „Einsicht" ist als Metapher analysiert worden (Shengold 1981, Linden 1985). Sie artikuliert die Vorstellung, dass die Leuchte des Verstandes das Dunkle und Abgründig-Tiefe erhellen müsse. Im Sinne des Philosophen Blumenberg (1981) handelt es sich hier um eine „absolute Metapher", sie ist „nicht in die Logizität einzuholen" und artikuliert dennoch Grundbestände des Denkens.

Metaphern der Psychoanalyse werden analysiert. Die damit erreichte neue Stufe psychoanalytischer Theorie ist von vielen Autoren als „Psychoanalyse der Psychoanalyse" formuliert worden (Balmary 1982, Carveth 1993, Plaut 1993, Lütkehaus 1995). Wenn das Unbewusste nach der Grundüberzeugung der Psychoanalyse universell ist, dann müssten es auch die Bildungen der Psychoanalyse selbst sein und sie könnten dann zum Gegenstand der Reflexion bzw. Analyse werden. Diese theoretische Bewegung wird flankiert von empirischen Untersuchungen, die in jüngerer Zeit die Metapherntheorie für die Untersuchung therapeutischer Dialoge nutzen. Die Verwendung sog. figurativer Sprechformen ist auch in der psychotherapeutischen Praxis verbreitet und hilfreich. Transkripte analytischer Sitzungen sind von Buchholz (1996) untersucht worden, weil sich in den Äußerungen Konzepte der Psychotherapie nachweisen lassen (bei psychosomatischen Patienten z. B. „Therapie ist Fitness-Training"), die als Prozessphantasien sehr weitreichend die erwartete Form der therapeutischen Hilfe, der Beziehungsgestaltung und der Abwehr bestimmen. Schmitt (1995) hat gezeigt, dass die Vorstellungen von „Hilfe" bei Helfern und Hilfeempfängern sehr weit divergieren können und Buchholz (1996) hat in mehreren Studien zeigen können, dass die Synchronisation der sog. „Prozessphantasien" (metaphorische Modelle der Hilfe, z. B. „Therapie ist Beichte") erheblichen Einfluss auf das Behandlungsergebnis nimmt. Buchholz und Kleist (1997) haben eine umfangreiche metaphernanalytische Studie zu der Frage vorgelegt, wie Patienten, Psychotherapeuten und Körper- oder Gestaltungstherapeuten ihren „Kontakt" metaphorisch beschreiben und dabei gefunden, dass „Kontakt" – als zentrales Moment der therapeutischen „Beziehung" – in Szenarien formuliert wird. Sie haben eine Verlaufsgestalt; sich an sie anschließen zu können, zeichnet therapeutische Kompetenz aus und hat Einfluss auf das Behandlungsresultat. Andere Arbeiten (Pollio 1977, Kasulke 1992, Najavits 1994) wiesen nach, dass metaphorisches Sprechen im Laufe erfolgreicher Behandlungen zunimmt – und das widerspricht einer „rationalistischen“ Therapiekonzeption. Elias Canetti hatte in seinem Roman „Die Fackel im Ohr“ diese Erfahrung so formuliert: „Stark fühlt sich, wer die Bilder findet, die seine Erfahrung braucht“.

Metaphern scheinen eine ubiquitäre menschliche Möglichkeit zu sein, tiefe Gefühle und archaische Erfahrungen zu artikulieren (Cox und Theilgaard 1987); auf sie kann nicht verzichtet werden. Damit könnte es fraglich werden, ob Versuche der „Vereindeutigung“, wie sie durch Operationalisierungsstrategien in der Forschung favorisiert werden, nicht als von vornherein untauglich abgewiesen werden müssen. Empirische Forschung, die auf die Vieldeutigkeit der Metapher setzt, ist möglich und bietet zusammen mit der theoretischen Strategie einer „Psychoanalyse der Psychoanalyse“ denjenigen Beitrag zu einem genuin psychoanalytischen Forschungsparadigma, von dem die Psychoanalyse Zukunft erwarten kann. Die Analyse der Metapher kann die Psychoanalyse bewahren und erneuern. Sie ist theoretische und empirische Re-Vision des Freud'schen Anliegens.

Literatur

Arlow, J.A. (1969). Phantasie, Erinnerung und Realitätsprüfung. Psyche – Z Psychoanal, 23, 881.

Balmary, M. (1982). Psychoanalyzing psychoanalysis: Freud and the hidden fault of the father. Baltimore: Johns Hopkins Univ. Press.

Black, M. (1954). Die Metapher. In A. Haverkamp (Hg.), Theorie der Metapher (S. 55–79). Darmstadt: Wissenschaftliche Buchgesellschaft, 1983.

Black, M. (1962). Models and metaphors: Studies in language and philosophy. Ithaca, N.Y.: Cornell University Press.

Black, M. (1977). Mehr über die Metapher. In A. Haverkamp (Hg.), Theorie der Metapher (S. 379–413). Darmstadt: Wissenschaftliche Buchgesellschaft, 1983.

Black, M. (1981). Metapher. In M. Johnson (Ed.), Philosophical perspectives on metaphor (S. 62–82). Minneapolis: University of Minnesota Press.

Blumenberg, H. (1981). Die Lesbarkeit der Welt. Frankfurt/M.: Suhrkamp.

Buchholz, M.B. (Hg.) (1993). Metaphernanalyse. Göttingen: Vandenhoeck & Ruprecht.

Buchholz, M.B. (1996). Metaphern der ‚Kur‘. Studien zum therapeutischen Prozeß. Opladen: Westdeutscher Verlag.

Buchholz, M.B. und Kleist, C. v. (1997). Szenarien des Kontakts – Eine metaphernanalytische Studie zur stationären Psychotherapie. Gießen: Psychosozial.

Carveth, D.L. (1993). Die Metaphern des Analytikers. Eine dekonstruktionistische Perspektive. In M.B. Buchholz (Hg.), Metaphernanalyse (S. 15–71). Göttingen: Vandenhoeck & Ruprecht.

Cox, M. and Theilgaard, A. (1987). Mutative metaphors in psychotherapy. The aeolian mode. London: Tavistock.

Debatin, B. (1995). Die Rationalität der Metapher. Eine sprachphilosophische und kommunikationstheoretische Untersuchung. Berlin: de Gruyter.

Fiumara, G.C. (1995). The metaphoric process. Connections between language and life. London: Routledge.

Haverkamp, A. (Hg.) (1983). Theorie der Metapher. Darmstadt: Wissenschaftliche Buchgesellschaft.

Haubl, R. und Mertens, W. (1996). Der Psychoanalytiker als Detektiv. Eine Einführung in die psychoanalytische Erkenntnistheorie. Stuttgart: Kohlhammer.

Johnson, M. (1981). Introduction: Metaphor in the philosophical tradition. In M. Johnson (Ed.). Philosophical perspectives on metaphor (S. 3–47). Minneapolis: University of Minnesota Press.

Kasulke, E. (1992). Sprachinhalts- und Interaktionsanalyse einer Paartherapie mit dem reflektierenden Team. Wien (unv. Diss. der Univ. Wien).

Kitcher, P. (1992). Freud's dream. A complete interdisciplinary science of mind. Cambridge: A Bradford Book, MIT Press.

Lakoff, G. (1987). Women, fire, and dangerous things. Chicago: University of Chicago Press.

Lakoff, G. and M. Johnson (1980). Metaphors we live by. Chicago: University of Chicago Press (dt.: Leben in Metaphern. Heidelberg: Carl-Auer, 1998).

Leclaire, S. (1971). Der psychoanalytische Prozeß (orig. 1965). Olten: Walter.

Levin, F.M. (1980). Metaphor, affect and arousal: How interpretations might work. Annual of Psychoanalysis, 231–245.
Linden, J. (1985). Insight through metaphor in psychotherapy and creativity. Psychoanalysis and Contemporary Thought, 8, 375–406.
Lorenzer, A. (1985). Der Analytiker als Detektiv, der Detektiv als Analytiker. Psyche – Z Psychoanal, 39, 1–22.
Lütkehaus, L. (1995). Die Vergangenheit der Psychoanalyse. In J. Cremerius (Hg.), Die Zukunft der Psychoanalyse, (S. 73–93). Frankfurt/M.: Suhrkamp.
Mahony, P. (1987). Freud as a writer. New Haven: Yale University Press.
Najavits, L.M. (1993). How do psychotherapists describe their work? A study of metaphors for the therapy process. Psychotherapy Research, 3, 294–299.
Plaut, F. (1993). Analysis analyzed. When the map becomes the territory. London: Routledge.
Pollio, H.R., Barlow, J.M., Fine, H.J. and Pollio, M.R. (1977). Psychology and the poetics of growth. Figurative language in psychology, psychotherapy and education. Hillsdale: Erlbaum.
Reider, N. (1972). Metaphor as interpretation. International Journal of Psycho-Analysis, 53, 463–469.
Ricoeur, P. (1986). Die lebendige Metapher. München: Fink.
Schmitt, R.O. (1995). Metaphern des Helfens. Weinheim: Beltz.
Schneider, M. (1994). Liebe und Betrug. Die Sprachen des Verlangens. München: dtv.
Sennett, R. (1995). Fleisch und Stein. Der Körper und die Stadt in der westlichen Zivilisation. Berlin: Berlin-Verlag.
Shengold, L. (1966). The metaphor of the journey in „The interpretation of dreams". American Imago, 23, 316–331.
Shengold, L. (1981). Insight as metaphor. Psychoanalytic Study of the Child, 36, 289–306.
Shepherd, M. (1986). Sherlock Holmes und der Fall Sigmund Freud. Rheda-Wiedenbrück: Dädalus.
Sledge, W.H. (1977). The therapist's use of metaphor. International Journal of Psychoanalytic Psychotherapy, 6, 113–130.
Spence, D.P. (1993). Die Sherlock-Holmes-Tradition: die narrative Metapher. In M.B. Buchholz (Hg.), Metaphernanalyse (S. 72–120). Göttingen: Vandenhoeck & Ruprecht.

Metapsychologie *von Cordelia Schmidt-Hellerau*

metapsychology – métapsychologie

1. Definition

Die Metapsychologie enthält die theoretischen Grundannahmen der Psychoanalyse. Sie ist dargestellt anhand des von Freud konstruierten „psychischen Apparats", einer Modellvorstellung, die es ermöglicht, „einen psychischen Vorgang nach seinen dynamischen, topischen und ökonomischen Beziehungen zu beschreiben" (Freud 1915e, S. 281). Nicht die psychischen Phänomene als solche und ihre Bedeutung für das Individuum stehen dabei zur Debatte, sondern die Konzeptualisierung ihres Zustandekommens mit Hilfe theoretischer Konstrukte wie z.B. der Dynamik von Trieb und Verdrängung, der topischen Zuordnung zu den Systemen Unbewusst (Ubw), Vorbewusst (Vbw) und Bewusst (Bw) bzw. in der zweiten Topik von 1923 dem Es, Überich und Ich, sowie der ökonomischen Betrachtungsweise nach dem Null-, Konstanz-, Lust-, Unlust-, Realitäts- oder dem Nirwanaprinzip.

2. Klassische Auffassung

Freud verwendet den Begriff Metapsychologie erstmals am 13. Februar 1896: „Die Psychologie – Metapsychologie eigentlich – beschäftigt mich unausgesetzt", schreibt er an Wilhelm Fließ über seinen „Entwurf einer Psychologie" (1950c), einer neuropsychologischen Skizze, die darauf abzielt

„nachzusehen, wie sich die Funktionslehre des Psychischen gestaltet, wenn man die quantitative Betrachtung, eine Art Ökonomie der Nervenkraft, einführt, und zweitens ... klare Annahmen über die normalen psychischen Vorgänge“ zu erstellen, um vor diesem Hintergrund „eine befriedigende Gesamtauffassung der neuro-psychotischen Störungen“ überhaupt erst zu ermöglichen (1985c, S. 130). Damit ist das Projekt Metapsychologie bereits umrissen: es geht Freud um die Entwicklung eines letztlich logisch-mathematischen („quantifizierten“) Modells, welches auf Psyche und Soma gleichermaßen anwendbar sein soll und das normale psychische Funktionieren – wie auch davon ableitbar dessen Störungen – zu beschreiben in der Lage ist.

Zu diesem Zweck konstruiert Freud einen psychischen Apparat, dessen Organisation darauf ausgerichtet ist, einen Zustand dynamischer Stabilität aufrechtzuerhalten, d.h., jede Zufuhr an Erregung von außen (Reiz) oder von innen (Trieb) stört den zuvor bestehenden Gleichgewichtszustand innerhalb dieses psychischen Apparats – verursacht eine „Spannung“, die als „Unlust“ empfunden wird – und drängt das System zu Maßnahmen im Dienst der Homöostase, nämlich entweder zur Abfuhr der (Trieb-) Erregung oder, wo dies nicht möglich ist, zu ihrer Verdrängung. Das dabei maßgebliche Organisationsprinzip nennt Freud zuerst hypothetisch das Nullprinzip (bezogen auf eine Null an Spannung oder Ungleichgewicht), sodann für den modifizierten Zustand das Konstanzprinzip und schließlich das Lustprinzip, wobei alle diese verschiedenen Prinzipien nach demselben Grundsatz der dynamischen Stabilität des ganzen Systems konzipiert sind.

Dies ist die Leitidee, die Freud über alle Stufen seiner Theorieentwicklung hinweg beibehält. In der ersten publizierten Fassung der Metapsychologie, die im VII. Kapitel der „Traumdeutung“ (1900a) enthalten ist, wird der Triebreiz im Zusammenhang mit dem komplexeren Konzept des Wunsches wiederaufgegriffen: Jetzt ist es ein (Trieb-) Wunsch, der entweder auf (Abfuhr) Befriedigung am dafür geeigneten Objekt drängt oder verdrängt wird. Die Verdrängungen gehen nach Freud vom System Bewusst (Bw) aus. Der Ort im psychischen Apparat, der die verdrängten Wünsche enthält, ist das System Unbewusst (Ubw); das dazwischen positionierte System Vorbewusst (Vbw) ist gleichsam ein Übergangsbereich, in den unbewusste Strebungen eindringen können, ohne bereits vom Bw zugelassen zu werden. Der wesentliche Unterschied zwischen psychischen Vorgängen in den Systemen Ubw und Vbw/Bw besteht zwar klinisch-phänomenologisch darin, dass wir von den im Unbewussten ablaufenden per definitionem keine Kenntnis haben, während uns die des Vorbewusst-Bewussten potentiell alle zugänglich sind; metapsychologisch hingegen gilt als unterscheidendes Kriterium der Primärvorgang für das Ubw und der Sekundärvorgang für das Bw. Der Primärvorgang ist durch den Drang auf möglichst unmittelbare Abfuhr bzw. durch die freie Beweglichkeit ungebundener Triebenergien charakterisiert, was sich z.B. bei der Besetzung von Vorstellungsrepräsentanzen in der Traumarbeit mittels der Mechanismen der Verdichtung, Verschiebung und Symbolisierung ausdrückt; den Sekundärvorgang hingegen kennzeichnet eine stabilere Besetzung der Vorstellungsrepräsentanzen sowie die Hemmung der Abfuhr, wodurch der Befriedigungsaufschub im Sinne des Realitätsprinzips ermöglicht wird. Da die drei Systeme durch Schranken, die sogenannte „Zensur“, voneinander getrennt sind, kann ein verdrängter Wunsch, der vom Ubw aus das Vbw erreicht hat, von dort wieder verdrängt werden, wenn die Quantität seiner ungebundenen Triebenergie das Bw einer zu großen Spannung = Unlust aussetzen würde. Es sind also Differenzen der energetischen Funktionsmodi, Unterschiede im Organisationsniveau der psychischen Abläufe (der Besetzung von Repräsentanzen (-komplexen), die den Primärvorgang vom Sekundärvorgang, das Ubw vom Bw sondern.

In den Jahren 1911–1915 baut Freud seine Metapsychologie durch die Weiterentwicklung seiner bisherigen und die Einführung neuer Konzepte aus. Das wichtigste Novum dieser Phase ist seine Konzeptualisierung des Narzissmus, der eine wichtige Differenzierung innerhalb seiner Trieb- wie seiner Strukturtheorie darstellt. Freud erklärt, dass die Energie des Sexualtriebs, die Libido, sowohl das äußere Objekt wie auch die eigene Person (bzw. deren Repräsentanzen) besetzen kann. Im ersteren Falle nennt er die vom Sexualtrieb ausgehende Besetzungsenergie libidinös, im letzteren narzisstisch. Damit ergibt sich eine Differenzierung innerhalb seiner Triebtheorie: ging Freud ursprünglich vom Gegensatz zwischen dem Selbsterhaltungs- und dem Sexualtrieb aus, unterscheidet er jetzt innerhalb des letzteren zwischen objektlibidinösen und narzisstischen Strebungen, d. h., nicht alle auf die eigene Person gerichteten Strebungen gehen vom Selbsterhaltungstrieb aus, das Selbst kann auch ein Objekt des Sexualtriebs und damit narzisstisch besetzt sein. Diese Überlegungen nutzt Freud gleichzeitig zum Ausbau seiner Strukturentwicklungstheorie, indem er eine genetische Stufenfolge der libidinösen Besetzungen postuliert: von der autoerotischen Besetzung einzelner erogener Zonen (Partialselbsteinheiten) zur schrittweisen Integration dieser narzisstischen Besetzungen in die Gesamtvorstellung der eigenen Person (das „zum Liebesobjekt genommene Selbst", 1911c, S. 297) bis hin zur Ausbildung von libidinös besetzten Objekten (Objektrepräsentanzen). – Weitere Aufsätze dieser Phase konzentrieren sich auf „Triebe und Triebschicksale" (1915c), wo in einer zentralen Definition „der Trieb als ein Grenzbegriff zwischen Seelischem und Somatischem" bestimmt wird, während unter dem Begriff „Triebschicksale" verschiedene Formen der Triebabwehr zusammengefasst werden, auf „Die Verdrängung" (1915d) und „Das Unbewusstc" (1915e).

Die letzte große Erneuerung seiner Metapsychologie nimmt Freud in den Jahren 1920–1923 vor. Die Entdeckung des Wiederholungszwangs legt ihm die Anerkennung eines konservativen Zugs der Triebe und damit eine neue Definition nahe: „Ein Trieb wäre also ein dem belebten Organischen innewohnender Drang zur Wiederherstellung eines früheren Zustandes" (1920g, S. 38). Und da Freud davon ausgeht, dass „das Leblose ... früher als das Lebende" war (ebd., S. 40), ergibt sich für ihn jetzt ein Todestrieb, dem als Gegenspieler ein Lebenstrieb zur Seite gestellt wird. Während der Lebenstrieb sowohl den Selbsterhaltungs- wie auch den Sexualtrieb oder Eros umfasst, wird dem Todestrieb die Aggression oder Destruktion zugeordnet, was Freud mit dem Konzept des primären Masochismus zu exemplifizieren versucht. Freud hält also weiterhin sowohl an seiner antagonistischen Triebauffassung (neu: Lebens- und Todestrieb genannt) wie an der Herrschaft des Lustprinzips fest – auch wenn er jetzt ein „Jenseits des Lustprinzips" erwägt, das, letztlich im Dienst der Todestriebe stehend, einer Tendenz entsprechen soll, „den seelischen Apparat überhaupt erregungslos zu machen" (1920g, S. 68).

Während sein Konzept des Todestriebs von Anfang an mehr Ablehnung als Zustimmung hervorrief, ist die zweite große Neuerung dieser Phase, die Einführung des Strukturmodells in „Das Ich und das Es" (1923b) allgemein als ein Grundpfeiler der psychoanalytischen Theorie akzeptiert worden. Da der Begriff des Unbewussten sowohl im dynamisch-systemischen, wie auch in einem rein deskriptiven Sinne für Vorgänge im System Bw verwendet werden kann, führt Freud in seiner zweiten Topik die terminologisch distinktere Instanzenlehre von Es, Überich und Ich ein. Das Es umfasst den Bereich des (Ur-)Verdrängten sowie alles nicht oder niemals Bewusstseinsfähige. Das Überich (und sein Vorläufer, das Ich-Ideal) ist der strukturelle Niederschlag aus dem Untergang des Ödipuskomplexes (bzw. des primären Narzissmus) und enthält die über vielfältige Identifizierungsvorgänge erworbenen Verbote (wie auch die Gebote) – es ist die sogenannte Gewissensinstanz. Das Ich schließlich ist der Sitz unseres Bewusstseins, der Ausgangspunkt unserer willentlichen Handlungen, die vermittelnde Instanz zwischen den Ansprüchen von Es (den Trieben) und Überich (Gewissen) einerseits und den Forderungen der Realität andererseits und damit letztlich der Agent unserer gesamten Persönlichkeit.

Trotz fortgesetzter Erweiterungen und Revisionen seiner Metapsychologie hielt Freud an den Grundaxiomen seines Modells vom psychischen Funktionieren fest: Immer sind es zwei einander antagonistisch zugeordnete Triebe (bzw. Trieb und Verdrängung) und deren Regulation durch das in einer Instanz (einer Struktur, einem Repräsentanzenkomplex) etablierte Prinzip (das Konstanz-, Lust-, Realitätsprinzip), die einen Zustand dynamischer Stabilität (Homöostase) in dem von ihm konstruierten System Psyche (dem psychischen Apparat) aufrechtzuerhalten in der Lage sind.

3. Ideengeschichtlicher Hintergrund

Freud entwickelte die Psychoanalyse vor dem Hintergrund der geistigen Strömungen des ausgehenden 19. Jahrhunderts. Von den damals diskutierten Evolutionstheoretikern fühlte er sich besonders Charles Darwin (1809–1882) verpflichtet, dessen Instinktlehre von Überleben und Fortpflanzung bzw. Selbst- und Arterhaltung den Rahmen für die erste Phase seiner Triebtheorie abgab. Darwins These vom Kampf ums Dasein, seine genetische Betrachtungsweise wie auch der Gedanke der biologischen Zweckmäßigkeit wurden prägend für Freuds metapsychologische Überlegungen. In der Physiologie ist es besonders die Helmholtz-Schule mit ihrem Wiener Repräsentant Ernst Brücke (1819–1892), die den naturwissenschaftlichen Geist Freuds auf die Begriffe Kraft (Energie/Erregung), Funktion und Dynamik lenkte – Begriffe, die später zum Hauptangriffspunkt der Metapsychologiekritik wurden. In der streng naturwissenschaftlich-positivistisch geprägten Neurologie und Psychiatrie des ausgehenden 19. Jahrhunderts erhielt Freud zwar seine neuroanatomische Ausbildung unter Theodor Meynert (1833–1892); seinen eigenen Zugang zu psychischen Störungen fand er jedoch erst in Paris bei Jean-Martin Charcot (1825–1893), der ihm Gelegenheit bot, hysterische Symptome zu studieren. Aus der Psychologie bezieht Freud Anregungen von Johann Friedrich Herbart (1776–1841), der als Begründer einer mathematischen Psychologie auf der Grenze zwischen Naturwissenschaft und Metaphysik arbeitet (auf die terminologische Verwandtschaft zwischen Metapsychologie und Metaphysik wird immer wieder hingewiesen). Herbart unterscheidet zwischen statischen und dynamischen Zuständen, arbeitet mit den Begriffen der Schwelle, des Widerstands sowie der bewussten und latenten Vorstellung. Bekannter noch ist Freuds Bezugnahme auf Gustav Theodor Fechner (1801–1887), der die Darwinsche Evolutionstheorie auf eine allgemeine „Tendenz zur Stabilität" zurückführte, in die er auch das Helmholtz'sche „Gesetz von der Erhaltung der Kraft" integrierte. Freud, der sich verschiedentlich auf Fechner bezieht, verdankte ihm den für die Psychoanalyse entscheidenden Begriff des Lustprinzips. Der Philosophie gegenüber hat Freud immer ein Verhältnis faszinierter, aber respektvoller Distanz bewahrt. Die Bedeutung von Aufklärung und Romantik wie auch der Naturphilosophie für Freuds Denken wurde vielfach nachgewiesen. Arthur Schopenhauer (1788–1860) und Friedrich Nietzsche (1844–1900), die Freud erst spät gelesen hat, haben manche seiner Ideen vorweggenommen. In der Literatur dagegen reicht die Liste der bei Freud zitierten Werke von der griechischen Mythologie (die er immer wieder für die Wahl seiner metapsychologischen Begriffe konsultierte) bis hin zu den zeitgenössischen Autoren. Er liebte und bewunderte Dichter für ihre tiefe Einsicht in das Wesen der menschlichen Natur und konnte gerade mit der Interpretation der sophokleischen Ödipus-Tragödie wie des Shakespeare'schen Hamlet einen Eckpfeiler der Psychoanalyse exemplarisch begründen.

4. Wesentliche Erweiterungen, Differenzierungen und Modifikationen in den verschiedenen psychoanalytischen Schulrichtungen

Freud war sich des Unfertigen seiner Metapsychologie durchaus bewusst und zögerte nie, auf der Suche nach besseren theoretischen Lösungen früher formulierte Konzepte zu revidieren. Seine Nachfolger setzten diese Entwicklungsbemühungen fort; ihre Vorschläge zur Erweiterung oder Erneuerung der theoretischen Grundlagen der Psychoanalyse erfolgten in dialektischer Bewegung von klinischer Forschung und theoretischer Konzeptualisierung, wobei die präödipale Entwicklung zu einem Schwerpunkt der Forschung in den folgenden Jahrzehnten wurde. Einschränkende bis ablehnende Kritik erfuhr vor allem Freuds Triebbegriff sowie der naturwissenschaftliche Bezugsrahmen der metapsychologischen Terminologie, der Fragen nach seiner Eignung für die klinische Praxis aufwarf.

In einer ersten rein metapsychologischen Studie explizieren Rapaport und Gill (1959) die Grunderfordernisse einer psychoanalytischen Theorie und schlagen vor, die von Freud eingeführten Gesichtspunkte der Metapsychologie: nämlich den dynamischen, ökonomischen und topischen/strukturellen um einen genetischen und einen adaptiven zu ergänzen. Rapaports systematische Studie über „Die Struktur der psychoanalytischen Theorie“ (1960) erarbeitet vier verschiedene Modelle der Metapsychologie (das Reflexbogen-, das Entropie-, das darwinistische und das Jackson'sche (neurale Integrations-) Modell), hält am mathematischen Denkansatz fest und betont die strukturelle Einheit der Metapsychologie.

Den wissenschaftlichen Charakter der psychoanalytischen Theorie versuchen Hartmann (1939) sowie Hartmann, Kris und Löwenstein zu untermauern, indem sie sich stärker auf die Konzeptualisierung von Strukturaspekten unter partieller Ausgrenzung der Triebtheorie konzentrieren: Hartmanns Ich-Psychologie, die vor allem in Amerika Verbreitung fand, wo man heute von einer „(post-)ego psychological metapsychology“ spricht (Wallerstein 1992), erweiterte den psychischen Apparat um eine „konfliktfreie Ich-Sphäre“, worunter sogenannte „angeborene Ich-Apparate“ (Motorik, Wahrnehmung, Gedächtnis, Reizschutz) verstanden werden, die autonom, d.h. nicht unter dem Einfluss von Triebkonflikten, arbeiten.

Neu ist auch Hartmanns in Unterscheidung zu Freuds Ich-Begriff eingeführter Terminus des Selbst, der von Liechtenstein zur „vierten Dimension“ der Metapsychologie erhoben wird (vgl. Wahl 1985). Kohuts Selbstpsychologie, die den Fokus von den Triebkonflikten weg und hin auf die Entwicklung des Selbst mit Hilfe eines „Selbstobjekts“ lenkt, grenzt sich mit der Einführung des Konzepts vom „bipolaren Selbst“ zunehmend von der Metapsychologie Freuds ab und proklamiert schließlich einen Paradigmen-Wechsel von der ursprünglichen Es- über die Ich- bis hin zur Selbst-Psychologie.

Eine andere Neuerung Hartmanns, seine Differenzierung zwischen Selbst- und Objektrepräsentanzen, wird von Jacobson (1964) weiter entfaltet und von Kernberg (1976) zu einer ich-psychologischen Objektbeziehungstheorie ausgebaut, die das duale Triebmodell Freuds zwar beibehält, aber die Selbst-Objekt-Affekt-Einheiten als Basiselemente der psychischen Organisation auffasst. Während Fairbairn, Sullivan sowie Greenberg und Mitchell vom Triebkonzept Abstand nehmen, hält die Objektbeziehungstheorie der englischen Middlegroup, ausgehend von Balint, Winnicott und Khan, an der Bedeutung der Triebe fest, fokussiert aber ein frühes Entwicklungsstadium in der Beziehung zwischen dem Säugling (Selbst) und der Mutter (Objekt), das mit Winnicotts Konzept des Übergangsobjekts bzw. Übergangsraums eine wichtige Ergänzung erhält.

Auch die Beiträge Melanie Kleins sind auf die frühe präödipale Entwicklung konzentriert. Ihre wichtigsten Neuerungen sind das Konzept der inneren Objekte, die paranoid-schizoide und die depressive Position sowie die projektive Identifizierung. Obwohl ihre Theoriesprache im Vergleich zu Freuds Diktion praxisnäher klingt und oft den unbewussten frühen Phantasien nachgebildet erscheint, fühlte sich Klein der Freud'schen Metapsychologie immer verbunden und akzeptierte auch den von den meisten Freudianern (mit Ausnahme der französischen Schule Green'scher Prägung) abgelehnten Todestrieb. In ursprünglicher Nachfolge Melanie Kleins hat Bion (1962) einen völlig eigenständigen metapsychologischen Begriffsapparat mit den Konzepten der alpha-

und beta-Funktionen bzw. -Elemente, des Containers, und der L-(Liebe), H-(Hass) und K-(Kenntnis-)Komplexe erstellt.

Die frühe Interaktion zwischen dem Kleinkind und seinem ersten Objekt wird in der Theorie von Mahler in den Begriffen von Symbiose, Loslösung, Wiederannäherung und Individuation beschrieben. – Ein Großteil der psychoanalytischen wie insbesondere der metapsychologischen Konzepte zur frühen Entwicklung wird heute von der direktbeobachtenden Säuglingsforschung, die von Spitz und Mahler ausging und heute in Stern einen prominenten Vertreter hat, in Frage gestellt (vgl. Dornes 1992).

Die Entwicklung zahlreicher Neuerungen und die unterschiedliche Einschätzung und Verwendung der metapsychologischen Konzepte führte in den sechziger und siebziger Jahren zu einer heftigen Debatte um den Wert oder Unwert der gesamten Metapsychologie (vgl. Mertens 1981). Während eine Gruppe von Kritikern (G. S. Klein, Holt, Schafer, Stolorow) die einer naturwissenschaftlich-neurophysiologischen Methodologie und Terminologie verpflichtete mechanistische Auffassung des Psychischen („psychischer Apparat") mit ihrer kausalreduktionistischen Erklärung seelischen Erlebens in Begriffen wie Kraft (Energie), Struktur und Funktion als unangemessen ablehnte – womit einer hermeneutischen Ausrichtung der psychoanalytischen Theorie deutscher (Gadamer, Habermas) wie französischer (Ricoeur) Prägung der Weg geebnet wurde –, votierte eine andere Gruppe (Peterfreund, Rosenblatt und Thickstun, Rubinstein) für eine systemtheoretische Umformulierung der psychoanalytischen Theorie und ihrer Begriffe, um einen Anschluss an die Forschungsbefunde der Neurowissenschaften zu ermöglichen. Im Nachklang dieser Debatte wird die Metapsychologie oder zumindest einzelne ihrer Konzepte (Trieb, Energie, Primär- und Sekundärprozess) seit den achtziger Jahren zwar von vielen für obsolet gehalten, aber nichtsdestotrotz werden psychoanalytische Arbeiten und klinische Entwicklungen nach wie vor im Rahmen metapsychologischer Begrifflichkeit dargelegt, wobei die von Gill und Wälder erkannte Notwendigkeit einer strikten Trennung der Argumentationsebenen zwischen klinischer Theorie und Metapsychologie selten eingehalten wird. In einer strukturellen Analyse der Freud'schen Metapsychologieentwicklung hat Schmidt-Hellerau (1995) nun ein formalisiertes konsistentes Modell der psychoanalytischen Trieb- und Strukturtheorie vorgelegt, in dem die logischen Brüche und konzeptuellen Lücken der psychoanalytischen Basistheorie aufgearbeitet sind und neue auch für die Klinik relevante Begriffe und Konzepte entwickelt werden (z. B. setzt sie als Pendant zur Libido des Sexual- bzw. Lebenstriebs den Energiebegriff Lethe für den Selbsterhaltungs- bzw. Todestrieb sowie analog den erogenen Zonen des ersteren die biogenen Zonen als bisher fehlende Triebquellen des letzteren ein).

5. Interdisziplinäre Beiträge und Befunde

Psychisches Erleben ist ein so hochkomplexer Vorgang, dass seine begriffliche Operationalisierung kaum möglich scheint. Schon der kürzeste Einfall erweist sich als eine vielschichtige Interaktion von Wünschen, Erinnerungen, Konstruktionen, Gedanken, Gefühlen, Sinneseindrücken etc., die in ein dichtes Netz von Assoziationen eingebettet sind und ganz unterschiedliche Deutungen ermöglichen. Es stellt sich daher immer die Frage nach der Art der Einheiten, die man aus solchen komplexen psychischen Abläufen isolieren kann. Für die interdisziplinäre Arbeit von Psychoanalyse und Neurowissenschaft bietet die Metapsychologie interessante Ansatzpunkte, da sie psychisches Verhalten bereits in seine verschiedenen Bestandteile und Mechanismen zerlegt konzeptualisiert. Z. B. erlaubt die metapsychologische Unterteilung eines psychischen Vorgangs in die darin involvierten Objekt-, Sach-, und Wortvorstellungen, den zugehörigen Affekten und motorischen Schemata eine differenziertere Sicht und Darstellung von pathologischen Prozessen der Verschiebung, Verzerrung oder Ausblendung einzelner Elemente eines solchen Ablaufs. Im interdisziplinären Austausch von Metapsychologie und Klinischer Theorie auf der einen sowie den verschiedenen Bereichen der Hirnforschung und Neurobiologie auf der anderen Seite ist inzwischen eine umfangreiche Literatur entstanden, die meist einzelne Funktionen, wie z.B. Traum, Gedächtnis oder Wahrnehmung, von beiden Seiten her erforscht und dabei die Konzepte der psychoanalytischen Theorie teils validiert, teils auch dazu anregt, sie zu revidieren oder zu ergänzen (Pribram und Gill 1976, Reiser 1985, 1994, Solms 1996).

Literatur

Bion, W.R. (1962). Learning from experience. London: Heinemann (dt.: Lernen durch Erfahrung. Frankfurt/M.: Suhrkamp, 1990).

Dornes, M. (1992). Der kompetente Säugling. Die präverbale Entwicklung des Menschen. Frankfurt/M.: Fischer, 13. Aufl., 2004.

Hartmann, H. (1939) Ego psychology and the problem of adaption. New York: International Universities Press (dt.: Ich-Psychologie und Anpassungsproblem. Stuttgart: Klett-Cotta, 1975).

Jacobson, E. (1964). The self and the object world. New York: International Universities Press (dt.: Das Selbst und die Welt der Objekte. Frankfurt/M.: Suhrkamp, 1978).

Kernberg, O.F. (1976). Object relations theory and clinical psychoanalysis. New York: Jason Aronson (dt.: Objektbeziehungen und Praxis der Psychoanalyse. Stuttgart: Klett-Cotta, 1981).

Mertens, W. (1981). Krise der psychoanalytischen Theorie? In ders., Neue Perspektiven der Psychoanalyse (S. 7–83). Stuttgart: Kohlhammer.

Pribram, K.H. and Gill, M.M. (1976). Freud's „project" reassessed. Preface to contemporary cognitive theory and neurobiology. New York: Basic Books.

Rapaport, D. (1960). The structure of psychoanalytical theory: a systematizing attempt. Madison, Connecticut: International Universities Press (dt.: Die Struktur der psychoanalytischen Theorie. Versuch einer Systematik. Stuttgart: Klett, 3. Aufl., 1973).

Rapaport, D. and Gill, M. (1959). The points of view and assumptions of metapsychology. International Journal of Psycho-Analysis, 40, 153–162.

Reiser, M.F. (1985). Converging sectors of psychoanalysis and neurobiology: mutual challenge and opportunity. Journal of the American Psychoanalytical Association, 33, 11–34.

Reiser, M.F. (1994). Memory in mind and brain. What dream imagery reveals. New Haven: Yale University Press.

Schmidt-Hellerau, C. (1995). Lebenstrieb und Todestrieb, Libido und Lethe. Ein formalisiertes konsistentes Modell der psychoanalytischen Trieb- und Strukturtheorie. Stuttgart: Verlag Internationale Psychoanalyse.

Solms, M. (1996). Was sind Affekte? Psyche – Z Psychoanal, 50, 485–522.

Wahl, H. (1985). Narzißmus? Stuttgart: Kohlhammer.

Wallerstein, R.S. (1992). Psychoanalytic pluralism. In R.S. Wallerstein (Ed.), The common ground of psychoanalysis (pp. 3–60). New York: Jason Aronson.

Motiv, Motivation *von John E. Gedo*

motive, motivation – motif, motivation

1. Definition

Obwohl Konsens darüber besteht, dass die Psychoanalyse eine Wissenschaft der Motivationen ist, fehlt es an einer übereinstimmenden Definition von „Motivation". Den Wörterbüchern zufolge bezieht sich der Begriff auf alles, was eine Person dazu bewegt zu agieren, oder, enger gefasst, willentlich zu handeln.

2. Klassische Auffassung

Freud konzentrierte sich in seiner Metapsychologie auf mentale Aktivitäten, so dass für ihn Motivation die Kraft war, die den psychischen Apparat in Bewegung setzt und unter einem „dynamischen" Gesichtspunkt betrachtet werden kann. Er konzeptualisierte die Tiefenpsychologie in der Sprache der Physik, insbesondere der der Elektrizität. In Parallele zu den elektrischen Maßeinheiten Volt, Ohm und Ampère stützte sich Freud auf die Konzepte der Kräfte, Widerstände und Energien. Diese dynamischen Konzepte erforderten implizit komplementäre Konzepte von Struktur und Intensität. Zwischen 1892 und 1900 skizzierte Freud ein solches theoretisches Modell (Freud 1950c).

In den darauffolgenden Jahren versuchte er, die Natur der psychologischen Kräfte in den Begriffen angeborener, konstitutionell determinierter Potentiale zu definieren, die er „Triebe" nannte. Zunächst unterteilte er diese in „selbsterhaltende" und sexuelle Motive. Da diese Klassifizierung narzisstische Erscheinungsformen jedoch nicht befriedigend erklären konnte, nahm Freud eine weitere Differenzierung der libidinösen Triebe in die narzisstische Libido und die Objektlibido vor. Mit der Entdeckung verschiedener Formen gleichsam automatischen Wiederholungsverhaltens (z.B. bei den traumatischen Neurosen) stieß diese Klassifikation erneut an Grenzen. Daraufhin stellte Freud 1920 seine endgültige Theorie der Motivation vor, in der er Lebens- und Todestrieb einander gegenüberstellte (1920g). Dieser Vorschlag bedeutete im Prinzip keine grundlegende Veränderung seiner zugrunde liegenden biologischen Vorannahmen, auf die er sich schon drei Jahrzehnte gestützt hatte.

Theoretiker, die das Konzept eines Todestriebs ablehnten, gaben den Versuch Freuds, eine allumfassende Theorie der Motivation zu artikulieren, auf. Dies gilt vor allem für diejenigen, die sich Hartmanns Vorschlag einer dualen Triebtheorie libidinöser und aggressiver Motivationen anschlossen. Dieses Schema ließ sowohl die Motive außer acht, die Freud ursprünglich als „selbsterhaltend" bezeichnete, wie auch diejenigen, die dem Verhaltens-Phänomen zugrunde liegen, das Freud als „Wiederholungszwang" beschrieben hatte. Mit der Aufgabe des allumfassenden Erklärungsanspruchs der Triebtheorie bestand jedoch auch kein Grund mehr, die von Freud a priori getroffene Feststellung zu akzeptieren, dass narzisstische Motive durch die Libido angetrieben werden. Mit anderen Worten, damit hatte die Psychoanalyse keine einheitliche Theorie der Motivation mehr.

4. Wesentliche Erweiterungen, Differenzierungen und Modifikationen

Um dieses Vakuum zu füllen, entwarf Lichtenberg (1989) eine Klassifikation jener allgemeinen menschlichen Ziele, denen wahrscheinlich konstitutionelle Ursprünge zugrunde liegen. Lichtenberg geht von fünf unabhängigen, biologisch vorprogrammierten motivationalen Systemen aus: Bindung, Aversion, aktive Exploration, Sensualität/Sexualität, Erhaltung des physiologischen Gleichgewichts. Lichtenbergs Schema enthält somit sowohl „selbsterhaltende" als auch sexuelle und aggressive Ziele.

Doch unabhängig davon wie umfassend Lichtenbergs Theorie gelten kann, die Matrix der Metapsychologie Freuds hat sie aufgegeben. Lichtenbergs motivationale Systeme sind keine Triebe, die auf Entladung drängen oder Kräfte, die auf strukturbedingte Widerstände treffen und sich durch messbare Intensitäten charakterisieren lassen. Seine Theorie enthält keine Extrapolationen aus der Physik elektrischer Apparate, vielmehr ist sie eine Anwendung der Kybernetik. Als solche bezieht sie sich auf das gegenwärtige Verständnis neuronaler Prozesse und nicht auf den Stand der Gehirnforschung und der biologischen Modelle der neunziger Jahre des 19. Jahrhunderts.

Biologisch vorprogrammierte Motivationssysteme sind ununterbrochen verfügbar. Sie werden evoziert durch Anpassungs-Anforderungen, für die sie angemessen und geeignet sind. Sexuelle und aggressive Motive ergeben sich aus der Reaktion auf spezifische Stimuli, nicht aufgrund eines Anstiegs des Triebdrucks. Im Rahmen von Phantasiebildungen können sexuelle und aggressive

Reaktionen auch endogen, also ohne äußere Schlüsselreize, stimuliert werden. Eine von einem vorprogrammierten Plan dominierte Sexualität gibt es jedoch nur vor deren Integration in eine komplexere Hierarchie von Motivationen.

Von dem Zwang befreit, Motivation mit Trieben gleichzusetzen, sind wir in der Definition der Motivation nicht mehr auf den Bereich vorprogrammierter, überlebenswichtiger Systeme beschränkt. Komplexe menschliche Neigungen können nicht allein durch vorprogrammierte, im Gehirn verankerte Systeme determiniert sein. Diese Erwägungen zwangen Freud, eine „narzisstische Libido" zu postulieren – ein verzweifelter konzeptueller Parforce-Ritt, der die Triebpsychologie auf Bereiche ausdehnen sollte, die nicht in direkter Verbindung zur präsymbolischen Welt des Menschen stehen. Innere Orientierungen, an denen solche Abstraktionen wie „gut" und „schlecht" beteiligt sind, konstituieren ein Universum, das sehr viel komplexer ist, als es angeborene Reaktionsmuster des Organismus sind – unabhängig davon, ob wir solche Programme als Triebe oder als kybernetische Arrangements betrachten. Das heißt nicht, dass menschliche „Ideale" entkörperlicht sind, sondern dass bei solchen „höheren" Funktionen (notabene: „Überich") die Fähigkeit zur Verhaltenssteuerung im Nervensystem auf der Basis der Verarbeitung abstrakter Symbole aufgebaut ist.

Vielleicht ist es am besten, eine auf die Förderung der Anpassung vorprogrammierte Motivation zu unterscheiden von der menschliches Verhalten antreibenden Kraft abstrakter Ideen. Dabei ist immer mitzudenken, dass jedes Verhalten gleichzeitig mehreren Zwecken dienen kann. Beispielsweise ist es durchaus möglich, mit einem sehr tugendhaften Verhalten sowohl aversive Ziele zu erfüllen – etwa um sich von einem verachteten Elternteil zu distanzieren – als auch gleichzeitig Wünsche nach einer moralisch hochstehenden Position zu befriedigen. Für ein Verständnis solch komplexer Zusammenhänge erscheint deshalb ein hierarchisches Schema sinnvoll (Wilson und Gedo 1992).

Angeborene Handlungsprogramme, die von Geburt an vorhanden sind, sind das einfachste und basalste System menschlicher Motivation. Diese biologischen Anlagen wirken nur so lange in Reinkultur, wie sie von realen Erfahrungen unbeeinflusst bleiben. In einem hierarchischen Schema der Motivationen entspricht dies dem Modus I.

Der Einfluss der Erziehung macht sich bemerkbar durch erinnerte affektive Reaktionsmuster, die in typischer Weise durch unterschiedliche Kontingenzen hervorgerufen wurden. Dabei sind zwar die Affekte ebenfalls vorprogrammierte Reaktionen auf Ereigniskonfigurationen innerhalb des Nervensystems. Aber die Erinnerungen an früher erlebte Affekte können die Funktion von Signalen hinsichtlich der zu erwartenden Konsequenzen verschiedenen Verhaltens annehmen. Wann immer ein System solcher Signale in Funktion tritt, hat sich der Organismus eine sekundäre Motivationsordnung erschaffen – was Freud verschiedentlich als das Lustprinzip bzw. das Prinzip der „Unlust" bezeichnete. Der Terminus „Unlust" ist angemessener, denn drohende, unangenehme Affekte setzen sich mit größerer Wahrscheinlichkeit gegenüber anderen Motivationen durch. Wenn die Grundmotivationen des Organismus ergänzt werden um den Einfluss von Signalen aus dem Gedächtnis, ist ein differenzierterer Modus II gegeben.

Wenn Verhalten vom Prinzip der Vermeidung von Unlust geleitet wird, können die daraus resultierenden Handlungen auf der Oberfläche als aversiv erscheinen, d.h. sie scheinen durch die vorprogrammierten Schemata der „Aversion" motiviert zu sein. Tatsächlich werden diese vorprogrammierten Funktionen natürlich auch eingesetzt, um die erforderlichen Aktivitäten zu bewirken, aber letztlich ist das resultierende Verhalten bestimmt durch eine konstitutionelle Präferenz eines affektiven Status gegenüber einem anderen. Psychoanalyse ist eine Tiefenpsychologie, weil sie sich nie mit auf der Oberfläche verbleibenden Erklärungen zufrieden gibt. Das Neugeborene mag nach interessanten Neuheiten Ausschau halten, weil in seinem Gehirn ein Explorations-

Schema angelegt ist; aber bald wird sich das Kind deshalb explorativ verhalten, weil es dies zuvor als lustvoll erlebt hat. Diese Veränderung korrespondiert mit der fortschreitenden Organisation des zentralen Nervensystems in Richtung auf immer komplexere Funktionsprozesse. Im Laufe der Entwicklung wird ein neurophysiologisches Subsystem aktiviert, „das sowohl positive als auch negative Motivationen hervorbringt in Abhängigkeit von den Ergebnissen des Abstimmungs- und Anpassungsprozesses sowie des begleitenden Affekts" (Hadley 1989, S. 337).

Das Bedürfnis, die Intensität der Affekte innerhalb bestimmter Grenzen zu halten und das Erleben bevorzugter emotionaler Erfahrungen zu fördern (sowie diejenigen zu vermeiden, gegenüber denen eine Aversion besteht) wird weithin verstanden. Fasst man diese Zusammenhänge in protophysiologische Begriffe, dann ergibt sich eine Verbindung zwischen der von mir vorgeschlagenen Theorie mit Sterns (1985) Hervorhebung der bedeutenden Rolle, die die Affekt-Abstimmung zwischen Mutter und Kind noch vor dem Erwerb der Fähigkeit zur Symbolisierung hat. Die quantitativen und qualitativen Parameter der affektiven Muster, die sich dann in privilegierter Position etablieren, bilden den Erfahrungskern, der gezwungenermaßen – um jeden Preis – wiederholt wird, um die Kontinuität der Selbstorganisation zu erhalten (Gedo 1979).

Ob eine spezifische Aktivität Lust oder Unlust bereitet, ergibt sich nicht aus ihr selbst heraus, auch wenn ihre Auswirkungen, isoliert betrachtet, gleich sein mögen. Mit anderen Worten, keine Aktivität findet in völliger Isolation statt, sondern immer im Kontext komplexer Transaktionen mit dem Umfeld. Kinder mit ungewöhnlichen Erfahrungen können lernen, dass exploratorisches Verhalten sehr unangenehme Konsequenzen nach sich zieht – oder dass vorübergehende Perioden von Unlust mit langandauernden Befriedigungen belohnt werden. Wann immer ein Individuum fortwährend solch paradoxen Ergebnissen ausgesetzt ist, wird das System der affektiven Signale anscheinend maladaptive Motivationen hervorbringen, die sonst zu erwartende Motivationsschemata außer Kraft setzen können.

Die Entwicklung motivationaler Komplexität endet nicht mit dem Erwerb dieser zweiten Schicht der Verhaltensverursachung. Die Wiederholung von Mustern affektmotorischer Aktivitäten führt relativ schnell zur Bildung eines Modells vom Selbst-in-der-Welt. Verhaltenswiederholungen werden durch Vergleichsprozesse gemessen, die ihr Ergebnis in Form neurochemischer Veränderungen, die subjektive „Befriedigungen" erzeugen, anzeigen (Hadley 1989). Dies sind die neuronalen Prozesse, die dem Phänomen korrespondieren, das die Psychoanalyse dem Wiederholungszwang zugeschrieben hat. Wenn die Selbst-Organisation stabil geworden ist, reduziert sich das Maß tolerabler Veränderungen so sehr, dass das Bedürfnis, die Veränderungen innerhalb der Grenzen des Wohlgefühls zu halten, einen dritten Typ motivationaler Kräfte bildet. Dies entspricht dem Modus III in einem hierarchischen Modell der Motivation.

Das Bedürfnis, die Integrität der Selbstorganisation zu bewahren, ist das grundlegendste unter den ununterbrochen ablaufenden Motiven, denen wir in der Klinik begegnen. Vorprogrammierte Schemata laufen demgegenüber auf einer Ad-hoc-Ebene ab und auch das Lust-/Unlust-Prinzip ist, insoweit rationale und soziale Erwägungen zunehmend mehr Einfluss auf die Verhaltenswahl gewinnen, nur noch episodisch wirksam. Die Bildung einer stabilen Selbst-Organisation geht einher mit der Integration der disparaten biologisch determinierten Motivationen des Kleinkindes in eine einheitliche Zielhierarchie. Von daher nimmt die Erhaltung dieser Makro-Struktur eine übergeordnete Rolle für das Individuum ein.

Dieser fortbestehende Status wird noch erheblich komplizierter, wenn das Kind sich weiterentwickelt von einem Organismus, der zunächst reguliert wird durch biologische Automatismen und affektmotorische Hinweisreize der Eltern, hin zu einem Lebewesen, das zu symbolischen Operationen in der Lage ist. Dieser kognitive Entwicklungsschritt befähigt das Kind zu erfassen, was seinen Wert in der Einschätzung seiner Eltern erhöht oder mindert, und die Maßstäbe zu akzeptieren, die diesen Einschätzungen zugrunde liegen. Auf dieser Phase sind Kinder auch in der Lage, ein System von Symbolen für die Affekte zu erlernen. Daraus ergibt sich, dass sie emotionales Selbstbewusstsein erlangen können. Von da an wird der verbale Austausch durch affektive Reaktionen entlang einer Stolz/Scham-Achse beeinflusst. Damit erhält das Motivationsverhalten eine weitere Ebene, nämlich die von Lust/Unlust in Reaktion auf begriffliche Kategorien. Diese führt zur vierten Phase in der Entwicklung einer motivationalen Hierarchie.

Diese Entwicklung befähigt das Kind, intrapsychische Konflikte hinsichtlich eines Wunsches zu erleben und symbolisch kodierte Erinnerungen an inkompatible Wünsche im Gedächtnis zu behalten. Das Bedürfnis, schmerzhafte Affekte zu vermeiden, bewirkt dann Verleugnung und Verdrängung. Mit der Kompetenz, Unlust vermeiden zu können, ist das Kind sehr viel besser in der Lage, die meisten der Ziele seines Organismus zu verfolgen – wenn auch um den Preis der Frustration bestimmter Wünsche. Vor dieser Entwicklungsstufe können Kinder die Integration ihres Verhaltens noch nicht eigenständig gewährleisten; Pflegepersonen müssen noch für sie Prioritäten aufstellen. Ab dieser Entwicklungsstufe hingegen sind Kinder mit Selbstbewusstsein ausgestattete Wesen, die nun hinsichtlich ihrer Wünsche Prioritäten setzen können, weil sie in der Lage sind, die affektiven Konsequenzen von deren Erfüllung oder Frustration zu erinnern.

Die klinische Erfahrung hat uns gelehrt, dass das Bedürfnis nach Stabilität der Selbstorganisation sich oft über Schamgefühle hinwegsetzt. Am deutlichsten ist dies erkennbar, wenn die Erhaltung der inneren Stabilität ein symptomatisches Verhalten erfordert, das Scham auslöst, aber dennoch endlos wiederholt wird. Wenn ein früher Konflikt zwischen Idealen und Stabilität besonders intensiv und langandauernd besteht, führt dieser potentiell traumatische Umstand zu Spaltungsabwehr und einer permanenten Partialisierung der Persönlichkeit in disparate „Nuklei“ (Gedo und Goldberg 1973).

Ist es legitim, Motive, die aus den sich entwickelnden Gefühlen von Scham und Stolz (oder, auf einer etwas späteren Stufe, auch von Schuld) hervorgehen, als unabhängige Quellen des Verhaltens zu klassifizieren? French (1952) schlug vor, diese „erworbenen“ Gründe menschlichen Handelns „Gegenmotive“ zu nennen, um anzuzeigen, dass diese Motivationen als eine Konsequenz aus der Überich-Bildung hervorgehen. Eine gelungene Entwicklung bedarf einer genügend flexiblen Selbstorganisation, um die von den Bezugspersonen vermittelten Gegenmotive ohne Spaltungsabwehr zu assimilieren. Mit diesem Anpassungsprozeß erhalten die Anforderungen des Überichs hierarchische Dominanz und die vier zuvor beschriebenen Klassen der Motivation werden zu einer einheitlichen Konfiguration integriert.

Während die in dieser vierten Phase der Entwicklung erworbenen Motivationen die funktionale Einheit repräsentieren, die Freud „Überich“ nannte, entsprechen die im weiteren Verlauf der Entwicklung hinzukommenden Handlungsmotive denjenigen Funktionen, die Hartmann (1939) als die der optimalen Anpassung dienenden Aspekte des Ichs konzeptualisierte. Die Stimme der Vernunft und der „common sense“ gewinnen in dem Maße Einfluss auf das Verhalten, wie das Individuum in der Steuerung seiner Entscheidungen autonomer wird. Daher ist der Zeitpunkt für den Erwerb dieser Motivationen sehr unterschiedlich: einige Kinder lernen bereits im Latenz-Alter, sich auf ihr eigenes Urteil zu verlassen, die meisten Menschen scheinen sich diese Bürde in der Adoleszenz zuzulegen, andere tun dies hingegen selbst in ihrem Erwachsenenleben nur hin und wieder – oder auch nie.

Als Fazit ergibt sich, dass eine adäquate Entwicklung die Integration der aus den folgenden Quellen stammenden Motive impliziert:

1. angeborene vorprogrammierte Motivationen
2. die Differenzierung des Lust-/Unlust-Gradienten
3. die übergeordnete Bedeutung einer stabilen Selbst-Organisation

4. die Internalisierung von Idealen (und Imperativen)
5. die erlernten Anforderungen adäquater Anpassung

Es bleibt noch viel zu klären über die Art und Weise, wie diese komplexen Motive optimal integriert werden oder untereinander in Konflikt geraten und eine Fehlanpassung bewirken.

6. Interdisziplinäre Beiträge und Befunde

Aufgrund neuerer neurophysiologischer Befunde fand Hadley (1989) bestätigt, dass im menschlichen Gehirn verhaltenssteuernde Strukturen existieren, die den von Lichtenberg beschriebenen motivationalen Systemen entsprechen. Da noch weitere neuronale Strukturen gefunden werden können, die dem Organismus eventuell bei der Erfüllung zusätzlicher Ziele dienen, sind die von Lichtenberg formulierten motivationalen Systeme möglicherweise noch um weitere vorprogrammierte Motivationen zu ergänzen. Auf der Grundlage psychoanalytischer Daten wird sich dies nicht endgültig entscheiden lassen.

(Übersetzung: Bruno Waldvogel)

Literatur

French, T. (1952). The integration of behaviour. Vol. 1. Chicago: University of Chicago Press.
Gedo, J. (1979). Beyond interpretation. Hillsdale, NJ: The Analytic Press, revised edition, 1993.
Gedo, J. and Goldberg, A. (1973). Models of the mind. Chicago: University of Chicago Press.
Hadley, J. (1989). The neurobiology of motivational systems. In J. Lichtenberg, Psychoanalysis and motivation (pp. 337–372). Hillsdale, N.J.: Analytic Press.
Hadley, J. (1992). The instincts revisited. Psychoanalytic Inquiry, 12, 396–418.
Hartmann, H. (1939). Ego psychology and the problem of adaptation. New York: International Universities Press, 1958.
Lichtenberg, J. (1989). Psychoanalysis and motivation. Hillsdale, N.J.: The Analytic Press.
Stern, D. (1985). The interpersonal world of the infant. New York: Basic Books.
Wilson, A. and Gedo, J. (Eds.) (1992). The concept of hierarchies in psychoanalysis. New York: Guilford.

Mutter, Mutterschaft, Mutter-Kind-Beziehung *von Karin Bell*

mother, motherhood, mother-child-relationship – mère, maternité, relation entre mère et enfant

1. Definition

Aufgrund ihrer Bedeutung für den Bestand einer Gesellschaft wurde und wird der Mutter, unter der man im medizinischen Sinne eine Frau versteht, die geboren hat, besondere Geltung zugestanden. Häufig in Verbindung mit staatlicher Bevölkerungs- und Reproduktionspolitik (z. B. Ein-Kind-Familie, Abtreibungskontroverse) erfährt sie eine besondere gesellschaftliche Formung und soziale Kontrolle. Figur und Rolle der Mutter haben in der Grundhaltung vieler Völker hohe Bedeutung und werden z.T. mystifiziert, bzw. ideologisiert. Insofern entfaltet sich Mutterschaft im Spannungsfeld zwischen Individuum und Gesellschaft. Sie ist Ausdruck sowohl biologischer Prozesse, die durch Schwangerschaft, Geburt und Stillen entstehen als auch der Anpassung und Auseinandersetzung mit sozial vorgegebenen Mutterbildern. Aus psychoanalytischer Sicht wird das Erleben der Mutterschaft und die Mutter-Kind-Beziehung zudem durch unbewusste Phantasien über das Kind sowie individuelle, verinnerlichte Erfahrungen mit den Eltern und die dazu gehörigen Ängste, Schuldgefühle und Ideale beeinflusst. Mutterschaft bedeutet somit auch die mehr oder weniger bewusste konflikthafte Auseinandersetzung mit sich widersprechenden inneren Strebungen. So beschreibt Erikson (1959/1966) die Elternschaft (Generativität gegen Stagnierung bzw. Selbst-Absorption) als psychosoziale Krise und Reifungs- und Identitätsthema im Lebenszyklus. Der Begriff Mutter-Kind-Beziehung kann sich neben der Beziehung zur leiblichen Mutter auch auf Pflege-, Adoptiv- oder sonstige ‚Ersatzmütter' beziehen.

2. Klassische Auffassung

Die zentrale Bedeutung der Mutter für die kindliche Entwicklung wird von Freud zwar bei der Beschreibung der Triebbefriedigung an der Mutterbrust oder der Objektwahl nach dem Anlehnungstyp implizit vorausgesetzt, ausformuliert wird sie allerdings relativ spät: „Das erste Liebesobjekt des Knaben ist die Mutter, sie bleibt es auch in der Formation des Ödipuskomplexes, im Grunde genommen durchs ganze Leben hindurch. Auch für das Mädchen muss die Mutter – und die mit ihr verschmelzenden Gestalten der Amme, Pflegerin – das erste Objekt sein"(1933a, S.127) Dabei räumt Freud ein, dass seine Wahrnehmung für Manifestationen der präödipalen Mutterbeziehung in der Übertragung sowohl durch eine Festhalten der Patientinnen an der „nämlichen Vaterbindung, zu der sie sich aus der in Rede stehenden Vorzeit geflüchtet hatten" (1931b, S. 519) als auch durch Gegenübertragungswiderstände eingeschränkt sein könne. In seinen Schriften über weibliche Sexualität (1931b, 1933a) beschäftigt er sich intensiv mit der Mutterbeziehung des Mädchens im Vergleich zur männlichen Entwicklung. Der Ödipuskomplex der Frau werde durch den Einfluss der Kastration nicht zerstört, allzu häufig überhaupt nicht überwunden, wodurch der Phase der ausschließlichen Mutterbindung bei der Frau eine weitaus größere Bedeutung als beim Mann zukomme. Die feindselige Einstellung zur Mutter sei nicht eine Folge der Rivalität des Ödipuskomplexes sondern entstamme der Phase vorher. In der Ödipussituation erfahre sie nur Verstärkung und Verwendung. Die libidinösen Strebungen der Kinder der Mutter gegenüber sind mannigfaltig: oral, anal-sadistisch und phallisch. In ihrem Verhältnis zur Mutter beschreibt Freud die kindlichen Liebesansprüche und Sexualwünsche beider Geschlechter als unmäßig und unerfüllbar. Freuds Aufmerksamkeit gilt somit überwiegend den libidinösen Wünschen des Kindes, denen gegenüber die Mutter als zwangsläufig versagendes Objekt erscheint. Die Beziehungen zur Mutter als „erstem und stärkstem Liebesobjekt, als Vorbild aller späteren Liebesbeziehungen bei beiden Geschlechtern" (1940a, S. 115) folgen überwiegend einem durch Triebwünsche und Triebschicksale bestimmten Muster. Die Persönlichkeit der Mutter und die reale Mutter-Kind-Beziehung treten in den Hintergrund. Dabei macht Freud einen deutlichen Unterschied zwischen den Geschlechtern. Nur die mächtige Mutterbindung des Mädchens gehe in Hass aus, der durch das ganze Leben anhalten kann, in der Regel aber zum Teil überwunden werde. Der Hass des Mädchens und die Abwendung von der Mutter und Hinwendung zum Vater, die beim Knaben nicht stattfinde, erfolge unter dem Eindruck des Penismangels, für den das Mädchen die Mutter verantwortlich mache. Dieser Mangel werde nicht selten erst durch die Geburt eines Sohnes kompensiert. Die Beziehung zwischen Mutter und Sohn gestalte sich deswegen weitgehend ambivalenzfrei, während die Mutter-Tochter-Beziehung von Ambivalenz oder sogar Hass geprägt sei.

Erst der Begriff der Identifikation eröffnet erste allerdings nicht weiter entwickelte Ansätze über den Einfluss der realen Mutter auf die Psyche des Kindes. Das gleiche gilt für den 1926 beschriebenen Einfluss der Trennung von der Mutter auf die Entstehung von Angst. In Weiterentwicklung der Ansichten Freuds werden die Bedeutung der Identifizierung mit einem – häufig negativen – Mutterbild und daraus entstehende Konflikte zwischen sexueller Erfüllung und Mütterlichkeit und der Einfluss auf das weibliche Selbstwertgefühl von H. Deutsch (1944–45/1948) beschrieben.

In der Kinderanalyse sowie bei Patienten mit schweren Pathologien beobachtete M. Klein Schwankungen zwischen Ängsten mit paranoider oder depressiver Färbung. Sie ordnete diese Erscheinungen der Verlaufsgeschichte von Liebe und Hass in der frühen Kindheit zu, wobei sie dem Aggressionstrieb bei der Verinnerlichung von Objektbeziehung eine besondere Bedeutung zuschrieb. Sie betonte die Objektgerichtetheit der Triebe und beschrieb das kindliche Erleben der Mutter unter dem Einfluss unbewusster Phantasien, die Ausdruck der Lebens- und Todestriebe sind.

Nach M. Klein wird die Mutter-Kind-Beziehung von den unter dem Einfluss der unbewussten Phantasien des Kindes geprägten Ängsten vor der eigenen Aggression, z. B. des oralen Sadismus geprägt. Die Mutter der frühen Beziehung wird bei M. Klein vom Kind mit seinen Phantasien sozusagen erschaffen und ist ein Ergebnis der kindlichen Ausgestaltung seiner aggressiven und libidinösen Triebe und ihrer Abwehr.

3. Wesentliche Erweiterungen, Differenzierungen und Modifikationen

Auf der Grundlage ihrer Untersuchungen an Kindern, die extremen Belastungen ausgesetzt waren, erweiterten und modifizierten Bowlby, Burlingham und A. Freud sowie Spitz ihre Theorien über die Mutter-Kind-Beziehung.

A. Freud und D. Burlingham (1951/1971) beschrieben, wie Kinder auf Kriegserlebnisse, Zerstörung und Verwüstung reagieren. Solange diese äußeren traumatischen Erlebnisse nicht mit einer Trennung von den Eltern oder dem Verlust eines oder beider Elternteile verbunden sind, werten Kinder das Ereignis nicht anders als sonstige in der Kindheit erlebte Zu- und Unfälle. Die Autorinnen beschrieben außerdem, dass Kinder sich unabhängig von deren persönlichen Eigenschaften an ihre Mütter binden und die Bindungsbereitschaft an ein mütterliches Objekt immer latent vorhanden und ein wichtiges triebhaftes Bedürfnis ist. Diese Beobachtung führte zur Einführung von Ersatzmüttern bei den Anstaltskindern, was als außerordentlich wichtig für die Entwicklung der Kinder im Hinblick auf die aktuelle Affektlage und die spätere Liebesfähigkeit eingeschätzt wurde.

Bowlby beschrieb das Bindungsverhalten als primäres soziales Band in der Interaktion zwischen Mutter und Kind, und lehnte die Theorie, die Bindung entwickle sich erst durch die Befriedigung von Triebbedürfnissen (sog. „Sekundärtriebtheorie“, 1969/1980, S. 172) ab. Spitz (1958/1967) beobachtete Marasmus und lebensbedrohliche kindliche „anaklitische“ Depressionen als Folgen schwerer mütterlicher Deprivation. Er forderte (1964/1974) als Mindestvoraussetzungen für die normale Entwicklung eines Kindes die physische Anwesenheit der Mutter oder einer Ersatzperson. Darüber hinaus gibt es falsche Arten mütterlicher Zuwendung im Sinne eines entgleisenden Dialogs.

Während die Mutter-Kind-Beziehung im Allgemeinen als dyadisch vorgestellt wird, zeigen neuere Forschungsergebnisse, dass bereits von Geburt an die kindliche Entwicklung durch die sog. triadische Kompetenz, d. h. die Fähigkeit der Eltern, das Kind als Drittes in die eigene Beziehungswelt zu integrieren, ohne sich selbst oder den Partner aus der Beziehung zum Kind auszuschließen, eine wichtige Rolle bei der positiven Entwicklung der kindlichen Vorstellungswelt und der späteren Eltern-Kind-Interaktion spielt (von Klitzing 2002).

Winnicott, Bion und D. Stern stellten spezifische spezifische Konstellationen der Mutter-Kind-Beziehung dar:

Winnicott untersuchte die Bedingungen, die notwendig sind, damit sich Kinder trennen und eine „wahres Selbst“ frei von intrusiven Einflüssen durch die Mutter entwickeln können. Die Vorstellung der Mutter über ihr zukünftiges Baby entwickelt sich in einem langsamen Prozess, der in der Kindheit beginnt und viele narzisstische und illusionäre Wünsche enthält. Unter dem Einfluss der körperlichen Veränderungen und ihrer (weitgehend unbewussten) Phantasien erreicht die Mutter im Normalfall gegen Ende der Schwangerschaft den Zustand der „primären Müttterlichkeit“, der es ihr ermöglicht, sich ohne besondere Überlegung in hochsensibler Weise auf das Kind einzustellen. Ein Einzelaspekt der Persönlichkeit, nämlich die Fähigkeit zur Identifizierung mit dem Baby und dessen existentiellen Bedürfnissen, wird vorherrschend. Die „primäre Mütterlichkeit“ verleiht der Mutter die Fähigkeit zum „Halten“, einer Grundbedingung für das Kind, um ein Wesen mit eigenen Erfahrungen zu werden. Neben der physiologischen Fürsorge beinhaltet Halten vor allem eine Ich-Unterstützung im Stadium der absoluten Abhängigkeit. Der Begriff des „Haltens“ wird oft als gebende Einstellung der Mutter idealisiert, während Winnicott darunter auch das Ertragen und Annehmen der Eigenarten und Eigenwilligkeiten des Säuglings versteht, die mit den mütterlichen Erwartungen nicht übereinstimmen, was dem Säugling die aktive Gestaltung der Beziehung zur anwesenden Mutter ermöglicht. Winnicott unterscheidet zwei mütterliche Aspekte. Die Objekt-Mutter wird zur Zielscheibe für erregtes Erleben, während die Umwelt-Mutter das Unvorhersehbare abwehrt und aktiv Pflege ausübt. In der Entwicklung kommt es zu einem komplexen Wechselspiel zwischen der auf die Objekt-Mutter gerichteten Aggression und der Milderung dieser Aggression durch die Erfahrungen mit der Umwelt-Mutter. Dadurch entwickelt sich die Fähigkeit, Ambivalenz auszuhalten, Schuld zu ertragen und „Besorgnis“ (concern) zu entwickeln. Winnicott glaubt, das jede „hinreichend fürsorgliche Mutter“ ohne großes Nachdenken zu primärer Mütterlichkeit fähig ist.

In seinem Modell vom Container-Contained entwickelt Bion prototypische Vorstellungen über die möglichen Austauschprozesse in der frühen Mutter-Kind-Beziehung. In einem Zustand der „rêverie, der Winnicotts „primäre Mütterlichkeit“ anklingen lässt, ist die Mutter in der Lage, vom Kind projizierte beta-Elemente, zumeist unerträgliche, konkrete Erfahrungen, aufzunehmen, und sie in alpha-Elemente, die dem Erleben psychische Bedeutung geben, umzuwandeln. Die nunmehr erträglich gestalteten alpha-Elemente können vom Kind reintrojiziert werden. Im Laufe seiner Entwicklung eignet sich das Kind die alpha-Funktion der Mutter an und kann so die primitiven Prozesse der projektiven Identifizierung und die damit verbundene Subjekt-Objekt-Konfusion durch die Unterscheidung zwischen Subjekt und Objekt sowie zwischen innerer und äußerer Realität ersetzen.

Untersuchungen zur Affektregulierung zwischen Mutter und Kind ermöglichen differenziertere Darstellungen dessen, was die Konzepte Winnicotts und Bions über die Mutter-Kind-Beziehung aussagen. Gergely (2002) beschreibt mit seinem sozialen Biofeedback-Modell mütterlicher Affektspiegelung einen allmählichen Prozess, der durch die wiederholte Erfahrung der zustandsregulierenden Wirkung empathischer Spiegelung von Emotionen, die bestimmte Eigenschaften wie z.B. Markiertheit aufweisen muss, allmählich zum Aufbau von sekundären Repräsentationen führt. Hier ist auch Fonagys (2002) Konzept der Mentalisierung oder reflexiven Funktion einzuordnen. Durch den Prozess der Mentalisierung erwirbt das Kind die Fähigkeit sowohl eigene mentale Verfassungen zu erkennen als auch anderen Menschen bedeutungsvolle und vorhersehbare mentale Verfassungen zuzuschreiben

Mit seinem Konzept der „Motherhood Constellation“ beschreibt Stern (1995) eine psychische Organisation der Mutter, in die die Mutter in westlichen, postindustriellen Gesellschaften im Allgemeinen nach der Geburt eintritt. Die Motherhood Constellation umfasst die Auseinandersetzung mit der eigenen Mutter unter dem Gesichtspunkt, wie die werdende Mutter als Kind von ihrer Mutter behandelt wurde, ihr eigenes Muttersein und ihre Beziehung zu ihrem Baby. Obwohl Stern einräumt, dass psychobiologische Faktoren Einfluss haben können, sieht er die Motherhood Constellation als im Wesentlichen durch kulturelle Einflüsse geprägt an, darunter unter anderem die hohe Wertschätzung des als gewünscht vorgestellten Babys und die Erwartung, dass die Mutter ihr Baby liebt.

M. Mahlers (Mahler, Pine und Bergman, 1975/1980) Untersuchungen konzeptualisierten die 'psychische Geburt des Menschen' als einen Ablauf allmählicher Differenzierung der Mutter-Kind-Beziehung in den ersten Lebensjahren. Ihr Konzept der Loslösungs- und Individuationsphase der Persönlichkeitsentwicklung hat wichtige Impulse für die psychoanalytische Theoriebildung und therapeutische Praxis gegeben. Loslösung bedeutet eine Veränderung der Identität mit dem intrapsychischen Gewahrsein des Getrenntseins von der Mutter. Von den vier von Mahler beschriebenen Subphasen (Differenzierung und Entwicklung des Körperschemas, Üben, Wiederannäherung, Konsolidierung der Individualität und Anfänge der emotionalen Objektkonstanz) hat besonders die Wiederannäherungskrise eine dem Ödipuskomplex vergleichbare Bedeutung erhalten. Nach heutiger Ansicht weist die Entwicklungstheorie Mahlers Mängel auf. Das schließt jedoch nicht aus, dass die von ihr beobachteten Phänome mit Hilfe der kognitiven Entwicklungstheorie neu verstanden werden können. Dabei wird insbesondere auf die wichtige Funktion des direkten Einflusses mütterlicher emotionsregulierender Interaktionen hingewiesen, die allmählich internalisiert werden (Gergely 2002 s.o.)

Für Kohut (1977/1979) und die Selbstpsychologie benötigt das Kind zur Entwicklung eines kohärenten Selbst die allmähliche Internalisierung von Erfahrungen mit einem guten Selbstobjekt, das sich einerseits empathisch auf die Bedürfnisse des Kindes nach spiegelnder Bewunderung einstellt und sich andererseits vom Kind idealisieren lässt, um dem Kind die Verschmelzung mit einer idealisierten Elternimago zu erlauben.

4. Die Bedeutung des Begriffs in verschiedenen psychoanalytischen Schulrichtungen.

Freud und in seiner Nachfolge die Ich-Psychologie vertraten die Ansicht, dass das kleine Kind ungefähr bis zum dritten Lebensmonat in einer undifferenzierten und objektlosen Phase lebt. Auch M. Mahler war ursprünglich dieser Vorstellung mit ihrem Konzept der sog. autistischen Phase im ersten Lebensmonat verpflichtet. Die von M. Klein postulierte Frühzeitigkeit psychischer Vorgänge bleibt hingegen lange umstritten.

Die Objektbeziehungstheorie bietet einen metapsychologischen Rahmen, mit dem nicht mehr das Individuum allein sondern die wechselseitigen Beziehungen zwischen dem Kind und seinen Bezugspersonen erfasst werden können. Sie geht von einer schrittweisen Internalisierung von Objektbeziehungen mit einer dyadischen Struktur (Selbst- und Objektrepräsentanz) aus, die durch eine Affektdisposition verknüpft werden. Unterschiede zwischen verschiedenen Theoretikern ergeben sich hinsichtlich des Ausmaßes, in dem diese Verinnerlichungsvorgänge durch die äußere Realität und/ oder durch Verzerrungen der kindlichen Wahrnehmung, unbewusste Phantasien und Abwehrvorgänge (z.B. Projektion, projektive Identifizierung) beeinflusst werden. Insbesondere bei den kulturalistischen und interpersonalen Schulen eine Tendenz zu verzeichnen, das Intrapsychische unreflektiert mit dem Interpersonalen gleichzusetzen.

Trotz grundsätzlicher Einigkeit über eine wechselseitige Beeinflussung von Mutter und Kind bestehen fließende Übergänge in der Bewertung, ob die Ursache für seelische Krankheit mehr einem „schlechten"Kind oder einer „schlechten" Mutter zuzuordnen ist. Während die klassische Auffassung im Sinne einer Einpersonenpsychologie im Wesentlichen auf das Kind zentriert ist, wird die Bedeutung der Bemutterung für die kindliche Entwicklung seit der zweiten Hälfte des 20. Jahrhunderts immer deutlicher gesehen. Erwähnt seien z.B. Begriffe wie Containing, Attachment, Attunement, Spiegeln, ausreichend gute Mutter, Holding. Diese Mutterzentrierung (Sayers, 1991/1994) geht mit einer vertieften Analyse der Mutter-Kind-Beziehung in der präödipalen Zeit einher sowie mit ihren Manifestationen in der therapeutischen Beziehung und erstreckt sich schließlich, vermittelt durch Forschungsergebnisse der Säuglingsbeobachtung bis in die nonverbalen, nicht symbolisierten Interaktionen des ersten Lebensjahres. Dieser mutterzentrierte Ansatz wird besonders geschätzt, weil der Bedeutung der Mutterliebe und der realen Auswirkungen ihrer Entbehrung und Missbrauchs auf die Psyche des Kindes verstärkt Aufmerksamkeit gegeben wird. Die mit diesem Theorieshift verbundene mütterliche Idealisierung und theorieimmanente kindliche Ansprüchlichkeit führen allerdings unreflektiert zu Schuldzuweisungen an die Mutter, in der eine simple Kausalbeziehung zwischen dem postulierten mütterlichen Verhalten mit bestimmten Erkrankungen des Kindes unterstellt wird. Verzerrungen in der kindlichen Wahrnehmung, unlösbare Konflikte zwischen kindlichem Wunsch und Realität sowie Grenzen mütterlicher Fürsorglichkeit unter sozialen Bedingungen werden ausgeblendet.

Benjamin (1990) vermisst eine psychoanalytische Theorie der Subjektivität der Mutter, in der die Mutter in ihrem Anspruch auf ein eigenes, abgelöstes Selbst deutlich wird, das im Gleichgewicht zu den Bedürfnissen des Kindes steht. Eine kritische Sichtung des „Platzes der Mutter in der Theorie der Psychoanalyse“ erfolgte durch Rohde-Dachser (1991).

5. Interdisziplinäre Beiträge und Befunde.

Ethnopsychoanalytische Forscher (z.B. Morgenthaler, Nadig, Parin und Parin-Matthey) untersuchen die Beziehungen zwischen Kindern und Eltern in unterschiedlichen Kulturen. Nadig (1990) verglich Mutterschaft in Mexiko und in der Schweiz und beschrieb Mutterschaft als soziales und individuelles Phänomen. Ihre These, dass auch scheinbar objektive biologische Fakten zu Metaphern gesellschaftlicher Vorstellungen und Normen werden können, wird aus medizinhistorischer Sicht von Laqueur (1990/1992) bestätigt.

Auch soziologische Untersuchungen (Badinter, 1980/1981) zeigen die Relativität des Begriffs Mutterliebe und seine Abhängigkeit von der umgebenden Kultur. Unter Einbeziehung einer feministischen Perspektive beschrieb Chodorow (1985) wie Mütterlichkeit durch soziale und strukturelle Merkmale der Gesellschaft ausgelöst und durch psychologische Prozesse reproduziert wird. Bowlby untermauerte seine Bindungstheorie mit zahlreichen ethologischen Untersuchungen, z.B. von Harlow an Mutterattrappen aus Draht und Fell bei Affen.

Besonders beeinflusst wurde die psychoanalytische Theorie über die Muter-Kind-Beziehung durch Ergebnisse der Säuglingsforschung, die die unmittelbare Interaktion des Mutter-Kind-Paares untersucht und daraus Rückschlüsse auf die Beziehung erlaubt. Frühe Synchronisierungsphänomene z.B. zwischen Körperbewegungen des Babys und Stimmqualitäten der Mutter, mit unterschiedlichen Grenzerfahrungen in den Austauschprozessen zwischen Mutter und Kind, Matching als interaktives Zusammenspiel im affektiven Engagement und Social Referencing sind nur einige der vielen von den Säuglingsbeobachtern beschriebenen interaktiven Phänomene zwischen dem Kind und seiner Mutter.

Literatur

Badinter, E. (1981). Die Mutterliebe. München: Piper.

Benjamin, J. (1990). Die Fesseln der Liebe. Frankfurt/M: Stroemfeld/Roter Stern.

Bowlby, J. (1980). Bindung. München: Kindler.

Chodorow, N. (1985). Das Erbe der Mütter. München: Frauenoffensive.

Deutsch, H. (1948). Psychologie der Frau. Bern: Huber.

Erikson, H. (1966). Kindheit und Gesellschaft. Stuttgart:Klett.

Erikson, H. (1973). Identität und Lebenszyklus. Frankfurt: Suhrkamp.

Fonagy, P. und Target, M. (2002). Neubewertung der Entwicklung der Affektregulation vor dem Hintergrund von Winnicotts Konzept des „falschen Selbst“. Psyche – Z Psychoanal, 56, 838–862.

Freud A. und Burlingham, D. (1971). Heimatlose Kinder. Frankfurt/M: Fischer.

Gergely, G. (2002). Ein neuer Zugang zu Margaret Mahler: normaler Autismus, Symbiose, Spaltung und libidinöse Objektkonstanz

aus der Perspektive der kognitiven Entwicklungstheorie. Psyche – Z Psychoanal, 56, 809–838.
Von Klitzing, K. (2002). Frühe Entwicklungen im Längsschnitt: Von der Beziehungswelt der Eltern zur Vorstellungswelt des Kindes. Psyche – Z Psychoanal, 56, 863–887.
Laqueur, T. (1992). Auf den Leib geschrieben. Frankfurt/m: Campus.
Kohut, H. (1979). Die Heilung des Selbst. Frankfurt/M: Suhrkamp.
Mahler, M.S., Pine F. und Bergman, A. (1980). Die psychische Geburt des Menschen. Frankfurt/M.: Fischer.
Nadig, M. (1990). Die gespaltene Frau – Mutterschaft und öffentliche Kultur. Psyche – Z Psychoanal, 44, 53–70.
Rohde-Dachser, C. (1991). Expedition in den dunklen Kontinent. Berlin: Springer
Sayers, J. (1994). Mütterlichkeit in der Psychoanalyse: Helene Deutsch, Karen Horney, Anna Freud, Melanie Klein. Stuttgart: Kohlhammer.
Spitz, R.A. (1967). Vom Säugling zum Kleinkind. Stuttgart: Klett.
Spitz, R.A. (1974). Der Dialog entgleist. Psyche – Z Psychoanal, 28, 135–156.
Stern, D.N. (1995). The Motherhood Constellation. New York: Basic Books (dt.: Die Mutterschaftskonstellation. Stuttgart: Klett-Cotta, 1998).
Thurer, S. (1993). Changing conceptions of the good mother in psychoanalysis. Psychoanalytic Review, 80, 519–540.
Winnicott, D.W. (1976). Von der Kinderheilkunde zur Psychoanalyse. München: Kindler.

Mythos, Mythologie *von Rolf Vogt*

myth, mythology – mythe, mythologie

1. Definition

Der Mythos ist eine tradierte Erzählung über Helden, Götter und die Erschaffung der Welt. Des Weiteren werden damit auch alle Überlieferungen aus prähistorischer Zeit bezeichnet. Umgangssprachlich bedeutet Mythos das Erdichtete und Illusionäre im Vergleich zum Realen und Wahren.

Unter Mythologie wird entweder die Gesamtheit der Mythen eines Volkes und Zeitabschnitts oder die Wissenschaft von den Mythen verstanden.

Freud stieß schon am Anfang seiner Entwicklung zum Psychoanalytiker auf Parallelen zwischen Phantasiebildungen und mythologischem Prozess. In einem Brief an Fließ vom 12.12.1897 schrieb er: „Kannst Du Dir denken, was endopsychische Mythen sind? ... Die unklare innere Wahrnehmung des eigenen psychischen Apparates regt zu Denkillusionen an, die natürlich nach außen projiziert werden und charakteristischerweise in die Zukunft und in ein Jenseits. Die Unsterblichkeit, Vergeltung, das ganze Jenseits sind solche Darstellungen unseres psychischen Inneren ... Psychomythologie“ (Freud 1950a, S. 252). Der Schritt von dieser ersten Anmutung zur Annahme einer weitgehenden strukturellen Übereinstimmung zwischen Mythos und Traum, aufgezeigt an der sophokleischen Version des Ödipusmythos (Freud 1900a) war schnell getan. Der Traum ist auch heute immer noch das verbindliche Modell psychoanalytischen Mythenverständnisses, das inzwischen ergänzt wurde durch ich-psychologische Beiträge, welche die gesellschaftliche Anpassungsfunktion des Mythos betonen (Arlow 1961).

2. Klassische Auffassung

Freud versteht den Mythos zunächst analog zum Traum und zur Neurose als historisch gewachsene kollektive Phantasie, welche eine Kompromissbildung aus Triebwunsch und Abwehr darstellt. Seine entsprechende Definition lautet: „Die Untersuchung dieser völkerpsychologischen Bildungen ist nun keineswegs abgeschlossen, aber es ist z.B. von den Mythen durchaus wahrscheinlich, daß sie den entstellten Überresten von Wunschphantasien ganzer Nationen, den Säkularträumen der jungen Menschheit entsprechen" (Freud 1908e, S. 222). Die Menschheit wird hier als kollektives Subjekt aufgefasst und der historische Prozess mit der Ontogenese parallelisiert. Später versucht Freud diese Beziehung als Reproduktion der Phylogenese in der Ontogenese zu beschreiben. Das soll über „Urphantasien" (Freud 1916–17a, 1918b), d.h. über biologisch verankerte, um den Ödipuskomplex zentrierte Phantasien wie z.B. Urszene und Kastration geschehen. Eine Weiterführung dieser Hypothesen erfolgt in den Nachträgen zu „Massenpsychologie und Ich-Analyse" (1921c), wo Freud den Mythos, speziell den Heroenmythos, ausgehend von der Urhordentheorie, mit dem Tagtraum von Dichtern in Verbindung bringt. Im Lichte der skizzierten Konzeption Freuds gaben seine ersten Schüler Interpretationen zu mythologischen Motiven. Hier ist zunächst Rank (1912) zu nennen, dann aber auch Abraham (1909), Ferenczi (1912) und Reik (1920).

3. Ideengeschichtlicher Hintergrund

Homers dreifache Bezeichnung für Wort: Epos, Logos und Mythos ist nach Otto (1974) so zu verstehen, daß Epos das gesprochene, Logos das gedachte und Mythos das wahre Wort, das die Offenbarung der Götter beinhaltet, darstellt. Schon im Verlauf der griechischen Aufklärung (Platon: „Der Staat") begann der Mythos seine tiefe und umfassende Bedeutung zu verlieren und wurde zur Bezeichnung für Erdichtetes, Illusionäres und Erlogenes, ähnlich dem heutigen Sprachgebrauch. Mit der Etablierung des Christentums verfiel die antike Mythologie einer noch stärkeren Abwertung, was sich während der Renaissance soweit änderte, daß der antike Mythos als Stofflieferant für die Kunst akzeptiert wurde. Diese begrenzte Rolle gestand auch die Aufklärung dem Mythos zu. Erst die Romantik entdeckte den Mythos als extreme Verdichtung elementarer und zentraler Motive menschlichen Weltbezugs. Dementsprechend sieht Nietzsche (1871) im Mythos die Grundlegung der Kultur als „Duplizität des Apollinischen und des Dionysischen" (1871, S. 47). Hier ergibt sich eine enge Berührung mit Freud.

4. Wesentliche Erweiterungen, Differenzierungen und Modifikationen

Trotz der für den psychoanalytischen Standpunkt grundsätzlichen Verbindlichkeit von Freuds Auffassung des Mythos als einer über lange Zeiträume tradierten kollektiven Wunschphantasie, die Abwehrprozessen unterliegt (Freud 1939a), sind heutige psychoanalytische Mytheninterpretationen differenzierter als die früheren. Das hat primär drei Gründe:

Die Weiterentwicklung und Differenzierungen der psychoanalytischen Theorie; die stärkere Berücksichtigung der Einbettung eines Mythos in den historischen und kulturellen Raum seiner Entstehung, Differenzierung und Wirkungsgeschichte (Vogt 1986); die Anwendung der psychoanalytischen Methode bei der Mythendeutung (Vogt 1986, Lorenzer 1988) im Gegensatz zu früheren Interpretationen z.B. von Rank (1912), Reik (1920), Roheim (1972), deren Deutungsstrategie durch Deduktionen aus der psychoanalytischen Theorie bestimmt ist.

5. Die Bedeutung des Begriffs in verschiedenen psychoanalytischen Schulrichtungen

Was die vier Psychologien der Psychoanalyse betrifft, hat nur die Ich-Psychologie gegenüber der hauptsächlich triebtheoretisch fundierten Mythoskonzeption von Freud einen eigenen Akzent gesetzt. Arlow hat 1961 die grundlegende ich-psychologische Auffassung des Mythos dargelegt. Nach Arlow (1961) ist der Mythos eine zentrale Sozialisationsinstanz, die der Identitätsbildung des einzelnen durch die Bereitstellung von Vorbildern zur Ich-, Ich-Ideal- und Überich-Entwicklung dient. Durch die Schaffung von

Ersatzbefriedigungen erlaubt er Triebaufschub und trägt so in ähnlicher Weise wie der Traum zum psychischen Wachstum des Individuums und zur psychischen Stabilität der Gesellschaft bei. Ähnliche Positionen vertreten Tarachow (1964), Stern (1964) und Atkins (1970). Beim Vergleich der Konzeption von Freud und seinen Schülern mit den kurz skizzierten ich-psychologischen Auffassungen ergeben sich keine Differenzen im Sinne sich ausschließender Alternativen, sondern Ergänzungen. Dort, wo Freud bei der Beteiligung des Ichs im mythologischen Prozess vorwiegend die Abwehr sieht, nehmen die ich-pyschologischen Analytiker neben der Abwehr auch sekundärprozessdominierte Anpassungsvorgänge wahr. Die heutigen psychoanalytischen Mytheninterpretationen sind entsprechend der Dominanz der Objektbeziehungstheorie objektbeziehungspsychologisch orientiert (Steiner 1990) und suchen die Nähe zur Literaturwissenschaft (Rand 2001). Was die Auffassung des Mythos an sich betrifft, haben die Objektbeziehungstheorie und Selbstpsychologie dazu keine eigenen Konzeptionen entwickelt, die so umfassend wären wie die der Triebtheorie und der Ichpsychologie.

6. Interdisziplinäre Beiträge und Befunde

Eine psychoanalytische Mytheninterpretation kann nicht auf die Auseinandersetzung mit den Beiträgen der Kulturphilosophen (vgl. Nietzsche 1871, Horkheimer und Adorno 1947, Kolakowski 1972, Blumenberg 1979), Philologen (vgl. Kerényi 1951, 1958) und Ethnologen (vgl. Lévi-Strauss 1958) verzichten. Von den Philosophen kann der Psychoanalytiker lernen, daß der Mythos nicht nur eine Kompromissbildung aus Wunsch und Abwehr-Anpassung ist, sondern auch eine „hochkarätige Arbeit des Logos“ (Blumenberg 1979, S. 18). Der Philologe bringt ihm durch seine sorgfältige textvergleichende Arbeit nahe, daß ein Mythos prinzipiell aus allen seinen Versionen bestehe und daß der von den Psychoanalytikern praktizierte Eklektizismus höchst fragwürdig sei. Der Ethnologe zeigt ihm anschaulich empirisch, daß die wesentlichen Institutionen einer Gesellschaft, auch der unseren, durch mythische Setzungen entstanden sind. Im Vergleich mit allen anderen Methoden der Interpretation von Mythen ist die psychoanalytische, soweit es um die Klärung latenter Motivzusammenhänge geht, mit Abstand die effektivste.

Literatur

Abraham, K. (1909). Zwei Beiträge zur Symbolforschung: zur symbolischen Bedeutung der Dreizahl. Der „Dreiweg“ in der Ödipussage. Imago, IX, 1, 122–129.

Arlow, J.A. (1961). Egopsychology and the study of mythology. Journal of the American Psychoanalytic Association, 17, 371–393.

Atkins, N.B. (1970). The Oedipusmyth, adolescence and the succession of generations. Journal of the American Psychoanalytic Association, 18, 860–875.

Blumenberg, H. (1979). Arbeit am Mythos. Frankfurt/M.: Suhrkamp.

Ferenczi, S. (1912). Symbolische Darstellung des Lust- und Realitätsprinzips im Ödipusmythos. Imago, I, 3, 276–284.

Horkheimer, M. und Adorno, T.W. (1947). Dialektik der Aufklärung. Amsterdam: Querido.

Kerényi, K. (1951). Die Mythologie der Griechen. Die Götter-Geschichten. Zürich: Rhein, 1964.

Kerényi, K. (1958). Die Mythologie der Griechen. Die Heroen-Geschichten. Zürich: Rhein.

Kolakowski, L. (1972). Die Gegenwärtigkeit des Mythos. München: Piper, 1973.

Lévi-Strauss, C. (1958). Strukturale Anthropologie. Frankfurt/M.: Suhrkamp, 1978.

Lorenzer, A. (1988). Tiefenhermeneutische Kulturanalyse. In A. Lorenzer (Hg.), Kultur-Analysen. (S. 1–98). Frankfurt/M.: Fischer.

Otto, W.F. (1955). Die Gestalt und das Sein. Darmstadt: Wissenschaftliche Buchgesellschaft, 1974.

Nietzsche, F. (1871). Die Geburt der Tragödie. Stuttgart: Kröner, 1955.

Platon. Politeia – Der Staat. Griechisch-deutsch. Hamburg: Meiner, 1968.

Rand, N. (2001). Psychoanalytische Literaturbetrachtung am Beispiel von „König Ödipus“, Psyche – Z Psychoanal, 2001, 55, 1307–1328.

Rank, O. (1912). Das Inzest-Motiv in Dichtung und Sage. Leipzig: Deuticke.

Reik, Th. (1920). Ödipus und die Sphinx. Imago, VI, 2, 95–131.

Roheim, G. (1972). Die Panik der Götter. München: Kindler, 1975.
Steiner, J. (1990). The retreat from truth to omnipotence in Sophocles' „Oedipus at Colonus.", The International Revue of Psycho-Analysis, 17, 227–239
Stern, M. (1964). Ego psychology, myth and rite: remarks about the relationship of the individual and the group. Psychoanalytic Study of Society, 3, 71–94.
Tarachow, S. (1964). Mythology and ego psychology. Psychoanalytic Study of Society, 3, 9–12.
Vogt, R. (1986). Psychoanalyse zwischen Mythos und Aufklärung oder Das Rätsel der Sphinx. Frankfurt: Qumran.

Nachträglichkeit *von Ingrid Kerz-Rühling*

deferred action – après coup

1. Definition

Nachträglichkeit ist bei Freud der Ausdruck für jene kausale Wirkung, die auf eine zeitliche Distanz hin erfolgt. Anstatt dass die Wirkung unmittelbar nach dem ursächlichen Ereignis eintritt, wie im Falle der Billardkugel, die einer anderen einen Stoß versetzt und damit unmittelbar im Anschluss der zweiten Kugel eine Bewegung mitteilt, tritt die Erscheinung, die man als Nachwirkung bezeichnet, u.U. erst viel später auf.

Der Begriff der Nachträglichkeit ist bei Freud nur im Zusammenhang mit dem der Kausalität zu verstehen. Die komplizierten Bedingungen der Neurosenätiologie ergeben sich aus dem Zusammenwirken einer Kette zeitlich z.T. weit auseinanderliegender ursächlicher Ereignisse.

Im Gegensatz zu Freuds Definition verstehen Psychoanalytiker, die eine hermeneutische Version der Psychoanalyse vertreten, unter Nachträglichkeit eine aus der Gegenwart nach rückwärts entfaltete Sinnprojektion. Dieser nachträglichen Konstruktion eines Sinnzusammenhangs entspricht auf Seiten des Patienten das nachträgliche Uminterpretieren infantiler Erfahrungen, indem an die Stelle der in der Vergangenheit liegenden Ursache eine später gebildete Phantasie, eine Deckerinnerung, gesetzt wird.

2. Klassische Auffassung

Freud verwendet den Begriff nachträglich als Ausdruck für eine zeitlich später einsetzende Wirkung bereits 1895 im „Entwurf einer Psychologie". An einem Fallbeispiel demonstriert er, wie eine verdrängte infantile Erinnerung nachträglich in der Pubertät zu einem Trauma wird. Ausführlicher geht er in der Arbeit „Zur Ätiologie der Hysterie" (1896c, S. 450) auf das Phänomen ein, dass eine „Erinnerung an ein seinerzeit harmloses Erlebnis postum die abnorme Wirkung äußert". Diese nachträgliche Wirksamkeit lässt sich folgendermaßen verstehen: In einer frühen Entwicklungsphase, vor der Pubertät, findet ein verführerisches Ereignis statt, das jedoch aufgrund der Unreife weder zur sexuellen Erregung führt noch als sexuelles Trauma erkannt wird. Erst wenn in der Zeit der Pubertät oder danach ein an sich banales Ereignis eintritt, das eine gewisse Ähnlichkeit mit dem früheren hat, wird die Erinnerung geweckt und führt nun zu sexueller Erregung bzw. deren Abwehr. „Die Kindertraumen wirken nachträglich wie frische Erlebnisse, dann aber unbewusst" (Freud 1896b, S. 384).

Die infantilen Erfahrungen haben den Charakter von Dispositionen, ohne die die späteren Ereignisse nicht pathogen wirken könnten. Die nachträgliche Wirkung ist nicht zufällig, sondern setzt die Reife des sexuellen Apparats voraus. „Aus einem derartigen Zusammenhang lässt sich etwa verstehen, warum sexuelle Erlebnisse des Kindesalters pathogen wirken müssen. Sie entfalten ihre Wirkung aber nur zum geringsten Maße zur Zeit, da sie vorfallen; weit bedeutsamer ist ihre nachträgliche Wirkung, die erst in späteren Perioden der Reifung eintreten kann ... In dem Intervall zwischen dem Erleben dieser Eindrücke und deren Reproduktion hat nicht nur der somatische Sexualapparat, sondern auch der psychische Apparat eine bedeutsame Ausgestaltung erfahren, und darum erfolgt auf die Einwirkung jener früheren sexuellen Erlebnisse nun eine abnorme psychische Reaktion, es entstehen psychopathologische Bildungen" (Freud 1898a, S. 511). So ist z.B. die nachträgliche Wirkung der Kastrationsdrohung (Freud 1909b, S. 271) erst möglich, wenn das Kind den Geschlechtsunterschied kennt.

Freud baut auf dem Konzept der Nachträglichkeit seine Theorie der Neurosenentstehung auf. Nicht ein einzelnes verdrängtes infantiles Ereignis, sondern das Zusammenwirken mehrerer zeitlich aufeinander folgender Erfahrungen führt zur Entwicklung der Neurose. „Wir haben erfahren, dass kein hysterisches Symptom aus einem realen Erlebnis allein hervorgehen kann, sondern alle Male die assoziativ geweckte Erinnerung an frühere Erlebnisse zur Verursachung des Symptoms mitwirkt" (Freud 1896c, S. 432). Nicht jeder, der ein infantiles Sexualtrauma erlebt hat, erkrankt später an einer Neurose, denn nur das Eintreten nachfolgender Erlebnisse, die die Erinnerung wieder lebendig werden lassen, führt zum Auftreten der Neurose. „Es stört nicht, wenn viele Menschen infantile Sexualszenen erleben ohne hysterisch zu werden; wenn nur alle, die hysterisch werden, solche Szenen erlebt haben" (Freud 1896c, S. 446). Das infantile Erlebnis ist somit eine notwendige, aber keine hinreichende Bedingung.

Freud stellt sein Konzept der Nachträglichkeit, der Nachwirkung eines infantilen Eindrucks, den Vorstellungen Jungs und Adlers entgegen, die statt dessen vom Zurückphantasieren späterer Eindrücke in die Vergangenheit sprechen. In der Arbeit „Aus der Geschichte einer infantilen Neurose" (Freud 1918b, S. 137) beschreibt er die beiden gegensätzlichen Konzeptionen von Nachträglichkeit: die Nachwirkung einer Erinnerungsspur in Zeitrichtung, bei der die Ursache zeitlich vor der Wirkung liegt und die nachträgliche Uminterpretation der Vergangenheit bzw. das Zurückphantasieren, was nur unter Ausschluss des Kausaldenkens möglich ist, da es eine in Zeitrichtung rückwirkende Kausalität bis heute nicht gibt. Die Fallgeschichte des „Wolfsmannes" dient Freud dazu, die Gültigkeit seines Konzepts der nachträglichen Wirkung infantiler Erfahrungen nachzuweisen und sie gegen die nachträgliche Uminterpretation von Erinnerungen durch den Neurotiker abzugrenzen.

3. Ideengeschichtlicher Hintergrund

In der Philosophiegeschichte werden zwei Arten von Nachwirkung des ursächlichen Geschehens unterschieden. Eine kurzfristige, unter dem Begriff der Kontiguität der räumlich-zeitlichen Nachbarschaft, und eine langfristige (actio in distans). Die Vorstellung einer Ursachenkette war Freud auch aus der Medizin vertraut. Als Modell für seine ätiologischen Überlegungen benutzte er die Infektionskrankheiten. Die Ansteckung mit einem Krankheitserreger, wie z.B. Tuberkelbakterien, führe oft nicht sofort zur Erkrankung, sondern erst dann, wenn eine aktuelle Abwehrschwäche hinzukomme. Auch erkrankten nicht alle, die infiziert werden, an der Tuberkulose, da außer der Infektion eine bestimmte Disposition und weitere Faktoren notwendig seien (Freud 1896c, S. 446).

Mit der erst später eintretenden Folgewirkung traumatischer Erfahrung beschäftigen sich auch die Psychiater zu Freuds Zeiten. Kraepelin (1883) beschreibt in seinem Lehrbuch die lange Nachwirkung emotionaler Erschütterungen, die erst später zu pathologischen Veränderungen führen.

4. Wesentliche Erweiterungen, Differenzierungen und Modifikationen

Das Konzept der Nachträglichkeit wurde von Psychoanalytikern nach Freud wenig beachtet. Indem man den Begriff der Nachträglichkeit von dem der Kausalität löste und Freuds kausalempirische Theorie aufgab, musste der Begriff neu definiert werden. Unter Nachträglichkeit wurde nicht mehr eine verspätet einsetzende Wirkung, eine Fernwirkung verstanden, sondern eine nachträgliche Bedeutungszuschreibung. Lacan (1975) spricht davon, dass die Kontingenz des Vergangenen neu zu ordnen ist und nachträglich Umstrukturierungen der Ereignisse stattfinden. Ähnlich interpretieren Laplanche und Pontalis (1972) das Freud'sche Konzept der Nachträglichkeit als spätere Umarbeitung früherer Erfahrungen. Sie betonen dabei, dass die nachträgliche Umarbeitung selektiv erfolgt, indem nur der Anteil umgearbeitet wird, der im Augenblick des Erlebens „nicht vollständig in einen Bedeutungszusammenhang integriert werden konnte". Ganz im Sinne der Hermeneutik wird der Begriff von Schöpf (1988) umgedeutet. Nachträglichkeit wird als rückwärtsgerichtete Sinnprojektion verstanden.

Die Grundauffassung von der Nachträglichkeit als ein in Zeit-Richtung wirkender Kausalvorgang wird außer Acht gelassen und stattdessen von der nachträglichen Zuschreibung von Bedeutungen gesprochen. Diese Konzeption von Nachträglichkeit beruht auf der Vorstellung, dass Erinnerungen im gegenwärtigen Bewusstseinsakt entstehen und in die Vergangenheit rückprojiziert werden, während Freuds Theorie davon ausgeht, dass von der Vergangenheit aus das Bewusstsein in der Gegenwart determiniert ist.

Neuere Arbeiten legen Nachträglichkeit unter Berücksichtigung von Freuds kausaltheoretischen Ansichten wieder im Sinne von Nachwirkung aus. Thomä und Cheshire (1991) plädieren dafür, das Aufdecken kausaler Ereignisse in der Vergangenheit nicht mit der nachträglichen subjektiven Umdeutung der Lebensgeschichte durch den Patienten zu verwechseln. In der Arbeit von Kerz-Rühling (1993) wird dargestellt, dass Freuds Konzeption von Kausalität und Nachträglichkeit und eine retrospektive Sinnprojektion sich gegenseitig ausschließen. Indem das Bewusstsein die kausalwirkende Vergangenheit verdrängt, konstituiert es sich als autonome Macht und setzt an die Stelle des Verdrängten die in die Vergangenheit projizierten Phantasien. Die Verdrängung ist ausschlaggebend für die „neurotische Nachträglichkeit", die von der „normalen" im Sinne der Fernwirkung unterschieden werden muss. Das in der Analyse erworbene Wissen des Patienten um die kausale Bedingtheit seines Bewusstseins, um die bis dahin unbewussten Ursachen, schließt das neurotische Zurückphantasieren aus. Bei einer dritten Bedeutung von Nachträglichkeit geht es darum, nachträglich festzustellen, welche Ursache tatsächlich für das Auftreten der Neurose verantwortlich ist.

5. Die Bedeutung des Begriffs in verschiedenen psychoanalytischen Schulrichtungen

Der Begriff der Nachträglichkeit taucht in den neueren Schulen der Psychoanalyse kaum noch auf, was sich darauf zurückführen lässt, dass das Ziel der analytischen Arbeit nicht mehr wie bei Freud die Rekonstruktion der verdrängten infantilen Erfahrungen ist, wie er es exemplarisch in der Arbeit aus der „Geschichte einer infantilen Neurose" (1918b) dargestellt hat. Objektbeziehungstheorien und Selbstpsychologie haben als Ziel nicht mehr die Aufdeckung der verdrängten und nachträglich wirksamen infantilen Konflikte und Wünsche, sondern gehen davon aus, dass die therapeutische Veränderung durch die Analyse des Erlebens im Hier und Jetzt der analytischen Beziehung möglich wird. Die Tendenz neuerer psychoanalytischer Modelle, die Entstehung psychischer Erkrankung immer früheren Entwicklungsphasen zuzuordnen, steht im Widerspruch zur Freud'schen Konzeption der Nachträglichkeit. Die Vorstellung der nachträglichen Wirkung früher Erinnerungen nach der Reifung des psychischen Apparats schließt eine Determinierung der Neurose durch ausschließlich früh-infantile Erfahrungen aus.

Dass der Begriff der Nachträglichkeit in der amerikanischen Psychoanalyse kaum Anwendung findet, wie Modell (1990) schreibt, lässt sich sowohl auf die Entwicklung der verschiedenen Schulen wie auch auf die unklare Übersetzung des Begriffes ins Englische durch Strachey zurückführen. Modell versteht unter Nachträglichkeit einen Prozess, bei dem Erinnerungen durch neue Erfahrungen geprüft und modifiziert werden.

Laplanche setzt sich mit der angeblich unvollständigen Konzeptualisierung und den zwei Deutungen des Begriffs der Nachträglichkeit auseinander und versucht einen dritten Weg zwischen „reinem Determinismus und reiner Sinngebung“ zu finden (Laplanche 1996, S. 137). Für viele Psychoanalytiker nach Freud wurde es unmöglich, Freuds Theorie der Nachträglichkeit im Sinne der Nachwirkung zu verstehen. Indem sie an die Stelle von Freuds kausalempirischer Theorie eine hermeneutische Version von Psychoanalyse stellten, konnten sie Nachträglichkeit nur als nachträgliche Sinngebung, als Zurückphantasieren, auffassen.

Literatur

Cheshire, N. and Thomä, H. (1991). Metaphor, neologism and „open texture“. Implications for translating Freud’s scientific thought. International Review of Psycho-Analysis, 18, 429–455.

Gekle, H. (1989). Nachträglichkeit des Ursprungs des Traumas des Wolfsmannes. Luzifer-Amor, 2, 89–130.

Kerz-Rühling, I. (1993). Nachträglichkeit. Psyche – Z Psychoanal, 47, 911–933.

Kraepelin, E. (1883). Psychiatrie: Ein Lehrbuch für Studierende und Ärzte. Bd. 1, Leipzig: J.A. Barth, 8. Aufl., 1909.

Lacan, J. (1966). Schriften 1 und 2. Olten: Walter, 1973.

Laplanche, J. (1996). Die unvollendete kopernikanische Revolution in der Psychoanalyse. Frankfurt/M.: S. Fischer.

Laplanche, J. und Pontalis, J.-B. (1967). Das Vokabular der Psychoanalyse. Frankfurt/M.: Suhrkamp, 1972.

Modell, A. (1990). Other times, other realities. London: Harvard University Press.

Schöpf, A. (1988). Die praktische und die wissenschaftstheoretische Bedeutung des Problems der Suggestion. In H. Vetter und L. Nagel (Hg.), Die Philosophen und Freud (S. 175–198). Wien: Oldenbourg.

Thomä, H. and Cheshire, N. (1991). Freud’s Nachträglichkeit and Strachey’s „deferred action“: Trauma, constructions and the direction of causality. International Review of Psycho-Analysis, 18, 407–427.

Narzissmus, narzisstische Persönlichkeit

von Heribert Wahl

narcissism, narcissistic personality – narcissisme, personnalité narcissique

1. Definition

Eine einheitliche Begriffsdefinition fehlt. Ungeklärt ist der metapsychologische Stellenwert des Konzepts. Je nach Einstellung zur Existenz eines „primären“ bzw. „sekundären“ Narzissmus streut das Spektrum von ‚normaler‘ bzw. pathologischer Selbstliebe über ein psychosexuelles Entwicklungsstadium mit pathogenen Fixierungsstellen, die libidinöse Besetzung von Ich oder Selbst(-Repräsentanzen) und die affektive Regulation des Selbst(wert)gefühls bis zur triebunabhängigen Selbst-Entwicklung. Dem namengebenden Narziss-Mythos nahe, sprechen Laplanche/Pontalis (1973) von der „Liebe, die man dem Bild von sich selbst entgegenbringt“ (317), während die Selbstpsychologie den Begriff wegen seiner pejorativen Wertung ganz aufgibt.

2. Klassische Auffassung

Schon vor seiner Hauptschrift „Zur Einführung des Narzissmus" (1914c) übernimmt Freud den i. S. sexueller Perversion vorgeprägten Begriff, um die homosexuelle Objektwahl nach dem narzisstischen Typ zu beschreiben: Der später Invertierte löst die (zu) intensive erotische Mutterbindung durch Identifizierung und wählt ihm ähnliche Ersatzpersonen. In ihnen liebt er sich selbst so, „wie die Mutter ihn als Kind geliebt hat. Wir sagen, er findet seine Liebesobjekte auf dem Wege des Narzißmus, da die griechische Sage einen Jüngling Narzissus nennt, dem nichts so wohl gefiel wie das eigene Spiegelbild ..." (1910c, S. 169).

Dieser Entdeckungszusammenhang – autoerotisch-narzisstische Objektwahl als spezifisches Beziehungs-Schicksal – hält sich im theoretischen Begründungszusammenhang (das Ich wird mit Libido besetzt) nicht durch: Verdrängt wird ja die Liebe zur Mutter; in der Identifizierung mit ihr, in der die eigene Person zum Vorbild für die Ersatzobjekte wird, kehrt jedoch, in einem nicht weiter reflektierten Subjekt/Objektwechsel, die Liebe der Mutter wieder; liebt doch der Homosexuelle sein Objekt, in dem er sich projektiv-identifizierend spiegelt, also sich selbst, so wie die Mutter ihn!

In der Folge wird der Narzissmus zu einem Zwischen-„Stadium in der Entwicklungsgeschichte der Libido" auf dem Weg „vom Autoerotismus zur Objektliebe" (1911c). Mit dem Narzissmus käme somit das (Trieb-)Objekt erst ins Spiel; doch hatte Freud selbst die ursprüngliche Beziehung zur Brust als Vorbild jeder Liebesbeziehung, die Objektfindung als Wiederfinden des primären, verlorenen Objekts gesehen (1905d, S. 123), so dass Autoerotismus kein ursprünglich objektloser Zustand, sondern sekundär ist (Zepf 1985, S. 13).

Narzissmus wird aber auch als „narzisstische Organisation" (1912–13a) gefasst, als nie mehr völlig aufgegebene Besetzung des Ich durch die Sexualtriebe, die 1914 libidotheoretisch fundiert (und enggeführt) wird: a) „primärer Narzissmus", der immer nur indirekt zu erschließen ist, meint die ursprüngliche Libidobesetzung des Ich, von der später, nach Art von Pseudopodien, an die Objekte abgegeben wird. Ich- und Objektlibido (Egoismus und Liebe) treten damit in Gegensatz: „Je mehr die eine verbraucht, desto mehr verarmt die andere" (1914c, S. 141), wiewohl Freud ihre faktische Ununterscheidbarkeit im „normalen" Beziehungserleben immer betont. b) Das „Ich-Ideal" wird funktional zum sublimierten Ersatz für den verlorenen Narzissmus der Kindheit. c) Bei der Objektwahl ist vom „Anlehnungstypus" (Vorbild: die Mutter) der „narzisstische Typus" abzuheben, der sich selbst, das eigene Ideal oder die „Person, die ein Teil des eigenen Selbst war" (das Selbstobjekt!), liebt.

Freuds spätere Ausarbeitungen, die den Narzissmus nie mit der Strukturtheorie abgleichen, lassen die Grundspannung unaufgelöst: hier ein objektloser Primärnarzissmus als „libidinöse Ergänzung des Egoismus", der bei sekundärem Rückstau pathogen wird; dort die Beziehung des „anfänglichen Real-Ich" zur frühen Objektumwelt. Noch der libidinös-"narzisstische" Typus (1931a), aggressiv auf Selbsterhaltung gerichtet und zum „Führer" prädestiniert, bleibt trotz kultureller Leistungen „wesentlich negativ charakterisiert".

3. Ideengeschichtlicher Hintergrund

Anders als beim Ödipuskomplex ist Freuds Rezeption der Narziss-Sage weniger biographisch als bildungsbürgerlich gefärbt, wobei auch über die psychiatrische Schiene die moralische Wertung als autoerotisch-sexuelle Perversion (Ellis 1898, Näcke 1899) hereinspielt. Die wechselvolle Wirkungsgeschichte des Narkissos-Mythos in der abendländischen Kultur, Bildenden Kunst und Literatur (Vinge 1967, Orlowsky 1992), die die reichen Motiv-Facetten des Sagenstoffs ausfaltet, kennt freilich neben neuplatonisch-christlicher und aufklärerischer Moralisierung, die latent auch die Psychoanalyse dominiert, genauso barocke Heroisierung und symbolistische Ästhetisierung (Gide, Mallarmé, Yeats, Rilke, Cocteau). Das einende Band zwischen der mythologisch schillernden Narziss-Figur und dem stark aufgesplitterten Narzissmus-Konzept seit Freud liegt im unterschiedlichen Selbst- und Objekt-Bezug; dies zwingt die Psychoanalyse zu anthropologischer Selbst-Reflexion (vgl. z. B. den relationalen Ansatz von N. Symington, 1993).

4. Erweiterungen, Differenzierungen und Modifikationen

Statt die heterogene Vielfalt der triebtheoretisch, genetisch und ursprungsmythisch im Etikett „Narzissmus" zusammengezwungenen, pathologischen wie normalen Phänomene (von Schlaf, Verliebtheit, Partnerwahl, Selbstgefühl, Hypochondrie bis zum Größenwahn) zu differenzieren, entzünden sich die abweichenden Ideen v. a. an der Grenzscheide des „primären Narzissmus" Ich-Psychologen (Hartmann u. a.) schlagen zur terminologischen Klärung vor, die libidinöse Besetzung des „Selbst" (der eigenen Person) von der sublimiert-desexualisierten Besetzung des „Ich" (als psychischer Instanz) abzuheben. Jacobson unterscheidet vom integralen Selbst (zu dem auch die Objekt-Repräsentanzen gehören) die Selbst-Repräsentanzen; an ihnen spielen sich, je nach Dominanz von Ich, Es oder Über-Ich, libidinös/aggresssive, objektal/narzisstische und triebhaft/neutralisierte Besetzungen ab. Genetisch bleibt es, trotz mehr Empirie-Nähe, auch in A. Freuds „Entwicklungslinien des Ich", R. Spitz' „Vor-Objekt-Stufe" und M. Mahlers „autistischer Phase" beim objektlosen primären Narzissmus, solange die durchaus anerkannte, frühe Objektabhängigkeit (die Mutter wird „gebraucht") nur als Besetzung mit Libido, nicht als spezifische Beziehungsform (Winnicotts „object use"; Kohuts „Selbstobjekt-Beziehung") beschrieben wird.

Dem „Prokrustesbett" des primären Narzissmus mit seinen (psycho)logischen Widersprüchen setzt M. Balint (1969), im Gefolge Ferenczis, schon 1935 die „primäre Liebe" als Beziehung von Anfang an entgegen, die in „harmonischer Verschränkung" von Baby und Umwelt auf bedingungsloses Geliebtwerden zielt und sich, wenn nicht übermäßig frustriert („Grundstörung" durch mangelndes „Zusammenpassen"), zur „aktiven", wechselseitigen (genitalen) Objektliebe entwickelt. Klinisch beobachtbarer „Narzissmus" ist so immer sekundär: kulturell-sozial bedingter Schutz vor dem versagenden Objekt durch Selbstliebe. Mit der nicht trieb-, sondern affektbezogenen Qualität ruhigen „Wohlbefindens" als angestrebtem Idealzustand narzisstischen Gleichgewichts machen Joffe und Sandler (1967) Anleihen bei Balint und postulieren neben dem Lust- ein „Sicherheitsprinzip", das für die Aufrechterhaltung des Selbstgefühls zentral ist (Argelander, Henseler, Stolorow u. a., vgl. Roth 1992, S. 130).

Auf der Linie Ferenczis liegt auch B. Grunbergers Programm „Vom Narzissmus zum Objekt" (1976). In dieser Psycho-Mythologie eines gottähnlich-grandiosen, zeitlos-pränatalen Glücks führt Narzissmus nur dann nicht ins fötale Paradies narzisstischer Regression zurück, wenn es in dialektischer Verschränkung mit dem Trieb gelingt, das „narzisstische Trauma" (Geburt) durch narzisstische Zufuhr zu kompensieren; das „verwöhnte Kind" muss aber zur Anerkennung des Objekts „gezwungen" werden: „Wo Narziss war, soll Ödipus werden".

5. Die (Be-)Deutung des Begriffs in verschiedenen psychoanalytischen Schulrichtungen

a) Als „Objektbeziehungstheorie" lehnt die Schule Melanie Kleins einen primären Narzissmus konsequent ab. (Möglicherweise umfasst heute der Modus der „projektiven Identifikation" wesentliche Züge narzisstischer Dynamik und Interaktion). Nach H. Rosenfeld (vgl. Kernberg 1988) leugnet die „narzisstische Persönlichkeit" jede Getrenntheit zwischen Selbst und Objekt und jede Abhängigkeit von einem äußeren Objekt, das geliebt und infolge des „Todestriebs“ zugleich gehasst würde. Ein hochidealisiertes Selbstbild, entstanden durch Introjektion primitiver, nur guter Teilobjekte und Projektion des Selbst auf das Objekt, wird durch omnipotente Verleugnung oder Entwertung vor jedem störenden Anderen geschützt. Beim Zusammenbruch dieser autodestruktiven, psychotischen Struktur kann nur konsequentes Deuten der basalen (Neid-)Aggression und der negativen Übertragung zur Erfahrung echter Abhängigkeit („depressive Position“) und ödipaler Konflikte führen.

b) O.F. Kernberg (1978,1988, 2001, 2005), der die Entwicklung des normalen vom pathologischen Narzissmus scharf trennt, kombiniert Theorien der Objektbeziehung und Ich-Psychologie (Jacobson, Mahler). Anders als bei Freud umfasst die Narzissmus-Entwicklung immer *Beziehungen* von Selbst- zu Objekt-Repräsentanzen und äußeren Objekten sowie libidinös-aggressive *Triebkonflikte*. Das normale „Selbst“ enthält das Gesamt integrierter Selbst-Repräsentanzen, die mit Objekt-Repräsentanzen verbunden sind. Gegenüber der *Psychose* (vollkommen undifferenzierte Selbst- und Objekt-Repräsentanzen, keine Realitätsprüfung) und *Borderline*-Fällen (fehlende Synthese von Selbst- und Objekt-Repräsentanzen zum integrierten Selbst und Konzepten anderer; Ich und die Repräsentanzen sind gespalten) ist bei der *narzisstischen Persönlichkeitsstörung* die libidinöse Selbst-Besetzung nicht normal integriert, sondern bildet eine pathologische Struktur aus: das *grandiose* Selbst, montiert aus Real-Selbst, Ideal-Selbst und Ideal-Objekt. Entwertete, aggressiv besetzte Selbst- und Objekt-Repräsentanzen werden abgespalten, verdrängt oder projiziert. Es liegt (gegen Kohut) keine Fixierung auf einer frühen Ebene normaler Entwicklung vor; der krankhafte Narzissmus beruht auf pathologischer Ich-/Über-Ich-Entwicklung und konflikthaft gestörten Triebderivaten, während normalerweise libidinös-aggressive Komponenten zu einem realistischen Selbst-Konzept mit „guten“ wie „bösen“ Selbst-Repräsentanzen integriert sind. Auch wenn Kernberg neuere Befunde der Säuglingsbeobachtung einbeziehen will, hält er an der undifferenziert-symbiotischen Phase und an der Triebtheorie fest, allerdings modifiziert durch eine neuropsychologische Motivationstheorie der Affekte.

Vom normalen infantilen Narzissmus (normale verinnerlichte Objektbeziehungen) und vom normalen Narzissmus des Erwachsenen (beziehungsfähiges Selbst mit individualisiertem Über-Ich) hebt Kernberg die Selbst-Struktur des abnormen Narzissmus in zwei Formen ab:

1) Bei pathologischer Identifikation mit dem Objekt, auf welches das infantile Selbst projiziert ist (Freuds „narzisstische Objektwahl“), sind in der Liebesbeziehung ‚nur‘ die Funktionen von Selbst und Objekt vertauscht (z.B. Homosexualität).

2) Die echte narzisstische Persönlichkeit, als spezifische Charakterstörung um ein pathologisches Größen-Selbst zentriert, zeichnet sich bei oberflächlich sozialem Funktionieren durch extreme Selbst-Bezogenheit, übermäßiges Bedürfnis nach Bewundertwerden, inflationäres Selbstkonzept und gleichzeitig Minderwertigkeitsgefühle, emotionale Flachheit, mangelnde Empathie, Neid, Misstrauen, Entwertung und parasitäre Ausbeutung anderer aus. Verschieden schwer ausgeprägt, liegt immer anormale Selbst- und Objektliebe vor.

Wichtiges differentialdiagnostisches Zeichen für „bösartigen Narzissmus“: Ist auch Aggression in die Schutzbauten des pathologischen Größen-Selbst integriert, ist die Prognose ebenso infaust wie bei narzisstischen „Als-ob-“ und antisozialen Persönlichkeiten. Therapeutisch wirksam ist allein „systematische Analyse“ der (negativen) Übertragung, v.a. der omnipotenten Kontrolle und Entwertung des Analytikers. Kernbergs Narzissmus-Konzept ist modifiziert aufgenommen bei Volkan (Volkan/Ast 1994).

c) Von klinischen Erfahrungen her beschreibt H. Kohut (1973), der zunächst am primären Narzissmus festhält, zwei zentrale Formen narzisstischer Übertragung, die vom konflikthaft-objektalen Muster charakteristisch abweichen: 1) In der *idealisierenden*

Übertragung wird die „idealisierte Elternimago“, das allmächtige Objekt, wiederbelebt. 2) Die *Spiegel*-Übertragung reaktiviert das archaische Größen-Selbst und tritt als Verschmelzungs-, Alter-Ego- bzw. Zwillings-Übertragung auf. Beide Male wird das traumatische Versagen der archaischen „Selbst-Objekte“, das zu einem Entwicklungsdefizit im rudimentären Selbst geführt hat, reinszeniert. Nur wenn die arretierten Bedürfnisse nach adäquatem Gespiegeltwerden bzw. Idealisieren nicht omnipotent befriedigt, sondern empathisch aufgenommen, d.h. unter „optimaler“ Frustration durch den in seiner Empathie unvermeidlich versagenden Analytiker deutend durchgearbeitet werden, kann der Konsolidierungs- und Reifungsprozess des Selbst i.S. psychischer Strukturbildung neu in Gang kommen. Die von Kernberg, Rosenfeld u.a. akzentuierte Aggression, Gier oder Sexualisierung sind nicht ursächliche Motivationsfaktoren, sondern Produkte eines von Fragmentierung bedrohten, desintegrierten Selbst bzw. Reaktionen „narzisstischer Wut“ auf traumatische Empathiedefizite.

Kohut (1975) postuliert zunächst, im Rahmen der klassischen Metapsychologie, einen separaten Strang der Selbst-Entwicklung parallel zur Trieb- und Ich-Differenzierung, der nicht vom Narzissmus zur Objektliebe, sondern vom archaischen zum reifen, „transformierten“ Narzissmus führt, wie auch Objektliebe sich aus archaischen zu reiferen Formen entwickelt. Um die Abwertung des Narzissmus als Regression und Abwehr in der Psychoanalyse wie auch generell die unaufrichtige gesellschaftliche Einstellung zu narzisstischen Bedürfnissen zu verändern, hebt Kohut die präödipal-narzisstische Pathologie hervor; mit wachsendem Unbehagen an der Libidotheorie arbeitet er seine Selbstpsychologie aus, die gegenüber den ödipalen Trieb-/Über-Ich-Konflikten des „schuldigen Menschen“ (typisch für das 19. Jh.) den fundamentalen Sinnproblemen des in seinem Selbst gefährdeten „tragischen Menschen“ von heute besser gerecht werde.

Hinter der bis heute andauernden Kohut-Kernberg-Kontroverse (Empathie/Neutralität, Desintegration/strukturelle Spaltung, narzisstische Wut/primäre Aggression usw.) stecken anthropologische Wertungen. Während Kernberg normativ-radikal den pathologischen vom normalen Narzissmus absetzt, trennt Kohut anti-normativ die narzisstische Selbst-Entwicklung von der Entfaltung der Objektliebe. Beide Trennungen wirken forciert, soweit sie methodische Aspekte absolut setzen. Kernberg denkt von außen, vom Objekt (Mutter; Analytiker) her auf das Selbst hin, das zur abhängigen Variablen verobjektiviert wird: Sofern die Eigenständigkeit des Objekts (als zentrales Kriterium) nicht gewahrt ist, wird das Selbst pathologisiert („Größen-Selbst“). Dessen Bedürftigkeit („Objekthunger“) kommt nur negativ (als Gier, Neid) in den Blick; „gesund“ ist nur die Anerkennung der Objektautonomie – eine Art theoriebedingter „Altruismus“? Kohuts (ebenso theoriegestützter) „Narzissmus“ dagegen läuft Gefahr, Funktion und Bedeutung des (Selbst-)Objekts ganz vom Selbst und seinen Bedürfnissen her zu definieren und die Interessen des Anderen, die nicht in seiner Selbstobjekt-Funktion aufgehen, zu übersehen. Der drohenden spekulativen Engführung auf ein individuozentrisch isoliertes, bipolares „essentielles Selbst“, das therapeutisch zu „restaurieren“ ist, entgehen erst Kohuts Schüler (E. Wolf, M. Basch u.a.), die in der Selbstobjekt-Beziehung, ihren Entwicklungsstufen und Transformationen den eigentümlichen Beziehungsmodus, der als Problem hinter dem Narzissmus-Theorem steht, thematisieren.

6. Interdisziplinäre Beiträge und Befunde

Auf die kultur- und religionsgeschichtliche Rolle des Narzissmus wies Freud von „Totem und Tabu“ (Allmacht der Gedanken) bis zum „Unbehagen in der Kultur“ (ozeanisches Gefühl unauflösbarer Verbundenheit des Ichs mit der Umwelt als Wiederherstellung des primären Narzissmus) hin; Kulturleistungen wie Kunst, Wissenschaft und Religion beruhen als Ersatzbefriedigungen auf der Sublimationskraft des sekundären Narzissmus: Kultur (als kollektives Ideal) bleibt für immer Kompensat der narzisstischen

Kränkung des Menschen. Auf dieser Linie ist das Narzissmuskonzept auch nach Freud kultur- und gesellschaftstheoretisch ebenso breit wie differenziert aufgenommen worden. Neben der *gruppenpsychologischen* Rezeption (z.B. Finger) gibt es (in sich höchst unterschiedliche) *religionspsychologische* Anknüpfungen: einerseits Scharfenberg (1973), Henseler (1995), van de Spijker (1995) oder Meng (1997) im Dialog mit religiösen bzw. theologischen Positionen; andererseits Grunberger/Dessuant (2000) in kritischer Absetzung von einem apriori als „narzisstisch" modellierten Christentum. Das seit den 70er Jahren modisch gewordene Narzissmus-Theorem wird auch *gesellschafts- und kulturkritisch* herangezogen, um die moderne „Tyrannei der Intimität" (Sennett) oder die „Apotheose des Individualismus" in einem geschichts- und autoritätslosen „narzisstischen Zeitalter" (Lasch) zu brandmarken oder – weniger kulturpessimistisch und abwertend – psycho-kulturelle Phänomene im Umgang mit Individualismus (Wintels) bzw. Macht (Wirth) präziser zu fassen. *Pädagogen* diskutieren, ob in der Jugend ein neuer, nicht mehr ödipaler, sondern „narzisstischer Sozialisationstypus" (Ziehe) aufkommt oder ob dieses Konstrukt lediglich normale Adoleszenzkrisen pauschal diffamiert (Roth). *Philosophisch* setzt sich P. Ricoeur (Die Interpretation, 1969) mit Freuds Narzissmus-Konzept auseinander. Aus *kunst- und literaturwissenschaftlicher* Sicht reflektieren U. und R. Orlowsky (1992) die Rezeptionsgeschichte des Narziss-Themas in der Psychoanalyse.

Literatur

Altmeyer, M. (2004). Narzissmus und Objekt. Ein intersubjektives Verständnis der Selbstbezogenheit. Göttingen: Vandenhoeck & Ruprecht.

Balint, M. (1969). Die Urformen der Liebe und die Technik der Psychoanalyse. Frankfurt: Fischer.

Britton, R., Feldman, M. und Steiner, J. (2001). Narzißmus, Allmacht und psychische Realität. Tübingen: edition discord.

Eilts, H.-J. (1998). Narzißmus und Selbstpsychologie. Zur Entwicklung der psychoanalytischen Abwehrlehre. Tübingen: edition discord.

Green, A. (2004). Die tote Mutter. Psychoanalytische Studien zu Lebensnarzissmus und Todesnarzissmus. Gießen: Psychosozial.

Grunberger, B. (1976). Vom Narzißmus zum Objekt. Frankfurt: Suhrkamp.

Grunberger, B. und Dessuant, P. (2000). Narzißmus, Christentum, Antisemitismus. Eine psychoanalytische Untersuchung. Stuttgart: Klett-Cotta.

Joffe, W.G. und Sandler, J. (1967). Über einige begriffliche Probleme beim Studium narzisstischer Störungen. Psyche – Z Psychoanal, 21, 152–165.

Kernberg, O.F. (1978). Borderline-Störungen und pathologischer Narzißmus. Frankfurt: Suhrkamp.

Kernberg, O.F. (1988). Schwere Persönlichkeitsstörungen. Theorie, Diagnose, Behandlungsstrategien. Stuttgart: Klett-Cotta.

Kernberg, O.F. (2001) (Hg.). Narzißtische Persönlichkeitsstörungen. Frankfurt/M.: Schattauer.

Kernberg, O.F. und Hartmann, H.P. (2005). Narzißmus. Grundlagen – Störungsbilder – Therapie. Frankfurt/M.: Schattauer.

Kohut, H. (1973). Narzißmus. Eine Theorie der psychoanalytischen Behandlung narzißtischer Persönlichkeitsstörungen. Frankfurt: Suhrkamp.

Kohut, H. (1975). Die Zukunft der Psychoanalyse. Frankfurt: Suhrkamp.

Laplanche, J. und Pontalis, J.-B. (1973). Das Vokabular der Psychoanalyse, Bd. 1. Frankfurt/M.: Suhrkamp.

Meng, W. (1997). Narzißmus und christliche Religion. Selbstliebe – Nächstenliebe – Gottesliebe. Zürich: Theologischer Verlag.

Orlowsky, U. und R. (1992). Narziß und Narzißmus im Spiegel von Literatur, Bildender Kunst und Psychoanalyse. München: Fink..

Roth, H.-J. (1990). Narzißmus. Selbstwerdung zwischen Destruktion und Produktivität. Weinheim: Juventa.

Sandler, J. (2000) (Hg.). Über Freuds „Zur Einführung des Narzißmus". Stuttgart: frommann-holzboog.

Scharfenberg, J. (1973). Narzißmus, Identität und Religion. Psyche – Z Psychoanal, 27, 949–966.

Symington, N. (1999). Narzißmus. Neue Erkenntnisse zur Überwindung psychischer Störungen. Gießen: Psychosozial.

Van de Spijker, H. (1995). Narzisstische Kompetenz, Selbstliebe, Nächstenliebe. Freiburg: Herder.
Vinge, L. (1967). The Narcissus theme in western european literature up to the early 19th century. Lund: Gleerups.
Volkan, V.D. und Ast, G. (1994). Spektrum des Narzißmus. Göttingen: Vandenhoeck & Ruprecht.
Wahl, H. (1985). Narzißmus? Von Freuds Narzißmustheorie zur Selbstpsychologie. Stuttgart: Kohlhammer.
Wahl, H. (1993). Narzißmustheorien. In W. Mertens (Hg.), Schlüsselbegriffe der Psychoanalyse (S. 105–114). Stuttgart: Verlag Internationale Psychoanalyse.
Wahl, H. (2002). Abschied vom Narzißmus? Der Ansatz der Selbstpsychologie. Existenzanalyse 19 (S. 49–58).
Wirth, H.-J. (2002). Narzissmus und Macht. Zur Psychoanalyse seelischer Störungen in der Politik. Gießen: Psychosozial, 2. Aufl., 2003.
Zepf, S. (1985). Narzißmus, Trieb und die Produktion von Subjektivität. Berlin: Springer.
Ziehe, T (1975). Pubertät und Narzißmus. Sind Jugendliche entpolitisiert? Frankfurt/M.: EVA.

Negative therapeutische Reaktion *von Günther Klug*

negative therapeutic reaction – réaction thérapeutique négative

1. Definition

Die negative therapeutische Reaktion im engeren Sinne ist ein Begriff der Theorie der Technik und bezeichnet eine Situation in der Psychoanalyse, die dadurch charakterisiert ist, dass der psychoanalytische Prozess einen Fortschritt erwarten ließe, der Analysand aber überraschenderweise Rückschritte macht („paradoxe Sequenz", Maldonado 1989), die kausal mit dem momentanen Prozess verbunden werden können und nicht nur ein passageres Phänomen sind.

Im weiteren Sinne ist es ein Begriff der psychoanalytischen Charakterologie. Dann bezeichnet er die Psychodynamik von Menschen, die unmittelbar vor dem Erreichen eines lange und intensiv angestrebten Zieles (unbewusst) aktiv und (scheinbar) unerklärlich sein Erreichen verhindern.

2. Klassische Auffassung

Zum ersten Mal in der Fallgeschichte des „Wolfsmannes" (1918b) erscheint als Vorläufer der negativen therapeutischen Reaktion die „negative Reaktion": „Er benahm sich noch in der analytischen Behandlung ebenso, indem er eine passagere „negative Reaktion" entwickelte; nach jeder einschneidenden Lösung versuchte er für eine kurze Weile, deren Wirkung durch eine Verschlechterung des gelösten Symptoms zu negieren. Man weiß, dass Kinder sich ganz allgemein ähnlich gegen Verbote benehmen. Wenn man sie angefahren hat, weil sie z.B. ein unleidliches Geräusch produzieren, so wiederholen sie es nach dem Verbot noch einmal, ehe sie damit aufhören. Sie haben dabei erreicht, dass sie anscheinend freiwillig aufgehört und dem Verbot getrotzt haben" (Freud 1918b). Freud ist hier noch optimistisch: der Patient begnügt sich sozusagen damit, das „unleidliche Geräusch" – das Symptom – nur einmal noch zu produzieren, um seine Autonomie (oder deren Anschein) zu bewahren, um dann den erwarteten Fortschritt zulassen zu können.

1923 sieht Freud die negative therapeutische Reaktion grundlegend anders; er schreibt in „Das Ich und das Es": „Es gibt Personen, die sich in der analytischen Arbeit ganz sonderbar benehmen. Wenn man ihnen Hoffnung gibt und ihnen Zufriedenheit mit dem Stand der Behandlung zeigt, scheinen sie unbefriedigt und verschlechtern regelmäßig ihr Befinden. Man hält das anfangs für Trotz und Bemühen, dem Arzt ihre Überlegenheit zu bezeugen. Später kommt man zu einer tieferen und gerechteren Auffassung. Man überzeugt sich nicht nur, daß diese Personen kein Lob und keine Anerkennung vertragen, sondern, daß sie auf die Fortschritte der Kur in verkehrter Weise reagieren. Jede Partiallösung, die eine Besserung oder zeitweiliges Aussetzen der Symptome zur Folge haben sollte und bei anderen auch hat, ruft bei ihnen eine momentane Verstärkung ihres Leidens hervor, sie verschlimmern sich während der Behandlung, anstatt sich zu bessern. Sie zeigen die sogenannte negative therapeutische Reaktion" (Freud 1923b). Über ihre Ursache kommt er zu dem Schluss, „daß es sich um einen sozusagen „moralischen" Faktor handelt, um ein Schuldgefühl, welches im Kranksein seine Befriedigung findet und auf die Strafe des Leidens nicht verzichten will" (Freud 1923b).

Diese ätiologische Vorstellung führt Freud in seinem Aufsatz „Das ökonomische Problem des Masochismus" weiter aus und subsumiert die negative therapeutische Reaktion und das ihr zugrunde liegende unbewusste Schuldgefühl unter den moralischen Masochismus und unterstreicht dadurch „die größte Gefahr für den Erfolg unserer ärztlichen oder erzieherischen Absichten", die von ihr als dem „vielleicht mächtigsten Posten des in der Regel zusammengesetzten Krankheitsgewinnes ausgeht" (Freud 1924c). Noch pessimistischer äußert sich Freud in seinem Aufsatz über „Die endliche und die unendliche Analyse" (1937c), in dem er die negative therapeutische Reaktion interpretiert als einen „unverkennbaren Hinweis auf das Vorhandensein einer Macht im Seelenleben, die wir nach ihren Zielen Aggressions- oder Destruktionstrieb heißen und von dem ursprünglichen Todestrieb der belebten Materie ableiten."

Bereits 1916 in der Arbeit: „Einige Charaktertypen aus der psychoanalytischen Arbeit" beschreibt Freud „Die am Erfolge scheitern". In ihrer Psychodynamik ähneln sie den Patienten, die die negative therapeutische Reaktion zeigen (Freud 1916d).

3. Ideengeschichtlicher Hintergrund

Der Begriff der negativen therapeutischen Reaktion war in besonderer Weise geeignet, die Grenzen der psychoanalytischen Behandlung aufzuzeigen und die Kräfte in Psychoanalytikern zu wecken, die dagegen revoltierten. Für Freud selbst war dieser Widerstand gegen die therapeutischen Bemühungen zunächst fast spielerisch, eben „passager", wie er es für den Wolfsmann 1918 formulierte. Aber bereits 1923 in „Das Ich und das Es" sieht er in ihr „das stärkste Hindernis der Wiederherstellung" und formuliert 1937 in „Die endliche und die unendliche Analyse" bündig, dass „man nicht mehr dem Glauben anhängen könne(n), dass das seelische Geschehen ausschließlich vom Luststreben beherrscht wird" und sieht in der negativen therapeutischen Reaktion das Wirken des Todestriebes. Viele Autoren, die in der Folgezeit über die negative therapeutische Reaktion geschrieben haben, zuletzt Renik 1991, sahen diese Interpretation als einen Ausdruck von Freuds Pessimismus, also als sein Gegenübertragungsproblem.

Auf dem 35. Internationalen Psychoanalytischen Kongress wurde Freuds „Die endliche und die unendliche Analyse" fünfzig Jahre nach ihrem ersten Erscheinen noch einmal zum Gegenstand des Nachdenkens gemacht. Leupold-Löwenthal (1988) legte viele Hinweise dafür vor, dass es Freuds persönliche biografische Umstände in dieser Zeit nicht erlaubten, seinen Aufsatz als technische Schrift zu verstehen. Auch wenn der Schluss verlockend nahe liegt zu sagen, Freuds pessimistische Beurteilung der therapeutischen Effektivität der Psychoanalyse sei in seiner damaligen Lebenssituation begründet, wäre es nur eine unstatthafte Argumentation i.S. einer petitio principii, die nichts beweist. Emde (1988a,b) reflektierte Freuds Ansichten über die Widerstände, zu denen auch die negative therapeutische Reaktion gehört, vor dem neuen entwicklungspsychologischen Wissen verschiedener Schulen. Er vermutet, dass sie zustande kommen, weil es der therapeutischen Dyade nicht gelungen ist, ein analytisches „we-go" (in Analogie zu „e-go", einem von G. Klein formulierten, im

Englischen möglichen Wortspiel) zu bilden, einer Form von Gemeinsamkeit von Analytiker und Analysand, die die Basis ist für Balints Neubeginn, Alexanders korrigierender emotionaler Erfahrung, für Neugier und Exploration als Ingredientien eines analytischen Prozesses, der Entwicklung ermöglicht. Ob aber Freuds Ansicht „nur" pessimistisch, Emdes (oder anderer) Ansicht „nur" optimistisch ist, kann nur eine Prozess-Ergebnis-Forschung entscheiden, die die Komplexitäten des Prozesses und des Ergebnisses erfassen kann – die es aber noch nicht gibt.

4. Wesentliche Erweiterungen, Differenzierungen und Modifikationen

Den von Freud präzise formulierten Begriff haben spätere Autoren immer wieder verändert und ihn auf tiefsitzende Charakterwiderstände und auf negativistische Haltungen ausgedehnt. Vor allem wenn man das Kriterium: paradoxe Sequenz (Maldonado 1989) nicht ernst nimmt, fällt alles Agieren negativistischer und/oder masochistischer Persönlichkeiten unter diesen Begriff, was ihn nur unklarer macht und aus heuristischen Gründen abzulehnen ist. Riviere (1936) und Olinick (1964) beispielsweise verstehen auch die „besondere Form des neurotischen Widerstandes gegen die psychoanalytische Methodik" (Abraham 1919) als negative therapeutische Reaktion und beziehen dadurch zwangsneurotische Patienten mit scheinbarer Willfährigkeit gegenüber dem Analytiker ein.

Für einige Autoren ist die negative therapeutische Reaktion lediglich ein Artefakt und weist darauf hin, dass der Psychoanalytiker eine fehlerhafte Technik anwendet. Es ist also keine Besserung zu erwarten, der Analytiker ist einer Illusion erlegen und wird folgerichtig „enttäuscht"; eine gut denkbare Möglichkeit, da ein Kriterium des zu erwartenden Fortschrittes die korrekte Deutung und diese Korrektheit nicht leicht einzuschätzen ist, worauf Mertens (1991) aufmerksam macht. Am radikalsten hat Reich (1933) diesen Standpunkt vertreten, für den die negative therapeutische Reaktion Ausdruck des mangelhaften Umgangs mit der negativen Übertragung ist. Langs (1976) führt einen Typus der negativen therapeutischen Reaktion auf eine nicht durchschaute Übertragungs-/Gegenübertragungsdynamik zurück und damit auf einen Behandlungsfehler.

Einen ähnlichen Standpunkt vertreten die Autoren, die die negative therapeutische Reaktion darauf reduzieren, dass ihre wesentlichen Motive noch nicht erkannt und gedeutet wurden, die Deutungen zwar nicht falsch aber unvollständig waren. Analytiker der kleinianischen Schule sehen in dem bisher ungenügendem Verständnis von Neid, Narzissmus und Oralität die Ursache für die negative therapeutische Reaktion (Riviere 1936, Rosenfeld 1975); Analytiker der selbstpsychologischen Schule in der Unfähigkeit, die Wünsche nach einer Selbstobjekt-Übertragung technisch adäquat aufzugreifen (Stolorow, Brandchaft und Atwood 1983). Schubart (1989) schließlich sieht sie als Reaktion des Analysanden auf eine „erzieherische" statt analytische Haltung seines Analytikers, der mit seinen Gegenübertragungsproblemen nicht fertig wird.

Obwohl mit empirischen Mitteln alle diese theoriespezifischen Ansichten weder zu widerlegen noch zu bestätigen sind, scheint es bei dem gegenwärtigen Kenntnisstand am sinnvollsten zu sein, die negative therapeutische Reaktion nicht auf eine fehlerhafte oder ungenügende Technik zu reduzieren, auch wenn noch weitere, über die von Freud hinausreichende (präödipale) Motive anerkannt werden müssen (Olinick 1970).

5. Die Bedeutung des Begriffs in den verschiedenen psychoanalytischen Schulrichtungen

Für Freud war die negative therapeutische Reaktion im Wesentlichen ein intrapsychisches Phänomen, stand in engem Zusammenhang mit dem unbewussten Schuldgefühl (1923b), dem moralischen Masochismus (1924c) und dem Todestrieb (1937c). Aber bereits seine erste Formulierung

(1918b) war eine interpersonelle und in einer Fußnote zu seinen Ausführungen über die negative therapeutische Reaktion in „Das Ich und das Es" (1923b) weist er auf die „einstige Objektbesetzung" hin, die hinter dem unbewussten Schuldgefühl steht und die es aufzudecken gilt.

Analytiker, die sich später mit der negativen therapeutischen Reaktion befasst haben, nahmen häufig den interpersonellen Standpunkt einer „Zwei-Personen-Psychologie" ein und fügten entsprechend den theoretischen Annahmen ihrer jeweiligen Schulrichtungen neue Motive für die negative therapeutische Reaktion ein.

Riviere (1936), aus der kleinianischen Schule stammend, fasste die negative therapeutische Reaktion als eine Möglichkeit auf, der depressiven Position zu entgehen, die letztendlich in Selbstmord oder Verrücktheit unweigerlich enden würde; zudem müssen die geliebten und die gehassten Objekte zuerst geheilt und glücklich gemacht werden und diese Wiedergutmachung würde alle Kräfte des durch die erfolgreiche Kur geheilten Subjektes aufzehren, so dass der Status quo ante doch vorgezogen wird. Rosenfeld (1975) sieht die negative therapeutische Reaktion als einen Gegenangriff der omnipotent-narzisstischen und megalomanischen Seiten des Patienten auf die in der Analyse geweckten infantil-abhängigen Seiten, um wieder Kontrolle über sie zu erlangen.

Horney (1936), einem interpersonellen Ansatz nahestehend, interpretiert die negative therapeutische Reaktion als die spezifische Reaktion eines masochistischen Charakters auf eine gute Deutung, die in ihm den starken Impuls zu rivalisieren weckt, ihn demütigt, in ihm aus Angst vor Vergeltung Angst vor dem Erfolg und Angst vor dem Versagen weckt, von ihm als Beschuldigung erlebt wird oder als Zurückweisung.

Von der Theorie der Objektbeziehung kommend, hat Olinick (1964, 1970) die negative therapeutische Reaktion in engen Zusammenhang mit dem Negativismus gestellt und die negativistische Abwehr gegen Hörigkeit als den gemeinsamen Nenner angesehen. Valenstein (1973) sieht in der Unfähigkeit des Kleinkindes, eine konstante Beziehung zu einem positiv bewerteten Objekt aufbauen zu können und deshalb auf schmerzliche Affekte fixiert zu bleiben, die Ursache für die späteren negativen therapeutischen Reaktionen. Asch (1976) macht ein masochistisches Ich, unbewusste, präödipale Schuld und eine spezielle Charakterabwehr gegen symbiotische Verschmelzung für die negative therapeutische Reaktion verantwortlich.

Auf der dritten Konferenz der Europäischen Psychoanalytischen Vereinigung wurden unter dem Titel: „Neue Perspektiven der negativen therapeutischen Reaktion" einige neue Erklärungsmodelle dargestellt, z.B. von Grunert (1979), die in ihr eine notwendige Reinszenierung eines gestörten Loslösungs- und Individuationsprozesses sieht, von J. und F. Bégoin (1981), die die Bedeutung des destruktiven Neides bei fehlenden integrativen Kräften des Ichs betonen und von de Saussure (1981), die darstellt, wie die negative therapeutische Reaktion in die Dienste des Ideal-Selbst des „allmächtigen Kindes" gestellt wird. Limentani (1981), der in seiner Literaturübersicht das Vorherrschen von präödipalen Störungen und narzisstischen Persönlichkeitsstörungen mit einer schwer zu analysierenden Neidproblematik hervorhebt, weist in seinem eigenen kasuistischen Beitrag auf die wesentliche Bedeutung von unerträglich erscheinendem psychischen Schmerz hin, der aufgrund von abgespaltenen und desintegrierten Traumatisierungen den Patienten mehr am Überleben als an einem erfüllten Leben interessiert sein lässt. Renik (1991) schließlich sieht in der negativen therapeutischen Reaktion eine Möglichkeit des Patienten, das Bild eines liebenden und liebenswerten Objektes zu bewahren.

Literatur

Abraham, K. (1919). Über eine besondere Form des neurotischen Widerstandes gegen die psychoanalytische Methodik. Psychoanalytische Studien II. Frankfurt/M.: Fischer.

Asch, St.S. (1976). Varieties of negative therapeutic reaction and problems of technique. Jour-

nal of the American Psychoanalytic Association, 24, 383–407.
Bégoin, J. and Bégoin, F. (1981). The negative therapeutic reaction. Envy and catastrophic anxiety. Bulletin der Europäischen Psychoanalytischen Föderation, 16, 5–21.
Emde, R.N. (1988a). Development terminable and interminable. I. Innate and motivational factors from infancy. International Journal of Psycho-Analysis, 69, 23–42.
Emde, R.N. (1988b). Development terminable and interminable. II. Recent psychoanalytic theory and therapeutic considerations. International Journal of Psycho-Analysis, 69, 283–296.
Grunert, U. (1979). Die negative therapeutische Reaktion als Ausdruck einer Störung im Loslösungs- und Individuationsprozeß. Psyche – Z Psychoanal, 33, 1–28.
Horney, K. (1936). The problem of the negative therapeutic reaction. Psychoanalytic Quarterly, 15, 29–44.
Langs, R. (1976). The therapeutic interaction. New York: Aronson.
Leupold-Löwenthal, H. (1988). Notes on Sigmund Freud's „Analysis terminable and interminable". International Journal of Psycho-Analysis, 69, 261–272.
Limentani, A. (1981). On some positive aspects of the negative therapeutic reaction. International Journal of Psycho-Analysis, 62, 379–390.
Loewald, H.W. (1972). Freud's conception of the negative therapeutic reaction, with comments on instinct theory. Journal of the American Psychoanalytic Association, 20, 235–245.
Maldonado, J.L. (1989). On negative and positive therapeutic reaction. International Journal of Psycho-Analysis, 70, 327–339.
Mertens, W. (1991). Einführung in die psychoanalytische Therapie, Bd. 3. Stuttgart: Kohlhammer, 2. Aufl., 1993.
Olinick, S.L. (1964). The negative therapeutic reaction. International Journal of Psycho-Analysis, 45, 540–548.
Olinick, S.L. (Rep.) (1970). Negative therapeutic reaction. Panel der APA 1969. Journal of the American Psychoanalytic Association, 18, 655–672.
Reich, W. (1933). Charakteranalyse. Kopenhagen: Verlag für Sexualpolitik.
Renik, O. (1991). One kind of negative therapeutic reaction. Journal of the American Psychoanalytic Association, 39, 87–105.
Riviere, J. (1936). A contribution to the analysis of the negative therapeutic reaction. International Journal of Psycho-Analysis, 17, 304–320.
Rosenfeld, H.A. (1975). Negative therapeutic reaction. In P. Giovacchini (Ed.), Tactics and techniques in psychoanalytic therapy (pp. 217–228). New York: Aronson.
Saussure, J. de (1981). Narzißtische Elemente in der negativen therapeutischen Reaktion. Bulletin der Europäischen psychoanalytischen Föderation, 16, 40–56.
Schubart, W. (1989). Bemerkungen zum Konzept der sogenannten „negativen therapeutischen Reaktion". Psyche – Z Psychoanal, 43, 1071–1093.
Stolorow, R.D., Brandchaft, B. and Atwood, G.E. (1983). Intersubjectivity in psychoanalytic treatment. Bulletin of the Menninger Clinic, 47, 117–128.
Valenstein, A.F. (1973). On attachment to painful feelings and the negative therapeutic reaction. Psychoanalytic Study of the Child, 28, 365–392.

Neid *von Mathias Lohmer*

envy – envie

1. Definition

Ausgehend von M. Kleins klassischer und für dieses Thema grundlegenden Arbeit „Neid und Dankbarkeit" (1957) kann Neid folgendermaßen definiert werden: „Neid ist ein ärgerliches Gefühl, dass eine andere Person etwas besitzt und genießt, was in den Augen des Neiders ersehnt wird. Der neidische Impuls ist es, diesen Besitz wegzunehmen, an sich zu bringen oder zu verderben. Darüber hinaus beschreibt Neid – im Gegensatz zur Eifersucht – eine Zweierbeziehung" (Klein 1957, S. 183). Wichtig ist dabei das Element der Gier: Der Drang, etwas unbedingt haben zu wollen und es sich aneignen zu müssen. Es geht dabei weniger um den beneideten Besitz eines bestimmten Attributes (etwas, was z. B. schön, reich, berühmt oder mächtig macht) an sich, sondern um das dem Beneideten unterstellte erhöhte Selbstwertgefühl, das „Hochgefühl", das in der Sicht des Neiders durch die Erfahrung mit dem beneideten Attribut entsteht. Meltzer (1978) faßt die Fortentwicklung der Theorie M. Kleins durch W. R. Bion folgendermaßen zusammen: Neid entsteht weder durch den Container (also das Objekt, der Beneidete) noch das Contained (das Attribut des Beneideten), sondern nur durch ihre erfolgreiche Verbindung, ihr Zusammenwirken (S. 109). Beneidet wird also die Beziehung zwischen dem Beneideten und seinem Objekt (R. A. Lazar, pers. Mitteilung).

Damit beneidet der Neider auch die Möglichkeit, mit einem Attribut zufrieden zu sein, sich daran zu freuen, und die Fähigkeit, etwas mit Bedeutung und Intensität zu besetzen.

Während in der bislang zitierten kleinianischen Tradition Neid vor allen Dingen in seinen destruktiven und pathologischen Formen und Konsequenzen gesehen wird, betonen ich- und selbstpsychologische Autoren (z. B. Joffe 1969, Lichtenberg 1983) die entwicklungsnotwendige Seite von Neid. So kann Neid Wünsche mobilisieren, eine bewunderte Eigenschaft oder ein solches Attribut selbst zu haben und somit ein mächtiger Entwicklungsmotivator werden. Generell könne Neid als eine der Reaktionen auf den seelischen Schmerz verstanden werden, der durch die Wahrnehmung der Diskrepanz zwischen Real-Selbst und Ideal-Selbst auftritt (Joffe 1969, S. 543). Neid kann so – im Gegensatz zu einer depressiven Reaktion auf diese Diskrepanz – dazu anspornen, das narzisstische Gleichgewicht wieder herzustellen. Die Neid-Reaktion enthält zumindest die Hoffnung, das beneidete und mit einem erhöhten Selbstwertgefühl assoziierte Attribut selbst besitzen zu können.

2. Klassische Auffassung

Freud und Abraham wiesen als erste auf die Bedeutung des Neides im Bereich von Entwicklungspsychologie und Psychopathologie hin. Freud benutzte das Konzept von Neid in seiner Theorie des Penisneides (1918a), in dem der beneidete und gewünschte Penis beim jungen Mädchen einen eigenen erlebten Mangel kompensieren soll. Feindseligkeit wird dabei sowohl gegenüber dem beneideten Besitzer des begehrten Attributs als auch gegenüber den Personen (vor allen Dingen die Mutter) empfunden, die als verantwortlich für den erlittenen „Schaden" des Mädchens angesehen werden. Auch Freud betonte dabei die narzisstische Bedeutung (1925j), die dem Penis zugeschrieben wird.

Die Generalisierung des Penisneides als zentrales Entwicklungsmerkmal der weiblichen psychosexuellen Entwicklung ist mittlerweile sehr umstritten. Wichtig in der Freud'schen Konzeption scheint aber die Vorstellung einer konkret-körperlichen (unbewussten) Phantasie als Ursprung des Neides zu sein. Hier gibt es einen Berührungspunkt zu M. Klein, die später in ähnlich konkret-körperlicher Weise den Ursprung des Neides in der frühen Beziehung zur mütterlichen Brust sieht.

Abraham (1921) sah den Ursprung des Neides im oral-sadistischen Entwicklungsstadium und betonte den Kontrast zur Freigiebigkeit, die er dem oral-saugenden Stadium zuordnete. Ähnlich wie Eisler (1922) verband Abraham (1920) die Konzepte von Neid und Aggression. Er betonte die Bedeutung der Feindseligkeit gegenüber der Person, die ein begehrtes Objekt besitzt, und den Impuls, dieses zu rauben.

3. Die Bedeutung des Begriffs in den verschiedenen psychoanalytischen Schulrichtungen

Eine zentrale Bedeutung bekam Neid als Konzept erst durch M. Klein 1957 in ihrer Arbeit „Neid und Dankbarkeit". Erst relativ spät, als letztes ihrer basalen Konzepte eingeführt, ist es seitdem zentral vor allen Dingen für die kleinianische und post-kleinianische Tradition der Objektbeziehungstheorie. E.B. Spillius (1993) berichtet, dass Klein ihre Ideen über Neid aus der Analyse einiger besonders schwieriger Patienten entwickelte. In ihrer Arbeit mit „Richard" (vgl. Klein 1961), einem zehnjährigen Jungen, habe sie erlebt, dass besonders nach hilfreichen Phasen der Therapie der Patient sie angriff und entwertete. Dies geschah vor allem in Momenten, in denen in Richards Phantasie sie als Therapeutin und seine Mutter die nährende Brust, die auch geistige Nahrung (z.B. Interpretationen) enthält, nicht nur ihm, sondern auch anderen gaben. Von daher sah Klein Neid als einen der Hauptfaktoren für die negative therapeutische Reaktion, die gerade dann eintritt, wenn eine hilfreiche analytische Arbeit vom Patienten nicht anerkannt werden kann.

In Anlehnung an Abraham definierte Klein Neid als: „oral-sadistischen und analsadistischen Ausdruck destruktiver Impulse, die vom Beginn des Lebens an wirken und eine konstitutionelle Basis haben" (1957, S. 176). Sie sah Neid damit als eine Manifestation des Todestriebes, den sie – in Anlehnung an Freud – als eine instinkthafte innere destruktive Macht beschrieb, die als Furcht vor Vernichtung erlebt wird.

Zentral ist dabei die Vorstellung, dass – wie im Beispiel von „Richard" – nicht ein primär als „schlecht" oder „frustrierend" erlebtes Objekt angegriffen wird, sondern ein als überlegen und im Grunde gut erlebtes. So führt Neid zu Angriffen auf den guten Charakter des Objekts und kann – worauf neben Klein vor allen Dingen auch Joseph (1986) hinweist – zu massiven Schwierigkeiten führen, etwas aufzunehmen, anzunehmen und zu lernen. Denn annehmen hieße akzeptieren, dass das Objekt etwas besitzen oder weitergeben kann, über das der Neider eben nicht verfügt und das er sich nicht omnipotent aneignen kann. Hier besteht die Gefahr, dass durch die Angriffe auf den guten Charakter des Objektes eine Verwirrung zwischen guten und schlechten Objektaspekten entsteht, die sogar Prozesse von Differenzierung und Entwicklung des Denkens behindern kann.

Die Tatsache, dass Neid von den Kleinianern als angeborener, primärer Instinkt, Ausdruck des Todestriebes und von Beginn des Lebens an wirksam betrachtet wurde, rief massive und empörte Gegenreaktionen anderer psychoanalytischer Schulen, damals vor allen Dingen der Ich-Psychologie, hervor. Joffe (1969) fasst in seiner Arbeit anlässlich eines Symposiums der Britischen Psychoanalytischen Gesellschaft zum Thema Neid und Eifersucht aus demselben Jahr die Kritik und Gegenposition einer ich-psychologischen Denktradition zusammen: Neid wird als komplexe Einstellung gesehen, die Teil der normalen Entwicklung ist und in enger Verbindung zu anderen Einstellungen wie Besitzdenken steht. Neid sei verbunden mit Aggression und Zerstörung, aber die aggressive Komponente und die damit verbundenen Phantasien stammten von allen Entwicklungsphasen und seien nicht nur oral bestimmt. Statt als primärer Trieb wird Neid als eine sekundäre motivierende Kraft gesehen, die positive und adaptive Konsequenzen innerhalb der Entwicklung hat, aber auch zu einer malignen Pathologie führen kann. Joffe hebt vor allen Dingen die Verbindung zu Narzissmus und Selbstwertgefühl hervor (S. 544).

Wie generell in der Kritik der Ich-Psychologie gegenüber kleinianischen entwicklungspsychologischen Vorstellungen wird eine so frühe „Fähigkeit zu Neid" massiv bezweifelt. Ein derart komplexes Gefühl setzt Fähigkeiten wie die der Unterscheidung zwischen Selbst und Objekt und zwischen phantasierter Wunscherfüllung und halluzinatorischer Wunscherfüllung, zwischen innerer und äußerer Realität voraus. Ein ausreichendes Maß an Sekundärprozess sei daher eine notwendige Vorbedingung.

Entsprechend sehen Frankel und Sherick (1977) in einer empirisch orientierten Kinderbeobachtung mit Vorschulkindern Neid im eigentlichen Sinne auch erst in der Mitte des zweiten Lebensjahres und vor allen Dingen dann im dritten Lebensjahr. Sie definieren Neid im engeren Sinne als den Wunsch, die guten Gefühle zu erleben, die in der Vorstellung des Neiders ein anderer durch den Besitz geschätzter Attribute oder Dinge hat. Bei kleineren Kindern zwischen 1 und 11/2 Jahren sehen die Autoren noch keine genügende Selbst-Objekt-Differenzierung. Menschen und Dinge würden noch als Teil der eigenen Persönlichkeit behandelt. Es gehe hier weniger um Neid, sondern mehr um das einfache Bedürfnis, etwas, was einen interessiere, zu besitzen, während der Nichtbesitz als Verletzung des eigenen Wohlbefindens und damit der narzisstischen Balance erlebt werde. Hier könne bestenfalls von Vorläufern von Neid gesprochen werden. Im Alter von eineinhalb bis zwei Jahren gebe es eine deutliche Schwelle, weil hier ein Wettbewerb um die Aufmerksamkeit der Pflegepersonen auftrete und die Wahrnehmung der Aufmerksamkeit, die auf andere Kinder gerichtet ist, zu deutlichen Neidreaktionen führe.

4. Wesentliche Erweiterungen, Differenzierung und Modifikationen

Dreißig Jahre nach den erbitterten Debatten stellt sich die Situation verändert dar: Innerhalb der kleinianischen Theoriebildung wird der Akzent weniger auf die Entwicklung des Neides im Kleinkindalter gelegt, sondern auf seinen klinischen Ausdruck (vgl. Spillius 1993). Manche Kleinianer wie Meltzer (1988) nehmen sogar eine Revision von entwicklungspsychologischen Stadien und Vorstellungen vor. Meltzer meint inzwischen, dass das Erleben der guten Beziehung zur Mutter zunächst Momenten der depressiven Position entspricht und es erst später zu konfliktbedingten Zerfallserscheinungen der paranoid-schizoiden Position wie Spaltung, Projektion und projektiver Identifikation kommt. Umgekehrt haben auch Nicht-Kleinianer, vor allen Dingen die Freudianer der britischen psychoanalytischen Vereinigung, viele Konzepte der Kleinianer in ihren Denkansatz integriert. Die Diskussion wird jetzt mehr durch die Bedeutung von Neid in der Behandlung schwergestörter Patienten (Persönlichkeitsstörungen, insbesondere narzisstische und Borderline-Störungen) bestimmt (vgl. Lohmer 2000). Hier tritt Neid vor allen Dingen auf, wenn der Patient seine Abhängigkeit von einem guten Objekt wahrnimmt und – an der Schwelle zur depressiven Position – dessen unabhängige Existenz, seine guten und schlechten Eigenschaften und seine Beziehungen auch zu anderen Objekten akzeptieren muss; gerade dann also, wenn ein Schritt der Integration ansteht und die Getrenntheit vom Objekt wahrgenommen wird, kann Neid besonders stark erlebt werden. Für den Therapeuten spürbar wird dies häufig in einer Unfähigkeit des Patienten zu lernen, Hilfe anzunehmen und dankbar sein zu können (Joseph 1986).

Der Drang, schmerzhaften Gefühlen auszuweichen, die mit dieser Integration und dem Wahrnehmen, dass es früher kein wirklich gutes Objekt gegeben haben mag, verbunden sind, führt zu verschiedenen Abwehroperationen:

Die Verleugnung der guten Eigenschaften des Objekts, so dass dann weniger Bewunderung und Abhängigkeit empfunden werden muss; die Projektion des Neides, so dass der Neid bei anderen Personen wahrgenommen wird, während man sich selber als nichtneidisch erlebt; die Idealisierung des beneideten Objekts, in der der andere so überhöht wird, dass ein Vergleich mit sich selbst nicht nötig wird; die Identifikation mit dem idealisierten Objekt, mit dem Ergebnis, dass der Neider Eigenschaften (wie Deutungen, Erkenntnisse etc.) des beneideten Objekts quasi übernehmen kann, sich selbst als Erschaffer dieser Gedanken erleben kann, ohne aber wirklich kreativ mit ihnen arbeiten zu können (vgl. auch Klein 1957, Joseph 1986, Spillius 1993).

In der Gegenübertragung wird massiver Neid des Patienten oft dadurch spürbar, dass es dem Therapeuten nicht möglich wird, seine Position auch zu genießen, sich an seiner Arbeit zu erfreuen, das Gefühl einer „guten Arbeit" zu bekommen; dies hängt mit der projektiv-identifikatorisch vermittelten Problematik des neidischen Patienten zusammen, anderen Erfolg und Genuss nicht gönnen zu können und nicht fähig zu sein, Dankbarkeit zu erleben (vgl. Joseph 1986).

Spillius (1993) unterscheidet zwei verschiedene Formen von Neid: einen ichdystonen, zunächst unbewussten Neid, der bei Erreichen der depressiven Position zu massivem Erleben von Schuld führt, wenn der Patient seinen Neid schließlich bewusst erleben kann. Dies kann der Fall sein, wenn Patienten ihre narzisstische Balance durch subtile Entwertungen des Therapeuten wiederherstellen oder „gute" Therapiestunden ein quälendes Gefühl von Abhängigkeit erzeugen. Im Gegensatz dazu gibt es eine Gruppe von Patienten, in denen der Neid sehr viel offensichtlicher für den Beobachter, aber manchmal auch für den Neider selbst ist. Spillius bezeichnet diese Form des Neiderlebens als reuelos („impénitent"). Hier leide der Patient nicht an Gefühlen von Schuld und Verantwortung, wenn er seines Neides gewahr wird. Ganz im Gegenteil empfindet er seinen Ärger als legitime Beschwerde über jemanden, der ihn schlecht behandelt oder ihm etwas vorenthält. Das Objekt wird nicht als eigentlich gut erlebt, sondern der Patient erlebt sich selbst bei einem legitimen Angriff auf ein Objekt, das es verdient, gehasst zu werden. Insbesondere bei schweren narzisstischen Störungen tritt diese Form des Neides auf. Neid wird hier durch den Modus der paranoid-schizoiden Position bestimmt mit einem Rückzug in paranoide Tendenzen als einer Abwehr gegen depressive Ängste.

Die Bewältigung von Neid kann also nur im Modus der depressiven Position geschehen. Sie ist mit der Fähigkeit Schuld zu empfinden und Schmerz darüber verbunden, dem Objekt, aber vielleicht auch anderen Objekten in der Vergangenheit etwas „angetan" zu haben, oft auch von Trauer darüber begleitet, dass kein wirklich gutes Objekt in der eigenen Geschichte zur Verfügung gestanden hat. Es sind die Errungenschaften der depressiven Position wie Einfühlung in den anderen, Anerkennung der Unterschiede, der Getrenntheit und des Angewiesenseins auf andere, die schließlich Neid bewältigen helfen. Daraus erwächst dann die Fähigkeit zu Dankbarkeit, die das große Gegengewicht zum Neid darstellt.

Literatur

Abraham, K. (1920). Äußerungsformen des weiblichen Kastrationskomplexes. In Gesammelte Schriften (S. 78–108), Bd. I. Frankfurt/M.: Fischer, 1982.

Abraham, K. (1921). Ergänzungen zur Lehre vom Analcharakter. In Gesammelte Schriften (S. 103–124), Bd. II. Frankfurt/M.: Fischer, 1982.

Eisler, M.J. (1922). Pleasure in sleep and the disturbed capacity for sleep. International Journal of Psycho-Analysis, 3, 30–42.

Frankel, S. and Sherick, I. (1977). Observations on the development of normal envy. Psychoanalytic Study of the Child, 32, 257–281.

Joffe, W.G. (1969). A critical survey of the status of the envy concept. International Journal of Psycho-Analysis, 50, 533–545.

Joseph, B. (1986). Envy in everyday life. In M. Feldman and E.B. Spillius (Eds.), Psychic equilibrium and psychic chance: selected papers of Betty Joseph (pp. 181–191). London: Routledge, 1989.

Klein, M. (1957). Envy and gratitude. In The writings of Melanie Klein, Vol. III, Envy and gratitude and other works (pp. 176–235). London: Hogarth Press, 1987.

Klein, M. (1961). The narrative of a child analysis. In The writings of Melanie Klein, Vol. IV. London: Hogarth Press, 1987.

Lichtenberg, J.D. (1983). Psychoanalyse und Säuglingsforschung. Berlin: Springer, 1991.

Lohmer, M. (2000). Abwehrmechanismen und Objektbeziehungsgestaltung bei Borderline-Patienten – eine psychoanalytische Perspektive. In O.F. Kernberg, B. Dulz und U. Sachsse (Hg.), Handbuch der Borderline-Störungen (S. 75–86). Stuttgart: Schattauer.
Meltzer, D. (1978). The Kleinian development, Part III. The clinical significance of the work of Bion. Perthshire: Clunie Press.
Meltzer, D. (1988). Aesthetic conflict: its place in development. In Meltzer, D. (Ed.), The apprehension of beauty (pp. 7–33). Old Bellchin: Clunie Press.
Spillius, E.B. (1993). Varieties of envious experiences. International Journal of Psycho-Analysis, 74, 1199–1211.

Neurose *von Peter Henningsen*

neurosis – névrose

1. Definition

Eine Neurose ist eine seelische Krankheit. In ihrer Ätiologie spielen neben aktuellen psychischen Belastungen biographische Faktoren wie unbewusste psychische Konflikte oder die Auswirkung frühkindlicher Traumatisierungen eine wesentliche Rolle. Das Konzept „Neurose" enthält sowohl deskriptiv-klassifikatorische wie ätiologische Anteile. Die deskriptive Abgrenzung der Neurosen von den Psychosen, der anderen großen Gruppe seelischer Krankheiten, ist kein psychoanalytisches Spezifikum; sie wird genauso in anderen psychotherapeutischen Schulen vorgenommen und diente bis vor wenigen Jahren als Organisationsprinzip der gängigen psychiatrischen Klassifikationssysteme ICD und DSM. Die klassifikatorische Unterteilung der Neurosen in Symptom- und Charakterneurosen oder die weitere Einteilung der Symptomneurosen in hysterische, depressive, hypochondrische, Angst- und Zwangsneurosen ist ebenfalls in der Psychiatrie und der psychotherapeutischen Medizin allgemein verbreitet. Das gilt genauso für die ätiologisch ausgerichtete Definition von Neurosen als primär psychogenen Krankheiten.

Spezifisch psychoanalytisch sind dagegen die Annahmen zur Ätiologie der Neurosen aus vorwiegend unbewussten psychischen Prozessen, insbesondere aus unbewussten Konflikten. Ebenfalls spezifisch psychoanalytisch sind die auf diesen ätiologischen Annahmen und nicht, wie oben, auf deskriptiv fassbaren Phänomenen basierende Einteilung der Neurosen z.B. in Übertragungs- und narzisstische Neurosen. Die ätiologischen Annahmen z.B. zu den Entwicklungsbedingungen der psychischen Struktur, ihren Störungsmöglichkeiten und den Auswirkungen auf die spätere Entstehung einer Neurose unterscheiden sich je nach psychoanalytischer Schulrichtung. Zusammengenommen konstituieren sie als sog. Neurosenlehre traditionell den zentralen Teil der psychoanalytischen Krankheitslehre.

Das Adjektiv „neurotisch" hat einen zugleich sehr viel weiteren und einen engeren Bedeutungshof als das entsprechende Substantiv: einerseits dient es umgangssprachlich sehr allgemein zur Kennzeichnung auffälliger, aber nicht stark abweichender Erlebens- und Verhaltensweisen, unabhängig von ihrem Krankheitswert im medizinischen Sinne; andererseits wird damit ein „reifes" Entwicklungsniveau der Persönlichkeitsstruktur (z.B. in Abgrenzung zur Borderline-Persönlichkeitsstruktur) bezeichnet.

2. Klassische Auffassung

In ihren Anfängen entwickelte sich die psychoanalytische Theorie insgesamt aus dem damaligen wissenschaftlichen Ziel Freuds, gegen die herrschenden Lehrmeinungen eine psychogene Ätiologie der Neurosen, insbesondere der Hysterie und der Zwangsneurose nachzuweisen und damit auch die Wirkung der von ihm entwickelten psychologischen Therapie zu begründen; alle anderen, über die Erklärung seelischer Krankheiten hinausgehenden Anteile dieser neuen Wissenschaft wie Traumlehre oder Theorie der psychoanalytischen Technik entstanden erst später. In den ersten, noch unter Charcots Einfluss verfassten Arbeiten zur Hysterie sieht er diesen Prototyp der Neurose noch als Ausdruck einer funktionellen, physiologischen Störung des Nervensystems (Freud 1892–93a). 1894 grenzt er dann aus dem Gesamtgebiet der Neurosen und Psychosen oder „Neuropsychosen" die Untergruppe der sog. Abwehr-Neuropsychosen (erworbene Hysterie, Phobien, Zwangsvorstellungen, gewisse halluzinatorische Psychosen) ab, für die er erstmals einen psychogenen Entstehungsmechanismus annimmt. Zwischen 1895 und 1898 nimmt er weitere nosologische Differenzierungen der Neurosen entlang der spezifischen, in unterschiedlicher Weise mit Sexualität verknüpften Ätiologie-Annahmen vor: aus den Abwehr-Neuropsychosen werden die Psychoneurosen (Hysterie und Zwangsvorstellungen) herausgegriffen, bei denen er psychogene Mechanismen wie die aktualisierte Erinnerung an ein reales sexuelles Trauma („Verführungstheorie") oder eine entsprechende Phantasie annimmt; davon abgegrenzt postuliert er bei den sog. Aktualneurosen (Neurasthenie und Angstneurose) eine somatisch-sexuelle Ätiologie durch die „chemischen" Folgen von Masturbation bzw. Coitus interruptus. Gekoppelt an diese Ätiologie-Annahmen sind Aussagen zu erwartbaren therapeutischen Erfolgen durch Psychoanalyse: bei psychogener Ätiologie ja, bei somatischer Ätiologie nein.

In den Vorlesungen von 1916/17 nimmt Freud (1916–17a) eine Differenzierung psychogener Ätiologien je nach Libidobesetzung auf das Objekt oder das Ich und damit auch wieder je nach erwartbaren therapeutischen Erfolgen vor. Nosologisch entspricht dem die weitere Unterscheidung der Psychoneurosen in behandelbare Übertragungsneurosen (Hysterie, Angsthysterie, Zwangsneurose – nicht zu verwechseln mit der Übertragungsneurose im Verlauf einer psychoanalytischen Therapie) und die psychoanalytisch nicht behandelbaren narzisstischen Neurosen, zu denen er damals Psychosen wie die Dementia praecox, Paranoia, Melancholie, aber auch die Hypochondrie rechnete. Gleichzeitig deutet sich in diesem Text schon das später verbreitete pars pro toto an, das dadurch entsteht, dass die Psychoneurosen oder sogar nur die Übertragungsneurosen verkürzend als Neurosen bezeichnet werden. Dies wird auch in der Arbeit „Neurose und Psychose" (Freud 1924b) deutlich, in der es zunächst heißt: „die Neurose ist der Erfolg eines Konflikts zwischen dem Ich und seinem Es" – als wichtigster Konflikt oder „Kern der Neurose" gilt dabei die gescheiterte Bewältigung des Ödipuskomplexes. Später in der gleichen Arbeit von 1924 wird dann wieder genauer differenziert: „Die Übertragungsneurose entspricht dem Konflikt zwischen Ich und Es, die narzisstische Neurose dem zwischen Ich und Überich, die Psychose dem zwischen Ich und Außenwelt." Mit narzisstischer Neurose ist jetzt im Gegensatz zu den „Vorlesungen" nur die Melancholie gemeint, nicht mehr die anderen Psychosen; nicht mehr enthalten sind Aussagen zur prinzipiellen Unbehandelbarkeit der einen oder anderen Gruppe. Zu den spezifischen ätiologischen Annahmen bei den einzelnen Neurosen (Konflikt, Stufe der Libidoregression, Rolle des Ichs etc.) sei auf die zugehörigen Stichwörter des Handbuchs verwiesen; hier sei nur noch angemerkt, dass der Schwerpunkt des psychoanalytischen Neurosenkonzepts von Anfang an auf den Symptomneurosen lag, das Konzept der Charakterneurosen wurde von Freuds Schülern erst seit den 20er Jahren und nie so systematisch ausgearbeitet (Hoffmann 1979).

In den Stufen der von Freud entwickelten klassischen Neurosen-Konzeption wird die Deskription von Symptomen also in wechselnder Weise mit bestimmten Ätiologie-Annahmen verknüpft, die implizit auch Aussagen zur Behandelbarkeit der jeweiligen Krankheit durch die psychoanalytische Therapie darstellen. Es gelingt ihm so, mit einer speziell auf die Übertragungsneurosen bezogenen psychoanalytischen Krankheitslehre das allgemeine Neurosenverständnis zu prägen und, damit verbunden, den psychoanalytischen Therapieansatz trotz aller Widerstände auch in der Medizin und Psychiatrie zu etablieren. Gleichzeitig legt er aber in nosologischer wie in therapeutischer Hinsicht auch den Grundstein für eine Auflösung des Konzepts von Neurosen als seelischen Krankheiten „von innen heraus". Dadurch, dass im psychoanalytischen Neurosenkonzept die Grenze zur sog. Normalität fließend, also eher quantitativ als im Sinne eines qualitativen Sprungs verläuft, wird das sonst übliche medizinische Konzept von Krankheiten, die zum Morbus verdinglicht erscheinen, zugunsten eines Blicks auf die individuelle Situation des erst sekundär als krank oder nicht krank eingeschätzten Menschen ersetzt. In anderer Weise impliziert auch das Junktim von Forschen und Heilen im therapeutischen Setting, dass die von Patient und Analytiker geteilte Einsicht in die individuelle Ätiologie der Neurose idealiter auch ihre Auflösung bedeutet.

3. Ideengeschichtlicher Hintergrund

In seinem Buch über die „englische Krankheit" popularisierte der englische Arzt George Cheyne (1671–1743) 1715 die „Nervosität" als Hintergrund vor allem der Hypochondrie, aber auch der Melancholie und Hysterie; entsprechend der antiken Tonuslehre führte er sie auf vererbte und ernährungsbedingte Anspannungsschäden der Nerven zurück. Der schottische Arzt William Cullen (1710–90) führte 1769 erstmals den Begriff der „Neurose" als eine von vier Krankheitsarten neben Kachexie, Fieber und lokalen Störungen ein. Er definierte sie als eine Störung der Sinne und Bewegung ohne Fieber und Lokalbefund und fasste darunter ganz unterschiedliche Krankheiten, bei denen damals keine organischen Läsionen bekannt waren, wie Koma, Epilepsie, Asthma oder Hypochondrie. Im 19. Jahrhundert wurden viele unterschiedliche Theorien zur Ätiologie der Neurosen entwickelt, in denen mal mehr auf eine Läsion, mehr auf einen gestörten physiologischen oder auf einen degenerativen Prozess abgehoben wurde (Drinka 1984). Von besonderer Bedeutung war hier, in Anlehnung an die ursprüngliche Definition von Cullen, die auch von Charcot (1825–93) vertretene Auffassung von Neurosen als funktionellen, also nicht strukturell verankerten Störungen des Nervensystems – wobei „funktionell" damals keinesfalls mit „psychogen" gleichzusetzen war, sondern auf eine trotz der zunehmenden Erfolge der aufkommenden Neurologie noch unentdeckte, möglicherweise erbliche Funktionsstörung des Nervensystems verwies (Reynolds 1990). Einflussreich für Freuds spätere Herausarbeitung psychogener Mechanismen in der Neurosenätiologie waren hier besonders die Arbeiten des englischen Neurologen Hughlings Jackson (1835–1911), der den Funktionsbegriff erweiterte, indem er neben reinen Funktionsverlusten auch Funktionsveränderungen z.B. bei Sprachstörungen untersuchte, deren inhaltlichen Sinn er auf frühere Entwicklungsstadien des Nervensystems („retrogression") und auf frühere Äußerungen des Betreffenden bezog. Als Anstoß und Gegenmodell zum eigenen psychogenetisch orientierten Neurosenkonzept war für Freud auch die in der deutschsprachigen Psychiatrie des 19. Jahrhunderts verbreitete Auffassung von allen Geistes- oder psychischen Krankheiten als Gehirnkrankheiten bedeutsam.

4. Wesentliche Differenzierungen und Modifikationen

Das Neurosen-Konzept insgesamt hat innerhalb der Psychoanalyse in den Jahrzehnten seit 1940 theoretisch und klinisch eine erkennbare Bedeutungseingrenzung erfahren: es wurde zunehmend deutlicher, dass die mit diesem Konzept implizierte Ätiologie seelischer Krankheiten als einer Kompromissbildung aufgrund unbewusster Konflikte keineswegs für alle psychoanalytisch behandelbaren Patienten zutrifft; statt dessen weist ein wesentlicher Prozentsatz von Patienten – in der Sprache der Ich-Psychologie – entwicklungsbedingte Defizite in einzelnen Bereichen der Persönlichkeitsstruktur auf, die die Austragung unbewusster intrapsychischer Konflikte in Form einer Neurose gar nicht ermöglicht. Schultz-Henckes Begriff der „Neurosenstruktur" (vgl. Rudolf 1977) als dem Gesamt aus zentralem neurotischen Konflikt (Hemmung), Folge der neurotischen Hemmung (Gehemmtheit) und charakterlichen Folgen (Haltung) liefert ein Beispiel des theoretischen Übergangs von der Neurose zur Struktur; Ähnliches gilt für Shapiros Begriff der „neurotischen Stile" (1965) als Matrix für einzelne Charakterzüge und für Symptome.

Die impliziten, wenn auch unpräzisen Gleichsetzungen lauten: ich-strukturelle = unreife Störung = Persönlichkeitsstörung, Sucht, psychosomatische Erkrankung; konfliktpathologische = reife Störung = klassische Neurose. Rudolf (1977) betont weniger die nosologische Zuordnung, sondern in persönlichkeitsstruktureller Perspektive vor allem die Bedeutung der intentional-kommunikativen Beeinträchtigungen bei den „Krankheiten im Grenzbereich von Neurose und Psychose". Explizit wurde die Konnotation von „neurotisch" mit „reif", also mit relativ ungestörter Entwicklung der Persönlichkeit, in der schon erwähnten Benennung unterschiedlicher Entwicklungsniveaus der Persönlichkeitsstruktur z.B. bei Kernberg (1967). Diese potentiell Kontinuität unterstellende Hierarchie von einem reifen zu einem unreifen, im Extrem psychotischen Niveau der Persönlichkeitsstruktur hat eine Wurzel auch darin, dass seit den Arbeiten von M. Klein die bislang am Realitätsprüfungskriterium festgemachte klare Abgrenzung der Neurosen von den Psychosen wegen angenommener Gemeinsamkeiten in den kindlichen Entwicklungsbedingungen (depressive vs. paranoid-schizoide Position) wieder in Frage gestellt wurde (vgl. King und Steiner 1991). In der Folge wurde auch davon gesprochen, dass der implizite Bezugspunkt der Neurose nicht mehr wie bei Freud die Perversion sei (die Neurose als Negativ der Perversion), sondern die Psychose: die Analyse der Neurose sei nicht beendet, solange nicht der „psychotische Kern" zumindest oberflächlich erreicht sei (Green 1975). Bis in die 80er Jahre finden sich, v.a. bei Anhängern der Freud'schen Triebtheorie, aber auch klassische Auffassungen, wie sie in der Kapitelüberschrift einer psychoanalytischen Krankheitslehre zum Ausdruck kommen: „Der psychoanalytische Ansatz: Die Neurose – ein Konflikt" (Roskamp 1989).

Als ein Fazit der hier nur grob umrissenen Entwicklung erweist sich das Konzept der Neurose als nicht mehr entscheidend für die Indikationsstellung zur psychoanalytischen Behandlung: vor allem, wenn Modifikationen am Setting vorgenommen werden, die die Anforderungen durch ich-strukturell gestörte Patienten berücksichtigen, können positive Indikationen auch über den Bereich der klassischen, „reifen" Neurosen hinaus gestellt werden; umgekehrt finden sich bei genauer Diagnostik der Persönlichkeitsstruktur auch bei vielen Patienten, die an einer „klassischen" Neurose leiden, in einzelnen Bereichen ausgeprägtere Störungen der Ich- bzw. Selbststruktur, die bei der Indikationsstellung berücksichtigt werden müssen (vgl. Schneider 1996).

Das Konzept ich-struktureller Störungen als „Nicht-Neurosen" (Heigl-Evers et al. 1994) blieb insofern noch in der Tradition des Neurosen-Konzepts, als es ebenfalls eine theoretisch vorgegebene und nicht empirisch festgestellte Verknüpfung von ätiologischer Annahme und bestimmten Diagnosen (Persönlichkeitsstörung, Sucht, psychosomatische Erkrankung) unterstellte. Einen Schritt weiter in der Entkopplung von Ätiologieannahme und Diagnose, aber damit auch in der Relativierung des traditionellen Neurose-Konzepts, geht innerhalb des psychoanalytischen Kontexts der Ansatz einer „Operationalisierten Psychodynamischen Diagnostik" (Arbeitskreis OPD 1996), in dem der Begriff „Neurose" weder in seinem deskriptiven noch in seinem ätiologischen Anteil Verwendung findet. Statt dessen wird für den deskriptiven Teil auf die neue ICD-10–Klassifikation zurückgegriffen; für den ätiologischen

Teil werden die sog. „Achsen“ Konflikt, Beziehung und Struktur für jeden Patienten getrennt untersucht. So wird nicht mehr, wie früher z.B. im Begriff der „depressiven Neurose“, eine deskriptive Symptom-Diagnose mit einer ganz bestimmten ätiologischen Annahme über spezifische Konflikte und Persönlichkeitsstrukturen fest verknüpft – die Zusammenhänge von typischem Konflikt, Integrationsniveau der Struktur und Art der Symptome können statt dessen wieder zu einer empirisch offenen Frage werden.

5. Interdisziplinäre Beiträge

Das Krankheitskonzept „Neurose“ stellte traditionell eine wichtige Verständigungsbrücke von der Psychoanalyse zur Medizin dar, da es sowohl in der Psychiatrie wie in der Organmedizin Anwendung fand – allerdings nur z.T. unter dem Einfluss genuin psychoanalytischer Konzepte. So gab es bis in die siebziger Jahre Überschneidungen zur Psychiatrie in der deskriptiven Klassifikation der Neurosen bei gleichzeitigem Ringen um ihre Ätiologie wie um ihren Krankheitswert. Letzterer wurde von Teilen der Psychiatrie, z.B. von K. Schneider als einem Hauptvertreter der deutschen psychopathologischen Tradition, noch 1967 verneint, in Deutschland z.B. durch die Aufnahme der Neurosen in den Leistungskatalog der RVO-Kassen dagegen zur gleichen Zeit offiziell anerkannt. Das deskriptive Verständnis der Neurosen wurde im psychiatrischen Kontext mal weiter als Oberbegriff für psychogene Reaktionen aller Art, mal enger als Bezeichnung wesentlich lebensgeschichtlich determinierter psychogener Erkrankungen gefasst (Bräutigam 1965, Schwidder 1972). Hinsichtlich der Ätiologie betonen psychiatrische Autoren neben möglichen intrapsychischen Konflikten auch die Rolle genetischer und sozialer Faktoren, anthropologisch orientierte Psychiater analysierten die Entstehung neurotischer Erkrankungen im Hinblick auf die im Erkranktsein verborgenen Sinnstrukturen (vgl. Hoffmann 1994).

1980 wurde das Konzept der Neurose aus dem US-amerikanischen psychiatrischen Klassifikationssystem DSM-III nach heftigen Auseinandersetzungen als Ordnungsbegriff entfernt und durch den ätiologisch weniger vorbelasteten Störungs-Begriff ersetzt (Bayer und Spitzer 1985); 1991 folgte die zehnte Auflage der International Classification of Diseases (ICD-10) diesem Schritt. Die auf der Basis dieser sog. „theoriefreien“ Klassifikationssysteme durchgeführten epidemiologischen Studien lassen inzwischen sehr hohe Komorbiditätsraten z.B. für die verschiedenen Angst- und depressiven Störungen erkennen, so dass von Psychiatern in den letzten Jahren bereits wieder für die Einführung des Konzepts eines „Allgemeinen neurotischen Syndroms“ als Folge einer generellen psychischen Vulnerabilität plädiert wird (Andrews 1996). Gleichzeitig tauchen viele neurotische Verhaltensmuster nun unter der diagnostischen Bezeichnung der (ängstlichen, zwanghaften, histrionischen etc.) Persönlichkeitsstörung auf (Rudolf 1996).

Für das Neurosenverständnis innerhalb der diesen Krankheitsbildern gegenüber offenen Teilen der Organmedizin ist ein Oszillieren zwischen dem psychoanalytischen Konzept von Neurosen als Ausdruck unbewusster psychischer Konflikte und dem alten Verständnis von Neurosen als funktionell-physiologischen Störungen des Nervensystems, von denen die sog. Psychoneurosen nur eine Untergruppe darstellen, charakteristisch (Brun 1954, Schultz 1959). Der Doppelsinn des Begriffs „funktionell“ (einmal deskriptiv-physiologischer Gegenbegriff zu „strukturell“, einmal in teleologischem Verständnis als „Funktion für den Organismus bzw. die Person“) erleichterte die zur Akzeptanz psychoanalytischer Konzepte in der Medizin hilfreiche Unschärfe im Verständnis von Neurosen. Das von Franz Alexander entwickelte Konzept der vegetativen Neurosen als funktionellen Störungen von Körperorganen steht in dieser Tradition; auch die weiteren, unter dem Stichwort „Psychosomatik“ geführten Auseinandersetzungen um die Reichweite der Psychoanalyse in der Organmedizin (A. Mitscherlich, „Krankheit als Konflikt“) stützten sich auf diese konzeptuell heterogenen Wurzeln. Weizsäcker (z.B. 1933) und mit ihm die sog.

anthropologische Medizin versuchten, aus dem Oszillieren zwischen psychogenen und pathophysiologischen Anteilen des Neurosebegriffs eine positive Bestimmung für die „Einführung des Subjekts in die Medizin“ abzuleiten.

Literatur

Andrews, G. (1996). Comorbidity and the general neurotic syndrome. British Journal of Psychiatry, 168 (suppl. 30), 76–84.

Arbeitskreis OPD (Hg.) (1996). Operationalisierte Psychodynamische Diagnostik. Grundlagen und Manual. Bern: Huber.

Bayer, R. and Spitzer, R.L. (1985). Neurosis, psychodynamics, and DSM-III. Archives of General Psychiatry, 42, 187–196.

Bräutigam, W. (1965). Begriff, Erlebnisweise und Genese der Neurose. Der Nervenarzt, 36, 56–65.

Brun, R. (1954). Allgemeine Neurosenlehre. Biologie, Psychoanalyse und Psychohygiene leibseelischer Störungen. Basel: Schwabe, 3. Aufl.

Drinka, G.F. (1984). The birth of neurosis. New York: Simon & Schuster.

Green, A. (1975) Analytiker, Symbolisierung und Abwesenheit im Rahmen der psychoanalytischen Situation. Psyche – Z Psychoanal, 29, 503–541.

Heigl-Evers, A., Heigl, F. und Ott, J. (Hg.), (1994). Lehrbuch der Psychotherapie. Stuttgart: Fischer, 2. Aufl.

Hoffmann, S.O. (1979). Charakter und Neurose. Frankfurt/M.: Suhrkamp.

Hoffmann, S.O. (1994). Die Krankheit „Neurose“ – ein altes klinisches Konzept am Ende des 20. Jahrhunderts am Ende? In B. Strauß und A.-E. Meyer (Hg.), Psychoanalytische Psychosomatik (S.125–134). Stuttgart: Schattauer.

Kernberg, O.F. (1967). Borderline personality organization. Journal of the American Psychoanalytic Association, 13, 38–56.

King, P. and Steiner, R. (Eds.) (1991). The Freud-Klein controversies 1941–1945. London: Routledge.

Reynolds, E.H. (1990). Structure and function in neurology and psychiatry. British Journal of Psychiatry, 157, 481–490.

Roskamp, H. (1989). Grundzüge der Neurosenlehre. In W. Loch (Hg.), Die Krankheitslehre der Psychoanalyse (S. 75–187). Stuttgart: Hirzel, 5. Aufl.

Rudolf, G. (1977). Krankheiten im Grenzbereich von Neurose und Psychose. Göttingen: Vandenhoeck & Ruprecht.

Rudolf, G. (1996). Der psychoanalytische Ansatz in der Behandlung von Patienten mit Persönlichkeitsstörungen. In B. Schmitz, T. Fydrich und K. Limbacher (Hg.), Persönlichkeitsstörungen: Diagnostik und Psychotherapie (S.117–135). Weinheim: PVU.

Schneider, G. (1996). Psychoanalyse. In G. Rudolf (Hg.), Psychotherapeutische Medizin (S. 344–357). Stuttgart: Enke, 3. Aufl.

Schultz, J.H. (1959). Definition und Klassifikation der Neurosen: Der medizinisch-psychologische Gesichtspunkt. In V. Frankl, V.E. von Gebsattel und J.H. Schultz (Hg.), Handbuch der Neurosenlehre und Psychotherapie, Bd. 1 (S. 233–241). München: Urban & Schwarzenberg.

Schwidder, W. (1972). Klinik der Neurosen. In K.P. Kisker, J.-E. Meyer, M. Müller und E. Strömgren (Hg.), Psychiatrie der Gegenwart, Bd. 2, Halbbd. 1: Klinische Psychiatrie I (S. 351–476). Berlin: Springer.

Shapiro, D. (1991) Neurotische Stile. Göttingen: Vandenhoeck & Ruprecht.

Weizsäcker, V. von (1933). Körpergeschehen und Neurose. In P. Achilles (Hg.), Viktor v. Weizsäcker, Ges. Schriften, Bd. 6 (S. 119–238). Frankfurt/M.: Suhrkamp, 1986.

Oberfläche (psychische) *von Werner Balzer*

surface (psychic) – surface (psychique)

1. Definition

Es ist eine Binsenweisheit, dass die Analyse von der Oberfläche zur Tiefe voranschreiten soll. Obgleich aber Freuds ganzes metapsychologisches Werk selbst eine Tektonik von Oberflächen, Schichtungen, Niederschriften und Umschriften darstellt, ist „psychische Oberfläche" in technischer Hinsicht zwar ein kursorischer Begriff, aber eigentlich kein klassisches, elaboriertes psychoanalytisches Konzept. Erst neuere prozessrelevante Konzeptualisierungen (Paniagua 1985, 1991, Levy und Inderbitzin 1990, Balzer 1995) machen „psychische Oberfläche" zu einem heuristischen Organisator, der zu fassen versucht, wie Analytiker verschiedener Zeiten und Schulen implizit die Gestaltwerdung des momentanen unbewussten Prozessgeschehens unter Reduktion der Vieldeutigkeit des Materials in seiner Aktualgenese und Kontextualisierung begreifen. Denn der völlig voraussetzungsfrei arbeitende Analytiker ist eine Illusion. Das Material einer Stunde trifft auf ein vorbewusstes/bewusstes Arsenal von Präkonzepten, Modellen, Teiltheorien in teils schulentypischer, teils idiosynkratischer, eben der intrinsischen Arbeitsweise des Analytikers entsprechender Legierung. Formen psychischer Oberfläche sind Entwürfe des in ständiger Bewegung begriffenen imaginären mentalen „Arbeitsplatzes" des Analytikers. „Psychische Oberfläche" in moderner Sicht zielt auf die flüchtige Kontextualisierung des Materials (das auch emotionale Reaktion, Analyse der Abkömmlinge der ubw. Gegenübertragung, sogar somatische Verstörungen des Analytikers sowie kollusive Handlungen des analytischen Paares einschließt), welche den aktuellen analytischen „Gegenstand" herausschält und am treffendsten erlaubt, in affektivem Kontakt mit dem erlebenden Ich des Analysanden Einsicht, Entwicklung sowie eine Vertiefung des Prozesses zu fördern. „Psychische Oberfläche" ist ein Leitkriterium der Prozessrelevanz. Dieser Gestaltwerdung der „richtigen Schicht" haftet in actu ein strategisches Moment an, worauf etwa Begriffe wie „Deutungslinie" und „Deutungsoptionen" anspielen. Mit der Polarität von bewusst – unbewusst, latent – manifest ist das Konzept nicht erfassbar. Zu seiner paradoxen Dimensionalität gehört die Dialektik von wahr und richtig: was (z.B. psychogenetisch) „wahr" ist, kann im gegebenen Prozessmoment falsch sein. Die „tiefe" Deutung kann flach und falsch sein, die „oberflächliche" aber tief und richtig – gemessen am aktualisierten Affekt und der Verdauungskapazität des Ichs des Patienten.

Auch in metapsychologischer und nosologischer Hinsicht ist „psychische Oberfläche" ein bedeutsamer Begriff. „Das Ich ist vor allem ein körperliches, es ist nicht nur ein Oberflächenwesen, sondern selbst die Projektion einer Oberfläche" (Freud 1923b, S. 253). Vom Sensorischen ausgehende Oberflächenkonzepte beschreiben die frühen psychosomatischen Vorgänge bei der Bildung von Ich und Selbstrepräsentanzen mit ihren Störungen etwa i.S. des „Haut-Ich" (Anzieu 1985), bis hin zu psychosenahen, fusionären oder autistischen Phänomenen (Bick 1968, Meltzer et al. 1975, „adhesive identification", Ogden 1989, „autistic-contiguous position").

2. Klassische behandlungstechnische Auffassung

Mit dem Blick des gelernten Morphologen nähert sich Freud der deutungsrelevanten psychischen Oberfläche bei der analytischen Arbeit als „gewissenhafter Archäologe" (Freud 1905e, S. 169) bei der „Ausgrabung einer verschütteten Stadt" (Freud 1895d, S. 201) oder als räumlich denkender Pathologe. Die Gleichsetzung des Oberflächlichen mit dem Bewussten wird schrittweise aufgegeben. 1895 entspricht der Bauplan des pathogenen intrapsychischen Materials einem „Infiltrat"; der Analytiker hat sich „an die Peripherie des pathogenen psychischen Gebildes zu halten"; „man übernimmt selbst die Eröffnung innerer Schichten, das Vordringen in radialer Richtung, während der Patient die peripherische Erweiterung besorgt" (Freud 1895d, S. 295ff.). Das hier schon mitgedachte Transformationsproblem zwischen Oberfläche und Tiefe, Manifestem und Latentem erfährt (Freud 1899a, S. 537) eine Präzisierung, indem Deckerinnerung und Verdecktes, Verdrängtes durch „Verschiebung auf der Kontiguitätsassoziation" als ein metonymisches Vertretungsverhältnis begriffen werden. Dieser Relation – nicht verdichtende, metaphorische Ähnlichkeitsbeziehung, sondern verschiebende, metonymische Berührungsbeziehung von „Benachbartem" – entspricht in der Traumdeutung die Warnung davor, die „Zeichen nach ihrem Bilderwert anstatt nach ihrer Zeichenbeziehung" lesen zu wollen (Freud 1900a, S. 284). Nicht wie die Malerei, sondern wie die Skulptur verfahre die Analyse (Freud 1905, S. 17). „Ich lasse nun den Kranken selbst das tägliche Thema der Arbeit bestimmen und gehe also von der jeweiligen Oberfläche aus, welche das Unbewusste in ihm seiner Aufmerksamkeit entgegenbringt" (Freud 1905e, S. 169). „Endlich hat sich die konsequente heutige Technik herausgebildet" (Freud 1914g, S. 127), bei der der Arzt „die jeweilige psychische Oberfläche des Analysanden" studiert; die Kranken werden aufgefordert, „die Oberfläche ihres Bewusstseins abzutasten" (Freud 1924f., S. 410). In Freuds objektivierender Sichtweise ist „psychische Oberfläche" im analytischen Prozess ein im Patienten oder seinem erzählten Material situiertes, intrapsychisches Gebilde, das von einem detektivischen Analytiker im Gewande des Archäologen, Pathologen oder Bildhauers bearbeitet wird. An dieser einseitigen Blickrichtung ändert sich auch nichts durch die bekannte „Receiver"-Metapher, wonach der Arzt sein Unbewusstes „als empfangendes Organ" dem „gebenden Unbewussten des Kranken" zuwendet (Freud 1912e, S. 381). Der Kontext von Freuds technischer Auffassung der psychischen „Oberfläche" bleibt topisch, intrapsychisch und narrativ.

3. Ideengeschichtlicher Hintergrund

„Alles Äußere ist ein in Geheimniszustand versetztes Inneres" (Novalis). Bedeutende Wurzeln der psychoanalytischen Abwehrpsychologie liegen in der romantischen Ästhetik mit ihrer Erfindung von Innerlichkeit und der Faszination durch Sinnverborgenheit und Weltverrätselung. Diskursgeschichtlich nimmt diese neuartige Obsession fürs Manifeste und für das Okkulte, Geheimschriften und die Semiotik der Spurenlese bei E.T.A. Hoffmann und E.A. Poe die Formgattung der Detektivgeschichte an, doch gibt es auch Verbindungen zur psychoanalytischen Psychologie der Selbstverborgenheit, zur Ökonomiekritik eines K. Marx mit dem Warenfetischismus als Camouflage eigentlicher Motive und Machtverhältnisse sowie zur modernen medizinischen Semiotik von Symptomen und Befunden als „Oberfläche" zunächst unidentifizierter Syndrome und Krankheitsentitäten. Sherlock Holmes' Schöpfer Sir Arthur Conan Doyle (1859–1930) war Arzt. Besonders das Detektiv-Paradigma war für mehr oder weniger implizite technische Haltungen (und vielleicht auch Selbstidealisierungen) der Psychoanalytiker im Umgang mit „oberflächlichen" psychischen „Tatsachen" lange Zeit nicht ohne identitätsstiftende Wirkung (Eco und Sebeok 1983, Haubl und Mertens 1996).

4. Erweiterungen, Differenzierungen, Modifikationen

Sowohl eine Anlehnung ans Detektiv-Paradigma als auch an die medizinische Semiotik (beide sind unilateral objektierend hin aufs untersuchte Objekt) wäre jedoch ungeeignet zum Begreifen zeitgenössischer psychoanalytischer Konzepte der Prozessoberfläche, weil in moderner Sicht gleichsam passager der Detektiv selbst zum Mittäter und der Arzt zum Kranken wird.

Die zeitgenössischen Kontextualisierungen des Materials einer psychoanalytischen Sitzung sind konzeptuell viel zu komplex, um sich noch einer Technik des „Erratens" zu erschließen. „Das Unbewußte liegt nicht dahinter, sondern irgendwo anders" (Baranger 1993, S. 36). Dieses „irgendwo anders" ergab sich durch den Einfluss von Ich-, Selbst- und Objektbeziehungstheorie mit wachsendem Verständnis für Ich-Bildung und Ich-Funktionen und dem Fokus auf die Art und Weise des Gebrauchs von analytischer Situation und Analytiker durch den Patienten – mit Aufmerksamkeitsverlagerung auf die unbewusste Interaktion, wobei Freuds „Infiltrat" zunehmend zwischen das analytische Paar oder gar in den Analytiker hinein wandert. Indem etwa Gesagtes zum Tagesrest der weiteren Materialbildung einschließlich interponierter Abwehrphantasien wird, kann man von einer Aktualgenese der unbewussten Prozessoberfläche sprechen, die gemeinsam erschaffen wird, als autoreferentielles Geschehen mit eigener Systematizität und Anleihen bei der inneren Welt beider analytischer Partner (Handlungsdialog). So begriffene psychische Oberfläche ist Resultat von Transformationen und Umschriften des pathogenen Materials auf seinem langen Weg durch Zeit und Ich bis zur „Tagesoberfläche". Damit betrifft die technikgeschichtliche Metamorphose der Oberfläche deren imaginären Ort, die Definition des „analytischen Materials", die gewachsene Bedeutung der Affektnähe und schließlich die Relation Vergangen-Gegenwärtig. Deshalb kann die Übertragung nicht mehr zureichend als Objektverschiebung und auch nicht mehr ikonisch als Abbildverhältnis bezüglich des Vergangenen begriffen werden; Widerstand ist nicht mehr nur sinnhafte Barriere gegen Einsicht, sondern selbst Kondensat defensiv elaborierter Selbst- und Objektbeziehungsmodi, die in der Sitzung gelebt werden. Die impliziten Oberflächenerwartungen lösen sich aus dem vordem v.a. narrativen Kontext zugunsten von Erleben, Gestalten, Handeln i.S. des „enactment".

Die Gegenübertragungsanalyse verlegt eine vielsagende Ausgrabungsschicht in den Analytiker. Das Innere des Analytikers wird zum gestaltgebenden analytischen Datum. Seither kann infolge der Affektion des Übertragungsobjektes selbst von „psychischer Oberfläche" im technischen Sinn sinnvoll gar nicht mehr ohne die interaktiven Modulationen der inneren Welt des Analytikers, kognitiv sowie affektiv, gesprochen werden.

5. Neuere Beiträge verschiedener psychoanalytischer Schulen zum Konzept und Common Ground

Explizite Arbeiten zur „psychischen Oberfläche" im technischen Sinn sind spärlich. Aus ich-psychologischer Sicht bestimmt Paniagua (1985, 1991) diese „surface" definitorisch klar, jedoch szientifisch reduziert als die Ebene des Beobachtbaren in der klinischen Psychoanalyse. Oberfläche ist, was der Patient in der Sitzung sagt oder tut – zwar nicht synonym mit Bewusstem, Ich-Arbeit oder Abwehr, jedoch objektiv demonstrabel für beide Partner oder einen potentiellen Beobachter. „Knotenpunkte" einer solchen „workable surface" sind z.B. thematische Wechsel, Affektwechsel, Auslassungen u.a.m. Der Komplexität und Interpersonalität zeitgenössisch wirksamer Oberflächenkonzepte wird diese positivistische Sicht kaum gerecht. Levys und Inderbitzins (1990) aufs Patientenverhalten zentrierte Definition von „analytic surface" unterliegt ähnlichen objektivistischen Einschränkungen, wobei ihre Exemplifizierungen an verschiedenen wichtigen Autoren dieselbe Heterogenität offenbaren wie das diesbezügliche Panel der American Psychoanalytic Association (1990). Dagegen ist Sandler und Sandlers (1987) Konzept eines „past unconscious" und „present unconscious" ein überzeugender Beitrag zur Epigenese der Prozessoberfläche, indem beide Formen des Unbewußten als komplexe funktionale Organisationen gefasst werden: ...„unconscious transference phantasies exist in the present unconscious, not in the past unconcious" (Sandler und Sandler 1994, S. 390). Ogden (1994) zufolge generiert das intersubjektive Erleben des analytischen Paares ein „analytic third", einen Erfahrungsraum, in dem mentale Akte und sogar das Körpererleben des Analytikers situationsspezifisch sinnhaft gefärbt werden und als intersubjektive Bedeutungsträger im mentalen Prozess des Analytikers ein Sediment signifikanter „analytischer Objekte“ und damit eine strategische Oberfläche bilden. Die moderne Sicht der technischen Oberfläche wäre undenkbar ohne die objektbeziehungstheoretischen Beiträge des britischen Kleinianismus, der Schafer (1994) zufolge gleichwohl eine Ich-Psychologie ganz eigener Art entwickelt hat. Prägend wurde hier v.a. der Akzent auf das jeweilige Angstniveau (nicht: „What does this mean?“, sondern: „What is the main immediate anxiety here?“, Joseph 1978, S. 223), ein extensiver Übertragungsbegriff (Joseph 1985), das Deuten im „present link“ (de Bianchedi 1991) sowie die Analyse der durch den Prozess selbst aktivierten pathologischen Selbst- und Objektbeziehungsmodi („enactment“) in einer Mikrologie projektiver und introjektiver Identifizierungen, wobei gleichsam das Differential der Prozessaugenblicke selbst zu einer Oberfläche wird. Ebenso wie für die Kleinianer (Container) sind für Fonagy (1991, 1992) mit gewisser selbstpsychologischer Akzentsetzung die mentalen Vorgänge im Analytiker aus der Sicht des Patienten eine wesentliche (Übertragungs-)Oberfläche, besonders bei Borderline-Fällen, wenn es primär nicht um verdrängte symbolische Repräsentanzen, sondern um die defiziente Verinnerlichung ich-bildender, traumatogen verworfener psychischer Prozesse geht.

In der nachklassischen Diversifizierung der Schulen gibt es keine technische Einheitsoberfläche, anscheinend aber doch Gemeinsamkeiten in den impliziten Oberflächenerwartungen zeitgenössischer Psychoanalytiker auf dem Boden einer Akzentverlagerung weg von Systematik und Strukturtheorie hin zu Prozess und Funktion. Dieser Prozess hat nicht nur eine narrative, sondern auch eine handlungstheoretische, interaktive Logik. Man arbeitet unter der kontextualisierenden Wirkung der Affekte zumeist im „Gegenwartsunbewussten“ ohne isomorphe Kurzschlüsse zwischen biographischer Genese und Augenblick. Dem unbewussten Intrapsychischen wird im unbewussten Interpersonellen nachgespürt. Die prozessdiagnostisch starke Beachtung der jeweiligen Angsttypen entspricht in Verbindung mit der projektiven Identifizierung de facto geradezu einer dritten, dialogischen Angsttheorie, wobei die „psychischen Oberflächen“ sich gleichsam um die Achse Externalisierung/Internalisierung drehen; dadurch erscheint die Übertragung nicht als Abklatsch infantiler Repräsentanzen, sondern als Externalisierung komplexer innerer Teilwelten mit ihren Selbst- und Objektrepräsentanzen in defensiv elaborierter Interaktion, so wie auch psychische Prozesse oder Selbstzustände übertragen werden können. Solchem psychoanalytischen Funktionalismus erscheint die Störung weniger als Arsenal pathologischer Repräsentanzen denn als eine Art generativer Grammatik, die ständig analysable Selbst- und Objektbeziehungsmodi zu psychischen „Oberflächen“ gestaltet.

Diese Grammatik wird in den letzten Jahren neuartig metapsychologisch unterlegt. Es mehren sich die Vorschläge (u.a. Quinodoz 1997, Goldberg 2001, Galatzer-Levy 2004), seelische Entwicklung, klinisch aktualisierte psychische Oberfläche und Veränderungsprozesse aus Sicht der Theorie der komplexen dynamischen, selbstregulierenden Systeme zu begreifen, wobei der Begriff der Emergenz an die Stelle linearer Kausalität tritt. Tatsächlich waren schon Freuds geniale Konzepte der Überdeterminierung und der Nachträglichkeit die zwei Schaltstellen psychischer Nichtlinearität, wenn auch seine Zeit für eine systematische Ausarbeitung der theoretischen Folgen noch nicht reif war. Die Theorien komplexer dynamischer Systeme mögen künftig das Verhältnis von klinischem Kontext und lebensgeschichtlichem Grund neu bestimmen, sie könnten aber auch eine weitere konzeptuelle Entkopplung zwischen aktueller klinischer Oberfläche und Genese fördern – im Sinne einer Entgründung klinischer Phänomene durch ahistorische Auflösung in reine Epigenese.

6. Interdisziplinäre Aspekte und Ausblick

Offenbar spiegelt sich der postmoderne Verlust einer Zentralperspektive in einer „Welt ohne Firmament und Fundament" (Giesen 1991, S. 34) auch im Schillern der Konzepte „psychischer Oberfläche" als Näherungsverfahren gegenüber der Welt klinischer Phänomene. Die Lockerung des Bandes zur Metatheorie unter Interposition geschehensnaher, handlungspraktischer Modelle gibt es auch in anderen Wissenschaften. So studiert die Embryologie Blechschmidts (1960) unter Hintanstellung der Gene die menschliche Morphogenese als Aktualgenese an der topographisch-relationalen „Oberfläche" mutuell selbstformender Wachstumskräfte und -bewegungen. Hawkings (1990) spricht von praktisch genügend guten „operativen Theorien", wenn angesichts makroskopischer Systeme mit großer Teilchenzahl nicht die geringste Chance bestehe, die fundamentalen (quantenmechanischen) Gleichungen zu lösen wie im Falle der klassischen Strömungsmechanik, obwohl auch hier eigentlich die Quantenmechanik „wahr" sein muss.

Die modernen Sichten „psychischer Oberfläche" sind zweckmäßige technische Adaptationen (gleichsam: von der Funktion der Deutung zur Deutung der Funktionen) besonders bei frühen Störungen mit Beeinträchtigung nicht nur der Repräsentanzen, sondern kognitiver und affektiver Prozesse selbst oder etwa bei narzisstischen oder perversen Übertragungen mit Gefahr der Simulation von Sinn und Pseudoanalysen. Die neuen Sehweisen können aber auch zu einem uferlosen psychoanalytischen Interaktionismus auf theoretisch schwankendem Grund führen. Zudem gibt es noch heute neurotische Patienten mit reiferer psychischer Organisation und gestalthafteren, wenn auch pathologischen Repräsentanzen, die weniger der trophischen als der deutungbezogenen Oberfläche bedürfen. Dies wirft ein kritisches Licht auf die Doktrin der Übertragung als „total situation" (Joseph 1985). Es scheint eher so zu sein, dass sich die Übertragung totalisiert in Abhängigkeit benennbarer Skalen wie Ausmaß der Regression, Ich-Reife, Primitivität der Angst, Güte von Mentalisierung und Symbolisierung sowie der Grenzbildung zwischen Selbst- und Objektrepräsentanzen und der damit aufs engste zusammenhängenden Tendenz zur projektiv-introjektiven Verwicklung des Analytikers. Es gibt keine konzeptuelle Einheitsoberfläche für alle Patienten und klinischen Situationen. Die Klarifizierung und Legitimierung der „psychischen Oberfläche" durch eine fortlaufende Prozessdiagnose würde sie zum nützlichen Hilfsbegriff einer bislang fehlenden Theorie der technischen Differentialindikationen machen, die ihrerseits manchen Schulenstreit erübrigen könnte.

Literatur

Anzieu, D. (1985). Le Moi-peau. Paris: Bordas (dt.: Das Haut-Ich. Frankfurt/M.: Suhrkamp, 1991).

Balzer, W. (1995). Überlegungen zur „psychischen Oberfläche" des psychoanalytischen Prozesses. Jahrbuch der Psychoanalyse, 35, 34–64.

Baranger, M. (1993). Die geistige Arbeit des Analytikers: vom Zuhören zur Deutung. Jahrbuch der Psychoanalyse, 30, 26–45.

Bianchedi, E.T. de (1991). Psychic change: the becoming of an inquiry. International Journal of Psycho-Analysis, 72, 6–15.

Bick, E. (1968). The experience of the skin in early object relations. International Journal of Psycho-Analysis, 49, 484– 486.

Blechschmidt, E. (1960). Die vorgeburtlichen Entwicklungsstadien des Menschen/The stages of human development before birth. Basel: Karger.

Eco, U. and Sebeok, T.A. (Eds.) (1983). The sign of three. Dupin, Holmes, Peirce. Bloomington: Indiana University Press (dt.: Der Zirkel oder Im Zeichen der Drei. Dupin, Holmes, Peirce. München: Fink, 1985).

Fonagy, P. (1991). Thinking about thinking: some clinical and theoretical considerations in the treatment of a borderline patient. International Journal of Psycho-Analysis, 72, 639–656.

Fonagy, P. (1992). Der Prozeß der Veränderung und die Veränderung psychischer Prozesse. In H. Luft und G. Maass (Hg.), Kurative Faktoren in der Psychoanalyse (Kongreßband), S. 127–148. Hofheim: Wiesbaden.

Freud, A. (1936). Das Ich und die Abwehrmechanismen. München: Kindler, 1977.

Galatzer-Levy, R.M. (2004). Chaotic possibilities: toward a new model of development. International Journal of Psycho-Analysis, 85, 419–442.
Giesen, B. (1991). Die Postmoderne als Herausforderung der Gesellschaftstheorie. In Wohin treibt die Postmoderne? Vortragssammelband des Studium Generale der Universität Heidelberg, 23–36. Heidelberg: Heidelberger Verlagsanstalt.
Goldberg, A. (2001). Postmodern psychoanalysis. International Journal of Psycho-Analysis, 82, 123–128.
Haubl R. und Mertens, W. (1996). Metaphern und Methoden des Erkennens. Eine Einführung in die psychoanalytische Erkenntnistheorie. Der Psychoanalytiker als Detektiv (Band 1). Stuttgart: Kohlhammer.
Hawkings, S. (1990). Ist alles vorherbestimmt? In ders., Einsteins Traum. Reinbek: Rowohlt, 1993.
Inderbitzin, L.B. (chair) and Seelig, B.J. (reporter) (1993). The analytic surface. Panel report, Annual meeting of the American Psychoanalytic Association, May, 13, 1990. Journal of the American Psychoanalysis Association, 91, 179–190.
Joseph, B. (1978). Different types of anxiety and their handling in the analytic situation. International Journal of Psycho-Analysis, 59, 223–228.
Joseph, B. (1985). Transference: the total situation. International Journal of Psycho-Analysis, 66, 447–454.
Levy, S.T. and Inderbitzin, L.B. (1990). The analytic surface and the theory of technique. Journal of the American Psychoanalytic Association, 38, 371–391.
Meltzer, D., Bremner, J., Hoxter, S., Weddell, D. and Wittenberg, I. (1975). Explorations in autism. A psychoanalytic study. Pertshire: Clunie Press.
Ogden, T.H. (1989). On the concept of an autistic-contiguous position. International Journal of Psycho-Analysis, 70, 127–140.
Ogden, T.H. (1994). The analytic third: working with intersubjective clinical facts. International Journal of Psycho-Analysis, 75, 3–19.
Paniagua, C. (1985). A methodological approach to surface material. International Review of Psycho-Analysis, 12, 311–325.
Paniagua, C. (1991). Patient's surface, clinical surface and workable surface. Journal of the American Psychoanalytic Association, 39, 669–685.
Quinodoz, J.-M. (1997). Transitions in psychic structures in the light of deterministic chaos theory. International Journal of Psycho-Analysis, 78, 699–718.
Sandler, J. and Sandler, A.-M. (1987). The past unconscious, the present unconscious and the vicissitudes of guilt. International Journal of Psycho-Analysis, 68, 331–341.
Sandler, J. and Sandler, A.-M. (1994). Phantasy and its transformations: a contemporary Freudian view. International Journal of Psycho-Analysis, 75, 387–394.
Schafer, R. (1994). The contemporary Kleinians of London. Psychoanalytic Quarterly, 63, 409–432.

Objekt (gutes – böses, Partialobjekt)

von Helen Schoenhals

object (good – bad, part object) – objet (bon – mauvais, objet partiel)

1. Definition

Der Begriff Objekt wird von Freud zuerst im Zusammenhang mit seiner Trieblehre verwendet. Danach sind Objekt und Ziel sekundär und vom Trieb abhängig. Das Objekt ist hier neutral und hat eine mechanische Funktion bei der Befriedigung des Triebes. „Das Objekt des Triebes ist dasjenige, an welchem oder durch welches der Trieb sein Ziel erreichen kann" (Freud 1915c, S.215). In seinen späteren Arbeiten über die Melancholie und die Strukturtheorie führt Freud, von der Arbeit Karl Abrahams beeinflusst, das Überich als eine psychische Instanz ein, die einem Objekt mit anthropomorpher Qualität entspricht.

Das Partialobjekt ist kein Begriff von Freud, obwohl es mit dem Objekt des Partialtriebs seiner energetischen Trieblehre kongruent ist. Auch Abraham (1924) verwendet ihn nicht, wenn er von der „Partialliebe" schreibt. Erst in der Theorie Melanie Kleins nimmt er eine Schlüsselposition ein. In ihren Texten zunächst „partial object-relation" (Klein 1935), danach „part object" genannt, wird er häufig mit Teilobjekt statt Partialobjekt ins Deutsche rückübersetzt. Kurz gefasst lässt sich sagen, dass Klein diesen Begriff verwendet, um die inneren Objekte der paranoid-schizoiden Position zu bezeichnen. Diese den Partialtrieben korrespondierenden Objekte sind einerseits die anatomischen Partialobjekte wie z. B. „Brust" oder „Penis" (heutige Kleinianer verbinden mit Partialobjekten eher bestimmte Funktionen und sprechen z. B. vom fütternden, pflegenden, erregenden, emotional zugewandten Objekt usw.) und andererseits die gespaltenen polarisierten Partialobjekte (das gute und das böse Objekt). Die objektive Abwesenheit des Objekts wird zunächst subjektiv als Anwesenheit eines bösen Objekts erlebt. Das innere (Partial- wie auch Ganz-)Objekt ist in der kleinianischen Theorie von zentraler Bedeutung und hat stets eine anthropomorphe Gestalt.

2. Klassische Auffassung

Die Partialtriebe entsprechen den erogenen Zonen der oralen, analen und genitalen Stufen der psychosexuellen Entwicklung (Freud 1905d). Im Verlauf der weiteren Entwicklung werden die Objekte der Partialtriebe zu einem ganzen Objekt vereint: „Der orale Trieb wird autoerotisch, wie es die analen und die anderen erogenen Triebe von vornherein sind. Die weitere Entwicklung hat, um es aufs knappste auszudrücken, zwei Ziele: erstens den Autoerotismus zu verlassen, das Objekt am eigenen Körper wiederum gegen ein fremdes Objekt zu vertauschen, und zweitens: die verschiedenen Objekte der einzelnen Triebe zu unifizieren, durch ein einziges Objekt zu ersetzen. Das kann natürlich nur gelingen, wenn dies eine Objekt wiederum ein ganzer, dem eigenen ähnlicher Körper ist" (Freud 1916–17a, S. 340f.).

Nach Klein (1952) ist die Vereinigung der Partialobjekte zu einem ganzen Objekt das Hauptmerkmal der depressiven Position (D), wobei das ganze Objekt Kontinuität bietet und sowohl das Objekt ist, das befriedigt, wie auch das, das frustriert. Bei dem Zusammenschluss müssen die guten, d. h. befriedigenden Aspekte die bösen überwiegen, denn ein unverträgliches ganzes Objekt ist mit dem Leben unvereinbar. Obwohl Klein diesen Prozess im Zusammenhang mit dem ödipalen Konflikt und zunächst als Entwicklungsphase zur Zeit der Entwöhnung im ersten Lebensjahr sieht, kommt sie schließlich dazu, ihn als einen psychischen Zustand (state of mind) zu betrachten, der immer wieder durchgearbeitet werden muss.

In der paranoid-schizoiden Position (PS) – dem psychischen Zustand vor der depressiven Position – ist der Beziehungsmodus mit den Partialobjekten dual und diskontinuierlich, das Denken konkret. Vom Anfang des Lebens an gehen alle körperlichen und psychischen Erfahrungen in unbewusste Phantasien ein, was nichts anderes besagt, als dass jede Erfahrung einer Beziehung mit einem Objekt zugeordnet ist. Demnach beruhen Phantasien im Gegensatz zu Freuds Auffassung nicht nur auf Wunschbefriedigung. Zum Beispiel kann der Hunger vom Säugling als ein konkretes beißendes und verfolgendes inneres Objekt erlebt werden (Isaacs 1943). Die Spaltung in gute und böse Objekte, die in der PS-Position zunächst notwendig und normal ist, kann später regressiv zu Abwehrzwecken eingesetzt werden. Alle inneren Partial- und Ganzobjekte bevölkern die innere Welt, so die Grundannahme, auf der Kleins Theoriebildung beruht.

Obwohl Freud nicht an sich von inneren Objekten spricht, lassen sich unschwer viele seiner Ideen begrifflich als innere Objekte denken. Der Säugling, nimmt er z. B. an, halluziniert eine befriedigende Brust, oder er bezeichnet auch die „Mutterbrust als erstes Objekt des Sexualtriebes" (Freud 1916–17a, S. 340), das das „Vorbild aller späteren Liebesbeziehungen" ist (Freud 1940a, S. 115). In „Das Unbewusste" beschreibt Freud die „Sachvorstellungen" im

Unbewussten als „die ersten und eigentlichen Objektbesetzungen", die erst im Vorbewussten „durch Verknüpfung mit den ihr entsprechenden Wortvorstellungen übersetzt" werden (Freud 1915e, S. 300). Nach Britton entsprechen diese Sachvorstellungen den frühen konkreten inneren Objekten der kleinianischen Auffassung (Britton 1993, S. 112). Das Überich in Freuds späterer Theorie ist deutlich ein inneres Objekt, das durch Identifizierung mit einem äußeren Objekt „ins Ich aufgenommen, also ein Bestandteil der Innenwelt" wird (Freud 1940a, S. 136), und das sich als ein Teil des Ichs „dem anderen gegenüberstellt, es kritisch wertet, es gleichsam zum Objekt nimmt" (Freud 1916–17f., S. 433).

Die Partialobjekte und die mit ihnen einhergehenden Prozesse der Projektion und Introjektion, so wie Abraham und Klein sie beschreiben, werden auch in Freuds späteren Ausführungen deutlich hervorgehoben: „Die Mutterbrust ... stellt sich dem Ich zuerst (als) ein ‚Objekt' entgegen, als etwas, was sich ‚außerhalb' befindet", was zu „unvermeidlichen Schmerz- und Unlustempfindungen" führt. „Es entsteht die Tendenz, alles, was Quelle solcher Unlust werden kann, vom Ich abzusondern, es nach außen zu werfen, ein reines Lust-Ich zu bilden, dem ein fremdes, drohendes Draußen gegenübersteht" (Freud 1930a, S. 424). Damit beschreibt Freud nichts anderes als die abgespaltenen bösen Partialobjekte.

3. Ideengeschichtlicher Hintergrund

„Der Gegensatz von Ich-Nicht-Ich (Außen), (Subjekt-Objekt), wird dem Einzelwesen ... frühzeitig aufgedrängt durch die Erfahrung, dass es Außenreize durch seine Muskelaktion zum Schweigen bringen kann, gegen Triebreize aber wehrlos ist" (Freud 1915c, S. 225). Die Beschäftigung der Psychoanalytiker mit dem Gegensatz Subjekt – Objekt geht auf die grundsätzliche epistomologische Fragestellung in der Philosophie (Descartes, Spinoza, Locke, Berkeley, Hume, Kant, Fichte, Hegel) zurück: wie kann man zwischen einem äußeren Objekt schlechthin und der subjektiven Wahrnehmung eines solchen Objekts unterscheiden und wie stehen die beiden im Verhältnis zueinander? Freud beschreibt, wie der Mensch unter dem Einfluss des Lustprinzips das Realitätsprinzip zugunsten seiner inneren Vorstellungen verwirft, wie er andererseits im Zuge einer reiferen Lösung das Realitätsprinzip einführt, um das Lustprinzip zu sichern (Freud 1911b). Klein und ihre Nachfolger sehen die Entwicklung der Fähigkeit, realistisch zwischen äußerer und innerer Welt zu unterscheiden (d.h. symbolisch denken zu können), mit den Aufgaben der depressiven Position und der Integration der Partialobjekte in Ganzobjekte verknüpft. Insbesondere Bion (1962, 1963), stark beeinflusst von der Philosophie Kants, entwickelt ein psychoanalytisches Denkmodell, das sich etlicher Ideen und Begriffe aus der Philosophie und Mathematik bedient, um klinische Phänomene wie die subjektive Verzerrung oder die Verwerfung der Realität – insbesondere bei psychotischen Patienten – besser erfassen zu können.

4. Wesentliche Erweiterungen, Differenzierungen und Modifikationen

Rosenfeld (1950) beschreibt, wie sich psychotische Patienten mit Hilfe einer „willkürlichen Spaltung" ihrer Verwirrtheitszustände erwehren, wenn die natürliche und notwendige Spaltung in gute und böse Partialobjekte ausbleibt. Neuerdings arbeitet Britton (1993, 1997) die Bedeutung dieser pathologischen Spaltung für die ödipale Situation heraus. Um eine eindeutig gute Erfahrung mit einem Objekt machen zu können, wird das Primärobjekt willkürlich an der Grenze zweier Funktionsbereiche gespalten, z.B. an der Grenze zwischen sinnlichem und intellektuellem Bereich. Diese Spaltung wird dann auf die Eltern projiziert, z.B. auf einen „kalten" intellektuellen Vater und auf eine gute, emotional verstehende Mutter. Es entsteht also ein falsches ödipales Dreieck, das auf Spaltung beruht und aus Partialobjekten besteht. Die Vorstellung der Vereinigung solcher Partialobjekte, personifiziert in der Figur des monströsen vereinigten Elternpaars (oft vereinigtes Objekt genannt, n. Britton 1997 „Chaosmuster") wird als Katastrophe befürchtet, noch mehr jedoch die Wiederbelebung der ursprünglichen Objektbeziehung mit dem malignen, missverstehenden Primärobjekt. Die Spaltung und das falsche Dreieck müssen also aufrechterhalten werden, weshalb der psychische Raum, der durch die Vereinigung von Ganzobjekten im normalen ödipalen Dreieck gebildet wird und der für das symbolische Denken unabdingbar ist, nicht entstehen kann (Schoenhals 1997).

5. Die Bedeutung des Begriffs in den verschiedenen psychoanalytischen Schulen

Obwohl die Objektbeziehungstheorie (Fairbairn, Winnicott, Balint und die sog. „Independent Group" der British Psycho-Analytical Society) stark von Kleins Arbeit beeinflusst ist (Winnicott war bei Klein in Supervision), tendiert sie dennoch in eine ganz andere Richtung (Hinshelwood 1989). Die Triebtheorie wird zugunsten der Beschäftigung mit dem Objekt, insbesondere dem äußeren Objekt, über Bord geworfen. Fairbairn meint, nur das frustrierende Objekt wird internalisiert, um das äußere Objekt als gutes zu erhalten, und Winnicotts Übergangsobjekt ist kein inneres Objekt, sondern ein Grenzgänger in der Differenzierung zwischen Innen- und Außenwelt. In der Ich-Psychologie und bei Novey, Beres und Sandler, steht der Begriff Objekt-Repräsentanz statt Objekt im Vordergrund, um den „non-experiential" strukturellen Aspekt hervorzuheben (Perlow 1995). Hier handelt es sich allerdings um Ganzobjekte. Überhaupt wird das Partialobjekt in den Theorien der nichtkleinianischen Schulen vernachlässigt. Kernberg versucht, mit der Postulierung strukturbildender Selbst-Objekt-Einheiten die ich-psychologische und die kleinianische Auffassung zu integrieren. Lacans Gebrauch des Objektbegriffs (Autre, objet (a)utre und der Phallus als Partialobjekt) lassen an Ähnlichkeiten mit Bions Ideen denken, er bildet jedoch eine Schule für sich.

6. Interdisziplinäre Beiträge und Befunde

Der Objektbegriff in der kognitiven Psychologie bezieht sich auf das äußere Objekt der Sinneswahrnehmung. Im Zuge dessen ist Piaget hauptsächlich an die Bildung von Repräsentanzen und von Objektkonstanz interessiert, wobei er die Entwicklung und Beteiligung der Affekte außer Acht lässt. In der Entwicklungspsychologie sind Spitz (sein „libidinöses Objekt" lässt an Kleins Ganzobjekt in der D-Position denken) und Mahler (Achtmonatsangst ist Zeichen einer partiellen Spaltung der Objektwelt) zu erwähnen. Die Säuglingsforscher zeichnen vorwiegend Reaktionen auf das äußere Objekt auf. Sofern sie psychoanalytisch orientiert sind, untersuchen sie jedoch auch die Wirkung der inneren Objekte der Eltern auf die Interaktion zwischen Eltern und Säugling (Dornes 1993).

Literatur

Abraham, K. (1924). Versuch einer Entwicklungsgeschichte der Libido auf Grund der Psychoanalyse seelischer Störungen. Psychoanalytische Studien. I, 113–183. Frankfurt/M.: Fischer, 1969.

Bion, W.R. (1962). Learning from experience. London: Heinemann (dt.: Lernen durch Erfahrung, Frankfurt/M.: Suhrkamp, 1990).

Bion, W.R. (1963). Elements of psycho-analysis. London: Heinemann (dt.: Elemente der Psychoanalyse. Frankfurt/M.: Suhrkamp, 1992).

Britton, R. (1993). Fundamentalismus und Idolbildung. J. Gutwinski-Jeggle und J.M. Rotmann (Hg.), „Die klugen Sinne pflegend" (S. 100–119). Tübingen: edition diskord.

Britton, R. (1997). Zur Theorie psychoanalytischer Technik. Forum der Psychoanalyse, 13, 2, 154–171.

Dornes, M. (1993). Der kompetente Säugling. Frankfurt/M.: Fischer, 13. Aufl., 2004.

Hinshelwood, R. (1989). A dictionary of Kleinian thought. London: Free Association Books (dt.: Wörterbuch der kleinianischen Psychoanalyse. Stuttgart: Verlag Internationale Psychoanalyse, 1993).

Isaacs, S. (1943). The nature and function of phantasy. In P. King and R. Steiner (Eds.), The Freud-Klein controversies 1941–45 (pp. 264–321). London: Routledge, 1991.

Klein, M. (1935) A contribution to the psychogenesis of manic-depressive states. WMK I: 262–289.
Klein, M. (1952). The emotional life of the infant. WMK III: 57–93 (dt.: Über das Seelenleben des Kleinkindes. In Thorner (Hg.), Melanie Klein (S. 187–224). Stuttgart: Klett-Cotta, 1983).
Perlow, M. (1995). Understanding mental objects. London: Routledge.
Rosenfeld (1950). Notes on the psychopathology of confusional states in chronic schizophrenias. International Journal of Psycho-Analysis, 31 (dt.: In Zur Psychoanalyse psychotischer Zustände (S. 58–71). Frankfurt/M.: Suhrkamp, 1981).
Schoenhals, H. (1997). Ödipuskomplex, Triangulärer Raum und Symbolisierung. In R. Kennel u. G. Reerink (Hg.), Klein – Bion (S. 113–125). Tübingen: edition diskord.

Objektbeziehung, Objektbeziehungstheorie

von Helmut Hinz

object relation, theory of object relation – relation d'objet, théorie de relation d'objet

1. Definition

Der Begriff Objekt benennt in kritischer und emanzipatorischer Absicht die durch unbewusste Motive eingeschränkten Beziehungen von Personen oder Subjekten zu sich selbst und zueinander. Werden nämlich die unbewussten Determinanten oder Modalitäten der Objektbeziehungen, die hinter den Beziehungen der Subjekte liegen, d.h. der Objektcharakter dieser Beziehungen erkannt und benannt, kann dies dazu verhelfen, die (inter)subjektive Freiheit, „sich so oder anders zu entscheiden" (Freud 1923b, S. 280) zu vergrößern. Zu den notwendigen Unterscheidungen und Definitionen der Begriffe inneres Objekt und äußeres Objekt, gutes Objekt und böses Objekt, Partial-Objekt und ganzes Objekt, sowie zwischen symbolischer Gleichsetzung und symbolischer Objektrepräsentanz, dies sind alles Begriffe, welche für die hier zu erörternden Stichworte grundlegend sind, muss auf das Stichwort „Objekt" in diesem Handbuch und z.B. auf das Wörterbuch von Hinshelwood verwiesen werden.

Von Beginn an aktive kognitiv-affektive Austauschprozesse zwischen Organismus und Umwelt, Ich und äußerem Objekt, sind die Grundlage der hochgradigen wechselseitigen Abhängigkeit der inneren Objekte von den äußeren (Introjektion) und der äußeren Objekte von den inneren (Projektion). Beziehung meint diese Interdependenz von Innen und Außen, Übertragung und Gegenübertragung, intra- und interpsychisch. Die Kategorie der Interdependenz, der Wechselseitigkeit oder zirkulären Kausalität hat die Kategorie der direkten Kausalität relativiert. Die verschiedenen Objektbeziehungstheorien formulieren verschiedene Wege der Entstehung, des Erlebens und der Wirkung von Innenwelt und Außenwelt. Die Gewichtung des Einflusses der Triebradikale, Urphantasien und unbewussten Phantasien einerseits bzw. des Einflusses einer depravierenden Umwelt andererseits auf die seelische Genese und Pathogenese ist dabei teilweise entgegengesetzt. Diese differente Gewichtung der verschiedenen Seiten des Bedingungsgefüges, das die Objektbeziehungspsychologie erforscht, begann schon z.B. zwischen S. Freud und Ferenczi und setzte sich z.B. fort zwischen M. Klein und A. Freud und zwischen M. Klein und Fairbairn, worauf später genauer eingegangen wird.

2. Klassische Auffassung

Freud wählte den Terminus „Objekt“ als Korrelat zum Begriff „Trieb“. Unter Trieb, „Triebreiz“ oder „Bedürfnis“ verstand er Kräfte, die 1. ihren Ursprung in einer somatischen Triebquelle haben, die sich 2. psychisch repräsentieren durch ihren dranghaften Charakter und durch Vorstellungs- und Affektrepräsentanzen und die 3. ihr Ziel in ihrer Befriedigung suchen, d.h. letztlich in der „Aufhebung des Reizzustandes an der Triebquelle“ (zit. n. Loch 1988, S. 21). „Das Objekt des Triebes ist dasjenige an welchem und durch welches der Trieb sein Ziel erreichen kann“ (1915c, S. 215). „Es ist das Variabelste am Triebe, nicht ursprünglich mit ihm verknüpft, sondern ihm nur infolge seiner Eignung“ (l.c.) zur Befriedigung zugeordnet. Während „Quelle“, „Ziel“ und „Drang“ dem Trieb inhärent sind, ist das „Objekt“ am wenigsten konstitutionell-intrinsisch, vielmehr akzidentell. Diese relative Zufälligkeit des Objektes besagt aber nicht, dass irgendein beliebiges Objekt den Trieb befriedigen kann. Durch die infantile Geschichte der bio-psycho-sozialen Interaktionen kommt es durch den Drang zur Wiederholung zur Spezifizierung der Triebschicksale und -objekte. Aus dem akzidentellen Aspekt der primären Beziehung entsteht das Wesentliche und Spezifische der weiteren Entwicklung. Bereits 1905 findet sich bei Freud: „Für die Psychoanalyse ist ... die Beziehung zu einem Objekt das Wesentliche“ (1905d, S. 82). Dennoch, Freud verwendet den Ausdruck Objektbeziehung nur gelegentlich, er gehört nicht zu seinem begrifflichen Apparat. Der Begriff „inneres Objekt“ kommt bei Freud überhaupt nicht vor, allerdings beschrieb er von Anfang an klinische Phänomene wie unbewusste Gedächtnisspuren, innere Stimmen, Imagines der Eltern, und er verwendete den Begriff der inneren Realität.

1914 führte Freud die Idee ein, dass unbewusste Phantasien unter bestimmten Umständen ersatzweise den Platz wirklicher Beziehungen einnehmen können (1914c). In „Trauer und Melancholie“ zeigte Freud (1917g), dass das verlorene Objekt per Identifikation teilweise innen ersetzt wird, indem ein Aspekt der eigenen Person gemäß dem Modell des verlorenen Objektes transformiert wird. Die äußere Beziehung wird durch eine innere ersetzt, ein Wechselspiel zwischen zwei aktiven Aspekten innerhalb einer Person entsteht, resultierend aus einer Ich-Spaltung (S. 435). 1923 führte Freud aus, wie Identifikation zur Aufrichtung seelischer Funktionen eines äußeren Objektes im Innern zum Überich führt, und zwar als Resultat der Internalisierung von Aspekten der Eltern bei der Verdrängung des Ödipus-Konfliktes und dann mit dem Ich interagiert, um ödipale Wünsche und Konflikte zu regulieren (1923b). Freuds Konzept psychischer Strukturen oder Instanzen, die in der inneren Welt operieren, sind der theoretische Ausgangspunkt der später elaborierten Objektbeziehungstheorien, beispielsweise derjenigen kleinianischer Ausprägung. Nachdem Freud die Bedeutung der Phantasie als innere Realität entdeckt hatte, der dieselbe Dignität zukommt wie der äußeren Realität, dies ist die eigentliche Geburtsstunde der Psychoanalyse, war die neurosenätiologische Bedeutung der realen Verführung beachtlich relativiert, ohne dass Freud sie je ganz aufgegeben hätte. Ferenczi reagiert jedoch auf diese Wandlung, indem er die Bedeutung der Mutter für die kindliche Entwicklung betont und das Umweltversagen als wichtigen Krankheitsfaktor erneut herausstreicht. Dieser Beitrag ist wichtig, wenn auch seine behandlungstechnischen Experimente als gescheitert gelten müssen. Balint hat in seiner Nachfolge den Unterschied zwischen einer Ein-Personen-Psychologie mit einer Terminologie zur Beschreibung intrapsychischer Vorgänge herausgearbeitet und gegen eine Zwei- und Mehr-Personen-Psychologie abgegrenzt, welche eine Terminologie benötigt, die interpsychische Entwicklungsvorgänge adäquat darstellen kann.

3. Ideengeschichtlicher Hintergrund

Zur langen und unabgeschlossenen Begriffsgeschichte von Objekt und Subjekt sei auf das Historische Wörterbuch der Philosophie verwiesen. Seitdem von vielen akzeptiert ist, dass bereits Wahrnehmungen theorieimprägniert sind und keine subjektunabhängige Erfassung eines Objektes denkbar ist, wird der Versuch unternommen, eine interpretationistische oder konstruktivistische Denkposition jenseits des Subjekt-Objekt-Dualismus mit seinen Aporien, jenseits von Nominalismus und Realismus, Relativismus und Essentialismus zu beziehen (s. Konstruktion und Rekonstruktion). Bereits Hegel hatte den Subjekt-Objekt-Dualismus zu einer Dialektik zwischen Subjekt und Objekt ausdifferenziert. W. Loch hat u.a. mit Bezug auf F. Nietzsche, G. Abel, D. Davidson und R. Rorty gezeigt, dass es kein Objekt, kein Ereignis an sich, keinen Interpretationsanfang gibt, vielmehr gründet unser gesamtes So-Sein in einem „Geschehens-logischen-Interpretations-Zyklus" (G. Abel). Im psychoanalytischen Dialog wird der Versuch gemacht, einen pragmatischen, d.h. lebensdienlichen und interaktionellen Konsens herzustellen, um für Gegenwart und Zukunft einen existenztragenden Lebenssinn zu stiften (Loch 1976, Loch 1988, Eickhoff 1995). Seit den Forschungen von W. Bion zur Entstehung des Denkens via projektiver Identifizierung, ist noch wahrscheinlicher geworden, dass die Psychoanalyse einen eigenständigen Beitrag zur Ideengeschichte von Subjekt und Objekt liefert. Projektive Identifizierung ist ein normaler und notwendiger Vorgang, der die Entstehung von Gedanken und die Entwicklung des Denkens erst ermöglicht und impliziert außerdem mehrere komplexe Vorgänge, nämlich die Oszillation zwischen Zuständen geringerer und größerer Kohärenz (PS↔D) und den Oszillationen zwischen Container und Contained (♀↔♂). Wenn man dies beachtet, ist deutlich geworden, dass ein „Ich-Selbst" nur entstehen kann durch den projektiven und introjektiven Gebrauch des „significant other". Psychoanalytische Forschung kann hier nicht nur detailliert die wechselseitige Konstitution von Trieb und Objekt respektive von Subjekt und Objekt aufweisen, sondern auch zu den Vorstufen dieser Konstitution etwas beitragen.

4. Wesentliche Erweiterungen, Differenzierungen und Modifikationen

Die durch klinische Probleme herausgeforderte Entdeckung und zunehmende Beachtung der Übertragung und später der Gegenübertragung in ihrer Wirkung auf die Übertragung ließ die Beziehungen des Patienten in ihrer Wechselwirkung mit den Objekten (genetisch, aktuell und situativ) in den Vordergrund treten. M. Klein entwickelte die Erforschung der inneren Objektwelt zum zentralen Bestandteil ihres Werkes. Zunächst beschrieb sie komplexe infantile Phantasien über das Innere der Mutter, in welcher verschiedenste nährende und giftige Substanzen, haltende, störende oder zerstörende Organe und z.B. Babys beinhaltet sind. 1920 beschrieb sie die dazu parallelen Phantasien, das eigene Innere betreffend. Sieht man von Freuds Begriff der Urphantasien ab, die er als phylogenetisches Erbe verstand, besteht eine Differenz zu Klein darin, dass bei Freud die Internalisierungen, die zum Überich werden, spätere Bildungen sind. M. Klein vermutet, dass jede körperliche Befindlichkeit und jeder Impuls als Objekt erlebt wird und insofern ein Objekt entstehen lässt, das mit fortschreitender Entwicklung internalisiert wird und gegebenenfalls externalisiert werden kann. Die kompliziert vernetzte Anordnung internalisierter Objektbeziehungen und die dazugehörigen Körperbefindlichkeiten, Wünsche und Ängste, den Zustand der inneren Objektwelt betreffend, sind nach Klein die Basis für das Verhalten, die Stimmungen und das Existenz- und Selbstgefühl.

Durch diese von Beginn an aktiven Phantasien sind die Triebe enger an die Objekte gebunden als in der klassischen Triebtheorie. Von hier aus konnte Freuds Konzept des primären Narzissmus als Abwehr erkannt werden. Bestimmte klinische Phänomene (Tics, Ferenzci 1921; Schizophrenie, Freud 1914; starre Widerstände in der analytischen Situation, Abraham 1919) konnten nun als Reflex besonders intensiver Beziehungen zu inneren Objekten verstanden werden und nicht als ein objektloser Zustand mit dem Ich als narzisstischem Objektersatz.

Es ist hier nicht möglich, sämtliche Differenzierungen des Konzeptes der Objektbeziehungen darzustellen (vgl. Grotstein und Rinsley 1994). M. Klein hat ähnlich wie S. Freud weniger Wert darauf gelegt, eine vollständige und konsistente Theorie vorzulegen, als in innovativer Forschungsarbeit neue Möglichkeiten auszuarbeiten, wie sich die Entstehung der inneren Realität als der Inhalt der Vorstellungen, Wahrnehmungen und Phantasien von inneren und äußeren Objekten denken lässt.

1. Objekte sind den Trieben durch ihre Wunsch-nach-etwas-Qualität a priori inhärent, d.h., sie werden durch die Triebe selbst geschaffen, unabhängig von realen anderen in der äußeren Welt. Die Wahrnehmung des anderen ist bloßes Gerüst für die Projektionen der angeborenen Objekt-Imagines. Klein entfaltet den Gedanken der phylogenetischen Erbschaft, den Freud besonders 1913 auf dem Höhepunkt seiner Beziehung zu C.G. Jung in „Totem und Tabu“ darlegte. Sie geht von einem Bündel von Phantasien über Brust, Penis, Vagina, Bauch, Babys, Vollkommenheit, Explosion, Brennen, Zerbeißen u.a. aus – welche als universelle psychische Mechanismen funktionieren.

2. Schon Freud hatte angenommen, dass das Kind sofort nach der Geburt von innen durch Destruktion bedroht ist. Er vermutete, dass Eros bzw. die Lebenstriebe intervenieren und die Todestriebe nach außen wenden und in Aggressivität verwandeln, wobei ein Rest als erogener Masochismus verbleibe. Klein postuliert eine uranfängliche Aktivität des Ichs, welche einen Teil der Todestriebe nach außen ablenke oder in die äußere Welt projiziere. So erschafft es sich eine Vorstellung von der äußeren Welt und lenkt den Rest der verbliebenen Destruktivität gegen dieses neu geschaffene böse Objekt. Um der Erfahrung einer ausschließlich bösen Außenwelt zu entkommen, wird ein Teil der Lebenstriebe projiziert, wodurch ein gutes Objekt generiert wird. Auf dieses richtet sich die verbliebene Rest-Liebe und es erschafft einen Glauben an die Existenz einer freundlichen und hilfreichen Person, der auf der Wirksamkeit seiner Libido gründet (Klein 1932). Die verbietenden Aspekte des Überichs gewinnen oft primitiv-verfolgend-bestrafende Charakteristika, die schützenden dagegen allmächtig rettende Züge. 1930 bestätigte Freud M. Klein, dass die kindliche Angst vor den frühen Objekten proportional dem Ausmaß seiner eigenen aggressiven Impulse sei (1930a, S. 489).

3. Der Ursprung der Objekte kann auch von den Erfahrungen mit den Real-Objekten abgeleitet werden. Da von „Erfahrungen mit den Real-Objekten“ gesprochen wird und Erfahrung „Innen-Realität“ bedeutet, kann, genau genommen, nicht von „Real-Objekt“ ohne Anführungszeichen gesprochen werden. Jedoch wird in dieser Sichtweise die Wichtigkeit des „äußeren“ Objektes betont. Noch einmal sei an Ferenczi erinnert, der in der ersten Analytiker-Generation das Umweltversagen erneut hervorhob.

Sowohl Freud als auch Klein sehen die Probleme im Lichte der Triebtheorie als von innen, von der Konstitution kommend. Bei beiden dient das „Real-Objekt“ dazu, das konstitutionelle a priori abzumildern. Dadurch wird die pathogenetische Bedeutung der Eltern minimiert. Auf diese tendenzielle Einseitigkeit reagieren diejenigen Objektbeziehungstheoretiker, die nach Fairbairn den Aspekt der Deprivation infolge der elterlichen Pathologie, Ambivalenz und Angst zur ausschließlichen oder gleichermaßen wichtigen Ursache für die Psychopathogenese machen. Sie weisen die klassische Triebtheorie zurück oder formulieren sie neu. Hier gibt es eine enge Verwandtschaft zu den Bindungstheoretikern.

Während für Freud und Klein Befriedigung das Endziel des Triebes bleibt, wird für Fairbairn das Lustprinzip zum Mittel, um ein Endziel zu erreichen, nämlich eine Beziehung bzw. eine Bindung herzustellen. Auch Fairbairn formulierte verschiedene uneinheitliche Konzepte, z.B. fokussierte er 1943 auf die motivationale Notwendigkeit, die Beziehung zu einem dringend benötigten Objekt, das emotional abwesend, intrusiv oder chaotisch ist, aufrechtzuerhalten. Weil auf dieses Objekt nicht verzichtet werden kann, versucht das Kind die Illusion der „guten Eltern“ zu bewahren, indem es über Internalisierung, Verleugnung und Spaltung

Mängel (Depression, Desorganisation, Sadismus) sich selbst zuschreibt.

5. Die Bedeutung des Begriffs in verschiedenen psychoanalytischen Schulrichtungen

Psychische Entwicklung, die auf der Grundlage der Oszillation von PS ↔ D und von Container ↔ Contained stattfindet, kann durch drei Faktoren misslingen, nämlich kindliche, elterliche und interaktionelle. Die klassisch und die kleinianisch orientierten Forscher überschätzen u. U. die infantilen Faktoren und verdinglichen mit dem Begriff der konkreten inneren Objekterfahrung die Innenwelt. Umgekehrt kann den Forschern mit Fairbairn'scher Perspektive die Umwelt durch Überbetonung und Verdinglichung der elterlichen Faktoren zum bösen Dämon geraten. Fairbairn schreibt dazu: „Dennoch bleibt wahr, dass unter bestimmten Umständen innere Objekte eine dynamische Unabhängigkeit aufweisen, die nicht ignoriert werden kann. Zweifellos brauchen wir eine Erklärung für den fundamentalen Animismus im seelischen Apparat, der unter der Oberfläche fortdauert" (1944, S. 132, zit. n. Grotstein und Rinsley 1994, S. 94). Die Forscher, z. B. Balint und Winnicott, die zur Gruppe der „Unabhängigen" gehören, werden von manchen als die eigentlichen Objektbeziehungstheoretiker angesehen, weil sie die Wechselseitigkeit ganz in den Mittelpunkt stellen. Sie scheinen davon auszugehen, dass unter Entwicklungsbedingungen, die gut genug sind, ein anfängliches Erleben der Einheit von Ich und Objekt allmählich und untraumatisch in die Wahrnehmung von Abhängigkeit und Getrenntheit übergehen kann.

Die Selbstpsychologie scheint darüber hinaus zu meinen, Triebkonflikte und der Ödipuskomplex seien überhaupt vermeidbar, wenn sich nur die narzisstische Homöostase – optimal sanft frustriert – allmählich auswächst. Vielleicht ist mit der Zurückweisung der Theorie eines primären Narzissmus als normale Entwicklungsphase und der Entdeckung der Abwehrfunktion des Narzissmus bei manchen Autoren gleichzeitig die Möglichkeit verloren gegangen zu untersuchen, wie konkret, hart, starr und hochorganisiert destruktiv und autodestruktiv diese Abwehr, die ursprünglich dem Überleben dienen sollte, tatsächlich sein kann. Bei diesen Autoren wäre dadurch die conditio humana verharmlost. Balint hat zu recht darauf hingewiesen, dass der begriffliche Apparat der Psychoanalyse zunächst einer Ein-Körper-Psychologie entsprach und dazu beigetragen, die komplexen wechselseitigen Abhängigkeiten zwischen Mutter und Säugling, Analytiker und Analysand herauszustellen. M. Klein hat mit dem Begriff der projektiven Identifizierung den Grundstein gelegt für die subtile Erforschung von objektbezogenen Abwehrvorgängen, die dominieren, wenn Abhängigkeit und Getrenntheit nicht ertragen werden können. Übrigens gibt es noch vor der Erfindung des Begriffs projektive Identifizierung klinische Beobachtungen von Ferenczi, Bibring und A. Freud, welche eng verwandt oder identisch mit projektiver Identifizierung sind: Identifikation mit dem Aggressor und altruistische Abtretung.

Wer die inneren Objekte im Kind oder in den Eltern betont, mag vernachlässigen, dass psychische Strukturen Funktionen sind, die mit Motiven eines unbewussten Handlungskontextes in Verbindung stehen. Wer nur die Interaktion sieht, unterschätzt potentiell die Macht des Unbewussten und vergisst, dass die handlungstheoretische Untersuchung der Motive zu Ursachen hinführt. Hierher gehören die Einseitigkeiten, die als Interaktionismus bekannt sind oder als Intersubjektivismus ein neues Paradigma sein möchten.

Ausgehend von Triebradikalen, angeborenen Schemata (Freud), oder angeborenen Erwartungen (Bion), die wie leere Begriffe funktionieren, z. B. „ich weiß nicht, was eine Brustwarze ist, aber wenn ich eine im Mund spüre, weiß ich, was es ist", lässt sich sagen, dass der Trieb durch das Objekt und das Objekt durch den Trieb konstituiert wird. Der frühe Winnicott ging mit Melanie Klein davon aus, dass die Objekt-Konstitution mit einem Gefühl der Schuld und Regungen der Wiedergutmachung für Objektbeschädigung einhergehe. Später stellte er sich vor, dass das Objekt in dem Moment konstituiert wird, indem es für das Subjekt völlig unerwartet, freudig-schockierend den allmächtig phantasierten, ungebremsten Angriff überlebt, d.h. vor allem, sich nicht rächen muss, sondern weiterhin nachdenken und nachfühlen kann.

6. Interdisziplinäre Beiträge und Befunde

Interdisziplinäre Beiträge gibt es zahlreiche von Seiten der Philosophie. Auf einige wurde bereits unter Punkt 3 hingewiesen. Gesondert sei noch einmal Hegel genannt, der, mit hoher Präzision psychoanalytische Erkenntnisse vorwegnehmend, über die Entstehung der Subjekt-Objekt-Differenz bzw. des Ich-Bewusstseins sagte, dass sie nur über die Erfahrung gegenseitiger „Anerkennung" geschehen könne. Diese sei ein „gedoppeltes Tun", ein „Tun des anderen und Tun durch sich selbst". Da nun aber „reines Für-sich-Sein" nichts duldet, „was für es nicht verschwindendes Moment wäre", „geht also jeder auf den Tod des anderen" (zit. n. Loch 1967, bzw. 1972, S. 361). In diesem Zusammenhang kann auch auf J. Benjamin (1990) hingewiesen werden.

Die Befunde der Säuglings- und der Bindungsforschung sind interessant, weil sie oft auf originellen Experimenten beruhen. Die baby-watcher haben beschrieben, dass die Entwicklung sich in Sprüngen vollzieht, entsprechend den Niveauunterschieden im Selbstgefühl, welche als weiterbestehende simultane Bereiche der Selbsterfahrung immer aktiv bleiben (s. Teising, 1994). Hier ergeben sich Bezüge zur kleinianischen Positionenlehre in Abgrenzung zu den klassischen Phasenmodellen. Es scheint nach den Befunden der Säuglingsbeobachtung auch von Anfang an unter günstigen Bedingungen Getrenntheitswahrnehmungen zu geben, also keine regelmäßige autistische oder symbiotische Phase. Es sei für den Säugling immer erkennbar, dass seine Bezugsperson in Zeit, Raum, Intensität und Bewegung nicht dasselbe tut und ist, sondern von ihm verschieden bleibt (s.l.c.). Auch diese Konzepte vom kompetenten Säugling passen gut zu psychoanalytischen Modellen eines von Beginn an aktiven Ichs, das mit diversen Abwehrmechanismen ausgerüstet ist, wenngleich z.B. Stern meint, bestreiten zu können, dass es sehr früh Spaltungsmechanismen gibt.

Die Bindungstheoretiker betonen die Bedeutung der mütterlichen Feinfühligkeit für die Entwicklung eines sicheren bzw. unsicheren Bindungsverhaltens (Dornes 1998). Das Umweltversagen muss vom Kind verarbeitet werden und die weitere Gestalt der Neurose oder Psychose ist von dieser Verarbeitung abhängig. Ursächlich ist jedenfalls frühes Umweltversagen. In diesem Punkt sind die Bindungstheoretiker verwandt mit Fairbairn, Winnicott, Balint und Kohut. So verschieden diese Forscher auch sein mögen, sie stimmen in einem Punkt überein: frühes Umweltversagen ist ein entscheidend wichtiger ätiologischer Faktor.

Bindungstheoretiker schätzen den Begriff der Phantasie anders ein. Der Begriff des Triebes verflacht sich zum „Temperament". Diese Unterschiede erwachsen daraus, dass das Tätigkeitsfeld sowie das methodische Instrumentarium klinischer Autoren und entwicklungspsychologischer Autoren verschieden sind. Säuglingsbeobachter und Bindungstheoretiker können sich aufgrund ihrer Methodik häufig nur ein unzureichendes Bild von der kindlichen Phantasietätigkeit machen (s. Dornes 1998). Umgekehrt sollten Kliniker, so schreibt Dornes, die gut abgesicherten Befunde zu den Umweltursachen kindlicher Erkrankungen zur Kenntnis nehmen. Interessant ist, dass sowohl manche Objektbeziehungstheorie wie auch die Bindungstheorie Sexualität nicht mehr als Grundtrieb und wesentlichen Bestandteil der menschlichen Entwicklung und Existenz zu kennen scheint. Sexualität taucht nur noch als Sexualisierung, der Ödipuskomplex nur noch als pathologische Entgleisung auf, wenn narzisstische oder Bindungsbedürfnisse nicht ausreichend befriedigt wurden. Das steht in krassem Gegensatz zum Beispiel zu Bions Vorstellung, dass die Ödipuskonstellation sowohl Inhalt wie auch Form der mentalen Funktionen ist.

Wichtige interdisziplinäre Bezüge ergeben sich auch zur Systemtheorie und zum Konstruktivismus. Die Psyche als semantisches, sich selbst herstellendes und selbstbezügliches System ist gut vereinbar mit den Vorstellungen von Freud und Klein, für die das äußere Objekt die von innen kommenden Erlebnisse nur modifizieren, nicht jedoch herstellen kann.

Literatur

Benjamin, J. (1990). Die Fesseln der Liebe. Psychoanalyse, Feminismus und das Problem der Macht. Frankfurt/M.: Stroemfeld/Roter Stern.

Dornes, M. (1998). Bindungstheorie und Psychoanalyse: Konvergenzen und Divergenzen. Psyche – Z Psychoanal, 4, 299–348.

Eickhoff, F.-W. (1990). Versuch einer Würdigung des wissenschaftlichen Werkes Wolfgang Lochs. In Tagungsband der Arbeitstagung der DPV 21–24. Februar 1990 und in G. Jappe und J.-P. Haas (Hg.), Deutungs-Optionen: Für Wolfgang Loch (S. 439–463). Tübingen: edition discord, 1995.

Eickhoff, F.-W. (1996). Über den Konstruktivismus im Werk Wolfgang Lochs. In H. Henseler (Hg.), ... da hat mich die Psychoanalyse verschluckt. In memoriam Wolfgang Loch. Tübingen: Attempto.

Grotstein, J.S. and Rinsley, D.B. (Eds.) (1994). Fairbairn and the origins of object relations. London: Free Association Books. New York: Guilford Press.

Klein, M. (1932). Zur Psychoanalyse des Kindes. Gesammelte Schriften, Band II, Stuttgart: frommann-holzboog.

Klein, M. (1946). Bemerkungen über einige schizoide Mechanismen. Gesammelte Schriften, Bd. III. Stuttgart: frommann-holzboog, 2000.

Loch, W. (1967). Mord-Selbstmord oder die Bildung des Selbstbewußtseins. In Wege zum Menschen, 19, 262–68 und in W. Loch (1972), Zur Theorie, Technik und Therapie der Psychoanalyse (S. 355–363). Frankfurt/M.: Conditio humana, Fischer.

Loch, W. (1976). Psychoanalyse und Wahrheit, Psyche – Z Psychoanal, 30, 865–898.

Loch, W. (1988). Rekonstruktionen, Konstruktionen, Interpretationen: Vom „Selbst-Ich“ zum „Ich-Selbst“. Jahrbuch der Psychoanalyse, 22, 36–66. Stuttgart: frommann-holzboog.

Loch, W. (1999). Die Krankheitslehre der Psychoanalyse. Stuttgart: Hirzel, 6. Aufl.

Teising, M. (1994). Die Bedeutung der Säuglingsbeobachtung für die Psychoanalyse am Beispiel von D. Stern: Die Lebenserfahrung des Säuglings. In C. Frank (Hg.), Wege zur Deutung, Verstehensprozesse in der Psychoanalyse. Opladen: Westdeutscher Verlag.

Objektkonstanz *von Gottfried Fischer*

object constancy – constance d'objet

1. Definition

Im Sinne einer konstruktiven Ich-Leistung bezeichnet Objektkonstanz die Fähigkeit, eine konstante Vorstellung vom Liebes-Objekt über Trennungen und wechselnde affektive Stimmungslagen bzw. Interaktionssituationen hinweg zu erhalten. Dass der Objektkonstanz eine komplexe kognitive und emotionale Konstruktionsleistung zugrunde liegt, wird deutlich, wenn man bedenkt, dass das Liebes-Objekt, in der frühen Kindheit etwa die Mutter, für die unmittelbare sinnliche Wahrnehmung zunächst in wechselnden Teilrepräsentationen existiert: so etwa als „Mutter-der-Trennung“, „Mutter-der-Gegenwart“, „Mutter-der-Befriedigung“ oder „Mutter-der-Versagung“. Bei nicht wenigen Kindern kommt noch die Erfahrung unempathischer oder sogar misshandelnder oder missbrauchender Eltern hinzu bzw. ein Wechsel zwischen diesen negativen mit positiven Beziehungserfahrungen. Die Konstruktion einer einheitlichen Repräsentanz, welche die unterschiedlichen sinnlichen Formen der Objekterfahrung zu einem Person-Schema zusammenfasst und koordiniert, entspricht der Bildung von Objektkonstanz.

Damit liegt der Konstruktion des konstanten Objekts beim Kind – wie in abgewandelter Form auch beim Jugendlichen und Erwachsenen – eine selbstbezügliche dialektische Negation zugrunde: „Konstanz" ist nicht eine Eigenschaft, die dem Objekt als solchem inhärent wäre, konstant ist vielmehr der Wechsel seiner sinnlichen Erscheinungsweisen. Nur wenn und soweit es dem Kind gelingt, sich auf die Inkonstanz, den Wechsel realistisch einzustellen, kann das metakognitive Konzept eines im Wechsel der Erscheinungen und Gefühlszustände mit sich identischen Liebesobjekts gebildet und in den kognitiven Schemata des Kindes emotional tragend verankert werden. Das Gelingen dieser komplexen subjektiven Konstruktionsleistung hängt wesentlich vom objektiven, realen Verhalten der Beziehungspersonen ab. Konstante, empathische und zuverlässige Beziehungserfahrungen erleichtern es dem Kind, sich auf den Wechsel der objektgebundenen Sinneseindrücke zuverlässig einzustellen. Sprunghafte, widersprüchliche, einengende oder offen destruktive Objekterfahrungen hingegen überfordern die „objektanalytische Fähigkeit" des Kindes und können die Bildung eines Person-Konzepts begünstigen, das die negativen Erfahrungen ausblendet, die innere Einheit des Objekts überschätzt und so auf einer Art „Pseudokonstanz" beruht.

2. Klassische Auffassung

Nach Anna Freud geht die Objektkonstanz dem Stadium der Ambivalenz voraus. Hat das Kind in seiner Ablösung aus der primären Symbiose die Vorstellung eines konstanten äußeren Objekts gebildet, so können jetzt diesem einheitlichen Objekt gegenüber sowohl Hass- wie auch Liebesgefühle erlebt werden, ohne beide Stimmungslagen mit unterschiedlichen Selbst- und/oder Objektrepräsentanzen zu verbinden.

Fraiberg (1969) führt die wichtige Unterscheidung zwischen rekognitiven und evokativen Gedächtnisleistungen ein. Unmittelbar präsente Stimuli können ein Wiedererkennen (Rekognition) des Liebesobjekts wahrscheinlich schon bald nach der Geburt hervorrufen. Eine frei evozierte Erinnerung – im Unterschied zu einer Phantasie oder Halluzination – ist etwa um die Mitte des zweiten Lebensjahres möglich – eine Vorstellung, die sich im Wesentlichen mit Piagets Beobachtungen deckt, der für dieses Entwicklungsalter die freie Verfügbarkeit von Vorstellungen und spielerischen Symbolen nachweist.

Der komplexe Zusammenhang zwischen Objekt- und Selbstkonstanz lässt sich aus den klassischen Schritten der Objektkonstitution nach Winnicott entwickeln. Um für sich als Subjekt konstant und gegenwärtig zu sein, benötigt das Selbst ein anderes (objektives) Subjekt, das seine Selbstidentität garantiert. Daher ist der „Gebrauch" des anderen als Subjekt (Schacht 1973), die Voraussetzung dafür, dass sich das Subjekt als in Zeit, Raum und über verschiedenen Interaktionssituationen hinweg über seine innere Selbstgegenwart hinaus als auch objektiv mit sich identisch verstehen kann. Ein wichtiger Zwischenschritt in dieser Entwicklungslinie ist die „Verbundenheit in Gedanken". Kann das Kind sich vorstellen, dass die Mutter bei Trennungen an es denkt, ebenso wie es selbst an die Mutter denkt, so ist im Medium reziproker Vorstellungen die Raum und Zeit übergreifende kognitive Struktur konstanter libidinöser Wechselseitigkeit geschaffen (Fischer 1981).

3. Ideengeschichtlicher Hintergrund

In die Psychoanalyse ist das Konzept vor allem aus der Beschäftigung mit Piagets „permanentem Objekt" eingegangen, das sich etwa gegen Ende des ersten Lebensjahres bildet. Das Kind sucht in diesem Alter nach Gegenständen, die für es unsichtbar mehrfach verlagert wurden. Auch hier liegt die Fähigkeit zugrunde, sich auf Veränderungen des Objekts flexibel einstellen zu können.

Jüngere Kinder geben die Suche nach dem verborgenen Gegenstand rasch wieder auf. Piaget untersuchte überwiegend die Beziehung zu Sach-Objekten, wogegen sich der Begriff in der psychoanalytischen Tradition vor allem auf das libidinöse Person-Objekt bezieht (Fischer 1987).

4. Wesentliche Erweiterungen, Differenzierungen und Modifikationen

Während die Psychoanalyse bisher fast ausschließlich die kindliche Entwicklung innerhalb einer fiktiven, im Sinne von Heinz Hartmann, „durchschnittlich zu erwartenden Umwelt zu rekonstruieren versuchte, dringt neuerdings der Einfluss traumatisierender Umweltbedingungen auf kindliche Entwicklungsleistungen wie die Konstruktion von Objektkonstanz stärker ins Bewusstsein. Wenn beispielsweise das Kind durch Misshandlung oder Missbrauch einem extrem widersprüchlichen Verhalten ausgesetzt wird, so liegt für manche Kinder in den frühen „präoperationalen“ Entwicklungsstadien die Folgerung nahe, dass diese Misshandlung von „anderen Eltern“ ausgeht, die möglicherweise auch ein „anderes“, zumeist ein „böses Kind“ misshandeln. Die Konstruktion eines einheitlichen Objekts als Korrelat und Garant der Einheit des Selbst wird durch dissoziierte Teilrepräsentanzen ersetzt, um die überlebenswichtige Beziehung zu einer beschützenden, guten Bindungsfigur zu erhalten. Eine der Langzeitfolgen kann die Entwicklung einer „dissoziativen Identitätsstörung“ oder einer Borderline-Störung sein. Während manche Vertreter einer psychoanalytischen Theorie der „Objektbeziehungen“ dissoziative Tendenzen wie die Neigung zu „Spaltung“ oder sogar „paranoide“ und „depressive“ Tendenzen in die normale kindliche Entwicklung projizierten und damit immer stärker in Gegensatz zur empirischen Forschung gerieten, lassen sich Tendenzen dieser Art als Bildungsvarianten von Objektkonstanz unter pathogenen Umweltbedingungen verstehen. Wird diese Position in der Psychotherapie aufgearbeitet, so können die Patienten die unterbrochene Entwicklungslinie zur Objekt- und Selbstkonstanz wieder aufnehmen, indem sie allmählich Einsicht gewinnen in die reale Widersprüchlichkeit und eventuell innere Gespaltenheit von Beziehungspersonen und damit in den Hintergrund von Verhaltensweisen, welche die frühe Konstruktion von Objektkonstanz verhindert hatten. Ein emotional bedeutsamer psychotherapeutischer Veränderungsschritt ist dabei die „Fähigkeit zur Objektanalyse“ oder „Objektspaltung“, die es erlaubt, extreme Widersprüche zu begreifen und Objektkonstanz durch Reflexion der erfahrenen Inkonstanz zu bilden (Fischer 1990).

5. Die Bedeutung des Begriffs in verschiedenen Schulrichtungen

Eine positive Bewertung von Objektbeziehungen vor Erreichen von Objektkonstanz wird in der Kohut'schen Richtung vorgenommen. Selbstobjekt-Beziehungen, in Winnicotts Terminologie: Beziehungen zum „subjektiven Objekt“, werden hier nicht als „archaisch“ oder „primitiv“ betrachtet, sondern gelten – neben der erwachsenen Fähigkeit zur kohärenten Personwahrnehmung – als Bestandteil der normalen lebenslangen Entwicklung.

Literatur

Fischer, G. (1981). Wechselseitigkeit – interpersonelle und gegenständliche Orientierung in der sozialen Interaktion. Mit einem Geleitwort von Carl Friedrich Graumann. Bern: Huber.

Fischer, G. (1987). Libidinöse Objektkonstanz und soziale Wechselseitigkeit. Forum der Psychoanalyse, 3, 300–313.

Fischer, G. (1990). Die Fähigkeit zur Objektspaltung. Ein therapeutischer Veränderungsschritt bei Patienten mit Realtraumatisierung. Forum der Psychoanalyse, 6, 199–212.

Fraiberg, S. (1969). Libidinal object constancy and mental representation. Psychoanalytic Study of the Child, 24, 9–47.

Schacht, L. (1973). Subjekt gebraucht Subjekt. Psyche Z Psychoanal, 27, 151–168.

Objektwahl *von Reinhard Kreische*

object choice – choix d'objet

1. Definition

„Objektwahl" meint den Prozess, durch den ein anderer Mensch vom Subjekt „psychologisch signifikant" (Moore und Fine 1990) gemacht wird. Er wird dadurch zum Liebesobjekt. Freud (1905d) beschreibt mit dem Begriff „Objektwahl" die Wahl einer ganzen Person, er weist aber auch auf die Möglichkeit von Partialobjektbeziehungen hin. Die Objektwahl erfolgt bewusst, sie ist jedoch durch unbewusste Determinanten beeinflusst.

Freud definiert im Rahmen seiner Triebtheorie das „Objekt" des Triebes als „dasjenige, an welchem oder durch welches der Trieb sein Ziel erreichen kann" (1915c). In der Psychoanalyse wird der Begriff „Objekt" sowohl verwendet für 1) eine reale, physische Person oder einen Gegenstand, dem sich eine Person zuwendet, als auch 2) für das mentale Bild einer Person oder eines Gegenstandes, auch „inneres Objekt" oder „Objektrepräsentanz" genannt. Die Objektrepräsentanzen sind mit Affekt- und Verhaltensdispositionen verknüpft. Wird ein Teil einer Person als Objekt zur Triebbefriedigung angestrebt (z.B. die Mutterbrust) oder wird die Person nur in einer Teilfunktion benutzt (z.B. als Versorger), sprechen wir von einer Beziehung zu einem „Partialobjekt".

2. Klassische Auffassung

Freud (1914c) unterscheidet zwei Haupttypen der Objektwahl des Erwachsenen: die anaklitische und die narzisstische. Bei der anaklitischen Objektwahl, der Objektwahl nach dem Anlehnungstypus, wird das Liebesobjekt nach dem Vorbild der primären Liebesobjekte, der Eltern, gewählt. Das Subjekt liebt dann „die nährende Frau" oder „den schützenden Mann". Es kommt auf der Triebebene zu einer „Anlehnung" der Sexualtriebe an die Selbsterhaltungstriebe, so dass auf der Objektebene „die Personen, welche mit der Ernährung, der Pflege, dem Schutz des Kindes zu tun haben", zum Vorbild für die erwachsenen sexuell befriedigenden Objekte werden. In diesem Sinne ist „die Objektfindung ... eigentlich eine Wiederfindung".

Bei der narzisstischen Objektwahl wird das Liebesobjekt nach dem Vorbild der Beziehung des Subjekts zu sich selbst gewählt. Das Subjekt liebt dann im anderen, was es selbst ist, war, sein möchte oder eine Person, die ein Teil des eigenen Selbst war. Mit letzterem meint Freud die narzisstische Liebe der Mutter zu ihrem Kind, das einst „ein Teil ihrer eigenen Person war".

In beiden Fällen werden die Objekte in der Phase der Objektwahl mehr mit libidinösem als mit aggressivem Interesse besetzt. Sie werden idealisiert.

Die „volle Objektliebe nach dem Anlehnungstypus" sei, so Freud, „eigentlich für den Mann charakteristisch", während die Objektwahl der Frau im Allgemeinen narzisstisch sei. In der anaklitischen Objektwahl der Männer glaubt Freud die „Sexualüberschätzung" des Partners zu finden, „welche wohl dem ursprünglichen Narzißmus des Kindes entstammt und somit einer Übertragung desselben auf das Sexualobjekt entspricht". Die Frauen hingegen lieben nach Freud bei der narzisstischen Objektwahl „strenggenommen, nur sich selbst mit ähnlicher Intensität, wie der Mann sie liebt" (Zitate aus 1914c).

Erste kritische Auseinandersetzungen mit Freuds Weiblichkeitstheorie führten Karen Horney, Ernest Jones und Melanie Klein bereits zwischen 1923 und 1935, wobei es zu heftigen Kontroversen mit Anhängern dieser Theorie kam, zu denen Karl Abraham, Helene Deutsch, Jeanne Lampl-de-Groot und Marie Bonaparte zählten. Danach erstarb diese Kontroverse, um erst Ende der sechziger Jahre wiederbelebt zu werden.

3. Ideengeschichtlicher Hintergrund

Der Begriff „Objektwahl" weist ähnlich wie „Besetzung" und die meisten klassischen psychoanalytischen Fachtermini darauf hin, dass Freud entsprechend dem Denken seiner Zeit meist linear-kausal (ohne Rückkopplung) dachte und das Objekt überwiegend vom Standpunkt des Subjekts aus behandelte. Das uns heute gebräuchliche Denken in Regelkreisen, das sich seit den dreißiger Jahren mit der Entwicklung der Systemtheorie immer mehr durchgesetzt hat, findet sich in den klassischen psychoanalytischen Schriften nur selten. Umso bemerkenswerter ist es, wenn es an einigen Stellen dann doch bereits Passagen gibt, in denen von wechselseitigen Beziehungen, nämlich zwischen Mutter und Kind (1905d), die Rede ist oder wenn Freud im Strukturmodell ein Wechselspiel zwischen Ich, Es, Überich und Umwelt postuliert.

Freuds Weiblichkeitstheorie steht ganz in der 2000 Jahre alten patriarchalischen Denktradition seiner Zeit mit einer alle Bereiche der Gesellschaft durchziehenden Geschlechterhierarchie. Entsprechend wurde in den Anfangsjahren der Psychoanalyse ein Individuationsmodell weiblicher Entwicklung in der Sprache und Denktradition des Patriarchats entwickelt. Vor allem feministisch orientierte Psychoanalytikerinnen (z. B. Rohde-Dachser 1991) haben diese Theorie widerlegt, indem sie die zugrunde liegenden historischen Hintergründe und kollektiven Phantasien aufgezeigt haben und auf die „Alldimensionalität der Ungleichheit zwischen Mann und Frau" (Beck und Beck-Gernsheim 1990) hingewiesen haben, die erst seit zwei Jahrzehnten in Bewegung geraten ist.

4. Erweiterungen, Differenzierungen, Modifikationen

In der modernen Psychoanalyse, vor allem der psychoanalytischen Objektbeziehungstheorie, finden sich Untersuchungen der Objektwahl vor allem im Bereich der Erforschungen von Paar- und Familienbeziehungen. Auf Objektwahl bei Hetero- und Homosexualität wird in einem anderen Kapitel dieses Buches eingegangen.

Dicks (1967) und Willi (1975) haben das Angebot eines bestimmten Kollusionstyps als bestimmenden Faktor der Partnerwahl herausgestellt. Kollusionen sind Beziehungsformen zwischen zwei oder mehr Menschen, bei denen die Beziehungsbedürfnisse zueinander passen wie Schlüssel und Schloss. Das Konzept von Dicks ist objektbeziehungstheoretisch. Die Wahl des Partners ist hier wesentlich mitbestimmt durch das unbewusste Bedürfnis, Ähnlichkeiten mit früheren relevanten Objekten wiederzufinden oder unterdrückte Aspekte des eigenen Selbst im anderen zu bekämpfen und gleichzeitig partizipierend zu genießen. Willis Konzept akzentuiert stärker den triebdynamischen Aspekt. Die Objektwahl ist hier durch ähnliche Triebfixierungen der Partner (narzisstische, orale, anal-sadistische und phallische) determiniert. In der Beziehung nimmt ein Partner eine „progressive", der andere eine „regressive" Rolle ein, zum Beispiel in der oralen Kollusion in der Form, dass ein Partner pflegt und füttert und der andere sich pflegen und füttern lässt. In der Latenz ist bei beiden Rollen der komplementäre Wunsch zu finden.

König und Kreische (1991) ziehen es vor, statt von einer progressiven und regressiven Position von einer Eltern- und einer Kinderrolle zu sprechen, um einen Bezug zur Objektbeziehungstheorie herzustellen. Sie weisen darauf hin, dass bei neurotischen Kollusionen der Partner in der Elternrolle meist auch regrediert ist wie der Partner in der Kindrolle und keine wirkliche Erwachsenenposition einnimmt. Er befindet sich vielmehr in der Position eines parentifizierten Kindes und übernimmt die Elternrolle wie in der eigenen Kindheit aus dieser Position heraus. In reifen Beziehungen ist keiner der Partner auf eine bestimmte Beziehungsform fixiert, beide können sowohl erwachsene Positionen einnehmen als auch regredieren.

In seinem Konzept von den „basalen und zentralen Beziehungswünschen" legt König (1988) ein Motivationsmodell der Objektwahl vor, das Triebtheorie, Ich-Psychologie und Objektbeziehungstheorie vereinigt und das mit dem verhaltensbiologischen Modell von Bischof (1985) kompatibel ist. Der Wunsch nach Vertrautem (Familiarität) und der entgegengesetzte Wunsch nach Neuem sind basale Beziehungswünsche bei jedem Menschen, wobei die Stärke dieser beiden Motivationssysteme in den verschiedenen Lebensaltern variiert. Daneben finden sich zentrale Beziehungswünsche, die durch Fixierungen und deren charakterologische Weiterverarbeitung bestimmt werden. In der Objektwahl sind beide Motivationssysteme wirksam. Durch Phantasie und durch den interaktionellen Anteil der Übertragung macht der Wählende die Objekte, mit denen er umgeht, seinen inneren Objekten ähnlicher. Wird die Ähnlichkeit zu groß, kommt es zu einer Hemmung der sexuellen Triebwünsche.

In der relationalen Psychoanalyse wird die Objektsuche nicht mehr triebtheoretisch gesehen. Der Mensch „sucht andere Menschen, um zu interagieren, nicht zur Befriedigung irgendeines diskreten Bedürfnisses, sondern weil seine Verschaltungen dementsprechend sind" (Mitchell 2003, 159). Bildung und Aufrechterhalten von Beziehungen mit anderen gehören genauso fundamental zur menschlichen Natur wie das Atmen.

5. Interdisziplinäre Beiträge und Befunde

Aus der modernen Säuglingsforschung wissen wir, dass Säuglinge bereits in den ersten sechs Lebensmonaten verschiedene Sinneseindrücke koordinieren und ein einheitliches Objektkonzept entwickeln und dass die Objektwahl des Kindes nicht nur vom Kind zur Mutter läuft, sondern dass es sich um ein Wechselspiel von Interaktionen zwischen Mutter und Kind handelt, durch das die Mutter für das Kind und das Kind für die Mutter zu psychologisch signifikanten Objekten werden (Lichtenberg 1983, Stern 1986). „Bedeutung entsteht in einem wechselseitigen Prozess des Ineinandergreifens von intrinsischer und zugeschriebener Bedeutung" zwischen Kind, Mutter und Vater (Dornes 1995). Eine der wichtigsten Bedeutungen für das Kind ist die, dass das Beziehungsobjekt bei einer ausreichend gut aufeinander abgestimmten Interaktion („good enough mother" nach Winnicott 1957) die Bedeutung eines Liebesobjekts erhält.

Bereits in den ersten Lebensmonaten werden wiederkehrende Interaktionserfahrungen des Kindes mit wichtigen Bezugspersonen, sogenannte Skripte (Nelson und Gruendel 1981), intrapsychisch repräsentiert („representation of interaction generalized", abgekürzt RIG, vgl. Stern 1989). Je mehr gleichsinnige Erfahrungen in Form von RIGs abgespeichert werden, desto stärker prägen sie unbewusst zukünftige Objektbeziehungen, wenn sie nicht später in symbolische Repräsentanzen weiterentwickelt werden. Gerade die präverbalen und präsymbolischen Erfahrungen drängen zu Wiederholungshandlungen, weil sie anders nicht erinnert werden können. „Der unbewältigte sensorische Affekt, nicht der Todestrieb, ist die biologische Wurzel des Wiederholungszwangs" (Dornes 1993). In ihrer primären Objektbeziehung sicher gebundene Kinder (Ainsworth 1979, Bowlby 1988, Schmidt und Strauß 1996) „übertragen" ihre Erfahrungen auf spätere Beziehungspartner ebenso wie vermeidend gebundene und ambivalent gebundene. Entscheidend für die Qualität des entstehenden Bindungstypus ist die Feinfühligkeit der Mutter und ihre Fähigkeit zur zutreffenden Interpretation der Bedeutung der Signale ihres Säuglings in den ersten neun Monaten. Diese Untersuchungsergebnisse bestätigen Freuds These von der Objektfindung als Wiederfindung. Die Konzepte von der anaklitischen und der narzisstischen Objektwahl entsprechen ansonsten in vielen Punkten nicht mehr unserem aktuellen Wissensstand.

Literatur

Ainsworth, M. (1979). Attachment as related to mother-infant interaction. In J. Rosenblatt, R. Hinde, C. Beer and M. Busnell (Eds.), Advances in the study of behavior (pp. 1–51). Vol. 9. New York: Academic Press.

Beck, U. und Beck-Gernsheim, E. (1990). Das ganz normale Chaos der Liebe. Frankfurt/M.: Suhrkamp.

Bischof, N. (1985). Das Rätsel Ödipus. München: Piper.
Bowlby, J. (1988). A secure base. Clinical applications of attachment theory. London: Routledge.
Dicks, H. (1967). Marital tensions. London: Routledge & Kegan Paul.
Dornes, M. (1993). Der kompetente Säugling. Frankfurt/M.: Fischer., 13. Aufl., 2004.
Dornes, M. (1995). Gedanken zur frühen Entwicklung und ihrer Bedeutung für die Neurosenpsychologie. Forum der Psychoanalyse, 11, 27–49.
König, K. (1988). Basale und zentrale Beziehungswünsche. Forum der Psychoanalyse, 4, 177–185.
König, K. und Kreische, R. (1991). Psychotherapeuten und Paare. Göttingen: Vandenhoeck & Ruprecht, 2. Aufl., 1994.
Lichtenberg, J.D. (1983). Psychoanalysis and infant research. New Jersey: The Analytic Press.
Mitchell, S.A. (2003). Bindung und Beziehung. Auf dem Weg zu einer relationalen Psychoanalyse. Gießen: Psychosozial-Verlag.
Moore, B.E. and Fine, B.D. (1990). Psychoanalytic terms and concepts. New Haven: The American Psychoanalytic Association und Yale University Press.
Nelson, K. and Gruendel, J. (1981). Generalized event representations: Basic building blocks of cognitive development. In M. Lamb and A. Brown (Eds.), Advances in developmental psychology 1 (pp. 131–158). Hillsdale, NJ: Erlbaum.
Rohde-Dachser, C. (1991). Expedition in den dunklen Kontinent. Berlin: Springer.
Schmidt, S. und Strauß, B. (1996). Die Bindungstheorie und ihre Relevanz für die Psychotherapie. Teil 1: Grundlagen und Methoden der Bindungsforschung. Psychotherapeut 41, 139–150.
Stern, D.N. (1986). The interpersonal world of the infant. New York: Basic Books (dt.: Die Lebenserfahrung des Säuglings. Stuttgart: Klett-Cotta, 1998).
Stern, D.N. (1989). The representation of relational patterns: Some developmental considerations. In A. Sameroff and R. Emde (Eds.), Relationship disturbances in early childhood. A developmental approach (pp. 52–69). New York: Basic Books.
Willi, J. (1975). Die Zweierbeziehung. Reinbek: Rowohlt.
Winnicott, D.W. (1957). The child, the familiy and the outside world. London: Tavistock.

Ödipuskomplex *von Wolfgang Mertens*

Oedipus complex – complexe d'Oedipe

1. Definition

Der Ödipuskomplex umfasst nicht nur die Gesamtheit der kindlichen Liebes-, Hass- und Schuldgefühle gegenüber den Eltern, sondern er ist auch das Resultat interpersoneller, intersubjektiver und familiendynamischer Vorgänge, die sich zwischen Eltern und Kind ereignen und die aus der Sicht des Kindes das Aushandeln der Generationengrenze, die Anerkennung der elterlichen Sexualität, bei gleichzeitigem allmählichen Abtrauern der erotisch sinnlichen Bindungen an die Eltern, die Durcharbeitung aggressiv rivalisierender und narzisstisch ödipaler Ansprüche, die Anerkennung der Eltern als sexuelles Paar, aber auch immer wieder die Frage nach dem eigenen Ursprung (Urszene) und der Zeit davor, betreffen. Aus der Sicht der Eltern müssen die durch die Geburt eines Kindes geweckten ambivalenten Regungen von Liebe und Hass, Fürsorge und Destruktivität sowie die eigenen wieder virulent gewordenen unbewältigten ödipalen Konflikte und Traumatisierungen bewusst gemacht und überwunden werden.

Während von Freud überwiegend die kindliche Triebnatur thematisiert wurde, bezeichnet der Ödipuskomplex somit aus heutiger Sicht die Gesamtheit der Entwicklungsaufgaben, die sich aus der Dreiecksstruktur und der Soziodynamik der Eltern-Kind-Beziehung ab der Geburt ergeben, wobei auch unbewusste psychosexuelle, narzisstische und aggressive Strebungen und Konflikte der Eltern berücksichtigt werden. Die Erkenntnis von einem Zusammenwirken von Ödipus-, Laios- und Iokastekomplex, also der Kind- und der Elternperspektive, lässt psychische Entwicklung und Pathologie als ein vielseitig determiniertes Geschehen erkennen. Somit kann der Ödipuskomplex des vier-, fünf- oder sechsjährigen Kindes heutzutage nicht mehr ohne die zugrunde liegende familiendynamische ödipale Konstellation betrachtet werden. Diese schließt aus psycho- und soziodynamischer Sicht die ödipalen Konflikte der Eltern, und das heißt auch ihre unbewussten Phantasien und Handlungen, die natürlich immer auch soziohistorisch geprägt sind, mit ein. Daraus folgt auch, dass ödipale Manifestationen bereits ab dem Zeitpunkt des Entstehens früher triangulärer Beziehungen betrachtet werden müssen; letztere gelten – sofern sie als konflikthaft erfahren werden – als potenzielle Prädispositionen für den voll entwickelten Ödipuskomplex. Frühe Affektabstimmungen in einem triangulären Beziehungskontext von beiden Eltern und ihrem Kind schaffen die Grundlagen für ein intersubjektives Erleben von triadischer Bezogenheit bei allen Beteiligten.

Klinisch gesehen manifestiert sich das Persistieren des Ödipuskomplexes bei beiden Geschlechtern in einem unbewussten Festhalten an dem Glauben, der auserwählte und bessere Partner für einen Elternteil zu sein, in schnell entflammbaren Gefühlen des Ausgeschlossenseins und Übergangenwerdens, in Neid- und Schuldgefühlen, die sich in Form von depressiven Verstimmungen und/oder Verfolgungsängsten ausdrücken, in scheiternden Partnerbeziehungen, hysterischen Sexualstörungen, Zwangssymptomen und auch in zwangsneurotischen Charakterzügen, wie Überangepasstheit, übermäßigem Pflichtbewusstsein, um dem unbewusst stets befürchteten Bestraftwerden vor der unbewältigten Aggression zuvorzukommen. In der Operationalisierten Psychodynamischen Diagnostik (Arbeitskreis OPD 1996, 2006) ist der ödipale Konflikt eine von sieben Konfliktklassen.

2. Klassische Auffassung

Freud bezog sich auf Sophokles' Oidipus Tyrannus, um die verschlungenen Pfade neurotischer Symptombildung und der Träume zu erhellen. Innerhalb einer Woche nach dem Jahrestag des Todes seines Vaters teilte er seinem Freund und „Lehranalytiker" Wilhelm Fließ am 15. Oktober 1897 die Entdeckung eigener ödipaler Impulse mit: „Ganz ehrlich mit sich zu sein, ist eine gute Übung. Ein einziger Gedanke von allgemeinem Wert ist mir aufgegangen. Ich habe die Verliebtheit in die Mutter und die Eifersucht gegen den Vater auch bei mir gefunden" (1950a, S. 293).

Wenige Jahre später generalisierte Freud (1900a, S. 267) die bei sich selbst, aber auch anhand von Kinderbeobachtungen wahrgenommenen und bei psychoneurotischen Patienten rekonstruierten Triebregungen als Gesetzmäßigkeiten des vier- bis fünfjährigen Kindes: „Es ist bei weitem wahrscheinlicher und wird durch gelegentliche Beobachtungen an normalen Kindern unterstützt, daß sie auch mit diesen verliebten und feindseligen Wünschen gegen ihre Eltern uns nur durch die Vergrößerung kenntlich machen, was minder deutlich und weniger intensiv in der Seele der meisten Kinder vorgeht" (1900a, S. 267).

Freud räumte trotz seines Generalisierungsanspruchs ein, dass der Ödipuskomplex auch Hamletkomplex hätte heißen können. Ödipus agiert die Strebungen von Liebe und Hass aus; bei Hamlet bleiben sie verdrängt. Hamlet zögert, den Tod seines Vaters durch Claudius zu rächen, weil dies an seine eigenen verdrängten Kindheitswünsche rühren würde. Nach Freud zeigt sich hier bereits der Unterschied der beiden weit auseinander liegenden Kulturperioden. Obwohl sich Freud über vierzig Jahre mit Hamlet beschäftigte, zog er aber doch für die von ihm reklamierte Konstellation die Bezeichnung Ödipuskomplex vor; vermutlich weil die Beschäftigung mit diesem antiken Mythos und Drama eine lange Tradition in der europäischen Geistesgeschichte hatte.

Der Ödipuskomplex besteht in den späteren Fassungen bei Freud (1923b, e, 1924d) aus der Gesamtheit der libidinösen und aggressiven Triebimpulse, die ein Kind seinen Eltern gegenüber empfindet. Freud sprach von einem positiven Ödipuskomplex, um damit die Zuneigung gegenüber dem gegengeschlechtlichen und die Rivalität gegenüber dem gleichgeschlechtlichen Elternteil zu betonen, vom negativen Ödipuskomplex, um damit die Zuneigung zum gleichgeschlechtlichen und die Rivalität gegenüber dem gegengeschlechtlichen Elternteil zu definieren. In der Populärpsychologie blieb zumeist diese komplexe Dynamik ambivalenter Strebungen unberücksichtigt und unbegriffen. Der Ödipuskomplex trifft in der ursprünglichen Version nur auf männliche Kinder zu, weshalb Freud den von C.G. Jung vorgeschlagenen und als Analogie zum Ödipuskomplex gedachten Begriff Elektrakomplex zur Kennzeichnung der weiblichen Situation ablehnte. Denn die stärker bestehen bleibende Bindung an die Mutter sowie die längere Identifizierung mit ihr, die Notwendigkeit eines Objektwechsels im ödipalen Erleben, die Konfrontation mit bereits vollzogener Kastration schaffen nach Freud für ein Mädchen andere Ausgangsvoraussetzungen als beim Jungen.

Beim Jungen werden die libidinösen und aggressiven Impulse und Phantasien mit dem Beginn der Latenz aufgrund der Angst, vom Vater kastriert zu werden, unterdrückt und verdrängt; die Identifizierung mit ihm führt zur Errichtung des Überichs und sichert die Tradierung kultureller Normen.

Das Ausmaß der Bewältigung des Ödipuskomplexes entscheidet über die Ausprägung psychischer Krankheitserscheinungen, wie z.B. hysterische Sexualstörungen, zwangsneurotische Symptome, masochistische Unterwürfigkeit, forciertes Rivalisierenmüssen, Scheitern am Erfolg u.a.m.

3. Ideengeschichtlicher Hintergrund

Die intellektuelle Beschäftigung mit der Figur des Königs Ödipus gehört zum abendländischen Kulturgut und hat vor allem im 19. Jahrhundert nahezu jeden Dichter und Philosophen beschäftigt. Für die von ihm hypothetisch angenommenen entwicklungspsychologischen und klinischen Erscheinungen zog Freud indessen nur selektiv die Geschehnisse im Ödipusmythos und im sophokleischen Drama heran. Verschiedene psychoanalytische Autoren haben sich deshalb mit der Frage beschäftigt, welche Interpretationsmöglichkeiten Freud vernachlässigt hat, wie z.B. präödipale und familiendynamische Vorgänge (s.u.).

Autoren, die den ursprünglichen Ödipusmythos berücksichtigen, an dem sich die Zeit des Übergangs von der Mythologie einer matriarchalen zu derjenigen einer patriarchalen Gesellschaft darstellen lässt, haben auf die Verleugnung des Matriarchats und die Ausblendung der Mütter in Freuds Konstruktion des Ödipuskomplexes aufmerksam gemacht. Nicht Vatermord und Inzest, sondern die gewaltsame Heirat und Inbesitznahme der Priestergöttin Jokaste stellen dieser Auffassung zufolge das Urverbrechen des Ödipus dar. Dieses besteht in der Eroberung einer matriarchalen Kultur, der Vereinnahmung und Vernichtung weiblichen Wissens, denen gegenüber der Vatermord eher wie eine patriarchalische Heldentat imponiert (Vogt 1986, Waldeck 1982). Im sophokleischen Drama des König Ödipus wurde aber auch der vergebliche Versuch gesehen, sich von den Schicksalsmächten zu individuieren. So steht die Metapher des Ödipus auch für das letztendliche Scheitern eines Erkenntnisstrebens, das sich von unbewussten Vermächtnissen per rationalem Willensentschluss ablösen zu können glaubt (King 1999). In dieser Lesart lässt sich die Arbeit am Ödipalen als eine lebenslange psychische Integrationsleistung auffassen. Eine weniger bekannte Auffassung geht davon aus, dass Ödipus der Prototyp jenes Menschen ist, der die Wirklichkeit gerade nicht zur Kenntnis nehmen will und darin von ihm nahe stehenden Personen (Iokaste, Kreon, Bürger von

Theben) auch kollusiv unterstützt wird. Die Genialität des sophokleischen Dramas bestünde darin, dem Zuschauer diese beiden Interpretationen gleichzeitig darzubieten: der scheinbar unerbittlich um die Wahrheit ringende und zugleich doch die Augen vor der Wahrheit verschließende Ödipus: Herr und Frau Jedermann (Velacott 1971, Steiner 1985).

4. Wesentliche Erweiterungen, Differenzierungen und Modifikationen

War der Ödipuskomplex für Freud der Kernkomplex der Psychoanalyse, so haben sich bald kritische Stimmen geregt, die den entwicklungspsychologischen Zeitpunkt seines Einsetzens, die Bedeutung für die Entstehung neurotischer Konflikte, seine Universalität und vor allem die Konzeption des weiblichen Ödipuskomplexes angezweifelt haben. Schon in den 50er Jahren tauchte bereits die Frage auf, ob es bei früh in ihrer Entwicklung gestörten Patienten überhaupt zur Ausbildung eines Ödipuskomplexes mit einem kraftvollen Begehren und Rivalisieren kommen kann. Was passiert z. B. bei solchen Menschen, die mit ihrem primären Liebesobjekt von klein auf in heftige Konflikte verwickelt waren? Kann ein Mädchen sich ihrem Vater in erotischer Weise selbstbewusst zuwenden, wenn ihre Bindungssicherheit mütterlicherseits massiv beeinträchtigt ist? Welchen Verlauf nehmen Rivalitätsstrebungen eines Jungen, wenn die Beziehung zum Vater von klein auf von Gewalt und Angst geprägt ist? Fängt das ödipale Erleben wirklich erst im vierten und fünften Lebensjahr an oder nicht bereits schon viel früher? Mit diesen Überlegungen wurde erstmalig auch die ubiquitäre Bedeutung des Ödipuskomplexes als Kern der Neurosen bestritten.

Die zunehmende Erkenntnis, dass Freud aufgrund eigener Skotome die Vorgeschichte des Ödipus (die allerdings nur von Aischylos, nicht von Sophokles explizit erwähnt wird) bei seinem grundlegenden Narrativ ausgelassen hatte, ließ eine Zeitlang an der Sinnhaftigkeit dieser entwicklungspsychologischen und klinischen Konstruktion überhaupt zweifeln. Alfred Adler hatte von jeher die Unausweichlichkeit des Ödipuskomplexes in Frage gestellt und ihn weitgehend als das Resultat einer verwöhnenden und übermäßig bindenden Erziehung betrachtet.

In der Folgezeit hat jede psychoanalytische Richtung ihre eigene Interpretation ausgearbeitet: So kam z. B. Fromm (1979) unter Einbeziehung der weiteren Teile der Ödipustrilogie „Ödipus auf Kolonos" und „Antigone" zu der Auffassung, dass der Inzest nur ein marginales Thema sei; vielmehr befasse sich die Trilogie „mit dem Konflikt zwischen dem matriarchalischen Prinzip der Gleichheit und Demokratie, wie es Ödipus verkörpert, und dem Prinzip der patriarchalischen Diktatur von ‚Gesetz und Ordnung', das Kreon repräsentiert"(S. 290). Für die kleinianischen Autoren Rascovsky und Rascovsky (1968) kommt es nach der Infragestellung, dass Ödipus der Sohn von Polybos und Merope sei, zu einem Zusammenbruch seiner manischen Abwehr und zu einer Regression auf die paranoid-schizoide Position. Das Drama – so wie auch manche Analyse – beginnt, als die Aufspaltung seines Mutterbildes in eine kindstötende (Sphinx) und in eine idealisierte (Iokaste) Mutter nicht mehr gelingt. Nach Quinodoz (1991) stellt die Durcharbeitung der Spaltung in zärtliche und beschützende Eltern (Polybos und Merope) und in sinnlich sexuelle und das Kind ausschließende Eltern (Laios und Iokaste) die Voraussetzung für eigene gelungene Elternschaft dar. Und ähnlich wie Groen-Prakken (1991), die Schamgefühle für sehr viel bedeutsamer hält als Schuldgefühle wegen Inzest und Vatermord, erblickt auch die Selbstpsychologin Dunbar-Soule Dobson (2007) in Ödipus' Schicksal eher die Tragik eines narzisstisch verletzten Selbst, das die Fragmentierung nur mehr durch Sexualisierung kompensieren kann. Die Apotheose im „Ödipus auf Kolonos" stelle aus selbstpsychologischer Sicht die Vollendung des menschlichen Selbst dar und zeige die Einfühlung des Sophokles in die Auseinandersetzung eines narzisstisch verletzten Menschen.

5. Die Bedeutung des Begriffs in den verschiedenen psychoanalytischen Schulrichtungen

In der klassischen, trieb- und strukturtheoretischen Sichtweise Freuds ist der Ödipus überwiegend ein durch die Dynamik libidinöser und aggressiver Triebimpulse entstandener Komplex; ein intrapsychisches Phantasma, das sich häufig interpersonell überhaupt nicht bemerkbar zu machen braucht und deshalb allen Positivisten zum Trotz mit dem bloßen Auge schwer zu erkennen ist. Allerdings finden sich auch bei Freud schon vereinzelt Überlegungen, die auf die stimulierende Rolle der elterlichen Einflüsse, z.B. übertriebene Zärtlichkeit einer Mutter ihrem männlichen Kind gegenüber, aufmerksam machten.

Psychoanalytische Ethnologen und Kulturalisten (Bronislav Malinowski, Margaret Mead, Geza Roheim) versuchten bereits ab den 20er Jahren nachzuweisen, dass das Auftreten des Ödipuskomplexes auf westliche, patriarchalische Gesellschaften beschränkt sei.

Bekannt wurde in diesem Zusammenhang vor allem die Malinowski-Jones-Kontroverse. Sich darüber beklagend, dass der soziologische Aspekt des Ödipuskomplexes in der psychoanalytischen Literatur bislang nicht die geringste Beachtung gefunden habe, behauptete Malinowski (1927), dass der von Freud aufgestellte Ödipuskomplex der patrilinearen Familie mit einer entwickelten patria potestas entspreche und deshalb in anderen, z.B. sog. primitiven Gesellschaften nicht auftrete.

Damit schien die naive Annahme Freuds universell gültiger Entwicklungsphasen und Konflikte endgültig widerlegt zu sein. Hatte allerdings schon Ernest Jones recht bald einige der Schwachstellen der Argumentation von Malinowski aufgezeigt, so kam es im Jahr 1957 zu einer anthropologischen Überprüfung der Malinowskischen Angaben durch H.A. Powell, einige Zeit später zu einer gedankenreichen Diskussion von Anne Parsons (1964) und im Jahr 1982 schließlich zu einer gründlichen Reanalyse der Malinowski'schen Daten und Schlussfolgerungen durch Melford Spiro (1982). Dieser Autor kam zu dem auch für Ethnologen überraschenden Ergebnis, dass die Untersuchungsbefunde von Malinowski selbst den zwingenden Schluss nahe legen, dass bei den Trobriandern der Ödipuskomplex sogar in einer sehr ausgeprägten Form besteht.

Ist in der chinesischen Kultur kein Ödipuskomplex ausgebildet? Der erste Eindruck trügt, wie Gu (2006) aufgezeigt hat. Die strenge konfuzianische Moral, die einige Jahrtausende vor der griechischen entstanden ist und eine frühe Identifikation der Kinder mit ihren sozialen Rollen erzwingt und nur wenig Individuation zulässt, hat allerdings zu spezifischen Umwandlungen und Ausformungen des Ödipuskomplexes geführt, den Gu als „kindlichen Ehrfurchtskomplex" bezeichnet. Guntrip (1961) hatte bereits von einem „Familienkomplex" in China gesprochen.

Ich-psychologische Autoren betonten in Abgrenzung von den Kleinianern vor allem den Entwicklungsstand bestimmter Ich-Funktionen, der für das Erleben eines reifen Ödipuskomplexes notwendig sei, wie z.B. Affektdifferenzierung und -regulierung, Genauigkeit der Realitätsprüfung und die Empathiefähigkeit des sich kognitiv entwickelnden Kindes (z.B. Blanck und Blanck 1980, Rohde-Dachser 1987). In der Tradition dieser Auffassung stehen z.B. auch die späteren kognitionspsychologischen Arbeiten von Fischer und Watson (1981) und Watson und Getz (1990a,b), die den Ödipuskomplex nicht als einen intrapsychischen und in erster Linie psychodynamischen Konflikt erklären, sondern als erweiterte kognitive Kompetenz des Vorschulkindes, soziale Rollen verstehen zu können. Im Zuge der Entwicklung eines differenzierteren Rollenverständnisses kann z.B. eine Mutter, die zunächst nur in ihrer dyadischen Rolle für das Wohlergehen des Kindes erlebt wird, nach und nach auch in ihrer (gleichzeitigen) Rolle als Frau des Vaters wahrgenommen werden, was mit kognitiven Erschütterungen einhergeht. Auch die Arbeiten von Bischof (1985, 1996) knüpfen an diese Tradition an. Neuerdings ergeben sich in dieser Forschungsdomäne auch interessante Parallelen zur Entwicklung einer sog. theory of mind, d.h. der Fähigkeit des drei- bis vierjährigen Kindes, sich nach und nach immer differenzierter mit der „Innenwelt" seiner Eltern, deren Intentionen und Bedürfnissen und auch mit seiner eigenen Innenwelt beschäftigen zu können. So haben Fonagy und Target (1997) auf eine wichtige „kognitive Umorganisation" im Erleben des vier bis fünf Jahre alten Kindes aufmerksam gemacht: In diesem Alter entsteht eine Reflexionsfähigkeit bezüglich der eigenen psychischen Intentionen und denjenigen anderer. Die bisherige „symbolische Gleichung" (Segal, 1957) von Vorstellung und Realität und die primärprozesshafte Modellierung der Realität entsprechend der eigenen tagtraumhaften Vorstellungen brechen sich nunmehr immer stärker an der realistischen Existenz kausaler Ereignisabläufe; und was für das eigene Erleben gilt, muss auch dem mentalen Leben wichtiger Anderer unterstellt werden. Die Intentionalität des Wollens und Handelns der Eltern und Geschwister wird zunehmend zum Inhalt einer „theory of mind" und veranlasst das Kind zur Aufgabe oder Unterdrückung omnipotenter Wünsche, wie z.B. ödipaler Phantasien. Nicht mehr die Angst vor körperlicher Beschädigung wäre demnach primär der Motor für die Unterdrückung archaischer Phantasien, sondern der kognitiv-emotionale Entwicklungsfortschritt, der zur zunehmenden Realitätsanerkennung zwingt.

Anhand entwicklungspsychologischer Theorien über die „theory of mind" haben Fonagy et al. (2004) die psychoanalytischen Konzepte der psychischen Realität und der Realitätsprüfung für das Verstehen des ödipalen Kindes noch weiter differenziert. Nicht nur findet zwischen dem vierten und sechsten Lebensjahr die Konsolidierung der Fähigkeit statt, innere Welten bei sich und anderen zu verstehen, sondern das Kind integriert auch die bis dahin vorherrschenden Repräsentationsmodi psychischer Realität, den Äquivalenzmodus und den Als-ob-Modus zu einem einzigen Repräsentationsmodus. Dies gelingt aber nur optimal, wenn Eltern und andere Personen es dem Kind ermöglichen, „mit der Realität zu spielen" (Fonagy und Target 1996), d.h. dem Kind einfühlsam verdeutlichen, dass die Gleichsetzung des Gedachten mit der Wirklichkeit, wie z.B. die als schrecklich vorgestellten Auswirkungen seiner aggressiven Phantasien, in der Realität keine Entsprechung finden. Im Unterschied zu überwiegend kognitiven Entwicklungstheorien, die eine tendenzielle Eigendynamik der Entfaltung einer theory of mind behaupten, wird aus psychodynamischer Sicht an der vermittelnden Leistung der Eltern sowie ihrer eigenen konflikt- und traumahaft eingeschränkten Möglichkeiten und damit an einer intersubjektiven Perspektive festgehalten.

Während in der triebpsychologischen und strukturtheoretischen Sichtweise Freuds die grundlegende Dynamik zwischen Triebwünschen und verinnerlichten Überich-Verboten erst mit der Ausbildung des Überichs vonstatten geht, postulierten Objektbeziehungstheoretiker in den 60er und 70er Jahren (wie z.B. M. Mahler, O. Kernberg) sehr viel frühere Konflikte beim Kind; der Ödipuskomplex und seine mannigfachen Verarbeitungsmöglichkeiten wurden somit zweitrangig; im Vordergrund stehen nun vielmehr Konflikte, die um Abhängigkeit, Individuation, Versorgt-werden-Wollen versus Nichts-von-anderen-Benötigen, Selbstwertgefühl und Identität kreisen. Die von Freud vernachlässigte Mutter-Kind-Beziehung, aber auch die gefühlsresonante Präsenz und weitere bedeutsame Funktionen, die ein Vater vor allem in den ersten Lebensjahren für sein Kind ausübt und ihm vorlebt, wie z.B. die Fähigkeit zur triadischen Interaktion, wurden bei den Objektbeziehungstheoretikern wichtig. In dieser Sichtweise ist dann auch nicht mehr die aggressive Auseinandersetzung mit dem gegengeschlechtlichen Elternteil maßgeblich, sondern die Frage, ob es dem Kind gelingt, ein individuierter und zugleich beziehungsfähiger Mensch zu werden. Ödipus gleicht eher dem Kind mit Trennungsschuld, das sich letztlich nicht von seiner Mutter befreien und von der triadischen Kompetenz seitens des Vaters keinen Gebrauch machen darf. Für die Kleinkindforscher bilden sich die Grundlagen ödipalen Erlebens bereits ab dem Zeitpunkt des Entstehens früher triangulärer Beziehungen (Fivaz-Depeursinge und Corboz-Warnery 1999, von Klitzing, Simoni und Bürgin 1999); sofern diese als konflikthaft erfahren werden, können sie als potenzielle Prädispositionen im nichtdeklarativen Gedächtnis für den sich später entwickelnden Ödipuskomplex auf symbolisch repräsentationaler Ebene betrachtet werden (Brickman 1993, Sharpless 1990). Dass frühe Affektabstimmungen in einem triangulären Beziehungskontext von beiden Eltern und ihrem Kind die Grundlagen für ein intersubjektives Erleben von triadischer Bezogenheit bei allen Beteiligten legen können, lässt die postkleinianische Konzeptualisierung eines „invisible oedipus" (O'Shaughnessy 1988), d.h. die Annahme, dass ödipales Material bei allen Patienten unabhängig von ihrer jeweiligen Diagnose zu finden ist, als plausibel erscheinen (Brown 2002).

Ebenfalls beeinflusst von den Objektbeziehungstheoretikern, setzten Kleinkindforscher Bindungs- und Kontaktwünsche an die Stelle libidinöser Triebimpulse. Übermäßig stark auftretende manifest inzestuös-ödipale Wünsche bei Drei-, Vier- oder Fünfjährigen stünden eher für ein Verlangen nach Beziehung und Kontakt, das vor allem für früh in ihrer Entwicklung beeinträchtigte Kinder nur noch in Form sexualisierten Begehrens möglich ist. Dementsprechend betonen Bindungsforscher, dass ödipal-inzestuöses Begehren nur im Fall eines unsicheren Bindungserlebens auftritt (M.T. Erickson 1993), so wie sich übermäßige Aggressivität nur bei Borderline- und narzisstisch gestörten Menschen sowie bei soziopathischen Persönlichkeitsstörungen manifestiert.

Auch in der Selbstpsychologie von Heinz Kohut und seinen Schülern wurde aus dem Ödipuskomplex ein vermeidbares Geschehen, sofern einfühlsame Eltern auf die harmlosen kindlichen Äußerungen von erotischem Werben und Rivalität mit humorvollem Verständnis und wohlwollender Aufmerksamkeit reagieren.

Kritiker, wie z.B. Green (1995) haben darauf hingewiesen, dass sich die Eltern-Kind-Beziehung in den zuletzt genannten psychoanalytischen Schulrichtungen immer mehr kognitiviert, entsinnlicht und verharmlost habe. Aus der erotischen Leidenschaftlichkeit der Eltern-Kind-Beziehung werde ein Bindungssystem, aus der als unendlich bedrohlich, strafend und verschlingend erlebten frühen Mutterimago eine ausschließlich empathische und spiegelnde Mutter und aus der als archaisch kastrierend und sich rächend erlebten Vaterimago ein humorvoll raufender Vater. Spiegelt diese theoretische Veränderung das gestiegene pädagogische und psychologische Wissen in den letzten 30 bis 40 Jahren wider oder wird nicht viel eher der psychodynamische Gehalt des Ödipuskomplexes mehr und mehr ausgehöhlt und die real stattfindende Sozialisation mit ihren häufig bewusst und unbewusst destruktiven Einflussnahmen bagatellisiert?

Aus diesem Grund erscheint die archaisch anmutende Theorie Melanie Kleins aus den 20er und 30er Jahren auch heute noch vielen ihrer Anhänger wie ein erfrischender Gegenwind zu den als Euphemismen empfundenen psychoanalytischen Theorien der Jetztzeit, auch wenn diese weniger die Sozialisation als die kindliche Eigendynamik triebhafter Phantasien betonte. Schon im ersten Lebensjahr verspüre ein Kleinkind heftige Wut gegenüber denjenigen mütterlichen Teilobjekten, wie ihrer Brust, die ihm die orale Befriedigung vorenthalten. Dieser Zustand werde von starken Verfolgungsängsten (paranoid-schizoide Position) und Schuld (depressive Position) begleitet. Der Ödipuskomplex ist in seinem Frühstadium somit zunächst nicht auf genitale Impulse i.e.S. gerichtet, sondern auf orale Befriedigungs- und Versagungserlebnisse. Wenn zu einem späteren Zeitpunkt die Phantasien mehr und mehr auf den Penis des Vaters übergehen, wird dieser nach dem Vorbild der mütterlichen Brust imaginiert. Mütterliche Brust und väterlicher Penis stellen auch im zweiten Lebensjahr noch orale Teilobjekte dar, die in gute und böse Anteile gespalten werden, aber auch als vereinigte Elternfigur phantasiert werden können. Selbst kleine Kinder haben häufig bereits ein unbewusstes Wissen über die Urszene. Die böse, verfolgende Mutter-Imago der paranoid-schizoiden Position bildet oftmals die Matrix für den als kastrierend phantasierten ödipalen Vater.

Auch die modernen Kleinianer (z.B. Britton, Feldman und Steiner 1997) gehen von sehr frühen kindlichen Wahrnehmungen der elterlichen Beziehung aus, die in der Analyse als archaische Phantasien über die Urszene auftauchen. Die Wahrnehmung eines Dritten, des Vaters, wird hierbei zunächst nicht als hilfreiche Triangulierung wahrgenommen, sondern als Entführung der Mutter, die nun nicht mehr der omnipotenten Kontrolle des Kindes unterliegt, was Enttäuschung und Wutgefühle provoziert. Während in der paranoid-schizoiden Position der Vater als grausamer Verfolger wahrgenommen wird, der den Kontakt des Kindes mit der Mutter zerstört, richtet sich die Aggression des Kindes in der depressiven Position auf beide Eltern und deren Beziehung, was zu verzweifelten Gefühlen führen kann und überwunden werden muss, wenn weitere Entwicklung stattfinden soll. Andererseits führt die Internalisierung eines liebevollen Elternpaares zu einem unerschütterlichen Vertrauen (Britton 1989). Zu Abwehrzwecken kann auch ein durchdringender und das weitere Leben bestimmender Groll davor schützen, die Realität des Verlustes anzuerkennen. Übertragungsmäßig zeigt sich dieser Groll vor allem in dem Vorwurf, dass es dem Patienten besser gehen würde, wenn der Analytiker anders wäre, liebevoller, haltender, körperlicher oder wenn die Stundenfrequenz erniedrigt werden würde, die Analyse im Sitzen statt im Liegen stattfinden könnte u.a.m. Solange der Patient den Eindruck unsachgemäßer Behandlung aufrechterhalten kann, gelingt es ihm, Angst, Schuld und depressive Gefühle abzuwehren.

Ausgehend vom Terroranschlag am 11. September und der vermutlichen Vater-Beziehung von Mohammed Atta kam Ruth Stein (2006) zu dem Schluss, dass in der Psychoanalyse mittlerweile zwar viel der Einfluss unterstützender und triangulierender Väter untersucht werde und nahezu auch immer die Rolle der frühen vereinnahmenden Mutter-Imago, aber fast überhaupt nicht – mit Ausnahme von Lacan – der archaisch strafende und phallische Vater, der „Gottvater", der von seinem Sohn absoluten Gehorsam und Unterwerfung fordert und zu einem tyrannischen Introjekt wird.

Mehr die Faktizität kindlicher Sozialisation betonend, verweisen interpersonell und sozialwissenschaftlich orientierte Psychoanalytiker auf Kindesmisshandlung, sexuelle Verführung und die Aussetzung und Tötung von Kindern über Jahrhunderte hinweg. Das Zeitalter der industriellen Revolution, dem Freud selbst entstammte, bildete den Höhepunkt des massenhaften Kindermords. Hänsel und Gretel ist nicht nur ein Märchen. Georges Devereux (1953) war einer der ersten Autoren, der die Vernachlässigung des aggressiven Verhaltens von Laios und Iokaste in der Freud'schen Rezeption des Ödipusmythos und -dramas angesprochen und die ausschließliche Betonung der kindlichen Triebwünsche auf die geringe Wertschätzung, die Eltern auch noch im 19. Jahrhundert gegenüber ihren Kindern hatten, zurückgeführt hat. Kurt Eissler (1968) sprach vom „umgekehrten Ödipus": Im Judentum wie im Christentum werde der Opfertod des Sohnes verlangt. Neid und Eifersucht von Vätern gegenüber ihren Söhnen machen die Befürwortung kriegerischer Destruktivität plausibel. Freud, der zwar unbewusst die Mächtigkeit der präödipalen Mutter auf den ödipalen Vater verschob, klammerte dennoch die massive Ambivalenz von Vätern – auch als Laios-Komplex beschrieben – gegenüber ihren Söhnen aus (vgl. Ruff 2005). Kestenberg (1998) und Müller-Hohagen (1994) vertraten die Auffassung, dass Väter im Nationalsozialismus ihre Feindseligkeit gegenüber den eigenen Kindern häufig auf die Juden verschoben; der Kindermord habe für die Entwicklung des Deutschen Reichs eine zentrale Rolle gespielt. Sie widerlegten damit die These von Lifton (1988) einer sog. „Dopplung", die besagen soll, dass prügelnde und mordende Nazi-Täter zuhause kinderliebende und fürsorgliche Familienväter gewesen seien. Leuschner (2006) hat daran erinnert, wie mutig die damalige 68er-Generation gegen die Infantizid-Impulse ihrer NS-Väter protestiert hatte. Zwar überwiegend auf einen Ersatzkonflikt, das Vietnamkriegsthema verschoben, tauchte hier zum ersten Mal auf breiterer Front der Versuch einer Auseinandersetzung mit den Mordgelüsten der Vätergeneration auf. Unglücklicherweise haben dann unbewusst gebliebene Identifizierungen mit den Soldatenvätern – aber auch deren projektive Zuschreibungen, die die Söhne in ein Gegenagieren verstrickten – zur Kriminalisierung und zum Terrorismus geführt. Dadurch wurde eine Chance, die Auseinandersetzung mit den Vätern auf einer symbolischen Ebene weiter zu führen, vertan. In der gegenwärtigen Kriegskindergeneration wird zwar zusehends das eigene Beschädigtwordensein erkannt, die Destruktivität der Väter, die diese Traumatisierungen verursachten, jedoch übergangen. Stattdessen werden von nicht Wenigen nunmehr die Angehörigen der 68er-Generation zum Sündenbock wiederum per unbewusster Verschiebung gemacht.

Erst in den zurückliegenden Jahren konnte noch ein anderer wichtiger Sachverhalt aufgedeckt werden: Reale sexuelle Missbrauchshandlungen in der Kindheit bis hinein in die Frühadoleszenz sind vor allem gegenüber Mädchen häufig. Neuere Überblicksarbeiten gehen davon aus, dass zwischen fünf bis zehn Prozent der heranwachsenden Mädchen wenigstens einmal von ihrem Vater, Stiefvater oder einem Bekannten der Familie sexuell missbraucht worden sind. Zusammen mit anderen sexualisierten Formen von gewalttätigen Interaktionen kommt man auf ein beträchtliches Ausmaß an nicht kindgemäßen sexuell inzestuösen Erfahrungen, die allerdings nicht kindlichen Phantasmata, sondern überwiegend den Erwachsenen geschuldet sind. Im Nachkriegsdeutschland spielte das Ausmaß der durch die Kriegsumstände erfahrenen sexuellen Verrohung der heimkehrenden Soldatenväter gegenüber ihren Töchtern eine besondere Rolle (Loch 2006).

Obwohl Freud selbst die Möglichkeit eines anderen Verlaufs des Ödipuskomplexes beim Mädchen offen gelassen hatte, wurden seine Ansichten von vielen seiner Schüler doch als eherne Gesetzmäßigkeiten festgeschrieben und anderslautende Hypothesen (wie z.B. von Horney oder Jones) verworfen. Dies änderte sich erst in den 60er und 70er Jahren, als auf breiter Front das androzentrische Denken vieler Psychoanalytiker einer immer stärker werdenden Kritik unterzogen wurde. Eine wichtige Erkenntnis war z.B., dass das kleine Mädchen schon im ersten und zweiten Lebensjahr eine weibliche Kern-Geschlechtsidentität entwickelt und nicht erst – wie Freud postuliert hatte – im ödipalen Alter. Für das weibliche Selbstverständnis ist nicht mehr der phallische Monismus, sondern vielmehr eine „primary femininity“ zentral (Stoller 1976). Soziokulturelle Faktoren werden bedeutsamer als die Anatomie. Weiblichkeit und deren angebliche anatomische/biologische Schicksalshaftigkeit werden als sozial hergestellte „gender order“ dekonstruiert, die bis zur Aufhebung jedweder Geschlechtsattribuierung von männlich und weiblich geht (z.B. Flax 2006). Ferner bekommt die frühe Mutter-Kind-Beziehung für beide Geschlechter ein sehr viel stärkeres Gewicht, vor allem was die frühe Identifizierung mit dem Mütterlichen anbelangt. Aber auch die Identifikation mit dem Vater, insbesondere mit seiner in unserer Kultur immer noch stärker ausgeprägten Autonomie, ist für das Mädchen entscheidend wichtig (Benjamin 1990). Bisexuelle Identifikationen werden zwar in der Adoleszenz tendenziell aufgegeben (Fast 1991), bleiben aber doch unbewusst weiterhin bestimmend. Wenn es Müttern gelingt, sich über das Homosexualitätstabu (Poluda-Korte 1993) hinwegzusetzen, können sie ihren weiblichen Kindern gegenüber eine homoerotische Anziehung zulassen und diesen ein sehr sicheres Körpergefühl sowie ein Bewusstsein ihrer erotischen Ausstrahlung vermitteln. In der Vergangenheit überwog aber häufig die Zurückweisung der töchterlichen Liebe zusammen mit dem Gebot, sich mit den mütterlichen Funktionen zu identifizieren und sich heterosexuell zu orientieren, so dass dem Mädchen nur die enttäuschte Hinwendung zum Vater blieb. Der Enttäuschungsärger über die zurückgewiesene Liebe seitens der Mutter führt häufig zur Errichtung eines frühen und strengen Überichs bei diesen Mädchen, zu einer latenten Depressivität und einem reduzierten Selbstwertgefühl. Wenn sich in dieser Situation die

Mädchen an ihre Väter wenden, kommt es sehr darauf an, wie diese auf ihre Töchter reagieren: Ob sie emotional präsent sind, ihre kleinen Töchter lieben, Identifizierungsliebe fördern, die Enttäuschung an der Mutter ausgleichen können, ohne Koalitionsbildungen vorzunehmen u.v.m. In der klinischen Literatur werden eher die enttäuschenden und versagenden Väter beschrieben, die in ihrer triangulierenden Funktion mehr oder weniger versagen, keine Identifizierungsliebe ermöglichen oder den Hunger nach Bestätigung sexualisieren (Rupprecht-Schampera 1996).

Die Subsumierung der weiblichen Entwicklung unter den Ödipus-Mythos hat verschiedene Autorinnen nicht ruhen lassen, nach überzeugenderen Alternativen zu suchen: So wurde der Persephone/Demeter-Mythos, der über ein Jahrtausend im Mittelpunkt der Eleusinischen Mysterienspiele stand und die Geschichte des Raubs der Persephone durch den Gott der Unterwelt sowie die verzweifelte Suche der Erd-Mutter Demeter nach ihrer Tochter zum Inhalt hat, für Burch (1997), Fairfield (1994), Krausz (1994), Holtzman und Kulish (2000), Kulish und Holtzman (1998, 2003), Putz-Meinhardt (2005) zu einer aussagekräftigeren metaphorischen Interpretation als die Geschichte des Jungen Ödipus. So ist z.B. nach Kulish und Holtzman die Individuationsentwicklung für Mädchen schwieriger als für Jungen. Während letztere sich besser von ihrer Mutter abgrenzen können, und die immer noch vorhandenen Spuren männlicher Überheblichkeit gegenüber Frauen ihnen hierbei helfen, bleiben Mädchen mit dem Mütterlichen und Weiblichen ihrer Mütter viel stärker identifiziert. Rivalisierende Impulse ihr gegenüber und das Erleben von sexueller Lust fallen ihnen schwerer, weil die Angst, die Liebe ihrer Mutter zu verlieren, stärker ist, als die Bestrafungsangst des rivalisierenden Jungen vis-à-vis seinem Vater. Die Angst, die sichere Zuneigung der Mutter einzubüßen, wenn das Mädchen sexuelle Lust auf einen Mann verspürt, und aufgrund der Rivalität von ihr bestraft zu werden, findet sich als Leitmotiv im Persephone-Demeter-Mythos wieder. Demeter gleicht jenen Müttern, die das sexuelle Heranwachsen ihrer Töchter nicht ertragen können, weil sie diese als ihren Besitz betrachten und benötigen. Das Erleben der triangulären Situation mit den typischen Ängsten und Abwehrformen im Umgang mit aggressiven und sexuellen Impulsen sowie die daraus resultierenden Kompromissbildungen kommen in der Metaphorik der Aufteilung des Verbleibs von Persephone in den verschiedenen Jahreszeiten und der verzweifelt um ihre Tochter kämpfenden Mutter, die ihre Tochter nicht dem sexuellen Hades überlassen will, gut zum Ausdruck. Aber auch die tragischen Figuren der Antigone und Elektra wurden von Psychoanalytikerinnen herangezogen, um die andere Situation von Mädchen zu erhellen (z.B. Shainess 1982, Halberstadt-Freud 1998, 2000).

6. Interdisziplinäre Beiträge und Befunde

Selbst wenn man unter Ödipuskomplex die Liebes- und feindseligen Wünschen versteht, die lediglich das Kind seinen Eltern gegenüber empfindet, und die elterlichen Einflüsse unberücksichtigt lässt, erscheint eine Operationalisierung, die einzelne Bestandteile dieses Komplexes isoliert und darüber hinaus trivialisiert, problematisch. So lassen sich Bindungsstreben, Identifizierungsliebe (Benjamin 1992), gleichgeschlechtliches erotisches Begehren eines fünf- bis sechsjährigen Kindes, Kastrationsangst wohl kaum anhand eines empirischen Vorgehens differenzieren, das die emotionale Präferenz von Vater und Mutter als Strichfiguren einschätzen lässt (Greve und Roos 1996), so sinnvoll und wichtig empirische Untersuchungen auch sein mögen. Aber ist es überhaupt möglich, das komplexe Ineinander libidinöser und aggressiver, vor allem aber auch unbewusster Impulse und Affekte zu identifizieren? Lassen sich Phantasieabkömmlinge ausreichend differenziert operationalisieren? Für das empirisch hermeneutische Begreifen ödipaler Verhaltensformen und Phantasien ist ein reichhaltiger Kontext an biographischem, situativem und szenischem Material gegeben; dieser fehlt aber in aller Regel bei experimentellen Untersuchungen des Ödipuskomplexes zum Zweck des Nachweises oder der Widerlegung der Existenz oder der Ubiquität inzestuösen und rivalisierenden Verhaltens.

Friedman und Downey (1995) plädierten für eine Zerlegung der einzelnen Komponenten des Ödipuskomplexes (beim Jungen): Inzestwunsch, rivalisierende Strebungen gegenüber dem Vater, Tötungsphantasien und Furcht vor Vergeltung seitens des Vaters in Form von Kastration. Sie beschränken sich vorerst auf die genauere Untersuchung rivalisierenden Verhaltens und operationalisieren dieses als „spielerisches Raufen“ im Sinne eines Kräftemessens, das in Panksepps (1998) neurobiologischer Systematisierung als Aktivität des PLAY-Systems erscheint. Jungen engagieren sich in der Regel häufiger als Mädchen für diesen Spieltypus, und aus biologischer Sicht scheinen hierbei bereits pränatal wirksame Androgene eine Rolle zu spielen. Bei diesem Raufen kann es zwar um den erotischen Besitz der Mutter gehen, aber die Annahme einer zwangsläufigen Koppelung von Kräftemessen und Inzestwunsch scheint nicht sinnvoll zu sein. Sowohl Väter, die von den „Raufwünschen“ ihrer Jungen überfordert sind, als auch sensible Söhne, die sich angesichts ihrer vitaleren Väter ängstlich zurückziehen, sind in dieser Sicht Ausgangspunkt für zahlreiche Missverständnisse und Konflikte zwischen Vater und Sohn.

Sinnvoll erscheinen auch experimentelle Versuchsanordnungen, in denen z. B. mit der Vorgehensweise der subliminalen Wahrnehmungstechnik männlichen Versuchspersonen einer Normalpopulation bestimmte Stimuli, wie z. B. „Es ist o.k., Vati zu besiegen“ subliminal dargeboten wurden. Studenten, die dieses experimentelle Treatment erhalten hatten, wiesen im anschließenden Dartspiel bessere Ergebnisse auf (Silverman 1983).

Dennoch: Untersuchungen dieser Art erfassen immer nur einen kleinen Teilbereich jener vielschichtigen Entwicklungsthematik, als die aus heutiger Sicht der Ödipuskomplex zu gelten hat (Dreher 1999). Ausschließlich kognitive Ansätze laufen zudem Gefahr, ödipal verursachte Phantasien und Konflikte zu akademisieren und zu verwässern. Auch Argumentationen, ob im Ödipuskomplex ein biologisches Inzestmotiv agiert oder ein Inzesttabu übertreten wird und ob dies überhaupt evolutionär sinnvoll sein kann, zielen an der Diskussion ziemlich vorbei.

Literatur

Arbeitskreis OPD (1996). Operationalisierte psychodynamische Diagnostik. Grundlagen und Manual. Göttingen: Huber.

Arbeitskreis OPD (2006). Operationalisierte psychodynamische Diagnostik OPD-2. Das Manual für Diagnostik und Therapieplanung. Göttingen: Huber.

Benjamin, J. (1990). Die Fesseln der Liebe. Psychoanalyse, Feminismus und das Problem der Macht. Frankfurt/M.: Stroemfeld/Roter Stern.

Benjamin, J. (1992). Vater und Tochter: Identifizierung mit Differenz. Ein Beitrag zur Geschlechter-Heterodoxie. Psyche – Z Psychoanal, 46, 821–846.

Bischof, N. (1985). Das Rätsel Ödipus. Die biologischen Wurzeln des Urkonfliktes von Intimität und Autonomie. München: Piper.

Bischof, N. (1996). Das Kraftfeld der Mythen. Signale aus der Zeit, in der wir die Welt erschaffen haben. München: Piper.

Blanck, G. and Blanck, R. (1980). Ich-Psychologie II. Psychoanalytische Entwicklungspsychologie. Stuttgart: Klett.

Blank-Knaut, B. (2005). Zwischen Selbstverwirklichung und tradierter Weiblichkeit. Über die Aktualität des weiblichen Ödipuskonfliktes. In F. Wellendorf und H. Weber (Hg.), Das Ende des Ödipus. Entwertung und Idealisierung ödipaler Konzepte in der Psychoanalyse heute (S. 307–319). Tübingen: edition diskord.

Brickman, H. (1993). „Between the devil and the blue sea“: the dyad and the triad in psychoanalytic thought. International Journal of Psychoanalysis, 74, 905–915.

Britton, R. (1989). The missing link: parental sexuality in the Oedipus complex. In R. Britton, M. Feldman and E. O'Shaughnessy (pp. 83–101). London: Karnac.

Britton, R., Feldman, M. und Steiner, J. (1997). Groll und Rache in der ödipalen Situation. Beiträge der Westlodge-Konferenz 1995. Tübingen: edition diskord.

Brown, L.J. (2002). The early oedipal situation: Developmental, theoretical, and clinical, and clinical implications. Psychoanalytic Quarterly, 71, 273–300.

Burch, B. (1997). Other women. New York: Columbia University Press.

Devereux, G. (1953). Why Oedipus killed Laios. A note on the complementary oedipus complex. International Journal of Psycho-Analysis, 32, 132–141.

Dreher, A.U. (1999). Ödipus-Konflikt – Inhalt, Methode und methodologische Position? In L. Gast und J. Körner (Hg.), Psychoanalytische Anthropologie II. Ödipales Denken in der Psychoanalyse (S. 142–163). Tübingen: edition diskord.

Dunbar-Soule Dobson, M.W. (2007). Freud, Kohut, Sophocles: Did Oedipus do wrong? International Journal of Psychoanalytic Self Psychology, 2, 53–76.

Eissler, K. (1968). Zur Notlage unserer Zeit. Psyche – Z Psychoanal, 22, 641–657.

Emde, R.N. (1994). Three roads intersecting: Changing viewpoints in the psychoanalytic story of oedipus. In M. Ammaniti and D.N. Stern (Eds.), Psychoanalysis and development. Representations and narratives (pp. 97–110). New York: New York University Press.

Erickson, M.T. (1993). Rethinking Oedipus: An evolutionary perspective of incest avoidance. American Journal of Psychiatry, 150, 411–416.

Fairfield, S. (1994). The Kore complex: the myths and some unconscious fantasies. International Journal of Psycho-Analysis, 75, 243–263.

Fast, I. (1991). Von der Einheit zur Differenz. Psychoanalyse der Geschlechtsidentität. Berlin: Springer.

Fischer, K.W. and Watson, M.W. (1981). Explaining the oedipus conflict. In K.W. Fischer (Ed.), New directions in child development: Cognitive development, Vol. 12 (pp. 79–92). San Francisco: Jossey Bass.

Fivaz-Depeursinge, E. and Corboz-Warnery, A. (1999). The primary triangle. New York: Basic Books.

Flax, J. (2006). Masculinity and ist discontents: Commentary on Reichbart and Diamond. Journal of the American Psychoanalytic Association, 54, 1131–1138.

Fonagy, P. and Target, M. (1996). Playing with reality: I. Theory of mind and the normal development of psychic reality. International Journal of Psycho-Analysis, 77, 217–233.

Fonagy, P. and Target, M. (1997). Attachment and reflective function: Their role in self-organization. Development and Psychopathology, 9, 679–700.

Fonagy, P. Gergely, G. Jurist, E.L. und Target, M. (2004). Affektregulierung, Mentalisierung und die Entwicklung des Selbst. Stuttgart: Klett-Cotta.

Friedman, R.C. and Downey, J.I. (1995). Biology and the oedipus complex. Psychoanalytic Quarterly, 64, 234–264.

Fromm, E. (1979). Sigmund Freuds Psychoanalyse – Größe und Grenzen. In R. Funk (Hg.) (1989), Erich Fromm Gesamtausgabe, Bd. 8 (S. 259–362). München: Deutscher Taschenbuch Verlag.

Green, A. (1995). Has sexuality anything to do with psychoanalysis? International Journal of Psychoanalysis, 76, 871–883.

Greve, W. und Roos, J. (1996). Der Untergang des Ödipuskomplexes. Argumente gegen einen Mythos. Bern: Hans Huber.

Groen-Prakken, H. (1991). Oidipus' Scham – Über den Einfluß beschämender Ereignisse in den ersten Lebensjahren auf den späteren Lebenslauf. Zeitschrift für psychoanalytische Theorie und Praxis, 6, 35–46.

Gu, M.D. (2006). The filial piety complex: Variations on the oedipus theme in chinese literature and culture. Psychoanalytic Quarterly, 75, 163–195.

Guntrip, H. (1961). Personality structure and human interaction. New York: International University Press.

Halberstadt-Freud, H.C. (1998). Electra versus Oedipus. Feminity reconsidered. International Journal of Psycho-Analysis, 79, 41 – 56.

Halberstadt-Freud, H.C. (2000). Elektra versus Ödipus. Das Drama der Mutter-Tochter-Beziehung. Stuttgart: Klett-Cotta.

Holtzman, D. and Kulish, N. (2000). The feminization of the female oedipal complex, Part I: A reconsideration of the significance of separation issues. Journal of the American Psychoanalytic Association, 48, 1411–1437.

Kestenberg, J. (1998). Vorwort zur deutschen Ausgabe. In M. Bergmann, M. Jucovy und J. Kestenberg (Hg.), Kinder der Opfer. Kinder der Täter (S. 9–22). Frankfurt/M.: S. Fischer.

King, V. (1999). Lösungen des Ödipuskonflikts: Genitalität und Sublimierung. In L. Gast und J. Körner (Hg.), Psychoanalytische Anthropologie II. Ödipales Denken in der Psychoanalyse (S. 13 – 43). Tübingen: edition diskord.

Klein, M. (1928). Frühstadien des Ödipuskonfliktes. Internationale Zeitschrift für Psychoanalyse, 14, 65–77.

Klitzing, K. von, Simoni and Bürgin, D. (1999). Child development and early triadic relationships. International Journal of Psychoanalysis, 80, 71–89.

Krausz, R. (1994). The invisible woman. International Journal of Psycho-Analysis, 75, 59–72.

Kulish, N. and Holtzman, D. (1998). Persephone, the loss of virginity and the female oedipal complex. International Journal of Psycho-Analysis, 79, 57–71.

Kulish, N. and Holtzman, D. (2003). Countertransference and the female triangular situation. International Journal of Psychoanalysis, 84, 563–577.

Leuschner, W. (2006). Kriegskinder und „68". Psyche – Z Psychoanal, 60, 370–374.

Lifton, R. (1988). Ärzte im Dritten Reich. Stuttgart: Klett-Cotta.

Loch, U. (2006). Sexualisierte Gewalt in Kriegs- und Nachkriegskindheiten. Lebens- und familiengeschichtliche Verläufe. Opladen: Barbara Budrich.

Malinowski, B. (1927). Sex and repression in savage society (dt.: Geschlechtstrieb und Verdrängung bei den Primitiven. Hamburg: Rowohlts deutsche Enzyklopädie, 1966).

Müller-Hohagen, J. (1994). Geschichte in uns. Psychogramme aus dem Alltag. München: Knesebeck.

Panksepp, J. (1998). Affective neuroscience: The foundations of human and animal emotions. New York: Oxford University Press.

Parsons, A. (1964). Besitzt der Ödipuskomplex universelle Gültigkeit? Eine kritische Stellungnahme zur Jones-Malinowski-Kontroverse sowie die Darstellung eines süditalienischen Kernkomplexes. In W. Muensterberger (Hg.), Der Mensch und seine Kultur. Psychoanalytische Ethnologie nach „Totem und Tabu" (S. 207–259). München: Kindler, 1974.

Poluda-Korte, E.S. (1993). Der lesbische Komplex. Das homosexuelle Tabu und die Weiblichkeit. In E.M. Alves (Hg.), Stumme Liebe. Der „lesbische Komplex" in der Psychoanalyse (S. 73–132). Freiburg: Kore.

Putz-Meinhardt, E. (2005). „... die Macht zu dämmen des Frauengeschlechts ..." Zur Enteignung und Wiederaneignung von Weiblichkeit im ödipalen Diskurs. In F. Wellendorf und H. Weber (Hg.), Das Ende des Ödipus. Entwertung und Idealisierung ödipaler Konzepte in der Psychoanalyse heute (S. 320–340). Tübingen: edition diskord.

Quinodoz, D. (1991)."Ich habe Angst, mein Kind zu töten" oder: ausgesetzter Ödipus, adoptierter Ödipus. Zeitschrift für psychoanalytische Theorie und Praxis, 6, 47–61.

Rascovsky, A. and Rascovsky, M. (1968). On the genesis of acting out and psychopathic behavior in Sophocles' Oedipus: Notes on filicide. International Journal of Psycho-Analysis, 49, 390–394.

Rohde-Dachser, C. (1987). Die ödipale Konstellation bei narzisstischen und Borderline-Störungen. Psyche – Z Psychoanal, 41, 773–799.

Ruff, W. (2005). Wenn Väter ihre Söhne „opfern". Auswirkungen des Laios-Komplexes auf Ödipus und Isaak. In F. Wellendorf und H. Weber (Hg.), Das Ende des Ödipus. Entwertung und Idealisierung ödipaler Konzepte in der Psychoanalyse heute (S. 387–408). Tübingen: edition diskord.

Rupprecht-Schampera, U. (1996). „Hysterie" – eine klassische psychoanalytische Theorie? In G.H. Seidler (Hg.), Hysterie heute. Metamorphosen eines Paradiesvogels (S. 56–74). Stuttgart: Enke.

Rupprecht-Schampera, U. (1997). Das Konzept der „frühen Triangulierung" als Schlüssel zu einem einheitlichen Modell der Hysterie. Psyche – Z Psychoanal, 51, 637–664.

Schäfer, J. (2005). Weiblichkeit und Ödipuskomplex. In F. Wellendorf und H. Weber (Hg.), Das Ende des Ödipus. Entwertung und Idealisierung ödipaler Konzepte in der Psychoanalyse heute (S. 265 – 281). Tübingen: edition diskord.

Shainess, N. (1982). Antigone, the neglected daughter of Oedipus: Freud's gender concepts in theory. Journal of the American Academy of Psychoanalysis, 10, 443–455.

Sharpless, E. (1990). The evolution of triadic object relations in the preoedipal phase: contributions of developmental research. Psychoanalysis and Contemporary Thought, 13, 459–483.

Silverman, L.H. (1983). The subliminal psychodynamic activation method: Overview and comprehensive listing of studies. In J.M. Masling (Ed.), Empirical studies of psychoanalytic theory, Vol.1. New Jersey: Erlbaum.

Spiro, M. (1982). Oedipus in the trobriands. Chicago: University Chicago Press.

Stein, R. (2006). Father regression. Clinical narratives and theoretical reflections. International Journal of Psychoanalysis, 87, 1005–1027.

Steiner, J. (1985). Turning a blind eye: The cover up for oedipus. International review of Psycho-Analysis, 12, 161 – 172.

Stoller, R. (1976). Primary feminitity. Journal of the American Psychoanalytic Association, 24, 59–78.

Vellacott, P. (1971). Sophocles and Oedipus: A study of Oedipus Tyrannus with a new translation. London: MacMillan.
Vogt, R. (1986). Psychoanalyse zwischen Mythos und Aufklärung oder Das Rätsel der Sphinx. Franfurt/M.: Qumran.
Waldeck, R. (1982). Freud vor der Sphinx. Neue Rundschau, 4, 23–37.
Watson, M.W. and Getz, K. (1990a). Developmental shifts in oedipal behaviors related to family role understanding. New Directions for Child Development, 48, 29–45.
Watson, M.W. and Getz, K. (1990b). The relationship between oedipal behaviors and children's family role concepts. Merril Palmer Quarterly, 36, 487–505.

Oralität, orale Phase *von Alf Gerlach*

orality, oral phase – oralité, stade oral

1. Definition

Als orale Phase bezeichnete Freud die erste Stufe der Triebentwicklung, in der die Mundhöhle, die Zunge und die Lippen des Kindes seine hauptsächlichen Sexualorgane darstellen. In dieser Phase wird die Beziehung zum primären Objekt vor allem durch die Tätigkeiten des Saugens, In-den-Mund-Nehmens und Beißens ausgedrückt, die mit sexueller Lust verknüpft sind und sich auch in perversen oder als Teil der Vorlust auftretenden Aktivitäten Erwachsener wiederfinden. Der Begriff Oralität steht also für diejenige der drei Hauptmodalitäten kindlicher Sexualität, die in den ersten Lebensjahren vorherrscht, aber auch für eine bestimmte Ausrichtung des Sexualtriebes überhaupt.

Abraham hat eine Unterscheidung zwischen früherer oraler Sauge-Stufe und späterer oralsadistischer oder kannibalischer Stufe vorgeschlagen, die zugleich einen Übergang von vorambivalenten zu auf Zerstörung ausgerichteten Objektbeziehungen markiert. Er und Freud untersuchten die von der Oralität herstammenden Internalisierungsprozesse wie Inkorporation, Introjektion und Identifizierung.

Eine überragende Bedeutung hat die Oralität bei M. Klein und ihren Schülern gewonnen, die ausgehend von der Projektion oralsadistischer Wünsche des Kindes auf das primäre Objekt projektive und introjektive Vorgänge zum Grundmodell aller psychischen Aktivität nahmen. Während in der freud'schen und kleinianischen Auffassung die oralen Triebbedürfnisse des Kindes die innerpsychische Strukturbildung und die Objektbeziehungen vorantreiben und der Begriff der Oralität an Sexualität und Triebentwicklung geknüpft bleibt, bezeichnet die orale Phase in anderen psychoanalytischen Konzepten nur noch einen zeitlichen Rahmen (die ersten Lebensjahre), in dem bestimmte Entwicklungsvorgänge ablaufen; diese Konzepte stellen z. B. die Entwicklung von der Symbiose zur Separation und Individuation oder von Triebspannungen unabhängige, angeborene Möglichkeiten des Säuglings zu kognitiven und affektiven Bindungen in den Mittelpunkt.

2. Klassische Auffassung

In den „Drei Abhandlungen zur Sexualtheorie“ nahm Freud das Ludeln oder Wonnesaugen als Muster infantiler Sexualbetätigung und leitete es vom Saugen an der Mutterbrust ab, von dem es sich verselbständige; die ursprüngliche Anlehnung an das Nahrungsbedürfnis wandele sich in eine autoerotische Befriedigung am eigenen Körper. In einem Zusatz von 1915 spricht Freud erstmals von der oralen Stufe der Sexualität: „Eine erste solche prägenitale Sexualorganisation ist die orale oder, wenn wir wollen, kannibalische. Die Sexualtätigkeit ist hier von der Nahrungsaufnahme noch nicht gesondert, Gegensätze innerhalb derselben nicht differenziert. Das Objekt der einen Tätigkeit ist auch das der anderen, das Sexualziel besteht in der Einverleibung des Objektes, dem Vorbild dessen, was späterhin als Identifizierung eine so bedeutsame psychische Rolle spielen wird" (1905d, S. 98). In einer Bedingungsreihe von konstitutionellen und Entwicklungsfaktoren leitet Freud von der Oralität bestimmte Perversionen wie auch Störungen der Nahrungsaufnahme ab, schreibt ihr aber auch eine Bedeutung für die erwachsene Vorlust und ihrer Umwandlung mittels Verdrängung und Reaktionsbildung einen Wert für die Herausbildung sozialer Gefühle zu. Da „im oralen Organisationsstadium der Libido die Liebesbemächtigung noch mit der Vernichtung des Objekts zusammenfällt" (1920g, S. 58), prägt diese grundlegende Ambivalenz des oralen Stadiums auch alle Identifizierungsprozesse, die Freud als früheste Äußerungen der Gefühlsbindung an eine andere Person ansieht: „Die Identifizierung ist eben von Anfang an ambivalent, sie kann sich ebenso zum Ausdruck der Zärtlichkeit wie zum Wunsch der Beseitigung wenden. Sie benimmt sich wie ein Abkömmling der ersten oralen Phase der Libidoorganisation, in welcher man sich das begehrte und geschätzte Objekt durch Essen einverleibte und es dabei als solches vernichtete. Der Kannibale bleibt bekanntlich auf diesem Standpunkt stehen; er hat seine Feinde zum Fressen lieb, und er frißt die nicht, die er nicht irgendwie lieb haben kann" (1918b, S. 116).

In der Freud'schen Konzeption der Oralität spielt die unbewusste Erotisierung der Mundschleimhaut eine wichtige Rolle bei der Symptombildung der Psychoneurosen, insbesondere der Hysterie, indem z.B. Fellatiophantasien mit nervösen Atembeschwerden oder Essstörungen verknüpft sind. In der Krankengeschichte des „Wolfsmannes" bezieht er die Angst vor dem Verschlungenwerden auf eine Fixierung in der oralen Phase und die Projektion eigener aggressiver oraler Wünsche.

Ausgehend von Krankengeschichten, in denen das Verlangen nach Einverleibung sich in einer besonderen Betonung von Sauge- und Beißlust äußerte, hat Abraham die unbewussten Zusammenhänge zwischen Oralerotik und seelischen Verstimmungen, vor allem melancholischer Art, näher untersucht: „Der melancholisch Verstimmte richtet in seinem Unbewußten auf sein Sexualobjekt den Wunsch der Einverleibung. In der Tiefe seines Unbewußten findet sich die Tendenz, das Objekt zu verschlingen, zu vernichten" (1916, S. 109). Ähnlich wie Freud die Introjektion eines verloren gegangenen Liebesobjektes als wesentlichen Schritt in der Psychogenese der Melancholie benannt und beispielsweise an den Selbstanklagen, die eigentlich dem verlorenen Objekt gelten, belegt hatte, sieht Abraham in diesem Schritt einen „Vorgang der Einverleibung, wie er einer Regression der Libido zur kannibalischen Stufe entspricht" (1924, S. 115). Er hat schließlich eine Unterteilung der oralen Phase in eine vorambivalente, frühere orale (Sauge-) Stufe und eine oralsadistische oder spätere orale (kannibalische) Stufe vorgeschlagen, wobei er mit letzterer Bezeichnung vor allem Aspekte der oralen Objektbeziehung unterstrich: Die Mischung von Libido und Aggression sowie die Einverleibung des Objekts und seiner Qualitäten. Da diese kannibalische Stufe den Übergang von der Aktivität des Saugens an der Brust zum Erscheinen der Zähne mit den Möglichkeiten des Beißens, Zerkauens und Verschlingens einschließt, ist mit ihr die Möglichkeit der aggressiven Zerstörung des Objekts wie auch von Phantasien, selbst gefressen und vernichtet zu werden, gegeben. Diese Phantasien können auch regressiv wiederbesetzt werden, z.B. bei passiv-femininen Einstellungen eines Jungen oder Mannes oder als angstvoller Ausdruck von Inzestwünschen (Fenichel 1928).

3. Ideengeschichtlicher Hintergrund

Freud hat seine Ideen zur Oralität und zur Identifizierung auch in Auseinandersetzung mit ethnologischen und religionswissenschaftlichen Untersuchungen, z.B. von Frazer (1910) und Smith (1907) entwickelt. In

„Totem und Tabu" untersucht er die Frage, wie in totemistischen Gesellschaften die volle Identifizierung der Stammesangehörigen mit dem Totemtier einerseits und ihre ambivalenten Gefühlseinstellungen diesem gegenüber andererseits zusammenpassen und entwirft eine Vorstellung von der Totemmahlzeit, die sie zum Anfangspunkt der Kulturentwicklung überhaupt erklärt. Die soziale Entwicklung von Männerverbänden, die durch gleiche Rechte untereinander ausgezeichnet sind, aber den Einschränkungen des totemistischen Systems unterliegen, beschrieb er so: „Eines Tages taten sich die ausgetriebenen Brüder zusammen, erschlugen und verzehrten den Vater und machten so der Vaterhorde ein Ende. ... Daß sie den Getöteten auch verzehrten, ist für den kannibalischen Wilden selbstverständlich. ... Nun setzten sie im Akte des Verzehrens die Identifizierung mit ihm durch, eigneten sich ein jeder ein Stück seiner Stärke an" (1913, 171f.). Nach Freuds Ansicht reichte der Vatermord nicht aus, um das angestrebte Ziel der Identifizierung zu erreichen, nämlich Aneignung seiner Macht und seines privilegierten Zugangs zu den Frauen; vielmehr musste der Vater oral inkorporiert werden, um die Kette von Identifizierung, Über-Ich-Bildung, Gruppen- und Religionsbindung in Gang zu setzen, an deren Ende allerdings Schuldgefühle, Reue und Angst vor Rache nicht die Übernahme seiner geneideten Macht, sondern die Introjektion seiner Verbote erzwingen.

Diese Thesen waren schon bald nach ihrer Veröffentlichung bei Ethnologen und Psychoanalytikern umstritten; sie lassen sich heute sicher nicht mehr als kulturgeschichtlicher Beitrag zur Ethnologie lesen, behalten aber aufgrund ihrer kulturkritischen Überlegungen einen Wert: Danach kann der Kannibalismus als ein Urthema der Menschheit angesehen werden, das sich gerade nicht räumlich oder historisch fixieren lässt, aber in verschiedenen Modifikationen und Entstellungen die menschliche Geschichte durchzieht (Röckelein 1996).

4. Wesentliche Erweiterungen, Differenzierungen und Modifikationen

M. Klein hat die projektiven Verarbeitung des oralen Sadismus zu einem Grundkonzept ihrer Entwicklungstheorie ausgearbeitet, nach der projektive und introjektive Prozesse alle psychische Aktivität bestimmen. Im Unterschied zu Abrahams Unterteilung geht sie davon aus, dass die libidinösen Wünsche der Oralität von Anfang an einen aktiv-sadistischen Charakter haben; die Projektion dieser aggressiven Regungen kann zu paranoider Vernichtungsangst führen, die sich im Erleben des Säuglings z. B. als Angst vor oraler Einverleibung äußert. M. Klein ist der Ansicht, dass eine ursprüngliche Angst des Kindes auf die Befürchtung zurückgeht, dass das mütterliche Objekt, von dem es gerade verlassen worden ist, sich ihm nicht mehr zuwendet, weil es vernichtet ist. Im magischen Denken des Kindes ist diese Idee mit der Vorstellung verknüpft, selbst die Tötung verursacht zu haben, und zwar nach dem Muster der oral-kannibalischen Einverleibung. Die Ängste, getötet zu haben, sind allerdings so unerträglich, dass sie projektiv nach Außen abgespalten werden müssen, wodurch dem Kind das mütterliche Objekt, oder primär die Brust als Teilobjekt, bedrohlich wird. Die Angst ist also darauf gerichtet, dass die eigene orale Gier das Objekt der Begierde vernichtet haben könnte, und dass dieses Objekt mit derselben Gier zum bedrohlichen Verfolger werde (1972).

Mit der Entwicklung der Selbst- und Objektbeziehungstheorie wurde der Begriff der Oralität erweitert; hinsichtlich der Triebäußerungen wurde eine Vielfalt stimulierender, befriedigender und enttäuschender Erlebnisse in der primären Beziehung zwischen Mutter und Kind einbezogen, auf die das Kind mit psychobiologisch vorgegebenen Antworten reagiert; bezüglich des psychosexuellen Erlebens wurde die Orientierung auf die Mundzone erweitert um visuelle Reize, motorische und kinästhetische Erfahrungen. Die psychoanalytische Säuglingsforschung relativierte schließlich die Bedeutung des Mundes als erogener Zone und betont mehr den Einfluss angeborener Fähigkeiten zur

Interaktion auf die Spannungsregulierung; nicht mehr orale Befriedigung und Spannungsabfuhr stehen im Mittelpunkt, sondern explorative Aktivität und Lernen des Kindes in eher spannungsfreien Interaktionen (Lichtenberg 1991, Dornes 1993).

5. Die Bedeutung des Begriffs in den verschiedenen psychoanalytischen Schulrichtungen

In der aktuellen psychoanalytischen Diskussion ist das Interesse an der „altmodischen Oralität" (Jongbloed und Groen-Prakken 1993) stark geschwunden zugunsten einer Orientierung am Konzept des „kompetenten Säuglings" (Dornes 1993) und der ihm eigenen affektiven Vorgänge.

In der klassischen triebtheoretischen Sichtweise wird heute unterstrichen, dass sich unbewusste Phantasien um orale Einverleibung und Ausstoßung weder auf die psychogenetische Phase der Oralität noch auf das psychodynamische Konzept von Oralität begrenzen lassen (Pontalis 1972, Sandler und Dare 1973). Insbesondere oralkannibalische Libido kann auf alle später vorherrschenden erogenen Zonen übertragen werden, und die entsprechenden phantasmatischen Inhalte führen zu oralen Impulsen und Ängsten auf jeder Stufe der Triebentwicklung (Shengold 1995).

Schließlich hat die interaktionistische Richtung der Psychoanalyse die Entwicklung von Abhängigkeit und Unabhängigkeit in den Objektbeziehungen von der Entwicklung der Oralität abzukoppeln versucht. Vernachlässigung oder Verwöhnung in der Oralität, die beide gemäß der klassischen Hypothese zu Fixierungen führen und Abhängigkeits-/Unabhängigkeitskonflikte entscheidend beeinflussen können, werden hier relativiert zugunsten der Betonung einer Vielzahl interaktioneller Einflüsse, die relativ unabhängig vom Triebgeschehen ihren Einfluss nähmen (Bornstein 1996).

Literatur

Abraham, K. (1916). Untersuchungen über die früheste prägenitale Entwicklungsstufe der Libido. In ders., Psychoanalytische Studien I (S. 84–112). Frankfurt/M.: S. Fischer, 1969.

Abraham, K. (1924). Versuch einer Entwicklungsgeschichte der Libido auf Grund der Psychoanalyse seelischer Störungen. In ders., Psychoanalytische Studien I (S. 113–183). Frankfurt/M.: S. Fischer, 1969.

Bornstein, R.F. (1996). Beyond orality. Toward an object relations/interactionist reconzeptualisation of the etiology and dynamics of dependency. Psychoanalytic Psychology, 13, 177–203.

Dornes, M. (1993). Der kompetente Säugling. Die präverbale Entwicklung des Menschen. Frankfurt/M.: Fischer, 13. Aufl., 2004.

Fenichel, O. (1928). Zur Angst vor dem Gefressenwerden. In ders., Aufsätze I (S. 149–151). Frankfurt/M., Berlin, Wien: Ullstein (1985).

Frazer, J.G. (1910). Totemism and exogamy.

Jongbloed, D. und Groen-Prakken, H. (1993). Die „altmodische Oralität". Gedanken über Triebschicksale und das Selbst; eine Falldarstellung und ein Ritual. Zeitschrift für psychoanalytische Theorie und Praxis, 8, 71–86.

Klein, M. (1972). Das Seelenleben des Kleinkindes und andere Beiträge zur Psychoanalyse. Reinbek: rororo studium.

Lichtenberg, J.D. (1991). Psychoanalyse und Säuglingsforschung. Berlin: Springer.

Röckelein, H. (Hg.) (1996). Kannibalismus und europäische Kultur. Tübingen: edition diskord.

Pontalis, J.-B. (1972). Avant-propos. Destins du cannibalisme. Nouvelle Revue de Psychanalyse, 6, 5–12.

Sandler, J. und Dare, C. (1973). Der psychoanalytische Begriff der Oralität. Psyche – Z Psychoanal, 27, 770–787.

Shengold, L. (1995). Soul Murder. Seelenmord – Die Auswirkungen von Mißbrauch und Vernachlässigung in der Kindheit. Frankfurt/M.: Brandes & Apsel.

Smith, W.R. (1907). The religion of the semites. London: Karnac.

Orgasmus *von Reimut Reiche*

orgasm – orgasme

1. Definition

Im Orgasmus sind alle Erscheinungsformen der sexuellen Erregung zusammengefasst. Aber alle subjektiven Bedingungen sexueller Erregung verweisen zugleich auf basale nicht-sexuelle Beziehungsmodi und Identifizierungen, die für dies eine Individuum prägend sind. Solche basalen Beziehungsmodi sind etwa: halten, unterwerfen, binden, fallen lassen, stillen, nähren, misstrauen usw. Der alte deutsche Ausdruck „Höhepunkt" ist nicht ganz zu Unrecht aus der Mode gekommen, denn es handelt sich nicht nur um einen Höhepunkt, zu dem man da „kommt". Darum ist in der bekannten Frage „bist Du gekommen?", in der das Wohin des Kommens gelöscht ist, ein intuitives Wissen enthalten. Denn das Wohin des Kommens im Orgasmus ist physiologisch für jeden Menschen zwar gleich, subjektiv aber doch für jeden ein anderes.

Orgasmus ist weder ein psychoanalytischer Begriff noch ein psychoanalytisches Konzept, sondern ein Begriff, der in psychoanalytischen Konzepten und Diagnosen einen eher peripheren oder eher zentralen Stellenwert einnehmen kann. Für unseren Zweck mag es genügen, *Physiologie* des Orgasmus und *Erleben* (bewusstes und unbewusstes Erleben) des Orgasmus gegenüberzustellen. Eine präzise physiologische Definition, an der jedes Wort genau abgewogen wurde, lautet: „Der Orgasmus ist der Kulminations- und Lösungspunkt der sexuellen Erregung und Reaktion, der durch jede effektive somato- oder psychosexuelle Stimulation erreicht werden kann. Er stellt eine abrupte, willkürlich nicht steuerbare Entladung psychophysischer und neuromuskulärer Spannungen dar. Wahrscheinlich geht er mit Reaktionen der meisten Organe und Organsystem des Körpers einher." (Sigusch 1979, S. 154). Unter diesen Reaktionen sind bei der Frau insbesondere die Kontraktionen der orgastischen Manschette im oberen Drittel der Vagina, entdeckt von Masters und Johnson (1966) und beim Mann der Punkt der sog. Unaufschiebbarkeit der Ejakulation zu nennen. Die physiologischen Befunde sind so zwingend, daß die herkömmliche psychoanalytische Unterscheidung eines vaginalen von einem klitoridalen Orgasmus der Frau nur noch als metaphorische Rede zugelassen werden kann. Ebenso gut könnte man nämlich von einem kardialen, einem zerebralen usw. Orgasmus sprechen. Der Orgasmus kann jedoch subjektiv klitoridal usw. *lokalisiert und erlebt* – oder aber auch ganz anders und jenseits von klitoridal/vaginal lokalisiert und erlebt werden.

In Klinik und Praxis begegnet uns der Orgasmus fast ausschließlich über seine Störungen. Diese treten in symptomatisch vielfältigen Bildern auf. In ihnen drücken sich nicht nur sexuelle Hemmungen im engeren Sinn, sondern auch schwere depressive, destruktive und autodestruktive Thematiken aus. Während einer psychoanalytischen Behandlung können sich sexuelle Funktionsstörungen sehr plötzlich und unbemerkt auflösen, aber ebenso oft sind sie überaus hartnäckig und überdauern auch lange Analysen, die von beiden Beteiligten als erfolgreich beurteilt werden.

2. Verwendung bei Freud

In der frühen Arbeit über „Die Sexualität in der Ätiologie der Neurosen" stehen Freud noch nicht Begriffe wie „Endlust" – sein später bevorzugter Begriff – oder Orgasmus zur Verfügung; er spricht von „der notwendigen Befriedigung eines natürlichen Bedürfnisses". Diese stellt er in einen direkten Zusammenhang mit der Volksgesundheit und der Gesundheit des Einzelnen. Seiner Zeit weit voraus fordert er, die Lustfunktion von der Zeugungsfunktion der Sexualität gedanklich radikal zu trennen und schwingt sich zu sexualrevolutionären Höhen auf, die er später eher meidet: „... und theoretisch wäre es einer der größten Triumphe der Menschheit, eine der fühlbarsten Befreiungen vom Naturzwange, dem unser Geschlecht unterworfen ist, wenn es gelänge, den verantwortlichen Akt der Kinderzeugung zu einer willkürlichen und beabsichtigten Handlung zu erheben, und ihn von der Verquickung mit der notwendigen Befriedigung als eines natürlichen Bedürfnisses loszulösen" (1898a, S. 507). Inzwischen ist dieser Triumph wenigstens in den westlichen Industriegesellschaften erreicht – und wir sind mit den weniger triumphalen Rückseiten der sexuellen Freiheit befasst.

Als Freud 1905 in den „Drei Abhandlungen" mit einem genialen Streich die Einheit von Triebtheorie, psychosexueller Entwicklungslehre und der Entstehung von Neurose und Perversion formuliert, ist die Lustfunktion der Sexualität bereits wieder ethisch gezähmt und an die Zeugungsfunktion zurückgebunden: „Das neue Sexualziel (nach der Pubertät, RR) besteht beim Mann in der Entladung der Geschlechtsprodukte; es ist dem früheren, der Erreichung von Lust keineswegs fremd, vielmehr ist der höchste Betrag von Lust an diesen Endakt des Sexualvorganges geknüpft. Der Sexualtrieb stellt sich jetzt in den Dienst der Fortpflanzungsfunktion ..." (1905d, S. 109). Das meint Freud im Kern mit „Endlust" oder „Befriedigungslust" (1905d, S. 112), denen er die „Vorlust" gegenüberstellt. Da es bei Freud eine Tendenz gibt, die Frau relativ zum Mann als „Mängelwesen" (ohne Penis) zu betrachten, wird der Orgasmus der Frau nur sekundär über den des Mannes erschlossen. Danach soll die „Klitoris ihre Empfindlichkeit ... an die Vagina abtreten" (1933a, S. 126) – ein physiologisch unmögliches Verlangen, wie wir inzwischen wissen. Tatsächlich ist nach heutigem physiologischem Kenntnisstand der Orgasmus des Mannes nur ganz locker – über Erektion und Ejakulation – mit der Fortpflanzungsfunktion verknüpft, der Orgasmus der Frau dagegen von dieser Funktion ganz entbunden. Hierin mag – aus der Retrospektive betrachtet – ein tiefer Grund liegen, warum Freud den Orgasmus der Frau vaginal fixieren wollte – und warum besonders die psychoanalytische Orthodoxie nach Freud bis in die 60er Jahre – bis zur Erschütterung durch die Befunde von Masters und Johnson – auf der Unterscheidung von klitoridalem und vaginalem Orgasmus als differentialdiagnostischem Reifekriterium bestand.

3. Verwendung nach Freud

Die erste Generation der Schüler Freuds hat sich von dem Phänomen Orgasmus theoretisch ungemein anregen lassen. Dabei sind hin und wieder, wie bei einem solchen Phänomen nicht anders zu erwarten, die Gäule durchgegangen. Besonders Sandor Ferenczi – und nach ihm Sandor Rado und Michael Balint – haben zu paläobiologischen Spekulationen weit ausgeholt und sie in den Dienst der damals vorherrschenden – und heute vergessenen – Fragen nach dem letzten Sinn von Trieb und Lust gestellt. Ferenczi hat in seinem noch heute ungemein spannend zu lesenden „Versuch einer Genitaltheorie" den Orgasmus in einer phylogenetischen Rückwärtsschleife gleichsam prägenitalisiert und verweiblicht. Er hat zeigen wollen, dass in ihm die individuelle Katastrophe der Geburt und die Art-Katastrophe des Übergangs vom Wasser zum Land enthalten sind und dass „im Gefühl des Orgasmus nicht nur die Ruhe im Mutterleibe, die ruhige Existenz in einem *freundlicheren Milieu,* sondern auch die *Ruhe vor der Entstehung des Lebens* .... dargestellt ist". (Ferenczi 1924, S. 84). Balint hat, auf diesen Gedanken aufbauend, eine Theorie des Orgasmus entwickelt, wonach sich Eros und Soma (und nicht, wie bei Freud: Eros und Thanatos) im Kampf gegenüberstehen. Das Soma möchte „ein von Erregung freies Leben" – also ohne Eros – führen. Der Eros möchte das Soma ganz besetzen – und im Orgasmus gelingt ihm dies auch vorübergehend. Danach wird er, auch nur vorübergehend, ganz abgeschüttelt. Dieser ewige Kampf erneuert sich im gesunden Individuum zyklisch; in der Neurose wird dieser Kampf ganz zugunsten des Soma, in der Perversion ganz zugunsten des Eros entschieden. Im Extrem führen beide Polarisierungen zum Tod (Balint, 1930).

Wilhelm Reich und Herbert Marcuse sind zwei sehr konträre Exponenten eines freudomarxistischen Diskurses, der in den 30er Jahren seine erste und in der Studentenbewegung von 1968 seine zweite Blüte hatte. Wilhelm Reich hat, aufbauend auf einer politisch-ökonomischen Analyse, oder besser: Phantasie der „Funktion des Orgasmus“ (1927) eine „sexuelle Revolution“ gefordert. Reich zufolge ist „die befriedigte genitale Objektliebe der mächtigste Gegner des Destruktionstriebes“ (1927, S.196). Reich hat alle seine Schriften später vielfach umgeschrieben und dabei die „genitale Objektliebe“, die er schon 1927 konkretistisch ausgelegt hatte, zu einer paranoiden Utopie klischiert. Der politische Hebel der „sexuellen Revolution“ sollte die hierfür von ihm geschaffene „Sexpol“-Bewegung sein. Herbert Marcuse hat in „Eros and Civilisation“ (1955) eine unvergleichlich viel differenziertere Sexualutopie des vom „Leistungsprinzip“ emanzipierten Eros entworfen.

Von dieser eher spekulativen Linie setzt sich eine eher normative Linie ab – und historisch immer stärker durch. Diese Linie ist stark eingefärbt mit – aus heutiger Sicht – pseudoklinischen Beweisen über die höhere psychosexuelle und charakterliche Reife des vaginalen Orgasmus. In dem an die Frau gerichteten normativen Kriterium der „Abtretung“ der Klitoris drückt sich einer der großen wissenschaftlichen Mythen des 20. Jahrhunderts aus. Er zerfällt jäh mit der Veröffentlichung der Ergebnisse von Masters und Johnson.

In der zweiten Generation nach Freud ist aber auch ein klinischer Reichtum an Konzepten geschaffen worden, in denen der Orgasmus auf eine sehr differenzierte Weise verwendet wird. Stellvertretend sei nur die „Trias der oralen Wünsche“ – fressen, gefressen werden, einschlafen – genannt, die Bertram D. Lewin (1950) sowohl dem Orgasmus als auch dem Traumgeschehen als Folie unterlegt. Oder das Konzept des „Ich-Orgasmus“ von D.W. Winnicott (1958), in dem die „Fähigkeit zum Alleinsein“ wieder mit der postorgastischen Ruhe verknüpft wird.

4. Moderne Konzepte des Orgasmus

In aktuellen psychoanalytischen Konzepten taucht der Orgasmus nur noch implizit, manchmal sogar nur noch sehr implizit auf. Dafür gibt es viele Gründe; drei seien hier angedeutet: Die Forschungsergebnisse von Masters und Johnson bedeuteten in den USA eine Blamage für die Psychoanalyse, die sich in der Nachkriegsära zunehmend als Sittenwächter aufgespielt hatte. In Reaktion hierauf zog sich die Psychoanalyse ganz aus dem Theoriegeschäft in Sachen Orgasmus zurück. Sodann ist auf einen generellen Nebeneffekt der Tendenz zur Formalisierung von Konzepten hinzuweisen. Je mehr die ödipale Trias geometrisiert wird, desto mehr verflüchtigt sich der Leib. Außerdem gibt es, besonders im postkleinianischen Denken, eine Tendenz, den Begriff der Sexualisierung nur noch für pathologische Phänomene zu verwenden. Darunter leidet das Verständnis des Orgasmus, der nun einmal von der Sexualisierung lebt. Der Mensch kann wegen seiner Instinktentbundenheit nur sexuell erleben, indem er sexualisiert und nur das als sexuell erleben, was er sexualisiert – also *indem er den physiologischen Orgasmus psychisiert.* In dem zunehmend pathologisch verwendeten psychoanalytischen Gebrauch von „sexualisieren“ liegt also eine große Gefahr. Erst wenn wir in der modernen klinischen Diskussion und Theoriebildung wieder über eine Unterscheidung von gesundem vs. krankem Sexualisieren verfügen, werden wir auch wieder ein modernes Orgasmus-Konzept haben.

Bis dahin mag folgende Formulierung genügen (vgl. Reiche 1990): Das Erleben des Orgasmus ist gebunden an eine Aktion der inneren Objekte. Wegen der biologischen Instinktentbundenheit des Menschen muss diese Aktion (als Konstellation von Bildern und Gefühlen usw.) sexualisiert werden. Im Augenblick des Orgasmus sind es immer ein *Mann und eine Frau,* deren unbewusste Bilder (Repräsentanzen, Imagines usw.) miteinander verschmelzen. Männlich und weiblich, als Positionen der Unterscheidung, lösen sich im Moment des Orgasmus auf und formieren sich sogleich wieder neu. Dabei ist es gleichgültig, in welcher körperhaft gelebten Objektbeziehung der Orgasmus statthat, gleichgültig also, ob heterosexuell, homosexuell, autoerotisch (masturbatorisch) oder mit einem an einen anderen Menschen montierten Fetisch (Perversion). Ebenso gleichgültig ist es auch, an welchen Körperteilen er ausgelöst wird und welche bewusstseinsfähigen Phantasiebilder hierbei evoziert werden.

In zeitdiagnostischer Betrachtung verliert der Orgasmus als Kriterium der „Endlust“ (Freud) gegenwärtig an Bedeutung. Nach der „Orgasmusfixierung“, die von der sexuellen Revolution der 60er Jahre zugleich vehement verdammt und ebenso vehement betrieben wurde, war eine Entspannung auf diesem Feld irgendwann zu erwarten. Es sind zunehmend heterosexuelle Gesellungsformen zu beobachten, bei denen nach konventioneller Beurteilungsweise ganz offensichtlich etwas Sexuelles stattfindet, aber offenbar kein sexueller Höhepunkt erzielt oder überhaupt angestrebt wird. Dazu gehören etwa sadomasochistische Gruppenunternehmungen, die, aufwendig geplant und akribisch durchgeführt, ein ganzes Wochenende in Anspruch nehmen können – ohne dass eine Entladung im Orgasmus stattfinden soll. Im Wissensdiskurs findet diese Tendenz ihren Ausdruck darin, dass, besonders vor systemtheoretischem Hintergrund, eine „Abschaffung des Orgasmus“ (Walter 1999) verlangt wird – weil es die Sache nicht gebe, die dieses veraltete Wort bezeichne.

Literatur

Balint, M. (1930). Psychosexuelle Parallelen zum biogenetischen Grundgesetz. In ders., Urformen der Liebe und die Technik der Psychoanalyse. Frankfurt/M.: Fischer, 1969.

Ferenczi, S. (1924). Versuch einer Genitaltheorie. Leipzig, Wien, Zürich: Internationaler Psychoanalytischer Verlag. (Auch in Ferenczi: Schriften zur Psychoanalyse. Bd. 2. Frankfurt/M.: S. Fischer, 1972).

Lewin, B.D. (1950). The psychoanalysis of elation. New York: Norton (dt.: Das Hochgefühl. Frankfurt/M: Suhrkamp, 1982).

Marcuse, H. (1955). Eros and civilization. Boston: The Beacon Press (dt.: Triebstruktur und Gesellschaft. Frankfurt/M.: Suhrkamp, 1957).

Masters, W.H. and Johnson, V.E. (1966). Human sexual response. Boston: Little, Brown Co. (dt.: Die sexuelle Reaktion. Frankfurt/M.: Akademische Verlagsgesellschaft, 1967).

Reich, W. (1927). Die Funktion des Orgasmus. Leipzig, Wien, Zürich: Internationaler Psychoanalytischer Verlag (Raubdrucke: Amsterdam 1965 usw.; stark veränderte Ausgabe unter dem Titel: Die Entdeckung des Orgons. Köln: Kiepenheuer, 1969).

Reiche, R. (1990). Geschlechterspannung. Eine psychoanalytische Untersuchung. Frankfurt/M.: Fischer.

Sigusch, V. (1979). Physiologie des Orgasmus. Versuch einer Definition. In V. Sigusch (Hg.), Sexualität und Medizin (S.143–156). Köln: Kiepenheuer & Witsch.

Walter, T. (1999). Plädoyer für die Abschaffung des Orgasmus, Zeitschrift für Sexualforschung, 12, 25–49.

Winnicott, D.W. (1958). Die Fähigkeit zum Alleinsein. In ders., Reifungsprozesse und fördernde Umwelt. München: Kindler, 1974.

Parameter *von Oskar Frischenschlager*

parameter – paramètre

Hierbei handelt es sich um ein von Kurt Eissler 1953 eingeführtes, der psychoanalytischen Behandlungstechnik zuzuordnendes Konzept. Unter „Parameter" werden begründete Abweichungen von der Standardtechnik, welche sich auf die Deutung als ausschließliches analytisches Werkzeug beschränkt, verstanden. Dementsprechend sind an die Einführung eines Parameters bestimmte Bedingungen geknüpft: „(1) ein Parameter darf nur eingeführt werden, wenn bewiesen ist, dass die Standardtechnik nicht ausreicht; (2) Er darf nie das unvermeidbare Minimum überschreiten; (3) Er darf nur benutzt werden, wenn er letztlich zu seiner Eliminierung führt" (Eissler 1990, S. 400, Übersetzung O. F.).

Historisch ist das Postulat einer normierten psychoanalytischen Behandlungstechnik nachvollziehbar, hatte doch Freud die psychoanalytischen Nachfahren mit widersprüchlichen technischen Empfehlungen zurückgelassen, mit den relativ früh publizierten behandlungstechnischen Schriften der Jahre 1912–1915 einerseits, sowie mit den eigenen Fallberichten, die von einem höchst unkonventionellen, kreativen und engagierten Behandlungsstil zeugen, der sich nur schwer einer standardisierten „Technik" zuordnen lässt. Freud hat gegen Ende seines Lebens sogar beklagt, dass man seine als Empfehlungen gemeinten Schriften als gleichsam gesetzeshafte Vorschriften missverstanden habe.

Seit den zwanziger Jahren war die weltweite Etablierung der Psychoanalyse jedoch zügig vorangeschritten, ihr Indikationsradius hatte sich ständig erweitert und man war daher bestrebt, u. a. mittels verbindlicher Standards „wildes" Analysieren hintanzuhalten. Schließlich hatte selbst Glover (zit. nach Haynal 1993) in einer 1934 an renommierten Analytikern durchgeführten Umfrage feststellen müssen, dass die psychoanalytische Technik sehr individuell gehandhabt wird. Die Forderung nach einer Standardtechnik stieß jedoch auch auf prominente Kritik. Greenson (1975) etwa kritisierte aus seiner Erfahrung als Kontrollanalytiker die unpersönliche Kälte von Ausbildungskandidaten, die sich mit diesem purifizierten Technik-Ideal identifizierten. Auch Bräutigam (1987) sieht in diesem Zusammenhang die Gefahr „einer distanzierten, unkommunikativen Grundeinstellung" (S. 171).

Das Konzept des Deutungspurismus (und damit der Parameter) ist aus heutiger Sicht überholt, vor allem, weil sich die Psychoanalyse zu einer Zwei-Personen-Psychologie weiterentwickelt hat, aus deren Sicht sowohl die Entwicklung psychischer Strukturen als auch deren Veränderungen im psychoanalytischen Prozess als ein intersubjektives Geschehen verstanden werden. Das Gewicht der Deutung als eines alleinigen therapeutischen Wirkfaktors wird heute zugunsten der Empathie (Schwaber 1981, Wolf 1982, 1996), der Responsivität (Bacal 1985), aber auch zahlreicher anderer, nicht notwendigerweise originärer psychoanalytischer Wirkfaktoren relativiert.

Literatur

Bacal, H. (1985). Optimal responsiveness and the therapeutic process. In A. Goldberg (Ed.), Progress in self psychology, Bd. 1. New York: Guilford Press.

Bräutigam, W. (1987). Realistische Beziehung und Übertragung. In P. Kutter, R. Paramo-Ortega und P. Zagermann (Hg.), Die Psychoanalytische Haltung (S. 165–186). München: Verlag Internationale Psychoanalyse.

Eissler, K. R. (1953). The effect of the structure of the ego on psychoanalytic technique. Reprinted in R. Langs (Ed.) (1990), Classics in psychoanalytic technique. Northvale, NJ: Jason Aronson.

Haynal, A. (1993). Veränderung durch Psychoanalyse. Beiträge zur Ideengeschichte der Technik. In B. Großmann-Garger und W. Parth (Hg.), Heilt die Psychoanalyse? (S. 35–48). Wien: Orac.

Greenson, R.R. (1975). Technik und Praxis der Psychoanalyse. Stuttgart: Klett.
Schwaber, E. (1981). Empathy: a mode of analytic listening. Psychoanalytic Inquiry, 1, 357–392.
Wolf, E. (1982). Empathische Resonanz. Psychoanalyse, 3, 306–314.
Wolf, E. (1996). Theorie und Praxis der psychoanalytischen Selbstpsychologie. Frankfurt/M.: Suhrkamp.

Paranoia *von Hans-Peter Kapfhammer*

paranoia – paranoia

1. Definition

„Paranoid" bedeutet in der deskriptiven Psychopathologie „wahnhaft" mit einem personalen Bezug zu einer als feindlich und bedrohlich erlebten sozialen Umwelt, „Paranoia" bezeichnet ein geschlossenes, systematisiertes Wahnsystem bei einer in seinen formalen kognitiven und perzeptiven Funktionen weitgehend unbeeinträchtigten Persönlichkeit.

2. Klassische Auffassung

Die psychoanalytische Theorie zur Paranoia besitzt in ihren Anfängen drei wichtige Ansätze, die auf S. Freud, M. Klein und J. Lacan zurückgehen.

• Freud sah aus seiner triebpsychologischen Perspektive projizierte homosexuelle Wünsche, die Verwandlung von Liebes- in Hassgefühle, als dynamischen Motor paranoider Verfolgungsideen an und stellte sie in den Kontext einer sozialen Demütigung und persönlichen Beschämung (Freud 1911c).

• Bei M. Klein erweist sich die paranoide Erlebnisposition als eine vorrangig auf den Erhalt einer bedrohten Selbstorganisation gerichtete Existenzform, der Belange des Objekts rigoros untergeordnet werden müssen. Ungezügelte aggressive Impulse finden so ihre strukturelle und interaktionelle Ausrichtung. Projiziert auf Objekte der Umgebung kehren aggressive Impulse als Vernichtungsängste von außen wieder. Paranoide und depressive Position stellen aufeinander folgende Etappen in einem Entwicklungskontinuum dar, beschreiben innerseelisch aber polar konfigurierte Erlebnisweisen. Diese drücken das psychopathologische Dilemma, aber auch das prospektive Potential eines paranoiden Menschen aus. Die Forderung nach echten objektgerichteten Gefühlen der Fürsorge und Liebe wird ihn stets mit einer gefährdenden Selbstdestruktivität, mit einer beschämenden Bloßstellung eigener Schwäche und Minderwertigkeit konfrontieren (Klein 1946).

• Lacan betont in seinem Konzept der Spiegelung die tiefen Abhängigkeitsbedürfnisse, aber auch die hierin begründete, außergewöhnliche Bedrohung des Subjekts. Er legt dessen unstillbare Sehnsucht nach einem Sichwiederfinden im affektiven und kognitiven Echo eines anderen offen. Er verweist gleichzeitig auf die in dieser illusionären Anpassung liegende Gefahr der Enttäuschung, des Betrugs und Verrats. Die hierüber ausgelöste Aggression zielt zwar rächend auf das fremdbestimmende Objekt, meint aber eigentlich einen verzweifelten Rettungsversuch des Selbst. Der spiegelnde Beziehungsmodus, die narzisstische Dimension der in der Paranoia implizierten Homosexualität, drückt andererseits aber auch eine entscheidende Bastion gegen eine weitere innerseelische Regression aus. Die Paranoia wird als ein bedeutsamer Schutz vor psychischer Fragmentierung erkennbar (Lacan 1949).

3. Ideengeschichtlicher Hintergrund

Die Paranoiadiskussion zu Beginn des 20. Jahrhunderts wurde maßgeblich durch Arbeiten der „Tübinger Schule“ geprägt. In der Analyse der engen Verwobenheit von Persönlichkeitsstruktur, besonderem Situationserlebnis und Wahnproduktion wies sie einen methodischen Zugang auf, der die in der deskriptiven Psychopathologie oft vorschnell gesetzte Grenze der „Uneinfühlbarkeit“ im Verstehen eines Wahnkranken weit zurückdrängte. Sie bemühte sich, die thematischen und funktionellen Zusammenhänge bei einer bestimmten Persönlichkeit im Bereich des psychologisch Verständlichen aufzulösen. Einen Höhepunkt dieses Vorgehens stellen die subtile Fallstudie Gaupps (1914) über den paranoischen Massenmörder von Degerloch, den Hauptlehrer Wagner sowie die Monographie Kretschmers (1918) über den „sensitiven Beziehungswahn“ dar. Auch Kraepelin (1923) bekannte schließlich: „Die Paranoia und die psychogenen Wahnbildungen darf man sich als die Endglieder einer Kette vorstellen.“ Lange (1927) kam in seiner kritischen Gesamtbeurteilung der „Paranoiafrage“ zum Urteil, dass die immer wieder anzutreffende „primäre“ paranoische Fehlverarbeitung ein „überwiegend psychologisches Problem“ sei. Lacans (1932) medizinische Doktorarbeit „De la psychose paranoïque dans ses rapports avec la personnalité“ darf noch in diesen frühen Kontext gestellt werden.

4. Wesentliche Erweiterungen, Differenzierungen und Modifikationen

Psychoanalytische Argumente zu einer Paranoiadiskussion zielen nicht auf eine Erklärung psychotischer, insbesondere nicht schizophrener Erlebniszustände. Sie wollen vielmehr zu einem besseren Verstehen der Eigenheiten einer bestimmten psychodynamischen Persönlichkeitsorganisation beitragen, die in sich zwar ein besonderes Risiko zur psychotischen Erkrankung birgt, aber durchaus im Alltagsleben ein erstaunliches, wenngleich eingeengtes Anpassungsvermögen beweisen kann. Im psychodynamischen Mittelpunkt der paranoiden Persönlichkeit stehen klar die konflikthaften Fragen nach Selbstdefinition und Selbstkontrolle, nach Selbstwert und persönlicher Identität (Blatt und Shichman 1983). Antworten hierauf lassen sich in den grundlegenden triebtheoretischen, ich-psychologischen, objektbeziehungstheoretischen und selbstpsychologischen Modellen der Psychoanalyse formulieren. Die verschiedenen theoretischen Ansätze liefern hierzu aufeinander verweisende, komplementäre Aspekte. Dies trifft in ganz besonderer Weise auf die selbstpsychologischen und objektbeziehungstheoretischen Modelle zu (Kapfhammer 2001).

5. Die Bedeutung des Begriffs in verschiedenen psychoanalytischen Schulrichtungen

In aller Regel ist es dem paranoiden Individuum während seiner frühen biographischen Entwicklung gelungen, sich innerseelisch klar von seinen primären Bezugspersonen abzugrenzen. Meist haben elterliche Unzulänglichkeiten, narzisstische Kränkungen oder Misshandlungen sogar eine vorzeitige Differenzierung seiner ersten Selbst- und Objektbilder erzwungen. Als heranwachsendes Kind musste es früh die Position einer affektiven Vernachlässigung und Ausbeutung kennenlernen, wurde hilflos mit dem Schrecken der Nichtbeachtung, des Verlassenwerdens, der Nichtexistenz konfrontiert. Der Verlust einer zuverlässigen emotionalen Bezugsbasis behinderte seine weitere Individuierung, bahnte trotz vorzeitiger Trennung von seinen primären Objekten gerade deswegen eine fatale Abhängigkeit von ihnen. Aus innerseelischen Überlebensgründen war das Kind gezwungen, vorschnell in gute und böse Anteile seines Selbst- und Objekterlebens zu unterscheiden, in eine gute und eine böse Welt zu spalten und beide Erlebnisbereiche mit großer defensiver Energie getrennt zu halten. Seine Internalisierungsvorgänge blieben auf einem relativ unreifen Niveau der Introjektion und Projektion arretiert. Die für ein späteres paranoides Erleben entscheidenden pathologischen Introjekte bildeten hierbei auf einem intrapsychischen Niveau reale, traumatisierende Erfahrungen im Umgang mit den primären Objekten ab. Um nicht völlig der bedrohlichen Erkenntnis ausgeliefert zu sein, ohne jeglichen äußeren positiven Halt zu leben, musste es diese traumatisierenden Erlebnisse zunächst einmal auf sich beziehen, sie als Charakterisierung der eigenen Person verstehen. Die so erworbenen Introjekte hielten sadistisch kontrollierende bzw. narzisstisch entwertende Objektqualitäten fest. Die inhärente Ambivalenz dieser Lernerfahrungen, die ungemilderte Aggressivität in Bestrafung und Entwertung machte aber eine Assimilation in eine kohäsive Selbstorganisation unmöglich. Es kennzeichnet diese pathologischen Introjekte vielmehr, dass sie künftig leicht reprojiziert werden, dass die durch sie vermittelten quälenden Selbstgefühle aus Abwehrgründen wieder äußeren Objekten zugesprochen werden. Diese müssen nicht unbedingt die primären Bezugspersonen sein, aus deren realer Erfahrung jene pathologischen Introjekte ursprünglich erwachsen sind. Die negativen Affekte und Impulse werden stattdessen eher auf Personen projiziert, die jenen in besonderen Charaktermerkmalen ähnlich sind, sich als geeignete Ersatzobjekte zur innerseelischen Entlastung anbieten (objektbeziehungstheoretisch, Meissner 1978).

In psychogenetischer Perspektive hat das paranoide Individuum also seine besondere Verletzlichkeit in dem Spannungsfeld eines bedrohten Autonomiebestrebens und extremer Abhängigkeitsbedürfnisse ausgebildet. Es dominieren fortan Konflikte eines labilen Selbstwerterlebens und einer sowohl für das eigene Selbst- als auch das Objekterleben gefährlichen Destruktivität. Richtungsweisend für künftige Lösungsmodi wird hierbei die Erfahrung sein, dass der aggressiven Selbstbehauptung eine besondere Rolle in der Regulierung des bedrohten narzisstischen Selbstwertsystems zukommen kann, dass dies aber eine typische Objektbeziehungskonstellation erfordert, um nicht mit schweren Schuldgefühlen konfrontiert zu werden.

Das Selbstwerterleben des paranoiden Individuums verrät einerseits die Ansprüchlichkeit eines archaischen Größenselbst. Es kann andererseits von minderwertig erlebten Strukturanteilen diktiert werden. Zugehörige Qualitäten der Objektbeziehung zielen auf unbedingte Bewunderung und Idealisierung, können aber auch durch vermeintliche Beschämung und Entwertung bestimmt sein. Die stets aktualisierte Aggressionsproblematik wird entsprechend der polar angelegten Dynamik von Verfolger- versus Opferintrojekt ausgetragen. In diesem Spannungsfeld bleibt dem paranoiden Individuum zunächst die Möglichkeit, sich durch ein idealisierendes Manöver bedeutsamer Personen zu versichern, deren Macht und Stärke in identifikatorischer Übernahme für die eigene Grandiosität zu gewinnen. Über die externe Anerkennung, Bewunderung und Spiegelung kann die Kompensation des verunsicherten Selbstwerterlebens gelingen, aber nur solange sich geeignete Selbstobjekte hierfür bedingungslos anbieten. Je narzisstisch vulnerabler nämlich das Individuum ist, um so eher entstehen gerade in diesem Beziehungsarrangement alte Selbstzweifel, können quälende Gefühle von Scham und Minderwertigkeit wieder aufbrechen. Es droht leicht die Erkenntnis, dass die mächtigen Objekte eigentlich das Subjekt kontrollieren und nicht umgekehrt, dass sie es in passiver Abhängigkeit halten, es in seiner unbewussten homosexuellen Annäherung, in seiner persönlichen Schwäche bloßstellen. Diese Beschämung kann es nur wütend abwehren; es gefährdet aber dadurch u.U. überlebensnotwendige Beziehungen (selbstpsychologisch, objektbeziehungstheoretisch, Ovesey 1955, Blum 1980, 1981, Hall 1984/85).

Vor dem Hintergrund der frühkindlichen Prägung ist dieser Kompensationsversuch des paranoiden Individuums allenfalls in ruhigen Zeiten eines übersichtlich strukturierten, an klaren Autoritäten orientierten psychosozialen Feldes aussichtsreich. Er ermöglicht im günstigen Fall ein labiles Gleichgewicht, das aber schon in Momenten geringfügiger Enttäuschung oder belangloser Kritik zu kippen droht. Er kann sich zur Existenzkrise ausweiten, wenn über die affektiv kontrollierte, nüchterne Verkehrsform von Regelbewusstsein und Untertanengeist tiefere Gefühle der zwischenmenschlichen Zuneigung und triebhaften Versuchung konflikthaft belebt werden. Da diese Gefühlskomplexe eine sprengende Ambivalenz tragen, mit kaum legierter Aggressivität einhergehen, müssen primitive Abwehrmechanismen von Spaltung und Projektion eingesetzt werden, damit eine grundlegende Ordnung des Erlebens wiederhergestellt werden kann (ich-psychologisch, Shapiro 1965, 1985).

In der paranoiden Regression wählt das Individuum häufig die Position des Opferintrojekts für sich und weist anderen Personen projektiv die Rolle von Verfolgern zu. Mit außergewöhnlicher, zuweilen als masochistisch imponierender Hartnäckigkeit ist es bereit, jedem nur erdenkbaren aggressiven Übergriff standzuhalten. Es versucht hierüber wenigstens die Position einer moralischen Überlegenheit für sich zu gewinnen. Noch eher scheint ein Lebensstil im schizoiden Rückzug geeignet zu sein, diese geschilderte Polarität der Selbstorganisation in der Schwebe zu halten, typische Schamkonflikte zu vermeiden, in Größenphantasien eine illusionäre narzisstische Selbstgenügsamkeit vorzuspielen. Der Gewinn an narzisstischer Sicherheit ist aber bei dieser Lösung mit einem bedrohlichen Verlust an Realitätskontrolle erkauft. Er geht mit einem höheren Risiko zur psychotischen Dekompensation einher, wenn selbst basale Anforderungen eines sozialen Lebens zur feindseligen Erschütterung dieser narzisstischen Idylle werden, wenn aufgestaute Triebbedürfnisse in Phantasien nicht mehr länger kompensiert werden können. Die hier bloßgelegte Vulnerabilität bahnt sich einen Ausweg in paranoider Wunschwelt oder in sensitiver Entwicklung (ich-psychologisch, objektbeziehungstheoretisch, selbstpsychologisch, Nydes 1963).

Die psychosoziale Anpassung verläuft für jene paranoide Persönlichkeiten günstiger, denen es gelingt ihre Grandiosität durch rigorose Machtausübung zu behaupten. Diese Position erlaubt es ihnen nämlich, in vorgegebenen hierarchischen Strukturen Untergeordneten quasi in Stellvertreterfunktion für die eigene Person all die bedrohlichen Gefühle der Minderwertigkeit und Beschämung, die niederen Affekte und Impulse zuzuschreiben, diese hier in projektiver Identifikation in Schach zu halten. Diese Position legitimiert ferner zu Entwertung, Demütigung und sadistischer Kontrolle der Stellvertreterobjekte und erhöht reziprok die eigene Selbstherrlichkeit. Trotz oberflächlicher Erfolgstüchtigkeit, trotz offenkundiger psychopathologischer Symptomfreiheit ist ihre Lebensform von einem paranoiden Stil mit chronischem Misstrauen, Hypervigilanz und zwischenmenschlicher Distanziertheit gekennzeichnet. Solange das soziale Grundarrangement von Macht und Abhängigkeit unverändert bleibt, mag diese paranoide Persönlichkeit vor symptomatischer Dekompensation gefeit sein. Gerät der soziale Rahmen aber ins Wanken, wird sie mit der Wucht der abgespaltenen und projizierten Gefühle konfrontiert. Die Gefahr einer depressiven Entleerung, einer suizidalen Krise droht und kann ebenfalls eine paranoide Regression einleiten. Ein starres Festhalten am pathologischen Größenselbst fördert hier zusätzlich das Gefühl, in Entrüstung über die sich verweigernden Objekte zu aggressiver Gegenwehr, zu ressentimentgeladener Vergeltung berechtigt zu sein (selbstpsychologisch, Wilson 1989).

Die psychotische Dekompensation bei den unterschiedlich akzentuierten paranoiden Persönlichkeiten vollzieht sich stets in einem typischen Szenario von Opfer- und Verfolgerintrojekten. Die Positionen können hierbei unvorhergesehen gewechselt werden. Sie zielen aber in jedem Fall auf den Ausgleich einer Spannung zwischen narzisstischer Unterlegenheit und Überlegenheit zugunsten des Subjekts. Im psychodynamischen Ablauf wird also die Abwehr von Gefühlen, welche die Selbstorganisation gefährden, höher gewichtet als die von jenen Gefühlen, welche eine Objektbeziehung bedrohen. Die Sicherung des Selbstsystems wird über die Erhaltung des Objekts gestellt. Die so geschilderte paranoide Position gibt sich als eine grundlegende anthropologische Existenzform zu erkennen. Diese mag für sich, wie im Fall paranoider Persönlichkeiten bzw. in der Paranoia eine eigenständige

Lebenspraxis garantieren. Sie kann aber andererseits auch in Zuständen bedrohlich veränderter psychischer Funktionen, wie im Fall akuter Psychosen der unterschiedlichsten Ätiologie eine letzte, schützende Bastion vor weiterer psychischer Desorganisation darstellen. Es eröffnet sich in ihr die Möglichkeit zu einer basalen Orientierung in den Dimensionen von Selbst und Nicht-Selbst, von gut und böse, von innen und außen. Dies wird insbesondere in schizophrenen Erkrankungen eindrucksvoll veranschaulicht, die aber darüber hinaus neben der endogenen Vulnerabilität in den verschiedenen psychischen Funktionssystemen auch eine eigenständige und eigengesetzliche Psychodynamik entfalten (objektbeziehungstheoretisch, selbst-psychologisch, Meissner 1981).

6. Interdisziplinäre Beiträge und Befunde

Das Paranoia-Thema war selten Gegenstand einer interdisziplinären Forschung von Psychoanalytikern, Psychiatern, Psychologen und Sozialwissenschaftlern. Eine wichtige Ausnahme stellt zunächst die umfangreiche Monographie von Meissner (1978) dar, der einen souveränen Überblick über die bis dato vorliegenden Befunde der psychiatrischen und grundlagenwissenschaftlichen Literatur gab und in detaillierten Kasuistiken komplementär den psychodynamischen Ansatz illustrierte. In mehreren interdisziplinär ausgerichteten Projekten wurden zwar psychoanalytische Positionen, z.B. das ursprüngliche Paranoia-Modell von S. Freud aufgenommen und als eine propositionale Wahntheorie diskutiert, es überwiegen aber ansonsten erkenntnistheoretische Beiträge einerseits (Spitzer 1989), grundlagenorientierte, kognitions-theoretische Ansätze andererseits (Magaro 1980, Ottmanns und Maher 1988). Spannend in diesem Zusammenhang erscheinen Bemühungen, die Beschämungs-Demütigungs-Theorie des paranoiden Prozesses in einem Computermodell zu simulieren und für klinisch-therapeutische Implikationen zu thematisieren (Colby 1975). Eine wichtige Fortentwicklung dieses Ansatzes leistete Spitzer (1995) im Kontext eines neuronalen Netzwerkmodells. Ein international besetztes und interdisziplinär ausgerichtetes Forum fasste jüngst die Diskussion zum Stellenwert paranoider Denkstrukturen und Verhaltensweisen in sozialer Öffentlichkeit und Politik in einer eigenständigen Publikation zusammen (Berke et al. 1998).

Literatur

Berke, J.H., Pierides, S., Sabbadini, A. and Schneider, S. (Eds.) (1998). Even paranoids have enemies. New perspectives on paranoia and persecution. London: Routledge.

Blatt, S.J. and Shichman, S. (1983). Two primary configurations of psychopathology. Psychoanalysis und Contemporary Thought, 6, 187–254.

Blum, H.P. (1980). Paranoia and the beating fantasy: an inquiry into the psychoanalytic theory of paranoia. Journal of the American Psychoanalytic Association, 28, 331–361.

Blum, H.P. (1981). Object constancy and paranoid conspiracy. Journal of the American Psychoanalytic Association, 29, 789–313.

Gaupp, R. (1914). Zur Psychologie des Massenmords. Hauptlehrer Wagner von Degerloch. Berlin: Springer.

Hall, J.M. (1984/85). Behind the mask of the persecutor: the idealized selfobject. The Annual of Psychoanalysis, 12/13, 239–266.

Kapfhammer, H.P. (2001). Psychodynamische Aspekte der Paranoia. Psyche – Z Psychoanal, 55, 435–503.

Klein, M. (1946). Notes on some schizoid mechanisms. International Journal of Psycho-Analysis, 27, 99–110.

Kretschmer, E. (1918). Der sensitive Beziehungswahn. Berlin: Springer.

Lacan, J. (1932). De la psychose paranoïque dans ses rapports avec la personnalité. Paris: Le François.

Lacan, J. (1949). Le stade du mirroir comme formateur de la fonction du Je (dt.: In Schriften I, S. 61–70. Olten: Walter, 1973).

Magaro, P.A. (1980). Cognition in schizophrenia and paranoia. Hillsdale, N.J.: Erlbaum.

Meissner, W.W. (1978). The paranoid process. New York: Jason Aronson.

Meissner, W.W. (1981). The schizophrenic and the paranoid process. Schizophrenia Bulletin, 7, 611–631.

Nydes, J. (1963). The paranoid-masochistic character. Psychoanalytic Review, 50, 215–251.
Ottmanns, T.F. and Maher, B.A. (Eds.) (1988). Delusional beliefs. New York: Wiley.
Ovesey, L. (1955). Pseudohomosexuality, the paranoid mechanism and paranoia. Psychiatry, 18, 163–173.
Shapiro, D. (1965). Neurotic styles. New York: Basic Books.
Shapiro, D. (1985). Autonomy and rigid character. New York: Basic Books.
Spitzer, M. (1989). Was ist Wahn? – Untersuchungen zum Wahnproblem. Berlin: Springer.
Spitzer, M. (1995). A neurocomputational approach to delusions. Comprehensive Psychiatry, 36, 83–105.
Wilson, A. (1989). Levels of adaptation and narcissistic psychopathology. Psychiatry, 52, 53–73.

Paranoid-schizoide Position – depressive Position *von Hartmut Raguse*

paranoid schizoid position – depressive position – position paranoïde-schizoïde – position dépressive

1. Definition

Mit der paranoid-schizoiden und mit der depressiven Position bezeichnet M. Klein zwei grundlegende Konstellationen, zu denen Objektbeziehungen, Triebe, Ängste und Abwehrformationen beitragen. Die eine ist von Spaltung, die andere von Integration geprägt. Klein geht für ihre Begriffsbildung zwar von pathologischen Phänomenen aus, von der Paranoia und von der schweren Melancholie, wie sie Freud (1917e) beschrieben hatte. Aber sie versucht, den Ursprung dieser Erkrankungen in normalen Entwicklungen des Kleinkindes aufzuweisen, die selber keinen Krankheitswert haben, weil sie teilweise überwunden werden können.

In der paranoid-schizoiden Position, die in den ersten drei bis vier Lebensmonaten aktuell wird, fürchtet das Ich, von seinem Objekt, ursprünglich der mütterlichen Brust, zerstört zu werden. Dieses zeigt deshalb verfolgende Züge, weil es mit dem Hass des Kindes projektiv aufgeladen wird. Zur Abwehr gegen die drohende Zerstörung spaltet das Subjekt dieses Objekt in ein gutes und ein böses auf, um die liebevolle Beziehung zum guten Teilobjekt, zur guten Brust, bewahren zu können. Wenn beide Objekte durch die Erfahrung mit der realen Mutter allmählich als eines gesehen werden können, dann ändert sich die Angstsituation. Das Ich befürchtet jetzt, mit seinem Hass das gute Objekt beschädigt zu haben, und es reagiert darauf mit einem schmerzhaften Gefühl, das der depressiven Position ihren Namen gegeben hat. Klein spricht von zwei Positionen anstatt von Entwicklungsphasen, weil es sich nicht um eine Abfolge, sondern um zwei Haltungen des Ichs handele, zwischen denen ein Wechsel stattfinden könne und die als Anlage immer erhalten bleiben.

2. Klassische Auffassung

Klein gelangt 1935 zu ihrer grundlegenden Formulierung einer depressiven Position und ergänzt sie 1946 durch die Beschreibung der paranoid-schizoiden Position. Der Sache nach ist letztere schon vor 1935 vorhanden, indem Klein eine frühe Phase von extremem oralem Sadismus des Kindes beschreibt, der danach strebt, den Körper der Mutter auszusaugen und seines Inhalts zu berauben. Damit setzt der psychische Prozess der Introjektion ein, während das Kind zugleich seinen Hass in die Mutter projiziert und ihr damit den gefährlichen, verfolgenden Charakter gibt. Der Hass beruht nicht allein auf Frustration, sondern er hat einen konstitutionellen Hintergrund, den Klein in Anlehnung an Freud im Todestrieb findet.

Die Integration der Teilobjekte, der verfolgenden und der guten Mutter, führt zu einem Gemütszustand, „den ich ‚depressive Position' genannt habe, der, wie ich glaube, eine ‚Melancholie in statu nascendi' darstellt. Das betrauerte Objekt ist die mütterliche Brust und alles das, was die Brust und die Milch in der kindlichen Seele repräsentieren, nämlich Liebe, das Gute und Sicherheit. Alles das wird vom Kind als verloren empfunden, und zwar als Folge seiner unkontrollierbaren Gier und der Zerstörungsphantasien und -triebe gegen die mütterliche Brust" (1940, S. 96). Klein beschreibt 1935 zwei Abwehrhaltungen gegen den Schmerz und die übermäßigen Schuldgefühle, die sie anfänglich ebenfalls als Positionen bezeichnet, die paranoische und die manische Position. Hierbei handelt es sich eindeutig um sekundäre, pathologische Phänomene. Später gibt sie diese Terminologie auf und reserviert den Begriff der Position nur für nichtpathologische Konstellationen.

Die Trauer um das verlorene Objekt führt nicht notwendig zu bleibenden Abwehrformationen oder zu einer tatsächlichen Melancholie, wenn es dem Kind gelingt, die depressive Position „durchzuarbeiten". Zwei Schritte sind hier entscheidend. Der erste, für den sich Klein auf Freud (1916–17a) beruft, besteht in der Verinnerlichung der guten Brust, die damit nicht mehr verloren gehen kann und einen haltbaren Hintergrund an Vertrauen und Sicherheit bildet. Ebenso wichtig ist die Entwicklung der Fähigkeit zur „Wiedergutmachung". Das Kind entwickelt dabei die Zuversicht, dass der Schaden wenigstens teilweise behoben werden könne. Klein begründet das mit der Vorstellung, dass die Libido mächtiger als der Todestrieb sei.

Die depressive Position kann zwar durchgearbeitet werden, aber das Ergebnis ist nie ganz verlässlich. Ein realer Verlust gefährdet auch das verinnerlichte gute Objekt und führt zu heftigen Schuldgefühlen. Jeder gelungene Trauerprozess muss nicht nur, wie Freud es sagt, zur Verinnerlichung des realen Objektes führen, sondern auch das verlorene innere Objekt wiederherstellen. Doch der Schmerz wird nie ganz überwunden.

Warum ist das Gefühl der Depression so quälend? Das liegt daran, dass in ihm die paranoide Angst bewahrt bleibt. Klein schreibt: „Ich betrachte den depressiven Zustand als das Resultat aus einer Mischung von paranoider Angst und jenen Angstinhalten, Unglücksgefühlen und Abwehrmechanismen, die mit dem drohenden Verlust des geliebten (ganzen) Objektes zusammenhängen" (1935, S. 74). Wenn die depressive Angst unerträglich ist, ergreift das Ich Abwehrmaßnahmen. Die paranoische Abwehr mündet in eine erneute Spaltung des Objektes und kann auch zur realen Selbstzerstörung führen (1935, S. 76), wenn sich das Ich selber als „nur böse" erkennt. In der manischen Abwehr verleugnet das Ich auf allmächtige Weise jede Bedeutsamkeit des verlorenen, zerstörten Objektes und kann so die schmerzlichen Gefühle abwehren. Damit wird zugleich die psychische Realität verleugnet. Die manische Abwehr richtet sich nicht nur gegen die depressiven Ängste, sondern in gleicher Weise auch gegen die paranoiden, weil sie alle Ängste als irrelevant ansieht. Segal (1974) zeigt, wie auch die „Wiedergutmachung" unter den Einfluss manischer Abwehr geraten kann, wenn damit jegliche Schuld verleugnet wird.

Im Jahre 1946 führte Klein explizit den Begriff der paranoid-schizoiden Position ein, aber das daran Neue war weniger der Inhalt als dessen Systematik. Sie geht in ihrer Beschreibung von dem frühesten Ich aus, dem die Tendenz innewohnt, in Stücke zu zerfallen. Das aber ist die Wirkung des Todestriebes, der damit die früheste Angstsituation erzeuge, die Angst vor Vernichtung. Das Ich versucht, sich dieser Gefahr zu erwehren, indem es Teile des Todestriebes nach außen projiziert. Dadurch bekommen die äußeren Objekte ihren verfolgenden Charakter. Das Urobjekt, auf das der Todestrieb projiziert wird, ist die frustrierende Brust, die erst dadurch zur bösen wird. In der Phantasie zerfällt diese nun ihrerseits in Stücke, weil sich die Projektion des Todestriebes mit oral-aggressiven Impulsen verbindet, die Brust zu zerbeißen. In der vorgestellten Vergeltung bedroht die Brust das Ich mit genau der Fragmentierung, die das Ich zu vermeiden suchte. Eine weitere Bedrohung erfährt das Ich durch Reste des Todestriebes, die in ihm verbleiben. Die Abwehr misslingt also in beiden Fällen teilweise.

Projektion und Introjektion sind die grundlegenden Prozesse, mit denen sich das Ich gegen seine Angst erwehrt und durch die es sich entwickelt. In Analogie zu urethralen und analen Vorgängen konzipiert Klein die Projektion. Schlechte innere Teile werden ausgestoßen und in ein geeignetes Objekt verlagert. Hiermit führt Klein den wirkungsgeschichtlich wichtigen Begriff der „projektiven Identifizierung“ ein, einen zentralen Mechanismus der paranoid-schizoiden Position. Aber das Ich entledigt sich nicht nur schlechter Teile, auch gute Selbstanteile projiziert es in gute Objekte, so wie sich für das Kind ja auch Exkremente in wertvolle Geschenke verwandeln können. Projektive Identifizierung ist letztlich unvermeidbar, weil sich mit ihr Gefühle von Aggression und Liebe nach außen auf Objekte richten. Wird sie übermäßig gebraucht, führt sie zu einer Entleerung des Ichs und zu übergroßer Abhängigkeit.

Die wichtigste Introjektion ist die der guten Brust, aber sie bleibt nicht allein. Zugleich wird auch die böse Brust introjiziert. Beide entstehen aus dem Kampf gegen die Angst vor Vernichtung. Zentral dafür ist der Begriff des splitting, der Aufspaltung. Er muss in zweifacher Weise gesehen werden: Auf der einen Seite wird die böse Brust selber in viele Stücke aufgeteilt, auf der anderen Seite kommt es zu einer Aufspaltung zwischen ihr und der guten Brust. Diese wird damit zu einem idealen Objekt, verdankt aber ihre Idealität nicht nur dem Wunsch nach einer unerschöpflichen Quelle von Befriedigung, sondern auch dem Bedürfnis nach Schutz gegenüber der Angst vor der verfolgenden Brust, die ebenso böse ist, wie das ideale Objekt als ideal angesehen wird.

Beide Teilobjekte unterscheiden sich darin radikal, dass die böse Brust zerfällt, während die gute eine Einheit bildet. Insofern beide wiederum introjiziert werden, bedroht die böse Brust das Ich mit Zerfall, während die gute Brust den Kern der Einheit des Ichs bildet.

Klein differenziert das splitting noch in einer anderen Hinsicht: Es ist einerseits eine Aktivität des Ichs und dient der Abwehr, das andere splitting hingegen widerfährt ihm passiv, überwältigt es, teilt es auf und droht, es zu vernichten. Beide Formen ähneln aber einander in ihrer zerstörerischen Qualität, die sie ihrem gemeinsamen Ursprung in der Destruktivität verdanken, die Klein mit dem Wirken des Todestriebes verbindet. Klein weist darauf hin, dass es sich bei all dem nur um Phantasien handelt, die aber als Phantasien wirksam und real werden. Für sie stehen die splitting-Prozesse, die das Ich betreffen, am Ursprung der Schizophrenie.

Wie kommt es nun zu einer Integration der Teilobjekte und damit zum Übergang zur depressiven Position? Entscheidend dafür ist Kleins neues Verständnis des Ödipus-Komplexes, den sie bereits innerhalb des ersten Lebensjahres ansetzt. Neben der Brust der Mutter entdeckt das Kind bald den Penis des Vaters. Auch er hat eine Leben spendende und eine zerstörerische Seite, je nach der Liebe und dem Hass, die das Kind auf ihn richtet. In der paranoid-schizoiden Position sind der Penis und der Körper der Mutter so eng miteinander verbunden, dass sie ununterscheidbar werden. Sie bilden die „vereinigten Eltern“, die in einem sadistischen Koitus miteinander verbunden sind, weil das Kind sie mit Hass phantasiert. Aber allmählich werden beide Organe, zusammen mit ihren Besitzern, unterscheidbar. Und oft wird das eine idealisiert, wenn das andere gehasst wird. Aber diese Gefühle wechseln schnell, und mit der wachsenden Einsicht, dass Vater und Mutter getrennt und je für sich dieselben sind, werden Penis und Brust ebenfalls als je eines erlebt, teils gut und böse. Damit setzt die depressive Position ein, zu deren Voraussetzungen es gehört, dass die „vereinigten Eltern“ getrennt sind, mit dem Kind eine trianguläre Struktur bilden und ambivalent erlebt werden können.

Die paranoid-schizoide und die depressive Position sind Entwicklungskonstellationen, die von jedem Kind durchlaufen werden, aber als Möglichkeiten präsent bleiben. Je weniger sie durchgearbeitet sind, um so eher besteht die Möglichkeit, dass sie später wieder reaktualisiert werden. Hierin liegt ihr Potenzial, psychische Krankheiten zu verursachen. Wenn die paranoiden Ängste zu heftig sind, verhindern sie wegen der übergroßen Schuldgefühle gegenüber dem geliebten Objekt die Verarbeitung der depressiven Position. In diesem Fall weicht das Ich zurück zu einem früheren Stadium und verstärkt die Spaltungen im Objekt und im Subjekt und/oder zwischen gutem und bösem Objekt. Der erste Ausgang führt zur Schizophrenie, der andere zur Paranoia. Wenn hingegen die depressive Position zwar erreicht, aber das gute Objekt nicht genügend sicher verinnerlicht wird, dann kommt es zu manisch-depressiven Erkrankungen, in leichteren Fällen zu den verschiedenen Neurosen. Mischformen sind allerdings sehr häufig.

Die Theorie der beiden Positionen zeigt deutlich die Abkehr Kleins von den Konzepten der Freud'schen Schule, obwohl sie sich für manches auf Freud berufen kann. An die Stelle von Trieben und deren Schicksalen treten Phantasien, die sich immer schon auf Objekte richten. Kleins Theorie handelt von subjektiven Einheiten, und ihre Theoriebildung gleicht sich gelegentlich diesen Phantasieinhalten an. Begriffe der Metapsychologie wie das Überich, das Es oder der Todestrieb werden dabei zu personalen Einheiten, die mit- oder gegeneinander kämpfen. Zu einem rechten Verständnis darf man diese Instanzen nicht konkretistisch nehmen, sondern muss sie sich als bewusste und unbewusste Phantasien vorstellen. Dann entfalten sie ihre erklärende Kraft.

3. Ideengeschichtlicher Hintergrund

Kleins Theorie der zwei Positionen kann vor dem Hintergrund der Entwicklung der Freud'schen Psychoanalyse, vor allem aber im Kontrast zu ihr gesehen werden. Freud hatte das Überich als Erben des Ödipus-Komplexes angesehen, den er überdies erst ans Ende der kindlichen sexuellen Entwicklung stellte. Dagegen hatte schon Abraham 1924 Einspruch erhoben und die ersten Anfänge des Überichs in der Analphase lokalisiert. Auf ihn beruft sich Klein immer wieder für ihre Auffassung, dass Schuldgefühle dem von ihr früh angesetzten Ödipus-Komplex sogar noch vorausgehen.

Während weiterhin Freud anfangs die Angst als Umwandlung nichtbefriedigter Libido ansah, kam er 1926 zu einer neuen Auffassung. Sie sei ein Warnsignal in Situationen, die als gefährlich angesehen würden, und 1933 verband er die Angst vor allem mit der Aggression und sah sie als Ausdruck des ewigen Triebkonfliktes zwischen Lebens- und Todestrieb. Dem stimmt Klein zu, weil sie damit begründen kann, dass Ängste von Anfang an das Ich beherrschen. Speziell der Todestrieb wird für sie zur Quelle aller Gefahren des Ichs. Doch obwohl sie das Konzept von Freud im Gegensatz zu den meisten Freudianern übernimmt, bleibt es bei ihr recht blass. Es fehlt ihm die nahezu mythische Qualität, die Freud ihm gibt, sondern ist gleich bedeutend mit Destruktivität. Während der „Controversial Discussions" (King und Steiner 1991, S. 747) meint Klein selber einmal, dass ihre meisten Ansichten ohne das Konzept des Todestriebs auskämen.

In ihrer Entwicklung der depressiven Position folgte sie zunächst den Linien von Freuds Schrift „Trauer und Melancholie" und der darin enthaltenen Theorie der Internalisierung. Doch ihre Auffassung von 1935, dass die „paranoide Position" der Abwehr der depressiven Position diene, stieß auf den Widerspruch von W.R.D. Fairbairn, der sich mit frühen Spaltungsvorgängen im Ich und speziell mit Schizophrenien beschäftigte und von einer schizoiden Position sprach. 1946 schloss sie sich seiner Auffassung an, indem sie ihre paranoide Position jetzt neu „paranoid-schizoide Position" benannte und sie als die ursprüngliche Form der Objektbeziehung und Angstabwehr ansah.

Die Klein'schen Positionen schließen immer verschiedene Arten der Objektbeziehung ein. Insofern ist Kleins Ansatz auch im Rahmen der britischen Objektbeziehungstheorie zu sehen, wie sie vor allem von Fairbairn, Winnicott und Balint begründet wurde. Wieweit auch Klein dazu zu rechnen ist, diskutiert ausführlich Hinshelwood (1991, S. 367–373).

4. Wesentliche Erweiterungen, Differenzierungen und Modifikationen

Spillius schreibt (1988, S. 195), dass die Grundkonzepte der beiden Positionen von den Nachfolgern Kleins nur wenig verändert worden seien, sie aber reichlich zur Beschreibung pathologischer Phänomene benutzt würden.

Einige wichtige Ergänzungen müssen aber erwähnt werden. Im Jahre 1957 hat Hanna Segal das Konzept der beiden Positionen mit der Symboltheorie verbunden. Sie ordnet dabei der paranoid-schizoiden Position die „symbolische Gleichung“ zu, eine zweistellige Relation, in der die Dinge so zu sein scheinen, wie sie mit dem Zeichen bezeichnet werden. Es gibt hier kein „Als ob“, und deshalb kann diese Weise der Symbolisierung wahnhafte Züge annehmen. In der depressiven Position hingegen hat die „eigentliche Symbolisierung“ ihren Ort, eine dreistellige Relation, in der das Ich als aktiv bezeichnendes Subjekt erscheint und deshalb die starre Verbindung zwischen Zeichen und Bezeichnetem aufgelöst wird. Für Segal sind beide Positionen nebeneinander bestehende Möglichkeiten, aber doch so, dass die Ängste der paranoid-schizoiden Position nur von der depressiven Position her symbolisierbar sind. Insofern ist letztere übergeordnet.

Deutlicher nebengeordnet sind die beiden Positionen bei Bion (1963). Er bezeichnet ihre gegenseitige Beziehung durch das Symbol PS ↔ D. Die Form des Pfeils zeigt eine Fluktuation in beiden Richtungen an. Bion sieht darin das Wesen kreativen Denkens. Wenn traditionelle Denkweisen aufgegeben werden, so ist das eine Zerstörung, die mit paranoid-schizoiden Ängsten einhergeht. Wenn sich dann neue Erkenntnisse um einen neuen Kern formieren, dann liegt hierin eine Analogie zur depressiven Position, bis dieser Kern wiederum zerstört wird, um nach einer Phase der Angst von einem neuen abgelöst zu werden.

Auch J. Steiner (1992) betont die Nebenordnung der Positionen, die in einem Kontinuum zueinander lägen. Dieses wird damit noch deutlicher, dass er Unterpositionen einführt: innerhalb der paranoid-schizoiden Position eine pathologische Fragmentierung und ein normales splitting, das erst die depressive Position ermögliche. Diese wiederum wird unterteilt in die stärker pathologische Furcht vor dem Objektverlust und der Erfahrung des Verlustes des Objektes, die zu Trauer und Realitätsprüfung führt.

R. Britton verknüpft den Ödipus-Komplex eng mit der depressiven Position. Diese ermögliche eine bessere Kenntnis der Realität des Objektes und dessen Kontinuität in der Zeit. Indem das Mutterbild integriert werde, ist die nährende Mutter zugleich die sexuelle, die zum Vater in Beziehung stehe. Der depressive Schmerz ist damit zugleich derjenige, den die ödipale Situation auslöst. Die Frage, welche die ödipale Situation und die depressive Position verbindet, ist, ob unsere Liebe zum Objekt unsere Einsicht überdauert, dass wir von diesem Objekt getrennt bleiben.

5. Die Bedeutung des Begriffs in verschiedenen psychoanalytischen Schulrichtungen

Der Begriff der Positionen ist eng mit der Objektbeziehungstheorie und dem Konzept der Phantasie verbunden, wie es Klein entwickelt hat. Er ist deshalb in die herkömmliche freudianische Theorie nicht einfach transformierbar. Neue Bedeutungen hat der Begriff deshalb nur im engeren Umkreis um Klein gefunden.

Doch hat schon 1944 E. Freeman Sharpe innerhalb der Controversial Discussions (King und Steiner 1991, S. 804ff.) die Idee einer „depressiven Position“ positiv aufgenommen und sie in den umfassenden Prozess der „Entwöhnung“ eingefügt.

Wichtig sind daneben noch zwei Interpretationen von Balint und Winnicott. Balint (1952) verbindet die Klein'schen Positionen mit dem „Neubeginn“, dem Wiederanknüpfen an die archaische Objektliebe. Sie muss am Anfang stehen, und der Patient muss sich durch die depressiven und paranoid-schizoiden Ängste hindurcharbeiten, um den Neubeginn wagen zu können. Die beiden Positionen aber sind Abwehrgestalten angesichts einer Welt, die kalt und herzlos erfahren wurde. Ob sie immer auftreten und in welcher Reihenfolge, das lässt Balint offen. W. Loch, der die traditionelle Freud'sche Position mit den Gedanken Kleins zu verbinden suchte, hat sich dieser Deutung der Position als sekundärer Abwehrformationen angeschlossen.

Für Winnicott (1954) ist die depressive Position Teil einer normalen Entwicklung, in der sich ein „ganzes“ Baby zu einer „ganzen“ Mutter verhält. Allerdings erreichen viele Menschen diese Position nicht oder erst spät in einer Analyse.

Ogden hat in den Jahren 1989 und 1990 die beiden Positionen einer umfassenden Interpretation unterzogen. Zunächst einmal fügt er eine dritte, die „autistisch-berührende“ Position hinzu. In ihr geht es um die Unmittelbarkeit des Hautkontaktes, während die Scheidung von Subjekt und Objekt noch nicht vollzogen ist. Diese drei Positionen sind nun für Ogden keine Entwicklungskonzepte, die in einer diachronen Abfolge stehen, sondern es sind jeder Erfahrung vorausliegende synchrone mentale Strukturen, die der Möglichkeit nach immer vorhanden sind. Die autistisch-berührende Position realisiert sich als erste, und sie ist präsymbolisch. Indem sich danach das kindliche Subjekt konstituiert, entwickeln sich für Ogden gleichzeitig auch das Objekt und das Zeichen, das zwischen Subjekt und Objekt vermittelt. Mit dieser triangulären Situation ist die depressive Position verwirklicht. Dieser Prozess lässt zugleich den „Möglichkeitsraum“ nach Winnicott entstehen, den Raum der „eigentlichen Symbolisierung“ im Sinne Segals. Die Realisierung der paranoid-schizoiden Position ist für Ogden hingegen keine normale Entwicklungsphase, sondern in der Regel ein Anzeichen einer Entwicklungsstörung, sei es der autistisch-berührenden, sei es der depressiven Position.

Auch Ogden vertritt die Gleichberechtigung der Positionen und die bleibende Möglichkeit, zwischen ihnen wechseln zu können. Allerdings ist es wichtig, bei der Einschätzung der Gleichberechtigung der Positionen den Hinweis von Segal zu beachten, dass nur die depressive Position erlaubt, die Ängste der paranoid-schizoiden Position zu symbolisieren. Dem stimmt Ogden zwar zu, doch ist für ihn die depressive Position in Ansätzen bei jedem Menschen vorhanden, der sich zum Subjekt entwickelt hat. Deshalb ist Psychoanalyse in einem weiten Feld von Indikationen möglich.

6. Interdisziplinäre Beiträge und Befunde

Eine empirische Überprüfung der Existenz und Entwicklung der beiden Positionen Kleins ist schwierig. M. Dornes (1997) bestreitet mit guten Gründen, dass Säuglinge von Anfang an Phantasien im eigentlichen Sinn hätten, er spricht stattdessen allerdings von Körperprozessen mit psychischem Korrelat, die sich erst später zu Phantasien entwickelten. Auf der anderen Seite stellt er fest (S. 37), dass Kleins Auffassung einer depressiven Position im zweiten Lebenshalbjahr überraschend genau mit der modernen Säuglingsforschung korreliere.

Da die beiden Positionen als Strukturen allem Erleben vorausliegen, müssen sie nicht nur geeignet sein, pathologische Phänomene besser zu beschreiben, sondern sie formen auch kulturelle Erscheinungen. Drei Ansätze sind hier besonders deutlich erkennbar: in der Gruppendynamik, in der Kunsttheorie und in der Religionswissenschaft.

W. Bion (1971) hat eine Analyse des Ablaufs minimalstrukturierter Gruppen vorgelegt, in der er drei idealtypische Grundannahmen unterscheidet: Abhängigkeit, Kampf – Flucht und Paarbildung. Das Gemeinsame daran sei, dass alle diese Haltungen der Abwehr psychotischer Ängste aus der paranoid-schizoiden und aus der depressiven Position dienten. Erst wenn diese Ängste durchgearbeitet würden, sei eine Gruppe arbeitsfähig. Durch den großen Einfluss von Bion haben diese Vorstellungen innerhalb der Gruppenarbeit selbst dort eine Verbreitung gefunden, wo psychoanalytisches Denken sonst unbekannt ist.

Hanna Segal verbindet kreatives Schaffen mit der depressiven Position. In ihr eröffne sich der „Möglichkeitsraum", in dem die „eigentlichen Symbole" gebildet werden könnten. Symbole aber vergegenwärtigen dasjenige, was abwesend ist, und das ist dasjenige, was in der Phantasie zerstört wurde. Kunst gehört deshalb zum Bereich der „Wiederherstellung" innerhalb der depressiven Position. Mit ihrer Unterscheidung zwei- und dreistelliger Symbole findet Segal zugleich eine Verbindung zur modernen Semiotik.

Auch religiöse Vorstellungen werden von den verinnerlichten Objekten geprägt. Die apokalyptische Welt ist gespalten, die guten Teilobjekte werden in der Phantasie erlöst und die schlechten vernichtet. Raguse (1993) und Haesler (1995) haben gezeigt, wie sich die paranoid-schizoide Position in Texten der christlichen Tradition darstellt. Die depressive Position hingegen steht hinter Vorstellungen, in denen es um Schuld und Vergebung geht, wie sie in der biblischen Tradition vor allem von Paulus vertreten werden. Einsicht in Schuld ist dabei abhängig von integrierten Objekten und von der Erkenntnis, dass Hass immer auch das geliebte Objekt bedroht. Religion bekommt dann die Funktion, um die Möglichkeit der Wiederherstellung besorgt zu sein.

Die paranoid-schizoide und die depressive Position sind Konzepte, die weit über ihre ursprüngliche Anwendung im Bereich der Psychopathologie hinausreichen. Sie sind vermutlich nicht abhängig von den spezifischen Theorien Kleins über die früheste Entwicklung des Kindes und können insofern durch empirische Kinderbeobachtung allein nicht als brauchbare Begriffe für die Wahrnehmung von psychotischem, neurotischem und alltäglichem Erleben falsifiziert werden.

Literatur

Abraham, K. (1924). Versuch einer Entwicklungsgeschichte der Libido aufgrund der Psychoanalyse seelischer Störungen. In ders., Psychoanalytische Studien zur Charakterbildung (S. 113–183). Frankfurt/M.: Fischer, 1969.

Balint, M. (1952). Der Neubeginn, das paranoide und das depressive Syndrom. In ders., Die Urformen der Liebe und die Technik der Psychoanalyse (S. 243–262). Frankfurt/M.: Fischer, 1969.

Bion, W.R. (1963). Elements of psycho-analysis. London: Karnac, 1984.

Bion, W.R. (1971). Erfahrungen in Gruppen und andere Schriften. Stuttgart: Klett.

Britton, R. (1992). The Oedipus situation and the depressive position. In R. Anderson (Ed.), Clinical lectures on Klein and Bion (S. 34–45). London: Tavistock.

Dornes, M. (1997). Die frühe Kindheit. Frankfurt/M.: Fischer, 7. Aufl., 2003.

Fairbairn, W.R.D. (1952) Psychoanalytic studies of the personality. London: Routledge & Kegan.

Haesler, L. (1995). Auf der Suche nach einer erträglichen Welt. Darmstadt: Wissenschaftliche Buchgesellschaft.

Hinshelwood, R.D. (1989). A dictionary of Kleinian thought. London: Free Association Books.

King, P. and Steiner, R. (1991). The Freud-Klein controversies 1941–45. London and New York: Tavistock/Routledge.

Klein, M. (1935). Zur Psychogenese der manisch-depressiven Zustände. In dies., Das Seeelenleben des Kleinkindes (S. 55–94). Reinbek: Rowohlt, 1989.

Klein, M. (1940). Die Trauer und ihre Beziehung zu manisch-depressiven Zuständen. In dies., Das Seeelenleben des Kleinkindes (S. 95–130). Reinbek: Rowohlt, 1989.

Klein, M. (1946). Bemerkungen über einige schizoide Mechanismen. In dies., a.a.O. (S. 131–163). Reinbek: Rowohlt, 1989.

Klein, M. (1989). Das Seelenleben des Kleinkindes. Stuttgart: Klett-Cotta.

Ogden, T.H. (1989). The primitive edge of experience. Northvale: Jason Aronson.

Ogden, T.H. (1990). The matrix of the mind. Northvale: Jason Aronson.

Spillius, E.B. (1988). Melanie Klein Today, Vol. 1. London: Karnac (dt.: Melanie Klein heute. Stuttgart: Verlag Internationale Psychoanalyse, 1991).

Raguse, H. (1993). Psychoanalyse und biblische Interpretation. Stuttgart: Kohlhammer.
Segal, H. (1957). Notes on symbol formation. In dies., The work of Hanna Segal. London: Free Association Books und Maresfield Library, 1986.
Segal, H. (1974). Melanie Klein. München: Kindler.
Steiner, J. (1992) The equilibrium between the paranoid-schizoid and the depressive positions. In R. Anderson (Ed.), Clinical lectures on Klein and Bion (pp. 46–58). London and New York: Tavistock/Routledge.
Winnicott, D.W. (1954). Die depressive Position in der normalen emotionalen Entwicklung. In ders., Von der Kinderheilkunde zur Psychoanalyse (S. 270–292). München: Kindler, 1976.

Paraphilie *von Wolfgang Berner*

paraphilia – paraphilie

Die Paraphilie bezeichnet im DSM-IV immer wiederkehrende, intensiv sexuell erregende Phantasien, Drangzustände oder Verhaltensweisen, die (1) nichtmenschliche Objekte, (2) (echtes!) Leiden oder Demütigung von sich selbst oder seines Partners, (3) Kinder oder andere nicht einwilligungsfähige Personen betreffen und die über einen Zeitraum von mindestens sechs Monaten auftreten (APA 1996). Ganz klar wird hier der Mangel an zwischenmenschlicher Gegenseitigkeit zum Kriterium der Definition der Abweichung. Psychodynamisch bedeutet das, daß ein Mangel an Einfühlungsvermögen bestehen muss oder (aus aktuell affektiven Gründen) eine Unfähigkeit, sich entsprechend dieser Einfühlung zu verhalten und die Interessen des Partners zu berücksichtigen. Spielerischer Umgang mit Unterwerfung und symbolisches Leiden werden ganz bewusst dem pathologisierenden Blick des Psychiaters (oder sonst Krankheit definierender Personen) entzogen, es soll „Privatsache“, Ausdruck individueller Vielfalt der Gesellschaft bleiben.

Da mit den angesprochenen sexuellen Erscheinungsformen anderes als die klassische Perversion gemeint sein muss, ist Paraphilie auch psychodynamisch von der Perversion zu differenzieren. Sie geht (im Gegensatz zu klassischen Perversionsformen) so gut wie immer mit einer Borderline-Organisation einher (vgl. Stichwörter Perversion, Sadismus, Masochismus).

Literatur

American Psychiatric Association (1996). Diagnostisches und Statistisches Manual Psychiatrischer Störungen DSM-IV (dt. Bearbeitung und Einführung von H. Saß, H.-U. Wittchen und M. Zaudig. Göttingen: Hogrefe).

Penisneid *von Wolfgang Mertens*

penis envy – envie du penis

1. Definition

Unter dem Begriff versteht man ein im Kindesalter, zumeist schon in der frühen genitalen Phase, auftretendes Interesse beim Mädchen für den männlichen Penis, das anhand von verbalen Äußerungen und Handlungen beobachtbar ist. Dieses Interesse, das sich im Zuge der Entdeckung der anatomischen Geschlechterdifferenz manifestiert, kann mit Erschrecken und Ärger einhergehen und sich zu neidvollen Reaktionen steigern. Entwicklungsmäßig betrachtet richtet sich der Penisneid wohl nur anfänglich auf den Penis als solchen; schon bald wird dieser Körperteil zum Symbol für Privilegien, die ein Kind mit Männlichkeit vor allem in einer patriarchalischen Kultur verbindet. Er wird aber auch Symbol für die größere Autonomie, die der andersgeschlechtliche Vater der Mutter gegenüber zu besitzen scheint. Kulturelle, familiale und individuelle Bedeutungen lassen somit den rein anatomischen Anteil in den Hintergrund treten. Penisneid wird zur narrativen Metapher sowohl für die Definition des eigenen und andersgeschlechtlichen Körperbildes als auch für die Beziehung der Geschlechter.

Penisneid existiert auch beim Jungen in Form von Neid auf den größeren Penis eines anderen Spielkameraden, Bruders oder Vaters. Bei Erwachsenen zeigt er sich selten in direkter Form, sondern vielmehr nur in seinen Abkömmlingen.

Penisneid tritt bei normalen Kindern als eine phasenspezifische und vorübergehende Reaktion auf; seine Manifestation und Intensität sind von mehreren Faktoren (wie z.B. kognitiver Entwicklungsstand, Wertschätzung des eigenen Genitals, Selbstwertgefühl) abhängig. Im Unterschied zur phallozentrischen Auffassung Freuds besteht der Penisneid bei Mädchen neben dem Bewusstsein einer primären Weiblichkeit. Bei einem Fortbestehen des Penisneids bis hinein ins Erwachsenenalter muss von einer komplexen psychodynamischen Bedeutung ausgegangen werden, wie z.B. der Abwehr von genuin weiblichen Kastrationsängsten, die sich aufgrund einer beeinträchtigten Eltern-Tochter-Beziehung ergeben. Wenngleich Hinweise auf kindliche Neidäußerungen nicht nur psychoanalytischen Forschern, sondern auch fast allen Eltern bekannt sind, kann der in der klinischen Praxis nicht selten anzutreffende Penisneid nicht mehr zur Konstruktion der normalen Entwicklung weiblicher Geschlechtsidentität herangezogen, sondern muss eher als klinisches Phänomen einer gestörten psychosexuellen Entwicklung gewertet werden.

2. Klassische Auffassung

Freud (1905d, 1923e, 1924d, 1925j, 1931b) beobachtete eine unterschiedliche Reaktion beider Geschlechter auf die Entdeckung des anatomischen Geschlechtsunterschieds. Während der Knabe den Anblick des weiblichen Genitales bagatellisiert und verleugnet und erst unter dem Einfluss einer Kastrationsdrohung mit starker Angst reagiert, ist das Erleben des Mädchens deutlich anders: „Sie ist im Nu fertig mit ihrem Urteil und ihrem Entschluß. Sie hat es gesehen, weiß, daß sie es nicht hat, und will es haben" (1925j, S.24). Für Freud bedeutete die Entdeckung des kleines Mädchens, keinen Penis zu haben, eine massive und zentrale Kränkung für das Selbstwertgefühl: „Die psychischen Folgen des Penisneides ... sind vielfältige und weittragende. Mit der Anerkennung seiner narzißtischen Wunde stellt sich – gleichsam als Narbe – ein Minderwertigkeitsgefühl beim Weibe her. Nachdem es den ersten Versuch, seinen Penismangel als persönliche Strafe zu erklären, überwunden und die Allgemeinheit dieses Geschlechtscharakters erfaßt hat, beginnt es, die Geringschätzung des Mannes für das in einem entscheidenden Punkt verkürzte Geschlecht zu teilen und hält wenigstens in diesem Urteil an der eigenen Gleichstellung mit dem Manne fest" (Freud 1925j, S. 25).

Die Auffassung Freuds, dass das Erleben von geschlechtlichem Beschädigtsein zu einem Kastrationskomplex beim Mädchen führe, hatte für seine Theorie der unterschiedlichen psychosexuellen Entwicklung von Junge und Mädchen erhebliche Auswirkungen. Das vom Penisneid heimgesuchte und sich kastriert fühlende Mädchen verliere seine vormalige Wertschätzung für seine Mutter, wende sich von ihr ab und dem Vater zu. Ein wesentliches Element des ödipalen Begehrens stelle der Wunsch dar, vom Vater ein Kind zu erhalten, das unbewusst den Penis symbolisiere. Weil sich das Mädchen bereits kastriert fühle, habe es keine Veranlassung, wie der Junge seine ödipalen Strebungen umgehend zu verdrängen; vielmehr bleibe es noch für unbestimmt lange Zeit ödipal an den Vater gebunden. Das Überich, dessen Entwicklung mit der Verdrängung ödipal-inzestuöser Wünsche korreliere, sei beim Mädchen folglich auch weniger stark, und ihre kulturschaffende Potenz dementsprechend geringer. Auch der Kinderwunsch einer erwachsenen Frau sei immer noch vom kindlichen Penisneid bestimmt. Als entwicklungsnormatives Axiom bestimmte Freud, dass ein Mädchen seine klitoridale Erregung zugunsten der vaginalen aufzugeben habe. Halte das Mädchen aufgrund seines aus dem Penisneid resultierenden Männlichkeitskomplexes an der klitoridalen Selbstbefriedigung fest, drohe ihm später das Schicksal der vaginalen Frigidität.

Bei der Behandlung erwachsener Patientinnen glaubte Freud (1937c), dass der Penisneid bei Frauen den hartnäckigsten Widerstand, gleichsam den gewachsenen Fels darstelle, gegen den selbst die wirkmächtigste analytische Intervention nicht mehr ankomme.

Wie an anderen Stellen seines theoretischen Gebäudes räumte Freud aber auch bei der weiblichen Sexualität die Grenzen seiner Erkenntnisfähigkeit ein, empfahl weiterzuforschen und über die enigmatischen Tatsachen des weiblichen Geschlechts von den Dichtern zu lernen. Dennoch erwiesen sich einige Nachfolger, zumeist Analysandinnen, wie z.B. Marie Bonaparte und Jeanne Lampl-de Groot, als getreue Exegetinnen ihres Meisters. Erst mit Karen Horney, Edith Jacobson und Ernest Jones tauchten noch zu Lebzeiten Freuds abweichende und weiterführende Hypothesen auf.

3. Ideengeschichtlicher Hintergrund

Freuds Theorie der weiblichen Entwicklung entstand in einer Kultur, in der Frauen entwertet wurden und nur selten ein positives Verhältnis zu ihrem Körper entwickeln konnten. So war die Annahme der Minderwertigkeit der Frau verbreitetes Gedankengut im 19. Jahrhundert und gipfelte z.B. in der These vom physiologischen Schwachsinn des Weibes. Die weibliche Selbstbefriedigung galt im Viktorianischen Zeitalter als eine Angelegenheit für den Arzt oder den Geistlichen. Klitoridektomie und Klitorisbeschneidung als Behandlung übermäßiger Sexualität gab es auch in den USA, England und im westlichen Europa bis in die zweite Hälfte des 20. Jahrhunderts. Die letzte dokumentierte Operation geschah bei einem fünfjährigen Mädchen zur Heilung gegen übermäßige Masturbation in den USA im Jahr 1948 (Ehrenreich und English 1978). Erst vor kurzem wurde die Entfernung der Klitoris und der Schamlippen mit anschließender Infibulation bei den islamischen Völkern in Afrika offiziell verboten (Lightfoot-Klein 1989).

Trotz aller ideologiekritischen Einstellung, die Freud zu Phänomen seiner Zeit und auch gegenüber Institutionen wie Kirche und Heer einnehmen konnte, blieb er mit der Annahme, dass die Entdeckung der Penislosigkeit und der daraus folgende Kastrationskomplex derart massive Auswirkungen auf die Persönlichkeitsentwicklung der Frau haben, tatsächlich ein Kind seiner Zeit. Auch in der Überzeugung, dass es im kindlichen Erleben zunächst nur ein Geschlecht, den Phallus gebe und dass erst in der Pubertät neben das Phallische auch das Nichtphallische, ist gleich das kastrierte weibliche Geschlecht, trete, erwies sich Freud durch und durch als patriarchatsbestimmt. Stolorow und Atwood (1979) haben darüber hinaus Faktoren, die in Freuds spezifischer Biographie, vor allem in seiner Mutterbeziehung, wurzeln, in wissenschaftspsychologischer bzw. -psychoanalytischer Hinsicht für diesen Teil seiner Theoriekonstruktion verantwortlich gemacht.

4. Wesentliche Erweiterungen, Differenzierungen und Modifikationen

Was viele Psychoanalytikerinnen und Sozialwissenschaftlerinnen an der Freud'schen Auffassung über den Penisneid empörte, waren nicht nur die Behauptung eines als ubiquitär gelten sollenden Neides, sondern vor allem die geschlechtsidentitäts- und persönlichkeitskonstituierenden Konsequenzen dieses in der Kindheit auftretenden affektiven Komplexes. Aus heutiger Sicht sind die meisten Auffassungen Freuds zum Penisneid des Mädchens und des daraus resultierenden Erlebens der ödipalen Situation von den Voraussetzungen und Schlussfolgerungen her nicht mehr zutreffend:

- Der Penisneid ist weder der Grund, warum sich das Mädchen dem Vater zuwendet, noch konstituiert dieser Neid die Geschlechtsidentität des Mädchens. Eine Beziehung zum Vater entsteht vielmehr schon im ersten Lebensjahr und eine Kern-Geschlechtsidentität bildet sich ebenfalls in diesem frühen Alter.
- Mädchen besitzen nicht erst in der Pubertät ein Bewusstsein von ihrer Vagina, sondern bereits im zweiten Lebensjahr.
- Die Klitoris stellt keinen verkümmerten Penis dar, sondern ist sogar – auch von ihrer anatomischen Beschaffenheit her – ein größeres Lustzentrum als die männliche Glans.
- Mädchen geben nicht ihre masturbatorischen Betätigungen auf, sondern masturbieren auch während der Latenzzeit; die Klitoris wird dabei als ein integraler Bestandteil der weiblichen Genitalien empfunden.
- Auch das Mädchen erlebt Kastrationsangst, bloß ist diese an die spezifische Form der weiblichen Anatomie gebunden und damit anders zu begreifen als Freud dies konnte. Spezifisch weibliche Formen der Kastrationsangst bestehen z.B. darin, durch den großen Penis des Vaters oder eines anderen Mannes verletzt (Cherazi 1988), seiner Öffnung beraubt und emotional so verschlossen wie der Mann zu werden (Mayer 1985, Bernstein 1990) oder aufgrund der gefühlsmäßigen Distanziertheit des Vaters in der Sehnsucht nach dem Penis unerfüllt und vaginal leer zu bleiben (Elise 1998).
- Das normale Mädchen verbleibt im Ödipuskomplex nicht unbestimmt lange, sondern versucht – nicht viel anders als der Junge –, mit den im unterschiedlichen Ausmaß aufgewühlten Affekten und Leidenschaften umzugehen und ihn allmählich, zumindest tendenziell, zu überwinden. Aufgrund patriarchalischer Familienverhältnisse wurde und wird Frauen in der Adoleszenz allerdings oftmals die Auflösung des Ödipuskomplexes von Seiten des Vaters erschwert (Rohde-Dachser 1990).
- Das Überich von Frauen ist nicht weniger stark als bei Männern; allerdings ist es strukturell und inhaltlich anders, weil die präödipalen Überich-Vorläufer (aber auch die späteren Inhalte) zu einem großen Teil von der Mutter vermittelt werden, und das Mädchen aufgrund der Geschlechtsgleichheit diese Ge- und Verbote anders verinnerlicht als der Junge (Schafer 1974, Bernstein 1983, zur Kritik aus psychologischer Sicht: Nunner-Winkler 1991).
- Schwangerschaftswünsche gehen zumeist auf Identifikationen mit der Mutter zurück und finden sich oftmals schon vor den ersten auftretenden Penisneid-Reaktionen. Erst sekundär können sie sich auch mit dem unbewussten Wunsch verbinden, doch noch einen Penis in Form eines Kindes vom Vater zu erhalten.

Von nicht wenigen feministisch orientierten Sozialwissenschaftlern wurde die gesamte psychoanalytische Theorie wegen der Freud'schen Auffassung des Penisneids oftmals in Bausch und Bogen verdammt. In der Gegenwart scheint es nahezu verpönt zu sein, von Penisneid überhaupt noch zu sprechen. Und selbst bei manchen psychoanalytischen Theoretikerinnen kann man die Auffassung antreffen, dass das klassische psychoanalytische Menschenbild Gefühlen wie Angst und Neid eine viel zu starke Bedeutung beigemessen habe und dass stattdessen nur noch von gegenseitiger Empathie im Entwicklungsprozess auszugehen sei (z.B. Stiver 1991). Diese sich als fortschrittlich ausgebende Theorie entfernt mit dem Penisneid aber auch die gesamte Bandbreite von Affekten und geschlechtsbezogenen Phantasien und wird somit zu einer kopflastigen Entwicklungsvorstellung.

5. Die Bedeutung des Begriffs in den verschiedenen psychoanalytischen Schulrichtungen

Von den Schülern Freuds, die seine Annahme noch zu seinen Lebzeiten zu widerlegen oder zu erweitern versuchten, wurden vor allem Horneys (1923) und M. Kleins (1927) Auffassungen am bekanntesten.

Horney (1923) räumte ein, dass Mädchen zwar ein Interesse am Penis bekunden können, das aber doch überwiegend narzisstischer Art sei. Denn der Penis werde vom zwei- bis dreijährigen Kind noch nicht mit seiner genitalen Funktion, eine Frau zu penetrieren, ausgestattet. Vielmehr werde er als ein Organ wahrgenommen, das in urethraler Hinsicht Selbstbeherrschung sichtbar demonstrieren kann und zum anderen lustvolle Selbstbefriedigung mit dem Anschauenkönnen stärker als beim Mädchen verbindet. Dieses von Horney als primärer Neid bezeichnete Erleben hat also nicht mit den genitalen Funktionen im engeren Sinn, sondern eher mit selbstwertförderlichen Aufgaben zu tun.

Neben diesem primären, überwiegend körperlich bedingten Penisneid unterschied Horney aber noch einen sekundären, gesellschaftlich erklärbaren Penisneid, in den bereits das Bewusstwerden der männlichen Privilegien eingegangen ist. Männer hätten zwar aus eigenem verleugneten Neid auf die weibliche Gebärfähigkeit die Bedeutung des Penisneides insgesamt übertrieben, doch seien die Minderwertigkeitsgefühle vieler Mädchen und Frauen, die von ihnen selbst häufig am anatomischen Unterschied festgemacht werden, nicht zu übersehen. Aber diese Reaktionen seien ebenso wie der angeblich angeborene weibliche Masochismus überwiegend sozialisatorischer und nicht biologischer Herkunft, auch wenn Psychoanalytiker sich in einer patriarchalischen Gesellschaft lieber des biologischen Argumentes bedienten.

M. Klein (1927) postulierte aufgrund der zeitlichen Vorverlegung des Ödipuskomplexes eine viel frühere Bedeutung des Vaters für das kleine Mädchen. Das Mädchen sei zudem nicht wegen des fehlenden Penis über seine Mutter enttäuscht, sondern weil ihm die Brust entzogen werde. Das von der bösen Brust der Mutter enttäuschte Kind wende sich dem Vater und dessen Penis zu, den es im Inneren der Mutter vermute. Wütende Attacken auf den Körper der Mutter, die ihm den Penis vorenthalte, sowie Angst vor der mütterlichen Vergeltung, Schuldgefühle und Wiedergutmachungsversuche bestimmten die Frühphasen des Ödipuskomplexes. Die Sehnsucht nach dem Penis hat nach M. Klein auf jeden Fall eminent orale Ursprünge.

Anknüpfend an Horney und Klein postulierte Jones (1935) eine frühe Besetzung der Vagina und nahm damit spätere Gedanken von Stoller über eine primäre Weiblichkeit vorweg.

Für Lacan (1977) spielte nicht mehr der reale Penis, sondern sein symbolisches Äquivalent, der Phallus, die maßgebliche Rolle. Der Phallus sei Kern- und Angelpunkt des Begehrens für beide Geschlechter. Jungen und Männer können sich allerdings dem Phallischen, als dem absolut Erstrebenswerten, das Macht, Einfluss, immerwährende sexuelle Befriedigung verheißt, näher fühlen als Mädchen und Frauen.

Psychoanalytische Entwicklungspsychologen (Galenson und Roiphe 1971, Kleeman 1976) betonten – ebenso wie zuvor schon Horney und Jones –, dass Mädchen sich bereits im zweiten Lebensjahr ihres Genitales bewusst sind. Die Erforschung der Genitalien führt zur Herausbildung des Körperschemas und des Körperselbstbildes. Mangels vollständiger Sichtbarkeit und aufgrund der größeren Komplexität als beim Jungen bleibt allerdings die Repräsentanz noch vage und unvollständig. Dennoch sind sich kleine Mädchen bereits bewusst, dass sie etwas Lustvolles haben, was ein frühes elementares Weiblichkeitsgefühl begründet. Stoller (1976) sprach von einer weiblichen Kern-Geschlechtsidentität, die sich in den ersten zwei bis drei Lebensjahren herausbildet. Kestenberg (1982) ging davon aus, dass die Sehnsucht nach einem Penis bei solchen Mädchen stärker wird als der Neid darauf, wenn die innergenitale Integration bereits erfolgreich vorgenommen werden kann.

Trotz dieser Neuerungen kamen aber psychoanalytische Forscher nicht umhin, Penisneid-Reaktionen bei Mädchen zu beobachten. Im Unterschied zu Freud werden diese aber als ein phasenspezifisches Entwicklungsphänomen betrachtet, das bei den meisten Kindern nach einiger Zeit wieder verschwindet, und durch die Zurückweisung des phallozentrischen Weltbildes der klassischen Psychoanalyse ergibt sich von vornherein ein anderer Interpretationsansatz. Denn auch wenn Penisneidreaktionen bei Mädchen zu beobachten sind, so geschehen diese in dem Bewusstsein, dass sich das Mädchen bereits als Mädchen sieht und erlebt. Dementsprechend können Mädchen beim Anblick eines Penis in Verkennung der tatsächlichen anatomischen Gegebenheiten zu der egozentrischen Schlussfolgerung kommen, dass kleine Jungen und Väter auch eine Vulva haben und noch etwas Zusätzliches drauf, entsprechend dem Motto: „Everyone is and must be like me“ (Mayer 1985). Jeder Mensch hat eine Vulva mit der Möglichkeit einer Öffnung und eines inneren Raumes. Als Konsequenz dieser frühen Repräsentierung genitaler Weiblichkeit ergibt sich die spezifische Kastrationsangst, der genitalen Öffnung verlustig zu gehen und wie die Männer verschlossen zu werden.

Selbstpsychologen wiesen die Auffassung zurück, dass die Existenz oder Nicht-Existenz eines Penis die alleinige oder wichtigste Quelle des Selbstwertgefühls bildet. Die klassische Lehrmeinung reduziere zu stark die entwicklungsmäßige Komplexität der Ursprünge und der Regulierung des Selbstwertgefühls. Der Penis stellt z.B. nach Kohut (1973) nur vorübergehend, aber nicht permanent und auch nicht ausschließlich die leitende Zone des körperlichen Narzissmus dar: Zwar erreicht die Empfindlichkeit der Kinder hinsichtlich ihrer Genitalien ihren Höhepunkt während der phallischen Phase, wobei die Genitalien nicht nur Instrumente intensiver, phantasierter und im Doktorspiel auch tatsächlich gelebter objektlibidinöser Interaktionen sind, sondern sie haben auch eine große Wichtigkeit für das Selbstwertgefühl. Dennoch müsse aber die Bedeutung des sichtbaren Genitales nur als ein Faktor in der Vielzahl der Forderungen des Kindes nach unmittelbaren bestätigenden und beifälligen Widerspiegelungen von konkret exhibierten Aspekten seines Körpers und seiner physischen oder geistigen Funktionen betrachtet werden. Es ist aus diesem Grund nicht zulässig, einen Mangel an Selbstwertgefühl ausschließlich oder überwiegend mit dem Erleben von Penislosigkeit zu korrelieren.

Im objektbeziehungstheoretischen Kontext wurde von Chasseguet-Smirgel (1967) betont, dass der Penis ein Symbol für die größere Autonomie des Jungen gegenüber dem weiblichen Körper der Mutter darstelle. Für die Selbständigkeit des Jungen und für seine Befreiung aus der frühkindlichen Symbiose zeige er somit einen eindeutigen Vorteil an. Mit diesen und ähnlichen Argumentationen wurde die rein anatomische Erklärung des Penisneides immer stärker eingeschränkt, so dass Grossman und Stewart (1977) ihn schließlich lediglich noch als „Entwicklungsmetapher“ einschätzten. Er ist somit nicht länger der „gewachsene Fels“ (Freud 1937c), d.h. unverrückbares biologisches Faktum, sondern ein Sammelbecken für die vielfältigen Kränkungen, Zurücksetzungen, Traumatisierungen und Störungen der Mutter-Vater-Kind-Beziehung, die Neid, Wut und Enttäuschung beim Kind auslösen und an Sichtbarem, wie dem Penis des Bruders, des Vaters, anderer Männer festgemacht werden.

Die von Chasseguet-Smirgel (1967) und Torok (1964) aufgestellten Hypothesen bleiben allerdings einem Interpretationsrahmen verhaftet, der für die präödipale Tochter-Mutter-Interaktion ein apriorisches Defizit an Selbstbestätigung für die töchterliche Existenz zugrunde legt und die Verunmöglichung von Autonomie als ubiquitäres Schicksal von Mädchen postuliert. Galt dies gewiss für vergangene Sozialisationsverhältnisse, so müssten gegenwärtige Mutter-Tochter-Interaktionen auf dem Hintergrund eines gestiegenen weiblichen Selbstbewusstseins differenzierter betrachtet werden.

Ein ähnlicher Einwand gilt auch gegenüber Benjamin (1988), die ebenfalls bezweifelt, dass das Interesse, das kleine Mädchen für den väterlichen Penis bekunden, Neid auf den Penis als solchen darstelle. Vielmehr geht sie davon aus, dass sich kleine Mädchen den väterlichen Penis wünschen, weil sie darin ein Symbol des Vaters erblicken, der ihnen bei der Individuation helfen wird. Genau wie der Junge suchen sie nach einer Identifikationsfigur, die ihnen dabei hilft, ihre große Abhängigkeit von der Mutter aufzulockern. Das Anderssein des Vaters wird durch seine andersartigen Genitalien symbolisiert.

Elise (1998) ist eine der wenigen Autoren, die darauf aufmerksam macht, dass das Erkennen des Mädchens, dass seine Mutter aufgrund ihres heterosexuellen Begehrens ihren Mann in geschlechtlicher Hinsicht bevorzugt, zu einer massiven Enttäuschung an ihrem ersten Liebesobjekt führt und die Überzeugung entstehen lässt, dass sie wegen ihrer Genitalien von der Mutter zurückgewiesen wird. Die zusätzliche Erfahrung, dass der Vater, der nun intensiv geliebt wird, emotional weniger präsent ist als die Mutter, kann des Weiteren zur Folge haben, dass die Beziehungswünsche und das genitale Begehren unerfüllt bleiben; die symbolisch leere Vagina führt zu ängstlichen und depressiven Gefühlen. Die Repräsentanz der Vagina wird desexualisiert, die Klitoris stattdessen überbesetzt, entsprechend dem Motto: „Ich brauche ihn, den Vater und seinen Penis, nicht mehr; er kann mir ohnehin nichts geben, was ich mir nicht selbst geben könnte." Die im Vergleich zum Penis aus Abwehrzwecken überbesetzte Klitoris erfährt das Mädchen nun als minderwertig und erlebt Neid auf das männliche Genital. Die nicht selten daraus resultierende vaginale Frigidität resultiert somit letztlich aus der Enttäuschung an beiden Eltern.

Autorinnen, die neben der ängstlichen Reaktion kleiner Mädchen, eines illusionären Penis beraubt worden zu sein, eine primär weibliche genitale Angst (auch in vielleicht etwas irreführender Terminologie als „primäre Kastrationsangst" bezeichnet) beschrieben haben, betonen also vor allem den Abwehraspekt des Penisneides. Die Beschäftigung mit dem, was der Junge oder Vater hat, dient dann der Abwehr des Erlebens, eigene Genitalien zu haben und an diesen eine Verletzung zu erleben (z.B. Horney 1933). Vor allem Elise (1998) hat mit dem Tabu gebrochen, dass die Vagina nur ein passives Gefäß zur Aufnahme des Penis sei. Vielmehr betont sie, dass es die essentielle Bestimmung dieses weiblichen Geschlechtsteils sei, den Penis aktiv und lustvoll zu inkorporieren.

Äußerungen des Penisneides sollten in der klinischen Praxis wie ein Traum oder eine Deckerinnerung aufgefasst werden, die hoch verdichtet sind, in unterschiedlichem Ausmaß kompromisshaften Charakter aufweisen und auf keinen Fall ein nicht mehr weiter hinterfragbares Faktum darstellen. So sollte man sich fragen, ob der Penisneid einer erwachsenen Patientin in der analytischen Behandlung z.B. den Wunsch nach einem intakten und kohärenten Selbst ausdrückt oder den Wunsch, die symbiotische Beziehung zur Mutter aufrechtzuerhalten, die den Bruder bevorzugte, das Bestreben, der symbiotischen Beziehung zu entfliehen wie der Bruder, der hierbei mehr Erfolg hatte, den Triumph, sich mit Hilfe des Penis von der Mutter besser abgrenzen zu können, die Mutter ebenso wie der Vater heterosexuell befriedigen zu können und deshalb ihre Liebe nicht verlieren zu müssen oder aus Enttäuschung, den väterlichen Penis nicht zu erhalten, sich deshalb vaginal leer zu fühlen und daraufhin den Penis zu beneiden u.a.m.

6. Interdisziplinäre Beiträge und Befunde

Schuhrke (1991, 1997) ist eine der wenigen psychologischen Autoren, die sich in einer empirischen Arbeit bei einer größeren Stichprobe (als z.B. bei Mahler et al. 1975) mit dem Genitalentdecken im Rahmen der psychosexuellen Entwicklung beschäftigt haben. Ihre Ergebnisse bestätigen die Befunde der psychoanalytischen Entwicklungsforscher vor allem dahingehend, dass sich Kinder im zweiten Lebensjahr auf vielfältige Weise mit ihren Genitalien beschäftigen und auch andere Personen auffordern, an diesen zu manipulieren und sie zu streicheln. Mädchen betätigen sich vor allem körperpflegerisch mit ihren Genitalien; Jungen experimentieren mit der Sichtbarkeit ihrer Genitalien. Die weiblichen Geschlechtsteile bleiben in ihrer Differenziertheit sprachlich eher unbenannt, und die Stimulation der Genitalien ist bei Mädchen immer noch ein Tabuthema.

Literatur

Benjamin, J. (1988). The bonds of love. Psychoanalysis, feminism, and the problem of domination New York: Pantheon (dt.: Die Fesseln der Liebe. Psychoanalyse, Feminismus und das Problem der Macht. Frankfurt/M.: Stroemfeld/Roter Stern, 1990).

Bernstein, D. (1983). The female superego: A different perspective. International Journal of Psycho-Analysis, 64, 187–201.

Bernstein, D. (1990). Female genital anxieties, conflicts and typical mastery modes. International Journal of Psycho-Analysis, 71, 151–165.

Chasseguet-Smirgel, J. (1967) La sexualité féminine. Paris: Payot (dt.: Psychoanalyse der weiblichen Sexualität. Frankfurt/M.: Suhrkamp, 1974).

Cherazi, S. (1988). Zur Psychologie der Weiblichkeit. Ein kritischer Überblick. Psyche – Z Psychoanal, 42, 307–327.

Ehrenreich, B. and English, D. (1978). For her own good: 150 years of the experts' advice to women. Garden City, NY: Anchor/Doubleday.

Elise, D. (1998). Absence of the paternal penis. Journal of the American Psychoanalytic Association, 46, 413–442.

Galenson, E. and Roiphe, H. (1971). The impact of early sexual discovery on mood, defensive organization, and symbolization. Psychoanalytic Study of the Child, 26, 195–216.

Grossman, W.I. and Stewart, W.A. (1977). Penis envy: From childhood wish to developmental metaphor. In H.P. Blum (Ed.), Female psychology. Contemporary psychoanalytic views (pp. 193–212). New York: International Universities Press.

Horney, K. (1923). Zur Genese des weiblichen Kastrationskomplexes. In dies., Die Psychologie der Frau (S. 11–33). München: Kindler, 1977.

Horney, K. (1933). Die Verleugnung der Vagina – Ein Beitrag zur Frage der spezifisch weiblichen Genitalängste. In dies., Die Psychologie der Frau (S. 128–147). München: Kindler.

Kestenberg, J. (1982). The innergenital phase – prephallic and preoedipal. In D. Mendell (Ed.), Early female development (pp. 81–127). Lancaster: MTP Press.

Kleeman, J.A. (1976). Freud's view on early sexuality in the light of direct child observation. Journal of the American Psychoanalytic Association, 24 (Suppl.), 3–28.

Klein, M. (1927). Frühstadien des Ödipuskonfliktes. In dies., Frühstadien des Ödipuskonfliktes. Frühe Schriften 1928–1945 (S. 7– 21). Frankfurt/M.: Fischer, 1985.

Kohut, H. (1973). Narzißmus. Frankfurt/M.: Suhrkamp.

Lacan, J. (1977). The signification of the phallus. Ecrits: A selection (pp. 282–291). London: Tavistock.

Lightfoot-Klein, H. (1989). Über radikale Beschneidung von Frauen im Sudan. Zeitschrift für Sexualforschung, 2, 147–159.

Mahler, M.S., Pine, F. und Bergman, A. (1978). Die psychische Geburt des Menschen. Symbiose und Individuation. Frankfurt/M.: Fischer.

Mayer, E.L. (1985). „Everybody must be just like me": Observations on female castration anxiety. International Journal of Psycho-Analysis, 66, 331–347.

Nunner-Winkler, G. (Hg.) (1991). Weibliche Moral. Die Kontroverse um eine geschlechtsspezifische Ethik. Frankfurt/M.: Campus.

Rohde-Dachser, C. (1990). Über töchterliche Existenz. Offene Fragen zum weiblichen Ödipuskomplex. Zeitschrift für psychosomatische Medizin und Psychoanalyse, 36, 303–315.

Schafer, R. (1974). Problems in Freud's psychology of women. Journal of the American Psychoanalytic Association, 22, 459–485.

Schuhrke, B. (1991). Körperentdecken und psychosexuelle Entwicklung. Theoretische Überlegungen und eine Längsschnittuntersuchung an Kindern im zweiten Lebensjahr. Regensburg: Roderer.
Schuhrke, B. (1997). Genitalentdecken im zweiten Lebensjahr. Zeitschrift für Sexualforschung, 10, 106–126.
Stiver, I. (1991). Beyond the oedipus complex: Mothers and daughter. In J. Jordan, A. Kaplan, J. Miller, I. Stiver and J. Surrey (Eds.), Women's growth in connection (pp. 97–121). New York: Guilford.
Stoller, R. (1976). Primary feminitiy. Journal of the American Psychoanalytic Association, 24 (Suppl.), 59–78.
Stolorow, R.D. and Atwood, G.E. (1979). Faces in a cloud. Subjectivitiy in psychoanalytic theory. New York: Jason Aronson.
Torok, M. (1964). Die Bedeutung des „Penisneides“ bei der Frau. In J. Chasseguet-Smirgel (Hg.), Psychoanalyse der weiblichen Sexualität (S. 192–232). Frankfurt/M. 1974.

Persönlichkeit, Persönlichkeitsstruktur

von Doris Pouget-Schors

personality, personality structure – personnalité, structure de la personnalité

1. Definition

Die Persönlichkeit eines Menschen ist die relativ zeitstabile Organisation seiner motivationalen Dispositionen sowie der integrativen und defensiven Anpassungsleistungen, die durch die Interaktion zwischen seiner inneren Welt und seiner Umwelt entstehen und seine Individualität ausmachen. Darin enthalten sind seine Identität, sein konstitutionell determiniertes Temperament und sein eigener Stil. Die Prägung erfolgt durch Muster affektiver und kognitiver Einstellungen samt der unbewussten Determinanten, Gewohnheiten, Begabungen, Interessen und Ideale, die das charakteristische Erleben, Denken, Handeln und Verhalten sich selbst wie anderen gegenüber bestimmen. Die Psychoanalyse verfügt insofern über eine eigene Persönlichkeitstheorie, als sie unter der Annahme der Determiniertheit durch lebensgeschichtliche Zusammenhänge beschreibt, wie der Mensch bzw. seine Persönlichkeit geworden ist (zur Struktur der gesunden Persönlichkeit s. Rudolf 2002). Von besonderem Interesse ist dabei die Art, wie diese Integration erreicht und Konflikte aus Innenwelt wie Umwelt gelöst werden. Dies führt zur Frage der inneren Struktur der Persönlichkeit. Die entsprechenden Definitionen befinden sich, Moore und Fine (1990) zufolge, auf unterschiedlichen Ebenen der Komplexität und sind selbst abhängig von spezifischen Theorien: im Trieb-Abwehr-Modell ist die Struktur die Abwehr (als internalisierte Wege der Spannungsreduktion), im dreiteiligen Strukturmodell (Ich, Überich, Es) sind die Strukturen überdauernde Motivationen, im Anpassungsmodell sind es überdauernde Funktionen und in der Objektbeziehungstheorie sind sie ein Produkt der Identifizierung.

Die Persönlichkeitsstruktur umfasst Aspekte psychischer Organisation, Differenzierung, zeitlicher Abstimmung und Musterbildung im Sinne von überdauernden Qualitäten und Charakteristika seelischer Aktivität (Meissner 1979). Sie ist das Ergebnis eines Erlebnis bedingten Strukturierungsprozesses der Ich-Matrix hinsichtlich ihrer Organisation und damit auch ihrer Verfügbarkeit für das Individuum. Wesentlich bei der Entstehung von Struktur ist der Vorgang der Internalisierung, d.h. ein Prozess der Verinnerlichung, der zur Bildung der stabilen Selbst- und Objektbilder führt. Der Aufbau der Ich-Struktur bestimmt das Wesen der manifesten Persönlichkeit bzw. der Identität (Argelander 1977). Moore und Fine leiten Struktur aus der Interaktion von reifenden konstitutionellen Gegebenheiten und Umwelteinflüssen in den verschiedenen Entwicklungsphasen ab. Sie nimmt Form an durch Identifizierung in frühen Beziehungen, durch Lernen und Lösung von adaptiven Konflikten (a.a.O.). Aus dem Niederschlag dieser Erfahrungen bildet sich die Persönlichkeit als eine Struktur des Erlebens und des Verhaltens (Rudolf, 1996). Entgegen der Tendenz zu als „statisch" beschriebenen Eigenschaften wird heute der Prozesscharakter betont, evident durch Wandel und Entwicklung im Laufe eines Lebens (vgl. die „state/trait" Diskussion bei Symptomen wie Angst und Aggression). Nach K. Horney sind zudem neben den individuellen auch kulturelle und soziale Bedürfnisse wichtig: Strategien, mit Gefühlen der Isolation und Hilflosigkeit fertig zu werden, prägen die Persönlichkeit.

Als zentral für das moderne psychoanalytische Denken kann ein dimensionales Konzept der psychischen Struktur angesehen werden. Kernberg folgend, werden mit dem Begriff Struktur grundlegende Regulationstypen bzw. die gesamte Organisation psychischen Funktionierens entlang eines Entwicklungs- und Reifegradienten erfasst, die sich hinsichtlich der Tragfähigkeit bei Belastungen bzw. pathologischer Prozesse an dimensionalen Merkmalen orientieren. Beschrieben werden globale Niveaus oder Ebenen des Funktionierens, die einem spezifischen Aufbau, einer Organisation entsprechen (z.B. Kernberg 1970).

2. Klassische Auffassung

Terminologische Überschneidungen und Unschärfen beim psychoanalytischen Strukturbegriff sind Ausdruck des jahrhundertlangen Dilemmas der biologischen Wissenschaften: Wird Struktur durch die Funktion determiniert oder wird Funktion durch die Struktur bestimmt? Ersteres entspricht dem funktionellen dynamischen Ansatz der frühen Psychoanalyse Freuds (Trauma bzw. Libidotheorie). Letzteres berücksichtigte er mit seiner Strukturtheorie in Modifikation früherer Persönlichkeitsmodelle.

Schultz-Hencke strebte 1951 in der Neo-Psychoanalyse eine systematische Ausformulierung der Neurosenstrukturen Freuds an (schizoide, depressive, zwangsneurotische und hysterische Struktur bzw. ihre Mischformen sowie die neurasthenische Struktur als Ersatzkategorie). Hier wird die Bedeutung der Folgeerscheinungen des ursprünglichen Triebkonflikts betont (Zander und Zander 1977). Darauf basierte auch die 1961 erschienene Darstellung strukturspezifischer „Grundformen der Angst" durch Riemann, der damit die „Münchener Tradition" der Strukturtypen begründete (Riemann 1984).

Die klassische wie die neopsychoanalytische Denkweise ist typologisch und damit kategorial orientiert und geht deskriptiv vor; sie fasst Persönlichkeit und Charakter häufig synonym in Verbindung mit der Trieb-Konflikt-Abwehr-Theorie. Die teils heute noch synonym verwendeten Begriffe Persönlichkeit und Charakter weisen an ihrem Ursprung gemeinsame Bedeutungen auf. Die Anwendungspraxis ergibt jedoch mit paralleler Erfassung der Bereiche Persönlichkeitsstruktur (dimensional) und Charakter (triebtheoretisch, kategorial) diagnostischen Spielraum. Patienten mit strukturellen Störungen können sehr unterschiedliche Charakterzüge aufweisen, je nach Persönlichkeitsstruktur, in die das Syndrom eingebettet ist. Manche Autoren plädieren dafür, Struktur stets in Relation zu einer Charakterdiagnose im Sinne der Triebtheorie in Beziehung zu setzen. S.O. Hoffmann und W. Hoffmeister verbinden strukturelle und charakterologische Merkmale in einem zweidimensionalen Operationalisierungsentwurf zur Beschreibung von Ausmaß und Beschaffenheit der Pathologie (Hoffmann 1984).

3. Ideengeschichtlicher Hintergrund

Bereits innerhalb der frühen Psychoanalyse fanden strukturelle Entwicklungen Interesse (Adler 1912, Freud 1905d). Der Sprachgebrauch differenzierte jedoch noch nicht genügend zwischen Persönlichkeit und Charakter bzw. Ich, Selbst und Persönlichkeit. Der Begriff der Struktur selbst erscheint v. a. in Freuds dreiteiligem Strukturmodell mit seinen Instanzen Ich, Überich und Es im Rahmen der triebtheoretischen Metapsychologie (Freud 1923b). Es enthält Gliederungsbegriffe für Klassen psychischer Funktionen bzw. Instanzen. Diese „Strukturverhältnisse der seelischen Persönlichkeit" blieben lange das am weitesten verbreitete Modell in der Psychoanalyse (umfassender Überblick, insb. zum Charakterbegriff, bei Hoffmann 1984).

Die Wende in der Auffassung der Persönlichkeitsstruktur beginnt aus heutiger Sicht mit Freuds (1914c) Einführung eines Entwicklungs- und Reifegradienten, der von den Psychosen über die narzisstischen Neurosen (im damaligen Sinne) zu den reifen Übertragungsneurosen führt. Hier deutet sich die heutige Perspektive struktureller Störungen bereits an. Bezüglich der Behandlung von Patienten mit mangelnder oder herabgesetzter Fähigkeit des Ichs zur Bindung von Erregungen sowie fehlenden reifen Abwehrformen, entstand damals jedoch zunächst eine Lücke in der Theorie der Technik (vgl. May-Tolzmann 1990).

Systematisch wurden diese Erkenntnisse erst ab den 40er Jahren rezipiert. Der Ich-Psychologe Hartmann rückte normale Vorgänge der Ich-Entwicklung und Anpassung und damit der Strukturbildung in den Mittelpunkt: Autonome Selbstregulation ersetzt die Regulation durch die Umwelt und stabilisiert Funktionsmodi, wobei das Ich resistent gegenüber regressiver „Instinktualisierung" wird (Hartmann 1939). Rapaport (1960) bezog sich auf dauerhafte Determinanten von Verhalten wie Permanenz, Invarianz oder zumindest mit einer relativ langsamen Veränderungsrate. Gill (1963) beschrieb Strukturen in regelhaften, wiederkehrenden oder fixierten Entladungsmustern. Spitz, Rapaport und Gill forderten die Existenz von Strukturen, wenn das Verhalten Qualitäten von Kohärenz und Organisation, d. h. einen musterartigen oder konfiguralen Charakter zeigt (vgl. Stolorow 1978). Erikson (1971) zufolge impliziert Strukturbildung das Durchlaufen der entsprechenden psychosozialen Entwicklungsstufen des „epigenetischen Plans der Persönlichkeit". Der Konzeptwandel berücksichtigte also eine über das Strukturmodell hinausgehende Sichtweise, gestützt auf klinische Beobachtungen zur Rolle des Ichs und der Umwelt bei der Konstituierung der Persönlichkeitsstruktur.

4. Wesentliche Erweiterungen, Differenzierungen und Modifikationen

Psychische Struktur sollte als weites Konzept abgegrenzt werden von der zu engen Definition der Strukturtheorie, die Bedingungen beschreibt, die in der Psyche nach Auflösung des Ödipuskomplexes bestehen (Moore und Fine 1990). Bestimmte Störungen erwiesen sich als nicht durch triebmotivierte Konflikte zwischen den Instanzen verursacht, da die Patienten nicht in der Lage waren, vollständige Instanzen wie bei reifen Neurosen zu errichten. Vielmehr liegt ein durch Traumata bzw. schwere Konflikte geschwächtes oder in der Anlage unvollständig ausgebildetes Ich vor: Betroffen ist die Struktur der Ich-Organisation und deren Entwicklung. Balint betonte dies 1968 in Abgrenzung von neurotischen Konflikten mit seinem Begriff Grundstörung. A. Freud bereitete mit ihrem Konzept der „Entwicklungslinien" den Boden für eine reifungsspezifische Perspektive, indem sie zwischen neurotischer Pathologie und Entwicklungspathologie unterschied. Ihre ab 1963 veröffentlichten metapsychologischem Entwicklungsprofile für Kinder bzw. Erwachsene stellen frühe Ansätze zur Operationalisierung der Persönlichkeitsstruktur dar (A. Freud 1987a, b), wie auch das Klassifikationssystem des Hampstead Index für Kinder (Sandler 1962). Ab den 60er Jahren rückten Struktur des Ichs, des Selbst, der internalisierten Objektbeziehungen sowie die Rolle von Selbstwertregulation und Separation-Individuation noch deutlicher in den Mittelpunkt. Dies diente dem Verständnis von Patienten mit „frühen" Persönlichkeitsstörungen, den „strukturellen Ich-Störungen“ nach Fürstenau (1977). Besonderheiten der Persönlichkeitsstruktur und Vorstellungen über den Strukturwandel als Ziel der psychoanalytischen Behandlung wurden schulenabhängig unterschiedlich gefasst.

5. Die Bedeutung des Begriffs in verschiedenen psychoanalytischen Schulrichtungen

Die ich-psychologische Sichtweise legt ihr Hauptgewicht auf das Studium habitueller Abwehrmechanismen bzw. die relative Stärke des Ichs. Das Ich ist hier von der Abwehr, und die Gesamtpersönlichkeit vom abwehrenden Ich her konzipiert (Jappe 1976).

Eine entwicklungspsychologische Auffassung von Struktur vertreten Gedo und Goldberg in ihrem hierarchischen epigenetischen Modell. Die „Selbst-Organisation“ bildet den basalen Kern der Persönlichkeit (Gedo 1981).

Aus objektbeziehungstheoretischer Sicht ist Struktur ein Produkt von Identifikationen: Die strukturell organisierte Niederlegung primärer Einheiten – Selbst und Objektrepräsentanzen, verknüpft mit spezifischen Affektzuständen – gilt als wesentlicher Organisationsfaktor. Qualität und Abfolge von Objekterfahrungen des Kindes sind dabei entscheidend. Struktur wird hier eng mit entwicklungsbezogenen, psychogenetischen und dynamischen Aspekten verknüpft. Das Erreichen der Objektkonstanz mit Überwindung der Gut-Böse-Spaltung des Objektbildes und die Ausbildung der Identität im Selbstbild bildet die strukturelle Voraussetzung für eine Entfaltung der dreiteiligen Struktur. Idealtypisch ermöglicht angemessenes Durchleben ödipaler Problematik auf einem neurotischen Funktionsniveau schließlich den Eintritt in die reife Phase der Genitalität.

Eine darauf basierende strukturelle dimensional orientierte Klassifikation Kernbergs wurde wegweisend. Sie umfasst folgende Bereiche pathologischer Entwicklungen: Ich und Überich-Strukturen; internalisierte Objektbeziehungen; Entwicklung libidinöser und aggressiver Triebderivate; Abwehrmechanismen des Ichs einschließlich der Natur pathologischer Charakterzüge. Dabei werden drei Strukturebenen der Charakterpathologie unterschieden, orientiert an der Triebfixierung und mit Bezug auf Schweregrad, Prognose und therapeutischen Implikationen (Kernberg 1970): eine höhere Ebene mit Überwiegen ödipaler Probleme, eine mittlere Ebene mit Überwiegen prägenitaler, besonders oraler Regressions- und Fixierungspunkte sowie eine niedere Ebene mit pathologischer Verdichtung von Triebstrebungen mit Überwiegen prägenitaler Aggression (Borderline-Struktur). Eine veränderte Klassifikation sowie ein Selbstbeurteilungs-Instrument zur Erfassung von Strukturmerkmalen liegen inzwischen vor (Kernberg 1996, Clarkin et al. 1995)

In der Selbstpsychologie orientiert sich der strukturelle „Reifungsgradient“ v. a. bei narzisstischen Störungen u. a. daran, ob z. B. das Größenselbst mit seinen grandiosen Vorstellungen im Laufe der Entwicklung abgebaut und in ein realitätsbezogenes Selbst mit einer Hinwendung „vom Narzissmus zum Objekt“ eingebaut werden kann, sowie daran, wie die Selbstobjekte reifen (Kohut 1976). Andernfalls kommt es zur narzisstischen Persönlichkeitsspaltung: Einzelne Persönlichkeitsanteile sind nicht integriert, die „transmutierende Internalisation“ ist nicht geglückt und dem Selbst fehlt eine verlässliche narzisstische Zufuhr. In drei Übertragungsformen lässt sich eine Ausformulierung unterschiedlicher Strukturebenen ausmachen, drei Formen der Aktivierung des Größenselbst entsprechend, gestuft von der archaischen bis zur (relativ) konstanten Selbststruktur: die verschmelzende Übertragung (primitive Idealisierung), die Alter-Ego-Übertragung und die Spiegel-Übertragung.

In M. Kleins bereits 1935 entworfenen Strukturkonzepten erhielten Begriffe wie Ich-Stärke, Abwehr, Integration und die entwicklungsbasierte Genese der Struktur weitgehende Modifikationen. Präödipale Beziehungen, Ängste, Abwehrmechanismen und adaptive Entwicklungen gehorchen den Mechanismen der „paranoid-schizoiden Position“ bzw. der „depressiven Position“, wobei ein Wandel von der Teilobjekt zur Ganz-Objekt-Beziehung wesentlich ist (Klein 1972). Das Modell sieht keinen Abschluss der depressiven Position vor, da ihre Wirkungsweisen während des ganzen Lebens fortdauern. Merkmale struktureller Reifung hängen davon ab, ob das gute innere Objekt sicher genug introjiziert und gefestigt ist und die Ich-Stärke ausreicht, damit das Selbst nicht mehr der ständigen inneren Verfolgung und Angriffen unreifer Teilobjekte ausgesetzt ist und der äußeren Gegenwart des Objekts bedarf (Riesenberg 1976).

6. Empirische Ansätze zur Operationalisierung von Struktur

Auf dem Hintergrund neuer Entwicklungen in der Psychotherapieforschung unter Evidence-based-Medicine-Kriterien ergibt sich das Postulat, dass neben der vorherrschenden Symptomzentriertheit die Einbeziehung von Komorbidität und Persönlichkeitsvariablen unabdingbar ist (Henningsen 2000).

Allport gilt als Klassiker der kognitiv-behavioralen Psychologie hinsichtlich der Struktur, Entwicklung und Erfassung der menschlichen Persönlichkeit (Allport 1949). Die Persönlichkeitsforschung v.a. angloamerikanischer Prägung strebt faktorenanalytische Modelle an (etwa im lexikalischen Ansatz des Five-Factor-Models „The Big Five“ mit den Dimensionen: Neurotizismus, Extraversion, Offenheit für Erfahrungen, Freundlichkeit, Bewusstsein, z.B. McCrae und John 1992; Ostendorf 1990). Aufgrund der Erkenntnis der vielen Beschränkungen des kategorialen Modells der Klassifikation von Persönlichkeitsstörungen im Bereich der differentiellen Psychologie wurden aktuelle Vorschläge an die Adresse der Autoren des psychiatrisch orientierten amerikanischen Diagnostic Statistic Manual DSM gerichtet. Ziel sei ein gemeinsames integratives dimensionales Modell der Persönlichkeitsstörungen auf vier hierarchischen Ebenen, basierend auf 18 empirisch untersuchten Ansätzen, mit Identifikation der fundamentalen Dimensionen maladaptiver Persönlichkeitsfunktionen. Es wird zudem empfohlen, auch normale, der Anpassung dienende Züge einzuschließen (Widinger 2005).

Auch von Seiten psychodynamisch orientierter Therapeuten waren Vorbehalte gegenüber den gebräuchlichen Klassifikationssystemen wie DSM-IV und ICD-10 (International Classification of Diseases der WHO) dahingehend geäußert worden, dass manche Störungen dort nur randständig oder unlogisch erfasst und keine therapeutischen Konsequenzen aus der Diagnostik abgeleitet werden können (Rudolf 2002). Die empirische Psychoanalyseforschung zu komplexen Konzepten wie der Persönlichkeitsstruktur hat dahingehend deutliche Fortschritte zu verzeichnen, ging jedoch andere Wege – über die Operationalisierung ihrer Konstrukte – etwa von Teilkomponenten wie der Ich-Stärke im Menninger-Projekt (Kernberg et al. 1972), der Ich-Funktionen (Bellak et al. 1973) und der Abwehrmechanismen (Vaillant 1971) bzw. der „Scales of psychological capacities SPC“ (Wallerstein 1960, 1996). Es ist naheliegend anzunehmen, dass die Entwicklungen Kernbergs und Wallersteins beide auf gemeinsamen Wurzeln im Menninger Projekt basieren. In Schweden wurde ein psychodynamisches Profil basierend auf operationalisierten psychoanalytischen Konstrukten mit 18 Unterskalen entwickelt (Weinryb 1991).

Kernbergs Klassifikation (Kernberg 1970) regte weitere Arbeitsgruppen an (in Deutschland u.a. Engel et al. 1979, Ermann 1982, Lohmer et al. 1992, Pouget-Schors 2002, Schüßler et al. 1990). Eines dieser Konzepte (Pouget-Schors 2002) bildete nach Modifikationen unter Einbeziehung anderer Modelle wie den Ich-Selbst-Objekt-Skalen ISO (Rudolf 1995) die Basis einer Operationalisierung der Persönlichkeitsstruktur im Rahmen des Arbeitskreises „Operationalisierte psychodynamische Diagnostik“ (OPD 1996). Die OPD zielt auf eine umfassende Abbildung strukturrelevanter Funktionen in einem diagnostischen Glossar in Lehrbuchform (u.a. Anleitung zum Erstgespräch). In den letzten neun Jahren hat sich eine gute Akzeptanz in der klinischen Einführung gezeigt: Mehr als 3000 Psychotherapeuten nahmen an den zertifizierten Fortbildungen teil. Eine Version für Kinder- und Jugendlichentherapie wurde entwickelt (OPD KJ 2003).

Das OPD-System hat drei Bereiche (Achsen) speziell zur Beschreibung psychodynamischer Zusammenhänge: Muster der Beziehungsgestaltung, der unbewussten Konflikte sowie der strukturellen Fähigkeiten und Vulnerabilitäten. Diese drei Achsen (und eine vierte, die das Krankheitserleben und die Behandlungsvoraussetzungen beschreibt) verknüpft das System mit der Symptombeschreibung nach ICD (als 5. Achse) für den Anschluss an das international gültige diagnostische Klassifikationssystem. Die Strukturachse mit der Frage nach dem Strukturniveau, den strukturellen Fähigkeiten (unter Beschreibung psychischer „Fähigkeiten zu“) bzw. Einschränkungen, erfasst relativ zeitstabile Strukturmerkmale der Persönlichkeit mit ursprünglich sechs Dimensionen: Selbstwahrnehmung, Selbststeuerung, Abwehr, Objektwahrnehmung, Kommunikation und Bindung (Arbeitskreis OPD 1996, Rudolf et al. 1995), in der revidierten OPD-2 (AK OPD-2 2006) mit vier Dimensionen. Eine erste multizentrische Feldstudie ergab hinsichtlich Anwendbarkeit, Praktikabilität und Reliabilität des Manuals anhand von Video-Interviews befriedigende Ergebnisse (Freyberger et al. 1996). Inzwischen konzentrierte sich die Forschung auf die Untersuchung weiterer Merkmale wie Inhalts-, Kriterien- und Konstrukt- sowie prädiktiver Validität und die Anwendung bei klinischen Untergruppen. Die bisher durchgeführten Studien zeigen gute Reliabilität und Validität, sowohl im Forschungskontext wie in der klinischen Anwendung (Übersicht bei Cierpka 2005). Bereiche möglicher Optimierung hinsichtlich Fokusformulierung und Therapiezieldefinition zur besseren klinischen Anwendbarkeit sind Inhalt der überarbeiteten 2. Version des OPD-Manuals, basiert auf empirischen Ergebnissen (AK OPD-2 2006).

Die Beurteilung der Struktur ist wesentlich bei der Entscheidung für geeignete Psychotherapiemethoden (z. B. supportive strukturelle oder aufdeckende Prozesse als auch für die Entscheidung zwischen stationärer oder ambulanter Psychotherapie, Kurz- und Fokaltherapie). Checklisten vereinfachen die Anwendung für den Kliniker. Diese Logik wird in der Strukturachse besonders für Focus- und Therapieentscheidungen entwickelt.

Nur wenn ein geeignetes Messinstrument für veränderungsrelevante Konstrukte vorhanden ist, kann Therapieerfolg messbar werden. Probleme der Veränderungsmessung im Bereich Persönlichkeitsstruktur wurden auf der methodischen Ebene unterschiedlich gelöst, z. B. mit der Heidelberger Umstrukturierungsskala (Rudolf 1999) bzw. mit den auf den Ergebnissen der Menninger-Foundation-Studie basierten „Skalen psychologischer Kapazitäten SPC“ von Wallerstein (zu deren deutscher Validierung u. a. die OPD als Außenkriterium eingesetzt wurde, Huber 2004).

In einigen psychologischen Schulrichtungen liegt die Betonung zunehmend auch auf protektiven Konzepten als Schutzdispositionen, wie Selbstwirksamkeit, Kompetenzerfahrung, Optimismus, Widerstandsfähigkeit (hardiness, resilience), Kohärenzsinn (sense of coherence) und soziale Unterstützung – letztlich alle als Entwicklungen einer integrierten Persönlichkeitsstruktur im Sinne der OPD verstehbar – die in ihrer 2. Version auch Ressourcen und Kompetenzen des Patienten mit erfasst.

Das Körperbild ist die zentrale Schaltstelle in der Ich-Umwelt-Relation (Joraschky 1983). Auf der Basis einer Unterscheidung in „physiologischen“ und „bedeutungshaften“ Körper gibt es nach Henningsen in der konzeptuellen Weiterentwicklung der OPD neue Vorschläge, die Existenz des Bedeutungskörpers und seiner Störungen in den verschiedenen Facetten der psychischen Struktur in die Systematik einzubeziehen. In einem Übergangsfeld von physiologischen Aspekten einer körperlichen Erkrankung und eher psychosozialen Aspekten des Umgangs bzw. der Bewältigung liegt der Einfluss, den unmittelbar krankheitsbedingte Erlebens- und Verhaltensänderungen auf die Flexibilität und das Integrationsniveau der psychischen Struktur haben. Darüber hinaus sind neurophysiologische Einflüsse auf Erhaltung bzw. Einbuße der psychischen Struktur im weitesten Sinne zu berücksichtigen. Die Einschätzung des jeweils erreichten Strukturniveaus ist demnach nicht nur vom psychosozialen, sondern auch vom physiologischen Kontext abhängig. Erst im Laufe der Reifung werden diese physiologischen Regulationen unabhängig von der Anwesenheit der primären Bezugsperson. Neue Untersuchungen liefern Hinweise, dass Störungen in der frühen Interaktion, z. B. frühe Trennungen, auch physiologische Regulationsstörungen hinterlassen, mit Anfälligkeit für körperliche Erkrankungen. Zudem beeinflussen sich Bewältigung einer körperlichen Krankheit und die psychische Struktur wechselseitig: Das vorher bestehende Integrationsniveau der psychischen Struktur wird die Bewältigungsmöglichkeiten einer (chronischen, bedrohlichen) körperlichen Krankheit mitbestimmen. Ein Abschnitt eines OPD-Manuals für Forschungszwecke (Fokusliste) ist explizit einem Kernbereich des intentionalen Körpers gewidmet: der Körperbeschreibung, dem Körperselbstbild und dem Körpererleben. Es muss noch geprüft werden für darüber hinausgehende Umsetzungen, ob sich daraus empirisch nachweisbare Vorteile für die Beurteilung der psychischen Struktur ergeben (Henningsen 2002).

Angesichts von Bedenken gegenüber Diagnostik und Klassifikation, den Aspekt der Kontextualität und der Prozessualität nicht zu erfassen und in der Gefahr zu stehen, Wertsetzungen zu repräsentieren, plädiert Rudolf dafür, dass Psychotherapeuten die „psychischen Organsysteme" ihres Fachgebiets, wie in der OPD vorgeschlagen, klassifikatorisch definieren, um für bestimmte Störungen Definitions- und Handlungskompetenz zu entwickeln (Rudolf, 2002). Darüber hinaus bildet die systematische Beachtung der Strukturdefizite, in Weiterbildung wie klinischer Diskussion, eine Grundlage für den therapeutischen Erfolg mit der Formulierung von Therapiezielen zur Therapieplanung und -durchführung, in Annäherung an das zentrale Behandlungsziel, also den Strukturwandel der Persönlichkeit.

Literatur

Adler, A. (1912). Über den nervösen Charakter. München: Bergmann.

Allport, G. (1949). Persönlichkeit. Struktur, Entwicklung und Erfassung der menschlichen Persönlichkeit. Stuttgart: Klett.

Arbeitskreis OPD (Hg.) (1996). Operationalisierte Psychodynamische Diagnostik. Grundlagen und Manual. Bern: Huber.

Arbeitskreis OPD KJ (Hg.) (2003). Operationalisierte Psychodynamische Diagnostik im Kindes und Jugendalter. Grundlagen und Handbuch. Bern: Huber.

Arbeitskreis OPD (Hg.) (2006). Operationalisierte Psychodynamische Diagnostik OPD–2. Das Manual für Diagnostik und Therapieplanung. Bern: Huber.

Argelander, H. (1977). Diskussionsbeitrag zu P. Fürstenaus Arbeit „Die beiden Dimensionen des psychoanalytischen Umgangs mit strukturell ichgestörten Patienten". Psyche – Z Psychoanal, 31, 208–215.

Bellak, L., Hurvich, M. and Gediman, H.K. (1973). Ego functions in schizophrenics, neurotics and normals. New York: Wiley.

Cierpka, M., Grande, T., Rudolf, G., Stasch, M. and the OPD-Task Force 1, (2005). The operationalised psychodynamic diagnostics system (OPD). Clinical relevance, reliability and validity, Psychopathology.

Clarkin, J. F., Foelsch, P.A. and Kernberg, O. F. (1995). The inventory of personality organization (IPO). New York: Cornell University (dt.: rev. Bearbeitung: Clarkin, J. F., Martius, P., Dammann, G., Smole, S. und Buchheim, P. (1998). IPO Inventory of personality organization: Ein Selbstbeurteilungs-Instrument zur Erfassung der Persönlichkeitsorganisation. Persönlichkeitsstörungen, 2 (4), 169–172).

Engel, K., Haas, E., von Rad, M., Senf, W. und Becker, H. (1979). Zur Einschätzung von Behandlungen mit Hilfe psychoanalytischer Konzepte (Heidelberger Rating), Med. Psychol., 5, 253–268.

Ermann, M., (1982). Die psychovegetativen Störungen als ich-strukturelles Problem, Zeitschrift für Psychosomatische Medizin, 28, 255–265.

Erikson, E. (1971). Kindheit und Gesellschaft. Stuttgart: Klett.

Freud, A. (1987a). Die pathologische Kinderentwicklung. Entwurf eines metapsychologischen Entwicklungsbildes. In A. Freud (Hg.) Die Schriften der Anna Freud. Bd. VIII (S. 2256–2264). Frankfurt/M.: Fischer.

Freud, A. (1987b). Maßstäbe zur Bewertung der erwachsenen Persönlichkeit. Das metapsychologische Persönlichkeitsprofil. In A. Freud (Hg.) Die Schriften der Anna Freud. Bd. VI (S. 1675–1688). Frankfurt/M.: Fischer.

Freyberger, H.J., Dierse, B., Schneider, W., Strauß, B., Heuft, G., Schauenburg, H., Pouget-Schors, D., Seidler, G.H., Küchenhoff, J., Janssen, P.L. und Hoffmann, S.O. (1996). Operationalisierte psychodynamische Diagnostik (OPD) in der Erprobung – Ergebnisse einer multizentrischen Anwendungs- und Praktikabilitätsstudie. Psychotherapie, Psychosomatik, medizinische Psychologie, 46, 356–365.

Fürstenau, P. (1977). Die beiden Dimensionen des psychoanalytischen Umgangs mit strukturell ich-gestörten Patienten. Ein Beitrag zur Erweiterung der psychoanalytischen Praxeologie. Psyche – Z Psychoanal, 31, 197–207.

Gedo, J.A. (1981). Advances in clinical psychoanalysis. New York: International Universities Press.

Gill, M. (1963). Topography and systems in psychoanalytic theory. New York: International Universities Press.

Hartmann, H. (1939). Ich-Psychologie und Anpassungsproblem. Internationale Zeitschrift für Psychoanalyse, 24, 62–135.

Hoffmann, S.0. (1984). Charakter und Neurose. Frankfurt/M.: Suhrkamp (2. Aufl., 1986).

Henningsen, P., Rudolf, G. (2000). Zur Bedeutung der Evidence-Based-Medicine für die Psychotherapeutische Medizin. Psychotherapie Psychosomatik Medizinische Psychologie, 50, 366–375.

Huber, D., Brandl, T. und Klug, G. (2004). The scales of psychological capacities: measuring beyond symptoms, Psychotherapy Research, 14, 89–106.

Jappe, G. (1976). Die Entwicklung von Freuds Ich-Begriff mit Bezugnahme auf Paul Federn. In D. Eicke (Hg.), Kindlers Psychologie des 20. Jahrhunderts, Bd. 1 (S. 423–452). Weinheim: Beltz.

Joraschky, P. (1983). Das Körperschema und das Körperselbst als Regulationsprinzipien der Organismus-Umwelt-Interaktion. München: Minerva Publikation Saur.

Kernberg, 0.F. (1970). A psychoanalytical classification of character pathology. Journal of the American Psychoanalytic Association, 18, 800–822.

Kernberg, 0.F. (1996). Ein psychoanalytisches Modell der Klassifizierung von Persönlichkeitsstörungen. Psychotherapeut, 41, 288–296.

Kernberg, 0.E, Burstein, E.D., Coyne, L., Appellbaum, A., Horwitz, L., and Voth, H. (1972). Psychotherapy and psychoanalysis. Final report of the Menninger Foundation's psychotherapy research project. Bulletin of the Menninger Clinic, 36 (l/2), 32–75.

Klein, M. (1972). Das Seelenleben des Kleinkindes und andere Beiträge zur Psychoanalyse. Reinbek: Rowohlt.

Kohut (1976). Narzißmus. Eine Theorie der psychoanalytischen Behandlung narzißtischer Persönlichkeitsstörungen. Frankfurt/M.: Suhrkamp.

Lohmer, M., Klug, G., Herrmann, B., Pouget, D. und Rauch, M. (1992). Zur Diagnostik der Frühstörung Versuch einer Standortbestimmung zwischen neurotischem Niveau und Borderlinestörung. Praxis der Psychotherapie und Psychosomatik, 37, 243–255.

May-Tolzmann, U. (1990). Ich und Narzißmustheorie zwischen 1914 und 1922 im Spiegel der Internationalen Zeitschrift für ärztliche Psychoanalyse. Psyche – Z Psychoanal, 44, 689–723.

McCrae, R.R. and John, 0.P. (1992). An introduction to the five factor model and its applications. Journal of Personality, 60 (2), 175–215.

Meissner, W.W. (1979). Internalisation and object relations. Journal of the American Psychoanalytic Association, 27, 345–360.

Moore, B.E., and Fine, B.D. (1990). Psychoanalytic terms and concepts. New Haven: The American Psychoanalytic Association and Yale University Press.

Ostendorf, F. (1990). Sprache und Persönlichkeitsstruktur. Zur Validität des Fünf-Faktoren-Modells der Persönlichkeit. Regensburg: Roderer.

Pouget-Schors, D., (2002). Strukturkonzepte in der psychoanalytischen Entwicklung. In G. Rudolf, T. Grande und P. Henningsen (Hg.), Die Struktur der Persönlichkeit. Vom theoretischen Verständnis zur therapeutischen Anwendung des psychodynamischen Strukturkonzepts (S. 49–67). Stuttgart: Schattauer.

Rapaport, D. (1960). Die Struktur der psychoanalytischen Theorie. Stuttgart: Klett.

Riemann, F. (1984). Grundformen der Angst. Eine tiefenpsychologische Studie. München: Ernst Reinhard.

Riesenberg, R. (1976). Das Werk von Melanie Klein. In D. Eicke (Hg.), Kindlers Psychologie des 20. Jahrhunderts, Bd. 3 (S. 81–120). Weinheim: Beltz.

Rudolf, G. (1995). Diagnostik struktureller Störungen. In G. Schneider und G.H. Seidler (Hg.), Internalisierung und Strukturbildung. Theoretische Perspektiven und klinische Anwendungen der Psychoanalyse (S. 313–328). Opladen: Westdeutscher Verlag.

Rudolf, G., Buchheim, P., Ehlers, W., Küchenhoff, J., Muhs, A., PougetSchors, D., Rüger, U., Seidler, G.H. und Schwarz, F. (1995). Struktur und strukturelle Störung. Zeitschrift für psychosomatische Medizin, 41, 197–212.

Rudolf, G., Grande, T. und Oberbracht, C., (1999). Die Heidelberger Umstrukturierungsskala. Ein Modell der Veränderung in psychoanalytischen Theorien und seine Operationalisierung in einer Schätzskala, Psychotherapeut, 44, 237–246.

Rudolf, G. (1996). Psychotherapeutische Medizin. 3. überarb. Aufl. Stuttgart: Enke.

Rudolf, G. (2002). Vorteile und Risiken der Klassifikation, Vortrag 22. April 2002, 52. Lindauer Psychotherapiewochen. http://www.lptw. de/vortraege2002/PDF/g_rudolf02.pdf.

Rudolf, G. und Grande, T., (2002). Struktur der gesunden Persönlichkeit. Persönlichkeitsstörungen, 6, 174–185.

Sandler, J. (1962). The Hampstead Index as an instrument of psychoanalytic research. International Journal of Psycho-Analysis, 43, 287.

Schüßler, G., Leibing, E., und Rüger, U. (1990). Multiaxiale Diagnostik in der Psychosomatik. Zeitschrift für Psychosomatische Medizin, 36, 343–354.

Stolorow, R.D. (1978). The concept of psychic structure: Its metapsychological and clinical psychoanalytic meanings. International Review of Psycho-Analysis, 5, 313–320.

Vaillant, G.E. (1971). Theoretical hierarchy of adaptive ego mechanisms. Archive for General Psychiatry, 25, 107–118.

Wallerstein, R. S. (1996). The Scales of psychological capacities. Version 1, Unpublished manual.

Weinryb, R.M. und Rössel, R.J. (1991), Karolinska Psychodynamic profile (KAPP), Acta Psychiat. scand., Suppl. No. 363, 83, 5–23.

Zander, E. und Zander, W. (1977). Die Neo-Psychoanalyse von Harald Schultz-Hencke. In D. Eicke (Hg.), Kindlers Psychologie des 20. Jahrhunderts, Bd. 3 (S. 297–345). Weinheim: Beltz.

Perversion *von Wolfgang Berner*

perversion – perversion

1. Definition

Nach R. Stoller (1991) ist die Perversion eine erotische Form der Feindseligkeit, eine Phantasie, die gewöhnlich ausagiert werden muss, gelegentlich aber auch als Tagtraum (zum Beispiel in Form der Pornographie aktiv dargestellt oder passiv konsumiert) erlebt wird. Nur wenn diese erotische Phantasie zur vollen sexuellen Befriedigung notwendig ist, sollte sie als Perversion bezeichnet werden. Sie kehrt ein traumatisches Kindheitserlebnis in einen Triumph als Erwachsener um und benötigt zur Steigerung der Erregung das Risiko (Angstlust). Die so definierten Phänomene entsprechen eher den im DSM-IV beschriebenen Formen von Paraphilie – Sadomasochismus, Pädophilie, Exhibitionismus und bizarren Formen des Fetischismus, die Partnerinteressen nicht mehr berücksichtigen können – und haben viel mehr mit der Borderline-Persönlichkeitsstruktur zu tun als mit Neurose. Sie sollten von milderen Formen der Perversion im Sinne Freuds unterschieden werden, bei denen Feindseligkeit und Aggression zwar vorhanden aber viel weniger bewusst werden, bei denen ein positiver libidinöser Weltbezug, deutlich bessere Beziehungsfähigkeit, weniger Rachebedürfnis und dementsprechend eine neurotischere Persönlichkeitsstruktur im Hintergrund stehen. Bei diesen Formen sollte man weiter den Begriff Perversion benützen (Beispiel: Der in der Phantasie pädophile Kinderbuchautor Lewis Carroll, vgl. Berner 1996).

2. Klassische Auffassung

Wie seine Zeitgenossen ging auch S. Freud davon aus, dass der Sexualtrieb dem biologischen Ziel der Fortpflanzung diene. Deshalb definiert er Perversion 1905 als a) anatomische Überschreitungen der für die geschlechtliche Vereinigung bestimmten Körpergebiete oder b) Verweilungen bei den intermediären Relationen zum Sexualobjekt, die normalerweise auf dem Weg zum endgültigen Sexualziel (der Vereinigung der Sexualorgane) rasch durchschritten werden (Freud 1905d). Nur die Ausschließlichkeit eines solchen Interesses an anderen Körperstellen als den Genitalien und der „Verweilung" bei „intermediären Sexualzielen" (gemeint ist das Vorspiel) macht die Perversion aus. Das Fortschrittliche an Freuds damaliger Definition lag darin, dass er gelegentliche „anatomische Überschreitungen" oder „Verweilungen" als durchaus üblich (wie auch bei Tieren vorkommend) fand, und nicht sittlich bewertete. Ebenso die Abgrenzung der „Inversion", der Abweichung im Bezug auf das Sexualobjekt – also der Homosexualität – von der Perversion. In späteren Zusätzen zu den drei Abhandlungen zur Sexualtheorie und anderen Arbeiten, besonders den „Vorlesungen zur Einführung in die Psychoanalyse" (1916–1917a), dem „Fetischismus" (1927e) und der „Ich-Spaltung im Abwehrvorgang" (1940e) kommen zu dieser primär biologischen Definition eine Reihe wichtiger psychodynamischer Gesichtspunkte, die dann von späteren Autoren in deren Definitionen stark in den Vordergrund gerückt und weiter bearbeitet werden. Diese psychodynamischen Faktoren sind:

- Perversion ist eine Regression auf infantile Formen der Sexualbetätigung (Oralität, Analität, Phallizität im Sinne der Ausschließlichkeit, Voyeurismus-Exhibitionismus, Sadismus-Masochismus).
- Diese Regression wird durch ödipale Kastrationsangst und Verdrängung eingeleitet. In der agierten Szene selbst spielt aber Verleugnung und Spaltung als Abwehrform die entscheidende Rolle (ein „pseudopsychotischer" Weg der Abwehr Freud 1927e, 1940e).
- Die Idealisierung eines (meist unlebendigen) Fetisches sichert die Verleugnung des Geschlechtsunterschiedes und steht damit auch für den Phallus der Frau (Freud 1927e, 1940e)

3. Ideengeschichtlicher Hintergrund

„Pervertere" heißt im Lateinischen „umkehren", hat aber keineswegs nur sexuelle Konnotation. „Pervertere more" bedeutet ganz allgemein: gegen die Sitten gerichtet. Als „Homo perversus" wird ein boshaft neidischer Mensch bezeichnet. Bei Theophrast (ca. 319 vor Chr.) wird der Pervertierte als einer von dreißig Grundcharakteren beschrieben, ohne sexuelle Konnotation, aber das Schlechte idealisierend und dafür eintretend, auch vor Gericht. Sexualwissenschaftlich wird zunächst die schon in der Bibel verteufelte Onanie für Perversion verantwortlich gemacht (Tissot 1764, Kaan 1844, zit. nach Giese 1967) und gilt auch als Ursache von Wahnzuständen (Häussler 1826 zit. nach Giese). Tarnowsky (1886, zit. nach Giese) beschreibt die Perversion als ein anfallsartiges Geschehen, der Dipsomanie (Trunksucht) vergleichbar. Krafft-Ebing (1886) unterscheidet zwischen Perversion, einer gewissermaßen angeborenen dranghaften Phantasietätigkeit, der man sich nicht entziehen kann, und Perversität, einer selbstgewählten Grenzüberschreitung aus Neugierde und labilem Übermut. Das ist der Hintergrund für Freuds dynamisch konzipierten Begriff. Die Psychoanalyse selbst ist Teil eines Liberalisierungsschubes in diesem Jahrhundert, besonders nach dem zweiten Weltkrieg. Dieser hat auch die öffentlichen Ansichten darüber, was als „pervers" anzusehen ist, stark verändert (z. B. Einstellung zur Homosexualität – diese gilt kaum mehr als pervers). Heute besteht dagegen eine starke Tendenz alles „anti-partnerschaftliche" an der sexuellen Erregung zu pathologisieren (vgl. Simon 1995)

4. Wesentliche Erweiterungen, Differenzierungen und Modifikationen

Moderne Analytiker haben vor allem die Fetischisierung zum Kernelement psychoanalytischer Perversionsdefinition gemacht und damit die biologische Definition ganz in den Hintergrund treten lassen. Die Fetischisierung hat aber auch etwas feindselig Entfremdendes, dem Objekt der Begierde gegenüber. Dieser feindselige Charakter wird schon von der Kleinianerin Sylvia Payne (1939) als orale räuberische Gier gesehen – die Fetische entsprächen bei ihr verschlungenen Introjekten, die später projiziert wurden. Bei Chasseguet-Smirgel (1983) entspricht die Perversion einem Protest gegen das Gesetz des Vaters und einer Auflehnung gegen Inzest- und Geschlechtsgrenzen. Bei Stoller schließlich steht die Feindseligkeit ganz im Vordergrund (Perversion, die erotische Form von Hass, 1979). Hier ist es dynamisch gesehen die (traumatisch erlebte) Niederlage als Kind, die in der pervers erregenden Objektbeziehung in einen Triumph umgewandelt werden muss. Je größer allerdings die Objektfeindlichkeit in der gesuchten sexuellen Erregung (im Sinne des Sadismus oder des Kindesmissbrauchs z.B.) ist, desto geringer wird die Fähigkeit, auf die Interessen des Objektes Rücksicht zu nehmen. Die phantasierte und agierte Szene wird dadurch immer bizarrer, die Chance für Gegenseitigkeit in der Beziehung immer geringer. Bei diesen Formen (den Paraphilien) sollte die „frühe Störung" im Sinne des Borderline-Syndroms und das Überwiegen der Aggressionsproblematik im Auge behalten werden (vgl. Kernberg 1997: organisierte Perversion mit neurotischer Persönlichkeitsorganisation und stabile Perversion im Rahmen einer Borderline-Organisation).

5. Die Bedeutung des Begriffs in den verschiedenen psychoanalytischen Schulrichtungen

Für die Selbstpsychologie Kohuts (1971) wird die Perversion ein sekundäres Phänomen narzisstischen Mangels. Die Stabilisierung des Selbstgefühls soll mit Hilfe sexueller Erregung erfolgen. In gleicher Richtung argumentiert auch S. Bach (1994), wenn er die „Sprache der Liebe" von der „Sprache der Perversion" unterscheidet und statt aggressiver Triebbedürfnisse viel mehr entwicklungspsychologische Defekte z.B. in der Symbolisierungsfähigkeit (hier bezieht sich Bach auch auf Lacan) sowie im Selbstgefühl für den fetischistischen Umgang mit anderen verantwortlich macht. In ähnlicher Weise argumentieren aber auch Autoren, die sich von der Objektbeziehungstheorie und besonders Fairbairn herleiten. Bei M. Khan dient dabei eine manische Abwehr der Reparation narzisstischer Gefühle. Das Liebesobjekt habe dann auch mehr den Charakter eines Übergangsobjektes im Sinne Winnicotts statt eigenständige Person sein zu können. Bei manchen Patienten läge auch eine schizoide Struktur zugrunde (vgl. Khan 1983). Ich-psychologisch orientierte amerikanische Autoren neigen dazu, Perversion so sehr durch die verwendete Abwehr (Verleugnung, sekundäre Sexualisierung, Fetischisierung) zu definieren, dass nur mehr von „perversem Charakter" (Arlow 1971) ohne direkte sexuelle Manifestation oder auch von „perverser Übertragung" (vgl. auch Etchegoyen 1991) die Rede ist. Dies rückt die Verwendung des Begriffs wieder in die Nähe seiner Bedeutung im klassischen Altertum.

6. Interdisziplinäre Beiträge und Befunde

Lorenz und Tinbergen (1938) haben unsere Ansichten über die Funktionsweise von Instinktmustern revolutioniert. Das beeinflusst auch das Denken über Trieb und Perversion beim Menschen und fand seinen Niederschlag in der modernen „Attachment-Forschung". Das Bindungsbedürfnis kann nicht mehr nur als Resultante erotischer Partialtriebe, deren Fixierung dann Perversion ausmachen könnte, gesehen werden. Die neueren Wissenschaften der Evolutionsbiologie, Soziobiologie und Verhaltensökologie lassen den Gedanken – sexuelle Verhaltens-Schablonen dienten der Fortpflanzung – als zu einfach formuliert erscheinen. Viele Muster des Paarungs- und Brutpflegeverhaltens sowie des Rivalisierens um Ressourcen und

Partner haben Überschneidungen und Variationsbreiten mit unterschiedlichen oft berechenbaren Überlebensvorteilen für das Individuum und (noch wichtiger) für seinen genetischen Code. In diesem Sinn haben Biologen errechnet, dass auch „altruistisches“ Verhalten dem Überleben von Nichten und Neffen dienlich sein kann und sich deshalb genetisch durchsetzt (Dawkins 1976). Andererseits haben Beobachtungen an Primaten gezeigt, dass bei Bonobos z.B. gegenseitige sexuelle Stimulierung als „Frieden stiftende Geste“ eingesetzt wird, so dass viele uns pervers erscheinende Muster auch in unserer phylogenetischen Ahnenreihe biologischen Zwecken dient (siehe auch Stichwort Sadismus)

Die Beiträge der Sozialwissenschaften (vgl. z.B. Simon 1995) und der Philosophen (z.B. Foucault 1976) zur gesellschaftlichen Funktion des Perversionskonzeptes können hier nur angedeutet werden.

Literatur

Arlow, J.A. (1971). Character perversion. In I.M. Marcus (Ed.), Currents in psychoanalysis (pp. 317–336). New York: International Universities Press.

Bach, S. (1994). The language of perversion and the language of love. New Jersey: Jason Aronson.

Berner, W. (1997). Die pädophilen Störungen als Perversion und Paraphilie. In P. Buchheim, M. Cierpka und T. Seifert (Hg.), Sexualität zwischen Phantasie und Realität. – Lindauer Texte (S. 120–131). Berlin: Springer.

Chasseguet-Smirgel, J. (1983). Perversion and the universal law. International Review of Psycho-Analysis, 10, 293–301.

Dawkins, R. (1976). The selfish gene. Oxford: University Press.

Etchegoyen, R.H. (1991). Transference perversion. In R.H. Etchegoyen (Ed.), Fundamentals of psychoanalytic technic. London: Karnac.

Foucault, M. (1976). Histoire de la sexualité. Paris: Editions Gallimard.

Giese, H. (1967). Die sexuelle Perversion. Frankfurt/M.: Akademische Verlagsgesellschaft.

Kernberg O.F. (1997). Wut und Haß. Über die Bedeutung von Aggression bei Persönlichkeitsstörungen und sexuellen Perversionen. Stuttgart: Klett-Cotta.

Khan M.M.R. (1983). Entfremdung bei Perversionen. Frankfurt/M.: Suhrkamp.

Krafft-Ebing, R. von (1886). Psychopathia sexualis. Stuttgart: Enke.

Lorenz, K. und Tinbergen, N. (1938). Taxis und Instinkthandlungen in der Eirollbewegung der Graugans. Zeitschrift für Tierpsychologie 2.

Payne, S.M. (1939). Some observations on the ego development of the fetishist. International Journal of Psycho-Analysis, 20, 161–170.

Simon W. (1995). Devianz als Geschichte: Die Zukunft der Perversionen. Zeitschrift für Sexualforschung, 8, 101–121.

Stoller, R. (1979). Perversion, die erotische Form von Haß. Reinbek: Rowohlt.

Theophrast (1970) . Charaktere, D. Klose und P. Steinmetz (Hg.). Stuttgart: Reclam.

Phallisch, phallische Phase

von Angela Moré

phallic, phallic phase – phallique, stade phallique

1. Definition

Die Triebentwicklung des Kindes orientiert sich an dessen erogenen Zeitzonen, die sich nach Freuds Auffassung einem biologischen Reifungsplan folgend ablösen. Auf die orale und anale Phase folgt als dritte Organisationsstufe der Libido die phallische Phase, in welcher der Penis des Jungen bzw. die Klitoris beim Mädchen Hauptquelle sinnlich-körperlicher Lust darstellt. Während frühe Stimulierungen durch Ausscheidungen und Körperpflege schon im Säuglingsalter und beim Kleinkind die spätere Entdeckung des

Genitales vorbahnen, wird das phallische Primat jedoch erst zwischen dem dritten und fünften Lebensjahr errichtet. Die Bezeichnung „phallische Phase“ resultiert aus Freuds Annahme eines phallischen Monismus. Demnach existiert für Jungen wie Mädchen nur ein Sexualorgan: der Penis. Die Vagina hingegen bleibe bis zur Pubertät von beiden Geschlechtern unentdeckt. Als wichtigste Befriedigungsquelle gilt die kindliche Masturbation, die von intensiven Phantasien begleitet wird. Daher handelt es sich nicht wie bei der Säuglingsonanie um bloße Autoerotik. Vielmehr bewegt sich das Begehren zwischen narzisstischen und frühen ödipalen Wünschen. Unter dem Primat des Phallus werden die Partialtriebe in einer ersten, aber unvollständigen Form zusammengefasst, die Organisation der Triebe ist jedoch noch polymorph-pervers. Freud (1923e) spricht darum hier noch von einer infantilen Genitalorganisation. Als dominante Partialtriebe der phallischen Phase entwickeln sich der Schau- und Zeigetrieb (Voyeurismus, Exhibitionismus). Aus deren Betätigung folgt die Entdeckung des Geschlechtsunterschiedes, der nun zu einem ödipalen Objektbegehren führt, das sich sowohl auf den gegengeschlechtlichen wie gleichgeschlechtlichen Elternteil beziehen kann, weshalb Freud zwischen positivem und negativem Ödipuskomplex unterscheidet. Die polymorph-perverse Organisation ist damit in die phallisch-ödipale übergegangen. Bei beiden Geschlechtern ist das ödipale Verlangen jedoch mit Straferwartungen verbunden, die beim Knaben zur Kastrationsangst führen, beim Mädchen zum Kastrationskomplex infolge der schon vollzogenen Beraubung seines Penis. Denn Freud nimmt an, dass Jungen wie Mädchen nur dieses eine Organ entdecken und bei allen Menschen als vorhanden voraussetzen (phallischer Monismus). Das Fehlen des Penis beim Mädchen und der Frau kann sich das Kind nur durch die väterliche Kastration als Strafe für das ödipale Verlangen des Kindes erklären. Beim Knaben habe dies das abrupte Ende des Ödipuskomplexes zur Folge, während das Mädchen durch die Entdeckung seiner Kastration erst in den positiven Ödipuskomplex hineingetrieben werde. Der Untergang des Ödipuskomplexes bedeutet das gleichzeitige Ende der phallischen Phase, auf welche die Latenz folgt.

2. Klassische Auffassung

Obgleich Freud erst 1923 den Begriff des „Phallischen“ einführt (1923e), hat er einige Grundzüge desselben bereits in der zweiten der „Drei Abhandlungen zur Sexualtheorie“ (1905d) benannt. Hier stehen die Anstöße, die das Kind zur Verschiebung seines Sexualinteresses auf die Genitalzone veranlassen, im Zentrum. Neben dem Wiederaufsuchen eines schon im Säuglingsalter kennen gelernten Stimulus ist es die nun auftauchende Frage nach der Herkunft der Kinder, die dieses Interesse befördert. Allerdings schließt Freud später (1925j, S. 24, FN 1) beim Mädchen ein aktives Sexualinteresse aus, was Chasseguet-Smirgel (1988) zu der Feststellung veranlasst, der Kindwunsch erscheine in Freuds Schriften beim Jungen ausgeprägter als beim Mädchen. Es ist Freud zufolge diese Frage nach der Herkunft der Kinder, die das Kind veranlasst, den elterlichen Koitus begreifen zu wollen, was aber an seiner Unkenntnis der Vagina und des männlichen Samens scheitern müsse. Ergebnis dieser nicht entdeckten Fakten sind die – in den Neurosen der Erwachsenen folgenschweren – Irrtümer der kindlichen Sexualforschung: zuerst die Annahme von der Existenz nur eines Geschlechts, die dann bei der Sexualforschung durch die Entdeckung der Kastration korrigiert werde. Von nun an gibt es für Mädchen und Jungen zwei Geschlechter: ein penisbesitzendes und ein kastriertes. Der Sexualakt der Eltern werde jetzt als Überwältigung und Kastration vorgestellt, die Zeugung und Geburt von Kindern als die Vermischung von Exkrementen und als Geburt aus dem Anus. Erst aus dieser Beschäftigung mit den Sexualbeziehungen der Eltern bilde sich beim Kind das Interesse am Sexualobjekt, „nach dem der infantile Sexualtrieb zunächst kein Bedürfnis zeigt“ (1905d, S. 92), sie schafft den Übergang vom phallisch-narzisstischen zum phallisch-ödipalen Erleben.

Die Idee der phallischen Phase entsteht bei Freud erst 1923. Noch im selben Jahr schreibt er: „Die dritte und endgültige Organisationsstufe ist die Zusammenfassung der meisten Partialtriebe unter dem Primat der Genitalzone. Diese Entwicklung wird in der Regel rasch und unauffällig durchlaufen, ..." (1923a, S. 221). Danach erst kommt er zu der Auffassung, dass von einem Genitalprimat angesichts des phallischen Monismus in der dritten Stufe der infantilen Genitalorganisation noch nicht gesprochen werden könne: „Es besteht also nicht ein Genitalprimat, sondern ein Primat des Phallus" (1923e, S. 295). Dieser bestätige sich zum einen darin, dass der übrige Teil des männlichen Genitales kaum Aufmerksamkeit auf sich ziehe. „Aus den Analysen könnte man nicht erraten, dass noch etwas anderes als der Penis zum Genitale gehört" (ebd., FN 1). Auch werde der Penismangel beim Mädchen nach seiner Entdeckung zunächst verleugnet, um die aus ihm resultierende bedrohliche Schlussfolgerung abzuwenden, es könne sich dabei um eine Strafe handeln. Mit der Erkenntnis des Knaben, dass nur die Frauen Kinder bekommen, vollziehe sich ein Vorstellungswandel, denn nun nehme der Knabe an, dass die Frau ihren Penis gegen ein Kind tauscht. Bezogen auf die weibliche Entwicklung macht Freud das Eingeständnis, „in die entsprechenden Vorgänge beim kleinen Mädchen fehlt uns die Einsicht" (ebd.).

Die Bezeichnung „phallische Phase" verwendet Freud erstmals in „Der Untergang des Ödipuskomplexes" (1924d). Beim Mädchen erfolgt der Untergang des negativen Ödipuskomplexes ebenso abrupt wie der positive des Jungen. Beide geben das erste Liebesobjekt, die Mutter, aus dem narzisstischen Interesse auf, den Penis zu bewahren bzw. sein Substitut, ein Kind vom Vater, zu erlangen. Diese Erklärung macht deutlich, dass nach Freuds Vorstellung das narzisstische Interesse die Objektlibido letztlich überwiegt. Die Verleugnung der eigenen Kastriertheit veranlasst das Mädchen zur Identifikation mit dem Vater und erscheint Freud somit der Auslöser des weiblichen Männlichkeitskomplexes (1925j, S. 24).

3. Ideengeschichtlicher Hintergrund

Der Phallus gehört zu den ältesten Symbolen der Menschheits- und Kulturgeschichte und bezeichnet den Penis im erigierten Zustand. Neben seiner symbolischen Bedeutung von Zeugungskraft und Fruchtbarkeit steht er auch für die kosmischen Kräfte und die Quelle des Lebens. Der Phallus hat aber auch desexualisierte Bedeutungen im Zusammenhang mit aggressiven Drohgebärden und der Demonstration von hegemonialer Macht außerhalb sexueller Bezüge (Vanggaard 1979). In der symbolischen Verwendung des Phallus als Signum der Dominanz sieht Keuls (1993) die Berechtigung, das Athen der klassischen Antike als „Phallokratie" zu bezeichnen.

Phallus (lat.) leitet sich aus dem griechischen „phallós" ab. Die indogermanische Sprachwurzel bhel- ist identisch mit der von Ball und macht im englischen „ballock" deutlich, dass – zumindest unbewusst – auch die Hoden durch den Phallus repräsentiert werden. Neben der Bedeutung von „schwellen, aufblasen, quellen" ist in der Etymologie auch die von „knospen" und „blühen" nachgewiesen (Duden 1989) und erklärt die poetische Metapher des Überreichens einer Blüte durch den Mann für die geschlechtliche Vereinigung, wie sie auch Thomas Mann in „Die Geschichten Jaakobs" (1933) verwendet.

Obgleich Lacan (1975) vehement die Existenz eines symbolischen Pendants des Phallus als Signifikant im Unbewussten bestreitet, kennen viele außereuropäische Kulturen ein dem Phallus entsprechendes weibliches Komplement. Dies gilt z.B. für die Verbindung des indischen Phallussymbols Linga mit der Yoni, dem Symbol des mütterlichen Schoßes und der Gebärkraft. Auch die griechische Antike, mit deren Mythologie Freud gut vertraut war, kennt in der Baubo eine mythische Personifikation der Vulva, durch deren Entblößung sie die Männer erschreckt, die Frauen dagegen erheitert, da sie dem zeugenden Phallus die Potenz der Gebärenden entgegensetzt (vgl. Devereux 1981).

4. Wesentliche Erweiterungen, Differenzierungen und Modifikationen

Freuds Annahmen über die phallische Phase beim Mädchen lösten schon seit Ende der zwanziger Jahre heftigen Widerspruch aus. Gemeinsam sind den frühen Kritiken von Horney, Müller, Klein und Jones (s. Zusammenfassung bei Chasseguet-Smirgel 1974, S. 46–67) die Unterscheidung von präödipalem und ödipalem Penisneid sowie die Annahme, dass es sich beim Penisneid um eine sekundäre Bildung handele, der die Verleugnung der Vagina vorausgehe. Denn vaginale Onanie sei beim Mädchen schon sehr früh zu beobachten. Zudem ermahnt Jones (1933), man dürfe nicht vergessen, dass die Klitoris bei allen mit ihr verbundenen phallischen Phantasien dennoch ein Teil des weiblichen Genitales und somit primär ein weibliches Organ ist. Die Kastrationsangst steht nach seiner Auffassung bei beiden Geschlechtern für die Furcht vor dem Verlust des Sexuellen überhaupt, der „Aphanisis". Einige Autorinnen sprechen darum von der phallisch-klitoralen Phase.

Aus heutiger Sicht ist die Furcht vor dem Verlust der eigenen Sexualität beim Mädchen in den „Fehlbenennungen der weiblichen Genitalien" (Lerner) ebenso begründet wie in Schwierigkeiten, sich die eigene Innergenitalität vollständig anzueignen (Bernstein) oder aber der Befürchtung, zu ihr keinen Zugang mehr zu haben, verschlossen zu sein „wie ein Junge" (Lax). Ferner resultiert die Betonung des Phallischen beim Jungen ebenfalls, wie auch Freud bereits andeutet, aus einer Abwehr. Frühere wie heutige Autoren verweisen auf den Gebärneid des Knaben (Horney, Benz) und auf die Gegenbesetzung jener Ängste, die Skrotum und Hoden betreffen (Bell) (s. ausführlich in Moré 1997). Nach Rotter (1932) stellt die Unkontrollierbarkeit des Penis und der männlichen Sexualfunktionen eine schwere narzisstische Kränkung für den Mann dar, eine Auffassung, die Brandes (1980) mit seiner Untersuchung folkloristischer Metaphern der Männlichkeit und ihrer humoresk dargestellten, mit Scham verbundenen „schwachen Seiten" bestätigt.

Auch im Denken Freuds lässt sich eine phallische Abwehr von Weiblichkeit nachweisen (May 1979). Rohde-Dachser (1991) untersuchte die in der psychoanalytischen Theorie etablierten androzentrisch geprägten Abwehrprozesse gegenüber dem Weiblichen. Dabei knüpft sie an die Entdeckung Horneys (1932) an, wonach es Parallelen gibt zwischen den abwehrenden wie auch abwertenden Beschreibungen von Weiblichkeit beim Knaben und in der Psychoanalyse.

Für beide Geschlechter gilt aus heutiger Sicht, dass sie ihr eigenes Genitale früh narzisstisch besetzen, dennoch aber Konflikte erleben, die aus der Unmöglichkeit herrühren, gleichzeitig über das Genitale des anderen Geschlechts und die damit verbundenen Möglichkeiten zu verfügen (Fast 1991). Auch für Nitzschke (2003) liegt jenseits der Geschlechterdifferenz das Verlangen nach dem ungeteilten Geschlecht: „Beide Geschlechter halten an der grandiosen Vorstellung von dem einen Geschlecht fest – dem Geschlecht, das nicht bedroht, nicht eingeschüchtert, nicht ‚kastriert' ist" (ebd., 63). Die narzisstische Verletzung liegt in der Differenz der Geschlechter und der Geteiltheit der damit verbundenen Potentiale. Umso größer wird die narzisstische Bedeutung des eigenen Genitales und dessen Bestätigung durch die Eltern bei der exhibitionistischen Präsentation als Bedingung für die libidinöse Besetzung des eigenen Körpers und die Ausdifferenzierung des Körperbildes. Dass dies dem Jungen besser zu gelingen scheint als dem Mädchen, liegt nicht allein an der exponierten Position des Penis gegenüber der Klitoris. Der intensivere „Glanz im Auge der Mutter" (Kohut 1976, 141) bei dessen Anblick hatte lange Zeit auch sozialgeschichtliche Hintergründe. Edgcumbe und Burgner (1975) schlagen daher vor, die phallische Phase in eine phallisch-narzisstische und eine phallisch-ödipale Phase zu unterteilen. Erst in letzterer werden die überwiegend genitalen Triebimpulse in sexuellen Wunschphantasien gegenüber den elterlichen Objekten erlebt und damit eine qualitativ neue Stufe der Triangulation erreicht, die ödipale. Kritik gibt es jedoch an der Verwendung des Begriffs „phallisch" für das Mädchen, dessen eigene psychosexuelle Entwicklungsaspekte damit nicht adäquat erfasst würden, insbesondere nicht seine Kenntnis der Vagina mit den zu dieser gehörenden Sensationen. Glover und Mendell (1982) bevorzugen daher die Bezeichnung „präödipale genitale Phase", Parens et al. (1976) sprechen von einer „protogenitalen Phase" (vgl. Mertens 1994, 116) und Tyson und Tyson (2001) von der „infantil-genitalen Phase".

Aktuelle psychoanalytische Auffassungen gehen von einer Entdeckung der anatomischen Geschlechterdifferenz schon in der analen Phase aus. Die Entdeckung beschränkt sich zudem nicht auf den Besitz oder das Fehlen des Penis, sondern bezieht das weibliche wie männliche Genitale jeweils vollständig mit ein. Die phantasmatische Repräsentanz des Phallus mit seiner symbolischen Bedeutung von Omni-Potenz, Macht und Überlegenheit gilt heute – insbesondere in der feministischen Psychoanalyse – als Resultat einer männlichen Abwehr von Ängsten und Konflikten um das eigene Genitale wie auch von Neid- und Unterlegenheitsgefühlen aufgrund des Ausschlusses von der Gebär- und Nährfähigkeit der Frau (Benz 1984). Mit dem Phallus als Symbol von Macht und Prestige verbindet sich für beide Geschlechter zugleich die Realerfahrung der historisch-soziokulturellen Privilegiertheit des männlichen Geschlechts (s.a. Nitzschke 2003, 63).

5. Die Bedeutung des Begriffs in verschiedenen psychoanalytischen Schulrichtungen

Melanie Kleins Konzept der ödipalen Frühstadien beinhaltet die Annahme, dass Triebregungen aller drei Phasen – der oralen, sadistisch-analen und der phallischen (Klein spricht meistens von genitaler Phase) – schon im Säuglingsalter wirksam sind und sich überlagern. Klein geht zudem von der Existenz eines angeborenen unbewussten Wissens über Vagina und Penis aus, das sich insbesondere in der Phantasie der „vereinigten Eltern" als Phantasie von der destruktiven Einheit der Partialobjekte Penis-Vagina oder Penis-Brust realisiert. Der Kastrationskomplex ist beim Jungen vor allem die Folge seiner phantasierten Angriffe auf den väterlichen Penis im Mutterleib, während er beim Mädchen aus dessen Angriffen auf die Penis- und Kindobjekte in der Mutter folgt. Beim Mädchen führe der gefürchtete mütterliche Gegenangriff aus Angst vor Zerstörung des eigenen Körperinneren zur Verleugnung der Vagina. Bereits im Säuglingsalter sei diese jedoch zu Sensationen fähig (Klein 1987).

In Lacans Theorie ist der symbolische Phallus von zentraler Bedeutung für seine strukturalistische Konstruktion einer Semiologie des Unbewussten. Durch die Gleichsetzung der phallischen Funktion mit einer symbolischen, die den Phallus zum Signifikant aller Signifikanten mache, verleiht Lacan dem symbolischen Phallus eine fundamentale Bedeutung, die an Freuds Bild vom „gewachsenen Fels" erinnert. Vom symbolischen Phallus unterscheidet Lacan (1991) den imaginären Phallus, der als Partialobjekt Teil der Selbst- und Objektrepräsentanzen ist und zu einem – meist integrierten und narzisstisch besetzten – Bestandteil im Körperbild (body image), vorwiegend des Jungen wird. In seiner imaginären und symbolischen Funktion steht der Phallus bei Lacan dem biologischen Penis gegenüber. In der phallisch-ödipalen Phase wird der imaginäre Phallus zum Dritten zwischen Mutter und Kind, das zwischen diesen ausgetauscht werde und dadurch auch eine symbolische Funktion erhalte. Das Kind identifiziere sich mit dem Phallus, den die Mutter begehrt. Diese Triade werde aufgebrochen durch den imaginären Vater als dem Vierten, der mit der „Kastration" des Kindes das Gesetz etabliert, welches symbolisiert ist im „Namen-des-Vaters".

Sowohl das Metaphysische (Derrida 1975) als auch das Phallozentrisch-Patriarchale (Grosz 1990) dieser Theorie wurden kritisiert. Zudem verhindert auch die angenommene Dominanz des Phallischen nicht, dass der Phallus in der Regel der Traumzensur unterliegt und darum selbst symbolisch verschlüsselt wird, womit auch dieser ein Signifikat ist. Zu den symbolischen Äquivalenten des Phallischen gehören nach Freuds eigener Erkenntnis der Penis, die Brust, die Fäzes und das Kind und können sich daher wechselseitig vertreten.

Unter dem (teilweise verleugneten) Einfluss Lacans entwickelte sich bei einigen AutorInnen der französischen Psychoanalyse ebenfalls eine Verabsolutierung des Phallischen mit der Reduktion unbewusster psychischer Prozesse auf eine ausschließliche Polarisierung von phallisch und kastriert. So wird der Phallus bei Grunberger (1964) zum Inbegriff aller positiven Erfahrungen von körperlicher, psychischer und psychosozialer Integrität, was ihn zu der Aussage veranlasst, selbst der Orgasmus einer Frau sei im Unbewussten gleichzusetzen mit dem Erwerb des Phallus. Dagegen bezeichnet für ihn „Kastriertheit" jegliche Art von Konflikt bezüglich körperlicher Integrität oder Selbstzweifeln, die unbewusst als abgetrennter und verstümmelter Phallus repräsentiert würden. Zugleich ist der abgetrennte Phallus Inbegriff der Destruktivität. Im Gegensatz zur Selbstpsychologie Kohuts (1976), in der das Triebgeschehen gegenüber der narzisstischen Selbstintegration marginalisiert erscheint, stellt Grunberger die Verbindung zwischen diesen wieder her durch den Hinweis auf die doppelte Funktion der Triebbefriedigung für das Selbst: sowohl Spannungsabfuhr wie auch ein zentrales Element der Selbstintegration zu sein.

Die Verbindung von Überlegungen Kleins, Ferenczis, Lacans und Grunbergers führt bei Chasseguet-Smirgel (1988) zur Annahme eines angeborenen unbewussten Wissens über die „sexuelle Wahrheit" sowohl der Zeugungsfunktionen wie auch der Urszene. Der primäre Wunsch des Kindes sei aber nicht die Beraubung des mütterlichen Körpers um die in ihm enthaltenen Objekte (Klein), sondern deren Vernichtung, um dem Fusionswunsch des Kindes Raum zu geben. Durch Projektion dieses Wunsches auf die Mutterimago werde diese zur verschlingenden Gorgo, ausgestattet mit einem vernichtenden analen Penis. Verleugnung der Vagina und Penisstolz bzw. -neid dienten neben der phallisch-narzisstischen Abgrenzung von der Mutter auch der Abwehr dieser auf sie projizierten Verfolgungsaspekte. Freuds Theorie des sexuellen phallischen Monismus ist nach Chasseguet-Smirgel eine sekundäre Bildung im Dienst der Abwehr. Wie alle präödipalen Phasen sieht sie auch die phallische mit dem Signum des Perversen behaftet, gekennzeichnet durch die Regression und Verleugnung der Realität. Erst der „reife Ödipus" etabliere eine Grenze dagegen durch die Anerkennung des väterlichen Penis und das durch ihn repräsentierte „Gesetz des Vaters" (Lacan).

6. Interdisziplinäre Beiträge und Befunde

Die biologischen Annahmen zur Zeit Freuds über die Klitoris als einem Penisrelikt sind heute widerlegt und der Erkenntnis einer gemeinsamen embryonalen Entwicklungsphase gewichen, die nicht differenziert ist. Nach der geschlechtlichen Ausdifferenzierung ab der siebten Schwangerschaftswoche erweist sich die weibliche Entwicklung als prädominant: Hormonelle und andere Störungen in der Entwicklung des männlichen Embryos können dann eine Rückbildung derselben und die Ausbildung einer weiblichen Genitalanlage bewirken.

Die Ausbildung der Geschlechtsidentität ist nach Money und Erhardt (1975) jedoch weniger von der morphologischen Gestalt der Genitalien und den an ihnen erlebten Sensationen abhängig als von den geschlechtsbezogenen sozialen bzw. projektiven Zuschreibungen, dem jeweiligen Zuweisungsgeschlecht. Geschlechtsidentität entsteht nach Erkenntnissen der Gender-Forschung nicht nur aus der Identifikation mit gleich- und gegengeschlechtlichen Primärobjekten, sondern bezieht schon ab der Entdeckung einer (anfangs noch diffusen) Geschlechterdifferenz soziale Normen und Modelle mit ein. In der neueren feministischen Diskussion wird vor allem die Trennung des symbolischen Phallus vom biologischen Organ Penis auch als Chance empfunden, Geschlechter(ordnungen) symbolisch neu zu konfigurieren (z.B. Butler 1995). Dieser Verführungsaspekt eines scheinbar körperlos-signifikantfreien, dem Assoziationsspiel überlassenen Signifikanten, des Phallus, konfligiert mit dem ebenso wahrnehmbaren, durch andere Symbole nicht mehr relativierbaren „Phallogozentrismus“ (Derrida 1982), in dem der Mann den Phallus hat, die Frau Phallus ist. Im Omphalos (Nabel) sucht Bronfen (1994) daher nach einem beiden Geschlechtern gemeinsamen Symbol, für das sich jedoch im Unbewussten keine symbolische Referenz (Repräsentanz) nachweisen lässt.

Dass das „Geschlecht“ keine natürliche Gegebenheit ist, sondern wesentlich eine soziale Konstruktion, machen kulturhistorische und -vergleichende Forschungen deutlich. Ethnopsychoanalytische Untersuchungen bei indigenen Kulturen zeigen, wie phallisch-narzisstische Erlebensweisen und Konflikte sich in jenen manifestieren und abgewehrt werden. So ist es bei den Dogon der Mann, dessen Kastrationsängste durch die Geburt eines Kindes beruhigt werden (Parin, Morgenthaler, Parin-Matthèy 1963). Könnte demnach Freuds Annahme, das Kind sei für die Frau ein Penisäquivalent, die Abwehr und Verschiebung der männlichen Kastrationsangst auf die Frau sein? Eine ähnliche Interpretation legt die im ostasiatischen Raum auftretende Koro-Symptomatik nahe, bei der die überwiegend adoleszenten Männer in Panikattacken befürchten, ihr Penis werde schrumpfen, sich in den Bauchraum zurückziehen und dies werde zum Tod führen. In ihr zeigt sich die Verschränkung oraler Fixierungen mit dem Neid auf die nährende Potenz der weiblichen Geschlechtsorgane, die in der Abwehr und Reaktionsbildung zu intensiven Kastrationsängsten führt (Gerlach 1995).

Sozialisationserfahrungen sind aus psychoanalytischer Sicht Teil von Objektbeziehungserfahrungen. Das in der feministischen Theorie thematisierte „doing gender“ erweist sich dabei weit weniger als bewusst intendierte Beeinflussung des Kindes, sondern als Resultat des Zusammenspiels von unbewussten Phantasien beider Eltern über das Kind und seine geschlechtliche Rolle in Verbindung mit eigenen Wünschen, Phantasien und Ängsten. In diese auf der affektiv-körperlichen Ebene kommunizierten Inhalte über Geschlechtlichkeit gehen ihre eigenen Erfahrungen mit ihrem und dem anderen Geschlecht, ihre (prä)ödipale Geschichte und psychosexuelle Entwicklung mit ein und werden zu Inhalten transgenerationaler unbewusster Übertragungen. Somit umfasst die phallische Phase nicht nur intrapsychische psychosexuelle Entwicklungsschritte, sondern auch unbewusste interaktive Übertragungsvorgänge. Durch diese vollziehen sich die Aneignung des eigenen Körpers und der sexuellen Identität im Kontext kultureller Imaginationen und davon geprägter Realerfahrungen der Geschlechter. Welche Rückwirkungen internalisierte Modelle und Phantasien über (geschlechtsspezifische) Körperlichkeit, Emotionalität oder Ausdrucksverhalten auf psycho-physiologische Entwicklungsprozesse haben, wurde bislang kaum untersucht, gewinnt jedoch im Rahmen neurowissenschaftlicher Forschungen zunehmend an Bedeutung (Ellis 1995).

Literatur

Benz, A. (1984). Der Gebärneid der Männer. Psyche – Z Psychoanal, 38, 307–328.

Brandes, S.H. (1980). Giants and big-heads. An Andalusian metapher. In M.L. Foster and S.H. Brandes (Eds.), Symbol as sense (pp. 77–92). New York: Academic Press.

Bronfen, E. (1994). Vom Omphalos zum Phallus. In W. Müller-Funk (Hg.), Macht, Geschlechter, Differenz (S. 128–151). Wien: Picus.

Butler, J. (1995). Körper von Gewicht. Berlin: Berlin-Verlag.

Chasseguet-Smirgel, J. (1974). Freud widersprechende psychoanalytische Ansichten über die weibliche Sexualität. In dies. (Hg), Psychoanalyse der weiblichen Sexualität. Frankfurt/M.: Suhrkamp, 46–67.

Chasseguet-Smirgel, J. (1988). Zwei Bäume im Garten. München: Verlag für Internationale Psychoanalyse.

Derrida, J. (1982). Die Postkarte. Berlin: Brinkmann & Bose.

Devereux, G. (1981). Baubo – Die mythische Vulva. Frankfurt/M.: Syndikat.

Duden (1989). Bd. 7: Etymologie. Mannheim: Dudenverlag.

Edgcumbe, R. and Burgner, M. (1975). The phallic-narcissistic phase. A differentiation between preoedipal and oedipal aspects of phallic development. Psychoanalytic Study of the Child, 30, 161–179.

Ellis, R.D. (1995). Questioning consciousness. Amsterdam: Benjamins.
Fast, I. (1991). Von der Einheit zur Differenz. Berlin: Springer.
Gerlach, A. (1995). Kastrationsangst und oraler Neid im Geschlechterverhältnis. Analytisches Arbeiten mit einer ethnologischen Beobachtung. Psyche – Z Psychoanal, 49, 965–988.
Grosz, E. (1990). Jacques Lacan. A feminist introduction. London: Routledge.
Grunberger, B. (1964). Über das Phallische. Psyche – Z Psychoanal, 10, 604–620.
Horney, K. (1923). Die Angst vor der Frau. In dies. (1984). Die Psychologie der Frau. Frankfurt/M.: Fischer, S. 81–95.
Jones, E. (1933). The phallic phase. International Journal of Psycho-Analysis 14, 1–33.
Keuls, E.C. (1993). The reign of the phallus. Berkeley: University of California Press, 2. ed.
Klein, M. (1987). Die Psychoanalyse des Kindes. Frankfurt/M.: Fischer.
Kohut, H. (1976). Narzißmus. Frankfurt/M.: Suhrkamp.
Lacan, J. (1991). Die Bedeutung des Phallus. In ders., Schriften II. (S. 119–132). Olten: Walter.
Mann, T. (1933). Die Geschichten Jaakobs: Jaakobs Hochzeit. In Joseph und seine Brüder (S. 293–315), Bd. 1. Frankfurt/M.: Fischer, 1960.
May, R. (1979). Freud and the phallic defense. Psychiatry, 42, 147–156.
Mertens, W. (1992). Entwicklung der Psychosexualität und der Geschlechtsidentität. Bd. 1, Geburt bis 4. Lebensjahr. Stuttgart: Kohlhammer, 3. überarb. Aufl., 1997.
Money, J. und Ehrhardt, A.A. (1975). Männlich – weiblich. Reinbek: Rowohlt.
Moré, A. (1997). Die Bedeutung der Genitalien in der Entwicklung von (Körper)Selbstbild und Wirklichkeitssinn. Forum der Psychoanalyse, 13, 312–337.
Nitzschke, B. (2003). Kastrationsangst und phallischer Triumph. Anmerkungen zu Sigmund Freuds Männlichkeitskonstruktion. In S. von Arx u.a. (Hg.) Koordinaten der Männlichkeit (S. 49–66). Tübingen: edition diskord.
Parin, P., Morgenthaler, F. und Parin-Matthèy, G. (1963). Die Weißen denken zuviel. Zürich: Atlantis.
Rohde-Dachser, C. (1991). Expedition in den dunklen Kontinent. Berlin: Springer.
Rotter, L. (1932). Zur Psychologie der weiblichen Sexualität. In dies., Sex-Appeal und männliche Ohnmacht (S. 19–31). Freiburg: Kore, 1989.
Tyson, P. und Tyson, R.L. (2001). Lehrbuch der psychoanalytischen Entwicklungspsychologie. Stuttgart: Kohlhammer, 2. Aufl.
Vanggaard, T. (1979). Phallos. Eros und Macht. Frankfurt/M.: Fachbuchhandlung für Psychologie, 2. Aufl.

Phantasie *von Dieter Bürgin*

phantasy – fantasme

1. Definition

Phantasien sind szenische Kondensate angeborener intrapsychischer Abläufe und Destillate bewusster und unbewusster Lernerfahrungen, Traumatisierungen, Konflikte, Abwehr-, Anpassungs- und Bewältigungsstrategien, Kompensationshaltungen und (projektiver und introjektiver) Identifikationen. Sie sind nicht verstreute, zeitweilig manifest werdende Bewusstseinsinhalte, sondern Konstituenten und Organisatoren des Bewusstseins selbst. Sie gestalten persönliche Inhalte, denn der Trieb (d.h. die Motivation, das Begehren, das Verlangen, das Bedürfnis, der Wunsch etc.) infiltriert die Gesamtheit der primär autonomen Ich-Funktion, d.h. das Denken, die Motorik und auch die Wahrnehmung. Die Phantasie als Funktion umfasst nicht nur eine Art innere Szenerie, sondern auch entsprechende Drehbücher. Der nötige innere Spielraum entwickelt sich in Analogie zum äußeren Intermediärraum.

Die Funktionen der Phantasie sind mannigfaltig. Mit Hilfe der Phantasie kann ein Begehren eine Zeitlang wachgehalten werden, bis eine Befriedigung in der äußeren

Realität möglich wird. Gelingt dies nicht, so kommt es zu einer motorischen Triebentladung. Die Phantasie erfüllt im frühkindlichen Seelenleben einige Funktionen, die später das Denken übernimmt. Denken kann als Modifizierung unbewusster Phantasien aufgefasst werden. „Die Fülle, Tiefe und Genauigkeit des menschlichen Denkens hängt von der Qualität und Geschmeidigkeit des unbewussten Phantasielebens und der Fähigkeit, dieses einer Realitätsprüfung zu unterziehen, ab" (Segal 1974, S. 41).

Strukturell sind Phantasien Interaktionsrepräsentanzen, die eine affektive Verbindung zwischen dem Subjekt und dem Objekt (z.B. die gegenseitigen Erwartungen und Wünsche) mitumfassen. Als Organisations- und Steuerungselemente haben Phantasien eine sehr unterschiedliche Besetzung und Wirksamkeit. Bezüglich Bewusstseinsgrad befinden sie sich auf einem Kontinuum zwischen unbewusst und bewusst. Sie sind entweder flexibel spielerische Elaborationen dynamischer Art oder rigide, pseudo-gesetzliche Einheiten beinahe axiomatischen Charakters. In ihrem Formenreichtum manifestieren sie eine sehr unterschiedliche Komplexität. Untereinander sind sie, wie ein neuronales Netzwerk, dynamisch verkoppelt, können im Dienste der Regression, der Progression, der Abwehr, der Anpassung oder des psychischen Durcharbeitens stehen.

Inhaltlich lassen sie sich gliedern in aggressiv-destruktive Phantasien (Zerstörung, Tod, Rache), libidinös besetzte Phantasien prägenitaler (sadistischer, paranoid-masochistischer oder depressiver Prägung) und ödipaler Art (ausgeschlossener Dritter, Rivalität, Erlösung), narzisstische Phantasien (z.B. Rettung, Grandiosität, Omnipotenz, Fusion) und familienbezogene Phantasien (gemeinsam geteilte Phantasie; Familienroman). Oft ist auch ein organisch gewachsenes Gebilde mit einer hierarchischen Gliederung von Phantasien zu beobachten.

Dort, wo eine Orientierung bei der Wahrnehmung fehlt, gibt es geheimnisvolle Lücken. Zum Beispiel bei den Phänomenen Geburt, Sexualität, Tod, Entwicklung oder phasischen Abläufen. Solche Lücken werden durch Phantasieaktivitäten ausgefüllt. Die daraus sich bildenden Phantasieketten bilden schließlich infantile Theorien. Diese werden durch immer differenziertere ersetzt, welche die Phänomene besser integrieren lassen. Eine wissenschaftliche Theorie ist eine abstrahierte, weitgehend neutralisierte, über den individuellen Bereich weit hinausreichende, aszenisch gewordene, entlibidinisierte, bewusste Phantasie.

2. Klassische Auffassung

Freud (1915e) hielt fest: „Ein Trieb kann nie Objekt des Bewusstseins werden, nur die Vorstellung, die ihn repräsentiert. Er kann aber auch im Unbewussten nicht anders als durch die Vorstellung repräsentiert sein" (S. 275). Da Triebe mit der leiblichen Existenz verknüpft und Phantasien an Triebe gekoppelt sind, können auch die letzten, wenigstens teilweise, als angeboren und vom ersten Lebenstag ab existent betrachtet werden. Entsprechend der klassischen psychoanalytischen Lehrmeinung lassen sich mittels des psychoanalytischen Prozesses unbewusste Phantasien erschließen. Die letzten entsprechen einem zumeist nicht bewussten Schema, überschreiten – idealtypisch gesehen – individuelles Erleben und sind, nach Freud (1916–17a), als „Urphantasien" „phylogenetischer Besitz", d.h. vererbt. „Das Individuum greift in ihnen über sein eigenes Erleben hinaus in das Erleben der Vorzeit" (S. 386). Die gleichen gestaltenden Prozesse, die wir in den bewussten, vorbewussten oder unbewussten Phantasien finden, lassen sich bei der Entstehung, Symbolisierung und sekundären Bearbeitung im Rahmen der Traumarbeit wiedererkennen. Vom Visuellen teilweise etwas entferntere Gestaltungselemente sind bei der Ausarbeitung verbaler Narrative, in künstlerischen Produktionen, bei der Symptombildung und auch in gewissen Verhaltensformen am Werk. Bei der direkt beobachtbaren Interaktion eines Individuums treten oft Bruchstücke oder – wie z.B. beim Agieren, den Perversionen und den dissozialen Handlungen – größere Szenenabschnitte von Phantasien in mehr oder weniger symbolisierter Form zu

Tage. Phantasiestrukturen bzw. -systeme streben somit zum Ausdruck. Dieser ist zumeist vielschichtig und vieldeutig und enthält oft höchst Gegensätzliches wie z.B. die Inszenierung von Wunsch und Abwehr zugleich. Phantasie als szenischer Kontext innerpsychischer Abläufe bildet sich an den Lückenpositionen fehlender äußerer Befriedigung. Sie ist entweder Ausdruck eines realen Mankos oder einer abgewehrten Triebstrebung. Kann eine Erfahrung nicht mit einem angeborenen Schema zur Deckung gebracht werden, so wird sie in der Phantasie umgeformt (Freud 1918b). Das Fehlende birgt ein Motiv zum Auffüllen mittels Phantasie in sich.

Unbewusste Phantasien werden innerhalb der Analyse durch den Analytiker in kurze Sätze oder Geschichten übersetzt, d.h. in Einheiten, die ein Subjekt, eine Handlung und ein Objekt haben, auf welches die Handlung bezogen ist. Die allgemeine Entwicklung von Phantasien geht von einem ungestillten Bedürfnis über halluzinierte Bilder zu plastischen Szenen, die im Verlaufe der Entwicklung einer konstanten Bearbeitung unterliegen. Säuglinge übernehmen nicht selten direkt Phantasien von den Hauptbezugspersonen mittels Introjektion.

Phantasien liefern diagnostisch Anhaltspunkte für die Beurteilung der Struktur, Dynamik und vorwiegenden Problematik eines Patienten sowie seines für ihn bedeutungsvollen Umfeldes. Sie verändern sich in einem dynamischen Kontext, z.B. der Entwicklung oder in einem analytischen Prozess. Drängen sie zur direkten Handlung, so bilden sie den Boden für die Entwicklung einer Perversion. „In unserer inneren Realität wird der internalisierte Vater immerzu getötet, beraubt, verbannt und zerschnitten, und wir begrüßen es, wenn dieser internalisierte Vater durch einen wirklichen Menschen verkörpert wird, zu dessen Schutz wir beitragen können“ (Winnicott 1958, S. 241).

3. Ideengeschichtlicher Hintergrund

Anhand des Konzeptes der Rettungsphantasie kann, stellvertretend für das Ganze, folgende Tendenz nachgezeichnet werden: Der Terminus wurde erstmals 1910 von Freud eingeführt, ein Jahr darauf bereits von Stekel und Reik übernommen, die ihn als Ausdruck einer tiefgreifenden Ambivalenz ausweiteten, und in den zwanziger Jahren auch von Abraham diskutiert. Frosch brachte ihn 1959 mit dem Familienroman in Zusammenhang. Greenacre hob 1966 die Bedeutung der in den Analytikern selbst vorhandenen Rettungsphantasien hervor. Dieser Aspekt wurde, als präödipale und ödipale Dynamik, im Zusammenhang mit der Analyse der Gegenübertragung und der eigenen Berufsmotivation in den vergangenen 30 Jahren in der Literatur besonders aufgenommen. Die ursprünglich von Freud hervorgehobene, vor allem triebbezogene Bedeutung der „Rettung einer gefallenen Frau“ trat damit, als Opfer sozialer Veränderungen und einer gewandelten Sexualmoral, mehr in den Hintergrund (Esman 1987).

4. Wesentliche Erweiterungen, Differenzierungen und Modifikationen

In der Sicht von Klein (1932) sind unbewusste Phantasien allgegenwärtig und jederzeit im Seelenleben eines Individuums aktiv. Der Charakter solcher unbewusster Phantasien und die Art und Weise, wie sie auf die äußere Realität bezogen sind, bestimmen die individuelle psychische Struktur eines Individuums. Das Wirken eines Triebes wird durch die Phantasie der Triebbefriedigung mit Hilfe eines geeigneten Objektes ausgedrückt und repräsentiert. „Da Triebe von Geburt an wirksam sind, darf auch von Geburt an ein noch ungefügtes Phantasieleben vermutet werden“ (Segal 1974, S. 29).

Entsprechend Bion (1990, 1992) treten Erfahrungselemente und emotionelle Eigenschaften vor ihrer sprachlichen Festigung irgendwann in einer mehr oder weniger festen Verbindung auf und bilden Einheiten. Angeborene Präkonzeptionen als phylogenetische Schemata stehen dem Säugling von Anbeginn an zur Verfügung, um die Welt zu verstehen. Sie warten gleichsam auf geeignete Realisierungen. Dadurch wandeln sie sich zu Konzeptionen, die etwas Neues repräsentieren. Im Laufe fortwährender Integrations-/Desintegrationsbewegungen bekommen solche Konzeptionen später erneut den Status von Präkonzeptionen, die sich mit neuen Realisierungen zu frischen Konzeptionen verbinden.

Innerhalb der kleinianischen oder Bion'schen Richtung entwickeln sich Phantasien im Kräftefeld der paranoid-schizoiden und der depressiven Position. Sie oszillieren lebenslänglich, aber in zunehmend elaborierter Form, zwischen diesen beiden Organisationsformen des innerseelischen Geschehens hin und her. Erst wenn sich ein Individuum in der Funktionsmodalität der depressiven Position befindet, lassen sich z. B. Restaurations- und Reparationsphantasien erkennen. Phantasiebildung ist eine Funktion des Ichs, das von Geburt an fähig ist, primitive Objektbeziehungen in Phantasie und Realität herzustellen (Winnicott 1958). „Vom Augenblick der Geburt an muß der Säugling mit dem Ansturm der Realität fertig werden ... Diese Realitätserfahrungen beeinflussen unmittelbar die unbewußte Phantasie, von der sie ihrerseits beeinflußt werden. Die Phantasie ist nicht nur eine Flucht aus der Wirklichkeit, sondern eine ständige und unvermeidbare Begleiterin realer Erfahrungen, mit denen sie in dauernder Wechselwirkung steht" (S. 68). „Wenn einerseits unbewußte Phantasien die Wirklichkeitswahrnehmung und Wirklichkeitsdeutung ständig beeinflussen und verändern, so ist es andererseits genau umgekehrt: die Realität wirkt auf die unbewußte Phantasie ein" (S. 70). „Die Bedeutung des Umweltfaktors kann nur richtig beurteilt werden, wenn man von der Frage ausgeht, was er für die Triebregungen und Phantasien des Kindes bedeutet" (S. 306). Schlechte Erfahrungen erhöhen die Omnipotenz und die Wut, gute schwächen sie ab.

Für die Kleinianer ist Phantasie die psychische Repräsentanz des Triebes, also die psychische Repräsentanz der eigenen Biologie (Isaacs 1948). Triebe müssen einiges an Umgestaltung erfahren, um mentale Analoga, d. h. Phantasien, zu erzeugen. Die Phantasie ist der Versuch, somatische Abläufe in eine psychische Form zu bringen. Sie verliert niemals den Zusammenhang mit dem Körper. Der Körper des Säuglings besitzt Informationen, die mittels des Es in psychische Abläufe spezifischen Inhalts umgeformt werden. Die Beziehung zum Objekt ist dem Triebimpuls, zusammen mit der Triebrichtung, den szenisch-mentalen Abläufen und den damit verknüpften Affekten, inhärent. Der Säugling denkt zu Beginn also eine Art ererbte Gedanken, d. h. solche, die nicht aus seiner eigenen Erfahrung stammen.

Aus kleinianischer Sicht kann der Säugling bereits in der präverbalen Zeit phantasieren, d. h. lange bevor seine verbal-symbolischen Fähigkeiten voll ausgebildet sind. Allerdings ist dieses Phantasieren nicht direkt, sondern höchstens in Form von Abkömmlingen, beobachtbar. Präsymbolische Phantasien unterscheiden sich in ihrer Art von den symbolischen. Sie entstehen ohne ein ausgebautes Ich-Gefühl, ohne die Gewissheit, der Ursprungsort eigener Handlungen, Gedanken und Gefühle zu sein, ohne reflektiv-interpretatorisches Selbstgewahrsein und ohne die Empfindung, es handle sich um einen persönlich-kreativen Akt. Der Säugling reagiert in dieser Zeit noch vielfach mit unpersönlichen, reflexhaften Automatismen. Die primitiven Symbole entsprechen einer symbolischen Gleichsetzung, d. h., das Symbolisierte und das Symbol werden als gleichwertig betrachtet (Segal 1957).

5. Die Bedeutung des Begriffs in verschiedenen psychoanalytischen Schulen

Im Bereich der Selbstpsychologie kommt dem Phantasieren eine kohäsionsfördernde, oft reparative Funktion zu. Phantasien entstehen – von diesem Standpunkt aus gesehen – vor allem aus der Frustration narzisstischer Bedürfnisse (z. B. nach Spiegelung oder Idealisierung).

6. Interdisziplinäre Beiträge und Befunde

Wie die neuere Säuglingsforschung zeigt, enthält der perzeptive, motorische und kognitive Apparat einen angeborenen Dechiffrierungskode, der die sensorischen Daten organisiert und sie linguistisch hoch bedeutungsvoll macht („Tiefenstruktur" von Chomsky). Es besteht somit ein angeborenes Gliederungs- und Kodierungssystem, mittels welchem afferente Reize organisiert und strukturiert werden, das bei allen Menschen grundsätzlich gleich angelegt ist. Nur die Inhalte sind unterschiedlich. Dieses System ist ein integraler Teil der Triebwelt. Es umfasst eine wirksame Anlage und Bereitschaft, Erfahrungen entlang bestimmter Linien sinnhaft zu ordnen. Nichts wird frei von vorexistenten Präkonzeptionen oder vorbestehenden Schemata perzipiert. Vorbestehende biologische Schemata gestalten unsere perzeptiven Modi (z.B. werden Töne in Phoneme gegliedert). Phantasien stellen einerseits die Basis für die Interpretation gemachter Erfahrungen durch das Kleinkind dar und werden andererseits auch durch ebendiese Erfahrungen modifiziert. Gesamthaft gesehen entsprechen sie somit der Resultante aus genetischer Anlage und gemachten Erfahrungen. Die anlagemäßigen Teile legen fest, ob sich ein Kind bei der Deutung seiner Erfahrungen mehr von Lebenstrieben oder von Todestrieben leiten lässt. Die aktuellen Lebenserfahrungen ändern vor allem die momentane triebhafte Aufladung mit dem damit verbundenen Ordnungssystem. Die von Anfang an vorhandenen sexuellen Triebimpulse bilden gleichsam die Brille, durch welche sensorische Rohdaten aus der Innen- oder Außenwelt in bedeutungsvolle Erlebnisse transformiert werden; die aktuelle Erfahrung hingegen fungiert mehr als Auslöser für angeborene innere Erwartungen über die spezifische Form möglicher körperlicher Schädigung. Phantasien sind somit Kondensate von Triebabkömmlingen (Begehren, Verlangen, Wünschen), der äußeren Realität (verschiedenen Wahrnehmungen) und auch des internalisierten Wertesystems (Überich) mit seinen unterschiedlichen Ansprüchen. Als häufige Stilmittel für das Remodellieren, Verändern oder integrative Umgestalten von Phantasien stehen die Kondensierung, die Symbolisierung und die bildliche Metaphorisierung zur Verfügung. Die letzte ist selbst wieder abhängig von der Darstellbarkeit. Als Kompromisse zwischen Wunsch-, Forderungs- und Wahrnehmungswelt sind Phantasien somit Variationen oder mögliche Refigurationen real erlebter und dann repräsentierter Erfahrungen.

Literatur

Bion, W.R. (1990). Lernen durch Erfahrung. Frankfurt/M.: Suhrkamp.

Bion, W.R. (1992). Elemente der Psychoanalyse. Frankfurt/M.: Suhrkamp.

Esman, A.H. (1987). Rescue fantasies. Psychoanalytic Quarterly, 56, 263.

Haag, G. (1993). Discussion. In Journal de la psychanalyse de l'enfant. Vol. 14 (p. 66–72). Paris: Payard.

Isaacs, S. (1948). On the nature and function of phantasy. International Journal of Psycho-Analysis, 29, 73–97.

Klein, M., Heimann, P., Isaacs, S. and Riviere, J. (1952). Developments in psycho-analysis. Hogarth: London.

Ogden, T.H. (1984). Instinct, phantasy and psychological deep structure, – a reinterpretation of aspects of the work of Melanie Klein. Contemporary Psychoanalysis, 20, 500–525.

Segal, H. (1964). Introduction to the work of Melanie Klein (dt.: Melanie Klein. Berlin: Kindler, 1974).

Segal, H. (1957). Notes on symbolformation. International Journal of Psycho-Analysis, 38, 391–397.

Winnicott, D.W. (1958). Through pediatrics to psycho-analysis (dt.: Von der Kinderheilkunde zur Psychoanalyse. München: Kindler, 1976).

Primär- und Sekundärprozess *von Falk Leichsenring*

primary and secondary process – processus primaire et secondair

1. Definition

Die Begriffe Primär- und Sekundärprozess beschreiben spezifische Funktionsweisen von Trieb-Impulsen, Affekten, Handlungen und Denkvorgängen (Rapaport 1973, Holt 1989b, S. 281). Im Rahmen der Objektbeziehungstheorie erfolgt eine Erweiterung der Begriffe auf verinnerlichte Objektbeziehungen (Kernberg 1981). Primär- und Sekundärprozess sind nicht gleichzusetzen mit den Begriffen der Primär- und Sekundär-Funktion, die von Freud (1895/1950c, S. 390, 408ff.) auf das Nervensystem bezogen wurden und neurophysiologisch heute nicht mehr haltbar sind.

2. Klassische Auffassung

Die Analyse von Träumen und Symptombildungen führte Freud bereits früh dazu, zwei Funktionsweisen des psychischen Apparats zu unterscheiden, den Primär- und den Sekundärvorgang (Freud 1900a, S. 607): „Der Primärvorgang strebt nach Abfuhr der Erregung, um mit der so gesammelten Erregungsgröße eine Wahrnehmungsidentität herzustellen; der Sekundärvorgang hat diese Absicht verlassen und an ihrer Statt die andere aufgenommen, eine Denkidentität zu erzielen. Das ganze Denken ist nur ein Umweg von der als Zielvorstellung genommenen Befriedigungserinnerung bis zur identischen Besetzung derselben Erinnerung, die auf dem Weg über die motorische Erfahrung wieder erreicht werden soll." Die Hemmung des Primärvorgangs führt nach Freud zum Sekundärvorgang (1900a, S. 607). Unter topischem Aspekt ordnete Freud den Primärprozess dem System Unbewusst zu, den Sekundärprozess dem System Vorbewusst/Bewusst (Freud 1900a, S. 604; 1915e, S. 285, 286). Im Rahmen der Struktur-Theorie sieht Freud den Primärprozess als die Funktionsweise des Es an, den Sekundärvorgang als die des Ichs (Freud, 1940a, S. 91, 129).

Energetisch ist der Primärprozess nach Freud durch einen freien Fluss der Energie gekennzeichnet, der zum einen eine Tendenz zur unmittelbaren Entladung (Befriedigung) nach sich zieht, zum anderen eine leichte Verschiebbarkeit der Energie von einem Objekt zum anderen. Beim Sekundärvorgang ist die Energie dagegen gebunden, die Besetzung von Objekten ist stabil, und die Befriedigung kann aufgeschoben werden. Der Primärprozess funktioniert deshalb nach dem Lustprinzip, der Sekundärvorgang dem Realitätsprinzip (Freud 1900a). Als Mechanismen des Primärprozesses nennt Freud Verschiebung von einer Objekt-Vorstellung auf eine andere und Verdichtung mehrerer Vorstellungen zu einer einzigen (Freud 1900a, 1940a, S. 90). Primär- und Sekundär-Prozess wurde von Freud auch genetisch verstanden: Der Primärprozess sei die Funktionsweise des Es und des unreifen Ichs, der Sekundärvorgang die des reiferen Ichs (Freud 1900a, S. 572, 573, 608, 609; 1920g, S. 68). Mit der Beweglichkeit bzw. Gebundenheit der Trieb-Impulse sind nach Freud auch verschiedene Formen des Denkens verbunden (1900a, S. 607, 608): Als sekundärprozesshaft bezeichnete Freud das „normale" Denken des reifen Ichs, dem er keine weitergehende Untersuchung widmete, da er es als gut erforscht ansah (Holt, 1989b). Sekundärprozesshaftes Denken folgt den Regeln der Logik und Syntax und ist überwiegend verbal (Brenner, 1981). Primärprozesshaftes Denken ist dagegen viel stärker bildhaft und symbolisch. Es folgt nicht den Regeln der rationalen Logik: Gegensätze können nebeneinander und Teile können für das Ganze stehen und umgekehrt. Negationen, Zweifel, Grade von Sicherheit oder ein Zeitgefühl existieren nicht (Freud 1900a, S. 602; 1915e, S. 285f.; 1933a, S. 80). Freud (1900a S. 572, 608f.) hielt primärprozesshaftes Denken für die typische Form des Denkens des kindlichen unreifen Ichs. Bei Erwachsenen nahm er eine

Regression zum primärprozesshaften Denken an bei der Traumarbeit, bei der Abwehr, bei der Symptombildung (Freud 1900a, v.a. S. 593–614; 1915d, S. 258), in der schizophrenen Psychose (Freud 1900a, S. 573; 1915e, S. 297) sowie bei Fehlleistungen (1901b, z.B. S. 66, 86, 303), im Witz und in der Kunst (Freud 1900a, S. 601, 611; 1905c, S. 192).

3. Wesentliche Erweiterungen, Differenzierungen und Modifikationen

Holt (1989a) begründet, warum der Primärprozess nicht überwiegend dynamisch-ökonomisch erklärt werden kann, sondern die Operation stabiler Strukturen voraussetzt: Die Funktionsweise des Primärprozesses bei der Traumarbeit, bei der Abwehr und der symbolischen Darstellung, bei der Symptom- und Charakterbildung, bei Verschiebung und Verdichtung kann nicht durch einen chaotischen, völlig zufälligen freien Fluss der Energie erklärt werden. Der Primärprozess hat vielmehr seine eigene bizarre Logik, die hoch entwickelte Formen der Kompromissbildung einschließt und synthetische Funktionen und organisierende Strukturen impliziert. Auch die hohe Stabilität von Symptomen, Abwehrformationen und Charakterbildungen spricht für eine strukturelle Sicht des Primärprozesses (Holt 1989a). Holt schlägt vor, primärprozesshaftes Denken als spezielle Form der Informationsverarbeitung zu konzeptualisieren: Unter ungünstigen Bedingungen (z.B. mangelnde Information, ungenügende kognitive Voraussetzungen) versucht ein Individuum mittels primärprozesshafter Denkvorgänge dem Bedürfnis nachzukommen, sinnvolle Zusammenhänge (Synthese) zu konstruieren (Holt 1989a, S. 279). Holt (1989a) stellt die Annahme Freuds in Frage, dass die Frustration halluzinatorischer Wunscherfüllung (Primärprozess) zu einer Orientierung an der Realität (Sekundärprozess) führt. Er nimmt gerade umgekehrt an, dass die Frustration eines auf Triebbefriedigung gerichteten Verhaltens nicht zu einer Progression, sondern zu einer Regression führt, nämlich zum Primärprozess. In einer späteren Arbeit kommt Holt (1989b) zu einer sehr kritischen Bestandsaufnahme von Freuds Theorie des Primärprozesses: Freud hat sehr heterogene Phänomene unter den Begriff des „Primärprozesses" zusammengefasst: Träume, Wahnvorstellungen, Halluzinationen, neurotischer Symptome, Witze, Versprecher und Fehlleistungen, fast alle Manifestationen von Abwehrmechanismen, aber auch künstlerische Arbeiten oder die Mythen primitiver Völker. Ein so unscharf definiertes Konzept sei empirisch nicht prüfbar (Holt 1989b, S. 291). Zum anderen hat das Konzept des Primärprozesses seinen Nutzen als explikatives Konstrukt verloren, da es auf Freuds heute als fragwürdig angesehener Meta-Psychologie aufbaut (Holt 1989b, S. 298). Als deskriptives Konzept hält Holt (1989b) den Begriff jedoch weiterhin für fruchtbar: Er entwickelte ein Schema zur Operationalisierung von Primärprozess-Manifestationen bei spezifischen Denk-Produkten, nämlich bei Rorschach-Antworten. Empirische Befunde wie z.B. faktorenanalytische Ergebnisse sprechen dafür, dass Freud bei aller Verschiedenheit der Phänomene eine einheitliche konzeptuelle Entität erfasst hat, die weiterhin Primärprozess genannt werden kann (Holt 1989b, S. 296): Es scheint ein separates System prälogischen Denkens zu geben und, wie Holt (1989b, S. 298) vermutet, nicht nur eines. Hierfür sprechen auch faktorenanalytische Ergebnisse anderer Untersuchungen, die verschiedene Formen „bizarr-idiosynkratischen" Denkens untersucht haben (Harrow und Quinlan, 1985, S. 337f.; Leichsenring 1991, 1999, 2003). Nicht alle diese Denkformen lassen sich jedoch auf Verdichtung und Verschiebung zurückführen (Holt, 1989b). Primär- und sekundärprozesshaftes Denken scheinen auch nicht zwei verschiedene Systeme des Denkens zu bilden, sondern auf einem Kontinuum zu liegen (Harrow und Quinlan 1985; Holt 1989b). Auch ist zwischen einem mehr adaptiven und sozialisierten Ausdruck, bei dem Abwehr- und Kontrollmechanismen erfolgreich eingesetzt werden (Regression im Dienste des Ichs im Sinne von Kris 1952) und einem pathologischen

Durchbrechen primitiven Materials (maladaptiver Regression, Holt 1989b; 2002) zu unterscheiden. Die genannten Untersuchungen zeigen auch, dass sich Primärprozess-Manifestationen bei genauer Definition reliabel erfassen lassen (Harrow und Quinlan 1985, S. 333; Holt 2002; Leichsenring 1991, 1999).

4. Die Bedeutung des Begriffs in verschiedenen psychoanalytischen Schulrichtungen

Kernberg (1981, 1983) hat ein objektbeziehungstheoretisches Verständnis des Primärprozesses entwickelt (1981, S. 110): „... der Primärprozeß ist durch bestimmte Züge primitiver Wahrnehmungen und primitiver Affekte und durch bestimmte Selbst- und Objekt-‚Verbindungen' charakterisiert ...". Die bisher vorliegenden empirischen Befunde scheinen diese Annahmen Kernbergs zu bestätigen (Leichsenring 1991, 1999, 2003). Die Kernberg'sche Definition des Primärprozesses hat den Vorteil, dass sie nicht an bestimmte Mechanismen wie Verschiebung, Verdichtung oder synthetische Funktionen gebunden ist. Andererseits gibt es auffällige Denkvorgänge, die nicht durch primitive Affekte und Selbst-Objekt-Verbindungen gekennzeichnet sind (Leichsenring 1991, 1999, 2003). Es scheint eben mehrere Systeme prälogischen Denkens zu geben (auch Holt 1989b, S. 298).

5. Interdisziplinäre Beiträge und Befunde

Die Ergebnisse der Entwicklungspsychologie sprechen dagegen, dass das Denken des Säuglings primärprozesshaft ist: Halluzinatorische Wunscherfüllung setzt die Fähigkeit voraus, ein abwesendes Objekt zu imaginieren und erfordert damit kognitive Objektpermanenz im Sinne Piagets (Holt 1989a; Dornes 1993). Primärprozesshaftes Denken ist deshalb erst ab eineinhalb Jahren möglich. Das Denken des Säuglings ist sensumotorisch, nicht primärprozesshaft (Holt 1989a; Dornes 1993, S. 1144). Primär- und sekundärprozesshaftes Denken entwickeln sich vermutlich parallel (Dornes 1993, S. 1144). Piagets Theorie der kognitiven Entwicklung (z.B. Piaget, 1995) kann möglicherweise ein theoretisches Modell zur Beschreibung und Erklärung primärprozesshafter und anderer Formen auffälliger sowie „normaler" Denkvorgänge liefern (Leichsenring 1991, 2003). Auf der Basis einer Reihe von experimentellen Untersuchungen kommt Brakel (2000) zu dem Schluss, dass es empirische Belege für die Existenz eines Unbewussten gibt und dass dieses nach den Prinzipien des Primärprozesses organisiert ist. Experimentelle Untersuchungen sprechen nach Brakel (2004) außerdem dafür, dass der Primärprozess möglicherweise eine noch größere Bedeutung hat als Freud annahm: Er könnte die basale kognitive Organisationsform auch vieler nicht-menschlicher Säugetiere und einiger Vögel sein.

Literatur

Brakel, L.A. (2000). The primary process and the unconscious: experimental evidence supporting two psychoanalytic presuppositions. International Journal of Psychoanalysis, 81, 553–569.

Brakel L.A. (2004).The psychoanalytic assumption of the primary process: extrapsychoanalytic evidence and findings. Journal of the American Psychoanalytic Association, 52, 1131–61. Brenner, C. (1981). Grundzüge der Psychoanalyse. Frankfurt/M.: Fischer.

Dornes, M. (1993). Psychoanalyse und Kleinkindforschung. Einige Grundthemen der Debatte. Psyche – Z Psychoanal, 47, 1116–1152.

Harrow, M. and Quinlan, D.M. (1985). Disordered thinking and schizophrenic pathology. New York: Gardner Press.

Holt, R. (1989a). The development of the primary process: A structural view. In: R. Holt, Freud reappraised. A fresh look at psychoanalytic theory, 253–279, New York: Guilford Press.

Holt, R. (1989b). The present status of Freud's theory of the primary process. In R. Holt, Freud reappraised. A fresh look at psychoanalytic theory, 280–301. New York: Guilford Press.

Holt R. (2002). Quantitative research on the primary process: method and findings. Journal of the American Psychoanalytic Association, 50, 457–82.

Kernberg, O.F. (1981). Objektbeziehungen und Praxis der Psychoanalyse. Stuttgart: Klett-Cotta.
Kris, E. (1952). Psychoanalytic explorations in art. New York: International Universities Press.
Leichsenring, F. (1991). Auffälligkeiten des Denkens und der Affekte bei Borderline- und neurotischen Patienten. Zeitschrift für Differentielle und Diagnostische Psychologie, 12, 107–123.
Leichsenring, F. (1999). Dimensionen bizarr-idiosynkratischen Denkens. Zusammenhänge zwischen Denkstörungen und Affekten. Nervenarzt, 70, 430–437.
Leichsenring, F. (2003). Borderline-Stile. Denken, Fühlen, Abwehr und Objektbeziehungen von Borderline-Patienten. Eine ganzheitliche Sichtweise. Bern: Huber, 2. vollst. überarb. Aufl.
Piaget, J. (1995). Intelligenz und Affektivität in der Entwicklung des Kindes. Frankfurt: Suhrkamp.
Rapaport, D. (1973). Die Struktur der psychoanalytischen Theorie. Stuttgart: Klett.

Projektive Identifizierung *von Günter Reich*

projective identification – identification projektive

1. Definiton

Projektive Identifizierung ist ein Konzept, das in den letzten Jahren zunehmend Verbreitung gefunden hat. Hierunter wird heute vielfach ein Vorgang verstanden, bei dem Anteile einer abgewehrten Beziehung zwischen Selbst- und Objektrepräsentanzen in eine äußere Objektbeziehung hinein verlagert werden. Dies geschieht in der Regel durch subtiles oder offenes manipulatives Verhalten. Hierdurch wird das Gegenüber dazu gebracht, den Projektionen gemäß zu erleben und sich zu verhalten. Es wird mit diesen „identifiziert" und gleichzeitig kontrolliert. Dieser Vorgang kann dazu dienen, die Trennung von einem Objekt zu vermeiden, mit diesem zu verschmelzen, die Kontrolle über schlechte, verfolgende Objekte zu gewinnen, gute Objektanteile zu bewahren oder sich störender Selbstanteile zu entledigen und so die Kohärenz des Selbstgefühls zu wahren. Er hat im kleinianischen Entwicklungsverständnis seinen Ursprung in der paranoid-schizoiden Position. Er kann auch während der weiteren Entwicklung wirksam werden.

Im klinischen Alltag wird oft aus heftigen Gegenübertragungsreaktionen und komplizierten Interaktionen auf das Vorliegen einer projektiven Identifizierung geschlossen.

2. Klassische Auffassung

Die „klassische Auffassung" des Begriffes wurde von Melanie Klein geprägt. Sie führte den Begriff 1946 ein: „Ein anderer Aspekt projektiver Vorgänge besteht, wie wir gesehen haben, in dem gewaltsamen Eintritt von Teilen des Selbst in das Objekt und in dessen Kontrolle" (S. 111). Hierdurch werden die Selbst- und Objektrepräsentanzen ausgestaltet, wobei die Bewältigung destruktiver Triebimpulse zentral ist. „Das Objekt wird damit in einem gewissen Grade zu einem Repräsentanten des Ichs und diese Prozesse sind nach meiner Ansicht die Grundlage für Identifikation durch Projektion oder ‚projektive Identifikation'. Identifikation durch Introjektion und Identifikation durch Projektion scheinen komplementäre Prozesse zu sein. Wahrscheinlich spielen die Prozesse, die der projektiven Identifikation zugrunde liegen, bereits in den frühesten Beziehungen zur Brust eine Rolle" (Klein, 1960, S. 151). Die skizzierten Vorgänge sind z.T. zugleich Phantasien und bilden eine wesentliche Basis der paranoid-schizoiden Position. H. Segal (1964) hob hervor, dass projektive Identifizierung vielfältige Funktionen haben kann (Trennung vermeiden, das böse Objekt kontrollieren, gute Teile des Selbst sichern). Der Prozess wird intensiviert, wenn die Mutter als ganzes Objekt wahrgenommen wird, dann aber tritt er hinter die Annahme der Realität zurück.

3. Ideengeschichtlicher Hintergrund

Die mit dem Begriff projektive Identifizierung umschriebenen Phänomene tauchen in der Mythologie und Literatur vielfältig auf und werden hier zur Darstellung genutzt, z.B. in den Figuren des Alter Ego, des Doppelgängers, der Verwandlungen, in denen das eigene Böse in anderer Gestalt wiederbelebt wird. Diese Themen werden insbesondere in der Romantik, aber auch in der nachfolgenden Literatur durch die Darstellung innerer Zerrissenheit durch Konflikte und „Spaltungen" sowie des „Unheimlichen" ausgearbeitet. Schließlich ist die Erzeugung eines Stellvertreters „... die Technik, die jeder erfolgreiche Geschichtenerzähler gebraucht. Die Fähigkeit, die Zuhörerschaft in solcher Weise in die Handlung einzubeziehen, ist die Kunst jedes Dramatikers" (Wangh 1963, S.141).

4. Wesentliche Erweiterungen, Differenzierungen, Modifikationen

Bion (1959) und Grinberg erweiterten das Konzept um die interaktionelle Dimension. Patienten verlagern unerträgliche Selbstaspekte in den Analytiker hinein und erleben sie in diesem. Wesentlich ist, dass dieser die Projektion nicht zurückweist wie früher die Eltern die Wünsche und Gefühle, sondern in sich bewahrt und ihm in modifizierter Form zur Re-Introjektion zur Verfügung stellt. Grinberg beschrieb mit dem Begriff „projektive Gegen-Identifikation" Reaktionen des Analytikers. In der Folge versuchten Psychoanalytiker der kleinianischen Richtung, mit Hilfe des Konzeptes Gegenübertragungsreaktionen besser zu verstehen. Projektive Identifizierung enthält in diesem Sinne immer eine Mitteilung an den Analytiker (Grefe und Reich 1996).

Wesentlich geprägt wurde das heutige Verständnis durch die Arbeiten von Ogden und Kernberg. Ogden (1979) beschreibt einen dreiphasigen Vorgang: Zunächst werden Selbstanteile von der Selbst- auf die Objektrepräsentanz projiziert. Reicht dies zur Abwehr nicht aus, wird durch manipulative Interaktion ein äußeres Objekt dazu gebracht, die unerträglichen inneren Zustände zu erleben. Diese können nun im anderen kontrolliert oder identifikatorisch miterlebt werden. Ähnlich wie Bion sieht Ogden die therapeutische Möglichkeit, dass die Selbstanteile wieder – in modifizierter Form – reintrojiziert werden können. Kernberg (1987) sieht projektive Identifizierung als primitiven Vorläufer der Projektion. Er betont ähnliche Aspekte wie Ogden und sieht die Schwächung der Ich-Grenzen als zentrales Problem der Patienten, die diesen Mechanismus exzessiv verwenden.

5. Die Bedeutung des Begriffes in den verschiedenen Schulrichtungen – kritische Sichtung

Der Begriff der projektiven Identifizierung hat im psychoanalytischen „mainstream" seit den 80er Jahren des letzten Jahrhunderts breite Verwendung gefunden. Von französischen Psychoanalytikerinnen z.B. wird er im kleinianischen Sinne als ein früher, bei schwergestörten Patienten wirksamer Abwehrmechanismus verstanden (z.B. McDougall). Andere Autoren konzeptualisierten unabhängig hiervon ähnliche Vorgänge, z.B. die „Mobilisierung eines Stellvertreters" als Abwehroperation mit konkreten manipulativen Interaktionsmechanismen (Wangh 1963). Weiterhin wurden in kritischer Auseinandersetzung alternative Konzeptionen vorgeschlagen. Diese stammen von Psychoanalytikern in der Nachfolge der Ich-Psychologie (z.B. „Kris Study Group"), aus selbstpsychologischen oder schulenunabhängigen Richtungen (vgl. Grefe und Reich 1996). Es wird kritisiert, dass der Begriff überdehnt gebraucht wird, unscharf und von verschiedenen Übertragungsausformungen sowie Agieren oft nicht zu unterscheiden ist. Zudem werden orale, anale und phallische Phantasien, z.B. in eine andere Person einzudringen, mit Ich-Mechanismen verwechselt, und es ist fraglich, ob es sich tatsächlich um Phantasien der Patienten oder eher um die der Analytiker handelt. Weiterhin wird Intrapsychisches mit Interpersonellem vermischt wobei oft unklar bleibt, wer sich eigentlich identifiziert, der Projizierende, der, auf den projiziert wird oder beide (vgl. Grefe und Reich 1996, Porder 1991).

Einige Autoren erkennen kaum einen Unterschied zum Freud'schen Begriff der Projektion (Thomä und Kächele 1988). Novick und Novick (1996) z.B. ziehen die Begriffe Projektion und Externalisierung vor. Externalisierung verwenden sie nur beschreibend, um den aktuellen Prozess des interaktiven Austausches besser erfassen zu können. Porder (1991) sieht projektive Identifizierung als Kompromissbildung, die als Hauptkomponente eine Identifikation mit dem Aggressor oder eine Wendung vom Aktiven ins Passive enthält. Diese ist mit einem Handlungsanteil verbunden. Das Ergebnis ist eine zweischichtige Übertragungs-Gegenübertragungs-Konfiguration. Oberflächlich betrachtet befindet sich der Analytiker in der Position eines mächtigen, verfolgenden oder versagenden Eltern-Objektes, der Patient in der des Kindes. Auf einer tieferen Ebene ist der Patient in der Rolle des mächtigen Elternteils, während der Analytiker sich als hilfloses, entwertetes oder schuldiges Kind erlebt. Diese schwer durchschaubare Rollenumkehr führt zum Gefühl des Fremdartigen und Verwirrenden.

Andere Autoren betonen den Beitrag des Analytikers zu schwierigen Interaktionen und seinen eigenen heftigen Affekten. Sie kritisieren, dass in der Tradition eines „naiven Realismus" nur der Beitrag des Patienten gesehen wird, und sehen den Erklärungswert der Identifikationshypothese als begrenzt an (vgl. Grefe und Reich 1996).

Zusammenfassend sieht Sandler projektive Identifizierung als deskriptives Konzept, das schnell zu einer „bequemen Pseudo-Erklärung" werden kann. Es „besteht aufgrund der engen Verbindung zwischen dem Konzept der projektiven Identifizierung und unserem erweiterten Verständnis der Gegenübertragung die Versuchung, in allen Gefühlen und Reaktionen des Analytikers seinen Patienten betreffend das zu sehen, was der Patient mittels projektiver Identifikation ‚in' den Analytiker ‚hineingesteckt' habe" (1987, S.162, ähnlich Thomä 1999).

6. Interdisziplinäre Beiträge und Befunde

Diese beziehen sich auf die neuere Säuglings- und Kleinkindforschung. Hier zeigt sich, dass Säuglinge noch nicht zu den Symbolisierungsleistungen fähig sind, die für die projektive Identifizierung vorausgesetzt werden müssen. Nonverbaler affektiver Austausch beruht auf angeborenen Fähigkeiten zur intuitiven Kommunikation. Nonverbale Reinszenierungen lassen sich u.a. mit der Annahme eines Handlungsgedächtnisses verstehen. Die Methoden von Säuglingen und Kleinkindern zur Abwehr aversiver Reize und Empfindungen können genau beschrieben werden. Sie sind mit Konzepten einer primitiven Abwehr nicht vereinbar. Insbesondere selbstpsychologische Psychoanalytiker knüpfen an diese Befunde an (s. Grefe u. Reich 1996). Eine Brücke zwischen den Befunden den Säuglings-, Kleinkind- und Bindungsforschung sowie bisherigen Konzeptualisierungen der Projektiven Identifizierung schlagen Fonagy et al. (2004). Projektive Identifizierung entsteht nach deren Konzeption durch grobe Entgleisungen der Interaktion zwischen Kleinkind und engen Beziehungspersonen, etwa durch Vernachlässigung, psychische und physische Misshandlung oder sexuellen Missbrauch. Diese wecken heftige Affekte, z.B. Scham. Diese wiederum führen zu einer partiellen, auf enge Beziehungen oder auf bestimmte Ausschnitte enger Beziehungen bezogenen Hemmung der Mentalisierung – d.h. der Fähigkeit, sich die Intentionen der Beziehungsperson vorzustellen, sich in diese hinein zu versetzen -, da dies zu bedrohlich wäre. Das Kind müsste sich dann vorstellen, dass es von der Beziehungsperson abgelehnt oder sogar gehasst würde. Andererseits wird der fremde und feindselige Andere in irgendeiner Form in die Selbststruktur aufgenommen, z.B., indem das Kind sich als schlecht erlebt. Die Hemmung der Mentalisierung führt dazu, dass das Gegenüber in seinen inneren Erleben und seinen Intentionen in spezifischen, in der Regel für das Subjekt spannungsgeladenen Situationen, nicht oder nicht angemessen wahrgenommen werden kann. In diesen Situationen wird darauf geschlossen, dass das Erleben des Anderen einem Ausschnitt des eigenen inneren Erlebens entspricht. Hier bietet sich als „Informationsbasis“ der fremde Teil des Selbst an. Die Autoren sprechen von einer „Default-Simulation“, wobei mit „Default“ eine Grundeinstellung, eine Standardvorgabe, z. B. eine Computerprogramms vor dessen individueller Modifizierung bezeichnet wird. Diese „Standardvorgabe“ aus früheren schwierigen oder bedrohlichen Situationen wird auf das Gegenüber externalisiert, in dieses projiziert. Es handelt sich also um eine besonders verzerrte Form der Übertragung. Der Andere ist so, wie es dem projizierten Bild entspricht, und wird nicht nur so wahrgenommen. Der „Als-ob-Modus“ des Denkens und Erlebens konnte noch nicht sicher integriert werden. Das Erleben ist vom Modus der psychischen Äquivalenz beherrscht. Um den fremden Selbstanteil externalisieren und das Selbsterleben kohärent erhalten zu können, ist das Subjekt auf eine enge Beziehung zum Anderen angewiesen. Dieser wird entsprechend manipuliert und kontrolliert. Strittig ist hierbei u. a., inwieweit die hier mit projektiver Identifizierung bezeichneten Vorgänge einer Mitteilungs- und Verstehensabsicht entspringen, oder einer Entladung von Spannung dienen, bei der „Verstehen“ und „Mitteilung“ unintendierte Nebenfolgen sind (Dornes 2004). Die Sichtweise von Fonagy et al. (2004) unterscheidet sich nicht nur im Entwicklungszeitplan sondern hinsichtlich der psychogenetischen Erklärung und der Beschreibung der ablaufenden Prozesse zum Teil fundamental von der ursprünglichen Position Melanie Kleins und auch von der Kernbergs, der diese Prozesse ebenfalls eher von der Triebseite und weniger als Folgen pathogener Interaktion versteht.

Literatur

Bion, W. (1959). Attacks on linking. International Journal of Psychoanalysis and Bulletin of the International Psychoanalytic Association 40, 308–315.

Dornes, M. (2004). Über Mentalisierung, Affektregulierung und die Entwicklung des Selbst. Forum der Psychoanalyse, 20, 175–199.

Fonagy, P., Gergely, G., Jurist, E.L. and Target, M. (2004). Affektregulierung, Mentalisierung und die Entwicklung des Selbst. Stuttgart: Klett-Cotta.

Grefe, J. und Reich, G. (1996). „Denn eben, wo Begriffe fehlen...“. Zur Kritik des Konzeptes „Projektive Identifizierung“ und seiner klinischen Verwendung. Forum der Psychoanalyse, 12, 57–77.

Kernberg, O.F. (1987). Projektion und projektive Identifikation. Entwicklungspsychologische und klinische Aspekte. Forum der Psychoanalyse, 5, 1989, 267–283.

Klein, M. (1946). Bemerkungen über einige schizoide Mechanismen. In dies., Das Seelenleben des Kleinkindes und andere Beiträge zur Psychoanalyse (S. 101–125). Reinbek: Rowohlt, 1972.

Klein, M. (1960). Über das Seelenleben des Kleinkindes. In dies., Das Seelenleben des Kleinkindes und andere Beiträge zur Psychoanalyse (S. 144–173). Reinbek: Rowohlt, 1972.

Novick, J. and Novick, K.K. (1996). Fearfull symmetry. The development and treatment of sadomasochism. Northvale, N.J.: Jason Aronson.

Ogden, T. (1979). Die projektive Identifizierung. Forum der Psychoanalyse, 4, 1988, 1–21.

Porder, M. (1987). Projektive Identifikation: Eine Alternativ-Hypothese. Forum der Psychoanalyse, 7, 1991, 189–201.

Sandler, J. (1987). Das Konzept der projektiven Identifizierung. Zeitschrift für psychoanalytische Theorie und Praxis, 3, 1988, 147–164.

Segal, H. (1964). Melanie Klein. Eine Einführung in ihr Werk. Frankfurt/M.: Fischer, 1983.

Thomä, H. (1999). Zur Theorie und Praxis von Übertragung und Gegenübertragung im psychoanalytischen Pluralismus. Psyche – Z Psychoanal, 53, 820–872.

Thomä, H. und Kächele, H. (1988). Lehrbuch der psychoanalytischen Therapie. 2. Praxis. Berlin: Springer.

Wangh, M. (1963). Die Mobilisierung eines Stellvertreters. Psyche – Z Psychoanal, 17, 129–145.

Psychoanalyse – Psychotherapie *von Carl Nedelmann*

psychoanalysis – psychotherapy – psychanalyse – psychothérapie

1. Psychotherapie im allgemeinen Sinne

„Psychotherapie" ist die Heilmethode, die über das Gespräch vermittelt wird, wobei das Zuhören mindestens so wichtig ist wie das Antworten. Die Definition umfasst das allgemeinärztliche Gespräch in der Sprechstunde ebenso wie Heilen mit Hilfe bestimmter Behandlungstechniken, die die Psychoanalyse oder die Verhaltenstherapie, insbesondere seit deren kognitiver Wende, methodisch bereithält.

Psychotherapie in dieser allgemeinen Bedeutung verdient besondere Aufmerksamkeit von Seiten der Psychoanalyse. Man vergegenwärtige sich nur, dass vom psychotherapeutisch tätigen Arzt selbstverständlich verlangt wird, nichts Organisches zu übersehen. Er muss eine Verdachtsdiagnose stellen und entscheiden können, wann Überweisung an einen somatisch tätigen Kollegen erforderlich ist. Bei diesem aber gilt es medizinisch nicht als Kunstfehler, Psychisches zu übersehen. Dann bleibt der Psychotherapie oftmals nur die Funktion, das Gewissen der Medizin zu sein (von Uexküll 1989).

Psychotherapie erfordert eine gewisse gelassene Aufmerksamkeit. Das gilt weit über die Medizin hinaus. Typische weitere Felder der allgemeinen Psychotherapie sind Sozialarbeit, Lebensberatung, Pädagogik. Aber infolge der Einheit von Leib und Seele spielt Psychotherapie in der Medizin als Erforschung und Handhabung der Arzt-Patient-Beziehung eine besondere Rolle von hoher diagnostischer und therapeutischer Bedeutung.

Sandor Ferenczi entwickelte 1928 die kühne Idee eines Brückenschlags zwischen Psychoanalyse und Medizin. Er schrieb: „Nichts ist schädlicher in der Analyse als das schulmeisterliche oder auch nur autoritative Auftreten des Arztes. Alle unsere Deutungen müssen eher den Charakter eines Vorschlages, denn einer sicheren Behauptung haben, und dies nicht nur, damit wir den Patienten nicht reizen, sondern weil wir uns tatsächlich auch irren können ..., doch auch unser Vertrauen zu unseren Theorien darf nur ein bedingtes sein, denn vielleicht handelt es sich im gegebenen Falle um die berühmte Ausnahme von der Regel oder gar um die Notwendigkeit, an der bisherigen Theorie etwas zu ändern ... Die Bescheidenheit des Analytikers sei also nicht eine eingelernte Pose, sondern der Ausdruck der Einsicht in die Begrenztheit unseres Wissens. Nebenbei bemerkt, ist dies vielleicht der Punkt, an dem mit Hilfe des psychoanalytischen Hebels die Umwälzung in der bisherigen Einstellung des Arztes zum Patienten einsetzen wird" (S. 389f.).

Die Umsetzung dieser Idee gelang Michael Balint. Er hielt „eine deutliche, jedoch begrenzte Einstellungsänderung des Arztes" für erforderlich. „Der Arzt", schrieb er, „muss in sich selbst entdecken, dass er seinen Patienten in einer Weise zuhören kann, die auch das kaum Gesagte noch erfasst. Die Folge wird sein, dass er beginnt, sich selbst in derselben Weise zuzuhören" (1954, S. 74). Später nannte er die Methode kurz und bündig: „Das Zuhören" (1970, S. 1).

Es ist erstaunlich, was das Zuhören leisten kann. Eine gute Illustration bietet Fontane in „Effi Briest". Effi litt an einem Geheimnis, das sie nicht preisgeben konnte. Als es über ihre Kräfte ging, stellte sie sich krank. Geheimrat Rummschüttel, der beobachten und zuhören konnte, witterte hinter der Klage der jungen Frau eine Komödie. Effis Verzweiflung führte ihn zu der Diagnose, was immer auch der Grund sei, Effi konnte nicht anders, musste so handeln. Also legte er alles darauf an, ihr die Verarbeitung zu erleichtern. Anstatt in sie zu dringen, verordnete er Ruhe und zeigte lächelndes Verständnis. So war Effi nicht ganz mit sich allein gelassen, sondern stand unter hausärztlichem Schutz, bis sie ihre Kräfte wiedergefunden hatte. Hinter der Romanfigur Rummschüttel steht ein Hausarzt, der Fontane über eine schwere depressive Krise hinweggeholfen hat (s. Nedelmann 1988).

Zuhören meint, auf zweierlei zu achten: was der Patient sagt und wie er es sagt. Zuhören meint außerdem, Schlüsse aus der Klage des Patienten zu ziehen, ohne sie in ein Schema einzuordnen oder gar zu pressen. Das verlangt, Geduld zu haben, Mitteilungen auf sich einwirken und der eigenen Phantasie freies Spiel zu lassen, mit Fragen zurückhaltend zu sein und nicht sofort zu handeln (Nedelmann 1989).

Solche Einstellung bringt es mit sich, dass der Arzt, der Psychologe, der Pädagoge oder der Sozialarbeiter sich in sein Gegenüber, das Hilfe bei ihm sucht, einstimmen und für ihn Verständnis entwickeln kann. Es erleichtert auch den taktvollen Umgang. Ferenczi hat den Begriff des „Taktes" in die psychotherapeutische Behandlungstechnik eingeführt (1928, S. 383f., s. Gattig 1996).

Die Psychotherapie hat in der Psychoanalyse ihre Grundlage und bedeutet, in Objektbeziehungen zu denken und sich vom Hilfesuchenden brauchen zu lassen, so lange er dies in seiner Not, in seinem Schmerz oder in seiner Sorge braucht. Dabei sind Empathie und Verständnis gleichermaßen wichtig. Das ergibt sich aus der Arzt-Patient-Situation. Sie weist Charakteristika auf, die Sigmund Freud früh erkannte: „Wenn ich einem Patienten auftrage, alles Nachdenken fahren zu lassen und mir zu berichten, was immer ihm dann in den Sinn kommt, so halte ich die Voraussetzung fest, dass er die Zielvorstellungen der Behandlung nicht fahren lassen kann, und halte mich für berechtigt zu folgern, dass das scheinbar Harmloseste und Willkürlichste, das er mir berichtet, im Zusammenhang mit seinem Krankheitszustande steht. Eine andere Zielvorstellung, von der dem Patienten nichts ahnt, ist die meiner Person" (1900a, S. 537). Das gilt zwar überall, die Frage ist nur, inwieweit von diesem Verhältnis Gebrauch gemacht wird. Die Klage des Patienten gilt seiner Krankheit und dem Arzt, dem er sie klagt. Bedeutung hat beides. Wer das anerkennt und sich um Einfühlung, Verständnis und Antwort bemüht, betreibt Psychotherapie.

2. Psychotherapie in der Psychoanalyse

Innerhalb der Psychoanalyse meint „Psychotherapie" psychotherapeutische Tätigkeit in niedrigerer Frequenz, mit zwei Stunden pro Woche oder nur einer, teilweise von vornherein zeitlich limitiert, wofür exemplarisch die Fokal-Therapie steht. Psychoanalytische Tätigkeit in hoher Frequenz und anfänglich nicht festgelegter Dauer wird pars pro toto „Psychoanalyse" oder „Analyse" genannt.

Wie „Psychoanalyse" und „Psychotherapie" von den zeitlichen Merkmalen abgesehen voneinander unterscheidbar sind, ist eine wichtige Frage, die die Grundlagen der Psychoanalyse betrifft; denn die „Analyse" wird als fundamental und fundierend angesehen und die Behandlungstechnik, die die Psychoanalyse entwickelt hat, bezog sich explizit zunächst auf das hochfrequente Verfahren. Abgrenzungsbemühungen und Kontroversen durchziehen die psychoanalytische Literatur. Michael Rotmann hat eine vorzügliche Zusammenfassung geschrieben (1996). Das Problem besteht in einem Widerspruch. Einerseits spricht psychoanalytische Erfahrung dafür, dass in bestimmten Fällen die Behandlung mit vier oder fünf Wochenstunden durch nichts zu ersetzen ist. Es hat nicht nur traditionelle Gründe, es sind auch aktuelle Überzeugungen im Spiel, wenn die Psychoanalyse für diese Form der Psychotherapie den Titel „Psychoanalyse" reserviert. Wie diese Überzeugung in der Realität wiedergefunden werden kann, beschreibt Gemma Jappe am Beispiel von Fallbesprechungsgruppen, die der Frequenz-Debatte galten und nach der Methode psychoanalytischer Fallseminare arbeiteten. Sie führt aus: „Wir diskutierten Situationen von Frequenzwechsel, Gegenüberstellungen aus Stunden einer hochfrequenten zu solchen einer niederfrequenten Behandlung und dergl. mehr. Dabei zeigte sich mit überraschender Eindeutigkeit, wie leicht sich aus einzelnen Verlaufsmerkmalen der Stunde auf die gesamte Frequenz der Behandlung rückschließen ließ, auch dort, wo der vortragende Analytiker dies keinesfalls vermutet oder so empfunden hätte. Die Treffsicherheit aller Gruppen in diesem Punkt war so groß, daß ich mich jederzeit getrauen würde, dies im Blindversuch wiederholen zu lassen. Daß es keinen Unterschied gebe zwischen drei- und vier- oder gar fünfstündiger Behandlung, kann von daher mit Bestimmtheit zurückgewiesen werden“ (1995, S. 409).

Andererseits herrscht Übereinstimmung darin, dass die Behandlungsregeln in ihrer allgemeinen Form hier wie dort dieselben sind. An diesem Punkt sind alle Abgrenzungsbemühungen gescheitert. Rotmann hat daraus einen Schluss gezogen, der wohl nicht nur für ihn selbst Gültigkeit beanspruchen darf: „Persönlich habe ich mich mit der dialektischen Einstellung angefreundet, wann immer möglich, der hochfrequenten Analyse wegen der differenzierten Übertragungsanalyse den Vorzug zu geben, in der Anwendung analytischer Technik bei Psychotherapie jedoch oft den gleichen Nutzen und zusätzlich eine Herausforderung zu sehen“ (1996, S. 164).

Ob der Patient täglich kommt oder gelegentlich und ob er sitzt oder liegt, hat eine modifizierende, jedoch nicht grundlegend verändernde Wirkung auf die Behandlungsregeln und -ziele. Psychotherapie braucht Zeit. Zeit kostet Geld und fordert Bezahlung, deren Regelung von der privaten Vereinbarung in die Hände von Kassen und Versicherungen übergegangen ist. Psychotherapie-Richtlinien entstanden, die einen beträchtlichen Umfang angenommen haben und ausgiebig kommentiert worden sind (Faber und Haarstrick 1994). Was innerhalb der Psychoanalyse „Psychotherapie“ und „Analyse“ heißt, findet sich hier cum grano salis als „tiefenpsychologisch fundierte Psychotherapie“ und „analytische Psychotherapie“. Therapieformen mit eigenen Zielvorstellungen sind sie nicht geworden, obwohl der Kommentar im Widerspruch zu den Richtlinien, die er kommentiert, dies behauptet (a.a.O. S. 44). Vielmehr fungieren sie als Oberbegriffe im Hinblick auf Gesamtstundenzahlen, die den Leistungsumfang begrenzen, also Kostengesichtspunkten dienen. Als aber eine Richtlinien-Änderung, die am 13. März 1993 in Kraft trat und inzwischen nur in Teilen revidiert wurde, „analytische Psychotherapie“ als ein Verfahren definierte, das von Ausnahmesituationen abgesehen höchstens dreimal pro Woche stattfinden darf, feierte der Widerstand gegen die Psychoanalyse eine neue Form, die bürokratische, und drängte die Finanzierung der in bestimmten Fällen indizierten hochfrequenten Behandlungsmethode in den privaten Bereich zurück, was anders zu bewerten ist als früher, als private Behandlungsverträge noch allgemein üblich waren.

3. Psychoanalyse

Ob die Psychoanalyse Psychotherapie, also Krankenbehandlung ist, hängt allein von der Diagnose und von der daraus folgenden Notwendigkeit oder Absicht ab. Krankenbehandlung setzt voraus, dass Krankheit festgestellt worden ist. Das kann die Psychoanalyse mit ihren eigenen Mitteln nicht bewerkstelligen, weil sie deutet, aber nicht wertet. Typische Wertungsgegensätze, die eine Entscheidung nach sich ziehen, wie gesund und krank oder normal und nicht normal, finden in ihr wenig Beachtung, taugen daher nicht viel für die Diagnostik in der psychoanalytischen Praxis. Dort besteht Interesse an einer Diagnose anderer Art, die eine Aussage darüber macht, ob der Patient aus einem psychoanalytischen Angebot Nutzen ziehen kann. Diese Diagnose ist auf die Prognose, auf die Besserungsmöglichkeiten, gerichtet, die Feststellung von Krankheit trifft sie nicht.

Die erste Entscheidung darüber, ob Krankheit vorliegt, trifft der Patient, sonst wäre er nicht gekommen. Die Zustimmung erfolgt im Rahmen der Konvention. Was üblicherweise als Krankheit angenommen wird, gilt auch in der psychoanalytischen Praxis. Die Diagnostik der Krankheit bereitet in den meisten Fällen keine große Schwierigkeit. Neurotisches Elend hat oft ein so erschreckendes Ausmaß, dass die Feststellung von Krankheit nicht schwer ist, aber sie muss sorgfältig erfolgen; denn „eine Krankheit haben“, schrieb Viktor von Weizsäcker 1948, als Psychotherapie und Psychoanalyse wieder an einem Anfang standen, „heißt einen Rechtsanspruch erworben haben. Aber die Krankheit ist hier nur psychologisch eine Art von Besitz. Der Rechtstitel ist doch nur abgeleitet aus dem Respekt vor dem Kranksein, ist also eine Art sekundärer Ehrfurcht. Im übrigen gilt auch hier Krankheit als Naturvorgang, Unfall, Schicksal usw., nicht Schuld, Opfer oder sonst ein Tun“ (S. 263 Fußn.).

Wenn das alles sorgfältig bedacht und beachtet wird, dann kann Psychoanalyse in der ärztlichen Versorgung als Krankenbehandlung stattfinden, obwohl sie ihren eigenen Regeln folgt. Das Studium dieses Verhältnisses führt zu dem Schluss, „dass Umsetzungsarbeit erforderlich ist, um die psychoanalytische Methode mit den Richtlinien-Bestimmungen in Beziehung zu setzen, ohne dieser oder jener Seite Abbruch zu tun“ (Nedelmann 1990, S. 1). Gefordert ist, in zwei verschiedenen Systemen zu denken. Günstig für den Erfolg der Umsetzungsarbeit ist gegenseitiger Respekt, der durch den Eingriff in die Indikationsfreiheit der Frequenz gestört worden ist. Frequenz muss zwischen dem Psychoanalytiker und seinem Patienten ausgehandelt werden.

Was die Pioniere der Behandlungstechnik, Freud und Ferenczi, geleistet haben, ist in vielfältiger Weise ausgebaut worden, jedoch in den wesentlichen Merkmalen unverändert geblieben, die darin bestehen, dass nicht die Krankheit behandelt wird, sondern der Mensch, der unter ihr leidet, und dass eine einzige Grundregel existiert, die dem Patienten die freie Assoziation (s. Freud 1912b, S. 373) und dem Psychoanalytiker die „gleichschwebende Aufmerksamkeit“ (Freud 1912e, S. 377) eröffnet. Ob man den Patienten auf die Grundregel verpflichtet, wie Freud es empfahl, dass der Patient alles sagen „muss“, was ihm durch den Kopf geht, ist eine Frage des persönlichen Stils. Entscheidend ist, die Behandlung so einzurichten, dass sich dem Patienten der Raum eröffnen kann, den er braucht, um das Wagnis der freien Assoziation auf sich zu nehmen. Unter der Voraussetzung, dass sonst alles stimmt, Zeit und Geld geregelt sind, der Praxisraum genügend geschützt und das Liegen auf der Couch bequem ist, bedeutet die gleichschwebende Aufmerksamkeit, die der Psychoanalytiker seinem Patienten entgegenbringt, das eigentliche agens, ihm zur freien Assoziation zu verhelfen.

Die gleichschwebende Aufmerksamkeit verlangt, dass „man wie absichtslos verfährt“ (a.a.O. S. 380). Bion hat dieses Konzept weitergeführt und empfohlen, in der psychoanalytischen Situation „without memory and desire“ zu arbeiten (1970, S. 43). Das heißt nicht, dass der Psychoanalytiker sich nicht erinnern soll, sondern dass „ihn kein ‚memory‘ präokkupieren darf“ (Loch 1994, S. 31). Entsprechendes gilt zu „desire“ zu sagen. Ehrgeiz, Neugier oder andere Manifestationen des Wunsches sind nun einmal da. Bion in der Sprache von Loch sagt, dass er das alles haben darf, aber es soll ihn nicht präokkupieren.

Um der Grundregel der freien Assoziation und der gleichschwebenden Aufmerksamkeit folgen zu können, muss die Psychoanalyse „in der Abstinenz durchgeführt werden“ (Freud 1915a, S. 313). Vor ihm hatte das schon Thomas von Aquin um der agilitas willen empfohlen.

Als Ferenczi Freuds Ratschläge zur psychoanalytischen Behandlungstechnik ergänzte und Ratschläge zur Einfühlung und zum Takt hinzufügte (1928), antwortete ihm Freud im Brief vom 4.1.1928: „Meine seinerzeit gegebenen Ratschläge zur Technik waren wesentlich negativ. Ich hielt es für das wichtigste herauszuheben, was man nicht tun soll, die der Analyse widerstrebenden Versuche aufzuzeigen. Fast alles, was man positiv tun soll, habe ich dem von Ihnen eingeführten ‚Takt‘ überlassen“ (zit. nach Grubrich-Simitis 1980, S. 165).

Zwei methodische Grundformen bestimmen die psychoanalytische Arbeit. Zum einen die Beachtung und Nutzung der Objektbeziehung, die genetisch in der frühen Mutter-Kind-Beziehung ihren Anfang nahm. Zum anderen die Deutung, die genetisch in einem ödipalen Bezugsrahmen steht. Die Deutung bezieht sich auf die Übertragungsbeziehung, auf die aktuelle äußere Realität, in der sich der Patient gerade befindet, und auf die Erinnerung, Konstruktion und Rekonstruktion der Lebensgeschichte, besonders der infantilen. Keiner dieser Deutungsgegenstände sollte vernachlässigt werden. Historisch sind die Akzente verschieden. Genetische und die aktuelle Situation betreffende Deutungen gingen voraus. Der Überstieg zur Deutung der Übertragungsbeziehung nahm seinen Anfang bei Ferenczi und bekam entscheidende Impulse von Melanie Klein (1935, 1946), deren Behandlungstechnik Grundlage einer eigenen Schule wurde. Bahnbrechende Arbeiten zur Übertragungsbeziehung und der besonderen Bedeutung der Beachtung der Gegenübertragung stammen von Michael Balint (1939) und von Paula Heimann (1950). Einen Überblick über die Technik-Debatte in der Psychoanalyse, die um „Einfühlung" und „Deutung" kreist, hat André Haynal publiziert (1987).

Schließlich ist Donald Winnicott zu nennen. In der Beschreibung der Objektbeziehung hat er einen entscheidenden Schritt getan, als er vorschlug, von einem „potentiellen Raum" zu sprechen. Er entsteht zwischen dem Baby und der Mutter, dem Kind und der Familie, dem Individuum und der Gesellschaft. Er handelt von Möglichkeiten jenseits der Notwendigkeit. Er setzt Vertrauen voraus und schafft Vertrauen. Er ist daher nicht einfach vorhanden, sondern muss immer wieder erschaffen werden. Er ist der Sitz der kulturellen Erfahrung, und die kulturelle Erfahrung ist ein „Derivativ des Spiels" (1967, S. 100–103). „Für den Psychoanalytiker muss es von Wert sein, stets daran erinnert zu werden, ... was wir dem natürlichen und universellen Ding, das wir ‚Spielen' nennen, verdanken" (1968, S. 41). Das sind Überlegungen, die Winnicott in die Nähe von Friedrich Schiller rücken. Dessen „Briefe zur ästhetischen Erziehung des Menschen" gehen von der Entfremdung aus, die die gesellschaftlichen Umstände dem Individuum antun, und gipfeln in dem Hinweis, „dass unter allen Zuständen des Menschen gerade das Spiel und nur das Spiel es ist, was ihn vollständig macht" (1795, S. 612); denn „der Mensch spielt nur, wo er in voller Bedeutung des Wortes Mensch ist, und er ist nur da ganz Mensch, wo er spielt" (S. 614). Die Grundlage für die Möglichkeit des Spiels hat Freud geschaffen, als er als er von „einer milden und unausgesprochenen positiven Übertragung" sprach (1914g, S. 131).

Das Behandlungsziel, das Freud früh formulierte und sich selbst zitierend mehrfach nannte, lautet: „Nach Möglichkeit leistungs- und genußfähig zu machen" (1923a, S. 226).

Literatur

Balint, M. (1939). Übertragung und Gegenübertragung (in Zusammenarbeit mit Alice Balint). In ders. (1965), Die Urformen der Liebe und die Technik der Psychoanalyse (S. 246–254). Bern: Huber, 1966.

Balint, M. (1954). Psychotherapeutische Fortbildung des praktischen Arztes. In C. Nedelmann und H. Ferstl (Hg.), (S. 71–93), a. a. O., 1989.

Balint, M. (1970). Psychotherapeutische Forschung und ihre Bedeutung für die Psychoanalyse. Psyche – Z Psychoanal, 26, 1972, 1–19.

Bion, W. R. (1970). Attention and interpretation. In ders., Seven servants. New York: Jason Aronson, 1977.

Faber, F. R. und Haarstrick, R. (1994). Kommentar Psychotherapie-Richtlinien. 3. neu bearb. Aufl. Neckarsulm: Jungjohann.

Ferenczi, S. (1928). Die Elastizität der psychoanalytischen Technik. Bausteine, III, 380–398.

Gattig, E. (1996). Zur Psychoanalyse des Taktgefühls. Ein Beitrag zur Metapsychologie der psychoanalytischen Behandlungstechnik. In H. Henseler (Hg.), „... da hat mich die Psychoanalyse verschluckt." In memoriam Wolfgang Loch (S. 74–91). Tübingen: Attempto.

Grubrich-Simitis, I. (1980). Begleitende Überlegungen zu S. Freud/S. Ferenczi: Sechs Briefe zur Wechselbeziehung von psychoanalytischer Theorie und Technik (aus den Jahren 1924 und 1928). In G. Jappe und C. Nedelmann (Hg.), Zur Psychoanalyse der Objektbeziehungen (S. 139–174). Stuttgart: frommann-holzboog.

Haynal, A. (1987). Die Technik-Debatte in der Psychoanalyse. Freud, Ferenczi, Balint. Frankfurt/M.: Fischer, 1989.

Heimann, P. (1950). On countertransference. International Journal of Psycho-Analysis, 31, 81–84.

Jappe, G. (1995). Tradition – Identifikation – Imitation. Versuch über psychoanalytische Identität in der Bundesrepublik Deutschland heute. In J.-P. Haas und G. Jappe (Hg.), Deutungs-Optionen. Für Wolfgang Loch (S. 408–436). Tübingen: edition diskord.

Klein, M. (1935). A contribution to psychogenesis of manic-depressive states (dt.: Zur Psychogenese der manisch-depressiven Zustände. In dies., Das Seelenleben des Kleinkindes und andere Beiträge zur Psychoanalyse (S. 45–73). Reinbek: Rowohlt, 1972).

Klein, M. (1946). Notes on some schizoid mechanisms (dt.: Bemerkungen über einige schizoide Mechanismen. In dies., Das Seelenleben des Kleinkindes und andere Beiträge zur Psychoanalyse (S. 101–125). Reinbek: Rowohlt, 1972).

Loch, W. (1994). Wie verstehen wir Fühlen, Denken, Verstehen? Jahrbuch der Psychoanalyse, 32, 9–39.

Nedelmann, C. (1988). Die psychotherapeutische Einstellung. Hamburger Ärzteblatt, 42, 323–329.

Nedelmann, C. (1989). Die Methode der Balint-Gruppe. Einleitung. In C. Nedelmann und H. Ferstl (Hg.), a.a.O. (S. 19–51).

Nedelmann, C. (1990). Die Psychoanalyse als Krankenbehandlung in der kassenärztlichen Versorgung. Forum der Psychoanalyse, 6, 1–14 und 147–162.

Nedelmann, C. und Ferstl, H. (Hg.) (1989). Die Methode der Balint-Gruppe. Stuttgart: Klett-Cotta.

Rotmann, J.M. (1996). Wie psychoanalytisch kann Psychotherapie sein? Zeitschrift für psychoanalytische Theorie und Praxis, XI, 162–182.

Schiller, F. (1795). Über die ästhetische Erziehung des Menschen in einer Reihe von Briefen. Werke und Briefe, Bd. 8 (S. 556–676). Frankfurt/M.: Klassikerverlag, 1992.

Uexküll, T. von (1989). Patientenkarrieren. In C. Nedelmann und H. Ferstl (Hg.), a.a.O. (S. 55–67).

Weizsäcker, V. von (1948). Zum Begriff der Arbeit. Eine Habeas-Corpus-Akte der Medizin? Gesammelte Schriften, Bd. 8 (S. 222–267).

Winnicott, D.W. (1967), The location of cultural experience. In ders., Playing and reality (pp. 95–103). London: Tavistock Publications, 1971.

Winnicott, D.W. (1968), Playing. A theoretical statement. In ders., Playing and reality (pp. 38–52). London: Tavistock Publications, 1981

Psychose *von Rolf-Peter Warsitz*

psychosis – psychose

1. Definition

Die Psychose ist eine konfliktgeschichtlich entwickelte Trieborganisation, die nach Freud durch einen Verlust des Realitätsbezugs des Subjekts (Derealisation) gekennzeichnet ist und mit einem Rückzug der Libido auf das Ich (Autismus), einer tiefgreifenden Ich-Veränderung (Depersonalisation) sowie gelegentlich mit der Ausbildung eines Wahns zur Rekonstruktion des dissoziierten Ichs einhergeht. Die vielgestaltige Klinik der paranoiden (mit einem realitätsfremden Denken einhergehenden), der katatonen (durch psychomotorische Störungen charakterisierten) und affektiven (durch eine tiefgreifende Störung der Stimmung gekennzeichneten) Psychosen sind demnach die Formen der Krankheitsverarbeitung, ein Selbstheilungsversuch des psychotischen Ichs. Die neurophysiologisch gefundenen Transmitterveränderungen, die eine pharmakologische Manipulation der Psychosen ermöglichen, betreffen demgegenüber wohl eher die Ebene der psychophysischen Vermittlung denn die der Ätiologie.

2. Klassische Auffassung

Schon früh beschrieb Freud (1985c, 1950c, 1896b) die strukturelle Metamorphose des Ichs in der Psychose als Konfliktdynamik von Wahrnehmungs-, Denk- und Triebkonstellationen: diese lässt sich anfangs als neuronaler (-Theorie), später als ich-psychologischer, zuletzt als sprachanalytischer Strukturalismus lesen. In jedem Fall werden die

Psychosen als neurotische Abwehrprozesse innerer Konflikte verstanden (1985c, S. 165) und als klassische Psychoneurosen (neben der Hysterie und der Zwangsneurose) aufgefasst (1985c, 96, S. 220).

In seiner Neuronentheorie vergleicht Freud die Halluzinationen im Traum mit denen in der Psychose und findet eine strukturelle Analogie. Beide vollziehen sich im System der Psychoneurone, in der semiotischen Welt der Erinnerungs-Zeichen, wobei nur die letzteren bewusst werden: „Bewusstsein und Gedächtnis schließen sich nämlich aus" (1985c S. 218). Differentialdiagnostisch unterscheidet er die „Paranoia" (ich-feindliche, abwehrfreundliche Projektionstendenz und gute Prognose) von der „halluzinatorischen Verworrenheit" (heute Schizophrenie; ich-freundliche, realitätsfeindliche Regressionstendenz und schlechte Prognose) und von der „hysterischen Psychose" (ich-feindliche, abwehrfeindliche Inszenierungstendenz und guter Prognose) sowie von den Melancholien (akute halluzinatorische Amentia) (1985c, S. 106ff., 111, 164ff.).

Die Abwehr gleicht in der Paranoia einer Affektverdrängung: der Inhalt der verpönten Vorstellung wird hier in die Außenwelt projiziert, wobei der Ich-Gewinn einer solchen Verdrängung mit der Produktion des paranoiden Symptoms erkauft wird (ebd. S. 109). Pathogen wirken die verdrängten Affekte, nicht die Denkstörungen der Psychotiker: „Sie lieben also den Wahn wie sich selbst. Das ist das Geheimnis" (S. 120). Das paranoide Primärsymptom besteht in einer misstrauischen Stimmung, in der „einem Vorwurf der Glaube versagt worden" und in die Außenwelt projiziert sei, von wo er als Stimmenhalluzination wiederkehre (1896b, S. 401f.). Die im Gegensatz zum vollständigen Realitätsverlust bei der halluzinatorischen Verworrenheit noch offensichtliche Labilität und Fragilität des Ichs bei der Paranoia zeigt sich in der weiteren Wahnarbeit („Symptome sekundärer Abwehr"), die die beginnende Metamorphose des Ichs in Richtung „Ich-Kleinheit" (s. Melancholie) (1985c S. 176) oder in Richtung „Schutzwahnbildung (Größenwahn)" drängt, bis das Ich letztlich vollständig psychotisch umgebildet ist (Ich-Veränderung in der Schizophrenie, vgl. Freud 1896b, S. 402f.). Der zentrale Abwehrmechanismus bei der Psychose ist eine „Verwerfung" (vgl. unter 6.) der unerträglichen Vorstellung mitsamt ihrem Affekt durch das Ich, das sich so „benimmt, als ob die Vorstellung nie an ... (es) herangetreten wäre" (1894a, S. 72). Später, anlässlich der Analyse der Halluzination des abgeschnittenen Fingers beim kleinen „Wolfsmann", hat Freud die begriffliche Abgrenzung einer Verwerfung, des Nicht-anerkennen-Wollens einer offensichtlichen äußeren Realität (S. 117), von einer neurotischen Abwehr vertieft: Der Wolfsmann „verwarf das Neue ... aus ... Kastrationsangst und hielt am Alten fest ... Eine Verdrängung ist etwas anderes als eine Verwerfung" (1918b, S. 111).

Das Vorliegen einer Verwerfung charakterisiert die Psychosen als narzisstische Neurosen, bei denen ein Konflikt „zwischen Ich und Außenwelt" besteht, im Gegensatz zu dem Konflikt zwischen Ich und Es bzw. Überich bei den Hysterien bzw. Zwangsneurosen (Freud 1924e, S. 366).

Freuds Auffassung zur Ätiologie der Psychosen bleibt ambivalent: Eine sexuelle Ätiologie hat er immer wieder diskutiert, die Verführungstheorie jedoch bekanntlich alsbald korrigiert (1894a bzw. 1896b, 1911c, vgl. GW 1, S. 385, Anm.1). Auf der Suche nach psychogenen Kausalfaktoren für die Projektion in den Psychosen unterscheidet er (neben einem konstitutionellen Faktor) immer auch den aktiven Anteil an der sexuellen Handlung und die Bedeutung der Phantasien und des Schuldgefühls ob des damals erlebten Lustgefühls im Sinne einer nachträglichen (ex-post) Ätiologie (ebd. S. 384 Anm.1).

Die Libidotheorie zeichnet also den Weg des Subjekts „vom Narzissmus zum Objekt" nach und erklärt die Regression zum Narzissmus unter Aufgabe des Objekts. Die am Beispiel Schrebers herausgearbeitete Homosexualitäts-Hypothese modifiziert Freud später (1915f, S. 234ff.) dahingehend, dass die latente Homosexualität des Paranoikers auf der nicht aufgegebenen primären Identifikation mit dem gleichgeschlechtlichen Elternobjekt beruht (hier der Mutter), die einen Zugang zum heterosexuellen Objekt immer wieder zerstört (S. 242f.) und die ihn im Narzissmus festhält (S. 243f., 245ff.).

Schließlich dringt Freud zu einem sprachanalytischen Strukturalismus vor (1916–17a, S. 437, 1915e, S. 300ff.): Er unterscheidet zwischen Wort- und Sachvorstellungen bezüglich des psychischen Objekts, die ein unterschiedliches Schicksal im psychodynamischen Prozess erleiden (Freud 1915e, S. 300f.) und die er an den Sprachproduktionen der (nach Freud paranoiden, nicht schizophrenen) Psychose Schrebers erläutert (Freud 1911c, vgl. Niederland 1974, Lacan 1981). In den akuten Phasen der (hier auch Paraphrenien genannten) Psychosen (1911c, S. 312f., 1914c, S. 152f.) wird den Objekten die Libido entzogen, die aufs Ich regredierte Libido (1911c, S. 308f., vgl. 1916–17a, S. 439) wird sodann auf die dem unbewussten Bearbeitungsprozess unterworfenen Wortvorstellungen verschoben (in der Neurose auf die Sachvorstellungen): Voraussetzung für diese Regression und Restitution sind unterschiedliche prämorbide Fixierungspunkte: bei der Paranoia die narzisstische, bei der Schizophrenie die autoerotische Phase (1911c, S. 298f., 217, 435ff.). Die psychotische Metamorphose der Wortvorstellungen kann hier (s. Schrebers homosexuelle bzw. transsexuelle Geschlechtsidentität) nicht auf die Vorobjektstufe der primären Identifikation aufbauen: die Worte werden daher überbesetzt, um den Mangel der Ding-Besetzung zu kompensieren, woraus die komplizierten psychischen Anstrengungen der Wahnarbeit und die gelegentlich gewundene und neologische Sprache (auch bei Schreber: 1911c, S. 270f., 299ff., 313ff.) resultieren, einschließlich der Überbesetzung von Körperphantasien und von psychotischen Metamorphosen derselben („Organsprache"; vgl. Tausks „Beeinflussungsapparat"; vgl. „Koenästhesien" der Psychopathologie). Idealtypisch finden die beiden Formen der Paraphrenie auch einen unterschiedlichen klinischen Ausgang: die Paranoia endet – vermittelt über den Verfolgungswahn – idealtypisch im Größenwahn, die Schizophrenie im infantilen, tendentiell objektlosen Autoerotismus.

Die psychoanalytische Behandlung der (insbesondere schizophrenen) Psychosen muss mit einem technisch schwer zu handhabbaren Widerstand rechnen, der seit Freuds Bemerkung über die Übertragungsunfähigkeit von Psychotikern gelegentlich als Kontraindikation missverstanden worden ist („Unfähigkeit zur Übertragung" und „daraus folgende therapeutische Unzugänglichkeit", 1915e, S. 295, 1916–17a, S. 438, 465). Doch sogar bei Schreber hatte Freud auf die Vaterübertragung zu dem behandelnden Arzt Prof. Flechsig hingewiesen (1911c, S. 284f.) und wiederholt die Möglichkeiten der psychoanalytischen Psychosenbehandlung unter modifizierten Settingbedingungen unterstrichen (1905a, S. 21, 1924b, S.390, 1940a, S. 98f., 1937d, S. 55, s. u.).

3. Ideengeschichtlicher Hintergrund

Die Geschichte der Psychosen – nach Foucault (1961) die andere Seite der menschlichen Vernunft und zugleich ihr ungeliebtes und daher ausgegrenztes und unterdrücktes Abfallprodukt – steht seit Jahrhunderten in einem Verhältnis wechselseitiger Nichtanerkennung und Ausschließung seitens der aufgeklärten Vernunft der Neuzeit. In der Psychiatrie wurde der Begriff als unspezifische Bezeichnung für die Geisteskrankheiten eingeführt (Canstadt 1841, E. von Feuchtersleben 1845, vgl. Janzarik 1988, S. 201), heute ist der Begriff der Psychose aus der psychiatrischen Nosologie praktisch verschwunden (DSM IV, ICD 10). Klinisch allerdings behält er weiterhin seinen Wert und seine Praktikabilität. Wurden die Psychosen ursprünglich noch als „endogene" (Möbius 1872) bzw. „idiopathische", von den „exogenen" (den körperlich begründbaren) und den reaktiven, also biographisch-seelisch bedingten (z. B. den traumatischen und den hysterischen) seelischen Krankheiten geschieden und erstere grob in solche einer primären Störung des Denkens (Gruppe der Schizophrenien nach Bleuler) und solche einer primären Affektstörung (manisch-depressive Psychosen) eingeteilt, so musste diese dreiwertige Klassifikation zwischenzeitlich einem letztlich antitherapeutischen Monismus von biologischen Dysfunktionen weichen.

Die weit gespannten Verbindungen zwischen Psychoanalyse und Psychiatrie können hier nicht weiter verfolgt werden (vgl. Bister 1976), ebenso wenig wie diejenige zu den anderen psychodynamischen Schulen, wie z. B. zur Daseinsanalyse (Binswanger, Blankenburg), zur analytischen Psychologie Jungs, zur Individualpsychologie Adlers, zum Psychodrama Morenos, zur Gestaltpsychologie von Perls (vgl. Hutterer-Krisch 1994).

4. Wesentliche Erweiterungen, Differenzierungen und Modifikationen

Federn (1956) hat die Freud'sche Psychosentheorie vom Verlust und der Wiederbesetzung der Objektbeziehungen ich-psychologisch vertieft durch seine These, dass das ursprüngliche „endokosmische Ich-Gefühl", also die gesamte Wahrnehmungs- und Erlebniswelt des Kindes (primärer Narzissmus, „ozeanisches Gefühl": Freud 1930a, S. 424 ff.), sich später differenziere durch eine Rücknahme der Besetzungen, den Aufbau von Ich-Grenzen (ursprünglich: Körpergrenzen), um dann zu einer partiellen Neubesetzung der Objekte (ursprünglich der Körperorgane) unter dem Einfluss der Triebimpulse sowie der Wahrnehmungs- und Denkkontrolle zu gelangen.

Klein (1930, 1946) hält an Freuds triebtheoretischem Ansatz zum Verständnis der Psychosen fest durch ihre Annahme, dass nicht alleine eine traumatisierende Umgebung die Entwicklung des Subjekts in psychotische Bahnen lenken kann, sondern die Triebkräfte des Subjekts selbst, insbesondere die für jede Sozialisation in Familie und Gesellschaft sperrigen Abkömmlinge des Todestriebs. Sie sind i.w. verantwortlich für die primitiven (psychotischen) Abwehrmechanismen (Klein 1930, Hinshelwood 1989, S. 175ff.) wie Projektion bzw. projektive Identifizierung (Klein 1946, S. 108), Verleugnung und Spaltung (als paranoia-spezifische) bzw. Omnipotenzphantasien und Verachtungsstrategien (als manische Abwehrmechanismen), welche das infantile Ich vor archaischen Triebimpulsen schützen sollen, es aber auch umgekehrt seinen präödipalen Ängsten aussetzen und in den circulus vitiosus der präödipalen Konfliktdynamik verwickeln: Projektion, Bedrohung durch äußere Verfolger, Widerstand gegen die Bedrohung und erneute Projektion stellen somit die destruktive Dialektik der frühen Erlebniswelt dar (Klein 1946, S. 104ff.), welche aber umgekehrt auch unerlässlich für den Aufbau eines realitätsgerechten Ichs ist, da die psychotischen Mechanismen zum psychischen Unterbau auch des ödipalen und des neurotischen Ichs gehören. Eine psychotische Dekompensation tritt hingegen nur unter den Bedingungen früher Fixierungen in den Phasen der paranoid-schizoiden Position auf (Klein 1946, S. 104ff.), in der die schmerzhafte Fähigkeit zur psychischen Integration eines ganzen inneren Objekts (depressive Position) und zur Sorge um den Erhalt dieses Objekts noch nicht gelungen ist.

5. Die Bedeutung des Begriffs in verschiedenen psychoanalytischen Schulrichtungen

An den Gedanken der Fragmentierung des Ichs unter dem Einfluss destruktiver Triebimpulse in der Psychose knüpfen nun einige Schüler Kleins an: Bion (1959) spricht von den „attacks on linking", die jeden beginnenden Beziehungsprozess des Psychotikers (auch in der Übertragung) sofort wieder zu bedrohen beginnen, sobald er sich abzeichnet, Rosenfeld von „negativem Narzissmus" (1965, 1987, 1992), Green vom „narcissisme de mort" (1983) und von einer „travail du négatif" (1993), um das analytische Durcharbeiten der destruktiven Attacken des psychotischen Ichs gegenüber seinen produktiven Entwicklungsmöglichkeiten zu charakterisieren.

Eine Psychose wird nach dieser Theorie also in dem Moment manifest, wenn die Bindungsvalenzen unter den Attacken des negativen Narzissmus abreißen und eine Ich-Dissoziation oder – in anderer Perspektive – eine Ich-Fusion mit den Objekten eintritt, die unter erheblicher psychotischer

Angstentwicklung einhergeht, wobei die Ursache dieser Dissoziation zunächst noch unbestimmt bleibt.

Federns (1956) Dialektik von Libido (Bindungskraft) und Mortitudo (Bindungsdestruktion) haben in Verbindung mit Sullivans „interpersoneller Theorie der Psychiatrie“ (1953), die ebenfalls den Primat der intersubjektiven Beziehung vor dem triebhaft-solipsistischen Ich betont, die ich-psychologische Schule der analytischen Psychosentheorie und -therapie insbesondere in den USA entscheidend inspiriert (Sechehaye, Fromm-Reichmann, Searles, Pankow, Winkler, Bennedetti), sowohl bezüglich des Begriffs der Psychose als auch bezüglich seines gegenüber Freud optimistischeren Ansatzes zur Psychosenbehandlung (Durcharbeiten der „Übertragungspsychose“ S. 142) und deren Technik unter Einbeziehung eines Dritten (Prinzip der Kotherapie: vgl. Freemann et al. 1958, vgl. analytische Sozialpsychiatrie). Auch die stationären Behandlungskonzepte für die Psychosen unter Einbeziehung der Familien der Patienten bis zur systemischen Familientherapie (Stierlin) und zu sozialpsychiatrischen Forschungen über unbewusste Kommunikationsstile in schizophrenen Familien (Laing, Bateson, Watzlawick et al., Expressed-Emotion-Forschung) haben hier ihre Wurzeln.

Alle diese Pioniere der analytischen Psychosentherapie vertreten (mit Ferenczi) eine modifizierte Behandlungstechnik, die eine aktivere, stärker strukturierende und die Übertragung weniger durcharbeitende als im Sinne einer korrigierenden Erfahrung agierende, ichstützende und realitätsbezogene Behandlungstechnik anwenden und zunehmend auch analytische Gruppenarrangements für die Behandlung von Psychotikern nutzen (Haubl et al. 1994). Dass die psychoanalytische Psychosenbehandlung auch unter empirischen Gesichtspunkten erfolgversprechend und hilfreich ist, haben verschiedene Autoren gezeigt (Matussek, Benedetti, Mentzos). Umgekehrt wurde an dieser Richtung immer wieder eine gewisse pädagogisierende Tendenz kritisiert (z. B. von Lacan: „Ego-Orthopädie“).

6. Interdisziplinäre Beiträge und Befunde

Jacques Lacans strukturalistischer Ansatz der Psychosentheorie bezieht linguistische, literaturwissenschaftliche, philosophische und kulturtheoretische Befunde in seine Überlegungen mit ein (Pommier 1993, Lefort 1988). In der Betonung der technischen Schwierigkeiten der analytischen Psychosenbehandlung nähert sich Lacan wieder der Freud’schen Skepsis an, die durch die pädagogisierenden Konzepte der amerikanischen Ich-Psychologie zunehmend in den Hintergrund getreten waren. Andere Entwicklungen der nach Freud’schen Psychosentheorie, insbesondere die in der kleinianischen Psychoanalyse zunehmend reflektierte Bedeutung des Todestriebs und die sprachanalytische Transformation der dualen Triebtheorie (Freud, Bion, Segal), treibt die Lacan’sche Konzeptualisierung der Psychosen aufs entschiedendste voran (Lacan 1966, 1981). Der seine Theorie fundierende „Phallozentrismus“ (nach Derrida: „Phallogozentrismus“), seine Wiedereinsetzung der Theorie der Kastration und des Ödipuskomplexes werden aber früh von Analytikerinnen kritisiert (Kristeva, Irigaray). Seine Theorie der Verwerfung des Vatersignifikanten (der psychischen Vaterrepräsentanz, des „Phallus“) in der Psychose nimmt ihren Ausgang von einem modifizierten Schema des psychischen Apparats, der in der Psychose eine tiefe Metamorphose erfährt. Das Ich Freuds ist in Lacans Strukturschema gleichsam in zwei polare Grundverhältnisse aufgespalten: in den imaginären Bezug des Subjekts zum Bild von sich selbst und von seinen Objektbeziehungen einerseits und in den symbolischen, über die Sprache vermittelten Bezug zu Gedanken und Handlungen andererseits (symbolische Ordnung). Das bewusste Erleben, die psychische Realität ist diesen beiden „Registern“ des Seelischen, des Symbolischen und des Imaginären, nachgeordnet. Die Psychose ist primär weniger eine Desymbiotisierungsstörung (auf der imaginären Achse) als eine Regression in die Symbiose wegen einer primären Triangulierungsstörung (auf der Achse: Unbewusstes – Symbolische Ordnung), eine Störung des Bezugs des Subjekts zur symbolischen Ordnung, zum Vatersignifikanten. Die beiden Krisenerfahrungen in jeder Ontogenese, die Entwöhnung (maternaler Mangel mit der Konstitution des Imaginären) einerseits und der Ödipuskomplex (paternaler Mangel, Kastration und Geburt des Symbolischen) andererseits, kennzeichnen die psychische Entwicklung als eine Integration von Mangelerfahrungen, die eine Repräsentanz des Negativen und eine Spur des Todestriebs im Psychismus einschreiben: Diese strukturalen Krisen sind zugleich die Bedingungen der Möglichkeit der Entwicklung einer neurotischen Abwehrstruktur wie auch (im Falle der Verwerfung) der Strukturen der Psychose. Der in der Psychose auftretende strukturale (paternale) Mangel, das Loch im Symbolischen (1981, S. 108), zeitigt erst nach der Latenz seine pathogene Wirkung, dann nämlich, wenn das betroffene Subjekt in seinem eigenen Leben an die Fragen der Väterlichkeit geführt wird oder rührt (prospektive Vaterschaft, Konfrontation mit sozialen Vaterfiguren). Dann kollabiert die psychische Struktur (akute Psychose), das Loch im Symbolischen (verworfener Vatersignifikant) führt dazu, dass die gesamte Welt der Objektbeziehungen, das gesamte Imaginäre ausfließt in einer Kaskade psychischer Zerstörung. Der im Inneren verworfene Vatersignifikant kehrt nun im Realen wieder – als Halluzination. Insofern ist die Psychose (im Inhalt des Wahns und der Halluzinationen) umgekehrt auch eine „Suche nach dem Vater“ (wie Laplanche in seiner Studie über Hölderlin gezeigt hat, 1981, S. 110f.). In der Psychose hat sich nun eine neue imaginäre Achse gebildet (Restitutionsversuch), die den Wahn und die Halluzination in sich birgt, umgekehrt aber eine sehr verzerrte symbolische Beziehung zwischen Unbewusstem und symbolischer Ordnung impliziert (1981, S. 213).

Diese in der Psychose alterierte psychische Struktur führt zu einem anderen Umgang des Subjekts mit dem Trieb, mit der Sprache, mit den Objektbeziehungen, so dass jede psychoanalytische Therapie mit alterierten Übertragungsfiguren rechnen muss. Die Psychoanalyse ist durch diese tiefgreifende Metamorphose des Psychismus vor eine „Frage“ gestellt, „die jeder möglichen Behandlung der Psychose vorausgeht“ (Lacan 1966); sie zu beantworten, die These von der Umkehrbarkeit der Verwerfung in der analytischen Psychosenbehandlung einzulösen, stellt nach wie vor ein schwieriges, aber Erfolg versprechendes Desiderat dar (Pankow, Rohlfs und Linnemann, vgl. Küchenhoff und Warsitz 1992, Kap. 5 und 9).

Dabei werden heute, nach der Kritik an den frühen Pionierleistungen der psychoanalytischen Psychosentherapie (Bettelheim 1955: „Liebe allein genügt nicht“) zwei Hauptrichtungen vertreten (vgl. Mijolla 1996, S. 586ff.). Die Neokleinianer verstehen die Psychose als Fixierung (bzw. Regression) auf die paranoid-schizoide Position und sehen den therapeutischen Fortschritt (unter Berücksichtigung langer Analyseverläufe – oft im klassischen, aber sehr streng und konstant gehaltenen Setting – einer „gelassenen“, konstant zugewandten, aber auch „konstant-distanzierten“ therapeutischen Haltung und in einer Gegenübertragungsanalyse, in der der Analytiker durch seine rêverie und seine Entgiftungspotenz der destruktiven psychotischen Projektionen (Bion) eine Rücknahme von projektiven Identifizierungen und den Aufbau einer Ganzobjektrepräsentanz beim Analysanden ermöglicht. Die strukturalistisch ausgerichteten Psychoanalytiker andererseits sehen in der Psychose einen durch die Verwerfung des Vatersignifikanten bedingten strukturellen Mangel im Symbolischen, der zu einer Konfusion von imaginären und symbolischen Anteilen des Psychismus führt, deren „Reparatur“ (Umkehr der Verwerfung) durch eine identifizierende und idealisierende Übertragung (auch unter Einbeziehung psychopharmakologischer Stützen und institutioneller Übertragungsformen: vgl. „Psychothérapie institutionelle“, Mijolla 1996, S. 597ff.) eingeleitet wird. Wie im Kleinianismus kann auch hier die Wiederherstellung des „potentiellen Raums“ der rêverie gegen die destruktiven Kräfte der psychotischen Dynamik nur gelingen, wenn die nichtsymbolisierten, mortitudinalen Potentiale der Verwerfung des Vatersignifikanten und der Totalisierung der ambivalenten Erlebniswelt von „ihrer Majestät der Mutter“ (Aulagnier) symbolisierbar werden. Beide therapeutischen Zugangswege zur Psychose konvergieren also in der Annahme eines langjährigen intensiven analytischen Prozesses, einer Betonung der Handhabung der Übertragung über einen Zwischenschritt der identifikatorischen und idealisierten Übertragung zum Aufbau einer psychischen Objekt- und Zeitstruktur, der sich von permanenten Attacken auf die Objektbeziehung in der Übertragung („Deliaison“, „attacks on linking“) bedroht sieht, so dass Rückfälle und negative Übertragungen als Zwischenschritte der Entidealisierung des Analytikers notwendig und unumgänglich sind. Dabei muss der Psychoanalytiker bei sich selbst mit denselben Entwertungen und Zerstörungsattacken rechnen, die er bei seinem Analysan(t)den erkannt hat, will er den „attacks on linking“ nicht einen neuerlichen Triumph über die libidinösen Tendenzen zubilligen, die z.B. durch ein zu frühes Resignieren der therapeutischen Bemühung rationalisiert oder durch zu hohe Größenerwartungen narzisstisch abgewehrt sein könnten.

Literatur

Bion, W.R. (1959). Attacks on linking. In Second thoughts (pp. 93–109). London: Maresfield.

Bister, W. (1976). Über das neue Verständnis für die schizophrenen Psychosen. In D. Eicke (Hg.), Psychologie des XX. Jahrhunderts, Bd. 2 (S. 1–22). Zürich: Kindler.

Federn, P. (1956). Ichpsychologie und die Psychosen. Frankfurt/M.: Suhrkamp, 1978.

Foucault, M. (1961). Wahnsinn und Gesellschaft. Frankfurt/M.: Suhrkamp, 1969.

Freemann, T., Cameron J.L. und McGee, A. (1958). Studien zur chronischen Schizophrenie. Frankfurt/M.: Suhrkamp, 1970.

Green, A. (1983). Narcissisme de vie, narcissisme de mort. Paris: Ed. de Min., 1993: „Le travail du négatif“, Paris: Les Ed. de Min.

Haubl, R. und Lamott, F. (Hg.) (1994). Handbuch Gruppenanalyse. Berlin: Quintessenz.

Hinshelwood, R.D. (1989). Wörterbuch der kleinianischen Psychoanalyse. Stuttgart: Verlag Internationale Psychoanalyse, 1993.

Hutterer-Krisch, R. (Hg.) (1994). Psychotherapie mit psychotischen Menschen. Berlin: Springer.

Janzarik, W. (1988). Strukturdynamische Grundlagen der Psychiatrie. Stuttgart: Enke.

Klein, M. (1928). Frühstadien des Ödipuskomplexes. In dies., Frühstadien des Ödipuskomplexes (S.7–21). Frankfurt/M.: Fischer, 1985.

Klein, M. (1930). Die Psychotherapie von Psychosen. In dies., Frühstadien des Ödipuskomplexes (1985), a.a.O., 69–72.

Klein, M. (1946). Bemerkungen über einige schizoide Mechanismen. In dies., Das Seelenleben des Kleinkindes (S. 131–163), 1983.

Küchenhoff, J. und Warsitz, P. (1992). Labyrinthe des Ohres. Vom therapeutischen Sinn des Zuhörens in Psychopathologie und Psychoanalyse. Würzburg: Königshausen & Neumann.

Lacan, J. (1966). Über eine Frage, die jeder möglichen Behandlung der Psychose vorausgeht. In ders., Schriften II (S. 61–117). Olten: Walter, 1975.

Lacan, J. (1981). Le seminaire, 1. III, Les psychoses. Paris: Edition du Seuil.

Laplanche, J. und Pontalis, J.-B. (1967). Das Vokabular der Psychoanalyse. Frankfurt/M.: Suhrkamp, 1972.

Lefort, R. (1988). Les structures de la psychose. Paris: Edition du Seuil.

Mijolla, A. de et Mijolla M. de (Eds.) (1996). Psychanalyse. Paris: Presses Universitaires de France.

Möbius, P.J. (1892). Über die Einteilung der Krankheiten, Centralblatt für Nervenheilkunde und Psychiatrie, 15. Jahrgang. Neue Folge. Bd. 3, 285–301.

Niederland, W.G. (1974). Der Fall Schreber. Frankfurt/M.: Suhrkamp, 1978.

Pommier, G. (1993). Remarques sur la conception lacanienne de la structure psychotique (et quelques unes de ses conséquences). In Fondation Européenne pour la Psychanalyse (Ed.), 1958–1993: L'abord des psychoses après Lacan (p. 9–27). Bordeaux: Point Hors Ligne.

Rosenfeld, H. (1965). Zur Psychoanalyse psychotischer Zustände. Frankfurt/M.: Suhrkamp, 1981.

Rosenfeld, H. (1987). Sackgassen und Deutungen. München: ViP.

Rosenfeld, H. (1992). The psychotic. London: Karnac.

Schmidt-Degenhard, M. (1983). Melancholie und Depression. Stuttgart: Kohlhammer.

Schreber, D.P. (1973). Denkwürdigkeiten eines Nervenkranken. Frankfurt/M.: Ullstein.

Sullivan, H.S. (1953). Die interpersonelle Theorie der Psychiatrie. Frankfurt/M.: Fischer, 1980.

Psychosomatik *von Joachim Küchenhoff*

psychosomatics – psychosomatiqu

1. Definition

„Psychosomatik" ist i.e.S. kein psychoanalytischer Grundbegriff; V. von Weizsäckers programmatische Äußerung, dass die Psychosomatik eine tiefenpsychologische sein oder nicht sein werde (von Weizsäcker 1949, S. 455), scheint heute ebenso überholt wie die noch vor wenigen Jahren aufgeworfene Frage, ob die Psychosomatik ein Zweig der Psychoanalyse sei oder umgekehrt (Wesiack 1994). Gleichwohl ist richtig, dass die Psychoanalyse psychosomatische Grundpositionen hat und dass die Psychosomatik der Psychoanalyse wesentliche Modelle verdankt.

Der Begriff, der älter als der der Psychoanalyse ist und wohl auf Heinroth (1818) zurückgeht, lässt sich am leichtesten durch seinen Gegenstandsbereich definieren, der im weitesten Sinne das Zusammenspiel körperlicher und seelischer Faktoren in Gesundheit und Krankheit umfasst. Im Begriff „bio-psycho-sozialen Modell" wird als dritte Größe die Gesellschaft eingeführt. Wie weit dieser Gegenstandsbereich in der Medizin gefasst wird, variiert allerdings sehr stark; er kann mit der gesamten Medizin identifiziert werden, insofern an allen Krankheiten, ursächlich, pathogenetisch oder zumindest reaktiv, das seelische Leben involviert ist und eine dualistische Aufspaltung des Menschen nicht möglich ist. Psychosomatik kann aber auch ganz eng als Spezialdisziplin zur Erforschung und Behandlung spezieller „Psychosomatosen" angesehen werden, wie der „heiligen sieben" (Alexander 1951), also organdestruktiver psychisch (mit-)bedingter Krankheiten.

„Psychoanalytische Psychosomatik" hat zur Aufgabe, in den Worten Weizsäckers, das Subjekt in die Medizin einzuführen. Das subjektive Erleben umfasst nicht nur die bewussten Einstellungen, sondern ist vom Zusammenspiel oder Widerstreit bewusster Gedanken, unbewusster Wünsche, Beziehungs- bzw. Abgrenzungserfahrungen bestimmt. Subjektivität ist dabei immer leibliche Subjektivität. Krankheit ist ein Ausdruck des Leidens an dieser leiblichen Subjektivität. Körperliches kann dabei Seelisches vertreten, der Körper kann zum Signifikanten, zum Ort der Aussage des unbewussten Subjekts, werden, der erkrankte Körper kann das Seelische beherrschen – gleichviel, immer ist nicht nur der Körper und nicht nur die Seele, sondern das leibliche Subjekt angesprochen.

2. Klassische Auffassung

Freuds Wunsch nach einer Fundierung der Psychoanalyse in der Neurobiologie ist nicht nur Ausdruck des szientistischen Selbstmissverständnisses (Habermas 1968), sondern notwendige Folge der Tatsache, dass einige psychoanalytische Grundkonzepte psychosomatisch und nicht allein psychisch sind. Der Triebbegriff selbst verwurzelt die Welt der Wünsche und Impulse in einem psychosomatischen Zwischenbereich, denn der Trieb ist einerseits eine biologische Größe, andererseits wirkt er ins Seelenleben hinein und wird dort repräsentiert; der Trieb als psychische Repräsentanz einer somatischen Reizquelle impliziert also die konstitutive Verschränkung von Leiblichkeit und Seelenleben in der Psychoanalyse.

Freud hat zwei Modelle des psycho-somatischen Übergangs entwickelt; Konversion meint die Umwandlung seelischer Energie in somatische Innervation auf der Grundlage eines psychischen Konfliktes und durch Einbindung dieser neuronalen Prozesse in ein Ausdrucksverhalten, so dass das Symptom Symbolgehalt hat und körpersprachlich zu entschlüsseln ist. Im klassischen Modell der Konversionshysterie ist der Triebkonflikt ödipal, die Verschiebung ins Körperliche geht auf den Bahnen der Willkürmotorik und der sensorischen Bahnen vor sich, das Ergebnis ist als kompromisshafte Inszenierung der Abwehr ödipaler Wünsche zu entziffern. Fenichel hat es später auf andere, in früheren Entwicklungsabschnitten situierte Konflikte ausgeweitet (prägenitale Konversionsneurosen).

Das Konversionsmodell wurde in der Frühzeit der psychoanalytischen Psychosomatik unkritisch ausgeweitet, über den Körper legte sich der Schatten des Panpsychismus, die grenzenlose Symbolisierung körperlichen Geschehens; diese spekulative Entgrenzung hat die Glaubwürdigkeit der psychoanalytischen Psychosomatik lange beeinträchtigt. Bei Freud ist sie nicht zu beobachten. Er hat nicht nur davor gewarnt (z. B. als er in seinem berühmten Brief an V. von Weizsäcker vor den Verführungen warnte, die die somatischen Prozesse für den spekulativen Geist der Analytiker bedeuteten; er wolle bei der psychischen Seite bleiben), sondern auch frühzeitig Einschränkungen formuliert und dem Konversionsmodell das Modell der Aktualneurose entgegengesetzt. Sie ist keine Psychoneurose, das heißt der psychische Konflikt wird nicht seelisch be- und ausgearbeitet, und sie entsteht in der Unmittelbarkeit und Aktualität z. B. einer Triebstauung, die keine Entlastung durch die „spezifische oder adäquate Aktion" (Freud 1895b, S. 334) findet, so dass die Energie „abnorm verwendet" wird, nämlich für die Produktion von Körpersymptomen wie Schwindel oder unsinnigen Ängsten. Dieses zweite Modell ist aus mehreren Gründen wichtig: es markiert von Anfang an ein „Jenseits der Konversion", das dadurch charakterisiert ist, dass die Ebene der psychischen Repräsentation und Verarbeitung kurzgeschlossen wird und seelische Belastung sich unmittelbar in Körpersymptome umwandelt.

Wir können die Entwicklung der psychoanalytischen Psychosomatik ausgehend von den beiden Freud'schen Modellen nachzeichnen. Während zunächst die Möglichkeiten des Konversionsmodells durchgespielt werden, gewinnt später das Aktualneurose-Konzept an Bedeutung, indem die von Freud nicht weiter aufgeschlüsselte Kurzschlusshaftigkeit in ihrem Mechanismus und in ihrer Genese erhellt und indem der Ausschluss aus dem Psychischen als Abwehrvorgang verstehbar gemacht worden ist. Es gibt also auch ein genuin psychoanalytisches Verstehen jenseits der Konversion und damit jenseits des klassischen Neurosemodells (s. u. 4.).

3. Ideengeschichtlicher Hintergrund

Die Frage nach den Wechselwirkungen zwischen Psyche und Soma wird seit dem Altertum und dem Platonischen Leib-Seele-Dualismus gestellt, Descartes' Dichotomisierung von res extensa und res cogitans gibt der neuzeitlichen Trennung des Körperlichen und des Seelischen ihr Programm vor, die – anders als bei Platon – nicht mehr unter dem Motto einer Befreiung der Seele vom Körper, sondern unter dem einer Instrumentalisierung des Körpers steht und zur „Naturbeherrschung am Menschen" (Zur Lippe 1979) wird. Dagegen hat es immer wieder Einsprüche gegeben, die zur Emanzipation des Körpererlebens beitragen sollten, die aber meist dem Dualismus verhaftet blieben. Der psychosomatischen Medizin stellte sich immer wieder die Aufgabe, das Leib-Seele-Verhältnis zu bestimmen; je nach der philosophischen Fundierung der Wissenschaftler wurden unterschiedliche Lösungsvorschläge gemacht. Eine Antwort ist der ganzheitliche oder holistische Ansatz, der entweder gar keinen Unterschied von Leib und Seele akzeptiert (Groddeck) oder das Verhältnis von Körper und Seele als ein Komplementärverhältnis wechselseitiger Erläuterung und wechselseitiger Stellvertretung ansieht (von Weizsäcker). Eine andere ist die systemtheoretische Perspektive, die in Körper und Seele emergente, nach ihrer Etablierung schließlich autopoietisch regulierte Systeme sieht, die durch „Bedeutungskoppelungen" miteinander verbunden werden (von Uexküll und Wesiack 1981). Informationstheoretische Konzepte gehen von einer Sprache der Kommunikation und Funktionalität aus, die von der Ebene der Einzelzelle bis zum Körper im Kontext seiner sozialen Umwelt reicht; durch diese gemeinsame Sprache für biologische, psychologische und soziologische Prozesse, so wird postuliert, würden dualistische Ansätze gleichsam unterlaufen (Weiner 1991). Eine phänomenologische Tiefenhermeneutik (Danzer 1995) integriert die drei Phänomenebenen des somatischen, des sozialen und des kulturellen Leibs in einen mehrperspektivischen Ansatz, der naturwissenschaftliche, phänomenologische und tiefenpsychologische Zugangsweisen in einem kritisch reflektierten Wechselspiel erlaubt.

4. Wesentliche Erweiterungen, Differenzierungen und Modifikationen

O. Fenichel verbleibt auf dem Boden der Trieb- und Konfliktpsychologie, erobert ihr aber im Vergleich zu den Konversionskonzepten Neuland. Fenichel versucht eine Systematik der Organneurosen, d.h. der somatoformen oder psychosomatischen Leiden, die nicht unter das Gesetz der Konversion fallen, also nicht – wie in der Konversion– symbolhaft in dem Sinne sind, dass sie in irgendeiner Darstellungsbeziehung zum psychischen Konflikt stehen. Zu ihnen zählt selbstverständlich

- die Aktualneurose („Ergebnisse von chemischen Prozessen innerhalb unbefriedigter Personen"); andere organneurotische Mechanismen nach Fenichel sind:
- die Entwicklung von Affektäquivalenten; das ganzheitliche psychische Erleben löst sich auf, die Vorstellungen werden verdrängt, vom Affekt bleibt nur der körperliche Anteil, der sich – weil der seelische fehlt – immer mehr vikariierend verstärkt.
- die „psychischen Ergebnisse unbewusster Einstellungen"; zwischen unbewusstem Konflikt und somatischem Geschehen liegt als Verbindungsglied eine Verhaltensweise, die durch unbewusste Antriebe gebahnt ist und die sich wiederum körperschädigend auswirkt.

Alexander und Mitscherlich wählen den gleichen Ausgangspunkt, nämlich die Trieb- und Konfliktpsychologie Freuds, deren Nutzen für das Verständnis von somatischen Krankheiten sie erweitern, ohne auf das Konversionsmodell zurückzugreifen. Alexander kann in bestimmter Weise als der Begründer der (systematischen) psychoanalytischen Psychosomatik gelten; er berücksichtigt als erster die Eigengesetzlichkeit der somatischen Prozesse und unternimmt psychoanalytische empirische Forschungen. Vegetativ innervierte Organe können für ihn nicht Träger eines Ausdrucks sein; dennoch sind diese organneurotischen Vorgänge mit psychodynamisch erhellbaren Konflikten verbunden. Er sieht diese (und nicht in erster Linie die Persönlichkeit) als spezifisch für die Krankheit an; zwischen der Lokalisation der somatischen Störung und dem zugrunde liegenden Konflikt besteht demzufolge eine Verbindung, die geeignet ist, die schwierige Frage der „Organwahl" aufklären zu helfen. Zugleich stößt er damit eine bis heute ungelöste Diskussion um die Spezifität psychosomatischer Symptomgenese an (Küchenhoff 1994). Mitscherlich erweitert das neurosenpsychologische Modell, indem er von prinzipiell gleichartigen Abwehrformen in Neurosen und psychosomatischen Leiden ausgeht: in einer ersten Phase erzeugt die Abwehr schwerwiegender seelischer Konflikte neurotische Symptome; muss sie wegen weiterer Belastungen weiterhin und wiederholt aufgeboten werden, erfolgt die „Nachverdrängung" ins Körperliche hinein. Dieses viel zitierte Modell der zweiphasigen Verdrängung liest sich heute – im Gegensatz zu Alexanders geschlossenen Theoriegebäuden – weniger als ein konsistent ausgearbeitetes Modell, mehr als eine programmatische Schrift, die ein Programm ankündigt, das sie gleichwohl schuldig bleibt.

Die neurosen- oder konfliktpsychologische Perspektive hatte ihre offensichtlichen Grenzen; sie setzte voraus, dass das Subjekt über einen ausgebildeten psychischen Apparat verfügt, z.B. auch ein Ich, das zur Verdrängung als strukturierter Abwehrleistung fähig ist. Diese Voraussetzung kann nicht immer gelten. Anhand des Ausmaßes der Ich-Beteiligung am Krankheitsgeschehen unterscheidet T. von Uexküll (1963) Ausdruckskrankheiten (in seinen Worten: aus Motivkonflikten durch Konversion entstanden), funktionelle Syndrome (ebenfalls aus

Motivkonflikten entstanden, aber ohne vollständige Abwehr und Ich-Abschirmung) und Bereitstellungskrankheiten, bei denen der Affekt ohne Ich-Vermittlung – in seinen Worten: ohne adäquate Motive – zu einer andauernden körperlichen Bereitstellungsreaktion im Sinne Cannons führt, die selber krank macht.

Die offensichtlichen Defizite psychosomatischer Patienten, in der Situation des klinischen Gesprächs ihre Selbst- und Fremdbilder affektvoll und differenziert zu beschreiben, die „Desaffektation" (McDougall 1989), die Normorientiertheit und Entsubjektivierung ihrer Schilderung („normotisch", Bollas 1987) legten es nahe, Strukturpathologien und Ich-Einschränkungen psychosomatischer Patienten zu untersuchen. Sifneos (1975) hat die Armut des Gefühlsausdrucks als Alexithymie bezeichnet, P. Marty (1963) stellte das ausschließlich technisch-rationale Denken („pensée opératoire") in den Mittelpunkt. Die Merkmale wurden jeweils als spezifisch für die Struktur psychosomatischer Patienten angesehen. Spezifität wurde nun in der Persönlichkeitsstruktur psychosomatischer Patienten gesucht. Auch wenn die empirische Forschung die Spezifität nicht bestätigt und alexithyme Strukturen auch bei anderen Krankheitsbildern gefunden hat, so bleibt doch wichtig, dass hier wertvolle Hypothesen entwickelt wurden, um den Ausschluss von Konflikten aus der Psyche als Mangel an psychischer Repräsentation zu verstehen, der den Kurzschluss ins Somatische zur Folge hat, dem das Aktualneurosemodell Freuds postuliert hatte. Der Mangel wurde in genetischen Defekten und ich-strukturalen Defiziten gesehen; als Alternative zu einer solchen, letztlich entdynamisierten Betrachtungsweise lassen sich die Ich-Funktionen aber auch dynamisch betrachten und abwehrbestimmte, regressive Veränderungen der Ich-Strukturen, also Ich-Regressionen, annehmen, die zu genetisch früheren Erlebnismustern zurückführen. Schur ging davon aus, dass im Verlauf der psychischen Entwicklung die ganzheitlichen Erlebnismuster, bei denen Affekt, Vorstellung und Körperreaktion verschmolzen sind, sich im Sinne einer Desomatisierung der Affekte entwickeln, also sich von der Körperseite des Affekts emanzipieren (Schur 1966/1984). Psychosomatische Reaktionen entstehen, wenn aufgrund einer Ich-Regression Affekte wieder resomatisiert werden. Die Schwäche dieses Ansatzes liegt in seinem normativen und allzu kulturgebundenen Vorurteil, dass Reifung mit Entkörperlichung und Rationalisierung der Erlebensweisen gekoppelt ist (s. Küchenhoff 1997b). Seine Stärke liegt in der dynamischen Konzeption von Ich-Funktionen und Strukturen. Weitere Differenzierungen sind von der durchaus lebendigen Erforschung des Körpererlebens zu erwarten, also der subjektiven Seite des psychosomatischen Gesamtzusammenhangs. Fragebögen erfassen freilich nur die kognitive Einstellung zum eigenen Körper, Ratingverfahren aber erlauben es, auch psychoanalytisch gehaltvolle und komplexe Zusammenhänge zu erfassen und damit die subjektive Vielgestaltigkeit des bewussten und unbewussten Körperbildes zu erfassen. Dabei erscheint es aussichtsreich, das Körpererleben auf das Integrationsniveau der psychischen Struktur beziehen zu können (Küchenhoff 2003).

5. Die Bedeutung des Begriffs in verschiedenen psychoanalytischen Schulrichtungen und der aktuelle Stand der Diskussion

Im Vergleich zu den bisher zitierten „klassischen" Ansätzen zu wenig beachtet worden sind die aktuellen Theorieentwicklungen in der Psychoanalyse, die wesentliche Fortschritte für die Psychosomatik mit sich bringen. Während die referierten Konzepte trieb- oder ich-psychologische Schwerpunkte haben, gehen diese neue Impulse v. a. von der Objektbeziehungstheorie und der psychoanalytischen Entwicklungstheorie (v. a. der Erforschung präsymbolischer Erlebensbereiche) aus. Sie erlauben es, Mängel der klassischen Modelle zu überwinden, an die Stelle von Defizitmodellen dynamische Konzeptionen zu setzen und das Aktualneurose-Modell aus seiner biologistischen Verkürzung zu befreien und zum Gegenstand psychoanalytischen Sinnverstehens „jenseits der Konversion“ zu machen. Sie werden im Folgenden zusammengefasst.

Die Ausbildung eines psychischen Raumes ist entwicklungspsychologisch von – sich sukzessive generalisierenden – Interaktionserfahrungen abhängig; aus ihnen bilden sich die psychischen Repräsentanzen, die Innenwelt des Kindes (Stern 1992). Die Interaktionen müssen so beschaffen sein, dass sie einerseits Platz für die Erfahrung des Mangels und der Offenheit, in der Neues entstehen kann, lassen, auf der anderen Seite aber tragfähig und haltgebend sein. In der Raummetaphorik gesprochen, kann ein vom Begehren der Eltern, von ihrer Überfürsorglichkeit etc. überfüllter Raum seine Funktion ebenso wenig erfüllen wie ein Raum, der von Verlust und beziehungsloser Leere bedroht ist. Beide Vereinseitigungen führen zu einem Intrusions-Separations-Dilemma (A. Green 1990), zu den existentiellen Bedrohungen von Übermächtigung oder Fallengelassenwerden. Werden im Verlauf des Lebens diese Bedrohungen reaktiviert, werden die zugehörigen Repräsentanzen aus dem seelischen Erleben ausgeschlossen. Diese Zerstörung der Repräsentation ist ein Abwehrprozess, dessen Mechanismus als Verwerfung (McDougall 1985) beschrieben worden ist. An die Stelle der äußerst bedrohlichen Beziehungsrepräsentanzen tritt das normative oder hyperreale (Küchenhoff 1990) Beziehungsgerüst, das affektentleert ist – zum Schutz vor Beziehungsaffekten –, oder eine Form von Abhängigkeitsbeziehung, die oft für psychosomatische Patienten beschrieben worden ist, etwa als die Abhängigkeit von „Schlüsselfiguren“ (G. Engel) bei der Colitis ulcerosa, die freilich weder Abhängigkeit noch Individuation zulässt, sondern gerade vermeiden hilft. (Die Selbstpsychologie hat diese Beziehungsstruktur als Selbstobjekt-Beziehung, die nicht nur bei psychosomatischen Patienten zu beobachten ist, sehr genau untersucht (z.B. Rodin 1991)), allerdings wird dort m.E. in der Regel die Beziehungspathologie, die an der Wurzel einer solchen Beziehungsfigur steht, zu wenig beachtet.) Der Schutz vor den überwältigenden Affekten, der in der Zerstörung der Repräsentation liegt, ist äußerst zwiespältig, da er andererseits gerade dazu disponiert, dass nur noch der Körper, und dann oft organdestruktiv, reagiert. Die Ich-Regression schreitet dann u.U. fort in den Bereich der „präobjektalen Bezogenheit“ (Kumin 1996), in den Bereich von Beziehungserfahrungen, die präsymbolisch repräsentiert sind, z.B. durch Interaktionsrepräsentanzen, die eng an Körpererfahrungen angelehnt sind. Die zeitgenössische Psychoanalyse stellt in zunehmender Komplexität innovative Konzepte bereit, um diese frühesten Erfahrungen zu erfassen, die mit der intersubjektiven Entstehung des Körperselbst zu tun haben. Stellvertretend seien Anzieus Haut-Ich (1981) und Ogdens Konzept der autistisch-berührenden Position (1995) genannt (vgl. auch Gaddini 1998, Aulagnier 2001).

Auch für die psychoanalytische Psychosomatik hat die bessere Erforschung der Grenzfall-Psychopathologie Konsequenzen. Zu den theoretischen und klinischen Herausforderungen einer erweiterten psychoanalytischen Psychosomatik gehört ein Verständnis der Manipulationen am eigenen Körper mit dem Ziel der Selbstverletzung. Vor allem objektbeziehungspsychologische Ansätze haben es erlaubt, den Umgang mit dem eigenen Körper als Folge einer Projektion abgespaltener Objektbeziehungen auf den Körper zu verstehen (Küchenhoff 2002).

6. Interdisziplinäre Beiträge und Befunde

Wie einleitend schon gesagt, geht die Psychosomatik nicht in der Psychoanalyse auf. Psychoanalytische Psychosomatik ist daher in besonderer Weise auf einen interdisziplinären Dialog angewiesen. In ihn kann sie ihre Stärken, z.B. die Modellbildungen zur psychosomatischen Symptomgenese, die Analyse der Auswirkungen von Beziehungspathologien auf die menschliche Gesundheit und die Analyse des Zusammenspiels von Objektbeziehung, Affektentwicklung, Repräsentation und Körpererleben im klinischen Einzelfall einbringen. Sie profitiert in erster Linie von der empirischen Erforschung ihrer Modelle; die Forschungsresultate zu verschiedenen Krankheitsbildern sind unübersichtlich mannigfaltig und können hier nicht dargestellt werden (z. B. Ahrens 1997). Darüber hinaus profitiert sie von den neurobiologischen Grundlagenwissenschaften: für die Erhellung des immer noch „mysterious leap from the mind to the body" (Deutsch 1959) können Befunde außerordentlich wichtig sein, die z. B. zeigen, dass nicht nur die Vorstellungswelt auf ein intersubjektives „containing" angewiesen ist, sondern auch die neuroregulatorischen Prozesse (Glucksman 1995). Möglicherweise lassen sich gehaltvolle „neue Allianzen" (Turkle 1988) zwischen kognitiver Neurowissenschaft und psychoanalytischen Modellen in der Psychosomatik finden, die beide wissenschaftstheoretisch voranbringen. Ein ebenso ertragreicher Gesprächspartner ist die Semiotik, die es erlaubt, die Zeichen- und Kommunikationsfunktion von Körpersymptomen besser zu verstehen (Küchenhoff 1992b).

Dass die psychoanalytische Psychosomatik keine „körperlose Seelenmedizin" (Uexküll) sein darf, sondern den beschädigten und leidenden Körper selbst ernst nehmen muss, hat sie spät, aber doch gelernt, als sie sich auch der Verarbeitung schwerer chronischer Krankheiten zuwandte (cf. Beutel 1988). Ihre Sensibilität für die sozialen Dimensionen des vielbeschworenen bio-psycho-sozialen Modells muss sie noch schärfen (Richter und Wirsching 1991). Dazu wird in Zukunft in besonderer Weise die psychoanalytische Erhellung der Umweltbelastungen und -risiken in ihren Auswirkungen auf den einzelnen in der Form einer „Umweltpsychosomatik" (Küchenhoff 1997a) beitragen können.

Literatur

Ahrens, S. (1997). Lehrbuch der psychotherapeutischen Medizin. Stuttgart: Schattauer.

Alexander, F. (1951). Psychosomatische Medizin. Grundlagen und Anwendungsgebiete. Berlin: de Gruyter.

Anzieu, D. (1981). Das Haut-Ich. Frankfurt/M.: Suhrkamp.

Aulagnier, P. (2001). The violence of interpretation. From pictogram to statement. Philadelphia: Brunner-Routledge.

Beutel, M. (1988). Bewältigungsprozesse bei chronischen Krankheiten. Weinheim: Verlag Chemie.

Bollas, C. (1987). The shadow of the object. London: Free Association Books.

Danzer, G. (1995). Psychosomatische Medizin. Konzepte und Modelle. Frankfurt/M.: Fischer.

Deutsch, F. (1959). On the mysterious leap from the mind to the body. New York: International Universities Press.

Fenichel, O. (1983). Psychoanalytische Krankheitslehre. Berlin: Ullstein.

Gaddini, E. (1998). Das Ich ist vor allem ein Körperliches. Tübingen: edition discord.

Glucksman, M. (1995). Psychodynamics and neurobiology: an integrated approach. Journal of the American Academy of Psychoanalysis, 23, 179–195.

Green, A. (1990). La folie privée. Psychanalyse des cas-limites. Paris: Gallimard.

Groddeck, G. (1983). Krankheit als Symbol. Schriften zur Psychosomatik. Frankfurt/M.: Fischer.

Habermas, J. (1968). Erkenntnis und Interesse. Frankfurt/M.: Suhrkamp.

Küchenhoff, J. (1990). Über verstehbare und nicht-verstehbare Zusammenhänge in der psychoanalytischen Psychosomatik. In U. Streeck und H.V. Werthmann (Hg.), Herausforderungen für die Psychoanalyse (S. 67–86). München: Pfeiffer.

Küchenhoff, J. (1992a). Körper und Sprache. Heidelberg: Asanger.

Küchenhoff, J. (1992b). Zur kommunikativen Funktion psychogener Körperstörungen. Zeitschrift für Psychosomatische Medizin und Psychoanalyse, 38, 240–250.

Küchenhoff, J. (1994). Spezifitätsmodelle in der Psychosomatischen Medizin – Rückblick auf eine alte Kontroverse. Zeitschrift für Psychosomatische Medizin und Psychoanalyse, 40, 236–248.

Küchenhoff, J. (1997a). Auf dem Weg zu einer Umwelt-Psychosomatik. In J. Küchenhoff (Hg.), Die gefährdete Natur und der Mensch (S. 145–168). Basel: Reinhardt.

Küchenhoff, J. (1997b). Psychoanalytische Theoriebildung in der Psychosomatik und ihre Auswirkung auf die therapeutische Kultur. In K. Rodewig (Hg.), Der kranke Körper in der Psychotherapie (S. 22–41). Göttingen: Vandenhoeck & Ruprecht.

Küchenhoff, J. (2002). Psychosomatische Krankheitslehre: Psychoanalytisch und tiefenpsychologisch fundierte Modelle: In W. Hiller, E. Leibing et al. (Hg.), Lehrbuch der Psychotherapie. München: CIP-Medien.
Küchenhoff, J. (2003). Körperbild und psychische Struktur. Zur Erfassung des Körpererlebens. Zeitschrift für Psychosomatische Medizin und Psychoanalyse, 49, 175–194.
Kumin, I. (1996). Pre-object relatedness. London: Guilford.
Marty, P. et M'Uzan, M. de (1963). La pensée opératoire. Revue Française de Psychanalyse, 27, 345–346.
McDougall, J. (1985). Plädoyer für eine gewisse Anormalität. Frankfurt/M.: Suhrkamp
McDougall, J. (1989). Théâtres du corps. Paris: Gallimard.
Mitscherlich, A. (1983). Psychoanalytische Bemerkungen zum psychosomatischen Konflikt. Frankfurt/M.: Suhrkamp.
Ogden, T.H. (1995). Frühe Formen des Erlebens. Wien: Springer.
Richter, H.E. und Wirsching, M. (1991). Neues Denken in der Psychosomatik. Frankfurt/M.: Fischer.
Rodin, G. (1991). Somatization: a perspective from self psychology. Journal of the American Academy of Psychoanalysis, 19, 367–384.
Schur, M. (1966/1984). Das Es und die Regulationsprinzipien des psychischen Geschehens. Frankfurt/M.: Fischer.
Sifneos, P. (1975). Problems of psychotherapy in patients with alexithymic characteristics and physical diseases. Psychotherapy and Psychosomatics, 26, 65–70.
Stern, D. (1992). Die Lebenserfahrung des Säuglings. Stuttgart: Klett-Cotta.
Turkle, S. (1988). Artificial intelligence and psychoanalysis: a new alliance. Daedalus, 117, 241–268.
Uexküll, T. von (1963). Grundfragen der psychosomatischen Medizin. Reinbek: Rowohlt.
Uexküll, T. von und Wesiack, W. (1981). Das Leib-Seele-Problem in psychosomatischer Sicht. In T. von Uexküll (Hg.), Lehrbuch der Psychosomatischen Medizin (S. 56–71). München: Urban & Schwarzenberg, 2. Aufl.
Weiner, H. (1991). Der Organismus als leib-seelische Funktionseinheit – Folgerungen für eine psychosomatische Medizin. Psychotherapie, Psychosomatik, Medizinische Psychologie, 41, 465–481.
Weizsäcker, V. von (1949). Psychosomatische Medizin. Ges. Schriften, Bd. 6. Frankfurt/M.: Suhrkamp, 1986.
Wesiack, W. (1994). Von der Psychoanalyse zur Psychosomatischen Medizin. In P. Hahn et al. (Hg.), Modell und Methode in der Psychosomatik. Weinheim: Beltz.
Zur Lippe, R. (1979) Naturbeherrschung am Menschen. Frankfurt/M.: Syndikat.

Rahmen, Setting *von Thomas Müller*

frame, setting – cadre analytique, setting

1. Definition

In der Psychoanalyse werden mit dem Konzept des Rahmens die konstanten und unveränderbaren Bedingungen beschrieben, unter denen der psychoanalytische Prozess stattfindet. Der Rahmen besitzt mehrfach determinierte Eigenschaften und Funktionen, die man, wenngleich sie in der psychoanalytischen Situation zusammenwirken, auf drei (psycho-)logisch unterschiedlichen Ebenen ansiedeln kann:

a) Die Vertragsebene beschreibt die für die Dauer der Analyse verbindlichen formalen Behandlungsbedingungen, wie Frequenz, Zeitpunkte der Behandlung, Finanzierung, räumliches Arrangement etc.

b) Die technischen Regeln umfassen das Angebot zur freien Assoziation und zur Grundregel für den Patienten sowie komplementär für den Analytiker die Deutung und die Forderung nach gleichschwebender Aufmerksamkeit, Abstinenz und Neutralität.

c) Jenseits der formalen und technischen Funktion besitzt der Rahmen symbolische Qualitäten, in dem Sinne, dass die formalen und technischen Merkmale über sich hinaus auf etwas Drittes verweisen. Diese Dimension beinhaltet den Übergangsraum, die Existenz von Grenzen und eines dritten Objektes, eine psychische Hülle, die triangulierende Funktion der Sprache, das Holding und Containing, Anwesenheit und Abwesenheit sowie Getrenntheit und Andersartigkeit von Selbst und Objekt.

Mit Hilfe dieser Funktionen schafft der Rahmen die Voraussetzung, über Wahrnehmungen, Sprache und Verhaltensweisen zu sprechen (Meta-Kommunikation). Als methodisches Instrument hilft er dem Patienten, den metaphorischen Charakter der analytischen Situation zu erkennen und ist damit eines ihrer konstitutiven Elemente.

2. Klassische Auffassung

Was hatte Freud dazu bewogen, das Konzept des „therapeutischen Rahmens" (Khan 1977, S. 158) zu entwickeln, dessen symbolische Funktionen er zwar nicht explizit formulierte, über die er sich aber gleichwohl, das zeigen die klinischen Behandlungsberichte deutlicher als die technischen Schriften, im Klaren war? Da er erkannt hatte, dass die Übertragung nicht nur einen Widerstand gegen das Erinnern, sondern auch ein „mächtiges Hilfsmittel ... in der Dynamik des Heilungsvorganges" (Freud 1923b, S. 223) darstellte, musste ein methodisches Prinzip eingeführt werden, das zwar Teil der analytischen Situation aber auch eigenständig gegenüber der therapeutischen Beziehung sein sollte. In der klassischen Konzeption sollte der Rahmen Sorge tragen für gleichbleibende Bedingungen während der Therapie nicht nur mit der Folge der methodisch notwendigen Asymmetrie (Patient und Analytiker einigen sich darauf, die unbewussten Phantasien und inneren Objektbeziehungen des Patienten und nicht des Analytikers zu untersuchen); sondern, gleichsam am naturwissenschaftlichen Ideal der „Laborbedingung" orientiert, ebenfalls den Ausschluss, zumindest die Kontrolle aller die Untersuchungssituation beeinträchtigenden „Störvariablen" wie Gegenübertragung, äußere Realität, andere als sprachliche Aktionen beiden Parteien gewährleisten, um die Entfaltung der Übertragungsneurose möglichst unverzerrt erforschen können.

3. Wesentliche Erweiterungen, Differenzierungen und Modifikationen

Die Erweiterungen und Modifikationen des Konzeptes sind in die allgemeinen Entwicklungen der Psychoanalyse eingebettet. Verschiedene Faktoren haben zum vertieften Verständnis der Funktionen des Rahmens beigetragen:

a) Erweiterte Indikationen, welche Modifikationen der sogenannten Standardanalyse etwa für die Behandlung von Patienten mit niedrigem Strukturniveau, Kindern, Familien, Gruppen im ambulanten wie (teil-) stationären Bereich erforderlich machten haben sich in der Psychoanalyse seit jeher aus der dialektischen Beziehung zwischen klinischer Theorie und Theorie der Technik ergeben. Die modifizierten Behandlungsverfahren (stationäre, Gruppen-, Fokal-, niederfrequente Therapie, Krisenintervention) führten zu entsprechend veränderten Rahmenbedingungen, deren Entwicklung die Erkenntnisse über die multiplen Funktionen des Rahmens vergrößert hat.

b) Mit den erweiterten Indikationen (Danckwardt 2000) stellte sich heraus, dass etwa an „Grundstörungen" leidende Patienten nicht ohne weiteres die ihre Behandlung schützenden Rahmenbedingungen anerkennen und im therapeutischen Raum „die Distanz der Illusion aufrechterhalten und mit ihr arbeiten" (Khan 1977, S. 131) können; im Gegenteil: Sie entfalten lärmend oder stumm nicht nur auf den Analytiker, sondern auch am Rahmen ihre Übertragungen (Junkers 2003). Dies führte zur Einführung von Parametern und die Untersuchung deren Funktionen und Wirkungen auf den therapeutischen Prozess förderte gleichfalls das Verständnis für die unbewusste Wirkungsweise und symbolische Dimension des Rahmens.

c) Die psychoanalytische Entwicklungspsychologie erkannte die eminente Bedeutung des spezifischen analytischen Milieus, das durch den Rahmen geschaffen und geschützt wird. Es bildet für viele Patienten die unverzichtbare Voraussetzung zur therapeutischen Regression (Winnicott 1976), zum Wagnis des Neubeginns und zum Verzicht auf selbstschädigende regressive Abwehrformationen.

d) Ferner entdeckte man, dass vermutete Wirkungen der technischen Regeln (Übertragungs- und mutative Deutung, genetische Rekonstruktion, Funktion der Haltung, Objektbeziehung als technisches Mittel) und bestimmte klinische Auffassungen über die Dynamik von Übertragung und Gegenübertragung nicht nur von entwicklungspsychologischen Konzepten und den entsprechenden schulspezifischen Theorien beeinflusst sind. Vielmehr hängen sie zudem von der Konzeption der psychoanalytischen Situation (Loch 1972) selbst und damit auch des Rahmens ab. (z.B. keine Übertragungsdeutungen bei Kriseninterventionen, keine frühzeitigen genetischen Deutungen bei bestimmten Patientengruppen). Deshalb musste die Analyse des Patienten um jene der psychoanalytischen Situation einschließlich des Rahmens ergänzt werden (Trimborn 1994).

e) Schließlich untersuchen jüngste Forschungen den Einfluss der Person des Analytikers (seine klinische Theorie und Theorie der Technik, aber auch bewusste und unbewusste Persönlichkeitszüge) nicht allein auf die Dynamik von Übertragung und Gegenübertragung, sondern auch auf die Gestaltung des Rahmens und erweitern dadurch ebenfalls das Verständnis der vielfach determinierten Funktionen des Rahmens (Kutter et al. 1998).

4. Die Bedeutung des Begriffs in den verschiedenen psychoanalytischen Schulrichtungen

Das Interesse ich-psychologischer und strukturtheoretischer Analytiker galt in der Vergangenheit vorwiegend der Differenzierung der technischen Regeln (zweite Ebene des Rahmens). Mit der grundlegenden Arbeit von L. Stone erweiterte sich dieser Blickwinkel um die Frage, auf welche Weise formale Elemente des Rahmens mit der vermuteten Wirkung der Technik und dem Verständnis der klinischen Dynamik korrespondieren. Dadurch rückte die Untersuchung der unbewussten Bedeutungen und Funktionen des Rahmens selbst ins Zentrum. Stone stellt fest, dass „die (analytische) Situation als solche eine bemerkenswerte psychodynamische Kraft“ besitzt (1962, S. 76). Ferner bemerkt er, dass der Rahmen wesentliche Aspekte der Vater- und Mutter-Repräsentanzen des Selbst reproduziert, einschließlich „des Zustandes einer relativen Trennung von den frühen Objekten“ (1962, S. 103). Diese Bedeutungen sollten in ihrem unbewussten Einfluss auf den Prozess unbedingt berücksichtigt werden. Argelanders Untersuchungen zur szenischen Funktion des Ichs zeigen, dass „viele Szenen (die sich innerhalb der psychoanalytischen Situation ereignen), ... eine Schöpfung des psychischen Apparates und nicht eine einfache Wiederholung der kindlichen Realität“ darstellen (S. 327). Diese methodisch bedeutsame Differenz zwischen situativer Verlaufsgestalt und unbewussten infantilen Konstellationen ist, so Argelanders implizite Folgerung, nur an unveränderlichen Rahmenbedingungen transparent zu machen. In jüngster Zeit werden die schon von Stone angelegten Brücken zur Objektbeziehungstheorie weiter ausgebaut und herausgearbeitet, auf welche Weise dem Rahmen eine von der psychischen Realität sowohl des Analytikers als auch des Patienten unterschiedliche, spezifische Realität zu Eigen ist (Spruill 1983).

Objektbeziehungstheoretische Ansätze unterstreichen die unbewussten symbolischen Funktionen des Rahmens. Programmatisch formuliert Rycroft (1956, S. 470): „Das Setting (ist) selbst eine Kommunikation mit dem Patienten“. Von kleinianischer Seite differenziert Blegers (1966) rezeptionsgeschichtlich einflussreiche, begrifflich allerdings häufig unklare Arbeit mehrere Funktionen des Rahmens: Der Rahmen bildet eine Institution; er nimmt den „psychotischen“ (gemeint ist der nicht differenzierte) Teil der Persönlichkeit auf; der Rahmen hat ferner die Bedeutung eines Nicht-Ichs, an dem der Patient die Phantomwelt dieses „psychotischen“ Persönlichkeitsteils erfahrbar wird, was durch die Unantastbarkeit des Rahmens gefördert wird. Moderne kleinianische Autoren (Bion, Meltzer, Britton) arbeiten auf dem Hintergrund der Theorie der projektiven und introjektiven Identifizierungen und ihrer Version des Ödipus-Komplexes die Bedeutung des Rahmens als „Container“ und als „dritte Position“ heraus. Der Rahmen konfrontiert den Patienten mit einer triangulären Struktur, was besonders für Patienten, welche diese Triangulierung abwehren müssen, therapeutisch genutzt werden kann. Diesen Gedanken greifen auch französische Analytiker auf, wenn sie die väterlichen (Sprache, Gesetz, primäres Nein) und die mütterlichen (Holding) Funktionen des Rahmens, der den analytischen Raum schützt (Viderman 1979), betonen (Roussillon 1995).

Analytiker der Middle Group heben die Holding-Funktion des Rahmens hervor und betonen seine Rolle als „Garant der therapeutischen Regression und des analytischen Prozesses sowie des Übergangsraumes, in der der Patient die Möglichkeit hat, eine bewahrende Umwelt zu erleben, die eine Illusion von Sicherheit und Schutz“ schafft (Modell 1981, S. 793). Zu diesem Zweck muss der Rahmen, der vom Analytiker aktiv aufrechterhalten wird, den Patienten soweit als irgend möglich von der äußeren Realität abschirmen. Der Rahmen stellt einen Möglichkeitsraum zur Verfügung (Khan 1977), der für die Bildung von Symbolen notwendig ist (Milner 1969, S. 416). Darin kann der Patient den Analytiker als subjektives Objekt gebrauchen. Er schützt durch eindeutige und auch für den Analytiker verbindliche Grenzen die Selbst-Objekt-Differenzierung. Nur auf dem Hintergrund dieser Verbindlichkeit kann der Patient den Neubeginn wagen und eine von Verwöhnung, negativer Symbiose oder Unzuverlässigkeit der haltenden Umgebung unterschiedene Erfahrung erleben. Damit bildet der Rahmen eine Funktions- und Organisationsstruktur, welche die Bedingung ist für die Bildung des „analytischen Objektes“ (Green 1975, Ogden 1985) als einem Symbol, das der Sprache Bedeutung und Erleben verleiht. Der Rahmen ermöglicht die Symbolisierung ferner in dem Sinne, dass sich der Patient mit den symbolischen Qualitäten des Rahmens identifizieren kann (Müller 1993). In dieser Sicht stellt der Rahmen neben den beiden prominenten technischen Mitteln der Deutung und der Objektbeziehung einen weiteren kurativen Faktor dar (Balint 1973, Winnicott 1976). Diese Perspektive erlaubt eine Verbindung zur Sichtweise der Selbstpsychologie, in deren Konzeption der Rahmen als Selbstobjekt fungieren kann und in bestimmten Phasen des Prozesses das narzisstische Gleichgewicht des Patienten zu stabilisieren hilft.

Interaktionell orientierte Analytiker, Intersubjektivisten und die Relational School betonen, dass im analytischen Raum „die intrapsychische Erfahrungswelt, die durch den analytischen Prozess eröffnet wird“, sich entfalten kann (Thomä und Kächele, 1985, S. 263). Auch nach ihrer Auffassung kann der Rahmen zum Ort werden, „an dem sich Beziehungskonflikte kristallisieren“ (a.a.O. S. 262). Aufgrund ihres Verständnisses der analytischen Situation – die Beziehung zwischen Analytiker und Patient beeinflusst die Übertragung nicht nur in einem zu definierenden Ausmaß, sondern erzeugt sie erst – fordern sie, den Rahmen „in Abhängigkeit von der jeweiligen Situation und den Störungen des Patienten zu variieren. Günstigenfalls entwickeln Analytiker und Patient...gemeinsam das für die Behandlung optimale Regelverständnis“ (Thomä und Kächele 1985, S. 225, Gill 1994), wenn sich der Analytiker von den Bedürfnissen des jeweiligen Patienten auch im Hinblick auf die Gestaltung des Rahmens leiten lässt (Pollack 2003).

Die Gemeinsamkeiten und Differenzen dieser Auffassungen sind vielleicht weniger schulenabhängig, sondern grundsätzlich erkenntnistheoretischer Art, weil viele Unterschiede innerhalb der Schulen selbst und zugleich Gemeinsamkeiten schulenübergreifend beobachtet werden können. Grundsätzliches Einverständnis besteht darin, dass der Rahmen neben der Vertragsbeziehung und den technischen Regeln eine symbolische, unbewusste Ebene mit multiplen Funktionen und Bedeutungen besitzt (s. Definition). Übereinstimmung herrscht auch darüber, diese unbewussten Funktionen des Rahmens in die Analyse des Prozesses einzubeziehen. Gemeinsame Auffassung ist ferner, dass sich die innere Welt des Patienten nur in einer Realität entfalten kann, die sowohl von der inneren Welt des Patienten als auch von der des Analytikers unterschieden ist. Weitgehende Einigkeit besteht schließlich darin, dass nur vor dem Hintergrund des konstanten Rahmens mutative Deutungen möglich sind, welche die Unterscheidung von Selbst und Objekt, Realität und Phantasie thematisieren können. Unterschiede ergeben sich aus der kontrovers diskutierten Frage, ob die Einführung von Parametern zu einem Verlust der symbolischen Funktionen des Rahmens besonders den Triangularität (s. u.) führt, ob dem Rahmen an sich eine kurative Wirkung zukommt und ob der Rahmen eine frühe Objektbeziehung reproduziert oder deren Entstehung erst ermöglicht (Green 1975, Modell 1981, Thomä und Kächele 1985). Weitere Kontroversen betreffen die Frage, ob es sich bei den symbolischen Qualitäten um dem Rahmen inhärente Merkmale handelt, die in die Übertragungs- Gegenübertragungs- Dynamik einbezogen werden oder um je individuelle Übertragungsbedeutungen (Pollack 2003). Implizit wird dabei auch die Kontroverse darüber ausgefochten, auf welche Weise mentalistische und interaktionelle Konzepte des Rahmens und analytischer Prozess, therapeutische Beziehung und Behandlungstechnik sich gegenseitig beeinflussen.

5. Interdisziplinäre Befunde

Auch soziologische und sozialpsychologische Untersuchungen messen der triangulierenden Funktion des Rahmens eine grundlegende Bedeutung bei (Goffman 1974, Körner 1995): Soziale Situationen benötigen einen Rahmen, der ihr Zustandekommen und ihre Aufrechterhaltung regelt. Ereignisse werden erst durch eine Referenzposition außerhalb der je spezifischen sozialen Beziehung verhandelbar. Das gilt für konventionelle wie therapeutische Beziehungen. Erst die Verständigung über den Rahmen durch alle an der sozialen Situation Beteiligten, ermöglicht das Ideal des herrschaftsfreien Diskurses und die Entfaltung der kommunikativen Kompetenz (Habermas). Unklare Rahmenbedingungen dienen dagegen Macht- und ideologischen Interessen und können zu Grenzüberschreitungen oder Objektmanipulationen führen, die ich-synton sind, weil die je einzelnen Interessen eben nicht durch definierte Rahmenbedingungen erkennbar sind. Das lässt sich etwa an den diskurs- und konversationsanalytischen Untersuchungen von Visitengesprächen (Köhle und Raspe 1982) nachweisen. In diesen sozialen Situationen ist der Rahmen häufig deshalb unklar, weil eine Partei die andere über die Rahmenbedingungen für das Zustandekommen der Situation im Ungewissen lässt, woraus dann die bekannten diagnostischen und therapeutischen Probleme resultieren.

Aus der Sicht der Sprachphilosophie ermöglicht der Rahmen eine spezifische Form des Dialoges, welcher die Merkmale eines analytischen Diskurses (Mahony 1987) besitzt. Dieser Diskus besteht in einer prinzipiell unabschließbaren Bedeutungsgenerierung (Gadamer 1960, Tugendhat 1976). Sie ergründet nicht die Wahrheit einer Aussage, sondern beleuchtet einen Sachverhalt aus unterschiedlichen Perspektiven und entdeckt dadurch in einem infiniten Prozess immer neue Perspektiven und Sachverhalte. Daraus ergeben sich Verbindungen zur Semiotik; aus deren Perspektive lassen sich die symbolischen Qualitäten des Rahmens verstehen als Verkörperung der „Drittheit, wo ein Ding eine Zweitheit zwischen zwei Dingen erzeugt, (wo) das Denken eine Rolle spielt“ (Peirce 1983, S.57), einer der drei grundlegenden Kategorien des menschlichen Geistes (Haesler 1999). Mit Hilfe dieser Funktionen trägt der Rahmen dazu bei, die analytische Situation und den psychoanalytischen Prozess zu erzeugen, zu schützen und aufrechtzuerhalten. Er schafft die Voraussetzungen für jene spezifische analytische Meta-Kommunikation, der die Qualität und Struktur der Drittheit inhärent ist, weil ein Raum zur Verfügung gestellt wird, in dem über Gesagtes, Gefühltes und Gedachtes nachzudenken, sich auszutauschen und sich zu verständigen ist; indem der Patient sich mit den symbolischen Funktionen des Rahmens identifiziert, kann eine aus protektiv-defensiven Gründen regressiv blockierte und/oder unzureichend entfaltete Entwicklung eines reflexiven, triangulären Bewusstseins in Gang gesetzt werden. Aus diesem Grund können die Deutung der Übertragung und das Verständnis der Gegenübertragung nur vor dem Hintergrund des Rahmens Wirkung erzeugen. Unterschieden von der therapeutischen Beziehung und doch gleichzeitig konstitutives Element der analytischen Situation eröffnet der Rahmen als methodisches Prinzip nicht nur die Unterscheidung zwischen Übertragung und sogenannter Realbeziehung; sondern wegen seiner Qualität der Triangularität (die zugleich eine metaphorische des Ist und des Ist-Nicht darstellt, Haesler 1999, S. 46) gewährleistet er auch eine dritte Position, auf die bezogen Analytiker und Patient jeweils sich selbst, das Objekt und die Beziehung betrachten können, ohne sich aufgeben zu müssen (Britton).

Auch die Linguistik sieht im psychoanalytischen Setting eine besondere Dialogsituation und untersucht deren Feinstrukturen mit konversations- und diskursanalytischen Parametern (Prinzip des primären Sprechers, Präferenzen, Hörer-Sprechersignale, Intentionalitätserwartungen, turns, Pässe). Das Interesse gilt vor allem zwei Fragen: Welche Unterschiede bestehen zwischen der psychoanalytischen und der Alltagskommunikation? Und: In welcher Weise bestimmen „die behandlungstechnischen Regeln Ablauf und Struktur des Behandlungsgespräches?“ (Schröter 1983, S. 149). Die Untersuchungen zeigen, dass die Abweichungen zwischen psychoanalytischer und Alltagskommunikation methodischen Charakter haben und therapeutischen Funktionen dienen sollen (Flader et al. 1978, Ehlich et al. 1990). Charakteristische Abweichungen betreffen die Aufhebung konventioneller Kommunikationsregeln, wie Korrespondenzpaare (z. B. Bitte-Versprechen, Kompliment-Dank, Vorwurf-Rechtfertigung, Frage-Antwort) oder auch komplexe soziale Beziehungsmuster (z. B. Opfer-Täter). Indem der Analytiker etwa mit einer Deutung auf die Frage des Patienten reagiert, vernachlässigt er ihre referentielle Funktion. Er suspendiert damit die Intentionalitätserwartung, die konventionelle Kommunikation in dem Sinne regelt, dass sich die Sprecher einen referentiellen Bezug zuschreiben. Diese Abweichungen können regressive Prozesse im Patienten in Gang setzen und dazu führen, dass „ein in die alltägliche Interaktion eingebauter Mechanismus der Bedeutungsstabilisierung stillgelegt, die Gewissheit eines gemeinsamen Verständnisses verzögert und die pragmatische Voraussetzung für die Reinterpretation des Sinns von Äußerungen und Handlungen geschaffen wird“ (Schröter 1983, S. 149 f.). Ein weiterer Befund gilt den konversationellen Funktionen von Schweigehandlungen. In diskursanalytischer Sicht können Schweigehandlungen nicht allein als Abwesenheit von Sprache und damit als semantisch leer verstanden werden, sondern sie besitzen spezifische kommunikative Funktionen. Schweigephasen zwischen einem Sprecherwechsel können z. B. dadurch entstehen, dass zum Zeitpunkt der turn-Übergabe (Wechsel des Rederechts) sich weder der aktuelle noch der potentielle Sprecher als nächster wählt. Durch die Zurückhaltung des Analytikers eröffnet sich dem Patienten damit eine Maximierung von Äußerungsmöglichkeiten. Zudem können bestimmte Hörer- und Sprechersignale des Analytikers wie „Hm“ oder Räuspern während des Schweigens die Funktion haben, beim Patienten selbstreflexive Prozesse zu unterstützen.

Somit besitzt das analytische Gespräch spezifische Dialogregeln, die nur innerhalb des Rahmens zur Wirkung gelangen. Allein mit Hilfe dieser Dialogregeln ist es möglich, den verborgenen Bedeutungen der manifesten Rede Raum zu geben und sie zu entschlüsseln. Psycholinguistische Forschungen (Argelander 1984, Overbeck et al. 1996) untersuchen die formalen Merkmale jener spezifischen Dialogsituation, um Aufschluss über die bewussten und unbewussten Inhalte der Sprechakte sowie der Persönlichkeitsmerkmale eines Sprechers zu erhalten.

Literatur

Argelander, H. (1970). Die szenische Funktion des Ichs und ihr Anteil an der Symptom- und Charakterbildung. Psyche Z – Psychoanal, 21, 325–345.

Argelander, H. (1984). Eine vergleichende Studie von Verbatim- und Gedächtnisprotokollen. Psyche – Z Psychoanal, 38, 384–419.

Balint, M. (1973). Therapeutische Aspekte der Regression. Reinbeck: Rowohlt.

Bleger, J. (1966). Psychoanalysis of the psychoanalytic frame. International Journal of Psycho-Analysis, 48, 511–519.

Dankwardt, J.F. (2000). Indikation. In W. Mertens und B. Waldvogel (Hg.), Handbuch psychoanalytischer Grundbegriffe (S. 333–339). München: Kohlhammer, 2. Aufl., 2002.

Ehlich, K., Koerfer, A., Redder, A., Weingarten, R. (Hg.) (1990). Medizinische und therapeutische Kommunikation. Opladen: Westdeutscher Verlag.

Flader, D., Grodzicki, W.-D. und Schröter, K. (Hg.) (1978). Psychoanalyse als Gespräch. Frankfurt/M.: Suhrkamp.

Gadamer, H.G. (1960). Wahrheit und Methode. Tübingen: J.C.B. Mohr.

Gill, M. (1994). Psychoanalysis in transition. London: Analytic Press.

Goffman, E. (1974). Rahmen-Analysen: Frankfurt/M.: Suhrkamp.

Green, A. (1975). Analytiker, Symbolisierung und Abwesenheit im Rahmen der psychoanalytischen Situation. Psyche – Z Psychoanal, 29, 503–541.

Greenson, R.R. (1975). Technik und Praxis der Psychoanalyse, Bd. 1 Stuttgart: Klett.

Haesler, L. (1999). Die Struktur der Triangularität und ihre grundlegende Bedeutung für Sprache
und Denken sowie für die menschliche Kultur. In L. Gast und J. Körner (1999). Psychoanalytische Anthropologie II. Ödipales Denken in der Psychoanalyse, 62–93. Tübingen: edition diskort.

Junkers, G. (2003). Zwanghaftes Zweifeln als Angriff auf den analytischen Rahmen. Zeitschrift für psychoanalytische Theorie und Praxis, 18, 378–401.

Khan, M.M.R. (1977). Selbsterfahrung in der Therapie. München: Kindler.

Köhle, K. und Raspe, H.-H. (Hg.) (1982). Das Gespräch während der ärztlichen Visite. München: Urban & Schwarzenberg.

Körner, J. (1996). Der Rahmen der psychoanalytischen Situation. Forum der Psychoanalyse, 11, 15–26.

Kutter, P., Paramo-Ortega, R. und Müller, Th. (Hg.) (1998). Menschenbild und Weltanschauung in der Psychoanalyse. Göttingen: Vandenhoeck & Ruprecht.

Loch, W. (1972). Zur Theorie, Technik und Therapie der Psychoanalyse. Frankfurt/M: Fischer.

Mahony, P. (1987). Psychoanalysis and discourse. London: Tavistock.

Milner M. (1952). Aspects of symbolism in comprehension of the not-self. International Journal of Psycho-Analysis, 33, 181–195.

Modell, A.H. (1981) Die bewahrende Umwelt und die therapeutische Funktion der Psychoanalyse. Psyche – Z Psychoanal, 35, 788–808.

Müller, Th. (1993). Die Symbolisierungsfunktion des Rahmens in der Behandlung von psychotischen Patienten. Zeitschrift für psychoanalytische Theorie und Praxis, 8, 234–256.

Ogden, Th. (1985) On potential space. International Journal of Psycho-Analysis, 66, 129–141.

Overbeck, G., Müller, Th., Jordan, J. und Grabhorn, R. (1996). Der stationäre Therapieverlauf bei einer eßgestörten Patientin. Zeitschrift für psychoanalytische Theorie und Praxis, 11, 210–224.

Peirce, C.S. (1983). Phänomen und Logik der Zeichen. Frankfurt/M.: Suhrkamp.

Pollak, Th. (2003). Das Setting – ein Essential der klinischen Psychoanalyse? Zur Geschichte und
Aktualität eines Konzepts. Zeitschrift für psychoanalytische Theorie und Praxis, 18, 352–372.

Roussillon R., (1995). Logiques et archéologiques du cadre psychanalytique. Paris: Presses Univ. France.

Rycroft, Ch. (1956). The nature and function of the analyst's communication to the patient. International Journal of Psycho-Analysis, 37, 469–472.

Schröter, K. (1983). Psychoanalytisches Setting. In W. Mertens (Hg.), Psychoanalyse. Ein Handbuch in Schlüsselbegriffen (S. 146–151). München: Urban & Schwarzenberg.

Spruill, V. (1983). The rules and frames of the psychoanalytic situation. Psychoanalytic Quarterly, 52, 1–33.
Stone, L. (1973). Die psychoanalytische Situation. Frankfurt/M.: Fischer.
Thomä, H. und Kächele H. (1985). Lehrbuch der psychoanalytischen Therapie. Berlin, Heidelberg: Springer.
Trimborn, W. (1994). Analytiker und Rahmen als Garanten des therapeutischen Prozesses. Psychotherapeut, 39, 94–103.
Tugendhat, E. (1976). Vorlesungen zur Einführung in die sprachanalytische Philosophie. Frankfurt/M.: Suhrkamp.
Viderman S. (1979). The analytic space: meaning and problems. Psychoanalytic Quarterly, 48, 257–291.
Winnicott, D.W. (1976). Von der Kinderheilkunde zur Psychoanalyse. München: Kindler.
Wittgenstein, L. (1960). Philosophische Untersuchungen. Frankfurt/M.: Suhrkamp.

Realitätsprinzip, Realitätsprüfung *von Georg Bruns*

reality principle, reality-testing – principe de réalité, épreuve de réalité

1. Definition

Das Realitätsprinzip, ein metapsychologisches Konzept, ist eines der übergeordneten Prinzipien, die das psychische Geschehen regulieren. Anders als das Lustprinzip verlangt es die Berücksichtigung von Anforderungen und Bedingungen der Außenwelt, letztlich mit dem Ziel, unter Einschaltung des Denkens doch Lustgewinn und Befriedigung zu erreichen. Insofern dient es dem Lustprinzip. Das Ich als eine der äußeren Realität zugewandte Instanz beobachtet die Einhaltung des Realitätsprinzips. Es hat dazu den psychischen Modus des Sekundärprozesses und psychische Funktionen ausgebildet, die eine Einstellung auf die Realität ermöglichen: Aufmerksamkeit, Gedächtnis, Handeln, Denken als Probehandeln, Aufschub, Verzicht und Realitätsprüfung. Phantasieren und künstlerische Kreativität erlauben eine zeitweilige bzw. partielle Befreiung von den Einschränkungen durch das Realitätsprinzip. In einer engeren Bedeutung meint es, dass Aktivitäten nicht auf unmittelbare Triebbefriedigung gerichtet werden, in einer weiteren, dass die „realen" Merkmale eines Objektes oder einer Situation Beachtung finden.

Die Realitätsprüfung als ein auf der allgemeinpsychologischen und klinischen Ebene angesiedeltes Konzept ist eine dem Realitätsprinzip assoziierte Ich-Funktion. Sie dient der Unterscheidung zwischen Wahrnehmung und Vorstellung, psychischer und materieller Realität, Innen und Außen, Selbst und Objekt. Nach früher psychoanalytischer Auffassung besteht sie in der Überprüfung des Realitätswertes einer Wahrnehmung. In regressiven Zuständen wie dem Schlaf und der Psychose versagt die Realitätsprüfung, Vorstellungen gewinnen als Traumbilder oder halluzinatorische Sensationen realistische Erlebnisqualität. In heutiger Auffassung umfasst die Realitätsprüfung die Differenzierung zwischen innerer und äußerer Wahrnehmung sowie zwischen Selbst und Objekt und die Bezugnahme auf die soziale Umgebung. Sie gilt für die Psychoanalyse als das entscheidende differentialdiagnostische Kriterium der Unterscheidung zwischen Neurose und Psychose.

2. Klassische Auffassung

Freud führte die zwei Begriffe Realitätsprinzip und Realitätsprüfung in der Arbeit „Formulierungen über die zwei Prinzipien des psychischen Geschehens" (1911b) ein. Jedoch finden sich Vorläuferformulierungen bereits 1895 im „Entwurf einer Psychologie" (1950c). Dort spricht er von der Notwendigkeit, „Wahrnehmung und Vorstellung zu unterscheiden" (S. 420). Dazu postuliert er ein Realitäts- bzw. Qualitätszeichen, das aufgrund einer hemmenden Wirkung Reize, die von Vorstellungen stammen, subliminal halten soll.

In der „Traumdeutung" spricht Freud vom „Unlustprinzip" (1900a, S. 605ff.). Es reguliere die Beziehung zwischen den Systemen Ubw und Vbw, indem das Vbw als erinnerungsbegabtes System die vom Ubw angestrebte regressive Besetzung des Wahrnehmungssystems hemme, um die letztlich enttäuschende, nur halluzinatorische Wiederholung eines Befriedigungserlebnisses zu vermeiden. Durch „probende Denkarbeit" (S. 605) strebe das Vbw eine reale Befriedigung an. Dem Ubw schreibt er den „Primärvorgang" und als Ziel eine „Wahrnehmungsidentität" zu, dem Vbw „Sekundärvorgang" und „Denkidentität" (S. 607).

In den „Formulierungen" (1911b) entwickelt Freud das Realitätsprinzip aus einer genetischen Betrachtung. Das Lustprinzip sei das ursprünglichere, dem die unbewussten seelischen Vorgänge folgten. Erst die Enttäuschung in der unmittelbaren Befriedigungssuche bewege den psychischen Apparat dazu, „die realen Verhältnisse der Außenwelt vorzustellen und die reale Veränderung anzustreben. Damit war ein neues Prinzip der seelischen Tätigkeit eingeführt" (S. 231f.). Das Realitätsprinzip beherrsche jetzt das Bewusstsein und verlange die Ausbildung ihm dienender psychischer Funktionen. Das Phantasieren werde jedoch „von der Realitätsprüfung frei gehalten und allein dem Lustprinzip unterworfen" (S. 234). Eine Versöhnung der zwei Prinzipien bringe die Kunst zustande.

Nach der Erstellung der Strukturtheorie bezeichnet Freud die Realitätsprüfung als eine Aufgabe des Ichs (1923b, S. 256, Anm. 2; 1940a, S. 130). Sie suche ein in der Erinnerung vorhandenes und Befriedigung versprechendes Objekt in der Außenwelt wieder, setze also den Objektverlust voraus (1925h). Im „Abriß der Psychoanalyse" weist Freud auf die leichte Aktualisierbarkeit von Erinnerungsspuren durch die Verknüpfung mit Sprachresten hin, was die Einschaltung der Realitätsprüfung zur Unterscheidung zwischen Wahrnehmung und Erinnerung notwendig mache (1940a, S. 84 und 130).

3. Ideengeschichtlicher Hintergrund

Es scheint, als fände sich in dem Gegensatzpaar Lust- und Realitätsprinzip die jahrtausendealte Spannung der abendländischen Philosophie mit ihren hedonistisch-utopischen einerseits und asketischen Entwürfen andererseits wieder. Das Prinzip der Beherrschung, Kontrolle und Rationalität ist auch das männlich-väterliche: Ferenczi (1912) beschreibt in Anschluss an Bemerkungen Schopenhauers über den Ödipus-Mythos Ödipus selbst mit seiner unerbittlichen Suche nach Aufklärung und Wahrheit als die Verkörperung des (männlichen) Realitätsprinzips, Jokaste als die des (weiblichen) Lustprinzips.

Eine für die Psychoanalyse ungelöste Frage ist die nach der Realität. Freud selbst hing primär einem pragmatischen positivistischen Realitätsverständnis an, das sich in seinen Formulierungen von der äußeren oder materiellen Realität niederschlug. Diese sah er in seinem naturwissenschaftlichen Realitätsverständnis als objektiv gegeben an, wie die materielle Welt in der philosophischen Tradition als „objektive Realität" außerhalb des menschlichen Bewusstseins und unabhängig von ihm konzipiert wird. Mit der Aufgabe der Verführungstheorie sah er sich gezwungen, der materiellen eine psychische Realität gegenüberzustellen, die auf dem unbewussten Wunsch und den daraus entstehenden Phantasien beruht und vom Subjekt wie die äußere Realität betrachtet wird. Das Konzept der psychischen Realität scheint Anklänge an den Empirokritizismus zu enthalten, einer um die Jahrhundertwende in Wien dominierenden positivistischen erkenntnistheoretischen Schule, die die „Empfindungen" als die eigentlichen Elemente des Wirklichen und der Welt auffasst.

4. Wesentliche Erweiterungen, Differenzierungen und Modifikationen

Ferenczi (1913) beschrieb einen Wirklichkeitssinn und seine sukzessive Entwicklung in der Kindheit von umfassenden Allmachtsvorstellungen zu magischen Gedanken und

Worten. Erst mit der „vollen psychischen Ablösung von den Eltern“ (S. 159) werde der Rest an Allmachtsgefühlen überwunden. Federn (1956) benutzte den Begriff des Wirklichkeitssinnes in der Bedeutung einer nach innen gerichteten Wahrnehmung eines Körpergrenzgefühles und eines Wirklichkeitsgefühles, das mit der Besetzung der dynamischen Ich-Grenzen zusammenhängt. Hartmann (1956) unterschied zwischen der inneren und der äußeren Realitätsprüfung. Ist die äußere v.a. die Unterscheidung zwischen Wahrnehmung und Vorstellung, dient die innere der Wahrnehmung und Berücksichtigung der „inneren Realität“ (psychische Funktionen, Strebungen, Phantasien). Die Störung der äußeren und der inneren Realitätsprüfung ist ein Merkmal der Psychose, die der inneren eines der Neurose.

Hartmann erweiterte auch die Überlegungen zum Realitätsprinzip. Er überwand den statischen Realitätsbegriff Freuds, der der Vorstellung einer dem Individuum einschränkend gegenübertretenden Realität folgte, in „Ich-Psychologie und Anpassungsproblem“ (1939), indem er auf die Veränderbarkeit der Realität hinwies (Anpassung als alloplastisches Verhalten). Später baute er ihn mit der Unterscheidung zwischen einer wissenschaftlichen Realität und einer konventionellen Realität bzw. Welt „des unmittelbaren Erlebens“ (1956, S. 255) noch weiter aus.

Obwohl ein pragmatisch-positivistisches Realitätsverständnis v.a. in klinischen psychoanalytischen Darstellungen fortbesteht, ist in der metapsychologischen Diskussion zur Realität eine „relativistische“ Sicht als Fortführung der Überlegungen Hartmanns in den Vordergrund getreten. Nach Schafer (1970) gibt es nur Anschauungen über Realität. Das Realitätsverständnis der Psychoanalyse sei eine komplexe Mischung aus komischer, romantischer, tragischer und ironischer Weltauffassung. Loch (1976) definiert den psychoanalytischen Dialog nicht als die Suche nach der objektiven historischen Wahrheit, sondern als konsensuelle Konstruktion einer intersubjektiven Wahrheit. Den Gedanken der Konstruktion von Wahrheit hat auch Spence (1982) in seinem Konzept der narrativen und historischen Wahrheit ausgeführt. Leupold-Löwenthal (1988) betont dagegen, daß auch eine äußere objektive Realität zu Konflikten führen kann.

In der jüngeren Zeit (u.a. Holocaust-Forschung) sind tatsächlich zunehmend Hinweise auf schwere traumatische Einwirkungen v.a. bei frühen Störungen gefunden worden. Mit dem Konzept der Objektrepräsentanzen steht inzwischen ein Modell der Transformation von materieller in psychische Realität zur Verfügung.

5. Die Bedeutung des Begriffs in verschiedenen psychoanalytischen Schulrichtungen

In der ich-psychologischen Objektbeziehungstheorie besteht die Realitätsprüfung in der Fähigkeit, Selbst und Nichtselbst, intrapsychische und äußere Reize zu unterscheiden, und in der Fähigkeit, Affekte, Verhalten und Denkinhalte der eigenen Person in Bezug zu gesellschaftlichen Normen einzuschätzen (Kernberg 1980, S. 17). Die Betonung der Selbst-Objekt-Differenzierung geht zurück auf Konzepte und Theorien von E. Jacobson (Selbst- und Objektrepräsentanzen) und M. Mahler, deren entwicklungspsychologische Theorie der Separation und Individuation ein Modell der objektbezogenen Konfrontation mit der Realität bietet. Als Stufe einer gesicherten Realitätsprüfung kann das im Wesentlichen ungestört erreichte Stadium der beginnenden Objektkonstanz gelten.

Die kleinianische Objektbeziehungstheorie beschäftigt sich wegen der Dominanz der „inneren Objekte“ und der „inneren Realität“ in ihr kaum mit dem Realitätsprinzip und der Realitätsprüfung. Die Realität wird unter die Begriffe „äußeres Objekt“ und „äußere Welt“ subsumiert, beide werden nach kleinianischer Auffassung durch projektive und introjektive Identifikationsprozesse entstellt (Hinshelwood 1989, S. 296). Wie von einer solchermaßen entstellten äußeren Welt die „Realität des äußeren Objekts“ (S. 296) oder die „objektive Welt“ (S. 297) differenziert werden, bleibt offen.

Winnicott (1951) konzipiert den intermediären Bereich, den er später den potentiellen Raum nennt, als den einer besonderen Beziehung zur Realität. In ihm sieht er Spiel, Illusion und Kreativität als Zustände zwischen innerer und äußerer Realität angesiedelt. Ontogenetisch geht er aus dem die Präsenz des äußeren Objektes ablösenden Spiel mit Übergangsobjekten und Übergangsphänomenen vor der vollständigen Einführung der Realitätsprüfung hervor.

6. Interdisziplinäre Beiträge und Befunde

Das Problem der Realität stellt sich nicht nur in der Psychoanalyse. Hat es in der Philosophie bereits seit Jahrhunderten konstruktivistische Ansätze gegeben (s. von Glasersfeld 1995), blieb in den Naturwissenschaften und den „naiven" Alltagstheorien bis in die jüngste Zeit hinein die Überzeugung von einer objektiven Realität erhalten. Gerade Alltagstheorien als Organisatoren der Lebenswelt sind in der modernen Wissenssoziologie (Berger und Luckmann 1966) als ein Element der „gesellschaftlichen Konstruktion der Wirklichkeit" identifiziert worden. Der Sozialkonstruktivismus geht davon aus, dass die Existenz in alltagsweltlichen Zusammenhängen zum Erwerb darauf beruhender Wahrnehmungs- und Interpretationsmuster führt, die später immer wieder externalisiert werden, so zur Bestätigung von Vorannahmen führen und sich in sozialen Handlungen und Strukturen materialisieren. In der genetischen Erkenntnistheorie geht auch Piaget von der Konstruktion einer Wirklichkeit aus Erfahrungen aus, indem diese zu einer kohärenten Erfahrungswirklichkeit zusammengefügt werden. Die Annahme einer objektiven Realität in den Naturwissenschaften wird nicht nur durch Relativitätstheoreme in der Physik, sondern auch den wissenssoziologischen Nachweis der Konstruiertheit und Kontextualität naturwissenschaftlicher Erkenntnisse und Tatsachen (Fleck, Knorr-Cetina) in Frage gestellt. Die psychoanalytischen Realitätskonzepte seit Hartmann sind offenbar von dieser breiten philosophischen und erkenntnistheoretischen konstruktivistischen Denkströmung beeinflusst.

Literatur

Berger, P.L. und Luckmann, T. (1966). Die gesellschaftliche Konstruktion der Wirklichkeit. Eine Theorie der Wissenssoziologie. Frankfurt/M: Fischer, 1980.

Federn, P. (1956). Ichpsychologie und die Psychosen. Frankfurt/M: Suhrkamp, 1978.

Ferenczi, S. (1912). Symbolische Darstellung des Lust- und Realitätsprinzips im Ödipus-Mythos. Psyche – Z Psychoanal, 26, 520 – 529, 1972.

Ferenczi, S. (1913). Entwicklungsstufen des Wirklichkeitssinnes. In ders., Schriften zur Psychoanalyse I (S. 148 – 163). Frankfurt/M: Fischer, 1970.

Glasersfeld, E. von (1995). Radikaler Konstruktivismus. Frankfurt/M: Suhrkamp, 1997.

Hartmann, H. (1939). Ich-Psychologie und Anpassungsproblem. Stuttgart: Klett, 3. Aufl., 1975.

Hartmann, H. (1956). Bemerkungen zum Realitätsproblem. In ders., Ich-Psychologie. Studien zur psychoanalytischen Theorie (S. 236–260). Stuttgart: Klett, 1972.

Hinshelwood, R.D. (1993). Wörterbuch der kleinianischen Psychoanalyse. Stuttgart: Verlag Internationale Psychoanalyse.

Kernberg, O.F. (1980). Innere Welt und äußere Realität. München: Verlag Internationale Psychoanalyse, 1988.

Leupold-Löwenthal, H. (1988). Das Problem der „Realität" in der Psychoanalyse. In P. Kutter, R. Páramo-Ortega und P. Zagermann (Hg.), Die psychoanalytische Haltung (S. 279–301). München: Verlag Internationale Psychoanalyse.

Loch, W. (1976). Psychoanalyse und Wahrheit. Psyche – Z Psychoanal, 30, 865–898.

Schafer, R. (1970). Die psychoanalytische Anschauung der Realität. Psyche Z – Psychoanal, 26 (1972), 881–898 (Teil I); 952–973 (Teil II).

Spence, D.P. (1982). Narrative truth and historical truth. New York: Norton.

Winnicott, D.W. (1951). Übergangsobjekte und Übergangsphänomene. In ders., Von der Kinderheilkunde zur Psychoanalyse (S. 300–319). Frankfurt/M.: Fischer, 1983.

Regression – Progression *von Jürgen Körner*

regression – progression – régression – progression

1. Definition

„Regression“ ist ein deskriptiver Begriff der Psychoanalyse. Er bezeichnet einen Vorgang, in dem ein Individuum oder eine Gruppe ein schon erreichtes psychisches Struktur- oder Funktionsniveau verlässt und zu einem lebensgeschichtlich früheren und/oder niedriger strukturierten Niveau des Denkens, Fühlens oder Handelns zurückkehrt. Der Prozess psychischer und psychosomatischer Erkrankung wird dann „regressiv“ genannt, wenn der Kranke in einer belastenden Lebenssituation seine inneren Konflikte nur dadurch bewältigt, dass er auf frühere, kindliche und insofern primitivere Erlebnis- und Verarbeitungsweisen zurückgreift. Unter den Bedingungen der psychoanalytisch-therapeutischen Situation regrediert ein Patient dann, wenn er die Übertragungssituation entsprechend seiner unbewussten Beziehungsphantasien gestaltet.

Regressionen unterscheiden sich hinsichtlich zahlreicher Eigenschaften: Sie können global die ganze Persönlichkeit erfassen oder spezifisch nur eine Ich-Funktion verändern, sie können tief oder flach, stabil oder fluktuierend auftreten, sie sind pathologisch, „maligne“ (Balint 1968) oder gutartig und „im Dienste des Ich“. Regressionen dienen im Alltagsleben der Problembewältigung und Konfliktlösung, wenn das Subjekt vorübergehend von einer hochstrukturierten, zielorientierten zu einer eher ganzheitlichen, anmutungshaften Wahrnehmungs- und Denkweise zurückkehrt oder sich introspektiv seinen vorbewussten und unbewussten Phantasien öffnet, z. B. in schöpferischem Denken oder künstlerischer Produktivität.

Wenn Regression als ein Zurückschreiten oder Zurückgreifen auf frühere bzw. niedriger strukturierte Verarbeitungsformen verstanden wird und die psychoanalytisch-therapeutische Arbeit mit Freud „regredient“, also zurückgreifend angelegt ist, dann bildet der Begriff der „Progression“ einen Gegenpol, der in einem zeitlichen und in einem strukturellen Sinne auf die reifere, die höher strukturierte und „erwachsenere“ Funktionsweise hinweist.

2. Klassische Auffassung und ideengeschichtlicher Hintergrund

Freud verwendete den Begriff der Regression erstmals in der Traumdeutung im Jahre 1900. Dort beschreibt er, wie der Träumer den progredienten Prozess des wachen Erlebens, der von der inneren Wahrnehmung zur Motorik verläuft, in einen regredienten umkehrt, so dass „die Erregung einen rückläufigen Weg“ nimmt (1900a, S. 547), also im Traum endet. Diesem „topischen“ Regressionsbegriff stellte er schon früh einen „genetischen“, zeitlich akzentuierten Regressionsbegriff zur Seite. In einem Rückblick (1914d) berichtete er, dass ihm schon in der Zeit seiner Studien über Hysterie die zeitliche Rückwendung in den Assoziationen seiner Patienten aufgefallen sei. Neben den topischen und den genetischen (zeitlichen) Aspekt der Regression stellte Freud die „formale“ Regression „wenn primitive Ausdrucks- und Darstellungsweisen die gewohnten ersetzen“ (1900a, S. 554).

Topische, formale und genetische Regression sind drei Aspekte eines einzigen regressiven Vorganges; z. B. stellt die Beziehungsphantasie eines Patienten unter dem zeitlichen Gesichtspunkt einen Rückgriff auf ein frühkindliches Erleben dar, unter topischem Aspekt erscheint in ihr ein unbewusster Wunsch und unter formalem Aspekt wirkt er insofern regressiv, als der Patient einen vielleicht widerspruchsvollen, unrealistischen oder unlogisch begründeten Wunsch vorträgt.

Für Freud lag es durchaus nahe, in regressiven Prozessen sowohl zeitliche als auch formale und topische Aspekte zu suchen. In dieser Auffassung spiegeln sich seine Erfahrungen in der Neuropathologie wie auch das biologische Denken seiner Zeit (Blum 1994). Tatsächlich beschrieb er schon 1891 die Symptome der Aphasie als „Fälle von functioneller Rückbildung ... des hoch organisierten Apparates“ (S. 89). Dabei stützte er sich auf die neurobiologischen Konzepte von Herbert Spencer und J. Hughlings Jackson über die neurologische und auch psychische Entwicklung, die regelhaft von einfacheren, niedrig strukturierten zu hoch organisierten, komplexen, differenzierteren und spezialisierteren Strukturen führte. Diese Parallelität von zeitlicher und struktureller Differenzierung ließe sich – so die damals verbreitete Auffassung – sowohl phylogenetisch als auch in der Ontogenese des Individuums verfolgen. Progression führte zu höher strukturierten, komplexeren Funktionsweisen, demzufolge sei Regression ein Rückgriff auf zeitlich frühere und „räumlich“ (Körner und Rosin 1992) niedriger strukturierte Funktionsniveaus.

In der „klassischen“ psychoanalytischen Auffassung führt eine regressive Bewegung zurück zu einer Fixierungsstelle. Ein konflikthaftes Erleben löst eine regressive Bewegung aus, und zugleich „saugt“ die Fixierung den regressiven Prozess an. Und: Je schwerer die lebensgeschichtlich frühzeitig wirkenden pathogenen Erfahrungen wiegen, desto stärker wirkt diese Anziehungskraft, und schon geringfügige Anlässe im Hier und Jetzt lösen eine Regression aus. Ähnlich der „Ergänzungsreihe“ von Konstitution und Erfahrung liegt der Regression also ein dynamisches Zueinander von frühem Trauma und späterem konflikthaften Erleben zugrunde.

Freud und die Analytiker der ersten Generation wiesen dem Regressionsbegriff eine zentrale Rolle in der klinischen Theorie der Psychoanalyse und ihrer Behandlungsmethodik zu. Sie beschrieben den Prozess psychischer und psychosomatischer Erkrankung als Regression und sie wussten um den regressionsfördernden Einfluss des psychoanalytischen Settings mit der Grundregel der Verpflichtung zur freien Assoziation. Nirgends aber erschien ihnen die Regression sinnfälliger als im Traum, der die „via regia“ zum Unbewussten öffnete.

Auch die Unterscheidung zwischen Triebregression und Ich-Regression, die später sehr bedeutungsvoll werden sollte, findet sich schon bei Freud (1916–17a). Aus historischer Sichtweise mag die zentrale Bedeutung des Regressionskonzeptes aber vor allem darin liegen, dass in ihm und in seinem Zusammenspiel mit dem Begriff der Fixierung das vielleicht wesentlichste Axiom der Psychoanalyse schon erfasst ist: Die unbewusst wirksame Anwesenheit des Vergangenen in der Gegenwart.

3. Wesentliche Erweiterungen, Differenzierungen und Modifikationen

Das frühe Regressionskonzept erfuhr in den dreißiger und vierziger Jahren einige wesentliche Differenzierungen. Die schon bei Freud angedeutete Unterscheidung zwischen einer Triebregression und einer Regression der Ich-Funktionen gewann zunehmend an Bedeutung für die klinische Theorie und Behandlungsmethodik. Insbesondere die psychoanalytische Ich-Psychologie legte auf diese Differenzierungen großen Wert. In ihrer Auffassung von der relativen Autonomie des Ichs wirkten sich regressive Prozesse sogar nur in Ausnahmefällen auf die Ich-Funktionen aus; im Gegenteil: Das Ich wurde in diesem Konzept eine Instanz, die regressive Prozesse selbst in Gang setzt und steuert. Diese relative Autonomie des Ichs gründet auch darin, dass es nicht von Fixierungsstellen angezogen wird, während ja die Triebregression dem Sog einer Fixierungsstelle folgen muss.

Die hier genannten Differenzierungen erwiesen sich als hilfreich für die Fortentwicklung der psychoanalytischen Behandlungsmethodik. Ein Ich, das relativ frei bleiben konnte von regressiven Einflüssen (Sterba 1934), konnte nun als Partner für ein Arbeitsbündnis gewonnen werden, auch dann, wenn die Triebregression auf sehr frühe Stufen der psychosexuellen Organisation zurückführte. Auch wenn diese Unterscheidung zwischen einer realitätstüchtigen und einer von regressiven Prozessen veränderten Sphäre im Ich problematisch ist (Körner 1989), liegt in der Lehre von einem Ich, das nicht nur Objekt sondern selbst auch Subjekt der Regression ist, der Ausgangspunkt für die moderneren Auffassungen, in denen der regressive Prozess weniger das Ergebnis sondern eher das Mittel eines problemlösenden Ichs darstellt.

Eine weitere folgenreiche Differenzierung folgte aus der Einsicht, dass nicht jede psychische Krankheit am Ödipuskomplex ihren Anfang nimmt und regressiv zu den Fixierungsstellen der frühkindlichen psychosexuellen Organisation zurückführen muss. Infantil anmutende Objektbeziehungsphantasien, wie sie in der Übertragung zum Ausdruck kommen, können auch Ausdruck einer Mangelerscheinung, einer „Grundstörung“ (Balint 1968) sein (Mertens 1992, S. 192). Patienten mit Grundstörung oder „struktureller Ich-Störung“ (Fürstenau 1977) sind streng genommen nicht regrediert, und es sollte ihnen auch keine Regression im therapeutischen Prozess zugemutet werden.

Balint (1968) traf hierzu die bedeutsame Unterscheidung zwischen einer gutartigen und einer malignen Regression; er zeigte, dass ein sorgfältig geführter regressiver Prozess auch schwerer erkrankten Patienten helfen kann, einen „Neubeginn“ zu finden. Balint war es auch, der – anknüpfend an Ferenczi – die „therapeutischen Aspekte der Regression“ innerhalb einer „Zwei-Personen-Psychologie“ entfaltete. Mit ihm wuchs das Verständnis für den interaktionellen Aspekt der Regression, und der Analytiker wechselte seine Rolle vom Beobachter eines regressiven Prozesses im Patienten zum Adressaten regressiver Beziehungsphantasien.

Parallel zu einem zunehmend interpersonal verstandenen Regressionsbegriff wuchs auch die Einsicht, dass der Patient – wie auch das Subjekt im Alltagsleben – dem regressiven Prozess weniger unterliegt, sondern die Regression instrumentell zur Bewältigung innerer Konflikte einsetzt. Kris beschrieb 1934 die Regression „im Dienste des Ichs“, eine kreative Bewegung, welche der Progression vorausgeht und sie erst ermöglicht. Damit erhielt die Regression – ähnlich wie die Übertragung, die selbst auch als regressiver Prozess verstanden werden kann – ihren eigentümlichen Doppelcharakter als ein Phänomen, welches auf der einen Seite den therapeutischen Fortschritt, die Progression vorbereitet, auf der anderen Seite aber selbst als Hindernis und Widerstand im Wege steht. Einerseits mag der Patient regredieren, um seine unbewussten Übertragungsphantasien auf eine vielleicht imperative Weise zum Ausdruck zu bringen, andererseits aber erschwert er gerade dadurch die Einsicht und das Durcharbeiten. Regression kann im Dienste der Abwehr stehen, insbesondere dann, wenn der Patient die notwendige Einsicht in vielleicht zerstörerische Beziehungsphantasien auf regressive Weise unterläuft. Andersherum kann der Patient dem therapeutischen Prozess aber auch dadurch widerstehen, dass er im Sinne einer „antiregressiven Tendenz“ (Sandler und Sandler 1993) die „Regression im Dienste des Ichs“ vermeidet, etwa dadurch, dass er seine Gedanken kontrolliert, sich vernünftig verhält und insbesondere vermeidet, unbewusste Beziehungsphantasien in sich selbst wahrzunehmen.

Die Fortentwicklung des Regressionsbegriffs, die zu einer interaktionellen und instrumentellen Auffassung von der Regression führten, legte es schließlich auch nahe, den Einfluss der psychoanalytischen Situation und insbesondere auch den Einfluss des Analytikers und seiner Gegenübertragung auf die Regression genauer zu erfassen. Insbesondere die Grundregel, die Verpflichtung zur freien Assoziation, die minimale Strukturierung und die Abstinenz mit dem „Interaktionsvorbehalt“ des Analytikers (Körner und Rosin 1985) ermöglichen und fördern die Regression. Hierbei wirkt der Psychoanalytiker auf einflussreiche Weise mit: In dem Maße, wie er in der Regression des Patienten ein Beziehungsangebot – und manchmal auch eine projektive Identifizierung – erkennt und annehmen kann (Sandler 1976), ermöglicht er dem Patienten, Regression nicht nur als Abwehr und in der Therapie als Widerstand einzusetzen, sondern auch im Dienste der therapeutischen Progression einzusetzen. Auch der Analytiker regrediert im Dienste des Ichs; fürchtet er sich hingegen vor der Regression, wird sie auch dem Patienten nur zum Zwecke der Abwehr möglich sein.

4. Der Regressionsbegriff in den psychoanalytischen Schulrichtungen

Der Regressionsbegriff und seine Anwendung in der psychoanalytisch-therapeutischen Situation diente lange Jahre als ein Austragungsort grundsätzlicher Kontroversen zwischen trieb- und strukturtheoretischen Psychoanalytikern einerseits und selbst- sowie objektbeziehungstheoretischen Psychoanalytikern andererseits. Die klassische Auffassung sieht in der Regression im Wesentlichen eine Abwehr ödipaler Konflikte. Demnach versucht der Patient die ödipale Triangulierung dadurch zu vermeiden, dass er präödipale Stufen der psychosexuellen Entwicklung wiederbelebt und -besetzt. Im psychotherapeutischen Prozess widersteht der Patient, indem er diese regressive Bewegung wiederholt. Aber in der Arbeit an diesem Widerstand wird Einsicht und Veränderung möglich.

Selbstpsychologische Psychoanalytiker und insbesondere solche, die sich (etwa in der Nachfolge von Kohut) der Humanistischen Psychologie verpflichtet fühlen, weisen hingegen auf die große Zahl präödipal geschädigter Patienten hin, die deswegen regressiv wirken, weil sie in ihrer Selbstentwicklung schon an den frühen traumatisierenden Erfahrungen gescheitert sind. Diese Patienten erforderten – so ihre Ansicht – Modifikationen im Setting und in der Behandlungsmethodik. Ein sich abstinent haltender Psychoanalytiker, der mit seinen Deutungen ein gesundes Ich anspreche und auf Einsicht ziele, überfordere diese Patienten – mehr noch, er wiederhole womöglich jene traumatischen Erfahrungen, die solche Patienten in ihrer Kindheit durchleben mussten.

Diese Kontroverse verlor in der jüngeren Vergangenheit an Schärfe, und zwar in dem Maße, in dem auch Ergebnisse entwicklungspsychologischer Forschung in die Diskussion einbezogen wurden. Auf der einen Seite räumen Strukturtheoretiker/Triebtheoretiker ein, dass ein Patient mit einer Persönlichkeitsstörung Modifikationen in der Behandlungstechnik verlange. Denn gerade Borderline-Persönlichkeiten sind sehr anfällig für plötzlich einsetzende, tiefe regressive Prozesse, die die analytische Arbeit durchaus in Frage stellen können. Selbstpsychologen auf der anderen Seite beharren zwar darauf, dass die Erfahrung eines haltenden, empathischen Objektes eine Voraussetzung für den „Neubeginn" (Balint) sei, aber auch sie sind zu der Auffassung gekommen, dass eine tiefe Regression auf die Ebene der Grundstörung selbst noch nicht den therapeutischen Fortschritt, die Veränderung ermöglicht.

Objektbeziehungstheoretisch ausgerichtete Autoren, insbesondere diejenigen kleinianischer Prägung, haben mit ihren Beiträgen vor allem das Verständnis für die Regression als ein interpersonales Geschehen vertieft. Für sie findet die Regression „zwischen" dem Analytiker und seinem Patienten statt; nicht der Patient regrediert „für sich", sondern er inszeniert gemeinsam mit dem Analytiker eine von infantilen Beziehungsphantasien geprägte therapeutische Situation. In ihrer Entwicklungstheorie beschreiben sie die schweren inneren Konflikte, die der Säugling schon lange vor der ödipalen Triangulierung mit Hilfe empathischer Objekte zu bestehen hat und die seine Individuation erheblich beeinträchtigen oder arretieren können. Daher zielt ihre Behandlungsmethode – im Gegensatz zur „klassischen" trieb- und strukturtheoretischen Theorie – nicht darauf, in regressiven Zuständen vor allem die Abwehr ödipaler Konflikte zu suchen und zu bearbeiten. Sie empfehlen vielmehr, die sehr frühen Konflikte regressiv wiederzubeleben und durchzuarbeiten.

In kleinianischer Sicht kann eine psychoanalytische Behandlung, die durch derart tiefe regressive Phasen – bis in zum „psychotischen Kern" – aber nur dann gelingen, wenn der Psychoanalytiker bereit ist, die oft sehr bedrängenden oder verwirrenden Übertragungen des Patienten anzunehmen und durchzuarbeiten. Insbesondere die projektiven Identifizierungen des Patienten muten dem Psychoanalytiker zu, auch sehr destruktive Beziehungsphantasien auf sich zu nehmen, zu verarbeiten und dem Patienten zur Reintegration anzubieten.

Unter allen psychotherapeutischen Richtungen herrscht weitgehend Einigkeit aber darüber, dass eine Regression, die sich darin erschöpfte, ein kindliches Entwicklungsstadium oder eine kindliche Beziehungssituation bloß wiederzubeleben, wirkungslos bleiben muss. Erst die Spannung, die dadurch entsteht, dass zwei erwachsene Menschen im Rahmen der psychoanalytischen Situation unbewusste, oft konflikthafte Beziehungsphantasien erleben, ermöglicht die therapeutische Progression inmitten einer regressiv getönten psychoanalytisch-therapeutischen Beziehung.

5. Interdisziplinäre Beiträge und Befunde

„Regression" ist ein deskriptiver Begriff, wie Freud selbst sagte; er trägt zur Erklärung regressiver Phänomene aber selbst noch wenig bei. Seine beschreibende Funktion brachte den Vorteil, dass er für vielfältige klinisch-therapeutische Erfahrungen offen war. Ein klinisch derart gesättigter, aber theoretisch weniger gut fundierter Regressionsbegriff leidet jedoch unter mangelnder Verankerung in der Metapsychologie und einer vernachlässigten Bezugnahme auf Forschungsergebnisse der Nachbarwissenschaften.

Kognitionspsychologisch kann die Regression etwa in Anlehnung an die Gestaltpsychologie als eine Entdifferenzierung, Destrukturierung des kognitiven Feldes verstanden werden. Zum Beispiel kann die „Regression auf ein vorsprachliches Strukturierungsniveau in der inneren Welt" (Waldvogel 1992, S. 191) als Rückkehr zu einer ganzheitlichen, nur schwach gegliederten kognitiven Struktur, einer „Ganzgestalt" verstanden werden. Und der instrumentelle Aspekt der Regression, also die Regression im Dienste der Progression lässt sich gestaltpsychologisch als passagere Dezentrierung des kognitiven Feldes verstehen – ein Vorgang, der schon in den dreißiger Jahren von den gestaltpsychologisch orientierten Denkpsychologen (z.B. Duncker 1935) am Beispiel des produktiven Denkens anschaulich beschrieben wurde. Auch Piagets (1973) Beiträge zur kognitiven Organisation und Entwicklung hätten die Ausdifferenzierung des Regressionsbegriffs fördern können (Arlow und Brenner 1976, S. 64). Denn schon Piaget beschrieb sehr sorgfältig, wie die kognitive Entwicklung phasenweise und in Sprüngen verläuft und in Krisen „regressiv" zurückverwandelt werden kann.

Auch der Dialog zwischen Psychoanalytikern und Vertretern moderner sozialkognitiver Entwicklungspsychologie könnte sehr produktiv sein – für beide Seiten. Sozialkognitive Entwicklungstheorien und vor allem die empirischen Befunde über die Entwicklung des moralischen Urteilsvermögens (Kohlberg 1996) und der Perspektivenübernahme (Geulen 1982) tragen z.B. dazu bei, die Funktionen des Überichs und seiner regressiven Zustände in den Zusammenhang zu anderen kognitiven Prozessen zu stellen.

Der Einfluss der psychoanalytischen Objektbeziehungstheorie führte in den letzten Jahren zu einer differenzierteren Betrachtung der therapeutischen Situation und des Zusammenspiels von Übertragung und Gegenübertragung. Das klassische Konzept von der Regression als intrapsychischer, von der Fixierung „angesogener" Vorgang verlor an Bedeutung und das Interesse an den spezifischen, in der therapeutischen Situation wirksamen Bedingungen für die Regression trat in den Vordergrund. Zu diesen Bedingungen zählt die besondere Form des sprachlichen Dialoges, der die Sprache „metaphoriert" (Pohlen) und so den latenten Bedeutungsgehalt ins bewusste Erleben rückt. Konversationsanalytische und metapherntheoretische Untersuchungen (z.B. Buchholz 1993) können dazu beitragen, über die Beschreibung regressiver Phänomene hinaus Erklärungen für die Bedingungen und die Wege der Regression zu finden.

Es ist zu erwarten, dass die Forschungsergebnisse der Gedächtnispsychologie und der kognitiven Neuropsychologie die psychoanalytische Auffassung über die Natur regressiver Prozesse und ihre Handhabung in der psychoanalytischen Behandlung bereichern werden. Allein die Unterscheidung zwischen (mindestens) zwei Subsystemen des Gedächtnisses könnte fruchtbar sein: Das sehr früh sich bildende nichtdeklarative Gedächtnissystem mit seinem prozeduralen Modul speichert bedeutsame, sich wiederholende emotional bedeutsame Beziehungserfahrungen präverbal („protonarrativ", Stern), während das spätere, deklarative Gedächtnissystem symbolisch, also auch sprachlich kodiert ist.

In diesen beiden Subsystemen herrschen unterschiedliche Regeln der Informationsverarbeitung. Im nichtdeklarativen und prozeduralen Gedächtnis werden die Informationen analog und nach den Regeln neuronaler Netzwerke verarbeitet. Weil in diesem Gedächtnissystem weder grammatische noch logische Verknüpfungsregeln gelten, können auch widersprüchliche Informationen verrechnet werden; und weil in neuronalen Netzwerken sehr viele Verarbeitungsprozesse gleichzeitig ablaufen können, ist die Rechengeschwindigkeit in diesem Subsystem sehr hoch.

Die Informationen des deklarativen Gedächtnisses sind digitalisiert und den Regeln der Sprache und der Logik unterworfen. Denk- und Lernprozesse laufen in diesem System sehr langsam ab, aber sie sind verbal zugänglich und daher auch leichter – etwa durch die Deutungen des Psychoanalytikers – zu beeinflussen.

Von einer Regression könnte man nun dann sprechen, wenn ein Pat. in seiner Wahrnehmung des Analytikers auf die Inhalte seines nichtdeklarativen/prozeduralen Gedächtnisses zurückgreift, z. B. gefühlsmäßig davon überzeugt ist, dass er – wie viele andere Menschen – feindselig und willkürlich ist, so dass es gefährlich wäre, ihm zu vertrauen. Derartige basale Bewertungen sind der Sprache nicht zugänglich, deswegen lassen sie sich durch Deutungen nicht korrigieren.

Trotzdem ist es für die analytische Arbeit sinnvoll, solche „working models" und Risikoeinschätzungen wirksam und sichtbar werden zu lassen. Darin liegt der Nutzen der Regression. Die Frage aber ist dann, wie es gelingt, den regressiven Prozess in eine Progression zu verwandeln, so dass die Regression nicht „maligne" wird (Balint 1968) und die basalen Überzeugungen einem Lernprozess zugänglich werden. Anders gesagt: Wie digitalisiert man die analogen Bewertungen und macht sie einer Symbolisierung zugänglich?

Hierzu gibt es noch keine sichere Antwort. Analytiker verlassen sich darauf, dass neben der Deutung auch die Beziehungserfahrung wirksam ist; damit berücksichtigen sie schon die Unterscheidung zwischen den beiden hier skizzierten Gedächtnissystemen.

Literatur

Arlow, J.A. und Brenner, C. (1976). Grundbegriffe der Psychoanalyse. Reinbek: Rowohlt.

Balint, M. (1968). Therapeutische Aspekte der Regression. Die Theorie der Grundstörung. Reinbek: Rowohlt.

Blum, H.P. (1994). The conceptual development of regression. Psychoanalytic Study of the Child, 49, 60–76.

Buchholz, M. (1993). Metaphernanalyse. Göttingen: Vandenhoeck & Ruprecht.

Duncker, K. (1935). Zur Psychologie des produktiven Denkens. Berlin: Springer.

Fürstenau, P. (1977). Die beiden Dimensionen des psychoanalytischen Umgangs mit strukturell ich-gestörten Patienten. Psyche – Z Psychoanal, 31, 197–206.

Geulen, D. (1982). Perspektivenübernahme und soziales Handeln. Frankfurt/M.: Suhrkamp.

Kohlberg, L. (1996). Die Psychologie der Moralentwicklung. Frankfurt/M.: Suhrkamp.

Körner, J. (1989). Kritik der therapeutischen Ich-Spaltung. Psyche – Z Psychoanal, 43, 385–396.

Körner, J. und Rosin, U. (1985). Das Problem der Abstinenz in der Psychoanalyse. Forum der Psychoanalyse, 1, 25–47.

Körner, J. und Rosin, U. (1992). Über Regression. Forum der Psychoanalyse, 8, 1–16.

Kris, E. (1934). Zur Psychologie der Karikatur. Imago, 20, 450–466.

Mertens, W. (1992). Kompendium psychoanalytischer Grundbegriffe. München: Quintessenz.

Piaget, J. (1954). The construction of reality in the child. New York: Basic Books.

Piaget, J. (1973). Einführung in die genetische Erkenntnistheorie. Frankfurt/M.: Suhrkamp.

Sandler, J. (1976). Gegenübertragung und Bereitschaft zur Rollenübernahme. Psyche Z – Psychoanal, 30, 297–305.
Sandler, J. und Sandler, A.M. (1993). Regression und Anti-Regression. Forum der Psychoanalyse, 9, 283–292.
Sterba, R. (1934). Das Schicksal des Ich im therapeutischen Verfahren. Internationale Zeitschrift für Psychoanalyse, 20, 66–73.
Waldvogel, B. (1992). Psychoanalyse und Gestaltpsychologie. Jahrbuch der Psychoanalyse, Beiheft 18, Stuttgart: frommann-holzboog.

Reizschutz *von Reinhard Hellmann-Brosé*

stimulus barrier – pare-excitations

In Freuds Modell des menschlichen Organismus erhielt der Reizschutz eine beinahe wichtigere Aufgabe als die Reizaufnahme, weil zerstörender Einfluss abgewehrt werden muss. Schutz gegen übergroße Reizmengen und unangemessene Reizarten muss gewährleistet sein. Diese Funktion wies er einem Reizschutzsystem zu, das wie ein Regelkreis funktioniert. Über ein Fühlersystem (Sinnesorgane) kommt es zur dosierten Reizaufnahme. Nach innen war in seinem Modell ein solcher Reizschutz nicht möglich. Lust-/Unlustempfindungen setzen sich direkt auf das System fort. Man kann davon ausgehen, dass sie passender zum System arbeiten als die Außenreize.

Es gibt nun Erregungen, die stark genug sind, um den Reizschutz zu durchbrechen. Diese nennen wir traumatisch. Unlusterzeugung ist ein Signal dafür, dass der Reizschutz zum Teil durchbrochen wurde. An der „Einbruchstelle“, also der Stelle, an der der Reizschutz durchbrochen wurde, wird sehr viel seelische Kraft konzentriert (Gegenbesetzung), um der traumatischen Wirkung des Geschehens entgegenzuwirken.

Freud entwickelte sein Konzept des Reizschutzes 1920 in seiner Schrift Jenseits des Lustprinzips: „Stellen wir uns den lebenden Organismus in seiner größtmöglichen Vereinfachung als undifferenziertes Bläschen reizbarer Substanz vor, dann ist seine, der Außenwelt zugekehrte Oberfläche durch ihre Lage selbst differenziert und dient als reizaufnehmendes Organ ... Dieses Stückchen lebender Substanz schwebt inmitten einer mit den stärksten Energien geladenen Außenwelt und würde von den Reizwirkungen derselben erschlagen werden, wenn es nicht mit einem Reizschutz versehen wäre. Es bekommt ihn dadurch, daß seine äußerste Oberfläche die dem Lebenden zukommende Struktur aufgibt, gewissermaßen anorganisch wird und nun als eine besondere Hülle oder Membran reizabhaltend wirkt, das heißt veranlaßt, daß die Energien der Außenwelt sich nun mit einem Bruchteil ihrer Intensität auf die nächsten lebend gebliebenen Schichten fortsetzen können. Diese können nun hinter dem Reizschutz sich der Aufnahme der durchgelassenen Reizmengen widmen. Die Außenschicht hat aber durch ihr Absterben alle tieferen vor dem gleichen Schicksal bewahrt, wenigstens so lange, bis nicht Reize von solcher Stärke herankommen, daß sie den Reizschutz durchbrechen“ (Freud 1920g, S. 25ff.).

Nach heutiger Auffassung leidet Freuds Konzept des Reizschutzes unter seiner biologisch-psychologischen Mehrdeutigkeit (Esman 1991). Die Vorstellung, es gäbe einen passiven mauerähnlichen Schild, der nichtselektiver Natur sei und dessen Durchdringung (durch Reize) einen traumatischen Zustand auslöse, lässt sich wohl nicht länger halten. Viele Kleinkindforscher weisen darauf hin, dass neuronale Gruppen bereits vor dem Beginn der Myelinisierung aktiv werden, so dass schon das Baby sehr gute Differenzierungsmöglichkeiten der Reize hat. Das Neugeborene ist rezeptiv aktiv und versucht, sein Ausgesetztsein nach Möglichkeit zu optimieren. Der junge Organismus ist nicht so sehr programmiert, Reizwirkungen auszuschalten, so also Abwehrmechanismen zu entwickeln, sondern er prüft gewissermaßen im Interaktionsgeschehen, ob die Verbindung zum versorgenden Objekt noch besteht, oder nicht. Das Baby hat eine große Bereitschaft, auf äußere Reizwirkungen zu reagieren. Wird das Baby von der Umgebung überwältigt, möchte es alleingelassen werden (s. still face-Experiment von Tronik et al. 1978). Wird es von der Umgebung mit Reizen unterversorgt, geht es auf Reizsuche bis zur Erschöpfung oder Resignation. Die Vermeidungsversuche des Babys bei Reizüberangebot können eher als coping-Versuch denn als frühe Entwürfe von Abwehr gesehen werden. Die Reizauswahl des Babys orientiert sich dabei an der Erhaltung der Objektbindung.

Literatur

Esman, A.H. (1991). Die „Reizschranke". Forschungsbericht und Neubetrachtung. Psyche – Z Psychoanal, 45, 143–156.

Tronik, E., Als, H., Adamson, L., Wise, S. and Brazelton, T.B. (1978). The infant's response to intrapment between contradictory messages in face-to-face interaction. Journal of Child Psychiatry, 17, 1–13.

Religion, Religionskritik *von Heinz Henseler*

religion, criticism of religion – religion, critique de la religion

1. Definition

Mit religiösen Phänomenen und mit der Religion als solcher hat sich Freud praktisch sein ganzes Leben lang beschäftigt, vorwiegend aus kritischer Sicht. Auch wenn andere psychoanalytische Autoren zu den Themen beigetragen haben, repräsentieren Freuds Publikationen nach wie vor das psychoanalytische Religionskonzept bzw. die psychoanalytische Religionskritik.

Freud definiert 1933: Jede Religion besteht aus „Belehrung, Tröstung und Anforderung" (S. 175). Sie gibt den Menschen „Aufschluß über die Herkunft und Entstehung der Welt, sie versichert ihnen Schutz und endliches Glück in den Wechselfällen des Lebens, und sie lenkt ihre Gesinnungen und Handlungen durch Vorschriften, die sie mit ihrer ganzen Autorität vertritt" (S. 174). Diese Definition passt m.E. gut zu einer moderneren Definition: „Formal läßt sich Religion beschreiben als ein (Glaubens-)System, das in Lehre, Praxis und Gemeinschaftsformen die ‚letzten' (Sinn-)Fragen menschlicher Gesellschaft und Individuen aufgreift und zu beantworten versucht" (Brockhaus-Enzyklopädie).

Freuds Religionskritik verdichtet sich in folgendem Verdacht: „Religion ist ein Versuch, die Sinneswelt, in die wir gestellt sind, mittels der Wunschwelt zu bewältigen, die wir infolge biologischer und psychologischer Notwendigkeiten in uns entwickelt haben" (1933a, S. 181). Seine Thesen hat er vor allem in fünf Aufsätzen (1907b, 1912–13a, 1927c, 1933a, 1939a) niedergelegt, in denen es um Glaubenspraktiken, Glaubensinhalte und schließlich um den Glauben selbst geht.

2. Klassische Auffassung

1907 macht Freud aufmerksam auf die Ähnlichkeit mancher Glaubenspraktiken mit Zeremoniellen von Zwangsneurotikern. Er hat dabei einzelne Menschen oder auch Gruppen im Auge, in deren religiösem Leben das Einhalten von Vorschriften, das Ausführen von Gesten, das Zelebrieren von Ritualen, das Aussprechen von Formeln u.ä. eine so bedeutende Rolle spielen, dass das Zeremoniell zum eigentlich Bedeutsamen der religiösen Übung, das Symbolische zum Selbstzweck geworden ist. In einer fragwürdigen Verallgemeinerung stellt er die Frage, ob „die Religion als universelle Zwangsneurose zu bezeichnen“ (1907b, S. 139) sei. Diese Verallgemeinerung widerruft er später. 1927 räumt er ein: „Das Wesen der Religion ist mit dieser Analogie ... nicht erschöpft“ (1927c, S. 367).

Die zweite religionskritische Publikation (1912–13a) enthält zwei große Themen. Zum einen geht es um das Verständnis und die bis in die Hochreligionen der Gegenwart reichende Wirksamkeit archaischer Denksysteme. Im Tabu, in Animismus und Magie verbergen sich – so Freud – zentrale religiöse Annahmen jeder Religion, nämlich die, dass es um etwas Besonderes, Einmaliges, Herausgehobenes, Machtvolles, Überirdisches, Transzendentes geht, Annahmen, die der Religiosität ihre spezifische Qualität verleihen. Letztlich geht es um die erstrebte oder versagte Teilhabe an einer höheren Macht.

Zum anderen geht Freud der Frage nach, wie die Glaubensinhalte der Vaterreligionen entstanden sein mögen, die in vielen Variationen immer um den Ambivalenzkonflikt gegenüber dem Vater-Gott kreisen. Er entwirft die Hypothese, in prähistorischen Zeiten sei es jahrtausendelang üblich gewesen, den alternden Vater zu töten, ihn gemeinsam zu verzehren und ihn später als Sühne zum Totem bzw. zum Vater-Gott zu erhöhen. Diese Tat sei in dem dunklen Wissen um eine Urschuld oder Erbsünde bis in die Gegenwart hinein lebendige Erinnerung geblieben. Diese Hypothese hat Freud bis zu seinem Tode beibehalten. 1939 noch versuchte er, die jüdische Religionsgeschichte und den Antisemitismus zu deuten mit der Annahme, das jüdische Volk habe eines Tages Moses getötet und trage bis heute an dieser Schuld (1939a).

Kritisiert wird an dieser Deutung zu Recht, dass Freud hartnäckig an dem Gedanken festhielt, es habe sich bei dem Mord am Vater der Urhorde um ein historisches Ereignis (bzw. um viele seiner Art) gehandelt und dass um dieses Ereignis noch heute ein dunkles Wissen bestehe. Wie – so wird gefragt – sollen die Erinnerungen denn über Jahrtausende lebendig geblieben sein? Freud verwirft selbst die Tradierung von Großvater auf den Enkel. So was schleife sich bekanntlich ab. Es könne aber eine transgenerationelle Weitergabe über das Unbewusste oder auch eine solche über das Erbgut im Sinne von Lamarcks Vererbung erworbener Eigenschaften geben.

Erstaunlich bleibt, dass Freud ontogenetischen Faktoren nicht mehr Gewicht beigelegt hat. Seine Deutungen stehen und fallen nämlich keineswegs mit der Annahme einer historischen Schuld. Es genügt der Hinweis auf den Umstand, dass Beseitigungswünsche, gefolgt von Identifizierungsversuchen und nachträglichen Idealisierungen des Vaters in der Lebensgeschichte jedes Kleinkindes eine Rolle spielen und eine unbewusste Quelle von Schuldgefühlen sein können. Die verschiedenen Vaterreligionen bieten sich in überzeugender Weise an, dieses Thema in ihren Bildern, Geschichten, Zeremonien, Symbolen und Metaphern in angstfreierer Weise bewältigen zu helfen. Dies geschieht allerdings seit Jahrtausenden, und diese Tradition wird von den Angehörigen dieser Religionen, insbesondere den Priestern, gepflegt und weiterentwickelt. Insofern entsteht tatsächlich der Eindruck einer historischen Dimension. Die Historie bezieht sich aber nicht auf stammesgeschichtliche Ereignisse der menschlichen Frühzeit, sondern auf den phylogenetischen Umgang mit ontogenetischen Konflikten.

Um den Glauben selbst, die religiöse (mystische) Erfahrung als Grundlage des Glaubens, den Kern der Religiosität geht es 1927 und 1933. „Als hätte die Welt der Rätsel nicht genug“, stöhnt Freud gleichsam, „wird uns die neue Aufgabe gestellt, zu verstehen, wie jene anderen den Glauben an das göttliche Wesen erwerben konnten und woher dieser Glaube seine ungeheure, Vernunft und Wissenschaft überwältigende Macht bezieht“ (1939a, S. 231). Freud fragt also nach der Erkenntnistheorie und der erstaunlichen emotionalen Bedeutung von Glaubensüberzeugungen. „Wenn wir die Frage aufwerfen, worauf sich ihr Anspruch gründet, geglaubt zu werden, erhalten wir drei Antworten, die merkwürdig schlecht zusammenstimmen. Erstens, sie verdienen Glauben, weil schon unsere Urväter sie geglaubt haben, zweitens besitzen wir Beweise, die uns aus eben dieser Vorzeit überliefert sind, und drittens ist es überhaupt verboten, die Frage nach dieser Beglaubigung aufzuwerfen" (1927c, S. 348). Religiöse Überzeugungen seien ein so hoher, wertvoller und erhabener Kulturbesitz der Menschen, dass sie durch Zweifel nicht in Frage gestellt werden dürften. Und im Übrigen sei religiöse Erfahrung eine Erfahrung sui generis, die mit wissenschaftlichen Methoden nicht überprüft werden könne.

Diese Begründungen erregen Freuds stärkste Bedenken. „So kommen wir zu dem sonderbaren Ergebnis, daß gerade diejenigen Mitteilungen unseres Kulturbesitzes, die die größte Bedeutung für uns haben könnten ... die allerschwächste Beglaubigung haben" (S. 349). Welche andere Begründung aber kommt in Frage? Freud entwirft das Bild der existentiellen Situation, in der sich die Menschen vorfinden. Wir wissen nicht um das Woher und das Wohin. Wir werden in eine Welt geboren, die voller Wunder, aber auch voller Gefahren ist. Mit Mühe wehren wir uns gegen die Gewalten der Natur und kämpfen um die Regelung der Beziehungen der Menschen zueinander. Hilflos stehen wir vor dem Rätsel des Todes. Die Folge müsste ein ständiger ängstlicher Erwartungszustand sein, verbunden mit einer fortwährenden Kränkung des Selbstgefühls. Dagegen verlangt der Mensch nach Trost, nach Schutz vor den Schrecken des Lebens und nach einem Wissen über die Zusammenhänge.

Hierzu bietet ihm die Kultur – und zwar in allen Gesellschaften in ähnlicher Weise – eine wichtige Hilfe an: die Religion. Tatsächlich ist die Religion ja ein Angebot der Gesellschaft, sie entsteht nicht durch das Nachdenken jedes einzelnen. Die Religionen faszinieren den Menschen also dadurch, dass sie Lebenshilfen in existentiellen Fragen anbieten. Es kommt aber ein Element hinzu, das die emotionale Bindung des Gläubigen an seine Religion noch besser erklärt als die Angebote von Belehrung, Trost und ethischer Anleitung. Dieses Element ist die Einbeziehung seiner Person und seiner Lebenserfahrung in den Schatz religiöser Vorstellungen und damit seine persönliche Erhebung und Erhöhung. Die religiösen Vorstellungen sind nämlich nicht nur mögliche Sinndeutungen der Welt, nein, sie werden als Offenbarungen einer äußeren, wenn auch übernatürlichen Wirklichkeit interpretiert und verleihen dem Gläubigen damit zusätzliche Sicherheit und persönliche Bedeutsamkeit.

Mit welcher Wirklichkeit hat das Individuum aber zu tun, wenn es religiöse Erfahrungen macht: mit extrapsychischer oder intrapsychischer? Die starke Betonung der Subjektivität lässt den Verdacht aufkommen, dass intrapsychische Vorstellungen in die extrapsychische Wirklichkeit hineingedeutet werden. In diesem Fall aber lägen Illusionen vor. Auch wenn Illusionen nicht notwendig Irrtümer sein müssen, sind sie doch höchst anfällig für Irrtümer. Das beruht darauf, dass sich in ihrer Motivierung der Wunschcharakter und die Wunscherfüllung sehr in den Vordergrund drängen und dass auf kritische Überprüfung gern und leicht verzichtet wird. Und da wäre es schon „sehr auffällig", wenn „alles so ist, wie wir es uns wünschen müssen" (S. 356).

Woher stammt also, um zu den Ausgangsfragen zurückzukehren, die hohe emotionale Bedeutung religiösen Erlebens, woher die Überzeugungskraft religiöser Lehren? Freud: „Ich meine, wir haben die Antwort auf beide Fragen genügend vorbereitet. Sie ergibt sich, wenn wir die psychische Genese der religiösen Vorstellungen ins Auge fassen. Diese, die sich als Lehrsätze ausgeben, sind nicht Niederschläge der Erfahrungen oder Endresultate des Denkens, es sind Illusionen, Erfüllungen der ältesten, stärksten, dringendsten Wünsche der Menschheit; das Geheimnis ihrer Stärke ist die Stärke dieser Wünsche" (S. 352). Und: „Nicht wahr, der Infantilismus ist dazu bestimmt, überwunden zu werden? Der Mensch kann nicht ewig Kind bleiben, er muß endlich hinaus ins ‚feindliche Leben'. Man darf das ‚die Erziehung zur Realität' heißen, brauche ich Ihnen noch zu verraten, daß es die einzige Absicht meiner Schrift ist, auf die Notwendigkeit dieses Fortschritts aufmerksam zu machen?" (S. 373).

3. Interdisziplinäre Beiträge

Freuds leidenschaftlich und gelegentlich polemisch vorgetragene Thesen über die Religion haben natürlich Entgegnungen, vor allem von Theologen, provoziert. Es gibt eine Fülle von Literatur, die aber teils als Freud-Schelte, teils wegen ihres peinlich niedrigen Niveaus wissenschaftlich großenteils irrelevant ist. Eine ernsthafte Auseinandersetzung mit der Freud'schen Religionskritik findet sich erstaunlich selten und – mit einer Ausnahme – erst nach dem Zweiten Weltkrieg.

Die Ausnahme war der Züricher Pfarrer, Psychoanalytiker und Freund Sigmund Freuds, Oskar Pfister. In seiner Entgegnung auf Freuds Illusionsthese (1927c) schrieb Pfister 1928: „Ich hege den bestimmten Verdacht gegen Sie, daß Sie die Religion bekämpfen – aus Religion ... Wer so riesenhaft wie Sie für die Wahrheit kämpfte und so heldenmütig um die Erlösung der Liebe stritt, der ist nun eben ... nach evangelischem Maßstab ein treuer Diener Gottes" (S. 149f.). Diese These nimmt 1967 Schreiber wieder auf. Er geht der Frage nach, was hinter der Polemik eigentlich Freuds Anliegen war. Er kommt zu dem Ergebnis, dieses Anliegen sei ein theologisches und Freud sei nichts anderes als ein „Theologe im Laienstand" (S. 262).

Man hat den Eindruck, hier würden humanistische und christliche Ideale einfach gleichgesetzt. Freud würde sich vermutlich wehren gegen diese Vermischung, es sei denn, man könnte sich darauf einigen, dass Gottesliebe nur eine Metapher für Menschenliebe sei.

Mehrere Autoren, insbesondere Scharfenberg (1970), Meissner (1984) Küng (1987) und Wangh (1989) gehen der Frage nach, ob Freud wirklich ein areligiöser Mensch war, wie er stets versicherte, und, wenn ja, ob das nicht neurotische Gründe hatte. Ausgiebig wird seine Biographie danach beforscht, und man entdeckt viel Ambivalenz gegenüber der Religion. Die These jedoch, dass Freud religiöse Erfahrungen verleugnete oder verdrängte und deshalb die Religion zeitlebens bekämpfen musste, greift zu kurz. Was er bekämpfte waren wohl nur vordergründig religiöse Erfahrungen, hintergründig dagegen Gefühle und Erlebnisweisen, die den religiösen Erfahrungen zugrunde liegen. Das sind frühe Erfahrungen mit der Mutter als primärem Objekt. Wangh (1989, S. 40–60) macht an vielen Belegen deutlich, dass Freud die Bedeutung der frühen Mutter-Kind-Beziehung so relativieren musste, weil er die Entdeckung und Bloßlegung starker feindseliger Gefühle gegen seiner sehr dominanten Mutter fürchtete. Der Abwehr dieser Thematik fielen auch mögliche religiöse Erlebnisse zum Opfer.

Eine eigene psychoanalytische Hypothese entwickelte Küng (1987). Anders als Freud interpretiert Küng die zur Rede stehenden „ältesten, stärksten, drängendsten Wünsche der Menschheit" (Freud 1927c, S. 352) als religiöse Wünsche „hin auf eine letzte Tiefe und Unbedingtheit, kurz, hin auf die Dimension des Absoluten" (S. 124). Damit rückt Küng die religiösen Bedürfnisse in die Nähe von Triebbedürfnissen. Religiosität sei „gewiß wie die Sexualität auch Ausdruck elementarer Es-Wünsche" (S. 125). Wenn das so wäre, müssten nach psychoanalytischer Auffassung tatsächlich neurotische, psychosomatische oder gar psychotische Störungen die Folge einer konsequenten Verdrängung religiöser Bedürfnisse sein. Die Frage ist aber: drängen primär religiöse Wünsche elementar auf Erfüllung oder erfüllt Religion elementare, primär aber nicht religiöse Wünsche wie die nach Schutz, Halt, Trost, Freiheit von Angst, Gerechtigkeit, Liebe, Anerkennung u. ä. Letzteres ist wahrscheinlicher, denn diese Wünsche können auch anders erfüllt werden als durch Religion.

Der amerikanische Psychoanalytiker und Jesuit W.W. Meissner stellte 1984 die These auf, der Glaube entspringe nicht nur einem Wunsch. Die Phantasietätigkeit des Gläubigen nehme vielmehr die Gegebenheiten der physikalischen und der sozialen Außenwelt deutend auf und entwickle daraus eigene

Überzeugungen. Meissner versteht Religiosität also als ein „Übergangsphänomen“ (Winnicott 1951), als das Ergebnis eines Abtastens zwischen Innenwelt und Außenwelt, zwischen Wunsch und Wirklichkeit. Dabei helfe dem Gläubigen die Vielzahl von Zeichen und Symbolen, die die religiöse Umgebung ihm als Konkretisierung abstrakter Bedeutungen zur Verfügung stellt. Der Austausch mit der sozialen Umgebung und die Bestätigung durch diese bestärkten ihn darüber hinaus auch in seinen religiösen Überzeugungen. Wenn Meissner aber hinzufügt, die Glaubensüberzeugungen enthielten in sich ein transzendentes Element, sie seien die kreative Behauptung, es gäbe etwas jenseits von Vertrauen, ja, etwas, das über die Unvollkommenheit und Begrenztheit des Urvertrauens hinausgreife und es dadurch in vertiefter Weise zurückgewinne, vermisst man jedwede Begründung. Vielmehr spricht er mit mystischen Worten von einer Realität, von der er zuvor eingeräumt hatte, dass ihre unabhängige Wirklichkeit nicht aufzuzeigen sei (S. 183).

Der französische Religionsphilosoph Ricoeur geht 1969 der Frage nach, ob Menschen in ihren religiösen Erlebnissen nicht doch in Beziehung treten und Erfahrung machen können mit einem transzendenten Wesen. Ricoeur argumentiert: „Freud … verbindet eine thematisierte Archäologie des Unbewußten mit einer nicht thematisierten Teleologie des ‚Bewußtwerdens‘, so wie Hegel die explizite Teleologie des Geistes mit einer impliziten Archäologie des Lebens und des Wunsches verbindet“ (S. 472). Das religiöse Symbol empfange seinen Sinn zugleich von einer Arche und einem Telos, einem Ursprung und einem Ziel. Der Psychoanalyse obliege es, den archäologischen Anteil durch Reduktion auf die Archaismen der Psyche aufzulösen, um den Blick auf das Telos, das transzendente Absolut-Andere freizulegen. Diese bestechend wirkende Annahme wird von ihm allerdings ebenfalls durch nichts begründet, sie bleibt völlig im Spekulativen.

4. Resümee

Sichtet man Freuds Thesen über die psychodynamische Genese von Religion bzw. Religiosität und streicht man davon alles, was sich über die Jahrzehnte nicht halten ließ, bleiben doch einige gewichtige Beobachtungen. Da sind die intensiven Wünsche nach Belehrung, Trost und ethischer Anleitung; da sind die nur scheinbar vorreligiösen Phänomene wie Magie, Tabu und Animismus; da sind die Gläubigen der Vaterreligionen mit ihrem Schwanken zwischen Vatersehnsucht und Kindestrotz.

Allen diesen Phänomenen zugrunde liegt das elementare Bedürfnis nach Rettung aus Ohnmacht, Kleinheit, Unvollkommenheit, Abhängigkeit, Unsicherheit und der dringende Wunsch nach eigener Macht, Größe, Vollkommenheit, Unabhängigkeit, Sicherheit durch Teilhabe an solchen Eigenschaften eines über alle Nöte erhabenen Wesens, wenn nicht durch Übernahme dieser Eigenschaften für sich. Freud konnte sich nur vorstellen, dass der Garant für solche Vollkommenheit ein Vater (Gott) sein müsste. Das hat viele Autoren verwundert. Ist nicht die erste schutzgebende Gestalt im Leben des Kindes die Mutter? Freud räumte zwar ein, dass die Urgottheit eine Muttergottheit gewesen sein dürfte. Er tat sich mit diesem so naheliegenden Gedanken jedoch erstaunlich schwer.

Unter Hinweis auf Wangh (1989) wurde schon erwähnt, dass Freud die Bedeutung der frühen Mutter-Kind-Beziehung nicht nur bezüglich religiöser Gefühle, sondern auch bezüglich anderer Zusammenhänge so relativieren musste, weil ihm vor der Entdeckung seiner feindlichen Gefühle seiner Mutter gegenüber graute. Das mag auch der Grund dafür gewesen sein, dass Freud die Phänomene des Narzissmus, der narzisstischen Objektbeziehungen und ihrer Schicksale in der späteren Entwicklung sowie die Bedeutsamkeit der narzisstischen Phänomene für das Verständnis der Religiosität zwar andeutete, aber keine Folgerungen daraus zu ziehen vermochte. So blieben seine Deutungen von Religion und Religiosität zäh am ödipalen Konfliktmuster hängen, auch als andere Psychoanalytiker schon begonnen hatten, auf die Spezifität und Bedeutsamkeit der präödipalen Themen des Kindes mit seiner Mutter hinzuweisen.

Nimmt man die Phänomene des Narzissmus aber ernst und realisiert man ihre fundamentale Bedeutung und ihre Funktionen im Leben jedes – auch des gesunden – Menschen, erkennt man leicht, wie sehr religiöses Erleben und religiöse Praxis sowohl bei einzelnen wie auch bei Gruppen und Gesellschaften mit Bewältigungsversuchen ubiquitärer narzisstischer Probleme verkoppelt sind. Ausgehend von Gegenübertragungsbeobachtungen in Analysen und im Alltag hat Henseler 1995 zu zeigen versucht, dass Glaubenserfahrungen, Glaubensinhalte und Glaubenspraktiken bis in die Bilder- und Wortwahl, vor allem aber bis in die Details der religiösen Beziehungsformen hinein von narzisstischem Erleben geprägt sind.

Literatur

Brockhaus-Enzyklopädie (1992). Bd. 18, 19. Aufl., S. 267.

Henseler, H. (1995). Religion – Illusion? Göttingen: Steidl.

Küng, H. (1987). Freud und die Zukunft der Religion. München: Piper.

Meissner, W.W. (1984). Psychoanalysis and religious experience. New Haven: Yale University.

Pfister, O. (1928). Die Illusion einer Zukunft. Imago, 14, 149–184.

Ricoeur, P. (1969). Die Interpretation. Ein Versuch über Freud. Frankfurt/M.: Suhrkamp.

Scharfenberg, J. (1970). Sigmund Freud und seine Religionskritik als Herausforderung für den christlichen Glauben. Göttingen: Vandenhoeck & Ruprecht, 2. Aufl.

Schreiber, J. (1977). Sigmund Freud als Theologe. In E. Nase und J. Scharfenberg (Hg.), Psychoanalyse und Religion (S. 233–263). Darmstadt: Wissenschaftliche Buchgesellschaft.

Wangh, M. (1989). Freud, Romain Rolland und die Religiosität. Psyche – Z Psychoanal, 43, 40–60.

Winnicott, D.W. (1951). Übergangsobjekte und Übergangsphänomene. Von der Kinderheilkunde zur Psychoanalyse. Psyche, 23, 666–682 (1969).

Repräsentanz *von Martin Kurthen*

representative – représentant

1. Definition

Der Begriff der Repräsentanz ist nur in der psychoanalytischen Theoriebildung bedeutsam geworden. Dies hängt nicht zuletzt damit zusammen, dass schon Freud bei der „Repräsentanz" in hohem Maße die konativen (affektiven, triebassoziierten) Aspekte in den Vordergrund stellte – jene Aspekte also, die in anderen am Repräsentationsparadigma orientierten Theorien der Psyche chronisch vernachlässigt wurden. Das Repräsentare der Repräsentanz ist – in Abhebung vom Repräsentare der Repräsentation – mehr ein Vertreten als ein Dar- oder Vorstellen. Freud selbst vermeidet weitgehend den Begriff der Repräsentation und benutzt stattdessen tatsächlich meist „Vorstellung". Repräsentanz meint Repräsentieren als primär funktionales Vertreten, Repräsentation meint Repräsentieren als primär formales Wiedergegenwärtigen (Darstellen). Eine Entität kann repräsentiert werden, indem ihre Funktionen und Ziele, in einen anderen Kontext „übersetzt", von einer anderen Entität wahrgenommen werden (s. die „Vertretung eines Autokonzerns durch ein lokales Autohaus). Eine Entität kann aber auch repräsentiert werden, indem sie unter Erhaltung ihrer strukturellen und formalen Charakteristika in einem anderen Substrat oder Kontext abgebildet und insofern wiedergegenwärtigt wird. Ersteres wäre Repräsentanz, letzteres Repräsentation. Die strikte Trennung von beidem bleibt zwar künstlich, die Differenzierung von Repräsentanz und Repräsentation erlaubt aber für die psychoanalytische Theorie die Hypothese, dass Repräsentanz in der Psyche durch zumindest partielle Repräsentation entsteht (s. Abschnitt 2).

2. Klassische Auffassung

In der Freud'schen Psychoanalyse wird „Repräsentanz" über den Triebbegriff eingeführt. Als Trieb wird ein aus dem Innern des Organismus stammender „Reiz für das Psychische" – auch „Bedürfnis" – (Freud 1915c) verstanden, der nach Abfuhr bzw. Befriedigung durch „Veränderung der inneren Reizquelle" (ibd.) verlangt. Der Trieb vermittelt diese somatischen Reize in die Psyche: „...erscheint uns der Trieb als ein Grenzbegriff zwischen Seelischem und Somatischem, als psychischer Repräsentant der aus dem Körperinnern stammenden, in die Seele gelangenden Reize, als ein Maß der Arbeitsanforderung, die dem Seelischen infolge seines Zusammenhanges mit dem Körperlichen auferlegt ist" (Freud 1915c, S. 214). Der Trieb selbst ist Repräsentanz, aber er repräsentiert (i.S.v. Repräsentation) den somatischen Reiz in der Psyche. In chronologisch und thematisch benachbarten Aufsätzen (Freud 1915d, e) ist dann häufig von „Triebrepräsentanz" die Rede, und es ist nicht immer klar, ob damit der Trieb als Repräsentanz oder eine Repräsentanz des Triebes (dies wäre dann eine Vorstellung) gemeint ist (s. Vorstellung). In „Die Verdrängung" (Freud 1915d) führt Freud die „Urverdrängung" ein, die darin besteht, dass der psychischen (Vorstellungs-) Repräsentanz des Triebes die Übernahme ins Bewusste versagt wird. Mit dieser ist eine Fixierung gegeben; die betreffende Repräsentanz bleibt von da an unveränderlich bestehen und der Trieb an sie gebunden" (Freud 1915d, S. 250). Hier ist „Repräsentanz" offenbar verstanden als eine vom Trieb her libidinös besetzte Vorstellung, die nach der Urverdrängung im Unbewussten Assoziationen zu anderen Vorstellungen knüpfen kann, welche dann kraft dieser Assoziation „eigentlich" verdrängt, also vom Bewussten ausgeschlossen werden. In diesem Sinne unterscheidet dann Freud auch an der Repräsentanz den Vorstellungsanteil und den „Affektbetrag", der dem Trieb entspricht, „insofern er sich von der Vorstellung abgelöst hat und einen seiner Quantität gemäßen Ausdruck in Vorgängen findet, welche als Affekte der Empfindung bemerkbar werden" (ibd.). Vorstellungsanteil und quantitativer Faktor der Triebrepräsentanz können unterschiedliche Schicksale haben (Freud 1915e): Während der Vorstellungsanteil aus dem Bewusstsein ausgeschlossen wird oder bleibt (s. auch Verdrängung), kann der Affektbetrag entweder ganz unterdrückt werden oder als qualitativ gefärbter Affekt oder als Angst erscheinen.

3. Wesentliche Erweiterungen, Differenzierungen und Modifikationen

Die psychoanalytischen Schulen nach Freud haben zur Triebtheorie – und damit zur Repräsentanz – sehr unterschiedliche Standpunkte eingenommen (Eagle 1988). Eine spezifische Weiterentwicklung des Repräsentanzbegriffs ergibt sich hingegen dort, wo dieser Begriff verallgemeinert wird und sich vom Triebbegriff zumindest partiell emanzipiert, also in der Objektbeziehungstheorie und der psychoanalytischen Säuglingsforschung. In dem Maße, in dem die psychoanalytische Theoriebildung sich vermehrt in englischer Sprache artikuliert, verschwimmen zumindest tendenziell die Differenzen zwischen Repräsentanz, Repräsentation und auch Vorstellung in der einheitlichen „representation" (Waldvogel 1992, S. 111f.); hierdurch kann eine „Verallgemeinerung" des Repräsentanzbegriffs auch vorgetäuscht werden. Wie Zelnick und Buchholz (1991) zusammenfassen, kann speziell im Lichte der Säuglingsforschung nicht mehr länger davon ausgegangen werden, dass Repräsentanzen nur im Umfeld von Verdrängung und Triebdynamik entstehen können. Aufgrund seiner von Beginn an bestehenden kognitiven Fähigkeiten ist der Säugling in der Lage, sich auch aktiv interne Interaktionsschemata speziell mit der Mutter zu schaffen. Es liegt nahe, Repräsentanzen von der engen Kopplung an die Triebdynamik zu lösen und allgemeiner als „unbewußte interaktionale Organisationsstrukturen" (Zelnick und Buchholz 1991, S. 843) aufzufassen, wenn die Ausbildung der ersten Repräsentanzen so stark auch von der Wahrnehmungsfähigkeit und der frühen kognitiven und sozialen Kompetenz mitbestimmt wird.

4. Interdisziplinäre Aspekte

Die Anstöße zur Revision des rein trieborientierten Repräsentanzbegriffs stammen überwiegend aus der Objektbeziehungstheorie und der empirischen Säuglingsforschung (s. die Zusammenfassung bei Zelnick und Buchholz 1991, aber auch Sandler 1990 und Schimek 1975 zur Kritik der ursprünglichen Freud'schen Konzepte). Mit der zunehmenden Verallgemeinerung des Repräsentanzbegriffs gewinnt die Psychoanalyse Anschluss an die Entwicklungspsychologie und die Kognitionswissenschaft. Die Frage ist, inwieweit überhaupt eine für die psychoanalytische Theoriebildung spezifische „Repräsentanz" noch bewahrt werden kann, wenn das ursprüngliche definierende Merkmal, das Besetztwerden mit Energie durch einen Trieb, aufgegeben wird. Innergeistige Organisationsstrukturen, die der Hervorbringung eines adäquaten Handelns dienen, sind nichts spezifisch Psychoanalytisches. Auch der Charakter der Unbewusstheit im Sinne einer Nichtzugänglichkeit für das subjektive Erleben und innere Wahrnehmen ist nicht spezifisch für psychoanalytische Konstrukte, denn in der Kognitionspsychologie und erst recht der allgemeinen Kognitionswissenschaft wird in gleichem Maße mit unbewussten mentalen Prozessen operiert (Kurthen 1993). Wenn der Begriff Repräsentanz psychoanalytisch relevant bleiben soll, muss er zunächst wieder verstärkt von dem der Repräsentation als innergeistiger Darstellung von etwas (s. Repräsentation) getrennt werden. Dann kann die Triebbindung als das spezifisch Psychoanalytische an der Repräsentanz wiederbelebt werden, ohne dass gleich gefordert wird, alle Ausbildungen von handlungsstrukturierenden mentalen Organisationsstrukturen müssten triebdynamisch begründbar sein. Repräsentanzen könnten wieder eingeführt werden als strukturelle Komponenten des Geistes, die vornehmlich im Dienste affektiv und motivational gefärbten Handelns in sozialen bzw. interpersonalen Beziehungen aktiviert werden. Dies setzt allerdings eine Revision der Triebtheorie unter motivations- und emotionspsychologischen Gesichtspunkten voraus. Dann ist Repräsentanz aber nicht mehr Vertretung (des Somatischen im Psychischen) im ursprünglichen Sinne, sondern innergeistige unbewusste Organisation bestimmter Handlungsmuster. Damit wird der Weg zu einer Operationalisierung des Repräsentanzbegriffs geebnet: Repräsentanzen sind Organisationsstrukturen, die zu bestimmten und in ihrer Entwicklung empirisch untersuchbaren interpersonalen und sozialen Handlungsmustern befähigen bzw. disponieren.

Literatur

Eagle, M.N. (1988). Neuere Entwicklungen in der Psychoanalyse. München: Verlag Internationale Psychoanalyse.

Kurthen, M. (1993). Die Sprachlichkeit des Unbewußten angesichts der orthodoxen Kognitionswissenschaft. In W. Tress und S. Nagel (Hg.), Psychoanalyse und Philosophie: Eine Begegnung (S. 110–118). Heidelberg: Asanger.

Sandler, J. (1990). On the structure of internal objects and internal object relationships. Psychoanalytic Inquiry, 10, 163–181.

Schimek, J.G. (1975). A critical re-examination of Freud's concept of unconscious mental representation. International Review of Psycho-Analysis, 2, 171–187.

Waldvogel, B. (1992). Psychoanalyse und Gestaltpsychologie. Stuttgart: frommann-holzboog.

Zelnick, L.M. und Buchholz, E.S. (1991). Der Begriff der inneren Repräsentanz im Lichte der neueren Säuglingsforschung. Psyche – Z Psychoanal, 45, 810–846.

Repräsentation *von Martin Kurthen*

representation – représentation

1. Definition

Repräsentation ist Wiedergegenwärtigung als Prozess oder Resultat dieses Prozesses: ein Präsentes wird in einem anderen nochmals präsent. Allgemein gesprochen ist eine Repräsentation eine Struktur, die mittels einer Kartierungsbeziehung (mapping relation) eine andere Struktur unter Bewahrung bestimmter, als wesentlich erscheinender Eigenschaften abbildet (MacKay 1969). Repräsentation ist Stellvertretung, wenn die Repräsentation als Statthalter des Repräsentierten fungiert bzw. eingesetzt wird. Als „Dimensionen" einer Repräsentation können unterschieden werden (Roitblat 1982): der Bereich der Repräsentation als Klasse von Situationen, in denen sie benutzt wird; der Gehalt als Menge der bewahrten Merkmale des Repräsentierten; der Code der Repräsentation als Transformationsregeln der Zuordnung von Repräsentation und Repräsentiertem; das Medium als das physische Substrat der Repräsentation, und schließlich die Dynamik als die Veränderung der Repräsentation in der Zeit. Eine wichtige Sonderform der Repräsentation ist die symbolische Designation, die nicht selten mit Repräsentation überhaupt gleichgesetzt wird: „Representation is simply another term to refer to a structure that designates: X represents Y if X designates aspects of Y, i.e., if there exist symbol processes that can take X as input and behave as if they had access to some aspects of Y" (Newell 1980, S. 176). Im Bereich der menschlichen Psyche bzw. des menschlichen Erkenntnisvermögens können an unterschiedlichen Stellen Repräsentationsbeziehungen angenommen werden: zwischen Welt und Sprache, Sprache und Denken, Welt und Denken, aber auch – wie in der Psychoanalyse – zwischen Trieb und Vorstellung oder Trieb und somatischem Reiz.

2. Klassische Auffassung

Freud selbst spricht nicht von „Repräsentation", benutzt aber häufig das Verb „repräsentieren". In der englischsprachigen psychoanalytischen Literatur ist zwar oft von „representation" die Rede, allerdings entspricht dies meist dem deutschen „Vorstellung" oder „Repräsentanz" in den Freud'schen Texten (s. Abschnitt 4). Freud verwendet – außer in den voranalytischen Schriften (s. Vorstellung) – wenig Mühe darauf, die Repräsentationsbeziehungen zwischen Elementen der äußeren Wirklichkeit und innerpsychischen Strukturen zu erklären; stattdessen konzentriert er sich auf die innerpsychischen oder jedenfalls innerorganismischen Repräsentationsbeziehungen. Die Trieblehre bietet hierfür ein gutes Beispiel, da der Trieb sogar in einer doppelten Repräsentationsbeziehung zu stehen scheint: „Unter der Quelle des Triebes versteht man jenen somatischen Vorgang in einem Organ oder Körperteil, dessen Reiz im Seelenleben durch den Trieb repräsentiert ist" (Freud 1915c, S. 215), und: „Ein Trieb kann nie Objekt des Bewußtseins werden, nur die Vorstellung, die ihn repräsentiert" (Freud 1915e, S. 275). Der Trieb repräsentiert also den somatischen Reiz, die Vorstellung wiederum repräsentiert den Trieb. Aber handelt es sich dabei wirklich um Repräsentation als merkmalerhaltende „mapping relation" oder nur um eine globale Vertretungsfunktion im Sinne der Repräsentanz? Triebe vermitteln zwischen spezifischen innerorganismischen Reizen und spezifischen „Aktionen" zur Abfuhr, so dass sie als psychische Konstrukte in ihrer Mittlerrolle zumindest diejenigen Merkmale der Reize repräsentieren, die in einer spezifischen Beziehung zu angestrebten Aktionen stehen. Fehlte den Trieben eine solche Repräsentationsfunktion, erschöpfte sich ihr Wesen im „Drang" (dem „Maß von Arbeitsanforderung, das er repräsentiert", Freud 1915c) allein, d.h. es gäbe nur einen einzigen, inhaltlich unspezifischen Trieb. Die Kenntnis der organischen „Triebquellen" ist nach Freud (1915c, S. 215f.) für den Psychologen nicht erforderlich. Die Repräsentationsbeziehung zwischen Vorstellung und Trieb wiederum erschöpft sich nicht darin, dass die Vorstellung den Trieb nur „vertritt", indem sie von ihm mit psychischer Energie besetzt wird (Freud 1915d, S. 254f.); es besteht auch im weiteren Sinne eine „mapping relation", denn die Vorstellung stellt eine vom Trieb spezifisch in Hinblick auf ihre inhaltlichen Charakteristika besetzte psychische Regung dar – im Unterschied zum Affektbetrag, der als der freilich konativ gefärbte quantitative Aspekt der Triebrepräsentanz anzusprechen ist. So wird in Freuds (1915d, S. 267f.) Beispiel der Tierphobie die libidinöse, aber auch angstbesetzte Einstellung zum Vater (als Triebregung) verdrängt und findet einen Ersatz in einer Tiervorstellung, so dass im konkreten Fall aus dem Liebesanspruch an den Vater eine Angst vor dem Wolf resultiert. Aufgrund der prinzipiell anarchischen Verfassung des Unbewussten dürfte die Repräsentationsbeziehung zwischen Trieb und Vorstellung allerdings innerhalb eines weiten Bereichs variabel und somit nur bedingt vorhersagbar sein.

3. Ideengeschichtlicher Hintergrund

Während in der britischen Psychologie des 19. Jahrhunderts das Begriffspaar „presentation – representation" weit verbreitet war (dabei wurde bei „representation" oft ein Gedächtnis- bzw. Erinnerungsaspekt mitgedacht, ähnlich wie bei Freuds Begriff der Vorstellung), dominierte in der deutschsprachigen Theoriebildung noch im Rückgriff auf die Leibniz-Wolffsche Konzeption der Vorstellungsbegriff (s. Scheerer 1992, S. 835f.). Dementsprechend ist auch in Freuds Texten praktisch ausschließlich von „Vorstellung" die Rede, während eigentliche Repräsentationsbeziehungen nur in Verbform charakterisiert werden; dabei ist nicht immer klar, ob bloße Stellvertretung oder echte Wiedergegenwärtigung gemeint ist.

4. Wesentliche Erweiterungen, Differenzierungen und Modifikationen

Mit der zunehmenden Dominanz englischsprachiger Arbeiten in der psychoanalytischen Theoriebildung wird auch die „representation" zu einem wichtigen psychoanalytischen Begriff; allerdings wird durch die Anwendung dieses Terminus tendenziell die Differenzierung zwischen Freuds „Repräsentanz", „Vorstellung" und „repräsentieren" und speziell auch die Unterscheidung von bewussten und unbewussten Vorstellungen (s. Sandler 1990, S. 166) immer weiter rückgängig gemacht. Dieses Problem wird wiederum in neueren Arbeiten reflektiert, die eben diese Mehrdeutigkeit von „representation" kritisch reflektieren (s. Fraiberg 1969, S. 21). Oft resultieren aber sehr allgemeine Definitionen von Repräsentanz, etwa als „potentialities for experiences and organizations into which experiences may fit" (Friedman 1980, S. 223) oder „an unconscious psychic organization ... which ist available for transformation to a conscious symbol, image, fantasy, thought, affect, or action" (Beres und Joseph 1970, S. 9).

5. Interdisziplinäre Beiträge und Befunde

Die Problematik der Repräsentation kommt überall dort ins Spiel, wo das Unbewusste als symbolisch oder sogar sprachlich verfasst erscheint und somit Repräsentationsbeziehungen zwischen dem Unbewussten und dem Bewusstsein (s. Freuds Auffassung der Verdrängung als „Versagen der Übersetzung" 1985c, S. 219) oder auch zwischen den unbewussten Symbolen und ihren Bedeutungen thematisiert werden müssen. Im Falle einer Repräsentation des Unbewussten durch Elemente des Bewusstseins (oder einer Repräsentation des Somatischen durch den Trieb) bedarf die Psychoanalyse im Grunde „nur" eines möglichst erschöpfenden Übersetzungsmanuals, das allerdings über die bloße Zuordnung von Repräsentat und Repräsentant hinaus auch die „mapping relation" selbst inhaltlich plausibel machen sollte; geht es aber um die Beziehung zwischen unbewussten (oder auch bewussten!) Symbolen und ihren Bedeutungen, so bedarf es zusätzlich einer psychosemantischen Hypothese, d.h. einer Antwort auf die Frage, wie überhaupt Elemente der Psyche Träger von semantischem oder symbolischem Inhalt sein können. Vorstellungen repräsentieren nicht nur Triebe, sondern sind auch vor einer Besetzung durch Triebe schon qua intentionale Gehalte „repräsentierend". Bei dieser Frage nach der repräsentativen Funktion von mentalen bzw. intentionalen Items trifft sich die Psychoanalyse mit der aktuellen Kognitionstheorie, in der genau dieses Problem der Psychosemantik ausführlichst behandelt wird (Millikan 1984, Fodor 1987, Dretske 1988). Die Kognitionswissenschaft bewegt sich dabei insofern von der Computeranalogie weg und auf (u.a.) die Psychoanalyse zu, als sich Hinweise darauf mehren, dass das Problem der Psychosemantik nur zu lösen ist, wenn das kognitive System als Träger von Repräsentationen irgendwie verkörpert, in eine interaktionale Umwelt geschichtlich eingebettet und adäquat motivational ausgestattet ist (Kurthen 1992, Bickhard und Terveen 1995). So kann die Psychoanalyse möglicherweise in Zukunft direkt von den kognitionswissenschaftlichen Vorarbeiten zum Problem der Psychosemantik profitieren.

Literatur

Beres, D. and Joseph, E.D. (1970). The concept of mental representation in psychoanalysis. International Journal of Psycho-Analysis, 51, 1–9.

Bickhard, M.H. and Terveen, L. (1995). Foundational issues in artificial intelligence and cognitive science. Amsterdam: Elsevier.

Dretske, F. (1988). Explaining behavior. Cambridge (Mass.): MIT Press.

Fodor, J.A. (1987). Psychosemantics. Cambridge (Mass.): MIT Press.

Fraiberg, S. (1969). Libidinal object constancy and mental representation. Psychoanalytic Study of the Child, 24, 9–47.

Friedman, L. (1980). The barren prospect of a representational world. Psychoanalytic Quarterly, 49, 215–233.

Kurthen, M. (1992). Neurosemantik. Stuttgart: Enke.

MacKay, D.M. (1969). Information, mechanism, and meaning. Cambridge (Mass.): MIT Press.

Millikan, R.G. (1984). Language, thought, and other biological categories. Cambridge/Mass.: MIT Press.

Newell, A. (1980). Physical symbol systems. Cognitive Science, 4, 135–183.

Roitblat, H.L. (1982). The meaning of representation in animal memory. Behavioral and Brain Sciences, 5, 352–372.

Sandler, J. (1990). On the structure of internal objects and internal object relationships. Psychoanalytic Inquiry, 10, 163–181.

Scheerer, E. (1992). Artikel „Repräsentation". In J. Ritter und K.F. Gründer (Hg.), Historisches Wörterbuch der Philosophie (S. 790–853). Basel: Schwabe.

Sadismus *von Wolfgang Berner*

sadism – sadisme

1. Definition

Der sexuelle Sadismus ist eine gewöhnlich ausagierte Phantasie, in der das Subjekt durch Dominanz über das Objekt lustvoll erregt wird. Als Perversion wird der Sadismus nur bezeichnet, wenn diese Form der Erregung die einzige oder weitgehende Voraussetzung für sexuelle Befriedigung darstellt (dabei sind Empathie und Rücksichtsfähigkeit grundsätzlich erhalten). Als Paraphilie sollte man den Sadismus nur dann bezeichnen, wenn im Hintergrund eine Borderline-Persönlichkeitsorganisation steht. Diese ist für die dann resultierende Unfähigkeit, Partnerinteressen wahrzunehmen, oder danach zu handeln (Definitionsvoraussetzung für Paraphilie im DSM-IV) verantwortlich (vgl. Stichwörter Masochismus, Perversion, Paraphilie). Ein „Charaktersadismus“ (vgl. Kernberg 1997) wäre dem moralischen Masochismus gegenüberzustellen. Hier ist keine bewusste sexuelle Lust erkennbar, verschiedene andere Formen der gegen das Objekt gerichteten Feindseligkeit führen zu Erleichterung und Triumphgefühl.

2. Klassische Auffassung

Den Begriff Sadismus hat Freud – wie den Masochismus – zunächst von Krafft-Ebing (1890) übernommen, um damit die „Bemächtigung“ des Sexualobjekts als Partialtriebziel zu bezeichnen (“der Sadismus entspräche dann einer selbständig gewordenen, übertriebenen durch Verschiebung an die Hauptstelle gerückten aggressiven Komponente des Sexualtriebes“ 1905d, S. 57). Seine polare Umkehrung in den Masochismus wird in „Triebe und Triebschicksale“ (1915c) als eine besondere Flexibilität des Triebes (Vertauschung von Subjekt und Objekt einer Handlung, Verkehrung ins Gegenteil etc. – wie bei den anderen Partialtrieben) beschrieben. Diese große Austauschbarkeit von Objekt und Werkzeug des Triebes unterscheide Mensch vom Tier. Nach der Konzeptualisierung des Todestriebes (1920g) „... kann man sagen, daß der im Organismus wirkende Todestrieb – der Ursadismus – mit dem Masochismus identisch sei“ (1924c, S. 377). Die Libido habe dann die Aufgabe, den „Destruktionstrieb“ unschädlich zu machen, indem sie ihn nach außen ableite – auf die Muskulatur – und gegen das Objekt richte – Bemächtigungstrieb, Wille zur Macht (1924c). Zuletzt spricht Freud von „Triebmischung“: „Wir meinen also, daß wir im Sadismus und im Masochismus zwei ausgezeichnete Beispiele von Vermischung beider Triebarten des Eros und der Aggression vor uns haben und machen nun die Annahme, daß dies Verhältnis vorbildlich ist, daß alle Triebregungen, die wir studieren können, aus solchen Mischungen oder Legierungen der beiden Triebarten bestehen“ (1933a, S. 111).

3. Ideengeschichtlicher Hintergrund

Die Einführung des Begriffes wird Krafft-Ebing (1890) zugeschrieben, wobei dieser sich darauf beruft, dass für die aktive Algolagnie in Frankreich immer schon der Begriff Sadismus nach den Werken von Marquis de Sade eingebürgert gewesen wäre. Ähnlich wie beim Masochismus hat Krafft-Ebing hier den fließenden Übergang zum „Physiologischen“ (gilt hier allerdings für den Mann) und vor allem die wichtige Rolle der Phantasiebildung deutlich gemacht. Beim sogenannten Lustmord, den er schon 1886 beschrieb und der später zum Paradigma einer sadistischen Handlung wurde, stellte er fest, dass die sexuelle Befriedigung zur Lösung der Lust nicht ausgereicht habe, sondern die Zerstörung, der Mord, hinzukommen musste, um endgültige Befriedigung zu schaffen: „Bedingung ist, daß die Libido mit dem consumirten Coitus nicht gesättigt ist“ (1886, S. 36). Diese Formulierung kommt der erst viel später konzeptualisierten Freud'schen Aggressionstriebhypothese und Vorstellungen von „Triebentmischung“ schon sehr nahe.

4. Wesentliche Erweiterungen, Differenzierungen und Modifikationen

Melanie Kleins „Frühstadien des Ödipuskonfliktes“ (1928) greift Vorstellungen von Abraham (oraler Sadismus 1924) und Ferenczi (Introjektion und Projektion 1909) auf, um einen frühen gegen die Mutter gerichteten Destruktionsimpuls zu konzeptualisieren, der mit Phantasien aggressiver Beraubung und Zerstörung des Mutterkörpers (Beißen, Schlagen, Brennen) und Einverleibung einhergehe. Gleichzeitig ablaufende Projektionsvorgänge führen zu massiver Angst vor Objekten, die das gleiche wünschen könnten. Die Internalisierungen dieser Objekte sei dann die Wurzel eines primitiven sadistischen Überichs. Später hat Klein den Zusammenhang dieser frühen Todestriebmanifestationen mit dem Neid deutlich gemacht (1957). Von diesem Ausgangspunkt aus entwickelt sich ein Diskurs, der den frühen Erfahrungen mit einer „grausamen", entwertenden, abweisenden, phallischen, narzisstischen, überstimulierenden und überprotektiv einengenden Mutter und dem vorödipalen Konflikt mit ihr die entscheidende Rolle für sadistische (Rache-) Phantasien zuschreiben (vgl. Glaser 1985, Galenson 1988). Für die Ausgestaltungen dieser Phantasien werden Erlebnis-Erinnerungen wichtiger als das Element des Triebanspruchs allein. Dialektisch dazu wird aber auch die Rolle des Traumas selbst (Körperverletzungen und Demütigungen) für narzisstischen Rückzug und Verlust libidinöser Besetzung des Objekts untersucht und speziell für schwere Formen von zerstörerischem Sadismus verantwortlich gemacht (Berner 1997). Die von Chasseguet-Smirgel nach dem Vorbild des Marquis de Sade beschriebenen Fälle von schwerer Perversion mit Überich-Defekten ordnet Kernberg (1997) der Persönlichkeitsorganisation des malignen Narzissmus zu, bei dem die Spaltungsabwehr Paranoia und sadistischen Impuls ichsynton macht. Stoller hat aber besonders darauf hingewiesen, dass jede sexuelle Erregung (Erotisierung) triumphale Umkehr von als Kind erlebten Niederlagen repräsentiere, also unbedingt aggressiv getönt sein müsse (Stoller 1988). Inwiefern die sadistische Phantasie spielerisch mit dem Partner „ausgehandelt" oder auf dessen Kosten massiv ausagiert werden müsse, hängt vom Gesamtzustand der Persönlichkeitsorganisation ab.

5. Die Bedeutung des Begriffs in den verschiedenen psychoanalytischen Schulrichtungen

In der paranoid-schizoiden Position von M. Klein wird der Begriff des (vom Todestrieb abgeleiteten) Sadismus zentral und löst sich ganz vom sexuellen Kontext. Ich-psychologische Theoretiker (Arlow aber auch Glaser 1985) differenzieren sehr genau zwischen Sadismus (mit sexuell-libidinösem Affekt) und Aggression (ohne sexuellen Affekt im eigentlichen Sinn). Auch beim Charaktersadismus werden dann nur sexuell-aggressive und nicht generell aggressive Wünsche symbolisiert. Nach Glasers Ansicht schützt der Sadismus (in Form von Ritualisierung) vor der Destruktion des rein aggressiven (Hass-) Impulses. Schon Marquis de Sade ist ein Gegenbeispiel für die Verlässlichkeit dieses Schutzes. Selbstpsychologen heben immer wieder den reaktiven Aspekt sadistischer Impulse hervor, sie dienten der Stabilisierung von Selbstwert und Identität, „elastische" reaktive Aggression werde besonders unter dem Einfluss früher Traumen zur „unflexiblen" Wut (Lachmann 1997). Für die Vertreter der objektbeziehungs- theoretischen Schule ist Sadismus Ausdruck von Aktivierungen früher verfolgender grausamer Objektrepräsentanzen und gehe immer mit projektiver Identifizierung und narzisstischen Triumphgefühlen (Belebung von Grandiosität durch Verschmelzung von Ideal- und Realselbst) einher (Kernberg 1997).

6. Interdisziplinäre Beiträge und Befunde

Zum Triebkonzept siehe Perversion. K. Lorenz (1963) ging bei der Aggressivität von einem Naturtrieb aus, der von sich aus (und nicht nur als Antwort auf Reize) zur Befriedigung drängt. Moderne Biologen sprechen „vorsichtshalber" lieber von „Motiven" für innerartliche Aggression: Rivalität im Dienste der Fortpflanzung und der Rangordnung, Revierverteidigung, Ausgrenzung von Kranken, Schwachen, Normabweichern, gruppenfremder Artgenossen, Befreiung von Frustration – am harmlosesten ist das Motiv des Spielens. Tötung von Artgenossen (in kriegsähnlichen Auseinandersetzungen bei Primaten beschrieben) und besonders das Töten von Jungtieren und darauf folgender Kannibalismus lassen sich heute am ehesten durch das Wirksamwerden von individuellen (egoistischen) Reproduktionsinteressen erklären (vgl. Wuketits 1997). Wie es allerdings vom errechenbarem Interesse zum erlebten Bedürfnis kommt, bleibt offen. Die Erforschung von Frauen-Serienmördern (Ressler et al. 1988) und sexuell aggressiven Kindern (Romer und Berner 1998) legen nahe, dass diese öfter Zeugen heftiger Gewalttaten zwischen Erwachsenen waren und häufig sexuell oder nichtsexuell getönte Gewaltphantasien bei Frustration und Angst zur Selbsttröstung und Selbstbefriedigung einsetzen. Wenn dieses Abwehrsystem nicht mehr funktioniert, werden Teile dieser Phantasien agiert, was das ganze System der Abwehr wieder stabilisiert (Ressler et al. 1988).

Literatur

Abraham, K. (1924). Versuch einer Entwicklungsgeschichte der Libido. In Gesammelte Schriften (S. 53–62). Frankfurt/M.: Fischer, 1982.

Arlow, J.A. (1971). Character perversion. In I. M. Marcus (Ed.), Currents in psychoanalysis. New York: International Universities Press.

Berner, W. (1997). Formen des Sadismus. Zeitschrift für Psychoanalyse Theorie und Praxis, 12, 2, 166–182.

Ferenczi, S. (1909). Introjektion und Übertragung. In ders. (Hg.), Schriften zur Psychoanalyse (S. 12). Reihe Conditio humana, Bd. 1. Frankfurt/M.: Fischer.

Galenson, E. (1988). The precursers of masochism: protomasochism. In R.A. Glick and D.I. Meyers (Eds.) Masochism, current psychoanalytic perspectives (189–204). Hillsdale, N.J.: Analytic Press.

Glaser, M. (1985). The weak spot – some observations on male sexuality. International Journal of Psycho-Analysis, 66, 4, 405–415.

Kernberg, O.F. (1997). Wut und Haß. Über die Bedeutung von Aggression bei Persönlichkeitsstörungen und sexuellen Perversionen. Stuttgart: Klett-Cotta.

Klein, M. (1928). Frühstadien des Ödipuskonfliktes. In M. Klein (Hg.), Die Psychoanalyse des Kindes (S. 157–187). Frankfurt/M.: Fischer, 1987.

Klein, M. (1957). Envy and gratitude. London: Tavistock (dt.: Neid und Dankbarkeit (verkürzt)). Psyche – Z Psychoanal, 11, S. 241–255, 1958).

Krafft-Ebing, R. von (1890). Über Masochismus und Sadismus. In R. von Krafft-Ebing (Hg.), Neue Forschungen auf dem Gebiet der Psychopathia sexualis. Eine medizinisch-psychologische Studie (S. 1–34). Stuttgart: Enke.

Lachmann, F.M. (1997). Reaktive und transformierte Aggression. Forum der Psychoanalyse, 13, 281–293.

Lorenz, K. (1963). Das sogenannte Böse. Zur Naturgeschichte der Aggression. Wien: Borotha Schöler, 1963. Zürich: Piper, 1984.

Ressler, R.K., Burgess, A.W. und Douglas, J.E. (1988). Sexual homicide. Patterns and motives. New York: Lexington Books-Macmillan.

Romer, G. und Berner, W. (1998). Sexuell aggressive Impulsivität von Kindern. Zeitschrift für Sexualforschung, 11, 308–326.

Stoller, R.J. (1979). Sexual excitement. New York: Pantheon.

Wuketits, F.M. (1997). Sozialbiologie. Die Macht der Gene und die Evolution sozialen Verhaltens. Heidelberg: Spektrum Akademischer Verlag.

Sadomasochismus *von Wolfgang Berner*

sado-masochism – sado-masochisme

Dieser Begriff bezeichnet das gemeinsame Auftreten sadistischer und masochistischer Phantasien und Impulse in einer Person. Er wird bei Krafft-Ebing neben dem gesondert auftretenden Sadismus und Masochismus beschrieben (1890). Freud ging davon aus, dass Sadismus und Masochismus nur zwei Seiten ein und desselben Partialtriebes seien und daher immer gemeinsam vorkämen, wenn auch bei den Betroffenen oft oder meistens nur eine der beiden Bestrebungen bewusstseinsfähig sei (Freud 1905d, 1915c). Moderne Autoren heben wieder hervor, dass die masochistische Perversion und Charakterveränderung näher der Neurose stehe und die sadistische näher der Borderline-Organisation beziehungsweise dem malignen Narzissmus und der Antisozialität (Kernberg 1997; vergl. Stichwörter Perversion, Sadismus, Masochismus).

Scham *von Günter H. Seidler*

shame – honte, pudeur

1. Definition

Wenn jemand sich wahrgenommen, beobachtet und/oder beurteilt fühlt, wird er, sofern außer dieser notwendigen Bedingung zusätzliche Randbedingungen erfüllt sind, Scham erleben. Sprachlich kann dabei auch von Befangenheit, Schüchternheit, Verlegenheit, Peinlichkeit und anderen Verwandten der Schamfamilie die Rede sein, wobei es eine Reihe von Versuchen gibt, diese unterschiedlichen Aspekte der Scham auch konzeptuell zu differenzieren. So ist Schüchternheit für Wurmser (1990) eine der drei Haupttypen der Scham. In einer eigenen Arbeit zum Thema (Seidler 1995) wurde Scham als Affekt, Schüchternheit als Charakterzug beschrieben. Die Affekte der Scham-Reihe sind zu unterscheiden von solchen der Selbstwertbeeinträchtigung und von Schuldaffekten. Auch für das Schuldgefühl wurden unterschiedliche Reifestufen beschrieben, vom amorph-untergründigen „Verworfenheitsgefühl" bis zum Erleben personaler Verantwortung (Seidler 1997a). „Frühe" Erscheinungsformen des Schuldgefühls – etwa ein schwer greifbares Verworfenheitserleben mit der Ahnung „etwas kaputtgemacht" zu haben (sc.: eine phantasierte Übereinstimmung) – sind gelegentlich schwer von der Scham zu unterscheiden. Diagnostisches Unterscheidungskriterium ist die Aktivität des Subjekts in den Affekten der Schuldreihe und die Passivität, das Widerfahren, in der Scham. – Mit dem Hinweis auf Wahrgenommenwerden wurde oben auf die Scham-Situation Bezug genommen. Sie ist als solche überpersönlich, und durch das Zusammenwirken eines selbstreflexiven Subjekts mit einem Gegenüber, angesichts dessen Scham erlebt wird, gekennzeichnet. Sartre (1943) hat diesen Sachverhalt so formuliert: „So ist die Scham eine vereinheitlichende Fassung dreier Dimensionen: Ich schäme mich meiner vor anderen" (1974, S. 382). In der erwähnten Monographie wurde diese Konfiguration als „Drei-Punkte-Konfiguration" beschrieben (Seidler 1995, S. 39). Eine kategorial, überpersönlich definierte Schamsituation besagt aber noch nicht, ob ein konkretes Individuum in einer derartigen Situation wirklich Scham erlebt. Das scheint davon abzuhängen, ob ein Mensch wirklich selbstreflexiv auf sich selber schauen kann, er dazu die Realpräsenz eines äußeren Beobachters benötigt oder ob er ihm gegenüber „naiv", schamlos ist. Diese drei Ausgestaltungsmöglichkeiten wurden als der ödipale, der teiresiale und der narzisstische Modus der Scham beschrieben (ibid.). Unterschiedlich wird in der Literatur die Qualität der Scham als „negativer Affekt" gesehen. Während Scheler (1913) davon ausgeht, dass der Scham – als Schutzaffekt – ein schützenswerter, also ein positiv besetzter Wert zugrunde liegt, betont etwa Wurmser (1990) die Nähe der Scham zur negativen Selbstbewertung. Plausibler erscheint es, der Vorstellung zu folgen, die Scham existiere zunächst unabhängig von jeder Bewertung in „gut" oder „schlecht" – immerhin kann Scham auch in einer Lobsituation erlebt werden – und biete die Möglichkeit der Entwicklung in beide Richtungen, also in Richtung einer negativen Bewertung des Selbst und in Richtung einer als positiv erlebten Intimitätssituation. Eine Schamsituation ließe sich (so, ohne Wertung, ganz objektiv) dann auch beschreiben als Schnittstelle des Erlebens, Subjekt und gleichzeitig auch Objekt zu sein. Ihr schmerzlicher Charakter resultiert dann aus dem Erleben der Trennung aus unreflektiertem, naivem Erleben, dem Herausfallen aus bruchloser Übereinstimmung.

2. Klassische Auffassung

Erste Überlegungen Freuds zur Scham enthält das Manuskript K. Ein Verständnis der Scham wird aufgeschoben, bis dass es eine

„korrekte Theorie des Sexualvorganges gibt" (1985c, S. 171). In den „Drei Abhandlungen zur Sexualtheorie" (1905d) versteht Freud die Scham als „Macht, welche der Schaulust entgegensteht" (S. 56). Er definiert diesen Affekt also als Schutzmöglichkeit gegen einen Partialtrieb. Eine systematische Untersuchung der Scham hat er auch später nicht ausgearbeitet. Es ist schwer einzuschätzen, ob er mittlerweile die Scham als etwas so Selbstverständliches ansah, dass sie keiner theoretischen Ausarbeitung bedürfte, oder sein Verständnis, wie im Manuskript K, als ergänzungsbedürftig betrachtete. Zwei weitere Stellen lassen beide Interpretationen zu, etwa wenn er die Entstehung der Scham mit der Entwicklung des aufrechten Ganges beim Menschen in Verbindung bringt (1930a, S. 459) oder wenn er sie als „exquisit weibliche Eigenschaft" kennzeichnet. Ihre „ursprüngliche Absicht" (sei,) „den Defekt des Genitale zu verdecken" (1933a, S. 142). – Eher zum Verständnis des Verhältnisses von Freud und Ferenczi als zu dem der Scham ist möglicherweise interessant, dass Ferenczi in seinem Tagebucheintrag vom 21. Juli 1932 Scham als „typisch männliche Erfindung, im Grunde ganz sinnlos" betrachtet; Knaben seien im Übrigen „viel schamhafter als kleine Mädchen" (S. 221). – Eine strukturtheoretische Position im Verständnis der Scham wird erst, nach allenfalls peripherer Beschäftigung mit diesem Affekt innerhalb der Psychoanalyse in der ersten Hälfte dieses Jahrhunderts, von Piers und Singer (1953) vertreten, in dem Anliegen, Scham und Schuld voneinander zu differenzieren. Scham wird als Konflikt zwischen Ich und Ich-Ideal beschrieben, Schuld als solcher zwischen Ich und Überich.

3. Ideengeschichtlicher Hintergrund

Nach Kluge (1883) geht „Scham" auf die indogermanische Wurzel kam/kem, „bedecken, verhüllen" zurück, die durch das vorangestellte „s" zu skam/skem wurde und einen reflexiven Sinn annahm: sich bedecken, sich verhüllen. Interessant ist die Frage nach der relativen Randständigkeit der Thematisierung der Scham in der klassischen, triebtheoretisch orientierten Psychoanalyse. Lewis (1979) führt hierzu aus, wie eine Betonung von Schuldkonzepten typisch und angemessen sei für eine „wettbewerbsorientierte, individualistische (kapitalistische) Gesellschaft, die zwangsläufig Individualismus und persönliche Autonomie hoch belohne" (S. 377). Der Schamaffekt hingegen würde von einem „androzentrischen" Denken (S. 379) als unreif abgetan. Darüber hinaus kann vermutet werden, dass eine triebtheoretisch orientierte Psychoanalyse trotz ihrer Nutzung von Selbstwahrnehmung als Erkenntnisinstrument konzeptuell schlecht ausgestattet war zum Verständnis rückbezüglicher Beziehungsprozesse (zum Verhältnis von Einsicht, Introspektion und Selbstreflexivität siehe Seidler, 1997a). So dürfte die gegenwärtige Beachtung, die der Schamaffekt findet, mit der Koinzidenz verschiedener Entwicklungslinien zusammenhängen: der allgemeinen Beachtung, die die Affektforschung gegenwärtig findet, der interpersonellen Orientierung in Psychoanalyse und Psychotherapie, insbesondere aber der Beachtung, die gegenwärtig rekursiven Vorgängen und damit etwa auch der Selbstreflexivität zukommt.

4. Wesentliche Erweiterungen, Differenzierungen und Modifikationen in den verschiedenen psychoanalytischen Schulrichtungen

Stärkere Beachtung als in der klassischen Psychoanalyse, in der Ich-Psychologie und in der Objektbeziehungstheorie hat die Scham in der Selbstpsychologie gefunden (so etwa Broucek 1991, Goldberg 1991, Morrison 1989). Der Rückgriff auf klassische Befunde der Affektforschung (etwa Tomkins 1963) ist zwar wissenschaftlich weiterführend, allerdings insofern bedauerlich, als dass gelegentlich eine naiv anmutende Neigung erkennbar wird, Befunde der Affekttheorie an die Stelle eigener selbstpsychologischer Konstrukte zu setzen. Insgesamt dürfte die Selbstpsychologie mit ihrem zentralen Begriff des Selbst und ihrer Lösung von der Ausschließlichkeit des Übertragungsparadigmas bei stärkerer Gewichtung aktueller Befindlichkeiten und Beziehungsmodalitäten sowohl Ausdruck wie auch eine Voraussetzung dafür sein, dass dem Affekt der Scham die gegenwärtige Beachtung zuteil wird. Für die weitere Entwicklung kann vermutet werden, dass der Schamaffekt insbesondere in intersubjektivitätstheoretischen Ansätzen (Atwood und Stolorow 1984, Natterson 1991, Josselson 1996), die sich als Weiterentwicklung der Objektbeziehungstheorie verstehen lassen (Seidler 1997b), Beachtung finden wird. Das hängt damit zusammen, dass in derartigen Ansätzen Wechselseitigkeitsprozessen große Bedeutung zukommt und etwa in der Alteritätstheorie (Seidler 1995) gezeigt werden konnte, dass die Genese der Scham in derartigen Verschränkungen wechselseitiger Wahrnehmung gesucht werden kann.

5. Interdisziplinäre Beiträge und Befunde

Hier sind insbesondere, nach der Erwähnung oben der Philosophen Sartre und Scheler und der des Affektforschers Tomkins, die Psychologen M. Lewis (1992) und Tangney und Fischer (1995) zu nennen. Lewis etwa arbeitet sein Modell der Scham nicht nur in eine Ordnung der Emotionen ein, sondern verknüpft es auch mit Vorstellungen zum Aufbau des Bewusstseins. Tangney steht in der Reihe der Autorinnen und Autoren, die sich um die Entwicklung empirischer Instrumente zur Erfassung von Scham und Schamerleben bemühen (Seidler 1999).

Literatur

Atwood, G.E. and Stolorow, R.D. (1984). Structures of subjectivity. Explorations in psychoanalytic phenomenology. Hillsdale, NJ: Analytic Press.

Broucek, F.J. (1991). Shame and the self. New York: Guilford.

Ferenczi, S. (1932). Ohne Sympathie keine Heilung. Das klinische Tagebuch von 1932 (hg. von J. Dupont). Frankfurt/M.: Fischer, 1988.

Goldberg, C. (1991). Understanding shame. Northvale: Aronson.

Josselson, R. (1996). The space between US. Exploring the dimensions of human relationships. London: Sage Publications.

Kluge, F. (1883). Etymologisches Wörterbuch der deutschen Sprache. Berlin: de Gruyter, 21. Aufl., 1975.

Lewis, H.B. (1979). Shame in depression and hysteria. In C.E. Izard (Ed.), Emotions in personality and psychopathology (pp. 371–396). New York: Plenum Press.

Lewis, M. (1992). Shame. The exposed self. New York: Free Press.

Morrison, A.P. (1989). Shame. The underside of narcissism. Hillsdale: Analytic Press.

Natterson, J. (1991). Beyond countertransference. Northvale, NJ: Aronson.

Piers, G. and Singer, M.B. (1953). Shame and guilt. New York: Norton, 1971.

Sartre, J.-P. (1943). L'être et le néant. Saint-Amand: Gallimard, 1991 (dt.: Das Sein und das Nichts. Reinbek: Rowohlt, 1974).

Scheler, M. (1913). Über Scham und Schamgefühl. In ders., Gesammelte Werke, Bd. 10. Schriften aus dem Nachlaß, Bd. 1: Zur Ethik und Erkenntnislehre (S. 67–154). Bern: Francke, 2. Aufl., 1957.

Seidler, G.H. (1995). Der Blick des Anderen. Eine Analyse der Scham. Stuttgart: Verlag Internationale Psychoanalyse.

Seidler, G.H. (1997a). Scham und Schuld. – Zum alteritätstheoretischen Verständnis selbstreflexiver Affekte. Zeitschrift für Psychosomatische Medizin und Psychoanalyse, 43, 119–137.

Seidler, G.H. (1997b). From object-relations theory to the theory of alterity. Shame as an intermediary between the interpersonal world and the inner world of psychic structure. American Journal of Psychotherapy, 51.

Seidler, G.H. (1999). Stationäre Psychotherapie auf dem Prüfstand. Intersubjektivität und gesundheitliche Besserung. Bern: Huber.

Tangney, J.P. und Fischer, K.W. (Eds.) (1995). Self-conscious emotions. The psychology of shame, guilt, embarrassment and pride. New York: The Guilford Press.

Tomkins, S.S. (1963). Affect imagery consciousness. Vol. 2.: The negative affects. New York: Springer.

Wurmser, L. (1990). Die Maske der Scham. Berlin: Springer, 2. Aufl., 1993.

Schizoid, schizoide Persönlichkeit *von Corinna Wernz*

schizoid, schizoid personality – schizoïde, la personnalité schizoïde

1. Definition

Unter Schizoidie versteht man eine komplexe Persönlichkeitsstruktur, die auf einem Kontinuum von einer Normalitätsvariante über ein neurotisches bis zu einem Borderline-Strukturniveau (Persönlichkeitsorganisation) auftritt. Dabei wird in der deutschsprachigen Tradition in der Nachfolge Riemanns Schizoidie oft als eine grundlegende Neurosenstruktur verstanden, im angelsächsischen Raum dagegen gilt Schizoidie in der Regel als schwere Grundstörung einschließlich psychotischer Ausformungen.

Schizoide fühlen ein existentielles „Anderssein“, das sich in (manifest) extremem Streben nach Unabhängigkeit von andern Menschen äußert, verbunden mit graduell verschieden ausgeprägtem Fehlen einer gefühlsmäßigen Bindung. Objektbezogene emotionale Wahrnehmungen entstammen meist dem kritisch-distanzierten bis hin zu paranoid-getönten Bereich. Häufig nehmen Schizoide an sich eine Fähigkeit zu scheinbar rascher, folgenloser Trennung, einem „Abschneiden“ von Kontakten und Situationen wahr und wirken auf andere kalt und arrogant, ohne es zu sein, aber auch interessant und reizvoll-ungreifbar.

Schizoide verfügen kaum über affektiv getönte Selbst- oder Fremderfahrung und entsprechende psychologische Konzepte. Bewusst steht an erster Stelle die Aufrechterhaltung der Überzeugung unbedingter persönlicher Sicherheit bis hin zur Phantasie des Lebens als Überlebenskampf; unbewusst bleiben extreme Verletzlichkeit, mangelnde Stabilität des eigenen Selbstbildes und Selbstwertes. Wird das sorgfältig auf genügend Distanz und Reizschutz angelegte Soziotop des Schizoiden auch nur geringfügig gestört, können äußerlich angepasste Personen plötzlich Symptome entwickeln: Anspannung bis hin zu Derealisationserleben mit Konzentrations- und Denkstörungen treten auf, häufig auch psychosomatische Symptome pseudoneurologischer Art wie Zittern, Krämpfe, Schwindel und ein intensives Erleben von Isolation oder Bedrohung. Selten wird eine Behandlung wegen der Bindungsproblematik als Leitsymptom aufgesucht.

In der (Einzel-)Therapie einer schizoiden Störung enthüllt sich eine sehr frühe Störung der Bindung an das Primärobjekt. Parallel und scheinbar unberührt davon können Persönlichkeitsbereiche mit einem hohen Funktions- und Reifegrad koexistieren. Im Gegensatz zu anderen frühen Störungen lässt sich Schizoidie unter dem Abwehrgesichtspunkt schwer fassen, da die Patienten über weite Strecken gleichsam unneurotisch engagiert am Erkenntnisprozess beteiligt wirken und wenig Regression aufweisen; und doch verwenden sie frühe Mechanismen wie projektive Identifikation für Mitteilungen in einer kommunikativen Tiefendimension. Spaltung tritt hauptsächlich in der durchgängigen Trennung von Kognition und Affekt auf, weniger in verzerrenden Selbst- und Fremdwahrnehmungen, die im Gegenteil sehr zutreffend sein können. Die innere und äußere Objektbeziehung oszilliert. Einerseits findet sich die Suche nach einem unbedingte Sicherheit vermittelnden und im Bindungsaspekt selektiv (hinsichtlich der Selbst- bzw. Lebenserhaltung) wahrgenommenen Objekt. Oft firmieren Hautkontakt oder andere sensuelle Reize als Garant für die Verlässlichkeit der Bindung. Andererseits kann es zu jähem Rückzug ohne echte Trauerreaktion und chronischem Verharren in der Pseudoautarkie kommen. Einfühlsame und zärtliche Beziehungen fehlen; sexualisierte und aggressive Besetzungen sollen stattdessen ein Gefühl der eigenen Lebendigkeit und Verbundenheit mit anderen Menschen erzielen. Ausgeprägt und beständig sind die Beziehungen zu apersonalen Objekten (Computer, Landschaften, Forschungsaufgaben).

Behandlungstechnisch folgt die Notwendigkeit von Modifikationen (z.B. Behandlung im Sitzen, Gegenübertragungsmitteilung, Beschränkung von Schweigen, zurückhaltender Umgang mit sogenannten Abwehrdeutungen, Interpretation von Aggression als Bindungsversuch), welche insgesamt die verbale und nonverbale Kommunikationsstörung mit Behinderung von Empathie, Introspektion und Introjektion bedenkt und günstigen Gebrauch von den ausgeprägten progressiven Fähigkeiten zu machen versteht, ohne dem Patienten das Erlebnis von Beziehung vorzuenthalten – und zu ersparen.

2. Klassische Auffassung

Zum Fehlen psychoanalytischer Veröffentlichungen Freuds und der ersten Analytiker-Generation zur Schizoidie mögen einige Faktoren beigetragen haben: zum einen wurde die schizoide Persönlichkeit als nosologische Entität im Kontext der entstehenden, neuen Klassifikation der Psychosen, speziell der Schizophrenie, konzeptualisiert. Phänomene, die sich unter dem von Eugen Bleuler 1922 geprägten Begriff „schizoid" versammeln lassen, galten als prämorbide Persönlichkeitseigenschaften, die dann, bedingt durch meist äußere, unerwartete Ereignisse, eine Schizophrenie auslösen können. Freud dagegen befasste sich zumindest der eigenen Einschätzung nach mit Konflikt bedingten, biographisch begründbaren und durch geeignete Therapie auflösbaren Störungen auf ödipalem Niveau. Der theoretische Stand der Psychoanalyse war nicht geeignet, schizoide Persönlichkeiten als therapierbare Patientengruppe erkennen zu können. In der Beschreibung der zeitgenössischen Psychiater fehlen den Personen als Symptom ihrer Störung genau die Eigenschaften, die unabdingbare Voraussetzung einer klassischen psychoanalytischen Therapie sind, nämlich Fähigkeit und Interesse an der Selbstauskunft über das eigene Erleben, Interesse an der Befriedigung von Triebbedürfnissen und entsprechend der Beseitigung neurotischer Hindernisse sowie Leidensdruck. Weiter tragen dazu die enge Fassung der Konzepte von Übertragung und Widerstand und das Fehlen der Methodik der Gegenübertragungsanalyse bei, die es erst ermöglicht, nonverbale Mitteilungen eines kommunikationsgestörten Patienten, etwa übermittelt via projektive Identifikation, zu verstehen.

3. Ideengeschichtlicher Hintergrund

Der von Eugen Bleuler 1922 (Bleuler 1923, vgl. Millon 1996) geprägte Begriff der Schizoidie lehnt sich sprachlich an das 1911 formulierte Konzept der Schizophrenie an, das seinerseits die Diagnose „dementia praecox" veränderte und ersetzte (s. Stichwort Schizophrenie). Obgleich Bleuler schizoide Züge und Tendenzen im Sinne einer angelegten Möglichkeit jedem Individuum unterstellte, im Ausprägungsgrad variierend je nach biologischer Veranlagung, lassen sich zwei Gruppen unterscheiden: Bei der einen finden sich nur die pathognomonischen Zeichen der Schizophrenie, in erster Linie eine fundamentale Indifferenz in bzw. gegenüber Beziehungen, Rechten und Pflichten, guten oder schlechten Lebensentwicklungen. In der zweiten Gruppe kommt es zur vollen klinischen Ausprägung einer Schizophrenie. Das charakteristische Merkmal geringer Beeinflussbarkeit von außen und die eigentümliche, als Selbstgenügsamkeit, Selbstbezogenheit imponierende Abgrenzung meist passiver Art gegenüber anderen hatte wohl Kraepelin 1919 zur Wortwahl „autistische Persönlichkeit" veranlasst, die er als milde, vor der Dekompensation zum Stillstand gekommene Form der Schizophrenie verstand. Kretschmer (1925) erweiterte und vertiefte das Bild der schizoiden Störung durch das diagnostische Postulat schizoider Persönlichkeiten des „hyperästhetischen" und des „anästhetischen" Typus als Extrempunkte eines Kontinuums. Die Subtilität und deskriptive Klarheit der Kretschmerschen Unterscheidung hat im amerikanischen DSM-III und -IV ihren Niederschlag gefunden als schizoide Persönlichkeit im engeren Sinne und vermeidende Persönlichkeitsstörung (avoidant personality disorder), die dem hyperästhetischen Pol entspricht. Kretschmer porträtiert das hyperästhetische Individuum als extrem furchtsam, scheu, „nervös", leicht erregbar und in einem Übermaß verwundbar durch alltägliche Erlebnisse und Empfindungen. Den „Autismus" in seiner Terminologie beschreibt er als Reaktion auf die vorhandene Überempfindlichkeit, entwickelt im Dienste der Vermeidung und Abtötung aller peinigenden Stimulation von außen. Die anästhetisch-schizoide Störung charakterisiere emotionale Flachheit, vermittle Langeweile, „affektive Anämie". Kretschmer führt dabei explizit einen interpersonellen Beschreibungsstandpunkt ein, der tatsächlich bereits implizit eine Gegenübertragungsanalyse darstellt.

4. Wesentliche Erweiterungen, Differenzierungen und Modifikationen

Die ersten psychoanalytischen Beiträge von Wilhelm Reich, W.R.D. Fairbairn, D.W. Winnicott und Helene Deutsch zur schizoiden Störung stammen aus den dreißiger und frühen vierziger Jahren.

Im Gegensatz zu den genannten Psychiatern führen diese Autoren die schizoide Störung jedoch nicht auf Temperament und Konstitution, sondern auf frühkindliche Erlebnisse ohne Bevorzugung einer bestimmten psychosexuellen Entwicklungsstufe zurück (Menninger 1930). Unfähigkeit zu länger dauernden Kontakten werde durch eine Fassade für die Außenwelt verdeckt, gleichzeitig finde ein Rückzug in das innere, „eigentliche" Selbst, für andere unsichtbare Leben statt (vgl. a. Deutsch 1934). Das Spezifische der schizoiden Kontaktstörung präzisiert Wilhelm Reich (1933) als intrapsychisches Problem, nämlich psychische Kontaktlosigkeit bis hin zur „schizoiden Depersonalisation". Innere Isolation, Entfremdungsgefühl oder Apathie resultierten aus dem Konflikt zwischen objektlibidinösen Strebungen und der Rückzugstendenz ins eigene Ich.

Neben der von vielen Autoren getroffenen Feststellung (z.B. Bleuler, Fairbairn), die gestörte emotionale Beziehung des Schizoiden zur Außenwelt und seinem eigenen Ich werde dem Betrachter erst bei näherem und intensiverem Kontakt bewusst, machte Asperger (1944) auf Personen aufmerksam, die bereits seit ihrer Kindheit durch „autistisch" genannte Intelligenz, insbesondere auf den Gebieten der Mathematik und Naturwissenschaften, oder aber bei geringer ausgeprägter kognitiver Begabung durch automatenhaftes Verhalten auffielen und eine deutlich gestörte soziale Anpassung mit Empathiemangel, Zurückgezogenheit und Beharren auf dem eigenen eingeschlagenen Weg zeigten. Asperger machte auch – in Fortsetzung der Beobachtungen älterer Psychiater über die psychomotorische Hemmung, den meist asthenischen Körperbau, die geringe Modulationsfähigkeit des Ausdrucks – auf typische, heute als Störungen der nonverbalen Kommunikation zu bezeichnende Phänomene wie Auffälligkeiten der Blickführung, des mimisch-gestischen Ausdrucks und der Stimmbildung aufmerksam.

5. Die Bedeutung des Begriffs in verschiedenen psychoanalytischen Schulrichtungen

Die wesentlichen Beiträge zum Verständnis der schizoiden Persönlichkeit und Störung stammen von britischen Theoretikern der Objektbeziehungstheorie, insbesondere der sogenannten Middle und Independent Group, jüngeren kleinianischen Autoren und deutschen Psychoanalytikern der neopsychoanalytischen Schule.

Fairbairn (1940) spricht von schizoiden „Charakteren", „Typen", „Zuständen" und „Persönlichkeiten", damit die Festlegung auf ein strukturelles Störungsniveau wie auch die epistemologische Fiktion eines „rein schizoiden Typus" vermeidend. Die Analyse der Schizoidie erfolgt auf der Ebene der konflikthaften Beziehung ganzer Objekte, genauer einer gestörten oral-libidinösen Besetzung zwischen Mutter und Kind und vice versa. Das Kind erlebe nicht den Ausdruck von spontaner, liebevoller Besetzung seiner selbst als Person durch die Mutter, was einerseits zu dem Gefühl innerer Wertlosigkeit und dem Bedürfnis nach „emotionaler Sparsamkeit" führe, andererseits auch zur Phantasie, eigene objektlibidinöse Strebungen seien für das Selbst und das Objekt „gefährlich". Fairbairn beschreibt schizoide Derealisationen: Das Empfinden einer „Milchglasscheibe" zwischen sich selbst und der Umwelt, Phänomene merkwürdiger Fremdheit angesichts bekannter Personen, umgekehrt aber auch Erlebnisse unerklärlicher scheinbarer Nähe und Verbundenheit mit Unbekannten. Die Fähigkeit, tatsächlich in einer Beziehung zu „geben", werde durch „Rollenspiel" und „exhibitionistische" Gesten überbrückt (vgl. Khan 1960). U.E. geht es allerdings bei solchen interpersonellen Vorgängen nicht in erster Linie um ein Fingieren, sondern um ein „Konstruieren" i.S. eines mimetischen Erlernens von interpersonellem Verhalten.

Harry Guntrip (1968), selbst Analysand von Fairbairn und Winnicott, situiert das schizoide Problem der Objektbeziehungen auch auf der oralen Stufe, und zwar als Oszillation zwischen „hungrigem Essen", „Essensverweigerung", „gegenseitigem Verschlingen", Sehnsucht nach Kontakt und Kontaktzurückweisung. Treffend wird das Objekt als „desirable deserter" bezeichnet, eine Prägung, die das in der unbewussten Objektbeziehungsphantasie verankerte Scheitern und die existentielle Sehnsucht nach dem Objekt beinhaltet. Als charakteristisches Verhalten beschreibt Guntrip das „in and out program", das die Aufrechterhaltung und den Abbruch von Beziehungen scheinbar gleichzeitig ermöglicht.

Zur Psychogenese und Behandlungstechnik ergänzt Khan (1960), in erster Linie erfolge die Herstellung eines „Selbstgefühls" bei schizoiden Patienten dadurch, dass sie ihr eigenes Ich-Ideal an die Stelle defizienter primärer Bezugspersonen setzen. Noch eindeutiger scheinen jedoch bei Schizoiden das Ich und seine Funktionen selbst besetzt und zum Ideal zu werden. Das „Personerleben" scheint geradezu in der Ausübung der Ich-Funktionen in Gegenwart eines anderen zu bestehen. So hat die von Khan dem Schizoiden unterstellte, in andere Personen gesetzte, jederzeit mobilisierbare „Hoffnung" keinen affektiven oder gar triebhaften Untergrund, sondern spricht den Analytiker als „Fachmann", als Ich an.

Fritz Riemann (1970), ein Vertreter der sog. deutschen Neopsychoanalyse, nimmt einige, auch behandlungstechnisch folgenreiche, metapsychologische Strukturierungen vor. Er beschreibt die sonst implizit bleibende Gruppe der primär Schizoiden mit schwereren Störungen, bei denen extrem frühe Bindungsstörungen zeitlebens das Individuum zwingen, um die „reine Selbsterhaltung" zu kämpfen. Bei der sekundären oder regressiven Schizoidie handelt es sich dagegen um einen abwehrbedingten Zustand, der einer wie auch immer gearteten, schweren Bindungsenttäuschung oder -bedrohung folgt. Beiden Gruppen gemeinsam ist die Verschiebung von Gefühlen auf Wahrnehmungen, eine auf Gefühlsunsicherheit beruhende, sinnliche Überwachheit, ständiges Registrieren und Beurteilen kleinster Veränderungen in der (mitmenschlichen) Umwelt sowie Bindungs- und Hingabeangst.

In der Genese der primären Schizoidie sei eine sog. „präorale" oder „sensorische" Phase bis etwa zum dritten Lebensmonat entscheidend, die im Übergang zur oralen Phase den Anfang der Bindungsfähigkeit resp. -unfähigkeit markiert. Diese „Welt der Sinneseindrücke" ist mit der späteren Fähigkeit des „Erkennens" (egozentrische Polarität Ich-Welt) korreliert, während die ganzheitlicheren Gefühle in der oralen Phase mit der dialogischen Polarität Ich-Du entstehen und zur „Liebe" führen. In der präoralen Phase zeige der Säugling basale Unlustreaktionen auf Hunger, Kälte, Schmerzen, Störungen seines Eigenrhythmus und der Integrität seines Lebensraumes. Entsprechend elementar sei die Verarbeitung in Form einer sofortigen Entlastungssuche bei „Überbelastung der Sinnesorgane", die sich beim Kleinkind in Schreien, beim erwachsenen Schizoiden dagegen in rücksichts-, weil bindungsloser Aggression zeigen könne, die nicht von Schuldgefühlen begleitet und darum gefährlich sei.

Behandlungstechnisch folgt daraus eine modifizierte Interpretation von Aggression als Bindungsversuch und Suche nach Spürbarkeit des Gegenübers als Reaktion auf Verlassenwerden. Riemann betont zu Recht, dass für schizoide Patienten erkennendes Verstehen die hauptsächliche und auch nutzbare Orientierungsmöglichkeit in der Behandlung darstellt.

Balints (1965) utopisches Ziel, „bedingungslos lieben zu können", erscheint angesichts schizoider Patienten gleichermaßen als richtig und als illusorisch, da es zwar häufig die passiv-rezeptive Phantasie des Geliebtwerdenwollens gibt, die Regression auf einen „prätraumatischen", vor der enttäuschenden Mutterbeziehung liegenden Zustand aber im Sinne einer intakten Bindung auch in der Analyse nicht gibt.

Als Grundstörung (Balint 1968) ist die schizoide konkretistische Rechtsvorstellung erwähnenswert, das persönlich Benötigte und Gebrauchte stehe einem zu: Der schizoid Gestörte zeigt charakteristischerweise ein Erfahrungsdefizit auf einer ursprünglichen Entwicklungsstufe, auf der eine primäre „Durchdringung" zwischen dem sich entwickelnden Individuum und seinen primären Substanzen bzw. primären Objekten statt hatte. Das von Balint (1959) geprägte Gegensatzpaar eines oknophilen versus philobatischen Weltbezugs eröffnet ein tieferes Verständnis der schizoiden Ambivalenz zwischen der Suche nach extremer physischer Nähe, Berührung und Konstanz und dem oft schroff folgenden Ausweichen in die „freundlichen Weiten" mit sicherer Distanz und scheinbarer Metaposition zu mitmenschlichen Kontakten. Sowohl den oknophilen als auch den philobatischen Objektbezug des Schizoiden charakterisiert eine Sehnsucht nach Überbrückung abgrundtiefer Einsamkeit, von Balint als „furchterregende Leerräume" bezeichnet. Dabei unterläuft der Schizoide u. E. am oknophilen Pol den Kontakt zu einem Individuum dadurch, dass er auf magische oder sensuell-ästhetische Weise an das Gegenüber anknüpft, am philobatischen Pol wird in Form ausgedehnter intellektueller oder tatsächlicher Reisen eine kontrollierbare, kontinuierliche Beziehung zu einem primären Objekt simuliert und inszeniert.

An Balints Vorstellung der frühkindlichen Verfügung über die „Ursubstanzen" lässt sich Winnicotts Konzept der „Umweltmutter" anschließen. Schon diese frühe, noch nicht individuierte Form des Schutzes und der Fürsorge für sowohl psychische als auch physische Entwicklungen ist bei Schizoiden defizitär (vgl. zu Winnicott die umfassende Darstellung bei Ogden 1986).

In der neueren Literatur formuliert Kumin (1978) eine plastische Vorstellung der spezifischen schizoiden Ich-Struktur: Da im Erlebniskontext des Kindes mit dem Verschwinden der Mutter und der Brust-Mutter bestimmte Aspekte des Mundes des Kindes mitverschwänden, führe eine solchermaßen gestörte Mutter-Kind-Dyade zu Störungen der Struktur der affektiven Selbstrepräsentanzen mit einer begleitenden Beschleunigung der Entwicklung sog. „peripherer" Ich-Funktionen, die zu einer Art „kalzifizierten", die gute Mutter ersetzenden Schale bzw. einem Panzer würden. Die libidinöse Besetzung dieser Außenschicht lasse keine Libido für den eigentlichen Innenraum mehr übrig. Kumins Bild der Ich-Struktur erklärt den häufigen Gegenübertragungseindruck, es mit affektiv infantilen und gleichzeitig auf Ich-Funktions-Ebene extrem frühreifen Personen zu tun zu haben.

Kinston und Wolf (1975) empfehlen als einzige Autoren, ein besonderes Augenmerk auf Körperreaktionen zu legen, in denen sich Emotionen des Schizoiden artikulieren. Die Beschreibung des schizoiden Gesichtsausdrucks als „Todesmaske", die Blickkontaktvermeidung sowie unharmonische, „fragmentiert" wirkende Körperbewegungen und flache Atmung charakterisieren die Patienten treffend; allerdings darf an der Fähigkeit gerade dieser Patienten, die Intimität einer körpertherapeutischen Beziehung einzugehen, gezweifelt werden.

Ein psychoanalytisch-entwicklungspsychologischer Beitrag (Groh 1980/81) zu Spaltungsprozessen bei schwergestörten Patienten wirft Licht auf die Introjektionsstörung auch bei Schizoiden. Besser als die klassischen Begriffe Rationalisierung, Affektisolation und Intellektualisierung trifft die Beschreibung „Skotomisierung" auf schizoide Konfliktlösungen zu: die Repräsentanz der inneren Welt wird durch Abspaltung des emotionalen Aspekts eines Konzepts von

Person und Welt beschädigt, in dem dann lediglich der kognitive und perzeptive Aspekt übrig bleiben.

In der Klein-Nachfolge referiert Rey (1988) Behandlungsergebnisse bei Schizoiden (nach britischer Diagnostik bis hin zur Schizophrenie) auf Borderline-Niveau. Spezifisch für Schizoide scheint allenfalls der Hinweis auf unbewusste klaustro- und agoraphobe Zustände zu sein, die nach Rey in der frühen, pathologischen Organisation von Zeit, Raum und Bewegung gründen.

Ogden (1989) erweitert das kleinianische Spektrum zur Frühgenese hin um die „autistic-contiguous Position", die, wenngleich durch Behandlung autistischer Kinder entdeckt, jedes Individuum stets als Erfahrungsmodus verfügbar habe. Wird die von sensorischen Empfindungen dominierte Erfahrungswelt mit der diesem Subjektzustand entsprechenden Objektbeziehungswelt gestört, resultierten spezifische Desintegrationsängste. Meltzers (1975) Begriff der „adhäsiven Identifikation" mit einem Objekt zur Abwendung von Desintegrationsphänomenen als auch Bicks (1988) Konzept der „second skin formation" als Ersatzbildung für eine in ihrer Kohäsionsfunktion versagende „primäre Haut" sind bei schizoiden Patienten anwendbar. Die Abwehr hat typischerweise einen intellektuell-technischen Charakter im Sinne der Aktivierung von Ich-Funktionen. „Adhäsive" Aspekte einer (Pseudo-)Objektbeziehung lassen sich u.E. an dem sich selbst Gleichsetzen mit Instrumenten, Computern, Forschungsdesigns etc. beobachten.

Literatur

Asperger, H. (1944). Die autistischen Psychopathen im Kindesalter. Archive für Psychiatrie u. Nervenkrankheiten, 177, 76–137.

Balint, M. (1959). Angstlust und Regression. Stuttgart: Klett-Cotta, 4. Aufl., 1994.

Balint, M. (1965): Die Urformen der Liebe und Technik der Psychoanalyse. München: dtv, 1988.

Balint, M. (1968). Therapeutische Aspekte der Regression. Stuttgart: Klett, 1970.

Bick, E. (1988). Das Hauterleben in frühen Objektbeziehungen. In E.B. Spillius (Hg.), Melanie Klein Heute, Bd. 1 (S. 236-240). München: Verlag Internationale Psychoanalyse.

Bleuler, E. (1923). Lehrbuch der Psychiatrie. Berlin: Springer.

Deutsch, H. (1934). Über einen Typus der Pseudoaffektivität („als ob"). Internationale Zeitschrift für Psychoanalyse, 20, 323–335.

Fairbairn, W.R.D. (1940). Schizoid factors in the personality. In ders., Psychoanalytic studies in the personality (pp. 3–27). London: Routledge & Kegan Paul, 1952.

Groh, L.S. (1980/81). Primitive defenses: cognitive aspects and therapeutic handling. International Journal of Psychoanalytic Psychotherapy, 8, 661–683.

Guntrip, H. (1968). Schizoid phenomena, object relations and the self. London: The Hogard Press.

Kernberg, O.F. (1996). Ein psychoanalytisches Modell der Klassifizierung von Persönlichkeitsstörungen. Psychotherapeut, 41, 228–296.

Khan, M.M.R. (1960). Selbsterfahrung in der Therapie. Eschborn: Klotz, 1997.

Kinston, M.J. und Wolff, N. (1975). Bodily communication. International Journal of Psychiatry in Medicine, 6, 195–201.

Kretschmer, E. (1925). Körperbau und Charakter. Berlin: Springer.

Kumin, I.M. (1978). Emptiness and its relation in schizoid ego structure. International Review of Psycho-Analysis, 5, 207–216.

Meltzer, D. (1975). Adhesive identification. Contemporary Psychoanalysis, 11, 289–310.

Menninger, K. (1930). The human mind. New York: Knopf.

Millon, T. (1996). Disorders of personality. DSM IV and beyond schizoid personality disorders: the asocial pattern (pp. 217–251). New York: Wiley.

Ogden, T.H. (1986). The matrix of mind (pp. 167–245). London: Aronson.

Ogden, T.H. (1989). On the concept of an autistic-contiguous position. International Journal of Psycho-Analysis, 70, 127–140.

Reich, W. (1933). Charakteranalyse. Leipzig: Sexpol.

Rey, J.H. (1988). Schizoide Phänomene im Borderline-Syndrom. In E.B. Spillius (Hg.), Melanie Klein Heute, Bd. 1 (S. 253–287). München: Verlag Internationale Psychoanalyse.

Riemann, F. (1970). Über den Vorteil des Konzeptes einer präoralen Phase. Zeitschrift für Psychosomatische Medizin und Psychoanalyse, 16, 27–40.

Schizophrenie *von Thomas Müller*

schizophrenia – schizophrénie

1. Definition

Die schizophrenen Erkrankungen sind die menschlichsten aller Leiden, denn sie betreffen, was den Menschen zum Menschen macht: Gefühle, Denken und Sprache (H. Weiner). Die Psychopathologie beschreibt Basisstörungen und Grund- sowie akzessorische bzw. positive (Wahn, Halluzinationen) und negative Symptome (Störungen des Denkens, der Affektivität, des Antriebes). Diese Symptome können im Quer- und Längsschnitt ineinander übergehen und bilden das unspezifische Endphänomen ätiologisch heterogener, somatopsychisch-psychosomatischer Erkrankungen. In psychoanalytischer Sicht ist die Symptomatik Ausdruck einer tiefgreifenden Störung der Realitätsprüfung, der Identität, der zwischenmenschlichen Beziehungen sowie einer fundamentalen Symbolisierungsstörung.

2. Klassische Auffassung

Ein charakteristisches Merkmal der Forschungsmethode Freuds lag darin, dass er zur Extrapolierung seiner klinischen und theoretischen Überlegungen auf psychotische Prozesse zurückgriff. Im Verlauf dieser Arbeit entstand gleichsam als Nebenergebnis eine Reihe unterschiedlicher Modelle über die Psychosen. In der topographischen und Narzissmustheorie (Freud 1911b, 1914c, 1915e) definiert Freud (1915e, S. 300): „Die bewußte Vorstellung faßt die Sachvorstellung plus der zugehörigen Wortvorstellung, die unbewußte ist die Sachvorstellung allein. Das System Ubw entfällt die Sachbesetzung der Objekte, die ersten und eigentlichen Besetzungen; das System Vwb entsteht, in dem diese Sachvorstellung durch die Verknüpfung mit den ihr entsprechenden Wortvorstellungen überbesetzt wird." Da bei der Schizophrenie im Unbewussten die Objektbesetzungen aufgelassen werden, werden nicht nur die symbolischen Repräsentanzen des Wunsches und der Objekte verworfen, sondern es gibt im eigentlichen Sinne kein „System Ubw" mehr, da dieses ja gebildet wird durch die Sachbesetzungen der Objekte. Aber auch den Wortvorstellungen wird im Zuge der ersten Phase des psychotischen Prozesses (Besetzungsabzug betrifft die Objektlibido, die Besetzung der Objekte durch das Ich sowie die Besetzung des Ich; Freud 1911c) genau wie den Sachvorstellungen der Objekte die Besetzung entzogen. Freud betont mehrfach, dass sich die Wiederbesetzungen und primärprozesshaften Bearbeitungen an den Wortvorstellungen bei der Schizophrenie erst im Zuge der Restitution (zweite Phase) vollzieht. Die „Wortvorstellungen" sind demnach schon Ergebnis der psychotischen restitutiven Abwehr, ein omnipotenter Prozess, der auf der Verwerfung der Realität gründet. Ihnen fehlen nicht nur die zugrunde liegenden unbewussten Sachvorstellungen, was ihren konkreten Charakter ausmacht, sondern die „Worte" des Psychotikers sind Neuschöpfungen. Die spannungsreiche Beziehung zwischen Bewusst und Unbewusst wird zerstört, da es kein System Ubw und keine „Übertragungen" zwischen beiden mehr gibt, da Unbewusstes nur dann Bewusstsein erlangen kann, wenn sich die Besetzungen der Sachvorstellungen der Objekte mit den Wortvorstellungen der Objekte verbinden, wenn eine „Übertragung" zwischen beiden zustande kommt. In der Narzissmustheorie (1911c, 1914c, 1915e, S.295) beschreibt Freud die Phasen des schizophrenen Prozesses als Abzug und Verwerfung der Besetzung sowie Zerlegung, welche dazu führen, dass die Objektbesetzungen vollständig aufgegeben und ein „primitiver objektloser Zustand von Narzissmus" hergestellt wird. Primärer Narzissmus in diesem Zusammenhang der Psychopathologie ist als psychotischer Zustand zu verstehen und meint objektlos i.S. Zerstörung der Systeme Bw-Ubw; auch sekundärer Narzissmus als eine omnipotente restitutive Bewegung ist keine wirkliche Reparatur der Systeme Bw-Ubw, sondern ebenfalls ein restitutiver, psychotischer Prozess. Freud hat den schizophrenen Prozess auch aus objektbeziehungstheoretischer Perspektive (1916–17g) beschrieben: Psychotische Objektbeziehungen sind durch „Objektwahn auf narzißtischer Grundlage" gekennzeichnet (starke Fixierung an das Liebesobjekt, geringe Resistenz der Objektbesetzungen): „Die narzißtische Identifizierung mit dem Objekt wird dann zum Ersatz der Liebesbesetzung... Ein solcher Ersatz der Objektliebe durch Identifizierung ist ein für die narzißtischen (sensu psychotischer; T.M.) Affektionen bedeutsamer Mechanismus" (Freud 1916–17g, S. 436), ein Prozess, der auch im Heilungsvorgang der Schizophrenie eine wichtige Rolle spielt. Abzug der Libido vom Objekt heißt Verwerfung der unbewussten Vorstellung der Objekte und die Libido wird im Zuge des Heilungsvorgangs für die „narzisstische Identifizierung" genutzt. Narzisstische heißt demnach psychotische Identifizierung, Ich-Verlust bedeutet Fusion mit dem Objekt: „Wir dürfen aber den Unterschied der narzißtischen Identifizierung von der hysterischen darin erblicken, daß bei ersterer die Objektbesetzungen aufgelassen wird, während sie bei letzterer bestehen bleibt..." (Freud 1916–17g, S. 437). Die gleichen strukturellen Verhältnisse spielen sich in der „kritischen Instanz", dem Überich ab, das vollständig (narzisstisch i.S. psychotisch) identifiziert wird mit den sadistischen Impulsen gegen das Objekt. In der Strukturtheorie (1924b, 1940e) konzipiert Freud den schizophrenen Prozess als Resultat eines nicht lösbaren Konfliktes des Ich mit der Realität und als Folge einer im Zuge des Verarbeitungsversuches jenes unlösbaren Konflikts entstehenden „narzisstischen" sensu psychotischen Regression, welche zu schwerwiegenden Einschränkungen, ja zum Verlust von Ich-Funktionen führt. Der Konflikt zwischen Ich und Außenwelt wird dabei symptomatisch „durch Schöpfung einer neuen Realität" (1924b) gelöst, allerdings mit einem „Riß im Ich" bezahlt; Freud differenziert hier das Konzept der Ich-Spaltung, das er schon in der Schreber-Analyse mit seiner Vorstellung psychotischer und nichtpsychotischer Persönlichkeitsanteile implizit eingeführt hatte (Müller 2006).

3. Wesentliche Erweiterungen, Differenzierungen und Modifikationen

Ausschlaggebend für die Erweiterungen der Auffassungen Freuds, die schon zu Beginn des Jahrhunderts mit den Arbeiten des frühen Jung, Ferenczis und Abrahams begannen, waren klinische und theoretische Gründe. Viele Analytiker mochten sich seinem therapeutischem Pessimismus nicht anschließen, denn sie machten die Erfahrung, dass schizophrene Patienten Übertragungsreaktionen ausbilden (Klein, Bion, Rosenfeld, Fromm-Reichmann, Searles, Clarke, Cohn ; Überblick über die Psychosenforschung der Pioniere bis Mitte der 20er Jahre bei Rickman 1926). Unterschiedliche Aspekte von Freuds heterogener „Schizophrenietheorie" wurden zum Ausgangspunkt der Erweiterungen. Kleinianische und ich-psychologische Autoren differenziert gemeinsam das zentrale Konzept der Ich-Spaltung für die Untersuchung psychotischer und nichtpsychotischer Persönlichkeitsanteile (Katan, Bion, Rosenfeld) und der Ich-Funktionen (Hartmann, Federn) Objektbeziehungstheoretiker verbanden das Konzept der Spaltung mit Abrahams Theorie der primären (Partial-) Objektbeziehung (Klein, Winnicott, Hill, Bychowski, Jacobson). Unter dem Einfluss F. de Saussures und J. Lacans knüpften französische Autoren an dem im topographischen Modell formulierten Gedanken einer für Psychosen charakteristischen Abwehr des Besetzungsentzuges sowie der „Zerlegung, ... welche das Zustandekommen zu starker Eindrücke verhindern soll" (Freud 1911c, S. 285) und der psychotischen Projektion (a.a.O., S. 308) an und differenzierten das Konzept der Verwerfung. Andere Ich-psychologische Analytiker griffen Freuds strukturtheoretische Überlegungen auf und arbeiteten den Konflikt zwischen Ich und Realität sowie die durch psychotische Regression veränderten Ich-Funktionen (Hartmann, Federn) weiter aus.

Die narzissmustheoretischen Überlegungen Freuds (1911c), dass ein schizophrener Prozess durch Versagungen eines Objekts, mit der Ungetrenntheit und Gleichheit („Homosexualität" Schrebers) gesucht wird, ausgelöst werden kann, wurden zum Ausgangspunkt für entwicklungspsychologische Theorien über die Konstitutiva der Selbst-Objekt-Differenzierung (Mahler, Jacobson). Anhänger verschiedener Schulrichtungen erweiterten Freuds Auffassungen über die unbewussten Determinanten der schizophrenen Symbolbildung (Rosen, Segal), der Sprache (Lacan, Schilder) und des Denkens (Bion, Waelder, Hartmann) zu einem umfassenderen Verständnis der Symbolisierungsprozesse und Wahrnehmungsfunktionen (Überblick bei Bister 1983).

4. Die Bedeutung des Begriffs in den verschiedenen psychoanalytischen Schulrichtungen

Kleinianische und post-kleinianische Analytiker betonen die pathognomonische Wirkung der von nicht-integrierter Aggression begleiteten psychotischen introjektiven und projektiven Identifizierungen, die jene infolge des Scheiterns normaler Spaltungs- und Projektionsvorgänge entstandene Fragmentierung und Konfusion auf omnipotente Weise reparieren sollen. Sie sehen in diesen seelischen Prozessen die Verursachung der Identitätsstörung des schizophrenen Ichs, der Störungen der Sprache und der Affekte sowie des Denkens einschließlich der Symbolbildung (Segal 1956). Besonders die psychotischen Spaltungen, die zu Identitätskonfusionen und Fragmentierungen des Selbst führen, sind ursächlich für die Entstehung schizophrener Psychosen als pathologischer Organisation (Steiner 1993) verantwortlich. Angst und Schuldgefühl besitzen bei schizophrenen Psychosen verfolgenden Charakter. Bezüglich der Ätiopathogenese wurde zunächst auf die Endogenität des Triebgeschehens verwiesen. Bion (1954, 1962) vertrat dann die Auffassung, dass neben einer angeborenen Disposition des Säuglings auch Beziehungserfahrungen i. S. eines misslingenden Containings eine entscheidende Rolle für die Genese und Dynamik einer schizophrenen Erkrankung darstellen können. Danach hat der zur Schizophrenie disponierte Säugling keine Möglichkeit, Gier, Neid und Todesangst zu integrieren, weil er ein Objekt vermissen muss, das diese Gefühle aufnehmen, verstehen und in modifizierter Form zur Reintrojektion anbieten könnte, was zu einem Scheitern der Identifizierung mit den symbolisierenden und triangulierenden („Alpha"-) Funktionen des Objekts führt. Stattdessen introjiziert der Säugling ein Objekt, das sich von seiner Gier und Todesangst überschwemmt fühlt, einem absichtlich missverstehenden Objekt; diese Vorgänge bilden eine der Voraussetzungen für die Entwicklung des psychotischen Überichs. Rosenfeld (1987) betont gleichzeitig die katastrophalen seelischen Folgen der Vermischung libidinös und aggressiv besetzter Selbst- sowie Objektaspekte.

Die Ich-Psychologie untersucht die strukturellen Merkmale der schizophrenen Psychosen. Angeregt durch V. Tausks Überlegungen zum „Beeinflussungsapparat" entwickelte Federn (1956) das Konzept der beweglichen Ich-Grenzen und der wechselnden Ich-Zustände. In dieser Sicht führt die mangelnde narzisstische Besetzung der Ich-Grenzen zu Störungen des innerpsychischen Ich-Gefühls und der drohenden Auflösung der interpsychischen Grenzen zwischen Ich und Nicht-Ich. Daraus folgen Derealisierungs- und Depersonalisierungsgefühle (Überflutung von Außen) sowie die Wahnvorstellungen (Überflutung von Innen). Etwa zeitgleich mit Bions Vorstellungen entwickelte Katan 1954 die Theorie über psychotische und nicht-psychotische Persönlichkeitssektoren. In einer wegweisenden Kontroverse innerhalb der Ich-Psychologie wurde über die strukturellen und dynamischen Konvergenzen und Divergenzen zwischen (schizophrenen) Psychosen und Neurosen debattiert (unitarian vs. specific theory; London 1973). Dabei verankerten Arlow und Brenner (1969) die Schizophrenie im Strukturmodell (primäre Störung der Realitätsprüfung, sekundäre Desorganisation des Ich;

grundlegende Ich-Schwäche), andere Autoren (Freeman 1972) betonten die konstitutionelle Triebstärke. Hartmann (1972) differenzierte Federns Konzept. Er sieht in der Beeinträchtigung der autonomen Ich-Apparate durch mangelnde Neutralisierung libidinöser und aggressiver Energien die auslösenden Bedingungen für die Entstehung schizophrener Erkrankungen und entwickelte das bis heute gültige Konzept der selektiven psychotischen Regression einzelner Ich-Funktionen. Neuere ich-psychologische Arbeiten bemühen sich um eine differentialdiagnostische Abgrenzung zwischen schizophrenen Psychosen und Borderline-Störungen (Frosch 1983) und versuchen durch die Untersuchung der Psychodynamik biologisch fundierter Ich-Funktionen wie Sinneswahrnehmungen eine Verbindung zwischen Neurobiologie und psychoanalytischen Modellen herzustellen (Marcus, 1992, Willick, 1993). Objektbeziehungstheoretisch orientierte Ich-Psychologen (Jacobson, 1972) verstehen schizophrene Psychosen als Ergebnis einer energetisch-strukturellen Regression mit der Folge einer Auflösung der Selbst- und Objektrepräsentanzen bis zum Zerfall der inter- und intrasystemischen Grenzen und der anschließend einsetzenden restitutiven Vermischung von Selbst und Objekten durch psychotische Identifizierung. Nach Kernberg (1986) ist die psychotische Identifizierung eine defensive Regression auf Aspekte der symbiotischen Entwicklungsphase. Sie ist geprägt durch die Internalisierung einer Objektbeziehung, in der „ausschließlich gute" Selbst- und Objektrepräsentanzen wieder verschmolzen werden, um die Angst vor der Vernichtung des Selbst abzuwehren; sie rührt her von der parallel ablaufenden Wiederverschmelzung von „ausschließlich schlechten" Selbst- und Objektrepräsentanzen, die verinnerlichte, von Aggression dominierte Objektbeziehungen widerspiegeln. Allerdings werden durch diese Operationen die Grenzen zwischen Selbst und Objekt aufgelassen, was ebenso zu Vernichtungsangst führt wie die Wirkung der psychotischen projektiven Identifikation, die zwar das Selbst vor vernichtender Aggression schützen soll, aber letztlich zu Vergeltungsängsten führt (Müller 2003). Entwicklungspsychologische Untersuchungen über die infantilen Psychosen (Mahler 1958, Tustin 1989) unterstützen diese Überlegungen.

Nach Ansicht der Narzissmus- und Selbst-Psychologie leiden schizophrene Psychosen an Störungen des Selbst und der Selbst-Objekte. Psychogenetisch entstanden durch das Zusammenwirken genetischer Faktoren und einem Versagen der Primärobjekte, können schizophrene Patienten kein kohärentes Kern-Selbst und keine stabilen idealisierten Selbst-Objekte ausbilden; vielmehr bleiben sie an „archaische Größen-Selbst-Konfigurationen und/oder an archaische, überbewertete narzisstisch besetzte Objekte fixiert", die nicht in die Persönlichkeit integriert werden (Kohut 1973, S. 19). Die akute Psychose ist durch einen „irreversiblen" Zerfall des archaischen Selbst und der narzisstisch besetzen Selbst-Objekte mit der Folge formaler Denkstörungen gekennzeichnet. In der restitutiven Phase werden fragmentierte psychische Strukturen in Form von häufig sexualisierten produktiven Symptomen wiederbelebt (Schwarz 2001, Milch 2003).

In den zurückliegenden Jahren wurde in Deutschland von der Gruppe um Mentzos (1992, 2001, 2003) der Versuch unternommen, mit Hilfe einer Verbindung von Ich- und Selbst-Psychologie sowie Säuglingsforschung ein psychodynamisches Modell der schizophrenen Psychosen zu formulieren. Danach liegt der schizophrene Grundkonflikt in der Bipolarität zwischen selbstbezogenen und objektbezogenen Tendenzen mit der Folge des Rückzuges oder der Fusion mit dem Objekt. Beide „Lösungen" führen schließlich zur Auflösung der Ich-Grenzen.

Lacan (1975) und die von ihm beeinflusste struktural-linguistische Richtung definieren die Verwerfung als spezifischen Abwehrmechanismus schizophrener Psychosen. Sie besteht in einer vollständigen Auslöschung der Signifikanten aus der Dimension des Symbolischen im Selbst, wodurch diese nicht ins Unbewusste integriert werden können, sondern immer von außen kommend als halluzinatorische Phänomene erlebt werden. Dies führt zu einer grundlegenden Unfähigkeit zur Symbolisierung, weil Wünsche und Gedanken keine symbolische Repräsentation im Unbewussten mehr haben (Lang 1982). Andere französische Analytiker (Nacht, Aulangier, Racamier) untersuchen die Bedeutung der schizophrenen Paradoxien: Als Ergebnis eines radikalen Abwehrkampfs gegen Ambivalenz und Konflikte sind sie nur um den Preis des Verlustes des Ich-Gefühles in Form eines psychischen Suizids möglich (sog. Anti-Narzissmus: Libidinöse Entleerung des Selbst, Aebi 1997).

Die betont klinisch ausgerichtete Washingtoner interpersonelle Schule (Sullivan, Fromm-Reichmann, Pao, Feinsilver, Burnham, Searles, im dt. Sprachraum: Benedetti) versteht schizophrene Psychosen als Reaktion auf existentielle Grundkonflikte zwischen symbiotischen Abhängigkeitsbedürfnissen einerseits und heftiger Feindseligkeit, Omnipotenz sowie Separationswünschen andererseits. So wird im „need-fear-Dilemma“ das Objekt wegen seiner narzisstischen Qualitäten mit der gleichen Ausschließlichkeit gesucht wie es wegen der Angst vor der intensiv ersehnten Fusion gefürchtet wird.

Die heftigsten Kontroversen werden seit Freud über die Frage geführt, ob die Ursachen schizophrener Psychosen in biologischen und/oder psychischen Defekten (z.B. fehlende Reizschutzschranke, mangelnder Aufbau der Repräsentanzenwelt, Besetzungsentzug der unbewussten Objektrepräsentanzen, primäre Defekte der autonomen Ich-Apparate), in (spezifischen?) Konflikten oder im traumatisierenden Beziehungsverhalten der Primärobjekte liegen (London 1973). Auch über die Indikation zu einer modifizierten psychoanalytischen Behandlung bestehen tiefgreifende Meinungsverschiedenheiten (Rosenfeld 1987). Eine mögliche Integration dieser heterogenen Ansätze zu einem einheitlichen psychoanalytischen Modell über die Ätiologie, Dynamik und Struktur schizophrener Psychosen könnte in der Verbindung von Ich-Psychologie und Objektbeziehungstheorie (Jacobson, Kernberg, Loch, Grotstein 1977) liegen. Dieser Ansatz trennt die dynamischen Prozesse, die zu einer schizophrenen Psychose führen können, von ihren ätiopathogenetischen (psychogenen oder biologischen) Ursachen. Letzterer siedelt er auf einem Kontinuum an, dessen Pole die Somato- und Psychogenese bilden. Er untersucht ferner das Strukturniveau (Ich-Funktionen, Objektbeziehungen, Selbst-Kohärenz) getrennt von der mit ihr assoziierten Persönlichkeitsstörung (Kutter, Müller 1998). Danach ist das niedrige Strukturniveau schizophrener Psychosen nicht nur von jenem der Borderline-Organisation zu differenzieren, wodurch der Unterschied zwischen deskriptiv und strukturell psychotischen Erkrankungen markiert wird; sondern wegen unterschiedlicher Fixierungen, Dynamik und Struktur ist auch das niedrige Organisationsniveau der schizophrenen Psychosen selbst durch erhebliche Unterschiede gekennzeichnet. Das Modell postuliert schließlich die psychotische Persönlichkeitsorganisation als gemeinsames Merkmal psychotischer Erkrankungen. Ihr wichtigstes Kennzeichen besteht darin, dass die Wahrnehmung der Realität der Getrenntheit und Andersartigkeit von Selbst und den Objekten (einschl. der Geschlechtsdifferenz, der Differenz der Generationen, der Grenze zwischen innerer und äußerer Realität) als psychische Struktur nicht internalisiert wird, was zu fundamentalen Störungen der Triangulierung und Symbolisierung führt. Die psychotischen Persönlichkeitsanteile bestehen aus fusionierten Selbst-Objekt-Einheiten, die mit unterschiedlichen Affekten besetzt sind. Sie stehen innerhalb des Selbst und, falls sie mittels projektiver Identifizierung in äußere Objekte externalisiert werden, auch mit diesen in unterschiedlichen konflikthaften Beziehungen. Es handelt sich um nicht-integrierte Persönlichkeitsanteile des frühzeitig in der Entwicklung abgespaltenen infantilen psychotischen Selbst (Grotstein, Volkan), dessen Entstehung auf pathologisch entgleiste und nicht etwa auf normale, regressiv wieder besetzte Entwicklungsphasen oder Positionen zurückzuführen ist (Caper). In Abhängigkeit von der Stabilität der psychotischen Abwehr und des nicht-psychotischen Anteiles der Persönlichkeit können schließlich unterschiedlich strukturierte Patientengruppen differenziert werden: Eine Gruppe von Patienten, bei denen die chronische Fragmentierungsabwehr im Vordergrund steht (meist in Verbindung mit negativer Symptomatik), Patienten mit stabiler Spaltungs- und Fusionsabwehr und schließlich monosymptomatische Psychosen.

5. Interdisziplinäre Beiträge und Befunde

Aus der Fülle der Ergebnisse benachbarter Wissenschaften seien folgende für die psychoanalytische Forschung relevante Entwicklungen herausgegriffen:

a) *Äthiopathogenese:* Ein immer größer werdender Teil der biologischen Psychiatrie (Murray 1977, Bock 2002), der kognitiven Psychologie (Reck 2004) und der Traumaforschung (Read 2003) richtet das Forschungsinteresse nicht mehr ausschließlich auf die Wirkung pathogener somatischer Faktoren auf psychogene Vorgänge, sondern stellt ergänzend die Frage, welche Auswirkungen psychischer „Stress" (Cortisol; Glukocortikoid-Überproduktion speziell bei Schizophrenie) auf die Hirnbiologie und -chemie hat, ein Forschungsansatz, der mit psychoanalytischen Überlegungen zur Schizophrenie als „Psychosomatose" des Gehirns konvergiert (Volkan 1995, Hartmann 2003). Dabei zeigt sich, dass psychische Extremerfahrungen wie traumatische Objektbeziehungen mit psychisch kranken Eltern (Remschmidt und Mattejat 1994, Papousek 2001), Extremtraumatisierungen (Read 2003) oder auch unspezifische, chronische Hilflosigkeit (Aldenhoff 1997), objektivierbare pathogene Auswirkungen auf die frühkindliche Hirnentwicklung haben. So können etwa noch in einer „Norm" sich befindliche, aber identifizierbare genetisch und/ oder pränatal verursachte Störungen Morphologie und Funktion des sich entwickelnden Gehirns des Säuglings ebenso nachhaltig schädigen wie psychogenetische Faktoren, etwa phasentypische Konflikte, besonders aber je subjektiv erlebte Traumata. Jedoch vermögen offenbar auch spezifische, je individuelle Besonderheiten in den primären Objektbeziehungen die Gehirnphysiologie und -biochemie in spezifischer Weise beeinflussen und parallel dazu können umgekehrt schon geringfügige, ebenfalls noch in einer Norm sich befindliche Dysfunktionen der biochemischen und physiologischen Prozesse im Gehirn (Rezeptorendichte, Transmitteraktivität, neuronale Dichte) die individuelle Psychogenese und die primären Objektbeziehungen negativ beeinflussen (Adoptionsstudien). Die Summe dieser Störungen kann dann die mentale Entwicklung des Selbst gravierend stören und etwa zu eingeschränkter Reizschutzschranke, einer störanfälligen Affektverarbeitung sowie blockierten kognitiven und Wahrnehmungsfunktionen führen. Diese Ergebnisse konvergieren mit Befunden der Neurobiologie und Genetik, denen zufolge im Verlauf des prä- und postnatalen Gehirnwachstums von allen genetisch angelegten Strukturen nur solche aktiviert und differenziert werden, welche die anfallenden, individuell je spezifischen Anpassungserfordernisse am besten erfüllen. Aufgrund der Plastizität der neuronalen Verschaltungen werden nur jene Synapsen und neuronalen Verbindungen gefördert und entwickelt, die für den Organismus einen Anpassungswert besitzen; andere werden blockiert. Dabei kommen die entscheidenden Impulse für die Aktivierung der optimalsten Gehirnstrukturen aus der affektiven Interaktion mit der Umwelt. Interaktiver Stress, inadäquate Stimulation und Affektregulation beeinflussen die Entwicklung spezifischer neuronaler Strukturen ungünstig (Pally 1998, Kandel 1999, Eisenberg 2005). Ferner ist inzwischen bekannt, dass traumatisierende Stresserfahrungen zum Abbau der Neuronen im Hypocampus führen, die nur dann reversibel sind, wenn die Cortisol-Glukocortikuid-Exposition unterbrochen wird. Traumatischer Stress führt zu einem endgültigen Verlust von Hypocampus-Neuronen (Mentzos 2000). Daher wird bei der Frage nach der genetischen Transmission bei den Schizophrenien von neurobiologischer Seite in jüngster Zeit die Möglichkeit erörtert, ob sowohl die strukturelle Beschaffenheit als auch der funktionale Zustand des ZNS nicht weitaus stärker als bislang vermutet von den affektiven Erlebnissen mit der Lebenswelt beeinflusst werden

(Gottesman 2000, Eisenberg 2005). Ergänzend zeigen die inzwischen mehrfach replizierten Ergebnisse der Adoptions- und Zwillingsforschung (Tienary 1991, 2004, Rösler 2000), dass eine mögliche genetische Disposition zu einer schizophrenen Erkrankung mit großer Wahrscheinlichkeit erst dann ausbricht, wenn traumatische Objektbeziehungen als Auslöser wirken. Umgekehrt können genetische Dispositionen zu schizophrenen Erkrankungen vermutlich mit Hilfe nicht-pathologischer Objekterfahrungen kompensiert werden.

b) *Psychotherapieforschung:* Das verbreitete Argument, eine (modifizierte) psychoanalytische Therapie müsse an den biologischen und / oder psychischen Defekten schizophrener Psychosen scheitern, beruft sich immer wieder auf die negativen Befunde der Katamnese-Studien von Chestnut Lodge (McGlashan 1984 Mueser, Berenbaum 1990). Eine Überprüfung dieser Studien führte allerdings in jüngster Zeit zu methodischer (Bechgaard 1994) und inhaltlicher (Nayfack 1994) Kritik. Neben diesen Widerlegungen gibt es eine Fülle positiver Befunde: Die skandinavische Forschergruppe um Y. Alanen legte 1994 das Ergebnis einer multizentrischen Studie über psychoanalytisch modifizierte Psychotherapie mit schizophrenen Psychosen vor. Trotz methodischer Probleme liefert die Studie den empirischen Nachweis der therapeutischen Wirksamkeit psychoanalytischer Therapien bei schizophrenen Psychosen, ein Ergebnis. Auch die Katamnese-Studie von Leuzinger-Bohleber (2001), in der sich etwa 8 % psychotische Patienten befanden, bestätigten dieses Ergebnis. In einer jüngst erfolgten methodisch sehr anspruchsvollen Untersuchung (Gottdiener, Haslam 2002) wurden 37 Psychotherapie-Studien, in denen die Behandlungsergebnisse von insgesamt 2642 Patienten überprüft worden waren einer Meta-Analyse unterzogen. Die Autoren konnten die Resultate der o.g. Einzelstudien über die therapeutische Wirksamkeit psychodynamischer Therapie bestätigen (Forum psychoanalytischer Psychosentherapie 2006).

Literatur

Aebi, E. (1997). Racamiers Konzepte der „narzißtischen Verführung" und der „Urtrauer" – dargestellt an klinischen Beispielen. Zeitschrift für psychoanalytische Theorie und Praxis, 12, 410–424.

Alanen, Y. (1994). Early treatment for schizophrenic patients. Oslo: Scandinavian University Press.

Aldenhoff, J. (1997). Überlegungen zur Psychobiologie der Depression. Nervenarzt, 68, 379–389.

Arlow, J.A. and Brenner, C. (1969). The Psychopathology of the psychoses: a proposed revision. International Journal of Psycho-Analysis, 50, 5–14 (dt.: Zur Psychopathologie der Psychosen, Psyche – Z Psychoanal, 23, 402–418).

Bechgaard, D. (1994). A Critical Review of the Follow-Up Studies from Chestnut Lodge. Washington: XIth ISPS.

Benedetti, G. (1983). Todeslandschaften der Seele. Göttingen: Vandenhoeck & Ruprecht.

Bion, W.R. (1954). Notes on the theory of schizophrenia. International Journal of Psycho-Analysis, 35, 113–118.

Bion, W.R. (1962). A theory of thinking. International Journal of Psycho-Analysis, 43, 306–310.

Bister, W. (1983). Über das neue Verständnis für schizophrene Psychosen. In D. Eicke (Hg.), Tiefenpsychologie. Kindlers „Psychologie des 20. Jahrhunderts" (1–22). Weinheim: Beltz.

Bock, J. und Braun, K. (2002). Frühkindliche Emotionen steuern die funktionelle Reifung des Gehirns. Psychotherapeut, 7, 190–194.

Eisenberg, L. Are genes destiny? World Psychiatry, 4, 5–9.

Federn, P. (1956). Ich-Psychologie und die Psychosen. Bern: Huber.

Freeman, Th. (1972). Zur Psychopathologie der Psychosen. Psyche – Z Psychoanal, 26, 191–207.

Frosch, J. (1983) The psychotic process. New York: International Universities Press.

Gottdiener, W.H. and Haslam, N. (2002). The benefits of individual psychotherapy for people diagnosed with schizophrenia: A meta-analytic review. Ethical Human Sciences and Services, 4, 163–187.

Gottesmann, I.I. (2000). Genetische Risikofaktoren und Schizophrenie. In H. Helmchen et al. (Hg.), Psychiatrie der Gegenwart, Bd. 5, Schizophrenie und affektive Störungen (S. 71–88). Heidelberg: Springer.

Grotstein, J. (1977). The psychoanalytic concept of schizophrenia. I, II. International Journal of Psycho-Analysis, 58, 403–452.

Hartmann, H. (1972). Ich-Psychologie. Stuttgart: Klett.

Hartmann, H.P. (2003). Der Beitrag der Säuglingsforschung zur Ätiopathogenese psychotischer Erkrankungen. Selbstpsychologie 4, 207–270.

Jacobson, E. (1971). Depression. Frankfurt/M.: Suhrkamp, 1977.

Kandel, E. (1999). Biology and the future of psychoanalysis: A new intellectual framework for psychiatry revisited. American Journal of Psychiatry 156, 4, 15–38.

Katan, N. (1954). The non-psychotic part of the personality in schizophrenia. International Journal of Psycho-Analysis, 35, 119–127.

Kernberg, O.F. (1986). Identification and its vicissitudes as observed in psychosis. International Journal of Psycho-Analysis, 67, 147–160.

Kohut, H. (1973). Narzißmus. Frankfurt/M.: Suhrkamp.

Kutter, P. und Müller, Th. (1998). Zur Psychoanalyse der Psychosen und Persönlichkeitsstörungen. In W. Loch und H. Hinz (Hg.), Die Krankheitslehre der Psychoanalyse. Stuttgart: Hirzel.

Lacan, J. (1975). Schriften. Olten: Walter.

Lang, H. (1982). Zur Problematik der Übertragung in die Psychose in Abgrenzung zur Neurose. Psyche – Z Psychoanal, 35, 705–717.

Leuzinger-Bohleber, M., Stuhr, U., Rüger B. und Beutel, M.E. (2001). Langzeitwirkungen von Psychoanalysen und Psychotherapien: Eine multiperspektivische repräsentative Katamnesestudie. Psyche – Z Psychoanal, 55, 193–276.

London, N.J. (1973). An essay of psychoanalytic theory: Two theories on schizophrenia. International Journal of Psycho-Analysis, 54, 169–193.

Mahler, M. (1958). Autism and symbiosis: Two extreme disturbances of identity. International Journal of Psycho-Analysis, 35, 77–83.

Marcus, E. (1992). Psychosis and near psychosis. Berlin: Springer.

Mentzos, S. (1992) (Hg.). Psychose und Konflikt. Göttingen: Vandenhoeck & Ruprecht.

Mentzos, S. (2000). Die „endogenen“ Psychosen als die Psychosomatosen des Gehirns. Forum der psychoanalytischen Psychosentherapie, 3, 13–33.

Milch, W. (2003). Satelliten und Metropolen. Selbstpsychologie, 4, 271–298.

Müller, Th. (2003). Über psychotische Identifizierungen. Psyche – Z Psychoanal, 57, 35–62.

Müller, Th. (2006). Traumgedanken-Wahngedanken. Jahrbuch der Psychoanalyse, 49.

Mueser, K.T. und Berenbaum, H. (1990). Psychodynamic treatment for schizophrenia: Is there a future? Psychological Medicine, 20, 253–262.

McGlashan, Th. (1984) The chestnutlLodge follow-up study II. Longterm outcome of schizophrenia and the affective disorders. Archives of General Psychiatry, 41, 586–601.

Nayfack B. (1994). Comparison of therapists with highest and lowest outcome of schizophrenia-diagnosed patients in chestnut lodge follow-up studies. Washington: XIth ISPS.

Pally, R. (1998). Bilaterality: hemispheric specialisation and integration. International Journal of Psycho-Analysis, 79, 565–578.

Papousek, M. (2001). Wochenbettdepressionen und ihre Auswirkungen auf die kindliche Entwicklung. In H. Braun-Scharm (Hg.), Depressionen und komorbide Störungen bei Kindern und Jugendlichen. Darmstadt: Wissenschaftliche Verlagsunion.

Racamier, P.-C. (1982). Die Schizophrenen. Eine psychoanalytische Interpretation. Berlin: Springer.

Read, J. (2003). Psychological trauma and psychosis: Another reason why people diagnosed schizophrenic must be offered psychological therapies. Journal of American Academie of Psychoanalysis and Dynamic Psychiatry, 31, 247–268.

Reck, C. et al. (2004). Psychotherapie der postpartalen Depression. Nervenarzt, 75, 1068–1073.

Remschmidt, H. und Mattejat, F. (1994). Kinder psychotischer Eltern. Göttingen: Hogrefe.

Rickman, J. (1928). The development of the psychoanalytical theory of the psychoses, 1893–1926. London: Baillere, Tindall & Cox.

Rössler, W. (2000). Psychosoziale Aspekte der Schizophrenie. In H. Helmchen et al. (Hg.) Psychiatrie der Gegenwart, Bd. 5: Schizophrenie und affektive Störungen (S. 181–192). Heidelberg: Springer.

Rosenfeld, H. (1987). Sackgassen und Deutungen. München: Verlag Internationale Psychoanalyse, 1990.

Schwarz, F. (2001). Selbstpsychologie. In ders. (Hg.), Psychotherapie der Psychosen. Stuttgart: Thieme.

Searles, H.F. (1965). Der psychoanalytische Beitrag zur Schizophrenieforschung. München: Kindler 1974.

Segal, H. (1956). Notes on symbol formation. International Journal of Psycho-Analysis, 56, 35–48.

Steiner, J. (1993). Orte des seelischen Rückzugs. Stuttgart: Klett-Cotta, 1997.
Tienari, P. (1991). Interaction between genetic vulnerability and family environment: The finnish adoptive family study of schizophrenia. Acta Psychiatrica Scandinavia, 84, 460–465.
Tienari, P., Wynne L.C., Sorri, A. et al. (2004). Genotype-environment interaction in schizophrenia-spectrum disorder: Long-term follow-up study of finnish adoptees. British Journal of Psychiatry, 184, 216–22.
Tustin, F. (1989). Autistische Zustände bei Kindern. Stuttgart: Klett.
Volkan, V. (1995). Das infantile psychotische Selbst und seine Entwicklungsschicksale. Göttingen: Vandenhoeck & Ruprecht, 2003.
Willick, M.S. (1993). The deficit syndrome in schizophrenia: Psychoanalytic and neurobiological perspectives. Journal of the American Association, 41, 113–157.

Schuld, Schuldgefühl *von Mathias Hirsch*

sense of guilt, guilt feeling – culpabilité, sentiment de culpabilité

1. Definition

Im Zusammenhang mit dem Schulderleben eines Menschen geht es der Psychoanalyse um die Einwirkungen des Überichs auf das Ich, die sich als Schuldgefühl bemerkbar machen. Es handelt sich um ein irrationales, unrealistisches oder neurotisches Schuldgefühl, verborgenen (sexuellen) Wünschen und insbesondere latenten Aggressionen entsprungen. Aber auch reale Taten, die eine tatsächliche Verletzung eines anderen oder auch des Täters selbst bewirken, hinterlassen ein Schuldgefühl (falls es nicht einer wirksamen Abwehr unterliegt), dessen Qualität sich jedoch von ersterem unterscheidet, da das Bewusstsein einer schuldhaften Handlung mit ihm verbunden ist. Man sollte darauf achten, Schuldbewusstsein für die Anerkennung realer Schuld (der entsprechende Affekt wäre Reue, wenn er auch nicht unbedingt mit der Einsicht einhergehen muss), Schuldgefühl für ein irrationales Gefühl von Schuld zu verwenden, wie es der deutsche Sprachgebrauch auch nahelegt.

2. Klassische Auffassung

Freud verwendet Schuldgefühl und Schuldbewusstsein fast immer synonym. Früh weist er (Freud 1906c, S. 13) auf das Irrationale des Schuldbewusstseins des Neurotikers hin, „der so reagiert, als ob er schuldig wäre, obwohl er unschuldig ist, weil ein in ihm bereitliegendes und lauerndes Schuldbewußtsein sich der Beschuldigung des besonderen Falles bemächtigt". Ähnlich einem Kind, „dem man eine Untat vorwirft", das zwar die Tat entschieden leugnet, „dabei aber weint wie ein überführter Sünder" (ebd.). Das Kind ist unschuldig an der Untat, die ihm zur Last gelegt wird, aber dafür schuldig an einer anderen, ähnlichen, einer der Vorstellungs- und Gefühlswelt, muss man hier ergänzen. In „Totem und Tabu" (Freud 1912–13a, S. 85) geht es um „Tabugewissen" und „Tabuschuldbewußtsein" nach Übertretung des Tabus. Beide sind ganz ähnlichen Charakters, das Gewissen „verwirft bestimmte Wunschregungen", mahnt also vor der Tat; das Schuldbewusstsein ist die „Wahrnehmung der Verurteilung solcher Akte, durch die wir bestimmte Wunschregungen vollzogen haben" (ebd.), regt sich also nach vollzogener Tat. Freud (1930a) hat diesseits jeder Pathologie dem Schuldgefühl im Konflikt zwischen der Triebnatur und den Erfordernissen sozialen Zusammenlebens eine zentrale Bedeutung gegeben; ihm liegt daran, „das Schuldgefühl als das wichtigste Problem der Kulturentwicklung hinzustellen" (S. 493f.) Die Regulation sozialen Verhaltens ("Kultur") liegt in den Händen des Überichs (des Gewissens); dieses bedient sich des Mittels des Schuldgefühls. Starke, pathologische Schuldgefühle sind darüber hinaus in jeder psychischen Störung enthalten, denn Aggression und Destruktion können sich nicht entfalten, da sie sich gegen ein Liebesobjekt richten und die resultierende Ambivalenz nicht gelöst werden konnte.

Vor dem Aufgeben der Verführungstheorie (Freud 1985c, S. 283) ging es um die schuldhafte Tat (Inzest) an einem primär unschuldigen Kind, das damit intrapsychisch fertig werden musste, danach trat die Bedeutung des Traumas zurück zugunsten des Primats der triebbedingten Konflikte und Phantasien des Kindes, für die niemand anderes als dieses selbst verantwortlich sein konnte. So misst „die Psychoanalyse der Reaktion des Ichs auf das, was ihm zustößt, zentrale Bedeutung bei" (Oliner 1995, S.299). Es entstand ein Paradoxon: Schuld ist zwar nicht der Gegenstand der Psychoanalyse, aber dadurch, dass das Individuum an seinen letztlich triebbedingten Konflikten mit einer durchschnittlichen und deshalb „unschuldigen" sozialen Umwelt leidet, wird er selbst zum „schuldigen Menschen" (Kohut 1977). Grotstein (1990, S. 20) würdigt dagegen Winnicotts Berücksichtigung der Umwelt, wodurch er aus der Begrenztheit der Freud'schen und kleinianischen Psychoanalyse herausgetreten sei. Diese enthalte ein „Postulat des inhärenten Schuldgefühls, das der Mensch von Geburt an aufgrund jener unvermeidlichen und unerbittlichen Phantasien erwirbt ..., gleichgültig, wie schlecht er als Säugling oder Kind tatsächlich behandelt worden ist."

3. Ideengeschichtlicher Hintergrund

Schuld ist dem Menschsein immanent; begreift man die Schöpfungsgeschichte als Beschreibung des Mensch-Werdens (phylogenetisch und ontogenetisch; Hirsch 1997), geht der Übergang vom Natur-Zustand in den des Wissens (um Gut und Böse) mit dem Erwerb von Schuldfähigkeit einher. Die Religionen sowie Ethik, Moral und Gesetzgebung regeln soziales Leben, um (im Prinzip unvermeidliche) Schuld zu minimieren. Einer Tat-Schuld (jemandem oder sich selbst etwas Böses tun) steht eine existentielle gegenüber: Jedes So-Sein lässt schuldig werden, da alle Möglichkeiten, anders zu sein, verworfen werden (Existenz-Philosophie, besonders Heidegger; vgl. die Diskussion in Hirsch 1997). Die illegitime Vermischung von irrealem Schuldgefühl (von dem man, nicht zuletzt in der analytischen Therapie, befreit werden sollte) und real begründeter Schuld (deren Anerkennung, unter Umständen mit Unterstützung durch andere, wünschenswert ist) führt zu Macht über Menschen und zu ihrem Missbrauch.

4. Wesentliche Erweiterungen, Differenzierungen und Modifikationen

Lange hat die Psychoanalyse Schuldgefühl ausschließlich auf die ödipalen Regungen zurückgeführt (die Kleinianer auch auf den Todestrieb), bis Modell (1965, 1971) die Möglichkeit eines Schuldgefühlkonflikts aufgrund nicht triebbedingter Bestrebungen wie Erfolgsstreben und Autonomie beschrieb. Modell konzipierte so ein Trennungsschuldgefühl sowie eines aufgrund expansiver Bedürfnisse, konnte aber die reale Familieninteraktion nicht mitheranziehen. Denn die Reaktion der sozialen Umgebung auf die vitalen und Autonomiebedürfnisse trägt entscheidend zur Schuldgefühlsentwicklung bei, wenn sie sie repressiv und nicht entwicklungsfördernd beantwortet. Aus einem konstruktiv regulierenden Schuldgefühl aufgrund eines inneren Konflikts wird erst ein pathologisches, wenn die Reaktion der Bezugspersonen den Konflikt übermäßig verschärft.

Schließlich ist Ferenczi (1933) zu nennen, der früh das Fundament für ein Verständnis der Internalisierungsvorgänge traumatischer Gewalt gelegt hat. Verschiedenste familiäre und außerfamiliäre Gewalt-, aber auch Verlusterfahrungen schlagen sich als Introjekte im Selbst nieder, die selbstzerstörerisch weiterwirken und immer eine schwere Schuldgefühlssymptomatik hervorrufen (vgl. Hirsch 1995, 1997). Hier ist auch eine Verbindung gegeben zu Freuds (1923b) Entdeckung des unbewussten, „entlehnten" Schuldgefühls. Ferenczi beschreibt eine Form der Identifikation mit dem Aggressor, die eine billigende Übernahme der Gewalt durch Unterwerfung sowie eine Introjektion seiner Schuld bedeutet. Die reale Schuld des Täters (die jener nicht anerkennt) wird so zum Schuldgefühl des Opfers (das unschuldig ist), weil das Introjekt wie ein feindlich verfolgendes Überich Schuldgefühle macht. Und dabei handelt es sich keineswegs nur um massive Traumatisierungen, sondern gerade auch um subtile Beziehungstraumata innerhalb der Familie des sich entwickelnden Kindes.

Eine differenzierte, psychoanalytisch fundierte Systematisierung des Schuldgefühls gab es bisher nicht. Lediglich Weiss und Sampson (1986; vgl. auch Friedman 1985) hatten die erwähnten Arbeiten von Modell und die von Niederland (1961, 1981) zum Überlebenden-Syndrom ihrem Konzept eines Trennungs- und eines Überlebensschuldgefühls zugrunde gelegt. Ich möchte folgende Einteilung des Schuldgefühls vorschlagen (Hirsch 1997):

1. *Basisschuldgefühl* aufgrund der bloßen Existenz, die schuldhaft erlebt wird; der traumatisch wirkende Anteil der Umwelt ist das Nicht-willkommen-Sein des Kindes. Entweder waren die Eltern überhaupt gegen ein Kind: sie „mussten" heiraten, ein Abtreibungsversuch war erfolglos oder das Kind wurde unehelich oder nach einer Vergewaltigung geboren. Ferenczi (1929) meint solche Patienten, die „sozusagen als unwillkommene Gäste der Familie zur Welt (kamen)". Oder die Eltern wollten zwar ein Kind, aber es war nicht das „richtige", meist wegen seines Geschlechts; noch immer sollte es häufiger eher ein Junge sein (hier liegt sicher eine Wurzel eines spezifisch weiblichen Schuldgefühls). Oder es handelt sich um ein „Ersatzkind", das in den Augen der Eltern ein verstorbenes Geschwister ersetzen soll, so dass es angesichts dieser nie zu erfüllenden Aufgabe ein Gefühl der Schuld entwickelt. In anderen Fällen manifestiert sich die Unerwünschtheit darin, dass das Kind die Bedürfnisse der Eltern erfüllen muss und dementsprechend Schuldgefühle wegen des Bedürfnisses einer Existenz im eigenen Recht entwickelt. In solchen Fällen gibt es gleitende Übergänge zum Trennungsschuldgefühl (s. u.), im Prinzip liegt die Unterscheidung darin, dass ein Trennungsschuldgefühl durch die Verweigerung der Loslösung hervorgerufen wird, ein Basisschuldgefühl dagegen ist in der primären Unerwünschtheit begründet, oft mit einer Instrumentalisierung des Kindes (Rollenumkehr) verbunden.

2. *Schuldgefühl aus Vitalität,* d. h. expansive Bestrebungen, Begehren, Haben-Wollen, Erfolg-haben-Wollen, Andere-übertreffen-Wollen werden schuldhaft erlebt, da sie von der familiären Umgebung nicht willkommen geheißen werden können, was traumatisch wirken kann. Außerhalb der kleinianischen Psychoanalyse hat wohl als erster Modell (1971) Formen präödipaler Schuldgefühle aufgrund vitaler Bestrebungen unabhängig vom Ödipus-Komplex beschrieben, weil mehr zu haben oder mehr haben zu wollen mit dem Glauben verbunden ist, dem anderen dadurch zu schaden. Natürlich sind auch ödipale Wünsche Ausdruck von Vitalität, aber heute fragt man nach den tatsächlichen Beziehungen, innerhalb derer das Kind sie erlebt; wie ist die (besonders auch sexuelle!) Beziehung der Eltern, wie wohlwollend oder feindlich stehen sie nicht nur den sexuellen, sondern allen Bestrebungen des Kindes, seiner Vitalität eben, gegenüber, wie werden ihre latenten (vgl. Hirsch 1993) oder gar offenen inzestuösen Wünsche an das Kind herangetragen? D. h. wenigstens der pathologische Ödipus-Komplex wäre pseudo-ödipal, von den inzestuösen Wünschen der Eltern hervorgerufen. Erst die Abwehr der inzestuösen Wünsche der Eltern erzeugt im Kind überhaupt ein „ödipales" Schuldgefühl.

Schuldgefühle aus vitalen Bedürfnissen finden sich beim „Scheitern am Erfolg", wenn man glaubt, dass Erfolg einen anderen zurücksetzt oder behindert. So entstehen Arbeitsstörungen und Prüfungsängste aus dem Schuldgefühl, den anderen zu übertreffen (auch aus Trennungsschuldgefühl, s. u.).

Besser (erfolgreicher) leben, bedeutet, auf Kosten anderer zu leben, von denen man abhängig ist und deren Liebe man sich erhalten möchte. Ein Kind muss seine Lebendigkeit unterdrücken, wenn es auf einen chronisch kranken (auch hypochondrischen oder suizidalen) Elternteil ständig Rücksicht nehmen muss, einem „Terrorismus des Leidens", wie Ferenczi (1933) das genannt hat, ausgesetzt ist. – Das Überlebenden-Schuldgefühl ist eines sowohl aus Vitalitätsbestrebungen als auch ein traumatisches Schuldgefühl (s. u.), durch Introjektion der Gewalt verursacht. Die Überlebenden von Katastrophen und politischem Terror klagen sich an für ihr „Versagen", andere nicht gerettet zu haben, als ob ihr Wunsch zu überleben Schuld bedeutete.

3. *Trennungsschuldgefühl:* Autonomiebestrebungen wie Selbständigkeit und Erfolg, die doch sonst positiv bewertet werden, sind mit Schuldgefühl verbunden, wenn die elterliche Autorität sie nicht genügend fördert, vielmehr dagegen arbeitet, da Trennung für sie eine Bedrohung darstellt. Es liegt der Glaube zugrunde, dass Trennung die Schädigung oder Zerstörung des „Liebesobjekts" bedeute. Modell (1965, S. 342) nimmt ein Ausbleiben der Selbst-Objekt-Differenzierung an; heute wird man die Objekterfahrungen berücksichtigen, die zu Autonomie verbietenden Überich-Introjekten führen. Derartige Konflikte betreffen Kontakte des Kindes mit Menschen außerhalb der Familie, Erfolg und berufliche Fortschritte, natürlich Sexualität (deren eine charakteristische Eigenschaft ist, dass ihre Objekte außerhalb der Familie liegen müssen), räumliche Trennung, natürlich Heirat und Schwangerschaft. Die Hauptwurzel von Arbeitsstörung und Prüfungsangst liegt in einem unbewussten Trennungsschuldgefühl – Erfolg und besonders Prüfungen sind Fortschritte, Trennungsschritte.

4. *Traumatisches Schuldgefühl:* Schwere Gewalt- und Verlusterfahrungen hinterlassen einen Fremdkörper im Selbst, ein Introjekt, das Schuldgefühle verursacht. Das Paradoxon, daß das primär unschuldige Opfer – ein Kind oder ein bloß wegen seiner politischen oder religiösen Überzeugung oder ethnischen Herkunft Gefangener – unter schweren Schuldgefühlen leidet, während der Täter weder Schuldgefühle hat noch irgendeine Schuld anerkennt, kann eigentlich nur damit aufgelöst werden, dass das Opfer den Täter lebensnotwendig braucht – das Kind die Eltern, auch wenn sie es misshandeln und missbrauchen, und sogar – in einer archaischen Regression (Eissler 1968, S. 457) – das politische Opfer den Folterer, die erwachsene Frau den Vergewaltiger. Das Opfer introjiziert die Schuld des Täters, um ihn als Liebesobjekt zu erhalten (vgl. oben: Ferenczi 1933). Auch Verluste von Liebesobjekten können Introjekte verursachen, die Schuldgefühl erzeugen, sie müssen genügend betrauert werden, damit sie nicht als „untote" Introjekte, tot-lebendig bleiben müssen. Schwere Traumatisierung bedeutet massive Grenzüberschreitung, ein Einreißen der Grenze zwischen Subjekt und Objekt, Täter und Opfer. Der Implantation des Bösen durch den Folterer folgt die Introjektion, das Errichten einer entsprechenden „tyrannischen Instanz" im Opfer selbst, die es nun weiter entwertet und schuldig spricht – das Introjekt macht Schuldgefühle. Auch uneingestandene schwere Schuld der Eltern bildet im Selbst des Kindes ein Introjekt, von dem Schuldgefühle ausgehen – das Kind hat Schuldgefühle und empfindet die Scham, die die Täter nicht haben können oder wollen. Schuldgefühle, die durch den Druck eines Introjekts entstehen, werden durch die Identifizierung mit ihm gemildert, das geht allerdings einher mit dem Anwachsen von Schuld, da die identifikatorische Billigung bzw. Nachahmung des Unrechts des Täters mit-schuldig macht. Es gibt also eine Schuld des Opfers, vielleicht „Mit-Schuld" oder „Mit-Verantwortung", entstanden aufgrund von wenn auch unvermeidlicher, tragischer Identifikation.

5. Die Bedeutung des Begriffs in den verschiedenen psychoanalytischen Schulrichtungen

Die kleinianische Schule behält das Prinzip des Trieb-Umwelt-Konflikts für die Überich- und damit Schuldgefühlsgenese bei. Sie bezieht aber den präödipalen, vom Todestrieb bestimmten Bereich mit ein, so dass ein frühes archaisches Überich einem reifen (ödipalen) gegenübersteht. Schuldgefühl entsteht erst mit der Ambivalenz in der depressiven Phase. Die mittlere britische Schule, vertreten durch Winnicott (1958), sieht die Aufgabe der mütterlichen Umwelt im Auffangen, Modifizieren der archaischen Schuldgefühle, die von reiferen abgelöst werden müssen, damit die Entwicklung von Delinquenz vermieden wird. Die Modifikationen der Psychoanalyse, die Weiss und Mitarbeiter (Weiss und Sampson 1986) vornahmen, scheinen Kohuts Konzept des (an seinen Trieben) „schuldigen" und des „tragischen Menschen" (der an seiner Selbst-Verwirklichung scheitert) in gewisser Weise parallel zu gehen. Sie stellen nämlich der Forderung der traditionellen Psychoanalyse: der Patient soll tun, was er nicht will, nämlich auf die infantile Triebbefriedigung im Symptom verzichten, eine andere Therapieauffassung gegenüber: Der Patient soll (zu tun) lernen, was er will, und bisher nicht konnte, weil er von unbewusster Angst und Schuldgefühl daran gehindert war. Der Analytiker ist Weiss zufolge zwar auch Übertragungsfigur, aber in dem Sinne, dass er – mit eben den Gefühlen, die aus traumatischen Beziehungen damals stammen – getestet wird, ob er eine bessere Beziehungsumwelt, die die Realisierung der Ich-Ziele des Patienten ermöglicht, zur Verfügung stellen kann. Die Psychoanalyse hat sich vom Prinzip des Trieb-Umwelt-Konflikts weiterentwickelt zu einer objektbeziehungstheoretischen Sicht pathogener Einflüsse, die sowohl Bestrebungen des Subjekts, reale Beziehungserfahrungen mit den Objekten als auch Abwehrleistungen des Ichs berücksichtigt. Wenn sich auch Schuld im äußeren zwischenmenschlichen, Schuldgefühl im intrapsychischen Bereich ereignet, sind sie doch miteinander verwoben, weil Beziehungsrealität und Phantasiewelt sich gegenseitig bedingen. Man kann sagen, dass ein intrapsychischer Konflikt überhaupt erst dann pathogen wird und damit pathologisches Schuldgefühl entsteht, wenn ein (Beziehungs-)Trauma ihn so verstärkt, dass eine Lösung nicht möglich ist, weil gerade das Liebesobjekt, das ihn überwinden helfen könnte, ihn hervorgerufen hat.

6. Interdisziplinäre Beiträge

Das Schuldgefühl reguliert soziale Prozesse, es ist „das wichtigste Problem der Kulturentwicklung" (Freud 1930a, S. 493). Überich und Gewissen helfen Schuld zu vermeiden, erst feindlich-übertriebene Überich-Forderungen lassen pathologisches Schuldgefühl entstehen. Zur Schulddefinition sind moralische Instanzen notwendig, niedergelegt in juristischen, ethischen, religiösen, auch metaphysischen ("Instanz ist Gott allein", Jaspers 1946, S. 18) Normen, deren Internalisierung das Überich (bzw. Gewissen) bildet. Über seine Ursprünge aber gibt es Meinungsverschiedenheiten; Freud ist sowohl von der Daseinsanalyse (Buber 1958, Häfner 1959/60, Bally 1960, Boß 1962) als auch von Fromm (1947) in seiner Annahme z.T. scharf kritisiert worden, Gewissensqualitäten seien stets durch die Aufnahme äußerer Werte und Normen entstanden. Fromm setzt einem „autoritären Gewissen", das er mit dem Überich gleichsetzt, ein „humanistisches" entgegen. Die Daseinsanalytiker sprechen von „eigenem" (Boß 1962), von „personhaft gewordenem" (Buber 1958), „personalem" (Häfner 1959/60) Gewissen im Gegensatz zu den „Dressurprodukten" (Boß 1962) der Überich-Bildung. Dabei wird aber regelmäßig übersehen, dass in der Psychoanalyse zwischen einem anfänglichen, auf Angst vor Liebesverlust beruhenden Überich und einem reifen, der Selbstbestimmung dienenden, unterschieden wird, das auf der Assimilation, dem identifikatorischen Sich-zu-eigen-Machen äußerer Werte, beruht. Die Herkunft eines solchen ursprünglichen Gewissens bleibt im Dunkeln; ähnlich wie bei Kant, für den „das Gewissen die ‚Stimme des inneren Richters' (ist)... Kant verzichtet auf inhaltliche Aussagen über dieses Bewußtsein und fragt nicht nach dem Einfluß psychosozialer Bedingungen ... auf die Gewissensbildung" (Bron 1990, S. 481).

Die christliche Religion hat meines Erachtens immer ein dialektisches Konzept von Schuld vertreten: Es gibt einerseits die Sündhaftigkeit, die Erbsünde (vgl. Jaspers 1957, über Augustin) die „Urschuld" (Buber 1958, S. 7), die zur Existenz des Menschen, zu seiner Definition als Mensch grundlegend gehört, die mit dem Erkennen-Können von Gut und Böse zusammenhängt, und andererseits die einzelne „sündige" Tat, die der einzelne aus freier Entscheidung begeht und die er mit aller Kraft zu vermeiden angehalten ist. Die eine Seite der Dialektik – alle Menschen sind immer sündig – könnte als Rechtfertigung dienen, sich aus der Verantwortung für die konkrete Tat herauszustehlen. Mir scheinen diese diametral verschiedenen christlichen Auffassungen – unausweichliche Erbsünde bzw. stets freie Entscheidung – auf differente Interpretationen der Schöpfungsgeschichte zurückzugehen. Einmal wird der Sündenfall als Beispiel für eine freie Entscheidung des Menschen zur Sünde verstanden, zum anderen aber als Metapher für die Menschwerdung und die Beschaffenheit der menschlichen Existenz, unausweichlich sündig sein zu müssen. Meines Erachtens hat sich die christliche Religion mit dem Dogma der „freien Entscheidung zur Sünde" keine Möglichkeit gelassen, dem Menschen das Doppelte, die Dialektik von Sündhaftigkeit des Menschengeschlechts aufzuzeigen als Zeichen seiner prinzipiellen Freiheit, seiner Würde gar, und andererseits von „Sünde" der alltäglichen Tat, für die er sich, allerdings mehr oder weniger determiniert, also unfrei, entscheidet oder auch nicht. Dadurch könnte die Religion eine ungemein schuld-bewältigende Wirkung haben und dem einzelnen helfen, individuell empfundene Schuld zu differenzieren in ihre irrationalen Schuldgefühlsanteile, in den Anteil prinzipiell unausweichlicher existentieller Schuld, wobei sie ihn gleichzeitig aber keineswegs der Aufgabe entheben müsste, sich mit aller Kraft zu bemühen, persönliche (Tat-)Schuld zu minimieren.

Literatur

Bally, G. (1960). Schuld und Existenz. Wege zum Menschen, 12, 305–315.

Boß, M. (1962). Lebensangst, Schuldgefühle und psychotherapeutische Befreiung. Stuttgart: Huber.

Bron, B. (1990). Schuld und Freiheit – psychiatrisch-psychotherapeutische und anthropologische Aspekte. Psychotherapie, Psychosomatik, medizinische Psychologie, 40, 480–487.

Buber, M. (1958). Schuld und Schuldgefühle. Heidelberg: Lambert Schneider.

Eissler, K.R. (1968). Weitere Bemerkungen zum Problem der KZ-Psychologie. Psyche – Z Psychoanal, 22, 452–463.

Ferenczi, S. (1929). Das unwillkommene Kind und sein Todestrieb. Schriften zur Psychoanalyse, Bd. II. Frankfurt/M.: Fischer, 1972.

Ferenczi, S. (1933). Sprachverwirrung zwischen den Erwachsenen und dem Kind. Schriften zur Psychoanalyse, Bd. II. Frankfurt/M.: Fischer, 1972.

Friedman, M. (1985). Toward a reconceptualization of guilt. Contemporary Psychoanalysis, 21, 501–547.

Fromm, E. (1947). Psychoanalyse und Ethik. Stuttgart: Deutsche Verlagsanstalt, 1982.

Grotstein, J.S. (1990). Einleitung: In M.I. Little, Die Analyse psychotischer Ängste. Zwei unorthodoxe Fallgeschichten. Stuttgart: Klett-Cotta, 1994.

Häfner, H. (1959/60). Grundlinien einer daseinsanalytischen Gewissenspathologie. Psyche – Z Psychoanal, 13, 667–685.

Hirsch, M. (1993). Latenter Inzest. Psychosozial, 16, 25–40.

Hirsch, M. (1995). Fremdkörper im Selbst – Introjektion von Verlust und traumatischer Gewalt. Jahrbuch Psychoanalyse, 35, 123–151.

Hirsch, M. (1997). Schuld und Schuldgefühl. Psychoanalyse von Trauma und Introjekt. Göttingen: Vandenhoeck & Ruprecht.

Jaspers, K. (1946). Die Schuldfrage. München: Piper, 1965.

Jaspers, K. (1957). Die großen Philosophen, Bd. 1. Daraus: Augustin. München: Piper, 1976.

Kohut, H. (1977). Die Heilung des Selbst. Frankfurt/M.: Suhrkamp, 1979.

Modell, A.H. (1965). On having the right to a life: An aspect of the superego's development. International Journal of Psycho-Analysis, 46, 323–331.

Modell, A.H. (1971). The origin of certain forms of pre-oedipal guilt and the implications for a psychoanalytic theory of affects. International Journal of Psycho-Analysis, 52, 337–346.

Niederland, W.G. (1961). The problem of the survivor. Journal Hillside Hospital, 10, 233–247 and in H. Krystal (Ed.), Massive psychic trauma. New York: International Universities Press, 1968.

Niederland, W.G. (1981). The survivor syndrome: Further observations and dimensions. Journal of the American Psychoanalytic Association, 29, 413–425.

Oliner, M.M. (1995). Hysterische Persönlichkeitsmerkmale bei Kindern Überlebender. In M.S. Bergmann, M.E. Jucovy und J.S. Kestenberg (Hg.), Kinder der Opfer, Kinder der Täter. Psychoanalyse und Holocaust, 292–321. Frankfurt/M.: Fischer.

Weiss, J., Sampson, H. et al. (1986). The psychoanalytic process. Theory, clinical observation and empirical research. New York: Guilford Press.

Winnicott, D.W. (1958). Psychoanalyse und Schuldgefühle. In Reifungsprozesse und fördernde Umwelt (1965). München: Kindler, 1974.

Selbst, Selbstgefühl *von Christiane Ludwig-Körner*

self, self awareness – soi, sentiment de soi

1. Definition

Menschen erleben sich normalerweise als psychisch stabile Einheit, und sie verfügen über ein zentrales Selbstgefühl trotz ihrer Veränderlichkeit und Vielfältigkeit. Und sie erfahren sich in der Gegenwart als im Vergangenen geworden und in die Zukunft hinein entworfen; darin liegt nach Lichtenstein (1977) die Zeitdimension des Selbst. Selbstkohärenz und -Kontinuität erfährt der Mensch in sich; daher scheint das Selbst aus inneren Quellen zu strömen, andererseits aber ist es abhängig von den Bestätigungen anderer, die das Selbstgefühl unterstützen, aber auch stören können.

Aus den Erwartungen und Zuschreibungen der Eltern an das zukünftige Selbst des Föten bzw. Neugeborenen („virtuelles Selbst“ bei Kohut) und aus seinen mitgebrachten Fähigkeiten entwickelt das Kind im Austausch mit den Betreuungspersonen ein Empfinden seiner selbst, ein Vorläufer des Selbstgefühls. Ein reifes Selbstgefühl setzt kognitive Strukturierung der Affekte und eine auf ein Objekt bezogene Selbstreflexivität voraus.

Die vielfältigen und schillernden Aspekte des Selbst ermöglichen heute noch keine eindeutige Definition. Es lassen sich aber Definitionen des Selbst als Struktur von einem prozessualen Verständnis des Selbst unterscheiden. Beide Aspekte deuten aufeinander hin: Die Struktur, das Immergleiche zeigt sich nur in der Bewegung, der Veränderung, und das prozessuale Selbst ist nur in Bezug auf eine Struktur erkennbar (Ludwig-Körner 1992).

2. Ideengeschichtlicher Hintergrund

In den Vorläuferbegriffen „Seele“, „Bewusstsein“ hat das Selbst eine lange philosophische Tradition. Die indoasiatische Philosophie hebt die Einheit von Erkennendem und Erkanntem, von Erschaffendem und Erschafftem hervor; in der westlichen Philosophie und Psychologie wird die Interaktion von Individuum und Umwelt betont. Descartes' Trennung in „physikalische Wirklichkeit“ und „Bewusstsein“, seine „Zwei-Substanzentheorie“ griff Leibniz kritisch auf und setzte seine Monadenlehre dagegen. In seiner geisteswissenschaftlichen Sicht betrachtet er den Menschen als handelndes, aktives, Ziel gerichtetes Wesen.

Konträr zur Auffassung von Locke, derzufolge alle menschliche Erkenntnis aus den äußeren (sensation) oder inneren (reflection) Erfahrungen stammt und es keine angeborenen Vorstellungen (Ideen) gibt, steht die Ansicht von Kants „Kritik der reinen Vernunft“. Danach ist das Selbst nicht selbst erkennbar, ein Ding an sich.

Nietzsche kritisiert die Reflexionsphilosophie der Aufklärung und den deutschen Idealismus und greift auf den biologischen Ursprung zurück: die Vernunft des Leibes, das Leib-Selbst, der elementare Wille des Lebens, das Es, das uns lebt. Mit der Phänomenologie Husserls tritt der „erlebende“ Aspekt des Selbst in den Vordergrund. Ich muss von mir und um mich wissen, bevor ich mich bewusst und aktiv auseinandersetzen, mich fragen kann, wer ich bin. Dieses Wissen kann nicht dem Reflexionsprozess entstammen, sondern ist vorgegeben. Das bedeutet: Dem bewussten Selbst ist ein vorbewusstes, passives Selbst mitgegeben, ein „Wissen“ (im nicht-kognitiven Sinne) um sich selbst, das im Selbsterleben zutage tritt. Diese, in der phänomenologischen Tradition ruhende Auffassung des Selbst ist in der Gestaltpsychologie wieder zu finden; das Selbst als latenter Entwurf und Organisationsprinzip. Aspekte der Erinnerung integrieren sich hier zu einer Gestalt, wie die einzelnen Zellen des Organismus zum Körper.

James (1890) griff die von Leibniz getroffene Unterscheidung zwischen einem „empirischen Ich“, dem der Mensch durch innere Erfahrung zugänglich wird, und einem „rationalen Ich“ auf. Er setzt das Selbst mit dem Bewusstsein gleich, verdoppelt es gleichsam: einerseits ein zum Bewusstsein Kommendes, andererseits ein Bewusstsein Habendes. James betont, die Erfahrung von sich selbst sei eine fundamentale Realität, die philosophisch nicht weiter reduzierbar oder transponierbar und damit „objektivierbarer“ sei.

Der englische Empirismus, beginnend mit Locke, Smith und Hume, legt den Schwerpunkt auf die Beziehung von Person und Gesellschaft. Smith nahm Cooleys „looking glass self“ vorweg, wonach wir nur im Spiegel der anderen „selbst werden“ können. Cooleys und Meads Auffassungen des Selbst beeinflussten nicht nur Soziologen und Sozialpsychologen (symbolischer Interaktionismus), sondern u.a. auch die interpersonelle Psychoanalyse Sullivans. Selbst-Identität entsteht nach Mead, wenn das Individuum sich mit den Augen der anderen sehen lernt, deren Haltung sich gegenüber einnehmen und sich damit zum Objekt seiner selbst machen kann.

3. Klassische Auffassung

Der Ich-Begriff, den Freud von 1914–1918 häufig verwendet, unterscheidet sich von seiner früheren, als auch seiner späteren Auffassung. Er versteht das Ich in dieser Zeit als eine zentrale Struktur im Sinne eines „Ich-Selbst“. Es ist einerseits Teilstruktur der Person und andererseits Repräsentant der Gesamtperson. In seinen späteren Schriften erscheint eine räumliche Auffassung des Ich als seelische Provinz, als Instanz. Mit dieser räumlichen Verteilung trat die Vorstellung von der Einheitlichkeit der Person in den Hintergrund. Obwohl Freud die Begriffe „Ich“, „Selbst“, „Person“ nicht deutlich voneinander trennte und der Eindruck entsteht, dass er den Terminus „Selbst“ vermied, ist er dennoch implizit in seiner Strukturtheorie des Ichs enthalten. Die Offenheit seiner Begrifflichkeit erlaubte eine vom Objektiven zum Subjektiven wechselnde Sicht. Diese Beweglichkeit der Begriffe ging mit Stracheys Übersetzung verloren, indem er „Ich“ mit „Ego“ übersetzte.

Hartmann (1939) versuchte den Ich-Begriff zu präzisieren, womit die Mehrdeutigkeit und damit die innere Spannung des Konzepts des Freud'schen Ich-Begriffs weiter verloren ging. In ihm waren sowohl die Systemeigenschaften als auch die Annahme enthalten, dass das Ich der Sitz des Bewusstseins und damit auch des Bewusstseins vom eigenen Selbst oder vom Selbst als Person ist. Hartmann definierte das Selbst als Struktur, die keine der Instanzen ist, sondern sich über sie hinweg erstrecke. Das Selbst wird als Summe der Selbstrepräsentanzen, in Gegenüberstellung zu den Objekten verstanden. Diesem gegenüber steht das Ich mit seinen (teilweisen autonomen) Funktionen.

Wie Hartmann geht Jakobson (1964) von einer „undifferenzierten Matrix“ oder einem „psychophysiologischem Urselbst“ aus.

Ihr deskriptiver Selbstbegriff verweist auf die Person als Subjekt im Unterschied zu der sie umgebenden Welt der Objekte. Die Selbstrepräsentationen sind die unbewussten, vorbewussten und bewussten Vorstellungen des körperlichen und psychischen Selbst im System Ich. Kernberg (1984) greift ihre Auffassung auf, dass Selbst- und Objektimagines in der frühen Zeit der Introjektionen nicht voneinander geschieden sind. Er versteht das Selbst als psychische Struktur, das seinen Ursprung in zugleich libidinösen und aggressiv besetzten Selbstvorstellungen hat.

4. Die Bedeutung des Selbstbegriffs in verschiedenen psychoanalytischen Schulrichtungen

Bei Jung (1948, 196) ist das Selbst eine „übergeordnete Größe", eine primäre Einheit. Sie umfasst die Totalität des Individuums, mit dem Gefühl und der Erfahrung einer Ganzheit seiner selbst. Als organisierende und motivierende Kraft ist das Selbst außerhalb des bewussten Ich angesiedelt; es ist eine Prädisposition, ein Zentrum des Bewusstseins zu organisieren.

Melanie Klein verwendet die Begriffe „Ich", auch „Subjekt" und „Selbst" wenig trennscharf. Mit „Selbst" verbindet sie in ihren späten Schriften eher die Gesamtpersönlichkeit, wozu auch das Triebleben gehört. Das Ich stellt den „organisierten Teil des Selbst" dar. Nach Segal, die aufgrund der vielfältigen kontroversen Auffassungen vom Selbst, diesen Begriff ungern benutzt, umfasst das Selbst das Ich und die inneren Objekte, die durch das Bewusstsein strukturiert werden.

Objektbeziehungstheoretiker wie Fairbairn weisen auf Freuds frühe Libidotheorie hin, welche in ihren Termini „autoerotisch", „narzisstisch" und „alloerotisch" einen Objektbezug impliziere. Danach ist der Säugling ein dynamisches Wesen, das von Anbeginn danach strebt, in Beziehung zu treten und als eine einheitliche Person erkannt zu werden. Fairbairn (1946) schreibt dem „ursprünglich einheitlichen Ich" (Selbst) des Säuglings – Sutherland nennt es „autonomes Selbst" und Modell (1993) „privates Selbst" – schon zu Lebensbeginn die Rolle eines Handelnden zu, in der es „embryonenhafte" Objektvorstellungen internalisiert. Diese ursprüngliche Ganzheit kann infolge von Frustrationen und Deprivationen aber zerreißen und Abwehrreaktionen – z.B. Spaltungen – hervorrufen.

Nach Winnicott (1965) verfügt schon das Ungeborene über eine psychische Struktur, eine Kontinuität des Erlebens: der Beginn des Selbst und die Quelle des Wirklichkeitsgefühls. Selbstgefühl wird sich nie anders ergeben können als auf der Grundlage des Gefühls zu sein. Vom Lebensbeginn an verfügt der Säugling über die Fähigkeit zur Rückkehr vom Reagieren zum Nicht-reagieren-Müssen („open space" bei Sander). Somit gehört zu dem „zentralen Selbst" auch ein Teil, der nicht in Kontakt zur äußeren Realität tritt und – wenn er gesund ist – schweigt („incommunicado"). Jeder Mensch wird somit nie ganz „gefunden", er bleibt – philosophisch ausgedrückt – ein auf sich Geworfener.

Winnicotts Unterscheidung in ein „wahres" und ein „falsches" Selbst stammt vermutlich von Rank, bzw. Horney. Das „wahre Selbst" ist bei Winnicott ein somato-psychisches Phänomen und weniger eine psychische Entität, ein Ort der ersten kindlichen kreativen Aktivitäten, der „spontanen Gesten", die Quelle der Authentizität, und stellt die Sicherheit des andauernden Seins dar. Bereits fötal kann es durch „Übergriffe" zu falschen Vorwärtsbewegungen kommen, der Beginn eines „falschen Selbst" (von Modell 1993 mit dem „sozialen Selbst" gleichgesetzt). Es handelt sich um eine Abwehrorganisation, um das „wahre Selbst" zu schützen und kann zu einem „stellvertretenden Selbst" werden. Das „wahre Selbst" ist paradox, indem es einerseits das Individuum befähigt, alleine zu sein, andererseits immer wieder der Umwelt bedarf, der Gegenwart der Mutter. In ihrer Spiegelfunktion (und ihrer affektiven Einstimmung) gibt sie dem Kind sein eigenes Selbst zurück. Stern (1985) schlägt anstelle „wahres" und „falsches" Selbst eine andere Einteilung der

Selbsterfahrungen vor in: „soziales“, „privates“, „verleugnetes Selbst“ und „Nicht-Ich-Erfahrungen“.

Lichtenstein (1977) fordert, sich an Hartmann anschließend, neben „Trieb“ und „Realität“ eine unabhängige „dritte Kraft“ als selbständigen gestalthaft-organisierenden Faktor der Ich-Entwicklung. Dieses biologisch verankerte Prinzip, das Streben nach Identität, das allen anderen Motiven übergeordnet ist, stellt gleichzeitig die Verbindung des Menschen zu seiner evolutionären Vergangenheit dar. Während Erikson das Identitätsthema vorwiegend unter psycho-sozialen Gesichtspunkten behandelt, sieht Lichtenstein die Identität in einem vorsozialen und vorkulturellen Bereich verwurzelt: Das Kind bringt eine körperliche Bereitschaft mit, auf mütterliche Stimuli zu reagieren, Identität entsteht in einer Selektion aus den Möglichkeiten des potentiellen Selbst durch die Erfahrung der Mutter-Kind-Beziehung.

Kohut (1977) war es, der innerhalb der Psychoanalyse den erlebnisnahen Teil des Selbst in den Vordergrund stellte. Er geht von einer eigenen, unabhängigen Entwicklung des Narzissmus aus, einer Entwicklung des Selbst von archaischen zu reifen Formen. Seine Theorie ersetzt die zentrale Rolle des Triebes durch die Funktion des Selbst, welches er als „Mittelpunkt des psychologischen Universums“ versteht. Das Selbst ist der Kern der Persönlichkeit, der sich im Zusammenspiel von angeborenen und Umweltfaktoren herausbildet. Es strebt nach Realisierung seines eigenen Handlungsprogramms, das von Strebungen, Zielen, Fertigkeiten und Begabungen determiniert wird, sowie durch die Spannungen, die zwischen diesen Bestandteilen des Selbst bestehen („bipolares Selbst“). Lebenslang ist das Selbst angewiesen auf empathische Objekte.

Lichtenberg, Lachmann, Fosshage (1992) greifen Kohuts frühen Selbstbegriff auf, indem sie das Selbst als unabhängiges Zentrum annehmen, von dem Initiative, Wahrnehmung, Organisation und Integration von Erleben und Motivation ausgehen. Die Intersubjektivisten Stolorow, Brandchaft, Atwood (1987) verwenden den Begriff des Selbst zur Beschreibung von Erlebnisorganisationen und unterscheiden davon die Person, die Tätigkeiten initiiert.

5. Wesentliche Erweiterungen, Differenzierungen und Modifikationen

Frühe psychoanalytische Arbeiten widmeten sich vor allem der Frage, wie das Selbst innerhalb der Strukturtheorie einzuordnen ist, ob es sich um eine übergeordnete Einheit oder um die Summe der Selbstrepräsentanzen handelt und es eine eigenständige Selbstentwicklung neben der Triebentwicklung gibt. Meissner (2000a, 379) schlägt eine hierarchisch geordnete Begrifflichkeit vor: Das Selbst solle als übergeordnetes Konzept verstanden werden, ähnlich dem der Person („self-as-person“); das Selbstgefühl wäre dann ein Teil dieses Selbstsystems. Er wendet sich damit gegen ein rein relationales und intersubjektives Konzept des Selbst, das vorrangig in erlebensnahen, subjektiven oder intersubjektiven Termini definiert wird. Zwar ist das Selbst zu interpersonalen Beziehungen, Interaktionen und Dialogen fähig, aber wird weder durch sie ausschließlich definiert, noch konstituiert. In Meissners Sicht (2000b, 409f.) ist das Selbst eine unabhängige Einheit, welches das Strukturmodell mit Ich, Es und Über-Ich als Substrukturen umfasst. Es, Ich, Über-Ich als theoretische Konstruktionen können nicht handeln, sondern repräsentieren jeweils Gruppen von Funktionen des Selbst. Das „Selbst-als-Handelndes“ („self-as-agent“) ist die Quelle aller Aktionen der Person; es ist psychisch und körperlich, erfahrbar und nicht-erfahrbar dimensioniert. Das handelnde Selbst und das Selbst als Subjekt gehören danach zusammen. Seine Sicht des „Selbst als Struktur“ („self-as-structure“) steht im Kontrast zum „Selbst als Repräsentation“ („self-as-representation).

Aktuelle Arbeiten zentrieren mehr auf die Mentalisierung, den Aufbau von inneren Arbeitsmodellen des Selbst (Selbst-Schemata), und auf die Entwicklung des Selbst(gefühls) und seiner Regulation und den Einfluss, den die Affekte auf das eigene Handeln nehmen (Schore 1994, Fonagy et al. 2004).

Selbstentwicklung verläuft nach Stern (1985) über die Stadien des Empfindens eines „auftauchenden Selbst“ mit einer beginnenden Selbst-Andere-Differenzierung, eines „Kern-Selbst“, eines „subjektiven“ und „verbalen Selbst“ – immer bezogen auf andere und als ein lebenslanger Prozess. Das basale Empfinden seiner selbst, das von Anbeginn besteht, bezieht sich auf die Erfahrungen des Selbst als Handelnden (die eigene Aktivität), das Erleben von Affekten, sich verändernden Zuständen des Bewusstseins, Denkens und Wahrnehmens, der Selbstkohärenz und der Erfahrung einer Kontinuität (Geschichtlichkeit).

Fonagy et al. (2004, 254f.) unterscheiden fünf Phasen, in denen ein Kind sein Empfinden des Selbst und sein Verstehen von mentaler Urheberschaft menschlichen Handelns entwickelt: das Selbst als „physischer“, „sozialer“, „teleologischer“, „intentional mentaler“ und als „repräsentationaler oder autobiographischer Akteur“.

Nach Emde (1988) sind die Grundmotive der Aktivität und Selbstregulation, der sozialen Beziehung, affektiven Spiegelung und kognitiven Assimilation Ausdruck übergreifender Regulationsfunktionen, die in der evolutionären Ausstattung vorprogrammiert sind. Der „affektive Kern des Selbst“ ist in hohem Maße biologisch determiniert und differenziert sich im Laufe der Entwicklung aus der pflegenden Beziehung und den dabei wirksamen Affekten.

Nicht nur Sander, Emde, Basch, auch Gedo und Sutherland zentrieren bei ihren Modellen der Selbstentwicklung auf einer biologischen Verankerung des Psychischen (wie bei Freud), indem sie teils auto-regulative Modelle, systemische Ansätze, holistische und gestaltpsychologische Traditionen und neurobiologische Forschungsergebnisse hinzuziehen.

In jüngerer Zeit mehren sich Vorschläge zur Systematisierung und Klärung des Selbstbegriffs. In Anschluss an Hartmanns Unterscheidung zwischen einem „self“ und einem „ego“ weist Fast (1995) darauf hin, dass das „Selbst“ auf zweierlei Weise gebraucht wird: Als Bezeichnung für das System der Selbstrepräsentanzen und als dynamisches Selbst i.S. eines prozessualen Selbst (Ludwig-Körner 1992). Mit dem Begriff vom dynamischen (oder prozessualen) Selbst würde auch die Mahnung Schafers (1976) berücksichtigt, der eine „Handlungssprache“ anstelle der verdinglichenden Substantivierungen forderte.

6. Interdisziplinäre Beiträge und Befunde

Psychoanalyse allein, so schrieb Hartmann 1939, kann das Problem der „Anpassung“ nicht lösen. Es sei eine gemeinsame Aufgabe auch für die Biologie und Soziologie. Ergebnisse aus der Entwicklungs-, Kognitions-, Sozialpsychologie und v.a. der Hirnforschung beeinflussen zunehmend Auffassungen vom Selbst. Edelman (1989, Edelman und Tononi 2002) entwickelte eine neurobiologische Theorie des Bewusstseins und des Selbst als einer evolutionären Struktur. Von zwei anatomisch und evolutionär unterschiedlichen Systemen innerhalb des Zentralnervensystems umschließt das eine die neuronale Basis, ist innerlich ausgerichtet und bezieht sich auf Introspektion. Das andere vermittelt die Wahrnehmung der äußeren Welt. Edelman unterscheidet ein „höher geordnetes Bewusstsein“, über das vermutlich nur Menschen verfügen, von einem „primären Bewusstsein“, das nicht auf gerade gemachten Erfahrungen basiert, sondern auf der Fähigkeit beruht, sich Vorstellungen über Vergangenheit und Zukunft zu machen.

Organismen, die über ein Selbstbewusstsein verfügen, haben enorme Vorteile derart, dass sie sich eine eigene innere Welt schaffen können, die unabhängig von der äußeren existiert, wodurch sie sich aus der „Tyrannei der Gegenwärtigkeit“ befreien können. Erinnerung besteht in der Rekategorisierung des Erlebens; das ist ein Konzept, das Freuds „Nachträglichkeit“ ähnelt.

Edelmans Auffassung eines biologischen Selbst entspricht einem inneren Kern des Selbst, das relativ unabhängig von Umwelteinflüssen sich selbst generiert. Diese Theorie könnte James' Paradoxon lösen: die Kontinuität des Selbst als seine Identität und die gleichzeitige Diskontinuität des Selbst im Fluss des Bewusstseins. Die Paradoxie wird durch „Reentry" und „Reorganisation" gelöst. Das Individuum rekategorisiert aktuelle Wahrnehmungen durch einen Vergleich mit wertgeladenen Erinnerungen aus der Vergangenheit. Das Selbst wird inmitten des Wahrnehmungsflusses als Kontinuität erlebt, da es als dominante Schablone handelt: Es schafft Ordnung und Kohärenz.

Das Konzept der „organisierenden Aktivität" von Sandler und Joffe (1969) ist dem Edelmanschen biologischen Selbst ähnlich, wonach psychische Strukturen außerhalb des Bewusstseins funktionieren und ein „representational field" kreieren, das hereinkommende Wahrnehmungen überprüft (Modell 1993, 48, 147).

Literatur

Edelman, G.M. (1989). The remembered present. New York: Basic Books.

Edelman, G.M., Tononi G. (2002). Gehirn und Geist. Wie aus Materie Bewusstsein entsteht. München: C.H. Beck.

Emde, N.R. (1988). Development terminable and interminable I and II. International Journal of Psycho-Analysis, 69, 23–42 und 283–296.

Fast, I. (1995). The dynamic self in psychoanalytic psychology. Psychoanalytic Dialogues, 5(3), 435–458.

Fairbairn, R. (1946). Object-relationships and dynamic structure. International Journal of Psycho-Analysis, 27, 30–37.

Fonagy, P., Gergely, G., Jurist, E.L. and Target, M. (2004). Affektregulierung, Mentalisierung und die Entwicklung des Selbst. Stuttgart: Klett-Cotta.

James, W. (1890). The principles of psychology. New York: Holt.

Jacobson, E. (1964). The self and the object world. New York: International Universities Press.

Jung, C.G. (1948). Der Mensch (Zweite Folge). Eranos-Jahrbücher, Bd. 16.

Hartmann, H. (1939/1975). Ich-Psychologie und Anpassungsproblem. Stuttgart: Klett.

Kernberg, O.F. (1984). Severe personality disorders. New Haven: Yale University Press.

Kohut, H. (1977). The restoration of the self. New York: International Universities Press.

Lichtenberg, J.D., Lachman F.M., Fosshage J.L. (1992). Self and motivational systems. Hillsdale N.J.: The Analytic Press.

Lichtenstein, H. (1977). The dilemma of human identity. Northvale N.J.: Jason Aronson.

Ludwig-Körner, C. (1992). Der Selbstbegriff in Psychologie und Psychotherapie. Wiesbaden: Deutscher Universitätsverlag.

Meissner, W.W. (2000a). The self-as-person in psychoanalysis. Psychoanalysis and Contemporary Thought 23, 379–523.

Meissner, W.W. (2000b). The self-as-structural. Psychoanalysis and Contemporary Thought, 23, 372–416.

Modell, A.H. (1993). The private self. Cambridge, Mass.: Harvard University Press.

Sandler, J., Joffe, W.G. (1969). Towards a basic psychoanalytic model. International Journal of Psycho-Analysis, 50, 79–90.

Schafer, R. (1976). A new language of psychoanalysis. New Haven: Yale University Press.

Schore, A.N. (1994) Affect Regulation and the Origin of the Self. The Neurobiology of Emotional Development. Hillsdale, N.J.: Lawrence Erlbaum Ass.

Stern, D.N. (1985). The interpersonal world of the infant. New York: Basic Books.

Stolorow, R.D., Brandchaft B., Atwood, G.E. (1987). Psychoanalytic treatment; an intersubjective approach. Hillsdale, N.J.: The Analytic Press.

Winnicott (1965). The maturational processes and the facilitating environment. London: Hogarth.

Selbstanalyse *von Heinrich Deserno*

self-analysis – auto-analyse

1. Definition

Selbstanalyse ist eine an der psychoanalytischen Methode orientierte Form der Selbsterkenntnis. Historisch ist das Konzept mit Freuds Entdeckung der Psychoanalyse als Methode und Therapie im Sinne eines Selbstversuchs verbunden. Heute bezieht es sich mehr auf die Fortsetzung der Analyse sowohl des Patienten als auch des Analytikers. Eine Analyse profitiert von den introspektiven, selbstreflexiven Fähigkeiten, die ein Patient bzw. Analysand mitbringt. Zugleich entwickeln sich durch die Analyse, wie katamnestische Studien zeigen, selbstanalytische Fähigkeiten. An der Unschärfe von Bezeichnungen wie „Selbstanalyse", „Analyse", „Fremdanalyse", „dyadische Analyse", „therapeutische Analyse", „Eigenanalyse" (für Lehranalyse) etc. lässt sich erkennen, dass die jeweiligen Unterschiede nicht klar zu ziehen sind. Da man bei der Fremdanalyse wie bei der Selbstanalyse von Analyse spricht, entsteht der Eindruck einer großen Ähnlichkeit, die de facto eher nicht gegeben ist. Den Besonderheiten der Selbstanalyse, die sich aus der Überschneidung von herkömmlicher Introspektion und weiteren Aspekten der psychoanalytischen Therapie ergeben, wird man vielleicht eher gerecht, wenn man von psychoanalytischer Selbsterforschung spricht und damit einschließt, dass die Selbstanalyse des Analytikers zu seiner Arbeit während der Analysestunden und deshalb zu den Daten psychoanalytischer Beobachtung und Interpretation gehört.

2. Klassische Auffassung

Als Krise der Lebensmitte beschreibt Anzieu (1988, S. 5f.) die intellektuelle, berufliche und familiäre Situation des 39-jährigen Freud zum Zeitpunkt des „Irma"-Traums 1895 (vgl. Freud 1985c, S. 137, 458; „Die Traumdeutung" 1900a, Kap. 2). Unterschiedliche Autoren wie Anzieu (1988, S. 76), Gay (1987, S. 104f.) und Schur (1972, S. 136) stimmen darin überein, dass Freud 1897 nach dem Tod seines Vaters mit dem systematischen Versuch beginnt, sich selbst, vor allem durch die Analyse eigener Träume, zu erforschen.

Aus medizinhistorischer Sicht (Schott 1985) ist Freuds Selbstanalyse ein Selbstversuch, der in einer Linie mit Selbstversuchen anderer naturwissenschaftlich und therapeutisch orientierter Ärzte steht. Als Vorläufer sind die Kokain-Experimente Freuds zu sehen (vom Scheidt 1973). Der analytische Selbstversuch bildet die Grundlage der späteren psychoanalytischen Behandlung. Freud entdeckte an sich selbst, was Schott (1985) neben Freuds naturwissenschaftlicher Orientierung die andere „Leitlinie" seiner Forschung nennt: die der subjektiven Mitteilung in der Therapie (S. 86f.). Zugleich wirkte Freuds Selbstanalyse auf seine Theoriebildung zurück. Der Anstoß, dass Freud seine ursprüngliche Auffassung, nach der jeder Neurose eine Situation sexueller Verführung zugrunde liege, relativierte, ergab sich aus seiner Selbstanalyse (Gay 1987, S. 114).

Mit Anzieus zweiteiliger Monographie „Freuds Selbstanalyse" (1988) liegt die bislang gründlichste Rekonstruktion des Freud'schen Selbstversuchs vor, orientiert vor allem an den in der „Traumdeutung" festgehaltenen, eigenen Deutungsbeispielen und dem Briefwechsel mit Wilhelm Fließ (Freud 1985c). Freud selbst bezog die Entstehung der „Traumdeutung" (1900a) auf den Tod seines Vaters, „also auf das bedeutsamste Ereignis, den einschneidendsten Verlust im Leben eines Mannes" (1900a, S. X). So beschrieb er Fließ seinen Zustand nach dem Tod des Vaters als ein „recht entwurzeltes Gefühl" (1985c, S. 212f.) und teilte ihm den Traum mit, in dem er auf einer Tafel liest: „Es wird gebeten, die Augen zuzudrücken" (1985c, ebd.; 1900a, S. 322f).

Im Sommer 1897 schrieb Freud an Fließ (1985c, S. 281): „Der Hauptpatient, der mich beschäftigt, bin ich selbst. Meine kleine, aber durch die Arbeit sehr gehobene Hysterie hat sich ein Stück weiter gelöst. Anderes steckt noch. Davon hängt meine Stimmung in erster Linie ab. Die Analyse ist schwerer als irgendeine andere. Sie ist es auch, die mir die psychische Kraft zur Darstellung des bisher Gewonnenen lähmt. Doch glaube ich, es muß gemacht werden und ist ein notwendiges Zwischenstück in meinen Arbeiten." Charakteristisch ist der Wechsel von Stockungen der Selbstanalyse mit Verschlechterung des Befindens und Aufhellung der Stimmung, wenn es gelingt, etwas besser zu verstehen. So schrieb Freud, als er sich an seine Kinderfrau erinnerte und in ihr die „Urheberin" erkannte, was seine sexuelle Aufklärung betrifft (ebd., S. 289): „Gelingt mir die Lösung der eigenen Hysterie, so werde ich dem Andenken des alten Weibes dankbar sein, das mir in so früher Lebenszeit die Mittel zum Leben und Weiterleben vorbereitet hat."

Oft wird von Freud das Bild eines „einsamen Helden", eines „heroischen Schöpfers" der Psychoanalyse tradiert. Er selbst hat wesentlich dazu beigetragen, z.B. durch das Motto aus Vergils Aeneis (VII: 42), das er der Traumdeutung voranstellte: „Wenn ich die Götter nicht in Bewegung bringen kann, werde ich die Unterwelt aufwühlen." Freuds Heroismus, aber auch seine zeitweise Einsamkeit („splendid isolation"), werden von vielen Autoren mit der Selbstanalyse in Verbindung gebracht. Ellenberger (1970, S. 610ff.) belegt detailliert, dass diese Sicht ebenso wenig zutrifft wie die Auffassung, man habe Freuds Ernennung zum Professor wegen der Psychoanalyse und aus antisemitischem Vorurteil heraus verzögert. Statt des „Konquistadoren-Temperaments", von dem Freud selbst sprach, geht Ellenberger (ebd.) von einer „schöpferischen Krankheit" Freuds aus. Bei genauerem Hinsehen begegnet man nicht nur dem kühnen Forscher, sondern, wie auch der Medizinhistoriker Schott (1985, S. 43) ausführt, „einem kranken Helden, ... einem von neurotischen Symptomen geplagten Menschen, der sich vergeblich verschiedenen Therapieversuchen befreundeter Ärzte unterzieht und sich schließlich selbstanalytisch behandelt".

In der „Psychopathologie des Alltagslebens" (1901b) setzt Freud seine Selbstanalyse an eigenen Fehlleistungen fort (vgl. „Signorelli", S. 6f.). Nach Grubrich-Simitis (1991, S. 76) kann auch, obgleich weniger offensichtlich als die „Traumdeutung" (1900a), „Der Mann Moses und die monotheistische Religion" (1939a) als Dokument und Ergebnis der Selbstanalyse Freuds gelesen werden.

Die Bedeutung, die Fließ für Freuds Selbstanalyse hatte, wird unterschiedlich interpretiert, aber übereinstimmend für entscheidend gehalten. Kohut (1974) z.B. erkennt in der spezifischen Wahl von Wilhelm Fließ eine Intuition Freuds, sich eine Analysesituation zu erschaffen. Darin steckt der Hinweis, dass die Selbstanalyse einer günstigen Verankerung in Beziehungen bedarf, was vermutlich den Kern der Auffassung trifft, dass genuine Selbstanalyse unmöglich sei (Grinberg de Ekbor und Lichtmann 1982). Auch Khan (1974, S. 133) verweist auf die besondere Rolle, die Freundschaften im Leben schöpferischer und introspektiver Menschen spielen, er nimmt eine „katalytische Funktion" dieser Beziehungen an.

Freuds Einstellung zur Bedeutung der Selbstanalyse bewegte sich nach Schott (1985, S. 50) zwischen zwei Einstellungen: „Tatsächlich schwankt Freud, wem er die Priorität bei der psychoanalytischen Ausbildung zubilligen soll: der Selbstanalyse oder der Lehranalyse. In diesem Schwanken drückt sich die Konfusion zweier Konzepte bei Freud aus: das autodidaktische Konzept der Selbstanalyse und das pädagogische Konzept der analytischen Therapie, das er als ‚Nacherziehung' bezeichnet hat."

3. Ideengeschichtlicher Hintergrund

Auch Freud bezieht sich auf das Delphische „Erkenne-dich-selbst": „Der Weg zur Befolgung der Mahnung ‚erkenne dich selbst' führt durch das Studium seiner eigenen, scheinbar zufälligen Handlungen und Unterlassungen“ (1901b, S. 236). Und später (1940a, S. 103): „Unser Weg, das geschwächte Ich zu stärken, geht von der Erweiterung seiner Selbsterkenntnis aus: Wir wissen, dies ist nicht alles, aber es ist der erste Schritt.“ Die Psychoanalyse fügt den bisherigen Formen der Selbsterkenntnis ein neues und radikales methodisches Moment hinzu. In einer vergleichenden Würdigung unterschiedlicher Modelle der Introspektion mag man Freud in eine Reihe mit Augustin, Descartes, Montaigne, Kant, Rousseau, Hegel, Kierkegaard, Nietzsche u.a. stellen (vgl. Wagner-Simon und Benedetti 1982). Das bringt aber die Gefahr mit sich, den selbstanalytischen Freud vom Analytiker Freud zu trennen und die von ihm entwickelten Verfahren der Therapie und Forschung beiseite zu lassen.

Ein kurzer Abriss zeigt, dass der philosophische Kontext für das Thema Selbstanalyse mit der Aufklärung gegeben ist (vgl. im Folgenden Ritters Wörterbuch der Philosophie, Stichwort „Selbsterkenntnis“). In der frühen Aufklärung wurden Selbsterkenntnis und Gotteserkenntnis weitgehend voneinander abgelöst. Die spätere Aufklärung stellte Motive und Zwecke der Selbsterkenntnis heraus: Inbesitznahme seiner selbst, Selbstkontrolle, auch Selbstgenuss. Mit Descartes wurde Selbsterkenntnis zur Selbstvergewisserung des denkenden Ich und damit zu einem entscheidenden Moment neuzeitlicher Bewusstseinsphilosophie. Montaigne betonte den Zusammenhang von Selbsterkenntnis und Wissen um die eigene Unzulänglichkeit; er befreite sich von jedem Anspruch auf Mustergültigkeit seiner Existenz. Pascal bezweifelte, ob Selbsterkenntnis möglich sei; zwischen „grandeur“ und „misère“ wisse der Mensch nicht, „à quel rang se mettre“. Bei Hobbes bedeutete die Aufforderung zur Selbsterkenntnis: „Lies in dir selbst“; sie sollte das Studium der menschlichen Gattung befördern. Kant sah in der „gereiften Urteilskraft des Zeitalters“ die „Aufforderung an die Vernunft, das beschwerlichste aller ihrer Geschäfte, nämlich das der Selbsterkenntnis aufs neue zu übernehmen“ (nach Ritter und Gründer 1995, S. 430). Er sprach von einem „ersten Gebot aller Pflichten gegen sich selbst“; die von ihm geforderte, kritische Selbsterkenntnis sei zugleich eine moralische, denn sie ziele auf die Gründung einer freien Gemeinschaft moralischer Wesen.

Goethe, vielfach von Freud zitiert, sah in der Selbsterkenntnis etwas überaus Praktisches und Lebensnahes. Für ihn war sie nur möglich in der tätigen Beziehung des Menschen zu den objektiven Gestalten des Lebens: „Nehmen wir sodann das bedeutende Wort vor: Erkenne dich selbst ... es heißt ganz einfach: gib einigermaßen acht auf dich selbst, nimm Notiz von dir selbst, damit du gewahr werdest, wie du zu deinesgleichen und der Welt zu stehen kommst. Hierzu bedarf es keiner psychologischen Quälereien“ (Gespräche mit Eckermann, nach Ritter und Gründer 1995, S. 431).

In diesem praktischen Sinn bietet Khan (1974, S. 136) bei seinem Versuch, die fördernde Wirkung von Beziehungen für die Selbsterfahrung aufzuzeigen, folgende Vergleiche an: „Bei Montaigne beschränkte sich die Selbsterfahrung auf Selbstbeobachtung mittels anderer Personen; bei Rousseau war die Selbsterfahrung „automystisch“, um einen Ausdruck von James Joyce zu gebrauchen; erst bei Freud wird die Selbsterfahrung, die man durch die Beziehung zu anderen Menschen macht, zum selbständigen Mittel für reflexive Introspektion und für die Entdeckung der eigenen inneren Realität.“

Die immer wieder umstrittene wissenschaftliche Stellung der Psychoanalyse rührt wahrscheinlich daher, dass sie zu Interpretationen und Erklärungen kommt, die in einem Feld intersubjektiver Beziehungen gewonnen und validiert werden. Die erfahrungswissenschaftlichen Daten der Psychoanalyse stellen eine neue Form des Wissens über den Menschen und seiner Möglichkeiten der Selbsterkenntnis dar, die weder metaphysischem noch positivistischem Wissen vergleichbar ist. So charakterisiert Schneider (1991) den historischen Stellenwert der Psychoanalyse dadurch, dass sie „eine letzte Form der ‚Vermittlungsphilosophie‘ (sei), die im Konzept des Unbewußten noch einmal zusammenzudenken versucht, woran nicht nur die in sie eingehenden

‚Fachdisziplinen', sondern auch die zeitgenössischen Abkömmlinge der ‚großen Philosophie' gescheitert sind" (ebd., S. 382).

4. Wesentliche Erweiterungen, Differenzierungen und Modifikationen

Groddecks (1923) „Buch vom Es" ist eine Fundgrube selbstanalytischer Beispiele. Während Groddeck sich dem „Assoziations- und Symbolisierungszwang" (1923, S. 57) anvertraut (und so z.B. eine Analyse des Auftretens und Verschwindens seiner Kropfbildung vorlegt, S. 14), zeigt seine Darstellungsform – fiktive Briefe an eine Freundin – wie er eines anderen bedarf, um sein Vorhaben voranzutreiben. Das Verdienst, frühzeitig und systematisch die Bedeutung der Selbstanalyse für die Praxis der Psychoanalyse beschrieben zu haben, kommt allerdings Theodor Reik zu. „Hören mit dem dritten Ohr" wird von ihm selbst als Einführung in die Psychoanalyse aus einem neuen Blickwinkel charakterisiert (1948, S. 19), „aus der Sicht der Selbstbeobachtung und Selbstanalyse". Seiner Auffassung nach werden „die bedeutendsten und wertvollsten Einsichten der Psychoanalyse durch Selbstanalyse gewonnen" (ebd., S. 48).

Selbstanalyse wird heute weniger als genuine Form der Selbsterfahrung, sondern mehr als Nachwirkung einer therapeutischen Analyse oder einer Lehranalyse aufgefasst. Es gibt eher weniger Literatur darüber, wie eine Selbstanalyse durchzuführen sei, als man annehmen möchte (z.B. Farrow 1948, Horney 1942, König 1994, Sonnenberg 1991, 1993). Man kann darin die Auffassung bestatigt sehen, nach der nur Menschen Einsicht und Veränderung durch Selbstanalyse erlangen können, die über die Erfahrung einer Analyse verfügen; Hinweise und Vorschläge erübrigen sich, da „analysierte" Menschen gelernt haben, wie Analyse „geht". Das Thema Selbstanalyse scheint neben seiner notwendigen Entheroisierung nicht nur zu einer Selbstverständlichkeit, sondern wieder zu einem tabuierten Bereich der psychoanalytischen Forschung geworden zu sein. Dazu schreibt Mitchell (1993, S. XIII, übers. v. H.D.): „Das vielleicht am sorgsamsten gehütete Geheimnis im Leben eines Analytikers ist, daß der Patient, den er am längsten behandelt, den er zu Zeiten am meisten liebt und haßt, der ihn sowohl mit glänzendstem Erfolg als auch entmutigendstem und bitterstem Versagen konfrontiert – daß dieser Patient er selbst ist. Die Notwendigkeit, dieses Geheimnis zu wahren, läßt sich bis in die Anfänge der Entwicklung der psychoanalytischen Methode durch Freud zurückverfolgen."

Selbstanalyse ist keine solitäre Angelegenheit; sie findet in Gegenwart sowohl phantasierter als auch konkreter anderer statt. Dass in der Selbstanalyse der Widerstand schwerer zu handhaben ist als in der Analyse mit einem Analytiker, haben Freud wie auch spätere Autoren betont. Da der Widerstand aber nicht getrennt von der Übertragung zu sehen ist, bleibt die entscheidende Frage, was bei der Selbstanalyse mit der Übertragung geschieht. McLaughlin (1993) benennt zwei Kontexte, die für die Fortführung der eigenen Analyse als Selbstanalyse günstig seien und den „Impetus zur Selbstanalyse" fördern sollen: einerseits der kollegiale Gruppenzusammenhang, andererseits vertraute Plätze des Rückzugs und der Entspannung. In beiden sieht er, was er „Freistätten („sanctuaries") der Übertragung" nennt. Erstere knüpfen sowohl an die früheren Erfahrungen im Schulalter, der Adoleszenz wie auch am Übergang vom Ausbildungsstatus in die kollegiale Situation an. Der zweite Kontext ist meist, so trivial und alltäglich er anmuten mag, ein lebensgeschichtlich relevanter: z.B. Gartenarbeit, Handwerken, Sport, künstlerische Tätigkeit.

Aus alledem folgt, dass der psychoanalytische Prozess zweiseitig zu betrachten ist. Beide Seiten, Selbst- und Fremdanalyse (Analyse durch einen anderen), stehen in einem wechselseitigen Verhältnis, das einen sich ergänzenden und fördernden, aber auch einen sich beeinträchtigenden und hemmenden Verlauf nehmen kann. Wenn der Analytiker dem Patienten eine Deutung gibt, so geht ihr ein Stück Selbstanalyse voraus. P. Heimann (1950), die eine Neueinschätzung der Gegenübertragung als Erkenntnismittel initiierte, nannte das, was im Analytiker beim Zuhören vor sich geht, einen „fortlaufenden Kommentar" („running commentary") des Analytikers zu den Einfällen des Patienten oder einen „inneren Dialog" mit dem Patienten (Heimann 1977; vgl. Schwaber 1986 zu den introspektiven und selbstanalytischen Aspekten des Zuhörens). Hinzu kommt, dass die Antwort eines Analysanden oder Patienten auf eine Deutung über ihren Wert als Bestätigung oder Verwerfung derselben hinaus auch als Deutung in umgekehrter Richtung aufgefasst werden kann: als Mitteilung, wie der Patient oder Analysand den Analytiker, wenn er deutet, erlebt. Nimmt der Analytiker diese Mitteilung auf, räumt er dem Analysanden potentiell ein, Analytiker seines Analytikers zu sein (vgl. Hoffman 1983); nimmt er sie nicht auf, hält er an überlegenem Expertenwissen oder -status fest.

Die Ergebnisse ihrer katamnestischen Untersuchungen haben Kantrowitz et al. (1990) dahingehend interpretiert, dass sich bei erfolgreichen psychoanalytischen Therapien eine „selbstanalytische Funktion" entwickle, von der die Patienten nachweisbaren Gebrauch im Zeitraum von fünf bis zehn Jahren nach Abschluss ihrer Analyse machen.

Die aus der Kritik eines nur technisch und konventionell verstandenen Arbeitsbündnisses entwickelte Auffassung von Deserno, dass „der Analytiker mit niemand anderem als sich selbst das Arbeitsbündnis schließt" (ebd. 1990, S. 145), zielt darauf ab, dass der Analytiker ein inneres Arbeitsverhältnis entwickelt, dessen Existenz eine Bedingung für die Analyse ist. Diese Arbeitsbeziehung mit sich selbst ist nicht gegeben; sie entsteht und geht auch wieder verloren. Vom Patienten wird sowohl das Fehlen dieses Zustandes im Analytiker als auch sein Vorhandensein unbewusst bemerkt. Der Analytiker stellt diesen Zustand immer wieder selbstanalytisch her, wobei der Patient jedoch einbezogen ist. So wie der Patient des Analytikers als eines anderen bedarf, damit sich seine Übertragungsbereitschaften aktualisieren und inszenieren können, so bedarf der Analytiker des Patienten, um den selbstanalytischen Zustand zu realisieren und in Gang zu halten.

Selten verläuft die Selbstanalyse des Patienten oder des Analytikers nach abgeschlossener Eigen- oder Fremdanalyse kontinuierlich. Auch das bewog Gardner (1993) dazu, die Bezeichnung psychoanalytische Selbsterforschung vorzuziehen. Selbstanalyse bedarf der Anlässe. Wenn Beschwerden oder Krisen eintreten, kann die Selbstanalyse eine Zeitlang systematisch, z. B. mit Hilfe von Träumen durchgeführt werden. Wenn sie gelingt, dann stärkt sie, wie Horney an Beispielen belegt, das Gefühl für Authentizität und Individualität (1942, S. 139). Ein Fallstrick bei der Selbstanalyse ist der Narzissmus, der Wunsch, ein besonders guter Analytiker zu sein, derjenige, der sich am besten versteht. Horney hält es für vorteilhaft, wenn man die selbstanalytischen Reflexionen schriftlich durchführt, nicht zuletzt weil sich im Rückblick das wiederholte Zögern bestimmten Konflikten gegenüber besser erkennen lässt.

Wie Sonnenberg an eigenen Beispielen zeigt (1991), ist es fragwürdig, von sporadischer und systematischer Selbstanalyse zu sprechen, da die psychoanalytisch orientierte Selbstbeobachtung in vielen Bereichen abläuft: bei der klinischen Arbeit, der Forschung, dem Schreiben, dem Unterrichten, und nicht zuletzt im privaten Leben. Diese Bereiche beeinflussen sich gegenseitig, so dass die analytische Introspektion, obgleich vorhanden, nicht immer eindeutig zu lokalisieren ist.

5. Die Bedeutung des Begriffs in verschiedenen psychoanalytischen Schulrichtungen

Aus entwicklungspsychologischer Perpektive sieht Demos (1993) die Voraussetzungen zur Selbstanalyse in der Fähigkeit, sich der inneren Welt zuzuwenden und sich an ihr orientieren zu können, was sowohl die kognitiven Fähigkeiten voraussetzt, von Erlebnissen, die in der inneren Welt stattfinden, Repräsentationen zu bilden als auch die emotionalen Erfahrungen modulieren und regulieren zu können (ebd., S. 14).

Ich-psychologische Autoren nehmen zwar eine „selbstanalytische Ich-Funktion“ an (s. Chessick 1990, S. 315), sind jedoch, was die Bedeutung der Selbstanalyse angeht, eher skeptisch und plädieren statt dessen für erneute Analyse (vgl. Horowitz in Gomberg 1994).

Für französische Autoren wie Mannoni (1967) und Stein (1968) ist Selbstanalyse nicht nur in historischem Sinn die „ursprüngliche Analyse“; sie scheint auch das Modell von Analyse schlechthin zu sein. Stein hat seine frühere Auffassung jedoch geändert. Statt von Selbstanalyse zu sprechen, hält er es für zutreffender, „daß die Psychoanalyse ein unendlicher Prozeß ist, der besonders betont abläuft in der Zeit der Sitzungen, in der Zeit der Behandlung, die man in der Position des Patienten macht“ (1978, S. 104, Fn).

Für Bion ist Selbsterkenntnis eine Funktion der Persönlichkeit, die schon von Beginn des Lebens an existieren soll: als „psychoanalytische Funktion der Persönlichkeit“ (1962, S. 145). Daneben verweist sein „Container-Contained“-Modell darauf, dass die Selbstanalyse des Analytikers in den Sitzungen mit seinem Patienten eine wichtige Voraussetzung für den analytischen Prozess ist.

Meltzer (1984) hat einen neuen Rahmen für die Selbstanalyse des Analytikers entwickelt. Mit Kollegen, die ihn nach einer früheren Analyse bei einem anderen Analytiker um ein weiteres Stück Analyse baten, erprobte er eine Supervisionsmethode, „die der Selbstanalyse des eigenen Traumlebens dienen sollte. Tatsächlich war es oft so, dass die systematische oder sogar begeisterte sporadische Arbeit mit den eigenen Träumen schon vor Jahren aufgehört hatte, aber sie war leicht wieder zu beleben“ (ebd., S. 219). Er nimmt eine Art „Analyse-Krankheit“ an, von der sich die Betreffenden noch nicht erholt hatten, „weil die Erfahrung des Entwöhnungsprozesses mit ihren Analytikern unzureichend gewesen war“ (ebd., S. 221).

Die selbstpsychologische Perspektive betont den Aspekt der Entwicklung des Selbst, der schöpferischen Selbsthervorbringung. So sieht Kohut (1966, S. 103) in Freuds Selbstanalyse ein Phänomen, das eine schöpferische Arbeit begleitete: „Freuds Selbstanalyse war ein schöpferischer Akt, der gleichzeitig (und mit Hilfe von W. Fließ) analytisch durchgearbeitet wurde.“ Die hierfür notwendigen Übertragungen werden als Selbstobjekt-Übertragungen beschrieben (Stolorow et al. 1987).

Neuere objektbeziehungstheoretische Auffassungen (Bollas 1987, Khan 1974) gehen davon aus, dass Voraussetzungen gegeben sein müssen, um „in der analytischen Situation zu sein und sich zu erfahren“ (Khan ebd., S. 257). Wie Bollas (ebd., S. 248) im Anschluss an Khan ausführt, gehört zur selbstanalytischen Funktion einerseits eine rezeptive Haltung, andererseits aber auch die Bereitschaft, etwas wachzurufen, zu evozieren. Diese Bereitschaft ist nicht mit Willensanstrengung herbeizuführen; wie schon die Äußerungen Freuds über seine Selbstanalyse gezeigt haben. Die neuere Objektbeziehungstheorie und der aus der Selbstpsychologie stammende intersubjektive Ansatz (Stolorow et al. 1987) stimmen darin überein, dass schon während der Analyse ein „selbstanalytisches Element“ (Bollas, ebd., S. 245f.) freigesetzt wird. Die erstere sieht dieses im Zusammenhang mit der Verwendung des „analytischen Objekts“ (wie Bollas die Gesamtsituation Analyse bezeichnet) durch den Patienten oder Analysanden; die zweite rückt die „Modulation von Affekten und ihre Wahrnehmung als Signale sich ändernder Selbstzustände“ in den Mittelpunkt (Stolorow et al. 1987, S. 99f.).

6. Interdisziplinäre Beiträge und Befunde

Der Versuch, gleichzeitig Analysand und Analytiker zu sein, findet sich nicht nur bei Psychoanalytikern, sondern auch bei vielen schöpferischen Menschen in Wissenschaft, Kunst, Musik und Literatur. Die Formulierung von Joyce in „Finnegans Wake“ (1939, p. 522): „I can psoakoonaloose myself anytime I want“, kann auch als Programm schriftstellerischer „Selbstfiktionalisierung“ gelesen werden, bei der zweifellos die Psychoanalyse Pate stand. Z.B. kommt in „Zeno Cosini“ (Italo Svevo 1957) und in „Portnoy's Complaint“ (Philip Roth 1967) jeweils eine analytische Situation vor und bildet einen stummen, aber bedeutsamen Hintergrund – „Dann wollen wir mal anfangen. Ja?“, sagt am Ende von „Portnoy's Complaint“ ein „doctor“, der offensichtlich Analytiker ist.

Aus einer Fülle von Texten, welche die Grenzen zwischen Belletristik, Therapiebericht und Wissenschaft überschreiten (und nach Overbeck 1993, S. 47 „Verständigungstexte“ genannt werden können), sei hingewiesen auf „Schattenmund“ von Cardinal (1975), „Lehrjahre auf der Couch“ von Moser (1974), aber auch auf „Die Chance des Gewissens“ von Richter (1986). Freud schrieb an Schnitzler (1960a, S. 339), dass ihn dessen Themen mit einer „unheimlichen Vertrautheit“ berührten. Schnitzler habe „durch Intuition – eigentlich aber infolge feiner Selbstwahrnehmung“ – alles gewusst, was er, Freud, „in mühseliger Arbeit an anderen Menschen aufgedeckt habe ... im Grunde Ihres Wesens sind Sie ein psychologischer Tiefenforscher“.

Wenn der Psychoanalyse immer wieder und auf unterschiedlichstem Niveau die Wissenschaftlichkeit bestritten wird, steht im Mittelpunkt der Kritik zumeist die Subjektivität des Analytikers. In ihr werden Selbsttäuschungen, aber auch absichtliche Vortäuschung von Wissen lokalisiert. Das alles kann der Fall sein. Man vergisst aber, dass schon in der gut dokumentierten Selbstanalyse Freuds (1900a, 1985c) gerade dieses Thema von zentraler Bedeutung ist (vgl. z.B. Freuds Deutung seines „Irma“-Traums, 1900a, 2. Kap.). Für die interpretierende Arbeit in komplexen intersubjektiven Feldern gibt es derzeit keine erprobtere Orientierung als die eigene, psychoanalytisch erfahrene und reflektierte Subjektivität.

Literatur

Anzieu, D. (1988). Freuds Selbstanalyse (Bd. 1, 1895–1898, Bd. 2, 1898–1902). München: Verlag Internationale Psychoanalyse, 1990.

Barron, J.W. (Ed.) (1993). Self-analysis (Critical inquiries, personal visions). Hillsdale: Analytic Press.

Bion, W. (1962). Lernen durch Erfahrung. Frankfurt/M.: Suhrkamp, 1990.

Bollas, C. (1987). Der Schatten des Objekts (Das ungedachte Bekannte: Zur Psychoanalyse der frühen Entwicklung). Stuttgart: Klett-Cotta, 1997.

Cardinal, M. (1975). Schattenmund (Roman einer Analyse). München: Rogner & Bernhard, 1977.

Chessick, R.D. (1990). Self analysis: A fool for a patient? Psychoanalytic Review, 77, 11–340.

Demos, E.V. (1993). Developmental foundations for the capacity for self-analysis. Parallels in the roles of caregiver and analyst. In J.W. Barron (Ed.), Self-analysis (pp. 5–27). Hillsdale: Analytic Press.

Deserno, H. (1990). Die Analyse und das Arbeitsbündnis. Kritik eines Konzepts. Frankfurt/M.: Fischer, 1994.

Deserno, H. (1993). Traum und Übertragung in der Fallgeschichte des Wolfsmannes. In Materialien aus dem Sigmund-Freud-Institut, Nr. 13 (S. 32–69). Münster: Literatur-Verlag.

Ellenberger, H.F. (1970). Die Entdeckung des Unbewußten. Bern: Huber, 1973.

Farrow, E. (1948). Bericht einer Selbstanalyse (mit einem Vorwort von Sigmund Freud 1926). Stuttgart: Klett-Cotta, 1984.

Gardner, R. (1993). On talking to ourselves. Some self-analytical reflections on self-analysis. In J.W. Barron (Ed.) (1993), Self-analysis (pp. 147–163). Hillsdale: Analytic Press.

Gay, P. (1987). Freud (Eine Biographie für unsere Zeit). Frankfurt/M.: Fischer, 1989.

Gomberg, H.L. (1994). Panel report: Self-observation, self-analysis, and reanalysis. Journal of the American Psychoanalytic Association, 42, 1237–1250.

Grinberg de Ekbor, J. and Lichtmann, A. (1982). Genuine self-analysis is impossible. International Review of Psycho-Analysis, 9, 75–83.

Groddeck, G. (1923). Das Buch vom Es. Wien: Internationaler Psychoanalytischer Verlag.

Grubrich-Simitis, I. (1991). Freuds Moses-Studie als Tagtraum. Frankfurt/M.: Fischer, 1994.

Heimann, P. (1977). Further observations on the analyst's cognitive process. Journal of the American Psychoanalytic Association, 25, 313–333.

Hoffman, I.Z. (1983). The patient as interpreter of the analyst's experience. Contemporary Psychoanalysis, 19, 389–422.
Horney, K. (1942). Selbstanalyse. München: Kindler, 1974.
Jacobs, T.J. (1996). The patient as instrument of change in the analyst. Psychoanalytic Inquiry, 16, 314–339.
Joyce, J. (1939). Finnegans Wake. New York: Viking.
Kantrowitz, J.L., Katz, A.L. and Paolitto, F. (1990). Follow-up of psychoanalysis five to ten years after termination, II: Development of the self-analytic function. Journal of the American Psychoanalytic Association, 38, 637–654.
Kanzer, M. and Glenn, J. (Eds.) (1979). Freud and his self-analysis. New York: Aronson.
Khan, M.M.R. (1974). Selbsterfahrung in der Therapie. München: Kindler, 1977.
Kohut, H. (1975). Kreativität, Charisma, Gruppenpsychologie. Gedanken zu Freuds Selbstanalyse. Psyche – Z Psychoanal, 29, 681–720 oder in ders., Die Zukunft der Psychoanalyse (S. 93–139). Frankfurt/M.: Suhrkamp, 1975.
König, K. (1994). Selbstanalyse. Göttingen: Vandenhoeck & Ruprecht.
Mannoni, O. (1967), L'analyse originelle. Les Temps Modernes, 20, 2136–2152.
McLaughlin, J.T. (1993). Work with patients and the experience of self-analysis. In J.W. Barron (Ed.), Self-analysis (pp. 63–81). Hillsdale: Analytic Press.
Meltzer, D. (1984). Traumleben. München: Verlag Internationale Psychoanalyse, 1988.
Moser, T. (1974). Lehrjahre auf der Couch. Frankfurt/M.: Suhrkamp.
Overbeck, G. (1993). Die Fallnovelle als literarische Verständigungs- und Untersuchungsmethode – ein Beitrag zur Subjektivierung. In U. Stuhr und F.W. Deneke (Hg.), Die Fallgeschichte (S. 43–60). Heidelberg: Asanger.
Poland, W.S. (1993). Self and other in self-analysis. In J.W. Barron (Ed.), Self-analysis (pp. 219–235). Hillsdale: Analytic Press.
Reik, T. (1948). Hören mit dem dritten Ohr (Die innere Erfahrung eines Psychoanalytikers). Hamburg: Hoffmann & Campe, 1976.
Richter, H.-E. (1986). Die Chance des Gewissens. Hamburg: Hoffmann & Campe.
Ritter, J. und Gründer, K. (1995). Selbsterkenntnis. In Historisches Wörterbuch der Philosophie, Bd. 9, S. 406–439. Basel: Schwabe.
Roth, P. (1967). Portnoy's Beschwerden. Reinbek: Rowohlt, 1974.
Scheidt, J. vom (1973). Freud und das Kokain (Die Selbstversuche Freuds als Anstoß zur „Traumdeutung"). München: Kindler.
Schneider, C. (1991). Zwischen Philosophie und Wissenschaft (Anmerkungen zum historischen Stellenwert der Psychoanalyse). In G. Jüttemann, M. Sonntag und C. Wulf (Hg.), Die Seele (Ihre Geschichte im Abendland) (S. 364–386). Weinheim: Psychologie Verlags Union.
Schott, H.G. (1985). Zauberspiegel der Seele (Sigmund Freud und die Geschichte der Selbstanalyse). Göttingen: Vandenhoeck & Ruprecht.
Schur, M. (1972). Freud: Living and dying. New York: International Universities Press (dt.: Sigmund Freud. Leben und Sterben. Frankfurt/M.: Suhrkamp, 1973).
Schwaber, E. (1986). Reconstruktion and perceptual experience: Further thoughts on psychoanalytic listening. Journal of the American Psychoanalytic Association, 34, 911–932 (dt.: Rekonstruktion und Wahrnehmungserleben: weiterführende Gedanken zum psychoanalytischen Zuhören. In: P. Kutter, R. Páramo-Ortega, P. Zagermann (Hg.): Die psychoanalytische Haltung. Auf der Suche nach dem Selbstbild der Psychoanalyse, S. 207–230. München, Wien: Verlag Internationale Psychoanalyse.
Sonnenberg, S. M. (1991). The analyst's self analysis and its impact on clinical work: A comment on the sources and importance of personal insights. Journal of the American Psychoanalytic Association, 39, 687–704.
Svevo, I. (1957). Zeno Cosini. Reinbek: Rowohlt, 1987.
Stein, C. (1968). L'identification à Freud dans l'autoanalyse. Revue Française de Psychanalyse, 26, 257–266.
Stein, C. (1978). Umschreibungen. Psychoanalytisches Seminar. Tübingen: edition diskord.
Stolorow, R., Brandchaft, B. and Atwood, G. (1987). Psychoanalytic treatment: An intersubjective approach. Hillsdale, NJ: Analytic Press.
Wagner-Simon, T. und Benedetti, G. (1982). Sich selbst erkennen (Modelle der Introspektion). Göttingen: Vandenhoeck & Ruprecht.

Selbstpsychologie *von Wolfgang Milch und Hans-Peter Hartmann*

self psychology – psychologie du soi

1. Definition

Die Selbstpsychologie ist eine von Heinz Kohut (1975, 1976, 1977, 1987) begründete Weiterentwicklung psychoanalytischer Konzepte des Narzissmus und des Selbst. Das zentrale Anliegen der Selbstpsychologie ist die Bedeutung der Schicksale des Selbst und der damit verbundenen subjektiven, bewussten und unbewussten Kindheitserfahrungen. Danach ist die strukturierende Kraft der menschlichen Psyche das Bedürfnis, sich in einer kohäsiven Konfiguration, dem Selbst, zu organisieren und Beziehungen mit der Umgebung herzustellen, die die Kohärenz, Vitalität und Harmonie des Selbst fördern und die als Selbstobjekte konzeptualisiert werden.

Als Denkrichtung stellt die Selbstpsychologie eine der großen psychoanalytischen Schulen der Gegenwart dar (Wallerstein 1985), die sich in ihren Konzepten einerseits den Strukturtheorien (Ornstein 1991) und andererseits den Objektbeziehungstheorien zuordnen lässt, weil für sie das psychoanalytische Verständnis der Beziehung zentral ist (Bacal und Newman 1990).

2. Klassische Auffassung

Kohut war zunächst ich-psychologisch orientiert und entwickelte selbstpsychologische Vorstellungen für die Zweitanalysen von zumeist narzisstisch gestörten Analysanden, die mit der klassischen Technik nur mit unzureichendem Erfolg analysiert werden konnten (Siegel 1996). Neben der Entwicklungslinie der Triebe nimmt er eine davon unabhängige des Narzissmus an, mit einem Motivationsprimat des Selbst (Milch und Hartmann 1996). Sexuelles und aggressives Verhalten werden danach nur dann für den therapeutischen Prozess als vorrangig angesehen, wenn ein kohärentes, vitales, nicht fragmentiertes Selbst vorliegt. Das Selbst als tiefenpsychologisches Konzept bezieht sich auf den Kern der Persönlichkeit und besteht aus einer Konfiguration, die bipolar konzeptualisiert wird: Ambitionen und Ideale mit einem Zwischenbereich von Talenten und Fertigkeiten. Nach Lichtenberg (1989) entwickelt sich das Selbst als ein unabhängiges Zentrum für die Initiierung, die Organisation und die Integration der Motivationssysteme und der Erfahrung. Im Zustand von Kohärenz, Harmonie und Vitalität ist das Selbst in seiner normalen Funktion allerdings nicht erfahrbar. Lediglich in Zuständen verminderter Kohärenz zeigt es sich in Form der Selbstobjektübertragung oder in pathologischen Manifestationen eines fragmentierenden Selbst (z. B. narzisstische Wut). Der methodische Zugang zum Zustand des Selbst erfolgt über Introspektion und Empathie (Kohut 1977). Wesentlichste den Selbstzustand beeinflussende Faktoren sind Selbstobjekterfahrungen, die in der klinischen Situation als Selbstobjektübertragungen manifest werden.

3. Ideengeschichtlicher Hintergrund

In der Einführung zum Narzissmus (1914c) definiert Freud diesen als Entwicklungszustand, der durch die libidinöse Besetzung des Ichs gekennzeichnet ist und den er zwischen Autoerotismus und Objektliebe ansiedelt (1911c). In Anlehnung an den Mythos versteht er unter Narzissmus die Liebe, die man dem Bild von sich selbst entgegenbringt. Der Begriff des Selbst wird von ihm ursprünglich nicht deutlich von demjenigen des „Ichs“ unterschieden, erst als er die Strukturtheorie entwickelt, ist das Selbst nicht mehr mit dem Ich gleichzusetzen. Hartmann (1964) unterscheidet das Selbst sowohl vom Ich als auch vom Objekt und spricht von einer Struktur, die alle Instanzen umfasst und sich als Repräsentant der ganzen Person im Ich darstellt. Auch Winnicott

(1951) betont die Zentralität des Selbst, um Leben zeitübergreifend verstehen zu können. Damit sich ein starkes Selbst entwickeln kann, ist für ihn eine hinreichend befriedigende Mutter-Kind-Beziehung notwendig, in der die Wünsche und Omnipotenz-Illusionen empathisch verstanden werden. In vieler Hinsicht kann Winnicott als Vorläufer für spätere Gedanken Kohuts angesehen werden.

4. Wesentliche Erweiterungen, Differenzierungen und Modifikationen

Die Entfaltung und Differenzierung der Theorie und Praxis führte in der Selbstpsychologie mittlerweile zu verschiedenen Gruppierungen (Lachmann 1991, Shane und Shane 1993). Die „Intersubjektivisten" (z.B. Stolorow et al. 1987) interessieren sich für den Zwischenbereich der Subjektivitäten von Patient und Analytiker, da sich die psychopathologischen Auffälligkeiten an dieser Schnittstelle herauskristallisieren. Die Vergangenheit eines Menschen betrachten sie als intersubjektive Beziehungsgeschichte zwischen Individuen und untersuchen vom Patienten hierzu entwickelte Konstruktionen. Eine andere wesentliche Erweiterung ist die Einteilung der Selbststörungen in Präemergenzstörungen, Konsolidierungsstörungen und Störungen der Lebenskurve (Wolf 1997) sowie in primäre Störungen des Selbst (Psychosen, Borderline-Störungen, narzisstische Persönlichkeitsstörungen) und sekundäre Störungen des Selbst bei anderen Krankheitsbildern (Wolf 1988). Lichtenberg (1989) ergänzte die bestehende Theorie durch fünf Motivationssysteme (das System zur Regulation physiologischer Bedürfnisse, das System der Bindung und Zugehörigkeit, das explorativ-asservative System, das aversive System und das sensuelle-sexuelle System).

5. Die Bedeutung des Begriffs in verschiedenen psychoanalytischen Schulrichtungen

Die Selbstpsychologie wird von anderen psychoanalytischen Schulrichtungen manchmal mit einer supportiven Psychotherapie gleichgesetzt. Zwar hat sie das grundsätzliche psychoanalytische Paradigma der Arbeit mit unbewussten Prozessen nie aufgegeben (Kutter 1989), aber bei der klinischen Arbeit mit Menschen, die an einer Störung des Selbst leiden, verschiebt sie den therapeutischen Fokus der analytischen Arbeit von intrapsychischen Konflikten auf Selbstobjekterfahrungen, die aus Defiziten in der Kindheit resultieren. Damit verlagert sich der Schwerpunkt weg von Sexualität und Aggression hin zu Sexualisierungen und Aggressivierungen im Dienste der Selbstkohärenz, was der Selbstpsychologie den Vorwurf der Konfliktscheu und der Triebferne einbrachte. Obwohl Kohut an der Zentralität der ödipalen Phase festhielt, so betrachtete er den ödipalen Komplex nicht als schicksalshaft (Kohut 1987).

6. Interdisziplinäre Beiträge und Befunde

Die Behandlungstechnik Kohuts ist stark von seinen entwicklungspsychologischen Annahmen geprägt. Das Selbst entsteht in einem Prozess wechselseitiger Interaktionsregulierung (Beebe und Lachmann 1994, 2004) und diese ist für eine stabile Selbststruktur von größerer Bedeutung als Konflikte. Insofern ist Selbstregulation eingebettet in eine Theorie der Intersubjektivität, die auch den psychotherapeutischen Prozess betrifft (Beebe et al. 2003). Vor allem Lichtenberg (1989, 1991) und Lichtenberg, Lachmann und Fosshage (2000) haben neben Lachmann und Beebe (1995) bzw. Beebe und Lachmann (1994, 2004) Ergebnisse der neueren Säuglings- und Kleinkindforschung in die Selbstpsychologie integriert. Dieses hat zur Entwicklung der funktionalmotivationalen Systeme bei Lichtenberg (1989) und zur Konzeption eines systemtheoretisch begründeten Interaktionsmodells zwischen Mutter und Kind geführt, welches auf die Erwachsenenbehandlungen übertragen werden kann. Auch Empathie setzt bestimmte entwicklungspsychologische Erfahrungen voraus und taucht mit ca. 18 bis 24 Mon. als Möglichkeit auf (Bischof-Köhler 2000). Insofern ist die postkohutianische Selbstpsychologie angewandte Entwicklungspsychologie.

Die psychoanalytische Selbstpsychologie wird natürlich auch von zeitgenössischen *philosophischen Strömungen* erfasst. Im Besonderen wirkt sich dies in einer größeren Bedeutung der Intersubjektivitätstheorien (z.B. Orange et al. 1997, Orange 2004) in der Selbstpsychologie aus, aber auch in Form der Berücksichtigung systemtheoretischer Gesichtspunkte (z.B. Lichtenberg 1989; Beebe et al. 1992). Frühere lineare Subjektmodelle werden zum Teil abgelöst durch mehrdimensionale, durch nonlineare Prozesse gekennzeichnete Vorstellungen über die Abläufe im psychischen Raum. An Stelle des ursprünglichen psychoanalytischen Kernprozesses der Umformung unbewusster Phantasie in Einsicht wird in der postmodernen Psychoanalyse der Entwicklung persönlicher Bedeutung und intersubjektivem Verstehen viel größere Aufmerksamkeit geschenkt. In der Folge geht es dann eher um eine gemeinsame Konstruktion des Bewussten (zwischen Patient und Therapeut) bzw. um dyadische Bewusstseinszustände (Tronick 1998).

Schließlich wird in den letzten Jahren das bisherige Subjektkonzept abgelöst durch eine multidimensionale Subjektvorstellung ohne Zentrum und ohne hierarchische Organisation (Ringstrom 2000).

Neurowissenschaftliche Ergebnisse und Überlegungen haben ebenfalls schon früh das Interesse selbstpsychologisch orientierter Psychoanalytiker gefunden (Basch 1988, 1992). Meares (1995) integriert Ergebnisse der modernen Gedächtnisforschung. Er sieht die wesentliche therapeutische Aufgabe darin, invariante Organisationsprinzipien des Selbst wieder in den normalen Fluss bewusster Erinnerungen und damit in das episodische Gedächtnis zu integrieren.

Auch lässt sich mittels neurowissenschaftlicher Ergebnisse Empathie biologisch begründen. Rizzolatti et al. (1999) haben herausgefunden, dass es in einem motorischen Rindenfeld bei Affen (Area F 5) Neuronen gibt, die Entladungsaktivität zeigen, wenn der Affe einem anderen Affen bei bestimmten Aktionen zuschaut. Diese sog. Spiegelneuronen verursachen ein Resonanzverhalten. Auf diese Weise hat sich vermutlich evolutionär aus der Exekution motorischer Funktionen die Bildung von Repräsentanzen dieser Aktionen entwickelt und damit eine Basis für Empathie.

Eine weitere Schnittstelle zwischen dem Empathiebegriff der Selbstpsychologie und neurowissenschaftlichen ebenso wie entwicklungspsychologischen Ergebnissen ist der Erwerb einer Theorie des Mentalen. Es handelt sich um eine Art Selbstbeobachtung des Gehirns über vermutlich zwischengespeicherte Informationen, die dann wiederum analysiert werden. Diese Simulationstheorie des Mentalen kann in enger Verbindung zu den Spiegelneuronen gesehen werden (Fonagy et al. 2004, Bauer 2005).

Neurowissenschaftliche Aussagen (Köhler 1998a) können in voller Übereinstimmung mit Kohuts Aussage gesehen werden, dass die basalen Motivationen des Menschen nicht in seinen Trieben und den damit verbundenen Konflikten, sondern im Bedürfnis nach Verstandenwerden fußen. In dem Zustandswechsel-Modell der Organisation von Hirnfunktionen beziehen Koukkou und Lehmann (1998) sich insbesondere auf die Repräsentanzen von Kindheitserfahrungen und die Abhängigkeit aller Hirnprozesse einschließlich sämtlicher Leistungen des Gedächtnisses von momentanen funktionellen Hirnzuständen. Die Entstehung psychischer Krankheit wird nicht auf ungelöste Triebkonflikte zurückgeführt, sondern auf fehladaptierte Hirnmechanismen im Bereich der synthetisierenden und analysierenden neokortikalen Hirnfunktionen, die als Folge pathologischer Interaktionen entstanden sind.

Literatur

Bacal, H.A. and Newman, K.M. (1990). Theories of object relations: Bridges to self psychology. Columbia University Press: New Oxford (dt.: Objektbeziehungstheorien: Brücken zur Selbstpsychologie. Stuttgart: frommann-holzboog, 1994.)

Basch, M.F. (1988). Die Kunst der Psychotherapie. München: Pfeiffer, 1992.

Basch, M.F. (1992). Practicing psychotherapy. New York: Basic Books.

Bauer, J. (2005). Warum ich fühle, was du fühlst. Hamburg: Hoffmann & Campe.

Beebe, B. and Lachmann, F. M. (1994). Representation and internalization in infancy: three principles of salience. Psychoanalytic Psychology, 11, 127–165.

Beebe, B. and Lachmann, F. M. (2002). Infant Research and Adult Treatment. Co-constructing interactions (dt.: Säuglingsforschung und Erwachsenenbehandlung. Stuttgart: Klett-Cotta, 2004).

Beebe, B., Jaffe, J., Lachmann, F. M. (1992). A dyadic systems view of communication. In N.J. Skolnick, S.C. Warshaw (Eds.). Relational perspectives in psychoanalysis. Hillsdale: Analytic Press, S. 61–81.

Beebe, B., Knoblauch, S., Rustin, J., Sorter, D. (2003). Symposium on intersubjectivity in infant research and its implications for adult treatment, Part 1. I. Introduction: A systems view. Psychoanalytic Dialogues, 13, 743–776.

Bischof-Köhler, D. (2000). Empathie, prosoziales Verhalten und Bindungsqualität bei Zweijährigen. Psychologie in Erziehung und Unterricht, 47, 142–158.

Fonagy, P., Gergely, G., Jurist, E.L. und Target, M. (2002). Affektregulierung, Mentalisierung und die Entwicklung des Selbst. Stuttgart: Klett-Cotta, 2004.

Hartmann, H. (1964). Ich-Psychologie. Stuttgart: Klett, 1972.

Köhler, L. (1998a). Das Selbst im Säuglings- und Kleinkindalter. In H.-P. Hartmann, W.E. Milch, P. Kutter und J. Paál (Hg.), Das Selbst im Lebenszyklus (S. 26–48). Frankfurt/M.: Suhrkamp.

Kohut, H. (1975). Die Zukunft der Psychoanalyse. Frankfurt/M.: Suhrkamp.

Kohut, H. (1976). Narzißmus. Eine Theorie der psychoanalytischen Behandlung narzißtischer Persönlichkeitsstörungen. Frankfurt/M.: Suhrkamp.

Kohut, H. (1977). Introspektion, Empathie und Psychoanalyse. Aufsätze zur psychoanalytischen Theorie, zur Pädagogik und Forschung und zur Psychologie der Kunst. Frankfurt/M.: Suhrkamp.

Kohut, H. (1987). Wie heilt die Psychoanalyse? Frankfurt/M.: Suhrkamp.

Koukkou, M., Lehmann, D. (1998). Ein systemtheoretisch orientiertes Modell der Funktionen des menschlichen Gehirns und die Ontogenese des Verhaltens. In M. Koukkou, M. Leuzinger-Bohleber und W. Mertens (Hg.), Erinnerung von Wirklichkeiten. Psychoanalyse und Neurowissenschaften im Dialog. Bd. 1 (S. 287–415). Stuttgart: Verlag Internationale Psychoanalyse.

Kutter, P. (1989). Einführung. In E.S. Wolf, A. Ornstein, P. Ornstein, J.D. Lichtenberg und P. Kutter, (Hg.), Selbstpsychologie: Weiterentwicklungen seit Heinz Kohut (S. 7–12). München: Verlag Internationale Psychoanalyse.

Lachmann, F. (1991). Three self psychologies or one? In A. Goldberg (Ed.), Progress in self psychology, vol. 7 (pp. 167–174). Hillsdale: Analytic Press.

Lachmann, F. M., Beebe, B. (1995). Self Psychology: Today. Psychoanalytic Dialogues, 5, 375–384.

Lichtenberg, J.D. (1983). Psychoanalyse und Säuglingsforschung. Berlin: Springer, 1991.

Lichtenberg, J.D. (1989). Psychoanalysis and motivation. Hillsdale: Analytic Press.

Lichtenberg, J.D., Lachmann, F. M., Fosshage, J. (1992). Das Selbst und die motivationalen Systeme. Frankfurt/M.: Brandes und Apsel, 2000.

Meares, R. (1995). Episodic memory, trauma, and the narrative of self. Contemporary Psychoanalysis, 31, 541–556.

Milch, W.E. und Hartmann, H.-P. (1996). Zum gegenwärtigen Stand der psychoanalytischen Selbstpsychologie. Psychotherapeut, 41, 1–12.

Orange, D. M. (1995). Emotionales Verständnis und Intersubjektivität. Frankfurt/M.: Brandes und Apsel, 2004.

Orange, D. M., Atwood, G.E. and Stolorow, R.D. (1997). Working intersubjectively. Contextualism in psychoanalytic practice. Hillsdale, NJ: Analytic Press.

Ornstein, P.H. (1991). Why self psychology is not an object relations theory: Clinical and theoretical considerations. In A. Goldberg (Ed.), Progress in self psychology, Vol. 7 (pp. 17–29). Hillsdale, NJ: Analytic Press.

Ringstrom, P. (2000). Zwischen zwei Revolutionen schwanken. Selbstpsychologie, 1, 38–49.

Rizzolatti, G., Fadiga, L., Fogassi, L. and Gallese, V. (1999). Resonance behaviors and mirror neurons. Archives Italiennes de Biologie, 137, 85–100.

Shane, M. and Shane, E. (1993). Self psychology after Kohut: One theory or many? Journal of the American Psychoanalytic Association, 41, 777–798.

Siegel, A. M. (1996). Heinz Kohut and the psychology of the self. London: Routledge (dt.: Einführung in die Selbstpsychologie. Das psychoanalytische Konzept von Heinz Kohut. Stuttgart: Kohlhammer, 2000).

Stolorow R.D., Brandchaft B. and Atwood G.E. (1987). Psychoanalytic treatment. An intersubjective approach. Hillsdale, NJ: Analytic Press (dt.: Psychoanalytische Behandlung. Ein intersubjektiver Ansatz. Frankfurt/M.: Fischer).

Tronick, E.Z. (1998). Dyadically expanded states of consciousness and the process of therapeutic change. Infant Mental Health Journal, 19, 290–299.

Wallerstein, R.S. (1985). How does self psychology differ in practice? International Journal of Psycho-Analysis, 66, 391–404.

Winnicott, D.W. (1951). Übergangsobjekte und Übergangsphänomene. In ders., Von der Kinderheilkunde zur Psychoanalyse (S. 300–319). Frankfurt/M.: Fischer.

Wolf, E.S. (1988). Treating the self. Elements of clinical self psychology. New York: Guilford Press (dt.: Theorie und Praxis der psycho-analytischen Selbstpsychologie. Frankfurt/M.: Suhrkamp, 1996).

Wolf, E.S. (1997). Die Selbstpsychologie und das alternde Selbst im Lebenszyklus. In H.-P. Hartmann, W. Milch, P. Kutter und J. Paal (Hg.), Das Selbst im Lebenszyklus (S. 102–124). Frankfurt/M.: Suhrkamp.

Sexualität *von Nikolaus Becker*

sexuality – sexualité

1. Definition

Die Annäherung an die Sexualität in ihrer vielfältigen Gestalt oder als Gebiet der Wissenschaft ist mit Schwierigkeiten verbunden. Das zeigt sich schon bei den Definitionen: Sexualität als das, was den Menschen zur Lustgewinnung aus Körperzonen antreibt (Freud 1940a), lässt nur ungenügend das Machtvolle der Sexualität ahnen; Sexualität als die Gesamtheit der Vorgänge, die mit sexueller Lust und sexuellem Verhalten verbunden sind, steckt nur den Rahmen ab. Stoller meinte schon 1968, Sexualität beziehe sich auf so viele Erscheinungen, dass der Begriff losgelöst von einer exakt bestimmten Fragestellung keinen Inhalt mehr kommuniziert (nach Nitzschke 1976).

Dennoch hat Sexualität einen Kern, der beinhaltet, dass Menschen sich angezogen oder getrieben fühlen, in intimer körperlicher Beziehung zu einem Partner lustvoll-sinnliche Erfahrungen zu suchen und sich durch gegenseitige Stimulation bevorzugter Körperzonen in lustvolle Spannung zu versetzen oder die genitale Vereinigung und den mit besonderen Lustgefühlen verknüpften Orgasmus herbeizuführen; oder durch Selbststimulation bei der Masturbation mit oder ohne Phantasiepartner zu ähnlichen Lustgefühlen zu kommen.

Diese Darstellung weist auf die beiden Komponenten des sexuellen Erlebens und Verhaltens hin, deren Beziehung zueinander viel Interesse geweckt hat. Verwirrend ist, dass sexuell sowohl sinnlich erotische Lust betreffend wie auch genitale Vereinigung betreffend bedeuten kann. Verwirrend kann auch sein, dass Sexualität sowohl ein wesentliches Element der Psychoanalyse resp. der analytischen Psychologie ist als auch eines ihrer Anwendungsgebiete.

2. Klassische Auffassung

Freuds Konzeption der Sexualität stellt eine Erweiterung der zuvor eng an die Geschlechterdifferenz, die Genitalien und die Fortpflanzung gebundenen Sexualität dar. In enger Koppelung an seine Trieblehre legt Freud der Sexualität ein angeborenes zentrales Triebgeschehen zugrunde, das den animalischen Instinkten verwandt ist. Es ist jedoch von Anfang an als umfassender Antrieb gesehen, der aus dem Unbewussten heraus auf das bewusste Erleben und Verhalten wirkt.

Der im körper-seelischen Grenzgebiet lokalisierte Trieb beinhaltet einen ständigen Energiefluss der „Libido", dessen Ziel die Entladung ist. Nach der vom männlichen Orgasmus entlehnten Vorstellung erzeugt ein Stau der Libido Spannung und Unlust, die Abfuhr Entspannung und Lust. Freud spricht hier vom „Sexualstoffwechsel", dessen Physiologie noch unerforscht ist.

Die Annahme der von Anfang an fließenden Libido zog eine andere Erweiterung der Sexualität nach sich: Sexuelle Erregbarkeit entwickelt sich nicht mit der Geschlechtsreife in der Pubertät sondern äußert sich bereits in der Organlust des Säuglings, die Freud wegen der nämlichen Triebgrundlage fortan „kindliche Sexualität" nennt (Freud 1925d).

Angeboren wie der Trieb ist auch die Stufenfolge der sexuellen Reifungsschritte. Nach einem inneren Zeitplan werden sexuelle Erlebnisse durch eine erhöhte Sensibilität bestimmter Körperregionen (Mund, Enddarm, Genitalbereich) möglich. Der Trieb besetzt die erogene Zone, und diese gibt dem Trieb den sexuellen Charakter. Die „Partialtriebe" stellen die zu den einzelnen Zonen gehörenden Sexualtriebäußerungen dar. Durch die Besetzung hat jede Zone einen mächtigen Einfluss auf das bewusste und unbewusste Erleben und damit auf die unbewussten Selbst- und Objektrepräsentanzen. Generell gehen bei Freud die kindlich-sexuellen Regungen den Objekterfahrungen voraus.

So sieht Freud die Partialtriebe noch ganz autoerotisch auf Lust bedacht; erst durch ihre Integration und Unterordnung unter die Genitalität wird das Sexualobjekt als Ganzes besetzt. Damit tritt die Sexualität in den Dienst der Fortpflanzung.

Eine Störung dieses Entwicklungsganges nimmt Freud für die Genese der Perversion an, so dass die Partialtriebe nach isolierter Befriedigung streben. Bei den hysterischen Neurosen ging Freud zunächst von einem durch Triebunterdrückung bedingten Stau der Libido aus, dann legte er die Verdrängung von Traumata und Konflikten zugrunde. In den hysterischen Symptomen sah er die Sexualität dieser Kranken.

In der Folge interessierte sich Freud mehr für die Triebsublimation, die Herkunft und Bedeutung der „Psychosexualität" als für das eigentliche sexuelle Erleben und Verhalten. Freud hatte das Problem, die beiden Komponenten oder Formen sexueller Lust – den mit Vorstellungen und Spannungssteigerung verbundenen sinnlich-erotischen Vorgang und den biologisch erscheinenden genitalen Vollzug mit der Spannungslöschung – als Äußerungsformen des gleichen Triebes zu beschreiben. Er löste es, indem er „Sexualität als umfassende Lustsuche" als von den biologischen Selbsterhaltungstrieben abgekoppeltes psychisches Geschehen fasste.

Sexualität als lustsuchende Funktion entsteht im Zusammenhang mit der Nahrungsaufnahme und ergibt sich aus der Fähigkeit des Säuglings, aus diesen Erfahrungen Vorstellungen zu bilden. So kann er durch die Reizung seiner erogenen Zonen „wahrnehmungsidentische" Lusterlebnisse herbeiführen. Konkret: Er lernt durch Lutschen an der Brust die gleichen Lusterfahrungen zu machen, von denen er beim Saugen Erinnerungsspuren gebildet hat. Auf diese Weise wird die Lust, die beim Menschen und seinen Artverwandten eigentlich eine Lustprämie für die lebenserhaltenden Vorgänge Nahrungsaufnahme und Kopulation sind, von diesen Vorgängen abgekoppelt.

Es gibt von nun an zwei Wege zur Lust zu gelangen:

1. Durch die Reizung der erogenen Zonen eine Lust, die mit Spannungsaufbau verbunden ist.
2. Lust durch Auslöschung/Entladung der Spannung in der Bedürfnisbefriedigung mit der „Entleerung der Sexualstoffe" im Orgasmus.

Diese beiden Lustarten sind unschwer in Freuds „Vor- und Endlust" wiederzuerkennen oder in Balints „Eros und Aphrodite" (1936). Die Vorlust ist von einem Wunsch geleitet, die Endlust verknüpft mit einem biologischen Bedürfnis. Die Verbindung von infantiler Lust aus Organlust oder Partialtrieben mit der genitalen Sexualität war für Freud durch die Wiederkehr dieser Lust in

Neurosen und Perversionen gerechtfertigt (Freud 1906a).

Einen anderen metapsychologischen Beitrag zur Sexualität enthält die Theorie von Eros und Thanatos (Freud 1920g): In ihr ist die Libido zu einer bindenden und lebenserhaltenden Kraft gewandelt und hat das Ungebändigte, Archaische, auf Entladung und Lust drängende aus der frühen Trieblehre verloren. Im Vordergrund steht nicht mehr die Fortpflanzung sondern Sexualität im Dienst von Vereinigung zur Aufhebung früher Trennungen. Platons „Schöpfungsmythos" erwähnt Freud ebenso wie Ranks „Rückkehr in den Mutterleib".

Freud hat in der Folge an den metapsychologischen Konzeptionen der Sexualität festgehalten, daneben aber auch Sexualität in klinischen Zusammenhängen beschrieben (Freud 1915a), was G.S. Klein veranlasste, von den zwei Sexualtheorien Freuds zu sprechen.

3. Ideengeschichtlicher Hintergrund

Als Begriff und Gegenstand wissenschaftlicher Untersuchungen gibt es die Sexualität seit dem Ende des 18. Jahrhunderts. Als Bereich konnte sich die Sexualität etablieren, weil Veränderungen im Leben der bürgerlichen Gesellschaft eine Entsinnlichung weiter Lebensbereiche und eine Privatisierung und Intimisierung mit sich gebracht hatten, die zu einer Herauslösung des Triebhaft-Sexuellen aus dem allgemeinen Lebensvollzug führte (van Ussel 1970).

Wegen dieser Abhängigkeit von gesellschaftlichen Veränderungen, aber auch ihrem flüchtigen Ort zwischen Natur und Gesellschaft ist zu den sexuellen Themen keine umfassende spezifische Theorie entstanden; sie wurden wechselnd unter ethologischen, soziologischen, psychologischen oder medizinischen Gesichtspunkten betrachtet.

Im 19. Jahrhundert mit der normativen Eingrenzung der Sexualität auf den heterosexuellen Geschlechtsverkehr im Dienst der Fortpflanzung – fand Sexualität in den abweichenden Formen Interesse, die als degenerative sexuelle Verirrungen angesehen wurden und zum Ausschluss aus der Gesellschaft führten (Krafft-Ebing 1886). Diese Richtung führte aber auch dazu, dass sich die Betroffenen mit ihrer andersartigen Sexualität nicht mehr als vereinzelte Kranke fühlten.

In diesem Zusammenhang ist Foucault zu nennen; er hat im Rahmen seiner Diskurstheorie dargestellt, wie mit dem Aufblühen von Wissenschaft und Medizin im 19. Jahrhundert Sexualität weniger untersucht als vielmehr in Macht genommen und konstituiert wurde, wodurch Kranke, Irre und Rechtsbrecher gleichsam geschaffen wurden.

4. Wesentliche Erweiterungen, Differenzierungen und Modifikationen

Freuds Sexualtheorie weckte von Anfang an Widerspruch; die Dissidenz von Jung und Adler gehen u.a. darauf zurück. Die Wandlung des Sexualtriebs zum Eros und die Narzissmuskonzeption drängten die Sexualität soweit zurück, dass sogar von einer „Verflüchtigung der Sexualität aus der Psychoanalyse" gesprochen wurde (Parin 1986). Die Fortentwicklung der Ich-Psychologie und die Systematisierung der Psychoanalyse durch Rappaport setzten diesen Trend fort, die Metapsychologie wurde zur Last.

Die Veränderung der Krankheitsbilder im 20. Jahrhundert trug dazu bei, dass sexuelle Konflikte in der Ätiologie der Neurosen an Bedeutung verloren. Die Interpretation der Agoraphobie als „Straßenmädchenangst" ist nicht mehr zeitgemäß. Die triebenergetischen Vorstellungen wurden stillschweigend fallengelassen; zu deutlich war die Abhängigkeit der sexuellen Ansprechbarkeit von psychischen Faktoren, zu untauglich das Triebkonzept für das Verständnis der weiblichen Sexualität.

Dennoch hat im psychoanalytischen Mainstream mit dem traditionellen Unterbau und den strukturtheoretischen Erweiterungen die Verbindung von Triebtheorie und Sexualität mit der zentralnervösen Steuerung und der Organisation in den erogenen Zonen weiter Geltung. Auch nach Freud wird der Libido, die ins sexuelle Begehren und die genitale Lustsuche einmündet, über die Perversion hinaus wenig Aufmerksamkeit geschenkt. Es wird jedoch übereinstimmend angenommen, dass die Sexualität im Individuum eine komplex determinierte frühe Entwicklung durchmacht. Beim Psychisch-Werden stehen die Triebrepräsentanzen unter dem Einfluss von

a) biologischen Faktoren z.B. im biologischen Geschlecht, angeborenen Körpermerkmalen, angeborener Triebstärke u.ä.
b) phylogenetisch tradierten Faktoren z.B. den Urphantasien über Kastration, Trennung, Urszene oder ödipale Verführung. (Vor allem den Phantasien über den elterlichen Sexualverkehr mit der präödipalen Bemächtigung der elterlichen Teilobjekte wird großer Einfluss zugeschrieben, McDougall 1997.)
c) bewussten und unbewussten Phantasien der Eltern über das Kind, sein Geschlecht, Körper u.ä.
d) unbewussten Phantasien des Kindes als Reaktion auf die elterliche Versorgung.
e) dem Verlauf der ödipalen Entwicklung mit den Ängsten und Konflikten in der Beziehung zum Vater.

Es sind vor allem die elterlichen Reaktionen auf die angeborenen Grundlagen der Sexualität, die vom Babystadium an die sexuelle Ausrichtung und die Ich-Struktur der genitalen Sexualität hervorbringen. Die Ich-Struktur der Sexualität hat Morgenthaler (1974) eine „Diktatur" genannt, weil das Sexualleben unter ihr so wenig schöpferische Freiheit hat.

Die Sexualität nur noch als Phänomen einer von der Triebtheorie abgelösten klinischen Theorie zu betrachten, war eine Forderung von G.S. Klein (1969), weil dadurch Erotisierung und Sexualisierung anderer Motivationen in ihrer Bedeutung erkannt würden. Sexuelle Erregung im klinischen Kontext wird zu einer möglichen Form von Erleben und Reagieren; sie kann gesucht oder vermieden werden und kann Funktion für Angstabwehr und Konfliktlösung übernehmen. Das macht deutlich, dass Sexualität über den Lustgewinn und die Fortpflanzung hinaus vielfältige Funktionen für die psychische Organisation des Menschen übernehmen kann.

Einem umfassenden psychodynamischen Konzept von Sexualität kommt Stoller (1976) nahe, womit er aber zwangsläufig zu metapsychologischen Überlegungen zurückkehrt: Ausgehend von der Analyse individueller Phantasien und Verhaltensformen normaler Männer und Frauen beim Koitus fasst er sexuelle Betätigung generell als psychischen Bewältigungsmechanismus auf. Dazu hat er sein Perversionskonzept (Perversion = erotisierter Hass) entsprechend abgewandelt: In der sexuellen Erregung und Aktivität werden traumatische Erfahrungen, Verletzungen, Ängste, Versagungen der eigenen frühen Kindheit in Szene gesetzt. Sexuelle Erregung und orgastische Lust verwandeln die aufgesuchten Traumata: aus Niederlagen werden Siege, aus Ängsten Triumphe. Damit sieht Stoller auch bei der normalen Sexualität einen für den Aufbau der sexuellen Spannung notwendigen „Hauch von Feindseligkeit". Da diese Bewältigung unbewusster Verletzungen und Ängste nur passager sein kann, wächst die sexuelle Spannung wieder an. Die Wiederkehr sexueller Bedürfnisse – der Wiederholungszwang – sei damit besser erklärt als mit den Triebdruckverhältnissen.

Nach Ferenczi (1924) und Balint (1966) kann die Sexualität nicht nur unbewusste traumatische Erfahrungen aufnehmen, sondern auch die Sehnsucht nach verlorenen Glückszuständen in der ungetrennten Beziehung zur Mutter. Hier lassen sich die triebmythologischen Überlegungen Freuds wiederaufnehmen oder auch die von Goldstein genannte These, die sexuelle Erregung sei proportional dem Trennungsschmerz bei der Separation (1997).

Auch die für die Perversion geltende These, dass in der perversen Inszenierung, sei es in der Vorstellung oder in der Aktion, unbewusste frühkindliche Erfahrungen verfremdet in der Außenwelt gestaltet werden, passt in diese Psychodynamik, wenn sexuelle Erregung und orgastische Befriedigung die Spannung zwischen unbewusster primärprozesshafter Phantasie und sekundärprozesshaftem Welterleben vorübergehend aufheben und das Selbst ganz und rund machen (Morgenthaler 1974).

Nicht nur für Morgenthaler markiert Sexualität die Bruchstelle, aus der durch die Trennung vom Primärobjekt und dem Verlust der primären Welt die Gebrochenheit des Menschen resultiert, die er nun mit unstillbarer Sehnsucht in sexuellen Begegnungen zu reparieren versucht (Goldstein 1997). Sexualität sei der Ort, wo sich Bewusstes und Unbewusstes, Ich und Es treffen und gegenseitig konstituieren, ein Ort mit dem Potential von Spiel und Freiheit, aber auch von Zwang und Unterdrückung (Lorenzer 1984, Passett 1986).

5. Die Bedeutung des Begriffs in den verschiedenen psychoanalytischen Schulrichtungen

Balint (1937) hat das Konzept des primären Narzissmus abgelehnt und ging wie später Fairbairn von einer primären Objektbezogenheit des Säuglings aus: „Libido ist nicht lust-, sondern objektsuchend" (Fairbairn 1952). Bei Winnicott ist die sexuelle Entwicklung nur ein Aspekt der Gesamtentwicklung. Das Triebhaft-Sexuelle stellt eine wichtige Herausforderung für die sich entwickelnde primäre Beziehung zwischen Mutter und Kind dar und ist abhängig vom Holding.

Für die Kleinianer, die am primären Narzissmus festhalten, steht die Sexualität und ihre Organisation im Schatten des Kräftespiels von Libido und Todestrieb.

Von der Ich-Psychologie kommend hat G. S. Klein ein Konzept der Sexualität vorgelegt, mit dem er eine ähnliche Richtung eingeschlagen hat wie Kohut. Sexualität und Sensualität (sinnliche Lust) sind getrennte Motivationen, die zu wertvollen Erfahrungen führen und im klinischen Zusammenhang wichtige Funktionen für andere Motivationen übernehmen können.

Bei Kohut hat die Sexualität die zentrale Bedeutung für die psychische Entwicklung verloren; ihre Rolle hat das Selbst mit der narzisstischen Entwicklung übernommen. Selbstpsychologen tendieren dazu, mit der Vorstellung eines umfassenden aus dem Unbewussten heraus wirkenden Antriebs zu brechen und auch die zweigeteilte Psyche mit innerer und äußerer Realität aufzugeben. In der klinischen Theorie werden Erotisierung und Sexualisierung große Bedeutung beigemessen. Sie weisen daraufhin, dass Verliebtheit und sexuelle Erregung mobilisiert werden, um die Kohärenz des von Desintegration bedrohten Selbst zu stabilisieren.

Lichtenberg (1988), der der Selbstpsychologie nahesteht, hat eine Theorie der Motivationssysteme entwickelt, in der neben anderen auch sinnliche Lust und sexuelles Begehren vertreten sind.

6. Interdisziplinäre Beiträge und Befunde

Die von Freud begonnene und seitdem fortschreitende Entkopplung von Sexualität und Fortpflanzung mit der Entdeckung der vielfältigen Funktionen der Sexualität für die psychische Organisation des Menschen ist nicht so neu und gesellschaftlich vermittelt wie angenommen. De Waal (1989, zit. nach Berner 1996) konnte zeigen, wie bei Zwergschimpansen sexuelle Stimulierung wichtige Funktionen für das Zusammenleben in der sozialen Einheit übernehmen kann.

Darwinistische Verhaltensbiologen können mit der Evolutionstheorie nicht schlüssig erklären, warum sich in der Entwicklungsgeschichte die sexuelle Fortpflanzung gegenüber den Formen asexueller Fortpflanzung so stark durchgesetzt hat. Anpassungsvorteile dieser Form liegen offenbar nicht nur in erhöhter Widerstandsfähigkeit gegen Krankheitserreger – durch die ständige Variation der Gen-Sets –, sondern auch in den Auswirkungen auf die Affekte der Partner. Die große Störanfälligkeit der Sexualität wird mit ihrer neuralgischen Position zwischen Körper und Seele begründet (Nesse und Williams 1996).

Mit dem Aufschwung der empirischen Wissenschaften in der zweiten Hälfte des 20. Jahrhunderts etablierten sich Sexualwissenschaft und Sexualforschung. Kinsey (1954/55) schockierte die Öffentlichkeit mit der naturwissenschaftlichen Distanz seiner Beobachtungen und Beschreibungen der vielfältigen Formen des Sexualverhaltens. Umfassender und kategorischer als Stoller, der als Psychoanalytiker – wie dargestellt – die Funktionen der Sexualität für die psychische Organisation betonte, haben Gagnon und Simon (1976) die Sexualität als gesellschaftliches und kulturelles Phänomen angesehen. In ihrer Skripttheorie gehen sie davon aus, dass sexuelles Verhalten niemals nur triebhaft ist, auch nicht nur traumatische Erfahrungen der Kindheit „verwandelt", sondern lebenslang Funktionen für Individuum und gesellschaftliches Zusammenleben übernimmt. Auf den veränderten Stellenwert der Sexualität in der postmodernen Gesellschaft hat Sigusch (2005) vielfach hingewiesen. Die „Neosexualitäten" hat er nicht als Zeichen innerpsychischer Verarmung, sondern als kulturelle Errungenschaft gewürdigt.

Literatur

Balint, M. (1936). Eros und Aphrodite. In ders., Die Urformen der Liebe und die Technik der Psychoanalyse (S. 77–92). Bern: Huber.

Balint, M. (1937). Frühe Entwicklungsstadien des Ichs. Primäre Objektliebe. In ders., Die Urformen der Liebe und die Technik der Psychoanalyse (S. 95–115). Bern: Huber.

Berner, W. (1996). Wann ist das Begehren krank? Vom Perversionsbegriff zur Paraphilie. Zeitschrift für Sexualforschung, 9, 62–76.

Fairbairn, W.R.D. (1952). Psychoanalytic studies of the personality. London: Routledge & Kegan Paul.

Ferenczi, S. (1972). Versuch einer Genitaltheorie (1924). In ders., Schriften zur Psychoanalyse. Band II (S. 317–319, 321–400). Frankfurt/M.: Fischer.

Foucault, M. (1977). Sexualität und Wahrheit, Bd. 1. Frankfurt/M.: Suhrkamp.

Gagnon, J.H. and Simon, W. (1973). Sexual conduct. The social sources of human sexuality. Chicago: Aldine.

Goldstein, R.Z. (1997). Sexualität und Psychoanalyse. International Psychoanalysis. The Newsletter of the IPA. Deutsche Ausgabe, Vol. 6, 1.

Kinsey, A.C., Pomeroy, W.B. und Martin, C.E. (1954). Das sexuelle Verhalten der Frau. Frankfurt/M.: S. Fischer.

Kinsey, A.C., Pomeroy, W.B. und Martin, C.E. (1955). Das sexuelle Verhalten des Mannes. Frankfurt/M.: S. Fischer.

Klein, G.S. (1969). Freuds two theories of sexuality. In M.M. Gill und P. Holzmann (Eds.), Psychology versus Metapsychology. Psychological Issues. Monogr., 36 (pp. 14–70). New York: International Universities Press, 1976.

Klein, G.S. (1976). Psychoanalytic theory: An exploration of essentials. New York: International Universities Press.

Kohut, H. (1979). Die Heilung des Selbst. Frankfurt/M.: Suhrkamp.

Krafft-Ebing, R. von (1886). Psychopathia sexualis. Stuttgart: Enke, 16. Aufl., 1924.

Lichtenberg, J.D. (1989). Psychoanalysis and motivation. Hillsdale N.J.: Analytic Press.

Lorenzer, A. (1984). Intimität und soziales Leid. Frankfurt/M.: Fischer.

McDougall, J. (1997). Die Couch ist kein Prokrustesbett. Stuttgart: Verlag Internationale Psychoanalyse.

Morgenthaler, F. (1974). Stellung der Perversionen in Metapsychologie und Technik. Psyche – Z Psychoanal, 28, 1077–1098.

Nesse, R.W. and Williams, G.C. (1996). Why we get sick: The new science of Darwinian medicine. New York: Vinitage Books.

Nitzschke, B. (1976). Die Bedeutung der Sexualität im Werk S. Freuds. In Kindlers Psychologie des 20. Jahrhunderts. Tiefenpsychologie. Bd. 1. (S. 357–396). Zürich: Kindler.

Parin, P. (1986). Die Verflüchtigung des Sexuellen in der Psychoanalyse. In Psychoanalytisches Seminar Zürich (Hg.), Sexualität (S. 11–22). Frankfurt/M.: Syndikat.

Passett, P. (1986). Die Aufhebung des Widerspruchs in der Bewegung. In Psychoanalytisches Seminar Zürich (Hg.), Sexualität (S. 157–203). Frankfurt/M.: Syndikat.

Sigusch, V. (2000). Neosexualitäten. Über den kulturellen Wandel von Liebe und Perversion. Frankfurt/M.: Campus.

Stoller, R.J. (1976). Sexual excitement. Archive for General Psychiatry, 33, 899–909.

Stoller, R.J. (1979). Perversion. Die erotische Form von Haß. Reinbek: Rowohlt.

Ussel, J. van (1970). Sexualunterdrückung. Geschichte der Sexualfeindlichkeit. Reinbek: Rowohlt.

Waal, F. de (1989). Peacemaking among primates. Cambridge, Mass: Harvard University Press, 1989 (dt.: Wilde Diplomaten. München: Hanser, 1991).

Winnicott, D.W. (1965). The family and individual development. London: Tavistock (dt.: Familie und individuelle Entwicklung. München: Kindler, 1978).

Spaltung *von Günter Reich*

splitting – clivage

1. Definition

Der Begriff der Spaltung wird in der klinischen Praxis wie in theoretischen Erörterungen zur Psychoanalyse häufig und vielfältig benutzt. Grundsätzlich lassen sich zwei Bedeutungen unterscheiden, eine beschreibende und eine erklärende. Der beschreibende Begriff wurde von Freud eingeführt, der erklärende durch die sich um Melanie Klein herum und in ihrer Nachfolge entwickelnde Objektbeziehungspsychologie. Beide Bedeutungen haben bis heute Bestand. Freud verwendet den Begriff für zwei unintegrierte Aspekte des Seelischen, die wechselweise im Vordergrund des Erlebens und Verhaltens stehen können. Beide Aspekte können bewusst sein. Es kann aber auch einer der beiden unbewusst sein. Spaltung ist in jedem Falle das Produkt von Abwehr.

In der objektbeziehungspsychologischen Auffassung wird Spaltung als Aufteilung psychischer Repräsentanzen des Selbst oder des Objekts in kontradiktorische Qualitäten („nur gut“ versus „nur böse“) beschrieben. Spaltung ist in diesem Verständnis ein genuiner Abwehrvorgang, der seine Wurzeln in den frühkindlichen Abwehroperationen eines noch primitiven, zur Verdrängung unfähigen Ichs hat.

In der Selbstpsychologie Kohuts wird zwischen vertikaler Spaltung – hier bleiben die gegensätzlichen Erlebensweisen gleichzeitig im Bewusstsein – und horizontaler Spaltung unterschieden, in der getrenntes Erleben wechselweise oder in einem Anteil gänzlich außerhalb des Bewusstseins verbleibt.

Im klinischen Alltag wird der Terminus Spaltung auch verwendet, um das Gegeneinander-Ausspielen bzw. Gegeneinander-Aufbringen von Personen bzw. Teams durch manipulatives Verhalten zu beschreiben. Oft wird hieraus auf das Wirksamwerden „primitiver“ Abwehrmechanismen geschlossen.

Schließlich wird Spaltung als normalpsychologisches und sogar seelisches Wachstum förderndes Phänomen beschrieben, etwa im Konzept der therapeutischen Ich-Spaltung.

2. Klassische Auffassung

Freuds Verwendung des Spaltungsbegriffs für zwei unintegrierte, aber bewusste Aspekte des Seelischen, die wechselweise im Vordergrund des Erlebens und Verhaltens stehen können, findet sich z.B. im Begriff der „Liebesspaltung“. Daneben bezeichnet das „Abgespaltene“, Dissoziierte, das Verdrängte, das Abgewehrte, das Unbewusste im Gegensatz zum Bewussten (z.B. Freud 1894). Im Strukturmodell tritt an die Stelle dieses Gegensatzes der „zwischen dem zusammenhängenden Ich und dem von ihm abgespaltenen Verdrängten“ (Freud 1923 S. 244). Dabei sieht er hier wie in der Folgezeit Spaltungen des Ichs als Folge der Abwehr von Konflikten und Traumatisierungen und damit als ubiquitäres Phänomen an. Hierbei ist der ökonomische Aspekt außerordentlich wichtig. Je stärker die Konflikte und Traumatisierungen desto stärker die Abwehrbemühungen, desto stärker wiederum „zerklüftet“ oder „zerteilt“ sich das Ich. Neben Verdrängung werden Identifizierung und Verleugnung als Abwehrmechanismen relevant. So erklärt Freud (1923) die Entstehung der „multiplen Persönlichkeit“ mit allzu zahlreichen, überstarken und miteinander unverträglichen Objektidentifizierungen. Später bezeichnet er das Nebeneinanderbestehen einer wunschgerechten und einer realitätsgerechten Einstellung, das durch Verleugnung entsteht, etwa im Fetischismus, als „Spaltung“ (1927). Die Ich-Spaltung ist ein „im Abwehrvorgang“ entstehendes Phänomen: „Die beiden entgegen gesetzten Reaktionen bleiben als Kern einer Ich-Spaltung bestehen. Der ganze Vorgang erscheint uns sonderbar, weil wir die Synthese der Ich-Vorgänge für etwas Selbstverständliches halten. Aber wir haben offenbar darin Unrecht. Die so außerordentlich wichtige synthetische Funktion des Ichs hat ihre besonderen Bedingungen und unterliegt einer ganzen Reihe von Störungen" (Freud 1940 S. 60).

3. Ideengeschichtlicher Hintergrund

Spaltungsphänomene, etwa in Phantasien der Selbstverdoppelung oder in der inneren Zerrissenheit zwischen gegensätzlichen Bestrebungen und Ansprüchen sind von jeher der Stoff großer Dichtungen (Wurmser 1987). Besondere Ausprägungen finden sie z. B. in der Romantik, der Beschäftigung mit dem „Unheimlichen" oder „Doppelgängern". Das „gespaltene Ich" schließlich wird thematisiert in den Philosophien Schopenhauers und Nietzsches, auf die Freud sich in der Entwicklung seiner Metapsychologie wesentlich bezog. Schließlich wurden mit Spaltung Phänomene multipler Persönlichkeit und der Dissoziation bei Hysterikerinnen umschrieben oder psychotische Phänomene bei Schizophrenen, insbesondere durch Bleuler. Diesen eher statischen Konzeptualisierungen gegenüber entwickelte Freud sein dynamisches Modell zum Verständnis von „Spaltungen" (vgl. Pruyser 1975).

4. Wesentliche Erweiterungen, Differenzierungen, Modifikationen

Wesentliche Veränderungen des Spaltungsbegriffes ergaben sich durch die Objektbeziehungstheorien nahezu zeitgleich durch William R.D. Fairbairn und Melanie Klein. Bei Melanie Klein wird Spaltung neben Verleugnung und Omnipotenz zum entscheidenden Abwehrmechanismus der frühen Entwicklung, ähnlich wie später die Verdrängung. Spaltung ist eng mit der Polarität von Todestrieb und Libido verbunden, die das frühe Erleben in ihrer Konzeption völlig beherrscht. In der paranoid-schizoiden Position der ersten Lebensmonate neigt das Ich zu Fragmentierungen. Der Zerstörungstrieb wird teilweise auf die Mutterbrust projiziert. Diese wird als verfolgend erlebt und introjiziert. Zum Teil wird sie durch Libido gebunden. Zum Teil ist sie weiterhin so wirksam, dass die Angst bestehen bleibt, „von innen zerstört zu werden" (Klein 1946, S. 105). „Wie wir annehmen, spaltet das Ich aktiv das Objekt und seine Beziehung zu ihm, und dies kann eine aktive Spaltung des Ichs selbst einschließen. Jedenfalls ist das Endresultat von Spaltungen eine Verteilung des Zerstörungstriebes, der als Quelle der Gefahr empfunden wird" (Klein, a.a.O., S. 105). Bei Fairbairn (1946) nimmt Spaltung den Platz ein, den bei Freud die Verdrängung innehat. Aus einem ursprünglich ganzheitlichen Ich entwickelt sich durch Internalisierung und Abwehr „schlechter Objekte" eine Aufspaltung der Persönlichkeit in eine dynamische Struktur, die als „schizoide Position" Ausgangspunkt der weiteren Entwicklung wird.

Verbreitet und weiter ausgearbeitet wurde der erklärende Spaltungsbegriff von Kernberg. Er begreift Spaltung als plötzliche und vollständige Umkehrung aller Gefühle und Vorstellungen hinsichtlich des eigenen Selbst und oder der Sicht einer bestimmten Person, die auf der Teilung des Selbst und äußerer Objekte in „absolut gut" und „absolut böse" beruht. Diese Umkehrungen sind Ausdruck dissoziierter Ich-Zustände, die einen Selbst-, einen Objekt- und einen Affektanteil umfassen und jeweils eine selbständige hoch entwickelte regressive Übertragungsreaktion darstellen (Kernberg 1981). Intensive negative Affektzustände, die zu aggressiven Triebderivaten gehören, und die hiervon völlig unterschiedenen positiven Affektzustände, die eng mit libidinösem Trieberleben verbunden sind, können in einem frühen Entwicklungsstadium aufgrund der Unreife des Ichs nicht integriert werden. „... dann aber wird *diese Trennung vom Ich allmählich, als Reaktion auf die Angst, zu Abwehrzwecken benutzt.* Hierin liegt der Ursprung der Spaltung als Abwehrmechanismus" (Kernberg 1981, S. 32). Entwicklungspsychologisch werden die Prozesse zunächst hauptsächlich im ersten Lebensjahr lokalisiert, später in der Wiederannäherungsphase, dann in der präödipalen Entwicklung überhaupt.

5. Bedeutung in verschiedenen Schulrichtungen – kritische Sichtung

In der französischen Psychoanalyse wird der Spaltungsbegriff häufig ähnlich verwendet wie bei Kernberg, im Sinne eines „primitiven“ oder „frühen“ Abwehrmechanismus (z.B. Chasseguet-Smirgel 1984). Lacan verwendet einen breiten Psychose-Begriff ähnlich dem Kleinanischen und „Spaltung“ sowohl im Sinne der „Objektspaltung“ als auch im Sinne der „Ich-Spaltung“ in Reales, Imaginäres und Symbolisches.

Jacobson betont in ihrem Konzept die Differenzierung zwischen dem Selbst und den Objekten und nicht zwischen „gut“ und „böse“. Spaltung beschreibt bei ihr keine Stufe der Entwicklung oder einen aktiven Abwehrmechanismus. Bei Mahler ist Spaltung eine deskriptive Interferenz aus den scharfen Ambivalenzen der Wiederannäherungsphase und vorwiegend auf das Objekt bezogen. Sie kritisiert Versuche, direkte Zusammenhänge zwischen Schwierigkeiten im Separations-Individuationsprozess und sog. Borderline-Phänomenen zu konstruieren (vgl. Reich 1995). Kritik an dem objektpsychologischen Spaltungskonzept, auch an Kernberg, wird v.a. von ich-psychologisch (Kris Study Group) oder selbstpsychologisch orientierten sowie schulenunabhängigen Psychoanalytikern geäußert. Diese Kritik verbindet sich z.T. mit Befunden der neueren Säuglings- und Kleinkindforschung (s.u., auch Reich 1995).

Diese richtet sich zunächst gegen einen ätiologischen Regressionsbegriff, der nahe legt, aus pathologischen Zuständen bei Jugendlichen oder Erwachsenen auf normale Phasen der Kindheitsentwicklung schließen zu können („adultomorphes“ und „pathomorphes“ Konzept der Kindheit, Eagle 1988). Die hieraus resultierende lineare Rekonstruktionsmethode verleitet zu sog. „genetischen Trugschlüssen“ von der Oberfläche auf vermeintlich sehr tiefe Prozesse aufgrund „impressionistischer Plausibilität“. Sie beruht zudem auf einer unzulässigen Gleichsetzung von „tiefen“ und „frühen“ seelischen Prozessen (vgl. Reich 1995). Weiterhin wird kritisiert, dass von Vertretern des Spaltungskonzeptes Abwehrmechanismen wie Verleugnung oder Isolierung viel enger gefasst werden als bei Freud oder Fenichel und dass Spaltungsphänomene genauso schlüssig durch andere Abwehrmechanismen wie Verleugnung, Verdichtung oder Verschiebung erklärt werden können, zudem, dass auch hier die Verdrängung eine große Rolle spielt (vgl. hierzu Heimann 1966, Dorpat 1979, Rangell 1982, Abend et al. 1983, Lichtenberg 1983, Wurmser 1987). Spaltungsphänomene seien eher als „Deckabwehr“ anzusehen. Diese Diskussion berührt eine Reihe weiterer konzeptueller und behandlungstechnischer Fragen (vgl. Reich 1995).

6. Interdisziplinäre Beiträge und Befunde

Diese beziehen sich hauptsächlich auf die entwicklungspsychologische Forschung außerhalb des psychoanalytischen Kontextes. Deren Befunde lassen erhebliche Zweifel am erklärenden Spaltungskonzept aufkommen (Lichtenberg 1983, Stern 1985, Reich 1995): Säuglinge und Kleinkinder sind zwar zu weitaus differenzierteren Erlebens- und Verhaltensmustern fähig, als in traditionellen Theorien unterstellt, aber nicht zu den Symbolisierungsleistungen, die in Hypothesen über frühe Spaltungen vorausgesetzt werden. Sie verfügen auf ihrer Entwicklungsebene über eine ganze Bandbreite von Affekten und Abstufungen des Affekterlebens. Es gibt keine naturwüchsige Dichotomisierung in Lust-Unlust oder gut-böse, die zudem noch undurchdringlich voneinander abgeschirmt wären. Das Selbstgefühl scheint sich als ganzheitliche kohäsive Erfahrung zu entwickeln und nicht aus disparaten Erfahrungsinseln allmählich zusammenzuwachsen. Zudem sind die Theorien früher Spaltung in sich inkonsistent, weil unklar bleibt, wie es ein gutes und böses Selbst geben kann, bevor es ein Selbst gibt, und wie unter diesen Umständen die guten und bösen Teilselbste miteinander interagieren könnten (Stern 1985). Die dem Säugling von mehreren Autoren unterstellte angeborene Neigung zur Aggression ist nicht beobachtbar. Unklar bleibt zudem, wie sich der Sprung von „lustvoll/unlustvoll" zu „gut/böse", die ja moralische Kategorien sind, vollziehen soll. Longitudinalstudien zeigen, dass es keine lineare Entwicklung von der frühen Kindheit zum Erwachsenenalter gibt und schwere seelische Störungen eher durch ein lebensgeschichtliches Kontinuum problematischer Interaktionen zu erklären sind. Selbstpathologien sind nicht automatisch mit frühen Entwicklungsstörungen verknüpft (Stern 1985). Fonagy et al. (2004) setzen hierbei, unter Berücksichtigung der Säuglings- und der Bindungsforschung, andere Akzente. Sie verknüpfen den Spaltungsbegriff mit ihrem Konzept der Mentalisierung. Spaltung setzt dann ein, wenn einer engen Beziehungsperson, von der sich das Kind abhängig fühlt, aufgrund von Vernachlässigung, seelischer oder körperlicher Misshandlung oder Missbrauch destruktive Einstellungen, Phantasien oder Impulse diesem gegenüber vermutet werden müssen. Da das Kind nach mentaler Kohärenz strebt (vergleichbar der synthetischen Funktion des Ichs im Sinne von Freud, s.o.), muss ein gespaltenes Bild des Objektes erzeugt werden. Nur dieses ist dann in sich kohärent. Zudem ist nur so die Abhängigkeit vom Objekt erträglich. Spaltung ist hier also eine Folge massiv gestörter Bindung und fundamental entgleister Interaktion. Sie kann erst einsetzen, wenn eine differenzierte Repräsentation von Selbst und Anderem auch als getrennte psychische Einheiten vorhanden sind, nach dem Entwicklungsfahrplan der Autoren ab ca. dem dritten Lebensjahr. Die Frage des Verhältnisses zu anderen Abwehrmechanismen wird hierbei nicht diskutiert.

Literatur

Abend, S.M., Porder, M.S. und Willick, M.S. (1994). Psychoanalyse von Borderline-Patienten. Göttingen: Vandenhoeck & Ruprecht.

Dorpat, T.L. (1979). Is splitting a defence? International Review of Psycho-Analysis, 6, 105–113.

Chasseguet-Smirgel, J. (1986). Kreativität und Perversion. Frankfurt /M.: Nexus.

Eagle, M.N. (1988). Neuere Entwicklungen der Psychoanalyse. Eine kritische Würdigung. München: Verlag Internationale Psychoanalyse.

Fairbairn, W.R.D. (1946). Objektbeziehungen und dynamische Struktur. In P. Kutter (Hg.), Psychologie der zwischenmenschlichen Beziehungen (S. 64–81). Darmstadt: Wissenschaftliche Buchgesellschaft, 1982.

Fonagy, P., Gergely, G., Jurist, E.L. und Target, M. (2004). Affektregulierung, Mentalisierung und die Entwicklung des Selbst. Stuttgart: Klett-Cotta.

Heimann, P. (1966). Comment on Dr. Kernberg's Paper. International Journal of Psycho-Analysis, 47, 254–260.

Kernberg, O.F. (1981). Objektbeziehungen und die Praxis der Psychoanalyse. Stuttgart: Klett-Cotta.

Klein, M. (1946). Bemerkungen über einige schizoide Mechanismen. In dies., Das Seelenleben des Kleinkindes und andere Beiträge zur Psychoanalyse (S. 101–125). Reinbek: Rowohlt, 1972.

Lichtenberg, J.D. (1983). Psychanalysis and infant research.Hillsdale, NJ: The Analytic Press.

Pruyser, P.W. (1975). What splits in „splitting"? Bulletin of the Menninger Clinic 39, 1–46.

Rangell, L. (1982). The self in psychoanalytic theory. Journal of the American Psychoanalytic Association, 30, 863–892.

Reich, G. (1995). Eine Kritik des Konzeptes der „primitiven Abwehr" am Begriff der Spaltung. Forum der Psychoanalyse, 11, 99–118.

Stern, D.N. (1985). The interpersonal world of the infant. A view from psychoanalysis and developmental psychology. New York: Basic Books.

Wurmser, L. (1987). Flucht vor dem Gewissen. Analyse von Über-Ich und Abwehr bei schweren Neurosen. Berlin: Springer.

Spiegeln *von Rolf Haubl*

mirroring – miroiter

1. Definition

Analog der Selbstbetrachtung im Spiegel meint Spiegeln sowohl eine interpsychische als auch eine intrapsychische Operation der Realitätsprüfung. Diese kann von zwei gegensätzlichen bewussten, vorbewussten oder unbewussten Wünschen getragen sein: dem Wunsch, das bestehende Selbstbild bestätigt zu finden, oder aber, es zu korrigieren. In der Psychoanalyse kommt der Begriff des Spiegelns in verschiedenen Kontexten vor: in der Entwicklungspsychologie, der Behandlungstheorie und der analytischen Gruppenpsychotherapie.

2. Klassische Auffassung

Freud gebraucht Spiegeln noch nicht als elaboriertes theoretisches Konzept. Im Zusammenhang mit seiner behandlungsmethodischen Forderung nach Neutralität als Teil der analytischen Haltung hat er aber einen höchst folgenreichen Spiegelvergleich in Umlauf gebracht: „Der Arzt soll undurchsichtig für den Analysierten sein und wie eine Spiegelplatte nichts anderes zeigen, als was ihm gezeigt wurde“ (Freud 1912e, S. 384). Diese Spiegel-Haltung ist heftig umstritten gewesen, weil manche Analytiker sie als Verpflichtung zu Unpersönlichkeit, Teilnahmslosigkeit und Gleichgültigkeit verstanden und wohl auch auf diese Weise praktiziert haben. An der Unangemessenheit einer solchen Distanziertheit, die Freud selbst eher fremd war, besteht heute aber kaum mehr Zweifel. Zu Recht hat Thomä (1981) diese Veränderung als Weg „vom spiegelnden zum aktiven Analytiker“ beschrieben. – Für die anderen Kontexte, in denen heute in der Psychoanalyse der Begriff des Spiegelns vorkommt, finden sich bei Freud zwar Anknüpfungspunkte, diese sind aber noch weit weniger elaboriert.

3. Ideengeschichtlicher Hintergrund

Der Spiegel und das Spiegeln als dessen funktionale Bestimmung gehören zu den Leitmetaphern der abendländischen Ideengeschichte (Haubl 1991). Im Zentrum des metaphorischen Feldes, das sie abstecken, steht die Frage nach den Bedingungen der Möglichkeit einer Person, sich ihrer selbst bewusst zu werden. Als bekanntester mythopoetischer Protagonist darf Narziss gelten. Und so ist denn auch das Spiegeln eng mit den konstruktiven und destruktiven Aspekten des Narzissmus verbunden.

4. Wesentliche Erweiterungen, Differenzierungen und Modifikationen

Die von Freud geforderte behandlungsmethodische Spiegel-Haltung führt zu erkenntnistheoretischen Problemen der Psychoanalyse, die seit damals weiter vertieft, aber nach wie vor noch nicht zu voller Zufriedenheit gelöst worden sind. Dabei zeigt sich, dass die Spiegel-Metapher zwar bestimmte Einsichten eröffnet, andere aber verdeckt, weshalb sie nicht unkritisch gebraucht werden darf.

So impliziert sie, dass der Analytiker seinen Analysanden unverzerrt widerspiegeln muss, um dessen lebensgeschichtliche Beschädigungen zu erkennen. Da dies aber nicht vorausgesetzt werden kann, legt ihm die Metapher nahe, seinen Erkenntnisspiegel zu reinigen. Buchstäblich bekommt dieser an den Stellen blinde Flecken, an denen er nicht mehr zeigt, was ihm gezeigt wird, sondern sich selbst zeigt. Dies ist dann der Fall, wenn der Analytiker seiner Gegenübertragung erliegt und dadurch seinen Analysanden nurmehr verzerrt wahrnimmt: Durch die Spiegel-Metapher erscheint Gegenübertragung generell als „subjektive Verzerrung des objektiven Spiegelbildes“ und somit als „störend“ (Riemann 1959–60, S. 124).

Aber selbst dann, wenn der Analytiker seinen Erkenntnisspiegel in einer Gegenübertragungsanalyse reinigt, nimmt er nie wahr, wie der Analysand objektiv ist. Immerhin stellt auch ein blankgeputzter Spiegel eine Seitenverkehrtheit her, die auf eine konstitutive Standpunkt- und Perspektivendifferenz verweist. Der Analytiker kann überhaupt nicht anders, als sich ein Bild von seinem Analysanden zu machen, in dem er selbst als Bildner anwesend bleibt. Mithin stört Gegenübertragung nur dann den Erkenntnisprozess, wenn sie zu einem neurotischen Gegenübertragungswiderstand wird; ansonsten ist ihre Subjektivität eine notwendige Voraussetzung dieses Prozesses. „Wenn der Spiegel lebt" (Spengler und Wagner 1995), dann gilt es, die Lebendigkeit des Analytikers für die Gestaltung einer authentischen therapeutischen Beziehung zu nutzen, statt sie eliminieren zu wollen.

Eine weitere Facette der Spiegel-Metapher in diesem Zusammenhang wird deutlich, wenn man wie Greenson (1982, S. 345) zwischen „Spiegelung" und „Deutung" unterscheidet. Spiegeln ist demnach eine Interventionstechnik. Mit ihrer Hilfe macht der Analytiker – im Rahmen des Rollenspielmodells der Übertragungs-Gegenübertragungs-Dynamik begriffen – für seinen Analysanden „jene Rolle" wahrnehmbar, die dieser „ihm zugewiesen hat" (ebd.). So wie der Spiegel das Bild, das er zeigt, nicht kommentiert, bringt auch die entsprechende Intervention die zugewiesene Rolle nicht als Übertragung zur Sprache, sondern zeigt sie. Damit arbeitet der Analytiker, indem er seinem Analysanden die Übertragungsrolle spiegelt, in der Übertragung, während Deuten Arbeit an der Übertragung ist (Körner 1985).

Was die beiden anderen psychoanalytischen Kontexte anbelangt, so nimmt die Spiegel-Metapher in entwicklungspsychologischer Hinsicht einen prominenten Platz in Theorien über den strukturellen Aufbau von (narzisstischen) Objektbeziehungen (Pines 1997) ein, wie sie – mit unterschiedlichen Hintergrundannahmen – Lacan, Kohut und Winnicott formuliert haben (s. 5). Und im Kontext der analytischen Gruppenpsychotherapie gehört sie zu den Theoremen der Gruppenanalyse von Foulkes sowie zur Balint-Gruppenarbeit (s. u.).

5. Die Bedeutung des Begriffs in verschiedenen psychoanalytischen Schulrichtungen

Im entwicklungspsychologischen Kontext hat Lacan die Tradition des Spiegels als Sinnbild narzisstischer Objektbeziehungen am konsequentesten aufgegriffen. Seine Theorie des Narzissmus nimmt ihren Ausgangspunkt beim ersten Selbsterkennen des Kleinkindes im Spiegel. Er benennt ein „Spiegelstadium" (Lacan 1973), das er zwischen dem 6. und 18. Lebensmonat ansetzt. Das Kleinkind bejubelt im Spiegel die „totale Form seines Körpers" (ebd., S. 64), obwohl es diese Ganzheit, die es sieht, nicht leibhaftig erlebt. Im Gegenteil. Sein Erleben wird von Fragmentierungsängsten bestimmt, die es durch die Flucht in eine Identifikation mit seinem Spiegelbild „orthopädisch" (ebd., S. 67) bewältigt. Allerdings will Lacan das Spiegelstadium letztlich überhaupt nicht als Durchgangsstadium des empirischen Entwicklungsprozesses verstanden wissen. Vielmehr beschreibt er es als eine „exemplarische Situation", mit deren Hilfe eine „ontologische Struktur der menschlichen Welt" (Lacan 1973, S. 64) demonstriert werden kann, also ein Problem, das für die Gattung konstitutiv ist und jedem Menschen lebenslang zur Bearbeitung aufgegeben bleibt. Dieses Problem besteht in der Bejubelung von übernommenen Selbstbildern, die Identität stiften, indem sie Vollkommenheit vortäuschen. Ein solches Selbstbild wird aggressiv verteidigt, weil die ursprünglichen Fragmentierungsängste jederzeit neu belebt werden können. Lacan zufolge trägt Identität stets Züge einer narzisstischen Selbsttäuschung. Sie ist überlebensnotwendig, je nach Ausprägung verzerrt sie aber die gesamte Realitätswahrnehmung mehr oder weniger stark. Individual- wie gattungsgeschichtlich gilt es deshalb, im Bewusstsein der eigenen Unvollkommenheit leben zu lernen.

Interaktionstheoretisch gewendet nimmt der Spiegel bei Lacan den Platz der primären Bezugsperson ein. Zu Recht betont Winnicott (1985, S. 128) deshalb, dass „das Gesicht der Mutter der Vorläufer des Spiegels" ist. Demnach wird der Säugling das Bild seiner selbst, das ihm seine Mutter vor allem mimisch spiegelt, unbewusst vor Augen haben, wenn er sich später zum ersten Mal im Spiegel selbst erkennt. Während eine empathische Mutter ihre eigene Person zurücknimmt, wenn sie in Blickkontakt mit ihrem Kind tritt, spiegelt das Gesicht einer unempathischen Mutter ihrem Säugling nur „ihre eigene Stimmung oder – noch schlimmer – die Starrheit ihrer eigenen Abwehr" (ebd., S. 129). Letztlich identifiziert sich das Kind im Spiegel der affektiven mimischen Reaktionen seiner Mutter auf seinen Anblick aber immer mit der mehr oder weniger realistischen Imago, die sie ihm überträgt. Da sich das Kind aber zwangsläufig mit dem Bild identifizieren muss, dass seine Mitmenschen in phantasmatischen Interaktionen von ihm entwerfen, entwickelt sich sein erwachendes Selbstbewusstsein von einer konstitutiven Entfremdung her, die Winnicott als „falsches Selbst" konzipiert.

Diese Spiegelfunktion meint auch Kohut (1975, S. 141), wenn er den „Glanz im Auge der Mutter" als notwendige Entwicklungsbedingung formuliert. Dabei fungiert die Mutter als spiegelndes (später als idealisiertes) Selbstobjekt, das sich zunächst kritiklos in den Dienst der narzisstischen Integrität ihres Kindes stellt, bevor sie es allmählich desillusioniert und derart die Trennung von Selbst- und Objektrepräsentanzen fördert. Bei narzisstisch gestörten Personen kommt es immer wieder zu Neuauflagen dieser Konstellation, die sich sowohl in ihren alltäglichen Beziehungen als auch in ihrer analytischen Beziehung als unbefriedigtes Bedürfnis nach Spiegelung manifestiert. Kohut spricht deshalb von einer spiegelnden (im Unterschied zu einer idealisierenden) Übertragung. Therapeutisch soll der Analytiker dieses Bedürfnis solange wie nötig befriedigen, um seinem Analysanden eine korrigierende emotionale Erfahrung zu ermöglichen. Aber auch dann, wenn es durchgearbeitet ist und seine imperative Dringlichkeit verloren hat, bleibt es für die Gestaltung befriedigender Beziehungen zwischen Erwachsenen konstitutiv: „Es gibt keine Liebesbeziehung ohne gegenseitiges (das Selbstwertgefühl steigerndes) Spiegeln und Idealisieren" (Kohut 1979, S. 112, Fußn. 12).

Zu den in der Gruppenanalyse angenommenen Wirkfaktoren zählt die „Spiegelreaktion" (Foulkes 1992, S. 59). Ein Spiegel vermag sichtbar zu machen, was eine Person selbst auf direktem Weg nicht sehen kann; und so wie er ihr erlaubt, ihren eigenen Rücken zu sehen, so hat ein Gruppenteilnehmer die Chance, in den Reaktionen der anderen Gruppenteilnehmer auf sich wahrzunehmen, wie er selbst vorbewusst und unbewusst – gewissermaßen hinterrücks – interagiert. Spiegelreaktionen sind präreflexive Interaktionsphänomene, die in der gruppenanalytischen Literatur zumeist positiv beurteilt werden. Sie gelten als Lernen am Modell: So mag ein Gruppenteilnehmer in dem, was ein anderer der Gruppe von sich enthüllt, bislang ungeahnte Bewältigungsmöglichkeiten für seine eigenen Konflikte entdecken. Indessen können Spiegelreaktionen je nach dem aktuellen Stand der Übertragungs-Gegenübertragungsbeziehungen in der Gruppe sehr wohl auch maligne sein (Zinkin 1983). Insgesamt ist das Konzept bislang nur unzureichend theoretisch elaboriert und gegenüber konkurrierenden Konzepten wie dem der Spiegel-Übertragung oder dem der projektiven Identifizierung abgegrenzt.

Die beschriebenen Spiegelreaktionen kommen auch in Balint-Gruppen vor. Wenn dabei von Spiegelung die Rede ist, meint dies allerdings in der Regel etwas anderes: Dem grundlegenden methodischen Postulat der Balint-Gruppenarbeit zufolge spiegeln sich die latenten Konflikte einer berichteten Arbeitsbeziehung in der manifesten Dynamik der Gruppe. Indem ein Berichterstatter seine Begegnung mit einem Hilfesuchenden, die ihn nachhaltig beschäftigt, spontan darstellt, regt die spezifische Art und Weise, wie er dies tut, die anderen Gruppenteilnehmer zu mehr oder weniger konvergenten Phantasien an. Werden sie zur Sprache gebracht und miteinander besprochen, lässt sich die aktuelle Konfliktdynamik in der Gruppe, die daraus resultiert, als Hinweis auf eine Konfliktdynamik nutzen, die zwischen dem Berichterstatter und dem Hilfesuchenden unausgesprochen geblieben ist, weil sie von beiden abgewehrt werden musste. Solche Spiegelungen sind vielfach belegt (z. B. Hegenscheidt-Renartz 1986, Neraal 1984). Indessen muss man sich auch in diesem Fall klar machen, dass jede Spiegelung nicht allein durch den gespiegelten Gegenstand, sondern ebenso durch die Struktur des Spiegels selbst bestimmt wird. Folglich enthält der Gruppenkonflikt immer auch Anteile, die mit der berichteten Arbeitsbeziehung nichts zu tun haben, sondern aus Konflikten des Berichterstatters mit den anderen Gruppenteilnehmern, den Gruppenteilnehmern untereinander sowie aller mit dem Gruppenleiter resultieren.

6. Interdisziplinäre Beiträge und Befunde

Ob der Spiegel eine geeignete Metapher der menschlichen Erkenntnis ist, beschäftigt auch die moderne Erkenntnistheorie. Im Zuge einer semiotischen Reformulierung der Erkenntnistheorie wird dabei die Spiegel-Metapher als irreführend kritisiert, da sie suggeriert, Erkenntnisleistungen seien lediglich Abbildungen. Dies blendet aber aus, dass sie soziale Konstruktionen von Wirklichkeitsmodellen sind (Rorty 1981). Folglich muss auch das Erkennen von Übertragung und Gegenübertragung behandlungsmethodisch als Konstruktionsprozess behandelt werden.

Im Bereich der Entwicklungspsychologie müssen die empirischen Daten, die Lacan über das Selbsterkennen im Spiegel in Anspruch nimmt, vom heutigen Wissensstand aus sehr viel differenzierter beurteilt werden. Vor allem die sozialkognitive entwicklungspsychologische Tradition liefert in diesem Zusammenhang wichtige Beiträge, die das Selbsterkennen im Spiegel als Manifestation eines fortschreitenden Selbstbewusstseins zu begreifen helfen (Bischof-Köhler 1989). Allerdings wird dabei leicht unterschätzt, wenn nicht gar übersehen, welche fördernden, vor allem aber auch hemmenden Einflüsse die affektive Dynamik von Objektbeziehungen hat (Haubl 1991, S. 281ff.) Diese Einflüsse werden in Beobachtungsstudien zur Affektkommunikation in der frühen Mutter-Kind-Dyade kenntlich (Dornes 1992), wobei sich die von Winnicott und Kohut postulierte Spiegelfunktion des Gesichts der Mutter eindrucksvoll bestätigt.

Schließlich kann auf die sozialpsychologische Tradition des Symbolischen Interaktionismus verwiesen werden, die von der Vorrangigkeit sozialer Beziehungen ausgeht: Das Selbstbewusstsein des einzelnen Menschen konstituiert sich in Auseinandersetzung mit den Gruppen, in die er hineingeboren wird und in denen er aufwächst. Dabei ist das „looking glass self" (Cooley) ein erstes Selbstbild, das aus der Übernahme von Fremdbildern signifikanter Bezugspersonen resultiert und anschließend im Verlauf der weiteren Sozialisation individu(alis)iert wird (Mead 1975).

Auf welchem Entwicklungsniveau auch immer Spiegelungen stattfinden, die Neurobiologie kennt inzwischen ihre neuronalen Voraussetzungen: Es ist ein System von „Spiegelneuronen" (Bauer 2005), die typische Interaktionserfahrungen speichern und zu einem gemeinsamen vorgedanklichen und vorsprachlichen Bedeutungsraum zusammen führen. So zeigen Untersuchungen mit bildgebenden Verfahren, dass die Beobachtung eines handelnden Menschen im Gehirn des Beobachters – im selben Moment – die neuronalen Netzwerke aktiviert, die auch aktiviert würden, wenn der Beobachter selbst die Handlung vollziehen würde. Entsprechendes gilt für diejenigen neuronalen Netzwerke, die für Körperempfindungen und Emotionen zuständig sind. Diese innere Simulation erlaubt es, andere Menschen intuitiv zu verstehen. Unbewusste Kommunikation dürfte weitgehend ein Prozess solcher – wechselseitiger – Resonanz-Effekte sein.

Literatur

Bauer, J. (2005). Warum ich fühle, was du fühlst. Intuitive Kommunikation und das Geheimnis der Spiegelneuronen. Hamburg: Hoffmann & Campe.

Bischof-Köhler, D. (1989). Spiegelbild und Empathie. Die Anfänge der sozialen Kognition. Bern: Huber.

Dornes, M. (1992). Der kompetente Säugling. Die präverbale Entwicklung des Menschen. Frankfurt/M.: Fischer, 13. Aufl., 2004.
Foulkes, S.H. (1992). Gruppenanalytische Psychotherapie. München: Pfeiffer.
Greenson, R.R. (1982). Psychoanalyse als Kunst und der Phantasiecharakter der psychoanalytischen Situation. In ders., Psychoanalytische Entdeckungen (S. 341–363). Stuttgart: Klett-Cotta.
Haubl, R. (1991). „Unter lauter Spiegelbildern ...“: Zur Kulturgeschichte des Spiegels. Frankfurt/M.: Stroemfeld/Nexus.
Hegenscheidt-Renartz, M. (1986). Spiegelphänomene in einer an Balint orientierten Supervision des Therapeutenteams einer Suchtklinik. Gruppenpsychotherapie und Gruppendynamik, 22, 198–211.
Körner, J. (1985). Arbeit an der Übertragung? Arbeit in der Übertragung! Forum der Psychoanalyse, 5, 209–223.
Kohut, H. (1973). Narzißmus. Frankfurt/M.: Suhrkamp.
Kohut, H. (1979). Die Heilung des Selbst. Frankfurt/M.: Suhrkamp.
Lacan, J. (1973). Das Spiegelbild als Bildner der Ichfunktion, wie sie uns in der psychoanalytischen Erfahrung erscheint. In ders., Schriften, Bd. 1 (S. 61–70). Olten: Walter.
Mead, G.H. (1975). Geist, Identität und Gesellschaft. Frankfurt/M.: Suhrkamp.
Neraal, T. (1984). Spiegelungsphänomene und spezielle Übertragungsprobleme in der Balintgrupenarbeit mit Kinderärzten. Gruppenpsychotherapie und Gruppendynamik, 20, 57–67.
Pines, M. (1987). Mirroring and child development: Psychodynamic and psychological interpretations. In T. Honess and K. Yardley (Eds.), Self and identity. Perspectices across-lifespan (pp. 19–37). London, N.Y.: Routledge & Kegan Paul.
Riemann, F. (1959–60). Bedeutung und Handhabung der Gegenübertragung. Zeitschrift für Psychosomatische Medizin und Psychoanalyse, 6, 123–132.
Rorty, R. (1981). Der Spiegel der Natur. Eine Kritik. Frankfurt/M.: Suhrkamp.
Spengler, K. und Wagner, S. (1995). Wenn der Spiegel lebt. Psychoanalytiker sprechen über Gegenübertragung. Ludwigsburg: Wissenschaft und Praxis.
Thomä, H. (1981). Schriften zur Praxis der Psychoanalyse: Vom spiegelnden zum aktiven Psychoanalytiker. Frankfurt /M.: Suhrkamp.
Winnicott, D.W. (1985). Die Spiegelfunktion von Mutter und Familie in der kindlichen Entwicklung. In ders., Vom Spiel zur Kreativität (S. 128–135). Stuttgart: Klett-Cotta.
Zinkin, L. (1983). Malignant mirroring. Group Analysis, 16, 113–126.

Sprache, Sprachentwicklung *von Andreas Hamburger*

language, speech development – langue, développement du langage

1. Definition

Sprachentwicklung, motorische, affektive und sensorische Entwicklung sind eng miteinander und mit der Ausdifferenzierung des Ich und der Objektbeziehungen verzahnt. Die Einführung der Sprache im frühen Dialog markiert die Einschreibung der Kultur in die Psyche.

2. Klassische Auffassung

In der neuroanatomischen Aphasie-Schrift (1891b) entwickelt Freud im Gegensatz zur herrschenden Lokalisationslehre einen funktionalen Ansatz. Mit dem Erlernen des Nachsprechens werden „Klangbilder“ zum Kern des „Wortvorstellungskomplexes“. Sie kommunizieren mit den optischen Erinnerungsbildern des „Objektvorstellungskomplexes“. Diese jahrzehntelang fast vergessene Schrift Freuds wirkte auf die Neuropsychologie von Alexander Luria und nimmt moderne neurobiologische Konzepte vorweg (Edelman 1992).

Den Übergang zu einer sozialen Theorie der Sprache markiert der zu Freuds Lebzeiten unveröffentlichte „Entwurf einer Psychologie“ von 1895 (Freud 1950a). Freud muss bei der Herleitung innerpsychischer „Sprachzeichen“ die apparative Metapher der Psyche verlassen und interaktive Prozesse einführen: nämlich die Anwesenheit einer Umwelt, die das ventilartige Schreien des Kindes als Mitteilung „missversteht“ und adäquat darauf reagiert (vgl. Hamburger 1995, Kap. 2.1.2). In der „Traumdeutung“ (1900a) stehen Ansätze einer subjekttheoretischen Auffassung der Sprache und die alte mechanistische Theorie noch in einem scharfen Spannungsverhältnis. Gleichzeitig treten die Affekte stärker in den Vordergrund. Die Wortvorstellungen haben nunmehr die Funktion, zwischen den beiden Bereichen zu vermitteln. „Die Worterinnerungen verleihen dem Denkvermögen affektive Qualität“ (Freud 1900a, S. 622).

Seit der Einführung von Narzissmus, Wiederholungszwang und Todestrieb werden die Inhalte des Unbewussten als Sachvorstellungen, die bewusstseinsfähigen Vorstellungen dagegen als Verbindung von Sach- und Wortvorstellungen aufgefasst (Freud 1915e; vgl. auch Jappe 1971). Lorenzer (1986) weist in einem Vergleich mit der Aphasieschrift darauf hin, dass hier im Keim bereits jene „Doppelmetaphorik“ angelegt ist, mit der Freud in seinen späteren Schriften leibliche und soziale Vorgänge umfasst. Seit Einführung der Strukturtheorie (Freud 1923b) ist das Ich nicht mehr deckungsgleich mit dem Bewusstsein – es sind die Wortvorstellungen, die die inneren Denkvorgänge bewusstseinsfähig machen. Diese Wendung implantiert die soziale Welt in einem bisher doch noch nicht da gewesenen Maße in den psychischen Apparat. In der „Notiz über den Wunderblock“ setzt Freud die Schriftmetapher ein, um die Doppelnatur des biologisch-sozialen Ich zu kennzeichnen. Der poststrukturalistische Philosoph Jacques Derrida hat diese kleine Schrift zum Ausgangspunkt seiner Theorie der Dezentralisierung des Subjekts genommen (Derrida 1966, S. 344f.). Derrida zeigt, dass der metaphorische „psychische Apparat“ auch in seinen vorgeblich „mechanischen“ Teilen aus Sprache besteht. In der Konsequenz erweisen sich nicht nur das Ich (Freud 1940a), sondern auch die übrigen Instanzen als sprachförmig (Gauger 1979).

3. Ideengeschichtlicher Hintergrund

Der Sprachprimat der Psychoanalyse reflektiert eine alte sprachphilosophische Tradition. In der Antike und im Alten Testament gilt Sprache als etwas Magisches, eine Zauberformel: Indem Gott dem aus Lehm geformten Adam die Gabe des Sprechens einhauchte, schuf er den Menschen. Die Gottgegebenheit der Sprache beherrscht das christliche Mittelalter; in der Aufklärung weicht sie einer naturgeschichtlichen Auffassung, die schon bei Herder auch eine Ableitung aus Emotionsäußerungen umfasst. Sprache ist jedoch keine Eigenschaft des einzelnen Menschen; sie wird nur in Gesellschaft gebraucht und erlernt. Die Psychoanalyse, von Anfang an mit dem Gesellschaftsbezug des Psychischen befasst, entwirft eine kritische Theorie des Subjekts (Derrida 1966, Lorenzer 1973).

4. Wesentliche Erweiterungen, Differenzierungen und Modifikationen

Die Erforschung der Ich-Entwicklung und der Entwicklung der Objektbeziehungen im frühen Dialog liefert ein entwicklungspsychologisches Fundament für die Frage, auf welchen vorsprachlichen Strukturen der Spracherwerb aufbaut. Von einem globalen Sprachbegriff ist die Psychoanalyse zur Beschreibung verschiedener Einzelaspekte des Spracherwerbs übergegangen. Die folgende Übersicht klammert aus Raumgründen die Darstellung der allgemeinen Psycholinguistik sowie das große Gebiet der Sprachentwicklungspathologie aus.

4.1 Vorstadien des Spracherwerbs

Wenn das Kind alles, was es sagen will, auch nur ein einziges Mal gehört haben müsste, dann müsste es sein halbes Leben lang zuhören und könnte doch bloß nachplappern. Die Psychoanalyse kann dieses sog. Lernbarkeitsparadox aufklären helfen.

Von Geburt an exploriert das Kind aktiv seine Umgebung. Mimische, gestische und vokale Reize werden imitiert, kreativ erweitert und korrigiert (vgl. Spitz 1957, Edgcumbe 1980, Dornes 1993). Man kann die Entwicklung vom Handeln zum Sprechen als innerpsychische Strukturbildung im Sinne einer zunehmenden Distanzbildung beschreiben (Santostefano 1977); doch liegt der Schwerpunkt der Psychoanalyse präverbaler Strukturbildung in der Untersuchung der präverbalen Interaktion. Klann-Delius (1990) betont die wechselseitige Passung durch intuitives Eingehen der Betreuungsperson auf das Kind, das zur Bildung von überdauernden Repräsentationen der anderen Person und des Selbst und damit zu Entwicklung von intramentaler Reziprozität und Intentionalität des Verhaltens führt. Stern (1986, 1995) beschreibt das Auftauchen des verbalen und später des narrativen Selbst im Zusammenhang der Affektentwicklung in einem Ablauf von sich überlagernden Bereichen der Bezogenheit, in denen jeweils eine Entwicklungsstufe des kindlichen Selbstempfindens mit einem spezifischen Objekterleben des Kindes, aber auch mit dem Selbst- und Objekterleben der Mutter verbunden ist. Im episodischen Gedächtnis bleibt der Interaktionspartner als Figur erhalten. Auf der Transformation der Spontanäußerungen des Kindes in gerichtete und bezogene Äußerungen („Indexikale") baut durch einen erneuten interaktionellen Spiegelungsvorgang die Einführung früher Sprachkonventionen auf (Dore 1983).

4.2 Entwicklung des Phoneminventars und der lautlichen Kommunikation

Die Entwicklung des Phoneminventars hängt mit der Ich-Bildung und der Affektregulation zusammen. Durch Affektvokalisierungen entsteht der zur Überprüfung der Wahrnehmung erforderliche Handlungsaufschub. So kann sich der Sekundärprozess entfalten, der eng mit dem „inneren Sprechen" und der auditiven Rückkopplung verknüpft ist (Klein 1965).

Während die psychoanalytische Klassik die frühe Lautbildung in unmittelbaren Zusammenhang mit Trieb- und Affektäußerungen brachte, herrscht in der modernen psychoanalytischen Sprachforschung eine interaktionelle Sicht vor. Aus der Sicht der Objektbeziehungstheorie zeigen Beratis u.a. (1982), wie das eigene Plappern dem Kind als Übergangsobjekt dient und später mit der Integration und Differenzierung der Objektwelt zur Basis des kommunikativen Sprechens wird (vgl. auch Papousek 1994).

Tonfall und Tonverlauf beim Sprechen (Prosodie) bilden die „Hülle", die später mit Wortbedeutungen aufgefüllt wird (Anzieu 1985). Shapiro (1979) weist darauf hin, welch breites Affektregister Babys durch Melodie, Tonart und -höhe ihrer Äußerungen vermitteln können: Ungeduld, forderndes Verlangen, Fragen, Zufriedenheit, Glück. Auch in der erwachsenen Kommunikation spielt dieser Kanal eine erhebliche Rolle (Rizzuto 2002, Etchegoyen und Amati Mehler 2004).

4.3 Semantik

Bedeutung, im „semiotischen Dreieck" das Zwischenglied zwischen *Zeichenform* und *Bezeichneten*, wird aus psychoanalytischer Sicht als innere, strukturierte und in der psychischen Entwicklung historisch veränderliche Repräsentanzenwelt aufgefasst (Hamburger 1995, Kap. 6.1). Die Entwicklung des Symbolbegriffs in Linguistik und Philosophie hat auch in der Psychoanalyse zu einem erweiterten Symbolbegriff geführt (vgl. Meissner und Van Dam 1978), sei es aus der Perspektive der strukturellen Linguistik (Lacan 1956, vgl. Hook 2002) oder der kritischen Theorie (Lorenzer 1970a,b, 1972).

Die Semantikentwicklung ist zum einen mit der Motorikentwicklung verbunden. Freedman (1977) unterscheidet zwei Arten von Sprachbegleitbewegungen, die entweder der „Bestätigung der Existenz des Objekts", oder der „Bestätigung der Grenzen und der Existenz des Selbst" dienen (vgl. auch Call 1980). Zum anderen spiegelt sie die Entwicklung der Objekbeziehungen in der frühen Interaktion. Lorenzer (1972) geht davon aus, dass das Wort Mama zunächst sowohl als Prädikator für wärmespendend-befriedigende als auch für kalt-frustrierende Interaktionen gebraucht wird, und dass das

Kind dann mit Einführung der horizontalen Objekt-Objekt-Differenzierung (Mama – Nicht-Mama) und der vertikalen Objekt-Subjekt-Differenzierung (liebe bzw. böse Mama – liebes bzw. böses Nicht-Mama-Subjekt) diese Prädikation immer differenzierter verwendet, bis es schließlich die resultierenden Prädikatoren „liebe Mama" und „böse Mama" integriert und zu einem ambivalenten „Mama"-Begriff kommt.

Eine bedeutsame Rolle in der Semantikentwicklung spielt der Euphemismus, also die Ersetzung eines eine peinliche Vorstellung bezeichnenden Begriffs durch einen anderen. An der Benennung erogener Körperzonen haben Psychoanalytiker die geschlechtsspezifische Strukturierung des Körperbildes studiert (Lerner 1976).

4.4 Pragmatik

Der interaktionelle Forschungsansatz der Psychoanalyse (szenisches Verstehen) tendiert zu einer ähnlichen Fragestellung wie die linguistische Pragmatik („Was bewirkt eine sprachliche Äußerung in der Welt?").

Die psychoanalytische Entwicklungspsychologie betont die irreversible Veränderung von Welterfahrung und Interaktion, die die Einführung der Sprache bewirkt. Nur mit der Sprache sind wir zur Lüge fähig. Sie stiftet Nähe und Verbundenheit, indem sie „die Vereinigung zweier Subjektivitäten in einem gemeinsamen Symbolsystem" bewirkt, hat aber auch eine „entfremdende Wirkung auf Selbsterleben und Zusammengehörigkeit" (Stern 1986, vgl. a. Hamburger 1995, Kap. 7). Bruners Versuch (1975b), die Sprachentwicklungsforschung von der Beschränkung auf die Syntax zu befreien und sie in Zusammenhang mit der Entwicklung der kommunikativen Kompetenz zu stellen, hat auch zu fruchtbarem Austausch mit der Psychoanalyse der Sprachentwicklung geführt (Stern 1989). Von Bedeutung ist etwa die Erforschung der narrativen Entwicklung. Herzog (1991) beschreibt die Rückwirkung der spezifischen Sprachentwicklung von Mädchen auf ihre Väter im Sinne einer Einführung von Intimität; Peterson und Roberts (2003) weisen Ähnlichkeiten in Mutter-Tochter-Narrativen nach. In einer prospektiven Longitudinalstudie hat von Klitzing (2002) nachgewiesen, dass Kinder schon sehr früh die triadische Struktur der Narrative ihrer Eltern erleben und verinnerlichen.

4.5 Wortsemantik und Lexikonentwicklung

Der Wortschatzumfang entwickelt sich in explosionsartigen Schüben. Jeder neue Eindruck wird mit den vorhandenen lexikalischen Strukturen verglichen und im Kontakt mit den Eltern zugeordnet. Die dabei auftretenden typischen „Überdehnungsfehler" sind aus psychoanalytischer Sicht nicht einfach Übergeneralisierungen abstrakter semantischer Merkmale, sondern nur im Zusammenhang mit der emotionalen Bedeutung des Wortes für das Kind zu verstehen – und diese nicht ohne Objektbeziehung und Interaktion.

Der empirische Befund, dass mommy das häufigste unter den ersten zehn verwendeten Wörtern ist, wird von Horton und Sharp (1984) so interpretiert, dass zuerst tröstende Übergangsobjekte benannt werden. Damit wiederholt das einjährige Kind die selbstberuhigenden frühen Vokalisationen des Säuglings auf semantischer Ebene.

Aus den präverbalen „indexikalischen" Äußerungen entstehen im frühen Mutter-Kind-Dialog die Wörter. „Die Dyade ko-konstruiert das Lexikon des Babys." (Dore 1983, S. 180).

4.6 Syntaxentwicklung

Meltzer (1984) sieht in der Grammatik ein abstraktes System formalisierter Denkoperationen, das die basalen emotionalen Austauschprozesse abbildet. Nach Shapiro (1979) enthält bereits die allgemeinste Form eines Wunsches („Ich will etwas tun oder von jemandem erhalten") eine grammatische Struktur. Freilich bedürfen die Signale des Säuglings der Zuschreibung einer Appellfunktion durch die Bezugsperson, um als Aussagen verstanden und beantwortet zu werden (vgl. schon Freud 1950a). Erst dadurch findet auch die innerpsychische Kodierung statt, an deren Ende dann die „grammatischen" Wünsche stehen.

Das Auftreten von Mehrwortäußerungen im 18. bis 36. Monat ist zeitlich mit der Fähigkeit, frei zu gehen, verbunden. Bleich (1976) zeigt den Zusammenhang mit der Ablösungssituation des Laufenlernens: „Wenn das Kind diese mentale Trennung erreicht hat, kann es feststellen: „Mama weg" – und in dem Satz ist wie durch einen Zauber Mama trotzdem da." Diese Interpretation stützt die in der Psycholinguistik herrschende Meinung, dass die Fähigkeit zur Prädikation auf vorsprachlich eingeübten Interaktionsmustern aufgebaut ist.

Psychoanalytische Einzelstudien zu syntaktischen Kategorien wie Tempi und Modi, Passivierung und Genus zeigen, wie grammatische Kategorien als Ausdruck der psychischen Struktur verstanden werden können (vgl. Freedman und Steingart 1975, Rosen 1977, Shapiro 1979, Hamburger 1995, Kap. 9).

5. Die Bedeutung des Begriffs in verschiedenen psychoanalytischen Schulrichtungen

Die empirische Säuglingsbeobachtung bewirkte den Übergang von den auf innerpsychische Organisierung bezogenen Sprachentwicklungskonzepten der Ich-Psychologie (Klein 1965, Hartmann 1939, Rapaport 1950, 1951a,b) zur Interaktionsforschung.

Die Objektbeziehungstheorie beschreibt innerpsychische, im Dialog gebildete Selbst-Objekt- und Beziehungsrepräsentanzen. Das Zusammenspiel zwischen der realen Mutter und ihren Phantasien und Imagines und dem realen Kind und seinen in der Interaktion sich formenden Phantasien und Imagines bewirkt eine „Semiotisierung" des Erlebens. Winnicotts Begriff des Übergangsobjekts erlaubt ein Verständnis der Organisation der frühen semantischen und syntaktischen Strukturen. In der Abfolge vom „illusionären Raum", in dem sich die Mutter so verhält, als sei sie vom Kind magisch steuerbar, zum daran anschließenden „Versagen" der Mutter entsteht die Objektwelt.

In einer Analyse der basalen Austauschprozesse zwischen Mutter und Kind (Projektive Identifikation, Container-Contained) stellt Bion (1962) die Entwicklung des Denkens von Präkonzeptionen zu Konzeptionen bzw. Gedanken und schließlich zu Begriffen (Konzepten) dar. Das in der Klein-Bion'schen Theorie implizite Konzept angeborener Objekterwartungen ist in der Psychoanalyse der Sprachentwicklung nicht unbestritten. Die Objektbeziehungstheorie hat zu einer Bereicherung des Verständnisses der Zusammenhänge zwischen sprachlicher und affektiver Kommunikation beigetragen (Tobin 1999, Boesky 2000).

Lacan (1949, 1956) postuliert, dass sowohl das Bewusste wie das Unbewusste sprachlich strukturiert sind. Das Kind erlebt sich zunächst als fragmentiert, und erst durch die Begegnung mit seinem (physischen oder psychischen) Ebenbild im „Spiegelstadium" gewinnt es die Illusion der Einheit. Diese imaginäre Einheit wird dann im sprachlichen Selbstbezug „Ich" (moi) genannt, als Chiffre für das, was die Anderen an mir zur Einheit des „Du" zusammenfassen.

6. Interdisziplinäre Beiträge und Befunde

Die transformationalistische Idee, Sätze aus zugrunde liegenden unbewussten linguistischen Tiefenstrukturen zu generieren, hat auch in der psychoanalytischen Sprachtheorie Beachtung gefunden. Auf Chomskys Generative Transformationsgrammatik bezieht sich v.a. Edelson (1975), auf Lakoffs Generative Semantik. Litowitz und Litowitz (1977) sowie neuerdings die Metaphernanalyse (Buchholz 1993). Auch die aktuelle Ausrichtung der Psycholinguistik auf Pragmatik und Sprechhandlungstheorie ist mit der psychoanalytischen Sicht kompatibel (vgl. Hamburger 1995, Kap. 7).

Die Wende zum Paradigma des „aktiven Säuglings" in der Kognitionspsychologie und Linguistik, die das bis dahin vorherrschende behavioristische Paradigma grundsätzlich in Frage stellte, hat auch in der Psychoanalyse zu einem neuen Interesse an der Säuglingsforschung geführt. Kennzeichnend für die psychoanalytische Sichtweise ist dabei die Einbeziehung imaginärer, phantasmatischer Beziehungsbilder und -dialoge (vgl. Stern 1986, 1995, Brazelton und Cramer 1989). In der Auseinandersetzung mit

Piaget (Wolff 1967, Ciompi 1982 u. a.) wird deutlich, dass die Psychoanalyse Sprachentwicklung weder von leiblichen und sozialen Realbedingungen noch vom interaktionellen Kontext absehen kann. Ihr methodisch bedingter Subjektbezug, der untrennbar mit einem emanzipatorischen Ansatz verknüpft ist, unterscheidet sie von der kognitionspsychologischen Forschung.

Unter Bezug auf neuere Modelle der Neurobiologie (Edelman 1992, Damasio 1994, Lichtenberg 2002), der New Cognitive Science (Leuzinger-Bohleber, Pfeifer und Röckerath 1998) und auf die Säuglingsforschung kann die Entwicklung des Denkens und der Sprache in den Zusammenhang einer Theorie des Narrativs gestellt werden (vgl. Hamburger 1998). Neuere psychoanalytische Forschungen verbinden die Befunde der Hirnforschung mit analytischen Beobachtungen zu einer Wechselwirkungshypothese (Arkowitz 2000, Kaplan-Solms und Solms 2000, Turnbull und Bryson 2001, Solms und Turnbull 2002).

Literatur

Anzieu, D. (1985). Das Haut-Ich. Frankfurt/M.: Suhrkamp, 1996.

Arkowitz, S.W. (2000). The overstimulated state of dyslexia: perception, knowledge, and learning. Journal of the American Psychoanalytic Association, 2000, 48, 4, 1491–520.

Beratis, S., Miller, R. and Galenson, E. (1982–83). Separation-individuation and transitional objects in a four-year-old psychotic child. International Journal of Psychoanalytic Psychotherapy, 9, 561–582.

Bion, W.R. (1962). Eine Theorie des Denkens. Psyche – Z Psychoanal, 17, 7, 426–435.

Bleich, D. (1976). New considerations of the infantile organization of language and symbolic thought. Psychoanalytic Review, 63, 1, 49–71.

Boesky, D. (2000). Affect, language and communication, 41st IPA Congress plenary session, International Journal of Psychoanalysis, 81, 257–262.

Brazelton, T.B. und Cramer, B.G. (1989). Die frühe Bindung. Die erste Beziehung zwischen dem Baby und seinen Eltern. Stuttgart: Klett-Cotta, 1991.

Buchholz, M.B. (1993). Metaphernanalyse. Opladen: Westdeutscher Verlag.

Call, J.D. (1980). Some prelinguistic aspects of language development. Journal of the American Psychoanalytic Association, 28, 259–289.

Ciompi, L. (1982). Affektlogik. Über die Struktur der Psyche und ihre Entwicklung. Ein Beitrag zur Schizophrenieforschung. Stuttgart: Klett-Cotta.

Derrida, J. (1976). Freud und der Schauplatz der Schrift. In ders., Die Schrift und die Differenz (S. 302–350). Frankfurt/M.: Suhrkamp.

Dore, J. (1983). Feeling, form and intention in the baby's transition to language. In R. Golinkoff (Ed.), The transition from prelinguistic to linguistic communication (pp. 167–190). Hillsdale NJ: Erlbaum.

Dornes, M. (1993). Der kompetente Säugling. Die präverbale Entwicklung des Menschen. Frankfurt/M.: Fischer, 13. Aufl., 2004.

Edelman, G.M. (1992). Göttliche Luft, vernichtendes Feuer. Wie der Geist im Gehirn entsteht. München: Piper, 1995.

Edelson, M. (1975). Language and interpretation in psycho-analysis. New Haven: Yale University Press.

Edgcumbe, R.M. (1980). Toward a developmental line for the acquisition of language. Psychoanalytic Study of the Child, 36, 71–103.

Etchegoyen, L. and Amati Mehler, J. (2004). Language and affects in the analytic practice. International Journal of Psychoanalysis, 85, 6, 1479–83.

Freedman, N. (1977). Hands, words, and mind: On the structuralization of body movements during discourse and the capacity for verbal representation. In N. Freedman and S. Grand (Eds.), Communicative structures and psychic structures. A psychoanalytic interpretation of communication (pp. 109–132). New York: Plenum Press.

Freedman, N. and I. Steingart (1975). Kinesic internalization and language construction. In D.P. Spence (Ed.), Psychoanalysis and contemporary science, Bd. 4. New York: International Universities Press.

Hamburger, A. (1995). Entwicklung der Sprache. Stuttgart: Kohlhammer.

Hamburger, A. (1998). Narrativ und Gedächtnis. In M. Koukkou, M. Leuzinger-Bohleber und W. Mertens (Hg.), Erinnerung von Wirklichkeiten. Psychoanalyse und Neurowissenschaft im Dialog, Bd. 1 (S. 223–286). Stuttgart: Verlag Internationale Psychoanalyse.

Hernandez, M. (1999). Affect. language, and communication: loose ends. International Journal of Psycho-Analysis, 80, 341–355.

Hook, D. (2002). The other side of language: The body and the limits of signification. Psychoanalytic Review, 89, 5, 681–713.
Horton, P.C. and Sharp, S.L. (1984). Language, solace, and transitional relatedness. Psychoanalytic Study of the Child, 39, 167–194.
Jappe, G. (1971). Über Wort und Sprache in der Psychoanalyse. Frankfurt/M.: Fischer.
Kaplan-Solms, K. and Solms, M. (2003). Neuro-Psychoanalyse. Eine Einführung mit Fallstudien. Stuttgart: Klett-Cotta.
Klann-Delius, G. (1990). Affektivität und Spracherwerb. Praxis der Psychotherapie und Psychosomatik, 35, 140–149.
Klein, G.S. (1965). On hearing one's own voice: an aspect of cognitive control in spoken thought. In M. Schur (Ed.), Drives, affects, behaviour, Vol. 2 (pp. 87–117). New York: International Universities Press.
Klitzing, K. von et al. (2002). Frühe Entwicklung im Längsschnitt: Von der Beziehungswelt der Eltern zur Vorstellungswelt des Kindes. Psyche – Z Psychoanal, 56, 863–887.
Lacan, J. (1949). Das Spiegelstadium als Bildner der Ichfunktion, wie sie uns in der psychoanalytischen Erfahrung erscheint. In ders., Schriften, I (S. 61–70). Olten: Walter, 1973.
Lacan, J. (1956). Funktion und Feld des Sprechens und der Sprache in der Psychoanalyse. In ders., Schriften I (S. 71–170). Olten: Walter, 1973.
Lerner, H.E. (1976). Elterliche Fehlbenennung der weiblichen Genitalien als Faktor bei der Erzeugung von „Penisneid" und Lernhemmungen. Psyche – Z Psychoanal, 34, 12, 1092–1104, 1980.
Leuzinger-Bohleber, M., Pfeiffer und Röckerath, K. (1998). Wo bleibt das Gedächtnis? Psychoanalyse und New Cognitive Science im Dialog. In M. Koukkou, M. Leuzinger-Bohleber und W. Mertens (Hg.), Erinnerung von Wirklichkeiten. Psychoanalyse und Neurowissenschaft im Dialog. Bd. 1, Bestandsaufnahme (S. 517). Stuttgart: Verlag Internationale Psychoanalyse.
Lichtenberg, J. (2002). Values, consciousness, and language. Psychoanalytic Inquiry, 22, 841–856.
Litowitz, B.E. and N.S. Litowitz (1977). The influence of linguistic theory on psychoanalysis: a critical, historical survey. International Review of Psycho-Analysis, 4, 419–448.
Lorenzer, A. (1970). Kritik des psychoanalytischen Symbolbegriffs. Frankfurt/M.: Suhrkamp.
Lorenzer, A. (1972). Zur Begründung einer materialistischen Sozialisationstheorie. Frankfurt/M.: Suhrkamp.
Lorenzer, A. (1973). Über den Gegenstand der Psychoanalyse oder Sprache und Interaktion. Frankfurt/M.: Suhrkamp.
Lorenzer, A. (1986). Tiefenhermeneutische Kulturanalyse. In A. Lorenzer (Hg.), Kultur-Analysen. Psychoanalytische Studien zur Kultur (S. 11–98). Frankfurt/M.: Fischer.
Meissner, W.W. and Dam, H. van (1978). Colloquium on „symbol formation". The International Journal of Psycho-Analysis, 59, 321–328.
Papousek, M. (1994). Vom ersten Schrei zum ersten Wort. Anfänge der Sprachentwicklung in der vorsprachlichen Kommunikation. Bern: Huber.
Peterson C. and Roberts, C. (2003). Like mother, like daughter: similarities in narrative style. Developmental psychology 39, 3, 551–62.
Rizzuto, A.-M. (2002). Speech events, language development, and the clinical situation. International Journal of Psychoanalysis, 83, 1325–1344.
Rosen, V.H. (1977). Style, character and language. New York: Jason Aronson.
Santostefano, S. (1977). Action, fantasy and language: developmental levels of ego organization in communicating drives and affects. In N. Freedman and G. Stanley (Eds.), Communicative structures and psychic structures. A psychoanalytic interpretation of communication (pp. 331–354). New York: Plenum Press.
Shapiro, T. (1979). Clinical psycholinguistics. New York: Plenum.
Solms, M. und Turnbull, O.H. (2002). Das Gehirn und die innere Welt. Neurowissenschaft und Psychoanalyse. Düsseldorf: Walter, 2004.
Spitz, R. (1957). Nein und Ja. Stuttgart: Klett, 1960.
Stern, D. (1986). Die Lebenserfahrung des Säuglings. Stuttgart: Klett-Cotta, 1992.
Stern, D. (1995). Die Mutterschaftskonstellation. Eine vergleichende Darstellung verschiedener Formen der Mutter-Kind-Psychotherapie. Stuttgart: Klett-Cotta, 1998.
Tobin, A. (2000). Affect, language and communication: loose ends. International Journal of Psychoanalysis, 81, 320–323.
Turnbull, O.H. and Bryson, H.E. (2001). The leftward cradling bias and hemispheric asymmetry for speech prosody. Laterality, 6, 21–28.
Wolff, P.H. (1967). Überlegungen zu einer psychoanalytischen Theorie des Spracherwerbs. Psyche – Z Psychoanal, 28, 9–10, 853–899.

Strukturelle Störung *von Ulrich Rüger*

structural disorder – désordre structurel

1. Definition

Unter Struktur verstehen wir das ganzheitliche Gefüge von psychischen Dispositionen. Sie ist relativ zeitstabil und umfasst alles, was im Leben und Verhalten des einzelnen Menschen regelhaft und repetitiv abläuft. Struktur begründet den Zeit überdauernden, persönlichen Stil (Shapiro 1965), in dem der Einzelne immer wieder aufs Neue sein intrapsychisches und interpersonelles Gleichgewicht herstellt (Rudolf et al. 1995).

Eine strukturelle Störung liegt dann vor, wenn bestimmte psychische Funktionen – vornehmlich Ich-Funktionen – nicht zur Verfügung stehen. Insofern hier notwendige strukturelle Differenzierungen oder Integrationsschritte in der Entwicklung nicht erfolgt sind, spricht man hier auch von entwicklungsbedingten strukturellen Störungen. Von diesen zu unterscheiden ist eine strukturelle Vulnerabilität, bei der es nur unter Belastungen zu einer Beeinträchtigung des aktuellen strukturellen Integrationsniveaus bei einer ansonsten relativ besser integrierten Persönlichkeit kommen kann. Bei schweren traumatischen Ereignissen (vgl. z.B. Ploeger 1974, Rüger 1984, Ploeger und Schmidt 1986), aber auch unter toxischen Einflüssen kann es auch bei gesunden Persönlichkeiten zu einer akuten regressiven Entdifferenzierung kommen (A. Freud 1978).

Im Unterschied zur Konfliktpathologie der reiferen Störungen liegen damit bei den strukturellen Störungen im engeren Sinne zeitstabile Strukturpathologien vor. Während es sich bei den Konfliktpathologischen überwiegend um intersystemische Konflikte zwischen Es, Ich und Überich handelt, dominieren bei den strukturellen Störungen intrasystemische Regulationsstörungen, vornehmlich im Bereich der Ich-Funktionen (s. u.).

2. Von den klassischen zu den modernen Auffassungen

Als klassische Pioniere für den Bereich struktureller Störungen haben Hartmann, Kris und Löwenstein (1946), später Rapaport (1959) sowie Rapaport und Gill (1959) zu gelten. Eine erste Systematik der Ich-Funktionen und der zugehörigen Störungsbilder wurde 1969 von Bellak und Hurvich vorgelegt. Aufgrund ihrer sehr deskriptiven und behavioralen Orientierung wurden diese Konzepte auch in der amerikanischen Psychiatrie rasch rezipiert und in operationalisierte Systeme umgesetzt (Bellak et al. 1973). Im deutschsprachigen Bereich wurden sie bereits ab den 60er Jahren aufgenommen (Heigl 1969, Streeck 1983) und haben die Entwicklung modifizierter psychoanalytischer Behandlungsansätze bei Patienten mit strukturellen Störungen angestoßen (Fürstenau 1977, Heigl-Evers und Streeck 1985, vgl. auch Heigl-Evers et al. 1997). Die entwicklungspsychologische Dimension der strukturellen Störungen wurde dann allerdings erst im Rahmen der Selbstpsychologie (Kohut 1971) und insbesondere durch die Einbeziehung der Objektbeziehungstheorie ermöglich (vgl. Kernberg 1984).

Ausgehend von den Fortschritten in der Säuglings- und Kleinkindbeobachtung (Lichtenberg 1991, Stern 1985, vgl. Übersicht von Schüßler und Bertl-Schüßler 1992) gehen wir heute von angeborenen objektsuchenden Aktivitäten des Säuglings aus und seiner Fähigkeit, den betreuenden Erwachsenen in seine Interaktion aktiv einzubeziehen. In diesen frühen Entwicklungsabschnitten beginnt sich die Funktion des Ichs zu entfalten, „welches sich vom Nicht-Ich zu unterscheiden lernt, um sich interessiert, handlungsbereit und emotional auf die Objekte auszurichten“ (Rudolf 1977). Die gleichzeitig beginnende Entwicklung der Struktur des Selbst ist dann abgeschlossen, wenn das Ich sich selbst zum Objekt nehmen und sich reflexiv auf sich selbst beziehen kann. Die Struktur des Selbst und die Struktur der Objektbeziehungen reifen damit also in einer intensiven Verflechtung. Während das Selbst an Kohärenz, Abgegrenztheit und Fähigkeit zur Selbstorganisation gewinnt, festigt sich die Sicherheit der Objektbindung einschließlich einer Differenzierung von Selbst und Objekt und Integration konträrer Objekt-Repräsentanzen.

Nach diesen Auffassungen steht am Ende der Entwicklung ein autonomes Selbst, „das Identität ... ausgebildet hat und das sein Selbstbild und seinen Selbstwert sowie die Steuerungs- und Handlungsfähigkeit seines Ichs immer wieder regulieren kann“ (Rudolf et al. 1995, S. 202). Bei den strukturellen Störungen finden wir dagegen eine defizitäre Entwicklung, in der insbesondere wichtige Ich-Funktionen beeinträchtigt sind: Die Selbst-Objekt-Differenzierung, die Integration von den „guten“ und „bösen“ Selbst- und Objektrepräsentanzen, antizipatorische ... Fähigkeiten sowie die Binnenwahrnehmung (Heigl-Evers und Streeck 1985).

Während die Ich-Psychologie die Pathologien struktureller Störungen immer auf dem Hintergrund des klassischen dreiteiligen Strukturmodells erforscht, berücksichtigt die Objektbeziehungstheorie hier strukturelle Charakteristika der frühen Ich-Es-Matrix noch vor der Konsolidierung der dreigeteilten Struktur (Kernberg 1993a).

In Weiterführung der Konzepte von Kernberg und unter besonderer Berücksichtigung der Ergebnisse der modernen Säuglings- und Kleinkindforschung stellt Rudolf (2004) die Entwicklung der Emotionalität, der Emotionsregulierung und der Affektverarbeitung in den Mittelpunkt seines Konzeptes von den strukturellen Störungen und leitet davon spezielle Formen der therapeutischen Interventionen ab (s. u.).

3. Historische Anmerkungen

Entwicklungsbedingte strukturelle Störungen manifestieren sich klinisch in Form von Persönlichkeitsstörungen. Diese wurden historisch zunächst unter dem Begriff der „Psychopathie“ oder der „abnormen Persönlichkeit“ erwähnt. Wissenschaftlich beschäftigte sich als erster der französische Psychiater Pinel zu Beginn des 19. Jahrhunderts mit abnormen Persönlichkeiten. Die weitere Entwicklung wurde in gleicher Weise von Konzepten der französischen, deutschsprachigen und angelsächsischen Psychiatrie geprägt. Der Interessierte sei auf entsprechende Übersichten verwiesen (Petrilowitsch 1960, Saß 1987). Zu einer ersten konzeptuellen Verknüpfung psychiatrischer und psychoanalytischer Konzepte dieser Krankheitsbilder kam es erst Mitte des 20. Jahrhunderts – ausgehend vornehmlich von der seinerzeit sehr ich-psychologisch orientierten amerikanischen Psychiatrie (s.o.).

4. Zur Klassifikation von Krankheitsbildern mit strukturellen Pathologien

Während für die Psychiatrie lange Zeit überwiegend Fragen der typologischen Ordnung und Phänomenologie von Persönlichkeitsstörungen im Vordergrund des Interesses standen, dominierten innerhalb der Psychoanalyse psychodynamische Konzepte jeweils in Abhängigkeit ihrer Theoriegeschichte. Inzwischen ist es hier zu einer Annäherung gekommen: Psychoanalytiker betonen die Notwendigkeit beobachtbarer Kriterien, um bei der Beurteilung des Strukturniveaus zu vergleichbaren Einschätzungen zu kommen (vgl. z.B. Arbeitskreis OPD 1996). In den psychiatrischen Klassifikationssystemen werden inzwischen auch psychoanalytische Konstrukte berücksichtigt; z.B. enthält DSM-IV eine Zusatzachse für Abwehrmechanismen. Die Entwicklung ist noch nicht abgeschlossen und von einer Übereinstimmung in den Grundsätzen von Klassifikation und Diagnostik bei Persönlichkeitsstörungen kann keinesfalls gesprochen werden. Denn die typologische Ordnung der Persönlichkeitsstörungen in der ICD-10 und im DSM ist in ihrer kategorialen Kriterienorientierung für das strukturelle Verständnis dieser Erkrankungen wenig hilfreich.

Kernberg (1996a, 1998) fordert hier eine zusätzliche „dimensionale" Orientierung, in der die Funktion von klinischen Oberflächenphänomenen auf der einen Seite und Strukturqualitäten auf der anderen Seite berücksichtigt werden und entwickelte ein entsprechendes psychoanalytisches Modell zur Klassifizierung von Persönlichkeitsstörungen. Dabei stimmt die psychoanalytisch orientierte klinisch-nosologische Ordnung der Persönlichkeitsstörungen Kernbergs (Borderline, schizoide Persönlichkeitsstörung, schizotypische Persönlichkeitsstörung, paranoide Persönlichkeitsstörung, narzisstische Persönlichkeitsstörung etc.) in diesem Punkt durchaus mit der DSM-Ordnung überein, wohingegen im ICD-10 die narzisstische Persönlichkeitsstörung fehlt.

Kernberg gelang damit ein vertieftes Verständnis der Prinzipien der Persönlichkeitsorganisation, indem er das aktuelle Integrationsniveau der Persönlichkeitsstruktur in den Mittelpunkt diagnostischer Bemühungen stellte.

Im deutschsprachigen Bereich wurde dies vom Arbeitskreis OPD (1996) und hier insbesondere von Rudolf weitergeführt. Hier erfolgte eine differenzierte Auflistung der strukturellen Funktionen, deren unterschiedlichen strukturellen Dimensionen sich unabhängig voneinander in ihrem jeweiligen Strukturniveau bestimmen lassen. Damit lassen sich die beim jeweiligen Patienten eingeschränkten strukturellen Funktionen durch eine spezielle Diagnostik identifizieren – eine Voraussetzung für eine strukturbezogene fokale Psychotherapie (s. u.).

5. Interdisziplinäre Beiträge

Psychobiologische Aspekte: Nach Kernberg (1998) ist die Entwicklung der Persönlichkeit zunächst ganz wesentlich von „affektiven Strukturen determiniert", die es ermöglichen, Objektbeziehungen zu entwickeln und zu verinnerlichen. Bereits beim Säugling werden aber in individuell sehr unterschiedlicher Weise die Möglichkeiten zu affektiven Reaktionen von biologischen Determinanten mitbestimmt. Die bei schweren Persönlichkeitsstörungen gefundenen Veränderungen in den Neurotransmitter-Systemen hängen vermutlich mit spezifischen Verzerrungen in der Affektaktivierung zusammen (Kernberg 1998, Stone 1993). Hier fände die bekannte genetische Disposition für die Entstehung von Persönlichkeitsstörungen einen biologischen Erklärungsansatz (vgl. McGuffin und Thapar 1992). Biologische Determinierungen auf der einen Seite und psychologische Auslöser auf der anderen Seite bestimmen danach gemeinsam die affektiven Reaktionen und ihre jeweiligen Regulationsmöglichkeiten.

Inzwischen lassen sich mit Hilfe moderner Neuro-Imaging-Verfahren neurobiologische Korrelate mangelhafter Impulssteuerung, Hyperreaktivität und dysfunktionale Affektregulation darstellen (vgl. z.B. Herpertz et al. 2001, Soloff et al. 2003, Irle et al. 2005 und dortige Literaturhinweise). Die Befunde erlauben erste Hypothesen über das Zusammenspiel psycho-biologischer Mechanismen bei Persönlichkeitsstörungen. Gegenüber einer Zusammenfassung der vorliegenden Einzelbefunde zu einer übergreifenden psycho-biologischen Theorie der Persönlichkeitsstörungen ist aber zurzeit noch Zurückhaltung geboten.

Kognitionspsychologische Modelle: Seit den 90er Jahren des letzten Jahrhunderts liegen kognitionspsychologische Modelle für die Entwicklung von Persönlichkeitsstörungen vor (Layden et al. 1993). Diese gehen auf entsprechend weiterentwickelte Theorien aus der Schule von Piaget zurück (vgl. Schneider 1981). Ein spätes Treffen von Freud und Piaget!

6. Therapeutische Ansätze

Den meisten Behandlungsansätzen ist ein stark strukturiertes Vorgehen gemeinsam, das mit der strukturellen Schwäche der betreffenden Patienten korrespondiert. So stellen Blanck und Blanck (1981) die Förderung und Entwicklung von Ich-Funktionen und die Entwicklung reiferer Formen von Objektbeziehungen in den Mittelpunkt ihrer

Behandlungskonzepte und sprechen sich gegen die Förderung regressiver Prozesse aus. Im deutschsprachigen Bereich wurden ichpsychologische Behandlungskonzepte erstmals von Fürstenau (1977) für die Behandlung struktureller Störungen gefordert. Als Methode der Wahl empfiehlt Kernberg (1993b) zumindest bei den meisten schweren Persönlichkeitsstörungen ein modifiziertes psychoanalytisches Vorgehen im Sinne einer „psychodynamischen Psychotherapie". Dabei wird insbesondere auf die Pathologie verinnerlichter Objektbeziehungen und primitiver Abwehrmechanismen fokussiert. Ein psychoanalytisches Vorgehen im engeren Sinne hält er nur bei narzisstischen Persönlichkeitsstörungen mit einer neurotischen Persönlichkeitsorganisation für möglich. Bei Vorliegen eine antisozialen Persönlichkeitsstruktur ist jedwede Form einer psychoanalytischen Behandlungsmodalität kontraindiziert. Heigl-Evers et al. (1997) zielen ebenfalls auf die Entwicklung von Ich-Funktionen und reiferen Objektbeziehungen ab. Als besondere Interventionen werden das selektive Mitteilen der Gegenübertragung, die Übernahme von Hilfs-Ich-Funktionen sowie Affekt-Wahrnehmung und Affekt-Klarifizierung eingesetzt.

In jedem Fall ist bei Indikation und Kontraindikation für die verschiedenen psychoanalytisch fundierten Behandlungsmodalitäten die vorliegende Persönlichkeitsorganisation zu berücksichtigen. Dies setzt eine differenzierte Diagnostik voraus, in der, anders als beim klassischen Erstinterview, gerade auch die strukturelle Diagnostik ausreichend berücksichtigt wird (vgl. „Strukturelles Interview" nach Kernberg 1996b, vgl. Buchheim et al. 1987 oder OPD-Interview im Rahmen der operationalisierten psychodynamischen Diagnostik 1996).

Aufbauend auf der OPD-Diagnostik hat inzwischen Rudolf einen Leitfaden zur psychodynamischen Therapie struktureller Störungen vorgelegt. Im Rahmen dieser Behandlung werden die für die aktuelle Störung maßgeblichen strukturellen Einschränkungen als therapeutische Foki definiert und im Rahmen des therapeutischen Geschehens kontinuierlich bearbeitet. Zielsetzung ist dabei eine Verbesserung struktureller Funktionen, aber auch der kompetentere Umgang des Patienten mit seinen strukturellen Einschränkungen (Rudolf 2004), dabei wird die strukturelle Vulnerabilität der Patienten nicht als Epiphänomen von unbewussten Konflikten, sondern als Problem sui generis (z. B. Kränkbarkeit, Impulsivität, Empathiedefizit etc.) verstanden. Die Behandlung erfordert spezifische modifizierte therapeutische Haltungen; in einem eher nicht regressionsfördernden, aktiveren Vorgehens des Therapeuten wird die Akzeptanz und Eigenverantwortlichkeit des Patienten für sein strukturelles Verhalten entwickelt. Klarifikation und Konfrontation sind das eigentliche therapeutische Agens. Dabei ist allen für die Therapie von Persönlichkeitsstörungen entwickelten psychoanalytisch orientierten Behandlungsverfahren ein entwicklungsfördernder, interaktioneller und strukturierender Aspekt gemeinsam.

Die Behandlungserfolge bei entsprechendem Vorgehen sind inzwischen insbesondere für die Borderline-Persönlichkeitsstörung nachgewiesen (vgl. Leichsenring et al. 2004, Wöller und Tress 2005). Effektive Behandlungsverfahren zeichnen sich nach Bateman und Fonagy (2000) sowie Herpertz und Sass (2003) durch folgende Merkmale aus: Eine aktive Haltung des Therapeuten, eine gute Strukturierung des Behandlungsprozesses, eine klare Fokus- bzw. Zielbestimmung, eine hinreichend lange Behandlung (ohne unbedingt hohe Behandlungsfrequenz) sowie bei schweren Persönlichkeitsstörungen insbesondere auch eine enge Kooperation mit komplementären psychosozialen Diensten. Gegebenenfalls ist eine begleitende Pharmakotherapie indiziert (vgl. Rüger 2003, S. 244f.)

Auf andere – nicht psychoanalytisch orientierte – Behandlungskonzepte kann hier nur kurz hingewiesen werden: Kognitiv-behaviorale Ansätze wurden von Beck und Freeman (2003) entwickelt. Besonders hervorzuheben ist die auch gut evaluierte, dialektischebehaviorale Therapie der Borderline-Persönlichkeitsstörung nach Linehan (1996). Für den deutschsprachigen Bereich sei die Darstellung von Fiedler (2001) genannt.

Literatur

Arbeitskreis (OPD) (1996). Operationalisierte Psychodynamische Diagnostik. Bern: Huber.

Arbeitskreis (OPD) (2006). Operationalisierte Psychodynamische Diagnostik 2. Grundlagen-Manual. Bern: Huber.

Beck, A.T. and Freeman A.D. (2003). Cognitive therapy of personality disorders.
New York: Guilford Publication, 2nd. ed.

Bellak L. and Hurvich M. (1969). A systematic study of ego-function. Journal of Mental Diseases 148, 569–585.

Bellak, L., Hurvich, M. and Gediman, H. (1973). Ego-functions in schizophrenics, neurotics and normals. New York: Wiley.

Blanck, G. und Blanck, R. (1981). Angewandte Ich-Psychologie. Stuttgart: Klett-Cotta.

Buchheim, P., Cierpka, M,, Kächele, H. und Jimenz, J.P. (1987). Das „Strukturelle Interview". Fundamenta Psychiatrica 1, 154–161.

Fiedler, P. (2001). Persönlichkeitsstörung. Weinheim: Beltz, 5. Aufl.

Freud, A. (1978). Die Hauptfrage der Kinderanalyse. In dies., Die Schriften der Anna Freud, Band X (S. 2730f.) München: Kindler, 1989.

Fürstenau, P. (1977). Die beiden Dimensionen des psychoanalytischen Umgangs mit strukturell ich-gestörten Patienten. Psyche – Z Psychoanal, 31, 197–207.

Hartmann, H., Kris, E. and Löwenstein, R. (1946). Comments on the formation of psychic structure. Psychoanalytic Study of the Child, 2, 11–38. New York: International Universities Press.

Heigl, F. (1969). Zum strukturellen Denken in der Psychoanalyse. In A. Schelkopf und S. Elhardt (Hg.), Aspekte der Psychoanalyse (S. 12–25). Göttingen: Vandenhoeck & Ruprecht. Nachdruck Zeitschrift für Psychosomatische Medizin und Psychoanalyse, 41, 213–224, 1995.

Heigl-Evers, A. und Streeck, U. (1985). Psychoanalytisch-interaktionelle Therapie. Zeitschrift für Psychosomatische Medizin und Psychoanalyse, 35, 176–182.

Heigl-Evers, A., Heigl, F., Ott, J. und Rüger, U. (1997). Lehrbuch de Psychotherapie. Stuttgart: Fischer, 3. Aufl.

Herpertz, S.C., Dietrich, T.M., Wenning, B., Krings, T., Erberich, S.G. and Willmes, K. (2001). Evidence of abnormal amygdala functioning in borderline personality disorder: A functional MRI study. Biological Psychiatry, 50, 292–298.

Hoffman, S.O. (1986). Die so genannte frühe Störung. Praxis der Psychotherapie und Psychosomatik, 31, 179–190.

Irle, E., Lange, C. and Sachsse, U. (2005). Reduced size and abnormal asymmetry of parietal cortex in women with borderline personality disorder. Biological Psychiatry, 57, 173–182.

Kernberg, O.F. (1993a). Psychoanalytische Objektbeziehungstheorien. In W. Mertens (Hg.), Schlüsselbegriffe der Psychoanalyse (S. 96–104). Stuttgart: Internationale Psychoanalyse.

Kernberg, O.F. (1993b). Psychodynamische Therapie bei Borderline-Patienten. Bern: Huber.

Kernberg, O.F. (1996a). Ein psychoanalytisches Modell der Klassifizierung von Persönlichkeitsstörungen. Psychotherapeut, 41, 288–296.

Kernberg, O.F. (1996b). Schwere Persönlichkeitsstörungen. Stuttgart: Klett-Cotta, 5. Aufl.

Kernberg, O.F. (1998). Die Bedeutung neuerer psychoanalytischer und psychodynamischer Konzepte für die Befunderhebung und Klassifikation von Persönlichkeitsstörungen. In H. Schauenburg, P. Buchheim, M. Cierpka und H.J. Freyberger (Hg.), OPD-Konzepte, Ergebnisse, Anwendungen. Bern: Huber.

Kernberg, O.F., Dulz, B. und Sachsse, U. (Hg.) (2000). Handbuch der Borderline-Störung. Stuttgart: Schattauer.

Kohut, H. (1971). The analysis of the self. New York: International Universities Press.

Layden, M.A., Newman, C.F., Freeman, A. and Byers-Morse, S. (1993). Cognitive therapy of borderline personality disorder. New York: Allyn and Bacon.

Leichsenring, F., Rabung, S. and Leibing, E. (2004). The efficacy of short-term psychodynamic psychotherapy in specific psychiatric disorders. Archive of Genetic Psychiatry, 61, 1208–1216.

Lichtenberg, J.D. (1991). Psychoanalyse und Säuglingsforschung. Berlin: Springer,

Linehan, M. (1996). Dialektische-Behaviorale Therapie der Borderline-Persönlichkeitsstörung. München: CIP-Medien.

McGuffin, P. and Thapar, A. (1992). The genetics of personality disorder. British Journal of Psychiatry, 16, 12–23.

Petrilowitz, N. (1960). Abnorme Persönlichkeiten. Basel: Karger.

Ploeger, A. (1974). Lengede – 10 Jahre danach. Psychotherapie, Psychosomatik, Medizinische Psychologie 24, 137–143.

Ploeger, A. und Schmitt, J. (1986). Die Geiselnahme und ihre Folgen. In V. Faust (Hg.), Angst – Furcht – Panik (S. 177–183). Stuttgart: Hippokrates.

Rapaport, D. (1959). Die Struktur der psychoanalytischen Theorie. Stuttgart: Klett.
Rapaport, D. and Gill M.M. (1959). The points of view and assumptions of metapsychology. International Journal of Psycho-Analysis, 40,153–162.
Rudolf, G. (1977). Krankheiten im Grenzbereich von Neurose und Psychose. Göttingen: Vandenhoeck & Ruprecht.
Rudolf, G., Buchheim, P., Ehlers, W., Küchenhoff, J., Muhs, A., Pouget-Schors, D., Rüger, U., Seidler, G.H. und Schwarz, F. (1995). Struktur und strukturelle Störung. Zeitschrift für psychosomatische Medizin und Psychoanalyse, 41, 197–212.
Rudolf, G. (2004). Strukturbezogene Psychotherapie. Stuttgart: Schattauer.
Rüger, U. (1984). Neurotische und reale Angst. Göttingen: Vandenhoeck & Ruprecht.
Rüger, U. (2003). Gewalt und Missbrauch in der Psychotherapie. Psychotherapeut, 48, 240–246.
Saß, H. (1997). Psychopathie, Soziopathie, Dissozialität. Berlin: Spandauer.
Saß, H. und Houben, I. (1998). Die neue Rolle der Persönlichkeitsstörungen in DSM-III und DSM-IV. In H. Schauenburg, P. Buchheim, M. Cierpka und H.J. Freyberger (Hg.), OPD-Konzepte, Ergebnisse, Anwendungen (S. 37–53). Bern: Huber.
Schneider, H. (1981). Die Theorie Piagets: Ein Paradigma für die Psychoanalyse? Bern: Huber.
Schüßler, G. und Bertl-Schüßler, A. (1992). Neue Ansätze zur Revision der psychoanalytischen Entwicklungstheorie. Zeitschrift für psychosomatische Medizin und Psychoanalyse, 38, 77–87 u. 101–114.
Shapiro, D. (1965). Neurotic styles. New York: Basic Books (dt.: Neurotische Stile. Göttingen: Vandenhoeck & Ruprecht, 1991).
Soloff, P.H., Meltzer, C.C., Becker, C., Greer, P.J., Kelly, T.M. and Constantine, D. (2003). Impulsivity and prefrontal hypermetabolism in borderline personality disorder. Psychiatry Research, 123, 153–163.
Stern, D. (1985). The interpersonal world of the infant. New York: Basic Books.
Stone, M. (1993). Etiology of borderline personality disorder: psychobiological factors contributing to an underlying irritability. In J. Paris (Ed.), Borderline personality disorder (pp. 87–102). Washington: American Psychiatry Press.
Streeck, U. (1983). Abweichungen vom „fiktiven Normal-Ich" : Zum Dilemma der Diagnostik struktureller Ich-Störungen. Zeitschrift für psychosomatische Medizin und Psychoanalyse, 29, 334–349.
Wöller, W. und Tress, W. (2005). Die psychotherapeutische Behandlung von Persönlichkeitsstörungen. Zeitschrift für psychosomatische Medizin und Psychoanalyse, 51, 110–127.

Sublimierung *von Albrecht Hirschmüller*

sublimation – sublimation

1. Definition

Im Rahmen der psychoanalytischen Triebllehre beschreibt Sublimierung die Fähigkeit von Trieben, ihr Ziel und/oder Objekt gegen ein psychisch verwandtes, „höheres" einzutauschen und so ihre Kräfte den Kulturschöpfungen, der Kunst und Wissenschaft, zugänglich zu machen. Bei Freud ein „Triebschicksal", erscheint Sublimierung bei Anna Freud unter den Abwehrmechanismen und wird dort u.a. der Reaktionsbildung gegenübergestellt. In der Ich-Psychologie ist Sublimierung gleichbedeutend mit „Neutralisierung". In der Folge wurde der Begriff häufig als problematisch oder als entbehrlich empfunden. Eine zusammenhängende Theorie von Sublimierung liegt bisher nicht vor. Neuere Ansätze bringen Sublimierung mit dem primären Narzissmus in Verbindung (Loewald), beschreiben ihn als „Grenzbegriff" zwischen Intra- und Extrapsychischem (Whitebook) oder fassen Sublimierung als „intersubjektives Prozessobjekt" auf (Danckwardt).

2. Klassische Auffassung

Das Sublimierungskonzept deutet sich bei Freud erstmals im Jahr 1898 an. Die Anregung dazu verdankte er offenbar seinem Berliner Freund Wilhelm Fließ: „Es scheint, daß die sexuellen Triebkräfte beim Menschen aufgespeichert werden sollen, um dann bei ihrer Entfesselung zur Zeit der Pubertät großen kulturellen Zwecken zu dienen“ (1898a, S. 511). Der Begriff Sublimierung in seinem spezifischen Sinn wurde zuerst in den „Drei Abhandlungen zur Sexualtheorie“ (1905d) verwendet: „Die Kulturhistoriker scheinen einig in der Annahme, daß durch solche Ablenkung sexueller Triebkräfte von sexuellen Zielen und Hinlenkung auf neue Ziele, ein Prozeß, der den Namen Sublimierung verdient, mächtige Komponenten für alle kulturellen Leistungen gewonnen werden“ (S. 79). Noch deutlicher wird Freud in seinem Aufsatz „Die ‚kulturelle‘ Sexualmoral und die moderne Nervosität“ (1908d): „Der Sexualtrieb stellt der Kulturarbeit außerordentlich große Kraftmengen zur Verfügung, und dies zwar infolge der bei ihm besonders ausgeprägten Eigentümlichkeit, sein Ziel verschieben zu können, ohne wesentlich an Intensität abzunehmen. Man nennt diese Fähigkeit, das ursprünglich sexuelle Ziel gegen ein anderes, nicht mehr sexuelles, aber psychisch mit ihm verwandtes, zu vertauschen, die Fähigkeit zur Sublimierung“ (S. 150). Eine neue Bedeutung gewinnt Sublimierung im Rahmen des strukturellen Modells in „Das Ich und das Es“ (1923b): Hier verbindet Freud den Mechanismus der Sublimierung mit seiner inzwischen ausgearbeiteten Auffassung des Narzissmus: „Die Umsetzung von Objektlibido in narzißtische Libido bringt offenbar ein Aufgeben der Sexualziele, eine Desexualisierung mit sich, also eine Art von Sublimierung. Ja, es entsteht die eingehender Behandlung würdige Frage, ob dies nicht der allgemeine Weg zur Sublimierung ist, ob nicht alle Sublimierung durch die Vermittlung des Ichs vor sich geht, welches zunächst die sexuelle Objektlibido in narzißtische verwandelt, um ihr dann vielleicht ein anderes Ziel zu setzen“ (S. 258). Sublimierung hätte dann zu tun mit der „Umsetzung einer erotischen Objektwahl in eine Ichveränderung“ (S. 297).

Anna Freud schlug vor, die „Triebschicksale“ unter ich-psychologischem Gesichtspunkt als Abwehrmechanismen aufzufassen (1936). Sie reiht Sublimierung mit der Verdrängung unter die genetisch späten Abwehrmechanismen ein, da Sublimierung die Kenntnis sozialer Wertungen, also das Vorhandensein eines Überichs voraussetzt (S. 242). Besonders klar formulierte Fenichel die klassische Auffassung in seiner Psychoanalytischen Neurosenlehre (engl. 1945, dt. 1974): „Eine erfolgreiche Abwehr kann unter den Begriff der Sublimierung gefaßt werden. Die Sublimierung muß von anderen Formen der Abwehr unterschieden werden, die mit einer Gegenbesetzung arbeiten. Sublimierte Triebregungen gelangen, obwohl sie künstlich abgeleitet werden, an die Oberfläche, während gerade das mit den anderen Triebregungen nicht geschieht. Sublimierungen erfordern ein ähnlich ungehindertes Fließen der Libido, wie ein Mühlrad einen ungehinderten und kanalisierten Wasserzufluß benötigt“ (S. 202f.).

Dagegen hatte Bernfeld schon 1931 den Sublimierungbegriff offener halten wollen: „De facto wird mit Sublimierung nicht ein tatsächlicher Mechanismus scharf bezeichnet, sondern das Wort dient (in dieser Bedeutungsschicht) der Bequemlichkeit. Es weist kurz auf jene reichhaltige Gruppe von Prozessen hin, die eine gewisse Ich-Nähe im Gegensatz zur Verdrängung, eine gewisse Distanz zu den ursprünglichen Triebzielen haben, im Gegensatz zur direkten Triebbefriedigung, und im Allgemeinen den Normen und der Normalität nahe stehen“ (S. 408).

3. Ideengeschichtlicher Hintergrund

Das Wort stammt aus dem klassischen Latein. Sublimare heißt (sich) hochheben, sublimis hoch, erhaben, hochfahrend. Im 18. Jahrhundert spricht man von einem sublimen Kopf, einem sublimen Einfall. Bei Goethe heißt es dann, schon deutlich an die moderne Bedeutung heranreichend: „Menschliche Zustände, Gefühle, Ereignisse in ursprünglicher Natürlichkeit (lassen) sich nicht in dieser Natürlichkeit aufs Theater bringen. Sie müssen schon verarbeitet, zubereitet, sublimiert sein" (Werke, Abt. I, Bd. 41,1, S. 353; vgl. Stichwort Sublimierung in Grimm 1942). Eine zweite Wurzel des Begriffs liegt in der Alchemie. Der Prozess der Sublimierung, erstmals beschrieben von dem arabischen Alchemisten Dschabir (Geber) um 750 n.Chr., bezeichnet „eine chemische Arbeit, welche mit der Destillation viel Ähnlichkeit hat, beyde haben zum nächsten Zwecke, die Substanzen durch Hitze in Dämpfe aufzulösen und diese letzteren in eine kältere Gegend des Gefäßes zu führen. Der Unterschied beyder Processe besteht bloß darin, dass sich die Dämpfe bei der Destillation zu einer tropfbaren, bei der Sublimation aber zu einer festen Substanz verdichten" (Funke und Lippold 1826, Stichwort Sublimierung). Dabei hat dieser Darstellungs- und Reinigungsprozess in der Alchemie eine hohe symbolische Bedeutung. Das spürt man noch, wenn man in einem Lexikon des 16. Jahrhunderts liest, Sublimat sei „was erhöcht, erhebt und reyner gemacht ist, daß es dester mehr Krafft habe" (Grimm).

Im Jahr 1878 verwendet Nietzsche den Begriff in seinem programmatischen ersten Aphorismus von Menschliches, Allzumenschliches, den er nicht zufällig mit „Chemie der Begriffe und Empfindungen" überschreibt: Es gibt „streng gefaßt weder ein unegoistisches Handeln, noch ein völlig interesseloses Anschauen, es sind beides nur Sublimierungen, bei denen das Grundelement fast verflüchtigt erscheint" (Menschliches, Allzumenschliches, Bd. I, 1, § 1). Wenn Nietzsche im zweiten Band desselben Werkes schreibt: „Jene Zahllosen, welche Liebe vermissen, von seiten der Eltern, Kinder oder Geliebten, namentlich aber die Menschen der sublimierten Geschlechtlichkeit, haben im Christentum ihren Fund gemacht" (ebd., Bd. II, 1, § 95), so gibt er dem Begriff endgültig seine moderne Bedeutung. Umstritten ist, wie direkt Freuds Nietzsche-Rezeption gewesen ist. Dass er durch Nietzsches Grundauffassungen angeregt wurde, scheint jedoch sicher (zum Sublimierungsbegriff bei Nietzsche und Freud vgl. Gasser 1997).

4. Wesentliche Erweiterungen, Differenzierungen und Modifikationen

Es wurde früh bemerkt, dass der Sublimierungsbegriff das Kriterium der sozialen Wertung beinhaltet. Was ist ein „höheres Ziel", eine „sozial wertvollere Leistung"? Bernfeld schlug 1931 vor, das Element des Werturteils wegzulassen und nur von „Ich-gerechten Zielen" zu sprechen (vgl. dazu auch Lantos 1958, Hacker 1972). Hartmann gebrauchte unter ich-psychologischen Gesichtspunkten „Neutralisierung" synonym mit „Sublimierung" als Oberbegriff für „Desexualisierung" und „Desaggressivierung" (1955/56). Wenn er postulierte, es gebe eine Form primär neutraler Energie, die von vornherein dem Ich zur Verfügung steht, also nicht umgeleitet, sublimiert werden muss, so blieb für Sublimierung im klassischen Sinn eigentlich kein Raum mehr. In dieselbe Richtung gehen Sandler und Joffe (1966; vgl. dazu Hoffmann 1972). Kris bezog Neutralisierung auf die Umwandlung der Triebenergie, Sublimierung auf die Veränderung des Triebziels (1955). Diese Auffassung, wiewohl theoretisch gut begründet, hat sich nicht durchgesetzt.

Der Sublimierungsbegriff gerät auch ins Wanken, wenn die Abgrenzung von Normalem und Neurotischem verschwimmt. Glover schreibt etwa: „Normalität kann eine Form der einfachen ‚Verrücktheit' sein, die unerkannt bleibt, weil sie zufällig eine gute Anpassung an die Realität darstellt" (1931, zit.n. Fürstenau 1967, S. 56). Folgt man dem, so muss man mit Ernest Jones zu diesem Schluss kommen: „Ein großer Teil dessen, was für gewöhnlich Sublimierung genannt wird, ist in Wirklichkeit Konflikt- oder Symptomverschiebung oder bestenfalls unvollständige Sublimierung". Fürstenau will, diese Schwierigkeiten bedenkend, einen „negativ-kritischen" von dem „affirmativen" Gebrauch des Sublimierungsbegriffs unterscheiden.

In den Achtziger Jahren hat Loewald, von der Narzissmus-Theorie ausgehend, seine Auffassung von Sublimierung entwickelt: Aus dem primären Narzissmus heraus differenzieren sich Subjekt und Objekt, narzisstische und Objekt-Libido. Der Prozess der Verinnerlichung und Sublimierung gleiche dies wieder aus. Sublimierung stelle eine Aussöhnung der Subjekt-Objekt-Entzweiung dar. Sie ziele auf die Rückkehr zur Mutter-Säuglings-Matrix, bringe wieder zusammen, was getrennt worden war. Loewald verweist auf Winnicott und die Mittelstellung des Übergangsobjekts, in dem die Kluft zwischen Subjektivität und Objektivität überbrückt scheint und von denen die Umfassung der Welt im Kulturerleben ihren Ausgang nimmt (Loewald 1988).

Für Whitebook (1996) ist Sublimierung ein „Grenzbegriff", ein Konzept, das für die Psychoanalyse unentbehrlich ist, auch wenn eine adäquate Theorie dazu noch aussteht. Er begründet seine Forderung philosophisch-wissenschaftstheoretisch: „Ich schlage eine alternative Strategie vor, die die Kantsche Forderung nach strenger Trennung zwischen Genesis und Geltung selbst bestreitet, zumindest in ihrer puristischen Form. Anstelle dessen formuliert dieser Ansatz eine Theorie der Sublimierung, die versucht, den Prozeß zu verstehen, in dem genetisches Material mit all seiner Zufälligkeit, Privatheit und Besonderheit in kulturelle Objekte – Bilder, politische Verfassungen, mathematische Beweise, musikalische Kompositionen, wissenschaftliche Theorien oder was immer – verwandelt wird, die in ihren jeweiligen Bereichen Gültigkeit beanspruchen können. Eine Theorie der Sublimierung ermöglicht einen genetischen Zugang zu kulturellen Objekten ..., ohne gleichzeitig die Möglichkeit ihrer Gültigkeit zu untergraben" (S. 856).

Danckwardt (1997) schlägt vor, Sublimierung als „intersubjektives Prozessobjekt" aufzufassen, als einen kreativen Vorgang, der sich mit einer besonderen Qualität des Assoziierens („assoziieren, deassoziieren, reassoziieren") in einer Objektbeziehung ereignet. Er exemplifiziert seinen Ansatz an Freuds Traum von der Botanischen Monographie und seiner kreativen Beziehung zu Fließ.

Mit diesen neueren Ansätzen differenziert und erweitert sich das Sublimierungskonzept über die klassische Triebtheorie hinaus und bezieht neben intrapsychischen Vorgängen extrapsychische, interpersonale, soziale Prozesse in die Theorie ein.

Literatur

Bernfeld, S. (1931). Zur Sublimierungslehre. Imago, 17, 399–403.

Danckwardt, J. (1997). How does sublimation work? – Sublimation as an intersubjective ethical process-object (MS eines Vortrags auf dem 40. IPA-Kongreß in Barcelona).

Fenichel, O. (1945). Psychoanalytische Neurosenlehre, Bd. 1. Olten: Walter, 1974.

Fürstenau, P. (1967). „Sublimierung" in affirmativer und negativ-kritischer Anwendung. Jahrbuch der Psychoanalyse, 4, 43–62.

Funke, P. und Lippold, G.H.C. (1826). Neuestes Natur- und Kunstlexikon, Bd. 8. Wien: Kaulfuß & Krammer.

Gasser, H.R. (1997). Nietzsche und Freud. (Monographien und Texte zur Nietzsche-Forschung 38). Berlin: de Gruyter.

Grimm, J. und Grimm, W. (1942). Deutsches Wörterbuch, Bd. 10, Abt. 4. Leipzig: Hirzel.

Hacker, F.J. (1972). Sublimation revisited. International Journal of Psycho-Analysis, 53, 219–224.

Hartmann, H. (1955/56). Bemerkungen zur Theorie der Sublimierung. Psyche – Z Psychoanal, 10, 41–62.

Hirschmüller, A. (1985). Sublimierung. Zu Geschichte und Bedeutung eines zentralen Begriffs der Psychoanalyse. Forum Psychoanalyse, 1, 250–262.

Hoffmann, S.O. (1972). Neutralisierung oder autonome Ich-Energie? Der Beitrag von R.W. White. Psyche – Z Psychoanal, 10, 405–422.

Kris, E. (1955). Neutralization and sublimation. Observations on young children. Psychoanalytic Study of the Child, 10, 30–46.

Lantos, B. (1958). The two genetic derivations of aggression with reference to sublimation and neutralization. International Journal of Psycho-Analysis, 39, 116–120.

Loewald, H.W. (1988). Sublimation. Inquieries into theoretical psychoanalysis. New Haven: Yale University Press.

Nietzsche, F. (1967–1984). Werke. Kritische Gesamtausgabe (hg. von G. Colli und M. Montineri). Berlin: de Gruyter.
Sandler, J. and Joffe, W.G. (1966). On skill and sublimation. Journal of the American Psychoanalytic Association, 14, 335–355.
Whitebook, J. (1996). Sublimierung: ein „Grenzbegriff". Psyche – Z Psychoanal, 50, 850–880.

Suggestion *von Alfred Schöpf*

suggestion – suggestion

1. Definition

Suggestion ist eine Einflussnahme des Therapeuten auf das Seelenleben des Patienten, welche nicht auf Einsicht und freie Zustimmung abzielt, sondern unter der Schwelle bewusster Wahrnehmungen und willentlicher Steuerung eine Veränderung erreichen will. Während sich die Überredungskunst der rhetorischen Möglichkeiten der Sprache bedient, um Bewusstsein und Willen des Gesprächspartners zu einer Meinungs- oder Einstellungsänderung zu veranlassen, bedient sich die Suggestion der Tiefenschichten der Sprache und des emotionalen Ausdrucks, um direkt auf die Emotionen und das Handeln des Gesprächspartners Einfluss zu nehmen.

Suggestion ist für Freud ein wichtiges Thema, weil er sich in seiner voranalytischen Phase therapeutischer Mittel bediente, welche die Suggestion zu Heilungszwecken einsetzten, wie in der hypnotischen Behandlungsform, aber auch abgeschwächt in der sog. kathartischen Methode. Diesen waren keine anhaltenden therapeutischen Erfolge beschieden, weil sich die durch Suggestion ausgeschalteten Widerstände und deren Affekte nach der Behandlung regelmäßig wieder aufbauten. Es musste also ein Weg gefunden werden, auf dem die Auseinandersetzung mit dem Widerstand des Patienten ohne suggestive Einflussnahme aber mit dessen Zustimmung erfolgte. Dieser bewusst vollzogene Verzicht auf Suggestion stellte den ersten Schritt zur psychoanalytischen Methode dar. Da Suggestion immer mit Machtausübung verbunden ist, welche den Patienten prinzipiell auch gegen dessen Willen beeinflussen und steuern kann, handelt es sich hier um ein besonders sensibles Feld, in dem der Vorwurf von Manipulation und Machtmissbrauch immer im Raum steht.

Gelingt es der Psychoanalyse, den methodischen Verzicht auf Suggestion in die Praxis umzusetzen, oder setzt sich diese gegen ihre Absicht auf unbewusster Ebene doch in Szene, so dass sich die therapeutischen Resultate nicht einer freien Einsicht und Anerkennung durch den Patienten verdanken, sondern einer unbewussten Indoktrination und Machtausübung?

2. Klassische Auffassung

Wie A. Grünbaum betont, hat Freud sich durchaus dem Einwand der „unbeabsichtigten Suggestion" und ihrer verfälschenden Wirkung auf die Resultate der Therapie gestellt. In „Massenpsychologie und Ichanalyse" stellt er sich das Problem, warum die Masse suggestibel sei und sich die Machtausübung durch den Führer gefallen lasse. Er antwortet, weil sie ihn idealisiert. Im Unterschied zur Identifizierung, bei der das Ich schätzenswerte Seiten des anderen selektiv aufgreift und verinnerlicht und dadurch vom Außen unabhängig wird, ist hier das Gefühl bestimmend, dass es sich fehlende Seiten durch äußeren Besitz des anderen aneignen muss. Diese durch Spaltung bedingte Übertragung der fehlenden Seiten auf den anderen aber macht es von ihm abhängig. Das Problem der suggestionsbedingten Abhängigkeit gilt natürlich auch umgekehrt für den Führer, weil er die Bewunderung der Masse braucht.

Für die therapeutische Beziehung stellt sich daher auch die Frage, ob sich nicht ungewollte suggestive Phänomene der Art „mächtiger Therapeut – abhängiger Patient" aufbauen können und unverarbeitet stehen bleiben. Die Übertragung des Patienten etwa wird von Freud als ein Suggestionsversuch verstanden, der nach der Erfüllung eines Bildes aus seiner Kindheit verlangt. Freud spricht umgekehrt auch auf Seiten des Therapeuten von einer „ärztlichen Suggestion", wenn dieser im Sinne eines technisch-therapeutischen Kunstgriffs versucht, die Übertragung des Patienten auf sich zu lenken und möglichst vollständig in die therapeutische Beziehung hereinzunehmen, um sie dort bearbeiten zu können. Es ist wohl der Aspekt der Lenkung in der therapeutischen Arbeit, der ihn dazu veranlasst, von ärztlicher Suggestion zu sprechen. Grundsätzlich kann man sagen, dass in jeder Kommunikation Elemente suggestiver Einflussnahme mit Machtausübung eine Rolle spielen. Dies gilt daher auch für alle Therapieformen von Verhaltenstherapie bis Psychoanalyse. Die Verhaltenstherapie versucht die Suggestion über empirisch untersuchte Interventionsformen zu kontrollieren. Die Psychoanalyse will sie dadurch überwinden, dass die Übertragung des Patienten und die des Therapeuten zum Thema gemacht und bearbeitet wird. Dieses ist in der Tat eines der Hauptargumente Freuds, mit denen er die Psychoanalyse von dem Vorwurf der Verzerrung ihrer Resultate durch Suggestion verteidigt: (1.) Suggestives Einreden könne nur die Intelligenz des Patienten beeinflussen, nicht aber die Tiefenschichten seiner Krankheit verändern. (2.) Die Krankheit könne nur beeinflusst werden, wenn die Psychoanalyse dem Patienten Erwartungsvorstellungen geben würde, „die mit der Wirklichkeit in ihm übereinstimmen". Dieses Argument hat A. Grünbaum als sogenanntes „Tally-Argument" bezeichnet und als therapeutisch ausschlaggebend betrachtet. (3.) Erfolge, die auf Suggestion beruhen, halten Übertragungen aufrecht, die in der analytischen Therapie prinzipiell in Frage gestellt werden müssen. Jede seelische Einstellung und Haltung muss dahingehend überprüft werden, ob sie eine solche unaufgedeckte Übertragung und damit ein unerkanntes suggestives Element enthält. Freud formuliert ein Abgrenzungskriterium: „Bei jeder anderen suggestiven Behandlung wird die Übertragung sorgsam geschont, unberührt gelassen."

3. Wesentliche Erweiterungen, Differenzierungen und Modifikationen

Hat Freud jedoch ausreichend Sorge getragen, dass nicht nur die suggestiven Elemente in der Übertragung des Patienten, sondern auch die in der Übertragung des Analytikers hinterfragt und aufgelöst werden? Er war der Meinung, dass die Lehranalyse den Schutz dafür bietet, dass die unbewussten Übertragungen des Therapeuten offengelegt werden, so dass dieser in der Lage ist, seine Gefühle zu kontrollieren, damit sie nicht die Funktion des Analytikers als neutralen Schirm gefährden. Entgegen der Auffassung Freuds wird aber in der neueren Psychoanalyse nicht in Frage gestellt, dass auch nach Lehranalysen Übertragungen des Therapeuten aktiv sind und die Funktion des neutralen Schirms stören. Aber auch ihre vollständige Reduktion auf die Funktion des Hörens der Sprache als großen Anderen im Sinne Lacans scheint undurchführbar. Räumt man dies ein, dann scheint man Grünbaum Recht zu geben, der die Suggestionsfreiheit der analytischen Therapie empirisch für nicht gesichert hält. Allerdings stellt sich die Frage, ob die suggestive Verzerrung des Dialogs durch eine unaufgelöste Übertragung des Analytikers ein nicht zu behebendes Therapiehindernis darstellt. Schlimmstenfalls führt sie zur Stagnation in der Therapie, etwa zu einem beiderseitigen Ausagieren einer feindseligen Stimmung, wie dies Drigalski als „Westwallstimmung" charakterisiert hat, oder zur gegenseitigen Schonung durch Idealisierung. Oder die suggestive Verzerrung des Dialogs kann aufgelöst werden. Prinzipiell bietet das psychoanalytische Verfahren die Möglichkeit der Überwindung suggestiver Einflüsse, denn sie können anhand von Kriterien erkannt werden. Suggestive Einflussnahme oder Mitagieren des Analytikers ist daran zu erkennen, dass er erstens die psychische Ebene der Erlebnisse eines Analysanden mit der realen von objektiven Gegebenheiten verwechselt. Zweitens ist er in seiner Wahrnehmung der Erlebnisse des Patienten auf einen Konflikt- oder Persönlichkeitsanteil eingeschränkt und muss andere abwehren. Drittens sucht er entweder ausschließlich das Bündnis mit übermäßiger Harmonie oder die totale Gegnerschaft mit Feindseligkeit. Viertens kann er die sogenannte therapeutische Ich-Spaltung nicht aufrechterhalten, nämlich sowohl teilnehmender Zweiter im Dialog wie beobachtender Dritter in der Beziehung zum Patienten zu sein. Fünftens führt dies zum Festfahren des Dialogs in einer unbewussten Kollusion mit stereotypen Wiederholungen der Rollenverteilung bei Analytiker und Analysand. Methodologisch gesehen bietet das psychoanalytische Verfahren die Möglichkeit, den Standpunkt des Dritten einzubeziehen, was durch die psychische Triangulierung ermöglicht wird. Damit wird eine wissenschaftliche Öffentlichkeit hergestellt, die suggestive Einflüsse kritisieren, klären und auflösen kann.

Literatur

Drigalski, D. von (1991). Blumen auf Granit. Frankfurt/M.: Ullstein.

Grünbaum, A. (1988). Die Grundlagen der Psychoanalyse. Stuttgart: Reclam.

Schöpf, A. (1989). Die praktische und wissenschaftstheoretische Bedeutung des Problems der Suggestion. In H. Vetter und L. Nagl (Hg.), Die Philosophen und Freud (S. 175–198). München, Wien: Oldenbourg.

Symbiose *von Martin Dornes*

symbiosis – symbiose

1. Ideengeschichtlicher Hintergrund

Der Symbiosebegriff wurde erstmals vom Botaniker de Bary (1879) verwendet (s. Hofer 1990, S. 58) und fand schnell Eingang in die Biologie. Er verstand darunter ein Zusammenleben von in der Regel artverschiedenen Organismen zum wechselseitigen Nutzen und unterschied die Symbiose vom Parasitismus, bei dem nur einer von beiden den Nutzen hat.

Fromm (1941, S. 157) hat den Begriff in die psychoanalytische Literatur eingeführt. Er schreibt: „Symbiose im psychologischen Sinn heißt die Vereinigung eines individuellen Selbst mit einem anderen Selbst ..., wobei jeder die Integrität seines eigenen Selbst verliert und eines vom anderen abhängig wird." Den psychodynamischen Hintergrund symbiotischer Bedürfnisse diskutiert er im Kontext von Sadismus und Masochismus. Symbiotische Bedürfnisse sind für ihn Ausfluss von Herrschafts- und Unterwerfungsstrebungen, die aus der gefühlten Ohnmacht oder Isolation des eigenen Selbst herrühren. Fromm konzentriert sich in seiner Analyse vor allem auf die soziologischen und sozialpsychologischen Rahmenbedingungen solcher Isolations- und Ohnmachtsgefühle.

2. Erweiterungen, Differenzierungen und Modifikationen

In einem entwicklungspsychologischen Sinn verwendet Mahler diesen Begriff erstmals (1952) zur Bezeichnung einer schweren

Form frühkindlicher Erkrankungen. (Ähnliche Konzepte gab es allerdings in der psychoanalytischen Literatur schon früher; s. Pollock 1964.) An symbiotischen Psychosen erkrankte Kinder zeigen in den ersten Lebensjahren selten ein auffällig gestörtes Verhalten. Die Psychose manifestiert sich entweder allmählich oder ziemlich abrupt, meist zwischen zweieinhalb und fünf Jahren, mit einer Häufung zu Beginn des vierten Jahres. Hauptkennzeichen der kindlichen symbiotischen Psychose sind affektive Panikreaktionen, die Mahler darauf zurückführt, dass das Kind die Wahrnehmung eines eigenen, von der Mutter getrennten Funktionierens nicht verkraften kann. Der symbiotische Wahn ist ein Versuch, die Mutter-Kind-Einheit zu restituieren.

Die Idee, dass die Symbiose eine normale Entwicklungsphase des menschlichen Säuglings ist, scheint bei Mahler um 1954 entstanden zu sein. In diesem Jahr hatte sie vor der Baltimore Psychoanalytic Society einen Vortrag mit dem Titel „On normal and pathological symbiosis" gehalten. Eine erste ausführliche publizierte Darstellung des Konzepts erfolgte ein Jahr später (Mahler und Gosliner 1955). Hier wird erstmals postuliert, dass eine adäquat durchlaufene symbiotische Phase eine Vorbedingung für die spätere erfolgreiche Ablösung von der Mutter ist, und auch der Gedanke vom symbiotischen Paradies erscheint hier erstmals.

Das Konzept der normalen Symbiose erfuhr in den folgenden Jahren bis zu seiner endgültigen Ausgestaltung eine Reihe von Umarbeitungen und Präzisierungen. Vor allem die Dauer der symbiotischen Phase wurde von ursprünglich zwölf auf schließlich fünf Monate eingegrenzt. Ähnlich wie beim Autismus können auch für die Symbiose verschiedene Charakterisierungen aus Mahlers Texten herausgefiltert werden. Milton Klein (1981) stellt vierzehn Versionen zusammen. Hier genügt folgende Zusammenfassung: Normale Symbiose nennt Mahler den Zeitabschnitt zwischen vier bis sechs Wochen und fünf Monaten. Sie ist gekennzeichnet durch ein dunkles Gewahrwerden der Außenwelt und des mütterlichen Objekts. Dieses Objekt wird nicht als unabhängig von der eigenen Person erfahren, sondern als mit ihr verschmolzen. Erlebt wird eine unabgegrenzte Zweieinheit. Ich und Nicht-Ich sind ungeschieden und werden wie Innen- und Außenwelt erst allmählich voneinander getrennt wahrgenommen. Wenn man das autistische Stadium objektlos nennen könnte, so das symbiotische Stadium präobjektal, und zwar in dem Sinne, dass das Objekt hier noch kein spezifisches, unverwechselbares ist, sondern nur eine Ahnung entsteht, dass da noch etwas „anderes" ist. Das Hauptkennzeichen dieser Phase ist die „halluzinatorisch-illusorische somatopsychisch omnipotente Fusion mit der Mutter und insbesondere die illusorische Vorstellung einer gemeinsamen Grenze der beiden in Wirklichkeit physisch getrennten Individuen" (Mahler et al. 1975, S. 63f.). Bei Mahlers Beschreibungen der Symbiose fällt die übermäßige Verwendung metapsychologischer Begriffe auf (z. B. Mahler et al. 1975, S. 62ff.). Im Gegensatz dazu fehlt empirisches Beobachtungsmaterial von Säuglingen in dieser Phase fast vollständig. Der Säugling wird als überwiegend passiver Adressat mütterlicher Pflegehandlungen betrachtet und nicht als Teilnehmer eines aktiven, wechselseitigen Austauschs. Darüber hinaus ist Mahlers Symbiosebegriff mehrdeutig. Zum einen soll er eine *Phantasie* des Säuglings beschreiben, zum anderen die *tatsächliche Beziehung* zu seiner Mutter, zum dritten die Unfähigkeit, die *Außenwelt als solche* wahrzunehmen.

3. Bedeutung des Begriffs in anderen psychoanalytischen Schulrichtungen

Winnicott greift den von Mahler vernachlässigten Aspekt der wechselseitigen Abhängigkeit auf. In seiner Konzeption (z. B. Winnicott 1963) befindet sich der Säugling zunächst in einem Stadium „absoluter Abhängigkeit", das weitgehend einer symbiotischen Beziehung entspricht. In diesem Zustand hat er kein Bewusstsein von der Außenwelt. Das Objekt ist für ihn ein vollständig „subjektives" Objekt, d. h. identisch mit seinen Phantasien und Halluzinationen von ihm. Zwischen fünf und zwölf Monaten findet ein Übergang von der absoluten zur „relativen Abhängigkeit" statt. In letzterem Stadium ist das Objekt kein rein subjektives mehr, sondern der Säugling erfährt es als „außerhalb seiner omnipotenten Kontrolle" befindlich, d.h. als unabhängiges Wesen. Die Datierung des Übergangs von der absoluten zur relativen Abhängigkeit entspricht derjenigen Mahlers von der Symbiose zur Individuation (ab etwa fünf bis sechs Monaten). Winnicotts Symbiosebegriff (absolute Abhängigkeit) unterscheidet sich allerdings in einer wichtigen Hinsicht von dem Mahlers. Bei Mahler ist der Säugling nur von der Mutter abhängig, bei Winnicott ist die Mutter ebenso vom Säugling abhängig. In seinem Konzept der „primären Mütterlichkeit" (Winnicott 1956) beschreibt er als Kern dieses Zustands, dass die Mutter zunächst so mit dem Säugling identifiziert ist, dass ihr Wohlergehen von seinem Wohlergehen abhängt. Die wechselseitige Abhängigkeit markiert den wesentlichen Unterschied beider Symbiosebegriffe. Dieser Aspekt ist zugleich erstaunlich modern und wird in den neueren psychobiologischen Reformulierungen der Symbiosetheorie ebenfalls betont (s. weiter unten). Er ist mittlerweile auch von den Mahlerianern in ihr Konzept integriert worden (z.B. Bergman und Ellman 1985).

4. Interdisziplinäre Befunde und Beiträge

In allen drei für Mahlers Symbiosebegriff zentralen Bedeutungsvarianten (Symbiose als Phantasie; Symbiose als undifferenzierte, überwiegend passive Beziehung zur Mutter; Symbiose als undifferenzierte Wahrnehmung der Außenwelt) ist das Konzept problematisch. Die moderne Säuglingsforschung (Überblick aus psychoanalytischer Sicht bei Lichtenberg 1983, Stern 1985 und Dornes 1993) hat gezeigt, dass der Säugling bereits im ersten Lebenshalbjahr über elaborierte Wahrnehmungs- und Interaktionsfähigkeiten verfügt. Er ist deshalb weder symbiotisch in dem Sinn, dass er die Umwelt nur verschwommen wahrnimmt, noch in dem Sinne, dass seine Interaktion mit der Mutter überwiegend undifferenziert oder nur eine passive Reaktion auf ihre Interaktionsangebote ist. Er ist drittens auch nicht symbiotisch in dem Sinne, dass er Phantasien über Verschmelzung mit der Mutter haben könnte, weil das Phantasieren eine entwicklungspsychologisch spätere Errungenschaft ist (ausführlich dazu Dornes 1993, Kap. 3, 4 und 8 sowie Dornes 1997, Kap. 3, 4 und 5).

Trotz dieser Kritik gibt es eine Reihe interessanter Versuche, das Symbiosekonzept zu rehabilitieren. Dazu müssen jedoch die obengenannten drei Begriffsbedeutungen verändert werden. Verschiedene neue Lesarten zeichnen sich ab:

a) Die *hermeneutische* Rehabilitierung (s. Baumgart 1991, 1994) geht davon aus, dass der Symbiosebegriff gar kein (ausschließlich) entwicklungspsychologischer ist oder sein sollte, sondern ein narratives Schema, ein Konstrukt, das es ermöglicht, einen Sinn in klinischen Phänomenen wie Verschmelzungsphantasien zu sehen, der anders nicht zu finden ist. Der Symbiosebegriff beschreibt in dieser Sichtweise keine entwicklungspsychologische Realität, und es sollte deshalb nicht weiter behauptet werden, dass sich Säuglinge im Alter von zwei bis fünf Monaten mit der Mutter verschmolzen fühlen; der Symbiosebegriff soll vielmehr ein rein oder vorwiegend klinischer sein und dazu dienen, Erzählungen von Patienten über ihr Anklammern, über wahnhafte oder ekstatische Verschmelzungserfahrungen, über Trennungs- und Näheängste etc. in eine sinnvolle Ordnung zu fügen. Wir brauchen das Symbiosekonzept – oder können es gebrauchen –, um eine kohärente und kontinuierliche Lebensgeschichte zu konstruieren, in der spätere Probleme als transformierte Versionen früherer gesehen werden können. Der Begriff ist, ähnlich wie die Schöpfungsgeschichte, eine Metapher oder Mythologie, die es erlaubt, dass wir uns in kohärenter Form über unsere Vergangenheit verständigen, auch wenn sie in Wirklichkeit anders war als die Mythologie es nahelegt. Als Metapher beschreibt der Begriff nicht, was der Säugling wirklich erlebt, sondern was Erwachsene mit symbiotischen Problemen als Bild ihrer Kindheit entwerfen oder benötigen, um Kontinuität und Kohärenz in ihre Lebensgeschichte zu bringen.

b) Eine *entwicklungspsychologische* Reformulierung ist von Pine (1992, 1994) vorgelegt worden. Sie besagt in Kurzform (ausführlich Dornes 1997, Kap. 5), dass die Kritik der Säuglingsforscher einseitig ist, weil sie sich nur auf zwei Ausschnitte im Leben des Säuglings bezieht: die Zeiten ruhiger und aktiver Aufmerksamkeit. Hier sind die Wahrnehmungsfähigkeiten des Säuglings intakt und ein symbiotisches Erleben deshalb eher unwahrscheinlich. Anders verhält es sich jedoch, wenn der Säugling in einem schläfrigen oder erregten Zustand ist. Dann sind seine Wahrnehmungsfähigkeiten beeinträchtigt, und es ist denkbar, dass er sich in solchen Momenten nicht als von der Mutter abgegrenzt, sondern als mit ihr verschmolzen erlebt. Selbst wenn es sich dabei nur um Momente von kurzer Dauer handelt, bedeutet das nicht, dass sie psychisch bedeutungslos sind. Auch was nur kurz dauert (wie z.B. ein Orgasmus), kann von erheblicher psychischer Signifikanz sein. Pine ersetzt also die Theorie der symbiotischen Phase durch eine der symbiotischen Momente und geht davon aus, dass es von Anfang an eine Koexistenz symbiotischer und „individuierter" Welt- und Selbsterfahrung gibt.

Eine weitere entwicklungspsychologische Neubetrachtung der Mahler'schen Theorie unternimmt Gergely (2000). Eine der Grundideen der Symbiosetheorie, dass in der Symbiose eine Affektregulierung stattfindet, wird von ihm mit Hilfe des sozialen Biofeedbackmodells der Affektspiegelung neu formuliert (ausführlich dargestellt in Gergely und Watson 1996, dt. in Fonagy, Gergely, Jurist und Target 2004, Kap. 4). Dabei geht es den Autoren weniger darum, die Idee zu retten, die Symbiose sei eine Phase unabgegrenzter Mutter-Kind-Einheit, als vielmehr darum, die Funkton der Symbiose als einer regulativen Beziehung zu präzisieren.

c) Bischof (1996, Kap. 5 und 6) hat eine Version der Symbiosetheorie formuliert, die auf einer *Kombination von entwicklungspsychologischen und rekonstruktiven* Überlegungen beruht. Mahler und Pine überbietend besteht er nicht nur darauf, dass es eine symbiotische Phase gibt, sondern dehnt deren zeitliche Dauer auch noch auf eineinhalb Lebensjahre aus. Sterns Kritik (1985) an Mahler nimmt er insofern ernst, als er einräumt, dass der Säugling sich wahrscheinlich zu keinem Zeitpunkt *körperlich* mit der Mutter verschmolzen empfindet. Wohl aber sind Kinder bis ins Alter von eineinhalb Jahren nicht in der Lage, sich *seelisch* von der Mutter getrennt zu fühlen. Sie phantasieren zwar keine Einheit mit der Mutter, aber sie erleben eine in dem Sinne, dass ihre Welt- und Selbstfahrung in Form von Stimmungen, Gefühlen etc. von derjenigen der Eltern eingefärbt ist. Erst im Alter von eineinhalb Jahren konturiert sich ein *figurales* Ich und mit ihm die Erfahrung einer psychischen Grenze heraus, bei der Ich und Du als voneinander abgesetzte *psychische* Figuren erfahren werden, wohingegen sie vorher als miteinander vermischte *Medien* erlebt werden. Diese Theorie stützt sich einerseits auf eine Analyse von Schöpfungsmythen, in denen das Motiv einer ursprünglichen Verschmolzenheit immer wieder auftaucht und die der Autor als kollektive Selbstvergewisserungen ontogenetisch erlebter Entwicklungsstadien versteht;[1] andererseits auf entwicklungspsychologische Überlegungen zu den Anfängen der Empathie und des Selbstbewusstseins. Bischof verbindet rekonstruktive mit entwicklungspsychologischen Überlegungen und kommt so zu einer neuen Deutung des Symbiosebegriffs.

d) Eine ebenfalls originelle *psychobiologische* Reformulierung schlägt Hofer (z.B. 1990, 1995) vor. Er hat in mittlerweile über dreißigjähriger Forschungsarbeit gezeigt, dass die Entwicklung und Koordination verschiedener physiologischer Subsysteme wie Temperaturregulierung, Herzschlagrate, Etablierung eines Schlaf-Wach-Rhythmus sowie verschiedene endokrine Funktionen bei (Ratten-)Babys in hohem Maße von der sozialen Interaktion zwischen Mutter und

1 Einen ähnlichen Gedanken hat Strohm (1997) unabhängig von Bischof entwickelt.

Kind abhängen. In ihr sind – mit dem bloßen Auge nicht sichtbare – biologische Austauschprozesse „verborgen" bzw. enthalten, die regulatorische Effekte auf beide Organismen haben. Der mütterliche Organismus fungiert dabei als eine Art Zeit- und Taktgeber für physiologische Funktionen und Verhaltensweisen des Kindes, die ihrerseits wieder den mütterlichen Organismus beeinflussen.[2] Es kommt zu einer wechselseitigen Regulierung physiologischer Prozesse. Zwei individuelle homöostatische „Systeme" schließen sich zu einer übergeordneten „Dualeinheit" zusammen, die Hofer (1990, S. 71) Symbiose nennt. Das Gelingen oder Misslingen biologischer Regulationsprozesse wird auf der psychischen Ebene als Einstimmung, Geborgenheit, Frustration oder Dissonanz *erlebt* (Hofer 1995, S. 204). Dieses Symbiosekonzept schließt an die ursprüngliche Bedeutung des Begriffs an, der den gegenseitigen Nutzen betonte, den Organismen davon haben, dass sie in physischer Nähe zueinander aufwachsen. Im Unterschied zu Mahler fokussiert er stärker auf die Umweltoffenheit und Beeinflussbarkeit des Säuglingsorganismus und nicht auf seine Abgeschlossenheit. Berührungspunkte ergeben sich dort, wo Mahler et al. (z. B. 1975, S. 67) die Erlangung eines homöostatischen Gleichgewichts als Aufgabe der autistischen und symbiotischen Phase bezeichnen oder wo in revidierten Versionen (z. B. Bergman und Ellman 1985, S. 240) die vorher vernachlässigten Aspekte der interaktionellen Synchronie, Wechselseitigkeit und Aktivität als wichtige Aspekte der Symbiose akzeptiert werden.

e) eine *sozialphilosophische* Neubetrachtung der Symbiosetheorie wird von Dornes (2006) in Anlehnung an Honneth (2001a,b) vorgeschlagen. Sie läuft darauf hinaus, die Idee einer Widerspenstigkeit oder Negativität des Subjekts nicht in der Triebtheorie zu verankern, sondern in der nicht endgültig zu bewältigenden Erfahrung der Trennung nach der Geburt. In dieser Lesart befindet sich das Neugeborene zunächst zumindest momenthaft in einem Zustand, in dem es den anderen als quasi natürliche Ausdehnung seiner selbst erlebt – etwa so, wie die Funktionsweise eines eigenen Körperorgans oder so, wie ein geschickter Handwerker im versunkenen Vollzug seiner Tätigkeit beispielsweise seinen Hammer als eine Art natürlicher Verlängerung seines Armes empfindet. In solchen Zuständen erlebt der Säugling die sich einstellende Befriedigung nicht als durch den anderen herbeigeführt, sondern als Teil oder selbstverständliche Folge seiner Lebensäußerungen. Mit dem Gewahrwerden der Trennung ist es damit zu Ende. Die Selbstverständlichkeit des Weltbezugs, der gar nicht als solcher wahrgenommen wurde, zerbricht. In dieser Lesart sind es nicht die Triebe, die eine strukturelle Gebrochenheit des Subjekts hervorrufen, sondern die Gebrochenheit ist ein unvermeidliches Sozialisationsschicksal. Die Unvermeidlichkeit liegt nicht in der Triebnatur, sondern das unausweichliche partielle Scheitern an der Realität und die damit verbundene, nur „gebrochene" Form der (Inter-)Subjektivität liegt darin begründet, dass das kleine Kind mit der emotionalen Anerkennung der Unabhängigkeit und/oder Unverfügbarkeit der Interaktionswelt überfordert ist. Die Sehnsucht nach dem fraglosen Zustand findet ihren Ausdruck in symbiotisch zu nennenden Bedürfnissen, und deren Befriedigung schafft die Fähigkeit, die „Zumutung" zu ertragen, die darin besteht, dass es eine unabhängige Realität gibt. In der Befriedigungssituation wird zugleich temporär der Zustand vor dem Gewahrwerden der Trennung wiederhergestellt. In dieser Sichtweise nimmt die Trennung sozialontologisch die Stellung der Triebe ein. Nicht die Triebe, sondern die Trennung und deren Bewälti-

2 Etwas intentional ausgedrückt könnte man sagen, dass der Säugling Regulierungsfunktionen zunächst an die Mutter „delegiert" (Hofer 1990, S. 70), bis er sie mit Hilfe psychischer Repräsentanzen selbst vornehmen kann. Gergely und Watson (1996) haben diesen Prozess der Entstehung affektregulierender psychischer Repräsentanzen aus der frühen Mutter-Kind-Interaktion in ihrem schon erwähnten bahnbrechenden sozialen Biofeedbackmodell der Affektspiegelung dargestellt. Eine ausführliche Darstellung der Affektspiegelungstheorie findet sich in Dornes (2000, Kap. 5), eine des Gesamtwerks in Dornes (2004 und 2006, Kap. 5).

gung beschäftigen den Menschen von der Wiege bis zur Bahre. Berücksichtigt man die oben dargestellte Kritik der Säuglingsforschung am Symbiosekonzept, so müsste man allerdings einräumen, dass solche Momente von Überforderung mit anderen Momenten koexistieren, in denen der Säugling die Wahrnehmung seiner Getrenntheit nicht als Problem empfindet. Die Überforderung durch die Wahrnehmung seiner Getrenntheit und die damit einhergehende Empfindung der Unverfügbarkeit des anderen wäre also allenfalls eine gelegentliche oder momentane und in ihrem Ausmaß und ihrer eventuellen charakterprägenden Kraft in erheblichem, wenn nicht entscheidendem Umfang vom elterlichen Umgang mit den symbiotischen Bedürfnissen des Säuglings abhängig. Ich lasse offen, ob ein verbleibender, nicht aus der Welt zu schaffender „Rest" ausreicht, um von einer prinzipiellen Gebrochenheit des Subjekts zu sprechen.

Als Ergebnis der referierten Überlegungen kann man festhalten, dass die Karten in der Symbiosediskussion neu gemischt werden dürfen.

Literatur

Baumgart, M. (1991). Psychoanalyse und Säuglingsforschung: Versuch einer Integration unter Berücksichtigung methodischer Unterschiede. Psyche – Z Psychoanal, 45, 780–809.

Baumgart, M. (1994). Die psychoanalytische Metapsychologie im Lichte der Säuglingsforschung: Verwerfen oder überdenken? In F. Pedrina et al. (Hg.), Spielräume – Begegnungen zwischen Kinder- und Erwachsenenanalyse (S. 51–82). Tübingen: edition diskord.

Bergman, A. and J. Ellman (1985). Margaret S. Mahler: Symbiosis and separation-individuation. In J. Reppen (Ed.), Beyond Freud. A study of modern psychoanalytic theorists (pp. 231–256). Hillsdale, NJ: The Analytic Press.

Bischof, N. (1996). Das Kraftfeld der Mythen. Signale aus einer Zeit, in der wir die Welt erschaffen haben. München: Hanser.

de Bary, H.A. (1879). Die Erscheinung der Symbiose. Straßburg: Trübner.

Dornes, M. (1993). Der kompetente Säugling. Frankfurt/M: Fischer, 13. Aufl., 2004.

Dornes, M. (1997). Die frühe Kindheit. Frankfurt/M.: Fischer, 7. Aufl., 2003.

Dornes, M. (2000). Die emotionale Welt des Kindes. Frankfurt/M.: Fischer, 4. Aufl., 2004.

Dornes, M. (2004). Mentalisierung, psychische Realität und die Genese des Handlungs- und Affektverständnisses in der frühen Kindheit. In C. Rohde-Dachser und F. Wellendorf (Hg.), Inszenierungen des Unmöglichen. Theorie und Therapie schwerer Persönlichkeitsstörungen (S. 297–338). Stuttgart: Klett-Cotta.

Dornes, M. (2006). Die Seele des Kindes. Frankfurt/M.: Fischer.

Fonagy, P., Gergely, G., Jurist, E. und Target, M. (2002). Affektregulierung, Mentalisierung und die Entwicklung des Selbst. Stuttgart: Klett Cotta, 2004.

Fromm, E. (1941). Die Flucht vor der Freiheit. Frankfurt/M.: Europäische Verlagsanstalt, 1966.

Gergely, G. (2000). Ein neuer Zugang zu Margaret Mahler. Psyche – Z Psychoanal, 55, 809–838.

Gergely, G. and Watson, J. (1996). The social biofeedback modell of parental affect mirroring: The development of emotional self-awareness and self-control in infancy. International Journal of Psycho-Analysis, 77, 1181–1212.

Hofer, M. (1990). Early symbiotic processes: Hard evidence from a soft place. In R. Glick and S. Bone (Eds.), Pleasure beyond the pleasure principle (pp. 55–78). New Haven: Yale University Press.

Hofer, M. (1995). Hidden regulators. Implications for a new understanding of attachment, separation, and loss. In S. Goldberg, R. Muir and J. Kerr (Eds.), Attachment theory. Social, developmental, and clinical perspectives (pp. 203–230). Hillsdale, NJ: The Analytic Press.

Honneth, A. (2001a). Facetten des vorsozialen Selbst. Eine Erwiderung auf J. Whitebook. Psyche – Z Psychoanal, 55, 790–802.

Honneth, A. (2001b). Das Werk der Negativität. Eine psychoanalytische Revision der Anerkennungslehre. In W. Bohleber und S. Drews (Hg.), Die Gegenwart der Psychoanalyse – die Psychoanalyse der Gegenwart (S. 238–245). Stuttgart: Klett Cotta.

Klein, M. (1981). On Mahler's autistic and symbiotic phases. An exposition and evaluation. Psychoanalysis and Contemporary Thought, 4, 69–105.

Lichtenberg, J. (1983). Psychoanalyse und Säuglingsforschung. Berlin: Springer, 1991.

Mahler, M.S. (1952). Kindliche Psychosen und Schizophrenie. Autistische und symbiotische kindliche Psychosen. In M.S. Mahler (1985),

Studien über die drei ersten Lebensjahre (S. 164–189). Stuttgart: Klett-Cotta.
Mahler, M.S. und B. Gosliner (1955). Zur symbiotischen kindlichen Psychose: Genetische, dynamische und Wiederherstellungsaspekte. In M.S. Mahler (1985), Studien über die drei ersten Lebensjahre (S. 141–163). Stuttgart: Klett-Cotta.
Mahler, M.S., Pine, F. und Bergman, A. (1975). Die psychische Geburt des Menschen. Symbiose und Individuation. Frankfurt/M: Fischer, 1978.
Pine, F. (1992). Some refinements of the separation-individuation concept in light of research on infants. Psychoanalytic Study of the Child, 47, 103–116.
Pine, F. (1994). The era of separation-individuation. Psychoanalytic Inquiry, 14, 4–24.
Pollock, G. (1964). On symbiosis and symbiotic neurosis. International Journal of Psycho-Analysis, 45, 1–30.
Stern, D. (1985). Die Lebenserfahrung des Säuglings. Stuttgart: Klett-Cotta, 1992.
Strohm, H. (1997). Zarathustra und die Achsenzeit, Band 1. Die Religionen der Morgenröte (unver. Manuskr.).
Winnicott, D.W. (1956). Primäre Mütterlichkeit. In D.W. Winnicott, Von der Kinderheilkunde zur Psychoanalyse (S. 153–160). München: Kindler, 1976.
Winnicott, D.W. (1963). Von der Abhängigkeit zur Unabhängigkeit in der Entwicklung des Individuums. In D.W. Winnicott (1974), Reifungsprozesse und fördernde Umwelt (S. 106–119). München: Kindler.

Symbol, Symbolisierung *von Elfriede Löchel*

symbol, symbolization – symbole, symbolisation

1. Definition

Ein Symbol stellt einen Verweisungszusammenhang dar, in dem ein Element ein anderes vertritt. Dieser Verweisungszusammenhang beruht auf der Abwesenheit bzw. Latenz einer Sache und ihrer Vergegenwärtigung in indirekter Form. Wesentlich für einen psychoanalytischen Symbolbegriff ist die Unbewusstheit des Verweisungszusammenhangs und seiner Verankerung im intrapsychischen Konflikt. Der Begriff wird in vielen anderen Wissenschaften ebenfalls an zentraler Stelle gebraucht. Aufgrund der Universalität der Symbolfunktion, die als kulturstiftend schlechthin gilt (Cassirer 1953: Mensch als „animal symbolicum"), ist es schwierig, einen spezifisch psychoanalytischen Symbolbegriff abzugrenzen. Genau das aber war das Hauptanliegen der frühen psychoanalytischen Ansätze, die zu diesem Zweck das Symbol nahezu ausschließlich im Dienste der Verdrängung und Symptombildung untersuchten (Ferenczi 1913, Jones 1916).

Die Geschichte der psychoanalytischen Auseinandersetzung mit dem Symbolbegriff ist durch eine starke Akzentverschiebung gekennzeichnet: Während zu Beginn das Symbol als relativ feststehende (auch überindividuelle) Bedeutungseinheit im Vordergrund der Betrachtung stand (z.B. Freuds „Traumsymbole" 1900a), richtet sich heute die Aufmerksamkeit auf Prozesse der Symbolisierung bzw. Symbolbildung in der individuellen psychosexuellen Entwicklung sowie auf die klinischen Manifestationen gestörter Symbolisierungsprozesse.

2. Klassische Auffassung

Bei Freud finden sich drei verschiedene, untereinander unverbundene Ansätze zu einem Symbolbegriff:

(1) Am bekanntesten und für die klassische Auffassung maßgeblich ist Freuds Konzept der Traumsymbole (1900a, 1916–17a). Freud stellte fest, dass außer der Dynamik der Verdichtungs- und Verschiebungsvor-

gänge im Unbewussten auch „typische“, vom individuellen Träumer unabhängige Traumsymbole existierten, derer sich die Traumarbeit bedienen könne, um durch solche Verkleidung der latenten Gedanken die Zensur zu umgehen. Freud imponierte die Konstanz solcher „fertig vorliegender“ Symbolbedeutungen (z.B. Werkzeuge als Symbole für das männliche Genitale) bei verschiedenen Träumern und über die Träume hinaus in kulturellen Schöpfungen wie Märchen, Mythen, Folklore. Er führte sie auf einen unbewusst durchgeführten Vergleich zwischen zwei Dingen zurück, die ursprünglich ein und dieselbe Bedeutung gehabt haben mussten (1900a, S. 357). Freud vermutet die Herkunft der Symbolik ebenso wie der Sprache aus dem Sexuellen. Das Symbolisierte sei letztlich nichts anderes als der „menschliche Leib ..., die Eltern, Kinder, Geschwister, Geburt, Tod, Nacktheit“ (1916–17a, S. 154). Die Annahme einer allen Kulturen gemeinsamen sexuellen „Grundsprache“, von der die Symbole zeugen, bleibt bei Freud in einem ungelösten Spannungsverhältnis zu den individuellen Schöpfungen der Traumarbeit bestehen.

(2) Im „Entwurf einer Psychologie“ (1950c) wie in den frühen Hysterieanalysen (1895d) verwendet Freud den Begriff des Symbols im Kontext der hysterischen Verdrängung und Symptombildung: Ein Affekt, der zu einem bestimmten Ereignis gehört, verschiebt sich auf einen „Nebenumstand“, der von da an als „Erinnerungssymbol“ für das – unbewusst gewordene – Ereignis fungiert (1950c, S. 440f.). Während der „Nebenumstand“ ein beliebiger sein kann, bezeichnet Freud zu dieser Zeit auch, in einem engeren Sinn, die körperlichen Symptome der Konversionshysterie als „symbolische“ Darstellungen seelischer Sachverhalte, wobei in diesem Fall die symbolische Beziehung durch eine Redewendung vermittelt sein kann (z.B. die Abasie von Elisabeth von R., die auf das schmerzlich erlebte „Alleinstehen“ verweist; 1895d).

(3) Aus heutiger Sicht scheint für eine psychoanalytische Konzeption des Symbols ein Text Freuds wegweisend, in dem der Begriff des „Symbolischen“ von Freud selbst gar nicht gebraucht wird: die Schilderung des Fort-Da-Spiels des kleinen Ernst in „Jenseits des Lustprinzips“ (1920g). Das hier beschriebene symbolische Spiel (alternierendes Wegwerfen und Heranziehen einer Garnspule) dient nach Freuds Auffassung der psychischen Einbindung traumatischer Trennungserlebnisse durch die aktive Wiederholung in Form einer Darstellung.

(4) Für die erste Generation von Freuds Schülern kam es in der Auseinandersetzung mit Jung darauf an zu zeigen, dass es einen Zusammenhang zwischen Sexualität und Symbolik und damit zwischen Verdrängung und Symbolik gab. „(N)ur was verdrängt ist, bedarf der symbolischen Darstellung“ (Jones 1916, S. 82). Jones geht davon aus, dass Symbole immer dann auftreten, wenn Sublimierung misslingt. Unter Sublimierung versteht er die Aufgabe des ursprünglichen Objekts und die damit einhergehende Verwandlung des diesem geltenden Affekts. Im Falle der Symbolbildung handelt es sich seiner Auffassung nach um einen lediglich verschobenen, d.h. nicht modifizierten, unverwandelt abgeführten Affekt. Damit bleibt das Symbol im engen psychoanalytischen Sinn für Jones eine regressive psychische Bildung.

Durch die Beiträge der ersten Generation wird der Bezug zum intrapsychischen Konflikt zum – nach wie vor gültigen – definiens des psychoanalytischen Symbolbegriffs; zugleich aber wird das psychoanalytische Symbolverständnis auf den Rahmen der neurotischen Symptombildung beschränkt. Hier setzt später die Kritik der Kleinianer an, die das Symbol für den Sublimierungsvorgang und damit als Faktor der Ich-Entwicklung reklamieren.

3. Ideengeschichtlicher Hintergrund

Die Herkunft des Wortes leitet sich aus dem griechischen Verb „symbállein“ (zusammenfügen) und dem dazugehörigen Substantiv „symbolon“ ab: Gastfreunde pflegten sich gegenseitig die Hälfte eines zerbrochenen Tontäfelchens oder Ringes als Erinnerungs-

und Erkennungszeichen zu schenken. Beim Zusammentreffen wies man sich durch Aneinanderlegen (symbállein) der Stücke voreinander aus. Daraus entwickelte sich später die juristische Bedeutung von „symbolon" als Identitätsmarke, Vertragstext, Quittung (Lexikon der Alten Welt). In der soziologischen Theorie meint „symbolischer Interaktionismus" das Handeln auf der Grundlage von Reziprozitätserwartungen. In der Kulturphilosophie und -anthropologie steht Cassirers (1953) Begriff der „symbolischen Form" für die universelle Tätigkeit des Geistes, die allen kulturellen Erscheinungen (Sprache, Mythos, Religion, Kunst, Technik, Wissenschaft) zugrunde liegt. Im Gegensatz zu der bewusstseinsphilosophischen Konzeption Cassirers versteht die Strukturale Anthropologie nach Lévi-Strauss (1958) unter „symbolischer Funktion" die unbewusste, auf formalen Oppositionen beruhende Strukturgleichheit von Sprache und Verwandtschaftsstrukturen, in deren Zentrum für alle Kulturen das Inzestverbot und Exogamiegebot stehen.

4. Wesentliche Erweiterungen, Differenzierungen und Modifikationen

Während Freud und seine frühen Schüler das Symbol aus der Perspektive der ersten Triebtheorie konzipieren, betonen die späteren Autoren stärker die Bedeutung der Symbolbildungsfähigkeit für die Ich-Entwicklung und die Entwicklung der Objektbeziehungen, vor allem auch für den Umgang mit aggressiven Impulsen.

Die ich-psychologischen Beiträge der fünfziger und sechziger Jahre (Rycroft, Kubie, Beres; Literaturangaben siehe Speidel 1978) versuchen im Wesentlichen, die Jones'sche Bindung des Symbolischen an den Verdrängungsvorgang zu lockern und dem Symbol seinen Status als universelle menschliche Geistesäußerung zurückzugeben. Verdienst der kleinianischen Schule ist es, neben der Bedeutung der Symbolisierung für Ich-Entwicklung und Sublimierung auf die klinische Relevanz von Symbolisierungsstörungen aufmerksam gemacht zu haben, z.B. im schizophrenen Denken, in Form der projektiven Identifikation und des Agierens in der analytischen Behandlung (Klein 1930, Segal 1957).

Hinweise auf die entwicklungspsychologische Bedeutung der Symbolisierung liefern auch die durch M. Mahler initiierten Untersuchungen des frühkindlichen Individuationsprozesses, wonach das Symbol – vergleichbar der Funktion des Vaters – als drittes Element zwischen Mutter und Kind sowohl für Trennung als auch für die Überbrückung der Getrenntheit steht (Literaturangaben in Löchel 1996).

Der ansonsten noch sehr viel weiterreichenden lacanianischen Konzeption des Symbolischen zufolge tritt der „symbolische Vater" bzw. der „Name des Vaters" als Metapher an die Stelle des primären Objekts und ermöglicht dem Subjekt, sich zu dessen bedeutungsstiftender Abwesenheit ins Verhältnis zu setzen, d.h. zu begehren (Lacan 1973).

5. Die Bedeutung des Begriffs in den verschiedenen psychoanalytischen Schulrichtungen

In kleinianischer Sicht ist Symbolisierung eine Aktivität des Ichs, das versucht, mit Ängsten umzugehen, die aus seiner Beziehung zum Objekt entstehen. Nach Kleins (1930) Auffassung ist Symbolisierung zunächst nichts anderes als Partialisierung und Ersetzung des Mutterkörpers und Verschiebung der ihm geltenden Regungen auf Ersatzobjekte. Segal (1957) zeigt, wie Störungen in der Objektbeziehung sich in Störungen der Symbolbildung widerspiegeln. Störungen der Differenzierung zwischen Ich und Objekt ziehen auch Störungen der Differenzierung zwischen Symbol und symbolisiertem Objekt nach sich. Segal unterscheidet zwei Formen des Symbolgebrauchs: eine frühe, der paranoid-schizoiden Stufe der Objektbeziehung entsprechende, die den Unterschied zwischen Symbol und Symbolisierung noch nicht kennt („symbolische Gleichsetzung"), sowie eine spätere, auf der depressiven Stufe auftauchende Form der Symbolisierung, die diese Differenz (zwischen Symbol und Symbolisiertem) wahrnimmt und nutzt („symbolische Repräsentation“). Erst die mit der depressiven Position sich einstellende Fähigkeit, Verlust und Trennung auszuhalten und das verlorene Objekt im Inneren wiederherzustellen, erlaubt dem Subjekt, Symbole frei, d.h. anders als das ursprüngliche Objekt, zu gebrauchen.

Im Gegensatz zur kleinianischen wie auch lacanianischen Auffassung, die von einer Verflechtung primär- und sekundärprozesshafter Vorgänge in der Symbolfunktion ausgehen, neigen die ich-psychologischen Autoren dazu, zwischen bewussten und unbewussten Symbolisierungsprozessen eine Trennlinie zu ziehen und letztere als eine im Vergleich zu den höheren Ich-Funktionen defizitäre Funktionsweise anzusehen (Beres, Kubie). Darüber noch hinausgehend konzipiert Lorenzer (1973) den Akt der Verdrängung als Desymbolisierung. Zur Symbolbildung fähig ist nach Lorenzer ausschließlich das Ich.

Insgesamt besteht kein Zweifel daran, dass Symbolisierung als wichtiger Prozess in der psychosexuellen Entwicklung anzusehen ist und dass die Psychoanalyse einen Beitrag zum Verständnis der Entstehung der Symbolisierungsfunktion wie ihrer Störungen leistet. Symbolisierung dient der Verarbeitung von Wünschen, Ängsten und Konflikten, die sich als psychischer Niederschlag der kindlichen Erfahrungen mit den primären Beziehungspersonen ergeben. Die Unstimmigkeiten bezüglich des Auftretenszeitpunktes der vollen Symbolfunktion (nach Klein ab dem sechsten, nach Mahler u.a. ab dem 18. Monat) sind vermutlich darauf zurückzuführen, dass bisher die psychosexuellen Vorläufer der Symbolfunktion noch nicht ausreichend erforscht sind.

6. Interdisziplinäre Beiträge und Befunde

Von der experimentellen Entwicklungspsychologie gut untersuchte Komponenten der Symbolfunktion sind ihre kognitiven Anteile. Schon Piaget (1945) beschreibt als beobachtbare Etappen der Entwicklung der kognitiven Repräsentations- oder Symbolfunktion: kognitive Objektpermanenz, verzögerte Nachahmung und symbolisches Spiel (so tun „als ob“). Der spielerische „Als-ob“-Modus, den Kinder etwa ab dem 18. Lebensmonat nachweislich vom Ernstfall unterscheiden können, findet in jüngeren kognitionspsychologischen und experimentellen Untersuchungen erneut große Aufmerksamkeit (Target und Fonagy 1996, Emde et al. 1997). An das spezifische Erkenntnisinstrumentarium der Psychoanalyse gebunden ist jedoch die Einsicht in den engen Zusammenhang dieser – auch dem Kulturellen zugrunde liegenden – kognitiven Fähigkeit, Symbole zu bilden und zu verwenden, mit dem affektiven Leben des einzelnen, seinen Wünschen, Ängsten und Konflikten.

Literatur

Cassirer, E. (1953). Philosophie der symbolischen Formen. Teil 1: Die Sprache. Darmstadt: Wissenschaftliche Buchgesellschaft, 1988.

Emde, R., Kubicek, L. and Oppenheim, D. (1997). Imaginative reality observed during early language development. International Journal of Psycho-Analysis, 78, 115–133.

Ferenczi, S. (1913). Zur Ontogenese der Symbole. Bausteine zur Psychoanalyse, Bd. I. In ders., Bausteine zur Psychoanalyse. Bd. 1 (S. 101–105). Frankfurt: Ullstein, 1984.

Jones, E. (1916). Die Theorie der Symbolik. In ders., Die Theorie der Symbolik und andere Aufsätze (S. 50–114). Frankfurt/M.: Athenäum, 1987.

Klein, M. (1930). Die Bedeutung der Symbolbildung für die Ichentwicklung. Internationale Zeitschrift für Psychoanalyse, 16, 57–72.

Lacan, J. (1973). Schriften II. Olten: Walter.

Lévi-Strauss, C. (1958). Strukturale Anthropologie. Frankfurt/M.: Suhrkamp, 1971.

Löchel, E. (1996). Zur Genese des Symbols in der kindlichen Entwicklung. Kinderanalyse, 4, 254–286.

Lorenzer, A. (1973). Sprachzerstörung und Rekonstruktion. Frankfurt/M.: Suhrkamp.

Piaget, J. (1945). Nachahmung, Spiel und Traum. Die Entwicklung des Symbolbegriffs beim Kinde. Stuttgart: Klett-Cotta, 3. Aufl., 2002.

Segal, H. (1957). Bemerkungen zur Symbolbildung. In E.B. Spillius (Hg.), Melanie Klein heute, Bd. 1 (S. 202–224). München: Verlag Internationale Psychoanalyse, 1990.
Speidel, H. (1978). Über den Symbolbegriff in der Psychoanalyse. Psyche – Z Psychoanal, 32, 289–328.
Target, M. and P. Fonagy (1996). Playing with reality, II. International Journal of Psycho-Analysis, 77, 459–479.

Symptombildung, Kompromissbildung

von Ralph Grabhorn und Gerd Overbeck

symptom formation, compromise-formation – formation de symptome, formation de compromis

1. Definition

Der Mechanismus der neurotischen Symptombildung kann in seiner allgemeinsten Art als Kompromiss- oder Ersatzbildung zwischen den Triebansprüchen und den Ansprüchen der Abwehr definiert werden. So gesehen sind Symptome Kompromisse zwischen entgegengesetzten Tendenzen innerhalb einer Person und/oder Ersatz für echte Trieb-Abfuhr oder deren Befriedigung und demzufolge das Ergebnis einer psychischen Verarbeitung. Die Fähigkeit zur Kompromissbildung ermöglicht die Lösung einer inneren Konfliktspannung, wobei die am Konflikt beteiligten Komponenten im Symptom mehr oder weniger erkennbar (symbolisiert) sind. Darüber hinaus wird der Vorgang der Kompromissbildung nicht nur zum Verständnis von Symptombildung, sondern auch zur Erklärung anderer Phänomene wie z.B. der Fehlleistung oder des Traums herangezogen, so dass Kompromissbildung als allgemeine Form begriffen werden kann, in der verdrängtes oder überhaupt unbewusstes Material zur Darstellung kommt.

Aufgrund der Erkenntnisse aus der Arbeit mit sog. frühen Störungen, den psychosomatischen, narzisstischen oder psychotischen Erkrankungen, wird Symptombildung eher als Produkt einer defizitären Entwicklung, einer basalen Störung in der frühen Mutter-Kind-Beziehung oder als Ergebnis sekundärer Traumatisierung angesehen. Das Symptom ist dann die direkte Folge eines Entwicklungsschadens, Ausdruck einer Schwäche im Ich (Selbst), oder es ist Ersatz für den Schaden. Bei dieser Betrachtung wird die sinnvolle und integrative Leistung des Ich im Anpassungsprozess weniger betont, Symptombildung nicht mehr im Sinne einer symbolischen Ersatz-Darstellung des Verdrängten verstanden.

Dynamische Konfliktregulierung oder/und Regulierung struktureller Defizite stehen aus heutiger Sicht bei den Mechanismen der Symptombildung nicht mehr unvereinbar nebeneinander, sie ergänzen sich, und die Komplexität der Zusammenhänge lässt ohnehin ein einheitliches Erklärungsmodell kaum erwarten. Darüber hinaus erklären auch andere Ansätze wie z.B. die Lerntheorie sowohl Symptombildung als auch deren Chronifizierung überzeugend; biologische und soziale Aspekte erweitern ebenso das Symptomverständnis, so dass im klinischen Einzelfall ein Zusammenwirken verschiedener Symptombildungsprozesse angenommen werden muss.

2. Klassische Auffassung

Bereits in seinen frühen Schriften zur Psychopathologie formuliert Freud, dass Symptome „Kompromissbildungen“ darstellen „zwischen den verdrängten und den verdrängenden Vorstellungen“ (1896b, S. 387). Ist vor dem Hintergrund seiner Verführungstheorie die Erinnerung an das reale Trauma die „unverträgliche Vorstellung“, die „unbewusste Abwehr“ erfordert, weil „diese in peinlichen Gegensatz zum Ich des Kranken getreten war“ (ebd., S. 379), so wird mit der Entwicklung der Libidotheorie die „unverträgliche Vorstellung“ als seelische Äußerung frühkindlichen Sexualerlebens verständlich. Als „erste Tatsache“ (1907b, S.136), als primäre Bedingung für die Entwicklung der Symptome hat von nun an „die Verdrängung einer Triebregung“ zu gelten (Loch 1993). In Analogie zum Traum (1900a) sieht Freud den Anlass zur Symptombildung in der Wunscherfüllung des Unbewussten. Die verdrängten Triebregungen unterliegen damit den Gesetzen des Primärprozesses (Zwang zur Erregungsabfuhr, Austauschbarkeit der Objekte, assoziative Verdichtungen und Verschiebungen). Der entscheidende Faktor zur Symptombildung besteht in einer inneren oder äußeren Versagungssituation, die mit Triebstauung einhergeht. Wenn diese nicht adäquat abgeführt werden kann, entsteht unerträgliche Unlust, und die Libido ist gezwungen, auf die alten infantilen Fixierungsstellen zu regredieren. So droht der Partialtrieb mit seinen Befriedigungsformen und Objekten wieder zur Herrschaft zu gelangen. „Symptome sind der Erfolg eines Konfliktes, der sich um eine neuere Art der Libidobefriedigung erhebt. Die beiden Kräfte, die sich entzweit haben, treffen im Symptom wieder zusammen, versöhnen sich gleichsam durch den Kompromiß der Symptombildung. Darum ist das Symptom auch so widerstandsfähig; es wird von beiden Seiten gehalten“ (1916–17a, S. 373). Freud entwickelt sein Symptomverständnis vor allem aus seinen Beobachtungen an hysterischen und zwanghaften Symptomen. In der Hysterie wird „der Trieb ganz unterdrückt“ und der seelische Konflikt mittels Konversion in einem körperlichen Symptom ausgedrückt, im Zwangssymptom kommt der Trieb als „irgendwie qualitativ gefärbter Affekt zum Vorschein“ (1915d, S. 256). Der dauerhafte Verdrängungsaufwand zur Aufrechterhaltung einer Symptomatik erfordert Gegenbesetzung, die mit Ichveränderung einhergeht, so dass auf diesem Weg der Übergang zur Ausbildung pathologischer Charakterzüge fließend ist.

Mit Freuds Strukturhypothese (1923b) wird die zentrale Rolle des Ichs zur Gefahrenabwehr bei der Symptombildung genauer bestimmt. Die pathogene Konfliktdynamik spielt sich nun zwischen Trieb und psychischer Struktur ab. Das Ich, bestimmt durch seine Funktionen, leitet die Regression ein, und die Form der Symptomatik wird neben den Fixierungsstellen im Wesentlichen von der Art der Abwehr bestimmt. Der Antrieb zur Aktivierung der Abwehrmechanismen besteht in dem Bedürfnis die Angst, Angst im Sinne der Signalangst (1926d), abzuwehren, die mit der drohenden Manifestation eines verbotenen Triebwunsches verknüpft ist. In „Hemmung, Symptom und Angst“ greift Freud wieder auf frühe Überlegungen zurück, indem er Symptombildung mit Ersatzbildung gleich setzt: „Das Symptom sei Anzeichen und Ersatz einer unterbliebenen Triebbefriedigung, ein Erfolg des Verdrängungsvorgangs. Die Verdrängung geht vom Ich aus, das, eventuell im Auftrage des Über-Ichs, eine im Es angeregte Triebbesetzung nicht mitmachen will“ (1926d, S.118). In gewisser Hinsicht stellen Symptome somit auch eine „Wiederkehr des Verdrängten“, ein Scheitern der Abwehr gegenüber der Triebregung dar, wobei „das Wiederkehrende im Vergleich zum Ursprünglichen weitgehende Entstellung erfahren hat“ (1939a, S. 236). Allerdings entspricht der Entlastungseffekt durch partielle Triebabfuhr einem „primären Krankheitsgewinn“. Anfängliche Überlegungen (1907a), ob das Verdrängte zu seiner Wiederkehr auch die gleichen assoziativen Wege benutzt wie bei der Verdrängung, wurden von Freud nicht aufrechterhalten.

Im Lichte der Strukturtheorie muss bei der Symptombildung ein Minimum an seelischer Organisation und Strukturbildung erreicht sein (Arlow 1963). In jedem Symptom, soweit es das Produkt eines Abwehrkonflikts ist, kommt dann in Form der Kompromissbildung entweder eher die abzuwehrende Vorstellung im Sinne eines unbewussten Wunsches und ihre verdeckte Befriedigung als Ersatzhandlung zur Darstellung, oder es kann der Abwehrvorgang selbst z.B. im Sinne einer Reaktionsbildung vorherrschen (Laplanche und Pontalis 1972).

3. Ideengeschichtlicher Hintergrund

Es ist ein entscheidender Verdienst Freuds, psychogene Symptome von einer relativ statischen und ausschließlich strukturellen Auffassung im Denken der europäischen Psychiatrie des 19. Jahrhunderts befreit zu haben. Auf der Suche nach den Ursachen der hysterischen Symptombildung war Freud ebenso wie Breuer einem neurophysiologischen Denken verhaftet. Physiologische Veränderungen und das Physikalisch-Messbare bildeten die Grundlagen Freuds psychologischer Überlegungen, was sich insbesondere im Trieb-Abfuhrmodell mit seinem Spiel der Kräfte, die verdrängt, gehemmt, ersetzt oder kompromisshaft zusammenkommen, ausdrückt. Zusammenhänge von hysterischer Symptomatik und Sexualverhalten waren bereits ebenso diskutiert worden, wie sich auch Überlegungen zu unbewussten Vorgängen (Janet) dabei finden ließen. Aber indem Freud Symptombildung als intrapsychischen Verarbeitungsprozess letztlich psychologisch, d.h. psychodynamisch konzeptualisierte, dem ein konflikthaftes, unbewusstes Geschehen zugrunde liegt, machte er Symptombildung, die „wie jede psychische Schöpfung“ überhaupt „irgendeine Bedeutung haben muss“ (1910c, S. 154), verstehbar und einer psychotherapeutischen Behandlung überhaupt erst zugänglich und analysierbar, da der Sinn eines Symptoms und damit „die zu ihr treibenden Motive bewusst“ (1907b, S. 135) gemacht werden müssen.

4. Wesentliche Erweiterungen, Differenzierungen und Modifikationen

Mit dem Konzept der Konversion entwarf Freud erstmals ein psychosomatisches Paradigma, das den „Sprung vom Seelischen ins Körperliche“ (1916–17a, S. 265) zu überbrücken versucht. Sinnlos erscheinende Körpersymptome wie funktionelle Lähmungen, Parästhesien oder der große hysterische Anfall wurden als körpersprachlich vermittelte Symbolisierung eines Traumas oder konflikthafter ödipaler Phantasien erklärbar. Mit der Berücksichtigung eines „somatischen Entgegenkommens“, das zwar als spezifischer und damit konstitutiver Teil der Konversion wieder aufgegeben und eher im Sinne einer Ergänzungsreihe weitergeführt wurde, verweist Freund auf mögliche somato-psychische Einflüsse auch bei psychischen Symptomen, die sich z.B. in den Psychosekonzepten der biologischen Psychiatrie wiederfinden lassen. Den eigentlich symptombildenden Mechanismus erkannte Freud darin, dass die „unverträgliche Vorstellung“ vom Affektbetrag getrennt und die „Erregungssumme ins Körperliche umgesetzt wird“ (1894a, S.63). So verbleibt die Vorstellungsrepräsentanz mittels Verdrängung bzw. Dissoziation auf der psychischen Ebene, im Unbewussten, während der Affektbetrag in somatische Energie umgewandelt wird. Ein Vorgang, der nach wie vor weitgehend ungeklärt bleibt (Krause 1998). Die weitere Entwicklung des Konversionskonzepts führte zu zahlreichen Revisionen und wichtigen Ergänzungen (vgl. Hoffmann 1996), wie z.B. der erfolgten Loslösung vom Hysteriekonzept und der Ausdehnung auf präödipale Konflikte, dem Zusammenwirken unterschiedlicher Abwehrformen und Identifizierungsvorgängen zur Übernahme von Körpersymptomen und Krankheitsmustern sowie die Beschränkung auf psychogene Funktionsstörungen.

Eine weitere Form der Symptombildung entwickelte Freud am Beispiel der Angstneurose (Aktualneurosen). Er sah in den Symptomen wie Zittern, Durchfall, Herzklopfen usw. körperliche Äquivalente bzw. Korrelate eines Angstanfalls, verursacht durch die unmittelbare Abfuhr aufgestauter sexueller Triebspannung, ohne dass irgendein psychischer Mechanismus dazwischen geschaltet wurde. Da eine seelische Verarbeitung gar nicht erst zustande kommt, erweisen sich die Symptome „bei psychologischer Analyse als nicht weiter reduzierbar“ (Freud 1895b, S. 322). An Freuds aktualneurotisches Paradigma anknüpfend versuchte insbesondere

Alexander (1950), Psychosomatosen und funktionelle Störungen auf Dauererregungszustände innerhalb des vegetativen Systems zurückzuführen, so dass z. B. bei Aggressionshemmung die innerlich blockierte Spannung zu Bluthochdruck führen kann. Eine Erklärung für die unterschiedlichen Störungsbilder vermutete er in spezifischen psychodynamischen Konfliktsituationen, die mit spezifischen vegetativen Innervationsmustern korreliert seien. Eine Hypothese, die der empirischen Prüfung in dieser Eindeutigkeit nicht standhielt. Zum weiteren Verständnis von Somatisierungsvorgängen trug Schur (1955) bei, der eine progressive Entwicklung diffus körperlich gebundener Befindlichkeiten hin zu differenziert erlebbaren Affekten annahm (De-Somatisierung). In umgekehrter Richtung definierte er Somatisierung als Re-Somatisierung unbewältigbarer, aversiver Affekte unter Verlust der psychischen Repräsentanz. Indem Overbeck (1977) die vielfältigen Bedingungen hervorhebt, unter denen gerade auch vegetativ-funktionelle Symptome und psychosomatische Erkrankungen dem Einfluss des Ichs unterliegen können, werden die fließenden Übergänge von Konversion und Somatisierungsmodellen erkennbar. Auch wenn der Grad der Ich-Abhängigkeit beträchtlich variieren kann und von verschiedenen Symbolisierungsniveaus ausgegangen werden muss (Küchenhoff 1992), geht psychosomatische Symptombildung als eine komplexe Ich-Leistung im Gebrauch körperlicher Funktionen weit über einfache psychophysiologische Reaktionen oder Korrelate hinaus.

Der Mechanismus der Hypochondrie eröffnete im weiteren insofern eine neues Symptomverständnis, als er nicht nur den eigenen Körper zur Projektionsfläche für abgewehrte Befürchtungen macht, sondern mit der Einführung von Freuds Narzissmuskonzepts (1914c) als Rücknahme der Objekt-Libido auf das Ich konzeptualisierbar wurde. Die sich in der Folgezeit daraus entwickelnden objekt- und selbstpsychologischen Zugänge verstärkten die Annahme eines Rückzugs vom Objekt, so dass in der Hypochondrie psychodynamisch ein Ersatz (Introjektion) eines ambivalenten äußeren Objekts (Fenichel 1975) durch Hinwendung zum eigenen Körper bzw. zu Teilbereichen geschaffen wird. Weil Objektverlust mit Selbstverlustangst gleichgesetzt werden kann, verweist der narzisstische Rückzug auf eine gestörte Persönlichkeitsentwicklung und die Nähe zu psychotischer Symtombildung. Selbstverletzendes Verhalten auf dem Boden einer Borderline-Organisation kann die Reinszenierung eines Traumas zwischen Selbst und eigenem Körper ausdrücken und ständig wiederholen (Plassmann 1989).

5. Die Bedeutung des Begriffs in den verschiedenen psychoanalytischen Schulrichtungen

Die klassische Theorie neurotischer Symptombildung, also das Symptom verstanden als Kompromiss zwischen Triebwunsch und Abwehr, ist bis heute weitgehend akzeptierter Bestandteil psychoanalytischen Denkens. Die neueren Ansätze konvergieren darin, dass sie der Symptombildung weitere Funktionen für die Ausbildung der Ich-Überich-Struktur, die Regulation des Selbstsystems oder für die Gestaltung einer Teil-Objektbeziehung zuschreiben. Ein besseres Verständnis der frühen Kindheit hat dazu geführt, dass das Trieb-Modell von den jeweiligen Autoren durch das Paradigma des Beziehungs-Modells ergänzt oder ersetzt wurde (Mitchell 1988).

Die Ich-Psychologie sieht im Versagen der synthetischen Kapazität des Ichs im Anpassungsprozess den Auslöser für Symptome (Hartmann 1939). Kommt es allerdings im Verlauf der Ich-Reifung zu unüberwindbaren Schädigungen, entstehen primäre Defekte in der Organisation des Ichs. Symptombildung ist dann nicht mehr Teil einer organisierenden Ich-Leistung, sondern Produkt einer defizienten Entwicklung oder Teil eines umfassenden Regressionsvorgangs des Ich. Ein schwaches Ich wird somit zur strukturellen Disposition für ganz verschiedene Symptome. Dieser „sinnentleerten" Ersatzfunktion eines Symptoms setzt Lacan den Gedanken entgegen, das alle Symptome wie eine Sprache strukturiert seien, einer Sprache, „deren Sprechen befreit werden muß“ (1975, S.109). Unter Verzicht auf psychopathologische Differenzierung sind dementsprechend alle Symptome lesbar und klinisch interpretierbar.

Ein Zusammenhang von Symptombildung mit früher Trennung von der Mutter und Deprivationserleben ist mehrfach belegt (Spitz 1954, Engel 1970). Mit dem Konzept der intrapsychischen Repräsentanzenbildung (Sandler et al. 1963) gelingt es aus objektpsychologischer Sicht, den „Ich-Defekt“ als Beeinträchtigung in der Beziehung zu sich Selbst und zu den Objekten zu präzisieren. So beschreibt Margaret Mahler (1968) psychische Defizienz als mangelhafte Abgrenzung nicht genügend kohärenter Strukturierung von Selbst- und Objektrepräsentanzen, die sie auf ungelöste Probleme in der Individuations- und Separationsphase zurückführt. Im nicht lösbaren Konflikt späterer Nähe-Distanz-Regulation kann Symptombildung dann „kompromisshaft“ die Funktion der Abwehr von Objektbeziehung übernehmen oder es soll symbiotisches Beziehungserleben erzwungen bzw. dafür ein Ersatz- (Symptom) bereitgestellt werden. Melanie Klein (1962) betont in diesem Zusammenhang, dass Symptombildung nicht nur vom Trauma, ganz vom Einfluss der äußeren Objekte abhängig ist, sondern immer auch vom Erleben der subjektiv erschaffenen inneren Objektwelt. Sie schreibt der unbewussten Phantasie als Repräsentant des Triebes erhebliche Bedeutung für die Organisation der inneren Objekte zu. Allerdings bleibt letztlich die aus ihrer Todestriebhypothese abgeleitete Angst vor den autodestruktiven Triebregungen der entscheidende Motor für Symptombildung, vor denen sich das Ich durch Regression auf die paranoid-schizoide bzw. depressive Position und unter Anwendung primitiver Abwehrmechanismen wie Spaltung und projektiver Identifikation zu retten versucht. Fundierte Kritik besteht im Hinblick auf die entwicklungspsychologischen Voraussetzungen Melanie Kleins (Dornes 1993). Heigl-Evers (1983) verbindet mit dem Konzept der psychosozialen Kompromissbildung in Gruppen (z.B. Familien) objektpsychologisches und interpersonelles Denken. Mittels projektiver Identifikation wird Unerträgliches in den Interaktionspartnern untergebracht und dort als pathogenes Interaktionsmuster stabilisiert. Die Symptombildung liegt hier im interpersonellen Kompromiss, wobei die Projektion gerade auch unbewusster Kommunikation dient.

Die Selbstpsychologie in der Tradition Kohuts (1987) postuliert eine eigenständige Entwicklungslinie des Narzissmus und fokussiert ganz auf subjektives Erleben und die Struktur des Selbst im Rahmen einer Selbstobjektbeziehung. Narzisstische Symptome sind im Grunde Reaktionen auf Verletztheiten, wenn sich das Selbst nicht empathisch verstanden fühlt oder eine selbst-erhaltende Beziehung unterbrochen wird. Der Grad der Selbstreife entscheidet dann über Art und Ausmaß der Symptomatik, aber Symptombildung bedeutet immer Regression in Richtung verminderter Kohäsion des Selbst, die im Ergebnis eher selbst-restaurierende Effekte hat oder Fragmentierungsprozesse anzeigt.

Da sich die verschiedenen Schulen auf unterschiedliche Entwicklungsebenen beziehen, scheint es ihnen jeweils besser zu gelingen, bestimmten Störungsbildern gerecht zu werden. An dieser Stelle argumentieren mehrere Autoren einleuchtend in die Richtung (z.B. Eagle 1988), die Kontroverse Defekt versus dynamische Konfliktabwehr zugunsten einer sich ergänzenden Betrachtungsweise aufzugeben, da jeder Konflikt auch als Entwicklungsversagen zu verstehen ist sowie Entwicklungsschäden von konflikthaften Wünschen begleitet werden.

6. Interdisziplinäre Beiträge und Befunde

Geschlechtsspezifische, ethnische und kulturelle Einflüsse werden zunehmend berücksichtigt (Betancourt und Lopez 1993). Selbstpsychologische Autoren wie Theoretiker, die eine primäre Objektbeziehung annehmen, sehen sich durch die Ergebnisse der Säuglingsforschung bestätigt, in denen auf die Bedeutung ungenügender Bindungs- und Kompetenzerfahrung des Säuglings hingewiesen wird (Soref 1995). Ein erhöhtes Erkrankungsrisiko unsicher gebundener Kinder ist ebenso belegt wie die Fähigkeit Neugeborener zu komplexer Interaktion. Neurobiologische Befunde sprechen ebenfalls für direkte Auswirkungen von Deprivation des angeborenen Bindungsbedürfnisses auf das Affektsystem und die Hormonregulation z. B. bei der Depression (Grossmann 1993). Eine Reihe von Arbeiten aus der kognitiven Neurowissenschaft deutet darauf hin, dass zur Verarbeitung traumatischer Erfahrung andere neuronale Netzwerke benutzt werden als bei weniger affektiv belastenden Situationen (Krause 1998). Interessanterweise erfahren aus diesem Forschungsbereich erste Hypothesen von Charcot und Freud über eine zugrunde liegende Willensstörung bei konversionshysterischen Symptomen und mögliche krankhafte Veränderungen im Nervensystem Bekräftigung. So konnte gezeigt werden (Marshall et al. 1997), dass beim Versuch den „gelähmten" Körperteil zu bewegen, Gehirnareale aktiviert werden, denen man hemmende Effekte auf den motorischen Cortex zuschreibt, oder konversionsneurotische Symptome durch eine im Frontalhirn funktionell neuroanatomisch nachweisbare Störung der Intentionalität bzw. des Willensaktes verursacht sein können (Spence 2001). Des weiteren ergab sich in neuropsychologischen Untersuchungen, dass sich z. B. durch Hypnose erzeugte Anästhesie oder Paralyse in ihren neurophysiologischen Korrelaten nicht von gleichartigen klinischen dissoziativen/konversionsneurotischen Symptomen unterscheiden und wahrscheinlich beide auf ähnliche autosuggestive Mechanismen zurück zu führen sind (Halligan und David 1999).

Insgesamt bleibt die Forderung nach einer bio-psycho-sozialen Betrachtung psychopathologischer Entwicklung bestehen, sie kann jedoch nicht darüber hinweg täuschen, dass aus wissenschaftstheoretischer Perspektive übergreifende Theorien nur in Ansätzen vorliegen, wie etwa die Biosemiotik von v. Uexküll (1988). Deshalb erscheint es beim gegenwärtigen Erkenntnisstand angebracht, eine begrenzte Reichweite der jeweiligen Konzepte zu akzeptieren und die komplexe Beziehung der verschiedenen Einflussfaktoren auf Symptombildungsprozesse weiterhin sorgfältig zu prüfen.

Literatur

Alexander, S. (1950). Psychosomatische Medizin. Berlin: de Gruyter.

Arlow, J.A. (1963). Conflict, regression and syptom formation. International Journal of Psycho-Analysis, 44, 12–22.

Betancourt, H. and Lopez, S. (1993). The study of culture, ethnecity and race in American psychology. American Psychologist, 48, 629–637.

Dornes, M. (1993). Der kompetente Säugling. Frankfurt/M.: Fischer, 13. Aufl., 2004.

Eagle, M.N. (1988). Neuere Entwicklungen in der Psychoanalyse. München: Verlag Internationale Psychoanalyse.

Engel, G.L. (1970). Psychisches Verhalten in Gesundheit und Krankheit. Bern: Huber.

Fenichel, O. (1975). Psychoanalytische Neurosenlehre. Berlin: Ullstein.

Grossmann, K.E. (1993). Bindungsverhalten und Depression. In D. Hell (Hg.), Ätiologie der Depression (65–79). Stuttgart: Fischer.

Halligan, P.W. and David, A.S. (1999). Conversion hysteria: Towards a cognitive neuropsychological account. Hove: Psychology Press Ltd.

Hartmann, H. (1939). Ich-Psychologie und Anpassungsproblem. Internationale Zeitschrift für Psychoanalyse, 24, 62–135.

Heigl-Evers, A. und Heigl, F. (1983). Die projektive Identifizierung – einer der Entstehungsmechanismen psychosozialer Kompromissbildungen in Gruppen. Gruppentherapie und Gruppendynamik, 18, 316–327.

Hoffmann, S.O. (1996). Der Konversionsmechanismus. Psychotherapeut, 41, 88–94.

Klein, M. (1962). Das Seelenlebens des Kleinkindes und andere Beiträge zur Psychoanalyse. Stuttgart: Klett.

Kohut, H. (1987). Wie heilt die Psychoanalyse? Frankfurt/ M.: Suhrkamp.

Krause, R. (1989). Allgemeine psychoanalytische Krankheitslehre, Bd. 2. Stuttgart: Kohlhammer.

Küchenhoff, J. (1992). Zur kommunikativen Funktion psychogener Körperstörung. Zeitschrift für psychosomatische Medizin, 38, 240–250.

Lacan, J. (1975). Funktion und Feld des Sprechens und der Sprache in der Psychoanalyse. In ders., Schriften, Bd. I. Olten: Walter.
Laplanche, J. und Pontalis, J.-B. (1972). Das Vokabular der Psychoanalyse. Frankfurt/ M.: Suhrkamp.
Loch, W. (1993). Deutungs-Kunst. Tübingen: edition diskord.
Mahler, M.S. (1968). Symbiose und Individuation. Stuttgart: Klett.
Marshall, J., Halligan, P., Fink, G., Wade, D. and Frackowiak, R. (1997). The functional anatomy of a hysterical paralysis. Cognition, 64, 1–8.
Mentzos, S. (1991). Psychodynamische Modelle in der Psychiatrie. Göttingen: Vandenhoeck & Ruprecht.
Mitchell, S. (1988). Relational concepts in psychoanalysis. Cambridge: Harvard University Press.
Overbeck, G. (1977). Das psychosomatische Symptom. Psychische Defizienzerscheinung oder generative Ichleistung. Psyche – Z Psychoanal, 31, 333–354.
Plassmann, R. (1989). Artifizielle Krankheiten und Münchhausen-Syndrome. In M. Hirsch (Hg.), Der eigene Körper als Objekt (118–154). Berlin: Springer.
Sandler, J., Holder, A. and Meers, D. (1963). The ego ideal and the ideal self. Psychoanalytic study of the child, 18, 139–158.
Spence, S.A. (2001). Disorders of willed action. In P.W. Halligan, C. Bass and I.C. Morshall (Eds.), Contemporary approaches to the study of hysteria (pp. 235–250). Oxford: University Press.
Spitz, R.A. (1954). Die Entstehung der ersten Objektbeziehungen. Stuttgart: Klett.
Schur, M. (1955). Comments on the metapsychology of somatisation. Psychoanalytic study of the child, 10, 119–164.
Soref, A.R. (1995). Nacissism: A view from infant research. Annals of Psychoanalysis, 23, 49–77.
Uexküll, T. von und Wesiack, W. (1988). Theorie der Humanmedizin. Grundlagen ärztlichen Denkens und Handelns. München: Urban & Schwarzenberg.

Szene, szenisches Verstehen *von Michael Wolf*

scene – scène

1. Definition

Eine Szene ist die Gesamtheit der Aspekte der spezifischen Gestaltung der psychoanalytischen Situation durch den Analysanden nach dem Muster und als Reproduktion einer früheren, infantil und/oder traumatisch bedingten Vorerfahrung. Die Szene besteht aus Übertragungsmustern bzw. Interaktionsformen (Lorenzer 1974), die situativ zur Bewältigung der neuen Situation vermittels der „szenischen Funktion des Ichs" (Argelander 1970b) aktiviert werden. Je nach der Relation von kreativ problemlösenden und konfliktabwehrenden Anteilen ist die Szene eine flexible Gestaltung der Situation oder eine unangemessene Reproduktion von klischeehaften Übertragungsmustern (Lorenzer 1970a).

Szenisches Verstehen ist als klinisches Konzept der Vorgang, in dem der Analytiker die Differenz zwischen der manifesten Szene, der von ihr überlagerten aktuellen oder berichteten Situation und einer vom Analysanden internalisierten früher erlebten Szene auf der Grundlage der Wahrnehmung von Übertragung und Gegenübertragung zunächst für sich erarbeitet. Das szenische Verstehen wird (Lorenzer 1970b) als intuitiver Gestaltschluss verschiedener zuvor wahrgenommener Gestaltelemente des Unbewussten bzw. unbewusster Übertragungsangebote durch den Psychoanalytiker angesehen, auf dessen Grundlage Hypothesen über intrapsychische Strukturen gewonnen werden. Die „Intuition" beruht methodologisch auf der psychoanalytischen Kompetenz, einer spezifischen professionellen klinisch vermittelten Kunstfertigkeit zum Verstehen und entwicklungsfördernden Beeinflussen (Fürstenau 1992) unbewusster Strukturen und Prozesse.

2. Klassische Auffassung

„Szene" wird von Freud in vielfältigen Bedeutungen gebraucht (Konkordanz, Guttmann 1995) und hat bei ihm noch keine begriffliche Kontur. Das gilt nur für den Begriff „Urszene", die beobachtete oder phantasierte sexuelle Handlung zwischen den Eltern, expl. im Fall des „Wolfsmannes" (Freud 1918b). Die „Urszene" zumindest als Anlass für Phantasien ist für Freud ein reales Ereignis, auch wenn ihre Bedeutung vom Subjekt erst nachträglich aus inneren (psychosexuelle Reifung) oder äußeren (Reaktualisierung durch eine strukturhomologe Szene) Anlässen erzeugt wird. Unter „Szene" versteht Freud im Allgemeinen eine Interaktionssituation, deren Status zwischen realem Geschehen, Erlebnis, Erinnerung, Phantasie, Dichtung, Theater und Traum schwankt (Konkordanz, Guttmann 1995). Gemeinsam ist diesen verschiedenen Konnotationen das Herausgehobene, Artifizielle, Symbolische, nicht unmittelbar Reale der Szene. Die Szene verweist stets auf ein anderes Geschehen, das wohl einmal real war, gegenwärtig aber in der Szene und der in ihr nachträglich gebildeten Sinngestalt existiert. Ein explizites Konzept des szenischen Verstehens hat Freud nicht entwickelt. Seinen Arbeiten lassen sich aber Desiderate hierfür entnehmen wie die Differenz zwischen Szene und Urszene bzw. Originalvorfall, die Nachträglichkeit der Bedeutungszumessung, das Wirken von affektiv-kognitiven Bearbeitungsmechanismen (Verschiebung, Verdichtung etc.) analog zur Traumarbeit sowie die Tatsache dynamisch unbewusster Strukturen und Prozesse.

3. Ideengeschichtlicher Hintergrund

Szene ist ursprünglich kein psychologisches Konzept, sondern ein literarisches. Das Schauspiel, insbesondere seine klassische Form, kondensiert den Verlauf des Geschehens in besonders prägnanten Abschnitten, in einer Abfolge von Szenen, oft Untereinheiten einzelner Akte. Die „Skene" war im griechischen Theater das Bühnenhaus, auf und vor dem die Schauspieler und der Chor auftraten. Die Szene ist eine Lokalität und eine gestalthaft abgegrenzte, herausgehobene Handlungssequenz zwischen mehreren Personen. Die Inszenierung ist die kreative Reproduktion einer Vorlage, eines Textes, der seinerseits auf eine andere Realität verweist.

4. Weiterentwicklungen und Ergänzungen

Szene und szenisches Verstehen sind erst von einer hermeneutisch kommunikationstheoretisch inspirierten Richtung der Psychoanalyse (Argelander, Lorenzer) zu Konzepten ausgebildet worden. Sie bezieht sich auf Freud selbst (s.o.) wie auf Weiterentwicklungen psychoanalytischer Konzepte nach Freud. Die Differenzierung und Bestimmung der Ich-Funktionen (A. Freud 1964, Hartmann 1975, Blanck und Blanck 1985) haben das Verständnis auch für kreativ problemlösende neben den Konflikte und Triebwünsche abwehrenden Funktionen des Ichs erweitert. Die Veränderung im Verständnis der Gegenübertragung von einem Hindernis zu einem wichtigen Instrument der psychoanalytischen Arbeit (Heimann 1950, Devereux 1973) hat erst ein Verständnis des in der Szene enthaltenen komplexen unbewussten Handlungs- und Rollengefüges ermöglicht. Dabei ist die von Sandler (1976) herausgestellte Bereitschaft des Analytikers zur Übernahme der komplementären Rolle zu den Übertragungsangeboten des Analysanden eine wesentliche Voraussetzung. Das Mitspielen in der unbewussten Szene des Analysanden in der Gegenübertragung kann bis zum „Handlungsdialog" (Klüwer 1983) führen, einem passageren Mitagieren des Analytikers mit dem Analysanden. Hier wird von beiden aktiv eine Szene gestaltet und damit Material für eine spätere analytische Bearbeitung geschaffen, das wegen der Ich-Störung des Patienten zunächst noch nicht verbalisierbar ist. Das „Angebot“ des Patienten an den Arzt bzw. Analytiker nach Balint (1970) kann auch als Teil einer Szene aufgefasst werden. Es bezeichnet ein unbewusstes Interaktions- und Übertragungsangebot des Patienten, in dem sich in konzentrierter Form, wie in einem „Fokus“, zentrale Konflikte und der für den Umgang mit ihnen typische (Abwehr-)Modus bündeln. Deshalb kann eine Verstehensoperation, die auf dieses Angebot fokussiert und seine Inhalte differenziert auffasst, in konzentrierter Form Zugang zu unbewussten Prozessen finden. Das Konzept von Angebot und Fokus ist auch technisch fruchtbar gemacht worden, vor allem für kürzere und gezieltere therapeutische Interventionen wie die Flash-Technik in der ärztlichen Praxis (Balint und Norell 1977), verschiedene psychoanalytische Kurztherapien (expl. Leuzinger-Bohleber 1985, Strupp und Binder 1993) sowie die Fokaltherapie (Klüwer 1995).

5. Die Bedeutung des Begriffs in verschiedenen psychoanalytischen Schulrichtungen

„Szene“ und „szenisches Verstehen“ erhalten konzeptionellen Status als Kategorien psychoanalytischer Arbeit erst in der hermeneutisch-kommunikationstheoretisch orientierten „Frankfurter“ Psychoanalyse, insbesondere bei Argelander (1968, 1970a,b, 1979) und Lorenzer (1970a, 1970b, vgl. auch Habermas 1968). Für Argelander ist szenisches Verstehen der eigentliche weil auf Unbewusstes gerichtete psychoanalytische Verstehensmodus. Nach einer Einstellungsveränderung, einem „Umschalten“, stelle sich der Psychoanalytiker mit bestimmten Mitteln (Argelander 1970a, 1979) auf das Unbewusste des anderen ein. Der Analytiker tritt mit diesem Fremden am anderen in einen zunächst unbewussten Dialog (1968), der, einmal wahrgenommen, neben der manifesten Kommunikation wie ein zweiter Dialog (Argelander: „Geisterdialog“) wirkt und durch die Einstellungsveränderung auf das Unbewusste und mit geeigneten technischen Mitteln (Argelander 1979 unter Bezug auf Freud) verstanden werden kann. Lorenzer hat dieses Verstehen in einem Sprach- und Symbolkonzept metapsychologisch formuliert (1970a,b). Das sprachliche Symbol werde durch Verdrängung aus der Normalsprache exkommuniziert und zum Klischee oder Zeichen desymbolisiert. Dieser Vorgang entspreche dem Ersetzen der (symbolisch reflektierbaren) Situation durch die Szene, „das innerpsychische Muster eines reizstimulierten und klischeebestimmten Umweltbezugs“ (Lorenzer 1970a, S. 114f.). Die Szene ist die Übertragung intrapsychischer pathogener Kommunikations- und Handlungsmuster auf die Situation. Diese Konnotation unterscheidet das Konzept der „Szene“ nach Lorenzer von dem nach Argelander, das, vgl. die „szenische Funktion des Ichs“, allgemeine Geltung beansprucht. Auch ist fraglich, ob die Szene wie das Klischee Teil einer „Privatsprache“ bzw. eines „privaten“ Interaktionsgefüges sein kann oder ob die in ihr reinszenierten Objektbeziehungsmuster grundsätzlich umgangssprachlich reformulierbar und nur deshalb von Psychoanalytikern zu verstehen und zu deuten sind (Oevermann 1993). Die „Objektive Hermeneutik“ (Oevermann et al. 1979) hat darauf aufmerksam gemacht, dass sich unbewusste bzw. latente Bedeutungen erst dann überzeugend erschließen und nachweisen lassen, wenn die Sequenzialität der Reproduktion latenter Strukturen beachtet wird. Die Sinnstruktur einer Handlungssequenz bilde sich wie diese selbst durch Ausschluss von Alternativen im Verlaufe der Interaktion und den Aufbau eines inneren Bedeutungszusammenhangs. So sei objektivierbares, wissenschaftlich nachprüfbares Verstehen auf den Nachweis von Reproduktionen dieser Sinnstrukturen im Verlauf der Handlungssequenz verwiesen. Im szenischen Verstehen haben die Verstehensschritte deshalb stets den Status von Hypothesen, die im weiteren Gang validiert oder falsifiziert werden können.

6. Interdisziplinäre Beiträge und Befunde

Die Gestaltung einer Szene ist jenseits von Psychoanalyse und Theater ein Rollenspiel.

Therapeutisch ist das Rollenspiel als Psychodrama (Moreno) bekannt. Die interaktionistische Soziologie (Goffman 1991) hat soziales Handeln überhaupt als „Theater“, als Selbstpräsentation und Selbstinszenierung analysiert. Kommunikationstheoretische Untersuchungen zur psychoanalytischen Situation (Flader et al. 1982) haben auf die Besonderheiten der psychoanalytischen Gesprächssituation hingewiesen, die durch die Freisetzung des Analytikers von der normalkommunikativen Rollenverpflichtung zur Reziprozität durch die psychoanalytische Grundregel ein Wahrnehmen der Szene und ihr Verstehen erst ermöglichen. Szenisches Verstehen ist in entsprechend modifizierter Form als Instrument der Sozialforschung eingesetzt worden (Horn et al. 1983). Neuere Konzepte der Psychotherapieforschung ermöglichen, an Transkripten von Sequenzen aus psychoanalytischen Therapien ihre unbewusste bzw. latente Bedeutung und deren Entwicklung im Verlauf zu untersuchen. Sie eignen sich mithin auch zur Validierung szenischer Verstehensprozesse, expl. das SASB-Verfahren (Benjamin 1974, Tress et al. 1990), die ZBKT-Methode (Luborsky L. und Crits-Christoph 1990) oder die „objektive Hermeneutik“ (Oevermann et al. 1979). Dies gilt auch angesichts der Tatsache, dass diese Ansätze mit anderen Verfahren der Bedeutungserschließung arbeiten wie Codierung und Quantifizierung von Items oder fallrekonstruktiv sequenzanalytische Textinterpretation und die Analyseeinheiten anders definiert sind, z.B. als Episoden oder Interakte, nicht als Szenen.

Literatur

Argelander, H. (1968). Der psychoanalytische Dialog. Psyche – Z Psychoanal, 22, 326–339.
Argelander, H. (1970a). Das Erstinterview in der Psychotherapie. Darmstadt: Wissenschaftliche Buchgesellschaft.
Argelander, H. (1970b). Die szenische Funktion des Ichs und ihr Anteil an der Symptom- und Charakterbildung. Psyche – Z Psychoanal, 24, 325–345.
Argelander, H. (1979). Die kognitive Organisation psychischen Geschehens. Stuttgart: Klett-Cotta.
Balint, E. und Norell, J.S. (1977). Fünf Minuten pro Patient. Frankfurt/M.: Suhrkamp.
Balint, M. (1970). Der Arzt, sein Patient und die Krankheit. Frankfurt/M.: Fischer.
Benjamin, L.S. (1974). Structural analysis of social behavior. Psychological Review, 81, 392–425.
Blanck, G. und R. (1985). Angewandte Ich-Psychologie. Stuttgart: Klett.
Devereux, G. (1976). Angst und Methode in den Verhaltenswissenschaften. Frankfurt/M.: Ullstein.
Flader, D., Grodzicki, W.D., Schröter, K. (Hg.) (1982). Psychoanalyse als Gespräch. Frankfurt/M.: Suhrkamp.
Freud, A. (1964). Das Ich und die Abwehrmechanismen. München: Kindler.
Fürstenau, P. (1992). Entwicklungsförderung durch Therapie. München: Pfeiffer.
Goffman, E. (1991). Wir alle spielen Theater. Die Selbstdarstellung im Alltag. München: Piper, 4. Aufl.
Guttmann, S.A. (1995). Konkordanz zu den Gesammelten Werken von Sigmund Freud, Bd. 5. Waterloo: North Waterloo Academic Press.
Habermas, J. (1968). Erkenntnis und Interesse. Frankfurt/M.: Suhrkamp.
Hartmann, H. (1975). Ich-Psychologie und Anpassungsproblem. Stuttgart: Klett.
Heimann, P. (1950). On counter-transference. International Journal of Psycho-Analysis, 31, 81–84.
Horn, K. et al. (1983). Krankheit, Konflikt und soziale Kontrolle. Opladen: Westdeutscher Verlag.
Jung, T. und Müller-Doohm, S. (1993). „Wirklichkeit“ im Deutungsprozeß. Verstehen und Methoden in den Kultur- und Sozialwissenschaften. Frankfurt/M.: Suhrkamp.
Klüwer, R. (1983). Agieren und Mitagieren. Psyche – Z Psychoanal, 9, 826–837.
Psyche Studien zur Fokaltherapie. Frankfurt/M.: Suhrkamp.
Laplanche, J. und Pontalis, J.-B. (1972). Das Vokabular der Psychoanalyse. Frankfurt/M.: Suhrkamp.
Leuzinger-Bohleber, M. (1985). Psychoanalytische Kurztherapien. Opladen: Westdeutscher Verlag
Lorenzer, A. (1970a). Kritik des Psychoanalytischen Symbolbegriffs. Frankfurt/M.: Suhrkamp.
Lorenzer, A. (1970b). Sprachzerstörung und Rekonstruktion. Frankfurt/M.: Suhrkamp.
Lorenzer, A. (1974). Die Wahrheit der psychoanalytischen Erkenntnis. Frankfurt/M.: Suhrkamp.

Luborsky, L. (1990). Understanding transference. The CCRT method. New York: Basic Books.
Mentzos, S. (1986). Hysterie. Zur Psychodynamik unbewußter Inszenierungen. Frankfurt/M.: Fischer.
Oevermann, U. (1993). Die objektive Hermeneutik als unverzichtbare methodologische Grundlage für die Analyse von Subjektivität. Zugleich eine Kritik der Tiefenhermeneutik von Lorenzer. In T. Jung und S. Müller-Doohm, „Wirklichkeit" im Deutungsprozeß. Frankfurt/M.: Suhrkamp.
Oevermann, U. et al. (1979). Die Methode einer „objektiven Hermeneutik" und ihre allgemeine forschungslogische Bedeutung für die Sozialwissenschaft. In H.-G. Soeffner (Hg.), Interpretative Verfahren in den Sozial- und Textwissenschaften (S. 352–434). Stuttgart: Klett-Cotta.
Sandler, J. (1976). Gegenübertragung und Bereitschaft zur Rollenübernahme. Psyche – Z Psychoanal, 30, 297–305.
Strupp, H. und Binder, J. (1993). Kurzpsychotherapie. Stuttgart: Klett.
Tress, W. et al. (1990). Die stukturale Analyse sozialen Verhaltens (SASB) in Ausbildung und Forschung. Zeitschrift für Psychosomatische Medizin und Psychoanalyse, 36, 240–257.

Tabu *von Hartmut Kraft*

taboo – tabou

1. Definition

Der aus Polynesien stammende Begriff Tabu bezeichnet soziale Verbote und individuelle Meidungsgebote, die in Zusammenhang mit „Mana" („das außerordentlich Wirkungsvolle", „übernatürliche Kraft") zu sehen sind: Je mehr Mana ein Objekt oder eine Person hat bzw. ihr zugeschrieben wird, desto größer ist seine/ihre Tabuzone. Sie umfasst Meidung des Kontakts (Berührungstabu), was auch das Aussprechen von Namen und Begriffen umfassen kann (Sprach-Tabu). Das Tabu muss nicht auf die Gesamtheit der Person bezogen sein, sondern kann auf Zeiten bestimmter körperlicher Zustände (z. B. Schwangerschaft, Geburt) oder Vermeidung bestimmter Tätigkeiten (z. B. sexuelle Tabus) beschränkt sein. Unsere Sprache kennt kein Wort, das dem Tabu voll und ganz entsprechen würde: „Unsere Zusammensetzung „heilige Scheu" würde sich oft mit dem Sinn des Tabu decken"(Freud 1912/1913). Eine zeitgemäße und interdisziplinär zu verwendende Definition lautet: „Tabus sind Meidungsgebote, deren Übertretung mit Ausschluss aus der Gemeinschaft bedroht sind" (Kraft 2004). Mit Hilfe von Tabus regeln Gemeinschaften (Ehen, Familien, Parteien etc.), „was und wer zu uns gehört – und wer und was nicht!" Insofern dienen Tabus der Herausbildung und Sicherung von Identität. Das Tabuisieren stellt einen psychosozialen (Abwehr-)Mechanismus dar, der bislang in der Psychoanalyse und den Nachbarwissenschaften noch zu wenig Beachtung gefunden hat. Tabus werden nicht überall mit der gleichen Strenge beachtet und auf Verstöße wird unterschiedlich reagiert (gesellschaftliche Sanktionen wie Ächtung und/oder Ausschluss aus der Gemeinschaft einerseits, individuelle Angst vor Unglück, Krankheit und Tod andererseits, vgl. Streck 1987). In vielen Fällen können Sühne- und Reinigungsmaßnahmen bei Tabuverletzungen das Unglück oder die Strafe abwenden. Bei Veränderungen gesellschaftlicher Verhältnisse sind sowohl Enttabuisierungen (z. B. Sexualtabus) als auch neue Tabusetzungen (z. B. political correctness) zu beobachten. Verkürzt ausgedrückt können wir sagen: „Tabus sichern Identität – Tabubrüche ermöglichen gegebenenfalls eine Weiterentwicklung" (Kraft 2004).

2. Klassische Auffassung

„Ich bin ganz Totem und Tabu", schrieb Freud am 11. August 1911 an Sandor Ferenczi. In seiner Arbeit „Totem und Tabu"(1912/1913) lässt Freud sich zunächst von einer Gleichstellung des Tabus mit der Zwangsneurose leiten, für die er den Begriff „Tabukrankheit" diskutiert. Er definiert das Tabu als ein uraltes Verbot, das von außen, von einer Autorität (einem Herrscher einerseits, einer geliebten Beziehungsperson andererseits) aufgedrängt wird und gegen die stärksten Gelüste des Menschen (z.B. Sehnsucht nach Nähe, Sexualität, Bemächtigung) gerichtet ist. Die Lust, das Verbot zu übertreten, besteht im Unbewussten fort, da der Ambivalenzkonflikt (Unterwerfung versus Befriedigung) nicht gelöst ist, sondern nur unbewusst gehalten wird. Daraus ergibt sich, dass Menschen, die sich dem Tabu unterwerfen, eine ambivalente Einstellung gegen das vom Tabu Betroffene behalten. Zum Abschluss dieses ersten Ansatzes unterscheidet Freud das Tabu als soziales Phänomen von den individuellen Zwangssymptomen sowohl durch die zugrunde liegenden Impulse (aggressive und narzisstische Impulse bei sozialen Tabus versus sexuelle Impulse) als auch durch die andersartigen Reaktionen auf Tabubrüche (individuelle Angst vor Strafe versus auf andere Personen verschobene Ängste bei Neurotikern).

Ausgehend von der Darwin'schen Urhorden-Theorie mit einem gewalttätigen , eifersüchtigen Vater, der alle Weibchen für sich behält und die geschlechtsreifen Söhne vertreibt, entwickelt Freud in einem zweiten Ansatz die Hypothese, dass die Söhne sich zusammenschlossen und den Vater erschlugen. Aus Schuldgefühl setzten sie den Vater daraufhin als ein zu verehrendes Totem(tier) ein. In der rituellen Totemmahlzeit verzehrten sie den Vater und identifizierten sich auf diese Weise mit ihm. Die begehrten Frauen, um deretwegen sie den Vater getötet hatten, wurden sekundär für tabu erklärt, da die Brüderhorde sich im Kampf um sie entzweit hätte. „Wenn das Totemtier der Vater ist, dann fallen die beiden Hauptgebote des Totemismus, die beiden Tabuvorschriften, die seinen Kern ausmachen, den Totem nicht zu töten und kein Weib, das dem Totem angehört, sexuell zu gebrauchen, inhaltlich zusammen mit den beiden Verbrechen des Ödipus, der seinen Vater tötete und seine Mutter zum Weibe nahm, und mit den beiden Urwünschen des Kindes, deren ungenügende Verdrängung oder deren Wiedererweckung den Kern vielleicht aller Psychoneurosen bildet" (Freud 1912/1913).

Im Gegensatz zu den oft sehr einengend sich auswirkenden Tabuvorschriften kommt Freud in seiner weniger häufig zitierten Arbeit „Das Tabu der Virginität" (1918a) auf deren Schutzfunktion zu sprechen; wenn für den zukünftigen Ehemann die Defloration seiner Frau tabu ist und anderen Männern überlassen wird, interpretiert Freud dies als einen Schutz des Mannes bzw. der Ehe vor der Rache der Frau aufgrund des Schmerzes und Schutz vor der Auswirkung ihrer infantilen Bindungen an den Vater, der mit dem die Defloration vornehmenden Vaterersatz (dem Priester, Ältesten etc.) assoziiert wird.

3. Ideengeschichtlicher und persönlicher Hintergrund

Während C.G. Jung (1912) Probleme der Individualpsychologie durch Hinzuziehung von ethnologischen, religiösen und mythologischen Material zu klären suchte (vgl. seine Archetypenlehre), ging es Freud darum, Gesichtspunkte und Ergebnisse der Psychoanalyse auf ungeklärte Probleme der Völkerpsychologie anzuwenden. Dabei erwies sich die hypothetische Gleichsetzung von Tabu und Zwangsneurose hinsichtlich der Ambivalenz der Gefühlsregungen trotz der ahistorischen Betrachtungsweise als fruchtbar, wohingegen die wesentlichen Grundannahmen seines zweiten Ansatzes unhaltbar sind. Die Urhordentheorie Darwins konnte eben sowenig bewiesen werden wie die weite Verbreitung des Totemismus, die Vererbung erworbener Eigenschaften im Sinne Lamarcks ist sogar gänzlich auszuschließen. Da Freud diese und andere Kritikpunkte schon zu Lebzeiten bekannt wurden (z.B. Kroeber 1920), entstand die wissenschaftshistorische

Frage nach Freuds Motiven, an seinen Hypothesen festzuhalten. In diesem Zusammenhang wird von mehreren Autoren hervorgehoben (Erdheim 1991, Grubrich-Simitis 1993, S. 165ff, S.267, S. 272, Reichmayr 1995, S. 32ff.), dass Freud seine Arbeit zu einer Zeit schrieb, als er von einigen seiner wichtigen wissenschaftlichen Söhne verlassen wurde (Alfred Adler u.a. 1911, Wilhelm Stekel 1912, zunehmende Differenzen mit C.G. Jung ab 1912, Bruch mit Jung 1913). Diese Auseinandersetzungen lassen sich als Forderung der wissenschaftlichen Söhne verstehen, Freud solle zum Urvater werden, den man im Dienste der sich etablierenden Institution Psychoanalyse abschlachten (widerlegen etc.) , aufessen und sekundär als Totem (Urahn, Gründungsvater) verehren könne (vgl. Erdheim 1991, S. 23) Durch die „Exotisierung", die Verschiebung auf die „Primitiven", macht Freud die affektiv hoch aufgeladene Situation unkenntlich – und damit für sich selber erträglich. Andere Hypothesen zu Freuds Motiven treten in ihrem Stellenwert hinter der hier skizzierten zurück, so z.B. der Einfluss zeitgeschichtlicher Ereignisse (vgl. Ellenberger 1985, S. 730, S. 1085) oder die Widerspiegelung von Freuds eigenem Vaterkonflikt (Jones 1978, S. 418, Reichmayr 1995, S. 34).

4. Wesentliche Erweiterungen, Differenzierungen und Modifikationen

„Totem und Tabu" selbst ist ein eindrucksvolles Beispiel dafür, wie ein Freud-Text trotz fundierter – und leicht nachzuvollziehender – wissenschaftlicher Kritik über Jahrzehnte innerhalb der Psychoanalyse tabu blieb (vgl. Jones 1978, S. 413ff.), obwohl Freud selber in seiner Arbeit „Das Unbehagen in der Kultur"(1930) bereits nicht mehr auf die Theorie der Ur-Mords zurückgriff. Der Preis für die Tabuierung bestand in einer Behinderung einer fruchtbaren Weiterentwicklung theoretischer Konzepte in der Zusammenarbeit mit der Ethnologie.

Heute wird Freuds Text einerseits aus wissenschaftshistorischen Interesse rezipiert oder – nach Aufhebung der Verschiebung bzw. Exotisierung – als Text über die eigene Gesellschaft, über das Unbewusste des Individuums in der Kultur gelesen: „Man kann zum Beispiel die Idealisierung der Naturwissenschaften und ihrer Normen, was als wissenschaftlich zu gelten habe, als einen Totem mit seinen entsprechenden Tabus betrachten. Wie ein Totem Verwandtschaftslinien bestimmt, so definiert auch die Wissenschaft Nähe und Distanz, also Quantifizierbares, und legt damit fest, ob bestimmte Ergebnisse zur (Familie der) Wissenschaft gehören oder nicht. Deshalb muß die Psychoanalyse, die diesen naturwissenschaftlichen Kriterien nicht genügen kann, tabuiert werden"(Erdheim 1991, S. 41).

Während Freud die Ambivalenzkonflikte in der Entwicklung von Tabus herausstellte, sind traumatische Ereignisse als Ursache weitgehend unreflektiert geblieben. Sowohl individuell (z.B. sexueller Missbrauch) als auch gesellschaftlich (z.B. Holocaust) sind Tabuisierungen eine effektive Methode, um peinliche oder schmerzliche Erinnerungen und damit in Zusammenhang stehende Gespräche, Handlungen und Assoziationen aus dem Diskurs oder auch aus dem Bewusstsein („unbewusste Tabus") auszuschließen (Kraft 2004). Zudem müssen wir – im Rückgriff auf das „Mana" – stets nach der Macht fragen, die hinter einem Tabu steht. Aus einer Position der Macht lassen sich – vor allem durch Androhung eines Ausschlusses – all diejenigen Aspekte unterdrücken, die der Gemeinschaft oder einem einzelnen Mächtigem zuwider sind (vgl. Parin 2001). Eine beachtenswerte Sonderform stellen dabei die „Tabuisierungen eines Tabubruchs" dar. Während z.B. das Inzest-Tabu immer anerkannt wurde, erfolgte – entsprechend den Interessen einer patriarchalen Gesellschaft – bis in die achtziger Jahre des 20. Jahrhunderts eine massive Tabuisierung der Häufigkeit intrafamiliären Missbrauchs (Hirsch 1994, Kraft 2004, S. 85–109)!

5. Die Bedeutung des Begriffs in den verschiedenen psychoanalytischen Schulrichtungen

Der Tabu-Begriff stellt offensichtlich kein zentrales Konzept in den verschiedenen psychoanalytischen Schulrichtungen dar und findet am ehesten Erwähnung im Zusammenhang mit dem Inzest-Thema.

Eine Ausnahme stellt die analytische Psychologie dar, wo Erich Neumann (1974, S. 257, S. 265ff, S. 274) jedes Tabu auf das Menstruations-Tabu glaubt zurückführen zu können, auf Aspekte der „Großen Mutter", von denen Freud sagte: „Wo sich in dieser Entwicklung die Stelle für die großen Muttergottheiten findet, die vielleicht allgemein den Vatergottheiten vorhergegangen sind, weiß ich nicht anzugeben" (1912/1913, S. 432).

Zu fragen ist hier nach dem von den patriarchalen Kulturen abgespaltenen Naturhaft-Weiblichen. Durch einseitige Betonung männlicher Rationalität wird es entwertet, unterdrückt und tabuisiert. Erst ein Tabubruch (oft dargestellt im Märchen, vgl. Riedel 1996) ermöglicht dann eine Weiterentwicklung und Selbstwerdung.

Eine breitere Verwendung fand der Tabubegriff nur in der sich herausbildenden Spezialdisziplin der Ethnopsychoanalyse (Übersicht bei Reichmayr 1995), z.B. im Konzept der „Basispersönlichkeitsstruktur", wo Tabus (neben Ritualen, Mythen etc.) in ihrer die Gesellschaft stabilisierenden Funktion unter dem Aspekt der „Anpassungs-Psychodynamik" betrachtet werden .

In neueren Untersuchungen hat der zum Psychoanalytiker ausgebildete Ethnologe Markus Weilenmann (1985, S. 110ff.) differenziert dargelegt, wie die tabuierten Massaker in Burundi seine Informanten wie auch ihn selbst – bis hinein in seine Träume – beeinflussten.

Im Gegensatz zu den meist thematisierten Einschränkungen durch Tabus wies Kraft (1995, S. 19, S. 41, S. 58ff.) auf ihre überlebensfördernde Funktion hin; wenn Tabubrüche als Ursache für ausbleibendes Jagdglück oder Naturkatastrophen angesehen werden, eröffnet sich durch Sühne- und Reinigungsmaßnahmen ein vermeintlicher Einfluss auf das Geschehen. Die schwer zu ertragenden Gefühle der Hilflosigkeit und des Ausgeliefertseins können auf diese Weise kompensiert und Kraftreserven mobilisiert werden.

6. Interdisziplinäre Beiträge und Befunde

Historisch betrachtet unterscheidet in der Kultur des Abendlandes erst das römische Recht zwischen einer „Tabu-Sphäre" (lat. „fas": göttliches Recht, Verhängnis, Schicksal) und einem „weltlichen Recht" (lat. „jus") (Streck 1987, S. 174–177).

In der ethnologischen Literatur haben funktionalistische Erklärungsversuche Konjunktur. Das Tabu wird als Mittel zur sozialen Kontrolle beschrieben, dem die Aufgabe zufällt, diejenigen Phänomene innerhalb der Gesellschaft zu markieren, die sich für sie als gefährlich erweisen könnten (Übersicht bei Streck 1987, S. 218–220). In diesem Zusammenhang ist auch Harris (1995) zu sehen, der ökologische und ökonomische Grundlagen für eine Vielzahl von Nahrungstabus herausarbeitet; ihr gesundheitsfördernder Aspekt offenbart sich oft erst in einer differenzierten Kosten-Nutzen-Rechnung.

Unter einem systemischen Gesichtspunkt betrachtet Levi-Strauss (z.B. 1981, S. 148ff.) z.B. das Inzest-Tabu als eine Notwendigkeit, um durch das Gegenseitigkeits- und Tauschprinzip hilfreiche soziale Strukturen innerhalb und zwischen Gemeinschaften (Stämme, Clans etc.) zu etablieren, wodurch sich die Überlebenschancen des Einzelnen wie der Gemeinschaft erhöhen.

Neuerdings erfreut sich das Tabu auch in der Soziologie vermehrter Beachtung. Der unausgesprochene Kernsatz des von K.O. Hondrich so bezeichneten „Tabu-Prinzips" lautet: „Du sollst das eigene Böse nicht kennen – den Inzest nicht, die Verbrechen der eigenen Soldaten nicht, den eigenen Antisemitismus nicht" (Hondrich 2002, 2003). Während reine Verbote wenig erfolgreich wären, verhindere das Tabu-Prinzip mit seinen Gefühlen von Ekel und Abscheu (und der Androhung eines Ausschlusses, wie zu ergänzen wäre), dass das Böse und Gefährliche überhaupt erst benannt und berührt werde (vgl. Parin 2001).

7. Tabus und Tabubrüche heute

In der Umgangssprache und in den Medien erfreut sich der wissenschaftlich schwer zu fassende Begriff „Tabu" einer großen Beliebtheit. Im Rahmen der Diskussion um die „political correctness"(z.B. Schenz 1994) ist die Errichtung aktueller gesellschaftlicher Sprach-Tabus zu beobachten (z.B. „Afro-Amerikaner" statt „Schwarzer" oder gar „Neger", vgl. Kennedy 2002).

Während Freud gern als „Tabubrecher" bezeichnet wird, lassen sich Tabus allerdings gerade auch innerhalb der Psychoanalyse entdecken. So rührte z.B. die Aufarbeitung der Geschichte der Psychoanalyse im Dritten Reich offenkundig an Tabus (vgl. Dahmer 1983 und nachfolgende, darauf bezogene Artikel in der „Psyche").

Weitreichende Folgen für die psychoanalytische Praxis hatte die – inzwischen aufgearbeitete – Verleugnung der Häufigkeit des realen kindlichen Missbrauchs sowie des Missbrauchs in der Therapie (z.B. Hirsch 1994).

Einer weitgehenden Tabuisierung scheinen innerhalb der Therapie Gespräche über religiöse Überzeugungen und Praktiken zu unterliegen (Küng 1987, Henseler 1995), erst recht gilt dies für paranormale („okkulte") Phänomene und Erklärungsmuster, die zugleich auch aus dem „ernsthaften" wissenschaftlichen Diskurs der Psychoanalyse ausgeblendet werden (vgl. Kraft 1995, S. 267–281, S. 313ff, Laborde-Nottale 1995). Nach wie vor ist auch hier die Gültigkeit von Freuds Aussage anzunehmen: „Grundlage des Tabu ist ein verbotenes Tun, zu dem eine starke Neigung im Unbewußten besteht"(1912/1913, S. 324).

Literatur

Dahmer, H. (1983). Kapitulation vor der „Weltanschauung". Zu einem Beitrag von Carl Müller-Braunschweig aus dem Herbst 1933. Psyche – Z Psychoanal, 37, 1116–1135.

Ellenberger, H.F. (1985). Die Entdeckung des Unbewußten. Zürich: Diogenes.

Erdheim, M. (1991). Einleitung. Zur Lektüre von Freuds „Totem und Tabu". In S. Freud (1991). Totem und Tabu. Frankfurt/M.: Fischer, 1991.

Grubrich-Simitis, I. (1993). Zurück zu Freuds Texten. Stumme Dokumente sprechen machen. Frankfurt/M.: S. Fischer.

Harris, M. (1995). Wohlgeschmack und Widerwillen. Das Rätsel der Nahrungstabus. München: dtv.

Henseler, H. (1995). Religion – Illusion ? Eine psychoanalytische Deutung. Göttingen: Steidl.

Hirsch, M. (1994). Realer Inzest. Heidelberg, Berlin: Springer, 3. Aufl.

Hondrich, K.O. (2002). Wieder Krieg. Frankfurt/M.: Suhrkamp.

Hondrich, K.O. (2003). Wie sich Gesellschaft schafft – Karl Otto Hondrichs fünf Prinzipien der Konstitution sozialen Lebens. Frankfurter Allgemeine Zeitung vom 23. Juni 2003.

Jones, E. (1978). Das Leben und Werk von Sigmund Freud. Band II. Jahre der Reife 1901–1919. Stuttgart: Huber, 2. Aufl.

Jung, C.G. (1912). Wandlungen und Symbole der Libido. Jahrbuch für psychoanalytische und psychopathologische Forschung, Bd. 4.

Kennedy, R. (2002). Nigger – The strange career of a troublesome word. New York: Pantheon Books.

Kraft, H. (1995). Über innere Grenzen. Initiation in Schamanismus, Kunst, Religion und Psychoanalyse. München: Eugen Diederichs.

Kraft, H. (2004). Tabu – Magie und soziale Wirklichkeit. Düsseldorf: Walter.

Kroeber, A.L. (1920). Totem and taboo. An ethnologic psychoanalysis. American Anthropologist, 22, 48–55.

Küng, H. (1987). Freud und die Zukunft der Religion. München: Piper.

Laborde-Nottale, E. (1995). Das zweite Gesicht. Übernatürliche Phänomene in der Psychoanalyse. Stuttgart: Klett-Cotta.

Levi-Strauss, C. (1975). Strukturale Anthropologie II. Frankfurt/M.: Suhrkamp.

Neumann, E. (1974). Die große Mutter. Eine Phänomenologie der weiblichen Gestaltungen des Unbewußten. Olten und Freiburg: Walter, 8. Aufl.

Parin, P. (2001). Wer richtet ein Tabu ein und zu welchem Zweck? Tabuisierung, ein Werkzeug der Politik: Legitimationsorgan, Geschichtsfälschung und Sündenbocktaktik. In Ethnopsychoanalyse 6 – Forschen, erzählen und reflektieren. Frankfurt/M.: Brandes & Apsel.

Reichmayr, J. (1995). Einführung in die Ethnopsychoanalyse. Geschichte, Theorien und Methoden. Frankfurt/M.: Fischer.

Riedel, I.(1996). Tabu im Märchen. München: dtv.

Schenz, V. (1994). Political correctness. Frankfurt/M.: Peter Lang.

Streck, B. (Hg.) (1987). Wörterbuch der Ethnologie. Köln: DuMont.

Weilenmann, M. (1985). Zur Bedeutung der eigenen Traumwelt im ethnologischen Erkenntnisprozeß. Eine ethnopsychoanalytische Studie zum Problem subjektiver Wahrnehmungsprozesse in Burundi. Lizensiatsarbeit am Ethnologischen Seminar der Universität Zürich: Zürich.

Technik *von Gottfried Fischer*

treatment technique – technique de la cure analytique

1. Definition

Die wichtigsten technischen Konzepte der Psychoanalyse betreffen den Umgang mit Übertragung und Widerstand (bzw. Abwehr). Dazu dienen die Grundregel der „freien Assoziation" und die sog. „Abstinenzregel". Widerstand ist alles, was der Grundregel, den freien Einfällen zu folgen, entgegensteht. Die Abstinenzregel verlangt – über die spezielle Bedeutung der Abstinenz von erotischen und privaten Kontakten hinaus –, sich des Mitagierens in den unbewussten Konfliktmustern, die der Analysand via Übertragung in die analytische Beziehung einbringt, zu enthalten (abstinere), d.h. am analytischen Arbeitsbündnis festzuhalten und Gegenübertragungstendenzen zu reflektieren, statt sie auszuagieren. Diese technischen Regeln wiederum ermöglichen den optimalen Einsatz einer Deutungstechnik, deren Ziele sich nach den verschiedenen metapsychologischen Gesichtspunkten unterscheiden lassen: Unbewusstes soll bewusst gemacht (topologischer Aspekt), der relative Entscheidungsspielraum des Ichs erweitert werden (struktureller Aspekt); ein ausgeglicheneres Verhältnis seelischer Kräfte (dynamischer und ökonomischer Gesichtspunkt) soll zugleich Entwicklungsprozesse fördern (genetisch) und so einen reiferen Umgang mit physischer und gesellschaftlicher Realität ermöglichen (adaptiver Gesichtspunkt). Hinzuzufügen ist ein Gesichtspunkt, den man als „veränderungstheoretisch" bezeichnen kann (Fischer 1996). Dieser Aspekt nimmt in der psychoanalytischen Technik eine übergeordnete Stellung ein. Denn letztlich zielen alle Interventionen darauf ab, die therapeutisch produktive Entwicklung der Patientin zu fördern.

2. Klassische Auffassung

Vergleicht man das Technikverständnis der Psychoanalyse mit dem der Verhaltenstherapie, so tritt eine Besonderheit hervor. Während das verhaltenstherapeutische Technikverständnis sich mit der modernen, umgangssprachlichen Bedeutung von „Technik" deckt: von Mitteln zum Erreichen vorgegebener Zwecke oder Ziele, hat Technikbegriff in der psychoanalytischen Tradition eine breitere Bedeutung. Er ist offen für die Dialektik von Zielen und Mitteln, indem er die Tatsache berücksichtigt, dass die wichtigsten therapeutischen Ziele sich in aller Regel erst im psychoanalytischen Prozess herausbilden. Im Unterschied zu einem „instrumentellen" Verständnis besteht in der psychoanalytischen Auffassung von Technik eine Verwandtschaft zur künstlerischen Gestaltung, zwischen „techne" und „poiesis" in den Begriffen des Aristoteles. Vassalli (2005) konnte zeigen, dass Freud, der als Student die Aristoteles-Vorlesungen seines Wiener Lehrers Franz Brentano aufmerksam verfolgte, in seinem Begriffsverständnis, wie selbstverständlich, von der Aristotelischen techne ausging. Mit der weltweiten Ausbreitung der Psychoanalyse, vor allem in den nordamerikanischen Kulturraum hinein, gerieten diese philosophischen Konnotationen jedoch in Vergessenheit. Es setzte sich die in Freuds Werk ebenfalls angelegte Auffassung von Psychoanalyse als einer Naturwissenschaft durch. Nun ist es faszinierend zu beobachten, wie sich das psychoanalytische Technikkonzept schrittweise von seinen naturwissenschaftlichen Implikationen befreite und zum Vorbild einer sich selbst begründenden Erkenntnismethodik in Psychologie, Medizin und Sozialwissenschaften wurde.

Ausgehend von der naturwissenschaftlichen „Grundstufe" erweiterte sich das Selbstverständnis der Psychoanalyse entlang der Entwicklungslinie zunehmender Selbstreflexion. Während auf der Grundstufe der seelische Gegenstand als „psychischer Apparat" objektiv und z.T. in Analogie zu physikalischen Objekten erscheint, erwies sich die Reflexion der psychoanalytischen Beziehung, in deren Mittelpunkt die Konstellation von Übertragung und Gegenübertragung steht, als Motor einer schrittweisen Selbsttransformation der Psychoanalyse in eine psychodynamische Beziehungstheorie. Wie jeder kognitive und emotionale Entwicklungsprozess verläuft auch die Entwicklung einer wissenschaftlichen Theorie über Krisen und Zwischenstufen hinweg. So lässt sich neben der naturwissenschaftlichen Grundstufe (1) und der vollendeten Beziehungsstufe (2b), die sich gegenwärtig entfaltet, eine Übergangsstufe (2a) unterscheiden, in der das „instrumentelle" Beziehungsverständnis der Grundstufe noch vorherrscht, gekleidet in ein Verständnis der „Objektbeziehung", die noch nicht als jenes transformationskritische Konzept begriffen wird, das eine intersubjektive Beziehungstheorie für die Psychoanalyse bedeutet (Seidler 2001, Fischer 2005, 49 ff.).

In den Kategorien der Grundstufe stellt sich Technik, wie in der Verhaltenstherapie „instrumentell": als Mittel zum Erreichen vorgegebener Ziele dar, die sich aus den genannten metapsychologischen Gesichtspunkten herleiten. Auch die analytische „Beziehung" hat hier insofern instrumentellen Charakter, als sie der Verwirklichung dieser Ziele dient. So muss Widerstand durch eine geschickte Deutungstechnik „überwunden" werden. „Abstinenz" ist erforderlich, um eine mögliche subjektive Abweichung von den objektiv festgelegten Zielen zu kontrollieren. Was eine korrekte Deutung ist, lässt sich nach diesen Kriterien bestimmen.

3. Ideengeschichtliche Entwicklungsschritte

Die neuere Entwicklung vollzieht sich entlang folgender Fragestellungen: (1) In welchem Verhältnis stehen „Deutung und Beziehung" (Hoffmann 1983) zueinander? Unter dem Stichwort „Beziehungsdenken" gehen wir auf diese Entwicklungslinie ein. (2) Wird Heilung durch Deutung bzw. Einsicht bewirkt oder bewirkt umgekehrt Veränderung die Einsicht? Unter dieser Fragestellung rückt der psychoanalytische Prozess als solcher in den Mittelpunkt des Interesses. (3) Welche Modifikationen oder Variationen benötigt die psychoanalytische Technik, um der Vielfalt klinischer Anforderungen gerecht werden zu können? Hier stehen Konzepte einer störungsspezifischen Variation der Technik, wie zur Behandlung von Borderline-Störungen (Kernberg) oder narzisstischen Neurosen (Kohut), einem ätiologisch ausgerichteten Vorgehen gegenüber. Im Rahmen dieser drei Fragestellungen wird die (pseudo)naturwissenschaftliche Grundstufe allmählich überwunden. So wird psychoanalytische Technik, auf der Grundstufe als „Deutung" formalisiert, in die wichtigsten, klinisch relevanten Kontexte eingebettet: die therapeutische Beziehung, den psychoanalytischen Prozess und die Ätiopathogenese klinischer Phänomene. In diesem kontextbezogenen, „ökologischen"

Denken vollzieht sich der Übergang vom impliziten zu einem explizit dialektischen Verständnis der psychoanalytischen Technik.

Ein Umbruch im Sinne des Beziehungsdenkens erfolgt, sobald die psychoanalytische Beziehung nicht länger als Hindernis, sondern als konstitutive Voraussetzung psychoanalytischer Erkenntnis verstanden wird. Dies ist der Fall, wenn Gegenübertragung nicht mehr als Abweichung von einer „an sich" vorgegebenen Erkenntnisnorm, sondern als konstitutives Mittel der Erkenntnisbildung verstanden wird. Mit dieser Relativierung wird die psychoanalytische Technik selbst-bezüglich. Die Technik wird als Moment der analytischen Beziehung und des sich entwickelnden analytischen Prozesses erkannt.

Diese Relativierung kann Anhänger der Grundstufe sehr verunsichern. Die objektivistische Denkweise wird einer „kategorialen Transformation" (Piaget) unterzogen und erweitert darin zugleich ihren Radius. Historisch ermöglichte das Beziehungsdenken eine Erweiterung des psychoanalytischen Behandlungsspektrums und der Indikationsstellung und wurde durch die neuen Erfahrungen wiederum gestützt und gefördert, so durch Erfolge in der Behandlung narzisstischer Störungen (Kohut) und Erfahrungen mit Borderline-Patienten (Kernberg). Das erweiterte Beziehungsverständnis eröffnete einen Zugang zur „Grundstörung" (Balint) oder wurde auf frühe Beziehungstraumata ausgedehnt (Winnicott). Die meisten dieser Ansätze beruhen auf einem veränderten und erweiterten therapeutischen Beziehungskonzept, das dem „Beziehungsdenken" dieser Autoren entspringt.

Mit dem Übergang von der Grundstufe (1) zur Beziehungsstufe (2b) ist eine Vielfalt kreativer technischer Neuerungen verbunden. Dies u.a. mag Greenson zu seinem grundlegenden Werk über „Technik und Praxis der Psychoanalyse" (1967, dt. 1975, S. 15) veranlasst haben. Hierin wird das Bemühen deutlich, eine psychoanalytische „Standardtechnik" auszuarbeiten. Das hat einerseits den Vorteil einer gewissen Normierung der inzwischen weltweit verbreiteten psychoanalytischen Technik, kann aber auch kreative Entwicklungsmöglichkeiten behindern.

Greenson war jedoch nicht nur ein konservativer Geist, sondern seinerseits ein technischer Neuerer. So formulierte er beispielsweise das Konzept des „Arbeitsbündnisses" (working alliance), das in psychoanalytischen Schriften zur Technik bis dahin nur implizit behandelt worden war. Das Arbeitsbündnis ist in der weiteren Diskussion und empirischen Forschung sehr wichtig geworden. Greenson gibt für seinen konzeptuellen Vorschlag eine klassische „beziehungstheoretische" Begründung. Die Arbeit mit den gegenwärtig vorherrschenden, oft stärker beziehungsgestörten Patienten mache es erforderlich, Prinzipien der Beziehungsgestaltung explizit zu beachten, die zu Freuds Zeiten noch implizit bleiben konnten, da Freud mit klassischen Neurosen gearbeitet habe. Wie jedoch Freuds Fälle zeigen, traf diese Diagnose auf kaum einen seiner Patienten zu. Eher kann vermutet werden, dass Greensons Begründung dem „unbewusten" Zug zum dialektischen Beziehungsdenken in der Psychoanalyse folgt.

4. Wesentliche Erweiterungen, Differenzierungen und Modifikationen

Parallel zur Erweiterung des Indikationsspektrums radikalisierte und differenzierte sich das psychoanalytische Beziehungsdenken im Sinne eines explizit dialektischen und prozessualen Verständnisses von psychoanalytischer Technik (Morgenthaler 1978, Cremerius 1984, Fischer 1996, 2005). Das lässt sich an den eingangs genannten Kernthemen der psychoanalytischen Technik ablesen: an freier Assoziation, Übertragung, Arbeitsbündnis, Widerstand und am Verständnis der Abstinenzregel. Während man zunächst bemüht war, kontextfreie Prinzipien zu formulieren, können auf der Stufe des psychoanalytischen Beziehungsdenkens (2b) die Beziehungsgestaltung und der psychoanalytische Prozess selbst als Regulativ der technischen Prinzipien eintreten. Dem Ziel, den analytischen Prozess zu fördern, werden die technischen Regeln untergeordnet. Damit verliert die psychoanalytische „Deutung", die zeitweilig sogar in den Rang des alleinigen Abgrenzungskriterium erhoben wurde – nach dem Motto: nur „Deuten" heißt „analytisch arbeiten" – ihre Monopolstellung. Folgte die Grundstufe noch der Kausallinie: Deutung bewirkt Einsicht und Einsicht heilsame Veränderung, so erscheint die Deutung jetzt nicht länger als Selbstzweck und Abgrenzungskriterium, sondern als Moment in der Dialektik des psychoanalytischen Veränderungsprozesses selbst (Morgenthaler a.a.O.). Der psychoanalytisch begleitete und geförderte Veränderungsprozess der Patientin tritt in den Mittelpunkt von Therapie und Forschungsinteresse (Fischer 1996, Barwinski 2005).

Die Grundregel der freien Assoziation wird heute von der Mehrzahl der Psychoanalytiker als Angebot formuliert, alle Einfälle äußern zu dürfen, nicht länger, wie früher oft, als paradoxe Handlungsaufforderung an den Patienten, sagen zu müssen, was ihm in den Sinn kommt. Die klassische Einführung der freien Assoziation, begründet im Kategoriensystem der Grundstufe, erzeugte Widerstände statt mit ihnen zu arbeiten. Jemanden zu etwas auffordern, wozu er per definitionem nicht in der Lage ist, nämlich zur Äußerung unbewusster Inhalte, erzeugt eine Double-bind-Situation und widerspricht dem Arbeitsbündnis als Prinzip kooperativer Beziehungsgestaltung in einem gemeinsamen Forschungsprozess. Eine vertrauensvolle Arbeitsbeziehung und tragfähiges Arbeitsbündnis können erst entstehen, wenn die Analysandin mitteilen darf, was ihr einfällt (und zurückhalten, was sie will). Hier zeigt sich der für die moderne Psychoanalyse charakteristische Primat der Beziehungsgestaltung vor der Technik.

Übertragung wird im Beziehungsdenken nicht länger als „Einbahnstraße" verstanden, sondern entsprechend einer dialektischen Wechselseitigkeit: die Analytikerin bringt ebenso wie der Analysand seine „Eigenübertragung" (Heufft 1990) in die Beziehungsgestaltung ein. Technisches Gegenstück zur Übertragung ist das Arbeitsbündnis als Inbegriff der gegenwarts- und zukunftsbezogenen Möglichkeiten produktiver Beziehungsgestaltung. Aber auch das Arbeitsbündnis wird im modernen Beziehungsdenken nicht mehr wie bei Greenson als „fixe Größe" verstanden, sondern als funktionaler, dialektischer Gegenpol zum Übertragungsangebot der Patientin. In seiner „optimalen Differenz" zur Übertragung erzeugt es die notwendige, veränderungsfördernde Spannung (Fischer 1996).

„Widerstand" wird zunehmend als dialektisches Moment eines Veränderungsschrittes begriffen, der als erste, spontane Negation problematischer lebensgeschichtlicher Erfahrungen eine positive Funktion und Bedeutung für die Persönlichkeitsentwicklung besitzt. Von daher muss Widerstand in einem produktiven therapeutischen Veränderungsprozess „aufgehoben", d.h. ebenso aufbewahrt wie überwunden werden. Diese Anerkennung einer positiven Funktion des Widerstandes folgt der Tendenz zum psychoanalytischen Beziehungsdenken und setzt sich in der psychoanalytischen Praxis gegenwärtig ebenso durch wie in der Theorie.

Auch die Abstinenzregel nimmt im Rahmen „interaktioneller Konzepte in der Psychoanalyse" (Körner 1993) eine prozessabhängige und beziehungstheoretisch reflektierte Bedeutung an. Sie unterscheidet sich wesentlich von sogenannter „Neutralität" als generalisierter „Haltung".

Modifikationen und Variationen der Technik. Die wichtigsten Abwandlungen der Technik verliefen bislang störungsspezifisch, vergleichbar mit den störungsspezifischen Manualen, die in der Verhaltenstherapie üblich sind. Neben den Arbeiten von Kernberg oder Kohut sind die psychosentherapeutischen Ansätze seit Paul Federn zu nennen. Es fragt sich allerdings, ob der Ausgang von Symptombildern das geeignete Kriterium für eine Therapierichtung ist, die sich an psychodynamischen Wesenskategorien orientiert und nicht allein am Oberflächenphänomen der Symptome und Syndrome. Alternativ wurde daher eine ätiologieorientierte Variation der Technik entwickelt, welche die ätiologischen Einflussgrößen von Übersozialisation versus Untersozialisation sowie psychotraumatische und biologische Faktoren als Leitlinie einer Variation der Behandlungstechnik berücksichtigt (zusammenfassend Fischer 2005b). Bei der psychoanalytischen und psychodynamischen Behandlung von Trauma-Folgestörungen kann die Notwendigkeit einer ätiologiespezifischen Abwandlung technischer Regeln als erwiesen gelten. An drei systematisch vergleichenden Einzelfallstudien aus der psychoanalytischen Langzeitbehandlung traumatisierter Patientinnen und Patienten konnte Barwinski (2005) belegen, dass Verschlechterungen eintraten, wenn bei Traumapatienten klassische Deutungen, z.B. Triebdeutungen gegeben wurden. Wurde hingegen dem Aufbau und der Stabilisierung des Arbeitsbündnisses die notwendige Aufmerksamkeit gewidmet, so konnte mit Methoden einer detaillierten Inhaltsanalyse der therapeutische Fortschritt nachgewiesen werden. Bei Patientinnen mit dem biographischen Hintergrund „Übersozialisation", die mit ihrem rigiden Über-Ich zumeist klassische Neurosen ausbilden, ist eine aufdeckende und bewusstseinserweiternde Technik angezeigt. „Untersozialisation" als Neigung zu dissozialen Verhaltensweisen verlangt den Aufbau von Normen und selbstverantwortlichem Handeln. Ist eine biologische Verfestigung abgespaltener Impulse eingetreten, die Psycho- also in „Somatodynamik" verwandelt, so können Behandlungsmethoden einer „Psychologischen Medizin" adjuvant notwendig werden. Freud sah den wesentlichen Heilfaktor in der Aufhebung von Verdrängungen, im Wiederfinden der unbewusst gewordenen Erinnerung im Rahmen einer bewusst machenden, nicht suggestiven Behandlungstechnik. Dies ist auch heute noch das Ziel einer psychoanalytischen Behandlung. Die moderne Psychoanalyse hat jedoch gelernt, das Instrument der Deutung, dem zeitweilig eine Monopolstellung zugeschrieben wurde, in die relevanten Kontexte einzubetten: den Kontext der therapeutischen Beziehung, den psychoanalytischen Prozess, in Symptomatologie, Pathogenese und differentielle Ätiologie. Parallel zum dialektischen Denken setzt sich hierin die „ökologisch" ausgerichteten Tendenz durch, die technischen Regeln der Psychoanalyse in ihrem therapeutisch relevanten Kontext zu verstehen und zu handhaben.

Dieser dialektisch-ökologische Zug zur Fortentwicklung der Grundstufe zeichnet sich gegenwärtig in allen psychoanalytischen Schulrichtungen ab, so dass auf der Basis des psychoanalytischen Prozess- und Beziehungsdenkens eine umfassende Konzeption psychoanalytischer Technik erkennbar wird. Da eine vergleichbare Entwicklung in anderen Wissensbereichen und Therapierichtungen nicht zu beobachten ist, kann psychoanalytische Forschung und Selbstreflexion als ältestes und zugleich modernstes Paradigma von Psychotherapie, Psychologie und Sozialwissenschaften gelten.

Literatur

Barwinski Fäh, R. (2005) Traumabearbeitung und -integration in analytischen Psychotherapien und psychoanalytischen Langzeitbehandlungen. Einzelfallstudien und Fallvergleich auf der Grundlage psychotraumatologischer Konzepte und Modelle. Heidelberg: Asanger.

Cremerius, J. (1984). Vom Handwerk des Psychoanalytikers: Das Werkzeug der psychoanalytischen Technik, Bd. 1, 2. Stuttgart: frommann-holzboog.

Fischer, G. (2005a). Konflikt, Paradox und Widerspruch. Für eine dialektische Psychoanalyse. Heidelberg: Asanger.

Fischer, G. (2005b). Kausale Psychotherapie. Ätiologieorientierte Behandlung psychotraumatischer und neurotischer Störungen. Heidelberg: Asanger.

Fischer, G. (1996). Dialektik der Veränderung in Psychoanalyse und Psychotherapie. Modell, Theorie und systematische Fallstudie. Heidelberg: Asanger, 1. Aufl., 1989.

Greenson, R.R. (1975). Technik und Praxis der Psychoanalyse, Bd. 1. Stuttgart: Klett

Heufft, G. (1990). Bedarf es eines Konzepts der Eigenübertragung? In: Forum Psychoanalyse 6, 299–315.

Hoffmann, S.O. (Hg.) (1983). Deutung und Beziehung. Kritische Beiträge zur Behandlungskonzeption und Technik in der Psychoanalyse. Frankfurt/M.: Fischer.

Körner, J. (1993). Der exzentrische Standpunkt jenseits von Übertragung und Gegenübertragung. In W. Tress und S. Nagel (Hg.), Psychoanalyse und Philosophie: eine Begegnung (S. 29–38). Heidelberg: Asanger.

Morgenthaler, F. (1978). Technik. Zur Dialektik der psychoanalytischen Praxis. Frankfurt/M.: Syndikat.

Seidler, G. (2001) Der Blick des Anderen. Eine Analyse der Scham. Klett-Cotta, Stuttgart .

Trauer *von Manfred Beutel*

grief, mourning – deuil

1. Definition

Trauer ist eine normale und universelle Reaktion auf einen Verlust einer geliebten Person („bereavement"), eines Ideals, wichtiger Lebensziele u.ä. Im angelsächsischen Sprachgebrauch bezeichnet „grief" persönliches Erleben und Äußerung von Trauer; „mourning" umfasst soziokulturell geprägte Traueräußerungen und -rituale. Meist wird Trauer als Prozess mit drei bis vier Phasen beschrieben, der von Schock und Protest, der Auseinandersetzung mit dem Verlorenen, bis hin zur allmählichen Ablösung vom Verlorenen reicht. Neuere empirische Arbeiten betonen die individuelle Vielgestaltigkeit von Trauer (z.B. Hagman 1995) und orientieren sich daher mehr an sog. „Traueraufgaben" wie Anerkennung der Realität des Verlustes, Erleben und Ausdruck von Trauer, Bewältigung von Veränderungen in der sozialen Umwelt und Wiederherstellung des Selbst. Eine einheitliche Nomenklatur der pathologischen Trauer fehlt bislang; meist wird fehlende (ausbleibende) und anhaltende (chronische) Trauer unterschieden.

2. Klassische Auffassung

Wegweisend für das zeitgenössische Verständnis von Trauer war Freuds „Versuch, ... das Wesen der Melancholie durch ihre Vergleichung mit dem Normalaffekt der Trauer zu erhellen" (1916–17f., S. 428). Der Verlust wirft stets einen Konflikt auf, einen inneren Zwiespalt zwischen Aufgeben und Festhalten des Verstorbenen: „Die Realitätsprüfung hat gezeigt, daß das geliebte Objekt nicht mehr besteht und erläßt nun die Aufforderung, alle Libido aus ihren Verknüpfungen mit diesem Objekt abzuziehen. Dagegen erhebt sich ein begreifliches Sträuben" (S. 430). Es kommt daher zunächst häufig zur Verleugnung des Verlustes. Die Anerkenntnis und Verarbeitung des Verlustes sind Resultate der schmerzhaften Trauerarbeit. Dies charakterisiert Freud als Durchleben und Durchleiden der Erfahrungen mit dem Verstorbenen und Erwartungen an ihn: „Jede einzelne der Erinnerungen und Erwartungen, in denen die Libido an das Objekt geknüpft war, wird eingestellt, überbesetzt und an ihr die Lösung der Libido vollzogen ... Tatsächlich wird aber das Ich nach der Vollendung der Trauerarbeit wieder frei und ungehemmt" (S. 430).

Ähnlich wie die Melancholie sind nach Freud bei der Trauer eine vorübergehende Minderung des Interesses für die Außenwelt, Hemmung und Ich-Einschränkung festzustellen. Als hauptsächliches Unterscheidungsmerkmal der Melancholie nennt er die Herabsetzung des Selbstwertgefühls: „Bei der Trauer ist die Welt arm und leer geworden, bei der Melancholie ist es das Ich selbst" (S. 431).

Zur Melancholie kommt es nach einem Verlust unter drei Bedingungen: (1) Es liegt eine intensive, ambivalente und narzisstische Objektbesetzung vor. (2) Es kommt zur Regression auf die orale Phase und zur Identifikation mit dem verlorenen Objekt. (3) Hass und sadistische Tendenzen, die dem Objekt galten, werden nunmehr „von einer besonderen Instanz (S. 435)" auf das Ich gerichtet, das durch die Identifizierung verändert wurde. Ein ähnlicher Ablauf war bereits 1912 von Abraham postuliert worden. Fenichel (1946) ging, gestützt auf Freuds weitergehende Überlegungen zur Identifikation (Freud 1923b), davon aus, dass es generell (sozusagen als Ersatz) zur Identifizierung mit der verstorbenen Person kommt. Pathologische Resultate seien aber nur bei Überwiegen aggressiver Objektbesetzungen zu erwarten. Deutsch beschrieb 1937 ausbleibende Trauer als eine wesentliche Form pathologischer Trauer, die in Entwicklungshemmung und gestörte Beziehungsfähigkeit münden kann.

3. Ideengeschichtlicher Hintergrund

Aus der breiten Mythologie und literarischen Darstellung von Trauerprozessen lässt sich beispielsweise der Mythos von Orpheus und Eurydike als Darstellung der Bedeutung von Erinnern („Rückschauen") für die Anerkennung des Verlustes interpretieren (Haas 1990). 1872 berichtete Darwin detailliert über Ähnlichkeiten von Ausdrucksformen von Trauer in der onto- und phylogenetischen Entwicklung. Kulturübergreifend wurden spezifische Ausdrucksformen der Gesichtsmimik Trauernder beschrieben, als Folge des Drangs, wie ein Kind nach einem Verlust aufzuschreien und dessen Hemmung. Große Unterschiede fand Ariès (1980) in der Kulturgeschichte des Ausdrucks und der sozialen Leitbilder von Trauer („mourning"), die im 19. Jahrhundert in Europa als besonders dramatisch und leidenschaftlich charakterisiert werden.

Die Arbeit „Trauer und Melancholie" war in mehrerer Hinsicht grundlegend für die psychoanalytische Theoriebildung: für die Entwicklung der Objektbeziehungstheorie (Umwandlung von einem äußeren in einen inneren Verlust), die Strukturtheorie (Instanzen von Ich und Überich), und die Bedeutung von Aggression und Schuldgefühlen als primären Motivationen.

4. Wesentliche Erweiterungen, Differenzierungen und Modifikationen

M. Klein (1940) zufolge werden nach einem Verlust frühe Ängste vor Verfolgung und Vergeltung sowie Schuldgefühle wachgerufen. Die Fähigkeit zu trauern hängt davon ab, ob es gelingt, wie in früheren Trennungs- oder Verlustsituationen die guten inneren Objekte wiederherzustellen.

Freud (1917) hatte selbst auf die Begrenztheit seiner Beobachtungen hingewiesen und auf klinische Belege verzichtet. Eine detaillierte, klinisch prägnante Beschreibung unterschiedlichster Formen akuter und pathologischer Trauer ist Lindemann (1944) zu verdanken, dessen psychoanalytisch inspirierte Arbeit zugleich den Beginn systematischer Forschung zu Objektverlust darstellte.

Ausgehend von der Bindungstheorie und der Kleinkindforschung beschrieb Bowlby 1960 Ähnlichkeiten zwischen dem Trauerprozess kleiner Kinder auf den Verlust der Mutter und der Trauer Erwachsener (Bowlby 1987). Er beschrieb bestimmte Dispositionen zu pathologischer Trauer (z.B. zwanghafte Sorge um andere Personen), die vielfach in frühen, ungelösten Verlusten verankert waren. Trauersymptome wie Weinen und ruhelose Aktivität sah Bowlby in einer biologischen Funktion als Versuche, die verlorene Person wiederzugewinnen und als Appell an andere um Beistand; Ärger und Klagen als Protest gegen das Verlassenwerden.

Hilf- und Hoffnungslosigkeit des Ichs angesichts des eingetretenen Verlustes werden aus ich-psychologischer Sicht als maßgeblich für die Entstehung von Krankheit angesehen (Engel und Schmale 1969).

Aus selbstpsychologischer Perspektive wurde in den letzten Jahren der Zorn von Hinterbliebenen als Folge der narzisstischen Verletzung beschrieben, die eintritt, wenn mit dem Verlust eines Selbstobjekts zugleich die Kohäsion und Sicherheit des eigenen Selbst beeinträchtigt werden (Deitz 1991). Horowitz et al. (1980) zeigten, dass ein erhöhtes Risiko für einen pathologischen Verlauf gegeben ist, wenn die Beziehung zu dem

Verstorbenen dazu gedient hatte, ein latent negatives Selbstbild (z.B. inkompetent und unwert) auszugleichen.

Volkan (1981) zeigte, wie Introjektion und das Festhalten an sog. Brückenobjekten („linking objects") dazu dienen können, die Ablösung vom geliebt-gehassten Objekt zu vermeiden, wenn auch um den Preis erheblicher Einschränkungen von Ich-Funktionen und Beziehungsfähigkeit.

5. Die Bedeutung des Begriffs in verschiedenen psychoanalytischen Schulrichtungen

Das Konzept der Trauer spielt in allen psychoanalytischen Schulrichtungen eine wesentliche Rolle, auch wenn unterschiedliche Akzentuierungen vorgenommen werden. Umstritten ist bei der klassischen Auffassung die energetische Sichtweise und die orale Regression („Rückzug der Libido"; z.B. Bowlby 1987). Freuds wechselnde Konzepte der Identifikation (1917, 1923) spiegeln sich in der Kontroverse wider, ob dies ein zentraler, ubiquitärer Mechanismus der Trauer ist (Fenichel 1946) oder ein Indiz für pathologische Verarbeitung und Depression (Volkan 1981, Bowlby 1987). Kontrovers ist auch die Rolle von Aggression: Ist der häufig zu beobachtende Zorn Hinterbliebener immer bereits ein Indiz für misslingende Trauer (Freud 1917) oder nur bei Überwiegen aggressiver gegenüber liebevoller Impulse pathologisch (Jacobson 1983)? Ist Zorn vor allem Ausdruck vorbestehender Ambivalenz (Freud 1917) oder eine normale Reaktion auf Trennung (Bowlby 1987) oder narzisstische Verletzung (Deitz 1991)? Strittig ist auch, ob Verfolgungsängste und Schuldgefühl immer auftreten und überwunden werden müssen (Klein 1940) oder bereits auf eine misslungene Trauer hindeuten (Bowlby 1987).

6. Interdisziplinäre Beiträge und Befunde

Seit der Studie von Lindemann (1944) gibt es zahlreiche empirische Studien zu Trauer und Verlustverarbeitung. Nach Verlust einer nahestehenden Person kommt es demnach zum Auftreten oder zur Verschlimmerung von Depressionen, Ängsten, Sucht und psychosomatischen Erkrankungen. Vor allem bei Männern mittleren und höheren Lebensalters ist eine deutlich erhöhte Mortalität zu verzeichnen. Detaillierte Studien der Gesichtsmimik bestätigten die bereits von Darwin postulierten spezifischen Ausdrucksmerkmale von Trauer; hingegen fanden sich in der Gesichtsmimik Depressiver Angst, Bitterkeit, Ärger und Ekel. Immunologische und endokrinologische Einbußen wurden vor allem bei depressiven Hinterbliebenen festgestellt; diese sind mögliche Bindeglieder zwischen Verlust und Krankheit (Beutel 1991, 1996).

Die klassische psychoanalytische Auffassung blieb klinisch das einflussreichste Modell von Trauer, wurde aber aufgrund der neueren, empirischen Studien kritisiert, die zeigten, dass Trauer ein individuell enorm vielgestaltiger Prozess ist:

(1) Klassische Trauersymptome (Verstimmung, Rückzug, Ich-Einschränkung, Hemmung) und Depression sind nicht immer zu beobachten. Auch wenn die unbewusste Verarbeitung in Fragebogenstudien nicht erfasst wird, zeigt sich, dass beispielsweise der Tod eines vorwiegend verhassten Partners als Erleichterung empfunden werden kann (Silver und Wortman 1989). Hagman (1985) zufolge können Rückzug und Hemmung eher als Symptome von Depressionen angesehen werden; er beobachtete in Psychoanalysen an deren Stelle vermehrte Gefühle von Vitalität inmitten frischer Trauer.

(2) Fehlende schmerzliche Trauerarbeit nach einem Verlust ist nicht notwendig pathologisch, etwa wenn Trauer in einem langen Krankheits- und Pflegeverlauf bereits antizipatorisch erfolgte (Silver und Wortman 1989).

(3) Trauer ist ein sozialer Prozess. Kontakt, Anteilnahme und Unterstützung überlebender Personen sind nicht nur für verwaiste Kinder hilfreich und unverzichtbar, sondern auch für Erwachsene, die einen schweren Verlust erleiden (Beutel 1996, Hagman 1996).

(4) Auch bei einem normalen Trauerprozess ist nicht immer eine vollständige Erho-

lung und Ablösung vom Verstorbenen zu erwarten, wie sich gerade nach dem Verlust eines Kindes beobachten lässt (Silver und Wortman 1989). Anstelle der Ablösung vom Verstorbenen kommt es eher zu einer Transformation der inneren Repräsentanz des Objektes, bei gelungener Trauer nicht selten auch zur Vertiefung der inneren und äußeren Objektbeziehungen (Hagman 1996).

In Anlehnung an das DSM-III-R wird in neueren Studien nicht mehr zwischen Trauer und Depression unterschieden. In einer Reihe von Studien zur Verarbeitung des Verlustes eines Kindes durch Fehl- oder Totgeburt konnten Beutel und Weiner jedoch zeigen (Beutel und Weiner 1993, Beutel et al. 1995, Beutel 1996), dass Trauer und Depression unterscheidbare Reaktionen auf einen Verlust sind, die auch kombiniert auftreten können. Bei Trauer steht die schmerzliche Auseinandersetzung mit dem Verlorenen im Vordergrund; sie weckt in der Gegenübertragung Mitgefühl und Traurigkeit. Bei depressiven Reaktionen sind eher Distanziertheit, Ungeduld und Gereiztheit vom Gegenüber festzustellen als Reaktion auf Enttäuschungswut, Selbstanklagen, Selbstbezogenheit und Selbstmitleid. Weitere klinische Unterscheidungsmerkmale sind der affektive Ausdruck, Qualität der Besetzung und Auseinandersetzung mit dem Verstorbenen, Regulation von Selbstwertgefühl und Schuldgefühlen, Hilf- und Hoffnungslosigkeit. Trauer setzt eine Differenzierung vom verlorenen Objekt voraus und fördert sie. Das Ausmaß des Schmerzes hängt eng mit dem persönlichen Wert des Verlorenen zusammen. Dabei kann eine selektive, partielle Identifikation mit geschätzten Aspekten des Verstorbenen eine wichtige Rolle spielen. Nach diesen Ergebnissen klingt Trauer allmählich ab, während anhaltende Verstimmungen, Ängste und psychosomatische Beschwerden auf eine depressive Reaktion folgen. Der Erwerb der Fähigkeit zu trauern kann die Überwindung von Depressionen signalisieren.

Ein Teil der Kontroversen und Widersprüche ist möglicherweise zu lösen, wenn die klassische Unterscheidung von Trauer und Depression präzisiert und empirisch validiert wird (Beutel und Weiner 1993). Bei der Bewertung und Neuformulierung von Freuds Kriterien und der erforderlichen Präzisierung pathologischer Trauer sind auch veränderte gesellschaftliche Leitbilder der Angemessenheit von Trauer („mourning") zu berücksichtigen.

Literatur

Abraham, K. (1912). Ansätze zur psychoanalytischen Erforschung und Behandlung des manisch-depressiven Irreseins und verwandter Zustände. Zentralblatt, Bd. II, 302–315. In Psychoanalytische Studien, Bd. 2 (S. 146–162), 1971.

Ariès, P. (1980). Geschichte des Todes. München: Hanser.

Beutel, M. (1991). Zur Psychobiologie von Trauer und Verlustverarbeitung – Neuere immunologische und endokrinologische Zugangswege und Befunde. Psychotherapie, Psychosomatik, Medizinische Psychologie, 41, 267–277.

Beutel, M. (1996). Der frühe Verlust eines Kindes. Bewältigung und Hilfe bei Fehl-, Totgeburt und Fehlbildung. Verlag für Angewandte Psychologie. Göttingen: Hogrefe.

Beutel, M. und Weiner, H. (1993). Trauer und Depression nach einem Objektverlust. Forum der Psychoanalyse, 9, 224–239.

Beutel, M., Deckardt, R., Rad, M. von and Weiner, H. (1995). Grief and depression after miscarriage: Their separation, antecedents and course. Psychosomatic Medicine, 57, 517–526.

Bowlby, J. (1987). Verlust, Trauer und Depression. Frankfurt/M.: Fischer.

Darwin, C. (1872). Der Ausdruck der Gemüthsbewegungen bei dem Menschen und den Tieren. Nördlingen: Greno, 1986.

Deitz, J. (1991). The psychodynamics and psychotherapy of depression: Contrasting the self-psychological and the classical psychoanalytic approaches. The American Journal of Psycho-Analysis, 51, 61–70.

Deutsch, H. (1937). Absence of grief. Psychoanalysis, 6, 12–22.

Engel, G.L. und Schmale, A.H. (1969). Eine vergleichende Studie der somatischen Störung. Psyche – Z Psychoanal, 23, 241–261.

Fenichel, O. (1946). The psychoanalytic theory of neurosis. London: Routledge & Kegan Paul, 1977.

Haas, E. (1990). Orpheus und Eurydike. Vom Ursprungsmythos des Trauerprozesses. Jahrbuch der Psychoanalyse, 26, 230–252.
Hagman, G. (1995). Mourning: A review and reconsideration. International Journal of Psycho-Analysis, 76, 909–925.
Hagman, G. (1996). The role of the other in mourning. Psychoanalytic Quarterly, 65, 327–352. Horowitz, M.J., Wilner, N., Marmar, C. and Krupnick, J. (1980). Pathological grief and the activation of latent self-images. American Journal of Psychiatry, 137, 1157–1162.
Jacobson, E. (1983). Depression. Frankfurt/M.: Suhrkamp.
Klein, M. (1940). Mourning and its relation to manic-depressive states. International Journal of Psycho-Analysis, 21, 125–153.
Lindemann, E. (1944). Symptomatology and management of acute grief. American Journal of Psychiatry, 101, 141–148.
Volkan, V.D. (1981). Linking objects and linking phenomena. New York: International Universities Press.
Wortmann, C.B. and Silver, R.C. (1989). The myths of coping with loss. Journal of Consulting and Clinical Psychology, 57, 49–57.

Traum *von Wolfgang Leuschner*

dream – rêve

1. Traumtheorie Freuds

Die wissenschaftliche Traumforschung beschäftigt sich bis heute im Wesentlichen mit drei Fragen: (1) wie der Traum gebildet wird (Generierung), (2) ob seine Inhalte sinnvoll sind (Bedeutung) und (3) ob er psychologischen und/oder biologischen Zwecken dient (Funktion). Freud beantwortet primär die Funktionsfrage und erklärt daraus dann, was Träume bedeuten und wie sie gebildet werden. Danach hat ein Traum die Aufgabe, den Schlaf gegen störende Motive, das sind v. a. infantile Triebwünsche und aktiv gebliebene Gedanken vom Tage, aber auch Überich-Forderungen, Körper- und Außenreize zu schützen. Er stillt die Anforderungen dieser Reize, in dem er in entstellter Form, in scheinbar unsinnigen Trugbildern, ihre Erfüllung vortäuscht.

1.1 Traumbildende Motive

Als den „eigentlichen Schöpfer des Traumes" betrachtet Freud (1933a, S. 18) eine aus dem Unbewussten stammende libidinöse Regung. Sie „bringt die psychische Energie für seine Bildung auf" (ebd., S. 19). Die Tagesreste bilden eine zweite Traumquelle. Dies sind fünf aus dem aktuellen Leben stammende Regungen, die im Vorbewussten zu lokalisieren sind: Unerledigtes, Ungelöstes, tagsüber Unterdrücktes, tagsüber im Ubw Aktiviertes, indifferente Eindrücke vom Tage. Es handelt sich bei den Tagesresten also sowohl um „gleichgültige Abfälle des Tages" (Freud 1900a, S. 594) als auch um energetisch besetzte konfliktträchtige Tagesgedanken, die im Unterschied zur libidinösen Traumregung eine wache Zensurprüfung bzw. Ich-Passage hinter sich haben.

Die wichtigste Leistung der Tagesreste besteht darin, dass sie dem unbewussten Triebimpuls, der allein unfähig ist, den Traum hervorzubringen, „die notwendige Anheftung zur Übertragung" (ebd., S. 568) ermöglichen und ihm damit Bedingungen schaffen, ins Vorbewusste zu gelangen. Hier kann er dann zum vorbewussten Traumwunsch werden. So verwandelt, gibt er „der unbewußten Regung Ausdruck in dem Material der vorbewußten Tagesreste" (Freud 1916–17f, S. 417), ein Vorgang, der mit der Verknüpfung von Sach- und Wortvorstellungen verglichen werden kann. Umgekehrt versieht der Traumwunsch die mit den Tagesresten verbundenen vorbewussten Wünsche mit vermehrter Energie, verstärkt sie so, dass diese ihrerseits als latente Traumgedanken traumgestaltungsfähig werden.

Traumwunsch und Traumgedanken gehen nicht immer ineinander auf. Gelegentlich können die Traumgedanken sogar direkt in den manifesten Traum gelangen (Freud 1933a, S. 22). Dann bilden sie „Träume von oben" (Freud 1920g, S. 303), (auch „Ich-Träume" genannt), die dann den typischen „Träumen von unten" (= „Es-Träume") (Freud 1940a, S. 88) gegenübergestellt werden.

Die Traumzensur ist ein drittes Motiv, das sich dem auf Erfüllung drängenden Wunsch entgegenstellt und ethische, ästhetische und soziale Forderungen vertritt und – nach Arlow und Brenner (1976) – auch inhaltlich traumgestaltend aktiv ist. Wie dem Traumwunsch und den Tagesresten gibt ihr Freud als „Zensor" den Status eines Subjekts. So personifiziert, ist ihre besondere Abkunft von äußeren Objekten oder vom Träumer selbst kenntlich gemacht. Im Kap. VII der Traumdeutung wird sie andererseits jedoch als eine kognitive Eigenschaft des Apparates interpretiert, als Mechanismus, topisch zwischen Ubw und Vbw angesiedelt.

1.2 Der Schlafzustand

Traumbildung ist ein zustandsabhängiger Vorgang. Im Schlaf tendiert der seelische Apparat dazu, seine Sekundärprozess-Tätigkeit einschließlich der Realitätsprüfung zu beenden; die Zensur ist gemildert, die motorische Abfuhr blockiert. Nur das Vorbewusste bewahrt sich eine Restaktivität, indem es die libidinöse Besetzung des Traumwunsches und der Tagesreste nicht aufgibt (Freud 1913, S. 418) und diese den Prozeduren der

1.3 Traumarbeit

aussetzt. Diese ist definiert durch folgende Leistungen:

(a) eine topische Regression: die Traumerreger werden in das auch im Schlaf aktive System Ubw zurückgezogen. Die hier wirksamen regressiven Prozesse führen dann zuerst dazu, dass die vorbewussten Gedanken fragmentiert werden, ihre Kohärenz verlorengeht. In Bezug auf Einzelwörter wird die synthetische Leistung des Vorbewussten rückgängig gemacht, indem die Wort- von den Sachvorstellungen abgekoppelt oder zumindest gelockert werden. Die freigewordenen Klangbilder sind in diesem dissoziierten Zustand den Sachvorstellungen gleichgestellt und können nun wie diese visuell verwandelt werden.

(b) Die Verdichtung (Kondensation oder Kompression) vollzieht sich an Wort- und Sachvorstellungselementen. Sie bewirkt, dass aus den (freigesetzten) latenten Gedankenfragmenten einige für die Gestaltung des manifesten Traumes ausgewählt werden und andere ausgelassen werden (Verdichtung durch Auslassung). Dies kann auch als horizontale Verdichtung bezeichnet werden. Das führt dazu, dass der manifeste Traum immer eine abgekürzte, gepresste Fassung von Latentem ist, eine x:1–Vertretung darstellt. Verdichtung ist auch vertikal wirksam, da sie Elemente mit deckungsgleichen oder ähnlichen Eigenschaften zu einer Einheit zusammenmischen oder sogar verschmelzen (Freud 1916–17a, S. 174) kann. Zwischen latenten und manifesten Elementen entstehen dadurch komplexe x:y-"Massenbeziehungen" (ebd., S. 123).

Die Verdichtung ist auch für die sinnliche Qualität der Träume, insbesondere ihren visuellen Charakter verantwortlich: Die Verschmelzung der Inhalte mehrerer Elemente führt zu einer Summierung ihrer ursprünglichen Besetzungsenergien. Da der Schlaf die Außenbesetzungen des Wahrnehmungsapparates unterbrochen hat, drängen diese erhöhten Intensitäten der verdichteten Traumelemente dann endopsychisch darauf, „das System W bis zur vollen sinnlichen Lebhaftigkeit in umgekehrter Richtung zu besetzen" (Freud 1900a, S. 548).

(c) Die Verschiebung gilt als das „Hauptmittel der Traumentstellung" (Freud 1933a, S. 21). Sie führt zu Ersetzungen der Traumgedanken. Latente Elemente werden, wie bei der Metonymie, entlang von naheliegenden konzeptuellen, klanglichen oder durch Erleben zustande gekommenen Assoziationsreihen verschoben und durch das weiter Entfernte dann im manifesten Traum vertreten. Thematisch entstehen so Anspielungen, etwa durch die Verwandlung ins Gegenteil.

Die Verschiebung vollzieht sich in der Regel an Einzelelementen, anders als die Verdichtung erzeugt sie einfache 1:1–Vertretungsverhältnisse. Sie entstellt aber weitergehender als die Verdichtung.

Verschiebung bestimmt in besonderem Maße auch das Schicksal der Traumaffekte. Im Gefolge der Fraktionierung der Traumgedanken werden sie von den Einzelvorstellungen abgetrennt und erleiden nun ganz eigene Schicksale. Sie können (1) in voller Stärke auf beliebige andere Vorstellungsinhalte verschoben, (2) inhaltlich verwandelt oder (3) ganz unterdrückt werden und damit im manifesten Traum fehlen.

(d) Ein quasi-sekundärprozesshafter Mechanismus der Traumarbeit ist die Rücksicht auf Darstellbarkeit. Sie bereitet die Visualisierung vor, indem sie ein „farbloses" gedankliches Element in ein assoziativ Verwandtes, Konkretes umtauscht, das sich für die Bildgestaltung eignet. Sie gehört damit im weiteren Sinn zum Mechanismus der Verschiebung.

(e) Die sekundäre Bearbeitung gilt als inkonstante Leistung. Sie dient der Glättung der manifest zunächst noch unzusammenhängend erscheinenden Proto-Elemente, der „guten Komponierung" (Freud 1900a, S. 680). Sie führt das Manifeste am weitesten vom Latenten weg. Der Traum wird dadurch eine Einheit. Ihr Motiv ist „Rücksicht auf Verständlichkeit" (ebd., S. 679) im Dienste der Zensur. Sie wird nach Freud erst „nachträglich" wirksam, „nachdem der Traum als Wahrnehmungsobjekt vor dem Bewusstsein aufgetaucht ist" (Freud 1933a, S. 21). Dieser Vorgang beinhaltet also eine sekundärprozesshafte (beobachtende und zensurierende) Prüfung durch das Ich im Schlaf. Die sekundäre Bearbeitung ist aber auch im Wachleben zu beobachten. Sie ist identisch mit jener psychischen Aktivität, die die Tagträume und Phantasien bildet (Freud 1900a, S. 497). Gelegentlich werden solche Tagesphantasien auch für die Traumbildung verwendet, als komplette fertige Gebilde in den manifesten Traum eingefügt. Dieser Einbau von Tagesphantasien darf nicht verwechselt werden mit der Wiederkehr von Traumgedanken in den „Träumen von oben". Die sekundäre Bearbeitung gestaltet schließlich auch die Traumerinnerungen und die Traumerzählung um.

(f) Besondere Darstellungsmittel: Die logischen Bezüge von Traumgedanken (von Kausalität, Gleichzeitigkeit, Nacheinander, Widerspruch und Gegensatz, von Entweder-Oder u.a.m.) werden bevorzugt durch formale Aspekte der Traumerzählung, insbesondere durch syntaktische Reihung von Traumbildsequenzen (ebd., S. 315) dargestellt. Traumsymbole sind bei Freud konstante Übersetzungen, gesetzmäßig festgelegte Verschiebungen und Verdichtungen von Traumgedanken und -wünschen in Szenen mit typischen Inhalten. Traumsymbole sind allgemein gültig und gesellschaftlich vermittelt. Sie beziehen sich fast ausschließlich auf Körper, Sexualität, Geburt, Tod und Familienmitglieder. Sie sind mehr als eine Assoziation, weil sie auf das Latente nicht nur anspielen, sondern dieses direkt übersetzen. Ihre Auftretenshäufigkeit im manifesten Traum und ihre Rolle werden oft überbewertet.

1.4 Angst- und Bestrafungsträume

Ihr Vorkommen steht nicht im Widerspruch zur Wunscherfüllungstheorie. Angstträume treten auf, wenn die Zensur den Traumwunsch nicht ausreichend neutralisiert, Bestrafungsträume stellen eine Erfüllung von Zensurwünschen dar. Schwere posttraumatische Alpträume bilden jedoch eine Ausnahme, wenn sie unverhüllt das Trauma wiederholen. Dann gleichen sie dem Wiederholungszwang in der Übertragungsbeziehung, sind ein Kurzschluss, der die Leistungen der Traumarbeit überspringt.

1.5 Traumdeutung

Sie hat die Entschlüsselung der latenten Traumgedanken und des Traumwunsches zum Ziel. Sie folgt dem Prinzip, die Traumarbeit umzukehren (Grinstein 1983). Die erste Deutungsregel empfiehlt (1) die Zerlegung des Traumtextes in thematische Bruchstücke, in Nomina, Verben, Teilereignisse und in Affekte; sie operiert damit der sekundären Bearbeitung entgegen. Die so entstandenen Fragmente können dann jeweils

(a) unentstellter Teil vom Ganzen, (b) eine Anspielung, (c) symbolische Darstellung, (d) plastische Wortdarstellung (Freud 1916–17a, S. 173), (e) Gegensatz, (f) historisierende Darstellung der latenten Trauminhalte (Freud 1900a, S. 346) und (g) eingefügte fertige Tagesphantasien sein.

Zur weiteren Bestimmung der Frage, welche Übersetzung jeweils dann vorliegen könnte, empfiehlt die zweite Deutungsregel, diese Übersetzung durch (2) freies Assoziieren zu den Zerlegungsprodukten zu suchen. Diese Einfälle sind ein erster Schritt, die Verdichtung und Verschiebung rückgängig zu machen, sind jedoch noch nicht die latenten Gedanken und Wünsche selbst, sondern Annäherungen. Ergeben diese einen gemeinsamen Nenner, so bezeichnet man dies als Zwischengedanken (ebd., S. 523), die zusammen mit anderen Zwischengedanken den latenten Traumgedanken zu konstruieren erlauben.

Die Träumer setzen diesen Entschlüsselungen in der Regel einen Widerstand entgegen. Dieser äußert sich in überausführlichen oder stockenden Assoziationen und im Nichtanerkennen von Deutungen. Das Aufdecken speziell des Traumwunsches, der sich vorwiegend in dunkel anmutenden Traumteilen – im „Nabel des Traums" (ebd., S. 530) – verbirgt, weckt meist besonders heftige Widerstände. Assoziationen können aber auch ausbleiben, wenn ein Traumsymbol vorliegt.

2. Psychoanalytische Traumlehre nach Freud

In den zwanziger Jahren hört die Psychoanalyse auf, eine per Traumdeutung definierte Theorie und Praxis zu sein. Theoretisch begünstigt wird diese Abkehr vom Traum durch die Einführung der Strukturtheorie. Konzipiert, um das neurotische Konfliktgeschehen und die Übertragungsbeziehung theoretisch besser zu fundieren, führt sie dazu, dass das Vorbewusste als der zentrale Prozessor für die Traum- und Symptombildung, speziell der Sach-Wortvorstellungs-Komplex im Grenzbereich zum Unbewussten aus dem Blickfeld gerückt wird. Freuds kognitionspsychologische Beschreibung der Traumbildung wird nicht weiter verfolgt und dadurch anderen Disziplinen überlassen.

Damit verbunden ist, dass die psychoanalytischen Traumtheorien nach Freud mindestens so zahlreich werden wie die verschiedenen Schulen oder Traditionen, die in seinem Werk wurzeln und in ganz unterschiedliche Richtungen diffundieren. (Übersichten bei Battegay und Trenkel 1987 und Flanders 1993.) Schulenübergreifend betreffen die Modifikationen v. a. folgende Aspekte:

1. Theoretisch und klinisch wird das Manifeste immer wichtiger (z. B. Erikson 1968, Meltzer 1988, Spanjaard 1993), das Latente und der Traumwunsch werden zunehmend entwertet (z. B. bei Garma 1966).
2. Dem Traum werden immer mehr wichtige psychische Funktionen zugeschrieben, er wird „multifunktionell" (Strunz 1989a, b).
3. Die Rolle von Ich und Überich bei der Traumbildung wird höher bewertet (z. B. Arlow und Brenner 1976).
4. Psychopathologische Aspekte bei der Traumbildung gewinnen an Bedeutung (Kohut 1977, Rohde-Dachser 1983).

Lewins (1946) dream screen-Konzept (der Traum – eine visualisierte Mutterbrust) oder die Funktionsbestimmungen von Anzieu (1993, Traum ist ein Äquivalent der Haut, ein Schutzschild, ein Diener oder Arzt) oder Bions Ausscheidungstheorie (1962) machen exemplarisch eine Tendenz deutlich, den Traum als Quasi-Organ oder als Quasi-Objekt zu konzeptualisieren. Das erschwert eine Eingliederung in den klassischen Theoriekorpus Freuds.

3. Empirische Traumforschung nach der Entdeckung des REM-Schlafes

Die Identifizierung der REM-Schlafphasen (das sind periodisch bei Erwachsenen etwa alle 90 Min. ca. 10–25 Min. lang auftretende rasche Augenbewegungen, wachheitsnahe EEG-Wellenmuster, Muskelatonien und verschiedene vegetative Begleitreaktionen, u.a. Peniserektionen) führt 1953 zu der Entdeckung, dass Weckungen aus REM regelmäßig, in mehr als 90 %, Erinnerungen an bildhafte Traumszenen ergeben (Strauch und Meier 1992). Seither weiß man zu verhindern, dass Träume vergessen werden. Dies setzt eine ganz neue, empirisch orientierte psycho-physiologische Laborforschungsbewegung in Gang, die in der Folge das Wissen über den Traum revolutioniert (Arkin et al. 1978).

Aufgehalten wird diese Bewegung, als vor allem Neurophysiologen behaupten, dass auch Tiere träumen, dass Träume auf Hirnprozesse zu reduzieren und als Beiwerk sinnloser subkortikaler REM-Aktivität (Hobson 1988) aufzufassen sind. Sinn entstehe höchstens sekundär durch zusätzliche kortikale Syntheseleistungen, (tatsächlich ist dies eine „neurologisierte" Version der sekundären Bearbeitung Freuds, so wie Crick und Mitchisons Theorie (1983) zur Reinemach-Funktion von Träumen eine physiologisch getaufte Kopie der Ausscheidungstheorie Bions ist).

Als dann Foulkes (1985) und andere in den sechziger Jahren zeigen, dass auch in Non-REM-Phasen Träume generiert werden, initiieren sie als Reformbewegung eine psychologisch-empirische Traumforschung, die die Psychologie des Traumes wieder als kategorial eigenständig begreift. Bis heute gehören die Forschergruppen dieses Zweiges zu keiner bestimmten Disziplin. Sie arbeiten mit verschiedenen Methoden experimentell und quantitativ und sind im weitesten Sinne kognitionspsychologisch orientiert. Haskell (1986) nennt drei Schwerpunkte: einen prozessorientierten (linguistischen) Schwerpunkt, einen experimentell-phänomenologischen und einen experimentell-klinischen Schwerpunkt. Zu ergänzen sind ein experimentell psycho-physiologischer Schwerpunkt (z.B. Lehmann und Koukkou 1983), das „lucid dreaming" (Tholey und Utecht 1989) und schließlich ein Schwerpunkt „experimentelle Psychoanalyse". Zu diesem gehören Psychoanalytiker wie Fisher (1974), Shevrin (1977), die neben ihrer analytischen Tätigkeit zugleich Laborforschung betreiben. Orientiert an Freuds Psychologie des VII. Kapitels der Traumdeutung, verstehen sie Träumen und Denken als vorbewusst regulierte und unbewusst motivierte Prozesse.

Viele der neuen Erkenntnisse der empirischen Forschung sind mit dem klassischen psychoanalytischen Traumverständnis erst noch in Einklang zu bringen. Theoretisch bedeutsam sind v.a. die folgenden Daten:

(1) Träume ereignen sich weitaus häufiger als bisher angenommen worden ist, in mehr als 70 % der Schlafzeit (Strauch und Meier 1992). Träume sind keine kurzen, abgeschlossenen Episoden, sondern erfolgen kontinuierlich. Mit Mahony (1977) lassen sich Proto-Träume von geträumten und diese von erinnerten unterscheiden. Trauminhalte konsolidieren sich kaum definitiv. Sie erweisen sich auch im nachfolgenden Wachleben als veränderbar (z.B. durch Übertragungsbeziehungsinhalte). In Analysen berichtete Träume geben das Geträumte daher nur selektiv und situativ verändert wieder.

(2) Den sinnlichen, vornehmlich visuell erlebten Träumen müssen heute Gedanken-Träume mit eher fragmentarischen Zügen zur Seite gestellt werden. Sie treten überwiegend in Non-REM-Phasen des Schlafes auf (Strauch und Meier 1992). Visualisierung ist also nicht mehr essentieller Bestandteil des Traumes. Gleichermaßen ereignen sich Schlafwandeln, das Agieren von traumatischen Erlebnissen („reenactment"), Bettnässen, Reden im Schlaf („Somniloquie"), schwere Angstzustände („night terror") in Non-REM. Es ist daher anzunehmen, dass diese Traumvarianten jeweils durch spezielle, zustandsabhängige Bearbeitungsmodi zustande gebracht werden. Traumarbeit erzeugt unterschiedliche Traumarten und ist selbst kein stereotyper Vorgang. Fisher (1974) hat nachgewiesen, dass die Traumarbeit bereits am Tage beginnt.

(3) Die meisten Trauminhalte werden vergessen, Erinnerung ist der Ausnahmefall (siehe Strunz 1986); die Vergessenszensur ist daher primär nicht motivisch begründet. Dafür spricht auch, dass die Zensurleistungen (Traumarbeit) regelmäßig auch neutrale Traumquellen betreffen (Leuschner et al 1994), so dass Zensur als primär autonomer

Prozess zu bezeichnen ist. Dieser wird erst sekundär von Abwehrmotiven genutzt.

(4) Lucid-dreaming und Versuche, akustische Reize im Schlafzustand in den Traum einzuschleusen (Leuschner, Hau und Fischmann 1997) zeigen, dass im Schlaf das Prozessieren von Wahrnehmungen erhalten bleibt, ebenso gewisse motorische und gedankliche Steuerungsleistungen. Ich-Funktionen werden demnach während des Schlafes nicht eingestellt (Freud 1940a, S. 88), sondern nur dissoziiert.

(5) Untersuchungen zur „Ontogenese" des Traumes (Hamburger 1987) widersprechen Freuds These, wonach in Kinderträumen Wunscherfüllungen direkt dargestellt werden. Kinder haben deutlich mehr Angstträume als Erwachsene. Ihre Fähigkeit, Träume zu bilden, entsteht erst im Verlauf der frühen Kindheit und „wächst" altersbedingt. Traummenge und narrative Struktur korrelieren mit dem Entwicklungsstand der zunehmenden kognitiven Fähigkeiten und dem sich entfaltenden Sprachvermögen.

(6) Träume sind nicht mehr nur multifunktionell, sie sind insofern existentiell, weil sie die seelische und die körperliche Gesundheit sichern helfen.

Die Frage nach der latenten subjektiven Sinnhaltigkeit von Träumen wird von vielen empirischen Traumforschern mit dem Argument beiseite gelassen, dass Bedeutung einem Informationsprozessmodell unzugänglich sei (Haskell 1986). Dem stehen jedoch experimentelle Befunde entgegen (Leuschner, Hau und Fischmann 1997). Auch zahlreiche klinische Daten sprechen dafür, dass kognitive Operationen (und physiologische Vorgänge) motivabhängig erfolgen können. Die weitere Untersuchung dieser Beziehung ist eine wichtige Aufgabe zukünftiger experimentell-psychoanalytischer Forschung.

Literatur

Anzieu, D. (1993). The film of the dream. In S. Flanders (Ed.), The dream discourse today (pp. 137–152). London: Routledge.

Arkin, A.M., Antrobus, J.S. and Ellman, S.J. (1978). The mind in sleep: Psychology and psychophysiology. Hillsdale, NJ: Erlbaum.

Arlow, J.A. und Brenner, C. (1976). Grundbegriffe der Psychoanalyse. Reinbek: Rowohlt.

Battegay, R. und Trenkel, A. (1987). Der Traum aus der Sicht verschiedener therapeutischer Schulen. Bern: Huber.

Bion, W.R. (1962). Learning from experience. London: Heinemann.

Crick, F. and Mitchison, G. (1983). The function of dream sleep. Nature, 304, 111–114.

Erikson, E.H. (1968). Das Traummuster der Psychoanalyse. In J. von Graevenitz (Hg.), Bedeutung und Deutung des Traumes in der Psychotherapie (S. 19–74). Darmstadt: Wissenschaftliche Buchgesellschaft.

Fisher, C. (1974). Die Rolle der vorbewußten und primären Wahrnehmungsformen in der Traumbildung. In G. Ammon (Hg.), Psychoanalytische Traumforschung (S. 104–108). Hamburg: Hoffmann und Campe.

Flanders, S. (Ed.) (1993). The dream discourse today. London: Routledge.

Foulkes, D. (1985). Dreaming: A cognitive-psychological analysis. Hillsdale, NJ: Erlbaum.

Garma, A. (1966). The psychoanalysis of dreams. London: Pall Mall Press.

Grinstein, A. (1983). Freud's rules of dream interpretation. New York: International Universities Press.

Hamburger, A. (1987). Der Kindertraum und die Psychoanalyse. Ein Beitrag zur Metapsychologie des Traums. Regensburg: Roderer.

Haskell, R.E. (Ed.) (1986). Cognitive psychology and dream research: Historical, conceptual, and epistemological considerations. Journal of Mind and Behavior, 7, 131–159.

Hobson, J.A. (1988). The dreaming brain. New York: Basic Books.

Kohut, H. (1977). The restoration of the self. New York. International Universities Press.

Lehmann, D. und Koukkou, M. (1983). Psychophysiologie des Traumes. In M. Ermann (Hg.), Der Traum in Psychoanalyse und analytischer Psychotherapie (S. 54–67). Berlin: Springer.

Lewin, B.D. (1946). Sleep, the mouth and the dream screen. Psychoanalytic Quarterly, 15, 419–434.

Leuschner, W., Hau, S., Brech, E. and Volk, S. (1994). Dissociation and reassociation of subliminally induced stimulus material in drawings of dreams and drawings of waking free imagery. Dreaming, 4, 1–26.

Leuschner, W., Hau, S. und Fischmann, T. (1997). Abschlußbericht zur Studie: Transformationsprozesse subliminal induzierter Stimuli in Schlaf und Traum. Frankfurt: Sigmund-Freud-Institut.

Mahony, P.J. (1977). Towards a formalist approach to dreams. International Review of Psycho-Analysis, 4, 83–98.
Meltzer, D. (1984). Traumleben – eine Überprüfung der psychoanalytischen Theorie und Technik. München: Verlag Internationale Psychoanalyse 1988.
Rohde-Dachser, C. (1983). Träume in der Behandlung von Patienten mit schweren Ich-Störungen. In M. Ermann (Hg.), Der Traum in Psychoanalyse und analytischer Psychotherapie (S. 107–119). Berlin: Springer.
Shevrin, H. (1977). Some assumptions of psychoanalytic communication: Implications of subliminal research for psychoanalytic method and technique. In N. Freedman and S. Grand (Eds.), Communicative structures and psychic structures (pp. 255–270). London: Plenum Press.
Spanjaard, J. (1993). The manifest dream content and its significance for the interpretation of dreams. In S. Flanders (Ed.), The dream discourse today (pp. 153–180). London: Routledge.
Strauch, I. und Meier, B. (1992). Den Träumen auf der Spur. Ergebnisse der experimentellen Traumforschung. Bern: Huber.
Strunz, F. (1986). Dimensionen der Traumerinnerung. Psychologische Beiträge, 28, 37–75.
Strunz, F. (1989a und b). Funktionen des Traums – Teil I u. II. Psychotherapie, Psychosomatik, Medizinische Psychologie, 39, 282–293 und 356–364.
Tholey, P. und Utecht, K. (1989). Schöpferisch träumen. Niedernhausen/Ts.: Falken-Verlag.

Trauma *von Martin Ehlert-Balzer*

trauma – trauma, traumatisme

1. Definition

Das Trauma bezeichnet in der Psychoanalyse ein Erlebnis, das von solcher Intensität ist, dass es die psychischen Verarbeitungsmöglichkeiten des Betreffenden überschreitet. Der Begriff ist also zugleich von der äußeren Seite (objektive Qualität des Ereignisses) und von der inneren Seite her (subjektive Verarbeitungskapazitäten) definiert. Die traumatische Erfahrung, die unmittelbar Angst, Schrecken und völlige Hilflosigkeit auslöst, führt zunächst zu einem Zusammenbruch der zentralen Ich-Funktionen und schließlich zu einer basalen Erschütterung des psychischen Apparates, der nun von dem Bemühen bestimmt wird, die traumatische Situation nachträglich zu bewältigen. Dieser Restitutionsversuch des Ichs ist nach psychoanalytischem Verständnis für die typischen posttraumatischen Symptome verantwortlich, die im Kern in einer zwanghaften Wiederholung des traumatischen Geschehens z.B. im Traum oder in unwillkürlichen Flashbacks und in einer weitgehenden Interessenverarmung (insbesondere in libidinöser Hinsicht) bestehen. Schwere Verläufe, die bis zu einer vollständigen Zerrüttung der Persönlichkeit führen können, werden nosologisch als traumatische Neurose zusammengefasst.

2. Klassische Auffassung

Die Psychoanalyse begann als eine reine Traumatheorie. 1895 entwickelt Freud im „Entwurf einer Psychologie" (1950c) ein erstes theoretisches Verständnis des Traumas; er arbeitet hier mit einem neuronalen Modell, dessen Haupttendenz darin besteht, alle Erregungsquanten abzuführen oder zu binden, und führt dazu eine spezielle Organisation, das Ich, innerhalb dieses psychischen Apparates ein. Gegen die Außenwelt besteht ein Reizschutz, der das direkte Eindringen der exogenen Energiequanten verhindern soll. Im Falle übergroßer Energiequanten wird dieser Reizschutz jedoch durchbrochen, es kommt zum Trauma: Die exogene Energie kann ungehindert in den Apparat eindringen, wo sie die Bindungsfähigkeit des Ichs aufhebt und dauerhafte Bahnungen zwischen den Neuronen hinterlässt, die nicht mehr der Kontrolle des Ichs unterliegen. Bereits hier sind also Reizdurchbruch und Zusammenbruch zentraler Ich-Funktionen als wesentliche Bestimmungsmerkmale der traumatischen Situation gefasst. Auch wenn Freud seine Verführungstheorie bald wieder aufgeben musste, blieb die im Rahmen dieses neuronalen Modells entwickelte ökonomische Konzeption des Traumas für sein weiteres Denken bestimmend: Da er seine gesamte Abwehrlehre, die nun in das Zentrum des klinischen wie metapsychologischen Verständnisses trat, in einem traumatischen Kontext entwickelt hatte (vgl. insbesondere Freud 1894a), musste er das individuell erlebte (ontogenetische) Trauma in der Kindheit des einzelnen nach und nach durch kollektive phylogenetische Traumen in der Frühgeschichte der Menschheit ersetzen (Grubrich-Simitis 1987).

In der letzten Fassung der Trieblehre (Freud 1920g) findet sich eine weitere Präzisierung der Konzeption des Reizdurchbruchs und eine eindringliche Beschreibung der unmittelbaren Reaktion des Organismus als Gegenbesetzung der Einbruchstelle. Vor allem aber die durch das Trauma verursachten „dauernden Störungen im Energiebetrieb" (Freud 1916–17a, S. 284) werden hier genauer gefasst, indem Freud nun davon ausgeht, dass sich mit dem Reizeinbruch die gesamte Funktionslogik des psychischen Apparates grundlegend verändert: Das Lustprinzip wird abgelöst von der grundlegenderen Aufgabe, die eingebrochenen Energiequanten zu binden, damit ihre nachträgliche Abfuhr möglich wird. Selbst der Traum gehorcht nicht mehr dem Prinzip der Wunscherfüllung, sondern unterliegt dem Zwang, der Bindung willen auch das Unlustvollste zu wiederholen. (Dass dabei mit der Einführung des Todestriebs das Trauma geradezu zur Grundbestimmung alles Lebenden wird, sei hier zumindest vermerkt: Das Leben und die mit ihm verbundene Erregung, denen der Organismus nun von innen wie außen ausgesetzt ist, scheint der anorganischen Substanz aufgezwungen – sie strebt zurück in ihren früheren reizlosen Zustand.)

3. Ideengeschichtlicher Hintergrund

Der Begriff Trauma ist ursprünglich somatisch definiert und bezeichnet (äußere und innere) Gewebeverletzungen, die durch mechanische Gewalteinwirkung zustande gekommen sind. Als der Begriff in der zweiten Hälfte des vergangenen Jahrhunderts auf den Bereich der Neuropsychiatrie übertragen wurde, wurde er dementsprechend zunächst im Sinne mikrostruktureller Hirn- bzw. Nervenläsionen benutzt (vgl. Sulloway 1979, S. 71ff.). In der Folgezeit änderten sich diese Vorstellungen in dreierlei Hinsicht: Als verursachendes Ereignis wurde nicht mehr ein mechanischer, sondern ein nervöser Schock, den man mit einem übergroßen Schreckaffekt verbunden sah, angenommen; die bislang angenommene Läsion, die ja prinzipiell hätte neuropathologisch nachweisbar sein müssen, wandelte sich in eine funktionelle Störung ohne irgendwelche organischen Veränderungen; und schließlich verschob sich der angenommene Angriffspunkt des Traumas vom Rückenmark zum Gehirn. Charcot (an dem sich Freud zunächst orientierte) war dagegen zu einer psychologischen Erklärung der traumatischen Neurosen gekommen: Im traumatischen Schockzustand ist das Ich außerstande, die flüchtig entstandene Vorstellung, ein (leicht) verletzter Körperteil könnte gelähmt sein, als unrealistisch zu verwerfen. Unter Umgehung der Bewusstseinskontrolle kann diese „suggestion traumatique" in das nichtbewusste Vorstellungsleben eindringen und sich dort als eine „idée fixe" festsetzen (zur Begriffsgeschichte vgl. Fischer-Homberger 1975).

4. Wesentliche Erweiterungen, Differenzierungen und Modifikationen

Bereits Ferenczi (1933) hatte eine wesentliche Vertiefung des psychodynamischen Verständnisses herbeigeführt, indem er die Unterwerfung unter den Angreifer und die Introjektion des Angreifers herausarbeitete. Während die Unterwerfung, die die prätraumatische Situation wiederherstellen soll, verständlich macht, auf welchem Wege traumatische Erlebnisse Anschluss an verdrängte Triebwünsche finden, lässt die Introjektion nun eine inhaltliche Bestimmung des „Fremdkörpers" zu, der im traumatischen Moment in das Opfer „eindringt": Es handelt sich dabei um Affekte des Täters gegenüber dem Opfer (vor allem Aggression und Schuldgefühl).

Die weitere psychoanalytische Untersuchung des Traumas führte zu einer Differenzierung zwischen traumatisierenden Einflüssen auf die psychische Entwicklung des Kindes und traumatischen Ereignissen im Leben Erwachsener (Extremtraumatisierung). Was den ersten Aspekt betrifft, führte Kris (1963) die Unterscheidung zwischen Schock- und Stresstrauma ein und machte damit darauf aufmerksam, dass es nicht unbedingt plötzliche, diskrete Ereignisse (Schocktraumen) sind, die die psychische Entwicklung hemmen, sondern dass häufiger an sich subtraumatische Überforderungen der Verarbeitungsmöglichkeiten des Kindes selbst zu schweren Störungen führen können, wenn sie zu lange andauern oder sich zu oft wiederholen. In eine ähnliche Richtung weist Khan (1963), wenn er vom kumulativen Trauma spricht und damit das Versagen der mütterlichen Hilfs- und Schutzfunktionen fokussiert, welches die anwachsenden inneren Spannungen für den Säugling traumatisch werden lassen. Während sich diese beiden Konzepte frühkindlicher Traumatisierung noch fast ausschließlich an ökonomischen Aspekten orientieren, hat Müller-Pozzi (1984, 1985) mit seinem Konzept des infantilen Entwicklungstraumas auch objektbeziehungstheoretische Gesichtspunkte berücksichtigt, womit der bereits von Ferenczi hervorgehobene Anteil der Introjektion wieder in den Mittelpunkt rückt: Das Kind, für das eine Abwendung seiner Mutter ein „absolutes Trauma" darstellen würde, ist zu einer globalen Identifizierung mit der traumatisierenden Mutter gezwungen, weil allein diese die lebensnotwendige Einheit mit der Mutter zumindest vortäuschen kann.

Zu ähnlichen Überlegungen hat auch die psychoanalytische Untersuchung der (Extrem-)Traumatisierung Erwachsener geführt. So ist bei KZ-Überlegenden neben einer „Armierung des Ichs", die den Gefangenen ein „routiniertes, nicht von Affekten begleitetes Funktionieren" ermöglicht und sie vor der permanenten Überschwemmung durch an sich realitätsgerechte Panikaffekte bewahrt (Grubrich-Simitis 1979) vor allem der narzisstische Aspekt des Traumas betont worden. Bedingt durch die äußere Lagersituation kommt es zwangsläufig zu einem völligen Verlust der narzisstischen Besetzung des eigenen Selbst, die nicht anders als mit einer „Identifikation mit dem Narzißmus der Machthabenden" (Eissler 1968, S. 457) beantwortet werden kann. Auf diese Weise kann sich das „vom Verfolger propagierte Feindbild im Ich-Ideal festsetzen" (Grubrich-Simitis 1979, S. 999). Bei Folteropfern ist geradezu ein innerer Kampf zu beobachten, nicht eine bestimmte Form der Liebesbeziehung zu ihren Folterern einzugehen (Amati 1977). Dies wird verständlich, wenn man das Moment der Regression berücksichtigt, die sich als unmittelbare Rückzugsreaktion des Ichs bei jedem schweren Schmerz- oder Verlassenheitserlebnis beobachten lässt. Das in dieser Tiefe den meisten Opfern zuvor unbekannte Trostbedürfnis, das dadurch wachgerufen wird, kann sich auf niemand anderen richten als den Täter, der dadurch fatalerweise in die Rolle des Schutz bietenden Primärobjekts gelangt, mit dem sich zu versöhnen eine absolute Notwendigkeit darstellt. Jedes schwere Trauma kommt daher für das Ubw einem radikalen Versagen der „Mutter" gleich und ruft deshalb massivste (aufgrund der Regression: orale) Aggressionen gegen diese (und nicht gegen den Täter) hervor (vgl. Laub und Auerhahn 1993). Auf diese Weise wird das

Trauma zu einem fundamentalen Angriff auf die verinnerlichten Objektbeziehungen.

Der durch die Introjektion in die Persönlichkeit eingedrungene „Fremdkörper“ stellt eine permanente Gefährdung des posttraumatischen Ichs dar und bildet zugleich die Quelle der oft extrem quälenden Schuldgefühle. Der zentrale posttraumatische Abwehrmechanismus, mit dem das Ich seine prätraumatische Kontrolle wiederzuerlangen versucht, ist die Abspaltung, mit der der unverletzte, „nicht infizierte“ Teil des Selbst gegen den durch die Introjektion „befallenen“ Teil isoliert werden soll. Diese Abspaltung ist für einen großen Teil der nach dem Trauma zu beobachtenden progredienten Zerstörung der Persönlichkeitsstruktur verantwortlich, da das Ich immer größere Bereiche dem traumatisierten Teilbereich zuschlägt, was bis zu einer völligen Entleerung der Persönlichkeit führen kann. Der Wiederholungszwang ist daher nicht nur unter ökonomischer Perspektive als Versuch der Abfuhr oder Bindung der eingedrungenen Erregung zu sehen, sondern auch ichpsychologisch als Ausdruck eines notwendig scheiternden Versuchs des Ichs, das Trauma in der Wiederholung nicht im Zustand der Überwältigung und Hilflosigkeit zu durchleben, und objektbeziehungstheoretisch als Versuch einer Reexternalisierung der traumatischen Introjekte, die für das Ich nicht assimilierbar sind.

Die Kontroverse „Trieb oder Trauma“ (vgl. Grubrich-Simitis 1987) kann heute als überholt eingeschätzt werden, Traumakonzept und Trieblehre ergänzen sich wechselseitig: Ganz offensichtlich sind schwere Traumatisierungen in der Lage, die Triebentwicklung wesentlich zu beeinflussen; andererseits bilden die jeweils individuellen „Triebschicksale“ immer die innere Bühne, auf der ein traumatisches Erlebnis subjektiv erlebt und interpretiert wird. Aber die psychoanalytische Untersuchung zeigt darüber hinaus auch, dass die Gegenüberstellung von Trauma und Konflikt nicht gerechtfertigt ist, da das Trauma immer einen – für das Ich unlösbaren – Konflikt konstituiert, den man vielleicht am Treffendsten als negative Melancholie bezeichnen kann: Das traumatische Objekt kann trotz der Verheerung, die es anrichtet, nicht verlassen und muss daher als Introjekt erhalten werden, weil es eben nicht nur gehasst, sondern unbewusst auch geliebt wird (vgl. Ehlert-Balzer 1996).

5. Die Bedeutung des Begriffs in verschiedenen psychoanalytischen Schulrichtungen

Differenzen zwischen den Schulrichtungen ergeben sich vor allem im Hinblick auf die Relevanz traumatischer Erlebnisse in der Kindheit für die Entstehung psychischer Erkrankungen, wobei alle Schulen im Rahmen der Freud'schen Konzeption bleiben. Wenn man das, was er als Hilflosigkeit bezeichnet hat, als traumatisch versteht, dann erscheint die menschliche Entwicklung per se als traumatisch: Geburt, infantile Abhängigkeit, die Entdeckung des Geschlechtsunterschiedes (Kastration), das grundsätzliche Ausgeschlossensein aus der Urszene und schließlich die eigene Sterblichkeit stellen für jeden Menschen narzisstische Kränkungen dar, die niemals vollständig bewältigt werden können, so dass man legitimerweise von universellen Traumen sprechen kann. Der Begriff des Traumas verlöre dadurch seine nosologische Trennschärfe, gewinne aber klinisch einen unmittelbaren Anschluss an das von Patient und Analytiker in der analytischen Situation Erlebte. Psychoanalytiker, die die Bedeutung der Empathie betonen (also vor allem Vertreter der Selbstpsychologie) tendieren daher zu einem solchen ausgeweiteten Traumabegriff und nähern sich damit Freuds ursprünglicher Vorstellung wieder an, dass die Grundlage jeder psychischen Erkrankung ein Trauma sei. Die Gegenposition zu diesem Verständnis nehmen immer noch die Kleinianer ein, die den Traumabegriff derart einengen, dass er letztlich jede klinische Relevanz verliert (und konsequenterweise im „Wörterbuch der kleinianischen Psychoanalyse“ von Hinshelwood, 1993, gar nicht mehr vorkommt). Sie sehen in den gerade aufgeführten Ereignissen akzidentelle Ereignisse, an denen sich der in der menschlichen Triebnatur selbst begründete innerpsychische Konflikt entfaltet, und nähern sich damit Freuds Vorstellung von den Urphantasien wieder an, die sich in der individuellen Entwicklung auch dann durchsetzen, wenn die Realität allenfalls schwache Andeutungen von ihnen bereitstellt.

6. Interdisziplinäre Beiträge und Befunde

In der psychiatrisch-psychotherapeutischen Behandlung von Traumaopfern scheint sich inzwischen eine Kombination verschiedener Ansätze (Psychoanalyse, Verhaltenstherapie, psychophysiologische Konzepte; vgl. Fischer und Riedesser 1998) etabliert zu haben, deren vorrangiges Ziel in der direkten Unterstützung des traumatisch geschwächten Ichs unter bewusster Vermeidung der Reaktualisierung des Traumas in der Übertragung besteht und deren theoretische Grundlagen weitgehend in dem psychophysiologischen Stresskonzept liegen („posttraumatic stress disorder"), welches u.a. zu einer genaueren Untersuchung jener Coping-Mechanismen geführt hat, die für die Verarbeitung des Traumas hilfreich sind. Neuere hirnphysiologische Befunde weisen dabei darauf hin, dass traumatische Erlebnisse vom Gehirn tatsächlich grundlegend anders als andere hochaffektive Erlebnisse verarbeitet und gespeichert werden, was u.a. bestimmte Aspekte der traumatischen Amnesie gut erklärt (zusammenfassend vgl. Krause 1997).

Literatur

Amati, S. (1977). Reflexionen über Folter. Psyche – Z Psychoanal, 31, 228–245.

Ehlert-Balzer, M. (1996). Das Trauma als Objektbeziehung. Veränderungen der inneren Objektwelt durch schwere Traumatisierung im Erwachsenenalter. Forum der Psychoanalyse, 12 (4), 291–314.

Eissler, K.R. (1968). Weitere Bemerkungen zum Problem der KZ-Psychologie. Psyche – Z Psychoanal, 22, 452–463.

Ferenczi, S. (1933). Sprachverwirrung zwischen den Erwachsenen und dem Kind. Die Sprache der Zärtlichkeit und der Leidenschaft. In ders. (1964), Bausteine zur Psychoanalyse, Bd. 3 (S. 511–525). Bern: Huber.

Fischer, G. und Riedesser, P. (1998). Lehrbuch der Psychotraumatologie. München: UTB.

Fischer-Homberger, E. (1975). Die traumatische Neurose. Vom somatischen zum sozialen Leiden. Bern: Huber.

Grubrich-Simitis, I. (1979). Extremtraumatisierung als kumulatives Trauma. Psyche – Z Psychoanal, 33 (11), 991–1023.

Grubrich-Simitis, I. (1987). Trauma oder Trieb – Trieb und Trauma. Lektionen aus Freuds phylogenetischer Phantasie von 1915. Psyche – Z Psychoanal, 41, 992–1023.

Hinshelwood, R.D. (1993). Wörterbuch der kleinianischen Psychoanalyse. Stuttgart: Verlag Internationale Psychoanalyse.

Khan, M.M.R. (1963). The concept of cumulative trauma. Psychoanalytic Study of the Child, 18, 286–306.

Krause, R. (1997). Trauma und Erinnerung. Persönlichkeitsstörungen, 3, 36–44.

Kris, E. (1963). The recovery of childhood memories in psychoanalysis. Psychoanalytic Study of the Child, 11, 54–88.

Laub, D. and Auerhahn, N.C. (1993). Knowing and not knowing massive psychic trauma: Forms of traumatic memory. International Journal of Psycho-Analysis, 74, 287–302.

Müller-Pozzi, H. (1984). Trauma und Neurose. In R. Berna-Glanz und P. Dreyfus (Hg.), Trauma, Konflikt, Deckerinnerung (S. 102–120). Stuttgart: frommann-holzboog.

Müller-Pozzi, H. (1985). Identifikation und Konflikt. Die Angst vor Liebesverlust und der Verzicht auf Individuation. Psyche – Z Psychoanal, 39, 877–905.

Sulloway, F.J. (1979). Freud, Biologe der Seele. Jenseits der psychoanalytischen Legende. Köln: Hohenheim.

Triangulierung *von Lothar Schon*

triangulation – triangulation

1. Definition

Der Begriff Triangulierung entstammt dem Kontext der psychoanalytischen Objektbeziehungstheorie (vgl. Abschnitte 3 u. 5). Als Entwicklungskonzept bezeichnet er die allmähliche Entstehung und Verinnerlichung von drei ganzheitlichen, d.h. ambivalenten Objektbeziehungen im Verlauf der ersten Lebensjahre. Dabei handelt es sich prototypisch in der Regel um die Beziehungen des Kindes zur Mutter und zum Vater sowie um die Beziehung der Eltern zueinander. Alle drei Beziehungen werden vom Kind nicht nur erlebt, sondern in Verbindung mit den sie begleitenden Phantasien auch intrapsychisch abgebildet und so zu einer inneren triangulären Beziehungsstruktur, vor deren stets konflikthaftem Hintergrund auch andere Beziehungen erlebt und gestaltet werden.

In der psychoanalytischen Entwicklungspsychologie wird unterschieden zwischen „früher" und „ödipaler" Triangulierung, wobei die frühe Triangulierung als notwendige Voraussetzung für das Erleben und die Bewältigung des Ödipuskomplexes angesehen wird. Das Ergebnis des vollständig gelungenen Triangulierungsprozesses sind ambivalente, d.h. positive und negative Aspekte integrierende Repräsentanzen von Mutter, Vater und dem eigenen Selbst sowie der gegenseitigen Beziehungen zwischen allen Dreien.

Abelin (1971) entwickelte das Konzept der „frühen Triangulierung": Schon lange vor dem Eintritt in den Ödipuskomplex muss das Kleinkind die Beziehung zwischen seinen beiden wichtigsten Bezugspersonen Mutter und Vater begreifen und internalisieren. Das Ende des frühkindlichen Egozentrismus wird eingeläutet, wenn das Kind die Eltern zunehmend als Paar wahrnimmt, sich zuweilen ausgestoßen fühlt und dieses Gefühl durch die Identifikation mit dem jeweiligen „Rivalen" überwinden kann. Im doppelten Spiegel seiner Eltern (situatives Aufgeben der egozentrischen und Einnehmen einer exzentrischen Perspektive) nimmt das Kind sich erstmals als getrenntes Selbst wahr. Ein Misslingen der frühen Triangulierung hat unmittelbar negative Auswirkungen auf die Entwicklung des Selbst und der Objektbeziehungen (Abelin 1975). Die aggressive Rivalität im Beziehungsdreieck mit den Eltern wird in der frühen Triangulierung aber nicht gelöst, sondern durch den Vorgang der Identifikation weitgehend abgewehrt. Diese Identifikation ermöglicht zusammen mit der abwechselnden „Verwendung" beider Elternteile als „gute Objekte" ein partielles Aufgebenkönnen exklusiver, rein dyadischer und symbiotisch geprägter Beziehungsmodi. Die allmähliche Stabilisierung und Konsolidierung des Selbst und der Objektbeziehungen im Zuge der frühen Triangulierung bildet die Voraussetzung dafür, dass das Kind in einem weiteren Entwicklungsschritt die ödipale Konfliktsituation erleben und ertragen kann. Erst dann ist im günstigen Fall die Bewältigung des Ödipuskomplexes möglich. In diesem Sinne kann Triangulierung als ein phasenübergreifendes psychoanalytisches Entwicklungskonzept definiert werden (Schon 1995).

2. Klassische Auffassung

Die Psychoanalyse hat sich von Anfang an mit der Dreiecksbeziehung zwischen Mutter, Vater und Kind und den mit ihr einhergehenden Konflikten befasst, zunächst jedoch vor allem mit dem Ödipuskomplex. Die klassische Auffassung der ödipalen Triangulierungsprozesse war – lange vor der Einführung des Triangulierungsbegriffs – geprägt vom traditionellen Rollenverständnis in der bürgerlichen Familie und vom triebtheoretischen und phallozentrischen Modell des Ödipuskomplexes, wie Freud es entworfen hatte. Bei dieser Lesart von Triangulierung geht es um sexuelles Begehren, Rivalität und Todeswünsche, Kastrationsangst und Penisneid. In dieser triebzentrierten Sicht gehen die ödipalen Bestrebungen ausschließlich vom Kind und seiner phasengerechten Entwicklung aus; die Eltern sind nicht Protagonisten des Geschehens, sondern bloße Objekte der infantilen Triebwünsche.

Melanie Klein kann als Entdeckerin präödipaler Triangulierungskonflikte bezeichnet werden, denn ihr war aufgefallen, dass lange vor dem regelrechten Eintritt in den Ödipuskomplex eine konflikthaft erlebte Hinwendung des Kleinkindes zum Vater stattfindet (Klein 1927). Ursache für dieses Beziehungsgeschehen ist nach ihrer ebenfalls klassisch triebtheoretischen Auffassung die orale Frustration des Kindes durch die Mutter beim Vorgang des Abstillens. Der daraus resultierende Hass auf die Mutter treibe das Kleinkind sozusagen zwangsläufig in die Arme des Vaters. Klein bezeichnete diese Entwicklungsphase als „Frühstadium des Ödipuskomplexes".

Der Begriff Triangulierung wurde erst in den 70er Jahren durch Abelin zu einem festen Bestandteil der psychoanalytischen Terminologie. Die von ihm vorgelegte klassische Auffassung der frühen Triangulierung lässt bereits eine erhebliche Veränderung gegenüber der triebtheoretischen Sichtweise erkennen: Zum einen war es das Verdienst der Objektbeziehungstheorie, das psychoanalytische Augenmerk stärker auf die realen Interaktionen zwischen Vater, Mutter und Kind zu lenken und damit die triebtheoretische Auffassung der kindlichen Entwicklung und die hervorragende Rolle infantiler Phantasien in ihrer Bedeutung zu relativieren. Zum anderen wurde durch psychoanalytische Kleinkindforscher wie Mahler und Abelin zunehmend die präödipale Bedeutung des Vaters für Kinder beiderlei Geschlechts erkannt und untersucht. Doch auch das ursprüngliche Modell der frühen Triangulierung bleibt dem traditionellen Geschlechtermodell verhaftet, das nicht als historisch und kulturanthropologisch zu relativierendes erkannt wird. Stets ist die Mutter erste und bedeutungsvollste Bezugsperson, der Vater kommt als „bedeutsamer Anderer" nun allerdings früher und auf andere Weise ins Spiel als in der Theorie vom Ödipuskomplex. Er ist in dieser frühen Zeit nicht in erster Linie Störenfried, sondern „Ritter in schimmernder Rüstung", der dem Kind die Welt jenseits des mütterlichen Universums zeigt und in dieser Funktion vom präödipalen Kleinkind geliebt und herbeigesehnt wird. Die präödipale Funktion des Vaters wird damit auf eine einseitige Formel gebracht: Er, der angeblich „unkontaminiert" ist von den heftigen Ambivalenzkonflikten der Mutter-Kind-Beziehung, hat das Kind von der Mutter zu befreien und wird damit zum Wegbereiter von Loslösung und Individuation.

Die klassische Auffassung der frühen Triangulierung beinhaltet zudem ein konservativ-patriarchalisch begründetes Drei-Stufen-Modell, das Unterschiede in der Entwicklung von Mädchen und Jungen erklären soll (Abelin 1986). Das Modell kann an dieser Stelle nicht erläutert werden, es erscheint aus der Perspektive der modernen psychoanalytischen Entwicklungspsychologie nicht haltbar (zur kritischen Diskussion vgl. Schon 1995).

3. Ideengeschichtlicher Hintergrund

Der Triangulierungsbegriff konnte erst vor dem Hintergrund der Objektbeziehungstheorie entstehen, die in den 50er und 60er Jahren aus der triebtheoretischen „one-body-psychology" der Psychoanalyse (Balint) zunehmend eine in Interaktionen denkende, systemische Theorie der Beziehungen innerhalb der Familie machte. Der Schwerpunkt der Betrachtung verlagerte sich von den intrapsychischen, trieb- und phantasiegesteuerten infantilen Prozessen zunehmend auf das interpsychische Beziehungsgeschehen und -erleben und die Entstehung seelischer Strukturen als intrapsychische Niederschläge (Repräsentanzen) dieser Beziehungen. Natürlich spielen infantile Triebregungen und Phantasien bei diesen Prozessen auch aus objektbeziehungstheoretischer Sicht eine beachtliche Rolle, doch zunehmend wurden auch die psychische Struktur der Eltern, ihre Triebwünsche und Phantasien sowie der reale Umgang der Familienmitglieder untereinander als wichtige Determinanten der kindlichen Entwicklung angesehen.

Abelin entwickelte das Konzept der frühen Triangulierung im Rahmen der Mahler'schen Theorie von Loslösung und Individuation und der Untersuchungen ihrer Arbeitsgruppe über die frühe Bedeutung des Vaters in der kindlichen Entwicklung. Er war dabei aber nicht nur von der Objektbeziehungstheorie und den Beobachtungsergebnissen der psychoanalytischen Kleinkindforschung beeinflusst, sondern auch vom Gedankengut des französischen Strukturalismus von Lacan und seinen Schülern. Diese Autoren halten die Triade, unabhängig von der realen Anwesenheit des Vaters, für das strukturelle Apriori der Entfaltung menschlichen Daseins (Lang 1992). Bleibt eine symbolische Repräsentation des Dritten (auch vermittelt durch die Mutter) aus, so führt das im Extremfall in die Psychose. Hilfreich ist in diesem Zusammenhang die Lacan'sche Unterscheidung zwischen realem, imaginärem und symbolischem Vater (vgl. z.B. Borens 1993). So hat sich beispielsweise Grieser (1998) mit dem imaginären Vater (auch: „Vaterbild“) für die Entwicklung des Kindes beschäftigt.

4. Wesentliche Erweiterungen, Differenzierungen und Modifikationen

Die Auseinandersetzung moderner Autoren mit dem Konzept der frühen Triangulierung (z.B. Ermann 1985 und 1989; Rotmann 1985) und die zunehmende Aufweichung der absoluten klinischen Unterscheidung zwischen präödipalen und ödipalen Störungen führten zu einigen wichtigen Veränderungen und Erweiterungen des Konzepts: Immer mehr Autoren teilen die Auffassung, dass die Fähigkeit zur Triangulierung angeboren ist, dass Triangulierungsprozesse bereits mit der Geburt einsetzen, und dass die exklusive Symbiose und Dyade zwischen Mutter und Kind darum nicht als normales Entwicklungsstadium zu betrachten ist, sondern als ein (durch die psychische Struktur der Mutter und ihre Bedürftigkeit sowie die Abwesenheit des Vaters bedingtes) pathologisches Phänomen (vgl. z.B. Lang 1992, Borens 1993). In diesem Kontext wird allmählich begonnen, die ganz frühe Vater-Kind-Beziehung zu erforschen (z.B. von Klitzing 2002a,b). Zumindest in solchen Familien, in denen der Vater stärker präsent ist und sich bereits früh mit seinen Kindern beschäftigt, wird auch die frühe Vater-Kind-Beziehung von einem Ambivalenzkonflikt „kontaminiert“ (vgl. Ermann 1985, Schon 1998).

Auch die Auffassung, dass die Triangulierung der Objektbeziehungen als Entwicklungsschritt erst mit dem Untergang des Ödipuskomplexes vollendet sei, wird bezweifelt. Stattdessen wird angenommen, dass die Repräsentation von drei ganzen, ambivalenten Objektbeziehungen beim Kind Voraussetzung für einen reifen Ödipuskomplex und dessen Bewältigung ist (vgl. z.B. Lang 1992, Schon 1995). Buchholz hat darauf aufmerksam gemacht, dass Triangulierung ein von allen drei Beteiligten (also auch von den Eltern) zu leistender Entwicklungsschritt ist und auf den ständigen Perspektiven- und Rollenwechsel in der „rotierenden“ familiären Triade hingewiesen (Buchholz 1990).

In der klinischen Literatur finden sich etliche Untersuchungen über die Zusammenhänge von Triangulierungskonflikten, psychischer Struktur und bestimmten Krankheitsbildern, so z.B. für Borderline-Störungen (Rohde-Dachser 1987, Hirsch 1988), weibliche und männliche Hysterie (Rupprecht-Schampera 1997) oder psychosomatische Erkrankungen (Frank 1988). Im Zuge sich wandelnder Lebensformen von Erwachsenen mit Kindern in unserer Gesellschaft erlangt zunehmend auch die Frage an Bedeutung, auf welche Weise Triangulierungsprozesse außerhalb des Rahmens der klassisch bürgerlichen Familie stattfinden und gelingen können (Reiche 1997, Schon 2000). Das Triangulierungskonzept, das in den 80er Jahren erschöpfend behandelt erschien, erfährt auch aktuell eine stetige Erweiterung und Modifikation.

5. Die Bedeutung des Begriffs in verschiedenen psychoanalytischen Schulrichtungen

Da der Begriff selbst ein objektbeziehungspsychologischer ist und die Akzeptanz grundsätzlicher Annahmen der Objektbeziehungstheorie über die Entstehung psychischer Strukturen voraussetzt, ist es schwierig, seine Bedeutung in anderen Schulrichtungen zu ermitteln.

Auch wenn im Rahmen von Triebtheorie und Strukturtheorie bereits das familiäre Beziehungsdreieck zum Gegenstand psychoanalytischer Betrachtungen gemacht wurde (s.o.), waren doch damals die Vorstellungen über die Entwicklung psychischer Strukturen noch anders und undifferenzierter. Frühe Anklänge an Vorstellungen, die später im Triangulierungskonzept zusammengefasst wurden, finden sich am ehesten in der analytischen Psychologie C.G. Jungs (1973). Wengler (1996) hat darauf hingewiesen, dass sich auch in Adlers individualpsychologischem Werk bereits viele Gedanken zur frühen Bedeutung des Vaters und der elterlichen Beziehung für die psychische Strukturbildung des Kindes finden.

Weder in der Ich-Psychologie noch in der Kohut'schen Selbstpsychologie finden sich Konzepte, die auf eine Auseinandersetzung mit dem Triangulierungsthema hinweisen. Man könnte Kohut sogar den Vorwurf machen, dass er mit seiner Narzissmustheorie in den 70er Jahren die damals gerade aufkeimende Beschäftigung mit der frühen Bedeutung des Vaters und anderer dritter Personen für die psychische Entwicklung des Kindes gebremst hat. Wieder war es die ganz frühe, enge, spiegelnde und möglichst von maximaler Empathie geprägte Dualunion zwischen Mutter und Kind, die zum nahezu ausschließlichen Gegenstand des Interesses gemacht wurde. Dieser Trend fand seine Fortsetzung zunächst auch in der stark von der Selbstpsychologie beeinflussten Bindungstheorie sowie der psychoanalytischen Säuglings- und Kleinkindforschung, die erst allmählich nennenswerten Beiträge zur Erforschung von Triangulierungsprozessen zu leisten beginnen. So argumentiert von Klitzing (2002a), dass Bindungstheorie und -forschung wenig geeignet seien, die Bedeutung der frühen Vater-Kind-Beziehung und der dynamischen Interaktionen zwischen allen Familienmitgliedern zu beleuchten. Er plädiert für komplexere Konzepte und experimentelle Designs, die es ermöglichen, triadische Interaktionen und die Anfänge von Triangulierung abzubilden. Beispielhaft sei hier auf das „Lausanner Spiel zu Dritt" (Frascarolo et al. 2002) sowie von Klitzings eigene Forschungsmethoden hingewiesen (von Klitzing 2002b).

Da die Mehrheit klinisch tätiger Analytikerinnen und Analytiker sich nicht einer bestimmten Schulrichtung verschreibt, sondern theoretische Modelle aus verschiedenen Schulen rezipiert und integriert, hat das Triangulierungskonzept eine breite Aufnahme in der psychoanalytischen Gemeinschaft gefunden und auch behandlungstechnisch wichtige Konsequenzen mit sich gebracht (vgl. z.B. Ehebald 1991).

6. Interdisziplinäre Beiträge und Befunde

Die moderne Säuglings- und Kleinkindforschung hat inzwischen das methodische Rüstzeug, um frühe und früheste Triangulierungsprozesse auf empirischer Basis einer differenzierten Untersuchung zugänglich zu machen: Wie reagieren Säuglinge und sehr kleine Kinder auf den Vater, wie verhalten sie sich im Erleben der elterlichen Beziehung? In welchem Ausmaß variieren beobachtbare Interaktionen und Reaktionen bei unterschiedlichen Beziehungskonstellationen (häufige An- oder Abwesenheit des Vaters, Streit zwischen den Eltern usw.)? Kann man bei Säuglingen Eifersuchtsreaktionen beobachten, und wie gehen sie unter verschiedenen Bedingungen jeweils damit um?

Im Hinblick auf die intrapsychischen Strukturbildungsprozesse, die mit dem Triangulierungskonzept erklärt werden sollen, könnte eine empirische Überprüfung im Rahmen der Kognitionspsychologie interessante Befunde beitragen. Allerdings stößt man hier sehr schnell auf methodische Probleme: auf welche Weise sollte es möglich sein, rudimentäre mentale Repräsentationen („Erinnerungsspuren") des Selbst und der bedeutsamen Objekte (Bezugspersonen) beim Säugling und Kleinkind nachzuweisen? Der Streit um die Existenz oder Nicht-Existenz von Phantasien vor dem 18. Lebensmonat scheint zu zeigen, dass inhaltliche, methodische und wissenschaftstheoretische Kontroversen zwischen der Psychoanalyse und stärker naturwissenschaftlich ausgerichteten Disziplinen schwer zu überbrücken sind (vgl. z.B. Zuriff 1993). Aktuelle neurophysiologische und -psychologische Untersuchungen lassen indes Optimismus aufkommen: So kann beispielsweise die Entdeckung und Untersuchung der sogenannten „Spiegelneurone“ inzwischen Phänomene wie Mitfühlen, das Hineinversetzen in den Anderen und die Übernahme der Perspektive eines Gegenübers naturwissenschaftlich erklären (Bauer 2005). Hier wird auf neuronaler Ebene beschrieben, wie Triangulierung möglich ist.

Interdisziplinäre Berührungspunkte, die eine Zusammenarbeit interessant und lohnenswert erscheinen lassen, bestehen auch zur Familienpsychologie und -therapie (z.B. Buchholz 1993), zur akademischen Entwicklungspsychologie (z.B. Fthenakis 1992), zur Familiensoziologie sowie zur Pädagogik und pädagogischen Psychologie.

Literatur

Abelin, E.L. (1971). The role of the father in the separation-individuation process. In MacDevitt, J. and Settlage, C. (Eds.), Separation-Individuation. New York: International Universities Press.

Abelin, E.L. (1975). Some further observations and comments on the earliest role of the father. International Journal of Psycho-Analysis, 56, 293–302.

Abelin, E.L. (1986) Die Theorie der frühkindlichen Triangulation. Von der Psychologie zur Psychoanalyse. In Stork, J. (Hg.) Das Vaterbild in Kontinuität und Wandlung. Stuttgart: frommann-holzboog.

Bauer, J. (2005) Warum ich fühle, was du fühlst. Intuitive Kommunikation und das Geheimnis der Spiegelneurone. Hamburg: Hoffmann & Campe

Buchholz, M.B. (1990). Die Rotation der Triade. Forum der Psychoanalyse, 6, 116–134.

Buchholz, M.B. (1993). Dreiecksgeschichten. Eine klinische Theorie psychoanalytischer Familientherapie. Göttingen: Vandenhoeck & Ruprecht.

Ehebald, U. (1991). Die Bedeutung des präödipalen Vaters in der psychoanalytischen Behandlung oder die Verleugnung der „primären Väterlichkeit“. Zeitschrift für psychoanalytische Theorie und Praxis, VI, 277–292.

Ermann, M. (1985). Die Fixierung in der frühen Triangulierung. Forum der Psychoanalyse, 1, 93–110.

Ermann, M. (1989). Das Dreieck als Beziehungsform. Zur Entwicklungsdynamik der Triangulierungsprozesse. Praxis der Psychotherapie und Psychosomatik, 34, 261–269.

Frank, H. (1987). Die Bedeutung des Vaters in der psychoanalytischen Literatur. Kind und Umwelt, 54, 2–17.

Frascarolo, F., Fivaz-Depeursinge, E. und Corboz-Warnery, A. (2002). Triadische Allianzen zwischen Vätern, Müttern und ihren Kindern beim Spiel. Eine Untersuchung von triadischen Spielsituationen. In Steinhardt, C., Datler, W. und Gstach, J. (2002) Die Bedeutung des Vaters in der frühen Kindheit. Gießen: Psychosozial.

Fthenakis, W. (1992). Neue Väterlichkeit. Die Rolle des Vaters im Familienentwicklungsprozess. In Publikationen des Instituts für Ehe und Familie 11. Wien: Riegelnik.

Grieser, J. (1998). Der phantasierte Vater. Zur Entstehung und Funktion des Vaterbildes beim Sohn. Tübingen: edition diskord.

Hirsch, M. (1988). Pseudo-ödipale Dreiecksbeziehungen. Frühe Triangulierung der Borderline-Persönlichkeit. Forum der Psychoanalyse, 4, 139–152.

Jung, C.G. (1973). Die Psychologie der Übertragung. Olten: Walter.

Klein, M. (1927). Frühstadien des Ödipuskonfliktes. Internationale Zeitschrift für Psychoanalyse, 14,1, S. 65–77.

Klitzing, K. von (2002a). Jenseits des Bindungsprinzips. In Steinhardt, C., Datler W. und Gstach, J. (Hg.) Die Bedeutung des Vaters in der frühen Kindheit. Gießen: Psychosozial.

Klitzing, K. von (2002b). Frühe Entwicklung im Längsschnitt: Von der Beziehungswelt der Eltern zur Vorstellungswelt des Kindes. Psyche – Z Psychoanal, 56, 863–887.

Lang, H. (1992). Die „strukturale Triade“. Überlegungen zur Neubewertung des Ödipuskomplexes. Praxis der Psychotherapie und Psychosomatik, 37, 207–215.

Reiche, B. (1997). Väter-Dasein. Die Erfahrungen

von Vätern als Versorger ihrer Säuglinge und Kleinkinder im Wechselspiel von Rollenzuschreibung und Übertragung. Hamburg: Verlag Dr. Kovac.
Rohde-Dachser, C. (1987). Ausformungen der ödipalen Dreieckskonstellation bei narzisstischen und bei Borderline-Störungen. Psyche – Z Psychoanal, 41, 773–799.
Rotmann, M. (1985). Frühe Triangulierung und Vaterbeziehung. Forum der Psychoanalyse, 1, 308–317.
Rupprecht-Schampera, U. (1997). Frühe Triangulierung in der Hysterie. Psyche – Z Psychoanal, 51, 637–664.
Schon, L. (1995). Entwicklung des Beziehungsdreiecks Vater-Mutter-Kind. Stuttgart: Kohlhammer.
Schon, L. (2000). Sehnsucht nach dem Vater. Die Dynamik der Vater-Sohn-Beziehung. Stuttgart: Klett-Cotta.
Wengler, B. (1996). Die Bedeutung des Vaters, insbesondere für die Entwicklung des Sohnes. Zeitschrift für Individualpsychologie, 21, 204–219.
Zuriff, G.E. (1993). Theoretische Schlussfolgerungen und die „Neuen psychoanalytischen Theorien über den Säugling“. Psyche – Z Psychoanal, 48, 1153–1171.

Trieb *von Ralph J. Butzer*

drive – pulsion

1. Definition

Unter einem Trieb versteht man einen dynamischen, innerseelischen Vorgang, der mit organismischen Zuständen in Verbindung steht und der in seiner zielgerichteten Dranghaftigkeit die Grundlage von motivierten (emotionalen und motorischen) Aktionen einer Person abgibt. Im Gegensatz zu dem ebenfalls körperlich verankerten, jedoch vollständig der Biologie zugeordneten Begriff Instinkt bezeichnet Trieb eine größere Verhaltensoffenheit, die dem psychischen Bereich generell eignet.

Allgemein können Triebtheorien monistisch, dualistisch oder pluralistisch sein; während Freuds Trieblehre dualistisch, Jungs, Adlers oder auch Reichs monistisch konzipiert sind, sind pluralistische Ansätze in der Psychoanalyse kaum zu verzeichnen (Bibring 1936) sieht Ansätze zu einer trialistischen Triebtheorie bei Federn und Weiß).

Nacheinander stellt Freud folgende Gegensatz- und Konfliktpaare auf: Von 1894–1911 dominiert der Dualismus Sexualtriebe versus Ich- (bzw. Selbsterhaltungs-) Triebe; von 1915–1920 sind es Sexual- vs. Aggressionstriebe und ab 1920 Lebens- vs. Todestrieb. In der Zeit zwischen 1911 und 1914 entwickelt Freud das Konzept des Narzissmus, das die Sexual- und Ich-Triebe aus einer gemeinsamen libidinösen Quelle hervorgehen lässt und so den Gegensatz zeitweise scheinbar zugunsten einer monistischen Annahme aufhebt; allerdings zeigt sich Freuds dualistischer Grundzug dann doch wieder in der Unterscheidung zwischen Ich- und Objektlibido bzw. der Annahme eines nichtlibidinösen „Interesses“.

2. Klassische Auffassung

Mit dem Satz „Die Trieblehre ist das bedeutsamste, aber auch das unfertigste Stück der psychoanalytischen Theorie“(1905d, S. 67, Zusatz von 1924) charakterisiert Freud sicherlich am treffendsten Bedeutung und Dilemma dieses psychoanalytischen Theorieteils: Einerseits schien sie ihm klinisch unverzichtbar, um wesentliche psychoanalytische Erfahrungsgehalte zu fassen, andererseits schwer begründbar, von fragiler theoretischer Konsistenz und von Beginn an den Anfeindungen der Nachbarwissenschaften ausgesetzt. Überdies ist in Freuds Schriften nicht immer eindeutig auszumachen, ob der Trieb schon der psychische Repräsentant „der aus dem Körperinnern in die Seele gelangenden Reize“(1915c, S. 214) ist oder erst durch eine ihn repräsentierende Vorstellung oder einen Affekt Objekt des Psychischen werden kann (vgl. Freud 1915e, S. 275f.).

Bei Freud werden die Triebe als „letzte Ursache jeder Aktivität“ (1940a, S. 70) gesehen und beanspruchen ihre fundamentale Stellung als „Maße von Arbeitsanforderungen für das Seelenleben“ (1905d, S. 67). „Was die Triebe voneinander unterscheidet und mit spezifischen Eigenschaften ausstattet, ist deren Beziehung zu ihren somatischen Quellen und ihren Zielen. Die Quelle des Triebes ist ein erregender Vorgang in einem Organ und das nächste Ziel des Triebes liegt in der Aufhebung dieses Organreizes“ (Freud 1905d, S. 67).

Aufgrund seiner Zerlegung des Begriffs in Drang, Quelle, Ziel und Objekt (1915c, S. 214 ff.) lassen sich so die Merkmale eines Triebes genau beschreiben:

Mit dem „Drang“ thematisiert Freud den dynamischen Gesichtspunkt und qualifiziert so das motorische Moment und den Charakter des Drängenden als allgemeine Eigenschaft und das Wesen der Triebe (Freud 1915c, S. 214). Über die „Ziele“, die er 1933 in „innere“und „äußere“ differenzierte, heißt es: „Das Ziel kann am eigenen Körper erreicht werden, in der Regel ist ein äußeres Objekt eingeschoben, an dem der Trieb sein äußeres Ziel erreicht; sein inneres bleibt jedes Mal die als Befriedigung empfundene Körperveränderung“ (Freud 1933a, S. 103). Durch diese Unterscheidung weist Freud auf die Priorität des „Zieles“ gegenüber dem „Objekt“ hin: primär ist die Befriedigung, erst sekundär wird ein Objekt erforderlich, „an dem“ der Trieb sein Ziel erreicht. Objekte werden im Hinblick auf Ziele ausgewählt, nicht umgekehrt. Das Objekt „ist das variabelste am Triebe, nicht ursprünglich mit ihm verknüpft, sondern ihm nur infolge seiner Eignung zur Ermöglichung der Befriedigung zugeordnet“ (Freud 1933a, S. 103).

Von allen Bestimmungsstücken bietet sich die „Quelle“ (Ziele und Objekte sind veränderbar) als relativ konstantes Merkmal für eine Klassifikation der Triebe besonders an (vgl. Bibring 1936, S. 150f.), denn „auf dem Wege von der Quelle zum Ziel wird der Trieb psychisch wirksam“ (Freud 1933a, S. 103). Der Begriff der Triebquelle ist eng mit dem der erogenen Zone und dem des Partialtriebes im Rahmen der Sexualtheorie (Libidotheorie) verknüpft und wird als „weitere vorläufige Annahme“ (Freud 1905d, S. 68) an die psychischen Phänomene herangetragen, da es ihm nicht möglich erscheint, allein aufgrund des psychologischen Materials eine Klassifizierung der Triebe zu gewinnen (vgl. Freud 1915c, S. 217).

Die Verschiedenheit der (somatischen) Quelle ist für Freud somit zunächst das entscheidende Kriterium für die Einteilung der unterschiedlichen Triebgruppen. So hält er in seiner ersten Triebtheorie, der dualistischen Sonderung von Ich- und Sexualtrieben, besonders an einer tiefgreifenden Differenz zwischen diesen beiden Triebarten fest (vgl. Freud 1916–17a, S. 428).

Bei dem Versuch, einer näheren Bestimmung dieser Differenz, geht Freud davon aus, dass „von den Körperorganen Erregungen von zweierlei Art geliefert werden“ (1905d, S. 68) und möchte durch die Trennung von Sexualtrieb und (nichtlibidinösem) Selbsterhaltungstrieb deutlich machen, „daß sich Sexualvorgänge im Organismus durch einen besonderen Chemismus von den Ernährungsvorgängen unterscheiden“ (1905d, S. 118).

Das Kriterium für die Klassifikation der Triebe wechselte im Laufe der Zeit von der „Quelle“ zum „Ziel“ und findet seine klarste Anwendung im Dualismus von Lebens- und Todestrieben. In dieser letzten Form der Triebeinteilung wird aufgrund der (sehr weit gefassten) Zielhandlung entschieden, welche Verhaltens- und Erlebensweise einem der beiden großen Pole psychischer Betätigung zugeordnet werden: Während bei den Lebenstrieben Richtung und Ziel der Libido die Bindung (Herstellung größerer Einheiten) ist, geht es den Destruktions- oder Todestrieben um die Auflösung und Zerstörung von Zusammenhängen (Freud 1940a, S. 71).

Bei dieser Entwicklung darf allerdings nicht übersehen werden, dass sich hier unter der Hand der Begriff des Sexualtriebes inhaltlich gewandelt hat: War dieser vor der letzten Fassung, in seinen Ansprüchen unerbittlich, eine Gefahr für die Organisation des psychischen Apparates und wurde generell als eine „Störung von Innen“ (Freud 1916/17a, S. 414) begriffen, so erscheint der Eros gezähmt, nicht mehr als auflösende, verstörende, ja traumatische Kraft, sondern ganz im Gegenteil als Streben nach Bindung, um dem destruktiven Begehren des Todestriebes entgegenzustehen.

Auf das energetische Konzept einer Mischung und Entmischung verschiedener Triebe wurde Freud im Rahmen seiner Todestriebtheorie aufmerksam, wo er es insbesondere zur Erklärung von Masochismus und Sadismus heranzog (vgl. Freud 1933a, S. 111ff.). Von besonderer Bedeutung ist der Grad der Vermischung bzw. das jeweilige Mischungsverhältnis, das einen Liebhaber zum Lustmörder oder ihn scheu und impotent macht (vgl. Freud 1940a, S. 71).

In Freuds Beispielen ist eine Tendenz zu erkennen, Triebmischung mit der bindenden Qualität des Eros und Triebentmischung mit der aggressiven Zielverfolgung des Todestriebes gleichzusetzen.

3. Ideengeschichtlicher Hintergrund

Wie schon Dorer (1932) aufgezeigt hat, ist Freuds Denken dem deterministischen Positivismus und Materialismus des ausgehenden 19. Jahrhunderts verpflichtet, was insbesondere in der Vorstellung des psychischen Geschehens, das durch ein Spiel von (z.T. chemischen) Reizen und Kräften ausgelöst wird, zum Ausdruck kommt. Physikalistisch-energetische Denkfiguren durchziehen in der Frühphase der Psychoanalyse die Darstellung der Psyche als Apparat, dessen mechanistisches Funktionieren und Verarbeiten sich zwischen Reiz als Anforderung und Reaktion als Abfuhr vollzieht. Gerade die Triebe werden vorgestellt als „Kräfte, welche den seelischen Apparat zur Tätigkeit antreiben“ und „in den Organen des Körpers erzeugt werden als Ausdruck der großen Körperbedürfnisse“ (Freud 1926e, S. 227).

Das für die Triebtheorie grundlegende Prinzip der Energieerhaltung übernimmt Freud allerdings direkt von Fechner, über den er in seiner „Selbstdarstellung“ (1925d, S. 86) sagt, dass er sich in wichtigen Punkten an dessen Ideen angelehnt habe.

Trotz all dieser Einflüsse des mechanistischen und physikalistischen Denkens ist beim späten Freud (nach 1920) durch eine inhaltliche Veränderung des Triebkonzepts „keine einfache und rein mechanistische Gleichstellung mehr von Trieb, Energiepegel und Lust-Unlust“ (Sulloway 1982, S. 556) zu finden, wohingegen (jedoch immer noch unter Beibehaltung der ökonomisch-energetischen Formulierungen) nun eine stärkere Beachtung von historischen Einflüssen hinsichtlich der Triebkonstitution zu konstatieren ist (vgl. Butzer 1991). Diesen Historismus der Triebfundierung haben jedoch alle Kritiker übersehen, die – wie z.B. Holt – zu glauben meinen, daß Freud die Ideen von Helmholtz und Brücke, nur unwesentlich verändert, übernommen habe und von daher die Triebtheorie als „unhaltbar mechanistische Theorie“ und „Anachronismus jenseits jeder Hoffnung auf Rehabilitierung“ aufgegeben werden sollte (Holt 1976, S. 163, 194).

4. Wesentliche Erweiterungen, Differenzierungen und Modifikationen

Laplanche (1988, S. 122–148) interpretiert Freuds Anlehnungsthese der ersten Äußerungen des Sexualtriebes sozialisationstheoretisch, indem er die Entstehung der Sexualität als Trieb an die frühe Pflege und den Körperkontakt des Kindes mit der Mutter knüpft und dies generell als Verführung versteht. Er spricht von einer „Urverführung“ als einer Situation, in der „Quell-Objekte“ introjiziert werden, die als „Einpflanzung“ der „rätselhaften Signifikanten“ schließlich die Ursprungssituation des Triebes bilden. Rätselhafte Signifikanten nennt Laplanche Situationen, in denen eine Unfähigkeit, sich über Rätsel (die Urszene, die Ankunft eines anderen Kindes, der Unterschied der Geschlechter) klar zu werden, besteht. Der Trieb ist demnach die Wirkung einer konstanten Erregung, die die verdrängten Sachvorstellungen (Quell-Objekte) auf das Ich ausüben (vgl. dazu auch Hegener 2002).

Zwischen 1970 und 1986 legte Lorenzer im Rahmen seiner „Theorie der Interaktionsformen" ein historisch-materialistisches Verständnis des Triebbegriffs vor, indem er diesen als „geschichtlich" begriff und „das konkrete ‚Es' (...) als reale Triebpotenz (...) (und als) ein Komplex hergestellter Interaktionsformen" (1974, S. 120) verstand. In dieser Metatheorie spielen Beziehungsstrukturen („Trieb" verstanden als Niederschlag verinnerlichter Interaktionserfahrungen in Auseinandersetzung mit innerer Natur), die über den Begriff des „Szenischen" begriffstheoretisch gefasst und über das „szenische Verstehen" tiefenhermeneutisch erfasst werden können, eine zentrale Rolle.

In neuerer Zeit ist an die Stelle des ursprünglich im Zentrum der Metapsychologie stehenden Triebkonzeptes eine stärkere Beachtung der Affekte getreten (Krause 1997/98, Kernberg 1997a, b). In Krauses Auffassung sind Affekte die psychischen Repräsentanzen von hierarchisch geordneten, zielorientierten Motivsystemen, die über körperinnere wie auch externe Reize aktiviert werden. Affekte, als Nachfolger der Triebe, steuern Objektbeziehungen und stellen sozusagen das Medium dar, in dem sich die Triebe als Organisationsschemata zeigen.

Durch die stärkere Ausarbeitung des Affektbegriffs gelingt es Krause, das ursprüngliche Triebkonzept Freuds korrigierend in einen stärker an der Empirie und Klinik orientierten Diskurs einzuarbeiten, der letztlich Objektbeziehungen als Grundlage für die diagnostische Zuordnung von Hypertrophien oder Ausfällen innerhalb dieser Matrix zu Störungsbildern vorsieht.

Einen gar nicht so unähnlichen Ansatz vertritt auch Kernberg (1997a,b) mit seiner ich-psychologischen Objektbeziehungstheorie, in der er ebenfalls die Rolle der Affekte bei der Organisation der Triebe herausarbeitet. Die dualen Triebe, Libido und Aggression werden hier als ein hierarchisch übergeordnetes Motivationssystem gesehen, in dem die Affekte als Brückenglieder zwischen biologisch bestimmten, instinkthaften Komponenten und der intrapsychischen Organisation der Triebe fungieren. Da sich seiner Einschätzung nach die psychische Organisation im Wesentlichen um zwei Zentralaffekte (sexuelle Erregung bei Libido als Trieb und Wut bei Aggression als Trieb) gruppiert, kann er an der klassischen Freud'schen Konzeption festhalten und sie zugleich mit neueren Befunden aus der Affektforschung und den Kenntnissen der internalisierten Objektbeziehungen verbinden.

Kernberg schlägt überdies vor, die „Quelle" der Libido nicht mehr in den sog. „erogenen Zonen" zu sehen, sondern in einem „Spitzenaffektzustand", in dem „alle physiologisch aktivierten Funktionen und körperlichen Zonen, die in den Interaktionen des Säuglings und Kindes mit der Mutter bei Zuständen erotisch-sinnlicher Erregung" eingeschlossen sind (Kernberg 1997a, S. 275). Affekte schließen demnach immer verinnerlichte Objektbeziehungen ein, in denen eine Selbstrepräsentanz mit einer Objektrepräsentanz über den jeweiligen Affekt verklammert ist. Die psychische Äußerungsform dieser Objektbeziehung sind konkrete Phantasien und Wünsche. In diesem Sinne besteht das Es für ihn aus den verdrängten Objektbeziehungen, die im System der Triebe als Sexualität oder Aggression geordnet sind.

Triebe mobilisieren somit „eine spezifische Objektbeziehung ..., zu der ein Affekt gehört und in der der Trieb sich als ein spezifisches Begehren oder ein Wunsch äußert. ... Der Wunsch leitet sich aus dem Trieb ab und ist präziser als der Affektzustand" (Kernberg 1997b, S. 34).

5. Die Bedeutung des Begriffs in den verschiedenen psychoanalytischen Schulrichtungen

Schon früh wurde insbesondere von Vertretern unterschiedlicher Ansätze von Objektbeziehungstheorien Freuds eher periphere

Verortung des Objektes in Bezug auf den Trieb kritisiert und in der Folge besonders von Fairbairn die Libido als „objekt-suchend“ klassifiziert. Freuds Theorie wurde als solipsistische „Ein-Personen-Theorie“ wahrgenommen, die durch eine, das Objekt mitunter als das Primäre denkend, „Zwei-Personen-Theorie“ zu erweitern war. Dabei ging allerdings im Zuge der Ersetzung von pleasure-seeking durch object-seeking das sexuelle Moment als Störungsursache weitgehend verloren; stattdessen wurzelten seelische Störungen nun in Bindungsschicksalen, die die Triebschicksale überschatteten. Fairbairn z.B. verzichtet auf triebtheoretische Erklärungen und lehnt jegliche biologische Fundierung ab.

M. Klein übernimmt Freuds Todestriebtheorie und geht gleichzeitig davon aus, dass der Säugling von Geburt an bereits über ein Ich und Objektbeziehungen verfügt. Freuds letzter Triebdualismus wird von Klein beibehalten, jedoch im Konzept der unbewussten Phantasie (verstanden als Repräsentation somatischer Triebvorgänge und subjektiver Interpretationen von körperlichen Sensationen, die von einem Objekt ausgelöst wurden, mit dem man in einer bestimmten Beziehung steht) aufgelöst. In der Literatur der kleinianischen Schule hat das Konzept der unbewussten Phantasie nun die Aufgabe, die psychischen Aktionen (neben Spaltung und Verleugnung hauptsächlich Introjektion und Projektion) im Rahmen der Beziehungen zu den Objekten zu erklären.

Das in der kleinianischen Schule zentrale Konzept des „Neides“ wird als eine Form der Triebmischung verstanden, bei dem der Todestrieb dominiert.

In der Selbstpsychologie Kohuts können zwei historische Abschnitte unterschieden werden, die sich unterschiedlich zur Triebtheorie Freuds verhalten: kann beim frühen Kohut noch von einer Toleranz und einer relativen Akzeptanz der Triebtheorie im Modell einer Komplementarität (zur Selbstpsychologie) gesprochen werden, so ist beim späten Kohut eine nahezu vollständige Ersetzung durch Annahmen, die das Selbst als Zentralfigur und Hauptbezugspunkt seiner Psychologie zu konstatieren. Triebe erhalten hier nur noch einen sekundären Status gegenüber den klinischen Erscheinungen des Selbst, indem sie als bloße Anzeichen einer Fragmentierung begriffen werden (vgl. Butzer 1997).

Stand das Konzept der Sexualität als Trieb zu Freuds Zeiten noch im Zentrum des Reflektierens, so bemängelt Green bereits zunehmend innerhalb der psychoanalytischen Profession „eine antisexuelle Haltung“, die sich über Fairbairn, M. Klein (hier ist s.E. die Destruktion stärker akzentuiert) und Hartmann (Versuch, das Ich von seinen Triebquellen zu reinigen) bis hin zu aktuellen Veröffentlichungen ziehe und eine Rückbesinnung und Neubestimmung notwendig mache (Green 1996, S. 880f., vgl. auch Yorke 2002).

6. Interdisziplinäre Beiträge und Befunde

Insbesondere von Vertretern objektbeziehungspsychologischer Ansätze wird auf die empirischen Studien von Bowlby, Harlow, Spitz und neuerdings der Säuglingsbeobachter verwiesen, um zu zeigen, dass es eine eigenständige – d.h. von Triebbedürfnissen unabhängige – Entwicklungslinie im Sinne einer Objektsuche und autonomer Bedürfnisse nach Objektbeziehungen gibt. Gerade Harlows Untersuchungen zur mütterlichen Deprivation bei Rhesusaffen stellen – so Eagle (1988, S. 13) in seinem Überblick – „Bindungsmodelle, die sich auf eine ‚homöostatische Triebreduktion‘ stützen, ernstlich in Frage“. Diese Autoren bestehen auf einer Anerkennung eines ebenso primären und biologischen Strebens nach Objekten, das sich nicht aus den sexuellen und aggressiven Triebimpulsen ableiten lässt und beabsichtigen, den i.E. zu weiten Erklärungshorizont der Trieblehre einzuschränken (vgl. den Vermittlungsversuch von Silverman 2001).

Allerdings wurde das Verhältnis von Bindungstheorie und Säuglingsforschung zur Psychoanalyse von Beginn an kritisch reflektiert (z.B. von Spitz und A. Freud) und sogen. „Erweiterungen“ zurückgewiesen; so hat erst kürzlich Zepf (2005) Bowlbys grundlegende Argumentationen einer erkenntnistheoretischen Kritik unterzogen und die kurzschlüssigen, aber weitreichenden Folgerungen der Bindungstheoretiker aus den Experimenten Harlows auf eine verzerrte und ungenaue Freud-Rezeption zurückgeführt (Zepf 2005, S. 260ff.).

Krause und Kernberg entgehen jedoch der auch m.E. falschen Gegenüberstellung von Trieb- und Objektbeziehungstheorie (vgl. Maze 1993), indem sie – gestützt auf die empirischen Befunde aus der neuropsychologischen Affektforschung in Verbindung mit ethologischen und attachment-theoretischen Ergebnissen – (bei aller Differenz) ein (ähnliches) Modell vorschlagen, das dem Triebbegriff weiterhin eine zentrale metapsychologische Rolle bei der Aufhellung der Psychopathologie zuweist.

Da es bei der Debatte um den Triebbegriff (und d.h. der theoretischen Fassung der klinischen Erscheinungsweisen von Sexualität und Aggression als Trieb) als metapsychologisches Konstrukt (das das sinnlich-leibliche Erleben gegenüber körperlich-abstrakteren und von daher flacheren „zwischenmenschlichen Beziehungskonflikten" festhält) vornehmlich um die Integration von Forschungsergebnissen aus Nachbarwissenschaften (die nicht immer mit Hilfe einer psychoanalytischen Methodologie gewonnen wurden) geht, bleibt es letztlich den unterschiedlichen Richtungen innerhalb der Psychoanalyse überlassen, inwieweit sie zu diesem Zentralbegriff Freuds zurückkehren oder die empirischen Befunde in der Sprache ihrer Theorie ausdrücken und somit evtl. eine Fundierung von Sexualität und Aggression in Körperprozessen aufgeben.

Mittlerweile hat sich im Gefolge des von Solms u.a. initiierten interdisziplinären Austauschs zwischen Psychoanalyse und den Neurowissenschaften eine Reihe von Befunden und Überlegungen ergeben, die geeignet scheinen, die klassischen Positionen Freuds theoretisch erst noch einmal einzuholen (so können wesentliche Aspekte des Lustprinzips wie Lustempfindung, Bedürfnisspannung, Drang etc. durch die Erforschung des mesolimbischen dopaminergen Systems erläutert werden (vgl. LeDoux 2002, Roth 2003), wobei methodenkritisch darauf zu achten wäre, dass die jeweilige Perspektive durch die andere nicht ersetzt oder gar diese auf jene reduziert wird, sondern beide in einem Ergänzungsverhältnis stehen sollen (Solms und Nersessian 1999, S. 13).

Ansermet und Magistretti (2005) versuchen ebenfalls, aufgrund neurobiologischer Überlegungen („Plastizität des Nervensystems") psychische und synaptische „Spuren" zu verbinden und legen nahe, diese einander entsprechen zu lassen. „Durch die Assoziation der von der Erfahrung hinterlassenen Spuren mit den somatischen Zuständen finden die psychoanalytischen Begriffe des Unbewussten und des Triebs eine neurobiologische Resonanz" (Ansermet und Magistretti 2005, S. 266).

Literatur

Ansermet, F. und Magistretti, P. (2005). Die Individualität des Gehirns. Frankfurt/M.: Suhrkamp.

Bibring, E. (1936). Zur Entwicklung und Problematik der Triebtheorie. Imago, 22, 147–176.

Butzer, R.J. (1991). Zur Dechiffrierung des Freudschen Triebbegriffs. Zeitschrift für Sexualforschung, 4, 1–32.

Butzer, R.J. (1997). Heinz Kohut zur Einführung. Hamburg: Junius.

Dorer, M. (1932). Historische Grundlagen der Psychoanalyse. Leipzig: Felix Meiner.

Eagle, M.N. (1988). Neuere Entwicklungen in der Psychoanalyse. München: Verlag Internationale Psychoanalyse.

Green, A. (1996). Has sexuality anything to do with psychoanalysis? International Journal of Psycho-Analysis, 76, 871–883.

Hegener, W. (2002). Die Ur-Verführung und das verlorene Objekt – Zum Modell der Einschreibung des Triebs in der Theorie Freuds. Psyche – Z Psychoanal, 56, 721–755.

Holt, R.R. (1976). Drive or wish? A reconsideration of the psychoanalytic theory of motivation. In M.M. Gill and P.S. Holzman (Eds.), Psychology versus metapsychology (pp. 158–197). Psychological Issues, Monograph, 36. New York: International Universities Press.

Kernberg, O.F. (1997a). Sexuelle Erregung und Wut. Bausteine der Triebe. Teil 1 u. 2, Forum der Psychoanalyse, 13, 97–118. Teil 3, Forum der Psychoanalyse, 13, 263–277.

Kernberg, O.F. (1997b). Wut und Haß. Über die Bedeutung von Aggression bei Persönlichkeits-

störungen und sexuellen Perversionen. Stuttgart: Klett-Cotta.
Krause, R. (1997/98). Allgemeine psychoanalytische Krankheitslehre. Bd. 1 u. 2, Stuttgart: Kohlhammer.
Laplanche, J. (1988). Die allgemeine Verführungstheorie. Tübingen: edition diskord.
Le Doux, J. (2002). Synaptic self: How our brains become who we are. London: Penguin books.
Lorenzer, A. (1974). Die Wahrheit der psychoanalytischen Erkenntnis. Frankfurt/M.: Suhrkamp
Maze, J.R. (1993). The complementarity of object-relations and instinct theory. International Journal of Psycho-Analysis, 74, 459–470.
Roth, G. (2003). Fühlen, Denken, Handeln. Frankfurt/M.: Suhrkamp.
Silverman, D. (2001). Sexuality and attachment: A passionate relationship or a marriage of convenience? Psychoanalytic Quarterly, 70, 325–358.
Solms, M. and Nersessian, E. (1999). Freud's theory of affect: questions for neuroscience. Neuro-Psychoanalysis, 1, 5–14.
Sulloway, F.J. (1982). Freud. Biologe der Seele. Hohenheim: Maschke.
Yorke, C. (2002). Die Aktualität der Triebtheorie. Gießen: Psychosozial.
Zepf, S. (2005). Bindungstheorie und Psychoanalyse. Forum der Psychoanalyse, 21, 255–266.

Überdeterminierung *von Hanna Gekle*

over-determination – surdétermination

1. Definition

Der Begriff ist ebenso wichtig wie er eine theoretische Verlegenheit ist. Er bezeichnet ein Spezifisches unbewusster Bildungen und gehört damit in jene, durch Freud inaugurierte neue Form der Theoriebildung, die das herkömmliche Denken in Kategorien des Bewusstseins transzendiert. Doch steht hinter dem Begriff der Überdeterminierung immer noch der für die gesamte neuzeitliche Theorie konstitutive Begriff der Determinierung; zugleich gesteht die Umformulierung in „Überdeterminierung" ein, dass sie sich zwar immer noch am Ideal der Determinierung ausrichtet, aber sich nicht darauf beschränken kann. So ist dieser Begriff Freuds selber eine Form der Kompromissbildung.

Inhaltlich gesehen lassen sich mit dem Begriff der Überdeterminierung neue Inhalte erschließen, formal jedoch beschreibt er eine theoretische Aporie; denn strenggenommen ist eine Determiniertheit, die eingesteht, auch „über" sie hinaus zu sein, ein Ding theoretischer Unmöglichkeit. Dementsprechend lassen sich die Implikationen dieses Konzeptes in zwei Richtungen verfolgen: auf der Linie der Determiniertheit liegen Freuds theoretische Überzeugungen eines identitätslogischen Ursprungsdenkens, das sich einer unhintergehbaren Kausalität unterworfen sieht; folgt man jedoch dem „Über" in der Überdeterminiertheit, so lässt sich Freuds Konzept der Umschrift, der Nachträglichkeit und der phasenspezifischen Entwicklung verstehen.

2. Klassische Auffassung

Der Begriff der Überdeterminierung ist für Freud seit den „Studien zur Hysterie" unverzichtbar. Bereits hier betont er am Beispiel des hysterischen Symptoms, dieses sei in aller Regel „mehrfach determiniert, überbestimmt" (1895d, S. 255); bereits hier grenzt Freud sich von der Vorstellung ab, wonach die Komplexität eines Symptoms durch nur eine „causa efficiens" (1895d, S. 186) bestimmt werde. Bereits hier auch findet sich jene Differenzierung im Begriff der Überdeterminierung, die Laplanche und Pontalis zum tragenden Pfeiler ihrer Definition machen sollten (1972, S. 544): Überdeterminierung meint im ersten Falle, dass eine Bildung des Unbewussten nur als Resultat mehrerer, unterschiedlicher Faktoren zu verstehen ist (Freud 1895d, S. 185); alle Kompromissbildungen fallen in diese Kategorie. Im zweiten – und weit bedeutsameren Falle dagegen – zielt der Begriff der Überdeterminierung nicht auf das unbewusste, sondern im Gegenteil auf das manifeste Element: Dieses kann Ausdruck mehrerer, unterschiedlicher unbewusster Vorstellungen sein. Die Überdeterminierung ist demnach Resultat jenes spezifischen Mechanismus des Unbewussten, den Freud in der Kategorie der Verdichtung fasste und zum zentralen Mechanismus des Unbewussten überhaupt erklärte. Wo Verdichtung am Werk war, wird das manifeste Moment überdeterminiert sein müssen. Mit der Verdichtung wird – als deren Resultat – somit auch die Überdeterminierung zum zentralen Thema der Psychoanalyse.

Zugrunde liegt aber immer noch das Ideal der Determinierung. Letzteres zeugt vom ungebrochenen naturwissenschaftlichen Ethos ihres Begründers, der auch die von ihm neu gegründete Wissenschaft des Unbewussten in diesen Kontext einschreiben zu müssen glaubte. Das Prinzip der Determinierung muss Freud so selbstverständlich und wissenschaftlich verbindlich erschienen sein, dass er erst in einer Vorlesung über die Fehlleistungen darauf zu sprechen kam. Doch sofort wird etwas von dem Pathos und dem Glauben deutlich, das dieses Konzept trägt: Danach gibt es keinerlei Zufälligkeit. Man dürfe nicht behaupten, „daß es noch so kleine Geschehnisse gibt, die aus der Verkettung des Weltgeschehens herausfallen, die ebensogut nicht sein könnten, wie sie sind. Wenn jemand so den natürlichen Determinismus an einer einzigen Stelle durchbricht, hat er die ganze wissenschaftliche Weltanschauung über den Haufen geworfen“ (Freud 1916–17a, S. 52). Hier spricht ersichtlich wissenschaftliche Vernunftgläubigkeit, die ihr erstes Prinzip, das alles andere trägt und begründet, selber autoritativ setzen muss.

Doch Freud wusste um die Aporien wissenschaftlichen Ursprungsdenkens. Jedenfalls bietet er wenig später eine erneute Erklärung des Determinismus, die diese aus den metaphysischen Höhen eines ontologischen Gesetzes auf der Ebene des Psychischen konkretisiert. Die Möglichkeit psychischer Freiheit weist er auch hier als „Illusion“ zurück. Jeder Einfall ist psychisch determiniert und daher nicht als zufällig abzutun. Sondern er muss in seiner so und nicht anders bestimmten Besonderheit interpretiert werden und fügt sich dann ins Ganze eines psychischen Sinnes, der jedoch über seine bewussten Manifestationen hinaus um die Dimension des Unbewussten erweitert werden muss, soll die Einheitlichkeit des Zusammenhangs erkennbar werden.

Als methodisches Prinzip wäre dagegen nicht das Geringste zu sagen, auch nicht als Erklärungsmodus, der einen bestimmten Radius theoretischer Gültigkeit für sich beanspruchen darf. Aber auch hier zielt Freud auf mehr, nämlich am Ende auf eine universelle Gültigkeit, wenn er psychische Tatsachen in völliger Analogie zu naturwissenschaftlichen Tatsachen setzen zu dürfen meint (a.a.O., S. 70). Er verbleibt damit im klassischen neuzeitlichen Dualismus zwischen der Freiheit des Geistes auf der einen Seite, dem das Gesetz durchgängiger Kausalität im Reich der Natur opponieren soll. Daher gelingt es Freud auf der Ebene des Kategorialen am Ende doch nicht, das, was er de facto tut und worin das Neue der Psychoanalyse besteht, nämlich die Dimension psychischer Notwendigkeit unabhängig von den Vorgaben neuzeitlicher Naturwissenschaft zu bestimmen. Grund für die Überdeterminierung im ersten Fall ist die für Freud seit den „Studien über Hysterie“ bekannte Tatsache, wonach z.B. jedes hysterische Symptom sich einer Kompromissbildung als Bedingung seiner Möglichkeit verdankt: einem unbewussten Wunsch und einem aus dem Vorbewussten dagegen erhobenen Einspruch (als einer aus dem Vorbewussten stammenden Reaktionsbildung). Jedes „Symptom ist also mindestens zweifach determiniert“ (1900a, S. 542). Nimmt man dies als Grundfigur aller aus dem Unbewussten stammenden Bildungen ernst, so bedeutet dies: alle psychische Determinierung, die die Psychoanalyse kennt, ist Überdeterminierung: als Ausdruck eines Konflikts, die sich nur in der Gestalt einer

Kompromissbildung zwischen unbewusstem Wunsch und zensierender Abwehr Ausdruck verschaffen kann.

Folgt man dagegen den Möglichkeiten der Überdeterminierung nach dem zweiten Fall, wonach ein manifestes Element mehrere unbewusste Motivierungen haben kann, so verfolgt man im Prinzip die spezifischen Möglichkeiten und Ausdrucksformen, unter denen sich das verpönte Unbewusste Ausdruck verschaffen kann und rekonstruiert die verschlungenen Wege dessen, was Freud die „Wiederkehr" des Verdrängten nennt. Dabei wird jedoch deutlich, dass diese Wiederkehr eine schaffende, produktive Fortbildung des Vergangenen enthält. Und dieses produktive Moment schlägt sich in Überdeterminierung nieder. Dabei stößt man auf einige prinzipielle theoretische Überzeugungen Freuds, die seine Theorie von Anfang an leiten und ihn notwendigerweise zum Konzept der Überdeterminierung führen müssen.

Da ist zum ersten seine These von der Umschrift: Bereits am 6.12.1896 hatte er an Fließ geschrieben: „Du weißt, ich arbeite mit der Annahme, daß unser psychischer Mechanismus durch Aufeinanderschichtung entstanden ist, indem von Zeit zu Zeit das vorhandene Material von Erinnerungsspuren eine Umordnung nach neuen Beziehungen, eine Umschrift erfährt. Das wesentlich Neue an meiner Theorie ist also die Behauptung, daß das Gedächtnis nicht einfach, sondern mehrfach vorhanden ist, in verschiedenen Zeichen niedergelegt" (1985c, S. 217).

Zum zweiten jedoch ist da Freuds Vorstellung von Nachträglichkeit. Auch sie ist bereits in den Briefen an Fließ nachweisbar und hier in ihrer prinzipiellen Struktur am besten ausgearbeitet. (vgl. Laplanche und Pontalis 1986, S. 312–317, Gekle 1989, S. 89–130, Kimmerle 1989, S. 32–88). Allerdings steht Freud zu diesem Zeitpunkt noch im Banne seiner Trauma- bzw. Verführungstheorie und die frühkindliche Sexualität spielt noch keine konstitutive Rolle. Bereits die „Traumdeutung" räumt dem Phänomen der Nachträglichkeit prinzipielle – wenn auch theoretisch nicht ausgearbeitete Bedeutung ein (vgl. Freud 1900a, S. 215): Wie jeder Traum einen Anlass aus der Gegenwart mit einem lang vergessenen Kindertraum kombinieren muss und dabei das Frühere gemäß dem heutigen Anlass und dem heutigen Wissen umarbeitet, so kehrt das Verdrängte Unbewusste immer nur als Gestalt der Gegenwart wieder: Und als solche enthält sie zugleich all jene Umarbeitungen, die diese Gegenwart mit ihren aktuellen theoretischen und moralischen Ansprüchen diesem wiederkehrenden Verdrängten zensierend abverlangt.

Drittens jedoch präzisieren Freuds spätere „Abhandlungen zur Sexualtheorie" die notwendigen Formen dieser Umarbeitung: Selbst wenn es einen ersten, identifizierbaren unbewussten Wunsch gäbe: Alle späteren Phasen der Sexualentwicklung würden diesen umschreiben müssen nach Maßgabe ihres gegenwärtigen veränderten Wissens und triebbedingten Interesses, so dass jede unbewusste Bildung immer Ablagerungen aus allen Entwicklungsphasen aufweisen muss. Analysieren heißt dann, die Geschichte dieser Entstellung aus der aktuellen Gegenwart in ihre frühesten Anfänge zurückzuverfolgen bis zu einem – hypothetischen – Ursprung, den Freud, da er ihn individualgeschichtlich nicht festmachen kann, seit „Totem und Tabu" in die Kulturgeschichte verlegt: als Mord am Urvater. Die Rolle des individualgeschichtlichen Ursprungs dagegen übernehmen die Urphantasien (Laplanche und Pontalis 1992, S. 18–30, Gekle 1997, S. 13–59). So bleibt als theoretisches Fazit: Alle unbewusste Determinierung ist notwendig Überdeterminierung.

Dies hat, viertens, Folgen für die psychoanalytische Deutungskunst: hier verlangt die Überdeterminiertheit neue Regeln der Interpretation, die die klassische Hermeneutik transzendiert, um der konstitutiven Mehrdeutigkeit aller „Texte" des Unbewussten gerecht werden zu können. Deren Spezifisches hat Freud v.a. an den Mechanismen der Traumarbeit exemplifiziert.

3. Ideengeschichtlicher Hintergrund

Das Konzept der Überdeterminiertheit beschreibt das spezifisch Neue der Psychoanalyse und hat keine Vorläufer. Freuds darin allerdings zugleich enthaltene Vorstellung eines geschlossenen Determinismus gehört zum klassischen Kanon der neuzeitlichen Philosophie, die unter dem Einfluss der Naturwissenschaften seit dem 17. Jahrhundert alles, auch den menschlichen Willen und die ihm entspringenden Handlungen, von unabänderlichen Naturgesetzen bestimmt sieht (Ritter 1972, S. 150ff.). An diese Tradition knüpft noch der von den empirischen Naturwissenschaften des 19. Jahrhunderts geprägte Freud an.

Von besonderem Interesse in diesem Kontext ist dabei Leibniz. Dieser formuliert nämlich zum einen sein Gesetz der Kontinuität als ontologisch-metaphysisches Prinzip, das noch dem Freud'schen Determinismus zugrunde liegt; zum anderen jedoch muss er über die cartesianische Einengung des Bewusstseinsbegriffes hinaus „unmerkliche Perzeptionen" einführen, die die offensichtlichen qualitativen Unterschiede in ebenso stetige wie minimale Differenzierungen verwandeln (Leibniz 1961, XXVII). Er entdeckt auf diese Weise das, was Freud das Vorbewusste nannte. Zwar blieb der gesamten neuzeitlichen Philosophie das eigentliche Unbewusste verborgen (Freud 1912g, S. 29–36), aber Leibniz' Unterscheidung von absoluter versus hypothetischer Notwendigkeit, zwischen notwendigem und zureichendem Grund kann auch für die Bestimmung der Überdeterminierung produktiv gewendet werden. Denn Leibniz versucht, in seinen Begriff der Determination Kontingenz und Freiheit mit einzubeziehen. So sind nur die Vernunftwahrheiten absolut notwendig, während allen Tatsachenwahrheiten nur hypothetische Notwendigkeit zukommt; ersteren ordnet er den notwendigen Grund zu, letzteren den zureichenden Grund (Leibniz 1714, §§ 32–36). In Analogie dazu wären psychische Notwendigkeiten in ihrem Ursprung kontingent, in ihrem Sinnzusammenhang dagegen als determiniert zu betrachten.

4. Die Bedeutung des Begriffs in verschiedenen psychoanalytischen Schulen

Trotz seiner konstitutiven Bedeutung für Theorie und Praxis der Psychoanalyse hat der Begriff nach Freud kein ihm adäquates Interesse gefunden. Lediglich Jacques Lacan hat neben dem Konzept der Nachträglichkeit auch die Rolle der Überdeterminiertheit betont und zum Wesensmerkmal des Psychischen überhaupt erklärt. Im Rahmen seiner sprachtheoretischen Formulierung bindet Lacan dieses Moment an den Signifikanten, dessen prinzipielle Verschiebbarkeit es verbietet, ihn jemals als einheitliches Zeichen zu fixieren (Lacan 1953, S. 84–109, vgl. Laplanche und Pontalis 1972, S. 546). Das Beharren auf Identität und Einheitlichkeit ist vielmehr das Stigma des Imaginären (Lacan 1949, S. 63–70).

Literatur

Gekle, H. (1989). Nachträglichkeit des Ursprungs – das Trauma des Wolfsmannes. Luzifer-Amor. Zeitschrift zur Geschichte der Psychoanalyse, 2, 4, 89–130.

Gekle, H. (1997). Die unbewußte Phantasie – zu Struktur und Genese. In L. Gast und J. Körner (Hg.), Psychoanalytische Anthropologie I (S. 13–59). Tübingen: edition diskord.

Kimmerle, G. (1989). Kausalität der Erinnerung. Vom Einschluß des Traumas in die Verdrängung. Eine rationale Rekonstruktion. Luzifer-Amor, 4, 32–88.

Lacan, J. (1949). Das Spiegelstadium als Bildner der Ichfunktion. Schriften 1 (S. 61–70). Olten: Walter, 1973.

Lacan, J. (1953). Funktion und Feld des Sprechens und der Sprache in der Psychoanalyse. Schriften 1 (S. 71–169). Olten: Walter, 1973.

Laplanche, J. und Pontalis, J.-B. (1972). Das Vokabular der Psychoanalyse. Frankfurt/M.: Suhrkamp (frz. 1967).

Laplanche, J. und Pontalis, J.-B. (1992). Urphantasien über den Ursprung, Ursprünge der Phantasie. Frankfurt/M.: Fischer (frz. 1985).

Leibniz, G.W. (1714). Die Monadologie. In Schriften zur Metaphysik. Übers. v. A. Buchenau, hg. v. E. Cassirer. Leipzig: Meiner, 1906.

Leibniz, G.W. (1961). Neue Abhandlungen über den menschlichen Verstand I, hg. u. übers. v. W. von Engelhardt und H.H. Holz. Frankfurt/M.: Insel, 1961.

Ritter, J. (Hg.) (1972). Historisches Wörterbuch der Philosophie, Bd. 2. Basel und Darmstadt: Schwabe & Co.

Übereinstimmungsargument *von Ingrid Kerz-Rühling*

tally argument – argument de la concordance

1. Definition

Unter dem Begriff „Übereinstimmungsargument" wird die empirische Überprüfbarkeit von psychoanalytischen Kausalhypothesen diskutiert. Angriffen ausgesetzt ist insbesondere die Behauptung Freuds, dass ein Geschehen in der Kindheit des Patienten die Psychoneurose verursacht. Gegen die Validierbarkeit der für die psychoanalytische Wissenschaft fundamentalen Kausalbehauptung sind von dem Wissenschaftsphilosophen Adolf Grünbaum (1980, S. 321f. und 1984, S. 232ff.) vernichtende Einwände erhoben worden. Er bestreitet, dass der Rückschluss auf die Ursache schlüssig ist.

2. Klassische Auffassung

Freud hatte die Psychoanalyse als eine „empirische Wissenschaft" bezeichnet, die sich an der „Erfahrung weitertastet" (Freud 1923a, S. 229). Die psychoanalytische Theorie ruht ihm zufolge im Wesentlichen auf der Grundlage einer kausalen Hypothese: dem „ursächlichen Zusammenhang des veranlassenden Vorgangs und des pathologischen Phänomens" (Freud 1895d, S. 81). Haltbar ist eine solche Kausalbehauptung nur, wenn sie mittels der Methode induktiver Bewährung Unterstützung erfährt (vgl. Mackie 1974, S. 297ff.). Auf die Einhaltung der Regeln kausal-empirischer Bestätigung, ohne die keine Wissenschaft auskommt, hatte Freud (1898a, S. 510, 1905d, S. 142) stets gedrungen. Freud verwendet u. a. die wichtigste, die sog. eliminative Induktionsregel, er behauptet, „daß es für die Lehre von der sexuellen Ätiologie der Neurasthenie negative Fälle nicht gibt. Bei mir wenigstens (fährt er fort) ist diese Überzeugung so sicher geworden, daß ich auch den negativen Ausfall des Examens diagnostisch verwertet habe, nämlich um mir zu sagen, daß solche Fälle keine Neurasthenie sein können" (Freud 1898a, S. 499).

Den Begriff Übereinstimmungsargument hat, ein Wort von Freud aufgreifend, Grünbaum geprägt. „Die Lösung seiner (sc. des Patienten) Konflikte und die Überwindung seiner Widerstände glückt doch nur, wenn man ihm solche Erwartungsvorstellungen gegeben hat, die mit der Wirklichkeit in ihm übereinstimmen." Die Eliminationsregel anwendend fährt er fort: „Was an den Vermutungen des Arztes unzutreffend war, das fällt im Laufe der Analyse wieder heraus, muß zurückgezogen und durch Richtigeres ersetzt werden" (Freud 1916–17a, S. 470).

Freud betont – hier wie überall – die empirische Überprüfbarkeit psychoanalytischer Hypothesen, die er „Erwartungsvorstellungen" nennt. Eine solche in der Deutung des Analytikers implizierte Hypothese, abgeleitet aus der psychoanalytischen Theorie und dem, was der Patient in der Analyse sagt, ist wahr, wenn sie mit dem übereinstimmt, was tatsächlich gegeben ist. Die „Wirklichkeit in ihm" ist dabei abzugrenzen von dem, worüber der Patient sich aufgrund seiner Neurose selbst täuscht. Der therapeutische Erfolg gilt als Bestätigung dafür, dass die Deutung des Analytikers das Richtige getroffen hat und Übereinstimmung mit dem ursächlichen Geschehen vorliegt. Bewährt hat sich damit auch die psychoanalytische Theorie.

Das Übereinstimmungsargument geht über das hinaus, was man unter dem Begriff einer korrespondenztheoretischen Wahrheit, der bloßen Übereinstimmung einer Aussage mit dem von ihr ausgesagten Sachverhalt, versteht. Bei Freud schließt das Übereinstimmungsargument offenkundig die kausal-induktive Forschungsmethode mit ein, eine Forschungsmethode, von der er sich niemals losgesagt hat. „Es sei aber ausdrücklich bemerkt, daß auch die Psychoanalyse in ihrer Entwicklung bis auf den heutigen Tag keinen Anlaß gefunden hat, von dieser Behauptung (sc. der überragenden ätiologischen Bedeutung des Sexuallebens für die Neurosen) zurückzutreten" (Freud 1923a, S. 219).

3. Ideengeschichtlicher Hintergrund

Aufgestellt wurden die Induktionsregeln zur Überprüfung von Kausalerklärungen ursprünglich von den Wissenschaftsphilosophen Francis Bacon (1561–1626) und John Stuart Mill (1806–1873), zu denen sich Freud bekennt und denen er vorbehaltlos gefolgt ist (Freud 1891b, S. 122; 1910c, S. 131). Die philosophische Gegenposition vertrat Freuds Lehrer, Franz Brentano. Brentanos Lehre von der Intentionalität schließt innerhalb des Bewusstseins, das er mit dem Psychischen für identisch hält, kausal-empirische Relationen aus (vgl. Rogge 1935). Die philosophische Absicherung der Hermeneutik geht auf Brentano zurück (Husserl 1968, S. 31ff.).

4. Das Problem

Freud hatte behauptet, dass zum einen der Verdrängungskonflikt die Psychoneurose verursacht und dass zum anderen mit dem Aufdecken der Ursache, womit das Deuten vornehmlich beschäftigt ist, die Neurose geheilt ist: „Es (das psychoanalytische Verfahren) sucht die Verursachung des Phänomens (sc. der Neurose) zu ergründen und es durch dauernde Veränderung seiner (kausalen) Entstehungsbedingungen aufzuheben“ (Freud 1923a, S. 226). Zur Validierung der Kausalerklärung ist es erforderlich, dass die Ursachenfeststellung zutrifft. So muss dieser bestimmte Verdrängungsvorgang, dem ursächliche Bedeutung zugeschrieben wird, stattgefunden haben, andernfalls ist die Kausalhypothese falsch. Dieser für kausale Erklärungen notwendigen Bedingung von der Existenz der Ursache, gibt Freud Ausdruck durch den für die kausale Argumentationsweise typischen kontrafaktischen Satz: „wären diese (sc. die traumatischen Eindrücke) nicht vorgefallen, so wäre auch die Neurose nicht zustande gekommen“ (Freud 1939a, S. 178).

Grünbaum, die kausallogische Stringenz des Übereinstimmungsarguments in Zweifel ziehend, bestreitet indessen, dass der therapeutische Erfolg ein Indiz dafür ist, dass die Deutung richtig ist. In der Tat ist unter den von Grünbaum aufgestellten Prämissen der Rückschluss von der erfolgreichen Überwindung der Neurose auf die Richtigkeit der Deutung bzw. auf die Tatsächlichkeit des Verdrängungsgeschehens als Ursache nicht möglich. Es läge ein eklatanter Verstoß gegen die Regeln der Kausallogik vor. Freud wäre dem Fehlschluss post hoc ergo propter hoc erlegen, d. h. er hätte ungerechtfertigterweise den Schluss von der Wirkung, dem Verschwinden der Neurose, auf die Ursache, die Korrektheit der Deutung gezogen. Freud wäre es nicht gelungen, so der Einwand, die Möglichkeit anderer noch in Frage kommender Ursachen mittels eliminativer Induktion methodisch auszuschließen. Selbst der Nachweis vom faktischen Vorfall eines diesbezüglich bedeutsamen Ereignisses in der Kindheit des Patienten, ist ungenügend, weil darüber hinaus noch die kausale Relevanz dieses Ereignisses für die Neurose nachgewiesen sein muss. Weder dem einen noch dem anderen Erfordernis wäre Freud nachgekommen. Überhaupt wären die in der Analyse erhobenen Daten möglicherweise durch unbeabsichtigte suggestive Einflussnahme von Seiten des Analytikers kontaminiert und darum für Zwecke wissenschaftlicher Folgerungen grundsätzlich nicht zu gebrauchen. Oder, die Therapie könnte ja auch, sofern sie erfolgreich war, durch spontane Remission zustande gekommen sein. Weil das Übereinstimmungsargument seiner Funktion nach „defunct“ sei, müsse der Psychoanalyse der wissenschaftliche Status abgesprochen werden.

5. Die Lösung

Das Übereinstimmungsargument ist – entgegen Grünbaum – haltbar, der Rückschluss möglich, wenn die besondere Natur der Psychoneurose berücksichtigt wird (vgl. Kerz 1990, 1993, Kerz-Rühling 1996). Von der Psychoneurose als empirischem Faktum kann man zwar behaupten, dass sie auf eine Ursache zurückgeht und sich insofern den Regeln der Kausallogik konform verhält. Der in den Äußerungen des Neurotikers sich manifestierende Glaube indessen bricht mit den Regeln der Kausallogik. Der neurotische Glaube, wenngleich unbewusst kausal determiniert, vermeint autonom zu sein.

Betrachtet man beispielsweise das Wunschdenken, das diesen Glauben kennzeichnet, so ist dessen Realitätsverleugnung nicht vereinbar mit dem Aufsuchen der Realität mittels kausaler Erklärung. Der Neurotiker hält, natürlich irrtümlich, den gewünschten Gegenstand für real. Im Wunschdenken fallen das Vorgestellte und die Existenz des Vorgestellten, Wunsch und Erfüllung, in eins zusammen und bilden so einen fiktiven Gegenstand. Der Neurotiker ist gleichsam ein spinozistischer Gott, bei dem das Denken eines Gedankens schon seine Realisierung bedeutet. Für diesen Gott sind Ursache (U) und Wirkung (W) eins: „U = W". Wer die „spinozistische Denkweise" (Freud 1910c, S. 142) übernimmt, dem geht es nicht mehr um die methodische Sicherung von subjekt- und theorieunabhängigen Tatsachen, er bildet sich ein, etwas sei wahr allein schon deshalb, weil er es zu verstehen meint. Jedoch die Gewissheit des „Selbst" und das „Eins-Sein mit dem All", die das Verstehen auszeichnen, nennt Freud (1930a, S. 423 und 430) einen „Trug" und „krankhaft" im Sinne der Psychoanalyse.

Ganz entgegengesetzt dagegen die Regel bei kausalen Erklärungen. Diese geht von der additiven Aufzählung der „notwendigen und hinreichenden Bedingungen bzw. Ursachen" (Freud 1895f., S. 375, 1898a, S. 510, 1901b, S. 27f.,vgl. Mackie 1965, 1974) aus, die das Eintreten der Wirkung erklären. Ursache (U) und Wirkung (W) haben Bestand als getrennte Fakten bzw. Ereignisse, verschmelzen nicht zu einer vermeintlichen Sinneinheit: aus der Behauptung „U verursacht W" folgt „U¬ W" (Hume 1777, S. 39, Mellor 1995, S. 17 und S. 60). Daraus ergibt sich, dass empirische Kausalerklärung einerseits und das Wunschdenken des Neurotikers andererseits sich gegenseitig ausschließen: denn „U = W" (das für Neurose und akausales Sinnverstehen steht) ist die logische Negation von „U ¬ W" (das für Kausalerklärung steht). Stellt sich heraus, dass das eine wahr ist, so ist zu folgern, dass das andere falsch ist und umgekehrt.

Den Umstand des gegenseitigen Ausschlusses nutzt die Psychoanalyse für den Rückschluss. Erinnert sich der Patient an das ursächliche Geschehen aufgrund der ihm gegebenen Deutung und erkennt er damit für sich die Tatsache einer kausalen Entstehung seines neurotischen Zustandes an, ist die neurotische Akausalität nicht länger aufrechtzuerhalten, d. h., die Neurose ist geheilt. Anders gesagt, der realitätsverleugnende neurotische Wahn, der sich von aller kausalen Determination unabhängig wähnt, wird abgelöst durch die Einsicht in die kausale Abhängigkeit eben seiner neurotischen Symptome. Es bleibt dem Patienten kein Raum, die neurotische Selbsttäuschung mitsamt der lebensgeschichtlichen Verfälschung aufrechtzuerhalten. Zur Erlangung dieser Einsicht bedarf es beim Patienten keiner großartigen logischen Überlegung. Der Rest von Realitätserkenntnis, der ihm verblieben ist, führt ihn mit Hilfe des Analytikers zur Anerkennung des ursächlichen Ereignisses und als Folge davon gewissermaßen automatisch im Sinne des Ausschlusses zur Heilung.

Umgekehrt ist es nun für den Analytiker ebenso wie für den neutralen Beobachter erlaubt, von dem Verschwinden der neurotischen Symptome, die doch Ausdruck des Einsseins von Ursache und Wirkung sind, auf die Korrektheit der Deutung zu schließen. Der „Rückschluss" ist also möglich, er bestätigt, dass das von der Deutung angesprochene ursächliche Geschehen als ein tatsächliches zu bewerten ist. „Es wäre von großem Vorteile, wenn die Kranken besser wüssten, mit welcher Sicherheit dem Arzte die Deutung ihrer neurotischen Beschwerden und der Rückschluss von ihnen auf die wirksame sexuelle Ätiologie nunmehr möglich ist" (Freud 1898a, S. 495).

Bei Freud finden sich zu allen Zeiten Formulierungen, die zeigen, dass das hier beschriebene Verfahren Grundlage der Psychoanalyse ist: „Nun ergeben unsere Analysen, dass der psychische Zwang sofort gelöst ist, wenn er aufgeklärt ist" (Freud 1950c, S. 440). Das sog. „Junktim von Heilen und Forschen" besagt dasselbe. Damit entfallen alle von Grünbaum erhobenen Einwände.

Freuds Theorie nimmt zu Recht den Status einer Wissenschaft ein.

Bei der retrospektiven Identifizierung der spezifischen Neurosenursache im Rahmen der Klinik handelt es sich um einen logisch einwandfreien Schluss. Ohne die Lösung des Retrodiktionsproblems gäbe es keine Psychoanalyse; sie wäre erst gar nicht entstanden. Der Rückschluss ist von Anfang an integrativer Bestandteil von Freuds Theorie. Die Freud-Exegese hat versäumt, dieses in Freuds Texten zwar in knappen Formulierungen dargelegte, aber dennoch unmissverständlich deutlich gemachte Rückschlussverfahren mit all seinen Implikationen und seiner Entgegensetzung zu bestehenden Auffassungen zu rekonstruieren.

Literatur

Erwin, E. (1993). Philosophers on Freudianism. An examination of the replies to Grünbaum's foundations. In J. Earman et al. (Ed.), Philosophical problems of the external world. Essays on the philosophy of Adolf Grünbaum (pp. 409–460). Pittsburgh: University of Pittsburgh Press.

Grünbaum, A. (1980). Epistemological liabilities of the clinical appraisal of psychoanalytic theory. Noûs, 14, 307–385.

Grünbaum, A. (1984). The foundations of psychoanalysis: a philosophical critique. Berkeley University of California Press (dt.: Die Grundlagen der Psychoanalyse. Eine philosophische Kritik. Stuttgart: Reclam, 1988).

Grünbaum, A. (1986). Author's response. Behavioral and brain science, 9, 266–281 (dt.: Antwort des Autors: Ist Freuds Theorie gut fundiert? In A. Grünbaum (Hg.), Kritische Betrachtungen zur Psychoanalyse (S. 169–214). Berlin: Springer, 1991).

Grünbaum, A. (1993). Validation in the clinical theory of psychoanalysis: a study in the philosophy of psychoanalysis. Madison, CT: International Universities Press.

Hume, D. (1777). Eine Untersuchung über den menschlichen Verstand. Hamburg: Felix Meiner, 1973.

Husserl, E. (1968). Phänomenologische Psychologie. Den Haag: M. Nijhoff.

Kerz, J.P. (1990). Freuds klinischer Induktivismus. Forum der Psychoanalyse, 6, 277–298.

Kerz, J.P. (1993). Die Basistheorie. In W. Tress und S. Nagel (Hg.), Psychoanalyse und Philosophie: eine Begegnung. Heidelberg: Asanger.

Kerz-Rühling, I. (1996). The validation of psychoanalytical hypotheses in clinical practice. International Journal of Psycho-Analysis, 77, 275–290.

Mackie, J.L. (1965). Causes and conditions. American Philosophical Quarterly, 2, 245–264.

Mackie, J.L. (1974). The cement of the universe. A study of causation. Oxford: Clarendon Press.

Mellor, D.H. (1995). The facts of causation. London: Routledge.

Rogge, E. (1935). Das Kausalproblem bei Franz Brentano. Stuttgart: Kohlhammer.

Übergangsobjekt, Übergangsraum *von Dieter Tenbrink*

transitional object, potential space – objet transitionnel, espace transitionnel

1. Definition

Die Begriffe Übergangsraum und Übergangsobjekt sowie die mit diesen Begriffen verbundenen Konzeptbildungen stellen ein wesentliches Kernstück des Werkes von Winnicott (1953, 1967a, 1988) dar (vgl. auch Grolnick und Barkin 1978). In gewisser Hinsicht ist das gesamte Werk Winnicotts letztlich darauf angelegt, die Bedeutung jenes Phänomens, das er als Übergangsraum, potentiellen Raum, intermediären Raum oder als Spannungsfeld zwischen Subjekt und Objekt bezeichnet hat, zu erhellen und zu seinem vertieften Verständnis zu gelangen. Letztlich geht es Winnicott in allen seinen theoretischen Ausarbeitungen im Kern um die Frage, wie aus einem absolut abhängigen und der äußeren Realität völlig ausgelieferten Säugling nach und nach ein erwachsener Mensch wird (oder werden kann), der die Realität nicht nur oder nicht überwiegend als eine Beleidigung und Bedrohung für sein Lebensgefühl empfinden muss (Winnicott 1970). In Winnicotts Begriffen formuliert geht es letztlich um die Frage nach den äußeren und innerseelischen Bedingungen, unter denen der (nie vollständig gelingende) Entwicklungsschritt von der Objektbeziehung zur kreativen Objektverwendung möglich wird (Winnicott 1969b). Die Antwort auf diese Frage ist für Winnicott der Schlüssel zum Verständnis von psychischer Gesundheit und Krankheit.

Winnicott (1953/1979, S. 21f.) definiert den Übergangsraum und die Übergangsphänomene und -objekte folgendermaßen: „Der intermediäre Bereich ... ist jener Bereich, der dem Kind zwischen primärer Kreativität und auf Realitätsprüfung beruhender, objektiver Wahrnehmung zugestanden wird. Die Übergangsphänomene repräsentieren die frühen Stadien des Gebrauchs der Illusion, ohne den ein menschliches Wesen keinen Sinn in der Beziehung zu einem Objekt finden kann, das von anderen als Objekt wahrgenommen wird, das außerhalb des Kindes steht.“ Und an anderer Stelle betont er nochmals explizit die existentielle Bedeutung dieses Übergangsraumes und der Übergangsobjekte als Garanten für die Entwicklung des Selbst: „In der frühen Kindheit ist dieser intermediäre Bereich für den Beginn einer Beziehung zwischen Kind und Welt erforderlich; möglich wird er durch eine hinlänglich gute mütterliche Betreuung in der frühen kritischen Phase“ (Winnicott 1953/1971, S. 24).

Der Übergangsraum konstituiert sich gemäß der Theorie Winnicotts durch die besondere Art der Erfahrungsbildung im Austausch mit subjektiven Objekten und mit Übergangsobjekten.

Winnicotts Ausführungen zum Übergangsraum und zum Übergangsobjekt sind in eine komplexe Theorie der seelischen Entwicklung (Winnicott 1963a, 1969a, 1988) eingebunden und letztlich auch nur auf dem Hintergrund der Kenntnis dieser Theorie in ihrer Bedeutungshaltigkeit, Vielschichtigkeit und klinischen sowie pädagogischen Relevanz erfassbar.

2. Klassische Auffassung

Winnicott begreift die kindliche Entwicklung konsequent als einen Prozess mit verschiedenen dynamischen Schwerpunkten, der durch drei aufeinanderfolgende Entwicklungsphasen bestimmt ist: 1. der absoluten Abhängigkeit, 2. der relativen Abhängigkeit und 3. der Entwicklung in Richtung auf Unabhängigkeit (ohne sie je ganz erreichen zu können).

Zunächst geht es darum, beim Säugling die Voraussetzungen für die Entwicklung der Fähigkeit, zwischen Selbst und Objekt zu differenzieren, zu schaffen. Dies geschieht dadurch, dass die primäre Bezugsperson sich als ein subjektives Objekt (Winnicott 1962) solange maximal auf die Bedürfnisse des Säuglings einzustimmen vermag, wie der Säugling sich im Zustand der absoluten Abhängigkeit befindet. Der Effekt der Einstimmung der Bezugsperson (Holding) lässt sich nicht ausreichend als Bedürfnisbefriedigung beschreiben, sondern durch diese Einstimmung wird es dem Säugling ermöglicht, seine Erfahrungen als von ihm geschaffene Erfahrungen zu erleben, obwohl vom Standpunkt eines äußeren Beobachters die unverzichtbare Rolle der Mutter erkennbar ist. Die Ermöglichung der Illusion, der Schöpfer seiner eigenen Erfahrungen zu sein, ist also die notwendige Voraussetzung dafür, dass das Entwicklungspotential des Säuglings sich in entwicklungsfördernde Erfahrungen umwandelt, die das Selbst stärken und zur Ausbildung eines gesunden Omnipotenzgefühls führen.

Nur unter diesen Voraussetzungen – Aufbau eines gesunden Omnipotenzgefühls – kann der Säugling den nächsten Entwicklungsschritt in die relative Abhängigkeit wagen, der darin besteht, in kleinen und kleinsten Schritten die Erfahrung der Differenz von Selbst und Nicht-Selbst zuzulassen, also die Differenzierung von Subjekt und Objekt als eine entwicklungsfördernde Erfahrung zu gestalten.

Die Hauptaufgabe der Bezugspersonen (die selbstverständlich ebenfalls ein Teil der äußeren Realität sind, soweit sie dem Säugling mit eigenen Bedürfnissen, die nicht auf den Seinszustand des Säuglings abgestimmt sind, begegnen) besteht nun darin, die Einwirkungen der äußeren Realität, soweit sie für den Säugling unverträglich und damit traumatisch sind, in für ihn verdaubare Portionen zu verwandeln und sie ihm so anzubieten, dass er sie für die Entwicklung seines Selbst und für die Etablierung und Erhaltung eines gesunden Omnipotenzerlebens nutzen kann. Anders ausgedrückt, die Bezugspersonen sorgen dafür, dass der Säugling in ausreichender Weise Erfahrungen in einem Übergangsraum machen kann, der zwischen der äußeren Realität (Nicht-Ich) und dem Seinszustand des Säuglings (eine adultomorphe Begriffsbildung lässt sich hier kaum vermeiden, da es vor der Subjekt-Objekt-Differenzierung nicht angemessen ist, von einem Ich und von einem Nicht-Ich-Bereich zu sprechen) vermittelt und damit entwicklungsfördernd wirksam wird.

Diese Funktion der Bezugsperson wird durch die Erfahrungen mit Übergangsobjekten unterstützt. Bestimmte Personen, Gegenstände oder andere Phänomene können als Übergangsobjekte fungieren und auf diese Weise diesen Entwicklungsschritt zur Erlangung ausreichender Subjekt-Objekt-Differenzierung fördern, soweit sie einerseits dem Bereich des Nicht-Ichs angehören und andererseits sich den Bedürfnissen des Säuglings ausreichend anzupassen vermögen, also ihm gegenüber nicht zu sehr auf ihrer Eigenexistenz als Teil der äußeren Realität beharren (Hughes 1989). Somit kommt den Übergangsobjekten im Zwischenbereich zwischen Erfahrungen mit subjektiven Objekten (Winnicott 1962) einerseits und Erfahrungen mit objektiv wahrnehmbaren Objekten (als den Repräsentanten der äußeren Realität) andererseits eine Brückenfunktion zu. Das Übergangsobjekt ermöglicht es dem Säugling – durch das Bereitstellen eines Übergangsraumes – in kleinen Schritten, sich vorübergehend als von der primären Bezugsperson getrennt zu erleben, ohne dass mit diesen Schritten der Annäherung an die äußere Realität die Erfahrung des Verlusts des primären (noch weitgehend subjektiven) Objekts verbunden ist. Insofern bietet es Schutz vor dem Ausbruch von überwältigenden Trennungs- und/oder Vernichtungsängsten. Die Verwendung eines Übergangsobjekts stellt eine wichtige Leistung des Kindes auf dem Wege der Entwicklung der Fähigkeiten zur Subjekt-Objekt-Differenzierung und zur Selbst- und Objektkonstanz dar. Durch das Übergangsobjekt bleibt die haltende emotionale Verbindung zur primären Bezugsperson aufrechterhalten, ohne dass sie unmittelbar ihre Funktion als subjektives Objekt ausüben muss. Die Etablierung von Subjekt-Objekt-Differenzierung setzt nach Winnicott also zunächst voraus, dass dem Säugling in ausreichendem Maße Omnipotenzerfahrungen im Übergangsraum ermöglicht wurden. Im Hinblick auf den weiteren Verlauf der kindlichen Entwicklung betont Winnicott (1969b) die große Bedeutung der Erfahrung des Säuglings/Kleinkindes, dass seine aggressiven Impulse als seine Antwort auf die zunehmenden und zugleich unvermeidbaren Verletzungen seines Omnipotenzerlebens durch die störenden Einwirkungen der Realität 1. von den primären Bezugspersonen überlebt und 2. nicht mit Rache und Vergeltung beantwortet werden. Das Zusammenspiel von ausreichendem Omnipotenzerleben einerseits und der Erfahrung, dass das Objekt seine Zerstörung durch das Kind überlebt andererseits, führt beim Kleinkind zu einer entscheidenden Wandlung seines Bezugs zur Außenwelt. An die Stelle der Objektbeziehung tritt mehr und mehr die Objektverwendung. Damit ist die Fähigkeit verbunden, die Realität anzuerkennen und sie für die kreative Selbstentfaltung zu nutzen.

Das Versagen der Bezugspersonen in dem Bemühen, dem Säugling einen ausreichenden Übergangsraum zu gewähren, führt zwangsläufig zu primären Deformationen des Selbst des Säuglings (Winnicott 1960, Tenbrink 2003). Die gesunde Entwicklung wird unterbrochen, da der Säugling überwiegend damit beschäftigt ist, sich gegen die übermächtig hereinbrechenden Einflüsse der äußeren Realität, die unbeschreibbare Ängste und Zustände von Agonie hervorrufen (Winnicott 1963b), zu schützen, und an diese Stelle tritt die Bildung von Abwehrformen, die nur noch überwiegend darauf gerichtet sind, die traumatische Wirkung der äußeren Realität abzumildern und abgespalten zu halten. Ogden (1985) beschreibt in diesem Zusammenhang den Zustand der Nicht-Erfahrung als die letzte und massivste Form des Schutzes vor und der Abwehr von unerträglichen traumatischen Erfahrungen. Die Fähigkeit zur Differenzierung zwischen Subjekt und Objekt kann sich unter diesen Bedingungen nur unzureichend ausbilden. Die Folge ist die Fixierung einer Abhängigkeit von subjektiven Objekten, die – je nach Art der Abwehr – offen ausgelebt oder aber überwiegend durch eine massive Abwehr in Schach gehalten werden muss. Unter diesem Druck, den fehlenden Übergangsraum durch die eigene Abwehr ersetzen zu müssen (Shabad und Selinger 1995), kommt es zur Spaltung des ursprünglich einheitlichen Selbst in ein wahres und ein falsches Selbst (Winnicott 1960). Das falsche Selbst ergänzt oder ersetzt (je nach Schwere der Störung) das wahre Selbst, und schützt es dadurch vor weiteren traumatischen Erfahrungen. Das wahre Selbst bleibt dadurch aber zugleich von der Weiterentwicklung weitgehend abgeschnitten. In dieser Verfassung verfügt der Säugling nur wenig oder gar nicht über die Möglichkeit, ein Übergangsobjekt zu nutzen. An seine Stelle tritt u.U. ein Fetisch, der dazu dient, Erregung zu erzeugen, um Angst abzuwehren. Im Unterschied zum Fetisch fördert das Übergangsobjekt die Abfuhr von Erregung und trägt zur Beruhigung bei.

Nach Winnicott kommt dem Übergangsobjekt auch im und für das Erwachsenenleben eine andauernde wichtige Funktion zu. So sieht er in den Erfahrungen im Übergangsraum während der Säuglingszeit den Ursprung für die Fähigkeit zum Spielen, zur kreativen Selbstäußerung sowie für das Erschaffen und Genießen von Kunst, Musik und Kultur. Der Übergangsraum bleibt auch im Erwachsenenalter ein Ort des Ausruhens von der Anstrengung und der Anspannung infolge des Austausches mit der äußeren Realität (Winnicott 1967a).

Auf die große Bedeutung der Theorie des Übergangsraumes für die psychoanalytische Krankheitslehre und Behandlungstechnik kann an dieser Stelle nur hingewiesen werden (Winnicott 1963b, Grolnick und Barkin 1978, Giovacchini 1979, 1986, 1990, Little 1981, Ogden 1985, Fromm und Smith 1989, Van Sweden 1995, Tenbrink 1997, 1998, 2002, Bertolini, Giannakoulas und Hernandez 2001).

3. Ideengeschichtlicher Hintergrund

Winnicotts Theorie ist ein Beitrag zur Klärung der uralten Frage, wie und aus welchen Motiven heraus menschliche Entwicklung möglich wird. Während die klassische Psychoanalyse hier die Bedeutung von Frustration und Versagung als das zentrale Entwicklungsagens hervorhebt – auf dem Weg von der Herrschaft des Lustprinzips zur Dominanz des Realitätsprinzips –, betrachtet Winnicott ein hinreichendes Maß an gesunden Omnipotenzerlebnissen in der frühen und frühesten Kindheit als absolut notwendige Voraussetzung dafür, dass das Kind die Anforderungen der äußeren Realität nicht überwiegend als bedrohlich erleben muss, sondern auch i.S. einer bereichernden Erfahrung nutzen kann. Oder um mit Rycroft (1956/1987, S. 47) zu sprechen: „Although frustration may lead to acceptance of reality, only satisfaction can lead to love of it."

4. Wesentliche Erweiterungen, Differenzierungen und Modifikationen

Die Theorie Winnicotts ist weitgehend an seine Person gebunden geblieben. In der Tradition der Mittelgruppe der britischen Objektbeziehungstheoretiker, der Winnicott zuzuordnen ist, sind Differenzierungen und Weiterführungen mit Namen wie z.B. Dockar-Drysdale, Masud Khan, Bollas, Little, Giovacchini, Ogden, Eigen, Green und Abram verbunden. Es handelt sich dabei überwiegend um Erweiterungen der Theorie im

Hinblick auf das Verständnis und die Behandlungsmöglichkeiten von Patienten mit Störungen, deren Wurzeln weit in die Zeit der präverbalen Erfahrungsbildung hineinreichen.

5. Die Bedeutung des Begriffs in den verschiedenen psychoanalytischen Schulen

Der Ansatz Winnicotts erfuhr in den letzten 20 Jahren eine zunehmende Verbreitung und Aufnahme in fast allen psychoanalytischen Schulen. Wesentliche inhaltliche Verbindungen bestehen zur Selbstpsychologie Kohuts im Zusammenhang mit dem Konzept des Selbstobjekts und seinen vielschichtigen Implikationen.

6. Interdisziplinäre Beiträge

Einen guten Überblick über die vielseitige Anwendung des Konzepts zum Übergangsraum und -objekt bieten Grolnick und Barkin (1978). Mit Unterstützung des Winnicott Trusts wird eine empirisch ausgerichtete Erforschung der frühen Austauschprozesse zwischen Säugling und primärer Bezugsperson betrieben, die der Theorie Winnicotts zugrunde liegt (Jacobs 1995, Trowell 2002). Diese Arbeiten stehen inhaltlich und vom methodischen Ansatz her der neueren Säuglingsforschung, die u.a. mit den Namen Stern, Lichtenberg, Beebe und Lachmann, Sander und Emde verbunden ist – und die ebenfalls Bezüge zu Winnicott aufweist –, nahe. Winnicotts Arbeiten haben sich – über den Bereich der Psychoanalyse und der Säuglingsforschung hinaus – insbesondere befruchtend auf die Sozialarbeit (Jacobs 1995) und auf die Literaturwissenschaft (Rudnytsky 1993) ausgewirkt.

Literatur

Bertolini, M., Giannakoulas, A. and Hernandez, M. (Eds.) (2001). Squiggles and space. Revisiting the work of D.W. Winnicott (two volumes). London: Whurr Publishers.

Fromm, M.G. and Smith, B.L. (Eds.) (1989). Clinical applications of Winnicott's theory. Madison: Intern. Universities Press

Giovacchini, P.L. (1979). Treatment of primitive mental states. New Jersey: Aronson, 1996.

Giovacchini, P.L. (1986). The transitional space in mental breakdown and creative integration. New Jersey: Aronson, 1996

Giovacchini, P.L. (Ed.) (1990). Tactics and techniques in psychoanalytic therapy III: The implications of Winnicott's contribution. New Jersey: Aronson.

Grolnick, S.A. and Barkin, L. (Eds.) (1978). Between reality and fantasy. Northvale: Aronson, 1988.

Hughes, J.M. (1989). Reshaping the psychoanalytic domain. Los Angeles: University of California Press.

Jacobs, M. (1995). D.W. Winnicott. London: SAGE Publications.

Little, M. (1981). Transference neurosis and transference psychosis. New Jersey: Aronson, 1993

Ogden, T.H. (1985). Über den potentiellen Raum. Forum der Psychoanalyse, 13, 1997, 1–18.

Rudnytsky, P. (Ed.) (1993). Transitional objects and potential space. Literary uses of D.W. Winnicott. New York: Columbia University Press.

Rycroft, C. (1956). Symbolism and its relationship to the primary and secondary process. In ders., Imagination and reality (pp. 42–60). London: Marefield Library, 1987.

Shabad, P. and Selinger, S.S. (1995). Bracing for disappointment and the counterphobic leap into the future. In E.C. Corrigan and P.E. Gordon (Eds.), The mind object (pp. 209–228). Northvale: Aronson.

Sweden, R. van (1995). Regression to dependence. New Jersey: Aronson.

Tenbrink, D. (1997). Der Übergangsraum in der analytischen Situation. Forum der Psychoanalyse, 13, 38–53.

Tenbrink, D. (1998). Über den Unterschied zwischen Wiederfinden und Finden in der Psychoanalyse. In U. Lehmkuhl (Hg.), Beiträge zur Individualpsychologie, 24 (S. 101–114). München: Reinhardt.

Tenbrink, D. (2002). Übertragung, Selbststruktur und omnipotente Abwehrorganisation. In U. Lehmkuhl (Hg.), Beiträge zur Individualpsychologie, 28 (S.189–210). München: Reinhardt.

Tenbrink, D. (2003). Das Trauma aus psychoanalytischer Sicht. Individualpsychologie, 28, 271–287.

Trowell, J. (2002). The wider applications of infant observation. In B. Kahr (Ed.), The legacy of Winnicott (pp 79–88). London: Karnac.
Winnicott, D.W. (1953). Übergangsobjekte und Übergangsphänomene. In D.W. Winnicott, Vom Spiel zur Kreativität (S. 10–36). Stuttgart: Klett-Cotta, 1979.
Winnicott, D.W. (1960). Ich-Verzerrung in Form des Wahren und des Falschen Selbst. In ders., Reifungsprozesse und fördernde Umwelt (S. 182–199). München: Kindler, 1974.
Winnicott, D.W. (1962). Die Frage des Mitteilens und des Nicht-Mitteilens führt zu einer Untersuchung gewisser Gegensätze. In ders., Reifungsprozesse und fördernde Umwelt (S. 234–252). München: Kindler, 1974.
Winnicott, D.W. (1963a). Von der Abhängigkeit zur Unabhängigkeit in der Entwicklung des Individuums. In ders., Reifungsprozesse und fördernde Umwelt (S. 106–119). München: Kindler, 1974.
Winnicott, D.W. (1963b). Fear of breakdown. In ders., Psychoanalytic explorations (S. 87–95). C. Winnicott, R. Shepherd, M. Davis (Eds.). London: Karnac, 1989.
Winnicott, D.W. (1963c). Abhängigkeit in der Säuglingspflege, in der Kinderpflege und im psychoanalytischen Milieu. In ders., Reifungsprozesse und fördernde Umwelt (S. 330–344). München: Kindler, 1974.
Winnicott, D.W. (1967a). Die Lokalisierung des kulturellen Erlebens. In ders., Vom Spiel zur Kreativität (S. 111–120). Stuttgart: Klett-Cotta, 1979.
Winnicott, D.W. (1967b). Die Vorstellung eines gesunden Individuums. In ders., Der Anfang ist unsere Heimat (S. 23–42). Stuttgart: Klett-Cotta, 1990.
Winnicott, D.W. (1969a). The mother-infant experience of mutuality. In Psychoanalytic explorations (S. 251–160), ed. by C. Winnicott, R. Shepherd, M. Davis. London: Karnac, 1989.
Winnicott, D.W. (1969b). Objektverwendung und Identififzierung. In ders., Vom Spiel zur Kreativität (S. 101–110). Stuttgart: Klett-Cotta, 1979.
Winnicott, D.W. (1970). Schöpferisch leben. In ders., Der Anfang ist unsere Heimat (S. 43–60). Stuttgart: Klett-Cotta, 1990.
Winnicott, D.W. (1988). Die menschliche Natur. Stuttgart: Klett-Cotta, 1994.

Überich *von Winfried Trimborn*

super-ego – surmoi

1. Definition

Die Rolle des Überichs als eine Instanz der Persönlichkeit wird von Freud mit der eines Richters oder Zensors des Ichs beschrieben. Das Gewissen, die Selbstbeobachtung und die Idealbildung sind Funktionen des Überichs. Mit dem Begriff des Überichs wird somit deskriptiv das Vorhandensein verinnerlichter Normen und Werte, Gebote und Verbote bezeichnet. Zum großen Teil ist es unbewusst und die Spannung zwischen Ich und Überich wird als Schuld- und Unwertgefühl empfunden.

2. Klassische Auffassung

Freud baute 1923 mit seiner Arbeit „Das Ich und das Es" (1923b) das Konzept des Überichs als einer Substruktur des Ichs zu seiner Strukturtheorie aus. 1914 hatte er schon vom Ich-Ideal gesprochen, das er neben dem Gewissen als der kritischen Instanz als ein Teil des Überichs begreift, welches „über die Sicherung der narzißtischen Befriedigung aus dem Ich-Ideal" wacht (1914c). In der Schrift „Unbehagen in der Kultur" (1930a) beschreibt er das Überich als eine psychische Instanz, die die kulturbedrohenden Triebimpulse bekämpft. In „Totem und Tabu“ (1912–13a) hatte Freud der ontogenetischen Betrachtungsweise eine phylogenetische vorangestellt. Mit dem wissenschaftlichen Mythos von der Vatertötung durch die Urhorde wird das Überich und damit insbesondere das Inzesttabu an den Anfang der Kulturgeschichte gestellt.

Dem Überich kommt in seinem Ich-Ideal-Anteil vorbildhafter Charakter zu, jedoch hat das Überich als Gewissen neben einem fürsorglichen und beschützenden auch einen strafenden Charakter. Es umfasst sowohl den Wunsch des Kindes, so wie die Eltern zu sein, als auch den Wunsch, den Verboten und Forderungen der Eltern zu gehorchen.

Freud betrachtete die Überich-Entwicklung als das Ergebnis zweier Faktoren: der langen Hilflosigkeit des menschlichen Kindes und als das „Erbe des Ödipuskomplexes“. Das Kind, das auf die Befriedigung seiner mit dem Verbot belegten inzestuös-ödipalen Wünsche verzichtet, wandelt die libidinöse Besetzung der Eltern in eine Identifizierung mit diesen um. Die Furcht vor dem Überich ist ein Überbleibsel der Kastrationsfurcht, die durch die eigenen aggressiven Impulse des Kindes verstärkt wird. Daher kann die Strenge des Überichs weit entfernt sein von den durch Eltern ausgesprochenen Verboten und Geboten, ja sie kann genau umgekehrt sein.

Später wird das Überich durch die sozialen und kulturellen Forderungen erweitert. Freud hat auch darauf aufmerksam gemacht, daß das Überich sich nach dem elterlichen Überich aufbaut. Somit wird es zum Träger der Tradition.

Am Beispiel der Melancholie weist Freud (1916–17f) den unheilvollen Einfluss des Überichs auf, insofern es mit außerordentlicher Härte und Strenge auf das Ich einzuwirken, ja dieses in den Tod zu treiben vermag. Das melancholische Überich ist die Folge einer Identifikation des Ichs mit einem unbewusst ambivalent besetzten Objekt. Den Sadismus des Überichs sieht Freud später (1920g) in dem Todestrieb begründet.

Die Ausgestaltung eines strengen und strafenden Überichs setzt sich somit aus drei Komponenten zusammen: aus der Stärke des Aggressionstriebes oder Todestriebes, also der Verwurzelung des Überichs im Es; der unbewussten Identifizierung ambivalent besetzter Objekte und der Übernahme eines rigiden, unreifen und inkonsistenten Überichs der frühen Objekte.

3. Wesentliche Erweiterungen, Differenzierung und Modifikationen

Erst mit der Erfassung der Entstehung psychischer Strukturen in der präödipalen, undifferenzierten Phase konnte der Ursprung des sadistisch-verfolgenden Überichs genauer konzipiert werden. Die Vorläufer des Überichs werden als das Ergebnis des Versuches dargestellt, „sich wie in den frühesten Zeiten wieder mit der Mutter eins fühlen“ zu können (A. Freud 1965, S. 160), in welchem Objekt- und Ich-Libido voneinander nicht zu unterscheiden sind (Freud 1914c, S. 167) bzw. durch die Schaffung eines grandiosen Selbst und omnipotenter Elternimagines (Kohut) die narzisstische Identität zu rekonstruieren. Deutlich ist hier die Verschiebung der Entwicklung des Überichs vom ödipalen Triebkonflikt hin zu einer narzisstischen Genese erkennbar.

M. Klein (1933, 1958) beschreibt Vorläufer des Überichs im Zusammenhang ihres Konzeptes der paranoid-schizoiden Position, d.h. die Dynamik früher archaischer Objektbeziehungen und den damit verbundenen primitiven Verfolgungsängsten eines rudimentären Ichs. Oft können die in das Überich introjizierten Objekte überhaupt nicht mit den wirklichen Eltern identifiziert werden. Nach Klein existiert noch vor der Auflösung des Ödipuskomplexes ein ausgebildetes und grausames Überich.

E. Jacobson (1948, 1964) glaubt, dass das kleine Kind, das eine vorzeitige Enttäuschung erfährt, diese nicht zur Ich-Entwicklung benutzen kann, vielmehr wird eine vorzeitige Überich-Entwicklung induziert. Das Überich wird im Verhältnis zum geschädigten Ich übermächtig, das nun „Pseudostärke und Pseudo-Unabhängigkeit“ entwickelt, während es in Wahrheit in der präödipalen Abhängigkeit von der allmächtigen Mutter verharrt.

René Spitz (1958) sieht in dem Kopfschütteln bzw. dem Nein einen Organisator am Werke, wodurch die Psyche sich strukturiert. Es lernt, seiner Aggression eine Wendung ins Aktive zu geben und hat damit einen Schritt zur „Identifizierung mit dem Aggressor" (A. Freud 1936) als Mechanismus vollzogen, der die Entwicklung zum ödipalen Überich vorbereitet.

Kernberg (1975) beschreibt die Folgen von schweren Überich-Defiziten. Diese Patienten können sich nur unter dem Druck primitiver Furcht den von der Außenwelt auferlegten Beschränkungen unterwerfen. Der verinnerlichte, oft unbewusste Teil beschränkt sich meist auf eine sadistische, archaische Selbstbestrafungstendenz. Diese pathologische Entwicklung führt zu einer Verzerrung der Realitätswahrnehmung.

Sandler (1960, S. 76) erfasst genauer die identitätserhaltende Funktion des Überichs, zumal das Überich „auch eine vorzügliche Quelle der Liebe und des Wohlbefindens sein kann." Lincke (1970) hebt die paradoxe Tatsache hervor, dass das Überich gleichzeitig den endgültigen Verzicht auf die inzestuösen Liebesobjekte und das lebenslängliche Festhalten an ihnen, nämlich in introjizierter Form, verkörpert. Anders als in den traditionsgeleiteten Gesellschaften bedeutet dies, dass in unserer Gesellschaft mit den Kleinfamilien die Elternfiguren hochbesetzt sind, wodurch aber die Ablösungskonflikte in der Adoleszenz verschärft werden.

H. und Y. Lowenfeld (1970) machen darauf aufmerksam, dass die Vorstellung falsch ist, eine permissive Einstellung der Eltern könne eine Überich-Krankheit verhindern.

Mit einer differenzierten Beschreibung der Genese des Überichs lässt sich die Psychopathologie des Überichs besser einordnen: Das archaische Überich betrifft narzisstische Traumatisierungen in der undifferenzierten Phase und manifestiert sich in dem Erleben tiefer Unsicherheit und Verfolgung. Das soziale Überich betrifft die Trennungsangst, d.h. die Angst vor dem Verlassensein und Nicht-mehr-geliebt-Werden, und die Trennungsschuld. Es dient dem Erhalt eines sozialen Zusammenhangs und einer sozialen Identität. Das ödipale Überich und Ich-Ideal umfassen den Verzicht und die Aufgabe ödipaler Wünsche in der Folge der Kastrationsangst durch Verdrängung, Reaktionsbildung wie auch durch die Identifizierung mit den ödipalen Objekten.

4. Interdisziplinäre Beiträge und Befunde

Sowohl in der Ethnologie wie auch in der Sozialpsychologie wurde das Überich-Konzept aufgegriffen, so z.B. von der Frankfurter Schule – Adorno, Fromm, Horkheimer, Marcuse u.a. – im Zusammenhang ihrer Untersuchungen zur Autoritätsproblematik in der Gesellschaft und Familie.

Beispielhaft für die Wechselwirkung und die Verständnisschwierigkeiten können die Untersuchungen von Malinowski (1929), der die Existenz des Ödipuskomplexes verworfen hatte, und die sich anschließende Kontroverse mit E. Jones angesehen werden.

Bereits 1919 setzt sich Paul Federn in seiner Arbeit „Zur Psychologie der Revolution. Die vaterlose Gesellschaft" mit der Möglichkeit einer nicht repressiven, auf tradierten Strukturen beruhenden Gesellschaft auseinander.

Marcuse (1955) analysiert – kritisch auf „die Herrschaft des Überichs" zielend – den Funktionszerfall der bürgerlichen Familie und zieht den Schluss, dass die Anonymisierung der Person des Vaters und der väterlichen Autorität die Familie als Sozialisationsagentur tendenziell überflüssig mache.

Dagegen betont Lacan (1975), dass das Kind, wenn es in der Verleugnung des Vaters in der Dualunion mit der Mutter verbleibt, keine Individualität entwickeln kann und infolge eines symbolischen Mangels psychotisch wird.

A. Mitscherlich (1963) kommt in seinem Buch „Auf dem Weg zur vaterlosen Gesellschaft" zu dem Schluss, dass das Verblassen des Vaterbildes eine Auseinandersetzung und Identifizierung mit diesem unmöglich macht.

Parin und Morgenthaler haben auf dem Boden ihrer ethno-psychoanalytischen Forschungen das „Clangewissen" beschrieben.

Sowohl beim Clangewissen wie beim Kibbuz-Überich (Bettelheim) ist es die Angst, von der Gruppe verlassen, ausgestoßen und daher zerstört zu werden, die den Prozess der Internalisierung einleitet. Auch in den traditionsgelenkten Gesellschaften (Riesman 1958) lassen sich solche Merkmale erkennen.

Unter anderen Analytikerinnen kritisiert Rohde-Dachser (1991) die verabsolutierende Zuschreibung des archaischen Überichs der bösen Mutterimago und des reifen Überichs dem Gesetz des Vaters als ein Spiegelbild der patriarchalischen Kultur.

Hinsichtlich der Entwicklung der kindlichen Moral in der Auffassung Jean Piagets (1932) zeigt Nemes (1984) die Nähe seiner Entwicklungspsychologie, aber auch die charakteristischen Differenzen zur psychoanalytischen Theorie auf. Ein entscheidender Unterscheid besteht darin, dass nach Freud die Entwicklung der Moral nicht nur das moralische Urteil, sondern den ganzen seelischen Apparat strukturiert. Piaget zeigt auf, wie sehr das kindliche Moralbewusstsein von Egozentrismus geprägt ist, der durch ein Nicht-Trennen oder eine Vermischung von Natur- und Moralgesetzen gekennzeichnet ist.

Habermas (1983) hat sich mit der Entwicklung bzw. mit den Stufen des „Moralbewusstseins" in der Theorie Kohlbergs (1981) auseinandergesetzt, der die Stufen moralischer Urteilsfähigkeit dem Modell Piagets für Entwicklungsstufen einer Kompetenz entlehnt. Damit ist aber nicht die Frage geklärt, wie eine autonome und reife Urteilsbildung zustande kommt. Vor allem aber bleiben die Fragen einer pathologischen Überich-Bildung und der Phänomene ungeklärt, die Freud zu der Annahme eines unbewussten Schuldgefühls geführt haben.

Die Unterscheidung von zwei moralischen Orientierungen im Anschluss an die Moralstufen von Kohlberg durch seine Mitarbeiterin Giligan wird in dem Sammelband von Nunner-Winkler: „Die weibliche Moral. Die Kontroverse um eine geschlechtsspezifische Ethik" (1991) kritisch diskutiert. Die Differenzierung zwischen einer eher weiblichen Fürsorglichkeitsmoral und der eher männlichen Gerechtigkeitsmoral hat Giligan später in Anlehnung an Chodorow mit dem Aufbau eines beziehungsorientierten Selbst bei Mädchen und eines auf Abgrenzung bedachten „autonomen" Selbst in Beziehung gesetzt. Die Kontroverse einer geschlechtsspezifischen Überich- bzw. Moralentwicklung wird auf den unterschiedlichsten Ebenen geführt. Doris Bernstein (1996) beschäftigt sich ausführlich mit dem weiblichen Überich und reflektiert kritisch Freuds These, dass die Frau ein schwächeres Überich habe als der Mann. Sie verknüpft die Flexibilität des weiblichen Überichs mit den diffusen weiblichen Körpererfahrungen und den weiblichen Identifikationsschicksalen.

Literatur

Bernstein, D. (1996). Das weibliche Über-Ich. Psyche – Z Psychoanal, 50, 617–643.

Freud, A. (1936). Das Ich und die Abwehrmechanismen. München: Kindler, 1968.

Freud, A. (1965). Wege und Irrwege in der Kinderentwicklung. Stuttgart: Klett, 1968.

Habermas, J. (1983). Moralbewußtsein und kommunikatives Handeln. Frankfurt/M.: Suhrkamp, 1992.

Jacobson, E. (1948). The effect of disappointment on ego and superego formation in normal and depressive development. Yearbook of Psychoanalysis, Bd. III. New York: International Universities Press.

Jacobson, E. (1964). Das Selbst und die Welt der Objekte. Frankfurt/M.: Suhrkamp, 1973.

Kernberg, O.F. (1975). Borderline-Störungen und pathologischer Narzißmus. Frankfurt/M.: Suhrkamp, 1978.

Klein, M. (1932). Die Psychoanalyse des Kindes. Frankfurt/M.: Fischer, 1987.

Klein, M. (1933). Die frühe Entwicklung des Gewissens beim Kind. In dies. (1991), Frühstadien des Ödipuskomplexes (S. 89–101). Frankfurt/M.: Fischer, 1991.

Kohlberg, L. (1981). Die Psychologie der Moralentwicklung. Frankfurt/M.: Suhrkamp, 1995.

Lincke, H. (1970). Das Über-Ich – eine gefährliche Krankheit? Psyche – Z Psychoanal, 24, 375–402.

Lacan, J. (1932, 1959). Über die Frage, die jeder möglichen Behandlung der Psychose vorausgeht. In ders., Schriften II. Olten: Walter, 1975.

Lowenfeld, H. und Y. (1970). Die permissive Gesellschaft und das Über-Ich. Freuds Gedanken zur Kulturentwicklung, vom Standpunkt der Gegenwart betrachtet. Psyche – Z Psychoanal, 24, 706–720.
Malinowski, B. (1929). Das Geschlechtsleben der Wilden in Nordwest-Melanesien. Frankfurt/M.: unikat, 1979.
Marcuse, H. (1955). Eros und Kultur. Ein philosophischer Beitrag zu Sigmund Freud. Nachdruck mit dem veränderten Titel: Triebstruktur und Gesellschaft. Frankfurt/M.: Suhrkamp, 1965.
Mitscherlich, A. (1963). Auf dem Weg zur vaterlosen Gesellschaft. München: Piper.
Nemes, L. (1984). Die Entwicklung der kindlichen Moral in der Auffassung Jean Piagets und in der psychoanalytischen Theorie. Psyche – Z Psychoanal, 38, 344–359.
Nunner-Winkler, G. (Hg.) (1991). Weibliche Moral. Die Kontroverse um eine geschlechtsspezifische Ethik. Frankfurt/M.: Campus.
Parin, P., Morgenthaler F. und G. Parin-Matthèy (1963). Die Weißen denken zuviel. Zürich: Atlantis. München: Kindler.
Piaget, J. (1932). Das moralische Urteil des Kindes. Frankfurt/M.: Suhrkamp, 1981.
Riesman, D. (1958). Die einsame Masse. Hamburg: Rowohlt.
Rohde-Dachser, C. (1991). Expedition in den dunklen Kontinent. Berlin: Springer.
Sandler, J. (1960). Zum Begriff des Über-Ich. Psyche – Z Psychoanal, 18, 721–743, 812–828.
Spitz, R.A. (1958). Zur Entstehung der Über-Ich-Komponenten. Psyche – Z Psychoanal, 14, 400–426.

Übertragung *von Reinhard Herold und Heinz Weiß*

transference – transfert

1. Definition

Freud entdeckte die Übertragung als klinisches Phänomen bei seiner Suche nach einer damals revolutionären Behandlungsmöglichkeit psychisch Kranker mit psychotherapeutischen Mitteln. Die Übertragung wurde zu einem der Grundpfeiler der Psychoanalyse als Wissenschaft und Krankenbehandlung.

Definitorisch ist die Übertragung schwer zu fassen, weil sie in mehrfacher Hinsicht ein Übergangsphänomen an den offenen Schnittstellen von Theorie und Praxis, von Psychoanalyse und Psychotherapie, von Analytiker und Patient ist. Im Umgang mit der Übertragung zeigen sich alle Widersprüche und Paradoxien, mit denen die Psychoanalyse als Wissenschaft und Krankenbehandlung zu kämpfen hat. Selbstverständlich gehört zur Übertragung prinzipiell auch die Gegenübertragung. Es liegt in der Natur von Übertragung und Gegenübertragung, daß sie ergänzungsbedürftig sind. Indem wir einen Begriff herausgreifen, vernachlässigen wir den anderen.

Unter Übertragung verstehen wir seit Freud (1985d, 1900a) im weitesten Sinne alle Phänomene der subjektiven Bedeutungszuschreibung innerhalb einer Begegnung mindestens zweier Personen (Übertragung als „signifikante Beziehung“, vgl. Weiß 1988). Durch die analytischen Regeln der freien Assoziation, gleichschwebenden Aufmerksamkeit, Gegenübertragungsaskese und Abstinenz, Frequenz und Regelmäßigkeit der Sitzungen wird das Allgemeine der persönlichen Begegnungen zum Spezialfall der analytischen Situation. In der Gegenwart der Analytiker-Patient-Beziehung wird die unbewusste Objektbeziehung in Szene gesetzt. Dadurch kann die Übertragung systematisch beobachtet, kann mit ihr gearbeitet und nur hier kann sie verändert werden. Die Analyse der Übertragung ist das Mittel zum Zweck der Heilung des Patienten, der am Wiederholungszwang der Neurose leidet und der mit Hilfe der analytischen Behandlung zu durchbrechen ist. Übertragung ist nicht an den analytischen Prozess gebunden, man kann sie als allgemeine menschliche Fähigkeit verstehen, mit anderen in Beziehung zu treten. Die herausgehobene Bedeutung der Übertragung für die Psychoanalyse liegt weniger in der Tatsache, dass jeder Mensch durch Übertragung Kontakt mit anderen aufnimmt, sondern in der systematischen „Analyse der Übertragung" in der Beziehung zum Analytiker.

Freud hatte zwei entscheidende Kriterien für die Definition der Übertragung genannt, um sie von der Nicht-Übertragung unterscheiden zu können: 1. die Wiederholung der Vergangenheit in der Gegenwart und 2. die Verzerrung der Realität.

Die klinische Erfahrung, dass der Analytiker zwangsläufig einen eigenen Einfluss auf die Übertragung ausübt, führte Freud in Anbetracht der damals herrschenden deterministischen naturwissenschaftlichen Modelle nicht nur in ein schwieriges methodologisches und erkenntnistheoretisches Dilemma. Auch gesellschaftlich weckte die Psychoanalyse im Wien des beginnenden 20. Jahrhunderts mit der Beschreibung der kindlichen Sexualität enorme Widerstände und sah sich mit Vorwürfen der Scharlatanerie und des Missbrauchs ihrer Patient(inn)en konfrontiert. In dieser Atmosphäre konnte der Beitrag des Analytikers zur Übertragung keine angemessene Berücksichtigung finden. Freud musste die Übertragung deshalb als scheinbar unabhängig vom teilnehmenden Beobachter konzeptualisieren, was ihm mit der „Chirurgen- und Spiegelmetapher" gelang. Im idealen Therapiemodell konnte Freud ausführen, wie innerhalb der therapeutischen Beziehung mit Hilfe der Übertragung die Entstehungsbedingungen seelischer Krankheiten rekonstruiert, beobachtet und verändert, also geheilt werden konnten. Dafür wurde die Übertragung positivistisch in der Theorie der Technik als intrapsychisches Konzept innerhalb einer weitgehend als Ein-Personen-Psychologie verstandenen Psychoanalyse festgeschrieben, und es sollte lange Zeit und leidenschaftliche Kontroversen benötigen, bis sie als dynamisches Konzept im Verständnis einer Zwei-Personen-Psychologie verstanden werden konnte. Die Gegenwart und die Aktivität des Analytikers, die sich über seinen situativen Einfluss auswirken, waren, zumindest was die theoretischen Schriften und Behandlungsvorschläge Freuds betraf, gegenüber der Wiederholung, der Verzerrung der Realität und dem kurativen Faktor des Erinnerns entscheidend ins Hintertreffen geraten.

Das Beobachter-Problem, d.h. die Frage der Bedeutung des Beitrags des Analytikers zur Übertragung, konnte deshalb nur so gelöst werden, dass der Einfluss des Beobachters/Analytikers auf die reale Beziehung zum Patienten anerkannt werden konnte, wenn diese reale Beziehung gleichzeitig vom Konzept der Übertragung abgekoppelt und zu den nichtanalytischen Phänomenen gezählt wurde. Daraus entwickelte sich die bis heute anhaltende polarisierende Gegenüberstellung von Übertragung und Beziehung.

2. Klassische Auffassung

Freud begegnete dem Übertragungsphänomen in der klinischen Auseinandersetzung mit den hysterischen Neurosen. In den gemeinsam mit Breuer verfassten „Studien über Hysterie" (1895d) spricht er, in Anlehnung an dessen Hypnoidtheorie der Hysterie, von „falscher Verknüpfung" und beschreibt die Übertragung als „Mésalliance". Er sieht in ihr ein Hindernis und verlangt, dass die Kranken einsehen lernten, „dass es sich bei solchen Übertragungen auf die Person des Arztes um einen Zwang und eine Täuschung handle". Bereits in der früheren Arbeit „Psychische Behandlung (Seelenbehandlung)" (1890a) hatte Freud erwähnt, dass sich die Gläubigkeit des Hypnotisierten im wirklichen Leben nur „beim Kinde gegen die geliebten Eltern" finde. Eine derartige Einstellung des eigenen Seelenlebens auf das einer anderen Person habe ein „vollwertiges Gegenstück in manchen Liebesverhältnissen mit voller Hingebung". In der „Traumdeutung" (1900a) verwendet er den Terminus Übertragung in etwas anderem Kontext und bezeichnet damit die Affekt- und Bedeutungsverschiebung von unbewussten, infantilen Wunschregungen auf die Tagesreste, d.h. auf rezentes, vorbewusstes Material. Etwa gleichzeitig bringt er in einem Brief an Fließ (Freud 1950a) zum Ausdruck, „daß die scheinbare Endlosigkeit der Kur etwas Gesetzmäßiges ist und an der Übertragung hängt". Dieser „asymptomatische Abschluss der Kur" sollte ihn fast 40 Jahre später in seiner Schrift „Die endliche und die unendliche Analyse" (1937c) noch einmal beschäftigen.

Eine erste ausführlichere Darstellung des Übertragungskonzepts findet sich im Nachwort zur Krankengeschichte der „Dora". Freud (1905e) spricht dort von den Übertragungen als „Neuauflagen, Nachbildungen von Regungen und Phantasien mit einer charakteristischen Ersetzung einer früheren Person durch die Person des Arztes". Die Übertragung erscheint jetzt nicht mehr als unerwünschtes Vorkommnis, sondern als etwas regelmäßiges, „notwendig Gefordertes". Sie wird vom größten Hindernis zum „mächtigsten Hilfsmittel" der Behandlung, „wenn es gelingt, sie jedes Mal zu erraten und dem Kranken zu übersetzen". Die weitere Ausarbeitung der Übertragungstheorie erfolgt zwischen 1911 und 1917 in den behandlungstechnischen Schriften, den Vorlesungen zur Einführung in die Psychoanalyse (1916–17a) sowie implizit auch in den metapsychologischen Schriften des Jahres 1915. Freud (1912b) unterscheidet jetzt zwischen „positiver" und „negativer", „anstößiger" und „unanstößiger", bewusstseinsfähiger und unbewusster Übertragung. Letztere bildet die Hauptquelle des Widerstandes, während die bewusstseinsfähige, unanstößige Übertragungskomponente als Trägerin des Behandlungserfolges fungiert. Die auf der Wiederholung infantiler Objektbeziehungen beruhende Übertragungsidee dringt nach Freud vor allem deshalb zum Bewusstsein vor, „weil sie auch dem Widerstande Genüge tut". Die Auflösung dieser Übertragungswiderstände, der „Übertragungskrankheit" (Übertragungsneurose), die sich an das „phantastische Objekt der ärztlichen Person" anlehnt, und der „Kampf um dies neue Objekt", der auf dem „Schlachtfeld" der Übertragung geführt wird (1916–17a), bilden somit das eigentliche Feld der psychoanalytischen Behandlung und das wichtigste Instrument ihrer Einwirkung auf den Kranken. Freud leitete daraus eine objektivistische Sichtweise der psychoanalytischen Behandlungstechnik ab. Der Analytiker sollte sich „den Chirurgen zum Vorbild nehmen", „undurchsichtig für den Analysierten" bleiben „und wie eine Spiegelplatte nichts anderes zeigen, als was ihm gezeigt wird" (1912e, S. 380 ff.). Die Übertragung erscheint jetzt vor allem als Wiederholung der „vergessenen Vergangenheit" (1914g) und damit als Verzerrung der aktuellen Realität. Im Durcharbeiten der Übertragungsneurose gehe es darum, dem Analysanden zu zeigen, dass seine Gefühle wiederholen, „was bei ihm bereits früher vorgefallen ist. Auf solche Weise nötigen wir ihn, seine Wiederholung in Erinnerung zu verwandeln" (1916–17a). Im Zusammenhang mit der Übertragung führt Freud (1914g) das Konzept des „Wiederholungszwanges" ein. Dieses wird in „Jenseits des Lustprinzips" (1920g) zur Grundlage des Todestriebkonzepts und der Revision seiner Triebtheorie. Freud spricht jetzt im Zusammenhang mit den Übertragungsphänomenen von einem „dämonischen Zwang" und setzt diesen in Beziehung zu etwas, das „ursprünglicher, elementarer" und „triebhafter" ist als das Lustprinzip. Dieser Gesichtspunkt wird vor allem in seinem Spätwerk weiter ausgearbeitet. In die Richtung projektiv-identifikatorischer Phänomene weisen seine Ausführungen zur „Gedankenübertragung" in der „Neuen Folge" seiner Vorlesungen (1933a). Ferner deutet Freud an, dass auch bei psychotischen Zuständen Übertragungsphänomene eine Rolle spielen (1922b). Allerdings begrenzt er die psychoanalytische Behandlungstechnik zunächst auf die Therapie der Übertragungsneurosen, worunter er im nosographischen Sinn Angsthysterie, Konversionshysterie und Zwangsneurose im Gegensatz zu den narzisstischen Neurosen versteht.

Der Begriff „Übertragungspsychose" taucht erstmals bei Ruth Mack-Brunswick (1928) auf. Eine intensivere Beschäftigung mit diesen Phänomenen entwickelte sich zeitlich etwa parallel in Wien (Federn), London (Klein, Rosenfeld) und den USA (Fromm-Reichmann, Sullivan) ab den dreißiger Jahren (vgl. Etchegoyen 1991).

3. Ideengeschichtlicher Hintergrund

Wie bei vielen theoretischen Konzepten ist auch hier das Phänomen älter als der Begriff. Im engeren Sinn der Psychoanalyse begegnet uns die Übertragung in den Anfängen der dynamischen Psychiatrie und Psychotherapie des späten 18. und beginnenden 19. Jahrhunderts (Ellenberger 1973, Neyraut 1974, Peters 1977). Wurde die Beziehung zwischen Therapeut und Patient im Magnetismus Mesmers noch im Sinne einer direkten energetischen Beeinflussung interpretiert (vgl. den Begriff der „réciprocité magnétique"), so finden sich bereits unter den Zeitgenossen Mesmers deutliche Hinweise auf die Bedeutung der Sprache und der emotionalen Beziehung (z. B. bei Puységur). Zum direkten Ausgangspunkt des späteren Übertragungskonzepts wird jedoch der „hypnotische Rapport" der suggestiven und hypnotischen Therapie (2. Hälfte des 19. Jhds.). Durch seinen Aufenthalt bei Charcot (1885/86) in Paris sowie bei Bernheim und Liébault in Nancy (1889) war Freud mit der Theorie und den Techniken suggestiver Einwirkung gründlich vertraut. Er hat das Erbe, das die Psychoanalyse vom Hypnotismus übernommen hat, nie abgestritten. Später erkannte er in der Übertragung den von den hypnotischen Therapeuten nicht weiter erklärten dynamischen Wirkfaktor, der in der suggestibilité zum Tragen kommt. Bereits vor seinen Besuchen in Paris und Nancy jedoch hatten Breuers Berichte über den ungewöhnlichen Fall seiner Patientin Anna O. Freuds Interesse an der therapeutischen Beziehung geweckt. Diese Behandlung (Dezember 1880 bis Juni 1882) hatte in einer heftigen Übertragungsverstrickung geendet und war gleichbedeutend mit der Entwicklung der „kathartischen Methode". Chertock (1968) verlegt aufgrund einer Behandlungsepisode, die Freud in seiner „Selbstdarstellung" (1925d) schildert, die eigentliche „Entdeckung" der Übertragung in den Zeitraum zwischen 1881 und 1882. Er hebt darauf ab, dass das Übertragungskonzept nicht nur der biographischen Rekonstruktion, sondern auch dem Schutzbedürfnis der ersten Psychoanalytiker gegenüber den intensiven Gefühlen ihrer Patient(inn)en diente.

4. Wesentliche Erweiterungen, Differenzierungen und Modifikationen. Die Bedeutung des Begriffs in verschiedenen psychoanalytischen Schulrichtungen

Die Ausarbeitung des Übertragungskonzepts nach Freud wurde durch die Weiterentwicklung der klinischen Theorie, den Erkenntniszuwachs über die frühkindliche Entwicklung (vgl. Mertens 1996) sowie durch die weitere Ausformulierung und Veränderung der psychoanalytischen Metapsychologie beeinflusst. Was das Verständnis der Übertragung und ihrer Rolle im therapeutischen Prozess anbelangt, lässt sich dabei eine Polarisierung in monadisch-intrapsychische und dyadisch-interpersonelle Begriffe und Modelle der analytischen Situation unterscheiden, die Freud mit seiner Unterscheidung in Übertragung und unanstößige Übertragung (1912b) in Gang gesetzt hatte und die sich in den nun bildenden psychoanalytischen Schulen mehr oder weniger abbildeten. Diese Trennung von zu interpretierender Übertragung und nicht interpretationsbedürftiger Beziehung haftet der psychoanalytischen Theoriebildung gleichsam als „Konstruktionsfehler" an (Thomä und Kächele 1985, S. 76). Aus der Spiegel- und Chirurgenanalogie bildete sich der Pol einer „normativen Idealtechnik" (vgl. Eissler 1950, 1958) innerhalb einer klassischen Einsichtstherapie, die mit den Begriffen „Übertragung – Wiederholung – reine Übertragungs-Deutung" (Thomä, 1983a, S. 30) charakterisiert wurde. Den Gegenpol bildete die „emotionale Erfahrung", die durch die Komponenten „Beziehung – Innovation – Hier-und-Jetzt – best mothering possible" charakterisiert wurde.

Zur übersichtlicheren Darstellung wollen wir beide Pole nacheinander beschreiben, obwohl ihre Entwicklung fortwährend miteinander verwoben verlief. Die Entfaltung der „unanstößigen Übertragung“ vollzog sich dabei eher im Stillen, wir lassen ihr deshalb hier den Vortritt.

4.1 Intrapsychisches Paradigma

Der aktive Einfluss des Analytikers auf die unanstößige Übertragung wurde zumindest implizit anerkannt, da diese als Träger der therapeutischen Beziehung fungierte. Die sich aus der unanstößigen positiven Übertragung entwickelnden Schulen und Theorien können unter dem Oberbegriff der „Bündniskonzepte“ (Sandler et al. 1973) subsumiert werden, deren jeweilige Autoren mitunter recht unterschiedliche Komponenten betonen.

In Gegenüberstellung zur Fähigkeit der „therapeutischen Ich-Spaltung“, eines der wichtigsten Indikationskriterien zur analytischen Behandlung auf Seiten des Patienten, beschrieb Sterba die „Wir-Bildung“ (1929, 1934). Er betrachtete darunter ebenso wie später Bibring (1937) die Tätigkeit des Analytikers zum Aufbau einer tragfähigen therapeutischen Beziehung mittels Identifikation des Patienten mit dem Analytiker. Bibring-Lehner (1936) wies als eine der ersten darauf hin, dass besondere Eigenschaften des Analytikers die sich ausbildende Übertragung in einen nicht mehr analysierbaren Übertragungswiderstand umformen können. Zetzel (1956) verglich die „therapeutische Allianz“ mit der frühen Mutter-Kind-Beziehung. Greenson (1965) beschrieb mit seinem Konzept eines „Arbeitsbündnisses“ die realistischen Anteile der Beziehung zwischen Analytiker und Patient.

Der Beitrag des Analytikers zur analytischen Situation wurde also zu den nicht-übertragungsbedingten Elementen gezählt, um mit der Übertragung als Theorie das kausale Therapieverständnis der Psychoanalyse im Rahmen einer deterministisch verstandenen Naturwissenschaft zu stützen. In der Praxis dagegen waren die Entscheidungen längst zugunsten eines pluralistischen und interpersonellen Therapieverständnisses gefallen, das allerdings nur schwer in die traditionelle Theorie der Übertragung Eingang fand. So hatte Spitz (1956/57) die diatrophische Funktion des Analytikers beschrieben, unter der er die Intention des Analytikers verstand, den Patienten zu halten und zu unterstützen. In ähnliche Richtungen weisen die Überlegungen A. Reichs (1951). Spitz wie Reich verstanden dies theoretisch aber noch als affirmative Gegenübertragung, d. h. als intrapsychisches Konzept, wenngleich nun auf Seiten des Analytikers. Dagegen entwickelte Gitelson (1962) in seinem Einführungsreferat auf dem Kongress in Edinburgh, ausgehend von Spitz' diatrophischer Funktion des Analytikers, eine eindeutig interpersonelle Konzeptualisierung der therapeutischen Beziehung. Sein Begriff der anaklitisch-diatrophischen Gleichung griff die Gegenseitigkeit der beiden Partner der Beziehung auf, ohne sie gleichstellen zu wollen. Die diatrophische Haltung des Analytikers sah Gitelson als Antwort auf die Suche des Patienten nach Hilfe, als eine Regression im Dienste des Ichs des Analytikers, welche die Basis der analytischen Empathie mit dem Patienten herstellt.

Konzeptualisierungen wie diejenige Gitelsons sahen sich allerdings mit der Kritik konfrontiert, der hier beschriebene Einfluss des Analytikers auf den analytischen Prozess sei suggestiv, manipulierend oder pädagogisch (vgl. Glover et al. 1937). Derartige Vorwürfe wurden aus dem monadischen Theorieverständnis der Übertragung als Wiederholung abgeleitet und gipfelten in der Kontroverse um die Manipulation der Übertragung durch Alexander und der damaligen Chicagoer Schule (vgl. Alexander und French 1946, Eissler 1950). Damals ging es darum, die absichtliche Manipulation der Übertragung durch den Analytiker, die das Ziel hatte, eine korrigierende emotionale Erfahrung herzustellen, von einer intuitiven Handhabung der Übertragung ab- und als unerlaubte Modifikation der Standardtechnik auszugrenzen. Statt das Problem aber offenzuhalten, wurde die Untersuchung des beunruhigenden Beitrags des Analytikers mit einer identitätsstiftenden Definition von handlungsbestimmenden Regeln und „Parametern“ durch Eissler (1958) vermieden, was wesentlich zu einer „neoklassischen Stilform und zum psychoanalytischem Purismus“ (Thomä 1984, S. 33) beitrug.

Gitelsons Konzeptualisierung einer vorwiegend nonverbalen Einflussnahme des Analytikers auf die sich bildende Übertragung wurde in der Folge von mehreren Autoren aufgenommen und weitergeführt. Bereits in den zwanziger Jahren hatte Balint begonnen, seine Theorie der „Grundstörung“ und des „Neubeginns“ (1957 und 1968) zu entwickeln. Dem Dilemma der therapeutischen Beschränkung durch die traditionellen Übertragungskonzepte unterwarf er sich, indem er seine Überlegungen erst 35 Jahre später veröffentlichte. Winnicotts (1973, 1976) Konzepte des „facilitating environment“ mit den drei Komponenten des „holding“, „handling“ und „object-presenting“ bzw. des „good enough mothering“ und Bions (1962) Modell des „Container-Contained“ stehen ebenfalls auf der Seite der unanstößigen Beziehung und des Erlebnispols. Vor allem Bions (1970) originelle Empfehlung an den Analytiker, dem Patienten i. S. einer Haltung „no memory, no knowledge and no desire“ entgegenzubringen, ist in ihrer nur asymptotisch zu erreichenden Zielsetzung Freuds Forderungen nach „gleichschwebender Aufmerksamkeit“ des Analytikers bzw. der „freien Assoziation“ des Patienten vergleichbar. Derartige Konzepte eignen sich, den primitiven Mechanismen von Projektion und Introjektion genügend unscharfen Raum zur Verfügung zu stellen, den sie benötigen, um den Nährboden einer tragfähigen Beziehung zwischen zwei Personen herstellen zu können, auf dem die interpersonellen Konflikte der Übertragung ausgetragen, beobachtet, analysiert und verändert werden können.

Um die von uns so willkürlich getrennten Geschwister Übertragung und Beziehung wieder zusammenzuführen, beschreiben wir nun die Ausweitung des Übertragungsbegriffs.

4.2 Intersubjektives Paradigma

Die folgenreichste Erweiterung des traditionellen Übertragungsbegriffs hatten Ferenczi und Rank (1924) zu Beginn der dreißiger Jahre mit der Betonung des Hier und Jetzt unternommen, als sie provokativ die „allzu starke Intellektualisierung beim rekonstruierenden Ausfüllen von Erinnerungslücken“ als „therapeutisch wirkungslosen Deutungsfanatismus“ bezeichneten und dem „therapeutisch wirksamere(n) Erleben im Hier-und-Jetzt“ (alle Zitate Thomä 1983, S. 18) unterordneten. Damit stellten sie die traditionelle Sichtweise der Übertragung als vom Analytiker unabhängiger Wiederholung der Vergangenheit in Frage. In den dreißiger Jahren setzte sich die Ausweitung des Übertragungsbegriffs durch die Einführung der Abwehr-Analyse und der durch Anna Freud (1936) eingeführten objektbezogenen Abwehrmechanismen der „Identifizierung mit dem Angreifer“ und der „Altruistischen Abtretung“, die zu Zwecken der Abwehr von einer anderen Person Gebrauch machen, mit ihrer Kombination von Identifikation, Introjektion und Projektion fort. Neben der Beachtung der intrapsychischen Konflikte richtete sich jetzt die Aufmerksamkeit immer mehr auf die interaktionellen/interpersonellen Gesichtspunkte. So betonte Reich (1933) den Einfluss des Analytikers auf die Übertragung, die immer ein getreuer Spiegel des Verhaltens des Analytikers und der analytischen Technik sei.

Eine Erweiterung und Akzentverschiebung erfuhr das Übertragungskonzept bei Melanie Klein und ihren Schülern. Kleins Konzentration auf frühe projektive und introjektive Prozesse, wie sie sie in ihren Kinderanalysen kennengelernt hatte, führte zu dem Bemühen, alle „realen“ oder phantasierten Gefühlsregungen des Patienten in die Deutung einer komplexen Gesamtszene, der sog. Übertragungssituation, einzubeziehen: „Mein Konzept der Übertragung, das auf frühesten Entwicklungsstadien und auf tiefen Schichten des Unbewussten basiert, ist viel weiter gefasst und führt zu einer Technik, in der aus dem gesamten präsentierten Material die unbewussten Elemente der Übertragung erschlossen werden“ (1952, S. 437, Übers. R.H.). In Ablehnung irgendeiner inhaltlichen Einschränkung, welche Äußerungen des Patienten als Übertragung aufzufassen und zu analysieren seien, durchbrach Klein die technischen Beschränkungen der Ich-Psychologie, die sich in der Diskussion um Deutungsstrategien hinsichtlich der Oberfläche, Tiefe, negativer oder positiver Übertragung festgefahren hatte. Nach Kleins Theorie sind die unbewussten Übertragungsphantasien im Material des Patienten unmittelbar präsent und können in der analytischen Situation im Hinblick auf die aktuelle Beziehungserfahrung des Patienten erfasst und interpretiert werden (vgl. Segal 1964). Mit dem Konzept der „projektiven Identifizierung“ (1946) ergänzte Klein die Gruppe der objektbezogenen Abwehrmechanismen um solche Vorgänge, die eine Rollenumkehr (vgl. Sandler 1983) bzw. eine aktive Vertauschung von Selbst- und Objektanteilen implizieren. Der Analytiker als „objektiver Beobachter“ war dadurch in die Relativität der gegenseitigen Beeinflussung zurückgeholt. Es gelang ihr dadurch, auch solche Beziehungsaspekte in die Deutung der Übertragung einzubeziehen, in denen ganze Selbstanteile oder psychische Funktionen des Patienten abgespalten und in den Analytiker projiziert worden waren. Aufgrund dieser Konzeptualisierungen beschrieben Bion, Rosenfeld und Segal ab Beginn der fünfziger Jahre in der Analyse Erwachsener psychotische Übertragungsphänomene (wie sie etwa gleichzeitig auch von Little (1958), Reider, (1957) Romm (1957) und anderen Autoren thematisiert worden waren). Rosenfeld (1952) konnte zeigen, dass psychotische Übertragungsformen prinzipiell der Analyse zugänglich sind, Segal (1957) analysierte die mit der psychotischen Übertragung verbundenen Symbolisierungsstörungen, und Bion (1959, 1962) legte mit seiner Theorie des Containment und der Transformation primitiver psychotischer Erfahrungen die Grundlage für seine Theorie des Denkens. Die neueren Arbeiten der englischen Klein-Gruppe knüpfen an diese Entwicklungen an und haben sie für behandlungstechnische Fragestellungen fruchtbar gemacht. Die Übertragungsbeziehung wird hier weniger als zeitliche Wiederholung (wie bei Freud), sondern eher im Sinne einer räumlichen Projektion komplexer innerer Verhältnisse auf die analytische Situation aufgefasst, innerhalb welcher der Analytiker bestimmte Selbst- und Objektanteile des Patienten zu übernehmen hat (vgl. Meltzer 1984). So beschreibt z.B. Joseph (1985) die Übertragungsbeziehung als Gesamtsituation, durch die der Analytiker zu subtilen Enactments gedrängt wird, deren Funktion und Bedeutung er innerhalb der Abwehrorganisation des Patienten deutend zu verstehen hat. Auf ähnliche Mikroprozesse weist neuerdings Steiner (1993) hin, der in seiner Theorie der „Psychic Retreats“ aufzeigt, auf welchen Wegen der Analytiker in komplexe pathologische Persönlichkeitsorganisationen (z.B. Borderline-Organisationen) einbezogen werden kann. Mit dem von ihm vorgeschlagenen Instrument der „analytikerzentrierten Deutung“ versucht Steiner Wege aufzuzeigen, die aus solchen erstarrten Übertragungskonstellationen herausführen.

In Nordamerika hatte sich um Sullivan eine interpersonelle Schule gebildet, die bereits 1943 Übertragungsphänomene in weiten Teilen eher als Reaktion auf die Charakteristika des Analytikers und der analytischen Situation, denn als autonome Wiederholung des Patienten verstanden. In ihrer Untersuchung der Literatur zur Übertragung arbeitete Macalpine (1950) heraus, dass trotz fundamentaler Meinungsunterschiede über die Natur der Übertragung eine überraschende Übereinstimmung ihrer Verursachung durch autonome Prozesse im Patienten bestehe. Macalpine nahm dagegen an, dass die Übertragung durch die Gestaltung der therapeutischen Situation induziert würde. Indem sie die Übertragung als reaktiv bezeichnete, war diese auch nicht mehr als autonom und spontan im Patienten entstehend anzusiedeln. Balint (1956) führte aus, „daß in einer Ein-Personen-Situation keinerlei Übertragung stattfinden kann, d.h. ohne eine Zweitperson, das Objekt, ist keine Übertragung möglich“ (S. 177f.). In der seit Mitte der sechziger Jahre als Selbstpsychologie bekannt gewordenen Schulrichtung beschrieb Kohut (1968), als Reaktion auf die einschränkenden „Parameter“ der Ich-Psychologie (Eissler 1958), charakteristische Übertragungsphänomene für Patienten mit narzisstischen Persönlichkeitsstörungen. Diese Zwillings-, Spiegel- bzw. idealisierende

Übertragung benötigten nach Kohut bestimmte Selbstobjektbeziehungen innerhalb und außerhalb der analytischen Situation, um die Etablierung eines stabilen Selbstgefühls zu ermöglichen. Diese Übertragungsmanifestationen sind Ausdruck einer interaktionellen Einheit zwischen Analytiker und Patient und fordern eine ganz andere Spiegelung, als die in Freuds Spiegel-Metapher gemeinten Haltungen des Analytikers. Die Selbstpsychologie bedeutete einen wesentlichen Schritt in die Richtung des Erlebnispols der Übertragung.

Parallel zu den Entwicklungen in den USA und der Klein-Schule in Großbritannien hat sich in Frankreich Lacan (1953, 1953–54, 1960–61, 1964) mit seiner Relektüre Freuds um eine theoretische (Neu-)Bestimmung des Übertragungskonzepts bemüht. In Abhebung zum Realitätsbegriff der Ich-Psychologie (wie auch zu nicht ausreichend reflektierten interpersonellen Konzepten) beschreibt Lacan die Übertragung v.a. in ihren imaginären (narzisstischen) und symbolischen Aspekten. Seine Analyse ist vor allem wegen ihres sprach- und intersubjektivitätstheoretischen Ansatzes relevant (vgl. Lang 1973, Weiß 1988). Lacan sieht in der Übertragung eine Manifestation des Begehrens in seiner sprachlichen (Übertragung als „Effekt des Sprechens"), unbewussten und intersubjektiven Dimension. Die Übertragung stellt für ihn nicht nur eine Wiederholung von Vergangenem, sondern auch eine Symbolisierungsleistung dar, an der Patient wie Analytiker beteiligt sind. Sie stelle eine Symbolisierungsleistung dar, welche die Subjektivität des Analytikers (als Repräsentanten des „symbolischen Anderen") von Anfang an miteinschließt. Während der Analysand den Analytiker zunächst als ein Subjekt erlebt, dem er Wissen unterstellt (sujet supposé à savoir), gilt es, diese imaginäre Relation im Sinne einer Dialektik der Anerkennung (Hegel) aufzulösen. Von z.T. noch unausgeschöpfter Bedeutung ist ferner Lacans Analyse der Zeitlichkeit im psychoanalytischen Prozess (vgl. Weiß 1989). So beschreibt er die Übertragung z.B. als Wiederholung eines „immer schon Verfehlten", welches die Vergangenheit im Sinne einer antizipierten Nachträglichkeit (Futur II-Perspektive) auch neu erscheinen lässt. Lacans Konzepte haben die theoretische Diskussion (auch im Bereich der Geisteswissenschaften) bereichert, aber bislang zu wenig auf konkrete behandlungstechnische Fragestellungen zurückgewirkt.

Eine originelle Konzeptualisierung der Übertragung wurde von Bird (1972) veröffentlicht. Prinzipiell unterscheidet Bird nicht mehr zwischen Analytiker und Patient, beide besitzen nicht nur einen signifikanten Einfluss aufeinander und auf die analytische Situation, sondern die eigenen Übertragungseinflüsse des Analytikers auf den Patienten sind notwendig, um eine Übertragungsneurose entstehen zu lassen, weil in ihr der intrapsychische Konflikt des Patienten durch einen interpersonellen Konflikt zwischen dem Patienten und einem abgespaltenen Aspekt seiner Neurose, dargestellt durch den Analytiker, ersetzt wird. Bird versteht die Übertragung als Ich-Funktion und kann damit einige bisher ungeklärte Fragen beantworten: z.B. wie die Übertragung aufgelöst werden kann, wenn sie eine Objektbeziehung darstellt. Als Ich-Funktion wird deutlich, dass nur ihr Inhalt aber nicht ihre Funktion aufgelöst wird. Ebenso ergibt sich daraus, dass auch die unbewusste Übertragung des Analytikers ständig präsent ist, d.h., alle in der analytischen Situation entstehenden Gefühle des Analytikers müssen als substantieller Teil der Analyse verstanden werden. Die Übertragung stellt die wichtigste Funktion dar, mit der das Ich seine Objektbeziehungen reguliert, indem sie an allen differenzierenden, integrierenden und kreativen Fähigkeiten des Ichs beteiligt ist. Insofern ist die Übertragung die Grundlage aller menschlichen Beziehungsfähigkeit.

Seit Beginn der siebziger Jahre erschienen immer häufiger Beiträge, in denen die Polarisierung in Übertragung und unanstößige Übertragung/Beziehung in Frage gestellt wurde. So verwarfen z.B. Brenner (1979) und kurz darauf Stein (1981) jeglichen Versuch einer behandlungstechnischen Unterscheidung in analysierbare und nicht zu analysierende Übertragung. Sie verstanden sowohl unter den im bisher geltenden traditionellen Übertragungsbegriff als auch den sich aus Freuds unanstößiger positiver Übertragung entwickelnden Konzepten Aspekte der Totalität der Übertragungsphänomene. Zu Beginn der achtziger Jahre hatte eine gravierende Akzentverschiebung der Übertragung vom Einsichtspol in Richtung auf den Erlebnispol mit erheblichen behandlungstechnischen Konsequenzen stattgefunden: „Bevor man fragte: ‚was enthüllt das Material des Patienten über seine Vergangenheit?', fragte man nun, was passiert gerade jetzt?'" (Sandler 1983, S. 589). Dies kennzeichnet den Übergang von der Ein-Personen- zur Objektbeziehungs-Psychologie. Das alte Konzept der Übertragung, mit ihrem Bezug auf das Spiegelgleichnis und das Passivitätsideal, wich langsam der breiteren Auffassung der Übertragung, in der die Beziehung und die Aktivität des Analytikers angemessen berücksichtigt werden konnten.

4.3 Sozial-konstruktives Paradigma

Aufbauend auf diese Entwicklung konnte Gill (1984) mit Beginn der achtziger Jahre eine Neudefinition der Übertragung entwickeln, die Hoffman (1991) als ein neues, „sozial-konstruktives" Paradigma der Übertragung bewertete. Der Beitrag des Patienten zur Übertragung war durch den neurotischen Wiederholungszwang gegeben, durch den der Patient veranlasst wird, seine Konflikte auf der Bühne interpersoneller Beziehungen zur Aufführung zu bringen. Der Beitrag des Analytikers zur Übertragung besteht in der durch seine implizite private Theorie gesteuerten Technik, seiner Individualität, seiner persönlichen Auslegung und Handhabung der analytischen Regeln sowie seinem latenten Menschenbild. Das Beziehungserleben des Patienten wird nach Gill erst vollständig analysierbar, wenn es vor dem Hintergrund der analytischen Situation gesehen wird, die dem Patienten Ausgangsreize für seine selektive Aufmerksamkeit liefert, aus denen er plausible Hypothesen – keine verzerrte Wahrnehmung mehr – über die Gründe seiner momentanen Beziehungserfahrung entwickelt. Mit der Ablehnung des Verzerrungskriteriums innerhalb eines konstruktivistischen Paradigmas der Übertragung hatte Gill die gesamte Patient-Analytiker-Beziehung als Übertragung gekennzeichnet. Statt zwischen Übertragung und Nicht-Übertragung zu unterscheiden, führte Gill als neues Kriterium die Differenzierung zwischen pathologischer und nichtpathologischer Übertragung ein. Pathologische Übertragung wird durch eine stereotypisierte Rigidität charakterisiert, mit der sich der Patient Situationen erklärt bzw. deutet, sowie durch die zwanghaften Anstrengungen, die der Patient unternimmt, damit andere Personen sich so verhalten, wie er es von ihnen erwartet.

Mit dieser Neudefinition lässt sich das ideale Therapiemodell ohne Rückgriff auf das Verzerrungskriterium neu beschreiben und das Beobachter-Problem ganz anders lösen. Behandlungspraktisch reflektiert der Analytiker nun permanent neben der retrospektiven Frage nach den Wiederholungen seinen eigenen Einfluss auf das beobachtete Beziehungssystem. Analytiker und Analysand sind Beobachter, die sich gegenseitig beim Beobachten beobachten und sich fortwährend im Prozess der wechselseitigen Beschreibung verändern. Was Analytiker oder Patienten tun oder beurteilend aussagen, wird sofort wieder Bestandteil der Interaktion und reflektierenden Bedeutungszuschreibung. Erkenntnistheoretisch ist die Interaktion von Patient und Analytiker als wechselseitiger und selbstbezüglicher Prozess zweier Teilnehmer zu beschreiben. Ihre Kommunikation besteht sowohl in der Teilnahme an der Kommunikation, im Austausch der Beobachtung der Teilnahme, als auch der beobachteten Beobachtung der Teilnahme.

Die situativ gefundene Interpretation der Beziehung mittels der Übertragungsdeutung durch den Analytiker besitzt keinen objektiv-deterministischen Realitätsgehalt mehr, sondern ist eine Wirklichkeitskonstruktion (vgl. Loch 1995), die durch gemeinsames Aushandeln und Beschreiben der Regeln der Interaktion als Konsens-Wirklichkeit zwischen beiden Beobachtern über eine begrenzte Zeit hergestellt wird. Sie kann jederzeit zugunsten einer besser passenden Konsens-Wirklichkeit aufgegeben werden. Die

Prinzipien der gleichschwebenden Aufmerksamkeit, Abstinenz und Settingfunktionen erleichtern dem Analytiker die geforderte Selbstbezüglichkeit. Die angestrebte Strukturveränderung im Patienten wird durch eine Strukturveränderung des Systems Analytiker-Patient-Beziehung bewirkt, indem eine neue gegenüber der alten und neurotischen Wirklichkeitskonstruktion gefunden wird.

5. Interdisziplinäre Beiträge und Befunde

Das Übertragungskonzept hat auch außerhalb der Psychoanalyse, in der philosophischen Anthropologie, Hermeneutik, Sprachphilosophie und Wissenschaftstheorie zu einer vertieften Debatte um die Grundlagen von Geschichtlichkeit und Verstehen geführt (vgl. Lang 1973, Schelling 1978, Schöpf 1982, Weiß 1988). Ist diese Debatte im deutschen Sprachraum vor allem mit den Namen Binswanger, Lorenzer und Habermas verknüpft, so waren es in Frankreich insbesondere Sartre, Merleau Ponty, Ricoeur und Derrida, welche ihre philosophischen Überlegungen in enger Auseinandersetzung mit psychoanalytischen Konzepten wie der Übertragung weitergeführt haben. Viele Berührungspunkte zum psychoanalytischen Verstehensbegriff, wenn auch nicht in direkter Auseinandersetzung mit diesem entwickelt, zeigt ferner die Sprachhermeneutik Gadamers.

In Abhebung zu den wissenschaftskonstituierenden Grundannahmen begann die empirische Übertragungsforschung im Kontext der verwendeten Übertragungsmodelle in Form von Untersuchungen über sich wiederholende maladaptive Beziehungsmuster. Die Veränderungen des Übertragungsbegriffs, von der Ein-Personen- zur Objektbeziehungspsychologie und von einer positivistischen zu einer sozial-konstruktivistischen Betrachtung der Interaktion, spiegelt sich in den unterschiedlichen empirischen Methoden wieder. Insgesamt gibt es in den letzten 45 Jahren eine Entwicklung vom Ansatz eindimensionaler Fragebogenverfahren zu einer immer komplexeren Einzelfallprozessforschung, die den Fokus auf die interaktiven Prozesse legt. Das Dilemma der empirischen Verfahren besteht darin, dass sie die größten Übereinstimmungen im Sinne der Interraterreliabilität erreichen, je mehr sie die Übertragung als Ausdruck intrapsychischer Wiederholungsmuster konzeptualisieren und je weniger sie die interpersonellen Phänomene berücksichtigen, die interpretatorische Schritte der Rater verlangen. Notwendige Gütekriterien für qualitative Untersuchungen sind Plausibilität, Transparenz und Nachvollziehbarkeit aller interpretierenden Schritte (Faller und Frommer 1994).

Empirische Ansätze zur Untersuchung der Übertragung gibt es seit Beginn der 50er Jahre. Überwiegend wurde dabei versucht, maladaptive Beziehungsmuster im Verhalten zu erfassen (z. B. Wallerstein 1986). Der Gießen-Test (Beckmann und Richter 1972) wurde eingesetzt, indem als Übertragung die Übereinstimmung der Beurteilung des Analytikers durch den Analysanden mit der Selbstbeurteilung des Analytikers gemessen wurde. Diese frühen Ansätze verwendeten das Verzerrungskriterium zur Operationalisierung der Übertragung, die weitgehend als intrapsychisches Phänomen verstanden wurde. In der seit den siebziger Jahren einsetzenden Prozessforschung wird versucht, die interpersonelle Seite der Übertragung einzubeziehen.

Ein häufig angewendetes Verfahren ist das ZBKT von Luborsky (1990) – Zentrales Beziehungskonflikt Thema –, mit dem reliabel repetitive Beziehungsmuster nachgewiesen werden können, indem Beziehungsepisoden im manifesten Text eines Stundenprotokolls nach ihrer Häufigkeit zusammengefasst werden. Kritisch wird dem ZBKT entgegengehalten, dass es zwar ein – bewusstes – zentrales Beziehungsmuster erfasst, aber offen lässt, ob es sich dabei um ein Übertragungs-Muster handelt. Im Gegensatz dazu geben Teller und Dahl (1981) in ihrer FRAME-Methode keine Kategorien vor, sondern untersuchen repetitive Muster affektiver Äußerungen in den freien Assoziationen der Patienten. Mit den FRAMES lassen sich bedeutsame Verlaufsstrukturen identifizieren, allerdings ohne das Interaktionsgeschehen von Analytiker-Analysand zu berücksichtigen. Die Mastering-Methode von Weiss und Sampson (1986) beinhaltet ein hohes Maß an Interpretationen, weil sie nicht direkt am manifesten Text festzumachende Strukturen zu identifizieren sucht. Ihr praktischer Wert liegt darin, dass sie mit den Plandiagnosen zu klinisch sinnvollen Aussagen mit hohem Erklärungswert führt. Ziel des von Benjamin (z. B. 1974, 1979, 1982) entwickelten SASB – Strukturale Analyse sozialen Verhaltens – ist die Abbildung der Dialogstruktur einer therapeutischen Beziehung auf drei Dimensionen (Liebe-Hass, Kontrolle-Unterwerfung, Gerichtetheit einer Äußerung). Interaktionssequenzen können reliabel mittels Vektorbildung auf einem um diese Achsen gezogenen Kreis verortet werden. Die recht gute Reliabilität der Methode ergibt sich aus der Vermeidung subjektiver Schlussfolgerungen, weil vorgegebene Kategorien nur dem manifesten Text zugeordnet werden müssen. Entsprechend ihrem sozial-konstruktivistischen Übertragungsbegriff versuchen Gill und Hoffman (1982b) mit dem PERT – Patients Experience of the Relationship with the Therapist – interaktive bewusste und unbewusste Beziehungsmuster mit einem Ratingverfahren, das von den manifesten Äußerungen beider Partner der therapeutischen Dyade ausgeht, zu identifizieren. Ihr Versuch, die dazu notwendigen interpretierenden Schlussfolgerungen der Rater mit dem klassischen Reliabilitätskonstrukt zu verbinden, war nicht einzulösen. Im BIP – Beziehungserleben in Psychoanalysen –, der deutschen Adaptation des PERT, verbindet Herold (1995) das reliable Signieren des manifesten Textes mit der qualitativen Interpretation der analytischen Arbeit am Widerstand gegen die Aufdeckung der Übertragung.

Literatur

Alexander, F. and French, P. M. (1946). Psychoanalytic therapy. New York: Roland Press.

Balint, M. (1956). Lust, Objekt und Libido – Einige Überlegungen zu Fairbairns Modifikationen der psychoanalytischen Theorie. Zeitschrift für psychoanalytische Theorie und Praxis, VI, 2, 1991, 175–183.

Balint, M. (1957). Die drei seelischen Bereiche. Psyche – Z Psychoanal, 11, 321–344.

Balint, M. (1968). Therapeutische Aspekte der Regression. Die Theorie der Grundstörung. Stuttgart: Klett.

Beckmann, D. und Richter, H.E. (1972). Gießen-Test. Ein Test für Individual- und Gruppendiagnostik. Bern: Huber.

Benjamin, L. S. (1974). A structural analysis of social behavior (SASB). Psychological Review, 81, 392–425.

Benjamin, L. S. (1979). Use of structural analysis of social behavior (SASB) and markov chains to study dyadic interactions. Journal of Abnormal Psychology, 88, 303–319.

Benjamin, L. S. (1982). Use of structural analysis of social behavior (SASB) to guide interventions in psychotherapy. In J.C. Anchin and D.J. Kiesler (Eds.), Handbook of interpersonal psychotherapy (pp. 190–212). New York: Pergamon Press.

Bibring, E. (1937). Versuch einer allgemeinen Theorie der Heilung. Internationale Zeitschrift für Psychoanalyse, 22, 145–176.

Bibring-Lehner, G. (1936). A contribution to the subject of transference resistance. International Journal of Psycho-Analysis, 17, 181–189.

Bion, W. R. (1959). Attacks on linking. International Journal of Psycho-Analysis, 40, 308–315.

Bion, W. R. (1962). Learning from experience. New York: Basic Books (dt.: Lernen durch Erfahrung. Frankfurt/M.: Suhrkamp, 1990).

Bion, W. R. (1970). Attention and interpretation. London: Basic Books.

Bird, B. (1972). Notes on transference: Universal phenomenon and hardest part of analysis. Journal of the American Psychoanalytic Association, 20, 267–301.

Brenner, C. (1979). Working alliance, therapeutic alliance, and transference. Journal of the American Psychoanalytic Association, 27, 137–157.

Chertock, L. (1968). The discovery of the transference. International Journal of Psycho-Analysis, 49, 560–579.

Eissler, K. R. (1950). The Chicago Institute of psychoanalysis and the sixth period of the development of psychoanalytic technique. International Journal of Psycho-Analysis, 42, 103–157.

Eissler, K. R. (1958). Variationen in der psychoanalytischen Technik. Psyche, 13, 609 – 624.

Ellenberger, H. F. (1973). Die Entdeckung des Unbewußten, Bd. 1 u. 2. Bern: Huber.

Etchegoyen, R.H. (1991). The fundamentals of psychoanalytic technique. London: Karnac.

Faller, H. und Frommer, J. (Hg.) (1994). Qualitative Psychotherapieforschung. Grundlagen und Methoden. Heidelberg: Asanger.

Ferenczi, S. und Rank, O. (1924). Entwicklungsziele der Psychoanalyse. Wien: Internationaler Psychoanalytischer Verlag.

Freud, A. (1936). Das Ich und die Abwehrmechanismen. Wien: Internationaler Psychoanalytischer Verlag.

Gill, M.M. (1984). Transference: A change in conception or only in emphasis? A response. Psychoanalytic Inquiry, 4, 489 -523.

Gill, M.M. and Hoffman, I.Z. (1982a). Analysis of transference, Vol. II: studies of nine audiorecorded psychoanalytical sessions. New York: International Universities Press.

Gill, M.M. and Hoffman, I.Z. (1982b). A method for studying the analysis of aspects of the patient's experience of the relationship in psychoanalysis and psychotherapy. Journal of the American Psychoanalytic Association, 30, 137–168.

Gitelson, M. (1962). The first phase of psychoanalysis. International Journal of Psycho-Analysis, 194–205, zusätzliche Diskussionsbemerkung pp. 234.

Glover, E., Fenichel, O. Strachey, J., Bergler, E., Nunberg, H. and Bibring, E. (1937). Symposium on the theory of the therapeutic results of Psycho-Analysis. International Journal of Psycho-Analysis, 18, 125–189.

Greenson, R.R. (1965). The working alliance and the transference neurosis. Psychoanalytic Quarterly, 34, 155–181.

Herold, R. (1995). Übertragung und Widerstand – Rekonstruktion und Evaluation einer Methode zur Untersuchung von Übertragungswiderständen in psychoanalytischen Therapien. Ulm: Verlag Ulmer Textbank.

Hoffman, I.Z. (1991). Discussion: Toward a social-constructivist view of the psychoanalytic situation. Psychoanalytic Dialogues, 1, 74–105.

Joseph, B. (1985). Transference: the total situation. International Journal of Psycho-Analysis, 66, 447–454.

Klein, M. (1946). Notes on some schizoid mechanisms. International Journal of Psycho-Analysis, 27, 99–110.

Klein, M. (1952). The origins of transference. International Journal of Psycho-Analysis, 33, 433–438.

Kohut, H. (1968). The psychoanalytic treatment of narcissistic personality disorders: outline of a systematic approach. Psychoanalytic Study of the Child, 23, 86–113.

Lacan, J. (1953). Funktion und Feld des Sprechens und der Sprache in der Psychoanalyse. In ders., Schriften I (S. 71ff.). Olten: Walter, 1973.

Lacan, J. (1953–54). Das Seminar. Buch I. Freuds technische Schriften. Olten: Walter, 1978.

Lacan, J. (1960–61). Le séminaire. Livre VIII. Le transfert. Paris: Editions du Seuil.

Lacan, J. (1964). Das Seminar. Buch XI. Die vier Grundbegriffe der Psychoanalyse. Olten: Walter, 1978.

Lang, H. (1973). Die Sprache und das Unbewußte. Jacques Lacans Grundlegung der Psychoanalyse. Frankfurt/M.: Suhrkamp.

Little, M. (1958). On delusional transference (transference psychosis). International Journal of Psycho-Analysis, 39, 134–138. Loch, W. (1995). Psychische Realität – materielle Realität: Genese, Differenzierung, Synthese. Jahrbuch der Psychoanalyse, 34, 103–141.

Luborsky, L. (1990). A guide to the CCRT method. In L. Luborsky und P. Crits-Christoph (Eds.), Understanding transference. The Core Conflictual Relationship Theme Method (pp. 15–42). New York: Basic Books.

Macalpine, I. (1950). The development of the transference. Psychoanalytic Quarterly, 19, 501–539.

Mack-Brunswick, R. (1928). Die Analyse eines Eifersuchtswahnes. Internationale Zeitschrift für Psychoanalyse, 14, 458–508.

Meltzer, D. (1984). Dream life. A re-examination of the psychoanalytical theory and technique. Perthshire: Clunie Press.

Mertens, W. (1996). Grundlagen psychoanalytischer Psychotherapie. In W. Senf und M. Broda (Hg.), Praxis der Psychotherapie. Ein integratives Lehrbuch für Psychoanalyse und Verhaltenstherapie (S. 86–123). Stuttgart: Thieme.

Neyraut, M. (1974). Die Übertragung. Eine psychoanalytische Studie. Frankfurt/M.: Suhrkamp, 1976.

Peters, U.H. (1977). Übertragung und Gegenübertragung. Geschichte und Formen der Beziehungen zwischen Psychotherapeut und Patient. München: Kindler.

Reich, A. (1951). On countertransference. International Journal of Psycho-Analysis, 32, 25–31.

Reich, W. (1933). Charakteranalyse. Berlin: Kiepenheuer & Witsch.

Reider, N. (1957). Transference psychosis. Journal of the Hillside Hospital 6, 131–149.

Romm, M. 1957: Transient psychotic episodes during psycho-analysis. Journal of the American Psychoanalytic Association, 5, 325–341.

Rosenfeld, H. (1952). Transference-phenomena and tranference-analysis in an acute catatonic schizoprenic patient. In H. Rosenfeld (Ed.), Psychotic states. A psycho-analytical approach (pp. 104–116). London: Hogarth, 1965.

Sandler, J. (1983). Die Beziehung zwischen psychoanalytischen Konzepten und psychoanalytischer Praxis. Psyche – Z Psychoanal, 37, 577–595.

Sandler, J., Dare, C. B. und Holder, A. (1996). Die Grundbegriffe der psychoanalytischen Therapie. Stuttgart: Klett, 7., erw. Aufl.

Schelling, W.A. (1978). Sprache, Bedeutung und Wunsch. Beiträge zur psychologischen Hermeneutik. Berlin: Duncker und Humblot. Schöpf, A. (1982). Sigmund Freud. München: Beck.

Segal, H. (1957). Notes on symbol-formation. International Journal of Psycho-Analysis, 37, 339–343.

Segal, H. (1964). Introduction to the work of Melanie Klein. New York: Basic Books (dt. Ausgabe: Melanie Klein, Eine Einführung in ihr Werk. München: Kindler, 1974).

Spitz, R.A. (1956/57). Übertragung und Gegenübertragung. Psyche – Z Psychoanal, 10, 63–81.

Stein, M.H. (1981). The unobjectionable part of the transference. Journal of the American Psychoanalytic Association, 29, 869–892.

Steiner, J. (1993). Psychic retreats. Pathological organizations in psychotic, neurotic and borderline patients. London: Routledge.

Sterba, R.F. (1929). Zur Dynamik der Bewältigung des Übertragungswiderstandes. Internationale Zeitschrift für Psychoanalyse, 15, 456–470.

Sterba, R.F. (1934). Das Schicksal des Ichs im therapeutischen Verfahren. Internationale Zeitschrift für Psychoanalyse, 20, 66–73.

Teller, V. and Dahl, H. (1981). The framework for a model of psychoanalytic inference. Proceedings of the Seventh International Joint Conference on Artificial Intelligence, 1, 394–400.

Thomä, H. (1981a). Die Aktivität des Psychoanalytikers als Determinante des therapeutischen Prozesses. In ders., Schriften zur Praxis der Psychoanalyse. Vom spiegelnden zum aktiven Psychoanalytiker (S. 21–93). Frankfurt/M: Suhrkamp.

Thomä, H. (1983). Erleben und Einsicht im Stammbaum psychoanalytischer Techniken und der „Neubeginn“ als Synthese im „Hier-und-Jetzt“. In S.O. Hoffmann (Hg.), Deutung und Beziehung. Kritische Beiträge zur Behandlungskonzeption und Technik der Psychoanalyse (S. 7–43). Frankfurt/M: Fischer.

Thomä, H. (1984). Der Beitrag des Psychoanalytikers zur Übertragung. Psyche – Z Psychoanal, 38, 29–62.

Thomä, H. und Kächele, H. (1985). Lehrbuch der psychoanalytischen Therapie. Bd. 1, Grundlagen. Berlin: Springer.

Wallerstein, R.S. (1986). Fourty-two lives in treatment: A study of psychoanalysis and psychotherapy. New York, London: Guilford Press.

Weiß, H. (1988). Der Andere in der Übertragung. Stuttgart: frommann-holzboog. Weiß, H. (1989). Übertragung, Lebensgeschichte und therapeutischer Dialog. In W. Blankenburg (Hg.), Biographie und Krankheit (S. 85–95). Stuttgart: Thieme.

Weiss, J. and Sampson, H. (1986). The psychoanalytic process: theory, clinical observation and empirical research. New York: Guilford Press.

Winnicott, D.W. (1973). Vom Spiel zur Kreativität. Stuttgart: Klett.

Winnicott, D.W. (1976). Von der Kinderheilkunde zur Psychoanalyse. Frankfurt/M.: Fischer.

Zetzel, E.R. (1956). Current concepts of transference. International Journal of Psycho-Analysis, 37, 369–376.

Unbewusst, das Unbewusste *von Mark Solms*

unconscious – inconscient

1. Definition, klassische Auffassung, Ursprung des Konzepts

Die Annahme, dass das Seelenleben im Wesentlichen unbewusst ist, ist die fundamentale Grundannahme der Psychoanalyse. Freuds Verständnis dieser Annahme war in einem weitergefassten konzeptuellen Grundgerüst eingebettet, dessen philosophische und wissenschaftliche Implikationen nicht unumstritten sind.

Freud erklärte im Jahre 1900 in einer vielbeachteten Abhandlung, die die Geburt der Psychoanalyse kennzeichnete: „Das Unbewußte ist das eigentlich reale Psychische, uns nach seiner inneren Natur so unbekannt wie das Reale der Außenwelt und uns durch die Daten des Bewußtseins ebenso unvollständig gegeben wie die Außenwelt durch die Angaben unserer Sinnesorgane" (1900a, S. 617f.).

Mit diesen Worten verankerte Freud seine neue Wissenschaft innerhalb des epistemologischen Grundgerüsts von Immanuel Kant, nach dem die Realität selbst nur indirekt bekannt sein kann, in der Form, in der sie dem Bewusstsein durch die Vermittlung des Wahrnehmungsapparates dargestellt wird: „Wie Kant uns gewarnt hat, die subjektive Bedingtheit unserer Wahrnehmung nicht zu übersehen und unsere Wahrnehmung nicht für identisch mit dem unerkennbaren Wahrgenommenen zu halten, so mahnt die Psychoanalyse, die Bewußtseinswahrnehmung nicht an die Stelle des unbewußten psychischen Vorganges zu setzen, welcher ihr Objekt ist. Wie das Physische, so braucht auch das Psychische nicht in Wirklichkeit so zu sein, wie es uns erscheint" (Freud 1915e, S. 270).

Das impliziert, dass „(d)as Psychische an sich, was immer seine Natur sein mag, ... unbewußt (ist), wahrscheinlich von ähnlicher Art wie alle anderen Vorgänge in der Natur, von denen wir Kenntnis gewonnen haben" (Freud 1940b, S. 144). Daher ist der einzige Unterschied zwischen dem menschlichen Subjekt und der externen Objektwelt die Tatsache, dass die natürlichen Prozesse, die das Subjekt ausmachen, uns auf der nach innen gerichteten Wahrnehmungsoberfläche des Bewusstseins dargestellt werden, während diejenigen, die die Objektwelt ausmachen, auf der externen Oberfläche dargestellt werden.

In dieser Konzeption der Seele ist auch die Vorstellung enthalten, dass Bewusstsein nur in Wahrnehmungen besteht – das heißt in zwei Kategorien von Wahrnehmung, nämlich Wahrnehmung der Realität außerhalb („Materie") und Wahrnehmung der Realität innerhalb unseres Selbst („Seele"):

„Welche Rolle verbleibt in unserer Darstellung dem einst allmächtigen, alles andere verdeckenden Bewußtsein? Keine andere als die eines Sinnesorgans zur Wahrnehmung psychischer Qualitäten ... Der psychische Apparat, der mit dem Sinnesorgan der W-Systeme (Wahrnehmungssysteme) der Außenwelt zugekehrt ist, ist selbst Außenwelt für das Sinnesorgan des Bw (Bewußtsein), dessen teleologische Rechtfertigung in diesem Verhältnisse ruht" (Freud 1900a, S. 620f.).

Die Tatsache, dass der psychische Apparat auch extern wahrgenommen werden kann, als ein physisches Objekt, über die Sinnesorgane des Wahrnehmungssystems, schafft die Illusion eines „Leib-Seele-Problems": „Von dem, was wir unsere Psyche (Seelenleben) nennen, ist uns zweierlei bekannt, erstens das körperliche Organ und Schauplatz desselben, das Gehirn (Nervensystem), andererseits unsere Bewußtseinsakte, die unmittelbar gegeben sind und uns durch keinerlei Beschreibung näher gebracht werden können. Alles dazwischen ist uns unbekannt" (Freud 1940a, S. 67).

Seelische Prozesse sind dann im Wesentlichen unbewusst und können nur „durch eine unvollständige und unzuverlässige Wahrnehmung" (Freud 1917a, S. 11) jemals erkannt werden. Das definiert die wissenschaftliche Aufgabe der Psychoanalyse als eine Grundlagenwissenschaft der Seele. Die Aufgabe ist es nun, Methoden zu entwickeln, die dazu in der Lage sind, die Verzerrungen und Auslassungen, die die wahre Natur der Seele verdecken, (so weit wie möglich) aufzudecken. Das wissenschaftliche Ziel dieser Bestrebungen ist das Verständnis dieser Verdunkelungsmechanismen (und deren funktioneller Zweck) und ein relativ vollständigeres und glaubwürdigeres Bild der Seele, wie sie wirklich ist: „Hier wie dort besteht die Aufgabe darin, hinter den unserer Wahrnehmung direkt gegebenen Eigenschaften (Qualitäten) des Forschungsobjekts anderes aufzudecken, was von der besonderen Aufnahmefähigkeit unserer Sinnesorgane unabhängiger und dem vermuteten realen Sachverhalt besser angenähert ist. Diesen selbst hoffen wir nicht erreichen zu können, denn wir sehen, daß wir alles, was wir neu erschlossen haben, doch wieder in die Sprache unserer Wahrnehmungen übersetzen müssen, von der wir uns nun einmal nicht frei machen können. Aber dies ist eben die Natur und Begrenztheit unserer Wissenschaft. Es ist, als sagten wir in der Physik: Wenn wir so scharf sehen könnten, würden wir finden, daß der anscheinend feste Körper aus Teilchen von solcher Gestalt, Größe und gegenseitiger Lagerung besteht. Wir versuchen unterdes, die Leistungsfähigkeit unserer Sinnesorgane durch künstliche Hilfsmittel aufs äußerste zu steigern, aber man darf erwarten, daß alle solche Bemühungen am Endergebnis nichts ändern werden. Das Reale wird immer ‚unerkennbar' bleiben" (Freud 1940a, S. 126f.).

Hier sehen wir, dass die psychoanalytische Methode eine künstliche Wahrnehmungshilfe ist, einem Mikroskop oder Teleskop nicht unähnlich, das darauf abzielt, die Effizienz der inneren Wahrnehmung so weit wie möglich zu erhöhen. Jedoch muss alles Neue, das dieses Instrument entdeckt, trotzdem zurückübersetzt werden in das Wahrnehmungsbild des Bewusstseins, was impliziert, dass die fundamentalen Eigenschaften des Unbewussten selbst immer und ausschließlich nur erschlossen werden können.

Zu diesem Zweck hat Freud eine abstrakte (nichtperzeptive) Wissenschaftssprache entwickelt – seine „Metapsychologie" –, die als Vehikel dient, um das erschlossene Wissen über den nicht wahrzunehmenden Bereich des Unbewussten zu vermitteln, den die psychoanalytische Methode erforscht: „In der Beurteilung unserer Spekulation über die Lebens- und Todestriebe würde es uns wenig stören, daß so viel befremdende und unanschauliche Vorgänge darin vorkommen, wie ein Trieb werde von anderen herausgedrängt, oder er wende sich vom Ich zum Objekt und dergleichen. Dies rührt nur daher, daß wir genötigt sind, mit den wissenschaftlichen Termini, das heißt mit der eigenen Bildersprache der Psychologie (richtig: der Tiefenpsychologie) zu arbeiten. Sonst könnten wir die entsprechenden Vorgänge überhaupt nicht beschreiben, ja, würden sie gar nicht wahrgenommen haben" (Freud 1920g, S. 65).

2. Postfreudianische Schulen, interdisziplinäre Beiträge

Dadurch, dass Freud die unbewussten Dinge, die wir in der Psychoanalyse untersuchen, in Worte gefasst hat, hat er sie der Wissenschaft zugänglich gemacht, aber es war fast so, als ob er dadurch diese Dinge buchstäblich ins Leben gerufen hätte. Hierin liegt der Ursprung der unangenehmen Ambiguität zwischen Aufdeckung und Erfindung in der Psychoanalyse. Und das erklärt auch, warum die Geschichte der Psychoanalyse von Anfang an ein Schlachtfeld theoretischer Unstimmigkeiten gewesen ist.

Manche Psychoanalytiker verwechseln ihre Termini und Konzepte („Worte") nur allzu leicht mit den unbewussten „Dingen", die sie repräsentieren und behandeln dadurch ihre Deutungen und Theorien, als ob sie die Realität der Seele selbst wären:

„Wenn wir abstrakt denken, sind wir in Gefahr, die Beziehungen der Worte zu den unbewußten Sachvorstellungen zu vernachlässigen, und es ist nicht zu leugnen, daß unser Philosophieren dann eine unerwünschte Ähnlichkeit in Ausdruck und Inhalt mit der

Arbeitsweise der Schizophrenen gewinnt" (Freud 1915e, S. 303).

Nach dem Tod von Freud (eigentlich schon zu seinen Lebzeiten) und zunehmend in den letzten Jahrzehnten hat es ernsthafte Versuche gegeben, neue Sprachen für die Psychoanalyse zu entwickeln, um die unbewusste Realität in uns zu beschreiben und in Konzepte zu fassen (z.B. Peterfreund 1971, Gill 1976, Schafer 1976).

Bemerkenswerterweise vollzog sich die einzige große Spaltung innerhalb der zeitgenössischen Psychoanalyse (zwischen den Schulen von Anna Freud und Melanie Klein) hauptsächlich über eine Veränderung der Sprache, die sich – auch wenn das von den Protagonisten selbst kaum bemerkt wurde – größtenteils aus einem Wechsel im Wahrnehmungsstandpunkt des psychoanalytischen Beobachters gegenüber dem Unbewussten herausgebildet hatte. Während Anna Freud das Unbewusste und seine Vorgänge in der Sprache der Metapsychologie ihres Vaters konzeptualisierte – das heißt durch eine abstrakte Darstellung aufgrund einer äußeren Beobachterposition –, beschrieben Melanie Klein und ihre Schüler genau die gleichen Prozesse in der Sprache der unbewussten Phantasie. Für sie bestand das Konzept des Unbewussten aus direkten Erfahrungen und wurde aus der Perspektive eines beteiligten inneren Beobachters beschrieben. Dieser Wechsel des Beobachterstandpunktes resultierte unausweichlich in zahlreichen Pseudokontroversen, die sich hauptsächlich um die genaue Definition des Ausdrucks „unbewußte Phantasie" (King und Steiner 1991) drehten. Wo Anna Freud und ihre Schüler Triebe, Abwehrmechanismen und Repräsentationsstrukturen sahen, die durch psychische Energie verschiedener Zustände besetzt sind, sahen Melanie Klein und ihre Schüler nur unbewusste Phantasien: das Selbst als Akteur und Beobachter, verwickelt in gigantische Kämpfe zwischen sich selbst und mythischen Figuren, innerhalb von imaginärem Raum und imaginärer Zeit existierend. Anna Freud wendete ein, dass die Seele (das Ich) des Neugeborenen zu solch repräsentationaler Komplexität nicht imstande sei, aber für Melanie Klein und ihre Schüler war das nicht der Punkt: Wenn es dazu in der Lage wäre, argumentierten sie, dann wäre es das, was es erleben würde (Isaacs 1943). Sogar die Triebe selbst wurden beschrieben, als ob sie Personen der Handlung wären (dieser Ansatz erreichte seinen Höhepunkt vielleicht in der Arbeit von Herbert Rosenfeld). Es handelte sich nicht länger um Natur und Funktion eines höchst spezifischen seelischen Mechanismus, der Phantasie genannt wurde und der nur zwischen bestimmten psychischen Strukturen, unter bestimmten, klaren Entwicklungsstufen folgenden, dynamischen Umständen wirksam werden konnte; für die Kleinianer wurde Phantasie – aufgrund ihres Wechsels in der Beobachterperspektive – ein Synonym für die Seele selbst.

Ähnliche Überlegungen gelten für andere postfreudianische Entwicklungen, zum Beispiel für die Selbstpsychologie und die interpersonellen Schulen in Amerika gegenüber der klassischen Tradition der Ich-Psychologie.

Wie die Kleinianer in London haben auch diese neuen Schulen, soweit sie diese Dinge überhaupt in ihre Überlegungen mit einbeziehen, den einzigartigen konzeptuellen Status, den Freud „dem Unbewussten" zugeschrieben hat, nicht grundsätzlich in Frage gestellt. Sie haben sich stattdessen mit Auseinandersetzungen über die psychischen Eigenschaften und Inhalte des Unbewussten beschäftigt. Solange man keinen ernsthaften Versuch unternommen hat, ihre Schlussfolgerungen in die theoretische Sprache von Freuds Metapsychologie zurückzuübersetzen (oder umgekehrt), ist es unmöglich festzustellen, wie viel Neues man von diesen Schulen erfahren hat.

Wenn ein bestimmter Referenzrahmen akzeptiert wird, sollten Fortschritte in der Psychologie des Unbewussten im Prinzip erreichbar sein, ungeachtet der letztendlichen Nichterfassbarkeit der Seele selbst. In genau diesem Sinne hat Freud sich die Metapsychologie als einen Fortschritt gegenüber der Metaphysik vorgestellt.

Überlegungen zur Beobachterperspektive betreffen auch die neuen Erkenntnisse, die zeitgenössische Forscher, die außerhalb der psychoanalytischen Tradition arbeiten, bezüglich der Eigenschaften und Inhalte des Unbewussten herausgefunden haben. Der Großteil der Forschungen zum Unbewussten ist innerhalb der Tradition der Kognitionswissenschaft durchgeführt worden, die (um mit Freud 1940a, S. 67 zu sprechen, op cit) sich dem, was wir unsere Psyche (oder unser Seelenleben) nennen, über sein körperliches Organ und seinen Schauplatz nähert: dem Gehirn (oder Nervensystem). Es stimmt vollkommen mit dem konzeptuellen Grundgerüst Freuds überein, dass die externe Beobachterperspektive, die diese Kollegen dem Unbewussten gegenüber einnehmen, letztendlich irgendwie mit dem Wissen darüber in Einklang gebracht werden sollte, das wir Psychoanalytiker durch unsere innere Beobachterperspektive erzielt haben. Die zwei Beobachterperspektiven zielen letztendlich auf ein und dieselbe zugrunde liegende Sache ab – die (unbewusste) menschliche Seele selbst –, ungeachtet der Tatsache, dass diese sich den zwei Oberflächen des Bewusstseins in zwei verschiedenen Wahrnehmungsformen präsentiert („Seele" und „Materie"). Es haben jedoch nur wenige ernsthaft versucht, eine solche Übersetzung durchzuführen.

Einige der interessanteren Arbeiten in diesem Bereich sind einzig darauf ausgerichtet, auf wissenschaftlichem Wege zu zeigen, dass alle Arten menschlicher Seelentätigkeit unbewusst vor sich gehen können und das auch tun (z.B. Libet 1985, Shevrin et al. 1996, Weiskrantz 1997). Diese Tatsache wird nicht mehr ernsthaft in Frage gestellt, was an sich schon einen beachtlichen Fortschritt gegenüber dem wissenschaftlichen Klima von vor hundert Jahren darstellt, als die Psychoanalyse gegründet wurde. Ein eng damit verbundener Aspekt, der erst kürzlich Fokus großer wissenschaftlicher Aufmerksamkeit war, ist die Frage, was genau den Unterschied ausmacht zwischen den bewussten und den unbewussten Prozessen (z.B. Humphrey 1983, Crick 1994, Baars 1996). Aber bis heute konnte von den kognitiven Wissenschaftlern kaum etwas über das Unbewusste erfahren werden, was über eine Aufzählung der formalen Eigenschaften des Bewusstseins (z.B. seine begrenzte Kapazität) und eine Feststellung seiner engen Verbindung mit dem Gehirnsystem der Wahrnehmung und der Aufmerksamkeit hinausgeht und für den Psychoanalytiker von Interesse wäre (siehe Opatow 1997).

Es gibt jedoch allen Grund, in dieser Beziehung optimistisch zu sein, denn akzeptieren wir Freuds Bild der Seele als unbewusst, aber von zwei Wahrnehmungsoberflächen besetzt, die uns zwei Beobachterfenster für die inneren Vorgänge bieten, dann müssen wir auch akzeptieren, dass uns das materielle Gehirn, neben unseren Handlungen des Bewusstseins, mit einer zweiten „Leuchte im Dunkel der Tiefenpsychologie" (Freud 1923, S. 245) versorgt. Wir dürfen uns daher auf den Tag freuen, an dem die vielen ungelösten Probleme der klassischen Metapsychologie (z.B. die Klassifikation der Triebe) aus der Beobachterperspektive der externen Oberfläche des Bewusstseins heraus vielleicht erneut in Angriff genommen werden könnten.

(Übersetzt von Ulrike Joksch)

Literatur

Baars, B. (1996). In the theater of consciousness: The workspace of the mind. New York: Oxford University Press.

Crick, F. (1994). The astonishing hypothesis: the scientific search for the soul. New York: Simon & Schuster.

Gill, M.M. (1976). Metapsychology is not psychology. In M.M. Gill (Ed.), Psychology versus metapsychology: Psychological essays in memory of George S. Klein (pp. 71–105). Psychological Issues, 9. New York: International Universities Press.

Groddeck, G. (1977). The meaning of illness. London: Hogarth.

Humphrey, N. (1983). Consciousness regained. Oxford: Oxford University Press.

Isaacs, S. (1943). The nature and function of phantasy. In P. King and R. Steiner (Eds.), The Freud-Klein controversies, 1941–45 (pp. 264–314). London: Routledge.

Kant, I. (1781). Kritik der reinen Vernunft. Schmidt, R. (Hg.). Hamburg: Felix Meiner, 1956/1971.

King, P. and Steiner, R. (Eds.) (1991), The Freud-Klein controversies 1941–45. London: Routledge.

Libet, B. (1985). Unconscious cerebral initiative and the role of conscious will in voluntary action. Behavioral and Brain Sciences, 8, 529–566.
Opatow, B. (1997). The real unconscious: Psychoanalysis as a theory of consciousness. Journal of the American Psychoanalytic Association, 45, 865–890.
Peterfreund, E. (1971). Information systems and psychoanalysis: An evolutionary biological approach to psychoanalytic theory. Psychological Issues, 7, New York: International Universities Press.
Schafer, R. (1976). A new language for psychoanalysis. New Haven: Yale University Press.
Shevrin, H., Bond, J., Brakel, L., Hertel, R. and Williams, W. (1996). Conscious and unconscious processes: Psychodynamic, cognitive, and neurophysiological convergences. New York: Guilford.
Weiskrantz, L. (1997). Consciousness lost and found: A neuropsychological exploration. Oxford: Oxford University Press.

Urszene *von Christian Maier*

primal scene – scène originaire

1. Definition und klassische Auffassung

Der Begriff Urszene umfasst die Vorstellungen des Kindes von der Beobachtung des elterlichen Geschlechtsverkehrs. Die Urszene kann das Resultat sowohl von früheren Wahrnehmungen als auch von Phantasiebildungen sein.

In Freuds Werk erscheint die Bezeichnung „Urszene" erstmals 1897. Im Brief 126 vom 2.5.1897 an Fließ und dem diesem Brief beigefügten Manuskript ist die Urszene noch vorrangig auf die „Hysterie-Urgeschichten" bezogen, also auf die nach Freuds damaliger Auffassung den Neurosen zugrunde liegenden traumatisierenden szenenhaften Erlebnisse: Bei der Hysterie würden „Impulse, die sich von den Urszenen ableiten", von der Verdrängung betroffen (Freud, 1985c, S. 253). Fand der Ausdruck „Urszene" in Freuds frühem Werk ausschließlich für Erlebnisse in Kindheit und Adoleszenz Verwendung, so betonte Freud später die Bedeutung der Phantasie für die Entstehung der Infantilszenen und bezeichnete diese Phantasiebildungen als „Urphantasien" (Freud 1915f, S. 242). Von der Möglichkeit der Verursachung dieser Vorstellungen durch entsprechende Kindheitserlebnisse ging Freud jedoch niemals ab. Er stellte fest (Freud 1916–17a, S. 381f.), „daß diese Infantilszenen nicht immer wahr sind" und „daß die in der Analyse konstruierten oder erinnerten Kindererlebnisse einmal unstreitig falsch sind, das andere Mal aber ebenso richtig und in den meisten Fällen aus Wahrem und Falschem gemengt". Als Begriff taucht die Urszene wieder in der Schrift „Aus der Geschichte einer infantilen Neurose" auf (Freud 1918b). Die während der Analyse rekonstruierte Urszene bestand in einem (wahrscheinlich) vom Patienten in frühem Kindesalter beobachteten Koitus der Eltern. Die kindliche Neurose des Patienten trat nach einem Traum zutage, in dem es dem stärksten der traumbildenden Wünsche gelang, „die längst vergessene Erinnerungsspur einer Szene aufzufrischen, die ihm zeigen konnte, wie die Sexualbefriedigung durch den Vater aussah" (Freud 1918b, S. 62). Diese Schrift, deren Erstfassung bereits 1914 vorlag und die von Freud erst vier Jahre später mit nur geringfügigen Umarbeitungen veröffentlicht wurde, war für Freud deshalb außerordentlich wichtig, weil er darin in der damals stattfindenden wissenschaftlichen Auseinandersetzung mit den Lehren von Adler und vor allem Jung die Bedeutung der Kindheitserlebnisse und der sexuellen Entwicklung des Kindes belegen konnte. Seit dem „Wolfsmann“ hat sich der Gebrauch des Begriffs Urszene für die Beobachtung des elterlichen Geschlechtsverkehrs eingebürgert. Die Überzeugung Freuds, dass die Urszene eine (möglicherweise auch erst nachträgliche) pathogene Wirkung habe, zieht sich durch sein gesamtes Werk – von den „Studien über Hysterie“ (Freud 1895d) bis hin zum „Abriß der Psychoanalyse“ (Freud 1940a) – und wurde ein fester Bestandteil der psychoanalytischen Lehre (s.a. Fenichel 1975). Eng verbunden mit dem Konzept einer allgemein pathogenen Wirkung der Urszene ist die klassische Lehrmeinung, ein Kind fasse unvermeidlicherweise den beobachteten Koitus als sadistischen Akt des Vaters auf, die noch in die Definition der Urszene von Laplanche und Pontalis (1972) einfloss und auf Freuds Feststellung in den „Drei Abhandlungen“ zurückgeht: „Werden Kinder in so zartem Alter Zuschauer des sexuellen Verkehres zwischen Erwachsenen, ... so können sie nicht umhin, den Sexualakt als eine Art von Mißhandlung oder Überwältigung, also im sadistischen Sinne aufzufassen“ (Freud 1905d, S. 97).

2. Differenzierungen und Weiterentwicklungen

Die klassische Auffassung von der pathogenen Wirkung der Urszene wurde erst ab den 70er Jahren verstärkt einer kritischen Betrachtung unterzogen. Infolge der Ausweitung des Konzepts hatte es erheblich an Erklärungswert eingebüßt, und man konnte nicht umhin festzustellen, dass gängige Ungenauigkeiten in der Anwendung des Konzepts eine differenziertere Betrachtung erforderten (Blum 1979, Panel 1978). Allzu oft war es nämlich unterlassen worden – auch als Folge einer Fehlinterpretation von Freuds „non liquet“-Statement in der „Wolfsmann“-Fallgeschichte –, eine Unterscheidung zwischen tatsächlicher Urszenenerfahrung und Phantasien oder etwa einer einmaligen Exposition und wiederholten, eventuell auch häufigen Erfahrungen zu treffen. Ähnlich großzügig war man früher auch mit den vom Erlebnis betroffenen kindlichen Entwicklungsphasen umgegangen, und es war oft unklar geblieben, ob mit dem Begriff nicht auch eher entfernt verbundene Abkömmlinge des Konzepts gemeint waren. Das wichtigste Ergebnis der jüngeren wissenschaftlichen Diskussion ist – auch wenn es noch nicht überall Einzug in die analytische Praxis gehalten hat – die Einigkeit darüber, dass Urszenenerlebnisse nicht notwendigerweise pathogen sein müssen. Diese Sichtweise eröffnet auch neue Lesarten der „Wolfsmann“-Fallgeschichte: Die Annahme eines einzigen präödipalen Traumas (in Form der Urszene) als Verursachung der infantilen Neurose ist heutzutage nicht mehr haltbar und tritt gegenüber den pathogenen frühen Objektbeziehungen des Wolfsmannes und seiner lebensbedrohlichen Malaria-Erkrankung an Bedeutung zurück. Nicht von der Hand zu weisen ist allerdings die Überlegung, dass eine Urszenenerfahrung im Alter von 18 Monaten zu einer Störung der Wiederannäherungsphase beigetragen haben könnte.

Inzwischen besteht auch Einigkeit darüber, dass einerseits der Begriff Urszenenphantasie eng mit der ödipalen Phase verbunden ist und dass andererseits zur besseren Einschätzung von Auswirkungen tatsächlicher Urszenenerlebnisse auf die jeweils betroffenen Entwicklungsphasen weitere Forschungen erforderlich sind (Panel 1978). In seiner Übersichtsarbeit von 1973 stellte Esman erstaunt fest, dass sich in der Literatur kein einziger Hinweis darauf finden ließe, ein Kind könnte die beobachtete oder phantasierte Urszene auch als Liebeshandlung der Eltern und eben nicht als sadistisch interpretieren. Folgt man der Neubetrachtung der von Esman wiedergegebenen Beispiele, dann rührt die kontroverse Diskussion um die Pathogenität der Urszene in erster Linie daher, dass die Umstände, unter denen es zu Urszenenerlebnissen kam (beispielsweise wie die Eltern auf das Eindringen des Kindes reagierten), unterschätzt und dass generell die Beziehungen der Eltern zueinander (z.B. bezüglich Streitigkeiten oder gar Gewalttätigkeiten) kaum berücksichtigt wurden. Ist die Atmosphäre in einer

Familie nicht übermäßig konfliktbeladen oder sexualfeindlich, dann ist es wahrscheinlicher, dass das Kind die Urszene als ein zärtliches und lustvolles gemeinschaftliches Erleben der Eltern ansehen wird, von dem es ausgeschlossen bleibt (Hoyt 1980). Von diesen Gegebenheiten ausgehend ergibt sich eine neue Betrachtungsweise der Urszene, die Winnicott (1958) mit der Fähigkeit eines Individuums, allein zu sein, in Verbindung bringt: Die „Fähigkeit, allein zu sein“, hängt auch davon ab, inwieweit ein Kind es schafft, auf dem Höhepunkt des ödipalen Dramas die durch die Urszene hervorgerufenen Gefühlsstürme zu meistern und zu integrieren. Gerade in diesem Zusammenhang ist es von besonderem Interesse, dass in psychoanalytischen Therapien häufig dann Urszenenphantasien auftreten, wenn in der Übertragungsbeziehung eine Konstellation vorliegt, die (z.B. infolge einer Urlaubsunterbrechung) geeignet ist, im Patienten ein Erleben von Ausgeschlossensein hervorzurufen (Maier 1995). In einer analytischen Therapie zeigt die Übertragungsentwicklung die Bedeutung der Urszene sowohl für den ödipalen Entwicklungsschritt, der das Einfinden in die trianguläre Struktur fordert, wie auch für die Adoleszenz, in deren Verlauf die Bewältigung von Urszenenphantasien das Identitätsgefühl festigt und die Loslösung von der Familie vorbereitet.

Literatur

Blum, H.P. (1979). On the concept and consequences of the primal scene. Psychoanalytic Quarterly, 48, 27–47.

Esman, A.H. (1973). The primal scene. A review and a reconsideration. Psychoanalytic Study of the Child, 28, 49–81.

Fenichel, O. (1975). Psychoanalytische Neurosenlehre. Olten: Walter.

Hoyt, M.F. (1980). On the psychology and psychopathology of primal-scene experience. Journal of the American Academy of Psychoanalysis, 8, 311–335.

Laplanche, J. und Pontalis, J.-B. (1972). Das Vokabular der Psychoanalyse. Frankfurt/M.: Suhrkamp.

Maier, C. (1995). Urszenenphantasien in der analytischen Beziehung. Forum der Psychoanalyse, 11, 201–220.

Panel (1978). The pathogenicity of the primal scene. Chaired by H.P. Blum, reported by R.A. Isay. Journal of the American Psychoanalytic Association, 26, 131–142.

Winnicott, D.W. (1958). Über die Fähigkeit, allein zu sein. Psyche – Z Psychoanal, 12, 344–352.

Urvertrauen *von Peter Conzen*

basic trust – confiance originaire

1. Definition

Eine der fundamentalen Voraussetzungen menschlicher Existenz ist das Vertrauen. Egal, ob ich ein Verkehrsmittel benutze, jemand anderen um Rat frage, auf die Liebe meines Partners baue oder an eine weltanschauliche Idee glaube: Überall im täglichen Leben bedarf es in wechselnder Qualität und Intensität des Vertrauens. Gerade weil der Begriff Vertrauen heutzutage so schlagwortartig gebraucht wird – der Einzelne soll „Vertrauen“ in das richtige Waschmittel, die beste Geldanlage oder die geeignete politische Partei setzen –, scheint eine exakte Definition schwierig. Wesen des Vertrauens ist eine positive Erwartungshaltung, die uns motiviert, Dinge in Angriff zu nehmen, uns auf Begegnungen oder Situationen einzulassen. Gerade im zwischenmenschlichen Bereich, wenn wir uns auf die Ehrlichkeit, Wohlgesonnenheit oder Kompetenz anderer verlassen, bedarf es einer gewissen Risikobereitschaft, eines „Vertrauensvorschusses“, weshalb der Missbrauch des Vertrauens betroffen macht und in allen Kulturen als besondere Verfehlung gilt.

Sehr häufig verbergen sich hinter den körperlichen Beschwerden, Ängsten oder Beziehungsstörungen, die Menschen in eine Psychotherapie führen, Probleme des Vertrauens bzw. Selbstvertrauens. Schon 1890, bevor Freud in seinen großen psychoanalytischen Krankengeschichten – zum Beispiel im Fall „Dora" oder im Fall „Schreber" – auf massive Erschütterungen des Vertrauens im Seelenleben mancher Patienten stieß, sprach er vom „Zutrauen" des Patienten, „also von seiner Achtung vor der ärztlichen Kunst überhaupt, ferner von der Macht, die er der Person seines Arztes zugesteht, und selbst von der rein menschlichen Zuneigung, welche der Arzt in ihm erweckt hat" (1890a, S. 301) als wesentlichem Faktor für den Erfolg einer medizinischen Behandlung. Das Thema des Vertrauens, z.B. beim Umgang mit naiv-liebevollen oder feindselig-misstrauischen Übertragungshaltungen von Patienten, beschäftigte Theorie und Technik der Psychoanalyse von daher schon früh. Ausdrücklich war es jedoch Erik H. Erikson, der unter dem weltbekannt gewordenen Stichwort „Urvertrauen" eine Theorie von Wesen, Entwicklung und Pathologie menschlichen Vertrauens aus tiefenpsychologischer Sicht vorlegte. Dabei versteht Erikson unter Urvertrauen „sowohl ein wesenhaftes Zutrauen zu anderen als auch ein fundamentales Gefühl der eigenen Vertrauenswürdigkeit" (1981a, S. 97) und sieht in dieser „alles durchdringenden Haltung sich selbst und der Welt gegenüber" (1981a, S. 97) die Basis unseres intakten Identitätsgefühls, unserer Kontakt- und Liebesfähigkeit, letztlich den „Eckstein der gesunden Persönlichkeit" (1981b, S. 63).

2. Klassische Auffassung

Die Frage, ob der Säugling in der verletzlichen ersten Lebensphase ein Übergewicht des Vertrauens über das Misstrauen erwirbt – ein Mensch gänzlich ohne Misstrauen wäre nicht lebensfähig –, stellt in Eriksons Acht-Phasen-Modell des „Lebenszyklus" die erste und entscheidendste Entwicklungskrise dar. Gelingt es der Mutter, dem Neugeborenen ein tiefes Gefühl der Geborgenheit, Sicherheit und Verlässlichkeit zu vermitteln, die Urerfahrung des Wertvoll- und Geliebtseins, so wächst in der Seele des Säuglings Urvertrauen, zunächst ein dumpfes Empfinden, mit einer guten äußeren Macht verschmolzen zu sein, das allmählich „zu dem komplexen Gefühl wird, ‚in Ordnung zu sein', man selbst zu sein und einmal das zu werden, was die Umwelt von einem erwartet" (1981b, S. 72). Erikson spricht von einer tiefen Erlebnisschicht, einer „Urerfahrung", die in den folgenden Lebensphasen Hoffnung und Vitalität verleiht und immer differenziertere Qualitäten annimmt. So zeigt sich das Urvertrauen in der Unbeschwertheit des kindlichen Spiels. Es stärkt für Erikson die Fähigkeit des Adoleszenten zur Treue, fließt in die intime Partnerbeziehung und generative Verantwortlichkeit des Erwachsenen ein und verwandelt sich beim älteren Menschen in eine Art abgeklärte Bejahung des Lebens, wobei das einmal erworbene Vertrauen stets angesichts von Enttäuschungen oder Schicksalsschlägen, von Misstrauen, Verzweiflung oder Schuldgefühlen untergraben werden kann.

Verlaufen die ersten Kontakte zur Welt ängstigend und enttäuschend, so überwiegt in der weiteren Entwicklung das Urmisstrauen, ein Gefühl des Uneins-Seins mit sich selber und der Welt, wie es sich häufig verbirgt hinter Haltungen von Traurigkeit, Skepsis, Zynismus oder Hoffnungslosigkeit und wie es im späteren Leben zu allen möglichen seelischen oder psychosomatischen Störungen beitragen kann.

3. Ideengeschichtlicher Hintergrund

Von Konfuzius, Aristoteles und Augustinus über Thomas von Aquin, Hobbes, Kant und Leibniz bis hin zu Scheler, Hartmann oder Buber haben Philosophen das Vertrauen, neben Sympathie, Mitgefühl oder Barmherzigkeit, als eine der positivsten bindenden Kräfte zwischen Menschen herausgestellt. Das unbedingte Vertrauensverhältnis des Menschen zu Gott wurde zum elementaren Bestandteil der christlichen Anthropologie. Und das Gebot, anderen Menschen, Völkern oder Religionsgemeinschaften Vertrauen entgegenzubringen, Vertrauen zu achten und zu wahren, stellt eine sittliche Grundforderung aller Weltreligionen und großen ethischen Systeme dar. Ebenso findet sich in Dichtung, Kunst und Religionsgeschichte immer wieder das Thema des erschütterten menschlichen Vertrauens; man denke z. B. an die tragischen Verstrickungen in der antiken Tragödie, die verzweifelten Zustände der Gottesferne bei den Propheten, an die apokalyptischen Visionen Goyas oder die Zerrissenheit und Angst des existenzialistischen Dramenhelden.

4. Wesentliche Erweiterungen, Differenzierungen und Modifikationen

Wie andere Konzepte seines Werkes hat Erikson auch den Begriff „Urvertrauen“ ab den fünfziger Jahren in den vielfältigsten Kontexten illustriert und vor allem in den ethisch-religiösen Bereich hinein erweitert (vgl. Conzen 1996). So sieht er im wechselseitigen Vertrauen den Urquell für die Entstehung von „Tugenden“, ohne die eine menschliche Kultur nicht bestehen könnte (1966). Das leidenschaftliche Vertrauen in ideale weltanschauliche Visionen kann für Erikson das Lebensgefühl Adoleszenter bestimmen und in gesellschaftlichen Krisenzeiten zu einer ideologischen Stoßkraft werden (1982b). Die grundlegende Achtung des Mitmenschen, das Vertrauen auf das Gute in ihm, macht laut Erikson die reife ethische Haltung des Erwachsenen aus, welche im Falle günstiger Entwicklung die Überich-bestimmte Moral des Kindes ablöst (1966, 1982b). Und schließlich wurzelt für Erikson im kindlichen Urvertrauen das religiöse Empfinden, der Glaube an schützende, transzendente Mächte, die dem Menschen über den Tod hinaus Hoffnung und Sinn vermitteln (1975, 1978).

Hingegen zeigt sich die destruktive Macht des Urmisstrauens für den Kliniker Erikson besonders erschütternd im bizarren und ablehnenden Verhalten psychotischer Kinder (1982a), ist aber auch ein Grundsymptom der von ihm herausgearbeiteten „Identitätsverwirrung“ des Jugendlichen (1981b) und kann, wenn es in historischen Krisensituationen ganze Massen erfasst, zur Entstehung von Totalitarismus beitragen (1981a).

5. Die Bedeutung des Begriffs in verschiedenen psychoanalytischen Schulrichtungen

Der Begriff „Urvertrauen“ wurde vergleichsweise häufig in den Strömungen der Ich-, Objektbeziehungs- und Selbst-Psychologie bzw. in den Narzissmus-Theorien zitiert. So unterschiedliche Autoren wie Klein, Spitz, Winnicott, Balint, Mahler, Jacobson, Kernberg oder Kohut entwickelten Konzepte über die präverbale Lebensphase: Sie alle stimmen mit Erikson darin überein, welch elementare Bedeutung einer Atmosphäre des Vertrauens für den Erwerb der frühesten psychischen Funktionen und eine ungestörte Entfaltung des kindlichen Selbst zukommt, ebenso wie sie neben Angst, Wut, Neid oder Scham das Misstrauen als charakteristisches Empfinden früher Persönlichkeitsstörungen beschreiben – von der Scheu schizoider oder narzisstischer Persönlichkeiten vor gefühlsmäßiger Nähe über die paranoiden Argwohnshaltungen mancher Borderline-Patienten bis hin zu einem archaischen Misstrauen vor dem Leben an sich in den Weltuntergangsängsten von Psychotikern.

6. Interdisziplinäre Beiträge und Befunde

Der Begriff Urvertrauen wurde weit über die Tiefenpsychologie hinaus nicht nur von verschiedenen Disziplinen der Akademischen Psychologie, sondern auch von der Theologie, Pastoralpsychologie, Psychiatrie, Soziologie, Pädagogik oder Philosophie mit unterschiedlicher Akzentsetzung aufgegriffen (vgl. Linn 1991, Lukas 1994, Mueller 1994, Nadig 1985). Manche Autoren kritisierten die Breite und Unschärfe des Erikson'schen Vertrauensbegriffes und wiesen Eriksons

Thesen über die Entwicklungsprozesse im ersten Lebensjahr als adultomorphe Spekulationen zurück. Darüber hinaus wurde eingewandt, Erikson beschreibe das Vertrauen zu sehr als eine Persönlichkeitskonstante und mache nicht ausreichend deutlich, dass es sich auch um ein ausgesprochen situations- und interaktionsabhängiges Phänomen handelt (vgl. zusammenfassend Petermann 1985). Feministische Autorinnen sahen in Eriksons Beschreibung der Mutter als hauptsächlicher Spenderin des Urvertrauens patriarchalische Vorurteilshaltungen am Werk (vgl. Janeway 1971).

Vertreter der empirischen Vertrauensforschung wie Rotter, Wrightsman, Krampen, Imber, Bierhoff und Buck et al. griffen teilweise auf Erikson zurück, mühten sich aber, das Phänomen des Vertrauens exakter zu definieren und anhand von Fragebögen oder experimentellen Spielsituationen zu operationalisieren. Das bekannteste Instrument zur Ermittlung des Vertrauens wurde die „Skala zur Erfassung interpersonellen Vertrauens“ von Rotter (1971, 1980).

Literatur

Conzen, P. (1996). Erik H. Erikson. Leben und Werk. Stuttgart: Kohlhammer.

Erikson, E.H. (1966). Einsicht und Verantwortung. Zur Rolle des Ethischen in der Psychoanalyse. Stuttgart: Klett.

Erikson, E.H. (1975). Der junge Mann Luther. Eine psychoanalytische und historische Studie. Frankfurt/M.: Suhrkamp.

Erikson, E.H. (1978). Gandhis Wahrheit. Über die Ursprünge der militanten Gewaltlosigkeit. Frankfurt/M.: Suhrkamp.

Erikson, E.H. (1981a). Jugend und Krise. Die Psychodynamik im sozialen Wandel. Berlin: Klett-Cotta.

Erikson, E.H. (1981b). Identität und Lebenszyklus. Drei Aufsätze. Frankfurt/M.: Suhrkamp.

Erikson, E.H. (1982a). Kindheit und Gesellschaft. Stuttgart: Klett-Cotta.

Erikson, E.H. (1982b). Lebensgeschichte und historischer Augenblick. Frankfurt/M.: Suhrkamp.

Janeway, E. (1971). Man's world woman's place. New York: Norton.

Linn, M.D. und Linn, S. (1991). Glaube, der heilt in den acht Lebensstadien. Wien: Styria.

Lukas, E. (1994). Logotherapeutische Leitlinien zur Rückgewinnung des Urvertrauens. Logotherapie und Existenzanalyse, Sonderheft, 19–33.

Mueller, H. (1994). Urvertrauen als Grundlage. Neue Sammlung, 34 (1), 59–70.

Nadig, R. (1985). Urvertrauen und Identität bei E.H. Erikson. Psychologische Menschenkenntnis, 21, 1, 3–14.

Ornella, T. (1984). Kindheit und Gesellschaft – Erik Homburger Eriksons Beitrag zum Verständnis der Persönlichkeitsentwicklung. Psychologische Menschenkenntnis, 20, 9, 331–344.

Petermann, F. (1985). Psychologie des Vertrauens. Salzburg: Otto Müller.

Rotter, J.B. (1971). A new scale for the measurement of interpersonal trust. American Psychologist, 26, 443–452.

Rotter, J.B. (1980). Interpersonal trust, trustworthiness and gullibility. American Psychologist, 35, 1–7.

Verführungstheorie *von Martin Ehlert-Balzer*

theory of seduction – théorie de la séduction

1. Definition

Bezeichnung für eine Theorie der Neurosen, die Freud zwischen 1895 und 1897 vor dem Hintergrund sowohl seiner klinischen Erfahrungen als auch seiner Bemühungen um ein theoretisches Verständnis des psychischen Apparates entwickelte und die 1. besagt, dass alle „Abwehr-Neuropsychosen" (1896b) (Hysterien, Zwangsneurosen, Phobien und Paranoia) durch reale sexuelle Traumatisierung in der Kindheit verursacht seien, und 2. die spezifischen Mechanismen von Abwehr und Neurosenbildung (Nachträglichkeit) beschreibt. Die Aufgabe dieser Theorie – im berühmten „Widerrufsbrief" an Fließ vom 21.9.1897 (1985c, S. 283ff.) – wird im Allgemeinen als die Geburtsstunde der Psychoanalyse bezeichnet.

2. Ideengeschichtlicher Hintergrund

Der Zusammenhang von Sexualität und Hysterie war zu Freuds Zeiten keineswegs neu (Ellenberger 1970, S. 209ff.). So war, als Freud seinen Vortrag „zur Ätiologie der Hysterie" hielt, allgemein bekannt, „daß sexueller Mißbrauch von jeher unter den Ursachen der Neurasthenie aufgeführt wurde" (1985c, S. 38). Freuds Auffassungen waren also keineswegs so skandalös, wie oft behauptet wird (vgl. Masson 1984, S. 115ff.) und wurden zunächst auch von Breuer geteilt, der den Sexualtrieb als „gewiß die mächtigste Quelle von lange anhaltenden Erregungszuwächsen (und als solche von Neurosen)" bezeichnete (S. 259).

3. Klassische Auffassung

Zu der Überzeugung, dass ausschließlich sexuelle Szenen zur Ursache der Neurose werden können, war Freud lange vor der Entdeckung der infantilen Sexualtraumen gekommen – und zwar durchaus nicht allein aufgrund klinischer Beobachtung: „Die Rolle der sexuellen Komplexe in der Hysterie leite ich mir (vorläufig) als theoretische Notwendigkeit und nicht aus deren Häufigkeit und Intensität ab" (1974a, S. 89). Zunächst ging es um einen aktuellen Missbrauch der Sexualfunktion (Onanie, Coitus interruptus etc.), der auf rein physiologischem Weg zur (Aktual-)Neurose führe. Ab 1894 traten dann auf der Grundlage zunehmender klinischer Erfahrung innerpsychische Verarbeitungsfunktionen, namentlich die Abwehr „unverträglicher Vorstellungen", immer mehr in den Vordergrund. Der sexuelle Inhalt dieser Vorstellungen musste aus den Symptomen erschlossen werden, wobei Freud mit großer Vehemenz vorging, um „trotz alles Sträubens der Kranken die Aufmerksamkeit auf die verdrängten sexuellen Vorstellungen zurückzulenken" (1894a, S. 71).

Auch die mit der Zeit immer weiter fortschreitende Zurückverlegung der Sexualszenen war weniger das Ergebnis klinischer Erfahrung als vielmehr Konsequenz seiner Suche nach einer endgültigen Theorie der Neurose, dem „Caput Nili der Neuropathologie" (Freud 1896c, S. 439). Dieses ehrgeizige Ziel verlangte die Klärung folgender vier Punkte: Welche spezifischen Ursachen liegen der Neurose zugrunde (Ätiologie); was bestimmt die Art der neurotischen Erkrankung („Neurosenwahl"); wie kommt es überhaupt zur Verdrängung, die den Grundprinzipien des psychischen Apparates so sehr zu widersprechen scheint (Abwehrlehre); und schließlich: Wie lässt sich begründen, dass prinzipiell nur sexuelle Szenen Gegenstand der Abwehr und damit Ursache der Neurose sein können? Die Verführungstheorie stellt nun die logisch zwingende Lösung dieser vier Probleme dar: Infantile Sexualerlebnisse, deren sexueller Charakter vom unreifen Kind zunächst nicht begriffen wird, werden durch spätere unbewusste Wiedererweckung nachträglich traumatisch. „Dieser Fall ist nur möglich bei sexuellen

Ereignissen, weil die Erregungsgrößen, die diese entbinden, mit der Zeit (mit der sexuellen Entwicklung) an sich wachsen" (1985c, S. 219). Auf der Grundlage dieses basalen Mechanismus konnte Freud dann nach der „ätiologischen Formel" suchen, nach der z.B. die Hysterie „die Folge eines präsexuellen Sexualschrecks", die Zwangsneurose „die Folge einer präsexuellen Sexuallust" darstellt (1985c, S. 147).

Dies bildet den Hintergrund der Entwicklung der Verführungstheorie, die Freud später so schildert: „Unter dem Drängen meines damaligen technischen Verfahrens reproduzierten die meisten meiner Patienten Szenen aus ihrer Kindheit, deren Inhalt die sexuelle Verführung durch einen Erwachsenen war" (1925d, S. 59). Knörzer hat daher zu Recht darauf hingewiesen, wie sehr diese „Reproduktionen von Verführungsszenen durch ein verhängnisvolles Zusammenspiel der hysterischen Struktur der Patienten und der Einstellung Freuds hervorgerufen" wurden (1988, S. 116). Dabei ist entscheidend, dass es sich bei diesen Szenen niemals um bewusste Erinnerungen der Patienten handelt, welche „nur durch den stärksten Zwang der Behandlung bewogen werden (können), sich in deren Reproduktion einzulassen, ... (und auch nachher) betonen, daß sich hierfür nicht wie bei anderem Vergessenen ein Erinnerungsgefühl eingestellt hat" (1896c, S. 440). Wenn Freud später in seinem berühmten Brief an Fließ schreibt: „Ich glaube an meine Neurotica nicht mehr" (1985c, S. 283), dann sagt er damit gerade nicht, er glaube an die bewussten Erinnerungen seiner Patientinnen nicht mehr, wie dies oft missverstanden wurde (Neurotica steht im Fließ-Briefwechsel häufig für Neurosentheorie, nicht für „Neurotikerin"). Sein zentrales Argument für die Aufgabe der Verführungstheorie, „daß es im Unbewußten ein Realitätszeichen nicht gibt" (S. 284), zeigt deutlich, dass er lediglich die historische Wahrheit seiner eigenen Konstruktionen, die er aus Symptomen, Träumen und Assoziationen seiner Patienten gewonnen hatte, bezweifelte (vgl. Schimek 1987, der auch darauf hinweist, dass Freud später (1933a, S. 128) diesen Sachverhalt selbst unrichtig dargestellt). An bewussten Erinnerungen seiner Patienten an Missbrauchsszenen scheint Freud auch nach der Aufgabe der Verführungstheorie nie gezweifelt zu haben. Dass er dem sexuellen Missbrauch in der Kindheit – wo er vorgefallen ist – auch weiterhin eine hohe pathogene Wirkung zusprach, ist mit der ungekürzten Veröffentlichung der Fließ-Briefe durch Masson nochmals deutlich geworden (vgl. auch Knörzer 1988).

Die Verführungstheorie stellte demnach den ersten Kulminationspunkt des Bemühens Freuds um ein umfassendes metapsychologisches Verständnis des psychischen Apparates dar (vgl. Freud 1950c; ein ähnlich anspruchsvoller und in sich geschlossener Versuch findet sich erst wieder 1920g mit der Ableitung alles Psychischen aus der Gegenüberstellung von Libido und Todestrieb). Die Aufgabe dieser Theorie, von der er sich „ewigen Nachruhm und sicheren Reichtum" (1985c, S. 285) versprochen hatte, bedeutete in der Tat einen „Sturz aller Werte" (ebd., 286), einen ungeheuren narzisstischen Verzicht – und Freud war zu Recht stolz darauf „als Ergebnis ehrlicher und kräftiger intellektueller Arbeit nach solcher Vertiefung solcher Kritik noch fähig" zu sein. Die Bedeutung seiner Selbstanalyse für diesen Schritt ist immer wieder hervorgehoben worden und kann in der Tat kaum hoch genug veranschlagt werden. Man kann deshalb sagen, sowohl die Entwicklung als auch die Aufgabe der Verführungstheorie bringe eine besondere Stärke – und Schwäche – Freuds zum Ausdruck: einen einmal aufgefundenen Zusammenhang kurzerhand für allgemeingültig zu erklären und weitere Bestätigung nicht in der Überprüfung bei anderen Fällen, sondern allein in der Vertiefung des Verständnisses zu suchen.

Die Aufgabe der Verführungstheorie stellte Freud darüber hinaus vor ein fundamentales Dilemma: „Die Analyse hatte auf korrektem Wege bis zu solchen infantilen Sexualtraumen geführt, und doch waren diese unwahr" (1914d, S. 55f.). Es stand für ihn also weit mehr auf dem Spiel als nur eine bestimmte Theorie der Neurosenätiologie: Das von ihm gerade entwickelte „technische Verfahren", die Analyse, lief Gefahr, durch seine eigenen Argumente in den Bereich der Phantasterei verschlagen zu werden. Der Ausweg, den er bekanntlich schließlich fand – „daß die neurotischen Symptome nicht direkt an wirkliche Erlebnisse anknüpften, sondern an Wunschphantasien, und daß für die Neurose die psychische Realität mehr bedeute als die materielle" (1925d, S. 60) – ist wiederum durch seine Selbstanalyse vorgezeichnet und im „Widerrufsbrief" bereits angedeutet: „Demnach blieb die Lösung übrig, daß die sexuelle Phantasie sich regelmäßig des Themas der Eltern (und – wie wir heute hinzufügen würden – des Analytikers) bemächtigt." Vor diesem Hintergrund wird unstrittig sein, dass die Aufgabe der Verführungstheorie tatsächlich die Voraussetzung für die Entwicklung einer genuin psychoanalytischen Theorie darstellt, indem sie nicht nur die Entdeckung einer spontanen infantilen Sexualität und des Ödipuskomplexes ermöglicht, sondern auch der Erkenntnis der Übertragung den Weg ebnet – ja selbst ein tieferes Verständnis des Traumas erst eröffnet.

4. Wesentliche Erweiterungen, Differenzierungen und Modifikationen

Ferenczi (1933) hat in seinem berühmten Wiesbadener Vortrag über die „Sprachverwirrung" die mit der Aufgabe der Verführungstheorie verbundenen Fragen wieder aufgegriffen; es ging ihm dabei vor allem um „die neuerliche stärkere Beachtung des traumatischen Momentes in der Pathogenese der Neurosen" (S. 512) und darum, „daß das Trauma, speziell das Sexualtrauma, als krankmachendes Agens nicht hoch genug angeschlagen werden kann" (S. 517). Interessant ist dabei, wie er das – vermeintlich – zentrale Argument zur Aufgabe der Verführungstheorie zurückweist: „Der naheliegende Einwand, es handle sich um Sexualphantasien des Kindes selbst, wird leider entkräftet durch die Unzahl von Bekenntnissen dieser Art, von Sichvergehen an Kindern seitens Patienten, die sich in Analyse befinden" (ebd.). Dieses Argument, das so stichhaltig ist, dass man sich wundern muss, wie selten es berücksichtigt wird, verkennt jedoch, dass die Frage der historischen Realität der infantilen Sexualszenen für die Richtigkeit der Verführungstheorie letztlich irrelevant ist. Demselben Irrtum unterliegen auch die modernen Freudkritiker (Krüll, Masson, Miller u. a. m.), die die Aufgabe der Verführungstheorie verurteilen, ohne zu begreifen, dass diese hochkomplexe Theorie der Neurosenätiologie falsch ist – unabhängig davon, wie häufig ein reales Sexualtrauma in der Kindheit die Grundlage einer späteren Neurose ist.

Man wäre also versucht anzunehmen, die Verführungstheorie habe mit ihrer Verwerfung durch Freud ihr endgültiges und notwendiges Ende als (vielleicht unvermeidlicher) wissenschaftlicher Irrtum auf dem Wege der Entwicklung der Psychoanalyse gefunden, und diese Annahme ist in einem engeren Sinne auch zutreffend. In einer fulminanten Radikalisierung des Freud'schen Ansatzes und einer Fortführung der Überlegungen Ferenczis hat jüngst allerdings Jean Laplanche (1988) die Verführungstheorie wieder aufgegriffen und dabei zu einer „allgemeinen Verführungstheorie" erweitert, indem er in der „Urverführung" – das Eindringen des (sexuellen) Unbewussten („Sprache der Leidenschaft") der Eltern in die unreife, dafür völlig unvorbereitete Psyche des Kindes („Sprache der Zärtlichkeit"), das von nun an damit beschäftigt sein wird, diese „rätselhaften Botschaften" der Erwachsenen zu „übersetzen", ohne dass ihm dies je gelingen könnte – die Grundlage der infantilen Sexualität und des Unbewussten überhaupt erkennt.

5. Der Begriff der Verführung in der Psychoanalyse

Es mag paradox erscheinen, dass trotz der Aufgabe der Verführungstheorie der Verführungsbegriff zwar nicht als Terminus technicus, aber in der klinischen Alltagssprache der Psychoanalyse eine große Rolle spielt. Dabei scheinen zwei Charakteristika seiner Verwendung hervorzutreten: Zum einen bezeichnet er jede sexuelle Interaktion, in die ein Kind (oder jemand in abhängiger Position) verwickelt ist, unabhängig von der angewandten Gewalt – also spielerische Explorationen zwischen Kindern genauso wie die brutalste Vergewaltigung eines Kindes durch einen Erwachsenen –, und zum anderen lässt er Subjekt und Objekt als austauschbar erscheinen – der Erwachsene verführt das Kind, das Kind verführt den Erwachsenen. Man wird deshalb sagen können, die Psychoanalyse missachte bis heute reale Gewalt- und Machtverhältnisse und verzichte auf ihre klare Benennung, und die Kritik daran (z.B. Miller 1988) erscheint berechtigt. In diesem Zusammenhang soll nicht unerwähnt bleiben, dass der Verführungsbegriff jüngst durch die aktuelle Diskussion über sexuelle Beziehungen zwischen Analytikern und Patienten eine weitere Facette hinzugewonnen hat, ohne dabei seine beschriebene Ambiguität zu verlieren (Ehlert-Balzer 1997).

6. Interdisziplinäre Beiträge und Befunde

Daten aus statistischen Untersuchungen zeigen zunächst, dass der sexuelle Missbrauch von Kindern so häufig vorkommt, dass Freuds Argument, seine Verführungstheorie sei an ihrer eigenen Unwahrscheinlichkeit zusammengebrochen (1914d, S. 55), weil eine „solche Verbreitung der Perversion gegen Kinder wenig wahrscheinlich ist" (1985c, S. 283), im nachhinein nicht stichhaltig erscheint. Auch die empirische Untersuchung der psychischen Langzeitfolgen des sexuellen Missbrauchs bestätigt Freuds Annahme über dessen pathogene Bedeutung deutlich (zusammenfassend: Browne und Finkelhor 1986). Das Bild differenziert sich jedoch, wenn man der Frage nach dem direkten Zusammenhang zwischen Missbrauch und psychischer Erkrankung nachgeht, wie dies in letzter Zeit in mehreren groß angelegten Studien getan wurde (z.B. Kinzl und Biebl 1997): Es zeigt sich, dass sexueller Missbrauch als Einzelfaktor (ebenso wie alle anderen gemessenen Variablen) allein nicht notwendig zur psychischen Erkrankung führt, dass ihm aber zusammen mit anderen Faktoren (insbesondere die Familienatmosphäre) eine besonders große ätiologische Wirkung zukommt (zusammenfassend: Egle et al. 1997).

Literatur

Breuer, J. (1895). „Theoretisches". In J. Breuer und S. Freud: Studien zur Hysterie. GW Nachtrag, 244–310.

Browne, A. and Finkelhor, D. (1986). Impact of child sexual abuse: A review of the research. Psychological Bulletin, 99, 66–77.

Egle, U.T., Hoffmann, S.O. und Steffens, M. (1997). Pathogene und protektive Entwicklungsfaktoren in der Kindheit und Jugend als Prädisposition für psychische Störungen im Erwachsenenalter. Gegenwärtiger Stand der Forschung. In U.T. Egle, S.O. Hoffmann und P. Joraschky (Hg.), Sexueller Mißbrauch, Mißhandlung, Vernachlässigung. Erkennung und Behandlung psychischer und psychosomatischer Folgen früher Traumatisierungen (S. 3–20). Stuttgart: Schattauer.

Ehlert-Balzer, M. (1997). Sexueller Mißbrauch in der Psychotherapie: Eine Einführung. In H. Richter-Appelt (Hg.), Verführung – Trauma – Mißbrauch (S. 125–146). Gießen: Psychosozial.

Ellenberger, H.F. (1970). Die Entdeckung des Unbewußten. Zürich: Diogenes, 1985.

Ferenczi, S. (1933). Sprachverwirrung zwischen dem Erwachsenen und dem Kind. Die Sprache der Zärtlichkeit und der Leidenschaft. In ders., Bausteine zur Psychoanalyse III (S. 511–525). Bern: Huber (1964).

Kinzl, J. und Biebl, W. (1997). Bedeutung der Familienstruktur für die Langzeitfolgen sexuellen Mißbrauchs. In H. Richter-Appelt (Hg.), Verführung – Trauma – Mißbrauch (S. 173–182). Gießen: Psychosozial.

Knörzer, W. (1988). Einige Anmerkungen zu Freuds Aufgabe der Verführungstheorie. Psyche – Z Psychoanal, 42, 97–132.

Krüll, M. (1979). Freud und sein Vater. München: Beck.

Laplanche, J. (1988). Die allgemeine Verführungstheorie und andere Aufsätze. Tübingen: edition diskord.

Masson, J.M. (1984). Was hat man dir, du armes Kind, getan? Reinbek: Rowohlt, 1986.

Miller, A. (1988). Das verbannte Wissen. Frankfurt/M.: Suhrkamp.

Schimek, J.G. (1987). Fact and fantasy in the seduction theory: a historical review. Journal of the American Psychoanalytic Association, 35, 937–964.

Verschiebung, Verdichtung *von Wolfgang Leuschner*

displacement, condensation – déplacement, condensation

1. Allgemeine Definition

Verschiebung und Verdichtung sind Mechanismen, die die energetische Ladung von Vorstellungs- und Affektrepräsentanzen quantitativ ändern. Psychische Wertigkeit und assoziative Kontexte der betroffenen Repräsentanzen werden dadurch neu gewichtet. Von der Bewusstseinsoberfläche aus betrachtet entsteht dabei der Eindruck, dass sie topisch wirken, Inhalte im Netzwerk der Vorstellungs- und Affektrepräsentanzen bewegten und verlagerten. Tatsächlich sind sie hier aber nur Energieumverteilungsmechanismen.

Beide Vorgänge werden üblicherweise den Abwehrmechanismen zugerechnet (A. Freud 1936). In dieser Funktion sind sie deren basale Vorgänge, so bei Projektion, Identifikation, Sublimierung, Übertragung, Wiederkehr des Verdrängten, Spaltungen u.a.m. Sie dezentrieren und maskieren unbewusste Wünsche und bilden damit die wichtigsten Teilschritte bei der neurotischen und psychotischen Symptomgenese, bei der Bildung von Träumen, von Fehlhandlungen und von Witzen. Darüber hinaus spielen Verschiebung und Verdichtung auch bei normalen Denk-, Erinnerungs- und Aufmerksamkeitsvorgängen, Massenphänomenen und Kulturleistungen eine wichtige Rolle. Da das Spiel mit Besetzungsenergie als das wichtigste Merkmal des Primärprozesses gilt – in seiner freiesten Form ruft es ein unaufhörliches Gleiten „brodelnder Erregungen“ hervor (Freud 1933a, S. 80) –, hat Freud Verschiebung und Verdichtung schließlich als Primärvorgänge aufgefasst. Die vielseitige Inanspruchnahme macht sie faktisch aber zu Generalmechanismen alles normalen und pathologischen seelischen Geschehens.

Verschiebungs- und Verdichtungsvorgänge hat Freud erstmals in der Aphasiestudie von 1891 beschrieben und zwar im Zusammenhang mit der Paraphasiefrage und hier ihre Bedeutung für Assoziationsvorgänge hervorgehoben. Im „Entwurf einer Psychologie“ (Freud 1950c) hat er sie dann durch ihre energetischen Leistungen definiert. (Zum ideengeschichtlichen Hintergrund beider Begriffe siehe Steiner, 1988.)

2. Zur Wirkungsweise von Verschiebung und Verdichtung

a) Die Verdichtung wird auch als Kondensation oder Kompression bezeichnet. Sie bewirkt, dass „viel durch wenig ausgedrückt wird“ (Brenner 1967, S. 66). In einer Kette von mehreren gedanklichen, bildlichen oder akustischen Vorstellungen wird den Zwischengliedern die Besetzung entzogen, die dadurch latent werden. Die Energie geht auf die verbliebenen Restvorstellungen über. Diese bilden gepresste Fassungen oder „Knotenpunkte“ (Freud 1900a, S. 600) und vertreten nun das latente Ganze, im Sinne von 1:X. – Gelegentlich besteht das Verdichtete aus einer einzigen Vorstellung.

Es handelt sich hier also um eine Verdichtung durch Auslassung, die man auch als horizontale Verdichtung bezeichnen könnte. Im Falle des Traumes bildet das Kondensierte die manifesten Elemente, denen die ausgelassenen latenten Gedankenanteile unsichtbar assoziativ verknüpft bleiben und via Traumanalyse rekonstruiert werden können (Beispiel: der Traum vom „Maistollmütz“ in Freud 1900a, S. 302).

Verdichtung ist auch vertikal wirksam, wenn sie mehrere Einzelelemente zusammenmischt oder sogar zu einer Einheit verschmilzt (Freud 1916–17a, S. 174). Im Falle des Traumes ist zu erkennen, wie die Verschmelzung der Inhalte mehrerer Elemente auch zu einer Summierung ihrer ursprünglichen Besetzungsenergien führt. Da der Schlaf die Außenbesetzungen des Wahrnehmungsapparates unterbrochen hat, drängen diese erhöhten Intensitäten der verdichteten Traumelemente dann endopsychisch darauf, „das System W bis zur vollen sinnlichen Lebhaftigkeit in umgekehrter Richtung zu besetzen“ (Freud 1900a, S. 548). Die Energiezunahme ist also für die sinnliche, vornehmlich visuelle Qualität der Träume verantwortlich und sucht sich eine Abfuhr via Halluzination. In ähnlicher Weise macht vermutlich auch das Lachen nach einem Witz eine Energiesummierung kenntlich: Die witzige Verdichtung eines bekannten mit einem unbekannten Bedeutungsstrang wird durch die Pointe aufgelöst und im Lachen energetisch abgeführt.

b) Die Verschiebung führt dazu, dass durch Änderung der Besetzungsquantitäten bestimmte Vorstellungen und Affekte durch andere topisch ersetzt erscheinen („Verdrängung mit Ersetzung durch etwas Benachbartes“, Freud 1899a, S. 537). Die Ersatzbildungen sind mit den ersetzten Elementen mehr oder weniger verwandt. Thematisch entstehen so Anspielungen, etwa durch die Verwandlung ins Gegenteil. Die Verschiebung vollzieht sich in der Regel an Einzelelementen, von einer Repräsentanz zur anderen oder vom Ganzen zum Teil. Anders als die Verdichtung erzeugt die Verschiebung einfache 1:1–Vertretungsverhältnisse. Sie entstellt aber weitergehender als die Verdichtung und gilt z.B. als das „Hauptmittel der Traumentstellung“ (Freud 1933a, S. 21).

Über diese eigenständige Abwehrfunktion hinaus ist die Verschiebung dann noch „Mechanismus im Mechanismus“: Die Abwehrmechanismen Isolierung, Reaktionsbildung, Identifizierung, Projektion operieren mit Entzug und Verlagerung von Besetzungsenergien entlang von Vorstellungs- und Affektrepräsentanzen (Loch 1971, S. 66). Verschiebung bestimmt in besonderem Maße auch das Schicksal der Affekte. Nach einer Entkoppelung von bisherigen Vorstellungen können sie 1.) in voller Stärke auf beliebige andere Vorstellungsinhalte verschoben, 2.) inhaltlich verwandelt oder 3.) ganz unterdrückt werden.

Jede Verschiebung verhüllt nicht nur die Bewusstwerdung einzelner Affekt- und Vorstellungselemente, sondern auch jene anderen Bedeutungsschichten und -linien, die diese Einzelrepräsentanzen kreuzen; entsprechend lässt sie dann in neuen Kreuzungspunkten auch neue Subbedeutungen entstehen. Verschiebung operiert dabei metonymisch, d.h., sie beinhaltet immer einen Namenswechsel; das ist bei der Verdichtung, die Lacan (1957) mit der Metaphorik gleichgesetzt hat, nicht der Fall.

3. Neuere Gesichtspunkte

Gill (1963) hat die starre topische Unterscheidung zwischen System Ubw, Vbw und Bw zugunsten von fließenden Übergängen aufgegeben. Damit legte er zugleich nahe, dass sich primär- von sekundärprozesshaften Leistungen nicht prinzipiell, sondern nur quantitativ unterscheiden und dies erlaubt es, Verschiebung und Verdichtung sowohl dem Es wie dem Ich zuzuordnen. Die Beschreibung als Ich-Funktion wie auch als Primärvorgang ist kein Widerspruch mehr: Während sie als Es-Modi große Energiemengen prozessieren und das freie Gleiten hervorrufen, ändern sie bei einer Inanspruchnahme durch das Ich ihren Leistungsumfang. Als Abwehrmechanismen verwendet, ist ihr Besetzungsspielraum dann quantitativ eingeschränkt, ihr Wirkungsbereich – wie bei kontrolliertem Feuer – begrenzt.

Palombo (1992) hat darauf aufmerksam gemacht, dass Verschiebung und Verdichtung geeignet sind, die „anatomische“ Gliederung von Assoziationsnetzwerken genauer sichtbar werden zu lassen. Freud war davon ausgegangen, dass die Verschiebung sog. „Kontiguitätsassoziationen ... Ersetzungen durch Benachbartes“ (1899a, S. 537) erzeugt. Die systematische Untersuchung von Assoziationsschritten bei der Übersetzung von manifesten Trauminhalten, (siehe dazu Freuds vier Übersetzungsregeln von Traumelementen in der „Traumdeutung“, 1900a, S. 346) und in der klinischen Arbeit bei der Übersetzung von Symptomen, Versprechern, Fehlhandlungen usw. ließen ihn vermuten, dass benachbarte Elemente gemäß bestimmter gesetzmäßiger Eigenschaften schichtenmäßig zusammengefasst und auf spezifischen Assoziationsachsen aufgereiht gedacht werden können (siehe in „Studien über Hysterie“, Freud 1895d, S. 291ff.). Nach Palombo können diese Assoziationsstrukturen mit einem „assoziativen Gedächtnisbaum“ verglichen werden. Ein geeigneteres Bild dafür ist das „Netzwerk“ deshalb, weil damit die Verdichtungsleistungen besser berücksichtigt werden als im Baum-Modell. Die sich in dem Netzwerk immer wieder kreuzenden Ketten bestehen aus Wissens- und Gedächtnisrepräsentanzen, v.a. aus Ketten biografischen Wissens (zeitlich und örtlich), dann semantischen Wissens, ferner aus Ketten prozeduralen und syntaktischen Wissens, und schließlich aus Wortklang-, Körperschema- und Symbolketten.

Matte Blanco (1998) erklärt beide Mechanismen im Rahmen seiner Theorie des Unbewussten als unendliches Set und bettet sie in jenem antagonistischen Spiel der bewusstseinsfähigen „asymmetrischen“ aristotelischen Logik des Sekundärvorganges und jener des Primärvorganges ein. „Verschiebung und Verdichtung“ basierten einerseits auf Strukturen und Funktionsweisen des „Symmetrischen“, des so genannten „unteilbaren Modus“, der das primärprozesshafte Denken als einen grenzen- und zeitlosen psychischen Zustand begreift. Hier ist alles gleitend, ist alles allem gleich und damit sind die Voraussetzungen für die Austauschbarkeit oder Ersetzungen von Vorstellungs- und Affektelementen geschaffen. Allerdings ließen sich erst von einem logischen „asymmetrischen“ Teilbarkeitsstandpunkt aus distinkte Teilaspekte des homogenen Ganzen erkennen und beobachten. Erst im Lichte der Sekundärvorgänge betrachtet treten also „Verschiebung und Verdichtung“ in Erscheinung.

Zahlreiche Untersuchungen mit dem Pötzl-Phänomen (Pötzl 1917) haben gezeigt, dass sich Verschiebungs- und Verdichtungs-Leistungen auch experimentell beobachten und z.B. durch subliminale Stimulierung von Träumen (z.B. Fisher 1974) weitergehend erforschen lassen. Untersuchungen zum processing solcher unterschwelliger Wahrnehmungen ergaben, dass Wahrnehmungsinhalte nicht, wie früher angenommen, in Gestalt kohärenter Bilder gespeichert werden. Vielmehr zerfallen sie im Moment der Wahrnehmung in kleinste prozessierbare Einheiten, dissoziieren in Subkategorien wie Form, Farbe, Bewegung, semantische und motorische Aspekte, Wortklänge usw. und werden in dieser dissoziierten Form gespeichert (Leuschner et al. 1994). Diesen Subkategorien, die auch als Radikale bezeichnet werden, sind unabhängige syntaktische Rekompositions-Partituren bei- oder übergeordnet. Erinnern z.B. beinhaltet dann eine Reassoziierung dieser Radikale gemäß dieser übergeordneten Grammatik. Neurophysiologen bezeichnen dies als „Mustervervollständigung“ (Palm 1988). Energetisch betrachtet werden dabei die Radikale wieder aufgeladen, so dass sie sich gemäß den syntaktischen Partituren zu zusammenhängenden Repräsentanzenkomplexen und Szenen wieder zusammenfügen, (vermutlich entlang der o.e. Assoziationsreihen), so dass schließlich die alte bewusstseinsfähige Kohärenz (Leuschner 1995) wiedererreicht werden kann.

Aus dieser Perspektive kann man Verschiebungs- und Verdichtungs-Leistungen im Rahmen eines Defektmodells beschreiben: sie sind dann Resultate einer Wiederbesetzungsschwäche. Liegen z.B. Wahrnehmungen zu lange zurück oder müssen die Inhalte aufgrund von Überich-Motiven abgewehrt werden, so gelingt eine originalgetreue Reassoziierung der Wahrnehmungsradikale nur noch unvollständig oder gar nicht mehr; ihr Wiederzusammenschluss bleibt auf halbem Wege stecken. Die Rekonstruktion dieser Radikale gelingt aufgrund einer syntaktisch unzureichend geleiteten und zu schwachen und im Assoziationsnetzwerk „versandenden“ Wiederbesetzung nur noch annäherungsweise. In der unterschiedlichen zerebralen Repräsentation von Objektradikalen, wie sie erstmals Livingstone und Hubel (1984) beschrieben worden ist, kann man heute gewisse neurophysiologische und anatomische Voraussetzungen für Verschiebungs- und Verdichtungs-Vorgänge vermuten (siehe dazu auch Palombo 1992).

Literatur

Brenner, C. (1967). Grundzüge der Psychoanalyse. Frankfurt/M.: Fischer.
Fisher, C. (1974). Die Rolle der vorbewußten und primären Wahrnehmungsformen in der Traumbildung. In G. Ammon (Hg.), Psychoanalytische Traumforschung (S. 104–108). Hamburg: Hoffmann & Campe.
Freud, A. (1936). Das Ich und die Abwehrmechanismen. München: Kindler, 1976.
Gill, M.M. (1963). Topography and systems in psychoanalytic theory. Psychological Issues, Vol. 3, No. 2; Monograph 10. New York: International Universities Press.
Lacan, J. (1957). L'instance de la lettre de l'inconscient ou la raison depuis Freud. La Psychanalyse, 3, 47–81.
Leuschner, W., Hau, S., Brech, E. and Volk, S. (1994). Dissociation and reassociation of subliminally induced stimulus material in drawings of dreams and drawings of waking free imagery. Dreaming, 4, 1–26.
Leuschner, W. (1995). Zur Arbeitsweise des Vorbewußten. Experimentelle Untersuchungen von Träumen einäugig Blinder. Psychosozial, 62, 35–43.
Loch, W. (1971). Die Krankheitslehre der Psychoanalyse. Stuttgart: Hirzel, 6. Aufl., 1999.
Palm, G. (1988). Assoziatives Gedächtnis und Gehirntheorie. Spektrum der Wissenschaft, Juni-Heft, 54–64.
Livingstone, M. und Hubel, D.H. (1984). Anatomy and physiology of a color system in the primate visual cortex. Journal of Neuroscience, 4, 309–356.
Matte Blanco, I. (1998). The unconscious as infinite sets. An essay in bi-logic. London. Karnac Books.
Palombo, S.R. (1992). Connectivity and condensation in dreaming. Journal of the American Psychoanalytic Association, 40, 1139–1159.
Pötzl, O. (1917). Experimentell erregte Traumbilder in ihren Beziehungen zum indirekten Sehen. Zeitschrift für Neurologie, 37, 278–349.
Steiner, R. (1988). ‚Paths to Xanadu...'. International Review of Psycho-Analysis, 15, 415–454.

Vorstellung *von Martin Kurthen*

idea – représentation

1. Definition

Der Begriff der Vorstellung hat in der Philosophie und Psychologie eine sehr komplexe Geschichte, deren Beginn bei der antiken „representatio" angesiedelt werden kann (Scheerer 1992). Vorstellungen sind innergeistige Darstellungen von „Gegenständen" im weitesten Sinne, oft aufgefasst als das buchstäbliche Auftauchen des Bildes des vorgestellten Gegenstandes im Bewusstsein. Die Entstehung bzw. Aktivierung von Vorstellungen wird häufig empiristisch über die Erinnerung an früher Wahrgenommenes bzw. Vorgestelltes erklärt (Erinnerungs-Vorstellung), jedoch ist auch die Möglichkeit apriorischer Vorstellungen zu diskutieren. Dem Begriff der Vorstellung haftet konnotativ der Aspekt der Subjektivität bzw. Bewusstheit an, so dass Freuds Rede von „unbewussten Vorstellungen" oft als paradox empfunden wurde (s. u.).

2. Klassische Auffassung

Freuds Gebrauch des Begriffs „Vorstellung" erscheint in vielen Schriften umgangssprachlich und wenig technisch; im Wesentlichen ist ein mentaler, inhaltlich charakterisierter Zustand gemeint, der als aktivierte Erinnerung frühere Wahrnehmungen bzw. mentale Zustände reproduziert. Über seine eigene Auffassung des Vorstellungs-Begriffs gibt Freud vor allem in den früheren Schriften wie „Zur Auffassung der Aphasien" Auskunft sowie in den im Kontext der Trieb- und Repräsentanzenlehre angesiedelten Arbeiten (Freud 1915c,d,e). In der Aphasie-Schrift (Freud 1891b, S. 117ff.) fasst Freud die „Wortvorstellung" als einen assoziativen Komplex aus den vier Bestandteilen „Klangbild", „visuelles Buchstabenbild", „Sprachbewegungsbild" und „Schreibbewegungsbild" auf. Das Wort als Vorstellung erlangt Bedeutung durch die Verknüpfung des Klangbildes mit der dazugehörigen „Objektvorstellung", die wiederum als ein Assoziationskomplex „aus den verschiedenartigsten visuellen, akustischen, taktilen, kinästhetischen und anderen Vorstellungen" (Freud 1891b, S. 122) anzusehen ist. Diese Differenzierung der Vorstellung nimmt Freud später (1915e, S. 300f) im Sinne einer topischen Deutung wieder auf, wenn er die Sachvorstellung dem System Ubw, den Komplex von Sach- und Wortvorstellung aber dem System Vbw zuordnet: Die bloße Sachvorstellung ist eine „unbewusste Vorstellung". Die Dynamik der Übergänge zwischen dem Unbewussten und dem Bewusstsein ist in den frühen Arbeiten zu den Neuropsychosen (z.B. Freud 1895d), aber auch in späteren Schriften (z.B. Freud 1923b) der Bereich, in dem die Vorstellungen als inhaltlich charakterisierte Besetzungen von Erinnerungsspuren (s. auch Freud 1915e, S. 300) relevant werden. So bildet die „urverdrängte" Vorstellung(srepräsentanz) im Unbewussten Assoziationen zu anderen Vorstellungen, die dann aufgrund dieser Assoziation eigentlich verdrängt werden (s. Verdrängung, Repräsentanz). Dabei betont Freud die Trennbarkeit von Vorstellung und Affektbetrag der Repräsentanz, welche unterschiedliche psychische Schicksale haben können (Freud 1915e; s. Verdrängung, Repräsentanz).

3. Wesentliche Erweiterungen, Differenzierungen und Modifikationen

In der psychoanalytischen Literatur wird der Vorstellungsbegriff selten eigens thematisiert oder gar weiterentwickelt. Durch die zunehmende Verschiebung der Theoriediskussion in den englischen Sprachraum verschiebt sich der Diskurs zunehmend auf den Begriffskomplex der „Repräsentation" (s. Repräsentation), dem im Deutschen sowohl „Repräsentation" als auch „Vorstellung" und sogar „Repräsentanz" entsprechen kann (Waldvogel 1992, S. 112). Dieser Übergang wird dadurch begünstigt, dass Freud selbst den Ausdruck „Vorstellung" in sehr allgemeiner und meist untechnischer Weise benutzte (s. auch Beres und Joseph 1970, Imbasciati 1989). Eine einfache und sinnvolle Differenzierung fasst Vorstellungen als unter dem Aspekt einer bestimmten Motivation aktivierte Repräsentationen auf (Orban 1976, S. 546), wobei Aktivierung nicht mit Bewusstwerdung gleichgesetzt werden kann, da gerade dem Konzept der unbewussten Vorstellung (s.o.) eine wichtige Rolle in der psychoanalytischen Theoriebildung zuzusprechen ist.

4. Interdisziplinäre Beiträge und Befunde

Als terminus technicus ist „Vorstellung" auch in anderen Disziplinen wie der allgemeinen Psychologie oder der Kognitionswissenschaft kaum wieder aufgenommen worden. Die die Freudsche „Vorstellung" betreffenden grundlegenden Probleme, die nicht speziell die Beziehung zum Affekt, d.h. zur Trieblehre betreffen, werden überwiegend im Kontext der Repräsentationismus-Diskussion mitbearbeitet (s. Repräsentation). Das frühe Freud'sche assoziationistische Modell der komplexen Wort- und Sachvorstellungen gewinnt eine gewisse Aktualität des zunehmenden Bemühens um Netzwerkmodelle kognitiver Prozesse, etwa im Konnektionismus (Feldman und Ballard 1982, Clark 1989, Strube 1991). Ein bleibendes, vielleicht interdisziplinär zu lösendes Problem nicht nur der Freud'schen Theorie des Mentalen ist die Akquisition von Bedeutungshaftigkeit für innergeistige Vorkommnisse wie Repräsentationen oder Vorstellungen (s. Bogdan 1989). Die Annahme einer Bedeutungsstiftung für Wortvorstellungen durch Assoziation mit Objektvorstellungen gewährleistet allenfalls eine innergeistige Komposition von Semantizität, kann aber nicht die vorgängige Akquisition erklären, da auch Objektvorstellungen zuallererst Semantizität erwerben müssen (s. Repräsentation).

Literatur

Beres, D. and Joseph, E.D. (1970). The concept of mental representation in psychoanalysis. International Journal of Psycho-Analysis, 51, 1–9.
Bogdan, R.J. (1989). Does semantics run the psyche? Philosophy and Phenomenological Research, 44, 687–700.
Clark, A. (1989). Microcognition: philosophy, cognitive science, and parallel distributed processing. Cambridge: MIT Press.
Feldman, J.A. and Ballard, D.H. (1982). Connectionist models and their properties. Cognitive Science, 6, 205–254.
Imbasciati, A. (1989). Towards a psychoanalytic model of cognitive processes: representation, perception, memory. International Review of Psycho-Analysis, 16, 223–236.
Orban, P. (1976). Über den Prozeß der Symbolbildung. In D. Eicke (Hg.), Die Psychologie des 20. Jahrhunderts (S. 526–563). Zürich: Kindler.
Scheerer, E. (1992). Artikel „Repräsentation". In J. Ritter und K.F. Gründer (Hg.), Historisches Wörterbuch der Philosophie (S. 790–853). Basel: Schwabe.
Strube, G. (1991). Neokonnektionismus: eine neue Basis für die Theorie und Modellierung menschlicher Kognition? Psychologische Rundschau, 41, 129–143.
Waldvogel, B. (1992). Psychoanalyse und Gestaltpsychologie. Stuttgart: frommann-holzboog.

Voyeurismus *von Cornelia Thürheimer*

voyeurism – voyeurisme

1. Definition

Eine perzeptiv-expressive Interaktion ist für die Entwicklung unserer Identität von entscheidender Bedeutung. Im ständigen Erleben von Sehen und Gesehenwerden, von Hören und Gehörtwerden entsteht die Verschmelzung von Selbstbild und den Vorstellungen, die die anderen von uns besitzen. Das Auge ist beim Voyeurismus die spezifisch erotisch stimulierende Zone. Freud betrachtete entwicklungspsychologisch die Lust am Gesehenwerden, den Exhibitionismus, als die passive Form des Voyeurismus. Die Lust am Sehen (und am Gesehenwerden) wird immer dann zur Perversion, wenn sich diese ausschließlich auf die Genitalien anstelle des ganzen Körpers bezieht und den sexuellen Kontakt gänzlich ersetzt. Sofern sich die Schaulust auf die Exkretionsfunktionen bezieht, muss hierbei auch der Ekel überwunden werden. Wenn der Voyeurismus als partialtriebhafte Komponente zur genitalen Lust hinzutritt, wird er als zusätzliches Stimulans erlebt. Voyeurismus und Exhibitionismus bilden ein untrennbares Paar; wenn sie verdrängt werden, führen sie zu neurotischen Symptomen (Freud 1905d, 1910i). Andererseits betont Freud (1905d, 1909d) eine sublimierte Version dieses Triebes: den Wissensdurst.

2. Klassische Auffassung

Freud (1905d) betrachtete das Auge als die spezifische erotisch stimulierende Zone für die beiden sexuellen Haupttriebe – Exhibitionismus und Voyeurismus, den Wunsch zu schauen (Neugier, Voyeurismus oder – wenn man den griechischen Wortstamm scop für „spähen, beobachten" benutzt – Skopophilie).

Nach Freud zentriert sich die präödipale, phallisch-narzisstische Phase insbesondere um exhibitionistische und voyeuristische (skopophile) Tendenzen (vgl. Fenichel 1931). Geht es dem Kind in der Zeit der analen Entwicklung vor allem darum, sich des Objekts zu bemächtigen, geht es ihm jetzt darum, das Objekt zu bezaubern, zu gewinnen, es für sich einzunehmen. Das ist sowohl beim Jungen als auch beim Mädchen der Fall. Noch herrscht die präödipale Eins-zu-eins-Beziehung vor, im Gegensatz zur später einsetzenden ödipalen Phase. Eine andere Person wird in dieser phallisch-narzisstischen Phase vor allem als Quelle, aus der man Bewunderung schöpfen könnte, gewählt. Exhibitionistische und voyeuristische Bedürfnisse spielen dabei eine große Rolle.

Die Differenzierung Selbst/Nichtselbst, auch Prozesse der Identifikation, Introjektion und Über-Ich-Bildung sind abhängig von voyeuristischen (skopophilen) Tätigkeiten. Damit reichen Konflikte sowohl im Exhibitionismus als auch im Voyeurismus, obwohl sie wichtige genitale/ödipale Komponenten besitzen, bis in die orale Phase zurück, besitzen Wurzeln in sehr frühen und auch intensiven Regungen, die sich auf autoerotisch narzisstische Befriedigung, aber auch auf Bemächtigung und Verschlingen richten. Fixierung an die Urszene, Abwehr der Kastrationsgefahr, wie sie Fenichel (1931) u.a. für den Voyeur nachweist, sind nur die Ausläufer einer im Seelischen viel tiefer verankerten Problematik. Sowohl Voyeurismus als auch Exhibitionismus benutzen aggressive und libidinöse Energien; Verschmelzung und lustvoller Kontakt einerseits, Kontrolle, Macht, Kastration und Destruktion andererseits scheinen demnach Teilziele beider Triebarten zu sein.

3. Wesentliche Erweiterungen, Differenzierungen und Modifikationen

Bis vor kurzem wurde noch angenommen, dass kognitive Prozesse im Allgemeinen und die Triebqualitäten, die im Sehen und Hören verankert sind, bei der Geburt noch gar nicht existieren und sich erst langsam entwickeln müssen. Die Kleinkindforschung entwirft ein völlig anderes Bild. So betont Lichtenberg (1991) z.B., dass bereits der Säugling einen „perzeptiv-motorisch-affektiven Dialog" mit seiner Mutter führt und sein Objekt schon visuell verfolgt, sogar schon Vorlieben für visuelle Stimuli habe. Die neonatale Forschung liefert somit faszinierendes Beweismaterial für eine frühe Sichtbarkeit von „Neugier" und „Ausdruckswillen", woraus sich dann voyeuristische/skopophile und exhibitionistische Aktivitäten entwickeln.

4. Die Bedeutung des Begriffs in verschiedenen psychoanalytischen Schulrichtungen

Abrahams sehr wertvolle Abhandlung über Skopophilie von 1913 sieht den Ursprung der pathogenen Konflikte um Skopophilie in der Wirkung, die die Beobachtung des elterlichen Geschlechtsverkehrs bei einem neurotisch veranlagten Kind auslösen kann. Abraham sieht in diesem Beitrag ebenfalls eine Beziehung zwischen der Wahrnehmung und den Phantasien von magischer Macht und Allmacht der Gedanken. Abkömmlinge der Skopophilie seien zwanghafte Neugier, „Grübelzwang" und der übertriebene Hang zu allem Problematischen. Zeichen für voyeuristische Hemmung seien u.a. Symptome wie Photophobie und neurotische Blindheit. Abraham betont in seiner frühen Schrift, dass die Skopophilie/der Voyeurismus mit dem ödipalen Konflikt zu verknüpfen sei, besonders mit der Kastrationsangst und der Verschiebung vom Phallus auf das Auge. Fenichel hingegen meint in seiner Arbeit, dass die Skopophilie höchste intensive orale Qualitäten habe (Fenichel 1931, 1935).

Fenichel verbindet die voyeuristischen, skopophilen Impulse mit bedeutsamen Phantasien und setzt die zentralen Gleichungen Anschauen = Verschlingen oder Wahrnehmen = Einverleiben des Wahrgenommenen (Fenichel 1931, S. 120ff.). Diese Einverleibung durch das Auge ist nach Fenichel nicht nur libidinös, sondern auch sadistischer Natur. Dieser Sadismus habe oralen Charakter, sei aber oft mit der phallischen Bedeutung des Auges verflochten. Das Auge spiele eine Doppelrolle. Es ist nicht nur aktiv sadistisch, sondern auch passiv rezeptiv (Fenichel 1946). Zu der phallischen Gleichung „Auge = Penis" und „das im Starren fixierte Auge = erigierter Penis" trifft der Begriff der okularen Introjektion, die aus dem Gesehenen einen Teil der eigenen Person macht, hinzu. Verlust der Sehfähigkeit oder die Angst, in Stein verwandelt zu werden, ist eine häufige Bestrafungsangst des Voyeuristen (S. 399). In Bezug auf den Widerpart der Skopophilie, den Exhibitionismus, beobachtet Fenichel ebenfalls archaischere Züge hinter der phallischen Fassade. Auch Fenichel betrachtet die Scham als spezifische Form der Angst, als Abwehrmotiv, das hauptsächlich gegen Exhibitionismus und Skopophilie gerichtet sei (Fenichel 1946).

Nunbergs Beiträge (1959) betonen auch nochmals die Beziehung zwischen Sehen und Verschlingen und das überaus konflikthafte Beobachten des elterlichen Geschlechtsverkehrs, gehen dann aber einen Schritt weiter und leiten die synthetische Funktion des Ichs von der infantilen sexuellen Neugier ab. Die relativ ungestörte Entwicklung dieses skopophilen Triebes sei überhaupt eine Vorbedingung für die Wirkungs- und Gestaltungskraft der synthetischen Funktion des Ichs. Damit hängt die Kohäsion des Selbst von der Lösung der sehr frühen voyeuristischen/skopophilen Konflikte ab. Bei Kohut (1976) werden exhibitionistische wie voyeuristische Triebe dazu benutzt, das Gefühl eines kohärenten Selbst wiederzubeleben, um Gefühle der Fragmentierung und des Unbelebtseins überwinden zu können. Voyeurismus oder Skopophilie spiegeln demnach den Wunsch wider, das omnipotente Selbstobjekt wiederherzustellen (1976).

Almansis Aufsätze (1979) vertiefen ebenso das Verständnis der spezifisch oralen Natur der Skopophilie. Er meint, dass früher Objektverlust und Trennungsangst, begleitet von heftiger Feindseligkeit der Mutter gegenüber, den skopophilen Aktivitäten besondere Wichtigkeit verleihen. Sie können zugleich der Wiederherstellung der Beziehung zwischen Subjekt und Objekt – ähnlich wie bei Kohut – aber auch als Racheakt dienen.

Zusammenfassend lässt sich sagen, dass bei der Differenzierung Selbst/Nichtselbst wie auch bei den Prozessen der Identifikation, der Introjektion und der Überich-Bildung voyeuristische/skopophile Aktivitäten von großer Bedeutung sind.

5. Interdisziplinäre Beiträge und Befunde

Visuelle Wahrnehmung als aktiver Prozess beginnt nach der Forschung der letzten zwei Jahrzehnte schon in den ersten Lebenstagen, was das Konzept der „oralen" Phase als der hauptsächlichen frühen Phase vom dynamischen Gesichtspunkt aus in Frage stellt (Lichtenberg 1991, Stern 1993 u.a.). Sind die Gesten und Handlungen, die im fünften bis achten Monat beginnen, Vorläufer des späteren sog. Exhibitionismus? Stehen Aktivitäten wie Wahrnehmen, Suchen und Zeigen ebenso sehr im Dienste von Trieben und sind demnach abhängig von Konflikten und fortbestehenden Konfliktlösungen im späteren Alter?

Visuelle Aktivitäten sind immer die Voraussetzungen für jeden schöpferischen Akt. Der Künstler erschafft nicht so sehr eine Wirklichkeit, sondern er enthüllt sie. Visuelle Aktivitäten werden eingesetzt um den Objektverlust zu überwinden, nachdem er erlebt und anerkannt wurde. Das Kunstwerk ist eine Art magische Transformation des Verlustes, der Verwüstung und Zerstörung in ein Objekt der Schönheit. Das Verlangen hinzuschauen, aufmerksam zu beobachten, zu bewundern, sich faszinieren zu lassen von der Welt, ist eine wichtige Voraussetzung dafür, sich die Welt visuell anzueignen. Der Wunsch ist von frühester Kindheit an wirksam.

Literatur

Abraham, K. (1913). Psychische Nachwirkungen der Beobachtung des elterlichen Geschlechtsverkehrs bei einem neunjährigen Kinde. In ders., Gesammelte Schriften, Bd. 1, Fischer, 1982.

Almansi, R.J. (1979). Scopophilia and object loss. Psychoanalytic Quarterly, 48, 601–619.

Fenichel, O. (1931). Perversion, Psychosen, Charakterstörungen. Darmstadt: Wissenschaftliche Buchgesellschaft, 1980.

Fenichel, O. (1935). Schautrieb und Identifizierung. In ders., Aufsätze Bd. I. Frankfurt/M.: Ullstein.

Fenichel, O. (1946). Über die Schauspielkunst. In ders., Aufsätze Bd. II. Frankfurt/M.: Ullstein.

Kohut, H. (1976). Narzißmus. Eine Theorie der psychoanalytischen Behandlung narzißtischer Persönlichkeitsstörungen. Frankfurt/M.: Suhrkamp.
Kohut, H. (1985). Die Zukunft der Psychoanalyse. Frankfurt/M.: Suhrkamp.
Lichtenberg, J.D. (1991). Psychoanalyse und Säuglingsforschung. Berlin: Springer.
Nunberg, H. (1959). Allgemeine Neurosenlehre auf psychoanalytischer Grundlage. Bern: Huber.
Stern, D.N. (1993). Die Lebenserfahrung des Säuglings. Stuttgart: Klett-Cotta.

Wahrheit (der psychoanalytischen Erkenntnis) *von Matthias Kettner*

truth – vérité

1. Definition des basalen Wahrheitsbegriffs

Im Alltagsverständnis meinen wir mit Wahrheit, dass etwas wirklich so ist (und nicht nur jemandem so zu sein scheint), wie wir denken oder behaupten, dass es sei; dass etwas tatsächlich so (und nicht anders) ist, wie es von jemandem für jemanden dargelegt wird; dass etwas, was wir als eine Darstellung bestimmter Sachverhalte auffassen wollen, die Dinge objektiv trifft.

Philosophisch sind diese nicht so einfachen Intuitionen in Theorien von Wahrheit als Übereinstimmung („Korrespondenz“) ausgearbeitet worden. Seit Aristoteles (Buch Gamma, 1011b S. 26f.) wird Wahrheit als Korrespondenz von ausgesagter Wirklichkeit und Wirklichkeit erläutert: „Eine wahre Aussage ist eine Aussage, welche besagt, daß die Sachen sich so und so verhalten, und die Sachen verhalten sich eben so und so“ (Tarski 1935) – unabhängig von unseren Meinungen darüber, wie sie sich verhalten, die sich im Einzelnen, in schrittweise korrigierenden Erkenntnisfortschritten, oder sogar insgesamt als falsch herausstellen könnten (Brandom 1994 S. 285–298). Alle sonstigen Wahrheitsbegriffe (s.u.) sind zu verstehen als systematische Reaktionen auf Probleme der korrespondenztheoretischen Wahrheitsauffassung, die sie ergänzen oder überformen, aber nicht ersetzen (Apel 1998, Kirkham 1992, Wright 1992, Puntel 1990).

2. Das Bedeutungsspektrum der klassischen philosophischen Auffassungen

Innerhalb der breiten Tradition von Korrespondenztheorien der Wahrheit konnte sich keine einhellige Auffassung durchsetzen, ob es einen grundlegenden Träger von Wahrheit gibt – dasjenige, was wahr oder falsch sein kann und eines von beiden sein muss – und ob es sich hierbei um einzelne verbalsprachlich repräsentierte Sätze behauptender Art (Aussagen, engl. propositions) handelt; um einzelne feststellende Sprechhandlungen (Behauptungen, engl. assertions), die wir gegenüber allen mit dem von allen überprüfbaren Anspruch versehen, als wahr für alle gelten zu dürfen; um einzelne mental repräsentierte Überzeugungen (engl. beliefs); oder um höher organisierte Systeme solcher Einheiten, wie erklärende Theorien, ganze Überzeugungssysteme, oder „den menschlichen Geist“. Auch über die Natur des entsprechenden Korrelats (z.B. „Sachverhalte“) sind die Auffassungen kontrovers geblieben. Womit z.B. stimmen die wahren Aussagen überein, dass 2 + 2 gleich 4 ist, und dass die Winkelsumme im Dreieck 180 Grad beträgt?

Dennoch: Der tief lebenspraktische und psychologische Stellenwert der Korrespondenzauffassung liegt auf der Hand. Wahrheit hat zuinnerst mit Wirklichkeit zu tun, ist eine Kategorie der Realität, bedeutet identisch zu sein mit dem, was der Fall ist (Hamburger 1979). Wenn die Dinge wirklich so liegen, wie dies dargestellt (beschrieben, erklärt) wird, so ist auf solche Darstellungen Verlass und man kann sich im weiteren Handeln und Denken mit mehr Aussicht auf Erfolg nach solchen Darstellungen richten als nach falschen; die bloß phantasierte Brust gibt keine Milch, so befriedigend sie für andere, von der Realitätsprüfung (d.h. letztlich: von Überlebensanforderungen) abgehobene Wünsche und Zwecke sie auch sein mag. Zu einseitig auf die Gebrauchswertfolgen von Wahrheit fixiert sich die klassische „pragmatische" oder „instrumentelle" Wahrheitstheorie (James 1909), derzufolge wahr diejenigen Gedanken sind, die einen, auf lange Sicht und alles in allem betrachtet, im Denken „auf die beste Weise weiterbringen".

Objektive Erkennbarkeit, Bezug auf eine gegen bloße Extravaganzen der Subjektivität robuste Wirklichkeit und die allgemeinverbindlich autoritative Nachweislichkeit des für wahr oder falsch Erklärten, diese drei Voraussetzungen in der Idee von Wahrheit als Korrespondenz erklären deren Wahlverwandtschaft zum „realistischen" Selbstverständnis vieler Naturwissenschaftler. Auch Freud (1933a, Vorlesung 35) verstand so den Anspruch der Psychoanalyse, soweit sie als allgemeine Psychologie unbewusster seelischer Prozesse auftritt – oder zumindest (wie man angesichts von Freuds enger empirischer Basis (Grünbaum 1994) bescheidener sagen sollte) soweit sie die in psychoanalytischen Therapien auftretenden und beobachtbaren Veränderungsprozesse erklärt. Psychische Realität (ihre Strukturen, Kausalzusammenhänge, Bildungs- und Verfallsformen) kann Gegenstand wahrer (oder falscher) erfahrungswissenschaftlicher Aussagen werden wie andere Realitätsbereiche auch.

Freilich hat Psychoanalyse als die praktische Kunstlehre psychotherapeutischer Interaktion, die sie ja auch ist, die Besserung psychisch leidender Menschen zum Ziel. Die über Deutungen und „Konstruktionen" (Freud 1937d) des Analytikers vermittelte Selbsterkenntnis des Patienten i.S. der Ersetzung von falschen (aber für wahr gehaltenen) durch wahre (aber zunächst abgewehrte) Aussagen über sich selbst (im Hier und Jetzt wie in der persönlichen Vergangenheit) ist hierfür zwar charakteristisch, aber nicht allein hinreichend. Die subjektive Geschichte eines bestimmten Wegs einer Person durch die gemeinsam erfahrbare Welt, soweit diese Geschichte erinnerlich wird, ist zwar – als Weg durch die gemeinsam erfahrbare Welt – durch die Tatsachen restringiert (wer de facto kein Kindermädchen hatte, kann nicht erinnern, von ihm verführt worden zu sein; wer eines hatte, kann nicht erinnern, keines gehabt zu haben), sie enthält aber eine plastische autobiographische Komponente des Erinnerns, auf die ein korrespondenztheoretischer Begriff wahrer Aussagen, auch ein historischer (Ricoeur 1984), so wenig passt wie auf fiktionale Produkte der Kunst (Hamburger 1979). Wo Freud die Wahrheit von klinischen Deutungen und Konstruktionen thematisiert, schwankt er deshalb zwischen Korrespondenztheorie (worauf besonders Grünbaum 1988 abhebt) und jener anderen, dem primären Objekt analytischer (Selbst-)Erkenntnis vielleicht angemesseneren Wahrheitsauffassung, die philosophisch als „Kohärenztheorie" firmiert.

Kohärenztheorien der Wahrheit reagieren auf ein tiefes begriffliches Problem in Korrespondenztheorien: Übereinstimmung von Sachverhalt feststellender Rede mit den Sachverhalten selbst bedarf offenbar eines Vergleichs; doch außer anderer Sachverhalt feststellender Rede gibt es für uns keinen jenseitigen „objektiven" Standpunkt, von dem aus der Vergleich durchgeführt werden könnte; also erweist sich Wahrheit nie anders denn als stimmiger Zusammenhalt („Kohärenz") von einschlägigen Feststellungen im jeweiligen Gesamtzusammenhang dessen, was wir für wahr halten (Davidson 1990).

Dabei muss der realistische Ausgangspunkt des Wahrheitsbegriffs in den – oft als idealistisch gescholtenen – Kohärenztheorien keineswegs verlorengehen. In der empiristischen Wissenschaftstheorie z.B. sollten einfache, durch bloße Wahrnehmung entscheidbare Beobachtungssätze („Protokollsätze") den Wirklichkeitskontakt aller Theoriebildung verbürgen. Allerdings: Wie ein logischer Schluss allgemeingültig sein und dennoch zu falschen Ergebnissen führen kann, wenn sich unter seinen Prämissen falsche befinden, so können Überzeugungssysteme, Geschichten, Theorien sehr kohärent und dennoch in vielen oder sogar allen Einzelheiten falsch sein; man denke an Mythologeme und Wahnsysteme.

Korrespondenz- und Kohärenztheorie stehen in keinem Konkurrenzverhältnis, wenn man sie als Antworten auf zwei verschiedene Fragen versteht. (1) Was ist Wahrheit, was hat man vernunftgemäß darunter zu verstehen, wenn von Wahrheit die Rede ist? (2) Woran bemisst sich für endliche erkennende Wesen wie uns Wahrheit, wie lässt sich verlässlich wahr und falsch unterscheiden? Auf die erste, begrifflich-definitorische Frage antworten die Korrespondenz-, auf die zweite, erkenntniskriteriale Frage die Kohärenztheorien.

3. Wahrheitsbegriffe in psychoanalytischen Theorien

Kohärenztheorie findet um so mehr, Korrespondenztheorie um so weniger Beachtung bei Analytikern (besonders im Gefolge von Kohut 1977) und Metatheoretikern (Schafer 1978, Klein 1976, Habermas 1968), je deutlicher deren Auffassung vom hermeneutischen (d.h. sinnerschließenden) Charakter der Assoziations- und Deutungsarbeit ist. Denn Sinnerschließung (anders als Tatsachenfeststellung) verfährt wesentlich durch narrative Zusammenhangsbildung (Argelander 1981).

Die sinngebenden semiotischen Elemente, gleichsam Teile eines Puzzles, müssen aber keineswegs einen ähnlichen Realitätsstatus haben (anders als Freud fälschlich glaubte), wie die materialen Reste und Spuren, mit denen es Archäologen zu tun haben (Hegener 1998). Betrachten wir ein Beispiel. Die Wahrheit der Behauptung in Freuds Darstellung des „Wolfsmannes", dass der betreffende Patient als Kind einmal seine Eltern beim Analkoitus beobachtet hat, hängt von nichts anderem als davon ab, ob der Patient als Kind tatsächlich einmal seine Eltern beim Analkoitus beobachtet hat – statt z.B. sich nur einzubilden (bzw. fälschlich meinen, sich zu erinnern), sie so beobachtet zu haben. Diese gleichsam punktgenaue Abhängigkeit wird korrespondenztheoretisch durch „Wahrheitsbedingungen" bezeichnet. (Der Satz „Schnee ist weiß" ist wahr genau nur dann, wenn es etwas gibt, das Schnee ist und das weiß ist.) Aber im Bezugssystem des Patienten selbst macht es, solange er aufrichtig davon überzeugt ist oder unbewusst daran festhält, keinen Unterschied, ob die realen Wahrheitsbedingungen der Behauptung erfüllt sind. Diese auto- und alloplastische Komponente im praktischen Selbstverhältnis des Subjekts (inner- wie außerhalb der therapeutischen Beziehung) hat Freud zwar schon gesehen, aber theoretisch nicht mehr bewältigt. Ein Indiz ist die Beiläufigkeit, mit der Freud (1937d, S. 45) die analytische Aufgabe als eine der „Konstruktion oder [!], wenn man es so lieber hört, der Rekonstruktion" des Vergessenen „aus den Anzeichen, die es hinterlassen" hat, beschreibt. Verweist „Rekonstruktion" auf die historische Wahrheit von entdeckbaren Ereignissen, die erlebt wurden, so spielt „Konstruktion" vielmehr auf kohärente Bedeutungsverleihung, Gestaltgebung, Skulpturierung, Selbsterfindung und andere autopoietische Prozesse an.

Lorenzer (1976, Abschnitt IV.4) hat den kohärentistischen Wahrheitsbegriff hermeneutisch radikalisiert. Demnach hat es Psychoanalyse überhaupt nicht mit der historischen Wahrheit von erlebten Vorfällen zu tun, sondern ausschließlich mit der empirischen (jedoch nicht auf wahre kausalgesetzliche Erklärungen abzielenden) „Strukturanalyse" von desymbolisierten Interaktionsformen. Wahrheit qua Kohärenz heißt dann subjektiv soviel wie: durchgängige Resymbolisierung der Interaktionsformen des Patienten und objektiv soviel wie: umfassender Überblick über Vielfalt und Verschränkungen der in einer Gesellschaft produzierten Interaktionsformen.

Spence (1982), eine in der Wissenschaftstheorie der Historik entwickelte Unterscheidung Walshs zwischen „simpler" und „signifikanter Erzählung" aufgreifend, empfiehlt der Psychoanalyse einen narrativistischen Wahrheitsbegriff: Auf historische Wahrheit („die einfache Beschreibung der Tatsachen, beschränkt auf das, was wirklich passiert ist", Walsh 1958, S. 480) kommt es dann nur noch negativ an, als Leitplanken gegen tatsächlich Unmögliches. Innerhalb dieser Leitplanken historisch verifizierbarer Tatsachen geht es klinisch-therapeutisch um narrative Wahrheit, eine für das Subjekt selbst kohärent wirkende Erzählung des eigenen Erlebniswegs. Die historische Wahrheit – ein Begriff, den gelegentlich auch Freud benutzt – unterdeterminiert die narrative Wahrheit, die sich darum auch nicht theoretisch auf erstere reduzieren lässt.

Erwähnt werden muss noch Lacan, dessen Anhänger meinen, in seinem Werk einen originär psychoanalytischen Wahrheitsbegriff ausmachen zu können, der von der Beziehung des Subjekts vom Mangel her zu verstehen sein soll. Solche Wahrheit bemesse sich an der Artikulation der Lebensnot, des Verlusts. Tatsächlich fügt Lacan (1966, S. 855–877) dem konventionellen Begriff einer wahren oder falschen Aussage die Unterscheidung einer „vollen" oder „leeren" Rede hinzu. „Voll" ist das Sprechen, welches das Ich nicht (mehr) mit dem wahren Subjekt verwechselt, „leer" jenes, in welchem das Subjekt sein Ich als sein wahres Wesen festzustellen sucht. Wahrheit (im Lacan'schen Sinne) wird zu einer im Sprechen unerreichbaren, immer nur metaphorisch antizipierbaren Idee der Ganzheit des Subjekts. Eine alltagssprachliche Erdung fände dieser exzentrische Wahrheitsbegriff vielleicht in Redeweisen wie z. B. „ein wahres Freudenfest": etwas, das so ist, wie es seinem eigenen Anspruch nach sein soll oder sein will.

Literatur

Apel, K.-O. (1998). Fallibilismus, Konsenstheorie der Wahrheit und Letztbegründung. In ders., Auseinandersetzungen (S. 81–194). Frankfurt/M.: Suhrkamp.

Argelander, H. (1981). Der Text und seine Verknüpfungen. Berlin: Springer.

Aristoteles (1982). Metaphysik. (Übers. v. H. Bonitz) Hamburg: Meiner.

Brandom, R. (1994). Making it explicit. Reasoning, representing, and discursive commitment. Cambridge: Harvard UP.

Davidson, D. (1990). The structure and content of truth. Journal of Philosophy, 87, 279–328.

Grünbaum, A. (1988). Die Grundlagen der Psychoanalyse. Eine philosophische Kritik. Stuttgart: Reclam.

Grünbaum, A. (1994). Validation in the clinical theory of psychoanalysis. Madison: International UP.

Habermas, J. (1968). Erkenntnis und Interesse. Frankfurt/M.: Suhrkamp.

Hamburger, K. (1979). Wahrheit und ästhetische Wahrheit. Stuttgart: Klett-Cotta.

Hanly, C. (1997). The problem of truth in applied psychoanalysis. New York: Guilford Press.

Hegener, W. (1998). Zur Dialektik des Ursprungsdenkens oder über die Notwendigkeit von Konstruktionen in der Psychoanalyse. In G. Kimmerle (Hg.), Konstruktionen (in) der Psychoanalyse (S. 52–74). Tübingen: edition diskord.

Illes, P. (1997). Wahrheitstheorien bei Sigmund Freud. Von der Korrespondenz zur Art Performance. Eine pragmatisch-ästhetische Untersuchung. Marburg: Tectum.

James, W. (1909). The meaning of truth. Cambridge: Harvard UP.

Kirkham, R.L. (1992). Theories of truth: A critical introduction. Cambridge: MIT-Press.

Klein, G. (1976). Psychoanalytic theory: An exploration of essentials. New York: International UP.

Kohut, H. (1977). The restoration of the self. New York: International UP.

Lacan, J. (1966). Ecrits. Paris: Edition du Seuil.

Lorenzer, A. (1976). Die Wahrheit der psychoanalytischen Erkenntnis. Ein historisch-materialistischer Entwurf. Frankfurt/M.: Suhrkamp.

Müller, W.W. (1995). Nur die halbe Wahrheit? Systematische Anfragen an die Wahrheitskonzeption Jacques Lacans. In T. Eggensperger und U. Engel (Hg.), Wahrheit (S. 291–300). Mainz: Matthias-Grünewald.

Puntel, L. (1990). Grundlagen einer Theorie der Wahrheit. Berlin: de Gruyter.

Ricoeur, P. (1984). The reality of the historical past. Milwaukee: Marquette UP.

Schafer, R. (1978). Language and insight. New Haven: Yale University Press.
Spence, D.P. (1982). Narrative truth and historical truth. Meaning and interpretation in psychoanalysis. New York: W.W. Norton.
Tarski, A. (1935). Der Wahrheitsbegriff in den formalisierten Sprachen. In K. Berka und L. Kreiser (Hg.), Logik-Texte (S. 443–546). Berlin: Akademie Verlag, 4. Aufl., 1986.
Walsh, W.H. (1958). „Plain" and „significant" narrative in history. Journal of Philosophy, 55, 479–484.
Weiss, H. (1998). Konstruktion und psychischer Raum. In G. Kimmerle (Hg.), Konstruktionen (in) der Psychoanalyse (S. 9–36). Tübingen: edition diskord.
Wright, C. (1992). Truth and objectivity. Cambridge: Harvard UP.

Widerstand *von Michael Ermann*

resistance – résistance

1. Definition

Der „Widerstand" ist ein zentrales Konzept der Psychoanalyse, die Analyse des Widerstandes neben der Übertragung das charakteristische Merkmal der psychoanalytischen Methode. Während manche psychotherapeutische Methoden den Widerstand stärken und insofern supportiv wirken und andere ihn umgehen oder auf suggestive Weise überwinden, entdeckte Freud bei seiner Arbeit mit hysterischen Patientinnen (Freud 1895d) im Widerstand ein Mittel, das einen Zugang zum Unbewussten eröffnet, wenn er analysiert werden kann. Diese Entdeckung kann als Beginn der Psychoanalyse betrachtet werden (Greenson 1967). Die Widerstandsanalyse ist seither ein Eckpfeiler der psychoanalytischen Theorie und Technik.

Mit Widerstand bezeichnet man in der Psychoanalyse die unbewussten Kräfte, die sich gegen den Fortschritt der psychoanalytischen Behandlung richten. Es sind unbewusste Abwehroperationen, die sich im Verlaufe der Behandlung einstellen und die Psychoanalyse behindern, wenn sie nicht analysiert werden. Sie äußern sich in vielfältiger Weise: Als bewusste und unbewusste Einstellungen und Verhaltensweisen gegenüber dem Analytiker, gegenüber dem analytischen Verfahren oder dagegen, aus dem analytischen Prozess Erkenntnisse zu ziehen und diese im Leben umzusetzen. Schweigen und das Ausbleiben von Einfällen kann auf Widerständen beruhen, ebenso Hemmungen, bestimmte Erlebnisse mitzuteilen, übergefügiges Assoziieren, rasche Symptomheilungen, Agieren u.v.a. Im Grunde kann jedes Verhalten ein Widerstand gegen die Psychoanalyse sein und dazu dienen, sich einer tieferen Einsicht, einem verdrängten Affekt oder einer Erinnerung, dem Durcharbeiten oder der Veränderung zu entziehen.

Ökonomisch betrachtet haben Widerstände die Funktion, das psychische Gleichgewicht der Analysanden stabil zu halten. Dabei muss man sich vergegenwärtigen, dass eine Psychoanalyse ein Eingriff in die seelische Homöostase ist, der Unsicherheit, Selbstzweifel und Angst hervorruft und das bisherige Selbstverständnis sowie die bisherige Anpassung an die Aufgaben der Lebensbewältigung gefährdet. Letztlich richten Widerstände sich dagegen, die aus der unbewussten subjektiven Sicht des Analysanden bestmögliche Lösung seiner neurotischen Konflikte zu gefährden und damit seine durch die Neurose erreichte relative Stabilität und Sicherheit zu gefährden.

Widerstände zu analysieren bedeutet, sie auf ihre unbewussten Wurzeln zurückzuführen, d.h. diese schrittweise aufzudecken und zu deuten. Dabei zeigt sich, dass die häufigste Quelle der Widerstände die Übertragung ist (Freud 1912b), so dass die Analyse der sog. Übertragungswiderstände ein zentrales

Element der psychoanalytischen Technik ist. Im Grunde hat jeder Widerstand, im interaktionellen Konzept der heutigen psychoanalytischen Theorie betrachtet, einen Übertragungsaspekt; dieser bildet in der neueren psychoanalytischen Technik einen wesentlichen Fokus, um den analytischen Prozess zu erkennen und voranzubringen.

Die erfolgreiche Analyse von Widerständen bewirkt, dass die darin enthaltenen Motive nach und nach verarbeitet und integriert werden können. Das bedeutet aber nicht, dass dann keine Widerstände in der Behandlung mehr auftreten. Mit dem Fortschreiten des analytischen Prozesses treten wieder neue Aspekte des Unbewussten hervor und bewirken neue, auf die Situation und auf die Übertragung bezogene Abwehroperationen. Widerstände begleiten also den gesamten analytischen Prozess; Psychoanalyse ist daher über weite Strecken Widerstandsanalyse.

Der Begriff Widerstand impliziert fälschlich, dass Gegenkräfte gegen den analytischen, d.h. letztlich gegen den Heilungsprozess unerwünscht seien. Tatsächlich ist die Begriffsfindung, die historisch verständlich ist, aus psychoanalytischer Sicht irreführend und z.B. von Schafer (1983) zu Recht auch als unverträglich mit einer neutralen Haltung kritisiert worden. Zutreffend ist vielmehr, dass der Widerstand eine besondere Manifestation von Bewältigungs- und Abwehrprozessen ist, die den zentralen Gegenstand der Psychoanalyse ausmachen. Es gehört geradezu zu den methodischen Strategien des psychoanalytischen Ansatzes, solche unbewussten Mechanismen auf die Hier-und-Jetzt-Situation der Behandlung zu konzentrieren und damit aus dem Dort-und-Damals in die Übertragung zu überführen, um sie „in der Beziehung" sorgfältig zu untersuchen und durchzuarbeiten.

Insofern hat das Konzept „Widerstand", ähnlich wie das der Übertragung, einen Bewertungswandel erfahren und, früher noch als jenes, eine für die Behandlungsstrategie positive Konnotation gewonnen. Um dieser Konnotation Rechnung zu tragen, kann man den Widerstand auch als Bewältigung der psychoanalytischen Situation definieren (Ermann 1995). Nur wenn Widerstände nicht angemessen analysiert werden können, bilden sie ein dauerhaftes Hindernis in der psychoanalytischen Behandlung, an dem diese dann allerdings auch scheitern kann.

2. Klassische Auffassung

In Freuds Werk spielt das Konzept des Widerstandes eine zentrale Rolle. Er sprach erstmals in den Studien über Hysterie (1895d) von einem Widerstand, um Schwierigkeiten beim Erinnern zu erklären, denen er z.B. beim Hypnotisieren seiner Patientin Emmy von N. begegnet war. Er nahm an, dass sich der Erinnerung eine Kraft entgegenstelle, die der entspreche, welche die ursprüngliche Verdrängung und damit auch die Symptombildung bewirkt habe und jetzt das Verdrängte unbewusst halten sollte. Insofern verstand er Widerstand und Abwehr konzeptuell von Anfang an als verwandte Phänomene. Im selben Zusammenhang erklärte er, Widerstand sei im Grunde ein Nichtwissen-Wollen aufgrund von Schamgefühlen und Angst vor Verletzungen. Daraus leitete er als Aufgabe für den Analytiker ab, den Widerstand der Patienten zu überwinden.

Ähnlich wie die Verknüpfung von Widerstand und Abwehr gibt es auch eine Parallele zwischen Widerstand gegen das Analysiertwerden und gegen das Bewusstwerden des Unbewussten im Traum. Freud (1900a) nannte diese Kraft in der „Traumdeutung" die Traumzensur. Der Widerstand kann sich auch gegen das Erinnern von Träumen richten; Traumzensur und Widerstand sind dann annähernd identisch.

Freuds anfängliche Technik war durch Versuche geprägt, Widerstände mit nichtanalytischen Mitteln zu überwinden. In den Studien zur Hysterie beschreibt er z.B., wie er dazu Patienten mit der Hand gegen die Stirn drückte oder wie er versuchte, sie durch Suggestion, Überreden oder Überzeugungsarbeit zum Erinnern zu bringen. Diese Techniken werden vor dem Hintergrund der ursprünglichen Behandlungsstrategie verständlich, die darin bestand, Heilung durch Überwindung der Kindheitsamnesie zu erreichen. Das Erinnern war dabei der zentrale Zwischenschritt. Als Freud allerdings erkannte, dass sein Drängen nicht weiterführte, forderte er seine Patienten auf, von sich aus alles, selbst Peinliches und Unwichtiges, auszusprechen. Auf diese Weise entwickelte er die Technik der freien Assoziation, die prägend für die psychoanalytische Methode wurde, und verband sie mit der Grundhaltung, die gegen die Assoziationen wirksamen Tendenzen besonders zu beachten. Wenig später definiert er in der Arbeit „Die Freud'sche psychoanalytische Methode" (1904a) die freie Assoziation und die Analyse von Widerstand und Übertragung als die Fundamente seiner Technik.

Die weitere Entwicklung lässt ein immer tieferes Verständnis des Widerstandsphänomens in Freuds Werk erkennen: Sie führte dazu, dass nicht mehr nur der Widerstand gegen die Erinnerung, sondern zunehmend auch der gegen das unbewusste Erleben schlechthin, insbesondere gegen das Auftauchen verpönter Triebregungen, gegen Scham und Schuldgefühle Beachtung fand. Nach und nach setzte sich zudem die Erkenntnis durch, dass die Bearbeitung und Auflösung von Widerständen ein wichtigerer Wirkfaktor der analytischen Behandlung ist als die Überwindung der Kindheitsamnesie.

In der Aufarbeitung seiner „Dora"-Analyse (1905e) und später in der „Dynamik der Übertragung" (1912b) beschreibt er die Verknüpfung von Übertragung und Widerstand zum Übertragungswiderstand; dieser stellt nach seiner Erfahrung die größte Herausforderung für den Analytiker dar. In der Studie über das Durcharbeiten (1914g) sieht er den Wiederholungszwang als den wichtigsten Mechanismus, der dem Widerstand zugrunde liegt, und in den „Vorlesungen" (1916–17a) die Gegenbesetzung als die maßgebliche fixierende Kraft. Ausführlich erörtert er den Widerstand in „Hemmung, Symptom und Angst" (1926d). Er beschreibt dort fünf Arten von Widerständen und lokalisiert unterschiedliche Quellen, nämlich die Herkunft nicht nur aus dem Ich, sondern auch aus dem Überich und dem Es. Für die Es-Widerstände sieht er später in „Die endliche und die unendliche Analyse" (1937c) eine Verbindung zum Todestrieb. Diese Widerstände aus dem Es können sich gegen das Aufdecken der Widerstände und die Analyse als solche richten, eine anhaltend negative Übertragung hervorrufen und die therapeutische Arbeit endgültig zerstören. Freud nennt diesen Komplex daher die „negative therapeutische Reaktion".

Zu den klassischen Erkenntnissen über den Widerstand gehört auch Anna Freuds (1936) Systematik der Abwehr- und Widerstandsformen. Sie beschreibt die Art und Weise, wie Widerstände in Erscheinung treten, als ein wichtiges Diagnostikum, das Rückschlüsse auf die Ich-Funktionen der Patienten zulässt. Insofern vermitteln sie nicht nur Informationen über die Inhalte des Unbewussten, sondern auch über die Struktur und das Funktionieren der psychischen Prozesse.

3. Ideengeschichtlicher Hintergrund

Der Begriff „Widerstand" wirkt im psychoanalytischen Kontext auf den Unbefangenen zunächst befremdlich, als setze Psychoanalyse einen gefügigen Patienten voraus und als ginge es nicht darum, gerade auch die Schwierigkeiten in der psychoanalytischen Situation mit Empathie und Toleranz zu handhaben und letztlich durch Verstehen zu bewältigen. Man muss sich jedoch, um das Konzept und seine Benennung und den anfänglichen Umgang mit dem Phänomen zu verstehen, die Entwicklung der Psychoanalyse aus der Hypnose heraus vergegenwärtigen. In der Hypnose als einer stark operant konzipierten Methode hat der Hypnotiseur tatsächlich eine ausgeprägt direktive und letztlich auch machtvolle Position. Er ist auf die uneingeschränkte Bereitschaft des Patienten angewiesen, ohne die es keine psychotherapeutisch nutzbare Hypnotisierbarkeit gibt. So wird es verständlich, dass Freud, damals noch Hypnotiseur oder diesem Verfahren zumindest nahe, die gegen seine Bemühungen gerichteten Kräfte zunächst als Hindernis und Nichtwollen betrachtete und dafür den Begriff Widerstand prägte. Dass er dabei zunächst an weitgehend bewusste Vorgänge dachte, erklärt sich daraus, dass die Theorie des Unbewussten, bezogen auf die Behandlungssituation, damals erst im Entstehen war.

Es gehört sicherlich zur wissenschaftlichen und menschlichen Größe von Sigmund Freud, dass er bereit und in der Lage war, aus Misserfolgen positiven Gewinn zu ziehen. Das gilt vornehmlich für die konstruktive Aufarbeitung der Behandlungsprobleme, die sich bei der Behandlung seiner hysterischen Patientinnen einstellten. Es gelang ihm offensichtlich, Selbstzweifel und die Kränkungen des Misserfolges zu überwinden und zu einem vertieften Verständnis der Phänomene zu gelangen, die sein Scheitern begründet hatten. Auf diese Weise fand er mehrere bleibende Konzeptualisierungen der psychoanalytischen Behandlungstheorie und insbesondere der an der Behandlung beteiligten unbewussten Prozesse. Das Konzept Widerstand und das der Übertragung sind darunter die wahrscheinlich weitreichendsten.

4. Wesentliche Erweiterungen, Differenzierungen und Modifikationen

Der Umgang mit Widerständen ist, zumindest für die sog. Übertragungsneurosen, seit Freud unverändert geblieben: Er wird in Hinblick auf seine Abwehrfunktionen gedeutet. Greenson (1967) hat diese Technik der Widerstandsanalyse subsumiert und einzelne Schritte des technischen Vorgehens herausgearbeitet: Die Konfrontation mit der Tatsache, dass und wie Widerstand besteht, die Gründe dafür und die Ursprünge und dahinterstehenden Motive. Speziell die Entwicklung der Ich- und Selbstpsychologie bewirkte allerdings, dass der ursprünglich auf die Triebabwehr und das Lustprinzip fokussierte Ansatz im Verständnis der Motive deutlich erweitert wurde. Seither werden besonders narzisstische Bedürfnisse, z.B. das Bedürfnis, Anpassung und Selbstkohärenz aufrechtzuerhalten und die bestehenden Beziehungen stabil zu halten, als Widerstandsmotiv gewürdigt (Sandler et al. 1973).

Mit der Erweiterung des Behandlungsspektrums der analytischen Psychotherapie entstanden zunehmende Erfahrungen mit sog. früh- oder schwergestörten Patienten, also solchen mit Borderline- und Persönlichkeitsstörungen. Dabei gelangten viele Analytiker zu der Auffassung, dass Widerstände bei dieser Patientengruppe auf Entwicklungsdefiziten beruhen können. In solchen Fällen führt der Versuch der Motivanalyse nicht weiter. Statt dessen werden häufig supportive Interventionen für erforderlich gehalten, wie sie z.B. von Fürstenau (1977), der ein Konzept der Substitution von Ich-Funktionen durch eine stellvertretende Funktionsausübung entwickelte, oder von Heigl-Evers und Heigl (1988), die in der Behandlung von Borderline-Patienten das „Prinzip Antwort“ im Sinne einer selektiven Mitteilung der konkordanten Gegenübertragung vertreten.

Die Erfahrungen mit Persönlichkeitsstörungen führten in den fünfziger Jahren zu einem vertieften Verständnis der regressiven Prozesse bei frühgestörten Patienten. Insbesondere Balint (1970) und Winnicott (1958/76) haben dazu erhellende Beiträge geliefert. Sie haben gezeigt, dass die Regression hier ein Niveau erreicht, auf dem die Sprache ihre inhaltliche Kommunikationsfunktion verliert und auf der die Verwendung des Analytikers als entwicklungsfördernde Umwelt das wesentliche therapeutische Prinzip ist. Aus traditioneller Sicht würden ein solcher regressiver „Sprachverlust“ und das imperative Verlangen nach Bedürfnisbefriedigung durch den Analytiker auf diesem Regressionsniveau einen Widerstand gegen das Erinnern und die Durcharbeitung „in der Versagung“ bedeuten. Die neueren Auffassungen entschlüsseln eine solche umfassende Regression hingegen als einen letztlich reparativen Versuch, eine maligne Objektbeziehung wiederherzustellen und zu überwinden. Ein solcher Zustand sollte nicht gedeutet, sondern durch empathische Begleitung überwunden werden.

Der gegenwärtige Stand der Auffassungen ist dadurch gekennzeichnet, dass die Analyse des Übertragungswiderstandes einen zentralen Fokus der psychoanalytischen

Behandlungsstrategie bildet (z.B. Gill 1982). Dabei werden zunehmend auch die Widerstände des Analytikers, die aus seiner Gegenübertragung heraus entstehen (Racker 1959/78), als Bestandteile des analytischen Prozesses gewürdigt. Darüber hinaus werden Haltungen und Einstellungen des Analytikers als konstitutive Faktoren bei der Entstehung von Widerständen immer stärker berücksichtigt (Ermann 1984). Damit rückt der interpersonelle Ansatz, der die neuzeitliche Psychoanalyse prägt, auch im Zusammenhang mit dem Widerstand immer stärker in das Zentrum des Interesses.

5. Die Bedeutung des Begriffs in verschiedenen psychoanalytischen Schulrichtungen

Das Widerstandskonzept als eines der zentralen der Freud'schen Psychoanalyse wird in den meisten analytischen Schulen ähnlich verstanden und gehandhabt. Hervorzuheben ist die besondere Betonung der Widerstandsanalyse im Werk von Wilhelm Reich (1933), der diesen Aspekt völlig in das Zentrum seiner therapeutischen Strategie rückte. Seine „Charakteranalyse" ist im Wesentlichen Widerstandsanalyse. Dieser Ansatz wurde später von Schultz-Hencke (1951) weiterentwickelt, dessen neoanalytische Technik die konfrontative Bearbeitung von Charakterwiderständen, den sog. Lücken im Erleben und Haltungen im Verhalten, besonders betonte.

Im Bezugsrahmen der klassischen Theorie, aber doch um eine Revision der technischen Folgerungen bemüht, entwickelte Ferenzci in seinen technischen Experimenten einen besonderen Umgang mit Widerständen. Er beschäftigte sich dabei mit Widerstandsphänomenen, die er als Folge der professionellen psychoanalytischen Neutralität verstand, und versuchte, ihnen mit einer zunehmend offeneren, sich mitteilenden Haltung des Psychoanalytikers zu begegnen. Das führte schließlich von einer „aktiven Technik" (1921) zu einer gegenseitigen Analyse (1932), mit der er den Rahmen der anerkannten psychoanalytischen Technik bei weitem überschritt.

Eine besondere Haltung zum Problem des Widerstandes entwickelte die Schule von Melanie Klein (1927, 1955). Ähnlich wie Freud (1937c, s.o.) betrachtet sie den Widerstand als eine Manifestation des Todestriebes und setzt ihn schließlich mit der negativen Übertragung gleich. Damit gelangt die Aggression in der Übertragung in das Zentrum des Verständnisses von Widerstandsphänomenen. Klein vertrat die bis heute unter Kleinianern vorherrschende Auffassung, daß Widerstände sehr früh in Hinblick auf die Angst vor dem ursprünglichen Objekt und als Angriffe gedeutet werden sollten. Spätere kleinianische Auffassungen betonen stärker den Angriff auf die Verbindungen zum Analytiker, d.h. auf sein Denken, Wissen und Erkennen (Bion 1959). Dieser Aspekt steht heute unter Kleinianern im Zentrum der Diskussion um die negative therapeutische Reaktion.

Literatur

Balint, M. (1968). Therapeutische Aspekte der Regression. Stuttgart: Klett, 1970.

Bion, W.R. (1959). Angriffe auf Verbindungen. In E.B. Spillius (Hg.), Melanie Klein heute, Bd. 1 (S. 110–129). München: Verlag für Internationale Psychoanalyse 1990.

Ermann, M. (1984). Von der Psychodynamik zur Interaktion des Widerstandes. Praxis der Psychotherapie und Psychosomatik, 29, 61–70.

Ermann, M. (1995). Psychosomatische und psychotherapeutische Medizin. Stuttgart: Kohlhammer, 3. Aufl., 1999.

Ferenczi, S. (1921). Weiterer Ausbau der aktiven Technik. In ders., Bausteine der Psychoanalyse, Bd. 2. Bern: Huber, 1964.

Ferenczi, S. (1932). Ohne Sympathie keine Heilung. Das klinische Tagebuch von 1932. Frankfurt/M.: Fischer, 1988.

Freud, A. (1936). Das Ich und die Abwehrmechanismen. München: Kindler, 1974.

Fürstenau, P. (1977). Die beiden Dimensionen des psychoanalytischen Umgangs mit strukturell ich-gestörten Patienten. Psyche – Z Psychoanal, 31, 197–207.

Gill, M.M. (1982). Analysis of transference: Theory and technique. New York: International Universities Press (dt.: Die Übertragungsanalyse, 1996). Frankfurt/M.: Fischer).

Greenson, R.R. (1967). Technik und Praxis der Psychoanalyse. Stuttgart: Klett, 1973.
Heigl-Evers, A. und Heigl, F. (1988). Das interaktionelle Prinzip in der Einzel- und Gruppenpsychotherapie. Zeitschrift für psychosomatische Medizin und Psychoanalyse, 29, 1–14.
Klein, M. (1927). Symposium über die Kinderanalyse. In dies., Ein Kind entwickelt sich (S. 197–237). Stuttgart: Klett, 1981.
Klein, M. (1955). Die psychoanalytische Spieltechnik: Ihre Geschichte und Bedeutung. Psyche – Z Psychoanal, 12, 687–705, 1959.
Racker, H. (1959). Übertragung und Gegenübertragung. München: Reinhardt, 1978.
Reich, W. (1933). Charakteranalyse. Technik und Grundlagen für studierende und praktizierende Analytiker. Eigenverlag des Autors, Wien.
Sandler, J., Dare, C. und Holder, A. (1973). Die Grundbegriffe der psychoanalytischen Therapie. Stuttgart: Klett.
Schafer, R. (1976). Eine neue Sprache für die Psychoanalyse. Stuttgart: Klett-Cotta, 1982.
Schultz-Hencke, H. (1951). Lehrbuch der analytischen Psychotherapie. Stuttgart: Thieme.
Winnicott, D.W. (1958). Von der Kinderheilkunde zur Psychoanalyse. München: Kindler, 1976.

Wiederholungszwang *von Stefan Reichard*

compulsion to repeat – compulsion de répétition

1. Definition

Der von Freud eingeführte Begriff Wiederholungszwang wird in zwei verschiedenen Bedeutungen verwendet:

Klinisch-deskriptiv: Ein Mensch setzt sich, zumeist unbewusst, wiederholt gleichartigen Situationen oder Erlebnissen aus, die für ihn mit Unlust verbunden sind. Die Wurzeln oder Prototypen der unwillkürlich wiederholten Erlebnisse stammen meist aus der Kindheit; es kann sich dabei aber auch um traumatische Erfahrungen aus dem Leben des Erwachsenen handeln. Der Begriff bezieht sich meist auf Verhaltensweisen, Beziehungskonstellationen oder ähnliches, wird jedoch bisweilen auch auf wiederholte Träume angewandt. Am deutlichsten sichtbar wird der Wiederholungszwang in der Beziehung des Analysanden zu seinem Analytiker im Rahmen der Übertragung. Als psychodynamische Ursache dieses Phänomens wird meist die Wiederkehr des Verdrängten angenommen.

Metapsychologisch: Umstritten ist der Begriff in seiner metapsychologischen Bedeutung, insofern er nämlich einen spezifischen psychischen Mechanismus postuliert, der den verschiedenen Wiederholungsphänomenen zugrunde liegen soll und der sich von den klassischen Gesetzen der neurotischen Symptombildung (Kompromiss zwischen Triebwunsch und Abwehr) unterscheidet. In diesem Verständnis bezeichnet der Wiederholungszwang eine Triebkraft, die die Wiederholung um ihrer selbst willen sucht, vollkommen unabhängig von der damit verbundenen Lust oder Unlust.

2. Klassische Auffassung

Zum ersten Mal verwendet Freud den Begriff Wiederholungszwang in einem klinisch-deskriptiven Sinn: In „Erinnern, Wiederholen und Durcharbeiten" (1914g) kennzeichnet er mit diesem Begriff ein Verhalten seiner Analysanden, das seine ursprünglichen Erwartungen in Bezug auf die Wirkungsweise der psychoanalytischen Behandlung enttäuschte. Anstatt nämlich verdrängte Erlebnisse und Phantasien zu erinnern und dem Analytiker mitzuteilen, reproduziert der Patient das Verdrängte „nicht als Erinnerung, sondern als Tat, er wiederholt es, ohne natürlich zu wissen, daß er es wiederholt. ... man versteht endlich, dies ist seine Art zu erinnern“ (Freud 1914g, S. 129 f.). Als Grund für dieses Verhalten nahm Freud an, dass das unter den Bedingungen der Analyse wiederkehrende Verdrängte durch den Widerstand des Patienten vom Bewusstsein und damit von der Verbalisierung abgehalten und statt dessen auf die unreflektierte Handlungsebene gelenkt wird. Damit beschrieb Freud den dem Phänomen des Agierens zugrunde liegenden innerpsychischen Mechanismus.

Einige Jahre später formuliert Freud unter dem Namen Wiederholungszwang ein viel umfassenderes Konzept. In „Jenseits des Lustprinzips“ (1920g) postuliert er, es gebe „im Seelenleben (...) einen Wiederholungszwang, der sich über das Lustprinzip hinaussetzt“ (S. 21) und der „ursprünglicher, elementarer, triebhafter“ (S. 22) als jenes sei. Beobachtbare Manifestationen dieses Phänomens seien z.B. wiederholte posttraumatische Träume, Wiederholungen unangenehmer Erfahrungen im Kinderspiel, der „Schicksalszwang“ im Leben von Menschen, die auf immer wieder ähnliche, fatale Lebensumstände treffen, und schließlich Übertragungsphänomene, die scheinbar „keine Lustmöglichkeit enthalten“ (Freud 1920, S. 18). Gemeinsam sei all diesen Wiederholungsphänomenen, dass sie dem Betroffenen im Wesentlichen nur Unlust bereiten und damit nach Freuds Ansicht nicht allein durch das Lustprinzip zu erklären seien. Der so verstandene Wiederholungszwang verkörpert nach Ansicht Freuds einen grundlegenden „Charakter der Triebe, vielleicht alles organischen Lebens überhaupt“, nämlich den „Drang zur Wiederherstellung eines früheren Zustandes“ (S. 38). Damit erweist sich der Wiederholungszwang als sichtbarer Ausdruck des von Freud in diesem Zusammenhang eingeführten Todestriebs, der die Rückkehr zum Zustand der unbelebten Materie anstrebe.

3. Ideengeschichtlicher Hintergrund

Das Konzept des Wiederholungszwangs in seiner Verbindung zum Todestrieb, wie Freud es in „Jenseits des Lustprinzips“ entwirft, entstammt einer philosophischen Tradition des neunzehnten Jahrhunderts. Nietzsche etwa setzt gegen jegliche Idee von einem Sinn oder Ziel des individuellen Lebens oder der Menschheitsgeschichte seine Vision einer „ewigen Wiederkehr des Gleichen“ (Nietzsche 1883–85), eine Formulierung, die Freud aufgreift und auf Wiederholungen im Leben des Einzelnen anwendet. Noch stärker als an Nietzsche erinnert die pessimistisch-resignative Grundstimmung, die Freuds Ausführungen zum Wiederholungszwang in „Jenseits des Lustprinzips“ kennzeichnet, jedoch an Schopenhauer. Was Freud mit Schopenhauer bei aller Unterschiedlichkeit ihrer Auffassungen verbindet, ist die Beschreibung des Menschen als Spielball eines ihm selbst fremden und letztlich feindlichen Trieblebens in seinem Innern (Schopenhauer 1844). Mit der Einführung des Wiederholungszwangs als Prototyp dieser unheimlichen inneren Natur rückt ein pessimistischer Zug in den Vordergrund, der in Freuds Theorie von Anfang an enthalten war.

4. Wesentliche Erweiterungen, Differenzierungen, Modifikationen und Kritik

Der Wiederholungszwang als metapsychologisches Konzept und als Ausdruck des Todestriebs stieß von Anfang an bei vielen Psychoanalytikern auf heftige Kritik. So argumentiert etwa Kubie (1939), die Annahme eines vom Lustprinzip unabhängigen Wiederholungszwangs sei überflüssig, da die Wiederholung ja den Kern aller Neurosen bilde, diese neurotischen Wiederholungen jedoch durch bekannte Mechanismen wie Wiederkehr des Verdrängten, Konflikt, Kompromissbildung usw. bereits befriedigend zu erklären seien, ohne die Geltung des Lustprinzips in Frage stellen zu müssen. Schur (1973) ergänzt dazu, Freuds Ableitung des Wiederholungszwangs aus dem Unlustcharakter gewisser Wiederholungsphänomene sei fragwürdig; diese subjektiv empfundene Unlust entstehe nämlich als Folge der Kompromissbildung und sei „Unlust für das eine System und gleichzeitig Befriedigung für das andere" (Freud 1920g, S.18). Inderbitzin und Levy (1998) kritisieren das Konzept Wiederholungszwang besonders in Hinblick auf dessen behandlungstechnische Implikationen; der Begriff verschleiere den konflikthaften Anteil der Wiederholungen, besonders die Rolle der Aggression, und verhindere damit deren Bearbeitung.

Wie Loewald (1986) demonstriert, ist es jedoch durchaus möglich und sinnvoll, von einem Wiederholungszwang zu sprechen, ohne den Rahmen des Lustprinzips zu verlassen. Loewald fragt nicht nach den vermuteten metapsychologischen Mechanismen hinter den sichtbaren Wiederholungsphänomenen, sondern wie der Betreffene wiederholt. Von Wiederholungszwang oder „passiver Wiederholung" spricht Loewald nur bei einer „Duplizierung" früherer Erlebnisse, im Unterschied zu einer „aktiven Wiederholung", die durch die gestaltende und variierende Beteiligung des Ich zu einer „Wiederholung als Neuschöpfung" werde.

In der neueren Literatur wird besonders die Rolle betont, die der Wiederholungszwang bei der Bewältigung traumatischer Erfahrungen spielt, z.B. im Sinne einer Integration solcher Erfahrungen in das „Selbst-Schema" bzw. die „Selbst-Identität" (Klein 1976). Weiss (1993) postuliert in seiner control-mastery-Theorie eine andere Form der Bewältigung durch Wiederholung: ohne explizit auf das Konzept des Wiederholungszwangs einzugehen bezeichnet er die „unerwünschten Anlässe und schmerzlichen Affektlagen" (Freud 1920, S.19), deren Wiederholung in der Übertragung Freud durch dieses Konzept erklären wollte, als Tests, die der Patient in der Hoffnung anstelle, der Analytiker möge sich anders verhalten als die Beziehungspersonen seiner Kindheit. Ziel dieses Verhaltens sei die Widerlegung oder Entkräftung aus der Kindheit des Patienten stammender pathogener Überzeugungen und Erwartungen.

5. Die Bedeutung des Begriffs in verschiedenen psychoanalytischen Schulrichtungen

Die Vertreter der Ich-Psychologie widmen sich vornehmlich der Beziehung von Wiederholungszwang und Ich. Hendrick (1942) führt den Wiederholungszwang auf einen dem Ich zugehörigen „instinct to master" zurück, dessen Aufgabe darin bestehe, durch Wiederholung das Einüben lebenswichtiger Funktionen zu gewährleisten und somit Entwicklungsanlagen zu realisieren. Dagegen spricht Wälder (1932) vom „Janusgesicht" des Wiederholungszwangs, der „vom Es her gesehen" ein Zwang sei, der auf den Menschen einwirkt „und zur Reproduktion drängt", zugleich aber auch ein Versuch des Ichs, „durch die Erneuerung das Erlebnis nunmehr zu assimilieren und in seine Gewalt zu bekommen" (S. 188). Ähnlich unterscheidet Bibring (1943) zwischen der Herkunft des Wiederholungszwangs aus dem Es einerseits und andererseits einer Tendenz des Ich, die Fixierung an ein mit starken Gefühlen verbundenes (lustvolles oder schmerzliches) Erlebnis durch Wiederholung zu meistern oder aufzulösen.

Für die kleinianische Richtung der Objektbeziehungstheorie spielt der Wiederholungszwang als metapsychologisches Konzept keine große Rolle. Der Begriff wird zwar verwendet, bezeichnet jedoch „weniger eine ursprüngliche triebhafte Neigung als ein Ergebnis der Versuche des Individuums, mit unerträglichen Gefühlen von Neid, Verfolgung und Haß fertig zu werden" (Lazar und Erlich 1996, S. 39). Fairbairn (1951), der die Verarbeitung von real erlebten Objektbeziehungserfahrungen an die Stelle der klassischen Triebpsychologie setzt, lehnt den Begriff Wiederholungszwang wegen dessen Herkunft aus triebtheoretisch-biologischen Spekulationen ganz ab; das Phänomen „zwanghafter" Wiederholungsmuster erklärt er als Folge pathologischer Beziehungen innerer Teilobjekt- und Teilselbst-Repräsentanzen.

Innerhalb der Selbstpsychologie begegnet man dem Begriff Wiederholungszwang kaum, vermutlich ebenfalls aufgrund seiner triebpsychologischen Implikationen. Eine

Ausnahme bildet Kitron (2003), der im Wiederholungszwang das unbewusste Motiv sieht, früher erlittene narzisstische Traumata durch das Wiedererleben im Kontext einer tragenden Selbstobjekt-Beziehung verarbeiten zu können. Auch wenn der Begriff sonst explizit keine große Rolle spielt, kommen aus dieser Schule wichtige Impulse zu einem neuen Verständnis dieses Konzepts, wie z.B. die von den Arbeiten Daniel Sterns angeregte Diskussion um Wiederholungen als Garanten eines stabilen Selbst-Erlebens (s.u.) belegt.

6. Interdisziplinäre Beiträge und Befunde

Autoren, die Theorien und Befunde aus anderen Disziplinen in die Diskussion des Begriffes einbeziehen, sind durchwegs bestrebt, dem Wiederholungszwang etwas von dem „Geheimnisvollen“ und „Dämonischen“, das ihm bei Freud anhaftet, zu nehmen. So versucht Morehead (2002) unter Rückgriff auf die Evolutionstheorie nachzuweisen, dass die Wiederholung von in der frühen Kindheit erlebten Beziehungsmustern unter den Bedingungen der menschlichen Frühzeit keineswegs so dysfunktional war, wie sie heute erscheinen mag. Menschen konnten damals nämlich durchaus damit rechnen, ihr ganzes Leben im gleichen Familienverband zu verbringen, so dass es für sie sehr wohl sinnvoll war, sich an die in dieser Gruppe bestehenden Beziehungsformen und die ihnen darin zugewiesene Rolle anzupassen.

Eine Reihe von Autoren verknüpfen Freuds Konzept des Wiederholungszwangs mit der kognitiven Entwicklungspsychologie Piagets. Aufbauend auf dessen Grundannahme, wonach sich das Denken erst langsam aus dem Handeln entwickelt, vermutet Busch (1989) den Ursprung des Wiederholungszwangs (hier verstanden als Wiederkehr des Verdrängten) in der von Piaget als präoperational bezeichneten Phase der Denkentwicklung. In dieser Entwicklungsphase, die zeitlich etwa mit der ödipalen Phase zusammenfällt, habe sich das Denken noch nicht vollständig aus dem Handeln gelöst. Ein Denkinhalt, der in jener Zeit verdrängt worden sei, könne in der Analyse in Form eines „Handlungsgedankens“ wiederkehren, d.h. in Form einer „Handlung, die als wesentlichen Bestandteil einen Gedanken oder eine Reihe von Gedanken enthält“ (S. 537).

Andere Autoren argumentieren, ebenfalls unter Verwendung von Piaget eingeführter Begriffe, der Wiederholungszwang entstehe durch ein Versagen der Akkomodation eines Schemas; neue Erfahrungen können dann die bestehende kognitive Organisation der Erfahrungswelt nicht verändern, sondern werden ihrerseits mehr oder weniger gewaltsam den bestehenden Mustern assimiliert. Der Grund dafür kann darin liegen, dass diese Muster oder Schemata aufgrund ihrer traumatischen Inhalte vom Bewusstsein abgespalten und daher der Veränderung entzogen sind (Klein 1976), oder dass Erfahrungen, die zu diesen Schemata in Widerspruch stehen, als extrem beunruhigend erlebt werden (Juda 1983).

In einer der Terminologie der Cognitive Science entlehnten formalisierten Sprache beschreiben Pfeifer und Leuzinger-Bohleber (1986) den Wiederholungszwang ebenfalls als Ergebnis eines Assimilationsprozesses: in neuen Situationen wird regelmäßig die Grundstruktur bereits bekannter konflikthafter oder traumatischer Interaktionen „wiedererkannt“; der Abruf der mit diesem Schema verbundenen Handlungspläne erfolgt dann bereits automatisiert.

Ebenfalls auf der Grundlage der Cognitive Sciene verbindet Clyman (1992) die Idee der Assimilation mit Ergebnissen der Gedächtnisforschung. Er vermutet den Ursprung des Wiederholungszwangs in der Speicherung bestimmter Erfahrungen im prozeduralen Gedächtnis, das bereits kurz nach der Geburt nachweisbar ist und dessen Inhalte im Gegensatz zu denen des sich erst im zweiten Lebensjahr entwickelnden deklarativen Gedächtnisses nicht bewusst erinnert werden können. Die einzige Möglichkeit, Inhalte dieses prozeduralen Gedächtnisses abzurufen, besteht darin, die entsprechende Aktion auszuführen. Den Wiederholungszwang erklärt Clyman dadurch, dass sog. „Heuristiken“, d.h. Handlungsschemata zur

Lösung von Problemen, bereits vom kleinen Kind prozedural gespeichert wurden und vom Erwachsenen direkt als Handlung, ohne jede symbolische (z.B. sprachliche) Vermittlung, reproduziert werden.

Wilson und Malatesta (1989) führen den Wiederholungszwang auf ein ebenfalls nicht- bzw. vorsymbolisches Gedächtnissystem zurück, in dem affektiv bedeutsame Beziehungserfahrungen in Form von „eventschemas" – etwa im Sinne von Sterns (1993) RIGs (Representations of Interactions Generalized) – gespeichert werden. Solche Schemata bilden die affektive Grundstruktur früher Erfahrungen des Zusammenseins mit einem Anderen ab und schaffen ein affektives Grundgerüst des Selbst- und Beziehungserlebens. Auf solche Weise gespeicherte frühe Interaktionserfahrungen können nicht bewusst erinnert werden, sondern werden im Laufe des Lebens immer wieder in Beziehungen mit anderen Menschen wiedererlebt. Diese normale und bei allen Menschen anzutreffende „Urwiederholung" wird nur dann auffällig im Sinne eines Wiederholungszwangs, wenn die solcherart aktualisierte Mutter-Kind-Interaktion stark gestört war.

Betrachtet man den Begriff Wiederholungszwang unter einem systemtheoretischen Blickwinkel, so liegt der Schwerpunkt auf dessen Funktionalität; diese kann darin gesehen werden, dass er die Kontinuität des Selbsterlebens und damit das Gefühl einer konsistenten Identität sichere (König u. Simon 2001). Im Sinne der Selbstreferenz stelle der Wiederholungszwang ein zentrales Organisationsprinzip der Psyche dar, indem ständig auf früher Erlebtes Bezug genommen werde; in diesem Prozess könnten wichtige frühere Erfahrungen, wie z.B. Traumata, zum Dreh- und Angelpunkt der Selbstorganisation werden. (Maier 1999.)

Besondere Aufmerksamkeit außerhalb der Psychoanalyse finden diejenigen Formulierungen Freuds, die den Wiederholungszwang in Zusammenhang mit Traumatisierungen bringen; in diesem Sinne wird der Wiederholungszwang von manchen Autoren als ein Symptom der Posttraumatischen Belastungsstörung, besonders im Sinne von Reviktimierungstendenzen, verstanden. Zahlreiche diesbezügliche Erklärungsansätze wurden von van der Kolk (z.B. 1989) zusammengetragen. Opfer von Traumatisierungen leiden demnach nicht nur unter einer chronischen physiologischen Übererregung, besonders in Bezug auf Reize, die an das Trauma erinnern, sondern oft auch unter schweren Beeinträchtigungen der Affektregulation. Die klinisch als Wiederholungszwang in Erscheinung tretenden Verhaltensweisen werden von nicht-analytischen Traumaforschern meist als unmittelbare Folgen dieser mangelhaften Affektregulation verstanden. Wichtige Beiträge kommen hier aus der biologischen Forschung; so konnte im Tierexperiment gezeigt werden, dass Mäuse, nachdem sie wiederholt Elektroschocks ausgesetzt wurden, angesichts unbekannter Reize nicht mit Neugier reagieren, sondern den sie mit Sicherheit erwartenden Schmerzreiz aufsuchen, vermutlich um das durch den neuen Reiz erhöhte Erregungsniveau mittels der vertrauten Erfahrung zu senken. In diesen Zusammenhang gehört auch die Hypothese einer suchtartigen Abhängigkeit vom Wiedererleben des Traumas aufgrund der in dieser Situation ausgeschütteten endogenen, analgetisch wirkenden Opioide. Durch solche Befunde scheint der Wiederholungszwang wieder aus dem Bereich des Psychischen in die Nähe von Freuds biologischen Formulierungen gerückt. Wie Orlandini (2004) zeigt, kann ein solches Verständnis jedoch durchaus in die analytische Arbeit integriert werden, etwa indem mit Patienten erarbeitet wird, in welcher Weise sie Verhaltensweisen, die zu Retraumatisierungen führen, unbewusst zur Betäubung für sie unerträglicher Gefühle, etwa Angst oder Depression, einsetzen.

Literatur

Bibring, E. (1943). The conception of the repetition compulsion. Psychoanalytic Quarterly, 12, 486–51.

Busch, F. (1989). The compulsion to repeat in action: a developmental perspective. International Journal of Psychoanalysis, 70, 535–544.

Clyman, R. (1992). The procedural organization of emotions: a contribution from cognitive science to the psychoanalytic theory of therapeutic action. In T. Shapiro and R. Emde (Eds.), Affect: psychoanalytic perspectives. Madison: International Universities Press (pp. 349–382).

Fairbairn, W.R.D. (1952). Psychoanalytic studies of the personality. London: Tavistock.

Hendrick, I. (1942). Instinct and the ego during infancy. Psychoanalytical Quarterly, 11, 33–58.

Inderbitzin, L. and Levy, S. (1998): Repetition compulsion revisited: implications for technique. Psychoanalytic Quarterly 67, 32–53.

Juda, D. (1983). Exorcising Freud's „daemonic“ compulsion to repeat: repetition compulsion as part of the adaptational/maturational process. Journal of the American Academy of Psychoanalysis, 11, 353–375.

Kitron, D. (2003). Repetition compulsion and self psychology: towards a reconciliation. International Journal of Psychoanalysis 84, 427–441.

Klein, G. (1976). Psychoanalytic theory: a study of essentials. New York: International Universities Press.

König, K. and Simon, F. (2001). Zwischen Couch und Einwegspiegel: Systemisches für Psychoanalytiker – Psychoanalytisches für Systemiker. Heidelberg: Carl-Auer-Systeme.

Kubie, L. (1939). A critical analysis of the concept of a repetition compulsion. International Journal of Psychoanalysis, 20, 390–402.

Lazar, R and Erlich, S. (1996). Repetition compulsion: a reexamination of the concept and the phenomenon. Psychoanalysis and Contemporary Thought, 19, 29–55.

Loewald, H. (1986). Überlegungen zur Wiederholung und zum Wiederholungszwang. In ders., Psychoanalyse. Aufsätze aus den Jahren 1951–1979. (S. 65–80) Stuttgart: Klett-Cotta.

Maier, T. (1999). Wiederholung und Iteration: von der Psychoanalyse zur Systemtheorie. Nervenarzt 70, 993–997.

Morehead, D. (2002). The repetition compulsion and object relations: an evolutionary hypothesis. Psychoanalysis and Contemporary Thought 25, 247–279.

Nietzsche, F. (1883–85/1994). Also sprach Zarathustra. Stuttgart: Reclam.

Orlandini, A. (2004). Repetition compulsion in a trauma victim: is the „analgesia principle“ beyond the pleasure principle? Clinical implications. Journal of the American Academy of Psychoanalysis and Dynamic Psychiatry 32, 525–540.

Pfeiffer, R. and Leuzinger-Bohleber, M. (1986). Applications of cognitive science methods to psychoanalysis: a case study and some theory. International Review of Psycho-Analysis, 13, 221–240.

Schopenhauer, A. (1844/1988). Die Welt als Wille und Vorstellung. Zürich: Haffmanns.

Schur, M. (1973). Das Es und die Regulationsprinzipien des psychischen Geschehens. Frankfurt/M.: Fischer.

Stern, D. (1993). Die Lebenserfahrung des Säuglings. Stuttgart: Klett-Cotta

Van der Kolk, B. (1989): The compulsion to repeat the trauma. Re-enactment, revictimization, and masochism. Psychiatric Clinics of North America, 12, 389–411.

Wälder, R. (1932). Die psychoanalytische Theorie des Spiels. Zeitschrift für psychoanalytische Pädagogik, 6, 184–194.

Weiss, J (1993). How psychotherapy works. Process and technique. New York: Guilford.

Wilson, A. and Malatesta, C. (1989). Affect and the compulsion to repeat: Freud's repetition compulsion revisited. Psychoanalysis and Contemporary Thought, 12, 265–312.

Wunsch, Wunscherfüllung *von Cordelia Schmidt-Hellerau*

wish, wish-fulfilment – désir, accomplissement de désir

1. Definition

Der Wunsch steht im Zentrum jeder psychoanalytischen Betrachtung; er ist das primum movens aller psychischen Prozesse, und das Aufdecken unbewusster Wünsche sowie der durch sie verursachten Konflikte ist bis heute ein Hauptanliegen jeder Psychoanalyse. Der wunscherfüllende Charakter jeder psychisch-geistigen Aktivität ist oft nicht leicht zu erkennen, da verschiedene zum Teil ganz gegensätzliche Wunschregungen zu einer Kompromissbildung zusammentreten oder durch Verdrängung zu einer Symptombildung gerinnen können, welche dann als überaus unerwünscht erscheint; die genauere Analyse kann allerdings nachweisen, dass sich selbst im neurotischen Leiden eine (Teil-)Erfüllung von (infantilen) Wünschen realisiert, die im Lauf der kindlichen Entwicklung weder aufgegeben noch verarbeitet werden konnten. Freud entdeckte die zentrale Bedeutung unbewusster Wünsche beim Studium der Hysterie und des Traumes. „Der Traum ist eine Wunscherfüllung" – so lautet die wohl berühmteste These in „Die Traumdeutung" (1900a), in der Freud die komplizierten Wege analysiert, auf denen sich positive wie auch negative Wunschregungen zur Erfüllung bringen.

2. Klassische Auffassung

Die Psychoanalyse steht seit Freud gemeinhin in dem Ruf, „alles" auf die Sexualität bzw. auf sexuelle Triebstrebungen zurückzuführen. Interessanterweise entwickelt Freud aber die metapsychologische Konzeption des Wunsches paradigmatisch anhand der Bedürfnis-Befriedigungs-Sequenz für den Selbsterhaltungstrieb: Das Modellbeispiel ist der hungrige Säugling, der schreit und zappelt, wodurch der Triebreiz allerdings nicht befriedigt werden kann. „Eine Wendung kann erst eintreten, wenn auf irgendeinem Wege, beim Kind durch fremde Hilfeleistung, die Erfahrung des Befriedigungserlebnisses gemacht wird, das den inneren Reiz aufhebt" (1900a, S. 571). Das Befriedigungserlebnis, das den Hunger stillt, umfasst eine komplexe Interaktion zwischen Mutter und Säugling, die mit einer Vielfalt sensorischer und motorischer Reize verbunden ist, welche in den von Freud sogenannten Erinnerungssystemen Engramme hinterlassen. Und das ist für die Konzeption des Wunsches von zentraler Bedeutung, denn: „Ein wesentlicher Bestandteil dieses Erlebnisses ist das Erscheinen einer gewissen Wahrnehmung (der Nahrung im Beispiel), deren Erinnerungsbild von jetzt an mit der Gedächtnisspur der Bedürfniserregung assoziiert bleibt. Sobald dies Bedürfnis ein nächstes Mal auftritt, wird sich, dank der hergestellten Verknüpfung, eine psychische Regung ergeben, welche das Erinnerungsbild jener Wahrnehmung wieder besetzen und die Wahrnehmung selbst wieder hervorrufen, also eigentlich die Situation der ersten Befriedigung wiederherstellen will. Eine solche Regung ist das, was wir einen Wunsch heißen; das Wiedererscheinen der Wahrnehmung ist die Wunscherfüllung, und die volle Besetzung der Wahrnehmung von der Bedürfniserregung her der kürzeste Weg zur Wunscherfüllung" (ebd. S. 571).

Damit wird die Konzeption des Wunsches deutlich: eine Trieberregung (hier des Selbsterhaltungstriebs: Hunger) wird im Wahrnehmungssystem des psychischen Apparats (dem W-System) mit dem Objektbild (der Mutter/Brust) und im motorischen System (dem M-System) mit dem Bewegungsbild der spezifischen Aktion (hier: saugen) verknüpft. Und diese Assoziation zwischen Trieb, Objekt- und Bewegungsbild ergibt zusammengenommen den Wunsch. Genau genommen ist nach Freud der Wunsch die vom Triebreiz ausgehende Regung, diese Erinnerungsspur vollständig wiederzubesetzen, während die Wunscherfüllung in der daraufhin erfolgten Besetzung dieses Assoziationskomplexes besteht, der sämtliche Valenzen der Interaktion zwischen Selbst (Säugling) und Objekt (Mutter) umfasst. Entscheidend ist jedenfalls, dass der Wunsch in Freuds Konzeption vom Trieb gesteuert wird und in eine Objektbeziehung eingebunden ist.

Das Verständnis dieser Konzeption des Wunsches ist von zentraler Bedeutung im Hinblick auf das Funktionieren des psychischen Apparats. Denn nach Freud ist es immer die Trieberregung, die „als Unlust empfunden wird und den Apparat in Tätigkeit versetzt, um das Befriedigungserlebnis, bei dem die Verringerung der Erregung als Lust verspürt wird, wieder herbeizuführen. Eine solche, von der Unlust ausgehende, auf die Lust zielende Strömung im Apparat heißen wir einen Wunsch; wir haben gesagt, nichts anderes als ein Wunsch sei imstande, den Apparat in Bewegung zu bringen, und der Ablauf in ihm werde automatisch durch die Wahrnehmungen von Lust und Unlust geregelt“ (ebd. S. 604).

Es gibt eine Reihe von Wünschen, die Freud aufgedeckt hat und die heute ein Bestandteil des Populärwissens geworden sind. Die berühmtesten sind die ödipalen, inzestuösen Wünsche: der Sohn möchte die Mutter heiraten und den väterlichen Rivalen beseitigen, die Tochter möchte vom Vater ein Kind bekommen und die Mutter loswerden; in diesen beiden Wünschen ist der die kindliche Entwicklung fördernde Wunsch, groß zu sein (= wie die Eltern), enthalten. Kritisch diskutiert wird der von Freud postulierte Peniswunsch (-neid) des Mädchens (Mertens 1994). Daneben sind aber auch negative Wünsche wie z. B. der Todeswunsch gegenüber gehassten Personen oder der masochistisch gegen die eigene Person gerichtete Strafwunsch mit der Psychoanalyse denkbar geworden. Phantasieren und Tagträumen wurden von Freud als besondere Formen der Wunscherfüllung erkannt.

3. Ideengeschichtlicher Hintergrund

Das Wünschen ist eine conditio humana, und der Umgang mit dem Wünschen, das Er- und Verkennen, das Erfüllen und Versagen von Wünschen, ist ein Stoff, der zum Grundbestandteil der Religions- und Kulturgeschichte gehört. In der Literatur ist das Märchen der Prototyp der erzählerischen Wunschbearbeitung; Freud bezieht sich gelegentlich auf die in der westlichen Kultur allen Kindern bekannten Märchen wie z. B. Aschenputtel, Schneewittchen, Des Kaisers neue Kleider oder auch auf Das Märchen von den drei Wünschen. Neu an Freuds Konzeption des Wunsches war allerdings das Aufdecken der unbewussten Komponenten des bewussten wie auch des unbewussten Wunsches sowie seine Positionierung als zentrales Motiv allen menschlichen Handelns. Die Brockhaus Enzyklopädie bezieht sich unter dem Stichwort „Wunsch“ folglich zu recht hauptsächlich auf Freud.

4. Die Bedeutung des Begriffs in den verschiedenen psychoanalytischen Schulrichtungen

Bis heute hat niemand die Bedeutung des (vor allem unbewussten) Wunsches für das Verständnis bewusster wie unbewusster Vorgänge in Abrede gestellt. Dennoch liegt der Wunsch nicht mehr im Zentrum des psychoanalytischen Interesses. Obwohl Lacan den Wunsch, den er zwischen Bedürfnis und Verlangen platzierte, in den Vordergrund der analytischen Theorie zu rücken versuchte (Lacan 1957–58 in: Laplanche und Pontalis 1967), arbeitet die von ihm direkt wie indirekt beeinflusste französische Psychoanalyse heute mehrheitlich eher mit dem Begriff des „phantasme in/conscient“ (der unbewussten oder bewussten Phantasie) als dem des „désir“. Melanie Klein und ihre Nachfolger haben sich von ihrer Position her ebenfalls mehr auf die unbewussten Phantasien konzentriert, die sie am Grunde jedes psychischen Prozesses erkennen (Hinshelwood 1985). Bion (1967), der die Erinnerung als eine Vergangenheitsform des Wunsches und die Antizipation als seine Zukunftsform versteht, empfiehlt dem Psychoanalytiker sogar, „den kontinuierlichen Ausschluss von Erinnerung und Wunsch“ in jeder Stunde, um der „Evolution“ von etwas „aus der Dunkelheit und Formlosigkeit“ des Unbewussten seines Patienten genügend Raum zu geben. In der Selbstpsychologie Kohut'scher Prägung ist es das Bedürfnis nach dem Selbstobjekt, das den einstigen Platz des Wunsches in der Psychoanalyse eingenommen hat.

Auch wenn dem Trieb als Ursprung des Wunsches noch eine gewisse Anerkennung gezollt wird, wurden in der Nachfolge Hartmanns und unter dem Einfluss der Objektbeziehungstheoretiker neben den Triebwünschen auch andere Wünsche nichttriebhaften Ursprungs postuliert (Sandler und Sandler 1978). In den USA hat die harsche Kritik an der naturwissenschaftlichen Dimension der metapsychologischen Begriffe zu einer präzisen Unterscheidung zwischen dem metapsychologischen Begriff des Triebs und dem klinisch brauchbareren Konzept des Wunsches geführt, womit ersterer diskreditiert und letzterer zum Schwerpunkt einer psychoanalytischen Erforschung der Motivation menschlichen Verhaltens gemacht wurde (Holt 1976). Dabei fokussiert der Begriff der Motivation hauptsächlich auf den affektiven Anteil einer psychischen Strebung. Somit ist der Freud'sche Begriff des Wunsches im Vokabular der modernen Psychoanalyse ein eher antiquiert erscheinender Terminus, der in den Konzepten des unbewussten Phantasmas, der unbewussten Phantasie, des Bedürfnisses (need) sowie der Motivation in unterschiedlichem Ausmaß enthalten aber auch spezifisch akzentuiert und weiterentwickelt worden ist.

Literatur

Bion, W.R. (1967). Notes on memory and desire. Psychoanalytic Forum, 2, 272–273, zit. n. Anmerkungen zu Erinnerung und Wunsch. In E.B. Spillius, Melanie Klein heute. Entwicklungen in Theorie und Praxis. Bd. 2, Anwendungen (S. 22–28). Weinheim: Verlag Internationale Psychoanalyse, 1991.

Hinshelwood, R.D. (1989). A dictionary of Kleinian thought. London: Free Association Books, zit. n. Wörterbuch der kleinianischen Psychoanalyse. 2., rev. u. erw. Ausgabe. Stuttgart: Verlag Internationale Psychoanalyse, 1991.

Holt, R.R. (1976). Drive or wish? A reconsideration of the psychoanalytic theory of motivation. In M. Gill and P.S. Holzman (Eds.), Psychology versus metapsychology. Psychoanalytic essays in memory of George S. Klein (pp. 158–197). Psychological Issues, 9, Monograph 36. New York: International Universities Press.

Laplanche, J. et Pontalis, J.-B. (1967). Vocabulaire de la Psychanalyse. Paris: Presses Universitaires de France (dt.: Das Vokabular der Psychoanalyse. Frankfurt/M.: Suhrkamp, 1972).

Mertens, W. (1994). Entwicklung der Psychosexualität und der Geschlechtsidentität, Bd. 2, Kindheit und Adoleszenz. Stuttgart: Kohlhammer, 2. Aufl., 1996.

Sandler, J. and Sandler, A. (1978). On the development of object relationships and affects. International Journal of Psychoanalysis, 59, 285–296.

Wut *von Wolfgang Milch*

rage – rage, colère

1. Definition

Wut gehört zu dem großen Gebiet der Aggression und Destruktivität. Es handelt sich um ein spezifisches und umschriebenes Phänomen, das als ein plötzlicher Ausbruch von Aggression verstanden wird, wobei wegen der überflutenden Gefühle die Folgen eigenen Handelns häufig außer acht gelassen werden. Wut kann sowohl nach außen gegen Sachen oder Menschen als auch gegen sich selbst gerichtet werden (Freud 1940a, S. 72). Nach Freud (z.B. 1918b, S. 114, 1909d, S. 444, 1909d, S. 426) tritt Wut reaktiv auf, z.B. durch Versagen einer Sexualbefriedigung (1918b, S. 114), als Folge von Frustrationen oder der Aggressionslust (1931b, S. 532). Unterdrückung von Wut kann zur Angst führen. Neben diesen Formen der Wut als Entäußerungen des Aggressionstriebes führte bereits Freud (1931a, S. 511) die Aggression „mit der Vorherrschaft des Narzissmus" ein.

Als narzisstische Wut wurde von Kohut (1978) die Reaktion von Personen mit einer narzisstischen Störung auf Verletzungen ihres Selbstwertgefühls verstanden. Wut und Scham sind danach die beiden grundsätzlichen Manifestationen von Störungen des narzisstischen Gleichgewichts. Wut wird umfassend verstanden als ein Spektrum von Reaktionen, die von einer leichten Irritation auf kleine Verletzungen bis hin zu kaltblütiger Rache einerseits sowie katatonen und paranoiden Zuständen andererseits reicht.

2. Klassische Auffassung

Freud hat im Unterschied zum Thema der Aggression wenig über Wut geschrieben. Wut als anfallsweise Aggressionsäußerung (z.B. Freud 1940a, S. 72, 1918b, S. 115) ist ein Abkömmling des Aggressionstriebes, der in der Regel durch Frustration von möglichen Sexualbefriedigungen ausgelöst wird. Die Beschreibungen von Wut bei Freud finden sich im Kontext von Charakter und Analerotik (Freud 1908b, S. 205), Zwangsneurose (Freud 1908b, S. 204, 1909b, S. 426, 444) und Hysterie (Freud 1916–17a, S. 418f.). In einem Fall von Zwangsneurose (Freud 1909b, S. 444) kommt Wut ins Spiel, nachdem der Vater die Heirat verboten hat. Auch reagiert ein Kind mit Wut auf Schläge (Freud 1909b, S. 426). Schon ein bloßes Vermissen einer anal gefassten Sexualbefriedigung mündet in einen Wutanfall ein (Freud 1918b, S. 114). Dabei kann die Wut auch gegen die eigene Person gerichtet werden: „Zurückhaltung von Aggression ist überhaupt ungesund, wirkt krankmachend (Kränkung). Den Übergang von verhinderter Aggression in Selbstzerstörung durch Wendung der Aggression gegen die eigene Person demonstriert oft eine Person im Wutanfall, wenn sie sich die Haare rauft, mit den Fäusten ihr Gesicht bearbeitet, wobei sie offenbar diese Behandlung lieber einem anderen zugedacht hätte" (Freud 1940a, S. 72).

3. Wesentliche Erweiterungen

Bezugnehmend auf Kohut beschrieben Ornstein und Ornstein (1993) narzisstische Wut als einen komplexen psychischen Zustand, der nicht auf einen zugrunde liegenden Trieb zurückgeführt werden kann. Triebe als konstituierende Bestandteile des Selbst sind normalerweise in eine kohäsive Selbststruktur eingebunden. Sowohl gesunde wie pathologische Formen der Aggression sind von der Entwicklung des Selbst, dem jeweiligen Selbstzustand und der Selbst-Selbstobjektmatrix abhängig. Wenn das Selbst geschwächt und damit gefährdet ist, zu fragmentieren oder bereits protrahiert fragmentiert ist, besteht eine besondere Verletzlichkeit gegenüber Lächerlichkeit, Scham und Erniedrigung, auf die das Selbst mit destruktiven Formen der Wut reagiert. Wut als Ausdruck für eine Fragmentierung des Selbst entsteht zum einen durch Verletzungen der archaischen Grandiosität und zum anderen durch Enttäuschungen über archaische, omnipotente, idealisierte Selbstobjekte.

Lichtenberg (1989) unterscheidet auf dem Hintergrund von entwicklungspsychologischen Erkenntnissen fünf motivationale Systeme, bei denen aggressives Verhalten durch zwei unterschiedliche Motivationssysteme erklärt wird: Durch das explorativ-assertive System wird der Mensch ständig motiviert, sich selbst zu behaupten, Neues zu erfahren und die Welt zu entdecken. Das aversive Motivationssystem dient besonders bei Gefahr dem eigenen Schutz. Wutreaktionen bei narzisstischen Verletzungen sind diesem System zuzuordnen.

Für Kernberg (1997) werden Triebe im klassischen Sinne von zwei Organisationen von Objektbeziehungseinheiten gebildet, die sich jeweils um die Grundaffekte von sexueller Erregung und von Wut gruppieren.

Wut stellt einen primitiven Affekt am Kern des aggressiven Triebs dar, von dem sich auch Hass als ein komplexer Affekt ableitet. In der Kindheit ermöglichen Spitzenaffektzustände die Internalisierung der primitiven Objektbeziehungen. Bei der klinischen Arbeit mit Erwachsenen ist der fundamentale Affektzustand die Wut, die die Aktivierung von Aggression in der Übertragung charakterisiert. Eine voll ausgebildete Wutreaktion ist durch die überwältigende Natur, ihre Diffusität, das „Verwischen" spezifischer kognitiver Inhalte und korrespondierender Objektbeziehungen charakterisiert. Die Analyse der Wutreaktion enthüllt immer eine bewusste oder unbewusste Phantasie, die Selbst- und Objektaspekte involviert.

4. Interdisziplinäre Beiträge und Befunde

Untersuchungen der Säuglings- und Kleinkindforschung belegen (z.B. Parens 1993), dass Wut nicht spontan auftritt und auch nicht zum erlernten Verhalten gehört. Wut dient wie andere Formen der kindlichen Destruktivität der Adaptation und wird durch exzessive Unlust hervorgerufen.

Nach Schore (1994) ermöglicht die externe Regulation der altersentsprechenden kindlichen narzisstischen Wut (Trennungsprotest) durch einfühlsames Verhalten der Eltern die Ausreifung unmodulierter Wut in reife Aggression, so dass die Entwicklung biologischer autonomer Funktionen unterstützt wird. Im Wutanfall ist eine Hyperaktivität subcorticaler Komponenten des mesolimbischen dopaminergen Systems feststellbar. Fehlt eine dyadische Regulation, kann Erniedrigung durch die Eltern Scham und Wut auslösen mit lang andauernden Konsequenzen für die Persönlichkeitsentwicklung.

Fonagy (1995) beschreibt eine Entwicklungslinie der Gewalt, wobei er davon ausgeht, dass das Gewaltpotential in der Altersgruppe der Zwei- bis Vierjährigen am höchsten ist und von der größten Gruppe wieder „verlernt" wird. Nur ca. 17 % haben keine „Gewaltbereitschaft". Ungefähr 5 % aller Kinder haben ein hohes Gewaltpotential, was sie auch behalten. Häufig handelt es sich um Kinder, deren Mütter bei der Geburt noch Teenager waren und einen niedrigen Bildungsstand aufweisen.

Die dyadische Regulation des kindlichen Verhaltens durch die Mutter (Beebe und Lachmann 2004, Lachmann 2004) beeinflusst die Bindungssicherheit als einem wesentlichen Faktor für die Sozialisation von Aggression. Eng gekoppelt an das Bindungsverhalten ist die Mentalisierung als einer Fähigkeit, den Anderen mit einer eigenen Psyche in den Verstehenshorizont aufzunehmen, dessen mentale Aktivitäten in das eigene Denken einzubeziehen und über die eigenen psychischen Prozesse zu reflektieren. Eine hohe Fähigkeit zu mentalisieren geht mit einer niedrigen Gewaltbereitschaft einher, wohingegen die Androhung physischer Gewalt in der Kindheit direkt mit der Fähigkeit zu mentalisieren interferiert. Somit führt Gewalterfahrung auch zu einem Scheitern regulativer Einflussnahme auf die kindliche Entwicklung und zu einem Stillstand von Entwicklungsprozessen.

Literatur

Beebe, B. and Lachmann, F.M. (2002). Infant Research and Adult Treatment. Co-constructing interactions (dt.: Säuglingsforschung und Erwachsenenbehandlung. Stuttgart: Klett-Cotta, 2004).

Fonagy, P. (2005). Persönlichkeitsstörungen und Gewalt – Ein psychoanalytisch-bindungstheoretischer Ansatz. In O.F. Kernberg, H.-P. Hartmann (Hg.) Narzissmus – Grundlagen, Störungsbilder, Therapie. Stuttgart: Schattauer.

Kernberg, O.F. (1997). Sexuelle Erregung und Wut: Bausteine der Triebe. Forum der Psychoanalyse, 13, 263–277.

Kohut, H. (1972). Thoughts on narcissism and narcissistic rage. Psychoanalytic Study of the Child, 27, 360–400 (dt.: Überlegungen zum Narzißmus und zur narzißtischen Wut. Psyche – Z Psychoanal, 27, 513–554, 1973).

Lachmann, F.M. (2000). Transforming Aggression, Psychotherapy with the Difficult-to-Treat Patient (dt.: Aggression verstehen und verändern. Stuttgart: Klett-Cotta, 2004).

Lichtenberg, J.D. (1989). Psychoanalysis and motivation. London: The Analytic Press.

Ornstein, P.H. und Ornstein, A. (1997). Selbstbehauptung, Ärger, Wut und zerstörerische Aggression. Psyche – Z Psychoanal, 4, 289–310.
Parens, H. (1993). Neuformulierungen der psychoanalytischen Aggressionstheorie und Folgerungen für die klinische Situation. Forum der Psychoanalyse 9, 107–121.
Schore, A.N. (1994). Affect regulation and the origin of the self. The neurobiology of emotional development. Hillsdale: Lawrence Erlbaum.

Zärtlichkeit *von Karin Schneider-Henn*

tenderness – tendresse

1. Definition

Die taktile Kommunikation im Sinne von Geben, Empfangen, Aufnehmen und Austauschen inniger Gesten, die Berührungen mit den Fingerspitzen, den Lippen oder der Haut sind normalerweise unmittelbare Zeichen der auf ein vertrautes Gegenüber bezogenen zärtlichen Gefühle. Auch wenn das Bedürfnis nach Körperkontakt einem genetisch angelegten „Instinktverhalten" zugeordnet werden kann, das bestimmte neurophysiologische Reaktionen auslöst, die zweifellos sowohl zur physischen als auch zur psychischen Entwicklung des Menschen unabdingbar beitragen (vgl. u.a. Anzieu, Liedloff, Montagu), so steht vor allem der facettenreiche Ausdruck einer gegenseitigen Bezogenheit im Vordergrund. Der Anthropologe Ashley Montagu beschreibt den Begriff der Zärtlichkeit sinngemäß als „sanfte Berührung, die liebevolle Neigung zu einem anderen" (1974, S. 134). Bereits in dieser knappen Beschreibung ist die Verbindung zwischen Beziehungserleben und ihrem Ausdruck im Verhalten hergestellt.

In der Regel dienen Liebkosungen, taktile Stimulation, kutanes Erleben beispielsweise zwischen Mutter und Säugling dem Aufbau einer Bindung, dem Ausdruck einer innigen Objektbeziehung. Die Liebkosung zwischen erwachsenen Menschen drückt wachsende Zuneigung oder treue Verbundenheit aus, vermittelt Liebe und Leidenschaft. Zärtliche Berührung kann jedoch auch manipulativ und gezielt eingesetzt werden zur Demonstration eines Besitzanspruchs, als Mittel zum Zweck der Erreichung eines pädagogischen oder sexuellen Ziels – und impliziert so auch die Bedrängnis eines missbräuchlichen Übergriffs. Ferenczi thematisiert in seinem Wiesbadener Vortrag „Sprachverwirrung zwischen dem Erwachsenen und dem Kind" die Gefahr einer Verwechslung der auf dem „Zärtlichkeitsniveau" angesiedelten kindlichen mit jener leidenschaftlichen, erwachsenen Sprache, die zu inzestuöser Verführung und traumatischem Erleben des Kindes führen kann (1932, S. 518).

2. Klassische Auffassung

Die Trennung zwischen zärtlicher und leidenschaftlich-sinnlicher Liebe entspricht der Theorie Freuds. Er versteht Zärtlichkeit als Ausdruck „zielgehemmter Sexualtriebe" (1905d, S. 108), als vom Ziel der sexuellen Befriedigung abgelenktes oder gebremstes triebhaftes Verhalten, zugleich jedoch auch als Ausdruck von Beziehung. Er unterscheidet zwischen einer kindlichen Objektliebe – die von Balint später als „primär" oder von Ferenczi als „passiv" bezeichnet wird – mit zärtlichem Sexualziel und einer aktiven Objektliebe mit genital-sinnlichem Sexualziel. Wiederholt betont Freud die erotische Komponente der Zärtlichkeit des Kindes, die jedoch während der Latenzzeit verdrängt werden muss, um die Ablösung von den primär begehrten Beziehungspersonen und die Vorbereitung des in der Pubertät notwendigen

Objektwechsels, mit der Hinwendung zu inzestuös nicht bedrohlichen Liebesobjekten, zu ermöglichen (1905d, S. 101, 1912d, S. 80f., 1921c, S. 123).

In diesem als „Zielablenkung" beschriebenen Vorgang sieht Freud den Beginn einer Sublimierung von Sexualtrieben (1921c, S. 155). Da diese im Sinne einer sexuellen Entladung auf dem Spannungs- und Entspannungsbogen nicht zur vollen Befriedigung gelangen können, besteht ihre sublimierende Aufgabe darin, dauerhafte Bindungen entstehen zu lassen – letztlich den Grundstock zu legen für eine reife Beziehungsfähigkeit, für eine erfüllte genitale Liebe (ebd.).

3. Ideengeschichtlicher Hintergrund

Vermutlich von der Platonschen Vorstellung des „reinen, lauteren" Eros, „nicht vermengt mit menschlichem Fleisch und Farben und sonstigem Tand" (zit. n. Kröner 1973, S. 132) beeinflusst, bezeichnet Freud die zielgehemmte, zärtliche Liebe auch als „unsinnlich, himmlisch" (1921c, S. 123). Dass eine misslungene Vereinigung der gegensätzlichen zärtlichen und sinnlichen Strömungen zur „Liebesspaltung" im Erwachsenenalter und zur Objektwahl nach der Kategorie „Heilige" oder „Hure" führen kann, erscheint als folgerichtiger Gedankenschritt (1912d, S. 83, 1921c, S. 123).

Auch die Idee der Sublimierung ist bereits bei Platon zu finden; allerdings strebt Eros hier im Verzicht auf die sexuelle Liebe nach überirdischer Schönheit und höheren, schöpferischen Zielen, z.B. in der Dichtkunst oder der Philosophie (ebd., S. 126; vgl. hierzu auch Bergmann 1994, S. 208).

4. Wesentliche Erweiterungen

Erotisches und zärtliches Empfinden verbinden sich im sensuellen körperlichen Ausdruck und lassen sich selbst in der Theorie nicht klar voneinander trennen: Letztlich hebt Freud seine Differenzierung wieder auf, da er die im Blickkontakt, in Mimik und Gestik, in der Berührung mit der Hand, den Lippen, der Haut vermittelten Gefühle „libidinös" nennt. Wenn eine Mutter ihren Säugling während seiner Nahrungsaufnahme streichelt und liebevoll mit ihm spricht, so schmeckt, fühlt, riecht, hört das Baby die Mutter gleichzeitig. Es spürt den Atem, hört den Herzschlag der Mutter – vielleicht unterbricht es sein Saugen und lächelt die Mutter an – in einer solch „normalen" Interaktion geschieht ein bereits hochdifferenzierter, wechselseitiger Austausch aller Sinnesmodalitäten im eigenen und mit dem fremden Körper. Dass es sich beim Stillen des Säuglings nicht um einen einseitig-passiven Zustand des oralen In-sich-Aufnehmens, sondern um ein aktives Saugen handelt, das vom Kleinkind um des zärtlichen Austauschs mit der Mutter, also um der Beziehung willen auch unterbrochen wird, darauf haben die Säuglingsforscher (u.a. Papousek, Lichtenberg, Stern) hingewiesen. Mit der intensiven Sinneserfahrung verbunden sind herzliche Gefühle, die jeweils von Mutter und Kleinkind in einem „intersubjektiven" Austausch erwidert werden. Stern beschreibt auf dieser Basis für das etwa zwölf Monate alte Baby einen Entwicklungsschritt der „Intersubjektivität" (1985, S. 124).

Anzieu weist auf die begleitende Wirkung der „akustischen Hülle" hin, die später Zärtlichkeit und Geborgenheit ohne Berührung vermitteln kann (vgl. hierzu auch Freud 1905d, S. 126, die Bemerkung über den tröstlichen Einfluss der Stimme). Vor allem jedoch betont Anzieu (1998, S. 24) die Bedeutung der Haut als wichtigstem „Ort des Austauschs mit dem anderen" und meint, der Brust-Mund-Beziehung in der psychoanalytischen Theoriebildung solle die Brust-Haut-Beziehung hinzugefügt werden (S. 13). Weiter ergänzt er die Gedankengänge Bowlbys: „Der Bindungstrieb beruht seinerseits wiederum auf der Vorstellung von der Haut als haltender, passiv sensibler Oberfläche" (ebd.).

5. Die Bedeutung des Begriffs in den verschiedenen Schulrichtungen

Auch wenn Anna Freud von der Vorstellung eines „Haut-Ich" Anzieus noch weit entfernt ist, beschreibt sie die narzisstische, libidinöse und sexuelle Besetzung der Haut seiner Auffassung entsprechend: „Am Anfang des Lebens ist die Hauterotik von großer Bedeutung. Die lustvolle Berührung der Körperoberfläche von Seiten der Mutter ... libidinisiert die einzelnen Körperteile, hilft dem Aufbau des Körper-Ichs, steigert den Narzissmus und befestigt gleichzeitig die Objektbeziehung zwischen Mutter und Kind" (1968, S. 179). Auf der analen und phallischen Stufe wird „die Sexualerregung des Kindes neue Abfuhrwege" finden, sowohl in der „zielgehemmten Zärtlichkeit" mit den durchaus erotisch besetzten Eltern als auch in autoerotischen, sozusagen selbst-zärtlichen Betätigungen im Sinne von Ersatzhandlungen.

In Melanie Kleins Theorie findet der Zärtlichkeitsbegriff nur marginale Erwähnung (z.B. 1983, S. 90 und 92); vielmehr interessieren sie innere Spaltungsprozesse und destruktive Triebregungen. Während bei A. Freud sowohl die Masturbations- als auch die Phantasietätigkeit des Kindes direkte Sublimierungsergebnisse der Zärtlichkeits- oder Sexualhemmung darstellen, zieht M. Klein den Umkehrschluss: Sie betont, dass eine Hemmung der Sexualität gerade aus einer (zerstörerischen) Phantasieaktivität resultiere. Dies erklärt sie mit dem „Sadismus" des Kindes, „der Schuldgefühle und Ängste aus unterschiedlichen Quellen aktiviert, vor allem die Angst, seine Eltern zu zerstören oder zerstört zu haben" (M. Klein, 1942, zitiert nach Hinshelwood 1996).

Balint differenziert – wie Freud – zwischen prägenital-zärtlicher Liebe und genitaler Sexualität. Unter dem Aspekt einer späteren Verschmelzung kindlich-zärtlicher Gefühle mit der reifen Fähigkeit zur sexuell-genitalen „Endlust" ordnet er die Zärtlichkeit der „Vorlusterotik" zu: Die Vorlusterotik „ist ewig wie das Leben, sie beginnt mit der Geburt und hört erst mit dem Tode auf" (1936, S. 73).

Die Triebkomponente außer acht lassend, jedoch nicht weit entfernt von Freuds Theorie der Sublimierung, betont auch Adler, dass ein angemessen befriedigtes Zärtlichkeitsbedürfnis des Kindes seine soziale Entwicklung positiv beeinflusst und die Fähigkeit fördert, später selbst zärtlich zu sein. Adler warnt jedoch eindrücklich vor einer „Verzärtelung" des Kindes und hält die angemessene Frustration des Zärtlichkeitsbedürfnisses zur Entwicklung eines „abgeleiteten, geläuterten Gemeinschaftsgefühls" für notwendig (1973, S. 97, 1997, S. 64; vgl. hierzu auch Freud 1905d, S. 125f.).

Schultz-Hencke nimmt eine Gegenposition ein. Für ihn ist Zärtlichkeit „keine zielgehemmte Sexualität, sondern ein ursprüngliches Phänomen" (1967, S. 32). Weiter postuliert er: „Eros als Erlebnis ist keine Sexualität, auch keine Zärtlichkeit, sondern ebenfalls ein autochtones, ursprüngliches, originäres Phänomen. Zärtlichkeit ist weitgehend lustvoll, Eros beglückend" (ebd. S. 33).

Bowlby (1958) verwendet den Begriff der „Zärtlichkeit" nicht explizit, wenn er sein Erklärungsmodell für das menschliche Bindungsverhalten darstellt, jedoch geht aus seinem Konzept eindeutig hervor, dass sowohl der „Partialtrieb" des Säuglings, körperliche Nähe, Zärtlichkeit empfangen zu wollen, als auch die „Triebreaktion" der Mutter, Liebkosungen geben zu wollen, primär angelegte und zum Überleben der Art notwendige „Reiz-Reaktionsmuster" darstellen (vgl. Liedloff 1982). Ähnlich wie Freud und Balint, vertritt auch Bowlby die Ansicht, dass in der liebevollen Berührung ein Wechselspiel vielfältiger sensorischer, motorischer und psychischer Wahrnehmungen geschieht, die später auf einem höheren Entwicklungsniveau sublimiert werden und die erwachsene Empfindungs- und Liebesfähigkeit entscheidend beeinflussen.

6. Interdisziplinäre Beiträge und Befunde

Ursprünglich wollte Friedrich II. (1194 bis 1250) in einem grausamen Experiment die Sprachentwicklung des Kindes prüfen. Zu diesem Zweck verordnete er den Pflegepersonen, die Säuglinge adäquat zu versorgen, aber nicht mit ihnen zu sprechen. „Seine Bemühungen in dieser Hinsicht waren vergeblich, denn alle Kinder starben. Sie konnten ohne das Streicheln, die liebevollen Gesichter und die zärtlichen Worte ihrer Pflegemütter nicht leben" (der Chronist Salimbene von Parma, 1221 bis ca. 1288, zit. nach Montagu 1974, S. 69).

Nicht nur für das Menschenkind ist Zärtlichkeit in Form von Anfassen, Streicheln, Tragen, Wiegen und Liebkosen für das Überleben absolut notwendig. In zahlreichen Tierbeispielen führt Montagu den Beweis (ebd.), dass das kräftige Ablecken der Tiermutter nach der Geburt für ihre Jungen Überlebensfunktion hat, da erst auf diese kutane Reizung hin die inneren Organe ihre Arbeit aufnehmen. Montagu vertritt die These, dass der beim Menschen im Vergleich wesentlich länger dauernde Geburtsvorgang über die Uteruskontraktionen und das Austreiben durch den engen Geburtskanal diese – besonders das Gesicht, Nase, Lippen und den übrigen Teil des Kopfes – stimulierende Aufgabe hat und bezeichnet gar die Wehen als „eine Art des Streichelns, die der Säugling braucht" (1974, S. 46).

Das Ehepaar Harlow verglich sowohl die körperliche Entwicklung als auch das Bindungsverhalten von Äffchen, die je nur von einer kühlen „Drahtmutter" und einer frotteeumkleideten und per Glühbirne erwärmten „Muttergestalt" mit der Flasche genährt wurden: „Die Ergebnisse zeigen klar, dass die Berührungsbehaglichkeit von größter Bedeutung für die Entwicklung von Zuneigung ist" (H.F. Harlow, M.K. Harlow und E.W. Hansen, 1963, zitiert nach Montagu 1974, S. 29).

Auf der Basis dieser frühen Geborgenheit einer „Berührungsbehaglichkeit" entfaltet sich die Zuneigung, entsteht die Fähigkeit zur erwachsenen, genitalen Liebe. Aus der „idyllischen Ruhe" (Hattingberg 1936, S. 127) der Zärtlichkeit entwickelt sich die sinnliche Spannung: „Das Spiel der Liebe nimmt seinen dramatischen Verlauf, und nachdem die Erregung verklungen ist, kehrt im natürlichen Rhythmus die Zärtlichkeit wieder."

Literatur

Adler, A. (1966). Menschenkenntnis. Frankfurt/M.: Fischer, 1997.

Adler, A. (1973). Der Sinn des Lebens. Frankfurt/M.: Fischer.

Anzieu, D. (1998). Das Haut-Ich. Frankfurt/M.: Suhrkamp.

Balint, A. (1939). Liebe zur Mutter und Mutterliebe. In M. Balint (1969), Die Urformen der Liebe und die Technik der Psychoanalyse, Frankfurt/M.: Fischer.

Balint, M. (1972). Angstlust und Regression. Reinbek: Rowohlt.

Balint, M. (1981). Die Urformen der Liebe und die Technik der Psychoanalyse. Frankfurt/M.: Fischer.

Bergmann, M.S. (1994). Eine Geschichte der Liebe. Frankfurt/M.: Fischer.

Bowlby, J. (1958). Über das Wesen der Mutter-Kind-Bindung. Psyche – Z Psychoanal, 13, 415–456.

Domash, L. (1978). The development of tenderness in a six-year-old boy. International Review of Psycho-Analysis, 5, 65–70.

Ferenczi, S. (1932). Sprachverwirrung zwischen dem Erwachsenen und dem Kind. Die Sprache der Zärtlichkeit und der Leidenschaft. In ders., Bausteine zur Psychoanalyse III (S. 511–525). Bern: Huber, 1964.

Freud, A. (1968). Wege und Irrwege der Kinderentwicklung. Stuttgart: Klett.

Hattingberg, H. von (1936). Über die Liebe. München: Lehmann.

Hinshelwood, R.D. (1996). Melanie Kleins Konzept der „Inneren Objekte" (1934–1943). Psyche – Z Psychoanal, 50, 523–547.

Klein, M. und Riviere, J. (1983). Seelische Urkonflikte; Liebe, Haß und Schuldgefühl. Frankfurt/M.: Fischer.

Lichtenberg, J.D. (1991). Psychoanalyse und Säuglingsforschung. Berlin: Springer.

Liedloff, J. (1982). Auf der Suche nach dem verlorenen Glück. München: Beck.

Montagu, A. (1974). Körperkontakt. Stuttgart: Klett-Cotta.

Platon (427–347 v. Chr.). Übers. v. Schleiermacher. Das Gastmahl. In Hauptwerke. Stuttgart: Kröner, 1973.

Schultz-Hencke, H. (1969). Der gehemmte Mensch. Stuttgart: Thieme.

Stern, D. (1985). The interpersonal world of the infant. New York: Basic Books (dt.: Lebenserfahrung des Säuglings. Stuttgart: Klett-Cotta, 1992, 6. Aufl. 1998).

Zeitgefühl, Zeiterleben *von Ludwig Haesler*

sense of time, experience of time – sens de la durée, expérience vécue du temps

Die Dimension der Zeit, das Einteilen des Wahrgenommenen und Erlebten als Nacheinander im Gegensatz zum Nebeneinander der räumlichen Zuordnung ist eine Grunddimension menschlichen Denkens. Als Zeit verstehen wir die vom Bewusstsein wahrgenommene Abfolge der Geschehnisse, das Entstehen, Sich-Verändern und Vergehen in der äußeren Welt wie auch innerhalb des Bewusstseins selbst. Zeit ist somit erlebte Veränderung, das, was den Übergang von dem Gegenwärtigen, dem Geschehenden, zur Vergangenheit, zum Geschehenen, und zur Zukunft, dem noch nicht Geschehenen, ausmacht. Das Bewusstsein von Zeit ergibt sich daraus, dass das Bewusstsein dieses Verändern im Inneren und in der Außenwelt fortgesetzt erfasst und wahrnimmt und dem Wahrgenommenen in seiner unumkehrbaren Abfolge jeweils seinen Ort in der Zeitreihe zuweist. In diesem Sinne hat jedes als „wirklich" erlebte Geschehen seinen eigenen Ort in der erlebten Zeitreihe. Die Begriffe „Zukunft", „Gegenwart" und „Vergangenheit" sind von diesem zeitbezogenen Bewusstsein her abgeleitete Abstraktionen, begriffliche Konstrukte, die diese Erlebnisformen von Gegenwärtigem, Vergangenem und Zukünftigem in der zeitlichen Abfolge begrifflich zusammenfassen und eine denkende Orientierung in ihr erlauben sollen.

Man unterscheidet die sogenannte objektive Zeit, d.h. die an regelhaften Veränderungen, an Kreisbahnen oder an atomaren Schwingungen gemessene Zeit, von der erlebten subjektiven Zeit oder Erlebniszeit, die das menschliche Zeitbewusstsein bestimmt. Davon lässt sich wiederum die Zeitdimension der Geschichte, die historische Zeit, abgrenzen. Ein weiterer wesentlicher Aspekt des Zeitlichen bezieht sich auf die zeitliche Dimension der Dauer. Dauer bedeutet Kontinuität und Unveränderlichkeit eines Geschehens in der zeitlichen Abfolge. Was keine Dauer hat, ist auch nicht. Dauer begründet aber auch den Gegensatz von Zeitlichkeit und Ewigkeit. Die Dauer der unveränderlichen Wesen in der Metaphysik ist die Ewigkeit, die der irdischen Zeit entrückte unendliche „Zeit", die als das ganz andere aller Veränderung entzogen ist.

Als Begriff kann Zeit ebenso wie andere Begriffe und abstrahierende Konstrukte im menschlichen Denken einer Tendenz zur falschen Verdinglichung erliegen und schließlich als eine Sache, als Ding missverstanden werden. In diesem Sinne wurde die Zeit konkretistisch gedacht als etwas, das gleichsam wie ein Ding „objektiv" gegeben sei, eine Vorstellung, deren unauflösbare Problematik letztlich auch in dem Ausspruch des Augustinus zum Ausdruck kommt „Wenn man mich nicht fragt, was Zeit ist, weiß ich es, will ich's aber einem Fragenden erklären, weiß ich's nicht". Erst Kant hat mit seiner Definition der Zeit als einer „a priorischen Form der Anschauung" die Vorstellung von der Zeit als Ding oder Wesen überwunden. Die von Kant gesetzte Definition von Zeit als einer „a priorischen Form der Anschauung" versteht Zeit im Gegensatz zu dem das Denken der klassischen Physik bestimmenden Begriff von der „absoluten Zeit" und vom „absoluten Raum" nicht als etwas, das für sich selbst besteht oder den Dingen als eine objektive Bestimmung anhängt und demzufolge isoliert zu betrachten sei. Zeit ist vielmehr so etwas wie eine Zusammenschau von Ereignissen, die aus der für die Bildung von Erfahrungen notwendigen Verknüpfung der Wahrnehmungen hervorgeht und die demzufolge jeglicher menschlicher Erfahrung vorausgeht (Kritik der reinen Vernunft, S. 216ff.). Insofern ist Zeit eine dem menschlichen Geist eigene Erlebnisform, eine a priori vorhandene Gegebenheit der Menschennatur.

Der als aktuelle Gegenwart erlebte Zeitraum, den wir als gegenwärtig erlebten „Augenblick" im Sinne der Präsenszeit erleben und wahrnehmen, beträgt nach empirischen Messungen zwischen vier und maximal zehn Sekunden. Im subjektiven Erleben kann das Erleben des Zeitablaufs im Vergleich mit der objektiven Zeit der Uhren ganz erheblich schwanken, und dies wird nicht zuletzt auch von den vielschichtigen Prozessen des dynamischen Unbewussten in relevanter Weise bestimmt. Mit zunehmendem Alter beschleunigt sich das subjektive Gefühl der ablaufenden Zeit, die dann scheinbar sehr viel schneller abläuft, als noch etwa in der Kindheit, in der der Zeitraum von einem Jahr als ein kaum noch im Jetzt überschaubarer Riesenzeitraum erscheint. „Erfüllt" erlebte Zeit erscheint dem Subjekt als kurzweilig und schnell verlaufend, während „leere Zeit" der Untätigkeit oder des Wartens auf ein für wichtig erachtetes zukünftiges Geschehen als langsam verlaufend erlebt wird und „endlos" oder „langweilig" erscheint. Im Rückblick erscheint dagegen eine erfüllte Zeit subjektiv als lang, während unerfüllte, „leere Zeitabschnitte" in der Erinnerung zusammenschrumpfen und im Gedächtnis als belanglos schwinden. Bei Übermüdung, im Schlaf und vor allem im Traum und im psychotischen Denken finden sich mitunter erhebliche Veränderungen des subjektiven Zeiterlebens.

Vom Körperlichen her gibt es aufgrund spezifischer inhärenter biologischer Rhythmen der neurophysiologischen Funktionen und der übrigen Stoffwechselaktivitäten einen inhärenten Zeittakt, der mit seinen Elementen und deren wechselseitigen Verschränkungen in ihren Auswirkungen auf das menschliche Erleben und Bewusstsein bis heute noch wenig erforscht ist. Er begründet das, was man den biologischen Zeitsinn oder die „innere Uhr" genannt hat (vgl. Hildebrand 1995).

Dem Menschenkind wächst die Zeitdimension als Erlebnismöglichkeit in der Mitte des dritten Lebensjahres mit der Wahrnehmung seiner selbst als gegenüber der übrigen Welt getrenntes Wesen zu. Erst später, etwa ab dem siebten Lebensjahr, entwickelt es die Fähigkeit, mehrere Vorgänge nicht nur gleichzeitig, sondern auch in deren zeitlicher Folge zu erfassen und auch erst nach dem Eintritt in das Schulalter kommt es schrittweise zur Entwicklung eines echten Zeitbewusstseins, und zwar im Zusammenhang mit der zunehmenden Fähigkeit, bestimmte, für das Zeitverstehen notwendige logische Operationen auszuführen, etwa Reihen zu bilden und Vorgänge in ihrem Ablauf auch reversibel zu denken. Dieser Prozess der Entwicklung des Zeitverstehens setzt sich bis in die Adoleszenz fort. Eigentlich kann man erst gegen Ende der Adoleszenz von einem voll entwickelten Zeitbewusstsein sprechen, das das Wissen um die zeitliche Begrenztheit der eigenen Existenz und damit das sichere Wissen um den eigenen Tod mit einschließt.

In psychoanalytischer Betrachtung erscheint die Zeit vor allem als eine synthetisierende Potenz im Seelenleben. Im Bereich des dynamisch Unbewussten, dessen Dynamik vom triebbeherrschten Denken nach dem Primärvorgang bestimmt wird, gibt es eine die Geschehensabläufe als gerichtete Abfolge strukturierende Dimension des Zeitlichen nicht, d. h. das Unbewusste ist seinem Wesen nach zeitlos. Im Bewusstsein wird das Zeitgefühl, das Gefühl des Verstreichens der Zeit und der Dauer im Wesentlichen von der Erinnerung abgegrenzter Augenblicke der Selbstwahrnehmung bestimmt, die retrospektiv zum Gefühl einer kontinuierlichen Struktur, zum Selbst, das in der Zeit existiert, verdichtet und integriert werden.

Zeitliches Bewusstsein erwächst aus der Verschränkung von Vergangenheit, Gegenwart und Zukunft, als aufeinander bezogene, wechselseitig sich beeinflussende Modi des Seelenlebens, vermittels einer verknüpfenden Aktivität des Seelischen (vgl. Loewald 1974), die ein Gefühl der „Identität", d. h. der Kontinuität des Bewusstseins seiner selbst in der zeitlichen Veränderung hervorbringt, ein Bewusstsein von der eigenen Geschichtlichkeit, die man nicht nur hat, sondern die man zugleich ist und macht. Dieses Bewusstsein von der eigenen Geschichtlichkeit gründet sich auf die vermittelnde Aktivität des Gedächtnisses, durch die im Erleben Vergangenheit, Gegenwart und Zukunft als wechselseitig aufeinander wirkende Modi von Zeit geschaffen werden.

Literatur

Hildebrand, G. (1995). Zur Physiologie der rhythmischen Bewegung. Dokumentation des 2. Rhythmik Symposiums an der Robert Schumann Hochschule Düsseldorf, v. 11.2.1995.

Hildebrand, G. (1996). Zeitsymptomatische Störungen der biologischen Rhythmen. Dokumentation des 3. Rhythmik Symposiums an der Robert Schumann Hochschule Düsseldorf, v. 10.2.1996.

Kant, I. (1781). Kritik der reinen Vernunft. In Werkausgabe Band III u. IV. Frankfurt/M.: Suhrkamp, 1956.

Loewald, H.W. (1974). Das Zeiterleben. Psyche – Z Psychoanal, 28, 1053–1062.

Ziele der Psychoanalyse *von Tilman Grande*

aims of psychoanalysis – buts de la psychanalyse

1. Definition

Das Ziel der Psychoanalyse im engeren Sinne ist eine strukturelle Veränderung der Persönlichkeit, die durch die psychoanalytische Behandlung erreicht werden soll. Unter struktureller Veränderung wird dabei eine Umorganisation der Persönlichkeit verstanden, die tief greifend und dauerhaft ist und den Betroffenen in die Lage versetzt, mit den Chancen, Aufgaben und Belastungen, die in seinem Leben auftreten, auf eine im Rahmen seiner Fähigkeiten und äußeren Begrenzungen bestmögliche Weise umzugehen. Dieser weitreichende Anspruch wird häufig als Kontrast zu therapeutischen Zielsetzungen formuliert, die sich auf die Beseitigung oder Milderung von Symptomen sowie auf die Veränderung von Verhalten beschränken. – In einem umfassenderen Sinne kann als Ziel der Psychoanalyse die Erforschung des Unbewussten in sämtlichen Bereichen der menschlichen Gesellschaft und Kultur verstanden werden; dann stellt ihre therapeutische Anwendung nur die spezielle Umsetzung eines sehr viel umfassenderen Programms dar (Freud 1926e).

2. Klassische Auffassung

Die Aussagen Freuds sind von dem jeweiligen Stand der psychoanalytischen Theoriebildung geprägt. Auf dem Hintergrund des topographischen Modells wird die „Bewusstmachung des bisher Unbewussten“ als das Ziel der Psychoanalyse benannt (1896b, S. 381), eine Formel, die auch in der Folge gültig und grundlegend bleibt. Dem Patienten soll durch die Aufhebung seiner Verdrängungen die Möglichkeit gegeben werden, die Angelegenheiten seines Lebens souveräner und zugleich illusionsloser zu gestalten; die Analyse soll „dem Ich des Kranken die Freiheit schaffen ... , sich so oder anders zu entscheiden“ (1923b, Anm. S. 280). Innerhalb des Strukturmodells, in dem das Ich zwischen die Anforderungen der Außenwelt, des Über-Ichs und des Es gestellt ist, wird von Freud als Ziel formuliert, „das Ich zu stärken, es vom Über-Ich unabhängiger zu machen, sein Wahrnehmungsfeld zu erweitern und seine Organisation auszubauen, so dass es sich neue Stücke des Es aneignen kann. Wo Es war, soll Ich werden“ (1933a, S. 86).

Neben solchen metapsychologischen Formulierungen findet man bei Freud nur sehr zurückhaltende Aussagen darüber, welche konkreten Ziele durch die Psychoanalyse erreicht werden sollen. Er spricht von einem „genügenden Maß von Genuß- und Leistungsfähigkeit“ als Vorteil des Gesunden gegenüber dem Neurotiker (1916–17a, S. 476), verzichtet jedoch ansonsten auf normative Setzungen, die mit inhaltlichen Zielbestimmungen leicht verbunden sind, und stellt stattdessen den Zugewinn an regulativen Möglichkeiten in den Vordergrund:

„Die Analyse soll die für die Ichfunktionen günstigsten psychologischen Bedingungen herstellen; damit wäre ihre Aufgabe erledigt" (1937c, S.96). Die Zurückhaltung Freuds betrifft auch die Frage, welches Maß an Zufriedenheit und Glück angesichts des unvermeidlich von Konflikten und leidvollen Erfahrungen beeinträchtigten menschlichen Lebens möglich ist. Im Zusammenhang damit antwortet Freud auf einen fiktiven Patienten, dass „viel damit gewonnen ist, wenn es uns gelingt, Ihr hysterisches Elend in gemeines Unglück zu verwandeln. Gegen das letztere werden Sie sich mit einem wiedergenesenen Seelenleben besser zur Wehr setzen können" (1895d, S. 312).

In Bezug auf die psychoanalytische Behandlung kann die Herstellung, Bearbeitung und Auflösung der Übertragungsneurose, die eine Neuauflage der infantilen Konflikte im Kontext der analytischen Beziehung darstellt, als grundlegendes technisches Ziel angesehen werden. Die Annahme lautet dabei, dass alle analytischen Behandlungsziele, unter welcher theoretischen Perspektive sie auch formuliert sein mögen, im Zuge eines solchen Prozesses erreicht werden (Freud 1916–17a, S.473).

3. Ideengeschichtlicher Hintergrund

Die Psychoanalyse ist grundsätzlich dem Gedanken der Aufklärung verpflichtet, dass durch die Kraft der menschlichen Vernunft Erkenntnis auch im Bereich des Psychischen möglich ist und dass dies zu einem Fortschritt im Sinne der Gesundung führt. Dieser Gedanke wird jedoch selbstreflexiv gewendet, insofern es das Unbewusste des erkennenden Subjekts selbst ist, welches der heilsamen Erhellung bzw. Bewusstmachung bedarf. In dieser optimistischen Sicht besteht die einzige Aufgabe des Analytikers darin zu analysieren, und diese Tätigkeit bildet die ausreichende Bedingung für das Zustandekommen der therapeutischen Wirkung. Dieser Zusammenhang wird von Freud im Rückblick auf die Entdeckungsgeschichte der Psychoanalyse als „Junktim zwischen Heilen und Forschen" formuliert: „... man konnte nicht behandeln, ohne etwas Neues zu erfahren, man gewann keine Aufklärung, ohne ihre wohltätige Wirkung zu erfahren" (1926e, S. 293f.).

4. Wesentliche Erweiterungen, Differenzierungen und Modifikationen

Eine wichtige Differenzierung ist von Wallerstein (1965) mit der Unterscheidung von Prozess- und Ergebniszielen eingeführt worden. Die von Freud angegebene „Genuss- und Leistungsfähigkeit" wäre in dieser Unterscheidung ein Ergebnisziel, insofern es eine Wirkung der Behandlung im Leben des Patienten beschreibt; die gleichfalls schon zitierte Maxime „wo Es war, soll Ich werden" stellt hingegen ein Prozessziel dar, weil sie eine im analytischen Prozess erarbeitete Voraussetzung für Ergebnisziele, z.B. für die von Freud genannten Fähigkeiten bezeichnet. Die Formulierungen für Prozessziele haben in der Regel einen theoretischen Charakter und differieren deshalb stark in Abhängigkeit von der jeweiligen psychoanalytischen Schule.

In der analytischen Literatur sind eine große Zahl von positiven Persönlichkeitsmerkmalen benannt worden, die am ehesten als Ergebnisziele der Psychoanalyse einzuordnen sind (vgl. die Zusammenstellungen bei Knight 1941/42, McGlashan und Miller 1982, Mertens 1992). Die meisten dieser Merkmale lassen sich als Fähigkeiten formulieren, die prinzipiell einer Operationalisierung mit Hilfe beobachtungsnaher klinischer Begriffe zugänglich sind. Hinter jedem von ihnen stehen andererseits komplexe theoretische Konstrukte, die die psychischen und strukturellen Voraussetzungen für die jeweilige Leistung beschreiben. Als Beispiel sei etwa die Fähigkeit zur Wahrnehmung bzw. Anerkennung der Realität genannt, die je nach theoretischer Perspektive z.B. durch das Erreichen der depressiven Position, die Internalisierung triadischer Beziehungskonstellationen auf ödipalem Niveau oder durch die Bewältigung der Separations- und Individuationskonflikte mit dem Erwerb der Objektkonstanz ermöglicht bzw. gefördert wird (Gaskill 1980). Beispiele für weitere Merkmale im Sinne von Ergebniszielen sind: Aspekte des Selbst wie die Fähigkeit, Verantwortung für eigene Impulse und Affekte zu übernehmen, sich über verschiedene Kontexte und Stimmungen als identisch zu erleben und ein stabiles Selbstwertgefühl aufrechtzuerhalten; im Bereich der Objektbeziehungen z.B. die Fähigkeiten zur Herstellung von Bindungen, zur Empathie und Intimität; die Fähigkeiten zur Triebkontrolle und zur Frustrationstoleranz; schließlich die Qualität der Abwehrmechanismen, wobei die Lockerung einer unflexiblen Abwehr und der verminderte Einsatz primitiver Abwehrmechanismen als Fortschritt angesehen wird.

Ein besonderes Ergebnisziel ist Fähigkeit zur Selbstanalyse, die durch eine Internalisierung des analytischen Prozesses bzw. durch die Identifikation mit der analytischen Funktion des Analytikers gewonnen wird. Dem Erwerb dieser Fähigkeit wird eine wichtige Bedeutung zugeschrieben, seit katamnestische Untersuchungen gezeigt haben, dass die klassische Vorstellung von einer vollständigen Auflösung der Übertragungsneurose und der sie unterhaltenden infantilen Konflikte unrealistisch ist. Was gewonnen wird ist die Möglichkeit, im Falle neuer Konfliktanforderungen durch den Einsatz der selbstanalytischen Fähigkeit gesunde Lösungen dort zu finden, wo früher eine Wiederholung neurotischer Lösungen unausweichlich schien (Nedelmann 1981).

Ein weiterer Gesichtspunkt im Zusammenhang mit der Formulierung von Behandlungszielen ist die Problematik impliziter Normen und Wertungen. Die Auflistung von Fähigkeiten verhält sich zwar scheinbar zurückhaltend in Bezug auf die Bewertung individueller Formen der Konfliktlösung, kann jedoch nicht darüber hinwegtäuschen, dass auch innerhalb des psychoanalytischen Diskurses bestimmte Normabweichungen leicht eine Suche nach Pathologie in Gang setzen, die dann auch „fündig" wird. Eine neutrale Haltung des Analytikers, die der Idee einer prinzipiellen Offenheit des analytischen Erkenntnis- und Entdeckungsprozesses entspricht, stellt ein lediglich in Annäherung zu erreichendes Ideal dar und hat damit am ehesten die Bedeutung eines Regulativs für die selbstkritische Prüfung der Gegenübertragung (Lichtenberg 1983). Relevant sind dabei nicht allein verdeckte persönliche Normensetzungen des Analytikers, sondern auch diejenigen seiner kulturellen Bezugsgruppe und der Gesellschaft insgesamt, so dass sich die Selbstreflexion auch auf diesen Hintergrund erweitern und nicht zuletzt die impliziten Wertungen in den psychoanalytischen Theoriebildungen selbst einschließen muss (vgl. Mertens 1992, S. 149ff.).

5. Die Bedeutung des Begriffs in den verschiedenen psychoanalytischen Schulen

Die verschiedenen psychoanalytischen Schulen benennen in ihrer jeweiligen Theoriesprache bestimmte Zielsetzungen (vgl. Sandler und Dreher 1996), die als Voraussetzung für eine wirkliche und tief greifende Persönlichkeitsveränderung angesehen werden.

(1) In der klassischen Triebtheorie gelten die Aufhebung der Hemmung von Triebwünschen bzw. der sie blockierenden Abwehr als Ziele der analytischen Arbeit, außerdem die Aufhebung der Fixierung an infantile Triebwünsche und Triebobjekte.

(2) Die Ich-Psychologie betont die Stellung des Ichs im Verhältnis zu den intrapsychischen Instanzen des Es und des Über-Ichs sowie zur Außenwelt. Dabei wird seine Stärkung und die Ausweitung seines Einflusses als Behandlungsziel herausgestellt. Je nach Perspektive liegt das Gewicht dabei auf der Modifikation des Über-Ichs im Sinne einer Milderung seiner Strenge, auf der Analyse der unbewussten Anteile des Ichs und der von ihm verwendeten Abwehrmechanismen oder auf der Meisterung der Umwelt im Sinne einer Anpassungsleistung.

(3) In der kleinianischen Analyse wird die Durcharbeitung der Verfolgungsängste des Ichs in der paranoid-schizoiden Position sowie der depressiven Ängste, die aus der Bedrohung des Objekts durch die eigene Aggression herrühren, als Voraussetzung für einen Prozess der Trauer angesehen, der die depressive Position kennzeichnet. Damit

verbunden sind die Reintegration von Anteilen, deren sich das Selbst durch projektive Identifizierungen entledigt hatte, sowie die Anerkennung der Getrenntheit von Selbst und Objekt, die eine realistische Wahrnehmung beider einschließt bzw. erst ermöglicht (Steiner 1989).

(4) In der Selbstpsychologie H. Kohuts wird durch die empathische Deutung der in der Übertragungsbeziehung immer wieder enttäuschten Selbstobjektbedürfnisse ein Prozess in Gang gesetzt, in dessen Verlauf der Patient die zunächst von dem Analytiker übernommenen Selbstobjektfunktionen im Zuge einer transmutierenden Verinnerlichung übernimmt, so dass sie mehr und mehr zum Bestandteil der eigenen psychischen Struktur werden.

(5) In der Objektbeziehungstheorie O.F. Kernbergs bildet die Veränderung der internalisierten Objektbeziehungen, wie sie in der Übertragungsbeziehung sichtbar werden, das Ziel der analytischen Arbeit. Je nach Art der Störung geht es dabei um die Bearbeitung von Impuls-Abwehr-Konstellationen, die in miteinander in Konflikt stehenden verinnerlichten Objektbeziehungen repräsentiert sind, oder um die Integration voneinander dissoziierter bzw. abgespaltener Teilobjektbeziehungen im Falle von Borderline-Persönlichkeitsorganisationen (Kernberg 1997).

Eine weitere Denkfigur, die je nach theoretischer Position unterschiedlich spezifiziert wird, betrachtet die Störung des Erwachsenen als Folge einer Unterbrechung der normalen (meist frühkindlichen) Entwicklung in bestimmten Persönlichkeitsbereichen; entsprechend besteht das Ziel der Psychoanalyse darin, den natürlichen Entwicklungsprozess wiederaufzunehmen und zu einem altersentsprechenden Niveau der Reifung zu führen. Im triebtheoretischen Modell ist z.B. die Lösung prägenitaler Fixierungen und das Erreichen der genitalen Stufe der Libidoentwicklung ein hervorragendes Ziel, wobei mit genitaler Reife eine psychische Qualität bezeichnet wird, die für sämtliche Bereiche des Erlebens und Verhaltens als bestimmend angesehen wird. Ein weiteres Entwicklungsmodell, das für die Konzeptualisierung und Behandlung zahlreicher psychischer Störungen wichtig geworden ist, beschreibt die frühkindlichen Prozesse der Loslösung und Individuation, die z.B. für den Erwerb der Selbst-Objekt-Differenzierung, der Objektkonstanz und Autonomie bedeutsam sind (M. Mahler).

6. Interdisziplinäre Beiträge und Befunde

Unter einem interdiszipinären Blickwinkel kann die empirische Psychotherapieforschung betrachtet werden, die u.a. den Vergleich mit anderen therapeutischen Verfahren ermöglicht. Vor allem die Verhaltenstherapie hat ihre Wirksamkeit auf der Ebene von Symptom- und Verhaltensänderungen belegt und gezeigt, dass positive Effekte in diesen Bereichen mit einem vergleichsweise geringen zeitlichen Aufwand möglich sind. Die Ziele der Psychoanalyse sind anspruchsvoller und erschöpfen sich nicht in symptomatischen Veränderungen, statt dessen werden tiefer greifende Umstrukturierungen der Persönlichkeit angestrebt, die nach analytischer Überzeugung nur durch einen intensiven und längerfristigen analytischen Prozess erreicht werden können.

Bisher durchgeführte empirische Studien zu Psychoanalysen haben Belege dafür gefunden, dass diese Annahme zumindest im Grundsatz zutreffend ist (Bachrach et al. 1991). Eine Schwierigkeit besteht darin, dass die Operationalisierung des komplexen Konstrukts „Umstrukturierung" und die direkte Messung struktureller Veränderungen erhebliche methodische Probleme bereitet. Inzwischen konnten jedoch Lösungen dazu entwickelt werden (Wallerstein 1988, Rudolf et al. 2000, Grande et al. 2004). Andere Studien untersuchen im Rahmen von Katamnesen die Entwicklung von Patienten nach dem Ende psychoanalytischer Behandlungen, um auf diese Weise die Tiefe und Tragfähigkeit von Veränderungen zu prüfen, sei es qualitativ mit Hilfe analytischer Interviews (Leuzinger-Bohleber 2003) oder quantitativ (Sandell et al. 2000).

Während diese Untersuchungen auf tiefer greifende Veränderungen hindeuten, die durch Psychoanalysen bewirkt werden, müssen gleichzeitig bedeutsame Differenzierungen vorgenommen werden (vgl. Wallerstein 1990): Weitreichende Effekte werden in Analysen dann erreicht, wenn ein analytischer Prozess wirklich zustande gekommen ist; dies ist jedoch erstaunlich häufig nicht der Fall. Andererseits scheint es schwierig zu sein, das Zustandekommen eines analytischen Prozesses vor der Behandlung zu prognostizieren. Weiter wurde beobachtet, dass Verfahren mit stützender Ausrichtung Effekte erzielen können, deren Umfang und Stabilität eindrucksvoll ist. Dies könnte u.a. damit zu tun haben, dass ausgeprägte Symptom- bzw. Verhaltensänderungen und andere Entlastungen, wie sie auch von Verhaltenstherapien bewirkt werden können, einen positiven sekundären Effekt auf das generelle Funktionsniveau eines Patienten haben, der in seinem Ausmaß von analytischer Seite leicht unterschätzt wird. Solche Verbesserungen der allgemeinen Ich-Stärke wären unspezifisch zu nennen im Vergleich zu jenen spezifischen Veränderungen der psychischen Struktur, die im analytischen Prozess erarbeitet wurden und einen direkten Bezug zu Art und Ausmaß des Behandlungsergebnisses aufweisen (Kernberg 1997). Diese Befunde sind interessant und machen weitere empirische Studien wünschenswert, in denen die Qualität und das Zustandekommen struktureller Veränderungen auf der Basis einer kombinierten Prozess- und Ergebnisforschung zu untersuchen wären.

Literatur

Bachrach, H.M., Galatzer-Levy, R., Skolnikoff, A. and Waldron, S. (1991). On the efficacy of psychoanalysis. Journal of the American Psychoanalytic Association, 39, 871–916.

Gaskill, H.S. (1980). The closing phase of the psychoanalytic treatment of adults and the goals of psychoanalysis. 'The myth of perfectibility". International Journal of Psycho-Analysis, 61, 11–23.

Grande, T., Rudolf, G., Oberbracht, C., Jakobsen, Th. and Keller, E. (2004). Investigating structural change in the process and outcome of psychoanalytic treatment. The Heidelberg-Berlin Study. In Ph. Richardson, H. Kächele and C. Renlund (Eds.) Research on psychoanalytic psychotherapy with adults. London: Karnac, pp. 35–61.

Kernberg, O.F. (1997). Strukturelle Veränderungen aus der Sicht der Ich-Psychologie und der Objektbeziehungstheorie. In ders., Wut und Haß (S. 154–178). Stuttgart: Klett-Cotta.

Knight, R.P. (1941). Evaluation of the results of psychoanalytic therapy. American Journal of Psychiatry, 98, 434–446.

Leuzinger-Bohleber, M. (2001). Katamnesen – ihre klinische Relevanz. In U. Stuhr, M. Leuzinger-Bohleber und M. Beutel (Hg.) Langzeit-Psychotherapie. Perspektiven für Therapeuten und Wissenschaftler (S. 160–186). Stuttgart: Kohlhammer.

Lichtenberg, J.D. (1983). The influence of values und value judgements on the psychoanalytic encounter. Psychoanalytic Inquiry, 3, 647–664.

McGlashan, T.H. and Miller, G.H. (1982). The goals of psychoanalysis and psychoanalytic psychotherapy. Archives of General Psychiatry, 39, 377–388.

Mertens, W. (1990). Einführung in die psychoanalytische Therapie, Bd. 1, Kap. 2, Behandlungsziele der Psychoanalyse. Stuttgart: Kohlhammer, 3. Aufl., 1999.

Nedelmann, C. (1981). Behandlungsziel und Gesundheitsbegriff in der Psychoanalyse. In H. Bach (Hg.), Der Krankheitsbegriff in der Psychoanalyse. Göttingen: Vandenhoeck & Ruprecht.

Rudolf, G., Grande, T. und Oberbracht, C. (2000). Die Heidelberger Umstrukturierungsskala. Ein Modell der Veränderung in psychoanalytischen Therapien und seine Operationalisierung in einer Schätzskala. Psychotherapeut, 45, 237–246.

Sandell, R., Blomberg, J., Lazar, A., Carlsson, J., Broberg, J. and Ranmd, H. (2000). Varieties of long-term outcome among patients in psychoanalysis and long-term psychotherapy: a review of the findings in the Stockholm outcome of psychoanalysis and psychotherapy project (STOPP). International Journal of Psychoanalysis, 81, 921–943.

Sandler, J. und Dreher, A.U. (1999). Was wollen die Psychoanalytiker? Das Problem der Ziele in der psychoanalytischen Behandlung. Stuttgart: Klett-Cotta.

Steiner, J. (1989). The aim of psychoanalysis. Psychoanalytic Psychotherapy, 4, 109–120.

Wallerstein, R.S. (1965). The goals of psychoanalysis. A survey of analytic viewpoints. Journal of the American Psychoanalytic Association, 13, 748–770.
Wallerstein, R.S. (1988). Assessment of structural change in psychoanalytic therapy and research. Journal of the American Psychoanalytical Association, 36, 241–261.
Wallerstein, R.S. (1990). Zum Verhältnis von Psychoanalyse und Psychotherapie. Wiederaufnahme einer Diskussion. Psyche – Z Psychoanal, 44, 967–994.

Zwang, Zwangsneurose *von Hans Quint*

compulsion, obsessional neurosis – compulsion, névrose obsessionelle

1. Definition

In der Psychopathologie wird vom Zwang gesprochen, wenn sich ein psychischer Vorgang durchsetzt, obwohl der Betroffene sich dagegen wehrt, weil er den Vorgang als befremdend und unsinnig, wenn auch zur eigenen Person gehörend, erlebt. Es geht um einen subjektiven Zwang, der durch die stereotypen, oft magisch rituellen Wiederholungen besonders spürbar wird. Beim Versuch, sich dem Zwang zu widersetzen, tritt Angst auf. Der Zwang kommt bei verschiedenen Krankheiten vor. In der Zwangsneurose stellt er das zentrale Problem dar. Die Symptomatik der Zwangsneurose, die von Freud als Psychoneurose bzw. als Übertragungsneurose bezeichnet wurde, äußert sich in Form von Zwangsvorstellungen und Zwangsimpulsen sowie Zwangshandlungen und Zwangsdenken.

Freud hat die zwangsneurotischen Symptome als Ergebnis eines intrapsychischen Konflikts zwischen kindlichen Sexualstrebungen und dagegen gerichteten Abwehrbemühungen dargestellt. In gleicher Weise sah er auch die zwangsneurotische Charakterstruktur entstanden, jedoch mit dem Unterschied, dass die Charakterzüge im Gegensatz zu den Symptombildungen als ichsynton erlebt werden. Freuds psychodynamisches Konzept hat die deskriptive Sicht der Psychiatrie zwar zur Seite gedrängt, ist allerdings selbst inzwischen verschiedentlich durch Relativierung der Triebtheorie und der Ein-Personen-Psychologie neu beinhaltet worden.

2. Klassische Auffassung

Freud hat sich in zahlreichen Arbeiten mit der Zwangsneurose beschäftigt. Es gibt jedoch von ihm keine zusammengefasste Darstellung über ihre Entstehung, so dass man versuchen muss, seine verstreuten Äußerungen darüber zu einer Gesamtschau zusammenzutragen. Sein erstes pathogenetisches Konzept von der Zwangsneurose lautete: „Zwangsvorstellungen sind jedes Mal verwandelte, aus der Verdrängung wiederkehrende Vorwürfe, die sich immer auf eine sexuelle, mit Lust ausgeführte Aktion der Kinderzeit beziehen“ (1896b, S. 386). Dieses Konzept wurde mit der Entwicklung der Strukturtheorie (Es-Ich-Überich) differenziert und weiter ausgestaltet. Danach enthält das Es des Zwangsneurotikers unbewusste archaische anal-sadistische und anal-erotische Triebregungen, die keine ausreichende Strukturierung durch reifere Ich-Funktionen erfahren haben und daher antisozial wirken. Das Überich ist besonders streng und rigide und steht den analen Tendenzen unbarmherzig verurteilend gegenüber. Das Ich muss versuchen, den Anforderungen des Es und des Überichs gerecht zu werden, wozu ihm vor allem eine Reihe von Abwehrmechanismen zur Verfügung stehen, mit denen es die analen Triebansprüche des Es in Schach hält oder verschleiert: wie Reaktionsbildung, Isolierung, Verschiebung des Affektes, Ungeschehenmachen (magische Beschwörung), Intellektualisierung.

Das Ergebnis der Bemühungen des Ichs, zwischen Ansprüchen des Es und des Überichs zu vermitteln, schlägt sich in der prämorbiden Charakterstruktur bzw. in bestimmten Charakterzügen wie Ordentlichkeit, Sparsamkeit und Eigensinn nieder, die nach Freud entweder Fortsetzungen der analen Triebe, Sublimierungen derselben oder Reaktionsbildungen gegen dieselben sind (1908b, S. 209).

In der analen Phase findet eine Disponierung zur Zwangsneurose statt; es kommt zu einer Fixierung an anale Triebregungen, die im archaischen Zustand, vom Ich abgewehrt, im Unbewussten verbleiben. Zum Ausbruch eines Zwangssymptoms stellt Freud fest: „Die Ausgangssituation der Zwangsneurose ist wohl keine andere als die der Hysterie, die notwendige Abwehr der libidinösen Ansprüche des Ödipuskomplexes. Auch scheint sich bei jeder Zwangsneurose eine unterste Schicht sehr früh gebildeter hysterischer Symptome zu finden. Die genitale Organisation erweist sich als zu schwächlich und zu wenig resistent." Es kommt zu einem Rückzug auf die frühere anal-sadistische Phase. „Diese Tatsache der Regression bleibt für alles folgende bestimmend" (1926d, S. 142).

Zusammengenommen ergeben die verstreuten Äußerungen Freuds über die Zwangsneurose (u.a. 1908b, 1909d, 1926d) folgendes Bild eines einheitlichen, in sich geschlossenen Krankheitsgeschehens: die Zwangssymptomatik versucht einen Konflikt zwischen archaischen analen Triebansprüchen und einem strengen Überich, der während der analen psychosexuellen Entwicklungsphase in spezieller Weise abgewehrt und später wiederbelebt wurde, mit Hilfe spezieller Abwehrmechanismen durch Kompromissbildungen zu bewältigen.

3. Ideengeschichtlicher Hintergrund

Die Feststellung Jaspers, „Das Erleben des psychischen Zwanges ist eine letzte Tatsache", gilt nicht nur für die Psychopathologie, sondern auch für die allgemeine Psychologie. Eine differenzierte Aufschlüsselung des Bedeutungsgehaltes des Zwangs zeigt, dass dieser zweifellos ein lebenserhaltendes Prinzip enthält. Geht man davon aus, dass der Zwang Einengung, Beschränkung, Bindung impliziert, so wird ersichtlich, dass er der Antipode von Bindungslosigkeit, Uferlosigkeit, Verwahrlosung ist, und damit dem Zerfall, dem Chaos, entgegenzuwirken vermag. Der Zwang ist in den Bindungen und Festigungen lebensermöglichender und lebenserhaltender Strukturen enthalten. In dieser Sicht besteht die Funktion des Zwangs nicht in der Abwehr, d.h. in der Ausschaltung lebensnotwendiger Impulse, sondern in der strukturellen Integration und dem dauerhaften Erhalt derselben. So zeigt die Entwicklung des Kindes eine Strukturierung der Psyche, in der sich durch „zwanghafte" Wiederholungen lebendige Vorgänge erhalten, so ist der das Leben gestaltende Umgang der Menschen miteinander durch zahlreiche strukturierte z.T. ritualisierte Handlungen in Sitten und Bräuchen, die vor allem wichtige Lebensetappen wie Geburt, Eintritt ins Alter der Geschlechtsreife, Heirat u.a. begleiten, gekennzeichnet, und so finden sich auf Dauer angelegte Strukturierungen und Wiederholungen in den kulturellen Leistungen wie in den Stilrichtungen der Architektur, in dem Versmaß der Gedichte und in dem rhythmischen Verlauf der Musik. Von diesem Standpunkt aus ist die These Freuds, dass die Religion eine kollektive Zwangsneurose darstellt (1907b), bei der die religiösen rituellen Handlungen Aggressionsstrebungen abzuwehren haben, als eine durch die Sicht der Psychopathologie verkürzte Annahme.

4. Wesentliche Erweiterungen, Differenzierungen und Modifikationen

Die Ansicht Freuds, dass die Zwangsneurose ein einheitliches Krankheitsgeschehen darstellt, welches stets mit einem ödipalen Konflikt beginnt und über eine Regression auf die anale Phase seine Symptome entwickelt, lässt sich durch klinische Beobachtungen nicht verifizieren (Quint 1988, s.a. Fenichel 1931). Viele Zwangsneurosen entstehen unmittelbar – und nicht per regressionem – durch einen aus der analen Phase stammenden Konflikt.

Inzwischen wird der Ausgangspunkt für den Konflikt, der zur Zwangsneurose führt, nicht mehr ausschließlich in der Abwehr anal-sadistischer und anal-erotischer Triebe gesehen, sondern zunehmend in einem dramatischen Ringen des Kindes um Autonomie. Das Erwachen des Autonomiebedürfnisses kann auf eine Umwelt treffen, die Unterwerfung fordert, d.h. Einschränkung der Entfaltung des freien Willens. Dadurch werden aus Autonomiebedürfnissen rebellierende antisoziale Tendenzen, auf die das wachsende strenge Überich mit Bestrafung und Liebesentzug reagiert. Dem Ich fehlen Möglichkeiten, durch ausprobierendes Handeln die phasenspezifischen Ambivalenzen zwischen Wut- und Liebesgefühlen, Aktivitäts- und Passivitätsstrebungen sowie Autonomie- und Abhängigkeitstendenzen aufzuheben und die zeitgemäße magische Einstellung zu überwinden, so dass eine zentrale Ich-Störung in Form der Unfähigkeit zur freien eigenen Handlungsführung, d.h. zum autonomen Handeln entsteht. Die notwendige Abwehr der verpönten antisozial erlebten Autonomiestrebungen wird zunächst in der prämorbiden Charakterstruktur vornehmlich durch Isolierung vom Affekt und durch dessen Abwehr sowie durch Reaktionsbildungen ich-synton in Schach gehalten. In spezifischen Situationen, in denen der Konflikt zwischen Autonomie und Unterwerfung wiederbelebt wird, können neue Abwehrmechanismen notwendig werden, die letztlich zur kompromissbildenden Zwangssymptomatik führen (Quint 1984, Lang 1986).

Im Unterschied zum Hysteriker erreicht der Zwangsneurotiker jedoch nie den Zustand der „belle indifférence". Wegen der Handlungsstörung kann sich das Überich nicht darauf verlassen, dass die vom Ich geforderte Abwehrleistung in den Zwangssymptomen erfolgreich waren. Es muss zu ständigen Wiederholungen anstacheln, ohne je beruhigt zu werden.

Die Beschreibung der Zwangssymptomatik als Bewältigungsversuch eines Konflikts zwischen Autonomie und Unterwerfung wird der Einsicht gerecht, dass der Mensch sein konflikthaftes antinomisches Dasein als Individuum und Gemeinschaftswesen stets ausbalancieren muss, eine Einsicht, die sich zunehmend in den psychoanalytischen Theoriebildungen niedergeschlagen hat. Auf dem Weg der Selbstwerdung besteht die Gefahr, dass der einmal erreichte Selbststand zerbricht. Auch dieser Gefahr kann die Zwangssymptomatik begegnen, indem sie psychotische Störungen in Schach hält oder durch Reparationsversuche im Dienste der Selbsterhaltung tätig ist (Quint 1984).

5. Die Bedeutung des Begriffs in verschiedenen psychoanalytischen Schulrichtungen

Die psychoanalytische Auffassung vom Trieb-Abwehr-Kampf des Zwangsneurotikers forderte von vornherein ein eingehendes Studium der auffälligen Ich-Leistungen in den charakteristischen Abwehrmechanismen und Zwangssymptomen. In der Ich-Psychologie wurde darüber hinaus versucht, der Frage nachzugehen, ob und inwieweit frühzeitige Entwicklungen von Ich-Funktionen sowohl bei der Wahl typischer Abwehrmechanismen als auch unabhängig davon eine Rolle spielen. Freud hatte selbst schon erwogen, ob das „Voraneilen der Ich-Entwicklung vor der Libidoentwicklung in die Disposition zur Zwangsneurose einzutragen ist" (1913i, S. 451). Die Selbstpsychologie (Kohut 1987, S. 30) beschäftigt sich mit der Frage, ob nicht unter „allzu nahen überstimulierenden Selbstobjekten" Kinder später klassische Übertragungsneurosen, d.h. auch Zwangsneurosen, entwickeln. Das könnte zutreffen, wenn die Empathie der Selbstobjekte in einer spezifischen Weise verzerrt wäre, so dass sie nicht auf das ganz kindliche Selbst, sondern nur auf Fragmente derselben reagieren würde. Die Ansicht, dass Zwangsneurosen aus dem Konflikt zwischen Aufbegehren aus Autonomiestrebungen und Unterwerfung aus Abhängigkeitsbedürfnissen entsteht, verweist direkt auf die Objektbeziehungspsychologen, die wie Fairbairn die Freud'sche Trieblehre vollständig ablehnen. Mit ihrer Theorie lässt sich die Zwangsneurose aus dem Konflikt erklären, sich einerseits vom Objekt lösen und sich andererseits regressiv mit diesem identifizieren zu wollen.

6. Interdisziplinäre Beiträge und Befunde

Auf den ersten Blick könnte der Eindruck entstehen, einzelne Zwangssymptome seien leicht zu operationalisieren und für eine empirische Untersuchung gut geeignet. In der Wirklichkeit ist es anders. Schon der Versuch, die Gruppe der Zwangshandlungen und die der Zwangsvorstellungen isoliert zu Untersuchungsobjekten zu machen, schlägt fehl, weil dabei die psychoanalytischen Problemstellungen der unbewussten Beziehung derselben untereinander außer Acht gelassen werden. Dennoch gibt es Ansätze sinnvoller empirischer Untersuchungen, die vielleicht ausgebaut werden können. Hartmann berichtet über eine von Zeigarnik durchgeführte Studie über das Behalten erledigter und unerledigter Handlungen (1972). Das Ergebnis kann zum Verständnis der Entstehung forcierter mentaler Vorgänge beim Zwangsneurotiker beitragen. Eine andere experimentelle Untersuchung stammt von Schüttauf (1995), der darin nachweisen konnte, dass die gemessene Sprechfehlerzahl der Zwangsneurotiker bei analen Zielwörtern signifikant höher als bei neutralen Zielwörtern war, womit er die Ansicht der Psychoanalyse, dass der Zwangsneurotiker anale Strebungen abwehrt, untermauern konnte.

Literatur

Erikson, E.H. (1972). Kindheit und Gesellschaft. Stuttgart: Klett.

Fairbairn, W.R.D. (1952). Psychoanalytic studies of the personality. London: Tavistock Publications/Routledge & Kegan Paul.

Hartmann, H. (1972). Experimenteller Beitrag zur Psychologie der Zwangsneurose. In ders., Ich-Psychologie. Studien zur psychoanalytischen Theorie. Stuttgart: Klett.

Kohut, H. (1987). Wie heilt die Psychoanalyse? Frankfurt/M.: Suhrkamp.

Lang, H. (1986). Der Zwangsneurotiker als „Gehemmter Rebell". Psyche – Z Psychoanal, 11, 953–970.

Quint, H. (1984). Der Zwang im Dienst der Selbsterhaltung. Psyche – Z Psychoanal, 8, 717–737.

Quint, H. (1988). Die Zwangsneurose aus psychoanalytischer Sicht. Berlin: Springer.

Schüttauf, K. (1995). Ein Sprechfehlerexperiment zur Fehlleistungstheorie und Neurosenlehre der Psychoanalyse. Diplomarbeit im Fach Psychologie an der Rheinischen Friedrich-Wilhelms-Universität Bonn.

Zwei-Personen-Psychologie *von Siegfried Bettighofer*

two person psychologie – psychologie à deux

1. Definition

Dieser Begriff unterscheidet sich von den üblichen Grundbegriffen, denn er bezieht sich auf ein den psychoanalytischen Konzepten zugrunde liegendes Modell vom Menschen und seinen Beziehungen. Dieses war jahrelang vorwiegend geprägt von der Struktur- und Triebtheorie und wurde erst durch den Einfluss der Objektbeziehungstheorie erweitert.

Laut Balint (1949) sprach sein englischer Kollege John Rickman zum ersten Mal von einer Mehr-Körper-Psychologie. „Das ganze Gebiet der Psychologie kann je nach der Anzahl der erfassten Individuen in bestimmte Forschungsregionen aufgeteilt werden. So können wir von einer Einkörper-Psychologie, Zwei-Körper-Psychologie, Drei-, Vier- und Multi-Körper-Psychologie sprechen" (zit. n. Balint 1949, S. 270). Balint selbst kommt das Verdienst zu, im Laufe seines Lebens die psychoanalytische Situation als eine Zwei-Personen-Situation konzeptualisiert zu haben, in der es nicht nur um die Analyse der intrapsychischen Vorgänge des Patienten geht. Seine Zwei-Personen-Psychologie erfasst immer die Begegnung von zwei Individuen, betont den Beziehungsaspekt insbesondere in der Entwicklung des Kindes und bei der Behandlung von Patienten und berücksichtigt vermehrt die sich entwickelnde Interaktion zwischen Analytiker und Patient.

2. Klassische Auffassung

Der ursprünglichen psychoanalytischen Auffassung lag eine Ein-Personen-Psychologie zugrunde. Man interessierte sich für die intrapsychischen Prozesse im Individuum. Triebe wurden beschrieben hinsichtlich ihrer biologischen Quelle, ihres Ziels der Triebentladung und hinsichtlich des Triebobjekts. Dabei blieb jedoch dieses Objekt stets blass, quasi ein bloßer Statist, das Ziel von Trieben und Bedürfnissen ist. Man befasste sich mit den inneren Verarbeitungsvorgängen der Erfahrung am Objekt, wohingegen die Interaktion mit diesem auch in den theoretischen Konzepten nur zweitrangig blieb. In der behandlungstechnischen Situation wurden die erlittenen Triebschicksale analysiert. Die Haltung des Analytikers sollte dabei neutral wie eine weiße Leinwand sein, um die Übertragung nicht zu verfälschen. Ein potentieller Einfluss des Analytikers auf die Ausformung der Übertragung wurde nicht in Betracht gezogen und auch der Ursprung von Widerständen wurde ausschließlich in der Persönlichkeit des Patienten lokalisiert.

3. Wesentliche Erweiterungen, Differenzierungen und Modifikationen

Balint (1949) hatte schon auf die Einseitigkeit der individuumzentrierten analytischen Psychologie hingewiesen und die analytische Situation als eine „Zwei-Personen-Situation" (S. 271) beschrieben. Er sprach von einer „Tendenz zum Objekt oder ... zur Objektbeziehung" (S. 263) und Fairbairn wandte sich mit seiner Grundthese von der Triebtheorie ab, „daß die Libido nicht primär nach Lust strebt, sondern das Objekt sucht" (Fairbairn 1952, S. 137). Die Psychologie wandle sich infolgedessen zu einer „Untersuchung der Beziehungen des Individuums zu seinen Objekten" (Fairbairn 1952, S. 60). Hatte bisher die Deutung als primärer therapeutischer Wirkfaktor gegolten, so fügte Balint (1968) explizit die Beziehung zwischen Therapeut und Patient als gleichberechtigtes therapeutisches Agens hinzu.

Wesentlich für die Zwei-Personen-Psychologie ist der Aspekt der Beziehung zwischen zwei Individuen, so auch zwischen Analytiker und Patient. Die inneren Triebschicksale spielen sich immer im Rahmen von Objektbeziehungen ab. Das ursprünglich als Ziel von Trieben dienende „Objekt" wird zum eigenständigen „Subjekt", mit dem eine Interaktion stattfindet und ein Prozess der gegenseitigen Beeinflussung entsteht.

Hierdurch ergeben sich grundlegende Veränderungen hinsichtlich der Behandlungstechnik. Die Zwei-Personen-Psychologie führt in der Konsequenz zu einem interaktionellen Konzept von Übertragung und Gegenübertragung. Man muss sich von einer linearen Betrachtung lösen, wonach der Analytiker als unbeeinflusste Person den Patienten quasi wie ein Objekt beobachtet, einschätzt und behandelt. Auch reicht es nicht mehr aus, dass der Analytiker seine Gegenübertragung nur als relativ reine Abbildung der Übertragung des Patienten ansieht. Vielmehr sind Analytiker und Patient Teil eines komplexen interaktiven und systemischen zirkulären Vorgangs, bei dem jeder subtil auf das interaktionelle Angebot und die unbewussten Einladungen des anderen reagiert und insofern die Interaktion mitgestaltet. Auf dem Hintergrund seiner Werte, seiner theoretischen Konzepte und seiner Person mit ihren ungelösten Konflikten nähert sich der Analytiker mit einer selektiven

Wahrnehmungseinstellung dem Patienten. Er entwickelt sein Verständnis für die psychodynamischen Zusammenhänge in einem hochkomplexen Strukturierungsprozess.

Die Mitgestaltung der Übertragungssituation durch den Beitrag des Analytikers ist eine zentrale Konsequenz des Zwei-Personen-Modells. Der Einfluss seiner Subjektivität beginnt schon im Vorfeld bei der Entscheidung für die Psychoanalyse als Beruf. Unlustvermeidende Kompromissbildungen bestimmen seinen charakteristischen Arbeitsstil und führen zu seinem speziellen Interaktionsangebot an den Patienten, der wiederum entsprechend seiner eigenen Struktur darauf reagiert und Hinweisreize im Verhalten des Analytikers selektiv aufnimmt. Auf ihnen baut dieser seine gerade aktuelle Übertragungsbereitschaft auf und aktualisiert i. S. des Wiederholungszwangs eine unbewusste Modellszene (Lichtenberg 1989).

Ein gegenseitiger Abstimmungs- und Anpassungsprozess zwischen Analytiker und Patient lässt sich bereits in der oft nonverbalen Anfangsszene eines Erstinterviews beobachten (Wegner und Henseler 1991). Auf dem Hintergrund seiner Bereitschaft zur Rollenübernahme (Sandler 1976) gerät der Analytiker durch sein unvermeidliches partielles Mitagieren in einen Handlungsdialog mit dem Patienten (Lachauer 1990). Er übernimmt dabei unbewusst spezifische Rollen, die ihm von diesem angesonnen werden. So werden Übertragung und Gegenübertragung gleichsam zu einer „Einheit im Widerspruch" (Körner 1990). Sie gehören eng zusammen, bedingen sich gegenseitig und führen gemeinsam zur Darstellung der aktualisierten Szene.

Für die konkrete Behandlungstechnik bedeutet das, dass der Analytiker immer die Bereitschaft haben sollte, die Wahrnehmungen des Patienten ernst zu nehmen und seinen eigenen Beitrag zum Geschehen zu reflektieren. Auch hinsichtlich der Widerstandsarbeit gelangt man von einem individualistischen Konzept zu einem interaktionellen Modell. Auch dabei ist stets zu fragen, inwieweit der Analytiker selbst auf eine evtl. sehr subtile Weise zur Entstehung und Aufrechterhaltung eines Behandlungswiderstands auf Seiten des Patienten beiträgt. Die Überwindung eines Widerstands erfordert demnach nicht nur seine Durcharbeitung beim Patienten, sondern setzt unter Umständen eine Auseinandersetzung des Analytikers mit eigenen Widerständen voraus. So wird die Psychoanalyse zu einer Beziehungskonflikt-Therapie, bei der die Bearbeitung von Übertragungskonflikten im Hier und Jetzt der analytischen Beziehung eine zentrale Stellung einnimmt.

4. Die Bedeutung des Begriffs in den verschiedenen psychoanalytischen Schulrichtungen

Es handelt sich hier um Positionen, die im Grunde unabhängig sind von den einzelnen analytischen Schulrichtungen, von diesen jedoch in unterschiedlichem Ausmaß vertreten werden. So hatte die Trieb- und Strukturtheorie letztlich auch aus historischen Gründen einen individualistischen Standpunkt vertreten. Im Spektrum der Ich-Psychologie findet der Zwei-Personen-Ansatz keinen besonderen Widerhall. Dass sich diese Schulrichtungen durchaus mit einer Zwei-Personen-Psychologie vereinbaren lassen, zeigt der Ansatz des von der orthodoxen amerikanischen Psychoanalyse herkommenden Merton Gill (1982), der in Deutschland insbesondere von Thomä und Kächele (1985) aufgegriffen wurde. Gemeinsam betonen sie den Beitrag des Analytikers bei der Entstehung von Übertragungsprozessen und favorisieren einen am Hier und Jetzt der Therapeut-Patient-Beziehung orientierten Behandlungsstil.

Interessanterweise treffen sie sich hier mit neueren Entwicklungen in der Selbstpsychologie (Fosshage 1994), die in ihrer Behandlungstechnik größten Wert auf die Aufrechterhaltung einer empathischen Therapeut-Patient-Beziehung legen und deren Unterbrechung und Wiederherstellung sogar zu einer zentralen Methode entwickelt haben (Wolf 1989, Beebe und Lachmann 2002). Dabei wird sowohl in der Übertragungs- wie auch in der Widerstandsanalyse sehr auf die Aktualgenese im Hier und Jetzt der Therapeut-Patient-Beziehung wie auch insbesondere auf den Beitrag des Analytikers geachtet. Wenn man vom rein intrapsychisch orientierten Ansatz Melanie Kleins absieht, lassen sich auch Objektbeziehungstheoretiker wie Winnicott und Fairbairn einer Zwei-Personen-Psychologie zuordnen. Kernberg vertritt eine eindeutige Ein-Personen-Psychologie, wobei er kleinianische Theorien mit den Konzepten der Ich- und der Objektbeziehungstheorien in seinem eigenen Modell integriert.

5. Interdisziplinäre Beiträge und Befunde

Das Paradigma der Interaktion von zwei sich gegenseitig beeinflussenden Individuen findet in der sozialpsychologischen Forschung wie auch in der Psychotherapieforschung vielfältige Unterstützung. So konnte nachgewiesen werden, dass sich zwei Interaktionspartner schon sehr schnell aufeinander einstimmen und ihre verbalen sowie nonverbalen Handlungen subtil aufeinander abstimmen. Es kommt hinsichtlich der Gestik, der Haltung und des emotionalen Zustandes zu einer gegenseitigen Angleichung (Argyle 1969). Die Untersuchung der Interaktion in psychoanalytischen Erstgesprächen zeigte, dass schon die ersten drei Redebeiträge von Therapeut und Patient wesentliche Elemente der Beziehungsangebote von beiden in verdichteter Form enthalten. Schon während der Eröffnungsszene werden unbewusste Erwartungsmuster, Rollen- und Situationsdefinitionen wie auch Themen in einem beiderseitigen Aushandlungsprozess abgeklärt (Wilke 1992). Ebenso wurde dabei deutlich, dass auch die jeweiligen Grenzen des Gesprächspartners in den meisten Fällen sensibel erspürt und beobachtet wurden. In einer videographierten Kurztherapie fanden Krause und Lütolf (1989) eine deutliche mimische Reaktion aufeinander mit der Tendenz, ein relativ stabiles Muster anzunehmen. So war beispielsweise das Lächeln des Therapeuten fünfmal so häufig, wenn dem Lächeln des Patienten keine Ambivalenz zugrunde lag. Auch Schindler (1989) wies nach, dass sich während der ersten Sitzungen ein über die weitere Behandlung relativ stabil bleibender Interaktionsstil herausbildet, wobei Kaimer et al. (1989) zudem zeigen konnten, dass der Therapeut mit jedem Patienten ein spezifisches Interaktionsmuster entwickelt und sich gegenüber jedem in einem gewissen Ausmaß unterschiedlich verhält, was wiederum deutliche Konsequenzen hinsichtlich des Therapieerfolges hatte.

Literatur

Argyle, M. (1969). Soziale Interaktion. Köln: Kiepenheuer & Witsch, 1972.

Balint, M. (1949). Wandlungen der therapeutischen Ziele und Techniken in der Psychoanalyse. In ders., Die Urformen der Liebe und die Technik der Psychoanalyse (S. 255–271). Stuttgart: Klett.

Balint, M. (1968). Therapeutische Aspekte der Regression. Reinbek: Rowohlt, 1973.

Fairbairn, W.R.D. (1952). Object relationships and dynamic structure. In ders., Psychoanalytic studies of the personality (pp. 137–151). London: Tavistock.

Fosshage, J.L. (1994). Toword reconceptualising transference theoretical and clinical considerations. International Journal of Psycho-Analysis, 75, 265–280.

Gill, M.M. (1982). Analysis of transference: theory and technique. Madison, Connecticut: International Universities Press (dt.: Übertragungsanalyse. Frankfurt/M.: Fischer, 1996).

Kaimer, P., Reinecker H. und Schindler L. (1989). Interaktionsmuster von Klient und Therapeut bei zwei unterschiedlich erfolgreich behandelten Fällen. Zeitschrift für Klinische Psychologie, 18, 80– 92.

Körner, J. (1990). Übertragung und Gegenübertragung, eine Einheit im Widerspruch. Forum der Psychoanalyse, 6, 87–104.

Krause, R. und Lütolf, P. (1989). Mimische Indikatoren von Übertragungsvorgängen – Erste Untersuchungen. Zeitschrift für Klinische Psychologie, 18, 55–67.

Lachauer, R. (1990). Die Bedeutung des Handlungsdialogs für den therapeutischen Prozeß. Psyche – Z Psychoanal, 44, 1082–1099.

Lichtenberg, J.D. (1989). Modellszenen, Affekte und das Unbewußte. In E. Wolf, A. Ornstein, P. Ornstein, J.D. Lichtenberg und P. Kutter

(Hg.), Selbstpsychologie. München: Verlag Internationale Psychoanalyse. Rickman, J. (1950). Methodology and research in psychiatry. Unveröffentlichter Vortrag v. 26. 4. 1950.

Sandler, J. (1976). Gegenübertragung und Bereitschaft zur Rollenübernahme. Psyche – Z Psychoanal, 30, 297–307.

Schindler, L. (1989). Das Codiersystem zur Interaktion in der Psychotherapie (CIP): Ein Instrument zur systematischen Beobachtung des Verhaltens von Therapeut und Klient im Therapieverlauf. Zeitschrift für Klinische Psychologie, 18, 68–79.

Thomä, H. und Kächele, H. (1985). Lehrbuch der psychoanalytischen Therapie, Bd. 1. Berlin: Springer, 2. Aufl. 1996.

Wegner, P. und Henseler, H. (1991). Die Anfangsszene des Erstinterviews im Prisma einer Analytikergruppe. Forum der Psychoanalyse, 7, 214–224.

Wilke, S. (1992). Die erste Begegnung. Eine konversations- und inhaltsanalytische Untersuchung der Interaktion im psychoanalytischen Erstgespräch. Heidelberg: Asanger.

Wolf, E. S. (1989). Anmerkungen zum therapeutischen Prozeß in der Psychoanalyse. In E. S. Wolf et al., Selbstpsychologie. Weiterentwicklungen nach Heinz Kohut (S. 107–124). München: Verlag Internationale Psychoanalyse, 1989.

Sachwortverzeichnis

Q

R

Personenverzeichnis

L